libertés
et droits fondamentaux

Maîtrise des connaissances et de la culture juridique

Sous la direction de
Rémy Cabrillac

libertés et droits fondamentaux

Maîtrise des connaissances et de la culture juridique

par

Christophe Albiges
Élie Alfandari
Jeremy Antippas
Bernard Beignier
Florence Benoît-Rohmer
Alexandra Bensamoun
Romain Boffa
Rémy Cabrillac
Lise Casaux-Labrunée
Dany Cohen
Benoît Delaunay
Dominique Fenouillet
Didier Ferrier
Natalie Fricero
Jean-Éric Gicquel
Catherine Ginestet
Jean-Louis Halpérin
Anne d'Hauteville
Hervé Henrion-Stoffel
Christine Hugon
Jean Paul Jacqué
Paul Lagarde
Annie Lamboley
Yves Lequette
Rémy Libchaber
Fabien Marchadier
Jean-Pierre Marguénaud
Marie-Laure Mathieu
Mustapha Mekki
Philippe Pédrot
Xavier Philippe
Didier Rebut
Jacques Robert
Dominique Rousseau
Olivier Salati
Philippe Ségur
René Sève
Marie-Christine Sordino
Yves Strickler
François Terré
Emmanuel Terrier
Didier Thomas
Raymonde Vatinet
Pierre-Yves Verkindt
Patrick Wachsmann

24e édition
Revue et augmentée
2018

DALLOZ

DALLOZ

31-35 rue Froidevaux, 75685 Paris cedex 14

ISBN : 978-2-247-17823-0

Avant-propos

Les *Libertés et droits fondamentaux* ont reçu une consécration pédagogique par leur mise au programme de l'épreuve d'exposé-discussion de l'examen d'accès aux centres régionaux de formation professionnelle des avocats, lors de la réforme consécutive à la fusion des professions d'avocat et de conseil juridique. Jusqu'alors, les étudiants — des filières de droit public, la plupart du temps —, connaissaient les seules *libertés publiques*, qui ne font que croiser les *libertés et droits fondamentaux*.

Cet état de choses était regrettable, tant les *libertés et droits fondamentaux* occupent une position essentielle dans le droit contemporain. L'importance fondatrice des droits de l'homme, l'affermissement de la démocratie, la part toujours plus grande du droit et le rôle sans cesse accru des textes, des juges et des principes législatifs, font de ces libertés et droits le socle sur lequel les systèmes juridiques occidentaux se réordonnent. L'insertion de la nouvelle question prioritaire de constitutionnalité dans l'ordre juridique français en atteste de manière éclatante.

L'examen d'accès aux CRFPA constituait l'une des meilleures occasions pour aborder les *libertés et droits fondamentaux*. Les candidats y ont en principe une formation juridique solide qui leur permet d'accéder pleinement aux problématiques techniques des *libertés et droits fondamentaux*. Ils sollicitent l'accès à une profession dont le rôle en la matière est éminent. Cette profession pourra donc s'enorgueillir d'avoir été la première à consacrer, pédagogiquement, les *libertés et droits fondamentaux*. Leur entrée dans le programme du « pré-capa » conforte leur existence comme discipline d'enseignement et de recherche.

C'est à partir de ces considérations qu'a été conçu le présent ouvrage. Son but est d'aider à la préparation de l'examen d'entrée aux centres régionaux de formation professionnelle des avocats et d'insister sur la constitution de la discipline *libertés et droits fondamentaux*. Les deux objectifs sont étroitement liés, c'est pourquoi l'examen des libertés et droits fondamentaux est précédé d'une méthodologie de l'épreuve orale.

Les différentes contributions rassemblées dans l'ouvrage reflètent la diversité des opinions qui font la richesse de la doctrine et fondent la plus emblématique des libertés fondamentales, la liberté d'expression, dont celle des universitaires constitue la quintessence. L'éventail des sensibilités a délibérément été voulu le plus large possible, chacune se manifeste sous la seule responsabilité de son auteur.

L'ouvrage est né d'une collaboration amicale avec mes collègues Marie-Anne Frison-Roche et Thierry Revet qui a conduit au succès des dix-huit premières éditions. Même s'ils ont préféré ne pas continuer cette belle aventure, l'actuel millésime conserve l'empreinte de leur talent. Qu'ils en soient remerciés.

RÉMY CABRILLAC

Méthodologie de l'épreuve orale d'admission relative à la protection des libertés et des droits fondamentaux

PRÉSENTATION GÉNÉRALE : LE « GRAND ORAL »

L'examen d'accès au centre régional de formation professionnelle d'avocats a donc été reformé. L'arrêté du 17 octobre 2016 a en effet modifié le programme et les modalités de cet examen, notamment l'épreuve orale d'admission que l'on a coutume d'appeler le « grand oral », qui ressort assez nettement valorisée de la reforme puisque c'est désormais la seule épreuve juridique de l'admission, qui plus est affectée d'un coefficient 4, et non plus 3 comme auparavant.

LE TEXTE DE BASE

Aux termes de l'article 7 de l'arrêté du 17 octobre 2016 fixant le programme et les modalités de l'examen d'accès au centre régional de formation professionnelle d'avocats, les épreuves d'admission comprennent notamment :

« 1° Un exposé de quinze minutes après une préparation d'une heure, suivi d'un entretien de trente minutes avec le jury, sur un sujet relatif à la protection des libertés et des droits fondamentaux permettant d'apprécier les connaissances du candidat, la culture juridique, son aptitude à l'argumentation et à l'expression orale.

Cette épreuve se déroule en séance publique.

La note est affectée d'un coefficient 4. »

ANALYSE DES POINTS CLÉS

– Le grand oral est d'abord « **un exposé** », c'est-à-dire un développement par lequel le candidat devra porter à la connaissance et à la compréhension du jury un ensemble de faits, de règles juridiques, d'idées, sous la forme d'une analyse globale qui peut également, si le sujet s'y prête, comporter une dimension historique, sociale ou sociétale.

Le candidat doit avoir à l'esprit, pendant sa préparation, que le jury attend que cet exposé, même oral, soit véritablement construit. Il doit être ordonné avec méthode, et comporter une progression pour parvenir à convaincre le jury que la présentation du sujet est la meilleure. Si une dynamique est dégagée, le candidat a de bonnes chances d'emporter l'adhésion des examinateurs, quelle que soit, par ailleurs, l'opinion que ceux-ci peuvent se faire du sujet. Il ne s'agit pas, en effet, de vérifier que le candidat a pris le « bon » parti — le droit est relatif, les avocats, les magistrats et les universitaires le savent mieux que quiconque — mais plutôt d'apprécier son savoir-faire dans la construction d'un exposé.

- D'une durée « **de quinze minutes** ». On le voit, l'arrêté du 17 octobre 2016 détermine expressément le temps qui est imparti au candidat pour effectuer sa présentation, et cette durée constitue donc un paramètre objectif de l'épreuve, un aspect dont le respect sera vérifié par le jury, pour ne pas dire « noté ».

Le candidat doit bien comprendre que ce critère n'est pas anodin ou artificiel, créé pour les besoins de l'épreuve et répondant à la volonté de le mettre « sur le grill ». Il est en réalité le résultat d'un équilibre, et a au moins deux justifications : l'une théorique, et l'autre pratique; cette dernière, le candidat la vérifiera assez vite lors de l'exercice de la profession d'avocat.

La justification théorique correspond à une exigence minimale de substance, de maîtrise des connaissances, c'est-à-dire qu'il est tout de même difficile, en moins de quinze minutes (une dizaine de minutes, par exemple), de faire le point sur un sujet qui est toujours d'une certaine ampleur. Il suffit de songer à un sujet relatif au conflit classique entre droit à la liberté d'expression et droit au respect de la vie privée, par exemple dans le cas où un journaliste est condamné pénalement en raison de la publication d'un article divulguant des pièces couvertes par le secret de l'instruction, notamment la correspondance du prévenu avec le juge et les déclarations de son médecin... En d'autres termes, il y a un temps minimum incompressible en deçà duquel un sujet relatif aux droits et libertés fondamentaux n'est pas « traité », mais seulement évoqué superficiellement, et le candidat qui se présente au jury doit avoir à l'esprit ce que cette réalité implique quant à la teneur de son exposé. Ce n'est pas tant « tenir » quinze minutes qui constitue l'objectif, mais plutôt de comprendre que le type de sujet proposé lors du grand oral est généralement vaste et se doit donc d'être expliqué dans toutes ses dimensions, « posé ». Lorsque le candidat commence son exposé, il n'est pas déjà en partance : il doit installer les bases de son sujet dans une introduction, et prendre le temps nécessaire pour procéder à une analyse approfondie de celui-ci dans le « corps » de son argumentation, analyse que les examinateurs écouteront avec d'autant plus d'intérêt qu'elle sera riche.

À l'inverse, la durée de quinze minutes ne doit pas être comprise comme une durée-plancher, au sens où il serait bon d'aller au-delà pour être bien noté sur le paramètre du temps. On le voit parfois avec certains candidats, aller au bout du sujet est une chose, s'« éterniser » ou traîner — presque volontairement — en longueur en est une autre, et c'est ici rejoindre la deuxième justification de la durée qui est fixée, c'est-à-dire l'aspect de pratique professionnelle de l'épreuve dont le candidat doit avoir conscience.

Les exigences de la justice moderne, en effet, pour ne pas dire de masse, ne s'accommodent plus de plaidoiries longues à l'excès lorsqu'un dossier ne le mérite pas et peut être brièvement exposé au tribunal, et ce même dans une procédure orale où la parole à l'audience est prééminente (tribunal de commerce, par exemple). À une époque où les audiences doivent traiter plusieurs dizaines de dossiers par demi-journées, on plaide désormais beaucoup plus par simples observations, en tout cas en matière civile et dans les procédures écrites où il s'agit d'une simple mise en lumière du dossier, et il peut même arriver devant certaines juridictions que les audiences soient planifiées en fonction du temps de plaidoirie indiqué par les avocats, l'audience de telle matinée de la semaine étant par exemple réservée aux dossiers se plaidant « vingt minutes à deux ». Cela veut dire que la maîtrise du temps est capitale en pratique, et qu'une plaidoirie trop longue devant le tribunal peut presque devenir contre-productive.

C'est aussi ce réflexe qui est recherché lors du « grand oral » : la maîtrise de la durée est avant tout maîtrise de soi-même, le candidat doit prendre garde à ne pas se répéter ou « délayer », et montrer qu'il a compris ce que sont les exigences de sa future profession, maturité à laquelle l'avocat et le magistrat examinateurs seront particulièrement sensibles. Quant à l'universitaire constituant le troisième examinateur de l'épreuve, il n'est pas exclu qu'il coupe la parole au candidat pour lui demander de terminer en quelques secondes si, au terme des quinze minutes, l'exposé est visiblement loin d'être achevé. Dans cette hypothèse d'un net dépassement du temps, voire d'une interruption du candidat par le jury, l'objectif essentiel d'un exposé équilibré n'aura pas été atteint.

Il reste que cette durée ne peut pas non plus être conçue comme un absolu à respecter à la trentaine de secondes près. Il est difficile de se calibrer sur quinze minutes exactement, du fait des circonstances particulières à chaque passage : ampleur plus ou moins grande du sujet, débit de parole naturel du candidat, qui peut être rapide ou à l'inverse plus lent, etc., et dans ces conditions une fourchette raisonnable de temps peut se situer entre treize et seize minutes maximum, le jury comprenant parfaitement qu'une certaine souplesse est nécessaire, et inévitable en « situation ».

– « **Après une préparation d'une heure** ». C'est cette durée octroyée pour construire et organiser l'exposé qui doit, nous semble-t-il, conduire à rassurer le candidat. De prime abord, celui-ci aura peut-être tendance à considérer qu'elle est courte, et il est vrai qu'en conditions d'examen, la perception du temps de préparation qui lui est imparti pour boucler son sujet est différente d'une heure envisagée à tête reposée.

Ceci dit, si l'on part de l'idée que l'épreuve n'est quand même pas conçue pour être une récitation ou un énoncé linéaire de connaissances encyclopédiques, mais se présente plutôt comme un exercice à partir d'un document que le candidat a sous ses yeux (arrêt, texte, article d'un journal, etc.) et qu'il doit exploiter afin d'en rendre compte au jury, une heure de préparation paraît suffisante pour prendre connaissance du sujet, le comprendre et coucher noir sur blanc les règles qu'il met en application ainsi que les grandes lignes d'un argumentaire. Il ne s'agit pas d'être exhaustif dans la mesure où les sujets de droits et libertés fondamentaux sont vastes et difficilement épuisables, mais plutôt d'être capable d'en faire ressortir les aspects principaux et les grands enjeux du point de vue d'un futur auxiliaire de justice.

Le traitement du sujet consiste donc toujours, peu ou prou, en une synthèse, et le temps de préparation d'une heure doit, nous semble-t-il, être utilisé pour écrire la structure générale de celle-ci sur la base desquelles, à l'oral, le candidat développera son exposé, la parole prenant alors le relais de l'écrit qui, encore une fois, ne peut pas présenter un caractère d'achèvement dans le délai de préparation imparti. Si l'on veut éviter une lecture morne, cela ne semble pas d'ailleurs souhaitable...

Concrètement, la durée d'une heure permettra de réfléchir à un plan de base de l'exposé, en deux grandes parties en général (des sous-parties pouvant utilement décomposer, pour la compréhension du jury, les différents aspects de l'argumentaire), parties conçues comme dialectiques ou en tout cas devant mettre en exergue le ou les grands balancements du sujet, ainsi qu'à une introduction de quelques minutes (entre deux et trois minutes, par exemple, mais pas moins), importante pour situer celui-ci dans son contexte et mettre en lumière sa problématique générale. Pour faire ce travail, le candidat à l'épreuve orale d'admission pourra au demeurant utiliser les codes et recueils de lois et décrets annotés. Plus précisément, la règle aujourd'hui décidée par l'Association des directeurs d'IEJ est la suivante : « lors de la préparation de l'épreuve orale d'admission relative à la protection des droits et des libertés fondamentaux, les étudiants peuvent utiliser les recueils de normes législatives, *supra*-législatives ou *infra*-législatives, ne contenant aucune indication de doctrine et notamment les codes annotés, mais non commentés, ainsi que les recueils de texte qui, en application de cette règle, auront été validés par l'Association des directeurs d'IEJ ». S'il en était encore besoin, cette possibilité de consulter les textes pendant le temps de préparation montre qu'au-delà de la maîtrise — sous-entendue — des connaissances de base, c'est un positionnement de « juriste professionnel » qui est attendu du candidat : un exposé et une analyse du sujet dans toutes ses dimensions, accompagné d'un point de vue critique, non une récitation scolaire et linéaire sans grand intérêt.

– « **Suivi d'un entretien de trente minutes avec le jury** ». C'est si l'on peut dire la deuxième partie de l'épreuve orale, peut-être la plus difficile pour un certain nombre de raisons notamment du fait de sa longueur.

En effet, cette discussion vient après l'exposé de quinze minutes, lui-même effectué après une préparation d'une heure, et le candidat, même s'il ne le ressent pas forcément, est peut-être déjà dans un état de relative fatigue qui risque de diminuer son aptitude à s'entretenir avec chaque examinateur du jury pendant trente minutes, voire même à comprendre les questions qui lui seront posées. Il lui faudra donc être capable de changer de positionnement pour, d'« exposant », devenir « écoutant » et « répondant ». C'est là, à notre sens, que réside peut-être la difficulté principale de l'épreuve orale pour le candidat, car, jusqu'à présent, les examinateurs ne sont pas encore intervenus, restant observateurs attentifs, mais vont maintenant apprécier en temps réel sa capacité à répondre à des questions que le sujet pose, que leur pratique professionnelle d'avocat ou de magistrat les a peut-être amenés à connaître, et dont ils aimeraient avoir le point de vue du candidat au travers d'une sorte de mise en situation.

Celui-ci doit donc absolument garder à l'esprit que l'exposé ne représente qu'une « petite moitié » de l'épreuve orale, et que tout relâchement est proscrit car la deuxième partie de celle-ci, différente pour lui, longue, commence, celle sur laquelle les examinateurs professionnels seront peut-être les plus tatillons car elle les amènera à évaluer les capacités de futur avocat du candidat. Il y a, nous semble-t-il, beaucoup à gagner à être conscient qu'« au bout de quinze minutes tout commence » et que tout va se jouer maintenant : le candidat qui démissionne pendant l'entretien, ou, plus gravement, dont le jury perçoit qu'il a mentalement arrêté l'exercice après l'exposé, n'a pas saisi la psychologie de l'épreuve qui est le contraire même du renoncement et de l'esprit de la profession d'avocat : une « discussion » constante avec les magistrats, avec ses confrères... Il risquerait ainsi d'être sanctionné. Il faut le répéter : l'avocat est un perpétuel contradicteur, le candidat doit montrer aux examinateurs qu'il l'a compris et qu'il veut en faire son métier, positionnement d'autant plus important si la deuxième partie de l'épreuve doit rattraper un exposé qu'il sait avoir été moyen...

– « **Sur un sujet relatif à la protection des libertés et des droits fondamentaux** ». C'est peut-être l'aspect le plus conventionnel de l'épreuve : un programme à connaître, mais la maîtrise de ces connaissances, vastes, par le candidat est primordiale pour la profession à laquelle il se destine. L'avocat, plus que jamais, est aujourd'hui en première ligne pour la défense des droits et libertés fondamentaux de ses clients, et les examinateurs, particulièrement l'avocat en exercice composant le jury, seront particulièrement attentifs à vérifier que le candidat a acquis une solide connaissance de leur contenu, même si, encore une fois, l'épreuve orale d'exposé-discussion est plus que cela.

Sous le bénéfice de cette observation, le programme est relativement étendu. Au titre des « libertés et droits fondamentaux », l'annexe de l'arrêté du 17 octobre 2016 le décline en quatre grandes rubriques : la première est nouvelle, il s'agit de la « culture juridique générale » (nous y reviendrons plus loin). Les autres n'ont pas changé : le candidat devra avoir assimilé l'« origine et les sources des libertés et droits fondamentaux », connaître le « régime juridique des libertés et droits fondamentaux », et enfin pouvoir parler des « principales libertés et des principaux droits fondamentaux ». Sur la base de cette tétralogie, qu'il paraît indispensable d'approfondir à partir d'une bibliographie solide et des enseignements dispensés par les IEJ, les sujets pourront porter sur des domaines assez variés pourvu qu'ils illustrent la mise en œuvre d'une liberté fondamentale, sa sanction, ou véhiculent, en quelque sorte à titre d'accessoire, des aspects de culture juridique générale, et les candidats peuvent également s'attendre à ce qu'ils revêtent diverses formes : décision de justice rendue par une juridiction nationale ou internationale, article d'une loi, texte relatif à un sujet d'actualité ou de sociologie juridique, article d'un journal, etc.

Cette diversité constitue une difficulté pour le candidat, qui doit s'attendre à travailler à partir de documents ne présentant pas toujours des points communs : on n'aborde pas de la même façon une décision de justice ou une coupure de presse, et la préparation ainsi que l'exposé lui-même doivent donc être adaptés au type de sujet même si le cadre général de l'épreuve, la protection des libertés et droits fondamentaux, reste inchangé.

L'article d'un quotidien, par exemple, sera en général moins précis qu'une décision de justice sur les aspects juridiques d'une liberté fondamentale que tel fait ou tel événement met en cause, et le candidat devra alors être attentif, dans cette configuration, à leur mise en valeur dans son exposé. Inversement, une décision de justice sera taisante sur les conséquences sociétales ou sociales de la solution qu'elle renferme, et le candidat, pour faire vivre son exposé et lui donner la profondeur nécessaire, devra veiller à les faire apparaître. Cette adaptation à la forme du sujet est capitale parce qu'elle est à l'image de l'adaptation permanente qu'exige la profession d'avocat, notamment à l'audience face aux magistrats ou avec les confrères, parce que « rien ne se passe jamais comme prévu » et qu'il faut, en temps réel et en conditions de rapidité, « faire avec » pour assurer au mieux la défense du client. Le jury y sera bien évidemment attentif.

– **« Permettant d'apprécier les connaissances »** du candidat. La réforme opérée par l'arrêté du 17 octobre 2016 a également voulu mettre l'accent sur l'idée de contrôle des connaissances, puisqu'auparavant, sous l'empire de l'arrêté du 11 septembre 2003, le terme de « connaissances » n'apparaissait pas dans l'article 8. Désormais, il vient en premier dans l'appréciation du candidat, et sans pour autant considérer que les critères d'« aptitude à l'argumentation et à l'expression orale » font l'objet d'un certain déclassement (ce n'est bien entendu pas le cas), on peut tout de même en déduire que le texte nouveau souhaite que le jury prête une attention particulière au niveau de connaissances du candidat durant les trente minutes d'entretien. Pour dire les choses autrement, il ne doit plus y avoir de place au hasard au grand oral, car lorsqu'un justiciable confie un dossier à son avocat pour la défense de ses intérêts, y compris les plus immédiats (désignation lors d'un placement en garde à vue, par exemple), il ne veut pas, justement, s'en remettre au hasard. C'est pour l'éliminer qu'il s'adresse à un auxiliaire de justice, professionnel du droit. Autrement dit, l'exigence — l'objectif — de maîtrise des connaissances lors de l'épreuve orale d'admission est une garantie de sécurité pour plus tard, lors de l'exercice professionnel, la garantie que l'avocat n'est en principe ignorant d'aucune des règles pouvant assurer la défense du client dans les situations où les enjeux sont importants pour ce dernier. Le candidat ne pourra pas se permettre d'être en deçà de ce plancher lors de l'épreuve, dont le coefficient a été rehaussé, sans doute pas par hasard...

- « **La culture juridique** ». Cet aspect complète le précédent : si le candidat doit avoir des « connaissances », on peut également attendre de lui qu'il possède une « culture juridique » de base en matière de libertés et droits fondamentaux, « générale » ainsi que le précise le I du programme de cette épreuve figurant en annexe de l'arrêté de 2016. Il semble que l'on puisse interpréter cette notion de deux manières, qui se complètent. D'abord, exiger d'un candidat, futur auxiliaire de justice, qu'il possède une « culture juridique », c'est logiquement attendre une culture judiciaire de base en matière d'institutions judiciaires, de procédure civile, pénale ou administrative contentieuse. Comment un futur avocat pourrait-il ignorer, par exemple, les plus élémentaires des principes directeurs du procès civil, ou ceux contenus dans l'Article préliminaire du Code de procédure pénale, ou dans le Titre préliminaire du Code de justice administrative ? Peut-il vraiment se présenter à un jury de professionnels du droit sans être capable de dire quelques mots sur ces principes structurants des trois procédures ? Là aussi, il s'agit d'un « bagage minimum » attendu du candidat, exigence qui permet de rejoindre la deuxième façon de concevoir la notion de culture juridique « générale » (en matière de libertés et droits fondamentaux, cf. annexe à l'arrêté du 17 octobre 2016, I), entendue comme ce qu'il est impossible de ne pas connaître sur la matière du sujet tiré par le candidat, c'est-à-dire sur les notions fondamentales qui se rattachent au sujet principal. Si celui-ci, par exemple, est relatif à un cas en matière d'appel civil où le conseiller de la mise en état, qui a déclaré l'appel irrecevable, se retrouve dans la formation de la Cour appelée à connaître de cette décision sur déféré, on imagine mal que le candidat, lorsque le jury lui demandera son avis sur la composition de cette formation, ne fasse pas état de l'article 6 § 1 de la Convention européenne des droits de l'homme et de la notion de tribunal impartial, ou ne puisse pas répondre à une question générale sur la notion d'impartialité objective tant elle se rattache à la question principale portant sur la composition régulière ou non de la cour d'appel. La maîtrise de ce fond de connaissances était déjà logique avant la réforme, elle est désormais nécessaire et le candidat doit se préparer aux « fondamentaux » de la culture juridique processuelle et judiciaire en vue de l'épreuve.

- « **Son aptitude à l'argumentation** » du candidat. Nous le disions plus haut, l'épreuve orale de protection des libertés et des droits fondamentaux n'est pas conçue comme la reprise morne du sujet tiré par le candidat, accompagnée d'une récitation des textes et de la jurisprudence qui peut s'y rapporter; au contraire, elle a pour but affiché d'apprécier l'aptitude du candidat à argumenter à partir de ce sujet, à mettre en place dans son exposé les bases d'une dialectique qui permettront d'établir une discussion — de trente minutes — avec le jury. Autrement dit, lors de sa préparation d'une heure, le candidat doit être attentif à ne pas s'enfermer dans une simple paraphrase du sujet qui, agrémentée de quelques illustrations jurisprudentielles, sera déclamée pendant quinze minutes; plus que cela, il doit construire son exposé en forme de discussion qui fera apparaître tous les aspects, positifs et négatifs, d'une décision rendue par un juge ou une autorité administrative, d'une position prise par une association ou une autorité politique, etc. Ce qui est attendu, c'est une réflexion d'ensemble, accompagnée d'un point de vue critique : celui d'un juriste qui souhaite devenir professionnel du droit et ne peut donc plus se permettre, à ce stade crucial de l'épreuve d'admission, d'avoir une vision scolaire, réductrice, ou même de n'aller que dans un sens, celui — confortable ou estimé tel — que le sujet semble privilégier.

L'article 7 de l'arrêté le dit bien, le sujet relatif à la protection des libertés et des droits fondamentaux « permet » d'apprécier l'aptitude à l'argumentation du candidat : ce sujet est donc un prétexte, quel qu'il soit, à évaluer cette aptitude dans la construction d'un exposé ouvrant un dialogue, et développant des idées qui permettront ensuite d'échanger avec le jury lors de l'entretien. C'est en cela que l'exercice consiste, et ce à quoi le candidat doit se préparer : qu'est-ce qu'une plaidoirie ou des observations devant une juridiction sinon une argumentation sur les points sensibles d'un dossier, ramassée en quelques minutes pour attirer l'attention et peut-être emporter la conviction ?

- **« Et à l'expression orale » du candidat**. Ce paramètre est lui aussi d'une grande importance : comment communiquer et convaincre des examinateurs qui chaque jour, au prétoire ou dans les amphithéâtres, doivent s'exprimer au mieux pour exercer leur profession, si l'expression orale du candidat n'est pas soignée ou en tout cas pas surveillée ? Il faut être bien conscient que « tout » — contenu de l'exposé, impression sur la personnalité du candidat — passe par la parole lors de cette épreuve qui ne comporte pas, à son issue, de dépôt par le candidat de ses notes, à l'image du dépôt du dossier de plaidoirie par les avocats devant la formation collégiale du tribunal de grande instance une fois que l'affaire a été plaidée, lequel contient côtes et pièces sur lesquelles le juge se fondera pour rendre sa décision. Ici, il n'y a rien : c'est le règne de l'oralité pure.

Dans ces conditions, la qualité de l'expression orale du candidat sera particulièrement appréciée à l'aune de la force de conviction qu'elle véhicule. C'est une évidence de le rappeler, mais une expression morne qui ne cherche pas à convaincre, sans intonations ni force de percussion, ne sera pas à la hauteur des attentes du jury mais montrera seulement que le candidat, au-delà d'une dose de stress inhibante mais compréhensible, n'a pas compris le sens de l'épreuve, voire l'esprit de la profession à laquelle il se destine qui est tout autant communication que compétence. La qualité de l'expression orale sera également tributaire de sa « forme » : du choix des mots, de la maîtrise de leur débit et du volume de la parole, de la constance du timbre, de la surveillance d'un éventuel accent prononcé, toutes choses qui, ensemble, forment un tout qui doit être mis au service du contenu du message.

On est ici aussi dans le domaine des évidences, mais le candidat doit s'efforcer de s'exprimer avec simplicité et sobriété, librement mais sans aucune familiarité de langage, avec le plus de clarté possible pour être compris et permettre à la discussion de s'engager. L'écueil à éviter nous paraît être, comme on le voit parfois, de trop vouloir « substantialiser » le propos : d'abord, un discours « compliqué » sera plus difficile à maîtriser pour le candidat en temps réel, et surtout la juridicité du discours ne dépend pas de sa complication. En un mot, ce qui se conçoit bien s'énonce clairement, simplement et sans emphase, ce qui n'empêche pas, bien au contraire, d'exprimer une conviction : plus l'expression sera fluide, mieux celle-ci apparaîtra. Les mots trop recherchés sont souvent des mots creux, ils seront en décalage avec l'« entretien », la conversation que le candidat doit avoir avec le jury...

CONCLUSION

L'épreuve orale d'exposé-discussion est donc un exercice d'une relative difficulté, l'épreuve-phare de l'admission au CRFPA puisqu'elle est désormais affectée d'un coefficient 4. Ses trois volets : préparation, exposé du candidat, discussion avec le jury, étalés sur une durée d'une heure quarante-cinq, nécessitent une appréhension réfléchie et une approche très professionnelle. C'est aussi une épreuve fatigante nerveusement et physiquement. Les candidats n'ont en principe jamais été confrontés, dans leur cursus universitaire, à un oral de ce type, et il est donc hautement souhaitable qu'ils suivent les entraînements à cette épreuve dispensés par les Instituts d'études judiciaires, mais aussi que de leur côté, en amont, ils aient assimilé les points fondamentaux qui viennent d'être rappelés. Il n'y a toutefois rien d'insurmontable : un « exposé » reste toujours, peu ou prou, une présentation structurée, qui doit comporter une introduction générale et un plan de base permettant de traiter le sujet dans toutes ses dimensions, et l'entretien qui suit avec le jury ne doit pas être conçu comme la confrontation à un peloton d'exécution, bien au contraire. Celui-ci est toujours bien disposé à l'égard du candidat qui a dépassé le stade des épreuves d'admissibilité, prêt à l'écouter avec intérêt et à discuter avec lui d'une « belle » question de protection des libertés et des droits fondamentaux, et, sauf accident ou insuffisance avérée, à l'« accueillir » dans la profession...

Olivier Salati

Maître de conférences HDR Aix-Marseille Université Laboratoire de droit privé et de sciences criminelles (EA 4690) Directeur de l'Institut d'études judiciaires de la Faculté de droit et de science politique d'Aix-en-Provence Directeur du Master II P Contentieux et procédures civiles d'exécution

Sommaire

Chapitre 1

Notions et sources

Section 1.
SUR LA NOTION DE LIBERTÉS ET DROITS FONDAMENTAUX
(François Terré)

Section 2.
LA DIMENSION HISTORIQUE DES LIBERTÉS ET DROITS FONDAMENTAUX
(Philippe Ségur)

Section 3.
LA PHILOSOPHIE DES DROITS DE LA PERSONNE HUMAINE
(René Sève)

Section 4.
LA DIMENSION INTERNATIONALE ET EUROPÉENNE DES LIBERTÉS ET DROITS FONDAMENTAUX
(Fabien Marchadier et Jean-Pierre Marguénaud)

Section 5.
LES DROITS FONDAMENTAUX DANS L'UNION EUROPÉENNE
(Florence Benoît-Rohmer et Jean Paul Jacqué)

Section 6.
LA DIMENSION CONSTITUTIONNELLE DES LIBERTÉS ET DROITS FONDAMENTAUX
(Jean-Éric Gicquel)

Section 7.
LE DROIT INTERNATIONAL PRIVÉ ET LES DROITS FONDAMENTAUX
(Yves Lequette)

Section 8.
LA MONDIALISATION DE LA PROTECTION JURIDIQUE DES DROITS FONDAMENTAUX
(Jean-Louis Halpérin)

Section 1.
SUR LA NOTION DE LIBERTÉS ET DROITS FONDAMENTAUX

FRANÇOIS TERRÉ
Membre de l'Institut

Les affirmations successives de libertés de plus en plus nombreuses et antagonistes, si réconfortantes soient-elles, ont été de pair avec les proclamations, nationales ou internationales de droits de l'homme. Au fil des temps, la reconnaissance de droits fondamentaux, nappe nouvelle de garanties, s'accompagne de contrôles juridictionnels tendant à recouvrir toutes les manifestations de la vie sociale dans un contexte qui finit par mettre en cause l'existence même du droit. Ainsi va une pensée unique.

1. ***Liberté.*** La soif qu'elle inspire est toujours exaltante et son discours est plus porteur d'espoir que le silence et l'oppression. Encore faudrait-il ne jamais oublier qu'elle est un bien fragile et qu'à vouloir trop souffler sur la flamme, on risque de l'éteindre.

2. La liberté a toujours eu, aux yeux des hommes, de multiples significations. Et si l'on devait en isoler une seule, cela pourrait être celle, élémentaire et instinctive, qui s'exprime ainsi : est libre celui qui n'a besoin de personne ni de quoi que ce soit. L'ermite dans sa retraite, Robinson sur son île se rapprochent de cet idéal. Mais cette liberté extrême ne se découvre qu'au prix de la solitude.

3. Ce n'est pas cette liberté ainsi purifiée qui intéresse notre monde toujours plus peuplé et où le « prochain » se fait chaque jour plus proche. Mais c'est une liberté relative, s'exprimant par rapport aux autres hommes et au sein d'une société, à laquelle s'attache le droit, cette sorte de lien entre les solitudes. Sa mission primordiale est d'équilibrer les antagonismes en préservant la sphère de chacun. Ce fut encore possible, et d'ailleurs non sans mal, aussi longtemps que la sphère de liberté de chacun garda des proportions raisonnables, à l'intérieur d'un espace global limité par l'ordre nécessaire au fonctionnement de la société. Mais ce fut de plus en plus difficile à mesure que l'on voulut étendre indéfiniment les libertés individuelles.

4. Quels jalons ont marqué cette extension ? Jadis, en prenant la Bastille, la liberté, c'était de pouvoir aller et venir, de n'être pas arbitrairement enfermé, d'avoir un domicile inviolable, de participer aux élections, bref d'avoir liberté de conscience, d'opinion et d'expression. Plus tard, surtout quand s'approcha le XXe siècle, la liberté entraîna dans son sillage la revendication de multiples droits : droit à l'instruction, pour éveiller les citoyens à la conscience de leurs prérogatives, droit de se syndiquer, pour mieux lutter en faveur des intérêts professionnels, droit de grève, aux mêmes fins...

5. Ensuite, sous le pavillon de cette liberté vinrent se ranger de nouvelles exigences, un certain nombre de garanties positives et d'ordre économique : droit au travail (protection contre le chômage), droit à la santé (protection contre l'adversité naturelle), droit à la solidarité (protection contre les calamités rompant l'égalité de tous devant les sujétions publiques), droit à la non-discrimination (protection contre les préjugés). Puis il s'agit de toutes ces prérogatives diffuses que l'on range toujours sous le vocable de liberté, mais qui expriment surtout des aspirations au confort, aux loisirs, aux assistances de toutes sortes. Et l'on ne s'arrête pas là. Devenu prétexte à la manie de la revendication, ce mot magique de liberté peut couvrir toutes les outrances. Pourquoi pas le droit au soleil ou, si l'on craint le bronzage, le droit à la pluie ?

*

* *

6. Cette évolution atteste une perpétuelle adjonction de droits tendant à prolonger et à renforcer de précédentes conquêtes, à élargir de plus en plus la marge de liberté de chacun. De ces excès, résultent pour la liberté les plus pernicieuses menaces.

7. Menace d'abord, parce que, comme toutes les richesses, et dans la société humaine, elle n'est pas illimitée. L'élargissement démesuré des prérogatives multiplie les antagonismes, développe exagérément l'interdépendance des sphères individuelles et asphyxie finalement la société globale. A-t-on besoin de la psychanalyse pour comprendre que l'interdit, loin d'être contraire à la liberté, en est constitutif ?

Menace ensuite, parce que, sous l'écume du mot « liberté », c'est bien plutôt d'égalité qu'il s'agit. Que l'évolution économique et industrielle ait multiplié entre ces deux valeurs essentielles les occasions de conflit paraît évident. Il n'en existe pas moins un glissement préoccupant. L'idée de bonheur dont parlait Saint-Just s'est de plus en plus déplacée : au bonheur d'être soi-même se substitue le bonheur d'être comme les autres.

Menace enfin, parce que, dans un monde inquiétant, le besoin de sécurité s'affirme de plus en plus à travers les revendications et les programmes. Or il développe dans les esprits une mentalité d'assistés et d'irresponsables et il appelle une bureaucratie de plus en plus oppressante, ce qui est très exactement contraire à la liberté, sans cesse invoquée.

8. Sans cesse invoquée... car tel est le pouvoir d'un mot, d'un mot trahi par tant d'impostures. Est-ce ainsi que les Français veulent recommencer leur vie ? Qu'ils retiennent, pendant qu'il est encore temps, le message de Rousseau : « Il n'y a point d'assujettissement si parfait que celui qui garde l'apparence de la liberté; on captive ainsi la volonté même. »

9. La notion de *droit subjectif* se distingue malaisément de celle de *liberté publique*. Entre elles, le rapprochement s'opère naturellement à la lecture des déclarations des droits. Quand il est précisé, à l'article 2 de la Déclaration de 1789, que les droits naturels et imprescriptibles de l'homme « sont la liberté, la propriété, la sûreté, et la résistance à l'oppression », il apparaît que, notamment, la liberté aspire à un exercice aussi étendu qu'il est possible, du fait de la coexistence entre les hommes, et se montre rebelle à un cadre précis ordonnant son existence et sa destinée. Au contraire, la propriété se coule dans la forme d'une prérogative dont les caractères sont nettement précisés par le droit positif : « la propriété est le droit de jouir et disposer des choses de la manière la plus absolue, pourvu qu'on n'en fasse pas un usage prohibé par les lois ou par les règlements » (C. civ., art. 544).

10. Reste qu'il peut être parfois difficile de distinguer les droits subjectifs des libertés publiques. La distinction se révèle pourtant d'autant plus nécessaire que des textes, déclarations et conventions internationales, plus nombreux que par le passé, s'ajoutant les uns aux autres, ont imposé une référence plus fréquente, dans tous les domaines du droit, y compris en droit privé, à des libertés publiques et à des droits de l'homme.

11. Dans certains secteurs, il est vrai, la matière sur laquelle porte la prérogative facilite le partage. Ainsi en est-il quand il s'agit de la participation des *citoyens à* l'activité politique, par l'électorat ou l'éligibilité. Aussi bien l'article 7 du Code civil dispose-t-il que « l'exercice des droits civils est indépendant de l'exercice des droits politiques, lesquels s'acquièrent et se conservent conformément aux lois constitutionnelles et électorales ». L'attribution de la qualité de national français ou de citoyen français — ce qui n'est pas nécessairement identique — relève du même ordre de considérations. Ainsi en est-il du *droit à la nationalité*, affirmé à l'article 5 de la Déclaration universelle des droits de l'homme (1948).

12. Si l'on envisage d'autres droits, c'est encore dans le cadre des libertés publiques qu'on peut en traiter : liberté d'aller et de venir, liberté de parole, de pensée, d'expression, liberté de l'imprimerie, de la presse, de la communication audiovisuelle, liberté de conscience, liberté syndicale... Le fait que ces *prérogatives* soient souvent affirmées ou consacrées dans des préambules, des déclarations ou des dispositions générales n'exclut pas qu'elles puissent trouver leur prolongement dans des droits subjectifs : ainsi la liberté de l'écrivain se prolonge dans le droit, matériel et surtout moral, de l'auteur sur son œuvre. Reste que les prérogatives considérées se manifestent avant tout dans les rapports de l'individu avec la puissance publique, dont les agents protègent contre les empiétements de l'État les libertés indispensables.

13. Les *droits subjectifs* se manifestent sinon exclusivement du moins principalement dans la perspective des relations entre les particuliers — individus ou groupements — soit dans leurs rapports entre eux, soit dans leurs rapports avec les biens. Ils sont de ce fait dotés d'une structure et d'un contenu caractérisé : droit de créance, droit de propriété, d'usufruit, de servitude... Mais force est de reconnaître que, plus l'on se rapproche du statut de la personne humaine en tant que telle, y compris dans sa vie privée ou familiale, plus le relief inhérent à la notion de droit subjectif s'atténue, sans que pour autant diminue la force de la prérogative reconnue au sujet de droit. Ainsi l'article 9, alinéa 1er, du Code civil dispose que « chacun a droit au respect de sa vie privée ».

14. La distinction de la liberté publique et du droit subjectif se manifeste notamment au sujet de la condition du justiciable. Celui-ci dispose de la *liberté* d'ester en justice, c'est-à-dire de saisir les tribunaux français pour obtenir justice : il s'agit d'une liberté publique si fondamentale que le pouvoir d'accès aux tribunaux français est reconnu non seulement aux Français, mais aussi aux étrangers. En outre, le justiciable est investi d'un droit subjectif : *l'action en justice*, qui « est le droit, pour l'auteur d'une prétention, d'être entendu sur le fond de celle-ci afin que le juge la dise bien ou mal fondée » (C. pr. civ., art. 30, al. 1er); « pour l'adversaire, l'action est le droit de discuter le bien-fondé de cette prétention » (al. 2).

15. Aux concepts de *libertés publiques et* de *droits de l'homme* – ceux-ci étant sous-tendus par la notion de droit subjectif –, s'en est ajouté un autre, à notre époque, sous l'influence grandissante du droit constitutionnel. Il s'agit de ce qu'il est convenu d'appeler les *droits fondamentaux*.

16. Ceux-ci se caractérisent de diverses manières. Tout d'abord et plus encore qu'au sujet des droits de l'homme – comme le droit à l'honneur –, ils sont reconnus aussi bien, et de manière en quelque sorte égalitaire, aux personnes morales tout autant qu'aux personnes physiques.

Leurs thuriféraires avancent surtout un faisceau de caractères. Certains d'entre eux – il est vrai – n'emportent pas la conviction. Ainsi n'est-il pas convaincant d'observer que les droits fondamentaux concerneraient non seulement, à la verticale, les rapports entre les individus et la puissance publique mais aussi, à l'horizontale, les relations des individus entre eux, car on pourrait en dire autant de certaines libertés (liberté de conscience, de réunion, de manifestation...) ou de certains droits de l'homme, tel le droit de propriété.

17. Plus significatifs sont, en définitive, des critères de nature organique, manifestant essentiellement une supériorité de la Constitution : « les droits et libertés fondamentaux sont, en premier lieu, protégés contre le pouvoir exécutif mais aussi contre le pouvoir législatif; alors que les libertés publiques – au sens du droit français classique – sont essentiellement protégées contre le pouvoir exécutif... En deuxième lieu, les droits fondamentaux sont garantis en vertu non seulement de la loi mais surtout de la Constitution ou des textes internationaux ou supranationaux. En troisième lieu, la protection des droits fondamentaux nécessite, pour être assurée contre les pouvoirs exécutif et législatif, en application des textes constitutionnels (ou internationaux), qu'en soient chargés, non plus seulement les juges ordinaires, mais aussi les juges constitutionnels et même les juges internationaux » (L. Favoreu, « Universalité des droits fondamentaux et diversité culturelle », *in L'effectivité des droits fondamentaux dans les pays de la communauté francophone*, colloque international de l'Île Maurice, 29 sept.-1er oct. 1993, éd. Aupelf-Uref, 1994, p. 48).

18. Rien d'étonnant alors si l'on retrouve pêle-mêle, parmi ces droits fondamentaux : le droit à l'égalité, le droit au développement, la liberté de conscience, les droits de la personnalité, le droit d'accès à la justice... Et cela ne facilite pas nécessairement la réflexion du juriste. On en dira autant de l'observation suivant laquelle les droits fondamentaux ne seraient jamais absolus, car il en va pratiquement de même de presque tous les droits. Raison de plus pour procéder à leur étude de manière analytique.

19. On a vu, hélas, se développer chez ces thuriféraires un véritable fondamentalisme des droits fondamentaux. Gardons-nous d'en présenter quelque caricature qui pourrait susciter leur courroux. Certains fanatiques se plaignent d'être méprisés par leurs contradicteurs. Mais ceux-ci, fidèles à la liberté de pensée, d'opinion et d'expression, rappellent simplement qu'un néocolonialisme occidental ne peut servir une cause en elle-même libératrice; l'absence de toute autorité souveraine sur les juridictions internationales est, par exemple, la source de leur infirmité congénitale. N'en déplaise à ceux qui en font leur commerce en oubliant cette tolérance sans cesse menacée par la pensée unique. Mais il y a le Conseil constitutionnel, surtout depuis 2008...

Section 2.
LA DIMENSION HISTORIQUE DES LIBERTÉS ET DROITS FONDAMENTAUX

PHILIPPE SÉGUR
Agrégé des facultés de droit
Professeur à l'Université de Perpignan Via Domitia

Contrairement à certaines idées reçues, les droits et libertés ne sont pas en dehors du processus historique. D'abord parce qu'on ne peut déterminer un point zéro de la chronologie avant lequel rien n'existerait, après lequel le législateur les ferait jaillir du néant. Ensuite parce que ces droits sont et ont toujours été travaillés par le contexte sociopolitique dans lequel ils se sont déployés. Dans leur traduction positive, ils sont inévitablement tributaires du mouvement des idées, de la culture dominante et des événements du temps. Il en résulte que, quels que soient leur niveau de consécration et le degré de stabilité de l'ordre juridique, leur devenir demeure imprévisible aussi bien dans le sens de leur développement que dans celui de leur éventuelle régression. Preuve en a été le débat sur le port de la burqa (niqab) qui montre, en matière de laïcité, combien le principe de neutralité de l'État défini par la loi du 9 décembre 1905 peut se voir remis en question aussi bien par des pratiques religieuses minoritaires que par des perceptions sociales collectives. Reste qu'il est toujours utile de connaître le passé et d'en tirer les leçons si l'on ne veut pas, selon la fameuse formule de Winston Churchill, « être condamné à le revivre »...

II. L'avènement des droits de l'homme en 1789

A. L'élaboration de la Déclaration de 1789

1. Le contexte de la Déclaration de 1789

2. Le contenu de la Déclaration de 1789

3. Les caractères de la Déclaration de 1789

4. Les influences de la Déclaration de 1789

B. La signification de la Déclaration de 1789

1. La limitation de l'État par le droit

2. Le triomphe du modèle britannique

C. La critique de la Déclaration de 1789

1. La critique contre-révolutionnaire

2. La critique de Nietzsche

3. La critique de Marx

III. L'évolution des droits et libertés après 1789

A. L'enracinement des droits et libertés

1. L'héritage de la Déclaration dans les constitutions ultérieures

2. L'effectivité des droits et libertés jusqu'à la Seconde Guerre mondiale

B. Le renouvellement des droits et libertés

1. La socialisation des droits et libertés

2. Le préambule de la Constitution du 27 octobre 1946

3. Le préambule de la Constitution du 4 octobre 1958

C. L'expansion des droits et libertés

1. Le ralliement des anciens opposants

2. L'internationalisation des droits et libertés

3. Les menaces actuelles pour les droits et libertés

20. ***Quelle histoire des droits et libertés ?*** Au commencement étaient les devoirs et non les libertés. Les hommes se devaient au prince, aux prêtres, au groupe social qui souvent exigeaient d'eux le sacrifice de ce qui n'était pas encore des droits. L'histoire des libertés s'écrit alors en creux, à partir de leur négation. Mais peut-il exister une histoire *positive* des libertés fondamentales ? Certains ont pu en douter.

En effet, pour définir ces libertés, il faut soit les rapporter à un droit naturel inhérent à la nature humaine (thèse jusnaturaliste), soit les identifier à partir du niveau supralégislatif où elles sont garanties (thèse positiviste). Dans le premier cas, elles procèdent d'un droit qui, par hypothèse, est de toujours et n'a pas d'origine sinon doctrinale ou déclarative. Dans le second, leur définition relève d'une problématique formelle qui, par principe, est anhistorique (normativisme). Dès lors, l'étude génétique des libertés fondamentales est le plus souvent ramenée à celle de quelques textes dans leur application plus ou moins erratique. Traditionnellement, on considère que tout commence avec la Déclaration des droits de l'homme et du citoyen de 1789. En quelques courts articles bien écrits, mais désordonnés, les révolutionnaires français ont établi un certain nombre de principes qu'ils voulaient définitifs. Ce texte ne devait-il pas constituer « le catéchisme juridique » de la Nation, comme le voulait Barnave ? On y a vu une rupture, un point de départ, « un basculement du fondement social » selon la formule de Marcel Gauchet. Est-ce vraiment le cas ?

L'Antiquité comme l'ancienne France paraissent étrangères aux nouvelles valeurs qui voient le jour en 1789. L'Antiquité ne semble pas posséder une notion suffisamment développée de l'individualité pour lui accorder des droits, encore moins une protection. L'Ancien Régime, fondé sur la monarchie absolue, l'inégalité des sujets, l'arbitraire de la justice, est *a priori* aux antipodes des conceptions défendues dans la Déclaration. Cette opposition entre l'avant et l'après 1789, quoique très répandue, est évidemment réductrice. Les déclarations modernes des droits sont, en réalité, le résultat des apports successifs de la civilisation occidentale. Elles portent l'empreinte de la pensée politique antique, du christianisme et de la philosophie des Lumières. Il faut donc considérer avec nuance le régime des libertés avant la Révolution (***I.***). Il sera ensuite possible d'apprécier la nouveauté des droits proclamés en 1789 (***II.***) et de dessiner leur évolution ultérieure (***III.***).

I. Le régime des libertés avant 1789

21. ***L'ancienneté des libertés.*** Malgré le sort peu enviable souvent réservé à l'individu, l'Antiquité, le Moyen Âge et l'Ancien Régime n'ont pas ignoré la notion de liberté et un certain exercice pratique de celle-ci. On relèvera même, dans l'Antiquité, l'existence de textes écrits proclamant des droits et des devoirs pour certains groupes humains : le Code d'Hammourabi à Babylone (XVIIIe siècle av. J.-C.), le Décalogue (Xe siècle av. J.-C.), le Livre de la Loi de Li Kui (IVe siècle av. J.-C.) ou les Lois de Manu (IIe siècle). Ces textes définissent les principes organisateurs de la société en fonction d'une idée universelle qui procède de la volonté divine transcendantale (chez les Hébreux), du Tao (en Chine) ou du Dharma (en Inde). S'agissant de la culture européenne, on peut procéder à un examen rapide des libertés antiques (**A.**), médiévales (**B.**) et d'Ancien Régime (**C.**).

A. Les libertés antiques

1. Les libertés à Athènes

22. ***La notion grecque de liberté.*** À Athènes, aux Ve et IVe siècles avant Jésus-Christ, la démocratie se fonde explicitement sur la notion de liberté. Celle-ci est à la fois une *liberté civile* et une *liberté politique*. Elle est civile, parce que chaque citoyen est garanti dans sa personne et dans ses biens du moment qu'il n'enfreint pas les lois de la cité. Elle est politique, parce que tous les citoyens sont habilités à participer aux affaires publiques sous les mêmes conditions. La liberté se conçoit négativement comme l'absence d'asservissement et positivement comme une situation d'autarcie. Sur le plan individuel, l'autarcie est valorisée sous l'angle domestique. L'homme libre est le citoyen qui ne dépend économiquement que de lui-même et qui peut se consacrer aux affaires de la cité, à la vie politique (*bios politikos*). Sur le plan collectif, l'autarcie est synonyme d'indépendance. Elle implique que le groupe ait la faculté de choisir son destin, comme l'affirme Aristote dans le *Politique*.

La liberté entretient un rapport étroit avec l'égalité ou *isonomia* au point que ce terme est quelquefois utilisé pour désigner le régime. Il renvoie prioritairement à l'égal accès à l'activité publique, qui est garanti par la loi. Il se traduit par un certain nombre d'applications concrètes : *isègoria* (égal droit à la parole devant les assemblées politiques), *isogonia* (égalité par la naissance) et *isokratia* (égalité de pouvoir). Il en résulte une circularité de l'espace public dont chaque citoyen est théoriquement voué à occuper les différents points successivement, selon la formule de Jean-Pierre Vernant. Ainsi conçus, les droits des citoyens ne sauraient néanmoins constituer de purs avantages. D'une part, ils sont inséparables de devoirs : obéissance aux lois, service militaire (de dix-huit à soixante ans), impôt. Les plus riches se doivent d'assumer les charges les plus lourdes comme la construction des bâtiments publics, le financement des allocations pour les indigents ou des « services publics » (*leitourgia*). D'autre part, les citoyens sont soumis à une responsabilité très étendue qui les rend passibles de déchéance civique (*atimie*), c'est-à-dire de privation de leurs droits politiques en cas de non-respect de leurs devoirs.

23. ***Une conception spécifique de l'égalité.*** L'égalité enfin n'est pas fondée sur une identité naturelle entre les hommes comme le veut le personnalisme moderne. Elle est établie à partir d'une identité artificielle – la qualité de citoyen – qui définit les individus dans leur particularité et qui, partant, les distingue. Seuls les citoyens mâles bénéficient donc de l'*isonomia*, à l'exclusion des femmes, des étrangers et des esclaves. Cependant, il faut se garder des visions simplificatrices. Les femmes, si elles ne sont pas admises à participer à la vie publique, appartiennent à la communauté civique et se voient reconnaître un rôle important tant pour la transmission de la qualité de citoyen à leurs enfants que pour les rituels religieux à caractère national dont certains leur sont réservés. De leur côté, les étrangers ne sont pas sans statut, puisque, selon qu'ils sont domiciliés à Athènes (métèques) ou seulement de passage (*xénoi*), ils profitent d'une tradition d'hospitalité héritée des milieux aristocratiques. Quant aux esclaves, bien que réduits à l'état de marchandises, leur sort s'avère moins rude qu'ailleurs à la même époque en raison des possibilités d'affranchissement qui s'offrent à eux et du souci grec de la bonne gestion domestique.

2. Les libertés à Rome

24. ***La liberté romaine.*** À Rome, du Ve siècle au Ier siècle av. Jésus-Christ, la notion de liberté occupe également une place centrale. Elle permet, en effet, de distinguer le peuple qui vit sous ses propres lois de celui qui est soumis à un tyran, et des simples esclaves. Fortement liée à la notion de propriété, la *libertas* s'entend juridiquement comme la libre disposition de soi dans une société organisée. Il ne s'agit pas de la faculté d'agir à sa guise, qui serait la licence, ainsi que le rappelait Tacite. En réalité, le mot « liberté » évoque simultanément la faculté de jouir de droits civiques et la situation du peuple délivré du pouvoir monarchique. Les libertés publiques, au sens romain, ne se conçoivent par conséquent que sous réserve de garanties solides que seule peut apporter la république. Selon Cicéron, cette dernière est, en effet, une société d'hommes qui fait corps grâce au ciment du droit et qui est dotée à ce titre de l'autorité souveraine. Point important : elle s'incarne dans le peuple.

25. ***La citoyenneté romaine.*** L'appartenance à cette communauté politique est déterminée par la possession de la qualité de citoyen. Cette dernière est réservée aux hommes de 17 ans au moins, appartenant à l'une des 35 tribus qui composent le *populus* à l'apogée de la République. La règle exclut les femmes, les étrangers et les esclaves, sans toutefois interdire à l'esclave (*manumission*) ou à l'étranger (*naturalisation*) de se voir octroyer la citoyenneté sous de strictes conditions et à titre exceptionnel. Une fois recensé, le citoyen possède des droits politiques (électorat, éligibilité) et des droits civils (droit d'acquérir et d'aliéner, droit d'épouser une fille de citoyen, droit d'ester en justice). Comme dans le reste du monde antique, ces droits vont de pair avec des devoirs : paiement de l'impôt, obligations militaires, lesquelles ne pèsent que sur les plus fortunés, les pauvres n'étant appelés qu'en cas de levée en masse.

Cette conception de la citoyenneté s'est heurtée à l'extension considérable de la zone d'influence romaine au fil des conquêtes. La soumission de populations nombreuses et hétérogènes a donné naissance à un système à deux vitesses : d'un côté, les citoyens de plein droit (*cives optimo iure*) et, de l'autre, les citoyens de droit restreint (*cives sine suffragio*). Ces derniers, considérés comme des hommes libres, vivaient en dehors de la cité romaine, et ne possédaient que les droits civils du citoyen sans pour cela être dispensés des obligations militaires. Cette situation fortement inégalitaire sur de très vastes territoires a fini par provoquer un conflit dans la péninsule italique. C'est la Guerre sociale qui éclate au Ier siècle avant Jésus-Christ. Rome y répondra en 90 avant Jésus-Christ par la Loi *Julia de civitate sociis danda* qui accorde la citoyenneté aux alliés latins demeurés ou devenus neutres. L'année suivante, la Loi *Plautia-Papiria* offre le statut de citoyen à tous ceux qui en font la demande en Italie. La Rome républicaine ne deviendra pas pour autant démocratique. Il faudra, par ailleurs, attendre la période impériale pour qu'en 212 après Jésus-Christ, l'édit de Caracalla attribue la citoyenneté à tous les hommes libres de l'empire.

B. Les libertés médiévales

1. La formation des libertés médiévales

26. ***Une nature coutumière.*** Au Moyen Âge, les libertés sont coutumières. La coutume se présente comme un instrument de limitation du pouvoir par répétition du passé. La première acception du terme *consuetudo* (coutume) est fiscale. Au VIIIe siècle, il s'agit d'un impôt reconnu au pouvoir seigneurial de manière limitative par une décision royale. Les redevances non prévues par les usages sont alors qualifiées d'*exactiones*, de *malae consuetudines* ou encore d'*injusta consuetudines*. Dans le domaine pénal, la coutume permet une réduction de l'arbitraire seigneurial grâce à l'adoption de règles de procédure et d'un tarif pour les peines. Il est donc clair qu'elle limite le droit en même temps qu'elle le confère. L'évolution sémantique le confirme, puisque le mot « coutume » finira par désigner une exemption (franchise, liberté) au profit des habitants de la seigneurie.

27. ***Un aspect hétérogène.*** Vers l'an mil, les « villes neuves », « bourgs neufs », « bourgs francs » ou « villes franches » se multiplient. Ce sont des territoires libérés de tout service arbitraire, dispensés d'impôts et soustraits à toute justice extérieure pour un délai donné. À ces zones franches, s'ajoutent les sauvetés, périmètres protégés incluant monastères et villages, créés par les autorités cléricales. Progressivement, les villes chercheront à s'émanciper du pouvoir seigneurial. Les jurandes, qui organisent le travail au sein d'un même métier et qui en fixent les règles, protégeront leurs membres à la fois contre la concurrence et contre les autorités. Dès le début du XIIIe siècle, les professeurs et les étudiants qui font partie d'une communauté (*universitas*) jouissent, par ailleurs, d'exemptions d'impôts ou d'obligation militaire. Les *scolares* obtiennent la possibilité de se défendre en corps et possèdent une certaine liberté intellectuelle.

Il faut également mentionner l'asile religieux dont les origines remontent à la plus haute Antiquité et qui renaît sous une forme chrétienne au IVe siècle. En 1139, le canon 15 du second concile de Latran consacre un droit d'asile général dans les églises et les cimetières. Celui-ci est considéré comme un privilège destiné à préserver les lieux sacrés de toute activité profane. Les réfugiés, coupables notamment d'homicides involontaires, doivent pouvoir y trouver protection sous peine d'excommunication. Ce droit d'asile religieux, s'il fut effectif, connut toutefois des fortunes diverses selon les lieux et les époques comme en témoignent les violations nombreuses et les restrictions en augmentation constante à partir du *Décret* de Gratien au XIIe siècle.

2. *Les caractères des libertés médiévales*

28. ***Des libertés inégalitaires.*** Elles résultent de privilèges (du latin *priva lex*) qui ne sont accessibles qu'à certains individus en fonction de leur statut, c'est-à-dire à la noblesse et au clergé, à l'exclusion des membres du tiers état.

29. ***Des libertés collectives.*** Ce caractère atténue la rigueur du précédent dans la mesure où, à chaque échelon de l'organisation sociale, les libertés sont reconnues pour des groupes entiers. Ce ne sont pas les individus isolés qui sont titulaires de droits, mais les collectivités qui leur assurent une protection. Les particuliers sont, à ce titre, tenus de se subordonner aux besoins communs.

30. ***Des libertés garanties.*** Lors du sacre, le roi prête le serment de les respecter. Or, le monarque, loin d'être tout-puissant, n'a qu'un rôle conservatoire qui l'autorise éventuellement à abolir les coutumes « iniques » ou « corrompues ». Il ne peut influer sur celles qui apparaissent comme consubstantielles au groupe social. Si le roi n'est pas absolument souverain, c'est que la souveraineté ne peut appartenir qu'à Dieu selon les mots de saint Paul (*non est potestas nisi a deo*). Dès lors, on va considérer que le Prince est simultanément libre des liens de la loi et soumis à la loi. Il est *imago aequitatis* et *servus aequitatis*, seigneur et serf du droit, parce que soumis à la raison.

C. Les libertés d'Ancien Régime

1. *Les restrictions aux libertés*

31. ***La diversité des restrictions.*** Sous l'Ancien Régime, la religion d'État s'oppose à la liberté de conscience et des cultes. Il existe des tolérances qui vont disparaître de la révocation de l'édit de Nantes en 1685 jusqu'à l'édit de tolérance en 1787. La politique de ségrégation religieuse implique alors des restrictions d'accès à certaines activités publiques et privées tant pour les protestants que pour les Juifs. L'édit de 1787, ouvrant l'accès des protestants à l'état-civil, traduit la volonté de Louis XVI d'introduire un certain pluralisme religieux. La liberté d'expression est réduite du fait du privilège royal d'imprimerie et de la censure de la Librairie. Rousseau est ainsi banni pour la publication de l'*Émile* (1762) dont les exemplaires sont brûlés en place publique. Au XVIIe siècle, le cabinet noir contrôle la correspondance. La propriété privée ne saurait être garantie, puisque le roi est réputé être le propriétaire des biens de ses sujets. Liberté du travail et liberté du commerce ne sont qu'imparfaitement reconnues. Depuis l'ordonnance de 1670, la procédure criminelle est rigoureuse, les droits de la défense limités et l'échelle des peines particulièrement sévère. Les tortures les plus cruelles sont en usage et le choix de la sanction pénale procède souvent de l'arbitraire du juge. Les sujets peuvent être privés à tout moment de leur liberté par lettres de cachet émanant du roi. L'Église, institution de pouvoir, cautionne la plupart de ces restrictions et profite des privilèges tout en étant traversée, depuis le Moyen Âge, par de profonds mouvements de contestation qui préparent les Lumières.

32. ***Les causes des restrictions.*** Si l'idée d'une liberté individuelle est étrangère à l'Ancien Régime, c'est avant tout parce que le concept de droit absolu est inconnu des juristes de l'époque. Ces derniers ne sont pas des théoriciens. Ils ne formulent pas des principes généraux, mais partent des faits pour découvrir le droit. Dans cette optique, la notion abstraite de liberté opposable au pouvoir est inconcevable. Elle relève seulement du domaine de la morale et de la religion. Si certains auteurs l'évoquent, ils n'en tirent pas de conséquence juridique. Enfin, l'Ancien Régime a hérité des anciennes libertés médiévales qui sont solidaires d'un type de société fondée sur des liens de dépendance et de subordination excluant l'idée d'égalité. On comprend dès lors que n'ait pu être consacrée une notion de liberté individuelle inséparable, à nos yeux, de celle d'égalité.

2. L'existence de certaines libertés

33. ***Les libertés en matière judiciaire.*** Les libertés d'Ancien Régime, malgré tout, n'étaient pas inexistantes et certaines pratiques judiciaires semblent aujourd'hui avoir été jugées avec une sévérité excessive. Ainsi en va-t-il des lettres de cachet qui étaient souvent expédiées dans l'intérêt des familles ou d'une communauté après enquête sérieuse et qui permettaient de pallier les insuffisances et les lenteurs de la justice. De même la justice criminelle, tout en méritant nombre de critiques, a-t-elle parfois fait les frais d'une présentation réductrice. L'arbitraire des juges pouvait être un moyen d'individualiser la sanction et de l'adoucir en l'absence d'incrimination légale et de sanctions applicables. Quant au recours à l'équité, il permettait parfois de tempérer la rigueur des lois et d'humaniser les coutumes, tandis que les droits de la défense se voyaient garantis par la maxime selon laquelle la faculté de se défendre ne pouvait être refusée à personne (*defendendi facultas nemini est deneganda*).

Le barreau était indépendant, puisque l'ordre était organisé par les avocats eux-mêmes. Ceux-ci, sans plaider au grand criminel, disposaient d'une liberté de parole certaine et avaient la possibilité de déposer des mémoires et de publier des *factums*. À plusieurs reprises, aux XVIIe et XVIIIe siècles, la force qu'ils représentaient a contraint le pouvoir à composer avec eux. Les juges, de leur côté, bénéficiaient d'une inamovibilité apparue avec la vénalité des offices. Elle traduisait, malgré ses défauts, une forme d'indépendance à l'égard du monarque. Il faut également signaler que les voies de recours étaient reconnues. Le droit d'appel, hérité du droit romain et corrigé par le droit canonique, s'était peu à peu imposé au XIIIe siècle alors que se développait la justice royale. De même existait-il un pourvoi en cassation devant le conseil du roi.

34. ***La liberté en matière politique.*** Le monarque absolu, en réalité, n'était pas un monarque arbitraire, puisque ses ordres devaient être empreints de modération et garantir au peuple « une honnête liberté » (Guy Coquille). Cela supposait le maintien des privilèges et des franchises, d'où l'impossibilité de parvenir à une unification du droit. À la fin de l'Ancien Régime, il soufflait indéniablement un vent de liberté. Le droit de réunion ou d'association n'était pas consacré, mais les clubs, les académies de province, les loges maçonniques et les salons s'étaient multipliés. La liberté d'expression n'était pas proclamée, mais un nombre considérable de traités, de gazettes, de journaux et de libelles circulaient alors même que l'instruction arrivait dans un certain nombre de petites écoles. Ces éléments ont sans conteste favorisé la diffusion des idées qui devaient entraîner la Révolution.

II. L'avènement des droits de l'homme en 1789

35. ***Les antécédents.*** Malgré son caractère fondateur, la Déclaration des droits de l'homme et du citoyen du 26 août 1789 ne jaillit pas du néant. Les premiers textes adoptés ont été britanniques : Grande Charte (1215, 1225), Pétition des droits (1628), *Habeas corpus act* (1679) et *Bill of Rights* (1689). Cependant, il s'agissait encore d'énoncés de droits concrets sans ambition universelle ou conceptualisante. Au sens moderne, la première déclaration des droits figure dans la Constitution de l'État de Virginie adoptée le 12 juin 1776. Quelques jours plus tard, le 4 juillet 1776, est adoptée la Déclaration d'Indépendance des États-Unis d'Amérique. Ce texte majeur, rédigé par Thomas Jefferson et John Adams, marque le triomphe des idées libérales, des théories du *self-government* et de la doctrine du droit naturel. Il affirme que « tous les hommes sont créés égaux; ils sont dotés par leur Créateur de certains droits inaliénables; parmi ces droits se trouvent la vie, la liberté et la recherche du bonheur ». Inspiré par un mémoire de James Madison datant de 1785, le *Virginia Statute for Religious Freedom*, rédigé par Thomas Jefferson et adopté par l'Assemblée de Virginie le 16 janvier 1786, est le premier texte américain à instaurer la liberté de conscience. L'impact de ces divers textes sur la France est évident. En 1789, elle adopte à son tour une Déclaration dont il convient d'examiner l'élaboration (**A.**) avant d'en étudier la signification (**B.**), puis la critique (**C.**).

A. L'élaboration de la Déclaration de 1789

1. Le contexte de la Déclaration de 1789

36. ***Une œuvre magistrale.*** La Déclaration des droits de l'homme et du citoyen a été élaborée dans une grande effervescence. Les uns voulaient une promulgation immédiate, d'autres préféraient temporiser. Les projets étaient nombreux. Plusieurs commissions furent mises en place. Le texte sera finalement rédigé en neuf jours après maints débats et compromis. Adopté le 26 août 1789 par l'Assemblée nationale constituante, il est promulgué en tête de la Constitution française du 3 septembre 1791. Il a été rédigé sous la coordination de Champion de Cicé, archevêque de Bordeaux. Le préambule est signé Duport et Mirabeau. En dix-sept articles, ce document affiche une ambition universaliste et une volonté d'abstraction si remarquables qu'on peut le qualifier de messianique. Ce qui est proclamé, ce sont des droits généraux indépendamment de leur finalité, de leurs conditions d'application et de leurs garanties juridiques. L'intention affichée est la recherche du bonheur de l'homme et l'affirmation des droits du genre humain dans le respect de la transcendance divine.

2. Le contenu de la Déclaration de 1789

37. ***Les droits proclamés.*** Placée sous les auspices de l'Être suprême, la Déclaration affirme que les hommes sont libres et égaux (art. 1er). Ils jouissent de droits naturels et imprescriptibles : liberté, propriété, sûreté et résistance à l'oppression (art. 2). La loi, expression de la volonté générale, fixe seule les bornes à cette liberté (art. 4). Elle détermine les crimes et les peines (art. 7, 8). *Sur le plan de la vie privée*, on proclame l'égalité devant la loi (art. 6), la non-détention arbitraire (art. 7), la présomption d'innocence (art. 9), la liberté d'opinion (art. 10), la liberté d'expression (art. 11), la propriété privée (art. 17), etc. *Sur le plan de la vie publique*, la souveraineté est reconnue à la Nation (art. 3), la séparation des pouvoirs est consacrée comme une notion essentielle (art. 16), le principe d'une contribution commune est posé pour l'entretien de la force publique et les dépenses de l'Administration (art. 13) et celui du consentement à l'impôt est clairement affirmé (art. 14).

38. ***La primauté de la liberté.*** Dans ce système des droits, une place centrale est réservée à la liberté qui trouve son origine dans le christianisme. Celui-ci invite, en effet, le chrétien à ne pas s'attacher aux errements du monde et à chercher le salut personnel en se tournant vers le royaume des cieux. Cette prescription impliquait une liberté nouvelle de l'individu face au pouvoir temporel et cette idée se retrouve en 1789 : la liberté suppose une autonomie individuelle vis-à-vis de l'État. Telle que la consacre l'article 4 de la Déclaration, elle rend justice à la définition que Kant donnait du droit : « l'ensemble des conditions qui permettent à la liberté de chacun de s'accorder à la liberté de tous ».

Selon la formule de Montesquieu, « la liberté politique consiste dans la sûreté ou du moins dans l'opinion que l'on a de sa sûreté ». Il n'y a donc pas lieu de s'étonner si la Déclaration s'intéresse au droit pénal et à la procédure pénale. La légalité des incriminations et des peines est nouvelle. En revanche, ni la présomption d'innocence ni l'échelle des peines ne le sont. Quant à la résistance à l'oppression, elle possède des origines très anciennes qui remontent à Antigone et aux monarchomaques en passant par Thomas d'Aquin. Une attention spéciale doit être accordée à la liberté d'expression, « pierre angulaire des droits de l'homme » d'après Mirabeau. L'article 10 de la Déclaration dispose que « nul ne doit être inquiété pour ses opinions, même religieuses, pourvu que leur manifestation ne trouble pas l'ordre public établi par la loi ». La présence de l'adverbe « même » traduit la nécessité d'un compromis entre les partisans d'une absolue liberté religieuse et les adversaires d'une liberté de tous les cultes. Sans doute, comme l'avait remarqué Léon Duguit, faut-il y voir une insistance particulière destinée à marquer l'assimilation des opinions religieuses aux opinions politiques, philosophiques et sociales. La démarche est alors d'autant plus restrictive pour la liberté de religion qu'elle se voit subordonnée au respect de l'ordre public.

39. ***Le caractère relatif de l'égalité.*** L'idée d'égalité fait également partie de l'héritage chrétien. Mais, en 1789, ce « principe moteur de la Révolution », selon Mme de Staël, n'est encore qu'une égalité juridique et une égalité de citoyens. Elle ne profite ni aux femmes ni, dans une certaine mesure, aux Juifs. Si les protestants se voient reconnaître la qualité de citoyens électeurs et éligibles ainsi que l'accès aux emplois publics dès 1789, les Juifs devront attendre le décret du 27 septembre 1791 pour obtenir le statut de citoyens actifs sous condition d'assimilation. L'idée sera alors, selon la fameuse formule de Clermont-Tonnerre, qu'« il faut refuser tout aux Juifs comme nation et accorder tout aux Juifs comme individus ». Quant aux Noirs des colonies, ils demeurent soumis au Code noir de Colbert qui autorise leur traite ainsi que l'esclavage. Par ailleurs, le suffrage censitaire réserve le droit de vote aux plus fortunés. En 1795, Boissy d'Anglas affirme que « l'égalité absolue est une chimère » et qu'il est préférable de confier aux riches le soin de gouverner, car ils sont plus respectueux des lois. N'a-t-on pas considéré, dans la Déclaration, que le droit de consentir à l'impôt était fonction des capacités contributives individuelles, c'est-à-dire du volume de propriété dont chacun peut réclamer la protection ?

3. Les caractères de la Déclaration de 1789

40. ***Les droits consacrés sont individuels.*** Il n'est fait mention d'aucun groupe, d'aucune communauté, susceptibles de les exercer. Ce trait s'inscrit dans une logique de rejet du corporatisme d'Ancien Régime. Il se retrouve dans d'autres textes de l'époque : décret d'Allarde des 2 et 17 mars 1791 qui abolit les jurandes et les corporations, et loi Le Chapelier du 14 juin 1791 qui pose le principe de la liberté d'entreprendre et interdit les syndicats professionnels et toute forme d'action collective.

41. ***Les droits consacrés sont absolus.*** Par principe, ils ne sauraient être limités. L'État ne se voit pas imposer d'obligations positives. Il lui est fait défense de s'immiscer dans la sphère individuelle et privée. Pour cette raison, les droits de 1789 ont souvent été présentés comme des « libertés-barrières » ou des « libertés-résistance » à l'égard du pouvoir (J. Rivero).

42. ***Les droits consacrés sont privatifs.*** Ils reposent avant tout sur la « liberté civile » dont les droits politiques ne font que découler. La liberté, placée au cœur du texte, est issue de la loi et ne peut être limitée que par elle. Les révolutionnaires paraissent adopter la formule de Rousseau : « L'impulsion du seul appétit est esclavage, l'obéissance à la loi qu'on s'est prescrite est liberté. » L'importance accordée à la loi traduit aussi un déplacement de souveraineté au profit de l'institution parlementaire que vient d'investir une élite ascendante, libérale et bourgeoise. Cette prééminence législative sera à l'origine du légicentrisme français.

4. Les influences de la Déclaration de 1789

43. ***La controverse sur les sources.*** La question de savoir quelle a été l'influence principale de la Déclaration de 1789 a été abondamment débattue. Les discussions ont opposé un temps les partisans du modèle américain (Georg Jellinek) à ceux de la philosophie des Lumières (Eugène Boutmy). En réalité, il paraît difficile de raisonner en termes de causalité univoque. Certes, il faut compter avec l'anglomanie du XVIIIe siècle et avec le souvenir de la guerre d'Indépendance à laquelle des Français ont participé. Lafayette n'appelait-il pas de ses vœux l'adoption d'un texte français en lui réservant, dans son bureau, un cadre vide face à celui de la déclaration américaine ? Cependant, les textes anglo-saxons sont avant tout pragmatiques, alors que la déclaration française est idéologique. Quant à la philosophie du XVIIIe siècle, sa trace est évidente : culte de la loi (Rousseau), de la propriété (physiocrates), séparation des pouvoirs et sûreté (Montesquieu), tolérance et liberté de conscience (Voltaire, Diderot). Mais la filiation n'est pas non plus parfaite. Par ailleurs, il faut ajouter aux facteurs d'influence le christianisme, dont l'apport est fondamental en matière de personnalisme, de liberté et d'égalité, ainsi que les doctrines du droit naturel et la réaction à l'ordre ancien comme en témoignent les cahiers de doléances. Les sources de la Déclaration sont donc multiples et contradictoires. Il faut convenir, comme l'affirmait Édouard Herriot, qu'elle « sort des profondeurs de la pensée française ».

B. La signification de la Déclaration de 1789

1. La limitation de l'État par le droit

44. ***Le cantonnement juridique de l'État.*** La Déclaration de 1789 s'est vue reconnaître un rôle majeur dans la consécration de l'État de droit. Selon une formule classique, celui-ci consiste en *une limitation de l'État par le droit*. Il est souvent présenté comme une garantie supérieure apportée aux droits et libertés, puisqu'il s'agit de limiter le pouvoir et d'assurer par là même la protection des droits individuels. Cette conception néglige cependant l'existence de deux modèles de cantonnement juridique de l'État : celui de la *monarchie absolue* qui triomphait sur le continent européen avant 1789 et celui de la *monarchie constitutionnelle* qu'expérimentait alors la Grande-Bretagne. Un seul des deux emportait des conséquences favorables à la notion de droits et libertés telle que nous la concevons aujourd'hui.

45. ***Le modèle français.*** Sous l'Ancien Régime, la monarchie absolue était le système politique le plus répandu en Europe. Malgré son caractère de droit divin, elle n'était pas théocratique, mais autocratique. La légitimité monarchique résultait, en effet, de sa propre ancienneté, puisqu'elle était censée remonter à la création du monde. Ce régime n'était absolu que dans son principe, car la souveraineté royale était limitée par la loi divine, par la loi naturelle et par la constitution coutumière de l'État. En France, les Lois fondamentales du Royaume résultaient des coutumes que produisait le pouvoir monarchique lui-même et qui le liaient. Les actes du monarque étaient soumis à une sorte de contrôle de constitutionnalité. Les lois devaient être déposées auprès des parlements qui vérifiaient leur compatibilité avec la constitution coutumière et qui disposaient d'un *droit de remontrance* auprès du souverain en cas de contrariété. Le roi conservait néanmoins le dernier mot grâce à sa faculté de tenir un lit de justice pour faire enregistrer malgré tout ses ordonnances. Cet État de droit monarchique était donc fondé sur la préservation de l'intérêt de l'État et non sur la sauvegarde des intérêts des sujets.

46. ***Le modèle britannique.*** C'est dans la tradition juridique anglaise qu'est apparue la notion d'État de droit revêtue d'un sens prioritairement favorable aux individus. En France, le modèle de la monarchie absolue s'est confirmé et imposé après l'échec de la Fronde au XVIIe siècle. Mais en Angleterre, c'est le modèle de la monarchie constitutionnelle qui l'a emporté. Après avoir tenté de déployer sa souveraineté « en son conseil » (*king in council*), le roi s'est vu imposer par la révolution de 1688 une souveraineté parlementaire, conçue à l'époque comme celle du roi « au sein du parlement » (*king in parliament*). À la différence de la France, le monarque ne pouvait donc plus être un exécutif législateur. Il n'était souverain qu'à la condition de respecter la volonté des organes législatifs dans un système très largement structuré par les coutumes. Tandis que, sur le continent, ces dernières étaient réduites par un pouvoir royal soucieux de se réserver une capacité normative exclusive, elles étaient en Angleterre préservées et même renforcées par le magistère du juge. Cette différence est considérable.

2. Le triomphe du modèle britannique

47. ***La primauté de l'individu.*** En Grande-Bretagne, le droit allait pouvoir continuer de se développer comme un droit de *common law*, fruit d'une longue pratique dominée par la jurisprudence. De ce fait, il allait privilégier les droits individuels des sujets et ne laisser qu'une marge beaucoup plus réduite à l'acte unilatéral d'origine étatique qui caractérise le droit continental. De ce point de vue, la Déclaration de 1789 a scellé le triomphe du modèle constitutionnel anglais depuis longtemps favorable à l'individu. Contrairement aux idées reçues, la notion moderne d'État de droit, centrée sur les droits des personnes, est née au sein d'un régime de légitimité traditionnelle, le régime politique britannique. Elle a précédé la démocratie politique à laquelle on a désormais tendance à l'identifier de façon exclusive. Dans ce schéma d'évolution, l'Angleterre a donc devancé le reste de l'Europe et ouvert la voie en adoptant un schéma institutionnel de nature à favoriser un équilibre entre la société civile et l'État. Par sa portée universelle, la Déclaration de 1789 a été, dans cette logique, un nouveau point de départ.

C. La critique de la Déclaration de 1789

48. ***La pensée réactionnaire.*** Comme tout mouvement social radical, la Révolution a engendré un phénomène de rejet. Avec elle, ce sont parfois le nouveau système politique et les droits proclamés qui se sont vus contestés comme en témoignent ces mots de Balzac : « En proclamant l'égalité de tous, on a promulgué la *déclaration des droits de l'Envie*. Nous jouissons aujourd'hui des saturnales de la Révolution transposées dans le domaine, paisible en apparence, de l'esprit, de l'industrie et de la politique; aussi, semble-t-il aujourd'hui que les réputations dues au travail, aux services rendus, au talent, sont des privilèges accordés aux dépens de la masse » (*Beatrix*).

1. La critique contre-révolutionnaire

49. ***Le rejet de l'œuvre révolutionnaire.*** La critique de la Déclaration de 1789 a été tout aussi immédiate que son succès. Elle s'est d'abord exprimée au sein du courant contre-révolutionnaire. En 1790, Edmund Burke a noté le premier la nature ambiguë de ces droits, qualifiés de naturels, mais trop « métaphysiques » pour avoir une véritable effectivité. Joseph de Maistre a également rejeté la conception abstraite et individualiste d'un homme auquel des droits permettent de s'opposer à la société. Cet auteur défend, au contraire, l'existence de devoirs envers Dieu et envers l'organisation sociale qu'il a voulue. Louis de Bonald, à son tour, n'aura pas de mots assez durs pour ce qu'il considérait comme une série de « propositions vagues, où la logique des passions trouve seule un sens clair et précis ». De son côté, l'Église catholique avait très vite marqué son opposition. Le 10 mars 1791, Pie VI avait dénoncé la « licence de penser, de dire, d'écrire et même de faire imprimer, en matière de religion, tout ce que peut suggérer l'imagination la plus déréglée ». Sans doute l'adoption, en 1790, de la Constitution civile du clergé n'était pas étrangère à cette vive réaction et les nombreuses exécutions de prêtres réfractaires ne firent rien pour arranger les choses. Henri Lacordaire, fondateur du catholicisme libéral, souvent mal compris et surtout mal lu, se méfiera, quant à lui, du droit purement humain. En 1848, il affirmera ainsi que « tout droit mobile est à la merci des plus forts », que ce droit procède de la volonté d'un seul ou qu'il soit issu d'une majorité délibérante, car il laisse la minorité sans protecteur. Sa fameuse formule « entre le fort et le faible, entre le riche et le pauvre, entre le maître et le serviteur, c'est la liberté qui opprime et la loi qui affranchit » ne se rapporte donc pas au droit d'origine étatique, mais à la loi immuable et universelle, d'origine divine, inscrite dans la Bible (Conférences de Notre-Dame de Paris, t. III, *Du double travail de l'homme*, 16 avril 1848). Enfin, comme l'a montré Yannick Bosc, les droits de l'homme identifiés à un système d'écrasement égalitariste de l'individu, responsable de la Terreur, seront rejetés par les tenants du libéralisme économique tels Jeremy Bentham et Jean-Baptiste Say.

2. La critique de Nietzsche

50. ***Le rejet des valeurs de la Déclaration des droits de l'homme.*** La philosophie de Nietzsche est aussi en opposition avec l'esprit de la Déclaration. Le philosophe allemand exalte le dépassement de l'humain dans le surhumain, car ce dernier représente à ses yeux le plein épanouissement de l'individualité par l'affranchissement de la morale ordinaire. Dès lors, le christianisme d'abord, les droits de l'homme ensuite, apparaissent comme une « morale de ressentiment », une morale de faibles, qui vient entraver le développement du type humain supérieur. Orientées tendancieusement et déformées après sa mort par sa sœur, Élisabeth Förster-Nietzsche, les conceptions de Nietzsche influencèrent partiellement le fascisme et le national-socialisme dans leur rejet de la démocratie représentative, bien que ces deux doctrines se soient davantage opposées à la philosophie des droits de l'homme par leur caractère anti-individualiste et totalitaire. Ainsi, pour Mussolini, « l'individu n'existe qu'autant qu'il fait partie de l'État et qu'il demeure subordonné aux nécessités de l'État ». La pensée de Nietzsche, méfiante à l'égard du nationalisme et de toute emprise de l'État sur l'individu, se situe, au contraire, à l'opposé de cette vision et n'est pas dénuée d'humanité malgré son intransigeance : « Je n'aime pas votre froide justice; et dans l'œil de vos juges, je vois toujours le regard du bourreau et son couperet froid. [...] Inventez-la-moi, cette justice qui acquitte tout le monde, excepté celui qui juge » (*Ainsi parlait Zarathoustra*). En réalité, au-delà de la consécration d'un individualisme dont il est philosophiquement proche, Nietzsche a pressenti et rejeté l'avènement des masses toutes-puissantes qui, enrégimentées, vont faire le lit du pouvoir.

3. La critique de Marx

51. ***Le rejet de l'idéologie bourgeoise.*** Pour Marx, l'État peut être libre sans que l'homme concret soit réellement affranchi. En effet, l'État n'est pas l'expression du corps social, mais une fraction de la société qui s'érige au-dessus d'elle. Dès lors, son universalité est imaginaire et n'est proclamée que pour lui permettre d'assurer sa domination. Il en résulte une séparation artificielle entre l'homme et le citoyen, entre l'homme public et l'homme privé. Chaque individu mène une double vie : l'une dans la société politique sur le mode d'un universalisme imaginaire, l'autre dans la société civile sur le mode du particularisme réel des intérêts égoïstes. L'égalité n'est donc affirmée que dans son principe juridique. Marx affirme que cette division est littéralement inscrite dans la Déclaration de 1789. Les *droits du citoyen* au sein de l'État (droit de consentir à la loi, à l'impôt, etc.) ne lui donnent qu'une fausse souveraineté. Les *droits de l'homme*, quant à eux, sont essentiellement les droits du propriétaire et ils séparent les individus au lieu de les unir. La liberté est conçue sur le modèle de la propriété bourgeoise : elle s'arrête où commence celle d'autrui sans être définie collectivement. Elle est établie « sur la séparation de l'homme avec l'homme ».

Cette critique, dans certains de ses éléments, aura une influence notable sur l'évolution ultérieure des droits. En effet, Marx considère que les droits de 1789 sont fallacieux pour deux raisons : d'une part, ils sont déconnectés des enjeux et affrontements réels de la société qui sont, avant tout, de nature économique; d'autre part, ils sont proclamés sans considération pour les conditions véritables de leur exercice, ce qui rend leur effectivité illusoire. Il en résulte que ce sont des *libertés formelles* auxquelles Marx veut opposer des *libertés réelles* garanties par la mise à disposition de moyens matériels de les exercer.

III. L'évolution des droits et libertés après 1789

52. ***Des revendications différentes.*** En 1789, les revendications étaient essentiellement individualistes et d'ordre économique et politique (impôt, droit de vote). Aux XIXe et XXe siècles, elles seront davantage collectives et orientées vers l'amélioration des conditions d'existence, notamment dans le monde du travail. Au XXe siècle, les deux phénomènes majeurs seront l'apparition de l'État providence qui va justifier la socialisation des droits et l'internationalisation des échanges qui va conduire à les interpréter comme des problèmes globaux (santé, environnement, sécurité, migrations, etc.). Cette évolution passe par l'enracinement des droits et libertés (**A.**), puis par leur renouvellement (**B.**) et enfin par leur expansion (**C.**).

A. L'enracinement des droits et libertés

1. L'héritage de la Déclaration dans les constitutions ultérieures

53. ***Une moindre ambition jusqu'en 1875.*** En 1789, certains souhaitaient que la Déclaration ait une valeur éminemment constitutionnelle. Cette conception ne l'a pas emporté. La Déclaration a été formellement détachée de la Constitution de 1791 tout en voyant son sort lié au sien. Placée à sa tête, elle a disparu avec elle. En outre, le statut des religions est demeuré fortement inégalitaire. Si fin 1789, les protestants deviennent électeurs et éligibles et peuvent accéder aux fonctions civiles et militaires, il n'en va pas de même pour les Juifs. Selon la formule de Clermont-Tonnerre, « il faut refuser tout aux Juifs comme nation et accorder tout aux Juifs comme individus ». Il leur faudra donc attendre le décret du 27 septembre 1791 pour se voir reconnaître les droits de citoyens actifs. En réalité, la liberté des cultes a été de plus en plus interprétée comme un danger pour la Révolution jusqu'à l'entreprise de déchristianisation que l'on sait sous la Convention.

En attendant, la Constitution du 24 juin 1793 propose une nouvelle Déclaration. En trente-cinq articles, elle définit de nouveaux droits naturels et imprescriptibles au nom de la recherche du « bonheur commun ». Le texte mentionne l'égalité avant la liberté tout en maintenant l'essentiel des principes posés en 1789. Moins solennel que celui de 1789, il ne survivra pas à la Constitution de 1793 qui ne fut jamais appliquée.

En 1795, il faut noter le décret du 21 février selon lequel « la République ne paie plus les frais ni les salaires d'aucun culte », une formule qui inspirera en termes presque identiques l'article 2 de la loi de séparation du 9 décembre 1905. La Constitution du 22 août 1795 contient une déclaration des droits accompagnée d'un code des devoirs. Cette solution résulte d'un compromis. Nombre de constituants redoutaient qu'une nouvelle déclaration ne favorisât un surcroît d'agitation. Le texte reprend la plupart des libertés de 1789 tout en y ajoutant exaltation de l'ordre et considérations morales. Il instaure ainsi un suffrage censitaire destiné à exclure les plus démunis de « l'exercice des droits du citoyen pour la sûreté de tous » (Lanjuinais). On notera que quelques mois plus tôt, le décret du 21 février 1795 avait affirmé, dans une formule que l'on retrouvera presque à l'identique dans la loi de séparation de 1905, que « la République ne paie plus les frais ni les salaires d'aucun culte ». Quatre ans plus tard, la Constitution du 13 décembre 1799 entend procéder par rupture. Elle s'accompagne d'une proclamation des consuls (Bonaparte, Sieyès, Ducos) affirmant que « la Révolution est fixée aux principes qui l'ont commencée. Elle est finie ». Il n'y a aucune déclaration des droits. La liberté individuelle ou l'inviolabilité du domicile sont prévues, mais les libertés de conscience, d'opinion et d'expression sont passées sous silence et le régime s'empressera de les nier. Sous la Restauration, les acquis révolutionnaires sont édulcorés dans leur nouveauté historique et intégrés par les deux chartes du 4 juin 1814 et du 14 août 1830 aux droits « octroyés » par le roi.

La Constitution du 4 novembre 1848, dans son préambule, n'entend pas rompre avec la Déclaration de 1789, mais la compléter en remédiant aux maux de la classe ouvrière. Après le coup d'État napoléonien, la Constitution du 14 janvier 1852 « reconnaît, confirme et garantit les grands principes proclamés en 1789, et qui sont la base du droit public des Français ». Une fois l'Empire rétabli, Napoléon III déclare néanmoins le 14 février 1853 que « la liberté n'a jamais aidé à fonder d'édifice politique durable; elle le couronne quand le temps l'a consolidé ». Le régime sera donc un régime autoritaire qui acceptera progressivement de se libéraliser à partir de 1860.

54. ***Le débat doctrinal sous la IIIe République.*** Les lois constitutionnelles du 24, 25 février et du 16 juillet 1875 ne font aucune allusion à la Déclaration. De nombreux juristes estiment alors qu'elle doit être considérée comme une règle de nature *supra* constitutionnelle. Pour Léon Duguit, les déclarations énonçaient des principes supérieurs qui fondaient la société et s'imposaient à l'État. « Ces principes supérieurs, la Déclaration des droits ne les crée point; elle les constate et les proclame solennellement [...] Le législateur constituant est soumis aux déclarations et le législateur ordinaire au législateur constituant. » Adhémar Esmein et Maurice Hauriou le rejoignaient sur ce point. Hauriou considérait que « la constitution sociale d'un pays est plus importante que sa constitution politique » et que ses « principes sont toujours au-dessus des textes ». Raymond Carré de Malberg, quant à lui, s'opposait à ces idées. Il estimait que la Déclaration de 1789 ne pouvait être considérée comme un texte fondateur, porteur d'une vérité philosophique immuable. En effet, on ne pouvait omettre qu'il avait été abrogé et remplacé par d'autres textes traitant de la même matière dans un sens différent. Selon lui, il ne pouvait exister qu'une alternative : ou bien on considérait la Déclaration comme intégrée à la Constitution de 1791 et ayant, de ce fait, une valeur normative et, dans ce cas, il fallait admettre qu'elle avait disparu avec elle; ou bien on considérait que la Déclaration était un document distinct et, dans cette hypothèse, il s'agissait d'un énoncé de principes philosophiques à valeur dogmatique, mais sans portée juridique.

2. L'effectivité des droits et libertés jusqu'à la Seconde Guerre mondiale

55. ***Les atteintes persistantes aux droits et libertés.*** Dans la pratique, les proclamations des droits n'ont pas eu une grande portée tout au long du XIXe siècle. La liberté d'expression mal appliquée sous la Révolution fut fréquemment brimée. Les garanties judiciaires ont vite cédé devant la justice révolutionnaire souvent expéditive. Robespierre au pouvoir, ce sont plusieurs milliers de personnes qui vont à la guillotine. Par la suite, la justice pénale du XIXe siècle s'est montrée aussi sévère, sinon plus, que celle de l'Ancien Régime. L'indépendance de la magistrature est souvent remise en cause à l'occasion des changements de régime, des révolutions et des épurations. L'indépendance des avocats aura elle aussi à souffrir. Si la liberté de la défense n'est pas niée lorsque le décret des 2 et 11 septembre 1790 supprime l'ordre des avocats, Napoléon n'admettra pas la liberté de parole d'hommes susceptibles d'attaquer le gouvernement. Quant à l'esclavage qui jette une ombre sur le libéralisme révolutionnaire, il a été supprimé au début de la Ire République, puis rétabli sous le Consulat. Le 27 avril 1848, le décret Victor Schoelcher l'abolit dans les colonies françaises comme le réclamait depuis 1788 la Société des Amis des Noirs où militèrent Condorcet, Mirabeau, La Fayette et Sieyès.

56. ***L'œuvre fondatrice de la IIIe République.*** C'est à la IIIe République qu'il revient, à défaut de posséder sa propre déclaration, d'avoir développé les libertés publiques par la voie législative : liberté de réunion (30 juin 1881), liberté de la presse (29 juillet 1881), liberté syndicale (21 mars 1884), liberté d'association (1er juillet 1901), séparation des Églises et de l'État (9 décembre 1905).

57. ***La difficile évolution des droits politiques.*** Sur le plan politique, l'évolution des droits au XIXe siècle et dans la première moitié du XXe siècle va passer essentiellement par une démocratisation du système représentatif, réalisant ainsi ce « compromis démo-libéral » que Mussolini considérera avec mépris. L'introduction du suffrage universel en est le facteur capital. Il est utilisé pour la première fois en septembre 1792 pour l'élection de la Convention et enregistre alors un taux d'abstention considérable. Il connaît ensuite une longue éclipse avant d'être consacré par la Constitution de 1848. Napoléon III tirera prétexte de sa défense pour réaliser le coup d'État du 2 décembre 1851. Après le succès du plébiscite des 20 et 21 décembre 1851, la France, prétend-il, « a compris que je n'étais sorti de la légalité que pour entrer dans le droit. Plus de sept millions de suffrages viennent de m'absoudre ». Malgré le coup de force initial, la souveraineté populaire s'exprimera à plusieurs reprises et massivement en faveur du changement de régime jusqu'à l'ultime plébiscite du 8 mai 1870. Malgré les critiques relatives au bonapartisme plébiscitaire, c'est paradoxalement le Second Empire qui permettra d'acclimater le suffrage universel. Il s'installera ensuite tout à fait dans les mœurs politiques sous la IIIe République. Si certains y voient encore « l'élection du père de famille par ses enfants » (Léon Bloy), il devient partie intégrante du système des libertés politiques. Le régime de Vichy apparaît alors comme une parenthèse au terme de laquelle, enfin, le suffrage universel se féminise (ordonnance du 21 avril 1944).

B. Le renouvellement des droits et libertés

1. La socialisation des droits et libertés

58. ***L'origine du renouvellement.*** La critique socialiste, marxiste et non marxiste, du XIXe siècle et l'émergence de l'État providence au lendemain de la Première Guerre mondiale ont contribué à l'éclosion d'une nouvelle demande sociale. Il est apparu nécessaire de compléter les droits abstraits de 1789 par des droits tenant compte des conditions réelles d'existence de l'« homme situé » (G. Burdeau). Aux libertés individuelles de la Déclaration, fondées sur l'abstention de l'État, sont venus s'ajouter des « droits-créances » à caractère collectif qui supposent l'obtention d'interventions positives de l'État. On date généralement l'apparition de cette nouvelle catégorie au lendemain de la Seconde Guerre mondiale. En réalité, il existe des textes précurseurs. La Constitution du 24 juin 1793 propose déjà une Déclaration audacieuse sur ce point. Sa préoccupation sociale est indéniable : « La société doit la subsistance aux citoyens malheureux, soit en leur procurant du travail, soit en assurant les moyens d'exister à ceux qui sont hors d'état de travailler » (art. 21). Ce texte est la première manifestation de droits collectifs perçus en opposition avec les droits de l'individu. C'est aussi le premier signe d'une hiérarchisation des intérêts, entre ceux de la nation et ceux des particuliers. Le préambule de la Constitution du 4 novembre 1848 est un autre texte fondateur. Imprégné d'humanitarisme chrétien, inspiré par les débats du socialisme français non marxiste, il consacre les droits des groupes au même titre que ceux de l'individu. Il s'agit « d'assurer une répartition de plus en plus équitable des charges et des avantages sociaux » (art. I) et à ce titre, le mot « Fraternité » apparaît pour la première fois à côté de la liberté et de l'égalité comme un principe fondateur du système politique.

59. ***Le débat à la Libération.*** En 1946, les débats furent assez vifs sur la nécessité d'adopter une nouvelle déclaration des droits. Les uns jugeaient que c'était indispensable compte tenu du fait que la société avait évolué et que la Déclaration de 1789, loin d'être absolue, était déterminée historiquement. Les autres la considéraient comme indépassable et souhaitaient qu'elle soit reprise intégralement en tête de la nouvelle constitution. Les plus modérés proposaient de la conserver tout en la mettant à jour. Le premier projet de Constitution du 19 avril 1946 comporta finalement une nouvelle Déclaration des droits très développée en matière sociale. Ce projet fut toutefois rejeté par référendum le 5 mai 1946.

2. Le préambule de la Constitution du 27 octobre 1946

60. ***Le contenu du préambule.*** Le préambule du texte finalement adopté et promulgué le 27 octobre 1946 procède d'une volonté de compromis. D'abord, on réaffirme « solennellement les droits et libertés de l'homme et du citoyen, consacrés par la Déclaration des droits de 1789 ». Puis, on rend hommage aux « principes fondamentaux reconnus par les lois de la République » dans le but de marquer la continuité des institutions et des libertés républicaines malgré Vichy. Enfin, on proclame un certain nombre de « principes politiques, économiques et sociaux particulièrement nécessaires à notre temps ». Parmi ceux-ci, on relèvera l'égalité des sexes (al. 3), le droit d'asile (al. 4), le droit au travail et la non-discrimination en matière d'emploi (al. 5), le droit syndical (al. 6), le droit de grève (al. 7), le principe des nationalisations (al. 9), le droit à la protection sociale et à la protection de la santé (al. 11), le droit à l'instruction (al. 13). Certaines dispositions sont très vagues : on prévoit de mettre en œuvre les conditions nécessaires au développement de l'individu et de la famille (al. 10), de garantir le droit aux loisirs (al. 11).

61. ***La valeur juridique du préambule.*** Ce préambule n'a eu aucune effectivité. Certes, Georges Vedel considérait en 1949 dans son manuel de *Droit constitutionnel* qu'il fallait distinguer les principes dont le caractère imprécis ne pouvait faire de véritables règles de droit, de ceux qui étaient susceptibles de trouver une application pratique. Il ajoutait que l'exclusion du préambule du champ du contrôle de constitutionnalité ne modifiait en rien son caractère obligatoire, l'absence de sanction juridictionnelle ne faisant pas perdre à la règle sa nature juridique. Mais nombre de constituants estimaient que les principes posés n'avaient qu'une valeur indicative. Compte tenu de l'inefficacité du contrôle de constitutionnalité sous la IVe République et des conséquences de cette défaillance pour le régime, ce débat apparaît aujourd'hui spécieux. Le préambule de 1946, à l'évidence, était dénué de toute portée juridique. Cela n'empêcha pas le Conseil d'État de s'y référer pour définir l'étendue et les limites du droit de grève dans la fonction publique, par exemple (CE 7 juill. 1950, *Dehaene*).

3. Le préambule de la Constitution du 4 octobre 1958

62. ***Le tournant de 1971.*** La Constitution du 4 octobre 1958 ne revint pas sur cette situation. Son préambule affirmait de manière lapidaire que « le peuple français proclame solennellement son attachement aux droits de l'homme et aux principes de la souveraineté nationale tels qu'ils sont définis par la Déclaration de 1789, confirmée et complétée par le préambule de la Constitution de 1946 ». Cette brève introduction n'avait pas de valeur juridique explicite et, dans un premier temps, la controverse à ce sujet s'est poursuivie. Elle a été tranchée par le Conseil constitutionnel dans sa décision fondatrice du 16 juillet 1971 (*Liberté d'association*). Depuis cette date, le préambule fait partie intégrante de la norme de référence pour le contrôle de constitutionnalité. Avec lui, les textes de renvoi (Déclaration de 1789, préambule de 1946) acquièrent une valeur positive, le tout formant ce qu'il est convenu d'appeler le « bloc de constitutionnalité » (L. Favoreu).

C. L'expansion des droits et libertés

1. Le ralliement des anciens opposants

63. ***L'effet d'attraction des droits et libertés.*** L'Église, d'abord, a reconnu — par la voix de Pie XII en 1942 — l'existence de « droits fondamentaux de la personne humaine ». Les encycliques de Jean XXIII (*Pacem in Terris*, 1962), de Paul VI lors du concile Vatican II (*Gaudium et Spes*, 1965) et les positions adoptées par Jean-Paul II sont allées dans le même sens. On constate ensuite que des pays jusque-là indifférents aux valeurs des démocraties libérales s'y sont ralliés. C'est le cas de certains États d'Europe du sud au sortir de la dictature. Après la Révolution des œillets qui a mis fin au régime salazariste, la Constitution portugaise du 25 avril 1976 comprend une déclaration des droits et devoirs d'inspiration socialiste. La Constitution espagnole du 29 décembre 1978 qui opère la transition démocratique après la dictature franquiste énonce, quant à elle, un certain nombre de droits et libertés parmi lesquels le droit à l'autonomie des nationalités et des régions est particulièrement notable. Par ailleurs, l'effondrement général des systèmes communistes en Europe a valorisé les principes démocratiques qui servent de support aux droits et libertés. Ainsi la Constitution de la Fédération de Russie du 12 décembre 1993 comporte-t-elle une déclaration des droits qui se présente à la fois comme une rupture avec l'ancien régime soviétique (proclamation de la propriété privée, droit à un procès équitable, droit à une information fiable sur l'état de l'environnement, etc.) et comme apparentée avec la tradition occidentale dont elle reprend nombre d'éléments jusque dans l'intitulé de son chapitre 2 (« *Droits et libertés de l'homme et du citoyen* »).

2. *L'internationalisation des droits et libertés*

64. ***Une diffusion constante.*** Au lendemain des deux guerres, la Déclaration de 1789 a encore inspiré de nombreuses constitutions européennes : Constitution de Weimar (1919); Constitution de la République italienne (1947); Loi fondamentale allemande (1949). Après le second conflit mondial, l'Assemblée générale des Nations unies a adopté le 10 décembre 1948 la Déclaration universelle des droits de l'homme. La Convention européenne de sauvegarde des droits de l'homme et des libertés fondamentales a été signée le 4 novembre 1950 et nombre d'autres textes ont suivi parmi lesquels il faut citer la Charte des droits fondamentaux de l'Union européenne adoptée le 7 décembre 2000. Ce texte qui a acquis force contraignante depuis la signature du traité de Lisbonne le 13 décembre 2007 (entré en vigueur le 1er décembre 2009), reprend les grands droits connus et y ajoute notamment la liberté des arts et des sciences, l'intégration des personnes handicapées et de nombreux droits sociaux sous le couvert de la solidarité. Inaugurant de manière flamboyante l'ère des textes déclaratifs à vocation générale et universelle, la Déclaration de 1789 est donc formellement à l'origine du mouvement de mondialisation des droits de l'homme et de l'idéologie qui l'inspire. En cela, ce texte qui, selon Dupont de Nemours, devait « durer autant que les siècles » connaît une postérité étonnante qui a d'ores et déjà répondu aux vœux de ses rédacteurs.

3. *Les menaces actuelles pour les droits et libertés*

65. ***Un contexte difficile.*** Bien qu'il ne s'agisse pas ici d'étudier les atteintes factuelles aux droits, mais seulement leur évolution juridique et idéologique, la difficulté d'une société démocratique à enrayer certaines violations individuelles de ces mêmes droits peut constituer un indice de l'éventuel affaiblissement des valeurs inhérentes à sa culture juridique. Dès lors, il est difficile de ne pas mentionner que la France connaît depuis plusieurs années une augmentation des actes antimusulmans (+ 22,4 % en 2015) et que l'année 2015 a enregistré le chiffre record de 2 034 faits à caractère raciste, antisémite et antimusulman (v. Commission nationale consultative des droits de l'homme, Rapport sur « la lutte contre le racisme, l'antisémitisme et la xénophobie. Année 2015 », 2 mai 2016). Dans un contexte d'attentats intégristes, les chiffres sont révélateurs d'une tension sociale qui est à la fois la cause et la conséquence d'un certain nombre de mouvements de contestation.

66. ***La contestation intégriste.*** Les mouvements islamistes intégristes s'opposent à l'exercice d'un certain nombre de droits reconnus : liberté de changer de religion, égalité entre hommes et femmes, respect de l'intégrité du corps humain. Ces contestations prennent appui sur la révélation coranique qui prévoit le châtiment pour les apostats (sourate II, v. 91), la guerre contre les mécréants (sourate II, v. 191) et affirme la supériorité de l'homme sur la femme (sourate IV, v. 34). Elles sont, par ailleurs, confirmées par des déclarations à portée internationale. En 1948, plusieurs pays musulmans avaient refusé de s'associer sans réserve à la Déclaration universelle des droits de l'homme. Le 19 septembre 1981, une Déclaration islamique universelle des droits de l'homme a été proclamée à Paris par le Conseil islamique pour l'Europe. Ce texte affirme que la raison à elle seule ne saurait constituer un guide infaillible pour organiser la société et qu'une révélation est nécessaire (préambule). Il en découle que la loi musulmane fixe les limites des droits fondamentaux en matière, notamment, de droit à la vie (art. 1), droit à la liberté (art. 2), liberté de croyance, de pensée et d'expression (art. 12).

Cette position est réaffirmée par la Déclaration sur les droits de l'homme en Islam adoptée le 5 août 1990 au Caire. Tout en reprenant les libertés et les droits proclamés dans la Déclaration de 1948, ce texte précise qu'ils « sont soumis aux dispositions de la Sharî'a » (art. 24) et que celle-ci « est l'unique référence pour l'explication ou l'interprétation de l'un quelconque des articles contenus dans la présente Déclaration » (art. 25). Enfin, le 14 septembre 1994, le Conseil de la Ligue des États arabes a adopté la Charte arabe des droits de l'homme dans une optique identique. La forme politique extrême de cette conception se manifeste alors par ce qu'il est convenu d'appeler le « djihadisme ». Celui-ci préconise la guerre par tous moyens, notamment terroristes, contre les démocraties occidentales et leur système de valeurs.

67. ***La contestation extrémiste.*** Certains mouvements d'extrême-droite, s'appropriant notamment les idées de Carl Schmitt, tentent à nouveau de faire prévaloir une conception du politique fondée sur des notions à caractère discriminatoire. Il s'agirait de faire admettre que le lien social se fonde sur le critère naturel d'appartenance/exclusion vis-à-vis de la communauté historique ou ethnique, ce qui justifierait une remise en cause du principe égalitaire qui sous-tend le système issu de 1789. Ainsi en va-t-il de l'ethno-différentialisme du chantre de la Nouvelle Droite, Alain de Benoist, qui fait reposer le lien social non sur le *demos* de la communauté politique, mais sur l'*ethnos* de la communauté culturelle (F. Lowenfeld). Cette conception qui prône un traitement différencié des peuples et des cultures, conduit à remettre en cause l'universalisme et l'humanisme des droits de l'homme au nom du « pluralisme intégral ». Sur le terrain politique, la laïcité devient, par exemple, un marqueur identitaire. Instrumentalisée par l'extrême droite pour réaffirmer l'autorité de l'État et justifier une politique migratoire restrictive, elle se présente comme le moyen d'une protection des racines chrétiennes de la France ou comme celui d'une politique antimusulmane plus ou moins affirmée. Dans les deux cas, elle s'éloigne considérablement de l'idéal révolutionnaire forgé en 1789.

68. ***La contestation libertarienne.*** Le libertarianisme est une forme paradoxale de contestation des droits et libertés. Il en revendique une interprétation maximaliste qui finit par battre en brèche la conception classique des droits et certains de leurs principes fondateurs. Pour les libertariens, la dignité fondamentale de l'individu « réside dans l'exercice souverain de la liberté de choix dans le cadre d'un système cohérent de droits » (C. Arnsperger, Ph. Van Parijs). Poussant jusqu'à sa plus extrême conséquence l'idée de John Locke selon laquelle « chaque homme a une propriété en sa propre personne : sur cela personne n'a aucun droit sinon lui-même », ils affirment le paradigme absolu de la libre possession de soi. Cette position entraîne au moins deux conséquences. D'une part, l'énonciation même de droits sous forme de déclaration ou de tout autre texte à caractère unilatéral est remise en cause. Elle se révèle l'instrument d'oppression de la minorité, *in fine* de l'individu, par la majorité. La puissance législative de l'État et le principe démocratique fondé sur le primat de la volonté générale empêchent, en réalité, l'individu de mener la vie qu'il estime lui convenir. Comme Friedrich Hayek, Bruno Leoni prône ainsi un droit « qui se découvre et non qui se décrète », un droit revenant aux sources du droit romain ou de la *common law*, qui serait de nature pragmatique et d'inspiration judiciaire. Cette conception s'oppose alors à celle d'un État de droit protecteur, issu historiquement de droits proclamés au profit des sujets par le souverain. D'autre part, l'absolue libre disposition de soi en vient en contredire le principe d'unité du corps et de la personne. Certains libertariens considèrent, en effet, que, propriétaire de son corps, l'individu doit demeurer libre de l'aliéner et d'en faire commerce, ce qui justifie notamment activité prostitutionnelle et cession d'organes à titre onéreux. Cependant, cette aliénation volontaire de soi ne peut que saper l'un des postulats logiques des droits, car comme l'avait vu Rousseau, « renoncer à sa liberté, c'est renoncer à sa qualité d'homme » (*Du Contrat social*, t. III).

69. ***Les limites étatiques.*** Elles résultent d'abord factuellement des mutations des structures étatiques et du déclin de l'État providence qui rendent plus difficile, sinon plus aléatoire, la protection des droits et qui apparaissent à certains égards comme une régression de leur dimension sociale. Ces limites proviennent ensuite d'un mouvement de réaction devant une menace terroriste qui s'est installée progressivement dans les États démocratiques à compter des années 1980 pour s'accentuer depuis les attentats perpétrés le 11 septembre 2001 sur le sol américain. Ainsi le *USA Patriot Act* (*Uniting and Strengthening America by Providing Appropriate Tools Required to Intercept and Obstruct Terrorism Act*), adopté le 26 octobre 2001 et renouvelé depuis, crée-t-il des pouvoirs d'exception en matière d'écoutes téléphoniques, de perquisitions et de croisements de fichiers tout en réduisant considérablement les droits de la défense. De même, le Royaume-Uni a-t-il adopté le *Prevention of Terrorism Act* du 11 mars 2005 qui permet à l'autorité ministérielle de décider discrétionnairement, par *control orders*, l'assignation à résidence d'individus suspects et de leur imposer un certain nombre de restrictions, notamment en matière d'emploi et d'accès aux comptes bancaires. En France, venant compléter un arsenal de sept lois votées depuis 2001 en matière de lutte anti-terroriste, la loi du 13 novembre 2014 a prévu une interdiction de sortie du territoire pour les candidats supposés au Jihad et accru le contrôle et la surveillance étatique sur l'Internet. Il est vrai que le nombre de sites signalés pour propagande terroriste a connu une explosion en quelques années, puisqu'il est passé de 13 en 2011 à 360 en 2013 (AN, *Étude d'impact du projet de loi renforçant les dispositions relatives à la lutte contre le terrorisme*, 8 juill. 2014) et que, par exemple, Twitter affirmait en 2016 avoir supprimé 235 000 comptes de propagande terroriste en six mois (*Lemonde.fr*, 18 août 2016). Après les attentats de Paris du 13 novembre 2015, la loi du 20 novembre 2015 prorogeant l'état d'urgence a, en outre, autorisé, pendant trois mois, l'assignation à résidence, les perquisitions administratives et la dissolution en Conseil des ministres des associations ou groupements de fait qui portent gravement atteinte à l'ordre public. Sur ce fondement, plus de vingt lieux de culte constitués en foyers de l'islamisme radical ont été fermés et plusieurs associations cultuelles dissoutes.

Devant ces risques d'agressions, les gouvernements occidentaux ont donc développé, avec le soutien d'une partie de leur opinion publique, une législation très restrictive en matière de liberté, notamment dans le domaine de la protection de la vie privée, sur le terrain pénal et sur celui de la liberté d'aller et venir. Cette évolution récente fait alors surgir de manière inédite sur le terrain juridique une contradiction qu'avait bien vue Tocqueville : celle qui fait de l'exigence collective de sécurité un instrument de réduction des libertés individuelles. Elle met également en lumière la confusion qui peut exister entre les notions de démocratie et de liberté tant il est vrai, comme l'a remarqué Fareed Zakaria, que si la démocratie gagne partout du terrain, ce n'est pas toujours le cas de la liberté.

70. ***La réduction de la liberté d'expression.*** Enfin, le législateur français a adopté depuis une vingtaine d'années une série de textes qui restreignent la liberté d'expression en créant des délits d'opinion dans le but de protéger certaines catégories de personnes et de lutter contre toutes les formes de discrimination sur le terrain même de la culture (loi Gayssot du 13 juillet 1990 tendant à réprimer tout propos raciste, antisémite ou xénophobe; loi du 30 décembre 2004 qui réprime les « provocations à la discrimination, à la haine ou à la violence homophobes ou sexistes » ainsi que les injures envers « une personne ou un groupe de personnes à raison de leur sexe ou de leur orientation sexuelle »). Par ailleurs, certains types de comportement constituant un mode d'expression des idées ou des convictions font désormais l'objet d'une interdiction — au contraire des États-Unis où la jurisprudence du « *burning flag* » conduit à protéger ces comportements au même titre que l'expression verbale (US Supreme Court, *Texas vs. Johnson*, 491 US 397). Ainsi la loi française du 11 octobre 2010 interdit-elle la dissimulation du visage dans l'espace public, c'est-à-dire en priorité le port du *niqab*. Ces divers textes sont, à l'évidence, une forme de réaction et de protection du système des droits contre les attaques idéologiques dont il fait l'objet à la fois depuis l'extrême droite (révisionnisme, doctrines discriminatoires) et depuis certains mouvements religieux (intégrisme).

S'ils ne l'inventent pas, ces textes radicalisent le conflit de cultures juridiques qui existe entre la conception américaine et la conception française de la liberté d'expression. La conception américaine en fait un absolu sur le fondement du premier amendement à la Constitution de 1787 et manifeste par là sa confiance dans l'individu, dans sa faculté critique née de son libre arbitre et dans les vertus de la pédagogie. La conception française, au contraire, consacre une vision jacobine et autoritaire qui privilégie la censure à l'éducation et constitue, de ce fait, une forme de régression dans le projet d'édification, issu des Lumières, d'un individu éclairé, libre et responsable. Ces conflits entre droits nationaux apparaissent aujourd'hui d'autant plus vifs avec l'Internet, espace sans frontières de communication et d'expression, car les positions s'y révèlent en pratique inconciliables (TGI Paris, réf., 30 oct. 2001; *United State District Court for the Northern District of California, San Jose Division*, 7 nov. 2001).

71. ***Conclusion.*** Au-delà de sa sacralisation de principe, la liberté d'expression apparaît aujourd'hui comme une liberté doublement menacée. Elle l'est par les mouvements communautaires qui prétendent redéfinir le pacte social non plus en fonction de ce que les individus peuvent avoir en commun (un espace public neutre, libre et tolérant), mais en fonction de ce qui les différencie (les identités collectives particulières, qu'elles soient religieuses, ethniques, sexuelles ou autres). La manifestation la plus extrême de cette tendance, qui ne doit pas occulter les autres, est l'action terroriste, comme l'a montré l'attentat du 7 janvier 2015 contre la rédaction de *Charlie-Hebdo*. Mais la liberté d'expression est aussi menacée par l'État lui-même. Dans un contexte national et international troublé, celui-ci semble tenté de restaurer, au nom de la préservation de l'ordre public, une forme de censure. Celle-ci ressurgit alors soit par des mesures d'interdiction préventive de spectacles (CE, réf., 9 janv. 2014, *Ministre de l'Intérieur c/ Société Les Productions de la Plume et M. Dieudonné M'Bala M'Bala*; jurisprudence néanmoins renversée par : CE, réf., 6 févr. 2015, *Commune de Cournon d'Auvergne*), soit par un régime de blocage d'accès administratif de certains sites Internet sans contrôle judiciaire préalable en matière commerciale (loi du 17 mars 2014 relative à la consommation), de lutte contre la pédopornographie (loi d'orientation et de programmation pour la performance de la sécurité intérieure du 14 mars 2011) ou de lutte contre le terrorisme (loi du 13 novembre 2014 sur le renforcement de la lutte anti-terroriste). Il revient alors et toujours au juge de se faire le plus sûr garant des libertés comme l'a démontré récemment le Conseil constitutionnel censurant par deux fois, pour contrariété avec la Déclaration de 1789, la loi instituant un délit de consultation habituelle de sites internet terroristes (Cons. const. 10 févr. 2017, n° 2016-611 QPC et 15 déc. 2017, n° 2017-682 QPC, *M. David P.*). Si, comme l'affirmait Kelsen, la liberté est « à la racine de l'idée de démocratie » et si la liberté d'expression en constitue le cœur, l'avenir seul dira si le système démocratique parviendra à traverser ces fortes turbulences sans y perdre sinon son intégrité, du moins son inspiration initiale. Comme Royer-Collard le disait, en effet, des constitutions, les déclarations « ne sont pas des tentes dressées pour le sommeil » et la pérennité des grands textes n'est jamais à elle seule une garantie de la survie des droits. Reste également à savoir si, comme l'affirme Jean-Louis Harouel, en s'érigeant en nouvelle religion séculière centrée à l'excès sur le principe de non discrimination, les droits de l'homme ne portent pas en eux les ferments contreproductifs d'une régression de la liberté individuelle.

Bibliographie indicative

Sur l'histoire générale des droits et libertés

- M. BELISSA, Y. BOSC, F. GAUTHIER (coord.), *Républicanismes et droit naturel. Des humanistes aux révolutions des droits de l'homme et du citoyen*, éd. Kimé, coll. « Le sens de l'histoire », 2009.

- Y. BOSC, *La terreur des droits de l'homme. Les républicains de Thomas Paine et le moment thermidorien*, éd. Kimé, coll. « L'Esprit des Lumières », 2016.

- J. FERRAND, H. PETIT, *L'odyssée des droits de l'homme*, t. 1, *Fondations et naissances des droits de l'homme*, L'Harmattan, coll. « La librairie des humanités », 2004.

- Y. GAUDEMET (dir.), *Le préambule de la Constitution de 1946*, éd. Panthéon-Assas, coll. « Colloques », 2009.

- P. GRIMAL, *Les erreurs de la liberté dans l'Antiquité*, Hachette, coll. « Pluriel », 1997.

- J.-P. GROSS, *Égalitarisme jacobin et droits de l'homme*, éd. Kimé, coll. « L'Esprit des Lumières et la Révolution », 2016.

- S. HENNETTE-VAUCHEZ, *La déclaration universelle des droits de l'homme*, 2e éd., Dalloz, coll. « À savoir », à paraître 2018.

- R. HERMON-BELOT, *Aux sources de l'idée laïque. Révolution et pluralité religieuse*, Odile Jacob, 2015.

- L. JAUME, *Les déclarations des droits de l'homme*, Flammarion, coll. « Garnier Flammarion », 2011.

- G. LAGELÉE, C. MANCERON (textes choisis), *La conquête des droits de l'homme*, Le Cherche-Midi, 2005.

- W. NIPPEL, *Liberté antique, liberté moderne. Les fondements de la démocratie de l'Antiquité à nos jours*, PU du Mirail, 2011.

- B. STIRN, D. FAIRGRIEVE, M. GUYOMAR, *Droits et Libertés en France et au Royaume-Uni*, Odile Jacob, coll. « Sciences humaines », 2006.

- V. ZUBER, *Le culte des droits de l'homme*, Gallimard, coll. « Bibl. des sciences humaines », 2014.

- V. ZUBER, *L'origine religieuse des droits de l'homme : le christianisme face aux libertés modernes (XVIIIe-XXIe siècles)*, Labor et Fides, 2017.

Sur le devenir des droits de l'homme

- A. S. ADOUA-MBONGO, *La lutte contre le terrorisme et le respect des droits de l'homme. Les droits de l'homme à l'épreuve du terrorisme international*, Presses académiques francophones, 2012.

- G. BRAIBANT, G. MARCOU (dir.), *Les droits de l'homme : universalité et renouveau, 1789-1989*, L'Harmattan, coll. « Logiques juridiques », 2000.

- C. COURNIL, C. COLARD-FABREGOULE (dir.), *Changements environnementaux globaux et droits de l'homme*, Bruylant, 2012.

- S. DOUMBÉ-BILLÉ (dir.), *Nouveaux droits de l'homme et internationalisation du droit*, Bruylant, 2012.

- G. FELLOUS, *Les droits de l'homme, une universalité menacée*, Doc. fr., coll. « Études », 2010.

- D. LOCHAK (dir.), *Mutations de l'État et protection des droits de l'homme*, PU de Paris, 2006.

- J. YACOUB, *Les droits de l'homme sont-ils exportables ? Géopolitique d'un universalisme*, Ellipses, 2004.

- F. ZAKARIA, *L'avenir de la liberté : la démocratie illibérale aux États-Unis et dans le monde*, Odile Jacob, coll. « Histoire et Document », 2003.

Analyses, points de vue et critiques

- B. BINOCHE, *Critiques des droits de l'homme*, PUF, coll. « Philosophies », 1989.

- V. CHAMPEIL-DESPLATS, *Révolutions et droits de l'homme*, Fondation Varenne, 2016.

- C. FAURÉ, *Ce que déclarer des droits veut dire : histoires*, PUF, coll. « Politique d'aujourd'hui », 1997.

- M. GAUCHET, *La Révolution des droits de l'homme*, Gallimard, 1989.

- J.-L. HAROUEL, *Les droits de l'homme contre le peuple*, Desclée de Brouwer, 2016.

- S. HENNETTE-VAUCHEZ, J.-M. SOREL (dir.), *Les droits de l'homme ont-ils constitutionnalisé le monde ?*, Bruylant, 2011.

- P. HOUNSOUNON-TOLIN, *Droits de l'homme et droits de la femme. Regard historique, philosophique et politique ou évidence d'une secondarité*, L'Harmattan, 2016.

- L. HUNT, *L'invention des droits de l'homme : histoire, psychologie et politique*, éd. Markus Haller, 2013.

- R. NOLLEZ-GOLDBACH, *Quel homme pour les droits ? Les droits de l'homme à l'épreuve de la figure de l'étranger*, CNRS, 2015.

- M. M. Salah, *L'irruption des droits de l'homme dans l'ordre économique international : mythe ou réalité ?*, LGDJ, 2012.
- F. de Smet, *Les droits de l'homme. Origines et aléas d'une idéologie moderne*, Le Cerf, coll. « Humanités », 2001.
- B. Stirn, *Les libertés en questions*, Montchrestien, 2010.
- M. Villey, *Le droit et les droits de l'homme*, PUF, coll. « Quadrige », 2008.

Pistes de réflexion

Les droits de l'homme sont-ils absolus et intelligibles en dehors de toute perspective historique ?

« De toutes les idées qui font l'entretien des doctes, la plus importante, certes, est celle qui nous fait clairement connaître que nous sommes nés pour la justice, et que le droit a son fondement, non dans une convention, mais dans la nature. » Que pensez-vous de ces propos tenus par Cicéron vers 52 av. J.-C. (*Lois*, I, X) ?

Section 3.
LA PHILOSOPHIE DES DROITS DE LA PERSONNE HUMAINE

René Sève
Président de l'Association française de philosophie du droit, Directeur des Archives de philosophie du droit

La théorie des droits de l'homme ou plus rigoureusement de la personne humaine (pour éviter les biais de genre) comme fondement de l'ensemble des normes juridiques suppose que l'on admette une forte distinction de principe entre le juridique, à dimension universelle et ne traitant que de la coexistence pacifique d'individus libres, le moral, qui envisage les questions du Bien et/ou du Bonheur, et le Religieux, qui envisage le Salut, ici-bas et/ou au-delà. Cette distinction peut sembler artificielle aujourd'hui, précisément parce qu'elle a pour but d'autonomiser les questions juridiques et politiques. Elle reste néanmoins capitale même si la question théorique des droits de l'homme ne doit pas occulter celle de leur casuistique.

I. Histoire

72. ***Naissance aux XVIe et XVIIe siècles.*** La doctrine des droits de l'homme (aujourd'hui « droits de la personne » ou « droits et libertés fondamentaux ») est issue du mouvement de la pensée politique moderne, d'abord, au XVIe siècle, avec la seconde scolastique espagnole (Vitoria, Suarez, Las Casas...), puis, au XVIIe siècle, dans le monde protestant, avec les représentants de l'École du droit naturel (Grotius, Hobbes, Locke, Pufendorf, Thomasius...).

La doctrine des droits de l'homme décline l'idée de dignité individuelle qui s'attache à tout individu et qui s'exprime sur le plan juridique par un certain nombre de prérogatives. De ce point de vue, les droits de l'homme résultent, historiquement, d'une conception chrétienne de la personne, même s'ils peuvent s'en détacher ultérieurement (*cf. infra*).

73. ***Le Bien comme principe.*** En Occident, avant le christianisme, sont admises, pour ainsi dire prioritairement, des différences de caractère et de capacités entre les hommes, que la bonne organisation politique doit refléter en accordant aux meilleurs un rôle prépondérant dans l'exercice du pouvoir et aux autres la place, productive ou militaire, qui leur convient le mieux. C'est ce que *La République* de Platon suggère en situant, à la base du processus social et politique, un dispositif éducatif qui forme, sélectionne et oriente les individus vers les fonctions pour lesquelles ils seront les plus utiles aux autres comme à eux-mêmes. Évidemment, Platon ni d'ailleurs Aristote ne sont naïfs : la difficulté que doit affronter la science politique réside en ce que les individus réels ont naturellement tendance à surestimer leurs capacités comme à sous-estimer celles d'autrui et, ce faisant, préfèrent en général tous commander qu'obéir. Un gouvernement des sages qui monopoliserait l'essentiel des droits politiques et distribuerait les droits civils en fonction des mérites apparaît donc utopique, voire essentiellement contradictoire.

Il s'ensuit qu'une bonne constitution doit limiter les effets de la liberté ou des préférences des individus comme des groupes sociaux qui doivent être habilement encadrés et canalisés par des lois et des dispositifs institutionnels adaptés aux circonstances afin d'atteindre le meilleur ordre social possible.

74. ***La Liberté comme principe.*** La perspective moderne peut aboutir au niveau du droit positif à des institutions ou des règles inspirées par les Anciens : l'éducation publique, le bicamérisme, le contrôle de constitutionnalité, bref, tout dispositif visant à limiter les biais populistes de la démocratie, *i.e.* l'ochlocratie ou tyrannie des foules. Elle s'appuie néanmoins sur des prémisses différentes. La société est davantage conçue, comme le montre le modèle du contrat social, en tant que moyen et la liberté en tant que principe premier (*cf.* l'art. 2 de la Déclaration de 89 qui semble mettre l'association politique au service des droits naturels). Cette inversion de priorité semble provenir de la modification apportée à la compréhension de l'homme par le christianisme. À la Raison par laquelle la philosophie grecque (l'amour de la sagesse) cherche à faire accéder l'homme à la vie divine, le christianisme substitue la Grâce apportée par le Christ. Il s'ensuit, comme l'illustrent bien *Les Béatitudes* de l'Évangile, une véritable déconnexion entre les caractéristiques naturelles et sociales de l'individu et sa valeur ultime. L'enfant ou l'esclave peuvent ainsi être plus proches de Dieu que l'homme cultivé et policé, au grand scandale de l'élite romaine (*cf.* le célèbre *Discours vrai* de Celse).

Cette promotion de tout individu en tant que tel indépendamment de ses rôles et qualités n'a pas abouti à des bouleversements juridiques et politiques immédiats en matière de droits de l'homme, par réalisme et par souci de ne pas polluer le message d'une égalité spirituelle. On le voit avec l'esclavage : saint Paul appelle les esclaves à se satisfaire de leur condition et l'Église ne revendique pour eux que le droit à suivre le culte ou à exercer des fonctions pastorales (parfois première étape de leur émancipation). Le résultat politique et juridique du paradigme chrétien fut donc moins individuel que collectif. Pour des raisons théologiques et sociologiques, c'est l'Église et ses clercs qui ont bénéficié à l'égard du pouvoir civil, de l'État, des garanties et immunités, que l'époque moderne accordera progressivement à chaque individu[1].

---

1. V. R. Sève, « Christianisme et hellénisme », *Archives Phil. dr.* 1993. 49-63.

La politique moderne et l'affirmation principielle des droits individuels sont donc nées de la critique de l'Église de Rome, dès le Moyen Âge avec les partisans de l'Empereur. Il serait néanmoins abusif d'en déduire une incompatibilité entre catholicisme et droits de l'homme (que les encycliques *ad hoc* s'efforceraient de dissimuler) pour faire de ceux-ci le produit de la Réforme. La Genève de Calvin, la politique religieuse selon Hobbes et même la théorie de la tolérance de Locke (refusée aux catholiques ou papistes) ne plaident pas en ce sens. De manière plus œcuménique, considérons donc que les droits de l'homme ont été défendus et développés par des philosophes chrétiens, catholiques ou protestants, lorsqu'ils ont examiné les principes de l'organisation politique dans des situations historiques où leurs dogmes ne bénéficiaient pas ou plus d'un consensus largement majoritaire : protestants, évidemment, face à d'autres églises protestantes ou au catholicisme, ou catholiques, protégeant les intérêts de leurs coreligionnaires menacés (Suarez contre Jacques Ier d'Angleterre dans le *De juramento fidelitatis*) ou confrontés à d'autres civilisations (en Amérique du Sud comme en Chine).

Mais en deçà de ces compromis sociologiques, qui ont favorisé la sécularisation du politique et de proche en proche les institutions républicaines dans le monde occidental, se pose la question du rôle de la raison ou de la science comme légitimes à construire sur le monde et la société : a) un discours vrai, indépendamment de la religion, et donc universel, là où les religions s'affrontent entre elles ou chacune en leur propre sein (v. ss 75 s.), b) qui conserve cependant un « ADN religieux », accordant à l'individu un statut de personne, donc une transcendance, permettant d'éviter un retour au naturalisme et à une vision plus calculatrice des droits individuels (voir par exemple l'exposition/élimination des enfants difformes dans la cité grecque ou les positions eugénistes de Platon que la science contemporaine vient affleurer voire réaliser, v. ss 82).

II. Justifications

75. ***Argumentaire général.*** La théorie religieuse des droits de l'homme pose donc *a contrario* le problème de leur fondement purement rationnel. En d'autres termes, d'un point de vue philosophique, il faut penser la dignité de l'homme sans référence à sa qualité de créature de Dieu.

76. ***Les modes de justification.*** Une première tendance, illustrée surtout par la pensée utilitariste (incluant les tendances pré-utilitaristes de Hobbes, Spinoza, Leibniz...) justifie les droits de l'homme, intégrés dans un système juridique (puisque Bentham nie vigoureusement leur existence présociale), par leur capacité à contribuer au bien-être collectif, en particulier en protégeant les citoyens contre les excès du pouvoir. Les droits de l'homme seraient donc justifiés parce qu'outre des raisons morales, ils présenteraient pour les sociétés qui les adoptent des avantages économiques et politiques démontrés directement et *a contrario* par la comparaison avec les régimes inégalitaires (aristocratiques) ou les dictatures. En d'autres termes, les sociétés fondées sur les droits de l'homme seraient plus justes, plus prospères et plus stables, au moins en général. Pour les théories du droit dites précisément *rights-oriented*, ce type de justification par les conséquences est censé se prêter, au moins dans certaines situations, à des compromis et des renoncements (par exemple tolérer la torture pour lutter contre le terrorisme) et à une diversification des droits en fonction des aptitudes naturelles. Stuart Mill, raffinant la distinction de Sieyès ou de Kant entre citoyens actifs et passifs (passifs car pourvus de droits civils mais pas de droits politiques), envisageait avec faveur un droit de vote double pour les citoyens diplômés. Les adversaires de l'euthanasie « de confort » (pour les proches ou la sécurité sociale) dénoncent aussi dans le même esprit les risques d'une fondation trop utilitariste des droits.

Même si ce type d'objections n'est pas sans réponses, on peut préférer une fondation de principe, telle que la fournit en particulier la doctrine politique la plus célèbre de l'après-guerre, celle de John Rawls, dans sa *Théorie de la justice*, complétée par ses articles rassemblés dans *Le libéralisme politique*. Cherchant, dans la lignée des théories du contrat social, les règles de base d'une coopération sociale entre agents rationnels, qui connaissent à la fois leurs besoins fondamentaux et la diversité de leurs points de vue sur les valeurs (religieuses, intellectuelles, esthétiques...), J. Rawls montre que les seuls principes susceptibles de réunir un consensus sont ceux qui définissent des libertés analogues à celles exprimées dans les déclarations des droits.

En bref, les droits de la personne constituent la meilleure base juridique dans une société diverse ou pluraliste. Cela signifie donc qu'une telle société est un endroit souvent inconfortable et dérangeant (*cf.* la question des caricatures en matière religieuse) pour tous ceux qui rêveraient d'un monde plus fusionnel et moins désenchanté, évidemment rassemblé par leurs propres valeurs et croyances.

Cette conception a été néanmoins l'objet de critiques, pour simplifier, morale et politique, issues d'auteurs rassemblés sous l'étiquette commode de « communautariens » et qui réactualisent certaines objections classiques d'inspiration historiciste, comme celles de Burke, de Joseph de Maistre, Hegel ou Marx[1].

III. Critique morale

77. ***Une doctrine fondée sur le scepticisme.*** La doctrine des droits de l'homme est supposée, par ses partisans, neutre sur le plan éthique et indépendante de toute conception du Bien et du Vrai. Elle dissimulerait en réalité des présupposés cachés, ceux propres à une morale et une rationalité modernes, teintée d'un protestantisme diffus. Par exemple, un partisan des droits de l'homme s'opposant à toute discrimination à l'égard des homosexuels peut se voir reprocher par un croyant traditionaliste de véhiculer une certaine morale (laxiste) de la sexualité, dissociant celle-ci de la reproduction. De même, les libertés d'opinion et d'expression en matière de Religion relèveraient non pas de la simple neutralité mais du scepticisme à l'égard d'une Révélation supérieure à la Raison.

78. ***Une doctrine plus politique que morale.*** Historiquement et sociologiquement, il est possible que les promoteurs des droits de l'homme aient été ou soient souvent des sceptiques. Mais cet argument *ad homines* ne nous semble pas atteindre la doctrine comme telle. Dans cette dernière, il ne s'agit pas d'affirmer que, *moralement ou religieusement*, chacun doit adopter vis-à-vis de lui-même un point de vue impersonnel, lui faisant percevoir ses propres valeurs et convictions comme contingentes, et donc celles d'autrui comme tout aussi vraisemblables et respectables. La théorie des droits fondamentaux véhiculerait alors en effet une conception de l'homme pour ainsi dire détaché de lui-même ou d'un moi transcendant ses propres déterminations. On pourrait donc lui objecter que si l'individu peut effectivement percevoir ses goûts, même très déterminants pour la conduite de sa vie, voire certaines de ses idées comme détachables de lui et donc sans valeur absolue, il en va très différemment de ses croyances plus fondamentales (quand elles existent) : la formule de Rawls « le moi est antérieur aux fins qu'il poursuit » ne saurait donc s'appliquer à une foi dans laquelle le croyant se sent appartenir à Dieu et non pas à lui-même, et considère ses fins comme cons-

1. V. sur ce sujet le recueil *Libéraux et communautariens* par A. Berten, P. Da Silveira et H. Pourtois, PUF, 1997.

titutives de lui et non choisies par sa liberté. Beaucoup d'auteurs, en premier lieu Michael Sandel, ont ainsi objecté à la doctrine de Rawls de mettre à la base de sa conception des droits de l'homme (elle-même partie de sa théorie de la justice) une conception biaisée du sujet moral (ou religieux).

La réponse consiste à rappeler que les droits de l'homme ne relèvent pas de la morale mais de la théorie politique. Le point de vue extérieur adopté par le sujet à l'égard des valeurs morales est requis lorsque ce dernier se pose la question politique de ce qui peut être l'objet d'un accord entre des sujets aux points de vue éthiques et religieux différents. Même le croyant, sauf à refuser de rentrer dans le jeu d'une conception politique commune, perçoit ses fins et même sa foi du dehors, puisque, s'interrogeant sur les règles qui doivent régir sa coopération avec autrui, il doit prendre en compte la position de ce dernier qui ne partage pas les mêmes convictions. C'est là où l'on touche toutefois les limites de l'argumentation rationnelle qui aboutit forcément à la coexistence des religions et des non-religions, donc à la tolérance : elle ne peut toucher celui qui (alors pourtant qu'il bénéficie de la tolérance des autres) croit avoir le devoir de ne pas être tolérant et de ne pas admettre un discours non-religieux en général : c'est le problème du refus de l'enseignement du darwinisme comme base de la biologie (qui ne va pas toujours jusqu'à refuser les soins médicaux dispensés par une science aux fondements impies). *In fine*, la défense des droits de l'homme repose dans la théorie sur le principe de non-contradiction qui fonctionne mieux dans les faits quand il n'existe pas une majorité ou une minorité solidaire de croyants pour substituer la Foi à la Raison.

IV. Critique politique

79. ***La citoyenneté.*** Cette seconde critique est pour ainsi dire d'un corrélat de la précédente, portant non plus sur la structure du sujet moral, mais davantage sur les conditions de viabilité sociale d'une société libérale fondée sur les droits de l'homme.

Ainsi, pour mémoire, la cité antique et ses théoriciens mettaient en valeur une participation forte des citoyens (certes minoritaires dans la population) aux affaires de la cité : exercice de tout ou partie du pouvoir législatif, judiciaire et exécutif, tant gouvernemental qu'administratif. Il y avait là une exigence politique (l'autogouvernement garantissant contre la tyrannie) et morale (l'excellence humaine se réalisant dans le service de l'intérêt général). La dissolution de petites communautés politiques dans de vastes empires et les idéaux extra-mondains du christianisme ont eu tendance à séparer participation aux affaires de la cité et réalisation de soi.

80. ***L'individu égoïste.*** La préoccupation de la philosophie politique moderne semble donc prioritairement porter sur une conception défensive de la citoyenneté. En bref, selon la typologie de B. Constant, à la citoyenneté active des Anciens, les Modernes substituent une citoyenneté de protection, les droits de l'homme résumant ainsi les garanties dont dispose l'individu.

Beaucoup se sont demandés si cette conception était viable, en particulier dans les périodes de crise[1]. La théorie des droits de l'homme, prise à la lettre, serait, en privilégiant l'individuel sur le collectif, incapable de susciter le patriotisme dont toute société a besoin pour se défendre. En dehors de ces situations dramatiques, un minimum de civisme semble nécessaire pour éviter une confisca-

1. V. après Hegel, Marx *in La question juive*, Paris, 1968, p. 39-40.

tion larvée du pouvoir par une élite administrative et économique, à moins que nos sociétés aient à suivre le modèle américain où, comme le suggère un Charles Taylor, la défense des intérêts de chacun s'exprime moins dans le débat politique classique sur l'intérêt général que dans le contentieux judiciaire ou le *lobbying*.

En bref, définissant la société comme association d'égoïsmes, la doctrine des droits de l'homme devrait se voir prolongée par une philosophie civique qui rendrait d'ailleurs mieux compte des pratiques effectives par lesquelles la communauté politique maintient sa cohésion (cérémonies commémoratives, enseignement de la culture et de l'histoire nationales, etc.).

81. ***L'homme comme être social.*** Ce type de critique ne doit pas être trop naïvement perçu comme formulant un complément républicain à la doctrine juridique des droits fondamentaux, ce que tout le monde peut admettre. Au-delà, se profile l'idée que la présentation, inhérente au libéralisme, de l'homme comme agent rationnel moralement indépendant de la société à laquelle il appartient, méconnaît sa dimension primitivement sociale et la constitution de son identité à partir d'une tradition collective. Pratiquement, elle sous-entend qu'il peut exister des contradictions insolubles entre la défense d'une société démocratique particulière et certains droits universels quand la première se sent menacée par l'ennemi extérieur ou sa cinquième colonne.

Il nous semble toutefois que cette critique souffre sans doute d'une approche trop simplifiée du sujet, pour lequel l'universalisme cosmopolite des droits de l'homme et l'attachement à une communauté située constitueraient une alternative. Il semble plus raisonnable de considérer que l'individu est capable de se diriger selon une hiérarchie de normes, où la préférence pour sa Nation vaut jusqu'à certaines limites. Il n'est ainsi pas évident, contrairement à ce que suggère A. MacIntyre[1], « que de bons soldats ne doivent pas être libéraux », et doivent s'interdire de mesurer le bien-fondé des décisions de leur pays « selon quelque critère neutre et impartial, faisant équitablement référence aux intérêts de leur communauté et à ceux d'autres communautés ». À ce compte, le bon soldat devrait, si l'intérêt de la patrie l'exige, massacrer des populations civiles hostiles et exterminer les prisonniers de guerre.

V. Vers de nouveaux défis

82. ***Un noyau dur limité.*** L'approche philosophique des droits de l'homme, comme l'indique d'ailleurs J. Rawls lui-même, ne doit pas faire oublier qu'ils sont l'objet d'une institutionnalisation complexe qui procède, à différents niveaux, à leur interprétation, et ce, non seulement eu égard aux fins de la liberté, mais également à d'autres valeurs sociales, politiques, économiques, voire scientifiques et culturelles[2].

À vrai dire, les déclarations des droits expriment davantage une série de priorités que d'exigences absolues. Mis à part les droits fondamentaux dits non dérogatoires, *in fine*, celui de ne pas subir des traitements inhumains et dégradants, si l'on s'en tient aux textes des conventions internationales[3], les autres sont plutôt l'objet de présomptions qui font incomber la charge de la preuve à celui qui veut les limiter.

---

1. *In* Berten, *op. cit.*, p. 306-307.
2. En ce sens, v. T. Nagel, « La fragmentation de la valeur », *in Questions mortelles*, PUF, 1983, p. 151-166.
3. Sur ce point, v. R. Sève, « Les droits de l'homme sont-ils vraiment fondamentaux » *in Éthique et droits fondamentaux*, Presses de l'Université d'Ottawa, 1989, p. 16-29.

83. ***Une interprétation sensible au contexte.*** Il faut observer qu'au sein même de nos sociétés la mise en pratique des principes fondamentaux exprimés dans les déclarations réintroduit ce qu'en général leurs partisans simplistes préfèrent occulter, à savoir la téléologie utilitariste et le relativisme historique. En effet, ce ne sont pas seulement les textes qui protègent, par exemple, le droit des homosexuels, celui des suspects en garde à vue ou des représentants d'une idéologie politique marginale, c'est aussi un certain état des mœurs, auquel se conforment lois, règlements et jurisprudence, et selon lequel tel comportement ne porte pas atteinte à la morale publique (ou lui est contraire), telle situation pénible est (ou n'est pas) le résultat d'un traitement inhumain et dégradant, tel parti ne menace pas l'ordre démocratique (ou lui est opposé), tous jugements pouvant se modifier avec l'évolution des mentalités et des circonstances (par exemple des attentats terroristes).

Nous avons souvent tendance à identifier les droits de l'homme à un ensemble de significations naturelles. Or celles-ci, excepté peut-être quand elles concernent un noyau à la signification « évidente », sont en partie floues, le sens naturel n'étant que ce qui semble normal à la majorité ou à une partie influente de la population. À un moment où il était beaucoup question de la protection contre certaines maladies contagieuses, — une situation qui peut se reproduire —, on a pu rappeler, par exemple, que l'enfermement, qui semblerait spontanément à beaucoup constituer une atteinte intolérable aux libertés, est explicitement prévu par la Convention européenne « s'il s'agit de la détention régulière d'une personne susceptible de propager une maladie contagieuse ». La protection des libertés ne dépend donc pas des règles mais aussi des faits, du « sentiment général de la communauté juridique » comme l'écrivait Gény, ou — car ce sentiment général est parfois insaisissable — de l'efficacité d'un groupe de pression attaché à élargir l'interprétation des libertés qui lui sont chères. En définitive, les droits de l'homme, précisément parce qu'ils sont du droit, laissent en permanence des questions ouvertes sur leur portée, comme on le voit bien aujourd'hui en matière de droit à l'information où protection des sources ou droits de propriété intellectuelle peuvent être malmenés ou « challengés » par le « droit à l'accès ». À l'occasion d'événements tragiques (l'attentat contre *Charlie-Hebdo*), on a pu aussi constater paradoxalement des appels à la modération dans la critique des religions, voire des comportements d'autocensure dans certaines manifestations culturelles dans le but de ne pas heurter une religion « sensible ». Il est vrai que le terrorisme rebat les cartes de l'ordre public et donne aux autorités des possibilités, d'une part, de modérer une liberté d'expression susceptible de susciter des troubles impossibles (ou extrêmement coûteux) à pallier par des mesures habituelles de maintien de l'ordre, d'autre part, de renforcer l'arsenal pénal et les méthodes d'investigation des services spécialisés, précisément dans les situations d'urgence.

84. ***Sciences du comportement et Droits de l'homme.*** Le développement des sciences contemporaines, notamment de l'informatique (intelligence artificielle, *big data*), la biologie (génomique, neurosciences, biologie synthétique), de la psychologie sociale et de la sociologie (quand elle utilise des techniques économétriques) donnent néanmoins des dimensions nouvelles à ces problématiques, d'une part en permettant de mieux cerner les tenants et aboutissants de ce sentiment général, soit au niveau des groupes, soit à celui des individus, d'autre part en reposant sur des bases empiriques renouvelées les questions traditionnellement posées par le matérialisme[1]. Le raisonnement juridique abstrait, le discours des droits, apparaît alors clairement comme un discours idéal, déconnecté des

1. Sur ces questions, v. R. Sève, *Philosophie du droit*, Dalloz, 2017.

processus réels de raisonnement et d'action, déterminés, quant à eux, par des processus mentaux, cognitifs et émotifs, d'origine génétique et socio-environnementale.

La problématique générale est la suivante. Les valeurs, le devoir-être, les droits fondamentaux sont considérés comme rationnels indépendamment des faits. La question est de savoir comment ils rentrent dans les faits et y sont reconnus et appliqués. Or cette reconnaissance n'implique pas seulement une connaissance : un adversaire des droits de l'homme peut décrire avec précision l'édifice des droits de l'homme, voire écrire un bon article dans ce livre, et parallèlement ne pas souhaiter les voir appliquer car lui-même n'y adhère pas, par exemple parce qu'il pense, un peu comme un platonicien, que dans la réalité, dans la nature, les hommes ne sont pas égaux, que certains sont supérieurs à d'autres; bref, il ne voit pas autrui comme son semblable. Il s'ensuit que la reconnaissance n'est pas purement affaire de raison mais aussi d'adhésion et que cette dernière dépend aussi de nos émotions (c'est l'émorationalité du jugement). Pour prendre un exemple concret, il y a de très bons arguments rationnels pour considérer beaucoup d'animaux comme des personnes mais aussi d'autres pour le nier et nos émotions (à en juger par le nombre minoritaire de végétariens) vont plutôt dans le second sens. Comme les émotions sont conditionnées par nos gênes mais aussi par notre éducation et nos habitudes, et elles-mêmes par la société, il y a, ce qui est une banalité, un fort déterminisme biologique et culturel dans l'adhésion à la doctrine des droits fondamentaux en tant qu'elle ne concerne que les humains mais tous les humains. Les questions aujourd'hui se posent dans deux directions : restriction des droits à un certain groupe, les adeptes d'une religion, les vrais croyants, ou les personnes dotés d'une conscience minimale ou potentielle (c'est la question de l'euthanasie des patients en mort cérébrale, et de la définition de celle-ci, comme du stade du développement de l'embryon jusqu'auquel est autorisé l'avortement), ou extension vers les animaux ou les robots. Dans ce dernier cas, va se poser la question de la conscience numérique qui serait derrière les actes et les paroles des robots (car tout le monde est d'accord pour dire que l'intelligence artificielle permettra de plus en plus aux robots de parler comme des êtres humains, voire beaucoup mieux).

85. ***La Science confirme le caractère normatif des droits.*** Après celles de Milgram, les expériences de P. Zimbardo[1], dans lesquelles l'homme civilisé *semble* devenir en quelques heures un loup pour l'homme, et, en vraie grandeur, la barbarie des armées et des bandes mafieuses ou les difficultés de la (re)construction de l'État de droit dans les pays dévastés par les guerres[2] montrent que la reconnaissance et le respect de l'autre, au-delà des liens immédiats de la famille ou du groupe d'appartenance (qu'une exigence morale ou religieuse forte peut venir d'ailleurs aussi briser), sont des dispositions socialement construites, certes sur des bases biologiques, et donc fragiles. Mais sauf à confondre fait et valeur, les sciences contemporaines ne font ainsi que confirmer le caractère normatif des droits de l'homme. Leur bien-fondé serait ainsi seulement prouvé *a contrario* par l'impossibilité de construire, en raison pure, un discours alternatif cohérent qui respecte le critère d'universalité.

86. ***Vers un néo-paternalisme ?*** Cette distance, parfaitement thématisée par Kant, entre la réalité anthropologique empirique et le raisonnement sur les principes, concerne de nombreux débats publics : comment articuler le respect pour

1. *The Lucifer effect*, New York, 2007.
2. V. M. Klotz et *al.*, *Reconstruction*, Cerem, 2009.

l'individu, comme être libre, et les méthodes prédictives de son comportement, statistiquement et même « psycho-biologiquement » déterminé ? Quelles méthodes, basées sur la connaissance de mécanismes psychologiques dont l'individu n'est pas conscient (victime de sa conception naïve de sa propre liberté) peut-on utiliser pour provoquer sa « désistance » ? C'est le dilemme classique de la criminologie et du droit pénal que renouvellent les puissants instruments statistiques de l'analyse factorielle[1]. On pourrait même aller plus loin en appliquant les connaissances disponibles sur la rationalité limitée et les biais émotifs et cognitifs des agents pour évaluer la qualité du jugement des magistrats et des fonctionnaires de la Justice, tous sujets en débat aujourd'hui à la Chancellerie dans le cadre de la réforme de la Justice.

Cette polarisation entre mécanismes anthropologiques et droits des individus, comme le montrent d'autres contributions à ce volume, traverse aussi le droit du travail ou le droit de la consommation. À titre d'illustration, un concept comme celui d'addiction, qui renvoie à des analyses extrêmement précises portant sur les circuits de la décision et de la récompense, peut servir à éclairer aussi bien le marketing que la clinique. Il encourage des approches nouvelles de la dépendance, soit à des fins de prévention (du jeu par exemple), ou de protection (de la publicité), soit à des fins de traitement, y compris chimiothérapiques. Il éclaire des phénomènes complexes et douloureux, paradoxaux d'un point de vue platement utilitariste, auxquels sont confrontés les juges et les travailleurs sociaux, comme la double addiction au sein du couple, d'un de ses membres à l'alcool ou à la drogue, de l'autre par effet miroir et attachement au premier. Enfin, une attention toute particulière doit être aussi accordée dans ce domaine aux publics fragiles, notamment les enfants dans leurs activités de jeux ou de relations sociales numériques.

Montrer plus généralement les mécanismes qui président aux attitudes et aux actions, par exemple les biais de recrutement ou de promotion, ou l'influence de la publicité sur l'organisation neuronale de la perception, de la mémoire, de l'acte d'achat, comme celle des jeux vidéo sur la violence, etc., peut conduire alors à imaginer de nouvelles régulations qui garantissent moins une liberté, réduite alors à un horizon de principe, qu'elles ne protègent des intérêts que l'individu n'apparaît plus apte à protéger lui-même parce que la liberté conférée aux autres contourne ses défenses[2]. Si la norme juridique devient plus soucieuse d'efficience en matière de liberté individuelle, il est probable que dans les années qui viennent des réflexions s'ouvriront sur une gestion plus subtile des effets de seuil (âges minimaux d'accès ou de consommation), en fonction des données disponibles sur les conduites à risques et les dépendances précoces, et pourraient même rouvrir le débat sur l'égalité des sexes, cette fois sans doute en faveur des femmes.

87. ***La question du transhumanisme et des droits des non-humains.*** Si la science peut favoriser le développement d'une protection plus efficace des individus à l'égard des « forces du marché » (y compris des marchés de produits voire d'idées illicites), elle peut aussi tracer les voies d'une nouvelle humanité, transhumaine, s'attaquant ainsi à un présupposé sous-jacent à la théorie des droits de l'homme, non seulement la relative égalité de capacités entre eux (mais on a vu que les droits de l'homme protègent davantage les faibles que les forts) mais leur

1. V. I. Dréan-Rivette, *De la criminologie en Amérique*, L'Harmattan, 2011; J. Bonta, J. Blais, Holly A. Wilson, « Prédiction du risque de récidive chez les délinquants », Sécurité publique/Canada, 2013.
2. V. *Archives Phil. Droit*, t. 55, « Sciences de l'Esprit et Droit », 2012; t. 59, « Vers de nouvelles humanités ? », 2017.

commune identité. Or si l'on envisage que des individus voient par la génétique ou la bio-ingénierie leurs capacités, non pas seulement physiques mais mentales augmentées (mémoire, capacités de calcul, contrôle de soi...), ou que des ordinateurs humanoïdes ou non, manifestent des capacités équivalentes, y compris le sentiment de soi (comment le définir pour une machine ? C'est la problématique de la conscience numérique) ou la reconnaissance d'autrui, voire que des individus réels construisent de leur vivant, ou fassent construire par un légataire, un double numérique, on peut s'interroger sur les conséquences de ces évolutions sur les droits de l'homme et les institutions qui en découlent.

Une première ligne de réflexion consisterait à considérer que ces changements étant inégalement diffusés, une « surhommocratie » viendrait à naître, reléguant l'humanité non évoluée à l'état de dominés par nature. De ce point de vue, on retrouverait ainsi dans l'avenir une tendance à rétablir le schéma platonicien de l'organisation sociale (*cf. supra*), fondée sur l'inégalité des capacités et non sur l'égale dignité. En pratique, si l'on considère les animaux, qui, alors que la science leur découvre de plus en plus des qualités de raisonnement, de conscience de soi et d'autrui développées, subissent tous les jours des traitements cruels et dégradants, on ne peut par analogie que s'inquiéter de l'indifférence ou de la dureté que les transhumains (des super-robots, etc.) pourront manifester à l'égard des humains moins évolués, à moins de mener de front les deux combats (dignité des animaux et des hommes « normaux »).

Inversement, l'égale dignité renvoyant à un mélange de raison et d'émotions, une vaste extension du domaine des droits de l'homme serait envisageable en faveur des robots, des ordinateurs empathiques et des animaux (compte tenu de certaines pratiques d'élevage, l'urgence serait d'ailleurs de commencer par eux). Juridiquement, la question se pose déjà de reconnaître un droit de « survie » à un ordinateur qui contiendrait des traces développées, — écrits, paroles, images, voix, voire simulations numériques —, d'un individu décédé (ce qui pose la question de la transposabilité de la personnalité humaine dans un support numérique, avatar ou non du corps). À terme, plutôt que d'envisager seulement les dangers des progrès scientifiques, on pourrait aussi s'interroger sur la portée d'un eugénisme qui éliminerait ou soumettrait à la raison précisément les tendances des individus à la violence ou à l'intolérance.

Enfin, on remarquera que le débat est intense parmi les scientifiques (mais pas démocratiquement très partagé) pour savoir si l'humanité doit activement ou non rechercher d'autres civilisations dans l'univers, prenant le risque d'en rencontrer qui, par crainte ou sentiment de supériorité (analogue au nôtre à l'égard des animaux), ne nous feraient pas bénéficier des argumentaires rationalistes ci-dessus et donc du respect qui serait logiquement dû à toute intelligence.

Pistes de réflexion

Les droits de l'homme sont-ils une morale minimale ?
Les droits de l'homme sont-ils propres à la « civilisation » occidentale ?
La science menace-t-elle les droits de l'homme ou en élargit-elle la portée ?
Le transhumanisme, menace ou utopie utile ?

Section 4.
LA DIMENSION INTERNATIONALE ET EUROPÉENNE DES LIBERTÉS ET DROITS FONDAMENTAUX

FABIEN MARCHADIER
Professeur à l'Université de Poitiers,
Équipe de recherche en droit privé (ERDP)

JEAN-PIERRE MARGUÉNAUD
Professeur à la Faculté de droit de Limoges,
Institut de droit européen des droits de l'homme (EA3976),
Université Montpellier I

Historiquement et symboliquement, la Déclaration universelle des droits de l'homme est l'acte fondateur de la protection internationale des droits humains. Elle a inspiré et continue d'inspirer nombre de textes internationaux garantissant les droits fondamentaux. Les conventions régionales, telle que la Convention européenne des droits de l'homme, s'inscrivent dans un rapport de filiation avec la vénérable Déclaration onusienne. La multiplication des textes, à l'échelle mondiale ou régionale et singulièrement européenne, n'est pas qu'un exercice de répétition. Tous ces textes œuvrent au dépassement de la symbolique et à l'effectivité toujours plus grande des droits fondamentaux parce qu'ils sont susceptibles d'être utilement invoqués devant les juridictions internes, qu'ils s'accompagnent d'un mécanisme de contrôle du respect de leur disposition par les États parties et que la réalisation de ce contrôle international provoque des évolutions du droit et des pratiques internes.

III. Les retombées nationales du contrôle international

A. La portée individuelle

B. La portée générale

C. La surveillance de l'exécution des arrêts

88. ***Les sources du droit international et européen des droits de l'homme.*** En matière de protection internationale et européenne des droits fondamentaux, tout semble devoir découler de l'emblématique Déclaration universelle des droits de l'homme (DUDH). Bâtie pour tirer les leçons de la Seconde Guerre mondiale, dont les ruines étaient encore sanglantes et nauséabondes, elle est le fruit du travail et de la volonté d'une commission de neuf membres dont l'Histoire commence malheureusement à oublier les noms de sa présidente, Eleanor Roosevelt, et de René Cassin alors qu'elle devrait pourtant se souvenir aussi de ceux de son rapporteur libanais, Charles Malik, de son vice-président chinois, l'ardent défenseur de l'universalisme des droits de l'homme Peng Chun Chang, du défenseur des droits sociaux, le Chilien Hernan Santa Cruz, et de sa cheville ouvrière canadienne, John Peter Humphrey. Adoptée par l'Assemblée générale des Nations unies le 10 décembre 1948, elle se trouve, en effet, au frontispice de la plupart des instruments internationaux ou régionaux de protection des droits de l'homme qui ont été élaborés depuis. On la trouve sans surprise dans les préambules des deux pactes de New York du 16 décembre 1966 destinés à promouvoir les droits qu'elle énonce : le Pacte international relatif aux droits civils et politiques et le Pacte international relatif aux droits économiques, sociaux et culturels. La référence à la Déclaration universelle des droits de l'homme figure également dans la plupart des autres textes onusiens à vocation universelle (Convention internationale sur l'élimination de toutes les formes de discriminations raciales du 21 décembre 1965, Convention internationale sur l'élimination de toutes les formes de discrimination à l'égard des femmes du 18 décembre 1979, Convention contre la torture et autres peines ou traitements cruels, inhumains ou dégradants du 10 décembre 1984, Convention internationale des droits de l'enfant du 20 novembre 1989, Convention internationale pour la protection de toutes les personnes contre les disparitions forcées du 18 décembre 1990, Convention internationale sur la protection des droits de tous les travailleurs migrants et de leur famille du 18 décembre 1990, Convention relative aux droits des personnes handicapées du 13 décembre 2006).

Les plus importants des textes régionaux protecteurs des droits de l'homme ont également été placés sous son parrainage pour justifier leur nécessité et parfois leur contenu. C'est ainsi que la Convention américaine des droits de l'homme du 22 novembre 1969 s'appuie sur le principe d'indivisibilité des droits de l'homme promu par la DUDH pour garantir à la fois des droits civils et politiques et des droits de nature économique et sociale. C'est ainsi encore que la Convention de sauvegarde des droits de l'homme et des libertés fondamentales (Conv. EDH) du 4 novembre 1950 réunit les premières mesures propres à assurer la garantie collective de certains des droits énoncés dans la Déclaration universelle. Quant à la Charte africaine des droits de l'homme, elle s'inscrit dans le prolongement de l'engagement pris par les États parties de favoriser la coopération internationale dans le respect de la Charte des Nations unies et de la Déclaration universelle des droits de l'homme. Il faut noter cependant que l'utilisation symbolique n'est pas toujours dépourvue d'ambiguïté comme le montre la Charte arabe des droits de l'homme du 14 septembre 1994 qui se réfère à la fois à la Déclaration universelle et à la Déclaration du Caire sur les droits de l'homme en Islam qui fait allégeance à la charia. Il arrive aussi qu'il ne soit fait référence qu'à d'autres textes qui y renvoient : seule la Convention européenne des droits de l'homme apparaît dans le préambule de la Charte sociale européenne révisée du 3 mai 1996; la Charte des droits fondamentaux de l'Union européenne ne rend hommage qu'aux instruments européens de protection des droits de l'homme et aux traditions constitutionnelles communes aux États membres, même si elle réaffirme l'attachement des États membres aux principes d'universalité et d'indivisibilité des droits de l'homme.

89. *Exigence d'effectivité.* La forte charge symbolique de la DUDH lui permet donc d'irradier l'ensemble des textes internationaux qui sont destinés à la protection des droits de l'homme. Elle ne suffit pas, bien entendu, à les rendre concrets et effectifs. Or, c'est bien en termes d'effectivité que doit aujourd'hui se mesurer la dimension internationale et européenne des droits fondamentaux. C'est pourquoi, délaissant la beauté du symbole pour la quête de l'effectivité, il faudra adopter une démarche qui permettra de comprendre suivant quelle(s) technique(s) les droits de l'homme deviennent de plus en plus concrets et effectifs. Ils commencent à le devenir grâce à l'application nationale des textes internationaux qui les consacrent (***I.***); ils le seront davantage encore si leur application fait l'objet d'un contrôle international (***II.***); ils le deviendront pleinement si le contrôle international peut avoir des retombées nationales (***III.***).

I. L'application nationale des textes internationaux protecteurs des droits fondamentaux

90. *Signature.* Dans un État d'inspiration moniste comme la France, l'application des textes internationaux suppose d'abord qu'ils soient signés. Cette condition d'évidence mérite d'autant plus d'être rappelée que certains d'entre eux ont un fort retentissement alors pourtant que la France ne s'est pas donné la peine de les signer. Tel est le cas à ce jour du Protocole additionnel n° 12 à la Convention européenne des droits de l'homme, en vigueur depuis le 1er avril 2005, dont l'article 1er porte interdiction générale de la discrimination.

91. *Ratification.* Il faut ensuite qu'ils aient été régulièrement ratifiés ou approuvés. Il peut d'ailleurs s'écouler un délai considérable entre le moment de la signature et le moment de la ratification : plus de vingt-trois ans pour la Conv. EDH, presque quinze ans pour la Convention d'Oviedo du 4 avril 1997 sur les droits de l'homme et la biomédecine. La procédure de ratification se déroule en deux temps : l'autorisation législative de procéder à la ratification et la ratification proprement dite qui résulte d'un décret du président de la République assurant la publication du texte international au *Journal officiel*. Or, il peut advenir un certain nombre d'interférences ou de confusions entre ces deux phases. C'est ainsi, d'une part, que l'autorisation de ratifier la Conv. EDH délivrée par la loi n° 73-1227 du 31 décembre 1973 n'a été suivie d'une publication au *Journal officiel* du 4 mai 1974 qu'après un « coup de force » auprès des services administratifs du président de la République par intérim Alain Poher. C'est ainsi, d'autre part, que la DUDH ne peut pas, aux termes d'une jurisprudence constante du Conseil d'État, initiée par un arrêt du 18 avril 1951 rendu dans l'affaire *Élection de Nolay*, être considérée comme ayant été ratifiée puisqu'elle a seulement fait l'objet d'une publication au *Journal officiel* du 9 février 1949.

92. *Entrée en vigueur.* La ratification ne suffit pas toujours à entraîner l'engagement international de l'État. En effet, la plupart des conventions internationales et plus particulièrement celles qui visent la protection des droits de l'homme fixent par une disposition finale le nombre de ratifications nécessaires à leur entrée en vigueur. Tant que ce nombre n'est pas atteint, les premiers États à avoir procédé à la ratification n'assument encore aucune obligation. C'est ainsi, par exemple, que le seizième Protocole additionnel à la Conv. EDH signé à Strasbourg le 2 octobre 2013 prévoit qu'il entrera en vigueur le premier jour du mois qui suit l'expiration d'une période de trois mois après le dépôt du dixième instrument de ratification, d'acceptation ou d'approbation (art. 8). Or, au 26 janvier 2018, ce Protocole additionnel, signé seulement par dix-huit États parties à la Conv. EDH, n'a été ratifié que par huit d'entre eux. Il est encore nécessaire d'attendre des mois voire des années avant que de nouvelles ratifications provoquent l'entrée en vigueur de ce Protocole autorisant les États à adresser des demandes d'avis consultatif à la Cour sur des questions de principe relatives à l'interprétation ou à l'application des droits et libertés garantis par la Conv. EDH[1]. À supposer que la ratification suffise à l'entrée en vigueur, il faut encore s'assurer que toutes les dispositions sont visées par la ratification et que certaines d'entre elles n'ont pas fait l'objet d'une réserve ou d'une déclaration.

93. *Déclarations et réserves.* Alors que tous les praticiens se réfèrent chaque jour à la Conv. EDH, beaucoup ignorent sans doute que la France a émis des réserves au moment de sa ratification. En 1974, elle a notamment précisé : d'une part, que les circonstances déterminant la mise en œuvre de l'article 16 de la Constitution ou motivant une déclaration d'état de siège ou d'état d'urgence « doivent être comprises comme correspondant à l'objet de l'article 15 » de la Convention qui est d'autoriser les États à déroger temporairement aux droits et libertés conventionnellement garantis « en cas de guerre ou en cas d'autre danger public menaçant la vie de la Nation »; d'autre part, que les termes restrictifs de l'article 15, « dans la stricte mesure où la situation l'exige », ne sauraient limiter les pouvoirs exceptionnels qu'exerce le président de la République au titre de l'article 16. Ultérieurement, et de façon très significative, la France a accompagné sa ratification du Protocole n° 7 d'une réserve destinée à préserver les dispositions de droit local en Nouvelle-Calédonie, à Mayotte et à Wallis-et-Futuna malgré leur singularité, notamment à l'égard du couple et de la famille. Il n'est donc pas exclu que les juridictions françaises appliquent des dispositions particulièrement choquantes comme l'illustre un arrêt de la première chambre civile de la Cour de cassation rendu le 25 février 1997[2]. L'affaire avait trait à la succession d'un individu d'origine comorienne décédé à Mayotte en 1975. Plusieurs enfants du défunt, dont la filiation était incertaine, prétendaient avoir été exclus à tort de la succession. Faute d'une renonciation dûment établie à leur statut personnel, il convenait d'écarter les dispositions du Code civil français relatives à la possession d'état d'enfant légitime au bénéfice du droit musulman. Or, dans la mesure où il ne connaît que la filiation légitime, le tribunal supérieur d'appel ne pouvait leur attribuer les mêmes droits successoraux qu'aux autres héritiers sans avoir préalablement vérifié qu'ils étaient nés des mariages réguliers de leur père. La censure prononcée par la Haute juridiction, au visa de l'article 75 de la Constitution et des règles du statut civil de droit local applicable à la cause, équivalait à tolérer la polygamie, à admettre que des citoyens français soient privés

1. Un projet de loi autorisant la ratification de ce protocole a été enregistré à la Présidence de l'Assemblée nationale le 20 déc. 2017.
2. Civ. 1re, 25 févr. 1997, Cts *Abdallah c/ M. Y. Abdallah et a.*, *Rev. crit. DIP* 1998. 602, note G. A. L. Droz; *D.* 1997. 453, note H. Fulchiron; *Dr. fam.* 1997/5. 12, obs. P. M.; *JCP* 1997. II. 22968, note L.-A. Barrière et T. Garé.

du droit de faire établir leur filiation hors mariage et, par conséquent, à accepter les discriminations successorales entre les enfants naturels et légitimes. C'est bien en raison de la réserve que la France ne se serait pas exposée à un constat de violation de la part de la Cour de Strasbourg, laquelle n'hésite pas cependant à neutraliser des réserves pourtant très explicites[1]. Dans le même ordre d'idées, en ratifiant la Convention internationale des droits de l'enfant, la France a précisé qu'aucune disposition de cette convention, singulièrement l'article 6 relatif au droit à la vie, n'était susceptible d'affecter le droit de recourir à une interruption volontaire de grossesse. La France a également formulé, à l'égard de l'article 30 relatif aux enfants appartenant à une minorité, une réserve destinée à écarter purement et simplement son application en raison de son incompatibilité avec la Constitution. Dès lors, et comme le Conseil d'État a eu l'occasion de le préciser dans une affaire *Paturel*[2], ce texte ne peut être utilement invoqué devant les tribunaux.

Pourtant, il a pu arriver que la France ait oublié de tenir compte de ses propres réserves puisqu'elle n'a pas hésité à se référer à la Conv. EDH pour réformer la transmission du nom de famille alors que, lors de la ratification du Protocole additionnel n° 7, elle avait soustrait cette question à l'influence de l'article 5 consacré à l'égalité entre époux. De même, la déclaration destinée à prémunir le droit local de ce même principe d'égalité n'a plus guère de sens depuis la loi n° 2003-660 du 21 juillet 2003 modifiant la loi n° 2001-616 du 11 juillet 2001 relative à Mayotte, à laquelle a succédé l'ordonnance n° 2010-590 du 3 juin 2010 portant dispositions relatives au statut civil de droit local applicable à Mayotte et aux juridictions compétentes pour en connaître. En particulier, l'article 1er alinéa 2 de cette ordonnance prévoit que « l'exercice des droits, individuels ou collectifs, afférant au statut civil de droit local ne peut, en aucun cas, contrarier ou limiter les droits et libertés attachés à la qualité de citoyen français ». En ce sens, son article 2 précise que « la collectivité départementale et l'État mettent en œuvre conjointement les actions destinées à assurer, à Mayotte, l'égalité des femmes et des hommes ». Outre les dispositions en faveur de l'indépendance et de l'autonomie des femmes (art. 10), sont prohibées la polygamie (art. 9), la répudiation (art. 11) et les discriminations successorales (art. 12).

Une fois ces éléments vérifiés, l'application des textes internationaux devant les juridictions internes peut enfin concrètement se réaliser en fonction des dispositions de l'article 55 de la Constitution et de la reconnaissance de leur effet direct.

94. ***Primauté.*** Selon l'article 55, « les traités ou accords régulièrement ratifiés ou approuvés ont, dès leur publication, une autorité supérieure à celle des lois, sous réserve, pour chaque accord ou traité, de son application par l'autre partie ». Les traités relatifs aux droits de l'homme obéissent, à cet égard, à un régime dérogatoire : ils ne sont pas concernés par la condition de réciprocité. Nul État partie ne peut en effet échapper à ses obligations en excipant de la violation des droits fondamentaux par un autre État partie. L'exception tirée du défaut de réciprocité est inopérante devant les juridictions internes et le serait tout autant devant les organes internationaux chargés de veiller au respect de tel ou tel texte international, en particulier la Conv. EDH en raison du caractère objectif de ses dispositions. L'ancienne Commission européenne des droits de l'homme (Commission EDH) a clairement exprimé cette idée dans sa décision

---

1. CEDH 4 mars 2014, *Grande Stevens c/ Italie*, req. n° 18640/10.
2. CE 3 juill. 1996, *Paturel*, *JCP* 1996. I. 2279, obs. M.-C. Rouault.

Autriche c/ Italie en affirmant que « les obligations souscrites par les États contractants dans la Convention ont essentiellement un caractère objectif, du fait qu'elle vise à protéger les droits fondamentaux des particuliers plutôt qu'à créer des droits subjectifs et réciproques entre ces derniers »[1]. Cet élément caractéristique a maintes fois été réaffirmé, notamment dans une décision du 6 décembre 1983 où il apparaît avec une particulière netteté, la Commission EDH énonçant que « le principe général de réciprocité en vigueur en droit international et la règle figurant à l'article 21 § 1 de la Convention de Vienne sur le droit des traités relative aux relations bilatérales aux termes d'un traité multilatéral, ne s'appliquent pas aux obligations découlant de la Convention européenne des droits de l'homme »[2]. En précisant, à propos du traité portant statut de la Cour pénale internationale, que « les obligations nées de tels engagements s'imposent à chacun des États parties indépendamment des conditions de leur exécution par les autres États parties », le Conseil constitutionnel a adopté une position similaire qui vaut d'une manière générale puisqu'il vise tous les engagements garantissant les droits humains[3]. La neutralisation de cette condition de réciprocité illustre ainsi ce que l'on appelle parfois le caractère objectif des droits de l'homme[4].

C'est donc indépendamment de la réciprocité que les traités relatifs aux droits de l'homme jouissent de la primauté sur les lois internes qui leur sont contraires, qu'elles soient antérieures ou postérieures à l'entrée en vigueur du texte international. Cette solution, unanimement admise par les juridictions de l'ordre judiciaire comme de l'ordre administratif, est à l'origine d'une des plus célèbres controverses ayant opposé la Cour de cassation et le Conseil d'État. La première, par son arrêt de chambre mixte du 24 mai 1975 rendu dans l'affaire *Société des cafés Jacques Vabre*[5] a admis très tôt la primauté des traités dûment ratifiés sur toutes les lois contraires tandis que le Conseil d'État, invoquant la théorie de l'écran législatif et la doctrine Matter, avait décidé, par son arrêt *Syndicat national des fabricants de semoule* du 1er mars 1968 que les traités n'avaient primauté que lorsque leur ratification correspondait à la dernière expression de la volonté nationale et qu'ils devaient par conséquent s'incliner lorsque, après leur entrée en vigueur, le législateur avait adopté une loi venant les contredire. Ce n'est que par son désormais célèbre arrêt *Nicolo* du 20 octobre 1989[6] que le Conseil d'État s'est aligné sur son homologue de l'ordre judiciaire. Les traités internationaux protecteurs des droits de l'homme bénéficient eux aussi de cette primauté. Encore convient-il de préciser qu'il ne s'agit pas d'une primauté générale et absolue. Elle ne vaut pas, en effet, à l'égard des dispositions de nature constitutionnelle. C'est ce qu'ont décidé le Conseil d'État par son arrêt d'Assemblée rendu le 30 octobre 1998 dans l'affaire *Sarran et Levacher* et la Cour de cassation dans un arrêt d'assemblée plénière *Mademoiselle Fraisse*. C'est ainsi que les moyens tirés de la violation de la Conv. EDH et du Pacte international des droits civils et politiques (PIDCP) ont été écartés en tant qu'ils étaient respectivement dirigés contre une disposition législative à laquelle faisait référence un article de

1. Comm. EDH 11 janv. 1961, *Autriche c/ Italie*, req. n° 788/60.
2. Commission 6 déc. 1983, *France c/ Turquie*.
3. Cons. const. 22 janv. 1999, n° 98-408 DC, Traité portant statut de la Cour pénale internationale.
4. V. F. Sudre, *Droit européen et international des droits de l'homme*, 13e éd. ref., PUF, 2016, n° 36 et s.
5. Cass., ch. mixte, 24 mai 1975, *D.* 1975. 497, concl. Touffait; *JCP* 1975. II. 18180 *bis*, concl. Touffait; *AJDA* 1975. 567, note J. Boulouis; *Rev. crit. DIP* 1976. 347, note J. Foyer et D. Holleaux.
6. CE 20 oct. 1989, *RFDA* 1989. 813, concl. P. Frydman; *Clunet* 1990. 105; *Rev. crit. DIP* 1990. 125, concl. P. Frydman, note P. Lagarde.

la Constitution[1] et contre une disposition d'une loi organique[2]. À la lumière de la jurisprudence récente de la chambre criminelle de la Cour de cassation, les rapports entre les traités internationaux relatifs aux droits de l'homme et les normes constitutionnelles paraissent cependant moins nets[3].

95. ***Effet direct.*** Toutefois, la primauté en elle-même n'est rien. Encore faut-il déterminer et connaître les moyens permettant d'en tirer profit. Le plus important et le plus général est celui que l'on pourrait appeler le plein effet direct qui permet d'abord et surtout aux particuliers d'invoquer devant les tribunaux nationaux le respect d'un droit octroyé par le texte international.

Traditionnellement, l'effet direct des dispositions internationales découle de la conjugaison de deux éléments. Le premier, plutôt subjectif, consiste à vérifier que les États parties n'ont pas seulement entendu s'obliger mutuellement, mais qu'ils ont manifesté leur intention de créer des droits au profit des individus. Ce premier élément se ramène souvent à une question de terminologie. Ainsi que le soulignait la CEDH dans son arrêt *Irlande c/ Royaume-Uni*[4], « en substituant le mot "reconnaissent" à "s'engagent à reconnaître" dans le libellé de l'article 1, les rédacteurs ont voulu indiquer [...] que les droits et libertés du Titre I seraient directement reconnus à quiconque relèverait de la juridiction des États contractants ». Le second, plutôt objectif, tient au caractère complet et précis des dispositions en cause, de sorte qu'aucun autre acte, notamment étatique, n'est nécessaire pour permettre leur mise en œuvre. L'exigence de précision pourrait être un obstacle à la reconnaissance de l'effet direct des dispositions garantissant des droits de l'homme tant leur énoncé est général et l'emploi de notions floues, vagues et indéterminées fréquent. Bien souvent, en effet, c'est la condition même d'un accord par le plus grand nombre d'États. Il est toujours plus simple de s'entendre et d'adhérer à des grands principes, sur lesquels l'unanimité existe sincèrement, que de se prononcer directement sur ce qu'impliquent la réalisation concrète et le respect de ces grands principes, face auxquels les particularismes nationaux s'affirment le plus sûrement. Pour autant, cette particularité n'est pas en elle-même décisive. D'une part, parce que l'objection disparaît toutes les fois qu'il existe un organe chargé d'interpréter le texte et de veiller à son respect par les différents États parties. D'autre part, et surtout, parce que la généralité n'exclut pas nécessairement la précision aux fins de reconnaissance de l'effet direct. Les textes garantissant le droit au nom, le droit au respect de la vie privée et familiale ou élevant l'intérêt de l'enfant en considération primordiale pour toutes les décisions le concernant sont incontestablement d'effet direct alors même qu'ils ne permettent pas d'identifier avec certitude leur contenu. L'article 8 de la Convention européenne des droits de l'homme n'est pas moins ésotérique que l'article 9 du Code civil[5]. Pour autant, chaque fois qu'un acte complémentaire sera nécessaire à la réalisation de telle ou telle stipulation, elle ne produira aucun effet direct. C'est ainsi que ni l'article 15 de la Charte sociale européenne, ni les articles 5,

1. CE, ass., 30 oct. 1998, *Sarran, Levacher et a.*, *D.* 2000. 152, note Aubin.
2. Cass., ass. plén., 2 juin 2000, *Mlle Fraisse*, *Gaz. Pal.* 2000, n° 359-363, p. 7, note J.-F. Flauss; *D.* 2000. 865, note B. Matthieu et M. Verpeaux.
3. V. Cass., ass. plén., 15 avr. 2011, évoquant l'obligation de se conformer immédiatement au droit européen, repris par Crim. 31 mai 2011, *D.* 2011. 2086, note H. Matsopoulou : malgré la décision du Conseil constitutionnel qui avait reporté au 1er juill. 2011 ses effets, la Cour considère que l'art. 6 § 3 devait être appliqué immédiatement, justifiant l'annulation des gardes à vue, y compris en matière douanière, ne respectant pas les droits de la défense.
4. CEDH 18 janv. 1978, *Irlande c/ Royaume-Uni*, req. n° 5310/71, § 235.
5. Comp. CE 4 juill. 2012, req. n° 341533, à propos des art. 27 et 29 de la convention de New York du 30 mars 2007 relative aux droits des personnes handicapées.

§ 3 et 19 de la convention de New York du 30 mars 2007 relative aux droits des personnes handicapées ne sauraient être utilement invoqués[1].

Cette double condition comporte une part d'arbitraire si bien qu'il est parfois difficile d'identifier ce qui, dans une convention internationale relative aux droits de l'homme, est doté de l'effet direct et ce qui en est privé, lorsque ce n'est pas le texte lui-même, dans son intégralité, qui est dépourvu de ce caractère. Pour certains d'entre eux, l'hésitation n'est guère permise. Malgré quelques décisions dissonantes et désormais anecdotiques[2], l'effet direct de la Conv. EDH a été admis sans difficulté[3]. Cette reconnaissance est d'autant plus remarquable que la CEDH n'a jamais imposé l'effet direct des dispositions de la Convention dans l'ordre juridique interne. Tout au plus a-t-elle manifesté sa préférence pour cette solution dans l'arrêt *Irlande c/ Royaume-Uni* lorsqu'elle précise que l'intention des rédacteurs de la Convention « se reflète avec une fidélité particulière là où la Convention a été incorporée dans l'ordre juridique interne »[4]. Il en va de même du Pacte international relatif aux droits civils et politiques[5]. D'autres textes ont suscité davantage de difficultés. Plus que tout autre, la Convention internationale des droits de l'enfant (CIDE) et son traitement par les juridictions françaises illustrent la profonde indétermination qui sous-tend les critères de l'effet direct. D'abord, c'est au texte lui-même que la Cour de cassation a dénié l'effet direct par le célèbre arrêt *Lejeune* de 1993[6]. Elle avait alors sèchement rejeté le pourvoi qui reprochait à la cour d'appel d'avoir fixé les modalités d'exercice d'un droit de visite et d'hébergement d'un enfant âgé de onze ans sans avoir procédé à son audition en méconnaissance des articles 1er, 3, 9 et 12 de la CIDE en énonçant que « les dispositions de la Convention relative aux droits de l'enfant, signée à New York le 26 janvier 1990, ne peuvent être invoquées devant les tribunaux, cette Convention, qui ne crée d'obligations qu'à la charge des États parties, n'étant pas directement applicable en droit interne ». Sa position tranchait avec celle du Conseil d'État qui, développant une jurisprudence tout en nuance, analysait chaque disposition invoquée par les requérants avant de se prononcer sur leur effet direct. Dans l'affaire *Camara*[7], c'est à l'aune des articles 9 et 19 de la CIDE qu'il a examiné la légalité d'un arrêté de reconduite à la frontière visant un ressortissant malien marié et père de deux fillettes alors en bas âge. Par la suite, ce sont les articles 3, § 1 relatif à la prise en compte de l'intérêt de l'enfant dans les décisions le concernant[8] et 16 relatif au respect de la vie privée[9] qui ont été dotés de l'effet direct. Ce n'est qu'en 2005 que la Cour de cassation a opéré un revirement de jurisprudence et qu'elle a adopté la même

1. CE 4 juill. 2012, req. n° 341533, préc.
2. Civ. 1re, 1er oct. 1986, n° 84-17.090, affirmant « que les dispositions de l'article 1er de la loi du 11 germinal an XI ne sont pas contraires aux articles précités de la Convention européenne de sauvegarde des droits de l'homme et des libertés fondamentales qui se bornent à poser des principes généraux relatifs au respect de la vie privée et familiale, à la liberté de conscience et à l'interdiction des discriminations entre les individus ».
3. Crim. 3 juin 1975, *Respino, Bull. crim.* n° 141 et plus nettement Crim. 30 juin 1976, *D.* 1977. 1, note P. Coste-Floret.
4. CEDH 18 janv. 1978, *Irlande c/ Royaume-Uni*, req. n° 5310/71, § 235, préc.
5. V. par ex. Civ. 1re, 13 déc. 1989, *D.* 1990. 273, rapp. J. Massip.
6. Civ. 1re, 10 mars 1993, *D.* 1993. 361, note J. Massip; *ibid.* Chron. 203, M.-C. Rondeau-Rivier; *ibid.* 1994. Somm. 34, obs. F. Dekeuwer-Défossez; *RDSS* 1993. 533, note F. Monéger; *Rev. crit. DIP* 1993. 449, note P. Lagarde; *RTD civ.* 1993. 361, obs. J. Hauser.
7. CE 30 juin 1993, req. n° 136601.
8. CE 22 sept. 1997, *Cinar, JCP* 1998. II. 10051, note A. Gouttenoire-Cornut; *RTD civ.* 1997. 908, obs. J. Hauser.
9. CE 10 mars 1995, *Demirpence, D.* 1995. 617, concl. R. Abraham, note Y. Benhamou.

méthodologie que le Conseil d'État[1]. C'est une douloureuse et médiatique affaire d'enlèvement international d'enfant qui a offert à la Cour de cassation l'occasion d'énoncer solennellement : « l'article 3-1 de la Convention de New York relative aux droits de l'enfant, disposition qui est d'application directe devant la juridiction française ». Il est vrai que la Cour de cassation avait annoncé son revirement en censurant, un mois auparavant, un arrêt de cour d'appel qui n'avait pas répondu à la demande de l'enfant d'être entendu au cours d'une procédure engagée par son père aux fins d'obtenir une modification de sa résidence[2]. La cassation se fondait notamment sur l'article 12, § 2 de la CIDE qui accorde à l'enfant le droit d'être entendu dans toute procédure judiciaire ou administrative le concernant et auquel le Conseil d'État avait, en 1996, refusé tout effet direct au prétexte qu'il créait seulement des obligations entre les États sans ouvrir de droits aux intéressés[3]. C'est seulement en 2008 que le Conseil d'État a estimé, sans autres justifications que l'improbable et commode force de l'évidence, « que les stipulations du 2 de l'article 12 étant d'effet direct, un requérant peut utilement s'en prévaloir à l'appui d'un recours pour excès de pouvoir »[4]. C'est cette même casuistique qui est à l'œuvre à propos du Pacte international relatif aux droits économiques, sociaux et culturels (PIDESC) ou de la Charte sociale européenne. Par exemple, si les dispositions qui ont trait à la protection sociale[5] n'ont pas d'effets directs dans l'ordre interne[6], le Conseil d'État ne se prononce pas d'une manière générale et ménage donc l'avenir. Le droit des salariés à ne pas être licenciés sans motif valable reconnu par l'article 24 de la Charte sociale européenne bénéficie de l'effet direct[7], de même que le droit à des conditions de travail équitables (art. 2)[8]. La Cour de cassation manifeste une réticence similaire à l'égard des dispositions économiques, sociales et culturelles du pacte de New York, considérant, par exemple, que, « eu égard à leur contenu, les dispositions de l'article 11 du Pacte international relatif aux droits économiques sociaux et culturels du 16 décembre 1966, [...] ne produisent pas d'effet direct dans l'ordre juridique interne » et, par conséquent, ne peuvent être utilement invoquées pour contester le taux d'imposition frappant les contribuables redevables de l'ISF[9]. En revanche, elle a explicitement admis l'effet direct de certaines dispositions du PIDESC : l'article 6, § 1 qui reconnaît le droit au travail et garantit le droit qu'a toute personne d'obtenir la possibilité de gagner sa vie par un travail librement choisi ou accepté[10] et, implicitement, l'article 9 qui reconnaît le droit à la sécurité sociale[11].

1. Civ. 1re, 14 juin 2005, *D.* 2005. 2790, note F. Boulanger; *Rev. crit. DIP* 2005. 679, note D. Bureau; *JDI* 2005. 1131, note C. Chalas; *RTD civ.* 2005. 556, obs. R. Encinas de Munagorri; *JCP* 2005. II. 10115, concl. C. Petit, note C. Chabert.
2. Civ. 1re, 18 mai 2005, *Rev. crit. DIP* 2005. 679, note D. Bureau; *D.* 2005. 1909, note V. Egéa; *AJ fam.* 2005. 274, obs. T. Fossier; *RTD civ.* 2005. 556, obs. R. Encinas de Munagorri; *ibid.* 585, obs. J. Hauser; *ibid.* 627, obs. P. Théry.
3. CE 3 juill. 1996, *Paturel*, *JCP* 1996. I. 2279, obs. M.-C. Rouault.
4. CE 27 juin 2008, *Etarh*, req. n° 291561.
5. PIDESC, art. 9 et 10; Charte sociale européenne, art. 11, 12, 13 et 17.
6. CE 7 juin 2006, req. n° 285576.
7. CE 10 févr. 2014, req. n° 358992, *Dr. soc.* 2014. 474, note J. Mouly.
8. CE 20 févr. 2013, req. n° 351316.
9. Com. 25 janv. 2005, n° 03-10.068, *Bull. civ.* IV, n° 16.
10. Soc. 16 déc. 2008, *Eichenlaub c/ Axia France*, n° 05-40.876, *Dr. soc.* 2009. 236, note J. Mouly; *RDT* 2009. 239, note R. de Quénaudon, s'agissant du refus d'accorder une compensation financière à un salarié, licencié pour faute grave pour ne pas avoir respecté une clause de non-concurrence.
11. Soc. 16 mars 2011, n° 09-69.792.

L'imprévisibilité et l'insécurité engendrées par ces critères ont sans doute motivé le Conseil d'État à entreprendre une redéfinition des conditions d'octroi de l'effet direct par un arrêt *GISTI et FAPIL* rendu en Assemblée plénière le 11 avril 2012[1]. Dans un considérant de principe, le Conseil d'État affirme que, « sous réserve des cas où est en cause un traité pour lequel la Cour de justice de l'Union européenne dispose d'une compétence exclusive pour déterminer s'il est d'effet direct, une stipulation doit être reconnue d'effet direct par le juge administratif lorsque, eu égard à l'intention exprimée des parties et à l'économie générale du traité invoqué, ainsi qu'à son contenu et à ses termes, elle n'a pas pour objet exclusif de régir les relations entre États et ne requiert l'intervention d'aucun acte complémentaire pour produire des effets à l'égard des particuliers; que l'absence de tels effets ne saurait être déduite de la seule circonstance que la stipulation désigne les États parties comme sujets de l'obligation qu'elle définit ». Ainsi, le Conseil d'État ne ménage aucunement un régime particulier en faveur des traités relatifs à la protection des droits de l'homme. Il ne reprend pas l'idée souvent avancée selon laquelle ils devraient bénéficier d'une présomption d'effet direct[2]. Les critères nouvellement proposés par le Conseil d'État ne sont pas nécessairement d'un maniement aisé et n'éclairent sans doute pas beaucoup plus que la jurisprudence antérieure par laquelle le Conseil d'État et même la Cour de cassation se contentaient d'affirmer ou au contraire de dénier le caractère d'effet direct du texte international. Par conséquent, cette nouvelle approche n'augure pas un recul significatif de l'arbitraire. Le seul véritable apport concerne la relativisation des termes du traité. Ils ne sont plus (s'ils l'ont jamais été) suffisamment déterminants pour exclure l'effet direct, sauf à envisager le cas d'une rédaction parfaitement claire et non équivoque qui ruinerait la seule certitude qui semblait se déduire de l'arrêt *GISTI et FAPIL*. C'est ainsi que la Charte des droits fondamentaux de l'Union européenne comporte une distinction très nette entre les droits et les principes, même si une telle différenciation peut apparaître plus ou moins convaincante et plus ou moins facile à établir en pratique dans la mesure où elle ne figure pas dans le corps du texte mais seulement dans le titre VII consacré aux dispositions générales régissant l'interprétation et l'application de la Charte. L'article 51 précise en effet que les institutions, organes et organismes de l'Union, dans le respect du principe de subsidiarité, ainsi que les États membres lorsqu'ils mettent en œuvre le droit de l'Union (soit les entités auxquelles la Charte s'adresse) respectent les droits, observent les principes et en promeuvent l'application. Entre le respect et l'observation, il n'y a pas qu'une différence de mots. Chaque terme renvoie à un régime juridique particulier que révèle l'article 52, § 5. Selon ce texte, « les dispositions de la présente Charte qui contiennent des principes peuvent être mises en œuvre par des actes législatifs et exécutifs pris par les institutions, organes et organismes de l'Union, et par des actes des États membres lorsqu'ils mettent en œuvre le droit de l'Union, dans l'exercice de leurs compétences respectives. Leur invocation devant le juge n'est admise que pour l'interprétation et le contrôle de la légalité de tels actes ». En d'autres termes, les droits sont d'effet direct tandis que les principes ne créent aucun droit subjectif et ne confèrent aucune prérogative individuelle pour laquelle les tribunaux pourraient être sollicités afin d'en assurer la sanction. Le droit subjectif ne naît pas de la norme internationale mais de

1. CE, ass., 11 avr. 2012, *RTD civ.* 2012. 487, obs. P. Deumier; *RFDA* 2012. 547, concl. G. Dumortier et 560, note M. Gautier; *D.* 2012. 1712, note B. Bonnet; *AJDA* 2012. 729, note Y. Aguila; *ibid.* 936, note X. Domino et A. Bretonneau; *JCP* A 2012, n° 2171, note A. Minet.
2. V. par ex. A. Rouyère, « Le juge administratif et les règles garantissant les libertés », *J.-Cl. Liberté*, fasc. 250, n°s 26 s.; P. Deumier, *RTD civ.* 2012. 493.

la disposition interne adoptée en vue de sa concrétisation. Pour autant, les principes ne sont pas dépourvus de tout effet dans l'ordre juridique interne. S'ils ne sont pas dotés d'un plein effet direct et ne produisent donc aucune conséquence du point de vue subjectif, ils ne sauraient demeurer sans portée du point de vue de la légalité objective. Car, même s'ils ne créent aucun droit directement au profit des individus, les traités d'une manière générale et les traités relatifs aux droits de l'homme en particulier imposent des obligations à la charge de l'État. Toute autre solution nierait leur primauté. Ils ne seraient plus que des bouts de papier sans aucun effet utile.

96. ***Invocabilité.*** Ainsi que le suggère la Charte des droits fondamentaux de l'Union européenne, à défaut d'effet direct, les dispositions internationales protectrices des droits de l'homme sont néanmoins invocables par les individus. La Charte en mentionne deux versions : l'invocabilité aux fins d'interprétation du droit interne, d'une part, l'invocabilité aux fins de contrôle de la compatibilité du droit interne avec la norme internationale, d'autre part. Sont ainsi visées l'invocabilité d'interprétation conforme et l'invocabilité d'exclusion. Ces deux variantes n'épuisent pas totalement l'invocabilité des normes internationales. S'y ajoute encore l'invocabilité de réparation.

97. ***Invocabilité d'interprétation conforme.*** L'invocabilité d'interprétation conforme permet aux justiciables de conduire le juge à choisir, entre plusieurs interprétations concevables d'une même disposition, celle qui ne heurte pas les dispositions du texte international. La norme interne doit être lue à la lumière de la norme internationale. Cette technique présente deux intérêts. Le premier intérêt est d'assurer une articulation harmonieuse entre les normes de source interne et internationale sans remettre en cause l'existence même de la norme interne. Dans certains cas, en effet, il est inopportun d'effacer de l'ordre juridique interne une norme octroyant un avantage aux individus. C'est pourquoi l'invocabilité d'interprétation est générale et peut être utilisée à l'égard de toutes les normes, y compris celles qui sont dotées d'un effet direct. C'est ainsi que l'Assemblée plénière de la Cour de cassation a approuvé les juges du fond d'avoir interprété l'une des conditions d'octroi d'une prestation sociale en gommant son caractère discriminatoire[1]. La technique de l'interprétation conforme est au cœur d'un arrêt de la Cour de cassation du 29 janvier 2002 (n° 99-21.135) par lequel elle a étendu aux enfants naturels l'action en retranchement et sa finalité protectrice. De façon caractéristique, l'arrêt est rendu au visa de l'article 1527 al. 2 du Code civil tel qu'il doit être interprété au regard de l'article 1-P1 (Protocole n° 1) et de l'article 14 de la Conv. EDH. Le second intérêt est de préserver l'effet utile des engagements internationaux de l'État qui n'ont pas d'effets directs dans l'ordre juridique interne.

98. ***Invocabilité d'exclusion.*** L'invocabilité d'exclusion intéresse quant à elle la légalité objective. C'est la forme la plus commune du contrôle de conventionnalité. Il aboutira, le cas échéant, à écarter la norme interne. Cette invocabilité d'exclusion permettra ainsi de contester un dispositif incompatible avec les droits de l'homme, même si la norme internationale qui les consacre est dépourvue d'effet direct. C'est ainsi que le Conseil d'État a accepté d'examiner la légalité de l'ordonnance instituant le contrat « nouvelle embauche » au regard de la convention de l'Organisation internationale du travail n° 158 et de l'article 24

1. Cass., ass. plén., 16 avr. 2004, n° 02-30.157, *Dr. soc.* 2004. 776; *RJPF* 2004-6/24, note B. Bossu; *RDSS* 2004. 964, note I. Daugareilh; *RLDC* 2004/6, n° 39, note A. Decoux; *Dr. fam.* 2004, n° 135, obs. A. Devers; *RGDIP* 2005. 47, note P. Klotgen; *RJS* 2004. 574, n° 849.

de la Charte sociale européenne[1]. En cas d'incompatibilité, le texte interne est inapplicable. Si sa légalité était l'objet même du contentieux, il n'y a pas de difficulté. En revanche, si elle n'était que l'occasion du contentieux, il conviendra parfois d'envisager une norme de substitution. La relative indétermination des textes relatifs aux droits de l'homme compromet leur mise en œuvre. Qu'exige, concrètement, le droit au respect de la vie privée en matière de responsabilité parentale ? Une jurisprudence de l'organe chargé de veiller au respect de la norme est très rarement un prescrit, mais seulement un constat que la situation soumise à son examen viole les droits garantis. Et lorsqu'il suggère des pistes pour se conformer à sa décision, rien ne dit qu'elles sont exclusives ni même qu'elles valent pour tous les États. Même en présence d'une discrimination, un choix est théoriquement concevable entre l'octroi du droit pour tous ou le refus du droit à tous. Il est alors nécessaire de trouver, dans l'ordre interne, les instruments permettant de combler le vide ainsi créé. Le juge n'a guère d'autres choix que d'écrire la loi, ne serait-ce que pour les besoins de la cause, en attendant que le législateur se saisisse de la difficulté et exerce son office. Par exemple, en constatant, dans un arrêt du 3 mai 2007[2], que l'insaisissabilité de la pension de retraite qui résultait de l'article L. 30 du Code des pensions de retraite des marins contrevenait, dans les circonstances concrètes de l'affaire, à l'article 14 de la Convention combiné avec l'article 1er du Protocole n° 1, il était indispensable de déterminer les modalités de la saisie. Le retour au droit commun de la saisie-attribution aurait exposé le débiteur à la saisie de l'intégralité de ses moyens de subsistance. En autorisant « la saisie des pensions dans les conditions et les limites de la saisie des rémunérations du travail », le juge a opté pour une solution médiane assurant la meilleure conciliation des intérêts contradictoires des deux parties. Cette solution d'équilibre sera nécessairement le fruit d'un dialogue entre l'avocat et le juge.

99. ***Invocabilité de réparation.*** L'invocabilité de réparation permet d'engager, devant les juridictions administratives, la responsabilité de l'État pour violation des conventions internationales auxquelles il est partie. Ce nouveau cas de responsabilité du fait des lois résulte du célèbre arrêt *Gardedieu*[3]. Et ce sont désormais deux catégories de fautes qui permettent d'engager la responsabilité de l'État du fait de ses lois. Au traditionnel fondement de la rupture d'égalité devant les charges publiques[4] s'ajoute celui de la méconnaissance des engagements internationaux de l'État, notamment en matière de protection et de promotion des droits de l'homme. Ce second cas ouvre des perspectives d'indemnisation plus larges puisqu'il couvre tous les préjudices découlant de l'intervention du législateur et pas seulement ceux qui présentent un caractère grave et spécial. De surcroît, la possibilité d'exclure toute indemnisation n'existe que dans le premier cas, pas dans le second. Dans l'affaire *Gardedieu*, une loi du 25 juillet 1994 avait rétroactivement validé le système de cotisation au régime d'assurance-vieillesse complémentaire des chirurgiens-dentistes dont la légalité avait été contestée par le requérant. Estimant que cette intervention législative en cours de procès n'était pas justifiée par d'impérieux motifs d'intérêt général, le Conseil d'État constate qu'elle méconnaît le droit au procès équitable garanti par l'article 6, § 1

1. Pour conclure cependant à l'absence de méconnaissance de ces normes internationales, CE 19 oct. 2005, req. n° 283471.
2. Civ. 2e, 3 mai 2007, *Bull. civ.* II, n° 121, *RTD civ.* 2007. 644, obs. R. Perrot; *D.* 2007. 2344, obs. V. Vigneau; *ibid.* 1168, obs. A. Leborgne; *Ann. dr. eur.* 2007. 842, obs. F. M.
3. CE 8 févr. 2007, *Gardedieu*, *RTD civ.* 2007. 297, obs. J.-P. Marguénaud; *JCP* 2007. II. 10045, note M.-C. Rouault.
4. CE 14 janv. 1938, *SA des produits laitiers la Fleurette.*

de la Conv. EDH. Dès lors, le requérant est fondé à demander la condamnation de l'État à réparer les conséquences dommageables liées à cette loi adoptée en violation de la Conv. EDH. Il reste à savoir, d'une part, si cette responsabilité ne pourrait pas être étendue à l'hypothèse du maintien en vigueur d'une loi devenue contraire à la Conv. EDH[1] ainsi qu'à l'absence d'adoption des textes qu'impose la concrétisation de tel ou tel droit énoncé de façon programmatoire et, d'autre part, si elle concerne la seule Conv. EDH ou l'ensemble des traités internationaux protecteurs des droits de l'homme. Pour l'heure, cette responsabilité est cantonnée aux interventions législatives positives (ainsi, le Conseil d'État stigmatise « l'intervention d'une loi adoptée en méconnaissance des engagements internationaux de la France »), mais elle pourrait s'étendre à d'autres textes que la Conv. EDH (parce que le Conseil d'État vise, sans distinction et sans nuance, les « engagements internationaux de la France »).

En résumé, tout ou en tout cas beaucoup porte à considérer désormais qu'en matière de protection internationale des droits de l'homme, le premier juge international est le juge français. Il n'est pas certain malheureusement que cette vérité soit reçue par tous les barreaux de France qui, à l'exception de quelques-uns d'entre eux, toujours à la pointe du combat pour les droits de l'homme, ont encore tendance à adopter vis-à-vis d'un argument tiré du droit international ou du droit européen des droits de l'homme la perplexité dubitative caractéristique de l'attitude du chien qui chasse le hérisson.

Cette seule phase nationale en pleine effervescence serait déjà suffisante pour assurer l'effectivité et la concrétisation des droits fondamentaux. Il y a cependant plus et mieux.

II. Le contrôle international

100. En matière de contrôle supranational de l'application des textes internationaux, s'opposent le système des rapports (**A.**) et celui du droit de pétition (**B.**).

A. Le système des rapports

101. Le système des rapports, quelles que soient les modalités de sa mise en œuvre, est le moins contraignant pour les États parties. Rédigé à l'initiative, et à défaut de réelle sanction, selon le bon vouloir des États parties, ou à la suite d'une enquête menée par des agents indépendants, le rapport est remis à l'autorité chargée de veiller au respect du traité. La procédure est souvent confidentielle et ménage la souveraineté des États. L'opinion publique n'est pas sensibilisée ou seulement très peu à un éventuel dysfonctionnement du système national. Par exemple, dans le prolongement de l'article 3 de la Conv. EDH, les États membres du Conseil de l'Europe ont élaboré une Convention pour la prévention de la torture et des peines ou traitements inhumains ou dégradants. Entrée en vigueur en 1989 et ratifiée par l'ensemble des États membres du Conseil de l'Europe, elle est dotée d'un organe non judiciaire de contrôle, le Comité de prévention de la torture. Son rôle est de prévenir les traitements incompatibles avec l'article 3 de la Conv. EDH dont pourraient faire l'objet les personnes privées de liberté et, par conséquent, placées sous la surveillance et la responsabilité des autorités publiques. À cette fin, il peut visiter n'importe quel lieu de détention. L'exercice de sa mission suppose une bonne coopération de l'État. Son issue donne lieu à la

1. J.-F. Lachaume, H. Pauliat, S. Braconnier, C. Defigier, *Droit administratif. Les grandes décisions de la jurisprudence*, 16e éd., PUF, 2014.

rédaction d'un rapport comportant l'ensemble des constatations opérées et des améliorations recommandées. L'État est invité à y répondre en formulant des observations. Normalement secrets, le rapport et la réponse sont fréquemment rendus publics. La publicité est au demeurant la sanction mise à la disposition du comité si l'État refuse de coopérer ou s'il ne tient aucunement compte des recommandations qu'il a pu formuler. Le comité n'est pas une commission d'enquête, son rôle n'est pas de sanctionner l'État, mais de protéger les individus. Il n'en reste pas moins que les résultats de son travail se trouvent amplifiés en raison de leur fréquente utilisation par la CEDH lorsqu'elle est saisie d'une requête dénonçant un traitement contraire à l'article 3. Dans le même ordre d'idées, le rôle du Comité des droits de l'enfant apparaît de prime abord relativement limité. Il est chargé d'examiner les rapports que les États ont l'obligation de lui transmettre périodiquement sur la situation des droits des enfants et sur les efforts accomplis en vue de mettre en œuvre et de se conformer aux droits garantis par la Convention internationale des droits de l'enfant. Le mécanisme tel qu'il se présente à l'origine apparaît ainsi peu contraignant. Il est cependant en voie d'évolution, pas indirectement à l'image du renforcement du rôle du Comité européen de prévention de la torture, mais directement, par l'adoption d'un nouveau Protocole facultatif qui l'autorise à examiner des communications individuelles. En vigueur depuis le 14 avril 2014, le Comité est compétent pour examiner les communications émanant de particuliers invoquant la violation d'un droit garanti par la CIDE commise à leur encontre par un État partie. Le Comité des droits de l'enfant a ainsi rejoint la désormais longue liste des comités onusiens (le Comité des droits de l'homme, le Comité contre la torture, le Comité pour l'élimination des discriminations à l'égard des femmes et le Comité des droits des personnes handicapées, le Comité des droits économiques, sociaux et culturels) pouvant examiner, à la demande d'un individu, le respect par l'un des États parties des conventions relatives aux droits de l'homme sur l'application desquelles ils ont pour mission de veiller.

B. Le droit de pétition

102. ***Origine.*** Le droit d'accès de l'individu aux organes supranationaux de protection des droits de l'homme gagne en épaisseur et l'individu s'affirme de plus en plus dans l'ordre international, un ordre qui ne le destinait pourtant pas à devenir un véritable sujet de droits.

Cette évolution n'était pas totalement imprévisible et ses grandes lignes avaient déjà été tracées en 1948. L'annexe B de la DUDH concevait alors le droit de pétition dans les termes les plus larges possibles. Il devait permettre aux individus ou à des groupes d'individus de saisir une autorité d'une question relative aux droits de l'homme. En somme, en un sens générique, le droit de pétition évoque le droit d'action internationale des individus agissant seul ou conjointement. La reconnaissance d'un droit d'action, réservée en 1948, s'est progressivement affermie. Certes, la sanction du droit n'est pas un élément indispensable de sa définition, mais il n'en reste pas moins qu'une norme qui n'est pas accompagnée d'un mécanisme garantissant la sanction de sa violation risque de demeurer largement ineffective. Au fil du temps, la plupart des instruments de protection des droits de l'homme, internationaux comme régionaux, ont été dotés d'une autorité chargée de veiller à leur respect par les États parties. Cependant, toutes ces autorités ne s'imposent pas de la même façon. Ménageant encore beaucoup la susceptibilité des États, la compétence de nombre d'entre elles est subordonnée à la ratification d'un Protocole additionnel facultatif (Comité des droits de l'homme, Comité pour l'élimination de la discrimination à l'égard des femmes,

Comité des droits des personnes handicapées, Comité des droits de l'enfant) ou à une acceptation expresse (Comité contre la torture[1], Comité pour l'élimination de la discrimination raciale[2]). D'autres, en revanche, ont connu une évolution menant du respect de la souveraineté à la juridictionnalisation. L'évolution du mécanisme de contrôle de la Conv. EDH est, à tous égards, remarquable. À l'origine, tant la compétence de la Cour que le droit de recours individuel étaient facultatifs. Les requêtes dénonçant un manquement à l'un quelconque des droits et libertés conventionnellement garantis étaient examinées par la Commission européenne des droits de l'homme. Elle jugeait de leur recevabilité et, si elle rendait un rapport constatant une violation de la Conv. EDH, elle décidait de transmettre l'affaire ou à la Cour, si sa compétence avait été acceptée par l'État défendeur, ou au Comité des ministres du Conseil de l'Europe ce qui donnait lieu à un règlement politique de l'affaire. Désormais, la Commission EDH a disparu, le Comité des ministres n'a plus de pouvoir décisionnel sur le fond, son rôle étant cantonné à la surveillance de l'exécution par les États défendeurs des arrêts rendus par la Cour, et la Cour est devenue une véritable juridiction internationale dont le succès n'est plus à démontrer (en 2017, la Cour a clôturé 85 951 requêtes par une décision judiciaire et a rendu 1 068 arrêts; 56 250 requêtes sont pendantes devant l'une de ses formations judiciaires; les nouvelles méthodes de travail adoptées par la Cour ont ainsi permis une augmentation spectaculaire de la productivité et une réduction du nombre des affaires pendantes). Surtout, sa compétence est obligatoire tout comme la reconnaissance du droit de recours individuel que la France a si tardivement accepté. Aucun État membre du Conseil de l'Europe ne saurait s'y soustraire autrement qu'en se retirant de l'organisation internationale, puisque la ratification de la Conv. EDH est l'une des conditions permettant de l'intégrer. Divers dans son impérativité, le droit d'action ne renvoie pas davantage à une réalité uniforme. Selon les cas, il se matérialise en un simple droit de communication (*1.*), en un véritable droit de recours juridictionnel (*2.*) ou en droit de réclamation collective (*3.*).

1. Le système de la communication

103. Le système de la communication permet de soumettre une question à une autorité désignée. Il est par exemple organisé par la Convention du 21 décembre 1965 sur l'élimination de toutes les formes de discrimination raciale (art. 14), par les protocoles facultatifs se rapportant au PIDCP et au PIDESC du 16 décembre 1966, par la Convention contre la torture et autres peines ou traitements cruels, inhumains ou dégradants (art. 22) ou encore par la Convention internationale sur la protection des droits des travailleurs migrants et des membres de leur famille. Il présente l'inconvénient d'être facultatif et peu contraignant. La procédure est largement confidentielle. Le consentement de l'État est constamment requis même lorsque l'autorité souhaite mener une enquête sur les faits qui lui ont été communiqués. Les autorités compétentes se contentent d'adresser leurs recommandations et leurs suggestions aux États concernés et aux pétitionnaires.

Il faut également tenir compte de ce que, sous des apparences destinées à ménager la susceptibilité des États, il existe certaines procédures de contrôle qui mettent formellement en œuvre un droit de pétition mais qui, en réalité, ont une nature quasi juridictionnelle. Tel est le cas du mécanisme de suivi du respect

1. Convention contre la torture et autres peines ou traitements cruels, inhumains ou dégradants de 1984, art. 22.
2. Convention sur l'élimination de toutes les formes de discrimination raciale de 1965, art. 14.

de la convention d'Aarhus[1] confié, en vertu de l'article 15, à un comité saisi de communications émanant de particuliers ou d'associations de protection de l'environnement dont les constatations tendent progressivement à devenir de véritables décisions et le portent à s'immiscer dans le dialogue des juges européens[2].

2. Les recours juridictionnels

104. ***L'exemple du système européen (Conv. EDH/CEDH).*** Les recours contentieux autorisant la saisine d'organes juridictionnels concernent la Cour interaméricaine des droits de l'homme (CADH), la Conv. EDH (Cour européenne des droits de l'homme) et la Charte africaine des droits de l'homme et des peuples (Cour africaine des droits de l'homme). Cette voie d'action est la plus achevée et permet, seule, de faire respecter l'exercice effectif des droits de l'homme et d'obtenir, le cas échéant, une réparation. Le système européen de protection des droits de l'homme, par sa proximité, servira d'illustration.

105. ***Conditions de recevabilité des requêtes.*** Toute personne relevant de la juridiction de l'un des États parties[3] pouvant se prétendre victime d'une violation de l'un quelconque des droits et libertés conventionnellement garantis peut saisir la Cour européenne des droits de l'homme d'une requête individuelle. Le droit de saisir la Cour est soumis à la limite de l'abus. Le recours abusif s'entend de deux façons. D'un point de vue substantiel, l'individu sera déchu de son droit d'action toutes les fois que la Conv. EDH est utilisée non pas pour assurer la promotion des droits de l'homme, mais pour entreprendre leur destruction[4]. D'un point de vue procédural, l'absence d'abus manifeste figure parmi les conditions de recevabilité des requêtes. Pour l'essentiel, l'abus sera caractérisé lorsque le requérant manque de sincérité et de loyauté dans l'exposé des faits, lorsque le langage employé par le requérant excède « les limites d'une critique normale, civique et légitime » ou encore lorsque le requérant a manqué à son obligation de confidentialité[5]. L'intervention de la CEDH est subsidiaire par rapport aux États parties dont les juridictions sont, faut-il le rappeler, les premiers juges du droit européen des droits de l'homme. C'est à l'autorité publique que doit s'adresser la toute première réclamation. Tous les recours internes raisonnablement accessibles, utiles et adéquats doivent avoir été, en principe, épuisés avant d'envisager la saisine de la Cour de Strasbourg. En revanche, si aucun recours

---

1. Convention sur l'accès à l'information, la participation du public au processus décisionnel et l'accès à la justice en matière d'environnement des 23-25 juin 1998. Sur laquelle, v. entre autres, M. Prieur, « La convention d'Aarhus, instrument universel de la démocratie environnementale », *RJ envir.* 1999. 22, n° spécial « La convention d'Aarhus ».
2. J. Bétaille, « Accès à la justice de l'Union européenne, le Comité d'examen du respect des dispositions de la convention d'Aarhus s'immisce dans le dialogue des juges européens : à propos de la décision n° ACCC/C/2008/32 du 14 avr. 2011 », *RJ envir.* 2011. 547.
3. La juridiction est essentiellement territoriale, mais elle peut s'étendre à des zones sur lesquelles l'État exerce un contrôle effectif (v. CEDH 23 mars 1995, *Loizidou c/ Turquie*, req. n° 15318/89; CEDH, gr. ch., 12 déc. 2001, *Bankovic et a. c/ Belgique et a.*). Peu importe, ainsi, la nationalité ou le lieu de résidence de l'individu.
4. V., en ce sens CEDH 24 juin 2003, *Garaudy*, s'agissant d'un individu revendiquant la protection du droit à la liberté d'expression pour développer des thèses négationnistes.
5. V., par ex., CEDH 20 janv. 2012, *Mandil, Deceuninck, Barreau et a. c/ France*, req. n°s 67037/09 s., la Cour déclarant abusives les requêtes déposées par certains membres de l'organisation des « faucheurs volontaires » en raison de la violation de la règle de confidentialité des négociations dans la phase de règlement amiable entre l'État défendeur et les requérants; à la suite d'un arrachage de cultures transgéniques, les requérants avaient été pénalement condamnés et, sur le fondement des art. 8 et 7, § 1 de la Conv. EDH, ils contestaient l'obligation de se soumettre à un prélèvement biologique en vue de leur inscription sur le fichier national automatisé des empreintes génétiques.

n'est disponible, si aucun d'entre eux ne permet d'envisager une éventuelle reconnaissance de la violation d'un droit garanti (par exemple, parce que l'incompatibilité dénoncée se heurte à une jurisprudence inflexible) ou si aucun d'eux n'offre la perspective d'un remède efficace à la situation dénoncée (par exemple parce que seule une action en cessation serait efficace alors que le système juridique interne n'offre qu'un recours indemnitaire ou parce que les requérants contestent la conventionnalité d'une loi et que, dans l'ordre juridique interne, les déclarations d'incompatibilité des tribunaux ne lient pas celui qui a le pouvoir d'amender le texte), la difficulté peut être directement soumise à l'examen de la Cour. Ces critères sont de nature à disqualifier la question prioritaire de constitutionnalité (QPC) au titre des voies de recours à épuiser en principe préalablement à la saisine de la Cour, car la décision de soumettre une question au Conseil constitutionnel n'appartient pas à l'individu, mais aux juridictions suprêmes des ordres judiciaire et administratif[1]. Dans le même ordre d'idées, il est impératif que le requérant se soit prévalu, ne serait-ce qu'en substance, d'une violation de la Convention devant les autorités internes. S'il appartient d'abord à l'État de redresser les violations de la Conv. EDH commises sous sa juridiction, encore faut-il lui donner l'opportunité de les constater, d'y mettre un terme et de réparer, le cas échéant, leurs conséquences préjudiciables. Hormis les hypothèses dans lesquelles la violation de la Convention présente un caractère continu, la requête doit être introduite dans un délai de six mois suivant la décision interne définitive. Enfin, dans le but de juguler le flot de requêtes qui risque, à terme, de submerger la Cour et de noyer son œuvre, les États ont récemment entrepris de durcir les conditions de recevabilité[2]. Depuis l'entrée en vigueur du Protocole n° 14 le 1er juin 2010[3], le requérant doit convaincre la Cour qu'il a subi un préjudice, matériel autant que moral[4], important. Quoi

1. V. CEDH 26 sept. 1995, *Spadéa et Scalabrino c/ Italie;* en outre, un tel système ne paraît pas incompatible avec le droit d'accès au juge dès lors que la Cour de cassation ou le Conseil d'État prend en compte les arguments des parties en motivant leur refus de transmettre la question au Conseil constitutionnel (en ce sens, CEDH 17 sept. 2015, *Renard et a. c/ France*, req. nos 3569/12, 9145/12, 9161/12 et 37791/13). V. *mutatis mutandis*, à propos du système belge, CEDH 5 nov. 2002, *Wynen et centre hospitalier interrégional Edith-Cavell c/ Belgique*, req. n° 32576/96.

2. Durcissement que confirmerait le Protocole n° 15 (protocole d'amendement signé par 41 États membres et ratifié par 26 d'entre eux, au 15 févr. 2016) en réduisant à quatre mois le délai de saisine de la Cour et en facilitant le rejet d'une requête pour absence de préjudice important.

3. V. art. 35, § 3, b : « la Cour déclare irrecevable toute requête individuelle introduite en application de l'article 34 lorsqu'elle estime : [...] que le requérant n'a subi aucun préjudice important, sauf si le respect des droits de l'homme garantis par la Convention et ses protocoles exige un examen de la requête au fond et à condition de ne rejeter pour ce motif aucune affaire qui n'a pas été dûment examinée par un tribunal interne ».

4. V. CEDH 19 oct. 2010, *Rinck c/ France*, à propos d'un avocat contestant une amende pour excès de vitesse et un retrait de points, la Cour confirme l'approche patrimoniale, « bien que, eu égard à l'entrée en vigueur récente du Protocole n° 14, la notion de "préjudice important" n'ait à ce jour fait l'objet que d'une jurisprudence limitée, cette notion, issue du principe de *minimis non curat praetor*, renvoie à l'idée que la violation d'un droit doit atteindre un seuil minimum de gravité pour justifier un examen par une juridiction internationale. L'appréciation de ce seuil est, par nature, relative et dépend des circonstances de l'espèce. Cette appréciation doit tenir compte tant de la perception subjective du requérant que de l'enjeu objectif du litige. Elle renvoie ainsi à des critères tels que l'impact monétaire de la question litigieuse ou l'enjeu de l'affaire pour le requérant ». Comp. CEDH 18 oct. 2011, *Giusti c/ Italie*, req. n° 13175/03, par lequel la Cour estime « qu'afin de vérifier si la violation d'un droit atteint le seuil minimum de gravité, il y a lieu de prendre en compte notamment les éléments suivants : la nature du droit prétendument violé, la gravité de l'incidence de la violation alléguée dans l'exercice d'un droit et/ou les conséquences éventuelles de la violation sur la situation personnelle du requérant. Dans l'évaluation de ces conséquences, la Cour examinera, en particulier, l'enjeu de la procédure nationale ou son issue » (§ 34).

qu'il en soit, il ne s'agit que d'une règle procédurale qui ne conditionne en aucun cas la réalité d'une violation de la Convention. Elle renforce la subsidiarité. Cette nouvelle condition de recevabilité souligne que, au sens du droit européen des droits de l'homme, la qualité de victime n'est pas liée à l'existence d'un préjudice[1]. Elle reçoit une interprétation autonome et elle ne dépend pas des règles de droit interne relatives à l'action telles que la qualité pour agir ou l'intérêt à agir[2] : il suffit qu'un acte ou une pratique affecte les droits fondamentaux d'un individu. À ce titre, et pour peu qu'il en subisse directement les effets, un individu peut contester, devant la Cour de Strasbourg, la conventionnalité d'une loi. La Cour a parfois admis la recevabilité d'une requête émanant d'une victime simplement potentielle, entrouvrant alors la voie, malgré ses dénégations répétées, à l'*actio popularis*[3].

106. ***Les mesures provisoires.*** Dès qu'elle est saisie, la Cour est susceptible d'adopter d'office ou à la demande du requérant une mesure provisoire qui oblige l'État défendeur. Son inobservation constituerait une violation autonome de la Conv. EDH puisqu'elle nuirait à l'effectivité du droit de recours individuel. Les mesures provisoires ont pour finalité de préserver les droits du requérant en attendant l'issue de l'examen de son affaire par la Cour. Leur durée est variable selon la spécificité de chaque affaire et la Cour peut n'accéder à la demande d'un requérant que de manière temporaire[4]. Elles s'imposent tout particulièrement dans les affaires urgentes et/ou graves dans lesquels les requérants risquent de subir un dommage irréversible. Ainsi, lorsque le requérant allègue un risque sérieux et avéré de subir un traitement ou une peine incompatible avec l'article 3 dans un État tiers ou lorsque sa vie est menacée, la Cour demandera à l'État défendeur de surseoir à l'expulsion ou à l'extradition jusqu'à ce qu'elle se soit prononcée sur la recevabilité et, le cas échéant, sur le fond de la requête. C'est ainsi encore que, dans l'affaire *Evans c/ Royaume-Uni*[5], la Cour a demandé aux autorités nationales de ne pas procéder à la destruction des embryons *in vitro* avant de déterminer si l'intérêt de Mme Evans à avoir des enfants, protégé au titre de l'article 8, ne devait pas l'emporter malgré le retrait du consentement de son compagnon à la procédure de procréation médicalement assistée. Le risque de mort n'assure cependant pas que la Cour accordera une mesure provisoire. Elle a par exemple refusé de prononcer une telle mesure pour inciter les autorités italiennes à neutraliser les effets d'une décision de la cour d'appel de Milan autorisant l'interruption de l'alimentation et de l'hydratation artificielles d'une personne lourdement handicapée et en état végétatif depuis plusieurs années[6].

---

1. CEDH 28 oct. 1999, *Brumarescu et a. c/ Roumanie*, req. n° 28342/95, § 50.
2. CEDH 27 avr. 2004, *Gorraiz Lizarraga et a. c/ Espagne*, req. n° 62543/00.
3. V. en particulier CEDH 29 oct. 1992, *Open Door et Dublin Well Woman c/ Irlande*, req. n°s 14234/88 et 14235/88, s'agissant de mesures étatiques restreignant la diffusion d'informations relatives à l'IVG, la Cour accepte d'examiner la requête d'une femme du seul fait qu'elle est en âge de procréer. Et plus récemment, la Cour a accepté la possibilité de contester directement une loi lorsqu'elle organise une surveillance secrète des communications sans offrir de recours disponibles et effectifs pour prévenir et sanctionner les éventuels abus (CEDH, g^de^ ch., 4 déc. 2015, *Zakharov c/ Russie*, § 171).
4. V. l'affaire *Gary McKinnon* (req. n° 36004/08) dont l'extradition était demandée au gouvernement britannique par le gouvernement américain car il était soupçonné d'activités informatiques frauduleuses; il invoquait principalement l'atteinte à l'art. 3 du fait des conditions de détention qu'il devrait subir dans les prisons américaines s'il était reconnu coupable de l'infraction pour laquelle il était poursuivi.
5. CEDH, gr. ch., 10 avr. 2007, req. n° 6339/05.
6. *Ada Rossi*, req. n° 55185/08. La Cour a jugé différemment dans l'affaire *Vincent Lambert* en demandant au gouvernement français de faire suspendre l'exécution de l'arrêt rendu par le Conseil d'État autorisant l'arrêt de l'alimentation et de l'hydratation de Vincent Lambert (req. n° 46043/14).

Sur ce point encore, le système européen de garantie des droits de l'homme est victime de son succès au point d'inciter la Cour à exprimer à plusieurs reprises son inquiétude face à l'augmentation constante des demandes formulées au titre de l'article 39 de son règlement. Le 21 décembre 2007, le greffe de la Cour a publié un communiqué dénonçant « l'usage indu des demandes de mesures provisoires ». Le 11 février 2011, le président Costa s'alarmait de l'augmentation du nombre de demandes de mesures provisoires dans les affaires d'expulsion (+ 4 000 %) et exhortait les gouvernements, les requérants et leurs avocats à coopérer pleinement avec la Cour, notamment en transmettant toutes les informations permettant d'apprécier la gravité ou l'urgence de la situation[1]. Les requérants et leurs conseils sont ainsi vivement invités à consulter les instructions pratiques relatives aux demandes de mesures provisoires disponibles sur le site internet de la Cour.

107. ***Examen au fond.*** Une fois passée l'étape de la recevabilité, la CEDH entreprend son examen au fond. Une étude précise et exhaustive de l'œuvre accomplie par la juridiction européenne dépasserait de loin l'objet de la présente étude. L'état du droit européen sur telle ou telle question sera développé dans la suite de l'ouvrage. Il est pourtant nécessaire d'évoquer quelques traits saillants du contentieux strasbourgeois.

108. ***La synergie des sources.*** Du point de vue des sources, tout d'abord, il est capital de relever que la Conv. EDH n'est pas l'unique norme à laquelle la Cour se réfère pour mener son contrôle. Certes, la Cour de Strasbourg refuse catégoriquement de s'ériger en interprète officiel d'autres conventions internationales, notamment celles élaborées par la conférence de droit international privé de La Haye. Ainsi qu'elle l'a affirmé à l'occasion de la très médiatique affaire *Gettliffe*[2], « aux termes de l'article 19 de la Convention, elle n'a compétence que pour appliquer la Convention et ses protocoles. Elle ne saurait donc dépasser le cadre de la référence et examiner *in concreto* les violations des articles des Conventions précitées alléguées par la requérante », en l'occurrence la Convention internationale des droits de l'enfant et la convention de La Haye du 25 octobre 1980 sur les aspects civils de l'enlèvement international d'enfants[3]. Cependant, parce que, en vertu d'une jurisprudence constante, la Cour estime que « la Convention doit s'appliquer en accord avec les principes du droit international » et plus généralement « avec les autres règles du droit international », elle n'exclut pas de se référer à leurs dispositions pour apprécier un éventuel manquement aux droits garantis par la Conv. EDH. Il suffit qu'elles intéressent le domaine matériel de la Conv. EDH, soit qu'elles s'inscrivent dans un rapport de mise en œuvre avec la Conv. EDH en assurant la concrétisation de l'un des droits qu'elle énonce (ainsi, les mécanismes conventionnels ou de l'Union européenne prévoyant un retour immédiat de l'enfant en cas d'enlèvement international donnent corps au droit fondamental pour un parent et un enfant d'être ensemble), soit qu'elles permettent d'identifier la progression d'un consensus des États sur telle ou telle question justifiant une interprétation progressiste de tel ou tel droit. C'est ainsi que la Cour rattache à l'article 11 de la Conv. EDH, qui n'en dit pourtant

1. Communiqué n° 127, 14 févr. 2011.
2. CEDH 24 oct. 2006, *Gettliffe et Grant c/ France*, req. n° 23547/06.
3. V., égal., Commission, rapp., 2 déc. 1998, *Scozzari et Giunta c/ Italie*, req. n°s 39221/98 et 41963/98 : « La Commission rappelle avant tout "qu'elle est compétente uniquement pour appliquer la Convention européenne des droits de l'homme et qu'elle n'est pas compétente pour faire application d'autres conventions internationales en tant que telles". Elle n'a donc aucune compétence, en l'espèce, pour contrôler le respect de la convention de La Haye de 1960 » (§ 171).

rien, le droit à la négociation collective[1]. Cette interprétation évolutive et extensive s'appuie sur des normes OIT que l'État défendeur n'avait pourtant pas ratifiées. La Cour s'explique longuement sur ce qui pourrait apparaître comme une incongruité. En toute hypothèse, en effet, la CEDH n'applique jamais que la Conv. EDH.

109. ***La subsidiarité du contrôle européen.*** Du point de vue de l'exercice de son contrôle, ensuite, la Cour n'est sûrement pas une juridiction démoniaque prompte à laminer les traditions juridiques nationales et sourde aux spécificités locales. Ainsi, dans la période récente, elle a fait preuve d'une très grande retenue en renvoyant aux parlements nationaux (pour peu qu'ils en aient le temps et le courage[2]) le soin de discuter et de trancher les questions sociales, morales et éthiques les plus sensibles telles que le respect de laïcité[3], le droit à l'interruption volontaire de grossesse[4], l'accès aux techniques de procréations médicalement assistées[5], l'accès au diagnostic prénatal[6], le sort des embryons[7], le mariage et la parenté des couples homosexuels[8], l'enfant né d'une gestation pour autrui à l'étranger[9] ou encore la question de l'accouchement anonyme[10]. D'une manière générale, lorsque, fondamentalement, l'affaire concerne les relations interindividuelles et, par conséquent, la conciliation entre deux intérêts privés d'une égale légitimité, la Cour limite les obligations pesant sur les États. Le respect du droit européen des droits de l'homme se traduit par une double obligation positive. Dans l'immense majorité des hypothèses, la première est déjà satisfaite : l'État doit mettre en place un système de juridictions dont les décisions sont contrôlées par une juridiction suprême. La seconde est relative à l'application du principe de proportionnalité dans les rapports horizontaux, qui subit nécessairement une adaptation puisque l'auteur de l'ingérence n'est pas une autorité publique et, par conséquent, il n'est pas possible de raisonner purement et simplement en termes de légalité, légitimité et nécessité de l'ingérence. On parle alors de proportionnalité privatisée. Les juridictions doivent opérer une mise en balance des intérêts, en prenant dûment en compte le droit fondamental atteint[11] et en examinant avec rigueur les moyens qui ont trait aux droits et libertés[12]. La CEDH

---

1. CEDH, gr. ch., 12 nov. 2008, *Demir et Baykara c/ Turquie*, req. n° 34503/97.
2. V. en ce sens les articles 61-5 et suivants du Code civil, issus de la loi n° 2016-1547 du 18 nov. 2016 de modernisation de la justice au XXIe siècle, organisant la modification de la mention de sexe à l'état civil, en particulier pour les transsexuels.
3. CEDH 26 nov. 2015, *Ebrahimian c/ France*, req. n° 64846/11.
4. CEDH 20 mars 2007, *Tysiac c/ Pologne*, req. n° 5410/03; CEDH, gr. ch., 16 déc. 2010, *A., B. et C. c/ Irlande*, req. n° 25579/05.
5. CEDH, gr. ch., 3 nov. 2011, *S. H. et a. c/ Autriche*, req. n° 57813/00.
6. CEDH 28 août 2012, *Costa et Pavan c/ Italie*, req. n° 54270/10.
7. *CEDH*, gr. ch., 10 avr. 2007, *Evans c/ Royaume-Uni*, req. n° 6339/05; CEDH, gr. ch., 27 août 2015, *Parillo c/ Italie*, req. n° 46470/10.
8. CEDH 24 juin 2010, *Shalk et Kopf c/ Autriche*, req. n° 30141/04; CEDH 29 mars 2012, *Gas et Dubois c/ France*, req. n° 25951/07.
9. CEDH 26 juin 2014, *Mennesson c/ France*, req. n° 65192/11, *AJ fam.* 2014. 499, obs. B. Haftel et CEDH, gr. ch., 24 janv. 2017, *Paradiso et Campanelli c/ Italie*, req. n° 25358/12, *D.* 2017. 897, obs. P. Le Maigat; *AJ fam.* 2017. 301, obs. C. Clavin.
10. CEDH, gr. ch., 13 févr. 2003, *Odièvre c/ France*, req. n° 42326/98.
11. V. les arrêts du 23 sept. 2010, *Obst*, req. n° 425/03, § 45 et *Schuth*, req. n° 1620/03, § 59, en relevant l'étrange nuance introduite par la Cour dans l'affaire *Schuth* par laquelle la Cour précise que la mise en place du système juridictionnel permet seulement de respecter « en principe » l'obligation positive qui pèse sur l'État sous-entendant que cela pourrait ne pas être suffisant; pour la mise en balance des intérêts, v. CEDH 16 déc. 2008, *Kusrshid Mustafa et Tarzibachi c/ Suède*, req. n° 23883/06 et 16 juin 2011, *Pascaud c/ France*, req. n° 19535/08.
12. Sur la nécessité pour le juge national d'appliquer le principe de proportionnalité, v. tout particulièrement, CEDH 21 avril 2016, *Ivanova et Cherkezov c/ Bulgarie*, n° 46577/15, §§ 52 et s. (comp. Civ. 3e, 17 déc. 2015 n° 14-22.095, *D.* 2016. 72, *AJDA* 2015. 2467, *RDI* 2016. 100, obs. P. Soler-Couteaux, *JCP* 2016. 189, note P.-Y. Gautier).

n'est pas un troisième ou un quatrième degré de juridiction, bien que certains de ses arrêts se révèlent, à l'examen, très ambigus[1]. La méthode suggérée semble porteuse d'instabilité et d'insécurité, la norme ne pouvant être connue ou n'étant valable qu'à la condition de réaliser un juste équilibre entre les intérêts contradictoires des parties. Le juste équilibre ne pourrait jamais être connu à l'avance. Seul l'examen des circonstances concrètes de l'affaire permettrait de le révéler. La condamnation de principe de l'application mécanique des règles de droit dans l'affaire *Velcea et Mazare c/ Roumanie*[2] a pu nourrir jusqu'à l'écœurement une telle crainte. Elle a pourtant été opportunément démentie postérieurement par l'affaire *Almeida Ferreira*[3] qui concernait l'impossibilité pour les requérants de résilier le contrat par lequel ils avaient loué un logement depuis plus de vingt ans pour y installer leur fils et sa famille. La Cour ne constate aucune méconnaissance du droit de propriété par l'application de la législation portugaise visant à réguler le marché du logement alors pourtant qu'elle joue automatiquement et exclut toute mise en balance des intérêts et toute prise en considération des données particulières de l'affaire. Soucieuse de promouvoir la sécurité juridique, la Cour affirme que, en soi, une telle législation n'est pas incompatible avec la Convention dès lors qu'elle réalise un juste équilibre entre les intérêts contradictoires des intéressés. Ainsi, parmi les éléments qui ont emporté la décision de la Cour, figure le fait que la loi en cause était déjà en vigueur au moment de la conclusion du bail. Les requérants connaissaient donc les conséquences si le bail se prolongeait au-delà de vingt années.

110. ***Relations avec le droit de l'Union européenne.*** Du point de vue des rapports entre le droit européen des droits de l'homme et le droit de l'Union européenne, enfin, la Cour s'efforce d'assurer la coexistence harmonieuse et la conciliation des deux systèmes. Il s'agit d'éviter que les États qui sont à la fois parties à la Conv. EDH et membres de l'Union européenne ne soient placés devant des engagements contradictoires et ne soient contraints de choisir entre le respect de la Conv. EDH et le respect du droit de l'Union. Si les États demeurent responsables des mesures qu'ils adoptent en vertu d'obligations juridiques internationales, y compris lorsque ces obligations découlent de leur appartenance à une organisation internationale, telle que l'Union européenne, à laquelle ils ont transféré une partie de leur souveraineté, la Cour prévoit un régime de faveur lorsque l'organisation en question accorde aux droits fondamentaux une protection équivalente, c'est-à-dire non pas identique, mais comparable à celle assurée par la Convention. Alors, en effet, existe ce qu'il est convenu d'appeler la « présomption *Bosphorus* » résultant d'un arrêt du 30 juin 2005[4] suivant laquelle « une mesure prise en exécution de telles obligations doit être réputée justifiée »[5]. Le champ d'application de la présomption *Bosphorus* a cependant été réduit. Encore

1. V. CEDH 15 janv. 2013, *Eweida et a. c/ Royaume-Uni*, req. n°s 48420/10 s., à propos du droit de manifester sa religion sur son lieu de travail dans un contentieux opposant des salariés à leurs employeurs; CEDH, gr. ch., 17 févr. 2004, *Maestri c/ Italie*, req. n° 39748/98, et tout particulièrement l'opinion dissidente commune à M. Bonello, Mme Straznicka, M. Birsan, M. Jungwiert et Mme Del Tufo, juges.
2. CEDH 1er déc. 2009, req. n° 64301/01.
3. CEDH 21 déc. 2010, *Almeida Ferreira et Melo Ferreira c/ Portugal*, req. n° 41696/07.
4. CEDH, gr. ch., 30 juin 2005, *Bosphorus Hava Yollari Turizm ve Ticaret Anonim Sirketi c/ Irlande*, req. n° 45036/98.
5. Comp. la position du Comité européen des droits sociaux (déclaration de recevabilité, 23 juin 2010, *Confédération générale du travail (CGT) c/ France*, Réclamation n° 55/2009, § 33-38, v. Diane Roman, « Articulation des sources européennes protectrices des droits fondamentaux », *in Lettre « Actualités Droits-Libertés » du CREDOF*, 2 févr. 2011) qui rejette toute présomption de cette nature.

faut-il en effet que la Cour de justice de l'Union européenne ait été mise en mesure d'exercer un contrôle juridictionnel sur les actes en cause au regard des droits fondamentaux dont elle assure le respect. Ainsi, dans l'affaire *Michaud c/ France*[1], relative aux obligations de déclaration de soupçon imposées aux avocats par des directives de l'Union tendant à lutter contre le blanchiment de capitaux, la Cour de Strasbourg a estimé qu'il lui appartenait de contrôler la transposition de ces textes opérée par la France au regard de l'article 8 de la Convention parce que « cette question n'avait [pas] été préalablement tranchée par la Cour de justice ni lors d'un renvoi préjudiciel [...], ni à l'occasion de l'un des recours [...] ouverts aux États membres et aux institutions de l'Union européenne » (§ 114). Même si, en l'espèce, la Cour ne constate aucune violation de la Conv. EDH, elle démontre qu'elle n'a pas l'intention d'abdiquer son contrôle et qu'elle entend veiller, même dans le contexte de l'Union européenne, au respect des droits fondamentaux[2].

3. *Le système des réclamations collectives*

111. ***L'exemple du Comité européen des droits sociaux.*** L'engouement pour le système des requêtes individuelles devant la Cour européenne des droits de l'homme laisse malheureusement dans l'ombre d'autres techniques qui pourraient pourtant utilement permettre la progression d'un certain nombre de droits de l'homme, et tout particulièrement des droits sociaux. Il s'agit pour l'essentiel du système de réclamation collective auprès du Comité européen des droits sociaux institué par le Protocole additionnel de 1995 à la Charte sociale européenne (révisée le 3 mai 1996). Il offre la possibilité à des organisations internationales et nationales représentatives d'employeurs ou de travailleurs de soulever, devant le Comité européen des droits sociaux, la méconnaissance d'une disposition de la Charte par une norme générale ou une pratique[3]. C'est ainsi que, par une décision sur le bien-fondé du 28 juin 2011, se prononçant sur la réclamation collective présentée par le Centre sur les droits au logement et les expulsions[4], le Comité européen des droits sociaux a estimé que la mise en œuvre énergique du discours de Grenoble relatif au démantèlement des campements illicites de Roms au cours de l'été 2010 avait conduit la France à commettre des atteintes si graves aux valeurs fondamentales communes aux États membres du Conseil de l'Europe qu'elle se devait d'offrir des assurances et des garanties de non-répétition[5].

Par où l'on voit que le contrôle international appelle des retombées nationales pour une complète effectivité des droits fondamentaux.

III. Les retombées nationales du contrôle international

112. Les retombées nationales du contrôle international dépendent très largement de l'autorité attachée à l'acte adopté par l'organe de contrôle à l'issue de son examen. Un simple avis ou de simples suggestions ne sont guère incitatifs, et

1. CEDH 6 déc. 2012, req. n° 12323/11.
2. V. dans le même sens, CEDH, gr. ch., 21 janv. 2011, *MSS c/ Belgique et Grèce*, req. n° 30696/09.
3. V. sur l'intérêt du système des réclamations collectives en particulier, J.-P. Marguénaud, J. Mouly, « Le Comité européen des droits sociaux, un laboratoire d'idées sociales méconnu », *RD publ.* 2011. 685, spéc. 706 s.
4. *RDSS* 2012. 669, note J.-P. Marguénaud, J. Mouly.
5. Comme l'a rappelé la Cour internationale de justice (CIJ 3 févr. 2012, *Allemagne c/ Italie*, § 138), cette exigence présente un caractère exceptionnel, la bonne foi des États étant présumée.

d'autant moins lorsqu'ils sont confidentiels. Même s'ils sont rendus publics, ils seront très vite oubliés et noyés dans le torrent d'informations déversées quotidiennement. L'émoi qu'ils susciteront éventuellement sera chassé dès le lendemain par une nouvelle indignation. C'est donc à l'abri de toute contrainte que l'État entendra les remarques qui lui auront été faites. La situation est toute différente lorsque la procédure permettant de dénoncer les violations des dispositions d'une convention relative aux droits de l'homme a un caractère juridictionnel et se conclut par le prononcé d'un arrêt obligatoire pour l'État défendeur. Celui-ci est alors conduit à tenir compte du dispositif qui intéresse au premier chef le requérant. L'affaire dépasse parfois le seul cas individuel soumis à l'autorité chargée de veiller au respect du texte international parce qu'elle révèle une défaillance structurelle. C'est alors que la décision a une incidence générale profitant à tous parce que le respect des droits de l'homme et des libertés fondamentales suppose d'amender un texte ou de modifier une pratique administrative. Et le système sera d'autant plus performant qu'il anticipera les réticences de l'État en instaurant ou en développant un mécanisme de surveillance de l'exécution des décisions constatant une violation des droits de l'homme. Une fois encore, le système européen de garantie collective des droits de l'homme est un modèle d'efficacité. Les arrêts de la CEDH ont évidemment une portée individuelle (**A.**). Ils sont également, dans certains cas, revêtus d'une portée générale (**B.**). Ils bénéficient enfin de l'appui du Comité des ministres du Conseil de l'Europe pour s'assurer que les États s'y conforment (**C.**).

A. La portée individuelle

113. *Le principe : la liberté de moyens et l'autonomie procédurale accordée aux États.* Aux termes de l'article 46 de la Conv. EDH, les arrêts de la Cour de Strasbourg sont obligatoires et, selon la jurisprudence *Marckx*[1], déclaratoires pour l'essentiel. La Cour n'a pas le pouvoir de remettre en cause l'acte incompatible avec les droits et libertés conventionnellement garantis ou la décision de justice rendue à l'issue d'une procédure inéquitable. En principe, donc, et conformément aux enseignements du droit international général, les États bénéficient d'une autonomie procédurale pour se conformer aux décisions de la Cour dans les litiges auxquels ils sont parties. Cette liberté de moyens découle autant de l'absence d'un véritable pouvoir d'injonction au profit de la Cour de Strasbourg[2] que de la relative imprécision de ses décisions[3]. À l'égard de l'individu, la portée d'un arrêt de la Cour de Strasbourg varie selon le chef de dispositif envisagé. Cette distinction, qui n'apparaît pas clairement dans la Convention, a pu, à l'occasion, inspirer la Cour de cassation. La Chambre criminelle[4] a ainsi opposé les arrêts déclaratoires et les arrêts de prestation. Si les premiers sont « sans incidence sur la validité des procédures relevant du droit interne », les seconds, en revanche, permettent « à celui qui s'en prévaut de demander réparation ». En d'autres termes, le constat de violation de la Convention n'emporte directement aucune conséquence alors que l'octroi d'une satisfaction équitable autorise le requérant à en réclamer le paiement. En particulier, lorsque la méconnaissance de la Convention prend sa source dans une décision de justice ou dans la procédure dont elle est issue, l'État n'est pas tenu d'ordonner le réexamen de l'affaire. Le Conseil d'État a récemment rappelé cette règle dans un arrêt du 4 octobre

1. CEDH 13 juin 1979, *Marckx c/ Belgique*, req. n° 6833/74.
2. CEDH, gr. ch., 1er mars 2006, *Sejdovic c/ Italie*, req. n° 56581/00, § 83, 94 et 119.
3. CEDH 13 juin 1979, *Marckx c/ Belgique*, req. n° 6833/74, § 31, préc.
4. Crim. 3 févr. 1993, *Kemmache*, D. 1993. 515, note J.-F. Renucci.

2012[1] en énonçant « que l'autorité qui s'attache aux arrêts de la Cour implique en conséquence non seulement que l'État verse à l'intéressé les sommes que la Cour lui a allouées au titre de la satisfaction équitable prévue par l'article 41 de la Convention mais aussi qu'il adopte les mesures individuelles et, le cas échéant, générales nécessaires pour mettre un terme à la violation constatée; que l'exécution de l'arrêt de la Cour ne peut toutefois, en l'absence de procédures organisées pour prévoir le réexamen d'une affaire définitivement jugée, avoir pour effet de priver les décisions juridictionnelles de leur caractère exécutoire ». En conséquence, l'arrêt de la Cour constatant le caractère inéquitable de la procédure ayant conduit à la condamnation pécuniaire du comptable public ne remet pas en cause les diligences accomplies aux fins d'exécution du jugement. Au demeurant, le Conseil d'État ne manque pas de souligner que la non-communication des pièces au requérant ayant motivé le constat de violation de l'article 6 n'a eu aucune incidence sur le fond, puisqu'elles n'ont pas servi à fonder la décision. La solution était donc d'autant plus simple à admettre. C'est une solution contraire que le législateur français a retenue en matière pénale, par l'institution d'une procédure de « réexamen d'une décision pénale consécutif au prononcé d'un arrêt de la Cour européenne des droits de l'homme »[2], et, plus récemment, en matière civile[3]. Par leur domaine limité (la matière pénale et l'état des personnes) et par leurs conditions d'ouverture restrictives, ces initiatives constituent somme toute une avancée timide dans l'effectivité de la Conv. EDH. Un peu plus d'audace semble néanmoins devoir résulter de la jurisprudence instaurée par les arrêts d'Assemblée plénière de la Cour de cassation du 15 avril 2011[4] reconnaissant l'autorité interprétative des arrêts de la Cour de Strasbourg impliquant l'annulation de procédures internes diligentées en méconnaissance de règles précisées par des arrêts rendus contre d'autres États que la France[5].

114. ***L'exception : le renforcement de la contrainte.*** La Cour européenne des droits de l'homme relève quant à elle que, dans des circonstances exceptionnelles, « la nature même de la violation constatée n'offre pas réellement de choix parmi différentes sortes de mesures susceptibles d'y remédier et [qu'elle est] conduite à indiquer exclusivement l'une de ces mesures »[6]. La Cour ne manque donc pas d'exprimer sa préférence sur l'attitude que devrait adopter l'État à l'égard du requérant dont la violation des droits fondamentaux a été officiellement constatée. Par exemple, elle souligne régulièrement que, lorsqu'un individu a été condamné par un tribunal ne présentant pas les garanties d'indépendance et d'impartialité requises par l'article 6 de la Convention, un nouveau procès ou la réouverture du procès, à la demande de l'intéressé, est un moyen approprié de redresser la violation constatée. Parfois, une telle indication ne déroge pas au mécanisme traditionnel de l'exécution des arrêts par les États parties. La Cour reconnaît qu'elle ne fait que suggérer un moyen qui n'est pas le seul envisageable. Elle réserve les circonstances particulières de la cause et rappelle que les États disposent d'une confortable marge d'appréciation pour se conformer à ses déci-

1. CE 4 oct. 2012, *M. Gilbert B.*, req. n° 328502, *JCP Adm.* 2013, n° 2060, comm. F. Hoffmann; *JCP* 2013/6, p. 273, note G. Eveillard; *RGDIP* 2013. 164, note T. Fleury Graff; *RFDA* 2013. 103, note F. Sudre; *Dr. adm.* 2013. 40, obs. J. Sirinelli; *Procédures* 2012/12. 34, obs. S. Deygas; *AJDA* 2012. 2162, Chron. X. Domino et A. Bretonneau.
2. C. pr. pén., art. 622-1 et s.
3. COJ, art. L. 452-1 et s.
4. Cass., ass. plén., 15 avr. 2011, préc.
5. Crim. 31 mai 2011, *D.* 2011. 2086, note H. Matsopoulou.
6. CEDH, gr. ch., 8 avr. 2004, *Assanidzé c/ Georgie*, req. n° 71503/01, § 202.

sions[1]. D'autres fois, dans les situations les plus préoccupantes, la Cour abandonne toute réserve et intime à l'État de prendre la seule mesure apte à redresser la situation et à restaurer la prééminence du droit. Contrairement à l'hypothèse précédente, la mesure indiquée par la Cour figure alors dans le dispositif de son arrêt. À ce titre, elle a déjà sommé un État d'assurer la remise en liberté du requérant dans les plus brefs délais eu égard aux circonstances particulières de l'affaire et au besoin urgent de mettre fin à la violation des articles 5 § 1 et 6 § 1 de la Convention[2], de réintégrer le requérant dans ses fonctions de juge à la Cour suprême dans les plus brefs délais[3] ou d'aménager le droit de visite du requérant à l'égard de sa fille en tenant compte de ses horaires de travail et en déterminant un lieu convenable compte tenu du besoin urgent de mettre fin à la violation du droit au respect de la vie familiale[4].

115. ***Le cas des arrêts de prestation.*** Le meilleur sort réservé à la satisfaction équitable peut se comprendre (parce que de telles décisions sont parfaitement claires et d'une exécution aisée), mais étonne quelque peu, car, contrairement à ce qui se rencontre dans d'autres conventions internationales, la Conv. EDH n'attribue en aucune façon la force exécutoire aux décisions rendues par la Cour, ni expressément[5], ni tacitement[6], pas plus qu'elle ne décrit la façon dont les décisions acquièrent force exécutoire dans l'ordre interne[7]. Cependant, la Cour s'est arrogé un pouvoir de contrainte en développant une jurisprudence audacieuse qu'elle intégrera par la suite dans son règlement intérieur. Ainsi, aux termes de l'article 75, § 3 du règlement intérieur, « lorsque la chambre ou le comité accordent une satisfaction équitable au titre de l'article 41 de la Convention, ils peuvent décider que, si le règlement n'intervient pas dans le délai indiqué, des intérêts moratoires seront dus sur les sommes allouées ». La contrainte qu'ils décrivent se présente sous la forme d'une simple faculté, mais la Cour en use systématiquement. Son objet est double : elle consiste en l'indication d'un délai dans lequel l'État défendeur doit acquitter sa dette, d'une part (selon une formule récurrente, la Cour précise que l'État défendeur doit acquitter sa dette « dans les trois mois à compter du jour où l'arrêt sera devenu définitif conformément à l'article 44 § 2 de la Convention »), et en la détermination d'une sanction financière en cas de dépassement de ce délai, d'autre part (depuis 2002, quel que soit l'État et quelle que soit la monnaie dans laquelle est demandée la satisfaction équitable[8], le taux des intérêts moratoires est invariablement basé « sur le taux d'intérêt de la facilité de prêt marginal de la Banque centrale européenne majoré de trois points de pourcentage »). L'État n'est donc pas seule-

1. V., par ex., CEDH, gr. ch., 12 mai 2005, *Ocalan c/ Turquie*, req. n° 46221/99, § 210.
2. CEDH, gr. ch., 8 avr. 2004, *Assanidzé c/ Georgie*, préc.; v. égal., à propos d'un journaliste, CEDH 22 avr. 2010, *Fatullayev c/ Azerbaïdjan*, req. n° 40984/07.
3. CEDH 9 janv. 2013, *Oleksandr Volkov c/ Ukraine*, req. n° 21722/11.
4. CEDH 12 avr. 2011, *Gluhakovic c/ Croatie*, req. n° 21188/89.
5. Comp. avec l'art. 39 du Statut du tribunal international du droit de la mer, Ann. VI à la Convention des Nations unies sur le droit de la mer du 10 déc. 1982 : « Exécution des décisions de la Chambre : Les décisions de la Chambre sont exécutoires sur le territoire des États Parties au même titre que les arrêts ou ordonnances de la plus haute instance judiciaire de l'État Partie sur le territoire duquel l'exécution est demandée ».
6. V. art. 68 § 2 de la Convention américaine relative aux droits de l'homme : « le dispositif de l'arrêt accordant une indemnité pourra être exécuté dans le pays intéressé conformément à la procédure interne tracée pour l'exécution des jugements rendus contre l'État ».
7. V. l'art. 280 TFUE qui précise que « les arrêts de la Cour de justice ont force exécutoire dans les conditions fixées à l'article 299 », c'est-à-dire que « la formule exécutoire est apposée, sans autre contrôle que celui de la vérification de l'authenticité du titre, par l'autorité nationale que le gouvernement de chacun des États membres désignera à cet effet ».
8. CEDH 21 févr. 2006, *Yuce c/ Turquie*, req. n° 75717/01 (sommes libellées en dollars américains).

ment invité à agir promptement, il y est également incité. Tant que le montant des indemnités allouées par la Cour était relativement modeste, les États et notamment la France exécutaient spontanément leurs obligations. Les principales difficultés consistaient à déterminer le ministère sur le budget duquel la dépense devait être imputée. Les résistances apparaîtront peut-être si la Cour persiste dans la voie de la mercantilisation souvent dénoncée[1] des droits de l'homme en allouant aux victimes des sommes considérables[2].

B. La portée générale

116. ***L'autorité relative de la chose jugée.*** À s'en tenir à la lettre de l'article 46 de la Conv. EDH, les arrêts de la Cour de Strasbourg sont revêtus d'une autorité relative de la chose jugée. Leur caractère obligatoire s'impose au(x) seul(s) État(s) partie(s) au litige et ne vaut qu'à l'égard de la situation soumise au contrôle de la Cour. C'est dire que, formellement, les arrêts de la Cour n'ont qu'une portée individuelle et sont dépourvus de toute portée générale. Ce serait pourtant une erreur de croire que les arrêts de la Cour ne contiennent aucun enseignement général. Bien que le contrôle opéré par la Cour et les raisonnements qu'elle mobilise impriment à la décision un caractère contextualisé, voire hypercontextualisé, il arrive fréquemment que le constat de violation intéresse un nombre indéterminé de situations et même un nombre indéterminé d'États.

117. ***L'objectivation du contentieux européen.*** Les arrêts dont la portée générale est la plus évidente sont ceux dans lesquels le constat de violation de la Convention se fonde sur les imperfections d'un acte de portée générale, telle une loi ou une jurisprudence bien établie. Les circonstances concrètes de l'affaire n'expliquent que marginalement, voire pas du tout, la décision de la Cour. Ainsi, chaque nouvelle application d'une disposition ou d'une jurisprudence dont la Cour a constaté qu'elle était incompatible avec l'un quelconque des droits et libertés conventionnellement garantis expose l'État à une nouvelle déconvenue strasbourgeoise. Il est alors nécessaire de modifier la norme. C'est ainsi que la France a été contrainte d'améliorer la condition de l'enfant adultérin lorsque, pour déterminer sa part dans la succession de son auteur, il entrait en concours avec un enfant né du mariage[3]. Dans d'autres situations, le constat de violation porte moins sur le fond que sur la méthode, ainsi que l'illustre tout particulièrement le contentieux de l'expulsion des étrangers. Hormis l'article 4 du Protocole additionnel n° 4 qui prohibe l'expulsion collective des étrangers, aucune disposition de la Convention ne traite directement de cette question. Indirectement, cependant, elle est susceptible d'affecter la Conv. EDH parce que l'expulsion trouble la vie privée et le cas échéant familiale de l'intéressé. Avant de décider de l'expulsion, il est nécessaire de mettre en balance l'intérêt général à procéder à l'expulsion et l'intérêt individuel ainsi sacrifié. Et, plus généralement, lorsque le

1. J.-F. Flauss, « Réquisitoire contre la mercantilisation excessive du contentieux de la réparation devant la Cour européenne des droits de l'homme. À propos de l'arrêt *Beyeler c/ Italie* du 28 mai 2002 », *D.* 2003. Chron. 227.
2. 2 750 000 euros dans l'affaire *Pascaud c/ France* (CEDH 8 nov. 2012, req. n° 19535/08); 4 590 295 euros dans l'affaire *Association les témoins de Jehovah c/ France* (CEDH 5 juill. 2012, req. n° 8916/05); 14 300 000 euros dans l'affaire *Yianopulu c/ Turquie* (CEDH 31 mai 2016, req. n° 12030/03); 27 000 000 d'euros dans l'affaire *Agrokompleks c/ Ukraine* (CEDH 25 juill. 2013, req. n° 23465/03).
3. V. CEDH 1er févr. 2000, *Mazurek c/ France*, req. n° 34406/97, et la réaction de la France deux ans plus tard avec l'adoption de la loi n° 2001-1135 du 3 déc. 2001 relative aux droits du conjoint survivant et des enfants adultérins et modernisant diverses dispositions de droit successoral.

litige oppose deux particuliers et qu'il parvient devant la Cour en mettant plus ou moins artificiellement en cause un État parce que sa législation permet ou n'interdit pas à un particulier de porter atteinte aux droits fondamentaux d'un autre particulier, elle impose alors une méthodologie particulière. Ces affaires qui touchent parfois le cœur du droit privé nécessitent de procéder à des arbitrages difficiles entre des intérêts concurrents, souvent contradictoires et d'une égale valeur. Conformément à la logique de subsidiarité qui anime le droit européen des droits de l'homme, il n'appartient pas à la Cour de se substituer à l'État pour procéder à la conciliation des intérêts privés. Cette tâche relève de sa marge d'appréciation et la Cour n'exerce qu'un contrôle restreint limité à l'arbitraire. Elle exige cependant que les droits fondamentaux de l'une quelconque des parties ne soient pas d'emblée sacrifiés et qu'ils soient, au contraire, dûment pris en considération.

118. ***L'autorité interprétative des arrêts de la Cour***[1]. Les arrêts de la Cour ont encore une portée générale parce qu'ils n'intéressent pas simplement l'État défendeur, mais bien tous les États dont le système serait similaire à celui dont la Cour constate la contrariété à la Conv. EDH. De la sorte, les arrêts de la Cour jouissent d'une autorité interprétative qui constitue l'une des manifestations de la mission dévolue à la Cour dans son rôle de gardienne de la Conv. EDH. Elle estime en effet que « ses arrêts servent non seulement à trancher les cas dont elle est saisie, mais plus largement à clarifier, sauvegarder et développer les normes de la Convention, et à contribuer de la sorte au respect, par les États des engagements qu'ils ont assumés en leur qualité de Parties contractantes »[2]. En conséquence, il apparaît qu'au-delà des litiges qui lui sont soumis, l'interprétation des dispositions à laquelle se livre la juridiction strasbourgeoise fait corps avec le texte lui-même et s'impose dès lors à l'ensemble des États parties. C'est dire encore que l'autorité des arrêts de la Cour visée à l'article 46 de la Convention ne se limite pas au dispositif de la décision mais s'étend aux motifs qui en constituent le soutien nécessaire. La Cour rappelle, le cas échéant, que ses interprétations valent *erga omnes*. Ainsi, dans l'affaire *Modinos c/ Chypre*[3], relative à la contrariété à l'article 8 de la Convention d'une loi chypriote réprimant pénalement les relations homosexuelles entre adultes mâles consentants et en privé, la Cour se réfère à son arrêt Dudgeon[4] rendu dans des circonstances similaires, contre un autre État, pour fustiger l'attitude de Chypre. Tout d'abord, elle constate que, en dépit de sa jurisprudence, la Cour suprême de Chypre a estimé que la législation en cause ne violait pas la Convention[5]. Ensuite, bien qu'aucune poursuite pénale n'ait été exercée sur ce fondement depuis son arrêt *Dudgeon*, la Cour n'en considère pas moins que la seule existence de tels textes constitue une ingérence permanente dans les droits du requérant[6]. Enfin, sur la question de la justification de l'ingérence, la Cour exprime alors l'autorité qu'il convient d'attribuer à ses arrêts, en soulignant simplement, que « vu [...] la jurisprudence de la Cour [...] il ne s'impose pas de réexaminer la question »[7]. Cette affirmation lapidaire témoigne une fois encore de l'attitude volontariste de la Cour dans la promotion effective d'un ordre régional fondé sur le respect des droits de l'homme

---

1. Sur cette notion, v. O. Dubos, « Les arrêts des juridictions européennes : quelles forces ? », *in Liber amicorum Joël Molinier*, LGDJ, 2012, p. 175.
2. CEDH 18 janv. 1978, *Irlande c/ Royaume-Uni*, req. n° 5310/71.
3. CEDH 22 avr. 1993, req. n° 15070/89.
4. CEDH 22 oct. 1981, *Dudgeon c/ Royaume-Uni*, req. n° 7525/76.
5. *Modinos*, § 20.
6. *Ibid.*, § 24.
7. *Ibid.*, § 25.

et la prééminence du droit. Par conséquent, la connaissance et l'étude des seuls arrêts prononcés contre la France sont nettement insuffisantes et ne permettraient pas aux praticiens de délivrer des conseils pleinement éclairés et pertinents à leurs clients. C'est bien l'ensemble de la jurisprudence de la Cour qui mérite considération, quel que soit l'État ou les États défendeurs. Il le mérite d'autant plus que la Cour de cassation a expressément reconnu l'autorité interprétative des arrêts de la Cour par ses arrêts d'Assemblée plénière du 15 avril 2011[1], tandis que le Conseil d'État[2], préférant quant à lui, par la bouche de son vice-président Jean-Marc Sauvé, parler de force persuasive des arrêts de la Cour et même le Conseil constitutionnel[3] n'hésitent plus à fonder leurs décisions sur des arrêts de la Cour en les citant expressément dans les visas ou dans le corps de leur décision.

119. ***Procédure des arrêts pilotes.*** Toute la difficulté est alors de savoir quelles mesures l'État doit adopter ou de déterminer dans quel sens il doit amender sa législation afin de respecter la Conv. EDH. Cette difficulté est d'autant plus aiguë que le respect de la Conv. EDH s'impose immédiatement ainsi que le rappelle régulièrement la Cour de Strasbourg[4] et ainsi que l'a rappelé la Cour de cassation, contre le Conseil constitutionnel, en ce qui concerne la nécessité de réformer la garde à vue afin que soient pleinement garantis les droits de la défense[5]. Or, traditionnellement, lorsqu'elle rend un arrêt constatant la violation d'un droit ou d'une liberté, la Cour estime qu'il ne lui incombe pas de dicter à l'État défendeur les mesures à adopter afin qu'il respecte ses obligations internationales. Cette position procède de la subsidiarité du contrôle supranational. Les autorités nationales sont les mieux placées pour apprécier la situation. Chaque État peut ainsi répondre à l'incitation de la Cour avec les moyens qui lui sont propres et qu'il juge les plus appropriés. Cependant, il n'est pas certain que la réponse soit toujours adéquate. La retenue dont la Cour fait preuve laisse les États parties dans l'incertitude et engendre une forme d'insécurité juridique régulièrement stigmatisée. Certains déplorent ce « jeu de colin-maillard juridique »[6] tandis que d'autres regrettent ces « diagnostics sans thérapie » qui négligent la fonction pédagogique attachée aux décisions de la Cour[7]. C'est pourquoi, dans un premier temps, la Cour a dispensé quelques conseils sur la façon de respecter la Convention guidant ainsi le travail que doit accomplir le législateur. Ainsi, dans l'affaire *Airey*[8], la requérante se plaignait d'une violation de son droit d'accéder au juge en raison des frais prohibitifs qu'aurait entraîné la saisine de la High Court pour demander une séparation judiciaire. En constatant un manquement à l'article 6, § 1 de la Convention, la Cour indique qu'il existe plusieurs remèdes concevables. L'octroi de l'aide judiciaire en est un, mais la simplification de la procédure en est un autre tout aussi pertinent (§ 26). Ces occasions demeuraient cependant trop rares et insuffisantes pour la mettre à l'abri d'un

1. Cass., ass. plén., 15 avr. 2011, préc., citant les arrêts *Salduz* et *Dayanan* rendus l'un et l'autre contre la Turquie (CEDH 27 nov. 2008, *Salduz c/ Turquie*, req. n° 36391/02; CEDH 13 oct. 2009, *Dayanan c/ Turquie*, req. n° 7377/03).
2. V. par ex. CE 25 mai 2007, *Courty, AJDA* 2007. 1424, concl. R. Keller.
3. V., tout particulièrement, Cons. const. 19 nov. 2004, n° 2004-505 DC, *Traité établissant une Constitution pour l'Europe*.
4. CEDH 29 nov. 1991, *Vermeire c/ Belgique*, req. n° 12849/87, § 26.
5. V. Cass., ass. plén., 15 avr. 2011, préc., et Crim. 31 mai 2011, préc.
6. J.-P. Marguénaud, *La Cour européenne des droits de l'homme*, 7e éd., Dalloz, coll. « Connaissance du droit », 2016, p. 176.
7. S. Van Drooghenbroeck, *La proportionnalité dans le droit de la convention européenne des droits de l'homme. Prendre l'idée simple au sérieux*, Bruylant, 2001, p. 608 s., nos 846 s.
8. CEDH 9 oct. 1979, *Airey c/ Irlande*, req. n° 6289/73.

flot continu de requêtes identiques menaçant la pérennité du système de garantie collective des droits de l'homme en Europe. C'est la raison pour laquelle, dans un second temps, la Cour a développé, à partir de l'arrêt Broniowski c/ Pologne[1], une technique permettant d'indiquer à l'État les modifications qu'il lui faut apporter à son droit interne dans les affaires révélant un problème structurel sous-jacent affectant un grand nombre de personnes, soit les affaires dans lesquelles des mesures générales s'imposent sans aucun doute. La procédure de l'arrêt pilote permet de remédier aux défaillances systémiques. Une fois mise en œuvre, cette procédure entraîne généralement l'ajournement de l'examen des requêtes nées de la même défaillance générale. Car, conformément à la logique du système, il s'agit de favoriser la subsidiarité et le règlement national de la difficulté. Le recours que l'État mettra en place pour répondre aux injonctions de l'arrêt pilote devra en principe être épuisé avant d'envisager une nouvelle saisine de la Cour, sauf si ce recours apparaît inefficace[2]. En 2011, la Cour a entrepris de codifier la procédure applicable aux arrêts pilotes en intégrant les principaux apports des arrêts rendus selon cette procédure[3] et en clarifiant ses conditions d'ouverture, son déroulement et ses effets. Elle figure désormais à l'article 61 du règlement intérieur de la Cour[4]. Cette technique révolutionnaire semble bien acceptée et même saluée. Par la déclaration de Brighton adoptée à l'issue de la conférence de haut niveau sur l'avenir de la Cour européenne des droits de l'homme organisée les 19 et 20 avril à l'initiative de la présidence britannique du Comité des ministres du Conseil de l'Europe, les États se félicitent que la Cour « continue d'appliquer des mesures proactives, en particulier la procédure de l'arrêt pilote, pour traiter les violations répétitives avec efficacité » (point 20, c). Les apparences sont cependant trompeuses. La teneur très encourageante de la déclaration de Brighton ne saurait faire oublier les vives tensions entre la Cour et le Royaume-Uni depuis qu'elle a rendu, en 2010, un premier arrêt pilote à son encontre dans l'affaire Greens et MT[5] constatant une nouvelle fois, cinq ans après l'arrêt *Hirst*[6], que la privation du droit de vote frappant les détenus emporte violation du droit à des élections libres (art. 3-P1).

C. La surveillance de l'exécution des arrêts

120. ***Le rôle du Comité des ministres du Conseil de l'Europe.*** D'une manière générale, l'article 46 § 2 de la Convention investit le Comité des ministres de la mission de surveiller la bonne exécution des arrêts définitifs de la Cour. Il appartient donc au Comité de s'assurer que les États ont tiré les conséquences individuelles et/ou générales éventuellement précisées par la Cour dans son arrêt, qu'ils ont acquitté la satisfaction équitable ou qu'ils se sont conformés aux engagements, notamment financiers, auxquels a été subordonné le règlement amia-

1. CEDH 22 juin 2004, *Broniowski c/ Pologne*, req. n° 31443/96.
2. Exemple du remède indemnitaire instauré par la loi Pinto en Italie pour dépassement du délai raisonnable des procédures judiciaires. V. CEDH 21 déc. 2010, *Gaglione et a. c/ Italie*, req. n° 45867/07, la Cour intime à l'Italie une budgétisation urgente des fonds nécessaires à la mise en œuvre du recours fondé sur la loi Pinto et au regard de l'examen en cours devant le Parlement italien, elle estime ne pas cautionner toutes les mesures envisagées.
3. V. not. les arrêts rendus dans l'affaire *Hutten-Czapska c/ Pologne* (req. n° 35014/97, arrêt de Grande chambre sur le fond du 19 juin 2006 et de radiation du rôle après règlement amiable du 28 avr. 2008) et celui rendu dans l'affaire *Rumpf c/ Allemagne* (2 sept. 2010, req. n° 46344/06).
4. Sur la technique de l'arrêt pilote, v. J.-F. Renucci, N. Fricero, Y. Strickler, « L'arrêt pilote : le pragmatisme au service des droits de l'homme », *D.* 2013. 201.
5. CEDH 23 nov. 2010, *Greens et MT c/ Royaume-Uni*, req. n° 60041/08.
6. CEDH, gr. ch., 6 oct. 2005, *Hirst c/ Royaume-Uni*, req. n° 74025/01 (n° 2).

ble. Du point de vue des conséquences financières, le contrôle porte sur le paiement du principal et sur les éventuels intérêts moratoires. À cette fin, il exige une preuve écrite de la liquidation de la somme et le cas échéant une confirmation par le requérant du versement effectif.

121. *Exercice du contrôle.* De prime abord, son rôle paraît assez modeste, car il se limite à une simple surveillance de l'exécution. Il ne consiste aucunement à faire exécuter directement les obligations de l'État. Cette limite, toutefois, n'est pas exclusive de la notion de contrainte. Celle-ci se révèle à travers la façon dont le Comité des ministres mène sa mission de surveillance. Il l'initie en invitant l'État intéressé à l'informer des mesures prises à la suite d'un arrêt ou d'un règlement amiable et l'achève en prenant une résolution finale qui atteste que ce même État a respecté ses obligations. D'une phase à l'autre, le Comité ne se cantonne pas à un rôle purement passif. Il exerce sur l'État une pression de nature essentiellement politique qui se traduit par l'adoption de résolutions intérimaires dont la pertinence et l'efficacité ont été renouvelées après l'entrée en vigueur du Protocole n° 11. Jusqu'alors, en effet, la publication du rapport de la Commission et de la décision du Comité des ministres était suspendue à l'adoption de la résolution finale. Le développement de la pratique des résolutions intérimaires permettait ainsi de contourner le secret entourant la violation de la Conv. EDH constatée sur le fondement de l'ancien article 32. En stigmatisant son attitude, la pratique des résolutions intérimaires pressait l'État à se conformer à ses engagements conventionnels. Dès lors que la fonction décisoire relève de la seule Cour et que l'ensemble de ses arrêts définitifs sont publiés, cet aspect contraignant a disparu. Un autre lui a succédé sur la base de l'ancien article 54 et de l'actuel article 46, § 2. C'est désormais uniquement par leur fréquence et par leur ton que les résolutions intérimaires contraignent l'État. Le but est une fois encore de souligner le comportement inacceptable de l'État, mais leur efficacité demeure somme toute relative comme l'illustre l'affaire *Loizidou c/ Turquie* (req. n° 15318/89). Le Comité a d'abord invité « instamment »[1] la Turquie à payer la satisfaction équitable prévue par l'arrêt du 28 juillet 1998. Puis, déplorant à nouveau l'inexécution, il a fermement réagi face à cette situation « sans précédent »[2] en déclarant « que le refus de la Turquie d'exécuter l'arrêt de la Cour témoigne d'un mépris manifeste pour ses obligations internationales, à la fois en tant que Haute Partie contractante à la Convention et en tant qu'État membre du Conseil de l'Europe » (*ibid.*). L'inertie du gouvernement turc se prolongeant, il s'est enfin déclaré « résolu à assurer, par tous les moyens à la disposition de l'organisation, le respect des obligations de la Turquie en vertu »[3] de l'arrêt de la Cour. Son exécution n'interviendra cependant que le 2 décembre 2003. Hormis cette affaire au contexte très particulier, les résolutions intérimaires permettent en général d'obtenir rapidement l'exécution de l'arrêt et élèvent le Comité au rang de véritable organe d'impulsion de la bonne exécution de l'arrêt. Ainsi, dans l'affaire *Raffineries grecques Stran et Stratis Andreadis* (req. n° 13427/87), le gouvernement grec a répondu promptement[4] à l'invitation instante que lui avait adressée le Comité des ministres[5] avant de verser la satisfaction équitable quatre mois plus tard.

---

1. Résolution intérimaire DH (99) 680, adoptée le 6 oct. 1999.
2. Résolution intérimaire DH (2000) 105, adoptée le 24 juill. 2000.
3. Résolution intérimaire DH (2001) 80, adoptée le 26 juin 2001; de tels propos seront réitérés dans la résolution intérimaire DH (2003) 174, adoptée le 12 nov. 2003.
4. En sept. 1996, le ministre grec des Affaires étrangères a informé le Comité qu'il s'engageait personnellement à résoudre la question afin de sauvegarder pleinement la crédibilité et l'efficacité des institutions du Conseil de l'Europe.
5. Résolution intérimaire DH (96) 251, adoptée en mai 1996.

122. ***Renforcement des pouvoirs du Comité des ministres.*** Le Protocole n° 14 amplifie encore le rôle du Comité des ministres aux fins d'exécution des arrêts définitifs de la Cour. Les nouveaux paragraphes 4 et 5 de l'article 46 instituent une procédure en manquement dont le déclenchement appartient au Comité lorsqu'il estime qu'une Haute Partie contractante refuse de se conformer à un arrêt définitif rendu dans un litige auquel elle est partie. Cette procédure a été utilisée pour la première fois le 5 décembre 2017 contre l'Azerbaïdjan en raison du refus persistant des autorités de ce pays de se conformer au constat de violations multiples formulé la CEDH en 2014 à la requête de Monsieur Mammadov (CEDH 22 mai 2014, req. n° 15172/13[1]).

123. ***Rôle de la Cour dans la surveillance de l'exécution de ses propres arrêts.*** Cette procédure ouvre la voie à un contrôle, par la Cour elle-même, de l'exécution de ses propres arrêts, l'inobservation d'un arrêt constituant une violation autonome de la Convention justifiant la saisine de la Cour. La surveillance de l'exécution quitterait ainsi la sphère politique pour intégrer la sphère juridique ainsi que l'illustre l'affaire *Emre*. Dans un premier temps, la Cour avait estimé que l'interdiction d'entrer en Suisse frappant le requérant sans limitation de durée emportait violation de son droit au respect de la vie privée et familiale. À la suite de cette décision, les juridictions suisses réexaminèrent la situation du requérant. Tout en maintenant l'interdiction d'entrer sur le territoire suisse, elles fixèrent sa durée à dix ans. Saisie une nouvelle fois, la Cour constate une violation combinée de l'article 8 et de l'article 46[2] estimant que la durée de dix années est considérable dans la vie d'une personne et ne peut, en l'espèce, passer pour nécessaire dans une société démocratique. Surtout, elle considère que, afin d'exécuter son premier arrêt et de remédier à la violation de l'article 8, les juridictions suisses auraient dû annuler purement et simplement l'interdiction de territoire contre M. Emre, avec effet immédiat. La Cour n'a pas entendu l'argument du gouvernement suisse estimant qu'il appartenait au seul Comité des ministres de se prononcer sur l'adéquation de la mesure interne adoptée à la suite du premier constat de violation. Pour autant, la Cour se défend de concurrencer le Comité des ministres et rappelle qu'elle ne peut connaître d'une affaire dont elle a déjà eu à connaître qu'à la condition qu'elle présente un fait nouveau (Conv. EDH, art. 35, § 2, *b*)[3]. Dans l'affaire *Emre*, elle remarque que le Comité n'a adopté aucune résolution relative à l'exécution du premier arrêt datant du 22 mai 2008. Le souci de ménager les prérogatives du Comité des ministres apparaissait déjà dans l'affaire *Verein Gegen Tierfabriken Schweiz* et la question de savoir si la Suisse avait correctement et entièrement appliqué l'arrêt rendu le 28 juin 2001 par lequel la Cour estimait que le refus des autorités suisses de diffuser le spot télévisé délibérément provocateur d'une association protectrice des animaux était contraire à la liberté d'expression garantie par l'article 10 Conv. EDH. La Cour relève que le Comité avait mis un terme à sa mission en adoptant une résolution finale[4] et qu'il n'avait pas pris en compte, faute d'en avoir été informé par l'État défendeur, l'arrêt du Tribunal fédéral ayant rejeté la demande de révision émanant de l'association requérante[5].

1. *Dalloz actualité*, 4 janv. 2018, obs. E. Autier.
2. CEDH 11 oct. 2011, *Emre c/ Suisse*, req. n° 5056/10 (n° 2).
3. Comp. CEDH, gr. ch., 5 févr. 2015, *Bochan c/ Ukraine*, req. n° 22251/08 (n° 2).
4. Résolution DH (2003) 125.
5. CEDH, gr. ch., 30 juin 2009, *Verein Gegen Tierfabriken Schweiz c/ Suisse*, req. n° 32772/02 (n° 2).

Bibliographie indicative

- L. BURGORGUE-LARSEN, *La Convention européenne des droits de l'homme*, 2e éd., LGDJ, coll. « Systèmes », 2015.
- P. DUCOULOMBIER, *Les conflits de droits fondamentaux devant la Cour européenne des droits de l'homme*, Bruylant, 2011.
- C. Gauthier, S. Platon, D. Szymczak, *Droit européen des droits de l'homme*, Sirey U, coll. « Sirey université », 2016.
- Y. LÉCUYER, *Jurisprudence de la CEDH*, Hachette Supérieur, coll. « Les fondamentaux du droit », 2e éd., 2018.
- J.-P. MARGUÉNAUD, *La Cour européenne des droits de l'homme*, 7e éd., Dalloz, coll. « Connaissance du droit », 2016.
- C. NIVARD, *La justiciabilité des droits sociaux. Étude de droit conventionnel européen*, Bruylant, 2012.
- J.-F. RENUCCI, *Droit européen des droits de l'homme. Droits et libertés fondamentaux garantis par la CEDH*, 7e éd., LGDJ, 2017.
- C. SCIOTTI-LAM, *L'applicabilité des traités internationaux relatifs aux droits de l'homme en droit interne*, Bruylant, 2004.
- F. SUDRE, *Droit européen et international des droits de l'homme*, 13e éd. ref., PUF, 2016.
- F. SUDRE, J. ANDRIANTSIMBAZOVINA, G. GONZALEZ, A. GOUTTENOIRE, F. MARCHADIER, J.-P. MARGUÉNAUD, L. MILANO, H. SURREL, D. SZYMCZAK, *Les grands arrêts de la Cour européenne des droits de l'homme*, 8e éd., PUF, 2017.
- P. WACHSMANN, *Les droits de l'homme*, 5e éd., Dalloz, coll. « Connaissance du droit », 2008.

Chronique de jurisprudence de la Cour européenne des droits de l'homme

- *AJDA :* J.-F. FLAUSS (2000-2010); L. BURGORGUE-LARSEN (depuis 2011).
- *AFDI :* R. PELLOUX; V. COUSSIRAT-COUSTÈRE (depuis 1961).
- *JDI :* P. ROLLAND; P. ROLLAND et P. TAVERNIER; E. DECAUX et P. TAVERNIER (depuis 1978).
- *JCP :* F. SUDRE (depuis 1993).
- *RJ envir. :* J.-P. MARGUÉNAUD et S. NADAUD (depuis 2010).
- *RSC :* L.-E. PETTITI, R. KOERING-JOULIN, F. TULKENS et F. MASSIAS; J.-P. MARGUÉNAUD et D. ROETS (depuis 2008).
- *RTD civ. :* J.-P. MARGUÉNAUD (depuis 1996).

Pistes de réflexion

L'effectivité des droits sociaux
L'obligation faite aux États de se conformer aux arrêts de la Cour européenne des droits de l'homme
La subsidiarité du contrôle de la Cour européenne des droits de l'homme
Le droit de l'Union européenne devant la Cour européenne des droits de l'homme
L'invocabilité de la Convention européenne des droits de l'homme dans les litiges de droit privé
La résolution des conflits de droits fondamentaux

Section 5.
LES DROITS FONDAMENTAUX DANS L'UNION EUROPÉENNE

FLORENCE BENOÎT-ROHMER
Professeur à l'Université de Strasbourg,
Présidente honoraire de l'Université Robert-Schuman

JEAN PAUL JACQUÉ
Professeur émérite à l'Université de Strasbourg,
Directeur général honoraire au Conseil de l'Union européenne

La protection des droits fondamentaux dans le cadre de l'Union européenne a d'abord été assurée par la Cour de justice au titre des principes généraux du droit en l'absence de dispositions expresses dans les traités. Ce n'est que progressivement que le principe d'une protection a été introduit dans les traités au fil des révisions successives de celles-ci. Le système a pris sa forme définitive dans le traité de Lisbonne qui donne à la Charte des droits fondamentaux la même valeur que les traités. Depuis l'entrée en vigueur de ce traité, la Cour de justice a été amenée à préciser la portée de la Charte sans que pour autant toutes les questions soient résolues. Le traité de Lisbonne prévoit également l'adhésion de l'Union à la Convention européenne des droits de l'homme, mais la Cour de justice a estimé dans son avis 2/13 que l'accord négocié relatif à l'adhésion était incompatible avec les traités. La question reste donc encore ouverte.

I. Introduction

124. Le traité de Rome instituant la Communauté économique européenne ne contenait aucune disposition relative à la protection des droits fondamentaux. Ces derniers ont fait leur entrée dans le droit communautaire grâce à la Cour de justice des Communautés européennes, par le truchement des principes généraux du droit. Puis, les États membres ont accepté d'introduire cette solution prétorienne dans les traités. Cette démarche purement communautaire a soulevé des questions quant aux relations entre la garantie des droits dans l'Union et celle offerte par la Convention européenne des droits de l'homme. En effet, même si la Communauté n'était pas partie à la Convention, les États membres l'étaient. Il était possible qu'un acte communautaire voie sa conformité avec la Convention mise en cause à travers une mesure nationale de mise en œuvre. Aussi, à défaut d'une adhésion de la Communauté à la Convention, laquelle aurait exigé une révision des traités, il a été décidé de renforcer la protection des droits fondamentaux dans l'Union par l'établissement d'une liste des droits protégés dans une Charte des droits fondamentaux de l'Union européenne. La reconnaissance du caractère contraignant de la Charte des droits fondamentaux de l'Union européenne et l'adhésion de l'Union à la Convention européenne des droits de l'homme ont constitué les principales innovations apportées, en la matière, par le traité de Lisbonne.

A. Une protection prétorienne pour pallier le silence initial des traités

1. Le silence des traités

125. Les traités communautaires ne contenaient à l'origine aucune disposition générale quant à la protection des droits fondamentaux, même si certains principes comme ceux de la non-discrimination ou les quatre libertés du marché intérieur pouvaient coïncider avec des dispositions relatives aux droits de l'homme. L'explication de ce silence est simple. En raison de la nature économique des traités, leurs auteurs n'ont pas envisagé qu'un risque d'interférence puisse exister entre la législation communautaire et les droits de l'homme. À l'époque, la vision des droits de l'homme se limitait aux droits civils et politiques et l'on percevait mal les interactions qui pouvaient se produire entre une réglementation de nature économique et les droits de l'homme.

L'expérience a montré combien l'appréciation des auteurs des traités sur l'absence de liens entre une communauté économique et les droits fondamentaux était erronée, car elle méconnaissait le fait que ces droits s'appliquent transversalement à l'ensemble des activités des pouvoirs publics, voire aux rapports entre particuliers. Ainsi, dès l'origine, les interférences entre les activités des Communautés et le droit de propriété furent manifestes[1].

Plus tard, la Cour, saisie d'une demande préjudicielle sur la compatibilité avec le droit communautaire d'une mesure irlandaise interdisant la diffusion d'informations sur les conditions dans lesquelles des cliniques d'un autre État membre pratiquaient légalement l'avortement, a jugé que la question pouvait être envisagée sous l'angle de la prestation de services[2]. Le lien entre le marché intérieur et un droit aussi fondamental que le droit à la vie était établi et l'arrêt suscita de fortes réactions hostiles en Irlande. L'arrêt montre qu'il n'est pas possible d'exclure *a priori* toute interférence entre l'activité de l'Union et la protection des droits fondamentaux. Les risques d'interférence se sont, bien entendu, accrus, après l'entrée en vigueur du traité sur l'Union européenne, dans le cadre de la coopération en matière de justice et d'affaires intérieures.

2. L'intervention de la Cour de justice

126. À défaut de dispositions des traités, la question des droits fondamentaux s'est posée devant la Cour de justice. Dans ses premiers arrêts, cette dernière a refusé d'apprécier les actes communautaires au regard des droits fondamentaux[3]. Cette jurisprudence posait un certain nombre de problèmes. Tout d'abord, la conséquence en était que la création des Communautés se traduisait par un déficit dans la protection des droits fondamentaux. En effet, des compétences dont l'exercice par les États était soumis au respect des droits fondamentaux garantis par les constitutions nationales échappaient à cette contrainte dès lors qu'elles étaient exercées par la Communauté. En outre, des compétences dont l'exercice, au sein de cinq États membres, se trouvait limité par les obligations contractées dans le cadre de la Convention européenne des droits de l'homme, échappaient à toute limitation au lendemain de leur transfert aux Communautés et les individus qui disposaient auparavant du droit de recours individuel devant les instances de Strasbourg perdaient ce droit à l'égard des compétences transférées.

Les juridictions nationales ne pouvaient rester indifférentes à une telle situation et la Cour constitutionnelle allemande, dans un arrêt célèbre — l'arrêt *Solange I* —, subordonnait son acceptation de la primauté du droit communautaire sur le droit national à l'existence d'une protection satisfaisante des droits fondamentaux dans le cadre des Communautés[4]. Cette attitude fut également

1. 13 déc. 1979, *Hauer c/ Land Rheinland-Pfalz*, aff. 44/79.
2. CJCE 4 oct. 1991, *Society for the Protection of Unborn Children c/ Grogan et a.*, aff. 159/90.
3. CJCE 4 févr. 1959, *Stork c/Haute Autorité de la CECA*, aff. 1/58.
4. 18 oct. 1967, BVerfGE 22, p. 293; 29 mars 1974, dit *Solange I*, BVerfGE 37, p. 271.

celle de la Cour constitutionnelle italienne[1]. Cette situation a conduit la Cour de justice à faire évoluer sa jurisprudence dans un sens protecteur et à reconnaître que les droits fondamentaux faisaient partie du droit communautaire en tant que principes généraux du droit. Dans un arrêt du 17 décembre 1970, elle affirmait que le respect des droits fondamentaux faisait partie des principes généraux du droit dont elle assurait le respect et qu'il convenait de s'inspirer en ce qui concerne la définition de ces droits, des traditions constitutionnelles communes aux États membres[2]. Puis, en 1975, elle affinait sa jurisprudence en faisant référence aux instruments internationaux auxquels les États membres ont coopéré ou adhéré et en particulier à la Convention européenne des droits de l'homme[3].

C'est en 1986, au vu de l'évolution de la jurisprudence de la Cour de justice, que la Cour constitutionnelle allemande devait désarmer en estimant qu'aussi longtemps que la protection des droits fondamentaux serait assurée de la sorte dans l'ordre communautaire, il n'y aurait pas lieu de remettre en cause la primauté[4]. De son côté, la Cour de justice n'a cessé d'affirmer l'importance des droits fondamentaux qu'elle qualifie dans l'arrêt *Kadi* de « principes constitutionnels » les situant dès lors au même niveau que les autres dispositions du traité[5].

B. L'insertion progressive des droits de l'homme dans les traités

127. Si l'élévation des droits fondamentaux au rang de principe général du droit communautaire est avant tout l'œuvre de la Cour, les institutions et les États membres ont accompagné cette évolution.

Tout d'abord, une déclaration commune du Parlement européen, de la Commission et du Conseil, le 5 avril 1977, fait état de l'importance que les institutions attachent au respect des droits fondamentaux tels qu'ils résultent des constitutions des États membres et de la Convention européenne des droits de l'homme. Ensuite, dans le préambule de l'Acte unique européen, les États se déclarent décidés à promouvoir ensemble « la démocratie en se fondant sur les droits fondamentaux reconnus dans les constitutions et lois des États membres, dans la convention de sauvegarde des droits de l'homme et des libertés fondamentales et dans la Charte sociale européenne ». Le traité de Maastricht a marqué une étape importante puisque l'article F § 2 (aujourd'hui 6 TUE) reprenait la jurisprudence de la Cour en faisant du respect des droits fondamentaux un des principes généraux du droit communautaire et en reproduisant la référence à la Convention européenne des droits de l'homme et aux traditions constitutionnelles communes aux États membres comme sources des droits fondamentaux.

Lors des négociations du traité d'Amsterdam, la question des droits fondamentaux ne pouvait être éludée à la suite de l'avis négatif de la Cour de justice

1. CJCE 27 déc. 1973, *Frontini et Pozzani*, *CDE* 1975. 114.
2. CJCE 17 déc. 1970, *Internationale Handelsgesellschaft*, aff. 11/70.
3. CJCE 28 oct. 1975, *Rutili*, aff. 36/75. Pour une formulation type de la jurisprudence, v. 19 juill. 1989, *Wachauf*, aff. 5/88.
4. 22 oct. 1986, dit *Solange II*, BVerfGE, p. 339. La Cour constitutionnelle allemande a, par la suite, assoupli encore sa position en indiquant qu'elle n'examinerait le grief de violation des droits fondamentaux par la Communauté dans un cas particulier qu'à condition qu'il soit établi que le niveau général de protection des droits fondamentaux dans la Communauté s'est dégradé par rapport au niveau atteint depuis l'arrêt *Solange II* (BVerfGE, 2/BVL 1/97). Elle accorde ainsi une immunité quasi-totale au droit de l'Union, sous réserve d'une improbable dégradation du niveau général de protection au sein de l'Union, et laisse le contrôle des droits fondamentaux entre les mains de la Cour de justice.
5. CJCE 3 sept. 2008, aff. 402/05P.

relatif à l'absence de compétence communautaire pour adhérer à la Convention européenne des droits de l'homme (v. avis 2/94 du 28 mars 1996). S'il n'a pas été possible de trouver un accord quant à l'adhésion, le traité d'Amsterdam modifie cependant la situation de manière importante. Tout d'abord, il impose explicitement aux États candidats le respect des principes de l'article 6 parmi lesquels figurent les droits de l'homme et l'État de droit. Ensuite, il instaure une procédure de suspension des droits de vote et des droits découlant du traité lorsqu'un État membre viole de manière « grave et persistante » les principes énoncés à l'article 6 (TUE, art. 7, § 2). Par la suite, le traité de Nice introduira une procédure permettant en cas de « risque clair de violation grave par un État membre » d'adresser des recommandations à ce dernier (TUE, art. 7, § 1). Enfin, le traité d'Amsterdam autorise la Communauté à prendre des mesures positives pour lutter contre la discrimination fondée « sur le sexe, la race ou l'origine ethnique, la religion ou les croyances, un handicap, l'âge ou l'orientation sexuelle » ainsi qu'à promouvoir l'égalité entre les hommes et les femmes (art. 141; TFUE, art. 157). L'article 136 (TFUE, art. 151), relatif à la politique sociale, contient une référence aux droits sociaux fondamentaux, tels que ceux énoncés par la Charte sociale européenne et par la Charte communautaire des droits sociaux fondamentaux des travailleurs. Le traité d'Amsterdam instaure également une protection des personnes physiques à l'égard du traitement des données à caractère personnel par la Communauté (art. 286; TFUE, art. 16). Il consacre le principe de l'accès des citoyens communautaires aux documents du Parlement, de la Commission et du Conseil (art. 255; TFUE, art. 15).

Suivant la voie ouverte par le projet de constitution européenne, l'article 6 TUE tel que révisé par le traité de Lisbonne marque une évolution fondamentale. Tout d'abord, l'article 6 accorde à la Charte des droits fondamentaux « la même valeur juridique que les traités ». Elle est ainsi intégrée dans le droit primaire de l'Union et constitue l'instrument fondamental de protection des droits fondamentaux dans l'Union. Cependant, l'article 6 maintient la disposition ancienne selon laquelle « les droits fondamentaux tels qu'ils sont garantis par la Convention européenne des droits de l'homme (...) et tels qu'ils résultent des traditions constitutionnelles des États membres, font partie du droit de l'Union en tant que principes généraux ». Les principes généraux du droit constituent donc une porte ouverte qui permet de compléter, le cas échéant, la protection offerte par la Charte. Enfin, l'article 6 prévoit que l'Union adhère à la Convention européenne des droits de l'homme. Cette dernière constituera donc un standard minimum auquel le droit de l'Union ne saurait se soustraire. Lorsque la Charte offrira une protection plus étendue que la Convention, ce qui est déjà le cas dans de nombreuses hypothèses, elle s'appliquera. Par contre, si d'aventure la Convention offrait une meilleure protection, l'Union devrait respecter la Convention. Ainsi, les sources en matière de droits fondamentaux dans l'Union européenne sont constituées par : 1° la Charte des droits fondamentaux de l'Union européenne; 2° les principes résultant des traditions constitutionnelles communes aux États membres et de la Convention européenne des droits de l'homme en tant que principes généraux du droit; 3° la Convention européenne des droits de l'homme en tant que telle lorsque l'Union aura adhéré à celle-ci.

Deux États membres ont exprimé leurs réserves à l'égard de la Charte, la Pologne et le Royaume-Uni. S'agissant de la Pologne, les questions qui la préoccupaient concernaient essentiellement le statut de la famille, et notamment le mariage homosexuel, ainsi que le droit de propriété en raison de la crainte de revendications en restitution de la part des Allemands expulsés de Pologne après la Seconde Guerre mondiale. Cependant, il s'agit de droits protégés par la Convention européenne des droits de l'homme à laquelle la Pologne est partie et qui n'ont pas suscité jusqu'à présent de difficultés dans ce cadre. Pour sa part, le Royaume-Uni a toujours exprimé des craintes en ce qui concerne les droits sociaux dont il redoute qu'ils nuisent à la compétitivité de l'économie britannique. La Charte, élaborée avec la contribution du Royaume-Uni, ne justifie sans doute pas ces craintes. En effet, la grande majorité des droits sociaux garantis par la Charte s'exercent dans les conditions prévues par le droit communautaire ou les lois et pratiques nationales. Cependant, pour ces raisons, un protocole sur l'application de la Charte des droits fondamentaux de l'Union européenne à la Pologne et au Royaume-Uni a été joint au Traité de Lisbonne (v. ss 135).

II. La compétence de l'Union en matière de droits fondamentaux

128. Si, comme la Cour de justice l'avait constaté dans son avis n° 2/94 du 28 mars 1996, l'Union a l'obligation de respecter les droits fondamentaux, cela n'implique pas qu'elle dispose d'une compétence générale pour légiférer dans ce domaine. Les États ne souhaitent pas que l'Union puisse étendre ses compétences dans des domaines qu'ils considèrent être au cœur du contrat social qui fonde leur souveraineté. En attestent les mentions répétitives selon lesquelles l'incorporation de la Charte ou l'adhésion à la Convention européenne des droits de l'homme n'étend pas et ne modifie pas les compétences de l'Union (TUE, art. 6; art. 51 de la Charte). Cependant, la réalité est différente selon que l'on se place dans le cadre des compétences internes ou externes de l'Union.

A. Sur le plan interne à l'Union

129. À l'exception de quelques dispositions spécifiques des traités (égalité entre les hommes et les femmes, transparence, protection des données...), il n'existe aucune attribution spécifique de compétence en la matière. Certains ont cependant soutenu que la protection des droits fondamentaux constituait un objectif horizontal des traités et qu'à ce titre, l'Union était autorisée à légiférer en se fondant sur l'article 352 TFUE (Traité CE, ex-art. 308). Cet argument se heurte à plusieurs obstacles. Tout d'abord, la protection des droits de l'homme ne constitue pas un objectif de l'Union, mais une obligation à laquelle celle-ci est soumise. De ce que l'Union a le devoir de respecter les droits de l'homme, il n'en découle pas qu'elle dispose de la compétence d'adopter des législations spécifiques en ce domaine. Ce qui pèse sur l'Union, c'est l'obligation de s'assurer, lorsqu'elle adopte une législation, qu'il ne soit pas porté atteinte à ces droits. Ainsi, l'Union ne dispose pas par exemple de la compétence pour adopter une législation sur l'inviolabilité du domicile, mais elle doit, lorsqu'elle définit les pouvoirs de la Commission dans le domaine de la concurrence, veiller à ce que soit respectée l'inviolabilité du domicile. De même, l'Union ne peut adopter une législation relative à la liberté religieuse, mais lorsqu'elle a réglementé l'abattage des animaux, elle s'est assurée qu'il ne soit pas porté atteinte à la liberté religieuse et y a inséré à cette fin des règles spécifiques relatives à l'abattage rituel.

Il existe certes des cas limites dans lesquels l'adoption d'une législation spécifique s'impose pour permettre la réalisation du marché intérieur. Parfois, les divergences dans les règles nationales relatives aux droits fondamentaux peuvent constituer un obstacle à l'harmonisation d'une matière. Dans ce cas, il est nécessaire pour permettre le fonctionnement du marché intérieur de procéder à une harmonisation des droits fondamentaux applicables en la matière. Ce fut le cas pour favoriser la libre circulation des données, alors qu'il n'existait à l'époque aucune disposition dans les traités sur la protection des données. Il a alors été nécessaire d'harmoniser les législations nationales en matière de protection des données.

Dans d'autres cas, une mesure d'harmonisation doit être accompagnée de dispositions protectrices pour éviter que son application ne conduise à une atteinte aux droits garantis. Ainsi, dans l'affaire *Digital Rights Ireland*, la Cour a jugé qu'une directive sur la rétention des données devait comporter des dispositions imposant le respect des droits fondamentaux alors même que cette directive était adoptée sur la base du marché intérieur : « Ainsi, la réglementation de l'Union en cause doit prévoir des règles claires et précises régissant la portée et l'application de la mesure en cause et imposant un minimum d'exigences de sorte que les personnes dont les données ont été conservées disposent de garanties suffisantes permettant de protéger efficacement leurs données à caractère personnel contre les risques d'abus ainsi que contre tout accès et toute utilisation illicites de ces données »[1].

Mais il s'agit d'hypothèses qui s'expliquent par la nécessité de supprimer des entraves à la libre circulation et n'ont rien à voir avec un quelconque objectif horizontal en matière de droits de l'homme. D'ailleurs, chaque fois, qu'un objectif revêt un caractère horizontal, le traité a pris soin de le mentionner[2]. Or il n'existe pas de disposition de ce type en ce qui concerne les droits fondamentaux.

On ne peut guère trouver d'arguments convaincants en faveur d'une compétence générale de l'Union pour adopter des mesures relatives aux droits de l'homme. Si l'on prend en considération la jurisprudence de la Cour de justice, celle-ci a conclu certes dans l'avis n° 2/94 que la seule base possible pour une action dans ce domaine serait l'article 308 (TFUE, art. 352), mais elle a souligné l'impossibilité d'utiliser cette voie pour étendre les compétences de l'Union. Dans une affaire ultérieure, la Cour souligne que l'obligation de respect des droits fondamentaux ne pouvait amener à élargir le champ d'application des dispositions des traités au-delà des compétences communautaires, même par l'utilisation de l'article 308[3]. L'obligation de respecter les droits fondamentaux ne donne aucunement compétence à l'Union pour légiférer en la matière sauf lorsque le traité le prévoit expressément.

B. Sur le plan externe

130. En ce qui concerne l'action externe de l'Union, la situation est plus claire. L'article 20 TUE qui définit les objectifs de l'action extérieure de l'Union mentionne expressément la consolidation et le soutien de « la démocratie, l'État de droit, les droits de l'homme et les principes du droit international ». En vertu de son obligation de respect des droits fondamentaux, l'Union peut insérer dans les accords qu'elle conclut avec des tiers des clauses par lesquelles les parties s'engagent à respecter les droits de l'homme. La pratique bien établie est de faire du respect de ces clauses un élément essentiel de l'accord, ce qui permet, par référence implicite aux dispositions de la convention de Vienne sur le droit des traités, la suspension ou la dénonciation de l'accord lorsque ces clauses sont violées. Jusqu'à quel point cet objectif permet-il de mener des actions spécifiques dans le domaine des droits de l'homme ? La réponse n'est pas claire. Dans son arrêt du 3 décembre 1996[4], la Cour de justice considérait qu'un accord conclu

1. CJUE 8 avr. 2014, aff. C-293 et 594/12.
2. V. art. 8 à 13 TFUE.
3. CJCE 3 déc. 1996, *République portugaise c/Conseil*, aff. C-268/94, *Rec.* I. 6177.
4. Cité note précédente.

dans le cadre de la coopération au développement pouvait poursuivre un objectif touchant au respect des droits de l'homme, mais elle a constaté que l'accord en question, tout en poursuivant un tel objectif, n'instituait pas de coopération spécifique en ce domaine et de ce fait n'était pas contraire au traité. Il semblait alors qu'il était possible de poursuivre un objectif relatif aux droits de l'homme tant que des moyens spécifiques pour l'atteindre n'étaient pas prévus par l'accord. Du fait de la fusion opérée par le traité de Lisbonne entre l'Union et la Communauté, la référence aux droits de l'homme à l'article 21 TUE s'applique à l'ensemble de l'Union et donne à celle-ci la compétence d'œuvrer en faveur du respect des droits fondamentaux dans le cadre de sa politique extérieure.

III. Le champ d'application de la Charte des droits fondamentaux de l'Union européenne

131. En l'absence d'adhésion à la Convention européenne des droits de l'homme, il était apparu indispensable dans un souci de transparence d'offrir aux citoyens une liste de droits garantis dans le cadre de l'Union. Aussi, le Conseil européen de Cologne a-t-il approuvé, en juin 1999, la mise en chantier d'un processus de rédaction, avec la participation du Parlement européen, des Parlements nationaux et des représentants des gouvernements des États membres, d'une déclaration des droits fondamentaux, laquelle pourrait être insérée ultérieurement dans les traités. Les travaux entrepris en décembre 1999 furent achevés en temps utile pour le Conseil européen de Nice en décembre 2000. Les rédacteurs de la Charte ont choisi de rédiger celle-ci dans une forme juridique de telle sorte qu'elle puisse, le cas échéant, être intégrée dans les traités sans modifications. Le traité de Lisbonne incorpore la Charte dans l'article 6 en lui donnant la même valeur que les traités. À cette fin, quelques modifications ont été opérées dans le texte de la Charte. Le texte incorporé est celui de la Charte dans sa version du 12 décembre 2007. Il est accompagné d'explications qui selon l'article 6 doivent être prises en considération en vue de l'interprétation et de l'application de la charte.

La question du champ d'application de la Charte a été vivement débattue après Lisbonne, notamment en ce qui concerne son application aux États membres et la jurisprudence est venue progressivement apporter des réponses aux questions contestées.

1. Le champ d'application matériel

132. En ce qui concerne le champ d'application de la Charte, l'article 52 précise que celle-ci s'applique aux institutions et organes de l'Union ainsi qu'aux États membres uniquement lorsque ceux-ci mettent en œuvre le droit de l'Union. S'il ne fait aucun doute que la Charte s'applique à toutes les actions des institutions, organes et organismes de l'Union, la question a été plus débattue en ce qui concerne les États membres. En effet, la formule de l'article 52 est certes restrictive, mais la Charte n'est pas à l'opposé de la Convention européenne de droits de l'homme, un instrument destiné à s'appliquer à l'ensemble de l'action des États membres. Elle concerne l'action de l'Union que celle-ci soit mise en œuvre par les institutions de l'Union ou par l'intermédiaire des États membres. La difficulté réside cependant dans l'interprétation qu'il convient de donner à la « mise en œuvre » du droit de l'Union. Selon les explications annexées à la Charte, l'expression devait être entendue comme faisant référence au champ d'application du droit de l'Union. La Charte devrait s'appliquer chaque fois que le droit de l'Union est applicable. Cependant, l'utilisation dans l'article 52 de l'adverbe « uniquement » invite à une interprétation limitative. La Cour de justice semble avoir dans un premier temps fait preuve d'une certaine prudence. Celle-ci était justifiée par le fait que tant l'article 6 TUE que la Charte elle-même indiquent que celle-ci n'étend pas les compétences de l'Union. Or, en donnant au champ d'application sa pleine extension, on risquait de limiter, par le biais des droits fondamentaux de l'Union, la liberté laissée aux États membres d'exercer leurs compétences propres comme ils l'entendaient.

Finalement, la situation s'est clarifiée et, selon la jurisprudence actuelle, la Charte s'applique aux États membres dans les circonstances suivantes :

1) Lorsqu'un État membre prend des mesures nationales de mise en œuvre du droit de l'Union qu'il s'agisse de mesures normatives (transposition d'une directive par exemple) ou de l'application d'un acte de l'Union à un particulier, il est bien entendu soumis au respect de la Charte puisqu'il agit en quelque sorte comme un agent de l'Union[1]. Lorsque le droit de l'Union laisse aux États membres une marge d'appréciation, les mesures prises par ceux-ci dans le cadre de cette marge doivent respecter les droits garantis par la Charte[2]. Par contre, la Charte ne s'applique pas aux domaines non couverts par la législation de l'Union[3]. La notion de mise en œuvre du droit de l'Union ne concerne pas seulement les États membres, mais s'étend également aux partenaires sociaux lorsqu'une directive permet à ceux-ci de mettre en œuvre ses dispositions[4].

2) Selon la jurisprudence antérieure au traité de Lisbonne, une limitation apportée par un État membre à l'application d'un acte de l'Union doit également respecter les droits fondamentaux. Cette hypothèse qui était mentionnée dans les explications jointes à la Charte, a été confirmée par la Cour de justice dans l'arrêt *Pfleger*[5]. Il en résulte qu'un État doit non seulement respecter les droits garantis par la Charte lorsqu'il applique positivement le droit de l'Union, mais aussi lorsqu'il déroge à l'application de celui-ci.

3) Le problème, le plus délicat était de savoir si la notion de mise en œuvre couvrait les cas dans lesquelles une action d'un État, sans constituer une mise en œuvre *stricto sensu*, se situait dans le champ d'application du droit de l'Union, solution retenue par la Cour dans sa jurisprudence antérieure à Lisbonne. Dans l'arrêt *Akerberg Fransson*, la Cour de justice confirme sa jurisprudence antérieure : « En effet, il résulte, en substance, de la jurisprudence constante de la Cour que les droits fondamentaux garantis dans l'ordre juridique de l'Union ont vocation à être appliqués dans toutes les situations régies par le droit de l'Union, mais pas en dehors de telles situations. C'est dans cette mesure que la Cour a déjà rappelé qu'elle ne peut apprécier, au regard de la Charte, une réglementation nationale

1. C'est l'hypothèse classique, mentionnée dans les explications jointes à la Charte, de l'arrêt *Wachauf* du 13 juin 1989 (aff. 5/88). Pour la transposition d'une directive, v. par ex. CJUE 24 nov. 2011, *Asociación Nacional de Establecimientos Financieros de Credito (ASNEF)*, aff. C-468/10 : « il incombe aux États membres, lors de la transposition de la directive 95/46, de veiller à se fonder sur une interprétation de cette dernière qui leur permette d'assurer un juste équilibre entre les différents droits et libertés fondamentaux protégés par l'ordre juridique de l'Union ».
2. CJUE 21 déc. 2011, *N.S.*, aff. C-411/10.
3. CJUE, 4e ch., 15 sept. 2011, *Procédures pénales c/ Magatte Gueye*, aff. C-483/09 et *Valentín Salmerón Sánchez*, aff. C-1/10; CJUE 8 sept. 2011, *Sabine Hennigs c/Eisenbahn-Bundesamt, Land Berlin et Alexander Mai*, aff. jtes C-297/10 et C-298/10; CJUE 10 juill. 2014, *Julian Hernandez*, aff. C-198/13.
4. CJUE 13 sept. 2011, *Prigge et autres*, aff. C-447/09; v. aussi CJUE 8 sept. 2011, *Hennigs*, aff. C-297/10.
5. CJUE 30 avr. 2014, aff. C-390/12.

qui ne se situe pas dans le cadre du droit de l'Union. En revanche, dès lors qu'une telle réglementation entre dans le champ d'application de ce droit, la Cour, saisie à titre préjudiciel, doit fournir tous les éléments d'interprétation nécessaires à l'appréciation, par la juridiction nationale, de la conformité de cette réglementation avec les droits fondamentaux dont elle assure le respect »[1]. En l'espèce, la Cour de justice a estimé que la question de l'application du principe *non bis in idem* pour sanctionner une fraude à la TVA devait être examinée par rapport à la Charte alors que les directives TVA ne contenaient aucune référence aux sanctions. Cependant la Cour a estimé que la question avait un lien direct avec le droit de l'Union.

Il n'en résulte pas pour autant que toute situation ayant un lien avec le droit de l'Union tombe dans le champ d'application de la Charte. Selon la Cour, le lien doit être substantiel. En l'état actuel de la jurisprudence, pour que le lien soit établi, il doit exister des normes de l'Union spécifiques à la matière, la mesure nationale doit intervenir dans le cadre des objectifs poursuivis par le droit de l'Union et être susceptible de l'affecter directement[2]. Une affectation indirecte n'est donc pas suffisante.

2. *L'application* rationae personae

133. Les titulaires des droits garantis sont des personnes privées. La plupart des droits protègent toutes les personnes qu'elles soient ou non des ressortissants des États membres. La seule exception concerne certains droits énumérés dans le chapitre « Citoyenneté » dans lequel les droits ne peuvent être invoqués que par les citoyens de l'Union (droit de vote, liberté de circulation). La seule incertitude concerne le point de savoir si la protection s'applique aussi aux personnes morales. La Charte n'apporte pas une réponse claire sur ce point. La version française utilise l'expression « toute personne » ce qui couvre aussi bien les personnes physiques que les personnes morales, mais la version italienne, par exemple, fait référence à « *ogni individuo* » ce qui laisse planer une incertitude. La version anglaise est plus proche de la version française puisqu'elle fait appel à l'expression « *everyone* ». On pouvait conclure que l'intention des auteurs n'était pas de priver les personnes morales de protection, étant entendu que certains droits, comme le droit au mariage, ne leur sont pas applicables. Le doute a été levé par la Cour de justice dans l'affaire *DEB*[3] à propos de l'aide juridictionnelle lorsqu'elle a estimé que le bénéfice des personnes morales à cette aide, mentionnée à l'article 47 de la Charte ne pouvait être exclu dès lors qu'il s'agissait d'assurer à celles-ci une protection juridictionnelle effective.

3. *L'application dans les rapports entre particuliers*

134. La question de l'application horizontale est classique en matière de droits fondamentaux. Elle a été souvent résolue sur la base de l'obligation positive qui incombe aux États membres d'assurer le respect de ces droits dans les

1. CJUE 26 févr. 2013, aff. C-617/13.
2. CJCE 18 déc. 1997, *Annibaldi*, aff. C-309/96 et 6 mars 2014, *Siragusa*, aff. C-206/13 : « Pour déterminer si une réglementation nationale relève de la mise en œuvre du droit de l'Union au sens de l'article 51 de la Charte, il y a lieu de vérifier, parmi d'autres éléments, si elle a pour but de mettre en œuvre une disposition du droit de l'Union, le caractère de cette réglementation et si celle-ci ne poursuit pas des objectifs autres que ceux couverts par le droit de l'Union, même si elle est susceptible d'affecter indirectement ce dernier, ainsi que s'il existe une réglementation du droit de l'Union spécifique en la matière ou susceptible de l'affecter ».
3. CJUE 22 déc. 2010, aff. C-279/09.

rapports entre particuliers. La Charte est restée silencieuse sur ce point et seule la Cour pouvait apporter une réponse. Dans un premier temps, elle a éludé la difficulté. Saisie de l'invocation de la Charte dans le cadre des rapports entre une salariée et son employeur à propos du droit aux congés payés et confrontée aux conclusions négatives de l'avocat général, elle ne s'est pas prononcée sur la question et a donné raison à la requérante sur la seule base de la directive de l'Union relative aux congés payés annuels et du principe qui impose au juge national d'interpréter le droit national en conformité avec le droit de l'Union[1]. Il a fallu que la Cour de cassation revienne à la charge pour que la situation soit éclaircie. Dans son arrêt *Association de médiation sociale*[2], la Cour n'exclut pas l'application horizontale de certaines dispositions de la Charte tout comme elle l'avait admis pour certains principes généraux du droit[3]. En effet, pour qu'un droit garanti par la Charte puisse être invoqué dans les rapports entre particuliers, il doit être inconditionnel ce qui n'est pas le cas du droit à l'information et à la consultation des travailleurs (art. 27 de la Charte) dont la Charte elle-même indique qu'il s'exerce dans les conditions prévues par le droit de l'Union et les droits et les pratiques nationales. L'article 27 seul n'est donc pas susceptible d'application horizontale. Il ne l'est pas plus lorsqu'il est précisé par une directive en raison de l'absence d'effet direct horizontal des directives. L'article 27 ne peut donc être invoqué pour exclure l'application d'une disposition nationale contraire dans les rapports entre particuliers (effet direct d'exclusion)[4]. L'application de la Charte dans les rapports entre particuliers doit donc être appréciée au regard de la formulation du droit en cause.

4. L'effet du protocole n° 30 relatif à l'application de la Charte au Royaume-Uni et à la Pologne

135. Ce protocole institue-t-il un système dérogatoire et, si tel est le cas, quelle est la portée de celui-ci ? L'ambiguïté a parfois régné sur ce point. Le protocole souligne, en premier lieu, que la Charte « réaffirme les droits, les libertés et principes reconnus dans l'Union et les rend plus visibles, sans toutefois créer de nouveaux droits et principes ». En second lieu, il précise qu'il n'affecte pas les obligations des États en vertu des traités et du droit de l'Union. Dans cette hypothèse, si les droits garantis par la Charte font partie de l'acquis ce qui n'est pas toujours évident — mais le protocole en fait une vérité juridique — et si le protocole ne remet pas en cause le respect de l'acquis, les États bénéficiaires d'un prétendu *opting out* devront respecter en tout cas les droits garantis par la Charte sur la base de la primauté dès lors qu'ils interviendront dans le champ d'application du droit de l'Union.

L'autre élément important contenu dans le protocole est relatif à la compétence juridictionnelle. Il est précisé que la Charte n'étend pas la compétence de la Cour ou des juridictions nationales. Cependant ne pas étendre ne signifie pas restreindre et le juge pourra toujours contrôler, comme auparavant, le respect des droits fondamentaux par le canal des principes généraux du droit. En réalité, l'objet principal du protocole était de limiter le recours aux droits sociaux puisqu'il est expressément interdit au juge national ou de l'Union d'apprécier

1. CJUE 24 janv. 2012, *Maribel Dominguez*, aff. C-282/10.
2. CJUE 15 janv. 2014, aff. C-176/12.
3. V. CJUE 19 janv. 2010, *Kücükdeveci*, aff. C-555/07.
4. Comme le souligne la Cour, le particulier dispose de la possibilité de faire jouer la responsabilité de l'État pour obtenir réparation en application de la jurisprudence *Frankovitch* (CJCE 19 nov. 1991, aff. C-6 et 9/90).

une mesure nationale au regard du titre IV de la Charte (solidarité) dès lors que le droit invoqué n'est pas consacré par le droit national. Cependant, l'effet de cette disposition est limité puisque dans de nombreux cas, notamment en matière sociale, la Charte elle-même a subordonné l'invocation d'un droit à l'existence de mesures d'application de l'Union ou nationales. S'il existe une mesure prise par l'Union, elle s'imposera aux États dans le champ d'application du droit de l'Union en raison de la primauté. À défaut, l'État membre restera libre d'agir comme il l'entend. Dans ces conditions, le protocole ne se limite-t-il pas à consacrer des évidences ?

La Cour de justice n'a pas tardé à se pencher sur la portée exacte du protocole. Tout en réservant sa réponse en ce qui concerne les droits sociaux (Charte, titre IV) dont elle n'était pas saisie, elle a confirmé l'opinion généralement retenue par la doctrine : « le protocole n° 30 ne remet pas en question l'applicabilité de la charte au Royaume-Uni ou en Pologne, ce qui est conforté par les considérants dudit protocole... Dans ces conditions, l'article 1er, § 1, du protocole (n° 30) explicite l'article 51 de la Charte, relatif au champ d'application de cette dernière, et n'a pas pour objet d'exonérer la République de Pologne et le Royaume-Uni de l'obligation de respecter les dispositions de la charte, ni d'empêcher une juridiction de l'un de ces États membres de veiller au respect de ces dispositions »[1].

D'ailleurs, la Chambre des communes elle-même dans un rapport intitulé « L'application de la Charte des droits fondamentaux de l'Union européenne : un état de confusion » (43e rapport de la Chambre des communes, European Scrutiny Committee 2013/2014) confirmait que le protocole n° 30 n'est pas un protocole d'« *opt out* », mais un protocole interprétatif qui vaut aussi bien pour la Pologne et le Royaume-Uni que pour l'ensemble des États membres.

IV. Le contenu de la Charte

136. Le contenu de la Charte reproduit pour partie, mais pour partie seulement, celui de la Convention européenne des droits de l'homme, mais elle contient des droits non garantis ou indirectement garantis par la Convention. Pour faire accepter l'incorporation des droits sociaux, elle a dû opérer une distinction entre droits et principes. En outre, elle comporte un régime spécifique de limitations.

A. Les droits garantis

137. Sans examiner chaque droit en particulier, il convient de noter que la Charte comporte six titres qui correspondent aux valeurs sur lesquelles l'Union européenne est fondée (TUE, art. 2) et qui sont consacrés à la dignité de la personne humaine, aux libertés, à l'égalité, à la solidarité, à la citoyenneté et à la justice. Un septième titre contient des dispositions générales relatives à l'interprétation et à l'application de la Charte. Bon nombre de ces droits reprennent des droits garantis par la Convention européenne des droits de l'homme dans une rédaction parfois modernisée pour tenir compte des évolutions jurisprudentielles, sociales ou technologiques qui se sont produites depuis l'adoption de la Convention européenne des droits de l'homme. Elle consacre ainsi certains droits qui ne trouvaient pas expressément place dans la convention (bioéthique, accès aux documents, protection des données, droits à l'égard de l'administration...) ou

1. CJUE 21 déc. 2011, *N.S.*, aff. C-411/10.

donne une portée plus large à certains droits qui y figurent (droit au mariage, liberté d'association, droit à l'éducation, droit à un recours effectif, règle *ne bis in idem*...). La Charte s'inspire également de la Charte sociale européenne adoptée dans le cadre du Conseil de l'Europe en ce qui concerne les droits sociaux.

B. Droits et principes

138. Pour la première fois, sont réunis dans un même texte des droits civils et politiques et des droits économiques et sociaux donnant ainsi corps au principe d'indivisibilité des droits de l'homme. L'équilibre réalisé entre ces deux catégories de droits définit ce que sont, à l'heure actuelle, les valeurs partagées par tous les États membres. Cet équilibre a été difficile à atteindre, car c'est précisément, en matière de droits sociaux, que se manifestent les différences entre les modèles de société des États membres.

L'accord trouvé sur ce point n'en revêt que plus d'importance. Il repose sur une distinction entre droits et principes. Les premiers peuvent être directement invoqués par les particuliers, les seconds ne le peuvent qu'à travers les mesures qui les mettent en œuvre. Les principes ont une vocation programmatique et ils sont appelés à être concrétisés par le droit dérivé et, selon l'article 52, paragraphe 5, c'est la norme qui concrétise le principe qui créera un droit subjectif justiciable. Mais cette constatation n'épuise pas la fonction du principe. Puisqu'il s'agit d'objectifs, ceux-ci doivent être respectés par l'Union dans son action. Les principes doivent être respectés par la législation de l'Union. En effet, la Cour de justice estime depuis longtemps que, dans son action, l'Union doit respecter les objectifs et les principes établis par le traité[1]. Il est donc possible d'attaquer devant la Cour la validité d'un acte de l'Union qui irait à l'encontre d'un principe. Par exemple, une législation de l'Union qui entraînerait des conséquences nuisibles pour la santé pourrait être annulée pour violation du droit à la santé. Il est également possible de justifier une restriction à une liberté résultant du traité par la nécessité de respecter un principe. En effet, selon la Cour de justice, à propos du droit à la protection de la santé garanti par la Charte, « ... il ressort de l'article 52, paragraphe 1, TFUE que la protection de la santé publique peut justifier des restrictions à la liberté d'établissement »[2]. Mais un particulier ne pourra invoquer ce droit pour obtenir une prestation que dans la mesure où la législation organise les modalités de cette prestation. Il reviendra au juge d'identifier les principes, car la Charte n'établit pas une distinction claire entre droits et principes tandis que les explications se limitent à une liste indicative. En outre, tous les droits sociaux ne constituent pas des principes. Par exemple, la garantie de maintien de l'emploi en cas de maternité (article 33) ou l'interdiction du licenciement injustifié (article 30) devraient donner naissance à un droit directement justiciable.

C. Le régime des limitations aux droits garantis

139. Sur ce point la Charte se distingue de la Conv. EDH. Alors que dans cette dernière, un régime de limitations spécifique à chaque droit a été institué,

1. V., parmi une abondante jurisprudence en matière agricole, CJCE 22 janv. 1986, *Eridiana*, aff. 250/84, et, dans le domaine de l'environnement, à propos du principe de précaution, l'arrêt du Tribunal qui impose l'application du principe à toutes les politiques, TPICE 26 nov. 2002, *Artegodan*, aff. T-74/ 00, T-76/00, T-83/00, T-85/00, T-132/00, T-137/00 et T-141/00.
2. CJUE 5 déc. 2013, aff. C-159 à 161/12 afin de justifier la restriction apportée à la liberté d'établissement par un régime d'autorisation d'ouverture des pharmacies, v. aussi CJUE 6 sept. 2012, *Deutsche Weintor*, aff. C-544/10.

la Charte contient à son article 52, paragraphe 1, un régime uniforme de limitation applicable à tous les droits et principes garantis. Les limitations doivent répondre à un objectif d'intérêt général ou avoir pour objet de protéger les droits et libertés d'autrui, être prévues par la loi, respecter le contenu essentiel du droit et respecter le principe de proportionnalité. Ces conditions reproduisent largement la jurisprudence antérieure à la Charte.

En ce qui concerne les objectifs d'intérêt général, il s'agit des objectifs assignés à l'Union par les traités ce qui inclut les objectifs de la politique étrangère et de sécurité commune. La Cour devrait, dans le cadre de son examen, identifier l'objectif précis poursuivi par chaque limitation. Ce n'est pas toujours le cas et elle se contente parfois d'une analyse sommaire sans expliquer réellement sa démarche[1]. Mais cette attitude n'est guère différente de celle suivie par la Cour européenne des droits de l'homme. L'objectif de protection des droits et libertés d'autrui conduit fréquemment la Cour à arbitrer des conflits entre des droits contradictoires et à trouver, selon les faits de l'espèce, un juste équilibre entre ces droits, voire à établir une hiérarchie entre eux[2].

Le fait que la restriction doit être prévue par la loi ne semblait pas à l'origine renvoyer à une conception formelle de la loi. La limitation devait être prévue par un texte de portée générale. Mais, aujourd'hui, la Cour considère que les limitations aux droits fondamentaux font partie des éléments essentiels d'un texte et ne sauraient être traitées par des actes délégués ou des mesures d'application[3]. Il devrait en résulter qu'en ce qui concerne l'Union, seule une loi au sens formel, c'est-à-dire adoptée selon la procédure législative ordinaire ou une procédure législative spéciale devrait pouvoir restreindre les droits garantis. Par contre, s'agissant des limitations apportées par les États membres, l'autonomie procédurale est de rigueur et il leur appartient d'appliquer leurs règles nationales dans le respect de la Convention européenne des droits de l'homme. Exiger que la restriction soit prévue par la loi a également des incidences quant à la qualité de la loi. En application du principe de sécurité juridique, la Cour exige que toute législation ayant des conséquences pour les particuliers soit claire, précise et prévisible dans ses effets[4]. Ces critères s'imposent également à l'évidence lorsqu'il s'agit d'apprécier une restriction.

La limitation ne doit pas porter atteinte au contenu essentiel du droit, c'est-à-dire qu'elle ne doit pas conduire à anéantir le droit protégé. Il est vrai que l'analyse de ce type d'atteinte est difficile et qu'elle ne confond parfois avec celle de la proportionnalité puisqu'il s'agit d'apprécier si l'étendue de la restriction par rapport au droit garanti. Parfois la Cour estimera qu'une atteinte reste légitime tant qu'elle n'est pas d'une ampleur exceptionnelle[5] et s'accompagne de

1. CJUE 17 oct. 2013, *Schwartz*, aff. C-291/12.
2. Dans l'affaire *Deutsche Weintor*, la protection de la santé, prévue à l'article 35 de la Charte justifiait une restriction au droit à la liberté d'entreprise également protégé par la Charte (v. ss 138, note 2). Dans d'autres cas, la Cour a été amenée à mettre en balance la protection de la vie privée, la liberté d'expression, les droits de propriété intellectuelle et la liberté d'entreprendre (par ex., CJUE 24 nov. 2011, *Scarlett extended*, aff. C-70/10).
3. CJUE 5 déc. 2012, *Frontex*, aff. C-355/10.
4. V., par ex., CJUE 11 juin 2015, *Burlington Hungary*, aff. C-99/14 : « À cet égard, il y a lieu de souligner que le principe de sécurité juridique, qui a pour corollaire celui de la protection de la confiance légitime, exige, notamment, que les règles de droit soient claires, précises et prévisibles dans leurs effets, en particulier lorsqu'elles peuvent avoir sur les individus et les entreprises des conséquences défavorables ».
5. CJUE 26 sept. 2014, *Texdata Software*, aff. C-418 /11. Par contre une législation qui permet l'accès d'une manière généralisée aux données personnelles porte atteinte au contenu essentiel du droit à la protection des données personnelles (CJUE 6 oct. 2015, *Schrems*, aff. C-362/14).

l'existence de garanties quant au contrôle de sa mise en œuvre[1], voire de procédures juridictionnelles. D'autres fois, quand il s'agit d'une privation individuelle, comme la privation du droit de vote, c'est le caractère individuel de cette privation qui évitera une atteinte à l'essence[2] même du droit[3].

Enfin le dernier élément de l'analyse porte sur la proportionnalité et consiste à vérifier si la limitation n'excède pas ce qui est strictement nécessaire pour atteindre le but poursuivi. La méthode suivie ne diffère pas fondamentalement de celle qui est suivie par la Cour européenne des droits de l'homme et consiste à mettre en balance la gravité de l'ingérence et le but poursuivi. Mais la Cour vérifie également si le même objectif ne pouvait être atteint par des mesures moins restrictives et n'hésite pas parfois à donner des indications au législateur en vue de l'adoption de telles mesures. Ainsi, à propos de la publication des données relatives aux bénéficiaires de subventions agricoles, elle annule la législation de l'Union au motif qu'il existait des moyens plus protecteurs de la vie privée de poursuivre l'objectif légitime de transparence à l'origine de la mesure[4]. La Cour peut ainsi utiliser le contrôle de proportionnalité pour intervenir dans l'activité législative en indiquant au législateur quel doit être le contenu d'un acte afin que celui-ci soit conforme à la Charte. Dès lors qu'un droit garanti par la Charte a le même sens et la même portée qu'un droit garanti par la Convention, l'article 52, paragraphe 3, de la Charte impose à la Cour de substituer la protection offerte par la Convention à celle garantie par la Charte à moins que cette dernière ne soit plus protectrice. En ce cas, le régime de limitations prévu par la Convention sera applicable (v. ss 142).

V. Charte, droit constitutionnel national et Convention européenne des droits de l'homme

140. Trois types de dispositions relatives aux droits fondamentaux sont applicables dans le cadre national. Les dispositions nationales s'appliquent aux mesures purement nationales. Les droits fondamentaux garantis par le droit de l'Union s'appliquent aux mesures nationales qui entrent dans le champ du droit d'application du droit de l'Union. Enfin, les dispositions de la Convention européenne des droits de l'homme s'appliquent dans tous les cas puisque tous les États membres de l'Union sont parties à la Convention et que l'article 6, § 3, du traité sur l'Union européenne impose à l'Union de respecter la Convention. Cette situation rend possible des conflits entre ces normes de référence. Le conflit entre le droit national et la Convention peut être tranché en dernier recours par la Cour européenne des droits de l'homme. Mais, s'agissant des conflits entre le droit de l'Union et la Convention, la Cour n'est pas compétente pour le moment puisque l'Union n'est pas encore partie à la Convention. Il a donc appartenu aux juges saisis d'éventuelles difficultés de trouver des réponses pragmatiques à des situations conflictuelles.

A. Droit national et droit de l'Union

141. La relation entre les droits fondamentaux tels que garantis par le droit national et par le droit de l'Union a été au cœur du débat sur la primauté du

1. CJUE 8 avr. 2014, *Digital Rights Ireland*, aff. C-293/12; v. aussi *Schrems*, préc.
2. Pour un exemple, v. *Digital Rights Ireland* préc.
3. CJUE 8 oct. 2015, *Delvigne*, aff. C-650/13.
4. Pour un exemple, v. CJUE 9 nov. 2010, *Volker et Schecke*, aff. C-92/09 et 93/09.

droit de l'Union comme en atteste la jurisprudence des Cours constitutionnelles allemande et italienne. Dans quelle mesure la primauté pourrait-elle s'opposer à des mesures nationales de protection des droits fondamentaux ? Pour la Cour de justice, il a toujours été clair que la primauté du droit de l'Union jouait à l'égard de toute disposition nationale, fut-elle de rang constitutionnel[1]. Cette vision n'est pas partagée par l'ensemble des juridictions constitutionnelles nationales. Les risques de conflit sont certes atténués par le fait que l'article 6 TUE indique expressément que l'Union respecte les droits fondamentaux qui résultent des « traditions constitutionnelles communes aux États membres », mais cette formule n'exclut pas tout conflit notamment lorsqu'une constitution nationale garantit des droits qui ne se retrouvent pas dans les autres États membres ou lorsqu'elle offre une protection plus extensive que celle garantie par le droit de l'Union. Dans ces cas, il appartient au législateur de l'Union de prendre cette circonstance en considération afin d'éviter le conflit. En outre, la Cour constitutionnelle allemande admet pour sa part que les divergences ne mettent pas en cause la primauté dès lors que le niveau global de protection offert par le droit de l'Union ne tombe en deçà de celui qui existait lors de son arrêt *Solange II*, mais cette position n'est pas partagée par tous ses homologues. En France, le Conseil constitutionnel s'est refusé à apprécier la constitutionnalité des mesures nationales de transposition dès lors qu'elles n'entraient pas en conflit avec une règle ou une disposition « inhérente à l'identité constitutionnelle de la France »[2]. Cette position conciliante laisse subsister d'éventuelles poches de conflit.

De son côté, la Cour de justice paraît avoir fait évoluer sa position dans le sens d'une plus grande souplesse. Dans l'affaire *Omega*[3], elle a admis qu'une interprétation nationale d'un droit fondamental, qui n'était pas partagée par tous les États membres, puisse être invoquée pour déroger à la libre prestation de services (liberté fondamentale garantie par le traité) en se fondant sur l'ordre public. En l'espèce, il s'agissait de l'interdiction par l'Allemagne des jeux de tirs simulés sur des personnes humaines en vue de protéger la dignité de la personne humaine. Le respect de la dignité humaine constituant un droit protégé par l'Union au titre des principes généraux du droit, l'interprétation donnée à ce droit en Allemagne constituait un motif valable de dérogation, même si les autres États membres n'avaient pas une vision aussi large de la protection de la dignité. Ainsi, malgré des positions radicalement opposées sur les solutions théoriques d'un conflit (primauté de la constitution pour certaines cours constitutionnelles, primauté du droit de l'Union pour la Cour de justice de l'Union), la coopération entre juges nationaux et juge de l'Union permet d'élaborer des solutions pragmatiques fondées sur un compromis entre des vues divergentes quant à l'interprétation d'un droit.

Cependant, la question se pose également lorsque la protection offerte par la Charte ne coïncide pas avec celle garantie par les constitutions nationales. L'article 53 de la Charte ne règle pas le problème puisqu'il prévoit que les dispo-

1. V. *Internationale HandelsGesellschaft*, cité v. ss 126, note 2 : « qu'en effet, le droit né du traité, issu d'une source autonome, ne pourrait, en raison de sa nature, se voir judiciairement opposer des règles de droit national quelles qu'elles soient, sans perdre son caractère communautaire et sans que soit mise en cause la base juridique de la Communauté elle-même; que, dès lors, l'invocation d'atteintes portées, soit aux droits fondamentaux tels qu'ils sont formulés par la constitution d'un État membre, soit aux principes d'une structure constitutionnelle nationale, ne saurait affecter la validité d'un acte de la Communauté ou son effet sur le territoire de cet État ».
2. Cons. const. 27 juill. 2006, n° 2006/540 DC.
3. CJUE 14 oct. 2004, *Omega Spielhallen*, aff. C-36/02.

sitions de la Charte ne limitent pas les droits de l'homme reconnus par les constitutions nationales, mais elle ajoute dans leur champ d'application respectif. Cette formule pouvait suggérer que la Charte l'emportait lorsque le conflit se situait dans le champ d'application du droit de l'Union. Telle n'est pas la solution retenue par la Cour qui a procédé à une reconstruction de l'article 53. La primauté du droit de l'Union s'impose lorsque l'acte contesté contient des dispositions impératives. Ainsi, dans l'affaire *Melloni*, la règle constitutionnelle nationale en cause allait directement à l'encontre de la décision-cadre sur le mandat européen. Dès lors que cette décision n'était pas contraire à la Charte, la primauté imposait d'écarter la règle constitutionnelle nationale. L'existence d'une protection nationale supérieure n'autorise pas l'État à laisser inappliqué une règle impérative du droit de l'Union[1]. Par contre, dans les cas où il n'existe pas de règles impératives, la protection nationale supérieure peut bien entendu s'appliquer[2]. Cependant, dans la mesure où le droit de l'Union doit respecter l'identité constitutionnelle des États membres, même en présence d'une règle impérative, la disposition constitutionnelle nationale permettrait d'écarter la primauté si cette disposition relève de l'identité constitutionnelle[3]. Dans l'affaire *Taricco*, la Cour de justice était confrontée à un conflit éventuel entre le droit de l'Union et les principes constitutionnels italiens. Dans un premier arrêt, elle avait jugé que la législation italienne relative à la prescription était contraire au droit de l'Union parce qu'elle s'opposait à une application effective de celui-ci[4]. La Cour constitutionnelle italienne saisissait la Cour de justice d'un renvoi préjudiciel parce qu'elle estimait qu'appliquer cette solution aux délits déjà commis contrevenait « aux principes suprêmes de l'ordre constitutionnel de l'État membre ou aux droits inaliénables de la personne reconnus par la Constitution », en l'occurrence le principe de légalité des délits et des peines. Tout en maintenant sa position au fond, la Cour de justice a reconnu que qu'il n'était pas possible d'appliquer celle-ci aux délits déjà commis lorsque cela entraînait une violation du principe de légalité des délits et des peines ou une application rétroactive de la loi pénale[5]. Le juge national n'est donc pas tenu d'appliquer le droit de l'Union lorsque cela pourrait entraîner une violation de la Charte. En se référant à la seule Charte, la Cour a prudemment évité de se prononcer sur le conflit avec le droit constitutionnel national.

B. Droit de l'Union et Convention européenne des droits de l'homme

142. L'article 6, paragraphe 3, du traité impose à l'Union de respecter la Convention européenne des droits de l'homme au titre des principes généraux du droit. Ainsi, sans que l'Union soit partie à la Convention, les règles matérielles de celle-ci lui sont applicables. L'insertion de la Charte dans les traités avec la même valeur que ceux-ci donne cependant au paragraphe 3 de l'article 6 une valeur subsidiaire puisque le recours aux principes généraux du droit ne devrait intervenir que dans le silence de la Charte. Le véritable problème réside dans la potentialité d'un conflit direct entre la Charte et la Convention. Dans cette hypothèse, l'article 52, paragraphe 3, de la Charte impose de donner aux droits garantis par la Charte qui correspondent à des droits garantis par la Convention, le même sens et la même portée que ceux qu'ils revêtent dans le cadre de la Convention à moins que la Charte offre une protection plus étendue. Cette démar-

1. CJUE 28 févr. 2013, *Melloni*, aff. C-399/11.
2. CJUE 30 mars 2013, *Jeremy F.*, aff. C-168/13 PPU.
3. CJUE 22 sept. 2010, *Ilonka Sayn-Wittgenstein*, aff. C-208/09.
4. CJUE 8 sept. 2015, *Taricco*, aff. C-105/14.
5. CJUE 5 déc. 2017, *M.A.S, M.B.*, aff. C-42/17.

che est suivie par la Cour de justice qui, en cas d'identité entre les droits garantis par la Charte et la Convention, accepte en principe d'appliquer la Convention telle qu'interprétée par la Cour européenne des droits de l'homme[1]. Dans ce cas, les limitations aux droits garantis sont celles prévues par la Convention.

L'article 52 de la Charte n'implique pas qu'un requérant puisse invoquer directement une violation de la Convention devant la Cour de justice puisque, pour le moment, l'Union n'est pas partie à celle-ci. Le recours doit être fondé sur la Charte seule, mais au moment d'interpréter la Charte, la Cour prendra en considération en présence d'un droit ayant le même sens et la même portée l'interprétation donnée par la Cour européenne des droits de l'homme afin d'assurer une protection au moins équivalente à celle garantie par la Convention[2].

Cependant, la Convention n'est qu'un standard minimum et son application est subordonnée au fait que l'Union n'offre pas une protection supérieure. Dans toutes ces hypothèses, tant que l'Union n'est pas partie à la Convention, la Cour de justice de l'Union est le juge ultime de l'application et de l'interprétation de la Convention au sein de l'Union puisque l'Union en tant que telle ne peut être attraite devant la Cour européenne des droits de l'homme.

VI. L'adhésion de l'Union à la Convention européenne des droits de l'homme

143. La Commission avait proposé en 1979 l'adhésion de la Communauté à la Convention européenne des droits de l'homme. Cette proposition, renouvelée en 1994, a conduit le Conseil à solliciter l'avis de la Cour de justice sur la compatibilité de l'adhésion de la Communauté à la Convention européenne des droits de l'homme avec les traités communautaires. Dans son avis n° 2/94 du 28 mars 1996, la Cour, tout en constatant que les institutions communautaires étaient tenues de respecter les droits fondamentaux, a conclu que la Communauté ne disposait pas, même sur la base de l'article 235 CE (TFUE, art. 352), de la compétence pour adhérer à la convention. L'adhésion était donc subordonnée à une révision préalable des traités pour créer la compétence nécessaire. Les négociateurs des révisions successives des traités jusqu'à Lisbonne n'ont pas voulu introduire, dans le traité, la base juridique nécessaire à l'adhésion. Ceci a eu pour conséquence qu'il n'était pas impossible que, malgré la bonne volonté des deux cours, des divergences de jurisprudence entre la Cour de Strasbourg et la Cour de Luxembourg se produisent. Concrètement, ces divergences ont été rares et les plus sérieuses ont concerné des cas dans lesquels la Cour de Luxembourg a été amenée à se prononcer alors que la portée de la jurisprudence de Strasbourg n'était pas évidente. Il en allait ainsi de l'inviolabilité du domicile professionnel, mais la jurisprudence de la Cour de justice a évolué sur ce point[3]. Dans d'autres cas, la Cour de justice a estimé que la jurisprudence de la Cour européenne des droits de l'homme n'était pas applicable en l'espèce[4].

1. CJUE 5 oct. 2010, *J. McB.*, aff. C-400/10 PPU.
2. Pour une application au principe *ne bis in idem*, v. CJUE, gr. ch., 20 mars 2018, *Menci*, aff. C-124/15
3. CJCE 22 oct. 2002, *Roquette frères*, aff. C-94/00.
4. CJCE, ord., 4 févr. 2000, C-17/98, *Emesa Sugar*. La CEDH s'est refusée à sanctionner la divergence de vue sur ce point en considérant qu'elle ne constituait pas une insuffisance manifeste de protection de nature à renverser la présomption de conformité du droit communautaire à la convention, v. Décis. sur la recevabilité, 20 janv. 2009, n° 13645/05, *Cooperatieve Producentenorganisatie Van de Nederlandse Kokkelvisserij U.A.*

A. Pourquoi adhérer ?

144. Les raisons qui militent en faveur de l'adhésion à la Convention européenne des droits de l'homme sont d'abord d'ordre politique. La Convention représente le socle commun de valeurs auquel adhèrent tous les États européens, membres ou non de l'Union européenne. Est-il concevable que l'Union n'adhère pas à l'instrument qui exprime ces valeurs ? La contrainte serait faible sur le plan normatif puisque de toute façon, en vertu de l'article 6, § 3, TUE l'Union s'est elle-même déclarée liée par les droits garantis par la Convention en tant que principes généraux du droit. On a également fait valoir que l'adhésion ouvrirait aux particuliers un droit de recours individuel contre l'Union devant la Cour européenne des droits de l'homme. De la sorte, le régime applicable aux particuliers serait harmonisé puisque, qu'il s'agisse de législations nationales ou de législation de l'Union, le droit de recours individuel pourrait jouer dans tous les cas. Cette solution présenterait aussi l'avantage d'aligner le régime des États membres et celui de l'Union qui seraient, dans tous les cas soumis à un contrôle externe, celui de la Cour de Strasbourg, en matière de droits fondamentaux.

À ces arguments politiques sont venus s'ajouter des éléments plus techniques. Actuellement, la Cour de Strasbourg exerce un contrôle indirect sur le droit de l'Union par l'intermédiaire des mesures nationales de mise en œuvre de celui-ci[1]. La Cour n'a pas exclu à l'époque, la possibilité de contrôler directement le respect des droits fondamentaux par des actes des institutions en rendant les États membres responsables des violations commises par l'Union.

C'était la conclusion que certains tiraient de l'arrêt *Matthews* dans lequel la Cour européenne des droits de l'homme a déclaré le Royaume-Uni responsable de la contradiction entre l'Acte portant élection des représentants au Parlement européen au suffrage universel direct et la Convention européenne des droits de l'homme[2]. L'arrêt de la Cour est plus prudent. Il se fonde sur le fait que l'Acte est assimilable à un accord international constitutif de droit primaire et n'est pas de ce fait soumis au contrôle de la Cour de justice des Communautés. Cependant la tendance était de plus en plus forte parmi les requérants de forcer le passage et d'obtenir un contrôle indirect des actes de l'Union en attaquant les mesures de mise en œuvre prises par les États membres. Après avoir longtemps hésité, la Cour de Strasbourg a finalement décidé de franchir le pas et de soumettre à son contrôle les actes des États membres lorsqu'ils mettent en œuvre le droit communautaire et qu'ils ne disposent d'aucune marge d'appréciation.

Dans l'arrêt *Bosphorus*, elle s'est jugée compétente pour statuer sur des mesures irlandaises d'application d'un règlement bien que le droit communautaire ne laissait aucune marge d'appréciation à l'Irlande[3]. Cependant, elle a adopté une position fort proche de celle de la Cour constitutionnelle allemande dans l'arrêt *Solange II*. En effet, elle indique que, si de telles requêtes sont recevables, elle n'exercera son contrôle que lorsque le droit de l'Union n'offre pas une protection équivalente à celle garantie par la Convention européenne des droits de l'homme. Pour la Cour, équivalence ne signifie pas identité mais absence d'insuffisance manifeste de protection. Le droit de l'Union bénéficie donc d'une présomption de conformité qui peut être écartée si la protection qu'il offre est manifestement insuffisante au regard de la Convention. La solution retenue revient à laisser entre les mains de la Cour européenne des droits de l'homme le soin de décider

1. CEDH 15 nov. 1996, *Cantoni c/France, Rec.* 1996. V.
2. CEDH 18 févr. 1999.
3. CEDH 30 juin 2005.

de l'adéquation de la protection au sein de l'Union. Dans ces conditions, ne serait-il pas plus sage que l'Union adhère et qu'elle soit directement partie aux litiges qui la concernent ? Dans le cas contraire, le risque est de voir le droit de l'Union mis en cause à Strasbourg à travers les mesures nationales de mise en œuvre. L'Union sera jugée sans pouvoir participer en qualité de partie puisque la requête est dirigée contre un État membre.

Les réserves à l'égard de l'adhésion tiennent pour l'essentiel à la volonté de préserver l'autonomie du droit de l'Union et à réserver le contrôle du respect des droits fondamentaux à la Cour de justice de l'Union. Elles portent également sur la complexité des difficultés techniques à résoudre afin de modifier la Convention et de permettre l'adhésion. Malgré ces réserves, le courant favorable à l'adhésion a gagné du terrain au sein de l'Union et l'accord s'est fait autour de l'insertion dans la constitution d'une clause permettant à l'Union de devenir partie à la Convention européenne des droits de l'homme (TUE, art. 6, § 2). Un protocole annexé au traité contient des indications générales quant à la portée de l'adhésion (protocole n° 8).

Ce protocole prévoit notamment que l'adhésion ne doit affecter « ni les compétences de l'Union, ni les attributions de ses institutions ». Le § 2 de l'article 6 TUE précise par ailleurs que l'adhésion ne doit pas modifier les compétences de l'Union. Il s'agit avant tout d'éviter que la Cour européenne des droits de l'homme soit amenée à se prononcer sur l'étendue des compétences de l'Union ou qu'elle porte atteinte au monopole d'interprétation du droit de l'Union qui appartient selon le traité à la Cour de justice de l'Union.

B. L'échec (temporaire ?) du processus d'adhésion

145. Les négociations en vue de l'adhésion se sont engagées au sein d'un groupe d'experts en juillet 2010 et se sont terminées par l'adoption d'un projet d'accord en avril 2013.

L'une des questions essentielles lors des négociations concernait le moyen d'éviter que la Cour de Strasbourg se prononce sur la répartition des compétences entre l'Union et ses États membres, portant ainsi atteinte à l'autonomie constitutionnelle de l'Union. En effet, la Cour européenne des droits de l'homme pourrait être amenée à statuer sur ce point dans le cas où un particulier introduirait une requête contre un État membre et où ce dernier arguerait que la compétence appartient en l'espèce à l'Union qui devrait seule être tenue pour responsable. La situation inverse est également envisageable. Pour statuer sur la recevabilité, la Cour de Strasbourg devrait trancher alors la question de compétence et intervenir dans une matière qui relève de l'ordre constitutionnel de l'Union. Pour éviter une telle situation, le projet établit la possibilité pour l'Union ou les États de se porter défendeur à côté de l'entité attaquée. L'Union pourrait se porter codéfendeur au côté de l'État ou des États membres attaqué(s) dès lors qu'il est allégué que la requête « met en cause la compatibilité d'une disposition du droit de l'Union européenne... avec les droits de la Convention en question, notamment lorsque cette violation n'aurait pu être évitée qu'en méconnaissant une obligation découlant du droit de l'Union européenne ». À l'inverse, un ou plusieurs États membres pourraient se porter codéfendeur auprès de l'Union lorsqu'il est allégué qu'est mise en cause « la compatibilité avec les droits de la Convention en question d'une disposition du traité sur l'Union européenne, du traité sur le fonctionnement de l'Union européenne ou de toute autre disposition ayant la même valeur juridique conformément à ces instruments, notamment lorsque cette violation n'aurait pu être évitée qu'en méconnaissant une obligation découlant de ces instruments ». Dans ce cas, la question de répartition des compétences ne se pose plus à ce stade. Si condamnation il y a, elle pourrait être supportée solidairement, à charge ensuite pour l'Union et ses États membres de régler au sein de l'Union le problème de la répartition des responsabilités. L'octroi du statut de codéfendeur serait décidé par la Cour de Strasbourg au vu d'une appréciation *prima facie* de la demande.

En ce qui concerne la protection de l'uniformité du droit de l'Union et du monopole d'interprétation de la Cour de justice, la Cour européenne des droits de l'homme a déclaré à plusieurs reprises qu'il ne lui appartenait pas d'interpréter le droit national, mais de prendre celui-ci en considération tel qu'il était interprété par les autorités nationales. Mais, si la Cour est saisie d'une mesure nationale de mise en œuvre du droit de l'Union, alors que le juge national n'a pas jugé utile de saisir la Cour de justice de l'interprétation ou de la validité de l'acte de l'Union qui fonde les mesures attaquées, la Cour de Strasbourg se prononcera sur l'interprétation donnée par le juge national portant ainsi atteinte au monopole d'interprétation de la Cour de justice. Dans ce cas, le projet d'accord prévoit la possibilité pour la Cour de justice de l'Union de se prononcer sur quoi à titre préalable dans un bref délai dans les cas où l'Union a obtenu le statut de codéfendeur.

Dans la mesure où l'adhésion porte sur l'ensemble de l'action de l'Union, les activités menées dans le cadre de la PESC seront soumises au contrôle de la Cour européenne des droits de l'homme alors que la Cour de justice de l'Union n'est compétente qu'exceptionnellement (TFUE, art. 275). Certains États se sont émus de cette situation. Afin d'éviter que la Cour des droits de l'homme ne puisse avoir à connaître d'activités PESC qui ne pourraient être auparavant traitées dans le cadre de l'Union ou dans le cadre national, les actions imputables à une personne agissant lors d'une opération menée sur la base d'une décision de l'Union seront imputées à l'État qui les emploie, libre à l'Union de se porter codéfendeur.

Consultée par la Commission sur l'accord envisagé en application de l'article 218, paragraphe 11, TFUE, la Cour de justice a sans ambiguïté estimé que l'accord en sa forme actuelle était incompatible avec les traités parce qu'il ne protégeait pas suffisamment les spécificités de l'Union. La critique systématique porte sur des points précis de l'accord :

- Selon la Cour, le recours au mécanisme du codéfendeur est soumis à l'autorisation de la Cour européenne des droits de l'homme. Même si cette dernière ne se livre qu'à un examen *prima facie* du lien de l'affaire avec le droit de l'Union, il existe un risque que la Cour européenne des droits de l'homme en se livrant à cet examen ne statue sur la répartition des compétences entre l'Union et ses États membres.

- En ce qui concerne l'implication préalable de la Cour de justice, celle-ci serait limitée par l'accord envisagé à la seule vérification de la compatibilité du droit dérivé avec les traités et, selon une lecture littérale et restrictive de l'accord envisagé, ne pourrait intervenir lorsque la seule interprétation de ce droit est en cause. La Cour de justice y voit donc une atteinte à son monopole d'interprétation du droit de l'Union.

- La Cour reproche à l'accord de ne pas prohiber les requêtes interétatiques entre États membres à Strasbourg dans la mesure où de telles requêtes sont contraires à l'article 344 TFUE qui réserve à la Cour de justice le soin de trancher les différends entre États membres relatifs à l'interprétation ou à l'application des traités.

- Dans un même ordre d'idée, la Cour de justice craint que les États membres utilisent la faculté de demander un avis à la Cour européenne des droits de l'homme, nouvellement prévue par le protocole n° 16 à la Conv. EDH, comme un moyen de contourner l'obligation de renvoi préjudiciel à Luxembourg.

- La Cour de justice craint que les États membres n'utilisent la faculté offerte aux parties par l'article 53 Conv. EDH d'adopter des règles plus protectrices que celles de la Convention pour opposer leurs règles nationales plus protectrices que la Charte à la primauté du droit de l'Union, ce qui remettrait en cause sa jurisprudence selon laquelle le droit de l'Union l'emporte sur les dispositions nationales plus favorables lorsque celles-ci mettaient en cause sa primauté[1].

- La Cour de justice estime que la jurisprudence de Strasbourg va à l'encontre du principe de confiance mutuelle qui impose à un État d'appliquer des décisions, notamment juridictionnelles, prises dans un État membre ou de renvoyer un demandeur d'asile dans un autre État membre sans contrôle préalable parce que tous les États sont supposés offrir une protection équivalente des droits fondamentaux. La Cour européenne des droits de l'homme semble ne pas admettre cette présomption d'équivalente qu'impose la Cour de justice sauf en cas de circonstances exceptionnelles[2].

- Enfin, dans la mesure où la Cour de Strasbourg sera appelée à connaître de requêtes relatives à la politique étrangère et de sécurité commune alors que la compétence de celle de Luxembourg est limitée sur ce point, cette dernière estime qu'il serait incompatible avec les traités de soumettre les actes, actions ou omissions de l'Union exclusivement à une juridiction extérieure à l'Union.

L'avis de la Cour oblige l'Union à demander la réouverture des négociations si elle veut respecter l'obligation d'adhérer telle qu'elle résulte de l'article 6 TUE. Mais, pour tenir compte des objections contenues dans l'avis, certains changements substantiels s'imposent. Outre les modifications nécessaires pour protéger l'article 344, éviter l'application de l'article 53 de la Conv. EDH, étendre le champ de l'implication préalable, la Cour européenne des droits de l'homme devra accepter d'abandonner une partie de son contrôle sur sa procédure lorsque l'Union et un État membre se constituent codéfendeurs. La PESC devra également être exclue du champ d'application de la Convention. En ce qui concerne le principe de confiance mutuelle, la position des deux Cours semble s'être rapprochée. D'une part la Cour européenne des droits de l'homme a admis le jeu du principe de confiance mutuelle en l'absence de tout grief sérieux d'absence manifeste de protection des droits fondamentaux[3]. D'autre part, La Cour de justice a précisé sa position et admet que le principe de confiance mutuelle ne peut être appliqué en cas de risque sérieux de violation des droits fondamentaux[4]. Sur ce point au moins, l'accord pourrait être aisément trouvé.

Pour le reste, il n'est pas évident que les actuelles parties à la Conv. EDH acceptent des modifications. Si l'Union n'adhère pas, elle sera quand même soumise indirectement au contrôle de Strasbourg en application de la jurisprudence *Bosphorus*. Dans ce cas, l'Union ne sera pas partie à la procédure, aucune des garanties réclamées par la Cour ne sera applicable et la Cour européenne pourra statuer sur la PESC. L'Union serait alors dans une situation plus défavorable que

1. *Melloni*, aff. C-399/11, préc.
2. Voir la contradiction entre la jurisprudence *N.S.* (v. ss 132, note 2) de la Cour de justice et l'arrêt du 4 nov. 2014, *Tarakhel c/ Suisse* de la CEDH.
3. CEDH, gr. ch., 23 mai 2016, *Avotins c/ Lettonie*, req. n° 17502/07.
4. CJUE, gr. ch., 5 avr. 2016, *Pál Aranyosi et Robert Căldăraru*, aff. C-404/15 et C-659/15 PPU,

celle qui aurait résulté d'une adhésion sur la base de l'accord envisagé à l'exception du fait que, dans ce cas, l'arrêt de la Cour serait dirigé contre un État membre et ne lierait pas l'Union puisque celle-ci ne serait pas partie à la procédure. Mais si l'État est condamné à Strasbourg pour avoir appliqué une règle de droit de l'Union contraire à la Convention, il devra soit exécuter l'arrêt de la Cour européenne des droits de l'homme et violer le droit de l'Union, soit ne pas exécuter et violer la Convention ce qui le place face à un difficile dilemme.

Bibliographie indicative

- F. Benoît-Rohmer, « La Charte des droits fondamentaux de l'Union européenne », *D.* 2001. 1483; « L'adhésion à la Convention européenne des droits de l'homme, un travail de Pénélope ? À propos de l'avis 2/13 de la Cour de Justice », *RTD eur.* 2015. 593.

- G. Braibant, *La Charte des droits fondamentaux de l'Union européenne. Témoignages et commentaires*, Seuil, coll. « Points essais », 2001.

- Commission européenne, *Rapports annuels sur l'application de la Charte des droits fondamentaux de l'Union européenne*, depuis 2010.

- J. Dutheil de la Rochère, « La Charte des droits fondamentaux de l'Union européenne », *J.-Cl. Europe*, fasc. 120.

- J. P. Jacqué, « La Charte et les droits fondamentaux dans l'Union, un premier bilan sur l'application des dispositions horizontales », in *L'homme et le droit. Mélanges Flauss*, Pedone, 2014, p. 403; « *Pride and/or Prejudice*. Les lectures possibles de l'avis 2/13 de la Cour de justice », *CDE* 2015. 19.

- H. Labayle, F. Sudre, « L'avis 2/13 de la Cour de justice, sur l'adhésion de l'Union à la Convention européenne des droits de l'Homme : pavane pour une adhésion défunte », *RFDA* 2015. 3.

- C. Picheral, L. Coutron, *Charte des droits fondamentaux de l'Union européenne et Convention européenne des droits de l'homme*, Bruylant, 2012.

- F. Picod et S. Van Drooghenbroek, *Charte des droits fondamentaux de l'Union européenne, commentaire article par article*, Bruylant, 2017.

- J. Rideau, « Le rôle de l'Union européenne en matière de protection des droits de l'homme », *Rec. Cours La Haye*, 1997, t. 265, p. 9.

- F. Sudre, *Droit européen et international des droits de l'homme*, 12e éd., PUF, coll. « Droit fondamental », 2015.

Pistes de réflexion

La contribution du juge à la protection des droits fondamentaux dans l'Union européenne
L'application de la Charte des droits fondamentaux aux États membres
Les limitations aux droits fondamentaux dans l'Union européenne
Les difficultés relatives à l'adhésion de l'Union à la Convention européenne des droits de l'homme

Section 6.
LA DIMENSION CONSTITUTIONNELLE DES LIBERTÉS ET DROITS FONDAMENTAUX

JEAN-ÉRIC GICQUEL
Professeur à l'Université Rennes I

Si la montée en puissance du contrôle de conventionnalité de la loi a renouvelé profondément les contours de la protection des droits et libertés fondamentaux, la dimension constitutionnelle ne saurait pour autant être négligée. D'abord, parce que la Constitution est au sommet de la hiérarchie des normes. Ensuite parce que les modalités de contrôle du Conseil constitutionnel, substantiellement modifiées par l'insertion de la question prioritaire de constitutionnalité depuis le 1er mars 2010, assurent aussi une garantie effective et diversifiée des droits et libertés fondamentaux. Devenue « l'affaire des citoyens »[1], la Constitution est donc pleinement celle des justiciables et de leurs avocats.

1. J.-L. Debré, « Entretien », *Le Monde*, 6-7 mars 2011.

1. La Constitution ?

2. Toute la Constitution ?

3. Rien que la Constitution ?

B. Un assujettissement variable du législateur au respect du bloc de constitutionnalité

C. Le respect de l'autorité des décisions du Conseil constitutionnel

146. La protection constitutionnelle des droits et libertés fondamentaux incombe principalement au Conseil constitutionnel. Pourtant, il n'a jamais été dans l'intention des constituants de 1958 de conférer une telle fonction à un organe dont la nature politique était à l'époque indiscutable. Rappelons que tandis que la loi du 3 juin 1958 consacrait, comme une des cinq bases s'imposant au pouvoir constituant, le principe selon lequel « l'autorité judiciaire doit demeurer indépendante pour être à même d'assurer le respect des libertés essentielles telles qu'elles sont définies par le préambule de la Constitution de 1946 et par la Déclaration des droits de l'homme à laquelle il se réfère », il était expressément indiqué, en juillet 1958, que « le Conseil constitutionnel [...] ne sera pas en réalité le gardien de la Constitution, mais permettra de régler certains litiges d'ordre juridique opposant les grands organes de l'État »[1]. Plus concrètement, conçu comme une « arme contre la déviation du régime parlementaire »[2], il se voit attribuer principalement les attributions suivantes : a) veiller au respect de la nouvelle répartition des compétences entre les domaines de la loi (Const., art. 34) et du règlement (art. 37); b) examiner la constitutionnalité des règlements des assemblées parlementaires partant du constat établi sous les Républiques précédentes qu'ils avaient « souvent plus d'importance que la Constitution elle-même sur la marche des affaires publiques »[3] et enfin c) assurer un contrôle juridictionnel des élections législatives et sénatoriales afin « de faire disparaître le scandale des invalidations partisanes »[4]. En revanche, qu'il puisse, en outre, garantir le respect des droits et libertés constitutionnels était loin d'être acté et tandis que le Comité consultatif constitutionnel rejetait un amendement proposant que la loi soit votée « dans le respect des principes généraux et des droits et libertés individuels définis par le préambule »[5], R. Janot, commissaire du Gouvernement, affirmait devant ce même comité l'absence de valeur constitutionnelle du préambule[6].

Le chemin parcouru depuis est phénoménal et, en fin de compte, la prudence initiale de René Cassin (« avant de créer un grand système, il serait peut-être désirable de faire un essai »[7]) fut rétrospectivement la posture la plus judicieuse

1. F. Luchaire, « Compte rendu de la réunion du groupe de travail du 8 juillet 1958 », in *Documents pour servir à l'histoire de l'élaboration de la Constitution du 4 octobre 1958*, Doc. fr., vol. I, 1987, p. 383.
2. M. Debré, « Discours devant le Conseil d'État, 27 août 1958 », in *Documents pour servir à l'histoire de l'élaboration de la Constitution du 4 octobre 1958*, préc., vol. III, 1991, p. 260.
3. E. Pierre, *Traité de droit politique, électoral et parlementaire*, 2e éd., Librairies-imprimeries réunies, 1902, p. 490.
4. M. Debré, « Discours devant le Conseil d'État », préc.
5. « Comité consultatif constitutionnel, 7 août 1958 », in *Documents pour servir à l'histoire de l'élaboration de la Constitution du 4 octobre 1958*, préc., vol. II, 1988, p. 254.
6. « Le préambule a une valeur juridique, mais n'a pas une valeur constitutionnelle. Il a une certaine forme législative, il lie le gouvernement, il ne lie pas le Parlement » : R. Janot, « Comité consultatif constitutionnel, 7 août 1958 », in *ibid.*, p. 256.
7. R. Cassin, « Assemblée générale du Conseil d'État, 27-28 août 1958 », in Documents pour servir à l'histoire de l'élaboration de la Constitution du 4 octobre 1958, préc., vol. III, p. 377.

tant l'influence du légicentrisme était encore prégnante en 1958. L'essai sera transformé par le franchissement de paliers successifs dont la liste est bien connue : consécration du bloc de constitutionnalité en 1971[1]; extension du droit de saisine à soixante parlementaires par la révision constitutionnelle de 1974[2]; apparition puis banalisation de l'alternance dans les années 1980 permettant à la politique d'être « remplacée »[3] ou « saisie »[4] par le droit et, enfin telle la dernière marche de l'escalier, instauration, par la révision du 23 juillet 2008, du contrôle de constitutionnalité *a posteriori* (soit la QPC). Le Conseil constitutionnel a réussi à s'affirmer « vis-à-vis de lui-même d'abord, en précisant l'étendue et les limites du rôle qu'il tenait pour le sien et, simultanément, envers le pouvoir exécutif, le Parlement et enfin l'opinion »[5], ainsi que le souhaitait ardemment son premier président, Léon Noël. Au final, grâce à lui, la loi « n'exprime la volonté générale que dans le respect de la Constitution »[6].

Il est désormais une institution — carrefour dans la régulation juridique des pouvoirs publics. Entre 2013 et 2017, ses décisions ont été, une nouvelle fois, attendues, remarquées et parfois controversées, tant *a priori* (conformité globale à la Constitution des lois relatives au mariage pour tous[7], au renseignement[8], à la transparence de la vie politique[9] et mettant fin au cumul des fonctions exécutives locales avec un mandat de parlementaire[10]; conformité à la Constitution du traité CETA[11]) qu'*a posteriori* (validation de la législation relative au travail de nuit[12], renforcement des exigences imposées à une loi de validation[13], consécration de la liberté de mettre fin aux liens du mariage[14], conformité partielle des modalités prévues par la loi du 3 avril 1955 modifiée relative à l'état d'urgence[15], limites imposées à la lutte contre le terrorisme[16]; maintien d'une conception française du principe *non bis in idem*[17]).

1. Cons. const. 16 juill. 1971, n° 71-44 DC, *Liberté d'association*, Rec. Cons. const. 29.
2. L. const. 29 oct. 1974.
3. B. Mirkine-Guetzevitch, Les nouvelles tendances du droit constitutionnel, *RDP*, 1928, p. 28.
4. L. Favoreu, *La politique saisie par le droit*, Economica, 1988.
5. L. Noël, *De Gaulle et les débuts de la Ve République*, Plon, 1976, p. 29.
6. Cons. const. 23 août 1985, n° 85-197 DC, *Nouvelle-Calédonie*, Rec. Cons. const. 70.
7. Cons. const. 17 mai 2013, n° 2013-669 DC, *Loi relative au mariage pour tous*, Rec. Cons. const. 721.
8. Cons. const. 23 juill. 2015, n° 2015-713 DC, Loi relative au renseignement.
9. Cons. const. 9 oct. 2013, n° 2013-675 et n° 2013-676 DC, *Lois relatives à la transparence de la vie publique*, Rec. Cons. const. 956 et 972; nos 2017-753 DC et 2017-752 du 8 sept. 2017, *Lois pour la confiance de la vie publique.*
10. Cons. const. 13 févr. 2014, n° 2014-689 DC, *Cumul des mandats.*
11. Cons. const. 31 juill. 2017, n° 2017-749 DC, *Accord économique et commercial global entre le Canada, d'une part, et l'Union européenne et ses États membres, d'autre part.*
12. Cons. const. 4 avr. 2014, n° 2014-373 QPC, *Société Séphora*, Rec. Cons. const. 240.
13. Cons. const. 14 févr. 2014, n° 2013-366 QPC, *SELARL PJA*. Rec. Cons. const. 130.
14. Cons. const. 29 juill. 2016, n° 2016-557 QPC, *M. Bruno B.*
15. Cons. const. 22 déc. 2015, n° 2015-527 QPC, *M. Cédric D.* (assignations à résidence); 19 févr. 2016, n° 2016-536 QPC, Ligue des droits de l'homme; 2 déc. 2016, n° 2016-600 QPC, *M. Raïme A.* (Perquisitions et saisies administratives); 19 févr. 2016, n° 2016-535 QPC, *Ligue des droits de l'homme* (police des réunions); 16 mars 2017, n° 2017-624 QPC, *M. Sofiyan I.* (assignations à résidence); 9 juin 2017, n° 2017-635 QPC, *M. Émile L.* (interdictions de séjour).
16. Le Conseil a invalidé, à deux reprises, le délit de consultation des sites « djihadistes » (Cons. const. 10 févr. 2017, n° 2016-611 QPC, *M. David P.* et n° 2017-682 QPC, 15 déc. 2017, *M. David P.*) mais a estimé toutefois conforme à la constitution, à une réserve près, le délit d'entreprise individuelle terroriste (7 avr. 2017, n° 2017-625 QPC, *M. Amadou S.*).
17. Cons. const. 18 mars 2015, n° 2014-453/454 et 462 QPC, *M. John L. et autres*; 24 juin 2016, n° 2016-546 QPC, *M. Jérôme Cahuzac.*

Le contrôle du Conseil constitutionnel occupe ainsi une place essentielle dans la défense des droits et libertés fondamentaux[1].

Pour s'en convaincre pleinement, seront successivement abordées les modalités du contrôle de constitutionnalité des lois (***I.***) puis l'effectivité de celui opéré par le Conseil constitutionnel (***II.***).

I. Les modalités du contrôle de constitutionnalité des lois

147. En mettant de côté l'examen de compatibilité des traités à la Constitution (Const., art. 54), du contrôle de constitutionnalité des règlements des assemblées parlementaires (Const., art. 61) et des lois du pays de Nouvelle-Calédonie (Const., art. 77), la norme juridique au cœur du contrôle de constitutionnalité est, en France, la loi[2] dont le contrôle incombe au Conseil constitutionnel (**A.**) mais aussi, de façon feutrée et subtile, aux juridictions ordinaires (**B.**).

A. Le contrôle de constitutionnalité effectué par le Conseil constitutionnel

148. La dissociation entre les contrôles *a priori* (Const., art. 61) et *a posteriori* (art. 61-1) comporte d'indiscutables avantages. C'est en effet un critère à la fois simple (l'examen ayant lieu avant ou après la promulgation de la loi par le président de la République, art. 10) et s'imposant sans contestation. Tandis que l'article 61 dispose que « les lois peuvent être déférées au Conseil constitutionnel, avant leur promulgation, par le président de la République, le Premier ministre, le président de l'Assemblée nationale, le président du Sénat ou soixante députés ou soixante sénateurs »[3], l'article 61-1 prévoit de son côté que « lorsque, à l'occasion d'une instance en cours devant une juridiction, il est soutenu qu'une disposition législative porte atteinte aux droits et libertés que la Constitution garantit, le Conseil constitutionnel peut être saisi de cette question sur renvoi du Conseil d'État ou de la Cour de cassation [...] ».

Une autre approche est pourtant envisageable. Le contrôle objectif et abstrait se distingue du recours subjectif et concret. Le premier se réalise à l'occasion de la collation des normes législatives et constitutionnelles, il s'agit pour le juge de faire protéger *le* droit en dehors de tout litige individuel — cet examen pouvant s'effectuer aussi bien avant (comme en France) qu'après (en Allemagne) l'entrée en vigueur du texte législatif. Le second s'opère à l'occasion d'un litige de « chair et de sang », pour reprendre une expression juridique américaine (*flesh and blood controversies*), lorsqu'un citoyen excipe de l'inconstitu-

1. Rajoutons que le Conseil est aussi chargé d'assurer la régularité des élections nationales (Const., art. 58, 59 et 60). Concernant l'élection présidentielle (Const., art. 58), il a, dans une décision remarquée, confirmé en 2013 la décision de rejet du compte de campagne de N. Sarkozy prononcée par la Commission nationale des comptes de campagne et des financements politiques (Cons. const. 4 juill. 2013, n° 2013-156 PDR).
2. Le droit comparé montre qu'il est aussi possible qu'une Cour constitutionnelle assujettisse, via le mécanisme d'un recours direct porté devant elle (le Verfassungsbeschwerde en Allemagne, l'amparo en Espagne), les actes administratifs et les décisions juridictionnelles au respect des prescriptions constitutionnelles. V. « L'accès des personnes à la justice constitutionnelle : droit, pratique, politiques. » Études réunies et présentées par Otto Pfersmann, Cah. Cons. const. 2001, n° 10, p. 23.
3. Une multiple saisine est possible. C'est en ce sens, par exemple, que le Premier ministre, le Président du Sénat, 60 députés et 60 sénateurs se sont adressés conjointement au Conseil à propos de la loi Sapin II en 2016.

tionnalité de la loi pour faire valoir la défense de *son* droit, lors d'un procès devant des juridictions ordinaires.

En réalité, ces modalités convergent plus qu'il n'y paraît. Le Conseil constitutionnel, lorsqu'il est saisi *a priori*, est souvent amené à prendre en compte des circonstances de fait. Tel est le cas notamment lorsqu'il recourt aux techniques du contrôle de proportionnalité et de la réserve d'interprétation (v. *infra*). Grâce à cette dernière, il anticipe toutes les difficultés pratiques (*i.e.* concrètes) que pourraient rencontrer aussi bien l'administration que les juridictions ordinaires et écarte préventivement toute interprétation non conforme à la Constitution. Dans une approche inversée, si un justiciable est toujours à l'origine de la procédure permettant la mise en œuvre du contrôle *a posteriori* (v. *infra*), cette dimension initiale purement subjective finit par s'effacer puisque l'examen du juge constitutionnel se focalise *in fine* exclusivement sur la seule conformité de la disposition législative à la Constitution; bref, il devient abstrait.

Incontestablement, la QPC se déploie dans une dimension abstraite. On constatera que, d'une part, le Conseil constitutionnel, qui ne dispose pas de l'intégralité des pièces du dossier, ne se prononce pas sur le point de savoir si la disposition législative contestée est applicable au litige, à la procédure ou si elle constitue le fondement des poursuites. Ces considérations relèvent du seul office des juridictions judiciaires et administratives[1]. Il n'est « pas juge du litige mais seulement de la conformité de la disposition législative à la Constitution »[2]. D'autre part, le Conseil, en application de l'article 62 de la Constitution, s'est vu reconnaître la capacité d'abroger la disposition inconstitutionnelle avec des effets immédiats ou différés (v. *infra*). Sa décision n'a donc pas d'effet *inter partes* mais bel et bien *erga omnes* puisque la norme législative disparaît de l'ordonnancement juridique. Toutefois, la discussion est toujours possible[3]. Au surplus, la logique concrète de la QPC s'exprime aussi lors du prononcé d'une déclaration d'inconstitutionnalité qui doit bénéficier, en principe, au justiciable à l'origine du recours[4].

Ainsi, préféra-t-on, pour des commodités de présentation, traiter le dédoublement du contrôle de constitutionnalité des lois sous le prisme d'un examen se déployant *a priori* (*1.*) et, depuis le 1er mars 2010, *a posteriori* (*2.*).

1. Le contrôle a priori *de constitutionnalité des lois*

149. « Organe régulateur de l'activité des pouvoirs publics »[5], le Conseil constitutionnel a été en mesure, dès 1958, d'imposer le respect de la Constitu-

---

1. « Considérant qu'il n'appartient pas au Conseil constitutionnel, saisi d'une question prioritaire de constitutionnalité, de remettre en cause la décision par laquelle le Conseil d'État ou la Cour de cassation a jugé, en application de l'article 23-5 de l'ordonnance du 7 novembre 1958 susvisée, qu'une disposition était ou non applicable au litige ou à la procédure ou constituait ou non le fondement des poursuites » (Cons. const. 27 nov. 2010, n° 2010-71 QPC, *Mme Danielle S.*, Rec. Cons. const. 343).
2. Conseil constitutionnel, « La notion de "disposition applicable au litige" », « À la une », oct. 2012, site Internet du Conseil.
3. V. M. Fatin-Rouge Stefanini, « La singularité du contrôle exercé *a posteriori* par le Conseil constitutionnel : la part de concret et la part d'abstrait », *Cah. Cons. const.* 2013, n° 38, p. 211.
4. À titre d'illustration, l'abrogation de l'art. L. 7 du Code électoral, interdisant l'inscription sur la liste électorale, permet aux intéressés (et donc au citoyen à l'origine de la procédure) de demander, à compter du jour de publication de la présente décision, leur inscription immédiate sur la liste électorale : Cons. const. 11 juin 2010, n° 2010-6/7 QPC, *M. Stéphane A.*, Rec. Cons. const. 111.
5. Cons. const. 6 nov. 1962, n° 62-20 DC, *Élection du chef de l'État*, Rec. Cons. const. 27.

tion au législateur[1]. La tâche n'était pas aisée puisque le principe même d'un contrôle de la loi remettait en cause brutalement le légicentrisme des IIIe et IVe Républiques ayant conduit au « parlementarisme absolu » selon l'expression classique de Carré de Malberg[2]. Pouvant être saisi en 1958 par le président de la République, le Premier ministre, les présidents des assemblées, auxquels seront adjoints, par la révision constitutionnelle de 1974, soixante députés ou soixante sénateurs, le Conseil est la seule autorité compétente pour déclarer contraire à la Constitution tout ou partie d'une loi ordinaire[3] avant sa promulgation par le chef de l'État. Si originellement, la défense des droits et libertés constitutionnels s'exprimait seulement à travers la protection de l'indépendance des magistrats de l'ordre judiciaire reconnue par l'article 64 de la Constitution[4], l'avènement du « bloc de constitutionnalité » en 1971 (une expression purement doctrinale que le Conseil n'a jamais utilisée) constitua un changement capital dans les circonstances de droit. Nul besoin de s'appesantir sur ce point.

Le contrôle *a priori* est, malgré sa rusticité, performant, d'abord parce que son champ d'action est étendu. L'acception de loi ordinaire s'entend, en effet, largement et englobe aussi la loi de finances, de finances rectificative, de règlement, de financement de la sécurité sociale, celle autorisant la ratification d'un engagement international ou habilitant le gouvernement à agir par le biais d'ordonnances. En sus, le Conseil peut vérifier la constitutionnalité de la loi du pays de Nouvelle-Calédonie (Const., art. 77[5]). Inversement, ne sont pas concernées : la loi promulguée[6] (même si le Conseil s'est accordé, de manière abusive pour certains[7], le droit de la contrôler à l'occasion « de l'examen des dispositions législatives qui la modifient, la complètent ou affectent son domaine »[8]),

---

1. Le contrôle politique exercé par le Sénat sous les Empires (v. not. l'art. 25 de la Constitution de 1852 disposant que « le Sénat est le gardien du pacte fondamental et des libertés publiques. Aucune loi ne peut être promulguée avant de lui avoir été soumise ») et l'ersatz de contrôle mis en place sous la IVe République avec l'installation du comité constitutionnel relèvent d'une logique franchement différente de celle posée en 1958.
2. R. Carré de Malberg, *La loi, expression de la volonté générale*, Sirey, 1931, p. 196.
3. La loi organique est, quant à elle, soumise à un contrôle obligatoire (Const., art. 46 et 61).
4. Cons. const. 26 janv. 1967, n° 67-31 DC, *Loi organique relative aux magistrats*, Rec. Cons. const. 19 et 9 juill. 1970, n° 70-40 DC, *Loi organique relative aux magistrats*, Rec. Cons. const. 25.
5. Ici, l'intégration de l'accord de Nouméa dans les normes de référence du juge produit des situations juridiques pour le moins inédites. V. à cet égard, la décision 21 novembre 2014, n° 2014-4 LP, *Loi du pays relative à l'accès à l'emploi titulaire des fonctions publiques de Nouvelle-Calédonie* où sont censurées certaines règles au motif qu'elles « ne comportent aucune disposition favorisant l'accès à l'emploi dans la fonction publique au bénéfice des citoyens de la Nouvelle-Calédonie et des personnes qui justifient d'une durée suffisante de résidence; que, par suite, elles méconnaissent le principe de préférence locale pour l'accès à l'emploi en Nouvelle-Calédonie consacré par l'accord de Nouméa ».
6. « Une loi promulguée, même non encore publiée, ne peut être déférée au Conseil constitutionnel en application des dispositions précitées » : Cons. const. 7 nov. 1997, n° 97-292 DC, *Saisine tardive*, Rec. Cons. const. 235.
7. P. Blachèr, « Le Conseil constitutionnel en fait-il trop ? », *Pouvoirs* 2003, n° 105, p. 20.
8. Cons. const. 25 janv. 1985, n° 85-187 DC, *Loi relative à l'état d'urgence en Nouvelle-Calédonie*, Rec. Cons. const. 43. Par exemple, le Conseil a, dans un premier temps, invalidé l'art. 40 de la loi de finances rectificative pour 2012 relatif au traitement du président de la République et des membres du Gouvernement. Estimant ensuite que l'art. 40 modifiait les dispositions du paragraphe I de l'art. 14 de la loi du 6 août 2002 susvisée, celles-ci ont été à leur tour déclarées contraires à la Constitution : Cons. const. 9 août 2012, n° 2012-654 DC, *Loi de finances rectificative pour 2012*. Cette jurisprudence, jusqu'ici moribonde connaît depuis 2012 un net regain (v. Conseil constitutionnel, « Contrôle des lois déjà en vigueur à l'occasion du contrôle *a priori* des lois », « À la une », juin 2013, site Internet du Conseil). La mise en place de la QPC suscite une compétition vertueuse entre les deux modalités de contrôle.

la loi constitutionnelle[1], référendaire[2] ainsi que celle transposant fidèlement les dispositions précises et inconditionnelles d'une directive européenne[3]. Ensuite, le Conseil se prononçant dans un délai d'un mois maximum (huit jours en cas d'urgence — le délai moyen d'examen a été de 17 jours en 2016), le débat est rapidement tranché ce qui est de nature à renforcer la sécurité juridique. Les justiciables (et notamment les opérateurs privés), l'administration et les juges savent alors à quoi s'en tenir.

Par ailleurs, la fameuse prise de position du député Laignel visant en 1981 un membre de l'opposition — « Il a juridiquement tort car il est politiquement minoritaire »[4] — résonne encore suffisamment dans les esprits pour se persuader de tout l'intérêt du contrôle *a priori*. Dès lors que depuis 1974, le droit de saisine revient *de facto* essentiellement à l'opposition parlementaire[5], celle-ci conteste les lois autant pour satisfaire les besoins de porter le combat politique sur d'autres fronts que de s'assurer du respect, par le gouvernement appuyé par sa majorité, des contraintes constitutionnelles.

Le contrôle *a priori* se trouve-t-il désormais « ringardisé » par l'instauration de la QPC ? Il n'en est absolument rien et il pourrait même s'en trouver revivifié[6]. En effet, sachant qu'une disposition législative ayant été déclarée conforme à la Constitution ne peut faire l'objet d'un recours en QPC (v. *infra*), les autorités politiques de saisine sont désormais incitées à saisir préventivement le Conseil, même si cela, de l'aveu du Premier ministre, « est toujours risqué »[7]. Reste que la saisine inédite effectuée, en 2015, par le président de la République sur la loi relative au renseignement, est tout à fait emblématique.

Sur le plan technique, il s'agit d'éviter que des contestations ultérieures de la loi entrée en vigueur ne se développent sur le fondement de QPC médiatisées et parfois soutenues par des groupes de pression. Ici, l'absence de saisine sur la loi du 15 mars 2004 encadrant, en application du principe de laïcité, le port de signes ou de tenues manifestant une appartenance religieuse dans les écoles, collèges et lycées publics tranche avec celle, conjointe et blanche, des deux présidents des assemblées permettant, en 2011, au Conseil de se prononcer sur la loi interdisant la dissimulation du visage dans les lieux publics[8]. Malgré tout, qu'un

1. Cons. const. 26 mars 2003, n° 2003-469 DC, *Révision constitutionnelle relative à l'organisation décentralisée de la République*, Rec. Cons. const. 293. Reste que le Conseil constitutionnel maintient depuis 1992 (Cons. const. 2 sept. 1992, n° 92-312 DC, *Maastricht II*, Rec. Cons. const. 76) que le pouvoir constituant est souverain « sous réserve, d'une part, des limitations touchant aux périodes au cours desquelles une révision de la constitution ne peut pas être engagée ou poursuivie [...] et, d'autre part, du respect des prescriptions du cinquième alinéa de l'article 89 [...] ».
2. Cons. const. 6 nov. 1962, n° 62-20 DC, *Élection du président de la République*, Rec. Cons. const. 27.
3. Initiée à partir de 2004, la jurisprudence s'est cristallisée en 2006 : Cons. const. 27 juill. 2006, n° 2006-540 DC, *Loi DAVSI*, Rec. Cons. const. 88. Toutefois, une réserve de souveraineté juridique a été imposée en ce sens que la transposition ne peut aller « à l'encontre d'une règle ou d'un principe inhérent à l'identité constitutionnelle de la France, sauf à ce que le constituant y ait consenti ».
4. *JOAN*, déb., Seconde séance du 13 oct. 1981, p. 1730.
5. V. A. Roux (dir.), *Trente ans de saisine parlementaire*, Economica-PUAM, 2006. En mettant de côté la saisine de la loi IVG en 1975 émanant d'une fraction dissidente de la majorité, c'est en 2014, à propos d'une loi relative à la géolocalisation que le Conseil a été saisi, pour la première fois, par des députés de la majorité ayant soutenu le texte (Cons. const. 25 mars 2014, n° 2014-693 DC, Rec. Cons. const. 208).
6. On a observé une augmentation du nombre de saisines entre 2009 et 2014 : 26 en 2009, 24 en 2010, 23 en 2011, 24 en 2014, contre 16 par an en moyenne sur la période 1998-2008. L'effet s'est depuis quelque peu dissipé (18 saisines en 2015 et 2016; 12 en 2017).
7. M. Valls, *JO Sénat*, déb., séance du 20 nov. 2015, p. 11148.
8. Cons. const. 7 oct. 2010, n° 2010-613 DC, Rec. Cons. const. 276.

monopole soit réservé à des acteurs politiques (qui peuvent donc toujours, et pour des raisons d'opportunité, décider de s'abstenir[1]) n'était intrinsèquement pas satisfaisant. L'émancipation des justiciables par rapport à de tels tuteurs était nécessaire. Elle fut enfin réalisée en 2008.

2. *Le contrôle* a posteriori *de constitutionnalité des lois*

150. Si en 1958, il n'était « ni dans l'esprit du régime parlementaire ni dans la tradition française de donner à la justice, c'est-à-dire à chaque justiciable, le droit d'examiner la valeur de la loi »[2], la logique de l'État de droit, impliquant la mise à disposition des citoyens de mécanismes juridictionnels aptes à protéger efficacement leurs droits et libertés, en a décidé autrement. Il fallut être patient et après deux échecs (1990 et 1993)[3] remettre l'ouvrage sur le métier. La troisième tentative (loi constitutionnelle du 23 juillet 2008) fut la bonne car les esprits parlementaires étaient mûrs. La désacralisation de la loi (amplifiée par le développement du contrôle de conventionnalité) répondait en écho à l'insatisfaction d'une situation où la Constitution, supposée être au sommet de la hiérarchie des normes en droit interne[4], était délaissée par les justiciables et leurs avocats au profit de normes internationales plus facilement invocables devant les juridictions ordinaires. Il n'était franchement pas sain « que le contrôle de conventionnalité, et donc les traités, prenne dans l'ordre interne plus de place que le contrôle de constitutionnalité et donc que notre Constitution »[5].

La réforme tant attendue vit enfin le jour et grâce à l'insertion de l'article 61-1 de la Constitution complété par la loi organique n° 2009-1523 du 10 décembre 2009 modifiant l'ordonnance n° 58-1067 du 7 novembre 1958 portant loi organique sur le Conseil constitutionnel puis par les décrets d'application n° 2010-148 et n° 2010-149 du 16 février 2010, la QPC est devenue une réalité contentieuse dont le succès ne s'est toujours pas démenti[6]. Ainsi, le nombre de 114 décisions QPC rendues par le Conseil constitutionnel en 2011 a-t-il été supérieur à celui de questions préjudicielles renvoyées par les juges français à la CJUE (31) et à celui des requêtes concernant la France et déclarées recevables par la CEDH

1. Hormis la loi du 15 mars 2004 (v. ss 149), on pensera principalement aux lois du 22 juill. 1992 instituant le nouveau Code pénal et du 13 juill. 1990 incriminant la tenue de propos négationnistes. Il en a été de même, plus récemment, de la loi de programmation militaire du 18 déc. 2013, étendant significativement les prérogatives des services de sécurité intérieure relevant du ministère de l'Intérieur, de la Défense et de l'Économie, la loi du 13 nov. 2014 renforçant les dispositions relatives à la lutte contre le terrorisme, ainsi que celle du 20 nov. 2015 prorogeant l'état d'urgence et renforçant ses modalités. Quant à la loi du 30 oct. 2017 renforçant la sécurité intérieure et la lutte contre le terrorisme, elle aussi concernée, le Président de la République, estimant que « la qualité du travail a permis d'aboutir à un texte pleinement satisfaisant? », a indiqué qu'il ne soumettra pas lui-même le texte au Conseil.
2. M. Debré, « Discours devant le Conseil d'État », préc.
3. V. principalement les contributions au n° spécial *RFDC* 1990, n° 4, et G. Conac (dir.), L'exception d'inconstitutionnalité. Expériences étrangères, situation française, éd. STH, 1990; F. Luchaire, « Une réforme constitutionnelle différée : le contrôle de la loi promulguée sur renvoi des juridictions », *RD publ.* 1990. 1625; J. Viguier, « La participation des citoyens au processus de contrôle de la constitutionnalité de la loi dans les projets français de 1990 et de 1993 », *RD publ.* 1994. 969.
4. CE, ass., 30 oct. 1998, Sarran, Levacher et a., *Lebon* 368; Cass., ass. plén., 2 juin 2000, *Mme Fraisse*, n° 99-60.274; Cons. const. 19 nov. 2004, n° 2004-505 DC, *Traité établissant une constitution pour l'Europe*, Rec. Cons. const. 173.
5. J.-L. Debré, « Le Conseil constitutionnel aujourd'hui et demain », intervention du 14 mai 2008, disponible sur le site Internet du Conseil constitutionnel, p. 10.
6. V. not. les numéros spéciaux consacrés à la QPC par les *Cahiers du Conseil constitutionnel* 2013, n° 40; 2010, n° 29 et la revue *Pouvoirs* 2011, n° 137.

(25)[1]. Au 1er janvier 2017, on recense 605 décisions QPC alors que seulement 754 décisions DC ont été rendues depuis 1958 (contrôle *a priori* incluant aussi le contrôle obligatoire des lois organiques et des règlements des assemblées parlementaires). C'est dire le succès de la QPC qui absorbe désormais les trois quarts des activités du Conseil ! Et dire que le budget a baissé de 20 % depuis sept ans, avant d'être substantiellement relevé pour 2017 (en raison des coûts liés au contrôle de l'élection présidentielle et au développement des relations internationales souhaité par le nouveau président du Conseil).

La QPC relève pour partie de la technique de l'exception d'inconstitutionnalité qui déploie ses effets aux États-Unis et avec des variantes au Portugal, en Grèce et dans les pays scandinaves[2] en ce sens qu'un justiciable, lors d'un procès devant une juridiction ordinaire, peut exciper, par la voie d'un recours incident, l'inconstitutionnalité d'une disposition législative. Toutefois, elle s'en écarte au niveau des prérogatives de la juridiction saisie d'une telle argumentation. À l'étranger, il relève de son office de ne pas appliquer, dans le procès en cours, la loi qu'il juge inconstitutionnelle; la Cour suprême, pour prendre l'exemple américain, tranchera définitivement si une question de droit fédéral importante le justifie. Avec une QPC, le juge confronté à la contestation constitutionnelle de la loi n'a pas la capacité d'écarter celle-ci[3]. Une fois certaines conditions remplies, il procédera à un renvoi prioritaire devant sa juridiction suprême (*a.*) qui, à son tour, pourra, sous conditions, s'adresser au Conseil constitutionnel (*b.*).

a. La QPC soumise aux juges administratifs et judiciaires

151. En accompagnement de l'article 61-1 de la Constitution (« lorsque, à l'occasion d'une instance en cours devant une juridiction, il est soutenu qu'une disposition législative porte atteinte aux droits et libertés que la Constitution garantit, le Conseil constitutionnel peut être saisi de cette question sur renvoi du Conseil d'État ou de la Cour de cassation qui se prononce dans un délai déterminé »), la loi organique du 10 décembre 2009 établit un cadre procédural garantissant « le droit de déposer une question prioritaire de constitutionnalité »[4] dans le respect de l'objectif, à valeur constitutionnelle, de bonne administration de la justice.

Concrètement, la juridiction relevant du Conseil d'État ou de la Cour de cassation[5] saisie, en première instance ou en appel, par la voie d'un écrit « distinct

1. M. Guillaume, Audition devant la commission des lois de l'Assemblée nationale, 21 nov. 2012, Compte rendu n° 16, p. 3.
2. On mesure à quel point la distinction classique entre les modèles américain et européen de justice constitutionnelle (L. Favoreu, *Les Cours constitutionnelles*, PUF, 1986, p. 3) a vécu. Pour s'en persuader complètement, v. not. M. Fromont, *La justice constitutionnelle dans le monde*, Dalloz, 1996; « La diversité de la justice constitutionnelle en Europe », in *Mélanges Ardant*, 1999, p. 55; C. Grewe, « À propos de la diversité de la justice constitutionnelle en Europe : l'enchevêtrement des contentieux et des procédures », in *Mélanges Fromont*, 2001; L. Favoreu et W. Mastor, *Les Cours constitutionnelles*, Dalloz, 2011.
3. V. « La question préjudicielle de constitutionnalité en droit comparé (France, Allemagne, Autriche, Belgique, Espagne et Italie) », *AIJC* 2007. 11.
4. Cons. const. 3 déc. 2009, n° 2009-595 DC, *Loi organique relative à la mise en application de l'article 61-1 de Constitution*, Rec. Cons. const. 206.
5. En revanche, le dépôt d'une QPC n'est possible ni devant le Tribunal des conflits (T. confl. 4 juill. 2011, *M. Jacques B. c/ ministre du Budget*, n° 3808) ni devant la Haute Cour jugeant le chef de l'État (Const., art. 68) et la Cour supérieure d'arbitrage. L'art. 23-1 prévoit que ce moyen ne peut être soulevé devant une cour d'assises. Cependant, une QPC peut être posée au cours de l'instruction pénale qui précède le procès criminel; puis à l'occasion de la déclaration d'appel d'un arrêt rendu par la cour d'assises en premier ressort ou lors du pourvoi en cassation formé contre un arrêt rendu par la cour d'assises en appel. L'écrit accompagnant la déclaration est immédiatement transmis à la Cour de cassation.

et motivé » (art. 23-1 de l'ordonnance du 7 nov. 1958), ce qui « implique une argumentation spécifique afin d'éviter la multiplication des recours non motivés et purement dilatoires »[1], vérifie que trois conditions sont remplies (art. 23-2) :

1. La disposition législative[2] doit être applicable au litige ou à la procédure[3], ou constituer le fondement des poursuites. Des différences d'approche sont identifiables entre les ordres juridictionnels où la relative bienveillance de la jurisprudence administrative a initialement tranché avec la sévérité de sa consœur judiciaire[4]. Il est à rajouter, d'une part, que « la modification ou l'abrogation ultérieure de la disposition contestée ne fait pas disparaître l'atteinte éventuelle à ces droits et libertés; qu'elle n'ôte pas son effet utile à la procédure voulue par le constituant »[5] et surtout, d'autre part, « qu'en posant une question prioritaire de constitutionnalité, tout justiciable a le droit de contester la constitutionnalité de la portée effective qu'une interprétation jurisprudentielle constante confère à cette disposition »[6]. Autrement dit, le Conseil constitutionnel peut être conduit à examiner la disposition telle qu'elle est interprétée par la Cour de cassation, le Conseil d'État et le Tribunal des conflits. Un contrôle de constitutionnalité de la jurisprudence des juridictions ordinaires est ainsi institué[7].

---

1. P. Blachèr, J.-É. Gicquel, P. Jan, *Droits et libertés constitutionnels*, Hachette, 2012, p. 20.
2. La disposition législative, pour laquelle aucune limite temporelle n'a été fixée, s'entend à la fois organiquement (disposition votée par le Parlement – en revanche, une disposition issue d'une loi référendaire ne peut être contestée, Cons. const. 25 avr. 2014, n° 2014-392 QPC, *Province Sud de Nouvelle-Calédonie*) mais aussi matériellement. À cet égard, sont des actes à valeur législative : l'ordonnance ratifiée de l'art. 38 de la Constitution (Cons. const. 29 avr. 2011, n° 2011-124 QPC, *M*[me] *Catherine B.*, Rec. Cons. const. 215); le décret dit Loi du gouvernement de Vichy (Cons. const. 14 oct. 2010, n° 2010-52 QPC, *Compagnie agricole de la Crau*, Rec. Cons. const. 278); le décret-loi (Cons. const. 14 avr. 2016, n° 2016-533 QPC, *M. Jean-Marc P.*); l'ordonnance prise par le Gouvernement provisoire de la République française (Cons. const. 27 janv. 2012, n° 2011-211 QPC, *M. Éric M.*, Rec. Cons. const. 87) ou le Comité français de libération nationale (Cons. const. 26 juin 2012, n° 2012-259 QPC, *M. Mouloud M.*, Rec. Cons. const. 320); l'ordonnance de l'ex-art. 92 Const. (Cons. const. 5 oct. 2012, n° 2012-278 QPC, *M*[me] *Élisabeth B.*, Rec. Cons. const. 511); la décision prise dans le domaine législatif par le chef de l'État au titre de l'art. 16 de la Constitution. En revanche, le décret (Cons. const. 22 juill. 2011, n° 2011-152 QPC, *M. Claude C.*, Rec. Cons. const. 381); l'ordonnance de l'art. 38 non ratifiée (Cons. const. 10 févr. 2012, n° 2012-219 QPC, *M. Patrick E.*, Rec. Cons. const. 113); la disposition législative modifiée par décret en application de l'art. 37 al. 2 de la Constitution (CE 1er juill. 2011, M. *et M*[me] *Raymond A.*, req. n° 348413) ne sont pas contestables par le biais d'une QPC. Il en est de même pour une loi de programmation (en raison de son absence de normativité, CE 18 juill. 2011, *Fédération nationale des chasseurs*, req. n° 340512) et celle autorisant la ratification d'un engagement international (CE 14 mai 2010, *Rujovic*, req. n° 312305). Logiquement, une jurisprudence du Conseil d'État ne peut faire l'objet d'une contestation en QPC (CE, réf., 11 janv. 2014, *Dieudonné M'Bala M'Bala*, req. n° 374552; Civ., 4 févr. 2015, QPC n° 14-21.309, Bull. 2015, I, n° 30).
3. Dans le sens inverse, une décision de refus d'aide juridictionnelle ne peut fonder une QPC (Cons. const. 21 nov. 2014, n° 2014-440 QPC, *Jean-Louis M.*). Il y a lieu de préciser que lorsque le défaut d'intérêt à agir du requérant est soulevé par la partie adverse « le Conseil d'État n'est pas tenu, lorsqu'à l'appui d'une requête est soulevée devant lui une question prioritaire de constitutionnalité (...) de statuer au préalable sur la recevabilité de cette requête » (CE 22 juill. 2016, La *Quadrature du Net et autres*, n° 394922).
4. V. Conseil constitutionnel, « La notion de "disposition applicable au litige" », oct. 2012, site Internet du Conseil constitutionnel.
5. Cons. const. 23 juill. 2010, n° 2010-16 QPC, *M. Philippe E.*, Rec. Cons. const. 164.
6. Cons. const. 6 oct. 2010, n° 2010-39 QPC, *M*[mes] *Isabelle D. et Isabelle B.*, Rec. Cons. const. 264.
7. Par exemple, le Conseil constitutionnel a jugé que l'interprétation que donnait la Cour de cassation de l'art. 93-3 de la loi du 29 juill. 1982 sur la communication audiovisuelle relativement à l'étendue de la responsabilité d'un producteur de site Internet expose celui-ci « à des peines privatives ou restrictives de droits et affecte l'exercice de la liberté d'expression et de communication protégée par l'article 11 de la Déclaration de 1789 » : Cons. const. 16 sept. 2011, n° 2011-164 QPC, *M. Antoine J.*, Rec. Cons. const. 448.

2. La disposition ne doit pas avoir été déjà déclarée conforme à la Constitution dans les motifs et le dispositif d'une décision du Conseil constitutionnel[1] sauf en raison « de changements intervenus, depuis la précédente décision, dans les normes de constitutionnalité applicables »[2] ou de survenance de changements dans les circonstances de droit[3] ou de fait[4] appréciées telles par le juge[5].

3. La question ne doit pas être dépourvue de caractère sérieux. Il s'agit, à ce stade, d'écarter les argumentations fantaisistes ou totalement infondées. Statuant « sans délai », c'est-à-dire « dans le plus bref délai afin de ne pas retarder la procédure[6] – soit, en pratique, entre deux et trois mois », le juge *a quo*, une fois les trois conditions remplies, prononce un sursis à statuer[7] et transmet la QPC soit au Conseil d'État, soit à la Cour de cassation. La décision de refus de transmission peut être contestée par un mémoire distinct et motivé, à l'occasion du pourvoi formé contre la décision statuant sur le litige au fond[8].

Il convient de souligner que la question préjudicielle posée devant le juge est qualifiée de « prioritaire ». Qu'est-ce à dire ? En mettant de côté les exigences de célérité imposées tout aussi bien aux juges *a quo* qu'aux juridictions suprêmes (v. *infra*), la coexistence d'un contrôle de conventionnalité bien maîtrisé par les juges administratifs et judiciaires, leur octroyant le droit d'écarter directement la loi inconventionnelle, et de la QPC pouvait être de nature à compromettre le succès de la réforme. Aussi a-t-il été décidé qu'une juridiction « saisie de moyens

1. Une disposition jugée conforme à la Constitution dans les seuls motifs ne fait donc pas obstacle au dépôt d'une QPC (Cons. const. 17 mars 2011, n° 2010-104 QPC, *Époux B.*, Rec. Cons. const. 145).
2. Cons. const. 3 déc. 2009, n° 2009-595 DC, *Loi organique relative à l'application de l'article 61-1 de la Constitution*, Rec. Cons. const. 206. On pensera ici, par exemple, à l'insertion, par la révision constitutionnelle de 2008, d'un nouvel alinéa à l'art. 4 disposant que « La loi garantit les expressions pluralistes des opinions et la participation équitable des partis et groupements politiques à la vie démocratique de la Nation » ayant justifié le réexamen d'une disposition de la loi organique du 18 juin 1976 relative à la publicité des parrainages aux candidats à l'élection présidentielle : Cons. const. 21 févr. 2012, n° 2012-233 QPC, *Marine Le Pen*, Rec. Cons. const. 130.
3. On pourra mentionner le domaine de la garde à vue où le Conseil a jugé que les modifications textuelles ont « contribué à banaliser le recours à la garde à vue, y compris pour des infractions mineures; qu'elles ont renforcé l'importance de la phase d'enquête policière dans la constitution des éléments sur le fondement desquels une personne mise en cause est jugée; que plus de 790 000 mesures de garde à vue ont été décidées en 2009 » (Cons. const. 30 juill. 2010, n° 2010-14/22 QPC, *M. Daniel W.*, Rec. Cons. const. 179) et que ce changement dans les circonstances de droit et de fait justifiait un réexamen.
4. *Ibid.*
5. Le Conseil considère ainsi qu'une modification de sa propre jurisprudence est de nature à constituer un changement dans les circonstances de droit (Cons. const. 11 oct. 2013, n° 2013-346 QPC, *Sté Schuepbach Energy LLC*, Rec. Cons. const. 988) ainsi que la survenance d'une difficulté dans la détermination du champ d'application d'une réserve d'interprétation précédemment émise (Cons. const. 7 juill. 2017, n° 2017-642 QPC, 7 juill. 2017, *M. Alain C.*). En revanche, quant à la question de savoir si une jurisprudence de la CEDH peut constituer un changement dans les circonstances de droit et de fait, le Conseil constitutionnel a botté en touche (Cons. const. 18 mars 2015, n° 2015-462 QPC, *M. John L.)* contrairement à la position affirmative de la Cour de cassation (Crim., 28 janv. 2015, QPC n° 14-90.049).
6. Cons. const. 3 déc. 2009, n° 2009-595 DC, préc.
7. Toutefois, l'art. 23-3 prévoit des hypothèses où le juge *a quo* ne prononce pas de sursis à statuer. D'abord, lorsque l'instance a pour objet de prendre une mesure privative de liberté ou d'y mettre fin. Ensuite, lorsque le juge est contraint par les textes à statuer dans un délai déterminé (tel l'art. L. 441-2-3-1 du Code de la construction et de l'urbanisme imposant au juge administratif, pour une requête en matière de droit au logement opposable, de statuer dans un délai de deux mois) ou en urgence. Dans l'hypothèse où l'instance à l'occasion de laquelle le Conseil constitutionnel a été saisi d'une QPC aurait fait l'objet d'une décision définitive du juge *a quo*, le justiciable pourra introduire une nouvelle instance afin que la décision du Conseil puisse être prise en compte (Cons. const. 3 déc. 2009, n° 2009-595 DC, préc.).
8. Il est alors possible que le justiciable obtienne finalement la transmission de la QPC au Conseil constitutionnel (par ex. CE 23 déc. 2015, n° 387277, M. A).

contestant la conformité d'une disposition législative d'une part aux droits et libertés garantis par la Constitution et d'autre part aux engagements internationaux de la France [doit] se prononcer par priorité sur la transmission de la question de constitutionnalité » (art. 23-2 et 23-5 de l'ordonnance du 7 nov. 1958).

L'articulation avec le droit de l'Union européenne n'en reste pas moins complexe. Suite à un renvoi préjudiciel décidé par la Cour de cassation (arrêts *Melki et Abdelli* du 16 avril 2010), la CJUE a considéré le mécanisme de la QPC compatible, sous réserve, avec les exigences propres de primauté du droit européen[1]. La Cour de cassation, arguant de ses spécificités procédurales (l'impossibilité de mettre en œuvre des mesures provisoires ou conservatoires), estime que le caractère prioritaire de la QPC cède devant elle en cas d'atteinte à la supériorité du droit de l'Union[2]. Assurer la cohérence des systèmes juridiques n'en reste pas moins essentiel pour le Conseil constitutionnel. De manière inédite, il a été conduit à saisir la CJUE d'une question préjudicielle[3] afin que le juge européen se prononce sur l'interprétation à donner de la décision-cadre du 13 juin 2002 relative au mandat d'arrêt européen. Cette interprétation était, on l'a compris, indispensable pour permettre l'examen au fond de la QPC. Une fois la décision de la CJUE rendue, il a pu statuer au fond[4].

Pour revenir à des conditions de procédure plus classiques, les juridictions suprêmes (qui peuvent parfaitement être saisies en premier lieu[5]) apprécient, à leur tour, dans un délai de trois mois[6], les conditions posées par le législateur

1. Pour cela, les juridictions nationales doivent rester libres « de saisir, à tout moment de la procédure qu'elles jugent approprié, et même à l'issue de la procédure incidente de contrôle de constitutionnalité, la Cour de toute question préjudicielle qu'elles jugent nécessaire; d'adopter toute mesure nécessaire afin d'assurer la protection juridictionnelle provisoire des droits conférés par l'ordre juridique de l'Union, et de laisser inappliquée, à l'issue d'une telle procédure incidente, la disposition législative nationale en cause si elles la jugent contraire au droit de l'Union. » (CJUE 22 juin 2010, *Melki et Abdeli*, aff. C-188/10 et C-189/10).
2. Cass., ass. plén., 29 juin 2010, *Melki et Abdeli*, n° 10-40.001 : « Attendu que, dans l'hypothèse particulière où le juge est saisi d'une question portant à la fois sur la constitutionnalité et la conventionnalité d'une disposition législative, il lui appartient de mettre en œuvre, le cas échéant, les mesures provisoires ou conservatoires propres à assurer la protection juridictionnelle des droits conférés par l'ordre juridique européen; qu'en cas d'impossibilité de satisfaire à cette exigence, comme c'est le cas de la Cour de cassation, devant laquelle la procédure ne permet pas de recourir à de telles mesures, le juge doit se prononcer sur la conformité de la disposition critiquée au regard du droit de l'Union en laissant alors inappliquées les dispositions de l'ordonnance du 7 novembre 1958 modifiée prévoyant une priorité d'examen de la question de constitutionnalité ». V. not. H. Labaye, « Question prioritaire de constitutionnalité et question préjudicielle : ordonner le dialogue des juges », *RFDA* 2010. 659. Dans des cas très particuliers de droit fiscal (où, pour faire simple, il est nécessaire, avant d'examiner l'irrespect du principe constitutionnel d'égalité, de s'assurer préalablement que les mesures législatives mettant en œuvre le droit de l'Union européenne entraînent une discrimination à rebours — situation où la mesure nationale se révèle plus favorable à non-national qu'à un national), le Conseil d'État, confronté à une difficulté sérieuse d'interprétation du droit de l'Union européenne, a été conduit à poser une question préjudicielle à la CJUE et a jugé qu'il n'y avait pas lieu, en l'état, de renvoyer la QPC (CE, ass., 31 mai 2016, *M. Jacob*, n° 393881).
3. Cons. const. 4 avr. 2013, n° 2013-314 P QPC, *M. Jeremy F.*, Rec. Cons. const. 523.
4. Cons. const. 14 juin 2013, n° 2013-314 QPC, *M. Jeremy F.*, Rec. Cons. const. 824.
5. Pour la période mars 2010-nov. 2012, 53 % des QPC ont été soumises directement devant le Conseil d'État et 38 % devant la Cour de cassation : M. Guillaume, Audition devant la commission des lois de l'Assemblée nationale, 21 nov. 2012, Compte rendu n° 16, p. 4. Indépendamment de ce qui peut relever de la stratégie de l'avocat, on rappellera que dans un certain nombre de litiges, le Conseil d'État est compétent sur le fond en premier et dernier ressort.
6. En application de l'art. 23-7 de l'ord. n° 58-1067 du 7 nov. 1958, le dépassement du délai de trois mois entraîne la transmission d'office de la QPC au Conseil constitutionnel. Trois cas sont à signaler : Cons. const. 16 déc., 2011, n° 2011-206 QPC, *M. Noël C.*, Rec. Cons. const. 593; 23 nov. 2012, n° 2012-283 QPC, *M. Antoine de M.*, Rec. Cons. const. 605 et 31 janv. 2014, n° 2013-363 QPC, *M. Michel P.*

organique. Si les deux premières sont identiques, la troisième est légèrement différente. Elle se conçoit de façon alternative : « la question est nouvelle ou présente un caractère sérieux » (art. 23-4). Par question nouvelle[1], on entend soit une contestation portant sur une disposition constitutionnelle n'ayant jamais fait l'objet de décisions de la part du Conseil constitutionnel[2], soit une question dont l'intérêt propre conduit le Conseil d'État ou la Cour de cassation à décider de s'en remettre à la rue de Montpensier[3]. Sur le caractère sérieux de la question, les approches sont subtiles et reflètent des visions différentes entre juridictions[4] (v. *infra*).

b. La QPC soumise au Conseil constitutionnel

152. La décision du Conseil peut potentiellement faire l'objet d'un ultime recours devant la Cour européenne des droits de l'homme[5]. Conséquemment, le respect de l'article 6 de la Convention garantissant le droit à un procès équitable s'impose. Les principes du contradictoire, l'égalité des armes, le respect des droits de la défense, l'exigence de publicité, le caractère raisonnable des délais et de la durée de la procédure ainsi que le principe d'impartialité sont garantis par l'ordonnance du 7 novembre 1958 et le règlement du 4 février 2010.

Pour l'essentiel, le Conseil, une fois saisi, avise les parties à l'instance mais aussi le président de la République, le Premier ministre, les présidents de l'Assemblée nationale et du Sénat, qui sont invités à présenter des observations écrites (art. 23-8 de l'ordonnance[6]). Le déport et la demande de récusation sont possibles[7] (art. 4 du règlement). La procédure est contradictoire avec un échange d'argumentations écrites puis orales, publique par le biais d'une retransmission audiovisuelle diffusée en direct (art. 8) et enfin diligente, le Conseil disposant de trois mois pour se prononcer (art. 23-10 de l'ordonnance). Sur ce dernier aspect, le délai moyen a été de 83 jours en 2016.

1. J.-É. Gicquel, « La question nouvelle, condition de renvoi d'une question prioritaire de constitutionnalité au Conseil constitutionnel (un critère technique au service de politiques jurisprudentielles) », *LPA* 8 déc. 2011, p. 6.
2. Tel, par ex., l'art. 75-1 de la Constitution disposant que « les langues régionales appartiennent au patrimoine de la France » (CE 21 mars 2011, *Mme Cécile Lang*, req. n° 345193) ou encore le dernier alinéa de l'art. 4 de la Constitution aux termes duquel « La loi garantit les expressions pluralistes des opinions et la participation équitable des partis et groupements politiques à la vie démocratique de la Nation » (CE 2 févr. 2012, *Marine Le Pen*, req. n° 355137).
3. Not. en cas de présence d'affaires de série : CE 23 avr. 2010, *Cachard*, req. n° 327174 et 2 juin 2010, *Assoc. des pensionnés civils et militaires en Nouvelle-Calédonie*, req. n° 326444. Par ailleurs, le caractère sensible de la thématique du mariage entre personnes de même sexe a conduit la Cour de cassation (Civ. 1re, 16 nov. 2010, *Mme Corinne C et a.*, n° 10-40.042) et le Conseil d'État (CE 18 sept. 2013, *M. Franck M. et a.*, req. n° 369834) à se défausser sur le Conseil constitutionnel. On pourra aussi citer la décision de renvoi du Conseil d'État (19 juill. 2017, n° 411070) concernant le mécanisme par lequel le vice-président du Conseil d'État est compétent pour adopter la charte de déontologie alors que la légalité de celle-ci ne peut être contestée que devant le Conseil d'État.
4. À titre de pierre d'attente, on notera que le Conseil d'État refuse qu'un justiciable présente un moyen supplémentaire distinct de celui-ci considéré comme sérieux par la juridiction subordonnée ayant effectué le renvoi (CE 29 avr. 2015, *Clinique d'Occitanie*, n° 387773). Cette attitude rigoriste n'est pas celle du Conseil constitutionnel (par ex. Cons. const. 8 janv. 2016, n° 2016-512 QPC, *M. Vincent R.*).
5. CEDH 23 juin 1993, *Ruiz-Matéos c/ Espagne*.
6. En mettant de côté le justiciable à l'origine du recours en QPC, le Premier ministre (représenté par le secrétariat général du gouvernement) est, en pratique, la seule autorité présentant des observations devant le Conseil constitutionnel. V. E. Cartier, « Le secrétariat général du Gouvernement, défenseur attitré de la loi dans le cadre du contentieux de la QPC », *LPA* 21 févr. 2013, p. 4.
7. Sur 280 décisions, une trentaine de déports ont été enregistrés; 3 demandes de récusation ont été formulées (M. Guillaume, Audition préc., p. 7).

Sur le fond, différentes variétés de décisions QPC sont rendues : a) la décision de conformité; b) la décision de conformité sous réserve; c) la décision de non-conformité totale ou partielle (donc avec un effet immédiat); d) la décision de non-conformité totale ou partielle avec effet différé et, enfin, e) le non-lieu à statuer[1]. En cinq ans (du 1er mars 2010 au 1er mars 2015) sur les 395 décisions rendues, 56,2 % sont des décisions de conformité, 14,1 % de conformité sous réserve, 14,6 % de non-conformité totale, 9,3 % de non-conformité partielle, 4,5 % de non-lieux et 1,3 % relatives à des aspects de procédure[2]. Les domaines les plus concernés par les décisions de non-conformité sont le droit fiscal, le droit de l'environnement et la procédure pénale.

Si le Conseil s'est accordé lui-même le droit de différer dans le temps les effets d'une décision rendue dans le cadre du contrôle *a priori*[3], l'article 62 de la Constitution l'a expressément prévu pour la QPC : « une disposition déclarée inconstitutionnelle sur le fondement de l'article 61-1 est abrogée à compter de la publication de la décision du Conseil constitutionnel ou d'une date ultérieure fixée par cette décision. Le Conseil constitutionnel détermine les conditions et limites dans lesquelles les effets que la disposition a produits sont susceptibles d'être remis en cause ». Ici, il appartient aux Sages de s'assurer que le respect du principe de constitutionnalité (impliquant la disparition immédiate de la disposition non conforme aux droits et libertés) n'entraîne pas de « conséquences manifestement excessives » notamment sur la sécurité juridique[4], les objectifs de prévention des atteintes à l'ordre public et de recherche des auteurs d'infractions[5], la protection de la santé[6] ou le principe fondamental reconnu par les lois de la République en matière de justice pénale des mineurs[7]. Si tel est le cas, l'abrogation n'est pas immédiate et une période variable donnée au Parlement pour remédier à l'inconstitutionnalité dénoncée en adoptant une nouvelle règle législative[8].

---

1. Le non-lieu à statuer est prononcé si la disposition législative a déjà été déclarée conforme à la Constitution dans le cadre du contrôle *a priori* (Cons. const. 2 juill. 2010, n° 2010-9 QPC, *Observatoire international des prisons*, Rec. Cons. const. 128) ou à l'occasion d'une décision QPC (Cons. const. 6 août 2010, n° 2010-30/34/35/47/48/49/50 QPC, *M. Miloud K.*, Rec. Cons. const. 215). Il en est de même à l'égard d'une disposition se bornant à tirer les conséquences nécessaires de dispositions inconditionnelles et précises d'une directive européenne ne mettant en cause aucune règle ni aucun principe inhérent à l'identité constitutionnelle de la France (Cons. const. 17 déc. 2010, n° 2010-79 QPC, *M. Kamel D.*, Rec. Cons. const. 406), d'une contestation dirigée contre un décret (Cons. const. 22 juill. 2011, n° 2011-152 QPC, *M. Claude C.*, Rec. Cons. const. 381), une ordonnance de l'art. 38 de la Constitution non ratifiée (Cons. const. 10 févr. 2012, n° 2012-219 QPC, *M. Patrick E.*, Rec. Cons. const. 113) ou une disposition jamais entrée en vigueur (ibid.).
2. Conseil constitutionnel, « 5 ans de QPC », « À la une », mars 2015, site Internet du Conseil.
3. Cons. const. 19 juin 2008, n° 2008-564 DC, *Loi relative aux OGM*, Rec. Cons. const. 313.
4. Cons. const. 6 oct. 2010, n° 2010-45 QPC, *M. Mathieu P.*, Rec. Cons. const. 270. Notons que l'approche est subtile puisque le Conseil a constamment refusé d'accorder une valeur constitutionnelle au principe de sécurité juridique (pour une illustration : Cons. const. 17 mai 2013, n° 2013-669 DC, Loi relative au mariage pour tous).
5. Cons. const. 30 juill. 2010, n° 2010-14/22 QPC, *M. Daniel W.*, Rec. Cons. const. 179.
6. Cons. const. 26 nov. 2010, n° 2010-71 QPC, *Mlle Danielle S.*, Rec. Cons. const. 343.
7. Cons. const. 8 juill. 2011, n° 2011-147 QPC, *M. Tarek J.*, Rec. Cons. const. 343.
8. Deux méthodes sont envisageables lorsque le Conseil constitutionnel émet une déclaration d'abrogation différée dans le temps. En premier lieu, le Conseil indique que les juridictions ordinaires auront à prononcer un sursis à statuer dans les instances dont l'issue dépend de l'application des dispositions déclarées inconstitutionnelles tandis que le législateur devra prévoir une application des nouvelles dispositions aux instances en cours (Cons const. 28 mai 2010, n° 2010-1 QPC, *Consorts L.*, Rec. Cons. Const. 91). En second lieu, il est possible de « *combiner une abrogation reportée dans le temps et une réserve d'interprétation transitoire neutralisant les effets inconstitutionnels de la disposition en cause jusqu'à son remplacement par une loi nouvelle* » (Cons. const. *Les effets dans le temps des décisions QPC*, La Une, Sept. 2014). L'originalité ▶

B. Le contrôle de constitutionnalité assuré par les juridictions judiciaires et administratives

153. L'intitulé peut surprendre. Pourtant, il ne le devrait pas car comme l'énonçait le doyen Vedel, « il est, en un certain sens, impossible à un juge, c'est-à-dire à un organe indépendant chargé de trancher des oppositions de prétentions par l'application de la règle de droit, de ne pas être un juge constitutionnel »[1]. Dit autrement, les juges judiciaires et surtout administratifs peuvent être conduits, dans le cadre des litiges qu'ils ont quotidiennement à examiner, à faire respecter les droits et libertés constitutionnels (*1.*). Par ailleurs, il pourra être démontré que, malgré leurs dénégations, le mécanisme de la QPC les a transformés en « juges constitutionnels négatifs » (*2.*).

1. Les juridictions judiciaires et administratives : des juges constitutionnels positifs

154. La théorie de la loi-écran est connue. Les juges ordinaires refusent d'apprécier indirectement la constitutionnalité d'une loi à l'occasion d'un recours pour excès de pouvoir dirigé contre un acte administratif pris conformément à celle-ci (devant l'ordre administratif)[2] ou à l'appui d'une argumentation en défense basée sur l'inconstitutionnalité d'une infraction ou d'une peine fixée par elle (devant l'ordre judiciaire)[3]. L'autorité et la primauté de la norme constitutionnelle s'en trouvent donc fortement relativisées. Toutefois, des voies parallèles ont été sollicitées.

Le juge administratif accepte, en effet, de contrôler directement la constitutionnalité des actes administratifs lorsqu'aucune disposition législative (avec la nuance apportée par le rare écran législatif transparent)[4] ne s'intercale entre la décision administrative et la Constitution. Aussi, une circulaire du ministère de l'Intérieur établissant une politique d'évacuation des campements illicites en désignant spécialement certains de leurs occupants en raison de leur origine ethnique est-elle annulée, *via* un recours pour excès de pouvoir, par le Conseil d'État pour violation du principe d'égalité garanti par l'article 1er de la Constitu-

---

► de cette « *réserve d'interprétation transitoire* » (id.) consiste en ce qu'elle vise une disposition législative inconstitutionnelle et qu'elle a vocation à disparaître (voir par ex. Cons. const. 9 oct. 2014, n° 2014-420/421 QPC, *M. Maurice L. et autre* — à propos de la garde à vue de 96 heures maximum pour les délits d'escroquerie en bande).

1. Préface à la thèse de F. Batailler, *Le Conseil d'État, juge constitutionnel*, LGDJ, 1966, p. I. V. not. G. Drago (dir.), *L'application de la Constitution par les Cours suprêmes*, Dalloz, 2007; J.-É. Gicquel, « Constitution », *J.-Cl. Adm.*, fasc. n° 10, 2012, spéc. n° 160-269; B. Mathieu et M. Verpeaux (dir.), *L'examen de la constitutionnalité de la loi par le Conseil d'État*, Dalloz, 2011.
2. CE, sect., 6 nov. 1986, *Arrighi*, *Lebon* 966; 5 janv. 2005, *Deprez et Baillard*, *Lebon*. L'apparition de la QPC n'a rien changé puisqu'« en dehors des cas et conditions où il est saisi sur le fondement de l'article 61-1 de la Constitution, il n'appartient pas au Conseil d'État, statuant au contentieux, de se prononcer sur un moyen tiré de la non conformité de la loi à une norme de valeur constitutionnelle » (CE 1er févr. 2012, *SARL Société des logements modulaires*, n° 339387). V. M. Canedo-Paris, « La QPC et l'avenir (heureux ?) de la théorie de l'écran législatif », *LPA* 6-7 sept. 2011, p. 7.
3. T. Crim. 18 fructidor an V; Crim. 11 mai 1833, *Paulin*, S. 1833. 1.
4. À titre exceptionnel, le Conseil d'État se reconnaît la possibilité de confronter directement l'acte à la Constitution nonobstant la présence d'une loi si celle-ci « tout en renvoyant à l'autorité réglementaire le soin de définir certaines règles, ne contient en elle-même aucune règle de fond de nature à faire obstacle à ce que soient critiquées les dispositions réglementaires adoptées au regard des règles de fond de niveau *supra*-législatif » : R. Abraham, concl. CE 17 mai 1991, *Quintin*, *RD publ.* 1991. 1430. V. CE, ass., 11 avr. 2012, *GISTI*, req. n° 322326.

tion de 1958[1]. Par ailleurs, ce même Conseil peut parfois, dans une logique d'unité du droit public, renoncer à ses propres principes généraux du droit (tel celui proclamant l'égalité d'accès aux emplois publics)[2] et s'appuyer directement sur la norme constitutionnelle (ici l'article 6 de la Déclaration de 1789)[3].

De son côté, la Cour de cassation[4] applique au coup par coup, avec retenue et circonspection, les normes constitutionnelles. On pensera ici notamment à l'article 66 de la Constitution relatif à l'autorité judiciaire gardienne de la liberté individuelle[5], à l'alinéa 7 du préambule de la Constitution de 1946 garantissant le droit de grève[6] ou encore à l'interprétation de l'article 68 de la Constitution concernant l'étendue de la responsabilité du président de la République[7]. Par ailleurs, on peut isoler des occurrences où la Cour invoque des principes constitutionnels, tel celui de la sauvegarde de la dignité humaine[8] ou du respect des droits de la défense[9] tout en n'hésitant pas à façonner les siens[10], sans prendre le soin de citer un texte de référence. Malgré leurs embarras, ambiguïtés et prudences, force est de constater que le Conseil d'État et la Cour de cassation se sont aussi appropriés la norme constitutionnelle.

2. *Les juridictions judiciaires et administratives : des juges constitutionnels négatifs*

155. La mise en place du contrôle *a posteriori* a transformé l'office des juridictions ordinaires. En effet, le refus de transmission d'une QPC peut, dans certaines situations, les conduire à se comporter tels des juges constitutionnels négatifs. Deux hypothèses sont à distinguer.

D'abord, on sait que le justiciable doit arguer de la violation « d'un droit ou d'une liberté garanti par la Constitution » (Const., art. 61-1). On se tourne alors logiquement, en premier lieu, vers le Conseil constitutionnel qui opère un tri parmi les dispositions constitutionnelles dont toutes ne sont pas invocables dans un procès QPC[11].

---

1. CE 7 avr. 2011, *Assoc. SOS Racisme*, req. n° 343387.
2. CE 28 mai 1954, Barel, *Lebon* 308.
3. CE 2 mars 1988, *Blet et Sabiani*, req. n° 61534; ass., 16 déc. 1988, Bleton, *Lebon* 451.
4. V. R. de Gouttes, « L'application de la constitution par la Cour de cassation : aspects généraux et perspectives de droit civil » *in* G. Drago (dir.), *L'application de la constitution par les Cours suprêmes*, Dalloz, 2007, p. 55; D. Commaret, « L'application de la constitution par la Cour de cassation : perspectives de droit pénal », in *ibid.*, p. 73; O. Desaulnay, *L'application de la constitution par la Cour de cassation*, Dalloz, 2009; A. Martinon et F. Petit (dir.), *Le juge judiciaire et la Constitution*, Dalloz, 2012.
5. Crim. 25 avr. 1985, *Bogdan et Vuckovic*, *Bull. crim.* n° 159.
6. Soc. 28 juin 1951, *Société d'impression sur étoffes du Grand Lemps c/ Geoffroy* et *Maïseries de la Méditerranée c/ Dame Roth*, DS 1951. 532.
7. Cass., ass. plén., 10 oct. 2001, *Breisacher*, *Bull. ass. plén.*, n° 11.
8. Civ. 1re, 9 oct. 2001, *Bull. civ.* I, n° 249.
9. Soc. 27 mai 1999, *El Kallita*, *Bull. civ.* V, n° 246.
10. Tel le principe constitutionnel de la liberté du travail (Soc. 19 nov. 1996, *Bull. civ.* V, n° 392).
11. En mettant de côté les règles propres à la procédure législative (la volonté expresse du constituant étant naturellement respectée par le Conseil constitutionnel : Cons. const. 22 juill. 2010, n° 2010-4/17 QPC, *M. Alain C.*, Rec. Cons. const. 156), ne sont notamment pas invocables : les objectifs d'intelligibilité et d'accessibilité de la règle de droit (Cons. const. 22 juill. 2010, n° 2010-4/17 QPC, *M. Alain C.*, préc.) de sauvegarde de l'ordre public (Cons. const. 17 oct. 2014, n° 2014-422 QPC, *Chambre syndicale des cochers chauffeurs CGT-taxis*), les principes de péréquation entre collectivités territoriales (Cons. const. 22 sept. 2010, n° 2010-29/37 QPC, *Commune de Besançon*, Rec. Cons. const. 248), de consultation des électeurs pour la modification des limites des collectivités (Cons. const. 2 juill. 2010, n° 2010-12 QPC, *Commune de Dunkerque*, Rec. Cons. const. 134), du consentement à l'impôt garanti par l'art. 14 de la Déclaration de 1789 (Cons. const. 30 juill. 2010, n° 2010-19/27 QPC, *Époux P.*, Rec. Cons. ▶

Toutefois, dès lors qu'un filtrage en amont a été institué, le Conseil doit partager l'interprétation de l'article 61-1 avec les juridictions ordinaires, puisque ces dernières doivent aussi s'interroger sur le point de savoir si le droit ou la liberté invoqué par le requérant est effectivement « garanti par la Constitution ». Ainsi, les justiciables se sont-ils vus dénier le droit d'arguer de la méconnaissance de la liberté de concurrence[1], des principes de la sécurité juridique[2], de la confiance légitime et de non-rétroactivité en matière fiscale[3], de sincérité des lois de finances[4], d'annualité budgétaire[5], d'unité territoriale de la France[6], ou encore de celui, énoncé à l'article 1er de la Constitution de 1958, selon lequel l'organisation de la République est décentralisée[7]. Autant de positions s'imposant au Conseil constitutionnel puisque celui-ci ne sera pas saisi.

Ensuite, l'examen opéré sur le caractère sérieux d'une QPC facilite l'émergence d'un contrôle de constitutionnalité rampant. Rappelons préalablement que si devant le juge *a quo*, la question ne doit pas être « dépourvue de caractère sérieux »; elle doit, devant le Conseil d'État et la Cour de cassation, « présente[r] un caractère sérieux ». La différence est fine et académique même si l'on peut estimer que la condition s'avère « légèrement plus exigeante »[8] pour les juridictions suprêmes. La répartition des tâches au sein de l'ordre juridictionnel judiciaire s'effectue comme suit : « les cours et tribunaux se bornent le plus souvent à vérifier que la demande n'a pas de caractère fantaisiste ou dilatoire et que le grief est appuyé par une argumentation cohérente, tandis que la Cour de cassation se livre à un examen nécessairement plus approfondi des conditions posées par la loi »[9]. On peut penser qu'il en est de même au sein de l'ordre administratif.

Des différences d'approche existent toutefois entre la Cour de cassation qui exige d'avoir un « doute manifeste »[10] sur la constitutionnalité de la disposition tandis que le Conseil d'État se contente d'un « doute raisonnable »[11] (qui peut, selon les litiges, se transmuer en un « doute radical »[12] ou « un doute raisonnable sans certitude »[13]).

► const. 190), l'art. 75-1 de la Constitution disposant que « les langues régionales appartiennent au patrimoine de la France » (Cons. const. 20 mai 2011, n° 2011-310 QPC, *Cécile Lang et a.*, Rec. Cons. const. 242), l'art. 13 relatif au pouvoir de nomination des fonctionnaires par le chef de l'État (Cons. const. 12 oct. 2012, n° 2012-281 QPC, *Syndicat de défense des fonctionnaires*, Rec. Cons. const. 536) et le second al. de l'art. 1er de la Constitution aux termes duquel « La loi favorise l'égal accès des femmes et des hommes aux mandats électoraux et fonctions électives, ainsi qu'aux responsabilités professionnelles et sociales » (Cons. const. 24 avr. 2015, n° 2015-465 QPC, *Conférence des présidents d'université*).

1. CE 2 mars 2011, *Sté Manyris*, req. n° 345288.
2. CE 17 déc. 2010, *Synd. mixte chargé de la gestion du contrat urbain de cohésion sociale de l'agglomération de Papeete*, req. n° 343800.
3. CE 25 juin 2010, *M. François A.*, req. n° 326363.
4. CE 15 juill. 2010, *Région Lorraine*, req. n° 340492.
5. *Ibid.*
6. Civ. 2e, 12 oct. 2011, n° 11-40.064.
7. CE 15 sept. 2010, *Thalineau*, req. n° 330734.
8. M. Guillaume, « QPC : textes applicables et premières décisions », *Cah. Cons. const.* 2010, n° 29, p. 47.
9. V. Lamanda, Audition devant la commission des lois de l'Assemblée nationale, 21 nov. 2012, Compte rendu n° 16, p. 26.
10. D. Lévy, Audition devant la commission des lois de l'Assemblée nationale, 19 déc. 2012, Compte rendu n° 29, p. 14.
11. J.-M. Sauvé, Audition devant la commission des lois de l'Assemblée nationale, 1er sept. 2010, Compte rendu n° 81, p. 18.
12. C. Vigouroux, « Les modalités d'examen de constitutionnalité pour la question prioritaire de constitutionnalité », in B. Mathieu et M. Verpeaux (dir.), L'examen de la constitutionnalité de la loi par le Conseil d'État, Dalloz, 2011, p. 29.
13. *Ibid.*

Inversement, refuser de qualifier une question de sérieuse revient à juger la disposition législative conforme à la Constitution. Pour ce faire, les juridictions suprêmes appliquent parfois directement la jurisprudence constitutionnelle telle celle relative au principe de légalité des peines, appliqué en dehors du droit pénal[1] ou celle encadrant les pouvoirs de sanction d'une autorité administrative indépendante[2]. Ici, même s'il est fréquent que les décisions du Conseil constitutionnel ne soient pas citées, son autorité s'en trouve indiscutablement renforcée.

Les juges ordinaires peuvent aussi être amenés à effectuer un contrôle très approfondi de la constitutionnalité de la disposition législative. Ainsi, le Conseil d'État, pour juger une question non sérieuse vérifie qu'une loi de validation poursuit un but d'intérêt général suffisant, a une portée strictement définie et ne méconnaît pas une règle ou un principe de valeur constitutionnelle[3] ou encore que l'atteinte à l'égalité entre contribuables n'est pas caractérisée[4]. De son côté, la Cour de cassation s'assure, en entrant dans les détails, que le législateur a correctement assuré la conciliation entre le principe de la liberté d'entreprendre et l'objectif de valeur constitutionnelle de sauvegarde de l'ordre public[5], que l'exception législative au principe d'égalité entre créanciers est justifiée par la poursuite d'un objectif économique et ne constitue pas une limitation à la liberté d'entreprendre[6] ou que le droit de propriété n'est pas méconnu par la prescription acquisitive[7].

Le contrôle de constitutionnalité des lois se développe donc dans une dimension polycéphale au sein de laquelle la rue de Montpensier n'est pas assurée de disposer du dernier mot. De manière particulièrement remarquée, la Cour de cassation a ainsi jugé que l'incrimination de la contestation de crimes contre l'humanité fixée par la loi Gayssot du 13 juillet 1990 ne porte pas atteinte aux principes constitutionnels de liberté d'expression et d'opinion[8] et n'a donc pas transmis la QPC. Le débat constitutionnel fut clos sans que le Conseil n'ait eu la possibilité d'agir. Le juge constitutionnel négatif s'était prononcé avant, même si l'occasion se présenta plus tard pour lui permettre de confirmer la constitutionnalité de la loi[9].

II. L'effectivité du contrôle opéré par le Conseil constitutionnel

156. L'effectivité s'apprécie sous plusieurs angles : le Conseil constitutionnel est en capacité de dégager un ensemble considérable de droits et libertés dotées d'une valeur constitutionnelle (**A.**) dont le respect s'impose au législateur (**B.**) en raison de l'autorité de ses décisions (**C.**).

A. La consécration de droits et libertés à valeur constitutionnelle

157. Depuis la décision fondatrice du 16 juillet 1971 (v. ss 146), il est commun d'évoquer l'existence d'un bloc de constitutionnalité[10] composé, aux côtés

1. CE 23 juill. 2010, *M. Philippe A. Synd. professionnel dentistes solidaires et indépendants*, req. n° 339595.
2. CE 16 juill. 2010, *M. Jean-Sébastien A.*, req. n° 321056.
3. CE 24 avr. 2012, *Commune de Saint-Langis-les-Mortagne*, req. n° 336745.
4. CE 7 févr. 2011, *Caisse régionale de Crédit Agricole mutuel*, req. n° 321072.
5. Crim. 9 mars 2011, n° 10-87.542.
6. Com. 20 mars 2012, n° 11-23.822.
7. Civ. 2e, 12 oct. 2011, n° 11-40.055.
8. Crim. 7 mai 2010, n° 09-80.774.
9. Cons. const. 8 janv. 2016, *M. Vincent R.*, n° 2016-512 QPC.
10. Notons que le terme, qui n'a jamais été repris à son compte par le Conseil constitutionnel, a davantage de valeur pédagogique que juridique. En effet, ce bloc n'est pas uniforme en ce sens ▶

de la Constitution du 4 octobre 1958, de la Déclaration des droits de l'homme de 1789, du préambule de la Constitution du 27 octobre 1946 (dont sont issus les principes politiques économiques et sociaux et les principes fondamentaux reconnus par les lois de la République) et, plus tard, de la Charte de l'environnement de 2004. Naturellement, il incombe au Conseil de concilier ces règles établies à des périodes différentes et selon des philosophies divergentes (tels le droit de propriété, « inviolable et sacré » proclamé en 1789 et le principe de la nationalisation garanti par l'alinéa 9 du préambule de la Constitution de 1946[1]). Il lui faut donc renoncer à la quête des intentions des auteurs des textes (qui, il faut le rappeler, n'avaient pas – sauf pour la Charte de l'environnement – comme volonté de fonder des normes dont le respect serait imposé au législateur) et plutôt chercher à conférer un sens moderne aux droits et libertés. C'est par cette attitude réaliste que le Conseil constitutionnel affirme, par exemple, que la liberté de communication des pensées et des opinions garantie en 1789, implique celle d'accéder à Internet[2] que la protection du droit de propriété bénéficie aussi aux biens incorporels tels les actions ou les marques[3] ou encore que le principe de non rétroactivité des peines et délits, lui aussi posé dès 1789, s'étend aux sanctions prononcées par des organes non juridictionnels[4]. Le champ des droits et libertés garantis est donc potentiellement très large.

Pour apprécier à quel point l'office du Conseil constitutionnel est étendu, appuyons-nous sur les propos du révolutionnaire Daunou, repris par F. Mitterrand dans son message au Parlement du 16 avril 1986, « La Constitution, toute la Constitution, rien que la Constitution ».

1. *La Constitution ?*

158. Oui, clairement. Le Conseil examine seulement les argumentations juridiques remettant en cause la constitutionnalité de la disposition législative. Aussi, n'est-il pas en capacité de confronter deux lois successives[5] ni émettre des

---

► que son contenu varie selon les normes contrôlées par le Conseil constitutionnel (lois organiques, lois ordinaires (dont les lois de finances et de financement de la sécurité sociales), lois de pays de Nouvelle-Calédonie et règlements des assemblées parlementaires). V. not. J.-M. Blanquer, « Bloc de constitutionnalité ou ordre constitutionnel ? », in *Mélanges Jacques Robert*, Montchrestien, 1998, p. 227.

1. Cons. const. 16 janv. 1982, n° 81-132 DC, *Loi de nationalisation*, Rec. Cons. const. 18.
2. Cons. const. 10 juin 2009, n° 2009-580 DC, *Loi favorisant la diffusion et la protection de la création sur Internet*, Rec. Cons. const. 107.
3. C'est-à-dire les actions (Cons. const. 16 janv. 1982, n° 81-132 DC, *Loi de nationalisation*, Rec. Cons. const. 18), la marque de fabrique, de commerce ou de service (Cons. const. 8 janv. 1991, n° 90-283 DC, *Loi Évin*, Rec. Cons. const. 11), la propriété intellectuelle (Cons. const. 27 juill. 2006, n° 2006-540 DC, *Loi Davsi*, Rec. Cons. const. 88) et le droit des créanciers (Cons. const. 10 juin 2010, n° 2010-607 DC, *Loi relative à l'entrepreneur individuel à responsabilité limitée*, Rec. Cons. const. 101).
4. Cons. const. 30 déc. 1982, n° 82-155 DC, *Loi de finances rectificative pour 1982*, Rec. Cons. const. 88.
5. Cons. const. 3 sept. 1986, n° 86-216 DC, *Conditions d'entrée et de séjour des étrangers en France*, Rec. Cons. const. 135. Si une loi de finances doit être effectivement votée conformément à la loi organique relative aux lois de finances du 1er août 2001 (Cons. const. 11 août 1960, n° 60-8 DC, *Loi de finances rectificative pour 1960*, Rec. Cons. const. 25, à propos de l'ordonnance du 2 janv. 1959 à valeur de loi organique à laquelle s'est substituée la LOLF du 1er août 2001), comme il en est de même pour une loi de financement de la sécurité sociale à l'égard de la loi organique relative aux lois de financements de la sécurité sociale du 2 août 2005, cette solution particulière conférant, *de facto*, auxdites lois organiques, une valeur *supra*-législative se justifie par les renvois effectués par la Constitution elle-même dans l'art. 34. Dit autrement, le Conseil confronte une loi ordinaire à une loi organique seulement si cela est prévu par la Constitution elle-même. *Contra* Cons. const. 17 juill. 2003, n° 2003-474 DC, *Loi de programme pour l'outre-mer*, Rec. Cons. const. 389.

propositions au Gouvernement lors de la préparation d'un projet de loi[1]. Par ailleurs, il refuse depuis la fameuse décision *Interruption volontaire de grossesse*[2] de protéger le bloc de conventionnalité (« le moyen tiré du défaut de compatibilité d'une disposition législative aux engagements internationaux et européens de la France ne saurait être regardé comme un grief d'inconstitutionnalité »[3]). Cette contestation ne peut prospérer ni *a priori* ni *a posteriori*[4]. Reste que le Conseil s'efforce le plus souvent de statuer en prenant en compte la jurisprudence de la Cour européenne des droits de l'homme. Il s'agit de faire en sorte que la délivrance d'un brevet de constitutionnalité conduise à celle d'un brevet de conventionnalité.

2. Toute la Constitution ?

159. Pas vraiment. Le contrôle de conventionnalité, articulé autour de la supériorité conditionnée du traité sur la loi, n'en est pas moins assis sur une norme constitutionnelle (l'article 55 de la Constitution) dont l'effectivité au quotidien n'est pas assurée par le Conseil. Avec sa décision *IVG*, il s'est finalement défaussé sur les juridictions judiciaires[5] et administratives[6]. Par ailleurs, il refuse d'invalider une disposition législative (au champ d'application essentiellement régi par l'article 34) en raison de son intrusion dans le domaine réservé au pouvoir réglementaire (art. 37). La répartition constitutionnelle des compétences est seulement virtuelle et si des doutes sur la pérennité de la jurisprudence fondatrice *Blocage des prix et des revenus*[7] étaient un temps apparus[8], ils se sont définitivement dissipés depuis[9]. Enfin, conformément à la volonté du constituant (Const., art. 61-1), il ne peut, dans le cadre de la QPC, examiner le respect de la procédure législative.

3. Rien que la Constitution ?

160. C'est la question la plus difficile. S'il est arrivé au Conseil de se référer à la théorie de l'acte clair (« ces règles constitutionnelles, claires et précises, qui n'appellent aucune interprétation »)[10], il serait amené, pour certains, à se comporter, tel un interprète authentique de la Constitution selon la vision kelsenienne. L'interprétation ne serait pas un acte de connaissance mais de volonté émise par une autorité habilitée à fixer des interprétations s'imposant à tous car pourvues d'une force juridiquement contraignante. Ici, l'enjeu ne serait pas de savoir si elles sont correctes ou erronées mais d'admettre leur force juridique parce que déterminées par une autorité statuant en dernier lieu[11].

C'est ainsi qu'à l'occasion de l'examen de la loi, le Conseil confère, de sa seule autorité, aux différents éléments du bloc de constitutionnalité un sens précis, ce qui est de nature à lui permettre d'en extraire une série de droits et libertés. Reste que l'expression d'une telle volonté est bornée. Afin d'éviter d'être accusé d'instituer un gouvernement des juges, qui, pour le doyen Vedel, « com-

1. Cons. const. 18 nov. 1986, n° 86-218 DC, *Circonscriptions électorales de l'Assemblée nationale*, Rec. Cons. const. 167.
2. Cons. const. 15 janv. 1975, n° 75-54 DC, *IVG*, Rec. Cons. const. 19.
3. Cons. const. 12 mai 2010, n° 2010-605 DC, *Jeux d'argent et de hasard en ligne*, Rec. Cons. const. 78.
4. Cons. const. 22 juill. 2010, n° 2010-4/17 QPC, *M. Alain C.*, Rec. Cons. const. 156.
5. Cass., ch. mixte, 24 mai 1975, *Administration des douanes c/ Café Jacques Vabre*.
6. CE, ass., 20 oct. 1989, *Nicolo*, *Lebon* 190.
7. Cons. const. 30 juill. 1982, n° 82-143 DC, *Blocage des prix et des revenus*, Rec. Cons. const. 57.
8. Cons. const. 21 avr. 2005, n° 2005-512 DC, *Avenir de l'école*, Rec. Cons. const. 72.
9. Cons. const. 15 mars 2012, n° 2012-649 DC, *Simplification du droit*, Rec. Cons. const. 142.
10. Cons. const. 23 août 1985, n° 85-197 DC, *Évolution de la Nouvelle-Calédonie*, Rec. Cons. const. 70.
11. V. plus spécialement M. Troper, *Le droit, la théorie du droit, l'État*, PUF, 2001, p. 69-84.

mence quand (les juges) ne se contentent pas d'appliquer ou d'interpréter des textes, mais imposent des normes qui sont en réalité des produits de leur propre esprit »[1], il veille à fonder sa jurisprudence exclusivement sur des références textuelles qui figurent dans les motifs de sa décision.

Si cette précaution est salutaire[2], elle ne doit pas être surestimée. En effet, d'une part, les énoncés constitutionnels contiennent intrinsèquement une dose variable d'indétermination et, d'autre part, le Conseil dispose d'une marge d'appréciation dans le choix des textes qu'il sollicite. On pourra s'en convaincre avec : 1) la création des principes fondamentaux reconnus par les lois de la République[3] dont les critères d'identification, s'ils ont le mérite d'exister, n'en ont pas moins été discrétionnairement établis par le Conseil lui-même[4]; 2) l'affirmation de l'existence du principe de la sauvegarde de la dignité de la personne humaine déduit généreusement des premiers mots du prologue du préambule de la Constitution du 27 octobre 1946 (« Au lendemain de la victoire remportée par les peuples libres sur les régimes qui ont tenté d'asservir et de dégrader la personne humaine [...] »[5]); 3°) le sens extensif donné à la liberté issue des articles 2 et 4 de la Déclaration de 1789[6] ou à la garantie des droits posée par

1. G. Vedel, « Neuf ans au Conseil constitutionnel », *Le Débat*, mars-août 1989, n° 55 (consultable sur le site Internet du Conseil constitutionnel).
2. Grâce à l'influence du doyen Vedel devenu membre en 1980, le Conseil a ainsi cessé de créer des principes généraux du droit à valeur constitutionnelle (tel le principe de continuité du service public : Cons. const. 25 juill. 1979, n° 79-105 DC, *Droit de grève*, Rec. Cons. const. 33) qui, à l'instar des PGD créés par le Conseil d'État (CE, ass., 26 oct. 1945, *Aramu*, *Lebon* 213) étaient totalement dépourvus de soubassement écrit.
3. Liberté d'association (1971), d'enseignement (1977), indépendance du professeur d'université (1984), existence et étendue de la compétence de la juridiction administrative (1980 et 1987), attributions du juge judiciaire dans le domaine de la propriété immobilière (1989), juridiction et responsabilité adaptées pour les mineurs (2002) et particularités du droit alsacien-mosellan (2011). Le Conseil a la capacité de faire évoluer cette liste dans le sens inverse — la liberté individuelle (1977) est désormais rattachée à l'art. 66 de la Constitution, les droits de la défense (1976) à l'art. 16 de la Déclaration de 1789 et la liberté de conscience à l'art. 10 de la Déclaration et au cinquième al. du Préambule de la Constitution de 1946 — et de l'affiner — le principe d'indépendance des professeurs d'université est devenu plus tard celui des enseignants-chercheurs.
4. Plus particulièrement, on pensera à la précision subitement rajoutée en 2013 selon laquelle la règle législative ne peut constituer un PFRLR si elle « n'intéresse ni les droits et libertés fondamentaux, ni la souveraineté nationale, ni l'organisation des pouvoirs publics » (Cons. const. 17 mai 2013, n° 2013-669 DC, *Loi relative au mariage pour tous*, Rec. Cons. const. 721). Relevons, par ailleurs, la référence exceptionnelle faite à l'existence de droits et libertés fondamentaux.
5. Cons. const. 27 juill. 1994, n° 94-343/344 DC, *Bioéthique*, Rec. Cons. const. 100. De son côté, le Conseil d'État après avoir jugé que le respect de la dignité humaine est une composante de l'ordre public (CE, ass., 27 oct. 1995, *Commune de Morsang-sur-Orge*, *Lebon* 372) fait état de « valeurs et principes, notamment de dignité de la personne humaine, consacrés par la Déclaration des droits de l'homme et du citoyen et par la tradition républicaine » (CE, sect. avis, 16 févr. 2009, *Mme Madeleine Hoffman-Gleman*, n° 315499). Cette référence a été de nouveau sollicitée dans l'affaire Dieudonné (CE, réf., 9 janv. 2014, *Dieudonné M'Bala M'Bala*, req. n° 374508). Ce faisant, le Conseil d'État occulte volontairement la décision susmentionnée du Conseil constitutionnel et ne favorise pas ainsi une approche unitaire du droit public.
6. Le Conseil en a déduit le respect de la vie privée (Cons. const. 23 juill. 1999, n° 99-416 DC, *Couverture maladie universelle*, Rec. Cons. const. 100), le secret des correspondances, l'inviolabilité du domicile privé (Cons. const. 2 mars 2004, n° 2004-492 DC, *Loi Perben 2*, Rec. Cons. const. 66) et la liberté personnelle, dont la liberté d'aller et venir (Cons. const. 16 juin 1999, n° 99-411 DC, *Sécurité routière*, Rec. Cons. const. 75), la liberté de mariage (Cons. const. 9 nov. 2006, n° 2006-542 DC, *Contrôle de la validité des mariages*, Rec. Cons. const. 112) et la liberté de mettre fin aux liens du mariage (Cons. const. 29 juill. 2016, n° 2016-557 QPC, *M. Bruno B.*) sont des composantes. Ceci entraîne des conséquences importantes dans la répartition des fonctions entre l'ordre juridictionnel administratif et son homologue judiciaire. On pensera principalement à l'impact des lois sécuritaires votées depuis 2015 (v. O. Le Bot, État d'urgence et compétences juridictionnelles, *RFDA*, 2016, p. 436).

son article 16[1] et 4°) la technique des objectifs de valeur constitutionnelle (tels la prévention des atteintes à l'ordre public et la recherche des auteurs d'infraction, la lutte contre la fraude et l'évasion fiscale ou encore le pluralisme des courants d'expression socioculturels) qui permet d'imposer, sans pour autant que des droits soient créés, une série variable de contraintes au législateur. Gardons de surcroît à l'esprit que le Conseil n'est pas à l'abri d'attitudes louvoyantes et se réfugie parfois dans les délices de l'« obscure clarté » pour reprendre Corneille. On pensera notamment à la liberté contractuelle, longtemps caractérisée par les hésitations sur son existence et ses contours[2] ou à la sécurité juridique, dont toutes les virtualités sont protégées[3], sans pour autant se voir conférer une valeur constitutionnelle.

Ce pouvoir souverain s'apprécie aussi de manière négative, à travers les refus que le Conseil oppose aux demandes de consécration d'un nouveau droit ou liberté. Ainsi n'a-t-il pas, faute de soubassement textuel, accepté d'intégrer dans le bloc notamment, le double degré de juridiction[4], le principe dit « de faveur » en droit du travail[5], la prohibition de la rétroactivité en matière contractuelle[6] ou encore le droit au secret des échanges et correspondances des avocats ainsi que le droit au secret des sources des journalistes[7]. Sa jurisprudence n'est pas pour autant immuable; le principe de confiance légitime, soit le principe de sécurité juridique du point de vue des particuliers, a été finalement implicitement reconnu[8] après un refus initial[9].

1. Comprenant originellement le droit à un recours juridictionnel effectif (Cons. const. 21 janv. 1994, n° 93-335 DC, *Loi portant diverses dispositions en matière d'urbanisme et de construction*, Rec. Cons. const. 40; 9 avr. 1996, n° 96-373 DC, *Polynésie Française*, Rec. Cons. const. 43) — qui comprend le droit d'obtenir l'exécution des décisions juridictionnelles (Cons. const. 10 nov. 2017, n° 2017-672 QPC, *Association Entre Seine et Brotonne et autre)*, le principe du droit à un procès équitable y a été ultérieurement adjoint (Cons. const. 20 janv. 2005, n° 2004-510 DC, *Juridictions de proximité*, Rec. Cons. const. 41) avant que le Conseil n'y insère, en sus, le principe du contradictoire qui était naguère présenté comme le corollaire des droits de la défense (Cons. const. 29 déc. 1989, n° 89-268 DC, *Loi de finances pour 1990*, Rec. Cons. const. 110; 23 juill. 1999, n° 99-416 DC, *Couverture maladie universelle*, Rec. Cons. const. 100) avant de finir par acquérir son autonomie (Cons. const. 9 juin 2011, n° 2011-631 DC, *Loi relative à l'immigration, à l'intégration et à la nationalité*, Rec. Cons. const. 252).
2. Après avoir jugé qu'« aucune norme de valeur constitutionnelle ne garantit le principe de la liberté contractuelle » (Cons. const. 3 août 1994, n° 94-348 DC, *Protection sociale complémentaire*, Rec. Cons. const. 117) il décidera plus tard qu'elle « découle de l'article 4 de la Déclaration de 1789 » (Cons. const. 3 août 1994, n° 94-348 DC, *Protection sociale complémentaire*, Rec. Cons. const. 117) tout en reconnaissant qu'il est possible au législateur d'y déroger à des fins d'intérêt général (Cons. const. 19 déc. 2000, n° 2000-437 DC, *LFSS 2001*, Rec. Cons. const. 176).
3. Not. lors du contrôle d'une loi de validation ou d'une loi rétroactive n'intervenant pas en matière pénale (Cons. const. 14 déc. 2006, n° 2006-544 DC, *Loi de financement pour la sécurité sociale de 2007*, Rec. Cons. const. 129), dans l'examen de l'étendue des modifications apportées par le législateur à la loi antérieure (Cons. const. 29 juill. 1986, n° 86-210 DC, *Entreprises de presse*, Rec. Cons. const. 110) ou encore à travers la création de l'objectif d'intelligibilité et d'accessibilité de la règle de droit (Cons. const. 16 déc. 1999, n° 99-421 DC, *Codification*, Rec. Cons. const. 136).
4. Cons. const. 12 févr. 2004, n° 2004-491 DC, *Loi complétant le statut d'autonomie de la Polynésie française*, Rec. Cons. const. 60.
5. Cons. const. 20 mars 1997, n° 97-388 DC, *Loi créant les plans d'épargne-retraite*, Rec. Cons. const. 31.
6. Cons. const. 4 juill. 1989, n° 89-254 DC, *Privatisations*, Rec. Cons. const. 41.
7. Cons. const. 24 juill. 2015, n° 2015-478 QPC, *Association French Data Network*.
8. Cons. const. 19 déc. 2013, n° 2013-682 DC, *Loi de financement de la sécurité sociale pour 2014*, Rec. Cons. const. 1094 : le législateur « ne saurait, sans motif d'intérêt général suffisant, ni porter atteinte aux situations légalement acquises ni remettre en cause les effets qui peuvent légitimement être attendus de telles situations ».
9. Cons. const. 30 déc. 1996, n° 96-385 DC, *Loi de finances pour 1997*, Rec. Cons. const. 145.

Cette sollicitation, jusqu'ici réservée aux autorités politiques qui de manière schizophrénique stigmatisent régulièrement les risques du gouvernement des juges[1] tout en suggérant au Conseil de fonder de nouveaux principes, est désormais aussi aux mains des justiciables avec la QPC. Ici, on s'intéressera plus particulièrement au critère de la question nouvelle invocable devant les juridictions suprêmes[2]. Parmi les acceptions envisageables[3], le législateur organique a entendu « imposer que le Conseil constitutionnel soit saisi de l'interprétation de toute disposition constitutionnelle dont il n'a pas encore eu l'occasion de faire application »[4]. Si l'on pense spontanément à des règles vierges de toute intervention juridictionnelle en raison de leur arrivée tardive dans le bloc de constitutionnalité tel l'article 1er de la Charte de l'environnement de 2004 (« Chacun a le droit de vivre dans un environnement équilibré et respectueux de la santé »)[5], l'article 66-1 de la Constitution (« Nul ne peut être condamné à la peine de mort »)[6] ou encore l'article 75-1 (« Les langues régionales appartiennent au patrimoine de la France »)[7], il est aussi envisageable, pour un requérant, de prétendre qu'un principe constitutionnel est nouveau faute d'avoir été explicitement consacré par le Conseil constitutionnel. Avec une argumentation solide et étayée, il est alors envisageable qu'un doute soit instillé dans l'esprit des juridictions ordinaires. Dans cet ordre d'idées, le Conseil d'État a jugé que « le moyen tiré de ce qu'un principe fondamental reconnu par les lois de la République impliquerait que des règles de prescription soient prévues en matière disciplinaire » soulevait une question nouvelle[8] et a transmis, en conséquence, la QPC aux Sages de la rue de Montpensier qui, au final, se sont refusé à reconnaître l'existence dudit principe[9]. En revanche, lorsque les juridictions suprêmes s'opposent à la transmission[10], la figure du juge constitutionnel « négatif » réapparaît.

1. Pour un exemple, v. P. Devedjian, « Entretien », *Le Monde*, 12 janv. 2010.
2. Si devant les juges *a quo*, la question ne doit pas être dépourvue de caractère sérieux (v. *supra*), une alternative existe pour les juridictions suprêmes : la question doit être nouvelle ou présenter un caractère sérieux (art. 23-4 de l'ordonnance de 1958).
3. V. J.-É. Gicquel, « La question nouvelle, condition de renvoi d'une question prioritaire de constitutionnalité au Conseil constitutionnel (un critère technique au service de politiques jurisprudentielles) », *LPA* 8 déc. 2011, p. 6.
4. Cons. const. 3 déc. 2009, n° 2009-595 DC, *Loi organique relative à l'article 61-1 C*, Rec. Cons. const. 206.
5. Civ. 3e, 27 janv. 2011, n° 10-40.056. En revanche, ne peuvent relever d'une question nouvelle les art. 2, 3, 4 (compte tenu de la décision Cons. const. 29 déc. 2009, n° 2009-599 DC, *Loi de finances pour 2010*, Rec. Cons. const. 218), 5 (Cons. const. 19 juin 2008, n° 2008-564 DC, *Loi OGM*, Rec. Cons. const. 313), 6 (Cons. const. 28 avr. 2005, n° 2005-514 DC, *Registre international français*, Rec. Cons. const. 78) et 7 (*Loi OGM*, préc.).
6. CE 8 oct. 2010, *M. Daoudi*, req. n° 338505.
7. CE 21 mars 2011, *Mme Céline Lang et a.*, req. n° 345193. V. J.-É. Gicquel, « Les langues régionales à l'épreuve des contentieux constitutionnel et administratif », *LPA* 15 juin 2011, p. 17.
8. CE 21 sept. 2011, *M. Michel Gourmelon*, req. nos 350385, 350386, 350387.
9. Cons. const. 25 nov. 2011, n° 2011-199 QPC, *M. Michel G.*, Rec. Cons. const. 555. On retrouve une démarche identique avec l'invocation, par les requérants, d'un prétendu principe constitutionnel selon lequel des corps de fonctionnaires ne pourraient être constitués et maintenus qu'en vue de pourvoir à l'exécution de missions de service public (CE 23 juill. 2012, *Syndicat de défense des fonctionnaires*, req. n° 356381 et Cons. const. 12 oct. 2012, n° 2012-281 QPC, *Syndicat de défense des fonctionnaires*, Rec. Cons. const. 536).
10. On pensera ici plus particulièrement à l'attitude de la Cour de cassation à l'égard de la prescription de l'action publique qui, selon elle, « ne revêt pas le caractère d'un principe fondamental reconnu par les lois de la République et ne procède pas des articles 7 et 8 de la Déclaration des droits de l'homme et du citoyen du 26 août 1789, ni d'aucune disposition, règle ou principe de valeur constitutionnelle » : Cass., ass. plén., 20 mai 2011, nos 11-90.025, 11-90.032, 11-90.033 et 11-90.042. B. Mathieu, « La prescription de l'action publique ne constitue pas un principe constitutionnel », *JCP* 2011, n° 24, 670. Rajoutons que l'obligation d'établir l'imposition foncière sur des bases nettes (CE 30 mai 2012, *GFA Fielouse-Cardet*, req. n° 355287) ainsi que le ▶

B. Un assujettissement variable du législateur au respect du bloc de constitutionnalité

161. Il ne suffit pas que la Constitution (puis le juge grâce à l'interprétation qu'il en donne) affirme (ou découvre) des droits et libertés pour que ceux-ci puissent, sans encombre, déployer tous leurs effets. En effet, deux garanties supplémentaires doivent être présentes.

En premier lieu, il faut s'assurer que le pouvoir constituant dérivé ne puisse, par un simple trait de plume, remettre en cause brutalement leur existence. L'étude du droit comparé démontre que cette préoccupation a guidé notamment l'Allemagne[1] ou encore le Portugal[2] et, d'une manière différente, l'Espagne qui prévoit un double mécanisme de révision[3], le mode renforcé devant être sollicité en cas d'atteintes portées aux droits et libertés.

Le système français ne s'est pas orienté vers ces solutions puisque le mécanisme de révision est unique (article 89 de la Constitution en mettant de côté le recours, contesté, par le général de Gaulle, à l'article 11 en 1962 et 1969) et que l'effectivité juridique des limites posées par la Constitution est pour le moins fragile. Sur ce dernier aspect qui suscite un débat compliqué, et en se bornant à l'essentiel, le Conseil constitutionnel s'est déclaré incompétent pour contrôler une loi constitutionnelle[4] tout en affirmant que le pouvoir constituant est souverain... sous réserve (mais comment peut-on être tout à la fois souverain et encadré par des restrictions ?) de respecter les limites posées aux articles 7, 16 et 89[5]. Or, parmi celles-ci, figure l'interdiction de toucher à « la forme républicaine du Gouvernement », qui, dans une acception large, pourrait inclure les principes même de la République structurés autour de la liberté et de l'égalité. Dès lors, une atteinte grave portée aux droits et libertés par le pouvoir constituant dérivé s'en trouverait censurée. Mais on retombe alors sur la question de la sanction et du refus du Conseil de contrôler la loi constitutionnelle. Le raisonnement circulatoire finit donc dans l'impasse[6].

En second lieu, la protection des droits et libertés doit être juridictionnellement garantie. Si les dérives d'un gouvernement des juges sont à stigmatiser, gardons-nous toujours des excès inverses. Une posture timorée, réservée et pusillanime du juge à l'égard d'un gouvernement disposant du soutien indéfectible d'une majorité parlementaire est toute aussi inquiétante pour l'État de droit. Le combat politique donne des ailes aux vainqueurs et l'arrogance puis l'aveuglement ne

---

► respect du secret professionnel en cours de procès (Com. 13 avr. 2012, n° 12-40.009) n'ont pas été considérés comme des questions nouvelles.

1. L'art. 69 de la Loi fondamentale du 23 mai 1949 interdit toute atteinte aux droits fondamentaux (*Grundrechte*) énumérés aux art. 1er à 20. C'est la « garantie de la pérennité constitutionnelle » (*Ewigkeitsgarantie*).
2. L'art. 288 de la Constitution du 2 avr. 1976 prescrit qu'une révision constitutionnelle doit respecter « les droits, les libertés et les garanties des citoyens ». De telles « clauses d'éternité », pour reprendre une expression de la doctrine allemande, impliquent logiquement que la juridiction constitutionnelle puisse contrôler la constitutionnalité d'une loi constitutionnelle. V. plus particulièrement, le contrôle (en pratique limité) effectué par le Cour constitutionnelle allemande : O. Lepsius, « Le contrôle par la Cour constitutionnelle des lois de révision constitutionnelle dans la République fédérale d'Allemagne », *Cah. Cons. const.* 2010, n° 27, p. 13.
3. Art. 167 et 168 de la Constitution du 27 déc. 1978.
4. Cons. const. 26 mars 2003, n° 2003-469 DC, *Organisation décentralisée de la République*, Rec. Cons. const. 293.
5. Cons. const. 2 sept. 1992, n° 92-312 DC, *Maastricht II*, Rec. Cons. const. 76.
6. Pour une vision d'ensemble, v. « Le contrôle de constitutionnalité des lois constitutionnelles », *Cah. Cons. const.* 2010, n° 27.

sont jamais bien loin. Pensons ici aux tensions récurrentes depuis 2015 entre le Tribunal constitutionnel polonais et le parti Droit et Justice (PiS) au pouvoir. Sans aller si loin, on méditera l'attitude, en février 2017, du Parlement rétablissant trois jours plus tard, certes sous une forme aménagée, le délit de consultation habituelle des sites « djihadistes » qui venait juste d'être invalidé par le Conseil. Celui-ci a logiquement censuré quelques mois plus tard cette seconde mouture[1]. *Errare humanum est, perseverare diabolicum.*

Or, une juridiction n'échappe pas au subjectivisme dans la détermination de l'étendue de la contrainte imposée au législateur et, en mettant de côté les effets induits par les changements dans sa composition, effectue des choix, qui ne sont pas fixés *ne varietur*, dans les degrés de protection qu'elle accorde aux droits et libertés[2]. Autrement dit, certains d'entre eux sont plus ou moins contraignants pour les acteurs publics; d'autres, en revanche, sont plus affirmés que protégés. De même, l'approche du juge varie s'il s'agit de confronter une liberté à un intérêt général bénéficiant d'un fondement constitutionnel ou seulement défini subjectivement par le législateur. Au surplus, en raison d'un bloc de constitutionnalité stratifié en textes conçus à des époques différentes, rédigés avec plus ou moins d'emphase et structurés par des philosophies politiques, économiques et sociales dissemblables, le Conseil, qui n'a jamais reconnu l'existence d'une hiérarchie interne, se meut dans un environnement juridique plus complexe que ses homologues étrangers. Enfin, le sens des réalités politiques et les conséquences de ses décisions[3] ne lui échappe pas, surtout lors de l'examen *a priori*, et c'est dans cette logique qu'il affirme régulièrement qu'il « ne dispose pas d'un pouvoir général d'appréciation et de décision identique à celui du Parlement ». Aussi, tout tableau jurisprudentiel se présente-t-il en nuances et dégradés de couleurs accompagnés d'effets de lumière et de transparence.

En se contenant ici de quelques coups de crayon rapides, la liberté de communication des idées et des pensées, garantie par l'article 11 de la Déclaration de 1789 fait l'objet d'une attention soutenue de la part du Conseil. Celui-ci, en effet, n'hésite pas à la qualifier de « liberté fondamentale, d'autant plus précieuse que son exercice est l'une des garanties essentielles du respect des autres droits et libertés et de la souveraineté nationale »[4] ce qui lui permet d'être des plus stricts tant sur les atteintes portées à la réception par les citoyens des informations émises (dimension passive) que sur leur émission (dimension active). À cet égard, il a ainsi jugé, en 2009, « qu'en l'état actuel des moyens de communication et eu égard au développement généralisé des services de communication au public en ligne (Internet en traduction) ainsi qu'à l'importance prise par ces services pour la participation à la vie démocratique et l'expression des idées et des opinions, ce droit (à la libre communication des idées et des pensées) impli-

1. Cons. const. 10 févr. 2017, n° 2016-611 QPC, *M. David P.* et n° 2017-682 QPC, 15 déc. 2017, *M. David P.*
2. Ainsi, il est clair que la Cour suprême américaine a toujours protégé de façon quasi absolue la liberté d'expression, intrinsèquement liée à l'histoire de la civilisation américaine, ce qui l'a conduite notamment à déclarer inconstitutionnelles des législations réprimant la profanation du drapeau national (*Texas v. Johnson*, 1989) ou interdisant aux entreprises le droit de dépenser de manière illimitée dans les campagnes électorales (*Citizens United v. FEC*, 2010). En revanche, les politiques de discrimination positive (*affirmative action*), initialement acceptées au nom d'un sentiment inavoué de repentance, sont désormais clairement menacées (*Parents Involved in Community Schools v. Seattle School*, 2007; *Ricci v. DeStefano*, 2009).
3. S. Salles, *Le conséquentialisme dans la jurisprudence du Conseil constitutionnel*, LGDJ, 2016.
4. Cons. const. 11 oct. 1984, n° 84-181 DC, *Entreprises de presse*, Rec. Cons. const. 78.

que la liberté d'accéder à ces services »[1]. Par ailleurs, et dans une démarche inédite, il lui est arrivé d'affirmer que l'indivisibilité de la République, l'égalité des citoyens et l'unicité du peuple français sont des « principes fondamentaux »[2].

Dans une logique diamétralement opposée, le Conseil est moins exigeant à l'égard de la liberté d'entreprendre, déduite de l'article 4 de la déclaration de 1789[3] et qui « comprend non seulement la liberté d'accéder à une profession ou à une activité économique mais également la liberté dans l'exercice de cette profession ou de cette activité[4] ». Certes, il a sensiblement renforcé les contraintes en ce sens que si, initialement, seules les restrictions arbitraires ou abusives étaient sanctionnées, au motif pris que « la liberté d'entreprendre n'est ni générale ni absolue »[5], il s'est ensuite orienté vers davantage de fermeté[6]. Reste que sa jurisprudence est *in fine* conciliante puisque, sauf à de rares exceptions près[7], les motifs d'intérêt général avancés par le législateur (tels « la lutte contre le chômage », « la préservation des éléments du patrimoine archéologique », objectifs « de police de la circulation et du stationnement sur la voie publique ») ou les exigences constitutionnelles (« la protection de la santé publique », « la lutte contre la fraude fiscale », « le droit au repos et aux loisirs », « le droit pour chacun d'obtenir un emploi », les objectifs « de sauvegarde de l'ordre public » ou « de préservation de l'ordre public économique ») sont de nature à justifier les atteintes portées à la liberté d'entreprendre.

Par ailleurs, force est d'admettre que la jurisprudence pénale du Conseil se caractérise, pour partie, par la prudence. Si depuis 1981, le Conseil impose, au nom de l'article 8 de la Déclaration de 1789, que l'infraction soit définie « en termes suffisamment clairs et précis pour exclure l'arbitraire »[8], il refuse, mettant en avant le principe qu'il ne dispose pas de ce « pouvoir général d'appréciation et de décision identique à celui du Parlement », de substituer sa propre vision à celle

1. Cons. const. 10 juin 2009, n° 2009-580 DC, *Loi favorisant la diffusion et la protection de la création sur Internet*, Rec. Cons. const. 107.
2. Cons. const. 15 juin 1999, n° 99-412 DC, *Charte européenne des langues régionales ou minoritaires*, Rec. Cons. const. 71.
3. Cons. const. 16 janv. 1982, n° 81-132 DC, *Nationalisations*, Rec. Cons. const. 18.
4. Cons. const. 30 nov. 2012, n° 2012-285 QPC, *M. Christian S.*, Rec. Cons. const. 636.
5. Cons. const. 16 janv. 1986, n° 85-200 DC, *Cumul entre pensions de retraite et revenus d'activité*, Rec. Cons. const. 9.
6. Le considérant de principe est fixé en 2001 (Cons. const. 16 janv. 2001, n° 2000-439 DC, *Loi relative à l'archéologie préventive*, Rec. Cons. const. 42) : « Considérant qu'il est loisible au législateur d'apporter à la liberté d'entreprendre, qui découle de l'article 4 de la Déclaration des droits de l'homme et du citoyen de 1789, des limitations liées à des exigences constitutionnelles ou justifiées par l'intérêt général, à la condition qu'il n'en résulte pas d'atteintes disproportionnées au regard de l'objectif poursuivi ».
7. V. récemment l'invalidation de l'incompatibilité de l'exercice de l'activité de conducteur de taxi avec celle de conducteur de VTC (Cons. const. 15 janv. 2016, n° 2015-516 QPC, M. Robert M.).
8. Cons. const. 20 janv. 1981, n° 80-127 DC, *Sécurité et liberté*, Rec. Cons. const. 15. V., à titre d'exemple, la décision 4 mai 2012, n° 2012-240 QPC, *M. Gérard D.*, par laquelle le Conseil a considéré que « l'article 222-33 du code pénal permet que le délit de harcèlement sexuel soit punissable sans que les éléments constitutifs de l'infraction soient suffisamment définis; qu'ainsi, ces dispositions méconnaissent le principe de légalité des délits et des peines ». Il arrive parfois que le contrôle soit plus elliptique. Concernant la notion de « bande organisée », le Conseil s'est contenté de s'appuyer sur la définition donnée par la jurisprudence pénale et la Convention des Nations unies contre la criminalité transnationale organisée. « Autrement dit, le Conseil reconnaît l'insuffisance du texte mais s'en remet, pour éviter la censure, à des compléments d'information qui n'entrent pas, traditionnellement, dans le champ de la légalité criminelle. Cette position laisse d'autant plus perplexe que le Conseil ne s'est pas demandé si la Convention en question ou la jurisprudence interne revêtent, elles-mêmes, les qualités rédactionnelles voulues » : B. de Lamy, « Le principe de légalité criminelle dans la jurisprudence du Conseil constitutionnel », *Cah. Cons. const.* 2009, n° 26, p. 23.

du législateur pour ce qui concerne la nécessité des peines attachées aux infractions définies par celui-ci. Il se contente de sanctionner les disproportions manifestes entre l'infraction et la peine. Un tel contrôle restreint ne conduit qu'à de rares invalidations[1]. De même, la règle *non bis in idem* est appréciée de manière souple (et ce contrairement à la position stricte de la Cour européenne des droits de l'homme, v. not. 4 mars 2014, *Grande Stevens c/ Italie*), puisque le principe même du cumul d'une sanction administrative (non pécuniaire) et pénale est accepté. Il sera seulement encadré, le Conseil exigeant, au titre du contrôle de proportionnalité, que le montant global des sanctions éventuellement prononcées ne dépasse pas le montant le plus élevé de l'une des sanctions encourues[2]. Bref, entre le discours dithyrambique et la critique systématique, il faut savoir être réaliste.

C. Le respect de l'autorité des décisions du Conseil constitutionnel

162. Les vecteurs de l'imprégnation constitutionnelle sont pluriels. Celle-ci, avant toute chose, ne se réduit pas à son seul versant juridictionnel. Le *soft power* de la rue de Montpensier est une réalité observable en raison du fait que la procédure législative s'oriente dans une logique prophylactique. En clair, le gouvernement dans la préparation de ses projets[3], le Conseil d'État lors de son examen consultatif obligatoire (Const., art. 39) puis les parlementaires pendant la discussion en commission et en hémicycle, intériorisent la contrainte constitutionnelle même si cela ne se fait pas sans anicroches[4]. Toute la difficulté est d'évaluer correctement le risque d'invalidation (et la tâche est complexe en raison d'un fonds résiduel d'imprévisibilité de la jurisprudence) car sa surestimation systématique conduit à la paralysie et au renoncement des décideurs politiques.

En application de l'article 62 de la Constitution, les décisions du Conseil constitutionnel « s'imposent aux pouvoirs publics et à toutes les autorités administratives et juridictionnelles »[5]. Les effets diffèrent selon les modalités de

1. Citons principalement la décision par laquelle le Conseil a censuré l'intégration de l'infraction d'aide à l'entrée et au séjour irrégulier d'un étranger (si elle est intentionnellement en relation avec une entreprise individuelle ou collective ayant pour but de troubler gravement l'ordre public par l'intimidation ou la terreur) dans le champ des actes de terrorisme (Cons. const. 16 juill. 1996, n° 96-377 DC, *Loi tendant à renforcer la répression du terrorisme*, Rec. Cons. const. 87); celle, en droit fiscal répressif, d'une amende encourue en cas de divulgation du montant des revenus d'une personne, égale, en toute hypothèse, au montant des revenus divulgués (Cons. const. 30 déc. 1987, n° 87-237 DC, *Loi de finances pour 1988*, Rec. Cons. const. 63).
2. Cons. const. 28 juill. 1989, n° 89-260 DC, *Loi relative à la sécurité et à la transparence du marché financier*, Rec. Cons. const. 71. Tout en maintenant cette jurisprudence, le Conseil a toutefois considéré qu'étaient contraires à la Constitution, pour méconnaissance du principe de nécessité des délits et des peines, le cumul des poursuites pour manquement d'initié devant l'Autorité des marchés financiers avec des poursuites pénales pour délit d'initié, compte tenu principalement de l'identité de l'élément matériel des deux incriminations (Cons. const. 18 mars 2015, n° 2014-453/454 et 462 QPC, *M. John L. et autres*). Il a, en revanche, jugé conforme le cumul des sanctions fiscales et pénales en cas de fraude fiscale (Cons. const. 24 juin 2016, n° 2016-546 QPC, *M. Jérôme Cahuzac*).
3. La première référence explicite date de 1988 : « Il convient de tout faire pour déceler et éliminer les risques d'inconstitutionnalité susceptibles d'entacher les projets de loi, les amendements et les propositions de loi inscrites à l'ordre du jour. Cette préoccupation doit être la nôtre même dans les hypothèses où une saisine du Conseil constitutionnel est peu vraisemblable » (Circ. 25 mai 1988, dite « Rocard », relative à la méthode de travail du gouvernement, *JO* 27 mai 1988, p. 7381).
4. Concernant le Parlement, il n'est pas rare de voir celui-ci revenir à la charge en adoptant des dispositions reprenant des règles précédemment invalidées par le Conseil nonobstant l'autorité de la chose jugée de ses décisions (art. 62 C) — v. *infra*.
5. V. « L'autorité des décisions du Conseil constitutionnel », *Cah. Cons. const.* 2011, n° 30.

contrôle : une invalidation *a priori* d'une disposition législative conduit à ce qu'elle ne puisse être ni « promulguée ni mise en application » (art. 62, al. 1) tandis que, dans l'hypothèse d'une abrogation *a posteriori*, le Conseil détermine, lui-même, « les conditions et limites dans lesquelles les effets que la disposition a produits sont susceptibles d'être remis en cause »[1] (art. 62, al. 2). Si la première occurrence, par son efficace simplicité, ne suscite pas de difficultés sauf dans l'hypothèse où le législateur souhaiterait rétablir ce qui avait été précédemment invalidé[2], il en va différemment pour « le service après-vente » d'une QPC dont la mise en œuvre peut faire tomber l'observateur, ainsi que le justiciable, dans les tréfonds du byzantinisme[3].

Plus globalement, les contours de l'attitude des juridictions ordinaires à l'égard d'une décision du Conseil s'apprécient selon une double approche.

L'article 62 s'impose strictement si la disposition législative ayant fait l'objet d'une décision du juge constitutionnel est au cœur du litige pendant. À première vue, les effets sur les juges ordinaires devraient être limités en ce sens que soit la norme législative est déclarée contraire à la Constitution et ne peut donc entrer en vigueur, soit elle est déclarée conforme et l'office du juge (faire respecter une disposition dont la constitutionnalité a été reconnue)[4] s'en trouve particulièrement simplifié. En réalité, la situation est plus complexe.

On isolera le cas où une décision du Conseil constitutionnel intervenue dans le cadre de l'article 37, al. 2, de la Constitution (soit dans la procédure de délégalisation où il examine seulement si la disposition législative relève du domaine de la loi – art. 34 – ou de celui du règlement – art. 37[5]) peut contraindre le Conseil

1. La politique jurisprudentielle du Conseil se résume comme suit : « D'une part, l'effet abrogatif de la déclaration d'inconstitutionnalité interdit que les juridictions appliquent la loi en cause, non seulement dans l'instance ayant donné lieu à la QPC, mais aussi dans toutes les instances en cours à la date de cette décision; d'autre part, toute exception ou dérogation à cette orientation générale, de quelque nature qu'elle soit, ne peut résulter que des dispositions expresses de la décision du Conseil » (M. Guillaume, Audition devant la commission des lois de l'Assemblée nationale, 21 nov. 2012, Compte rendu n° 16, p. 8).
2. Le Conseil affirme depuis 1989 que « si l'autorité attachée à une décision du Conseil constitutionnel déclarant inconstitutionnelles des dispositions d'une loi ne peut en principe être utilement invoquée à l'encontre d'une autre loi conçue en termes distincts, il n'en va pas ainsi lorsque les dispositions de cette loi, bien que rédigées sous une forme différente, ont, en substance, un objet analogue à celui des dispositions législatives déclarées contraires à la Constitution » (Cons. const. 8 juill. 1989, n° 89-258 DC, *Loi portant amnistie,* Rec. Cons. const. 48). On notera que l'autorité de la chose jugée des décisions du Conseil a été particulièrement malmenée par le Parlement en 2013 (v. Cons. const. 29 déc. 2013, n° 2013-685 DC, *Loi de finances pour 2014,* Rec. Cons. const. 1127). Lors des vœux présentés au chef de l'État en janv. 2014, le président du Conseil constitutionnel a estimé que « cette situation est préoccupante. L'État de droit est fondé sur le respect de la règle de droit et des décisions de justice [...] Le respect de la Constitution n'est pas un risque, c'est un devoir. Chacun doit y veiller à la place qui est la sienne » (site Internet du Conseil).
3. On pensera ici plus particulièrement aux positions divergentes du Conseil d'État et de la Cour de cassation quant aux conséquences à tirer sur les instances en cours de l'abrogation de la disposition transitoire de la loi dite « anti-Perruche » (Cons. const. 11 juin 2010, n° 2010-2 QPC, *Mme Viviane L.*, Rec. Cons. const. 105).
4. Il est à relever que le juge ordinaire peut parfaitement écarter une disposition législative pour inconventionnalité nonobstant le fait qu'elle ait été déclarée conforme à la Constitution. Ainsi, la Cour de cassation (Crim. 19 oct. 2010, n° 10-82.902; Cass., ass. plén., 15 avr. 2011, n°s 10-17.049, 10-30.242, 10-30.313, 10.30.316) a-t-elle jugé que les limitations à l'intervention d'un avocat dans les gardes à vue relatives aux infractions relevant du crime et la délinquance organisées jugées conforme à la Constitution par le Conseil étaient incompatibles avec l'art. 6 de la Convention européenne des droits de l'homme.
5. Il ne peut se prononcer, sur forme d'avis, sur la constitutionnalité d'une disposition (CC, n° 80-113 L, 14 mai 1980, *Nature juridique des diverses dispositions du Code général des impôts relatives à la procédure contentieuse en matière fiscale,* Rec. Cons. const. 61).

d'État à modifier sa jurisprudence[1], pour se pencher davantage sur les réserves d'interprétation.

On sait que, grâce à cet outil, apparu dès 1959 mais dont le recours ne se banalise qu'à partir des années 1980, le Conseil constitutionnel s'est octroyé la capacité d'aller au-delà de l'alternative binaire (annuler/ne pas annuler; puis avec la QPC, abroger/ne pas abroger) à laquelle la Constitution semblait pourtant le confiner. Afin de sauver une disposition d'une déclaration d'inconstitutionnalité ou parce que l'annulation de la disposition défectueuse n'aurait pas de sens[2] le Conseil décide d'accompagner sa décision de conformité (qu'elle soit rendue *a priori* ou *a posteriori*) d'une réserve d'interprétation[3]. Ces réserves s'imposant aux juges chargés de l'application de la loi[4], l'influence du Conseil, et notamment le sens qu'il entend donner aux droits et libertés constitutionnellement garantis, se diffuse irrésistiblement.

Il n'en reste pas moins que l'application de l'article 62 s'entend strictement puisque son autorité ne bénéficie qu'à la seule décision portant sur la loi soumise au Conseil constitutionnel. Bref, l'interprétation générale de la Constitution effectuée par ce dernier ne contraint pas les juges ordinaires. La Cour de cassation, dans un arrêt remarqué, a rappelé que « si l'autorité des décisions du Conseil constitutionnel s'attache non seulement au dispositif, mais aussi aux motifs

1. Concrètement, la décision n° 82-124 L du 23 juin 1982, par laquelle le Conseil jugea que les redevances perçues par les agences financières de bassin ne constituent pas des taxes parafiscales mais des impositions de toute nature conduisit le Conseil d'État à un revirement de jurisprudence (CE, ass., 20 déc. 1985, *Établissements Outters*, *Lebon* 382).
2. Par ex., l'article LO 141-1 du Code électoral a déterminé la liste des fonctions exécutives locales devenues incompatibles, à compter de 2017, avec l'exercice d'un mandat parlementaire. Réparant un oubli du législateur, le Conseil indique que la fonction de vice-président de l'Assemblée de Corse est aussi concernée (Cons. const. 13 févr. 2014, n° 2014-689 DC, *Cumul des mandats*). Identiquement, le législateur ne pouvait exclure les professions libérales du régime permettant aux commerçants et artisans de bénéficier d'une remise de plein de droit des pénalités, majorations de retard et frais de poursuite dus par le redevable à la date du jugement d'ouverture en cas de procédure de sauvegarde ou de redressement ou de liquidations judiciaires (Cons. const. 11 févr. 2011, n° 2010-101 QPC, *Mme Monique P.*, Rec. Cons. const. 116).
3. Selon les hypothèses, la réserve est dite « neutralisante » en retirant tout effet juridique à la disposition (lorsque, par exemple, le juge indique que la qualification de « pays d'outre-mer » pour la Polynésie française « *n'emporte aucun effet de droit* » : Cons. const. 12 févr. 2004, n° 2004-490 DC, *Polynésie française*, Rec. Cons. const. 41); « constructive » en complétant la règle posée par le législateur (par ex., en y adjoignant une garantie procédurale supplémentaire : est imposé au Conseil supérieur de l'audiovisuel de mettre en demeure les titulaires d'autorisation avant d'utiliser ses pouvoirs de sanction : Cons. const. 17 janv. 1989, n° 88-248 DC, *CSA*, Rec. Cons. const. 18) et « directive » en imposant une grille de lecture aux autorités chargées de sa mise en œuvre (les perquisitions nocturnes ne peuvent être décidées par le juge judiciaire ou par l'administration (dans le cadre de l'état d'urgence) que si les circonstances l'exigent : Cons. const, 2 mars 2004, n° 2004-492 DC, *Perben II*, Rec. Cons. const. 66 et 19 févr. 2016, n° 2016-536 QPC, *Ligue des droits de l'homme*; le cumul de sanctions fiscales et pénales pour insuffisance de déclaration est possible seulement pour les « *cas les plus graves* » : Cons. const. 24 juin 2016, n° 2016-546 QPC, *M. Jérôme C.*). En sus, le Conseil, dans le cadre de la QPC, a forgé la catégorie de la réserve d'interprétation transitoire (v. n° 95).
V. T. di Manno, *Le juge constitutionnel et la technique des décisions interprétatives en France et en Italie*, PUAM, 1997.
4. V. not. CE, ass., 1er mars 1994, *SA La Cinq*, *Lebon* 118. V. not. CE 8 déc. 2000, *Conseil supérieur de l'administration des biens*, req. n° 217826; 6 mai 2009, *Association FNATH et autres*, req. n° 312462; 17 mars 2010, *CGT*, req. n° *319785; 8 juin 2016, Association française des entreprises privées, n° 383259 Il appartient au juge administratif de faire application d'une réserve d'interprétation,* le cas échéant, d'office (CE 15 mai 2013, *Commune de Gurmençon*, n° 340554). Pour la Cour de cassation : Civ. 2e, 28 juin 1995, *JCP* 1995. II. 22504, concl. Sainte-Rose; Crim. 10 oct. 1996, *Bull. crim.* n° 356; Civ. 1re, 22 mars 2005, n° 04-50.024. En revanche, la réserve par ricochet (émise sur une loi à l'occasion du contrôle d'une autre loi) n'est pas prise en compte par les juges ordinaires (CE, sect., 22 juin 2007, *Lesourd*, req. n° 288206).

qui en sont le soutien nécessaire, ces décisions ne s'imposent aux pouvoirs publics et aux autorités administratives et juridictionnelles qu'en ce qui concerne le texte soumis à l'examen du Conseil »[1]. Aussi, les divergences d'interprétation sont-elles toujours possibles; les contours de la responsabilité pénale du chef de l'État étant, jusqu'à la révision constitutionnelle de 2007, un exemple topique de désaccord entre le quai de l'Horloge et la rue de Montpensier.

Après, il faut reconnaître que cette jurisprudence dispose, à tout le moins d'une « autorité morale [qui] est fonction de la force de conviction du raisonnement suivi »[2] et que les juges doivent s'appuyer sur de solides justifications pour décider de s'en écarter. La tendance générale du Conseil d'État, l'attitude de la Cour de cassation étant nettement plus ambivalente, est de s'efforcer de statuer, en recourant à ses propres méthodes de raisonnement, dans un sens compatible avec la règle de droit posée par le Conseil constitutionnel[3].

Pour conclure, constatons que le débat sur la constitutionnalisation du droit se trouve renouvelé avec la QPC.

Longtemps cantonné à l'art politique et présenté par le recteur Prélot, comme une « science des règles juridiques suivant lesquelles s'établit, se transmet et s'exerce l'autorité politique, ou encore, plus brièvement, de droit de l'autorité politique »[4], le droit constitutionnel est devenu une discipline pleinement juridique puisque « sanctionné par un juge »[5]. Partant de là, la rhétorique de la constitutionnalisation des branches du droit a pu se développer[6], et il pouvait être soutenu, notamment par l'école d'Aix, que le droit jurisprudentiel constitutionnel irriguait progressivement tous les secteurs juridiques et diffusait, tel un droit matriciel, un socle commun de référence. L'influence était principalement remarquée dans le domaine des droits et libertés fondamentaux.

La résistance doctrinale s'organisa et, soutenue par les postures parfois ambiguës du Conseil d'État et de la Cour de cassation, certains auteurs défendirent la thèse inverse; à savoir que la réalité juridique se traduisait par une « civilisation », une « administrativisation » ou une « pénalisation » du droit constitutionnel. Ce dernier finissait par se transformer sous l'effet de l'influence des autres bran-

1. Cass., ass. plén., 10 oct. 2001, *Breisacher*, n° 01-84.922.
2. B. Genevois, « Le Conseil constitutionnel et le droit international pénal », *RFDA* 1999. 721.
3. Le respect de la dignité humaine est consacré comme un principe à valeur constitutionnelle (Cons. const. 27 juill. 1994, n° 94-343/344 DC, *Bioéthique*, Rec. Cons. const. 100) avant d'être considéré comme « une des composantes de l'ordre public » que le maire doit faire respecter sur le territoire de sa commune (CE, ass., 27 oct. 1995, *Commune de Morsang s/Orge*, *Lebon* 372). Dans un domaine tout à fait différent, la démarche suivie par le Conseil constitutionnel pour le contrôle de constitutionnalité d'une loi de transposition de directive européenne (Cons. const. 27 juill. 2006, n° 2006-540 DC, *Loi DAVSI*, Rec. Cons. const. 88) est reprise par le Conseil d'État pour l'examen de constitutionnalité d'actes administratifs de transposition (CE, ass., 8 févr. 2007, *Sté Arcelor*, *Lebon* 55). Enfin, la diminution des ressources publicitaires de France Télévision, en la privant d'une part significative de ses ressources, affecte, pour les deux juridictions, la garantie de ses ressources qui constitue un élément de son indépendance et relève donc de la loi (Cons. const. 3 mars 2009, n° 2009-577 DC, *Loi relative à la communication audiovisuelle*, Rec. Cons. const. 64; CE 11 févr. 2010, *Mme Nicole U. et a.*, req. n° 324233).
4. *Précis de droit constitutionnel*, 1re éd., Dalloz, 1948, p. 19.
5. L. Favoreu, « Droit de la constitution et constitution du droit », *RFDC* 1990. 83. V. not. P. Avril, « La constitution, Lazare ou Janus », *RD publ.* 1990. 949; O. Beaud, « Constitution et droit constitutionnel », *in* D. Alland, S. Rials (dir.), *Dictionnaire de culture juridique*, PUF, coll. « Quadrige », 2003, p. 257; J. Chevallier, « Droit constitutionnel et institutions politiques : les mésaventures d'un couple fusionnel », in *Mélanges Avril*, Montchrestien, 2001, p. 183.
6. V. not. L. Favoreu, « La constitutionnalisation du droit », in *Mélanges Roland Drago*, Economica, 1996, p. 25; N. Molfessis, *Conseil constitutionnel et droit privé*, LGDJ, 1997.

ches du droit. La discussion est connue. Elle s'est apaisée[1] au moment où une partie non négligeable de la communauté universitaire commença à voir dans la Cour européenne des droits de l'homme le nouvel oracle du Droit. La thématique de la conventionnalisation du droit prit alors son essor[2] et elle semblait d'autant plus irrésistible que le contrôle de conventionnalité apportait une garantie capitale dans la protection des droits et libertés, à savoir qu'il était aux mains des justiciables aussi bien devant les juridictions nationales que devant la Cour de Strasbourg. La mise en place de la QPC vient de changer la situation et le débat sur la constitutionnalisation du droit peut désormais reprendre[3].

Bibliographie indicative

- P. Avril, J. Gicquel, *Le Conseil constitutionnel*, 6e éd., Montchrestien, 2011.
- P. Blachèr, J.-É. Gicquel, P. Jan, *Droits et libertés constitutionnels*, Hachette, 2012.
- S. Benzina, *L'effectivité des décisions QPC du Conseil constitutionnel*, LGDJ, 2017.
- J. Bonnet et P.-Y. Gadhoun, *La question prioritaire de constitutionnalité*, PUF, 2014.
- M. Disant, *L'autorité de la chose interprétée par le Conseil constitutionnel*, LGDJ, 2010.
- G. Drago (dir.), *L'application de la Constitution par les Cours suprêmes*, Dalloz, 2007.
- G. Drago, *Contentieux constitutionnel français*, 3e éd., PUF, 2011.
- L. Favoreu, L. Philip et *al.*, *Les grandes décisions du Conseil constitutionnel*, 19e éd., Dalloz, 2018 à paraître.
- J.-É. Gicquel, « Constitution », *J.-Cl. Adm.*, fasc. n° 10, 2012.
- P. Jan, *Le procès constitutionnel*, LGDJ, 2010.
- B. Mathieu, M. Verpeaux (dir.), *L'examen de la constitutionnalité de la loi par le Conseil d'État*, Dalloz, 2011.
- B. Mathieu, D. Rousseau, *Les grandes décisions de la question prioritaire de constitutionnalité*, LGDJ, 2013.
- C. Maugüé, J.-H. Stahl, *La question prioritaire de constitutionnalité*, Dalloz, 2011.

1. Ainsi D. de Béchillon et N. Molfessis écrivaient-ils, en 2004, que « la phase de croissance du Conseil constitutionnel est sans doute derrière nous et avec elle, il faut l'espérer, les logiques d'affrontement disciplinaire que cette zone frontalière du droit a pu connaître. La question de l'insertion du droit constitutionnel dans notre système juridique devrait désormais être traitée avec moins de passion et plus de technique, le temps des craintes et de l'inconnu étant, sans nul doute, révolu » : « Le Conseil constitutionnel et les autres branches du droit. Propos introductifs », *Cah. Cons. const.* 2004, n° 16, p. 3.
2. V. not. A. Debet, *L'influence de la Convention européenne des droits de l'homme sur le droit civil*, Dalloz, 2002; J.-P. Marguénaud (dir.), *CEDH et droit privé. L'influence de la jurisprudence de la Cour européenne des droits de l'homme sur le droit privé français*, Doc. fr., coll. « Perspectives sur la justice », 2001.
3. « Le droit privé s'est approprié la question prioritaire de constitutionnalité, il s'est décentré vers le droit constitutionnel, tandis que celui-ci s'est lui-même insinué dans des domaines qui semblaient lui échapper jusqu'alors » : V. Lamanda, Audition devant la commission des lois de l'Assemblée nationale, 21 nov. 2012, Compte rendu n° 16, p. 21. V. not. A. Botton, B. de Lamy, X. Magnon, « La QPC, révélateur des limites du droit constitutionnel ? Lectures contrariées et contradictoires », *D.* 2012. 2030.

- E. PICARD, « L'émergence des droits fondamentaux en France », *AJDA* 1998. 6, n° spécial juill.-août.
- D. ROUSSEAU, J. Bonnet, P.-Y. Gahdoun, *Droit du contentieux constitutionnel*, 11e éd., Montchrestien, 2016.
- D. ROUSSEAU, J. BONNET, *L'essentiel de la QPC*, 2e éd., 2012, Gualino; *L'essentiel des grandes décisions QPC*, Gualino, 2012.
- H. ROUSSILLON, P. ESPLUGAS, *Le Conseil constitutionnel*, 8e éd., Dalloz, 2015.
- B. STIRN, *Les sources constitutionnelles du droit administratif*, 9e éd., LGDJ, 2016; *Les libertés en question*, 10e éd., LGDJ, 2017.

Dossiers

- « Le Conseil constitutionnel : cinq ans de QPC », *Cah. Cons. const.* 2015, n° 47.
- « Le Conseil constitutionnel et le droit social », *Cah. Cons. const.* 2014, n° 45.
- « Le Conseil constitutionnel : trois ans de QPC », *Cah. Cons. const.* 2013, n° 40.
- « La Constitution et le droit des personnes et de la famille », *Cah. Cons. const.* 2013, n° 39.
- « Le Conseil constitutionnel et le droit administratif », *Cah. Cons. const.* 2012, n° 37.
- « Le Conseil constitutionnel et l'impôt », *Cah. Cons. const.* 2011, n° 33.
- « Le Conseil constitutionnel et le droit des biens et des obligations », *Cah. Cons. const.* 2011, n° 31.
- « L'autorité des décisions du Conseil constitutionnel », *Cah. Cons. const.* 2011, n° 30.
- « La Question prioritaire de constitutionnalité », *Pouvoirs* 2011, n° 137 et *Cah. Cons. const.* 2010, n° 29.
- « La Constitution et le droit pénal », *Cah. Cons. const.* 2009, n° 26.
- « Le Conseil constitutionnel et les autres branches du droit », *Cah. Cons. const.* 2004, n° 16.
- « Le Conseil constitutionnel », *Pouvoirs* 2003, n° 105.

Pistes de réflexion

Juge ou juges constitutionnel(s) ?
Les modalités d'examen d'une QPC par les juridictions judiciaires et administratives
La défense des droits et libertés constitutionnellement garantis
L'efficacité de la protection constitutionnelle

Section 7.
LE DROIT INTERNATIONAL PRIVÉ ET LES DROITS FONDAMENTAUX

YVES LEQUETTE
Professeur à l'Université Panthéon-Assas (Paris II)

Jusqu'à une époque relativement récente, les internationalistes privatistes ne se préoccupaient guère de l'incidence des droits fondamentaux sur leur discipline. Seule la question de l'entrée et du séjour des étrangers en France avait subi de manière significative l'empreinte de ceux-ci. Mais, en dépit du caractère neutre et indirect des règles de conflits de lois, la question de leur compatibilité avec les droits fondamentaux est de plus en plus souvent débattue. Surtout, l'application en France de normes étrangères — règles ou décisions, émaneraient-elles d'États qui ne sont pas parties à la Convention européenne —, n'est admissible que si elles en respectent les prescriptions. D'où une influence croissante des droits fondamentaux sur le droit international privé contemporain qui n'est pas sans soulever des difficultés au regard des objectifs traditionnels de la discipline, notamment l'harmonie internationale des solutions.

163. ***Un monde divisé : le phénomène de la frontière.*** Le monde est divisé en États souverains et indépendants. Mais, bien loin de se tenir enfermés dans le cadre national, les hommes nouent des relations de plus en plus nombreuses à travers les frontières. Des ressortissants de pays différents se marient, ont des enfants, divorcent, contractent, se causent des dommages... On pourrait imaginer qu'existe pour répondre à ces problèmes, en marge ou au-dessus des États, une société internationale, constituée en ordre juridique autonome, qui assumerait pour le bien de ses membres la réglementation des relations qui se développent simultanément dans plusieurs milieux nationaux. Tel n'est pas le cas. Dès lors, il revient aux États eux-mêmes de répondre aux multiples interrogations que suscite le phénomène de la frontière. De quel État chaque individu est-il le ressortissant ? C'est la nationalité. Étrangers et nationaux sont-ils traités sur un pied d'égalité ? C'est la condition des étrangers. Comment réglementer les relations privées qui débordent le cadre national ? C'est le conflit de lois. Lorsque ces relations prennent un tour contentieux, quelles sont les juridictions compétentes pour en connaître et quels effets les décisions qu'elles rendent produisent-elles dans les autres États concernés ? C'est le conflit de juridictions.

164. ***La réponse du droit international privé français : la continuité de traitement des relations privées internationales.*** Formant dans la tradition juridique française ce qu'on a coutume d'appeler le droit international privé, la réponse à ces questions est actuellement guidée par l'idée que l'homme est naturellement doué d'une certaine mobilité sociale qui lui permet de s'accomplir non seulement dans son propre pays mais encore à l'étranger. Aussi bien, soucieuse de promouvoir les relations privées internationales, la jurisprudence française a-t-elle fait sauter, il y a maintenant plus d'un demi-siècle, les verrous qui avaient longtemps entravé la participation des étrangers à la vie juridique française : l'incompétence des tribunaux français pour connaître des litiges entre étrangers qu'on déduisait traditionnellement de l'interprétation *a contrario* des articles 14 et 15 du Code civil a été abandonnée[1]; les étrangers ont été assimilés aux Français sur le terrain de la jouissance des droits privés[2]. Il en est résulté un environnement juridique beaucoup plus favorable à l'épanouissement des relations privées internationales. La méthode qu'une longue tradition historique avait progressivement forgée pour apporter un traitement approprié à ces relations a ainsi pu prendre son plein essor. Au lieu de soumettre systématiquement au droit français les relations privées internationales dont elles ont à connaître, les juridictions françaises font application de lois étrangères lorsque ces relations entretiennent avec un autre ordre juridique des liens particulièrement étroits et significatifs. Corrélativement, les décisions intervenues à l'étranger à propos de ces mêmes relations pourront éventuellement développer leurs effets en France. On cherche ainsi à éviter que les frontières ne soient à l'origine d'une véritable rupture dans le traitement des relations privées internationales. Il est évident, en effet, que si chaque État applique sa propre loi à une relation qui se développe à cheval sur plusieurs ordres juridiques, cela ne peut conduire qu'à la traiter de manière fragmentaire et à créer une discontinuité radicale entre les ordres juridiques. Mariés dans un pays, les époux pourront ne pas l'être dans un autre. Valable dans un pays, le contrat pourra ne pas l'être dans un autre, etc. En soumettant chaque relation privée internationale à la loi du pays avec lequel elle entretient les liens les plus étroits, on pose une directive qui doit permettre de parvenir à l'harmonie internationale des solutions, c'est-à-dire au fait qu'une situation internationale sera traitée de la même façon dans tous les États concernés.

165. ***La limite : la défense de la cohésion de la société française.*** Le préjugé favorable que nourrit le droit international privé français à l'égard du développe-

1. Civ. 21 juin 1948, *Patino, JCP* 1948. II. 4422, note Lerebours-Pigeonnière, *S.* 1949. 1. 121, note Niboyet, *Rev. crit. DIP* 1949. 557, note Francescakis.
2. Civ. 27 juill. 1948, *Lefait, D.* 1948. 535, *Rev. crit. DIP* 1949. 75, note Batiffol, *Les grands arrêts de la jurisprudence française de droit international privé (GAJDIP)*, par B. Ancel et Y. Lequette, 5e éd., 2006, no 20.

ment des relations privées internationales trouve néanmoins une *limite* dans la nécessité qu'éprouve chaque État d'assurer la défense de la société qu'il représente. L'insertion des relations internationales dans le contexte des ordres juridiques nationaux doit s'opérer de telle façon que leur cohésion ne soit pas altérée. Organisations humaines parmi les plus achevées, les sociétés étatiques sont « plus existantes » que la société internationale[1]. Elles forment pour l'heure le cadre naturel dont relève la majeure partie de la population mondiale. Aussi ne faudrait-il pas qu'à la faveur du développement des relations privées internationales, cette existence puisse être remise en cause. D'où l'appel à toute une série d'instruments qui ont pour but de préserver les sociétés étatiques des atteintes qui pourraient leur être portées à l'occasion de l'insertion des relations internationales dans les ordres juridiques nationaux : lois de police qui n'entrent pas en concurrence avec les lois étrangères et qui s'appliquent directement dans toute la mesure où cela est nécessaire à la défense des intérêts vitaux dont l'État qui les édicte a la charge; exception d'ordre public international qui permet de faire échec aux normes étrangères — règles ou décisions — dont l'introduction dans un ordre juridique serait de nature à porter atteinte aux valeurs essentielles de la société considérée; police des étrangers qui a pour but de réguler l'entrée et le séjour des étrangers en fonction des besoins de la société d'accueil et de s'opposer à la présence d'étrangers jugés indésirables. En bref, le droit international privé est la résultante du délicat équilibre que chaque État cherche à établir entre la prise en compte de la spécificité et de la légitimité des relations privées internationales et la nécessaire défense de la cohésion de la société dont il a la charge.

166. ***L'impact limité des droits fondamentaux jusqu'au milieu du XXe siècle.*** L'irruption, sur la scène du droit international privé, des droits de l'homme et plus généralement des droits dits fondamentaux est-elle de nature à renouveler les données du problème ? Au premier abord, une réponse positive paraît devoir prévaloir. La prise en compte des droits de l'homme ne peut, en effet, qu'apparaître prometteuse à ceux qui appellent de leurs vœux un développement toujours plus intense des relations privées internationales. Ces droits étant définis en considération de « l'homme en soi », abstraction faite des particularités que lui imprime chaque société nationale, leur prise en compte ne peut semble-t-il qu'aider à percer les écrans que les États opposent au développement des relations privées internationales. Aussi bien doit-on constater que les internationalistes ont été les premiers à se préoccuper de l'incidence des droits de l'homme sur le droit positif. C'est ainsi que, dans les *Études offertes à Georges Ripert* qui donnent un excellent panorama du « droit privé au milieu du XXe siècle », la seule contribution à s'inscrire dans cette problématique a trait au droit international privé. Dans un article intitulé « La Déclaration universelle des droits de l'homme et le droit international privé français », Paul Lerebours-Pigeonnière s'interrogeait, en effet, sur les conséquences qu'il convient d'attacher à l'éventuelle violation des droits fondamentaux par les règles du droit international privé français ainsi que par les normes étrangères auxquelles celles-ci donnent compétence[2]. Dictées par le contexte juridique dans lequel elles étaient élaborées, les réponses à cette double interrogation étaient très contrastées. Alors que le juge français ne pouvait, selon lui, déduire aucune conséquence de la contrariété du droit international privé français aux droits fondamentaux, il pouvait en

1. Francescakis, *Archives Phil. dr.* 1958. 205.
2. P. Lerebours-Pigeonnière, « La Déclaration universelle des droits de l'homme et le droit international privé français », *Le droit privé français au milieu du XXe siècle, Études offertes à Georges Ripert*, 1950, p. 255.

revanche puiser dans ceux-ci d'utiles directives afin de féconder l'exception d'ordre public international.

167. ***L'influence croissante des droits fondamentaux.*** Ces solutions sont assez rapidement apparues très en retrait par rapport à celles qui avaient cours dans plusieurs pays voisins : Italie et plus encore Allemagne. Assez tôt en effet les plus hautes juridictions de ces pays se sont préoccupées de la conformité de leur propre règle de droit international privé avec leurs normes fondamentales. La distorsion s'expliquait, sans doute, d'abord par des raisons institutionnelles : alors que, dans ces pays, un recours constitutionnel peut être formé contre un texte en vigueur, il n'en allait pas de même, à l'époque, en France. En outre, codifiées dans ces droits, les règles de conflits de lois sont, en France, longtemps restées presque exclusivement jurisprudentielles, ce qui permettait des ajustements plus discrets. Enfin, peut-être faut-il voir dans cette différence d'attitude le signe d'une certaine mauvaise conscience, de la part de pays qui s'étaient donnés à des régimes qui avaient perdu le sens des droits de l'individu pour ne plus obéir qu'à leurs instincts collectifs.

Quoi qu'il en soit de ces raisons, cette distorsion s'est progressivement estompée. L'influence croissante exercée, au sein de l'ordre juridique français, par la Convention européenne de sauvegarde des droits de l'homme et des libertés fondamentales a conduit les auteurs à reprendre la réflexion amorcée par Lerebours-Pigeonnière et à se demander si une plus grande perméabilité du droit international privé aux droits fondamentaux n'était pas de nature à réduire la distance entre l'origine nationale des règles de droit international privé et l'objet international de celui-ci ainsi qu'à favoriser l'élaboration d'un ordre public non plus national mais réellement international qui faciliterait l'accueil en France des normes étrangères et par là même assurerait une meilleure continuité de traitement aux relations privées internationales, sans pour autant remettre en cause la cohésion des sociétés nationales considérées[1]. C'est à cette double interrogation qu'on essaiera de répondre en s'interrogeant successivement sur la conformité aux droits fondamentaux des règles françaises de droit international privé puis des normes étrangères désignées par ces mêmes règles.

I. Règles françaises de droit international privé et droits fondamentaux

168. ***La diversité des méthodes.*** Traditionnellement on identifie le droit international privé à la méthode des conflits de lois. Par cette méthode, il s'agit non de réglementer directement les relations privées à caractère international mais de désigner au moyen de règles de conflits de lois les ordres juridiques auxquels cette réglementation doit être empruntée. Prépondérante au sein de la discipline, cette méthode n'est cependant pas exclusive. Il existe, en effet, en droit international privé, des règles matérielles qui répondent directement au problème posé : droit de la nationalité, droit de la condition des étrangers, règles

1. B. Goldman, « La protection internationale des droits de l'homme et l'ordre public international dans le fonctionnement de la règle de conflit de lois », *Mélanges R. Cassin*, 1969, p. 449; D. Cohen, « La Convention européenne des droits de l'homme et le droit international privé français », *Rev. crit. DIP* 1989. 451; P. Mayer, « La Convention européenne des droits de l'homme et l'application des normes étrangères », *Rev. crit. DIP* 1991. 651; P. Hammje, *La contribution des principes généraux du droit à la formation du droit international privé*, thèse Paris I, 1994; P. Courbe, « Le droit international privé et les difficultés d'insertion de la Convention dans le système français », *Quelle Europe pour les droits de l'homme ?*, 1996, p. 249.

définissant la compétence internationale des juridictions françaises, règles substantielles qui traitent de manière originale des relations privées internationales, notamment commerciales, lorsque les règles internes se révèlent inaptes à les organiser. En outre, lorsqu'un juge étranger est déjà intervenu, le droit international privé français définit à quelles conditions la décision étrangère peut être accueillie au sein de l'ordre juridique français et peut y produire effet.

La distinction des règles matérielles et des règles de conflits de lois présente un intérêt certain au regard de la question de l'incidence des droits fondamentaux sur le droit international privé français. Alors que le contrôle de la compatibilité des règles matérielles avec ces droits ne pose aucun problème méthodologique particulier (**A.**), celui des règles de conflits de lois soulève, du fait de leur caractère propre, des interrogations spécifiques (**B.**). Quant à la méthode de la reconnaissance des décisions étrangères, elle paraissait devoir échapper, sauf éventuellement en ce qui concerne la définition des contours de l'exception d'ordre public international (v. ss 183), à l'emprise des droits fondamentaux. Mais leur expansion continue conduit à se demander s'ils ne sont pas appelés à se substituer, en ce domaine, au moins partiellement, aux outils traditionnels du droit international privé (**C.**).

A. Règles matérielles et droits fondamentaux

169. ***Présentation.*** Nationalité, condition des étrangers, conflits de juridictions constituent le domaine d'élection de la méthode dite des règles matérielles[1]. Le droit de la nationalité faisant l'objet dans cet ouvrage de développements autonomes[2] et la question de la compatibilité des règles françaises de compétence judiciaire internationale avec les droits fondamentaux n'ayant pour l'instant donné lieu qu'à un contentieux très limité[3], on traitera ici exclusivement de la condition des étrangers.

1. Batiffol et Lagarde, *Traité de droit international privé*, t. 1, 8e éd., nos 4 s. Ce qui ne veut pas dire qu'il n'y a pas des règles matérielles de fond dont la compatibilité avec les droits fondamentaux puisse parfois poser problème. V. par ex., à propos d'une éventuelle contrariété des règles matérielles posées par la Convention de La Haye du 25 oct. 1980 sur les aspects civils de l'enlèvement international d'enfants avec l'art. 8 de la Convention européenne des droits de l'homme, CEDH 6 nov. 2008, *JCP* 2009. I. 104, n° 12, obs. Sudre. V. aussi Cons. const. 5 août 2011, *D.* 2011. 2035; *Dr. fam.* 2011, n° 173, note D. Boulanger, déclarant contraire au principe constitutionnel d'égalité devant la loi le droit de prélèvement prévu, en matière successorale, au profit de l'héritier français par l'art. 2 de la loi du 14 juill. 1819 relative à l'abolition du droit d'aubaine.
2. P. Lagarde, « Le droit à une nationalité », v. ss 445.
3. Sur la non-contrariété de la compétence exclusive, déduite du privilège de l'art. 15 du Code civil, aux art. 6 § 1 (droit à un procès équitable) et 14 (interdiction des discriminations fondées sur la nationalité) de la Convention européenne des droits de l'homme, v. Civ. 1re, 30 mars 2004, *JCP* 2004. II. 10097, note V. Egea, *Defrénois* 2004. 1236, obs. J. Massip, *Bull. civ.* I, n° 100, p. 81; v. déjà en ce sens, Soc. 10 juill. 2001, n° 99-43.495, inédit; rappr. CEDH 29 avr. 2008, *Rev. crit. DIP* 2008. 830, note P. Kinsch, *JDI* 2009. 193, note F. Marchadier. Ce caractère exclusif n'en a pas moins été supprimé ultérieurement par la Haute juridiction (Civ. 1re, 23 mai 2006, *Prieur*, *GAJDIP*, 5e éd., n° 87). Les auteurs se sont interrogés sur la compatibilité des privilèges de juridiction des art. 14 et 15 du Code civil prévoyant que les tribunaux français sont internationalement compétents dès lors qu'un Français est demandeur ou défendeur avec le droit à un procès équitable et le principe d'égalité. V. P. Hammje, thèse préc., n° 177, p. 391; D. Cohen, art. préc. p. 455; P. Courbe, art. préc., p. 260; P. Kinsch, « Droits de l'homme, droits fondamentaux et droit international privé », *Rec. cours La Haye*, t. 318, 2005, p. 81 s. Rappr. M.-P. Puljak, *Le droit international privé à l'épreuve du principe communautaire de non-discrimination en raison de la nationalité*, thèse Paris-II, éd. 2003, p. 111 s., nos 186 s. La QPC relative à la compatibilité de l'art. 14 du Code civil avec le droit à un procès équitable, en tant que droit garanti par la Constitution, et avec le principe d'égalité posé à l'art. 6 de la Déclaration des droits de l'homme de 1789 ne présente pas, pour la Cour de cassation, un caractère sérieux (Civ. 1re, 29 févr. 2012, *Rev. crit. DIP* 2012. 884 et Chron. L. Usunier, p. 775).

À quelles conditions les étrangers peuvent-ils pénétrer en France et y séjourner ? Y jouissent-ils des mêmes droits et libertés que les Français ? Telles sont les interrogations auxquelles il est habituellement répondu sous la rubrique de la condition des étrangers. On ne saurait, dans le cadre nécessairement limité de cette contribution, reprendre l'ensemble de la question du statut des étrangers au regard des droits et libertés fondamentaux. Celle-ci est, au demeurant, traitée incidemment dans cet ouvrage, au fil des développements consacrés à chaque droit ou liberté fondamental. En indiquant si et dans quelle mesure ces droits et libertés bénéficient aux ressortissants étrangers, chaque étude contribue à dessiner leur condition. Aussi bien, s'en tenant dans les lignes qui suivent à ce qui constitue le cœur de la matière, se demandera-t-on uniquement si la prise en compte des droits fondamentaux est de nature à remettre en cause le droit traditionnellement reconnu aux États de réglementer l'entrée et le séjour des étrangers.

170. ***Entrée et séjour des étrangers.*** C'est un principe bien établi du droit international qu'il appartient à chaque État de régler l'entrée et le séjour des étrangers sur son territoire. À la différence des nationaux qui ont le droit de résider sur le territoire de l'État dont ils sont les ressortissants, les étrangers doivent y avoir été autorisés par les autorités compétentes. Institué à la fin du XIXe siècle pour faire face à une immigration croissante, ce contrôle a pour objet de réguler le flux des étrangers en fonction des besoins de l'économie et des problèmes que pourrait soulever la présence sur le territoire de groupes étrangers qui n'entendraient pas s'assimiler à court ou moyen terme à la communauté nationale[1]. En outre, « bien avant les problèmes posés par l'immigration contemporaine, il a été admis que la loi devait, à défaut de contrôle de l'admission des étrangers en France, permettre du moins au Gouvernement d'expulser du territoire un étranger indésirable : il ne fait pas partie de la collectivité constitutive en droit de l'État français; s'il la trouble, l'État se doit de l'exclure »[2]. Touchant à l'essence même des pouvoirs de l'État, ces questions devaient — enseignait-on traditionnellement — être traitées en faisant prévaloir « à tout moment la seule chose qui compte, c'est-à-dire l'intérêt général sur l'intérêt particulier, l'intérêt national surtout »[3]. Comme y insistait Niboyet, « de pareilles questions ne sont pas de celles qui se traitent avec des *sentiments*, mais uniquement avec les lumières de la *raison* »[4]. Mais l'exclusivité traditionnellement reconnue, en la matière, à l'intérêt national doit aujourd'hui céder au moins partiellement devant le respect dû aux droits et libertés fondamentaux.

171. ***Statut constitutionnel de l'étranger.*** C'est ainsi qu'à l'occasion du contrôle de constitutionnalité qu'il exerce sur les textes qui lui sont déférés, le Conseil constitutionnel a, dans une décision du 13 août 1993, élaboré un véritable « statut constitutionnel de l'étranger ». Après avoir rappelé « qu'aucun principe non plus qu'aucune règle de valeur constitutionnelle n'assure aux étrangers des droits de caractère général et absolu d'accès et de séjour sur le territoire national; que les conditions de leur entrée et de leur séjour peuvent être restreintes par des mesures de police administrative conférant à l'autorité publique des pouvoirs étendus et reposant sur des règles spécifiques; que le législateur peut ainsi mettre en œuvre les objectifs d'intérêt général qu'il s'assigne; que dans ce cadre juridi-

1. Batiffol et Lagarde, *op. cit.*, t. 1, n° 61. v. aussi Y. Lequette, « La nationalité française dévaluée », *Mélanges Terré*, 1999, p. 352; « Réflexions sur la nationalité française », *Cah. Cons. const.* 2007, n° 23, p. 75 s.
2. Batiffol et Lagarde, *op. cit.*, t. 1, n° 167.
3. Niboyet, traité, t. 2, n° 623, p. 67.
4. Niboyet, traité, t. 2, n° 623, p. 68.

que les étrangers se trouvent placés dans une situation différente de celle des nationaux », il a posé que « si le législateur peut prendre à l'égard des étrangers des dispositions spécifiques, il lui appartient de respecter les libertés et droits fondamentaux de valeur constitutionnelle reconnus à tous ceux qui résident sur le territoire de la République; [...] figurent parmi ces droits et libertés, la liberté individuelle et la sûreté, notamment la liberté d'aller et de venir, la liberté du mariage, le droit de mener une vie familiale normale; en outre les étrangers jouissent des droits à la protection sociale dès lors qu'ils résident de manière stable et régulière sur le territoire français; [...] ils doivent bénéficier de l'exercice de recours assurant la garantie de ces droits et libertés »[1].

172. ***Regroupement familial.*** Parmi les droits fondamentaux reconnus aux étrangers, il en est un, le droit au respect de la vie familiale, dont la conciliation avec la compétence reconnue aux États de régler l'entrée et le séjour des étrangers sur leur territoire ne s'opère pas sans difficultés. Affirmer que tout étranger séjournant en France a droit à une vie familiale normale, sans avoir égard à aucune autre considération, c'est en effet prendre le risque d'ouvrir de larges brèches dans le contrôle traditionnellement exercé sur l'entrée et le séjour des étrangers : les membres de la famille de l'étranger auront vocation à le rejoindre en France et ceux-ci étant eux-mêmes apparentés à d'autres personnes pourront à leur tour les faires venir, et ainsi de suite... Afin d'éviter un tel résultat, le Conseil constitutionnel a posé qu'« il appartient au législateur d'assurer la conciliation entre la sauvegarde de l'ordre public qui constitue un objectif à valeur constitutionnelle et les exigences de la liberté individuelle et du droit à une vie familiale normale »[2]. Cette conciliation avait été réalisée en termes particulièrement favorables au regroupement familial par la loi du 24 août 1993 et plus encore par celle du 11 mai 1998[3]. La loi du 24 juillet 2006 y a apporté certaines restrictions[4] : l'étranger peut se faire rejoindre en France par son conjoint et ses enfants de moins de dix-huit ans dès lors qu'il y réside depuis au moins dix-huit mois (un an auparavant) et est titulaire d'un titre de séjour d'une durée de validité d'au moins un an (CESEDA, art. L. 411-1). Le texte énonce limitativement les motifs pour lesquels ces personnes peuvent se voir refuser l'entrée et le séjour en France : absence de ressources stables, logement inadapté, ordre public, santé. La loi du 24 juillet 2006 a ajouté une condition relative à l'intégration du demandeur, qui doit se conformer aux « principes fondamentaux reconnus par les lois de la République ». Celle-ci a fait l'objet d'une réserve d'interprétation par le Conseil constitutionnel, lequel a précisé qu'il fallait entendre par là « les principes essentiels qui, conformément aux lois de la République, régissent la vie familiale en France, pays d'accueil » (CESEDA, art. L. 411-5). Cette réserve avait été entérinée par la loi du 20 novembre 2007, laquelle prévoit des mesures destinées à favoriser l'intégration républicaine des étrangers dans la société française (évaluation du degré de connaissance de la langue française et des valeurs de la république ainsi que formation éventuelle, contrat d'accueil et d'intégration) (CESEDA, art. L. 411-8). Cette disposition a été abrogée par la loi du 7 mars 2016.

Prenant le contre-pied du Conseil d'État qui avait jugé que la venue en France de la deuxième épouse d'un étranger polygame n'était pas contraire du seul fait

1. Cons. const. 13 août 1993, *Rev. crit. DIP* 1993. 597.
2. Cons. const. 13 août 1993, préc.
3. H. Fulchiron, « La rose et la (loi) RESEDA », *Dr. fam.* 1998. Chron. 7.
4. V. D. Turpin, « La loi n° 2006-911 du 24 juillet 2006 relative à l'immigration et à l'intégration : choisir pour ne plus subir ? », *Rev. crit. DIP* 2007. 1.

de cette polygamie à l'ordre public[1], la loi du 24 août 1993 refuse à l'étranger polygame résidant en France avec un premier conjoint le bénéfice du regroupement familial pour un autre conjoint, solution approuvée par le Conseil constitutionnel aux motifs que « les conditions d'une vie familiale normale sont celles qui prévalent en France, pays d'accueil, lesquelles excluent la polygamie »[2] (CESEDA, art. L. 411-7). Le Conseil d'État, considérant que l'article 3-1 de la Convention de New York sur les droits de l'enfant était d'application directe, a annulé au nom de « l'intérêt supérieur de l'enfant » la décision d'un préfet qui avait rappelé que l'enfant séjournant irrégulièrement en France ne pouvait bénéficier du regroupement familial[3].

Le droit français fait montre, en la matière, d'un libéralisme très supérieur à celui de la plupart des autres pays européens. Ceux-ci laissent, en effet, à leur Administration le soin d'apprécier si les intérêts de la société considérée, sa prospérité économique et son ordre social permettent au regroupement familial de s'opérer[4]. Après avoir décidé, à plusieurs reprises, que les mesures prises en application de ces dispositions n'étaient pas contraires à l'article 8 de la Convention européenne de sauvegarde des droits de l'homme et des libertés fondamentales, le droit à une vie familiale normale ayant vocation à s'exercer par priorité sur le territoire de l'État dont les intéressés sont les ressortissants[5], la Cour européenne de Strasbourg semble vouloir consacrer, sous couvert de ce texte, un véritable droit au regroupement familial[6]. Récemment, la Cour de Strasbourg a découvert, pour les ressortissants communautaires, dans l'article 8, lequel doit alors être lu à la lumière du droit communautaire, non seulement le droit de séjourner en France mais celui de s'y voir délivrer un titre de séjour, en sorte que la non-délivrance de celui-ci pendant quatorze ans constitue une ingérence contraire au respect dû à la vie privée de l'intéressé[7].

173. ***Reconduite à la frontière, expulsion.*** Permettant à un étranger de pénétrer et de séjourner en France à certaines conditions définies par le législateur, le

1. CE 11 juill. 1980, *Montcho, Rev. crit. DIP* 1981. 658, note Bischoff, *JCP* 1981. II. 19629, concl. Rougevin-Baville.
2. Cons. const. 13 août 1993, préc.
3. CE 22 sept. 1997, *JCP* 1997. IV. 2532, *Dr. fam.* 1998, n° 56, 2ᵉ arrêt, obs. P. Murat.
4. La comparaison avec le droit allemand est, à cet égard, intéressante. L'immigré doit avoir vécu en Allemagne 8 ans (et non 18 mois) avant de pouvoir y faire venir sa famille. Fort logiquement, les Allemands considèrent que « la famille ne peut s'intégrer facilement que si la personne qu'elle rejoint est déjà elle-même intégrée » (F. Jault-Seseke, *Le regroupement familial en droit comparé français et allemand,* 1996, n° 296).
5. CEDH 14 févr. 1996, *JCP* 1997. I. 4000, n° 36, obs. Sudre (la décision suisse refusant à un couple turc, séjournant et travaillant dans ce pays depuis plusieurs années, d'y faire venir leur enfant âgé de 6 ans n'est pas contraire à l'art. 8 de la Convention européenne car « il n'existe pas à proprement parler d'obstacle au développement d'une vie familiale en Turquie »).
6. CEDH 21 déc. 2001, *Sen c/ Pays-Bas,* req. n° 31465/96, *JCP* 2002. I. 105, n° 13, obs. Sudre, *RTD civ.* 2002. 394, obs. Marguénaud et Raynard; CEDH 12 oct. 2006, *Mubilanzila Mayeka et Kaniki Mitunga c/ Belgique,* req. n° 13178/03, *RTDH* 2007. 823, note B. Masson; CEDH 14 juin 2011, *Osman c/ Danemark, JCP* 2011. 914, obs. Sudre; rappr. CEDH 29 juill. 2010, *Mengesha Kimfe c/ Suisse,* req. n° 24404/05, *JCP* 2010. Actu. 904, obs. Sudre; 3 oct. 2014, *Jeunesse c/ Pays-Bas,* req. n° 12738/10, *Dr. fam.* 2014. Alerte 54.
7. CEDH 17 janv. 2006, *Aristimuno Mendizabal, JCP* 2006. I. 164, n° 9, obs. Sudre. On citera seulement pour mémoire la jurisprudence de la Cour de Luxembourg décidant qu'un État membre ne peut refuser « à un ressortissant d'un État tiers, qui assume la charge de ses enfants en bas âge, citoyens de l'Union, le séjour dans l'État membre de ces derniers et dont ils ont la nationalité », car elle est fondée non sur les droits fondamentaux mais sur la qualité de citoyen de l'Union (TFUE, art. 20) : CJUE 8 mars 2011, *D.* 2011. 1325, note S. Corneloup, *Rev. crit. DIP* 2012. 352, note J. Heymann; rappr. CJUE 8 nov. 2012, *D.* 2013. 329, obs. F. J.-S.

droit à une vie familiale normale l'autorise-t-il à s'y maintenir[1] alors même qu'il serait l'objet d'une mesure de reconduite à la frontière ou d'expulsion ? Longtemps une réponse négative a prévalu[2]. Mais cette solution a été remise en cause par la Cour européenne de Strasbourg. Non sans avoir au préalable rappelé le droit qu'ont les États « de contrôler en vertu d'un principe de droit international bien établi [...] l'entrée, le séjour et l'éloignement des non-nationaux », celle-ci a, en effet, posé à partir de 1991 que ces mesures d'éloignement, « là où elles porteraient atteinte à un droit protégé par le paragraphe 1 de l'article 8 » devraient être justifiées par « un besoin social impérieux et, notamment, proportionnées au but poursuivi »[3]. S'alignant sur les positions de la juridiction européenne, le Conseil d'État a entrepris d'exercer un contrôle plénier sur les arrêtés d'expulsion et de reconduite à la frontière dont il vérifie qu'ils ne portent pas une atteinte disproportionnée à la vie familiale de celui qui en est l'objet[4].

La Cour européenne de Strasbourg a, dans l'ensemble, conduit ce contrôle dans un sens très favorable aux étrangers. S'agissant d'immigrés de la deuxième génération, elle a en effet décidé que ni le nombre considérable des infractions commises par ceux-ci[5] ni leur gravité[6] n'étaient susceptibles de justifier des mesures d'expulsion, et ce alors même que le lien de famille en cause apparaissait sensiblement plus lâche que celui qui autorise le regroupement familial — enfants majeurs, parents en ligne collatérale[7] — et que son effectivité était toute relative[8]. Cette position l'a, au reste, parfois amenée à condamner la France pour des mesures d'éloignement que les juridictions administratives avaient jugé fondées[9]. Après être revenue un temps à une appréciation plus respectueuse des exigences de la sécurité des sociétés concernées[10], la Cour de

1. CEDH 10 nov. 2011, *Mallah c/ France*, req. n° 29681/08, *Dr. fam.* 2012, n° 3, obs. M. Bruggeman, décidant que l'art. L. 622-1 du Code des étrangers sanctionnant le délit d'aide au séjour irrégulier ne contrevient pas au droit au respect de la vie familiale reconnu par l'art. 8 Conv. EDH.
2. CE 8 mars 1939, *Nouv. rev. DIP* 1939. 456. Une étrangère mariée à un Français ne peut invoquer l'art. 214 ancien du Code civil lui imposant d'habiter avec son mari pour se soustraire à l'expulsion.
3. CEDH 18 févr. 1991, *Moustaquim*, *D.* 1992. Somm. 326, obs. Renucci, *JDI* 1992. 771, obs. P. T. L'expulsion peut également constituer une violation de l'art. 3 de la Conv. EDH qui garantit l'intégrité physique et morale de la personne, lorsque l'étranger encourt des risques de mauvais traitements dans son pays de destination : CEDH 20 juill. 2010, *JCP* 2011. 94, n° 4, obs. Sudre (expulsion d'une femme de Suède vers l'Afghanistan).
4. CE 19 avr. 1991, 2 arrêts, *Belgacem*, *Babas*, *D.* 1991. 399, note Prétot, *JCP* 1991. II. 21757, note Nguyen Van Tuong, *Rev. crit. DIP* 1991. 677, note Turpin.
5. CEDH 18 févr. 1991, préc. (147 infractions reprochées dont 82 vols qualifiés, 39 tentatives de vols qualifiés et 5 vols avec violence).
6. CEDH 26 mars 1992, *Bedjoudi*, *D.* 1993. Somm. 388, obs. Renucci, *JCP* 1993. II. 3654, n° 22, obs. Sudre (condamnation en moins de 17 ans à près de 11 ans de prison, dont 8 de réclusion criminelle par une cour d'assise pour un acte qualifié de crime).
7. CEDH 18 févr. 1991, préc.
8. V. Renucci, obs. *D.* 1992. Somm. 326, *ibid.* 1993. Somm. 389.
9. Dans l'affaire *Bedjoudi*, le Conseil d'État avait jugé que la décision d'expulsion « fondée sur la défense de l'ordre public était, eu égard au comportement du requérant et à la gravité des actes commis par lui, nécessaire pour la défense de cet ordre » (CE 18 janv. 1991, *Lebon* 18).
10. CEDH 24 avr. 1996, *Boughanemani* et 7 août 1996, *Chorfi*, *JCP* 1997. 1. 4000, n° 37, obs. Sudre, *RTD civ.* 1996. 1025, obs. Marguénaud (expulsion d'un Tunisien condamné à 4 ans d'emprisonnement dont 3 pour proxénétisme aggravé alors qu'il est arrivé en France à l'âge de 8 ans, y a résidé régulièrement pendant 20 ans puis clandestinement pendant 6 ans et y a ses parents, ses frères et sœurs ainsi que sa concubine française dont il a un enfant qu'il a reconnu). CEDH 29 janv. 1997, *Bouchelkia*, *JCP* 1997. 11. 22924, note M. Levinet, *RTD civ.* 1997. 540, obs. Marguénaud (expulsion d'un Algérien qui avait purgé une peine de réclusion de 5 ans pour un crime — viol aggravé — qu'il avait commis alors qu'il était mineur et qui était revenu clandestinement en France pour rejoindre la femme qui allait lui donner un enfant et ▶

Strasbourg sacrifie de nouveau celles-ci sur l'autel du droit au respect de la vie familiale[1].

Considérant que la protection qui était ainsi assurée aux délinquants étrangers était insuffisante, plusieurs associations ont développé une intense campagne médiatique[2], qui réclamait pour ceux-ci une protection absolue, les mettant à l'abri de mesures d'expulsion. Tel a été l'un des objets de la loi du 26 novembre 2003 sur la maîtrise de l'immigration. Modifiant l'article 26 de l'ordonnance du 2 novembre 1945, celle-ci prévoit que, sauf en cas de comportements de nature à porter atteinte aux intérêts fondamentaux de l'État, ou liés à des activités à caractère terroriste, ou constituant des actes de provocation à la discrimination, à la haine ou à la violence à raison de l'origine ou de la religion des personnes, les étrangers ayant des liens personnels ou familiaux forts avec la France[3] ne pourront plus faire l'objet d'une mesure d'expulsion, alors même que les infractions

---

► qu'il allait épouser). CEDH 19 févr. 1998 (Algérienne condamnée à 10 ans de réclusion pour trafic de stupéfiant et à l'interdiction définitive du territoire français qui, séjournant irrégulièrement en France, donne naissance à un enfant français et voit rejeter sa demande de relèvement de l'interdiction du territoire). CEDH 30 nov. 1999, *Baghli*, *JCP* 2000. I. 203, n° 23, obs. Sudre, *JDI* 2000. 137, obs. Tavernier (Algérien arrivé en France à l'âge de 2 ans et y ayant toujours résidé à l'exception de 2 ans passés en Algérie pour y effectuer son service militaire, à l'encontre duquel sont prononcées pour trafic de stupéfiants une peine de 3 ans d'emprisonnement dont 2 ans avec sursis et une interdiction du territoire français de 10 ans et qui a noué en prison une relation sentimentale avec une femme française qu'il connaissait depuis plusieurs années); v. cep. CEDH 26 sept. 1997, *D.* 1998. Somm. 210, obs. Renucci (la France est condamnée pour avoir pris une mesure d'interdiction définitive du territoire à l'encontre d'un Algérien qui se livrait sur le territoire français « au trafic de stupéfiant à titre principal » et « qui avait volontairement opté pour la nationalité algérienne à sa majorité » car cette mesure avait pour effet de le séparer de son épouse et de ses enfants mineurs).

1. CEDH 13 févr. 2001, *Ezzoudhi*, *JCP* 2001. I. 342, n° 21, obs. Sudre (Marocain, célibataire et sans enfant ayant en France sa mère et cinq frères et sœurs, condamné à 2 ans de prison et à une interdiction définitive du territoire pour infraction à la législation sur les stupéfiants. La Cour de Strasbourg conclut à la violation de l'art. 8); CEDH 23 juin 2008, *Maslov*, *JCP* 2008. I. 167, n° 17, obs. Sudre (Bulgare arrivé en Autriche à l'âge de 6 ans et frappé d'une interdiction de séjour de 10 ans puis expulsé à la suite de condamnations pour des infractions répétées. La Cour conclut à la violation de l'art. 8 en raison du caractère non violent des infractions et du jeune âge — 14 et 15 ans — auquel elles ont été commises). Rappr. CEDH 9 oct. 2003, *JCP* 2004. I. 107, obs. Sudre, qui voit, dans les mesures d'éloignement des étrangers, une ingérence dans « la vie privée sociale » des intéressés contraire à l'art. 8. V. cep. CEDH 18 oct. 2006, *JCP* 2007. I. 106, n° 12, obs. Sudre. Parfois, sous couvert de l'art. 8, c'est non le droit à une vie familiale de la personne expulsée qui est protégé mais l'intérêt supérieur de ses enfants : CEDH 28 juin 2011, *Nunez c/ Norvège*, *JCP* 2011. 914, n° 16, obs. Sudre, *D.* 2012. 2273, obs. A. G.; CEDH 24 juill. 2014, *Kaplan c/ Norvège* et 3 oct. 2014, *Jeunesse c/ Pays-Bas*, *Dr. fam.* 2015, Chron. 2 par A. Gouttenoire, n° 21.
2. Appuyée par un film de M. Bertrand Tavernier, cette campagne intitulée « Une peine point barre » entendait stigmatiser la « double peine », alors même que cette expression est juridiquement impropre. L'expulsion n'est pas une peine mais une mesure de police; quant à l'interdiction du territoire, elle est une peine complémentaire (C. pén., art. 131-10) propre aux étrangers, comme il est des peines complémentaires spécifiques aux Français, par exemple, l'interdiction des droits civiques. Au regard de la science politique, l'épisode est intéressant. Il témoigne, en effet, de l'extraordinaire aptitude de la droite parlementaire à faire la politique de ses adversaires et des dérives auxquelles peuvent conduire les préoccupations médiatiques de certains ministres. Le phénomène n'est, au demeurant, pas nouveau. Dans ses *Souvenirs*, Alexis de Tocqueville écrivait : « Ce que j'appelle l'esprit littéraire en politique consiste à voir ce qui est [...] neuf plus que ce qui est vrai, à aimer ce qui fait un tableau intéressant [...] indépendamment des conséquences [...], et à se décider enfin par des impressions plutôt que par des raisons » (*Œuvres complètes*, t. XII, p. 88). Remplaçons le qualificatif « littéraire » par « médiatique » et nous avons une description très fidèle de l'action de certains hommes politiques contemporains.
3. Étranger qui justifie par tous moyens résider habituellement en France depuis qu'il a atteint au plus l'âge de 13 ans; étranger qui réside régulièrement en France depuis plus de 20 ans; étranger qui réside régulièrement en France depuis plus de 10 ans et qui, ne vivant pas en état de ►

commises témoignent d'une dangerosité certaine pour la société civile française (trafic de drogue, proxénétisme, grand banditisme, etc.) (CESEDA, art. L. 521-3).

174. ***Appréciation.*** On regrettera cette évolution. Tendant à aligner la situation des immigrés sur celle des ressortissants, ce choix s'inscrit dans un courant plus général qui cherche à neutraliser les effets juridiques de la nationalité et à créer une nouvelle catégorie, celle de « quasi-français »[1]. Si une telle démarche est concevable, à l'égard des étrangers qui, établis de longue date en France, respectent les lois de la République[2], il en va différemment à l'égard de ceux qui les transgressent au point d'encourir des condamnations pénales d'une certaine gravité. Il est, en effet, des signes plus probants de l'intégration d'un étranger à la société française...

En outre, si la vie internationale doit être encouragée, cette ouverture ne doit pas s'effectuer au détriment de la cohésion des sociétés nationales concernées. Il ne faudrait pas oublier, en effet, qu'il existe dans chaque société des intérêts collectifs qui doivent être sauvegardés pour le bien même de tous les individus qui la composent. Décider que la menace que des délinquants étrangers endurcis représentent pour l'ordre public ne justifie pas leur expulsion au prétexte de l'étroitesse des liens familiaux et personnels qu'ils entretiennent avec la France, c'est faire bon marché des intérêts de la collectivité concernée puisqu'elle prive les autorités françaises du seul moyen d'empêcher à coup sûr leur récidive[3]. Comme le soulignait Michel Villey dans ses *Carnets*, « c'est un vice courant que de raisonner sur les cas individuels. Il s'ensuit qu'on accorde tout à la liberté, au plaisir de l'individu. On s'apitoie sur sa condition. On oublie les autres. Manque à notre temps, la réflexion sur le général, le bien commun, l'intérêt de la totalité sociale ou cosmique »[4].

B. Règles de conflits de lois et droits fondamentaux

175. ***Contrôle de la compatibilité des règles de conflit de lois avec les droits fondamentaux.*** Lorsqu'on s'efforce de caractériser les règles de conflits de lois, on insiste sur deux traits. Ce sont des règles *indirectes :* ne résolvant pas directement

---

► polygamie, est marié depuis au moins 4 ans avec un ressortissant français, ou avec un ressortissant étranger résidant habituellement en France depuis qu'il a atteint l'âge de 13 ans, à condition que la communauté de vie n'ait pas cessé; étranger qui réside régulièrement en France depuis plus de 10 ans et qui, ne vivant pas en état de polygamie, est père ou mère d'un enfant français mineur résidant en France (CESEDA, art. L. 521-3).

1. Rappr. F. Sudre, *JCP* 1993. I. 3654, n° 22; Renucci, *D.* 1993. Somm. 388; J.-Y. Carlier, « Vers l'interdiction d'expulsion des étrangers intégrés ? », *RTDH* 1993. 449.
2. Encore qu'elle apparaisse paradoxale de la part d'une majorité qui prétend vouloir renforcer « la conscience de l'identité de la Nation française », car « l'intégration sera d'autant plus aisée que la conscience d'une identité française sera plus forte » (J.-P. Courtois, *Rapport Sénat* 2003-2004, n° 1, p. 38 et 39). L'emploi, par le rapporteur de la loi au Sénat, du terme « bannissement », lequel dans une langue exacte désigne « la peine interdisant à un citoyen de séjourner dans son pays », pour viser les mesures d'éloignement frappant les étrangers témoigne, au demeurant, de la confusion mentale qui a présidé à l'adoption de ces mesures (J.-P. Courtois, *Rapport Sénat* 2003-2004, n° 1, p. 32).
3. Selon M. Jean-Patrick Courtois, le rapporteur du texte au Sénat, il convenait de supprimer cette « double peine », car elle était « contre-productive », nombre d'étrangers ne respectant pas la mesure dont ils étaient frappés (*Rapport Sénat* 2003-2004, n° 1, p. 23). Outre que le raisonnement est singulier puisqu'il revient à légitimer toute violation de la loi, il fait totalement l'impasse sur la dimension normative et pédagogique de la mesure, nombre d'étrangers pouvant être incités à ne pas commettre d'infractions en raison de la menace d'expulsion qui pesait sur eux.
4. M. Villey, *Carnets*, XXI, 57.

la question de droit posée, elles se contentent de désigner l'ordre juridique auquel sera empruntée la solution. Ce sont des règles *neutres :* elles désignent la loi applicable en raison non de l'excellence ou de la simple supériorité de la solution qu'elle pose mais de l'étroitesse des liens que le rapport entretient avec un ordre juridique donné. Les lois en conflit sont tenues pour équivalentes sauf intervention de l'ordre public. De ce caractère purement instrumental des règles de conflit de lois, on a longtemps déduit que leur compatibilité avec les exigences des droits fondamentaux ne pouvait faire l'objet d'aucun contrôle. Mais l'analyse contraire l'ayant emporté dans plusieurs pays étrangers, il importe de rechercher quelle pourrait être son incidence sur le droit international privé français.

176. *1. Le débat de principe.* Selon une opinion longtemps majoritaire, aucun contrôle de la compatibilité des règles de conflits de lois avec les droits fondamentaux ne pourrait être opéré car, du fait de leur neutralité, elles ne pourraient violer l'« essence » de ces droits. Les droits fondamentaux, à contenu matériel, et les règles de conflit de lois, sans teneur matérielle propre, « n'évolueraient pas dans les mêmes sphères, elles seraient incommensurables »[1]. De surcroît, procéder à un tel contrôle, alors que le choix de la loi applicable s'opère sans avoir égard aux considérations matérielles, pourrait conduire à des résultats absurdes. C'est ainsi que la règle de conflit soumettant les rapports familiaux à la loi nationale du mari – rattachement contraire au principe d'égalité des époux – peut conduire à la désignation d'une loi respectant parfaitement cette égalité. À l'inverse, une règle de conflit soumettant ces mêmes rapports à la loi du domicile commun des époux – rattachement conforme au principe d'égalité – peut entraîner l'application d'une loi qui méconnaît cette même égalité. Seules donc les règles matérielles pourraient être confrontées aux exigences posées par les droits fondamentaux.

177. *Expériences étrangères.* Généralement reçue en Europe au début des années 70, cette analyse a été remise en cause par la jurisprudence du tribunal constitutionnel fédéral d'Allemagne. Dans une décision dont on a pu écrire qu'elle était la plus importante du XXe siècle en matière de droit international privé, cette juridiction a admis, par des motifs généraux dépassant le cadre de l'affaire dont elle avait à connaître, le principe de la confrontation de l'ensemble des règles du droit international privé, y compris donc les règles de conflits de lois, aux exigences du droit constitutionnel allemand[2]. S'engouffrant dans la brèche qu'il avait ainsi lui-même ouverte, le tribunal constitutionnel fédéral a ensuite déclaré plusieurs des dispositions de la loi d'introduction du Code civil allemand qui soumettaient certains rapports familiaux à la loi nationale du mari (art. 15 et 17), nulles et non avenues parce que contraires au principe constitutionnel d'égalité[3]. Emboîtant le pas à la jurisprudence allemande, la Cour constitutionnelle d'Italie s'est prononcée dans le même sens[4]. Ces décisions ont puissamment contribué au renouvellement des droits internationaux privés allemand et italien. En créant au sein de ceux-ci un véritable vide juridique, elles ont rendu nécessaire leur refonte qui a été opérée par des lois de 1986[5] et de 1995[6].

1. B. Ancel, *Rev. crit. DIP* 1987. 569 s., note ss Cour constitutionnelle d'Italie 26 févr. 1987.
2. Décis. du 4 mai 1971, *Rev. crit. DIP* 1974. 56 et l'article de C. Labrusse « Droit constitutionnel et droit international privé en Allemagne fédérale », p. 1. V. aussi P. Hammje, *La contribution des principes généraux du droit à la formation du droit international privé*, thèse Paris I, 1994, p. 276 s., n°s 496 s.
3. Décis. du 22 févr. 1983, *JDI* 1984. 648 et du 8 janv. 1985, *IPRW* 1985. 290.
4. Cour constitutionnelle d'Italie 26 févr. 1987, *Rev. crit. DIP* 1987. 563, note B. Ancel.
5. Loi allemande du 25 juill. 1986, *Rev. crit. DIP* 1987. 170.
6. Loi italienne du 31 mai 1995, *Rev. crit. DIP* 1996. 174.

178. ***Les arguments avancés.*** Ce changement d'attitude s'est accompagné d'un renouvellement des analyses. Afin de justifier le contrôle de compatibilité auquel les règles de conflit de lois sont désormais soumises, plusieurs raisons sont avancées. Tout d'abord, on relève que la valeur éminente des droits fondamentaux veut que ceux-ci règnent sans partage sur toutes les règles, y compris les règles de conflit de lois. Partant, celles-ci ne sauraient utiliser des indices de rattachement qui méconnaissent les orientations définies par les droits fondamentaux. Ensuite, on souligne que la neutralité habituellement prêtée aux règles de conflit de lois est toute relative. Le droit international privé n'étant, selon une image chère à Bartin, que la projection du droit civil interne au plan international, la règle de conflit est dans la dépendance directe de « l'esprit » des institutions du droit interne. C'est ainsi que la soumission des rapports de famille à la loi nationale du mari reflète une conception du droit selon laquelle la cohésion du groupe familial est assurée par l'attribution au mari de la qualité de chef de famille. Cette conception étant désormais contraire aux droits fondamentaux, il devrait en aller de même du résultat de sa projection au plan international. Enfin, on note que la soumission des rapports familiaux à la loi nationale du mari n'est pas sans avantager celui-ci parce qu'elle entraîne l'application d'une loi qui lui est, en principe, plus familière, de telle sorte qu'elle le place en meilleure position pour défendre ses intérêts. Mieux, le rattachement par la loi nationale du mari met la femme dans la dépendance et à la merci de celui-ci, puisqu'il peut à son gré modifier par sa seule volonté la loi de la famille en changeant de nationalité[1].

179. *2. La mise en œuvre.* Ce renversement des analyses est, pour l'instant, resté sans conséquence sur le droit international privé français. Des recherches doctrinales ont certes été conduites. Mais aucune décision n'a encore écarté une règle de conflit de lois française au motif qu'elle serait contraire à un droit fondamental.

Cela tient, sans doute, d'abord au fait que l'environnement institutionnel français se prêtait peu jusqu'à ces derniers temps à l'exercice d'un tel contrôle. Alors qu'en Allemagne et en Italie un recours constitutionnel peut être formé contre un texte en vigueur, il n'en allait pas de même en France jusqu'à la réforme opérée par la loi constitutionnelle du 23 juillet 2008 introduisant la question prioritaire de constitutionnalité (QPC). Une fois les lois promulguées, un contrôle de conventionnalité était seul envisageable. De prime abord, la Convention européenne des droits de l'homme pourrait être l'instrument de ce contrôle. Directement applicable en France, elle permettrait aux juges français ainsi éventuellement qu'à la Cour européenne de Strasbourg de vérifier si les règles de conflit de lois françaises respectent les droits fondamentaux. Un doute est néanmoins permis quant à la praticabilité d'un tel contrôle. On sait, en effet, que le contrôle de conformité à la Convention européenne s'opère *in concreto :* « la règle ou la pratique mise en cause n'est pas jugée dans l'abstrait mais sur le résultat concret qu'elle engendre »[2]. Partant, il ne s'agit pas de confronter abstraitement les rattachements utilisés par la règle de conflit aux exigences des droits fondamentaux, comme dans l'hypothèse du contrôle de constitutionnalité, mais de s'attacher au seul résultat produit par la règle de conflit. Or, du fait de son caractère indirect et de sa neutralité, ce résultat dépend de la teneur du droit désigné.

---

1. Sur cette discussion, v. P. Hammje, thèse préc., n°s 460 s., p. 259 s.; D. Bureau, *Les sources informelles du droit dans les relations privées internationales*, thèse Paris II, n°s 743 s., p. 476 s.; P. Kinsch, cours préc., *Rec. cours La Haye*, 2005, p. 135 s.
2. D. Cohen, art. préc., *Rev. crit. DIP* 1989. 453.

La prise en compte de la Convention européenne paraît donc plus propre à s'opposer à l'introduction en France de normes étrangères dont l'application à l'espèce conduit à un résultat qui heurte les droits fondamentaux qu'à vérifier la conformité des rattachements utilisés à ces mêmes droits. Le développement contemporain de la QPC pourrait néanmoins conduire le Conseil constitutionnel à connaître de la constitutionnalité de certaines règles de conflits.

À supposer ce premier obstacle surmonté, il faut bien reconnaître que la question de la conformité des règles de conflit aux droits fondamentaux n'est pas, en droit international privé français, d'une brûlante actualité. Les règles de conflit y ont été longtemps d'origine presque exclusivement jurisprudentielle. Or, faisant preuve d'une indéniable prescience, la Cour de cassation avait su mettre sur pied un ensemble de règles de conflit de lois respectant parfaitement les exigences des droits fondamentaux et ce, alors même que cette préoccupation n'était pas au centre du débat juridique. Notamment, à une époque où le mari était encore chef de famille, elle avait découvert, en soumettant les rapports entre époux de nationalité différente à la loi de leur domicile commun[1], un rattachement respectant parfaitement le principe d'égalité. Aussi bien les réformes du droit international privé allemand[2] ou italien[3] se sont-elles inspirées très directement de cette jurisprudence. Et il aura fallu, paradoxalement, l'intervention du législateur français, dans une période où le souci du respect des droits fondamentaux devenait pressant, pour qu'on puisse s'interroger sérieusement sur la conformité de certaines de nos règles de conflit avec ces mêmes droits fondamentaux[4] ! L'article 311-14 du Code civil concentrant l'essentiel des interrogations, on lui consacrera les développements qui suivent.

180. ***Loi nationale de la mère et égalité des sexes.*** Aux termes de cette disposition issue de la loi du 3 janvier 1972, « la filiation est régie par la loi personnelle de la mère au jour de la naissance de l'enfant ». Auparavant scindée en deux règles de conflit, l'une soumettant la filiation légitime à la loi des effets du mariage, l'autre la filiation naturelle à la loi personnelle de l'enfant, l'établissement de la filiation est désormais régi par une loi unique, la loi de la mère. Aussi bien pour justifier ce changement a-t-on fait valoir qu'il était imposé par le souci de respecter le principe de l'égalité des filiations. L'affirmation apparaît pour le moins contestable. Comme l'écrit le doyen Carbonnier, « l'égalité des enfants ne saurait signifier l'assimilation des filiations »[5]. Et de fait, sauf à supprimer le mariage, on ne pourra jamais empêcher que les parents de l'enfant légitime sont ou ont été mariés alors que les parents de l'enfant naturel ne le sont pas l'un à l'autre et ne l'ont jamais été. De là, en droit interne, des différences irréductibles : quant à l'établissement de la filiation, pour lequel il est possible de prendre appui sur le mariage des parents dans un cas mais non dans l'autre; quant à ses effets, divisibles pour la filiation naturelle, indivisibles pour la filiation légitime. Dès lors, en quoi serait-il choquant de prolonger ces différences sur le terrain du droit international privé ? Aussi bien, le législateur de 1972, si préoccupé de l'égalité des filiations dans l'article 311-14, avait-il ensuite fait abstraction de celle-ci dans certains des articles suivants (C. civ., art. 311-15 et 311-16, réd. L. 3 janv. 1972). Il est vrai que la loi du 16 janvier 2009 ratifiant l'ordonnance

1. Civ. 1re, 17 avr. 1953, *Rivière*, *Rev. crit. DIP* 1953. 412, note Batiffol, *GAJDIP*, n° 27.
2. Art. 14, loi du 25 juill. 1986.
3. Art. 29, loi du 31 mai 1995.
4. Y. Lequette, « L'évolution du droit international privé de la filiation et du divorce, rapport français », *Travaux de l'Association Henri Capitant*, Journées turques 1988, t. nouveau IX, 1990, p. 467.
5. Carbonnier, *Droit civil*, *La famille*, n° 253.

du 4 juillet 2005 réformant la filiation, animée par une conception compulsive de l'égalité des filiations[1], a supprimé la distinction des filiations légitime et naturelle, et les traces qui en subsistaient au sein des conflits de lois. Mais tel n'est pas le cas de certains droits étrangers, pourtant très attentifs au respect des droits fondamentaux. Ils consacrent, en effet, des règles de conflit différentes pour la filiation légitime et la filiation naturelle[2].

En réalité, plutôt que de couvrir ses innovations du manteau de l'égalité des filiations, le législateur de 1972 aurait été mieux inspiré de s'interroger sur leur conformité avec le principe de l'égalité des sexes. En donnant compétence à la loi nationale de la mère, l'article 311-14 paraît, en effet, heurter ce principe très directement. Encore faut-il distinguer selon que l'on est en présence d'une filiation hors mariage ou en mariage.

Dans le premier cas, le rattachement par la loi nationale de la mère peut se recommander de solides appuis. La mère occupe, en effet, une place prééminente au sein de la « famille naturelle ». Sans être toujours établie, comme pourrait le laisser croire l'adage *mater semper certa est*, la filiation maternelle l'est le plus souvent. Et si la mère n'est plus seule en charge de l'autorité parentale sur le ci-devant enfant naturel, elle n'en conserve pas moins en fait une place prépondérante. Il n'est donc pas choquant que la règle de conflit reflète cette prééminence. En revanche, plus surprenante est la soumission de la filiation en mariage à la loi nationale de la mère. Si le mari a perdu la qualité de chef de famille, son épouse ne l'a pas pour autant acquise. Les parents se trouvant sur un pied de stricte égalité, rien ne justifie la prépondérance accordée à l'un d'entre eux[3].

La solution est, au reste, d'autant plus regrettable qu'elle constitue une absurdité au regard des directives traditionnelles du droit international privé. On sait que cette discipline met en avant l'idée de liens les plus étroits pour désigner la loi applicable. Or il n'est pas rare aujourd'hui qu'une étrangère épouse un Français, que les époux vivent en France et qu'ils y aient des enfants eux-mêmes de nationalité française. Soumettre l'établissement de la filiation de ces enfants à la loi nationale de la mère, c'est soumettre une situation qui est française par tous ses rattachements, hormis la nationalité de la mère, à une loi étrangère, ce qui n'est pas de bonne méthode. L'absurdité du système est à son comble lorsque la femme acquiert ultérieurement la nationalité française[4]. Donnant compétence à la loi nationale de la mère au jour de la naissance de l'enfant, l'article 311-14 désigne une loi étrangère alors que la situation, reliée dès l'origine de manière prépondérante à la France, est devenue au jour où le juge statue exclusivement française. Censée désigner la loi qui présente les liens les plus étroits avec la relation considérée, la règle de conflit donne en réalité compétence ici à une loi sans lien. On le voit, il n'était nul besoin des droits fondamentaux pour écarter la solution contestable énoncée par l'article 311-14. Les directives les plus classiques du droit international privé y suffisaient. Encore eût-il fallu que les rédacteurs du texte les connaissent. Bien que l'article 311-14 pèche par son manque

1. Y. Lequette, « Observations sur le "nominalisme législatif" en matière de filiation », *Mélanges G. Viney*, 2008, p. 645 s.
2. Art. 19 et 20, loi allemande du 25 juill. 1986; art. 33 et 35, loi italienne du 31 mai 1995. V. aussi loi néerlandaise du 14 mars 2002, réglant les conflits des lois en matière de filiation, *Rev. crit. DIP* 2002. 389.
3. Comp. P. Kinsch, « Principe d'égalité et conflits de lois », *Trav. Com. fr. DIP* 2002-2004, p. 117 s., spéc. p. 122, et intervention H. Gaudemet-Tallon, p. 135.
4. Ce qui pourra être aisément le cas car l'art. 21-2 du Code civil (réd. L. 24 juill. 2006) prévoit que cette acquisition ne peut intervenir que quatre ans, voire parfois cinq, après le mariage.

de réalisme et par méconnaissance du principe de l'égalité des sexes, les auteurs de l'ordonnance du 4 juillet 2005 ont curieusement choisi de maintenir ce texte en l'état.

C. Méthode de la reconnaissance et droits fondamentaux

181. ***Contrôle des décisions étrangères.*** Comme les lois étrangères, les jugements prononcés au nom d'un État étranger se heurtent au phénomène de la frontière. Mais le traitement qui leur est appliqué relève d'une méthode différente. Alors qu'il existe plusieurs lois potentiellement applicables entre lesquelles la règle de conflit opère un choix, il n'est le plus souvent qu'une décision rendue à l'étranger dont il faut savoir si l'ordre du for consent ou non à la reconnaître. À cet effet, la jurisprudence française a, en l'absence de textes, élaboré un système qui permet de contrôler les décisions étrangères en vérifiant leur conformité à un certain nombre de conditions. Énoncée initialement par l'arrêt *Munzer*[1], la liste de ces conditions a été ultérieurement réaménagée par quelques grands arrêts, *Bachir*[2], *Simitch*[3], *Cornelissen*[4], en sorte que le juge français vérifie aujourd'hui la compétence du juge étranger, la conformité de la décision étrangère à l'ordre public procédural et à l'ordre public de fond ainsi que l'absence de fraude. Si on laisse de côté le jeu de l'ordre public qui sera envisagé dans la deuxième partie de ces développements, il semblait qu'aucune interférence ne pouvait s'opérer entre cette méthode et les droits fondamentaux. Or il est permis de se demander si les derniers développements de la jurisprudence de la Cour de Strasbourg ne conduisent pas à sa remise en cause, au moins en certains domaines.

182. ***Droit à une vie familiale normale et accueil d'une adoption étrangère.*** Par un arrêt *Wagner*, la Cour de Strasbourg a analysé le refus d'*exequatur* comme constituant une ingérence dans un droit substantiel, plus particulièrement le droit au respect de la vie familiale. En la circonstance, une Luxembourgeoise domiciliée au Luxembourg, célibataire mais vivant en concubinage et mère de deux enfants, avait souhaité étendre sa famille au moyen d'une adoption. Elle s'était heurtée au refus des autorités luxembourgeoises, la loi luxembourgeoise ne permettant pas la réalisation d'une adoption à une célibataire. Désireuse de tourner cette prohibition et de « partir en croisade contre le droit prohibitif de son pays », elle entreprit une adoption « bâton de pèlerin », prospectant différents pays susceptibles d'accéder à sa demande et obtint gain de cause au Pérou[5]. Grâce à l'assistance d'une association privée, l'association Luxembourg-Pérou, et malgré la prohibition de sa loi personnelle, elle obtint au Pérou le prononcé de l'adoption plénière d'un enfant péruvien abandonné. De retour au Luxembourg, elle demanda l'*exequatur* de la décision péruvienne. Celui-ci lui fut refusé au motif que le jugement péruvien avait été rendu en violation de la loi luxembourgeoise, applicable selon les règles luxembourgeoises de droit international privé, et en fraude de cette même loi. La demanderesse forma alors un recours devant la Cour de Strasbourg fondé, entre autres, sur l'article 8 de la Convention européenne posant le droit au respect de la vie familiale. Par un arrêt du 28 juin

1. Civ. 1re, 7 janv. 1964, *Munzer*, *GAJDIP*, n° 41.
2. Civ. 1re, 4 oct. 1967, *Bachir*, *GAJDIP*, n° 45, définissant les modalités du contrôle de la régularité du procès devant le juge étranger.
3. Civ. 1re, 6 févr. 1985, *Simitch*, *GAJDIP*, n° 70, définissant les modalités du contrôle de la compétence du juge étranger.
4. Civ. 1re, 20 févr. 2007, *Cornelissen*, *D.* 2007. 1115, note S. Bollée et L. d'Avout, supprimant le contrôle de la loi appliquée.
5. L. d'Avout, note, *JDI* 2008. 189.

2007, la Cour de Strasbourg condamne le Luxembourg au motif que la décision de refus de l'*exequatur* « omet de tenir compte de la réalité de la situation[1] ». L'« intérêt supérieur de l'enfant » aurait dû conduire le juge luxembourgeois à ne pas « passer outre au statut valablement créé à l'étranger » et à reconnaître la décision péruvienne alors même que celle-ci a été demandée et prononcée en sachant que la loi luxembourgeoise y faisait obstacle. Autrement dit, dès qu'un ordre juridique a accepté de consacrer concrètement, en matière familiale, un droit subjectif au profit d'une personne, cette « situation » doit être reconnue par les États-tiers sans que ceux-ci puissent lui opposer leur système de contrôle. Le point de vue de « l'ordre juridique le plus favorable » s'impose ainsi à tous[2].

Plus récemment, la Cour de Strasbourg a accentué son contrôle en analysant, dans un arrêt *Mc Donald*[3], le refus d'*exequatur* comme représentant une ingérence dans le droit à un procès équitable édicté par l'article 6 de la Convention européenne. C'est alors le respect dû aux jugements étrangers en tant que tels et indépendamment des droits substantiels éventuellement impliqués, qui est censé suffire pour fonder le droit à leur reconnaissance internationale[4]. Dès lors qu'un jugement étranger aura été rendu dans des circonstances compatibles avec les garanties du procès équitable, il devra être reconnu[5].

L'une comme l'autre de ces approches ne sont pas sans inquiéter dans la mesure où elles risquent de conduire à une sorte de désarmement unilatéral des sociétés étatiques, et partant à leur fragilisation, face aux comportements de certains individus qui cherchent à user de la diversité des ordres juridiques pour se soustraire aux contraintes de celui dont ils relèvent naturellement. C'est ainsi que l'arrêt *Wagner*, à supposer qu'il porte bien en lui le système décrit ci-dessus, est de nature à ébranler l'ordre juridique français. Usant des facilités que leur accorde cette jurisprudence, des Français domiciliés en France ont entrepris de triompher des dispositions de la loi civile et de la loi pénale françaises prohibant les gestations pour autrui[6], en pratiquant celles-ci dans des pays à la législation complaisante. S'est alors posée la question du statut, au regard de l'ordre juridique français, des enfants nés de telles pratiques. La Cour de cassation s'est opposée à l'établissement de la filiation des enfants issus de conventions de gestation pour autrui exécutées à l'étranger, à l'égard de leurs parents d'intention, alors même que le couple commanditaire y avait été désigné comme parents légaux de l'enfant par une décision de justice ou par un acte de l'état civil. À cet effet, la Cour de cassation a successivement retenu deux motivations. Par trois arrêts en date du 6 avril 2011, elle a refusé de reconnaître la filiation à l'égard de la mère d'intention au

1. CEDH 28 juin 2007, *Wagner*, *D.* 2007. 2700, note Marchadier, *JDI* 2008. 183, note L. d'Avout; *Rev. crit. DIP* 2007. 807, note P. Kinsch; rappr. CEDH 3 mai 2011, *Négrépontis*, *Rev. crit. DIP* 2011. 889 et Chron. P. Kinsch, *ibid.* 817.
2. L. d'Avout, note préc.
3. CEDH 29 avr. 2008, *Rev. crit. DIP* 2008. 830, note P. Kinsch.
4. P. Kinsch, note, *Rev. crit. DIP* 2008. 839.
5. Pour une utilisation conjointe du droit au respect de la vie familiale (art. 8) et du droit au procès équitable (art. 6) pour fonder la reconnaissance d'une décision d'adoption étrangère, v. CEDH 3 mai 2011, *Négrépontis*, *Rev. crit. DIP* 2011. 889 et Chron. P. Kinsch, *ibid.* 817.
6. Il est difficile de trouver exemple d'une prohibition plus clairement posée : énoncée par la Cour de cassation dans sa formation la plus solennelle à la suite d'un pourvoi formé dans l'intérêt de la loi (Cass., ass. plén., 31 mai 1991, *D.* 1991. 417, rapp. Y. Chartier, note D. Thouvenin, *GAJC*, t. 1, 13e éd., 2015, no 51), elle a ensuite été consacrée par le législateur, qui a introduit dans le Code civil en 1994 un art. 16-7, dont les dispositions ont été maintenues inchangées, après débat devant le Parlement, par les lois bioéthiques de 2004 et de 2011. Quant au Conseil constitutionnel, il a rappelé que la loi du 17 mai 2013 ouvrant le mariage aux personnes de même sexe n'avait eu « ni pour objet ni pour effet de modifier la portée des dispositions de ce texte » (Cons. const. 17 mai 2013, *GAJC*, t. 1, 13e éd., 2015, no 34, cons. 44).

nom du principe d'ordre public d'indisponibilité de l'état des personnes[1]. Par des décisions ultérieures, elle a pris pour fondement de son refus non plus l'exception d'ordre public international mais la fraude, ce qui lui a permis de renforcer l'interdiction en annulant la reconnaissance du père biologique : « lorsque la naissance est l'aboutissement en fraude à la loi française, d'un processus d'ensemble comportant une convention de gestation pour le compte d'autrui, convention qui, fut-elle licite à l'étranger, est nulle d'une nullité d'ordre public aux termes des articles 16-7 et 16-9 » du Code civil, la filiation ne peut plus être inscrite sur le registre français de l'état civil, la fraude à la loi entraînant au surplus la nullité de la reconnaissance paternelle et ayant pour conséquence que ni l'intérêt supérieur de l'enfant que garantit l'article 3-1 de la Convention de New York relative aux droits de l'enfant, ni le respect de la vie privée et familiale de la Convention européenne « ne sauraient être utilement invoqués »[2]. Tel n'a pas été l'avis de la Cour de Strasbourg. Celle-ci a, en effet, considéré que le refus d'inscription à l'état civil d'enfants nés d'une gestation pour autrui pratiquée à l'étranger, en ce qu'il les prive de filiation à l'égard du parent biologique commanditaire, porte atteinte à leur vie privée et à leur intérieur supérieur[3]. Autrement dit, s'il « ne condamne pas l'interdiction de la gestation pour autrui par l'article 16-7 du Code civil », l'arrêt en « annule peu ou prou la portée puisque le contournement se fait par l'intérêt de l'enfant devenu pur “fait accompli” »[4], ce qui a conduit la Cour de cassation à modifier la solution qu'elle avait posée[5]. C'est ainsi que, au nom des droits fondamentaux, les verrous que le droit français avait placés pour s'opposer à la marchandisation de l'humain ont cédé.

II. Normes étrangères et droits fondamentaux

183. ***Données du problème.*** Se proposant d'assurer un traitement approprié aux relations qui se développent simultanément dans plusieurs milieux nationaux, le droit international privé n'entend pas pour autant sacrifier à cette recherche la cohésion des sociétés étatiques concernées. D'où deux directives. La première inspirée par un esprit d'ouverture recommande l'application de lois étrangères, lorsqu'elles paraissent mieux à même de régir telle ou telle situation, ainsi que l'accueil de décisions émanant de juges étrangers lorsque ceux-ci sont bien placés pour connaître d'un litige. L'autre inspirée par un esprit de défiance prévoit que ces lois ou ces décisions peuvent être écartées lorsque leur introduction dans l'ordre du for est de nature à conduire à un résultat qui heurte les valeurs de celui-ci. Il est alors fait usage de l'exception d'ordre public international.

Traditionnellement, on enseigne que les droits fondamentaux constituent l'une des composantes qui contribuent à dessiner les contours de cette exception. La Cour de cassation n'a-t-elle pas posé, dans son arrêt *Lautour*, qu'une norme étrangère doit être évincée lorsqu'elle heurte les « principes de justice universelle considérés dans l'opinion française comme doués de valeur interna-

1. Civ. 1re, 6 avr. 2011, *D.* 2011. 1522, note D. Berthiau et L. Brunet, *Rev. crit. DIP* 2011. 722, note P. Hammje, *ibid.* 340, obs. J. Hauser.
2. Civ. 1re, 13 sept. 2013, *D.* 2013. 2377, avis C. Petit et note M. Fabre-Magnan, Chron. H. Fulchiron et C. Bidaud-Garon, p. 2349, *Rev. crit. DIP* 2013. 909, note P. Hammje; 19 mars 2014, *D.* 2014. 905, note H. Fulchiron et C. Bidaud-Garon, *JCP* 2014. 613, note J. Heymann.
3. CEDH 26 juin 2014, *D.* 2014. 1797, note F. Chénedé, 1806, note L. d'Avout, 1773, Chron. H. Fulchiron et C. Bidaud-Garon, *RTD civ.* 2014. 616, obs. J. Hauser, 835, obs. J.-P. Marguénaud.
4. J. Hauser, *RTD civ.* 2014. 617.
5. Cass., ass. plén., 3 juill. 2015 (2 arrêts), *D.* 2015. 1819, note H. Fulchiron et C. Bidaud-Garon; Civ. 1re, 5 juill. 2017, *D.* 2017. 1423, *JCP* 2017. 984, note Gouttenoire.

tionale absolue »[1]. Mais les données du problème ont été profondément renouvelées par la montée en puissance de la Convention européenne de sauvegarde des droits de l'homme. Celle-ci a, en effet, suscité deux séries d'interrogations. En premier lieu, le fait que les droits fondamentaux aient leur origine dans une convention internationale n'exclut-il pas leur intervention à l'encontre de normes émanant d'États qui ne sont pas parties à celle-ci ? En second lieu, la primauté matérielle dont on gratifie volontiers ces mêmes droits ne devrait-elle pas conduire à leur application directe et immédiate ou du moins à une redéfinition des contours de l'exception d'ordre public international ? Alors que, dans le premier cas, l'interrogation touche au principe même de l'intervention des droits fondamentaux, elle a trait dans le second aux modalités de celle-ci.

A. Le principe de l'intervention des droits fondamentaux

184. ***Domaine d'application.*** Les droits fondamentaux posés par une convention internationale peuvent-ils faire échec uniquement à l'application de normes issues d'un État partie à cette convention ou sont-ils susceptibles de s'opposer à l'application de toute norme étrangère quelle qu'en soit l'origine ?

La première réponse semble, de prime abord, imposée par la règle de l'effet relatif des conventions. En prenant en compte la contrariété d'une norme étrangère avec un droit fondamental d'origine conventionnelle, alors que l'État dont émane cette norme n'est pas partie à la convention, le juge du for imposerait à celui-ci le respect de prescriptions qui lui sont extérieures parce qu'il n'y a pas souscrit. Mais raisonner ainsi serait méconnaître la signification exacte du contrôle exercé par le juge du for sur les normes étrangères. Celui-ci a, en effet, pour objet non de sanctionner la méconnaissance par un État étranger des règles conventionnelles qui s'imposent à lui mais de vérifier si l'introduction d'une norme étrangère dans l'ordre du for ne conduit pas à une violation de la convention par ce dernier. Le juge du for doit donc uniquement rechercher si, en mettant en œuvre telle norme étrangère, il contrevient ou non à un droit fondamental que l'ordre juridique auquel il appartient doit respecter parce que l'État dont il relève est partie à la convention qui l'édicte. Peu importe donc que l'État dont émane la norme qui doit être introduite en France soit ou non partie à cette convention[2].

Désignée par les commentateurs de la Convention européenne sous l'appellation d'« effet extraterritorial de la convention », cette analyse a été expressément consacrée par la Cour de Strasbourg dans l'arrêt qu'elle a rendu le 7 juillet 1989 dans l'affaire *Sœring*[3]. Le Royaume-Uni, État partie à la convention, ayant décidé l'extradition vers les États-Unis, État non partie, d'un individu accusé d'assassinat, il avait été allégué que le traitement que cette personne aurait à subir aux États-Unis en cas de condamnation risquait d'être inhumain puisque la peine de mort était encourue. Le Royaume-Uni ayant fait valoir que la Cour de Strasbourg n'était pas compétente pour se prononcer sur les obligations d'un État qui ne comparaissait pas devant elle puisqu'il n'était pas partie à la convention, celle-ci répondit : « Il ne s'agit pas de constater ou prouver la responsabilité de ce pays en droit international général, en vertu de la convention ou autrement. Dans la mesure où une responsabilité se trouve ou peut se trouver engagée sur le terrain

1. Civ. 25 mai 1948, *Rev. crit. DIP* 1949. 89, note Batiffol, *D.* 1948. 357, note P. L.-P., S. 1949. 1. 21, note Niboyet, *GAJDIP*, n° 19.
2. P. Mayer, art. préc., *Rev. crit. DIP* 1991. 67.
3. *Recueil* série A, n° 161.

de la convention, c'est celle de l'État contractant qui extrade à raison d'un acte qui a pour résultat direct d'exposer quelqu'un à des mauvais traitements prohibés. »

185. ***Normes étrangères issues d'États parties ou non à la Conv. EDH.*** C'est à cette solution que la Cour de cassation française s'est finalement ralliée, non sans avoir au préalable montré quelques hésitations.

Dans une affaire *Pistre* où il était allégué que les dispositions de la loi brésilienne prohibant l'adoption d'un enfant en forme plénière par un étranger ne résidant pas au Brésil étaient contraires au droit au respect de la vie familiale consacré par la Convention européenne des droits de l'homme, la Haute juridiction a accepté de vérifier la compatibilité de cette loi avec les droits fondamentaux consacrés par cette convention[1]. Elle a donc considéré que le fait que le droit étranger en cause soit celui d'un État non partie à la Convention européenne (le Brésil) ne mettait pas obstacle à l'application de celle-ci. Mais six mois plus tard, à propos de l'introduction en France non plus d'une règle mais d'une décision étrangère, elle a adopté la solution contraire. Le défendeur à une action en *exequatur* d'un jugement gabonais ayant allégué que celui-ci avait été rendu en violation de l'article 6 de la Convention européenne posant le droit à un procès équitable, la Cour de cassation dans un arrêt du 6 juillet 1990 a refusé de faire application de celle-ci au motif que « la Convention européenne des droits de l'homme ne crée d'obligations qu'à l'égard des États qui y sont parties ce qui n'est pas le cas du Gabon[2] ».

On pourrait être tenté de concilier ces deux décisions en relevant qu'y étaient en cause des normes étrangères de nature différente : loi dans le premier cas, jugement dans le second. Et de fait, la violation du droit garanti qui résulte de l'application d'une norme étrangère par le juge du for est plus visible lorsque cette norme est une loi étrangère désignée par la règle de conflit qu'un jugement à exequaturer. Dans le premier cas, le juge du for procède à une application concrète de la règle étrangère. Partant, si le résultat de cette application méconnaît un droit fondamental garanti, il rend lui-même une décision contraire à ce principe. Dans le second cas, la décision concrète qui transgresse ces mêmes droits fondamentaux a été rendue par le juge étranger, le juge français se contentant de lui accorder l'*exequatur*. Mais on ne saurait s'en tenir à une telle analyse. En donnant effet à cette décision, le juge de l'*exequatur* prend la responsabilité d'introduire en France une norme qui consacre une solution contraire aux droits fondamentaux[3].

Une hésitation est certes permise lorsque, comme dans l'affaire précitée, la décision étrangère transgresse un droit fondamental en raison non de son contenu mais de la procédure qui l'a précédée, celle-ci étant contraire au droit à un procès équitable. Ce n'est pas alors, en effet, à proprement parler, le jugement étranger mais la procédure qui y a conduit qui est en cause. Néanmoins, il est permis de se demander si une telle analyse ne pèche pas par excès de formalisme. En posant le droit à un procès équitable, la Convention européenne cherche à éviter le prononcé d'une décision injuste au fond. Dès lors, accueillir une décision issue d'un procès inéquitable, c'est prendre le risque de consacrer une solution incompatible avec les engagements internationaux du for[4]. Autant dire que

1. Civ. 1re, 31 janv. 1990, *Rev. crit. DIP* 1990. 519, note Poisson-Drocourt, *JCP* 1991. II. 21635, note H. Muir Watt, *GAJDIP*, n° 69.
2. Civ. 1re, 6 juill. 1990, *Rev. crit. DIP* 1991. 757.
3. P. Mayer, art. préc., *Rev. crit. DIP* 1991. 657.
4. P. Mayer, « Droit à un procès équitable et conflit de juridictions », *in Les nouveaux développements du procès équitable au sens de la Convention européenne des droits de l'homme*, éd. du Seuil, 1996, p. 125.

le juge de l'*exequatur* qui donne effet à une décision contraire à un droit fondamental, par son contenu ou par la procédure qui l'a précédée, prête la main à la violation de celui-ci. Aussi bien la Cour de cassation s'est-elle finalement ralliée à cette analyse puisqu'elle n'a pas hésité à contrôler la conformité d'une décision étrangère de répudiation à l'article 5 du Protocole n° 7 de la Convention européenne bien que celle-ci ait été rendue par les juridictions d'un pays qui n'avait pas souscrit à celui-ci[1]. Telle a été, au reste, la solution ultérieurement consacrée par la Cour de Strasbourg dans une affaire *Pellegrini* : l'*exequatur* d'une décision émanant d'une juridiction du Vatican, lequel n'est pas partie à la Convention européenne, ayant été demandé aux juridictions italiennes, celles-ci doivent vérifier si la procédure qui est à l'origine de la décision qui leur est présentée remplit les garanties du procès équitable[2].

B. Les modalités de l'intervention des droits fondamentaux

186. ***Présentation.*** Se proposant de protéger les valeurs essentielles de la société française contre les atteintes que pourrait leur porter l'introduction de normes étrangères, règles ou décisions, l'exception d'ordre public international semble être l'instrument idéal pour défendre, contre ces mêmes dangers, les droits fondamentaux consacrés par les conventions auxquelles la France est partie. Ceux-ci ne sont-ils pas une composante essentielle de ces valeurs ? Mais la primauté matérielle que l'opinion dominante s'accorde à reconnaître aux droits fondamentaux devrait, selon certains, conduire à leur attribuer une emprise beaucoup plus forte sur la vie internationale. Cette emprise se traduirait de manière différente selon que le juge du for applique directement et immédiatement les droits fondamentaux ou ne les envisage qu'à travers l'exception d'ordre public international.

187. ***1. Application directe et immédiate des droits fondamentaux.*** Dans le cas où le juge français est directement saisi d'une affaire, un courant doctrinal qui s'est concrétisé dans certaines décisions soutient que les dispositions constatant des droits fondamentaux devraient être appliquées directement et immédiatement par le juge du for aux situations présentant des éléments d'extranéité. Opérant sans la médiation des règles ordinaires de conflits de lois, l'application des règles consacrant des droits fondamentaux s'effectuerait, selon un processus qui n'est pas sans rappeler celui des lois d'application immédiate. Les droits fondamentaux ne se contenteraient pas de faire échec à l'application des lois étrangères qui les heurtent, ils excluraient préventivement, dans leur domaine, l'appel au droit étranger[3].

Le meilleur exemple de cette démarche est probablement donné par l'arrêt rendu par la Cour de Paris le 14 juin 1994[4]. Dans cette affaire, un individu né en 1952 en Argentine et possédant la nationalité de ce pays avait été déclaré à l'état

---

1. Civ. 1re, 1er juin 1994, *Rev. crit. DIP* 1995. 103, note Déprez, *Defrénois* 1995. 310, obs. Massip, *GAJDIP*, 4e éd., 2001, n° 64; 11 mars 1997, *D.* 1997. 400, note M.-L. Niboyet, *JCP* 1998. I. 101, note H. Fulchiron; 5 janv. 1999, *JCP* 1999. IV. 1298; 17 févr. 2004, *D.* 2004. 824, concl. Cavarroc, Chron. 815. P. Courbe, *JCP* 2004. II. 10128, note H. Fulchiron, *Rev. crit. DIP* 2004. 424, note P. Hammje, *JDI* 2004. 1200, note L. Gannagé, *Defrénois* 2004. 812, obs. J. Massip, *GAJDIP*, 5e éd., 2006, n° 64.
2. CEDH 20 juill. 2001, *Pellegrini*, *Rev. crit. DIP* 2004. 106, note L.-L. Christians.
3. Sur ce courant doctrinal surtout présent dans la doctrine allemande, v. P. Hammje, thèse préc., nos 824 s., p. 475 s.
4. Paris 14 juin 1994, *Rev. crit. DIP* 1995. 308, note Y. Lequette. Rappr. Direction générale des registres et du notariat (ministère de la Justice du royaume d'Espagne), 24 janv. 2005, *Rev. crit. DIP* 2005. 614, note S. Sanchez Lorenzo.

civil argentin comme de sexe masculin. S'étant perçue dès l'enfance comme de sexe opposé, cette personne s'était soumise à partir de sa vingtième année à un traitement hormonal et avait subi l'ablation des organes génitaux externes en 1985 au Maroc. Désireux de mettre son état civil en conformité avec sa nouvelle apparence, l'intéressé demanda en 1988 au tribunal de grande instance de Bobigny d'ordonner la rectification de son acte de naissance régulièrement dressé à l'étranger et la transcription du jugement sur le répertoire tenu à cet effet par le service central de l'état civil à Nantes. Raisonnant très classiquement, celui-ci repoussa cette demande au motif que la loi argentine, applicable en l'espèce et qui ignore le changement de sexe, n'était pas contraire à la conception française de l'ordre public international français. Cette décision fut infirmée par la Cour de Paris qui déclara l'action recevable aux motifs que la Convention européenne, dont l'article 8 tel qu'interprété par la Cour de Strasbourg et la Cour de cassation consacre le droit de changer de sexe, est « d'application directe en droit français », que « la matière des droits de l'homme est d'ordre public et que la protection de ces droits doit être assurée tant à l'égard des nationaux qu'à l'égard des ressortissants des États non parties s'ils sont domiciliés sur le territoire national » et ceci « sans considération du statut personnel de l'intéressé ». Autrement dit, l'ordre public joue ici non plus comme correctif mais comme circonstance de rattachement. En raisonnant comme si la situation était purement interne, une telle démarche revient à nier la différence entre les relations internationales et les relations purement internes[1].

188. Exequatur *d'une décision étrangère.* S'agissant de donner effet à des décisions étrangères, la primauté matérielle reconnue aux droits fondamentaux s'est traduite par l'idée que les conventions relatives aux droits fondamentaux constitueraient du *jus cogens*, c'est-à-dire des règles fondamentales d'origine coutumière que les États ne pourraient méconnaître ou modifier par leurs conventions[2]. Elle a été plus particulièrement invoquée pour résoudre le conflit qui peut se nouer entre deux conventions dont l'une consacre l'existence des droits fondamentaux et dont l'autre prévoit l'accueil de décisions étrangères qui violent ces mêmes droits fondamentaux. Ainsi en irait-il par exemple de la Convention européenne ou plus précisément de son Protocole n° 7 proclamant l'égalité de l'homme et de la femme dans le mariage, et de la Convention franco-marocaine du 10 août 1981 qui prescrit au juge français de reconnaître les effets d'une répudiation prononcée au Maroc par un époux marocain à l'encontre de sa femme marocaine. Bien que plus spéciale par son objet, la seconde ne prévaudrait pas sur la première car celle-ci constituerait du *jus cogens*. À la différence de la précédente, cette analyse n'a rencontré aucun écho en jurisprudence, et de fait « il est pour le moins surréaliste d'évoquer le caractère universel de règles de droit qui ne sont pas partagées par un milliard d'individus dans le monde »[3]. Aussi bien, les magistrats ont-ils préféré résoudre la difficulté en décidant que la Convention du 10 août 1981 réservait le jeu de la Convention franco-marocaine du 5 octobre 1957 laquelle fait expressément référence à l'ordre public[4].

1. M.-C. Najm, Principes directeurs du droit international privé et conflits de civilisations, thèse Paris II, éd. 2005, n° 548, p. 516; rappr. N. Nord, Ordre public et lois de police en droit int. privé, thèse Strasbourg, 2003, p. 200, n° 369.
2. D. Ruzié, *RFDA* 1991. 362; M.-L. Niboyet, « La mise en œuvre du droit international privé conventionnel », *Nouveaux juges, nouveaux pouvoirs, Mélanges R. Perrot*, Dalloz, 1995, p. 313 s.
3. L. Gannagé, *La hiérarchie des sources et les méthodes du droit international privé*, thèse Paris II, éd. 2001, n° 355.
4. V. par ex. Civ. 1re, 1er juin 1994, préc.; 11 mars 1997, préc. Pour une explication fondée sur le jeu des principes généraux, l'ordre public international l'emportant ici sur l'harmonie internationale des solutions, v. L. Gannagé, thèse préc., n° 362.

189. ***Transsexualisme et respect de la vie privée : le sexe boiteux.*** Reste à savoir si une conception aussi impérialiste des droits fondamentaux est compatible avec les nécessités de la vie internationale ? Il ne le semble pas. On a vu que le droit international privé se fixe pour objectif d'assurer la continuité de traitement des situations internationales. Or les analyses précédentes conduisent à des résultats diamétralement opposés. La décision rendue par la Cour de Paris en matière de transsexualisme est, à cet égard, particulièrement symptomatique.

Pour le comprendre, il est nécessaire d'avoir présent à l'esprit une règle universellement reçue : les autorités qui détiennent les registres de l'état civil sont seules compétentes pour les rectifier. Aussi bien, le demandeur en avait-il pris conscience puisque sa demande initiale qui visait à la rectification de l'acte régulièrement dressé à l'étranger ne tendait plus en appel qu'à lui conférer « un titre dans l'ordre juridique français, déclarant son changement de sexe ». Mais en faisant droit à cette demande alors que la loi nationale de l'intéressé prohibait un tel changement, les magistrats ont créé une figure juridique inédite, le « sexe boiteux », c'est-à-dire le sexe qui change avec la frontière[1]. Par l'emploi du qualificatif « boiteux », on veut en effet marquer que l'individu n'a pas le même statut dans tous les pays concernés. La décision obtenue en France n'ayant aucune chance d'être jamais accueillie dans son pays d'origine ni l'acte de naissance modifié, cette femme sera dans les autres pays et notamment dans son pays d'origine un homme. La claudication pourrait, au reste, s'accentuer si le transsexuel venait à se marier. L'union ainsi célébrée risquant fort de ne pas être reconnue dans son pays d'origine, on serait en présence d'un mariage boiteux.

190. ***Conséquences au plan international de l'impérialisme des droits fondamentaux.*** L'exemple du transsexualisme montre le danger qu'il peut y avoir à accorder aux droits fondamentaux une compétence exorbitante. Ériger en valeur suprême s'imposant à tous, les droits fondamentaux, c'est risquer de creuser une discontinuité radicale entre les ordres juridiques alors qu'on se proposait par l'appel à des valeurs non nationales communes de favoriser le développement des relations privées internationales. Le danger est d'autant plus redoutable que les droits fondamentaux sont en passe d'envahir la quasi-totalité de la scène juridique. Pour s'en tenir à la Convention européenne des droits de l'homme, la Cour de Strasbourg y a découvert des droits que ses rédacteurs n'avaient manifestement pas entendu y inscrire. Le droit au respect de la vie privée est devenu le droit de changer de sexe[2], le droit au respect de la vie familiale est devenu le « droit à une vie familiale potentielle » lequel confère au père naturel les moyens de combattre la présomption de paternité qui pèse sur l'enfant qu'il entend reconnaître[3], le droit au respect du domicile est devenu le droit à un environnement sain[4], le droit à l'autonomie personnelle est devenu celui d'entretenir des relations sadomasochistes[5].

---

1. M. Droz préfère parler à ce propos de « double sexe » (« Transsexualisme, état civil et droit international privé », *OP recht* 1996, p. 43). L'expression nous paraît inadéquate. À la différence de l'hermaphrodite, le transsexuel n'a pas, en effet, dans l'hypothèse en cause deux sexes au même lieu et au même moment. Il a un sexe dont la nature juridique change avec le passage de la frontière, ce qui est très exactement le propre des situations boiteuses.
2. CEDH 25 mars 1992, *D.* 1993. 101, note J.-P. Marguénaud; Cass., ass. plén., 11 déc. 1992, *JCP* 1992. II. 21991, concl. Jéol, note Mémeteau, *GAJC*, t. 1, 13e éd., 2015, n° 27, par F. Terré et Y. Lequette.
3. CEDH 27 oct. 1994, *Kroon*, *JCP* 1995. II. 3823, n° 32, obs. Sudre; *contra* CEDH 20 juin 1999, *Nylund*.
4. CEDH 9 déc. 1994, *JCP* 1995. I. 3823, n° 33, obs. Sudre.
5. CEDH 15 févr. 2005, et la Chron. de M. Fabre-Magnan, *D.* 2005. 2973.

Au plan interne, une telle démarche ne va pas sans dangers. Ainsi qu'on l'a justement souligné, « le risque est considérable de voir des dispositions précises, importantes, utiles, non contestées, remises en cause au nom d'un intérêt aussi supérieur que vague ». Le droit de la famille, pour ne citer que lui, risque d'être réduit « à un catalogue de pieux principes dans lesquels le juge puisera à volonté, appliquant le général pour écarter le particulier ou le contraire selon les cas, jouant d'une disposition contre l'autre, le tout se réduisant à un rituel apparent dissimulant l'arbitraire le plus total où tout est plaidable faute de règles de fond préalables »[1].

Au plan international, la boulimie interprétative précédemment décrite est de nature à réduire comme une « peau de chagrin », l'espace traditionnellement abandonné au jeu des conflits de lois. Tout étant potentiellement droits de l'homme et ceux-ci s'appliquant directement aux étrangers établis en France, les lois étrangères n'auraient plus lieu de jouer que de manière résiduelle dans les interstices non encore envahis par les juges européens. Les fruits d'un tel système pourraient bien être amers puisqu'ils conduisent à la ruine de l'effort que le droit international privé poursuit depuis plusieurs siècles pour assurer une plus grande continuité à la vie juridique des sujets de droit. Aussi, à l'analyse retenue par la Cour de Paris faut-il préférer le détour par l'exception d'ordre public, laquelle est d'ailleurs invoquée à titre subsidiaire par l'arrêt[2].

191. ***2. Exception d'ordre public international et droits fondamentaux.*** Selon une première opinion, la défense des droits fondamentaux n'appellerait sur le terrain de l'ordre public aucun traitement particulier. Comme le souligne M. Pierre Mayer, la Cour de cassation n'attachant aucune importance dans le jeu de l'exception d'ordre public international au fait que le principe considéré ait « valeur constitutionnelle », il devrait en aller de même des droits fondamentaux issus d'instruments qui, dans la hiérarchie des sources formelles, sont situés à un niveau inférieur à la Constitution[3]. La contrariété à l'ordre public devrait toujours être appréciée en fonction du seul résultat concret auquel conduit l'application de la norme étrangère dans l'hypothèse considérée[4].

Selon une autre opinion, le concept d'ordre public devrait être l'objet d'un « affinement » afin de « coller aux impératifs des normes fondamentales internationales ». Plus précisément, les conditions mises au déclenchement de l'exception d'ordre public international devraient être assouplies, la « supériorité » des principes fondamentaux commandant une application préférentielle de ceux-ci[5]. En d'autres termes, l'exception d'ordre public devrait être entendue de façon plus sévère lorsqu'elle se propose de défendre les droits fondamentaux. C'est ainsi, selon M. Paul Lagarde, que la condition de nationalité française à laquelle la jurisprudence subordonne parfois le jeu de l'ordre public international, dans le domaine du statut personnel, devrait être écartée si « les principes menacés

1. J. Hauser, *RTD civ.* 1993. 814; v. aussi M.-T. Meulders-Klein, « Internationalisation des droits de l'homme et évolution du droit de la famille, un voyage sans retour ? », *in Internationalisation des droits de l'homme et évolution du droit de la famille*, 1996, p. 179 s.
2. Il a été soutenu que le détour par l'ordre public ne serait nullement nécessaire à une mise en œuvre modérée des droits de l'homme, leur cantonnement dépendant « moins des modalités de leur intervention que de considérations purement idéologiques et de l'engouement qu'ils suscitent [...] auprès des magistrats ». Aussi bien la question pourrait-elle trouver une solution dans l'exigence d'une « antinomie strictement caractérisée entre la loi étrangère et les droits fondamentaux » (L. Gannagé, *op. cit.*, n° 335).
3. P. Mayer, art. préc., *Rev. crit. DIP* 1991. 663.
4. J. Foyer, « Droits internationaux de l'homme et ordre public international », *Mélanges R. Goy*, 1998, p. 333.
5. P. Hammje, thèse préc., n° 851, p. 494, n° 869, p. 506.

par l'application de la loi étrangère sont des principes fondamentaux, imposés par le respect des droits de l'homme[1] ».

192. ***Contrariété automatique à l'ordre public international.*** Allant jusqu'au bout de cette logique, certaines décisions posent qu'une loi étrangère doit être évincée dès lors qu'elle ne connaît pas tel ou tel droit de l'homme, la décision rendue sur le fondement de cette loi constituant nécessairement la violation de ce droit et par là même de l'ordre public. C'est ainsi que la Cour de Paris, usant à titre subsidiaire dans l'affaire précitée de l'exception d'ordre public, a posé que « l'application de la loi argentine qui paraît ignorer le syndrome du transsexualisme, conduirait à une décision constituant en elle-même la violation d'un droit de l'homme protégé tant par la convention que par le droit positif interne dans son état le plus récent[2] ». C'est ainsi encore que la Cour de cassation a écarté le régime légal suisse de l'union des biens au motif que prévoyant un partage inégal des biens au détriment de la seule épouse, il serait contraire au principe de l'égalité des époux[3].

De telles analyses sont excessives. Elles conduisent, en effet, à l'égal de la précédente, au refoulement du droit étranger et à l'érection de cloisons hermétiques entre les ordres juridiques. Or rien ne paraît l'imposer. Nombre de règles aujourd'hui couvertes par l'étiquette des droits de l'homme sont des créations totalement artificielles, commandées non par la nature de l'homme mais par le « prêt à penser » ambiant. Inconnues il y a peu encore des systèmes juridiques qui les consacrent, ces règles conduisent à des solutions dont il n'est pas certain qu'elles soient supérieures à celles qui résultaient des dispositions qui les ont précédées. Le transsexualisme est, à cet égard, topique. En refusant de l'admettre en 1990, la Cour de cassation avait suivi les conclusions de son avocat général soulignant qu'« une réponse affirmative était de nature à faire vaciller les bases sur lesquelles repose une société »[4], formule qui n'est pas sans rappeler l'une des composantes de l'ordre public international. Pourquoi faudrait-il écarter systématiquement les lois des pays qui restent fidèles à cette analyse ? De même, rien ne permet d'affirmer de manière générale que la vérité biologique aujourd'hui érigée en droit fondamental conduira dans telle ou telle affaire à un résultat meilleur que la vérité sociologique. Comme le souligne le juge espagnol dans l'opinion dissidente qu'il a émise dans l'affaire *Kroon*, en découvrant dans l'article 8 de la Convention européenne l'obligation positive pour chaque État de reconnaître au père naturel le droit « de combattre la présomption de paternité du père légal (le mari de la mère) », la Cour fait « primer les liens biologiques sur la cohésion et l'harmonie de la famille et sur l'intérêt essentiel de l'enfant ». La Cour de Strasbourg semble d'ailleurs, sur ce point, avoir opéré une marche arrière[5]. Ainsi, parmi les droits qualifiés de fondamentaux, il en est qui ne présentent que fort peu ce caractère et dont la seule méconnaissance ne saurait, sauf circonstances particulières, déclencher le jeu de l'exception d'ordre public. Aussi bien, a-t-il été souligné que « la prolifération des droits fondamentaux est telle qu'il devient urgent de repenser la définition d'un concept qui permet désormais de coiffer des droits individuels dont le caractère fondamental est pour le moins contestable »[6].

---

1. Batiffol et Lagarde, t. 1, n° 360.
2. Paris 14 juin 1994, préc.
3. Civ. 1re, 24 févr. 1998, *Rev. crit. DIP* 1998. 637, note Droz, *JDI* 1998. 730, note Kerckhove, *D.* 1999. Somm. 290, obs. Audit, *Defrénois* 1999. 1173, note R. Crone.
4. *JCP* 1990. II. 21588.
5. CEDH 20 juin 1999, *Nylund.*
6. L. Gannagé, « Le relativisme des droits de l'homme dans l'espace méditerranéen », *RID comp.* 2006. 101 s., spéc. p. 115; rappr. du même auteur « À propos de l'"absolutisme" des droits fondamentaux », *in Mélanges H. Gaudemet-Tallon*, 2008, p. 265 s.

Au surplus, une telle démarche peut entraîner dans des complications inextricables. Le régime légal suisse de l'union des biens *choisi tacitement* par les époux est écarté comme contraire au principe d'égalité. Qu'en ira-t-il des clauses de partage inégal dont l'article 1497-5° du Code civil prévoit qu'elles peuvent être insérées par les époux dans leur contrat de mariage ? Qu'en ira-t-il de nombreux régimes légaux étrangers, tels ceux des droits hébraïque, musulman, catalan, grec etc., qui ne permettent pas à l'épouse de bénéficier pleinement des profits de l'union ? L'interrogation est d'autant plus préoccupante que les conséquences de l'éviction du droit étranger ne sont nullement évidentes. La Haute juridiction invite les juges du fond à « rétablir l'égalité des droits entre époux ». Que faut-il entendre par là ? Le régime matrimonial étant une « machinerie complexe dont chaque rouage s'ajuste aux autres et est solidaire de l'ensemble »[1], il a été suggéré que les juges du fond seront tentés de remplacer le régime suisse par le régime de communauté d'acquêts du droit français[2]. S'agissant d'époux qui ont été mariés pendant quinze ans, on imagine la complexité d'une telle entreprise ainsi que l'insécurité qu'elle ne manquerait pas d'engendrer. Il faut, comme on l'a justement souligné, savoir « raison garder »[3].

193. ***Intérêts s'attachant à une application raisonnable des droits fondamentaux au plan international.*** Ce n'est pas à dire que la notion de droit fondamental soit, en la matière, dépourvue d'intérêt. Témoignant de ce qu'il est, dans une société, des points sur lesquels celle-ci ne saurait transiger sans se perdre, elle est de nature à rappeler aux juges trop sensibles aux sirènes de la vie internationale qu'il est des bornes à ne pas franchir[4]. Nombre d'entre eux ne trouvent plus, d'ailleurs, le courage de défendre les valeurs de la société française qu'à la condition de les peindre aux couleurs des droits fondamentaux ou encore d'un ordre public européen[5]. L'évolution qu'a connue la jurisprudence française en ce qui concerne l'accueil des répudiations étrangères illustre à merveille cette tendance. Après avoir fait montre d'un libéralisme excessif[6], la Cour de cassation est revenue, non sans intermède[7], à des positions plus strictes au nom de l'égalité des sexes et du respect des droits de la défense[8].

---

1. B. Ancel et Y. Lequette, *GAJDIP*, 5e éd., Dalloz, 2006, p. 130.
2. Droz, *Rev. crit. DIP* 1998. 643.
3. Droz, *Rev. crit. DIP* 1998. 644.
4. Il est permis de se demander si ces bornes n'ont pas été franchies par l'arrêt rendu par la première chambre civile le 10 mai 2006 (*JCP* 2006. II. 10165, note T. Azzi, *ibid.* 2007. I. 109, n° 3, obs. L. Corbion) décidant que n'est pas contraire à l'ordre public français une loi étrangère ne permettant pas l'établissement d'une filiation naturelle, dès lors que l'enfant n'est pas français ou ne réside pas en France et alors même que le prétendu père était de nationalité française et domicilié en France. Ce sont alors les principes fondamentaux de la société française (principe d'égalité des filiations) qui sont en cause. Rappr. L. Gannagé, « À propos de l'"absolutisme" des droits fondamentaux », *in Mélanges H. Gaudemet-Tallon*, Dalloz, 2008, p. 266 et 276. V. d'ailleurs, ultérieurement, Civ. 1re, 26 oct. 2011, *JDI* 2012, p. 176, note J. Guillaumé.
5. Comp. B. Audit, *D.* 1999. Somm. 290.
6. Civ. 1re, 3 nov. 1983, *Rohbi*, *Rev. crit. DIP* 1984. 325, note Fadlallah, *JDI* 1984. 329, note Kahn, *JCP* 1984. II. 20131, concl. Gulphe, *GAJDIP*, n° 63.
7. Civ. 1re, 3 juill. 2001, *D.* 2001. 3378, note M.-L. Niboyet, *Rev. crit. DIP* 2001. 704, note L. Gannagé, *JDI* 2002. 181, note Ph. Kahn, *JCP* 2002. II. 10039, note Vignal et la résistance de la Cour de Paris, 13 déc. 2001, *AJ fam.* 2002, n° 3, p. 105. Rappr. Civ. 2e, 14 mars 2002, *JCP* 2002. II. 10095, note Fulchiron. Sur cette question, v. H. Fulchiron, « Droits fondamentaux et règles de droit international privé : conflit de droits, conflit de logiques ? », *in Le droit au respect de la vie familiale au sens de la CEDH* 2002, p. 353 s.; G. Canivet, « La convergence des systèmes juridiques du point de vue du droit privé français », *RID comp.* 2003. 19 s.; A. Mezghani, « Le juge français et les institutions du droit musulman », *JDI* 2003. 721 s., spéc. p. 759. Pour une analyse renouvelée de la question, v. R. El-Husseini, *Le droit international privé français et la répudiation islamique*, thèse multigr., Paris II, 1999; v. aussi « Le droit international privé français et la répudiation islamique », *Rev. crit DIP* 1999. 427.
8. Civ. 1re, 1er juin 1994, préc.; 11 mars 1997, préc.; 17 févr. 2004, préc.

Il apparaît qu'il existe une certaine antinomie entre le droit international privé et les droits fondamentaux. Alors que le droit international privé, qui vise à organiser la coordination de systèmes juridiques ne reposant pas nécessairement sur les mêmes valeurs, requiert pour prospérer un sens certain de la « *relativité* », les droits fondamentaux évoquent l'idée d'« *absolu* »[1]. Relativement aisée à surmonter tant que les droits fondamentaux n'étaient que des bornes destinées à rappeler qu'il est des limites à ne pas dépasser, cette antinomie a pris un tour aigu depuis que la Cour de Strasbourg « est sortie de son lit » et a entrepris de construire un corps de droit autonome[2]. Aussi bien n'est-il aujourd'hui pour la résoudre d'autre moyen que de renouer avec une conception des droits fondamentaux qui n'aurait jamais dû être abandonnée. Définissant les fondements intangibles d'une société, la qualification droit fondamental ne devrait jamais être appliquée à des règles qui ne sont que l'écume d'une époque. Le jeu de l'exception d'ordre public international pourrait être, pour le bien même de la notion, l'instrument de cette prise de conscience et le moyen d'identifier parmi les droits dits fondamentaux ceux qui méritent réellement cette qualification. Une telle solution aurait le mérite de favoriser l'émergence de véritables « valeurs universelles ». Comme on l'a justement souligné : dans les relations entre les pays relevant de traditions culturelles différentes, « la coordination effective des systèmes ne pourra valablement s'opérer sans l'adhésion à un minimum de valeurs communes », que les droits de l'homme peuvent seuls contribuer à définir. Encore faut-il pour cela qu'on revienne à une acception raisonnable de ceux-ci[3]. Au demeurant, en tous domaines, l'inflation a pour corollaire la dévaluation[4].

194. ***Conclusion.*** En définitive, on constate que les droits fondamentaux jouent en droit international privé des rôles parfaitement contradictoires. Tantôt, en leur nom, on reconnaît à certaines personnes une sorte de droit à la continuité internationale des situations qui les concernent, alors même que ces situations ont été constituées en usant des facilités qu'offre un droit étranger permissif et que le pays d'origine de ces personnes les considère comme illégales (v. ss 182). Tantôt, on érige ces mêmes droits fondamentaux en une sorte d'absolu qui conduit au cloisonnement des ordres juridiques. Autrement dit, il est possible de faire en leur nom tout et son contraire[5], en sorte que le droit international privé dégénère en un conflit de droits fondamentaux[6]. Il n'est pas sûr que le traitement des relations privées internationales et la coordination des ordres juridiques qui sont l'objet du droit international privé en sortent améliorés[7].

1. P. Mayer, « Droit à un procès équitable et conflits de juridictions », *in Les nouveaux développements du procès équitable au sens de la Convention européenne des droits de l'homme*, 1996, p. 125.
2. J. Carbonnier, *Droit et passion du droit sous la Vᵉ République*, Flammarion, 1996, p. 55.
3. L. Gannagé, art. préc., *RID comp.* 2006. 116; du même auteur, « Les méthodes du droit international privé à l'épreuve des conflits de cultures », *Rec. cours La Haye*, t. 357, 2013, p. 235, sqq. 455 s. Rappr. A. Supiot, « Lier l'humanité : du bon usage des droits de l'homme », *Esprit* févr. 2005, p. 134.
4. Y. Lequette, « Des juges littéralement irresponsables... », *Mélanges Jacques Héron*, 2008, p. 309, spéc. p. 311 s.
5. L. Gannagé, « Droits fondamentaux et droit international privé de la famille : quelques remarques sur une cohabitation difficile », *in La famille en mutation, Archives Phil. dr.*, t. 57, 2014, p. 229 s.
6. Pour un exemple, CEDH 6 juill. 2010, *Rev. crit. DIP* 2011. 664.
7. Pour une autre lecture, v. F. Marchadier, *Les objectifs généraux du droit international privé à l'épreuve de la Convention européenne des droits de l'homme*, Bruylant, 2007.

Bibliographie indicative

– L. D'AVOUT, « Droits fondamentaux et coordination des ordres juridiques en droit privé », *in* E. DUBOUT, S. TOUZÉ (dir.), *Les droits fondamentaux : charnière entre ordres et systèmes juridiques*, Pedone, 2010, p. 165.

– D. BUREAU, *Les sources informelles du droit dans les relations privées internationales*, thèse multigr., Paris II, 1992.

– D. COHEN, « La Convention européenne des droits de l'homme et le droit international privé français », *Rev. crit. DIP* 1989. 451.

– P. COURBE, « Le droit international privé et les difficultés d'insertion de la Convention dans le système français », *in* P. TARVERNIER (dir.), *Quelle Europe pour les droits de l'homme ?*, Bruylant, 1996, p. 249.

– V. ÉGÉA, « Les droits fondamentaux ont-ils simplifié les solutions de droit international privé ? », *in* J.-M. PONTIER (dir.), *La simplification du droit*, PU Aix-Marseille, 2006, p. 49.

– J. FOYER, « Droits internationaux de l'homme et ordre public international », *in Mélanges Raymond Goy*, PUR, 1998, p. 333.

– H. FULCHIRON, « Droits fondamentaux et règles de droit international privé : conflit de droits, conflit de logiques ? », *in* F. SUDRE (dir.), *Le droit au respect de la vie familiale au sens de la Convention européenne des droits de l'homme*, Némésis et Bruylant, 2002, p. 353.

– L. GANNAGÉ, *La hiérarchie des normes et les méthodes du droit international privé*, thèse, Paris II, éd. 2001; « Le relativisme des droits de l'homme dans l'espace méditerranéen », *RID comp.* 2006. 101; « À propos de l'"absolutisme" des droits fondamentaux », *in Mélanges H. Gaudemet-Tallon*, Dalloz, 2008, p. 265; « Droits fondamentaux et droit international privé de la famille : quelques remarques sur une cohabitation difficile », *in La famille en mutation, Archives Phil. dr.*, t. 57, 2014, p. 229 s.

– B. GOLDMAN, « La protection internationale des droits de l'homme et l'ordre public international dans le fonctionnement de la règle de conflit de lois », *René Cassin amicorum discipulorumque liber, t. I, Problèmes de protection internationale des droits de l'homme*, 1969, p. 449.

– P. HAMMJE, *La contribution des principes généraux du droit à la formation du droit international privé*, thèse multigr., Paris I, 1994; « Droits fondamentaux et ordre public », *Rev. crit. DIP* 1997. 1.

– P. KINSCH, « Droits de l'homme, droits fondamentaux et droit international privé », *Rec. cours La Haye*, t. 318, 2005, p. 13.

– C. LABRUSSE, « Droit constitutionnel et droit international privé en Allemagne fédérale », *Rev. crit. DIP* 1971. 1.

– P. LEREBOURS-PIGEONNIÈRE, « La Déclaration universelle des droits de l'homme et le droit international privé français », *Le droit privé français au milieu du XXe siècle, Études offertes à Georges Ripert*, LGDJ, 1950, p. 255.

– F. MARCHADIER, *Les objectifs généraux du droit international privé à l'épreuve de la Convention européenne des droits de l'homme*, Bruylant, 2007; « La contribution de la CEDH à l'efficacité des conventions de La Haye de coopération judiciaire et administrative », *Rev. crit. DIP* 2007. 677.

– P. MAYER, « La Convention européenne des droits de l'homme et l'application des normes étrangères », *Rev. crit. DIP* 1991. 651; « Droit à un procès équitable et conflit de juridictions », *Les nouveaux développements du procès équitable au sens de la Convention européenne des droits de l'homme*, Seuil, 1996, p. 125.

Section 8.
LA MONDIALISATION DE LA PROTECTION JURIDIQUE DES DROITS FONDAMENTAUX

JEAN-LOUIS HALPÉRIN
Professeur à l'École normale supérieure (Paris), Centre de théorie et analyse du droit (UMR 7074)

Sous l'expression « mondialisation des droits de l'homme » se mêlent différents phénomènes affectant le droit positif de tous les États du monde aujourd'hui : la constitutionnalisation des droits fondamentaux dans de nombreux ordres juridiques, la circulation des jurisprudences et des idées qui l'accompagne et enfin le développement d'un réseau de plus en plus dense de traités, certains sanctionnés par des mécanismes juridictionnels internationaux, qui sont destinés à protéger ces droits de l'homme.

La mondialisation de la protection conventionnelle fait apparaître des liens entre les conventions à vocation universelle et les conventions à portée régionale, en même temps que de forts contrastes entre les continents, relativement à la pression exercée sur les États par ces conventions. L'essor d'instruments internationaux ayant pour but l'abolition de la peine de mort est significatif à la fois de la singularité du modèle européen et de sa force d'expansion à travers le monde.

Pour être efficace, la reconnaissance conventionnelle des droits fondamentaux par des instruments internationaux doit être complétée par des mécanismes de contrôle et de sanction. À l'égard des États, les organes de supervision des conventions universelles passent de plus en plus au second plan derrière les organes juridictionnels à caractère régional comme la Cour de Strasbourg. À l'égard des personnes physiques ou des personnes morales de droit privé, la justice pénale internationale et la justice pénale ou civile « transnationale » se trouvent encore dans une position de subsidiarité par rapport aux juridictions nationales.

195. Les droits fondamentaux, comme d'autres phénomènes juridiques, font l'objet, depuis quelques décennies, d'une circulation intense à travers le monde. Plusieurs aspects peuvent être distingués, sinon séparés, dans cette mondialisation. Les ordres juridiques nationaux ont connu, spécialement depuis les années 1990 (avec l'effondrement du bloc soviétique et de nombreuses situations de « transition démocratique » en Amérique du Sud, en Afrique ou en Asie), des processus de « constitutionnalisation » des droits fondamentaux qui sont, pour une grande part, liés à des transplants (ou transferts, si l'on veut éviter la métaphore trop connotée de la « transplantation ») juridiques, c'est-à-dire à « l'emprunt » par un système juridique national d'énoncés ou d'idées juridiques pris dans un ou plusieurs autres systèmes nationaux[1]. Par exemple, l'Afrique du Sud post-apartheid s'est inspirée, dans la rédaction de sa Constitution (intérimaire en 1993, « confirmée » en 1996) puis dans plusieurs décisions de sa Cour constitutionnelle, des règles de protection des droits fondamentaux en Allemagne[2]. Ou la Cour suprême d'Israël, dans une décision « révolutionnaire » de 1995 (*Bank Mizrahi*), s'est attribué le pouvoir de contrôler la conformité des lois avec les *Basic Laws*, qui tiennent lieu de constitution en Israël et dont deux textes votés en 1992 (sur la liberté professionnelle et sur la dignité humaine) concernent les droits fondamentaux, en s'inspirant de l'établissement du *judicial review* aux États-Unis par la décision de la Cour suprême *Marbury v. Madison* (1803) et des développements du contrôle de constitutionnalité dans de nombreux pays.

Ces « emprunts » faits à des systèmes étrangers sont aujourd'hui largement diffusés et alimentent — notamment dans les controverses judiciaires — des arguments tirés du droit comparé qui jouent un rôle croissant dans les démocraties constitutionnelles. En même temps, les migrations de populations — qui affectent plus de 200 millions de personnes (3 % de la population mondiale), dont plus de 400 000 nouveaux demandeurs d'asile chaque année — suscitent des règles et des litiges (y compris à propos des personnes poursuivies pour des crimes internationaux qui cherchent à échapper à un jugement en se réfugiant dans un pays étranger[3]), dont les implications en matière de droits fondamentaux et de « circulation des droits » n'échappent à personne.

1. La théorie des « *legal transplants* » a été défendue par Alan Watson, *Legal Transplants : An Approach to Comparative Law*, 1re éd., 1974, 2e éd., Athens-London, University of Georgia, 1993. Pour une critique de cette notion, Pierre Legrand, « The Impossibility of "Legal Transplants" », *Maastricht Journal of European and Comparative Law*, 1997, 4, p. 111-124. Pour une réponse à cette critique, Alan Watson, « Legal Transplants and European Private Law », *Electronic Journal of Comparative Law*, 2000, 9. Pour une utilisation de la notion d'emprunt (« *borrowing* ») concernant les droits fondamentaux, Michel Rosenfeld, Andras Sajo (eds.), *The Oxford Handbook of Comparative Constitutional Law*, Oxford University Press, 2012.
2. Laurie W. H. Ackermann, « Constitutional Comparatism *in* South Africa », *in* Basil Markesinis, Jörg Fedtke (eds.), *Judicial Recourse to Foreign Law*, UCL Press, 2006, p. 263-286.
3. Un des exemples les plus fameux est l'affaire Pinochet (1998-2000) au Royaume-Uni : David Sugarman, « The Pinochet Case : International Criminal Justice *in* the Gothic Style », *The Modern Law Review* 64/6, 2001, p. 890-910.

Il ne faut pas confondre ces phénomènes, parfois amalgamés dans une appréhension globale de « l'internationalisation des droits fondamentaux », avec la densification des règles du droit international concernant les droits fondamentaux. En dépit de quelques précédents antérieurs (les conventions de Genève de 1864, 1906 et 1929 sur les blessés de guerre et les prisonniers, la convention de la SDN relative à l'esclavage en 1926), les droits de l'homme ont pénétré le droit international à partir de 1945, entrant en tension (dans le texte même de la Charte des Nations unies, signée à San Francisco le 26 juin 1945, qui assigne comme but à l'organisation mondiale le développement du « respect des droits de l'homme et des libertés fondamentales pour tous sans distinction de race, de sexe, de langue ou de religion », art. 1.4 de la Charte) avec le principe de non-ingérence « dans les affaires qui relèvent essentiellement de la compétence d'un État » (art. 2.7 de la Charte).

Depuis plus de soixante ans, le nombre des traités, comme des déclarations et résolutions des organisations internationales, qui concernent les droits de l'homme n'a cessé de croître. Il faut y ajouter, pour les conflits armés, le droit humanitaire international fondé sur les quatre conventions de Genève adoptées en 1949, complétées par deux protocoles additionnels en 1977 et un troisième protocole sur l'emblème du cristal rouge en 2005[1]. Cette mondialisation de la protection conventionnelle (***I.***) ne signifie pas un ralliement de tous les pays du monde aux valeurs des démocraties constitutionnelles, ni aux conceptions des droits de l'homme développées en Occident depuis les Temps modernes. Elle doit être nuancée en fonction de l'impact variable des conventions universelles et des conventions régionales. De même, les manquements de nombreux États à leurs engagements ne privent pas de portée, notamment en droit interne, ces règles de droit international relatives aux droits fondamentaux. Le cas de la peine de mort illustre les phénomènes d'imbrication entre droit international, transferts juridiques et évolutions des droits nationaux. Plus récente, la régionalisation puis la mondialisation de la sanction judiciaire des droits fondamentaux (***II.***) ont donné naissance à une jurisprudence internationale sur les droits de l'homme qui est aussi susceptible d'interagir avec l'ordre juridique français.

I. La mondialisation de la protection conventionnelle

A. Protection universelle et protection régionale

196. La Déclaration universelle des droits de l'homme, votée lors d'une réunion de l'Assemblée générale des Nations unies au palais de Chaillot à Paris le 10 décembre 1948 (le vote réunit 56 États, 48 pour et 8 abstentions venant des pays socialistes autour de l'URSS, de l'Afrique du Sud et de l'Arabie Saoudite), constitue une référence pour l'entrée des droits de l'homme dans le champ du droit international, entrée qui avait été annoncée dans la Charte de l'ONU en 1945 (alors que le pacte de la SDN en 1919 n'utilisait pas l'expression « droits

1. Sur l'histoire du droit humanitaire, Philippe Ryfman, *Une histoire de l'humanitaire*, La Découverte, coll. « Repères », 2008. Pour un bilan, v. Abdelwahad Biad, Paul Tavernier (dir.), *Le droit international humanitaire face aux défis du XXIe siècle*, Bruylant, 2012. 195 États (dont le Vatican, les îles Cook et la Palestine qui ne sont pas membres pleins de l'ONU) ont ratifié les quatre conventions de Genève, qui constituent ainsi un droit universel, protégeant les militaires blessés, les prisonniers et les civils (y compris dans les conflits armés non internationaux, comme les guerres civiles, en vertu de l'art. 3 commun aux quatre conventions). La protection des civils dans les conflits armés non internationaux a été renforcée dans le Protocole n° II, ratifié par 168 pays.

de l'homme »). Rédigé par la commission des droits de l'homme (au sein de l'ECOSOC), avec notamment la participation de René Cassin, Eleanor Roosevelt et du Canadien John Humphrey[1], le texte est le fruit d'un compromis entre les membres fondateurs des Nations unies, alors que la Guerre froide opposait déjà les positions des pays occidentaux (en faveur des droits civils politiques « classiques » ou droits de l'homme de la première génération) et celles des pays socialistes (en faveur des droits économiques, sociaux et culturels ou droits de l'homme de la seconde génération). Précédés par un préambule sur « la dignité inhérente à tous les membres de la famille humaine » et sur l'engagement des États membres de l'ONU en faveur du « respect universel et effectif des droits de l'homme et des libertés fondamentales », les 30 articles de la DUDH affirment que tous les êtres humains naissent libres et égaux en droits, peuvent se prévaloir sans discrimination aucune, du droit à la vie, à la liberté et à la sûreté de leurs personnes (l'esclavage et la torture faisant l'objet d'une prohibition absolue), du respect de leur vie privée et familiale, du droit de circuler dans et hors de leur pays (avec un « droit à la nationalité »), du droit d'asile, de la liberté de conscience, de pensée et de religion, de la liberté de réunion et d'association, du droit de se marier et de fonder une famille, du « droit à la propriété » (individuelle ou collective), du droit de participer aux affaires publiques par des représentants librement choisis, du droit à la sécurité sociale, au travail, à la santé, à l'éducation ainsi que de prendre part à la vie culturelle de la communauté.

1. Un réseau de plus en plus dense de conventions internationales contraignantes

197. En tant que résolution de l'Assemblée générale des Nations unies, la DUDH est dépourvue d'effet contraignant. Elle a pu être critiquée pour ses fondations sur des valeurs occidentales et pour un processus d'adoption par le « club » des membres fondateurs de l'ONU, alors que de très nombreux peuples restaient sous la domination coloniale. L'engagement de tous les membres des Nations unies à respecter ce texte a, toutefois, été rappelé dans la Déclaration finale de la Conférence mondiale des droits de l'homme de Vienne (1993, ce texte adopté par 171 États est le résultat d'un compromis entre la réaffirmation de l'universalité des droits de l'homme et la reconnaissance ou la prise en compte des « particularismes nationaux et régionaux »). Certains internationalistes considèrent que la DUDH (ou une partie d'entre elle) est devenue obligatoire au titre du droit international coutumier ou des principes généraux du droit international[2].

La Commission des droits de l'homme des Nations unies a bataillé pendant plusieurs années pour compléter la DUDH par deux traités liant les États membres, qui ont été signés en 1966 (en période de « coexistence pacifique », la distinction des deux traités et des deux générations de droits de l'homme a permis

1. Une controverse s'est développée sur la part qui revient respectivement à René Cassin (Prix Nobel de la paix en 1968), à John Humphrey ou à d'autres acteurs de ce processus : Johannes Morsink, *The Universal Declaration of Human Rights : Origins, Drafting and Intent*, University of Pennsylvania Press, 1999. On lira avec profit, sur les jalons de la reconnaissance de la « dignité humaine » dans les textes nationaux ou internationaux, Christopher McCrudden, « Human Dignity and Judicial Interpretation of Human Rights », *European Journal of International Law* 2008, 19/4, p. 655-724. L'influence de la Déclaration américaine des droits et des devoirs de l'homme, adoptée quelques mois plus tôt en avril 1948, n'est pas à négliger.
2. Jaime Oraá Oraá, « The Universal Declaration of Human Rights », *in* Felipe Gomez Isa, Koen de Feyter (eds.), *International Human Rights Law in a Global Context*, University of Deusto, 2009, p. 225-229.

de satisfaire les deux blocs) : le Pacte international relatif aux droits civils et politiques (PIDCP) et le Pacte international relatif aux droits économiques, sociaux et culturels (PIDESC) qui sont entrés en vigueur en 1976. Ratifié par 169 États (dont la France en 1980 avec des réserves sur l'application de l'article 16 de la Constitution, l'entrée des étrangers en France et l'absence de reconnaissance de « minorités » ethniques, religieuses ou linguistiques), le PIDCP est le plus important de ces deux textes, en raison du contrôle de son application (*monitoring*) par un comité de 18 experts indépendants qui examinent les rapports des États et les plaintes individuelles (venues des 115 États qui ont ratifié le Protocole n° I). Le PIDESC ratifié par 166 États (dont la France en 1980 avec des réserves sur l'accès des étrangers au travail) donne lieu aussi à l'examen de rapports nationaux par un comité depuis 1985 (le Protocole signé en 2008 pour autoriser les plaintes individuelles est entré en vigueur en 2013 avec seulement 22 États l'ayant ratifié).

Sous les auspices des Nations unies, de nombreuses conventions à vocation universelle ont été conclues qui touchent le domaine des droits de l'homme. Outre la convention pour la prévention et la répression du crime de génocide, adoptée en 1948 à la suite du procès de Nuremberg (avec la participation de Raphael Lemkin, l'inventeur du terme de génocide et d'Henri Donnedieu de Vabres) et ratifiée par 149 États, au moins quatre traités ont aujourd'hui une portée quasi universelle. Il s'agit de la Convention internationale sur l'élimination de toutes les formes de discrimination raciale (adoptée en 1966, entrée en vigueur en 1969, ratifiée par 179 États, avec un comité examinant les rapports périodiques des États et pouvant recevoir certaines plaintes individuelles), de la Convention sur l'élimination de toutes les formes de discrimination à l'égard des femmes (adoptée en 1979, entrée en vigueur en 1981, ratifiée par 189 États, les États-Unis faisant partie des États qui n'ont pas ratifié), de la Convention contre la torture et autres peines ou traitements cruels, inhumains ou dégradants (adoptée en 1984, entrée en vigueur en 1987, ratifiée par 162 États, dont les États-Unis sous réserve d'une compatibilité avec l'interprétation de la Constitution et la France qui a accepté la possibilité de soumettre des plaintes individuelles au comité *ad hoc*) et de la Convention relative aux droits de l'enfant (adoptée en 1989, entrée en vigueur en 1990, ratifiée par 196 États, les États-Unis faisant seuls exception).

À côté de la présence d'institutions internationales de supervision (*monitoring*), ces conventions sont susceptibles d'être invoquées devant les tribunaux nationaux, à partir du moment où elles ont été introduites dans les droits nationaux et que leur effet direct (*self-executing*) a été reconnu (en France la Convention relative aux droits de l'enfant s'est vue reconnaître un effet direct par le Conseil d'État dès 1997[1], puis par la Cour de cassation seulement depuis 2005[2]). En revanche, d'autres conventions, comme celle de 1990 sur la protection des droits de tous les travailleurs migrants et de leur famille, ratifiée par seulement 51 États (pour la plupart des pays d'émigration et non les pays occidentaux qui accueillent ces travailleurs migrants), relèvent davantage du « droit régional » que du droit international général.

1. CE 22 sept. 1997, *Mlle Cinar*, *JCP* 1998. II. 10051, note A. Gouttenoire-Cornut. Le Conseil d'État a, en revanche, refusé l'applicabilité directe au PIDESC : CE 5 mars 1999, *Rouqette et Lipietz*, *RFDA* 1999. 357, concl. C. Maugüé.
2. Civ. 1re, 18 mai 2005, *Bull. civ.* I, n°s 211 et 212 (2 arrêts). Dans l'arrêt Soc. 16 déc. 2008, *Einchenlaub c/ Axia France*, la Cour de cassation a reconnu l'applicabilité directe de l'art. 6.1 du PIDESC (sur le droit de gagner sa vie par un travail librement choisi) en écartant un article du code de commerce local (privant un salarié licencié pour faute grave de l'indemnité en contrepartie d'une obligation de non-concurrence).

2. Un impact des conventions régionales variable selon les continents

198. L'Europe est, incontestablement, le continent où cette protection universelle des droits de l'homme est la plus renforcée par des instruments de portée régionale. Le plus important de ces instruments est, bien sûr, la Convention de sauvegarde des droits de l'homme et des libertés fondamentales, traité signé à Rome le 4 novembre 1950 (entré en vigueur en 1953) entre les États du Conseil de l'Europe. L'histoire de cette convention, d'abord ratifiée exclusivement par les États de l'Europe de l'Ouest qui s'engageaient à respecter les droits de l'homme « de la première génération » (qui figurent seuls, à l'exception du droit d'association rattachable à la « famille » des droits de deuxième génération, dans les 13 premiers articles de cette convention) pendant l'époque de la Guerre froide (les « démocraties populaires » de l'Est n'étant pas membres du Conseil de l'Europe, de même que le Portugal et l'Espagne durant les régimes autoritaires de Salazar ou Franco, la Grèce étant suspendue durant la dictature des colonels de 1967 à 1971), a d'abord permis son acclimatation par les ratifications successives des États signataires (pour la France, un des derniers États de l'Europe de l'Ouest avec la Suisse, seulement en 1974, pour le Portugal et l'Espagne après la démocratisation en 1978 et 1979), l'installation (en 1959) de la Cour européenne des droits de l'homme à Strasbourg et ses premières décisions, l'acceptation progressive des recours individuels devant la Commission des droits de l'homme (qui servait de filtre) et la Cour (pour la France en 1981). Ensuite, la chute du mur de Berlin a été suivie de l'admission (sous condition d'examen de la transition démocratique par l'Assemblée du Conseil de l'Europe) des États de l'Europe de l'Est (pour la ratification de la CEDH, de la République tchèque dès 1992 à la Serbie en 2004 en passant par la Russie en 1996, le Belarus avec le statut d'observateur de 1992 à 1997 a été suspendu à cette date pour non-respect des droits de l'homme), élargissant à 47 le nombre des États membres, désormais tous amenés à signer, en même temps que la convention, le Protocole n° 11 (entré en vigueur en 1998) qui rend la juridiction de la Cour (saisie par des recours individuels) obligatoire et supprime le filtre de la Commission.

Le succès de la Cour de Strasbourg a quelque peu éclipsé les autres traités passés sous l'égide du Conseil de l'Europe, comme la Charte sociale européenne (signée en 1961, révisée en 1996) qui comprend un système de rapports périodiques des États et a été complétée, pour la protection des droits sociaux, par un mécanisme (Protocole de 1995 ratifié par 13 États, dont la France) de plaintes collectives devant un comité. L'Union européenne (avec ses 28 membres en attendant la mise en œuvre du Brexit) garantit, par plusieurs articles de ses traités, les droits fondamentaux et la Charte des droits fondamentaux de l'Union européenne (signée à Nice en 2000, élevée au même rang que les traités en 2007, sauf pour le Royaume-Uni, la Pologne et la République tchèque) condense les droits civils, politiques, économiques et sociaux des citoyens de l'Union.

Le continent américain a été le premier à mettre en place, par la charte de Bogota (1948), une organisation régionale (avec 21 États à l'origine, 35 aujourd'hui couvrant tout le continent, le Canada a rejoint l'OEA seulement en 1990, la Guyana et le Belize en 1991) qui s'est fixé comme objectif la défense des droits de l'homme. Bien que couvrant un très large spectre, avec ses 38 articles, la Déclaration américaine sur les droits et les devoirs de l'homme n'est pas un traité et n'a pas un caractère contraignant. Une Commission des droits de l'homme, établie de fait en 1959 et institutionnalisée en 1970 à Washington, peut toutefois recevoir des plaintes individuelles et faire des recommandations. La Guerre froide (avec l'opposition entre les États-Unis et Cuba) et la présence de nombreux régimes dictatoriaux en Amérique du Sud ont retardé l'adoption (en 1969) d'une Convention interaméricaine des droits de l'homme comparable à la CEDH. De plus, cette Convention n'est aujourd'hui ratifiée que par 24 des États de l'OEA, avec les exceptions remarquables des États-Unis et du Canada (Trinité-et-Tobago a suspendu sa ratification en 1998). La Cour interaméricaine des droits de l'homme n'a été mise en place qu'en 1979 (à San José, au Costa Rica) et 20 États ont accepté sa juridiction (le Venezuela s'en est retiré en 2013, après avoir dénoncé la Convention). Le fait que les recours doivent passer (comme en Europe avant 1998) le filtre de la Commission des droits de l'homme (qui joue ainsi, à Washington, un double rôle pour tous les États membres de l'OEA, ou seulement pour les parties à la Convention de 1969) explique le moindre succès, du moins en termes quantitatifs, de la Cour de San José par rapport à celle de Strasbourg, mais le développement de la jurisprudence de cette Cour a contribué aux processus de démocratisation à partir des années 1990[1].

L'organisation régionale des États africains est la troisième en date à avoir mis en place des conventions de protection des droits de l'homme. Créée en 1963, à l'issue de la grande vague de décolonisation, l'Organisation de l'unité africaine est à l'origine de la Charte africaine des droits de l'homme et des peuples (elle reconnaît non seulement les droits civils, politiques, sociaux et économiques et culturels, mais aussi le droit à l'autodétermination des peuples et un certain nombre de devoirs) signée en 1981 à Nairobi. Ratifiée aujourd'hui par 54 États (presque tous les États africains, à l'exception notable du Maroc qui s'est retiré de l'Organisation du fait de sa position sur le Sahara occidental, mais a demandé sa réadmission fin 2016), la Charte africaine dépend de l'Union africaine qui a remplacé l'OUA en 2002. Une commission africaine des droits de l'homme, composée de 11 experts (dont l'indépendance a été renforcée en 2005), peut examiner des plaintes individuelles pour violation de la Charte. La création d'une Cour, suivant les modèles européen et américain, est plus récente : le Protocole a été signé en 1998, il est entré en vigueur en 2004 (il y a actuellement 24 ratifications). La Cour, dotée de faibles moyens logistiques, a été constituée (avec l'élection des 11 premiers juges) et établie à Arusha (Tanzanie) en 2006. Sa première décision au fond est intervenue en mars 2011 par une ordonnance sur des mesures provisoires contre la Libye du colonel Kadhafi[2].

L'Asie et l'Océanie ne connaissent pas à ce jour de convention régionale (ou sous-régionale) sur les droits de l'homme qui ait mis en place des mécanismes institutionnels de protection, ce qui laisse de grands pays comme l'Australie, le Japon, l'Inde et la Chine soumis seulement aux conventions du droit international général qu'ils ont ratifiées. Pour le monde musulman, il faut signaler les tentatives de développement de dispositifs protecteurs des droits de l'homme par la Ligue arabe (créée en 1945) : la création en 1967 d'une commission des droits de l'homme dont les membres (qui ne sont pas des experts indépendants) peuvent adresser seulement des recommandations aux États, l'adoption en 2004 (après une première tentative en 1994 qui n'avait pas atteint le nombre minimum de ratifications en 1994) d'une Charte arabe des droits de l'homme, entrée en vigueur en 2008 et ratifiée par 10 États (dont la Syrie et l'Arabie Saoudite). Cette convention ne s'applique qu'aux nationaux des États concernés et ménage la supériorité des lois internes[3]. L'Organisation de la conférence islamique est

1. Laurence Burgogue-Larsen, Amaya Úbeda de Torres, *Les grandes décisions de la Cour interaméricaine des droits de l'homme*, Bruylant, 2008 est aujourd'hui la meilleure référence en langue française.
2. Frans Viljoen, *International Human Rights in Africa*, Oxford University Press, 2e éd., 2012, p. 409. En octobre 2017, la Cour avait vidé trente et une requêtes.
3. *Ibid.*, p. 14.

également à l'origine de la Déclaration des droits de l'homme en Islam (1990), ratifiée par 57 États, qui limite le droit de choisir ou d'abandonner une religion.

En Asie du Sud-Est, l'Association des nations de l'Asie du Sud-Est (ASEAN), fondée par 5 membres en 1967 et élargie depuis à 10 membres avec des buts essentiellement économiques (pour associer des États avec une économie de marché comme les Philippines ou Singapour et des États à l'économie collectivisée comme le Vietnam et le Laos), a adopté en 2012 une Déclaration des droits de l'homme. Cette Déclaration n'a pas de valeur contraignante et elle a été critiquée par les organes de l'ONU comme par les ONG en raison des nombreuses exceptions apportées aux droits de l'homme.

L'articulation de ces différents instruments internationaux soulève aujourd'hui plusieurs questions. Dans l'énumération des droits fondamentaux, les divergences ne sont pas extrêmement nombreuses. En revanche, l'absence de ratification d'instruments « universels » par des pays aussi puissants que les États-Unis, ou la ratification de ces conventions avec des réserves qui font prévaloir le droit national (comme dans l'adhésion des mêmes États-Unis à la convention des Nations unies contre la torture), affaiblissent la portée des traités et mettent certains pays hors de portée de tout contrôle international. Si l'on considère en général que la protection la plus favorable (souvent régionale) l'emporte sur une protection plus faible (de caractère « universel »), l'article 103 de la Charte des Nations unies est censé faire prévaloir ce texte sur tout autre accord international. L'interprétation des textes conventionnels permet de distinguer, comme l'a fait Mireille Delmas-Marty[1], des droits fondamentaux indérogeables en toutes circonstances et donc « à protection absolue » (comme l'interdiction de la torture), des droits auxquels il peut être dérogé en cas de guerre ou de situation de crise (droits « à protection quasi absolue » comme le procès équitable), et des droits à protection relative qui comportent des exceptions ou limitations consenties aux droits nationaux par les conventions internationales. L'exemple des sanctions prises, à la suite des attentats du 11 septembre 2001 et de la résolution 1267 du Conseil de sécurité de l'ONU, à l'égard de personnes physiques et morales inscrites sur des « listes noires » par le Comité des sanctions des Nations unies, a révélé la possibilité de conflit entre les décisions d'application de ces sanctions prises par l'Union européenne et les droits fondamentaux reconnus en Europe[2].

L'incorporation de ces conventions internationales dans les droits internes dépend des règles constitutionnelles propres à chaque État. L'opposition traditionnelle entre pays monistes (intégrant directement les traités ratifiés dans leur droit national, comme en France) et pays dualistes (dans lesquels cette incorporation nécessite, après la ratification, une loi spécifique comme au Royaume-Uni, avec l'exemple du *Human Rights Act* transposant en 1998 la CEDH dans le droit britannique) tend aujourd'hui à s'effacer : les juridictions des pays monistes ne considèrent pas toujours que les dispositions internationales sur les droits de l'homme ont un effet direct (*self-executing*) et celles des pays dualistes utilisent

1. Mireille Delmas-Marty, *Les forces imaginantes du droit. Le relatif et l'universel*, Le Seuil, 2004, p. 128-129.
2. CJCE 3 sept. 2008, *Kadi et Al Barakaat c/ Conseil et Commission*, aff. jtes C-402/05 P et C-415/05 P. Les requérants, un citoyen saoudien et une fondation dont les avoirs en Europe avaient été gelés, contestaient la validité des règlements européens pris en application des décisions du Comité des sanctions de l'ONU. La CJCE a annulé, pour l'avenir, ces règlements à l'égard des requérants pour violation des principes fondamentaux du droit européen (droit à un procès équitable, droit d'être entendu) : Nico Krisch, *Beyond Constitutionalism : the Pluralist Structure of Posnational Law*, Oxford University Press, 2010, p. 163-166.

de plus en plus le droit international comme guide d'interprétation des règles nationales. Dans certains cas (leur nombre, relativement faible, reste à déterminer) les juridictions nationales ont pu (comme en France avec le « contrôle de conventionnalité ») écarter une norme nationale jugée contraire au droit international[1].

B. L'exemple de l'abolition de la peine de mort

199. Le mouvement d'abolition de la peine de mort, qui a débuté au XVIIIe siècle avec l'œuvre de Beccaria (et ses premiers impacts, en Toscane où la peine de mort a été abandonnée dès 1786) et a trouvé ses premières concrétisations dans le droit positif au XIXe siècle en Europe (Grèce en 1862, Roumanie en 1864, Portugal en 1867, Pays-Bas en 1870) et en Amérique (Michigan en 1846, Wisconsin en 1853, Venezuela en 1863)[2] est, sans doute, un des meilleurs exemples du rôle joué aujourd'hui par la mondialisation de la protection universelle des droits de l'homme. La circulation des idées, les pressions exercées par l'opinion publique à travers le monde et les « transferts de droit » peuvent expliquer la nette augmentation ces dernières années du nombre des pays abolitionnistes. Fin 2017, on comptait 104 pays abolitionnistes, 80 pays rétentionnistes (ayant maintenu la peine de mort dans leur arsenal pénal, dont 57 ayant procédé à des exécutions durant les dix dernières années) et 14 pays dont la situation peut être considérée « en suspens » (soit parce qu'ils ont aboli partiellement la peine de mort, en la maintenant dans des circonstances exceptionnelles, soit parce qu'ils ne recourent pas à des exécutions à la suite de moratoires respectés depuis de nombreuses années). C'est maintenant le droit international, à l'échelle mondiale en suivant le modèle régional européen, qui est utilisé comme instrument de diffusion de l'abolition et même de l'interdiction (pour rendre impossible un revirement de la législation nationale) de la peine de mort.

1. Le modèle européen

200. Depuis l'adoption de la Convention européenne des droits de l'homme, qui en 1950 laissait le choix aux États en vertu de son article 2, alinéa 2 sur le droit à la vie et la possibilité d'infliger légalement la mort par un « recours à la force rendu absolument nécessaire »[3], les États membres du Conseil de l'Europe (tous situés à « l'Ouest » jusqu'en 1989) ont aboli la peine de mort, du moins en période de paix : le Royaume-Uni en 1973 (1969 pour la Grande-Bretagne et 1973 pour l'Irlande du Nord), le Luxembourg en 1979 et la France (pour tous les crimes) en 1981. Tenant compte de cette vague abolitionniste et de l'absence d'exécution dans les pays de l'Europe de l'Ouest maintenant la peine de mort

1. Jaime Oraá Oraá, *op. cit.*, (note 2), p. 162 donne l'exemple d'une décision de la *High Court* de Tanzanie, en 1990, qui a écarté une règle du droit coutumier (discriminatoire à l'égard des femmes) au nom de la primauté de la Déclaration universelle des droits de l'homme.
2. Robert Badinter, « Vers l'abolition universelle de la peine de mort », *in* Conseil de l'Europe, *Peine de mort : après l'abolition*, Éditions du Conseil de l'Europe, 2004, p. 7-11 et Roger Hood, « Pourquoi abolir la peine de mort ? », *eod. loco*, p. 13-22.
3. En 1950 la peine de mort avait été abolie pour les crimes de droit commun à Saint-Marin, au Portugal et aux Pays-Bas (depuis le XIXe siècle), en Norvège (depuis 1905), en Suède (depuis 1921, pour les crimes commis en temps de guerre en 1976), en Islande (depuis 1928), au Danemark (depuis 1933), en Suisse (depuis 1942-1944), en Italie (en 1947, il s'agissait de rétablir l'abolition de 1889, rapportée sous le régime fasciste), en Allemagne et en Finlande (en 1949), en Autriche en 1950 (en temps de guerre en 1968). Les exécutions étaient devenues rarissimes en Belgique dès 1863, la dernière exécution (pour crime de guerre commis par un Allemand) intervenant en 1950.

dans leur arsenal pénal (comme la Belgique jusqu'en 1996), le Conseil de l'Europe adopta en 1983 le Protocole n° 6 de la Conv. EDH abolissant la peine de mort (tout en laissant aux États la possibilité de sanctionner par la peine de mort des crimes commis en temps de guerre ou dans l'imminence d'une guerre). Ratifié entre 1983 et 1998, le Protocole, qui a la même valeur que la Conv. EDH, mit fin aux exécutions dans toute l'Europe occidentale et entraîna dans son sillage l'abrogation des dernières législations pénales prévoyant la peine de mort pour les crimes de droit commun (Belgique en 1996) ou les crimes commis en temps de guerre (au Royaume-Uni en 1998).

À la suite de l'effondrement du rideau de fer, l'Assemblée parlementaire du Conseil de l'Europe a pris la décision, en 1994 (résolution 1044), de lier l'adhésion des États d'Europe centrale et orientale à la Conv. EDH, d'abord à un moratoire immédiat des exécutions (des exécutions avaient eu lieu en Pologne et en Hongrie jusqu'en 1988, dans les pays baltes au début des années 1990), puis à l'adoption du Protocole n° 6 dans les trois ans de l'entrée dans le Conseil de l'Europe. L'abolition a ainsi été étendue à toute l'Europe de l'Est, à l'exception de la Biélorussie (non admise dans le Conseil de l'Europe, après avoir été observateur) et de la Russie, cette dernière ayant signé le Protocole n° 6 lors de son adhésion à la Conv. EDH en 1996, déclaré en 1999 un moratoire sur les exécutions jusqu'à l'introduction du jury criminel dans toutes les régions (ce qui fut achevé en 2009), mais n'ayant pas encore ratifié le Protocole n° 6 (en 2009, la Cour constitutionnelle russe a décidé que tout retour vers la peine de mort serait incompatible avec les engagements internationaux de la Russie).

Le Protocole n° 13 de la Conv. EDH, signé par 36 États à Vilnius en 2002, a pour but d'abolir la peine de mort en toutes circonstances, c'est-à-dire même en cas de guerre. Ce Protocole a été ratifié par 44 États (dont la France en 2007), l'Azerbaïdjan et la Russie ne l'ont pas signé, l'Arménie ne l'a pas ratifié. La ratification du Protocole n° 13 consolide l'abrogation de la peine de mort, notamment dans les États qui accordent la prééminence aux normes du droit international sur leur droit national (*a fortiori*, quand il y a eu révision de leur constitution, comme en France par la loi constitutionnelle du 23 février 2007 insérant dans l'article 66-1 de la Constitution la phrase « nul ne peut être condamné à la peine de mort »), et transforme cette abrogation en interdiction pratiquement irréversible (sauf révision constitutionnelle et dénonciation des accords européens). Les membres de l'Union européenne sont allés dans le même sens en souscrivant (à l'exception du Royaume-Uni, de la Pologne et de la République tchèque) à la Charte des droits fondamentaux de l'Union européenne (ayant même valeur que les traités depuis 2007), dont l'article II-62 affirme : « toute personne a droit à la vie. Nul ne peut être condamné à la peine de mort ni exécuté ».

2. La pression croissante des conventions internationales

201. Au niveau mondial (à côté d'un Protocole à la Convention interaméricaine des droits de l'homme, adopté en 1990, et ratifié par 13 États, les derniers étant le Honduras et la République dominicaine), l'instrument destiné à fortifier le courant abolitionniste est le deuxième Protocole facultatif du Pacte international relatif aux droits civils et politiques. Adopté en 1989, ce Protocole a été ratifié, en 2017, par 85 États et admet pour seule réserve possible le maintien de la peine de mort en temps de guerre pour un crime militaire d'une particulière gravité. Ce Protocole a, lui aussi, été ratifié par la France en 2007, suite à la révision constitutionnelle exigée par le Conseil constitutionnel, la France consentant ainsi une limitation de souveraineté en s'interdisant par un engagement international de rétablir la peine de mort[1]. L'Assemblée générale des Nations unies (dont le Conseil de sécurité avait écarté la peine de mort pour les tribunaux pénaux internationaux créés en 1993 et 1994) a, en outre, adopté le 18 décembre 2007 une résolution (n° 62/149, l'appel a été renouvelé en 2008, 2010, 2014 et 2016 avec un vote en sa faveur de 117 États) appelant à un moratoire universel sur la peine de mort.

Cet ensemble de plus en plus dense de conventions internationales est susceptible d'avoir aussi des effets sur les États abolitionnistes, qui n'ont pas ratifié ces traités (ou, comme les États-Unis, la convention relative aux droits de l'enfant qui interdit la condamnation et l'exécution de personnes qui étaient mineures au moment des faits punis). Dès 1989, dans l'affaire *Sœring c/ Royaume-Uni* (un citoyen allemand, résident au Royaume-Uni, accusé d'un meurtre en Virginie et dont les États-Unis réclamaient l'extradition en vue d'un jugement pouvant entraîner la peine capitale), la Cour de Strasbourg considérait que la perspective d'un long séjour dans le couloir de la mort exposerait la personne extradée vers un pays appliquant la peine de mort à un risque réel de traitement inhumain en violation de l'article 3 de la Conv. EDH[2]. Dans l'arrêt *Öcalan c/ Turquie* (12 mars 2003), concernant la situation du chef du parti kurde PKK condamné à mort en 1999 (puis ayant vu sa peine commuée en prison à perpétuité, suite à un moratoire des exécutions, puis à l'abolition de la peine de mort en 2002-2004), la Cour européenne des droits de l'homme a qualifié la peine de mort de « sanction inacceptable, voire inhumaine, qui n'est plus autorisée » et constaté une violation de l'article 3 de la Conv. EDH dans une condamnation prononcée à la suite d'un procès inéquitable[3]. En 2010, la Cour de Strasbourg a parachevé cette jurisprudence, en jugeant que la peine de mort constituait un traitement inhumain et dégradant, proscrit par la Conv. EDH en toutes circonstances (affaire *Al-Saadoon et Mufdhi c/ Royaume-Uni* concernant deux Irakiens accusés d'avoir tendu une embuscade mortelle à des militaires britanniques, arrêtés par les Britanniques et transférés aux autorités irakiennes pour un jugement où ils pouvaient risquer la peine de mort)[4]. L'évolution entre ces trois arrêts tient compte de la ratification du Protocole n° 13 par presque tous les États du Conseil de l'Europe et se fonde sur la responsabilité par ricochet d'un État européen qui transfère un détenu à un État tiers appliquant la peine de mort.

Des décisions comparables ont été prises par des organes internationaux, qu'il s'agisse de la Cour interaméricaine des droits de l'homme ou du Comité des droits de l'homme du Pacte international sur les droits civils et politiques[5]. Ce dernier a, d'abord (dans l'affaire *Pratt et Morgan c/ Jamaïque*, 6 avril 1989), considéré qu'un long séjour dans le couloir de la mort, entraînant la dégradation de l'état psychologique du condamné, pouvait constituer un traitement inhumain et

1. Cons. const. 13 oct. 2005, n° 2005-524/525 DC : le Conseil constitutionnel a distingué l'adhésion au Protocole européen n° 13 qui peut être dénoncée (et ne porte donc pas atteinte à la souveraineté) et celle au Protocole au Pacte international qui ne peut pas être dénoncée et lie la France par un engagement irrévocable (et donc par une limitation de souveraineté nécessitant une révision constitutionnelle).
2. CEDH 7 juill. 1989, *Sœring c/ Royaume-Uni*, série A, n° 161, *RSC* 1989. 768-792, comm. L.-E. Pettiti.
3. CEDH, gr. ch., 12 mars 2003, *Öcalan c/ Turquie*, req. n° 46221/99. En octobre 2016, le gouvernement turc a annoncé le dépôt prochain au Parlement d'un projet rétablissant la peine de mort. Le Président Duterte a également proposé au Parlement des Philippines le rétablissement de la peine de mort.
4. CEDH, sect. IV, 2 mars 2010, *Al-Saadoon et Mufdhi c/ Royaume-Uni*, req. n° 61498/08.
5. L'art. 6 du PIDCP ménage la possibilité pour les pays qui ont maintenu la peine de mort de l'infliger pour les crimes les plus graves.

dégradant au sens de l'article 7 du PIDCP, puis (dans l'affaire *Kindler c/ Canada*, 30 juillet 1993) qu'une exécution capitale faisant endurer une souffrance « particulièrement » horrible au condamné pourrait constituer (ce n'était pas le cas en l'occurrence, s'agissant de l'extradition par le Canada d'un citoyen américain vers la Pennsylvanie) une violation de l'article 7, enfin (dans l'affaire *Roger Judge c/ Canada*, 5 août 2002) qu'un État abolitionniste (c'est le cas du Canada, sauf pour des crimes commis en temps de guerre) extradant un accusé vers un État rétentionniste (il s'agissait à nouveau d'un citoyen des États-Unis) viole ses obligations à l'égard du PIDCP. Si ces décisions n'ont pas de caractère contraignant, elles vont dans le même sens que les arrêts de la CEDH et peuvent avoir des effets tangibles (la Cour suprême du Canada a effectué un revirement de jurisprudence sur ce point entre 1991 et 2001).

Dans l'affaire *LaGrand* (mesures provisionnelles en 1999, décision sur le fond le 27 juin 2001), la Cour internationale de justice, saisie d'une action de l'Allemagne contre les États-Unis pour violation de la convention de Vienne sur les relations consulaires (l'Allemagne n'ayant pu procurer, faute d'information des autorités américaines, sa protection consulaire à deux frères de nationalité allemande condamnés à mort et exécutés aux États-Unis), a tenté (en vain) d'enjoindre aux autorités américaines de surseoir aux exécutions, puis condamné les États-Unis[1]. S'il ne s'agit pas d'une décision portant sur la validité de la peine de mort, cet arrêt atteste la prise en compte des arguments abolitionnistes par les juridictions internationales et les avancées de la protection judiciaire qui, avec la mondialisation, peut maintenant concerner l'ensemble des droits de l'homme.

II. La mondialisation de la sanction judiciaire

202. Quelle que soit la « densification » des instruments conventionnels reconnaissant les droits de l'homme, au niveau mondial ou au niveau régional, l'impact de cette mondialisation risquerait d'être limité aux effets directs de ces règles internationales en droit interne (avec la possibilité d'invoquer ces règles devant les juridictions nationales et, dans plusieurs pays dont la France, d'espérer que les juges constatent une violation de ces textes par les autorités nationales, qu'elles soient administratives, exécutives, judiciaires ou même législatives), si n'avaient pas été mis en place des comités chargés d'examiner des rapports périodiques des États, voire des plaintes de personnes lésées dans leurs droits de l'homme et, plus encore, des juridictions spécialisées dans la protection (*a posteriori*, en cas de violation pouvant entraîner, à titre de sanction, la condamnation de l'État responsable) des droits de l'homme (dans le cadre des conventions régionales) ou, avec le statut de Rome, une Cour pénale internationale susceptible de sanctionner les responsabilités individuelles pour des crimes contre l'humanité ou des crimes de guerre qui constituent les violations les plus graves des droits de l'homme.

Jugeant exclusivement les litiges entre États, la Cour internationale de justice est moins à même de juger ces violations des droits de l'homme, même si certaines de ces décisions — comme la condamnation de la Serbie pour refus de coopérer à la poursuite des auteurs du génocide commis à Srebrenica en Bosnie en violation de ses obligations dérivant de la convention pour la répression et la prévention du crime de génocide (CIJ, 27 février 2007, *Bosnie-Herzégovine c/ Ser-*

1. Emmanuel Decaux, « La peine de mort, nouvel enjeu des relations internationales », *Annuaire français de relations internationales* 2004, vol. V, p. 196-214.

bie et Monténégro)[1] — ont rappelé que les États pouvaient être sanctionnés pour le non-respect de leurs obligations internationales en matière de droits de l'homme. La complicité ou la tolérance des États les uns à l'égard des autres, particulièrement ceux qui respectent le moins leurs engagements sur les droits de l'homme, rendent peu efficaces les mécanismes de sanction activés par les États (ces mécanismes n'ont pratiquement jamais été mis en œuvre dans le cadre des conventions régionales). Les actions intentées par les victimes de violations des droits de l'homme — ou du moins en leur nom — constituent aujourd'hui le facteur décisif pour parvenir à des sanctions effectives, dont on peut espérer qu'elles aient à l'avenir une portée dissuasive.

A. L'effectivité variable des mécanismes de sanction

203. En commençant à nouveau par les institutions mondiales, il faut tenir compte de l'activité de la Commission des droits de l'homme de l'ONU, devenue Conseil des droits de l'homme en 2006. À partir de 1967, la Commission a examiné les rapports périodiques des États et elle a pu désigner des rapporteurs spéciaux, attirant ainsi l'attention de la communauté internationale sur des violations massives des droits de l'homme, par exemple en Afrique du Sud ou au Chili. À partir de 1970, la Commission a pu recevoir aussi des plaintes individuelles de personnes dont les droits fondamentaux étaient lésés et, après l'étude de ces plaintes (un peu plus de 800 en 35 ans) et des observations des États, elle a pu constater (sans que ces recommandations aient un caractère contraignant) le non-respect des engagements internationaux par de nombreux États. Toutefois, la composition de la Commission, avec ses 53 membres représentant des États dont beaucoup avaient un caractère autoritaire, a affaibli la crédibilité de cet organe des Nations unies.

En 2006, une réforme voulue par le Secrétaire général de l'ONU a remplacé la Commission par un Conseil des droits de l'homme (UNHRC en anglais), composé des représentants de 47 États élus pour trois ans par l'Assemblée générale des Nations unies (la France en a été membre jusqu'en 2011 puis de 2013 à 2016, les États-Unis y siègent depuis 2012 après avoir boycotté cet organe sous l'Administration Bush). Le Conseil doit désormais procéder à un examen périodique universel des rapports présentés tous les quatre ans par tous les États de l'ONU sur la situation des droits de l'homme (48 rapports sont ainsi examinés par an). Il peut également recevoir des plaintes individuelles (examinées par des experts) et désigner des rapporteurs spéciaux sur certains thèmes ou certains pays. Les premières années du nouveau Conseil ont été très controversées, plusieurs pays et le Secrétaire général de l'ONU lui-même lui reprochant de focaliser son action sur Israël (32 résolutions du Conseil entre 2006 et 2010, soit presque de la moitié de celles qui sont consacrées à un État déterminé, la désignation de Richard Falk comme rapporteur spécial sur la Palestine en 2008 et le rapport Goldstone sur la guerre de Gaza en 2009 ont été aussi très critiqués) et les résolutions adoptées sur la « lutte contre la diffamation des religions » paraissant, aux yeux des Occidentaux, menacer la liberté d'expression. Depuis 2009, le Conseil s'est inquiété des violations des droits de l'homme au Sri Lanka, au Kirghizistan, en Corée du Nord, Guinée, Côte d'Ivoire, Iran et Syrie, tandis

1. La Cour internationale de justice, suivant la jurisprudence du TPIY (qu'il cite abondamment) considère qu'un génocide a été commis à Srebrenica en 1995, que l'État serbe ne peut en être jugé responsable, mais qu'en refusant de coopérer à l'arrestation et à la poursuite des personnes (se cachant en Serbie) qui avaient perpétré ce massacre il a violé les obligations (contractées par l'ex-Yougoslavie) de la convention de 1948 sur le génocide.

qu'une résolution adoptée en mars 2011 sur l'intolérance religieuse[1] paraissait marquer un repli sur le terrain de la « diffamation des religions ». Les élections des nouveaux membres du Conseil en novembre 2013, faisant entrer la Chine, la Russie, l'Arabie Saoudite, le Vietnam et l'Algérie dans cette institution, ont ravivé les inquiétudes sur la partialité des examens. Depuis cette date, les élections annuelles donnent lieu à d'intenses controverses[2].

Organe du Pacte international sur les droits civils et politiques, le Comité des droits de l'homme fonctionne, depuis 1976-1977, avec 18 experts désignés pour quatre ans par les États ayant ratifié le Pacte (la Française Christine Chanet était membre pour la période 2011-2014 du Comité qu'elle a présidé en 1997-1998 et 2005-2006, c'est désormais le Professeur Oliver de Frouville jusqu'au 31 décembre 2018)[3]. Ce comité examine, lui aussi, des rapports périodiques fournis par les États membres et des plaintes individuelles émanant de ressortissants d'États ayant signé le Protocole n° 1 du PIDCP (11 États). Après des années de blocage jusqu'en 1992, le Comité a pu déployer son action de manière plus efficace. Il avait reçu plus de 2 000 communications de 1977 au 1er août 2009, dont 46 % avaient été déclarées recevables[4] (c'est-à-dire qu'elles émanaient de particuliers, victimes de violation de leurs droits garantis par leur pacte, sous la juridiction d'un des États ayant ratifié le Protocole et ayant épuisé les voies de recours internes).

Le Comité traite aujourd'hui autour d'une centaine d'affaires par an et, une fois la recevabilité reconnue, il adresse (dans 90 % des cas) des « constatations » de violations des droits de l'homme garantis par le pacte à l'État concerné. Ces constatations ne sont pas exécutoires comme une décision judiciaire, mais elles font l'objet d'une procédure de « suivi » (avec désignation d'un rapporteur spécial) et de publicité qui peut amener les États à changer leur législation ou leurs pratiques. Outre les décisions déjà citées sur la peine de mort, la jurisprudence du Comité en faveur de la libération de prisonniers politiques en Uruguay (et de la non-application d'une loi d'amnistie des tortionnaires, *Rodríguez c/ Uruguay*, déc., 9 août 1994, sur une communication de 1988, ce qui montre la lenteur de la procédure), de la revalorisation de la pension des anciens combattants sénégalais par la France (*Gueye c/ France*, déc., 3 avril 1989), de l'abrogation des lois anti-sodomie contre les homosexuels en Australie (*Toonen c/ Australie*, déc., 31 mars 1994) ou de la réforme des procédures de vérification des compétences linguistiques des candidats aux élections en Lettonie (*Ignatane v. Lettonie*, déc., 25 juillet 2001) a été suivie d'effets. Des décisions de non-violation ont pu également alimenter les débats internes internationaux sur les droits de l'homme, comme dans l'affaire *Faurisson c/ France* (8 novembre 1996), où le Comité n'a pas relevé de violation du PIDCP par la France dans la condamnation de l'intéressé pour négationnisme, mais a émis des critiques sur la portée de la « loi Gayssot ». Si l'impact de la jurisprudence du Comité ne doit pas être exagéré (ces constatations ne sont guère suivies d'effets dans les États qui se livrent aux violations les plus massives des droits de l'homme, sans parler de ceux qui n'ont pas ratifié le Protocole n° 1 et sont susceptibles seulement d'observations sur les

1. Résolution du 12 avr. 2011 (A/HRC/RES/16/18), confirmée par une résolution du 15 mars 2012 (A/HRC/RES/19 L. 7).
2. En 2017, l'Australie, l'Espagne et le Chili ont été élus aux côtés de la RDC, de l'Afghanistan, du Pakistan, du Qatar et de l'Ukraine.
3. Nejib Bouziri, *La protection des droits civils et politiques par l'ONU*, L'Harmattan, 2003.
4. *Rapport du Comité des droits de l'homme* (A/66/40), 100e, 101e et 102e sessions (2010-2011), vol. I, p. 94; Frédéric Sudre, *Droit européen et international des droits de l'homme*, 10e éd., PUF, coll. « Droit fondamental », 2011, p. 847.

rapports présentés en principe périodiquement sur l'application du Pacte), il constitue l'organe de surveillance (*monitoring*) des droits de l'homme le plus actif au niveau mondial.

La Cour européenne des droits de l'homme est, sans conteste, l'organe judiciaire qui est parvenu en un peu plus de cinquante ans (sa première décision, *Lawless c/ Irlande*, arrêt 1er juillet 1961 portait sur un internement administratif pour atteinte à la sûreté de l'État, l'arrêt a conclu à une non-violation de l'article 7) à développer la jurisprudence la plus riche sur les droits de l'homme et à imposer son autorité dans tous les pays membres du Conseil de l'Europe, voire à rayonner (par des citations de ces décisions) hors d'Europe. Ce succès est attesté par l'augmentation impressionnante du nombre des requêtes et des décisions : d'une cinquantaine de requêtes par an dans les années 1960 et 1970 (la Cour a rendu 46 décisions de 1960 à 1974), l'on est passé à plusieurs centaines dans les années 1980 pour atteindre un premier palier de 5 000 requêtes en 1997 (avant la disparition du filtrage par la Commission des droits de l'homme) et de plusieurs centaines de décisions par an. L'emballement s'est poursuivi dans les années 2000 avec le dépassement des chiffres de 40 000, puis 50 000 requêtes par an[1] et une moyenne annuelle de 1 000 à 1 500 décisions par an (soit 20 fois le nombre de cas décidés chaque année par la Cour suprême des États-Unis). Entraînant un arriéré considérable (plus de 150 000 affaires), cette envolée des recours a conduit (par le Protocole n° 14, entré en vigueur le 1er juin 2010) à organiser de nouveaux modes de filtrage des requêtes (par un ou trois juges) et elle suscite des pressions de certains États pour réduire les saisines de la Cour au profit d'instances nationales. Au cours des années 2015 et 2016, des positions critiques à l'égard de la CEDH ont été présentées par des candidats aux élections en France.

Quelque 800 millions de justiciables, citoyens des 47 États membres du Conseil de l'Europe et étrangers sous la « juridiction » de ces États (qui sont nombreux parmi les requérants, et pas seulement sur des questions relatives au droit des immigrés[2]), se sont habitués (malgré les lenteurs[3] et les difficultés, en partie grâce à des possibilités d'aide judiciaire et à la représentation par toute personne habilitée à assister en justice les plaignants dans les États membres) à ce dernier recours en vue de contester des décisions judiciaires, administratives, voire législatives qu'ils estiment violer leurs droits. Les États, dont le juge national participe toujours aux affaires les concernant, ont pu constater qu'ils étaient tous susceptibles d'être condamnés par la Cour de Strasbourg (même si certains le sont plus que d'autres, la Turquie, l'Italie et la France jusqu'en 2006, la Turquie, la Russie, l'Ukraine, la Roumanie, la Pologne depuis 2005, dix ou vingt fois plus que l'Irlande, la Norvège, la Suède, l'Espagne, les Pays-Bas, la Suisse, la Belgique ou l'Allemagne).

Il est bien connu aussi que la Cour de Strasbourg, en cas de constatation de violation de la CEDH par l'État défendeur, ne peut prononcer à son encontre

1. *La Cour européenne des droits de l'homme en faits et en chiffres, 2016*, publication par la Cour en 2017 indique les chiffres de 544 493 requêtes et de 1 926 requêtes examinées au fond par la Cour, donnant lieu (du fait des examens conjoints) à 993 arrêts.
2. Jean-Louis Halpérin, « Law Internationalization and Justice for Citizens and Non Citizens *in* France », *in* Étienne Balibar, Sandro Mezzadra, Ranabir Samaddar (eds.), *The Borders of Justice*, Temple University Press, 2011, p. 167-180 pose la question de savoir si les étrangers ne jouent pas, dans certains cas, le rôle d'agents (*proxies*) pour la reconnaissance de droits qui ne leur profitent pas nécessairement.
3. Il existe une procédure de traitement prioritaire, réformée en 2005 (art. 41 du règlement de la Cour), qui a permis, par exemple, le jugement en quatre mois de l'affaire *Pretty c/ Royaume-Uni* (arrêt 29 avr. 2002).

que la *restitutio in integrum* (censée effacer toutes les conséquences de la violation, mais laissée à la discrétion de l'État condamné pour le choix des moyens selon le droit interne, c'est la question par exemple du réexamen de décisions pénales réglée en France par la loi du 15 juin 2000) ou une indemnisation pécuniaire versée à la victime par l'État défendeur (qui a trois mois pour s'acquitter de son obligation). Au-delà des parties concernées, l'impact de la jurisprudence de la Cour, qui réunit plus de 10 000 arrêts, vient surtout de ses effets dissuasifs (le risque de recours répétitifs et d'une multiplication de condamnations, processus pendant longtemps à l'œuvre contre la France, dont on peut espérer qu'il portera aussi ses fruits à l'égard d'États comme la Russie), de sa publicité et de sa « réception » par les juridictions nationales (et les « communautés épistémiques » des juristes agissant dans le champ juridique)[1].

Avec des variations dans le temps et dans l'espace (entre les États), le mouvement d'ensemble est bien celui d'une acceptation croissante de la jurisprudence de la Cour et d'une intégration (au moins partielle) dans les droits nationaux, aussi bien d'ailleurs dans les pays de tradition moniste (comme la France, les Pays-Bas ou l'Espagne) que de tradition dualiste (Allemagne, Italie, Norvège, Suède)[2]. L'incorporation de la CEDH dans le droit britannique par le *Human Rights Act* en 1998 est un bon exemple de cette convergence entre États dualistes et monistes. Selon les cas, la jurisprudence de la Cour a pu suppléer l'absence (aux Pays-Bas, au Royaume-Uni) ou les faiblesses (en Suède et en Norvège, ou en France avant la QPC) du contrôle de constitutionnalité en jouant le rôle de « constitution fantôme » (*shadow constitution*). Elle a enrichi la protection des droits de l'homme, notamment à travers ses décisions sur l'article 8 (atteinte à la vie privée et familiale), dans des domaines où les droits nationaux étaient souvent lacunaires (droits des étrangers, des prisonniers, des homosexuels et transsexuels...). Elle a révolutionné les droits procéduraux à travers les multiples applications du procès équitable de l'article 6 (représentant un tiers des constatations de violation). On peut se demander si elle permettra d'enrayer, notamment par la technique de l'arrêt « pilote » (*Broniowski c/ Pologne*, arrêt du 22 juin 2004 où la Cour a donné des directives à l'État pour l'indemnisation des propriétaires privés abusivement de leurs biens), les violations massives des droits de l'homme commises dans les États qui alimentant aujourd'hui le plus grand nombre de requêtes.

Avec un démarrage plus tardif (sa première décision, d'ailleurs sous forme d'avis, date de 1986) et des moyens plus limités (un faible budget pour un petit nombre de juges[3], des recours obligatoirement filtrés par la Commission interaméricaine des droits de l'homme qui reçoit maintenant plus de 1 000 requêtes par an), la Cour interaméricaine des droits de l'homme n'a rendu qu'une centaine d'arrêts en un peu plus de 25 ans de fonctionnement et ne peut prétendre au même rayonnement que la Cour de Strasbourg. Dès 1988, la Cour de San José a attiré l'attention sur la gravité des disparitions forcées et sur le besoin d'alléger la charge de la preuve (la certitude de la mort de la victime est souvent impossi-

1. Stéphanie Hennette-Vauchez, Jean-Marc Sorel (dir.), *Les droits de l'homme ont-ils constitutionnalisé le monde ?*, Bruylant, 2011.
2. Helen Keller, Alec Stone Sweet, « Assessing the Impact of the ECHR on National Legal Systems », *in* Helen Keller, Alec Stone Sweet (eds.), *A Europe of Rights. The Impact of the ECHR in National Legal Systems*, Oxford University Press, 2008, p. 677-712.
3. Les sept juges peuvent être choisis dans tous les États de l'Organisation des États américains. Thomas Buergenthal, citoyen des États-Unis, a ainsi été juge à la Cour de San José (désigné par le Costa Rica) de 1979 à 1991 avant d'être juge à la Cour internationale de justice (de 2000 à 2010) : *Jo* M. Pasqualucci, *The Practice and Procedure of the Inter-American Court of Human Rights*, Cambridge University Press, 2003, p. 8.

ble à établir pour le requérant, parent de cette victime) quand ces disparitions sont tolérées ou encouragées par l'État (*Velásquez Rodríguez c/ Honduras*, arrêt du 29 juillet 1988, puis parmi plusieurs décisions *Goiburú c/ Paraguay*, arrêt du 22 septembre 2006 sur le devoir d'enquête de l'État, y compris après la chute des dictatures qui ont participé à l'opération « Condor »). Depuis, cette question a fait l'objet, à l'initiative du Conseil des droits de l'homme, d'une convention des Nations unies adoptée en 2006 (entrée en vigueur en 2010, avec les ratifications de 36 États dont celle de la France). La Cour a également insisté sur la préservation de l'État de droit même dans des circonstances exceptionnelles de crise ou d'état d'urgence (avis du 6 octobre 1987 concernant l'Uruguay) et sur l'incompatibilité des lois d'auto-amnistie avec la convention (*Barrios Altos c/ Pérou*, arrêt du 14 mars 2001 sur des exécutions extrajudiciaires)[1].

La Cour africaine des droits de l'homme, qui a prononcé sa première condamnation en 2013 (contre la Tanzanie pour refus d'admettre les candidatures non partisanes aux élections), a la difficile tâche d'amplifier, dans le domaine proprement judiciaire, le mouvement esquissé par la Commission africaine des droits de l'homme qui a bien constaté plusieurs dizaines de violations de la Charte africaine des droits de l'homme dans les années 1990 et 2000, mais n'est pas parvenue à imposer le respect de ses constatations, ni la reddition régulière des rapports par les États[2].

B. La justice pénale internationale, sanction suprême ?

204. L'avènement d'un droit pénal international (distingué du droit pénal international relatif aux conflits de lois et dépassant les critères classiques de compétence, territoriale ou personnelle, des justices étatiques) est l'histoire d'un long processus qui trouve ses origines doctrinales dans l'idée d'une « obligation universelle de punir » les crimes les plus graves (chez Grotius, puis dans un projet de l'association internationale de droit pénal en 1926), ses premières concrétisations après la Seconde Guerre mondiale dans les tribunaux militaires internationaux établis par les Alliés à Nuremberg et à Tokyo (les jugements du tribunal de Nuremberg des 30 septembre et 1er octobre 1946, les premiers prononcés contre des personnes pour crimes de guerre, crimes contre l'humanité et crimes contre la paix, confirmés par la résolution 95 de l'Assemblée générale des Nations unies du 11 décembre 1946[3]), l'établissement par le Conseil de sécurité des Nations unies des tribunaux pénaux internationaux pour l'ex-Yougoslavie (1993) et le Rwanda (1994) et enfin le traité de Rome instituant la Cour pénale internationale (1998). Les étapes de cette histoire doivent être retracées avant d'envisager l'institution de la Cour pénale internationale.

La justice pénale internationale ne peut sanctionner, bien entendu *a posteriori* (l'instauration même des juridictions *ad hoc* pour l'ex-Yougoslavie et le Rwanda est la manifestation de l'échec tragique de la communauté internationale pour empêcher des génocides à la fin du XXe siècle), que les violations les plus graves des droits de l'homme. En faisant reculer l'impunité, jusque-là accor-

1. Laurence Burgogue-Larsen, Amaya Úbeda de Torres, *op. cit.*, p. 291 et 667.
2. Christof Heyns, Magnus Killander, « The African Regional Human Rights System », *in* Felipe Gomez Isa, Koen de Feyter (eds.), *op cit.*, p. 855-898.
3. Philippe Sands (ed.), *From Nuremberg to The Hague. The Future of International Justice*, Cambridge University Press, 2003, p. 83; Bruce Broomhall, *International Justice and the International Criminal Court : Between Sovereignty and the Rule of Law*, Oxford University Press, 2003, p. 19-28. La Convention sur la prévention et la répression du crime de génocide (1948) envisageait, dans ce sillage, la création d'une juridiction pénale internationale qui fut bloquée par la Guerre froide.

dée aux responsables, notamment aux chefs d'État ou de gouvernement, cette justice peut espérer exercer un effet dissuasif pour prévenir de futurs crimes de guerre ou crimes contre l'humanité. Elle ne peut, en tout état de cause, sanctionner toutes les violations (même massives) des droits de l'homme et ne doit pas servir à exempter les États (et les juridictions régionales) de leurs responsabilités. Il convient donc de s'interroger sur le principe de subsidiarité et sur le rôle des juridictions nationales ou régionales dans le jugement de ces crimes.

Les procès de Nuremberg, qui ont concerné 22 responsables militaires et civils de l'Allemagne nazie jugés par un Tribunal militaire international (composé de 4 juges, en fait civils, nommés par les États-Unis, l'URSS, le Royaume-Uni et la France) pendant presque un an (octobre 1945-septembre 1946), ont indubitablement fait progresser l'idée de justice pénale internationale. Malgré les critiques adressées à une « juridiction de vainqueurs », dans laquelle quatre puissances alliées désignaient les juges et les procureurs, une procédure contradictoire (avec le respect des droits de la défense) et internationale (avec l'expression d'opinions différentes de la part de juges indépendants) a abouti à des condamnations fondées sur de « nouvelles » (ce qui pose le problème, éludé dans la Déclaration du 8 août 1945, de la rétroactivité des délits et des peines, même si l'on peut plaider l'existence de règles antérieures sur les crimes de guerre et la formation d'un droit coutumier sur la base de la « clause Martens » relative au droit humanitaire[1]) incriminations de droit international pénal : le crime d'agression (ou contre la paix) et surtout les « crimes contre l'humanité » (définis dans l'accord de Londres en 1945 comme des meurtres, exterminations, mises en esclavage, déportations de civils prescrits sur des bases politiques, raciales ou religieuses en exécution ou en lien des crimes contre la paix). Pour la première fois, la responsabilité pénale de personnes physiques ou morales (des groupements criminels comme la SS) a été reconnue pour de tels crimes, sans tenir compte des traditionnelles immunités.

L'adoption de la convention des Nations unies en 1948 marque, malgré l'échec du projet alors envisagé d'une juridiction pénale internationale, la reconnaissance comme un crime spécifique (indépendant de l'état de guerre entre États) du génocide, selon une expression inventée au sortir de la guerre par l'universitaire Rafael Lemkin (et utilisée dans l'acte d'accusation des procès de Nuremberg)[2]. Le génocide est défini, dans cette convention, comme le meurtre des membres d'un groupe national, ethnique, racial ou religieux (il peut être constitué également de sérieuses atteintes corporelles ou mentales, d'actes de destruction physique ou de détérioration grave des conditions de vie, de transferts forcés d'enfants ou de mesures destinées à empêcher les naissances frappant les membres d'un tel groupe) en vue de la destruction de ce groupe. Après la paralysie provoquée par l'affrontement des Blocs, les crimes de guerre, les crimes contre l'humanité et le génocide ont repris leur place comme éléments fondamentaux (*core crimes*) du droit international pénal avec la création, décidée en 1993 et 1994 par le Conseil de sécurité des Nations unies au nom du maintien de la paix, des tribunaux pénaux pour l'ex-Yougoslavie (TPIY) et le Rwanda (TPIR) chargés tous les deux de juger les responsables (aussi bien civils que mili-

1. En 1915, une déclaration des gouvernements de la France, du Royaume-Uni et de la Russie avait qualifié les massacres des Arméniens ordonnés et exécutés par le gouvernement de l'Empire ottoman comme des crimes « contre l'humanité et la civilisation » (selon l'expression du ministre français Delcassé).
2. Mathieu Jacquelin, *L'incrimination de génocide : étude comparée du droit de la Cour pénale internationale et du droit français*, Varenne, 2013.

taires) de violations massives des droits de l'homme commises dans le cadre de deux conflits internes qui venaient de se dérouler ou étaient encore en cours (pour l'ex-Yougoslavie). Les deux juridictions ont été conçues sur le même modèle, avec des statuts comparables (définissant les infractions et les peines, avec l'exclusion de la peine de mort et une grande latitude laissée aux juges pour proportionner les peines d'emprisonnement) et un procureur commun jusqu'en 2003.

Malgré les difficultés pour faire aboutir plusieurs procédures contre les responsables politiques et militaires du plus haut niveau (Milošević mort en 2006 avant la fin de son procès, Karadžić condamné en 2016 à 40 ans d'emprisonnement, Mladić condamné à la perpétuité en 2017), le Tribunal criminel international pour l'ex-Yougoslavie a fonctionné activement à La Haye depuis sa création en 1993. Il a conclu jusqu'à sa dernière audience en novembre 2017 (marquée par le suicide de Slobodan Praljak à la lecture de sa condamnation) des procès concernant 161 personnes accusées dont 90 ont été condamnées. Il a qualifié, en 2001, les massacres de Srebrenica comme un génocide commis contre un groupe de musulmans bosniaques (presque tous des adultes mâles).

Avec des moyens plus limités et le choix délibéré de poursuivre les responsables jugés les plus importants (les autres participants du génocide étant laissés sous la juridiction des autorités et des tribunaux du Rwanda), le TPIR, qui a siégé à Arusha (Tanzanie) pour la plus grande partie de son activité, a laissé lui aussi une contribution au renforcement de la justice internationale qui va au-delà de son bilan qualitatif : 65 accusés et 38 condamnations. Il a été la première juridiction internationale à juger des crimes de génocide et à considérer que des viols pouvaient entrer dans la définition de ce « crime des crimes » (TPIR, *Akayesu*, 2000).

Avec le renforcement des institutions internationales, directement ou indirectement liées aux Nations unies, le fonctionnement de ces deux tribunaux a été un argument de poids pour relancer, à l'initiative du gouvernement de Trinidad-et-Tobago, le projet d'établissement d'une cour pénale internationale. Un texte rédigé par la Commission du droit international de l'ONU (CDI) a pu être ainsi discuté par les délégués de 160 États à la conférence diplomatique tenue à Rome en 1998. Le traité (ou statut) de Rome est le fruit d'un compromis, tenant compte partiellement des demandes des organisations non gouvernementales de défense des droits de l'homme et du souci de préserver la souveraineté des États à travers le principe de subsidiarité. Le traité est entré en vigueur le 1er juillet 2002 et a été, dix ans plus tard, ratifié par 124 États, un succès plutôt inattendu malgré l'absence de signature de la Chine, de l'Inde, d'Israël, des États-Unis (dont la signature d'abord souscrite par le président Clinton a été retirée par le président Bush) et d'environ la moitié des États africains. En 2016, la Russie, signataire du traité, a décidé de retirer sa signature tandis que le Burundi, l'Afrique du Sud et la Gambie, annonçaient leur retrait de la compétence de la Cour.

Composée de 18 juges élus pour neuf ans par l'assemblée des États membres du traité (qui ne dépend pas des Nations unies et choisit aussi le procureur et ses assistants), la Cour pénale internationale (CPI, ICC en anglais) est compétente pour juger les crimes de guerre, les crimes contre l'humanité (incluant les ravages écologiques), les génocides commis à partir du 1er juillet 2002 (date de son installation) et pour les crimes d'agression (définis plus tardivement en 2012 par un amendement qui va entrer en vigueur en 2013) à partir de 2017 seulement. Ces infractions sont punissables au maximum d'un emprisonnement à perpétuité. La Cour peut être saisie d'accusations contre des personnes suspectées d'avoir commis de tels crimes par un État membre du traité, par une décision du

Conseil de sécurité des Nations unies (considérant qu'il y a menace pour la paix et la sécurité internationale) ou par le procureur (à la suite d'informations qui lui sont parvenues de victimes ou d'organisations non-gouvernementales), à la condition dans ce dernier cas que l'enquête ait été autorisée par une chambre de préjugement (le procureur est placé en outre sous le contrôle de la chambre d'appel qui peut procéder à sa disqualification, prélude à une éventuelle révocation par la majorité de l'assemblée des États membres)[1].

La grande originalité de la Cour pénale internationale réside dans un système de subsidiarité ou de complémentarité. La juridiction internationale est appelée à juger seulement les infractions du droit international pénal que les juridictions nationales (compétentes en raison de la nationalité des victimes ou des auteurs de ces crimes) ne veulent ou ne peuvent pas juger (il est tenu compte de l'incapacité notoire d'un ou plusieurs États à poursuivre et juger ces crimes). De plus, la juridiction internationale ne s'applique, en règle générale, qu'aux accusés nationaux d'un État partie ou qu'aux infractions commises sur le territoire d'un État partie. Néanmoins, la saisine par le Conseil de sécurité des Nations unies constitue une exception à ces règles : elle peut concerner des accusés nationaux d'un État non partie au traité, constituant ainsi un pas inédit vers l'imposition d'un droit international à des États qui n'y ont pas consenti.

En dix ans, la Cour pénale internationale a mis en accusation 29 personnes, à l'initiative des États (République démocratique du Congo, Centrafrique, Ouganda), du procureur (pour le Kenya et la Côte d'Ivoire) ou du Conseil de sécurité des Nations unies (pour le Soudan et la Libye). Sur ces 29 accusés (tous africains, ressortissants de 7 pays, la situation au Mali faisant l'objet d'une huitième enquête), les procédures ont été poursuivies contre 23, dont 10 ont échappé jusqu'à maintenant aux mandats d'arrêt internationaux (c'est notamment le cas du président du Soudan, Omar al Bashir). En 2012, la chambre de jugement a rendu sa première sentence (confirmée par la chambre d'appel en décembre 2014) en condamnant Thomas Lubanga Dyilo, chef d'une rébellion armée en *RDC*, à quatorze ans de prison pour crime de guerre consistant dans l'enrôlement forcé de mineurs de moins de 15 ans. La procédure avait donné lieu, en 2008, à un affrontement entre le procureur et la chambre de jugement à propos d'informations non révélées à la défense. La Cour pénale internationale a finalement considéré qu'il n'y avait pas d'atteinte aux règles du procès équitable[2].

Ces premières procédures — ainsi que celles dirigées contre Germain Katanga ayant donné lieu en 2014 à une décision définitive de condamnation (à 7 ans de prison pour un massacre de civils en *RDC*) ou contre l'ancien président de la Côte d'Ivoire Laurent Gbagbo, dont le procès s'est ouvert en première instance en 2016 — ont suscité des débats sur les tensions entre droits de la défense et répression des crimes internationaux, comme sur la concentration des affaires dont la CPI est saisie en Afrique. Des questions comparables se sont posées pour les poursuites intentées devant le Tribunal spécial pour la Sierra Leone (TSSL dont une chambre « dépaysée » à La Haye a condamné en 2012 l'ancien président du Liberia Charles Taylor), pour la chambre extraordinaire de Dakar (avec deux juges sénégalais et un président du Burkina Faso) condamnant Hissène Habré en

1. Karin Calvo-Goller, *La procédure et la jurisprudence de la Cour pénale internationale*, Lextenso, 2012.
2. Hervé Ascensio, Raphaëlle Maison, « L'activité des juridictions pénales internationales (2008-2009) », *AFDI* LV, 2009, p. 354-356.

2016 et dans l'avenir pour une juridiction siégeant à La Haye avec l'accord du Kosovo pour juger les crimes de guerre commis sur ce territoire[1].

Ces développements de la justice pénale internationale ont redonné de l'actualité aux cas dits de « compétence universelle » (sans lien avec la nationalité des auteurs des crimes ou de leurs victimes) prévus par les conventions de Genève, par la convention contre la torture (selon le principe *aut dedere, aut judicare* qui oblige à extrader ou à juger les accusés de crimes de guerre)[2], ou sur le génocide (dans ce cas seule l'extradition est prévue, en dépit du précédent du procès Eichmann en Israël en 1962). En 1993, une loi a donné compétence aux tribunaux belges (et, en cas de jugement des crimes concernés, à des cours d'assises composées de citoyens belges) pour juger les crimes de guerre (commis en violation des conventions de Genève), puis les crimes contre l'humanité et les génocides (en vertu d'une modification de la loi intervenue en 1999 après l'affaire Pinochet), sans que soit requis le rattachement à un accusé (ou suspect) belge, à une victime belge ni la présence de la personne mise en cause sur le territoire belge (le critère du *forum deprehensionis* qui, à défaut de compétence active ou passive, peut justifier dans d'autres États des procédures relevant du droit international pénal pour juger ou livrer les personnes accusées de tels crimes). Complétée par la suppression des immunités en faveur des responsables politiques, y compris des chefs de gouvernement ou d'État, cette loi a attiré vers la Belgique des plaintes dirigées contre des personnes suspectées d'avoir participé au génocide rwandais, le Premier ministre israélien Ariel Sharon ou le président Bush. Critiquée, pour l'atteinte à l'immunité d'un ministre des Affaires étrangères du Congo, par la Cour internationale de justice (affaire *Yerodia, Congo c/ Belgique*, 2002), cette loi a été partiellement abrogée en 2003, suite à une forte pression américaine (les États-Unis ayant menacé de déplacer le siège de l'OTAN)[3]. L'Espagne reste, depuis 2005, le seul État qui admet aussi largement la compétence universelle en matière pénale. Le droit français ne connaît une telle compétence qu'à l'égard de personnes se trouvant en France[4] et même, selon la loi du 9 août 2010 (relative au statut de la CPI), résidant habituellement en France.

Une compétence extraterritoriale, fondée sur le droit international, peut également exister, dans certains États, en matière civile pour obtenir réparation de violations des droits de l'homme commises à l'étranger. C'est le cas aux États-Unis, depuis l'interprétation qui a été donné de l'*Alien Tort Statute* (ou *Alien Torts Claim Act*, voté en 1789) en 1980 dans l'affaire *Filártiga* concernant un policier du Paraguay accusé de torture (puis dans l'affaire *Kadic c/ Karadzic* sur l'ex-Yougoslavie en 1995)[5]. Des actions ont même été intentées contre des sociétés privées (avec quelques succès sous forme de transaction) pour les faire condamner à indemniser les victimes de violations des droits de l'homme dont elles se seraient

1. Une autre juridiction mêlant juges nationaux et juges internationaux est constituée par les « chambres extraordinaires au sein des tribunaux cambodgiens » (CETC) créées en 2001 avec le soutien de l'ONU et qui, après une période de blocage, ont commencé à juger des responsables du génocide à partir de 2006.
2. C'est ainsi que le Comité judiciaire de la Chambre des lords avait estimé les juridictions britanniques compétentes pour répondre au mandat d'arrêt lancé par le juge Garzón en Espagne en 1998 contre Pinochet, la convention contre la torture ayant été ratifiée par le Royaume-Uni, l'Espagne et le Chili.
3. Antoine Bailleux, *La compétence universelle au carrefour de la pyramide des normes*, Bruylant, 2005.
4. La décision de la Chambre criminelle de la Cour de cassation (en 2002), qui a refusé de tenir compte d'une loi mauritanienne d'amnistie, a été jugée conforme à la Conv. EDH par la Cour de Strasbourg, 17 mars 2009, *Ely Ould Dah c/ France*, req. n° 13113/03.
5. Benoît Frydman, Ludovic Hennebel, « Le contentieux transnational des droits de l'homme : une analyse stratégique », *RTDH* 2009. 73-136, not. p. 88-89.

rendues complices. La Cour suprême des États-Unis a entendu limiter cette forme de justice « transnationale », par la décision *Sosa v. Alvarez Machain* (29 juin 2004, à propos de la capture au Mexique d'un citoyen mexicain), aux seules violations du droit des gens connues à la fin du XVIIIe siècle (piraterie, atteintes aux ambassadeurs)[1]. La décision de la Cour internationale de justice, le 3 février 2012, dans l'affaire des « immunités juridictionnelles » opposant l'Allemagne et l'Italie (des actions civiles portées devant les tribunaux italiens contre l'État allemand en réparation des crimes commis par les forces allemandes de 1943 à 1945) a refusé d'écarter l'immunité juridictionnelle des États au profit d'une sanction civile des règles sur les crimes de guerre, censées relever du *jus cogens*, montrant à nouveau la difficile articulation entre répression des crimes internationaux et protection des droits de l'homme.

Bibliographie indicative

- E. DECAUX, O. DE FROUVILLE, *Droit international public*, 11e éd., Dalloz, coll. « Hypercours », 2018 à paraître.
- M. DELMAS-MARTY, *Les forces imaginantes du droit. Le relatif et l'universel*, Le Seuil, 2004; *Libertés et sûreté dans un monde dangereux*, Le Seuil, 2010.
- F. SUDRE, *Droit européen et international des droits de l'homme*, 13e éd., PUF, coll. « Droit fondamental », 2016.

Pistes de réflexion

Universalisme et relativisme, protection universelle ou protection « régionale » des droits fondamentaux

Les tensions entre la justice pénale internationale et la protection des droits fondamentaux

1. Mireille Delmas-Marty, *Les forces imaginantes du droit. Le relatif et l'universel*, *op. cit.*, p. 207-208.

Chapitre 2

L'être

Section 1.
LA PERSONNE HUMAINE, VIE ET MORT

EMMANUEL TERRIER
Maître de conférences de droit privé à l'Université de Montpellier

L'affirmation du droit à la vie, posée par de nombreux textes internationaux, se présente comme un principe premier, attribut inaliénable et intangible de la personne humaine. Spécialement affirmé par l'article 2 de la Convention européenne de sauvegarde des droits de l'homme, le droit à la vie impose aux États non seulement de s'abstenir de provoquer la mort, mais encore de protéger, autant que cela soit possible, la vie des personnes.

L'énonciation d'un tel principe soulève naturellement la question de la légitimité de la peine de mort pour les États. Cela soulève également la question des moyens dont disposent ces derniers pour se prémunir des atteintes à la vie qui peuvent émaner soit des tiers, soit des personnes elles-mêmes, amenant ainsi à s'interroger tant sur l'hypothèse du suicide que sur celle d'une mort demandée.

I. La prééminence de la vie

A. L'affirmation du droit à la vie des personnes

1. L'affirmation du principe

205. ***Le principe général*** du « droit à la vie », qui pourrait sembler comme une donnée commune à tous les hommes, ne fait pas moins l'objet d'un certain nombre de consécrations solennelles au plan national, comme au niveau international. La Déclaration universelle des droits de l'homme de 1948 énonce en son article 5 que « tout individu a droit à la vie », droit dont une formulation similaire est énoncée par la Convention européenne de sauvegarde des droits de l'homme. L'article 6 du Pacte international sur les droits civils et politiques énonce un principe très proche, selon lequel « Le droit à la vie est inhérent à la personne humaine. Ce droit doit être protégé par la loi. Nul ne peut être arbitrairement privé de la vie ». Au plan de la législation nationale, c'est par la loi du 29 juillet 1994, relative au respect du corps humain[1] que l'article 16 du Code civil affirme que : « la loi [...] garantit le respect de l'être humain dès le commencement de sa vie ». Pour autant, si la notion de « vie » semble commune à tous les hommes, aucun texte juridique n'en donne de définition. Aussi, le cadre de ces formules ne peut-il être mesuré qu'à l'aune d'une définition préalable de la notion. L'approche traditionnelle et littéraire définit classiquement la vie comme « l'état des êtres animés tant qu'ils ont en eux le principe des sensations et des mouvements »[2] soit « en général, l'état d'activité de la substance organisée »[3]. Le droit se calque sur ces définitions, mais entend la vie au sens de la « période qui s'étend de la naissance, (et même de la conception), jusqu'à la mort »[4]. S'il n'est pas l'objet de nos propos ici de s'interroger sur l'épineuse difficulté du commencement de la vie[5], sous-jacent à l'énoncé de l'article 16 du Code civil[6], du moins peut-on tenter de dresser une vision sommaire et transversale de cette notion de droit à la vie.

La référence à la protection de la vie de la personne humaine s'inscrit en droit français dans les dispositions de l'article 16 du Code civil, mais elle trouve néanmoins une légitimation antérieure dans la lettre même de l'article 2 de la Convention européenne des droits de l'homme, qui stipule que : « Le droit de toute personne à la vie est protégé par la loi. La mort ne peut être infligée à quiconque intentionnellement, sauf en exécution d'une sentence capitale prononcée par un tribunal au cas où le délit est puni de cette peine par la loi ». Ce droit est présenté comme « la valeur suprême dans l'échelle des droits de l'homme sur

1. L. n° 94-653, 29 juill. 1994 relative au respect du corps humain, *JO* 30 juill. 1994.
2. *V°* « Vie », *in Dictionnaire de l'Académie*, 1821. Ce qui n'est pas sans rappeler Voltaire, pour qui la vie, « C'est la végétation avec le sentiment dans un corps organisé », Voltaire, *Dialogue de Pégase et du vieillard, in Collection d'anciens Évangiles, ou Monumens du premier siècle du christianisme, extraits de Fabricius, Grabius & autres Savans par l'Abbé B.*, (*sic*), Londres, 1769.
3. Littré, *Dictionnaire de la langue française*, Hachette, 1889.
4. *V°* « Vie », *in Dictionnaire de vocabulaire juridique Cornu*, 9e éd., PUF, coll. « Quadrige », 2011.
5. V. CEDH 8 juill. 2004, *v° c/ France*, req. n° 53924/00, F. Sudre, J.-P. Marguénaud, J. Andriantsimbazovina, A. Gouttenoire, M. Levinet, *Les grands arrêts de la Cour européenne des droits de l'homme*, PUF, coll. « Thémis », 2011, n° 10.
6. V. dans cet ouvrage, A. Lamboley, « Les droits fondamentaux de l'enfant », v. ss 411 s. V. égal. sur cette question : F. Sudre, *Droit européen et international des droits de l'homme*, PUF, coll. « Droit fondamental », 11e éd., 2012, n° 194. Notons que certains textes se réfèrent explicitement à l'idée d'un droit à la vie dès la conception (v. la Convention interaméricaine relative aux droits de l'homme, art. 4, § 1).

le plan international »[1], en d'autres termes, un droit dont la garantie est préalable à l'exercice de tous les autres. C'est en tout cas ainsi que l'avait affirmé la Cour de Strasbourg, dans son arrêt *Mac Cann* en énonçant qu'il « se place parmi les articles primordiaux de la Convention, auquel aucune dérogation ne saurait être autorisée en temps de paix, en vertu de l'article 15. Combiné à l'article 3 de la Convention, il consacre l'une des valeurs fondamentales des sociétés démocratiques qui forment le Conseil de l'Europe »[2]. Il constitue l'un des attributs inaliénables de la personne humaine et est comme tel intangible, au même titre que l'est le droit de ne pas subir de tortures ou de traitements inhumains et dégradants ou le droit de ne pas être placé en esclavage ou en servitude. Pour autant c'est généralement le constat d'une mise en œuvre toute relative qui est généralement dressé au regard d'une application réaliste de ce texte[3].

206. ***Application.*** En effet, et d'une part, l'énoncé d'un droit à la vie protégé par la loi amène à considérer qu'il s'agit d'une obligation que la Convention n'énonce pas de manière absolue et purement théorique mais comme une obligation qui pèse concrètement sur les États signataires. La formulation générale de l'article 2 laisse bien entendre qu'il incombe à l'État et à lui seul de faire respecter, par sa loi, la protection de la vie. Cela implique donc, comme l'a souligné la Commission dès 1993 « l'idée que le droit à la vie de toute personne [...] enjoint non seulement de s'abstenir de donner la mort intentionnellement, mais aussi de prendre les mesures adéquates à la protection de la vie »[4]. La protection instaurée de manière pragmatique par la Cour passe avant tout par la lutte contre l'atteinte à la vie d'autrui, pour laquelle le droit pénal national sera l'instrument privilégié. Mais la mise en œuvre de l'article 2 fait peser également, sur les États une obligation matérielle et processuelle de prendre toutes mesures nécessaires à la protection positive de la vie des êtres humains. De fait, la Cour considère qu'un État ne doit pas simplement se contenter d'empêcher toute atteinte arbitraire à la vie : il doit aussi adopter une attitude active en vue de protéger la vie des personnes relevant de sa juridiction[5]. Dès lors on peut imaginer toute forme de protection indirecte allant du manquement à des règles sanitaires visant à protéger les individus contre un risque de maladie[6] à la garantie de la sécurité routière ou urbaine[7]. Cette obligation peut même aller jusqu'à sanctionner l'État qui ne prendrait pas les actes d'enquêtes suffisants afin de retrouver une personne disparue[8].

C'est là un premier point remarquable, mais il convient de souligner, d'autre part, toute la relativité de cette affirmation. Si les États ont l'obligation positive de protéger la vie, tout au plus doit-on considérer qu'il ne peut s'agir là que d'une obligation de moyens qui pèse sur eux, qui limite leur engagement à la

1. CEDH 22 mars 2001, *Streletz, Kessler et Krenz c/ Allemagne*, req. n°s 34044/96, 35532/97 et 44801/98.
2. CEDH 27 sept. 1995, *Mac Cann c/ Royaume-Uni*, série A, n° 324, § 147. V. sur cet arrêt la chronique de F. Sudre, *RUDH* 1996. 9.
3. L. Sermet, « Le droit à la vie, valeur fondamentale des sociétés démocratiques, et le réalisme jurisprudentiel », *RFDA* 1999. 988.
4. CEDH 9 juin 1998, *LCB c/ Royaume-Uni*, *JCP* 1999. I. 105, n° 7, obs. F. Sudre. V. déjà en ce sens : Comm. EDH, 12 juill. 1978, *Assoc. X. c/ Royaume-Uni*, DR 14. 31.
5. CEDH 9 juin 1998, *LCB c/ Royaume-Uni*, préc., § 36.
6. CEDH 1er mars 2001, *Berktay c/ Turquie*, *JCP* 2001. I. 342, n° 1, note F. Sudre. V. aussi CEDH 17 janv. 2002, *Calvelli et Ciglio c/ Italie*, *JCP* 2002. I. 157, n° 1, note F. Sudre.
7. CEDH 14 juin 2011, *Ciechonska c/ Pologne*, *JCP* 2011, n° 914, obs. F. Sudre (à propos de la chute d'un arbre sur le domaine public).
8. CEDH 24 janv. 2008, *Osmanoglu c/ Turquie*, req. n° 7050/05, § 76-82.

reconnaissance d'une violation fondée sur une base raisonnable[1]. C'est un principe qui fut rappelé dans l'arrêt *Osman c/ Royaume-Uni* en 1998, les juges européens ayant alors encadré la recevabilité de la demande au constat que les autorités n'avaient pas fait « tout ce que l'on pouvait raisonnablement attendre d'elles pour empêcher la matérialisation d'un risque certain et immédiat pour la vie »[2]. Il incombe en effet de rendre sa mise en œuvre réaliste, en faisant en sorte que cette obligation de protection de la vie ne soit pas à l'égard des États signataires « un fardeau insupportable ou excessif »[3]. Le respect du droit à la vie est donc conditionné non seulement à la constatation d'un risque certain et immédiat pouvant atteindre la vie d'une personne et dont les autorités auraient dû prendre connaissance, mais encore à une incurie de l'État, celui-ci n'ayant pas pris les mesures qu'il aurait dû pour protéger les individus[4]. Tout ceci pose bien évidemment, en amont, la question de la preuve de la qualité de « victime » pouvant se prévaloir de l'atteinte au droit à la vie[5].

2. Les atténuations au principe

207. ***Il existe sinon des exceptions, du moins des atténuations*** au droit à la vie, qui viennent de plus en limiter la reconnaissance. Celles-ci sont énumérées par le paragraphe 2 de l'article 2 de la Convention européenne des droits de l'homme, lequel énonce que « la mort n'est pas considérée comme infligée en violation de cet article dans les cas où elle résulterait d'un recours à la force rendu absolument nécessaire : a) pour assurer la défense de toute personne contre la violence illégale; b) pour effectuer une arrestation régulière ou pour empêcher l'évasion d'une personne régulièrement détenue; c) pour réprimer, conformément à la loi, une émeute ou une insurrection ». Appelée à déterminer l'ampleur de l'interprétation de ces exceptions, la Commission européenne dans sa décision du 10 juillet 1984, *Kathleen Stewart c/ Royaume-Uni*[6], avait considéré la liste ainsi posée par le paragraphe 2 comme exhaustive et devant s'interpréter strictement.

Ainsi ces exceptions doivent-elles s'inscrire d'une part dans un cadre légal adéquat mais encore répondre à une exigence de proportionnalité particulièrement stricte qui s'apprécie au regard du danger pour les vies humaines mises en jeu. C'est dans son arrêt *Mac Cann* du 27 septembre 1995[7] que la Cour a précisé son interprétation de ces dispositions. Soucieuse d'assurer au droit à la vie une protection effective eu égard à ce qu'il représente pour une société démocratique, elle exerce un contrôle strict de toutes les circonstances qui ont conduit les agents de l'État à porter atteinte à la vie et à observer si celles-ci entrent dans le cadre des exceptions énoncées par le paragraphe 2 de l'article 2. C'est pourquoi elle a pu sanctionner l'usage de mitraillettes pour disperser des manifestations[8] ou d'armes à feu pour une arrestation[9]. La Cour souligne que le paragraphe 2 ne

1. L. Sermet, « Le droit à la vie, valeur fondamentale des sociétés démocratiques, et le réalisme jurisprudentiel », préc.
2. CEDH 28 oct. 1998, *Osman c/ Royaume-Uni*, req. n° 23452/94, § 116.
3. *Ibid.*
4. V. F. Sudre, *Droit européen et international des droits de l'homme*, n°s 197 s.
5. V. dans le cas de personnes ayant survécu à une mise en danger de leur vie : CEDH 4 nov. 2008, *Evrim Öktem c/ Turquie*, req. n° 9207/03, § 40. Sur cette question : P. Wachsmann, *J.-Cl. Europe*, fasc. 6520 : CEDH – Droits garantis – Libertés de la personne physique, n° 5.
6. Comm. EDH, 10 juill. 1984, *Kathleen Stewart c/ Royaume-Uni*, DR 39. 162.
7. CEDH 27 sept. 1995, *Mc Cann et a. c/ Royaume-Uni*, préc.
8. CEDH 14 déc. 2000, *Gül c/ Turquie*, req. n° 22676/93.
9. CEDH 9 oct. 2007, *Saoud c/ France*, *JCP* 2008. I. 110, n° 2, obs. F. Sudre.

définit pas les situations dans lesquelles il est permis d'infliger intentionnellement la mort, mais décrit celles où il est possible d'avoir « recours à la force », ce qui peut conduire à considérer qu'une opération de maintien de l'ordre bien organisée a assuré le degré requis de protection des personnes[1]. Toutefois, dans l'hypothèse du décès d'une personne, si le caractère volontaire ou involontaire de l'acte ayant entraîné la mort n'est pas décisif[2], le recours à la force doit néanmoins avoir revêtu un caractère absolument nécessaire. Partant de là, il devient indispensable de s'interroger sur la légitimation du recours à la force pour annihiler la vie à titre de sanction, et d'observer la compatibilité entre les dispositions qui visent à proclamer le droit à la vie et la peine de mort.

B. L'illégitimité d'une mort-sanction ?

1. Le droit national

208. ***En droit français***, le droit de la sanction capitale est marqué par le sceau d'une certaine passion, peut-être plus médiatique que juridique. Le débat n'est pas l'apanage du XXe siècle, puisqu'il a donné lieu à d'ardents conflits au sein de la Convention, dans ses derniers actes législatifs où il fut finalement proclamé que, « à dater du jour de la publication de la paix générale, la peine de mort sera abolie dans toute la République française », encore que le Code des délits et des peines du 3 brumaire de l'an IV, s'y réfère, en attendant son abolition définitive[3]. La paix non retrouvée, le Code pénal de 1810 la rétablit. Aussi, même si elle fut abrogée dès 1848 en matière politique, faudra-t-il attendre la loi du 9 octobre 1981 pour que, portée par la volonté de son garde des Sceaux Robert Badinter[4], la France abolisse la peine de mort[5]. La révision constitutionnelle adoptée le 23 février 2007[6] a introduit dans la Constitution du 4 octobre 1958 le principe d'interdiction de la peine capitale; désormais c'est en vertu de l'article 66-1 de ce texte que « Nul ne peut être condamné à la peine de mort ». Reste la question indirecte de l'extradition à destination d'un État qui sanctionne par la peine capitale[7]. Le Conseil d'État a considéré la prohibition de la peine de mort comme un élément de l'ordre public français[8] et exige un contrôle sur l'effectivité des garanties obtenues par le gouvernement au cas où la peine de mort serait encourue dans l'État requérant[9]. Cela va dans le sens de la Cour de Strasbourg pour laquelle l'extradition d'une personne condamnée à mort au

1. CEDH 24 mars 2011, *Guiliani et Gaggio c/ Italie*, *JCP* 2011. Actu. 4549, note G. Gonzalez, à propos d'affrontements entre altermondialistes et carabiniers au cours d'une manifestation violente.
2. Comm. EDH, 10 juill. 1984, *Kathleen Stewart c/ Royaume-Uni*, préc.
3. Loi du 4 brumaire an IV et Code des délits et des peines du 3 brumaire an IV, not. art. 612 : « Toutes conspirations et complots tendant à troubler la République par une guerre civile, en armant les citoyens les uns contre les autres, ou contre l'exercice de l'autorité légitime, seront punis de mort, tant que cette peine subsistera; et de vingt-quatre années de fers, quand elle sera abolie. »
4. Lors des débats, M. Badinter avait terminé son discours en énonçant que « cette justice d'élimination, cette justice d'angoisse et de mort, décidée avec sa marge de hasard, nous la refusons. Nous la refusons parce qu'elle est pour nous l'anti justice, parce qu'elle est la passion et la peur triomphant de la raison et de l'humanité », séance à l'Assemblée du 8 juill. 1981, cité *in* J. Garrigues, *Les grands discours parlementaires de la Cinquième République*, A. Colin, 2006, p. 25 s.
5. Art. 1er, L. n° 81-908, 9 oct. 1981 portant abolition de la peine de mort, *JO* 10 oct. 1981.
6. L. constit. n° 2007-239, 23 févr. 2007 relative à l'interdiction de la peine de mort, *JO* 24 févr. 2007.
7. P. Wachsmann, *J.-Cl. Europe*, fasc. 6520, *op. cit.*, n° 12.
8. CE, sect., 27 févr. 1987, *Fidan*, *Lebon* 81.
9. CE, ass., 15 oct. 1993, *Aylor*, *Lebon* 283, concl. Vigouroux; CE 8 avr. 1998, *Stacy*, *Lebon* 960.

terme d'un procès inéquitable par les juridictions de l'État requérant viole les articles 2 et 3 de la Convention[1].

2. *Le droit international*

209. ***La question s'est réglée de manière progressive au sein du Conseil de l'Europe :*** exception traditionnelle énoncée par l'article 2 de la Convention européenne des droits de l'homme[2], la peine de mort a été longtemps tolérée par la Cour de Strasbourg, qui refusait de la qualifier de traitement inhumain et dégradant tout en reconnaissant néanmoins « l'idée virtuellement commune aux systèmes d'Europe occidentale [selon laquelle], dans les circonstances actuelles, la peine capitale ne cadre plus avec les normes régionales de justice »[3]. L'entrée en vigueur en 1999 du Protocole 6, prohibant le recours à la peine de mort en temps de paix, a largement porté atteinte à la sentence capitale comme exception, amenant la Cour à opérer un revirement remarqué dans un arrêt du 12 mars 2003, *Ocalan c/ Turquie*[4]. Finalement c'est le Protocole additionnel n° 13 à la Convention, entré en vigueur le 1er juillet 2003, qui a procédé à l'abolition de la peine de mort en toutes circonstances. En tenant compte de l'évolution du droit, de la pratique des États membres et des protocoles évoqués, la Cour considère désormais que la peine de mort, qu'elle présente comme l'anéantissement délibéré et prémédité d'un être humain par les autorités de l'État et qui provoque des douleurs physiques et d'immenses souffrances psychologiques chez les personnes qui savent qu'elles vont la subir, est non seulement contraire à l'article 2 de la Convention en toutes circonstances, mais peut également passer pour un traitement inhumain et dégradant[5].

210. ***Au plan mondial***, le droit relatif à l'abolition de la peine de mort est plus contrasté, mais va dans le sens d'un abolitionnisme en marche[6]. Le Pacte international relatif aux droits civils et politiques du 16 décembre 1966 prévoit, en son article 6, que la peine de mort ne peut être imposée que pour « les crimes les plus graves ». La portée de l'article 6 est très forte puisque la rédaction du Pacte ne prévoit de possibilité de déroger au Pacte que « dans le cas où un danger public exceptionnel menace l'existence de la nation », dérogation sommes toutes assez proche de la Convention européenne. Le Comité des droits de l'homme, dans son observation du 27 juillet 1982, considère les termes de l'article 6 du Pacte de New York comme porteurs sans ambiguïté d'une abolition souhaitable[7]. De fait, le Comité a précisé que la validité d'une sentence de mort devait être subordonnée au respect rigoureux des garanties d'un procès équitable[8] et qu'un système de condamnation obligatoire à la peine capitale en cas de crime, indépendamment de toute analyse casuelle des circonstances était incompatible avec

1. CEDH 8 nov. 2005, *Bader et Kanbor c/ Suède*, req. n° 13284/04.
2. L'article 2 Conv. EDH énonce que « la mort ne peut être infligée à quiconque intentionnellement, sauf en exécution d'une sentence capitale prononcée par un tribunal au cas où le délit de cette peine est puni par la loi ».
3. CEDH 7 juill. 1989, *Soering c/ Royaume-Uni*, série A, n° 161, § 102.
4. CEDH 12 mars 2003, confirmé ensuite, CEDH, gr. ch., 12 mai 2005, n° 46221/99, *Ocalan c/ Turquie, Rec. CEDH* IV. Notons qu'entre-temps la peine de mort avait été abolie en Turquie par une loi du 3 août 2002.
5. CEDH, sect. IV, 2 mars 2010, *Al-Saadoon et Mufdhi c/ Royaume-Uni*, req. n° 61498/08; *JCP* 2010. Actu. 327, note K. Grabarczyk.
6. D. Breillat, « L'abolition mondiale de la peine de mort », *RSC* 1991. 261.
7. Nations unies, *Manuel relatif à l'établissement des rapports sur les droits de l'homme*, New York, 1992, p. 69.
8. V. par ex. *P. Kelly c/ Jamaïque*, déc. 8 avr. 1991, A/46/40, 1991, p. 251.

l'article 6 du Pacte de New York[1]. L'Assemblée générale des Nations unies a adopté par une résolution en date du 15 décembre 1989 un deuxième Protocole facultatif se rapportant au Pacte international sur les droits civils et politiques, visant à abolir la peine de mort[2], incitant chaque État, en son article 1er, à prendre toutes les mesures voulues pour abolir la peine de mort dans le ressort de sa juridiction exception faite d'une condamnation en cas de guerre pour un crime d'une gravité extrême. Ce texte, véritablement abolitionniste[3], est entré en vigueur le 11 juillet 1991. Il a pour l'instant été ratifié par 78 des États membres de l'Organisation[4] mais n'y figurent ni la Chine, ni le Japon, ni les États-Unis..., ni bien d'autres encore, puisqu'on estime à plus de soixante-dix États ceux qui maintiennent la peine capitale, y compris pour les mineurs[5].

Le continent américain offre un exemple illustratif intéressant, en ce que la Convention interaméricaine relative aux droits de l'homme énonce au paragraphe 2 de son article 4 que « dans les pays qui n'ont pas aboli la peine de mort, celle-ci ne pourra être infligée qu'en punition des crimes les plus graves en vertu d'un jugement définitif rendu par un tribunal compétent en application d'une loi prévoyant cette peine qui était en vigueur avant la perpétration du crime ». Or, appelée à interpréter ces dispositions, la Cour interaméricaine des droits de l'homme, dans son avis consultatif du 8 septembre 1983 a considéré que ce texte contenait une interdiction absolue faite à tout État partie d'appliquer la peine de mort à des crimes pour lesquels elle n'était pas prévue auparavant dans son droit national, mais encore devait être exclusive de la commission de certains crimes[6].

Les États-Unis, non signataires de cette convention, ont également connu une évolution intéressante de leur droit relatif à la peine capitale, en vagues qui, comme cela fut élégamment présenté, « s'amorcent, arrivent avec plus ou moins de force, s'éclatent et, enfin, reculent »[7]. Considérée comme un châtiment qui n'était ni cruel ni exceptionnel lors de l'adoption du 8e amendement à la Constitution en 1791, la peine de mort a connu une évolution allant dans le sens d'une application importante jusqu'en 1935 pour devenir quasi nulle en 1968. Un moratoire de fait s'est instauré jusqu'en 1977, date à laquelle les exécutions ont repris. Néanmoins si l'on comptait une moyenne d'environ 300 prononcés de peines capitales à la fin du siècle dernier, leur nombre chute aujourd'hui à une centaine, pour une quarantaine d'exécutions[8]. En 1972, la Cour suprême fédérale a considéré que le manque de critères rationnels pour l'application de la peine de mort rendait l'application de cette peine contraire aux 8e et 14e amendements à la Constitution[9]. Toutefois à la suite de cette décision, la plupart des États ont

---

1. F. Sudre, *Droit européen et international des droits de l'homme, op. cit.*, n° 203.
2. Résolution n° 44/128 du 15 déc. 1989, consultée sur le site www.un.org/fr. Pour une analyse de ce texte, v. D. Breillat, « L'abolition mondiale de la peine de mort », *RSC* 1991. 261.
3. Sur les différentes dispositions non conventionnelles qui ont précédé ce Protocole, v. D. Breillat, « L'abolition mondiale de la peine de mort », préc.
4. État du traité consulté sur le site treaties.un.org.
5. En 2014, selon les organisations concernées, seuls 21 États ont exécuté des peines capitales prononcées. En dehors de la Chine (près de 1 000 exécutions), les quatre autres pays ayant exécuté le plus grand nombre de prisonniers dans le monde en 2014 sont l'Iran (289 exécutions reconnues officiellement et au moins 454 non reconnues par les autorités), l'Arabie saoudite (au moins 90), l'Irak (au moins 61) et les États-Unis (35) (Amnesty International, rapport 2015, consulté sur le site www.amnesty.org/fr).
6. V. F. Sudre, *Droit européen et international des droits de l'homme, op. cit.*, n° 203.
7. N. Norberg, « La peine de mort aux États-Unis : évolutions jurisprudentielles et sociales », *RSC* 2008. 575.
8. *Ibid.*
9. *Furman c/ Georgia*, (1972, US) 408 US 238.

modifié leurs procédures pénales et ont introduit des garanties supplémentaires pour réduire l'arbitraire évoqué par la Cour suprême, laquelle a, alors, approuvé ces modifications[1]. Depuis, si l'inconstitutionnalité de la peine capitale n'est plus remise en question en elle-même, la Cour a cependant rendu d'importantes décisions sur l'application de la sanction. Ainsi, en juin 2002 a-t-elle interdit l'exécution des handicapés mentaux d'une part[2], et imposé d'autre part que la peine ne soit pas prononcée par un juge unique, mais par un jury[3]. Puis, elle a jugé dans un arrêt du 1er mars 2005[4] que lorsque le crime a été commis par un mineur, la condamnation de celui-ci à la peine capitale est contraire à la Constitution, et notamment au 8e amendement, qui interdit les sanctions cruelles ou exagérées. Par ailleurs, la Cour suprême aborde, depuis une décision du 25 juin 2008, la question de la peine de mort sous l'angle d'un contrôle sur la proportionnalité entre la gravité du crime commis et celle de la sanction en la déclarant inconstitutionnelle pour les actes n'ayant pas causé la mort des victimes[5]. Toutefois elle ne remet pas en question l'exécution en elle-même et ne la considère pas comme contraire à l'amendement n° 8. La question s'est posée à propos des injections létales qui se voyaient contestées dans plusieurs États. Dans sa décision du 16 avril 2008[6], elle a jugé que les injections létales ne constituent pas un châtiment « cruel » au sens de la constitution. Il convient de constater qu'un doute plane dans l'opinion américaine quant à la peine capitale, et qu'un certain nombre d'États fixent aujourd'hui, néanmoins, un moratoire quant à son application[7].

Il apparaît dès lors que la vie demeure une valeur fondamentale, voire suprême[8], du droit à l'échelle des droits de l'homme, valeur devant laquelle même la légitimité de la sanction souveraine de l'État tend à s'effacer. Il semble dès lors à tout le moins difficile d'évoquer l'existence d'un droit à la mort...

II. Le refus d'une reconnaissance d'un droit à la mort

211. *Présentation.* Le droit, par principe, protège la vie et s'il n'évoque la reconnaissance de la mort, ce n'est essentiellement que pour en déterminer les critères. La mort en effet est avant tout un fait biologique que le droit doit prendre en compte[9]. C'est pour cela qu'il incombe au droit d'en définir les critères : les dispositions de l'article R. 1232-1 et suivants du Code de la santé publique déterminent les critères du constat de la mort, comme un préalable au prélèvement d'organes. Trois critères sont posés pour déterminer le décès d'une personne qui serait en situation de mort « naturelle » c'est-à-dire qui présente un arrêt cardiaque et respiratoire persistant : d'abord l'absence totale de conscience

1. *Gregg c/ Georgia*, (1976, US) 428 US 153.
2. *Atkins c/ Virginia*, (2002, US) 536 US 304.
3. Notons qu'un débat est ouvert quant à l'exclusion dans les jurys de personnes en opposition à la peine de mort (v. N. Norberg, « La peine de mort aux États-Unis : évolutions jurisprudentielles et sociales », préc.).
4. V. *Roper c/ Simmons* (2005, US) 543 US 551. Notons que la décision concerne les meurtriers âgés de 16 à 18 ans, tandis que l'arrêt *Thompson c/ Oklahoma* (1987, US) 487 US 815, avait déjà prohibé la peine capitale pour les meurtriers âgés de moins de 16 ans.
5. En l'espèce, il s'agissait de viol d'enfants, v. *Kennedy c/ Louisianna*, (2008, US) 554 US 407.
6. V. *Baze c/ Rees*, 533 US 2008, énonçant que le Protocole d'injection létale de l'État du Kentucky n'est pas contraire à la Constitution.
7. V. Richard, C. Dieter, "*A Crisis in Confidence : Americans'Doubts About the Death Penalty*", rapport, *Death Penalty Information Center* (juin 2007), p. 7, consulté sur le site www.deathpenaltyinfo.org.
8. CEDH 22 mars 2001, *Streletz, Kessker et Krenz c/ Allemagne*, préc.
9. E. Terrier, « La perception juridique de la mort », *in* « Ethos et Thanatos », *RGDM* 2004. 29.

et d'activité motrice spontanée, ensuite l'abolition de tous les réflexes du tronc cérébral et enfin l'absence totale de ventilation spontanée. En revanche, lorsque la personne est assistée aux plans ventilatoire et hémodynamique, il convient de dresser un constat plus complexe. L'article R. 1232-2 du Code de la santé publique précise alors que si la personne est assistée, il faut observer l'absence de ventilation spontanée par une épreuve d'hypercapnie, c'est-à-dire de constatation du taux de gaz carbonique dans le sang. Il faut alors, en complément des trois critères cliniques constatant la mort naturelle précédemment évoquée, observer le caractère irréversible de la destruction encéphalique (la mort cérébrale) soit par deux électroencéphalogrammes nuls et aréactifs effectués à un intervalle minimal de quatre heures, soit procéder à une angiographie objectivant l'arrêt de la circulation dans le cerveau et médicalement interprétée. Par-delà cette technicité toute scientifique, liée au fait que le droit ne connaît plus d'autre mort que la mort physique de l'individu[1], on peut constater que la mort peut faire disparaître certains droits, en créer de nouveaux, voire, au pire, être indifférente aux droits. Et de fait, au constat classique de l'existence d'un certain nombre de droits liés à la mort il est tout aussi classique de considérer qu'il n'y a pas, à ce jour, de droit à la mort qui puisse être évoqué, selon une approche purement juridique.

A. Le refus d'une mort souhaitée

1. Le droit au suicide

212. ***Le suicide n'est pas sanctionné pénalement en droit français.*** Cela n'a pas toujours été le cas, puisqu'il était fréquent, sous l'Ancien droit, de faire comparaître une personne qui avait tenté de se suicider, voire de juger *post mortem* une personne qui s'était suicidée afin de la priver de sépulture. Ainsi, les annales du Parlement de Bretagne conservent-elles les minutes du procès posthume de Pierre Fresnel, à Rennes, 10 mars 1724, qui fut probablement le dernier du genre. Mais sous-jacent à la sanction pénale c'est encore un droit mêlé de religion qui s'applique, le châtiment visé par-là étant la privation de repos éternel. La suppression de sanctions pénales au suicide ou à la tentative de suicide a disparu avec l'instauration du Code pénal français en 1810, le droit pénal républicain et laïc n'osant plus « pénétrer au cœur des consciences et demander à un juge de condamner cette décision intime qui a pu pousser un individu à essayer de mettre fin à ses jours »[2].

Depuis cette date il n'y a plus de qualification pénale à l'acte de suicide ou à sa tentative. La jurisprudence de la Cour de cassation a confirmé, tardivement, cette situation dans deux affaires, une première fois en 1971, la Cour énonçant que l'article 63-1 du Code pénal (ancien) ne s'applique pas au suicide qui n'est ni un crime ni un délit[3]. Elle a par la suite confirmé cette position, dans un arrêt du 3 janvier 1973[4], allant alors jusqu'à reconnaître l'existence d'un droit pour une personne de ne pas suivre les prescriptions d'un médecin et d'absorber massivement des somnifères qui lui étaient également prescrits. Mais il ne faut tou-

---

1. La loi n° 1854-05-31 du 31 mai 1854 (*Bulletin des lois* 11e S., B. 180, n° 1534) a aboli la mort civile et les art. 22, 23, 25, 718 et 719 du Code civil de 1804.
2. E. Dreyer, *Droit pénal spécial*, 2e éd., Ellipses, 2012, n° 24.
3. Crim. 23 avr. 1971, *Bull. crim.* n° 116; *RSC* 1972. 114, n° 3, note G. Vasseur. En l'espèce il s'agissait de viser la complicité de celui qui avait laissé se suicider la personne. La qualification n'ayant de ce fait pas été retenue.
4. Crim. 3 janv. 1973, *Bull. crim.* n° 2; *D.* 1973. 591, note Levasseur.

tefois pas reconnaître à partir de là l'existence d'un droit au suicide. D'une part, parce que ce serait sûrement l'affirmation la plus proche de celle, plus générale, d'un droit à la mort. Or, le droit français et le respect de l'ordre public ne peuvent affirmer un tel droit[1]. D'autre part, et plus concrètement, parce que le droit limite cette supposée prérogative lorsque le suicide va au-delà de l'action totalement isolée de la personne[2]. Ainsi en est-il lorsqu'il a été causé par la faute d'un tiers, voire sa négligence. À titre d'illustration, il convient de rappeler qu'il arrive que les juridictions administratives sanctionnent l'administration pénitentiaire sur le fondement d'un défaut de vigilance lorsque celui-ci a concouru au suicide d'un détenu[3]. Il en va de même quant à la responsabilité des établissements de santé pour n'avoir pas pris toutes les précautions pour éviter un suicide : par exemple, la responsabilité d'un médecin pour ne pas avoir averti la clinique du risque suicidaire d'un patient[4]. De la même manière, un suicide sur le lieu de travail peut-il être requalifié en « accident du travail » lorsqu'il a été causé par la dureté des conditions de travail, notamment psychologiques[5].

213. ***Au plan européen***, les principes dégagés à partir de l'article 2 de la Convention amènent la Cour européenne des droits de l'homme à avoir une politique jurisprudentielle qui, tout en protégeant le droit à la vie, n'affirme pas la prérogative de l'individu sur celle-ci. Du moins, le fait-elle sans ambiguïté sur une approche générale, au niveau des responsabilités qui pèsent sur les États. En effet, la Cour de Strasbourg incite elle aussi les États à protéger les personnes contre le risque suicidaire. Cette affirmation vise les cas où des personnes se trouveraient dans une situation difficile ou dans un cadre susceptible, en lui-même, de les pousser à se suicider. Ainsi en est-il, par exemple, dans l'hypothèse des gardes à vue ou des détentions pénales[6] ou encore du service militaire, lorsque celui-ci existe[7] et qu'il offre tout particulièrement à un sous-officier la possibilité de brimer un appelé psychologiquement fragile[8].

Dans la mesure où la Cour européenne sanctionne l'État qui ne prendrait pas des mesures positives pour protéger l'individu dans ces situations, il y a lieu de déduire qu'elle réfute l'idée d'une prérogative absolue de l'individu sur sa vie, lui permettant d'en disposer, ce qui va de pair avec l'affirmation d'un droit à la vie qu'elle considère comme supérieur. Toutefois la Cour européenne, sans remettre en question cette primauté, pose néanmoins les bases d'une certaine prérogative de l'individu sur lui-même, à travers la notion d'autodétermination.

214. ***L'autodétermination.*** C'est à l'occasion de l'arrêt *Pretty*, rendu par la Cour le 29 avril 2002[9], qu'a pu émerger cette notion. Diane Pretty, ressortissante britannique, était atteinte d'une sclérose latérale amyotrophique, maladie

1. M. Gheza, « Essai de déconstruction juridique du droit à la mort », *RDSS* 2008. 1071.
2. V. M. Fabre-Magnan, « Le domaine de l'autonomie personnelle. Indisponibilité du corps humain et justice sociale », *D.* 2008. 31.
3. Pour un détenu : CE 9 juill. 2007, *M. D*, *AJDA* 2007. 2094, note H. Arbousset.
4. Civ. 1re, 20 janv. 1982, n° 80-17.229.
5. Civ. 2e, 10 mai 2007, *D.* 2007. *AJ* 1599.
6. V. en ce sens CEDH 30 juill. 1998, *Aerts c/ Belgique*, *Rec. CEDH* 1966, § 66; 16 juin 2000, *Tanribilir c/ Turquie*, req. n° 21422/93; 3 avr. 2001, *Keenan c/ Royaume-Uni*, req. n° 27229/95, § 111; 11 juill. 2006, *Rivière c/ France*, req. n° 33834/03, § 63.
7. CEDH 11 janv. 2011, *Servet Gündüz et a. c/ Turquie*, req. n° 4611/05.
8. CEDH 17 juin 2008, *Abdullah Yilmaz c/ Turquie*, req. n° 22427/06, § 7.
9. CEDH 29 avr. 2002, *Pretty c/ Royaume-Uni*, req. n° 2356/02; *D.* 2002. IR 1596; *RSC* 2002. 645, note Massias; *RTD civ.* 2002. 482, obs. Hauser; *ibid.* 858, obs. Marguénaud; *AJDA* 2003. 1383, note Le Baut-Ferrarèse; *JCP* 2003. II. 10062, note Girault; *Gaz. Pal.* 14-15 août 2002, p. 2, note Garay; *RDSS* 2002. 475, note Pédrot; P. Sargos, C. Esper, *Les grands arrêts du droit de la santé*, 2e éd., Dalloz, 2016, n° 15.

neuro-dégénérative qui la paralysait et la condamnait à une mort certaine par asphyxie. Madame Pretty avait demandé aux juridictions britanniques de pouvoir accéder à une assistance à la mort, provoquée par son mari ou ses médecins, mais cette demande d'euthanasie ne lui avait pas été accordée par les juges nationaux. Elle s'est donc tournée vers la Cour de Strasbourg en se fondant sur l'article 2 de la Conv. EDH pour évoquer l'idée qu'il existe dans l'affirmation d'un droit à la vie, son corollaire, qui est la reconnaissance d'un « droit à la mort ». La ressortissante britannique, devait évoquer par ailleurs, l'obligation, pour les États, d'aménager le droit interne pour faciliter un droit s'inscrivant dans un principe général qui serait l'autodétermination des personnes sur leur corps.

La CEDH a débouté la demanderesse en ses deux arguments, refusant à la requérante le droit à l'autodétermination tout en déniant l'existence d'un droit à la mort. Pour les juges strasbourgeois, il était clair que la Cour, dans sa jurisprudence en la matière, a constamment mis l'accent sur l'obligation pour l'État de protéger la vie. Dans ces conditions, la Cour ne s'est pas montrée persuadée que le « droit à la vie » garanti par l'article 2 puisse s'interpréter comme comportant un aspect négatif. L'article 2 ne pouvant être, selon elle, « sans distorsion de langage, interprété comme conférant un droit diamétralement opposé, à savoir un droit à mourir; il ne saurait davantage créer un droit à l'autodétermination en ce sens qu'il donnerait à tout individu le droit de choisir la mort plutôt que la vie. » Toutefois, la juridiction européenne a remarqué qu'à défaut de constituer un droit par elle-même, la notion d'autonomie personnelle « reflète un principe important qui sous-tend l'interprétation des garanties de l'article 8 » de la Convention[1]. Elle érige donc, à partir de cet article un droit à pouvoir opérer de véritables choix sur son propre corps[2], pouvant être entendus très largement, y compris le droit à pouvoir s'adonner à des activités perçues comme dangereuses pour la personne voire potentiellement mortelles[3]. La Cour rappelle, ce faisant, l'impossibilité pour un État d'y contrevenir. Elle y inclut alors le droit pour Madame Pretty d'éviter ce qui constitue pour cette dernière une fin de vie indigne et pénible.

Cependant, en ce qui concerne la question spécifique du droit à l'autodétermination dans un cadre où l'enjeu est celui de la mort de la personne, la Cour renvoie généralement les requérants à cette question vers les législations des États[4]. Dans ce mouvement et par un arrêt remarqué en date du 20 janvier 2011, *Haas c/ Suisse*[5], l'approche de l'autodétermination évoquée au regard de la Convention européenne de sauvegarde des droits de l'homme s'est trouvée réaffirmée. Les faits étaient différents, puisque le requérant n'était pas au stade terminal d'une maladie incurable dégénérative mais souffrait d'une affection maniaco-dépressive sévère. Il avait revendiqué auprès d'associations le droit à bénéficier d'une assistance médicale au suicide, laquelle lui avait été refusée tant par les associations visées que par le Tribunal fédéral. Se tournant alors vers la Cour européenne, il évoque la nécessité de recourir à une assistance au suicide au nom

1. V. égal. dans d'autres domaines CEDH 20 mars 2007, *Tysiac c/ Pologne*, préc., *RDSS* 2007. 643, note D. Roman; *RTDH* 2007. 855, note J.-M. Larralde, § 107. – CEDH, gr. ch., 10 avr. 2007, *Evans c/ Royaume-Uni*, *RDSS* 2007. 810, note D. Roman.
2. La formule est celle de Mme Fabre-Magnan, dans sa note ss CEDH 17 févr. 2005, *K.A et A.D c/ Belgique*, *D.* 2005. 2973.
3. V. M. Fabre-Magnan, « Le domaine de l'autonomie personnelle. Indisponibilité du corps humain et justice sociale », préc.
4. V. par ex. C. Byk, « Euthanasie, la nécessité d'une loi au regard du droit européen des droits de l'homme », *in* « Ethos et Thanatos », *RGDM*, préc.
5. CEDH 20 janv. 2011, *Haas c/ Suisse*, req. n° 31322/07; *JCP* 2011, n° 914, F. Sudre.

de la protection de sa dignité. La Cour, tout en soulevant que la dignité de la fin de la vie ne peut entrer dans le champ de ce texte, reconnaît *a priori* au seul visa de l'article 8 de la Convention la possibilité pour les individus de pouvoir choisir de quelle manière et à quel moment leur vie doit prendre fin. La Cour européenne conditionne pour autant cette faculté à une décision qui serait « prise librement et en toute connaissance de cause »[1] et elle met en balance ce droit avec le devoir, pour les États, de protéger les individus.

2. *Le droit à une assistance au suicide*

215. ***Le droit français.*** Se pose alors la question de savoir s'il est possible de pouvoir assister voire d'aider une personne suicidaire ? En droit interne, la question peut légitimement se poser et a été rappelée par le rapport rendu par le Professeur Didier Sicard au président de la République en 2012[2], est celle de la possibilité de bénéficier d'un accompagnement ou d'une aide à mettre un terme à ses jours. L'hypothèse n'est pas celle d'un acte d'euthanasie, où le geste létal sera donné par un tiers, mais celle d'un geste suicidaire, guidé, aidé ou favorisé par un tiers, *a priori* médecin. Il va de soi que cette hypothèse s'inscrit dans le cadre de personnes en fin de vie, et son lien avec les situations proches de celle des demandes d'euthanasie est certain. Mais l'analyse éthique qui en a été faite par la commission Sicard souligne combien l'assistance médicale au suicide « ne saurait être une solution proposée comme une alternative » à l'absence de soins palliatifs et d'accompagnement, tout en reconnaissant qu'elle pourrait répondre à la volonté de certaines personnes, au stade terminal d'une maladie incurable, de « disposer d'un recours ultime » – quitte à ce qu'elles n'utilisent pas les médicaments ainsi prescrits[3]. Cette question amène à s'interroger sur l'éventuel risque pénal qu'une telle assistance pourrait susciter.

En l'état actuel du droit, il n'existe pas de texte spécifique qui vise l'idée d'une assistance médicale au suicide, ni pour sanctionner spécifiquement ces actes, ni pour les autoriser. À cet égard des interrogations pourraient être soulevées. En effet, la liberté reconnue tacitement à chacun de se donner la mort, affirmée négativement par l'absence de textes qualifiant pénalement le suicide, assure l'impunité de ceux qui y auraient participé. On ne peut, de manière stricte, sanctionner un acte d'aide au suicide au titre de la complicité, puisqu'il n'y a pas d'infraction principale punissable. De même, l'infraction de « non-obstacle à la commission d'un suicide » ne peut exister puisque le suicide n'est ni un crime, ni un délit ainsi que l'a rappelé la Cour de cassation[4]. Pour autant certains comportements, qui auraient alors tendance à s'insérer dans cette faille législative, pourraient se montrer dangereux. D'autant que l'arsenal législatif commun du droit pénal, peut offrir des éléments de réponse, mais assez imparfaits. À défaut de sanctionner l'acte positif d'assistance au suicide, il semble toujours possible de se tourner vers les omissions de porter secours ou non-assistances à la personne suicidaire, qui est par nature est en péril. Il s'agit là des classiques délits d'omission, dont le droit pénal médical n'est pas exempt. Toutefois, l'absence de rapports personnels et quelquefois durables avec la personne suicidaire, tend à limiter la connaissance du médecin de la réalité des projets de suicide et de la volonté de la personne de passer à l'acte. De la même manière, la mise en danger de la personne

1. *Ibid.*, § 54.
2. Rapport de la Commission de réflexion sur la fin de vie en France, *Penser solidairement la fin de vie*, 18 déc. 2012, Doc. fr., 2013, p. 94 s., consulté sur le site www.social-sante.gouv.fr.
3. M. Lamoureux, *in La Croix*, 18 déc. 2012.
4. V. Crim. 23 avr. 1971, préc.

ne répond que très imparfaitement à cette situation. L'article R. 4127-9 du Code de la santé publique énonce que tout médecin qui se trouve en présence d'un malade ou d'un blessé en péril doit lui porter assistance ou s'assurer qu'il reçoit les soins nécessaires. À travers le Code de la santé publique, c'est le droit disciplinaire qui se fait l'écho des principes classiques du droit répressif et notamment de la non-assistance à personne en péril énoncée à l'article 223-6 du Code pénal. Mais là encore, il s'agit de sonder la conscience de l'individu en danger quelquefois masquée par la sérénité de celui qui a décidé de passer à l'acte. Demeurerait alors la possible qualification de mise en danger d'autrui de l'article 223-1 du Code pénal ou la simple faute d'imprudence. Le droit répressif considère qu'il s'agit d'un délit d'omission délictueuse, lié toutefois à l'idée d'un péril imminent lequel suppose, en amont, l'existence de son élément matériel, à savoir le danger. Mais là encore, l'obstacle du droit commun réside en la difficulté de sonder l'âme de la personne. Car il faut en ce cas aussi que le médecin ait conscience du péril, à défaut de quoi il n'aurait pas d'élément intentionnel de l'infraction. À cet égard, la chambre criminelle de la Cour de cassation a-t-elle pu affirmer que le refus obstiné et matérialisé du patient de recevoir les soins serait de nature à délier le professionnel de son obligation[1].

Face à la partielle impuissance du droit pénal commun, et dans le contexte médiatisé de la publication du livre *Suicide, mode d'emploi*[2] le législateur, par la loi du 31 décembre 1987 a créé deux infractions visant les délits liés à la provocation et au prosélytisme à l'égard du suicide.

L'incitation au suicide, par le fait de le provoquer, est donc désormais punie par l'article 223-13 du Code pénal, de trois ans d'emprisonnement et 45 000 € d'amende. Toutefois cette infraction est conditionnée à un suicide ou à une tentative judiciairement constatée car ce délit est une infraction matérielle et non une infraction obstacle. L'on perçoit ainsi toute l'ambiguïté de notre droit qui admet tacitement la faculté de se suicider, puisque seule la réalité d'une provocation constatée *a posteriori* peut être poursuivie, afin de sanctionner l'aide apportée à celui qui n'aurait pas choisi « librement » de se suicider. Il faut une aide directe voire de réelles manœuvres pour acculer la victime au suicide, car de simples conseils[3], voire la seule remise de fourniture de moyens[4] ne sont pas constitutifs de l'infraction.

De la même manière, tout acte de propagande ou de publicité, quel qu'en soit le vecteur (produit, objet, méthode) est également punissable, aux termes de l'article 223-14 du Code pénal, des mêmes sanctions que l'incitation au suicide. Cependant, et contrairement à la provocation au suicide, il s'agit ici d'une infraction « médiatique » qui vient sanctionner celui qui fait l'apologie du suicide par n'importe quel vecteur de communication, du simple tract jusqu'au site Internet « gothique », en songeant bien sûr aux réseaux sociaux, et ce, quels qu'en soient les destinataires. C'est sur la base de ce texte qu'a été condamné non plus les auteurs mais l'éditeur de l'ouvrage *Suicide, mode d'emploi* précédemment évoqué, pour avoir tenté de rééditer le livre frappé d'interdiction à la vente[5], comme il en a été de la simple publicité d'un livre similaire vendu outre-Manche[6]. Il s'agit ici de sanctionner la valorisation de moyens précis de se donner la mort mais de

1. Crim. 3 janv. 1973, préc.
2. C. Guyon, Y. Le Bonniec, *Suicide, mode d'emploi. Histoire, technique, actualité*, éd. Alain Moreau, 1982.
3. Crim. 5 mars 1992, *Gaz. Pal.* 1993. Somm. 486.
4. TGI Lille, 5 avr. 1990, *D.* 1993. Somm. 14, obs. G. Azibert.
5. TGI Paris, 11 avr. 1995, *JCP* 1996. II. 22729, note I. Lucas-Gallay.
6. Paris, 18 janv. 2001, *Dr. pénal* 2001, n° 84, obs. Véron; *RSC* 2002. 615, obs. Francillon. V. égal. dans la même affaire Crim. 13 nov. 2001, obs. Véron.

manière formelle, puisque le délit est constitué du seul fait de le rendre accessible au public, et indépendamment de l'obtention d'un résultat.

216. ***D'un point de vue international***, l'État de l'Oregon a adopté le 8 novembre 1994, le *Death with Dignity Act*, loi sur le droit de mourir dans la dignité, qui institutionnalise l'aide au suicide, par fourniture de produits létaux[1]. Bien que la Cour suprême ait jugé le 26 juin 1997 que si l'individu a le droit de mourir dans la dignité, la Constitution ne garantit pas un droit général à l'assistance au suicide[2], elle a validé ce dispositif dans un arrêt du 17 janvier 2006, en considérant, sans se prononcer au fond, que la question relève de la compétence des États fédérés[3]. En Europe, le cadre de l'assistance au suicide est variable. Si la Belgique et les Pays-Bas ont dépénalisé l'assistance au suicide dans des conditions assez strictes, la question fait l'objet d'éléments davantage débattus depuis que les juridictions helvétiques ont admis la faculté d'appliquer une interprétation *a contrario* des dispositions de leur Code pénal aux hypothèses de la réponse positive, faite par des soignants, à une demande d'aide au suicide. Le Code pénal suisse évoque en effet dans son article 115 que « celui qui, poussé par un mobile égoïste, aura incité une personne au suicide, ou lui aura prêté assistance en vue du suicide, sera, si le suicide a été consommé ou tenté, puni d'une peine privative de liberté de cinq ans au plus ou d'une peine pécuniaire ». Il est donc possible de déduire d'une lecture *a contrario* de ce texte une absence de sanction pour celui qui aura agi par altruisme. L'élément qualifiant de l'infraction entièrement axé sur le mobile est donc appréciable au cas par cas et n'est pas pour autant exempt de difficultés. Parmi celles-ci se pose avant tout la détermination de la situation à laquelle est applicable cette loi. Si le tribunal fédéral avait admis, dans un arrêt du 3 novembre 2006[4], la faculté de pouvoir offrir le droit à chacun de décider de sa propre mort, il s'était néanmoins opposé à y inclure le droit à l'assistance au suicide de la part de l'État ou d'un tiers, l'individu qui désire mourir « ne détenant pas un droit de se voir accorder une assistance au suicide ». La juridiction helvétique avait alors refusé d'en faire bénéficier le malade bipolaire. Saisie de cette affaire, la CEDH, tout en déniant un droit au suicide comme une prérogative individuelle portée par l'article 2 de la Convention[5], avait néanmoins admis la possibilité pour les États de légiférer en ce sens, en considérant la volonté des États signataires d'accorder plus de poids à la protection de la vie de l'individu qu'à son droit d'y mettre fin[6].

Il convient de préciser, cependant, que par son arrêt *Gross c/ Suisse*, le 14 mai 2013[7], la Cour de Strasbourg a déterminé les contours de la pratique. La requérante âgée souhaitait mourir pour échapper au déclin de ses facultés physiques et mentales. Contestant l'impossibilité de se procurer une dose de produit mortel dans le cadre du suicide assisté tel qu'il est admis en Suisse, du fait qu'elle n'est

1. V. C. Baron, « De *Quinlan* à *Schiavo* : le droit à la mort et le droit à la vie en droit américain », *RTD civ.* 2004. 673.
2. *Washington c/ Glucksberg et al.*, (1997, US) 521 US 702.
3. *Gonzalez c/ Oregon*, (2006, US) 546 US 243.
4. Arrêt du Tribunal fédéral n° 03.11.2006 2A. 48/2006, à l'origine de l'arrêt CEDH 20 janv. 2011, *Haas c/ Suisse*, préc., consulté sur le site www.bger.ch/fr.
5. CEDH 20 janv. 2011, *Haas c/ Suisse*, préc.
6. Dès lors et spécifiquement en Suisse, il relève de chaque canton de pouvoir décider de l'application d'un texte spécifique sur l'aide médicalisée qui peut être apportée à une personne souhaitant se suicider. Ainsi dans l'article 27 de la loi du 17 juin 2012 de Santé publique, le Canton de Vaud a-t-il conditionné l'assistance médicale au suicide au fait que la personne qui demande l'assistance au suicide doit souffrir « d'une maladie grave incurable et doit être capable de discernement ».
7. CEDH 14 mai 2013, *Gross c/ Suisse*, req. n° 67810/10.

atteinte d'aucune pathologie mortelle, elle a décidé d'agir devant les juridictions de la Confédération. La Cour européenne vers laquelle la requérante s'est finalement tournée, s'est demandée en l'espèce « si l'État avait omis de fournir des directives suffisantes définissant si et, dans l'affirmative, dans quelles circonstances, les médecins étaient autorisés à délivrer une prescription médicale à une personne ». Or comme cela fut observé, le Code pénal suisse ne sanctionne pas l'assistance altruiste au suicide. De ce fait, la décision des médecins dont le but était de permettre à la vieille dame l'accès au produit mortel n'était pas, au moment des faits, suffisamment précisée. Et il fut remarqué tout particulièrement que l'assistance au suicide ne s'appliquait pas au requérant dont le pronostic vital n'est pas engagé. Il a donc été observé que face à cette situation quelque peu évasive, les médecins ne peuvent se référer à aucune source matérielle susceptible de leur fournir les directives susceptibles d'aider leur prise de décision dans l'hypothèse de l'aide au suicide d'une personne ne souffrant que de son âge. Sur ce fait, la Cour a considéré que cette incertitude avait placé la requérante dans un état d'angoisse « considérable » accentué par le fait que « les difficultés à trouver le consensus politique nécessaire sur des questions controversées [...] sont inhérentes à tout processus démocratique et ne peuvent dispenser les autorités de s'acquitter de leur responsabilité ». En d'autres termes, à partir du moment où l'État a autorisé l'assistance au suicide, il doit en définir précisément les conditions d'accès[1]. À défaut de quoi, la Cour de Strasbourg reconnaît qu'une telle imprécision constitue pour le justiciable une atteinte à l'article 8 de la Convention. Il est intéressant de constater que si l'on ne reconnaît pas directement un droit opposable à l'assistance au suicide, la juridiction des droits de l'homme considère néanmoins qu'il peut y avoir une sujétion pour les États à s'en acquitter, et ce, sans pour autant qu'il y ait une atteinte au droit à la vie.

Il est néanmoins reproché à la Cour une certaine ambiguïté sur cette question, celle-ci jouant sur l'absence de consensus des États parties à la Convention sur le suicide assisté. Et d'aucuns pourraient voir dans la subsidiarité un moyen pour la Cour européenne de ne pas unifier le cadre qu'elle entend donner à la question. En effet, si, dans l'arrêt *Haas*, elle met à la charge des États une obligation positive d'adopter les mesures permettant de faciliter un suicide dans la dignité, *en revanche*, elle se retranche derrière l'absence de consensus interétatique dans un autre arrêt *Koch* en date du 19 juillet 2012[2]. Il était reproché dans cette affaire aux autorités allemandes de n'avoir pas délivré à l'épouse tétraplégique défunte du requérant l'autorisation de se procurer une dose létale de médicaments afin de mettre fin à ses jours. C'est en invoquant la subsidiarité que la Cour s'est limitée à un examen du volet procédural de l'article 8, pour en conclure à la violation de cette disposition par les autorités locales qui n'avaient pas examiné la demande, sans pour autant statuer sur la question de fond de l'affaire[3], laissant alors planer un doute sur son éventuelle reconnaissance[4]. Par-delà l'utilisation, fut-elle opportune, du principe de subsidiarité, il semble que la juridic-

1. V. F. Sudre, « Droit de la Convention européenne des droits de l'homme », *JCP* 2013, n° 855; v. égal. G. Gonzalez, « Quand vous serez bien vieille... : suicide assisté sans raison médicale », *JCP* 2013. Actu. 650.
2. CEDH 19 juill. 2012, *Koch c/ Allemagne*, § 70, *JCP* 2012. Actu. 915, M. Afroukh.
3. F. Sudre, « Droit de la Convention européenne des droits de l'homme », *JCP* 2013, n° 64.
4. Ainsi, en invoquant le contrôle formel de « *proportionate interference with Article 8* », la Cour a-t-elle pu déclarer irrecevables des requêtes qui plaidaient l'incompatibilité de l'interdiction du suicide assisté avec le droit à la vie privée et familiale garanti par l'article 8 de la Conv. EDH (CEDH 16 juill. 2015, req. n°s 2478/15 et 1787/15, *Nicklinson et Lamb c/ Royaume-Uni, Dalloz actualité*, 27 juill. 2015, obs. Th. Coustet).

tion européenne ne se positionne plus véritablement sur l'existence d'un droit à la mort en opposition avec l'article 2 de la Convention mais véritablement sur la reconnaissance d'un droit au suicide assisté fondé sur le droit à la vie privée et familiale des requérants. Est-il dès lors possible d'aller au-delà et de reconnaître un droit à la mort au nom de la dignité ? Rien n'est moins certain, alors qu'il est envisageable de reconnaître l'affirmation de prérogatives dans la fin de vie des personnes, fondées sur le respect de la dignité.

B. L'affirmation des droits en fin de vie

217. ***Le cadrage du problème*** est le suivant. Pourrait-on évoquer, ne serait-ce qu'en se fondant sur le principe de respect de la dignité de la personne humaine, un droit à demander la mort ? La question ainsi posée fait figure de slogan propagandiste et la réponse juridique qui peut en être donnée risque de n'être que parcellaire. Peut-être et avant tout parce qu'il s'agit d'une question éthique. Mais le Comité consultatif national d'éthique, qui s'est maintes fois prononcé sur l'euthanasie, n'a jamais offert qu'une position aux avis assez contrastés. Ainsi, l'avis n° 26 du 24 juin 1991 se montrait-il assez critique sur l'idée d'une législation même pour des actes exceptionnels, considérant qu'une telle loi serait source d'interprétations abusives et incontrôlables. Pour autant, dans son avis n° 63, du 27 janvier 2000, il avait émis une opinion favorable à la reconnaissance d'un système assez complexe proposant qu'avant de juger au fond, une juridiction pénale saisie d'un procès pour euthanasie puisse disposer d'une « exception d'euthanasie » qui permettrait la relaxe ou l'acquittement. Cette proposition, assez critiquée[1], se ramenait somme toute, comme il fut très justement remarqué, à une variante sur l'état de nécessité[2]. Enfin l'avis n° 121 du 1er juillet 2013 met-il surtout en exergue la méconnaissance des dispositions issues de la loi « Leonetti » du 22 avril 2005[3] et propose un renforcement de ce dispositif législatif sans véritablement trancher la question de la dépénalisation d'un acte visant le faire mourir ou le laisser mourir, selon les termes mêmes des débats. L'on pourrait alors considérer par-delà l'éthique que la question peut relever d'une approche déontologique : depuis 1941, sur la base des fondements hippocratiques, les codes de déontologie prohibent tout fait volontaire visant à donner la mort à un patient[4]... Mais l'euthanasie pourrait tout aussi bien relever d'une approche économique ou sociale qui nous en donnerait alors une vision encore différente. Les interférences avec le droit sont multiples, tant la question traduit, en elle-même, un conflit entre les droits spécifiquement invoqués du patient, et les devoirs classiques des soignants. Elle soulève, comme cela fut remarqué, une tension entre les droits subjectifs et les droits objectifs, entre le principe de liberté et celui de la dignité[5]. Pour autant si l'on se borne à l'examiner avec tout ce qui peut être envisageable de matérialité de sa mise en œuvre, il s'agit, avant tout, d'une question qui relève du droit.

1. Le droit à la mort demandée : la dépénalisation de l'euthanasie

218. ***La question de l'euthanasie*** est aussi ancienne que la pratique de la médecine elle-même. L'origine du mot en est en elle seule une illustration, puis-

1. G. Mémeteau, « La mort aux trousses », *RRJ* 2000. 913.
2. N. Aumonier, B. Beigner, P. Letellier, *L'euthanasie*, PUF, 2001. V. aussi, B. Beigner, *J.-Cl. Civ.*, fasc. 70 : Respect du corps humain — La mort, n° 47.
3. L. n° 2005-370, 22 avr. 2005 relative aux droits des malades et à la fin de vie, v. ss 219.
4. CSP, art. R. 4127-38.
5. A. Laude, B. Mathieu, D. Tabuteau, *Droit de la santé*, PUF, coll. « Thémis », 2012, nos 550 s.

que dans le sens initial du terme, il s'agit d'une bonne mort (le préfixe ευ, accolé à celui de la mort en son sens grec classique de Θανατοσ) donc d'une mort calme et exempte de souffrance du sujet, survenue naturellement, grâce à l'emploi de substances calmantes et stupéfiantes[1]. Dans le sens commun le plus courant, il s'agit de la mort procurée au malade (généralement avec, mais éventuellement sans son consentement), dans le but d'abréger ses souffrances.

Il n'existe pas plus de consensus mondial sur l'euthanasie au plan médical qu'en droit. Aux États-Unis, l'euthanasie est illégale dans tous les États[2]. En Grande-Bretagne, en l'absence de loi, la Haute Cour de justice et la Chambre des lords se sont fondées sur le droit à l'autodétermination du malade pour ouvrir la voie à l'euthanasie passive par l'arrêt des traitements à la demande du patient dans des arrêts des 4 février 1993[3] et 22 mars 2002[4]. Mais ces juridictions avaient refusé d'assurer l'immunité pénale au mari de Diane Pretty, dans l'hypothèse où il l'aurait aidé à se suicider[5]. En revanche, les Pays-Bas ont adopté la loi du 12 avril 2001[6] dépénalisant l'acte du médecin qui peut provoquer la mort du patient qui en fait la demande, dans un cadre médical précis et sous le contrôle du procureur royal. Dans le même esprit, la Belgique a adopté une loi similaire le 28 mai 2002[7] laquelle dépénalise une euthanasie par l'arrêt des traitements.

La situation française s'inscrit, à ce jour, dans le refus d'une dépénalisation. En effet, quelle qu'en soit la manifestation, tout acte ayant provoqué la mort d'une personne relève d'une qualification infractionnelle pour laquelle le consentement de la victime ne peut constituer, en aucune manière, un fait justificatif. Cela porte avant tout sur tout acte qui relèverait de ce que certains nomment une « euthanasie active ». À savoir un geste positif tel que l'arrêt de machine ou une injection létale. Un tel acte sera au minimum qualifié d'homicide simple (C. pén., art. 221-1) ou d'assassinat (C. pén., art. 221-3) voire, le cas échéant, d'empoisonnement (C. pén., art. 221-5). Ainsi, le médecin qui pratique l'injection d'une dose de chlorure de potassium destinée à provoquer immédiatement la mort commet une faute pénale dont l'intention criminelle demeure, même si la victime y a consenti et peut même apparaître comme un traitement inhumain ou dégradant au sens de l'article 3 de la Convention européenne des droits de l'homme[8]. Au-delà, la qualification pénale serait tout autant applicable à toute forme dite « passive » d'euthanasie. À ce titre, le fait d'arrêter brutalement un acte médical pourrait apparaître comme d'une omission délictueuse, au sens de l'article 226-3 du Code pénal[9], voire plus spécifiquement en violation du devoir médical de porter secours à autrui selon l'article R. 4127-9 du Code de la santé publique. Toutefois il convient de préciser que cette abstention de soigner doit se

---

1. *V°* « Euthanasie », *in* Garnier et Delamare, *Dictionnaire des termes techniques de médecine*, 29e éd., Maloine, 2006.
2. V. C. Baron, « De *Quinlan* à *Schiavo* : le droit à la mort et le droit à la vie en droit américain », préc.
3. *Airedale NHS Trust v. Bland*, consulté sur le site www.e-lawresources.co.uk.
4. *Ms B v. an NHS Hospital*, consulté sur le site lexisweb.co.uk.
5. House of Lords, 29 nov. 2001, *Pretty*, jugement consulté sur le site www.publications.parliament.uk.
6. Loi hollandaise du 12 avr. 2001 relative au contrôle de l'interruption de vie pratiquée sur demande et au contrôle de l'assistance au suicide et portant modification du Code pénal ainsi que de la loi sur les pompes funèbres.
7. L. 28 mai 2002, *Moniteur belge*, 22 juin 2002.
8. CE 29 déc. 2000, *Duffau*, req. n° 212813, *Lebon* 1065.
9. Crim. 19 févr. 1997, n° 96-82.377, *D.* 1998. 236, note Legros (à propos d'un anesthésiste ayant mis un terme à une réanimation contre l'avis de l'équipe soignante).

faire hors du champ des dispositions spécifiques d'arrêts de traitements de l'article L. 1111-4 du Code de la santé publique, énoncées par la loi du 22 avril 2005.

À ce jour, il n'existe pas d'exception d'euthanasie. Malgré une demande sociale faisant suite à des affaires médiatisées (donnant parfois lieu à un refus de poursuites pénales, tel le non-lieu rendu le 27 février 2006 dans l'affaire *Vincent Humbert*), le droit positif français n'offre pas de cadre dépénalisé et les causes d'irresponsabilités objectives existantes, telles que l'état de nécessité ou le consentement de la victime, ne sauraient pleinement justifier aucun acte médical visant à mettre fin à la vie d'une personne à sa demande. C'est pourquoi il est généralement admis que si l'exception d'euthanasie devait être consacrée, il s'agirait d'une cause justificative *sui generis* propre aux cas médicaux visés par la loi[1]. Le débat relancé par le président de la République au cours de l'année 2012 a amené une commission, présidée par le professeur Sicard, à s'interroger sur la question. Mais son rapport n'ouvre pas vraiment la voie d'une reconnaissance d'exception d'euthanasie, laquelle apparaît selon le rapport comme un « acte médical qui, par sa radicalité [...], interrompt soudainement et prématurément la vie »[2]. Ce n'est donc pas vers ce fondement que s'est tourné le droit français, qui, pour autant et en se fondant tant sur la notion de dignité que sur les droits des malades en fin de vie, ébauche des prérogatives dont sont titulaires les personnes en fin de vie.

2. Le droit aux prérogatives individuelles en fin de vie

219. ***La France a choisi, non pas de légiférer sur l'acte de mort***, mais plus véritablement sur le fait de mourir. Aussi est-ce par l'encadrement de la fin de la vie des personnes, qu'il a été choisi de prendre des dispositions législatives en optant pour une autre voie que celle de la dépénalisation de l'euthanasie. L'ambition du législateur a été de poursuivre les avancées amorcées sous l'angle de la reconnaissance des droits de la personne malade. S'inscrivant dans la volonté de tenir « compte de manière humaine et cohérente des aspects les plus délicats des pratiques médicales »[3], la loi du 22 avril 2005, dite loi « Leonetti »[4], a visé avant tout à répondre aux situations concrètes les plus fréquentes[5] et à assurer un cadre législatif suffisamment protecteur pour les professionnels de soins. Son objectif a été complété par la loi du 2 février 2016[6] Ces deux textes ont donc non seulement poursuivi l'avancée amorcée par la loi du 9 juin 1999[7] visant à mettre la douleur des personnes « hors la loi », mais encore affirmé la reconnaissance des droits des malades spécialement dans l'affirmation de leur dignité « jusqu'à la mort », selon la formule de l'article L. 1110-5 du Code de la santé publique[8]. L'axe central tourne autour de la notion de dignité, qu'il s'agisse de son expression dans le refus de soins, ou dans l'accompagnement de la personne.

1. C. André, « Euthanasie et droit pénal : la loi peut-elle définir l'exception ? », *RSC* 2004. 43.
2. Rapport de la Commission de réflexion sur la fin de vie en France, *Penser solidairement la fin de vie*, préc.
3. S. Beloucif, E. Hirsch et J. Marty, « Fin de vie : la voie française », *Le Figaro* 28 janv. 2005, p. 14.
4. L. n° 2005-370, préc.; v. égal. L. n° 2016-87 du 2 févr. 2016, créant de nouveaux droits en faveur des malades et des personnes en fin de vie, *JO* 3 févr.
5. É. Alfandari, Ph. Pedrot, « La fin de vie et la loi du 22 avril 2005 », *RDSS* 2005. 751.
6. L. n° 2016-87, 2 févr. 2016 créant de nouveaux droits en faveur des malades et des personnes en fin de vie. V. P. Mistretta, « De l'art de légiférer avec tact et mesure, à propos de la loi n° 2016-87 du 2 février 2016 » : *JCP G* 2016. 240; E. Terrier, Première lecture de la loi *Léonetti 2*, *GP* 29 mars 2016, 13.
7. L. n° 99-477, 9 juin 1999 visant à garantir le droit à l'accès aux soins palliatifs.
8. I. Copart, « Nouvelle loi sur la fin de vie : début d'un changement », *Dr. fam.* 2005, n° 6, p. 7.

a. La notion de dignité dans le refus de soins

220. ***L'affirmation du refus de soins.*** Dès le texte préparatoire de la loi du 4 mars 2002 était évoquée l'idée du « droit à une mort digne » que l'on retrouve dans les dispositions de l'article L. 1110-5 alinéa 2 du Code de la santé publique. La formule semble peu audacieuse au regard de l'affirmation de cette prérogative dont tout un chacun est titulaire y compris dans la mort au titre de l'article 16 du Code civil. Mais peut-être doit-elle être lue dans le sens qu'a voulu donner l'Assemblée parlementaire du Conseil de l'Europe à cette situation particulière de la fin de vie, dans sa décision du 21 mai 1999 selon laquelle « respecter et protéger la dignité d'un malade incurable ou d'un mourant, c'est avant tout créer autour de lui un environnement approprié lui permettant de mourir dans la dignité. »[1]

C'est par le refus de soins que se manifeste l'idée d'un droit au respect de la dignité de la personne, comme premier élément dont peut se prévaloir celui qui est en fin de vie. Déjà, la loi du 4 mars 2002 posait dans les dispositions initiales de l'article L. 1111-4 du Code de la santé publique, le principe d'une codécision à l'acte médical. Le texte énonce l'idée selon laquelle l'acte médical n'est plus imposé par le professionnel de santé au regard de ses compétences et de ses constatations, mais relève de la manifestation de volonté de « toute personne, [prenant] avec le professionnel de santé et compte tenu des informations et des préconisations qu'il lui fournit, les décisions concernant sa santé »[2]. Le patient est, au vu de ce texte, seul décisionnaire à l'acte médical et peut même refuser les traitements proposés par le médecin, qui n'a alors d'autre possibilité que de « respecter la volonté de la personne après l'avoir informée des conséquences de ses choix »[3]. Le patient se voit donc titulaire du droit de refuser les actes médicaux sans que désormais il soit possible, comme cela fut le cas avant la loi de 2016 de faire accepter « les plus indispensables ». Le législateur fait état ici d'une volonté marquée de respecter le droit au refus de soins, puisqu'il est l'un des fondements de la « démocratie sanitaire » et l'outil d'un patient plus acteur qu'objet des processus et protocoles de soins. De son côté, le Comité consultatif national d'éthique, dans un avis du 9 juin 2005[4], avait souligné l'importance du respect de la volonté du patient dans l'administration des soins. L'on sait pour autant que la jurisprudence, confrontée à la mise en œuvre de ce refus de soins, a affirmé, spécifiquement dans l'hypothèse des témoins de Jéhovah, l'absence de sanctions pour les médecins qui accomplissent, dans le but de sauver le patient, « un acte indispensable à sa survie et proportionné à son état »[5]. La pratique prétorienne battant en brèche la faculté de pouvoir refuser d'être soigné pour celui que la science peut sauver, ce qui en rendait l'application complexe.

221. ***La mise en œuvre du refus de soins.*** Les lois du 22 avril 2005 et du 2 février 2016 ont dû trouver un équilibre entre la position des juges, qui prône le respect de la survie de l'individu quand cela est possible, et la nécessité de réaf-

1. Assembly.coe.it, rapp., doc. 8421, cité par B. Beigner, *J.-Cl. Civ.*, fasc. 70 : Respect du corps humain — La mort, n° 53.
2. CSP, art. L. 1111-4, al. 1er.
3. CSP, art. L. 1111-4, al. 2.
4. Avis CCNE n° 87, recommandation n° 11, consulté sur le site www.ccne-ethique.fr : le refus de traitement clairement exprimé par une personne majeure ayant encore le gouvernement d'elle-même ne peut être que respecté, même s'il doit aboutir à sa mort.
5. CE 16 août 2002, *D.* 2002. IR 2581, obs. M.-C. M.; *AJDA* 2002. 723; *J.-Cl. Adm.* 2002, n° 1, p. 27, note A. Mersch; *Gaz. Pal.* 15-17 sept. 2002, p. 9, note F.-J. Pansier; *LPA* n° 61, 26 mars 2003, obs. C. Clément. TA Lille 25 août 2002, *JCP* 2003. II. 10098, note Vialla et *al.*; *D.* 2002. IR 2581. V. avant la L. du 4 mars 2002, CAA Paris, 9 juin 1998, *Gaz. Pal.* 16-17 juin 1999, p. 85.

firmer la prérogative de pouvoir refuser les actes de santé[1], applicable spécifiquement pour la personne en fin de vie. L'article L. 1111-4 du Code de la santé publique offre à toute personne non seulement la faculté de refuser « tout traitement » c'est-à-dire *tous les traitements*, y compris ceux qui mettraient en péril la santé de la personne défiante, mais elle offre aussi la possibilité de ne même pas les commencer. Dans un second temps, la loi détermine le champ dans lequel le refus de soins s'imposera, de la seule volonté du malade. C'est le respect du refus de soins énoncé par celui dont le pronostic ne laisse que peu d'espoir et pour lequel, si la personne décide de limiter ou d'arrêter tout traitement, « le médecin respecte sa volonté après l'avoir informée des conséquences de son choix ». La situation ainsi évoquée est intéressante en ce qu'elle offre une consécration d'un droit à l'abstention d'agir, fondée sur la seule demande de la personne mourante. Si, au plan du droit de la santé, il n'y a pas d'autre justification à évoquer que le simple respect de la volonté de la personne, du point de vue du droit pénal, le point est plus nuancé. En effet, le respect de la volonté du patient justifie ce qui serait — hors cette hypothèse — l'éventuelle commission par un médecin d'une infraction d'omission de porter secours, d'homicide par imprudence, voire d'homicide intentionnel. Mais la légitimation de l'acte ne se trouve pas dans le consentement de la victime. Celui-ci ne produit un effet justificatif que par délégation de la loi. Il faut donc y voir un ordre de la loi imposé au médecin de respecter la volonté ou le consentement du patient[2].

Toute la question est alors de savoir comment doit se manifester cette volonté du patient. La loi met en place une alternative, relevant de la faculté ou non de la personne en fin de vie à pouvoir manifester son refus de soins.

- Dans l'hypothèse où la personne est consciente, celle-ci est maître de la décision d'arrêt des actes médicaux : le cadre de cette décision d'arrêt des traitements est alors défini par l'article L. 1111-10 du Code de la santé publique qui laisse la personne en fin de vie seule décisionnaire. Sa décision s'impose au médecin puisque la loi fait primer un consentement à l'arrêt du processus curatif qui découle de la liberté personnelle. Toutefois, la loi veille à ce que cet acte de volonté soit vraiment réfléchi et propose en cela que la prise de décision se fasse éventuellement après le conseil d'un autre membre du corps médical et en toutes hypothèses impose, formellement, la réitération de la demande d'arrêt de la personne après un délai raisonnable[3]. Cette demande devra être inscrite dans le dossier à des fins probatoires.

- Plus complexe en revanche est l'hypothèse alternative, où la personne en fin de vie est dans l'incapacité de manifester sa volonté. Complétant l'alinéa 4 de l'article L. 1111-4 du Code de la santé publique, la loi du 22 avril 2005 détermine les conditions dans lesquelles il peut être décidé de la limitation ou de l'arrêt du traitement administré à une personne en cette situation. La loi met en place une procédure identique à celle applicable aux personnes inconscientes mais qui ne sont pas en fin de vie[4] puisque la décision médicale sera prise selon le cadre d'une procédure collégiale définie dans les dispositions du Code de déontologie

1. J. Penneau, « Le médecin face au refus du patient de subir un acte médical », *D.* 2002. Chron. 2877; E. Terrier, « Obligations de soins, autopsie de conflits juridiques », *RGDM* 2010. 186 s.
2. V. F. Rousseau, « Le médecin face à la mort. De quelques aspects techniques de la responsabilité pénale médicale », *AJ pénal* 2012. 372 s.; F. Alt-Maes, « La loi sur la fin de vie devant le droit pénal », *Dr. pénal* 2006. I. 119; A. Prothais, « Accompagnement de la fin de vie et droit pénal », *JCP* 2004. I. 130.
3. CSP, art. L. 1111-4.
4. É. Alfandari, Ph. Pedrot, « La fin de vie et la loi du 22 avril 2005 », préc.

et plus spécifiquement de l'article R. 4127-37 du Code de la santé publique. Ainsi, la loi énonce-t-elle que l'arrêt d'un traitement risquant de mettre sa vie en danger doit être décidé selon une procédure collégiale en consultant également les éventuelles directives anticipées, la personne de confiance ou la famille, ou à défaut ses proches. Ce qui amène plusieurs remarques : d'abord sur le fait que le renvoi à une prise de décisions collégiale signifie que la décision d'arrêt des traitements sera le fruit d'une concertation de l'équipe de soins en charge du patient et le recours à un médecin extérieur consultant. L'acte ici est un acte de nature médicale, et l'on ne peut que louer le législateur de ne pas avoir souhaité imposer une solution juridique unique et générale parfaitement abstraite[1]. Il n'y a pour autant pas de *hold-up* de la décision par les médecins, puisque la loi énonce la volonté de placer la personne, même incapable de manifester sa volonté, au cœur du dispositif d'arrêts des soins. L'alinéa 5 de l'article L. 1111-4 du Code de la santé publique précise en effet que « l'arrêt d'un traitement risquant de mettre la vie de la personne en danger doit être décidé selon une procédure collégiale en consultant également les éventuelles directives anticipées, la personne de confiance ou la famille, ou à défaut ses proches ». Plusieurs hypothèses sont donc envisagées : la première est celle où la personne a rédigé des directives anticipées[2]. Visée par l'article L. 1111-11 du Code de la santé publique, il s'agit de documents écrits, datés et signés par leur auteur, lequel doit être identifié par la mention de ses nom, prénom, date et lieu de naissance[3]. Ces documents indiquent les souhaits de celle-ci relatifs à l'arrêt des traitements et prévalent sur tout autre avis extérieur. Toutefois, comme cela fut souligné par différents rapports, il convient de constater que de tels documents, encore extrêmement mal connus du public, ne sont que très rarement rédigés[4]. La décision peut à défaut être prise en consultant la personne désignée comme personne de confiance[5], afin de connaître par elle ce qu'aurait été le souhait de la personne en fin de vie. Le rôle de cette personne de confiance est d'exprimer le souhait de la personne elle-même, même s'il fut justement constaté le caractère utopique d'une totale objectivité de sa part[6]. Enfin la famille, ou à défaut les proches, pourront être consultés afin de connaître la volonté qui aurait été celle de la personne en fin de vie. On peut s'interroger sur le caractère volontairement flou laissé par le législateur, quant à la définition de cet entourage, tant au regard du droit (sa confrontation avec proche titulaire d'un mandat de protection future, par exemple[7]) que de la réalité de familles. De récentes affaires ont toutefois souligné la difficulté qu'il pouvait y avoir face à un entourage non consensuel[8]. Cela amène à émettre des

---

1. V. B. Beigner, *J.-Cl. Civ.*, fasc. 70, *op. cit.*, n° 69.
2. G. Raoul-Cormeil, « Les directives anticipées sur la fin de vie médicalisée », *RLDC* 2006/30, p. 57 s.
3. CSP, art. R. 1111-17 à R. 1111-19, réd. Décr. n° 2006-119, 6 févr. 2006.
4. I. Corpart, « Nouvelle loi sur la fin de vie : début du changement », Chron. préc. V. égal. le rapport « Sicart » préc. et le rapport de présentation et texte de la proposition de loi de MM. Alain Claeys et Jean Leonetti créant de nouveaux droits en faveur des malades et des personnes en fin de vie, 19 déc. 2014, La Documentation française, 2015.
5. CSP, art. L. 1111-12.
6. V. Perotin, « Fin de vie et obstination déraisonnable du législateur », *Médecine palliative*, Elsevier Masson, 2017, p. 208 s.
7. V. Perotin, *ibid*, p. 212.
8. À ce titre, l'affaire *Vincent Lambert* illustre parfaitement la difficulté à trouver un entourage familial consensual : v. TA Châlons-en-Champagne, 11 mai 2013, *AJDA* 2013. 1842, étude F.-X. Bréchot; *D.* 2013. 1216, obs. A. Mirkovic. Et *ibid.*, 16 janv. 2014, n° 1400029, *Dalloz actualité*, 23 janv. 2014, obs. D. Poupeau; *AJDA* 2014. 132, obs. D. Poupeau. V. dans la même affaire, CE 14 févr. 2014, req. n° 375081, *D.* 2014. 488; *AJDA* 2014. 374, 790, Chron. A. Bretonneau et J. Lessi, et 1225, tribune P. Cassia; *AJ fam.* 2014. 145, obs. A. Dionisi-Peyrusse; *RFDA* 2014. 255, ▶

réserves sur l'éventualité de donner à cet entourage familial un véritable pouvoir décisionnel comme cela fut proposé[1].

b. La notion de dignité dans l'accompagnement de la personne

222. ***Le droit à l'accès aux soins palliatifs.*** L'apport de la loi du 22 avril 2005 ne se résume pour autant pas à la seule réaffirmation du droit de pouvoir renoncer à un Protocole médical. La grande ambition de la loi fut également de pouvoir assurer le respect de sa dignité à la personne et, selon les dispositions déontologiques de l'article R. 4127-38 du Code de la santé publique, de lui garantir « la qualité d'une vie qui prend fin ». Aussi, la loi condamne-t-elle toute forme d'acharnement thérapeutique, terme assez paradoxal auquel la loi préfère celui d'« obstination déraisonnable ». L'article L. 1110-5 du Code de la santé publique, tout en garantissant l'accès le meilleur aux soins que doit recevoir tout malade, précise que « Ces actes ne doivent pas être poursuivis par une obstination déraisonnable. Lorsqu'ils apparaissent inutiles, disproportionnés ou n'ayant d'autre effet que le seul maintien artificiel de la vie, ils peuvent être suspendus ou ne pas être entrepris ». Plus encore que le respect de la volonté de la personne d'arrêter les traitements, il s'agit ici de consacrer le droit à ne plus recevoir de soins de nature curative (c'est-à-dire visant à chercher à soigner la personne).

L'idée en elle-même est relativement nouvelle mais son intérêt réside surtout dans la nécessité d'accompagner cet arrêt médical curatif d'un volet de soins d'accompagnements secondaires ou palliatifs. Ces mesures s'inscrivent dans la poursuite des dispositions posées par la loi du 9 juin 1999 contre la douleur mais sont ici largement étendues. Expressément[2], il est clairement énoncé que les professionnels doivent garantir à la personne le meilleur apaisement de la souffrance. Il s'agit de soins visant non seulement à soulager de la douleur physique, mais encore psychique, à sauvegarder la dignité de la personne malade et à soutenir son entourage. Ces soins apparaissent véritablement comme un droit pour la personne[3] dont l'apport majeur de la loi réside en ce que le texte impose aux professionnels de santé de mettre en œuvre tous les moyens à leur disposition pour que ce droit soit respecté et que la souffrance soit « prévenue, prise en compte, évaluée et traitée »[4].

C'est avant tout la possibilité de recourir à une sédation profonde et continue posée par le nouvel article L. 1110-5-2 qui permet la mise en place d'un protocole de sédation à la demande d'un patient atteint d'une affection grave et incurable dans le but d'éviter toute souffrance et de ne pas subir d'obstination déraisonnable. La loi conditionne le recours à la sédation à deux hypothèses : d'une part lorsque le pronostic vital du patient est engagé à court terme et qu'il présente une souffrance réfractaire aux traitements, d'autre part dans la décision du patient d'arrêter un traitement ce qui pourrait entraîner une souffrance insupportable.

► concl. R. Keller; *RDSS* 2014. 506, note D. Thouvenin. — CE 24 juin 2014, req. n° 375081, *D.* 2014. 1385; *AJDA* 2014. 1293, et 1484, Chron. A. Bretonneau et J. Lessi; *AJ fam.* 2014. 396, obs. A. Dionisi-Peyrusse; D. Truchet, « L'affaire *Lambert* », *AJDA* 2014. 1669.

1. Rapport de la Commission de réflexion sur la fin de vie en France, *Penser solidairement la fin de vie*, préc. p. 93.
2. CSP, art. L. 1110-5.
3. L'art. L. 1110-9 du CSP n'est pas seulement lié à la fin de vie, mais à l'état de la personne, quel qu'il soit, ce qui induit tacitement un recours à la proportionnalité dans ce domaine.
4. CSP (nouv.), art. L. 1110-5-3.

Est ensuite offerte la faculté de pouvoir recourir à un soin antidouleur pour le patient « qui peut avoir pour effet d'abréger sa vie »[1]. Il s'agit là de la mesure la plus marquante de la loi, puisqu'elle offre la possibilité de recourir à un traitement ou un soin, dont on sait qu'il provoquera indirectement le décès de la personne. Pour autant, il ne faut pas y voir une dépénalisation d'une forme passive d'euthanasie[2]. Sans entrer dans un débat complexe, relevons qu'au plan pénal, cette administration de soins palliatifs pourrait certes constituer matériellement un acte d'homicide. Mais pour autant, elle se heurte à l'absence de mobile, puisque l'intention liée à cet acte est la volonté de soulager la douleur et non de tuer. Au demeurant, quand il s'agirait même d'un homicide intentionnel — plus précisément d'un empoisonnement — celui-ci se verrait toutefois justifié par la loi dès lors qu'il s'agit pour le médecin de soulager la douleur de son patient. Le texte ne pose donc pas une dépénalisation d'une euthanasie indirecte, mais d'une autorisation de la loi, fondée sur la nécessité de soulager la douleur d'autrui et c'est à ce titre qu'elle doit être entendue.

Le cadre de la loi concernant l'arrêt des actes à finalité médicale et le basculement vers un accompagnement palliatif n'est pas sans poser des difficultés de mise en œuvre, dont les praticiens se font l'écho, d'abord et avant tout au plan de la pratique, y compris au plan économique[3]. Spécifiquement et d'un point de vue purement juridique, ces problèmes apparaissent comme souvent liés aux incertitudes des actes et des mots qui s'y réfèrent. La loi doit-elle contraindre par la précision de ses mots ? Certainement pas. C'est le problème principal auquel la loi « Leonetti 1 » s'était trouvée confrontée, et probablement le principal reproche qui lui est adressé.

Ce fut ainsi le cas des mots *soin* et *traitement*. La question a souvent été évoquée quant à l'hydratation ou la nutrition artificielle pour des patients âgés[4] et a été au cœur de l'affaire *Lambert* pour laquelle le Conseil d'État avait considéré que l'emploi du mot « soin » ou du mot « traitement » devait être considéré comme équivalent[5]. Saisie dans le cadre de cette même affaire, la Cour de Strasbourg a considéré que la loi du 22 avril 2005 et ses dispositions, telles qu'interprétées par le Conseil d'État, constituent un « cadre législatif suffisamment clair, aux fins de l'article 2 de la Convention, pour encadrer de façon précise la décision du médecin » et offre « un cadre réglementaire propre à assurer la protection de la vie des patients »[6]. Pour autant les nouvelles dispositions de l'article L. 1110-5-3 du Code de la santé publique ont-elles jugé nécessaire de préciser qu'il s'agit là de « traitements » qui peuvent être arrêtés.

Certes, des faiblesses demeurent dans le texte peut-être davantage quant à sa perception du savoir-faire médical que du « faire-savoir » de l'existence de la loi C'est pourquoi le nouveau texte tend à faciliter l'accès et le recours aux directives

1. CSP, art. L. 1110-5, dernier al. À noter que l'art. R. 4127-37, III, du CSP énonce que le médecin peut mettre en œuvre des traitements antalgiques et sédatifs, même lorsque la souffrance du patient ne peut pas être évaluée du fait de son état cérébral.
2. Sur cette question, v. par ex. D. Bailleul, « Le droit de mourir au nom de la dignité humaine à propos de la loi relative aux droits des malades et à la fin de vie », *JCP* 2005. I. 142.
3. V. à ce propos les très pertinentes analyses du Dr. V. Pérotin, par ex. « Fin de vie et obstination déraisonnable du législateur », *op. cit.*, p. 217.
4. S. Blanchard, « Laisser mourir... de faim », *Le Monde*, 5 févr. 2006; du même auteur, « Six jours pour mourir », *Le Monde*, 18 mars 2008.
5. CE 24 juin 2014, préc. V. désormais l'art. L. 1110-5-1 nouveau du CSP sur cette question.
6. CEDH 5 juin 2015, req. n° 46043/14, *Lambert et autres c/ France; Dalloz actualité*, 8 juin 2015, obs. D. Poupeau; *D.* 2015. 1212; *AJ fam.* 2015. 364, obs. A. Dionisi-Peyrusse.

anticipées des personnes sur ses choix d'arrêts des traitements[1]. Ces documents, véritables actes unilatéraux de volonté[2], ont pour but de participer à la décision médicale d'arrêt de soin, quasiment comme si le patient était conscient, ce qui relève une fois encore de la volonté de lui garantir la maîtrise de sa vie, et du respect de sa dignité... Gageons que si les modifications apportées contre les écueils du texte initial atteignent leur but, cela ne saurait empêcher la révélation d'autres problèmes que la pratique seule fera découvrir, ce qui est l'essence même de toute règle qui tend à vouloir encadrer ce qui relève purement de l'humain.

Bibliographie indicative

Ouvrages

- N. Aumonier, B. Beigner, P. Letellier, *L'euthanasie*, PUF, 2001.
- D. Folscheid, B. Feuillet-Le Mintier, J.-F. Mattéi, *Philosophie, éthique et droit de la médecine*, PUF, 1997.
- M. Lévinet (dir.), *Le droit au respect de la vie au sens de la Convention européenne des droits de l'homme*, « Droit et Justice », n° 93, Bruylant-Nemesis, 2010.
- B. Mathieu, *Le droit à la vie*, éd. du Conseil de l'Europe, 2005.
- I. Marin, *Allez donc mourir ailleurs ! Un médecin, l'hôpital et la mort*, Buchet-Chastel, 2004.
- B. Py (dir.), *La Mort et le Droit*, Presses universitaires de Nancy, 2010.

Articles

- É. Alfandari, Ph. Pedrot, « La fin de vie et la loi du 22 avril 2005 », *RDSS* 2005. 751.
- F. Alt-Maes, « La loi sur la fin de vie devant le droit pénal », *Dr. pénal* 2006. I. 119.
- D. Breillat, « L'abolition mondiale de la peine de mort », *RSC* 1991. 261.
- G. Gonzalez, « Quand vous serez bien vieille... : suicide assisté sans raison médicale », *JCP* 2013. Actu. 650.
- L. Sermet, « Le droit à la vie, valeur fondamentale des sociétés démocratiques, et le réalisme jurisprudentiel », *RFDA* 1999. 988.
- F. Sudre, « Les incertitudes du juge européen face au droit à la vie », *in Mél. C. Mouly*, Litec, 1998, p. 375.

Pistes de réflexion

Existe-t-il un droit à la mort ?
Faut-il dépénaliser l'euthanasie ?
Le droit au suicide·

1. L. n° 2016-87, 2 févr. 2016, préc. V. en particulier les art. L. 1110-5-1 et s., L. 1111-11 et L. 1111-12 du CSP.
2. V. Décr. n° 2016-1067, 3 août 2016 relatif aux directives anticipées.

Section 2.
LE CORPS HUMAIN

RÉMY CABRILLAC
Professeur à l'Université Montpellier I

Est-on son propre corps ou a-t-on un droit sur son propre corps ? L'interrogation hante l'homme et en particulier le juriste depuis la nuit des temps. Mais les progrès fulgurants de la médecine depuis une cinquantaine d'années ont renouvelé le débat. L'expérimentation médicale, le don d'organe, les procréations médicalement assistées ou l'étude génétique de la personne ont obligé les organisations internationales comme le législateur interne à intervenir, encadrant le développement de la bioéthique. Des questions aussi fondamentales que pratiques apparaissent, auxquelles le juriste doit répondre, se référant à une disposition spécifique ou puisant dans les principes de droit commun.

223. ***Problématique.*** « *Omne autem jus quo utimur vel ad personas pertinet vel ad res vel ad actiones* » (« l'ensemble du droit que nous utilisons concerne, soit les personnes, soit les choses, soit les actions en justice »). Toutes les difficultés d'appréhension juridique du corps humain viennent de l'impossibilité de le réduire à l'une des catégories fondamentales que sont les personnes ou les choses qu'évoquent ainsi les *Institutes* (1, 3 pr.) : être ou avoir, le corps humain est-il le prolongement de la personne ou constitue-t-il une chose ? Est-on son propre corps ou a-t-on un droit sur son propre corps et, dans cette dernière hypothèse, est-ce un droit de propriété ?

Si la thèse de la propriété du corps a encore des défenseurs[1], elle est très critiquée aujourd'hui car elle va à l'encontre des importantes limites apportées au pouvoir de disposer de son corps. L'opinion dominante tend à considérer le corps humain, ensemble de cellules et d'organes, comme le « *substratum* de la personne[2] » : « Je ne suis pas propriétaire de mon corps, puisque mon corps c'est moi en tant que je suis une personne juridique[3] ». Cette sacralité du corps humain en raison de son lien avec la personne est défendue par différentes religions : par exemple, l'Église catholique enseigne que « le corps de l'homme participe à la dignité de l'image de Dieu : il est corps humain précisément parce qu'il est animé par l'âme spirituelle, et c'est la personne humaine tout entière qui est destinée à devenir, dans le corps du Christ, le temple de l'Esprit[4] ». De même, le Coran conseille : « Jeûnez et rompez le jeûne et mettez-vous debout avec dévotion (pendant la nuit) et dormez, car votre corps a un droit sur vous...[5] ».

224. ***Évolution du droit positif français.*** Ainsi s'explique que, à l'instar d'autres législations récentes[6], le législateur français ait voulu consacrer le respect dû au corps humain. Fruit d'un long processus d'élaboration initié avec les rapports « Braibant » (1988), « Lenoir » (1991) et « Mattei » (1993)[7], souhaitée par le Comité national d'éthique, une loi du 29 juillet 1994[8] inclut dans le Code civil, à une place symbolique, au sein du livre Ier, titre Ier, un chapitre II intitulé « Du respect du corps humain », commençant par un article 16 qui pro-

1. Défendue au XVIIe siècle par Locke, elle est soutenue par certains auteurs libéraux (B. Lemennicier, « Le corps humain, propriété de soi, propriété de l'État », *Droits* n° 13, 1991, p. 111 s.). Comp. F. Zénati-Castaing et T. Revet, *Manuel de droit des personnes*, PUF, 2006, n° 277 : chacun est propriétaire de son corps, ce droit de propriété découlant de la libre disposition du corps humain.
2. J. Carbonnier, *Droit civil. Les personnes*, 21e éd., PUF, coll. « Thémis », 2000, n° 4.
3. F. Terré et D. Fenouillet, *Droit civil. Les personnes*, 8e éd., Dalloz, coll. « Précis », 2012, n° 17.
4. Catéchisme de l'Église catholique, Plon, 1992, n° 364. Ad. : P. Debergé, *Ce que dit la Bible sur le corps*, Nouvelle cité, 2015.
5. Verset 105, chapitre V.
6. Ex. : le nouveau Code civil du Québec, entré en vigueur le 1er janv. 1994, dispose dans son article 10 : « Toute personne est inviolable et a droit à son intégrité. Sauf dans les cas prévus par la loi, nul ne peut lui porter atteinte sans son consentement libre et éclairé ». D'autres articles donnent un contenu concret à ce principe (v. R. Cabrillac, « Le nouveau Code civil du Québec », *D.* 1993. 267, nos 10 s.). De même, le nouveau Code civil et commercial argentin dispose que « La personne humaine est inviolable et en toutes circonstances a droit à la reconnaissance et au respect de sa dignité » (art. 51, v. R. Cabrillac, « Le nouveau Code civil et commercial argentin, un audacieux pari réussi », *D.* 2015. 2397).
7. Rapport du Conseil d'État, *Sciences de la vie. De l'éthique au droit*, Doc. fr., 1988; N. Lenoir, *Aux frontières de la vie : une éthique biomédicale à la française*, Doc. fr., 1991; J.-F. Mattei, *La vie en question : pour une éthique biomédicale*, Doc. fr., 1994.
8. Loi n° 94-653 relative au respect du corps humain, complétée par la loi n° 94-654 relative au don et à l'utilisation des éléments et produits du corps humain, à l'assistance médicale, à la procréation et au diagnostic prénatal. Elles avaient été précédées par la loi n° 94-548 relative aux traitements de données nominatives ayant pour fin la recherche dans le domaine de la santé.

clame à la manière d'un frontispice : « La loi assure la primauté de la personne, interdit toute atteinte à la dignité de celle-ci et garantit le respect de l'être humain dès le commencement de la vie ». Saisi par des parlementaires et le président de l'Assemblée nationale, le Conseil constitutionnel a reconnu, en se fondant sur le préambule de la Constitution de 1946, que « la sauvegarde de la dignité de la personne humaine » était un principe constitutionnel[1], la dignité de la personne humaine étant le « principe matriciel » d'où découlent, entre autres, les règles protectrices du corps humain. De nombreux textes internationaux consacrent le respect dû au corps humain[2]. Pour n'évoquer qu'un des plus récents, la Charte des droits fondamentaux de l'Union européenne, dans un chapitre Ier, « Dignité », consacre notamment le droit à l'intégrité de la personne (art. 3). Il faut ajouter qu'en 1994 le Parlement avait expressément prévu que, dans les cinq ans de son entrée en vigueur, la loi n° 94-654 du 29 juillet 1994 ferait l'objet d'un nouvel examen après évaluation de son application. Ce nouvel examen a débouché sur la loi n° 2004-800 du 6 août 2004, qui prévoyait également un réexamen de ses dispositions dans le même délai de cinq ans. Des états généraux de la bioéthique ouverts en 2008 et clôturés le 1er juillet 2009[3] ont préludé à cette nouvelle révision[4], qui est intervenue par la loi du 7 juillet 2011[5]. De nouveaux états généraux de la bioéthique se déroulent actuellement.

La reconnaissance d'un statut juridique du corps humain trouvant son fondement dans ses liens avec la personne, on peut en ébaucher les frontières[6]. Le corps disparaît après la mort[7], même si certaines dispositions applicables au corps humain s'étendent au cadavre, une loi du 19 décembre 2008 ayant renforcé ce rapprochement, intégrant dans le Code civil un nouvel article 16-1-1 disposant que « le respect dû au corps humain ne cesse pas avec la mort [al. 1er] », la jurisprudence ayant précisé que ce principe préexistait à la loi du 19 décembre 2008[8], « Les restes des personnes décédées, y compris les cendres de celles dont le corps a donné lieu à crémation, doivent être traitées avec respect, dignité et décence [al. 2] »[9]. Quant à l'éventuelle application du statut du corps humain à l'embryon, elle dépend de la réponse à la fondamentale question de la date d'apparition de la personnalité juridique, mais certaines règles protectrices de l'embryon sont parfois calquées sur celles du corps humain[10]. Enfin, les prothèses, appareils des-

1. Cons. const. 27 juill. 1994, n° 94-343, *JO* 29 juill. 1994, p. 11024; *JCP* 1994. III. 66974 *bis; D.* 1995. 238, note B. Mathieu; *RFDC* 1994. 799, note L. Favoreu.
2. V. N. Lenoir et B. Mathieu, *Les normes internationales de la bioéthique*, 2e éd., PUF, coll. « Que sais-je ? », 2004.
3. V. Rapport final, *Les Annonces de la Seine* 30 juill. 2009, n° 47.
4. J. Bonnard, « La révision des lois de bioéthique », *D.* 2010. 846. *Adde : Lois de bioéthique : réexamen, enjeux et débats*, Doc. fr., 2010.
5. A. Cheynet de Beaupré, « La révision de la loi relative à la bioéthique », *D.* 2011. 2217.
6. V. A. Marais, *Droit des personnes*, Dalloz, coll. « Cours », 3e éd., 2018, n° 23 sur l'embryon et n° 61 sur le cadavre.
7. Illustration : la protection du corps disparaissant après la mort, la non-patrimonialité du corps humain ne fait pas obstacle à l'application à un vestige humain figurant dans une collection de musée national (tête maorie) de l'art. L. 451-5 du C. patr. qui déclare que les biens constituant les collections des musées de France font partie du domaine public et sont inaliénables, sauf déclassement (CAA Douai, 24 juill. 2008, *JCP* 2008. II. 10181, note Saujot).
8. Civ. 1re, 29 oct. 2014 (v. D. Mainguy, « À propos d'un principe préexistant à une loi », *D.* 2015. 246).
9. En se fondant sur cet article, la jurisprudence a interdit l'exposition *Our body, à corps ouvert :* l'exposition de cadavre à des fins commerciales méconnaît l'exigence de l'art. 16-1-1 du Code civil (Civ. 1re, 16 sept. 2010, n° 09-67.456, *D.* 2010. 2750, note G. Loiseau). Le contrat d'assurance garantissant la tenue de l'exposition a également été considéré comme nul (Civ. 1re, 29 oct. 2014, préc.).
10. Sur ces questions, v. A. Lamboley, « Les droits fondamentaux de l'enfant », v. ss 411 s.

tinés à remplacer un membre ou un organe défaillant, parfois considérées comme le prolongement du corps, peuvent suivre son régime[1].

225. ***Plan.*** Les droits de tout individu sur son propre corps sont érigés en droits subjectifs : « Chacun a droit au respect de son propre corps » (C. civ., art. 16-1, al. 1er). Ce texte, calqué sur l'article 9 du Code civil reconnaissant le droit au respect de la vie privée, est complété par l'article 16-2 du Code civil qui octroie d'importantes prérogatives au juge autorisé à « prescrire toutes mesures propres à empêcher ou faire cesser une atteinte illicite au corps humain ou des agissements illicites portant sur des éléments ou des produits de celui-ci, y compris après la mort ».

Les deux alinéas suivant de l'article 16-1 du Code civil consacrent deux principes fondamentaux découlant du respect dû au corps humain : l'inviolabilité (***I.***), et l'indisponibilité (***II.***).

I. L'inviolabilité du corps humain

A. Contenu du principe

226. ***Consécration du principe.*** « *Noli Me tangere* », disait le Christ ressuscité à Marie Madeleine[2] (« Ne Me touche pas »)... Le principe d'inviolabilité protège le corps humain contre autrui, ce qui explique que le suicide ne fasse l'objet d'aucune incrimination légale, pas plus que l'automutilation. Ce principe se joint à celui de la liberté de création pour admettre les manifestations les plus extrêmes du *Body art* qui conçoit le corps humain comme une œuvre d'art : Orlan a pu ainsi organiser et mettre en scène plusieurs de ses opérations-performances, subies pour transformer son visage en figures mythiques (Mona Lisa, Vénus de Boticelli...)[3].

Fondant depuis longtemps de nombreuses solutions de droit positif, le principe d'inviolabilité a été expressément consacré en tant que tel par la loi du 29 juillet 1994 dans l'article 16-1, alinéa 2, du Code civil : « Le corps humain est inviolable ». Le législateur a élargi le domaine de la protection, l'article 16-4 du Code civil disposant que « nul ne peut porter atteinte à l'intégrité de l'espèce humaine » (al. 1), précisant que « Toute pratique eugénique tendant à l'organisation de la sélection des personnes est interdite » (al. 2) et que « Sans préjudice des recherches tendant à la prévention et au traitement des maladies génétiques, aucune transformation ne peut être apportée aux caractères génétiques dans le but de modifier la descendance de la personne » (al. 4). L'objectif est de protéger l'espèce humaine contre les manipulations génétiques, en particulier les pratiques eugéniques, rendues aujourd'hui possibles par les progrès de la médecine : le législateur a voulu éviter que le cauchemar décrit par Aldous Huxley dans *Le Meilleur des Mondes* ne puisse devenir réalité... Il reste que, comme dans d'autres domaines, les « progrès » de la science médicale transforment parfois la science-fiction en réalité, comme en témoigne l'exemple récent de la reproduction

---

1. Par exemple, l'article 5 de la loi du 5 juill. 1985 relative aux accidents de la circulation prévoit que « les fournitures et appareils délivrés sur prescription médicale donnent lieu à indemnisation selon les règles applicables à la réparation des atteintes à la personne ». Ad. C. Lazaro, *La prothèse et le droit*, Essai sur la fabrication juridique des corps hybrides, PUF, 2016.
2. Évangile selon Saint Jean, XX, 17.
3. V. *Les assises du corps transformé, Les Études hospitalières*, 2009, spéc. « Transformation corporelle voulue », p. 137 s., les contributions de F. Vialla, S. Joly, A. Vollerin, J. Mateu, F. Wilder et M. Marzanno.

d'êtres vivants par clonage, dont les deux formes, clonage reproductif et clonage thérapeutique, ont été prohibées par le législateur français, la première dans l'article 16-4, alinéa 3, du Code civil qui proclame qu'« est interdite toute intervention ayant pour but de faire naître un enfant génétiquement identique à une autre personne vivante ou décédée », la seconde dans l'article L. 2151-4 du Code de la santé publique. Une panoplie de sanctions pénales assure le respect de ces interdictions (par exemple, le fait de procéder à une intervention ayant pour but de faire naître un enfant génétiquement identique à une autre personne vivante ou décédée est puni de trente ans de réclusion criminelle et de 7 500 000 euros d'amende : C. pén., art. 214-2).

Le corps humain est protégé contre des atteintes perpétrées sans le consentement de la victime (*1.*), mais également malgré son consentement (*2.*).

1. Prohibition des atteintes au corps humain sans le consentement de la victime

227. ***Un principe pénalement et civilement sanctionné.*** Les atteintes au corps humain constituent une infraction pénale : le livre deuxième du Code pénal égrène les crimes et délits contre les personnes, en particulier dans son titre II, « Des atteintes à la personne humaine » : *homicide* (art. 221-1 à 221-7), *coups et blessures* (art. 222-7 à 222-16, 222-19 et 222-20), *tortures et actes de barbarie* (art. 222-1 à 222-6), *violences* (art. 222-7 à 222-16), *agressions sexuelles* (art. 222-22 à 222-33)... N'échappent à ces sanctions que les comportements commis en présence d'un fait justificatif ou très exceptionnellement excusés par l'usage (exemple : droit de correction modérée des parents, encore cette exception n'est-elle pas sans soulever de contestations et les châtiments corporels ont failli être interdits par le législateur, *cf.* art. 371-1 C. civ. envisagé et invalidé par le Conseil constitutionnel pour une raison de forme). L'excision et l'infibulation pratiquées sur les petites filles restent des atteintes à l'intégrité physique condamnées. La question reste en débat pour la pratique de la circoncision rituelle, à la suite d'une décision d'un tribunal allemand qui l'a considérée comme une atteinte à l'intégrité corporelle[1]. Les atteintes au corps humain ouvrent également droit à réparation civile : le versement de dommages-intérêts réparera les préjudices corporels qu'il s'agisse de dommages matériels (frais médicaux, manque à gagner correspondant à une incapacité totale ou partielle, permanente ou temporaire de travailler...) ou de dommages moraux (*pretium doloris*, préjudice d'affection, préjudice esthétique...).

228. ***Autres applications.*** La prohibition des atteintes au corps va au-delà de ces sanctions civiles et pénales et fonde des règles éparses de notre droit. Une personne peut refuser d'être soumise à un examen médical au cours d'un procès civil[2]; le débiteur d'une obligation de faire présentant un caractère personnel ne peut en principe être contraint à s'exécuter (C. civ., art. 1142 ancien repris de l'adage « *Nemo praecise cogi potest ad factum* », qui ne devrait pas être remis en cause par le nouvel article 1221 consacrant l'exécution forcée en nature qui exclut l'exécution forcée en cas d'impossibilité : on ne peut forcer quelqu'un à faire quelque chose); une victime peut refuser de suivre un traitement médical

---

1. Tribunal de Cologne, 7 mai 2012. *Ad.* : R. Libchaber, « Circoncision, pluralisme et droits de l'homme », *D.* 2012. 2044. Comp. Paris 29 sept. 2000, *D.* 2001. 1585, note Duvert : responsabilité du médecin qui a pratiqué une circoncision rituelle sur un enfant, en dehors de toute nécessité médicale, en se contentant du consentement d'un seul des parents.
2. V. sur ce point, J. Carbonnier, *Droit civil, Les personnes*, 21e éd., PUF, coll. « Thémis », 2000, n° 9 et les décisions citées.

ou de se soumettre à une opération qui diminuerait l'indemnité due par l'auteur du dommage[1]. Le principe d'inviolabilité du corps humain est sauf... même s'il est contourné. La pression sur l'individu s'exerce indirectement, par des moyens qui laissent le corps à l'abri : le risque de voir interprété comme un aveu le refus de se soumettre à un examen médical, la menace d'une astreinte pour être contraint à exécuter son obligation qui, de toute façon, se résoudra par le versement de dommages-intérêts, une possible diminution des dommages-intérêts pour tenir compte du préjudice imputable au refus de soins.

2. Prohibition des atteintes au corps humain malgré le consentement de la victime

229. ***Un principe général.*** L'atteinte à l'intégrité du corps humain ne disparaît pas avec le consentement de la victime[2], l'interdiction des actes portant atteinte à son intégrité physique rejoignant le principe du droit pénal selon lequel le consentement de la victime ne supprime pas l'infraction. La règle a été dégagée très tôt par la jurisprudence pour priver d'effet une convention par laquelle des duellistes voulaient soustraire le vainqueur à toute poursuite civile et pénale : « Une convention par laquelle deux hommes [...] s'attribuent le droit de disposer mutuellement de leur vie [...] rentre évidemment dans la catégorie des conventions contraires aux bonnes mœurs et à l'ordre public[3] ». Cette jurisprudence peut directement s'appliquer, par exemple, aux pratiques sadomasochistes[4], malgré le principe de liberté sexuelle[5].

Un cas plus topique concerne l'intervention chirurgicale pratiquée par pure convenance personnelle. Dans la célèbre affaire des stérilisés de Bordeaux, la jurisprudence avait décidé qu'une stérilisation ayant été pratiquée sans aucune nécessité médicale, le consentement des patients n'empêchait pas la constitution de l'infraction[6]. S'il est vrai que les faits de l'espèce étaient particuliers puisque cette stérilisation avait été pratiquée non par un médecin mais par... un coiffeur, le principe posé semblait demeurer[7]. Mais une loi du 4 juillet 2001 a autorisé, tout en l'encadrant sévèrement, la stérilisation volontaire à visée contraceptive par ligature des trompes ou des canaux déférents (CSP, art. L. 2123-1).

Cette dérogation ne saurait toutefois remettre en cause la portée générale du principe de prohibition des atteintes au corps humain malgré le consentement de la victime. Par exemple, l'euthanasie reste un homicide volontaire même si le médecin qui l'a pratiquée a agi avec le consentement du patient, comme en témoi-

1. *Ibid.*
2. D. Roman, « "À corps défendant". La protection de l'individu contre lui-même », *D.* 2007. 1284.
3. Crim. 22 juin 1837, *S.* 1837. 1. 465.
4. Sans que puisse être invoquée la protection de la vie privée prévue par l'article 8 de la Conv. EDH pour s'opposer aux sanctions étatiques (CEDH 19 févr. 1997, *D.* 1998. 97, note Larralde; *RTD civ.* 1997. 1013, obs. J.-P. Marguénaud; *JCP* 1998. I. 107, n° 32, obs. F. Sudre). *Adde* M. Fabre-Magnan, « Le sadisme n'est pas un droit de l'homme », *D.* 2005. 2973, et CEDH 17 févr. 2005, *K. A. et A. D. c/ Belgique*, citée par l'auteur.
5. V. D. Roman, « Le corps a-t-il des droits que le droit ne connaît pas ? La liberté sexuelle et ses juges : étude de droit français et de droit comparé », *D.* 2005. 1508; M. Fabre-Magnan, « Le domaine de l'autonomie personnelle, Indisponibilité du corps humain et justice sociale », *D.* 2008. 31.
6. Crim. 1er juill. 1937, *S.* 1938. 1. 193, note Tortat; *DH* 1937. 537.
7. Cass., avis, 6 juill. 1998, *Bull. civ.*, n° 10 : une atteinte à l'intégrité du corps humain, telle la ligature des trompes de Fallope, pratiquée en dehors de toute nécessité thérapeutique et à des fins strictement contraceptives, est prohibée par l'article 16-3 du Code civil. Comp. Crim. 6 févr. 2001, *D.* 2001. IR 1216 : la stérilisation d'une patiente sans son consentement ne caractériserait pas le délit de violences, faute d'élément intentionnel.

gnent de manière récurrente des affaires médiatisées (*Humbert, Sébire, Lambert...*) et ni les lois du 22 avril 2005 relatives aux droits des malades en fin de vie et du 2 février 2016 créant de nouveaux droits en faveur des malades et des personnes en fin de vie ne bouleversent fondamentalement ce principe. L'interdiction de porter atteinte à son intégrité physique par pure convenance personnelle explique également les obligations renforcées des chirurgiens esthétiques[1].

B. Dérogations au principe

230. ***Plan.*** Des dérogations sont parfois apportées à l'inviolabilité du corps humain, certaines fondées sur l'intérêt général (*1.*), d'autres sur un intérêt médical (*2.*).

1. Dérogations fondées sur l'intérêt général

231. ***Des atteintes corporelles prohibées au cours de la procédure ou à titre de sanction.*** L'intérêt général exige parfois une atteinte au corps humain : le droit pénal, en édictant des peines de prison, n'est-il pas par excellence le droit de la contrainte corporelle ? En réalité, la prison est plus une atteinte à la liberté d'aller et venir du condamné qu'une atteinte à son corps. Le supplice de Damiens décrit par Michel Foucault dans les premières pages de *Surveiller et Punir* n'est heureusement plus de mise aujourd'hui, les peines corporelles *stricto sensu* ayant progressivement disparu avec l'humanisation des sanctions pénales : en France, le carcan, la marque au fer rouge et l'amputation du poing du parricide ont été abolis en 1832, l'exposition publique en 1848, la peine de mort par la loi du 9 octobre 1981. La Convention européenne des droits de l'homme (art. 3) et la Charte des droits fondamentaux de l'Union européenne (art. 4) proclament d'une même voix que « nul ne peut être soumis à la torture ni à des peines ou traitements inhumains ou dégradants ».

Les atteintes corporelles sont d'abord interdites au cours de la procédure. Les atteintes à l'intégrité corporelle des prévenus et des accusés, comme le recours à l'injection d'un « sérum de vérité » (penthotal) dans le but de faire avouer le suspect, sont prohibées[2]. La loi du 29 juillet 1994 n'a autorisé l'identification d'une personne par ses empreintes génétiques qu'avec son consentement et « dans le cadre de mesures d'enquête ou d'instruction diligentées lors d'une procédure judiciaire ou à des fins médicales ou de recherche scientifique... » (C. civ., art. 16-11), seuls les experts judiciaires ayant fait l'objet d'un agrément étant habilités à procéder à ce type de test (C. civ., art. 16-12). En matière civile, cette identification ne peut être décidée par le juge comme mesure d'instruction que pour l'établissement ou la contestation d'un lien de filiation ou l'établissement ou la suppression de subsides, le consentement de l'intéressé devant être au préalable expressément recueilli (C. civ., art. 16-11, al. 2). En matière pénale, la comparaison des empreintes génétiques d'une personne avec celles qui ont été retrouvées sur les lieux d'une infraction qui facilite ainsi l'identification du coupable ne peut qu'être décidée par le juge d'instruction. Le respect de ces conditions est pénalement sanctionné (C. pén., art. 226-25 s.).

---

1. V. l'obligation d'information édictée par l'article L. 6322-2 CSP, issu de la loi du 4 mars 2002, initiée par Paris, 22 janv. 1913, *D.* 1919. 2. 73, note L. Denisse; *S.* 1918. 2. 97, note E. H. Perreau. (v. P. Sargos, « Le centenaire jurisprudentiel de la chirurgie esthétique : permanence de fond, dissonances factuelles et prospective », *D.* 2012. 2903).
2. B. Bouloc, *Procédure pénale*, 26e éd., Dalloz, coll. « Précis », 2017, n° 36.

Les châtiments corporels sont également interdits : par exemple, des sanctions comme la castration, la stérilisation ou la lobotomie, admises par certains pays, ne le sont pas en France, même du consentement de l'intéressé. Toutefois, le refus par une personne condamnée à certaines infractions de se soumettre à un prélèvement biologique destiné à permettre l'analyse d'identification de son empreinte génétique est passible de sanctions pénales (C. pr. pén., art. 706-56 I) Si certaines mesures de sûreté comme la désintoxication des alcooliques ou des toxicomanes paraissent heurter l'interdiction de toute peine corporelle, il s'agit de mesures au domaine d'application limité et qui présentent un incontestable aspect thérapeutique[1]. C'est en effet surtout au nom de l'intérêt médical que la société contemporaine multiplie les atteintes à l'inviolabilité du corps humain.

2. Dérogations fondées sur un intérêt médical

232. ***Des atteintes corporelles encadrées au nom de l'intérêt médical du patient.*** La jurisprudence avait depuis longtemps admis que le médecin pouvait porter atteinte à l'intégrité physique de son patient, exigeant un intérêt thérapeutique pour le patient et, lorsque cela était possible, son consentement. Ces principes ont été inscrits dans l'article 16-3 du Code civil, l'alinéa 1er disposant qu'« Il ne peut être porté atteinte à l'intégrité du corps humain qu'en cas de nécessité médicale pour la personne ou à titre exceptionnel dans l'intérêt thérapeutique d'autrui », l'alinéa 2 ajoutant : « Le consentement de l'intéressé doit être recueilli préalablement, hors le cas où son état rend nécessaire une intervention thérapeutique à laquelle il n'est pas à même de consentir » et repris dans le Code de la santé publique en vertu d'une loi du 4 mars 2002. Ainsi l'article L. 1111-4, alinéa 3, du Code de la santé publique dispose que : « Aucun acte médical ni aucun traitement ne peuvent être pratiqués sans le consentement libre et éclairé de la personne et ce consentement peut être retiré à tout moment ». Cette dernière exigence fait concrètement difficulté pour la transfusion sanguine pratiquée sur un témoin de Jéhovah qui s'y oppose : la jurisprudence considère traditionnellement qu'elle ne peut être pratiquée sans le consentement du malade que si, après avoir mis tout en œuvre pour le convaincre d'accepter, les soins pratiqués sont indispensables à la survie et proportionnés à l'état du patient[2], mais cette jurisprudence semble aujourd'hui menacée par les exigences de la loi du 4 mars 2002[3]. De même, l'interruption d'un traitement médical en fin de vie ne peut être imposée au malade s'il tend à assurer de façon artificielle le maintien des fonctions vitales du patient[4]. L'importance de ce consentement est renforcée par les développements récents de l'obligation d'information du patient, la jurisprudence ayant été confirmée par le législateur (*cf.* CSP, art. L. 1111-2, al. 1er, issu d'une loi du 4 mars 2002 : « [...] Cette information porte sur les différentes investigations, traitements ou actions de prévention qui sont proposées, leur utilité, leur urgence éventuelle, leurs conséquences, les risques fréquents ou graves normalement prévisibles qu'ils comportent ainsi que sur les autres solutions possibles et sur les conséquences prévisibles en cas de refus [...] »). L'information fournie au patient permet un consentement éclairé de sa part[5]. Enfin, l'étude

1. Sur ces mesures, v. B. Bouloc, *Pénologie*, 4e éd., Dalloz, coll. « Précis », 2011, nos 531 s.
2. V. CE, réf., 16 août 2002, *D.* 2002. 2417; *RTD civ.* 2003. 781, obs J. Hauser. *Adde :* S. Porchy-Simon, « Le refus de soins vitaux à l'aune de la loi du 4 mars 2002 », *RCA* 2002. Chron. 21.
3. V. Edel, « Le refus de soin », *LPA* 14 déc. 2007, n° 250, p. 9 s.
4. Sur cette question, v. E. Terrier, « La personne humaine, vie et mort », v. ss 221.
5. V. pour une application, F. Vialla, « Bref retour sur le consentement éclairé », *D.* 2011. 292, note ss Toulouse, 25 oct. 2010.

génétique des caractéristiques d'une personne, test génétique dont le rôle est de faire apparaître les caractéristiques biologiques d'une personne et son éventuelle prédisposition à une maladie, ne peut être entreprise qu'à « des fins médicales ou de recherche scientifique » (C. civ., art. 16-10), sous peine de poursuites pénales (C. pén., art. 226-25 : peines d'un an d'emprisonnement et de 15 000 euros d'amende).

Il reste que l'exigence d'un intérêt médical est parfois entendue avec beaucoup de souplesse. Par exemple, si la jurisprudence de la Cour de cassation n'admettait la rectification de l'état civil d'un transsexuel que si le changement de sexe avait été effectué dans un but thérapeutique[1], on pouvait douter de la réalité du contrôle exercé par les tribunaux sur cette exigence. La loi a supprimé cette condition, toute personne peut demander à changer de sexe si la mention ne correspond pas à l'état dans lequel elle se présente et dans lequel elle est connue (C. civ., art. 61-5).

233. ***Des atteintes corporelles encadrées au nom de l'intérêt médical de la société.*** L'inviolabilité du corps humain s'efface parfois devant l'intérêt médical de la société : tel est par exemple le cas des vaccinations obligatoires, imposées dans un but de prévention sanitaire[2]. Mais ces atteintes doivent rester exceptionnelles : ainsi s'explique que le législateur ait préféré faciliter le dépistage facultatif du sida en le rendant anonyme et gratuit, plutôt que d'imposer un dépistage obligatoire (CSP, art. L. 3121-2).

D'une manière plus spécifique, des dérogations sont apportées à l'inviolabilité du corps humain en vue de favoriser la recherche médicale, mais elles sont strictement encadrées : les horreurs pratiquées au nom de la science par les médecins nazis restent dans la mémoire de tous. Les textes du Code de la santé publique, issus des lois du 20 décembre 1988, du 23 janvier 1990, du 25 juillet 1994 et du 5 mars 2012, prévoient que la recherche biomédicale ne peut être effectuée que si elle vise « à étendre la connaissance scientifique de l'être humain et les moyens susceptibles d'améliorer sa condition » (CSP, art. L. 1121-2). Toute recherche doit répondre à des garanties scientifiques (CSP, art. L. 1121-2) : être fondée sur le « dernier état des connaissances scientifiques et sur une expérimentation préclinique suffisante »; ne pas comporter de risque prévisible « hors de proportion avec le bénéfice escompté »; avoir pour objet d'« étendre la connaissance scientifique de l'être humain et les moyens susceptibles d'améliorer sa condition »; réduire « au minimum la douleur, les désagréments, la peur et tout autre inconvénient prévisible ». Des conditions supplémentaires sont posées pour les personnes vulnérables : personnes privées de liberté, mineurs, femmes enceintes, majeurs ne disposant pas de toutes leurs facultés mentales (CSP, art. L. 1121-5 s.). Les conditions médicales de la recherche sont strictement encadrées (CSP, art. L. 1121-3) et un avis favorable du comité de protection des personnes est nécessaire (CSP, art. L. 1121-4). Les recherches ne peuvent être effectuées qu'avec le consentement écrit ou attesté par une personne de confiance de celui qui s'y prête, dûment informé au préalable (CSP, art. L. 1122-1-1), des règles spécifiques étant posées pour le consentement des mineurs ou des majeurs protégés. Aucune recherche biomédicale ne peut être effectuée sur une personne décédée sans son consentement exprimé de son vivant ou par le témoignage de sa famille (CSP,

---

1. Cass., ass. plén., 11 déc. 1992, *JCP* 1993. II. 21991, concl. M. Jeol, note G. Mémeteau; *RTD civ.* 1993. obs. J. Hauser. *Adde* Civ. 1re, 13 févr. 2013, *D.* 2013. 499, note I. Gallmeister et 1097, J.-J. Lemouland et V. Larribau-Terneyre.
2. V. en ce sens CE 26 nov. 2001, *RFDA* 2002. 164. Elles viennent d'être jugées conformes à la Constitution (Cons. const. 20 mars 2015, n° 2015-458 QPC).

art. L. 1121-14). Les recherches médicales sur l'embryon sont aujourd'hui en principe permises (CSP, art. L. 2151-5, réd. L. 6 août 2013). Mais elles doivent être autorisées par l'Agence de la biomédecine, qui vérifie le respect de certaines conditions : pertinence scientifique de la recherche, finalité médicale, nécessité de la recherche en considération des connaissances scientifiques; respect des principes éthiques, consentement préalable écrit du couple dont les embryons sont issus.

Des sanctions pénales garantissent le respect de ces règles (C. pén., art. 223-8 : peine de trois ans d'emprisonnement et de 45 000 euros d'amende en cas de violation des règles en matière de consentement ou protégeant les personnes vulnérables[1]; C. pén., art. 511-19 : peine de deux ans d'emprisonnement et de 30 000 euros d'amende en cas de recherche non autorisée sur l'embryon).

II. L'indisponibilité du corps humain

A. Contenu du principe

234. *Un principe indirectement consacré.* L'indisponibilité du corps humain signifie que le corps humain ne peut faire l'objet de convention : selon la formule consacrée, le corps humain est hors du commerce juridique.

Le principe de l'indisponibilité du corps humain a été forgé par les tribunaux en s'appuyant sur plusieurs textes du droit des obligations : l'article 6 du Code civil disposant qu'« On ne peut déroger par des conventions particulières, aux lois qui intéressent l'ordre public et les bonnes mœurs », les articles 1131 et 1133 anciens du Code civil prévoyant la nullité de la convention fondée sur une cause illicite et l'article 1128 ancien du Code civil disposant que l'objet doit être licite, l'essence de ces derniers textes étant repris par l'article 1161 exigeant que le contenu du contrat soit conforme à l'ordre public. L'indisponibilité du corps humain apparaît ainsi comme une limite à la liberté fondamentale de disposer de soi-même ou à la liberté contractuelle, d'où les critiques — excessives — de certains auteurs qui proposent d'abandonner ce principe[2].

Le législateur a renoncé à le consacrer expressément en raison des dérogations qu'il lui apportait, mais il en a retenu les applications essentielles : « Le corps humain, ses éléments et ses produits ne peuvent faire l'objet d'un droit patrimonial » (C. civ., art. 16-1, al. 3) et, plus précisément, « Les conventions ayant pour effet de conférer une valeur patrimoniale au corps humain, à ses éléments ou à ses produits sont nulles » (C. civ., art. 16-5). On peut y rattacher la règle de l'article L. 611-18 du Code de la propriété intellectuelle selon laquelle « Le corps humain, aux différents stades de sa constitution et de son développement, ainsi que la seule découverte d'un de ses éléments, y compris la séquence totale ou partielle d'un gène, ne peuvent constituer des inventions brevetables », même si la loi du 6 août 2004 a permis la brevetabilité d'une invention constituant l'application technique d'une fonction d'un élément du corps humain.

L'indisponibilité du corps humain s'impose qu'il s'agisse de l'aliénation de la totalité du corps humain (*1.*) ou d'un de ses organes, produits ou éléments (*2.*).

---

1. Ex. : Crim. 24 févr. 2009, *D.* 2009. 2087, note J.-P. Delage (condamnation d'un médecin qui a testé un nouveau médicament sur un patient arrivé dans le service depuis une heure, affaibli et dans l'impossibilité de donner un consentement libre, éclairé et exprès).
2. B. Lemennicier, article cité.

1. *Interdiction de l'aliénation totale du corps*

235. ***Le corps humain est hors commerce juridique.*** Les applications sont nombreuses. La convention par laquelle une personne se donnerait en esclavage est incontestablement nulle. S'il est vrai que l'abolition de l'esclavage par le décret du 27 avril 1848, relayé par de nombreux textes internationaux, en fait une hypothèse d'école, le recours au principe d'indisponibilité du corps humain reste utile pour l'annulation d'autres conventions qui se développent malheureusement aujourd'hui, comme les « ventes » d'enfants entre pays du tiers-monde et pays développés pour alimenter le marché de l'adoption. L'indisponibilité s'applique également à l'embryon : un embryon ne peut être conçu ou utilisé « à des fins commerciales ou industrielles », la loi sanctionnant le fait d'obtenir un embryon humain contre paiement (C. pén., art. 511-15 : peine de sept ans d'emprisonnement et de 100 000 euros d'amende).

L'éventuelle application de l'indisponibilité du corps humain au contrat de travail a pu faire difficulté au XIXe siècle : l'ouvrier ne loue-t-il pas son corps ? Elle reposerait sur une mauvaise qualification : le salarié ne loue pas son corps mais ses services, sa force de travail, comme le suggère l'article 1780 du Code civil aux termes duquel « On ne peut engager ses services qu'à temps, ou pour une entreprise déterminée[1] » (al. 1er). Un raisonnement équivalent pourrait être conduit pour la convention de prostitution, dont l'objet n'est pas le corps lui-même, mais la nullité du contrat repose en l'espèce sur l'immoralité de la cause[2].

On pourrait également songer par analogie à valider le contrat de maternité pour autrui : la convention de mère porteuse ne serait pas une aliénation du corps de cette dernière mais une location de ses facultés gestationnelles. C'est oublier que l'enfant à naître est inclus dans l'objet du contrat de maternité pour autrui. Aussi doit-on approuver la jurisprudence d'avoir prononcé la nullité du contrat avant l'intervention du législateur, en se fondant sur l'indisponibilité du corps humain : « La convention par laquelle une femme s'engage, fût-ce à titre gratuit, à concevoir et à porter un enfant pour l'abandonner à sa naissance contrevient tant au principe d'ordre public de l'indisponibilité du corps humain qu'à celui de l'indisponibilité de l'état des personnes[3] ». Les travaux préparatoires de la loi du 29 juillet 1994 montrent clairement que le législateur a voulu rattacher le nouvel article 16-7 du Code civil, qui confirme la solution jurisprudentielle en disposant que « Toute convention portant sur la procréation ou la gestation pour le compte d'autrui est nulle », au principe d'indisponibilité du corps humain.

2. *Interdiction de l'aliénation d'un organe, d'un produit ou d'un élément du corps*

236. ***Extension du principe aux organes, produits ou éléments du corps humain.*** L'indisponibilité du corps humain trouve également à s'appliquer en cas d'aliénation d'un organe (exemples : rein, foie...), d'un produit (exemples : sang, lait...), d'un élément (exemples : bras, jambe...) du corps humain. Serait certainement nulle au regard du droit français la promesse faite par Antonio à Shylock d'une livre de sa chair, dans *Le Marchand de Venise*. La jurisprudence a par exem-

---

1. V. T. Revet, *La force de travail*, n° 28, Litec, coll. « *Bibl. dr. entr.* », 1992, préf. F. Zenati.
2. V. TGI Paris, 8 nov. 1973, *D.* 1975. 401, note M. Puech : nullité pour immoralité d'une convention de *strip-tease*.
3. Cass., ass. plén., 31 mai 1991, *D.* 1991. 417, rapp. Y. Chartier, note D. Thouvenin; *JCP* 1991. II. 21752, communic. J. Bernard, concl. F. Dontenwille, note F. Terré; *RTD civ.* 1991. 517, obs. D. Huet-Weiller; *ibid.* 1992. 489, obs. M. Gobert.

ple annulé une convention par laquelle une mineure devait se faire tatouer les fesses, une clause précisant que « le tatouage, une fois ôté de votre corps, restera notre propriété pleine et entière[1] ». Au-delà de cette espèce, la question est particulièrement d'actualité avec le développement du trafic d'organes dont font périodiquement état les médias. L'affaire *Moore* qui a éclaté il y a quelques années aux États-Unis en témoigne : un patient s'apercevant que ses médecins lui prélèvent des cellules rares pour fabriquer et commercialiser des produits pharmaceutiques intente une *action for conversion*, qui s'apparente à une action en revendication de ses cellules, et obtient gain de cause, la cour d'appel de Californie jugeant qu'un homme a un véritable droit de propriété sur les produits de son corps[2]. Il est vrai que le droit américain est plus sensible aux impératifs économiques que ne pourrait l'être le droit français...

Les auteurs s'accordent pourtant à considérer que le principe d'indisponibilité du corps humain est moins strict lorsqu'il s'agit d'un organe, d'un élément ou *a fortiori* d'un produit de ce corps : « La validité doit être souvent admise : toutes les fois que la combinaison répond à des fins légitimes éprouvées[3] ». Le principe d'indisponibilité du corps humain connaît en effet des dérogations en nombre croissant.

B. Dérogations au principe

237. ***Des dérogations aujourd'hui plus nombreuses.*** Depuis toujours certains produits du corps humain peuvent faire l'objet de conventions, possibilité aujourd'hui consacrée par le législateur dans l'article L. 1211-8 du Code de la santé publique[4].

Mais les dérogations à l'indisponibilité du corps humain ont été multipliées par des lois récentes, manifestation d'un phénomène plus large de recul du sacré sous la pression des progrès de la science et du mercantilisme, à tel point qu'il est aujourd'hui devenu banal de parler de « réification » du corps humain : loi du 7 juillet 1949 relative au prélèvement de cornée, loi du 21 juillet 1952 modifiée par la loi du 4 janvier 1993 relative aux prélèvements sanguins, loi du 22 décembre 1976 relative au prélèvement d'organes. Les lois du 29 juillet 1994 et du 6 août 2004 elles-mêmes, tout en consacrant implicitement le principe d'indisponibilité du corps humain, s'attachent paradoxalement davantage à préciser ses limites, à travers l'instauration de règles générales relatives au don d'éléments et produits du corps humain, complétées par un régime propre au don d'organes et un autre propre à l'utilisation des tissus, cellules et produits du corps humain, les prélèvements sanguins restant également régis par des dispositions spécifiques.

Ces dérogations apportées au principe d'indisponibilité du corps humain sont enfermées dans des conditions strictes : un consentement renforcé (*1.*), un intérêt médical (*2.*), la gratuité (*3.*), l'anonymat (*4.*).

---

1. TGI Paris, 3 juin 1969, *D.* 1970. 136.
2. *J. Moore v. Regents of the University of California*, 31 juill. 1988 (v. M.-A. Hermitte, « L'affaire *Moore*, ou la diabolique notion de droit de propriété », *Le Monde diplomatique*, déc. 1988). L'arrêt a été réformé par une décision de la cour suprême de Californie en date du 9 juill. 1990, refusant à J. Moore et à ses héritiers le droit de revendiquer la propriété de ces cellules, devenues la propriété de ceux qui en avaient établi la valeur marchande, et qui ont pu ainsi déposer des brevets et en faire une exploitation industrielle.
3. J. Carbonnier, *op. cit.*, n° 6.
4. Conformément à ce texte, la liste de ces produits a été fixée par le décret n° 95-904 du 4 août 1995 : cheveux, ongles, poils et dents.

1. Un consentement renforcé

238. ***Modalités du consentement.*** Le consentement préalable du donneur est une condition indispensable à tout prélèvement d'organe, d'élément ou de produit du corps humain. Mais le consentement généralement imposé n'est pas celui du droit commun des contrats : il est soumis à des exigences particulières.

Ce consentement est toujours librement révocable (CSP, art. L. 1211-2 pour les éléments et produits du corps humain; art. L. 1231-1 pour les dons d'organes).

En ce qui concerne le prélèvement d'organes sur une personne vivante, « le donneur, préalablement informé [...] des risques qu'il encourt et des conséquences éventuelles du prélèvement, [...] doit exprimer son consentement [...] devant le président du tribunal de grande instance ou le magistrat désigné par lui [...]. En cas d'urgence vitale, le consentement est recueilli, par tout moyen, par le procureur de la République [...] » (CSP, art. L. 1231-1, al. 4). L'intervention de l'autorité judiciaire permet d'éviter que la liberté du donneur ne soit troublée par des pressions affectives qui pourraient s'exercer sur lui. Les incapables sont particulièrement protégés : aucun prélèvement d'organes en vue d'un don ne peut en principe avoir lieu sur un mineur ou un majeur protégé (CSP, art. L. 1231-2). Les mêmes règles de protection des incapables sont applicables au prélèvement de tissus ou de cellules (CSP, art. L. 1241-2) et des règles voisines régissent les prélèvements sanguins (CSP, art. L. 1221-5).

Le prélèvement d'organes sur une personne décédée « peut être effectué dès lors que la personne concernée n'a pas fait connaître, de son vivant, son refus d'un tel prélèvement » (CSP, art. L. 1232-1, al. 3). Le consentement exprès redevient la règle lorsque la personne décédée est un mineur ou un majeur incapable (CSP, art. L. 1232-2). Dans tous les cas, le respect dû au cadavre se traduit par l'obligation faite aux médecins de la « meilleure restauration possible » du corps (CSP, art. L. 1232-5). Ces règles s'appliquent au prélèvement de tissus ou cellules effectué sur une personne décédée (CSP, art. L. 1241-6). Elles permettent de concilier le respect de la volonté du défunt avec le besoin croissant de greffes d'organes dans un but thérapeutique.

L'exigence d'un consentement renforcé est protégée par plusieurs sanctions pénales : l'article 511-3 du Code pénal réprime le prélèvement d'un organe sur une personne vivante majeure sans son consentement ou sur un donneur vivant incapable (peine de sept ans d'emprisonnement et de 100 000 euros d'amende); l'article 511-5 du Code pénal réprime le prélèvement de tissus de cellules ou de produit effectué dans les mêmes conditions (peine de cinq ans d'emprisonnement et de 75 000 euros d'amende).

2. Un intérêt médical

239. ***Un intérêt thérapeutique ou scientifique.*** La volonté du législateur est de ne permettre une atteinte à l'indisponibilité du corps humain que si elle est justifiée par un intérêt thérapeutique ou scientifique : le don d'un organe, élément ou produit du corps doit être justifié par l'intérêt du receveur, voire l'intérêt général.

Le prélèvement d'organes sur une personne vivante « ne peut être opéré que dans l'intérêt thérapeutique direct d'un receveur », qui ne peut être que le père ou la mère du donneur ou par dérogation, avec l'autorisation d'un comité d'experts, un parent proche, une personne vivant depuis au moins deux ans avec lui ou une personne pouvant apporter la preuve d'un lien affectif étroit et stable depuis au moins deux ans avec le preneur (CSP, art. L. 1231-1, al. 1 et 2). Le

« don croisé » est également autorisé (CSP, art. L. 1231-1, al. 3). Le prélèvement d'organes sur une personne décédée ne peut être effectué qu'à des fins « thérapeutiques ou scientifiques » (CSP, art. L. 1232-1). L'exigence d'un intérêt « thérapeutique ou scientifique » est également posée pour les prélèvements de cellules et tissus autres que les déchets opératoires effectués sur une personne vivante (CSP, art. L. 1241-1). De même, la transfusion sanguine s'effectue « dans l'intérêt du receveur » (CSP, art. L. 1221-1), « par un médecin ou sous sa direction et sa responsabilité » (CSP, art. L. 1221-3).

Pour garantir que l'intérêt médical soit respecté, la loi impose certaines exigences aux établissements effectuant les prélèvements ou transplantations d'organes ou les prélèvements de tissus et cellules, notamment une autorisation administrative (CSP, art. L. 1233-1 et L. 1242-1).

3. La gratuité

240. ***Le refus de la marchandisation.*** La gratuité repose incontestablement sur de bons sentiments, décourager toute volonté de profit sur le corps humain, et éviter l'apparition de « donneurs » professionnels, d'un marché des organes humains.

L'atteinte à l'indisponibilité du corps humain ne doit pas donner lieu à rémunération, la gratuité transparaissant d'ailleurs dans le langage utilisé, puisqu'on ne parle que de « don » du sang, du sperme... Déjà posé par certains textes spéciaux (art. 3, L. 1976), le principe a été réaffirmé solennellement d'une manière générale par l'article 16-6 du Code civil : « Aucune rémunération ne peut être allouée à celui qui se prête... au prélèvement d'éléments de son corps ou à la collecte de produits de celui-ci », et repris par l'article L. 1211-4 du Code de la santé publique pour l'utilisation d'éléments et produits du corps humain qui réserve simplement le remboursement des frais engagés. Une disposition similaire concerne les prélèvements sanguins : « aucune rémunération ne peut être allouée au donneur, sans préjudice du remboursement des frais exposés » (CSP, art. L. 1221-3). Le principe de gratuité s'étend aux médecins pratiquant les prélèvements d'organes, de tissus et cellules qui ne peuvent recevoir aucune rémunération pour cette tâche (CSP, art. L. 1233-2). Corollaire de la gratuité, la publicité en faveur d'un don qui serait destiné à une personne, un établissement ou à un organisme déterminé est interdite (CSP, art. L. 1211-3).

Enfin, le paiement d'organes constitue une infraction pénale (C. pén., art. 511-2 : peine de sept d'emprisonnement et de 100 000 euros d'amende), comme le paiement de tissus, cellules ou de produits du corps (C. pén., art. 511-4 : peine de cinq ans d'emprisonnement et de 75 000 euros d'amende).

4. L'anonymat

241. ***L'anonymat en question.*** Le principe de l'anonymat du don d'éléments ou produits du corps humain est affirmé d'une manière générale par le nouvel article 16-8 du Code civil, et repris par l'article L. 1211-5 du Code de la santé publique pour les dons d'organes et produits du corps humain : « Le donneur ne peut connaître l'identité du receveur, ni le receveur celle du donneur » et « Aucune information permettant d'identifier à la fois celui qui a fait don d'un élément ou d'un produit de son corps et celui qui l'a reçu ne peut être divulguée ». Ce principe d'anonymat a été consacré par le législateur afin d'éviter tout tapage médiatique, toute pression du receveur sur le donneur, voire toute pression du donneur sur le receveur. Il ne peut être dérogé à ce principe qu'en cas de nécessité thérapeutique (C. civ., art. 16-8, al. 2; CSP, art. L. 1211-5, al. 2) : les médecins du donneur et du receveur peuvent alors avoir accès aux informations permettant l'identification de ceux-ci. L'anonymat s'impose également pour les transfusions sanguines (CSP, art. L. 1221-1). Il reste que ce principe d'anonymat pourrait heurter le droit de chacun à connaître ses origines[1]. Aussi, la suppression de l'anonymat a été envisagée à l'occasion de la révision des lois de bioéthique en cours, avant d'être maintenu.

Des sanctions pénales renforcent ce principe d'anonymat (C. pén., art. 511-10 : peine de deux ans d'emprisonnement et de 30 000 euros d'amende).

Conclusion

242. Paraphrasant André Gide, on ne peut que s'interroger sur l'opportunité d'une législation générale sur le corps humain : peut-on faire de la bonne législation avec seulement de bons sentiments ? « Ou bien, la loi pose des principes très généraux, sans caractères normatifs; ou bien, elle énonce une réglementation tatillonne et paperassière[2] ». Un statut protecteur du corps humain n'était-il pas suffisamment élaboré par des textes spéciaux et par la jurisprudence, encadrés par les principes fondamentaux posés par les normes internationales ? La question mérite d'ailleurs d'être posée pour d'autres droits et libertés fondamentaux...

Bibliographie indicative

- I. ARNOUX, *Les droits de l'être humain sur son corps*, thèse, Bordeaux, 1994.

- J.-P. BAUD, *L'affaire de la main volée, une histoire juridique du corps*, Le Seuil, 1993; « Le corps, personne par destination », *in Mélanges Huet-Weiller*, LGDJ, 1994, p. 13 s.

- F. CABRILLAC, *Le droit civil et le corps humain*, thèse, Montpellier, 1962.

- B. EDELMAN, « L'homme aux cellules d'or », *D.* 1989. 225 s.; « La recherche biomédicale dans l'économie de marché », *D.* 1991. 203 s.

- M. FABRE-MAGNAN, *La gestation pour autrui, fictions et réalité*, Fayard, 2014.

- J.-C. GALLOUX, « Le corps humain dans le Code civil », *in 1804-2004. Le Code civil, un passé, un présent, un avenir*, Dalloz, 2004, p. 381 s.

- C. JAMIN, « Commentaire des lois du 1er et 29 juillet 1994 », *RTD civ.* 1994. 934 s.

- L. JOSSERAND, « La personne humaine dans le commerce juridique », *DH* 1932. 1 s.

- M. LAMARCHE, « De la Vénus Hottentote aux cadavres chinois. Peut-on exposer des corps humains ? », *Dr. fam.* 2009. Focus 37.

- P. MALAURIE, « L'homme, être juridique », *D.* 1994. 97 s.

- M. MARZANO (dir.), *Dictionnaire du corps*, PUF, 2007.

1. Comp., à propos de l'accouchement sous X, CEDH 13 févr. 2003, *Odièvre c/ France*, *JCP* 2003. II. 10049, note A. Gouttenoire-Cornut et F. Sudre, qui considère que le droit français, assoupli par la loi du 22 janv. 2002 sur l'accès aux origines, n'a pas violé l'article 8 de la Convention.
2. P. Malaurie, « L'homme, être juridique », *D.* 1994. 97 s. *Adde* G. Raymond, « L'assistance médicale à la procréation », *JCP* 1994. I. 3796 : « On espérait une déclaration des droits de l'homme face à la science [...] On se retrouve avec des petits bouts de bougie à la flamme vacillante qui ne tardera pas à s'éteindre au grand vent des bouleversements de la science biomédicale ».

- J. MASSIP, « L'insertion dans le Code civil de dispositions relatives au corps humain, à l'identification génétique et à la procréation médicalement assistée », *Defrénois* 1995. 35975.

- J. PENNEAU, *Répertoire de droit civil*, v° « Corps humain – Bioéthique », Dalloz, 2012 (actualisation 2016).

- B. PY, *La mort et le droit*, PUF, coll. « Que sais-je ? », 2010; *Le sexe et le droit*, PUF, coll. « Que sais-je ? », 1999.

- R. SAVATIER, « *De sanguinis jus* », *D.* 1954. 141 s.

- D. THOUVENIN, « Les lois n° 94-548 du 1er juillet 1994, n° 94-653 et n° 94-654 du 29 juillet 1994 ou comment construire un droit de la bioéthique », *D.* 1995. 149 s.; « La loi relative à la bioéthique ou comment accroître l'accès aux éléments biologiques d'origine humaine », *D.* 2005. 116 s., et 172. s.

- D. TISSIER, *La protection du corps humain sous l'angle de la procréation assistée, Regards croisés des droits français et nord-américains*, L'Harmattan, 2013.

- D. VIGNEAU (dir.), *Dictionnaire permanent bioéthique et biotechnologies*, Éditions Législatives.

Pistes de réflexion

Faut-il autoriser la gestation pour autrui ?
Faut-il interdire les châtiments corporels des enfants comme la fessée ?
Faut-il interdire la circoncision rituelle ?
Faut-il maintenir l'anonymat du don de produits ou éléments du corps humain ?

Section 3.
LA PROTECTION DE LA VIE PRIVÉE

JEREMY ANTIPPAS
Maître de conférences à l'Université Jean Moulin (Lyon III)

BERNARD BEIGNIER
Professeur des Universités,
Doyen honoraire de la Faculté de droit de Toulouse

243. La notion de « personnalité » tend à s'étendre tandis que celle de « protection », effet de mesure, incline à plus de restriction, du moins sur le plan du contrôle judiciaire[1]. Si la vie privée fait partie de la personnalité, il faut prendre garde à ne pas réduire celle-ci à celle-là. Par exemple, le droit moral de l'auteur, sanctionné par le Code de la propriété intellectuelle, est un droit de la

1. J.-P. Gridel, « Liberté de la presse et protection civile des droits modernes de la personnalité en droit positif français », *D.* 2005. 391 : T. Hassler, « Les progrès de la liberté de l'image des personnes en 2004 », *D.* 2005. 739.

personnalité[1] puisque l'article L. 121-1 de ce recueil dispose que « l'auteur jouit du droit au respect de son nom, de sa qualité et de son œuvre. Ce droit est attaché à sa personne [...] ». Le nom est quant à lui le premier des droits inhérents à la personne[2]. Ce n'est pas, non plus, en vain que la sanction civile de l'atteinte à la présomption d'innocence est venue se nicher à l'ombre de l'article 9 du Code civil. Mais précisément parce que ce principal aspect des droits de la personnalité a de vastes horizons et que « qui trop embrasse, mal étreint », c'est à la seule protection de la vie privée que ce chapitre sera consacré.

La protection de la personnalité est une idée moderne en droit. Ce n'est pas que l'ancien droit, en Occident, ait été indifférent à cette question mais elle était entrevue d'une tout autre manière que dans notre civilisation. Il y avait à cela de multiples raisons. La première était l'absence de la notion de vie privée. La seconde tenait à ce que les moyens de lui porter atteinte, même en l'admettant, ne permettaient pas de la violer comme cela est aujourd'hui possible.

244. ***Le temps de l'intimité.*** La vie privée découle d'une conception de la civilisation à compter du XVIIIe siècle. On peut citer quelques exemples qui démontrent largement l'absence de cette idée dans le passé : jusqu'à un édit d'Henri IV les Parisiens ont l'habitude de se baigner nus dans la Seine, la reine de France accouche en public[3], les palais royaux sont ouverts à tous ou presque, dans les habitations règnent, surtout dans les milieux ruraux, une promiscuité que nous jugerions intolérable. En 1787, visitant le château de Versailles, Arthur Young note dans son journal de voyage : « De nouveau à Versailles. Lors de ma visite à l'appartement du roi, qu'il avait quitté depuis à peine un quart d'heure, avec toutes ces légères marques de désordre qui montraient qu'il y vivait, c'était un amusant spectacle de voir les têtes de voyous, qui se promenaient, sans être surveillés, dans le palais et même dans la chambre à coucher du roi, des hommes dont les haillons montraient qu'ils se trouvaient au dernier degré de la pauvreté, et j'étais la seule personne à se demander avec étonnement comment diable ils pouvaient s'y trouver. Il est impossible de ne pas aimer ce sans-souci, ce laisser-aller, cette absence de toute suspicion. On aime le maître de la maison qui ne serait ni choqué, ni offensé de voir sa chambre ainsi occupée, s'il y retournait soudain; car, si on pouvait redouter qu'il en fût autrement, on s'opposerait à cette intrusion. C'est certainement une manifestation de cette facilité d'humeur qui m'apparaît si visible partout en France[4]. »

Mais il faut ajouter que la distinction entre « vie privée » et « vie publique » n'a pas de sens non plus. L'homme forme un tout indissociable. Louis XIV est roi dès son lever et jusque dans le détail de son existence[5]. Au XVIIe siècle encore la

---

1. F. Pollaud-Dulian, « Droit moral et droits de la personnalité », *JCP* 1994. I. 3780. Vérification *a contrario* : « Le droit moral de l'auteur d'œuvres littéraires est seulement celui de faire respecter soit l'intégrité de ses œuvres, soit son nom et sa qualité en tant qu'auteur de celles-ci, mais il est entièrement étranger à la défense des autres droits de la personnalité protégés par la loi » (10 mars 1993, *JCP* 1993. II. 22161, obs. J. Raynard; *D.* 1994. 78, note Francon). « Des autres... » donc il en est.
2. D'où, par assimilation : « Le pseudonyme, dès lors que, par son usage prolongé et notoire dans le domaine de l'art culinaire, il s'identifie aux yeux du public à l'individu qui le porte, constitue un attribut de la personnalité qui, à l'égal du patronyme, est protégé ». Paris, 11 sept. 1996, *D.* 1996. IR 249.
3. Scène décrite par Mme Campan dans ses *Mémoires*, Mercure de France, 1999, p. 170 s.
4. A. Young, *Voyages en France en 1787, 1788 et 1789*, trad. SEE, Paris, 1931, t. I, p. 199.
5. C'est vraiment avec Louis XV que le roi de France dispose d'une vie privée. V. P. Verlet, *Versailles*, Fayard, 1961, et les chapitres sur la vie privée et la vie publique du roi. Louis XV avait deux signatures : Louis (lorsqu'il signait comme roi) et Louis de Bourbon (lorsqu'il signait à titre de particulier — dans certains actes notariés par ex.).

robe n'est pas pour le magistrat un simple costume d'audience, mais une tenue quotidienne et en France, les officiers ne sont plus tenus de porter constamment l'uniforme que depuis le début de ce siècle. L'idée, d'une part, qu'il puisse y avoir une « vie privée » et, d'autre part, que cette « vie privée » s'oppose à la « vie publique » est donc moderne[1].

Pourquoi l'apparition de cette conception de la vie ? On peut dire qu'il y eut un raffinement de la vie quotidienne, l'idée du confort matériel accessible à tous n'est pas, elle-même, très ancienne. Il faut aussi compter avec la montée constante de l'individualisme. Opposer à autrui cette immunité de la « vie privée », c'est admettre, pour partie, la justesse de la remarque de Sartre : « L'enfer, c'est les autres ». Il y a, d'une certaine manière, une contradiction de la société contemporaine, que le droit révèle, entre le désir de *solidarité* et de *solitude*.

245. ***Le siècle des médias.*** Dans l'apparition de la notion juridique, il faut tenir compte aussi des moyens d'atteinte avec le développement considérable à partir du XIXe siècle de la presse à grand tirage puis de l'apparition de la presse « à sensation ». À l'origine, la presse était un moyen de communication très intellectuel[2]. Premièrement parce que, jusqu'à la fin du XIXe siècle, elle est réservée à une certaine élite. Cette presse a donc pour vocation l'information et la polémique politique. Un journaliste se dénomme encore un « publiciste ». Puis, lorsque la société est largement alphabétisée, les journaux vont se répandre dans toutes les classes de la société. Ce sera l'âge d'or de la presse que l'on peut dater de la première moitié du XXe siècle. Tous ceux qui savent lire ne sont plus nécessairement ceux qui étudient. Le lectorat se modifie et des journalistes vont satisfaire ses besoins. On va donc s'intéresser aux petites choses de la vie, aux états d'âmes des artistes, aux fredaines des hommes politiques. Aujourd'hui la presse écrite est en crise, mais les médias audiovisuels ont envahi la vie quotidienne. De l'écrit à l'image, en quelque sorte. Or l'atteinte à la vie privée est souvent réalisée par l'image, ce qui explique, on le verra plus bas, le lien étroit entre « vie privée » et « protection de l'image ».

Quelle sera la réaction du droit ? Pendant longtemps, la législation sur cette question sera absolument muette. Il faudra, pour que sa langue se délie, attendre le Second Empire : l'article 11 de la loi du 11 mai 1868 relative à la presse punira en effet d'une peine contraventionnelle « toute publication dans un écrit périodique relative à un fait de la vie privée »; mais le texte, peu appliqué, fut abrogé par la loi du 29 juillet 1881 qui ne reprit pas ces dispositions. Celle-ci n'accorda à la vie privée qu'une place très modeste, en se bornant à poser qu'en cas de diffamation, l'agent ne pouvait s'exonérer de sa responsabilité pénale même en établissant la vérité des propos, dès lors que ceux-ci avaient trait à la vie privée de la victime (art. 35, a). Sans doute cette loi réprime-t-elle la diffamation[3] et l'injure. Mais, d'une part, elle le fait sinon à regret du moins avec une telle faveur pour la liberté de la presse qu'elle est assez dérisoire. D'autre part, et surtout, la diffamation se distingue notablement de l'atteinte à la vie privée. La notion doit être circonscrite (***I.***) pour aborder les moyens de protection qu'elle permet (***II.***).

---

1. B. Beignier, « Vie privée et vie publique », *Archives Phil. dr.*, t. 41. *Le public et le privé*, 1997, p. 393 s.
2. Commode et rapide : « Histoire du droit de la presse et des médias » (p. 9-53) *in* B. Beignier, E. Dreyer et B. de Lamy (dir.), *Traité du droit de la presse et des médias*, Litec, 2009.
3. J. Antippas et B. Beignier, « La diffamation d'une entreprise », *Mél. P. Serlooten*, Dalloz, 2015, p. 113 s.

I. La notion

246. Avant d'étudier plus particulièrement le droit au respect de la vie privée et celui « à l'image » qui sont les plus déterminants (**B.**), il convient d'avoir une vue plus générale des droits de la personnalité (**A.**).

A. Des droits singuliers parmi les droits

247. Il s'agit de droits variés, fondamentaux et extrapatrimoniaux.

1. Droits diversifiés

248. ***Apparition.*** Cette notion juridique ne s'introduisit en droit français qu'à la fin du XIXe siècle. On soutient assez ordinairement dans la plupart des ouvrages que l'origine de la notion est germanique et que ce serait la forte influence des juristes allemands (le Code civil allemand est promulgué en 1900 et sa préparation suscita dans l'Empire de vastes controverses doctrinales qui eurent leur écho en France, en partie grâce à Saleilles). Ce point de vue est contestable. L'idée d'une protection de la vie privée apparaît, semble-t-il, au même instant dans plusieurs pays occidentaux d'Europe mais aussi d'Amérique (1890 : Samuel D. Warren et Louis D. Brandeis développent la notion, riche d'avenir, d'un *right of privacy*), les mêmes causes ayant nécessairement les mêmes effets. Un nom et un titre à retenir : E.-H. Perreau, « Des droits de la personnalité », *RTD civ.* 1909. 501. Il est le tout premier, véritablement à consacrer une étude complète à cette question. La première thèse sera celle du doyen Nerson soutenue à Lyon en 1939 et intitulée *Les droits extrapatrimoniaux.*

Ces deux études sont à retenir car elles vont marquer durablement doctrine et jurisprudence. Perreau soutient qu'il existe non pas un droit général de protection de la personnalité, mais « des droits ». Nerson théorisera l'idée que ces droits sont « extrapatrimoniaux ». Deux conceptions, on le verra, qui ne sont pas exemptes de critiques.

Il fallut attendre la loi du 17 juillet 1970 pour voir consacré dans le Code civil, dans un nouvel article 9 et sous la forme délicate d'un alexandrin, le principe selon lequel « chacun a droit au respect de sa vie privée » (historiquement cette loi est votée à la suite d'une scandaleuse campagne de presse contre le président de la République). Ajoutons le pendant de ces dispositions au pénal : l'article 226-1[1] du Code pénal et l'article 9-1 du Code civil qui sanctionne l'atteinte à la présomption d'innocence.

249. ***Diversité des droits de la personnalité.*** On ne perdra pas de vue que jurisprudence et doctrine dominante parlent en France « des » droits de la personnalité, parmi les multiples et prolifiques « droits-créances », « droits à... »[2] (notion née de la rencontre entre les droits subjectifs classiques et les droits de l'homme dans leur version moderne). Il est donc requis, pour exposer le droit contemporain, de s'en tenir à cette donnée. Ainsi la jurisprudence, on va y revenir, découvre-t-elle un droit « à l'image » et un droit à la protection de la vie pri-

1. Texte conduisant le juge civil à juger que : « constitue une atteinte à l'intimité de la vie privée, que ne légitime pas l'information du public, la captation, l'enregistrement ou la transmission sans le consentement de leur auteur des paroles prononcées à titre privé ou confidentiel » (Civ. 1re, 6 oct. 2011, CCE 2012, n° 6, obs. A. Lepage).
2. Lecture utile : D. Cohen, « Le droit à... », *in Mélanges François Terré*, PUF, 1999, p. 393 s. Une remarquable thèse : M. Pichard, *Le droit à. Étude de législation française*, Paris II, 2004.

vée (avant même l'adoption de la version actuelle de l'article 9 du Code civil), mais aussi un droit « à la voix », un droit à l'oubli qui vient d'être reconnu par la CJUE[1], etc. (illustrations : voir les références sous l'article 9 du Code civil dans les Codes annotés). Toutefois, dans l'ensemble, la conception française est de réduire les droits de la personnalité à la seule personnalité morale.

Il existe pourtant une conception plus extensive qui englobe, non sans quelques raisons, dans cette catégorie tous les droits relatifs à l'intégrité de la personne. On retiendra en ce sens l'article 3 du Code civil du Québec de 1994 : « Toute personne est titulaire de droits de la personnalité, tels le droit à la vie, à l'inviolabilité et à l'intégrité de sa personne, au respect de son nom, de sa réputation et de sa vie privée. »

Interrogation : même en restreignant les droits de la personnalité à la seule protection de l'intégrité morale de la personne humaine, pourquoi parler de « droits » ? Il n'y a à cela aucune raison valable et cette palette ne s'explique que par l'origine prétorienne de la protection de la personnalité[2]. On pourrait soutenir qu'il existe un « droit de la personnalité » qui protège les divers aspects de celle-ci. C'est la position de la jurisprudence allemande fondée sur l'article 2 de la Loi fondamentale de la République fédérale : « Chacun a droit au libre développement de sa personnalité, pourvu qu'il ne porte pas atteinte aux droits d'autrui, à l'ordre constitutionnel ou à la loi morale[3] ». Cette conception proposée en 1951 par la Commission de réforme du Code civil n'a jamais été reprise, mais on peut considérer qu'elle inspire les positions des juristes sans le dire. L'expression au singulier contribue d'ailleurs à souligner l'existence d'un même objet général : protéger l'intégrité morale de l'individu ou lui réserver l'utilisation de ses attributs de la personnalité. Mais elle gagne aussi à être complétée par une identification de droits déterminés ayant un objet spécifique. Le droit au respect de la vie privée a ainsi un objet spécifique par rapport au droit sur le nom de famille. Quoi qu'il en soit de la dénomination retenue, leurs traits communs tendent à montrer que les droits de la personnalité forment une catégorie juridique à part entière. Catégorie, plus précisément, de droits fondamentaux.

2. Droits fondamentaux

250. ***Nature des droits protégeant la personnalité.*** Quelle est la valeur du principe inscrit dans l'article 9 du Code civil ? Il ne fait aucun doute qu'il s'agit d'un texte législatif en tant que *norme* juridique mais quelle est sa *valeur ?* On a longtemps pu douter de la solution à apporter. La doctrine était divisée. Certains estimaient que la jurisprudence du Conseil constitutionnel entérinait la notion de protection de la vie privée en se fondant sur l'article 66 de la Constitution : « Nul ne peut être arbitrairement détenu. L'autorité judiciaire, gardienne de la liberté individuelle, assure le respect de ce principe dans les conditions prévues

1. CJUE 13 mai 2014, *Google Spain*, C-131/12, *D.* 2014. 1476, Chron. V.-L. Benabou et J. Rochfeld, et 1481, Chron. N. Martial-Braz et J. Rochfeld, jugeant (§ 88) que « l'exploitant d'un moteur de recherche est obligé de supprimer de la liste de résultats, affichée à la suite d'une recherche effectuée à partir du nom d'une personne, des liens vers des pages web, publiées par des tiers et contenant des informations relatives à cette personne, également dans l'hypothèse où ce nom ou ces informations ne sont pas effacés préalablement ou simultanément de ces pages web, et ce, le cas échéant, même lorsque leur publication en elle-même sur lesdites pages est licite. »
2. Ex. d'une décision qui, par renvoi à la vie privée, protège, en fait, la liberté religieuse (Civ. 1re, 6 mars 2001, *D.* 2002. 248, note C. Duvert).
3. F. Ferrand, *Droit privé allemand*, Dalloz, coll. « Précis », 1997, n° 55.

par la loi[1] », d'autres jugeaient qu'il convenait « plus sûrement, d'affirmer que le Conseil constitutionnel n'a jamais consacré le droit au respect de la vie privée[2] ».

Ultime hésitation, la décision du 13 août 1993 *Maîtrise de l'immigration*[3] : « Considérant que les députés, auteurs de la seconde saisine, soutiennent que cette disposition méconnaît le principe d'égalité entre nationaux et étrangers et porte atteinte au respect de la vie privée qui, selon eux, constituerait un principe de valeur constitutionnelle. »

L'objection selon laquelle les « principes fondamentaux reconnus par les lois de la République » s'arrêteraient en 1958 ne repose sur aucune raison définitive[4]. Mais, pour être franc, il est contestable de dire qu'un principe est « fondamental » parce qu'il est inscrit dans une loi de la République : c'est parce qu'il est fondamental qu'il est proclamé par le législateur qui ne fait que le *révéler* par le droit positif et non pas le *créer*. Le législateur ne « fait » pas le droit, il le « dit » (étymologie stricte du mot *legis lator*). Selon une antique formule du droit romain, ce n'est pas le droit qui découle de la loi, mais la loi qui prend sa source dans le droit. *Un principe fondamental a sans doute une valeur constitutionnelle, la réciproque n'est pas vraie.* Ce qui est plus encore certain, c'est que ce n'est pas dans le texte de la Constitution française qu'un tel principe puise sa source car un principe fondamental du droit n'est pas « français », il est *universel*; ensuite, un principe purement constitutionnel peut toujours être aboli par le constituant lui-même (la Constitution est une norme juridique bien plus fragile que ne l'imagine la doctrine néoconstitutionnelle) alors qu'un principe fondamental s'impose au constituant lui-même[5]. Une phrase de M. Picard résume tout : « Ce n'est pas de la Constitution que découle le droit, mais c'est le droit qui engendre la Constitution ».

À travers le débat sur la valeur de l'article 9 alinéa premier du Code civil, on s'aperçoit donc qu'il s'agit d'une discussion de fond sur les sources du droit et la hiérarchie des normes[6].

1. Ainsi, L. Favoreu, « Le Conseil constitutionnel et la protection de la liberté individuelle et de la vie privée » *in Mélanges Kayser*, Aix, 1979, t. II, p. 411 s.; P. Kayser, « Le Conseil constitutionnel, protecteur du secret de la vie privée à l'égard des lois », *in Mélanges Raynaud*, Paris-Toulouse, 1985, p. 330.
2. Impossible à ignorer : N. Molfessis, *Le Conseil constitutionnel et le droit privé*, thèse, LGDJ, coll. « Bibliothèque de droit privé », 1998, n°s 157 s., spéc. n° 161 : thèse la plus remarquable sur cette question.
3. *JCP* 1993. III. 66372, *in fine*.
4. Clair et précis : H. Roussillon et P. Esplugas, *Le Conseil constitutionnel*, 7e éd., Dalloz, coll. « Connaissance du droit », 2011, spéc. p. 61 s. Sur cette question qui a des extensions avec d'autres domaines : à lire, B. Mathieu « Droit constitutionnel et droit civil », *RTD civ.* 1994. 59 s. Sur ce point se souvenir de l'arrêt notable du Conseil d'État du 9 juill. 1996 (invention d'un nouveau « principe fondamental reconnu par les lois de la République », l'arrêt ne peut être ignoré, *D.* 1996. 509, note F. Julien-Laferrière).
5. Sur la question de la notion de droit fondamental (outre le chapitre contenu dans ce manuel dû à la plume de F. Terré), une lecture roborative (parmi une littérature parfois aussi lumineuse que la forêt d'Amazonie) : V. Champeil-Desplats, « La notion de "droit fondamental" et le droit constitutionnel français », *D.* 1995. Chron. 323 s.; E. Picard, « L'émergence des droits fondamentaux en France », *AJDA* n° spécial 20 juill.-20 août 1998, p. 6 s. Ces deux articles suffisent à avoir des idées nettes et justes. Question doctrinale en débat à approfondir, utile pour d'autres thèmes : distinguer « droit fondamental » et « principe général du droit » (J.-P. Gridel « La Cour de cassation française et les principes généraux du droit », *D.* 2002. Chron. 228 s., 345 s.; P. Sargos « Les principes généraux du droit privé dans la jurisprudence de la Cour de cassation. Les garde-fous des excès du droit », *JCP* 2001. I. 306). Une thèse : Patrick Morvan, *Le principe de droit privé*, Éd. Panthéon-Assas, 1999. La notion entre en conflit avec une vision purement géométrique du droit, celle de la hiérarchie des normes : B. Beignier, « Hiérarchie des normes et hiérarchie des valeurs : les principes généraux du droit et la procédure civile », *Mélanges P. Catala*, Litec, 2001, p. 153 s.; P. Puig, « Hiérarchie des normes : du système au principe », *RTD civ.* 2002. 749 s. (article substantiel, lecture enrichissante).
6. Sur cette question importante, un remarquable article de P. Puig, *RTD civ.* 2001. 749.

Vérification jurisprudentielle : « Vu l'article 8 de la Cour européenne des droits de l'homme, l'article 9 du Code civil, l'article 9 du nouveau Code de procédure civile et l'article L. 120-2 du Code du travail » (arrêt *Nikon* du 2 octobre 2001 consacrant la liberté fondamentale du salarié au respect de sa vie privée sur le lieu de son travail, v. ss 260); « Vu l'article 10 de la Cour européenne des droits de l'homme, *ensemble* les articles 9 et 16 du Code civil » (arrêt *RER Saint-Michel* du 20 février 2001, v. ss 259). Le droit fondamental surgit de la confrontation de plusieurs sources du droit : Cour européenne des droits de l'homme (traité), Code civil ou Code du travail (loi), nouveau Code de procédure civile (décret).

L'évolution était d'autant plus souhaitable que dans ses « Propositions pour une révision de la Constitution », le comité consultatif pour la révision de la Constitution, présidé par le doyen G. Vedel (en 1993) avait proposé l'adjonction d'un article 66 ainsi libellé : « Chacun a droit au respect de sa vie privée et de la dignité de sa personne. » Il n'était pas, non plus, négligeable de considérer que certains pays avaient consacré la protection de la vie privée dans leur Constitution (exemples : Allemagne, Espagne, Portugal, Andorre dans la Constitution de 1993, ou Suisse dans la nouvelle Constitution de 1999) ou dans une Charte particulière (Québec). On peut ainsi citer l'article 23 de la Constitution russe du 12 décembre 1993 : « Chacun a droit à l'inviolabilité de la vie privée, au secret professionnel et familial, à la défense de son honneur et de sa réputation. Chacun a droit au secret de la correspondance, des entretiens téléphoniques, des communications postales, télégraphiques et autres. La limitation de ce droit n'est permise que sur la base d'une décision judiciaire. » Par ailleurs, on ne pouvait oublier que le respect de la vie privée figure dans la Convention européenne de sauvegarde des droits de l'homme et des libertés fondamentales (art. 8), comme dans le Pacte international relatif aux droits civils et politiques (art. 17), et qui, en tant que traités, ont une valeur sinon constitutionnelle du moins *supra*-législative dans notre pays. La Déclaration universelle des droits de l'homme, quoique constituant quant à elle un texte simplement politique et déclaratif, comporte également une référence à la vie privée (art. 12).

La question est désormais tranchée par plusieurs décisions du Conseil constitutionnel[1]. La première du 18 janvier 1995 rendue à propos de la loi d'orientation et de programmation relative à la sécurité[2] dont on retiendra le principal attendu : « La prévention d'atteintes à l'ordre public, notamment d'atteintes à la sécurité des personnes et des biens, et la recherche des auteurs d'infractions sont nécessaires à la sauvegarde de principes et droits à valeur constitutionnelle. Il appartient au législateur d'assurer la conciliation entre ces objectifs de valeur constitutionnelle, garanties au nombre desquelles figurent la liberté individuelle, la liberté d'aller et de venir, l'inviolabilité du domicile et le droit d'expression collective des idées et des opinions. La méconnaissance du droit au respect de la vie privée peut être de nature à porter atteinte à la liberté individuelle »; la deuxième du 23 juillet 1999[3] relative à la CMU et dont le considérant est repris par la troisième relative au Pacs[4], du 9 novembre 1999 (considérant 73) : considérant qu'aux termes de l'article 2 de la Déclaration des droits de l'homme et du citoyen : « Le but de toute association politique est la conservation des droits naturels et impres-

1. Bon article de droit comparé : X. Bioy, « Le libre développement de la personnalité en droit comparé », *RIDC* 2003. 123.
2. *JCP* 1995. II. 22525, obs. F. Lafay; et obs. Rousseau à la *RD publ.* précitées.
3. *D.* 2000. Somm. 265, note L. Marino.
4. *Dr fam.*, hors série « Pacs », déc. 1999.

criptibles de l'homme. Ces droits sont la liberté, la propriété, la sûreté et la résistance à l'oppression que la liberté proclamée par cet article implique le respect de la vie privée. ». Jurisprudence réaffirmée par la décision du 2 mars 2004 (consid. 75) relative à la loi « Perben II », puis confirmée à l'occasion de l'examen de questions prioritaires de constitutionnalité[1].

Que retenir de cette jurisprudence ?

- En premier, qu'elle rattache bien le respect de la vie privée au principe de la liberté individuelle (mais par rattachement tantôt à l'article 66 de la Constitution; tantôt à l'article 2 de la Déclaration des droits) et non aux « principes fondamentaux reconnus par les lois de la République ».

- En second, la prudence de la décision : le respect de la vie privée n'est pas absolu. On notera qu'il s'agit de « concilier » deux objectifs à valeur constitutionnelle : la sûreté publique et la liberté individuelle. Cette notion de « conciliation de principes » est, tout à la fois, classique et courante, dans la jurisprudence du Conseil constitutionnel. À retenir un important arrêt (affaire du *feuilleton romancé du* Figaro) de la première chambre civile du 9 juillet 2003[2] : « Les droits au respect de la vie privée et à la liberté d'expression, revêtant, eu égard aux articles 8 et 10 de la Convention européenne de sauvegarde des droits de l'homme et des libertés fondamentales et 9 du Code civil, une *identique valeur normative*, font ainsi devoir au juge saisi de rechercher leur *équilibre* et, le cas échéant, de privilégier la solution la plus protectrice de l'intérêt le plus légitime ». Récemment, la Cour de cassation a considéré licite la révélation de l'orientation sexuelle d'un dirigeant politique de rang national, approuvant une cour d'appel d'avoir effectué un rapport raisonnable de proportionnalité entre la protection de la vie privée de l'intéressé et le but légitime d'intérêt général d'information poursuivi par le média[3].

La question n'est plus tellement aujourd'hui du rapport entre le Code civil et la Constitution mais plutôt entre le Code civil et la Convention européenne des droits de l'homme (directement invocable devant le juge judiciaire). On retiendra, en particulier, un arrêt de la première chambre civile du 12 mars 2000[4] : cet arrêt déclare que les dispositions de l'alinéa 2 de l'article 9 du Code civil, qui permettent la publication de la décision de condamnation en cas de violation du secret de la vie privée, sont conformes à l'article 10 (liberté d'expression) de la Convention européenne des droits de l'homme.

1. V. not. : Cons. const. 16 sept. 2010, n° 2010-25 QPC, consid. 6, confirmant à l'égard de l'art. 2 de la DDHC que « la liberté proclamée par cet article implique le respect de la vie privée » (formule également reprise par : Cons. const. 30 mars 2012, n° 2012-227 QPC, consid. 6, *JO* 31 mars 2012, p. 5918, et Cons. const. 16 mai 2012, n° 2012-248 QPC, consid. 6, *JO* 17 mai 2012, p. 9154). V. égal. : Cons. const. 13 juill. 2012, n° 2012-264 QPC, consid. 6, *JO* 14 juill. 2012, p. 11636 : « ni le respect de la vie privée ni aucune autre exigence constitutionnelle n'impose que le conjoint d'une personne de nationalité française puisse acquérir la nationalité française à ce titre ».
2. *Bull. civ.* I, n° 172. V. égal., sur cette notion d'équilibre des droits : Civ. 1re, 23 avr. 2003, *Bull. civ.* I, n° 98; *D.* 2004. 1539, note A. Lepage. *Adde*, Civ. 1re, 30 sept. 2015, n° 14-16.273, *D.* 2015. 2008 : « Le droit au respect de la vie privée, prévu par les articles 8 de la Convention de sauvegarde des droits de l'homme et des libertés fondamentales et 9 du Code civil, et le droit à la liberté d'expression, régi par l'article 10 de la Convention, ont la même valeur normative. Il appartient au juge saisi de rechercher un équilibre entre ces droits et, le cas échéant, de privilégier la solution la plus protectrice de l'intérêt le plus légitime ».
3. Civ. 1re, 9 avr. 2015, n° 14-14.146; *RTD civ.* 2015. 583, obs. J. Hauser; *JCP* 2015. 1191, n° 13, obs. J. Antippas; *D.* 2016. 278, obs. E. Dreyer.
4. *D.* 2001. 2434, note J.-C. Saint-Pau.

La Cour de justice de l'Union européenne opère désormais elle aussi cet équilibre entre, d'une part, le droit à la protection des données personnelles et, d'autre part, droit à l'information[1].

À noter également que les droits de la personnalité se trouvent dans un processus de conquête croissante du droit administratif : le juge et même les autorités administratifs les protègent en effet de plus en plus, à la suite et sur le modèle du droit privé, y compris d'ailleurs parfois sans le secours d'un texte particulier; cela contribue ainsi à confirmer leur caractère fondamental[2]. Pour fondamental qu'il soit, le droit au secret de la vie privée ne bénéficie qu'aux personnes physiques. Dans une affaire récente en effet, une société exploitant une boulangerie se plaignait d'une atteinte à sa vie privée du fait de l'installation, par un voisin, d'un système de vidéosurveillance donnant notamment sur l'accès à son fournil. La Cour de cassation a cependant jugé à cet égard que « si les personnes morales disposent, notamment, d'un droit à la protection de leur nom, de leur domicile, de leurs correspondances et de leur réputation, seules les personnes physiques peuvent se prévaloir d'une atteinte à la vie privée au sens de l'article 9 du Code civil »[3]. Même si la Cour de cassation reconnaît ici la protection de certains attributs aux personnes morales et fait référence au nom plutôt qu'à la dénomination sociale et au domicile par préférence au siège social, la solution pourrait tout à fait poser premiers jalons d'une dissociation entre les droits de la personnalité, dont le droit au secret de la vie privée de l'article 9 du Code civil est le prototype, qui seraient reconnus aux seules personnes physiques, et les droits des personnes morales qui ne seraient quant à eux nullement constitutifs de droits de la personnalité[4].

3. Droits extrapatrimoniaux

251. ***Discussions sur l'extrapatrimonialité.*** Le « droit à l'image » est réputé avoir un aspect patrimonial et un autre extrapatrimonial. Cette ambiguïté[5] du droit à l'image démontre si besoin était la faiblesse d'une division abusive entre droits patrimoniaux et droits extrapatrimoniaux. Le droit français, l'esprit français plus encore, aime les catégories : le droit public s'oppose au droit privé, les meubles aux immeubles, les obligations de moyens à celles de résultat. Les choses sont plus relatives : il existe un droit public économique, des immeubles par destination et des obligations de moyens renforcées. De même, la césure entre droits patrimoniaux et droits extrapatrimoniaux n'a-t-elle de validité que tempérée[6].

---

1. CJUE 16 juill. 2015, *Coty Germany GmbH*, aff. C-580/13; *D.* 2015. 2168, note C. Kleiner; *AJ pénal* 2015. 544, note J. Lasserre Capdeville.
2. V. J. Antippas, *Les droits de la personnalité. De l'extension au droit administratif d'une théorie fondamentale de droit privé*, th. Paris II, PUAM, 2012.
3. Civ. 1re, 17 mars 2016, n° 15-14.072, à paraître au *Bull.*; *D.* 2016. 1116, note G. Loiseau; *JCP* 2016, Doctr. 1225, n° 9, obs. J. Antippas.
4. J. Antippas, *JCP* 2016. 1225, n° 9. Comp. G. Loiseau, *D.* 2016. 1116, considérant que les autres droits de la personnalité seraient reconnus aux personnes morales.
5. Une chronique un peu ancienne mais toujours utile, et relativement classique : D. Acquarone, « L'ambiguïté du droit à l'image », *D.* 1985. Chron. 130 s. (plan : I — L'image, moyen de porter une atteinte à la personnalité d'autrui; II — L'image, moyen de porter une atteinte au patrimoine d'autrui).
6. Il serait ainsi possible d'envisager une échelle de la patrimonialité, partant de la non patrimonialité et allant jusqu'à la pleine patrimonialité en cas de réunion de trois critères (la possibilité d'évaluation en argent, la cessibilité et la transmissibilité pour cause de mort), et passant par une semi-patrimonialité en cas de présence d'un ou de deux desdits critères. V. à cet égard : P. Catala, « La transformation du patrimoine dans le droit civil moderne », *RTD civ.* 1966. 185.

D'un côté, on pourrait douter de l'extrapatrimonialité des droits de la personnalité. En effet, quelle est la principale conséquence de l'extrapatrimonialité ? L'absence de vénalité. Le droit extrapatrimonial est conçu comme le droit pur, intact de toute alliance avec l'argent qui avilit. C'est une définition purement négative.

Or on a déjà constaté que le droit de la personnalité par excellence, celui qui porte sur l'image, est de plus en plus appréhendé comme ayant une variante « patrimoniale ». La vie quotidienne et la jurisprudence semblent à certains égards le montrer.

D'abord, chacun fait ce qu'il veut de son portrait, ou, en tout cas, peut librement passer des contrats relatifs à l'utilisation de ses traits : si ce droit était *indisponible* nul ne pourrait en disposer. Le corps humain est indisponible, la conséquence en est qu'on ne peut le vendre. L'image devrait l'être, et pourtant ce n'est pas le cas. L'on admet en effet très volontiers la validité du « contrat d'image » : une solution a énoncé que « dès lors que le droit à l'image revêt les caractéristiques essentielles des attributs d'ordre patrimonial, il peut valablement donner lieu à l'établissement de contrats soumis au régime général des obligations entre le cédant, lequel dispose de la maîtrise juridique sur son image, et le cessionnaire, lequel devient titulaire des prérogatives attachées à ce droit »[1]. La Cour de cassation a d'ailleurs confirmé que les contrats portant sur l'image de la personne « relèvent de la liberté contractuelle »[2]. Aussi bien, un individu peut-il autoriser l'utilisation de son image par un tiers, y compris moyennant finances. Le droit sur le nom permet de vérifier la même solution (arrêts *Bordas* puis *Ducasse*[3]). De même chacun peut révéler ce qu'il veut de sa vie privée. Ainsi la Cour de cassation, par un arrêt de sa première chambre civile du 10 octobre 1995 (affaire de

1. Versailles, 22 sept. 2005, *D.* 2006. 2705, obs. L. Marino.
2. Civ. 1re, 11 déc. 2008, *RTD civ.* 2009. 295, obs. J. Hauser; *ibid.* 342, obs. T. Revet; *RTD com.* 2009. 141, obs. F. Pollaud-Dulian; *JCP* 2009. II. 10025, note G. Loiseau. V. égal. Civ. 1re, 28 janv. 2010, *Bull. civ.* I, n° 21; *D.* 2011. 780, obs. E. Dreyer; *RTD civ.* 2010. 299, obs. J. Hauser : « attendu que la cour d'appel a retenu que Mme X... avait librement consenti à la reproduction des clichés de son image précisément identifiés, de sorte que l'autorisation ainsi donnée à l'exploitation de celle-ci n'était pas illimitée »; et Civ. 1re, 4 nov. 2011, *RTD civ.* 2012. 90, obs. J. Hauser; *CCE* 2012, n° 33, obs. A. Lepage, faisant référence, au visa de l'art. 1134 du C. civ., à « l'accord donné par une personne pour la diffusion de son image ».
3. L'arrêt *Bordas* (du nom de l'éditeur) est un « grand arrêt » à connaître : Com. 12 mars 1985, *Bull. com.* IV, n° 95; *D.* 1985. 471, note Ghestin; *JCP* 1985. II. 20400 concl. Montanier, note Bonet. Attendu de principe : « Le principe de l'inaliénabilité et de l'imprescriptibilité du nom patronymique, qui empêche son titulaire d'en disposer librement pour identifier au même titre une autre personne physique, ne s'oppose pas à la conclusion d'un accord portant sur l'utilisation de ce nom comme dénomination sociale ou nom commercial ». Une thèse à parcourir : G. Loiseau, *Le nom, objet d'un contrat*, t. 274, LGDJ, « Bibl. dr. privé ». Jurisprudence confirmée depuis lors par l'arrêt *Ducasse* de la chambre commerciale du 6 mai 2003 (*D.* 2003. 2228, note Loiseau) mais avec un bémol : « Le consentement donné par un associé fondateur, dont le nom est notoirement connu, à l'insertion d'un patronyme dans la dénomination d'une société exerçant son activité dans le même domaine, ne saurait, sans accord de sa part et en l'absence de renonciation expresse ou tacite à ses droits patrimoniaux, autoriser la société à déposer ce patronyme à titre de marque pour désigner les mêmes produits ou services ». Formule reprise et complétée par Com. 24 juin 2008 (affaire *Beaud*), *D.* 2008. 2569, note A. Mendoza-Caminade; *RTD com.* 2009. 116, obs. J. Azéma (« le consentement donné par un associé fondateur dont le nom est notoirement connu sur l'ensemble du territoire national, à l'insertion de son nom de famille dans la dénomination d'une société exerçant son activité dans le même domaine, ne saurait, sans accord de sa part, et en l'absence de renonciation expresse ou tacite à ses droits patrimoniaux, autoriser la société à déposer ce patronyme à titre de marque pour désigner les mêmes produits ou services »). Autre arrêt : « le droit d'utiliser le nom de famille qui constitue le signe distinctif d'une EURL est cédé en même temps que celle-ci » (Com. 12 juin 2007, *Bull. civ.* IV, n° 161).

l'épouse du dernier empereur de Chine) observe qu'il n'y avait pas atteinte à la vie privée dans la rédaction d'une biographie qui reprenait des « révélations faites par l'empereur lui-même dans des écrits autobiographiques sur certains aspects de sa vie intime[1] ». Rien, partant, ne fait obstacle à ce qu'une personne monnaie la divulgation de sa vie privée.

Ensuite, *l'imprescriptibilité* est également très relative. Nombreux sont les arrêts à admettre qu'une longue tolérance peut certes prendre fin, de la volonté de celui qui tolère (l'inaction prolongée de la victime en cas d'atteinte à ses droits de la personnalité ne la prive pas du droit d'agir[2]), mais on ne peut revenir sur le passé.

Enfin, pour ce qui est de la *transmissibilité*, certaines décisions rendues par les juridictions du fond l'ont admise, en particulier la célèbre affaire *Raimu* dans laquelle le tribunal avait énoncé : « le droit à l'image a un caractère moral et patrimonial; [...] le droit patrimonial qui permet de monnayer l'exploitation commerciale de l'image n'est pas purement personnel et se transmet aux héritiers »[3]. La solution avait été confirmée par la cour d'appel considérant que, s'agissant du droit sur l'image, « la valeur patrimoniale de ce droit a vocation à se transmettre »[4].

De toute manière, la protection des droits de la personnalité aboutit souvent à une conséquence patrimoniale qui se traduit par le versement de dommages-intérêts qui vont bel et bien enrichir le patrimoine d'une personne.

Mais, de l'autre côté, on peut tout aussi bien considérer que l'aspect économique des droits de la personnalité n'implique pas de reconnaître en la matière des droits qui auraient en eux-mêmes un caractère patrimonial[5].

D'ailleurs, la Cour de cassation, si elle reconnaît la licéité des contrats relatifs aux attributs de la personnalité, n'a jamais clairement consacré de véritables droits patrimoniaux de la personnalité, en dépit des nombreux appels doctrinaux en ce sens (*cf. infra*). Elle a même précisé que le droit au respect de la vie privée et le droit sur l'image ne bénéficient qu'aux seuls vivants. Il faut en effet désormais connaître l'arrêt de la première chambre civile du 14 décembre 1999[6] qui fixe en principe que : « Le droit d'agir pour le respect de la vie privée s'éteint au décès de la personne concernée, seule titulaire de ce droit ». Le droit au respect de la vie privée ne se transmet donc pas. L'arrêt de la même chambre du 20 décem-

1. *Bull. civ.* I, n° 356; *JCP* 1997. II. 22765, obs. J. Ravanas.
2. V. par ex. : Paris, réf., 7 avr. 1965, *Gaz. Pal.* 1966. 40 (l'abstention, de la part du père d'une chanteuse mineure, d'engager des poursuites à l'encontre des organes de presse ayant révélé des éléments de la vie privée de l'intéressée, ne l'empêche pas d'exercer des poursuites ultérieures).
3. TGI Aix-en-Provence, 24 nov. 1988, *JCP* 1989. II. 21329, note J. Henderycksen; *RTD civ.* 1990. 126, obs. J. Patarin.
4. Aix-en-Provence, 21 mai 1991, *RJDA* 1991, n° 756, p. 665; *BICC* 15 sept. 1991, n° 1478.
5. V. J. Antippas, « Propos dissidents sur les droits dits "patrimoniaux" de la personnalité », *RTD com.* 2012. 35. On peut, en effet, considérer que les droits de la personnalité, tout en permettant à leur titulaire d'effectuer une exploitation économique des attributs de sa personnalité, n'en demeurent pas moins des droits extrapatrimoniaux; à l'instar notamment des libertés, qui ne sont pas incluses dans le patrimoine, à tout le moins dans la conception traditionnelle d'Aubry et Rau. Comp. T. Gisclard, *La personnalité humaine comme élément du patrimoine*, th. Paris 1, 2012, dir. G. Loiseau, montrant, notamment à travers le droit comparé, la dimension patrimoniale des droits de la personnalité. V. également : J.-M. Bruguière, « Droits patrimoniaux de la personnalité. Plaidoyer en faveur de leur intégration dans une catégorie des droits de notoriété », *RTD civ.* 2016/1, p. 1.
6. *JCP* 2000. II. 10241, concl. Petit, *D.* 2000. 372 et la note. Cet arrêt anéantit la jurisprudence *Jean Gabin* (Crim. 21 oct. 1980, *Bull. crim.* n° 262; *D.* 1981. 72, note Lindon) qui avait admis le contraire. Les deux décisions sont à connaître.

bre 2000[1] (arrêt *Érignac* : important) a en effet préféré – la cour d'appel s'était quant à elle fondée sur la vie privée des demandeurs[2] – juger que la publication du cadavre d'une personne pouvait être illicite comme « attentatoire à la dignité de la personne humaine » (jurisprudence confirmée et étendue également au droit sur l'image : Civ. 1re, 15 févr. 2005[3], 22 oct. 2009[4] puis 1er juill. 2010[5]). Le

1. *Bull. civ.* I, n° 341; *JCP* 2001. II. 10488, concl. J. Sainte-Rose, note J. Ravanas. *D.* 2001. 885 et Chron. J.-P. Gridel, *ibid.* 872, *D.* 2001. Somm. 1990, obs. A. Lepage; Diane de Bellescise « Droit à l'image et attentats », *LPA* 2 oct. 2001, p. 5 s. Arguments : dans cette affaire on a pu soutenir que l'assassinat du préfet de Corse était un événement dépassant la personne de la victime et appartenant à l'actualité, au-delà à l'histoire de France, ce faisant l'image de « l'assassinat » l'emporterait sur celle de « l'assassiné ». Ce raisonnement, pour exact qu'il soit, ne suffit pas à donner la solution. Il est normal de publier (et même souhaitable pour montrer le visage criminel de certains) une telle photographie, mais cette publication doit se faire selon ce qu'exige la pudeur. Cela signifie qu'un journal peut respecter un minimum de délai de deuil pour une famille sous le choc (ne pas confondre information et sensationnalisme) et peut aussi choisir, parmi d'autres clichés du même événement, celui qui permet une distance de respect envers la victime (ne pas confondre information et voyeurisme). Vérification de l'analyse dans l'arrêt de *l'attentat du RER Saint-Michel* (Crim. 20 févr. 2001 : « ... alors qu'elle relevait que la photographie était dépourvue de recherche de sensationnel et de toute indécence et qu'ainsi, elle ne portait pas atteinte à la dignité de la personne représentée... »). Conseil pour un exposé : mettre en parallèle ces deux arrêts du 20 févr. 2001, en n'oubliant pas que l'un est de la première chambre civile (*Érignac*) et l'autre de la chambre criminelle (*RER*). Ne pas oublier l'arrêt Civ. 1re, 12 juill. 2001 (v. ss 255). En fait la question n'est pas d'ordre juridique mais déontologique : « À la dignité correspondrait une certaine déontologie dont les médias ont bien besoin. À ce prix le sacrifice du droit à l'image aurait une légitime contrepartie » (J. Hauser, *RTD civ.* 2002. 852). Pour compléter la réflexion : J.-C. Bertrand, *La déontologie des médias*, PUF, coll. « Que sais-je ? » n° 3255; D. Cornu, *Éthique de l'information*, PUF, coll. « Que sais-je ? » n° 3252. Se souvenir de l'article 35 *quater* de la loi du 29 juill. 1881 (sur la presse) tel que modifié par la loi du 15 juin 2000 (présomption d'innocence) : « La diffusion, par quelque moyen que ce soit et quel qu'en soit le support, de la reproduction des circonstances d'un crime ou d'un délit, lorsque cette reproduction porte gravement atteinte à la dignité de la victime et qu'elle est réalisée sans l'accord de cette dernière, est punie de 15 000 euros d'amende » (à ce propos, TGI Paris, 8 mars 2000, *D.* 2000. 502 et la note).
2. Paris, 24 févr. 1998, *D.* 1998. 225, note B. Beignier : « la publication de [la] photographie, au cours de la période de deuil des proches parents de Claude Érignac, constitue, dès lors qu'elle n'a pas reçu l'assentiment de ceux-ci, une profonde atteinte à leurs sentiments d'affliction, partant à l'intimité de leur vie privée ».
3. *D.* 2005. IR 597 : « attendu que le droit d'agir pour le respect de la vie privée ou de l'image s'éteint au décès de la personne concernée, seule titulaire de ce droit » (il s'agissait d'ailleurs en l'espèce principalement de l'aspect économique du droit sur l'image – les héritiers demandant à être indemnisés pour la reproduction de l'image de leur auteur sur une pochette de disque –, ce qui contribue à montrer l'absence de droit patrimonial sur l'image qui se transmettrait aux héritiers).
4. *Bull. civ.* I, n° 211; *CCE* 2010, n° 7, p. 43, note A. Lepage; *RLDC*, janv. 2011, n° 78, p. 39, note J. Antippas : « si les proches d'une personne peuvent s'opposer à la reproduction de son image après son décès, c'est à la condition d'en éprouver un préjudice personnel établi, déduit le cas échéant d'une atteinte à la mémoire ou au respect dû au mort ».
5. Civ. 1re, 1er juill. 2010, *JCP* 2010. 1778, note G. Loiseau; *D.* 2010. 2044, note P.-J. Delage; *RTD civ.* 2010. 526, obs. J. Hauser; *CCE* 2010, n° 126, obs. A. Lepage; *D.* 2011. 782, obs. E. Dreyer. Attendu de principe : « Les proches d'une personne peuvent s'opposer à la reproduction de son image après décès, dès lors qu'ils en éprouvent un préjudice personnel en raison d'une atteinte à la mémoire ou au respect dû au mort » [...]. La cour d'appel « estimant que la publication de la photographe litigieuse, qui dénotait une recherche de sensationnel, n'était nullement justifiée par les nécessités de l'information, [...] en a justement déduit que, contraire à la dignité humaine, elle constituait une atteinte à la mémoire ou au respect dû au mort et dès lors à la vie privée des proches, justifiant ainsi que soit apportée une telle restriction à la liberté d'expression et d'information ». Cette décision est à rapprocher de celle du 16 sept. 2010 (par la même chambre, *CCE* 2010, n° 112, note A. Lepage; *RLDI*, févr. 2011, n° 68, p. 63, note J. Antippas) au sujet de la sensationnelle affaire *Our Body. À corps ouvert*, une exposition de cadavres humains traités par « plastination », interdite par autorité de justice : « Aux termes de l'article 16-1-1, alinéa 2, du Code civil, les restes des personnes décédées doivent être traités avec respect, dignité et décence; que l'exposition de cadavres à des fins commerciales méconnaît cette exigence ».

Conseil d'État a d'ailleurs suivi cette position de principe de l'intransmissibilité des droits de la personnalité, en jugeant que « le droit d'agir pour le respect de la vie privée s'éteint au décès de la personne concernée, seule titulaire de ce droit, et n'est pas transmis aux héritiers; que si les proches d'une personne peuvent s'opposer à la reproduction de son image après son décès, c'est à la condition d'en éprouver un préjudice personnel, direct et certain »[1].

Il faut en déduire, et approuver cette analyse, que d'abord seul le sujet de droit (qui ne peut être que le vivant) peut solliciter un droit subjectif pour protéger sa vie privée (droit qui disparaît à la mort) et qu'ensuite toute personne y ayant intérêt (en clair les héritiers) peut demander l'interdiction de la publication intempestive de la photographie d'un mort s'il y a pour elle préjudice personnel (tiré notamment d'une atteinte à la mémoire du mort) ou encore s'il y a atteinte au principe de la dignité de la personne, principe qui transcende la personne pour protéger à travers elle l'humanité et qui, par voie de conséquence, s'applique aussi aux morts. *Les morts ne sont plus des êtres vivants mais appartiennent toujours à l'humanité.*

Certes, dans l'affaire de publication par *Paris Match*, de la photographie de la dépouille mortelle du président Mitterrand, la jurisprudence, en particulier un arrêt de la chambre criminelle du 20 octobre 1998[2], a semblé reconnaître aux héritiers du défunt, l'action en protection de l'image de ce dernier. Mais la décision, jugeant que « la fixation de l'image d'une personne, vivante ou morte, sans autorisation préalable des personnes ayant pouvoir de l'accorder, est prohibée et que la diffusion ou la publication de ladite image sans autorisation entre nécessairement dans le champ d'application des articles 226-1, 226-2 et 226-6 du Code pénal », ne va pas jusqu'à admettre clairement une transmission, pour cause de mort, du droit sur l'image ou au respect de la vie privée. Elle peut dès lors être considérée comme protégeant la vie privée des ayants droit, atteinte par le truchement de la publication de l'image du cadavre[3].

Plus récemment, le projet de loi pour une République numérique examiné par le Conseil des ministres le 9 décembre 2015 et tendant à modifier la loi du 6 janv. 1978 relative à l'informatique, aux fichiers et aux libertés prévoit de permettre à l'individu d'exprimer sa volonté sur le sort, à son décès, de ses données à caractère personnel (collectées notamment à l'occasion de la constitution et de la gestion des réseaux internet dits sociaux) en établissant un régime légal de dévolution en l'absence de volonté exprimée[4]. Où l'on peut percevoir les limites techniques de l'intransmissibilité du droit au respect de la vie privée.

En tout état de cause, sans nier la séparation entre patrimonial et extrapatrimonial, on pourrait simplement dire qu'il est des droits à dominante morale (droit moral de l'auteur, statut des souvenirs de famille...) et d'autres dominés

1. CE 27 avr. 2011, *JCP* 18 juill. 2011, p. 1435, note J. Antippas; *RLDI*, juill. 2011, n° 73, p. 6, note J.-M. Bruguière.
2. *D.* 1999. 106 et la note (et références pour les décisions de première instance et d'appel également publiées). Dans l'affaire *Mitterrand*, ne pas confondre l'instance pénale et l'instance civile, d'une part; l'affaire *Gubler (Le Grand Secret)* et l'affaire *Paris Match* (la photographie de la dépouille mortelle), d'autre part.
3. V. J. Antippas, « L'intransmissibilité des droits de la personnalité et les conditions de l'action des proches pour s'opposer à la publication de l'image du défunt », *RLDC*, janv. 2011, n° 78, p. 39. V. égal. : G. Loiseau, « Le mort et son image », note sous Crim. 20 oct. 1998, *JCP* 1999. II. 10044, n° 3.
4. C. Pérès, « Les données à caractère personnel et la mort. Observations relatives au projet de loi pour une République numérique », *D.* 2016. 90. *Adde*, J. Groffe, « La mort numérique », *D.* 2015. 1609.

par la matière. De ce point de vue, il n'est pas certain que la rigide conception, issue de la doctrine, du patrimoine soit parfaite.

À partir de là pourquoi ne pas définir le patrimoine d'une personne comme l'ensemble de ses *droits* plutôt que l'ensemble de ses *biens* ?

B. Des droits particuliers parmi les droits de la personnalité

252. Parmi les droits de la personnalité, deux doivent être privilégiés en raison spécialement, outre leur fréquente invocation devant le juge, de leurs liens : le « droit à l'image » et le droit au respect de la vie privée.

1. Le « droit à l'image »

253. ***Discussion sur les deux faces du « droit à l'image ».*** La jurisprudence a consacré depuis longtemps un « droit à l'image »; plus récemment, inspirée par la doctrine[1] elle a distingué, du moins s'agissant de la position des juridictions du fond, deux variantes du droit à l'image : « patrimoniale » et « extrapatrimoniale » (v. ss 251 notamment l'affaire *Raimu* dans laquelle le tribunal avait énoncé : « Le droit à l'image revêt un caractère, non seulement moral, strictement personnel à son titulaire, [...] mais aussi patrimonial, puisque de nombreuses célébrités se livrent, selon des rémunérations allant croissant avec leur notoriété, à une exploitation commerciale de leur propre image. »). On peut néanmoins considérer qu'un même droit peut aisément être utilisé par son titulaire à des fins tantôt morales (protéger son intégrité morale, par exemple en s'opposant à ce que son image soit associée à telle ou telle idée politique ou philosophique), tantôt économiques (monnayer directement l'utilisation de ses traits ou se plaindre en justice d'un manque à gagner résultant de l'utilisation non autorisée et non rétribuée de son image). D'ailleurs – outre que la Cour de cassation n'a jamais consacré de droit patrimonial sur l'image – certaines solutions l'indiquent clairement, en énonçant par exemple que chacun « dispose d'un droit exclusif [...] sur son image et peut s'opposer à [...] son utilisation, *même à des fins commerciales*, sans son autorisation »[2]. La célèbre affaire du *Baiser de l'Hôtel de ville de Doisneau* fut aussi l'occasion de le montrer : « Attendu qu'à l'instar de chacun, le modèle est maître de son effigie; qu'il possède en effet sur son image *un droit exclusif qui* lui permet d'en fixer, seul, les usages et *lui confère le droit de poursuivre la réparation du préjudice causé par l'exploitation commerciale non autorisée de ses traits;* attendu cependant que *ce droit de la personnalité* ne peut être mis en œuvre qu'à condition que le sujet photographié soit reconnaissable ». Un même droit peut donc comporter un aspect moral et un aspect économique; sans qu'il soit vraiment nécessaire, semble-t-il, de distinguer un droit patrimonial et un droit extrapatrimonial.

254. ***L'impropriété du terme « droit à l'image ».*** D'une part, dénommer d'un même terme, « droit à l'image », deux droits subjectifs que l'on veut opposer est

1. Chronique classique à connaître : E. Gaillard « La double nature du droit à l'image et ses conséquences en droit positif français », *D.* 1984. Chron. 161; M. Serra, *L'image des personnes et des biens*, thèse Paris II, Economica, 1997; G. Loiseau, « Des droits patrimoniaux de la personnalité en droit français », *McGill Law Journal*, 1997, vol. 42, p. 319. Si on le peut, lire les deux remarquables fascicules (2000) d'Emmanuel Dreyer sur « l'image de la personne » (et non « le droit à l'image ») dans l'encyclopédie « Droit de la presse » publiée par Litec, qui met à terre la dichotomie doctrinale (très bon panorama de la jurisprudence). Un colloque « L'image », Assoc. H. Capitant, Journées nationales, Grenoble, t. VIII, Dalloz, 2005, p. 29 s.
2. Versailles, 2 mai 2002, *LP*, n° 192. I. 69.

singulier. Mais on a vu qu'il s'agit en réalité davantage de deux aspects — moral et économique ou commercial — d'un même droit que de deux droits foncièrement différents. D'autre part, et surtout, il est inexact de parler d'un droit « à quelque chose » s'agissant de droits subjectifs. Ainsi il n'y a pas de « droit à l'honneur ». Personne n'est en mesure d'exiger de quiconque qu'il lui rende honneur. L'honneur est en soi, l'honneur n'a qu'à être protégé. Il n'y a pas un « droit à la propriété », mais « le droit de propriété » qui doit être protégé. De même, nul ne peut revendiquer une image. Chacun est né avec la figure et les traits qui sont siens. On ne peut qu'exiger le respect de cette image. Première inexactitude : il serait préférable de parler d'un « droit de chacun sur son image » ou d'un « droit à la protection de son image », ou, au minimum, d'un « droit de l'image », plutôt que d'un « droit à l'image ». L'évolution, sémantique, en ce sens est parfois tangible[1].

255. ***La question de l'exactitude d'un « droit à l'image ».*** Mais par ailleurs est-ce l'image qui est l'enjeu de ce droit ? On peut, d'un côté, être sceptique, qu'il s'agisse de l'aspect moral ou de l'aspect commercial.

Lorsqu'il s'agit de l'aspect moral, la lecture des décisions démontre en effet que l'atteinte à l'image est très souvent le moyen d'une atteinte, soit à la vie privée, soit à l'honneur. Il suffit de quelques illustrations, notamment : « ... qu'il s'agisse de veiller au respect du droit à l'image de leur personne saisie dans l'intimité de leur vie privée [...] ou plus généralement de la notion de respect de l'intimité de leur vie privée (Toulouse, 15 janv. 1991)[2] ». Et la jurisprudence fait aussi ressortir des conditions communes nécessaires à l'invocation des droits sur l'image et au respect de la vie privée, par exemple celle de l'identification suffisante du sujet, comme le montre notamment une affaire récente dans laquelle la Cour de cassation juge, à propos de parents qui s'étaient plaints de la diffusion par un médecin de l'image de leur enfant, « que la photographie litigieuse qui représentait une main d'adulte enfonçant une seringue dans un orteil de nourrisson ne permettait pas d'identifier [l'enfant] de sorte qu'elle ne pouvait constituer l'atteinte à la vie privée et à l'image invoquée »[3]. Il existe donc une certaine connexité entre l'image et la vie privée. D'ailleurs, la Cour européenne des droits de l'homme protège le droit sur l'image à travers l'article 8 de la Convention et, ainsi, à travers la notion de vie privée (*cf. infra*). Il faut cependant admettre que la jurisprudence interne — du moins judiciaire[4], car la jurisprudence administrative semble davantage hésitante[5] — distingue souvent ces deux notions de droit sur l'image, d'une part, et de droit au respect de la vie privée, d'autre part. Mais

1. Civ. 1re, 12 déc. 2000, *D.* 2001. 2434, note J.-C. Saint-Pau, visant un « droit de chacun sur son image ».
2. *D.* 1991. 600.
3. Civ. 1re, 9 avr. 2014, *JCP* 3 nov. 2014, n° 45, Doctr. 1163, n° 11, obs. J. Antippas.
4. Ex. : Civ. 1re, 12 déc. 2000, *D.* 2000. IR 284, « L'atteinte au respect dû à la vie privée et l'atteinte au droit de chacun sur son image constituent des sources de préjudice distinctes, ouvrant droit à des réparations distinctes ». V. égal. Civ. 1re, 16 mai 2012, CCE 2012, n° 114, obs. A. Lepage « la publication de photographies représentant une personne pour illustrer des développements attentatoires à sa vie privée porte nécessairement atteinte à son droit au respect de son image »; Civ. 1re, 31 oct. 2012, CCE 2013, n° 18, obs. A. Lepage : visant, à l'endroit d'une personnalité politique, la « violation du respect dû à sa vie privée et de son droit sur son image ».
5. V. en dernier lieu : CE 27 avr. 2011, préc. : « le droit à l'image, lequel est une composante du droit au respect de la vie privée... ». Comp. CAA Nantes, 6 déc. 2007, inédit, visant « le droit d'agir pour le respect de la vie privée ou de l'image »; TA Melun, 26 mai 2005, *AJDA* 2005. 1856, concl. S. Dewailly : « Considérant que toute personne a droit, aux termes de l'article 8 de la Convention européenne de sauvegarde des droits de l'homme et des libertés fondamentales, au respect de sa vie privée et familiale, et, selon l'article 9 du code civil, au respect de sa vie privée et de son image ».

cette vue des choses est certainement discutable dans plusieurs hypothèses où les deux droits se trouvent protégés ensemble. On peut d'ailleurs considérer que ce n'est pas vraiment l'image, en tant que telle, qui est protégée mais la tranquillité de l'existence de celui dont l'image est publiée (*cf. infra* les décisions récentes citées), ou la dignité de la personne humaine.

On trouvera la vérification de cette analyse dans un arrêt de la première chambre civile du 12 juillet 2001[1] qui use de la même motivation que celle de l'arrêt *Érignac* (v. ss 251) : « La liberté de communication des informations justifie la publication de l'image d'une personne impliquée dans une affaire judiciaire, sous réserve du respect de la *dignité* de la personne humaine ». Cet arrêt démontre excellemment que ce n'est pas l'image, en tant que telle, qui est protégée mais la dignité de la personne. D'ailleurs, la loi d'orientation et de programmation pour la sécurité intérieure (loi LOPPSI 2) n° 2011-267 du 14 mars 2011 a créé un nouvel article 226-4-1 du Code pénal qui punit « Le fait d'usurper l'identité d'un tiers ou de faire usage d'une ou plusieurs données de toute nature permettant de l'identifier en vue de troubler sa tranquillité ou celle d'autrui, ou de porter atteinte à son honneur ou à sa considération ». Par où l'on voit un lien entre l'image et la tranquillité ou l'honneur. Les limites apportées au droit sur l'image sont, par ailleurs, également celles-là mêmes qui sont posées au droit au respect de la vie privée. La liberté d'information et la contribution à un débat d'intérêt général limitant le droit au respect de la vie privée (v. *infra*) limitent aussi le droit sur l'image. Un arrêt récent l'illustre parfaitement. Une personne avait consenti une interview pour un documentaire à propos de la parution d'un ouvrage polémique, tout en se réservant un droit de regard avant diffusion. À la suite de la communication des images par une chaîne de télévision en violation de ce droit de regard préalable, l'intéressé assigna le producteur et le diffuseur du programme pour violation de son droit sur l'image. La Cour de cassation approuva néanmoins la cour d'appel d'avoir « déduit que l'implication de M. X dans ce débat justifiait d'illustrer son témoignage par la diffusion de son image [...] sans qu'il y ait lieu de recueillir son autorisation et peu important, dès lors, que les stipulations [...] aient été méconnues »[2]. Cette identité des limites apportées aux droits, d'une part, sur l'image et, d'autre part, au respect de la vie privée rapproche donc irrésistiblement ces deux droits de la personnalité.

Cela étant, d'un autre côté, on peut aussi distinguer les concepts, d'une part, de droit sur l'image, et, d'autre part, de droit au respect de la vie privée (d'ailleurs, rappelons que pour la jurisprudence : « L'atteinte au respect dû à la vie privée et l'atteinte au droit de chacun sur son image constituent des sources de préjudices distinctes, ouvrant droit à des réparations distinctes[3] »), d'honneur et de dignité de la personne. Au demeurant, si c'est bien seulement la dignité de la personne qui est protégée par la jurisprudence dans les cas où la liberté de communication ou d'information peut justifier la publication de l'image, c'est-à-dire le plus souvent lorsque l'individu est impliqué dans un événement public (attentat, accident, affaire judiciaire...), en revanche, dans les autres cas, le droit sur l'image semble retrouver son empire et la preuve de l'atteinte à la dignité ne paraît alors plus nécessaire pour que le requérant obtienne satisfaction. La Cour de cassation n'est, en effet, à ce jour pas encore allée jusqu'à affirmer que « la publication d'images des personnes est toujours libre sauf lorsqu'elle est attentatoire à la

1. *Bull. civ.* I, n° 222; *D.* 2001. 2365; *RTD civ.* 2002. 852, obs. Hauser.
2. Civ. 1re, 9 avr. 2015, n° 14-13.519; *JCP* 2015. 1191, n° 16, obs. J. Antippas; *D.* 2016. 277, obs. E. Dreyer.
3. Civ. 1re, 12 déc. 2000, préc.

dignité de la personne humaine ». Diffuser sans autorisation, ni aucune justification légitime la photographie d'un individu inconnu du public et qui n'est impliqué dans aucun événement, mais qui ne fait par exemple que marcher dans une rue banale, c'est dès lors, semble-t-il, porter atteinte à son seul droit sur l'image, quitte à considérer que celui-ci tend à préserver la tranquillité de l'individu ou sa personne même.

La Cour de cassation a énoncé : « la cour d'appel, ayant relevé que M. X... avait été photographié sans son autorisation, en dehors de tout événement d'actualité le concernant, en a exactement déduit que la diffusion de cette photographie, sur laquelle M. X... était reconnaissable, portait en raison de la teneur de l'article qu'elle illustrait, une *atteinte à sa personne* que ne pouvait légitimer la liberté de communication des informations »[1].

Cela étant, au-delà de la question de l'enveloppe sémantique retenue pour désigner le droit sur l'image, et des liens que celui-ci peut entretenir avec le droit au respect de la vie privée, l'honneur, la tranquillité et la dignité de la personne, certaines solutions rendues par des juridictions du fond ont, récemment, eu tendance à en réduire la substance. Non plus seulement en confrontation avec la liberté d'information, conformément, sur ce point, à la jurisprudence de la Cour de cassation et de la Cour européenne des droits de l'homme (*cf. infra*), mais également au regard de la liberté artistique[2]. Les juges ont ainsi reconnu à l'artiste un droit de prendre et de diffuser l'image de personnes, pourtant inconnues du public, évoluant certes dans un lieu public, mais dans le cadre de scènes leur vie quotidienne (en l'espèce : assises sur un banc public en tenant leur chien en laisse, ou empruntant les transports en commun...). Or il n'est pas certain que cette position soit absolument indiscutable[3] : spécialement, à partir de quand, et qui pourra légitimement considérer que l'utilisation de l'image d'autrui est bien effectuée à des fins artistiques ? N'y a-t-il pas là un risque pour l'existence du droit sur l'image et, au fond, pour la tranquillité de la personne ? Ces solutions semblent en effet conduire à amoindrir le droit de chacun sur son image pour reconnaître, en présence de la liberté artistique, un véritable droit à l'image... d'autrui.

2. *Le « droit au respect de la vie privée »*

256. **Quid *de l'intimité ?*** Il est un débat qui ressurgit de temps en temps en jurisprudence et en doctrine. L'article 9 alinéa premier du Code civil fait référence à la « vie privée » mais l'alinéa deux semble ne réserver sa sanction qu'à l'« intimité de la vie privée ». La question est de savoir si la « vie privée » est un tout, dans lequel on trouve une partie qui est l'« intimité ».

La Cour de cassation, à ce sujet, a une jurisprudence fluctuante. Tantôt elle se réfère à l'intimité de la vie privée dans un dessein restrictif, le meilleur exemple étant l'arrêt de la première chambre civile du 20 octobre 1993[4] à propos de la

1. Civ. 1re, 16 janv. 2013, *D.* 2013. 555, note E. Dreyer.
2. V. TGI Paris, 2 juin 2004, *LP*, n° 214, sept. 2004, III, p. 156, note C. Bigot; TGI Paris, 9 mai 2007, (deux jugements), *D.* 2008. 57, note A. Tricoire; *LP*, n° 246, nov. 2007, III, p. 234, note A. Fourlon; Paris, 5 nov. 2008, *D.* 2009. 470, note C. Bigot : « Considérant que le droit à l'image doit céder devant la liberté d'expression chaque fois que l'exercice du premier aurait pour effet de faire arbitrairement obstacle à la liberté de recevoir ou de communiquer des idées qui s'expriment spécialement dans le travail d'un artiste, sauf dans le cas d'une publication contraire à la dignité de la personne ou revêtant pour elle des conséquences d'une particulière gravité ».
3. V. à cet égard J. Antippas, « Le droit de la personne sur son image face à la liberté artistique : plaidoyer pour une résistance », *RRJ* 2010. 735.
4. *Bull. civ.* I, n° 295.

publication de renseignements relatifs aux revenus; tantôt elle se fonde sur la « vie privée » sans autre précision (ainsi dans l'arrêt du 13 avril 1988)[1].

257. ***Vie privée et vie publique.*** Si l'on fait abstraction de ce *distinguo*, plus utile au cas par cas que systématisé en jurisprudence, il n'en demeure pas moins que la vie privée s'oppose à la vie publique. *A priori* la vie privée est la vie cachée, à tout le moins discrète, et la vie publique celle qui se déroule dans la rue ou dans un endroit accessible à tous ou à beaucoup. Le critère n'est pas facile à mettre en œuvre.

Si la distinction entre vie privée et vie publique d'un monarque a pu être faite par la Cour de cassation (arrêt précité du 13 avril 1988) rien n'est plus incertain. Prenons l'exemple simple d'un mariage d'un homme politique ou d'un artiste. Cet acte de la vie civile ne peut être qualifié, par lui-même, de public ou de privé. Il l'est selon la volonté et le statut (car la liberté d'information permet, ainsi qu'on le verra, de diffuser des éléments d'intérêt public) de la personne. Se marier en grande pompe à la Madeleine et sortir en cortège est la manifestation, qu'à ce moment de la cérémonie, il s'agit d'un acte public. Le faire discrètement, en semaine, dans une mairie de province est la preuve qu'il s'agit d'un acte privé. Et pourtant l'acte religieux, par nature, est privé alors que l'échange des consentements devant un officier d'état civil est, par nature, public. Le critère est donc inexact, et il serait préférable de ne pas se référer à la « vie privée » (terme source d'ambiguïté) et de se fonder sur un « droit à la tranquillité d'existence », au fond c'est un « droit au calme », ce que les Américains dénomment plus justement que nous le *right of privacy*. On trouve la vérification de cette analyse dans un arrêt de la cour d'appel de Paris du 6 octobre 1999[2] : « La publication d'une vidéo, filmant un couple à l'issue de la cérémonie de leur mariage, sans leur consentement, constitue une atteinte au droit que les époux ont sur leur image, et même si la séquence a été tournée dans un lieu public, une atteinte à leur vie privée par la révélation de circonstances intimes de leur union. »

Ce qui permet de critiquer la position de la Cour de cassation qui estime (arrêt précité) que la publication des revenus d'une personne n'est pas une atteinte à l'intimité de sa vie privée. Ce n'est peut-être pas un fait de la vie privée, il n'en demeure pas moins qu'une telle divulgation est un trouble de l'existence (critique de cette jurisprudence par M. Hauser)[3]. Toutefois la jurisprudence, sur ce point opère une distinction : la révélation de la fortune n'est pas une atteinte à la vie privée à condition qu'elle ne porte pas également « sur le mode de vie et la per-

1. *Bull. civ.* I, n° 98, relatif à l'impératrice d'Iran.
2. *D.* 2000. Somm. 268, note A. Lepage.
3. *RTD civ.* 1994. 77. Connaître l'affaire des « Cent Français les plus riches » dans *L'Expansion*. TGI Paris, réf., 12 et 13 janv. 1987, *D.* 1987. 231, note Lindon et Paris, 15 janv. 1987, *D.* 1987. 231, note Lindon. Civ. 1re, 31 mai 1988, *Bull. civ.* I, n° 167. Résistance Amiens (inédit), Civ. 1re, 20 oct. 1993, *Bull. civ.* I, n° 295, *D.* 1994. 594, note Y. Picod; *RTD civ.* 1994. 77, n° 5, obs. J. Hauser. Renvoi aud. sol. Versailles : « Ne constitue nullement une immixtion dans l'intimité à la vie privée et familiale protégée par l'article 9 du Code civil, la publication dans un journal de textes contenant des indications chiffrées de la participation de personnes à des sociétés cotées en Bourse, informations recueillies dans des documents publiés et ne contenant aucun renseignement secret et personnel ni aucune allusion à leur vie privée, la mention relative à la fortune immobilière d'une personne ne pouvant être considérée comme une révélation de fait ayant un caractère d'intimité relevant de l'article 9 ». Versailles, 17 mai 1995, *D.* 1996. 409, note (particulièrement complète sur ce sujet) J. Ravanas. V. CEDH 21 janv. 1999 (*D.* 1999. IR 46) : « Les questions patrimoniales concernant une personne menant une vie publique, tel un dirigeant d'une grande entreprise, ne relèvent pas du domaine de la vie privée » (*affaire Calvet*), *RTD civ.* 1994. 77. Lire l'excellente chronique de F. Deboissy et J.-C. Saint-Pau, « La divulgation d'une information patrimoniale », *D.* 2000. 267.

sonnalité » de l'intéressé (Civ. 1re, 30 mai 2000)[1]. Par ailleurs, la libre communicabilité des archives publiques doit se concilier avec la protection de la vie privée des personnes qu'elle ne chasse pas[2]. La Cour de cassation avait confirmé son attachement à la distinction entre vie privée et vie publique, en censurant pour manque de base légale un arrêt d'appel qui avait conclu à l'absence de violation du droit au respect de la vie privée d'un dirigeant de société du fait de la révélation par la presse, dans le cadre d'une affaire financière ayant abouti à la spoliation de l'épargne publique, de la vie sentimentale de l'intéressé avec sa nouvelle compagne après un divorce. La Haute juridiction reprocha en effet à la cour d'appel de ne pas avoir tiré les conséquences de « l'absence de toute fonction sociale de [la compagne de l'intéressé] dans les sociétés en cause » et de ne pas avoir justifié en quoi les éléments ainsi divulgués « présentaient un intérêt général de nature à éclairer le public sur les mécanismes et les responsabilités de la malversation financière dénoncée »[3]. Cependant, après résistance de la Cour d'appel de renvoi, la Haute juridiction revint sur sa position en exposant « que, si la relation existant entre M. Z et Mme A relève, par nature, de leur vie privée, l'évocation des liens personnels unissant les protagonistes de l'opération de rachat de la société [...] se trouve justifiée par la nécessaire information du public au sujet des motivations et comportements de dirigeants de sociétés commerciales impliquées dans une affaire financière ayant abouti à la spoliation de l'épargne publique et paraissant avoir agi en contradiction avec la loi »[4]. Ce soudain revirement pourrait étonner. Sa source figure dans la jurisprudence de la Cour européenne des droits de l'homme, favorable à la liberté d'expression, expressément mentionnée par la Cour de cassation précisant « qu'il résulte de la jurisprudence de la Cour européenne des droits de l'homme (CEDH, gr. ch., 10 nov. 2015, *Couderc et Hachette Filipacchi Associés c/ France*, req. n° 40454/07, §§ 102 et 103) que, pour vérifier qu'une publication portant sur la vie privée d'autrui ne tend pas uniquement à satisfaire la curiosité d'un certain lectorat, mais constitue également une information d'importance générale, il faut apprécier la totalité de la publication et rechercher si celle-ci, prise dans son ensemble et au regard du contexte dans lequel elle s'inscrit, se rapporte à une question d'intérêt général; qu'ont trait à l'intérêt général les questions qui touchent le public dans une mesure telle qu'il peut légitimement s'y intéresser, qui éveillent son attention ou le préoccupent sensiblement, notamment parce qu'elles concernent le bien-être des citoyens ou la vie de la collectivité ». Reste que la Haute

1. « ... alors que les informations publiées portaient non seulement sur la situation de fortune, mais aussi sur le mode de vie et la personnalité de X... », *Bull. civ.* I, n° 167, *LPA* 20 avr. 2001, p. 15, note Sylvia Morvan; *JCP* 2001. II. 10524, note B. Montels. *Adde*, J. Lasserre Capdeville, « La protection des informations sur le patrimoine par l'article 9 du Code civil », *RLDC* n° 115, mai 2014, p. 41 s.
2. Civ. 1re, 18 oct. 2016, n° 16-19.740, à paraître au *Bull.*; *D.* 2017. 2098 : « S'il résulte [...] du code du patrimoine, dans sa rédaction issue de la loi n° 2008-696 du 15 juillet 2008 relative aux archives, que les registres de naissance de l'état civil constituent, à l'expiration d'un délai de soixante-quinze ans à compter de leur clôture, des archives publiques communicables de plein droit à toute personne qui en fait la demande, certaines des informations qu'ils contiennent et, notamment, celles portant sur les modalités d'établissement de la filiation, relèvent de la sphère de la vie privée et bénéficient, comme telles, de la protection édictée par les articles 9 du code civil et 8 de la Convention de sauvegarde des droits de l'homme et des libertés fondamentales ».
3. Civ. 1re, 30 oct. 2013, n° 12-15.187, *CCE* 2013, n° 130, note A. Lepage; *JCP* 3 nov. 2014, n° 45, Doctr. 1163, n° 8, obs. J. Antippas.
4. Civ. 1re, 1er mars 2017, n° 15-22.946, à paraître au *Bull.*, *D.* 2017. 508; *RTD civ.* 2017. 352, obs. J. Hauser; CCE, juill. 2017, comm. n° 64, obs. A. Lepage; *RTD civ.* 2017. 352, obs. J. Hauser; *JCP* 13 nov. 2014, *doctr.* 1204, n° 9, obs. J. Antippas.

juridiction judiciaire vise des critères d'une extrême généralité (« question d'intérêt général », « questions qui touchent le public dans une mesure telle qu'il peut légitimement s'y intéresser », « information d'importance générale » et « totalité de la publication [...] dans son ensemble »...) pour juger la publication légitime. Aussi peut-on s'interroger sur la place — très résiduelle — ainsi laissée à la vie privée, qui semblerait désormais pouvoir faire l'objet d'une atteinte licite dans une publication servant globalement ou principalement l'intérêt du public; ce alors même que la liberté d'expression et la vie privée ont la même valeur normative[1]. L'avenir dira si la vie privée devient l'exception et la liberté d'expression, le principe.

258. ***Vie privée et tranquillité de l'existence.*** Le droit français ne connaît que la notion de « vie privée ». Cette notion est aujourd'hui trop réductrice par rapport à ce qui est vraiment objet de la protection judiciaire. Mot à mot la « vie privée » ce n'est que la « vie domestique », c'est-à-dire la vie à huis clos à son domicile (ce qui explique qu'au XIXe siècle, avant l'apparition de la notion, les juridictions préservèrent la vie privée par la sanction de la violation du domicile).

Mais, il va sans dire qu'on ne peut réduire la vie privée à ce « huis clos domestique ». Respecter la vie d'autrui c'est principalement lui reconnaître un « droit à la sérénité de vie ». Le Code pénal connaît la notion de « harcèlement sexuel ». Il est remarquable de noter que bien des jugements relatifs à la protection de la vie privée font allusion à cette idée de « harcèlement[2] ».

Respecter la vie privée, c'est donc ne pas mettre sur la place publique (par le biais des médias essentiellement) la vie de quelqu'un même lorsqu'il s'agit d'actes par ailleurs publics mais, on retiendra ce point, qui n'étaient pas appelés à un « retentissement » ou que le temps a assoupis[3]. Une personne ne peut se contenter de réduire sa vie privée à sa « vie domestique ». La vie privée n'est pas un succédané de la réclusion criminelle. La vie privée n'est pas la vie cachée... sinon quelle vie ! En revanche, une personne peut légitimement souhaiter que ce qui compose sa vie ne soit pas connu *urbi et orbi* de tout le monde. C'est une chose que certains éléments de la vie privée soient connus des voisins, c'en est une autre qu'ils le soient de tout le pays.

---

1. Civ 1re, 9 juill. 2003, n° 00-20.289, *Bull. civ.* I, n° 17.
2. Cette notion pourrait être davantage utilisée par les juges. Au sujet de l'affaire *Princesse de Galles*, v. *Dr fam.* 1998, n° 11, « Réflexions sur la protection de la vie privée ».
3. Divergence entre la Cour de cassation et les cours d'appel. Refus du droit à l'oubli par la première : « Lorsque les faits relatés dans un ouvrage et touchant à la vie privée d'une personne avaient été livrés, en leur temps, à la connaissance du public par des comptes rendus de débats judiciaires parus dans la presse locale et avaient été ainsi licitement révélés, ils échappent à la vie privée de cette personne et elle ne peut se prévaloir d'un droit à l'oubli pour empêcher qu'il en soit de nouveau fait état » (Civ. 1re, 20 nov. 1990, *Bull. civ.* I, n° 256); *JCP* 1992. II. 21908, obs. crit. Ravanas qui explique très bien que la publicité de la justice a une finalité précise et limitée. Charité des juges du fond : « Un événement public (en l'espèce, un procès criminel qui s'est déroulé il y a près d'un demi-siècle), par l'écoulement du temps suffisamment long, peut redevenir, pour la personne qui en a été le protagoniste un fait de la vie privée, rendu au secret et à l'oubli » (Versailles, 14 sept. 1989, *Gaz. Pal.* 1990. 1 Somm. 123). V. égal., plus récemment, à propos de la diffusion non autorisée, sur Internet, d'un film pornographique tourné par une personne plusieurs années auparavant : TGI Paris, ord. réf., 15 févr. 2012, CCE 2012, n° 54, obs. A. Lepage, énonçant que « ce film témoigne à une époque donnée de la vie de la jeune femme laquelle entend bénéficier du droit à l'oubli », pour juger, dès lors, que « l'atteinte au respect du droit à la vie privée de Mme Diana Z. est manifeste ». V. désormais : CJUE 13 mai 2014, *Google Spain*, préc. Doctrine : R. Letteron, « Le droit à l'oubli », *RD publ.* 1996. 385; C. Costaz « Le droit à l'oubli », *Gaz. Pal.*, n° 207-208/1995, p. 2 s.

Dès lors on comprend mieux que ce « droit à la tranquillité » (notion dégagée en droit américain : *right to be left alone*) dépasse la petite notion de « droit au respect de la vie privée ». On en a la démonstration dans un arrêt de la première chambre civile du 9 juillet 2003[1]. *Le Figaro* avait publié un épisode d'une « série » estivale en puisant son inspiration dans une affaire judiciaire irrésolue : la disparition d'un couple et de ses enfants. Les enfants d'un premier mariage de l'épouse disparue obtinrent du juge des référés la suspension de la parution des autres épisodes. La Cour de cassation approuve la décision. À proprement parler, il n'y a pas eu violation de la vie privée « réelle » puisqu'il s'agissait d'une aventure romancée; toutefois l'amalgame possible entre la réalité et la fiction était bien constitutif d'un possible trouble à la sérénité de la vie (*a contrario :* TGI Paris, 9 déc. 2002[2], « rien n'interdit à un écrivain de s'inspirer d'une affaire judiciaire particulièrement exceptionnelle au regard des aspects sociaux qu'elle révèle et de livrer au public sa propre vision des caractères et des circonstances qui en font le ressort »). Une décision récente peut illustrer ce droit à la tranquillité en jugeant attentatoire au droit au respect de la vie privée la divulgation au public, par un consultant sportif radiophonique, du numéro de téléphone mobile du président du conseil d'administration d'un club de football quand bien même ce numéro serait utilisé en partie pour des besoins professionnels : la condamnation fut de 10 000 euros de dommages et intérêts du fait des très nombreux appels et SMS reçus par la victime sur son mobile conséquemment à cette divulgation[3].

259. ***Limites du droit à la vie privée.*** En outre, la vie privée n'est pas la même pour tous. Si l'on prend le cas des hommes politiques et des artistes, on peut dire qu'elle est à la fois conçue très strictement mais aussi avec des dérogations. Strictement, en ce sens que pour un « homme public » ce droit à la vie privée est quasiment vital sauf à sombrer dans le tourbillon des médias. Dérogatoire, car la vie privée ne peut être absolument coupée de la vie publique. Aux États-Unis d'Amérique et fréquemment dans les pays de civilisation anglo-saxonne, l'engagement dans la vie politique suppose une introspection de la vie privée que les Français jugent inadmissible[4]. Pourtant le Code électoral impose aujourd'hui aux candidats de révéler l'état de leur patrimoine, et il est admis que le chef de l'État tienne le pays au courant de sa santé.

Mais l'essentiel est de bien retenir que *chacun est maître de déterminer les limites de sa vie privée* et d'en rendre public ce qu'il veut. La jurisprudence le redit à longueur de temps[5]. On a en un remarquable exemple dans un arrêt de la deuxième chambre civile de la Cour de cassation du 5 mars 1997[6]. Un avocat d'un homme politique célèbre est pris en photographie par un journaliste. Contre la publication de ce document, il entend se prévaloir de l'article 9 du Code civil. La cour d'appel d'Aix-en-Provence par un arrêt (inédit) du 23 février 1995 avait constaté

1. *Bull. civ.* I, n° 172; *JCP* 2003. II. 10139, obs. J. Ravanas.
2. *D.* 2003. 1715, note C. Caron.
3. Versailles, 17 mars 2016, n° 14/0491.
4. D. de La Burgade, *La vie privée des hommes politiques*, thèse dactyl., Paris II, 2001.
5. « C'est dans l'exercice de son pouvoir souverain d'appréciation que la cour d'appel a relevé que les faits rapportés par l'hebdomadaire étaient déjà connus et que, peu de temps avant son décès, le défunt avait lui-même laissé complaisamment révéler des éléments de sa vie sentimentale, de sorte que le préjudice invoqué par sa dernière compagne n'est pas établi. L'atteinte à la vie privée au sens de l'art. 9 C. civ. et de l'article 8 Conv. EDH suppose l'existence d'une référence ou d'une allusion à la vie de la personne qui entend se prévaloir de cette atteinte. A justifié sa décision, la cour d'appel qui a relevé que l'article de l'hebdomadaire ne comportait d'intrusion ni dans la vie privée de la demanderesse, ni dans celle de son fils » (Civ. 2e, 22 mai 1996, *JCP* 1996. IV. 1571).
6. *Bull. civ.* II, n° 66.

que « le caractère privé de la soirée visée dans l'article litigieux ne peut être sérieusement discuté » mais elle ajoutait que « la relation dans un article de presse de la participation d'une personne à une soirée ne saurait cependant, par elle-même, être constitutive d'une faute génératrice d'un dommage, sauf à priver les organes de presse de toute possibilité de porter à la connaissance du public la tenue de telles réunions (privées) alors même que leur importance et leur relief se trouvent rehaussés par la présence de personnalités politiques nationales ou locales de premier rang, circonstances faisant qu'elles rentrent alors dans le champ du droit à l'information légitime du public sur un événement d'actualité ».

La cassation d'une telle décision est nette. La cour régulatrice notant que la cour d'appel avait bien relevé qu'il s'agissait d'une réunion à caractère privé, lui reproche de n'avoir pas donné de base légale à son arrêt faute d'avoir recherché si le plaignant « avait donné son accord à la publication d'une photographie d'amateur le représentant accompagnée d'une légende révélant son identité ». Comment ne pas souligner ici que la vie privée est, par nature, une liberté civile (notion que l'on distinguera des libertés publiques, celles reconnues et protégées par la puissance publique, exemple : la liberté d'association ou de commerce) ?

Cette décision est à mettre en parallèle avec un arrêt du 25 janvier 2000[1] : « C'est à juste titre qu'une cour d'appel a rejeté la demande d'indemnisation formée, à la suite de la publication, à propos d'une opération de police, de la photographie d'un groupe, par une personne figurant sur cette photographie et y étant identifiable, dès lors que la photographie était prise sur le seuil d'un bâtiment public et que rien ne venait isoler le demandeur du groupe de personnes représentées sur la photographie, centrée non sur sa personne, mais sur un événement d'actualité, auquel il se trouvait mêlé par l'effet d'une coïncidence due à des circonstances tenant exclusivement à sa vie professionnelle »; ainsi que par un autre du 20 février 2001[2] : « La publication d'un tract, comportant la photographie d'un policier dans l'exercice de ses fonctions lors d'une opération d'expulsion est légitime, dès lors que, diffusé quelques jours après l'événement, il est en relation directe avec celui-ci » et un autre, important (affaire *des victimes de l'attentat de la station Saint-Michel*) du même jour (à mettre en relation avec l'arrêt *Érignac*) : « La liberté de communication des informations autorise la publication d'images des personnes impliquées dans un événement, sous la seule réserve du respect de la dignité de la personne humaine[3]. »

Révélateur de l'actuelle jurisprudence, un arrêt de la première chambre civile du 16 mai 2006[4] : « Met en œuvre la recherche d'équilibre qu'il lui incombait de

1. *JCP* 2000. II. 10257 concl. J. Sainte-Rose. Mettre en parallèle avec Versailles, 4 mars 1999 (*BICC* 1er mars 2000, n° 280). Photographie de la famille de Monaco, à l'occasion d'un événement sportif. La photographie est donc prise en public, mais il ressort du reportage que ce n'est pas l'événement sportif qui est pris en considération. Le désir du photographe n'est que de montrer qu'une princesse se trouve y assister en compagnie de telle personne : il y a atteinte à la vie privée car « le consentement ne saurait être déduit du caractère public des lieux ». Arrêt de la fête folklorique : « Viole l'article 9 du Code civil, la cour d'appel qui, pour rejeter la demande tendant à l'indemnisation du préjudice résultant pour leur fils mineur de la publication et de l'exploitation d'une photographie le représentant, retient qu'il s'agit d'un cliché d'information pris lors d'une fête folklorique à laquelle participait l'enfant, qui n'a subi aucune atteinte à sa vie privée, alors que l'image de l'enfant était isolée de la manifestation au cours de laquelle elle avait été prise et que le photographe avait procédé à une publication de cette image, sans l'autorisation des parents », Civ. 1re, 12 déc. 2000, *JCP* 2001. II. 10572, obs. S. Abravanel-Jolly.
2. Affaire du policier de l'église Saint-Bernard : *Bull. civ.* I, n° 43, *D.* 2000. 1119, note Gridel, *JCP* 2001. II. 10533, note J. Ravanas.
3. *Ibid.*, *Bull. civ.* I, n° 42.
4. *Bull. civ.* I, n° 247; *D.* 2006. IR 1565, *RTD civ.* 2006. 535, obs. J. Hauser, *D.* 2006. 2707, obs. L. Marino.

mener entre la liberté d'expression ou d'information et le respect dû à la vie privée, l'arrêt qui dit justifiées par la notoriété et la popularité d'un artiste les narrations de l'événement d'actualité qu'avait constitué un accident de santé dont il avait été victime, divulgué par des communiqués de presse émanés des autorités hospitalières ou de famille, mais juge que l'organe de presse a excédé les limites de la légitime information du public en évoquant, de façon vraie ou supposée, des circonstances factuelles ayant entouré un autre accident antérieur de plusieurs années, et le comportement alors adopté par l'entourage le plus proche. » Le même arrêt se poursuit en prononçant derechef la cassation, sur le double fondement des articles 9 du Code civil et 10 de la Conv. EDH en faisant valoir que les photographies prises lors de l'évacuation du blessé par hélicoptère étaient en relation directe avec l'article, lequel rapportait donc « un événement d'actualité » et que ces photographies « ne caractérisaient aucune atteinte à la dignité de la personne ».

Enfin l'on retiendra un arrêt de la première chambre civile du 3 avril 2002[1] relatif à la redivulgation d'informations liées à la vie privée mais tombées dans le domaine public : « Justifie légalement sa décision la cour d'appel qui, pour rejeter une demande fondée sur une atteinte à la vie privée, relève que l'une des informations relatées constitue un fait public, et que les autres présentent un caractère anodin » et un autre de la même chambre du 23 avril 2003 : « Le rappel par un journal d'un divorce, qui constituait un fait d'actualité, officiel et notoire, n'excède pas les limites de la liberté d'expression »[2].

De même un arrêt important, du 13 novembre 2003, de la première chambre civile de la Cour de cassation[3] (à propos de l'affaire *Ranucci* qui donna lieu à une polémique à la suite du livre et du film *Le Pull-over rouge*) fixe la jurisprudence : « La liberté de communiquer des informations autorise la publication d'images de personnes impliquées dans un événement, sous la seule réserve du respect de leur dignité ». Toutefois, l'exception de l'atteinte à la dignité de la personne semble devoir être très strictement cantonnée par la jurisprudence de la Cour de cassation. Voir à ce propos l'arrêt de la deuxième chambre civile du 4 novembre 2004[4]. Dans cet arrêt, si la Cour rappelle que « le principe de la liberté de la presse implique le libre choix des illustrations d'un débat général de phénomène de société sous la seule réserve du respect de la dignité de la personne humaine », elle n'en censure pas moins une cour d'appel qui avait condamné un magazine à payer des dommages-intérêts aux proches de la victime d'un accident de la circulation dont il avait publié une photographie, sans rechercher (contrôle de la motivation) si l'information des lecteurs justifie la publication de cette photographie, ni caractériser l'atteinte portée par celle-ci à la dignité de la victime[5]. Ce cantonnement de l'atteinte à la dignité a été confirmé, notamment à l'occasion d'un litige dans lequel avait été publiée, sans autorisation de la part de l'intéressée, l'image de la veuve d'un fonctionnaire de police affligée et assistant aux obsèques de ce dernier. La Cour de cassation énonce alors « que la cour d'appel a retenu, d'abord, qu'en consacrant un article aux policiers concernés par la violence et aux conséquences dramatiques en résultant pour leurs proches, le magazine *Paris Match* ne fait que satisfaire le droit des lecteurs à une légitime information

1. *Bull. civ.* I, n° 110, *D.* 2002. 3164, note C. Bigot.
2. *CCE* 2003, n° 65. Dans le même sens : Civ. 2e, 30 juin 2004, *JCP* 2004. II. 10160, note D. Bakouche. Ou encore : Civ. 2e, 11 déc. 2003 et 19 févr. 2004, *D.* 2004. 2596, note C. Bigot.
3. *RCA* 2004 comm. n° 26, *LPA* 29 juill. 2004, p. 14, note I. Paulik.
4. *D.* 2005. 696, note I. Corpart.
5. Sur la dignité humaine : Versailles, 24 nov. 2004, *D.* 2005. 388 (un jouet moquant les schizophrènes porte atteinte à leur dignité).

d'actualité, actualité dans laquelle Mme X... s'est trouvée impliquée de par ses liens avec l'une des victimes, ensuite, que les deux photographies prises lors de l'enterrement en présence d'autorités officielles illustrent de façon appropriée l'article avec lequel elles sont en lien direct, enfin que ces clichés, ne portent pas atteinte à sa dignité »[1]. Même une scène *a priori* très intime, comme le fait d'assister à l'enterrement d'un proche, peut donc parfois être révélée et montrée au public. La *liberté d'information* peut en effet conduire à restreindre la vie privée et à publier librement l'image des individus, dès lors qu'aucune atteinte à la dignité de la personne n'est commise.

À mettre en parallèle avec un arrêt de la cour d'appel de Versailles, du 31 mars 2002[2] : « S'il est de principe que la publication d'une manifestation publique[3] ne nécessite pas d'autorisation particulière, il n'en est pas de même pour la publication de photographies de manifestations homosexuelles lorsque cette publication n'est pas justifiée par l'information du public sur cet événement. »

L'atteinte à la dignité comme les contours de la liberté de communication, notions de droit visées respectivement par les articles 16 du Code civil et 10 de la Conv. EDH, sont contrôlés par la Cour de cassation elle-même. Dans une affaire, un reportage avait été diffusé sur une chaîne de télévision, puis sur le site internet de celle-ci, concernant l'histoire d'une jeune femme qui avait fait croire sur internet qu'elle était atteinte d'affections graves. Il comportait une séquence filmée en caméra cachée. L'intéressée invoqua l'atteinte à son droit sur l'image. La Cour d'appel accueillit la demande de réparation en retenant que la séquence litigieuse était précédée et suivie d'un commentaire en voix *off* de nature à dévaloriser la personne ainsi montrée au public et que le sujet n'était pas utile à l'information des téléspectateurs. La Cour de cassation la censura cependant en rappelant : « La liberté de la presse et le droit à l'information du public autorisent la diffusion de l'image de personnes impliquées dans un événement d'actualité ou illustrant avec pertinence un débat d'intérêt général, dans une forme librement choisie, sous la seule réserve du respect de la dignité de la personne humaine », et en ajoutant : « en statuant ainsi, par des motifs tirés des propos tenus par les journalistes, relevant, comme tels, de la loi du 29 juillet 1881 sur la liberté de la presse, mais impropres à caractériser une atteinte à la dignité de la personne représentée, au sens de l'article 16 du code civil, la cour d'appel a violé les articles 9 et 16 du code civil et 10 de la Convention de sauvegarde des droits de l'homme et des libertés fondamentales »[4].

À noter que les limites du droit au respect de la vie privée ont tendance à s'étendre et à se diversifier. Récemment, la Cour de cassation a en effet censuré un arrêt d'appel qui avait dénié au demandeur le droit de produire une lettre missive sans l'autorisation du rédacteur de celle-ci. La Cour de cassation jugeant, en référence au droit du demandeur, « qu'en statuant ainsi, sans rechercher si la

---

1. Civ. 1re, 7 mars 2006, *CCE*, sept. 2006, p. 47, note A. Lepage; *JCP* 2006. II. 10105, obs. E. Dreyer : « attendu que la cour d'appel a retenu, d'abord, qu'en consacrant un article aux policiers concernés par la violence et aux conséquences dramatiques en résultant pour leurs proches, le magazine Paris Match ne fait que satisfaire le droit des lecteurs à une légitime information d'actualité, actualité dans laquelle Mme X... s'est trouvée impliquée de par ses liens avec l'une des victimes, ensuite, que les deux photographies prises lors de l'enterrement en présence d'autorités officielles illustrent de façon appropriée l'article avec lequel elles sont en lien direct, enfin que ces clichés, ne portent pas atteinte à sa dignité ».
2. *D.* 2003. 1533, note C. Caron.
3. Civ. 2e, 11 déc. 2003, *CCE* 2004, n° 36, note A. Lepage.
4. Civ. 1re, 29 mars 2017, n° 15-28.813, à paraître au *Bull.*, *D.* 2017. 761; CCE n° 6, juin 2017, comm. 55, obs. A. Lepage; *RTD civ.* 2017. 609, obs. J. Hauser.

production litigieuse n'était pas indispensable à l'exercice de son droit à la preuve, et proportionnée aux intérêts antinomiques en présence, la cour d'appel n'a pas donné de base légale à sa décision »[1]. En quoi l'on voit le droit au respect de la vie privée limité par le *droit à la preuve*[2]. De même, la Cour de cassation a-t-elle jugé licite la filature d'un assuré par son assureur, effectuée dans les lieux publics et aux fins de vérifier la sincérité des déclarations de l'intéressé, en énonçant « les atteintes portées à la vie privée de M. X..., sur la voie publique ou dans des lieux ouverts au public, sans provocation aucune à s'y rendre, et relatives aux seules mobilités et autonomie de l'intéressé, n'étaient pas disproportionnées au regard de la nécessaire et légitime préservation des droits de l'assureur et des intérêts de la collectivité des assurés »[3]. Plus récemment, la Cour de cassation a confirmé la possibilité de porter une atteinte à la vie privée proportionnée au besoin d'administrer une preuve. Il s'agissait d'une personne qui imputait à un institut de beauté un préjudice oculaire qu'elle prétendait avoir subi à la suite d'un soin, mais qui avait été prise en photo par un détective privé alors qu'elle effectuait, sans porter de lunettes, diverses activités de la vie quotidienne. La Haute juridiction énonça que l'atteinte à la vie privée n'était « pas disproportionnée lorsque, eu égard au droit à la preuve de toute partie en procès, elle se réduit [...] à la simple constatation de l'absence de port de lunettes lors de la conduite d'un véhicule ou lors du ménage et rangement d'un balcon »[4]. Également, après avoir posé un attendu de principe en vertu duquel « le droit à la preuve ne peut justifier la production d'éléments portant atteinte à la vie privée qu'à la condition que cette production soit indispensable à l'exercice de ce droit et que l'atteinte soit proportionnée au but poursuivi », la Cour de cassation a censuré un arrêt d'appel qui avait admis la preuve (s'agissant de la question du préjudice corporel d'un assuré) par rapport d'enquête privé, la Haute juridiction relevant que « les investigations, qui s'étaient déroulées sur plusieurs années, avaient eu une durée allant de quelques jours à près de deux mois et avaient consisté en des vérifications administratives, un recueil d'informations auprès de nombreux tiers, ainsi qu'en la mise en place d'opérations de filature et de surveillance à proximité du domicile de l'intéressé et lors de ses déplacements, ce dont il résultait que, par leur durée et leur ampleur, les enquêtes litigieuses, considérées dans leur ensemble, portaient une atteinte disproportionnée au droit au respect de la vie privée de [l'intéressé] »[5]. Par ailleurs, la Haute juridiction a confirmé sa position à propos d'une enquête réalisée par un assureur afin de vérifier les déclarations relatives à un assuré blessé lors d'un accident de la circulation. Elle jugea qu'« après avoir décidé, à bon droit, que les opérations de surveillance et de filature menées par les enquêteurs mandatés par l'assureur étaient, par elles-mêmes, de nature à porter atteinte à la vie privée de M. X et de Mme Y, la

1. Civ. 1re, 5 avr. 2012, *D.* 2012. 1596, note G. Lardeux; *RTD civ.* 2012. 506, obs. J. Hauser.
2. *Adde*, Civ. 1re, 5 févr. 2014, *D.* 2014. 856, note G. Lardeux. À l'occasion d'une demande de nullité du contrat d'assurance présentée par l'assureur du fait de la découverte de fausses déclarations de l'assuré grâce à un rapport d'enquête privée établissant que c'était le fils de l'assuré, non titulaire du permis de conduire, qui était en réalité le conducteur habituel du véhicule, la Haute juridiction juge que la considération des éléments retenus par la cour d'appel, « quand bien même ils affecteraient la vie privée [...], n'[était] pas disproportionnée au regard du droit de l'assureur d'établir en justice la nullité du contrat pour le motif retenu ».
3. Civ. 1re, 31 oct. 2012, *D.* 2013. 227, note N. Dupont; *JCP* 19 nov. 2012, p. 2085, note S. Abravanel-Jolly. Dans le même sens : Paris 20 nov. 2012, *CCE* 2013, n° 35, note A. Lepage.
4. Civ. 1re, 10 sept. 2014, n° 13-22.612, *Bull. civ.* I, n° 143; *RTD civ.* 2014. 856, obs. J. Hauser; *D.* 2015. 342, obs. E. Dreyer; *JCP* 2015. 1191, n° 14, obs. J. Antippas.
5. Civ. 1re, 25 févr. 2016, n° 15-12.403, à paraître au *Bull.*; *D.* 2016. 884, note J.-C. Saint-Pau. *Adde*, en cas de constat privé à l'intérieur d'un domicile sans autorisation.

cour d'appel a énoncé qu'il convenait d'apprécier si une telle atteinte était proportionnée au regard des intérêts en présence, l'assureur ayant l'obligation d'agir dans l'intérêt de la collectivité des assurés et, pour ce faire, de vérifier si la demande en réparation de la victime était fondée. Ayant constaté que les opérations de surveillance avaient concerné l'intérieur du domicile de M. X et de sa mère, que les enquêteurs avaient procédé à la description physique et à une tentative d'identification des personnes s'y présentant et que les déplacements de Mme Y avaient été précisément rapportés, elle a pu en déduire que cette immixtion dans leur vie privée excédait les nécessités de l'enquête privée et que, dès lors, les atteintes en résultant étaient disproportionnées au regard du but poursuivi »[1].

Enfin, la Cour de cassation a jugé que le droit à la preuve peut justifier la production d'éléments portant atteinte à la vie personnelle du salarié à la condition que cette production soit nécessaire à l'exercice de ce droit et que l'atteinte soit proportionnée au but poursuivi; en l'espèce, il s'agissait des documents obtenus par un délégué du personnel dans l'exercice de ses fonctions de représentation afin de vérifier si la société respectait la règle légale relative au repos dominical et se conformant à une décision de justice lui faisant interdiction de faire travailler ses salariés le dimanche[2].

En résumé, à côté de cette question émergente de l'articulation de ce droit de la personnalité et du droit à la preuve, l'état de la jurisprudence actuelle est le suivant : le droit au respect de la vie privée autorise toute personne, quelle que soit sa notoriété, à s'opposer à la diffusion, sans son autorisation, d'informations, vraies ou fausses, entrant dans la sphère de sa vie privée; de même, chacun peut s'opposer à la fixation de son image ou à sa reproduction sans autorisation préalable; toutefois ces droits lorsqu'ils sont invoqués au profit d'une personne que sa naissance ou ses fonctions exposent à la notoriété et donc à la curiosité du public, ou qui a elle-même divulgué certains faits relatifs à sa vie privée, ne peuvent s'apprécier avec la même rigueur que lorsqu'il s'agit d'un citoyen anonyme éloigné des médias. Vérification *a contrario :* « Considérant que lorsqu'un article, consacré à une personnalité, évoque des faits qui ne sont pas déjà connus du public ou comportent des commentaires qui ne peuvent être considérés comme anodins, le droit à la vie privée doit prévaloir sur le principe de la liberté d'expression quand cet article n'apporte aucune contribution à un débat d'intérêt général pour la société »[3].

Cette jurisprudence semble bien confirmée par un important arrêt de la Cour européenne des droits de l'homme du 24 juin 2004 (arrêt *Princesse de Hanovre*)[4] L'arrêt est vraiment à connaître. Cette décision résume bien la jurisprudence actuelle de la CEDH :

– la notion de vie privée comprend des éléments se rapportant à l'identité d'une personne tels que le nom d'une personne ou son « droit à l'image » (la Convention EDH ne comportant pas de référence au droit sur l'image, la CEDH

1. Civ. 1re, 22 sept. 2016, n° 15-24.015, à paraître au *Bull.*, *D.* 2017. 490, note B. Beignier et S. Ben Hadj Yahia.
2. Soc., 9 nov. 2016, n° 15-10.203, à paraître au *Bull.*, *D.* 2017. 37, note G. Lardeux; *RTD civ.* 2017. 96, obs. J. Hauser.
3. Paris, 25 janv. 2006, *D.* 2006. 2706, obs. C. Bigot. Il s'agit de trois arrêts de cette cour, statuant après renvoi. On peut donc considérer que la cour applique parfaitement les critères dégagés par la Cour de cassation.
4. J.-L. Halpérin, « Anecdote monégasque ou européanisation de la *privacy ?* », *D.* 2005. 340; *CCE* 2004, n° 147, note A. Lepage.

le rattache à la vie privée protégée quant à elle expressément par l'article 8 de la Convention);

– la sphère de la vie privée telle que la Cour la conçoit, couvre l'intégrité physique et morale d'une personne; la garantie offerte par l'article 8 de la Convention est principalement destinée à assurer le développement sans ingérences extérieures, de la personnalité de chaque individu dans les relations avec ses semblables (la Cour fait référence ici au célèbre arrêt *Niemietz* du 16 décembre 1992);

– il existe donc une zone d'interaction entre l'individu et les tiers qui, même dans un contexte public, peut relever de la vie privée;

– la cour rappelle que, dans certaines circonstances, une personne disposait d'une « espérance légitime » de protection et de respect de sa vie privée;

– la cour rappelle, bien entendu, que la liberté d'expression constitue un fondement essentiel d'une société démocratique;

– l'essentiel de l'arrêt se trouve, ensuite, au n° 59 : « Si la liberté d'expression s'étend également à la publication de photos, il s'agit là néanmoins d'un domaine où la protection de la réputation et des droits d'autrui revêt une importance particulière. En l'occurrence, il s'agit de la diffusion non pas d'idées mais d'images contenant des informations très personnelles, voire intimes, sur un individu. De plus, les photos paraissant dans la presse à sensation sont souvent réalisées dans un climat de harcèlement continu, entraînant pour la personne concernée un très fort sentiment d'intrusion dans sa vie privée et même de persécution. Dans les affaires relatives à la mise en balance de la protection de la vie privée et de la liberté d'expression dont la cour a eu à connaître, elle a toujours mis l'accent sur la contribution que la parution de photos ou d'articles dans la presse apportait au débat d'intérêt général. » À ce sujet la cour fait un rappel à un autre arrêt important et touchant la France, l'arrêt *Gubler* (18 mai 2004) : « De même dans une affaire récente portant sur la publication par l'ancien médecin personnel du Président Mitterrand d'un livre comportant des révélations sur l'état de santé de ce dernier, la cour a considéré que plus le temps passait, plus l'intérêt public du débat lié à l'histoire des deux septennats accomplis par le Président Mitterrand l'emportait sur les impératifs de la protection des droits de celui-ci au regard du secret médical » (motif assez sidérant !);

– la cour poursuit en disant « qu'il convient d'opérer une distinction fondamentale entre un reportage relatant des faits — même controversés — susceptibles de contribuer à un débat dans une société démocratique, se rapportant à des personnalités politiques, dans l'exercice de leurs fonctions officielles par exemple, et un reportage sur les détails de la vie privée d'une personne qui, de surcroît, comme en l'espèce[1], ne remplit pas de telles fonctions. Si dans le premier cas la presse joue son rôle essentiel de "*chien de garde*"[2] dans une démocratie en contribuant à "communiquer des idées et des informations sur des questions d'intérêt public", il en va autrement dans le second cas »;

– en conclusion : « De même, s'il existe un droit du public à être informé, droit essentiel dans une société démocratique qui, dans des circonstances particulières, peut même porter sur des aspects de la vie privée de personnes publiques, notamment lorsqu'il s'agit de personnalités politiques, cela n'est pas le cas en l'espèce : en effet, celui-ci se situe en dehors de la sphère de tout débat politi-

1. La princesse de Hanovre était prise en photo hors de toute représentation officielle.
2. C'est une expression à connaître et que la Cour emploie souvent au sujet de la presse, depuis l'affaire *Handyside c/ Royaume-Uni* (CEDH 7 déc. 1976, req. n° 5493/72).

que ou public, car les photos publiées et les commentaires les accompagnant se rapportent exclusivement à des détails de la vie privée de la requérante. Comme dans d'autres affaires similaires dont elle a eu à connaître, la Cour estime, dès lors qu'en l'espèce la publication des photos et des articles litigieux ayant eu pour seul objet de satisfaire la curiosité d'un certain public sur les détails de la vie privée de la requérante, ne saurait passer pour contribuer à un quelconque débat d'intérêt général pour la société, malgré la notoriété de la requérante. Dans ces conditions, la liberté d'expression appelle une interprétation moins large. »

Cela étant, la Cour européenne des droits de l'homme a, depuis lors, eu l'occasion de tempérer sa position et d'amoindrir ainsi les droits au respect de la vie privée et sur l'image, au profit de la liberté d'expression. En effet, dans un arrêt de grande chambre du 7 février 2012 *Princesse de Hanovre 2*[1], des photographes avaient pris et publié des clichés de l'intéressée en compagnie de son mari lors de leurs vacances. Certes, la Cour énonce d'abord que les droits à la liberté d'expression, d'une part, et au respect de la vie privée, d'autre part, méritent *a priori* un égal respect (consid. 106). Mais elle énumère ensuite les critères à prendre en compte pour la mise en balance de ces deux droits : contribution à un débat d'intérêt général, notoriété de la personne visée et objet du reportage, comportement antérieur de la personne concernée, contenu, forme et répercussions de la publication et circonstances de la prise des photos. Or, elle constate que les juridictions nationales ont en l'espèce procédé à une mise en balance circonstanciée, d'une part, du droit des sociétés d'édition à la liberté d'expression avec, d'autre part, le droit des requérants au respect de leur vie privée. Elle estime, en effet, que les photos, considérées à la lumière des articles les accompagnant et relatifs à la maladie du prince, avaient apporté une contribution à un débat d'intérêt général. La Cour en conclut que les juridictions nationales n'ont pas manqué à leurs obligations positives au titre de l'article 8 de la Convention (droit au respect de la vie privée et familiale). Les limites apportées à la protection de la vie privée à l'échelle européenne ont d'ailleurs été confirmées récemment par un arrêt *Princesse de Hanovre 3* rendu par la Cour européenne des droits de l'homme le 19 septembre 2013[2]. Les juges de Strasbourg ont en effet conclu à l'absence de violation de l'article 8 de la Convention par l'Allemagne dont les juridictions n'avaient pas condamné la diffusion par la presse d'un « article qui rendait compte d'une nouvelle tendance parmi les célébrités de mettre leurs résidences de vacances en location », en tant que cela contribuait à un « débat d'intérêt général ». *De même, récemment, la CEDH a jugé qu'une publication révélant l'existence d'un enfant hors mariage du prince Albert II de Monaco, enfant qui n'avait fait l'objet d'aucune reconnaissance publique, ainsi que la nature des relations entre les protagonistes, était justifiée par la liberté d'information*[3]. *Elle estima ainsi que les juridictions françaises, qui avaient au contraire retenu une atteinte à la vie privée du souverain, avaient outrepassé leur marge d'appréciation.* Cependant, ces dernières positions de la Cour européenne n'empêchent pas de constater par ailleurs une certaine extension de la vie privée.

1. *D.* 2012. 1040, note J.-F. Renucci; *RTD civ.* 2012. 779, obs. J.-P. Marguénaud. V. égal. : CEDH, gr. ch., 7 févr. 2012, affaire *Axel Springer AG c/ Allemagne* (*ibid.*) où la Cour estime que le droit au respect de la réputation d'un acteur, incarnant à l'écran un commissaire de police mais arrêté à la ville pour détention de drogue, cède devant le droit du public à l'information.
2. CEDH, sect. V, 19 sept. 2013, req. n° 8772/10 (spéc. § 48 et 53), *CCE* 2013, n° 119, note A. Lepage.
3. CEDH 10 nov. 2015, *Hachette Filipacchi Associés c/ France*, *D.* 2016. 116, note (crit.) J.-F. Renucci (qui se demande ce qu'il reste de la protection de la vie privée devant en principe être reconnue à chacun).

260. ***Extension de la vie privée.*** La vie privée connaît une extension mesurée. Mesurée, car le droit au respect de la vie privée ne s'est pas encore dilué — et dénaturé — jusqu'au point de devenir un droit à la vie publique. En témoigne une affaire dans laquelle, à la suite de la publication d'une nécrologie rédigée à la mémoire d'un journaliste et écrivain, la veuve et fille de ce dernier s'étaient plaintes de ne pas avoir été mentionnées, cependant que l'existence d'un enfant adultérin, disparu et peu connu de l'intéressé avait été portée à la connaissance du public. La Cour de cassation refusa de considérer que la vie privée pût constituer le fer de lance d'une telle revendication[1]. Mais la vie privée connaît par ailleurs une certaine extension tout de même. En effet, d'abord — outre la jurisprudence de la CEDH protégeant le droit sur l'image à travers la notion de vie privée, laquelle fait ainsi l'objet d'une conception extensive (v. ss 255) — la jurisprudence interne est parfois conduite à utiliser la protection de la vie privée en réponse à l'émergence de problématiques nouvelles susceptibles de menacer plus généralement les intérêts de l'individu. On retiendra à cet égard une décision du TGI Paris du 24 nov. 2010 jugeant que la création d'un « faux profil » sur un réseau social au détriment d'un personnage des médias avait « porté atteinte à la vie privée et au droit à l'image de celui-ci »[2]. Certes, des informations personnelles avaient bien été diffusées sans le consentement de l'intéressé, mais il s'agissait aussi, et peut-être surtout, d'une usurpation d'identité que le droit positif ne prohibait que partiellement (était seulement puni pénalement par l'art. 434-23 du C. pén. « le fait de prendre le nom d'un tiers, dans des circonstances qui ont déterminé ou auraient pu déterminer contre celui-ci des poursuites pénales »). La décision a donc mobilisé la vie privée pour pallier une insuffisance de protection juridique spécifique que la loi LOPPSI 2 a finalement ultérieurement en partie comblée (v. ss 255).

Ensuite et surtout, le « droit à la vie privée » est de plus en plus un « droit à l'indépendance » voire « à l'individualisme », un « droit à la différence ». Il ne s'agit plus alors de prétendre vivre caché mais de vivre différemment. Le « droit à la vie privée » n'est plus là pour empêcher le simple regard d'autrui, mais plus encore, et surtout, son jugement. Dès lors, en dépit de l'extension des limites apportées à la vie privée, celle-ci s'étend elle-même. Plus précisément, avec l'essor des droits de l'homme en général et de l'application de l'article 8 de la Convention EDH en particulier, le droit au respect de la vie privée s'étend jusqu'à en changer de nature : d'un droit au *secret* de la vie privée, qui a seul été souhaité par les rédacteurs de la loi du 17 juillet 1970 créant l'actuel article 9 du Code civil, il devient un droit à la *liberté* de la vie privée. D'importantes solutions ont récemment montré une partie du potentiel d'une telle liberté[3].

---

1. Civ. 1re, 1er oct. 2014, n° 13-21.287, *JCP* 2015. 1191, n° 15, obs. J. Antippas.
2. CCE 2011, n° 28, obs. A. Lepage.
3. V. récemment : Civ. 1re, 4 déc. 2013, *D.* 2014. 179, note F. Chénedé, jugeant, au visa de l'art. 8 de la Conv. EDH, à propos d'un mariage entre une personne et son ex-bru, que « le prononcé de la nullité du mariage de Raymond Y... avec Mme Denise X... revêtait, à l'égard de cette dernière, le caractère d'une ingérence injustifiée dans l'exercice de son droit au respect de sa vie privée et familiale dès lors que cette union, célébrée sans opposition, avait duré plus de vingt ans ». *Adde* : CEDH 26 juin 2014, req. nos 65941/11 et 65192/11, *Labassée* et *Mennesson*, *D.* 2014. 1797, note F. Chénedé et 1806, note L. d'Avout; *ibid.* 1773, Chron. H. Fulchiron et C. Bidaud-Garon, condamnant la France pour sa violation de l'art. 8 de la Conv. EDH du fait de son refus d'établir juridiquement le lien de filiation entre un parent biologique et un enfant né à la suite d'une convention de GPA conclue à l'étranger. V. également : CE, ass., 31 mai 2016, n° 396848, à paraître au Rec.; *D.* 2016. 1472, note H. Fulchiron; *ibid.* 1477, note B. Haftel, jugeant que, dans des circonstances particulières de décès de son compagnon, le refus opposé par la France à l'exportation vers l'Espagne de gamètes post-mortem du défunt était contraire au droit au respect de la vie privée de la requérante (« en l'absence de toute intention frauduleuse de la part ▶

D'ailleurs, c'est par le biais du respect de la vie privée que la Cour de cassation a renversé sa jurisprudence relative aux transsexuels. Dans une série d'arrêts du 21 mai 1990[1], la première chambre civile avait exposé que « l'article 8, alinéa 1er de la Convention européenne des droits de l'homme, qui dispose que toute personne a droit au respect de sa vie privée et familiale, n'impose pas d'attribuer au transsexuel un sexe qui n'est pas en réalité le sien ». L'arrêt de 1992 revira brutalement, suivant ainsi la position de la CEDH[2], cette jurisprudence elle-même sans finesse, en déclarant que « lorsque, à la suite d'un traitement médico-chirurgical, subi dans un but thérapeutique, une personne présentant le syndrome du transsexualisme ne possède plus tous les caractères de son sexe d'origine et a pris une apparence physique la rapprochant de l'autre sexe, auquel correspond son comportement social, le principe dû à la vie privée, posé par l'article 8 de la Convention européenne de sauvegarde des droits de l'homme et des libertés fondamentales et l'article 9 du Code civil, justifie que son état civil indique désormais le sexe dont elle a l'apparence, le principe de l'indisponibilité de l'état des personnes ne faisant pas obstacle à une telle modification »[3].

Mais la notion de « vie privée » au sens de « droit à la différence »[4] finit toujours par se traduire comme un « droit à la liberté individuelle » et donc comme une revendication contre la société. Insensiblement on passe d'un « droit-liberté » (le droit « de ») à un « droit-créance » (le droit « à »).

Par ailleurs, le droit au respect de la vie privée est parfois utilisé pour sanctionner des propos qui, pourtant, y semblent assez étrangers. En effet, dans un arrêt récent, lors d'une émission radiophonique, un humoriste avait imité une mineure, fille et petite-fille de personnalités politiques nationales, en lui faisant dire que son grand-père la berçait avec des chansons pour enfants mais parodiées par l'animateur afin de leur donner un tour nazi. Saisie par la mère de l'intéressée invoquant une atteinte à la vie privée de sa fille, la cour d'appel la débouta en justifiant soigneusement sa décision : propos tenus lors d'une séquence humo-

---

▶ de la requérante, dont l'installation en Espagne ne résulte pas de la recherche, par elle, de dispositions plus favorables à la réalisation de son projet que la loi française, mais de l'accomplissement de ce projet dans le pays où demeure sa famille qu'elle a rejointe, le refus qui lui a été opposé sur le fondement des dispositions [...] du code de la santé publique — lesquelles interdisent toute exportation de gamètes en vue d'une utilisation contraire aux règles du droit français — porte, eu égard à l'ensemble des circonstances de la présente affaire, une atteinte manifestement excessive à son droit au respect de la vie privée et familiale protégé par les stipulations de l'article 8 de la Convention européenne de sauvegarde des droits de l'homme et des libertés fondamentales. Il porte, ce faisant, une atteinte grave et manifestement illégale à une liberté fondamentale »).

1. *JCP* 1990. II. 21588, rapport Massip, concl. Flippo.
2. CEDH 25 mars 1992; *JCP* 1992. II. 21955, note T. Garé; *D.* 1993. 101, note J.-P. Marguénaud.
3. Cass., ass. plén., 11 déc. 1992, *Bull. ass. plén.*, n° 13 et *Grands arrêts* par F. Terré et Y. Lequette, 12e éd., 2007, n° 25-26. Autres arrêts : Paris, 14 juin 1994, *D.* 1994. IR 208; Toulouse, 30 avr. 1996, *JCP* 1997. IV, n° 726; Rennes, 26 oct. 1998, *D.* 1999. 508, note M. Friant-Perrot. Sur cette question, consulter la thèse d'A. Debet, *L'influence de la Convention européenne des droits de l'homme sur le droit civil*, Paris II, Dalloz, coll. « Nouvelle bibliothèque de thèses », 2002, spéc. 286 s. Au-delà, la consultation de cette riche thèse (qui se lit très agréablement) sera d'un grand profit pour la préparation du reste du « grand oral ».
4. « Droit à la différence, droit à l'indifférence », G. Koubi, *RTDH* 1993. 243. C'est évidemment ce droit à la différence qui explique largement la jurisprudence du Conseil d'État sur le « foulard islamique », derniers arrêts : CE 27 nov. 1996, *LPA* 10 mars 1997, n° 30, note Nguyen van Tuong; *JCP* 1997. II. 22808, obs. B. Seiller; CE 20 mai 1996 (*JCP* 1996. IV. 2196, obs. C. Rouault; et, dans cet ouvrage, v. le chapitre relatif à cette question). Se reporter, pour plus de réflexion, au stimulant petit ouvrage de Charles Taylor, *Multiculturalisme. Différence et démocratie*, Flammarion, coll. « Champs », n° 372, 1997; plus, encore du même, *Les sources du moi. La formation de l'identité moderne*, Le Seuil, 1998.

ristique par un imitateur, scène imaginaire caricaturale exclusive de tout risque de confusion avec une séquence informative, recours à l'enfant seulement pour brocarder un homme politique devant d'autant plus faire preuve de tolérance qu'il est connu pour ses positions polémiques, absence d'utilisation de la voix même de la fillette et absence d'information sur le compte de cette dernière. Pourtant, la Cour de cassation censure pour violation de la loi, au visa des articles 9 du Code civil et 8 de la Convention EDH, jugeant que « le droit de chacun au respect de sa vie privée et familiale s'oppose à ce que l'animateur d'une émission radiophonique, même à dessein satirique, utilise la personne de l'enfant et exploite sa filiation pour lui faire tenir des propos imaginaires et caricaturaux à l'encontre de son grand-père ou de sa mère, fussent-ils l'un et l'autre des personnalités notoires et dès lors légitimement exposées à la libre critique et à la caricature incisive » et qu'en rendant cet « arrêt, qui relève que, si les noms (...) n'étaient pas cités, l'enfant était identifiable en raison de la référence à son âge, à son prénom exact, à celui de sa mère Marine et d'un tic de langage de son grand-père, la cour d'appel, méconnaissant les conséquences légales de ses propres constatations, a violé les textes susvisés »[1]. Le recours à ce droit de la personnalité peut ainsi s'effectuer pour sanctionner des propos portant atteinte aux intérêts des personnes, spécialement mineures, alors pourtant que ni le secret, ni la liberté de la vie privée ne sont véritablement en cause. Cela apparaît de nature à contribuer à diluer la notion de vie privée.

La jurisprudence de la chambre sociale de la Cour de cassation distingue quant à elle nettement la « vie privée » du salarié et sa « vie personnelle »[2]. Cette distinction est d'autant plus utile que la chambre sociale fait, pertinemment, référence tantôt à la « vie privée », tantôt à la « vie personnelle »[3]. Ainsi on ne peut ignorer un important arrêt *Nikon*, du 2 octobre 2001[4] : cet arrêt pose, pour la première fois, en principe, que l'employeur, même lorsqu'il interdit une utilisation non professionnelle de l'ordinateur dont dispose un salarié, ne peut prendre connaissance des messages personnels émis par le salarié et reçus par lui à partir de cet outil de travail : « le salarié a droit, même au temps et au lieu de travail au respect de sa vie privée [...], celle-ci implique en particulier le secret des correspondances; [...] l'employeur ne peut dès lors sans violation de cette *liberté fondamentale* prendre connaissance des messages personnels émis par le salarié et reçus par lui grâce à un outil informatique mis à sa disposition pour son travail et ceci même au cas où l'employeur aurait interdit une utilisation non professionnelle de l'ordinateur ».

1. Civ. 1re, 20 mars 2014, *JCP* 2014, actu. 417, obs. N. Dissaux; *ibid.* 579, note A. Latil; *ibid.* Doctr. 1163, n° 10, obs. J. Antippas.
2. Soc. 14 mai 1997, *Bull. civ.* V, n° 175 – 16 déc. 1997, *Bull. civ.* V, n° 441, *JCP* 1998. II. 10101, note Escande-Varniol – 10 mars 1998, *D.* 1998. IR 98 – 24 juin 1998, *Bull. civ.* V, n° 338 – 16 déc. 1998. Jurisprudence établie : « Chacun a droit au respect de sa vie privée; qu'il en résulte qu'il ne peut être procédé à un licenciement pour une *cause tirée de la vie privée du salarié* que si le comportement de celui-ci a créé un *trouble objectif caractérisé au sein de l'entreprise* » (Soc. 30 nov. 2005, *JCP* S 2006. 26, note Gauriau; *adde* 25 janv. 2006, *Bull. civ.* V, n° 26, *D.* 2006. IR 394; *D.* 2006. 2709, obs. A. Leborgne).
3. C. Mathieu, *La vie personnelle du salarié*, thèse Lyon II, 2004.
4. Soc. 2 oct. 2001, *Bull. civ.* V, n° 291, *D.* 2001. IR 944, *ibid.* 3148, note P.-Y. Gautier; « Courrier électronique et vie privée au travail », *D.* 2001. 3286; *LPA* 10 déc. 2001, p. 6 s. note G. Picca. Deux autres arrêts de 2001 à mettre en parallèle. Soc. 15 mai 2001, *Bull. civ.* V, n° 168 : l'employeur est en droit de contrôler la facture de téléphone pour savoir quel usage en fait l'employé, la facture démontre l'usage frauduleux mais ne trahit pas les messages ou les conversations. Soc. 2 oct. 2001 (2e arrêt du même jour), *Bull. civ.* V, n° 292 : l'employeur ne peut, sans porter atteinte à la vie privée du salarié, imposer à ce dernier de travailler à son domicile.

En sus de l'arrêt précité de la Cour de cassation du 17 mars 2016 qui désolidarise la vie privée, de la protection des correspondances, la jurisprudence *Nikon* a connu un sérieux bémol depuis le 17 mai 2005[1] : « Sauf risque ou événement particulier, l'employeur ne peut ouvrir les fichiers identifiés par le salarié comme personnels contenus dans le disque dur de l'ordinateur mis à sa disposition *qu'en présence de ce dernier ou celui-ci dûment appelé* ». La Cour de cassation a d'ailleurs restreint la possibilité de renverser la présomption de caractère professionnel des fichiers figurant sur un outil informatique de travail : « si les fichiers créés par le salarié à l'aide de l'outil informatique mis à sa disposition par l'employeur pour les besoins de son travail sont présumés avoir un caractère professionnel, de sorte que l'employeur est en droit de les ouvrir en dehors de sa présence, sauf s'ils sont identifiés comme étant personnels, la dénomination donnée au disque dur lui-même ne peut conférer un caractère personnel à l'intégralité des données qu'il contient »[2] (en l'espèce, la dénomination « D :/données personnelles » du disque dur de l'ordinateur du salarié ne pouvait ainsi lui permettre d'utiliser celui-ci à des fins purement privées et d'en interdire l'accès à l'employeur). La Cour de cassation a récemment confirmé sa position, en jugeant que l'employeur peut accéder au contenu des messages et fichiers figurant sur le disque dur de l'ordinateur mis à la disposition du salarié, même si ceux-ci proviennent de la messagerie personnelle de ce dernier[3]. De même, a-t-elle décidé, est licite le contrôle effectué sur les courriels issus de la messagerie électronique mise à la disposition du salarié par l'entreprise dès lors qu'ils ne sont pas identifiés comme personnels, même si l'adresse de la messagerie n'indique pas le nom de l'entreprise[4]. Encore, la Haute juridiction judiciaire a récemment admis la preuve par l'employeur au moyen de la production de SMS émis et reçus par des salariés avec des téléphones portables mis à disposition des intéressés pour leurs besoins professionnels[5]. Cela étant, la Cour de cassation vient tout juste de poser une importante limite à cette jurisprudence en jugeant que l'employeur ne saurait utiliser à titre de preuve les courriels émis ou reçus par le salarié au moyen de la messagerie électronique personnelle de ce dernier, même si les courriels en question figurent dans le disque dur de l'ordinateur professionnel de l'intéressé et ne sont pas mentionnés comme étant « personnels »[6]. La dernière tendance de la Cour de cassation semble ainsi être une meilleure protection du secret des correspondances et, plus généralement, de la vie privée du salarié au travail.

De manière générale, les plaideurs utilisent la jurisprudence de la Cour de Strasbourg, se fondant sur l'article 8 de la Convention européenne. Cette juri-

---

1. *D.* 2005. IR 1448; comm. n° 121, obs. Lepage, *D.* 2005. 2649, obs. C. Bigot.
2. Soc. 4 juill. 2012, CCE 2013, n° 10, obs. E. Caprioli.
3. Soc. 19 juin 2013, n° 12-12.138, *CCE.* 2013, n° 110, note E. Caprioli (le salarié avait en l'espèce lui-même transféré ses courriels sur son disque dur professionnel; la solution a ainsi été circonscrite par un arrêt ultérieur du 26 janvier 2016, v. *infra*).
4. Soc. 16 mai 2013, n° 12-11.866, *CCE* 2013, n° 109, note E. Caprioli : « les courriels adressés et reçus par le salarié à l'aide de l'outil informatique mis à sa disposition par l'employeur pour les besoins de son travail sont présumés avoir un caractère professionnel en sorte que l'employeur est en droit de les ouvrir hors la présence de l'intéressé, sauf si le salarié les identifie comme personnels ».
5. Com. 10 févr. 2015, n° 13-14.779; *D.* 2015. 959, note J. Lasserre Capdeville; *D.* 2016. 167, obs. J.-D. Bretzner.
6. Soc. 26 janv. 2016, n° 14-15.360, à paraître au *Bull.* : « attendu qu'ayant constaté que les messages électroniques litigieux provenaient de la messagerie personnelle de la salariée distincte de la messagerie professionnelle dont celle-ci disposait pour les besoins de son activité, la cour d'appel en a exactement déduit que ces messages électroniques devaient être écartés des débats en ce que leur production en justice portait atteinte au secret des correspondances ».

diction fait état désormais d'une « vie privée sociale »[1]. L'on retiendra les termes de sa jurisprudence à partir de l'important arrêt *Niemietz c/ Allemagne* du 16 décembre 1992 : « La Cour ne juge ni possible, ni nécessaire de chercher à définir de manière exhaustive la notion de "vie privée". Il serait toutefois trop restrictif de la limiter à un "cercle intime" où chacun peut mener sa vie personnelle à sa guise et d'en écarter entièrement le monde extérieur à ce cercle. Le respect de la vie privée doit aussi englober, dans une certaine mesure, le droit pour l'individu de nouer et développer des relations avec ses semblables. Il paraît, en outre, n'y avoir aucune raison de principe de considérer cette manière de comprendre la notion de "vie privée" comme excluant les activités professionnelles ou commerciales : après tout, c'est dans leur travail que la majorité des gens ont beaucoup, voire le maximum d'occasions de resserrer leurs liens avec le monde extérieur ». Cette jurisprudence, constante, a été, incidemment réitérée dans l'arrêt *Odièvre* du 13 février 2003 (question de l'accouchement sous X, consid. 29)[2].

261. ***Théorie des ensembles.*** Si l'on veut appliquer, périlleusement peut-être, au droit la fameuse théorie des ensembles des mathématiques modernes (mais on peut lui préférer la plus sympathique métaphore des poupées russes), il est permis de résumer les choses de la sorte :

- 1er ensemble : liberté d'être soi-même, droit au respect de la vie personnelle (*Right of privacy*) ;
- 2e ensemble (inclus dans le 1er) : droit à la tranquillité de vie (*To be left alone*) ;
- 3e ensemble *(idem) :* respect de la vie privée domestique (C. civ., art. 9, al. 1er) ;
- 4e ensemble *(idem) :* secret de l'intimité de la vie privée (C. civ., art. 9, al. 2).

II. La protection

262. Tant il est vrai qu'il vaut mieux prévenir que guérir, il faut étudier les moyens juridiques qui permettent d'empêcher une atteinte à l'intégrité de la personnalité (**A.**) avant d'examiner ceux qui permettront une éventuelle réparation (**B.**).

A. La prévention

263. Cette prévention peut être le résultat d'incriminations pénales (*1.*), mais il faut aussi compter avec le rôle désormais déterminant du juge des référés au civil (*2.*).

1. Le droit pénal

264. ***Droit pénal.*** Cette prévention s'effectue essentiellement par le droit pénal. Le Code de 1994 consacre, dans le titre II relatif aux atteintes à la personne humaine, un chapitre VI *Des atteintes à la personnalité.* Ce chapitre punit l'atteinte à la vie privée, la représentation de la personne, la dénonciation calomnieuse, l'atteinte au secret et la réglementation des fichiers et traitements informatiques. Ainsi est-ce une atteinte à la vie privée d'un salarié que d'installer un microphone dans le bureau d'une attachée de presse car « cette installation

---

1. Se reporter au très utile livre de F. Sudre, J.-P. Marguénaud, J. Andriantsimbazovina, A. Gouttenoire et M. Levinet, *Les grands arrêts de la Cour européenne des droits de l'homme*, 6e éd., PUF, coll. « Thémis », 2011.
2. Note de Gouttenoire et Sudre, *JCP* 2003. II. 10049.

avait pour but et pour résultat de permettre à l'employeur d'entendre tout ce qui se disait, sans distinction des propos professionnels des propos privés »[1].

Dans tous ces cas, il s'agit de circonstances où celui qui portera atteinte à la personnalité d'autrui est averti qu'il en court telle pénalité. La jurisprudence est nettement plus rare que la jurisprudence civile mais, du moins, est-elle stricte : le droit pénal n'a pas la souplesse du droit civil[2]. Une solution récente l'a confirmé de manière éclatante. À propos de la question de la répression pénale de la diffusion (sur internet), sans autorisation de la personne intéressée, d'un cliché (de nu) effectué avec le consentement de cette dernière, la Cour de cassation a rappelé le principe de l'interprétation stricte de la loi pénale[3]. La loi n° 2016-1321 du 7 octobre 2016 pour une république numérique (art. 67) a ainsi, pour modifier l'état du droit positif sur la question, créé un article 226-2-1 du Code pénal posant :

« Lorsque les délits prévus aux articles 226-1 et 226-2 portent sur des paroles ou des images présentant un caractère sexuel prises dans un lieu public ou privé, les peines sont portées à deux ans d'emprisonnement et à 60 000 € d'amende.

Est puni des mêmes peines le fait, en l'absence d'accord de la personne pour la diffusion, de porter à la connaissance du public ou d'un tiers tout enregistrement ou tout document portant sur des paroles ou des images présentant un caractère sexuel, obtenu, avec le consentement exprès ou présumé de la personne ou par elle-même, à l'aide de l'un des actes prévus à l'article 226-1. »

265. *Secret professionnel.* À propos du secret professionnel[4], le Code pénal énonce que le délit est constitué par « la révélation d'une information à caractère secret par une personne qui est dépositaire soit par état ou par profession, soit en raison d'une fonction ou d'une mission temporaire » (art. 226-13).

À la suite d'un très célèbre arrêt de la chambre criminelle du 19 décembre 1885[5] (affaire *Watelet*) la Cour de cassation maintient une jurisprudence d'une absolue rigueur en se tenant au critère du « confident nécessaire » : le secret ne peut

1. Paris, 19 mars 2002, *D.* 2003. 1534, note L. Marino.
2. « Le seul fait de fixer, enregistrer et transmettre sans le consentement d'une personne se trouvant dans un lieu privé, constitue une atteinte volontaire à l'intimité de la vie privée » : Crim. 16 févr. 2010, *CCE* 2011, n° 66, note A. Lepage. *Adde*, Civ. 1re, 2 juill. 2014, *D.* 2014. 1497 : jugeant à propos de l'intimité de la vie privée que « la loi pénale prohibe et sanctionne le fait d'y porter volontairement atteinte, au moyen d'un procédé de captation, sans le consentement de leur auteur, de paroles prononcées à titre privé ou confidentiel, comme de les faire connaître du public, le recours à ces derniers procédés constitue un trouble manifestement illicite, que ne sauraient justifier la liberté de la presse ou sa contribution alléguée à un débat d'intérêt général, ni la préoccupation de crédibiliser particulièrement une information, au demeurant susceptible d'être établie par un travail d'investigation et d'analyse couvert par le secret des sources journalistiques, la sanction par le retrait et l'interdiction ultérieure de nouvelle publication des écoutes étant adaptée et proportionnée à l'infraction commise, peu important, enfin, que leur contenu, révélé par la seule initiative délibérée et illicite d'un organe de presse de les publier, ait été ultérieurement repris par d'autres ».
3. Crim. 16 mars 2016, n° 15-82.676, *Bull. crim.* 2016, n° 86; *D.* 2016. 1597, note A. Serinet.
4. B. Beignier, B. Blanchard, J. Villacèque (dir.), *Droit et déontologie de la profession d'avocat*, PUF, coll. « Droit fondamental », 2002, spéc. chap. 5, « Le secret professionnel », par A. Viala, p. 221 s. (ne pas oublier qu'un avocat est dans le jury); S. Abravanel-Jolly, *La protection du secret en droit des personnes et de la famille*, coll. « Doctorat et notariat », 2001/06 (permet de faire le tour complet de la question). Autres lectures : M.-A. Frison-Roche (dir.), *Secrets professionnels*, Essais, coll. « Autrement », 1999; « Transparence et secret », *Pouvoirs*, n° 97, avr. 2001 (en particulier un bel article de J.-D. Bredin).
5. *DP* 1886. 1. 347; *S.* 1886. 1. 86, rapport Tanon (remarquable). À compléter le non moins célèbre arrêt du *Roi des Gitans* (Crim. 20 déc. 1967, *Bull. crim.*, n° 218) : le secret peut être entamé pour la défense du praticien contre son client.

d'aucune manière être assoupli, celui qui le détient doit être une tombe. On doit connaître l'attendu de principe : « Le délit de violation du secret professionnel est institué, non seulement dans *l'intérêt* général, pour assurer la confiance qui s'impose dans l'exercice de certaines professions, mais également dans *l'intérêt* des particuliers, pour garantir la sécurité des confidences que ceux-ci sont dans la nécessité de faire à certaines personnes du fait de leur état ou dans leur profession ». Un tel secret n'est pas le monopole de telle ou telle profession, il est le secret professionnel c'est-à-dire qu'il s'impose, normalement, pour toute profession, mais ici la Cour de cassation a plutôt tendance à réduire la liste de tels détenteurs.

Cette jurisprudence a fait l'objet de critiques. Absolutiste, le secret professionnel serait plus conçu comme l'apanage de certaines professions qui en tirent fierté que dans l'intérêt des particuliers. Y aura-t-il une évolution ? On peut citer un arrêt de la première chambre civile du 9 juin 1993[1] invoquant la nécessité d'un « intérêt légitime » à protéger (il s'agissait de la production d'un certificat médical dans un contentieux relatif à une assurance, la question étant de savoir si l'assuré, victime d'une maladie, avait ou non rempli son devoir de renseignement vis-à-vis de son assureur). On sera également attentif à ce que la loi moderne apporte des limites inconnues jusqu'alors (ainsi en cas de sévices envers des enfants, C. pén., art. 226-14), mais la dénonciation de tels faits est simplement permise : elle n'est pas une obligation (à noter : la loi du 2 janvier 2004 sur l'enfance qui limite encore le secret en cas de sévices envers des enfants)[2]. Certains auteurs estiment que, sous l'influence spécialement de la position récente de la CJUE[3], la Cour de cassation devrait désormais revenir sur l'absolutisme de la protection du secret professionnel pour concilier celui-ci avec d'autres intérêts juridiquement protégés comme le droit à la preuve, spécialement lorsque ces secrets protègent des intérêts privés comme le droit au respect de la vie privée[4].

On peut en tout état de cause méditer sur ce paradoxe de notre société « permissive » et « répressive » qui reprend d'une main ce qu'elle donne de l'autre : « La transparence[5] est, sans surprise, l'autre valeur de référence du monde tel que les experts le façonnent. C'était naguère un des mots-clés du langage totalitaire. Imposée aujourd'hui comme un devoir, elle a beau conduire à inverser la charge de la preuve en obligeant chacun à rendre à tout instant des comptes; elle a beau respecter de moins en moins la vie privée, et violer jusqu'à la mémoire, jusqu'au secret des familles; elle a beau donner prétexte, dans la presse, à une vague d'inquisition digne des procès staliniens, il n'est pas un discours politique qui soit jugé digne de foi, s'il ne présente la transparence comme une obligation » (Alain-Gérard Slama, *in Peut-on débattre en France ?*).

Au-delà du secret professionnel, il faut évoquer d'autres secrets protecteurs de la vie intime, les fameux « secrets de famille ». Le plus terrible pour la mère et l'enfant est le secret de l'accouchement sous X. À ce propos, on connaîtra dans ses grandes lignes la loi du 22 janvier 2002 relative à l'accès aux origines des per-

1. *Bull. civ.* I, n° 214. Cet arrêt est important car il maintient le caractère absolu du secret professionnel mais fondé sur une condition de « légitimité ».
2. On ne peut ignorer l'affaire (plus délicate qu'il n'y paraît) de l'évêque de Bayeux-Lisieux : TGI Caen, 4 sept. 2001, *Gaz. Pal.*, 7-8 nov. 2001, p. 47 et la puissante chronique de Y. Mayaud, *D.* 2001. Chron. 3454.
3. CJUE 16 juill. 2015, *Coty Germany GmbH*, préc.
4. G. Lardeux, « Secrets professionnels et droit à la preuve : de l'opposition déclarée à la conciliation imposée », *D.* 2016. 96.
5. V. sur le sujet les actes du colloque « Le secret à l'ère de la transparence », *JCP* 19 nov. 2012, p. 3 s.

sonnes adoptées et pupilles de l'État[1]. L'article L. 551-2 du Code l'action sociale et des familles devient désormais : « Toute femme qui demande, lors de son accouchement, la préservation du secret de son admission et de son identité par un établissement de santé est informée des conséquences juridiques de cette demande et de l'importance pour toute personne de connaître ses origines et son histoire. Elle est donc invitée à laisser, si elle l'accepte, des renseignements sur sa santé et celle du père, les origines de l'enfant et les circonstances de sa naissance ainsi que, sous pli fermé, son identité. [...] ». Conflit entre la vie privée de la mère et celle de l'enfant, où est la juste solution ? Difficile compromis sur lequel se prononça la Cour de Strasbourg dans son arrêt *Odièvre* du 13 février 2003 pour conclure à l'absence de violation du droit au respect de la vie privée et familiale du demandeur. Plus récemment, la CEDH condamna cependant un État, au nom de la vie privée et familiale du requérant, du fait de l'impossibilité *absolue* pour ce dernier d'accéder à ses origines (affaire *Godelli c/ Italie :* CEDH 25 sept. 2012, req. n° 33783/09).

266. *Droit des fichiers.* Il faudrait également longuement s'attarder sur la législation relative aux fichiers et à l'informatique[2]. Depuis la loi du 6 janvier 1978 dite « Informatique et libertés »[3], qui trouve sa sanction pénale dans les articles 226-16 et suivants du Code pénal, la France est dotée d'une législation appropriée qui, dans l'ensemble, donne satisfaction. Son article premier dispose que « l'informatique doit être au service de chaque citoyen. [...] Elle ne doit porter atteinte ni à l'identité humaine, ni aux droits de l'homme, ni à leur vie privée, ni aux libertés individuelles ou publiques. » (On notera que cette législation, au Québec, se trouve dans le Code civil).

Toute constitution d'un fichier suppose l'aval de la Commission créée à cette fin et qui est une autorité administrative indépendante. La Commission veille tout particulièrement à ce que chaque fichier reste indépendant et que l'on n'arrive pas, par d'abusifs recoupements, à un fichage méthodique de tous. Une fois autorisé, le fichier doit être constitué selon certaines règles. Les moyens d'information ne doivent pas être collectés d'une manière frauduleuse, déloyale ou illicite (C. pén., art. 226-18). Surtout, est un acte délictueux « le fait, hors les cas prévus par la loi, de mettre ou de conserver en mémoire informatisée, sans l'accord exprès de l'intéressé, des données nominatives qui, directement ou indirectement, font apparaître les origines raciales ou les opinions politiques, philosophiques ou religieuses ou les appartenances syndicales ou les mœurs des personnes » (disposition qui tend à se généraliser, à comparer avec l'art. 12-2 de l'ord. du 22 décembre 1958 relative au statut des magistrats modifié par le décret du 25 févr. 1992), mais parmi les cas « prévus par la loi », il faut tenir compte des décrets du 14 octobre 1991 sur les fichiers des *services de renseignement de la police* (la conservation de tels renseignements est limitée dans le temps).

Une des trois lois dites de bioéthique, celle du 1er juillet 1994[4], est venue régler l'exploitation des fichiers sanitaires. Lutter contre la maladie suppose l'information des médecins et des chercheurs (l'épidémiologie). Mais cette information

1. *D.* 2002. 458.
2. A. Lucas, J. Devèze et J. Frayssinet, *Droit de l'informatique et de l'Internet*, PUF, coll. « Thémis », 2001. Lire au moins le chapitre préliminaire « Quels dangers ? Quelles libertés ? ». Plus rapide : T. Piete-Coudol et A. Bertrand, *Internet et le droit*, PUF, coll. « Que sais-je ? », n° 3504.
3. J. Frayssinet, Informatique, fichiers et libertés, Paris, 1992.
4. *D.* 1994. 358.

doit préserver les libertés individuelles : c'est tout le problème à résoudre. La question a quelque peu évolué avec la loi de bioéthique du 6 août 2004[1] modifiée une nouvelle fois le 7 juillet 2011. Retenir que la loi impose une grande discrétion quant à l'utilisation de ces fichiers. La jurisprudence pénale montre d'ailleurs que l'application de la loi ne dépend pas du nombre de fichiers en cause. Un arrêt rendu à propos de l'enregistrement, dans le répertoire informatique d'une secrétaire, de deux notes faisant état d'une appréciation personnelle d'un agent administratif qui en était l'objet, énonce que la loi « n'exige pas le franchissement d'un seuil de données ou de fichiers »[2].

On notera que le Parlement européen et le Conseil de l'Union européenne ont adopté une directive n° 95/46 le 24 octobre 1995 relative à la protection des personnes physiques à l'égard du traitement des données à caractère personnel et à la libre circulation de ces données[3]. À l'instar du droit français cette directive envisage une protection renforcée en ce qui concerne certaines catégories de données relatives à la personne : origine raciale ou ethnique, opinions politiques, convictions religieuses ou philosophiques, mœurs etc. L'article 8 prévoit que les États de l'Union s'interdisent le traitement de ces données sauf diverses exceptions dont la première est le consentement de la personne. Les autres cas sont liés à l'intérêt général (santé, sûreté). La Cour de justice de l'UE a récemment interprété cette directive en jugeant que « l'exploitation d'un système de caméra, donnant lieu à un enregistrement vidéo des personnes stocké dans un dispositif d'enregistrement continu tel qu'un disque dur, installé par une personne physique sur sa maison familiale afin de protéger les biens, la santé et la vie des propriétaires de la maison, ce système surveillant également l'espace public, ne constitue pas un traitement des données effectué pour l'exercice d'activités exclusivement personnelles ou domestiques, au sens de cette disposition »[4]. Cette juridiction joue un rôle croissant en matière de protection de la vie privée. Elle a récemment jugé qu'« il appartient aux États membres de déterminer si les personnes physiques (...) peuvent demander à l'autorité chargée de la tenue, respectivement, du registre central, du registre du commerce ou du registre des sociétés de vérifier, sur la base d'une appréciation au cas par cas, s'il est exceptionnellement justifié, pour des raisons prépondérantes et légitimes tenant à leur situation particulière, de limiter, à l'expiration d'un délai suffisamment long après la dissolution de la société concernée, l'accès aux données à caractère personnel les concernant, inscrites dans ce registre, aux tiers justifiant d'un intérêt spécifique à la consultation de ces données »[5].

La directive attribue des droits de contrôle aux personnes visées qui peuvent demander une rectification ou une suppression. Il est prévu des recours juridictionnels. La directive envisage aussi le transfert de ces données à des États tiers à l'Union en distinguant selon le cas où ces États ont ou non une législation protectrice équivalente.

La CJUE montre la portée potentiellement dévastatrice de ce principe de *safe harbour* : elle invalida en effet pour la première fois, pour absence de protection

1. J.-R. Binet, *Le nouveau droit de la bioéthique*, Litec, coll. « Carré droit », 2005.
2. Crim. 8 sept. 2015, *D.* 2015. 1896, n° 13-85.587.
3. *JOCE* L 281, 23 nov. 1995.
4. CJUE 11 déc. 2014, *František Ryneš c/ Úrad pro ochranu osobních údaju*, aff. C-212/13, *D.* 2015. 11.
5. CJUE 9 mars 2017, aff. C-398/15, *D.* 2017. 647; *Dalloz IP/IT* 2017. 345, obs. G. Péronne et E. Daoud; *RTD com.* 2017. 379, obs. A. Lecourt.

équivalente, une décision de la Commission qui avait organisé le cadre juridique des transferts de données de l'Europe vers les États-Unis[1].

267. ***Secret des communications.*** Pour ce qui est du secret des correspondances, sanctionné par l'article 226-15 du Code pénal, on retiendra, qu'à la suite d'une jurisprudence très contestable de la Cour européenne de Strasbourg qui reprochait à la France de ne disposer d'aucune réglementation en la matière, notre pays a cru bien faire en légalisant ce qui, jusqu'à présent était interdit, par la loi du 10 juillet 1991. Désormais sont non seulement autorisées les écoutes téléphoniques ordonnées par un juge d'instruction mais également les écoutes administratives, ce qui est assez curieux. Qu'il y ait quelques motifs à écouter ceux qui peuvent mettre en péril la sécurité de l'État n'est pas scandaleux, mais tout laisse penser que les abus antérieurs n'ont guère varié.

2. Le droit civil[2]

268. ***Le recours au juge des référés.*** Mais la prévention, pour revenir au domaine plus traditionnel de la presse, peut s'effectuer d'une autre manière. Voici un personnage connu qui apprend que tel périodique va prochainement publier des photographies portant atteinte à sa vie privée ou qui même s'aperçoit que cette publication est en vente. Que peut-il faire ? L'article 9 alinéa 2 du Code civil dispose que : « Les juges peuvent, sans préjudice de la réparation du dommage subi, prescrire toutes mesures, telles que séquestre, saisie et autres, propres à empêcher ou faire cesser une atteinte à l'intimité de la vie privée; ces mesures peuvent, s'il y a urgence, être ordonnées en référé. »

Cet alinéa est, dans la pratique, d'une grande utilité. Il permet une sorte de censure privée. La personne dont la vie privée est atteinte peut demander la saisie du journal (mais également d'un film ou tout autre moyen de communication). Première affaire, célèbre, celle du fils de Gérard Philipe[3]. Cette mesure est radicale, elle est la seule vraiment efficace. Les juges ne l'ordonnent qu'avec prudence. D'où des motifs qui rappellent constamment qu'il s'agit là de *l'ultima ratio*. Deux exemples : « Le juge des référés tient des articles 9 du Code civil et 809 du nouveau Code de procédure civile, le pouvoir de prescrire toutes mesures, y compris la saisie, propres soit à empêcher une atteinte à l'intimité de la vie privée, soit à prévenir un dommage imminent ou à faire cesser un trouble manifestement illicite; la proximité immédiate de la publication d'un écrit de nature à porter de telles atteintes justifie que soit demandée une mesure d'interdiction ou de saisie; cependant, une demande d'interdiction et de saisie d'une publication doit être appréciée au regard à la fois de la liberté d'expression, principe à valeur constitutionnelle, et du respect des droits fondamentaux de la personne; la limitation radicale et irréversible à la liberté d'expression qu'implique une saisie ne se justifie que si aucune autre disposition n'apparaît de nature à protéger la personne visée contre une agression dont les conséquences seraient, sans cette mesure, au moins en partie irrémédiables. »[4] « Pour être susceptible de justifier la saisie ou la suppression

1. CJUE, gr. ch., 6 oct. 2015, *Schrems c/ Data Protection Commissioner*, aff. C-362/14; *D.* 2016. 88, point de vue C. Castets-Renard et *ibid.* 111, note B. Haftel. En l'espèce, les autorités américaines pouvaient accéder aux données à caractère personnel transférées au-delà de ce qui était strictement nécessaire et proportionnée à la protection de la sécurité nationale, et aucun recours administratif ni judiciaire n'était ouvert aux personnes concernées.
2. C. Gauvin, « Les sanctions des droits de la personnalité, une étude de droit civil », *CCE* 2004, étude n° 8.
3. Paris, 13 mars 1965 qui donna lieu à Civ. 2e, 12 juill. 1966, *D.* 1967. 181.
4. Décision intéressante : TGI Paris, 18 nov. 1998, *D.* 1999. 462, note D. Rebut (le juge ne peut interdire la mise en vente d'un ouvrage non encore écrit).

d'un chapitre entier de l'ouvrage, l'atteinte à l'intimité de la vie privée doit présenter des caractères d'une agression intolérable d'une exceptionnelle gravité, qu'aucune réparation ultérieure ne pourrait compenser. »[1]

En 1996, l'affaire la plus remarquable fut celle de la publication de l'ouvrage *Le Grand Secret* par l'ancien médecin de Mitterrand (mais qui entraîna une condamnation de la France par la CEDH, le 18 mai 2004[2], v. ss 259).

On y adjoindra l'affaire de la « saisie préventive » de la biographie d'Alain Delon : « Le principe à valeur constitutionnelle de la liberté d'expression s'oppose à ce que le tribunal, qui ne dispose pas d'un pouvoir général de contrôle préalable des publications, interdise la mise en vente d'un ouvrage encore non écrit dont la teneur réelle demeure incertaine ou détermine *a priori* les faits qui, dans une éventuelle biographie d'un artiste, ne devraient pas être évoqués »[3].

À ce propos, quelques problèmes juridiques.

– Le premier, assez formel et théorique : l'article 9 du Code civil a-t-il créé, un nouveau cas de référé ? Réponse négative, l'article 9 du Code civil ne fait que renvoyer à la procédure ordinaire du référé. On peut même soutenir que si l'article 9 du Code civil n'avait jamais vu le jour, les seuls textes de procédure civile auraient suffi à donner la solution idoine.

– Le deuxième : peut-on se fonder sur un texte réglementaire pour limiter une liberté établie par une loi ? En effet, le Code de procédure civile relève, au terme de la Constitution, des décrets « autonomes » alors que la liberté de la presse est proclamée par la loi de 1881. Cette idée[4] ne paraît pas fondée sur une vue exacte de la hiérarchie des normes. Il importe peu en effet que la liberté de la presse soit contenue dans une loi et la procédure dans un décret puisque c'est la Constitution qui l'ordonne. Il ne s'agit pas ici d'un conflit entre une loi et un décret d'application mais entre une loi et un décret autonome c'est-à-dire de deux normes qui ont valeur égale depuis 1958. Il s'agit donc d'un faux débat puisqu'il reviendrait à admettre qu'un juge n'est jamais compétent pour user du référé lorsqu'il s'agit de mettre en œuvre le Code civil !

– Le troisième est de savoir quel est le cas de référé qui convient : il ne peut s'agir que de l'article 809 alinéa 2 du nouveau Code de procédure civile visant le cas du « dommage imminent » (à noter qu'on trouvera sous cet article un large éventail des références jurisprudentielles relatives à la protection de droits de la personnalité et qui viendront en complément de celle figurant sous l'article 9 du Code civil). À noter[5] : « La seule constatation de l'atteinte au respect dû à la vie privée et à l'image par voie de presse caractérise l'urgence et ouvre droit à réparation. Aussi, la forme de cette réparation est laissée à la libre appréciation du juge, qui tient tant de l'article 809, alinéa 2, du nouveau Code de procédure civile que de l'article 9, alinéa 2, du Code civil, le pouvoir de prendre en référé toutes mesures propres à empêcher ou à faire cesser l'atteinte, ainsi qu'à réparer le préjudice qui en résulte. »

– Le quatrième est de savoir comment associer la procédure pénale relative à la diffamation et celle issue du référé. En effet, rapidement les victimes d'attein-

1. TGI Paris, 7 févr. 1992, *Légipresse*, n° 99-1-29.
2. *CCE* 2004, n° 96, note Lepage.
3. TGI Paris, 18 nov. 1998, *préc.*
4. Développée par P. Kayser, *D.* 1989. Chron. 11. Plus généralement : E. Derieux « Référé et liberté d'expression », *JCP* 1997. I. 4053.
5. Civ. 1re, 12 déc. 2000 (2 arrêts), *JCP* 2001. IV. 1253 et 1254, *D.* 2001. 2434, note préc. J.-C. Saint-Pau (arrêts importants).

tes à la personnalité se sont tournées vers le juge des référés, délaissant le juge pénal. Mais la Cour de cassation, par un important arrêt (affaire *J.-C. Mitterrand*) de sa deuxième chambre civile du 5 février 1992[1] a déclaré que « le juge des référés ne peut condamner un journaliste, auteur d'un article diffamatoire, à verser une provision à la victime, sans respecter le délai d'ordre public de 10 jours après la signification de l'assignation, dont dispose la partie assignée (aux termes de la loi de 1881) qui veut être admise à prouver la vérité des faits diffamatoires. » Cette décision avait pour effet de cantonner l'action du juge des référés à la seule protection de la vie privée, au sens strict de cette notion.

Reste la question de la réparation dans le cas où l'atteinte est consommée et toute prévention impossible.

B. La réparation

269. Il s'agit alors de l'application pure et simple de la responsabilité civile qui pose deux problèmes. Selon la réponse apportée, les dommages-intérêts versés seront augmentés ou réduits.

1. Réparation accrue

270. La première question, ancienne et fondamentale, peut donner lieu à des discussions sans fin : peut-on réparer un dommage d'ordre moral ?[2] La jurisprudence de la Cour de cassation depuis 1833 et celle, beaucoup plus tardive, du Conseil d'État depuis 1961 admettent cette réparation. Mais on peut sérieusement douter qu'il s'agisse là, à proprement parler, d'une réparation. Lorsque l'article 1382 du Code civil parle d'un « dommage » il n'est que trop certain que les rédacteurs envisageaient uniquement le dommage matériel, pour la simple raison qu'il est le seul à pouvoir être estimé en argent. Comment faire autrement que d'avoir recours à l'argent ? En fait les dommages-intérêts versés pour un préjudice moral n'ont pas un rôle de réparation mais de satisfaction pour la victime et pour le coupable, il s'agit plus d'une peine privée qu'autre chose.

Cette logique de la peine privée était mieux connue de l'ancien droit qui distinguait les dommages-intérêts de la « réparation civile », ainsi qu'à l'heure présente des droits anglo-saxons et du droit québécois avec l'idée des « dommages-intérêts punitifs ». En quoi consiste ce système ? Les dommages-intérêts sont conçus en l'espèce comme une amende civile, une punition et non une réparation. Ceci explique les montants parfois très élevés qu'ils peuvent atteindre.

Cette pratique est ignorée, en droit, par la France[3]. En fait, le montant de la réparation relevant de l'appréciation souveraine des juges du fond, il faut bien admettre que c'est l'arbitraire (au sens exact de ce mot) qui joue.

---

1. Affaire *J.-C. Mitterrand*, *Bull. civ.* II, n° 44; *Gaz. Pal.* 1992, Doctr. 242, Bertin, concl. Dubois de Prisque; *D.* 1992. 442, note Burgelin; *D.* 1993. 53, note P. Waschmann; J.-N. Bruntz et M. Domingo, *Gaz. Pal.* 1992, Doctr. 599; C. Korman, *ibid.* Doctr. 601. Plus généralement sur cette question : V. David et D. Boccara, « Légitimité du "référé-diffamation" et conditions de ses prescriptions », *Gaz. Pal.* 7 mars 1995, Doctr. Pour la suite de l'affaire : Civ. 2e, 27 janv. 1993, *D.* 1993. 190, note Burgelin. Jurisprudence réitérée par : Civ. 2e, 14 nov. 2002, *RTD civ.* 2003. 345, obs. J. Normand.
2. Lire les propositions ingénieuses de M.-D. Douaoui : « La réparation du trouble médiatique », *D.* 2001. Chron. 1333. V. déjà : G. Ripert, « Le prix de la douleur », *D.* 1948. Chron. 1.
3. « Les profits réalisés par le journal sont étrangers à l'évaluation du préjudice », TGI Paris, 5 mai 1999, *D.* 2000. Somm. 168, note A. Lepage. À noter cependant que le principe des dommages-intérêts punitifs n'est pas ignoré par les projets de réforme du droit des obligations, v. nota. l'art. 1371 de l'avant-projet Catala : « L'auteur d'une faute manifestement délibérée, et ►

Or, un arrêt important de la deuxième chambre civile du 5 novembre 1996 abonda en ce sens[1]. Il s'agissait d'un litige opposant la princesse Caroline de Monaco au journal *Voici*. Ce dernier avait été condamné à verser un fort montant de dommages-intérêts. Devant l'instance de cassation, il était « reproché à la cour d'appel d'avoir accordé une indemnité s'apparentant à une amende civile, indépendamment de tout dommage réparable, en violation du principe d'adéquation de la réparation accordée au préjudice subi, et sans motiver sa décision qui procède par simple affirmation. »

La Cour de cassation rejette le pourvoi : « Mais attendu que selon l'article 9 du Code civil, la seule constatation de l'atteinte à la vie privée ouvre droit à réparation; que la cour d'appel, après avoir constaté l'atteinte portée au droit de Mme Grimaldi au respect de sa vie privée par la publication litigieuse révélant sa vie sentimentale, a souverainement évalué le montant du préjudice subi. » Il faut considérer cette jurisprudence comme établie car un second arrêt de la première chambre civile a repris également le même attendu, le 25 février 1997[2]. Au reste, le juge administratif semble, là encore, en passe de s'en inspirer. À propos spécialement d'un autre droit de la personnalité, le droit moral de l'auteur (v. ss 243), il jugea que l'« atteinte constitue en elle-même le préjudice dont les requérants sont fondés à demander réparation »[3].

La meilleure preuve que le dédommagement n'est pas une réparation vient de ce que, d'une part, la victime peut se contenter de réclamer l'octroi d'un franc symbolique et peut, d'autre part, solliciter une réparation en nature, par exemple la publication de la décision[4].

2. Réparation restreinte

271. Deuxième question, posée plus récemment par la jurisprudence : les principes de la responsabilité civile doivent-ils céder le pas devant le droit fondamental de la liberté d'expression ? Ce débat opposa la cour de Paris et la Cour de cassation (affaire des scouts se livrant à des jeux érotiques).

Dans un arrêt du 19 novembre 1990[5], la juridiction d'appel parisienne déclara qu'« il résulte de l'article 2 de la Déclaration des droits de l'homme et du citoyen

---

▶ notamment d'une faute lucrative, peut être condamné, outre les dommages-intérêts compensatoires, à des dommages-intérêts punitifs dont le juge a la faculté de faire bénéficier pour une part le Trésor public. La décision du juge d'octroyer de tels dommages-intérêts doit être spécialement motivée et leur montant distingué de celui des autres dommages-intérêts accordés à la victime. Les dommages-intérêts punitifs ne sont pas assurables » (*Avant-projet de réforme du droit des obligations et de la prescription*, Doc. fr., 2006), et l'art. 69 al. 2 du projet de M. Terré de réforme de la responsabilité civile : « Lorsque le dommage est causé par une faute intentionnelle, le juge peut condamner l'auteur de celle-ci, par une décision spécialement motivée, à une réparation exemplaire » (*Pour une réforme du droit de la responsabilité civile*, Dalloz, coll. « Thèmes et commentaires », 2011, p. 13).

1. *Bull. civ.* I, n° 378; *RCA* 1997, n° 1, p. 9; *JCP* 1997. II. 22805, obs. J. Ravanas; *D.* 1997. 403, note S. Laulom.
2. *JCP* 1997. IV, n° 886 : « Selon l'article 9 du Code civil, la seule constatation de l'atteinte à la vie privée ouvre droit à réparation. La cour d'appel a exactement retenu l'atteinte à l'intimité de la vie privée et déduit le droit à une indemnisation dont elle a souverainement évalué le montant [...] ».
3. CE 27 avr. 2011, préc.
4. Arrêt de principe : Com. 5 déc. 1989, *Bull. civ.* IV, n° 307. Le journal *Voici* en fait les frais quasiment régulièrement, parfois sur la page de couverture.
5. *D.* 1991. IR 9. Le mensuel *New Look* avait fait paraître, sous le titre « Scout toujours — Souvenirs d'une partie de jambes en l'air dans le Vercors », une série de photographies représentant des jeunes gens revêtus de l'uniforme scout, et se livrant à des jeux érotiques. Divers mouvements de scoutisme demandèrent réparation du préjudice subi.

que la libre communication des pensées et des opinions est un des droits les plus précieux de l'homme [...] que ce principe fondamental à valeur constitutionnelle qui figure également dans la Déclaration universelle des droits de l'homme n'est limité que par la répression d'abus commis dans les cas prévus par la loi; il impose donc que l'application en matière de presse des dispositions de l'article 1382 du Code civil, soit restreinte aux cas où la publication litigieuse constitue un tel abus qu'elle porte atteinte aux droits fondamentaux de la personne ». Cet arrêt encourut la censure par un arrêt de la deuxième chambre civile le 5 mai 1993[1] qui refusa d'admettre qu'en matière de presse la portée générale de l'article 1382 du Code civil puisse être limitée dès lors qu'une faute est commise.

Mais finalement revirement... Par une série d'arrêts très importants de l'Assemblée plénière du 12 juillet 2000[2], la Cour de cassation a posé en principe que « les abus de la liberté d'expression prévus et réprimés par la loi du 29 juillet 1881 ne peuvent être réparés sur le fondement de l'article 1382 du Code civil ». Cela signifie donc que l'on ne peut utiliser le *droit commun* (C. civ., art. 1382) lorsque la faute commise est l'un des cas de délits de presse prévus par la loi de 1881. Il est, alors, toujours possible de plaider devant le juge civil mais en se fondant uniquement sur la loi de 1881 et, par voie de conséquence, en respectant la procédure prévue par cette loi. L'article 1382 ne sert donc plus à contourner la loi de 1881, loi de faveur pour la presse[3] (v. égal. récemment : Civ. 1re, 10 avr. 2013, n° 12-10.177, *Bull. civ.* I, n° 67; *Gaz. Pal.* 19 mai 2013, n° 199-143, p. 5, note E. Dreyer, jugeant de manière plus exclusive que « la liberté d'expression est un droit dont l'exercice ne revêt un caractère abusif que dans les cas préalablement déterminés par la loi », puis : Civ. 1re, 2 juill. 2014, *JCP* 3 nov. 2014, n° 45, Doctr. 1163, n° 12, obs. E. Dreyer, jugeant que « hors restriction légalement prévue, la liberté d'expression est un droit dont l'exercice, sauf dénigrement de produits ou services, ne peut être contesté sur le fondement de l'article 1382 du Code civil »).

Conclusion

272. Le(s) droit(s) de la personnalité est ou sont un droit de la modernité : droit des médias et du juge des référés. Droit de l'agitation et des vanités de ce monde.

C'est un contentieux très parisien, mais les plus humbles ont aussi intérêt à protéger leur intimité et leur personnalité. La matière en général et la protection de la vie privée en particulier impactent également sur bien des aspects du droit, au-delà, au demeurant, de la distinction traditionnelle entre droit privé et droit public.

1. *Bull. civ.* II, n° 167. Attendu principal : « En limitant en matière de presse la portée générale de l'article 1382 du Code civil à une atteinte aux droits fondamentaux des personnes, tout en constatant que les photographies représentaient des jeunes gens revêtus de l'uniforme de scout se livrant à des jeux érotiques, et que les légendes grivoises reprenaient, en les parodiant, certaines expressions du vocabulaire utilisé par les scouts, ce qui caractérisait une faute, la cour d'appel a, par refus d'application, violé le texte susvisé ». Depuis lors la cour de Versailles, désignée comme cour de renvoi, a suivi la solution indiquée par le Cour de cassation. *Adde*, Civ. 2e, 24 janv. 1996, *D.* 1997. 268, note Ravanas.
2. *Bull. ass. plén.*, n° 8 (2 arrêts); *LPA* 2000/161, 4, note E. Derieux. Confirmation de la jurisprudence par d'autres arrêts : Civ. 2e, 29 mars 2001, *Bull. civ.* I, n° 67; Civ. 1re, 6 nov. 2001; Civ. 2e, 10 mars 2004, *CCE* 2004, n° 80, note A. Lepage.
3. Jurisprudence constante depuis Civ. 1re, 30 oct. 2008, *Bull. civ.* I, n° 244, *JCP* 2009. II. 10006, note E. Dreyer; *CCE*, déc. 2008, n° 12, p. 44, note A. Lepage; *RTD civ.* 2009. 331, obs. P. Jourdain. Pour faire le point à ce sujet une excellente note d'E. Dreyer, sous Civ. 2e, 9 oct. 2003, *D.* 2004. 590.

C'est un droit de conflits entre des libertés. Mieux que tout il démontre que le rôle du juge est celui de mesurer, de tempérer, de modérer, bref d'arbitrer.

Bibliographie indicative

- D. ACQUARONE, « L'ambiguïté du droit à l'image », *D.* 1985. Chron. 129.

- J. ANTIPPAS, « Le droit de la personne sur son image face à la liberté artistique : plaidoyer pour une résistance », *RRJ* 2010. 735-754; « Propos dissidents sur les droits dits "patrimoniaux" de la personnalité », *RTD com.* 2012. 35-54; *Les droits de la personnalité. De l'extension au droit administratif d'une théorie fondamentale de droit privé*, PUAM, 2012.

- B. BEIGNIER, *Le droit de la personnalité*, PUF, coll. « Que sais-je ? », 1992; *L'honneur et le droit*, LGDJ, coll. « Bibl. dr. privé », t. 234, 1995; « Réflexions sur la protection de la vie privée », *Dr. fam.* 1997. Chron. 11.

- B. BEIGNIER, B. DE LAMY et E. DREYER (dir.), *Traité de droit de la presse et des médias*, Litec, 2009.

- D. CHAUVET, *La vie privée. Étude de droit privé*, th. Paris Sud, dir. E. DREYER, 2014.

- E. DREYER, « Le respect de la vie privée, objet d'un droit fondamental », CCE 2005. Étude 18; « Image des personnes », *J.-Cl. Com.* fasc. n° 3750.

- E. GAILLARD, « La double nature du droit à l'image et ses conséquences en droit positif français », *D.* 1984. Chron. 161.

- T. GISCLARD, *La personnalité humaine comme élément du patrimoine*, th. Paris 1, dir. G. LOISEAU, 2012.

- J.-P. GRIDEL, « Protection de la vie privée : rupture ou continuité ? », *in Les droits de la personnalité, bilan et perspectives*, actes du colloque organisé à la cour d'appel de Paris le 13 nov. 2006, *Gaz. Pal.* 2007. 1461.

- T. HASSLER, « Contribution à la nature juridique du droit "patrimonial" à l'image », *RLDI*, avr. 2010, n° 59, p. 70.

- P. KAYSER, *La protection de la vie privée par le droit. Protection du secret de la vie privée*, 3e éd., Economica, 1995, préf. H. MAZEAUD.

- A. LEPAGE, « Personnalité (Droits de la) », *Rép. civ.*, sept. 2009.

- G. LOISEAU, « Des droits patrimoniaux de la personnalité en droit français », *McGill Law Journal* 1997, vol. 42, p. 319.

- R. NERSON, *Les droits extrapatrimoniaux*, LGDJ, 1939, préf. P. ROUBIER.

- J. RAVANAS, *La protection des personnes contre la réalisation et la publication de leur image*, LGDJ, coll. « Bibl. dr. privé », t. CLIII, 1978, préf. P. KAYSER.

- J.-C. SAINT PAU (dir.), *Droits de la personnalité*, LexisNexis, 2013.

- F. TERRÉ, « La vie privée », *in* P. TABATONI (dir.), *La protection de la vie privée dans la société de l'information*, t. III-V, PUF, 2002, p. 135.

- Code civil annoté Dalloz, exposé de la jurisprudence sous l'article 9.

Section 4.
LA VIE FAMILIALE

DOMINIQUE FENOUILLET
Professeur de droit privé à l'Université Panthéon-Assas (Paris II)
Directive du Laboratoire de sociologie jurique

La matière familiale obéissait traditionnellement à de *fortes considérations d'intérêt général* — encadrement de l'union sexuelle et de l'éducation des enfants — qui expliquaient le peu de considération du droit pour la personne. Le Code civil de 1804 en était l'excellente illustration, tant les principes généraux posés par la Déclaration des droits de l'homme et du citoyen[1] n'y avaient guère essaimé. La liberté individuelle, proclamée à l'article 2, y était toute relative : le Code civil n'admettait que le mariage, n'ouvrait le divorce qu'avec précaution, et soumettait l'enfant à une puissance paternelle assez stricte. En dehors de la matière successorale, l'égalité n'y prospérait guère : inégalité des sexes dans le mariage, inégalité des enfants dans la filiation

Il faut attendre le xxe siècle pour que la famille s'ouvre à la petite musique des droits fondamentaux. *Les réformes Carbonnier* veilleront à introduire au sein de la famille les principes de liberté (loi du 11 juill. 1975 relative au divorce) et d'égalité (lois du 13 juill. 1965 sur les régimes matrimoniaux, du 3 janv. 1972 sur la filiation, du 4 juin 1970 sur l'autorité parentale). Cette « révolution tranquille » a été suivie d'une succession de réformes ponctuelles, de source législative ou jurisprudentielle, souvent menée au nom des droits des uns et des autres (droit des pères divorcés, des enfants accouchés sous X, des couples de personnes de même sexe, des enfants issus d'une gestation pour autrui, etc.). Le phénomène trouve son explication dans de multiples facteurs, tels l'individualisme, la mondialisation, le relativisme moral. Il puise aussi à des facteurs juridiques.

1. Désormais visé par son acronyme : DDHC.

273. ***La profusion de textes internationaux protecteurs des droits fondamentaux relatifs à la famille.*** Pionnière en la matière, mais dotée d'une seule valeur morale, la Déclaration universelle des droits de l'homme adoptée le 10 décembre 1948 a été suivie de plusieurs textes généralistes : la Convention de sauvegarde des droits de l'homme et des libertés fondamentales signée à Rome le 4 novembre 1950 (convention à laquelle il faut ajouter les Protocoles n° 7 et 12, signés le 22 nov. 1984 et le 4 nov. 2000); le Pacte international sur les droits civils et politiques adopté le 16 déc. 1966; la Charte des droits fondamentaux de l'Union européenne signée le 18 déc. 2000[1]. Tous ces textes appréhendent la question familiale sous deux angles. À titre général, ils consacrent *le droit au respect de la vie familiale* (art. 8 Conv. EDH, art. 7 Charte UE), parfois appréhendé sous la forme d'une prohibition des ingérences (art. 17 PIDCP), ainsi qu'*un principe d'égalité,* plus ou moins généralement formulé (PIDCP, art. 2, 3, 14, 24, 26[2]; Charte UE, art. 20), et parfois appréhendé sous la forme d'une prohibition des discriminations (Conv. EDH, art. 14[3], Charte UE, art. 21). À titre spécial, ils se soucient du mariage, en consacrant *un droit au mariage* (PIDCP, art. 23; Conv. EDH, art. 12; Charte UE, art. 9), dans des termes similaires mais pas nécessairement identiques, par exemple s'agissant de la différence de sexe. Les textes sont en revanche silencieux sur les questions de filiation, mais la jurisprudence européenne est parvenue à saisir l'institution, via le prisme du droit à la vie privée et familiale. La Charte des droits fondamentaux consacre une disposition particulière aux droits de l'enfant (art. 24).

À cet égard, il faut aussi compter avec la Convention européenne sur l'exercice des droits de l'enfant, signée à Strasbourg le 25 janvier 1996, et surtout avec la *Convention internationale sur les droits de l'enfant* (sur laquelle, v. *infra*, « Les droits fondamentaux de l'enfant »), Convention qui consacre notamment des droits et principes en matière familiale. Parmi ceux-ci, on citera notamment : « le droit de l'enfant de connaître ses parents et d'être élevé par eux dans la mesure du possible » (art. 7); « le droit de l'enfant de préserver son identité, y compris sa nationalité, son nom et ses relations familiales, tels qu'ils sont reconnus par la

1. Désormais visés par leur acronyme : Conv. EDH, PIDCP, CIDE, Charte UE.
2. Égalité dans la jouissance des droits protégés par le Pacte, des hommes et des femmes, devant la justice, des enfants mineurs, devant la loi.
3. V. Protocole n° 7, art. 5. — V. Protocole n° 12, art. 1.

loi, sans ingérence illégale » (art. 8) ; le principe selon lequel « nul enfant ne fera l'objet d'immixtions arbitraires ou illégales dans sa vie privée, sa famille, son domicile... » (art. 16) ; la commune responsabilité des parents dans la prise en charge de l'enfant, étant précisé qu'ils doivent être guidés avant tout par l'intérêt supérieur de l'enfant (art. 5 et 18) ; « le droit de l'enfant à la liberté de pensée, de conscience et de religion » (art. 14, § 1), associé au droit et devoir « des parents... de guider (l'enfant) dans l'exercice du droit susmentionné d'une manière qui corresponde aux développements de ses capacités » (§ 2) ; le devoir pour les États parties de veiller « à ce que l'enfant ne soit pas séparé de ses parents contre leur gré », à moins que cette séparation ne soit « nécessaire dans l'intérêt supérieur de l'enfant », et de respecter « le droit qu'a l'enfant séparé de ses parents ou de l'un d'eux d'entretenir régulièrement des relations personnelles et des contacts directs avec ses deux parents », sauf si cela est contraire à son intérêt supérieur (art. 9) ; le principe selon lequel l'intérêt supérieur de l'enfant doit être la considération primordiale en matière d'adoption, et ses corollaires (art. 21). À quoi il faut ajouter les articles 3 et 12, qui posent des normes générales dont les conséquences familiales sont nombreuses, et qui consacrent, l'un le principe selon lequel « dans toutes les décisions qui concernent les enfants, qu'elles soient le fait des institutions publiques ou privées de protection sociale, des tribunaux, des autorités administratives ou des organes législatifs, l'intérêt supérieur de l'enfant doit être une considération primordiale » et l'autre « le droit de l'enfant capable de discernement d'exprimer son opinion sur toute question l'intéressant, ces opinions étant prises en considération eu égard à son âge et à son degré de maturité » (art. 12).

Cette profusion normative internationale explique d'autant mieux le bouillonnement fondamentaliste contemporain qu'elle s'accompagne d'une *profusion jurisprudentielle*. Profusion dans *l'ordre européen*, d'abord, car la Cour européenne[1] a rapidement fait preuve d'audace, le célèbre arrêt *Marckx*, du 13 juin 1979, préfigurant d'autres décisions destinées elles aussi à la postérité : l'arrêt *Mazurek* du 1er févr. 2000, l'arrêt *Goodwin* du 11 juill. 2002, l'arrêt *Odièvre* du 13 févr. 2003, les arrêts *Mennesson* et *Labassee* du 26 juin 2014, etc. Profusion dans *l'ordre interne*, ensuite, car les plus hautes juridictions se sont engagées dans une promotion des droits fondamentaux. Une fois acquise la primauté des traités sur les lois, Conseil d'État et Cour de cassation ont rapidement fait prévaloir la Convention européenne sur les textes internes, en la dotant d'un effet direct. L'application directe de la CIDE a pris plus de temps, la Cour de cassation l'ayant au départ refusée, en considérant que le texte ne s'adressait qu'aux États, à la différence du Conseil d'État; mais dès 2005, elle abandonnait sa réserve[2]. Une dizaine d'années plus tard, les deux juridictions ont franchi un pas supplémentaire, en décidant de procéder désormais à un double contrôle de conventionnalité : au *contrôle abstrait*, qui porte sur la conformité abstraite de la norme interne, en elle-même et indépendamment de toute circonstance concrète, à la Conv. EDH, elles ont ajouté un *contrôle concret*, qui porte sur la conformité concrète à la Conv. EDH des conséquences de l'application de la norme interne dans le cas d'espèce, en raison des circonstances propres à ce cas. Ce contrôle a été inauguré en matière familiale : le 4 décembre 2013, la Cour de cassation a décidé d'écarter la nullité d'un mariage consenti entre un homme et l'ex-épouse de son fils, en affirmant, au visa de l'article 8 Conv. EDH et par substitution de motifs, « que

1. On la désignera désormais sous l'acronyme CEDH.
2. Sur quoi, v. *supra*, « La dimension internationale et européenne des libertés et droits fondamentaux ».

cette union, célébrée sans opposition, avait duré plus de vingt ans »[1]; le Conseil d'État a emboîté le pas le 31 mai 2016, dans la célèbre affaire *Gonzalez-Gomez*, en considérant que les articles L. 2141-2 du Code de la santé publique (qui réserve l'assistance médicale à la procréation aux couples de personnes vivantes) et L. 2141-11-1 (qui interdit d'exporter des gamètes prélevés en France s'ils sont destinés à être utilisés à l'étranger à des fins prohibées sur le territoire national), en eux-même conformes à la Conv. EDH, étaient en l'espèce contraires au droit au respect de la vie privée, et devaient donc être écartés à raison des circonstances particulières du cas[2].

L'essor du contrôle de constitutionnalité ajoute à cette profusion de normes fondamentales. Les textes constitutionnels étant discrets sur la question familiale, le Conseil s'est lancé dans une œuvre assez comparable à celle de la CEDH : prenant appui sur des textes qui n'avaient pas été écrits dans cette perspective positive, et notamment l'alinéa 10 du préambule de la Constitution de 1946, qui affirme respectivement que « La Nation assure à l'individu et à la famille les conditions nécessaires à leur développement »[3] et l'article 2 de la DDHC, sur lequel il fonde la liberté personnelle[4], il a découvert dès 1993[5] le droit à la vie familiale[6] et la liberté du mariage[7]. L'ouverture de la question prioritaire de constitutionnalité a décuplé ce pouvoir : la liberté de mettre fin aux liens du mariage est apparue le 29 juillet 2016[8] et l'intérêt de l'enfant est devenu une « exigence à valeur constitutionnelle » le 17 mai 2013[9]. À quoi s'ajoute l'application, en matière familiale, de normes générales : le principe d'égalité, ou encore par exemple le droit à un recours juridictionnel effectif[10].

De cette profusion normative, résulte l'essor d'un *contentieux familial fondamentaliste* : toute question est désormais scrutée au prisme du droit à la vie familiale, du droit de devenir parent, de l'interdiction des discriminations, de l'intérêt de l'enfant, etc. Ces griefs ne conduisent pas toujours à la censure des solutions législatives internes. C'est particulièrement vrai s'agissant du grief d'inconstitutionnalité, le Conseil s'abritant souvent derrière le joker bien connu selon lequel « l'article 61 de la Constitution ne confère pas au Conseil constitutionnel un pouvoir général d'appréciation et de décision de même nature que celui du

1. Civ. 1re, 4 déc. 2013, n° 12-26.066. V. Civ. 1re, 8 déc. 2016, n° 15-27.201, sur la critique, v. F. Chénédé, *D.* 2014. 179 et *D.* 2016. 736.
2. Sur la critique, v. P. Delvolvé, *RFDA* 2016. 754.
3. V. al. 11.
4. Créée pour échapper à la liberté individuelle et la compétence judiciaire : Décis. n° 88-244 DC, 20 juill. 1988.
5. Décis. n° 93-325 DC du 13 août 1993, cons. 3.
6. Initialement fondé sur l'alinéa 10 du Préambule de la Constitution du 27 oct. 1946, le droit à une vie familiale normale est aujourd'hui indissociable du droit au respect de la vie privée que le Conseil fonde sur la liberté personnelle.
7. Hier fondée sur la liberté individuelle (Décis. n° 93-325 DC, préc., cons. 107), elle l'est aujourd'hui sur la liberté personnelle pour éviter le jeu de l'article 66 de la Constitution et échapper ainsi à une compétence judiciaire exclusive : Décis. n° 2003-484 DC, 20 nov. 2003, cons. 94.
8. Décis. n° 2016-557 QPC, 29 juill. 2016, *M. Bruno B.*, cons. 5.
9. Exigence fondée sur l'alinéa 10 du préambule de la Constitution de 1946 et d'abord limitée au prononcé de l'adoption (Décis. n° 2013-669 DC, 17 mai 2013, cons. 53 et 54), avant d'être transformée en règle générale applicable par exemple dans le divorce par consentement mutuel contractuel (Décis. n° 2016-739 DC, 17 nov. 2016, cons. 51 et s.).
10. V ainsi, à propos de l'acquisition de la nationalité française par mariage et de la sanction de la fraude, Décis. n° 2012-227 QPC, 30 mars 2012; Décis. n° 2012-264 QPC, 13 juill. 2012. V. à propos de l'arrêté d'admission d'un enfant comme pupille de l'État, Décis. n° 2012-268 QPC, 27 juill. 2012, cons. 8 et 9.

Parlement »[1]. Mais l'impact constitutionnel des droits fondamentaux pourrait bien se renforcer en droit de la famille[2]. En outre, la jurisprudence de la CEDH, et surtout celle du Conseil d'État et de la Cour de cassation, attestent la fragilisation des structures familiales juridiques contemporaines. Quelques exemples illustreront le propos : la mise à l'écart de la nullité d'un mariage incestueux au motif qu'il avait duré plus de vingt ans[3]; l'admission de la filiation d'un enfant conçu par gestation pour autrui, tant à l'égard de son parent biologique sur le fondement du droit au respect de sa vie privée de l'enfant[4], qu'à l'égard de son parent d'intention à raison du droit au respect de la vie familiale de l'enfant[5]; l'exportation de gamètes en Espagne pour permettre à une femme de recourir à une assistance médicale à la procréation *post mortem*, interdite en France[6]. Et certaines pratiques administratives et décisions des juridictions ordinaires confirment le phénomène : célébration du mariage de Bègles par un officier d'état civil prétextant que la condition de différence de sexe constituait une discrimination fondée sur l'orientation sexuelle[7]; admission du double établissement d'une filiation incestueuse au motif du droit à la vie privée et de l'égalité des enfants[8].

Se profile alors une *mutation conceptuelle* du droit familial. Appréhender la famille sous l'angle subjectif des droits fondamentaux modifie radicalement le cadre de pensée. Partir du sujet, de ses droits et libertés, de la réalité familiale dans laquelle il vit et à laquelle il aspire, au lieu de raisonner en termes d'institution familiale, soumise à des conditions de fond et de forme déterminées par le législateur au regard de la fonction, symbolique et pratique, qu'il attache à ladite institution produit deux conséquences. La première est que le droit de la famille se trouve sommé de justifier toutes les limites et distinctions qu'il impose dans la structuration familiale : pourquoi l'interdiction de l'inceste ?; pourquoi fonder la filiation sur la réalité charnelle de l'engendrement et non sur la parenté d'intention ? Ce renversement de perspective est considérable, car l'individu en chair et en os appelle toujours plus facilement la compassion qu'un intérêt social désincarné, et car les intérêts concrets du sujet sont plus faciles à mettre en lumière que le sous-bassement symbolique des structures familiales[9]. Les considérations d'intérêt général se replient dans un droit de la famille qui s'évertue à satisfaire les désirs du sujet. La seconde est que les structures familiales s'effacent derrière les réalités factuelles et aspirations sociales, notamment à raison de la jurisprudence élaborée par la CEDH sur le fondement de l'article 8 Conv. EDH.

La CEDH juge en effet que *le droit au respect de la vie privée et familiale* « présuppose une famille » (*Marckx*, 13 juin 1979, § 31), mais la conception qu'elle a des notions de respect et de vie familiale a permis d'étendre la portée du texte bien au-delà de sa signification initiale.

---

1. Ou souligne « qu'il n'appartient pas au Conseil constitutionnel de substituer son appréciation à celle du législateur sur la prise en compte... de cette différence de situation ».
2. D. Fenouillet, « La jurisprudence du Conseil constitutionnel en droit civil des personnes : promotion ou déformation ? », *in La jurisprudence du Conseil constitutionnel et les différentes branches du droit*.
3. Civ. 1re, 4 déc. 2013, n° 12-26.066.
4. Cass., ass. plén., 3 juill. 2015, nos 14-21.323; 15-50.002.
5. Civ. 1re, 5 juill. 2017, nos 15-28.597; 16-16.901; 16-50.025; 15-28.597.
6. CE 31 mai 2016, *Gonzalez-Gomez c/ APHP*.
7. Mariage annulé dans l'ordre interne, avec l'aval de la CEDH : Civ. 1re, 13 mars 2007, n° 05-16.627; CEDH 9 juin 2016, *Chapin et Charpentier*.
8. Caen, 8 juin 2017, *D.* 2017. 2107, note A. Batteur.
9. Sur la critique, v. T. Marzal, *RTD civ.* 2017. 789.

La vie familiale repose en principe sur deux éléments cumulatifs : un lien de famille et l'effectivité de ce lien[1]. Mais la Cour n'exige pas qu'un lien institutionnel existe : ainsi, la vie familiale protégée peut aussi bien être celle d'un couple marié que d'un couple de concubins, hétérosexuels[2] ou homosexuels[3]; de même, la vie familiale peut s'appuyer sur une filiation juridiquement établie[4] ou sur une parenté biologiquement avérée[5], voire sur la vie que l'enfant partage avec un tiers qui se comporte comme un parent, même s'il ne l'est ni juridiquement ni biologiquement[6]. Quant à l'effectivité du lien familial considéré, elle peut résulter d'une vie commune de l'enfant et de son auteur, mais une vie commune passée suffit[7] et n'est même pas nécessaire, des relations personnelles limitées étant susceptibles de relever de l'article 8[8].

Le respect, quant à lui, interdit d'abord les ingérences de l'État et conduit ainsi à un contrôle étroit des mesures de séparation des membres de la famille[9] mais il oblige aussi à protéger activement, voire à consacrer juridiquement le lien considéré. Si la CEDH affirme que le droit de mener une vie familiale normale n'implique pas le droit d'adopter[10], elle juge en revanche que les États doivent permettre l'intégration de l'enfant dans sa famille par l'établissement d'un lien de filiation[11]. Le droit au respect de la vie privée et familiale permet ainsi, dans l'ordre de la parenté, de passer du fait au droit, de la réalité familiale à l'institution familiale.

La solution est d'autant plus marquante que cette transformation pourra intervenir alors même que le fait initial serait illicite : la CEDH a ainsi considéré qu'un enfant conçu par adultère[12], issu d'une union bigame[13] ou d'une gestation pour autrui interdite[14] ou ayant fait l'objet à l'étranger d'une adoption uni-

1. *Marckx*, § 31.
2. *Johnston c/ Irlande*, 18 déc. 1986.
3. *Schalk et Kopf c/ Autriche*, 24 juin 2010.
4. Qu'elle soit légitime ou naturelle (*Marckx*, § 31) ou adoptive (*Pini et Bertani, Manera et Atripadi c/ Roumanie*, 22 juin 2004).
5. Père ayant ignoré la naissance : *Gorgülüc/ Allemagne*, 26 févr. 2004; mère ayant accouché sous X : *Kearns c/ France*, 10 janv. 2008; enfant adopté et famille d'origine : *I. et U. c/ Norvège*, 21 oct. 2004. Lorsque l'absence de relation familiale procède de la volonté de l'auteur, il n'y a pas de vie familiale (v. par ex. *Odièvre c/ France*, 13 févr. 2003, § 44), mais le droit à la vie privée peut prendre le relais, par ex. au profit du père biologique de l'enfant (Anayo c/ Allemagne, 21 déc. 2010) ou d'un homme prétendant être le père biologique de l'enfant (Schneider c/ Allemagne, 15 sept. 2011).
6. Ex : le transsexuel qui vit avec l'enfant que sa compagne a eu par assistance médicale à la procréation avec don de gamète : *X, Y et Z. c/ RU*, 22 avr. 1997. Ex : l'homme ayant perdu la qualité de père juridique après avoir révélé qu'il n'était pas le père biologique de l'enfant, mais qui a développé un lien affectif étroit pendant de nombreuses années avec sa fille et qui a cru être père : *Nazarenko c/ Russie*, 16 juill. 2015. Il est difficile de déterminer à partir de quand les relations factuelles sont suffisantes pour être appréhendées via la vie familiale : v. ainsi l'affaire *Paradiso et Campanelli c/ Italie*, 24 janv. 2017.
7. *Marckx*, préc.
8. Une seule visite du père à la maternité : *Keegan c/ Irlande*, 26 mai 1994. Visites régulières chez la mère de l'enfant : *Lebbink c/ Pays Bas*, 1er juin 2004.
9. Sur ses conséquences à l'égard des étrangers et des détenus, v. *G. Gonzalez, in GACEDH*, PUF, 2017, p. 654 s.
10. *E. B. c/ France*, 22 janv. 2008. Même solution devant le Conseil constitutionnel (Décis. n° QPC du 6 oct. 2010, cons. 8), qui juge aussi que le droit à une vie familiale n'implique pas le droit de se marier (Décis. n° 2010-92 QPC du 28 janv. 2011, cons. 8). V. Civ. 1re, 18 janv. 2011 et 28 févr. 2018, v. *infra*, n° 324.
11. *Kroon et autres c/ Pays Bas*, 27 oct. 1994.
12. *Johnston et autres c/ Irlande*, 18 déc. 1986.
13. *A. et A. c/ Pays Bas*, 6 janv. 1992.
14. *Mennesson et autres c/ France* et *Labassee c/ France*, 26 juin 2014.

latérale interdite par la loi nationale de l'adoptant[1] pouvait se prévaloir de l'article 8 Conv. EDH. Le Conseil constitutionnel semble plus soucieux de respecter le cadre légal, si l'on en croit le qualificatif qu'il accole au droit fondamental en matière de regroupement familial : droit à la vie familiale « normale ».

Ainsi entendu, on mesure combien le droit au respect de la vie privée et familiale est un puissant facteur de destruction *des institutions*, car la conception factuelle qui ressort de la jurisprudence européenne conduit petit à petit à imposer aux États la transformation du fait en droit. Sans même se soucier ni des circonstances qui ont entouré la naissance de ce fait, ni du point de savoir si la réalité invoquée s'est constituée en violation de la loi. Que les droits de l'homme puissent ainsi se transformer en outil de consolidation des situations illicites est fort étrange, quand la *sécurité juridique* et *le principe démocratique* devraient plutôt conduire à *sanctionner l'illicite en leur nom.*

À cette mutation conceptuelle, s'ajoute *une mutation formelle.* Le droit de la famille est *une question d'état civil fondamentale, d'où résulte que l'article 34 de la Constitution la réserve au pouvoir législatif.* L'irruption des droits fondamentaux modifie la donne en conférant au juge le pouvoir de censurer toute loi qui les contrarierait. La CEDH ne s'est pas privée d'user de ce pouvoir, en maniant avec adresse l'interprétation constructive, en réduisant à peu de chose le principe de subsidiarité[2], en usant de la notion de consensus de façon très opportuniste, au point d'avoir été accusée d'être une Cour tyrannique... Et les juridictions nationales se sont résolument engagées dans la même voie. Le phénomène peut légitimement inquiéter. Il est en effet permis de penser qu'il n'appartient pas au juge de définir les contours de l'interdit de l'inceste, ou les critères de la filiation. Ces questions, hautement politiques, doivent être débattues dans le cadre parlementaire, et non dans le cénacle juridictionnel. De surcroît, il est douteux que cette recherche d'équité systématique soit efficace, car le contrôle de proportionnalité sur lequel elle s'appuie renvoie à des appréciations éminemment subjectives et fluctuantes, peu propice à l'égalité réelle des justiciables et à la prévision des solutions. Le droit de la famille doit pourtant, comme les autres, tendre à la justice et à la sécurité.

Dans cette voie, une double directive devrait conduire à une réorientation de la jurisprudence. L'organisation constitutionnelle des pouvoir publics, qui impose le respect de la souveraineté nationale (art. 3, Const. 1958) et *en même temps* le respect des traités (art. 55), associée au principe de subsidiarité récemment réaffirmé (Protocole additionnel n° 15 à la Conv. EDH) devrait conduire le Conseil constitutionnel, la CEDH ainsi que les juridictions internes à ne sanctionner un texte interne que lorsque sa contrariété aux droits fondamentaux est « manifeste » : dans ce cas en effet, il n'y a aucune place pour une quelconque appréciation du législateur national. Quant au contrôle concret de proportionnalité, il devrait être abandonné : si une loi est jugée non contraire aux droits fondamentaux à l'issue d'un contrôle abstrait de légitimité et de proportionnalité, l'écarter dans un cas d'espèce n'est rien d'autre que livrer un jugement d'équité. L'exemple de

1. *Wagner c/ Luxembourg*, 28 juin 2007.
2. À telle enseigne que les États ont jugé bon signer à Strasbourg le 24 juin 2013 un Protocole additionnel n° 15, dont l'article 1er introduit explicitement le principe de subsidiarité en ajoutant un dernier considérant au préambule de la Convention de sauvegarde. — Mais dans le même temps, un protocole additionnel n° 16 a été signé à Strasbourg, le 2 nov. 2013, qui institue une procédure de demande « d'avis consultatifs sur des questions de principe relatives à l'interprétation ou à l'application des droits et libertés définis par la Convention ou ses protocoles », ce qui est de nature à renforcer le pouvoir de la CEDH.

l'Ancien régime doit dissuader d'entrer dans une voie aussi périlleuse pour la sécurité juridique et l'égalité des justiciables[1].

Le danger est d'autant plus grand que *l'outrance appelle à son tour l'outrance.* La dévotion pour les droits de l'homme est aussi excessive que leur rejet en bloc. La protection des droits individuels est une préoccupation légitime, et il est indispensable de veiller à ce que l'État n'opprime pas injustement les sujets dans la sphère familiale. Mais il faut s'employer à le faire sans mettre à terre les structures familiales, parce qu'elles sont de première importance, tant pour les membres de la famille (mode d'épanouissement personnel, lieu d'intimité, source de solidarité, etc.) que pour la société (mode d'éducation, prise en charge des plus faibles, structuration sociale, etc.). L'article 23 du Pacte international relatif aux droits civils et politiques le dit lui-même : « La famille est l'élément naturel et fondamental de la société et a droit à la protection de la société et de l'État ». Là est bien, ici comme ailleurs, toute la difficulté : promouvoir les droits du sujet tout en préservant une institution familiale indispensable eu égard à ses multiples fonctions, symboliques et pratiques, patrimoniales et personnelles, individuelles et sociales.

I. La relation de couple

274. Les questions de couple sont appréhendées, dans l'ordre européen, sur le fondement de *la liberté du mariage* (art. 12 CSDF), *du droit au respect de la vie familiale* (art. 8 CSDF) et *du principe d'égalité dans l'exercice des droits et libertés reconnus par la Conv. EDH* (art. 14 Conv. EDH). La CEDH attache à ce principe d'égalité d'une part l'obligation de traiter de la même façon des personnes qui se trouvent dans la même situation[2] et d'autre part l'obligation de traiter différemment des personnes se trouvant dans des situations différentes (*Thlimmenos c/ Grèce,* 6 avr. 2000). Le Conseil constitutionnel s'en tient quant à lui à la première exigence[3]. En outre, et pour reprendre la formule usuelle du Conseil, ce principe ne s'oppose pas à ce que des situations différentes soient traitées différemment, ni à ce que la loi déroge au principe d'égalité pour des raisons d'intérêt général, pourvu que dans ces deux cas, la différence de traitement soit en rapport direct avec l'objet de la loi qui l'établit. De façon comparable, la CEDH juge que la différence de traitement est admissible s'il existe un rapport objectif et raisonnable avec la différence de situation[4].

A. Droits et libertés fondamentaux dans le mariage

1. La formation du mariage

275. ***Liberté du mariage. Liberté du consentement.*** La liberté du mariage implique d'abord que le mariage suppose *la volonté des époux :* pas de mariage sans accord des volontés des deux membres du couple. C'est bien ce qu'exprime l'arti-

1. Sur quoi, v. F. Chénedé, « Le Droit à l'épreuve des droits de l'homme », *in Mélanges G. Champenois,* « Contre-révolution tranquille à la Cour de cassation », *D.* 2016. 796; A. Bénabent, « Un culte de la proportionnalité... un brin disproportionné », *D* 2016. 137; F. Boulanger, *AJ fam.* 2016. 250.
2. Affaire *linguistique belge,* 23 juill. 1968 : la discrimination suppose une différence de traitement et un manque de justification objective et raisonnable.
3. Décis. n° 2006-641 DC du 28 sept. 2006 : « si, en règle générale, le principe d'égalité impose de traiter de la même façon des personnes qui se trouvent dans la même situation, il n'en résulte pas pour autant qu'il oblige à traiter différemment des personnes se trouvant dans des situations différentes ».
4. Affaire *linguistique belge,* § 10.

cle 146 du Code civil, en affirmant qu'il n'y a point de mariage s'il n'y a point de consentement. Les diverses règles qui visent à préserver la qualité du consentement matrimonial concourent à cette liberté fondamentale. Ainsi, le dispositif de lutte contre la violence, « loin de méconnaître la liberté du mariage », « tend à en assurer la protection » (Décis. n° 2012-261 QPC du 22 juin 2012, cons. 11). Il en va de même des solutions législatives (art. L. 1121-1 C. trav.[1]) et jurisprudentielles qui anéantissent les stipulations d'actes juridiques portant atteinte à la liberté du mariage, qu'il s'agisse du principe même du mariage ou du choix du conjoint. On songe aux célèbres décisions rendues par les juridictions civiles et administratives, à l'égard des hôtesses de l'air[2], des employés d'établissement d'enseignement confessionnel qui se remarieraient après divorce[3], ou encore des agents diplomatiques et consulaires[4].

276. ***Liberté encadrée. Contrôle du cadre national.*** Comme le souligne la Conv. EDH, le droit de se marier et de fonder une famille existe « selon les lois nationales régissant l'exercice de ce droit » (art. 12). L'admission de la compétence des États membres pour encadrer la liberté de se marier ouvre ainsi la voie à des restrictions potentielles à la liberté matrimoniale, dans les conditions habituelles de finalité légitime et de proportionnalité[5]. Comme le dit la CEDH, il faut vérifier que « la limitation ne soit pas telle que le droit serait atteint dans sa substance même »[6]. Le Conseil constitutionnel statue identiquement : « la liberté du mariage ne restreint pas la compétence que le législateur tient de l'article 34 de la Constitution pour fixer les conditions du mariage dès lors que, dans l'exercice de cette compétence, il ne prive pas de garanties légales des exigences de caractère constitutionnel »[7].

277. ***Le mariage des majeurs protégés.*** La liberté des personnes protégées est limitée pour *garantir leurs intérêts*. Le mariage du majeur sous curatelle suppose l'autorisation du curateur, éventuellement suppléée par celle du juge (art. 460). Le Conseil constitutionnel a jugé que le texte ne portait pas à la liberté du mariage d'atteintes disproportionnées, en soulignant que la décision (du juge était) prononcée après un débat contradictoire, devait « être motivée en fonction de *l'aptitude de l'intéressé à consentir au mariage* » et qu'elle était « susceptible de recours, la personne en curatelle jouissant » des garanties nécessaires à l'exercice effectif de ces recours (Décis. n° 2012-260 QPC du 29 juin 2012, cons. 7 et 8; v. Civ. 1re, 5 déc. 2012, n° 11-25.158). Cette délimitation de l'objet du contrôle du juge (vérifier l'aptitude de l'intéressé à consentir au mariage) vaut aussi dans la tutelle[8], où le texte impose l'autorisation du juge (ou du conseil de famille s'il a été constitué), l'audition préalable des futurs conjoints et le recueil éventuel de l'avis des parents et de l'entourage.

278. ***La nullité pour erreur.*** La nullité pour erreur sur les qualités essentielles *protège la liberté* du mariage en protégeant le consentement de la victime. Mais

1. V. le principe de non discrimination de l'art. L. 1132-1 C. trav.
2. Paris, 30 avr. 1963, *JCP* 1963, II, 13205 *bis*.
3. Ass. plén., 19 mai 1978, *D.* 1978. 541, *GAJC* n° 31, p. 214. — La jurisprudence européenne s'inscrit dans la même logique : une entreprise de tendance peut limiter les libertés du salarié, mais il faut que la limite vise à une finalité légitime et soit proportionnée. En ce sens, V. CEDH 23 sept. 2010, *Schuth c/ Allemagne, Obst c/ Allemagne*, req. nos 1620/03, 425/03.
4. CE 18 janv. 1980, *D.* 1980. 297, obs. Delvolvé.
5. La Cour a ainsi jugé qu'il était impossible de contraindre un État à reconnaître le mariage d'un mineur de 14 ans : *Z H et R H c/ Suisse*, 8 déc. 2015.
6. V. ainsi *Rees c/ RU*, 17 oct. 1986; *B L c/ RU*, 15 sept. 2005; *Frasik c/ Pologne*, 5 janv. 2010.
7. Décis. n° 2010-92 QPC du 28 janv. 2011, cons. 7.
8. Civ. 1re, 2 avr. 2014, n° 13-10.758.

elle pourra le cas échéant *entamer les droits fondamentaux* du conjoint, par exemple sa liberté de conscience (si la religion figure parmi les qualités essentielles attendues du conjoint) ou son droit à la vie privée (si la virginité du conjoint devient un critère déterminant), ou heurter l'interdiction des discriminations (si les origines ethniques du conjoint sont jugées essentielles), etc. Le droit positif en offre quelques illustrations passées, par exemple en matière religieuse[1]. Le droit contemporain y semble rétif, car la notion de qualités essentielles renvoie désormais à une double exigence : la qualité considérée doit être abstraitement essentielle en mariage pour le commun des mortels, et concrètement déterminante pour le conjoint considéré, comme le montre la jurisprudence relative à la virginité de l'épouse[2]. Dans une perspective pragmatique (quel est l'intérêt de maintenir un tel mariage, qui est voué au divorce faute de nullité ?) mais aussi politique (au regard de l'importance de la loyauté dans les relations conjugales), on se demande si l'erreur sur de telles qualités concrètement essentielles pour le sujet ne pourrait justifier la nullité du mariage lorsque l'erreur a été déterminée par le mensonge, voire les manœuvres du conjoint ? N'est-il pas temps d'abandonner l'adage de Loysel, selon lequel « en matière de mariage, il trompe qui peut » ?

279. ***La lutte contre la fraude.*** Dès 1963, la Cour de cassation affirmait la nullité du mariage célébré sans le consentement des époux, mais la validité de celui dont les époux voulaient seulement limiter les effets, en écartant telle ou telle conséquence légale (le devoir de fidélité, ou de vie commune, etc.), seule la stipulation restrictive étant alors nulle[3]. La question s'est déplacée depuis les années 90, l'objectif étant désormais de lutter contre les mariages contractés par des étrangers afin de bénéficier de l'effet acquisitif de nationalité. À cette fin, un dispositif préventif a été institué et modifié à diverses reprises, tant pour les mariages célébrés en France[4] que pour ceux célébrés à l'étranger[5]. Le Conseil constitutionnel considère que « la protection constitutionnelle de la liberté du mariage ne confère pas le droit de contracter mariage à des fins étrangères à l'union matrimoniale »[6] et que « la liberté du mariage, composante de la liberté personnelle protégée par les articles 2 et 4 de la Déclaration des droits de l'homme et du citoyen de 1789, ne fait pas obstacle à ce que le législateur prenne des mesures de prévention ou de lutte contre les mariages contractés à des fins étrangères à l'union matrimoniale » (Décis. n° 2006-542 DC du 9 nov. 2006, cons 4). Mais il s'efforce de veiller à *l'équilibre entre liberté du mariage et protection de l'intérêt général*[7]. Il a donc invalidé les dispositions qui n'offraient pas suffisamment de garanties : ainsi en 1993 lorsqu'aucune voie de recours n'était prévue contre la décision par laquelle le procureur de la République pouvait surseoir à la célébration du mariage (Décis. n° 93-325 DC du 13 août 1993, cons. 107); ainsi en 2003 des textes qui d'une part prévoyaient que le fait pour un étranger de ne pouvoir justifier de la régularité de son séjour constituait dans

1. V. ainsi Civ. 1re, 2 déc. 1997, *Dr. fam.* 1998. 35, obs. H. Lécuyer.
2. Douai, 17 nov. 2008, infirmant TGI Lille, 1er avr. 2008.
3. Civ. 1re, 20 nov. 1963, *Bull. civ.* n° 506.
4. Audition des époux; pouvoir de l'officier d'état civil de saisir le procureur de la République lorsque des indices sérieux laissent présumer un défaut de consentement matrimonial; pouvoir de ce dernier de diligenter une enquête, de surseoir au mariage ou de former opposition; action en nullité absolue du mariage ouverte à l'époux de bonne foi et au ministère public.
5. Certificat de capacité nuptiale; audition; pouvoir de l'officier d'état civil de saisir le procureur de la République; etc.
6. Décis. n° 2012-261 QPC du 22 juin 2012, *M. Thierry B.*, cons 7. Comp. CEDH 28 mai 1985, *Abdulaziz et autres c/ RU*, cons. 62.
7. CEDH 14 déc. 2010, *O'Donoghue et autres c/ RU.*

tous les cas un indice sérieux de l'absence de consentement[1], car « le respect de la liberté du mariage, composante de la liberté personnelle protégée par les articles 2 et 4 de la Déclaration de 1789, s'oppose à ce que le caractère irrégulier du séjour d'un étranger fasse obstacle, par lui-même, au mariage de l'intéressé » et d'autre part organisait le signalement à l'autorité préfectorale de la situation d'un étranger accomplissant les formalités de mariage sans justifier de la régularité de son séjour et prévoyait la transmission au préfet de la décision du procureur de la République de s'opposer à la célébration du mariage, d'ordonner qu'il y soit sursis ou de l'autoriser, de telles dispositions étant « de nature à dissuader les intéressés de se marier » et portant ainsi « atteinte au principe constitutionnel de la liberté du mariage » (Décis. n° 2003-484 DC du 20 nov. 2003, cons. 96, 95, 94). Il a en revanche validé les mesures respectueuses de l'équilibre entre liberté du mariage et considérations d'ordre public, « compte tenu des garanties instituées » (ainsi, en 2003, de l'article 75-2[2]; en 2012, de l'article 175-1[3]) ou « eu égard à l'ensemble des précautions... prises par le législateur » (ainsi en 2006 du dispositif institué à l'égard des mariages célébrés à l'étranger par une autorité étrangère lorsqu'un des deux conjoints au moins est français)[4].

280. ***La différence des sexes.*** *Le Code civil de 1804* restreignait l'accès au mariage en imposant une condition d'altérité sexuelle. Évidente en 1804, cette condition procédait implicitement des divers textes du Code civil qui évoquaient alors « l'homme et la femme » contractant mariage : ainsi de l'article 143, selon lequel « l'homme et la femme ne peuvent contracter mariage avant dix-huit ans révolus », ou surtout de l'article 75, qui dans son alinéa 6, prévoyait que l'officier d'état civil recevait de chaque partie « la déclaration qu'elles veulent se prendre pour mari et femme ». Cette condition posait problème pour les transsexuels et les homosexuels.

281. ***Les transsexuels.*** L'admission du changement de sexe du transsexuel par l'assemblée plénière de la Cour de cassation en 1992, sous la pression européenne, a conduit à *ouvrir le mariage à l'intéressé* dans son nouveau sexe : eu égard aux conditions alors exigées pour admettre ce changement d'état civil[5] et à la solution que la CEDH avait retenue dans l'affaire *Goodwin c/ RU*, au moyen d'une redéfinition du mariage (l'incapacité pour un couple de concevoir ou d'élever un enfant ne doit pas le priver de son droit au mariage), la question ne faisait guère débat. Le devenir d'un éventuel mariage antérieur n'ayant été réglé ni par la loi ni par la jurisprudence[6], on suggérait parfois sa caducité. La loi du 17 mai 2013 a renouvelé la question : l'ouverture du mariage aux couples de personnes de même sexe a supprimé une condition objective de validité du mariage;

1. En revanche, « le caractère irrégulier du séjour d'un étranger peut constituer dans certaines circonstances, rapproché d'autres éléments, un indice sérieux laissant présumer que le mariage est envisagé dans un autre but que l'union matrimoniale » : *ibid.*, cons. 95.
2. Décis. n° 2003-484 DC du 20 nov. 2003, cons. 93.
3. Décis. n° 2012-261 QPC du 22 juin 2012, M. Thierry B., cons. 9 et 11.
4. Décis. n° 2006-542 DC du 9 nov. 2006, cons. 12 et 13.
5. Preuve médicale apportée en justice du syndrome du transsexualisme et de la réassignation corporelle du transsexuel dans son sexe psycho-social.
6. Comp. CEDH 28 nov. 2006, *R. et F. et Parry c/ RU*, req. n°s 35748/05, 42971/05, jugeant conventionnelle la législation anglaise qui conditionne le changement de sexe au célibat du transsexuel, et CEDH 13 nov. 2012, *H. c/ Finlande* et 16 juill. 2014, *Hämäläinen c/ Finlande*, validant la législation finlandaise qui subordonne le changement de sexe au consentement du conjoint et prévoit la transformation automatique du mariage en un pacte civil de solidarité, mais n'ouvre pas le mariage aux couples de personnes de même sexe (V. notamment § 48 et s., mettant en balance « le droit du transsexuel à voir sa vie privée respectée et l'intérêt de l'État à "maintenir intacte l'institution traditionnelle du mariage" »).

partant, le mariage antérieurement célébré ne pourra pas être anéanti sur la *seule constatation* d'un éventuel changement de sexe. Mais le conjoint du transsexuel pourra sans doute faire valoir le cas échéant l'erreur qu'il aura commise sur une qualité essentielle de son époux : les textes du Code civil et du Code de la santé publique distinguent en effet le mariage des hétérosexuels du mariage des homosexuels, le premier étant pourvu d'une dimension procréatrice qui ne se retrouve pas dans le second (art. L. 2141-2 CSP, pas d'ouverture de l'assistance médicale à la procréation; art. 6-1 C. civ., pas de présomption de paternité); pourtant il n'est pas discriminatoire de considérer qu'il y a, dans le premier, une dimension sexuée, qui justifie d'admettre que la différence de sexe soit en ce cas une qualité essentielle.

282. ***Les couples de personnes de même sexe.*** Procédant hier de l'évidence, la fermeture du mariage aux couples d'homosexuels est progressivement apparue à certains comme contraire à la liberté du mariage, au droit à une vie privée et familiale et à l'interdiction des discriminations. La solution positive fut pourtant prudemment avalisée par la Cour de cassation[1] puis par le Conseil constitutionnel[2] et la CEDH, cette dernière jugeant que la question relevait de la marge d'appréciation nationale des États membres[3] : dans une célèbre décision *Schalk et Kopf c/ Autriche*, elle jugeait, le 24 juin 2010, que le refus d'ouvrir le mariage aux couples de personnes de même sexe n'était pas contraire au droit au mariage protégé par l'article 12 Conv. EDH, et ne constituait pas une discrimination (prohibée par l'article 14 Conv. EDH) dans le droit au respect de la vie familiale protégé par l'article 8 Conv. EDH[4]. *La loi du 17 mai 2013* a supprimé cette condition, et explicitement ouvert le mariage aux couples de même sexe (art. 143), d'où est résulté l'ouverture de l'adoption, simple ou plénière, étant précisé par ailleurs que le mariage et la filiation adoptive produisent les mêmes effets, que les époux ou parents soient de sexe différent ou de même sexe, exception faite des effets « prévus au titre VII du livre Ier du présent code », c'est-à-dire des règles relatives à la filiation par procréation charnelle (art. 6-1). Déférée au Conseil constitutionnel (sur l'adoption, v. *infra*, n° 327), la loi a été jugée conforme à la Constitution dans une décision du 17 mai 2013[5]. Le Conseil a rejeté les arguments tenant au fait que le mariage était « naturellement » l'union d'un homme ou d'une femme (cons. 21)[6] ou à la violation du principe d'égalité

1. Civ. 1re, 13 mars 2007, n° 05-16.627 : « selon la loi française », le mariage est l'union d'un homme et d'une femme, et ce principe n'est contraire à aucune des dispositions de la Conv. EDH.
2. Décis. n° 2010-92 QPC du 28 janv. 2011, cons. 5 : « l'article 61-1 de la Constitution, à l'instar de l'article 61, ne confère pas au Conseil constitutionnel un pouvoir général d'appréciation et de décision de même nature que celui du Parlement;... cet article lui donne seulement compétence pour se prononcer sur la conformité d'une disposition législative aux droits et libertés que la Constitution garantit ».
3. 24 juin 2010, *Schalk et Kopf c/ Autriche*, v. not. § 108.
4. La Cour a innové en considérant que l'évolution sociale survenue dans de nombreux États membres conduisait à admettre que la cohabitation de fait stable d'un couple homosexuel relève de la notion de « vie familiale » au même titre que celle d'un couple hétérosexuel se trouvant dans la même situation (§ 93 et 94). Mais elle a refusé de voir dans le refus du mariage une discrimination affectant les homosexuels dans leur droit à une vie familiale, en se fondant d'une part sur la possibilité désormais ouverte en Autriche de souscrire un partenariat enregistré et d'autre part sur l'absence de consensus européen, ce qui interdisait de reprocher à l'Autriche de ne pas l'avoir admis avant cette date (§ 102 et s.). Si les États conservent la liberté de ne pas ouvrir le mariage aux couples de personnes de même sexe, ils sont aujourd'hui tenus d'offrir un cadre juridique aux couples de personnes de même sexe qui souhaitent bénéficier d'une protection juridique : 16 juill. 2014, *Hämäläinen c/ Finlande*; 7 nov. 2013, *Vallianatos et autres c/ Grèce*; 21 juill. 2015, *Oliari et autres c/ Italie*; 14 déc. 2017, *Orlandi et autres c/ Italie*.
5. Décis. n° 2013-669 DC du 17 mai 2013.
6. Les requérants invoquaient « l'enracinement naturel du droit civil » : cons. 19.

(cons. 22 et 29)[1], ou à la liberté du mariage et au droit au maintien des conventions légalement conclues[2]. Plus curieusement, il a écarté le grief de violation du « principe fondamental reconnu par les lois de la République selon lequel le mariage est l'union d'un homme et d'une femme », en affirmant que « si la législation républicaine antérieure à 1946 et les lois postérieures ont, jusqu'à la loi déférée, regardé le mariage comme l'union d'un homme et d'une femme, *cette règle qui n'intéresse ni les droits et libertés fondamentaux*[3], ni la souveraineté nationale, ni l'organisation des pouvoirs publics, ne peut constituer un principe fondamental reconnu par les lois de la République au sens du premier alinéa du Préambule de 1946 ». Il a jugé que le risque de détournement ou d'abus lors de l'application de la loi n'entachait pas celle-ci d'inconstitutionnalité, car il appartenait aux juridictions compétentes d'empêcher, de priver d'effet et, le cas échéant, de réprimer de telles pratiques. On sait ce que les juridictions ont fait de l'invitation : V. *infra*, n°s 341 s. sur la GPA.

283. ***La condition d'exogamie.*** L'interdit de l'inceste, ce « principe fondateur du droit de la famille »[4], qui ne procède pas tant de raisons biologiques (éviter les tares liées à la consanguinité), que de raisons anthropologiques (passer de la nature à la culture), symboliques (assurer le respect des places généalogiques), sociales (assurer la paix familiale), morales (éviter les passions troubles), est consacré par le droit civil dans des termes différents selon qu'il est question du lien d'alliance ou du lien de parenté (et de son degré), de la filiation de l'enfant procréé ou de l'enfant adopté. L'interdit existe sans dispense possible entre parents en ligne directe ou au sein de la fratrie (art. 161 et 162; v. art. 356 dans l'adoption plénière). L'interdit concerne également l'alliance en ligne directe (interdiction du mariage entre beau-parent et bel enfant : art. 161) mais il est susceptible de dispense en cas de décès de la personne qui créait l'alliance (art. 164). Le mariage est encore prohibé entre collatéraux au troisième degré (oncle ou tante et neveu ou nièce), sous réserve de dispense (art. 163 et 164). Dans l'adoption simple (art. 366)[5], l'interdit est absolu entre adoptant et adopté (et ses descendants), ainsi qu'entre les enfants de l'adoptant (enfants par la filiation du titre VII ou par l'adoption), mais susceptible d'être levé par dispense entre conjoint de l'adoptant et enfant adopté (et réciproquement entre l'adoptant et le conjoint de l'adopté). Dans tous les cas, l'interdit est sanctionné par

1. Aux motifs qu'il ne lui appartenait pas de substituer son appréciation à celle du législateur qui avait estimé que la différence de situation existant entre les couples formés d'un homme et d'une femme et les couples de personnes de même sexe ne justifiait plus que ces derniers ne puissent accéder au statut et à la protection juridique attachés au mariage (cons 22), et que la loi, en prévoyant des dispositions spécifiques au mariage de couple de personnes de même sexe de nationalité étrangère en droit international privé, n'avait pas méconnu non plus le principe d'égalité en traitant différemment des couples se trouvant dans une même situation (cons. 29).
2. Il a souligné « que les dispositions de l'article 1er ne port(ai)ent aucune atteinte aux droits acquis nés de mariages antérieurs », ce qui conduisait à écarter le grief tiré de l'atteinte à la liberté du mariage, composante de la liberté personnelle protégée par les articles 2 et 4 de la Déclaration de 1789, et au droit au maintien des conventions légalement conclues, qui résulte de son article 4 (cons. 23). Non sans rapport, il a décidé que la validation des mariages antérieurement célébrés ne portait « atteinte à aucun droit acquis » et qu'il était « loisible au législateur d'instaurer une exception à la règle selon laquelle la validité d'un mariage s'apprécie au jour de sa célébration, en faisant produire des effets en France aux mariages célébrés à l'étranger antérieurement à la promulgation de la loi » (cons. 86).
3. Ce qui est absurde. Il aurait mieux valu considérer qu'il existait un principe fondamental ouvrant le mariage aux couples de personnes de sexe différent, mais que ce principe n'interdisait nullement d'ouvrir plus largement le mariage.
4. Selon la formule d'A. Batteur, *RTD civ.* 2000. 759 s.
5. Dans l'adoption plénière, l'interdit demeure dans la famille d'origine et est transposé tel quel dans la famille adoptive : art. 356.

une nullité absolue, ouverte dans les trente ans de la célébration du mariage aux époux, à tout intéressé et au ministère public[1] (art. 184)[2], le droit d'opposition étant ouvert au ministère public (art. 175-1).

La conventionnalité de l'interdit matrimonial a été soumise deux fois à *la CEDH*. Le 13 septembre 2005, elle a jugé que l'interdiction anglaise du mariage entre alliés en ligne directe (sous réserve d'une autorisation délivrée par le parlement anglais, ou de la mort de l'ex-conjoint qui fonde l'alliance) était contraire à l'article 12 Conv. EDH : il visait un but légitime (la protection de l'intégrité de la famille), mais rien n'indiquait qu'il empêchait de telles relations de se nouer en fait, l'absence d'autres dispositions ou de sanctions pénales interdisant d'affirmer que la règle civile parvienne à supprimer le risque de confusion ou d'insécurité affective allégué chez l'enfant; la procédure d'autorisation devant le Parlement était lourde, onéreuse, et rien n'établissait qu'elle s'accompagne d'enquêtes approfondies sur la situation familiale, et elle n'offrait pas au demandeur une voie accessible et effective lui permettant de faire valoir ses droits; la Cour se disait en outre réservée à l'encontre d'une procédure imposant à une personne jouissant de ses pleines facultés mentales de se soumettre à une enquête envahissante pour apprécier le caractère approprié du mariage[3]. Inversement, le 12 avril 2012, la CEDH a jugé que la condamnation pénale d'un homme pour inceste avec sa sœur n'était pas contraire au droit à la vie privée et familiale en soulignant l'absence de consensus européen sur ce sujet et l'existence dans certains pays — dont l'Allemagne — d'une incrimination pénale[4]. De cette jurisprudence, semble ressortir que l'interdit entre proches parents (entre parents en ligne directe et au sein de la fratrie) n'encourt pas le risque de censure s'il est accompagné de sanction pénale, mais que l'empêchement à mariage existant entre alliés en ligne directe risque d'être déclaré inconventionnel s'il n'est soutenu par aucune disposition répressive ni tempéré par une procédure permettant effectivement d'accéder au mariage. Il est difficile de pronostiquer l'avenir du droit français, puisque l'interdit civil n'est soutenu par aucune disposition pénale (le droit pénal appréhende seulement les viols et agressions sexuelles), mais qu'une procédure de dispense est prévue dans les cas de parenté plus lointaine.

La Cour de cassation a été saisie de la question de la conventionnalité de la sanction de l'inceste à deux reprises. Le 4 décembre 2013, elle a écarté la nullité d'un mariage contracté entre un homme et son ex-belle-fille, nullité que demandait le fils du mari, après le décès de celui-ci[5]. La Cour d'appel avait soigneusement argumenté le prononcé de la nullité : l'interdit « est justifié en ce qu'il répond à des finalités légitimes de sauvegarde de l'homogénéité de la famille en maintenant des relations saines et stables à l'intérieur du cercle familial » et en ce « que cette interdiction permet également de préserver les enfants, qui peuvent être affectés, voire perturbés, par le changement de statut et des liens entre les adultes autour d'eux »; tel était le cas dans l'espèce considérée, dans la mesure où le premier mariage avait duré onze ans et où la célébration du second mariage avait engendré une regrettable confusion entre son père et son grand-père dans la tête de sa fille, alors âgée de dix ans; il existait en l'espèce une procédure d'autorisation exceptionnelle; la présence d'un conjoint survivant avait

1. Il doit même agir et les faire condamner à se séparer : art. 190.
2. L'article 187 ouvre même l'action aux collatéraux et enfants nés d'un autre lit, en exigeant toutefois qu'ils aient un intérêt né et actuel s'ils agissent du vivant des époux.
3. CEDH, *B. L. c/ RU*, req. n° 36536/02
4. CEDH 12 avr. 2012, *Stübing c/ Allemagne*.
5. Civ. 1re, 4 déc. 2013, n° 12-26.066.

pour le fils, unique enfant et héritier réservataire, des conséquences préjudiciables quant à ses droits successoraux, si bien qu'il avait bien un intérêt né et actuel à agir en nullité. Soulevant d'office l'article 8 de la Conv. EDH, la Cour de cassation a cassé l'arrêt pour violation de la loi au motif « que le prononcé de la nullité du mariage... revêtait, à l'égard de (l'épouse survivante), le caractère d'une ingérence injustifiée dans l'exercice de son droit au respect de sa vie privée et familiale dès lors que cette union, célébrée sans opposition, avait duré plus de vingt ans ». Salué par certains comme la première décision procédant au contrôle concret de proportionnalité désormais opéré par la Cour de cassation, l'arrêt a été accueilli avec stupeur par ceux qui voient dans l'interdit de l'inceste un principe fondateur du droit de la famille et attachent encore une certaine foi au principe, affirmé à l'article 34 de la Constitution de 1958, selon lequel le législateur a compétence exclusive en matière d'état des personnes (et donc de droit de la famille). La doctrine a quasi unanimement souligné combien une telle mise en balance concrète des intérêts donnait au juge des pouvoirs considérables, au détriment de la sécurité juridique et de l'égalité des justiciables. Ces craintes ont été rapidement confirmées par une décision rendue dans une affaire assez comparable le 8 décembre 2016[1] : après avoir affirmé que le droit au mariage n'avait pas été atteint « dès lors que leur mariage a été célébré sans opposition et qu'ils ont vécu maritalement jusqu'au décès de l'époux »[2], elle a jugé que l'atteinte à la vie privée et familiale de l'intéressée n'était pas disproportionnée au regard du but légitime poursuivi, en reprenant les nombreux éléments de fait sur lesquels la Cour d'appel s'était appuyée : le fait que l'intéressée « avait 9 ans quand X... a(vait) épousé sa mère en troisièmes noces », et qu'« elle avait 25 ans lorsque ce(s) dernier(s) avai(en)t divorcé et 27 ans lorsque son beau-père l'a(vait) épousée »; d'où résultait que « l'intéressée a vécu, alors qu'elle était mineure, durant neuf années, avec celui qu'elle a ultérieurement épousé et qui représentait nécessairement pour elle, alors qu'elle était enfant, une référence paternelle, au moins sur le plan symbolique »; le fait « que son union avec X... n'avait duré que huit années lorsque les consorts X... ont saisi les premiers juges aux fins d'annulation » et « qu'aucun enfant n'est issu de cette union prohibée ». La doctrine a souligné l'incertitude dans laquelle une telle mise en balance des intérêts laissait le justiciable[3] : entre 8 et 20 ans, où s'arrête la proportionnalité et où commence l'excès ?

284. ***Mariage et condition de monogamie.*** La loi interdit de célébrer un second mariage avant la dissolution du premier (art. 147); la sanction est une nullité absolue, que les époux, tout intéressé et le ministère public peuvent demander pendant un délai de trente ans à compter de la célébration du mariage (art. 184) et les collatéraux et enfant d'un autre mariage peuvent agir en nullité du vivant des époux, s'ils y ont un intérêt né et actuel (art. 187). Dans le prolongement de cet interdit, « clef de voûte de la civilisation occidentale »[4], le droit français limite aussi l'entrée et le séjour des étrangers. Pour fondée qu'elle soit sur de fortes valeurs politiques[5], la condition de monogamie a été critiquée sur le terrain des droits fondamentaux. Le 13 août 1993, le Conseil constitutionnel a ainsi jugé conformes à la Constitution certaines dispositions de la loi dite « Pasqua »,

1. Civ 1re, 8 déc. 2016, n° 15-27.201.
2. L'argument surprend car la nullité du mariage semble tout de même de nature à entamer la liberté de se marier.
3. F. Chénedé, « Nullité du mariage entre alliés, Regard rétrospectif sur le contrôle de conventionnalité *in concreto* », *D.* 2017. 953.
4. Carbonnier, *Droit de la famille*, Thémis.
5. Représentation culturelle du couple, égalité des sexes, intérêt des enfants, etc.

qui sanctionnaient la polygamie en refusant la délivrance d'une carte de résident à l'étranger vivant ainsi sur le territoire national et limitaient en outre le droit au regroupement familial : il a jugé que « les conditions d'une vie familiale normale sont celles qui prévalent en France, pays d'accueil, lesquelles excluent la polygamie », d'où résultait que la loi n'était pas contraire au droit à une vie familiale[1]. Dans une perspective comparable, la Cour de cassation a refusé le 4 mai 2017 de transmettre au Conseil une QPC qui reprochait à l'article 187[2] d'être contraire au droit de mener une vie familiale normale prévu à l'article 10 du Préambule de 1946 et à la liberté du mariage résultant des articles 2 et 4 de la DDHC : « l'annulation du mariage à la demande des enfants nés d'un autre mariage, après le décès de l'un des époux, n'a pas pour effet d'empêcher les membres d'une même famille de vivre ensemble »; « la liberté de se marier n'est pas en cause, les dispositions contestées n'instaurant aucune restriction à la célébration du mariage[3] et ayant pour finalité de le protéger, du vivant des époux », la putativité permettant en outre de préserver les effets du mariage à l'égard des enfants et de l'époux de bonne foi, « de sorte que la disposition critiquée n'est pas susceptible de porter une atteinte disproportionnée à la liberté du mariage, au regard de l'objectif de sauvegarde de l'ordre public poursuivi ». Le silence de la Cour sur la durée du mariage bigame considéré (il avait duré 33 ans) doit être rapproché de la justification retenue le 4 décembre 2013, pour refuser la nullité du mariage incestueux, à savoir le fait qu'il avait duré plus de vingt ans (v. *supra*, n° 283). Signe de l'abandon de la prise en compte de la durée d'un mariage illicite pour écarter sa sanction ? Conséquence de la plus grande légitimité de l'interdit de la bigamie ? Incidence du jeu du mariage putatif (mais il est tout aussi possible en cas d'inceste) ? Nul ne le sait[4].

285. ***Formalisme. Célébration par l'officier d'état civil.*** La CEDH considère que les États ne sont pas tenus de reconnaître *le mariage religieux*[5]. Le droit français encadre seulement sa célébration en exigeant la célébration préalable du mariage civil. Le mariage civil est encadré par *des règles de forme* (audition des époux, publicité du projet de mariage, célébration en mairie par un officier d'état civil, publicité sur les registres de l'état civil), qui visent à *protéger les époux*[6] et/ou *les tiers*[7] et la *société*[8], sont parfois susceptibles de dispense (publicité antérieure, célébration en mairie, etc.), ne constituent pour certaines qu'un empêchement prohibitif, mais sont pour d'autres sanctionnées par une nullité absolue, éventuellement dépourvue d'effet passé à l'égard des enfants et du conjoint de bonne foi. Les limites qu'elles imposent à la liberté du mariage ont donné lieu à quelques décisions du Conseil constitutionnel en matière de fraude (v. *supra*, n° 279). La constitutionnalité du dispositif a également été contestée

1. Décis. n° 93-325 DC du 13 août 1993, cons. 32 et 77.
2. Civ. 1re, 4 mai 2017, n° 17-40.026.
3. L'analyse consistant à soutenir que la liberté du mariage n'est pas en cause puisque les dispositions contestées n'empêchent pas sa célébration est artificielle, car l'annulation du mariage aboutit en principe à anéantir cette célébration, ce que la Cour reconnaît d'ailleurs elle-même en soulignant que l'atteinte à la liberté du mariage n'est pas disproportionnée eu égard au bénéfice du mariage putatif.
4. V. Civ. 1re, 19 oct. 2016, n° 15-50.098.
5. Gr. ch., 20 janv. 2009 et 2 nov. 2010, *Serife Yigit*.
6. L'audition permettre à l'officier d'état civil de déceler la contrainte éventuellement exercée sur l'un des futurs époux.
7. La publicité sur les registres de l'état civil informe les tiers du nouvel état matrimonial des époux.
8. L'audition permet de lutter contre la fraude. La célébration par l'officier d'état civil marque symboliquement l'enjeu social du mariage et permet pratiquement de garantir le respect des conditions de fond; etc.

en France au regard de *la liberté de conscience des officiers d'état civil*, auquel la loi n'offre aucune clause de conscience comparable à celle qui peut exister au profit du personnel médical ou scientifique en matière d'interruption de grossesse, de stérilisation contraceptive ou de recherches sur l'embryon (art. L. 2212-8, 2213-2, 2123-1, al. 5 et 2151-7-1 CSP). Le Conseil a souligné à juste titre « qu'en ne permettant pas aux officiers de l'état civil de se prévaloir de leur désaccord avec les dispositions de la loi du 17 mai 2013 pour se soustraire à l'accomplissement des attributions qui leur sont confiées par la loi pour la célébration du mariage, le législateur a(vait) entendu assurer l'application de la loi relative au mariage et garantir ainsi le bon fonctionnement et la neutralité du service public de l'état civil », avant d'affirmer catégoriquement « qu'eu égard aux fonctions de l'officier de l'état civil dans la célébration du mariage », le législateur n'avait « pas porté atteinte à la liberté de conscience » (Décis. n° 2013-353 QPC du 18 oct. 2013, cons. 10). Plus justement, la CEDH a jugé qu'imposer à un officier d'état civil d'enregistrer un partenariat civil portait bien atteinte à la liberté de conscience (art. 14 et 9 CEDH) mais que cette atteinte était justifiée par la considération des droits d'autrui, le besoin de reconnaissance juridique des couples homosexuels et leur protection juridique (*Ladele c/ RU*, 15 janv. 2013).

2. Les effets du mariage

286. ***Droits fondamentaux des époux.*** Le mariage produit des effets tant personnels que patrimoniaux[1]. Les effets patrimoniaux, qui surviennent en cours de mariage[2] ou lors de sa dissolution par décès, n'éprouvent guère les droits fondamentaux des époux (sur les droits fondamentaux des enfants, v. *infra*, la question de l'égalité successorale des enfants)[3], ou du moins ne sont pas pour l'heure perçus comme tels[4]. Il en va différemment *des devoirs personnels de mariage*, qui entravent la liberté individuelle de chacun : les devoirs de communauté de vie et de fidélité entament la liberté sexuelle, en imposant d'entretenir des relations charnelles avec le conjoint, et avec lui seul; le devoir de communauté de vie, en imposant aux époux de vivre sous le même toit, restreint la liberté de la vie privée et supprime le libre choix du domicile, etc. L'essor de la liberté individuelle explique le repli des sanctions de ces devoirs, voire de leur contenu : l'exclusion de la responsabilité du tiers complice d'adultère ou l'admission de l'indemnisation du dommage résultant de la mort du concubin adultère ont été justifiées par l'argument du droit à la vie privée du tiers ou du concubin; la liberté sexuelle et de disposer de son corps explique que les relations sexuelles imposées par la contrainte par l'un des conjoints reçoivent désormais la qualification de viol[5]. Cet essor explique aussi la contestation de certains d'entre eux, alors pourtant que *leur finalité, tant institutionnelle que personnelle, et leur source volontaire sont de nature à leur fournir une solide justification*. Ce d'autant plus que la liberté de divorcer permet à chacun de retrouver assez aisément son autonomie sexuelle ou de domicile. La jurisprudence a été saisie de conflits délicats, entre liberté de disposer de son corps de l'un et désir de procréation de l'autre[6], entre liberté de conscience de l'un et devoir d'assistance de l'autre, entre liberté professionnelle de l'un et

1. Sur le regroupement familial, v. *supra*, « Droit international privé et droits fondamentaux ».
2. Effets procédant du régime primaire impératif ou du régime matrimonial à proprement parler.
3. Pour une illustration de la mise à l'écart d'une loi étrangère inégalitaire entre mari et femme, v. Civ. 1re, 24 févr. 1998, nos 95-18.646 et 95-18.647.
4. Comp. en matière de pacs : Décis. n° 99-419 DC du 9 nov. 1999, cons. 87 et 88.
5. CEDH 22 nov. 1995, *RTD civ.* 1996. 512, obs. J.-P. Marguénaud.
6. Sur la question de l'avortement, v. CEDH 5 sept. 2002, *Boso c/ Italie*.

devoir de vie commune de l'autre, etc. Elle s'est efforcée de faire la part entre les contraintes inhérentes à l'union matrimoniale et la liberté de chacun, par *une mise en balance* qui n'est pas sans rappeler le contrôle de proportionnalité opéré en matière de droits fondamentaux. La nouvelle politique jurisprudentielle consistant à opérer un contrôle de proportionnalité *in casu* ne devrait donc pas changer profondément la donne. Réciproquement d'ailleurs, les droits et libertés fondamentaux sont susceptibles de fonder certains devoirs de mariage, comme l'illustre le devoir mutuel de respecter l'autre, apparu en jurisprudence pour soustraire la femme aux pleins pouvoirs de son époux au temps de l'inégalité matrimoniale, et consacré par la législation afin de garantir le droit à l'intégrité corporelle de chacun (art. 212 rédact. L. 4 avr. 2006; art. 515-9 et s. rédact. L. 9 juill. 2010).

287. ***Égalité des époux.*** Le mariage fut longtemps une institution profondément inégalitaire en matière personnelle, patrimoniale et parentale. Des lois successives ont *égalisé le statut* des époux : capacité de la femme mariée par la loi du 18 février 1938; choix partagé du domicile conjugal par la loi du 11 juillet 1975; égalisation des pouvoirs dans le régime matrimonial par les lois du 13 juillet 1965 et 23 décembre 1985; égalisation des pouvoirs parentaux par les lois du 4 juin 1970, 4 mars 2002 et 23 décembre 1985. Ici ou là, malgré tout, demeurent des dispositions qui écartent l'égalité.

288. ***L'égalité des sexes.*** L'égalité en matière de nom[1] est désormais assurée au sein du couple conjugal : chacun peut user du nom de l'autre, par substitution ou adjonction (art. 225-1). Elle ne l'est toujours pas en revanche s'agissant du nom de l'enfant du couple. Mais la question dépasse le mariage, puisqu'elle concerne en fait, en général, la question des pouvoirs parentaux en matière de nom de l'enfant.

289. ***L'égalité des couples.*** La loi procède parfois à *des distinctions entre couples mariés*, sans consacrer nécessairement de discrimination, comme le montrent divers exemples, puisés dans le droit non civil[2] du mariage ou dans le droit des régimes matrimoniaux. La loi prévoit que le changement de régime prend effet au jour de la convention si celle-ci n'est pas homologuée, et au jour de l'homologation si celle-ci est requise. Or l'identification de la date peut être déterminante, par exemple si l'un des époux décède après réception de la convention modificatrice par le notaire mais avant homologation. Saisi d'une QPC qui soutenait qu'une telle différence de date était contraire à l'égalité, le Conseil a répondu que les couples considérés ne se trouvaient pas dans la même situation (présence d'enfant mineur ou opposition au changement) et que le législateur avait établi une différence de traitement en rapport direct avec l'objet de la loi[3].

B. Libertés et droits fondamentaux hors mariage

1. La dissolution du mariage

290. ***Droits et libertés individuelles lors de la dissolution du mariage.*** Pour préserver la stabilité du mariage, afin de protéger les époux, les enfants, les tiers et la société, la loi encadre la dissolution du mariage en énumérant limitativement les cas de dissolution et en attachant à cette dissolution certains effets,

1. Sur l'égalité impérative, v. CEDH 16 nov. 2004, *Ünal Tekeli c/ Turquie*.
2. Une jurisprudence assez conséquente concerne notamment les nombreuses dispositions fiscales ou sociales qui traitent les couples mariés en distinguant selon l'existence d'une vie commune, d'un divorce, etc.
3. Décis. n° 2016-560 QPC du 8 sept. 2016, cons. 5.

comme l'attribution d'une prestation financière pour compenser la disparité résultant du divorce. Mais les réformes (lois du 11 juill. 1975, du 30 juin 2000, du 26 mai 2004, du 18 nov. 2016) ont continûment *élargi l'ouverture du divorce*, en assouplissant les conditions de fond[1] et de forme[2] de son prononcé, en supprimant certains obstacles[3], et *renforcé son effet abolitif*.

291. ***Les droits fondamentaux, obstacle au divorce ?*** La loi s'efforce de préserver *les droits fondamentaux des époux* en encadrant le divorce sur *le plan procédural et probatoire*. Ainsi, la procédure obéit aux règles fondamentales qu'impose l'article 6.1 Conv. EDH : impartialité du juge, respect du contradictoire, principe de l'égalité des armes, publicité de la décision, etc. De même, la loi encadre la preuve, en mettant hors jeu les constats dressés à la demande d'un époux « s'il y a eu violation de domicile ou atteinte illicite à la vie privée » (art. 259-2). Le libéralisme avec lequel les juges du fond accueillent toutes sortes de preuves (journal intime, SMS, courrier électronique, etc.) suscite les critiques doctrinales, mais peut se comprendre au regard du droit à la preuve. Il convient toutefois de veiller à la proportionnalité entre ce droit à la preuve et les droits fondamentaux du conjoint, par exemple le droit à garder secrets des faits tenant à sa santé qui résulte du droit au respect de la vie privée[4].

La conformité du *cadre substantiel* a également été discutée. Le Conseil constitutionnel a été saisi de la loi du 18 novembre 2016, qui a remplacé l'homologation judiciaire du divorce par consentement mutuel par un divorce contractuel[5]. Les requérants faisaient valoir la violation du principe d'égalité[6] et l'atteinte portée au « caractère d'ordre public du droit de la famille », à la nécessaire protection du conjoint le plus faible et à l'intérêt de l'enfant. Le Conseil a botté en touche, en affirmant que le législateur pouvait substituer une convention à une procédure judiciaire, qu'il avait assorti les procédures de garanties destinées à protéger les époux, et que la protection de l'intérêt de l'enfant était assurée. Les failles du dispositif, que le Conseil fait semblant de ne pas voir (cons. 51)[7], sont pourtant bien réelles sur ce dernier point. La Cour de cassation a également été saisie de ce contentieux. Le 13 février 1991, la première chambre civile a jugé que « le prononcé du divorce pour rupture de la vie commune n'est pas contraire aux

1. Par ex. suppression des conditions de délai dans le divorce par consentement mutuel, réduction du délai de la séparation dans le divorce pour altération du lien conjugal.
2. Par ex. suppression de la procédure judiciaire dans le consentement mutuel.
3. Par ex. suppression de la clause de dureté qui permettait hier au juge de refuser le prononcé du divorce pour rupture de la vie commune si ses conséquences étaient trop rigoureuses pour le conjoint ou les enfants.
4. CEDH 10 oct. 2006, *LL c/ France*, req. n° 7508/02.
5. Décis. n° 2016-739 DC du 17 nov. 2016.
6. Entre les couples, en renchérissant le coût du divorce, entre les enfants, seuls ceux munis de discernement étant à même de demander leur audition par le juge. À quoi le Conseil a répondu qu'il n'existait aucune différence de traitement entre les couples, et que la différence de traitement entre les enfants était justifiée par une différence de situation et en rapport direct avec l'objet de la loi. La CEDH aurait-elle la même analyse ?
7. Il a souligné que l'enfant capable de discernement est informé par ses parents de son droit à être entendu par le juge, que mention de cette information est faite dans la convention et que le notaire doit s'en assurer, que la procédure redevient judiciaire si le mineur demande à être entendu, que le juge vérifie alors que la convention ne préjudicie pas aux intérêts du mineur, et que le juge aux affaires familiales peut être saisi après le divorce des dispositions de cette convention relatives à l'exercice de l'autorité parentale. Mais quid des enfants dépourvus de discernement ? Il faut lire le considérant 43 pour comprendre ce qui, selon le Conseil, les protège : ils « bénéficient en tout état de cause de la protection qui découle des exigences de l'autorité parentale »... Autrement dit, ce sont les parents qui auront à cœur de protéger leurs enfants contre ce qu'eux-mêmes, parents, pourraient vouloir contre leurs intérêts ! Il est douteux que la solution soit conforme à la jurisprudence européenne.

dispositions de sauvegarde de l'article 8 de la Convention européenne des droits de l'homme et des libertés fondamentales »[1]. Le 9 octobre 1996, elle rejetait également un pourvoi faisant valoir que le prononcé d'un divorce pour faute, lorsque la faute procédait de l'exercice par un conjoint de sa liberté religieuse, était une atteinte à la liberté de conscience que protège l'article 9 Conv. EDH[2]. Dans les deux cas, la Cour a procédé par affirmation catégorique. Plus récemment, elle s'est montrée soucieuse de motivation : ainsi, le 15 avril 2015, elle a affirmé que « le prononcé du divorce pour altération définitive du lien conjugal ne peut être contraire aux dispositions de l'article 8 de la Convention de sauvegarde des droits de l'homme et des libertés fondamentale »[3], car ce divorce « implique une cessation de la communauté de vie entre des époux séparés depuis deux ans lors de l'assignation en divorce ».

292. ***Les droits fondamentaux, au soutien du divorce.*** Sans surprise, on constate que les droits fondamentaux facilitent le divorce plus qu'ils ne l'entravent. Dès la loi du 26 mai 2004, la doctrine s'était interrogée sur l'existence d'un éventuel droit au divorce. Elle concluait souvent par la négative, en soulignant que l'encadrement s'effaçait mais demeurait, et qu'il fallait toujours invoquer des cas au fond, et respecter une procédure en la forme, pour obtenir la dissolution du mariage. La CEDH n'était pas d'un grand secours, puisqu'elle niait l'existence d'un droit au divorce, et se contentait d'exiger qu'une procédure permette aux époux de vivre séparés (v. *infra*, n° 294). C'était sans compter avec le Conseil constitutionnel. Des diverses décisions rendues à ce sujet, il résulte en effet d'abord que *les effets patrimoniaux du divorce* doivent être compatibles avec les droits et libertés fondamentaux, mais aussi qu'il existe plus largement *une liberté de divorcer*, nouvelle facette de la liberté personnelle fondée sur l'article 2 DDCH.

293. ***Les effets du divorce et les droits fondamentaux.*** Plusieurs dispositions relatives à *la prestation compensatoire* ont posé problème. L'article 272 a été l'objet de deux QPC. La première reprochait au texte, qui permet d'imposer au débiteur d'une prestation compensatoire l'attribution de biens en pleine propriété (sous réserve que le débiteur y consente s'il s'agit de biens reçus par donation ou succession), d'être contraire aux articles 2 et 17 de la DDHU[4]. Le 13 juillet 2011, le Conseil constitutionnel a rejeté ces griefs[5] et jugé que le texte était conforme à l'article 2 car il poursuit « un motif d'intérêt général » (« garantir la protection du conjoint dont la situation économique est la moins favorisée » et « limiter, autant que possible, les difficultés et les contentieux postérieurs au prononcé du divorce »[6]) et que « l'atteinte au droit de propriété qui en résulte peut être regardée comme une mesure proportionnée au but d'intérêt général poursuivi » au regard des conditions textuelles qui l'encadrent[7], mais seulement

1. Civ. 1re, 13 févr. 1991, n° 89-19.900.
2. Civ. 2e, 9 oct. 1996, n° 95-10.461.
3. Civ. 1re, 15 avr. 2015, n° 13-27.898.
4. Civ. 1re, 31 mars 2010, n° 09-13.811 : le texte n'est pas contraire au droit au respect des biens protégé par l'article 1er du Protocole additionnel n° 1. Pour la transmission de la QPC, v. Civ. 1re, 17 mai 2011, n° 11-40.005.
5. Décis. n° 2011-151 QPC du 13 juill. 2011. Il n'y avait pas privation de propriété : cette disposition « n'entrait pas dans le champ d'application de l'article 17 de la Déclaration de 1789 » car elle constitue « une modalité de paiement d'une obligation judiciairement constatée » (cons. 5).
6. Le législateur a entendu « faciliter la constitution d'un capital, afin de régler les effets pécuniaires du divorce au moment de son prononcé » et « assurer le versement de la prestation compensatoire » : cons. 6.
7. Elle est ordonnée par le juge; les parties ont la possibilité de débattre contradictoirement devant ce juge de la valeur du bien attribué; l'accord de l'époux débiteur est exigé pour l'attribution en propriété de biens qu'il a reçus par succession ou donation : cons. 7.

sous réserve qu'« elle constitue une modalité subsidiaire d'exécution de la prestation compensatoire en capital » (cons. 8)[1]. La seconde reprochait à l'alinéa 2 de l'article 272, d'exclure des sommes devant être prises en compte dans le calcul de la prestation compensatoire les sommes versées au titre de la réparation des accidents du travail et celles versées au titre du droit à compensation d'un handicap : une telle exclusion était contraire au principe d'égalité, eu égard à la jurisprudence de la Cour de cassation qui prenait en compte des sommes versées au titre des pensions militaires d'invalidité, et eu égard aux textes eux-mêmes puisque l'article 271 faisait obligation au juge de prendre en compte l'état de santé des époux. Le 2 juin 2014,[2], le Conseil considérait que « l'interdiction de prendre en considération, pour fixer le montant de la prestation compensatoire, les sommes versées à l'un des époux au titre de la réparation d'un accident du travail ou au titre de la compensation d'un handicap institu(ait) entre les époux des différences de traitement qui (n'étaient) pas en rapport avec l'objet de la prestation compensatoire qui est de compenser la disparité que la rupture du mariage crée dans leurs conditions de vie respectives », et qu'elle méconnaissait donc l'égalité devant la loi. Conscient de l'impact pratique de sa décision, il précisait que cette déclaration d'inconstitutionnalité jouerait à compter de la publication de la décision, mais qu'elle ne remettait pas en cause les prestations attribuées par des décisions judiciaires définitives. L'article 274, qui prévoit que le prononcé du divorce peut être subordonné par le juge à la constitution, par le débiteur de la prestation compensatoire attribuée sous forme monétaire, de garantie de paiement[3], a également été soumis au Conseil constitutionnel le 29 juillet 2016[4]. Le Conseil a souligné que « les époux peuvent, avant le prononcé du divorce, saisir le juge afin que celui-ci statue sur les modalités de leur résidence séparée et prenne des mesures provisoires relatives aux enfants », que « le droit de mener une vie familiale normale est distinct du droit de se marier », et que « les dispositions contestées n'ont ni pour objet ni pour effet d'empêcher les membres d'une même famille de vivre ensemble » (cons. 9). Le Conseil a également écarté le grief de violation de la liberté du mariage, composante de la liberté personnelle : après avoir consacré la liberté de divorcer, sur le fondement de la liberté personnelle (v. *infra*, n° 294), il a admis que le législateur pouvait lui apporter des limitations liées à des exigences constitutionnelles ou justifiées par l'intérêt général, à la condition qu'il n'en résulte pas d'atteintes disproportionnées au regard de l'objectif poursuivi; il a alors estimé que le texte poursuivait un objectif d'intérêt général (la protection du créancier de la prestation compensatoire), que le juge avait le pouvoir « d'apprécier la nécessité de subordonner le prononcé du divorce à la constitution de garanties et à la capacité du débiteur à constituer celles-ci », et surtout a précisé que « les dispositions contestées ne peuvent donc avoir d'autre effet que de retarder le prononcé du divorce », d'où résultait que « l'atteinte à la liberté de mettre fin aux liens du mariage résultant des dispositions contestées (était) proportionnée à l'objectif poursuivi » (cons. 7).

Le Conseil a également été saisi de la constitutionnalité des dispositions relatives à *l'indemnité exceptionnelle* que l'article 280-1 du Code civil permettait, dans sa rédaction issue de la loi du 11 juillet 1975, d'attribuer exceptionnellement à l'époux exclusivement fautif, lorsqu'il paraissait manifestement contraire à

1. CEDH 10 juill. 2014, *Milhau c/ France*, condamnant la France.
2. Décis. n° 2014-398 QPC du 2 juin 2014.
3. Comp. Civ. 1re, 13 mars 2007, jugeant que l'ancien article 275, qui permettait de différer certains effets du divorce en cas de risque de non paiement de la prestation compensatoire, ne créait aucun empêchement au remariage contraire à l'article 12 de la Conv. EDH.
4. Décis. n° 2016-557 QPC du 29 juill. 2016.

l'équité de lui refuser toute compensation pécuniaire à la suite du divorce, compte tenu de la durée de la vie commune et de sa collaboration à la profession de l'autre époux[1]. Il a jugé qu'il n'y avait pas atteinte au principe d'égalité[2] et a également écarté le grief d'atteinte à la vie privée et au droit de mener une vie familiale normale[3], en jugeant qu'« en elle-même » la charge financière résultant d'une rente viagère ne porte pas atteinte au droit à mener une vie familiale normale, et pas davantage à la vie privée (cons. 14).

294. ***Consécration du caractère fondamental de la liberté de divorcer.*** La CEDH refuse de consacrer un droit au divorce (*Johnston c/ Irlande*, 18 sept. 1986) mais exige des États qu'ils mettent en place un moyen pour les époux de ne plus vivre ensemble (*Airey c/ Irlande*, 9 oct. 1979). Le Conseil constitutionnel a plus radicalement consacré *le caractère fondamental de la liberté de divorcer* dans la décision précitée du 29 juillet 2016. Alors que la requête suggérait de la rattacher à la liberté du mariage, le Conseil a préféré l'appuyer directement sur les articles 2 et 4 DDCH : « Il résulte de ces dispositions une liberté pour chacun de se marier ainsi qu'une liberté de mettre fin aux liens du mariage, composantes de la liberté personnelle » (cons. 5). Mais il a également admis qu'il lui soit apporté des limites, dans les conditions habituelles : « il est cependant loisible au législateur d'apporter à la liberté de mettre fin aux liens du mariage des limitations liées à des exigences constitutionnelles ou justifiées par l'intérêt général, à la condition qu'il n'en résulte pas d'atteintes disproportionnées au regard de l'objectif poursuivi »[4]. La solution n'a produit aucune conséquence pratique dans l'espèce considérée (v. *supra*, n° 293). Mais elle est importante. Symboliquement, parce qu'elle marque le repli de l'institution matrimoniale, en rattachant à la même liberté personnelle, la liberté de se marier et la liberté de divorcer, ce qui revient implicitement à leur conférer la même valeur, alors que la liberté matrimoniale est traditionnellement analysée comme fondant l'institution matrimoniale, d'intérêt général, quand la liberté de divorcer est traditionnellement appréhendée comme permettant à l'individu de sortir de l'institution. Pratiquement, car elle pèse sur toutes les contraintes qui entourent la dissolution du mariage par divorce, et impose à l'avenir de les justifier précisément. Plus généralement, on se demande si l'affirmation d'une liberté de divorcer est compatible avec un texte qui énumère limitativement les cas de divorce.

295. ***Protection de l'égalité dans le divorce.*** Les règles relatives au divorce doivent également se conformer à l'égalité. La question ne se pose pas vraiment en droit interne à l'égard des époux[5], car le droit français du divorce traite égale-

---

1. Décis. n° 2015-488 QPC du 7 oct. 2015.
2. Car « le débiteur d'une indemnité allouée à titre exceptionnel et celui de la prestation compensatoire étaient dans une situation différente » (cons. 8), et que la différence de traitement... instituée s'agissant de la possibilité de réviser l'une et non l'autre lorsqu'elles étaient fixées sous forme de rente, était en rapport direct avec l'objet de la loi qui l'établissait, après avoir souligné que le refus jurisprudentiel de révision procédait « des conditions d'attribution et de la nature particulières de l'indemnité allouée à titre exceptionnel » (cons. 9); que les réformes opérées par la loi du 30 juin 2000 et du 26 mai 2004 ont accentué la différence de traitement mais qu'elles n'ont pas eu pour effet de priver cette différence de traitement de rapport direct avec l'objet de la loi qui l'a initialement établie en raison de la nature distincte de ces deux créances consécutives au divorce (cons. 11).
3. La requête soutenait que le refus de révision avait un tel effet « en raison de la charge financière excessive que pourrait représenter le paiement de l'indemnité exceptionnelle pour le débiteur dès lors que sa situation financière se serait détériorée » : cons. 12.
4. Décis. n° 2016-557 QPC du 29 juill. 2016.
5. Sur la question d'inégalité engendrée par le divorce par consentement mutuel, dont l'encadrement laisse les enfants dépourvus de discernement sans protection, v. *supra*, n° 291.

ment les deux époux, sauf à préciser que certaines règles relatives aux effets du divorce, parfaitement neutres dans leur énoncé formel, sont particulièrement destinées à protéger, en pratique, la femme[1], à laquelle le divorce cause souvent un grand préjudice patrimonial, la vie matrimoniale l'ayant souvent conduite à limiter son activité professionnelle, pour prendre en charge le foyer. Si ces solutions sont parfois contestées dans l'ordre social, en ce qu'elles conforteraient une inégalité professionnelle regrettable, elles ne soulèvent pas de difficulté juridique, car elles ne sont pas contraires à l'égalité formelle, et se bornent à prendre en compte la situation réelle des époux. La question est différente en *droit international privé*, car certains droits étrangers confèrent aux conjoints des droits inégaux, que ce soit dans la liquidation de leur régime matrimonial ou dans les conditions du prononcé de leur divorce[2]. Sur quoi, v. « Droit international privé et droits fondamentaux ».

2. La liberté des autres couples

296. ***Pacte civil de solidarité et droits fondamentaux.*** L'ouverture du pacte civil de solidarité par la loi du 15 novembre 1999 a permis à la France de respecter avant l'heure la jurisprudence européenne qui impose désormais aux États d'ouvrir aux couples de personnes de même sexe, sinon le mariage, du moins un statut permettant leur reconnaissance et assurant leur protection. L'adoption de cette loi a donné lieu à l'une des plus célèbres décisions du Conseil constitutionnel en matière familiale[3], notamment à raison des *multiples réserves d'interprétation* que le Conseil a formulées pour écarter le grief d'incompétence négative (récapitulées dans le cons. 91)[4], procédant ainsi en réalité à une véritable réécriture de la loi[5]. Certaines *dispositions civiles* ont été explicitement *rattachées aux droits fondamentaux :* ainsi du jeu de la responsabilité civile délictuelle, que l'article 515-7, alinéa 10, ouvre lors de la dissolution, fondée sur « l'exigence constitutionnelle posée par l'article 4 DDCH, dont il résulte que tout fait quelconque de l'homme qui cause à autrui un dommage oblige celui par la faute duquel il est arrivé, à le réparer » (cons. 70); ainsi de la faculté de résiliation unilatérale, rattachée à la liberté individuelle que protège l'article 2 DDCH (cons. 61); ainsi de la cessation du pacte à la date du mariage de l'un des partenaires, rattachée au « principe de valeur constitutionnelle de la liberté du mariage » (cons. 62 et 69). L'analyse contractuelle que le Conseil a adoptée, et réitérée depuis, de façon très discutable[6], l'a également conduit à vérifier la conformité de diverses dispositions aux droits et libertés fondamentaux en matière contractuelle, et notamment au regard de la liberté contractuelle[7]. Le Conseil constitutionnel a également vérifié la *conformité de la loi à d'autres droits et libertés fondamentaux* :

1. V. not. les critères d'attribution et de calcul de la prestation compensatoire, art. 270 et 271.
2. Ex. Civ. 1re, 1er juin 1994, n° 92-13.523.
3. Décis. n° 99-419 DC du 9 nov. 1999.
4. Notion de vie commune (cons. 26), sanction des empêchements à pacs (cons. 27), caractère d'ordre public de nombreuses dispositions (cons. 28 et 62) mise en conformité des dispositions relatives au célibat et à la vie maritale (cons. 30), modalités de l'aide matérielle (cons. 31), régime de l'indivision (cons. 32), limites à la solidarité (cons. 33), formalités de publicité (cons. 74, 75).
5. N. Molfessis, « La réécriture de la loi par le Conseil constitutionnel », *JCP N* 2000, 270.
6. D. Fenouillet, *ibid.*
7. Ainsi du rattachement de la faculté de résiliation unilatérale à la liberté individuelle que protège l'article 2 DDCH (cons. 61) ou du rejet du grief d'atteinte à cette liberté et à l'égalité par les empêchements à pacs procédant d'un lien de parenté ou du placement d'un partenaire sous curatelle ou tutelle en soulignant que le législateur avait entendu ainsi « prendre en compte l'intérêt général tenant à la prohibition de l'inceste » (cons. 55).

ainsi des règles de forme, dont il a vérifié qu'elles ne portaient pas atteinte à la vie privée en s'appuyant sur l'objet[1] et les finalités[2] de l'enregistrement, ainsi que sur les garanties qu'offrait la législation relative à l'informatique et aux libertés[3] et sur la nécessité pour le pouvoir réglementaire de veiller au respect de la vie privée des intéressés lorsqu'il préciserait les règles relatives à la publicité (cons. 37); ainsi du silence des textes sur le sort des enfants, dont il a considéré qu'il n'était pas contraire aux alinéas 10 et 11 du Préambule de la Constitution de 1946, du fait de l'application du droit commun de la filiation ou de l'autorité parentale (cons. 78); ainsi des dispositions relatives à l'indivision, dont il a jugé qu'elles n'étaient contraires ni au droit de propriété[4] ni aux droits des créanciers (cons. 86 et s., et spéc. 87 et 88).

Dans l'état actuel du droit, *les conditions* de formation du pacte sont assez proches de celles du mariage, que ce soit au fond (prohibition de l'inceste[5] et de la bigamie, capacité pacsale, condition de consentement, protection des majeurs), ou en la forme (réception du consentement par un officier d'état civil, publicité ultérieure). À suivre l'analyse retenue par le Conseil constitutionnel, ces diverses conditions constituent des limites à la liberté contractuelle, mais les raisons, d'intérêt général et particulier, qui les fondent semblent de nature à les justifier. Elles ne semblent pas non plus contraires au principe d'égalité : s'il demeure quelques différences entre pacs et mariage[6], ces différences de traitement s'expliquent au regard des conditions et effets différents des deux types de couple[7]. S'agissant ensuite *des effets* du pacte civil de solidarité, l'indigence de ses effets personnels (communauté de vie, devoir d'assistance) limite l'entrave qu'il pourrait constituer pour la liberté individuelle[8]. Quant aux effets patrimoniaux, les limites éventuelles que le pacs assigne au droit de propriété de chacun, d'ores et déjà validées par le Conseil constitutionnel, semblent conformes aux exigences conventionnelles. Reste là encore le grief éventuel d'atteinte à l'égalité au regard

1. Qui n'était pas de révéler les préférences sexuelles des personnes liées par le pacte.
2. L'enregistrement des pactes civils de solidarité vise à assurer le respect des règles d'ordre public régissant le droit des personnes, au nombre desquelles figure, en particulier, la prohibition de l'inceste, et à conférer date certaine au pacte civil de solidarité pour le rendre opposable aux tiers.
3. S'agissant du traitement, de la conservation et de l'accessibilité aux tiers des informations relatives au pacte : cons. 74 et 75.
4. Le Conseil a souligné que les partenaires pouvaient mettre fin à l'indivision à tout moment (cons. 87), et que « en toute hypothèse », les partenaires qui voulaient éviter les effets juridiques attachés au régime de l'indivision et, en particulier, les difficultés de gestion auxquelles il peut conduire, pouvaient librement choisir de soumettre à un autre régime l'ensemble des biens qu'ils viendraient à acquérir à titre onéreux après la conclusion du pacte (cons. 88).
5. CEDH 12 déc. 2006, *Burden c/ RU*, et gr. ch., 29 avr. 2008 : il n'y a pas discrimination à refuser à un couple de fait constitué de deux sœurs les effets du partenariat civil.
6. Les dispenses que les articles 145 et 164 admettent en matière d'empêchement à mariage fondé sur le défaut de capacité ou sur la parenté ne se retrouvent pas dans les articles 515-1 et 2 pour le pacs; la protection des majeurs n'est pas assurée de la même façon par les articles 460 et 460-1; le mariage est célébré quand le pacs est signé puis enregistré, etc.
7. Les dispenses sont fondées sur un motif grave qui renvoyait, dans l'esprit du législateur de 1804, à la naissance à venir d'un enfant, et il est logique qu'elles soient sans équivalent dans le pacs, qui est dépourvu de fonction familiale. De même, la différence de situation existant entre le mariage (qui n'est pas toujours précédé d'un contrat de mariage) et le pacs (qui suppose toujours conclue préalablement à son enregistrement la signature d'une convention) peut justifier qu'une autorisation du curateur ou à défaut du juge soit nécessaire pour célébrer un mariage (sur cette question, v. Décis. n° 2012-260 QPC du 29 juin 2012, cité *supra*), quand l'assistance du curateur n'est requise que pour la signature du pacte. De même, on comprend que la célébration soit réservée au mariage, car la reconnaissance symbolique de l'union matrimoniale s'explique au regard de la vocation familiale de l'institution.
8. Pour l'exclusion de tout devoir conventionnel de fidélité, par égard pour la liberté individuelle, v. J. Hauser, *RTD civ.* 2000. 296.

des effets respectifs du mariage et du pacs, en matière successorale, ou sociale, ou de droit des étrangers[1], etc. Mais de solides justifications semblent pouvoir expliquer les différences subsistant.

297. ***Concubinage et droits fondamentaux.*** Quoique progressivement encadré par le droit, qui l'a défini en même temps qu'il l'introduisait dans le Code civil à l'occasion de la loi du 9 novembre 1999[2], le concubinage reste une situation de fait produisant des effets épars et limités. Alors même qu'il n'est visé par aucun texte, ni de la Conv. EDH ni du « bloc » de constitutionnalité, le concubinage peut bénéficier du soutien des droits fondamentaux.

En premier lieu, naturellement, *du droit à la vie familiale*, CEDH et Conseil constitutionnel adoptant de cette notion une définition factuelle, qui permet d'y intégrer la vie commune des couples non mariés. Parce qu'il ne fonde aucun droit à la reconnaissance juridique de la situation familiale considérée et impose seulement le respect, par l'État et les tiers, de la liberté qu'ont les intéressés de vivre cette relation factuelle, en leur interdisant de les empêcher de vivre ensemble[3], le droit à une vie familiale est rarement directement entamé[4] sauf à l'égard des étrangers, dont les conditions d'entrée et de séjour sont susceptibles de porter une atteinte excessive à la possibilité de cette vie commune[5], ou d'être contraires au principe d'égalité en introduisant entre les types de couples des différences de traitement ne reposant pas sur une différence suffisante de situation[6]. Et encore faut-il rappeler ici que le Conseil constitutionnel réduit considérablement la portée de ce droit à une vie familiale en exigeant qu'elle soit « normale », et en jugeant que « les conditions d'une vie familiale normale sont celles qui prévalent en France, pays d'accueil », « lesquelles excluent la polygamie »[7].

Le cadre juridique du concubinage peut également mettre à l'épreuve *le droit à la vie privée* : parce qu'il ne repose sur aucune forme préalable, le concubinage ne produira ses effets qu'une fois rapportée la preuve de son existence. D'où le risque que ne soit diligentée une procédure attentatoire à la vie privée de celui qui demande le bénéfice de tel droit ou telle prestation. La législation y remédie parfois de façon préventive, en exigeant un concubinage notoire. Au risque de violer le principe d'égalité. La même difficulté résulte d'ailleurs de ce que certaines mairies acceptent de délivrer des certificats de concubinage, qui sont très utiles en pratique mais n'ont aucun fondement légal et portent atteinte à l'égalité des administrés.

On rappellera également que les conventions de concubinage doivent respecter les droits fondamentaux, ce qui est susceptible d'affecter la validité de stipulations d'ordre personnel (par exemple instituant un devoir de communauté de vie, ou de fidélité, etc., faute de pouvoir être justifiée sur les considérations per-

1. Décis. n° 2013-312 QPC du 22 mai 2013. – V. Décis. n° 2013-358 QPC du 29 nov. 2013.
2. Sur la critique de cette définition, et sa validation, v. Décis. n° 99-419 DC du 9 nov. 1999.
3. Décis. n° 2010-39 QPC du 6 oct. 2010, cons. 8; Décis. n° 2010-92 QPC du 28 janv. 2011, cons. 8.
4. Pour la sanction d'un refus de dispense de tégmoignage, v. CEDH 3 avr. 2012, *Van der Heijden c/ Pays-Bas*, req. n° 42857/05.
5. Par exemple à raison des modalités de l'assignation à résidence de l'étranger faisant l'objet d'un arrêté d'expulsion : Décis. n° 2017-674 QPC du 30 nov. 2017, cons. 11, imposant à l'autorité administrative de retenir des conditions et des lieux d'assignation à résidence tenant compte, dans la contrainte qu'ils imposent à l'intéressé, du temps passé sous ce régime et des liens familiaux et personnels noués par ce dernier.
6. Décis. n° 2013-358 QPC du 29 nov. 2013.
7. Décis. n° 93-325 DC du 13 août 1993, cons. 77. Solution ultérieurement limitée au seuls « étrangers vivant en France dans cet état » : Décis. n° 97-389 DC du 22 avr. 1997, cons. 37.

sonnelles et familiales propres au mariage, v. *supra*, n° 286) et limite également la liberté des stipulations patrimoniales. À titre d'exemple, la jurisprudence a sanctionné une clause prévoyant le versement, par un concubin à l'autre, de la moitié de ses revenus après rupture, au motif que la stipulation était contraire, soit au droit des aliments, qui ne sont dus qu'à proportion des ressources et des besoins respectifs des intéressés, si on l'analysait comme assurant l'exécution du devoir parental d'entretien, soit au « principe de la liberté individuelle » de rompre, si on l'analysait comme instituant une indemnité de rupture[1].

298. ***Égalité et droit du couple.*** L'égalité se déploie entre les personnes et entre les couples.

Égalité des personnes. L'égalité des personnes peut être écartée par les conditions qui, *restreignant l'accès aux divers statuts* (mariage, pacs, concubinage), interdisent à tel ou tel d'y prétendre (hier les homosexuels, aujourd'hui les mineurs, les membres d'une même famille, etc.), mais aussi par les effets attachés à ces statuts, qu'ils soient bénéfiques (par exemple l'octroi de tel ou tel avantage fiscal par rapport à un célibataire) ou préjudiciables (par exemple l'interdiction pour un élu d'employer son conjoint, partenaire pacsé ou concubin). L'attachement de la société française à l'égalité explique que le grief de discrimination soit souvent invoqué, alors même que ces distinctions peuvent être justifiées, soit par la différence de situation, soit par la recherche d'un objectif d'intérêt général[2].

Égalité des couples. Plus souvent, l'argument d'égalité consiste à faire valoir *les conditions différentes d'accès* aux divers statuts de couple, ou *les effets différents* que ces statuts produisent dans l'ordre civil. Le meilleur exemple tient sans doute dans les différences de traitement importantes qui subsistent, en cas de décès d'un des membres du couple, entre le mariage d'un côté, le pacs et le concubinage de l'autre, civilement (vocation successorale, réserve héréditaire, droit à la jouissance du logement) mais aussi socialement car le conjoint survivant a droit à une pension de réversion, qui est refusée au partenaire pacsé et au concubin. Le Conseil constitutionnel a jugé que cette dernière différence de traitement procédait des différences importantes séparant les couples (Décis. n° 2011-155 QPC du 29 juill. 2011). Le Conseil a commencé par identifier l'objet de la pension de réversion : compenser la perte de revenus subie du fait du décès (cons. 4). Il a ensuite mis en valeur les différences entre le concubinage (aucune solidarité financière entre concubins et aucune obligation réciproque : cons. 5), le pacte civil de solidarité (devoirs de vie commune, d'aide matérielle et d'assistance entre pacsés, solidarité à l'égard des tiers; mais ni compensation pour perte de revenus en cas de cessation du pacte ni vocation successorale au survivant en cas de décès : cons. 6) et enfin le mariage (qui a pour objet non seulement d'organiser les obligations personnelles, matérielles et patrimoniales des époux pendant la durée de leur union, mais également d'assurer la protection de la famille, et assure aussi une protection en cas de dissolution du mariage : cons. 7). Il a alors logiquement considéré « par suite », que le législateur a, dans l'exercice de la compétence que lui reconnaît l'article 34 de la Constitution, défini trois régimes

1. Civ. 1re, 20 juin 2006, n° 05-17.475.
2. Pour des exemples, v. Décis. n° 99-419 DC du 9 nov. 1999, cons. 57 et 81 validant les avantages conférés aux pacsés et refusés à des étrangers ou à d'autres membres de la famille, et Décision n° 2017-752 DC du 8 sept. 2017, validant les limitations apportées à la possibilité, pour un membre du Parlement ou du gouvernement d'employer un conjoint, partenaire ou concubin, la différence de traitement en résultant tant entre les employeurs qu'entre les salariés étant justifiée par un objectif d'intérêt général et la distinction opérée reposant sur des critères objectifs et rationnels en rapport direct avec l'objet de la loi.

de vie de couple qui soumettent les personnes à des droits et obligations différents, et que « la différence de traitement quant au bénéfice de la pension de réversion entre les couples mariés et ceux qui vivent en concubinage ou sont unis par un pacte civil de solidarité ne méconnaît pas le principe d'égalité » (cons. 8).

II. La vie familiale et la relation entre parent et enfant

299. La parenté est appréhendée par le prisme *du droit au respect de la vie privée et familiale* (art. 8 Conv. EDH) et *du principe d'égalité*. La Conv. EDH ne mentionne pas *l'intérêt de l'enfant*, à la différence de la Convention européenne sur l'exercice des droits de l'enfant de 1996, la CIDE ou la Charte UE (art. 24, § 2). Mais la CEDH s'y réfère constamment dans les relations parent/enfant, en soulignant qu'il existe un large consensus autour de ce principe (*Neulinger et Shuruk c/ Suisse*, 6 juill. 2010). Selon elle, cet intérêt implique de garantir une évolution dans un environnement sain et de maintenir les liens de l'enfant avec sa famille, sauf dans les cas où celle-ci s'est montrée particulièrement indigne (*Gnahoré c/ France*, 19 sept. 2000; *Maumousseau et Washington c/ France*, 6 déc. 2007; *Neulinger et Shuruk c/ Suisse*, préc.). Elle y recourt plus spécifiquement dans deux cas : lorsqu'il s'agit de statuer sur une atteinte à la vie familiale, par exemple en cas de séparation, et lorsqu'il est question de l'établissement de la filiation de l'enfant, par exemple en cas de gestation pour autrui.

A. Établissement de la parenté

1. La filiation

300. ***Cadre européen de la filiation.*** La CEDH a progressivement consacré *un droit à faire établir la filiation fondée sur la parenté biologique*. Conformément à la théorie des obligations positives inhérentes à un « respect » effectif de la vie familiale, elle impose aux États de permettre l'intégration de l'enfant dans sa famille biologique par l'établissement d'un lien de filiation (*Kroon c/ Pays Bas*, 27 nov. 1994). Elle affirme en outre que le droit au respect de la vie privée fonde le droit de chaque personne à connaître ses origines personnelles, voire à faire établir juridiquement le lien qui l'unit à son parent biologique : après avoir jugé dans l'affaire *Gaskin*, que chacun a un intérêt primordial à accéder aux informations relatives à son enfance (*Gaskin c/ RU*, 7 juill. 1989, § 49), elle protège aujourd'hui un droit à la connaissance des origines personnelles en considérant que les origines personnelles sont un élément fondamental du droit à l'identité qui résulte du droit au respect de la vie privée (gr. ch., *Odièvre c/ France*, 13 févr. 2003, § 44). Elle affirme même désormais que le respect de la vie privée exige que chacun puisse établir les détails de son identité d'être humain (*Mikulic c/ Croatie*, § 35; *Mennesson et Labassee c/ France*, 26 juin 2014; *Foulon c/France*, 21 juill. 2016; *Bouvet c/France*, 21 juill. 2016, et *Laborie c/ France*, 19 janv. 2017). Ainsi déployé au service de la reconnaissance juridique de la parenté biologique, le droit à la vie privée peut aussi être invoqué par les parents (*Znamenskaya c/ Russie*, 2 juin 2005, § 27).

Elle veille en outre au respect de *l'égalité*. Conformément à l'article 14 Conv. EDH en effet, aucune discrimination ne peut exister dans la jouissance des droits et libertés reconnues par la Convention. Le droit au respect de la vie privée et familiale, imposant aux États de permettre l'intégration de l'enfant dans sa famille par l'établissement d'un lien de filiation ou le droit à faire établir les détails de son identité d'être humain, la CEDH vérifie que les modes d'établissement de la filiation respectent l'égalité[1].

301. ***Cadre légal de la filiation.*** Les réformes successives (lois du 3 janv. 1972, du 8 janv. 1993, du 3 déc. 2001, du 23 juin 2006, ordonnance du 4 juill. 2015) ont conduit à consacrer ces principes dans l'ordre interne. Le droit de la filiation repose d'abord sur *le principe d'égalité des enfants.* La filiation dépendait hier de l'existence du mariage des parents : elle s'établissait différemment selon que l'enfant était légitime (issu du mariage de ses auteurs) ou naturel « simple » (les parents non mariés auraient pu se marier), ou naturel « adultérin » (l'enfant était le fruit de l'adultère) ou « incestueux » (ses père et mère ne pouvaient se marier pour cause de parenté). Elle s'est progressivement détachée du mariage, pour parvenir à l'égalité des enfants. Explicite s'agissant des effets de la filiation[2], le principe est sous-jacent pour l'établissement de la filiation : les modes d'établissement ne distinguent plus selon que l'enfant est né en ou hors mariage; hors contentieux, la filiation est établie par l'acte de naissance, de reconnaissance, ou de notoriété de possession d'état; en contentieux, elle est établie ou détruite par décision de justice, dans les mêmes conditions probatoires, et principalement grâce à l'identification génétique. Le droit de la filiation repose ensuite sur *le principe de réalité biologique :* la filiation juridique se fonde en principe sur la parenté biologique. Ce fondement, implicite lorsque la filiation est établie hors contentieux[3], est plus apparent dans le cadre contentieux, car la loi renvoie alors à la preuve de ce que tel homme est ou non le père de l'enfant (art. 327 et 332), ou de ce que telle femme a ou non accouché de l'enfant (art. 325 et 332).

302. ***Distinction des couples mariés et non mariés.*** Des différences de traitement demeurent. Rapidement acquise *du côté maternel* dans l'ordre européen (*Marckx c/ Belgique*, 13 juin 1979, préc.), l'égalité est plus récente dans l'ordre interne : la loi de 1972 imposait à mère de reconnaître l'enfant s'il était conçu hors mariage; les mentions de l'acte de naissance ne suffisent à son égard que depuis l'ordonnance du 4 juillet 2005. La solution est importante pour l'autorité, la vocation successorale[4], le nom, mais aussi la nationalité. L'ordonnance du 4 juillet 2005 avait prévu que la règle nouvelle valait même pour les enfants nés avant l'entrée en vigueur du droit nouveau, sous une réserve : pour la stabilité de l'état civil, la maternité ainsi établie n'avait aucun effet sur le nom des enfants nés avant l'entrée en vigueur de l'ordonnance (art. 20, II, 3°). La loi du 24 juillet 2005 a ajouté que cette maternité n'aurait aucun effet non plus sur la nationalité des personnes majeures à la date de son entrée en vigueur (art. 20, II, 6°). Le Conseil constitutionnel a validé ce dispositif transitoire (Décis. n°s 2011/186/187/188/189 QPC du 21 oct. 2011)[5].

---

1. La Cour européenne jugeait hier « en soi légitime, voire méritoire, de soutenir et encourager la famille traditionnelle », mais insistait sur le fait que de telles mesures ne devaient pas conduire à léser la famille « naturelle » (*Marckx c/ Belgique*, 13 juin 1979, § 40). Comp. *Vermeire c/ Belgique*, 29 nov. 1991, § 44.
2. V. art. art. 310.
3. Si l'acte de naissance, la reconnaissance ou l'acte de notoriété établissent juridiquement la filiation, c'est parce que la situation de fait à laquelle ils correspondent donne à penser que le parent légalement désigné est bien en fait le parent biologique de l'enfant.
4. La jurisprudence en a fait une sorte d'application rétroactive : Civ. 1re, 15 déc. 2010, n° 09-16.968. Mais la cour d'appel de renvoi a rejeté la revendication successorale au motif que la succession était déjà liquidée (comp. art. 20, II, 1°) : *Droit de la famille*, coord. M. Cresp, M. Ho-Dac, Bruylant, 2017 p. 593.
5. Civ. 1re, 14 mars 2012, n° 11-15.290, Civ. 1re, 26 oct. 2011, n° 11-15.290. Quid d'une exclusion, sur le fondement du contrôle concret de conventionnalité ? — Sur la question de la conformité au principe d'égalité des dispositions de droit transitoire réservant l'application du ▶

Du côté paternel, l'égalité est acquise pour la contestation de la paternité[1], mais connaît des limites en matière d'établissement : l'homme marié bénéficie d'une présomption de paternité qui lui est réservée (art. 312 s.)[2]. Mais cette différence de traitement s'appuie sur une différence de situation et est proportionnée à l'objectif poursuivi : la filiation juridique paternelle se fondant sur la paternité biologique, il est raisonnable de présumer que le mari est le père des enfants qu'une femme met au monde car l'homme marié au moment de la conception (ou qui s'est marié avec la mère dans les 300 jours de celle-ci) est le plus souvent effectivement l'auteur biologique de l'enfant; une telle vraisemblance fait défaut en matière de concubinage — la liberté étant la règle juridique, il serait excessif de déduire systématiquement d'une vie partagée l'existence d'un lien de filiation — et de pacs — car aucun devoir de fidélité n'accompagne le devoir de vie commune —. Telle est d'ailleurs la position de la Cour européenne (*Lucile Marie De Mot et autres c/ Belgique,* 13 mai 1986; *N. c/ Danemark,* 9 oct. 1989; *Boeckel et Gessner-Boeckel c/ Allemagne,* 7 mai 2013).

303. ***Enfant incestueux.*** L'enfant incestueux, conçu par des personnes entre lesquelles il existe un interdit absolu à mariage (parents en ligne directe, frère et sœur); est soumis à *un statut dérogatoire :* sa filiation ne peut être établie qu'unilatéralement, le droit interdisant l'établissement d'un second lien de filiation (art. 310-2). La solution est souvent contestée au motif qu'elle porte atteinte au droit qu'à un enfant de faire établir sa parenté biologique et à l'interdiction des discriminations et la doctrine pronostique sa condamnation européenne, en invoquant les arrêts *Mazurek, Mennesson* et *Labassee.* La solution est pourtant justifiée par *des finalités légitimes* (en refusant d'inscrire l'inceste à l'état civil, le droit protège l'enfant de la consécration officielle d'une vérité symboliquement néfaste et qui perturbe fortement sa place familiale, et assure la sanction de la prohibition de l'inceste, dont on sait l'importance, v. *supra,* n° 283)[3] et *proportionnée à cet objectif,* car elle ne porte que sur un lien et car les conséquences pratiques d'un vide unilatéral de parenté sont limitées grâce au jeu de l'action à fins de subsides (art. 342; voire d'une action en responsabilité ou d'une libéralité). Pour mieux asseoir cette proportionnalité, il conviendrait de l'élargir, en l'ouvrant contre la mère (si la première filiation établie est la paternité) et en autorisant l'enfant à agir après sa majorité. Certains suggèrent d'abandonner la solution actuelle en laissant l'enfant libre de faire établir la filiation ou en donnant au juge le pouvoir de décider en fonction de l'intérêt de l'enfant (ce qui est une bien mauvaise solution, v. *infra,* n° 313). Le texte a d'ores et déjà été écarté par des juges du fond qui ont admis l'établissement du double lien à l'issue d'un contrôle concret de conventionnalité[4].

304. ***Distinction entre paternité et maternité.*** En droit positif, *paternité et maternité s'établissent et se contestent différemment.* L'interruption de grossesse ne dépend que du consentement de la mère et l'accouchement sous X lui permet de cacher son identité lors de l'accouchement (art. 326), ce qui complique la

---

▶ nouveau délai de prescription de dix ans applicable à l'action en recherche de paternité aux enfants majeurs depuis moins de dix ans au jour de l'entrée en vigueur du droit nouveau : Civ. 1re, 12 avr. 2012, n° 11-25.205.

1. V. Civ. 1re, 12 avr. 2012, n° 11-25.205, cité préc.
2. V. art. 329 qui ouvre l'action en rétablissement de la filiation aux époux et à l'enfant, quand la recherche de paternité est réservée à l'enfant. La solution pourrait se comprendre au regard de l'objet de l'action (« rétablir » la présomption), mais l'objet de la preuve (établir la paternité du mari) fragilise le dispositif.
3. Sur ce point, la question est très différente de celle de l'enfant adultérin.
4. Caen, 8 juin 2017, *D.* 2017. 2107, note A. Batteur.

recherche de maternité (qu'elle n'interdit pas en droit : art. 325) ; en revanche aucune disposition ne permet au père d'enfanter sous X, d'où résulte que la paternité pourra facilement lui être imposée (art. 327)[1]. L'acte de naissance suffit à établir la maternité s'il porte mention de l'identité de la mère (art. 311-25), alors que la mention du père n'établit la paternité que si l'homme est marié avec la mère (art. 312), le père hors mariage devant reconnaître l'enfant ou faire établir un acte de notoriété de possession d'état, et l'enfant ayant la possibilité d'agir en recherche de paternité. L'objet de la preuve judiciaire diffère également : l'accouchement dans la maternité, la parenté génétique dans la paternité (art. 325, 327, 332[2]). Mais ces distinctions tiennent à ce que *la mère est à la fois génitrice et gestatrice, quand le père n'est que géniteur,* et que la gestation est une facette suffisamment importante de la maternité (pour les intéressés comme pour les tiers) pour que le droit en fasse un élément déterminant, à la fois pour reconnaître à la mère la liberté d'interrompre sa grossesse et d'accoucher sous X (pour éviter l'interruption de grossesse, l'accouchement clandestin, etc., v. *infra,* n° 307) et pour faire de l'accouchement un élément déterminant, tant positivement que négativement, pour prouver la maternité ou la détruire. La différence de traitement procède ainsi d'une différence de situation et est proportionnée à l'objectif poursuivi par le législateur, à savoir fonder la filiation juridique sur la parenté biologique. La CEDH admet d'ailleurs que père et mère soient différemment traités en matière d'établissement de la filiation (*Rasmussen c/ Danemark,* 28 nov. 1984 : la contestation de la paternité peut être ouverte plus longtemps à la mère qu'au père, au regard de l'intérêt de l'enfant, qui rejoignait celui de la mère).

305. ***Limites à la réalité biologique.*** Le principe de réalité biologique connaît lui aussi *diverses limites.* La parenté biologique ne suffit pas et la filiation juridique doit être établie en produisant l'un des actes prévus par la loi, ce à fin de sécurité juridique (art. 310-1, 310-3). Le droit à l'expertise génétique consacré en jurisprudence reste un droit encadré par diverses conditions (art. 16-11 s.). Le droit refuse parfois de s'appuyer sur cette réalité pour établir une filiation juridique ou détruire une filiation établie qui lui serait contraire, voire refuse de discuter de cette filiation. *La loi compose ainsi entre les multiples intérêts en présence :* intérêt personnel et patrimonial, pratique et symbolique, de l'enfant et de son auteur, des familles respectives et des tiers, intérêt général. Il s'agit, selon les cas, de protéger la sécurité et de la stabilité de l'état, la paix des familles, l'intimité des auteurs de l'enfant, l'intérêt de ce dernier... Justifiées dans leur finalité, ces dispositions semblent apporter à la réalité biologique des limites raisonnables. Est-ce suffisant pour qu'elles passent le tamis des droits fondamentaux, au regard de la jurisprudence européenne ? La CEDH interprète largement le droit au respect de la vie privée et familiale en considérant que *l'existence d'un lien biologique suffit à constater une vie familiale,* alors même qu'il n'existerait ni lien juridique ni vécu commun. L'article 8 peut ainsi s'appliquer à une parenté biologique invoquée par un auteur souhaitant établir un contact avec son enfant, qu'il s'agisse d'un père ayant ignoré la naissance[3] ou d'une mère ayant accouché sous X[4]. Éventuellement compréhensible, en équité, lorsque l'absence de lien juridique et de vécu commun est imposée à l'auteur, la solution semble

1. Pour le rejet de l'argument, v. Civ. 1re, 2 déc. 2015, n° 15-18.312 Civ. 1re, 9 nov. 2016, n° 15-20.547. — Comp. Civ. 1re, 22 mars 2017, n° 15-20.547. — V. le rejet de l'argument au sujet de l'action à fins de subsides : Civ. 1re, 22 févr. 2017, n° 16-40.251.
2. Décis. n° 2011-173 QPC du 30 sept. 2011, *M. Louis C. et autres.*
3. *Gorgülüc/ Allemagne,* 26 févr. 2004.
4. *Kearns c/ France,* 10 janv. 2008.

malvenue dans le cas contraire, et la Cour semble alors plutôt se placer sur le terrain du droit à la vie privée[1] : ainsi au profit du père biologique de l'enfant[2] ou d'un homme prétendant être le père biologique de l'enfant[3]. Sur cette base, la CEDH analyse *les différents obstacles* opposés à l'établissement d'une filiation conforme à la parenté biologique comme *des ingérences dans le droit au respect de la vie privée et familiale :* ainsi des règles empêchant la contestation de paternité[4] et interdisant d'établir quel est le véritable père[5]; ainsi des règles limitant le recours à l'expertise génétique[6]; ainsi des règles laissant à la mère toute liberté pour accoucher sous X[7]. *Elles ne seront acceptables qu'à condition de respecter les exigences posées à l'article 8 § 2.* La Cour a admis que diverses ingérences poursuivaient une finalité légitime : ainsi, l'impossibilité pour la femme ayant accouché sous X de faire établir sa maternité passé le délai de deux mois que la loi lui laisse pour revenir sur sa décision est une ingérence admissible dans sa vie familiale dès lors que son consentement était libre et éclairé[8]; ainsi, la limitation temporelle de l'action en contestation de paternité peut se justifier par le souci de garantir la sécurité juridique des rapports familiaux et protéger l'intérêt de l'enfant[9]. Mais la poursuite d'une finalité légitime ne suffira pas, s'il y a disproportion entre l'ingérence et la finalité poursuivie : ainsi de la brièveté de la prescription de la contestation de filiation[10]. Que penser, alors, du droit français ?

306. ***Encadrement du recours à l'expertise génétique.*** Le droit limite le recours à l'expertise génétique[11] : l'expertise doit être autorisée en justice, dans des cas limitativement énumérés; la réalisation matérielle de l'identification est réservée à des centres agréés; le consentement des intéressés doit être « préalablement et expressément recueilli »; « sauf accord exprès de la personne manifesté de son vivant », aucune identification ne peut être réalisée après son décès (art. 16-11); le principe selon lequel « l'expertise biologique est de droit en matière de filiation » cède en cas de « motif légitime de ne pas y procéder »[12]. Le 30 septembre 2011, *le Conseil constitutionnel* a jugé l'article 16-11 conforme à la Constitution[13], en considérant qu'« en disposant que les personnes décédées sont présumées ne pas avoir consenti à une identification par empreintes génétiques, le législateur a entendu faire obstacle aux exhumations afin d'assurer le respect dû aux morts » et « qu'il n'appartenait pas » au Conseil constitutionnel de substituer son appréciation à celle du législateur sur la prise en compte, en cette matière, du « respect dû au corps humain » (Décis. n° 2011-173 QPC, cons. 6)[14]. *La CEDH* a été saisie à diverses reprises du cadre légal. Elle a jugé que le droit français, qui subordonne l'identification au consentement de l'intéressé tout en permettant de retenir son

1. V. par ex. *Odièvre c/ France*, 13 févr. 2003, § 44.
2. *Anayo c/ Allemagne*, 21 déc. 2010.
3. *Schneider c/ Allemagne*, 15 sept. 2011.
4. *Shofman c/ Russie*, 24 nov. 2005; *Mizzi c/ Italie*, 12 janv. 2006; *Paulik c/ Slovaquie*, 10 oct. 2006; *L.D. et P.K. c/ Bulgarie*, 8 déc. 2016.
5. *Kroon*, 27 oct. 1994; *Znamenskaya c/ Russie*, § 31; *Rozanski c/ Pologne*.
6. *Mikulic c/ Croatie*, 7 févr. 2002; *Jäggi c/ Suisse*, 13 juill. 2006; *Pascaud c/ France*, 16 juin 2011.
7. *Godelli c/ Italie*, 25 sept. 2012.
8. *Kearns*, préc.
9. *Mizzi c/ Italie*, préc.; *Paulik c/ Slovaquie*, préc.
10. *Mizzi c/ Italie*, préc.; *Paulik c/ Slovaquie*, préc.
11. Sur la critique, v. P. Huet, *RTD civ.* 2017. 27.
12. Civ. 1re, 28 mars 2000,
13. Comp. Civ. 1re, 8 juin 2016, n° 15-16.696, refusant de transmettre une QPC.
14. La CEDH a été moins indulgente : *Jäggi c/ Suisse*, 13 juill. 2006, jugeant que le droit à la connaissance des origines prime sur le respect de la dépouille. Contra CEDH 5 mai 2009, *Menendez Garcia c/ Espagne*.

refus contre lui, s'il est accompagné d'autres éléments, était équilibré[1]. Elle a également considéré qu'un enfant peut refuser de s'y soumettre lorsque la contestation est le fait d'un tiers qui souhaite faire établir sa parenté biologique[2]. Mais elle a aussi condamné la France le 16 juin 2011, pour avoir refusé, dans une affaire assez trouble[3], de prendre en compte les résultats d'une expertise génétique ordonnée en justice et concluante au motif que le père prétendu n'avait pas consenti à cette mesure. L'avenir du texte est d'autant plus incertain que *la Cour de cassation* souffle le chaud et le froid : à diverses reprises, elle a refusé de considérer que l'article 16-11 portait aux droits fondamentaux d'un enfant une atteinte disproportionnée[4]; mais elle a semblé créer une nouvelle action en justice ayant pour objet « la reconnaissance d'une ascendance génétique par voie d'expertise », en se fondant sur l'article 8 Conv. EDH[5].

307. ***Réalité biologique. Accouchement sous X.*** S'il n'est plus une fin de non recevoir à l'action en recherche de maternité, l'accouchement sous X reste *en pratique un obstacle sérieux* à l'établissement du lien : en permettant à toute mère, lors de l'accouchement, de demander le secret de son admission et de son identité (art. 326; art. L 222-6 CASF), le droit complique en effet singulièrement l'identification par l'enfant de la femme dont il est né, et l'identification par le père de l'enfant qu'il a engendré. *La loi du 22 janvier 2002* s'est efforcée de préserver les intérêts de l'enfant, et ceux du père[6], mais la volonté de la mère reste prépondérante[7].

308. ***Droit à la filiation de l'enfant.*** La CEDH a validé le dispositif dans une décision *Odièvre* du 13 févr. 2003[8] en considérant que le législateur français n'avait pas excédé la marge d'appréciation qui devait lui être reconnue en raison du caractère complexe et délicat de la question que soulevait le secret des origines au regard du droit de chacun à son histoire, du choix des parents biologiques, du lien familial existant et des parents adoptifs et des divers intérêts en jeu[9].

1. CEDH 25 juin 2015, *Canonne c/ France; Mandet c/ France,* 14 janv. 2016.
2. CEDH 6 déc. 2011, *Iyilik c/ Turquie.*
3. CEDH 8 nov. 2012, *Pascaud c/ France.* Le père prétendu avait promis de reconnaître son fils, semblait avoir de temps en temps des relations avec lui, avait été placé sous sauvegarde de justice puis curatelle aggravée après avoir consenti à l'expertise génétique, avait légué ses biens à la mairie, etc.
4. Civ. 1re, 2 déc. 2015, n° 15-18.312. — V. Civ. 1re, 8 juin 2016, n° 15-16.696.
5. 13 nov. 2014, n° 13-21.018. En l'espèce, elle a rejeté la demande, aux motifs que, « en matière d'état des personnes, les fins de non-recevoir ont un caractère d'ordre public », que « la recevabilité d'une (telle) action, lorsque celle-ci nécessite une exhumation, est subordonnée à la mise en cause des ayants droit du défunt » et qu'en l'espèce les ayants droit du père prétendu n'avaient pas été mis en cause.
6. En lui donnant le droit de saisir le procureur de la République pour que ce dernier l'aide dans les démarches qu'il déciderait d'engager pour identifier l'enfant et ainsi établir sa paternité à son égard.
7. La mère est seulement « invitée à laisser, si elle l'accepte, des renseignements sur sa santé et celle du père, les origines de l'enfant et les circonstances de la naissance ainsi que, sous pli fermé, son identité ». En outre, elle « est informée de la possibilité qu'elle a de lever à tout moment le secret de son identité et, qu'à défaut, son identité ne pourra être communiquée que dans les conditions prévues à l'article L. 147-6 ». Elle est également « informée qu'elle peut à tout moment donner son identité sous pli fermé ou compléter les renseignements qu'elle a donnés au moment de la naissance ».
8. CEDH 13 févr. 2003, *Odièvre c/ France.*
9. « L'intérêt d'une femme à conserver l'anonymat pour sauvegarder sa santé en accouchant dans des conditions médicales appropriées », le droit à la vie privée et familiale des tiers, essentiellement les parents adoptifs et le père ou le restant de la famille biologique (§ 44), la protection de la santé de la mère et de l'enfant lors de la grossesse et de l'accouchement, le droit au respect de la vie, via la prévention des avortements, en particulier des avortements clandestins, ou des abandons « sauvages » (§ 45).

Dans une perspective semblable, le Conseil constitutionnel a jugé le 16 mai 2012 qu'il ne lui appartenait pas de substituer son appréciation à celle du législateur sur l'équilibre défini entre les intérêts de la mère de naissance et ceux de l'enfant et que les dispositions contestées n'avaient ni privé de garanties légales les exigences constitutionnelles de protection de la santé ni porté atteinte au respect dû à la vie privée et au droit de mener une vie familiale normale[1].

309. ***Droit au respect de la vie privée et familiale des parents de l'enfant.*** L'accouchement sous X est de nature à porter atteinte au droit au respect de la vie familiale de la femme elle-même (elle ne pourra plus faire établir sa maternité une fois l'enfant placé aux fins d'adoption plénière), du père biologique (en échouant à identifier rapidement l'enfant, il ne parviendra pas à bloquer le processus d'adoption grâce à la reconnaissance qu'il aurait faite). Le droit s'efforce de préserver les adultes : la mère reçoit diverses informations lors de l'accouchement et elle a le droit de se rétracter; le père peut reconnaître l'enfant et demander l'aide du procureur de la République pour pouvoir l'identifier, ce qui lui permettra de demander sa restitution et de faire obstacle à l'adoption. Mais la vulnérabilité dans laquelle se trouvent souvent les femmes qui recourent à l'accouchement sous X (mineure, majeure protégée, situation familiale compliquée à l'égard de ses parents ou du père, etc.) pèse naturellement sur la liberté des femmes en question[2]. En outre, les délais laissés aux père et mère pour interrompre le processus d'adoption sont très brefs, ce qui limite considérablement la protection ainsi instituée. La CEDH a jugé que le court délai pendant lequel la femme qui accouche peut se rétracter ne portait pas une atteinte excessive au droit à la vie familiale de la mère au motif notamment que « l'intérêt de l'enfant... (à) bénéficier le plus rapidement possible de relations affectives stables dans sa nouvelle famille » justifiait la solution[3]. La Cour de cassation, après avoir été très attentive aux droits du père[4], adopte désormais le même raisonnement à l'égard de la mère et du père, en soulignant la nécessité de veiller à l'intérêt de l'enfant[5].

310. ***Droit à un recours juridictionnel effectif.*** L'accouchement sous X pèse aussi sur les familles des parents biologiques, qu'il prive de la possibilité d'établir avec l'enfant des relations personnelles. Le Conseil constitutionnel a jugé que le législateur devait définir les cas et conditions dans lesquels toute personne justifiant d'un lien avec l'enfant pouvait former une contestation pendant un délai de trente jours à compter de l'arrêté d'immatriculation de l'enfant comme pupille de l'État (Décis. n° 2012-268 DC, 27 juill. 2012, cons. 9)[6]. La loi du 26 juillet 2013 a précisé les conditions de contestation de cet arrêté d'immatriculation (art. 224-8 CASF).

1. Décis. n° 2012-248 QPC du 16 mai 2012, M. Mathieu E.
2. On trouvera d'autant plus contestable la solution consistant à soustraire la remise de l'enfant au service de l'aide sociale à l'enfance au consentement de l'intéressée. En ce sens, v. Civ. 1re, 5 nov. 1996, *Bull. civ.* n° 368, Civ. 1re, 5 nov. 1996, n° 96-11.073 : « en l'absence de reconnaissance, la filiation n'était pas établie de sorte que le consentement de Mlle Y... n'avait pas à être constaté lors de la remise de l'enfant au service de l'Aide sociale à l'enfance ».
3. CEDH 10 avr. 2008, Kearns c/ France, § 80. — Comp. CEDH 13 janv. 2009.
4. Civ. 1re, 7 avr. 2006, n° 05-11.285. Dans la célèbre affaire Benjamin, la Cour de cassation avait validé la reconnaissance faite par le père, qui n'était parvenu à identifier l'enfant qu'après son placement à des fins d'adoption, et elle avait privé d'effet le consentement à l'adoption qu'avait donné le conseil de famille des pupilles de l'État alors qu'il connaissait les démarches du père.
5. Civ. 1re, 1er juin 2011, nos 11-01.9028, 10-20.554.
6. V. Civ. 1re, 9 avr. 2013, n° 11-27.071.

311. ***Encadrement des actions.*** Le droit encadre enfin les actions par diverses *conditions, personnelles* (qui peut agir ?)[1] et *temporelles* (pendant quel délai ?), les textes posant un cadre général (art. 321 et 322[2], art. 318[3]), mais également des règles particulières, en distinguant selon que l'action vise à établir judiciairement la filiation[4] ou à faire constater une possession d'état[5], ou selon qu'elle vise à contester une filiation établie par un acte de naissance, ou par une reconnaissance[6], ou par une possession d'état constatée par acte de notoriété[7], ou par un titre corroboré par la possession d'état[8]. La Cour de cassation vérifie *leur compatibilité abstraite* avec les normes européennes et constitutionnelles[9], et se livre aussi à *un contrôle concret de proportionnalité*[10]. Pour l'heure, aucune disposition n'a été évincée. Mais tout porte à penser que l'hypothèse surviendra. Ainsi, alors même qu'elle procède du souci de préserver la paix des familles d'une action dépourvue d'enjeu pratique puisque l'enfant qui n'est pas né viable n'a pas la personnalité juridique, la fin de non recevoir attachée à la non viabilité de l'enfant semble bien susceptible d'être censurée, la CEDH ayant déjà statué en ce sens[11]. Il en va de même de l'article 333, qui peut priver en pratique l'enfant du droit de contester la filiation en retenant un court délai de cinq ans, et en n'admettant aucune suspension à son profit. Plus généralement, sont susceptibles d'être ainsi écartés les divers textes retenant un délai de prescription de dix ans sans prévoir la suspension pendant la minorité de l'enfant au profit de ce dernier (art. 330 et 335). Comme le souligne la Cour de cassation elle-même, « l'application d'un délai de prescription ou de forclusion, limitant le droit d'une personne à faire reconnaître son lien de filiation paternelle, constitue une ingérence dans l'exercice du droit au respect de sa vie privée et familiale garanti à l'article 8 de la Convention de sauvegarde des droits de l'homme et des libertés fondamentales »[12].

312. ***Enfant né d'un transsexuel.*** L'application des principes de vie privée et d'égalité suscite *de délicates questions* en matière de transsexualisme. La loi du

1. Comp. Civ. 1re, 5 juill. 2017, n° 16-16.901, s'appuyant sur le droit au respect de la vie privée et familiale pour refuser à une association le droit d'intervenir en justice dans une action relative à la transcription d'un acte de naissance étranger établi relativement à un enfant issu d'une gestation pour autrui.
2. L'action est en principe possible pendant dix ans à compter du jour où l'enfant a été privé de sa filiation s'il s'agit d'une action en recherche, ou du jour où il a joui de cette filiation s'il s'agit d'une action en contestation, mais la prescription de l'action appartenant à l'enfant est suspendue jusqu'à sa majorité : art. 321. Conformément au droit commun procédural, tout intéressé peut agir (art. 31 CPC), et ses héritiers le peuvent également s'ils exercent l'action avant l'expiration du délai pour agir imparti à l'intéressé : art. 322.
3. Fin de non recevoir tenant à la non viabilité de l'enfant, empêchant d'examiner la demande de celui qui agit aussi bien en contestation de la filiation établie qu'en établissement du lien.
4. L'action est attitrée : elle est réservée à l'enfant; pendant sa minorité, le parent à l'égard duquel la filiation est établie peut agir : art. 325 et 327 et 328. Le parent peut agir pendant toute la minorité de l'enfant; l'enfant a dix ans à compter de sa majorité.
5. Art. 330.
6. Tout intéressé peut agir, dans le délai de l'article 321.
7. Art. 335.
8. Art. 333.
9. V. Civ. 1re, 15 mai 2013, n° 11-25.205 et Civ. 1re, 2 avr. 2014, n° 13-16.487 sur l'article 321; Civ. 1re, 2 avr. 2014, préc., sur l'article 320; Civ. 1re, 28 mai 2014, n° 13-17.619, sur l'article 333. – Comp. Civ. 1re, 1er févr. 2017, n° 15-27.245.
10. V. Civ. 1re, 6 juill. 2016, n° 15-19.853, pour l'article 333; Civ. 1re, 5 oct. 2016, n° 15-25.507, pour l'article 320. – V. Civ. 1re, 10 juin 2015, n° 14-20.790, pour l'article 336 du code civil et les articles 422 et 423 du Code de procédure civile.
11. CEDH 2 juin 2005, *Znamenskaya c/ Russie* : atteinte au droit à la vie privée de la mère en refusant d'établir la paternité biologique et de modifier le nom de l'enfant.
12. Civ. 1re, 6 juill. 2016, 5 oct. 2016, préc.

18 novembre 2016 prévoit que le changement de sexe du père juridique ou de la mère juridique ne produit aucun effet sur les filiations antérieurement établies[1]. Mais cet enfant ne pourrait-il pas invoquer son droit au respect de sa vie privée et familiale et demander, pour des raisons d'identité, à ce que sa filiation juridique coïncide avec le nouveau sexe juridique de son parent ? Quel sera en outre l'impact du changement de sexe sur la filiation d'un enfant né antérieurement mais qui n'aurait pas encore été établie au jour du changement de sexe, ou sur celle d'un enfant qui naîtra après le changement de sexe ? Si le changement de sexe civil a été accompagné d'une réassignation sexuelle du parent, la filiation pourra être établie aisément à partir des règles de droit commun. Il en ira différemment dans le cas contraire : l'enfant aura alors été accouché par une femme désignée comme étant un homme à l'état civil, ou enfanté par un homme de sexe féminin à l'état civil. Comment résoudre la difficulté tenant à la discordance entre leur parenté biologique et la parenté civile de leur auteur ? Peut-on dans l'acte de naissance désigner comme mère le parent qui n'a pas accouché et comme père le parent qui a accouché ? La difficulté est d'autant plus grande que l'article 320 bloque l'établissement d'une filiation paternelle lorsque l'enfant est déjà doté d'un père, et réciproquement côté maternel. Le droit de l'enfant à voir établie sa filiation, l'égalité des enfants, mais aussi la vie privée de l'enfant, sont alors engagés. Quid, en outre, de l'identité de l'enfant : la CEDH rattache à la vie privée la connaissance des ascendances génétiques de l'enfant; dans le même temps, le droit européen consacre la notion d'identité de genre au profit du transsexuel : comment concilier les deux ? La doctrine plaide pour un droit spécial de la filiation[2].

313. ***Rôle de l'intérêt de l'enfant.*** L'intérêt de l'enfant explique le cadre légal de la filiation du titre VII (la loi consacre juridiquement une filiation fondée sur la parenté biologique car elle juge cette filiation conforme à son intérêt) mais ne constitue jamais le critère sur lequel le droit interne appuie directement la filiation elle-même. Il en va différemment dans l'ordre européen, car la CEDH fait de l'intérêt de l'enfant l'un des critères déterminants dans les décisions relatives à l'établissement d'un lien de filiation (ou sa contestation) sur le fondement du droit à la vie privée. Elle s'est ainsi explicitement fondée sur lui pour condamner la France en matière de GPA, en considérant que les décisions refusant l'établissement du lien de filiation entre l'enfant et le couple commanditaire étaient contraires à sa vie privée et à son intérêt. Mais la malléabilité du standard est dangereuse : elle permet tout aussi bien de critiquer les dispositions refusant d'aligner le lien juridique sur la parenté biologique, que celles qui l'acceptent. Si l'intérêt de l'enfant consiste a priori à faire établir juridiquement la réalité biologique, et coïncide ainsi avec son droit à la vie privée[3], il n'est pas exclu qu'il puisse dans certains cas pencher du côté de l'admission d'une filiation détachée

1. V. déjà Civ. 1re, 14 nov. 2006, n° 04-10.058.
2. S. Paricard, *D.* 2018. 75.
3. V. par ex. *Mandet c/ France*, 14 janv. 2016 : un enfant, sa mère et l'époux de celle-ci reprochaient à une décision judiciaire d'avoir détruit la paternité du mari de la mère à la demande du père biologique de l'enfant, au motif que ces mesures étaient disproportionnées au regard de l'intérêt supérieur de l'enfant qui exigeait le maintien de la filiation établie depuis plusieurs années et la préservation de la stabilité affective dont il bénéficiait. La Cour a conclu à la non-violation de l'article 8 en soulignant que les juridictions françaises avaient placé l'intérêt supérieur de l'enfant au cœur de leurs considérations et avaient jugé que l'intérêt de l'enfant était avant tout de connaître la vérité sur ses origines, même s'il considérait le mari de sa mère comme son père : ce faisant, elles n'avaient pas fait indûment prévaloir l'intérêt du père biologique sur celui de l'enfant mais avaient considéré que l'intérêt de l'enfant et du père biologique se rejoignaient en partie.

du lien charnel et ainsi entrer en conflit avec le droit à la vie privée[1]. Est-il acceptable que l'intérêt de l'enfant puisse ainsi peser sur le lien de filiation au gré des circonstances du cas : âge de l'enfant, intérêt personnel ou patrimonial en jeu, durée de la vie commune, existence d'autres enfants, relations entretenues avec les autres membres de la famille, et pourquoi pas défaut de qualités du parent contesté, qualités du parent revendiqué, importance de son patrimoine, éventuels problèmes de santé, etc. ? On mesure le gouffre qui s'ouvre devant la filiation... La Cour de cassation semble heureusement convaincue du danger : elle a ainsi jugé que « l'intérêt supérieur de l'enfant ne constitue pas en soi un motif légitime de refus de l'expertise biologique »[2]. On aimerait qu'elle soit aussi prudente dans son contrôle de la conformité du droit de la filiation à l'article 8 Conv. EDH.

2. L'adoption

314. ***Cadre légal.*** Le droit subordonne l'adoption à diverses conditions légales et impose son prononcé en justice, le juge étant chargé de vérifier le respect de ces conditions et la conformité de l'adoption à l'intérêt de l'enfant. Au-delà de ce cadre général invariant, il reçoit deux types d'adoption : l'adoption plénière, qui remplace la filiation d'origine par une filiation adoptive, et l'adoption simple qui ajoute aux liens d'origine des liens de filiation adoptive. Les effets radicaux de la première expliquent qu'elle soit plus rigoureusement encadrée que la seconde. Un tel encadrement s'efforce de concilier les droits et intérêts en présence, c'est-à-dire ceux de l'adopté, de la famille d'origine, de l'adoptant.

a. L'adopté

315. ***Intérêt de l'enfant.*** La CIDE fait de l'intérêt de l'enfant *le principe directeur de l'adoption* (art. 21, § 1) et la CEDH y veille. Le Conseil constitutionnel a également jugé à l'occasion de la loi ouvrant le mariage aux couples de personnes de même sexe que les dispositions de l'article 353 « mettent en œuvre l'exigence résultant du dixième alinéa du Préambule de la Constitution de 1946 selon laquelle l'adoption ne peut être prononcée que si elle est conforme à l'intérêt de l'enfant » (Décis. n° 2013-669 DC du 17 mai 2013, cons. 54). Des lois récentes ont d'ailleurs été ordonnées à cette considération, comme la loi du 14 mars 2016 relative à la protection de l'enfance, qui a renforcé la prise en compte de cet intérêt et de la parole de l'enfant. Les limites de ce critère sont importantes. Elles tiennent d'abord à *la confusion trop fréquente de deux ordres distincts, l'ordre de la parenté et l'ordre de la parentalité*, le premier destiné à intégrer l'enfant dans un système de parenté, et le second à assurer sa charge affective et matérielle, éducative et alimentaire. Parce que l'adoption est l'un (inscription dans un ordre généalogique par la filiation) *et* l'autre (conséquences pratiques en termes d'autorité parentale, d'obligation alimentaire, de vocation successorale, de nom, etc.), elle doit être configurée de telle sorte qu'elle puisse remplir ces deux fonctions, ce qui n'est malheureusement pas toujours le cas, le désir d'adoption des adultes prenant progressivement le pas sur l'intérêt de l'adopté. La disparition de la condition d'altérité sexuelle du couple procédant à une adoption conjointe à la suite de l'ouverture du mariage aux couples de personnes

---

1. L'intérêt de l'enfant est un critère déterminant pour apprécier la légitimité d'une limite à la réalité biologique. V. ainsi à propos de l'impossibilité de faire établir sa paternité lorsque l'enfant bénéficie d'une vie familiale harmonieuse auprès du frère de sa mère décédée : *Yousef c/ Pays Bas*, 5 nov. 2002.
2. Civ. 1re, 13 juill. 2016, n° 15-22.848.

de même sexe par la loi du 17 mai 2013 en est une excellente illustration, car elle complique l'intégration symbolique de l'enfant dans un système de parenté structuré par la différence des sexes et des générations[1]. Et la décision rendue le 17 mai 2013 par le Conseil constitutionnel confirme ce glissement, puisque le Conseil a considéré que rien (et donc pas même l'intérêt de l'enfant)[2] n'imposait « que les liens de parenté établis par la filiation adoptive imitent ceux de la filiation biologique » (Décis. n° 2013-669 DC du 17 mai 2013, cons. 51)[3]. Elles tiennent ensuite au *caractère insaisissable de l'intérêt de l'enfant concrètement appréhendé :* les intérêts d'un enfant sont en réalité multiples, changeants, difficiles à saisir objectivement, etc. Si l'on essaie de préciser l'intérêt de l'enfant en matière d'adoption, il semble possible de distinguer trois niveaux.

316. ***L'intérêt à être adopté en soi.*** La filiation adoptive est *subsidiaire* par rapport à la filiation fondée sur la parenté charnelle, conformément à l'article 7 de la CIDE : « l'enfant est enregistré dès sa naissance et a, dès celle-ci, le droit à un nom, le droit d'acquérir une nationalité et, dans la mesure du possible, le droit de connaître ses parents et d'être élevé par eux ». Ce n'est donc que par exception, lorsque la nécessité s'en fait sentir, que le droit ouvre l'adoption. Ainsi s'expliquent les deux situations qui rendent l'enfant « adoptable » (comp. art. 21 CIDE) : lorsque sa famille d'origine y consent (c'est qu'elle estime ne pas pouvoir prendre en charge l'enfant) ou lorsque la situation de l'enfant révèle une carence parentale (pupille de l'État, refus abusif de consentement, délaissement parental, etc.).

317. ***L'intérêt à être adopté par cette personne.*** L'intérêt de l'enfant impose de veiller à *l'aptitude du candidat à l'adoption à endosser le rôle de parent.* À cet effet la loi pose des conditions abstraites, tenant à l'âge de l'adoptant, à sa situation familiale. Plus concrètement, il impose parfois au candidat à l'adoption d'obtenir un agrément[4] et charge surtout le juge de vérifier que l'adoption est conforme à l'intérêt de l'enfant (art. 353 et 361), le placement de l'enfant, c'est-à-dire sa remise à l'adoptant, étant destiné à vérifier la faisabilité du projet d'adoption (art. 351 s.).

318. ***L'intérêt à être adopté dans certaines conditions.*** Certaines situations appellent *une vigilance particulière,* ou au contraire *une faveur particulière.* Vigilance lorsque l'enfant a moins de deux ans : pour éviter qu'un marché de l'adoption ne se constitue, la loi exige alors qu'il ait été remis au service de l'aide sociale à l'enfance ou à un organisme autorisé pour l'adoption[5], mais elle réserve le cas dans lequel il existe un lien de parenté ou d'alliance jusqu'au sixième degré inclus entre l'adoptant et l'adopté, car le risque évoqué plus haut fait alors défaut. Faveur lorsqu'il s'agit de l'adoption plénière de l'enfant du conjoint, car cette adoption permet à l'enfant de bénéficier d'une double filiation comparable à celle qu'aurait un enfant issu charnellement du couple considéré :

1. V. pourtant : gr. ch., *X et autres c/ Autriche,* 19 févr. 2013, condamnant la législation qui refuse aux couples homosexuels l'adoption conjointe. V. *infra,* n° 326.
2. Outre l'intérêt supérieur de l'enfant, les requérants invoquaient le « principe de valeur constitutionnelle de la filiation bilinéaire fondée sur l'altérité sexuelle », proclamé par les lois de la République, le droit constitutionnel de tout enfant à voir sa filiation établie à l'égard de son père et de sa mère, et le droit de mener une vie familiale normale.
3. Il eut mieux valu considérer que l'intérêt de l'enfant imposait bien en principe une telle imitation, mais que le législateur pouvait apporter des limites à ce principe, aux conditions habituelles.
4. Art. 353-1; art. L. 225-2 et 17 CASF. Il s'agit de pallier l'absence ou la légèreté de la vérification de l'aptitude à adopter du candidat par les parents d'origine de l'enfant.
5. À défaut, le consentement ne sera pas valable (art. 348-5).

le droit facilite donc son prononcé, en assouplissant les conditions d'âge auxquelles elle est soumise[1]. Sur les dangers de cette adoption pour le droit au respect de la vie familiale avec les parents d'origine, v. *infra*, n° 322.

319. ***Droit de l'enfant à consentir et à être entendu.*** Les réformes successives ont renforcé la place et la parole de l'enfant. *Il doit être auditionné par le juge* chargé de prononcer l'adoption et la loi du 14 mars 2016 fixe les modalités de cette audition (art. 353) : l'enfant capable de discernement est personnellement entendu, selon des modalités adaptées à son âge et son degré de maturité; il peut être entendu seul ou avec une personne de son choix, le juge pouvant désigner un tiers si le choix du mineur n'est pas conforme à son intérêt; l'audition directe du mineur est remplacée par celle d'un tiers, désigné par le tribunal, si l'intérêt de l'enfant le commande; si l'enfant refuse d'être entendu, le tribunal apprécie le bien-fondé du refus. L'enfant doit parfois *consentir à l'adoption*[2] : s'il a plus de treize ans, son consentement est nécessaire (art. 345); s'il est majeur, il consentira seul à son adoption simple (art. 360); la loi encadre le consentement en la forme et par une faculté de rétractation pour protéger la qualité de ce consentement. L'adopté doit également *consentir à l'adjonction de nom* résultant de l'adoption simple, s'il est majeur; s'il a plus de treize ans, il doit consentir *aux choix opérés* par le ou les adoptants s'agissant du choix du nom accolé, de l'ordre des noms accolés, ou de la substitution de nom souhaitée par l'adoptant (art. 363).

320. ***Droit au respect de la vie familiale de l'adopté.*** L'adoption porte d'abord atteinte à *la vie familiale de l'adopté dans sa famille d'origine*. Le droit de l'enfant à être élevé par ses parents n'existe que « dans la mesure du possible », mais la CEDH veille à ce que la séparation soit justifiée (v. *infra*, n°s 346 s.). Le cadre légal obéit à cette logique en veillant à la nécessité de l'adoption (v. *supra*, n° 316) et en l'écartant dans certaines situations pour éviter la rupture familiale (v. *infra*, n° 322)[3].

Le droit au respect de la vie familiale de l'adopté peut aussi *soutenir l'intégration de l'enfant* dans sa famille adoptive : une fois prononcée, l'adoption engendre une vie familiale que l'État et les tiers doivent respecter (sur quoi, v. *infra*, nos 346 s.)[4]; en outre, le droit au respect de la vie familiale de l'adopté dans sa famille adoptive peut fonder le prononcé de l'adoption, lorsque l'enfant a tissé un lien préalable avec sa famille adoptive[5]. La jurisprudence rendue en matière de procréation assistée illicite l'illustre : la Cour de cassation a ouvert l'adoption au profit de l'enfant né d'une assistance médicale à la procréation pratiquée à l'étranger par une femme célibataire, pour permettre le rattachement de cet enfant à la femme vivant en couple avec la mère, et au profit de l'enfant issu d'une gestation pour autrui pratiquée à l'étranger, pour permettre son rattachement au parent d'intention qui n'est pas le parent biologique. Dans ce second

1. Aucune condition d'âge de l'adoptant (art. 343-2), exigence d'une différence d'âge de 10 ans seulement (art. 344).
2. Ce consentement est un acte strictement personnel, si bien que l'adoption sera impossible si l'altération des facultés de l'adopté potentiel l'empêche de consentir à son adoption. On se demande si cette solution ne pourrait pas être écartée comme contraire à l'intérêt de l'enfant.
3. Ainsi, l'enfant ne sera pas déclaré délaissé s'il a été accueilli par un membre de la famille d'origine. V. aussi les cas limitatifs de l'adoption plénière de l'enfant du conjoint, pour éviter une rupture familiale.
4. La loi du 14 mars 2016 a renforcé cette protection : si l'adopté est majeur, la révocation de l'adoption simple ne peut plus être demandée que par le ministère public. Elle peut être demandée par l'adopté ou l'adoptant si le premier est majeur : art. 370.
5. Comp. art. 352, prévoyant que le placement fait obstacle à l'établissement du lien de filiation et à la restitution de l'enfant à ses auteurs.

cas, elle a explicitement invoqué le droit au respect de la vie familiale de l'enfant au fondement de la solution : « (le) refus de transcription... ne porte pas une atteinte disproportionnée au droit au respect de la vie privée et familiale des enfants, au regard du but légitime poursuivi », grâce à trois éléments, parmi lesquels figure l'adoption, « qui permet, si les conditions légales en sont réunies et si elle est conforme à l'intérêt de l'enfant, de créer un lien de filiation » entre l'enfant et le parent d'intention. Techniquement discutable au regard de la jurisprudence qui considère que le droit au respect de la vie familiale ne commande pas de consacrer par une adoption un lien factuel, fût-il fort (v. *infra*, n° 324), la solution est inopportune car elle revient à légitimer indirectement et a posteriori un fait qui s'est établi en violation de la loi, en consacrant juridiquement les effets bénéfiques qui en sont attendus, cette légitimation pratique et symbolique du coup de force étant hautement problématique, pour l'enfant issu de la GPA notamment, car elle le met en bien mauvaise posture en validant le marché dont il a été *l'objet*.

321. ***Droit au respect de la vie privée.*** L'adoption engage aussi *la vie privée de l'adopté*. L'effacement de la filiation d'origine en cas d'adoption plénière pose d'abord problème au regard du droit aux origines personnelles consacré par la CEDH. Le système français essaie de parvenir à une côte bien mal taillée (comp. la validation du dispositif de l'accouchement sous X, v. *supra*, n° 307). Le caractère adoptif de la filiation relève en outre, d'après la Cour de cassation, de la vie privée de l'intéressé[1] : si les tiers ont accès aux actes d'état civil et peuvent donc connaître cet élément, il leur est en revanche interdit de le révéler publiquement[2].

b. La famille d'origine

322. ***Droit au respect de la vie familiale de la famille d'origine.*** L'adoption engage *le droit à la vie familiale de la famille d'origine*, dans des conditions assez différentes selon le type d'adoption utilisé et selon ses modalités. Parce que l'adoption plénière détruit en principe le lien de filiation, elle prive l'enfant de sa famille d'origine et réciproquement la famille d'origine de l'enfant, et constitue donc une atteinte au droit au respect de la vie familiale de l'enfant dans sa famille d'origine et de celle-ci. La CEDH a ainsi jugé que l'adoption plénière, par le concubin de la mère, d'un enfant majeur handicapé, et l'effacement de la filiation d'origine qui en résultait était une ingérence dans le droit à la vie familiale de la mère[3]. Mais l'adoption simple est elle aussi problématique, en ce qu'elle conduit en principe au transfert de la charge de l'enfant sur les adoptants et prive la famille d'origine de la présence ce dernier. Il convient donc de veiller aux conditions qui entourent l'adoption. Le droit français s'inscrit dans cette logique de protection de la famille d'origine en soumettant en principe l'adoption au *consentement des parents d'origine* et en veillant à la qualité de ce consentement (art. 347 s.), et en encadrant *le placement de l'enfant* pour qu'il n'intervienne qu'une fois vérifiée la défaillance de cette famille (art. 351). Le droit français s'inscrit aussi dans la jurisprudence de la CEDH qui admet aujourd'hui que l'adoption soit prononcée en l'absence du consentement des parents d'origine

1. Sur l'absence de secret de l'adoption imposé par la loi, et de disposition légale ou réglementaire prévoyant que le caractère adoptif de la filiation soit dissimulé lors de la délivrance de copies intégrales d'actes de naissance, v. Civ. 1re, 31 mars 2016, n° 15-13.147.
2. Civ. 1re, 18 oct. 2017, n° 16-19.740.
3. *Emonet c/ Suisse*, 13 déc. 2007.

en vérifiant soigneusement les circonstances[1] : le parent auquel l'autorité a été retirée perd le pouvoir de consentir à l'adoption; le juge peut juger abusif le refus de consentement (art. 348-6) ou déclarer l'enfant délaissé (art. 388-1 s.). Des réformes récentes ont renforcé la protection de la famille d'origine : *limitation du recours à l'adoption plénière* de l'enfant du conjoint par la loi du 5 juillet 1996[2]; *amélioration des droits de la famille d'origine dans la procédure d'immatriculation d'un enfant comme pupille de l'État* par la loi du 26 juillet 2013 (art. L. 224-4 s. CASF), après déclaration d'inconstitutionnalité (Décis. n° 2012-268 QPC du 27 juill. 2012); affirmation par la loi du 14 mars 2016 relative à la protection de l'enfance de ce que « le maintien de l'enfant dans sa famille doit être privilégié ». Certaines solutions peuvent poser problème : ainsi de la soumission de l'adoption simple de l'enfant majeur au consentement de l'adopté, et non à celui des parents d'origine, dont les intérêts ne pourront être pris en considération par le juge lors du prononcé de l'adoption, que de façon indirecte, sous couvert de l'intérêt de l'enfant[3]; ainsi du refus d'annuler une adoption prononcée alors que le consentement des parents d'origine a été vicié[4]; ainsi encore de l'ouverture restrictive de la tierce opposition (il faut qu'il y ait dol ou fraude imputable aux adoptants : art. 353-2)[5]; ainsi des effets de l'accouchement sous X (v. *supra*, n° 309). Leur justification abstraite par l'intérêt de l'enfant à bénéficier de stabilité dans la famille de l'adoptant n'exclut pas qu'il soit invoqué, dans un cas concret, qu'elles portent une atteinte disproportionnée au droit de la famille d'origine.

c. *L'adoptant*

323. ***Problématique générale.*** Le droit ne consacre aucun droit à l'enfant, mais protège le désir d'adopter.

324. ***Refus d'un droit à l'adoption.*** *La CEDH* considère que le droit au respect de la vie privée et familiale n'ouvre pas le droit de voir juridiquement protégé un simple désir de parenté qui ne s'appuierait ni sur une parenté biologique, ni sur une relation personnelle factuelle : le texte n'ouvre donc aucun droit à adopter[6]. *Le Conseil constitutionnel* a adopté la même position, lorsqu'il a été saisi de la constitutionnalité de l'article 356, ce texte civil sur lequel se fondait la Cour de cassation pour refuser au partenaire ou concubin d'un parent biologique le droit de demander à adopter, sous la forme plénière, l'enfant en question : il a rejeté le grief en relevant « que le droit de mener une vie familiale normale n'implique pas que la relation entre un enfant et la personne qui vit en couple avec son père ou sa mère ouvre droit à l'établissement d'un lien de filiation adoptive »[7]. La Cour de cassation retient également cette interprétation, comme

1. *Söderbäch c/ Suède*, 28 oct. 1998; *Gorgülü c/ Allemagne*, 26 févr. 2004.
2. On soulignera que le droit ne prête attention, dans la famille d'origine, qu'à la vie familiale du parent biologique qui sera écarté par l'adoption, et à celle de ses ascendants. Pas un mot sur la protection des relations de l'enfant avec d'éventuels frère et sœur.
3. Le rejet de la demande pourra donc intervenir, mais il devra n'être motivé que par l'intérêt de l'enfant, et par le fait que cette façon de nier les parents d'origine constitue une sorte de meurtre symbolique qui aura des effets désastreux sur l'ordre familial, et préjudiciera donc par ricochet à l'adopté lui-même. V. ainsi Civ. 1re, 6 mars 2013, n° 12-17.183.
4. Civ. 1re, 27 nov. 2001, *Bull. civ.* n° 292. La loi ouvre seulement la voie de la tierce opposition en cas de fraude ou de dol. Comp. CEDH 19 févr. 2013 et 18 juin 2013, condamnant des États qui recourent à l'adoption malgré l'état psychique de la mère ou sa précarité matérielle.
5. Le texte est conforme au droit au tribunal protégé par l'article 6, § 1 selon Civ. 1re, 8 oct. 2014, nos 13-10.109, 13-10.622.
6. Commission 8 févr. 1993, *JRM c/ Pays Bas*; 22 janv. 2008, *E. B. c/ France*.
7. Décis. n° 2010-39 QPC, 6 mars 2010, *Gas et Dubois*, cons. 8.

l'illustre la décision rendue le 12 janvier 2011 au sujet de l'adoption par les beaux-parents, nouveaux conjoints respectifs des parents : la Cour a jugé que « que le droit au respect de la vie privée et familiale... ne commande (pas) de consacrer par une adoption, tous les liens d'affection, fussent-ils anciens et bien établis »[1].

325. ***Droit au respect de la vie familiale.*** *La CEDH* considère que l'adoption relève du droit au respect de la vie familiale *lorsqu'il existe, avant l'adoption, un lien entre l'enfant et l'auteur considéré.* Elle analyse alors les obstacles à l'adoption comme constituant des ingérences dans le droit à la vie familiale. Ainsi lorsqu'un État refuse de reconnaître sur son territoire une adoption prononcée à l'étranger[2], ou qu'il rejette la demande d'adoption formée par un couple marié auquel un enfant a été provisoirement confié pendant un an et demi, sans aucun examen ni aucune motivation[3]. Mais le refus de prononcer une adoption à l'égard d'un enfant accueilli ou de reconnaître une adoption obtenue à l'étranger sera jugé conventionnel s'il poursuit une finalité légitime et est proportionné à cet objectif (art. 8, § 2), comme le révèle la jurisprudence européenne relative à la « kafala »[4]; il ne conduira à la condamnation de l'État que s'il ne répond à aucun besoin social impérieux ou n'est pas proportionné au but poursuivi[5].

326. ***Droit au respect de la vie privée et interdiction des discriminations.*** La CEDH considère en outre que l'adoption relève de la sphère de *la vie privée*, si bien que le cadre juridique de l'adoption (qu'il s'agisse de ses conditions ou de ses effets) doit être respectueux du *principe de non-discrimination* : la distinction est acceptable si elle procède d'une finalité légitime et est proportionnée. La jurisprudence européenne est assez fournie : nationalité du requérant[6], orientation sexuelle du requérant[7], exclusion des couples non mariés[8], exclusion des couples homosexuels[9]; célibat de l'adoptant[10]; âge de l'adoptant[11]. La CEDH prend en compte la qualité de la procédure d'adoption, la souplesse d'appréciation des conditions, l'appréciation concrète des circonstances du cas, l'intérêt supérieur des

1. N° 09-16.527. Même attendu de principe dans, Civ. 1re, 28 févr. 2018, n° 17-11.069 à propos du refus de l'adoption plénière d'un enfant par l'ancien concubin de la mère biologique.
2. *Wagner et J.M.W.L. c/ Luxembourg*, 28 juin 2007; *Negrepontis-Giannisis c/ Grèce*, 3 mai 2011.
3. *Moretti et Benedetti c/ Italie*, 27 avr. 2010.
4. Ainsi de l'impossible adoption par une française d'une enfant algérienne recueillie au titre de la « kafala », un juste équilibre ayant été ménagé entre l'intérêt public et l'intérêt de la requérante, les autorités cherchant, dans le respect du pluralisme culturel, à favoriser l'intégration des enfants recueillis en vertu de la kafala, sans les couper immédiatement des règles de leur pays d'origine : *Harroudj c/ France*, 4 oct. 2012; sur cette question, v. *Chbihi Loudoudi et autres c/ Belgique*, 16 déc. 2014.
5. *Negrepontis-Giannisis*, préc.
6. *A.H. et autres c/ Russie*, n° 6033/13 et 22 autres requêtes, 17 janv. 2017.
7. *E. B. c/ France*, 22 janv. 2008.
8. Il n'est pas discriminatoire de rejeter la demande, formée par une femme vivant en concubinage avec une autre, et portant sur l'adoption simple de l'enfant de la seconde, en l'absence de différence de traitement basée sur l'orientation sexuelle des requérantes puisque les couples hétérosexuels pacsés se voient également refuser les adoptions simples : *Gas et Dubois c/ France* 15 mars 2012.
9. Les États ne sont pas obligés d'étendre l'adoption co-parentale aux couples non mariés, mais ils ne peuvent réserver aux couples hétérosexuels la faculté d'adopter l'enfant de l'autre sans que cela n'entraîne de rupture de la filiation d'origine sans fournir de raisons convaincantes propres à établir que la différence de traitement est nécessaire à la préservation de la famille ou à la protection de l'intérêt de l'enfant : gr. ch., 19 févr. 2013, *X et autres c/ Autriche*. La justification est discutable, au regard des fonctions de l'adoption, V. *supra*, n° 315.
10. *Wagner et J.M.W.L. c/ Luxembourg*, 28 juin 2007.
11. *Schwizgebel c/ Suisse*, 10 juin 2010.

enfants. Les conditions que la loi française consacre, et les distinctions auxquelles elles conduisent inéluctablement, obéissent aux exigences européennes.

327. ***Indifférence de l'orientation sexuelle des adoptants.*** L'indifférence du droit de l'adoption à l'homosexualité de l'adoptant a été *obtenue par étapes*. L'adoption a d'abord été fermée, en fait, aux homosexuels, car l'administration refusait de leur délivrer l'agrément nécessaire à leur projet, ce que le Conseil d'État avait admis, lorsque le rejet de la demande procédait d'une analyse *in concreto* des conditions de vie que le requérant pouvait offrir à l'enfant[1]. Après avoir jugé la solution conforme à la Convention[2], la CEDH l'a sanctionnée, au motif qu'elle constituait bien une discrimination, puisque le droit français admettait l'adoption unilatérale par un célibataire[3]. Le Conseil d'État a alors abandonné sa position initiale et permis aux homosexuels célibataires d'adopter un enfant. Dans la foulée, l'encadrement de l'agrément administratif a été renforcé pour assurer le respect des droits fondamentaux du candidat à l'adoption (art. L 225-2 CASF)[4]. Mais l'adoption restait fermée aux *couples d'homosexuels*, qu'il s'agisse de l'adoption conjointe (inaccessible car réservée aux couples mariés, le mariage étant réservé aux couples hétérosexuels jusqu'à la loi du 17 mai 2013) ou unilatérale (l'adoption plénière car elle faisait disparaître la filiation à l'égard du parent biologique et l'adoption simple car la jurisprudence refusait un montage qui privait le parent biologique de son autorité parentale)[5]. L'argument de discrimination avait donc été soulevé au soutien d'une QPC formée à l'encontre de l'article 365; mais tant le Conseil constitutionnel que la CEDH avaient rejeté l'argument dans l'affaire *Gas et Dubois*, le premier le 6 mars 2010 (décis. n° 2010-39 QPC, cons. 9)[6] et la seconde le 15 mars 2012 (req. n° 25951/07). C'est l'ouverture du mariage aux couples de personnes de même sexe qui a permis aux couples homosexuels d'accéder à l'adoption, conjointe ou unilatérale, le Conseil constitutionnel ayant jugé qu'une telle solution n'était nullement contraire à l'intérêt de l'enfant. Sur quoi, v. *supra*.

328. ***Persistance de conditions et distinctions justifiées.*** La loi encadre l'adoption en posant des *conditions d'âge* : en cas d'adoption conjointe, les époux doi-

1. CE 9 oct. 1996, n° 168342.
2. *Fretté c/ France*, 26 févr. 2002 : le rejet de la demande d'agrément en vue d'une adoption n'est pas contraire à l'article 14 (interdiction de la discrimination) combiné avec l'article 8 (droit au respect de la vie privée) de la Conv. EDH, les autorités nationales ayant légitimement et raisonnablement pu considérer que le droit de pouvoir adopter dont le requérant se prévalait trouvait sa limite dans l'intérêt des enfants susceptibles d'être adoptés, nonobstant les aspirations légitimes du requérant et sans que soient remis en cause ses choix personnels.
3. *E. B. c/ France*, 22 janv. 2008. Le raisonnement est peu convaincant : il faudrait commencer par se demander si une telle ouverture est bien conforme à l'intérêt de l'enfant, avant de vouloir l'élargir ainsi; il est en outre discutable de procéder par analogie, car les deux situations diffèrent sur le plan symbolique de l'altérité sexuelle. De surcroît, on soulignera que la candidate à l'adoption portait seule son projet d'adoption, sa partenaire ne semblant guère y adhérer. Bref, l'intérêt de l'enfant, tant abstraitement que concrètement analysé, était de nature à justifier la solution. Ce sont les intérêts des adultes qui l'ont emporté.
4. De surcroît, l'article 353-1, alinéa 2, donne au tribunal le droit de prononcer l'adoption malgré le refus d'agrément.
5. Civ. 1re, 19 déc. 2007, n° 06-21.369.
6. « En maintenant le principe selon lequel la faculté d'une adoption au sein du couple est réservée aux conjoints, le législateur a, dans l'exercice de la compétence que lui attribue l'article 34 de la Constitution, estimé que la différence de situation entre les couples mariés et ceux qui ne le sont pas pouvait justifier, dans l'intérêt de l'enfant, une différence de traitement quant à l'établissement de la filiation adoptive à l'égard des enfants mineurs » et « il n'appartient pas au Conseil constitutionnel de substituer son appréciation à celle du législateur sur les conséquences qu'il convient de tirer, en l'espèce, de la situation particulière des enfants élevés par deux personnes de même sexe ».

vent être mariés depuis plus de deux ans ou avoir l'un et l'autre plus de vingt-huit ans (art. 343); l'adoption unilatérale suppose que l'adoptant a plus de vingt-huit ans (art. 343-1 et 2); conjointe ou unilatérale, l'adoption suppose que l'adoptant ait quinze ans de plus que l'enfant adopté; l'adoption plénière est réservée aux enfants ayant moins de quinze ans (art. 345). Mais ces conditions poursuivent des finalités légitimes au regard de l'adoption (assurer la distance générationnelle propre au lien de filiation, garantir la maturité de l'adoptant[1], attester la pertinence d'une adoption plénière qui efface en principe la filiation d'origine) et admettent divers aménagements, notamment[2] mais pas seulement[3] en cas d'adoption de l'enfant du conjoint. La loi pose également des conditions relatives à *la situation familiale* des parties. Une personne seule peut adopter, mais le droit impose le consentement du conjoint de l'adoptant s'il est marié et non séparé de corps[4]. L'adoption conjointe est réservée aux couples mariés (qu'ils soient ou non de même sexe)[5] et la CEDH a jugé que cette disposition ne constituait pas une discrimination à l'égard d'un couple non marié d'homosexuels[6]. Quant à la Cour de cassation, elle a jugé « que le droit au respect de la vie privée et familiale n'interdit pas de limiter le nombre d'adoptions successives dont une même personne peut faire l'objet »[7]. Dans tous ces cas, le droit espère garantir l'aptitude de l'adoption à remplir sa double fonction, de parenté et de parentalité. La souplesse de ce cadre, qui admet telle ou telle exception, conduit le cas échéant à escamoter la fonction généalogique de l'institution et sème ainsi le désordre dans le droit. On se demande si elle est de nature à convaincre la CEDH[8] ou à transformer telle condition en discrimination.

3. La procréation

329. ***Assistance médicale à la procréation. Cadre légal.*** Le Code de la santé publique fixe les conditions et les effets de l'assistance médicale à la procréation.

330. ***Les conditions.*** Le droit réserve l'assistance médicale à la procréation à *certains bénéficiaires :* les couples mariés ou justifiant d'une vie commune[9], de personnes de sexe différent, vivantes, en âge de procréer et justifiant d'un motif médical, qu'il s'agisse d'un risque de transmission à l'enfant ou à un membre du couple d'une maladie d'une particulière gravité ou d'une infertilité pathologique médicalement constatée (art. L. 2141-2). Il encadre aussi *les modes d'assistance autorisés :* sont interdits le clonage reproductif (art. 16-4) et la gestation pour autrui (art. 16-7); sont autorisées les techniques qui répondent à la définition générale que le Code donne de l'assistance médicale à la procréation, qui sont

1. Y a-t-il discrimination à imposer au célibataire d'avoir 28 ans quand l'adoptant marié peut avoir moins de vingt-huit ans s'il est déjà marié depuis 2 ans et s'il procède à une adoption conjointe ?
2. Aucune condition d'âge de l'adoptant (art. 343-2), différence d'âge de 10 ans seulement (art. 344).
3. La condition de différence de quinze ans saute en cas de « justes motifs » : art. 344. L'enfant de plus de quinze ans peut être adopté sous la forme plénière s'il a été accueilli avant cet âge par les adoptants ou s'il s'agit de transformer une adoption simple en adoption plénière.
4. Parce que l'adoption introduit un enfant dans la famille de l'adoptant, conduit souvent à la cohabitation sous le même toit, crée une obligation alimentaire, etc.
5. Silence des textes sur l'adoption (art. 343 et 346) et affirmation explicite de l'égalité des effets du mariage (art. 6-1).
6. *Gas et Dubois c/ France*, 15 mars 2012; *X et autres c/ Autriche*, gr. ch., 19 févr. 2013.
7. Civ. 1re, 12 janv. 2011, n° 09-16.527.
8. Comp. CEDH 10 juin 2010, *Schwizgebel c/ Suisse.*
9. L'assistance sera refusée en cas de rupture du couple. Sur la question du consentement de l'homme, CEDH 10 avr. 2007, *Evans c/ RU.*

énumérées par les textes réglementaires (art. L. 2141-1 s.)[1], et qui obéissent aux diverses conditions posées par les textes propres à tel ou tel procédé[2].

331. *Les effets.* Le droit désigne comme *seuls parents* les deux membres du couple bénéficiaire, la filiation étant établie selon les modes de la filiation du titre VII (art. 311-20) et une action étant ouverte contre l'homme qui ne reconnaît pas l'enfant. Ces solutions valent que l'enfant ait été conçu avec les gamètes du couple ou avec un don de gamètes d'un tiers, car la filiation se fonde alors sur la procréation volontairement réalisée[3]. À l'égard du *tiers donneur*, aucun lien ne peut être établi; aucune action en responsabilité ne peut être engagée (art. 311-19). La question de la filiation de l'enfant qui est conçu et naît à l'issue d'une *assistance à la procréation contraire au cadre légal* a été très tôt posée. Dans le prolongement de la solution retenue en assemblée plénière en 1991 en matière de gestation pour autrui, il semblait logique de fermer la voie de l'adoption ainsi que celle de la filiation du titre VII, le ministère public ayant le droit de contester une filiation en cas de fraude (art. 336). La Cour de cassation en a décidé autrement, s'agissant d'enfants issus d'assistances médicales à la procréation ou de gestations réalisées à l'étranger, dans des pays qui ouvrent l'assistance à des bénéficiaires exclus par la loi française ou qui admettent la gestation pour autrui. On s'interroge sur l'impact de ces décisions sur une assistance illicite réalisée en France (v. *infra*, n°s 335 et 343).

332. *Difficultés d'application.* Les personnes transsexuelles ont-elles accès à l'assistance médicale à la procréation ? *La différence de sexe* qu'impose le Code de la santé publique pour accéder à l'assistance médicale est-elle la différence de sexe civil ou la différence de sexe biologique ? Concrètement, le couple formé de deux femmes, dont l'une est devenue civilement homme sans réassignation sexuelle, peut-il y avoir recours ? Au-delà du risque de fraude qu'une telle configuration génère, et, surtout, de la logique fondamentale qui préside au cadre de l'assistance médicale à la procréation, logique qui consiste à « copier » la procréation naturelle (v. *infra*, n° 333), il semble préférable de considérer que la différence de sexe dont il est ici question renvoie à la différence de sexe civil *et* biologique, en relation avec la procréation. La question de la conformité de ce cadre à la jurisprudence européenne, au droit de devenir parent génétique et à l'égalité, est incertaine si la CEDH choisit d'étendre le raisonnement adopté dans l'affaire *Goodwin*. Sur quoi, v. *supra*, n° 281.

333. *Critiques.* On accuse ce cadre de méconnaître le « droit de devenir parent » que la CEDH fonde sur le droit au respect de la vie privée. La Cour a affirmé d'abord que « le droit au respect des décisions de devenir ou de ne pas devenir parent » relevait « de la sphère personnelle protégée par l'article 8 » (*Evans c/ RU*, 10 avr. 2007, § 71). Puis elle est allée au-delà en jugeant que la vie privée et familiale englobait un droit à voir respecter leur décision de devenir parents génétiques (*Dickson c/ RU*, 4 déc. 2007, § 66). Plus récemment, elle a ajouté un droit de procréer un enfant qui ne soit pas atteint par la maladie génétique dont les parents sont porteurs sains et de recourir pour ce faire à la pro-

1. Soit l'insémination artificielle, la conception in vitro d'embryon, le transfert in vivo d'un embryon conçu *in vitro*.
2. Conception *in vitro* d'un embryon (art. L. 2141-3), accueil d'un embryon conçu par un autre couple (art. L. 2141-5 et 6), recours à un don de gamètes (art. L. 2141-7), diagnostic préimplantatoire (art. L. 2131-4 s.). À quoi s'ajoutent diverses exigences éthiques tenant aux gamètes utilisables (art. L. 1244-1 s.), et aux règles de sécurité sanitaire, aux établissements (art. L. 2142-1 s.).
3. D'où la critique de la solution jurisprudentielle qui, en cas d'assistance endogène, retient la paternité de l'homme ayant fait apport de ces gamètes, alors même qu'il a retiré son consentement : Civ. 1re, 16 mars 2016, n° 15-13.427.

création médicalement assistée et au diagnostic préimplantatoire (*Costa et Pavan c/ Italie*, 28 août 2012, § 57). La loi violerait en outre l'art. 14 Conv. EDH, en instituant des discriminations à l'encontre de tous ceux auxquels elle refuse l'assistance : les célibataires, les couples ne partageant pas de vie commune, les couples homosexuels, les veufs et veuves, les femmes ménopausées, celles qui souffrent d'une infertilité interdisant toute gestation, etc. L'accusation serait d'autant plus grave que les différences de traitement ainsi instituées seraient fondées sur des éléments particulièrement sensibles : l'orientation sexuelle, la situation de famille, l'âge, la santé. La loi serait en outre contraire, en cas d'assistance exogène (don de sperme ou d'ovule, accueil d'un embryon conçu par un autre couple), au droit qu'a l'enfant de connaître son ascendance génétique, puisque le droit interdit d'établir toute filiation à l'égard du (ou des) donneur(s) et garantit son (leur) anonymat.

334. ***Justifications.*** C'est oublier que le droit de devenir parent et celui de faire établir son ascendance génétique sont susceptibles de recevoir *des limites aux conditions habituelles de l'article 8, § 2 Conv. EDH*, et que des différences de traitement peuvent être instituées dès lors qu'elles reposent sur une *différence de situation* et qu'il y a *proportionnalité* entre la distinction opérée en droit et la différence de situation existant en fait. Or le droit de l'assistance médicale à la procréation poursuit un *but légitime et respecte la proportionnalité*, dans ses conditions comme dans ses effets. Si le droit limite ainsi le droit de devenir parent, c'est parce qu'il refuse de s'engager dans un processus de fabrication des êtres abandonné à la seule volonté des adultes et conduisant à une réification de l'enfant, appelé à la vie sans se soucier du sens que ce processus de fabrication aurait pour lui; cet alignement de la procréation assistée sur la procréation naturelle, que réalisent les conditions relatives au bénéficiaire, poursuit *l'intérêt* (abstraitement défini) *de l'enfant* (art. 3 CIDE). De même, si la loi refuse l'établissement de la filiation à l'égard du donneur, c'est dans l'intérêt de l'enfant, qui n'a pas été engendré par le donneur mais par le couple; quant à l'anonymat, il est garant de la gratuité du don, évite toute confusion des rôles entre les divers intervenants, et encourage au don en assurant la sécurité des donneurs. De même, les différences de traitement instituées le sont en considération des différences de situation, et les distinctions opérées sont en adéquation avec ces différences factuelles. En somme le droit s'efforce de composer entre les droits en présence : le droit du sujet à procréer, le droit de l'enfant à connaître ses parents et à faire établir son ascendance biologique, l'intérêt de l'enfant à être engendré dans des conditions favorables, etc.

335. ***Cadre légal. Contrôle juridictionnel opéré.*** Nonobstant la légitimité de ces choix politiques qui ne doivent rien à une prétendue « loi naturelle » mais procèdent d'une réflexion raisonnée, l'obsession contemporaine des droits fondamentaux conduit à une recherche d'équité systématique, qui fragilise le cadre légal.

Le cadre légal a été validé à quatre reprises. Le 17 mai 2013, le Conseil constitutionnel a jugé, à propos de la loi ouvrant le mariage aux couples de personnes de même sexe, « que les couples formés d'un homme et d'une femme sont, au regard de la procréation, dans une situation différente de celle des couples de personnes de même sexe », et que « le principe d'égalité ne s'oppose pas à ce que le législateur règle de façon différente des situations différentes dès lors que la différence de traitement qui en résulte est en lien direct avec l'objet de la loi qui l'établit »[1]. Le 3 novembre 2011, dans une affaire *S. H. et autres c/ Autriche*, la

1. Décis. n° 2013-669 DC du 127 mai 2013, cons. 44.

grande chambre de la CEDH a jugé que la législation autrichienne, qui interdisait la fécondation *in vitro* avec tiers donneur n'était pas contraire au droit au respect de la vie privée, car la fécondation *in vitro* « continue à susciter de délicates interrogations d'ordre moral, éthique et sociétales dans lesquelles il faut faire entrer la dignité humaine, le bien-être des enfants ainsi que la prévention des abus possibles » et qu'il convenait de laisser aux États une large marge d'appréciation pour déterminer les modalités d'assistance admissibles, **eu égard à l'importance des considérations d'ordre moral et de l'acceptabilité sociale des techniques en question, et** en l'absence d'un consensus européen sur ces questions[1]. Par ailleurs, dans l'affaire *Gas et Dubois*, le 15 mars 2012, la CEDH a considéré que la loi ne procédait à aucune discrimination en réservant l'assistance médicale à la procréation aux couples hétérosexuels, après avoir relevé qu'elle était également subordonnée à l'existence d'un but thérapeutique (remédier à une infertilité dont le caractère pathologique a été médicalement constaté ou éviter la transmission d'une maladie grave), et que cette situation n'était pas comparable à celle des requérantes (§ 63). Enfin, le 13 juin 2013, le Conseil d'État a jugé que les articles L. 1273-3 et L. 1211-5 CSP n'étaient pas contraires au droit au respect de la vie privée du receveur et de l'enfant, car ils entendaient préserver la vie privée du donneur et de sa famille et préserver la vie familiale dans la famille légale et que les États bénéficiaient d'une grande marge d'appréciation en l'absence de consensus (req. n° 362981).

Pour autant, *une certaine fragilité affecte le dispositif*, à raison du caractère évolutif de la jurisprudence européenne et des potentialités du contrôle concret de conventionnalité. Une décision rendue par la CEDH le 8 février 2018 illustre parfaitement combien la jurisprudence *Gas et Dubois* ne sécurise pas nécessairement définitivement le cadre légal de l'assistance médicale à la procréation (CEDH 8 févr. 2018, *Charron et Merle-Montet c/ France*, req. n° 22612/15). Un couple marié constitué de deux femmes, auquel un centre hospitalier avait refusé l'accès à l'assistance médicale à la procréation en se fondant sur la condition légale de différence de sexe, reprochait au Code de la santé publique d'être contraire aux articles 8 et 14 CEDH. Aucun recours pour excès de pouvoir n'ayant été formé contre la décision de refus considérée, la Cour a jugé la requête irrecevable. La motivation est tout particulièrement intéressante : la CEDH a souligné que les voies de recours internes n'étaient pas de toute évidence vouées à l'échec, car le Conseil constitutionnel n'avait statué que de manière indirecte sur la constitutionnalité du dispositif puisqu'il n'était saisi que de la loi du 17 mai 2013, qu'il n'avait pas vérifié la conformité de l'article L. 2141-2 du CSP au droit à une vie familiale normale et au droit au respect de la vie privée, et enfin qu'à supposer même cette disposition jugée constitutionnelle, rien n'empêchait les « juges ordinaires » de considérer que la mesure individuelle prise en application de cette loi était incompatible avec la CEDH au regard de son caractère disproportionné dans l'espèce. Le Conseil d'État n'avait d'ailleurs pas attendu l'invitation européenne pour écarter l'une des conditions légales, dans le cadre du contrôle concret de conventionnalité. Dans une célèbre affaire *Gonzalez-Gomez c/ APHP*, il a jugé, le 31 mai 2016 (req. n° 396848), que l'interdiction de l'assistance post mortem posée à l'article L. 2141-2 (et son corollaire, à savoir l'interdiction d'exporter des gamètes prélevés en France pour réaliser à l'étranger une telle assistance : art. L. 2141-11-1) ne portait pas atteinte *en elle-même* au droit au respect de la vie privée et familiale de l'intéressé, mais qu'elle conduisait *en l'espèce* à une ingérence disproportionnée dans le droit de la demanderesse, au

1. Sur le premier round, v. *S. H. et autres*, 1er avr. 2010.

regard des circonstances concrètes de l'affaire[1]. Il convenait donc de l'écarter, dans le cas concret, et d'enjoindre l'administration à autoriser l'exportation des gamètes considérés vers l'Espagne, pour permettre à la requérante d'y mener à bien son projet de maternité.

À cela s'ajoute que la Cour de cassation semble avoir *renoncé à sanctionner la violation de cet encadrement légal*, du moins sur le terrain de *la filiation de l'enfant ainsi conçu*. Le 22 septembre 2014, la Cour de cassation a été d'avis, à deux reprises, que « le recours à l'assistance médicale à la procréation, sous la forme d'une insémination artificielle avec donneur anonyme à l'étranger, ne fait pas obstacle au prononcé de l'adoption, par l'épouse de la mère, de l'enfant né de cette procréation, dès lors que les conditions légales de l'adoption sont réunies et qu'elle est conforme à l'intérêt de l'enfant » (avis 14-70006 et 14-70007)[2]. Et les décisions rendues à propos de la filiation d'un enfant issue d'une gestation pour autrui réalisée à l'étranger confortent cette solution : la Cour a admis que l'acte d'état civil étranger pouvait être partiellement transcrit en France s'il s'agissait de la filiation reposant sur la parenté biologique du commanditaire ayant apporté ses gamètes puis que le commanditaire n'ayant aucun rapport biologique de parenté avec l'enfant pouvait recourir à l'adoption, dans les conditions du droit commun (v. *infra*, n° 342). Ce courant jurisprudentiel, qui institue pour parents de l'enfant, soit des personnes qui ne remplissaient pas les conditions d'accès à l'assistance médicale posées par le droit français et se sont rendues dans un pays étranger pour en bénéficier, soit des personnes qui ont eu recours à l'étranger à des techniques interdites par le droit français, pose la question de savoir ce qu'il adviendra d'un enfant né en France d'une assistance illicite pratiquée en France. Une telle violation frontale de l'ordre public républicain appelle le prononcé des fortes sanctions, administratives et pénales, prévues par le droit de la santé publique à l'égard des établissements et personnes physiques enfreignant la loi (v. art. L. 1245-1; art. L. 1273-1 s., et art. L. 1274-1 s.; art. L. 2161-2; art. L. 2162-1 s.; art. L. 2164-1 s.), et il faut espérer que les juridictions y veilleront. Mais il y a fort à craindre que le droit à la vie privée de l'enfant permettra l'établissement de la filiation à l'égard de celui qui aura donné ses gamètes et que le droit à la vie familiale permette ensuite au parent d'intention d'adopter l'enfant. Triste perversion qu'une telle utilisation des droits fondamentaux.

336. ***Réforme envisagée.*** Le nombre grandissant d'États ouvrant plus largement l'assistance médicale à la procréation et l'existence d'avis favorables à l'ouverture de l'assistance médicale à la procréation aux couples de femmes et

---

1. Absence de fraude, extranéité des époux, résidence de la demanderesse en Espagne, volonté avérée des deux époux de recourir à une assistance post mortem, impossibilité pour l'époux de se déplacer en Espagne pour procéder au recueil de gamètes à raison de son état de santé, possibilité d'exporter les gamètes si les époux avaient été vivants, évolution rapide de l'état de santé de l'époux.
2. Comp. J. Hauser, *RTD civ.* 2014. 872; A.-D. Leroyer, *D.* 2014. 2031. En évitant de parler de fraude, la Cour donnait à penser qu'elle n'avait pas entendu écarter cette qualification mais seulement traiter cette hypothèse différemment de celle de la gestation pour autrui, suivant l'une des pistes tracées par le rapporteur, selon lequel « Les degrés dans l'atteinte à l'ordre public familial justifieraient un traitement différencié de l'insémination artificielle avec donneur et de la gestation pour autrui » : rapport de Madame le conseiller référendaire Rachel Le Cotty, p. 72. Sur l'application de ces solutions, v. Versailles, 15 févr. 2018, n°s 17/05286 et 17/05285, censurant TGI Versailles, 29 juin 2017, n° 17/01099, qui avait refusé l'adoption au motif que le silence de l'acte de naissance de l'enfant sur le père biologique ne suffisait pas et que le prononcé de l'adoption plénière revenait à interdire au père de faire établir sa parenté et à le priver d'un droit indisponible. La Cour d'appel a jugé que la possibilité d'une reconnaissance était « purement hypothétique » et que le silence de l'acte de naissance sur la filiation parentale permettait de prononcer l'adoption.

aux femmes célibataires[1] laissent présager un élargissement de l'ouverture de l'assistance médicale à la procréation. Cette ouverture se fera *au détriment de la protection des enfants, que l'alignement sur le modèle de la procréation charnelle assure efficacement* (v. *supra*, n° 334). *Elle fragilisera tout le cadre de l'assistance*, également fondée sur ce modèle de la procréation charnelle. Si le désir de procréation, la libre disposition de leur corps par les femmes, l'existence pratique de moyens de contourner l'interdit légal, et l'égalité des personnes fondent ces deux ouvertures, au motif que le modèle de l'engendrement charnel est dépassé, on se demande ce que deviennent les autres conditions, d'âge, de vie des deux membres du couple, s'il est possible de maintenir l'interdiction du clonage ou de la maternité pour autrui, ou encore d'exiger un motif thérapeutique pour les couples hétérosexuels, etc. À terme, une telle réforme risque de conduire, soit à laisser chaque adulte décider discrétionnairement quand et comment il recourt à cette assistance, soit à octroyer à un comité le pouvoir de délivrer des « permis de procréer »[2], après avoir vérifié que cette volonté individuelle n'était pas contraire à l'intérêt de l'enfant. Or ces deux voies doivent être rejetées. La première car elle conduit à imposer à l'État de fournir un soutien à une assistance qui pourra s'avérer très préjudiciable à l'enfant; et répondre à cette critique que la procréation charnelle n'est pas toujours favorable à l'intérêt de l'enfant est absurde, d'abord car le fait n'est jamais, en lui-même, un modèle pour le droit, ensuite car l'analogie doit consister à étendre une solution juridique favorable, et non pas préjudiciable[3], et enfin car la situation est tout à fait différente en fait, puisqu'il s'agit seulement dans un cas de refuser d'aider l'individu à procréer (donc une abstention étatique), quand dans l'autre il faudrait mettre en place des mesures terriblement attentatoires à la liberté individuelle (donc une action étatique)[4]. La seconde car une vérification concrète, au cas par cas, de l'intérêt de l'enfant, ouvre sur le terrain vaseux des multiples intérêts, à court ou long terme, personnel ou patrimonial, à être gâté ou élevé dans l'austérité, accueilli par telle personne bien portante ou à la santé fragile, exerçant telle activité dangereuse ou telle activité lucrative, vivant en couple ou pas, etc. Terrain d'autant plus incertain qu'il concerne un enfant non encore conçu...

4. La gestation pour autrui

337. ***La gestation pour autrui, transgression de principes fondamentaux***[5]. La gestation pour autrui est doublement *attentatoire aux principes et droits fondamentaux*. En ce qu'elle procède d'un accord passé entre un commanditaire (ou un couple de commanditaires) et une femme, qui s'engage à porter et mettre au monde (aussi parfois à concevoir) un enfant pour le ou les commanditaires, et à l'abandonner à la naissance pour le leur remettre, elle est en effet contraire aux principes de dignité et d'indisponibilité, du corps humain[6] et de

1. « Filiation, origines, parentalité, Le droit face aux nouvelles valeurs de responsabilité générationnelle », rapport I. Théry, A.-M. Leroyer, 2014; avis du Haut Conseil à l'égalité du 26 mai 2015; avis n° 15-18 du Défenseur des droits du 3 juillet 2015; avis n° 126 du CCNE du 15 juin 2017 sur les demandes sociétales de recours à l'assistance médicale à la procréation. Comp. « L'assistance médicale à la procréation, quelles perspectives d'avenir ? », dir. D. Fenouillet, *in La famille en mutation*, *APD* 2014. 157.
2. C. Labrusse-Riou, *Études de bioéthique*, PUF, 2007, présentation M. Fabre-Magnan, p. 79.
3. Les dispositions odieuses sont interprétées a contrario. L'analogie *ad pejus* doit être rejetée.
4. On oublie d'ailleurs que la stérilisation contraceptive répond en partie à cette logique.
5. M. Fabre-Magnan, *La gestation pour autrui, mythes et réalités*, Fayard, 2013.
6. On nie son existence, en confondant la libre disposition de soi et le droit de propriété (la liberté individuelle du sujet *en* son corps ne signifie pas que le corps est *la propriété* du sujet), en escamotant toutes les différences subtiles qu'opère le droit positif, entre le rapport du sujet à ▶

l'état[1] : elle instrumentalise le corps de la femme, qu'elle réifie en la transformant en matrice procréatrice; elle réifie directement l'enfant, dont elle fait une chose à fabriquer puis livrer; elle conduit à un pacte sur la filiation de l'enfant, en contenant une renonciation de la mère porteuse à sa maternité, quelles que soient les formes et la portée de la renonciation. Elle fut condamnée à juste titre par la Cour de cassation réunie en assemblée plénière : le 31 mai 1991, elle jugeait au visa des articles 6, 1128 et 353, que « la convention par laquelle une femme s'engage, fût-ce à titre gratuit, à concevoir et à porter un enfant pour l'abandonner à la naissance » est nulle comme contrevenant tant au principe d'indisponibilité du corps humain qu'à celui de « l'indisponibilité de l'état des personnes ». L'interdit fut consacré par la loi du 29 juillet 1994 : « toute convention portant sur la procréation ou la gestation pour le compte d'autrui » (art. 16-7).

338. ***La gestation pour autrui. Une nécessaire sanction.*** Parce que l'opération viole tant l'intérêt général que les intérêts privés, de la mère porteuse (et des siens, notamment de ses enfants) et de l'enfant ainsi appelé à la vie, cet interdit appelle de fortes sanctions. Outre *la nullité absolue* de toute convention contraire, diverses *sanctions pénales* pourront éventuellement intervenir : les délits de simulation et dissimulation d'enfant (art. 227-13 CP), de faux en écriture publique (art. 441-4 CP) ou encore de provocation à l'abandon (art. 227-12 CP) peuvent s'appliquer; plus spécifiquement, pourra être incriminé « le fait de s'entremettre entre une personne ou un couple désireux d'accueillir un enfant et une femme acceptant de porter en elle cette enfant en vue de le leur remettre » (art. 227-12 CP), ou « de procéder à une insémination artificielle par sperme frais ou mélange de sperme » (art. 511-12 CP), mais seuls des tiers (l'intermédiaire ou celui qui pratique l'insémination) pourront ainsi être condamnés, les commanditaires et la mère porteuse ne pouvant être poursuivis que comme complices. Cet arsenal pénal a interdit la constitution en France d'un « marché privé de la procréation » mais il peine à dissuader les commanditaires de recourir à une gestation pour autrui à l'étranger, le principe de territorialité de la loi pénale faisant souvent[2] obstacle au jeu des incriminations[3]. De ce point de vue, l'application du crime de réduction en esclavage, défini depuis la loi du 5 août 2013, comme « le fait d'exercer à l'encontre d'une personne l'un des attributs du droit de propriété » (art. 224-1 CP) pourrait être bien plus efficace[4]. La der-

▶ son corps (il s'exprime aujourd'hui sous la forme d'un droit extra-patrimonial : art. 16-1) ou au corps d'autrui, et en oubliant que le cadre légal de la santé publique fait de la disponibilité une exception étroitement encadrée par de nombreuses conditions (parmi lesquelles la gratuité mais aussi la finalité légitime, de santé publique). Sur quoi, v. D. Fenouillet, « La personne dans le commerce juridique », *in Un ordre juridique nouveau ?*, Dialogue avec Louis Josserand, dir. W. Dross, Th. Favario, Mare Marin, 2014 p. 43 à 72.

1. Là encore, quoi qu'on en dise et qu'on en pense, l'état est indisponible. D'une part la volonté est impuissante à dessiner abstraitement les éléments constitutifs de l'état (ex. le sujet peut bien trouver que la religion est un élément déterminant de son état, ce n'est pas un élément de l'état civil) et leurs critères de détermination (ex. être marié implique d'avoir fait célébrer un mariage dans les conditions des articles 142 et s. du code civil, et le concubin pourra bien se sentir marié et se vouloir marié, le droit le considérera comme un concubin et non comme un conjoint). D'autre part il n'est possible pour le sujet de changer de nom, de prénom, de sexe, de nationalité, de conjoint, etc. que dans les conditions prévues par la loi : le principe est que le nom que l'on a est immuable, que l'on ne peut répudier son conjoint, etc. Que les textes réduisent les conditions considérées n'y change rien.
2. Quelques exceptions : TGI Bordeaux, 1er juill. 2015, Lexbase n° 621, 16 juill. 2015, obs. A. Gouttenoire; T. corr. Blois, 22 mars 2016, *Dr. fam.* 2016, ét. 18.
3. TGI Créteil, 30 sept. 2004, D. 2005, 476.
4. M. Fabre-Magnan, « Les nouvelles formes d'esclavage et de traite, ou le syndrome de la ligne Maginot », *D* 2014. 491.

nière sanction à laquelle on peut recourir est le refus d'établissement de *la filiation de l'enfant*, mais elle est aujourd'hui abandonnée en jurisprudence à l'égard des enfants issus de gestations pour autrui pratiquées à l'étranger dans des pays qui l'acceptent.

339. ***Le refus initial de filiation.*** La Cour de cassation a d'abord refusé l'établissement de la filiation à l'égard des commanditaires *par la voie de l'adoption* : en 1991, elle interdisait le recours à l'adoption plénière, au motif que « cette adoption n'était que l'ultime phase d'un processus d'ensemble destiné à permettre à un couple l'accueil à son foyer d'un enfant en exécution d'un contrat tendant à l'abandon à sa naissance par sa mère » et « portant atteinte au principe de l'indisponibilité du corps humain et de l'état des personnes », d'où résultait un véritable « détournement de l'institution de l'adoption »[1]. Trois ans plus tard, la solution était très logiquement étendue à l'adoption simple[2].

Confrontée à *des gestations pour autrui réalisées dans des pays étrangers qui l'admettent,* la Cour de cassation a ensuite *refusé, sur des fondements variés la transcription* sur les registres de l'état civil français des actes établis à l'étranger et porteurs de filiation, écartant aussi le cas échéant le jeu de l'article 47 du Code civil, qui prévoit la transcription sauf si « l'acte est irrégulier, falsifié ou que les faits qui y sont déclarés ne correspondant pas à la réalité »[3]. La Cour de cassation a d'abord refusé de transcrire *en se fondant sur l'ordre public*[4] : le 6 avril 2011[5], dans trois décisions de principe, elle s'appuyait sur le principe de l'indisponibilité de l'état, principe essentiel du droit français, pour juger qu'il était contraire à ce principe « de faire produire effet, au regard de la filiation, à une convention » de mère porteuse. Deux ans plus tard, le 13 septembre 2013, elle substituait l'argument de *la fraude* à celui de l'ordre public[6], interdisait la transcription « lorsque la naissance est l'aboutissement, en fraude à la loi française, d'un processus d'ensemble comportant une convention de gestation pour le compte d'autrui, convention qui, fût-elle licite à l'étranger est nulle d'une nullité d'ordre public » et jugeait qu'il convenait d'annuler la reconnaissance effectuée par le père d'intention qui était également le père biologique de l'enfant, le ministère public ayant la possibilité d'agir sans avoir à établir que l'auteur de la reconnaissance n'était pas le parent biologique de l'enfant. La sanction de la fraude s'opposait ainsi à toute filiation : peu importait que le ou les commanditaires aient apporté leurs gamètes, que la filiation soit adoptive ou fondée sur le lien biologique, qu'il s'agisse de transcrire un acte d'état civil étranger ou d'établir directement en France la filiation.

340. ***La question des droits fondamentaux.*** Ces solutions furent critiquées au nom des droits fondamentaux : droit à la vie familiale des parents commanditaires, droit à la vie privée de l'enfant, interdiction des discriminations, intérêt de l'enfant. Avec raison, la Cour de cassation avait partiellement balayé ces criti-

1. Ass. plén., 31 mai 1991, préc.
2. Civ. 1re, 29 juin 1994, *RTD civ.* 1994. 842. Le recours à une expertise génétique permettait la démonstration de la fraude : Civ. 1re, 16 févr. 1999, *D.* 1999. 692.
3. Ce qu'il convenait d'établir, sans que cela ne présente de difficulté eu égard aux indices parfois laissés derrière eux par les intéressés (voyages fréquents à l'étranger et retour en France avec un nouveau-né; mentions de l'acte étranger lui-même, etc.).
4. En 2008, elle autorisait le ministère public à agir en nullité d'une transcription intervenue alors que les énonciations de l'acte indiquaient qu'il y avait nécessairement eu recours à une gestation pour autrui : Civ. 1re, 17 déc. 2008, *D* 2009. 166.
5. Civ. 1re, 6 avr. 2011, nos 09-66.486, 10-19.053 et 09-17.130.
6. Civ. 1re, 13 sept. 2013, nos 12-30.138 et 12-18.315. V. Civ. 1re, 19 mars 2014, no 13-50.005.

ques, en soulignant « qu'en présence de cette fraude, ni l'intérêt supérieur de l'enfant que garantit l'article 3, paragraphe 1, de la Convention internationale des droits de l'enfant, ni le respect de la vie privée et familiale au sens de l'article 8 de la Convention de sauvegarde des droits de l'homme et des libertés fondamentales ne sauraient être utilement invoquées ». Peut-être la Cour aurait-elle pu convaincre la CEDH en expliquant combien l'établissement de la filiation revenait à consacrer une opération profondément transgressive, en ce qu'elle porte *gravement atteinte aux droits fondamentaux de deux des parties en présence :* le droit de l'enfant à être traité comme un sujet et non comme un objet, à ne pas être abandonné à la naissance par celle qui l'a mis au monde, et à être élevé par ses deux parents; le droit de la mère porteuse à être respectée dans son intégrité et à ne pas être réifiée, et à faire établir et respecter sa maternité.

341. ***Gestation pour autrui à l'étranger. Filiation à l'égard du parent biologique.*** *La CEDH* a condamné la France, le 26 juin 2014, dans *deux arrêts célèbres (Mennesson* et *Labassee)*[1], au motif que les parents ne pouvaient invoquer une violation de leur droit au respect de leur vie familiale, mais que le droit français méconnaissait le droit au respect de la vie privée de l'enfant[2]. S'agissant du couple commanditaire, la CEDH relevait l'absence de consensus européen en matière de GPA puis estimait que les requérants n'établissaient pas se heurter à des difficultés insurmontables et ne prouvaient pas qu'ils ne pouvaient pas bénéficier de leur droit au respect de leur vie familiale en France. À l'égard de l'enfant en revanche, elle estimait que le refus de transcrire l'état civil manifestait que le lien de filiation n'était pas reconnu par l'ordre juridique français, ce qui portait atteinte à l'identité de l'enfant, à trois égards, sur le terrain de la filiation, de la nationalité, et de la succession. Elle admettait que les autorités françaises pouvaient souhaiter dissuader les ressortissants de recourir à un tel mode de conception, mais relevait que cette mesure « affect(ait) significativement » le droit au respect de la vie privée, « qui implique que chacun puisse établir la substance de son identité, y compris sa filiation », ce qui posait donc « une question grave de compatibilité de cette situation avec l'intérêt supérieur des enfants, dont le respect doit guider toute décision les concernant ». Elle soulignait que « cette analyse prend un relief particulier lorsque, comme en l'espèce, l'un des parents d'intention est également géniteur de l'enfant. Au regard de l'importance de la filiation biologique en tant qu'élément de l'identité de chacun..., on ne saurait prétendre qu'il est conforme à l'intérêt d'un enfant de le priver d'un lien juridique de cette nature alors que la réalité biologique de ce lien est établie et que l'enfant et le parent concerné revendiquent sa pleine reconnaissance ». Elle concluait donc à la violation du droit au respect de la vie privée (*Mennesson*, § 101; *Labassee*, § 80). Réitérée à plusieurs reprises, dans des conditions de fait le cas échéant assez différentes[3], ces solutions étaient hypocrites lorsqu'elles distinguaient la situation des parents et celle des enfants : dénier aux parents le droit de se plaindre du non établissement de la filiation en France, tout en autorisant l'enfant à le faire est une affirmation de pure façade car l'enfant incapable est représenté par ses parents d'intention et que de toute façon la filiation est un lien réciproque dont les parents pourront se prévaloir une fois qu'il aura été établi. Elles faisaient en outre l'impasse sur les droits fondamentaux auxquels la

1. Dans une profusion de notes, quelques références : *D.* 2014. 1773, 1797, 1806 et les notes de H. Fulchiron, F. Chénédé, L. d'Avout; *RTD civ.* 2014. 616, obs. J. Hauser.
2. Irrecevabilité de l'argument de discrimination, non soulevé devant les juridictions internes : § 110.
3. V. notamment les affaires *Foulon c/ France*, 21 juill. 2016, et *Bouvet c/ France*, 21 juill. 2016, où le recours à la gestation pour autrui est le fait d'hommes; *Laborie c/ France*, 19 janv. 2017.

gestation pour autrui porte atteinte. Pourtant, *le 3 juillet 2015,* saisie de deux pourvois formés contre des décisions ayant rejeté une demande de transcription, *la Cour de cassation* s'alignait sans état d'âme sur la jurisprudence européenne, sans même juger nécessaire de prescrire une mesure d'identification génétique pour vérifier que le parent biologique prétendu était bien l'auteur de l'enfant, comme l'y invitait pourtant l'avocat général et la motivation adoptée par la Cour européenne[1]. Aux visas de l'article 47 du Code civil, de l'article 7 du décret du 3 août 1962 modifiant certaines règles relatives à l'état civil, et de l'article 8 de la Convention de sauvegarde des droits de l'homme et des libertés fondamentales, elle jugeait « que l'acte de naissance concernant un Français, dressé en pays étranger et rédigé dans les formes usitées dans ce pays, est transcrit sur les registres de l'état civil sauf si d'autres actes ou pièces détenus, des données extérieures ou des éléments tirés de l'acte lui-même établissent, le cas échéant après toutes vérifications utiles, que cet acte est irrégulier, falsifié ou que les faits qui y sont déclarés ne correspondent pas à la réalité ». La solution, réitérée par la suite[2], posait la question de savoir si la « réalité » désignait la réalité « biologique » (seule pouvait être transcrite la mention de la filiation de l'enfant à l'égard de son parent biologique) ou la réalité « juridique » (la transcription pouvait aussi, le cas échéant, porter sur l'adoption prononcée à l'étranger à l'égard du parent d'intention, voire sur la mention du parent d'intention sur l'acte de naissance de l'enfant).

342. ***Gestation pour autrui à l'étranger. Ouverture de l'adoption au parent d'intention.*** La CEDH semblait moins favorable à la filiation lorsque l'enfant issu de la GPA n'avait aucun lien biologique avec les deux membres du couple. Dans une décision *Paradiso et Campanelli c/ Italie*, du 24 janv. 2017[3], la grande chambre avait jugé que les requérants ne pouvaient se prévaloir du droit au respect de la vie familiale vu les faits[4] et que les mesures prises (éloignement de l'enfant et prise en charge par les services sociaux) constituaient bien une ingérence dans leur vie privée mais poursuivaient une finalité légitime (défense de l'ordre et protection des droits et libertés d'autrui) et pouvaient être jugées nécessaires dans une société démocratique car accepter de laisser l'enfant avec les requérants revenait à légaliser la situation créée par eux en violation de règles importantes du droit italien. La CEDH avait donc considéré que les juridictions italiennes avaient ménagé un juste équilibre entre les intérêts en présence. Le 5 juillet 2017, la Cour de cassation rendait quatre nouvelles décisions, qui confirmaient la transcription des mentions relatives à la filiation de l'enfant à l'égard de son parent biologique et réglaient en outre la question de la filiation susceptible d'unir l'enfant à son parent d'intention. La Cour refusait la transcription de la filiation maternelle d'intention mais précisait qu'il était possible de recourir à l'adoption dans les conditions du droit commun, s'efforçant de justifier la solution au regard des droits fondamentaux, en soulignant que le refus de transcription portait atteinte au droit au respect de la vie privée et familiale des enfants,

1. N°s 14-21.323 et n° 15-50.002.
2. Civ. 1re, 29 nov. 2017, n° 16-50.061.
3. Un enfant né en Russie d'une gestation pour autrui commanditée par un couple d'italiens, et qui n'avait aucun lien biologique avec le couple, avait été enregistré à l'état civil en Russie comme né de ce couple et était rentré en Italie avec lui. Mais une procédure pénale avait été immédiatement diligentée pour altération d'état civil, usage de faux et infraction à la loi sur l'adoption (les intéressés avaient amené l'enfant en Italie sans respecter la procédure légale). Et cinq mois plus tard, le tribunal ordonnait la prise en charge de l'enfant par les services sociaux et son placement à des fins d'adoption, ce qui aboutit effectivement à l'adoption de l'enfant.
4. Eu égard à l'absence de tout lien biologique entre eux et l'enfant, à la courte durée de la cohabitation avec l'enfant (six mois en Italie et deux en Russie) et à la précarité juridique des liens existant entre eux, et ce malgré l'existence d'un projet parental et la qualité des liens affectifs.

mais que la loi poursuivait un but légitime (protéger l'enfant et la mère porteuse; prévenir la gestation pour autrui) et que l'atteinte était proportionnée au regard de trois éléments : d'abord « l'accueil des enfants au sein du foyer constitué par leur père et son épouse n'est pas remis en cause par les autorités françaises, qui délivrent des certificats de nationalité française aux enfants nés d'une gestation pour autrui à l'étranger »; « ensuite, en considération de l'intérêt supérieur des enfants déjà nés, le recours à la gestation pour autrui ne fait plus obstacle à la transcription d'un acte de naissance étranger, lorsque les conditions de l'article 47 du code civil sont remplies, ni à l'établissement de la filiation paternelle »; et « enfin, l'adoption permet, si les conditions légales en sont réunies et si elle est conforme à l'intérêt de l'enfant, de créer un lien de filiation entre les enfants et l'épouse de leur père » (n°s 15-28.597; 16-16.901; 16-50.025; 15-28.597).

Certains auteurs ont vu dans le renvoi au droit commun de l'adoption une violation des droits fondamentaux (seul un couple marié pourrait bénéficier d'une adoption plénière, puisqu'en l'absence de mariage, l'adoption par le parent d'intention détruit le lien de filiation d'origine avec le parent biologique; le contrôle de l'intérêt de l'enfant serait inacceptable car contraire à la vie privée et discriminatoire, puisque la filiation fondée sur la parenté biologique ne fait pas l'objet d'un tel contrôle; il faudrait obtenir à nouveau le consentement de la mère porteuse à l'adoption; etc.). D'autres ont applaudi *une décision équilibrée,* protectrice de l'enfant et refusant de valider n'importe quelle situation, la procédure d'adoption permettant au tribunal de prendre en compte toutes les conditions entourant la gestation pour autrui (et notamment le consentement de la gestatrice), *ce qui revient en réalité implicitement à juger que la gestation pour autrui peut être acceptable dans certaines conditions,* alors qu'elle est par essence même contraire aux principes et droits fondamentaux : contraire à la dignité de la femme, qu'elle transforme en matrice procréatrice; contraire à la dignité de l'enfant qu'elle réifie; contraire à l'indisponibilité de l'état, qu'elle abandonne aux accords privés. La Cour d'appel de Paris a récemment jugé que l'adoption plénière, théoriquement possible, ne devait pas être prononcée en l'espèce, rien ne permettant d'apprécier les circonstances entourant la conception et la naissance (Paris, 30 janv. 2018, *D* 14 févr. 2018, *Actualités*, obs. M. Borde).

L'admission de l'adoption est pourtant malvenue *dans son principe même.* Elle entérine une pratique gravement contraire à nos principes fondamentaux et n'est en rien imposée par les droits fondamentaux, la CEDH considérant qu'il est tout à fait possible de refuser de consacrer par l'adoption un lien factuel dès lors que le refus poursuit une finalité légitime et qu'il est proportionné (ainsi en matière de kefala, v. *supra*, n°s 324 et 325).

343. ***La gestation pour autrui en France. Avenir.*** Pour l'heure, le législateur s'est abstenu d'intervenir. Il s'est contenté, par *une loi du 18 novembre 2016,* de créer une procédure permettant à toute personne ayant été partie à l'instance et disposant d'un intérêt à le solliciter, de demander à bénéficier du *réexamen d'une décision civile définitive rendue en matière d'état des personnes* lorsqu'il résulte d'un arrêt rendu par la CEDH que cette décision a été prononcée en violation de la CSDHLF et que cette violation, par sa nature et sa gravité, entraîne, pour cette personne, des conséquences dommageables auxquelles la satisfaction équitable accordée en application de l'article 41 de la même Convention ne pourrait mettre un terme (art. L. 452-1 COJ)[1]. Le 16 février 2018, les deux premières déci-

1. Cette procédure est entrée en vigueur le 15 mai 2017 mais il est possible à titre transitoire de former une demande de réexamen dans l'année de cette entrée en vigueur lorsque cette demande était motivée par une décision de la CEDH rendue avant cette date (art. 42, II et III de ▶

sions de la Cour de réexamen ont justement porté sur des affaires de gestation pour autrui, dont la Cour de cassation avait eu à connaître le 6 avril 2011 (n° 10-19053) et le 13 septembre 2013 (n° 12-30138), les deux décisions ayant conduit à une condamnation européenne de la France, la première le 26 juin 2014 (req. n° 65192/11), la seconde le 21 juillet 2016 (req. n° 10410/14). Dans les deux cas, la Cour de réexamen a jugé qu'il convenait de rejuger l'affaire (décisions n° 001 et n° 002). Aucun texte ne vient en revanche résoudre la question de la filiation de l'enfant, le législateur ayant lâchement abandonné la question à la jurisprudence. Il n'est pas sûr que les solutions dégagées ci-dessus, au-delà des critiques qu'elles suscitent, suffisent à régler la question.

Qu'adviendra-t-il ainsi d'un enfant conçu, porté et né en France d'une *gestation pour autrui réalisée dans l'Hexagone ?* On redoute que le spectre d'une condamnation européenne pour violation du droit au respect de la vie privée et familiale de l'enfant ne conduise les juridictions à admettre une solution comparable à celle qu'elles ont retenue en matière de gestation pour autrui à l'étranger : établissement de la filiation par les modes d'établissement du titre VII à l'égard du parent biologique au nom du droit à la vie privée de l'enfant, puis recours à l'adoption à l'égard du parent d'intention, au nom de son droit au respect de sa vie familiale. La violation frontale et directe de l'ordre public devrait conduire à refuser d'établir le lien de filiation.

L'interdit pourra-t-il résister dans son principe même ? Il est aujourd'hui doublement contesté. D'abord au nom de *l'effectivité* et de *la cohérence :* il ne servirait à rien de maintenir un interdit alors que l'on consacre le fruit de sa violation. C'est oublier que l'interdit conserve son effectivité dans l'ordre interne, et que les incriminations pénales de la gestation pour autrui et l'interdiction d'un système organisé expliquent sans doute que la gestation pour autrui ne soit guère pratiquée sur le territoire hexagonal et que le droit ait ainsi empêché l'apparition en France d'un marché de la procréation. Ensuite au nom du *droit des femmes à disposer d'elles-mêmes* (c'est à elles seules qu'il conviendrait de décider de prêter ainsi leurs facultés procréatrices à autrui) et de la nécessité d'encadrer le phénomène *pour éviter les abus.* À quoi l'on répondra : que le cadre n'empêchera pas les abus; que la réalité donne à voir à l'étranger une gestation pour autrui peu éthique, qui met les femmes les plus vulnérables à la disposition d'autrui; que, serait-elle en situation de consentir librement, la femme n'a pas la liberté de se réduire en esclavage; qu'elle n'a en toute hypothèse aucun droit sur l'enfant qui lui permette ainsi d'en disposer; que l'éventuelle liberté (?) de quelques-unes ne doit pas conduire à oublier la contrainte qui pèse sur le plus grand nombre; que la gratuité d'un acte illicite ne le rend pas licite; etc. La notion même de GPA « éthique » est pourtant un non-sens[1].

On regrette que la Cour de cassation n'ait pas choisi *la voie de la résistance,* alors que les décisions européennes étaient éminemment contestables : au regard *du droit qu'a l'enfant de faire établir sa filiation,* ce droit admettant des limites aux conditions habituelles, de finalité légitime et de proportionnalité, et la CEDH n'ayant pas hésité à en faire diverses applications dans des hypothèses où les valeurs en question n'étaient pas plus importantes (par exemple l'accouchement sous X, v. *Odièvre c/ France,* cité *supra,* n° 308) que celles qui fondent l'interdit de

---

► la loi du 18 novembre 2016 et art. 7 du décret n° 2017-396 du 24 mars 2017). La Cour de cassation a jugé qu'il n'était pas possible de saisir le juge des référés pour obtenir la transcription de l'acte étranger : Civ. 1re, 5 juill. 2017, Décis. n° 16-20052.

1. M. Fabre-Magnan, « L'impossibilité d'une GPA "éthique" », *in La famille en mutation,* préc., p. 465 s.

la GPA; mais aussi au regard de *l'intérêt de l'enfant*, un peu trop vite invoqué par les adeptes des droits fondamentaux, tant il est étrange de juger qu'il est de l'intérêt de l'enfant d'être rattaché à des personnes qui ont commandé sa fabrication moyennant finances, le traitant ainsi comme un objet et non comme un sujet.

À tout le moins, la Cour de cassation aurait-elle pu *rappeler l'article 16-7 et les principes d'indisponibilité du corps* (v. art. 16-1, al. 3) *et de l'état* (explicité par l'article 323 en matière de filiation). La doctrine a aussi considéré qu'il valait mieux, si l'on souhaitait s'incliner devant l'intérêt de l'enfant, concrètement entendu — à supposer qu'on adhère à cette qualification, hautement discutable, v. supra-[1], refuser de transcrire l'acte étranger, point d'aboutissement de la fraude commise à l'étranger, et exiger du parent biologique *une reconstruction en France de la filiation*, au moyen de l'un des modes d'établissement organisés par le titre VII[2].

Si l'on souhaite maintenir un interdit doté d'une efficacité minimale, il est impératif de *renforcer les sanctions pénales*, en abandonnant le principe de territorialité de la loi pénale et en élargissant les incriminations au couple commanditaire[3]. Repousser cette solution, au prétexte qu'elle ne changera rien dans l'ordre international, et que la question ne peut être résolue que dans cet ordre et par une convention internationale est absurde (une effectivité minimale est mieux qu'une ineffectivité totale) et n'est qu'un prétexte à l'inaction : nul n'a protesté contre le renforcement du droit pénal interne pour lutter contre la traite d'êtres humains au motif qu'il existait des réseaux internationaux !

344. ***Gestation pour autrui. Cas topique de la dérive des droits fondamentaux.*** Comment est-il possible, dans une société qui se dit soucieuse de l'intérêt de l'enfant et tient de grands discours sur l'amélioration du sort de la femme, que l'on en soit arrivé là ? Les facteurs sont multiples : incapacité d'une société où règne le relativisme à penser ses fondamentaux (la tolérance n'est pourtant pas l'abandon des valeurs essentielles); pensée politiquement correcte inapte à penser le social autrement que par la juxtaposition de droits fondamentaux (mais que devient le lien social dans une telle perspective ?); efficacité des groupes de pression qui manient la communication avec une grande habileté (opprimées hier, les minorités dictent désormais la loi; cet excès-là n'est pas plus démocratique que ne l'était le mépris qu'on leur portait hier); lâcheté d'un pouvoir politique trop soucieux de paraître *in* que d'assurer la protection de l'ordre social; usurpation de pouvoir par une Cour européenne devenue seule maître à bord, sans aucun garde-fou démocratique; perte de vue des avantages de la démocratie législative par la société et course à l'équité du cas; oubli par les juges eux-mêmes de ce qu'il leur appartient de faire respecter et de respecter eux-mêmes la loi votée par la majorité, la fondamentalisation du droit leur tenant lieu désormais de boussole, et leur donnant l'illusion de défendre la veuve et l'orphelin; crainte des uns et des autres de passer pour des conservateurs, voire des réactionnaires, et lâcheté qui l'accompagne; etc. Quel gâchis !

B. Effets du lien de parenté

1. Statut spécifique de l'enfant mineur

345. ***Statut spécifique de l'enfant mineur.*** Le droit organise *la protection de l'enfant mineur*, que son immaturité place en situation de faiblesse, en le confiant

1. Sur les différents niveaux d'appréciation de l'intérêt de l'enfant, v. M. Fabre-Magnan, *D.* 2015. 224.
2. L. d'Avout, *D.* 2014. 1806.
3. Sur quoi, v. Ch. Blanchard, in *L'assistance médicale...*, *APD* 2014, préc., p. 349 s.

à ses parents. Ils lui doivent des aliments, jusqu'à ce qu'il soit en mesure de pourvoir seul à ses intérêts[1]. Ils sont dotés à son égard d'une autorité parentale, qui leur confère droit et devoir d'éducation, et les charge de veiller à sa santé, sa sécurité et sa moralité, et d'assurer son développement. Dans la droite ligne de ce gouvernement personnel, les parents ont l'administration légale des biens, c'est-à-dire que ce sont eux qui gèrent le patrimoine de l'enfant. Mais ces deux principes — incapacité du mineur, pouvoirs des parents — ne sont pas absolus. D'une part en effet le droit contemporain soustrait de plus en plus l'enfant au pouvoir parental, en lui conférant une autonomie grandissante. D'autre part, loin de s'en remettre totalement aux parents, il place ceux-ci sous une surveillance plus ou moins étroite de l'État, dans l'espoir d'assurer effectivement le respect de l'intérêt de l'enfant. Ce statut est largement dirigé par *l'intérêt de l'enfant*, conformément aux exigences internationales.

a. *L'impact des libertés et droits fondamentaux*

346. ***Statut de l'enfant mineur. Jurisprudence européenne relative à la séparation.*** La CEDH juge qu'« *être ensemble représente un élément fondamental de la vie familiale* » (*Olsson c/ Suède*, 24 mars 1988, § 59)[2]. Elle contrôle donc toute séparation parent/enfant[3]. L'intérêt supérieur de l'enfant est déterminant, qu'il s'agisse de mesures étatiques de séparation enfant/parent (*Gnahoré c/ France*, 19 sept. 2000; *Hokkanen c/ Finlande*, 23 sept. 1974) ou de l'enlèvement international de l'enfant par l'autre parent (*Maumousseau et Washington*, préc.; *Neulinger et Shuruk*, préc.)[4].

347. ***Vérification de la mesure étatique de séparation.*** La CEDH contrôle le principe même de la séparation, en l'analysant comme une ingérence dans le droit au respect de la vie familiale. Au fond, la décision doit être prévue par une loi de qualité suffisante[5], justifiée par un *but légitime* constitué par l'intérêt de l'enfant[6] et *proportionnée* au but recherché[7], la Cour européenne y voyant une sorte de mesure subsidiaire de protection. Sur le *plan procédural*, la CEDH veille à ce que les parents et enfants aient bénéficié d'une procédure satisfaisante[8] : le processus doit être rapide et équitable; la mise à l'écart des parents lors de la décision initiale doit être indispensable pour protéger l'enfant dans l'urgence; les parents ont droit à la communication des pièces, sauf nécessaire protection de l'enfant.

348. ***Contrôle de l'organisation de la séparation.*** Il faut veiller autant que possible à *préserver les droits parentaux malgré la séparation*, seules des restrictions procédant de *l'intérêt supérieur de l'enfant* étant admissibles[9]. Interrompre trop longtemps les relations familiales met en péril la réunion familiale[10], et suppri-

1. L'inaction étatique dans le recouvrement des aliments est une violation de l'article 6, § 1 : CEDH 18 nov. 2010, *Romanczyk c/ France*.
2. *B., H., O. R. et W c/ RU*, 8 juill. 1987.
3. Sur quoi, v. *GAJCEDH*, A. Gouttenoire, p. 618 s.
4. La CEDH a incorporé la Convention de La Haye du 25 oct. 1980 à l'article 8 Conv. EDH et elle considère que cette Convention ne doit pas être interprétée isolément mais en harmonie avec les principes généraux du droit international : *Ignaccolo-Zenide c/ Roumanie*, 25 janv. 2000.
5. La généralité des conditions d'une mesure d'assistance éducative n'est pas problématique : *Schmidt c/ France*, 26 juill. 2007.
6. *Gnahoré c/ France*, 19 sept. 2000.
7. Ex. appartenance sectaire de la mère conduisant au fait qu'elle est embrigadée, coupée du monde, et atteinte dans son intégrité physique : *Schmidt c/ France*, préc.
8. CEDH 26 juill. 2007, *Schmidt c/ France*.
9. *Johansen c/ Norvège*, 7 août 1996.
10. *Olsson*, préc.; *Gnahoré*, préc.

mer tout droit de visite avec le parent détenu n'est possible qu'en présence d'une situation exceptionnelle[1] et il n'est pas possible de supprimer automatiquement l'autorité parentale à titre de peine accessoire[2]. La Cour européenne exerce aussi un contrôle étroit sur les modalités d'organisation de la séparation consécutive à la séparation des parents. Le parent divorcé auquel l'enfant n'est pas confié doit avoir un droit de visite et des contacts avec l'enfant, et la CEDH met à la charge des États l'obligation positive de garantir le respect du droit de visite, tout en prenant en considération le contexte factuel[3]. Là encore, des limites sont envisageables aux conditions habituelles de fond et de procédure[4] : finalité de la mesure, proportionnalité de la mesure, protection procédurale (sans les imposer, elle est attentive à l'audition de l'enfant, à la tenue de l'audience, aux expertises diligentées, etc.). Pour la Cour, en matière de garde d'enfant, l'intérêt supérieur de l'enfant peut avoir un double objet : « lui garantir une évolution dans un environnement sain »; « maintenir ses liens avec sa famille, sauf dans les cas où celle-ci s'est montrée particulièrement indigne »[5]. L'obligation de réunion peut céder devant l'intérêt supérieur de l'enfant, et la Cour prend en compte la volonté des enfants : ainsi du refus d'exécution forcée du jugement d'adoption en cas d'opposition des enfants[6]; ainsi du refus opposé par un enfant à l'exercice du droit de visite de son père[7]; etc.

349. ***Séparation consécutive à un enlèvement international.*** En cas d'enlèvement international de l'enfant, les États doivent prendre toutes les mesures nécessaires pour *assurer effectivement le retour* de l'enfant[8]. La CEDH considère néanmoins qu'il ne peut pas être reproché à un État de prendre en compte *l'ensemble de la situation familiale, l'évolution de celle-ci dans le temps et l'intérêt supérieur de l'enfant*[9], *la volonté qu'il exprime* étant un élément clé à prendre en considération[10]. Allant au-delà, le droit français s'efforce de prévenir cette situation. Le Conseil d'État avait jugé, en 1999, que chaque parent exerçant l'autorité parentale pouvait demander l'inscription de l'enfant sur son passeport, ce qui revenait à faire une application très souple de la qualification d'acte usuel (art. 372-2)[11]; puis il avait décidé en 2002 qu'exiger de façon générale l'accord des parents séparés constituait une atteinte grave à la liberté personnelle et à la liberté d'aller et de venir des membres de la famille[12]. Désormais, le JAF peut ordonner l'interdiction de sortie du territoire national sans l'autorisation des deux parents (art. 373-2-6, al. 3).

350. ***Autorité parentale.*** Au-delà de cet encadrement étroit de la séparation de l'enfant et de ses auteurs, quel impact les droits fondamentaux ont-ils sur le statut du mineur ? L'autorité parentale est une pièce de choix sous l'angle des droits fondamentaux, car elle est tout à la fois la traduction pratique du droit

1. *Messina c/ Italie*, 28 sept. 2000. Sur l'impact de la détention, v. D. Fenouillet, « Peut-on être parent en prison ? », *in La vie privée en prison*; dir F. Safi, colloque 17 sept. 2017, Lexbase 2018.
2. *Sabou et Pircalab c/ Roumanie*, 28 sept. 2004.
3. *Fourchon c/ France*, 28 sept. 2005; *Bove c/ Italie*, 30 juin 2005.
4. *Elsholz c/ Allemagne*, 13 juill. 2000.
5. *Mamousseau et Washington c/ France*.
6. *Pini et Bertani et autres c/ Roumanie*, 2 juin 2004.
7. Le refus de l'enfant de 12 ans peut faire obstacle au droit de visite du père : *Hokkanen c/ Finlande*, 23 sept. 1994.
8. *Ignacollo-Zenide c/ Roumanie*, 25 janv. 2000; *Iglesias Gil et A. U. I. c/ Espagne*, 29 avr. 2003, *Maire c/ Portugal*, 26 juin 2003, *Sylvester c/ Autriche*, 24 avr. 2003.
9. *Neulinger et Shuruk c/ Suisse*, préc., fait de l'intégration de l'enfant un obstacle au retour.
10. *M.K. c/ Grèce*, n° 51312/16, 1er févr. 2018.
11. CE 8 févr. 1999, n° 173126.
12. CE, réf., 4 déc. 2002, n° 252051.

qu'ont les parents à élever leur enfant et de la nécessaire protection de l'intérêt de ce dernier, un mode d'exercice des droits fondamentaux de l'enfant et une entrave à l'autonomie de l'enfant.

351. ***L'expression des droits des parents.*** La CIDE et la Charte UE font aux parents une place de choix dans la prise en charge du mineur. La CIDE reconnaît aux parents *le droit de guider l'enfant dans l'exercice des droits reconnus par la CIDE*, en fonction de son discernement (art. 5) et affirme que la responsabilité d'élever l'enfant et de s'assurer son développement appartient avant tout aux parents et qu'elle leur est commune, que les États doivent les aider à assurer cette responsabilité, mais que les parents doivent respecter *l'intérêt supérieur de l'enfant* (art. 18). La Charte UE, quant à elle, consacre *le droit des parents d'assurer l'éducation et l'enseignement de l'enfant* (art. 14.3). On observera que les normes constitutionnelles sont beaucoup moins fournies à cet égard[1]. L'autorité parentale semble en phase avec cette perspective internationale, tant dans son principe que dans sa mise en œuvre[2], les diverses limites existantes répondant a priori aux exigences européennes : une base légale; une finalité légitime (c'est toujours l'intérêt de l'enfant); une proportionnalité entre atteinte au droit fondamental et finalité.

C'est vrai *des règles d'attribution et d'exercice de l'autorité parentale*. Les cas d'exercice unilatéral sont étroitement définis, fondés sur l'intérêt de l'enfant, présumé (art. 372, al. 2) ou avéré (art. 373-2-1). La séparation parentale est organisée de façon à préserver les droits de chacun (art. 373-2-1 et 9) : les droits de visite et d'hébergement ne seront refusés que pour des motifs graves et pourront être organisés selon des modalités respectueuses de l'intérêt de l'enfant (espaces de rencontre, assistance d'un tiers de confiance, etc.); le droit de surveiller l'entretien et l'éducation de l'enfant est accompagné d'un droit d'être informé des choix importants de vie; la résidence peut être organisée en alternance. La loi s'efforce d'éviter un enlèvement international de l'enfant en permettant au juge d'ordonner l'interdiction de sortie du territoire national sans l'autorisation des deux parents (art. 373-2-6, al. 3)[3].

C'est vrai aussi des *diverses mesures qui limitent les pouvoirs parentaux* : assistance éducative, retrait partiel ou total d'autorité, délégation d'autorité, enfant confié à un tiers, etc. Les réformes successives n'ont eu de cesse de veiller au respect des droits des parents lorsque l'enfant leur est « enlevé » et plus généralement lorsque leur autorité est entamée. Le Code de procédure civile veille également au respect des droits processuels des parents, tout particulièrement en matière d'assistance éducative, où le décret du 24 mai 2013 a renforcé les droits des parents : droit d'être entendu; droit de consulter le dossier; droit de choisir un conseil; droit d'être informé de la procédure et de ces divers droits (art. 1181 s.).

Il va de soi que les droits et libertés des parents ne sont pas sans limites. Ainsi du droit de l'éducation et de la santé publique qui limitent la liberté des parents, comme l'illustrent bien l'obligation vaccinale et l'obligation scolaire. Les questions religieuses révèlent bien combien l'intérêt de l'enfant est susceptible de justifier des limites à l'exercice par les parents de leurs droits et libertés indivi-

---

1. D'où l'approche de question de ce type sous d'autres prismes. Par exemple l'obligation de vaccination a été lue au prisme du droit à la santé de l'enfant : Décis. n° 2015-458 QPC du 20 mars 2015.
2. D'où la possibilité pour les parents de demander aux tiers réparation du préjudice résultant de l'atteinte à leur autorité : Civ. 1re, 27 févr. 2017, n° 06-14.273.
3. Civ. 1re, 8 mars 2017, n° 15-26.664 : l'interdiction de sortie n'est pas contraire à la liberté de circulation des personnes.

duelles[1]. C'est que l'autorité parentale « appartient » aux parents du fait de leur parenté même, mais qu'elle n'est pas un droit subjectif conféré aux parents dans leur intérêt propre : elle a pour finalité l'intérêt de l'enfant.

352. ***Un pouvoir ordonné à l'intérêt de l'enfant.*** Depuis *la loi du 4 juin 1970*, la loi ne parle plus de la puissance paternelle, mais de l'autorité parentale, et l'article 371-1 précise que cette autorité « est un ensemble de droits et de devoirs ayant pour finalité l'intérêt de l'enfant » (i.e. sécurité, santé, moralité). *L'intérêt de l'enfant* n'est pas seulement *la finalité de l'autorité*, il en est aussi *la limite*, tant abstraitement dans la loi (elle limite l'autorité en considération de cet intérêt, en déduisant de certains éléments qu'il convient d'opter pour telle ou telle solution dans l'intérêt de l'enfant) que concrètement pour le juge (souvent chargé de décider dans le cas d'espèce en fonction de cet intérêt). On citera ainsi : le principe de l'exercice conjoint de l'autorité par les deux parents (art. 372), qui procède d'un choix législatif, fondé sur l'égale vocation des parents à prendre en charge l'enfant et sur l'intérêt présumé de l'enfant à être élevé par ses deux parents; la possibilité de retirer l'exercice de l'autorité à l'un des parents « si l'intérêt de l'enfant le commande » (art. 373-2-1). Sur tous ces points, le droit français s'inscrit dans la lignée de la jurisprudence européenne et de la CIDE, qui font de l'intérêt de l'enfant le critère essentiel de résolution de toute question relative à l'enfant. On rappellera ainsi que la CIDE reconnaît que la responsabilité d'élever appartient avant tout aux parents, mais dispose aussi que les parents doivent respecter l'intérêt supérieur de l'enfant (art. 18). Les débats relatifs à l'opportunité d'une interdiction explicite de la « fessée » donnent à voir la diversité des avis s'agissant de l'intérêt de l'enfant et la psychologisation du droit, les uns se prévalant de l'impact destructeur de la violence sur l'enfant, quand les autres invoquent la nécessité de donner aux parents les moyens de leur autorité, et l'importance de cette autorité sur la construction psychique de l'enfant[2].

353. ***Mode d'exercice ou/et entrave aux droits fondamentaux de l'enfant.*** Les *relations* de l'autorité parentale avec les droits fondamentaux de l'enfant sont *ambivalentes*. L'autorité parentale permet aux parents d'*exercer les droits fondamentaux de l'enfant*, par exemple son droit à la santé, à l'éducation, etc. Ils pourront donc s'en prévaloir à l'encontre de tiers qui ne respecteraient pas les droits et libertés de l'enfant, par exemple la liberté de conscience de celui-ci[3]. Mais comme tout pouvoir, elle constitue aussi *une limite à l'autonomie de l'enfant*. Dans l'ordre interne, la tendance consiste à développer cette autonomie : un pouvoir général d'être entendu lui a été reconnu, en procédure civile et en droit civil (art. 388-1 et 371-1, al. 3); des dispositions ponctuelles nombreuses lui donnent le droit de décider, seul ou assisté de ses auteurs, à partir de tel âge précis ou selon son discernement, dans le domaine personnel (santé, mariage, reconnaissance d'un enfant, etc.) et patrimonial (testament, contrat de travail, etc.). On soulignera l'apport de la loi du 8 janvier 1993 et surtout de celle du

---

1. Sur la liberté parentale, v. CEDH 10 janv. 2017, *Osmanoglu et Kocabas c/ Suisse*. Sur les libertés, v. Civ. 1re, 24 oct. 2000, n° 98-14.386; Civ. 1re, 22 févr. 2000, n° 98-12.338.
2. Sur l'interdiction des violences parentales, v. CEDH, *A. c/ RU*, 23 sept. 1998; Défenseur des droits, Rapport annuel 2017, *Droits de l'enfant*, Recommandation du Comité pour les droits de l'enfant, févr. 2016. V. Décis. n° 2016-745 du 26 janv. 2017, consid. 54, censurant la disposition interdisant « tout traitement cruel, dégradant ou humiliant, y compris tout recours aux violences corporelles », introduite dans la loi relative à l'égalité et à la citoyenneté, loi votée le 22 décembre 2016, au motif que cette disposition était sans lien avec celle figurant dans le projet de loi initial.
3. Civ. 1re, 21 juin 2005, n° 02-19.831, au sujet d'un règlement intérieur interdisant aux élèves le port du voile.

4 mars 2002, à propos de laquelle la doctrine a parfois évoqué la « démocratie familiale ». Que faire si des conflits surviennent entre l'enfant et ses auteurs ? La CIDE s'efforce de concilier autorité des parents et droits des enfants en reconnaissant aux parents le droit de guider l'enfant dans l'exercice des droits reconnus par la CIDE, en fonction de son discernement (art. 5). Ici comme ailleurs, le prisme des droits fondamentaux conduit à une pesée d'intérêts, entre le droit des parents à éduquer leur enfant, le droit de l'enfant à décider pour lui-même, et surtout l'intérêt de l'enfant. Les questions de liberté religieuse[1] attestent la difficulté d'une telle pesée, surtout lorsque le conflit se complique d'un désaccord parental[2], renvoyant ainsi à la question d'égalité parentale. Les questions de santé et de fin de vie sont particulièrement épineuses aussi. Une décision rendue par la CEDH, le 23 janvier 2018, dans une affaire *Afiri et Bidarri c/ France*, l'illustre bien. Des parents reprochaient au droit français de ne pas imposer au médecin de respecter leur refus d'arrêt de traitement décidé par l'équipe collégiale à l'égard de leur fille, âgée quatorze ans, le Code de la santé publique imposant de les consulter et de s'efforcer d'obtenir leur consentement[3]. La CEDH a jugé que rien ne permettait d'imposer aux États l'obligation de parvenir à un accord à l'issue de la procédure collégiale (§ 35) et qu'en l'absence de consensus la détermination de la personne ayant le pouvoir de décider relevait de la marge d'appréciation nationale (§ 38).

b. Statut de l'enfant mineur et égalité

354. ***Statut de l'enfant mineur. Naissance de l'idée d'égalité.*** *Le Code civil de 1804* avait consacré en matière successorale l'égalité des sexes et des enfants selon l'ordre des naissances, égalité acquise par la révolution, l'abandon des privilèges d'aînesse et de masculinité ayant été l'une des plus symboliques victoires de 1789. Pour le reste, le statut de l'enfant mineur était dominé par l'inégalité : inégalité entre les père et mère puisque la puissance paternelle était, comme son nom l'indique, exercée par le père; inégalité entre les enfants puisque le droit traitait différemment les enfants selon qu'ils étaient légitimes ou naturels, étaient ou non issus du mariage de leurs auteurs. L'évolution s'est faite petit à petit.

355. ***L'autorité parentale et généralisation de l'égalité.*** L'égalité est désormais assurée entre les parents et les enfants, quel que soit leur sexe, leur situation de famille, leur religion, leur orientation sexuelle, leur situation professionnelle. L'égalité a d'abord été acquise *entre les père et mère*, en même temps que se développait l'idée d'égalité entre les sexes. La loi du 4 juin 1970 a été la pierre fondatrice d'un nouveau statut, en remplaçant la puissance paternelle par l'autorité parentale. Elle maintenait diverses différences de traitement, par exemple en matière de gestion des biens, ou à l'égard de l'enfant né hors mariage, différences devenues étranges avec le progrès de l'idée selon laquelle il convenait de *traiter également tous les parents,* qu'ils soient mariés ou divorcés, ou concubins, ou célibataires, et, plus généralement, quelles que soient leurs diverses caractéristi-

1. Civ. 1re, 11 juin 1991, n° 89-20.878. Repousser à la majorité de l'enfant la mise en pratique d'une religion différente de celle dans laquelle l'enfant a été élevé revient à faire prévaloir, sans le dire, le choix initial parental. Cette solution est-elle encore de droit positif ? Comp. Versailles, 19 nov. 2015, *Dr. fam.* 2016. 51.
2. Civ. 1re, 13 juill. 2000, n° 98-13.673; 23 sept. 2015, n° 14-23.724.
3. Art. R. 4127-42 CSP : il doit s'efforcer d'obtenir leur consentement. Dans l'affaire en cause, le Conseil d'État avait précisé qu'il incombait au médecin « de rechercher l'accord des parents..., d'agir dans le souci de la plus grande bienfaisance à l'égard de l'enfant et de faire de son intérêt supérieur une considération primordiale » : CE ord., 5 janv. 2018, n° 416689.

ques, nationalité, religion, orientation sexuelle, âge, santé, etc. Le mouvement a été soutenu par l'apparition parallèle *des droits de l'enfant*, par l'affirmation de *l'égalité des enfants*, et par la consécration du critère de *l'intérêt de l'enfant*, l'argument consistant à faire valoir que l'intérêt de l'enfant était d'être également pris en charge par ses père et mère. D'où l'apparition d'une politique active d'égalité : égalité dans l'administration des biens avec la loi du 23 décembre 1985; égalité après divorce avec la célèbre loi dite « Malhuret » du 22 juillet 1987; égalité entre couple marié et non marié avec la loi du 8 janvier 1993; égalité avant comme après la séparation avec la loi du 4 mars 2002[1]; sans compter les réformes intervenues depuis, en matière de résidence de l'enfant, d'administration légale des biens (art. 382 s., rédact. ord. n° 2015-1288 du 15 oct. 2015). *Cette politique active ne porte pas toujours ses fruits,* car elle peine à modifier les mentalités et habitus, qui donnent à voir combien il est encore naturel, pour certains, que les mères prennent la plus grande part de la charge de l'enfant, d'où résultent des conséquences importantes en termes d'investissement professionnel, de salaire, de retraite, d'organisation de la vie après divorce, éducation de l'enfant etc. On regrette une succession de mini-réformes qui rend le droit insaisissable alors que les parents et la société ont besoin de repères fixes. Surtout, on observe qu'*elle procède parfois d'une confusion conceptuelle*, l'égalité entre les parents devenant une fin en soi, détachée de l'intérêt de l'enfant. Les discussions relatives à la résidence alternée semblent ainsi parfois plus soucieuses d'une égalité mathématique de temps parental que de l'intérêt de l'enfant. Par où apparaît la portée légitime de cette exigence d'égalité : l'égalité est un principe que le droit de la famille doit respecter, voire promouvoir; mais sa fonction première, s'agissant du statut de l'enfant mineur, est d'assurer la protection d'un enfant inapte à défendre lui-même ses intérêts à raison de son immaturité. On a vu plus haut que les parents avaient le droit de prendre en charge l'enfant, sous réserve d'agir dans son intérêt (v. *supra*, n° 352). Le même raisonnement doit ici prévaloir : l'égalité de traitement s'impose, dans la mesure où elle ne vient pas heurter l'intérêt de l'enfant, car c'est alors ce dernier qui doit l'emporter.

Telle est la perspective du droit européen. Est interdite toute discrimination dans la parenté et dans les droits qui lui sont attachés (exercice de l'autorité parentale, droit de visite, etc.). Posé par l'arrêt *Hoffman c/ Autriche* du 23 juin 1993, qui sanctionnait une décision judiciaire ayant attribué l'exercice de l'autorité au père en se fondant sur l'appartenance de la mère aux Témoins de Jéhovah, le principe a été maintes fois réaffirmé, en matière de religion (*Palau-Martinez c/ France*, 16 déc. 2003), de sexe des parents (*Zaunegger c/ Allemagne*, 3 déc. 2009), d'orientation sexuelle d'un parent (*Salgueiro Da Silva Mouta c/ Portugal*, 21 déc. 1999), d'existence ou d'absence de mariage entre les parents (*Elsholz c/ Allemagne*, 13 juill. 2000; *Emonet c/ Suisse*, 13 déc. 2007). Toute prise en compte abstraite de ce genre de critère est interdite par l'exigence de proportionnalité, qui impose de fonder sur des éléments précis et concrets les limites au droit à la vie familiale que la CEDH protège, ce en démontrant les conséquences négatives de la religion ou l'activité professionnelle sexuelle du parent... sur l'intérêt de l'enfant. Une différence de traitement concrètement justifiée reste possible, si elle procède d'une disposition légale ou d'une décision judiciaire, et obéit à une justification concrète et être proportionnée. Ainsi, les incidences éventuelles de la religion d'un parent sur la vie et l'éducation des enfants seront de nature à justifier la décision qui privera le parent considéré de l'exercice de l'autorité parentale

1. L'exercice conjoint de l'autorité cède dans les conditions de l'article 372. Pour une condamnation du système allemand, assez comparable, CEDH 3 déc. 2009, *Zaunegger*.

(*Palau Martinez*, préc.). De même encore, le transsexualisme du père devenu femme peut justifier une restriction des visites si l'instabilité émotionnelle consécutive à son changement de sexe impose, dans l'intérêt de l'enfant, de permettre à ce dernier de s'habituer progressivement au changement de sexe de son géniteur (*P.V. c/ Espagne*, req. n° 35159/09, 30 nov. 2010).

2. Statut général de l'enfant dans sa famille

356. ***Statut général de l'enfant dans sa famille.*** Indépendamment de ce besoin spécifique de protection lié à son jeune âge, l'enfant a *un statut dans sa famille* qui façonne son identité, lui confère des droits, le charge de devoirs. Première manifestation importante de la parenté, l'état civil de l'enfant est étroitement lié à sa famille : la nationalité dépend pour partie de sa filiation; son nom dépend de ceux de ses auteurs et des choix qu'ils auront opérés; son prénom lui est donné par eux. Seconde manifestation importante de la parenté, les vocations alimentaire et successorale (le cas échéant réciproque) qu'il a à l'égard de ses plus proches parents. Sans oublier, le cas échéant, la charge de la tutelle et, plus généralement, de la protection des majeurs. Ce statut pose des questions de droits fondamentaux.

357. ***Égalité successorale.*** La CEDH veille au respect de l'égalité dans les effets attachés à la parenté, et principalement en matière de vocation successorale. Si elle hésite sur le fondement textuel de l'égalité, entre le droit à la vie privée et familiale (art. 8 CEDH)[1], le droit au respect des biens (article 1er du protocole additionnel n° 1)[2] ou les deux fondements associés[3], sa jurisprudence est claire sur le fond : l'égalité des droits des enfants s'impose en matière de successions et de libéralités. En matière successorale, elle joue dans la succession des auteurs (*Marckx* : succession de la mère)[4] comme dans celle des autres parents, et notamment des grands-parents (*Vermeire*), bénéficie à l'enfant né hors mariage comme à l'enfant adopté (*Negrepontis-Giannisis*), interdit tant la privation des droits successoraux que leur réduction, quantitative (*Mazurek*) ou qualitative, par exemple en matière d'attribution préférentielle (*Inze*). En matière de libéralités, elle concerne aussi bien la capacité de recevoir des donations (*Merger et Cros c/ France*, 22 déc. 2004 : égalité au profit de l'enfant adultérin) que celle d'être gratifié par disposition testamentaire (*Pla et Puncernau c/ Andorre*, 13 juill. 2004 : égalité au profit de l'enfant adopté). Tout au plus la CEDH accepte-t-elle que l'égalité ne conduise pas à remettre en cause toutes les situations antérieures, afin de préserver les droits acquis et la paix des familles.

Dès la loi de 1972, l'enfant naturel simple a bénéficié du même statut successoral que l'enfant légitime. Il en allait différemment de l'enfant adultérin, du moins s'il était en concours avec le conjoint victime de l'adultère ayant engendré l'enfant ou avec les enfants du mariage considéré[5]. La Cour de cassation avait refusé de sanctionner cette inégalité au motif que « la vocation successorale est étrangère au respect de la vie privée et familiale dont le droit est reconnu par

1. Le domaine des successions et des libéralités est « intimement associé à la vie familiale » : *Marckx c/ Belgique*, préc.; *Vermeire c/ Camp* et *Bourimi c/ Pays Bas*, 3 oct. 2000; *Pla et Puncernau c/ Andorre*, 13 juill. 2004.
2. *Mazurek c/ France*; *Inze c/ Autriche*, 28 oct. 1987; *Negrepontis-Giannisis c/ Grèce* 3 mai 2011.
3. *Merger et Cross c/ France*, 22 déc. 2004.
4. Sur la question de l'application temporelle de l'effet de filiation de l'acte de naissance à l'égard de la mère naturelle, et ses conséquences successorales, v. Civ. 1re, 15 déc. 2010, n° 09-16.968.
5. V. not. anc. art. 759 et 760 et s., v. anc. art. 908 s.

l'article 8 de la CEDH »[1]. *La CEDH a censuré cette discrimination* en se fondant sur l'article 1er du protocole additionnel n° 1 (1er févr. 2000, *Mazurek c/ France*), contraignant ainsi le législateur national à intervenir. *La loi du 3 décembre 2001* a supprimé les textes qui amputaient les droits successoraux des enfants adultérins. Dans un souci d'application optimale de la nouvelle solution, elle a imposé l'égalité successorale non seulement dans les successions ouvertes après l'entrée en vigueur de la nouvelle loi mais aussi dans celles qui auraient été ouvertes au 4 décembre 2001 dès lors qu'aucun partage n'aurait été réalisé et qu'il ne serait intervenu ni accord amiable ni décision judiciaire irrévocable (art. 25, I et II, 2°). Après avoir appliqué cette disposition transitoire automatiquement et sans limite[2], la Cour de cassation suit aujourd'hui le cap fixé par la CEDH[3] : elle n'applique le texte qu'après avoir vérifié sa conventionnalité en *opérant un contrôle concret de proportionnalité*[4].

Dans la foulée, la loi du 3 décembre 2001 a également modifié l'article 1527 pour étendre la protection que ce texte institue contre les avantages matrimoniaux, que la jurisprudence réservait autrefois aux enfants légitimes issus d'un autre lit. La Cour de cassation a fait application de la nouvelle règle de l'article 1527 par anticipation, en considérant que « l'article 1527, alinéa 2, du Code civil devait être interprété au regard de l'article 1er du Protocole additionnel à la Convention européenne de sauvegarde des droits de l'homme et des libertés fondamentales et de l'article 14 de cette Convention », et « que les enfants légitimes nés d'un précédent mariage et les enfants naturels nés d'une précédente liaison se trouvant dans une situation comparable quant à l'atteinte susceptible d'être portée à leurs droits successoraux en cas de remariage de leur auteur sous le régime de la communauté universelle, la finalité de la protection assurée aux premiers commande qu'elle soit étendue aux seconds, au regard du principe de non-discrimination selon la naissance édicté par la Convention européenne des droits de l'homme »[5].

De façon assez malencontreuse, la Cour de cassation a en revanche fermé l'action en retranchement à l'enfant ayant fait l'objet d'une adoption simple unilatérale par le conjoint de son parent biologique au motif qu'il devait être considéré comme un enfant du couple[6], la conséquence étant qu'il ne peut pas protester contre les avantages consentis par son parent biologique à son parent adoptif au moment de l'ouverture de la succession du premier mais qu'il pourra aussi être écarté de la succession du parent adoptif si ce dernier obtient en justice la révocation de l'adoption simple[7]. Quelles que soient les circonstances de l'espèce, peu favorables à l'intéressé — la révocation avait été prononcée à ses torts —, on regrette que le particularisme de l'adoption simple (qui est révocable) n'ait pas conduit la Cour de cassation à le traiter comme un enfant non commun du couple, ce qui lui aurait ouvert l'action en retranchement.

On rappellera ici que l'enfant incestueux ne bénéficiant que d'une filiation, n'a a priori de vocation successorale que dans la famille de cet auteur légal, mais que cette solution semble justifiée (sur la discussion, v. *supra*, n° 303). Et que, inversement, l'enfant issu d'une assistance à la procréation interdite bénéficie désor-

1. Civ. 1re, 25 juin 1996, n° 94-14.858.
2. Civ. 1re, 7 juin 2006, n° 04-19.176; Civ. 1re, 14 nov. 2007, n° 06-13.806.
3. CEDH 28 mai 2009, *Brauer c/ Allemagne*; 21 juill. 2011, *Fabris c/ France*; *Merger et Cros c/ France*, préc.
4. Civ. 1re, 22 mars 2017, n° 16-13.946.
5. La Cour de cassation avait fait une application rétroactive du texte modifié : Civ. 1re, 29 janv. 2002, nos 99-21.134, 99-21.135.
6. Civ. 1re, 7 juin 2006, n° 03-14.884.
7. Civ. 1re, 9 juill. 2014, n° 13-19.013.

mais de sa filiation (v. *supra*, n°s 335 et 341 s.), tant à l'égard de son auteur biologique, qu'à l'égard de son parent d'intention (si le juge accepte de prononcer l'adoption, après vérification de l'intérêt de l'enfant), d'où résulte une double vocation successorale. On soulignera aussi que l'enfant ayant bénéficié d'une adoption simple n'est pas héritier réservataire à l'égard des ascendants de l'adoptant : on peut se demander si la spécificité de l'adoption simple (certains effets de la filiation sont exclus à l'égard des ascendants de l'adoptant : interdit à mariage, obligation alimentaire) suffira aux yeux de la CEDH pour justifier la différence.

358. ***Vocation successorale et succession internationale. Égalité. Absence de droit à hériter.*** La question de l'égalité successorale s'est également posée en matière de succession internationale. Dans une décision du 5 août 2011, *le Conseil constitutionnel* a abrogé l'article 2 de la loi du 14 juillet 1819, qui permettait à un Français de réclamer sur des biens situés en France la part successorale que lui avait octroyé la loi française et dont il aurait été exclu par la loi successorale étrangère, ce qu'on appelait *le droit de prélèvement* (Décis. n° 2011-159 QPC). Contraire à l'égalité entre français et étranger[1], cette disposition avait le mérite de pouvoir rétablir une égalité violée par le droit étranger, ou du moins de venir tempérer l'inégalité attachée au droit étranger. Il aurait donc été plus judicieux de rétablir l'égalité en permettant un tel prélèvement à tous les héritiers considérés. En abrogeant purement et simplement le texte, le Conseil a privé le droit français d'un outil efficace de protection des héritiers contre les droits étrangers qui ignorent la réserve héréditaire.

Alors qu'elle jugeait hier le contraire, la Cour de cassation décide désormais qu'« une loi étrangère désignée par la règle de conflit qui ignore *la réserve héréditaire* n'est pas en soi contraire à l'ordre public international français », d'où résulte qu'elle sera appliquée, sauf, réserve la Cour, « si son application concrète, au cas d'espèce, conduit à une situation incompatible avec les principes du droit français considérés comme essentiels », étant entendu que cette réserve semble de peu d'ampleur si l'on s'en tient aux éléments relevés en l'espèce pour l'écarter[2] : installation ancienne et durable à l'étranger, célébration de ses unions à l'étranger, situation du dernier domicile du défunt à l'étranger, et inexistence d'une situation de précarité économique ou de besoin des français ainsi déshérités. Partant, le de cujus qui aura organisé un transfert de ses intérêts dans un pays étranger qui ne connaît pas la réserve héréditaire pourra rompre l'égalité entre ses enfants, en déshériter certains et en favoriser d'autres. Et il est douteux que la limite consacrée par le même arrêt rende le sacrifice plus acceptable, car la vocation successorale ne se confond pas avec la vocation alimentaire, et qu'elle remplit d'autres fonctions, pratiques, sociales, symboliques. Mais il est vrai que le droit européen ne protège *aucun droit à succéder…* comme le répète régulièrement la Cour européenne : « le droit au respect des biens garanti par l'article 1er du Protocole n° 1 additionnel à la Convention de sauvegarde des droits de l'homme et des libertés fondamentales ne garantit pas celui d'en acquérir par voie de succession ab intestat ou de libéralités »[3]. On regrette ce sacrifice de l'égalité républicaine et de la solidarité familiale sur l'autel de la liberté de disposer de ses biens[4].

359. ***Égalité et types de filiation.*** Le droit opère également diverses distinctions entre *les institutions juridiques* elles-mêmes : l'adoption simple échappe à

1. Raison pour laquelle elle a été censurée : cons. 6.
2. Civ. 1re, 27 sept. 2017, n° 16-17.198.
3. Argument repris par la Cour de cassation : *Ibid.*
4. Sur l'ordre public et la réserve héréditaire, v. M. Grimadi, *Defrénois* 2012, n°s 15-16, p. 755.

certaines conditions de l'adoption plénière; elle ajoute la filiation adoptive à la filiation d'origine au lieu de procéder à une substitution; l'adoption ne génère pas exactement les mêmes effets que la filiation du titre VII. Mais ces différences de traitement semblent justifiées au regard des différences de situation qu'elles présupposent. Ainsi, des exceptions au principe selon lequel l'adoption produit tous les effets de la filiation du titre VII, par exemple en matière civile s'agissant des questions de nom[1] ou de révocabilité de la filiation[2], ou encore en matière fiscale[3]. Ainsi de la différence de traitement existant entre adoption, réservée aux couples mariés, et assistance médicale à la procréation, ouverte aux couples mariés et à tous les couples justifiant d'une vie commune[4]. Ainsi encore, de toutes les différences de statut entre adoption simple et adoption plénière.

360. ***Droit au respect de la vie familiale au-delà de la parenté et du couple.*** Pour la CEDH, la vie familiale peut également exister *au-delà des relations de couple et de parenté :* ainsi entre frère et sœur (CEDH 24 mars 1988, *Olsson c/ Suède*), grands-parents et petits-enfants (CEDH, *Bronda c/ Italie*, 9 juin 1988; *Vermeire*, 29 nov. 1991; *Pla et Puncernau c/ Andorre*, 13 juill. 2004; 26 avr. 2015), ou même oncle ou tante et neveu ou nièce (CEDH, *Boyle c/ RU*, 28 févr. 1994). L'article 8 Conv. EDH impose donc aux États de respecter ces relations, au minimum en s'abstenant d'y faire obstacle, mais aussi au delà via les obligations positives, en les protégeant. Le droit français, qui consacre les relations personnelles de l'enfant mineur avec ses ascendants (art. 371-4) et sa fratrie (art. 371-5), et admet des vocations successorales réciproques s'inscrit dans cette logique. Quant aux autres tiers (par exemple en cas de famille recomposée, ou de lien tissé avec un enfant par son parent légal avant destruction de la filiation), ils pourront bénéficier d'un droit de visite (art. 371-4), qui permettra de préserver là aussi le droit qu'ils ont au respect de leur vie familiale (CEDH, *Söderback c/ suède*, 28 oct. 1998; *Schneider c/ Allemagne*, 15 sept. 2011).

1. Comp. art. 311-21, al. 1er *in fine*, 357, al. 4 et 363, al. 1er. L'enfant prend le nom du premier parent à avoir établi sa filiation charnelle en l'absence d'accord de ses auteurs et leurs deux noms accolés en cas de désaccord; il prend les noms de l'adoptant et de son conjoint (ou des deux adoptants) dans l'adoption plénière en l'absence de déclaration conjointe; il prend le premier nom de l'adopté accolé au premier nom de l'adoptant ou des deux adoptants (dans l'adoption simple) en l'absence de déclaration conjointe. Pourquoi avoir distingué absence d'accord et désaccord à propos de l'enfant charnel seulement ? Ces solutions, qui datent de la loi du 17 mai 2013, ont été avalisées par le Conseil constitutionnel, qui a rejeté le grief d'inégalité invoqué par les requérants (cons. 67), aux motifs « qu'en réservant l'application de cette règle au cas de désaccord entre les parents signalé par l'un d'eux à l'officier de l'état civil au plus tard au jour de la déclaration de naissance, le législateur a instauré une différence de traitement rendue nécessaire par la différence entre des formalités relatives à la dévolution du nom de famille, d'une part, en cas de filiation et, d'autre part, en cas de filiation adoptive et que cette différence de traitement ne méconnaît pas le principe d'égalité » (cons. 68).
2. Irrévocabilité de la filiation dite charnelle (sous réserve d'une adoption plénière, mais il faut trouver de nouveaux parents à l'enfant) et de l'adoption plénière (sous réserve, art. 346), révocabilité de l'adoption simple. La différence de traitement peut se comprendre, car la révocation de l'adoption simple ne prive pas l'enfant de toute filiation, étant donné qu'il conserve ses parents d'origine.
3. Les droits de mutation à titre gratuit ne prennent pas en compte le lien de parenté existant avec l'enfant ayant bénéficié d'une adoption simple (sous réserve du cas des adoptés ayant reçu de l'adoptant des secours et des soins non interrompus dans les conditions prévues par le cinquième alinéa de l'article 786 du code général des impôts), à la différence de ce qu'il fait pour la filiation charnelle ou l'adoption plénière. La distinction a été validée par le Conseil constitutionnel : Décis. n° 2013-361 QPC du 28 janv. 2014, cons. 9 et 10. — Comp., 6 mai 2014, nos 13-13.301 et 13-13.302.
4. Réserver l'adoption aux couples mariés est destiné à préserver l'intérêt de l'enfant, en lui offrant une cellule plus stable que celle de l'union dite « libre » ou du pacs, caractérisé par la précarité. La comparaison avec l'assistance médicale à la procréation tombe à plat, car le modèle y est l'engendrement charnel.

Bibliographie indicative

- F. SUDRE, dir., *Les grands arrêts de la Cour européenne des Droits de l'homme*, PUF, 8° éd., 2017

- *Le droit au respect de la vie familiale au sens de la CEDH*, Bruylant, coll. « Droit et Justice », 2002

Pistes de réflexion

L'égalité et la liberté suffisent-elles à fonder le droit de la famille ?
Quel avenir pour la diversité des statuts de couple à l'heure des droits fondamentaux ?
Quel avenir pour l'inceste en droit de la famille à l'heure des droits fondamentaux ?
Quel avenir pour l'égalité en droit de la parenté ?
Les interdits ont-ils encore une place en droit de la famille ?
GPA : les droits fondamentaux justifient-ils l'intégration de l'enfant dans la famille des commanditaires ?
Le juge et la loi en droit de la famille à l'heure des droits fondamentaux
Comparez l'impact de la jurisprudence européenne et de la jurisprudence constitutionnelle sur le droit de la famille
Les droits fondamentaux conduisent-ils à la suppression de l'ordre public de direction et à la promotion d'un ordre public de protection en matière de vie familiale ?
Peut-on concilier structures familiales et droits fondamentaux ?
À partir de l'accouchement sous X, montrer les limites d'un raisonnement fondé sur les droits fondamentaux
La marge d'appréciation nationale dans la jurisprudence européenne en matière familiale

Section 5.
LES DROITS FONDAMENTAUX ET INTERNET

ALEXANDRA BENSAMOUN
Professeur à l'Université de Rennes 1

La relation entre droits fondamentaux et Internet est ambivalente, faite d'oppositions et de fertilisations réciproques. Et toutes les libertés sont touchées : liberté d'expression, liberté d'aller et venir, liberté du commerce et de l'industrie, droit à la vie privée et à la protection des données personnelles, etc. Loin de soutenir une réécriture de ces droits, la présente contribution met en exergue, au décours de la vie d'une personne, quelques-unes des prérogatives topiques qui trouvent à s'appliquer sur l'Internet.

361. *Gouvernance des nombres et droits (fondamentaux).* « La révolution numérique va (...) de pair avec celle qui se donne à voir en matière juridique, où l'idéal d'une gouvernance des nombres tend à supplanter celui du gouvernement par les lois », alertait Alain Supiot[1]. « *Code is law* », écrivait encore Lawrence Lessig. La normativité d'Internet et du Web est ainsi très liée à la spécificité du support,

1. A. Supiot, *La gouvernance par les nombres, Cours au Collège de France (2012-2014)*, Fayard, coll. « Poids et mesures du monde », 2015.

à sa technicité et à son architecture. Certains prônent d'ailleurs un changement de paradigme sur le réseau, d'une logique de réglementation à une logique de régulation, où règles de droit en forme de principes côtoient *soft law* et autorégulation des acteurs[1], sur le modèle du Règlement général sur la protection des données d'avril 2016[2]. Mais alors, quelle place pour les droits fondamentaux dans cet environnement numérique ? Le code est-il en capacité d'assurer leur protection ?

Le sujet du numérique est à la mode; on parle de disruption, de fracture numérique, de transformation digitale des entreprises... C'est que le numérique irrigue aujourd'hui toutes les disciplines. Et les droits de l'homme n'y font pas exception[3]. Aussi, la révolution numérique invite « à une vigilance constante et à un examen continuellement renouvelé de la pertinence et de l'adéquation des instruments juridiques de protection des droits et libertés fondamentaux »[4]. Dans son étude annuelle de 2014, sur *Le numérique et les droits fondamentaux*, le Conseil d'État avait d'ailleurs mis en lumière la nécessité de repenser la protection des droits fondamentaux afin de mettre le numérique au service des droits individuels et aussi de l'intérêt général[5].

362. ***Relation entre les termes du sujet.*** Mais comment appréhender un tel sujet ? Dans les termes choisis comme dans la relation mise à jour.

D'abord, d'évidence, les termes sont asymétriques : d'un côté, les droits de l'Homme — on préfère parfois parler de « droits humains », par anglicisme ou par volonté d'égalité (réelle ou supposée) entre les femmes et les hommes —, droits fondamentaux parce qu'essentiels à la démocratie et inhérents à la personne humaine, de l'autre, la technicité d'un mode de communication. D'un côté, l'ancrage séculaire de la norme suprême, de l'autre, l'outil de la modernité. Le point de rencontre, s'il fallait en trouver un, serait sans doute la transnationalité qui les caractérise. Les droits de l'homme cultivent une ambition d'universalisme (au moins pour le socle), pendant que l'Internet a réduit le monde à un village planétaire.

Ensuite, quel rapport retenir ? Existe-t-il une quelconque opposition entre les deux termes de la relation ? Ou doit-on privilégier la conciliation ? L'Internet libère-t-il ou aliène-t-il les droits fondamentaux ? La réponse est très certainement nuancée. L'Internet, parce qu'il modifie les comportements, parce qu'il contribue à remodeler notre société, influence logiquement le champ et la substance de certains droits fondamentaux, voire contribue à la naissance de nouveaux droits. À l'inverse, les droits de l'homme inhibent certaines pratiques

1. Par ex., E. Geffray, « Droits fondamentaux et innovation : quelle régulation à l'ère numérique ? », *Les nouveaux Cahiers du Conseil Constitutionnel*, juin 2016, n° 52, p. 7.
2. Règl. (UE) 2016/679 du Parlement européen et du Conseil du 27 avr. 2016 relatif à la protection des personnes physiques à l'égard du traitement des données à caractère personnel et à la libre circulation de ces données, et abrogeant la dir. 95/46/CE (dit « Règlement général sur la protection des données », RGPD).
3. C. Paul et C. Féral-Schuhl, *Numérique et libertés : un nouvel âge démocratique*, Rapport n° 3119, Commission de réflexion et de propositions sur le droit et les libertés à l'âge du numérique, Assemblée nationale, 2015; Étude annuelle du Conseil d'État, *Le numérique et les droits fondamentaux*, 2014; A. Lepage, *Libertés et droits fondamentaux à l'épreuve de l'Internet*, Litec, 2002.
4. A. Rouvroy, *« Des données et des hommes ». Droits et libertés fondamentaux dans un monde des données massives*, Conseil de l'Europe, T-PD-BUR (2015) 09REV, 2016, p. 45.
5. Étude annuelle du Conseil d'État, *Le numérique et les droits fondamentaux*, 2014, p. 262 : « Mettre le numérique au service des droits individuels, tel devrait être le premier principe directeur de la protection des droits fondamentaux dans les usages numériques ».

numériques ou en favorisent d'autres[1]. Fertilisations croisées, influences réciproques, à n'en pas douter.

363. ***Enjeux du sujet.*** Les enjeux de la relation entre les droits fondamentaux et l'Internet sont multiples. En termes de libertés individuelles par exemple, l'Internet constitue désormais un lieu incontournable — un « outil sans précédent »[2] — d'exercice de la liberté de communication et d'information[3]; mais c'est aussi un catalyseur de risques anciens — pour la vie privée et les données personnelles — et un facteur de risques nouveaux — songeons au développement de la cybercriminalité. La liberté d'expression a également pris une tournure toute particulière sur l'Internet, dans ce qu'elle a de plus grand comme de plus vil — permettant par exemple aux réseaux de résistance à l'oppression d'exister et aux pires dérives humaines de s'épanouir, comme sur le *Darkweb*[4]. Le sentiment d'anonymat et peut-être d'impunité désinhibe trop facilement la parole et l'image, qui prend en outre un écho mondial. En matière économique, l'Internet a permis le développement de nouveaux marchés et de nouveaux modèles. En ce sens, il a non seulement modifié les économies nationales, redynamisant notamment la liberté d'entreprendre ou encore celle de circulation, mais aussi suscité l'émergence de nouveaux acteurs, dont l'épanouissement a été possible du fait des progrès de la technique et aussi parce que le droit a cru utile de suspendre sa rigueur au bénéfice des intermédiaires techniques de l'Internet, notamment des hébergeurs[5]. Ces acteurs sont devenus des puissances comparables aux États, au point que l'on regrette la perte de souveraineté numérique[6] de ces derniers. D'un point de vue démocratique, les espoirs suscités (création d'un rapport démocratique horizontal) sont à la hauteur des désillusions, par exemple s'agissant de la campagne présidentielle sur le réseau[7]. L'Internet est encore un

1. Adoptant cette approche de mise à l'épreuve réciproque, de manière générale, v. M.-A. Cohendet, « Sciences et droits de l'Homme, quelles implications réciproques ? », *in* R. Encinas de Munagorri, A. Bensamoun, E. Brosset et M.-A. Cohendet (dir.), *Sciences et droits de l'homme*, Mare & Martin, 2017, p. 11 — Comp. I. Falque-Pierrotin, « La Constitution et l'Internet », *Les nouveaux cahiers du Conseil constitutionnel*, juin 2012, n° 36, p. 31; S. Platon, « Propos conclusifs », *in Les métamorphoses des droits fondamentaux à l'ère du numérique, Revue Politeia*, n° 31, printemps 2017, p. 289; « *Le droit constitutionnel à l'épreuve du numérique et réciproquement...* », *Les nouveaux Cahiers du Conseil constitutionnel*, oct. 2017, n° 57.
2. V. CEDH 1er déc. 2015, *Cengiz et autres c/ Turquie*, §§ 49 et 52 : « [L]'Internet est aujourd'hui devenu l'un des principaux moyens d'exercice par les individus de leur droit à la liberté de recevoir ou de communiquer des informations ou des idées : on y trouve des outils essentiels de participation aux activités et débats relatifs à des questions politiques ou d'intérêt public. (...) Par ailleurs, en ce qui concerne l'importance des sites internet dans l'exercice de la liberté d'expression, (...) "grâce à leur accessibilité ainsi qu'à leur capacité à conserver et à diffuser de grandes quantités de données, les sites internet contribuent grandement à améliorer l'accès du public à l'actualité et, de manière générale, à faciliter la communication de l'information" (...) La possibilité pour les individus de s'exprimer sur Internet constitue un outil sans précédent d'exercice de la liberté d'expression. »
3. Se reporter à la section sur la liberté d'expression. — *Adde* C. Féral-Schuhl, « Liberté d'expression sur Internet : un mirage ? », *in L'exigence de justice. Mélanges en l'honneur de Robert Badinter*, Dalloz, 2016, p. 389; H. Oberdorff, « La liberté d'expression à l'ère numérique en Europe », *in Les métamorphoses des droits fondamentaux à l'ère du numérique, op. cit.*, p. 195.
4. V. « Le dark web. La face cachée d'Internet », *Dalloz IP/IT*, févr. 2017. 70.
5. V. dir. 2000/31, art. 14. La responsabilité conditionnée a été appliquée à des catégories très diverses d'intermédiaires, au-delà du simple stockage, la CJUE ayant mis en évidence un critère de neutralité et de passivité (connaissance et pouvoir sur les contenus stockés), à l'avantage de ces acteurs.
6. Sur le sujet, v. P. Türk et C. Vallar (dir.), *La souveraineté numérique, le concept, les enjeux*, Mare & Martin, 2017; A. Blandin-Obernesser (dir.), *Droits et souveraineté numérique en Europe*, Bruylant, 2016.
7. P. Jensel Monge, « La campagne présidentielle sur internet : une illusion démocratique », *LPA* avr. 2017, p. 13.

formidable outil d'accès au droit[1]. La loi n° 2016-1321 pour une République numérique du 7 octobre 2016 a d'ailleurs institué la mise à disposition du public en « *open data* » (à titre gratuit) de l'ensemble des décisions de justice. Mais cette ouverture doit se faire dans le respect des droits des tiers, notamment du droit à la vie privée des personnes concernées[2]. Et on pourrait multiplier à l'envi les exemples d'interaction entre les droits fondamentaux et l'Internet.

364. ***Approche globale du sujet.*** Est-ce à dire que l'Internet réinventerait les droits fondamentaux ? L'Internet serait-il à ce point disruptif qu'il justifierait une réécriture des droits fondamentaux, une sorte d'*habeas corpus* — ou d'*habeas data* — du numérique[3] ? Certains ont pu l'évoquer, comme le Parlement européen, dans sa Résolution sur les programmes de surveillance massive de la NSA à la suite de l'affaire *Snowden*[4]. D'autres ont fait des propositions, par exemple la *Charte des droits de l'homme et principes de l'internet* (Charte IRPC)[5] ou la *Déclaration des droits de l'homme numérique*[6]. D'autres enfin se sont clairement engagés dans cette voie normative. Tel est le cas du Brésil ou encore de l'Italie.

On peut aussi douter[7]. La voie révolutionnaire est tentante et la soutenir présente toujours plus d'attrait, comme étant plus moderne, moins « conservatrice ». Mais au-delà du « *buzz* », en termes d'écho et de viralité, créé par cette prise de position, est-elle pertinente ? Sans doute l'Internet oblige-t-il, sur certains points, à renouveler en partie l'analyse fondamentaliste, mais il ne nécessite pas de procéder à un *aggiornamento* complet des droits fondamentaux, bien au contraire. D'ailleurs, comment soutenir cette voie de la refonte, à un temps *t*, alors que la technique évolue sans cesse ?

Aussi le sujet des droits fondamentaux et de l'Internet se nourrit-il nécessairement de nombreuses autres analyses de cet ouvrage, tant dans l'aspect sources que dans les différents regards portés sur la personne humaine, comme être[8], citoyen, justiciable ou acteur économique et social.

365. ***Approche ciblée du sujet. Plan.*** La transversalité du thème d'étude et sa spécificité d'approche, par le prisme d'un outil technique, lieu d'exercice de nom-

---

1. S. Turgis, « L'accès au droit par internet. Les obligations posées par la Convention européenne des droits de l'homme en matière de diffusion du droit », *AJDA* 2015. 142.
2. Raison pour laquelle un rapport a été demandé sur ce point par la ministre de la Justice au Pr Cadiet : *L'open data des décisions de justice*, Mission d'étude et de préfiguration sur l'ouverture au public des décisions de justice, nov. 2017.
3. V. sur le sujet, F. Musiani, « Une "charte" pour les droits des internautes ? Perspectives et alternatives », *Revue Droit et société* 2012/2, n° 81, p. 425 ; C. Castets-Renard, G. Azzaria et C. Lachance, « Faut-il reconnaître des droits fondamentaux au numérique ? », *in Sciences et droits de l'homme*, *op. cit.*, p. 53.
4. Résolution du Parlement européen du 12 mars 2014 sur le programme de surveillance de la NSA, les organismes de surveillance dans divers États membres et les incidences sur les droits fondamentaux des citoyens européens et sur la coopération transatlantique en matière de justice et d'affaires intérieures, (2013/2188 (INI)) — *Adde* Résolution du Parlement européen du 29 oct. 2015 sur le suivi de la résolution du Parlement européen du 12 mars 2014 sur la surveillance électronique de masse des citoyens de l'Union européenne (2015/2635 (RSP)).
5. *Coalition Dynamique Droits et Principes de l'Internet* (*IRPC — Internet Rights and Principles Dynamic Coalition*), *Charter of Human Rights and Principles for the Internet*, 5ᵉ éd., janv. 2018, http://internetrightsandprinciples.org/site/wp-content/uploads/2018/01/IRPC_english_5thedition.pdf — La Coalition est un réseau ouvert d'individus et d'organisations, basé à l'IGF (Internet Governance Forum, ONU).
6. Projet dévoilé en 2014 lors du Forum d'Avignon : www.ddhn.org
7. En ce sens, C. Castets-Renard, G. Azzaria, et C. Lachance, *op. cit.* ; S. Platon, « Propos conclusifs », *op. cit.*
8. V. not. la section sur la protection de la vie privée.

breuses libertés fondamentales, imposent de faire des choix et, surtout, de déterminer un point d'entrée de la relation. La focale choisie est celle de la personne humaine et elle permettra d'envisager certaines des spécificités fondamentalistes du réseau. L'Internet, comme dynamique de progrès, sera donc soumis au mouvement de la vie : exister sur le réseau (***I.***), mourir sur le réseau (***II.***).

I. Exister sur le réseau

366. *Plan.* L'Internet est devenu un lieu de vie de la personne humaine. Exister sur le réseau, c'est y participer, comme individu, comme citoyen (**A.**). Mais le réseau, dont le fonctionnement est assis sur l'exploitation des données, présente également un risque pour la personne. Aussi, il importe de conserver la maîtrise de son être, par la défense son identité numérique (**B.**).

A. Participer au réseau

367. *Plan.* Positivement, avoir une vie numérique implique de pouvoir utiliser le réseau, d'y manifester sa présence numérique, à l'extrême de participer par ce biais à la vie démocratique (*2.*). Mais pour pouvoir s'y exprimer, encore faut-il pouvoir y accéder librement (*1.*).

1. Accéder à Internet

368. ***L'accès à l'Internet, nouveau droit fondamental ou corollaire de la liberté d'expression ?*** L'accès au réseau est-il un droit fondamental[1] ? Il est vrai que dans sa décision n° 2009-580 du 10 juin 2009, le Conseil constitutionnel a reconnu l'accès des citoyens à l'Internet comme une modalité d'exercice de l'article 11 de la Déclaration des droits de l'homme et du citoyen[2]. Le Conseil était ici saisi d'une loi qui ambitionnait de confier à la Haute autorité pour la diffusion des œuvres et la protection des droits sur Internet (HADOPI), autorité administrative indépendante (AAI), le pouvoir de prononcer une sanction administrative de suspension à l'accès à Internet à l'encontre d'un abonné qui aurait manqué à son obligation de vigilance, laquelle implique que cet accès ne soit pas utilisé en violation des droits d'auteur. Il a censuré la disposition en considérant — ce qui peut paraître critiquable au vu du pouvoir de sanction d'autres AAI — que seule une autorité judiciaire avait le pouvoir de prononcer une telle peine. D'aucuns en ont déduit que les sages avaient reconnu un droit d'accès à Internet à valeur constitutionnelle. L'affirmation n'est pourtant pas si nette. La décision ne consacre pas, de manière autonome, un tel droit, d'où d'ailleurs le fondement de la liberté d'expression. Le droit d'accès à Internet est fondamental dans notre société, mais il n'existe que comme moyen de réalisation, d'exercice, de la liberté d'expression.

Dans la même veine, c'est en retenant une violation de l'article 10 de la Convention européenne des droits de l'homme, que la Cour européenne des droits

1. V. sur le sujet, C. Castets-Renard, G. Azzaria et C. Lachance, *op. cit.*, spéc. p. 60 s.; T. Shulga-Morskaya, « Droit d'accès à Internet, droit fondamental ? », *in Les métamorphoses des droits fondamentaux à l'ère du numérique*, *op cit.* p. 275.
2. Déc. n° 2009-580 DC du 10 juin 2009, Loi favorisant la diffusion et la protection de la création sur Internet.

de l'homme a soutenu, dans un arrêt *Kalda c/ Estonie*, de janvier 2016, que « l'accès à l'Internet est de plus en plus compris comme un droit (...) »[1].

De l'accès au réseau à l'accès aux réseaux sociaux... Par extension, la Cour suprême des États-Unis s'est aussi fondée sur le droit à l'information et la liberté d'expression, garantis par le premier amendement de la Constitution, pour consacrer l'accès aux réseaux sociaux[2].

Il faut néanmoins reconnaître que l'accès à Internet dépasse aujourd'hui largement le cadre de la liberté d'expression. En effet, comme on peut le lire dans un rapport à l'Assemblée générale des Nations Unies, « l'accès à internet est indispensable non seulement à l'exercice du droit à la liberté d'expression mais aussi à celui d'autres droits, dont le droit à l'éducation, le droit de s'associer librement avec d'autres et le droit de réunion, le droit de participer pleinement à la vie sociale, culturelle et politique et le droit au développement économique et social »[3].

Pour autant, l'idée d'une autonomisation de l'accès à l'Internet, comme un droit fondamental dégagé de tout autre fondement, est dans l'air du temps et certains États, comme la Nouvelle-Zélande ou l'Équateur, se sont clairement engagés dans cette voie. De même, en juillet 2012, l'ONU a adopté une Résolution par laquelle elle « engage tous les États à promouvoir et faciliter l'accès à l'Internet (...) »[4].

369. ***Accès et qualité de l'accès.*** Si le lien du droit d'accès à l'Internet avec la liberté d'expression est naturel, en ce que l'accès au réseau contribue à l'exercice de cette liberté, permettant de recevoir et d'accéder à l'information, mais aussi de communiquer ses opinions, ce n'est peut-être pas tant l'accès qu'il faut garantir que la qualité de cet accès. D'un point de vue matériel comme d'un point de vue intellectuel.

D'un point du matériel, il faudrait s'assurer que l'État est en capacité de couvrir son territoire à des coûts raisonnables[5]. Certains acteurs privés de l'Internet se sont engagés dans cette voie, pour apporter l'Internet dans des zones isolées. Mais les techniques utilisées (drones, satellites et même ballons dirigeables) sont coûteuses.

D'un point de vue intellectuel surtout, l'accès à Internet ne garantit pas la liberté et la diversité de l'information. Pour cette raison, le principe de neutralité

1. CEDH 19 janv. 2016, n° 17429/10, *Kalda c/ Estonie*, *AJ pénal* 2016. 224, obs. V. Chovgan; *Dalloz IP/IT* 2016. 266, obs. L. Saenko – *Adde* CEDH 17 janv. 2017, n° 21575/08, *AJ Pénal* 2017. 146, obs. J. Falxa : condamnation du refus des autorités pénitentiaires d'autoriser l'accès d'un détenu à un site Internet contenant des informations relatives à la possibilité d'effectuer des études supérieures à distance.
2. *Packingham v. North Carolina*, 582 U.S. (2017), P. Mouron, « L'accès aux réseaux sociaux est un droit constitutionnel selon la Cour suprême des États-Unis », *La REM*, n° 44, automne 2017 : la-rem.eu/2018/02/01/lacces-aux-reseaux-sociaux-droit-constitutionnel-selon-cour-supreme-etats-unis.
3. F. La Rue, Rapporteur spécial sur la promotion et la protection du droit à la liberté d'opinion et d'expression, *Promotion et protection du droit à la liberté d'opinion et d'expression*, A/66/290, 10 août 2011, p. 19 – Comp. Conseil, d'État, Étude annuelle préc., 2014, sur le droit à une « existence numérique » de l'entreprise, « qui implique différents attributs : droit à un nom de domaine, droit à fournir des services sur internet, droit d'utiliser certains instruments tels que la publicité, la cryptographie ou les contrats conclus par voie électronique » (p. 104).
4. Conseil des droits de l'Homme de l'ONU, 5 juill. 2012, Résolution 20/8, *La promotion, la protection et l'exercice des droits de l'homme sur Internet*.
5. La couverture numérique du territoire est une préoccupation en France également. V. sur le sujet L. de La Raudière et E. Bothorel, *Rapport d'information sur la couverture numérique du territoire*, Commission des affaires économiques, Assemblée nationale, n° 213, sept. 2017.

de l'Internet est essentiel à la garantie de la liberté d'expression. Accéder à l'Internet, mais pas à n'importe quel Internet.

370. ***Le principe de neutralité du Net.*** Le droit d'accès à l'Internet n'a de sens que s'il s'épanouit sans entrave, sans manipulation aussi. Le principe de neutralité du Net impose en ce sens que les données soient acheminées sans priorisation des contenus, et sans discrimination, par les fournisseurs d'accès à Internet (FAI).

371. ***L'intégration du principe à la Constitution ?*** L'idée d'inscrire la neutralité du Net dans la Constitution a été portée par le président de l'Assemblée nationale, François de Rugy, en janvier 2018, dans le cadre des débats sur la révision du texte fondamental, prévue en théorie pour fin juillet 2018. Il s'agit, selon lui, de promouvoir « un accès libre, égal et universel aux réseaux numériques »[1]. D'ailleurs, le groupe de travail à l'Assemblée nationale sur la démocratie numérique a proposé dans son rapport *La démocratie numérique et les nouvelles formes de participation citoyenne*, de décembre 2017, d'inscrire dans la Constitution le principe de la neutralité du Net, en complétant l'article premier par l'alinéa suivant : « la loi garantit l'accès libre, égal et universel à des réseaux numériques ouverts et la formation des citoyens à leur utilisation »[2].

Sans doute s'agit-il aussi réagir à la décision de la Commission fédérale américaine des communications (FCC), en décembre 2017, de revenir sur ce principe[3]. La raison en est que l'accès à Internet est un service d'information (et non un service de télécommunications, au sens de la loi américaine), soumis à ce titre à une régulation légère. Pour autant, il ne faudrait pas en conclure trop rapidement que les FAI américains pourront brider ou privilégier certains contenus. D'abord, les opérateurs américains ont une obligation de transparence sur leurs pratiques et la sanction, en cas de manquement, est redoutable. Ensuite, le droit de la concurrence et le droit de la consommation devraient permettre d'éviter les dérives.

372. ***Cadre européen.*** En réalité, graver le droit d'accès à l'Internet dans le marbre de la Constitution relèverait davantage du symbole, car la législation européenne impose déjà un Internet ouvert et neutre. Ainsi, le Règlement du 25 novembre 2015 établissant des mesures relatives à l'Internet ouvert[4] prescrit la mise en œuvre de « règles communes destinées à garantir le traitement égal et non discriminatoire du trafic dans le cadre de la fourniture de services d'accès à l'Internet (...) » (art. 1.1). Précisément, l'article 3 a pour objectif de « garantir l'accès à un Internet ouvert ». À cette fin, le premier point énonce que « les utilisateurs finals ont le droit d'accéder aux informations et aux contenus et de les diffuser, d'utiliser et de fournir des applications et des services et d'utiliser les équipements terminaux de leur choix, quel que soit le lieu où se trouve l'utilisa-

1. www.lemonde.fr/pixels/article/2018/01/11/le-president-de-l-assemblee-veut-inscrire-la-neutralite-du-net-dans-la-constitution_5240615_4408996.html
2. *Pour une nouvelle Assemblée nationale, Les rendez-vous des réformes 2017-2022, Première conférence des réformes, Propositions des groupes de travail*, déc. 2017, Rapport du groupe de travail sur la démocratie numérique, proposition n° 1, p. 287 s. : www2.assemblee-nationale.fr/qui/pour-une-nouvelle-assemblee-nationale-les-rendez-vous-des-reformes-2017-2022/democratie-numerique.
3. Sur le sujet, v. W. Maxwell, « La neutralité de l'Internet aux USA — Le régulateur américain privilégie le droit de la concurrence », www.legipresse.com/011-49514-La-neutralite-de-l-internet-aux-USA-Le-regulateur-americain-privilegie-le-droit-de-la-concurrence.
4. Règl. (UE) 2015/2120 du Parlement européen et du Conseil du 25 nov. 2015 établissant des mesures relatives à l'accès à un internet ouvert et modifiant la dir. 2002/22/CE concernant le service universel et les droits des utilisateurs au regard des réseaux et services de communications électroniques et le règl. (UE) n° 531/2012 concernant l'itinérance sur les réseaux publics de communications mobiles à l'intérieur de l'Union.

teur final ou le fournisseur, et quels que soient le lieu, l'origine ou la destination de l'information, du contenu, de l'application ou du service, par l'intermédiaire de leur service d'accès à l'internet ».

Pour autant, ces dispositions n'empêchent pas les fournisseurs d'accès à Internet « de mettre en œuvre des mesures raisonnables de gestion du trafic » (art. 3.3, al. 2), dès lors qu'elles sont transparentes, non discriminatoires, proportionnées et objectivement fondées en raison de la qualité nécessaire à certains services spécifiques (services de santé, par exemple).

2. Contribuer à la vie démocratique

373. ***Démocratie numérique.*** Être sur Internet, c'est aussi exister en tant que citoyen. Sur ce point, l'Internet facilite l'essor de la démocratie participative[1]. C'est en ce sens qu'un groupe de travail sur la démocratie numérique de l'Assemblée nationale a recommandé, en décembre 2017, d'inscrire dans la Constitution un principe de participation citoyenne à l'édiction des normes et à la définition des politiques publiques, laquelle serait d'ailleurs conditionnée à la consécration d'un droit d'accès à Internet[2].

374. ***L'exemple de la LRN.*** Le sujet du numérique est le terreau naturel de cette démocratie numérique : utiliser l'outil numérique pour réglementer le numérique. Telle a été la méthode mise en œuvre, à l'initiative de la secrétaire d'État au numérique, Axelle Lemaire, pour la loi pour une République numérique d'octobre 2016, qui a proposé une fabrication « 2.0 » de la norme, comme empruntant les techniques et aussi la culture du « *Web* 2.0 »[3].

La participation des citoyens à l'expression démocratique était sollicitée grâce à un site contributif < republique-numerique.fr >, où chacun était appelé à réagir et agir sur le texte initial. L'ambition était affichée : « Écrivons ensemble la loi numérique ».

375. ***Évaluation. Approche générale.*** Dans une approche légistique objective, la démarche empruntée enrichit les méthodes qui peuvent être mobilisées pour la formation de la législation et contribue à la promotion de la démocratie participative, désormais pratiquée au niveau européen[4], avec pour objectif une « réglementation intelligente »[5]. Elle s'inscrit également dans le « Partenariat pour un gouvernement ouvert » (PGO) — en anglais *Open Government Partnership* (OGP) —, initiative multilatérale, qui regroupe 75 États membres, des collectivités territoriales, ainsi que des ONG et représentants de la société civile, et que

1. V. en ce sens, en matière environnementale, J. Vieira, « Le numérique, catalyseur du principe de participation ? », *in Les métamorphoses des droits fondamentaux à l'air du numérique*, *op. cit.*, p. 211. Et sur le principe lui-même, A. Van Lang, « Le principe de précaution : un succès inattendu », *Les nouveaux Cahiers du Conseil constitutionnel*, n° 43, avr. 2014 (disponible en ligne).
2. Sur le droit d'accès, v. *supra* n°s 368 s. — Sur le principe de participation citoyenne, v. Rapport préc. (déc. 2017) : il s'agit de la proposition n° 3, p. 302 s.
3. Sur la méthode, v. V. Lasserre, « Investiture de la société civile au Parlement. — Analyse d'une nouvelle méthode législative », *JCP G* 2016. 181 et, par la soussignée, « Réflexion méthodologique sur la norme : l'exemple de la "République numérique" », *Liber Amicorum en l'honneur de Gilles Vercken*, dir. F. Gaullier, éd. Cabinet Vercken et Gaullier, 2017, p. 65.
4. Pour un exemple en propriété intellectuelle, v. A. Bensamoun et C. Zolynski, « La promotion du droit négocié en propriété intellectuelle : consécration d'une conception dialogique du droit », *D.* 2011. 1773.
5. « Une réglementation intelligente au sein de l'Union européenne », COM(2010) 543 final, 8 oct. 2010.

la France a rejointe en avril 2014, en vue de promouvoir un mode de gouvernance transparent et ouvert à la participation citoyenne.

Pour autant, on ne peut occulter l'aspect *marketing* et le risque d'instrumentalisation[1] lié au procédé. Par ailleurs, le projet a ensuite retrouvé la procédure classique et, en définitive, la consultation a eu un faible impact sur le texte final.

376. ***Évaluation. Approche quantitative.*** Le bilan de la consultation citoyenne relative au projet de loi pour une République numérique faisait état d'une « audience exceptionnelle ». L'affirmation est sans doute à nuancer lorsque l'on entre dans le détail des interventions. Certes, le site s'est enrichi de plus de 21 000 participants, avec 8 500 contributions et plus de 147 000 votes. Pourtant, rapportés à la population française, les chiffres paraissent dérisoires : seul 0,03 % de la population française s'est finalement exprimée. La représentativité est sans doute ailleurs...

Le prisme est même déformant, car les chiffres sont encore à nuancer du fait de la concentration des actions : notamment, la proposition la plus populaire et qui a donc reçu le plus de votes (4 000) est celle relative à la reconnaissance d'un statut particulier pour le e-sport (les compétitions de jeux vidéo). Sans compter que le contributeur le plus actif, un chercheur en astrophysique, a réalisé à lui seul 1 500 propositions.

377. ***Évaluation. Approche qualitative.*** La qualité de la consultation est aussi à évaluer, d'abord s'agissant du profil des contributeurs. Quelques associations représentant des intérêts catégoriels ont fait des propositions, peu nombreuses, mais très suivies (par exemple *La Quadrature du Net*, qui a recueilli entre 1 500 et 2 000 votes pour chacune de ses propositions, à 98 % favorables). Les représentants des professions juridiques et judiciaires ont en revanche tenu un rôle très marginal : deux propositions qui ont recueilli 13 votes pour l'Ordre des avocats de Paris et une proposition moins de 10 votes pour le Conseil supérieur du notariat. La masse des interventions — 95 % — vient en réalité des particuliers, avec une forte représentation de la région Île-de-France (46 % des connexions).

Sur le fond ensuite, la qualité des contributions est variable : on trouve un certain nombre de propositions vagues, voire redondantes avec le droit positif[2]; d'autres apparaissent trop catégorielles (par exemple celle réclamant le « droit d'avoir un pseudo numérique »), voire peuvent se révéler inadaptées dans le contexte actuel (notamment la demande de chiffrement obligatoire des courriers électroniques par les différents prestataires).

B. Défendre son identité numérique

378. ***Plan.*** Exister sur le réseau, c'est aussi, négativement, pouvoir contenir sa présence. Or l'Internet présente un risque accru de perte de maîtrise de son identité numérique[3]. Pour défendre cette dernière, deux outils principaux peu-

1. Très critique sur le procédé, E. Derieux, « Avant-projet de loi "pour une République numérique" », *RLDI* 2015, n° 119, p. 31.
2. Par ex., on peut dénombrer plus de 6 000 votes pour trois propositions proches, liées à la promotion des logiciels libres dans l'administration. L'incitation existe déjà : v. circulaire n° 5608-SG du Premier ministre du 19 sept. 2012, *Usage du logiciel libre dans l'administration*. L'ensemble des logiciels libres préconisés se présente sous la forme du SILL (socle interministériel de logiciels libres; dernière version : févr. 2018).
3. Nous n'ignorons pas le caractère flou, car peu borné de la notion, mais faisons le choix de l'utiliser pour sa force évocatrice. — Sur le sujet, v. D. Forest, « L'identité numérique : un concept introuvable », *Expertises* 2011, n° 357, p. 135.

vent être mobilisés : le droit des données personnelles, en vue de conserver le contrôle sur la circulation et l'usage (*1.*), et, dans le prolongement, la sanction pénale de l'usurpation d'identité numérique (*2.*).

1. Protéger ses données personnelles

379. ***Importance des données personnelles dans l'environnement numérique.*** Les données personnelles[1] sont considérées comme l'or noir du XXIe siècle. C'est surtout le *Big data* et la multiplication des capacités de calcul et d'analyse, combinée aux capacités de stockage offertes par l'informatique en nuage (*cloud computing*), qui ont modifié le champ des données personnelles et surtout de leur traitement, et obligé à revoir l'approche traditionnelle fondée sur la protection « passive » des individus.

« La maîtrise de nos vies dépendra de l'usage et de la protection des données personnelles », affirme un rapport récent dédié au numérique et aux libertés et remis à l'Assemblée nationale[2]. C'est dire si la protection des données personnelles est aussi profondément liée à la liberté individuelle, à une époque de « datification » du monde et de digitalisation de la vie-même, où les outils numériques qui se nourrissent massivement de données personnelles sont utilisés au quotidien (smartphones, objets connectés ou « intelligents » divers, etc.), avec désormais des facultés d'anticipation des comportements humains. Étendant le concept de gouvernementalité, développé par Michel Foucault, des auteurs ont même décrit un phénomène de « gouvernementalité algorithmique »[3].

Enfin, l'environnement numérique met aussi à jour un « paradoxe de la vie privée » (*privacy paradox*), marqué par une tendance à l'exposition de soi, notamment sur les réseaux sociaux, par la diffusion de données personnelles, pour avoir une vie publique.

380. ***Cadre fondamental.*** Le droit au respect de la vie privée et la protection des données personnelles sont érigés, de manière autonome, au rang de droits fondamentaux aux articles 7 et 8 de la Charte des droits fondamentaux de l'Union européenne du 7 décembre 2000, à laquelle le Traité de Lisbonne du 13 décembre 2007 a conféré une valeur juridique contraignante[4].

Dans l'environnement numérique, c'est surtout le droit des données personnelles, qui a manifesté son emprise, transformant même la discipline, la faisant

---

1. Le terme doit être entendu largement, même lorsque le lien de rattachement à la personne physique est moins direct. La donnée personnelle peut en outre être « objective », comme une information factuelle brute, dénuée de toute analyse (nom, prénom, date de naissance, particularité sanguine d'une personne...) ou « subjective », comme apportant une information enrichie, grâce au raisonnement (ex. : « X est un emprunteur fiable » en matière de prêt, « X ne devrait pas mourir dans un proche avenir » dans le domaine de l'assurance ou « X est un bon travailleur et mérite d'être promu » en matière d'emploi...) : v. Groupe de travail de l'article 29, 20 juin 2007, 01248/07/FR WP 136, Avis 4/2077 sur le concept de données à caractère personnel, p. 6 s. — v. aussi, J. Rochfeld, « La définition des données à caractère personnel », *in La proposition de règlement européen relatif aux données à caractère personnel : propositions du réseau Trans Europe Experts*, dir. N. Martial-Braz, éd. SLC, coll. « TEE », vol. 9, p. 151.
2. C. Paul et C. Féral-Schuhl, *Numérique et libertés : un nouvel âge démocratique*, Rapport n° 3119, *op. cit.*, p. 13.
3. A. Rouvroy et T. Berns, « Le nouveau pouvoir statistique. Ou quand le contrôle s'exerce sur un réel normé, docile et sans événement car constitué de "corps numériques"... », *Multitudes* 2010/1, n° 40, p. 88.
4. Ces prérogatives ne sont pas énoncées dans le bloc de constitutionnalité, mais le Conseil constitutionnel les a rattachées à la liberté individuelle de l'article 2 de la DDHC de 1789 — comp. : la CEDH a déduit la protection des données personnelles du droit au respect de la vie privée mentionné à l'art. 8 de la Conv. EDH.

passer de droit technique, réservé à la compétence des publicistes, à droit pratique et familier au monde de l'entreprise, intéressant tout autant les privatistes.

L'article 8 de la Charte dispose :

« 1. Toute personne a droit à la protection des données à caractère personnel la concernant.

2. Ces données doivent être traitées loyalement, à des fins déterminées et sur la base du consentement de la personne concernée ou en vertu d'un autre fondement légitime prévu par la loi. Toute personne a le droit d'accéder aux données collectées la concernant et d'en obtenir la rectification.

3. Le respect de ces règles est soumis au contrôle d'une autorité indépendante. »

Et la Cour de justice de l'Union européenne a eu l'occasion de rappeler avec fracas, en invalidant une directive, le caractère fondamental du droit à la protection des données personnelles[1].

381. ***Contenu de la protection***[2]. Cette disposition fondamentale est traduite par des textes européens de droit dérivé récents. Le droit français des données personnelles, réglementé dans la loi dite « Informatique et libertés »[3], est d'ailleurs en cours de réforme sur ce point[4]. Il faut dire que le droit européen a été profondément remanié par le Règlement européen sur la protection des données personnelles, dit « RGPD »[5], qui entre en vigueur le 25 mai 2018.

Par rapport à la législation antérieure, le texte européen consacre un renforcement des droits de la personne concernée[6]. Outre le droit à l'information[7], le droit d'accès et de rectification[8], le droit d'opposition[9] ou encore le droit de ne pas faire l'objet d'une décision algorithmique[10], le RGPD a surtout reconnu de nouvelles prérogatives : le droit à l'oubli ou droit à l'effacement[11] et le droit à la portabilité[12].

Le premier, le droit à l'effacement, est cependant décevant par rapport aux attentes suscitées lors du processus de discussion. En effet, il permet principale-

1. CJUE 8 avr. 2014, aff. C-293/12, *Digital Rights*, *AJDA* 2014. 773; *ibid.* 1147, chron. M. Aubert, E. Broussy et H. Cassagnabère; *D.* 2014. 1355, note C. Castets-Renard; *ibid.* 2317, obs. J. Larrieu, C. Le Stanc et P. Tréfigny; *RTD eur.* 2015. 117, étude S. Peyrou; *ibid.* 168, obs. F. Benoît-Rohmer; *ibid.* 786, obs. M. Benlolo Carabot.
2. V. A. Debet, J. Massot et N. Metallinos, *Informatique et Libertés. La protection des données à caractère personnel en droit français et européen*, Lextenso éditions, coll. « Les intégrales », 2015.
3. Loi n° 78-17, 6 janv. 1978 relative à l'informatique, aux fichiers et aux libertés, dite « Loi Informatique et Libertés » — LIL.
4. Le 13 févr. 2018, le projet de loi n° 490 relatif à la protection des données personnelles, déposé le 13 déc. 2017, a été adopté à l'Assemblée nationale en première lecture (procédure accélérée).
5. Règl. (UE) 2016/679 du Parlement européen et du Conseil du 27 avr. 2016 relatif à la protection des personnes physiques à l'égard du traitement des données à caractère personnel et à la libre circulation de ces données, et abrogeant la dir. 95/46/CE (dit Règlement général sur la protection des données, RGPD) — v. not. *Dalloz IP/IT* 2016. 330, « Protection des données personnelles : premiers regards sur le règlement (UE) 2016/679 »; *Dalloz IP/IT* 2016. 566, « Les grands axes du règlement (UE) 2016/679 sur les données personnelles ».
6. N. Martial-Braz, « Le renforcement des droits de la personne concernée », *Dalloz IP/IT* 2017. 253.
7. Art. 12 à 14 du RGPD.
8. Art. 15 et 16 du RGPD.
9. Art. 21 du RGPD.
10. Art. 22 du RGPD. Ce droit, qui existait donc déjà dans la législation antérieure (art. 15 de la dir. 95/46/CE du 24 oct. 1995), prend un écho particulier à l'ère du *Big data* et du profilage commercial.
11. Art. 17 du RGPD.
12. Art. 20 du RGPD.

ment la suppression de données dont le traitement est ou devenu illicite (données qui ne sont plus nécessaires au regard des finalités, retrait du consentement et absence de traitement juridique au traitement, opposition au traitement, traitement illicite, respect d'une obligation légale) et ignore le « droit à l'oubli numérique » ou droit au déréférencement, tel que dégagé par la CJUE[1].

Le second, le droit à la portabilité[2], constitue un apport majeur du RGPD, non seulement en termes de maîtrise de ses données par la personne concernée, mais encore, et surtout, comme instrument d'une meilleure concurrence entre les acteurs (réseaux sociaux, services de messagerie instantanés...). Il permet la récupération des données « fournies à un responsable de traitement » (volontairement ou du fait de l'activité en ligne[3]) dans un format structuré, couramment utilisé et lisible par la machine. Il permet également la transmission directe des données à caractère personnel d'un responsable de traitement à un autre.

On peut enfin ajouter que le RGPD opère un changement de paradigme du point de vue de la logique mise en œuvre par la réglementation. En effet, les formalités préalables de la loi Informatique et Libertés, pour autoriser un traitement de données personnelles, disparaissent au bénéfice d'une logique de responsabilisation — dite « *accountability* ». Les entreprises doivent se mettre en conformité et en rendre compte à demande[4].

382. ***Quid de l'autodétermination informationnelle ?*** Autre droit émergent et lié à l'Internet, le droit à l'autodétermination informationnelle[5] se présente comme un outil permettant, dans l'environnement numérique, la maîtrise par l'individu de ses données personnelles. Inspirée de la jurisprudence constitutionnelle allemande[6], cette approche par l'autonomisation individuelle, qui donne aussi au droit un « contenu positif » et non plus seulement défensif[7], a été implicitement consacrée dans la loi pour une République numérique du 7 octobre 2016, modifiant ici la loi Informatique et libertés. L'article 1er de la LIL prévoit désormais que « toute personne dispose du droit de décider et de contrôler les usages qui sont faits des données à caractère personnel la concernant, dans les conditions fixées par la présente loi ». Texte de consensus, le RGPD ne reconnaît pas matériellement l'existence d'une telle prérogative.

Ce droit à l'autodétermination informationnelle participe aussi d'une vision personnaliste du droit des données personnelles.

383. ***Nature du droit ?*** Le droit français a privilégié une approche personnaliste, où la donnée personnelle est considérée « comme le support indirect d'un droit fondamental et inaliénable reconnu à l'individu dont elle émane et non

1. Pour plus de précisions, v. *infra* nos 390 s.
2. Ce droit a, par anticipation, été intégré au droit français par la loi pour une République numérique. V. N. Martial-Braz, « Les nouveaux droits des individus consacrés par la loi pour une République numérique. Quelles innovations ? Quelle articulation avec le Règlement européen ? », *Dalloz IP/IT* 2016. 525.
3. V. en ce sens les Lignes directrices relatives au droit à la portabilité des données du G29 (groupe de travail de l'article 29 sur la protection des données, réunissant les autorités de contrôles européennes), WP 242 rev. 01, version révisée, 5 avr. 2017.
4. A. Debet, « Les nouveaux instruments de conformité », *Dalloz IP/IT* 2016. 592.
5. P. Türk, « Les droits émergents dans le monde numérique : l'exemple du droit à l'autodétermination informationnelle », *in Les métamorphoses des droits fondamentaux à l'ère du numérique*, *op. cit.*, p. 253; J.-P. Foegle, « Le "droit" à l'autodétermination informationnelle et les réseaux numériques », *in Sciences et droits de l'homme*, *op. cit.*, p. 85.
6. 65BVerfGE, 1, 41-52 (1983).
7. En ce sens, Étude annuelle du Conseil d'État, préc., 2014, p. 264 s.

comme un objet économique »[1]. Mais le débat sur la nature des droits sur les données personnelles est régulièrement ravivé. Le constat, partagé, est que la monétisation des données personnelles constitue la principale source de revenu des GAFAs, sans que l'individu concerné en tire un quelconque profit et que le droit positif ait réussi à endiguer « une aspiration et une commercialisation exponentielles des données personnelles »[2].

Pour y remédier, certains proposent d'introduire un droit de propriété sur les données personnelles, qui permettrait de les vendre en redonnant à l'individu un pouvoir de négociation[3]. Cette approche propriétaire est économiquement et juridiquement contestée[4]. D'abord, la détermination du titulaire du droit ne serait pas toujours évidente. Ensuite, les données n'acquièrent de véritable valeur (monétaire) qu'une fois agrégées à des milliers d'autres. Surtout, elles n'ont pas qu'une valeur économique, elles sont le reflet de notre personne, à la fois dans l'intimité comme dans les rapports sociaux[5].

2. S'opposer à l'usurpation

384. ***Cadre légal.*** Protéger son identité numérique, c'est encore s'opposer à l'usurpation par un tiers de cette identité. En cela, le délit d'usurpation de l'identité numérique[6] participe d'une même logique que le droit des données personnelles[7].

C'est la loi n° 2011-267 d'orientation et de programmation pour la performance de la sécurité intérieure (dite « LOPPSI 2 »), entrée en vigueur le 14 mars 2011, qui a créé le délit d'usurpation d'identité, à l'article 226-4-1 du Code pénal, selon lequel « le fait d'usurper l'identité d'un tiers ou de faire usage d'une ou plusieurs données de toute nature permettant de l'identifier en vue de troubler sa tranquillité ou celle d'autrui, ou de porter atteinte à son honneur ou à sa considération, est puni de un an d'emprisonnement et de 15 000 euros d'amende ». L'alinéa 2 ajoute que l'infraction est punie des mêmes peines « lorsqu'elle est commise sur un réseau de communication au public en ligne ». Précision superflue dans la mesure où l'incrimination comme la peine sont indifférentes à l'Internet. Pour autant — et au vu d'une jurisprudence nourrie —, le réseau constitue un terrain d'élection de l'infraction.

---

1. C. Paul et C. Féral-Schuhl, *Numérique et libertés : un nouvel âge démocratique*, Rapport n° 3119, *op. cit.*, p. 132.
2. D. Cohen, « Le juge européen et les données personnelles », *in Mélanges en l'honneur de Robert Badinter, op. cit.*, p. 249, spéc. p. 255 — Sur le sujet en général, v. V.-L. Benabou et J. Rochfeld, *À qui profite le clic ?*, Odile Jacob, 2015.
3. V. par ex., Rapport du *Think tank Génération Libre*, « Mes données sont à moi. Pour une patrimonialité des données personnelles », janv. 2018 — v. en réponse, J. Rochfeld, J. Farchy, P. Forteza et V. Peugeot, « Les internautes réclament un usage moins opaque et une maîtrise de leurs données personnelles », Tribune au journal *Le Monde*, 7 févr. 2018.
4. V. A. Anciaux, J. Farchy et C. Méadel, « L'instauration de droits de propriété sur les données personnelles : une légitimité économique contestable », *Revue d'économie industrielle 2017/2*, n° 158, p. 9; J. Rochfeld, « Contre l'hypothèse de la qualification des données personnelles comme des biens », *in* E. Netter et A. Chaigneau (dir.), *Les biens numériques*, CEPRISCA, coll. « Colloques », p. 221 (disponible en ligne).
5. V. aussi les critiques formulées par le CNNum, « Neutralité des plateformes. Réunir les conditions d'un environnement numérique ouvert et soutenable », mai 2014, p. 37, et celles de l'Étude annuelle du Conseil d'État 2014, préc., p. 264 s.
6. L. Saenko, « Le nouveau délit d'usurpation d'identité numérique », *RLDI*, 2001, n° 72, p. 63.
7. Ce que confirme du reste la localisation du nouveau texte, dans une section du Code pénal dédiée aux « atteintes à la vie privée ».

385. ***Élément matériel de l'infraction. Comportements infractionnels.*** Le délit est constitué par deux comportements distincts : par le fait d'usurper l'identité d'un tiers, mais également par le fait de faire usage d'une ou plusieurs données « de toute nature » permettant d'identifier un tiers. La victime peut être soit la personne dont l'identité est usurpée, soit le tiers trompé.

Techniquement, l'infraction recouvre, pour l'essentiel, deux types de situations sur Internet : d'une part, le *phishing* ou hameçonnage, par lequel l'usurpateur obtient, par des manœuvres frauduleuses consistant à utiliser une identité qui ne lui appartient pas, des données d'une personne et commet, en les utilisant à son insu, des actes qui lui sont préjudiciables; d'autre part, la création d'un faux site web ou d'un faux profil, sous l'identité d'une tierce personne.

386. ***Élément moral de l'infraction.*** Afin d'atténuer la rigueur du dispositif, le législateur a choisi de doter l'infraction d'un dol spécial. L'usurpation n'est ainsi punissable que si elle a été faite « en vue de troubler [la] tranquillité [de la victime] ou celle d'autrui, ou de porter atteinte à son honneur ou à sa considération ».

La notion de trouble à la tranquillité est déjà connue; elle est utilisée pour sanctionner les appels téléphoniques ou les envois de messages malveillants et réitérés[1]. En outre, l'atteinte à l'honneur ou à la considération renvoie à l'article 29, alinéa 1er, de la loi du 29 juillet 1881, qui définit le délit de diffamation comme « toute allégation ou imputation d'un fait qui porte atteinte à l'honneur ou à la considération de la personne ou du corps auquel le fait est imputé ».

Pour autant, l'usurpation d'identité numérique est une infraction formelle. En ce sens, il y a délit dès lors que l'intention spécifique est établie; il n'est pas nécessaire que le trouble se soit réalisé. Aussi, on peut se demander si ce dol spécial a une réelle portée ou si sa constatation ne traduira pas la constitution d'une autre infraction.

387. ***Usurpation d'identité et liberté d'expression.*** Par un arrêt du 16 novembre 2016[2], la Chambre criminelle de la Cour de cassation a appliqué cette qualification, condamnant un informaticien qui avait profité d'une faille de sécurité dans le site Internet de la maire du 7e arrondissement de Paris pour créer un faux site qui, ayant toutes les apparences du site officiel (photographie de la victime, reprise des principaux éléments de la charte graphique...), permettait aux internautes de publier de faux communiqués de presse, obscènes et outrageants, apparemment émis par cette femme politique, les internautes passant sans s'en rendre compte du site usurpateur au site officiel. Si l'arrêt est remarquable, c'est parce qu'il contient une affirmation notable : le délit prévu à l'article 226-4-1 du Code pénal est une « infraction exclusive de l'application de l'article 10 de la Convention européenne des droits de l'homme ». La formule est rapide et elle peut tromper. En effet, il ne s'agit pas de dire que le délit d'usurpation d'identité n'a aucun rapport avec la liberté d'expression; l'infraction en est bien une limitation. L'assertion doit être en réalité comprise comme plaçant l'infraction hors

1. Art. 222-16 du C. pén. : « Les appels téléphoniques malveillants réitérés, les envois réitérés de messages malveillants émis par la voie des communications électroniques ou les agressions sonores en vue de troubler la tranquillité d'autrui sont punis d'un an d'emprisonnement et de 15 000 euros d'amende. »
2. Crim., 16 nov. 2016, n° 16-80.207, Comm. Com. électr. 2017, comm. n° 6, note A. Lepage; *RLDI* janv. 2017, n° 133, obs. L. Costes — v. aussi Crim., 7 févr. 2016, n° 15-80.211, *Dr. pén.* 2016. 76, P. Conte; *Rev. sc. crim.* 2016, p. 68, obs. Y. Mayaud. On compte aussi un certain nombre de décisions des juges du fond.

de la justification de la liberté d'expression. L'usurpation vise à créer une confusion et, en cela, elle ne contribue en rien à l'information du public[1].

388. ***Transition. De la vie à la mort.*** Les traces semées sur le réseau, volontairement ou non, sont autant de preuves de vie. Mais l'Internet a une mémoire éternelle, qui ne s'élime ni avec le temps, ni même avec la mort. Vivre sur le réseau, mourir sur le réseau.

II. Mourir sur le réseau

389. ***Plan.*** L'espace numérique mondial suscite de nouvelles réflexions liées à la dissémination des données sur les individus et à leur durée de vie, que ces données soient collectées automatiquement, mises en ligne par la personne elle-même ou par des tiers. L'hypermnésie numérique a ainsi fait naître des revendications d'« embargo numérique »[2].

Mourir sur le réseau, c'est d'abord se faire oublier. Le droit à l'oubli numérique[3] permet ainsi de faire disparaître ou de rendre moins visibles des informations (**A.**). Au-delà, le législateur français a souhaité organiser la mort numérique (**B.**).

A. Un peu : le droit à l'oubli numérique

390. ***Plan.*** « À la mémoire éphémère du papier s'est substituée une mémoire inaltérable et universelle qui ne laisse aucune chance à l'oubli », affirmait déjà en 2011 un ancien Bâtonnier[4]. L'expression même de « droit à l'oubli », devenue commune, est trompeuse. Ce qu'on a coutume de nommer le « droit à l'oubli numérique » n'est, en réalité, qu'un simple droit au déréférencement, d'origine prétorienne, qui n'autorise pas la suppression de l'information (*1.*). Mais le droit à l'oubli — que l'on retrouve cette fois dans la loi — permet aussi un effacement des données personnelles litigieuses (*2.*).

1. Le droit au déréférencement jurisprudentiel

391. ***Mémoire et oubli.*** L'Internet autorise une conservation quasi illimitée des informations. Le moteur de recherche, par sa fonction de référencement, permet alors une (sur —)exposition, grâce à l'association de mots qui facilite la recherche et est susceptible de lui garder une certaine actualité pendant de nombreuses années. Aussi, il peut sembler légitime de souhaiter qu'une information ne soit plus mise en exergue. La question posée ici est celle de la mémoire. Notre société est fondée sur l'oubli — le mécanisme de la prescription en est la manifestation topique —, alors que le Net n'oublie rien, il accumule les informations et les organise pour les rendre plus facilement accessibles. Dans ces conditions, doit-on aussi organiser l'oubli ?

392. ***Arrêt Google Spain.*** C'est le sens de la demande de Mario Costeja González, avocat espagnol, qui se plaignait qu'en entrant son nom dans le moteur de

1. V. en ce sens, A. Lepage, note sous arrêt, préc.
2. V. not. N. Mallet-Poujol, « Une forme d'embargo numérique est nécessaire pour ne pas sombrer dans la tyrannie de la transparence », *Légipresse*, 2012, n° 297, p. 510.
3. Sur lequel v. not. M. Boizard, « Le temps, le droit à l'oubli et le droit à l'effacement », *Les cahiers de la justice*, 2016/4, p. 619; M. Kheloufi, « Le "droit à l'oubli" numérique : ce que cachent les mots », *in Les métamorphoses des droits fondamentaux à l'ère du numérique*, *op. cit.*, p. 265.
4. C. Charrière-Bournazel, « Propos autour d'Internet : l'histoire et l'oubli », *Gaz. Pal.* 21 avr. 2011, p. 6.

recherche Google, ce dernier proposait comme résultats deux liens permettant d'accéder à des articles de *La Vanguardia*, pour des faits de saisie de ses biens immobiliers pour non-paiement de dettes de sécurité sociale, 12 ans avant (1998, recherche en 2010) et alors qu'il a acquitté ces dettes depuis longtemps. On comprend que la diffusion de ces informations puisse le gêner. Il demande donc au site source la suppression de ces informations et à Google Spain et Inc. l'occultation des résultats contrariants. L'autorité de protection des données espagnole (AEDP) rejette la demande contre *La Vanguardia*, d'autant que la publication avait été ordonnée par le ministère du travail, mais reçoit la réclamation contre Google. Elle enjoint à la firme, indépendamment de la présence des informations sur le site source, de retirer les liens concernés des résultats de recherche. Google attaque la décision devant la Cour nationale, laquelle a décidé d'interroger la CJUE par la voie du recours préjudiciel.

Le CJUE consacre alors, sans le nommer, ce « droit à l'oubli numérique », dans une décision du 13 mai 2014, dite « *Google Spain* »[1] : un internaute dispose ainsi du « droit à ce que l'information (...) relative à sa personne ne soit plus (...) liée à son nom par une liste de résultats affichée à la suite d'une recherche effectuée à partir de son nom » (pt 99). Plus qu'un droit à l'oubli numérique, c'est un droit à la rupture du lien d'accessibilité qui est ici consacré, un droit au déréférencement.

Ce faisant, la Cour reconnaît, en amont de son raisonnement, que le moteur de recherche a bien la qualité de responsable de traitement[2] et qu'il est donc, à ce titre, tenu aux obligations liées à cette qualité (dont l'obligation de déréférencer, découverte ici). Le responsable de traitement est, en vertu de l'article 2, *d)* de la directive 95/46/CE[3], celui qui « détermine les finalités et les moyens du traitement de données à caractère personnel ». Dans cette affaire, l'avocat général s'opposait à cette qualification, relevant la nécessaire conscience, l'intention, qui doit animer un responsable de traitement. La Cour ne l'a pas suivi et a donc décidé que l'exploitant du moteur de recherche définit bien, par l'algorithme qu'il construit et dont il a le secret et la maîtrise, les moyens et les finalités du traitement (pts 33 et 40).

---

1. CJUE 13 mai 2014, aff. C-131/12, *Google Spain*, *JCP E* 2014. 1326, note M. Griguer et 2014. 1327, note G. Busseuil; *JCP G* 2014. 768, note L. Marino; *D.* 2014. 1476, note V.-L. Benabou et J. Rochfeld (responsable de traitement) et 1481, note N. Martial-Braz et J. Rochfeld (droit à l'oubli); CCE 2014, étude 13, A. Debet; *RLDI* 2014, n° 106, Dossier spécial, D. Forest, et n° 109, R. Perray et P. Salen; *D.* 2014. Pan. 2324, obs. P. Tréfigny; *AJDA* 2014. 1147, chron. M. Aubert, E. Broussy et H. Cassagnabère; *RTD eur.* 2014. 283, édito. J.-P. Jacqué; *ibid.* 879, étude B. Hardy; *ibid.* 2016. 249, étude O. Tambou. — *Adde* M. Boizard, « Le droit à l'oubli face aux moteurs de recherche, une parenthèse ? », *in Sciences et droits de l'homme*, *op. cit.*, p. 69; J.-M. Bruguière, « Droit à l'oubli numérique des internautes ou... responsabilité civile des moteurs de recherche du fait du référencement ? (retour sur l'arrêt de la CJUE du 13 mai 2014) », *Comm. com. électr.* 2015, n° 5, étude 10, et « Le "droit à" l'oubli numérique, un droit à oublier », *D.* 2014. 299.
2. La Cour vérifie bien que le moteur de recherche effectue un traitement de données personnelles, au sens de la directive de 1995. L'article 2, *b)* en donne une définition tellement accueillante qu'il est bien difficile d'exclure ici les opérations réalisées par le moteur de recherche. En ce sens, la CJUE relève qu'« en explorant de manière automatisée, constante et systématique Internet à la recherche des informations qui y sont publiées, l'exploitant d'un moteur de recherche "collecte" de telles données qu'il "extrait", "enregistre" et "organise" par la suite dans le cadre de ses programmes d'indexation, "conserve" sur ses serveurs et, le cas échéant, "communique à" et "met à disposition de" ses utilisateurs sous forme de listes des résultats de leurs recherches » (pt 28), toutes opérations que la directive de 1995 vise expressément.
3. Direct. n° 95/46/CE, du 24 oct. 1995, relative à la protection des personnes physiques à l'égard du traitement des données à caractère personnel et à la libre circulation de ces données. — Ce texte sera abrogé par le RGPD.

393. *Fondement.* Sur quel fondement ce droit au déréférencement repose-t-il ? C'est difficile à dire... Ni la directive 95/46/CE ni le RGPD[1] ne contiennent une telle règle. La CJUE renvoie quand même à des dispositions de la directive et elle active les articles 7 et 8 de la Charte des droits fondamentaux, relatifs au droit au respect de la vie privée et à la protection des données personnelles.

394. *Conditions.* Deux types de conditions, internes et externes, ont été posés par la CJUE pour imposer ce déréférencement.

S'agissant des conditions internes, la Cour renvoie d'abord à la qualité des données litigieuses. En effet, il ne suffit pas que des données personnelles soient présentes sur un site pour pouvoir en obtenir le déréférencement. Les données doivent être inadéquates, pas ou plus pertinentes ou excessives au regard des finalités pour lesquelles elles ont été traitées et du temps qui s'est écoulé (pt 92). Il faut noter que l'appréciation devra être réalisée au cas par cas, « eu égard à l'ensemble des circonstances caractérisant le cas d'espèce » (pt 94). Pour autant, la personne concernée n'aura pas à faire la démonstration d'un préjudice. La CJUE indique en ce sens que « la constatation d'un tel droit ne présuppose pas que l'inclusion de l'information en question dans la liste de résultats cause un préjudice à la personne concernée » (pt 96). Enfin, il faut préciser — et c'est là un apport essentiel de la décision — que l'information pour laquelle on supprime le lien n'est pas nécessairement illicite ou illégitime. C'était d'ailleurs le cas en l'espèce et la Cour l'admet expressément, évoquant un « traitement initialement licite de données exactes » (pt 93).

S'agissant des conditions externes, la solution devra résulter d'une pesée des intérêts en présence, entre les droits fondamentaux de la personne concernée et l'accès à l'information des internautes. La Cour mentionne néanmoins la prévalence de principe des droits à la vie privée et à la protection des données personnelles des articles 7 et 8 de la Charte des droits fondamentaux, même si elle ajoute, dans des cas particuliers, la prise en compte de « la nature de l'information en question et de sa sensibilité pour la vie privée de la personne concernée ainsi que de l'intérêt du public à disposer de cette information, lequel peut varier, notamment, en fonction du rôle joué par cette personne dans la vie publique » (pt 81). C'est aussi dire que le principe pourrait être inversé au vu de la situation publique d'une personne[2].

395. *Interdiction d'injonction générale.* En France, la Cour de cassation a censuré un arrêt de Cour d'appel qui avait prononcé à l'encontre d'un moteur de recherche une injonction d'ordre général, sans procéder à la mise en balance des intérêts en présence. Dans cet arrêt du 14 février 2018[3], la Cour de cassation rappelle que la juridiction saisie d'une demande de déréférencement est tenue, pour chacune des pages web dont la suppression de lien est sollicitée, « de porter une appréciation sur son bien-fondé, et de procéder, de façon concrète, à la mise en balance des intérêts en présence ». Or, la Cour d'appel empêche *de facto* cette mise en balance au cas par cas lorsqu'elle ordonne par anticipation « une mesure d'injonction d'ordre général, conférant un caractère automatique à la

---

1. À l'époque de la décision, le règlement était en discussion et si le droit à l'oubli était intégré à la première version (2012), il avait ensuite été supprimé (depuis 2014), pour ne laisser qu'un droit à l'effacement, essentiellement lorsque le traitement n'est pas ou plus légitime.
2. Sur l'équilibre entre l'information et l'oubli, v. M. Clément-Fontaine, « Faut-il se réjouir de la percée du droit à l'oubli numérique » (commentaire des arrêts de la Cour de cassation de Belgique, 29 avr. 2016, n° C. 15.0052.F, et de la Cour de cassation française, Civ. 1re, 12 mai 2016, n° 15-17.729), *Auteurs & Media*, 2016/5-6, p. 464.
3. Civ. 1re, 14 févr. 2018, n° 17-10.499.

suppression de la liste de résultats, affichée à la suite d'une recherche effectuée à partir du nom d'une personne, des liens vers des pages internet contenant des informations relatives à cette personne »[1].

396. ***Mise en œuvre pratique.*** En pratique, le droit à l'oubli numérique s'est traduit par un formulaire, mis en ligne notamment par Google, grâce auquel une personne concernée peut demander la suppression d'un résultat de recherche associé à sa personne. D'un point de vue théorique, il faut relever ici une nouvelle manifestation de la tendance à la privatisation de la norme. Ici, on délègue à un acteur privé l'évaluation de l'adéquation ou l'inadéquation des données, faisant de l'exploitant « le véritable arbitre de l'information acceptable »[2]. Des critères d'appréciation des demandes de déréférencement ont été dégagés par le Comité consultatif mis en place par Google[3] ainsi que par des Lignes directrices du G29[4].

En cas de refus de déréférencement, la CJUE propose de saisir l'autorité de contrôle nationale, en France la CNIL, ou l'autorité judiciaire. Cette dernière dispose ici d'un pouvoir complémentaire, notamment du fait du trouble causé par le référencement et qui justifiera l'intervention du juge des référés, en application de l'article 809 du Code de procédure civile.

397. ***Champ territorial du déréférencement.*** Par ailleurs, se pose la question de l'étendue géographique du déréférencement. Sur ce point, il existe une opposition entre Google et la CNIL. Le déréférencement opéré par le moteur de recherche est effectif sur l'ensemble des extensions européennes (Espace économique européen — EEE —, champ d'application territorial de la directive 95/46/CE). En outre, grâce à une mesure de blocage, Google empêche un internaute situé en France d'avoir accès aux liens litigieux sur toutes les extensions de son moteur de recherche dans le monde. Pour ce faire, Google redirige automatiquement les internautes souhaitant effectuer leurs recherches sur < google.com > vers < google.fr >. Ainsi, un déréférencement français ou européen assure une effectivité certaine au droit au déréférencement, sans toutefois que la coupure du lien soit mondiale. C'est aussi le signe d'un choc des cultures : aux États-Unis, « le "droit de savoir" passe avant le "droit à l'oubli" et un retrait d'information sur internet s'analyse comme une censure, là où les Européens y voient le respect de la vie privée »[5].

La CNIL a cependant estimé qu'une telle solution n'était pas suffisante. Google ayant refusé d'étendre le déréférencement à toutes les extensions de son moteur de recherche, l'autorité a prononcé, le 10 mars 2016, une sanction pécu-

---

1. La CA avait confirmé le jugement qui considérait que Google devait supprimer « *les liens qui conduisent, lors de recherches opérées sur le moteur Google.fr incluant les nom et prénom de M. Thierry B., à toute adresse URL identifiée et signalée à Google Inc. par M. Thierry B. comme portant atteinte à sa vie privée, dans un délai de 7 jours à compter de la réception par la société Google Inc. [de ce] signalement* », sous astreinte de 10 000 euros par infraction constatée (CA Aix-en-Provence, 15 sept. 2016, rôle n° 15/13987).
2. *D.* 2014. 1481, note J. Rochfeld et N. Martial-Braz.
3. https://static.googleusercontent.com/media/archive.google.com/fr//advisorycouncil/advisement/advisory-report.pdf (févr. 2018).
4. *Guidelines on the implementation of Justice of The European Union Judgment on Google Spain and Inc. vs Agencia espanola de proteccion de datos (AEPD) and Mario Costeja Gonzalez*, document WP 225, 26 nov. 2014 — la CNIL propose également un texte en français : *Droit au déréférencement. Les critères communs utilisés pour l'examen des plaintes* : www.cnil.fr/sites/default/files/typo/document/Droit_au_dereferencement-criteres.pdf (févr. 2018).
5. M. de Saint Pulgent et J. Richard, « Numérique : les rapports de droit sont des rapports de forces », *AJDA* 2014. 1625.

niaire de 100 000 euros à l'encontre de l'entreprise[1]. Cette décision a été déférée au Conseil d'État, lequel a saisi le 19 juillet 2017, la CJUE de trois questions préjudicielles sur la portée territoriale du déréférencement (le monde ou l'UE) et, en complément, sur la pratique de géoblocage[2].

2. *Le droit à l'effacement légal*

398. ***Disparition de l'information.*** Le droit à l'oubli vise encore des hypothèses où l'oubli conduit non plus à un simple déréférencement mais à un effacement de l'information. L'atteinte potentielle à la liberté d'information est ici plus importante puisque le droit conduit à la disparition de l'information source, contrairement au droit au déréférencement, où seul le lien d'accessibilité disparaît.

399. ***Cadre légal européen. RGPD.*** L'intitulé de l'article 17 du RGPD – « Droit à l'effacement (« droit à l'oubli ») » – manifeste la tension qui a entouré l'adoption de cette disposition, laquelle a connu de multiples rédactions. De quoi parle-t-on exactement ? Par l'utilisation des guillemets, la disposition semble renvoyer au sens commun de l'expression, par référence à la jurisprudence *Google Spain*. En réalité, il n'en est rien. L'article 17 reste parfaitement silencieux sur le droit au déréférencement, tel que dégagé par le CJUE. Ce qui interroge sur sa vocation à s'appliquer à l'avenir, au moment de l'entrée en vigueur du RGPD (25 mai 2018). En effet, la parole législative est récente, postérieure à la jurisprudence de la CJUE, et on ne peut ignorer qu'elle ne consacre pas la règle jurisprudentielle.

400. ***« Fausses » hypothèses de droit à l'effacement.*** D'emblée, il faut souligner la confusion de l'article 17, qui fait entrer dans le cadre du droit à l'effacement des hypothèses dans lesquelles le traitement est ou est devenu illicite. Or, « il n'y a de véritable droit à l'oubli que si l'effacement concerne des données traitées licitement »[3]. La disposition permet ainsi l'oubli lorsque « les données à caractère personnel ne sont plus nécessaires au regard des finalités pour lesquelles elles ont été collectées ou traitées d'une autre manière » (art. 17.1, *a*)), lorsque « la personne concernée retire le consentement sur lequel est fondé le traitement (...) et il n'existe pas d'autre fondement juridique au traitement » (art. 17.1, *b*)), lorsque « les données à caractère personnel ont fait l'objet d'un traitement illicite » (art. 17.1, *d*)), lorsque « les données à caractère personnel doivent être effacées pour respecter une obligation légale qui est prévue par le droit de l'Union ou par le droit de l'État membre auquel le responsable du traitement est soumis » (art. 17.1, *e*)).

401. ***« Vraies » hypothèses de droit à l'effacement.*** À ces « fausses » hypothèses de droit à l'oubli sur des traitements illicites (originellement ou devenus tels), il faut ajouter deux cas d'ouverture à un véritable droit à l'effacement, sans considération de l'illicéité du traitement, exposés aux points *c)* et *f)* de l'article 17.1.

Le droit à l'oubli peut d'abord être demandé (art. 17.1 *c*)) lorsque « la personne s'oppose au traitement des données à caractère personnel en vertu de l'article 21, paragraphe 1, et il n'existe pas de motif légitime impérieux pour le traitement, ou la personne concernée s'oppose au traitement des données à caractère personnel en vertu de l'article 21, paragraphe 2 ». La disposition est

1. Délibération de la formation restreinte n° 2016-054 du 10 mars 2016 prononçant une sanction pécuniaire à l'encontre de Google Inc.
2. CE 19 juill. 2017, n° 399922.
3. N. Martial-Braz, « Le renforcement des droits de la personne concernée », *op. cit.*

particulièrement efficace; elle permet un effacement des données, à la suite d'une procédure d'opposition au traitement, dans deux situations : d'une part, en considération de la situation particulière de la personne concernée (art. 21.1[1]), et il appartiendra alors au responsable de traitement de rapporter la preuve de motifs légitimes justifiant son refus; d'autre part, lorsque les données sont traitées à des fins de prospection et/ou de profilage (art. 21.2[2]).

Le droit à l'oubli peut ensuite être mobilisé (art. 17.1 *f)*) lorsque les données « ont été collectées dans le cadre de l'offre de services de la société de l'information visée à l'article 8, paragraphe 1 ». Si le renvoi suscite un doute quant à son interprétation[3], il semble que le texte s'adresse aux mineurs de plus de 16 ans qui auraient consenti au traitement de leurs données ainsi qu'aux mineurs de moins de 16 ans autorisés à transmettre leurs données par le titulaire de l'autorité parentale. On pense ici clairement aux données personnelles laissées par les mineurs par le biais des réseaux sociaux.

402. ***RGPD. Régime.*** Le dispositif mis en place par le RGPD envisage la création d'une sorte de « droit de suite », puisque le responsable du traitement qui a rendu publiques les données personnelles, premier tenu à l'effacement, doit prendre « des mesures raisonnables », « compte tenu des technologies disponibles et des coûts de mise en œuvre », pour informer les autres responsables de traitement traitant ces mêmes données de la demande d'effacement (art. 17.2).

Enfin, ce droit à l'efficacement devra se concilier avec les autres droits et libertés. Aussi, il ne sera pas exigible lorsque le traitement est nécessaire « à l'exercice du droit à la liberté d'expression et d'information » (art. 17.3, *a)*), « pour respecter une obligation légale qui requiert le traitement prévue par le droit de l'Union ou par le droit de l'État membre auquel le responsable du traitement est soumis, ou pour exécuter une mission d'intérêt public ou relevant de l'exercice de l'autorité publique dont est investi le responsable du traitement » (*b)*), « pour des motifs d'intérêt public dans le domaine de la santé publique (...) » (*c)*), « à des fins archivistiques dans l'intérêt public, à des fins de recherche scientifique ou historique ou à des fins statistiques (...) » (*d)*) et « à la constatation, à l'exercice ou à la défense de droits en justice » (*f)*).

403. ***Cadre légal français.*** Alors que le RGDP entre en vigueur le 25 mai 2018, le législateur français est intervenu, dans la loi pour une République numérique (art. 63), du 6 octobre 2016, modifiant sur ce point la loi Informatique et Libertés. L'article 40.II de la LIL impose désormais, sur le fondement du droit de rectification (et non du droit d'opposition), un droit à l'oubli, en forme de droit à l'effacement des données collectées licitement, au bénéfice des personnes mineures au moment de la collecte[4]. On peut s'étonner de la méthode qui

1. « La personne concernée a le droit de s'opposer à tout moment, pour des raisons tenant à sa situation particulière, à un traitement des données à caractère personnel la concernant fondé sur l'article 6, paragraphe 1, point e) ou f), y compris un profilage fondé sur ces dispositions. Le responsable du traitement ne traite plus les données à caractère personnel, à moins qu'il ne démontre qu'il existe des motifs légitimes et impérieux pour le traitement qui prévalent sur les intérêts et les droits et libertés de la personne concernée, ou pour la constatation, l'exercice ou la défense de droits en justice. »
2. « Lorsque les données à caractère personnel sont traitées à des fins de prospection, la personne concernée a le droit de s'opposer à tout moment au traitement des données à caractère personnel la concernant à de telles fins de prospection, y compris au profilage dans la mesure où il est lié à une telle prospection. »
3. V. N. Martial-Braz, « Le renforcement des droits de la personne concernée », *op. cit.*
4. N. Martial-Braz, « Les nouveaux droits des individus consacrés par la loi pour une République numérique. Quelles innovations ? Quelle articulation avec le Règlement européen ? », *op. cit.*; M. Péron, « Libres propos sur le droit à l'oubli numérique », *RDLF* 2017, chron. n° 15.

consiste à légiférer alors qu'un règlement européen est en cours d'adoption et qu'il contient des dispositions sur le sujet. À ce titre, cette intervention anticipée a pu être critiquée, le Conseil d'État considérant la transposition comme « partielle et approximative, tant [s'agissant] de la définition des données concernées par ce droit, que de l'étendue de ce droit »[1].

La volonté exprimée est, par cette règle, de protéger des personnes qui sont considérées comme particulièrement vulnérables dans l'univers numérique, notamment sur les réseaux sociaux, lieux d'exposition volontaire très fréquentés. Cette disposition permet dès lors d'ordonner l'effacement par le responsable de traitement des données « collectées dans le cadre de l'offre de services de la société de l'information lorsque la personne concernée était mineure au moment de la collecte. »

S'agissant du régime, le texte prévoit également, dans les mêmes conditions que le RGPD, une sorte de « droit de suite », en cas de transmission des données en cause à un tiers lui-même responsable de traitement[2]. Il ajoute encore les mêmes limitations à ce droit (art. 40.II, al. 3 : exercice du droit à la liberté d'expression et d'information, intérêt public dans le domaine de la santé publique, archives ou recherche scientifique, etc.).

Enfin, l'article 40.II, alinéa 2, de la LIL prévoit qu'en cas de refus ou de silence du responsable de traitement dans un délai d'un mois à compter de la demande, la personne concernée peut saisir la CNIL qui se prononce dans les trois semaines.

B. Beaucoup : la mort numérique

404. ***Situation avant la LRN.*** Les droits décrits dans la LIL ne sont ouverts qu'à la personne concernée, c'est-à-dire, en vertu de l'article 2, celle à qui se rapportent les données personnelles qui font l'objet du traitement. Les ayants droit sont donc exclus de la catégorie. Avant la loi pour une République numérique, le cadre légal ne permettait aux héritiers qu'une actualisation des données du défunt, auprès du responsable de traitement, pour que ce dernier « prenne en considération le décès et procède aux mises à jour qui doivent en être la conséquence »[3]. Dans ces conditions, ceux-ci n'étaient pas habilités à accéder (au titre du droit d'accès par ex., art. 39 LIL) aux données à caractère personnel du *de cujus*[4]. En vertu de la jurisprudence administrative, ils n'étaient admis à obtenir communication des données personnelles de la personne concernée décédée qu'en cas de « nécessité », par exemple pour établir la dette fiscale et liquider la succession[5]. Ce qui ne leur permettait pas, par exemple, de demander

1. Avis consultatif du Conseil d'État, n° 390741, *République numérique*, point 40. V. aussi la critique de la CNIL sur la disposition, Délibération n° 2015-414 du 19 nov. 2015 portant avis sur un projet de loi pour une République numérique, p. 19 — Synthétisant la critique, T. Dautieu et E. Gabrié, « Analyse de l'apport de la loi pour une République numérique à la protection des données à caractère personnel (2e partie) — les droits des personnes et les missions et pouvoirs de la CNIL », *Comm. com. électr. 2017*, étude 1, spéc. n° 10.
2. « Lorsqu'il a transmis les données en cause à un tiers lui-même responsable de traitement, il prend des mesures raisonnables, y compris d'ordre technique, compte tenu des technologies disponibles et des coûts de mise en œuvre, pour informer le tiers qui traite ces données que la personne concernée a demandé l'effacement de tout lien vers celles-ci, ou de toute copie ou de toute reproduction de celles-ci. »
3. Ancien article 40 de la LIL, modifiée par la loi n° 2004-801 du 6 août 2004, relative à la protection des personnes physiques à l'égard des traitements de données à caractère personnel.
4. V. en ce sens, CE 8 juin 2016, n° 386525 : P.-D. Vignolle, « Mort numérique : l'imbroglio ne fait que commencer », *RLDI* 2017, n° 131.
5. CE, sous-sect. 10 et 9 réunies, 29 juin 2011, n° 339147.

la clôture du compte utilisateur de la personne décédée ou de récupérer des photographies ou des vidéos partagées.

405. ***Solution posée par la LRN.*** Comment échapper à l'éternité numérique[1] permise par l'Internet ? La loi pour une République numérique du 7 octobre 2016 a aussi encadré le devenir des données personnelles après la mort de la personne concernée[2]. À la manière des directives anticipées du domaine médical, l'article 40-1 de la LIL prévoit un nouveau droit pour toute personne concernée de définir des « directives relatives à la conservation, à l'effacement et à la communication de ses données à caractère personnel après son décès » (point II). Il s'agit donc de déterminer, de son vivant, les usages *post mortem* de ses données personnelles. Comme l'a indiqué la CNIL, dans son avis sur le projet de loi, « une telle faculté constitue le prolongement naturel du droit de disposer librement de ses données »[3], consacré par cette même loi[4].

À nouveau, on peut s'étonner de l'intervention française alors même que le droit européen, avec le RGPD, réforme en profondeur le droit des données. En réalité, le législateur européen n'a pas souhaité se prononcer sur la question, alors qu'il avait un temps envisagé de le faire, laissant aux États membres la faculté de légiférer au niveau national[5].

406. ***Régime.*** Il ne s'agit pas ici d'activer un droit à la vie privée *post mortem*. On le sait, la vie privée s'éteint avec la mort[6]. C'est d'ailleurs ce que confirme le point I de l'article 40-1, qui énonce : « Les droits ouverts à la présente section s'éteignent au décès de leur titulaire. » Toutefois, poursuit la même disposition, « ils peuvent être provisoirement maintenus conformément aux II et III suivants. » Les points II et III distinguent deux hypothèses : soit la personne défunte a défini des directives avant sa mort, soit elle s'est abstenue.

407. ***En présence de directives.*** Dans le premier cas, les directives « définissent la manière dont la personne entend que soient exercés, après son décès, les droits mentionnés à la présente section » (art. 40-1, II, al. 5), à savoir les droits relatifs à la conservation, à l'effacement et à la communication de ses données à caractère personnel.

Ces directives peuvent être « générales »[7] ou « particulières »[8]. Dans le premier cas de figure, elles appréhendent l'ensemble des données personnelles se

---

1. L. Castex, « Les éternités numériques : un essai d'analyse prospective », *RLDI* 2016/126, n° 3986.
2. J. Groffe, « La mort numérique », *D.* 2015. 1609 (avant la loi); C. Pérès, « Les données à caractère personnel et la mort », *D.* 2016. 90; A. Favreau, « Mort numérique : précisions sur la nature et le régime du contrôle *post mortem* des données à caractère personnel collectées », *RLDI* 2016/132; N. Martial-Braz, « Les nouveaux droits des individus (...) », *op. cit.*, spéc. p. 528.
3. Délibération n° 2015-414 du 19 nov. 2015 portant avis sur un projet de loi pour une République numérique.
4. V. le droit à l'autodétermination informationnelle, *supra* n°s 382 s.
5. Règl. (UE) n° 2016/679 du Parlement et du Conseil du 27 avr. 2016, préc., consid. 27 : « Le présent règlement ne s'applique pas aux données à caractère personnel des personnes décédées. Les États membres peuvent prévoir des règles relatives au traitement des données à caractère personnel des personnes décédées. »
6. Civ. 1re, 14 déc. 1999, n° 97-15.756, *Bull. civ.* I, n° 345; *D.* 2000. 372, note B. Beignier, et 266, obs. C. Caron; *RTD civ.* 2000. 291, obs. J. Hauser, et 342, obs. P. Jourdain.
7. Art. 40-1, II, al. 2 : « les directives générales concernent l'ensemble des données à caractère personnel se rapportant à la personne concernée et peuvent être enregistrées auprès d'un tiers de confiance numérique certifié par la Commission nationale de l'informatique et des libertés. »
8. Art. 40-1, II, al. 4 : « Les directives particulières concernent les traitements de données à caractère personnel mentionnées par ces directives. Elles sont enregistrées auprès des responsables de traitement concernés. Elles font l'objet du consentement spécifique de la personne concernée et ne peuvent résulter de la seule approbation par celle-ci des conditions générales d'utilisation. »

rapportant à la personne concernée et peuvent être enregistrées auprès d'un « tiers de confiance numérique »[1]. Dans le second, elles visent des traitements de données spécifiques et sont alors directement enregistrées auprès des responsables de traitement intéressés.

La personne concernée peut désigner une personne chargée de l'exécution des directives, y compris auprès des responsables de traitement concernés. À défaut, les héritiers ont qualité pour prendre connaissance des directives au décès de leur auteur et en demander la mise en œuvre auprès des responsables de traitement concernés (art. 40-1, II, al. 8).

Enfin, le régime posé est d'ordre public : les conditions générales d'utilisation ne pourront plus, comme c'était le cas, dénier l'exercice de ces droits aux utilisateurs[2].

408. ***En l'absence de directives.*** Dans le second cas, en l'absence de directives par le défunt ou de mention contraire dans celles-ci, ses héritiers sont habilités à exercer ses droits. Pour autant, cette « dévolution » n'est pas générale puisque les héritiers ne peuvent exercer les droits du *de cujus* que « dans la mesure nécessaire » à la réalisation de deux objectifs.

Le premier vise à assurer le bon déroulement de la succession du défunt. Pour cela, les héritiers peuvent accéder aux traitements de données qui le concernent et obtenir communication des informations utiles à la liquidation et au partage. Ils peuvent aussi « recevoir communication des biens numériques[3] ou des données s'apparentant à des souvenirs de famille, transmissibles aux héritiers » (art. 40-1, III, al. 2). On peut ici s'interroger sur le sens qui sera retenu de l'expression « souvenirs de famille », étranger au droit des données personnelles et rapprochant le régime du droit des successions[4]. On peut surtout douter de la mise en œuvre d'une telle disposition. En effet, la preuve de la qualification de « souvenirs de famille » appartiendra aux héritiers, qui devront donc en faire la démonstration aux prestataires du Net pour récupérer les informations en cause...

Le second objectif a pour finalité la prise en compte, par les responsables de traitement, du décès de la personne concernée. Les héritiers peuvent alors « procéder à la clôture des comptes utilisateurs du défunt, s'opposer à la poursuite des traitements de données à caractère personnel le concernant ou faire procéder à leur mise à jour. »

409. ***Différences.*** Les droits qui peuvent être exercés en lieu et place du défunt sont différents dans le premier et dans le second cas. En effet, lorsque la personne concernée a formulé des directives, les droits, qui peuvent être accordés à des héritiers ou à des tiers, sont circonscrits à la conservation, à l'effacement et à la communication de ses données (art. 40-1, II, al. 1er). En revanche, en l'absence de directives, les héritiers seuls peuvent exercer les droits du *de cujus*, mais avec des finalités assignées. On peut alors légitimementse demander si une

1. Les notaires demandent à être désignés comme un des tiers de confiance en capacité de recevoir les directives générales. — V. G. Marraud des Grottes, « 113e Congrès des notaires de France : les propositions de la commission #Numérique », *RJPF* n° 10, 1er oct. 2017.
2. Art. 40-1, II, al. 9 : « Toute clause contractuelle des conditions générales d'utilisation d'un traitement portant sur des données à caractère personnel limitant les prérogatives reconnues à la personne en vertu du présent article est réputée non écrite. »
3. On pense ici aux œuvres de l'esprit (photographies par ex.), sur lesquelles existe un droit d'auteur.
4. Favorable à ce rapprochement, C. Pérès, *op. cit.*, spéc. n° 15; J. Groffe, *op. cit.* (en amont de la discussion parlementaire), spéc. n° 14. — *Contra* A. Favreau, *op. cit.*, en faveur une qualification contractuelle, le mandat *post mortem*.

personne qui n'aura pas établi de directives accordera plus de droits à ses héritiers que si elle en avait défini. En outre, en présence de directives, les héritiers auront-ils le droit d'accéder aux données de santé du défunt ou de réclamer les données et les biens numériques transmissibles ?[1]

410. ***Conclusion. Et demain ?*** L'avenir promis est au monde tout numérique, un monde augmenté par l'intelligence artificielle. Rêve, fantasme, cauchemar... Un des plus grands esprits scientifiques de ce siècle, Stephen Hawking, ne disait rien d'autre lorsqu'il affirmait que l'intelligence artificielle serait « soit la meilleure soit la pire chose jamais arrivée à l'humanité » (oct. 2016). Pour l'heure, la science ne maîtrise qu'une intelligence artificielle faible. Le temps de l'intelligence artificielle forte, consciente, relèvera de l'application des juristes de demain. Mais la réflexion appartient déjà aux juristes d'aujourd'hui...

Pistes de réflexion

Internet oblige-t-il à réinventer les droits fondamentaux ?
Existe-t-il un droit à l'Internet ?
La personne et Internet ?

1. Formulant ces interrogations, P.-D. Vignolle, *op. cit.*

Section 6.
LES DROITS FONDAMENTAUX DE L'ENFANT

Annie Lamboley
Professeur émérite de l'Université de Montpellier

La question des droits de l'enfant est un thème dont l'intérêt majeur est sa très grande actualité au plan aussi bien législatif que jurisprudentiel. Du premier point de vue, nombreuses ont été les lois qui, au cours des dernières décennies, ont permis, non pas à l'enfant à naître, mais à l'enfant déjà né, d'émerger sur la scène juridique aux côtés de ses père et mère et à égalité avec ses frères et sœurs. Du second point de vue, est particulièrement à relever le revirement spectaculaire qu'a opéré en 2005 la Cour de cassation en mettant fin à son refus d'applicabilité directe, en droit français, de la Convention sur les droits de l'enfant, signée à New York, le 26 janvier 1990. Est également à souligner la jurisprudence de la CEDH dont plusieurs arrêts intéressant le sujet sont d'une date récente. On ne saurait, enfin, traiter de la question des droits de l'enfant sans évoquer les impacts actuels et les perspectives d'avenir de la loi du 17 mai 2013 ouvrant le mariage et l'adoption aux couples de personnes de même sexe, ne serait-ce qu'au regard de leurs revendications en faveur d'un prétendu droit à l'enfant et de la jurisprudence qui en résulte. D'autres lois, encore plus récentes, seront également à évoquer.

411. ***Actualité du sujet.*** La question des droits fondamentaux dont l'enfant peut se prévaloir au sein de sa sphère familiale est un sujet d'une très grande actualité et ceci pour trois raisons essentielles.

La première tient au revirement spectaculaire qu'a opéré en 2005 la Cour de cassation[1] en mettant fin à son refus d'applicabilité directe, en droit français, de la Convention relative aux droits de l'enfant[2], adoptée par l'Assemblée générale des Nations unies, le 20 novembre 1989, et signée à New York, le 26 janvier 1990[3], avant d'être ratifiée par la France le 2 juillet 1990 (L. n° 90-548, 2 juill. 1990, *JO* 5 juill. 1990) et publiée par décret du 8 octobre suivant (Décr. n° 90-917, 8 oct. 1990, *JO* 12 oct. 1990). Un tel revirement, confirmé à plusieurs reprises[4] et approuvé par la doctrine[5], est particulièrement opportun car il met fin aux

1. Civ. 1re, 18 mai 2005, *D.* 2005. 1909, note Egéa; *JCP* 2005. II. 10081, note Granet-Lambrechts et Strickler; *ibid.* 10115, 1re esp., concl. Petit, note Chabert; *Dr. fam.* 2005, n° 156, note Gouttenoire; *AJ fam.* 2005. 274, obs. Fossier; *RTD civ.* 2005. 585, obs. Hauser. — 627, obs. Théry.
2. Sur cette jurisprudence, v. Civ. 1re, 10 mars 1993, *D.* 1993. 361, note Massip. — 15 juill. 1993. *D.* 1994. 191, note Massip; *JCP* 1994. II. 22219, note Benhamou. — Soc. 13 juill. 1994, *D.* 1995. 91, note Massip; *JCP* 1995. II. 22363, note Benhamou. — Crim. 18 juin 1997, *Dr. fam.* 1998, n° 56, 1re esp., note Murat; *Defrénois* 1998. 321, obs. Massip.
3. V. à son sujet, D. Turpin, « L'enfant dans tous ses droits », *LPA* 10 janv. 1990, p. 17. — G. Raymond, « La Convention des Nations unies sur les droits de l'enfant et le droit français de l'enfance », *JCP* 1990. I. 3451. — C. Neirinck, *Le droit de l'enfance après la Convention des Nations unies*, Encyclopédie Delmas, 1992.
4. Sur la confirmation d'un tel revirement, v. entre autres, Civ. 1re, 14 juin 2005, *D.* 2005. 2790, note Boulanger; *JCP* 2005. II. 10115, 2e esp., concl. Petit et note Chabert; *Dr. fam.* 2005, n° 42, note Farge; *RTD civ.* 2005. 556, obs. Encinas de Munagorri. — 13 juill. 2005, *D.* 2005. IR 2339. — 8 nov. 2005 et 22 nov. 2005, *D.* 2006. 554, note Boulanger; *Dr. fam.* 2006, n° 28, note Gouttenoire; *RTD civ.* 2006. 101, obs. Hauser. — 7 avr. 2006, *D.* 2006. 2293, note Poisson-Drocourt; *Dr. fam.* 2006, n° 124, note Murat; *Defrénois* 2006. 1127, note Massip. — 13 mars 2007, *JCP* 2008. I. 102, n° 5, obs. Favier.
5. Sur ce revirement, v. P. Courbe, « L'application directe de la Convention des Nations unies sur les droits de l'enfant », *D.* 2006. Chron. 1487. — J. Rubellin-Devichi, « La réception des conventions internationales par les juges français en droit de la famille », *JCP* 2005. I. 199, n° 7 à 11; *JCP* 2010, n° 34. — M. Azavant, « La Cour de cassation mériterait-elle un satisfecit international ? », *JCP* 2006. I. 157, nos 3 à 5. — P. Bonfils et A. Gouttenoire, *Droit des mineurs*, Dalloz, coll. « Précis », 2e éd., 2014, n° 62.

nombreuses critiques formulées à l'encontre de la position de la Cour de cassation[1], prise dès le départ, alors que dans le même temps, le Conseil d'État adoptait une solution inverse[2].

La deuxième raison de l'actualité du sujet tient à l'entrée en vigueur, le 1er juillet 2006, de l'ordonnance n° 2005-759 du 4 juillet 2005 portant réforme de la filiation (*JO* 6 juill. 2005), qu'a ratifiée la loi n° 2009-61 du 16 janvier 2009 (*JO* 18 janv. 2009) et dont l'un des objectifs majeurs, selon le rapport adressé au président de la République (*JO* 6 juill. 2005), a été de tirer les conséquences de l'égalité de statut entre tous les enfants, poursuivant ainsi le processus déjà engagé à l'occasion de réformes précédentes dont certaines ont été directement inspirées de la Convention de New York. Tel est en particulier le cas de celles réalisées par la loi n° 93-22 du 8 janvier 1993 modifiant le Code civil relatif à l'état civil, à la famille et aux droits de l'enfant et instituant le juge aux affaires familiales (*JO* 9 janv. 1993) ou par la loi n° 2002-305 du 4 mars 2002 relative à l'autorité parentale (*JO* 5 mars 2002).

La troisième raison de l'actualité du sujet tient, enfin, aux initiatives, plus ou moins récentes, prises aussi bien par le Gouvernement que par les parlementaires en faveur de la protection de l'enfant et de la défense de ses droits. Vont notamment en ce sens, la loi n° 2004-1 du 2 janvier 2004 relative à l'accueil et à la protection de l'enfance (*JO* 3 janv. 2004) ou encore la loi n° 2006-399 du 4 avril 2006 renforçant la prévention et la répression des violences au sein du couple ou commises contre les mineurs (*JO* 5 avr. 2006). À ces textes, il convient d'ajouter la loi n° 2007-293 du 5 mars 2007 réformant la protection de l'enfance (*JO* 6 mars 2006), qu'est venue renforcer et améliorer la loi n° 2016-297 du 14 mars 2016 relative à la protection de l'enfant (*JO* 15 mars 2016)[3], ou encore la loi n° 2007-1155 du 1er août 2007 autorisant l'approbation de la Convention européenne sur l'exercice des droits de l'enfant (*JO* 2 août 2007), adoptée par le Comité des ministres du Conseil de l'Europe, le 25 janvier 1996, et signée par la France, le

1. Sur de telles critiques, v. not. C. Neirinck et P. Martin, « Un traité bien maltraité ». À propos de l'arrêt *Le Jeune* (Civ. 1re, 10 mars 1993), *JCP* 1993. I. 3677. — M.-C. Rondeau « La Convention des Nations unies devant la Cour de cassation, un traité mis hors-jeu », *D.* 1993. Chron. 203. — J. Rubellin-Devichi, « La réception des conventions internationales par les juges français en droit de la famille », *D.* 1994. Chron. 16. — « L'accueil réservé par la France à la Convention internationale sur les droits de l'enfant », *Gaz. Pal.* 1995. 2. Doctr. 885. — J. Massip, « L'application par la Cour de cassation de conventions internationales récentes relatives à l'enfance », *LPA* 3 mai 1995, p. 41. — Sur les dernières critiques adressées par la doctrine quant à l'absence de revirement de la Cour de cassation, v. C. Chabert, « Pour un réexamen de la question de l'applicabilité directe de la convention de New York du 26 janvier 1990 relative aux droits de l'enfant », *JCP* 2003. I. 129.
2. Sur cette jurisprudence, CE 29 juill. 1994, *Préfet de la Seine-Maritime*, *AJDA* 1994. 841, concl. Denis-Linton. — 10 mars 1995, *Demirpence*, *D.* 1995. 617, concl. Abraham, note Benhamou. — 23 avr. 1997, *Gisti*, *D.* 1998. 15, concl. Abraham. — 22 sept. 1997, *Mlle Cinar*, *JCP* 1998. II. 10052, note Gouttenoire-Cornut; *Dr. fam.* 1998, n° 56, note Murat; *LPA* 26 janv. 1998, p. 17, note Reydellet. — 30 juin 1999, *Guichard*, *JCP* 1999. IV. 3094, obs. Rouault.
3. Pour un commentaire de cette nouvelle réforme qui ne tend pas seulement à modifier le dispositif de « protection de l'enfance », mais également à assurer la « protection de l'enfant » en tant que personne, v. F. Capelier, « De la protection de l'enfance à la protection de l'enfant : enjeux de la réforme en cours ? », *AJ fam.* 2015. 537. — du même auteur, « Réforme de la protection de l'enfant. Présentation générale », *AJ fam.* 2016. 395. — Pour d'autres commentaires, I. Corpart, « Le renforcement du dispositif de protection de l'enfant par la loi du 14 mars 2016 : de nouvelles perspectives dans la continuité », *Dr. fam.* 2016. Étude 14. — F. Eudier et A. Gouttenoire, *JCP G* 2016, Doctr. 479. — À relever également les décrets d'application n° 2016-1283, 1284 et 1285 : *JO* 30 sept. 2016, auxquels il convient d'ajouter le Décr. n° 2017-148, 7 févr. 2017, portant diverses dispositions de procédure en matière d'autorité parentale, *JO* 9 févr. 2017.

4 juin de la même année[1]. On ne saurait non plus omettre la loi n° 2010-769 du 9 juillet 2010 relative aux violences faites spécifiquement aux femmes, aux violences au sein des couples et aux incidences de ces dernières sur les enfants (*JO* 10 juill. 2010), texte qui, par la suite, fut modifié et renforcé par la loi n° 2014-873 du 4 août 2014 pour l'égalité réelle entre les femmes et les hommes (*JO* 5 août 2014; Circ. n° NOR : JUSC 1419203C, 7 août 2014). On peut aussi citer la loi n° 2011-814 du 7 juillet 2011 relative à la bioéthique (*JO* 8 juill. 2011) dont certaines de ses dispositions intéressent de premier chef les droits de l'enfant. Postérieurement, le sujet est à nouveau tombé sous les feux de l'actualité avec la loi n° 2013-404 du 17 mai 2013 ouvrant le mariage aux couples de personnes de même sexe (*JO* 18 mai 2013). Ce texte intéresse le sujet car, au-delà de la question du mariage, ce que revendiquent aussi les couples homosexuels, c'est un prétendu droit à l'enfant, alors qu'un tel droit n'existe pas, seule la liberté d'avoir ou de ne pas avoir d'enfant étant admise par le droit. Deux derniers textes méritent enfin d'être relevés. Le premier, entré en vigueur le 1er janvier 2016, est l'ordonnance n° 2015-1288 du 15 octobre 2015 portant simplification et modernisation du droit de la famille (*JO* 16 oct. 2015), prise en application de la loi d'habilitation du 16 février 2015 (L. n° 2015-177 relative à la modernisation et à la simplification du droit et des procédures dans les domaines de la justice et affaires intérieures : *JO* 17 févr. 2015). Ce texte, dont le décret d'application n° 2016-185 du 23 février 2016 a été publié (*JO* 25 févr. 2016), intéresse le sujet, comme les précédents, dans la mesure où il s'emploie à simplifier les règles relatives à l'administration des biens du mineur (À ce propos, v. *infra* ss 426). Le second texte, entré en vigueur le 1er janvier 2017, est la loi n° 2016-1547 du 18 novembre 2016 de modernisation de la justice du XXIe siècle (*JO* 19 nov. 2016). Ce texte, déclaré conforme à la Constitution (Cons. const. 17 nov. 2016, n° 2016-739 DC, *JO* 19 nov. 2016) et dont le décret d'application n° 2016-1907 du 28 décembre 2016 est paru (*JO* 29 déc. 2016), concerne aussi le sujet non seulement parce qu'il ratifie l'ordonnance susvisée du 15 octobre 2015 (art. 111-I), mais également parce qu'il assure une certaine protection de l'enfant en lui ouvrant, dans le cadre du nouveau divorce « sans juge », le droit de demander à être entendu dans les conditions prévues à l'article 388-1 du Code civil (À ce propos, v. *infra* ss 429).

Parmi les droits que l'on se plaît à reconnaître à l'enfant, il en est qui seront appelés à jouer principalement à l'égard de ses père et mère, aujourd'hui requalifiés sous le vocable de « parents » par l'article 13 de la loi susvisée du 17 mai 2013 (***I.***), alors que d'autres joueront à l'égard de ses frères et sœurs (***II.***).

I. Droits fondamentaux à l'égard des parents

412. ***Double proposition.*** Les droits dont il s'agit peuvent être regroupés autour de la double proposition suivante : l'enfant est en droit d'exiger de ne pas être considéré comme un simple objet au regard de ses parents (**A.**), mais comme une personne à qui l'on devra reconnaître une certaine autonomie si l'on veut qu'il soit un véritable sujet de droit (**B.**).

1. Sur la publication de cette convention, v. Décr. n° 2008-36, 10 janv. 2008, *JO* 12 janv. 2008. — Sur sa ratification, v. A. Gouttenoire, « L'approbation par la France de la Convention européenne sur l'exercice des droits de l'enfant », *Dr. fam.* 2007. Focus 62. — N. Fricero, « Ratification de la Convention européenne sur l'exercice des droits des enfants : une promotion des droits procéduraux des moins de 18 ans », *RJPF* 2008-1/10. — P. Bonfils et A. Gouttenoire, *op. cit.*, n° 76.

A. Droit de l'enfant à ne pas être considéré comme un objet

413. Ce droit concerne aussi bien l'enfant à naître (*1.*) que l'enfant déjà né (*2.*).

1. Droit de l'enfant à naître à ne pas être un objet

414. L'enfant à naître est concerné par un tel droit qu'il soit issu d'une procréation naturelle (*a.*) ou d'une procréation médicalement assistée (*b.*).

a. L'enfant à naître est issu d'une procréation naturelle

415. ***Deux situations.*** Un tel enfant est concerné par le droit en cause dans la mesure où au regard de ses géniteurs, il peut lui arriver d'être traité comme une simple chose lorsqu'ils recourent, soit à l'interruption volontaire de grossesse, soit à l'abandon et au commerce d'enfant.

– **L'interruption volontaire de grossesse**, telle qu'elle est réglementée et pratiquée depuis la loi Veil du 17 janvier 1975[1], complétée par les lois Pelletier et Roudy des 31 décembre 1979 et 1982[2], puis modifiée par la loi Aubry du 4 juillet 2001[3] et, plus récemment, par la loi du 4 août 2014 pour l'égalité réelle entre les femmes et les hommes, déjà citée (v. ss 411), à laquelle il convient d'ajouter les lois n° 2016-41 de modernisation de notre système de santé du 26 février 2016 (*JO* 27 janv. 2016) et n° 2017-347 du 20 mars 2017 relative à l'extension du délit d'entrave à l'IVG (*JO* 21 mars 2017), est la négation même du droit de l'enfant à naître vivant, alors que l'article 6 de la Convention de New York proclame « le droit inhérent à la vie » de l'enfant, droit qu'a aussi tenu à réaffirmer, dans l'article 16 du Code civil[4], la loi relative au respect du corps humain (L. n° 94-653, 29 juill. 1994, *JO* 30 juill. 1994)[5], lorsqu'elle dis-

1. Sur la constitutionnalité de la loi, v. Cons. const. 15 janv. 1975, n° 74-54 DC, *JO* 16 janv. 1975, *D.* 1975. 529, note Hamon; *JCP* 1975. II. 18030, note Bey.
2. La loi Pelletier transforme ce qui n'était jusque-là que des dispositions temporaires en dispositions définitives. La loi Roudy prévoit le remboursement de l'IVG par la Sécurité sociale.
3. L. n° 2001-588 relative à l'interruption volontaire de grossesse et à la contraception. — Sur la constitutionnalité de la loi, v. Cons. const., déc. 27 juin 2001, n° 2001-446 DC, *JO* 7 juill. 2001, *D.* 2001. 2533, note Mathieu; *LPA* 10 juill. 2001, p. 25, note Schoettl; *JCP* 2001. II. 10635, note Franck. À propos de cette décision, v. égal. S. Mouton, « La force de la loi : entre déclin et renaissance », *Dr. fam.* 2001. Chron. 18. — Pour un commentaire de la loi elle-même, v. not. D. Vigneau, « 2001, le droit "libéral" de l'avortement », *RGDM* n° 6, 2001, p. 207. — Sur les deux derniers bilans de l'application de la loi de 2001, v. *Rapport AN* n° 1206, remis à l'Assemblée nationale, le 22 oct. 2008, par la délégation aux droits des femmes. — Rapport IGAS n° RM2009-112P, remis à la ministre de la Santé, de la Jeunesse et des Sports et de la Vie associative, Mme Roselyne Bachelot, le 2 févr. 2010.
4. Sur l'absence de prise en considération de ce texte par la Cour de cassation dans le cas d'une atteinte involontaire à la vie de l'enfant à naître, v. Crim. 30 juin 1999, *D.* 1999. 710, note Vigneau; *Defrénois* 1999. 1048, note Malaurie; *JCP* 2000. II. 10231, 1re esp., note Fauré. — Cass., ass. plén., 29 juin 2001, *D.* 2001. 2917, note Mayaud; *JCP* 2001. II. 10569, rapp. Sargos, concl. Sainte-Rose, note Rassat; *RTD civ.* 2001. 560, obs. Hauser; *Méd. et Droit* 2002, n° 52, p. 6, note Lamboley. — Crim. 25 juin 2002, *D.* 2002. 3099, note Pradel; *JCP* 2002. II. 10155, note Rassat. — 4 mai 2004, *D.* 2004. Som. 2754, 1re esp., obs. Roujou de Boubée. — À propos de cette jurisprudence qui « vide de sa substance l'article 16 du Code civil », v. J. Sainte-Rose, « L'enfant à naître : un objet destructible sans destinée humaine ? », *JCP* 2004. I. 194; « Une dépénalisation jurisprudentielle : l'enfant à naître ne peut jamais être victime d'un homicide », *Dr. fam.* 2015. Étude 13. — Comp. dans le cas où l'enfant survit, ne serait-ce qu'une heure après sa naissance, Crim. 2 déc. 2003, *D.* 2004. 449, note Pradel; *JCP* 2004. II. 10054, note Rassat; *Dr. fam.* 2004, n° 26, note de Lamy.
5. Sur la constitutionnalité de ce texte, v. Cons. const. 27 juill. 1994, n° 94-343-344 DC, *JO* 29 juill. 1994, *D.* 1995. 237, note Mathieu.

pose que la loi « garantit le respect de l'être humain dès le commencement de sa vie »[1].

C'est aussi l'exemple type d'institution où l'enfant à naître est sacrifié au prétendu droit de la mère d'autodisposer de son propre corps ou, si l'on préfère, à sa prétendue liberté d'avoir ou ne pas avoir d'enfant, qu'est venue consacrer la loi du 27 janvier 1993 portant diverses dispositions sociales (L. n° 93-121, art. 38, *JO* 30 janv. 1993) en dépénalisant totalement l'auto-avortement.

Le danger pour l'enfant se trouve encore accru en raison de la banalisation de plus en plus grande de l'acte abortif[2] par détournement manifeste de la loi Veil de 1975 qui, il est bon de le rappeler, était au départ un texte à visée sanitaire, face au grand nombre d'avortements clandestins, souvent mortels. Elle était aussi une loi d'exception aux conditions strictes qui posait dans son article 1er que « la loi garantit le respect de tout être humain dès le commencement de la vie » et qu'« il ne saurait être porté atteinte à ce principe qu'en cas de nécessité et selon les conditions définies par la présente loi ». Force est pourtant de constater qu'au regard de l'application du texte et de son utilisation par la pratique, nombreux ont été les cas où l'interruption volontaire de grossesse a été décidée non pas pour cause de détresse (CSP, art. L. 2212-1 à 2212-11) ou motif médical particulièrement grave (CSP, art. L. 2213-1 à 2213-3), mais pour des raisons de pure convenance ou au nom d'un droit de plus en plus revendiqué et reconnu, à savoir : celui d'avoir un enfant en bonne santé, conforme à ses souhaits, dépourvu de toute infirmité, comme l'avait fort bien illustré la jurisprudence « Perruche »[3], avant que la question ne soit réglée par le législateur dans la loi du 4 mars 2002 relative aux droits des malades et à la qualité du système de santé (art. 1er, I, L. n° 2002-303, *JO* 5 mars 2002, titre 1er, article devenu CASF, art. L. 114-5, depuis son abrogation par L. n° 2005-102, 11 févr. 2005).

Le premier texte à avoir libéralisé les conditions posées par la loi Veil de 1975 est la loi Aubry du 4 juillet 2001 (préc.), dont les principales innovations ont été

---

1. Sur le refus par la Cour européenne des droits de l'homme de définir elle-même le point de départ de la vie au motif que cette question relève de l'appréciation des États ou encore sur sa conviction qu'il n'est ni souhaitable, ni même possible actuellement de répondre dans l'abstrait à la question de savoir si l'enfant à naître est une personne au sens de l'article 2 de la Convention, en raison du défaut de consensus, aussi bien en France qu'en Europe, sur la nature et le statut de l'embryon ou du fœtus, v. CEDH 8 juill. 2004, *Vo c/ France*, *D.* 2004. 2456, note Pradel; *JCP* 2004. II. 10158, note Lévinet; *Dr. fam.* 2004, n° 194, note Murat. — Plus récemment, v. CEDH 16 déc. 2010, *A., B. et C. c/ Irlande*, *Dr. fam.* 2011, n° 36, note Paricard; *JCP* 2011, n° 58, obs. Lévinet. Selon cet arrêt, l'article 8 ne saurait consacrer un droit à l'avortement au motif qu'il n'existe aucun consensus sur le point de départ de la vie. La Cour estime, par ailleurs, qu'un juste équilibre entre la protection de la vie prénatale et la vie privée des femmes est préservé dès lors que celles-ci sont autorisées à aller avorter dans un autre pays. — Sur le maintien de sa jurisprudence de 2004 en cas d'atteinte simultanée aux droits de la vie de la mère et de son enfant à naître, v. CEDH 11 oct. 2016, *Sayan c/Turquie* : *Dr. fam.* 2016. Veille 97, obs. Couard.
2. Sur les dernières estimations du nombre des IVG en France, fournies par la Direction de la recherche, des études, de l'évaluation et des statistiques, *DREES*, v. l'étude de A. Vilain, *in Études et résultats*, juin 2017, n° 1013. Selon cette étude, 211 900 IVG ont été pratiquées, en France en 2016, dont 197 800 en métropole, soit un taux de recours de 13,9 IVG pour 1 000 femmes âgées de 15 à 49 ans, ce qui représente une légère baisse par rapport à 2015 où le taux était de 14,4. Selon la même étude, le taux demeure le plus élevé parmi les femmes de 20 à 24 ans (26 IVG pour 1 000 femmes), alors que les taux continuent de décroître chez les femmes de moins de 20 ans (6,7 contre 7,6 en 2015 pour les 15-17 ans; 17,8 contre 19,5 la même année, pour les 18-19 ans).
3. Cass., ass. plén., 17 nov. 2000, *JCP* 2000. II. 10438, rapp. Sargos, concl. Sainte-Rose, note Chabas; *D.* 2001. 332, note D. Mazeaud; — 336, note Jourdain; *Dr. fam.* 2001, n° 11, note Murat; *RTD civ.* 2001. 103, obs. Hauser.

d'allonger le délai légal de dix à douze semaines de grossesse (CSP, art. L. 2212-1), d'autoriser la pratique des IVG médicamenteuses par les médecins libéraux (CSP, art. L. 2212-2. Décr. n° 2004-636, 1er juill. 2004, *JO* 2 juill. 2004, modifié Décr. n° 2009-516, 6 mai 2009, *JO* 8 mai 2009), ou encore d'apporter des dérogations à l'autorisation parentale (CSP, art. L. 2212-7, al. 2 et 3). De telles mesures ont eu notamment pour conséquence d'augmenter de façon importante le nombre des IVG chez les jeunes filles mineures, que confirma le rapport d'information sur la contraception des mineures, que présenta Mme Bérengère Poletti, député, le 17 mai 2011, au nom de la délégation aux droits des femmes et à l'égalité des chances entre les hommes et les femmes (rapport AN n° 3444). Ce rapport qui faisait état de 14 500 IVG pratiquées sur des filles mineures en 2007, contre 11 300 en 2001, a cherché à remédier à ce phénomène par de nouvelles mesures visant à permettre un meilleur accès à la contraception. Ces mesures ont été l'objet d'une proposition de loi déposée, le 22 novembre 2011, à l'Assemblée nationale (Prop. AN n° 3988). C'est ce même objectif qu'ont cherché à poursuivre les lois du 17 décembre 2012 et 23 décembre 2013 de financement de la sécurité sociale pour 2013 et 2014 (L. n° 2012-1404, art. 52, *JO* 18 déc. 2012; L. n° 2013-1203, art. 55, *JO* 24 déc. 2013), la première, en insérant dans l'article L. 322-3 du Code de la sécurité sociale une disposition nouvelle prévoyant une prise en charge à 100 % de la contraception des jeunes filles mineures d'au moins quinze ans, alors qu'auparavant le taux de remboursement était fixé à 65 %, la seconde, en créant dans le même code un nouvel article L. 162-4-5 instituant le tiers payant pour les consultations ou examens médicaux préalables à la prescription des contraceptifs.

Les autres textes à avoir libéralisé, voire même supprimé, certaines conditions posées par la loi Veil de 1975, accentuant de la sorte la banalisation de l'acte abortif, sont les lois du 4 août 2014 pour l'égalité réelle entre les femmes et les hommes et du 26 janvier 2016 de modernisation de notre système de santé (préc.). La loi de 2014, dans son article 24, supprima de l'article L. 2212-1 du Code de la santé publique la notion de « situation de détresse »[1], non sans de vifs débats au cours des travaux parlementaires, certains défendant un « toilettage » d'une formulation de la loi Veil, devenue, soi-disant, « obsolète », d'autres prétendants que cette modification, qualifiée de « dogmatique », remettait en cause l'équilibre de la loi de 1975 (v. Débats AN, 21 janv. 2014). La loi de 2016 instaura, quant à elle, deux mesures nouvelles. L'une, prise par l'article 82 de la loi, tend à supprimer le délai de réflexion de sept jours imposé jusque-là par l'article L. 2212-5 du Code de la santé publique aux femmes souhaitant une IVG[2]. L'autre, prise par l'article 127-I, autorise désormais les sages-femmes à pratiquer les IVG médicamenteuses, réservées jusque-là aux médecins. Cette nouvelle mesure a donné lieu à un décret d'application en juin 2016 (Décr. n° 2016-743, 2 juin 2016, *JO* 5 juin 2016) et à un arrêté en août de la même année (A. 8 août 2016, *JO* 12 août 2016).

Le dernier texte allant dans le sens d'un renforcement de la législation en faveur de l'IVG est la loi du 20 mars 2017 relative à l'extension du délit d'entrave à l'IVG (préc.), qu'avait instauré la loi du 27 janvier 1993 portant diverses dis-

1. Sur la constitutionnalité de cet article, v. Cons. const. 31 juill. 2014, n° 2014-700 DC, *JO* 5 août 2014. – Pour un commentaire de cette décision, v. B. Mathieu, « Le contrôle de constitutionnalité virtuel de la législation relative à l'IVG », *JCP* 2014. 917; C. Byk, « Chronique de bioéthique », *JCP* 2014. 1061, spéc. n° 16.
2. Sur la constitutionnalité de la mesure, v. Cons. const. 21 janv. 2016, n° 2015-727 DC, *JO* 27 janv. 2016, consid. 41 à 44. – Pour un commentaire de cette mesure, v. A. Mirkovic, « L'apport au droit de la biomédecine de la loi santé du 26 janvier 2016 », *Dr. fam.* 2016. Dossier 38, nos 23 à 29.

positions d'ordre social (préc., CSP, art. L. 162-15, devenu art. L. 2223-2 depuis la loi Aubry du 4 juillet 2001, art. 17) pour réprimer les actions des commandos anti-IVG. Déclarée conforme à la constitution (Cons. const. 16 mars 2017, n° 2017-747 DC, *JO* 21 mars 2017), sous deux réserves (considérants 14 et 15), la loi de 2017 crée un délit d'entrave numérique à l'IVG, puni de deux ans d'emprisonnement et 30 000 euros d'amende (CSP, art. L. 2223-2 modifié). Pourraient relever de ce délit certains sites diffusant des informations tendant à dissuader les femmes d'avorter.

– **L'abandon et le commerce d'enfant,** malgré les sanctions pénales qui frappent à la fois la simulation d'enfant ou les actes favorisant l'abandon d'enfant[1], sont un phénomène plus fréquent que l'on ne pourrait le croire à première vue, deux raisons étant susceptibles d'expliquer un tel phénomène. La première tient aux difficultés que rencontrent, aujourd'hui encore, ceux qui souhaitent adopter un enfant[2], que leur choix s'oriente vers l'adoption interne ou internationale, ce que confirme, une nouvelle fois, sur son site, la mission du Ministère des Affaires étrangères pour l'adoption internationale, dans un rapport de septembre 2017 publiant les dernières statistiques d'adoption pour 2016. La seconde raison tient au désir d'enfant de nombreux couples stériles qui seraient prêts à tout pour assouvir ce désir[3].

b. L'enfant à naître est issu d'une PMA

416. ***Double problème.*** Un tel enfant est concerné, plus que tout autre, par le droit en cause, car au regard des géniteurs, la procréation médicalement assistée ou, si l'on préfère, l'assistance médicale à la procréation, pose le double problème du droit à l'enfant et du droit sur l'enfant.

– **Le droit à l'enfant** est celui dont se prévalent certaines femmes seules, célibataires, veuves ou divorcées, pour exiger des médecins une procréation médicalement assistée. C'est aussi celui dont se prévalent certains couples, qu'ils soient en âge de procréer ou qu'ils ne le soient pas, qu'ils soient hétérosexuels ou homosexuels, qu'ils soient ou non mariés.

En la matière, des limites strictes ont été apportées à ce prétendu droit aussi bien par les lois n° 94-654 du 29 juillet 1994 relative au don et à l'utilisation des éléments et produits du corps humain, à l'assistance médicale à la procréation et au diagnostic prénatal (*JO* 30 juill. 1994) et n° 2004-800 du 6 août 2004 rela-

---

1. Sur ces deux infractions et leurs sanctions, v. respectivement C. pén., art. 227-13 et 227-12. Sur deux applications jurisprudentielles du premier article qui sanctionne aussi la dissimulation de l'enfant, v. Crim. 12 janv. 2000, *D.* 2001. Somm. 2791, obs. Pomart. — 13 juin 2004, *Dr. fam.* 2005, n° 18, note de Lamy. — Comp. sur les conséquences de la supposition ou de la substitution de l'enfant au regard du droit de la filiation et plus particulièrement de l'action en contestation de filiation légitime fondée sur l'ancien article 322-1 du Code civil, Civ. 1re, 18 mai 2005, *Dr. fam.* 2005, n° 180, note Murat; *Defrénois* 2005. 1353, obs. Massip. Sur cette même question au regard des nouveaux articles 332 et 333, issus de la réforme de 2005, J.-G. Mahinga « D'un droit à un autre, la supposition ou la substitution d'enfants », *RLDC* janv. 2006, n° 960, p. 39.
2. Sur les diverses stratégies permettant d'obtenir un enfant par détournement du processus de l'adoption, en raison notamment du nombre insuffisant d'enfants juridiquement adoptables, v. L. Lambert-Garrel, *L'adoption, une institution à la recherche d'un équilibre*, préface A. Lamboley, PUAM, 2003, nos 311 s.
3. Sur la question du désir d'enfant, v. spécialement R. Frydman, *L'irrésistible désir de naissance*, PUF, 1986. — G. Delaisi de Parseval, « Le désir d'enfant géré par la médecine et par la loi », *in* J. Testart, F. Bourin (dir.), *Le magasin des enfants*, 1990, p. 266 s. — B. Feuillet-Le-Mintier, « Le droit des couples stériles à l'obtention d'un enfant : droits de l'homme, réalités médicales et pratiques administratives », *in Les filiations par greffe*, LGDJ, 1997, p. 69 s. — A. Lamboley, « L'enfant à tout prix. Le permis et l'interdit », *Mélanges Christian Mouly*, t. 1, Litec, 1998, p. 313 s.

tive à la bioéthique (*JO* 7 août 2004) que par la loi précitée du 7 juillet 2011 relative également à la bioéthique.

Sous l'empire du droit antérieur à la loi de 2011, l'assistance médicale à la procréation (AMP) était réservée uniquement à certains couples. Il résultait, en effet, de l'article L. 2141-2 du Code de la santé publique que ne pouvaient bénéficier de ces techniques que les couples infertiles ou risquant de transmettre à l'enfant ou à un membre du couple une maladie d'une particulière gravité. Selon le même texte, « l'homme et la femme » formant le couple devaient de surcroît être « vivants, en âge de procréer, mariés ou en mesure d'apporter la preuve d'une vie commune d'au moins deux ans ».

Sous l'empire du droit actuel issu de la loi de 2011, les dispositions antérieures de l'article L. 2141-2 ont été maintenues, la seule innovation visant les conditions d'accessibilité à l'assistance médicale à la procréation des couples non mariés, qu'ils soient liés par un PACS ou simples concubins. En ce qui les concerne, l'exigence d'une vie commune d'au moins deux ans, qui était la règle depuis 1994, a été supprimée pour des raisons médicales tenant, entre autres, à l'âge de la femme qui, comme chacun sait, est un facteur important du succès de l'AMP, ou à la longueur des démarches avant le début du processus de reproduction qui n'est pas loin d'avoisiner deux ans.

À l'inverse, ont été maintenues les règles antérieures refusant aux femmes célibataires et aux couples homosexuels l'accès à l'assistance médicale à la procréation. À l'égard de ces derniers, le maintien des règles a été l'objet de vives controverses au cours des débats parlementaires, les sénateurs entendant supprimer de l'article L. 2141-2 toute référence à « l'homme et la femme » formant le couple. Restant fidèle à sa position de départ, le législateur, au final, a préféré s'en tenir, aujourd'hui comme hier, à la finalité strictement médicale du procédé, évitant ainsi de placer le débat sur le terrain sociétal de l'homoparentalité.

À ce propos, qu'en sera-t-il dans le droit de demain ? La question se pose car, malgré la loi précitée du 17 mai 2013 ouvrant le mariage et l'adoption aux couples de même sexe, la pénurie grandissante d'enfants à adopter, déjà soulignée (v. ss 415), a conduit les femmes homosexuelles à revendiquer le droit d'avoir accès à l'assistance médicalement assistée, non pas pour des raisons médicales, mais sociales ou, si l'on préfère, de pure convenance. Leurs revendications, qui ont donné lieu à une récente proposition de loi visant à leur ouvrir l'AMP (Prop. n° 43, enregistrée à la présidence du Sénat le 18 octobre 2016, modifiant l'article L. 2141-2 du Code de la santé publique relatif à l'assistance médicale à la procréation)[1], n'ont, à ce jour, pas abouti, ce qui a poussé certaines d'entre elles à avoir recours à une insémination artificielle avec tiers donneur, plus connue sous le sigle d'IAD, pratiquée à l'étranger. Une telle pratique, à l'origine d'un véritable « tourisme procréatique », n'est pas allée sans soulever des difficultés dans le cas de demande d'adoption de l'enfant du conjoint. En la matière, le problème était de savoir si ce mode de conception constituait ou non une fraude à la loi, susceptible, dans la première hypothèse, d'interdire l'adoption, dans la seconde, d'y faire droit. La réponse à ce problème a divisé les juges[2], d'où l'initiative prise par deux juridictions, le TGI d'Avignon et celui de Poitiers, de saisir

1. Sur cette proposition de loi, v. J.-R. Binet, « Vingt ans de droit de la bioéthique », *Dr. fam.* 2016. Dossier 52, n° 20.
2. En faveur de l'adoption plénière de l'enfant de la conjointe, TGI Lille, 14 oct. 2013, *Dr. fam.* 2014, n° 4. note Neirinck. — Sur le refus des adoptions demandées, fondé sur la fraude, TGI Versailles, 29 avr. 2014, 3 affaires, *Dr. fam.* 2014, n° 113, note Reignié. — À propos de ces affaires, C. Neirinck, « Épouses, fraude et adoption plénière », *Dr. fam.* 2014. Repère 7.

pour avis la Cour de cassation. Cette dernière s'est prononcée, dans deux avis du 22 septembre 2014 (n° 15 010, demande n° 1470007; n° 15 011, demande n° 1470006), en faveur de l'adoption, écartant la solution fondée sur la fraude à la loi au motif que le recours à l'IAD pratiquée à l'étranger ne heurte aucun principe essentiel du droit français, ajoutant même que la loi du 17 mai 2013, dont l'effet essentiel est de permettre, par l'adoption, l'établissement d'un lien de filiation entre un enfant et deux personnes de même sexe, ne comporte aucune restriction relative au mode de conception de l'enfant[1]. Ces deux avis, qualifiés « d'avis de tempête »[2], ont donné lieu entre le 10 février et le 28 avril 2015 à un déferlement de plus d'une vingtaine d'arrêts, rendus par plusieurs cours d'appel[3] qui, toutes, firent droit à la requête en adoption plénière déposée par l'épouse de la mère, sans que l'intérêt de l'enfant n'ait vraiment été apprécié[4]. La solution ainsi retenue, qu'on le veuille ou non, consacre, à sa façon, un véritable droit à l'enfant que pourrait encore renforcer le droit de demain à l'occasion de la révision de la loi de bioéthique de 2011, prévue pour 2018 (L. n° 2011-814, 7 juill. 2011, art. 47, I). Ce que l'on peut dire, pour l'heure, est que le débat est déjà largement ouvert, en ce qui concerne l'accès à l'AMP en faveur des femmes seules ou vivant en relation homosexuelle, depuis le dernier avis du Comité Consultatif National d'Éthique du 27 juin 2017 sur les demandes sociétales de recours à l'AMP (Avis n° 126) qui consacre un chapitre spécial (chap. 3, p. 18 à 28) aux « réflexions sur les demandes d'AMP pour des couples de femmes ou des femmes seules »[5].

Outre le maintien par la loi de 2011 des conditions d'accès à l'assistance médicale à la procréation, dont le devenir de certaines reste toutefois problématique au vu aussi bien de la jurisprudence susvisée, que des débats à venir à l'occasion de la révision du texte, ont également été maintenues les dispositions visant le transfert embryonnaire *post mortem* que la commission spéciale de l'Assemblée nationale, chargée d'examiner le projet de loi du gouvernement, avait tenu à introduire dans le texte initial. Votée par les députés, cette innovation ne fut pas retenue par le Sénat, comme cela avait déjà été le cas lors de la révision de 2004. Elle ne le fut pas, car il s'agit là d'une question délicate pour des raisons d'ordre à la fois juridique et éthique. Les premières tiennent aux difficultés qu'engendrerait ce type de transfert en matière de filiation ou encore de succession et libéralités. Les secondes tiennent aux problèmes que pourrait rencontrer l'enfant, né orphelin de père. En ce qui le concerne, on a fait valoir qu'à la différence de l'enfant né posthume, la privation du père était ici programmée.

1. Pour des commentaires et études de ces deux avis, v. A.-M. Leroy, note, *D.* 2014. 2031; A. Dionisi-Peyrusse, obs., *D.* 2014. 1876; C. Neirinck, « Les avis de la Cour de cassation relatifs à l'adoption plénière par l'épouse de la mère et la consécration jurisprudentielle d'un droit à l'enfant », *Dr. fam.* 2014, n° 160; F. Chénedé, « Les enfants de la PMA ne sont pas les enfants de la GPA », *AJ fam.* 2014. 555; J. Mouly, « La "délocalisation procréative" : fraude à la loi ou habileté permise », *D.* 2014. 2419; J. Hauser, « L'externalisation de la fabrique des enfants ? », *JCP* 2014. 1004. – *Adde* J.-R. Binet, « Droit de la bioéthique », LGDJ, coll. Manuels, 1re éd. 2017, n° 406.
2. En ce sens, J. Hauser, « La délocalisation de la fabrication des enfants : avis... de tempête ! », *RTD civ.* 2014. 872.
3. Toulouse, 10 févr. 2015, 7 arrêts; Limoges, 2 mars 2015, visant les adoptions plénières de deux enfants de la conjointe, nés respectivement en 2002 et 2005; Aix-en-Provence, 14 avr. 2015, 2 arrêts; Versailles, 16 avr. 2015, 7 arrêts; Chambéry, 28 avr. 2015, 2 arrêts.
4. En ce sens, C. Neirinck, « L'adoption plénière par l'épouse de la mère : la marée noire de l'appel », *Dr. fam.* 2015. Étude 12, spéc. nos 21 s.
5. Pour un commentaire de cet avis, v. J.-R. Binet, « Demandes sociétales de recours à l'assistance médicale à la procréation : vers la grande rupture ? », *Dr. fam.* 2017, n° 196. À son propos, v. égal. *D.* 2017, act. p. 1365.

On a également évoqué le poids que pourrait constituer le fait que cet enfant est dans la position d'un « enfant né du deuil », ce qui pourrait être pour lui un facteur de déséquilibre ou de difficultés psychologiques, surtout si on lui attribue un rôle, réel ou supposé, de « substitut de l'homme décédé ».

N'avait pas, non plus, été remise en cause, au cours des débats parlementaires, la prohibition de l'insémination *post mortem*. En la matière, on est, cependant, en droit de se demander si une première brèche ne vient pas d'être ouverte par le Conseil d'État dans une décision du 31 mai 2016 ordonnant l'exportation des gamètes du défunt vers l'Espagne afin que sa veuve puisse procéder à une insémination *post mortem*, aux motifs que l'application de la loi française porterait une atteinte excessive à son droit au respect de la vie privée et familiale, protégé par l'article 8 de la Convention européenne de sauvegarde des droits de l'homme et des libertés fondamentales[1].

- **Le droit sur l'enfant** soulève la double question suivante : dans le cadre de la procréation médicalement assistée, les géniteurs de l'enfant ont-ils sur lui droit de vie et de mort ? Peuvent-ils faire de lui l'objet d'une convention ?

Relativement à la première question, on ne peut que répondre de manière affirmative, la conservation ou la non-conservation des embryons surnuméraires dépendant en grande part de la seule volonté des géniteurs, ces derniers étant chaque année consultés par écrit sur le point de savoir quel sort ils entendent leur réserver, et ce pendant cinq ans (CSP, art. L. 2141-4, I et IV, modifié par L. 7 juill. 2011, art. 34).

Relativement à la seconde question, il est une première convention à l'égard de laquelle l'unanimité s'était faite pour la condamner, au nom du droit de l'enfant à ne pas naître pour être aussitôt séparé de sa mère, au nom aussi des principes éthiques et juridiques que sont la non commercialisation du corps humain (C. civ., art. 16-1, al. 3) et le respect de la dignité de la personne humaine (C. civ., art. 16); il s'agit des **contrats de maternité de substitution**. Leur condamnation a été le fait, en un premier temps, de la jurisprudence aussi bien administrative que judiciaire[2]; en un second temps, du législateur lui-même qui, à l'occasion de la loi n° 94-653 du 29 juillet 1994, introduisit dans le Code civil un article 16-7 disposant que toute convention portant sur la procréation ou la gestation pour le compte d'autrui est nulle, et dans l'article 227-12 du Code pénal, une incrimination nouvelle, celle d'entremise favorisant la maternité de substitution. La révision des lois de bioéthique par la loi du 7 juillet 2011 n'a, d'aucune façon, remis en cause l'interdiction de cette pratique, comme certains l'auraient souhaité[3].

1. Pour des commentaires critiques de cette décision, v. J.-R. Binet, « Insémination post mortem : quand le Conseil d'État s'affranchit de l'interdit légal », *Dr. fam.* 2016. Étude 15. — du même auteur, note sous TA Rennes, 11 oct. 2016 et TA Toulouse, 13 oct. 2016, *Dr. fam.* 2016, n° 267. — Pour d'autres commentaires, note Vassaud, « Donner la vie après la mort ? », *Dr. fam.* 2016, n° 178; note Fulchiron, *D.* 2016. 1472; obs. Delvolvé, *RFDA* 2016. 754; obs. de Montecler, *AJDA* 2016; obs. Bosse-Platière, *JCP* 2016, Chron. 992. n° 18; obs. Hauser *RTD civ.* 2016. 600 et 834; obs. Marquénaud, *RTD civ.* 2016. 802.
2. CE 22 janv. 1988, rapporté in *Sciences de la vie. De l'éthique au droit.* Études du Conseil d'État. Notes et études documentaires, Doc. fr. 1988-5, p. 201. — Civ. 1re, 13 déc. 1989 : *D.* 1990. 273, rapport Massip; *JCP* 1990. II. 21526, note Sériaux. — Cass., ass. plén., 31 mai 1991, *D.* 1991. 417, rapport Chartier, note Thouvenin; *JCP* 1991. II. 21752, comm. Professeur J. Bernard, concl. avoc. gén. Dotenwille, note Terré. — Civ. 1re, 29 juin 1994, *D.* 1994. 581, note Chartier; *JCP* 1995. II. 22362, note Rubellin-Devichi.
3. En faveur d'une intervention du législateur pour autoriser et règlementer cette pratique, v. A. Milon et H. de Richemont, rapport d'information sur la maternité pour autrui, Doc. Sénat n° 421, 25 juin 2008, et à propos de ce rapport, J. Hauser, *RTD civ.* 2008. 468; J. Rubellin-▶

Il convient, toutefois, de relever que le maintien d'une telle interdiction n'a pas, pour autant, réglé tous les problèmes, lorsque, pour assouvir leur désir d'enfant, certains couples mariés ou non, hétéro ou homosexuels, n'ont pas hésité à se rendre à l'étranger pour recourir au service d'une mère de substitution, ce qui, par la suite, a donné lieu à un grand débat, aujourd'hui réglé. Le débat en question visait le refus du droit français de reconnaître une filiation légalement établie à l'étranger entre des enfants nés d'une gestation pour autrui et le couple ayant eu recours à cette méthode[1]. Ce problème fut réglé, en un premier temps, par la circulaire du 25 janvier 2013, adressée par l'ancienne garde des Sceaux, Christiane Taubira, aux procureurs et aux greffiers en chef du tribunal d'instance (Circ. n° NOR : JUSC 1301528C)[2] leur demandant de délivrer des certificats de nationalité française aux enfants nés à l'étranger d'un père français et d'une mère porteuse, dès lors que le lien de filiation avec un Français résulte d'un acte d'état civil étranger probant. La question fut surtout réglée par la Cour européenne des droits de l'homme qui, dans deux arrêts du 26 juin 2014 (req. n° 65192/11, *Mennesson c/ France*; req. n° 65941/11, *Labassée c/ France*)[3], condamna

---

▶ Devichi, *JCP* 2009. I. 102, n° 10. — Allant également dans le même sens, M. Baudrac, G. Delaisi de Parseval et V. Depadt-Seval, « Repenser la prohibition de la gestation pour autrui », *D.* 2008. Chron. 434. — H. Gaumont-Prat, « La révision des lois de bioéthique face à l'évolution des modes de procréation : la maternité de substitution », *RLDC* janv. 2008, p. 39. — H. Popu, « La gestation pour autrui bientôt autorisée ? », *Defrénois* 2008. 2236. — R. Chendeb, « La convention de mère porteuse (Réflexions sur les sources du droit et les principes d'indisponibilité du corps humain et de l'état des personnes) », *Defrénois* 2008. 291. — Comp. en faveur du maintien de la prohibition, A. Mirkovic, « À propos de la maternité pour autrui », *Dr. fam.* 2008. Étude 15. — « Mère porteuse : maternité indéterminée », *Dr. fam.* 2009. Étude 24.

1. Sur un tel refus, v. notamment, Civ. 1re, 6 avr. 2011 (3 arrêts), *D.* 2011. 1064, entretien Labbé; — 1522, note Berthiau et Brunet; — 1587, obs. Granet Lambrechts; *JCP* 2011, act. 441, Vialla et Reynier; *RTD civ.* 2011. 340, obs. Hauser; C. Neirinck, « La gestation pour autrui provoquée à l'étranger et l'état civil français de l'enfant qui en est né », *Dr. fam.* 2011, étude 14. — Civ. 1re, 13 sept. 2013 (2 arrêts), *JCP* 2013. 985, note Mirkovic; *Dr. fam.* 2013, n° 151, note Neirinck; *RTD civ.* 2013, obs. Hauser; H. Fulchiron et C. Bidaud-Baron, « Dans les limbes du droit. À propos de la situation des enfants nés à l'étranger avec assistance d'une mère porteuse », *D.* 2013. 2349; C. Petit, « Statut juridique des enfants nés d'une gestation pour autrui réalisée à l'étranger », *D.* 2013. 2377; M. Fabre-Magnan, « Le refus de transcription : la Cour de cassation, gardienne du Droit », *D.* 2013. 2384. — Civ. 1re, 19 mars 2014, *D.* 2014. 901, avis Jean, 905, note Fulchiron et Bidaud-Baron; *Dr. fam.* 2014, n° 74, note Neirinck; *JCP* 2014, act. 380, obs. Mirkovic; — 953, n° 10, Chron. Murat.
2. Sur cette circulaire très controversée, v. J.-R. Binet, « Circulaire Taubira. Ne pas se plaindre des conséquences dont on chérit les causes », *JCP* 2013, n° 161; N. Mathey, « Entre illusions et contradictions », *JCP* 2013, n° 162; C. Neirinck, « La circulaire CIV/02/13 sur les certificats de nationalité française ou l'art de contourner implicitement la loi », *Dr. fam.* 2013, n° 42; I. Corpart, « La controversée délivrance de certificats de nationalité aux enfants nés à l'étranger après une gestation pour autrui », *RJPF* 2013-3/03.- Sur le rejet par le Conseil d'État de plusieurs requêtes en annulation de la circulaire, dont il avait été saisi, v. CE 2e et 7e ss sect., 12 déc. 2014, req. n° 365779, *Association Juristes pour l'enfance et autres*, *Dr. fam.* 2015, Alerte 13, obs. Couard; C. Neirinck « La gestation pour autrui : les conséquences délétères des arrêts Mennesson et Labassée sur le recours en annulation pour excès de pouvoir de la circulaire sur le certificat de nationalité française », *Dr. fam.* 2015, n° 30.
3. Pour des études ou commentaires de cette jurisprudence, v. not. F. Chénedé, « Les arrêts *Mennesson et Labassée* ou l'instrumentalisation des droits de l'homme », *D.* 2014. 1797; H. Fulchiron et C. Bidaud-Garon, « Ne punissez pas les enfants des fautes de leur père. Regard prospectif sur les arrêts *Labassée et Mennesson* de la CEDH du 26 juin 2014 », *D.* 2014. 1713; B. Haftel, « Réception en France des gestations pour autrui réalisées à l'étranger : la jurisprudence française à l'épreuve des droits de l'homme », *AJ fam.* 2014. 499; L. d'Avout, « La "reconnaissance" de la filiation issue d'une gestation pour autrui à l'étranger après les arrêts *Mennesson et Labassée* », *D.* 2014. 1806; C. Neirinck, « Quand les droits de l'homme, pour servir les intérêts de l'enfant, privilégient les pères, ignorent les mères et favorisent la gestation pour autrui », *Dr. fam.* 2014, n° 128; J. Hauser, « État civil : après l'enfant conventionnel, un autre nouveau-né, l'enfant fait accompli », *RTD civ.* 2014. 616. — Plus récemment, H. Fulchiron, « GPA : une ▶

la France qui n'eut, alors, pas d'autre choix que de se soumettre en opérant un revirement de sa jurisprudence, dans deux arrêts d'assemblée plénière de la Cour de cassation, en date du 3 juillet 2015[1]. Sans remettre en cause la prohibition de la GPA, la jurisprudence dont il s'agit considère que cette pratique ne justifie pas, à elle seule, le refus de transcrire à l'état civil français l'acte de naissance étranger d'un enfant ayant un parent français, l'argument invoqué étant le droit de l'enfant au respect de sa vie privée au sens où l'entend l'article 8 de la Conv. EDH.[2]. Dans le même temps, on a aussi pu voir le Conseil d'État, saisi en référé, ordonner la délivrance d'un titre de voyage pour une enfant, née d'une gestation pour autrui et inscrite en Arménie au seul nom de la mère d'intention. Selon l'arrêt (CE, ord., 3 août 2016, n° 401924, *Min. Affaires étrangères et Développement international c/ Mme A*), « La circonstance que la conception de cet enfant aurait pour origine un contrat entaché de nullité au regard de l'ordre public français, serait, à la supposer établie, sans incidence sur l'obligation faite à l'administration par les stipulations de l'article 3-1 de la Convention relative aux droits de l'enfant, d'accorder une attention primordiale à l'intérêt supérieur des enfants dans toutes les décisions les concernant »[3]. Beaucoup plus récemment, la première chambre civile de la Cour de cassation, dans plusieurs arrêts rendus le 5 juillet 2017 (n° 15-28.597, n° 16-16.901, n° 16-16.455, n° 16-16.495, n° 16-20.052) eut, à son tour, l'occasion non seulement de confirmer le revirement de 2015, mais surtout de préciser le statut en droit interne des enfants nés de GPA à l'étranger, encore en suspens. Pour ce faire, elle opéra une distinction, relativement aux « parents d'intention », entre la filiation biologique du père, désormais bien établie, et la filiation adoptive de l'enfant du conjoint, que l'adoptant soit le mari ou la femme de son père[4]. La possibilité ainsi ouverte à l'enfant

---

► nouvelle lecture *a minima* des arrêts Labassée et Mennesson », *Dr. fam.* 2016. Étude 9.- Sur deux nouvelles condamnations de la France, v. CEDH 21 juill. 2016, req. n°s 9063/14 et 10410/14, *Foulon et Bouvet c/ France, Dr. fam.* 2016, n° 201, note Fulchiron; *JCP* 2016. 992, n° 19, 1re esp., Chron. Favier, act. 965, obs. Sudre. — CEDH 19 janv. 2017, req. n° 44024/13, *Laborie c/ France, Dr. fam.* 2017, n° 34, note Fulchiron; *D.* 2017. 1229, note A.-B. Caire; *AJ fam.* 2017. 93, obs. A. Dionisi-Peyrusse; obs. Marguénaud, *RTD civ.* 2017. 335 — Sur l'ensemble de cette jurisprudence, v. également J.-R. Binet, « Droit de la bioéthique », *op. cit.*, n° 408.

1. Pour des commentaires de ces deux arrêts, v. not. A. Gouttenoire, « La Cour de cassation et les enfants nés de GPA à l'étranger : un revirement *a minima* », *JCP* 2015, n° 965; J.-R. Binet, « La Cour de cassation valide l'inscription à l'état civil des enfants nés à l'étranger d'une GPA », *Dr. fam.* 2015, n° 166; F. Bicheron, « Qu'est-ce qu'une mère ? », *Defrénois* 2015. 721; D. Dindres, « Brèves remarques sur les arrêts d'assemblée plénière du 3 juillet 2015 ouvrant la voie à la reconnaissance en France de la GPA », *D.* 2015. Point de vue 1773; Ph. Bonfils et A. Gouttenoire, Chron. « Droit des mineurs », *D.* 2015. Pan. 1920. 1919; C. Byk, Chron. « Bioéthique », *JCP* 2015. 1133, n° 12. — Pour une étude plus complète sur la question, v. I. Corpart, « La gestation pour autrui de l'ombre à la lumière. Entre droit français et réalités étrangères », *Dr. fam.* 2015. Étude 14.
2. Comp. sur la conformité à l'article 8 de la Conv. EDH de mesures conduisant à séparer de ses parents un enfant issu de GPA, CEDH, gr. ch., 24 janv. 2017, req. n° 25358/12, *Paradiso et Campanelli c/ Italie, Dr. fam.* 2017, étude 4, note Dionisi-Peyrusse; *JCP* 2017. 323, note Fulchiron; *D.* 2017. 215, obs. Le Maigat, 897, note de Saint-Pern, 663, Chron. Chénedé, 729, obs. Granet-Lambrechts, 781, obs. Galloux, 1011, obs. Gaudemet-Tallon, 1728, panorama Droit des mineurs, Bonfils et Gouttenoire; *RTD civ.* 2017. 335, obs. Marguénaud, 367, obs. Hauser.
3. Sur cet arrêt, v. *Dr. fam.* 2016, n° 202, note Fulchiron; *JCP* 2016. 992, n° 19, 3e esp., Chron. Favier.
4. Pour des commentaires de cette jurisprudence, v. H. Fulchiron, « La Cour de cassation consacre la parenté d'intention par adoption », *D.* 2017. 1737; Ph. Bonfils et A. Gouttenoire, Panorama Droit des mineurs, *D.* 2017. 1728; A. Gouttenoire, « Le statut sur mesure des enfants nés de GPA à l'étranger », *JCP* 2017. 984; A. Dionisi-Peyrusse, « Gestation pour autrui : l'acte de naissance n'a pas à être transcrit en ce qu'il désigne la mère d'intention mais l'adoption par le parent d'intention peut être envisagée ! », *AJ fam.* sept. 2017. 482; P. Salvage-Gerest, « L'adoption par la « mère d'intention » en cas de GPA : qu'en penser ? », *AJ fam.* déc. 2017. 643; P. Caillé, « Gestation pour autrui et transcription de l'acte de naissance étranger », *Defrénois* févr. 2018. 133q8.

d'être rattaché aux deux membres du couple, à l'origine du projet parental, est assurément une mesure qui lui est très favorable, mais qui est en rupture totale avec la jurisprudence antérieure, telle qu'elle résultait de l'arrêt de principe de l'assemblée plénière de la Cour de cassation du 31 mai 1991, déjà cité (v. ss 416, p. 365, note 2), considérant que l'adoption subséquente à une GPA est un détournement de l'institution.

Au vu de la jurisprudence actuelle, la question qui, immanquablement, se pose est celle de l'avenir de la prohibition de la GPA. Au plan de l'Europe, ce que l'on sait est l'hostilité dont cette pratique a été l'objet de la part aussi bien des instances de l'Union européenne (*Rapport annuel 2014 sur les droits de l'Homme et la démocratie dans le monde et sur la politique de l'Union européenne en la matière*, adopté le 17 décembre 2015 par le Parlement européen qui condamne la pratique de la GPA au nom de la dignité humaine de la femme) que du Conseil de l'Europe (rejet par l'Assemblée parlementaire du Conseil de l'Europe, le 11 octobre 2016, du *rapport Sutter sur les droits humains et les aspects éthiques de la GPA* proposant une autorisation « de la GPA altruiste », c'est-à-dire sans contrepartie financière pour la mère porteuse). En France, la question va être, à nouveau, au cœur des débats auxquels va donner lieu la révision de la loi de bioéthique de 2011, prévue normalement en 2018. Au regard des prises de position actuelles et en particulier du récent avis, déjà cité, du Comité Consultatif National d'Éthique du 27 juin 2017 (Chap. 4, p. 29 à 41), il semblerait que l'interdiction de la GPA ne soit pas remise en cause, malgré les assauts répétés de la Cour européenne des droits de l'Homme, obligeant la France à reconnaître certains effets à cette pratique pourtant prohibée. La seule crainte que l'on puisse émettre est que l'ouverture probable de la PMA aux femmes seules et aux couples lesbiens ne conduise les couples d'hommes à revendiquer, au nom du principe d'égalité, le droit de recourir à la GPA.

À la différence des contrats de maternité de substitution dont il vient d'être question, il est deux autres conventions dont la licéité a été acquise, dès 1994, en ce qui concerne la première, seulement en 2004, en ce qui concerne la seconde.

En 1994, le législateur, à l'occasion du vote des lois de bioéthique du 29 juillet, a consacré l'**accueil d'embryon** dont pourrait être bénéficiaire, sous certaines conditions (CSP, art. L. 2141-5 et L. 2141-6, modifiés par L. n° 2011-814, 7 juill. 2011, art. 35; art. R. 2141-2 à R. 2141-11, modifiés par D. n° 2016-273, 4 mars 2016, art. 4; art. R. 2141-12 et R. 2141-13, modifiés par D. n° 2015-150, 10 févr. 2015, art. 2), un couple infertile ou ayant une forte probabilité de transmettre à l'enfant une maladie d'une particulière gravité.

En 2004, le législateur, à l'occasion du vote de la loi précitée du 6 août relative à la bioéthique, autorisa, à titre exceptionnel et pour une période limitée à cinq ans, des **recherches sur l'embryon** lorsqu'elles étaient susceptibles de permettre des progrès thérapeutiques majeurs et à la condition de ne pouvoir être poursuivies par une méthode d'efficacité comparable en l'état des connaissances scientifiques (CSP, art. L. 2151-5, al. 3; art. R. 2151-1 à R. 2151-12). Conduites uniquement sur des embryons fécondés *in vitro* qui ne faisaient plus l'objet d'un projet parental ou sur ceux qui, à la suite d'un diagnostic préimplantatoire, se révélaient porteurs d'anomalies génétiques conduisant le couple à abandonner son projet parental (CSP, art. L. 2131-4, modifié par L. n° 2011-814, 7 juill. 2011, art. 23), les recherches en cause supposaient préalablement le consentement éclairé du couple ou du survivant, donné par écrit, après un délai de réflexion de trois mois, et toujours révocable. Les dispositions ainsi prises ont, pour la plupart, été reconduites par la loi de bioéthique du 7 juillet 2011. Les seules innovations notables apportées par le texte, dans l'article L. 2151-5 du Code de la santé publique, ont consisté à assimiler à la recherche sur l'embryon celle sur les cellules embryonnaires et les lignées de cellules-souches; à rendre pérenne ce type de recherche, sans limitation de durée; à en étendre la portée en substituant à la notion de progrès thérapeutique celle de progrès médical, ce qui permet d'y inclure le diagnostic et la prévention. Ces dispositions ont à nouveau été l'objet de modifications avec l'adoption de la loi n° 2013-715 du 6 août 2013 autorisant sous certaines conditions la recherche sur l'embryon et les cellules-souches embryonnaires (*JO* 8 août 2013)[1] et dont le décret d'application a été publié le 11 février 2015 (Décr. n° 2015-155, 11 févr. 2015 relatif à la recherche sur l'embryon et les cellules-souches embryonnaires et à la recherche biomédicale en assistance médicale à la procréation, *JO* 13 févr. 2015)[2]. Le point le plus novateur de ce texte, par rapport aux lois de 2004 et 2011, tient à l'inversion du principe qui, jusque-là, était celui de l'interdiction assorti de dérogations, alors que le nouveau est celui de l'autorisation strictement encadrée. Qu'on le veuille ou non, se trouve ainsi consacrée l'instrumentalisation ou, si l'on préfère, la réification de l'embryon et ce, au mépris des principes fondamentaux du droit français que sont, entre autres, le respect de la vie et de la dignité la personne humaine, serait-elle « potentielle » ou « en devenir », comme le formule le Comité consultatif national d'éthique dans plusieurs de ses avis, les deux premiers datant du 22 mai 1984 (avis n° 1) et du 18 décembre 1986 (avis n° 8), le plus récent du 21 octobre 2010 (avis n° 112). On est d'autant plus en droit de s'interroger sur le bien-fondé de l'inversion des principes qu'un tel changement ne répond pas véritablement à un impératif scientifique, contrairement à ce que prétendent les promoteurs de la loi. Il ne l'est pas dans la mesure où il existe aujourd'hui des alternatives à la recherche sur l'embryon et les cellules-souches embryonnaires avec non seulement l'utilisation des cellules souches issus du sang de cordon ombilical, mais surtout la transformation de cellules adultes en cellules souches reprogrammées, dites « iPS ». Ce constat a été à l'origine d'une proposition de loi visant à protéger l'embryon, présentée par M. Jacques Bompard, député, et enregistrée à l'Assemblée nationale le 27 avril 2016 (Prop. n° 3696, Exposé des motifs, p. 5 et s.).

---

1. Sur la constitutionnalité de ce texte, v. Cons. const. 1er août 2013, n° 2013-674 DC, *JO* 7 août 2013, *JCP* 2013, n° 904, Aperçu rapide, B. Mathieu, « Recherche sur l'embryon : une jurisprudence en demi-teinte ». — Pour des commentaires de la loi elle-même, v. J.-R. Binet, « Recherche sur l'embryon : fin d'un symbole éthique et abandon d'une illusion thérapeutique », *JCP* 2013, n° 905; L. Lambert-Garrel et F. Vialla, « L'exception devient principe : à propos de la recherche sur l'embryon et les cellules-souches embryonnaires », *D.* 2013. 1842; V. Depadt-Sabag, « La recherche sur l'embryon et les cellules-souches embryonnaires : de l'exception au principe », *RJPF* 2013-10/1; A.-M. Leroyer, obs. *RTD civ.* 2013. 896. Sur ces nouvelles dispositions, v. égal. D. Vigneau, « La recherche sur l'embryon humain. Quels garde-fous aujourd'hui ? », *in* Mélanges C. Neirinck, LexisNexis, 2015, p. 27. — *Adde* J.-R. Binet, « Droit de la bioéthique », *op. cit.*, nos 679 et 680; du même auteur, « Vingt ans de droit de la bioéthique », *Dr. fam.* 2016, dossier 52, préc. ss 416, nos 6 et 14.- A. Lamboley, « La recherche sur l'embryon et les cellules souches embryonnaires. L'approche du juriste », *in Hommage à Marie-Luce Pavia, L'homme méditerranéen face à son destin,* (ss. dir. J. Bouineau), L'Harmattan, 2016, p. 371.
2. À relever, à propos de ce deuxième type de recherche, qui, jusque-là, était uniquement réglementé par l'article 3 du décret du 11 févr. 2015, la légalisation que lui a apportée l'art. 155 de la loi précitée (v. ss 415) de modernisation de notre système de santé. Cet article, déclaré conforme à la Constitution (consid. 81 à 86), complète l'art. L. 2151-5 du CSP par un V, selon lequel « des recherches biomédicales menées dans le cadre de l'AMP peuvent être réalisées sur des gamètes destinés à constituer un embryon ou sur l'embryon *in vitro* avant ou après son transfert à des fins de gestation. Ces recherches, est-il ajouté, sont conduites dans les conditions fixées au titre II du livre 1er de la première partie », c'est-à-dire au régime général des recherches biomédicales, ce qui est loin de faire l'unanimité. À ce propos, v. A. Mirkovic, « L'apport au droit de la biomédecine de la loi santé du 26 janvier 2016 », *Dr. fam.* 2016, dossier 38, préc. ss 415, nos 10 à 17.

La loi du 6 août 2013, comme les précédentes, laisse, en revanche, inchangées les dispositions du droit prohibant et sanctionnant sévèrement le clonage d'embryons humains, qu'il soit reproductif (C. civ., art. 16-4, al. 3, introduit par L. 6 août 2004, art. 21; CSP, art. L. 2151-1; C. pén., art. 214-1 à 214-4 et 215-1 à 215-4) ou thérapeutique (CSP, art. L. 2151-4; C. pén., art. 511-18-1). Sont également inchangées les dispositions interdisant la création d'embryons spécialement pour la recherche (CSP, art. L. 2151-2; C. pén., art. 511-18) ou à des fins commerciales ou industrielles (CSP, art. L. 2151-3; C. pén., art. 511-17). Demeure enfin prohibée, depuis la loi de 2011, la création d'embryons transgéniques ou chimériques (L., art. 40, complétant CSP, art. L. 2151-2).

2. *Droit de l'enfant déjà né à ne pas être un objet*

417. L'enfant déjà né est également concerné par un tel droit car, aujourd'hui encore, demeure toujours très vivace l'idée selon laquelle les parents ont un véritable droit sur sa personne. Ceci est vrai que l'on envisage le droit de la filiation (*a.*) ou celui de l'autorité parentale (*b.*).

a. L'enfant-objet et le droit de la filiation

418. ***Au regard du droit antérieur de la filiation***, en vigueur jusqu'au 1er juillet 2006, date d'entrée en application de l'ordonnance précitée du 4 juillet 2005 (art. 21, ord. n° 2005-759), il convient de rappeler l'important contentieux dont l'enfant a été l'objet, que ses parents aient cherché à le revendiquer ou à le contester.

419. ***Le contentieux en matière de revendication*** intéressait aussi bien la filiation légitime que la filiation naturelle ou adoptive.

– S'agissant de la **filiation légitime**, on citera l'exemple de l'ancien article 328 du Code civil ouvrant aux parents une action en revendication pour faire valoir leur paternité et leur maternité, ou encore celui de l'ancien article 313-2 ouvrant à chacun des époux le droit de rétablir la présomption de paternité, normalement écartée lorsque l'enfant avait été conçu pendant une période de séparation de fait ou de séparation légale, mais que l'on pouvait rétablir lorsqu'une réunion de fait avait eu lieu entre les époux rendant vraisemblable la paternité du mari.

– S'agissant de la **filiation naturelle**, on rappellera le contentieux auquel a donné lieu l'interprétation *a contrario* de l'ancien article 334-9 du Code civil depuis que la jurisprudence dans un arrêt de principe du 9 juin 1976[1], jamais remis en cause, avait décidé qu'était parfaitement valable la reconnaissance d'un enfant dont la légitimité résultait seulement de son acte de naissance et parfaitement recevable l'action tendant à régler le conflit de filiation qui s'en suivait.

– S'agissant de la **filiation adoptive**, on rappellera également les conflits opposant entre eux parents adoptifs et parents biologiques[2].

---

1. Civ. 1re, 9 juin 1976. *D.* 1976. 593, note Raynaud; *JCP* 1976. II. 18494, note Cornu.
2. Sur la fameuse affaire *Novack*, v. Civ. 20 juin 1963, *D.* 1964. 1, note Hébraud. — Sur des affaires plus récentes opposant parents ou futurs parents adoptifs et père par le sang, à la suite de l'accouchement anonyme de la mère, v. not. Nancy 23 févr. 2004, 2 arrêts, *D.* 2004. 2249, note Poisson-Drocourt; *ibid.* Somm. 2910, obs. Granet-Lambrechts; *JCP* 2004. II. 10073, note Bottini; *Dr. fam.* 2004, n° 48, 1re et 2e esp., note Murat, cassés par Civ. 1re, 7 avr. 2006, préc., v. ss 411, p. 356, note 4, et sur renvoi, Reims 12 déc. 2006, *Defrénois* 2007. 595, obs. Massip. — V. égal., Paris 25 févr. 2010, *Dr. fam.* 2010, n° 79, note Murat, annulant les reconnaissances effectuées par les père et mère après le placement de l'enfant en vue de l'adoption.

420. ***Le contentieux en matière de contestation***, et plus particulièrement de contestation de paternité, mérite aussi d'être évoqué, ayant donné lieu à une jurisprudence intéressant aussi bien l'enfant légitime que l'enfant naturel.

– S'agissant de l'**enfant légitime**, on citera d'abord l'importance que revêtait à son égard la jurisprudence résultant des arrêts de la Cour de cassation du 27 février 1985[1]. Selon cette jurisprudence, il était désormais possible, par une interprétation *a contrario* de l'article 322, alinéa 2, du Code civil de contester, non seulement la maternité légitime, ce qui était déjà admis, mais aussi la paternité légitime, ce qui était nouveau, dès lors que l'enfant n'avait que le titre d'enfant légitime et non pas la possession d'état.

On rappellera aussi la jurisprudence très défavorable à l'enfant que prirent, dans le droit antérieur à la loi précitée du 29 juillet 1994 relative au respect du corps humain et au nouvel article 311-20 du Code civil (modifié par Ord. n° 2005-759, 4 juill. 2005, art. 3 et 7), certains juges du fond en faisant droit à l'action en désaveu du mari en cas de procréation médicalement assistée avec tiers donneur[2].

– S'agissant de l'**enfant naturel**, il convient de faire état des actions en contestation de reconnaissance qu'autorisait, en cas de procréation naturelle, l'ancien article 339 du Code civil sur la simple preuve de la non-paternité de l'auteur de la reconnaissance mensongère et avec pour seule consolation l'octroi à l'enfant de dommages-intérêts auxquels était condamné celui qui, jusque-là, était juridiquement son père[3].

421. ***Au regard du droit actuel de la filiation*** et sous réserve des dispositions de droit transitoire (art. 20, ord. 4 juill. 2005 préc.), le contentieux en matière de revendication ou de contestation demeure un point important des dispositions nouvelles introduites par la réforme de 2005 qui leur consacre un chapitre entier (chapitre III du titre VII du livre Ier du Code civil), intitulé « Des actions relatives à la filiation ».

Les mesures ainsi introduites poursuivent un double objectif, à savoir : harmoniser le régime procédural de l'établissement judiciaire de la filiation, qu'il s'agisse d'établir la maternité (C. civ., art. 325, modifié par L. n° 2009-61, 16 janv. 2009, art. 1, et 326) ou encore la paternité hors mariage (C. civ., art. 327)[4] ou de rétablir la présomption de paternité du mari (C. civ., art. 329, modifié par L. n° 2011-525, 17 mai 2011, art. 195); harmoniser et simplifier le régime des actions en contestation en en modifiant notamment les titulaires et les délais et en prenant désormais en compte, non plus la situation matrimoniale du parent dont la filiation est contestée, mais seulement l'existence ou non d'une possession d'état venant confirmer le titre (C. civ., art. 333, modifié par L. n° 2009-61, 16 janv. 2009, art. 1, et 334).

---

1. *D.* 1985. 265, note Cornu; *JCP* 1985. II. 20460, note Fortis-Monjal et Paire.
2. TGI Nice, 30 juin 1976, *D.* 1977. 45, note Huet-Weiller; *JCP* 1977. II. 18597, note Harichaux-Ramy. — TGI Paris 19 févr. 1985, *D.* 1985. 223, note Paillet. — Comp. TGI Bobigny 18 janv. 1990, *D.* 1990. 332, note Saujot; *JCP* 1990. II. 21592, note Guiho, et sur appel, Paris 29 mars 1991, *D.* 1991. 562, note Sériaux; *JCP* 1992. II. 21857, note Dobkine.
3. V. par ex., Civ. 1re, 21 juill. 1987, *D.* 1988. 22, note Massip. — 6 déc. 1988, *D.* 1989. 317, note Massip. — Plus généralement sur la question, v. S. Bernigaud, « Les diverses filiations et les reconnaissances mensongères », *LPA* 3 mai 1995, p. 97. — Y. Favier, « Le contentieux de la filiation paternelle naturelle », *JCP* 2002. I. 101, nos 6 et 7 et jurisprudence citée.
4. Sur l'application de ce texte à un cas de PMA sans tiers donneur, v. Civ. 1re, 16 mars 2016, *Dr. fam.* 2016, n° 104, note Fulchiron.

b. L'enfant-objet et le droit de l'autorité parentale

422. ***Maintien de larges prérogatives.*** Au regard de l'autorité parentale, force est d'admettre que les règles telles qu'elles résultaient des lois antérieures du 4 janvier 1970, 22 juillet 1987 et 8 janvier 1993, ou telles qu'elles résultent aujourd'hui de la loi précitée du 4 mars 2002, confèrent aux parents des prérogatives qui demeurent très larges et que tempèrent seulement certaines règles appelées à jouer en cas de défaillance de leur part.

- **Les prérogatives** que confère l'autorité parentale demeurent très larges, car même si la loi du 4 mars 2002 s'efforce, dans l'article 371-1 du Code civil, de redéfinir la notion en mettant l'accent sur l'intérêt de l'enfant et le respect dû à sa personne, les parents ne se voient pas pour autant retirer leur droit de garde, de surveillance et d'éducation, au sens où l'entendait l'ancien article 371-2, ni leur droit de demander des mesures d'assistance éducative si la santé, la sécurité ou la moralité de l'enfant sont en danger ou si les conditions de son éducation ou de son développement physique, affectif, intellectuel et social sont gravement compromises (C. civ., art. 375, modifié par L. n° 2007-293, 5 mars 2007, art. 14, et récemment par L. n° 2016-297, 14 mars 2016, art. 28 et 30).

- **Les tempéraments aux prérogatives des parents** en cas de défaillance de leur part varient selon que cette dernière est totale ou partielle.

La **défaillance totale** des parents peut donner lieu à deux formes de tutelle administrative. La première est celle des enfants admis en qualité de pupille de l'État (CASF, art. L. 224-1 à 224-11. V. notamment les modifications apportées aux articles L. 224-4 et L. 224-6 par les articles 40 et 33 de la loi n° 2016-297 du 14 mars 2016, visant respectivement les enfants admis en qualité de pupille de l'État et la date à laquelle l'enfant est déclaré pupille de l'État à titre provisoire)[1] à la suite notamment d'un accouchement sous X, « d'une déclaration judiciaire de délaissement parental » (C. civ., art. 381-1 et 381-2 issus de l'article 40 de la loi du 14 mars 2016 relative à la protection de l'enfant, déjà citée ss 411, qui abroge l'article 350 du Code civil visant l'abandon judiciairement déclaré et complète le chapitre 1er du titre IX du livre 1er du Code civil par une section 5 intitulée « De la déclaration judiciaire de délaissement parental ») ou d'un retrait de l'autorité parentale (C. civ., art. 378, remplacé par L. n° 2010-769, 9 juill. 2010, art. 9, et 378-1 modifié par L. n° 96-604, 5 juill. 1996, art. 19). La seconde est celle qui est déférée au service de l'aide sociale à l'enfance en cas de tutelle familiale restée vacante (C. civ., ancien art. 433 modifié par L. n° 89-487, 10 juill. 1989, art. 12, et remplacé, à compter du 1er janvier 2009, par l'article 411 issu de la loi n° 2007-308, 5 mars 2007 portant réforme de la protection juridique des majeurs, art. 6, modifié par Ord. n° 2015-1288, 15 oct. 2015, art. 6).

La **défaillance partielle** des parents peut, quant à elle, donner lieu, soit à l'ouverture d'une tutelle familiale, soit à des mesures d'assistance éducative (C. civ., art. 375 à 375-9 modifiés pour la plupart par L. n° 2007-297, 5 mars 2007 ou par L. n° 2016-297, 14 mars 2016), soit à une délégation d'autorité parentale (C. civ., art. 377, complété par L. n° 2010-769, 9 juill. 2010, art. 10, et par L. n° 2016-

1. Sur le dernier état des lieux des pupilles de l'État, révélant qu'au 31 décembre 2013, 2 363 enfants avaient un tel statut, soit un ratio de 16 pour 100 000 mineurs, v. rapport de l'Obervatoire national de l'enfance en danger (ONED) du 2 févr. 2016. — V. également sur le sujet, « La situation des pupilles de l'État. Enquête au 31 décembre 2013 », *La Doc. fr.*, févr. 2016.

297, 14 mars 2016, art. 38; C. civ., art. 377-1 modifié par L. n° 2002-305, 4 mars 2002, art. 7)[1].

B. Droit de l'enfant à être considéré comme un sujet

423. En tant que sujet de droit, l'enfant doit bénéficier à la fois d'une certaine protection de la part de ses parents, en raison de sa vulnérabilité particulière (*1.*), et d'une certaine autonomie par rapport à eux (*2.*).

1. Droit de l'enfant à être protégé par ses parents

424. L'enfant ne trouvera une véritable protection dans le cadre familial que si on lui reconnaît le droit d'avoir une vraie famille, ce qui suppose qu'il ait le droit de connaître ses parents (*a.*) et qu'il ait aussi la possibilité d'être élevé par eux (*b.*), conformément à l'article 7 de la Convention de New York.

a. Le droit de connaître ses parents

425. ***Principe et exceptions.*** Dans son principe, un tel droit est reconnu par la France; ce n'est qu'exceptionnellement qu'il sera méconnu.

– **Le principe** est reconnu par la loi et la jurisprudence visant à faciliter l'établissement de la filiation de l'enfant à l'égard aussi bien de son père que de sa mère.

Du point de vue législatif, et avant même l'entrée en vigueur de la nouvelle réforme du droit de la filiation, se sont déjà inscrites en ce sens : la **loi du 3 janvier 1972** sur la filiation, qui, en réduisant le domaine de la présomption de paternité (C. civ., anciens art. 313, 313-1 et 315) et en ouvrant à la mère une action en contestation de paternité légitime à des fins de légitimation (C. civ., ancien art. 318), a facilité l'établissement volontaire de la filiation naturelle par le véritable père de l'enfant; la **loi du 25 juin 1982** permettant l'établissement de la filiation naturelle par le seul jeu de la possession d'état (C. civ., ancien art. 334-8, al. 2); la **loi du 8 janvier 1993** qui, en ouvrant à l'enfant, dans les deux années qui suivent sa majorité, le droit de demander le rétablissement de la présomption de paternité (C. civ., ancien art. 313-2, al. 2, *in fine*), a permis à cet enfant de retrouver un père légitime; ou qui, en supprimant les cas d'ouverture de l'action en recherche de paternité, dans l'ancien article 340 du Code civil, a contribué à faciliter l'établissement de la filiation naturelle.

L'ordonnance du 4 juillet 2005 portant réforme de la filiation s'inscrit, quant à elle, dans le droit fil des textes antérieurs en facilitant, d'abord, l'établissement de la filiation maternelle par la prise en compte, non plus de la situation matrimoniale de la mère, mais de la simple matérialité de l'accouchement, ce qui a pour conséquence de dispenser la mère non mariée d'avoir à reconnaître

1. Sur l'utilisation de la délégation d'autorité parentale dans le cadre de couples de femmes homosexuelles, avant que la Cour de cassation, dans un arrêt du 8 juill. 2010, ne lui donne un coup d'arrêt, v. Civ. 1re, 24 févr. 2006, *D.* 2006. 897, note Vigneau; *ibid. Pan.* 1148, obs. Granet-Lambrechts; *Dr. fam.* 2006, n° 89, note Murat. — 16 avr. 2008, *Dr. fam.* 2008, n° 101, note Murat; *Defrénois* 2008. 1846, obs. Massip; *RTD civ.* 2008. 470, obs. Hauser; *JCP* 2009. I. 102, n° 9, obs. Rebourg. — Sur l'arrêt de 2010 n'accordant la délégation que si les circonstances l'exigent et à condition que la mesure soit conforme à l'intérêt supérieur de l'enfant, v. *JCP* 2010, n° 994, note Gouttenoire; *Defrénois* 2010. 39163, n° 9, obs. Massip.- Sur le maintien de la délégation partage de l'exercice de l'autorité parentale en cas de séparation d'un couple de femmes, dès lors qu'est pris en considération l'intérêt de l'enfant, v. Civ. 1re, 4 janv. 2017, *AJ fam.* 2017. 297, obs. Machez; *Dr. fam.* 2017, n° 78, note Fulchiron; *D.* 2017, Pan. 1729, obs. Bonfils et Gouttenoire; *JCP* 2017, doctr 1141, n° 20, obs. Favier.

l'enfant dont elle a accouché, la seule indication de son nom dans l'acte de naissance étant suffisante pour établir la filiation à son égard (C. civ., art. 311-25; comp. ancien art. 337); en facilitant ensuite, au regard de la filiation paternelle, le rétablissement de la présomption de paternité par l'ouverture de l'action à l'enfant, non plus pendant les deux ans suivant sa majorité, mais durant dix ans (C. civ., art. 329, modifié par L. n° 2011-525, 17 mai 2011, art. 195). L'ordonnance facilite également l'établissement de la filiation aussi bien maternelle que paternelle en codifiant la pratique des reconnaissances prénatales (C. civ., art. 316) ou en autorisant, en cas de décès prématuré d'un parent, la délivrance d'un acte de notoriété faisant foi, jusqu'à preuve du contraire (C. civ., art. 317, al. 1er, modifié par L. n° 2011-331, 28 mars 2011, art. 13, et n° 2011-1862, 13 déc. 2011, art. 19; comp. ancien article 311-3), de la possession d'état, dès lors que suffisamment d'éléments de fait sont réunis (C. civ., art. 317, al. 2, modifié par L. n° 2011-331, 28 mars 2011, art. 13; C. civ., art. 311-1 et 311-2); en consacrant expressément l'action en constatation de la possession d'état (C. civ., art. 330, modifié par L. n° 2009-61, 16 janv. 2009, art. 1-II-8°), dégagée auparavant par la jurisprudence; en faisant, enfin, de la liberté de la preuve la règle de principe dans toutes les actions judiciaires relatives à la filiation que l'on soit en demande ou en défense, la seule réserve étant celle de la recevabilité de l'action (C. civ., art. 310-3, al. 2).

Du point de vue jurisprudentiel, se sont inscrits également dans le même sens que les lois susvisées : les arrêts précités de 1976 et 1985 (v. ss 419, p. 370, note 1 et ss 420, p. 371, note 1) permettant de contester une paternité légitime et facilitant, par là même, l'établissement de la véritable paternité; la jurisprudence admettant la validité des reconnaissances prénatales[1] ou la notion de possession d'état prénatale[2]; les décisions faisant largement application des preuves scientifiques en matière de filiation, les juges n'ayant pas hésité à considérer que l'expertise biologique en matière de filiation est de droit, sauf s'il existe un motif légitime de ne pas y procéder[3], ou même à exhumer un cadavre pour établir la vérité, comme ce fut le cas dans l'affaire *Yves Montand*[4], avant que la loi précitée

1. Sur la prévalence de la reconnaissance anténatale sur une reconnaissance ultérieure, v. Versailles 25 juin 1992, *D.* 1993. Somm. 169, obs. Granet-Lambrechts.
2. V. not. TGI Nanterre 8 juin 1988, aff. *Pironi*, *D.* 1988. 240, note Paillet; *D.* 1988. Somm. 400, obs. Huet-Weiller. – Civ. 1re, 10 mars 1998, aff. *Brando*, *D.* 1998. Somm. 299, obs. Job; *ibid.* 355, obs. Granet; *Defrénois 1998*. 1021, obs. Massip; *Dr. fam.* 1998, n° 96, note Murat; *LPA* 21 et 23 oct. 1998, p. 19 et 23, note Raoul-Cormeil; *RTD civ.* 1998. 665, obs. Hauser.
3. En ce sens Civ. 1re, 28 mars 2000, *D.* 2000. 731, note Garé; *JCP* 2000. II. 10409, concl. Petit, note Monsallier-Saint Mleux; *Dr. fam.* 2000, n° 72, note Murat; *Defrénois* 2000. 769, note Massip; *RTD civ.* 2000. 304, obs. Hauser. – Sur la confirmation de l'arrêt de principe, v. Cass., ass. plén., 23 nov. 2007, *Dr. fam.* 2008, n° 5, note Murat; *JCP* 2007. II. 10204, note Chauvin; *RTD civ.* 2008. 284, obs. Hauser. – Sur des exemples de motifs légitimes justifiant le refus d'un recours à l'expertise, v. not. Civ. 1re, 14 juin 2005, 6 arrêts, *Dr. fam.* 2005, n° 182, note Murat; *Defrénois* 2005. 1848, obs. Massip. – 25 avr. 2007, *Dr. fam.* 2007, n° 170, note Murat; *Defrénois* 2007. 1640, obs. Massip. – 8 juill. 2009, *Dr. fam.* 2009, n° 127, note Murat, et à propos de cet arrêt, M. Brusorio-Aillaud, « Expertise génétique : exemple de motif légitime de ne pas y procéder », *JCP* 2009, n° 533.- Sur la jurisprudence récente selon laquelle l'intérêt de l'enfant ne saurait, en soi, constituer un motif légitime pour refuser une expertise biologique, v. Civ. 1re, 13 juill. 2016, *AJ fam.* 2016. 495, obs. Siffrein-Blanc; *RTD civ.* 2016. 830, obs. Hauser; *D.* 2017. 470, obs. Douchy-Oudot, 729, obs. Granet-Lambrecht, 781, obs. Gaumont-Prat, 1729, obs. Bonfils et Gouttenoire.
4. Sur cette affaire très médiatisée, v. not. J. Massip, « La vérité va-t-elle sortir du tombeau ? », *LPA* 10 avr. 1998, p. 23. – P. Catala, « La jeune fille et le mort. Du droit de connaître ses origines et des moyens de l'obtenir », *Dr. fam.* 1997. Chron. 12.- Comp. avec l'exhumation récente de Salvador Dali, autorisée par le tribunal de première instance de Madrid, le 20 juin 2017, dans le cadre d'une action en recherche de paternité, en vue d'une expertise génétique *post mortem*.

du 6 août 2004 relative à la bioéthique ne vienne modifier l'article 16-11 du Code civil en disposant désormais que « sauf accord exprès de la personne manifesté de son vivant, aucune identification par empreintes génétiques ne peut être réalisée après sa mort »[1].

– **Les exceptions** méconnaissant le droit de connaître ses parents se rencontrent dans quatre cas.

Le **premier cas** est celui de l'enfant adopté de façon plénière. Telle qu'elle résulte des lois des 11 juillet 1966, 22 décembre 1976 et 5 juillet 1996, cette forme d'adoption que la loi précitée du 17 mai 2013 vient d'ouvrir aux personnes mariées de même sexe, a, en effet, pour conséquence de rompre tout lien avec la famille d'origine, sauf en cas d'adoption de l'enfant du conjoint, conformément à l'article 356 du Code civil[2]. La loi n° 2002-93 du 22 janvier 2002 relative à l'accès aux origines des personnes adoptées et pupilles de l'État (*JO* 23 janv. 2002) ne modifie en rien la règle. Elle ouvre seulement à l'enfant le droit de saisir le Conseil national pour l'accès aux origines personnelles (CNAOP) qui agira comme une autorité de médiation et non comme une instance juridictionnelle. En modifiant la rédaction des articles L. 224-5 et L. 222-6 du Code de l'action sociale et des familles, la loi susvisée ouvre aussi, dans le cadre du premier texte, aux père et mère à l'égard de qui la filiation est établie ou à la personne qui remet l'enfant de moins d'un an au service de l'aide sociale à l'enfance, la possibilité de laisser tous renseignements concernant la santé des père et mère, les origines de l'enfant, les raisons de sa remise au service de l'aide sociale. Dans le cadre du second texte, elle ouvre à la femme qui demande, lors de son accouchement, la préservation du secret de son admission ou de son identité, la possibilité de laisser des renseignements sur sa santé et celle du père,

1. Sur la constitutionnalité de cette disposition, v. Cons. const. 30 sept. 2011, n° 2011-173 QPC, *JCP* 2011, n° 1075; *Dr. fam.* 2011. Focus 89, obs. Lamarche; *JCP* 2012, n° 31, obs. Gouttenoire. Plus généralement sur la question, v. S. Mirabail, « L'établissement de la filiation à l'épreuve de la mort », *Dr. fam.* 2010. Étude 6. Comp. à propos d'une demande de prélèvements *post mortem* concernant l'accès à des éléments identitaires et non la filiation elle-même, la consécration indirecte par la Cour de cassation d'un « droit à l'identité » dégagé par la CEDH, la recevabilité de l'action supposant toutefois une mise en cause des ayants droit du défunt dont l'exhumation du cadavre est sollicitée. En ce sens, Civ. 1re, 13 nov. 2014, *JCP* 2015, n° 49, note Douchy-Oudot — Chron. 982, n° 7, obs. Murat; *Dr. fam.* 2015, n° 9, note Neirinck; *AJ fam.* 2015, n° 54, obs. Chénedé, et à propos de cet arrêt, H. Fulchiron, « Les actions du préteur : la Cour de cassation, l'article 8 de la Convention EDH et le droit à la reconnaissance de son ascendance », *D.* 2015. 1070.
2. Sur les mesures nouvelles facilitant ce type d'adoption, qu'a introduite la loi précitée du 17 mai 2013, en autorisant notamment les adoptions successives, v. C. civ., art. 345-1 visant l'adoption plénière, et 360 visant l'adoption simple. Comp. le refus de l'adoption simple d'un enfant par la partenaire homosexuelle de la mère, Civ. 1re, 20 févr. 2007, 2 arrêts, *D.* 2007. 1047, 1re esp., note Vigneau; *Dr. fam.* 2007, n° 80, 1re et 2e esp., note Murat; *JCP* 2007. II. 10068, 1re et 2e esp., note Neirinck; *Defrénois* 2007. 791, obs. Massip. — Sur la réitération de cette jurisprudence, v. Civ. 1re, 9 mars 2011, *Dr. fam.* 2011, n° 74, note Neirinck, faisant suite à la décision du Conseil constitutionnel du 6 oct. 2010 (n° 2010-39 QPC, *Isabelle D. et Isabelle B.*, *JO* 7 oct. 2010), saisi par un couple de concubines homosexuelles d'une QPC portant sur l'art. 365 du C. civ. Sur cette décision, v. A. Gouttenoire et C. Radé, « L'adoption de l'enfant du concubin devant le Conseil constitutionnel », *JCP* 2010, n° 1145. À relever également, l'arrêt de la CEDH du 15 mars 2012 jugeant que le refus d'accorder à une femme le droit d'adopter l'enfant de sa compagne n'est pas discriminatoire (*Gas et Dubois c/ France*, req. n° 25951/07, *D.* 2012. 814, note Gallmeister; *Dr. fam.* 2012, n° 82, note Neirinck; *RJPF* 2012-4/20, note Meyzaud-Garaud; *JCP* 2012, n° 589, A. Gouttenoire et F. Sudre). Sans remettre en cause son arrêt de 2012, mais jugeant discriminatoire le droit autrichien traitant de façon différente les couples non mariés selon qu'ils sont hétérosexuels ou homosexuels, v. CEDH, gr. ch., 19 févr. 2013, *X et a. c/ Autriche*, req. n° 19010/07, *Dr. fam.* 2013, n° 53, note Neirinck; *JCP* 2013, n° 855, obs. Sudre; *RTD civ.* 2013. 363, obs. Hauser.

les origines de l'enfant et les circonstances de la naissance ainsi que, sous pli fermé, son identité. Le même texte lui reconnaît également la possibilité de lever à tout moment le secret de son identité.

Le **deuxième cas, que visait l'ancien article 334-10 du Code civil et qu'a repris l'ordonnance du 4 juillet 2005 dans l'article 310-2,** est celui de l'enfant incestueux qui ne peut établir un lien de filiation qu'à l'égard d'un seul de ses parents, lorsque l'inceste est absolu[1].

Un **troisième cas** date de la loi du 8 janvier 1993 et vise l'accouchement sous X, que consacraient les anciens articles 341 et 341-1 du Code civil et que reprirent les articles 325 et 326, issus de l'ordonnance précitée du 4 juillet 2005. La consécration de ce mode d'accouchement méconnaissait doublement le droit de l'enfant de connaître ses origines, avant que la jurisprudence et la loi de ratification du 16 janvier 2009 ne viennent en atténuer la rigueur. La jurisprudence, par un arrêt de la Cour de cassation, en date du 7 avril 2006, appliquant l'article 7.1 de la Convention de New York, mit fin à l'impossibilité qu'avait auparavant le père biologique d'établir sa paternité lorsque la mère avait accouché sous X[2]. La loi de ratification de l'ordonnance du 4 juillet 2005 a supprimé, quant à elle, la fin de non-recevoir à l'action en recherche de maternité, que prévoyait l'article 325 dans sa rédaction initiale.

L'accouchement sous X a été jugé compatible avec l'article 8 de la Conv. EDH dans l'arrêt de la CEDH *Odièvre c/ France* du 13 février 2003[3], aux motifs que la

1. Sur la question que pose une telle prohibition au regard des articles 8 et 14 de la Conv. EDH, v. S. Perrin, « La filiation de l'enfant issu d'un inceste absolu : vers la fin d'une discrimination ? », *Dr. fam.* 2010. Étude 16. — À relever également le conflit de filiation que peut faire naître l'inceste absolu entre frère et sœur, en cas de reconnaissance prénatale du père et d'accouchement de la mère. En faveur du maintien de la double filiation, v. CA Caen, 8 juin 2017. Pour un commentaire de cet arrêt, v. A. Batteur, « L'enfant né d'un inceste entre frère et sœur : nouvel exemple d'un conflit de filiation », *D.* 2017. 2107. — À noter enfin la pénalisation de l'inceste par l'article 44 de la loi du 14 mars 2016 relative à la protection de l'enfant, déjà citée (v. ss 411), modifiant le titre II du livre II du Code pénal et rétablissant ou insérant dans le Code les articles 222-31-1 et 227-27-2-1.
2. Sur la jurisprudence antérieure considérant qu'une reconnaissance prénatale du père était devenue sans effet du fait de l'accouchement sous X de la mère, v. Riom 16 déc. 1997, *Dr. fam.* 1998, n° 150, note Murat; *JCP* 1998. II. 10147, note Garé; *D.* 1998. Somm. 301, obs. Bourgault-Coudevylle; *JCP* 1999. I. 101, n° 4, obs. Rubellin-Devichi. — Riom 16 déc. 2003, *Dr. fam.* 2004, n° 18, note Murat. — Nancy 23 févr. 2004, 2 arrêts, v. ss 419, p. 370, note 2 cassés par l'arrêt susvisé du 7 avr. 2006, v. ss 411, p. 356, note 4. — Sur la prise en compte d'une telle conséquence par la loi précitée du 22 janv. 2002, v. art. 14 insérant l'article 62-1 dans le Code civil. — Pour une étude de l'ensemble de la question, v. C. Bernard-Xémart, « Naître sans mère... Et le père ? », *Mélanges en l'honneur du Professeur Gérard Champenois*, *Defrénois*-Lextenso, 2012, p. 27.
3. *JCP* 2003. II. 10049, note Gouttenoire-Cornut et Sudre; *Dr. fam.* 2003, n° 58, note Murat. — Sur d'autres commentaires de cet arrêt, v. not., Ph. Malaurie, « La Cour européenne des droits de l'homme et le "droit" de connaître ses origines, L'affaire *Odièvre* », *JCP* 2003. I. 120. — B. Mallet-Bricout, « Droit d'accès aux origines personnelles : l'embarras de la Cour européenne des droits de l'homme », *D.* 2003. Chron. 1140. — H. Gaumont-Prat, « La réforme du 22 janvier 2002 relative à l'accès aux origines des personnes adoptées et pupilles de l'État et l'arrêt de la CEDH du 13 février 2003 », *Dr. fam.* 2003. Chron. 14. — Comp. allant également dans le sens d'une non-violation de l'article 8, l'arrêt plus récent de la CEDH, en date du 10 janv. 2008, *Kearns c/ France,* rejetant la requête d'une ressortissante irlandaise venue en France accoucher sous X. Dans cette affaire la requérante dénonçait, entre autres, la brièveté du délai de rétractation de deux mois qui lui avait été laissée pour réclamer son enfant. Selon la Cour, si le délai de deux mois prévu par la législation française peut sembler bref, il paraît néanmoins suffisant pour que la mère biologique ait le temps de réfléchir et de remettre en cause le choix d'abandonner l'enfant. À propos de l'arrêt, v. P. Bonfils et A. Gouttenoire, *op. cit.*, n°s 185 et 255. — ►

France n'a pas excédé la marge d'appréciation qui doit lui être reconnue en raison du caractère complexe et délicat de la question que soulève le secret des origines au regard du droit de chacun à son histoire, du choix des parents biologiques, du lien familial existant et des parents adoptifs.

Doit-on s'attendre, dans un avenir plus ou moins proche, à de nouvelles mesures cherchant à mieux concilier le droit au secret de la femme et le droit de l'enfant à connaître ses origines ? La question s'était déjà posée dans le passé et avait donné lieu à diverses initiatives d'origine soit parlementaire avec la proposition de loi n° 109 déposée au Sénat le 21 novembre 2008 et visant à instaurer un accouchement dans la confidentialité, soit gouvernementale avec le rapport remis au Premier ministre, le 12 novembre 2010, par Mme Brigitte Barèges, députée, sur l'accouchement dans le secret. La question de la naissance sous X avait également fait partie des réflexions du rapport *Théry*, « Filiation, Origines, Parentalité » (p. 245 s.) et du rapport *Gouttenoire*, « 40 propositions pour adapter la protection de l'enfance et l'adoption aux réalités d'aujourd'hui » (p. 95 s.), commandés, en 2013, par Mme Dominique Bertinotti, alors ministre déléguée chargée de la Famille. Publiés en 2014 par La Documentation française, ces deux rapports ont donné lieu avec le Rapport *Juston*, « Médiation familiale et contrat de coparentalité » et le rapport *Rosenczveig*, « De nouveaux droits pour les enfants ? Oui... dans l'intérêt même des adultes et de la démocratie » à un important dossier de la revue *Droit de la famille* de septembre 2014, intitulé « Quatre rapports, un nouveau droit pour demain ? ».

Ne pourrait-on pas aussi considérer comme des prémices d'une évolution de la législation, la jurisprudence tendant à accorder des droits aux grands-parents. S'inscrivent dans ce courant les décisions des juges du fond faisant droit à la demande d'une expertise biologique sollicitée par les grands-parents d'une petite fille, née sous X, et à leur recours en contestation de l'arrêté provisoire d'admission de l'enfant en qualité de pupille de l'État, n'hésitant pas à leur en confier la garde ?[1] Est également révélatrice d'une certaine évolution la loi n° 2013-673 relative à l'arrêté d'admission en qualité de pupille de l'État (*JO* 27 juill. 2013) qui, faisant suite à une décision du Conseil constitutionnel du 27 juill. 2012 (n° 2012-268 QPC, *JO* 28 juill. 2012) abrogeant, à compter du 1er janvier 2014, le 1er alinéa de l'article 224-8 du Code de l'action sociale et des familles, et à un arrêt de la Cour de cassation du 9 avril 2013 reprochant à l'article en cause de ne pas respecter l'article 6 de la Convention européenne des droits

► A. Gouttenoire, « Le droit de la famille dans la jurisprudence de la Cour européenne des droits de l'homme », *Dr. fam.* 2008. Étude 14, spéc. n° 11. — P. Guiomard, note ss l'arrêt, *D.* 2008. 415. Validant indirectement le dispositif français d'accouchement dans l'anonymat, v. encore plus récemment, CEDH 25 sept. 2012, *Godelli c/ Italie*, req. n° 33783/09, et à son propos, A. Gouttenoire, « La famille dans la jurisprudence de la Cour européenne des droits de l'homme », *Dr. fam.* 2013. Étude 3, spéc. n° 24.

1. À propos de la première demande, v. TGI Angers, ord. réf., 8 oct. 2009, *Dr. fam.* 2009, n° 152, note Murat; *JCP* 2009, n° 504, note Boulanger; *RJPF* déc. 2009, p. 28, obs. Le Boursicot; *RTD civ.* 2009. 710, obs. Hauser. — À propos du second recours, v. Angers 26 janv. 2011, infirmant TGI Angers 26 avr. 2010, *Dr. fam.* 2010, n° 114, note Salvage-Gerest. Pour un commentaire de l'arrêt de 2011, v. A. Gouttenoire, « La victoire à la Pyrrhus des grands-parents biologiques », *JCP* 2011, n° 161, Aperçu rapide. — C. Neirinck, *Dr. fam.* 2011, n° 37. V., allant également dans le même sens, Metz, 22 janv. 2013, *Dr. fam.* 2013, n° 54, note Neirinck; *RTD civ.* 2013. 900, obs. Leroyer. — Comp. dans une autre affaire où l'enfant né sous X avait été immatriculé définitivement en tant que pupille de l'État, l'irrecevabilité de l'intervention des grands-parents dans l'instance en adoption engagée par la famille dans laquelle il avait été régulièrement placé, Civ. 1re, 8 juill. 2009, *D.* 2009. 1973, note Le Douaron; *Dr. fam.* 2009, n° 108, note Murat; *JCP* 2010, n° 598, 1re esp., note Massip. À l'occasion de cet arrêt, v. égal. P. Salvage-Genest, « Les grands-parents et l'adoption de leurs petits-enfants », *Dr. fam.* 2009. Étude 32.

de l'homme[1], est venue modifier le texte en élargissant la liste des personnes ayant qualité pour agir contre l'arrêté d'admission et en précisant les modalités de la notification de cet arrêté. Parmi les personnes susceptibles d'agir figurent notamment le père de naissance et les membres de la famille de la mère ou du père, ce qui inclut les grands-parents.

À vrai dire, la remise en cause du dispositif actuel sur l'accouchement sous X ne semble pas devoir être immédiate dans la mesure où le Conseil constitutionnel, par une décision en date du 16 mai 2012 (n° 2012-248 QPC, *JO* 17 mai 2012), prise à l'occasion d'une question prioritaire de constitutionnalité, considère que les conditions de l'accès aux origines personnelles sont conformes à tous les droits que la Constitution garantit, ajoutant même qu'elles permettent de garantir la santé de la mère et de l'enfant[2].

Un **quatrième cas** résulte des lois de bioéthique du 29 juillet 1994 et vise l'enfant né d'une procréation médicalement assistée avec tiers donneur. Non remises en cause ni par la loi précitée du 6 août 2004, ni par l'ordonnance du 4 juillet 2005, les mesures prises en la matière ont été maintenues par la loi du 7 juillet 2011, après avoir été l'objet de vives discussions au cours des débats parlementaires.

Aujourd'hui comme hier, le droit de l'enfant de connaître ses deux parents est doublement écarté. Il l'est, d'abord, en raison du principe d'anonymat que consacrent, en matière de don de gamètes, les articles L. 1211-5 et L. 1273-3 du Code de la santé publique; en matière d'accueil d'embryons, l'article L. 2141-6 du même Code. Il l'est aussi en application du principe d'exclusion que formule l'article 311-19 du Code civil refusant tout établissement de lien de filiation entre l'enfant et l'auteur du don.

Les discussions auxquelles donna lieu le vote de la loi de 2011 ont porté essentiellement sur le principe d'anonymat du don de gamètes, que le gouvernement, dans son projet de loi initial, avait prévu de lever en l'encadrant très strictement et en laissant au donneur le dernier mot, comme dans le cas de l'accouchement sous X. Bien qu'une telle levée permette de répondre au droit de l'enfant à connaître ses origines, le principe de l'anonymat fut rétabli par la commission spéciale de l'Assemblée nationale, chargée d'examiner le texte, ce que confirmèrent à leur tour les députés en séance publique, puis ultérieurement les sénateurs, avec toutefois plus d'hésitations de la part de ces derniers, leur position ayant évolué entre le moment de l'examen du texte par la Commission des affaires sociales du Sénat qui avait rétabli le principe de la levée de l'anonymat et celui du vote par les sénateurs qui sont revenus sur ce texte, s'alignant de la sorte sur la proposition des députés. Les arguments évoqués pour le maintien du principe d'anonymat ont été le risque de chute des donneurs et la fragilisation de la position à la fois des donneurs et des parents.

1. Pour des commentaires de cet arrêt, v. *D.* 2013. 1100, obs. Chevallier; *ibid.* 1106, obs. Douchy-Oudot; *Dr. fam.* 2013, n° 89, note Neirinck; *JCP* 2013, n° 700, obs. Flavier; *AJ fam.* 2013. 308, obs. Salvage-Gerest; *RTD civ.* 2013. 589, obs. Hauser. Pour un commentaire de la décision du Conseil constitutionnel de 2012, v. *Dr. fam.* 2012, n° 143, note Neirinck. Pour celui de la loi elle-même, v. *Dr. fam.* 2013, n° 137, note Neirinck. — Sur la question, v. également, P. Salvage-Gerest, « Pupilles de l'État : on ne pourra pas dire qu'on ne savait pas. À propos de l'article L. 224-8 CASF », *AJ fam.* 2016. 379.
2. À propos de cette décision, v. le commentaire critique de Claire Neirinck estimant que l'argumentaire du Conseil constitutionnel ne convainc pas dans la mesure où l'étude du dispositif légal permet de constater que le droit de l'enfant à une vie familiale normale n'est pas respecté : *Dr. fam.* 2012, n° 120. — V. aussi les observations de Yann Favier : *JCP* 2012, n° 878.

Il convient également de relever que le principe en cause a donné lieu à un avis du Conseil d'État en date du 17 juin 2013 (n° 362981, *JO* 19 juin 2013) estimant qu'en interdisant la divulgation de toute information sur les données personnelles d'un donneur de gamètes, le législateur a établi un juste équilibre entre les intérêts en présence et que, dès lors, cette interdiction n'est pas incompatible avec les stipulations de l'article 8 de la Conv. EDH (consid. 12). Cet avis a été confirmé par un arrêt du Conseil d'État du 12 novembre 2015 (CE 10e et 9e ss-sect., req. n° 372121) qui, selon un commentateur de cette décision, « constitue l'épilogue devant les juridictions nationales d'une affaire initiée en 2012 et posant l'importante question de la méconnaissance du droit aux origines personnelles résultant de la règle du secret instituée en matière d'assistance médicale à la procréation avec recours aux tiers donneurs » (J.-R. Binet, « Insémination avec tiers donneur et droit à la connaissance des origines : l'enfant impensé du droit de la bioéthique », *Dr. fam.* 2016. Étude 1). Dans le même temps, un autre commentateur de l'arrêt regrette qu'à l'occasion de l'affaire en cause, la question de l'anonymat du don de gamètes validé au regard de la Conv. EDH n'ait pas pu être envisagé au regard de sa conformité avec les droits de l'enfant, tels qu'ils sont garantis par la Convention internationale des droits de l'enfant (A. Mirkovic, note : *JCP* 2016. 62).

Il faut enfin savoir que la décision prise en 2015 vient, à son tour, d'être confirmée par un nouvel arrêt du Conseil d'État, en date du 28 décembre 2017, qui réaffirme son refus à une levée de l'anonymat du don de gamètes. Au vu de cette dernière décision, la question essentielle que se pose l'un de ses premiers commentateurs[1] est de savoir si, au nom de l'intérêt de l'enfant de connaître ses origines, un tel refus va ou non survivre à la révision des lois de bioéthique dont, comme chacun sait, le processus est déjà en cours, depuis le 18 janvier 2018, avec l'ouverture des états généraux de la bioéthique organisés par le Comité consultatif national d'éthique[2].

b. Le droit d'être élevé par ses parents

426. ***Double application.*** Un tel droit a été largement étendu dans le cadre aussi bien de l'exercice de l'autorité parentale que de l'administration des biens, la tendance dans ces deux domaines étant d'associer au maximum les deux parents dans l'intérêt même de l'enfant.

– **L'exercice conjoint de l'autorité parentale** est un droit qui a été reconnu à l'**enfant légitime** par la **loi du 4 juin 1970** (C. civ., art. 372, dans sa rédaction antérieure à la loi du 4 mars 2002).

Ce droit a ensuite été étendu par la **loi du 22 juillet 1987** aux **enfants de parents divorcés** (C. civ., anciens art. 287 et 373-2) et aux **enfants naturels** (C. civ., ancien art. 374, al. 2), sans en faire toutefois une règle de principe.

Le troisième texte en date qui a posé comme solution de principe pour les enfants du divorce l'exercice conjoint est la **loi du 8 janvier 1993** (C. civ., art. 287, dans sa rédaction antérieure à la loi du 4 mars 2002). Ce texte a étendu aussi la règle aux **enfants naturels** (C. civ., art. 372, dans sa rédaction antérieure à la loi du 4 mars 2002), mais sans la généraliser (C. civ., art. 374, dans sa rédaction antérieure à la loi du 4 mars 2002 – Comp. art. 372), le principe en la

1. H. Fulchiron, *Dr. fam.* 2018, comm. 64. V. également J.-R. Binet, « Cachez cet enfant que je ne saurais voir », *Dr. fam.* 2018, repère 3.
2. Sur cette organisation, v. circ. NOR : SSAH1733643J, 29 nov. 2017, et pour un commentaire de ce texte, J.-R. Binet, *Dr. fam.* 2018, comm. 50.

matière étant toujours que lorsque la filiation est établie à l'égard des deux parents, l'autorité est exercée par la mère.

La coparentalité, sans cesse renforcée par les lois susvisées, l'a été encore davantage par la **loi n° 2002-305 du 4 mars 2002** relative à l'autorité parentale, déjà citée (v. ss 411). Le texte en question a, en effet, pour finalité essentielle d'instaurer un droit commun de l'autorité parentale centré sur le principe de son exercice conjoint et ce, quelles que soient les circonstances de la naissance de l'enfant ou le statut de ses parents. Ce principe est aujourd'hui formulé par l'article 372 du Code civil (modifié par L. n° 2011-1862, 13 déc. 2011, art. 21). A également été institutionnalisé, dans l'article 373-2-9 (modifié par L. n° 2007-293, 5 mars 2007, art. 22.II. 2°; L. n° 2010-769, 9 juill. 2010, art. 7; L. n° 2016-297, 14 mars 2016, art. 23), le principe de résidence alternée, qu'avaient admis auparavant des juges du fond en cas de séparation des père et mère[1] et que certains voudraient, aujourd'hui, moderniser. Tel est précisément l'objectif de la proposition de loi n° 307, déposée à l'Assemblée nationale par le député Latombe, le 17 octobre 2017. Relative au « principe de garde alternée », la proposition en question, examinée par la commission des lois les 22 et 23 novembre 2017 et objet de divers amendements, a, pour l'heure, été seulement discutée en séance publique, le 30 novembre, sans qu'aucune date de réexamen n'ait été prévue.

Outre le droit pour l'enfant d'entretenir des relations avec ses parents, il convient aussi de relever le droit qui lui a été ouvert, en dépit ou non de la séparation de ces derniers, de maintenir des liens non seulement avec ses frères et sœurs, mais également avec ses ascendants ou même un tiers, parent ou non.

- **Vis-à-vis des frères et sœurs**, le droit reconnu à l'enfant, que s'efforçait déjà de respecter la pratique administrative ou judiciaire, a été consacré par la **loi n° 96-1238 du 30 décembre 1996** (*JO* 1er janv. 1997) et figure aujourd'hui dans l'article 371-5 du Code civil. Ce texte n'énonce que deux limites au principe. Il est dit, en effet, que l'enfant ne doit pas être séparé de ses frères et sœurs « sauf si cela n'est pas possible ou si son intérêt commande une autre solution ».

- **Vis-à-vis des ascendants**, le droit ouvert à l'enfant d'entretenir avec eux des relations personnelles a été, par rapport aux dispositions antérieures (C. civ., ancien art. 371-4), considérablement élargi par la **loi n° 2002-305 du 4 mars 2002** modifiant l'article 371-4, alinéa 1er, du Code civil. Il l'a été par son ouverture à tous les ascendants et non plus seulement aux grands-parents. Seuls des motifs graves pouvaient remettre en cause l'exercice d'un tel droit. Depuis la **loi n° 2007-293 du 5 mars 2007** réformant la protection de l'enfance et modifiant une nouvelle fois l'article 371-4, la notion d'intérêt de l'enfant a remplacé celle de motifs graves.

- **Vis-à-vis d'un tiers**, parent ou non, le droit ouvert à l'enfant de maintenir avec lui des liens personnels a également été l'objet d'un élargissement de la part de la **loi du 4 mars 2002** modifiant l'article 371-4, alinéa 2, du Code civil. Le droit a été élargi par la suppression des circonstances exceptionnelles qu'exigeait l'ancien texte pour que le JAF puisse accorder un droit de correspondance ou de visite aux tiers. Désormais, le seul critère proposé au juge pour fixer les modalités des relations entre le tiers et l'enfant est l'intérêt de ce dernier. Le tiers dont il s'agit peut être notamment le beau-parent, dans le cadre d'une famille recompo-

1. Sur la question et spécialement sur le rôle du juge en la matière, v. S. Ben Hadj Yaha, « Conditions et effets de la résidence alternée », *Dr. fam.* 2016, étude 20. V. également, I. Corpart, « Quel avenir pour l'alternance des résidences des enfants de parents séparés ? », *Dr. fam.* 2014, étude 19.

sée, ou encore le concubin ou le partenaire de la mère ou du père, avec lequel l'enfant a pu nouer des liens qu'il a tout intérêt à voir maintenus en dépit de la dissociation du couple. Vu le nombre de personnes concernées, ne serait-ce que dans le cadre des recompositions familiales où, selon les statistiques de l'INSEE (*INSEE Première*, n° 1470, oct. 2013), il y avait, en 2011, en France métropolitaine, 1,5 million d'enfants de moins de 18 ans, soit 11 % des enfants mineurs, vivant dans 720 000 familles recomposées, 940 000 d'entre eux vivant avec un parent et un beau-parent, le plus souvent avec leur mère et un beau-père, il est clair que la question du statut du tiers ou du beau-parent se devait d'être revue. Elle l'a été, mais sans succès, au printemps 2009, avec l'avant-projet relatif à l'autorité parentale et au droit des tiers, présenté par la secrétaire d'État à la Famille, Nadine Morano. Les critiques contre ce texte furent telles qu'il donna lieu, le 7 octobre 2009, à un rapport d'évaluation présenté par le député, Jean Leonetti, et n'eut pas de suite. La question a été réexaminée, mais timidement, dans le cadre de la loi précitée du 17 mai 2013 ouvrant le mariage aux couples de personnes de même sexe qui se contente, dans son article 9, de compléter les articles 371-4 et 353-2 du Code civil. Dans le premier article concernant la fixation par le JAF des modalités des relations entre l'enfant et un tiers, parent ou non, la loi, dans l'alinéa 2 de ce texte, vise désormais de façon expresse le tiers qui a résidé de manière stable avec l'enfant et l'un de ses parents, a pourvu à son éducation, à son entretien ou à son installation, et a noué avec lui des liens affectifs durables. Comme le précise la circulaire du 29 mai 2013 de présentation de la loi ouvrant le mariage aux couples de personnes de même sexe (Circ. n° NOR : JUSC 1312445C, § 3.2.1, p. 11), sous cette expression de « tiers », le législateur entend désigner le « beau-parent » qui a partagé un temps certain la vie de l'enfant. Dans le second article visant la tierce-opposition à l'encontre d'un jugement d'adoption, recevable uniquement en cas de dol ou de fraude imputable aux adoptants, la loi de 2013 a tenu à ajouter au texte un second alinéa prévoyant que constitue un dol la dissimulation au tribunal du maintien des liens entre l'adopté et un tiers. Comme l'indique également la circulaire susvisée (§ 3.2.2, p. 11), le législateur a ainsi souhaité que le tiers qui a noué des relations avec l'enfant et a vécu avec lui ne soit pas tenu à l'écart de la procédure d'adoption et puisse former une tierce opposition au jugement d'adoption dès lors que le juge n'a pas eu connaissance des droits de visite et d'hébergement qui lui avaient été accordés par le JAF sur le fondement de l'article 371-4. Le statut du beau-parent, ou plus généralement du tiers, a aussi fait l'objet de réflexions et de propositions dans les rapports *Théry* (p. 275 s.) et *Gouttenoire* (p. 74 s.), déjà évoqués (v. ss 425). Il a également été au centre d'une proposition de loi relative à l'autorité parentale et à l'intérêt de l'enfant, dite loi « APIE » (Prop. n° 1856, enregistrée à l'Assemblée nationale le 1er avril 2014), qui insérait dans le Code civil un nouvel article 373-2-1-1, prévoyant, dans les familles recomposées, la création d'un mandat d'éducation quotidienne en faveur du beau-parent, moyennant l'accord des deux parents.

– **La co-administration** des biens de l'enfant par ses père et mère est une règle de principe qu'avait adoptée la **loi n° 85-1372 du 23 décembre 1985** en disposant que si l'autorité parentale est exercée en commun par les deux parents, ceux-ci sont administrateurs légaux et l'administration légale est pure et simple (C. civ., anciens art. 389 s.). Les nouvelles règles introduites par l'**ordonnance du 4 juillet 2005** portant réforme de la filiation (préc. ss 411) ont, pour leur part, contribué à l'extension d'un tel droit, dans la mesure où leur vocation a été d'augmenter le nombre d'enfants susceptibles de bénéficier d'un double lien de filiation.

Qu'en est-il aujourd'hui, depuis l'entrée en vigueur, le 1er janvier 2016, de l'**ordonnance du 15 octobre 2015 portant simplification et modernisation du droit de la famille** (préc. *ibid.*) ? Il convient, tout d'abord, de souligner le travail de recomposition du plan du livre 1er du Code civil, auquel a procédé l'ordonnance (art. 3) en regroupant les dispositions essentielles relatives à l'administration légale dans le chapitre II du titre IX du livre Ier, alors qu'auparavant, les règles étaient partagées entre ce dernier titre et le titre X[1]. On relèvera également l'un des apports essentiels de l'ordonnance qui est de supprimer la distinction opérée, jusque-là, entre l'administration légale pure et simple exercée par les deux parents et l'administration sous contrôle judiciaire exercée par un seul. On indiquera enfin que sous l'unique régime de l'administration légale, lorsque les deux parents exercent en commun l'autorité parentale, aujourd'hui comme hier, chacun d'eux est administrateur légal (C. civ., art. 382-1 nouveau) et réputé à l'égard des tiers avoir reçu de l'autre le pouvoir de faire seul les actes d'administration portant sur les biens du mineur. Comme par le passé, certains actes de disposition, dont la liste est fixée par le nouvel article 387-1 du Code civil, ne peuvent aussi être accomplis sans l'autorisation préalable du juge des tutelles.

2. *Droit de l'enfant à être autonome vis-à-vis de ses parents*

427. L'autonomie de l'enfant par rapport au couple parental, qui traduit son émergence sur la scène juridique, se manifeste par l'existence de certains droits qui lui sont propres et qu'il est susceptible d'exercer en dehors de toute action en justice (*a.*) ou à l'occasion d'une telle action (*b.*).

a. Les droits propres de l'enfant hors action en justice

428. ***Double nature.*** Ces droits sont de nature aussi bien extrapatrimoniale que patrimoniale.

– **Du point de vue extrapatrimonial**, l'enfant n'a pas besoin de l'autorisation de ses parents pour reconnaître un enfant né hors mariage ou pour user de la contraception, une telle liberté ayant été progressivement reconnue à la fille mineure par deux lois essentielles : la première est celle du 4 décembre 1974 modifiant sur ce point la loi Neuwirth du 28 décembre 1967; la seconde, celle du 4 juillet 2001 relative à l'IVG et à la contraception (art. 21, L. n° 2001-588, préc., modifiant l'article L. 2311-4 du CSP; art. 24 modifiant l'article L. 5134-1 du même code). Une mineure n'a pas davantage besoin de l'assistance de ses parents pour décider d'accoucher sous X. Elle peut aussi, depuis la loi susvisée du 4 juillet 2001 (art. 7 modifiant l'article L. 2212-7 du CSP), recourir à l'interruption volontaire de grossesse sans autorisation parentale si elle désire garder le secret ou si elle n'a pu obtenir une telle autorisation. La seule exigence prévue, en ce cas, est qu'elle se fasse accompagner dans sa démarche par une personne majeure qu'elle aura librement choisie.

Au regard du droit actuel, l'avis de l'enfant est également de plus en plus pris en considération dans le domaine du droit de la santé, certains textes allant même jusqu'à lui reconnaître le droit de s'opposer aux décisions prises par ses

1. Sur la « restructuration » ou la « réécriture formelle » du Code civil, v. P. Salvage-Gerest, « Réforme du droit de la famille. Les mineurs », *AJ fam.* 2015, n° 601; I. Maria et G. Raoul-Cormeil, « La nouvelle administration légale : 1 + 1 = 1 ? », *Dr. fam.* 2016. Étude 4, n° 2; N. Peterka, « Déjudiciarisation de l'administration légale et renforcement du rôle de la famille dans la protection des majeurs », *JCP* 2015. 1160. V. également, dossier spécial sur l'administration légale, *AJ fam.* 2016. 361.

parents. Tel est le cas en matière d'IVG (CSP, art. L. 2212-7), de prélèvement de moelle osseuse (CSP, art. L. 1241-3, al. 4) ou d'expérimentation humaine (CSP, art. L. 1122-2, I, al. 2). Le consentement de l'enfant de 13 ans est aussi requis dans le cas de substitution de nom prévue par l'ancien article 334-2 du Code civil (modifié par L. n° 2002-304, 4 mars 2002 relative au nom de famille, art. 12, *JO* 5 mars 2002; modifié par L. n° 2003-516, 18 juin 2003 relative à la dévolution du nom de famille, art. 8, *JO* 19 juin 2003) et reprise par l'article 311-23 issu de l'ordonnance précitée du 4 juillet 2005 (modifié par L. n° 2009-61, 16 janv. 2009, art. 1, et par L. n° 2016-1547, 18 nov. 2016, art. 57). Il l'est pareillement dans les cas de changement de prénom ou de changement de nom par voie administrative (C. civ., art. 60, al. 2, modifié par L. n° 2016-1547, 18 nov. 2016, art. 56, et art. 61-3, al. 1, modifié par L. n° 2002-304, 4 mars 2002, art. 3). Il convient enfin de relever le principe général que formule le dernier alinéa de l'article 371-1 du Code civil, tel qu'il résulte de la loi du 4 mars 2002 relative à l'autorité parentale. Selon ce texte, inspiré de l'article 12 de la Convention de New York sur les droits de l'enfant, il est dit, en effet, que « les parents associent l'enfant aux décisions qui le concernent, selon son âge et son degré de maturité ».

– **Du point de vue patrimonial**, on rappellera d'abord que l'enfant peut, à tout moment, faire des actes conservatoires ou même d'administration, dès lors qu'ils ne sont pas lésionnaires (C. civ., ancien art 1305. À rapprocher, C. civ., art. 1149, créé à compter du 1er octobre 2016 par Ord. n° 2016-131,10 févr. 2016 portant réforme du droit des contrats, du régime général et de la preuve des obligations, *JO* 11 févr. 2016).

On rappellera également qu'avant même que l'ordonnance du 15 octobre 2015 portant simplification et modernisation du droit de la famille n'ait repris la règle à son compte dans le nouvel article 388-1-1 du Code civil, l'enfant, depuis la loi n° 64-1230 du 14 décembre 1964 portant modification des dispositions du Code civil relatives à la tutelle et à l'émancipation, pouvait accomplir les actes civils pour lesquels il est d'usage qu'un être de son âge traite seul (C. civ., ancien art. 450, remplacé par art. 408 depuis le 1er janvier 2009, date d'entrée en vigueur de la loi précitée du 5 mars 2007 portant réforme de la protection juridique des majeurs) et que, dès l'âge de 16 ans, l'enfant peut disposer seul par testament de la moitié de ses biens (C. civ., art. 904).

On rappellera encore que, depuis la loi du 14 mai 1998 (L. n° 98-381 permettant à l'enfant orphelin de participer au conseil de famille, *JO* 19 mai 1998), l'enfant de moins de 16 ans avait la possibilité, sous certaines conditions, de demander la convocation du conseil de famille (C. civ., ancien art. 410, al. 2) et d'assister à la séance à titre consultatif (C. civ., ancien art. 415, al. 3), après avoir été auditionné par le juge (C. civ., ancien art. 411, al. 2). Non reprises par la loi précitée du 5 mars 2007 portant réforme de la protection juridique des majeurs, les prérogatives ainsi reconnues à l'enfant ont fait leur réapparition dans le décret n° 2008-1276 du 5 décembre 2008 relatif à la protection des mineurs et des majeurs et modifiant le Code de procédure civile (*JO* 7 déc. 2008) et figurent désormais dans les articles 1234 et 1236 dudit code.

On rappellera enfin que depuis la loi du 15 juin 2010 (L. n° 2010-658 relative à l'entrepreneur individuel à responsabilité limitée, *JO* 16 juin 2010), modifiée par la loi du 22 mars 2012 (L. n° 2012-387 relative à la simplification du droit et l'allégement des démarches administratives, art. 32, *JO* 23 mars 2012), un mineur âgé de 16 ans révolus pouvait être autorisé par son représentant légal à accomplir seul les actes d'administration nécessaires pour les besoins de la création et de la gestion d'une entreprise individuelle à responsabilité limitée ou d'une société unipersonnelle (C. civ., ancien art. 389-8 et art. 401, al. 4, modifiés)[1]. Il faut savoir qu'une telle possibilité a été reprise par l'ordonnance du 15 octobre 2015 portant simplification et modernisation du droit de la famille (préc. ss 411) et fait désormais l'objet du nouvel article 388-1-2 du Code civil.

Deux derniers textes méritent, à leur tour, d'être soulignés, sachant que leur point commun est de viser la capacité associative des mineurs. Le premier texte est la loi du 28 juillet 2011 (L. n° 2011-892 pour le développement de l'alternance et la sécurité des parcours professionnels, art. 45, *JO* 29 juill. 2011) qui, dans un nouvel article 2 bis de la loi du 1er juillet 1901 relative au contrat d'association, ouvre aux mineurs de 16 ans révolus la liberté de constituer une association et d'accomplir, sous réserve d'un accord écrit préalable de leur représentant légal, tous les actes utiles à son administration, à l'exception des actes de disposition[2]. Le second texte, de date récente, est la loi du 27 janvier 2017 (L. n° 2017-86 relative à l'égalité et la citoyenneté, art. 43, *JO* 28 janv. 2017). Ce texte, de portée plus large, modifie l'article 2 bis de la loi de 1901, en ne limitant plus la capacité associative aux seuls mineurs de 16 ans révolus, mais en l'ouvrant, sous certaines conditions, aux mineurs de moins de 16 ans[3].

b. Les droits propres de l'enfant en justice

429. ***Renforcement des droits.*** Assez peu nombreux sous l'empire du droit antérieur à la loi du 8 janvier 1993, ces droits ont été considérablement renforcés depuis l'entrée en vigueur de cette dernière loi.

- **Sous l'empire du droit antérieur à la loi de 1993**, l'enfant avait déjà le droit d'ester en justice, sans autorisation de ses parents, en cas d'action en recherche de paternité naturelle (C. civ., ancien art. 340-2) ou en désaveu de paternité; en cas également de nullité du mariage (C. civ., art. 180 et 182) ou de mainlevée d'une opposition à mariage (C. civ., art. 177); en cas enfin d'assistance éducative.

Son consentement était également nécessaire en cas d'adoption plénière ou d'adoption simple, dès lors qu'il avait atteint 13 ans dans le premier cas, 15 ans dans le second (âge aujourd'hui abaissé à 13 ans depuis la loi du 8 janvier 1993, C. civ., art. 360).

En matière d'autorité parentale, il avait le droit d'être entendu dans trois cas : celui du divorce (C. civ., ancien art. 290, dernier al.), celui de l'assistance éducative (C. pr. civ., ancien art. 1183 remplacé par C. pr. civ., art. 1182, issu du décret n° 2002-361 du 15 mars 2002, art. 4, modifié par décr. n° 2013-429, 24 mai 2013, art. 1er, 2°; C. pr. civ., art. 1189); celui de la délégation, déchéance et retrait partiel de l'autorité parentale (C. pr. civ., art. 1208, modifié par décr. n° 2002-1436, 3 déc. 2002, art. 21, et n° 2013-429, 24 mai 2013, art. 1er, 9°).

- **Sous l'empire de la loi du 8 janvier 1993**, est désormais consacré le droit de l'enfant à être entendu et à être défendu.

---

1. Sur ces dispositions, v. P. Julienne « Le mineur, acteur de la vie économique ? (À propos de la loi du 15 juin 2010) », *Dr. fam.* 2010. Étude 31. — Sur le droit actuel, v. M.-H. Monsèrié-Bon, « Le mineur, dirigeant d'entreprise : une fausse bonne idée... », *in* Mélanges J. Combret, Defrénois, 2017, p. 297.
2. Sur ces premières dispositions, v. X. Delpech, « Consécration du droit des mineurs de créer une association », *D.* 2011. 2111. — C. Rieubernet, « La nouvelle capacité associative des mineurs », *Dr. fam.* 2012. Étude 16.
3. Sur ces conditions, v. L. 1er juill. 1901, art. 2 bis, al. 2; Décr. n° 2017-1057, 9 mai 2017, *JO* 11 mai 2017. — Pour un commentaire des nouvelles dispositions, v. C. Rieubernet, « Protection des mineurs et capacité associative depuis la loi du 27 janv. 2017 relative à l'égalité et à la citoyenneté », *Dr. fam.* 2017, Étude 22.

Le droit de l'enfant à être entendu est en parfaite conformité non seulement avec l'article 12 de la Convention de New York proclamant le droit à l'expression de l'enfant, mais également avec l'article 3 de la Convention du Conseil de l'Europe du 19 avril 1996 sur l'exercice des droits des enfants, dont la France a autorisé l'approbation par la loi précitée du 1er août 2007. Le droit en cause est érigé en principe par l'article 388-1 du Code civil qu'est venue renforcer la loi également précitée du 5 mars 2007 réformant la protection de l'enfance (art. 9). Selon ce texte, le mineur capable de discernement peut être entendu par le juge ou, lorsque son intérêt le commande, par la personne désignée par le juge à cet effet, dans toute procédure le concernant. Les procédures en question sont essentiellement celles qui mettent directement en cause les intérêts de l'enfant, telles que divorce, émancipation (C. civ., ancien art. 477, al. 2, devenu art. 413-2, depuis sa dénumérotation par L. n° 2007-308, 5 mars 2007, art. 1), autorité parentale. L'audition peut être décidée par le juge, sans que cela soit pour lui une obligation, ou demandée par l'enfant, auquel cas elle est de droit. Le même texte ouvre aussi à l'enfant le droit de ne rien dire, laissant au juge le pouvoir d'apprécier le bien-fondé de son refus. Ce dernier doit, enfin, s'assurer que le mineur a bien été informé de son droit à être entendu et à être assisté par un avocat[1].

Le droit de l'enfant à demander à être entendu par le juge dans les conditions de l'article 388-1 du Code civil vient de trouver un nouveau champ d'application dans le cadre de la loi précitée (v. ss 411) du 18 novembre 2016 de modernisation de la justice du XXIe siècle, entrée en vigueur le 1er janvier 2017. Ce texte qui instaure le « divorce sans juge » ou, si l'on préfère le divorce par consentement mutuel, par acte sous signature privée, contresigné par avocats et enregistré par notaire (C. civ. art. 229-1 à 229-4; CPC, art. 1144 à 1148-2), est inapplicable dès lors que le mineur, informé par ses parents de son droit à être entendu dans les conditions prévues à l'article 388-1 demande son audition par le juge (C. civ., art. 229-2, 1°; CPC, art. 1144; A. 28 déc. 2016 fixant le modèle de l'information délivrée aux enfants mineurs capables de discernement : *JO* 29 déc. 2016; Circ. 26 janv. 2017, n° NOR : JUSC 1638274C, annexe I). Il faut aussi préciser que la convention sous signature privée doit expressément comporter, à peine de nullité, « la mention que le mineur a été informé par ses parents de son droit à être entendu par le juge dans les conditions prévues par l'article 388-1 et qu'il ne souhaite pas faire usage de cette faculté » (C. civ., art. 229-3, 6°). En résumé, la demande de l'enfant d'être entendu par le juge contraint les parents à abandonner le divorce « sans juge » pour en revenir à la procédure classique du divorce par consentement mutuel devant le juge aux affaires familiales[2].

1. Sur les précisions apportées à l'application de l'article 388-1 du Code civil, v. Décr. n° 2009-572 du 20 mai 2009 relatif à l'audition de l'enfant en justice, *JO* 24 mai 2009. À propos de ce texte qui modifie les articles. 338-1 à 338-12 du Code de procédure civile et qui apporte notamment des précisions utiles sur la personne chargée de recueillir la parole de l'enfant ou la manière dont cette parole est transcrite, v. L. Francoz-Terminal « Le nouveau régime de l'audition en justice de l'enfant concerné par une procédure judiciaire », *Dr. fam.* 2009. Étude 30. — E. Bazin, « Du nouveau en matière d'audition de l'enfant », *JCP* 2009, entretien, La Semaine du praticien, n° 184. — A. Gouttenoire et P. Bonfils, « Droits de l'enfant, juin 2008-mai 2009 », *D.* 2009. Pan. 1921. — Sur le décret et sa circulaire d'application, v. aussi J. Massip, « Quelques remarques à propos de l'audition de l'enfant en justice », *Dr. fam.* 2010. Étude 22. — Plus récemment, sur « La parole de l'enfant en justice », v. *Dr. fam.* mars 2016, dossiers 6, 7, 8, et 9.
2. Pour des commentaires de la nouvelle forme de divorce par consentement mutuel, v. H. Fulchiron, « L'enfant dans le divorce sans juge », *Dr. fam.* 2016, dossier 31; « Le divorce par acte sous signature privée contresigné par avocat et enregistré par notaire ». À propos de C. civ., art. 229-1 nouveau et s., *Defrénois* 2017. 613; « Le divorce sans juge, c'est maintenant. Et après ? », *Dr. fam.* 2017, dossier 4; J.-R. Binet, « Le divorce par consentement mutuel sans juge : propos ►

Le droit de l'enfant à être défendu résulte de l'article 388-2 du Code civil (modifié par ord. 15 oct. 2015, art. 5, 2°). Ce texte avait repris en les élargissant les dispositions de l'ancien article 389-3 permettant la désignation d'un administrateur *ad hoc* lorsque les intérêts de l'administrateur légal étaient en opposition avec ceux du mineur. La mesure ainsi adoptée qui était en parfaite conformité avec la Convention précitée du Conseil de l'Europe sur l'exercice des droits des enfants et plus particulièrement avec son article 4 a été reprise par l'ordonnance du 15 octobre 2015 dans le nouvel article 383 du Code civil.

Le droit ainsi ouvert à l'enfant par la loi du 8 janvier 1993 a connu, par la suite, un élargissement de son champ d'application dans le cadre de lois postérieures tendant à la protection de l'enfance. Tel est le cas de la loi n° 98-468 du 17 juin 1998 relative à la prévention et à la répression des infractions sexuelles ainsi qu'à la protection des mineurs (*JO* 18 juin 1998) ou encore de la loi n° 2002-305 du 4 mai 2002 relative à l'autorité parentale, déjà citée. Le premier texte pourrait être appelé à jouer dans le cadre d'une procédure pénale pour abus sexuel intrafamilial (art. 28); le second, en cas d'entrée en France d'un mineur placé en zone d'attente, en l'absence de son représentant légal (art. 17).

II. Droits fondamentaux à l'égard des frères et sœurs

430. ***Principe et limites.*** Ces droits fondamentaux reposent sur le principe d'égalité, mais si un tel principe est bien consacré par le droit (**A.**), il faut aussi souligner les limites qu'il comporte (**B.**).

A. Consécration du principe d'égalité

431. Le principe d'égalité entre tous les enfants est consacré aussi bien par le droit interne (*1.*) que par le droit international (*2.*).

1. Consécration par le droit interne

432. L'égalité de tous les enfants a été proclamée par la **loi du 3 janvier 1972** qui posa comme principe que l'enfant naturel a en général les mêmes droits que l'enfant légitime dans ses rapports avec ses père et mère (*a.*). Cette égalité entre les deux types d'enfants, qu'ignorait le droit antérieur, a une portée d'autant plus grande que son principe a été renforcé par les **lois des 8 janvier 1993 et 3 décembre 2001** (*b.*), avant d'être réaffirmé et généralisé par la loi du 4 mars 2002 relative à l'autorité parentale et par l'**ordonnance du 4 juillet 2005** portant réforme de la filiation (*c.*).

a. L'égalité proclamée par la loi de 1972

433. ***Conséquences du principe.*** Le principe d'égalité formulé par la loi de 1972 dans l'ancien article 334 (al. 1 et 2, abrogés par L. n° 2002-305, 4 mars 2002, art. 10-II) du Code civil a eu des conséquences au plan aussi bien extrapatrimonial que patrimonial.

► liminaires », *Dr. fam.* 2017, dossier 2; N. Fricero et F. Dymarski, « Le nouveau divorce extrajudiciaire par consentement mutuel », *Dr. fam.* 2017, dossier 3; S. Ferré-André, « Nouveau regard sur le divorce après la loi du 18 novembre 2016. Le divorce sans juge, entre évolution et régression », *Defrénois* 2017. 125; N. Couzigou-Suhas, « Réflexions pratiques sur le divorce sans juge. Les rôles complémentaires des avocats et du notaire », *Defrénois* 2017. 131; Ph Bonfils et A. Gouttenoire, *D.* 2017, Pan. 1729.

— **Au plan extrapatrimonial**, les conséquences du principe d'assimilation et plus spécialement de la règle selon laquelle l'enfant naturel entre dans la famille de son auteur ont été les suivantes :

- les grands-parents ont pu bénéficier du droit de visite;

- les prohibitions au mariage entre oncle et nièce, tante et neveu, s'appliquèrent désormais aux enfants naturels;

- les ascendants et collatéraux de l'enfant naturel ont pu faire opposition à son mariage.

— **Au plan patrimonial**, les conséquences des règles nouvelles furent triples :

- entre les grands-parents et les petits-enfants, anciennement dits naturels, existe une obligation alimentaire réciproque;

- existe aussi une égalité successorale de principe quant aux successions auxquelles les héritiers pourront être appelés et aussi quant aux quotas;

- existe enfin une égalité en matière de libéralités, qu'il s'agisse de la capacité de recevoir ou des quotas de réserve.

b. L'égalité renforcée par les lois de 1993 et 2001

434. ***La loi du 8 janvier 1993*** a renforcé l'égalité non seulement entre enfants naturels et enfants légitimes mais également entre enfants naturels eux-mêmes.

- **Entre enfants naturels et enfants légitimes**, l'égalité a d'abord été renforcée par les nouvelles règles tendant à élargir le domaine de l'exercice en commun de l'autorité parentale, dès lors que les parents de l'enfant naturel l'avaient tous deux reconnu avant qu'il ait atteint l'âge d'un an et qu'ils justifiaient d'une communauté de vie au moment de la reconnaissance concomitante ou de la seconde reconnaissance (C. civ., ancien art. 372, al. 2).

L'égalité a aussi été renforcée par l'extension aux enfants naturels de dispositions jusque-là édictées en faveur des enfants légitimes, qu'il s'agisse par exemple des désaccords entre les parents relativement à l'exercice de l'autorité parentale (C. civ., art. 372-1-1, avant son abrogation par L. 4 mars 2002, préc., art. 8-VI) ou encore des règles de dévolution de cette autorité en cas de décès d'un parent (C. civ., art. 373-3, al. 4, avant son abrogation par L. 4 mars 2002, préc., art. 8-II).

- **Entre enfants naturels eux-mêmes**, l'égalité a été renforcée en permettant à un plus grand nombre d'accéder à la légitimation. Tel était le cas des enfants naturels dont la filiation était établie par la possession d'état (C. civ., ancien art. 329). Tel était aussi celui des enfants naturels décédés sans postérité (C. civ., ancien art. 331).

La loi n° 2001-1135 du 3 décembre 2001 relative aux droits du conjoint survivant et des enfants adultérins et modernisant diverses dispositions du droit successoral (*JO* 4 déc. 2001) a renforcé, quant à elle, l'égalité entre toutes les catégories d'enfants en supprimant notamment les discriminations dont étaient frappés non seulement les enfants adultérins, mais également les enfants naturels simples.

- S'agissant des **enfants adultérins**, l'infériorité de leur statut par rapport à celui de l'enfant légitime ou de l'enfant naturel simple trouvait un domaine privilégié d'application en droit des successions et des libéralités.

Au regard du **droit des successions**, tel qu'il résultait de la loi du 3 janvier 1972, l'enfant adultérin connaissait des restrictions de droits lorsqu'il était en concours avec deux catégories d'héritiers : le conjoint survivant, victime de l'adultère (C. civ., ancien art. 759), les enfants légitimes issus du mariage au cours duquel l'adultère avait été commis (C. civ., ancien art. 760).

Au regard du **droit des libéralités**, il était frappé d'une incapacité partielle de recevoir (C. civ., ancien art. 908) et connaissait aussi une restriction de droits lorsque, héritier réservataire, il était en concours avec le conjoint (C. civ., ancien art. 1097) ou les enfants légitimes (C. civ., ancien art. 915), victimes de l'adultère.

De telles restrictions qualifiées par les juges français de non contraires aux articles 8 et 14 de la Convention EDH, au motif que la vocation successorale est étrangère au respect de la vie privée et familiale[1], avaient été condamnées par la Cour européenne, dans l'arrêt *Mazurek c/ France* du 1er février 2000[2], ouvrant ainsi la voie aux perspectives de réforme dont est issue la loi du 3 décembre 2001. D'application immédiate en ce qui concerne les dispositions en cause, conformément à l'article 25[3], la loi abroge purement et simplement l'ensemble des articles du Code civil à l'origine des discriminations frappant l'enfant adultérin.

– S'agissant des **enfants naturels simples**, étaient également source d'inégalité à leur encontre les anciennes dispositions de l'article 1527 du Code civil limitant l'action en retranchement aux enfants nés d'un précédent mariage. Une telle inégalité, qui frappait aussi les enfants adultérins, avait donné lieu à de sérieuses critiques de la part notamment des notaires, en raison du principe d'égalité des filiations. De ces critiques, la loi du 3 décembre 2001 a tenu compte en ouvrant désormais l'action à l'ensemble des « enfants qui ne seraient pas issus des deux époux » (art. 17, modifiant le second alinéa de l'article 1527). Va aussi dans le sens d'une répartition égalitaire entre les collatéraux privilégiés, la suppression par la loi de 2001 de la règle de la fente qui permettait jusque-là aux germains de prendre dans les deux lignes, alors que les consanguins et les utérins ne pouvaient recueillir des droits que dans la ligne à laquelle ils appartenaient (C. civ., art. 738; comp. ancien art. 752).

c. *L'égalité réaffirmée et généralisée par la loi de 2002 et l'ordonnance de 2005*

435. ***La loi du 4 mars 2002*** a réaffirmé le principe d'égalité dans l'ancien article 310-1 du Code civil, énonçant que « tous les enfants dont la filiation est légalement établie ont les mêmes droits et les mêmes devoirs dans leurs rapports avec leur père et mère » et entrent dans la famille de chacun d'eux.

L'ordonnance du 4 juillet 2005, tout en réaffirmant le principe d'égalité dans l'article 310, en tire surtout les conséquences en supprimant formellement toutes les références aux notions de filiations légitime et naturelle, autour desquelles était articulé le titre VII du livre Ier du Code civil. Il en résulte non seulement la suppression d'institutions, telles que la légitimation, mais également une restructuration complète du plan du titre VII, le chapitre Ier visant les dispositions

1. En ce sens, Civ. 1re, 25 juin 1996, *D.* 1998. 453, note Brunet; *D.* 1997. Somm. 275, obs. Dekeuwer-Défossez; *Dr. fam.* 1996, n° 26, note Beignier; *RTD civ.* 1996. 837, obs. Hauser; *Defrénois* 1997. 310, obs. Massip; *LPA* 29 janv. 1997, note Piquet-Cabrillac; *JCP* 1997. I. 3996, n° 1, obs. Rubellin-Devichi; *RTD civ.* 1997. 542, obs. Marguénaud. — V. égal. Reims 15 janv. 1998, *Dr. fam.* 1999, 2e arrêt, n° 17, note Beignier; *RTD civ.* 1999. 497, obs. Marguénaud.
2. Sur cet arrêt qui condamne la France pour violation de l'article 1 du Protocole n° 1 combiné avec l'article 14 de la Convention, sans que la Cour ait jugé nécessaire d'examiner le grief tiré des articles 8 et 14 combinés, v. aussi ss 437, note 4.
3. Sur le contentieux auquel vient de donner lieu l'article 25, II, 2° quant à la rétroactivité du principe de non-discrimination, dans une affaire où aucun partage n'avait eu lieu, la seule décision irrévocable, prononcée en 1993, portant sur une répartition inégalitaire des droits successoraux, que contestait une fille adultérine, v. Civ. 1re, 22 mars 2017, *Dr. fam.* 2017, n° 137, note Nicod; *JCP* 2017, doctr. 1141, n° 18, obs. Murat.

générales, le deuxième les dispositions relatives à l'établissement non contentieux de la filiation, le troisième le régime des actions judiciaires en matière de filiation.

2. Consécration par le droit international

436. L'égalité entre tous les enfants est un principe que consacre de façon générale, la Convention européenne des droits de l'homme et des libertés fondamentales (*a.*); de façon spéciale, la Convention de New York (*b.*).

a. La Convention européenne des droits de l'homme

437. ***Double consécration.*** Les textes, mais aussi la jurisprudence de la CEDH, contribuent au respect du principe d'égalité.

- **Les textes**, ce sont essentiellement les articles 8 et 14 de la Convention, le premier posant le principe que toute personne a droit au respect de sa vie privée et familiale, le second prohibant toute discrimination fondée notamment sur la naissance.

- **La jurisprudence**, ce sont principalement les arrêts de la CEDH, tels que l'arrêt *Marckx c/ Belgique* du 13 juin 1979[1]; l'arrêt *Inze c/ Autriche* du 8 octobre 1987[2]; l'arrêt *Vermeire c/ Belgique* du 29 novembre 1991[3]; l'arrêt *Mazurek c/ France* du 1er février 2000[4] et plus récemment, les arrêts *Pla et Puncernau c/ Andorre* du 13 juillet 2004 et *Merger et Cros c/ France* du 22 décembre 2004[5]. À ces arrêts, il convient d'ajouter celui qu'a rendu en Grande Chambre, le 7 février 2013, la CEDH dans l'affaire *Fabris c/ France*, où le requérant se plaignait de ne pas avoir bénéficié de la loi du 3 décembre 2001 accordant aux enfants « adultérins » des droits successoraux identiques à ceux des enfants légitimes. Dans cette affaire, la Cour jugea, à l'unanimité, qu'en refusant d'accorder au requérant les droits successoraux auxquels il pouvait prétendre en vertu d'une nouvelle loi, la France devait être condamnée pour violation de l'article 14 combiné avec l'article 1er du Protocole n° 1[6].

b. La Convention de New York

438. ***Deux articles*** de la Convention des droits de l'enfant fondent le principe d'égalité des filiations; il s'agit des articles 2 et 16.

---

1. *JDI* 1982. 183, note Rolland; *GACEDH*, n° 51. — À propos de cet arrêt, v. égal. M. Maymon-Goutaloy, « De la conformité du droit français des personnes et de la famille aux instruments internationaux protecteurs des droits de l'homme », *D.* 1985. Chron. 211. — J.-B. d'Onorio, « La protection constitutionnelle du mariage et de la famille en Europe », *RTD civ.* 1988. 1.
2. *JDI* 1988. 882, obs. Tavernier.
3. *JDI* 1992. 799, obs. Tavernier; *RTDH* 1992. 211, obs. Rigaux.
4. À propos de cet arrêt, v. aussi ss 434, note 2; v. égal. *D.* 2000. 332, note Thierry; *JCP* 2000. II. 10286, note Gouttenoire-Cornut et Sudre; *Dr. fam.* 2000, n° 33, note de Lamy; *Defrénois* 2000. 654, obs. Massip; *RTD civ.* 2000. 311, obs. Hauser; *ibid.* 429, obs. Marguénaud; *LPA* 10 mai 2000, p. 11, note Hocquet-Berg; *JCP* 2000. I. 278, n° 1, obs. Le Guidec; *ibid.* 2001. I. 293, n° 1, obs. Rubellin-Devichi. — V. égal. B. Vareille, « L'enfant de l'adultère et le juge des droits de l'homme », *D.* 2000. Chron. 626. — P. Stoffel-Munck, « L'enfant qui sort de l'ombre », *Dr et patr.* 2000, n° 82, p. 56.
5. *JCP* 2005. I. 103, nos 15 et 16, obs. Sudre. — À propos du 1er arrêt, v. égal., J.-P. Marguénaud, obs. *RTD civ.* 2004. 804; *ibid.* 2005. 335; J.-F. Flauss, obs. *AJDA* 2004. 1812; F. Boulanger, note au *JCP* 2005. II. 10052. — À propos du 2e arrêt, S. Le Chuiton, « Les droits successoraux des enfants adultérins : la France à nouveau condamnée », *Dr. fam.* 2005. Étude 17.
6. Sur cet arrêt, v. I. Gallmeister, obs. *D.* 2013. 434; N. Levillain, obs. *AJ fam.* 2013. 189; M. Lamarche, obs. *Dr. fam.* 2013. Focus 11; M. Doucet, obs. *RJPF* 2013-3/38; F. Granet-Lambrechts, obs. *D.* 2013. Pan. 1436; A. Gouttenoire, « La famille dans la jurisprudence de la Cour européenne des droits de l'homme », *Dr. fam.* 2014. Étude 12, spéc. n° 5.

Le premier interdit toute discrimination fondée notamment sur la naissance. Le second protège l'enfant contre toute atteinte à sa vie privée et familiale.

B. Limites au principe d'égalité

439. Entre enfants anciennement dits légitimes et naturels, des différences existent encore, qu'il s'agisse de la détermination de leur statut (*1.*) ou des droits dont ils peuvent se prévaloir (*2.*).

1. Différences quant à la détermination du statut

440. ***Au regard du droit antérieur au 1er juillet 2006***, ces différences existaient, que l'on envisage l'établissement de la filiation ou sa contestation.

- **Quant à l'établissement de la filiation**, il convient de rappeler qu'avant l'entrée en vigueur de l'ordonnance de 2005, l'enfant légitime était le seul à pouvoir bénéficier d'une filiation de plein droit. Celle de l'enfant naturel supposait, en effet, quelles que soient les circonstances, une démarche volontaire ou judiciaire, par le jeu respectif, soit d'une reconnaissance ou de la possession d'état, soit d'une action en recherche de paternité ou de maternité.

- **Quant à la contestation de la filiation**, il convient aussi de relever la fragilité beaucoup plus grande que présentait le statut de l'enfant naturel par rapport à celui de l'enfant légitime, les actions susceptibles de modifier son état étant soumises à des conditions moins strictes que celles tendant à remettre en cause la paternité ou la maternité légitime (comp. anciens art. 316 et 318 du Code civil avec l'ancien art. 339).

441. ***Au regard du droit actuel***, l'unification, déjà évoquée (v. ss 435), d'un certain nombre de règles visant notamment le régime procédural des actions judiciaires en établissement ou en contestation de la filiation va, certes, réduire les différences existant auparavant, mais le maintien d'autres dispositions ne va pas permettre de les supprimer toutes. Le meilleur exemple que l'on puisse donner en la matière est celui de la présomption de paternité du mari que le droit nouveau a tenu à conserver dans l'article 312 du Code civil.

2. Différences quant aux droits

442. ***Dans le droit antérieur au 1er juillet 2006, les différences de droits, selon que l'on était enfant légitime ou enfant naturel***, existaient au plan aussi bien extrapatrimonial que patrimonial.

- **Au plan extrapatrimonial**, l'égalité entre les deux catégories d'enfants n'était pas encore la règle dans deux domaines : celui de l'attribution du nom[1]; celui de l'autorité parentale[2].

---

1. Sur les différences que maintenait le législateur quant à l'attribution du nom de l'enfant naturel dans l'ancien article 334-1 du Code civil, v. B. Teyssier, Chron. « Droit des personnes », *JCP* 2002. I. 138, n° 1. — C. Bernard, « Le nom de l'enfant né après l'entrée en vigueur de la loi n° 2002-304 du 4 mars 2002 relative au nom de famille », *Dr. fam.* 2002. Chron. 16. — I. Corpart, « La vision égalitaire de la dévolution du nom de famille », *D.* 2003. Chron. 2845. — J. Massip, « Le nom de famille : commentaire des lois des 4 mars 2002, 18 juin 2003 et de leurs textes d'application », *Defrénois* 2005. 272, spéc. nos 16 et 19.
2. Sur le maintien de l'exercice unilatéral de l'autorité parentale lorsque l'enfant naturel a été reconnu plus d'un an après sa naissance ou lorsque sa filiation a été judiciairement déclarée, v. L. 4 mars 2002 relative à l'autorité parentale, préc., art. 5, instaurant une nouvelle rédaction de l'art. 372 du C. civ.

- **Au plan patrimonial**, l'égalité n'était pas non plus la règle en matière d'administration légale des biens de l'enfant. Elle ne l'était pas dans la mesure où autorité parentale et administration légale étaient et restent deux notions étroitement liées (v. ss 426).

443. ***Dans le droit nouveau issu de l'ordonnance de 2005***, les différences que laissait subsister le droit antérieur sont appelées à demeurer chaque fois que la filiation n'est établie qu'à l'égard d'un seul parent. Tel est notamment le cas en matière d'attribution du nom (C. civ., art. 311-23, modifié par L. n° 2009-61, 16 janv. 2009, art. 1er. Comp. lorsque la filiation est établie à l'égard des deux parents, C. civ., art. 311-21, réd. L. n° 2013-404, 17 mars 2013, art. 11-I). Ce ne l'est plus, en revanche, en matière patrimoniale, depuis que l'ordonnance précitée du 15 octobre 2015 portant simplification et modernisation du droit de la famille a supprimé la distinction opérée, jusque-là, entre l'administration légale pure et simple exercée par les deux parents et l'administration sous contrôle judiciaire exercée par un seul (sur le régime unique de la nouvelle administration légale, v. ss 426 *in fine*).

Conclusion

444. Au terme de la présente étude, qu'il nous soit permis, à titre de conclusion, de souligner une nouvelle fois les multiples initiatives que n'ont cessé de prendre, au cours de ces dernières décennies et aujourd'hui encore, les pouvoirs publics en vue de promouvoir le respect des droits de l'enfant, tels qu'ils ont été définis par la Convention de New York de 1990.

Témoignent en particulier de ce souci les diverses lois précitées qui, au fil des années, se sont succédé et ont permis à l'enfant d'émerger sur la scène juridique, aux côtés de ses père et mère et à égalité avec ses frères et sœurs.

Témoigne aussi de ce même souci l'institution par la loi n° 2000-196 du 6 mars 2000 (*JO* 7 mars 2000) d'une autorité administrative indépendante, dénommée « Défenseur des enfants » et dont l'une des missions essentielles était précisément de « défendre et de promouvoir les droits de l'enfant consacrés par la loi ou un engagement international régulièrement ratifié ou approuvé » (art. 1er, al. 2, L.). Une telle institution, dont chacun s'accordait à reconnaître l'utilité, a perdu son indépendance à compter du 1er mai 2011, date d'entrée en fonction du Défenseur des droits créé par la loi constitutionnelle n° 2008-724 du 23 juillet 2008 de modernisation des institutions de la Ve République (*JO* 24 juill. 2008; Const., art. 71-1) et objet des lois nos 2011-333 et 334 du 29 mars 2011 (*JO* 30 mars 2011). Depuis le 27 septembre 2014, Mme Geneviève Avenard a été nommée Défenseur des enfants, en tant qu'adjointe du nouveau Défenseur des droits, M. Jacques Toubon et, depuis le 21 septembre 2017, elle assure la présidence du réseau européen des Défenseurs des enfants (ENOC). Leur premier rapport annuel, rendu public le 20 novembre 2015, a été consacré aux droits de l'enfant et s'intitule « Handicap et protection de l'enfance : des droits pour des enfants invisibles ». Celui pour 2016 était intitulé « Droit fondamental à l'éducation : une école pour tous, un droit pour chacun ». Le dernier rapport, rendu public le 20 novembre 2017, a pour titre « Au miroir de la Convention internationale des droits de l'enfant ». Dans ce rapport, le Défenseur des droits est notamment assez critique quant au droit des enfants à être entendus dans les procédures de divorce « sans juge » (v. ss 429). Il se félicite, en revanche, de l'évolution de la jurisprudence reconnaissant un statut aux enfants nés d'une gestation pour autrui à l'étranger (v. ss 416) et du renforcement de la liberté d'association des enfants par la loi précitée (v. ss 428) du 27 janvier 2017[1].

Est encore à rappeler le spectaculaire revirement de la Cour de cassation, lorsqu'en 2005, elle mit un terme à son refus d'applicabilité directe en France de la Convention sur les droits de l'enfant (v. ss 411).

Il convient enfin de relever la loi n° 2015-1463 du 12 novembre 2015 autorisant la ratification du protocole facultatif à la Convention relative aux droits de l'enfant établissant une procédure de présentation de communications (*JO* 13 nov. 2015). Signé par la France à New York, le 20 novembre 2014, et ratifié par la présente loi, le protocole en question a pour objet d'ouvrir un droit de communication au Comité des droits des enfants pour les particuliers, seuls, en groupe ou représentés, qui affirment être victimes de la violation par la France de droits énoncés, entre autres, dans la Convention relative aux droits de l'enfant (en ce sens, Rapport AN, n° 3105, 7 oct. 2015, p. 3, présenté par M. Serge Janquin, député).

À cette liste d'initiatives diverses, il ne saurait être question d'omettre la création par la loi n° 2016-297 du 14 mars 2016, déjà citée (v. ss 411), du Conseil national de la protection de l'enfance, placé auprès du Premier ministre et dont la mission essentielle est de guider le Gouvernement dans les orientations de la protection de l'enfance, à l'occasion notamment de projets de textes législatifs ou réglementaires (sur ses autres missions, sa composition et ses modalités de fonctionnement, v. Decr. n° 2016-1284, 29 sept. 2016, *JO* 30 sept. 2016).

Comment ne pas se réjouir de toutes ces avancées à une époque où, comme le formulait déjà, en 2006, le sénateur, Jean-Jacques Hyest, à l'occasion du rapport d'information sur « Les nouvelles formes de parentalité et le droit » (Sénat, n° 392, annexé au procès-verbal de la séance du 14 juin 2006, avant-propos, p. 1), il écrivait que « la famille se centre de plus en plus sur l'enfant », face à la fragilisation des couples, ou « crée même la famille » dans les couples non mariés ou lorsque la mère est seule ? La réflexion déjà menée est pourtant loin d'être achevée en raison des incertitudes qui demeurent aussi bien dans le domaine du droit de la famille que dans celui du droit de la bioéthique.

En droit de la famille, la question, encore mal réglée, porte sur les conséquences des séparations parentales sur les enfants. Vu son importance au regard des droits de l'enfant, cette question vient de donner lieu, le 24 octobre 2017, à un long avis du Conseil économique, social et environnemental (CESE, avis 2017-20, rapp. P. Coton et G. Roy). Partant du constat qu'un couple sur trois se sépare avec, dans la moitié des cas, un enfant à charge, l'avis présenté au nom de la section des affaires sociales et de la santé a pour objectif non seulement de mieux connaître les conséquences négatives des ruptures parentales afin de les prévenir, mais également de veiller plus efficacement au respect des besoins fondamentaux des enfants, quel que soit le statut de l'union des parents.

En droit de la bioéthique, les incertitudes restent encore nombreuses, au moment même où, depuis le 18 janvier 2018 et jusqu'au 7 juillet, se tiennent les États Généraux de la Bioéthique[2], réunis à l'initiative du Comité Consultatif

1. Pour un commentaire plus complet du rapport de 2017, v. A. Gouttenoire, « Au miroir de la Convention international des droits de l'enfant... », *JCP* 2017, La semaine du droit, L'aperçu rapide, 1332. V. égal., J. Couard, « Publication du rapport annuel sur les droits de l'enfant », *Dr. fam.* Janv. 2018, veille 6, p. 5.
2. Sur ce mode d'institutionnalisation de l'opinion publique, v. J.-R. Binet, Droit de la bioéthique, *op. cit*, n° 97 à 105.

National d'Éthique, avant le dépôt de tout projet de loi en vue d'une révision de la loi de bioéthique de 2011. La question essentielle qui se pose est de savoir si le droit de demain va ou non répondre aux revendications de ceux ou celles qui cherchent à se prévaloir d'un droit à l'enfant, sans se préoccuper vraiment des droits de l'enfant. Avec le dernier avis du Comité Consultatif National d'Éthique du 27 juin 2017, déjà cité (v. ss 416), le débat est déjà très largement ouvert en ce qui concerne l'accès à l'AMP en faveur des femmes seules ou vivant une relation homosexuelle. Il l'est également en ce qui concerne la GPA dont, pour l'heure, l'interdiction n'a pas été remise en cause, mais qui subit, comme cela a déjà été souligné (*supra, ibid.*), les assauts de la jurisprudence de la Cour européenne des droits de l'homme, obligeant la France à reconnaître certains effets à cette pratique pourtant prohibée. Selon les propos d'un éminent spécialiste de la bioéthique, dans une étude récente de septembre 2017[1], « désormais, c'est donc au législateur qu'il revient de tirer toutes les conséquences d'une évolution jurisprudentielle préoccupante ». S'en saisira-t-il ? Dans l'immédiat, il est encore trop tôt pour répondre à cette question. D'où la nécessité de maintenir une grande vigilance si l'on veut éviter des dérives préjudiciables aux droits de l'enfant.

Bibliographie indicative

- B. BEIGNIER, « Note sur l'homoparentalité », *in Mélanges en l'honneur du Professeur Claire Neirinck*, LexisNexis, 2015, p. 651; *Dr. fam.* 2015. Étude 17.

S. BEN HADJ YAHIA, « La résidence de l'enfant », *in Mélanges en l'honneur du Professeur Raymond Le Guidec,* LexisNexis, 2014, p. 547.

- J.-R. BINET, « La loi du 7 juillet 2011 : une révision mesurée du droit de la bioéthique », *Dr. fam.* 2011. Étude 21; « La bioéthique à l'épreuve du temps », *JCP* 2011, n° 846.

- P. BLOCHE et V. PÉCRESSE, Rapport, *L'enfant d'abord. 100 propositions pour placer l'intérêt de l'enfant au centre du droit de la famille*, Doc. fr., coll. « Rapports officiels », 2006.

- V. BONNET, « Réflexions sur la présomption de paternité au XXIe siècle dans ses rapports avec le mariage », *D.* 2013. 107.

- R. BRUGGEMAN, C. NEIRINCK, *La Convention internationale des droits de l'enfant, une convention particulière*, Dalloz, coll. « Thèmes & Commentaires », 2014.

- C. BYK, « Le monde du droit face aux sciences de la vie. Société du risque, droit et démocratie », *JCP* 2002. I. 164; « Bioéthique, universalisme et mondialisation », *JCP* 2005. I. 113; « Chronique de bioéthique », *JCP* 2007. I. 137; 2008. I. 129; 2009. I. 117; 2010, n° 302; 2011, n° 878; 2012, n° 751; 2013, n° 950; 2014, n° 1061; 2015, n° 1113; 2016, n° 1155, 2017, n° 945.

- M.-L. CICILE-DELFOSSE, « Le beau-parent, serpent de mer du droit civil de la famille », *in Mélanges en l'honneur du Professeur Gérard Champenois*, *Defrénois-Lextenso*, 2012, p. 189.

- COMITÉ CONSULTATIF NATIONAL D'ÉTHIQUE POUR LES SCIENCES DE LA VIE ET DE LA SANTÉ, « Questionnement pour les États généraux de la bioéthique », avis n° 105, 9 octobre 2008; « Problèmes éthiques soulevés par la Gestation Pour Autrui », avis n° 110, 1er avr. 2010; « Une réflexion éthique sur la recherche sur les cellules-

1. J.-R. Binet, « Gestation pour autrui : le droit français à la croisée des chemins », *Dr. fam.* 2017, Étude n° 13.

souches d'origine embryonnaire humaine, et la recherche sur l'embryon humain *in vitro* », avis n° 112, 21 oct. 2010; « La demande d'assistance médicale à la procréation après le décès de l'homme faisant partie du couple », avis n° 113, 10 févr. 2011. Avis à consulter sur le site : www.CCNE-ethique.fr.

- I. Corpart, « Les revendications parentales des couples homosexuels : de l'homoparentalité à l'homoparenté », *RJPF* 2012-4/7; « Le Mariage pour tous et ses incidences sur le sort des enfants », *AJ fam.* 2013. 340; « La gestation pour autrui de l'ombre à la lumière. Entre droit français et réalités étrangères », *Dr. fam.* 2015. Étude 14.

- F. Dekeuwer-Défossez, *Les droits de l'enfant*, 7e éd., PUF, coll. « Que sais-je », 2006; « Réflexions critiques d'une juriste sur la "parentalité" », *in Mélanges en l'honneur du Professeur Jean Hauser*, LexisNexis-Dalloz, 2012, p. 43.

- *Dictionnaire permanent Bioéthique et biotechnologies*, Éditions législatives, v. spécialement les rubriques : Assistance médicale à la procréation; Diagnostic prénatal; Droits fondamentaux; Embryon humain *in vitro;* Empreintes génétiques; Filiation et procréation médicalement assistée; Interruption de grossesse; Maternité de substitution; Organes humains; Recherches biomédicales sur l'homme.

- V. Edel, « L'intérêt supérieur de l'enfant : une nouvelle maxime d'interprétation des droits de l'enfant », *RRJ* 2009/2, p. 579.

- D. Fasquelle et C. Brunetti-Pons, « Pour la protection des personnes dans l'âge fragile et vulnérable de l'enfance et de l'adolescence », *Dr. fam.* 2014. Étude 5.

- H. Fulchiron, « Le mariage pour tous. Un enfant pour qui ? Loi n° 2013-404 du 17 mai 2013 », *JCP* 2013, n° 658; « Le "lien familial" », *Dr. fam.* 2016, dossier 50.

- I. Gallmeister, « L'ouverture de l'assistance médicale à la procréation aux couples de femmes : quelles conséquences sur le droit de la filiation ? », *D.* 2015. 1777.

- A. Gouëzel, « Les actions en contestation de filiation, nouveau champ d'intervention pour l'intérêt supérieur de l'enfant ? », *Dr. fam.* 2014. Étude 6.

- A. Gouttenoire, « La convention internationale des droits de l'enfant dans la jurisprudence de la Cour européenne des droits de l'homme » *in Le Monde du droit. Écrits rédigés en l'honneur de Jacques Foyer*, Economica 2008, p. 495; « La capacité usuelle du mineur », *Mélanges en l'honneur du Professeur Jean Hauser*, préc., p. 163.

- A. Gouttenoire, P. Murat et *al.*, « La convention internationale des droits de l'enfant vingt ans après. Commentaire article par article », *Dr. fam.* 2009. Étude 13.

- M.-C. Guérin, « L'interdiction de la gestation pour autrui : quelles qualifications pénales, quelles victimes ? », *Dr. fam.* 2016. Étude 18.

- C. de la Hougue, « La qualification juridique de la gestation pour le compte d'autrui au regard du droit international et de droit pénal français », *Dr. fam.* 2015. Étude 15.

- L. Lambert-Garrel, « Révision des lois de bioéthique entre adaptation et innovation », *Rev. Droit et Santé*, janv. 2011, p. 7 et mai 2011, p. 301.

- F. Millet, « La voie d'une homoparentalité bien ordonnée : retour aux fondamentaux de la filiation », *D.* 2012. Chron. 1975.

- A. Mirkovic, « Assistance médicale à la procréation pour les femmes célibataires et les personnes de même sexe : l'implosion de la parenté et la filiation »,

Dr. fam. 2010. Étude 21; « Statut de l'embryon, la question interdite ! », *JCP* 2010, n° 99; « La situation juridique des enfants élevés par des personnes de même sexe », *Dr. fam.* 2013, Dossier « Le mariage pour tous », comm. n° 6; « Le don de gamètes, entre espoirs et impasses », *Dr. fam.* 2013. Étude 2.

- P. Mistretta, « Actes médicaux et droits de l'enfant : réflexions sur l'autonomie du mineur », *in Mélanges C. Neirinck*, LexisNexis, 2015, p. 105.
- S. Moracchini-Zeidenberg, « L'autorité parentale et les tiers », *Dr. fam.* 2010. Étude 7.
- J. Mouly, « La délocalisation procréative : fraude à la loi ou habileté permise ? », *D.* 2014. 2419.
- C. Neirinck, « L'embryon humain : une catégorie juridique à dimension variable », *D.* 2003. 841; *Un enfant à tout prix ? Questions d'éthique et de droit*, Doc. fr., Problèmes politiques et sociaux, dossier n° 961, juin 2009; « Accorder le mariage aux personnes de même sexe, oui. Reconnaître un droit à l'enfant, non. Pourquoi ? », *Dr. fam.* 2013, Dossier « Le mariage pour tous », n° 2; « Réforme de la PMA : la création de la famille par convenance personnelle », *Dr. fam.* 2013. Repère 2; « Filiation par convenance personnelle et droits de l'enfant », *Dr. fam.* 2013. Repère 4.
- S. Paricard, « Quelle autonomie pour l'enfant au sein d'un couple parental », *in Mélanges C. Neirinck*, préc., p. 755.
- J. Roque, « La prémajorité », *Dr. fam.* 2009. Étude 20.
- I. Théry, « Mariage de même sexe et filiation : rupture anthropologique ou réforme de civilisation ? », *Dr. fam.* 2013, Dossier « Du mariage pour tous à la famille homosexuelle », n° 17.
- F. Sudre, « Les incertitudes du juge européen face au droit à la vie », *in Mélanges Christian Mouly*, t. 1, Litec, 1998, p. 375 s.

Pistes de réflexion

Se dirige-t-on vers un égalitarisme en matière de PMA ?
Que faut-il penser de la garde alternée au regard des droits de l'enfant ?

Chapitre 3

Le citoyen

Section 1.
LE DROIT À UNE NATIONALITÉ
(Paul Lagarde)

Section 2.
LIBERTÉ POLITIQUE ET DROIT DE VOTE
(Dominique Rousseau)

Section 3.
LA LIBERTÉ D'ALLER ET DE VENIR
(Xavier Philippe)

Section 4.
LE DROIT À LA SÛRETÉ
(Didier Thomas)

Section 5.
LA LIBERTÉ DE RELIGION, DE PENSÉE ET DE CROYANCE
(Jacques Robert)

Section 6.
LA LIBERTÉ D'EXPRESSION
(Patrick Wachsmann)

Section 7.
LA LIBERTÉ D'ASSOCIATION
(Élie Alfandari)

Section 8.
LA LIBERTÉ DE CRÉER
(Dany Cohen)

Section 1.
LE DROIT À UNE NATIONALITÉ

PAUL LAGARDE
Professeur émérite de l'Université Panthéon-Sorbonne (Paris 1)

Sans nationalité, une personne physique est presque un paria. Elle ne jouit d'aucun droit politique, elle n'a de droit au séjour garanti dans aucun État, elle ne bénéficie pas de la protection diplomatique, de nombreuses professions lui sont partout fermées, etc. Aussi certains textes internationaux en viennent-ils à considérer comme un droit de l'homme le droit d'être pourvu d'une nationalité, de n'en être pas privé arbitrairement et même de pouvoir en changer. La positivité de ces textes est toutefois freinée par le principe général qu'il appartient à chaque État de déterminer qui sont ses nationaux. Dans quelle mesure le droit français de la nationalité respecte-t-il ce droit à une nationalité ?

445. ***Une exigence de la conscience universelle.*** La nationalité, appartenance juridique à la population constitutive d'un État, conditionne, pour chaque individu, l'étendue des droits dont il a la jouissance. Même si ce critère de rattachement des droits de l'individu n'est plus aujourd'hui aussi exclusif que par le passé[1], il reste que la nationalité demeure le support naturel de la citoyenneté (y compris européenne)[2] et que le national d'un État déterminé est le plus souvent le seul à jouir, sur le territoire de cet État, de la plénitude des droits civils et politiques, au premier rang desquels le droit au séjour et au travail. Si une personne se rend à l'étranger ou si elle y vit, elle demeure sous la protection de son État national et peut se prévaloir des droits garantis par les traités conclus entre son État d'origine et l'État de séjour. À l'inverse l'individu sans nationalité, sans patrie (*heimatlos*, disait-on jadis), est par définition un étranger en tout pays, et un étranger de la pire condition, puisqu'il ne bénéficie de la protection d'aucun État et ne peut se prévaloir d'aucun traité diplomatique conclu par son État d'origine. Aussi le droit à une nationalité surgit-il comme une exigence de la conscience universelle.

Le corollaire d'un tel droit est assurément celui de n'être pas privé de sa nationalité quand on a la chance d'en posséder une. Mais faut-il aller plus loin ? Le droit d'avoir une nationalité implique-t-il celui d'avoir la nationalité de son choix ? Dans une conception élective extrême de la nationalité, selon laquelle la Nation n'existerait que par le consentement de ceux qui la composent et serait ouverte à tous ceux qui manifesteraient la volonté d'y entrer, une réponse affirmative serait concevable. Mais un tel libéralisme méconnaîtrait le fait que la nationalité repose, comme l'a affirmé la Cour internationale de justice dans le célèbre arrêt *Nottebohm* du 6 avril 1955, sur un fait social de rattachement. Aussi le droit dont il est ici question devrait-il se limiter au droit de changer de nationalité lorsque le fait social de rattachement a évolué au cours de la vie de l'individu et le rattache désormais à un État autre que son État d'origine.

446. ***Les textes internationaux et européens.*** Les considérations qui précèdent ont trouvé leur expression au lendemain de la Seconde Guerre mondiale dans l'article 15 de la Déclaration universelle des droits de l'homme, aux termes duquel :

« 1. Tout individu a droit à une nationalité.

2. Nul ne peut être arbitrairement privé de sa nationalité, ni du droit de changer de nationalité. »

Dans le même esprit, le Pacte des Nations unies relatif aux droits civils et politiques du 19 décembre 1966 (art. 24, § 3) et la convention de New York du 20 novembre 1989 relative aux droits de l'enfant (art. 7) disposent que l'enfant a dès sa naissance le droit d'acquérir une nationalité[3]. Ces mêmes textes, ainsi que d'autres, et notamment la Convention des Nations unies du 7 mars 1966 sur l'élimination de toutes les formes de discrimination raciale, interdisent toute discrimination dans l'attribution du droit à une nationalité (art. 5, d, iii). Les mêmes principes sont affirmés par la Convention européenne du 6 novembre 1997[4] sur la

1. V. E. Pataut, *La nationalité en déclin*, Paris, Odile Jacob, 2014.
2. V. les diverses études réunies *in* M.-P. Lanfranchi, O. Lecucq et D. Nazet-Allouche (dir.), *Nationalité et citoyenneté*, Bruylant, 2012. Sur la distinction des deux notions, v. aussi F. Jault-Seseke, S. Corneloup et S. Barbou des Places, *Droit de la nationalité et des étrangers*, PUF, 2015, n°s 34 s.
3. Disposition répétée dans la convention de New York du 30 mars 2007 relative aux droits des personnes handicapées (Décr. n° 2010-356, 1er avr. 2010), art. 18-2.
4. Cette Convention du Conseil de l'Europe est entrée en vigueur le 1er mars 2000 et lie au 17 mars 2018 vingt et un États, dont treize de l'Union européenne. Elle a été signée, mais non ratifiée, par la France.

nationalité, mais celle-ci ne semble pas devoir être ratifiée par la France dans un avenir prévisible.

Les droits proclamés par ces textes internationaux se heurtent encore aujourd'hui, dans leur réalisation, à la fois à la faible autorité que le droit français reconnaît à certains d'entre eux[1] et aux restrictions dont ils sont assortis en matière de nationalité[2].

Le principe demeure donc de la souveraineté quasi absolue des États dans la détermination de leur nationalité[3] et, comme on a pu l'écrire, les sources internationales demeurent « dans un rapport de subsidiarité au regard des sources internes »[4]. Le principe de la compétence étatique, énoncé par l'article 1er de la convention de La Haye du 12 avril 1930[5], est repris par l'article 3 de la Convention européenne sur la nationalité du 6 novembre 1997, dans les termes suivants :

« 1. Il appartient à chaque État de déterminer par sa législation quels sont ses ressortissants.

2. Cette législation doit être admise par les autres États, pourvu qu'elle soit en accord avec les conventions internationales applicables, le droit international coutumier et les principes de droit généralement reconnus en matière de nationalité. »

Les restrictions effectives à ce principe pourraient venir du droit européen, tant celui de l'Union européenne que celui du Conseil de l'Europe.

Côté Union européenne, si la Cour de justice ne manque pas une occasion de rappeler que la définition des cas d'acquisition et de perte de la nationalité relève de la compétence de chaque État membre[6], elle ajoute que cette compétence doit s'exercer dans le respect du droit de l'Union et notamment des droits attachés à la qualité de

---

1. Le Conseil d'État refuse de considérer la Déclaration universelle comme un traité international bénéficiant de l'autorité conférée par l'art. 55 de la Constitution (jurisprudence constante depuis CE 11 mai 1960, *JDI* 1961. 404, note Pinto; v. encore CE 11 mars et 23 sept. 2013, req. nos 332886 et 360070; comp. CE 7 avr. 2011, req. no 343387, moins net). Quant à la Convention relative aux droits de l'enfant, il a fallu attendre 2005 pour que la Cour de cassation, revenant sur une position de refus très controversée (Civ. 1re, 10 mars 1993, *Le Jeune*, *Rev. crit. DIP* 1993. 449, note Lagarde; *D.* 1993. 361, note Massip), accepte finalement l'application directe de certains articles de la Convention, notamment de l'art. 3-1 sur la prise en considération de l'intérêt supérieur de l'enfant (Civ. 1re, 18 mai et 14 juin 2005, *Rev. crit. DIP* 2005. 679, note D. Bureau; *JDI* 2005. 1131, note C. Chalas; 8 et 22 nov. 2005, *D.* 2006. 554, note F. Boulanger; 13 mars 2007, *Rev. crit. DIP* 2007. 603, note E. Gallant). L'application directe du Pacte du 19 déc. 1966 sur les droits civils et politiques est admise par la Cour de cassation (v. précisément en matière de nationalité, Civ. 1re, 22 févr. 2000, *Rev. crit. DIP* 2000. 681, note Fulchiron).
2. V. l'art. 1er, § 3 de la Convention du 7 mars 1966 : « Aucune disposition de la présente Convention ne peut être interprétée comme affectant de quelque manière que ce soit les dispositions législatives des États parties à la Convention concernant la nationalité, la citoyenneté ou la naturalisation, à condition que ces dispositions ne soient pas discriminatoires à l'égard d'une nationalité particulière. »
3. V. P. Lagarde, « Les compétences de l'État en matière d'octroi et de déchéance de la nationalité » *in* SFDI, *Droit international et nationalité*, Pedone, 2012. 81.
4. F. Marchadier, « L'articulation des sources du droit de la nationalité », *in* SFDI, *Droit international et nationalité*, Pedone, 2012. 59.
5. *Rev. crit. DIP* 1930. 337.
6. CJCE 7 juill. 1992, *Micheletti*, aff. C-360/90, *Rec. CJCE* I-4239; CJCE 20 févr. 2001, *Margit Kaur*, aff. C-192/99, *Rec. CJCE* I-1237. Sur l'ensemble, v. E. Pataut, « Citoyenneté de l'Union européenne et nationalité étatique », *RTD eur.* 2010. 617; S. Corneloup, « Réflexions sur l'émergence d'un droit de l'Union européenne en matière de nationalité », *JDI* 2011. 491.

citoyen européen[1]. Elle en a déjà tiré quelques conséquences concernant les conflits de nationalités[2] et le retrait de naturalisation[3].

Côté Conseil de l'Europe, bien que la nationalité ne figure pas parmi les droits protégés par la Convention de sauvegarde des droits de l'homme et des libertés fondamentales, la Cour européenne des droits de l'homme a néanmoins jugé à plusieurs reprises que le refus arbitraire d'accorder une nationalité (ou le droit au séjour y afférent) pourrait soulever des difficultés au regard des articles 8 (droit au respect de la vie familiale) et 14 (interdiction de discrimination) de la Convention, compte tenu des répercussions qu'un tel refus pourrait avoir sur la vie privée[4]. La Cour a réitéré la même affirmation à propos du retrait d'une nationalité acquise par fraude, mais a jugé que dans l'espèce ce retrait n'était pas arbitraire et avait été prononcé à l'issue de procédures respectant les exigences de l'équité procédurale[5].

Interprétant ces mêmes textes, la Cour de cassation a jugé que « la détermination par un État de ses nationaux par application de la loi sur la nationalité ne peut constituer une discrimination, même au sens de l'article 14 [...], dès lors qu'est assuré le droit à une nationalité »[6] (v. ss 459). Le Conseil d'État, quant à lui, a toujours nié l'inclusion de la nationalité dans le champ d'application matériel de la convention[7].

Sous réserve de ces avancées européennes encore timides ou virtuelles, il n'apparaît pas que, dans le droit international positif actuel, les individus disposent d'un droit à la nationalité opposable aux États. Aussi est-ce sous la forme interrogative qu'il convient d'examiner si le droit français respecte les différentes composantes de ce droit à la nationalité.

I. Tout individu a-t-il droit à une nationalité ?

447. ***Absence d'obligation des États en droit international positif.*** On ne peut considérer aujourd'hui comme de droit international positif l'existence d'une

1. V. F. Marchadier, « L'européanisation du droit à la nationalité », *in* S. Doumbé-Billé (dir.), *La régionalisation du droit international*, Bruylant, 2012, p. 361-374.
2. CJCE 2 oct. 2003, *Garcia Avello*, aff. C-148/02, *Rev. crit. DIP* 2004. 184, note P. Lagarde; *D.* 2004. 1476, note M. Audit; *JDI* 2004. 1219, note S. Poillot-Peruzzetto; CJCE 16 juill. 2009, *Hadidi*, aff. C-168/08, *Rev. crit. DIP* 2010. 184, note C. Brière; *JDI* 2010. 157, note L. d'Avout; *RTD eur.* 2010. 769, note P. Lagarde.
3. CJUE 2 mars 2010, *Rottmann*, aff. C-135/08, *Europe 2010.* Étude 7, par J. Heymann; *Rev. crit. DIP* 2010. 540, note P. Lagarde; *JDI* 2011. 491, obs. D. Dero-Bugny.
4. CEDH 12 janv. 1999, req. n° 31414/96, *Karassev c/ Finlande*, cité par Verwilghen, *Rec. cours La Haye 1999*, t. 277, n° 157, p. 166. *Adde* CEDH 23 janv. 2002, *Slivenko c/ Lettonie*, req. n° 486321/99, et 9 oct. 2003, *Fedorova c/ Lettonie*, cités par A. Dionisi-Peyrusse, *cité infra*, note 17, n° 679; CEDH 16 juin 2005, *Sissoyeva c/ Lettonie, req.* n° 60654/00; 22 juin 2006, *Kaftailova c/ Lettonie*, req. n° 59643/00; 13 juill. 2010, *Kuric c/ Slovénie*, req. n° 26828/06; sur ces décisions, v. H. Fulchiron, *Mél. P. Courbe*, p. 215 s. V. aussi CEDH 11 oct. 2011, *Genovese c/ Malte*, condamnant une ancienne loi maltaise discriminant les enfants nés hors mariage dans l'attribution de la nationalité, *CEDH* 13 oct. 2011, obs N. Hervieu; *Rev. crit. DIP* 2012. 79; F. Marchadier, « L'attribution de la nationalité à l'épreuve de la Convention européenne des droits de l'homme », *ibid.* 61.
5. CEDH 21 juin 2016, req. n° 76136/12, *Ramadan c/ Malte, Rev. crit. DIP* 2017. 221, note F. Marchadier. V. aussi, CEDH 7 févr. 2017, req n° 42387/13, *Rev. crit. DIP* 2017. 381, note Lepoutre.
6. Civ. 1re, 25 avr. 2007, n° 04-17.632, *Bull. civ.* I, n° 159; v. déjà Paris 30 nov. 1990, *Rev. crit. DIP* 1992. 681, note Lagarde. V. aussi, Civ. 1re, 9 sept. 2015, n° 14-19.196, (*Rev. crit. DIP* 2016. 331, note Boskovic, *JDI* 2016. 1175, note Fulchiron et Panet) prenant en considération un grief fondé sur la violation de l'article 8 de cette convention.
7. Pour l'application de l'art. 14, v. CE 18 juin 2003, req. n° 251299; pour l'art. 6, v. CE 7 juill. 1995, *Rev. crit. DIP* 1996. 83, note P. Lagarde; v. Toutefois, pour l'art. 8, *infra*, ss 455.

obligation pour tout État de conférer sa nationalité à un individu qui en est dépourvu et qui le lui demande. Un droit effectif à la nationalité impliquerait l'existence d'une répartition internationale impérative des individus entre les différents États sur la base de rattachements précis comme la filiation à l'égard d'un national ou la naissance, voire la résidence, sur le territoire, ce qu'on appelle souvent le *jus sanguinis et* le *jus soli*.

Une telle répartition n'existe pas ou pas encore. Même si un auteur a récemment plaidé pour une détermination objective de la nationalité — et donc pour le droit de la personne de se voir reconnaître sa nationalité objective[1] —, l'individu ne dispose pas aujourd'hui d'une règle de droit international lui permettant d'opposer à un État déterminé un droit à sa nationalité. De ce point de vue, le droit à la nationalité ne peut être comparé, par exemple, au droit de mener une vie familiale normale, qui permet à un individu menacé d'expulsion d'obliger un État à renoncer à prendre contre lui une mesure d'éloignement prévue par sa législation. En matière de nationalité, l'individu ne peut opposer à un État que le droit de cet État. Toutefois la Convention européenne sur la nationalité, non ratifiée par la France, impose à tout État partie de prévoir dans son droit interne l'acquisition de plein droit de sa nationalité, notamment par les personnes suivantes : enfants dont l'un des parents possède au moment de la naissance la nationalité de cet État partie[2]; enfants nés sur son territoire et qui n'acquièrent pas à la naissance une autre nationalité. Dans le cas particulier de la succession d'États, la Convention européenne du 19 mai 2006 sur la prévention des cas d'apatridie en relation avec la succession d'États[3] pose le principe — dont elle fixe les modalités — que tout individu qui possédait la nationalité de l'État prédécesseur et qui deviendrait apatride par suite de la succession d'États a droit à la nationalité de l'un des États concernés.

S'agissant du droit français, on peut dire que, même s'il est dans son ensemble assez libéral et cherche à éviter l'apatridie, il ne garantit pas le droit à une nationalité, alors que, paradoxalement en apparence, il reconnaît le droit à une double nationalité.

A. Le droit français cherche à éviter l'apatridie

448. ***Les liens attributifs de nationalité sont définis largement***. Les liens de rattachement définis par le droit français de la nationalité pour attribuer à un individu la nationalité française d'origine sont assez larges pour ne pas laisser hors de celle-ci une personne se rattachant à la France, soit par sa filiation, soit par sa naissance. Cela explique peut-être que la France n'ait pas éprouvé le besoin de ratifier la Convention des Nations unies du 30 août 1961 sur la réduction des cas d'apatridie[4], dont les prescriptions sont globalement en deçà des solutions françaises, sauf pour la déchéance de la nationalité française que la

1. A. Dionisi-Peyrusse, *Essai sur une nouvelle conception de la nationalité, 2008*, n°s 867 s.
2. Sous réserve, il est vrai, des « exceptions qui peuvent être prévues en droit interne pour les enfants nés à l'étranger. »
3. Cette Convention est entrée en vigueur le 1er mai 2009. Non signée par la France, elle est au 17 mars 2018 ratifiée par sept États. V. aussi le « projet d'articles sur la nationalité des personnes physiques en relation avec la succession d'États » élaboré en 1999 par la Commission du droit international des Nations unies. Sur ces deux textes et sur les décisions citées p. 372, note 1, v. P. Lagarde, « Succession d'États, apatridie et nationalité. Développements récents », *in Le monde du droit. Écrits rédigés en l'honneur de J. Foyer*, 2008, Economica, p. 619 s. V. déjà l'article 10 de la Convention du 30 août 1961.
4. Pourtant ratifiée au 23 janvier 2017 par 65 États.

France, en signant la convention, s'est réservée d'utiliser à l'encontre de celui qui a eu un « comportement de nature à porter un préjudice grave aux intérêts essentiels de l'État ».

1. Nationalité française par filiation

449. ***Le* jus sanguinis *bloqué par le droit de la filiation ?*** Le Code Napoléon n'attachait qu'à la filiation paternelle légitime[1] la transmission de la nationalité française. L'enfant d'une mère française et d'un père apatride pouvait donc être lui-même apatride. L'égalité des sexes et des filiations dans la transmission de la nationalité a été admise progressivement et a fini par s'imposer totalement avec la loi du 9 janvier 1973. Elle figure aujourd'hui dans le Code civil :

« Est français l'enfant dont l'un des parents au moins est français » (C. civ., art. 18).

« Toutefois, si un seul des parents est français, l'enfant qui n'est pas né en France a la faculté de répudier la qualité de Français dans les six mois précédant sa majorité et dans les douze mois la suivant » (C. civ., art. 18-1, al. 1er).

L'exercice de la faculté de répudiation ne risque pas de rendre l'enfant apatride, car « nul ne peut répudier la nationalité française s'il ne prouve qu'il a par filiation la nationalité d'un pays étranger » (C. civ., art. 20-3).

Pour que l'enfant obtienne la nationalité française par filiation, il faut évidemment que la filiation de l'enfant à l'égard du parent français soit établie et qu'elle le soit durant la minorité de l'enfant (C. civ., art. 20-1). Ces règles se comprennent d'elles-mêmes. Encore faut-il que, dans leur application, elles ne rendent pas impossible l'établissement d'une filiation non douteuse et ne privent pas en fait une personne de son droit fondamental à établir sa nationalité. La filiation qui, sous l'empire du Code de la nationalité de 1945 (art. 27), devait avoir été établie selon la loi civile française, doit l'être aujourd'hui, depuis la loi du 9 janvier 1973, selon la loi désignée par la règle de conflit française (C. civ., art. 311-14 rendant applicable en règle générale la loi personnelle de la mère). Ainsi, il peut arriver que l'enfant d'un Français et d'une mère étrangère ne puisse établir sa filiation paternelle selon la loi étrangère de la mère, alors qu'il aurait pu le faire en application de la loi française. Si l'enfant est né à l'étranger et que sa mère ne lui transmette pas sa nationalité, il se trouve dans la situation, heureusement exceptionnelle, d'être l'enfant d'un Français et d'être apatride[2]. Cette jurisprudence semble en cours d'évolution. Un arrêt récent a opposé l'ordre public international français à la loi camerounaise frappant d'irrecevabilité l'action en recherche de paternité hors mariage en cas d'inconduite notoire de la mère ou de commerce de celle-ci avec un autre homme pendant la période légale de la conception[3]. La Cour de cassation a reproché à une telle loi de priver l'enfant du droit d'établir sa filiation paternelle.

1. L'enfant naturel est mentionné pour la première fois à l'article 8 du Code civil par la loi du 26 juin 1889 sur la nationalité.
2. V. Civ. 1re, 10 mai 2006, *Bull. civ.* I, no 209, *D.* 2006. 2890, note G. Kessler et G. Salamé; 25 avr. 2007, *Rev. crit. DIP* 2008. 81, 2e esp., note P. Lagarde. Ces arrêts — on peut le regretter — refusent d'opposer l'ordre public international français à des lois étrangères empêchant un enfant de rechercher sa filiation paternelle envers un Français, alors qu'il y va de l'établissement de sa nationalité française.
3. Civ. 1re, 27 sept. 2017, no 16-19.654, *D.* 2017. 2518, note J. Guillaumé. V. déjà Civ. 1re, 26 oct. 2011, no 09-71.369, *AJ fam.* 2012. 50, note E. Viganotti, opposant l'ordre public international à la loi ivoirienne prohibant la recherche de la paternité adultérine.

S'agissant de la filiation maternelle attributive de nationalité française, la Cour de cassation, devançant l'entrée en vigueur le 1er juillet 2006 du nouvel article 311-25 du Code civil[1] et se fondant sur les articles 8 et 14 de la Convention européenne de sauvegarde des droits de l'homme et des libertés fondamentales, avait jugé que l'indication du nom de la mère dans l'acte de naissance suffisait à établir la filiation[2]. Le législateur a réduit la portée temporelle de cette jurisprudence en privant l'article 311-25 d'effet en matière de nationalité pour les enfants majeurs lors de l'entrée en vigueur de l'ordonnance du 4 juillet 2005[3].

La Cour de cassation a longtemps fait preuve au contraire d'une extrême rigueur dans les hypothèses de gestation pour autrui, s'agissant d'enfants d'un père français et d'une mère porteuse étrangère. Elle a refusé la transcription sur les registres français de l'acte de naissance établi à l'étranger et mentionnant comme mère légale la mère d'intention française[4]. Dans sa volonté de sanctionner la violation par un couple de la loi française interdisant le recours à une mère porteuse, elle avait même, sacrifiant délibérément l'intérêt de l'enfant et rejetant celui-ci dans les « limbes du droit », refusé, par deux arrêts du 13 septembre 2013[5], de valider la reconnaissance prénatale de l'enfant par son père français, alors que cette filiation paternelle ne faisait aucun doute sur les plans biologique et affectif. Sur le terrain de la nationalité, la conséquence logique de cette jurisprudence aurait été de condamner l'enfant à vivre en France comme un étranger mais, en opposition avec la position de la Cour de cassation, une circulaire du garde des Sceaux, Mme Taubira, du 25 janvier 2013[6], validée par le Conseil d'État[7], a prescrit de délivrer un certificat de nationalité à ces enfants au vu de leur acte de naissance étranger attestant d'un lien de filiation avec un Français, en précisant que « le seul soupçon du recours à une convention de gestation pour autrui conclue à l'étranger ne peut suffire à opposer un refus aux demandes de CNF ». Depuis lors, la Cour européenne des droits de l'homme a condamné le refus par la France de reconnaître le lien de filiation unissant les enfants à leur père. Elle a

1. Issu de l'ord. n° 2005-759 du 4 juill. 2005.
2. Civ. 1re, 14 févr. 2006, n° 05-13.006, *Bull. civ.* I, n° 73 et 78, *D.* 2006. 1029, note G. Kessler; *Defrénois* 2006. 38415, note Massip; v. encore Civ. 1re, 25 avr. 2006, deux arrêts, nos 04-19.341 et 05-16.841; 23 mai 2006, n° 05-13.737; 12 déc. 2006, n° 05-14.049; 13 mars 2007, n° 06-16.675, *Rev. crit. DIP* 2008. 81, 1re esp., note P. Lagarde; 25 avr. 2007, n° 06-13.284, *Bull. civ.* I, n° 158; 8 juill. 2010, n° 09-10.585, *Rev. crit. DIP* 2010. 698, note P. Lagarde; v. Hauser, *RTD civ.* 2006. 294.
3. Art. 20, II, 6°, inséré dans Ord. 4 juill. 2005 par L. n° 2006-911, 24 juill. 2006, déclaré conforme à la Constitution par Cons. const. 21 oct. 2011, nos 2011-186 à 193 QPC, *Rev. crit. DIP* 2011. 825, note P. Lagarde; v. Civ. 1re, 17 déc. 2010, n° 10-10.906, *Rev. crit. DIP* 2011. 49, note P. Lagarde et, sur l'ensemble, P. Lagarde, « L'établissement de la filiation attributive de nationalité : quelques problèmes d'actualité », *AJ fam.* 2012. 37.
4. Civ. 1re, 6 avr. 2011, 3 arrêts, nos 10-19.053, 09-66.486 et 09-17.130, *D.* 2011. 1522, note D. Berthiau et L. Brunet; *Rev. crit. DIP* 2011. 722, note P. Hammje. V. déjà, dans l'une de ces affaires et laissant prévoir la solution, Civ. 1re, 17 déc. 2008, *Rev. crit. DIP* 2009. 320, note P. Lagarde.
5. Civ. 1re, 13 sept. 2013, nos 12-18.315 et 12-30.138, *D.* 2013. 2377, avec, dans le sens de ces arrêts, l'avis de l'avocat général Petit et la note de M. Fabre-Magnan, et, en sens opposé et très critique, H. Fulchiron et C. Bidaud-Garon, « Dans les limbes du droit. À propos de la situation des enfants nés à l'étranger avec l'assistance d'une mère porteuse », *ibid.* 2349; Reconnaissance ou reconstruction : à propos de la filiation des enfants nés par GPA, au lendemain des arrêts Labassée, Mennesson et Campanelle-Paradiso de la Cour européenne des droits de l'homme, *Rev. crit. DIP 2015. 1.* comp. note J. Guillaumé, *JDI* 2014. 133. *Adde* Civ. 1re, 19 mars 2014, n° 13-50.003.
6. Circ. NOR JUSC 1301528C du 25 janv. 2013; v. C. Neirinck, « La circulaire sur les certificats de nationalité française ou l'art de contourner implicitement la loi », *Dr. fam.* 2013, n° 42.
7. CE 12 déc. 2014, req. nos 367624 et autres.

notamment relevé que l'enfant, nonobstant la circulaire Taubira, était « confronté à une troublante incertitude quant à la possibilité de se voir reconnaître la nationalité française » et que « pareille indétermination est de nature à affecter négativement la définition de sa propre identité »[1]. La Cour de cassation, par deux arrêts d'Assemblée plénière du 3 juillet 2015[2], a fini par autoriser, en application de l'article 47 du Code civil, la transcription sur les registres de l'état civil français de l'acte de naissance étranger indiquant comme parents le père biologique français et la mère porteuse étrangère. Puis, par un avis du 22 septembre 2014[3] elle a admis que le recours à l'assistance médicale à la procréation sous la forme d'une insémination artificielle avec donneur anonyme à l'étranger ne fait pas obstacle au prononcé de l'adoption par l'épouse de la mère de l'enfant né de cette procréation, dès lors que les conditions légales de l'adoption sont réunies et qu'elle est conforme à l'intérêt de l'enfant. Plus clairement encore, des arrêts récents ont admis, aux mêmes conditions, que « le recours à la gestation pour autrui à l'étranger ne fait pas en lui-même obstacle au prononcé de l'adoption [par la mère d'intention[4] ni] par l'époux du père de l'enfant né de cette procréation »[5].

L'établissement de la filiation attributive de la nationalité française touche ainsi aux droits fondamentaux. Elle revêt aussi une importance décisive pour les descendants lointains de Français de la métropole établis en Algérie au XIXe siècle et qui, à ce titre, ont au regard du droit français le statut civil de droit commun et ont de ce fait conservé de plein droit la nationalité française après l'indépendance de l'Algérie (v. ss 459). Lorsque, en raison de la mauvaise tenue des registres ou de l'impossibilité d'accéder aux registres restés en Algérie et non microfilmés, il est matériellement impossible à ces personnes de produire l'acte de naissance de l'un de leurs ancêtres, les tribunaux suivent souvent le parquet et refusent d'accepter la preuve de la filiation par d'autres moyens, comme devrait le permettre l'article 46 du Code civil[6].

2. Nationalité française par la naissance en France

450. ***Le droit du sol comme moyen de prévention de l'apatridie.*** Si la simple naissance d'un individu en France, non renforcée par d'autres éléments, tels que la naissance en France du père ou de la mère, ou une résidence prolongée en France, n'est pas en soi une cause d'attribution de la nationalité française, il en

1. CEDH 26 juin 2014, req. n° 65192/11, *Mennesson c/ France* et req. n° 65941/11, *Labassée c/ France*. V. les notes de F. Chenedé, *D.* 2014. 1797, L. d'Avout, *ibid.* 1806 et S. Bollée, *Rev. crit. DIP* 2015. 154. *Adde* H. Fulchiron et Ch. Bidaud-Garon, « Ne punissez pas les enfants des fautes de leur père », *D.* 2014. 1773. V. encore dans le même sens, CEDH 19 janv. 2017, req. n° 44024/13, *JDI* 2017. 831, chron. Lorenzini. Sur la procédure de réexamen d'une décision civile en matière d'état des personnes prononcée en violation de la Convention de sauvegarde des droits de l'homme et des libertés fondamentales, dès lors que, par sa nature et sa gravité, la violation constatée entraîne, pour cette personne, des conséquences dommageables auxquelles la satisfaction équitable accordée en application de l'article 41 de la même Convention ne pourrait mettre un terme, v. la loi n° 2016-1547 du 18 nov. 2016; v. Civ. 1re, 5 juill. 2017, n° 16-20.052, *D.* 2017. 1737, note H. Fulchiron; *AJ fam.* 2017. 547, obs. F. Berdeaux.
2. Cass., ass. plén., 3 juill. 2015, *JDI* 2016. 103, note J. Guillaumé. Sur ces arrêts, v. H. Fulchiron et C. Bidaud-Garon, « Gestation pour autrui internationale : changement de cap à la Cour de cassation », *D.* 2015. 1819.
3. Avis n° 14-70.007, *Rev. crit. DIP* 2015. 153, 2e esp., note Bollée.
4. Civ. 1re, 5 juill. 2017, nos 16-16.901 et 16-16.525, *D.* 2017. 1737, note H. Fulchiron; *AJ fam.* 2017. 482.
5. Civ. 1re, 5 juill. 2017, n° 16-16.455, *ibid.*
6. V. Civ. 1re, 25 mars 2009, n° 08-12.462; v. toutefois, acceptant cette preuve, Paris, 1re ch., 17 déc. 2009, RG n° 09/00957.

est précisément autrement lorsque, en l'absence de tout autre élément de rattachement, l'individu né en France court le risque d'être apatride. Déjà la loi du 26 juin 1889 déclarait français tout individu né en France de parents inconnus ou dont la nationalité est inconnue[1].

La règle a traversé les différentes réformes et se trouve aujourd'hui aux articles 19 et 19-1 du Code civil.

« Article 19. — Est français l'enfant né en France de parents inconnus.

Toutefois, il sera réputé n'avoir jamais été français si, au cours de sa minorité, sa filiation est établie à l'égard d'un étranger et s'il a, conformément à la loi nationale de son auteur, la nationalité de celui-ci.

Article 19-1. — Est français :

1° l'enfant né en France de parents apatrides;

2° l'enfant né en France de parents étrangers pour lequel les lois étrangères de nationalité ne permettent en aucune façon qu'il se voie transmettre la nationalité de l'un ou de l'autre de ses parents (réd. L. n° 2003-1119 du 26 nov. 2003).

Toutefois, il sera réputé n'avoir jamais été français si, au cours de sa minorité, la nationalité étrangère acquise ou possédée par l'un de ses parents vient à lui être transmise (réd. L. 16 mars 1998). »

L'article 19-1, 2° a trouvé à s'appliquer à l'enfant naturel né en France d'une mère algérienne et d'un père algérien ou marocain[2]. D'après la loi algérienne, la mère ne transmet pas sa nationalité à son enfant né à l'étranger, et la filiation paternelle naturelle, ignorée par les droits algérien et marocain, ne peut transmettre à l'enfant la nationalité de son père. L'attribution de la nationalité française à un tel enfant le sauve donc de l'apatridie[3].

3. *Nationalité française par la parenté et la résidence habituelle en France*

451. Des textes récents ont étendu la faculté de réclamer la nationalité française, sous réserve de l'opposition du gouvernement, à des personnes qui, sans remplir jusque-là les conditions de filiation à l'égard d'un Français ou de naissance en France, ont des liens étroits avec la France en raison de leur proche parenté avec une personne de nationalité française ou de leur résidence prolongée en France.

Ainsi la loi n° 2015-1776 du 28 déc. 2015 a accordé cette faculté à des personnes âgées de 65 ans au moins résidant habituellement et régulièrement en France depuis au moins 25 ans et qui sont les ascendants directs d'un

1. C. civ., art. 8, 2°, réd. L. 26 juin 1889.
2. V. TGI 21 mars 1975, Avesnes s/ Helpe, *Rev. crit. DIP* 1975. 623, note P. Lagarde; Civ. 1re, 18 juill. 2000, n° 98-15.265, *Bull. civ.* I, n° 215.
3. Le texte antérieur de l'art. 19-1, 2°, déclarait français « l'enfant né en France de parents étrangers et à qui n'est attribuée par les lois étrangères la nationalité d'aucun des deux parents ». La modification, présentée par le rapporteur au Sénat comme « un amendement de précision » (*Déb. Sénat*, 16 oct. 2003, p. 6774) et adoptée sans débat, restreint en réalité l'attribution de la nationalité française. S'il existe pour l'enfant une possibilité d'obtenir la nationalité de l'un de ses parents, par ex. par une déclaration (v. le Code de la nationalité malgache du 22 juill. 1960, art. 16, *in* Decottignies et de Biéville, *Les nationalités africaines*, 1963, p. 216), la nationalité française ne lui sera pas attribuée, même si la déclaration n'est pas faite. Le risque d'apatridie n'est donc pas éliminé. Et que décider si la déclaration de nationalité ne peut être souscrite, selon la loi étrangère, que dans l'année qui précède la majorité de l'enfant (v. le Code de la nationalité mauritanienne du 12 juin 1961, art. 13, *ibid.*, p. 259) ?

ressortissant français[1]. La loi n° 2016-274 du 7 mars 2016 a accordé la même faveur, à leur majorité, à des personnes résidant habituellement en France depuis l'âge de 6 ans et scolarisées en France, si elles ont un frère ou une sœur ayant acquis la nationalité française en raison de sa naissance et résidence en France[2].

B. Le droit français ne confère pas un droit illimité à la nationalité française

452. ***Apatridie résiduelle et condition des apatrides.*** Même si le droit français est plutôt généreux en matière de nationalité, il ne peut conférer la nationalité française qu'à une personne se trouvant dans une situation prédéfinie à laquelle la loi attache cet effet. C'est ce que l'article 30-4 du Code civil exprime en creux en indiquant qu'« en dehors des cas de perte ou de déchéance de la nationalité française, la preuve de l'extranéité d'un individu peut seulement être établie en démontrant que l'intéressé ne remplit aucune des conditions exigées par la loi pour avoir la qualité de Français ».

On comprend dans ces conditions que la cour d'appel de Paris, statuant sur le sort d'un Indien de Madagascar qui, après l'indépendance, était rejeté tant par les lois indiennes que par les lois malgaches sur la nationalité, ait pu juger que : « le fait que ni le Gouvernement de l'Inde, ni le Gouvernement de Madagascar, après l'accession de ces territoires à l'indépendance, n'ont attribué leur nationalité à l'intimé, d'origine indienne, fixé depuis sa naissance dans la Grande Île, ne saurait justifier une extension, à son profit, des règles d'octroi de la nationalité française »[3].

Pas plus qu'il ne veut ou ne peut donner asile à « toute la misère du monde », le droit français ne veut ni ne peut attribuer sa nationalité à tous les apatrides du monde.

Sans leur attribuer la nationalité française, le droit français s'efforce seulement de ne pas rendre trop intolérable la situation des apatrides. La France se conforme aux obligations découlant de la Convention de New York du 28 septembre 1954 relative au statut des apatrides[4] et leur accorde le régime qu'elle accorde aux étrangers en général (art. 7) et même parfois un régime plus favorable. Ainsi, le Code de l'entrée et du séjour des étrangers et du droit d'asile (Ord. 2004-1248 du 24 nov. 2004) leur donne droit, dès l'admission au statut, à la carte de séjour temporaire (art. L. 313-11, 10°, réd. L. 7 mars 2016) et, après trois ans de résidence régulière en France, à la carte de résident (art. L. 314-11, 9°, réd. L. 7 mars 2016)[5]. Ils peuvent demander à bénéficier du regroupement familial (art. L. 812-5, réd. L. n° 2015-925 du 29 juill. 2015) et accéder, sans autre condition que de diplôme, à la profession d'avocat à laquelle les étrangers autres que les ressortissants de l'Union européenne ou de l'Espace économique européen n'ont accès que sous la condition de réciprocité législative (art. 11, 1° *in fine* L. 31 déc. 1971, réd. Ord. 22 déc. 2016).

1. C. civ., art. 21-13-1, loi n° 2015-1776 du 28 déc. 2015.
2. C. civ. art. 21-13-2, loi n° 2016-274 du 7 mars 2016. Sur ces deux textes, v. aussi le décret n° 2016-872 du 29 juin 2016.
3. Paris 13 avr. 1972, *Rev. crit. DIP* 1972. 603, note P. Lagarde.
4. Décr. 4 oct. 1960, *JO* 6 oct. 1960, *Rev. crit. DIP* 1960. 640.
5. Le bénéfice des articles L. 313-11 et L. 314-11 est étendu sous certaines conditions au conjoint et aux enfants de l'apatride dans l'année qui suit leur dix-huitième année.

C. Le droit français reconnaît le droit à une double nationalité[1]

453. *Le droit à la plurinationalité.* S'il existait une répartition internationale des individus entre les États, tout individu aurait une nationalité, mais n'en aurait qu'une seule. C'est précisément parce que cette répartition internationale n'existe pas qu'il y a des apatrides, comme on a vu, et qu'il y a aussi des personnes ayant deux nationalités ou même davantage.

De nombreux droits étrangers, sans pouvoir empêcher le phénomène de la double nationalité qui est largement hors de leur contrôle, s'efforcent de le limiter. Ainsi, le droit allemand subordonne-t-il en principe l'acquisition par un étranger de la nationalité allemande à la perte de sa nationalité étrangère, sauf s'il a été préalablement autorisé à la conserver[2]. Une telle condition n'a jamais été posée par le droit français. De même aujourd'hui, depuis la loi du 9 janvier 1973, l'acquisition, même volontaire, par un Français d'une nationalité étrangère ne lui fait-elle pas perdre de plein droit sa nationalité française. Il ne la perdra que s'il souscrit une déclaration à cette fin, et encore ne pourra-t-il la souscrire que s'il réside habituellement à l'étranger (C. civ., art. 23; v. ss 464).

C'est seulement lorsqu'il existe un embryon d'organisation internationale que la double nationalité est écartée. La France a été longtemps partie à la Convention du Conseil de l'Europe sur la réduction des cas de pluralité de nationalités, signée à Strasbourg le 6 mai 1963. La disposition essentielle de cette convention est précisément que le ressortissant majeur d'un État contractant qui acquiert volontairement la nationalité d'un autre État contractant perd de plein droit sa nationalité antérieure et ne peut être autorisé à la conserver.

Toutefois, et c'est là sans doute qu'il y a un certain paradoxe, le droit international, qui n'a pu imposer le droit effectif à une nationalité, est en voie d'admettre aujourd'hui le droit à une double nationalité. Au sein du Conseil de l'Europe, on s'est aperçu que l'élimination des cas de double nationalité recherchée par la Convention de 1963 nuisait en réalité aux ressortissants des États membres, souvent double nationaux de fait et qui acceptaient mal d'être privés de la possibilité de se prévaloir de leurs deux nationalités. Au surplus, les dispositions de la Convention sont aujourd'hui en contradiction avec le droit de certains États membres, dont la France depuis la loi du 9 janvier 1973. Aussi la France, précédée ou suivie par six autres États, s'est-elle résolue le 3 mars 2008 à dénoncer, avec effet au 5 mars 2009, les dispositions de la Convention relatives à la nationalité, ainsi qu'un Protocole du 2 février 1993, qui en limitait déjà les effets.

La Convention européenne de 1997 accentue le revirement par rapport à celle de 1963. Tout en réservant l'application de cette dernière entre les États liés par elle, elle laisse à tout État partie l'entière liberté de « déterminer dans son droit interne si : a) ses ressortissants qui acquièrent ou possèdent la nationalité d'un autre État gardent ou perdent la nationalité de cet État partie; b) l'acquisition ou la conservation de sa nationalité est subordonnée à la renonciation ou la perte d'une autre nationalité » (art. 15).

1. V. P. Lagarde, « La double nationalité », *Commentaire* 2012. 441.
2. StAG, § 25, réd. L. du 28 oct. 2015. Quant à l'enfant né en Allemagne de parents étrangers y résidant habituellement de façon régulière depuis huit ans, il acquiert la nationalité allemande depuis la loi du 15 juill. 1999 mais il doit déclarer, après avoir atteint l'âge de 21 ans, celle des deux nationalités qu'il veut conserver. S'il choisit la nationalité allemande, il doit, dans les deux ans, établir qu'il a renoncé ou qu'il a perdu sa nationalié étrangère (§ 29). Cette réforme concerne principalement les trois millions d'immigrés turcs vivant en Allemagne.

II. Un individu peut-il être arbitrairement privé de sa nationalité ?

A. Considérations historiques

454. *Les privations massives de nationalité au XXe siècle.* La privation de nationalité est une mesure d'une extrême gravité dont l'histoire a montré qu'elle conduisait aux pires catastrophes. Dans la période de l'entre-deux-guerres et de la Seconde Guerre mondiale, des privations massives de nationalité ont jeté par milliers des hordes de réfugiés apatrides sur les routes d'Europe. Hannah Arendt a décrit ce drame dans un beau texte paru en 1941, dont voici quelques extraits :

« Les apatrides en provenance de Russie suivirent les Hongrois; puis ce fut le tour des réfugiés italiens et quelque temps après les Allemands et les Autrichiens suivirent le mouvement, si bien qu'aujourd'hui il n'y a aucune Nation européenne — excepté l'Angleterre — dont un nombre plus ou moins important de citoyens n'ait été spolié de son statut de citoyen, qui ne soit pourchassé à l'étranger et qui n'ait été abandonné, sans aucune protection consulaire ou juridique, au bon vouloir ou à la malveillance des autres États [...].

S'agissant de cette absence fondamentale de droits, aucune naturalisation ne pouvait plus donner le change en Europe. Il y avait toujours plus de naturalisés et il n'échappait à personne d'averti que le moindre changement de Gouvernement pouvait suffire à annuler toutes les naturalisations octroyées sous le précédent Gouvernement. Naturalisé ou pas : les camps de concentration demeuraient opérationnels. Riche ou pauvre, on appartenait à la couche toujours plus nombreuse des parias européens[1]. »

En droit français, des lois de Vichy avaient suivi cette voie. Une loi rétroactive du 23 juillet 1940 prévoyait la déchéance par décret de la nationalité des Français ayant quitté la France entre le 10 mai et le 30 juin 1940[2].

Et c'est en application de ce texte qu'un décret du 8 décembre 1940 déclara le général de Gaulle déchu de la nationalité française[3]. Le texte le plus infâme fut sans doute dans cette ligne la loi du 22 juillet 1940, relative à la révision des naturalisations[4]. Cette loi prévoyait la révision de toutes les acquisitions de la nationalité française intervenues depuis la promulgation de la loi du 10 août 1927 sur la nationalité. Sur avis d'une simple commission, le retrait de la nationalité française pouvait être prononcé, avec effet rétroactif, par simple décret, et étendu à la femme et aux enfants de l'intéressé. Privées de la nationalité française, les victimes de cette loi[5] ont pu être facilement livrées à l'occupant.

De nos jours, il faut tout de même signaler qu'un parti politique avait naguère osé inscrire dans sa « contribution au règlement du problème de l'immigration » une proposition tendant à réexaminer certaines naturalisations survenues depuis

1. Texte publié le 28 nov. 1941, reproduit *in La tradition cachée*, C. Bourgois, 1987, p. 51 et 52.
2. *JO* 24 juill. 1940, p. 4569.
3. *JO* 10 déc. 1940, p. 6043.
4. *JO* 23 juill. 1940, p. 4567. Tous ces textes sont reproduits dans le recueil de Dominique Rémy, *Les lois de Vichy*, Éd. Romillat, 1992.
5. Environ 15 000, dont 6 000 de religion juive, v. Rémy, *op. cit.* (note précédente), p. 49, note 2. Sur cette loi et sur le fonctionnement de la Commission de révision des naturalisations, v. P. Weil, *Qu'est-ce qu'un Français ? Histoire de la nationalité française depuis la Révolution*, Grasset, 2002, p. 117 s. Sur ces textes, v. aussi C. Kessedjian, « Le Juif déchu de la nationalité française », *in Le droit antisémite de Vichy*, Le genre humain, 1996, p. 231-242.

1974, afin de pouvoir ensuite éloigner du territoire les personnes ainsi « réexaminées » et redevenues étrangères[1].

Ces excès ne sont ici rappelés que pour montrer que le danger n'est jamais écarté.

B. Droit positif

455. ***La portée limitée des contrôles de conventionnalité et de constitutionnalité des privations de nationalité.*** On ne trouve pas dans le droit français de disposition comparable à celle, claire et nette, qui figure dans l'article 16 de la *Grundgesetz* allemande :

« La nationalité allemande ne peut être retirée. La perte de la nationalité ne peut intervenir que sur le fondement de la loi; si elle intervient contre la volonté de l'intéressé, c'est à la condition qu'il ne devienne pas de ce fait apatride. »

Le constituant français est resté jusqu'à présent plus timide[2]. En droit français, si la perte de la nationalité ne peut assurément intervenir que sur le fondement de la loi, elle peut cependant se produire dans certains cas contre la volonté de l'intéressé et elle pouvait, jusqu'à une époque récente, entraîner son apatridie. Sur ce point, on pourrait débattre de la conformité du droit français aux textes internationaux, notamment l'article 8 de la Convention européenne des droits de l'homme (droit au respect de la vie privée et familiale)[3] et, si elle entre un jour en vigueur pour la France, l'article 7 de la Convention européenne sur la nationalité[4]. Le Conseil d'État a longtemps coupé court à la discussion en jugeant, à propos de la déchéance de la nationalité française, que « le droit pour un étranger d'acquérir la nationalité d'un État signataire [de la Convention européenne des droits de l'homme] et de la conserver n'est pas au nombre des droits et libertés reconnus par celle-ci » et, en conséquence, que « le moyen tiré d'une méconnaissance des stipulations de l'article 8 de la Convention est inopérant à l'appui de conclusions dirigées contre un décret portant déchéance de la nationalité française[5] ». Le Conseil d'État paraît toutefois s'orienter vers un con-

---

1. V. l'intervention de M. Bruno Mégret, alors haut dignitaire du Front national, au colloque « Immigration : les solutions » — Contribution au règlement du problème de l'immigration — 50 mesures concrètes (nov. 1991) : « 13. Remettre en cause les naturalisations accordées depuis 1974. — La loi a théoriquement interdit l'immigration depuis 1974. Des pratiques illégitimes ont permis l'acquisition de la nationalité par des immigrés durant cette période. Il conviendra, en conséquence, de réexaminer les conditions d'octroi de la nationalité française depuis cette date et d'attribuer à l'État la possibilité de réexaminer tous les dossiers selon des fondements juridiques qui seront précisés le moment venu. »
2. En mars 2016, le projet gouvernemental insérant dans la Constitution une disposition sur la déchéance de nationalité s'est heurté à tant de critiques qu'il a été abandonné. Sur ce projet, v. P. Lagarde, « Le débat sur la déchéance de nationalité. Essai de clarification », *JCP* 2016. 105, p. 197 et s.
3. V. les arrêts cités *supra*, ss 446, p. 402, note 2.
4. L'art. 7 énumère limitativement les cas dans lesquels un État peut prévoir dans son droit interne la perte de sa nationalité de plein droit ou à son initiative. On y trouve le comportement portant un préjudice grave aux intérêts essentiels de l'État et l'engagement volontaire dans des forces militaires étrangères. Les quatre cas prévus par l'art. 25 du Code civil n'entrent pas tous dans ce cadre restreint.
5. CE 18 juin 2003, req. n° 251299, *Gaz. Pal.* 2004. Somm. 1358. *Adde* CE 29 sept. 2007, req. n° 301145, justifiant la solution par la considération qu'un décret de déchéance « est dépourvu d'effet sur la présence sur le territoire français de celui qu'il vise comme sur les liens de ce dernier avec les membres de sa famille ». Comp., à propos de l'imprescriptibilité de l'action négatoire de nationalité française, Cons. const. 22 nov. 2013, n° 2013-354 QPC, *JO* 24 nov. 2013 *Rev. crit. DIP* 2014. 85, note P. Lagarde. V. toutefois CEDH 11 oct. 2011, *Genovese c/ Malte*, préc. v. *supra*, ss 446, p. 402, note 4.

trôle plus sérieux des décrets de déchéance. Dans cinq arrêts du 8 juin 2016[1], il énonce que si un décret portant déchéance de la nationalité française est par lui-même dépourvu d'effet sur la présence sur le territoire français de celui qu'il vise, comme sur ses liens avec les membres de sa famille, et n'affecte pas, dès lors, le droit au respect de sa vie familiale, « en revanche, un tel décret affecte un élément constitutif de l'identité de la personne concernée et est ainsi susceptible de porter atteinte au droit au respect de sa vie privée ». En conséquence, il se réserve d'exercer un contrôle de proportionnalité et d'apprécier au cas par cas « si le décret attaqué, eu égard à la gravité des faits commis par le requérant, n'a pas porté une atteinte disproportionnée au droit au respect de sa vie privée garanti par l'article 8 de la convention européenne de sauvegarde des droits de l'homme et des libertés fondamentales ». Dans un sens voisin, la Cour de cassation a validé la perte de la nationalité résultant de l'annulation pour fraude d'un acte de naissance étranger sur lequel était fondée une déclaration acquisitive de la nationalité française, en relevant que l'intéressé « ne prouvait ni son état civil, ni l'existence de conséquences disproportionnées consécutives à la perte de la nationalité qu'il revendiquait »[2] Cette jurisprudence se rapproche des décisions précitées de la Cour européenne des droits de l'homme[3].

Le Conseil constitutionnel, de son côté, a validé l'extension par la loi du 22 juillet 1996 de la déchéance de nationalité pour actes de terrorisme, eu égard à leur gravité, sans que la différence de traitement qui en résulte entre Français d'origine et Français d'acquisition viole le principe d'égalité[4]. Il se réserve donc un certain contrôle de proportionnalité qui aurait pu s'exercer sur les nouvelles extensions de la déchéance de nationalité prévues puis abandonnées par le projet de loi ayant abouti à la loi n° 2011-672 du 16 juin 2011 relative à l'immigration, à l'intégration et à la nationalité.

La privation de nationalité peut être la conséquence, soit d'une indignité, soit d'un défaut de loyalisme aggravé par une désobéissance aux ordres du Gouvernement, soit encore d'un changement de souveraineté, ou, bien que l'analyse juridique soit différente, d'un retrait de naturalisation. Sans qu'il s'agisse à proprement parler d'une privation de nationalité, la contestation de la nationalité française d'une personne par le ministère public peut, elle aussi, aboutir au même résultat[5].

1. Déchéance de la nationalité française

456. ***La déchéance n'entraîne plus l'apatridie.*** L'hypothèse la plus spectaculaire de perte de la nationalité française à titre de sanction est l'institution connue sous le nom de déchéance de la nationalité française, dont l'origine

---

1. Arrêts n°s 394348, 394350, 394352, 394354 et 394356, *D.* 2016. Som. 1310, obs. Pastore; *RFDA* 2016. 1188, note Lepoutre, *AJDA* 2016. 1148, *D.* 2017. 261, V. Guiorguieff, « Droit international et renforcement du droit de retrait de la nationalité face aux actes terroristes », *RFD* 2016. 107, p. 617-638.
2. Civ. 1re, 9 sept. 2015, *Rev. crit. DIP* 2016. 331, note O. Boskovic, *JDI* 2016. 1175, note H. Fulchiron et A. Panet.
3. V. *supra*, ss 446, p. 402, note 4.
4. Cons. const. 16 juill. 1996, n° 96-377 DC, *JO* 23 juill. 1996, p. 11108, pt 23; 23 janv. 2015, n° 2014-439 QPC, *JO* 25 janv. 2015, p. 1150, *Rev. crit. DIP* 2015. 115, note P. Lagarde; *JCP* oct. 2015. 122, obs. P. Spinosi.
5. On fait ici abstraction de la perte de nationalité constatée par jugement en cas d'établissement à l'étranger pendant plus d'un demi-siècle d'un Français d'origine et des ascendants dont il tenait la nationalité française (C. civ., art. 23-6). Le texte légal est d'un maniement difficile et il est peu appliqué. V. toutefois, Civ. 1re, 28 févr. 2018, nos 17-14239 et 14307.

directe, sous sa forme moderne, se trouve dans la loi du 10 août 1927 (art. 9, 5°)[1].

La déchéance est encourue lorsque l'intéressé a été condamné pour un certain nombre d'infractions énumérées par l'article 25 du Code civil[2] ou lorsqu'il « s'est livré au profit d'un État étranger à des actes incompatibles avec la qualité de Français et préjudiciables aux intérêts de la France ». La gravité de la sanction aurait justifié l'intervention de l'autorité judiciaire. Le texte se contente d'un décret pris après avis conforme du Conseil d'État (C. civ., art. 25).

Le trait le plus notable de la déchéance de nationalité est qu'elle ne peut frapper que les Français « qui ont acquis la nationalité française » si les faits reprochés à l'intéressé se sont produits antérieurement à l'acquisition de la nationalité française[3] ou dans le délai de dix ans à compter de la date de l'acquisition de la nationalité française (C. civ., art. 25-1)[4]. Il y a là une discrimination entre les Français d'acquisition et les Français d'origine sur laquelle il y aurait lieu de s'interroger[5].

Mais du point de vue du droit à la nationalité, il faut souligner que la loi française ne se préoccupait pas de savoir, avant la loi du 16 mars 1998, si le déchu avait conservé sa nationalité d'origine. Or, il pouvait très bien l'avoir perdue du fait de l'acquisition de la nationalité française. La loi du 16 mars 1998 a modifié l'article 25 du Code civil et écarté la déchéance si elle devait avoir pour résultat de rendre apatride l'individu qui en serait frappé.

Il faut ajouter que la déchéance n'a plus aujourd'hui qu'un effet individuel. La loi du 9 janvier 1973 a fait disparaître la règle très injuste et contraire au principe de la personnalité des peines qui permettait d'étendre la déchéance à la femme (*sic*) et aux enfants mineurs de l'intéressé (C. nat., ex-art. 100).

2. Emploi dans un service public

457. ***La sanction de la désobéissance à une injonction du Gouvernement.*** Aux termes de l'article 23-8 du Code civil (C. nat., ex-art. 97), dont les origines sont anciennes[6] :

---

1. On cite aussi comme origine lointaine de la déchéance un décret des 27 avr.-3 mai 1848 qui avait prévu la perte de la nationalité française à l'encontre de ceux qui se livraient au trafic d'esclaves. V., A. Giudicelli, « La déchéance de la nationalité française », *in Mélanges offerts à P. Couvrat. La sanction du droit*, PUF, 2001, p. 333.
2. Atteinte aux intérêts fondamentaux de la Nation, actes de terrorisme (L. 22 juill. 1996), atteintes à l'Administration publique ou aux particuliers par des personnes exerçant des fonctions publiques, manquements au devoir de probité (notamment corruption).
3. Cette précision date de la loi du 26 nov. 2003 relative à la maîtrise de l'immigration et traduit un élargissement du domaine de la déchéance. Avant cette loi, les faits antérieurs à l'acquisition de la nationalité française ne pouvaient fonder une déchéance (CE 23 mai 1986, *de Souza*, *Lebon* 787).
4. Délai porté à 15 ans par la loi du 23 janv. 2006 en cas d'atteinte aux intérêts fondamentaux de la Nation ou d'acte de terrorisme. Dans ces cas, la déchéance peut être prononcée dans les quinze années (et non plus dix) qui suivent la perpétration des faits.
5. V. ss 455, p. 412, note 4 les décisions du Conseil constitutionnel. Les discriminations étaient bien plus importantes à l'époque, encore récente, où les naturalisés étaient soumis, pendant une période allant selon les cas de 5 à 10 années, à diverses incapacités politiques et professionnelles. La loi du 16 mars 1998 a fait disparaître une autre discrimination du même ordre, qui réservait aux Français d'origine le bénéfice de la réintégration par déclaration (C. civ., art. 24-2; v. ss 459).
6. L'art. 17-2° du Code Napoléon attachait déjà la perte de la nationalité française à l'acceptation de fonctions publiques à l'étranger et la loi du 26 juin 1889 avait attaché le même effet à la prise de service militaire à l'étranger sans l'autorisation du Gouvernement. La loi de 1927 (art. 9, 4°) avait étendu le premier cas à l'« emploi dans un service public », même sans caractère ▶

« Perd la nationalité française le Français qui, occupant un emploi dans une armée ou un service public étranger ou dans une organisation internationale dont la France ne fait pas partie ou plus généralement leur apportant son concours, n'a pas résigné son emploi ou cessé son concours nonobstant l'injonction qui lui en aura été faite par le Gouvernement. »

La perte de la nationalité résulte alors d'un décret en Conseil d'État, ce qui est certes une garantie, mais la loi n'exige pas, à la différence du cas de perte fondé sur l'article 23-7 du Code civil (cas du Français « qui se comporte en fait comme le national d'un pays étranger ») et de la déchéance (v. ss 456), que l'intéressé possède la nationalité d'un pays étranger. Il serait néanmoins logique d'étendre à ce cas de perte de la nationalité française, par identité de motifs, la disposition de la loi du 16 mars 1998 écartant la déchéance en cas de risque d'apatridie. Au reste, la Convention européenne du 6 novembre 1997 proscrit la perte de la nationalité qui pourrait rendre apatride la personne concernée (art. 7, § 3).

Selon le ministère de la Justice, « aucune procédure n'a jamais été mise en œuvre sur ce fondement depuis 1973 »[1], mais il semble que des injonctions aient déjà été adressées avec cette menace et que les personnes visées se soient inclinées.

3. Cession de territoire et accession à l'indépendance

458. ***La cession de territoire et le risque d'apatridie.*** Une autre hypothèse dans laquelle un individu peut être privé contre son gré de sa nationalité est celle du changement de souveraineté du territoire sur lequel il est établi.

La règle posée par l'article 17-8 du Code civil est que les nationaux français domiciliés dans les territoires cédés au jour du transfert de la souveraineté perdent cette nationalité, à moins qu'ils n'établissent effectivement leur domicile hors de ces territoires. Comme il n'est pas sûr que l'État cessionnaire accorde sa nationalité auxdites personnes, la règle pourrait être génératrice d'apatridie. Aussi ces problèmes sont-ils le plus souvent réglés par voie de traité international[2].

459. ***La décolonisation et la perte par les populations locales de la nationalité française.*** À la cession de territoire on a pu assimiler l'accession à l'indépendance de territoires étant antérieurement sous souveraineté française. La loi du 28 juillet 1960, pour l'Afrique noire et Madagascar, puis l'ordonnance du 20 juillet 1962 pour l'Algérie ont ainsi, sur des bases différentes, établi une distinction entre les personnes à qui la nationalité française était maintenue de plein droit[3] et celles qui, pour conserver cette nationalité, devaient fixer leur domicile en France et y souscrire une déclaration de reconnaissance de la nationalité française. Ont ainsi conservé de plein droit la nationalité française, pour

---

▶ politique dangereux pour la France (on avait cité les chemins de fer), dans le but, semble-t-il, d'éviter les cumuls afférents à deux nationalités. V. Batiffol-Lagarde, *Traité de droit international privé*, t. I, 8e éd., LGDJ, 1993, n° 143.

1. Rép. min., *JO Sénat CR*, 2 mars 2006, p. 634.
2. V. l'étude des dispositions figurant dans les traités ayant modifié le territoire de la France *in* P. Lagarde, *La nationalité française*, 4e éd., Dalloz, 2011, nos 62.11 s. *Adde*, pour le futur, la convention de 2006 du Conseil de l'Europe sur la prévention des cas d'apatridie en relation avec la succession d'États, v. *supra*, ss 447, p. 403, texte et note 3.
3. V. aujourd'hui C. civ., art. 32 et 32-1. Sur l'ensemble, v. P. Lagarde, « De quelques conséquences de la décolonisation sur le droit français de la nationalité », *in Mélanges offerts à R. Savatier*, Dalloz, 1965, p. 511 s.

l'Afrique noire et Madagascar, les originaires du territoire de la République française ainsi que leurs descendants et conjoints, et pour l'Algérie les personnes de statut civil de droit commun. L'application de ces textes a suscité et continue à susciter des difficultés, pour les premiers quant à la notion d'originaire[1], pour les secondes quant à la preuve de leur statut civil de droit commun[2] et de la chaîne de filiation les reliant à un ancêtre ayant bénéficié de ce statut.

Pour éviter précisément les cas d'apatridie, ces textes ont également prévu le maintien de plein droit de la nationalité française aux personnes à qui la nationalité du nouvel État ne serait pas attribuée par la loi de cet État (C. civ., art. 32-3; C. nat., ex-art. 55-1).

Il reste cependant que, même si elles ont obtenu la nationalité du nouvel État, ces personnes ont été privées de la nationalité française. Certaines personnes originaires d'Algérie ayant perdu la nationalité française, faute par elles ou par leurs parents d'avoir souscrit une déclaration de reconnaissance, ont essayé de contester ce résultat, souvent pour prévenir ou faire échec à une mesure d'éloignement du territoire. Se fondant selon les cas sur l'article 14 de la Convention européenne des droits de l'homme (interdiction de toute discrimination dans la mise en œuvre des droits consacrés par la convention) et sur l'article 3 de son 4e Protocole additionnel (garantie des ressortissants d'un État contre l'expulsion), sur l'article 26 du Pacte de New York sur les droits civils et politiques ou sur la Convention du 7 mars 1966 sur l'élimination de toutes les formes de la discrimination raciale, elles ont soutenu qu'elles avaient été privées de cette garantie par une mesure discriminatoire, puisque le critère de distinction retenu par les lois françaises était fondé en réalité sur l'origine ethnique des personnes concernées et sur leur appartenance religieuse.

Ces recours ont tous été rejetés. La cour d'appel de Paris, la première, a rejeté cette argumentation. Elle a relevé que la Convention européenne ne garantit pas le droit à une nationalité particulière et elle a ajouté que les discriminations condamnées par l'article 14 de la convention sont celles qui sont privées d'une justification objective et raisonnable, ce qui n'était pas le cas en l'espèce[3]. Ensuite, et plus généralement, la Cour de cassation a jugé à plusieurs reprises que « la détermination, par un État, de ses nationaux, par application de la loi sur la nationalité, ne peut constituer une discrimination au sens du Pacte de New York du 19 décembre 1966 sur les droits civils et politiques »[4], ni au sens de la convention du 7 mars 1966[5]. La contestation de la distinction a été reprise à l'appui d'une question prioritaire de constitutionnalité, mais la Cour de cassation a refusé de la transmettre au Conseil constitutionnel au motif que « les dispositions légales critiquées, fussent-elles fondées sur l'origine, découlaient nécessairement de l'accession à l'indépendance de certains territoires, laquelle ne pouvait que conduire, dans un but d'intérêt général, à distinguer la population restant de plein droit celle de la République française de celle des nouveaux États indépendants, dont les nationaux étaient soumis à une manifestation de volonté pour rester Français »[6]. Saisi d'une question prioritaire de constitutionnalité por-

1. V. encore Civ. 1re 9 sept. 2015, n° 14-50.052, *Rev. crit. DIP* 2016. 335, note F. Jault-Seseke.
2. Qui ne peut être rapportée que par la production d'un décret ou d'un jugement d'admission au statut civil de droit commun, v. encore Civ. 1re, 13 avr. 2016, n° 15-50.019.
3. Paris, 1re ch., 30 nov. 1990, *Rev. crit. DIP* 1992. 681, note P. Lagarde.
4. Civ. 1re, 22 févr. 2000, *Rev. crit. DIP* 2000. 681, note H. Fulchiron; 8 janv. 2002, *Rev. crit. DIP* 2003. 77, 1er arrêt, note P. Lagarde; Civ. 1re, 25 avr. 2007, n° 04-17.632, *Bull. civ.* I, n° 159.
5. Civ. 1re, 19 févr. 2002, *Rev. crit. DIP* 2003. 77, 2e arrêt, note P. Lagarde.
6. Cass., ass. plén., 16 juill. 2010, n° 10-40.014.

tant sur un autre texte, le Conseil constitutionnel a saisi l'occasion pour affirmer qu'en adoptant ces dispositions, le législateur n'a pas porté atteinte au principe d'égalité devant la loi[1].

Il ne faudrait pas interpréter cette jurisprudence comme une autorisation donnée au législateur d'utiliser n'importe quel critère pour attribuer sa nationalité[2]. Si le critère de l'origine adopté par la loi du 28 juillet 1960 a paru raisonnable à toutes les juridictions saisies, c'est parce que tout critère juridique de distinction entre Français de plein droit et Français sous condition de reconnaissance devait nécessairement recouper globalement la distinction sociologique entre Français de la métropole et populations locales. Aussi cette dernière solution n'était-elle pas critiquable et s'apparentait-elle plutôt à un changement forcé de nationalité résultant du changement des circonstances géopolitiques.

4. Retrait de naturalisation

460. ***Le risque d'abus des retraits de naturalisation.*** Le retrait de naturalisation, utilisé à grande échelle par le régime de Vichy (v. ss 454), subsiste dans le droit actuel (C. civ., art. 27-2, réd. L. n° 2011-672, 16 juin 2011), mais il est encadré par des conditions de procédure (il faut un avis conforme du Conseil d'État) et de délai (deux ans à compter de la publication du décret au *Journal officiel* si l'intéressé ne répondait pas aux conditions légales, deux ans en cas de mensonge ou de fraude, à compter de leur découverte). Bien que le retrait ne soit pas à proprement parler un cas de perte de la nationalité française, car l'individu dont la naturalisation est retirée est censé n'avoir jamais acquis la nationalité française, il y ressemble en fait.

Le danger vient, dans le premier cas de retrait, de ce que le Conseil d'État admet que le retrait puisse être fondé sur des faits dont l'administration avait déjà connaissance au moment du décret[3] et place l'intéressé, pendant le délai de retrait, sous la menace d'une réévaluation, sans fait nouveau, des conditions de recevabilité de sa demande. Dans le cas de mensonge ou de fraude, le retrait peut intervenir très longtemps après le décret, d'autant plus que le Conseil d'État apprécie de façon libérale pour l'administration le moment auquel celle-ci a eu connaissance du mensonge ou de la fraude[4].

Le retrait de naturalisation est même, d'une certaine façon, plus grave que les décrets de perte de la nationalité française car, à la différence de ces derniers, il se répercute sur les enfants de l'intéressé qui perdent, au moins s'ils sont encore mineurs lors du retrait, le bénéfice de l'effet collectif attaché à la naturalisation de leur père ou mère.

Enfin, le retrait de naturalisation peut entraîner parfois l'apatridie, soit que le naturalisé ait été antérieurement apatride, soit qu'il ait perdu du fait de sa naturalisation sa nationalité antérieure, sans pouvoir la récupérer[5].

1. Cons. const. 29 juin 2012, n° 2012-259 QPC, *JO* 30 juin 2012, p[t] 5.
2. V. la note Fulchiron citée *supra*, ss 459, p. 415, note 4. On pourrait penser à une exclusion de nationalité fondée sur l'appartenance à une certaine religion.
3. CE 10 janv. 1992, *D.* 1993. 159, note P. Guiho (détention d'armes prohibées).
4. CE 28 oct. 1994, *Suleman Patel*, *D.* 1995. 262, faisant courir le délai du retrait pour fausse déclaration, non pas de la date à laquelle le ministre des Affaires étrangères a eu connaissance de l'existence des enfants de l'intéressé, mais de celle à laquelle ce ministre en a informé son collègue des Affaires sociales, autorité compétente pour proposer la naturalisation. L'arrêt le plus récent retient la date à laquelle la mention du jugement de divorce avait été portée en marge de l'acte de mariage (Civ. 1re, 27 sept. 2017, n° 16-50.044, *D.* 2017. 1911; *AJ fam.* 2017. 654, obs. M. Saulier).
5. C'était le cas dans l'affaire *Rottmann*, CJUE 2 mars 2010, préc. *supra*, ss 446, p. 402, note 3.

5. Contestation de la nationalité française

461. ***Le danger des contestations tardives.*** La nationalité française d'une personne peut être contestée par le ministère public lorsqu'elle lui a été attribuée ou octroyée à la suite d'une fraude ou d'une erreur. Ce peut être le cas lorsque la nationalité repose sur une déclaration de nationalité ou lorsqu'elle a été constatée par un certificat de nationalité. Si nul n'a droit au maintien d'une nationalité obtenue par erreur ou fraude, il convient néanmoins de ne pas laisser toute personne sous la menace permanente d'une contestation et d'un retrait de sa nationalité, qui l'obligerait à conserver, sa vie durant, les éléments lui ayant permis d'obtenir la nationalité française. On pourrait même soutenir que par l'enregistrement d'une déclaration de nationalité ou par la délivrance d'un certificat de nationalité française, l'administration a procédé aux vérifications nécessaires et que, sauf le cas de fraude qui fait exception à toutes les règles, le titre délivré à l'intéressé ne peut plus, après une courte période, être remis en cause par l'administration. Pourtant, la possibilité de contester une déclaration enregistrée, supprimée sauf en cas de fraude par la loi du 22 juillet 1993, a été rétablie par la loi n° 2003-1119 du 26 novembre 2003 pendant un délai d'un an porté à deux ans en cas de fraude (C. civ., art. 26-4). En outre, même en cas de délivrance d'un certificat de nationalité, l'article 29-3 du Code civil permet au ministère public d'engager une action négatoire de nationalité française, que la Cour de cassation juge imprescriptible[1]. Le Conseil constitutionnel a jugé l'article 29-3 ainsi interprété conforme à la Constitution[2].

III. Un individu a-t-il le droit de changer de nationalité ?

462. ***Les deux faces du changement de nationalité.*** Affirmé par la Déclaration universelle des droits de l'homme, le droit d'un individu déterminé de changer de nationalité ne peut être mis en œuvre par un seul État. Le changement de nationalité implique par hypothèse l'acquisition d'une nouvelle nationalité et la perte de l'ancienne et dépend donc pour sa réalisation du droit des deux États concernés.

Si l'on se place du point de vue du droit français, il faut rechercher si le droit français permet à un étranger d'acquérir la nationalité française et, inversement, à un Français d'abandonner la nationalité française lorsqu'il acquiert ou possède une nationalité étrangère.

A. Droit pour un étranger d'acquérir la nationalité française

463. ***Le contrôle du Gouvernement notamment sur les acquisitions par mariage.*** Le droit français entend placer les principales voies d'accès à la nationalité française sous contrôle du Gouvernement. Il convient de mettre à part le cas des enfants nés en France de parents étrangers et scolarisés en France, qui deviennent de plein droit français à leur majorité[3]. Pour eux, l'acquisition est bien moins le

---

1. Civ. 1re, 1er juill. 2003, n° 01-02.242; 22 juin 2004, n° 02-10.105; 6 oct. 2010, n° 09-15.792.
2. Cons. const. 22 nov. 2013, n° 2013-354 QPC, *Rev. crit. DIP* 2014. 85, note P. Lagarde. Comp. Cons. const. 30 mars 2012, v. *infra*, ss 463, p. 418, note 4.
3. La règle remonte à la loi du 26 juin 1889 et a traversé tous les régimes, sauf pendant la courte période 1994-1998 où, du fait de la loi du 22 juill. 1993, ces personnes ont dû manifester leur volonté d'acquérir la nationalité française.

premier acte d'un changement de nationalité que la confirmation d'une nationalité, certes juridiquement acquise, mais dérivant néanmoins de leur origine.

Le mariage avec une personne de nationalité française est ou a été un moyen d'acquisition de la nationalité française très utilisé, trop utilisé sans doute, ce qui explique les entraves mises depuis la loi du 22 juillet 1993 à ce mode d'acquisition de la nationalité française pour déjouer les fraudes auxquelles il avait donné lieu. Le délai avant l'expiration duquel le conjoint étranger ne pourra souscrire sa déclaration acquisitive de nationalité française a été sans cesse allongé et il est actuellement de quatre ans à compter du mariage, délai porté à cinq ans si l'intéressé ne peut justifier depuis cette date d'une résidence ininterrompue et régulière en France d'au moins trois ans[1]. Le Gouvernement peut, dans le délai de deux ans, faire opposition à cette acquisition pour indignité ou défaut d'assimilation autre que linguistique (art. 21-4, réd. L. 24 juill. 2006[2]) et il peut également contester la validité de la déclaration dans ce même délai de deux ans, dont le point de départ est retardé, en cas de mensonge ou de fraude, au jour de la découverte de ce mensonge ou de cette fraude (art. 26-4)[3]. De plus, la séparation des époux dans l'année suivant l'enregistrement de la déclaration fera présumer la fraude et permettra la contestation de la déclaration (art. 26-4). Le Conseil constitutionnel, conscient de l'avantage exorbitant accordé au ministère public par cette présomption, a décidé qu'elle ne saurait s'appliquer que dans les deux années de la date de l'enregistrement de la déclaration et que, passé ce délai, le ministère public devra rapporter la preuve du mensonge ou de la fraude[4].

Si le mariage a été célébré à l'étranger, il ne sera opposable aux tiers — et donc ne permettra de souscrire la déclaration acquisitive de nationalité — que s'il a été transcrit sur les registres de l'état civil français (C. civ., art. 171-5, réd. L. 14 nov. 2006). Cette transcription est elle-même soumise à de lourdes vérifications (art. 171-6 à 171-9). La hantise de la fraude et la crainte de l'immigration non contrôlée ont ainsi faussé le droit de la nationalité et même, d'une certaine façon, le principe de la liberté du mariage.

464. ***Le caractère discrétionnaire de la naturalisation.*** Le procédé le plus courant pour changer de nationalité est de déposer une demande de naturalisation dans un autre État que le sien. Certaines conditions de recevabilité doivent être remplies dont les plus importantes sont, d'une part, la condition de résidence en France au moment de la signature du décret de naturalisation et dans les cinq années qui précèdent le dépôt de la demande (C. civ., art. 21-16 et 21-17); d'autre part, l'assimilation à la communauté française, notamment par une connaissance suffisante, selon sa condition, de la langue, de l'histoire, de la culture et de la société françaises ainsi que des droits et devoirs conférés par la

1. Sauf si le conjoint français a été inscrit pendant la durée de communauté de vie au registre des Français établis hors de France (C. civ., art. 21-2, al. 2, réd. L. n° 2006-911 du 24 juill. 2006).

2. La « connaissance suffisante » de la langue française est devenue depuis la loi du 26 nov. 2003 une condition de recevabilité de la déclaration acquisitive par mariage de la nationalité française, comme elle demeure une condition de la naturalisation (v. ss 464), sauf pour certains réfugiés et apatrides (C. civ., art. 21-24 et 21-24-1). Le décret n° 2013-794 du 30 août 2013 fixe le niveau de langue française exigé et les diplômes et attestations en justifiant.

3. La détermination de la date de découverte de la fraude donne lieu à un important contentieux, v. Civ. 1re, 28 mars 2012, n° 11-30.071, *Rev. crit. DIP* 2012. 819, note S. Corneloup; 5 juill. 2012, n° 11-18.132; 26 juill. 2012, n° 11-30.084; 26 sept. 2012, n° 10-28.032.

4. Cons. const. 30 mars 2012, n° 2012-227 QPC, *JO* 31 mars 2012, *Rev. crit. DIP* 2012. 560, note P. Lagarde; 13 juill. 2012, n° 2012-264 QPC, *JO* 14 juill. 2012; et, depuis, appliquant ces décisions, Civ. 1re, 7 nov. 2012, n° 11-17.237, *Bull. civ.* I, n° 234; 15 mai 2013, n° 12-18.003.

nationalité française (C. civ., art. 21-24)[1]. La conception restrictive que l'Administration, le Conseil d'État et la Cour de cassation se font de la résidence de nationalité, entendue comme « une résidence présentant un caractère effectif et stable et coïncidant avec le centre des attaches familiales et des occupations de l'intéressé »[2], entraîne souvent l'irrecevabilité de la demande[3]. La demande est également souvent écartée pour défaut d'assimilation de l'étranger, notamment en raison de sa connaissance insuffisante de la langue française[4], ou de son état de polygamie[5] ou encore d'une pratique radicale de la religion, « incompatible avec les valeurs essentielles de la communauté française et notamment avec le principe de l'égalité des sexes »[6]. La loi du 16 juin 2011 a ajouté comme élément de la condition d'assimilation « l'adhésion aux principes et aux valeurs essentiels de la République », manifestée par la signature de la Charte des droits et devoirs du citoyen français (C. civ., art. 21-24; Décr. n° 2012-127, 30 janv. 2012) remise à l'intéressé au cours d'une cérémonie d'accueil dans la citoyenneté française (C. civ., art. 21-28, réd. L. n° 2011-672, 16 juin 2011). Lorsque toutes ces conditions sont remplies, la naturalisation, acte discrétionnaire du Gouvernement, est totalement sous contrôle de celui-ci, même si l'obligation désormais faite à l'Administration de motiver les décisions de refus de naturalisation (C. civ., art. 27)[7] a eu indirectement pour effet de réduire quelque peu sa marge d'appréciation[8].

C'est seulement en matière de réintégration que le droit français se montre très favorable au changement de nationalité. L'ancien Français[9], qui avait perdu sa nationalité à raison du mariage avec un étranger ou de l'acquisition par mesure individuelle d'une nationalité étrangère, peut en effet, par un nouveau changement de nationalité, se faire réintégrer dans la nationalité française par simple déclaration.

B. Droit pour un Français de perdre la nationalité française

465. ***La perte volontaire de la nationalité française.*** Le droit français, qui fit jadis de l'acquisition volontaire d'une nationalité étrangère un cas de perte de plein droit de la nationalité française, prévoit aujourd'hui en ce cas une possibilité

---

1. Le niveau de connaissances requis sur ces points est fixé par les articles 14 et 37 du décret n° 93-1362 du 30 déc. 1993 (dernière rédaction issue du décret n° 2015-108 du 2 févr. 2015) (v. *supra*, ss 463, p. 418, note 2).
2. Civ. 1re, 10 avr. 1996, *D.* 1997. 105, note Guiho.
3. CE 28 févr. 1986, *Rev. crit. DIP* 1986. 457, concl. Denoix de Saint-Marc, note Lagarde. *Adde* les autres décisions citées *in* Lagarde, *La nationalité française*, *op. cit.*, nos 34.41 s.
4. CE 5 févr. 1986, *Lebon* 529 et les décisions citées *in* Lagarde, *op. cit.*, n° 34.81.
5. CE 11 févr. 1994, *D.* 1995. 108, note P. Guiho, *Rev. crit. DIP* 1994. 317, note Lagarde. La loi du 24 juill. 2006 qualifie la situation de polygamie de « constitutive du défaut d'assimilation » (C. civ., art. 21-4, al. 2).
6. CE 27 juin 2008, req. n° 286797, *D.* 2009. 35, note C. Vallar.
7. Et de les motiver « selon les modalités prévues à l'article 3 de la loi n° 79-587 du 11 juill. 1979 relative à la motivation des actes administratifs et à l'amélioration des relations entre l'Administration et le public » (L. 16 mars 1998, art. 27), c'est-à-dire en énonçant par écrit « les considérations de droit et de fait qui en constituent le fondement. » Le Conseil d'État a jugé qu'une décision de rejet fondée sur ce que la naturalisation demandée « n'est pas justifiée du point de vue de l'intérêt national » ne satisfait pas à cette obligation (CE 28 janv. 1998, *Rev. crit. DIP* 1998. 269, concl. Abraham, note P.L. V. l'art. 11 de la Convention européenne de 1997, exigeant une motivation écrite).
8. Selon des déclarations du ministre de l'Intérieur en décembre 2011, la proportion des décisions favorables à la naturalisation aurait reculé cette même année de 70 à 40 %.
9. Jusqu'à la loi du 16 mars 1998, cette faculté de réintégration par déclaration était réservée à l'ancien Français d'origine.

de perte de cette nationalité par simple déclaration (C. nat., art. 23, réd. L. 9 janv. 1973). Il ne s'oppose donc pas au droit de changer de nationalité, mais il y pose tout de même certaines conditions dont la légitimité ne paraît pas douteuse.

Le changement de nationalité ne doit pas être l'instrument d'une fraude aux lois militaires françaises, d'où la condition pour les Français de moins de trente-cinq ans d'être en règle avec les obligations du livre II du Code du service national (C. civ., art. 23-2, réd. L. 16 mars 1998), lesquelles se limitent aujourd'hui, depuis la suppression du service militaire obligatoire par la loi n° 97-1019 du 28 octobre 1997, à l'obligation de recensement.

Le changement de nationalité doit coïncider avec le déplacement à l'étranger du centre de vie de l'intéressé, d'où la condition pour celui qui répudie la nationalité française d'avoir fixé sa résidence habituelle à l'étranger (art. 23). La même condition est posée par l'article 23-5 du Code civil à la répudiation de la nationalité française par le conjoint français d'un étranger, après qu'il aura acquis la nationalité étrangère de son conjoint.

Enfin, la perte de la nationalité française doit suivre de près l'acquisition de la nationalité étrangère. L'article 23-1 du Code civil fixe un délai d'un an à compter de la date de cette acquisition. Après l'expiration de ce délai, ou dans le cas où l'intéressé possède de naissance une nationalité étrangère en plus de la nationalité française, il ne pourra perdre la nationalité française que si le Gouvernement français y consent (C. civ., art. 23-4). Et, dans la pratique, cette libération de l'allégeance française ne sera accordée que si ce Français double national s'est expatrié à l'étranger[1], ce que permet expressément la Convention européenne de 1997 (art. 8, § 2).

466. ***Conclusion : bilan assez favorable du droit français.*** Au regard de la question posée du « droit à la nationalité », le bilan du droit français apparaît dans l'ensemble satisfaisant. Dans la détermination des cas d'attribution de la nationalité française d'origine, la place qu'il fait au *jus soli* écarte tout risque d'apatridie pour les enfants nés en France. Mais il ne suffit pas d'être apatride pour avoir, en dehors des cas prévus par le législateur, droit à la nationalité française. Pour ce qui concerne la perte de la nationalité française, si l'on peut juger excessives les facilités de contestation par le ministère public de la nationalité résultant d'une déclaration ou constatée par un certificat de nationalité, la disposition la plus choquante, qui pouvait à titre de sanction rejeter un individu dans l'apatridie, a disparu, bien que subsiste encore sur ce point une discrimination entre Français d'origine et Français d'acquisition. Enfin, sur la question du changement de nationalité, le droit français ne s'oppose pas au changement pour le Français qui acquiert une nationalité étrangère, dès lors qu'il met le fait en accord avec le droit et va s'établir à l'étranger.

Bibliographie indicative

En plus des ouvrages généraux de droit international privé, qui contiennent presque tous, quoiqu'inégalement, des développements sur la nationalité, on pourra consulter plus spécialement :

- R. Boulbès, *Droit français de la nationalité*, Sirey, 1957.
- P. Courbe, *Le nouveau droit de la nationalité*, 2e éd., Dalloz, coll. « Connaissance du droit », 1998.

1. V. les décisions citées *in* Lagarde, *op. cit.*, n° 42.22.

- A. Dionisi-Peyrusse, *Essai sur une nouvelle conception de la nationalité*, préface P. Courbe, *Defrénois*, 2008, 433 p.

- H. Fulchiron, *La nationalité française*, PUF, coll. « Que sais-je ? », n° 3567, 2000.

- Gisti (Groupe d'information et de soutien des immigrés), *Le guide de la nationalité française*, La Découverte, 2013.

- F. Jault-Seseke, S. Corneloup et S. Barbou des Places, *Droit de la nationalité et des étrangers*, PUF, coll. « Thémis », 2015, nos 34 s.

- P. Lagarde, *La nationalité française*, 4e éd., Dalloz, 2011.

- E. Pataut, *La nationalité en déclin*, Paris, Odile Jacob, 2014.

- Société française pour le droit international, *Droit international et nationalité*, Pédone, 2012.

- « La Nationalité », *Pouvoirs*, n° 160 (janvier 2017).

- J.-P. Thiellay, *Les clés de la nationalité française*, 2e éd., Berger-Levrault, 2005.

V. aussi le rapport de la Commission de la nationalité, intitulé *Être français aujourd'hui et demain*, 2 vol., La documentation française, Paris, 1988.

L'histoire de la politique française de la nationalité a été écrite par Patrick Weil, *Qu'est-ce qu'un Français ? Histoire de la nationalité française depuis la Révolution*, Grasset, 2002. V. aussi, pour le XIXe s., la monumentale *Histoire du droit de la nationalité française des origines à la veille de la réforme de 1889* de G. Légier, 2 vol., PU d'Aix-Marseille, 2014.

Les textes français, depuis 1790, ont été rassemblés par le ministère de la Justice dans le volume : *La nationalité française, Recueil des textes législatifs et réglementaires, des conventions internationales et autres documents*, Doc. fr., dont la dernière édition est de 2007.

Sur divers points généraux abordés dans cette section, on pourra consulter

- B. Audit, « Le Code civil et la nationalité française », *in 1804-2004. Le Code civil, un passé, un présent, un avenir*, Dalloz, 2004, p. 731-748.

- S. Corneloup, « Réflexions sur l'émergence d'un droit de l'Union européenne en matière de nationalité », *JDI* 2011. 491.

- J.-F. Flauss, « L'influence du droit international des droits de l'homme sur la nationalité », *in Perspectives du droit public. Études offertes à J.-C. Hélin*, Litec, 2004, p. 269-286.

- H. Fulchiron, « Droit à une nationalité, droit à la nationalité, droit à sa nationalité ? (Variations sur le thème de l'évolution contemporaine des rapports entre individu et nationalité) », *in Le droit entre tradition et modernité. Mélanges à la mémoire de Patrick Courbe*, Dalloz, 2012, p. 205-225.

- G. de Geouffre de la Pradelle, « Nationalité française, extranéité, nationalités étrangères », *in Mélanges D. Holleaux, Litec*, 1990, p. 135 s.

- P. Lagarde, « Succession d'États, apatridie et nationalité. Développements récents », *in Le monde du droit. Écrits rédigés en l'honneur de J. Foyer*, Economica, 2008, p. 619 s.; « Nationalité », *in* D. Alland et S. Rials (dir.), *Dictionnaire de la pensée juridique*, PUF, 2003, p. 1051 s.; « La double nationalité », *Commentaire*, 2012. 441; Le débat sur la déchéance de nationalité : essai de clarification, *JCP G*, févr. 2016, étude 105, p. 197-200.

- Y. Lequette, « Réflexions sur la nationalité française », *Cah. Cons. const.* 2008, n° 23.

- F. Marchadier, « L'attribution de la nationalité à l'épreuve de la Convention européenne des droits de l'homme. Réflexions à partir de l'arrêt *Genovese c/ Malte* », *Rev. crit. DIP* 2012. 61.

- E. Pataut, « Citoyenneté de l'Union européenne et nationalité étatique », *RTD eur.* 2010. 617.

- F. Terré, « Réflexions sur la notion de nationalité », *Rev. crit. DIP* 1975. 197.

Pistes de réflexion

La place faite à la volonté individuelle dans le droit de la nationalité.
Le droit à une nationalité implique-t-il celui d'établir sa filiation ?
Le droit français de la nationalité est-il conforme au principe de non-discrimination ?
Les incidences possibles du droit européen sur le droit français de la nationalité
Droit au mariage et nationalité
Contestation et retrait de nationalité au regard des droits de l'homme
La double nationalité
La déchéance de nationalité

Section 2.
LIBERTÉ POLITIQUE ET DROIT DE VOTE

DOMINIQUE ROUSSEAU
Professeur à l'Université Paris 1 (Panthéon-Sorbonne)
Membre de l'Institut universitaire de France

Considéré comme une fonction dans la logique de la souveraineté nationale et comme un droit dans la logique de la souveraineté populaire, le vote est l'instrument par lequel, aujourd'hui, les citoyens expriment une volonté et désignent les personnes qui vont agir à leur place. D'abord accordé seulement à ceux qui payaient des impôts — suffrage censitaire — le vote fut étendu aux hommes — 1848 — puis aux femmes — 1944 — puis aux jeunes — 1974 — mais reste encore réservé aux nationaux. Depuis quelques années, une question revient régulièrement : le vote suffit-il à qualifier un régime de démocratique ? À côté de l'origine électorale des pouvoirs, le contrôle des pouvoirs, en particulier au regard du respect des droits fondamentaux, devient un critère également déterminant d'une société démocratique.

467. Quelques mois après le décret du 5 mars 1848 qui établit le suffrage universel pour les hommes, une gravure devenue célèbre représente un ouvrier abandonnant son fusil pour déposer un bulletin de vote dans l'urne. Autrement dit, lorsque les artistes ont eu à symboliser le droit de vote, ils l'ont immédiatement fait par l'idée de pacification de la vie sociale qu'introduisait nécessairement, selon eux, le droit de vote. Désormais, la satisfaction des besoins des citoyens, des électeurs, des gens, n'avait plus besoin de passer par l'insurrection, les barricades, mais pouvait s'exprimer par le suffrage universel, par le bulletin de vote. Cette gravure va évidemment circuler tout au long du XIXe siècle. Cent vingt ans plus tard, on trouve en mai 1968 une affiche qui représente un pavé parisien et qui proclame à l'adresse des moins de vingt ans : « Voici votre bulletin de vote ». Entre ces deux gravures, entre ces deux symbolisations, entre ces deux moments (1848-1968), à travers ces deux représentations du droit de vote, se glisse toute l'histoire du suffrage universel. Le droit de vote a été un droit conquis à la suite de luttes politiques, à la suite de luttes sociales et de luttes parfois violentes. Le droit de vote n'est pas un droit qui a été spontanément accordé aux individus; ce n'est pas un droit naturel au sens où il appartiendrait par nature à l'homme; il a fallu que les hommes se battent pour conquérir ce droit d'exprimer leurs opinions, leurs pensées par un bulletin de vote. Ce droit symbolise la puissance ou le pouvoir du peuple comme en témoigne pendant le XIXe siècle l'assimilation du vote, l'assimilation du suffrage à la force imposante du lion. Dans les campagnes électorales, pour signifier la force du suffrage universel, on montre un lion, force sinon tranquille, en tout cas force imposante pour faire reculer les inégalités. Dès le début du XXe siècle l'éloge du vote comme force du peuple commence à céder le pas devant la dénonciation de l'illusion électorale qui fait du citoyen, selon l'expression de l'époque, « le souverain d'un jour tous les cinq ans ». Cette dénonciation de l'illusion électorale va se poursuivre tout au long de ce siècle, se poursuit aujourd'hui encore et s'approfondit même avec ce qu'il est convenu d'appeler la crise de la démocratie représentative, la crise de la démocratie électorale et la recherche d'une nouvelle forme de démocratie que certains nomment démocratie délibérative ou démocratie participative. En somme, un peu plus de cent vingt ans après l'introduction du suffrage universel, la question qui se pose est simple : est-ce qu'il n'y a pas un essoufflement du droit de vote, est-ce que le droit de vote suffit toujours pour qualifier un régime politique démocratique ? Voilà la question philosophique à laquelle notre modernité se trouve confrontée. Ce droit qui a été conquis par des luttes, ce droit pour lequel des gens sont morts et ont lutté, est-ce aujourd'hui un droit qui suffit encore pour distinguer les dictatures des démocraties, pour avoir la garantie que le régime est démocratique.

Avant de répondre à cette question, il en est une autre qui peut paraître paradoxale : le droit de vote existe-t-il vraiment ? L'expression est couramment employée par les hommes politiques, les journalistes, la doctrine, les juristes, par les électeurs eux-mêmes. Sur le plan juridique, la justesse de l'expression est discutable. En effet, le vote s'inscrit dans une relation nécessaire avec les deux grandes théories de la souveraineté, c'est-à-dire la théorie de la souveraineté nationale ou la théorie de la souveraineté populaire et le suffrage prend un sens différent selon qu'il est rattaché à l'une ou l'autre théorie.

– Dans la logique de la souveraineté nationale, le titulaire de souveraineté c'est la Nation, c'est-à-dire une personne abstraite. Dès lors elle possède le pouvoir de désigner ceux qui vont avoir la responsabilité de désigner les porte-parole de la Nation. Dans cette logique, la Nation peut donc choisir parmi les individus ceux et ceux seulement qu'elle estime capables de la représenter : le suffrage n'est pas un droit, c'est une fonction que la Nation accorde à certains individus.

– Au contraire, dans la logique de la souveraineté populaire, celui qui dispose de tous les pouvoirs, c'est le peuple, et chacun des individus physiques qui composent le peuple est donc nécessairement titulaire d'une partie de la souveraineté et par conséquent du vote. Dans cette logique-là, le suffrage, le vote est un droit qui appartient à chaque citoyen.

Deux théories de la souveraineté, deux doctrines du suffrage : le suffrage comme fonction ou le suffrage comme droit. En 1789, Sieyès l'emporte sur Rousseau, le choix se fait sur la souveraineté nationale et par conséquent sur le vote comme fonction et va constamment être repris pendant tout le XIXe siècle. Ce choix de la souveraineté nationale est-il toujours celui de la France ? La réponse doit être nuancée. En 1946, en effet, la Constitution française, celle de la IVe République, proclame que la souveraineté nationale appartient au peuple et la Constitution de 1958 reprend mot pour mot dans son article 3 ce dispositif constitutionnel. Il s'agit là d'une formule qui se veut de synthèse entre la souveraineté nationale et la souveraineté populaire, une espèce de croisement entre les deux théories qui mériterait de nombreux commentaires. Il suffit de remarquer que, derrière cette formule de synthèse, beaucoup de mécanismes juridiques sont encore redevables à la notion de souveraineté nationale comme, par exemple, le mandat représentatif : la Constitution de 1958 en effet considère comme nul tout mandat impératif, les députés sont totalement libres à l'égard de leurs électeurs qui n'ont pas le droit de donner des ordres à leurs élus, ces derniers ayant l'obligation de délibérer librement en dehors de toute pression du corps électoral. Un député représente la France quel que soit le lieu où il est élu, il est le représentant de la Nation et non de ses électeurs. De même, autre exemple, la question du vote des étrangers sur laquelle on reviendra, peut se comprendre comme une fonction que la Nation souveraine ne veut pas voir accordée à cette catégorie de personnes.

Cette discussion juridique, nécessaire, sur la qualité du suffrage, droit ou fonction, ne doit cependant pas conduire à négliger le fait que les électeurs se représentent l'acte de voter comme étant un droit qui leur appartient et non pas comme étant une fonction qui leur est accordée. Cette représentation de l'acte de voter, qu'elle soit vraie ou qu'elle soit fausse, est constitutive de la réalité du citoyen et de la démocratie. Les gens vivent l'acte de voter comme étant un droit et, à partir de ce moment-là, la manière dont ils se représentent l'acte de voter influe sur la réalité de l'acte de voter : même si juridiquement il est une fonction, l'acte de voter devient sociologiquement un droit. Pour chacun, le vote est un droit qui *appartient au citoyen et* qui *définit la démocratie.* Ces deux caractéristiques doivent être discutées, non pas pour le simple plaisir de la critique mais tout simplement parce que Descartes a appris à mettre en doute ce qui se donne pour évident et aussi parce que les sociétés politiques modernes vacillent aujourd'hui sur leur fondement : abstention importante, déclin du militantisme politique, perte des valeurs... Les points de repère s'effacent, obligeant aujourd'hui à prendre les deux attributs du droit de vote non plus comme des affirmations mais comme des questions.

I. Le droit de vote est-il un droit qui appartient au citoyen ?

468. La Révolution de 1789 a marqué un tournant dans l'histoire politique et constitutionnelle de la France en ce qu'elle a donné naissance à une nouvelle figure, celle du citoyen. La figure de l'Ancien Régime est celle du sujet : la figure de la société qui se crée en 1789 est celle du citoyen. Cette figure va, tout au long du XIXe siècle, se modifier par une extension des droits et notamment du droit de vote à des individus qui jusqu'alors en étaient exclus. On assiste à une progression parallèle du droit de vote et de la figure du citoyen, les deux allant de paire, l'extension continue du droit de vote entraînant parallèlement une extension de la figure du citoyen. Est-ce que cette extension continue du droit de vote est aujourd'hui terminée ? Est-ce qu'il n'y a plus personne à qui accorder le droit de vote et par conséquent à qui reconnaître la qualité du citoyen ?

A. L'extension continue de la figure du citoyen

469. Deux périodes doivent être distinguées.

1. Première période : 1789-1848, le suffrage censitaire

470. Mise à part la Constitution de 1793 qui affirme le caractère universel du suffrage et qui reconnaît le droit de vote à tous les hommes, même les étrangers dès lors qu'ils sont nés et domiciliés en France et qu'ils sont âgés de 21 ans, la période 1789-1848 est celle du suffrage censitaire, c'est-à-dire du suffrage accordé seulement à ceux qui paient un certain montant d'impôt que l'on appelait à l'époque le « cens ». Cette attribution sélective du suffrage se fonde sur la doctrine de la souveraineté nationale : le vote est une fonction. La Nation, qui est souveraine, considère en 1789 que les plus aptes à remplir la fonction d'électeurs sont ceux qui paient un impôt car c'est là la garantie d'un bon fonctionnement politique du pays parce que les gens qui paient des impôts sont des gens riches, dont les affaires privées marchent bien et qui ont donc tout intérêt à ce que les affaires publiques marchent bien également. Le suffrage censitaire est un gage de stabilité et de sécurité juridique.

Mais la question de l'électorat n'est pas réglée pour autant. En effet, tout dépend de la fixation d'un montant de l'impôt, tout dépend aussi de la fixation de l'assiette de l'impôt pour se voir accorder la fonction de voter. Si l'assiette de l'impôt est la terre, la fonction de voter est donnée aux aristocrates ou propriétaires terriens; si l'assiette de l'impôt est la patente, la fonction de voter est donnée aux commerçants, aux entrepreneurs, à la bourgeoisie. Le XIXe siècle, en tout cas jusqu'en 1848, va donc voir se dérouler une lutte politique pour la détermination de la nature de l'impôt.

Quelques exemples : dans la Constitution de 1791, pour pouvoir voter aux assemblées primaires, il fallait payer un impôt équivalent à trois jours de travail; et, pour pouvoir désigner les membres de l'Assemblée nationale, il fallait payer un cens correspondant à près de deux mois de travail. En chiffres, cela représentait 43 000 électeurs. Dans les constitutions napoléoniennes, Sieyès a inventé un système qui combine l'élection par la base mais la désignation des représentants par l'empereur. Les électeurs désignent des représentants sur des listes de confiance et c'est ensuite Bonaparte, puis Napoléon, qui choisit sur ces listes ceux qui vont siéger dans les assemblées parlementaires. Là encore, il s'agit de montrer que le vote n'est pas un droit mais une fonction que le souverain reconnaît à telle ou telle catégorie de personnes. Avec la Restauration (1814), la Chambre des députés est constituée à partir d'élections organisées de la manière suivante : il faut payer un impôt de trois cents francs pour être électeur et de mille francs pour être éligible. En 1830, Charles X édicte une ordonnance visant à modifier l'assiette de l'impôt accordant un privilège au propriétaire foncier contre la bourgeoisie industrielle et commerçante. Cette ordonnance va provoquer la révolution de 1830 et le départ de Charles X. Le nouveau roi Louis-Philippe va évidemment tenir compte de cet épisode révolutionnaire en abaissant le cens électoral de trois cents à deux cents francs pour être électeur et de mille à cinq cents francs pour être éligible. Les chiffres représentent, aux alentours de 1840, 240 000 électeurs. Telle est la situation de 1789 à 1848 : un suffrage censitaire et une bataille politique autour de la détermination du cens à payer pour pouvoir exercer cette fonction.

2. Seconde période : 1848 à 1974, le suffrage universel

471. De 1848 à 1974, c'est l'affirmation du suffrage universel. Trois dates importantes marquent cette longue période. D'abord, celle du 5 mars 1848. À la fin de la monarchie de Louis-Philippe, la bourgeoisie va demander à nouveau un abaissement du cens électoral afin de participer davantage au fonctionnement de l'État. Guizot, qui est alors Premier ministre, va constamment refuser cette ouverture du droit de vote. Pour lui, « le vote est une récompense de la réussite sociale, ce n'est pas un droit ». Ce refus de modifier, d'élargir le droit de vote va à nouveau provoquer, comme en 1830, la révolution de 1848. En février 1848, la révolution éclate et une des grandes revendications des révolutionnaires est le droit de vote, le suffrage universel, qu'ils s'empressent de proclamer dès le 5 mars 1848... pour les hommes seulement. À partir de cette date, on ne reviendra plus jamais sur le suffrage universel masculin. Le Second Empire ne supprimera pas le suffrage universel, il essaiera de le canaliser par les fameuses candidatures officielles, mais le suffrage universel ira même en s'approfondissant et sera à l'origine de la transformation profonde du Second Empire dans la période 1860-1869.

Une deuxième date importante est celle du 21 avril 1944 : l'extension du droit de vote aux femmes. La France est un des derniers grands pays occidentaux à avoir accordé le droit de vote aux femmes. Le Danemark l'a accordé en 1915, la Grande-Bretagne en 1918, l'Allemagne en 1919, les États-Unis en 1920, l'Union soviétique en 1918, le Canada en 1929... Le retard de la France s'explique par plusieurs raisons. D'abord, des raisons tenant à la conception du rôle de la femme dans la société : elles doivent s'occuper des affaires domestiques, des affaires privées et ne peuvent par conséquent pas avoir une opinion sur les affaires publiques; elles ne sont donc pas dignes d'exercer la fonction de voter. À partir du moment en effet où c'est la Nation qui désigne ceux qui sont aptes à exercer la fonction de voter, elle est libre de considérer que la fonction de la femme n'est pas de participer aux affaires publiques mais de participer aux affaires privées. L'Église a joué également un rôle très important comme frein à cette reconnaissance du droit de vote des femmes en s'interrogeant même sur le point de savoir si la femme était dotée d'une âme. Il faut ajouter encore que, sous la IIIe République, la gauche radicale a été prise dans une contradiction. Elle était, par ses conceptions philosophiques, favorable au droit de vote pour la femme, mais les radicaux n'ont jamais voulu accorder le droit de vote aux femmes au motif qu'elles étaient encore plus que les hommes sous la domination de l'église; et la gauche avait peur qu'en donnant le droit de vote aux femmes, cela favorise la victoire de la droite.

Enfin le 5 juillet 1974 est votée la loi qui abaisse la majorité électorale de vingt et un à dix-huit ans. C'est une des premières mesures prises par Giscard d'Estaing.

On a là, avec ces différentes dates, une extension continue du vote et, chaque fois, sous la pression de la rue. Cette extension est-elle aujourd'hui terminée ? Est-on arrivé à la fin de la citoyenneté, n'y a-t-il plus personne à faire entrer dans la catégorie de la citoyenneté ?

B. Une extension interdite aux étrangers ?

472. Selon l'article 3 de la Constitution de 1958, « sont électeurs tous les nationaux français ». La Constitution établit donc, apparemment, un lien de nécessité entre la nationalité et la citoyenneté. Pour pouvoir voter en France, il faut être français.

Cette liaison nationalité/citoyenneté connaît des exceptions (*1.*) et est peut-être en train d'être remise en cause aujourd'hui (*2.*).

1. La reconnaissance spécifique du droit de vote aux étrangers

473. Par exception au principe selon lequel le droit de vote est réservé aux nationaux français, il est admis que les étrangers peuvent voter en France à deux types d'élections : les élections sociales et les élections européennes.

- Dans un arrêt du 12 mai 1978, le Conseil d'État a admis que les étudiants étrangers pouvaient participer à l'élection des membres du Conseil d'administration du CROUS. En l'espèce, il s'agissait du CROUS de l'académie de Nancy-Metz. Cette jurisprudence s'est étendue à toutes les élections dites « professionnelles » (élections sociales, élections mutuelles...) et le Conseil constitutionnel, dans une décision du 14 décembre 1982, a jugé que les étrangers pouvaient voter pour élire les représentants des assurés sociaux aux conseils d'administration des caisses de Sécurité sociale.

- Pour les élections européennes, le Conseil constitutionnel, dans sa décision du 9 avril 1992, à propos de l'examen du traité de Maastricht, a jugé que les étrangers communautaires pouvaient être électeurs et éligibles en France.

Ces deux exceptions s'expliquent par le caractère particulier des élections en cause. En effet, ni les élections sociales, ni les élections européennes ne concernent la souveraineté nationale. Ces deux élections ne servent pas à désigner les titulaires de l'exercice de la souveraineté nationale. L'argumentation du Conseil constitutionnel, dans sa décision du 9 avril 1992, est particulièrement nette et instructive à cet égard. Le Conseil admet la constitutionnalité du droit de vote des étrangers communautaires en France pour les élections européennes parce que le Parlement européen a pour fondement juridique non pas la Constitution de 1958 mais des engagements internationaux : le traité de Rome, l'Acte unique, le traité de Maastricht. Ces engagements internationaux définissent ses attributions. Dès lors, le Parlement européen n'appartient pas à l'ordre institutionnel de la République française, et, par conséquent, l'élection au Parlement européen ne met pas en cause l'exercice de la souveraineté nationale.

Ces deux exceptions, limitées jusqu'à présent aux élections sociales et aux élections européennes, peuvent-elles conduire à la disparition de la nationalité comme condition de la citoyenneté ?

2. Vers la disparition du critère de nationalité ?

474. Cette question a été directement posée au Conseil constitutionnel à l'occasion du contrôle de la constitutionnalité du traité de Maastricht. Ce traité prévoyait d'accorder le droit de vote aux étrangers communautaires pour les élections municipales, ce que le Conseil constitutionnel a déclaré contraire à la Constitution dans sa décision du 9 avril 1992. Selon quel raisonnement ? Le Conseil a conjugué l'article 3 et les articles 24 et 72 de la Constitution. Les élections municipales servent à élire des conseillers municipaux qui vont ensuite élire les sénateurs; or le Sénat est une assemblée de la république qui participe à l'exercice de la souveraineté nationale; permettre aux étrangers communautaires d'élire les conseillers municipaux, c'est leur permettre, indirectement, d'élire les sénateurs et, par conséquent, de participer à l'exercice de la souveraineté nationale que l'article 3 réserve aux seuls nationaux français. Le Conseil constitutionnel a donc, sur la base de ce raisonnement, déclaré contraire à la Constitution la disposition du traité de Maastricht sur le droit de vote aux élections municipales des étrangers communautaires.

Le Gouvernement a en conséquence provoqué une révision constitutionnelle adoptée, le 25 juin 1992, au terme de laquelle est reconnu aux étrangers communautaires le droit de voter aux élections municipales. La nationalité n'apparaît donc plus comme une condition nécessaire et suffisante pour acquérir le droit de vote en France. Pour les élections municipales, qui sont des élections politiques, le Conseil l'a clairement affirmé dans sa décision du 18 novembre 1982, le corps électoral peut être composé de nationaux français et de non-nationaux. L'opposition de droite a saisi à nouveau le Conseil constitutionnel pour lui demander de déclarer contraire à la Constitution la révision du 25 juin 1992 qui accordait le droit de vote aux étrangers communautaires. Mais dans sa décision du 2 septembre 1992, le Conseil a refusé de se prononcer aux motifs que le constituant était libre, qu'il était souverain et qu'il pouvait en conséquence décider d'adopter n'importe quel dispositif constitutionnel nouveau.

Aujourd'hui, donc, à côté des deux exceptions (élections sociales, élections européennes), une brèche est introduite par la révision constitutionnelle du 25 juin 1992 dans ce lien jusque-là parfait entre la nationalité et la citoyenneté. Jusqu'où cette brèche s'ouvrira-t-elle ? Dans combien de temps cette brèche s'élargira-t-elle ? Sur cette question, chacun peut avoir des souhaits de rapidité ou au contraire d'éloignement. Ce qui est certain, en revanche, c'est qu'au niveau de l'analyse et de manière presque caricaturale, on retrouve dans le discours des adversaires du droit de vote aux étrangers, les mêmes arguments, au mot près, qui étaient utilisés pour refuser le droit de vote aux femmes avant 1944; il suffit de remplacer le mot « femme » par « étranger ». En d'autres termes, il n'est pas impossible que la construction européenne contribue à étendre encore davantage le droit de vote et à modifier en conséquence toujours plus la figure du citoyen qui ne serait plus simplement nationale mais qui deviendrait aussi européenne.

II. Le droit de vote est-il toujours un droit qui définit la démocratie ?

475. Pendant très longtemps, et encore très largement aujourd'hui, le paradigme démocratique reposait sur l'assimilation de la démocratie au vote : le régime démocratique est celui où les citoyens ont le droit de vote. Ce paradigme est aujourd'hui en discussion et nombre d'auteurs accordent davantage d'importance pour qualifier un régime démocratique aux conditions dans lesquelles le droit de vote s'exerce dans un pays. Le droit de vote n'est plus suffisant, encore faut-il qu'il respecte un certain nombre de conditions pour que l'on puisse parler d'un exercice démocratique du droit de vote. Mais, même si les conditions idéales du droit de vote sont réunies, est-ce qu'aujourd'hui ce droit-là, même parfait, est toujours un critère suffisant pour définir un régime démocratique ?

A. Les conditions d'un exercice démocratique du droit de vote

476. On peut les résumer à deux : il n'y a exercice démocratique du droit de vote que lorsque le vote est libre (*1.*), et qu'il est sincère (*2.*).

1. La liberté du vote

477. Elle est considérée par tous les auteurs comme l'élément capital d'un régime démocratique et signifie la possibilité pour les électeurs de choisir entre plusieurs candidatures, voire de ne pas choisir, c'est-à-dire d'être libre de ne pas voter. Cette liberté, qui comprend donc la liberté de ne pas prendre part au scrutin, s'exprime à travers plusieurs caractéristiques habituellement reconnues au vote.

La première caractéristique de la liberté du vote est l'égalité, formule qui se traduit par le principe : un électeur = une voix. Ce principe suscite sur le plan du droit un certain nombre de difficultés comme on a pu le voir lorsque le législateur a voulu favoriser la participation politique des femmes aux élections municipales. Le Parlement avait en effet voté une loi qui accordait un quota de 25 % de places pour le sexe féminin sur les listes de candidature aux élections municipales. Dans sa décision du 18 novembre 1982, le Conseil constitutionnel a censuré cette disposition au motif que le principe d'égalité interdisait toute division des électeurs par catégorie. Le Conseil constitutionnel privilégie ici une conception abstraite de l'égalité refusant de voir les inégalités politiques ou sociales existant entre les individus et d'admettre la nécessité de discrimination positive pour rétablir l'égalité. Cette égalité s'est également étendue à la question de la délimitation des circonscriptions électorales. Le scrutin majoritaire à deux tours oblige en effet à découper les départements en circonscriptions électorales. Pour que le vote soit libre, pour que le vote de chaque citoyen pèse d'un poids égal, il faut évidemment qu'un député représente le même nombre d'électeurs ou à peu près le même nombre d'électeurs. Si dans une circonscription, il y a 200 000 électeurs et dans une autre 70 000, l'égalité ne sera pas respectée puisqu'il y aura dans l'une, un député pour 200 000 électeurs et dans l'autre, un député pour 70 000 électeurs. Le Conseil constitutionnel vérifie donc, de manière très attentive, que le découpage des circonscriptions effectué par le Gouvernement ne procède *d'aucun arbitraire politique;* malgré ce contrôle, il existe encore de profondes inégalités de représentation entre les circonscriptions. Ce principe d'égalité est donc davantage un idéal, un objectif à atteindre qu'une réalité.

La liberté du vote implique également, aujourd'hui en tous les cas, le secret du vote. C'est là un phénomène relativement nouveau. En 1789 et jusqu'en 1793, le vote était public et les révolutionnaires considéraient le secret du vote comme un moyen pour les individus de cacher leurs opinions aux yeux de leurs concitoyens. Mais, progressivement, les révolutionnaires se sont aperçus que le vote public était aussi un moyen pour l'aristocratie, pour les nobles, de faire pression sur les électeurs en les menaçant d'être renvoyés s'ils ne votaient pas pour tel ou tel candidat; de sorte que progressivement le secret du vote a été considéré comme un élément capital pour exprimer la liberté politique des citoyens. L'isoloir est ainsi devenu le symbole du secret du vote et le Conseil constitutionnel annule régulièrement les résultats dans les communes où le maire n'a pas installé un isoloir.

La liberté du vote implique que l'électeur lui-même, en personne, vote; cette disposition a été renforcée récemment par la limitation des possibilités du vote par procuration.

Reste un dernier caractère qui est le caractère facultatif du vote, au moins en France et dans un certain nombre de pays. Mais il faut savoir que dans d'autres pays (Danemark, Belgique, Grèce...) le vote est obligatoire et l'abstention punie d'une contravention.

La première condition pour que l'on puisse parler d'un exercice démocratique du droit de vote est donc que ce vote puisse s'exercer librement. Encore faut-il que le vote puisse s'exprimer également de manière sincère.

2. *La sincérité du vote*

478. Elle signifie que la liberté de choix des électeurs doit être intégralement respectée, rien ne devant venir altérer l'expression du suffrage. Cet aspect du droit de vote est le plus délicat car il conduit à entrer dans une discussion sur les déterminants du vote, sur les facteurs psychologiques, sociologiques, culturels, économiques qui conduisent un électeur à voter pour tel candidat plutôt que pour un autre. En effet, les campagnes électorales ont précisément pour objet d'influencer l'électeur, d'influencer son vote. Il convient cependant que cela n'aboutisse pas à truquer les résultats, à ce que l'électeur soit privé au terme de la campagne d'une véritable liberté de choix. Or, les campagnes électorales sont toujours des moments un peu particuliers où les partis politiques se livrent une concurrence acharnée pour influencer le choix de l'électeur. Les irrégularités de campagne électorale sont diverses : tract injurieux, diffusion de fausse information sur la vie privée d'un candidat, fermeture anticipée des bureaux de vote, dépouillement à huis clos. Il y a donc une multitude de faits qui peuvent altérer la sincérité du scrutin par des influences déloyales sur la liberté de choix de l'électeur.

La position du Conseil constitutionnel est très délicate dans ces affaires car le juge ne sait jamais jusqu'où l'électeur a pu être influencé par une irrégularité, aussi le Conseil constitutionnel, compétent pour contrôler la sincérité des élections politiques, a pris pour étalon l'écart des voix : ou l'écart des voix est faible (35, 40, 50 voix) et le Conseil peut considérer qu'une irrégularité a pu altérer la sincérité du scrutin ou bien l'écart de voix est fort (300, 400, 500 voix) et le Conseil a tendance à considérer que les irrégularités, pour regrettables qu'elles soient, n'ont pas altéré la sincérité du résultat. C'est une jurisprudence critiquable car elle consiste à dire : « si vous fraudez, mettez le paquet, vous êtes sûr que ça passe ».

Pour éviter précisément que les électeurs soient trop influencés par l'argent dans leur choix d'un candidat, le Parlement a voté plusieurs lois visant à limiter le plafond des dépenses électorales. Aux élections législatives de 1988, un conflit naît entre Bernard Tapie et son concurrent Pierre Teissié qui reproche au nouveau député des Bouches-du-Rhône d'avoir dépassé le plafond autorisé par la loi. Le Conseil constitutionnel reconnaît la faute (dépassement de 500 000 F) mais, en même temps, il constate que Pierre Teissié a également dépassé le plafond pour une importance comparable à celle de Bernard Tapie et conclut que l'irrégularité financière étant également partagée n'a donc pas pu porter atteinte à la liberté de choix des électeurs. Voilà un exemple qui montre que le contrôle de la sincérité du scrutin devrait être plus ferme et plus exigeant.

Ces histoires, qui font sourire, sont cependant graves car la qualité démocratique d'un régime, si elle dépend du droit de vote, doit entourer son expression de toutes les garanties possibles de rectitude et de rigueur. La démocratie peut mourir d'une succession d'élections truquées, la croyance des citoyens en la qualité de leur régime peut s'effondrer si l'acte de vote est par trop manipulé par les différentes techniques financières ou de campagnes électorales. La qualité du vote est un enjeu capital pour la qualité et la légitimité de la démocratie.

Admettant ces conditions réunies, c'est-à-dire admettant que le vote s'exerce librement et que l'électeur puisse s'exprimer sans que les campagnes électorales ne viennent altérer la sincérité de son suffrage, est-ce que, malgré tout, le droit de vote reste le critère suffisant de la démocratie ?

B. Le droit de vote : critère suffisant de la démocratie ?

1. Les ambivalences du droit de vote

479. Plusieurs auteurs d'opinions politiques différentes mais s'appuyant sur une méthode sociologique voisine ont pu faire observer les ambivalences politiques du droit de vote.

La première ambivalence politique du droit de vote est qu'il a deux faces contradictoires. Le droit de vote exprime d'abord le pouvoir du citoyen, la participation du citoyen à la vie politique : il donne non pas son avis, il exprime sa décision. La souveraineté s'exprime par ce droit de suffrage, ce droit de décision électorale donné aux citoyens. Mais, dans le même temps où il est l'expression du pouvoir du citoyen, le droit de vote est aussi l'instrument par lequel le citoyen délègue son pouvoir aux représentants, abandonne son pouvoir pour élire des représentants qui vont agir à sa place. Le vote est donc à l'origine de la forme représentative de la démocratie, c'est-à-dire d'une forme où ceux qui vont prendre les décisions sont les représentants élus par le peuple, non les citoyens. Cette première ambivalence est à l'origine de nombreuses désillusions politiques car, avec le temps, les représentants politiques ont tendance à oublier les besoins, les aspirations, les volontés, les souhaits de leurs électeurs et à privilégier la satisfaction de leurs intérêts de représentants, de professionnels de la politique; le citoyen, au bout de ce processus, se considère comme dépourvu du pouvoir et comme incapable de « se rebrancher » sur le corps politique de la Nation. D'où la désaffection à l'égard du vote, d'où l'utilisation du vote par les citoyens comme exutoire de leur mécontentement, de leur exclusion du système politique puisque l'élection ne fait plus lien entre les électeurs et les élus. Les électeurs ont tendance à utiliser « n'importe comment » leur vote, c'est-à-dire à l'utiliser pour manifester leur désapprobation à l'égard de ce changement de signification du vote, il n'y a plus de stabilité du corps électoral car l'élection ne fait plus lien social.

Une deuxième ambivalence, plus classique, est que l'origine électorale du pouvoir ne garantit pas nécessairement le caractère démocratique d'un régime. L'histoire politique enseigne effectivement que le vote n'a pas toujours permis d'attribuer aux citoyens l'ensemble des libertés traditionnelles qui caractérisent aussi la démocratie. Dès la fin de la IIe République, Proudhon qui au début s'était pourtant montré favorable au suffrage universel, écrit « le plus sûr moyen de faire mentir un peuple c'est l'institution du suffrage universel ». Il faut rappeler que le suffrage universel, introduit en 1848, a donné naissance non pas à la démocratie mais à l'empire, à la dictature napoléonienne (1851). Plus généralement, le droit de vote est reconnu dans tous les régimes dictatoriaux : il y avait des élections législatives sous Franco, sous la Grèce des colonels, il y avait des élections législatives au scrutin majoritaire à deux tours en Union soviétique jusqu'en 1989. L'origine électorale des pouvoirs n'est peut-être donc pas, du point de vue politique, la garantie suffisante d'un régime démocratique. Condorcet, déjà, s'interrogeait sur les rapports entre la loi du nombre et la raison. Doit-on soumettre au vote le point de savoir si c'est la terre qui tourne autour du soleil ou l'inverse ? Dans un sondage, 33 % des Français répondaient que c'était le soleil qui tournait autour de la terre. Quel est le rapport entre la loi du nombre et la démocratie ? Est-ce que la démocratie ne se définit pas autrement que par le simple jeu d'une majorité électorale ?

2. Quel nouveau paradigme démocratique ?

480. Ces deux ambivalences politiques du droit de vote conduisent de plus en plus aujourd'hui les philosophes qui s'intéressent à la vie politique, qui s'intéressent au droit, à imaginer ce que pourrait être un nouveau paradigme démocratique.

Le paradigme classique est l'assimilation de la démocratie au droit de vote et il reste vrai que le droit de vote demeure un élément nécessaire, indispensable de classification d'un régime dans la catégorie démocratique. L'Afrique du Sud, par exemple, n'a pu rentrer dans la catégorie des régimes démocratiques qu'à partir du moment où le droit de vote a été accordé à chacun des citoyens de la république de l'Afrique du Sud. Il ne s'agit donc pas de détruire, de supprimer le droit de vote; il s'agit simplement de s'interroger sur la nécessité de compléter la définition de la démocratie moderne par l'affirmation d'autres droits aussi nécessaires et aussi indispensables que le droit de vote pour qu'un régime soit qualifié de démocratique. Ces droits qui feraient partie du nouveau paradigme démocratique sont les droits fondamentaux de la personne humaine, et particulièrement la liberté d'opinion et les droits de la défense parce que ce qui distingue une dictature d'une démocratie, c'est que dans la démocratie il y a une circulation ininterrompue de la communication afin « d'établir les règles de la vie bonne ». Cette circulation ininterrompue de la communication implique en effet que chacun puisse exprimer son opinion, que chacun puisse argumenter sa thèse (d'où la liberté d'opinion), implique aussi que chacun puisse la défendre sans être persécuté, que chacun puisse être défendu pour avoir proclamé telle ou telle thèse (d'où les droits de la défense). La modalité spécifiquement démocratique est celle de la discussion, ce qui rejoint les vieilles démocraties athéniennes ou africaines : la palabre. La démocratie c'est la discussion, la délibération, l'échange d'arguments; ce n'est pas nécessairement le vote ou c'est le vote comme conclusion non définitive d'un processus de circulation de la communication entre les citoyens. D'où la thèse, assez révolutionnaire dans les sociétés politiques occidentales, que le juge remplit une fonction démocratique non pas parce qu'il serait plus démocratique que les autres acteurs institutionnels mais parce que sa fonction de juge l'oblige à faire respecter entre deux moments électoraux les droits fondamentaux qu'une majorité politique pourrait être tentée de diminuer.

Ce nouveau paradigme démocratique met donc en avant, à côté du droit de vote, la nécessité de développer les procédures de délibération publique comme moyen d'approfondir, d'aller au plus près de la qualité de citoyen actif en réduisant la délégation de pouvoir qui est au principe du droit de vote. Le citoyen vote le dimanche mais le lundi il continue son métier de citoyen en participant dans différents lieux à la délibération qui pèsera sur le député au moment de sa prise de décision. Cette nouvelle figure de la démocratie qui combine le droit de vote avec le nécessaire respect des droits fondamentaux vient retrouver la figure classique de la démocratie athénienne, vient retrouver aussi les réflexions des philosophes et en particulier d'un philosophe français, Alain, qui écrivait en 1910 qu'après avoir beaucoup cherché une définition à la démocratie, il pouvait affirmer « que son critère est le contrôle continu et permanent que les gouvernés exercent sur les gouvernants. » Le respect des droits fondamentaux et par conséquent le contrôle de leur respect par le juge sont précisément des instruments que les citoyens peuvent utiliser contre leurs représentants entre deux moments électoraux. Le droit de vote n'est donc certainement pas un droit archaïque dépassé; c'est un droit qui doit se renouveler, retrouver un souffle nouveau en s'intégrant dans une procédure plus large de délibération publique.

Section 3.
LA LIBERTÉ D'ALLER ET DE VENIR

XAVIER PHILIPPE
Professeur à la faculté de droit de l'Université d'Aix-Marseille, Directeur de l'Institut Louis Favoreu – GERJC UMR 7318 (DICE)

La liberté d'aller et de venir reste une des figures emblématiques des droits fondamentaux. Laissée pendant longtemps à la seule protection du juge ordinaire, sa consécration constitutionnelle et conventionnelle lui a donné une nouvelle dimension tant à l'intérieur de notre pays que lors du franchissement de ses frontières. Si cette liberté bénéficie d'une solide protection à l'égard des nationaux et ne donne plus lieu à un contentieux très fourni, la question de l'entrée et du séjour des étrangers en France place cette liberté au cœur d'un débat quotidien. Les modifications récurrentes et nombreuses des textes — en dernier lieu avec les lois Sarkozy II et Hortefeux — qui s'y rapportent ont donné au régime juridique de la liberté d'aller et de venir un aspect très technique et complexe, laissant souvent une impression d'arbitraire et d'insécurité juridique. Cette contribution se propose d'étudier ces aspects récents en les replaçant dans leur cadre général et en évaluant leur portée réelle. La mise en œuvre de la question prioritaire de constitutionnalité (QPC) depuis le 1er mars 2010 ouvre de nouvelles perspectives à la contestation contentieuse de restrictions à la liberté d'aller et de venir. La mise en place de l'état d'urgence suite aux attentats de novembre 2015 doit également être lue au regard de cette liberté.

481. *Problématique.* La liberté d'aller et de venir est une composante de la liberté individuelle au sens large. Elle est inhérente à la personne humaine : se mouvoir, stationner et séjourner font partie intégrante de ses fonctions vitales. Juridiquement, la détermination du contenu de cette liberté est complexe. Si elle peut se définir de façon générique comme la liberté de se déplacer ou de s'établir, les aménagements ou restrictions à l'exercice de ses manifestations sont assez nombreux. Ils forment un ensemble de règles assez disparates dont le seul lien concerne le *déplacement* ou l'*établissement* de l'individu.

Historiquement, la liberté d'aller et de venir a connu de multiples réglementations et fait l'objet d'un encadrement. La liberté de déplacement a été longtemps soumise à un régime de péages et d'autorisations[1]. Aujourd'hui encore, pouvoir se déplacer librement et sans contrainte, sans autorisation de la puissance étatique, constitue un privilège des sociétés démocratiques.

La liberté d'aller et de venir a conquis ses lettres de noblesse par le *renforcement de son statut juridique* et notamment par la reconnaissance de son statut constitutionnel, relayé par certaines conventions internationales. Au fur et à mesure, cette liberté a été encadrée non plus par le seul pouvoir exécutif mais par le pouvoir législatif, tenu de mettre en œuvre les règles et principes constitutionnels. Cette transformation, pour logique et légitime qu'elle apparaisse aujourd'hui, s'est imposée progressivement mais non sans difficulté.

I. Les sources de la liberté d'aller et de venir

482. Par son rattachement à la liberté individuelle au sens large, la liberté d'aller et de venir possède un *fondement d'ordre constitutionnel*[2]. Cela signifie

1. Outre les droits de péage formellement abolis sous la Révolution, Louis XI imposa l'existence de passeports intérieurs qui furent généralisés. Au XIXe siècle, les personnes sans domicile fixe devaient posséder un carnet de circulation et les ouvriers un livret ouvrier qui servait de fiche policière d'immatriculation.
2. V., L. Favoreu et *al.*, *Droit constitutionnel*, 20e éd., Dalloz, coll. « Précis », 2018, n°s 1275 s; B. Mathieu et M. Verpeaux, *Contentieux constitutionnel des droits fondamentaux*, LGDJ, coll. « Manuel », 2002, p. 536 s.; *Code constitutionnel*, commenté par M. de Villiers, X. Magnon et T. S. Renoux, 6e éd., Litec, 2017, p. 794 s.

qu'elle est intégrée dans l'ensemble des droits fondamentaux protégés par le bloc de constitutionnalité. Ce fondement n'a pas pour effet de conférer l'exclusivité de la formation du régime juridique de cette liberté au seul pouvoir constituant, mais d'encadrer rigoureusement son organisation par les pouvoirs législatif et réglementaire. Par ailleurs, la liberté d'aller et de venir a *également été intégrée dans le texte de certaines conventions internationales*, dont certaines peuvent être directement invoquées devant le juge ordinaire.

A. Les sources constitutionnelles

483. ***Fondements constitutionnels de la liberté d'aller et de venir.*** La liberté d'aller et de venir peut textuellement se rattacher à l'article 4 de la Déclaration des droits de l'homme et du citoyen de 1789 qui consacre le *principe général de liberté*[1]. Il a fallu toutefois attendre l'intervention de la jurisprudence constitutionnelle pour que son statut soit consacré, le Conseil d'État ne s'étant pas prononcé formellement[2]. Par une décision du 12 juillet 1979, *Ponts à péage*, le Conseil constitutionnel lui a explicitement reconnu le statut d'un principe à valeur constitutionnelle[3]. Une telle consécration a conduit à s'interroger sur l'autonomie de la source de protection de cette liberté. La jurisprudence antérieure (implicitement) et postérieure (explicitement) l'a toutefois englobée dans la protection de la liberté individuelle offerte au titre de la Déclaration de 1789[4]. Cette reconnaissance a semblé placer également pendant quelque temps *la liberté d'aller et de venir sous la garantie offerte par l'article 66 de la Constitution du 4 octobre 1958* qui reconnaît notamment la compétence exclusive de l'autorité judiciaire pour protéger la liberté individuelle[5]. Ce fondement a toutefois été remis en cause par la jurisprudence ultérieure (non sans hésitation) qui a privilégié une conception plus restrictive de la « liberté individuelle placée sous la protection de l'article 66 de la Constitution ». Il ne remet pas en cause le statut de la liberté d'aller et de venir puisque le Conseil constitutionnel se réfère aux articles 1er, 2 et 4 de la Déclaration des droits de l'homme pour la garantir[6]. Aujourd'hui, la liberté d'aller et de venir constitue donc une liberté individuelle à

1. V. sur l'insertion de la liberté d'aller et de venir dans les préoccupations des auteurs de la Déclaration de 1789, M.-A. Latournerie concl. sur T. confl. 9 juin 1986, *Eucat*, *RFDA* 1987. 53; G. Conac, M. Debène et G. Teboul (dir.), *La Déclaration des droits de l'homme et du citoyen de 1789, histoire analyse et commentaires*, Economica, 1993.
2. V. en ce sens L. Richer, *Les droits de l'homme et du citoyen*, Economica, 1987, p. 43.
3. Cons. const. 12 juill. 1979, n° 79-107 DC, Rec. Cons. const. 31; cette reconnaissance n'empêche pas le législateur d'instituer des péages sur certains ouvrages.
4. V. Cons. const. 12 janv. 1977, n° 76-75 DC, *Fouille des véhicules*, Rec. Cons. const. 23; Cons. const. 20-21 janv. 1981, n° 80-127 DC, *Sécurité et liberté*, Rec. Cons. const. 15; Cons. const. 25 févr. 1992, n° 92-307 DC, *Zones de transit*, Rec. Cons. const. 48; Cons. const. 13 août 1993, n° 93-325 DC, *Maîtrise de l'immigration*, *GDCC* 32, *RJC* I-539; Cons. const. 18 janv. 1995, n° 94-352 DC, *Loi d'orientation et de programmation relative à la sécurité*, Rec. Cons. const. 170, *RJC* I-634.
5. V. L. Favoreu et *al.*, *Droit constitutionnel*, *op. cit.* n° 1282. Le Conseil constitutionnel a semblé revenir sur cette assimilation automatique dans sa décision n° 99-411 DC du 16 juin 1999 relative à la *Sécurité routière et aux infractions sur les agents des exploitants de réseau de transport public de voyageurs*, Rec. Cons. const. 75, *JCP* 2000. I. 201, note B. Mathieu et M. Verpeaux.
6. V. Cons. const. 27 juill. 1994, nos 94-343 et 94-344 DC, *Bioéthique*, *GDCC* 33, spéc. § 16 (consid. 3 : Considérant que la liberté individuelle est proclamée par les articles 1er, 2 et 4 de la Déclaration des droits de l'homme et du citoyen : qu'elle doit toutefois être conciliée avec les autres principes de valeur constitutionnelle). Le Conseil constitutionnel semble avoir abandonné la référence à l'art. 1er de la Déclaration : Cons. const. 19 janv. 2006, n° 2005-532 DC, *Lutte contre le terrorisme*, Rec. Cons. const. 31 (consid. n° 16 de la décision : « [...] la liberté d'aller et venir protégée par les articles 2 et 4 de la Déclaration de 1789 »).

part entière (par opposition aux libertés collectives), se distingue de la liberté individuelle — sûreté placée sous le contrôle exclusif du juge judiciaire (article 66 de la Constitution de 1958) et bénéficie d'une protection constitutionnelle que le juge judiciaire et le juge administratif doivent faire respecter (ce qui exclut l'exclusivité de compétence du juge judiciaire pour connaître des atteintes à cette liberté).

Le statut constitutionnel de la liberté d'aller et de venir engendre deux conséquences sur la physionomie de ses sources : d'une part, le juge constitutionnel a tracé les contours de son régime juridique en précisant son contenu; d'autre part, les autorités législatives et exécutives chargées de sa mise en œuvre sont tenues de respecter les directives contenues dans les dispositions constitutionnelles interprétées par le Conseil constitutionnel. Tout ceci s'opère sous le contrôle du pouvoir juridictionnel[1] qui vérifiera le respect des conditions fixées par le juge constitutionnel pour que la liberté soit respectée. Les *normes de référence* traitant de la liberté d'aller et de venir sont *peu nombreuses* alors que les *conditions interprétées* (et dégagées) *par le juge constitutionnel* sont *multiples*.

B. Les sources internationales

484. ***Les différentes catégories de sources internationales.*** Les sources internationales de la liberté d'aller et de venir peuvent être classées en deux catégories.

La première concerne l'hypothèse d'accords internationaux classiques par lesquels les États s'engagent à respecter, à travers leur réglementation, la liberté d'aller et de venir. Tel est le cas, par exemple, de l'article 12 du paragraphe 1 du *Pacte des Nations unies relatif aux droits civils et politiques* de 1966[2]. Sans méconnaître l'importance de cette source[3], elle reste souvent complémentaire aux sources internes qui lui sont préférées par les plaideurs[4]. Il faut par ailleurs souligner qu'en matière de liberté d'aller et de venir, les textes internationaux généraux sont peu nombreux et lorsqu'ils existent, ne possèdent pas toujours une densité normative suffisante pour générer des droits immédiatement invocables par les individus[5]. Il ne faut toutefois pas conclure trop vite à leur inapplicabilité : ainsi, la *Convention internationale relative à la protection des droits de l'enfant* a été reconnue susceptible de générer des droits directs touchant à la liberté d'aller et de venir[6].

1. C'est-à-dire du juge judiciaire ou du juge administratif. Bien que le juge judiciaire soit désigné par la Constitution de 1958 comme le garant de la liberté individuelle, le juge administratif peut être amené à statuer sur des actes administratifs mettant en cause la liberté individuelle de façon médiate. V. *infra* — le contrôle et les sanctions des atteintes à la liberté d'aller et de venir.
2. V. Civ. 1re, 28 nov. 1984, *Bonnet*, *JCP* 1986. II. 20600, note M. Lombard.
3. Elle peut, en effet, donner lieu à une plainte d'un individu devant le Comité des droits de l'homme institué par ce pacte et ses protocoles pour autant que l'État partie ait accepté le droit de pétition individuelle.
4. Ceci s'explique également par l'obligation d'épuiser les voies de recours internes avant de porter tout litige devant une instance internationale de contrôle (juridiction ou organe consultatif).
5. Ainsi la *Déclaration universelle des droits de l'homme* du 10 déc. 1948 n'est pas directement invocable devant le juge : CE 11 mai 1960, *Car*, *Lebon* 319.
6. CE 22 sept. 1997, *Mlle Cinar*, *RFDA* 1998. 1212, décision portant sur le droit au regroupement familial et la Convention internationale des droits de l'enfant. Il s'agissait en l'espèce d'une jeune célibataire turque titulaire d'une carte de résident, ayant irrégulièrement ramené son enfant de 4 ans en France. Le préfet de la Moselle avait refusé le droit de séjour de l'enfant et enjoint à la mère de renvoyer l'enfant en Turquie. Le Conseil d'État, après avoir relevé qu'aucun parent proche de l'enfant ne pouvait le recevoir en Turquie, estime « dans ces conditions; la décision du Préfet de renvoyer le jeune Tolga en Turquie et de le séparer de sa mère, porte atteinte à l'intérêt supérieur de l'enfant et doit être regardée comme contraire à l'article 3-1 de la Convention internationale des droits de l'enfant ». V. cependant CE 12 janv. 2006, *M. X et Mme Y.*, req. n° 288774, inédit : « ces stipulations créent seulement des obligations entre États sans ouvrir de droits aux intéressés et ne peuvent donc être utilement invoquées ».

Dans le même sens, le groupe de travail des Nations unies sur la détention arbitraire a eu l'occasion de se prononcer, en février 2016, sur la situation de Julian Assange et a estimé qu'il se trouvait dans une situation de détention arbitraire en violation avec le droit international des droits de l'homme[1].

La deuxième catégorie de sources internationales est représentée par les textes internationaux à caractère « régional » et spécialement par les textes européens. Leur particularisme tient à leur effet direct : l'individu peut les invoquer directement devant un juge national, comme il le ferait pour une norme de droit interne. Plusieurs textes peuvent être ici évoqués comme l'article 5 de la *Convention de sauvegarde des droits de l'homme et des libertés fondamentales*[2] ou encore plus précisément *l'article 2 du Protocole additionnel n° 4 du 16 septembre 1963* qui reconnaît la liberté de circulation et d'établissement ainsi que de l'article 1er du *Protocole n° 7 du 22 novembre 1984* relatif aux *garanties reconnues aux étrangers résidant régulièrement sur le territoire d'un État en cas d'expulsion.*

L'Union européenne n'est pas non plus absente de cette consécration de la liberté d'aller et de venir. En premier lieu, le traité de Rome du 25 mars 1957 instituant la Communauté économique européenne avait originairement reconnu, parmi les grandes libertés, la libre circulation des personnes (article 39, ex-article 48) et la liberté d'établissement (article 43, ex-article 52) qui représentent le noyau dur de la liberté d'aller et de venir. En second lieu, ce même traité instituant la Communauté européenne consolidé par ceux de Maastricht du 7 février 1992 puis celui d'Amsterdam du 2 octobre 1997, a reconnu le droit pour tout citoyen de l'Union de circuler et de séjourner librement dans les États membres dans son article 18 (ex-article 8-A)[3]. Ces différentes règles fournissent non seulement un cadre à la protection de la liberté d'aller et de venir mais permettent sa garantie concrète. Il faut y ajouter les actes particuliers par lesquels les États membres de la Communauté européenne se sont engagés dans la mise en œuvre concrète de la liberté d'aller et de venir. Ainsi, les accords de Schengen[4] instituent la suppression des contrôles aux frontières à l'intérieur de l'Union européenne[5]. Ces accords internationaux instituent de nouvelles modalités pour l'exercice de la liberté d'aller et de venir et élargissent à de nouvelles catégories de personnes un régime de circulation et de séjour plus favorable. Ce régime se trouve intégré dans le titre IV du *traité relatif à la Communauté européenne* aux articles 61 à 69 intitulé « Visas, asile, immigration et autres politiques rattachées à la libre circulation des personnes ». Il a été repris dans le traité sur l'Union européenne de Lisbonne au sein de chapitre II du titre IV, intitulé « *Politiques relatives aux frontières, à l'asile et à l'immigration* », entré en vigueur le 1er décembre 2009. Enfin, la Charte des droits fondamentaux, modifiée en 2007 et à laquelle le traité de Lisbonne donne valeur juridique, garantit en son article 45 la liberté de circulation et de séjour des citoyens de l'Union sur le territoire des États membres.

Discrète il y a une quinzaine d'années, l'invocation de ces sources par les plaideurs est devenue aujourd'hui courante et doit faire l'objet d'une attention méticuleuse de la part du juge, tant sur la hiérarchie que sur l'articulation entre les différentes normes applicables.

---

1. Bien que dénuée de valeur juridique contraignante, cette décision est un appel aux gouvernements suédois et britanniques à changer leur ligne de conduite.
2. Appelée couramment Convention européenne des droits de l'homme.
3. Sous réserve des limitations et conditions prévues par traité en question.
4. Accords du 14 juin 1985 complétés par la Convention du 19 juin 1990.
5. Pour les États ayant adhéré à la Convention et baptisé « Espace Schengen ».

C. Les sources législatives

485. ***Nature de l'intervention du législateur.*** Si les sources constitutionnelles et conventionnelles de la liberté d'aller et de venir constituent son fondement, *les sources législatives permettent sa concrétisation et sa mise en œuvre*. En d'autres termes, elles donnent un contenu à cette liberté. La richesse de la source législative s'explique par sa diversité. Chaque aspect de la liberté d'aller et de venir peut faire l'objet d'une organisation voire d'une réglementation spécifique.

En droit interne, cette physionomie est organisée autour de l'idée de conciliation nécessaire des droits et libertés. Cela se traduit par l'obligation pour le législateur de garantir la liberté d'aller et de venir tout en la limitant afin que les autres droits et libertés de même valeur puissent également s'exercer. Les lois qui organisent la liberté d'aller et de venir doivent respecter cet impératif d'ordre constitutionnel[1].

Suivant l'adage « la liberté est la règle et la restriction l'exception », la tâche du législateur consiste à *n'intervenir pour organiser le régime de la liberté d'aller et de venir que si celle-ci entre en conflit avec un autre droit, une autre liberté ou un impératif de même valeur*. Ceci permet de comprendre la justification des discriminations opérées entre le national et l'étranger, entre la personne poursuivie pénalement et celle qui ne l'est pas, entre celle possédant l'intégralité de ses facultés mentales et celle nécessitant un placement pour raison médicale... L'idée à retenir réside dans la *nécessité de l'intervention législative* dont le degré variera suivant les domaines.

On relèvera par ailleurs que l'intervention du législateur pour assurer l'exercice de la liberté d'aller et de venir n'est pas uniquement liée à l'édiction de mesures d'interdiction ou d'abstention. Il peut également s'agir de favoriser l'exercice de cette liberté en prescrivant certains comportements comme l'obligation faite dans les lieux ouverts au public de prévoir des dispositifs spécifiques d'accès pour les personnes handicapées[2].

D. Les sources réglementaires

486. ***Une source tarie.*** Les sources réglementaires de la liberté d'aller et de venir sont constituées de l'ensemble des textes normatifs émanant du pouvoir exécutif. Elles ont été fréquentes par le passé en raison de l'absence de contrôle de constitutionnalité et de conventionnalité des lois[3]. Elles le sont moins aujourd'hui puisqu'*elles ne peuvent que préciser les actes législatifs qui organisent la liberté*[4]. Cet encadrement constitutionnel, conventionnel et législatif a donc

---

1. À cet égard, v. la décision du Cons. const., n° 2014-450 QPC du 27 févr. 2015, *M. Pierre T. et autre [Sanctions disciplinaires des militaires – Arrêts simples]*, *JO* 1er mars 2015, p. 4021 : « que, compte tenu des obligations particulières attachées à l'état militaire et des restrictions à l'exercice de la liberté d'aller et de venir qui en résultent, en prévoyant au e) du 1° de l'article L. 4137-2 du code de la défense la sanction des arrêts parmi les sanctions disciplinaires applicables aux militaires sans en définir plus précisément les modalités d'application, le législateur n'a pas méconnu l'étendue de sa compétence ».
2. Loi du 30 juin 1975 mise en œuvre par l'art. R. 111-18-4 du CCH.
3. Jusqu'en 1958, le contrôle de constitutionnalité des lois n'existait pas en France. En conséquence, une loi qui portait atteinte à la liberté d'aller et de venir ne pouvait faire l'objet d'aucune remise en cause. Cette situation était d'autant plus dommageable que la même solution prévalait lorsqu'il s'agissait de la contrariété à un traité puisque le juge ordinaire refusait (au moins jusqu'en 1975) de se prononcer sur le rapport de compatibilité ou de contrariété entre le traité et la loi. Ce blocage a aujourd'hui disparu.
4. Ainsi par ex., le Conseil constitutionnel dans sa décision n° 98-399 DC du 5 mai 1998, *Entrée et séjour des étrangers (RESEDA)*, a estimé que le nouveau régime relatif à la responsabilité ▶

réduit leur influence. Il ne faut toutefois pas négliger leur existence car si le législateur, d'une façon générale, a renforcé le degré de précision des prescriptions qu'il édicte, il ne peut pas tout prévoir. Les actes réglementaires constituent donc le prolongement logique des prescriptions contenues dans la loi organisant la mise en œuvre de la liberté d'aller et de venir et demeurent une nécessité[1]. Par ailleurs, il se peut que certaines dispositions réglementaires anciennes concernant la liberté d'aller et de venir subsistent. Bien qu'illégales voire inconstitutionnelles, elles subsistent tant qu'un requérant ne les a pas contestées. Ainsi dans une décision d'Assemblée du 20 décembre 1995 *Vedel et Jannot*[2], le Conseil d'État a estimé que le gouvernement était tenu d'abroger les dispositions d'un décret du 27 avril 1939 réglementant l'admission et le séjour des Français en Polynésie française au motif que ces dispositions apportent des restrictions injustifiées à la liberté de circulation.

II. Les manifestations de la liberté d'aller et de venir

487. Les manifestations de la liberté d'aller et de venir en droit français peuvent s'analyser autour du principe et de ses exceptions. Le principe est simple puisque la *liberté d'aller et de venir* est la règle : elle « doit s'entendre non seulement de la liberté de circuler sur le territoire mais également du droit de le quitter »[3]. Cette liberté est générale pour les citoyens[4]. Elle est en revanche réglementée pour l'entrée et le séjour des étrangers, soumis à un régime spécifique. Cette ligne directrice doit être relativisée par un certain nombre de cas particuliers justifiés par la nécessité de concilier cette liberté soit avec le maintien de l'ordre public, soit avec l'exercice d'autres libertés.

A. Les restrictions à la liberté d'aller et de venir

488. La liberté d'aller et de venir apparaît ici dans son acception la plus pure. Elle comporte néanmoins un certain nombre de restrictions dont les justifications sont pour certaines parfaitement compréhensibles[5], pour d'autres beaucoup plus contestables.

▶ pénale applicable aux associations à vocation humanitaire n'était pas conforme à l'art. 34 de la Constitution, parce « [...] qu'en soumettant à l'appréciation du ministre de l'Intérieur la "vocation humanitaire" des associations, notion dont la définition n'a été précisée par aucune loi et de la reconnaissance de laquelle peut résulter le bénéfice de l'immunité pénale en cause, la disposition critiquée fait dépendre le champ d'application de la loi pénale de décisions administratives; que, dès lors, nonobstant le pouvoir du juge pénal d'apprécier, conformément aux dispositions de l'article 111-5 du Code pénal, la légalité de tout acte administratif, ladite disposition porte atteinte au principe de légalité des délits et des peines et méconnaît l'étendue de la compétence que le législateur tient de l'article 34 de la Constitution » (souligné par nous).

1. V. par ex. à cet égard, le décret n° 96-926 du 17 oct. 1996 mettant en œuvre la réglementation relative à la vidéosurveillance, modifié par le décret n° 2006-929 du 28 juill. 2006.
2. *CE, Ass., Mme Vedel et M. Jannot, rec. Lebon* 440.
3. Cons. const. 12-13 août 1993, n° 93-325 DC, *Maîtrise de l'immigration*, consid. n° 103, préc.; *GDCC* 32.
4. Français mais également ressortissants de l'Union européenne.
5. Par ex., le Conseil d'État estime que des notes circulaires du garde des Sceaux, fixant les astreintes et horaires de travail du titulaire du poste de concierge du tribunal de grande instance de Montpellier ne sont pas contraires à l'art. 2, Protocole 4 de la Conv. EDH dans le sens ou cet article « ne fait pas obstacle à ce qu'un agent public soit astreint à résider, pendant certaines périodes, dans le logement de fonction mis par l'administration à sa disposition, par nécessité de service »; CE 1er juill. 1998, *Union syndicale autonome de justice*, req. n° 180941, *RFDA* 1999. 811.

1. Les règles générales

489. ***La détention.*** Une première catégorie de restrictions regroupe celles *imposées à la liberté d'aller et de venir en cas de détention régulière* (emprisonnement, mesures d'interdiction de séjour, mesures de contrôle judiciaire). Cet aspect de la liberté se rapproche de la sûreté protégée par l'article 2 de la Déclaration des droits de l'homme et du citoyen[1]. Ces mesures restrictives qui constituent une condition d'efficacité de la procédure pénale ou de la peine pénale elle-même (principale ou accessoire) sont consubstantielles au système pénal[2]. Cela ne signifie pas pour autant que l'atteinte à la liberté puisse se faire dans n'importe quelle condition et que la gravité de cette atteinte ne doive pas être proportionnée à la finalité poursuivie ou à la gravité des faits reprochés. Ceci explique l'existence de certaines garanties ainsi que de différents degrés de privation de la liberté.

490. ***Les mesures de police.*** Constituent également des restrictions à la liberté d'aller et de venir les *mesures de police prises en vue de la prévention ou de la répression des troubles à l'ordre public*. Ces mesures traditionnelles de police administrative ou de police judiciaire se matérialisent notamment par *les contrôles d'identité*[3]. Si les contrôles réalisés en vue de réprimer les infractions pénales n'ont pas suscité de difficultés particulières[4], ceux organisés en dehors de la commission de toute infraction ont engendré certaines critiques. Inaugurés avec la loi de 1981 *Sécurité et liberté*, ces contrôles administratifs ont fait l'objet de profondes réformes en 1983, 1986, 1993 et 2003. Ils autorisent les autorités de police à effectuer des contrôles d'identité sans autre justification précise que la protection de la sécurité des personnes et des biens, notamment dans le cadre des « opérations coup de poing », dispositif instauré en 1993[5]. Le Conseil constitutionnel a progressivement assoupli ses exigences quant aux conditions dans lesquelles ces contrôles doivent être effectués. Le Conseil a ainsi validé[6] la disposition de la loi « Sécurité intérieure » n° 2003-239 du 18 mars 2003 en vertu de laquelle un contrôle d'identité peut être effectué en présence d'une « raison plausible de soupçon » à l'encontre d'un individu, alors qu'un indice de commission d'une infraction était auparavant requis. Le juge constitutionnel a cependant toujours condamné les contrôles d'identité généralisés et discrétionnaires. La confirmation de cette analyse a pu être observée avec la loi relative à l'installation de systèmes de vidéosurveillance sur la voie publique[7]. Si le juge constitutionnel a admis que le législateur puisse sous certaines conditions utiliser de tels moyens, il a en revanche refusé que leur installation puisse être fondée sur une autorisation tacite de l'autorité administrative[8]. La Cour de cassation s'est pro-

---

1. La sûreté est le droit de tout homme à n'être ni arrêté, ni détenu en dehors des cas prévus par la loi.
2. Ainsi, par ex., la chambre criminelle de la Cour de cassation a estimé qu'une chambre d'accusation méconnaissait la portée de l'art. 5, § 3, de la Conv. EDH accordant une mise en liberté sous contrôle judiciaire d'un individu poursuivi pour viol en se fondant sur l'art. 148-1, al. 3, du C. pr. pén. Les dispositions conventionnelles ne redeviennent applicables qu'à l'issue de l'examen du pourvoi en cassation jusqu'à ce qu'il ait été à nouveau jugé au fond : Crim. 18 nov. 1998, *Procureur général près la cour d'appel de Poitiers c/ Chambre d'accusation de la cour d'appel de Poitiers dans la procédure suivie c/ Philippe X.*, *D.* 1999. 98.
3. Ce n'est pas la seule hypothèse, v. *infra* les développements sur la police de la circulation.
4. En raison notamment de leur rattachement au maintien et à la sauvegarde de l'ordre public dans le cadre d'une opération de police judiciaire.
5. V. Cons. const. 5 août 1993, n° 93-323 DC, *Contrôles d'identité*, *RFDC* 1993. 835, obs. L. Favoreu; *AJDA* 1993. 815, note P. Wachsmann; égal. L. Favoreu et L. Philip, *GDCC* 12-29.
6. Cons. const. 13 mars 2003, n° 2003-467 DC, *Sécurité intérieure*, Rec. Cons. const. 211, *RFDC* 2003. 573, obs. Ghevontian.
7. Loi n° 95-73, 21 janv. 1995, *JO* 23-24 janv. 1995.
8. Cons. const. 18 janv. 1995, n° 94-352 DC, *Sécurité-Vidéo-surveillance*, *JO* 21 janv. 1995, p. 1155.

noncée pour la première fois sur la question des contrôles d'identité discriminatoires dans une série de décisions de novembre 2016[1]. Elle a estimé qu'un contrôle d'identité présente un caractère discriminatoire notamment lorsqu'il est « réalisé selon des critères tirés de caractéristiques physiques associées à une origine, réelle ou supposée, sans aucune justification objective préalable »[2]. Elle a, par la même occasion, précisé la manière dont la discrimination devait être prouvée : il appartient à celui qui s'en prétend victime « d'apporter des éléments de fait de nature à traduire une différence de traitement et laissant présumer l'existence d'une discrimination »[3], l'administration doit ensuite prouver soit l'absence de différence de traitement, soit une différence de traitement justifiée par des éléments objectifs. La charge de la preuve est ainsi aménagée en la matière. Plus récemment dans le cas de la loi renforçant la sécurité intérieure et la lutte contre le terrorisme du 30 octobre 2017, le Conseil constitutionnel a déclaré inconstitutionnelles les dispositions autorisant l'extension des contrôles d'identité en raison du manque de limitation de l'application de la loi[4].

Les contrôles d'identité peuvent également résulter de la mise en œuvre de nouvelles facilités de déplacement. Ainsi, dans le cadre européen, la suppression des contrôles douaniers n'empêche pas un État membre de l'Union de demander à toute personne entrant sur son territoire de prouver son identité et sa nationalité sous peine de sanctions pénales : une telle exigence n'est pas contraire à la liberté de circulation[5].

La pratique des contrôles d'identité ne doit cependant pas masquer la réalité : si l'on peut considérer que la liberté d'aller et de venir est directement touchée par de telles pratiques, le degré de l'atteinte qui lui est portée ne méconnaît pas l'existence de la liberté. Il s'agit davantage d'une conciliation de cette liberté avec l'exigence de maintien de l'ordre public que d'une véritable atteinte.

La liberté d'aller et venir s'est récemment trouvée au cœur de la problématique de la dissimulation du visage dans l'espace public, associée à d'autres règles ou principes constitutionnels tels que la liberté de conscience, de religion ou d'expression. La question concernait particulièrement le cas du port du voile intégral ou *burqa*. Le Conseil constitutionnel fut saisi le 14 septembre 2010 de la loi visant à interdire la dissimulation du visage dans l'espace public[6]. S'appuyant notamment sur l'article 4 de la Déclaration de 1789, le Conseil a estimé que le législateur, au regard de l'objectif qu'il poursuivait à travers cette interdiction ainsi que de la peine instituée de manière corrélative, avait adopté des dispositions qui assuraient une conciliation non manifestement disproportionnée entre la sauvegarde de l'ordre public et les droits constitutionnels concernés[7]. En résonance à

1. Civ. 1er, 9 nov. 2016, nos 1239, 1241, 1244, 1245.
2. Civ. 1er, 9 nov. 2016, n° 1239.
3. Civ. 1er, 9 nov. 2016, n° 1239.
4. Cons. const., 1er déc. 2017, n° 2017-677 QPC, Ligue des droits de l'homme (Contrôles d'identité, fouilles de bagages et visites de véhicules dans le cadre de l'état d'urgence), par. 6.
5. CJCE 21 sept. 1999, *Arrondissementsrechtbank te Rotterdam c/ Wijsenbeek*, aff. C-378/97, *D.* 1999. IR 241.
6. Cons. const. 7 oct. 2010, n° 2010-613 DC, *Loi interdisant la dissimulation du visage dans l'espace public;* X. Philippe et M. Fatin-Rouge Stefanini, « Jurisprudence du Conseil constitutionnel octobre 2010-mars 2011 », *RFDC* 3/2011, n° 87, p. 548-560.
7. V. égal. CEDH 1er juill. 2014, *SAS c/France*, req. n° 43835/11. La CEDH a admis que la France pouvait interdire, par la loi du 11 oct. 2010, la dissimulation du visage dans l'espace public au regard de l'ampleur de la marge d'appréciation dont dispose l'État en l'espèce. La Cour conclut donc que « l'interdiction que pose la loi du 11 octobre 2010 peut passer pour proportionnée au but poursuivi, à savoir la préservation des conditions du "vivre ensemble" en tant qu'élément de la "protection des droits et libertés d'autrui" ».

cette première affaire, le Conseil d'État a été amené à se prononcer sur les arrêtés « anti-*burkini* »[1]. Il a alors estimé que ces arrêtés, qui visaient à interdire le port du *burkini* sur les plages de la commune de Villeneuve-Loubet, portaient atteinte à la liberté d'aller et de venir. Cette décision est notamment fondée sur l'absence de risque réel d'atteinte à l'ordre public résultant de la tenue adoptée en vue de la baignade. En outre, le Conseil d'État souligne que « l'émotion et les inquiétudes résultant des attentats terroristes, et notamment de celui commis à Nice le 14 juillet dernier, ne sauraient suffire à justifier légalement la mesure d'interdiction contestée »[2].

491. ***La délivrance du passeport.*** L'octroi (ou le refus) du passeport peut également être rattaché à une certaine forme d'organisation ou de restriction de la liberté d'aller et de venir. Le principe est celui de la liberté et de l'octroi inconditionné du passeport dès lors qu'aucun motif relatif à la sécurité nationale ou à l'ordre public ne peut être avancé pour refuser la demande[3]. Cette situation libérale s'explique par le contenu de la liberté : ne se limitant pas au territoire national, mais y englobant également le droit de le quitter, *la mise en œuvre de la liberté d'aller et de venir impose la délivrance du titre qui permet le déplacement hors du territoire*. Les juridictions tant judiciaires qu'administratives ont adopté cette position en s'appuyant sur la Déclaration des droits de l'homme de 1789 ainsi que sur l'article 2 du quatrième Protocole additionnel à la Convention européenne des droits de l'homme. Le retrait ou le refus non justifié de renouveler le passeport méconnaît donc la liberté d'aller et de venir et doit être considéré comme contraire aux articles 2 de la Déclaration de 1789 et 66 de la Constitution de 1958. Plus souvent, les juridictions ordinaires appliquent la *théorie classique de la voie de fait :* si cela n'affecte en rien la solution rendue par la juridiction, le fondement juridique de la protection de la liberté apparaît moins solide.

2. Les cas particuliers des personnes sans domicile fixe, internées ou mineures

492. Il est également nécessaire de recenser à l'égard des nationaux *un certain nombre de restrictions à la liberté d'aller et de venir qui sont liées à la situation de certains individus.* Ainsi les *personnes sans domicile fixe* (marchands ambulants, nomades, forains) sont-elles assujetties à une réglementation spéciale. Cette réglementation, qui possède une origine souvent ancienne, apparaît — par cer-

---

1. CE 26 août 2016, *Ligue des droits de l'homme et autres — association de défense des droits de l'homme collectif contre l'islamophobie en France*, req. n°s 402742, 402777.
2. CE 26 août 2016, *Ligue des droits de l'homme et autres — association de défense des droits de l'homme collectif contre l'islamophobie en France*, req. n°s 402742, 40277, cons. 6.
3. Ainsi le Conseil d'État a annulé une décision administrative de refus de délivrance d'un passeport français au motif que la requérante refusait de produire des photos d'identités la représentant tête nue. Aucune prescription de ce type ne figurant dans le texte relatif aux conditions de délivrance des passeports, le Conseil d'État estime qu'une telle exigence n'est pas nécessaire pour maintenir la sécurité ou l'ordre public; CE 9 juin 1999, *Mlle Bouayad*, *RFDA* 1999. 882. V. égal. CE 26 avr. 2005, *Saïd M'Lamali*, req. n° 279842 : la liberté d'aller et venir implique le droit de quitter le territoire et tout citoyen français doit pouvoir se voir délivrer un passeport. V. cependant CE 20 juill. 2004, *Mme X.*, req. n° 270044, inédit : « si le refus de délivrance ou de renouvellement d'un passeport à un citoyen français porte atteinte à la liberté d'aller et venir, qui constitue une liberté fondamentale, aucune disposition législative ou réglementaire ne fixe, à peine de l'éventuelle illégalité de la décision implicite de rejet, de délai pour la délivrance ou le renouvellement d'un passeport ». Plus anecdotique, mais révélant le lien entre la liberté d'aller et de venir et les documents nécessaires à ce déplacement, la cour administrative d'appel de Nantes a estimé que l'identification de la signature faisait partie des critères de preuve de l'identité et qu'en conséquence un dessin ne pouvait remplacer une signature en lettres, même stylisées; CAA Nantes 24 mars 2009, *LPA* 10 nov. 2009, n° 224, p. 13.

tains aspects — assez archaïque et traduit une volonté de contrôle de l'autorité publique sur des individus longtemps considérés comme marginaux[1]. Le régime actuel est fixé par les lois du 3 janvier 1969 et du 26 mai 1977, qui exigent un *livret de circulation* pour ceux ne disposant pas de résidence ni de domicile fixe. L'augmentation du nombre de personnes sans domicile fixe a suscité une réaction de l'autorité publique au regard des difficultés qu'elles rencontraient en cas de contrôle d'identité. Un décret du 12 octobre 1994 a institué un système permettant la délivrance de la carte nationale d'identité au profit de ces personnes en les rattachant à leur centre d'accueil[2]. Ce texte facilite non seulement l'exercice de la liberté mais aussi toutes les démarches auxquelles peut être assujettie une personne sans domicile fixe. La loi n° 90-449 du 31 mai 1990, dite loi Besson a, par ailleurs, créé dans son article 28, une obligation d'accueil des gens du voyage dans les communes de plus de 5 000 habitants[3]. Cette obligation ne doit pas se limiter à un accueil formel des gens du voyage mais leur offrir des conditions décentes de séjour, sous peine d'engager la responsabilité de la collectivité publique[4]. Le Conseil constitutionnel fut saisi d'une question prioritaire de constitutionnalité portant sur certaines dispositions de la loi du 5 juillet 2000 relative à l'accueil et à l'habitat des gens du voyage. Cette dernière prévoyait notamment, sous certaines conditions et garanties, l'évacuation forcée des résidences mobiles[5]. Le juge constitutionnel, saisi d'un moyen invoquant une rupture d'égalité, a pris en compte la particularité de la situation des personnes susceptibles d'être concernées par de telles mesures et a estimé que la distinction opérée par les dispositions législatives contestées se fondait sur des critères objectifs et rationnels en rapport avec l'objet de la loi, écartant ainsi le moyen invoqué[6]. En fin d'année 2012, le Conseil constitutionnel a, une nouvelle fois, été saisi de la constitutionnalité du régime de circulation des gens du voyage[7]. Il a profité de cette occasion pour déclarer la conformité de principe d'un livret de circulation à la liberté constitutionnelle d'aller et de venir[8], tout en estimant que les sanctions prévues en cas de circulation sans livret ou qui ne serait pas supervisées par l'administration, portaient une atteinte disproportionnée à la liberté d'aller et de venir. Le Conseil a également jugé conforme à la liberté d'aller et de venir l'obligation de rattachement à une commune imposée aux personnes sans résidence fixe depuis plus de six mois. Bien que ce régime ait ainsi été reconnu

1. Ainsi, la cour administrative d'appel de Paris a jugé que le préfet de police de Paris pouvait contraindre des sans-abri à dormir dans des centres d'hébergement provisoire sans que cela porte une atteinte excessive à leur liberté d'aller et de venir ou que cela puisse être considéré comme une procédure d'internement d'office déguisée (CAA Paris, 4e ch., 21 déc. 2004, *Association Droit au Logement*, req. n° 03PA03824, inédit).
2. Décr. n° 94-876, 12 oct. 1994 modifiant le décret n° 55-1397 du 22 oct. 1955 instituant la carte nationale d'identité, *JO* 14 oct. 1994, p. 14566.
3. V., E. Aubin, « L'accueil des gens de voyage par les communes de plus de 5 000 habitants », *AJDA* 1996. 965.
4. V. en ce sens CAA Nancy 4 déc. 2003, *Commune de Verdun*, *AJDA* 2004. 82.
5. Cons. const. 9 juill. 2010, n° 2010-13 QPC, *M. Orient O. et a. (Gens du voyage)*, *JO* 10 juill. 2010, p. 12841.
6. Il a en effet estimé que ces mesures étaient « fondées sur une différence de situation entre les personnes, quelles que soient leurs origines, dont l'habitat est constitué de résidences mobiles et qui ont choisi un mode de vie itinérant et celles qui vivent de manière sédentaire ».
7. Cons. const. 5 oct. 2012, n° 2012-279 QPC, *M. Jean-Claude P. (régime de circulation des gens du voyage)*, *JO* 6 oct. 2012, p. 15655. O. Le Bot, « Règles de circulation des gens du voyage : un régime archaïque censuré par le Conseil », *Constitutions* 2012. 635.
8. Le Conseil a rappelé que l'imposition de ce titre de circulation était destinée à « l'identification et la recherche de ceux qui ne pouvaient être trouvés à un domicile ou à une résidence fixe d'une certaine durée, tout en assurant aux mêmes fins un moyen de communiquer avec ceux-ci » (consid. 18).

conforme à la Constitution par le Conseil constitutionnel, la loi relative à l'égalité et la citoyenneté du 27 janvier 2017 est venue abroger ce régime. Ont ainsi été supprimées les dispositions relatives à la commune de rattachement et au livret de circulation[1].

La situation des *personnes* dont le placement *en hôpital psychiatrique* est demandé doit aussi être mentionnée. La Cour de cassation, saisie d'une action en responsabilité, a rappelé en 2013 que sous le régime d'hospitalisation libre pour troubles mentaux, le principe qui s'applique est celui de la liberté d'aller et de venir reconnaissant ainsi qu'il ne pouvait être porté atteinte à cette liberté de manière contraignante par voie de « protocolisation » des règles de sortie de l'établissement[2]. Souvent, le placement de ces personnes s'opère (et pour cause) en absence de leur volonté. Cette hospitalisation s'opère soit à la demande du patient, soit à la demande d'un tiers (parent, ami ou ce qui est plus important – préfet)[3]. La loi n° 90-527 du 27 juin 1990 a actualisé la vieille loi Esquirol du 30 juillet 1938, en renforçant les garanties entourant l'admission de la personne faisant l'objet de l'une ou l'autre de ces procédures. La loi Kouchner n° 2002-303 du 4 mars 2002 a amélioré les conditions de séjour des personnes hospitalisées sous contrainte et a consacré de nouveaux droits au bénéfice de ces dernières, sans toutefois que leur statut soit assimilé à celui des hospitalisés volontaires. Le projet de loi relatif à la Prévention de la délinquance, examiné à la fin 2006, prévoyait en outre de modifier le régime de l'hospitalisation sous contrainte, en instaurant une « période de diagnostic » de 72 heures. Au cours de ce délai, la personne devait être placée en observation afin de déterminer si son état justifiait une hospitalisation psychiatrique. Cette disposition controversée a néanmoins été retirée au cours des débats, et ne figure pas dans le texte adopté en 2007, qui a laissé intactes les dispositions des lois de 1990 et 2002. On rangera également dans cette catégorie – bien qu'elle emprunte à différentes hypothèses visées précédemment – la *rétention de sûreté et la déclaration d'irresponsabilité pénale pour cause de trouble mental*[4]. Le Conseil constitutionnel a rappelé dans sa décision n° 2008-562 DC du 21 février 2008 que de telles mesures, prises à l'égard de personnes présentant une particulière dangerosité caractérisée par une probabilité très élevée de récidive en raison d'un trouble grave de la personnalité, constituaient une mesure *adaptée, nécessaire et proportionnée* à l'objectif de prévention poursuivi et satisfaisait aux exigences des articles 9 de la Déclaration des droits de l'homme de 1789 et 66 de la Constitution[5].

1. L. n° 2017-86, 27 janvier 2017 relative à l'égalité et la citoyenneté, entrée en vigueur le 29 janvier 2017.
2. Civ. 1re, 29 mai 2013, n° 12-21.194.
3. La loi du 27 juin 1990, met un terme au doute existant relatif à la compatibilité de la loi ancienne et de l'art. 5 de la Conv. EDH. Le Conseil d'État a ainsi eu à connaître d'une affaire dans laquelle le tribunal administratif de Dijon avait annulé un arrêté préfectoral de placement d'office datant du 5 févr. 1983, sur le fondement de l'art. 5, § 2, de la Conv. EDH. Après avoir vérifié que l'arrêté litigieux énonçait les motifs de mise en placement d'office (danger pour l'ordre public et la sûreté des personnes) en se référant à un certificat annexé détaillant l'état mental de la personne au moment des faits, la Haute juridiction estime que l'arrêté satisfait aux exigences de motivations de l'art. L. 343 CSP et de l'art. 5, § 2, de la Conv. EDH. Ainsi, en combinant les contrôles de conventionnalité et de légalité, le Conseil d'État accepte la compatibilité de la disposition interne aux exigences du droit international et interne; CE 3 nov. 1997, *Min. de l'Intérieur c/ M. G.*, *RFDA* 1998. 190.
4. Loi n° 2008-174, 25 févr. 2008 relative à la rétention de sûreté et à la déclaration d'irresponsabilité pénale pour cause de trouble mental.
5. Il a confirmé cette position dans la décision n° 2010-71 QPC du 26 nov. 2010, *Hospitalisation sans consentement (Danièle S.)*, à propos de l'hospitalisation pour troubles mentaux à la demande d'un tiers en estimant que l'absence de garanties judiciaires était contraire à la ▶

On relèvera également la situation particulière des *mineurs* qui donne parfois lieu à des restrictions de circulation liées au souci de protection de cette catégorie mais également à l'existence de risques particuliers dans les secteurs où la liberté de circulation est restreinte. Le Conseil d'État s'est ainsi prononcé sur les décisions de certains maires restreignant la circulation des mineurs le soir pendant une certaine période dans des secteurs délimités de la commune (sauf accompagnés d'une personne majeure). Le Conseil d'État a admis la légalité de telles restrictions dont le but était de protéger lesdits mineurs contre certaines atteintes dont ils pourraient être victimes ou dans lesquelles ils pourraient être impliqués. La restriction est ici justifiée par la conciliation nécessaire entre la protection de l'enfance et la liberté de circulation. Le juge a admis la conformité de telles restrictions mais en les soumettant à des conditions strictes bien qu'assez classiques de justification, de proportionnalité et de limitation dans le temps et dans l'espace[1]. En outre, le Conseil constitutionnel a validé le dispositif législatif faisant de cette restriction d'aller et de venir, une sanction éducative susceptible d'être prononcée par un tribunal pour enfants[2]. Ceci étant, cette exception ressemble davantage à une adaptation de la règle à une catégorie particulière qu'à une dérogation à ladite règle.

3. Les mesures adoptées dans le cadre de l'état d'urgence

493. Face à une situation de crise extrême, l'État est amené à prendre des mesures hors normes. Celles-ci ont souvent un cadre normatif établi au préalable et qui vise à limiter les risques de dérive. En ce sens, un certain nombre d'instruments internationaux de protection des libertés fondamentales, prévoient des mécanismes permettant aux États de déroger au cadre ordinaire en cas de crise. De manière générale, trois grands principes encadrent ce type de mécanisme : la légalité exigeant qu'il soit prévu à l'avance, la nécessité limitant la mise en place de ce régime dérogatoire à certaines situations et la proportionnalité impliquant de n'utiliser ces pouvoirs que dans la stricte nécessité de l'objectif poursuivi. En France, trois régimes de crise en présence de circonstances exceptionnelles sont prévus : les pleins pouvoirs du chef d'État de l'article 16 de la Constitution de 1958, l'état de siège et l'état d'urgence.

À la suite des attentats de novembre 2015, l'état d'urgence a été déclaré en France. Son régime est fixé par la loi n° 55-385 du 3 avril 1955 (modifiée par la loi 2015-1501 du 20 novembre 2015). L'état d'urgence peut être déclaré, sur tout ou partie du territoire, dans deux hypothèses : « soit en cas de péril imminent résultant d'atteintes graves à l'ordre public, soit en cas d'événements présentant, par leur nature et leur gravité, le caractère de calamité publique » (article 1er). La déclaration de l'état d'urgence se fait en conseil des ministres. Sa prorogation au-delà de douze jours ne peut être autorisée que par la loi (article 2). Celle-ci

---

▶ Constitution. Position réitérée à plusieurs reprises, décision n° 2011-135/140 QPC du 9 juin 2011, *Hospitalisation d'office (Abdellatif B.)* ; décision n° 2011-174 QPC du 6 oct. 2011, *Hospitalisation d'office en cas de péril imminent (Oriette P.)* ; décision n° 2011-202 QPC du 2 déc. 2011, *Hospitalisation sans consentement antérieure à la loi n° 90-527 du 27 juin 1990 (Lucienne Q.)*.

1. V. par ex. CE 29 juill. 1997, *Préfet de Vaucluse, RFDA* 1998. 383, note P.-L. Frier; CE 9 juill. 2001, *Préfet du Loiret, D.* 2002. 1582, note A. Legrand; CAA Paris 17 déc. 2002, *Commun de Yerres c/ Préfet de l'Essonne, AJDA* 2003. 296, concl. V. Haïm. Cette dernière décision est intéressante par le détail de la motivation reproduite dans l'arrêt permettant de comprendre pourquoi le juge refuse de considérer une telle restriction comme contraire à la liberté d'aller et de venir.
2. Cons. const. 10 mars 2011, n° 2011-625 DC, *Loi d'orientation et de programmation pour la performance de la sécurité intérieure, JO* 15 mars 2011, p. 4630, cons. 35.

fixe alors la durée définitive de son application (article 3). À l'occasion de la loi prorogeant l'état d'urgence, le Parlement a apporté certaines modifications au texte de 1955. Si l'on se fie à l'exposé des motifs, celle-ci comporte deux grandes orientations : d'une part, rendre plus efficace les mesures prises, d'autre part, renforcer le contrôle juridictionnel. Le premier axe se traduit par le renforcement des pouvoirs de police et la clarification des conditions de mise en œuvre. Le second axe de la loi est pour sa part purement cosmétique. L'article 14-1 nouveau ne fait que rappeler la possibilité de former un recours devant le juge administratif qui lui préexistait. L'état d'urgence confère aux autorités civiles de l'État des pouvoirs spéciaux. Ainsi, des mesures de police administrative d'ordinaire illégales sont autorisées durant la période d'application de l'état d'urgence. Le ministre de l'Intérieur et le préfet disposent alors de la faculté de prendre certaines mesures : interdire la circulation des personnes ou des véhicules dans les lieux et à l'heure fixés par arrêté, instaurer des zones de protection ou de sécurité où le séjour des personnes est réglementé, interdire de séjour dans tout ou partie du département toutes personnes cherchant à entraver l'action des pouvoirs publics, fermer provisoirement les salles de spectacles, débits de boissons et lieux de réunion de toute nature, interdire à titre général ou particulier des réunions de nature à provoquer ou entretenir le désordre, ordonner la remise des armes et munitions. Les pouvoirs en matière d'assignation à résidence et de perquisition à domicile sont étendus.

Concernant les assignations à résidence dans le cadre de l'état d'urgence, leur régime a été largement modifié par la loi du 20 novembre 2015 portant modification de la loi du 3 avril 1955 qui élargit considérablement les pouvoirs du ministre de l'Intérieur en matière d'assignation à résidence[1]. Dans son avis préalable à l'adoption de la loi, le Conseil d'État s'est « assuré de ce que les contraintes nouvelles assortissant l'assignation à résidence seraient : réservées aux personnes à l'égard desquelles il existe des raisons sérieuses de penser que leur comportement constitue une menace; tempérées par des garanties »[2]. Le régime juridique des assignations à résidence dans le cadre de l'état d'urgence a été précisé à travers trois étapes importantes[3]. Dans un premier temps, le juge des référés a eu à se prononcer sur le caractère urgent des demandes en référé-liberté et l'existence d'une atteinte grave et manifestement illégale à une liberté fondamentale. Si les tribunaux administratifs ont rejeté les demandes de mesures conservatoires prin-

1. Ainsi, le ministre de l'Intérieur peut : faire conduire la personne assignée à résidence par les services de police ou les unités de gendarmerie sur les lieux de l'assignation; astreindre les personnes assignées à résidence à demeurer dans leur lieu d'habitation pendant la plage horaire qu'il fixe dans la limite de 12 heures par 24 heures; prescrire à la personne assignée à résidence l'obligation de se présenter périodiquement aux services de police ou aux unités de gendarmerie, ainsi que de remettre son passeport ou tout document justificatif de son identité; interdire à la personne assignée de se trouver en relation directe ou indirecte avec certaines personnes.
2. CE, avis, 17 nov. 2015, n° 390786.
3. Suite aux attentats de nov. 2015, l'état d'urgence a été instauré à compter du 14 nov. 2015 par le décret n° 2015-1475 en France continentale et en Corse. Dans le cadre de l'état d'urgence, le ministre de l'Intérieur ou le représentant de l'État dans le département peut, par arrêté, interdire la circulation des personnes ou des véhicules dans les lieux et à l'heure fixés, instituer, par arrêté, des zones de protection ou de sécurité où le séjour des personnes est réglementé, interdire le séjour dans tout ou partie du département à toute personne cherchant à entraver, de quelque manière que ce soit, l'action des pouvoirs publics. Le décret instaurant l'état d'urgence peut également fixer des zones dans lesquelles des mesures complémentaires peuvent être mises en œuvre. Les préfets peuvent alors y ordonner la fermeture provisoire des salles de spectacle, débits de boissons et lieux de réunion de toute nature et interdire les réunions de nature à provoquer ou entretenir le désordre. Le ministre de l'Intérieur peut y ordonner la remise d'armes et prononcer des assignations à résidence.

cipalement du fait de l'absence de caractère urgent[1], le Conseil d'État, statuant en tant que juge d'appel des référés, a estimé qu'un référé en vue de faire suspendre l'application d'une assignation à résidence présente, en principe, un caractère urgent et qu'il appartient au juge administratif de déterminer s'il existe une atteinte grave et manifestement illicite à une liberté fondamentale[2]. Le Conseil constitutionnel a été simultanément saisi d'une question prioritaire de constitutionnalité[3] sur la conformité des neuf premiers alinéas de l'article 6 de la loi de 1955 modifiée à la Constitution. Sur la violation de la liberté d'aller et de venir, le Conseil constitutionnel raisonne en trois temps. Dans un premier temps, il s'attache à vérifier que le législateur a suffisamment encadré les pouvoirs conférés à l'autorité administrative[4]. Il examine ensuite le contrôle exercé par l'autorité administrative qui doit vérifier que la mesure est adaptée, nécessaire et proportionnée au but poursuivi[5]. Finalement, le juge constitutionnel procède à l'examen particulier de la durée de la mesure en vue de vérifier qu'elle est limitée dans le temps[6]. Sur tous ces fondements, le Conseil constitutionnel déclare donc conforme l'article 6 de la loi de 1955 telle que modifiée par la loi du 20 novembre 2015. Le Conseil a, par ailleurs confirmé cette analyse dans sa décision du 16 mars 2017, *M. Sofiyan I*[7]. En outre, la décision n° 2015-527 QPC relative à l'assignation à résidence dans le cadre de l'état d'urgence ne retient pas la qualification de mesure privative de liberté[8].

Finalement, tirant les conséquences des jurisprudences précédentes, le Conseil d'État statuant en tant que juge d'appel des référés, a suspendu une assignation à résidence. Il a estimé qu'au regard des éléments de l'instruction en l'état, il n'existait pas de raisons sérieuses de penser que l'individu présentait une

1. Les juges des référés des tribunaux administratifs de Rennes et de Cergy-Pontoise ont estimé par ordonnance le 30 nov. 2015 que les demandes ne présentaient pas un caractère d'urgence. Seul le juge des référés du tribunal administratif de Melun s'est fondé sur l'absence d'atteinte grave et manifestement illégale à une liberté fondamentale pour rejeter la demande. Sur ce point, v. « Assignations à résidence prononcées à l'occasion de la COP 21 dans le cadre de l'état d'urgence », Communiqué du Conseil d'État, 11 déc. 2015.
2. CE 11 déc. 2015, *M. H. X.*, consid. 20.
3. Le Conseil d'État a transmis la QPC par sa décision du 11 déc. 2015, *M. H. X.*, préc.
4. Il constate alors que les conditions de mise en œuvre des mesures d'assignations à résidence sont de deux natures : celles qui encadrent la mise en œuvre de l'état d'urgence et celles qui découlent des motifs susceptibles de fonder une mesure d'assignation à résidence. Cette double condition constitue, pour le Conseil constitutionnel, une limitation suffisante du pouvoir de l'autorité administrative (consid. 11).
5. Il vérifie notamment que le juge administratif est en mesure d'effectuer un contrôle de proportionnalité, en prenant particulièrement en compte les obligations complémentaires qui pèsent sur l'assigné à résidence (consid. 12).
6. Ils soulignent alors, d'une part, que la mesure d'assignation à résidence peut être limitée dans le temps et, d'autre part, que l'état d'urgence est lui-même limité dans le temps. S'il venait, le cas échéant, à être prolongé, les mesures individuelles d'assignation à résidence ne seraient pas prolongées de manière automatique. Cette analyse de la temporalité de la mesure est, par ailleurs, remise en perspective par rapport à la situation particulière que constitue l'état d'urgence (consid. 13).
7. Cons. const., 16 mars 2017, n° 2017-624 QPC, M. Sofiyan I (Assignations à résidence dans le cadre de l'état d'urgence II).
8. Cons. const. 22 déc. 2015, n° 2015-527 QPC, *M. Cédric D.* Si le requérant soutenait que l'assignation à résidence dont il faisait l'objet constituait une mesure privative de liberté (au sens de l'art. 66 de la Constitution et de l'art. 5 de la Conv. EDH), le Conseil a quant à lui estimé que, dans la mesure où l'assignation est restreinte à une plage horaire, elle ne constitue pas une mesure privative de liberté. Sur ce point on peut souligner la formulation employée par le Conseil constitutionnel dans son consid. 6 : « que la plage horaire maximale de l'astreinte à domicile dans le cadre de l'assignation à résidence, fixée à douze heures par jour, ne saurait être allongée sans que l'assignation à résidence soit alors regardée comme une mesure privative de liberté, dès lors soumise aux exigences de l'art. 66 de la Constitution ».

menace pour la sécurité et l'ordre public[1]. Depuis 2015, le Conseil constitutionnel a rendu neuf décisions précisant l'application des mesures prises dans le cadre de l'état d'urgence[2]. Le 1er novembre 2017, la France est sortie de l'état d'urgence, mais certaines mesures issues de ce régime dérogatoire ont été incorporées dans le régime de droit commun[3].

B. Les restrictions à la liberté d'aller et de venir des étrangers

494. Comparée à la situation des nationaux, la liberté d'aller et de venir des étrangers connaît des restrictions beaucoup plus sévères. Ce régime restrictif n'est pas propre à la France : tous les États mettent en œuvre une politique d'immigration permettant le contrôle des entrées et sorties des étrangers sur leur territoire national. Ces restrictions ne possèdent pas toutes les mêmes justifications ni le même degré de contrainte. Deux situations doivent être distinguées. D'une part, celle où l'étranger se trouve régulièrement en France : dans ce cas, sa liberté d'aller et de venir possède les mêmes traits dominants que celle des nationaux. Seuls le régime juridique et les modalités de contrôle pourront varier; d'autre part, celle de l'étranger en situation irrégulière, pour lequel la liberté est souvent réduite à sa négation.

Le régime actuel de l'entrée et du séjour des étrangers en France est organisé par l'ordonnance du 2 novembre 1945, modifiée de nombreuses fois, et notamment par la loi n° 2003-1119 du 26 novembre 2003 relative à la maîtrise de l'immigration, au séjour des étrangers en France et à la nationalité dite « Sarkozy I », complétée par la loi n° 2003-1176 du 10 décembre 2003 relative au droit d'asile[4], la loi n° 2006-911 du 24 juillet 2006 relative à l'immigration et à l'intégration dite « Sarkozy II », la loi n° 2007-1631 du 20 novembre 2007 dite « Hortefeux » relative à la maîtrise de l'immigration, à l'intégration et à l'asile, qui ne fait qu'ajuster les textes antérieurs, puis la loi n° 2011-672 du 16 juin 2011 relative à l'immigration, à l'intégration et à la nationalité et enfin la loi n° 2016-274 du 7 mars 2016 sur le droit des étrangers en France. Ces modifications d'abord motivées par les alternances politiques après 1980, apparaissent de plus en plus nécessaires pour mettre en œuvre concrètement et efficacement des règles dont

1. CE 22 janv. 2016, *M. A. B.*, req. n° 396116.
2. Cons. const., 22 déc. 2015, n° 2015-527 QPC, Cédric D. (Assignations à résidence dans le cadre de l'état d'urgence); 19 févr. 2016, n° 2016-535 QPC, Ligue des droits de l'homme (Police des réunions et des lieux publics dans le cadre de l'état d'urgence); 19 févr. 2016, n° 2016-536 QPC, Ligue des droits de l'homme (Perquisitions et saisies administratives dans le cadre de l'état d'urgence); 23 sept. 2016, n° 2016-567/568 QPC, Georges F. et autre (Perquisitions administratives dans le cadre de l'état d'urgence II); 2 déc. 2016, n° 2016-600 QPC, M. Raïme A. (Perquisitions administratives dans le cadre de l'état d'urgence III); 16 mars 2017, n° 2017-624 QPC, M. Sofiyan I (Assignations à résidence dans le cadre de l'état d'urgence II); 9 juin 2017, n° 2017-635 QPC, M. Émile L. (Interdiction de séjour dans le cadre de l'état d'urgence); 4 août 2017, n° 2017-648 QPC, La Quadrature du Net et autres (Accès administratif en temps réel aux données de connexion); 1er déc. 2017, n° 2017-677 QPC, Ligue des droits de l'Homme (Contrôles d'identité, fouilles de bagages et visites de véhicules dans le cadre de l'état d'urgence) et 11 janv. 2018, n° 2017-684 QPC, (Associations La cabane juridique / Legal Shelter et autre Zones de protection ou de sécurité dans le cadre de l'état d'urgence).
3. L. n° 2017-1510, 30 oct. 2017 renforçant la sécurité intérieure et la lutte contre le terrorisme, *JO* n° 0255 du 31 oct. 2017.
4. L. n° 2003-1119, 26 nov. 2003 relative à la maîtrise de l'immigration, au séjour des étrangers en France et à la nationalité, dite loi « Sarkozy I », *D.* 2003. 3012, complétée par L. n° 2003-1176, 10 déc. 2003 relative au droit d'asile, *D.* 2004. 35. V. sur la loi « Sarkozy I », F. Julien-Lafferrière, « Une modification d'ampleur de l'ordonnance du 2 novembre 1945 », *AJDA* 2004. 260-271.

l'efficacité a laissé à désirer dans la mise en œuvre[1]. *Il faut distinguer dans ce régime l'entrée, le séjour et la sortie du territoire.*

1. Les règles relatives à l'entrée des étrangers sur le territoire français

495. ***Entrée des étrangers et des demandeurs d'asile.*** *L'entrée* proprement dite sur le sol français est soumise à un certain nombre de conditions liées à la volonté de *préserver l'ordre public* mais aussi de *s'assurer des conditions d'existence de l'étranger durant son séjour*[2]. L'entrée en France est soumise à l'obligation de présenter un passeport revêtu d'un visa[3], ainsi que les preuves relatives aux moyens d'existence et aux garanties d'hébergement[4]. L'étranger doit également posséder ou être en mesure de posséder un titre de transport de retour[5]. Le respect de ces conditions n'exclut pas le refus d'entrée de l'étranger pour des motifs tirés des risques de trouble à l'ordre public, qui peut être opposé par les autorités de police compétentes. En revanche, le Conseil constitutionnel s'est opposé à une tentative du législateur, par le biais d'un amendement déposé à l'Assemblée nationale sur la loi Hortefeux, d'introduire des statistiques ethniques dans la politique d'immigration. Dans sa décision, le Conseil a considéré que « si les traitements nécessaires à la conduite d'études sur la mesure de la diversité des origines des personnes, de la discrimination et de l'intégration peuvent porter sur des données objectives, ils ne sauraient, sans méconnaître le principe énoncé par l'article 1er de la Constitution, reposer sur l'origine ethnique ou la race »[6], censurant ainsi l'article 63 de la loi déférée. Dans certaines situations, il est possible de mettre en place des zones d'attentes. Celles-ci sont une « fiction juridique permettant de considérer qu'un étranger, bien que physiquement présent sur le territoire français, n'a pas été juridiquement admis à entrer sur ce territoire »[7]. La loi de 2011 complète par ailleurs la possibilité d'étendre de telles zones lorsque plus de dix étrangers arrivent sur le territoire français en dehors d'un point de passage frontalier. Au vu des conditions limitatives importantes, le Conseil constitutionnel a déclaré ces nouvelles dispositions conformes à la Constitution[8]. La réforme de 2016 a déterminé le cadre juridique de l'accès des journalistes à ces zones d'attente. L'article 45 de la loi du 7 mars 2016 précise ainsi que « sous

---

1. V. en sens D. Turpin, « La loi n° 2003-1119 du 26 novembre 2003 relative à la maîtrise de l'immigration, au séjour des étrangers en France et à la nationalité », *D.* 2004. Chron. 283.
2. V. en ce sens, CEDH 11 juin 2009, *S.D. c/ Grèce*, req. n° 53541/07 et CEDH 21 janv. 2011, *MSS c/ Belgique et Grèce*, req. n° 30696/09, sur la condamnation des États au titre des mauvaises conditions d'hébergement du demandeur d'asile.
3. Aujourd'hui délivré dans le cadre de l'Espace Schengen, ce qui permet à un étranger non ressortissant d'un État membre de se déplacer dans tous les pays membres de cet espace sans avoir à faire la demande d'un nouveau visa.
4. V. art. 5-3 de l'ord. du 2 nov. 1945 modifiée. La loi du 26 nov. 2003 a confirmé l'exigence d'un certificat d'hébergement établi par la personne qui le prend en charge mais cette attestation doit faire l'objet d'une validation par la mairie. Ce système est donc plus contraignant que ne l'était celui de la loi de 1998. Par ailleurs le nouvel art. 5-3 fixe avec précision les conditions qui doivent motiver un refus de validation.
5. La convention de Schengen du 19 juin 1990 a imposé aux transporteurs aériens et maritimes de s'assurer que les personnes qu'ils transportent sont en possession des documents de voyage requis. Le non-respect de cette disposition est susceptible d'entraîner des sanctions à l'encontre du transporteur. Art. 35 *ter* de l'ordonnance de 1945.
6. Cons. const. 15 nov. 2007, n° 2007-557 DC, Loi relative à la maîtrise de l'immigration, à l'intégration et à l'asile, consid. 29.
7. F.-N. Buffet, Rapport fait au nom de la commission des lois sur le projet de loi, adopté par l'Assemblée nationale, relatif à l'immigration, à l'intégration et à la nationalité, Sénat, session ordinaire 2010-2011, n° 239, t. I, 19 janv. 2011, p. 72.
8. Cons. const. 9 juin 2011, n° 2011-631 DC, préc.

réserve de ne pas porter atteinte à la dignité des personnes et aux exigences de sécurité et de bon fonctionnement de la zone d'attente, les journalistes titulaires de la carte d'identité professionnelle [...] peuvent être autorisés à y accéder dans des conditions fixées par décret en Conseil d'État. »

Par ailleurs, les *réfugiés* possèdent également un droit d'entrée sur le territoire en vertu de la valeur constitutionnelle du droit d'asile[1]. Le régime juridique du droit d'asile est issu de la loi du 25 juillet 1952 modifiée. La loi du 10 décembre 2003 a confirmé la rénovation du droit d'asile opérée en 1998[2], en reconnaissant à côté de l'asile traditionnel issu de la convention de Genève du 28 juillet 1951[3], l'asile constitutionnel issu des dispositions du préambule de la Constitution de 1946[4] et la protection subsidiaire (anciennement appelé asile territorial par la loi de 1998) accordée par l'OFPRA (Office français de protection des réfugiés et apatrides) à un étranger dont la vie serait menacée ou exposé à la torture ou des traitements inhumains ou dégradants[5]. À cet égard, le Conseil d'État a accordé le statut de réfugié à une personne mineure menacée d'excision dans son pays d'origine mais a refusé d'étendre cette protection à ses parents[6]. La loi « Sarkozy II » de 2006, complétée par la loi de 2015, avalise une liste de pays « sûrs »[7], dans le but de permettre un traitement rapide des demandes déposées en France : sauf exceptions, les demandes émanant de ressortissants de ces pays sont rejetées. Le 29 juillet 2015, la loi n° 2015-925 relative à la réforme du droit d'asile a été adoptée. Elle fait écho aux directives européennes de juin 2013[8] en vue de renforcer les garanties des personnes ayant besoin d'une protection internationale et de favoriser un traitement diligent des demandes d'asile. Cette réforme a notamment amené de nouvelles garanties procédurales, la réforme du contentieux de l'asile et de nouvelles protections des droits des demandeurs[9].

La difficulté générée par la situation des demandeurs d'asile tient au fait qu'ils ne peuvent pas, dans la plupart des cas, se voir immédiatement accorder le statut de réfugié. Ils disposent donc d'un titre d'entrée et de séjour provisoire[10]

---

1. Outre sa présence et sa reconnaissance dans le préambule de la Constitution de 1946, le Conseil constitutionnel dans sa décision n° 93-325 DC du 13 août 1993, *Maîtrise de l'immigration* (*RJC* I-539), a déclaré contraires au droit d'asile certaines des dispositions de la loi. Afin de mettre en conformité l'ordre juridique français avec les engagements internationaux (not. les conventions de Schengen et de Dublin), une révision constitutionnelle est intervenue en 1993 pour intégrer le droit d'asile dans le corps de la Constitution de 1958 (art. 53-1).
2. V. L. n° 52-893, 25 juill. 1952 relative au droit d'asile, modifiée par L. n° 2003-1176, 10 déc. 2003. L'ordonnance du 20 mars 2002 a remodelé et précisé les dispositions relatives à l'entrée et au séjour des étrangers en Nouvelle-Calédonie. Elle n'empêche cependant pas l'application de la loi de 2003 au territoire de Nouvelle-Calédonie.
3. Amendée par le Protocole de New York de 1967 et publiée au *JO* 18 avr. 1971.
4. Art. 29 de la loi du 11 juill. 1998 : « La qualité de réfugié est reconnue [...] à toute personne en raison de son action en faveur de la liberté ». Ces termes reprennent ceux du préambule de 1946.
5. Art. 13 de la loi n° 52-893 du 25 juill. 1952 modifiée relative au droit d'asile.
6. CE 21 déc. 2012, req. n°s 332491, 332492, 332607.
7. Actuellement, la liste établie par l'OFPRA comporte quinze pays : Albanie, Arménie, Bénin, Bosnie-Herzégovine, Cap-Vert, Géorgie, Ghana, Île Maurice, Kosovo, Inde, Macédoine (ARYM), Moldavie, Mongolie, Monténégro, Sénégal, Serbie. Le Bangladesh a été ajouté en 2011 alors qu'il représentait le premier des demandeurs d'asile. Il a été retiré de la liste : CE 4 mars 2013, req. n° 356490.
8. Not. la directive n° 2013/32.
9. L. n° 2015-925, 29 juill. 2015 relative à la réforme du droit d'asile.
10. À cet égard, v. TA Nantes, 16 sept. 2014, req. n° 1407765 : le juge des référés a jugé que portait une atteinte grave et manifestement illégale à une liberté fondamentale le refus de délivrer un visa à une famille syrienne qui souhaitait demander l'asile en France.

valable jusqu'à ce que les instances compétentes[1] aient statué. Le droit d'accès au territoire français est une des composantes du droit d'asile[2]. Pour pouvoir être effectif, il doit être accordé non seulement au bénéficiaire du droit mais aussi au demandeur en attente d'une décision quant à son statut. Néanmoins, si le ressortissant d'un État tiers qui demande l'asile prive l'État membre de le considérer comme étant en situation irrégulière, le droit de l'Union ne fait pas obstacle à ce que le demandeur fasse l'objet d'une rétention administrative dès lors que cette demande semble être déposée dans le but de faire obstruction à une mesure d'éloignement[3]. On remarquera par ailleurs que si seul l'OFPRA peut accorder juridiquement le statut de réfugié, la qualité de réfugié en ce qui concerne le prononcé d'une sanction pénale peut être appréciée par le juge saisi au regard des critères fixés par la convention de Genève du 28 juillet 1951[4]. Une réforme du droit d'asile a, par ailleurs, été annoncée par le gouvernement pour le premier semestre 2018.

2. Les règles relatives au séjour des étrangers sur le territoire français

496. ***Les règles applicables en fonction du délai du séjour.*** Les règles relatives au *séjour* sont plus complexes. En deçà de trois mois, le visa touristique figurant sur le passeport suffit. Au-delà de ce terme, il est nécessaire de disposer d'une carte de séjour. Il en existe de différents types.

La loi du 7 mars 2016 amène, sur ce point, un certain nombre de modifications. Elle prétendait poursuivre trois objectifs : améliorer l'accueil et l'intégration des étrangers régulièrement admis au séjour, renforcer l'attractivité de la France en facilitant la mobilité des talents internationaux et lutter plus efficacement contre l'immigration irrégulière.

Pour un séjour ne dépassant pas un an, une carte de séjour temporaire suffit. La loi « Sarkozy II » du 24 juillet 2006 est revenue sur la « prime à la clandestinité », grâce à laquelle un étranger qui justifiait par tout moyen résider en France depuis plus de dix ans bénéficiait de plein droit d'une carte de séjour temporaire. La loi de 2006 opte pour une régularisation « au cas par cas ». La réforme de 2016 ne revient pas sur ce point. Depuis la loi « Sarkozy II », l'octroi d'une carte de séjour temporaire est subordonné, en principe, à la production par l'étranger d'un visa de long séjour (c'est-à-dire supérieur à trois mois), sous réserve des exceptions prévues par la loi, exceptions réduites par la loi Hortefeux. Un amendement à ce dernier texte a, par ailleurs, introduit la possibilité au bénéfice d'un demandeur de visa de long séjour pour raisons familiales de prouver au moyen d'un test ADN sa filiation avec l'un de ses parents, lorsque ce demandeur est ressortissant d'un pays dans lequel l'état civil présente des carences. Le Conseil constitutionnel a émis sur ce point deux réserves d'interprétation (consid. 9 et 16) dans sa décision du 15 novembre 2007, encadrant ainsi rigoureusement la possibilité de recours à un test ADN pour obtenir un visa de long séjour.

---

1. L'OFPRA et la commission des recours des réfugiés (juridiction administrative spécialisée) sont devenus les uniques interlocuteurs en matière de demandes d'asile et de recours contre les refus d'octroi de ces demandes.
2. La demande d'asile est bien génératrice d'un droit; en effet la Cour de cassation refuse d'y voir une manœuvre dilatoire et abusive de la part d'un étranger, souhaitant faire obstruction à l'arrêté de reconduite à la frontière le concernant (Civ. 1re, 29 juin 2011, n° 10-21.431, FP+B+I).
3. CJUE 30 mai 2013, *Mehmet Arslan c/ Policie CR*, aff. C-534/11.
4. Toulouse 15 févr. 2001, *D.* 2003. Somm. 175, obs. M.-H. Gozzi.

Au-delà de ce délai d'un an, il est nécessaire de posséder une carte de résident[1]. La loi du 24 août 1993 a globalement restreint les cas d'automaticité de délivrance de la carte de résident ou a émis des conditions de délivrance plus strictes; la loi du 11 mai 1998[2] avait assoupli certaines de ces conditions qui ont été renforcées par la loi du 26 novembre 2003. Cette dernière loi rend l'obtention de la carte de résident plus difficile, notamment en cas de regroupement familial. Les lois Sarkozy II et Hortefeux ont encore rigidifié les conditions du regroupement familial, notamment en faisant passer de douze à dix-huit mois la durée du séjour nécessaire pour pouvoir demander le regroupement familial et en modifiant le plancher des ressources nécessaires ainsi que la condition de logement pour accueillir la famille. La réforme de 2016 a généralisé l'usage de la carte pluriannuelle de séjour. Initialement réservée aux visas étudiants, cette carte de séjour à durée variable en fonction du statut de l'étranger, vise à réduire le nombre de passages en préfecture. Elle est renouvelable à condition que la situation du demandeur n'ait pas changé mais ne donne pas de droit automatique à une carte de résident.

La délivrance de la première carte de résident est soumise et subordonnée à *l'intégration républicaine de l'étranger dans la société française*, condition qui implique une connaissance suffisante de la langue française et des principes régissant la République française[3]. La loi Sarkozy II de 2006 a ainsi rendu obligatoire pour tous les étrangers non communautaires arrivant en France et souhaitant s'y maintenir la signature d'un « Contrat d'accueil et d'intégration » (CAI), qui était facultatif sous l'empire de la loi du 26 novembre 2003. La loi Hortefeux de 2007 s'inscrit dans la même logique, en entendant démarrer le parcours d'intégration avant l'arrivée en France. Ce même texte prévoit cependant qu'à l'expiration de la première carte de résident, c'est-à-dire dix ans, l'étranger *peut* obtenir une carte de résident permanent de durée *illimitée* (CESEDA, art. 314-14). La loi du 7 mars 2016 relative au droit des étrangers en France n'a pas remis en cause ce dispositif, mais a renforcé l'articulation entre le suivi et le respect du contrat, d'une part et le droit de séjourner de façon stable, d'autre part.

Le cas des réfugiés doit également être mentionné. En application de la convention de Genève du 28 juillet 1951, la reconnaissance du statut de réfugié entraîne le droit d'asile sur le territoire de la République. En conséquence, le réfugié a le droit de séjourner en France[4] et dispose pour cela d'une carte de résident ordinaire valable dix ans et renouvelable. La carte de réfugié a été supprimée par la loi du 10 décembre 2003 : le réfugié pourra justifier de sa qualité grâce à sa carte de résident sur laquelle sera portée la mention « réfugié », devenue « reconnu réfugié » depuis la réforme de 2015.

1. Il en existe de deux types, ordinaire ou privilégié; elles sont visées aux art. 14 et 15 de l'ordonnance de 1945. Celles visées à l'art. 14 de l'ordonnance sont délivrées discrétionnairement par l'administration alors que celles de l'art. 15 sont délivrées de plein droit en cas de séjour et d'entrée régulière en France. Cela vise notamment le regroupement familial, c'est-à-dire la possibilité pour un étranger résidant régulièrement en France de faire venir son conjoint et ses enfants.
2. Art. 6 modifié de l'ordonnance du 2 nov. 1945.
3. La loi du 11 mai 1998 RESEDA a institué la délivrance de nouvelles cartes de séjour temporaire valables un an, à des catégories de personnes déterminées : scientifiques, artistes, grands malades ainsi qu'aux individus disposant de « liens personnels et familiaux » en France. Ces dispositions ont été confirmées avec quelques restrictions par la loi du 26 nov. 2003.
4. Le Conseil d'État a même admis la procédure de regroupement familial au profit d'enfants placés sous tutelle d'un réfugié, et ce même en l'absence d'un lien de filiation (CE 10 juin 2011, req. n° 336287).

La tendance générale est actuellement orientée vers la recherche d'un contrôle plus effectif de l'entrée et du séjour des étrangers[1]. L'autorité administrative a retrouvé une marge d'appréciation discrétionnaire qu'elle avait eu tendance à perdre. Il faut souligner que si les motifs de maintien et de prévention des troubles à l'ordre public demeurent pour refuser l'entrée sur le territoire ou retirer un titre de séjour, en revanche, certaines justifications du retrait traduisent nettement la volonté du pouvoir politique de s'opposer à certaines pratiques jugées sociologiquement dangereuses à un moment donné, comme la polygamie[2].

3. Les règles concernant les ressortissants de l'Union européenne

497. ***Les conditions d'entrée et de séjour des ressortissants de l'Union.*** Ces règles relatives à l'entrée et au séjour ne sont pas uniformément appliquées à tous les étrangers. Les ressortissants de l'Union européenne bénéficient d'un régime plus favorable compte tenu des libertés de circulation et d'établissement dont ils bénéficient[3]. Les conditions de circulation et de séjour des citoyens de l'Union et des membres de leur famille ont été modifiées en profondeur par la directive n° 2004/38/CE du 29 avril 2004[4], transposée par la loi « Sarkozy II » du 24 juillet 2006. Cette directive est particulièrement importante, puisqu'elle abroge et remplace toutes les directives antérieures en la matière depuis 1964. *Pour une période de trois mois*, tout ressortissant communautaire a le droit de se rendre dans un autre État membre en disposant d'une carte d'identité ou d'un passeport en cours de validité, aucun visa d'entrée ou de sortie ne pouvant lui être imposé. Il appartient cependant aux autorités douanières de l'État membre de vérifier si la présence de l'intéressé constitue une menace réelle, actuelle et suffisamment grave affectant un intérêt fondamental de la société[5], la seule inscription sur le fichier Schengen de non-admission n'étant pas un motif suffisant de refus d'entrée[6]. À la suite des attentats du 13 novembre 2015, la France a temporairement rétabli les contrôles d'identité à ses frontières. Si cette mesure visait, initialement, à sécuriser la conférence de Paris sur le climat, la mesure a été renforcée à la suite des attentats de Nice du 14 juillet 2016. Cette mesure est prévue dans les Accords de Schengen et permet aux États membres de rétablir le contrôle d'identité à leurs frontières en cas de menaces à l'ordre public ou à la sécurité. Face à la « crise des migrants », d'autres pays européens ont décidé de réintroduire le contrôle à leurs frontières[7]. Les règles relatives à l'entrée des citoyens d'États tiers à l'Union mais ayant un lien familial avec un ressortissant

1. Les alternances politiques qui se sont succédé depuis 1981 ont donné lieu régulièrement à des modifications de l'ordonnance du 2 nov. 1945 allant tantôt dans un sens plus restrictif, tantôt plus libéral. Quelle que soit la tendance, la volonté d'efficacité du contrôle demeure.
2. Ceci ressort clairement de plusieurs articles de l'ordonnance de 1945 modifiée comme l'art. 15 *bis* par ex.
3. Toutefois, cette liberté d'établissement peut emporter des conséquences indirectes sur la libre circulation, en ce que la CJUE a pu juger qu'il était possible d'interdire à un ressortissant d'un État membre de quitter le territoire au motif que celui-ci ne se serait pas acquitté d'une dette fiscale de la société dont il est l'un des gérants (CJUE 17 nov. 2011, *Petar Aladzhov*, aff. C-434/10).
4. *JOUE* L. 158/77, 30 avr. 2004.
5. CJCE 28 oct. 1975, *Rutili*, aff. 36/75 et CE 1er oct. 2014, req. n° 365054, *Mme B.A.* (les faits d'escroquerie visant une personne ayant déjà fait l'objet de signalements pour des faits similaires sont constitutifs d'une « menace réelle, actuelle et suffisamment grave pour la sécurité publique »).
6. CJCE 31 janv. 2006, *Commission c/ Royaume d'Espagne*, aff. C-503/03, *RTD eur.* juill. 2006, comm. Martin.
7. C'est le cas notamment de l'Italie, de la République Tchèque, de la Slovaquie, de l'Allemagne, de la Belgique ou encore de la Pologne.

communautaire connaissent en outre un assouplissement constant. Ainsi, la Cour de justice des Communautés européennes a jugé que le ressortissant d'un État tiers qui a un lien familial avec un citoyen de l'Union s'étant installé dans un autre État membre jouit automatiquement du droit de séjourner dans l'État membre d'accueil[1]. La Cour de justice de l'Union européenne semble avoir franchi une nouvelle étape en ce domaine en détachant ce droit au séjour né d'un lien familial avec un citoyen de l'Union de la libre circulation. En effet, dans un arrêt *Ruiz Zambrano* du 8 mars 2011, elle considère que les dispositions du Traité sur le fonctionnement de l'Union européenne relatives à la citoyenneté européenne « doivent être interprétées en ce sens qu'elles confèrent à l'ascendant, ressortissant d'un État tiers, qui assume la charge de ses enfants en bas âge, citoyens de l'Union, un droit de séjour dans l'État membre dont ceux-ci ont la nationalité et dans lequel ils résident »[2]. Ainsi, ce droit de séjour se trouve désormais rattaché directement à la citoyenneté européenne et non plus à la libre circulation qui justifiait jusqu'alors la reconnaissance de ce droit. Des mesures nationales allant dans un sens contraire seraient considérées comme privant les personnes concernées « de la jouissance effective de l'essentiel des droits attachés au statut de citoyen de l'Union »[3]. Néanmoins, la Cour de justice semble vouloir circonscrire la portée de l'arrêt *Ruiz Zambrano* et le reléguer à un cas d'espèce justifié par le bas âge du citoyen de l'Union. En effet, elle rappelle dans deux arrêts que les ressortissants de pays tiers ne bénéficient que d'« un droit dérivé » au regroupement familial rattaché à l'exercice de la liberté de circulation dont jouit le citoyen de l'Union. Ainsi, l'article 20 du Traité sur le fonctionnement de l'Union européenne n'est pas opposable au refus d'un État membre de délivrer un titre de séjour à un ressortissant d'un pays tiers alors que celui-ci veut bénéficier du regroupement familial auprès d'un citoyen de l'Union qui n'a jamais fait usage de sa liberté de circulation dès lors que ce refus ne prive pas ledit citoyen de la jouissance effective de cette liberté[4]. Ajoutons que la Cour a pris le soin de préciser que la demande de séjour doit être présentée dans l'État où réside le citoyen européen[5].

Au-delà de cette période de trois mois, le droit de séjour est conditionné par certaines qualités[6] : soit exercer une activité économique, en qualité de travailleur salarié ou non, soit disposer de ressources suffisantes et d'une assurance-maladie, soit suivre une formation professionnelle en tant qu'étudiant, soit être membre de la famille d'un membre de l'Union disposant de l'une de ces qualités. Tout ressortissant de l'Union européenne acquiert un droit de séjour permanent dans l'État membre d'accueil après y avoir légalement résidé pendant une période ininterrompue de cinq ans (une absence de plus de deux années consécutives fait perdre le bénéfice de ce droit), pour autant qu'il n'ait pas fait l'objet d'une mesure d'éloignement. La carte de séjour permanent ainsi délivrée a une durée illimitée, et est renouvelable tous les dix ans. Cependant, le refus d'octroi ou de renouvellement de cette carte reste possible s'il est fondé sur des risques de

---

1. CJCE 9 janv. 2007, *Jia*, aff. C-1/05, *AJDA* 2007. 295, Chron. Broussy, Donnat, Lambert.
2. CJUE 8 mars 2011, *M. Ruiz Zambrano*, aff. C-34/09. Pour une application, v. CE 9 déc. 2014, req. n° 386029.
3. Position confirmée par l'arrêt de la CJUE du 5 mai 2011, *Shirley McCarthy*, aff. C-434/09, *JCP* 2011, n° 27, note S. Hennion; et même précisée par l'arrêt de la CJUE du 15 nov. 2011, *Murat Dereci et a. c/ Bundesministerium für Inneres*, aff. C-256/11, *Europe* 2012, n° 1, note A. Rigaux.
4. CJUE 6 déc. 2012, O. *et S. c/ Maahanmuuttovirasto et Maahanmuuttovirasto c/ L.*, aff. jtes C-356/11 et C-357/11; 8 mai 2013, *Kreshnik Ymeraga et a.*, aff. C-87/12.
5. CJUE 8 nov. 2012, *Yoshikazu Iida c/ Stadt Ulm*, aff. C-40/11.
6. V. CJCE 11 avr. 2000, *Arben Kaba*, aff. C-356/98, *JDI* 1er avr. 2001, comm. Luby.

troubles à l'ordre public[1]. Il faut encore relever que cette liberté de circulation et de séjour reconnue à tout citoyen de l'Union européenne n'est pas absolue. Ainsi, la CJCE a considéré qu'une clause de résidence imposée aux chômeurs de plus de cinquante ans comme condition du maintien de leur droit à l'allocation-chômage n'était pas contraire aux dispositions du traité[2].

En outre, si les ressortissants communautaires ne jouissent pas d'une liberté totale de mouvement et de déplacement lorsqu'ils ont été poursuivis pour une infraction pénale[3], la Cour de justice des Communautés européennes a néanmoins estimé que l'extinction des poursuites dans un État membre contre un ressortissant empêchait un autre État membre d'engager des poursuites conformément au principe *non bis in idem*[4]. Ceci illustre la façon dont la Cour de justice développe sa propre jurisprudence en matière de liberté d'aller et de venir, laquelle peut engendrer des conséquences conflictuelles sur la jurisprudence interne des États membres en la matière qui devront s'y conformer en raison du principe de primauté. La loi du 26 novembre 2003 a, par ailleurs, dans un domaine voisin, transposé la directive n° 2001/40/CE du 28 mai 2001 (*JOCE* 2 juin 2002) en insérant un article 28 *bis* à l'ordonnance du 2 novembre 1945 prévoyant que la reconduite à la frontière peut être décidée par le préfet lorsqu'un étranger non ressortissant d'un État membre de l'Union européenne, qui se trouve sur le territoire français, a fait l'objet d'une décision d'éloignement exécutoire prise par l'un des autres États membres de l'Union européenne.

4. Les règles relatives à la sortie des étrangers du territoire français

498. La *sortie du territoire* ne pose pas de difficultés lorsqu'elle est volontaire[5]. Elle devient beaucoup plus délicate lorsqu'elle est la résultante d'une décision autoritaire. Trois cas de figure sont susceptibles de se présenter : *la reconduite à la frontière, l'expulsion et l'extradition.*

• *La reconduite à la frontière*

499. La *reconduite à la frontière* se définit comme la mesure administrative par laquelle un étranger ne disposant pas ou plus de titre de séjour régulier, se trouve enjoint de quitter le territoire français. Cette sanction recouvre des cas de figure assez différents pouvant aller de l'entrée irrégulière sur le territoire au refus de renouvellement du titre de séjour (temporaire ou définitif) en passant par la falsification de documents relatifs au titre de séjour ou encore de l'interdiction de territoire français. Cette dernière communément dénommée « double peine » en raison de sa complémentarité avec la peine pénale principale en cas d'infraction pénale[6] commise par un étranger a vu son champ d'application se

1. V. en ce sens CJCE 26 nov. 2002, *Aitor Oteiza Olazabal*, aff. C-100/01, *Dr. adm.* 2003, n° 13, *AJDA* 2003. 386, Chron. Belorgey, Gervasoni et Lambert.
2. CJCE 18 juill. 2006, *De Cuyper*, aff. C-406/04, *JCP S* 2006, n° 41, note Willmann.
3. V. par ex. récemment l'arrêt de la CJUE du 17 nov. 2011, *Hristo Gaydarov*, aff. C-430/10, qui tolère — sous conditions — la restriction de la libre circulation d'un ressortissant d'un État membre au motif de sa condamnation pénale pour trafic de stupéfiant au sein d'un autre État.
4. CJCE 11 févr. 2003 *Gozürok et Brügge*, *AJDA* 2003. 384, Chron. Belorgey, Gervasoni et Lambert.
5. Elle constitue, au même titre que pour le national, un droit pour l'étranger; l'institution d'un visa de sortie pour étranger a été jugée illégale : CE 22 mai 1992, *GISTI*, *RFDA* 1993. 567, concl. R. Abraham; égal. l'institution d'une taxe de sortie du territoire sur tous les voyageurs : CE 9 nov. 1992, *Prés. du gouv. du territoire de la Polynésie française*, *RFDA* 1993. 570. Par ailleurs, la sortie du territoire peut se faire à l'endroit du choix de l'étranger si elle est volontaire et non subie (Cons. const. 22 avr. 1997, n° 97-389 DC, *Certificats d'hébergement*, *RJC* I-707, consid. 9 à 12).
6. V. en ce sens par ex. pour une interprétation restrictive Civ. 2e, 3 juill. 2003, *D.* 2003. IR 2124.

réduire considérablement dans la loi du 26 novembre 2003 et son prononcé devient étroitement encadré[1]. La reconduite à la frontière est prononcée par le préfet[2] qui doit statuer en prenant un arrêté motivé correspondant aux hypothèses visées par la loi[3] : il se trouve donc en situation de compétence liée. Matériellement, la reconduite à la frontière comporte deux phases : la première est celle de la rétention administrative[4], la seconde est la reconduite à la frontière proprement dite (qui comporte elle-même deux aspects : la décision d'éloignement et le choix du pays de renvoi[5]). La loi du 7 mars 2016 relative au droit des étrangers en France a fait de l'assignation à résidence la règle et de la rétention l'exception en la matière. La rétention n'est utilisée que si la situation ne permet pas d'avoir recours à une assignation à résidence, c'est-à-dire une décision par laquelle l'administration ou le juge oblige une personne à résider dans un lieu déterminé et à se présenter périodiquement aux services de police ou de gendarmerie. Ce dispositif est utilisé dans trois types de situations : comme alternative à une peine d'emprisonnement à l'encontre des personnes mises en examen ou condamnées à une peine inférieure à deux ans, dans le cadre de la rétention administrative d'étrangers, et dans la situation spécifique de l'état d'urgence. L'assignation à résidence est également prévue dans le cadre de la procédure d'expulsion, par exemple lors de l'exécution de l'obligation de quitter le territoire français. Le Conseil constitutionnel a eu à se prononcer sur la conformité de ce dispositif en 2011 et a estimé qu'il ne constituait pas une mesure privative de liberté au sens de l'article 66 de la Constitution[6]. Par ailleurs, le Conseil constitutionnel a estimé

1. On notera sur ce point que le Conseil constitutionnel s'est prononcé sur la question de la réhabilitation à la suite d'une interdiction du territoire français dans le cadre d'une peine pénale et admis que l'impossibilité de réhabilitation ne violait pas les droits et libertés que la Constitution garantit (Cons. const. 27 nov. 2015, n° 2015-501 QPC, *M. Anis T. [Computation du délai pour former une demande de réhabilitation judiciaire pour une peine autre que l'emprisonnement ou l'amende]*).
2. Art. 22 de l'ordonnance de 1945.
3. Sept cas sont visés par l'art. 22 de l'ordonnance de 1945.
4. La durée de la rétention administrative, qui ne pouvait initialement excéder 12 jours, a été modifiée par l'ordonnance n° 2004-1248 du 24 nov. 2004. La décision initiale du préfet de placement est prise pour une durée de 48 heures. Sur intervention du juge des libertés et de la détention, elle peut être prolongée une première fois pour une durée de 15 jours, et éventuellement une seconde fois pour une durée de 5 ou 15 jours, selon les cas. En tout état de cause, la durée maximale de la rétention est de 32 jours. Elle ne prive cependant pas l'étranger de l'exercice des droits dont il dispose en tant qu'individu, comme le droit au recours, par exemple. Le Conseil constitutionnel a en effet considéré que le droit au recours juridictionnel était ouvert à l'étranger quelle que soit sa situation (Cons. const. 13 mars 2003, n° 2003-467 DC, consid. 110). La violation des droits de la défense lors de l'adoption d'une décision de prolongation de la rétention n'entraîne pas l'illégalité de la décision et, *a fortiori*, la levée de la rétention. Le requérant doit démontrer que le non-respect de ses droits a emporté une solution différente de celle qui a été retenue, à savoir la prolongation de la rétention (CJUE 10 sept. 2013, *M. G. et N. R. c/ Staatssecretaris van Veiligheid en Justitie*, aff. C-383/13 PPU). En revanche, pour les étrangers ayant fait l'objet d'une condamnation pénale pour des activités à caractère terroristes, la durée maximale de la rétention administrative est de six mois (conformément à la loi relative à l'immigration, à l'intégration et à la nationalité, examinée par le Conseil constitutionnel dans la décision n° 2011-631 DC du 9 juin 2011).
5. V. en ce sens CE 24 juin 2002, *Préfet de la Haute-Garonne c/ Terzout-Yettou*, *Dr. adm.* 2002, n° 177.
6. Cons. const. 9 juin 2011, n°n° 2011-631 DC, *Loi relative à l'immigration, à l'intégration et à la nationalité*, consid. 68 : « Consid. que l'article contesté prévoit que l'autorité administrative peut prendre à l'égard d'un étranger qui pourrait être placé en rétention dans des locaux ne relevant pas de l'administration pénitentiaire une mesure d'assignation à résidence si l'exécution de l'obligation de quitter le territoire demeure une perspective raisonnable et s'il présente des garanties de représentation; qu'une telle mesure ne comportant aucune privation de la liberté individuelle, le grief tiré de la méconnaissance de l'art. 66 de la Constitution est inopérant ».

l'assignation à résidence d'un étranger faisant l'objet d'une interdiction de territoire pour une durée illimitée, jusqu'à ce qu'il existe une perspective raisonnable d'exécution de son obligation de quitter le territoire français conforme à la Constitution[1]. Le droit de l'Union européenne a précisé qu'en cas de séjour irrégulier d'un ressortissant d'un État tiers, il fallait prioritairement mettre en place une procédure de retour ou, à défaut, un placement en rétention[2]. Deux remarques peuvent être opérées : en premier lieu, une telle mesure ne peut être prise à l'égard des personnes ayant le statut de réfugié; en second lieu, cette mesure ne peut toucher que l'étranger se trouvant en situation irrégulière : elle n'est que la conséquence d'un séjour irrégulier. Le cas des ressortissants d'États tiers en situation irrégulière a préoccupé les juges français en 2012. Si le Conseil constitutionnel a constaté la conformité à la Constitution de l'article L. 621-1 du CESEDA[3], la première chambre civile de la Cour de cassation s'est ralliée à la jurisprudence de la Cour de justice, jugeant impossible le placement en garde à vue ou l'incarcération d'un étranger au seul motif de l'irrégularité de son entrée ou de son séjour en France[4]. L'incompatibilité ici mise en évidence entre la disposition du CESEDA et la directive « retour » a conduit les ministres de l'Intérieur et de la Justice à adopter des circulaires afin de préciser cette nouvelle solution.

La loi « Sarkozy II » de 2006, afin de répondre à l'accroissement important du contentieux administratif en matière de reconduite à la frontière, a procédé à la fusion des décisions de refus de séjour et des décisions d'éloignement en créant l'*ordre de quitter le territoire* (OQTF), à l'article L. 511-1 du CESEDA[5]. Jusqu'ici, le refus du droit au séjour s'accompagnait d'une invitation à quitter le territoire. Si à l'expiration du délai d'un mois l'étranger se trouvait encore sur le territoire, il faisait l'objet d'une décision de reconduite à la frontière qui permettait alors l'exécution effective du refus de séjour. Désormais, le refus d'un titre de séjour peut être assorti d'une OQTF qui fixe le pays à destination duquel l'étranger sera renvoyé s'il ne respecte pas le délai de départ. Le refus de séjour est ainsi exécutoire dès sa notification par l'administration. La loi de 2011 relative à l'immigration, à l'intégration et à la nationalité a ensuite unifié la procédure d'éloignement des étrangers en situation de séjours irréguliers et a ainsi achevé le mouvement engagé en 2006 en faisant de l'OQTF la seule mesure applicable.

1. Cons. const., 30 nov. 2017, n° 2017-674 QPC, M. Kamel D. (Assignation à résidence de l'étranger faisant l'objet d'une interdiction du territoire ou d'un arrêté d'expulsion), consid. 12.
2. Dans un avis du 21 mars 2011 (n°s 345978 et 346612), le Conseil d'État français a reconnu l'effet direct de la directive 2008/115/CE dite « directive retour » du 16 déc. 2008. Cette dernière a ainsi constitué le fondement d'une condamnation de la France pour avoir infligé une peine d'emprisonnement à un ressortissant arménien séjournant irrégulièrement sur le territoire français depuis plus de trois mois (CJUE 6 déc. 2011, *Achughbabian*, aff. C-329/11).
3. Cons. const. 3 févr. 2012, n° 2011-217 QPC, *M. Mohammed Alki B. (délit d'entrée ou de séjour irrégulier en France)*, *JO* 4 févr. 2012, p. 2076.
4. Civ. 1re, 5 juill. 2012, n°s 11-30.530, 11-30.371, 11-19.250. La chambre civile s'est conformée à l'avis qu'elle avait sollicité auprès de la chambre criminelle concernant la matière pénale (Crim. avis, 5 juin 2012, n° 9002).
5. V. sur la question de la conformité de la procédure d'éloignement (CESEDA, art. L. 511-1, I, 3°), au droit de l'Union européenne, le Conseil d'État juge que lorsque la décision faisant obligation de quitter le territoire français est prise concomitamment au refus de délivrance d'un titre de séjour, l'obligation de quitter le territoire français découle nécessairement du refus de titre de séjour. De ce fait, le droit d'être entendu n'implique pas que l'administration ait l'obligation de mettre l'intéressé à même de présenter ses observations de façon spécifique sur la décision l'obligeant à quitter le territoire français, dès lors qu'il a pu être entendu avant que n'intervienne la décision refusant de lui délivrer un titre de séjour, CE 4 juin 2014, req. n° 370515.

• *L'expulsion*

500. L'*expulsion* constitue la sanction qui frappe l'étranger qui présente un danger ou une menace grave pour l'ordre public. Il s'agit d'une mesure administrative prise par le ministre de l'Intérieur. Celui-ci doit préalablement saisir la commission des étrangers qui siège auprès de chaque département dont l'avis ne lie cependant pas le ministre. L'expulsion comporte certaines limites et certaines garanties pour l'intéressé qui peuvent être supprimées ou différées en cas d'*urgence* ou d'*urgence absolue*[1] et lorsqu'elle constitue une *nécessité impérieuse pour la sûreté de l'État ou la sécurité publique*[2]. Certains étrangers bénéficient de garanties qui les rendent difficilement « expulsables » : les mineurs de moins de 18 ans[3] ou l'étranger marié dont le conjoint possède la nationalité française ou encore de l'étranger qui a régulièrement résidé en France avant d'avoir atteint l'âge de six ans. Les personnes malades seront également plus difficilement « expulsables ». Le Conseil d'État a ainsi estimé dans un arrêt du 7 avril 2010 que « lorsque le défaut de prise en charge risque d'avoir des conséquences d'une exceptionnelle gravité sur la santé de l'intéressé, l'autorité administrative ne peut légalement décider l'éloignement de l'étranger que s'il existe des possibilités de traitement approprié de l'affection en cause dans le pays de renvoi »[4]. La loi de 2011 relative à l'immigration, à l'intégration et à la nationalité a modifié le critère tiré de la possibilité de pouvoir bénéficier effectivement d'un traitement, en faveur de la recherche de l'existence objective d'un moyen de traiter l'affection en cause. Le législateur a également réservé le cas d'une « circonstance humanitaire exceptionnelle » en vue de permettre une appréciation casuistique de l'accessibilité des soins[5]. La loi du 7 mars 2016 relative au droit des étrangers en France retient, en la matière, le critère de l'état de santé qui « nécessite une prise en charge médicale dont le défaut pourrait avoir pour [l'étranger] des conséquences d'une exceptionnelle gravité et si, eu égard à l'offre de soins et aux caractéristiques du système de santé du pays de renvoi, il ne pourrait pas y bénéficier effectivement d'un traitement approprié. »[6]

Le régime juridique de l'expulsion est plus sévère que celui de la reconduite à la frontière. Les effets de l'arrêté d'expulsion ne s'épuisent pas avec le départ de l'étranger du sol national. Tant que l'arrêté n'a pas été abrogé ou rapporté, l'individu visé par cette mesure ne peut accéder régulièrement au territoire national. En cas d'abrogation de la mesure d'expulsion, l'intéressé bénéficie d'un visa pour revenir sur le territoire français mais à la condition, notamment, qu'il ne constitue pas une menace pour l'ordre public à la date de l'abrogation. Le Conseil d'État va contrôler que l'administration, dans l'évaluation de ce risque pour l'ordre public

1. CE 4 mars 1998, *M. Bouechada*, req. n° 157346, *RFDA* 1998. 647 : demande d'annulation du jugement du 4 févr. 1994 par lequel le tribunal administratif de Clermont-Ferrand confirme la décision du ministre de l'Intérieur prononçant une expulsion en urgence. Les moyens invoqués reposaient sur 1/ la nationalité présumée du requérant : ce dernier étant né en France de parents originaire d'Algérie n'a pas accompli les formalités de demande de reconnaissance de nationalité française [...] 2/ l'absence de nécessité de recourir à la procédure d'expulsion en urgence : nécessité légale impérieuse de menace pour l'ordre public inexistante.
2. On remarquera que la condamnation à une peine de prison ferme peut justifier à l'heure actuelle une mesure d'expulsion. Pour les étrangers particulièrement protégés, cette hypothèse n'est pas exclue, mais le seuil de la durée de détention est relevé.
3. Qui sont particulièrement protégés : v. art. 26 nouveau de l'ordonnance du 2 nov. 1945 qui représente le seul cas où un étranger ne peut être expulsé.
4. CE, sect., 7 avr. 2010, req. n° 301640.
5. Cons. const. 9 juin 2011, n° 2011-631 DC, préc.
6. Loi n° 2016-274, 7 mars 2016 relative au droit des étrangers en France, *JO* du 8 mars 2016, article 57.

au regard de faits commis postérieurement à l'abrogation de l'arrêté d'expulsion, ne commet pas d'erreur manifeste d'appréciation[1]. En cas d'annulation de la mesure d'expulsion, l'intéressé ne bénéficie pas nécessairement d'un visa pour retourner sur le territoire français. Les autorités devront apprécier cette possibilité au regard de la situation de droit et de fait à la date de leur décision ainsi que des motifs de l'annulation de l'arrêté d'expulsion[2]. L'expulsion se traduit matériellement par le départ de l'étranger soit à destination du pays dont il a la nationalité, soit à destination du pays pour lequel il dispose d'un titre de transport, soit à destination d'un pays où il est régulièrement admissible. La loi du 26 novembre 2003 a cependant ajouté un tempérament important à cette règle de prohibition du retour de l'étranger frappé d'un arrêté d'expulsion. La loi « Sarkozy I » a prévu à l'article 23 de l'ordonnance du 2 novembre 1945 une règle de réexamen systématique des arrêtés d'expulsion tous les cinq ans. Depuis la réforme de 2011, l'OQTF regroupe l'ancienne procédure du même nom et la reconduite à la frontière. Elle s'accompagne d'une interdiction de retour sur le territoire français. Une mesure similaire d'interdiction administrative a été censurée par le Conseil constitutionnel en 1993 en ce qu'elle portait atteinte à l'article 8 de la DDHC[3]. Pour contourner cette difficulté, le législateur a transformé cette mesure : il ne s'agit plus d'une interdiction de plein droit mais d'une faculté donnée à l'administration, contrôlée par le juge administratif. L'interdiction de retour est ainsi désormais une mesure de police administrative et non une peine, conforme à la Constitution[4].

L'article 4 du quatrième Protocole additionnel à la Convention européenne des droits de l'homme prohibe les expulsions collectives[5], de même que l'article 1er du septième Protocole additionnel garantit à l'étranger de ne pouvoir être expulsé qu'en exécution d'une décision prise conformément à la loi[6]. Ces dispositions combinées à la jurisprudence de la Cour européenne des droits de l'homme ont permis d'assortir la procédure d'expulsion d'un certain nombre de garanties dont le juge administratif doit vérifier le respect. Ainsi, la légalité des arrêtés d'expulsion fait l'objet d'un contrôle complet de la décision incluant le contrôle de la proportionnalité de la mesure d'expulsion au regard du but poursuivi, c'est-à-dire à la gravité du trouble à l'ordre public que représente l'étranger[7]. La Cour

1. CE 6 mars 2009, req. n° 299035, *M. Rachid B.*
2. CE 26 janv. 2009, req. n° 310469, *M. Ahmed A.* Dans cette affaire, le Conseil d'État avait estimé que l'administration méconnaissait le droit au respect de la vie privée et familiale de l'intéressé en refusant l'octroi d'un visa après l'annulation de l'arrêté d'expulsion alors que la situation de fait n'avait pas évolué depuis l'exécution de l'arrêté.
3. Cons. const. 13 août 1993, n° 93-325 DC, *Loi relative à la maîtrise de l'immigration et aux conditions d'entrée, d'accueil et de séjour des étrangers en France.*
4. Cons. const. 9 juin 2011, n° 2011-631 DC, préc., consid. 52.
5. Le fait que plusieurs personnes soient visées simultanément par plusieurs arrêtés de reconduite à la frontière du même jour n'entraîne pas une violation de cette disposition si chaque arrêté a été pris après examen de chaque cas individuel et ne concerne qu'une personne à la fois; reconduite à la frontière et art. 4 Protocole 4 de la Conv. EDH : CE 12 févr. 1997, *M. Chooraman*, req. n° 167248; CE 12 févr. 1997, *Mme Chooraman*, req. n° 167249, cité *in RFDA* 1998. 1217. V. égal. CEDH, gr. ch., 3 juill. 2014, *Géorgie c/ Russie (I)*, req. n° 13255/07 : l'art. 4 du Protocole 4 de la Conv. EDH interdit l'expulsion collective d'étrangers, qu'ils résident régulièrement ou non sur le territoire.
6. Sur l'invocation de ce texte et sa mise en œuvre par la Conseil d'État : justification de la possibilité d'expulsion CE 30 juill. 1997, *M. Benrachid*, req. n° 169452, cité *in RFDA* 1998. 1218.
7. CE, ass., 19 avr. 1991, *Belgacem*, *RFDA* 1991. 497, concl. R. Abraham; v. égal. CE 29 juill. 1998, *Ministre de l'Intérieur c/ Chiabani*, *RFDA* 1999. 810 : l'expulsion d'étrangers délinquants ou criminels (en l'espèce auteurs d'actes terroristes) ne porte pas une atteinte disproportionnée au respect de la vie familiale, compte tenu de la menace à l'ordre public, même s'ils peuvent se prévaloir de liens familiaux solides en France.

européenne des droits de l'homme avait antérieurement formulé les mêmes exigences en se fondant sur l'article 8 de la Convention européenne de droits de l'homme garantissant le droit au respect de la vie privée et de la vie familiale[1] sur laquelle le Conseil d'État a pu s'appuyer[2]. Ces deux jurisprudences combinées permettent de réduire sensiblement le sentiment de discrétionnalité qui entoure le prononcé des mesures d'expulsion[3].

L'encadrement de la procédure d'expulsion fait également l'objet d'un important contentieux au regard de l'article 3 de la Convention européenne des droits de l'homme. En effet, le risque encouru pour un étranger de se voir infliger des traitements inhumains ou dégradants dans le pays de destination, suffit à engager la responsabilité de l'État à l'origine de la mesure d'éloignement[4]. On observe une tendance des juges de Strasbourg à élaborer une jurisprudence de plus en plus restrictive à l'égard de ces risques d'insécurité[5], allant même jusqu'à considérer qu'une expulsion peut violer le droit à un procès équitable au regard des risques encourus, dans le pays de destination, d'obtenir des preuves au moyen d'actes de torture[6].

• *L'extradition*

501. L'*extradition* est une procédure par laquelle un État demande à un autre État de lui livrer l'un de ses ressortissants qui se trouve sur son territoire, afin d'y être jugé ou d'y purger la peine pour laquelle il a été condamné.

À la différence des deux autres procédures, la procédure d'extradition n'est pas exclusivement administrative, même si juridiquement elle est l'œuvre du chef du Gouvernement. Elle fait intervenir une dimension pénale dans la procé-

1. CEDH 18 févr. 1991, *Moustaquim c/ Belgique*, série A, n° 193; CEDH 23 sept. 2010, *Bousarra c/ France*, req. n° 25672/07; CEDH 28 juin 2011, *Nunez c/ Novège*, req. n° 55597/09 : l'intérêt supérieur des enfants à maintenir une relation avec leur mère a permis aux juges de Strasbourg d'annuler l'expulsion d'une ressortissante dominicaine en situation irrégulière.
2. Le Conseil d'État peut annuler un arrêté d'expulsion lorsque le requérant n'a aucune attache dans son pays d'origine; CE 19 mars 1997, *M. Soudani*, req. n° 139786; CE 24 oct. 1997, *M. Marin*, req. n° 168035, cité *in RFDA* 1998. 1217.
3. Le Conseil d'État rend régulièrement des décisions en ce sens : CE 19 mars 1997, *M. Soudani*, req. n° 139786; CE 24 oct. 1997, *M. Marin*, req. n° 168035, *op. cit.* p. 1217. Plus récemment, dans un arrêt rendu le 23 avr. 2009 (req. n° 297638), le Conseil d'État estima qu'au regard de la situation familiale du requérant et des gages de réinsertion qu'il avait fournis, l'arrêté d'expulsion portait une atteinte disproportionnée au respect de la vie privée et familiale de l'intéressé garanti par l'art. 8 de la Conv. EDH. Cependant, cette prise en compte ne signifie pas que le juge annule systématiquement toute mesure d'expulsion parce qu'elle serait contraire à l'art. 8 de la Conv. EDH. Chaque espèce fait l'objet d'une appréciation autonome. Ainsi, en matière d'expulsion l'étranger délinquant ou criminel ne bénéficie que rarement des possibilités offertes par l'art. 8 Conv. EDH du fait de la menace que constitue ce dernier pour l'ordre public français. Cet intérêt prime sur la vie privée et familiale de l'étranger. Même en présence des critères de l'effectivité et de la stabilité de la vie familiale de l'étranger en France et de l'absence d'attaches dans le pays d'origine, ces derniers cèdent face à la gravité des faits commis par l'étranger. V. en ce sens : CE 29 déc. 1997, *M. Karker*, req. n° 168042 (étranger qui était solidement implanté en France, mais dont les activités terroristes ont entraîné l'expulsion sans qu'il y ait une atteinte excessive du droit au respect de la vie privée et familiale); CE 30 juill. 1997, *M. Goncalves*, req. n° 168426 (mesure d'expulsion justifiée par les infractions [viols] que le requérant a commises), citées *in RFDA* 1998. 1217.
4. CEDH 7 juill. 1989, *Soering c/ Royaume-Uni*, req. n° 14038/88 : l'espèce concernait une procédure d'extradition, mais le principe a été étendu à toute mesure d'éloignement. V. en matière d'expulsion, CEDH 27 juill. 2005, *N. c/ Finlande*, req. n° 38885/02.
5. V. en ce sens, CEDH 28 juin 2011, *Sufi et Elmi c/ Royaume-Uni*, req. n°s 8319/07 et 11449/07 : annulation d'une expulsion au motif d'une situation généralisée d'insécurité dans le pays de destination.
6. CEDH 17 janv. 2012, *Omar Othman c/ Royaume-Uni*, c'est la première fois que la Cour estime qu'une expulsion serait susceptible de violer l'art. 6 de la Convention.

dure de sortie du territoire. Cette décision est prise par le Premier ministre après avis de la chambre d'accusation[1]. Cet avis lie partiellement le chef du Gouvernement qui ne peut aller à l'encontre d'un avis négatif mais peut refuser l'extradition après un avis positif.

La *mise en œuvre de la procédure d'extradition est soumise à un double contrôle.* D'une part, la *Cour de cassation* peut être saisie pour examiner la régularité formelle de l'avis rendu par la chambre d'accusation[2]. D'autre part, le Conseil d'État est compétent pour examiner la légalité du décret d'extradition. À cet égard, il vérifie la conformité du décret aux dispositions du droit interne et de la Convention européenne des droits de l'homme. Il a ainsi annulé des décrets d'extradition qui méconnaissaient certains droits fondamentaux, comme le risque pour l'extradé de se voir infliger la peine de mort[3]. La Cour européenne des droits de l'homme peut également être saisie en cas de violation de la Convention comme l'article 3 relatif aux traitements inhumains ou dégradants[4]. Le juge de Strasbourg a ainsi réaffirmé dans un arrêt *Al-Saadoon et Mufdhi c/ Royaume-Uni* que les États parties à la Convention ne peuvent procéder à une extradition vers un État qui n'a pas aboli la peine de mort à moins qu'ils obtiennent de la part des autorités nationales des garanties visant à s'assurer que cette peine ne sera pas appliquée dans le cas présent[5].

Comme pour l'expulsion, les réfugiés[6] ne peuvent pas être extradés[7]. Le Conseil d'État estime en revanche que la qualité d'apatride ne fait pas obstacle à la mise en œuvre d'une procédure d'extradition[8].

Il convient enfin au sujet de l'extradition de souligner la simplification et l'accélération de cette procédure dans le cadre du mandat d'arrêt européen, mis en place par la décision-cadre du 13 juin 2002 (2002/584/JAI), qui consiste en une décision judiciaire émise par un État membre en vue de l'arrestation et de la remise par un autre État membre d'une personne recherchée pour l'exercice de poursuites pénales, ou pour l'exécution d'une peine ou d'une mesure de sûreté privative de liberté. Les États membres sont tenus d'exécuter ce mandat, dans le respect des droits fondamentaux de la personne. Néanmoins, la Cour de justice

---

1. Loi du 10 mars 1927 relative à la procédure d'extradition. Il faut également souligner que la procédure d'extradition est soumise à la conclusion préalable d'un accord ou d'une convention d'extradition entre les pays concernés. Cette convention peut revêtir un cadre multilatéral comme la Convention européenne d'extradition du 13 déc. 1957.
2. Crim. 17 mai 1984, *Doré, Bull. crim.* n° 183.
3. CE 27 févr. 1987, *Fidan, Lebon* 87; v. égal. CE 15 oct. 1993, *Joy Davis Aylor, AJDA* 1993. 887; 8 avr. 1998, *Stacy, RFDA* 1999. 802.
4. Art. 3 de la Conv.; CEDH 7 juill. 1989, *Soering*, commentaire *in* V. Berger, *Jurisprudence de la CEDH* 12e éd., Sirey, 2011, n° 15.
5. CEDH 2 mars 2010, *Al-Saadoon et Mufdhi c/ Royaume-Uni*, req. n° 61498/08. Position confirmée dans l'arrêt : CEDH 17 janv. 2012, *Harkins et Edwards c/ Royaume-Uni*, req. n°s 9146/07 et 32650/07 dans lequel les griefs relatifs au risque de peine capitale ont été déclarés irrecevables compte tenu des assurances diplomatiques délivrées par les États-Unis et la peine perpétuelle encourue n'apparaît pas manifestement disproportionnée et dans l'arrêt CEDH 25 sept. 2012, *Rrapo c/ Albanie*, req. n° 58555/10.
6. CE 1er avr. 1988, *Bereciartua-Echarri, Lebon* 135.
7. On relèvera que dans l'art. 36 de la loi du 11 mai 1998, la modification de la loi du 25 juill. 1952 relative à l'asile territorial (nouvel art. 13) vise directement les menaces qui pourraient déboucher sur une violation des dispositions de l'art. 3 de la Conv. EDH : « Dans les conditions compatibles avec les intérêts du pays, l'asile territorial peut être accordé par le ministre de l'Intérieur après consultation du ministre des Affaires étrangères à un étranger si celui-ci établit que sa vie ou sa liberté est menacée dans son pays ou qu'il y est exposé à des traitements contraires à l'article 3 de la Convention européenne de sauvegarde des droits de l'homme et des libertés fondamentales. »
8. CE 11 juin 2010, req. n° 334454.

de l'Union européenne est soucieuse de préserver l'effet utile du mandat d'arrêt européen. À ce titre, elle a refusé d'étendre la portée du droit d'être entendu, protégé par les articles 47 et 48 de la Charte des droits fondamentaux de l'Union européenne, à la phase procédurale antérieure à l'émission du mandat d'arrêt, c'est-à-dire devant les autorités judiciaires de l'État d'émission[1]. En outre, l'affaire *Stefano Melloni* est sur ce point très révélatrice. Il était demandé à la Cour de justice, saisie à titre préjudiciel par le Tribunal constitutionnel espagnol, si l'article 53 de la Charte, permettant aux États membres d'appliquer les standards nationaux de protection des droits fondamentaux équivalents ou plus élevés, pouvait être invoqué à l'encontre de l'exécution du mandat d'arrêt dès lors qu'une telle exécution porte atteinte au droit à un procès équitable et aux droits de la défense consacrés par la Constitution d'un État membre. La Cour juge que l'application du standard de protection constitutionnel ne saurait remettre en cause la primauté, l'unité et l'effectivité du droit de l'Union européenne et, en particulier, des dispositions régissant le mandat d'arrêt européen[2]. Sans conteste, ces deux décisions mettent en exergue les limites de la marge d'appréciation dont disposent les États membres dans ce domaine. Notons, tout de même, que la Cour de justice a jugé que le délai de trente jours dans lequel est enfermée l'autorité judiciaire pour statuer sur la demande d'extension des effets d'un mandat d'arrêt européen à compter de sa réception ne prive pas l'État membre d'instituer un recours suspensif contre la décision de ladite autorité judiciaire[3]. Le Conseil constitutionnel a alors précisé que l'absence d'un tel recours était contraire aux droits et libertés garantis par la Constitution[4].

III. Le régime juridique de la liberté d'aller et de venir

502. En raison de son statut, la liberté d'aller et de venir se voit appliquer le régime juridique le plus favorable aux libertés fondamentales : l'absence de réglementation. Si tel est bien le principe, il connaît un certain nombre d'aménagements liés à la conciliation nécessaire des règles et principes de même valeur que la liberté elle-même. On peut décrire le régime juridique de la liberté d'aller et de venir en étudiant ses conditions d'exercice et ses limites.

A. Les conditions d'exercice de la liberté d'aller et de venir

503. ***La question de la réglementation de la liberté d'aller et de venir.*** La liberté est ici la règle. Le contentieux quantitativement faible reflète bien ce régime de liberté. Elle s'exerce donc normalement sans condition particulière. Cela signifie qu'elle ne peut faire l'objet de restrictions telles que la soumission à déclaration ou à autorisation. De nombreux arrêts en témoignent. Il en va ainsi de la réglementation préfectorale interdisant aux prostituées de stationner de manière prolongée aux abords de certains lieux[5], ou encore de l'obligation faite par un maire aux amateurs de courses en montagne, étrangers à la commune, d'effectuer une déclaration en mairie et si nécessaire d'accepter les services d'un guide[6] ou enfin du partage du territoire d'une commune en zones climatique et touristique, interdisant aux malades de se déplacer dans toute une partie de la

1. CJUE 29 janv. 2013, *Ciprian Vasile Radu*, aff. C-396/11.
2. CJUE 26 févr. 2013, *Stefano Melloni*, aff. C-399/11.
3. CJUE 30 mai 2013, *Jeremy F c/ Premier Ministre*, aff. C-168/13 PPU.
4. Cons. const. 14 juin 2013, n° 2013-314 QPC, *M. Jeremy F.*
5. Crim. 1er févr. 1956, *Flavien*, *D.* 1956. 365, rapport Ledoux.
6. CE 17 oct. 1952, *Syndicat climatique de Briançon*, *Lebon* 445.

commune[1]. Les mesures qui restreignent l'exercice de la liberté d'aller et de venir sont *suspectes d'illégalité :* le juge réagit comme s'il existait une présomption de violation de la liberté à l'égard des mesures la limitant. Cette situation s'explique par la protection constitutionnelle et conventionnelle dont bénéficie la liberté. Cela ne signifie pas que la liberté ne puisse faire l'objet d'aucune réglementation, mais que cette *réglementation doit être justifiée* et qu'elle procède — au moins indirectement — d'une habilitation législative. Ainsi, un décret peut parfaitement organiser les manifestations automobiles et motocyclistes sur la voie publique tout en les soumettant à certaines restrictions dès lors que les conditions d'exercice de ces libertés visent à trouver un équilibre entre la liberté d'organiser de telles manifestations et la sécurité des autres usagers[2]. Ceci se vérifie à travers les limites fixées à la liberté d'aller et de venir.

B. Les limites assignées à la liberté d'aller et de venir

504. ***Ces limites se traduisent non pas par la disparition de la liberté mais par sa restriction.*** Deux types d'impératifs de même valeur que la liberté peuvent justifier sa limitation : le maintien de l'ordre public, la protection d'autres libertés.

505. ***Les limites tenant au maintien de l'ordre public.*** Les restrictions imposées par le maintien de l'ordre public sont les plus nombreuses. L'ordre public au sens traditionnel du terme comprend *la tranquillité, la sécurité et la salubrité publiques*. Sa sauvegarde se traduit par la réglementation de police. À l'égard de la liberté d'aller et de venir ce sont surtout les impératifs de sécurité qui sont le plus souvent avancés[3]. L'exemple le plus probant est certainement celui de la police de la circulation. Que ce soit par air, mer ou terre, la liberté de circulation représente l'emblème le plus visible de la liberté d'aller et de venir. Si le piéton se voit imposer des restrictions minimales, il n'en est pas de même lorsqu'un moyen technique de déplacement est utilisé. Le cas de la circulation automobile est à cet égard le plus flagrant. Si la détention d'un permis de conduire se conçoit pour des raisons de sécurité[4], la mise en œuvre de certaines dispositions du Code de la

---

1. CE 13 mai 1927, *Carrier, DH* 1927. 355.
2. CE 7 mai 2008, *Association Collectif pour la Défense des Loisirs Verts*, req. n° 298836, *Lebon* T. 738.
3. V., à ce titre, trois illustrations : le renforcement des pouvoirs de police administrative en cas de grands rassemblements lors de manifestations sportives, validé par le Conseil constitutionnel; consid. 50 de la décision n° 2011-625 DC du 10 mars 2011, *Loi d'orientation et de programmation pour la performance de la sécurité intérieure*. V. sur ce point CE 12 sept. 2014, req. n° 384457 ou encore CE 5 nov. 2014, req. n° 364085 : les restrictions en cause, prises sur le fondement du maintien à l'ordre public, ne révèlent aucune atteinte manifestement illégale à la liberté d'aller et venir. Égal., l'évacuation d'un campement au motif que des branchements frauduleux font courir des risques d'une gravité telle que cela porte atteinte à la sécurité publique; CE 5 avr. 2011, *Mme Ciurar et a.*, req. n° 347949. Pour une application, v. CE 17 sept. 2014, req. n° 384387 : le départ des occupants du campement, justifié par les exigences de sécurité publique, ne porte pas une atteinte manifestement illégale à leur liberté d'aller et de venir. Enfin, la privation temporaire de liberté en cas d'ivresse publique a été validée par le Conseil constitutionnel au regard de la protection de la santé des personnes et de l'ordre public; Cons. const. 8 juin 2012, n° 2012-253 QPC, *M. Mickaël D. (ivresse publique)*. V. égal., concernant la protection de la santé publique, CE 9 juill. 2014, req. n° 373304 : les dispositions litigieuses du Code du sport ne portent atteinte ni à la liberté d'aller et venir, ni à la liberté de circulation garantie par l'article du Protocole 4 Conv. EDH en ce qu'elles s'avèrent être nécessaires et proportionnées aux objectifs d'intérêt général poursuivis par la lutte contre le dopage, notamment la protection de la santé des sportifs.
4. Ainsi par exemple, la loi n° 2014-896 du 15 août 2014 relative à l'individualisation des peines et renforçant l'efficacité des sanctions pénales a prévu, à titre de peine alternative, l'interdiction de conduire, pendant une durée de cinq ans au plus, une voiture non équipée d'un dispositif d'anti-démarrage à éthylotest (C. pén., art. 131-6, 5° *bis*).

route confine, par son interprétation maximaliste, à une restriction de fait de la liberté[1]. Ainsi, les professionnels de la route se voient appliquer des restrictions quant aux lieux et horaires de circulation[2]. La liberté de stationnement, corollaire de la liberté d'aller et de venir, est de plus en plus réduite par les interdictions ou les réglementations qui conduisent à limiter les possibilités de stationner[3] ou à réserver certains emplacements[4]. Plus récemment, le Conseil constitutionnel s'est fondé sur l'ordre public pour justifier l'imposition aux conducteurs d'une voiture de transport avec chauffeur de retourner dès la fin de leur prestation soit au lieu d'établissement de l'exploitant soit dans un lieu, hors de la chaussée, où le stationnement est autorisé[5].

Les restrictions liées au maintien de l'ordre public se retrouvent également (et surtout) dans la mise en œuvre de la liberté à l'égard des étrangers. La majeure partie des restrictions à la liberté d'aller et de venir peut s'appuyer sur des motifs d'ordre public. La particularité tient cependant au fait que les justifications relatives à la sécurité publique sont beaucoup plus larges; elles permettent à l'autorité administrative d'intégrer dans la protection de l'ordre public des considérations qui peuvent être extra-juridiques. Le juge constitutionnel a cependant posé certaines limites aux restrictions qui peuvent être apportées : dans sa décision du 22 avril 1997[6] relative aux *certificats d'hébergements*, il a estimé que le retrait du passeport à un étranger *ne saurait faire obstacle à l'exercice par l'étranger du droit de quitter le territoire national et de ses autres libertés et droits fondamentaux*. Le juge a de surcroît ajouté que *la retenue du passeport ou du document de voyage ne doit être opérée que pour une durée strictement proportionnée aux besoins de l'autorité administrative.*

L'une des particularités de l'ordre public réside dans la variabilité de ses exigences : ceci permet au législateur puis à l'administration d'y intégrer des éléments autant juridiques que politiques, le tout restant sous le contrôle du juge[7].

506. ***Les limites tenant au respect d'autres droits et libertés.*** Les *restrictions* à la liberté d'aller et de venir *imposées par la protection d'autres libertés ou principes* de même valeur *découlent de leur nécessaire conciliation*. Il s'agit surtout de limitations parmi lesquelles on peut citer le respect du principe d'égalité. Ce principe

1. Sur l'applicabilité de la Conv. EDH au retrait de points sur le permis de conduire : CAA Nantes, 30 déc. 1998, *Marande, Dr. adm.* 1999, n° 199. Le retrait de points constitue une sanction pénale au sens de l'art. 6 de la Conv. EDH.
2. CE 5 nov. 1980, *Fédération nat. des transporteurs routiers;* CE 14 nov. 1980, *S^té des transports André Coing, AJDA* 1981. 211, note D. Broussolle : sur l'interdiction de circulation des poids lourds à l'intérieur de certaines communes.
3. V. les jurisprudences classiques : CE 22 févr. 1961, *Lagoutte, RD publ.* 1961. 6; CE 14 mars 1973, *Almela, Lebon* 213; CE 14 janv. 1981, *Bougie, RD publ.* 1981. 787.
4. CE 26 févr. 1969, *Chabrot, AJDA* 1969. 318.
5. Cons. const. 22 mai 2015, *Société UBER France SAS et autre*, n° 2015-468/469/472 QPC : « le législateur, poursuivant des objectifs d'ordre public, notamment de police de la circulation et du stationnement sur la voie publique, a ainsi entendu garantir le monopole légal des taxis qui en découle » (consid. 23).
6. Cons. const. 22 avr. 1997, n° 97-389 DC, *RJC* I-707.
7. Pour un exemple de motif politique lié à l'exigence d'ordre public : v. le cas du gouvernement slovaque qui a refusé de laisser entrer sur son territoire le président hongrois. Ce refus a été motivé par une référence historique et politique au Printemps de Prague de 1968, et le souci de préserver l'ordre public. La Cour de justice, saisie par la Hongrie d'un recours en manquement, a souligné que le statut de chef d'État se distingue du statut de citoyen de l'Union en ce qu'il présente la spécificité d'être régi par le droit international. Cette particularité permet à un État membre de l'Union de poser une restriction à la libre circulation de ce citoyen au regard de l'art. 21 TFUE si l'État hôte ne se sent pas capable d'assurer sa sécurité (CJUE, gr. ch., 16 oct. 2012, *Hongrie c/ République Slovaque*, aff. C-364/10).

va limiter le caractère absolu de la liberté d'aller et de venir. Ainsi, par exemple, est-il invoqué en matière de réglementation du stationnement pour justifier les limitations dans le temps ou le stationnement payant. Parfois, la conciliation des libertés met en confrontation deux expressions de la liberté d'aller et de venir[1]. La liberté de manifestation en est une illustration. Elle permet à ceux qui désirent manifester, d'exercer à la fois leur liberté d'expression et d'aller et de venir. Mais parallèlement, elle limite la liberté d'aller et de venir de ceux qui ne manifestent pas. D'où l'existence d'un régime juridique qui organise cette liberté de façon à ce que soit sauvegardé chaque aspect de la liberté. En revanche, la confrontation de plusieurs droits ou libertés fondamentaux ne peut justifier certaines atteintes à la liberté d'aller et de venir. La question s'est ainsi posée pour les atteintes à la liberté d'aller et de venir au sein de l'entreprise lorsque celle-ci était en grève : lors de certains conflits sociaux, certains salariés grévistes ont séquestré des dirigeants ou des cadres de l'entreprise. Malgré l'existence de droits fondamentaux dans le cadre de conflits collectifs du travail (droit de grève, liberté syndicale...), ces derniers ne peuvent aller jusqu'à porter une atteinte disproportionnée à la liberté d'aller et de venir[2]. La même remarque pourrait être opérée à l'égard de la propriété privée. Celle-ci limite la liberté d'aller et de venir dans la mesure où elle confère au propriétaire un droit exclusif sur le bien. Toutefois, même dans cette hypothèse le droit n'est pas absolu : ainsi, la servitude de passage représente une conciliation entre droit de propriété et liberté d'aller et de venir.

IV. Le contrôle et les sanctions des atteintes à la liberté d'aller et de venir

507. Le contrôle de la liberté d'aller et de venir est essentiellement juridictionnel[3]. Il repose sur un partage des compétences entre le juge judiciaire et le juge administratif. Si le juge judiciaire reste le gardien des atteintes à la liberté d'aller et de venir qui sont également constitutives d'atteintes à la sûreté de l'individu, le juge administratif est également amené à se prononcer sur les mesures générales restreignant la liberté de circulation des individus (nationaux et étrangers). À la détermination du juge compétent s'ajoute l'idée selon laquelle le contrôle juridictionnel des atteintes à la liberté s'effectue proportionnellement à la gravité de la menace rencontrée.

A. La répartition de la compétence juridictionnelle entre le juge judiciaire et le juge administratif

508. ***L'évolution de la compétence juridictionnelle.*** La compétence juridictionnelle pour connaître des atteintes à la liberté d'aller et de venir a connu une curieuse évolution liée à l'incertitude de son intégration dans le champ de l'article 66 de la Constitution. La jurisprudence constitutionnelle a semblé un

1. CE 19 févr. 1988, *Assoc. du cingle de Trémolat*, *AJDA* 1988. 418, obs. J. Moreau.
2. V., F. Duquesne, « De l'atteinte à la liberté d'aller et de venir dans l'entreprise en grève », *JCP S* 2009, n° 1435.
3. On remarquera cependant que le juge n'est pas le seul à pouvoir se prononcer sur les atteintes à la liberté d'aller et de venir. Ainsi, les autorités administratives indépendantes peuvent également « sanctionner » certains comportements attentatoires à la liberté d'aller et de venir. La CNIL (Commission nationale informatique et liberté) a ainsi estimé que les « passes » de transport anonymes ou nominatifs pouvaient être incompatibles avec le respect de cette liberté : v. « Le passe Korrigo des transports urbains rennais sanctionné par la CNIL », *Gaz. Pal.* 22 oct. 2009, n° 295, p. 11.

temps intégrer la liberté d'aller et de venir dans le champ de protection de la liberté individuelle visée à l'article 66 de la Constitution[1]. Ceci engendrait une compétence exclusive du juge judiciaire pour connaître des atteintes à la liberté individuelle[2]. Ce fondement constitutionnel reléguait en arrière-plan la *théorie de la voie de fait*. Cette théorie engendre en effet la compétence du juge judiciaire en cas de mesures administratives irrégulières manifestement insusceptibles de se rattacher à un pouvoir de l'administration et portant gravement atteinte à une liberté fondamentale[3]. Si certaines juridictions continuent de se référer à cette théorie, elle ne présente plus aujourd'hui le même intérêt que par le passé.

509. ***Le caractère non exclusif de la compétence du juge judiciaire.*** La compétence du juge judiciaire à l'égard de la liberté d'aller et de venir n'a jamais été exclusive. Différentes formes d'atteintes à la liberté de circulation ont été, de longue date, portées devant le juge administratif. La conjonction de la protection de la liberté d'aller et de venir et de la protection de la liberté individuelle en termes de compétence exclusive du juge judiciaire n'a, malgré les incertitudes jurisprudentielles, jamais correspondu à la réalité. Le juge administratif a depuis longtemps intégré le contrôle juridictionnel des atteintes à la liberté d'aller et de venir dans le contrôle des mesures de police. Il est nécessaire de distinguer les atteintes effectives des atteintes potentielles. Ceci se retrouve à travers la distinction traditionnelle entre mesures de police administrative (prévention des troubles) et mesures de police judiciaire (répression des troubles). Si le juge judiciaire est naturellement saisi dans le cadre de la commission d'une infraction ou dans l'hypothèse d'une atteinte grave à la liberté d'aller et de venir, il n'en sera pas de même lorsqu'il s'agira d'une mesure de prévention de troubles à l'ordre public. Ainsi le juge administratif, juge des opérations de police administrative, sera compétent pour statuer sur les réglementations de police qui s'avéreraient contraires au principe de la liberté d'aller et de venir ou qui aménagent cette liberté, comme les arrêtés municipaux de police. Ceci relativise la compétence traditionnellement reconnue au juge judiciaire qui peut par ailleurs s'appuyer sur les compétences constitutionnelles dont dispose chaque ordre de juridiction[4]. On rappellera de surcroît que le juge judiciaire, notamment le juge pénal peut se transformer occasionnellement en juge administratif chargé d'apprécier la légalité des actes administratifs, notamment lorsque ceux-ci portent atteinte aux droits fondamentaux. Ainsi, et même si une telle affaire peut paraître anecdotique, la chambre criminelle de la Cour de cassation a estimé dans un arrêté du 18 novembre 2003 que la réglementation prise par un maire de la pratique de la planche à roulettes sur le parvis de l'hôtel de ville de Roanne ne méconnaissait pas le principe de la liberté individuelle mais visait à assurer le bon ordre ainsi que la sécurité et la sûreté publiques[5]. En revanche, dès lors qu'un texte confie clairement le traitement d'une question à la compétence d'un juge, ce dernier ne peut que le constater et s'y conformer. Ainsi l'appréciation de la légalité du maintien en rétention administrative relève du seul juge administratif[6].

1. V., L. Favoreu et *al.*, *Droit constitutionnel*, *op. cit.* n°s 1282 s.
2. Crim. 25 avr. 1985, *Bogdan et Vuckovic*, *JCP* 1985. II. 20465; L. Favoreu, « La Cour de cassation, le Conseil constitutionnel et l'article 66 de la Constitution », *D.* 1986. Chron. 169.
3. V. T. confl. 27 mars 1952, *Dame de La Murette*.
4. V. Cons. const. 23 janv. 1987, n° 86-224 DC, *Conseil de la concurrence*, *GDCC* 6 : cette décision a réservé à chaque ordre juridictionnel un bloc de compétences (annulation et réformation des actes administratifs pour le juge administratif; matières relevant par nature du juge judiciaire, dont la liberté individuelle); des dérogations sont cependant possibles lorsque l'intérêt d'une bonne administration de la justice est en jeu.
5. *D.* 2004. IR 34.
6. Civ. 2e, 24 avr. 2003, *D.* 2003. IR 1264.

La compétence constitutionnelle du juge judiciaire issue de l'interprétation de l'article 66 de la Constitution a donné lieu à plusieurs hésitations jurisprudentielles quant à la répartition des compétences en cas d'atteinte à la liberté individuelle. Aujourd'hui, la ligne de partage semble davantage découler de la présence de plusieurs critères de compétence juridictionnelle dans la protection de la liberté d'aller et de venir. À elle seule, la liberté d'aller et de venir ne génère aucune clause spécifique de compétence au profit du juge judiciaire ou administratif. En revanche, si l'atteinte à cette même liberté est combinée avec d'autres garanties constitutionnelles (sûreté) ou jurisprudentielles, elle pourra aiguiller un critère de compétence particulier. Ainsi, le Tribunal des conflits avait par exemple adopté une position restrictive à l'égard de la compétence judiciaire en réservant l'appréciation de légalité et l'interprétation des actes administratifs portant atteinte à la liberté individuelle à la juridiction administrative[1]. Cette solution fut démentie par le législateur en ce qui concerne le juge pénal[2] mais également par le juge civil qui, dans le respect des principes constitutionnels issus de la décision du Conseil constitutionnel de 1987, *Conseil de la concurrence*, a reconnu qu'il lui appartenait de connaître des conséquences des atteintes à la liberté individuelle[3].

Il en résulte aujourd'hui une compétence partagée de protection de la liberté d'aller et de venir bien que le juge judiciaire en reste le gardien constitutionnel de principe.

La révision constitutionnelle du 23 juillet 2008, puis la loi organique du 10 décembre 2009 ont ouvert une nouvelle voie de droit — la « question prioritaire de constitutionnalité » — permettant la protection des droits et libertés garantis par la Constitution. Cette procédure a donné au juge constitutionnel un rôle actif dans la protection de la liberté d'aller et venir. Il est ainsi notable que, dès le premier jour d'effectivité de cette nouvelle voie de droit, les questions posées concernaient, avec celle de la garde à vue, la question de l'expulsion des gens du voyage. Le Conseil constitutionnel a récemment eu à se prononcer sur la liberté d'aller et de venir au regard des assignations à résidence dans le cadre de l'état d'urgence[4]. À cette occasion, il a renvoyé à la compétence du juge administratif la protection de la liberté d'aller et de venir dans le cadre de mesures de police administrative[5].

B. L'intensité du contrôle juridictionnel sur les atteintes à la liberté d'aller et de venir

510. L'aspect paradoxal du contrôle des atteintes à cette liberté tient à la multiplicité des degrés du contrôle exercé. Il existe cependant un dénominateur commun à tous les juges chargés de statuer sur cette liberté liée à l'exercice d'un contrôle de proportionnalité entre la nécessité de l'atteinte et la gravité du trouble à l'ordre public[6].

1. T. confl. 16 nov. 1964, *Clément*, *Lebon* 796. Cette solution devait cependant s'appliquer en tenant compte des réserves de compétences reconnues au juge judiciaire par la jurisprudence traditionnelle en ce qui concerne l'interprétation des actes individuels.
2. C. pén., art. 111-5.
3. Paris, 1re ch., 31 mai 1996, *Centre hospitalier spécialisé de Lannemezan et a.*, *D.* 1997. 554. Cette solution a été confirmée par le tribunal des conflits dans T. confl. 17 févr. 1997, *Préfet de la région Île-de-France*, *Lebon* 525.
4. Cons. const. 22 janv. 2016, n° 2015-527 QPC, *M. Cédric D.*
5. Cons. const. 22 janv. 2016, n° 2015-527 QPC, préc., consid. 12; dans le même sens, Cons. const. 9 juin 2011, n° 2011-631 DC, préc.
6. V. en ce sens : Cons. const. 21 févr. 2008, n° 2008-562 DC, *Loi relative à la rétention de sûreté et à la déclaration d'irresponsabilité pénale pour cause de trouble mental*, not. consid. 11 à 23.

511. ***L'exercice du contrôle de proportionnalité.*** La *philosophie du contrôle de proportionnalité* réside dans le contrôle de la *cohérence interne d'un acte entre les moyens employés, la mesure prise et la finalité poursuivie*[1]. Cela signifie que l'appréciation de la licéité de l'atteinte à la liberté variera suivant le type d'acte et les circonstances de l'espèce. Ainsi par exemple, une même mesure d'interdiction générale et absolue pourra dans un cas se justifier et dans un autre être illégale. Il suffit pour s'en convaincre de prendre l'exemple des périodes de *circonstances exceptionnelles :* la mesure inconstitutionnelle ou illégale en temps ordinaire perd ce caractère lorsque les circonstances sont bouleversées. Il n'est pas besoin d'aller jusqu'à ces extrêmes pour comprendre l'incidence que possèdent les circonstances de l'espèce sur l'atteinte à la liberté. Chaque espèce ne peut se comprendre sans avoir une parfaite connaissance des éléments de fait qui justifient une décision et peuvent permettre au juge d'apprécier le contexte de la décision[2]. En ce sens, et de manière plus légère, les participants d'une émission de téléréalité ont obtenu la requalification du « règlement de participation » à l'émission en contrat de travail et surtout l'octroi de dommages et intérêts en compensation du préjudice résultant de leurs conditions de travail. Pour caractériser ce nouveau préjudice, le juge judiciaire a considéré que les conditions de travail de ces « participants-salariés » les ont privés de leur liberté d'aller et de venir et plus généralement de leur liberté individuelle, en ce que leur passeport leur a été retiré à l'arrivée, qu'ils étaient contraints d'agir conformément à ce que souhaitait la production et ne pouvaient vaquer librement à leurs occupations[3].

L'aspect le plus remarquable du contrôle de la liberté d'aller et de venir reste cependant marqué par l'idée que, quelle que soit l'intensité du contrôle, celui-ci reste gouverné par la même démarche juridictionnelle : rechercher s'il y a ou non disproportion dans la mesure édictée[4]. Certes, les formes du contrôle peuvent

---

1. V. pour l'illustration de ce contrôle, CEDH 2 déc. 2014, *Battista c/ Italie*, req. n° 43978/09, – affaire non définitive – sur l'application de l'art. 2 Protocole 4 Conv. EDH. Le requérant s'était vu refuser la délivrance d'un passeport et d'une carte d'identité au motif qu'il ne se conformait pas à des décisions de justice qui l'avaient condamné à verser une pension alimentaire au profit de ses enfants. Les restrictions ainsi apportées à la liberté du requérant de quitter le territoire italien étaient fondées sur le risque de le voir se soustraire au paiement de la pension en cas de déplacement à l'étranger. La Cour a estimé qu'il y avait là une violation du principe de proportionnalité. La Cour a également relevé que les autorités n'avaient pas examiné les intérêts concurrents en jeu et qu'elles n'avaient pas non plus cherché à savoir comment il convenait de les mettre en balance.
2. CE 1er avr. 1998, *Préfet des Yvelines c/ Mme Nsonde*, req. n° 169280, *RFDA* 1998. 648, note, J.-E. Malabre, 499. Arrêté de reconduite à la frontière dépourvu d'exécution pendant une durée de 3 ans. La faute d'inexécution était imputable à l'administration. Un changement de situation de fait était intervenu entre-temps du fait de la naissance d'un enfant ayant la nationalité française. L'exécution d'office de reconduite à la frontière ne pouvait pas être fondée sur l'arrêté initial mais devait reposer sur un nouvel arrêté prenant en compte la situation nouvelle. En vertu des dispositions de l'ordonnance de 1945 en application de l'art. 25 (« l'étranger qui est père ou mère d'un enfant français [...] exerçant même partiellement l'autorité parentale... » ne pouvait faire l'objet d'une mesure de reconduite à la frontière). Par suite, la mise en rétention administrative de Mme Nsondé en vue de son éloignement est illégale. V. dans le même sens : Civ. 2e, 12 nov. 1997, *Préfet de Gironde c/ Kaniama*, *RFDA* 1998. 508 et CE, réf., 28 nov. 2007, *M. Ola Kazzim*, req. n° 310877.
3. Soc. 4 avr. 2012, n° 10-28.818 (11 pourvois joints). V. G. Pignarre et L.-F. Pignarre, « Conditions de travail et droits fondamentaux : naissance d'un préjudice spécifique », *RDT* 2012. 297.
4. Ainsi, la Cour de cassation a par exemple considéré que les mesures coercitives dont disposaient les agents douaniers – notamment à l'encontre de la liberté d'aller et de venir – ne méconnaissaient pas de manière disproportionnée l'objectif de valeur constitutionnelle de lutte contre la fraude transfrontalière (Crim. 13 juin 2012, n° 12-90.025). De la même manière, si le Conseil d'État a jugé que l'interdiction faite aux personnes se prévalant de la qualité de supporter lyonnais de circuler aux abords du stade Geoffroy-Guichard lors du match opposant ▶

évoluer suivant le juge saisi et la matière concernée, mais la philosophie du raisonnement reste la même, signe qu'il y a bien recherche d'un même équilibre. Cette attitude est dictée par l'idée que la mise en œuvre des libertés conduit nécessairement[1] à les relativiser en fonction du contexte de leur exercice. Ce recours au contrôle de proportionnalité n'est pas le seul fait du juge mais a été renforcé par les textes conventionnels et législatifs. Ainsi, le juge constitutionnel a précisé que la limitation de la liberté de mouvement des étrangers pour des motifs d'ordre public devait être *strictement* proportionnée au but poursuivi[2]. Dans sa décision relative à la loi sur l'accueil et l'habitat des gens du voyage, le Conseil constitutionnel saisi d'une question prioritaire de constitutionnalité, souligne que « les mesures de police administratives susceptibles d'affecter l'exercice des libertés constitutionnellement garanties, au nombre desquelles figure la liberté d'aller et venir [...] doivent être justifiées par la nécessité de sauvegarder l'ordre public et proportionnées à cet objectif »[3]. À cette exigence d'atteinte minimale à la liberté s'ajoutent les nouvelles formes de contrôle qui combinent les dispositions de droit interne et les dispositions conventionnelles. La Convention européenne des droits de l'homme contient nombre de dispositions exigeant le recours au contrôle de proportionnalité pour vérifier le respect des droits garantis. Il en est ainsi de l'article 8 de la Convention qui garantit le respect de la vie privée et familiale, du domicile et de la correspondance. À ce titre, la Cour de Strasbourg a récemment jugé que l'expulsion des gens du voyage était contraire à l'article 8 car elle méconnaissait cette exigence de proportionnalité[4]. Dès lors, le juge est invité à exercer ce contrôle à un double titre : ceci renforce la légitimité de son interprétation et confère une meilleure lisibilité de ses décisions[5].

512. ***Les degrés du contrôle exercé.*** Les degrés du contrôle des atteintes à la liberté varieront en fonction de plusieurs paramètres déjà envisagés : le bénéficiaire de la liberté (national ou étranger), la nature de l'atteinte (totale ou partielle), les autres impératifs de même valeur mis en cause par l'exercice de la

---

► l'Olympique lyonnais et l'Association sportive de Saint-Étienne était justifiée, l'extension de cette interdiction aux personnes appartenant ou ayant appartenu à une association de supporters sans tenir compte de leur comportement « excède manifestement ce qui est nécessaire à la sauvegarde de l'ordre public » (CE, réf., 8 nov. 2013, req. n°s 373129 et 373170).

1. Hormis pour certaines d'entre elles comme le droit à la vie.

2. Cons. const. 22 avr. 1997, n° 97-389 DC, *Certificats d'hébergement*, *RJC* I-707.

3. Cons. const. 9 juill. 2010, n° 2010-13 QPC, *M. Orient O. et a. (Gens du voyage)*. C'est au regard de l'ensemble des conditions et des garanties prévues par les dispositions législatives contestées ainsi que de l'objectif poursuivi par le législateur que le Conseil estimera que ce dernier « a assuré une conciliation qui n'est pas manifestement déséquilibrée entre la nécessité de sauvegarder l'ordre public et les autres droits et libertés ».

4. CEDH 17 oct. 2013, *Winterstein et a. c/ France*, req. n° 27013/07.

5. CE, sect. avis, 30 nov. 1998, *Berrad*, *RFDA* 1999. 511, concl. F. Lamy, note C. Guettier. Le refus de titre de séjour par l'administration au motif suivant lequel le demandeur (marocain) ne peut présenter un contrat de travail ou un engagement d'embauche porte une atteinte excessive au droit à la vie privée et familiale de l'intéressé (art. 8 Conv. EDH). L'art. 12 *bis* de l'ordonnance de 1945 modifiée issu de la loi du 11 mai 1998 inclut la délivrance d'un titre de séjour à l'étranger qui inclut un « droit à l'exercice d'une activité professionnelle » (avant-dernier al. de l'art. 12 *bis*) « Il suit de là que ne peuvent être opposés à l'intéressé ni la situation de l'emploi ni le fait qu'il n'est pas en mesure de présenter un contrat de travail ou un engagement d'embauche. » Cette utilisation de la Convention pour compléter la législation nationale entraîne un renforcement du pouvoir d'injonction du juge administratif : « l'exécution du jugement prononçant l'annulation du titre de séjour [...] » porte une atteinte excessive au droit à la vie privée et familiale qui « implique normalement que l'administration délivre le titre sollicité ou un titre présentant des garanties suffisantes au regard du droit que l'intéressé tire de l'article 8 de cette Convention ».

liberté, le caractère préventif ou répressif de l'intervention ayant donné lieu à la méconnaissance de la liberté.

Ainsi, le contrôle exercé à l'égard des étrangers, qualifié traditionnellement de police des étrangers, ne donne-t-il lieu qu'à un contrôle minimum du juge administratif, incluant — il est vrai — le contrôle de l'erreur manifeste d'appréciation[1]. En revanche, les mesures portant atteinte à la liberté de circulation donnent le plus souvent lieu à un contrôle de la nécessité de la mesure, c'est-à-dire à un contrôle maximum. On remarquera à cet égard que sous l'impulsion des droits constitutionnel[2] et conventionnel[3], le juge ordinaire se sent de plus en plus enclin à vérifier la nécessité de la mesure et donc à élargir l'intensité du contrôle de proportionnalité qu'il effectue[4].

513. ***L'importance croissante du contentieux de l'entrée, du séjour et de la sortie des étrangers.*** Les développements jurisprudentiels les plus récents (depuis 1995) démontrent une nette orientation du contentieux des atteintes à la liberté d'aller et de venir autour de l'entrée, du séjour et de la sortie des étrangers sur le territoire. Les décisions relatives à la liberté des nationaux demeurent marginales ou anecdotiques alors que celles relatives aux étrangers sont multiples et contrastées. Si les restrictions de déplacement et de séjour restent motivées principalement par les risques de troubles à l'ordre public[5], le contrôle du juge s'est enrichi de façon quasi systématique d'un contrôle de conventionnalité (plus particulièrement de la Convention européenne des droits de l'homme). Le respect de la vie privée et familiale est ainsi venu renforcer la liberté d'aller et de venir à travers le droit de séjourner[6]. Le juge vérifie que la mesure prise (octroi ou retrait de titre de séjour, reconduite à la frontière, expulsion) ne porte pas une atteinte disproportionnée aux droits garantis par la Convention et par répercussion à la liberté d'aller et de venir[7]. Cette dernière a donc bénéficié du renforcement de la pro-

1. CE 2 nov. 1973, *SA Librairie François Maspéro.*
2. V. sur l'emploi du contrôle de proportionnalité Cons. const. 18 janv. 1995, n° 94-352 DC, *Vidéosurveillance, JO* 21 janv. 1995, p. 1156.
3. V. not. CEDH 18 févr. 1991, *Moustaquim, op. cit.*
4. V. en ce sens CE 19 avr. 1991, *Belgacem et Babas* (2 esp.), *op. cit., RFDA* 1991. 497; CE, sect., 10 avr. 1992, *Marzini, AJDA* 1992. 372.
5. V. par ex. CE 8 avr. 1998, *El Madhi,* (l'abrogation d'un arrêté d'assignation à résidence et l'adoption d'un arrêté d'expulsion, d'un majeur célibataire sans enfant et auteur d'actes délictueux ne méconnaissent pas l'art. 8 Conv. EDH); CE 29 juill. 1998, *Nafouti;* CE 29 juill. 1998, *Min. Intérieur c/ Chiabani* (actes terroristes) : l'expulsion d'étrangers délinquants ou criminels, ne porte pas une atteinte disproportionnée au respect de la vie familiale, vue la menace à l'ordre public, même s'ils peuvent se prévaloir de liens familiaux solides en France, *RFDA* 1999. 810.
6. Le droit des étrangers au regroupement familial, en tant que composante du droit au respect de la vie privée et familiale, devient un obstacle au refoulement d'une immigrée légalement établie pendant la majeure partie de son enfance (CEDH 14 juin 2011, *Osman c/ Danemark,* req. n° 38058/09).
7. CE 26 mai 1997, *Min. d'État, min. Intérieur et de l'Aménagement du territoire,* req. n° 167885. Le refus de titre de séjour à une personne mariée avec une ressortissante algérienne, titulaire d'un certificat de résidence, et père de deux enfants de nationalité française nés de cette union, porte une atteinte disproportionnée au droit au respect à la vie familiale de l'intéressée. Le Conseil d'État vérifie également l'effectivité des liens familiaux en France, accordant une importance particulière à l'absence de tout lien de l'étranger avec un autre pays que la France, enfin il s'intéresse au comportement de ce dernier depuis sa dernière condamnation : CE 2 avr. 1997, *Min. Intérieur c/ M. Bensaoud Gaham,* req. n° 158910. Après avoir relevé l'effectivité des liens familiaux que le défendeur avait en France, le Conseil précise que : « même si ce dernier s'était rendu coupable d'infraction [tentative de vol avec port d'arme], l'arrêté du préfet de Loire lui interdisant la délivrance d'un titre de séjour a porté une atteinte disproportionnée à son droit au respect de sa vie familiale, cet arrêté a donc été pris en méconnaissance de l'article 8 de la Conv. EDH », cité *in RFDA* 1998. 1214. Il arrive que le juge se réfère à d'autres ►

tection d'autres libertés et semble aujourd'hui en mesure d'être mieux protégée au sein du consortium de droits garantissant la liberté individuelle qu'en faisant cavalier seul.

On soulignera également que la protection de la liberté d'aller et de venir ne bénéficie pas uniquement d'un contrôle approfondi de la part du juge. Elle se trouve également protégée aujourd'hui par un certain nombre de mesures procédurales qui permettent de rendre sa protection plus efficiente. À cet égard, il faut mentionner la procédure de référé-liberté (CJA, art. L. 521-2) devant le juge administratif qui permet de saisir ce dernier en urgence lorsque l'administration porte une atteinte grave à une liberté fondamentale. Le Conseil d'État n'a pas tardé à reconnaître ce caractère à la liberté d'aller et de venir[1] et compte tenu de la rapidité de cette procédure (le juge des référés doit se prononcer dans les 48 heures), il y a là une arme de protection non négligeable[2]. On soulignera toutefois que cette procédure de référé-liberté n'est pas applicable aux étrangers dans le cas d'une reconduite à la frontière car ils bénéficient d'une procédure spécifique prévue à l'article 22 *bis* de l'ordonnance du 2 novembre 1945[3]. On notera pour terminer que la loi Hortefeux du 20 novembre 2007, tirant les conséquences d'une jurisprudence de la Cour européenne de Strasbourg[4] et complétée par la loi de 2011 relative à l'immigration, à l'intégration et la nationalité, a inséré dans le Code de justice administrative une nouvelle procédure de recours *en annulation* suspensive de plein droit[5] contre les décisions de refus d'entrée au titre de l'asile. Dans le cadre de cette procédure, qui s'inspire de celle applicable aux arrêtés de reconduite à la frontière notifiés par voie administrative à l'étranger en situation irrégulière interpellé par les forces de l'ordre (CESEDA, art. 512-2), l'étranger bénéficie de 48 heures pour demander au juge administratif l'annulation de la décision de non-admission, lequel doit statuer dans un délai de 72 heures à compter de la saisine. Jusqu'à ce que le juge ait statué, aucune mesure d'éloignement ne peut être exécutée.

Tout ceci permet de comprendre que la liberté d'aller et de venir possède à la fois une place de choix dans le degré de protection que lui accorde le juge mais

---

▶ moyens de contrôle comme le détournement de pouvoir pour censurer certaines atteintes à la liberté d'aller et de venir. Ainsi, le Conseil d'État a estimé que la garde à vue d'un étranger et sa mise en rétention administrative simultanée en vue de l'empêcher de se marier à une ressortissante française constituaient un détournement de pouvoir : CE 29 juill. 2002, *Préfet du Languedoc-Roussillon, Préfet de l'Hérault, Dr. adm.* 2002, n° 176, note V. Tchen.

1. CE, réf., 9 janv. 2001, *Deperthes :* « la liberté d'aller et de venir, laquelle comporte le droit de se déplacer hors du territoire français... constitue une liberté fondamentale au sens de l'article L. 521-2 précité »; CE, réf., 2 avr. 2001, *Min. Intérieur c/ Consorts Marcel*, retrait de cartes nationales d'identité et de passeport.
2. Le droit d'asile et son corollaire, le droit de solliciter le statut de réfugié, présentant aussi le caractère de liberté fondamentale, le Conseil d'État a admis la recevabilité d'un référé-liberté contestant les conditions matérielles d'accueil des demandeurs d'asile (CE 6 sept. 2013, req. n° 371696).
3. V. en ce sens CE, réf., 30 juill. 2003, *Djelida*, req. n° 256600, *D.* 2003. IR 2342.
4. Dans l'arrêt *Gebremedhin c/ France* du 26 avr. 2007 (req. n° 25389/05), la CEDH a jugé que l'absence d'un recours juridictionnel de plein droit suspensif ouvert aux étrangers dont la demande d'asile à la frontière a été refusée méconnaissait les art. 3 (interdiction des traitements inhumains et dégradants) et 13 (droit à un recours effectif) de la Conv. EDH. En effet, l'introduction d'un référé-liberté n'a pas d'effet suspensif. En outre, il ne s'agit pas dans le cadre de cette procédure d'une annulation de la décision de non-admission, mais d'une simple suspension de celle-ci, ce qui a pour inconvénient de ne pas éteindre la possibilité de déposer un recours en annulation au fond en plus du référé-liberté.
5. La loi « Hortefeux » du 20 nov. 2007 a inséré dans le CJA un nouvel art. L. 777-1, qui renvoie à l'art. L. 213-9 du CESEDA, article lui aussi nouvellement créé par la loi.

qu'elle reste soumise à des degrés divers de contrôle en fonction de la gravité de l'atteinte qui lui est portée la suppression de la liberté constituant le stade suprême de la méconnaissance de la liberté... mais cela relève d'un autre aspect de la liberté individuelle : la sûreté.

Bibliographie indicative

D'une façon générale, tous les manuels de Libertés publiques ou fondamentales consacrent des développements à la liberté d'aller et de venir. Plus spécifiquement on consultera :

- M. DEBÈNE, « Liberté d'aller et de venir », *J.-Cl. Adm.*, fasc. 204.
- M. DE VILLIERS, X. MAGNON et T. S. RENOUX, *Code constitutionnel*, 6e éd., Litec, 2017.
- L. FAVOREU et L. PHILIP et *al.*, *Les grandes décisions du Conseil constitutionnel (GDCC)*, 19e éd., Dalloz, coll. « Grands arrêts », à paraître 2018.
- L. FAVOREU, P. GAÏA, R. GHÉVONTIAN, J.-L. MESTRE, A. ROUX, O. PFERSMANN, G. SCOFFONI, *Droit constitutionnel*, 19e éd., Dalloz, coll. « Précis », à paraître 2018.
- L. FAVOREU et T. S. RENOUX, *Le contentieux constitutionnel des actes administratifs*, Sirey, 1992.
- M. LONG, P. WEIL, G. BRAIBANT, B. GENEVOIS, P. DELVOLVÉ, *Les grands arrêts de la jurisprudence administrative*, 21e éd., coll. « Grands arrêts », Dalloz, 2017.
- B. MATHIEU et P. ARDANT, *Institutions politiques et droit constitutionnel*, 28e éd., LGDJ, coll. « Manuel », 2016.
- M. VERPEAUX, *Droit constitutionnel*, 2e éd., PUF, coll. « Droit fondamental », 2015.
- A. PENA-GAÏA, *Les Rapports entre la liberté individuelle et la liberté d'aller et de venir dans la jurisprudence du Conseil constitutionnel*, thèse Aix-Marseille, 1998.
- F. SUDRE, *Droit européen et international des droits de l'homme*, 13e éd., PUF, coll. « Droit fondamental », 2016.

Section 4.
LE DROIT À LA SÛRETÉ

Didier Thomas
Agrégé des facultés de droit
Professeur émérite de l'Université de Montpellier

Proclamé à l'article 2 de la Déclaration des droits de l'homme et du citoyen du 26 août 1789, le droit à la sûreté qui interdit toute arrestation et détention arbitraire, constitue à n'en pas douter, le plus précieux de nos droits et libertés fondamentaux. Il ne saurait pour autant occulter la nécessité d'assurer la sécurité de chacun. Or, l'utilisation emblématique du terme « sécurité » remonte à une trentaine d'années seulement, avec la loi dite sécurité et liberté du 2 février 1981, puis, encore plus récemment, il n'a été érigé en droit fondamental et explicitement consacré que depuis la loi du 21 janvier 1995. Le Conseil constitutionnel, depuis sa décision des 19 et 20 janvier 1981, rendue à propos de la loi sécurité et liberté, rappelle régulièrement, la différence fondamentale entre droit à la sûreté et droit à la sécurité et souligne la conciliation qui doit être opérée entre ces deux impératifs.

On comprend aisément qu'une telle conciliation puisse légitimement donner lieu à débats, mais ils ne sauraient se contenter de réponses simplistes. S'il est vrai que le conflit est peut-être plus ancien qu'il n'y paraît, certains voyant dès l'origine, dans la sécurité, une composante de la sûreté, il a incontestablement pris de nos jours une dimension nouvelle. Les récentes — et trop nombreuses — lois en la matière montrent clairement que la recherche d'un véritable équilibre est plus que jamais d'actualité...

514. ***Définition.*** Ne pas être arrêté ni détenu arbitrairement constitue incontestablement le droit le plus important pour tout individu. Sous le terme quelque peu désuet de « sûreté », il figure en bonne place, entre la propriété et la résistance à l'oppression, dans la liste des droits naturels et imprescriptibles de l'homme que proclame, en son article 2, la Déclaration des droits de l'homme et du citoyen du 26 août 1789. Conquête révolutionnaire qui s'est notamment concrétisée par l'abolition des lettres de cachet de l'Ancien Régime, nourri d'une histoire particulièrement riche, le droit à la sûreté garde de nos jours une valeur symbolique éminente qui le place incontestablement à la tête des droits et libertés fondamentaux.

Les bases de la sûreté ont en effet été posées par les constituants français qui se sont inspirés de la procédure anglaise : l'*habeas corpus* permet à toute personne qui s'estime irrégulièrement détenue, de saisir un juge afin qu'il statue sur la régularité de la détention et ordonne, le cas échéant, la libération immédiate. Les articles 7, 8 et 9 de la Déclaration des droits de l'homme et du citoyen établissent et garantissent la sûreté, en éliminant l'arbitraire de l'Ancien Régime : le dernier affirme l'existence de la présomption d'innocence, fondement des droits de la défense[1], le second définit les principes de la légalité et de la non-rétroactivité de la loi pénale[2], tandis que le premier applique ces principes à la protection de la liberté individuelle : « nul homme ne peut être accusé, arrêté ni détenu que dans les cas déterminés par la loi, et selon les formes qu'elle a prescrites ». Ces textes, comme les autres articles de la Déclaration des droits de l'homme et du citoyen, sont intégrés dans le préambule de la Constitution de la Ve République et font partie du bloc de constitutionnalité. Les mêmes principes ont été également affirmés par la Convention européenne de sauvegarde des droits de l'homme et des libertés fondamentales, principalement par l'article 5.

Appliqué strictement, le droit à la sûreté, conforté par la présomption d'innocence, conduit à refuser toute détention, ne serait-ce qu'une simple rétention, avant qu'un jugement ne soit intervenu. Il ne peut cependant en être toujours ainsi : les nécessités des investigations policières et judiciaires, comme de la préservation de l'ordre public, justifient certaines rétentions, voire privations de liberté... des garanties doivent alors concilier le droit à la sûreté avec la situation de la personne qui, contre son gré, est ainsi retenue (***I.***) ou enfermée (***II.***).

---

1. V. ss 729 s., H. Henrion-Stoffel, « La présomption d'innocence », et v. ss 745 s., C. Ginestet, « Les droits de la défense en procédure pénale ». *Adde*, M. Delmas-Marty (dir.), *Quelle politique pénale pour l'Europe ?*, Economica, 1993, en particulier p. 321 s.
2. V. ss 798 s., D. Rebut, « Le principe de la légalité des délits et des peines ».

I. La sûreté de la personne retenue

515. ***Contrôle d'identité et garde à vue.*** Il y a atteinte au droit à la sûreté lorsque, par une simple décision d'une autorité de police ou de gendarmerie, une personne est retenue pour être contrôlée ou gardée à vue. Il est vrai que dans le premier cas, la gêne est légère pour la personne contrôlée mais la mesure peut être suivie d'une vérification beaucoup plus contraignante (**A.**). Quant à la garde à vue, elle permet à une autorité non judiciaire de porter directement atteinte à la liberté individuelle, même si les lois des 4 janvier, 24 août 1993, 15 juin 2000 et, plus récemment, la réforme globale du 14 avril 2011, ont accordé des droits, sans cesse plus étendus, à la personne ainsi gardée (**B.**).

A. La sûreté de la personne contrôlée

516. ***Historique des contrôles d'identité.*** Si la légalité des contrôles d'identité réalisés dans le cadre d'opérations de police judiciaire — c'est-à-dire à l'encontre de la personne qui a commis ou s'apprête à commettre une infraction, ou qui est recherchée par la justice — n'est guère contestable, il n'en est pas de même lorsque les contrôles ont lieu lors d'opérations de simple police administrative, c'est-à-dire à titre préventif. Utiles, aux dires des forces de l'ordre, afin d'assurer la sécurité publique, ces pratiques ne sont pas sans danger pour les droits fondamentaux et les libertés individuelles, en particulier le droit à la sûreté.

Longtemps ignorés du législateur, les contrôles d'identité préventifs, pourtant fréquemment réalisés, ne reposaient sur aucun fondement légal. La jurisprudence avait néanmoins tenté de les justifier et de les limiter en distinguant depuis le célèbre arrêt *Friedel*[1], le contrôle, licite lorsqu'il est motivé par des impératifs d'ordre public et la privation de liberté qui restait toujours interdite. La loi du 2 février 1981 légalisa les contrôles d'identité notamment « pour prévenir une atteinte à l'ordre public », en même temps qu'elle permettait sous certaines conditions, la rétention pour vérification d'identité. Très controversées à l'époque, fruit d'enjeux politiques autant que juridiques, ces dispositions furent modifiées par la loi du 10 juin 1983 qui, interprétée de façon particulièrement restrictive par la jurisprudence[2], aboutissait à rendre quasiment impossible la pratique de contrôles d'identité vraiment préventifs, c'est-à-dire, en dehors de l'imminence d'infraction.

Par la loi du 3 septembre 1986, les contrôles d'identité préventifs retrouvèrent le domaine défini en 1981, mais ces dispositions ne produisirent pas les effets escomptés, la jurisprudence, posant en effet une condition non prévue par le texte, exigea alors qu'il y ait un lien entre le comportement de la personne contrôlée et l'atteinte à l'ordre public[3]. Pour faire sauter ce verrou et élargir la pratique des contrôles d'identité, le législateur intervint, une fois encore, le 10 août 1993. Les nouvelles dispositions facilitent le contrôle lui-même tant il est vrai que cette opération, si elle crée une gêne temporaire, altère peu les libertés individuelles alors qu'elle s'avère utile pour prévenir la commission d'infractions. Au contraire, les opérations de vérification, parce qu'elles entraînent rétention de la personne, affectent davantage le droit à la sûreté, aussi sont-elles entourées

---

1. Crim. 5 janv. 1973, *D.* 1973. 541, note G. Roujou de Boubée; *AJDA* 1973. 600, note B. Toulemonde.
2. Crim. 4 oct. 1984, *Kandé, Bull. crim.* n° 287; *JCP* 1985. II. 20391, note Buisson, *D.* 1985. 54, concl. Dontenwille et note Roujou de Boubée.
3. Crim. 10 nov. 1992, *Dr. pénal* 1993. SC 23; *D.* 1993. 36, note D. Mayer.

de garanties particulières. Ainsi s'explique que l'identité puisse être largement contrôlée (*1.*), alors qu'elle est, en revanche, étroitement vérifiée (*2.*).

1. L'identité largement contrôlée

517. ***Extension de la qualité de contrôleur.*** Pour permettre de procéder plus facilement aux opérations de contrôle, le législateur a reconnu la qualité de contrôleur non seulement aux officiers de police judiciaire de l'article 16 du Code de procédure pénale, mais également, sur l'ordre et la responsabilité de ceux-ci, aux agents de police judiciaire de l'article 20 et aux agents de police judiciaire adjoints de l'article 21 du Code de procédure pénale.

Les agents de police municipale visés à l'article 21-2° du Code de procédure pénale, ont, aux termes de l'article 78-6 du Code de procédure pénale, ajouté par la loi n° 99-291 du 15 avril 1999 relative aux polices municipales, le droit de réaliser des relevés d'identité, limités aux contraventions pour lesquelles ils ont compétence pour dresser procès-verbaux, mais ils ne sauraient opérer des vérifications, ni même de véritables contrôles d'identité. Les dispositions de la loi n° 2011-267 du 14 mars 2011 dite LOPPSI 2 (Loi d'orientation et de programmation pour la sécurité intérieure) qui leur reconnaissaient cette dernière compétence ont, en effet, été déclarées contraires à la Constitution au motif que les agents de police municipale qui relèvent des autorités communales, ne sont pas mis à la disposition des officiers de police judiciaire (Cons. const. 10 mars 2011, n° 2011-625 DC, § 57 à 60).

Ont également été multipliés par l'article 78-2 du Code de procédure pénale les cas de contrôle, qu'ils concernent la personne quelconque ou la personne de nationalité étrangère.

518. ***Contrôle d'identité de la personne quelconque.*** La personne quelconque, c'est-à-dire, celle qu'aucun élément extérieur ne permet de considérer comme étrangère, peut faire l'objet de plusieurs types de contrôle auxquels elle ne saurait se soustraire :

– dans le cadre d'opération de police judiciaire, il est possible de contrôler la personne à l'égard de laquelle existent « une ou plusieurs raisons plausibles de soupçonner » (modification extensive apportée par la loi du 18 mars 2003 sur la sécurité intérieure), qu'elle a commis ou tenté de commettre une infraction, qu'elle se prépare à en commettre une, qu'elle est susceptible de fournir des renseignements utiles à l'enquête judiciaire, ou qu'elle fait l'objet de recherches ordonnées par l'autorité judiciaire. C'est encore le cas, depuis la loi du 3 juin 2016, lorsqu'elle a violé les obligations ou interdictions auxquelles elle est soumise dans le cadre d'un contrôle judiciaire, d'une mesure d'assignation à résidence avec surveillance électronique, d'une peine ou d'une mesure suivie par le juge de l'application des peines.

Dès lors qu'une suspicion de cette nature a été relevée[1], le contrôle d'identité est régulier et, il n'y a pas détournement de procédure même si les forces de

1. Constitue ainsi un indice de commission d'une infraction, le fait pour un individu se trouvant dans un secteur où se produisent des agressions, de se lever rapidement à la vue des policiers pour partir dans une direction opposée (Caen 20 juin 1996, *Dr. pénal* 1997. SC 14, 2e arrêt). En revanche, une dénonciation anonyme non corroborée par d'autres éléments d'information ni confortée par des vérifications apportant des éléments précis et concordants ne constitue pas une raison plausible de soupçonner qu'une personne a commis ou tenté de commettre une infraction; doit donc être annulé le contrôle d'identité réalisé sur le fondement de l'art. 78-2, al. 1er du C. pr. pén. (Civ. 1re 31 mai 2005, *D.* 2005. IR 1657; *JCP* 2005. IV. 2619). De même, ▶

l'ordre connaissaient dès l'origine l'identité de la personne contrôlée et pouvaient penser qu'elle commettait une infraction en cherchant, par exemple, à se soustraire à une mesure d'expulsion prise à son encontre par l'autorité administrative[1],

– à titre préventif, toute personne peut être contrôlée dans trois cas :

« Pour prévenir une atteinte à l'ordre public notamment à la sécurité des personnes et des biens. » C'est « l'ancien » contrôle d'identité préventif créé par la loi du 2 février 1981, réduit par la loi du 10 juin 1983, puis rétabli dans son domaine antérieur par la loi du 3 septembre 1986. Afin de briser la jurisprudence qui exigeait que « la prévention d'une atteinte à l'ordre public soit directement rattachable au comportement de la personne dont l'identité est contrôlée »[2], la loi du 10 août 1993 précise que la personne peut être contrôlée « quel que soit son comportement ». On a pu craindre que les vœux du législateur ne soient pas comblés. Estimant en effet que « la pratique de contrôles d'identité généralisés et discrétionnaires serait incompatible avec le respect de la liberté individuelle... », le Conseil constitutionnel demandait que l'autorité concernée justifie, « dans tous les cas, des circonstances particulières établissant le risque d'atteinte à l'ordre public qui a motivé le contrôle ». Quant à l'autorité judiciaire, « gardienne de la liberté individuelle », elle devait, selon lui, contrôler les conditions et « la pertinence des raisons ayant motivé les opérations de contrôle et de vérification » et par là même « apprécier, s'il y a lieu, le comportement des personnes concernées »[3].

Après avoir admis la régularité du contrôle simplement motivé par l'insécurité localisée dès lors que le procès-verbal s'appuyait sur la perpétration de « nombreuses infractions récentes » pour caractériser le risque d'atteinte à l'ordre public[4], la chambre criminelle adopte à nouveau une attitude plus restrictive et, refusant toute motivation générale et abstraite, elle exige désormais que le procès-verbal fasse état de circonstances concrètes et précises établissant le risque local d'atteinte à l'ordre public[5].

▶ les services de police qui constatent sur un chantier de construction non clôturé, des manquements caractérisés aux règles sur la sécurité des travailleurs, sont en droit de procéder à un contrôle d'identité en application de l'art. 78-2, al. 1er du C. pr. pén., et, ledit contrôle faisant apparaître des délits flagrants de travail illégal, ils peuvent agir sur le fondement des art. 53 et suivants du même code. Crim. 2 mai 2007, *Bull. crim.* n° 112; *AJ pénal* 2007. 328, obs. C. Girault; *Dr. pénal* 2007, comm. 120, obs. Maron. La Cour de cassation a même jugé dans un arrêt inédit (Civ. 1re, 17 déc. 2008, n° 07-20.897) que le procès-verbal, qui constate l'existence d'une contravention, et qui fait foi jusqu'à preuve contraire, justifie un contrôle d'identité sur le fondement de l'art. 78-2, al. 1er du C. pr. pén., peu important les suites données à cette contravention.

1. Crim. 16 juill. 1996, *Dr. pénal* 1997. SC 26; *Adde* Crim. 1er févr. 1994, *Dr. pénal* 1994. SC 93.
2. Crim. 10 nov. 1992, préc.
3. Décis. 5 août 1993, *JO* 7 août 1993, p. 11193.
4. Crim. 10 oct. 1996, *Dr. pénal* 1997. SC 14.
5. Ainsi, en l'absence d'autres circonstances, a été jugée insuffisante, la référence à « de nombreuses infractions » commises sur le lieu de l'interpellation (Crim. 17 déc. 1996, *Bull. crim.* n° 470; *RSC* 1997. 401, obs. Dintillac), ou, encore, la simple « recrudescence de vols... de deux roues » (Crim. 12 mai 1999, *Dr. pénal* 1999, comm. 134). En revanche, la position particulière d'une gare, située près de la frontière franco-suisse et dans laquelle avaient été relevées quasi quotidiennement des interpellations en matière d'entrée et séjour irréguliers en France voire des trafics de stupéfiants, peut justifier le contrôle d'identité d'un voyageur descendu à 8 heures du matin, heure de grande affluence où il est facile de passer inaperçu, d'un train provenant d'une ville helvétique. Pour la Cour de cassation (Crim. 15 janv. 2003), les policiers ont ainsi justifié « parfaitement des circonstances particulières établissant le risque sérieux et actuel d'une atteinte à l'ordre public » ayant motivé le contrôle. Est régulier le contrôle des occupants d'un véhicule, stationné sur la chaussée, portières ouvertes, un seul feu arrière fonctionnant, en raison de la gêne sérieuse représentée par un tel stationnement pour les autres ▶

« Sur réquisitions écrites du procureur de la République » afin de rechercher et de poursuivre des infractions. Les réquisitions doivent préciser les infractions visées, le lieu et la durée de l'opération. Ici, toute personne peut être contrôlée et il est même possible de relever des infractions autres que celles qui étaient visées dans les réquisitions. C'est très précisément le système que nous avions proposé afin de remédier aux insuffisances de la loi du 10 juin 1983[1]. Nous estimions en effet qu'en confiant à une autorité judiciaire — en l'occurrence le procureur de la République — le soin d'ordonner de tels contrôles et d'en fixer les modalités d'exécution, les libertés individuelles ne pouvaient être sérieusement compromises. Pour des raisons similaires, le Conseil constitutionnel reconnaît qu'en raison du contrôle de l'autorité judiciaire, « les garanties attachées au respect de la liberté individuelle... ne sont pas méconnues[2] ».

Le dernier cas, entré en application en même temps que les accords de Schengen, a pour but, dans le cadre de la prévention et la recherche des infractions liées à la criminalité transfrontalière, de permettre dans certains lieux (zones frontalières, ports, aéroports, gares...) de contrôler les titres concernant la circulation des personnes. Là encore, le fait que le contrôle d'identité révèle une infraction autre que celles liées aux titres de séjour ne constitue pas une cause de nullité des procédures incidentes. Les dispositions concernant ce type de contrôle ont été précisées par la loi n° 2006-64 du 23 janvier 2006 afin de faciliter les contrôles sur les autoroutes et lignes ferroviaires internationales. S'agissant de ces dernières, la loi n° 2011-267 du 14 mars 2011, dite LOPPSI 2, afin de satisfaire aux exigences posées par la Cour de justice de l'Union européenne et par la Cour de cassation[3], encadre plus rigoureusement ce dispositif dont la durée ne devait pas excéder six heures consécutives dans un même lieu et ne saurait consister en un contrôle systématique des personnes présentes ou circulant dans les zones contrôlées[4]. Suite à la tentative d'attentat perpétrée dans le train

---

▶ usagers de l'avenue, qui selon le procès-verbal étaient obligés de faire de grands écarts pour les éviter; pour la Cour de cassation (Civ. 1re, 15 mai 2008, n° 07-15.361), l'entrave à la circulation ainsi constatée caractérise les circonstances particulières établissant le risque d'une atteinte à l'ordre public, notamment à la sécurité des personnes et des biens, justifiant qu'il soit procédé à un contrôle d'identité sur le fondement de l'art. 78-2, al. 3, C. pr. pén. En revanche, la référence au plan Vigipirate et à l'état d'urgence ne permet pas à elle seule de justifier la régularité d'un contrôle d'identité de police administrative, en l'absence de circonstances particulières à l'espèce constitutives d'un risque d'atteinte à l'ordre public (Civ. 1re, 13 septembre 2017, n° 16-22.967).

1. D. Thomas, « Les contrôles d'identité préventifs depuis les arrêts de la chambre criminelle des 4 octobre 1984 et 25 avril 1985 : la nécessité d'une nouvelle réforme », *D.* 1985. Chron. 181.
2. Décis. préc., p. 11193.
3. S'appuyant sur l'arrêt rendu le 22 juin 2010 par la Cour de justice de l'Union européenne, la Cour de cassation, le 23 févr. 2011 a déclaré irréguliers les contrôles réalisés sur une ligne ferroviaire internationale au motif que ces opérations n'étaient pas suffisamment encadrées par la loi pour ne pas revêtir un effet équivalent aux contrôles opérés aux frontières. Ajoutons également que la loi n° 97-396 du 24 avr. 1997 prévoit un système de contrôle analogue en Guyane française afin de lutter contre l'immigration clandestine (C. pr. pén., art. 78-2, avant-dernier al.); elle organise encore un système particulier de contrôle d'identité dans les entreprises pour rendre plus efficace la recherche des infractions en matière de travail clandestin (C. pr. pén., art. 78-2-1). Enfin, des dispositions, initialement prévues pour cinq ans (C. pr. pén., art. 78-2, dernier al., ajouté par la L. n° 2006-911 du 24 juill. 2006 relative à l'immigration et à l'intégration), puis pérennisées par la loi du 27 juill. 2011, prévoient que l'identité de toute personne peut être contrôlée, selon certaines modalités, en Guadeloupe, à Mayotte, à Saint-Martin et à Saint-Barthélemy, en vue de vérifier le respect des obligations de détention, de port et de présentation des titres et documents prévus par la loi.
4. Civ. 1re, 2 déc. 2015, n° 14-50.075 : dès lors qu'il respecte les conditions posées par l'art. 78-2, al. 8, le contrôle d'identité est régulier, quand bien même serait-il réalisé à proximité d'une association caritative (Les Restaurants du Cœur), sur une personne de nationalité étrangère.

Thalys, le 21 août 2015, le législateur est intervenu afin de clarifier et d'étendre, en matière de transport ferroviaire de voyageurs, notamment dans les lignes internationales, la compétence du procureur de la République en fonction des gares de départ, d'un arrêt ou d'arrivée (article 78-7 C. pr. pén créé par la loi du 22 mars 2016). La France ne pouvant prolonger au-delà de novembre 2017 le rétablissement du contrôle aux frontières qu'elle avait décidé le soir des attentats du 13 novembre 2015, le législateur s'est efforcé d'élargir les dispositifs de contrôle de police de droit commun susceptibles d'être mis en œuvre dans les zones frontalières. Destinée à renforcer « la sécurité intérieure et la lutte contre le terrorisme », comme l'indique son titre évocateur, la loi n° 2017-1510 du 30 octobre 2017 est ainsi clairement marquée par une politique criminelle sécuritaire. S'agissant des contrôles réalisés aux frontières intérieures, le nouveau texte (art. 78-2 al. 9) élargit la zone de contrôle « aux abords » des infrastructures de transport ouvertes au trafic international (et pas seulement dans les « zones accessibles au public », comme auparavant) et porte à 12 heures consécutives la durée des contrôles possibles. Aux frontières extérieures, un nouvel alinéa 10 autorise, dans un rayon de 10 kilomètres et selon les mêmes modalités, les contrôles autour des infrastructures de transport ouvertes au trafic international qui constituent des points de passage frontaliers sensibles « *en raison de l'importance de leur fréquentation et de leur vulnérabilité* ».

519. ***Contrôle d'identité de la personne étrangère.*** La personne de nationalité étrangère est désormais soumise à l'article L. 611-1 du Code de l'entrée et du séjour des étrangers et du droit d'asile qui reprend l'article 8 de l'ordonnance du 2 novembre 1945, lui-même modifié par la loi du 24 août 1993. L'instauration d'un régime général des contrôles d'identité en 1981 avait fait naître une controverse à propos du contrôle des étrangers. Ces derniers étaient jusqu'alors soumis à un régime spécifique qui les obligeait à présenter à toute réquisition des agents de l'autorité les documents leur permettant de séjourner en France (Décr. 30 juin 1946, art. 2). Se posait alors la question de savoir si les étrangers pouvaient continuer à voir leurs titres de séjour contrôlés, comme par le passé, sur la base de ce texte particulier, ou s'il fallait, pour exiger une telle présentation, que l'on se trouve dans l'un des cas de contrôle du nouveau régime général[1]. Bien que la jurisprudence ait opté pour la première interprétation[2], le législateur est intervenu pour clarifier la situation en confirmant la distinction suivante :

- dans le cadre d'un contrôle d'identité effectué en application des articles 78-1 et 78-2 du Code de procédure pénale, l'étranger doit présenter les pièces qui autorisent sa présence sur le territoire français;

- même en dehors de tout contrôle d'identité, l'étranger doit être en mesure de présenter ces pièces. Comment alors distinguer l'étranger à qui on peut exiger la production de titres de séjour, du français qui ne peut être contrôlé que dans le cadre de procédures prévues par les articles 78-1 et 78-2 du Code de procédure pénale ? Pour éviter le « délit de faciès » que certaines décisions faisaient craindre[3], la jurisprudence exige que la qualité d'étranger résulte d'éléments objectifs, extérieurs à la personne même de l'intéressé[4], tel le fait de circuler dans une voiture immatriculée à l'étranger[5] alors qu'elle refuse un tel caractère à la lecture

1. Sur les enjeux d'un tel choix, v. notre chronique précitée et D. Mayer note préc. ss Crim. 10 nov. 1992.
2. Crim. 25 avr. 1985, *Vuckovic et Bogdan*, *D.* 1985. 329, concl. Dontenville.
3. T. corr. Paris, 10 août 1990; Paris, 12e ch., 23 janv. 1990.
4. Crim. 25 avr. 1985, préc.
5. Arrêt *Bogdan* préc.

d'un journal étranger, une diction étrangère ou même une conversation en langue étrangère, la parole étant le prolongement de la personne humaine[1]. Consacrant cette jurisprudence, la loi du 31 décembre 2012 précise que ces contrôles ne peuvent être effectués que si « des éléments objectifs déduits de circonstances extérieures à la personne même de l'intéressé sont de nature à faire apparaître sa qualité d'étranger » (CESEDA, art. L. 611-1, al. 3). Pour éviter la multiplication de cette forme de contrôle, la même loi limite la durée à six heures consécutives dans un même lieu et précise que l'opération ne peut consister en un contrôle systématique des personnes présentes ou circulant dans le lieu (art. L. 611-1, al. 4 du code précité). À propos des contrôles *au faciès*, la Cour de cassation vient de rappeler qu'un contrôle d'identité discriminatoire engage la responsabilité de l'État et qu'il y a discrimination lorsque le contrôle d'identité est réalisé sur la seule base de caractéristiques physiques associées à une origine réelle ou supposée (Civ 1re, 9 nov. 2016, arrêts n° 1239, n° 124, n° 1244, n° 1245)[2]. Dans le même sens, tout en reconnaissant la constitutionnalité des textes procéduraux en la matière, le Conseil constitutionnel, usant de plusieurs réserves d'interprétation, prend soin d'éviter tout risque de dérive dans leur application (Déc. n° 2016-606/607 QPC du 24 janv. 2017).

2. L'identité étroitement vérifiée

520. ***Établissement de l'identité.*** La personne contrôlée peut établir son identité par tout moyen : la présentation d'une carte nationale d'identité ou d'un passeport français en cours de validité suffit à en justifier, comme le précise l'article 1er de la loi n° 2012-410 du 27 mars 2012 relative à la protection de l'identité. L'identité peut également être prouvée par tout autre document administratif à caractère officiel ou même témoignages. Cependant, en cas de refus de sa part ou d'impossibilité d'établir l'identité, les officiers de police judiciaire, ici seuls compétents, peuvent procéder à une vérification d'identité, soumise par l'article 78-3, à de strictes conditions dont l'inobservation est sanctionnée par la nullité de la procédure. La personne est alors retenue sur place ou dans un local de police, le temps strictement nécessaire à l'établissement de l'identité sans que la rétention ne puisse excéder quatre heures, cette durée s'imputant sur une éventuelle garde à vue (C. pr. pén., art. 78-4). Notons encore que, sur autorisation du procureur de la République ou du juge d'instruction, il est possible de procéder à la prise d'empreintes digitales ou de photographies, lorsque celles-ci constituent l'unique moyen d'établir l'identité d'une personne qui refuse de justifier son identité ou fournit des éléments manifestement inexacts. Quant au refus de se prêter aux prises d'empreintes digitales ou de photographies, il est passible d'un emprisonnement de trois mois et d'une amende de 3 750 euros.

Enfin, lorsque la vérification d'identité ne donne pas lieu à des suites judiciaires, les documents la concernant doivent être détruits dans un délai de six mois sous le contrôle du Procureur de la République.

---

1. V. les décisions citées par A. Maron, *Dr. pénal* 1992, n° 50.
2. Un contrôle d'identité fondé sur des caractéristiques physiques associées à une origine réelle ou supposée, sans aucune justification objective préalable, est discriminatoire : il s'agit d'une faute lourde qui engage la responsabilité de l'État. La Cour précise la façon dont la discrimination doit être prouvée; il s'agit d'un aménagement de la charge de la preuve en trois temps : la personne qui a fait l'objet d'un contrôle d'identité et qui saisit le tribunal doit apporter au juge des éléments qui laissent présumer l'existence d'une discrimination; c'est ensuite à l'administration de démontrer, soit l'absence de discrimination, soit une différence de traitement justifiée par des éléments objectifs; enfin, le juge exerce son contrôle.

En cas de soupçons permettant de penser que la personne contrôlée ou dont l'identité est vérifiée, est liée à des activités à caractère terroriste, une retenue est désormais possible afin de vérifier sa situation (article 78-3-1 CPP, créé par la loi du 3 juin 2016 renforçant la lutte contre le terrorisme).

Informée de ses droits par un officier de police judiciaire, la personne majeure peut faire aviser le procureur de la République de la mesure qui la frappe et prévenir à tout moment sa famille ou toute personne de son choix. Contrairement à la personne placée en garde à vue, non seulement l'officier de police judiciaire ne peut s'opposer à cette communication avec un membre de la famille, mais, si « des circonstances particulières l'exigent », il est lui-même tenu de prévenir la famille ou la personne choisie.

Si la vérification concerne un mineur, le procureur de la République doit être obligatoirement avisé dès le début de la rétention et, sauf impossibilité, le mineur doit être assisté de son représentant légal. L'exception est ici fort compréhensible tant il est difficile de prévenir la famille d'une personne dont l'identité est ignorée.

Ainsi, dans cette phase contraignante, l'intervention d'un magistrat assure la conciliation entre la protection du droit à la sûreté et la nécessité des investigations des autorités de police.

B. La sûreté de la personne gardée à vue

521. ***Définition.*** Comme le précise, dans sa nouvelle rédaction issue de la loi n° 2011-392 du 14 avril 2011 relative à la garde à vue, l'article 62-3 du Code de procédure pénale, la garde à vue est une mesure de contrainte décidée par un officier de police judiciaire, sous le contrôle de l'autorité judiciaire, par laquelle un suspect est maintenu à la disposition des enquêteurs dans le cadre d'une enquête préliminaire, de flagrance ou en exécution d'une commission rogatoire dès lors que cette mesure constitue l'unique moyen de parvenir à au moins un des objectifs précisés par le texte.

La garde à vue ne doit pas être confondue avec la rétention qui suit un contrôle d'identité ou avec l'appréhension du suspect que l'article 73 du Code de procédure pénale permet à toute personne d'opérer en cas de flagrance ou avec l'interdiction de s'éloigner, qu'en application de l'article 61 du même Code, l'officier de police judiciaire peut imposer à quiconque se trouve sur les lieux de la flagrance. La garde à vue se distingue également de la détention provisoire : ordonnée par le juge des libertés et de la détention, cette privation de liberté vise en effet une personne qui, ayant été mise en examen, bénéficie pleinement des droits de la défense.

Bien que contestée, en particulier lors de l'enquête préliminaire, la garde à vue a toujours été pratiquée. Elle est, il est vrai, d'une utilité certaine en permettant de recueillir des preuves qui, sans elle, risqueraient de disparaître et des aveux qu'il serait plus difficile d'obtenir à un stade ultérieur de la procédure. Justifiée par l'efficacité policière et la nécessaire préservation de la sécurité publique, véritable nécessité de défense sociale[1], la garde à vue constitue pourtant une atteinte particulièrement grave à la liberté de la personne qui la subit. D'ailleurs, confirmant la jurisprudence antérieure[2], l'article 434-28 du Code pénal considère qu'au regard des règles de l'évasion, la personne gardée à vue a la qualité de

1. G. Denis, *L'enquête préliminaire*, Éditions Police Revue, 1974, n° 321.
2. D. Thomas, « Évasion des détenus ou de prisonniers de guerre », *J.-Cl. Pénal* 2012, art. 237 à 247, n° 18.

« détenue » : c'est ainsi reconnaître qu'elle est bien privée de sa liberté, même si la mesure est de courte durée.

Aussi, afin de satisfaire aux exigences posées par la Convention européenne, le législateur français est-il intervenu, par les lois des 4 janvier et 24 août 1993, puis 15 juin 2000, pour protéger le droit à la sûreté. Ces réformes n'ont pas empêché le Conseil constitutionnel, dans sa décision n° 2010-14/22 QPC du 30 juillet 2010 de déclarer inconstitutionnelles les dispositions concernant la garde à vue de droit commun, obligeant le législateur à revoir sa copie avant le 1er juillet 2011. La loi n° 2011-392 du 14 avril 2011 relative à la garde à vue marque l'aboutissement de cette évolution. Définitivement adopté le 12 avril, le texte, promulgué dès le 14 avril, devait s'appliquer à partir du 1er juin, mais l'Assemblée plénière de la Cour de cassation, par quatre arrêts rendus le 15 avril 2011 (*Dr. pénal* 2011, n° 72, obs. Maron et Haas), en se fondant sur la non-conformité de notre droit interne par rapport aux exigences de la Convention européenne, notamment, le droit à l'assistance d'un avocat, a, *ipso facto*, précipité l'application immédiate des nouvelles dispositions.

Ce même raisonnement conduisit la chambre criminelle, au détriment du principe de sécurité juridique, à censurer les gardes à vue antérieures à la nouvelle loi, mais qui ne respectaient pas le droit à l'assistance d'un avocat (Crim. 31 mai 2011, nos 10-88.293 et 11-81.412), même si, dans une décision ultérieure (9 nov. 2011, nos 05-87.745, 09-86.381), la même chambre criminelle limite la portée de sa jurisprudence en refusant de recevoir le grief d'inconventionnalité qui n'aurait pas été soulevé antérieurement devant la chambre de l'instruction ou, plus récemment (17 déc. 2013, nos 12-84.297, 13-86.565), en considérant que le défaut de notification du droit de se taire a été sans incidence sur le caractère spontané des propos initiaux de l'intéressé et que la nécessité d'accomplir des recherches immédiates sur les indications du requérant a constitué une raison impérieuse de retarder l'intervention de l'avocat.

Encore faut-il, pour que la requête prospère, que l'irrégularité soit invoquée par la personne même qui a été placée en garde à vue (Crim. 14 févr. 2012, n° 11-84.694; C. Guéry, « Touche pas à ma garde à vue », *AJ pénal* 2012. 159).

Parce qu'elle porte incontestablement atteinte à sa liberté, la garde à vue constitue une atteinte particulièrement grave à la liberté de la personne qui la subit (*1.*). Aussi, afin de satisfaire les exigences posées tant par Conseil constitutionnel que la Cour européenne des droits de l'homme, le législateur français est-il enfin intervenu pour protéger le droit à la sûreté de la personne qui est ainsi retenue (*2.*).

1. L'atteinte à la liberté de la personne gardée à vue

522. ***Conditions du placement en garde à vue.*** Décidée par un officier de police judiciaire et non par une autorité judiciaire, la garde à vue, quel que soit le type d'enquête, ne peut désormais être utilisée qu'à l'encontre d'un suspect.

Aux termes de la dernière réforme, trois conditions sont requises par l'article 62-2 du Code de procédure pénale, qui ont trait à la gravité de l'infraction soupçonnée, à l'existence d'une suspicion et à la motivation de la mesure.

La gravité de l'infraction : crime ou délit puni d'emprisonnement.

La loi du 14 avril 2011 a le mérite de clarifier les textes et d'éviter une ambiguïté qui favorisait une inflation, maintes fois dénoncée par les médias, dans le recours à la garde à vue. Même si l'utilisation de la garde à vue n'était guère défendue pour les simples contraventions, l'hésitation était permise pour les délits.

L'article 62-2 du Code de procédure pénale apporte la précision souhaitée en limitant la garde à vue aux crimes et aux délits punis d'une peine d'emprisonnement. Sont donc désormais exclus les contraventions et les délits punis d'une simple amende. Ainsi, l'étranger en situation irrégulière, n'encourant plus de peine d'emprisonnement, ne peut plus, pour ce seul fait, être placé en garde à vue (Crim. 5 juin 2012, avis n° 9002 qui applique la jurisprudence de la CJUE des arrêts des 28 avr. 2011, *El Dridi*, et 6 déc. 2011, *Achughbabian*). Il relève alors de la nouvelle procédure créée par la loi du 31 décembre 2012 à fin de permettre la retenue pour vérification du droit au séjour (CESEDA, art. L. 611-1-1).

La suspicion : existence d'une ou plusieurs raisons plausibles.

Dans l'enquête préliminaire, aux termes de l'article 77 du Code de procédure pénale modifié par la loi du 4 mars 2002, il faut, en effet, qu'existent à l'encontre de la personne, non plus des indices, mais « une ou plusieurs raisons plausibles de soupçonner qu'elle a commis ou tenté de commettre un crime ou un délit puni d'une peine d'emprisonnement ». Contrairement au droit antérieur, la loi du 4 janvier 1993 interdit de placer en garde à vue le simple témoin, mais celui-ci, lorsqu'il est convoqué par un officier de police judiciaire, est désormais tenu par l'article 78 de comparaître et, comme le rappelle clairement la circulaire du 10 janvier 2002, peut être retenu le temps nécessaire à son audition, impérativement limité à 4 heures par la nouvelle rédaction de l'article 62 du Code de procédure pénale... et, dans ce cas, être entendu par un simple agent de police judiciaire. Loin d'affaiblir l'efficacité policière, la réforme du 4 janvier 1993 l'a renforcée lorsqu'on sait que, sous l'empire de la législation antérieure, le simple témoin n'était pas tenu de comparaître. Aucune mesure de coercition ne pouvait être prise à son égard s'il refusait de déférer à la convocation de l'autorité policière, sauf à requérir l'ouverture d'une information judiciaire.

La même exigence prévaut, depuis la loi du 15 juin 2000, dans l'enquête de flagrance (C. pr. pén., art. 63) ou lors de l'exécution d'une commission rogatoire (C. pr. pén., art. 154) où, là encore, seul un suspect peut être placé en garde à vue, alors, qu'antérieurement à la réforme du 15 juin 2000, cette mesure pouvait frapper toute personne se trouvant sur les lieux de la flagrance ou tout témoin entendu dans le cadre d'une commission rogatoire[1].

Si une telle harmonisation des conditions du placement en garde à vue doit être approuvée, on peut douter que notre législation, dans sa nouvelle rédaction, respecte l'esprit comme la lettre de l'article 5, alinéa 1 de la Convention européenne des droits de l'homme qui ne permet de priver un individu de ses libertés sauf « lorsqu'il y a des raisons plausibles de soupçonner qu'il a commis une infraction ou qu'il y a des motifs raisonnables de croire à la nécessité de l'empêcher de commettre une infraction ou de s'enfuir après l'accomplissement de celle-ci ». En n'exigeant pas la pluralité et en se contentant « d'une raison plausible », le légis-

1. On remarquera encore que le témoin entendu lors de l'exécution d'une commission rogatoire doit « prêter serment et déposer » (C. pr. pén., art. 153), à la différence du témoin visé dans les enquêtes policières, tenu seulement de comparaître (C. pr. pén., art. 62, al. 2, 78), depuis que la loi du 4 janv. 1993 a supprimé l'obligation de déposer qui pesait sur le témoin dans l'enquête de flagrance. À défaut de conférer un véritable statut au suspect, le Code de procédure pénale reconnaît par là même à la personne entendue lors d'une enquête policière le droit au silence... qui, paradoxalement, jusqu'à la réforme du 15 juin 2000, ne lui était pas expressément formulé lors de l'audition; l'instruction, au contraire, distingue clairement la personne mise en examen qui bénéficie, parmi les droits de la défense, du droit de se taire afin de ne pas nuire à soi-même et le témoin qui, étranger à l'affaire, ne court pas semblable risque et doit par conséquent déposer pour apporter son concours à la recherche de la vérité, le refus de déposer constituant même une contravention de cinquième classe (C. pr. pén., art. 109).

lateur français accorde une place trop importante à l'opinion subjective — et difficilement contrôlable — de l'officier de police judiciaire. On ajoutera au surplus que la jurisprudence voit dans le placement en garde à vue une faculté que l'officier de police judiciaire tient de la loi et qu'il exerce, dans les conditions qu'elle définit, sous le seul contrôle du procureur de la République ou, le cas échéant, du juge d'instruction[1].

La motivation de la mesure : l'unique moyen de parvenir à l'un des objectifs précisés par l'article 62-2 du Code de procédure pénale.

Il ne suffit plus, comme antérieurement, d'invoquer « les nécessités de l'enquête », mais de justifier que cette mesure constitue « l'unique moyen de parvenir à au moins un des objectifs suivants qui rappellent les termes utilisés en matière de détention provisoire[2] :

1° Permettre l'exécution des investigations impliquant la présence ou la participation de la personne.

2° Garantir la présentation de la personne devant le procureur de la République afin que ce magistrat puisse apprécier la suite à donner à l'enquête.

3° Empêcher que la personne ne modifie les preuves ou indices matériels.

4° Empêcher que la personne ne fasse pression sur les témoins ou les victimes ainsi que sur leur famille ou leurs proches.

5° Empêcher que la personne ne se concerte avec d'autres personnes susceptibles d'être ses coauteurs ou complices.

6° Garantir la mise en œuvre des mesures destinées à faire cesser le crime ou le délit ».

523. ***Durée de la garde à vue.*** En droit commun, la durée[3] de la garde à vue d'un majeur est de vingt-quatre heures, avec possibilité de reconduction pour une durée identique, sur autorisation écrite et motivée du procureur de la République, si l'infraction recherchée est un crime ou un délit puni d'une peine d'emprisonnement supérieure ou égale à un an et si la prolongation de la mesure est l'unique moyen de parvenir à au moins un des objectifs mentionnés à l'article 62-2 du Code de procédure pénale. Dans certaines matières (C. pr. pén., art. 706-73 et 706-88) dont le nombre a été considérablement augmenté par la loi du 9 mars 2004 portant adaptation de la justice aux évolutions de la crimina-

1. Crim. 4 janv. 2005, *Bull. crim.* n° 3; *D.* 2005. 761, obs. Lennon; *JCP* 2005. I. 161, obs. Maron; *AJ pénal* 2005. 160, obs. Leblois-Happe; *Dr. pénal* 2005, comm. 49, obs. Maron; *D.* 2006. Pan. 620, obs. Pradel; M. Herzog-Evans, « De l'interprétation souveraine des juges du fond à l'interprétation exclusive des OPJ », *AJ pénal* 2005. 409.
2. Lorsque la contrainte n'est pas nécessaire, la personne soupçonnée peut désormais être entendue sous le nouveau statut de « suspect libre », créé par la loi n° 2014-535 du 27 mai 2014 (C. pr. pén. art. 61-1). Elle bénéficie alors notamment du droit de quitter à tout moment les locaux où elle est entendue, du droit de se taire et, sous certaines conditions, du droit à l'assistance d'un avocat.
3. Quant au point de départ du délai de la garde à vue, la chambre criminelle (4 mars 1998, *Dr. pénal* 1998, n° 108, note A. Maron) a jugé « qu'une personne qui se présente sans contrainte aux services de police, peut, au cours d'une enquête préliminaire, être entendue sur les faits qui lui sont imputés, avant d'être placée en garde à vue ». Condamnant la pratique des placements avec effet rétroactif — qui a pour effet de rendre nécessairement tardive la notification des droits — la Cour de cassation considère que le placement en garde à vue ne doit intervenir que lorsque la personne est retenue, malgré elle, par les officiers de police judiciaire. *Adde*, A. Maron, « La garde à vue fait une poussée de barbouille », *Dr. pénal* 1999. Chron. 5 et, dans la partie Commentaires, jurisprudence citée aux n°s 30 à 33. V. en ce sens, dans leur nouvelle rédaction, les art. 62, dernier al., et 73, al. 2, du C. pr. pén.

lité, dite « Perben 2 » — trafic de stupéfiants — mais aussi, désormais, délits d'aide à l'entrée, à la circulation et au séjour irréguliers d'un étranger en France commis en bande organisée, certains délits de blanchiment..., quarante-huit heures supplémentaires, sous forme de deux prolongations de vingt-quatre heures ou d'une seule prolongation de quarante-huit heures, peuvent encore être accordées — ce qui portera la durée totale de la garde à vue à quatre jours — par le juge des libertés et de la détention ou, dans le cas où il est saisi, par le juge d'instruction[1]. Enfin, en matière de terrorisme, la garde à vue peut désormais atteindre six jours dès lors qu'il existe un risque sérieux de l'imminence d'une action terroriste (C. pr. pén., art. 706-88 complété par la loi du 23 janvier 2006). Ces durées constituent des limites maximales qui ne sauraient être dépassées même en cas de cumul entre plusieurs types de gardes à vue[2]. Il en va autrement lorsque les procédures ayant donné lieu à la garde à vue concernent des faits distincts : la personne peut alors être soumise à des mesures de garde à vue immédiatement successives et indépendantes l'une de l'autre[3], dans la mesure toutefois où, à l'occasion de ces procédures, elle n'a pas été retenue de manière continue à la disposition des officiers de police judiciaire pendant une période totale excédant la durée maximale de garde à vue autorisée par la loi[4].

Précisons encore que le temps nécessaire au déferrement (transfert de la personne des locaux de police auprès du procureur de la République ou du juge d'instruction) est à présent fixé par le Code de procédure pénale. Aux termes de l'article 803-2 du Code de procédure pénale, ajouté par la loi du 9 mars 2004, il doit en principe avoir lieu le jour même.

Néanmoins, en cas de nécessité, la personne peut comparaître le jour suivant et peut être retenue à cette fin dans des locaux de la juridiction spécialement aménagés, à la condition que cette comparution intervienne au plus tard dans un délai de vingt heures à compter de l'heure à laquelle la garde à vue a été levée, à défaut de quoi l'intéressé est immédiatement remis en liberté. Cette exception prévue par l'article 803-3 ne s'applique pas lorsque la personne a fait l'objet, en application des dispositions de l'article 706-88 du Code de procédure pénale, d'une garde à vue ayant duré plus de soixante-douze heures.

Pour assurer l'effectivité du droit d'être entendu par un juge dans les cas où la garde à vue a été prolongée sans intervention d'un juge du siège, l'article 803-3 exige désormais (alinéa 3, ajouté par la loi du 14 avril 2011) que la personne retenue soit « effectivement présentée à la juridiction saisie ou, à défaut, au juge des libertés et de la détention avant l'expiration du délai de vingt heures ».

La garde à vue des mineurs de moins de seize ans est soumise à un régime dérogatoire par l'article 4 de l'ordonnance du 2 février 1945. Âgés de moins de

1. Bien que figurant à l'art. 706-73 du Code de procédure pénale, le délit d'escroquerie en bande organisée ainsi que le recel, le blanchiment ou l'association de malfaiteurs en vue de commettre ce délit ne sont plus concernés par la prolongation exceptionnelle de la garde à vue, au-delà des 48 heures du droit commun (C. pr. pén., art. 706-88, réd. L. n° 2014-790 du 27 mai 2014). La décision du Conseil constitutionnel du 9 octobre 2014 (n° 2014-420/421), suite, notamment, à une QPC dans l'affaire B. Tapie, allait encore plus loin en déclarant contraire à la Constitution le 8° *bis* de l'article 706-73 du C. pr. pén. et en relevant que la modification de l'article 706-88 C. pr. pén. par la loi du 27 mai 2014 n'avait pas mis fin à cette inconstitutionnalité. Aussi le législateur (loi n° 2015-993 du 17 août 2015) a-t-il déplacé les infractions précitées dans le nouvel art. 706-73-1 qui échappe à ce régime dérogatoire.
2. Crim. 13 févr. 1996, *Dr. pénal* 1996, comm. 143; *JCP* 1996. IV. 1078. Cette solution est confirmée par l'art. 63, III dans sa nouvelle rédaction.
3. Crim. 2 sept. 2004, *D.* 2004. Actu. 2509; *Bull. crim.* n° 196.
4. Crim. 17 mars 2004, *D.* 2004. IR 1353, *Bull. crim.* n° 69.

treize ans, ils ne peuvent être placés en garde à vue, néanmoins, par un curieux euphémisme, la loi du 1er février 1994, modifiée par la loi du 9 septembre 2002, permet de retenir pour les nécessités de l'enquête durant douze heures renouvelables, avec, il est vrai des garanties particulières, les mineurs de plus de dix ans soupçonnés, en raison d'indices graves ou concordants, d'avoir commis un crime ou un délit puni d'au moins cinq ans d'emprisonnement. Les mineurs qui se situent dans la tranche d'âge de treize à seize ans, peuvent être placés en garde à vue pour une durée de vingt-quatre heures, la reconduction n'étant cependant possible qu'en matière criminelle ou correctionnelle lorsque le délit est puni d'au moins cinq ans d'emprisonnement.

C'est encore dans un but de protection des mineurs, quel que soit leur âge, que la loi du 15 juin 2000 ordonne l'enregistrement audiovisuel des interrogatoires (Ord. 2 févr. 1945, art. 4, V), la jurisprudence sanctionnant désormais par la nullité le défaut d'enregistrement qui n'est pas justifié par un obstacle insurmontable (Crim. 3 avr. 2007, *Bull. crim.* n° 104).

La loi n° 2007-291 du 5 mars 2007 « tendant à renforcer l'équilibre de la procédure pénale », dans son article 14-1, étend cette protection aux auditions des personnes majeures placées en garde à vue pour crime (C. pr. pén., art. 64-1).

2. La protection du droit à la sûreté de la personne gardée à vue

524. Concourent à protéger la sûreté de la personne gardée à vue, la reconnaissance de droits (*a.*) et le contrôle opéré par l'autorité judiciaire (*b.*).

a. Reconnaissance de droits

525. ***Droits reconnus.*** La personne placée en garde à vue doit être immédiatement[1] informée de son placement en garde à vue, de la durée de la mesure et de la ou des prolongations dont celle-ci peut faire l'objet et de ses droits, « dans une langue qu'elle comprend »[2], le cas échéant aux moyens de formulaires écrits

1. C. pr. pén., art. 63-1, I. Pour la chambre criminelle (30 avr. 1996, *Bull. crim.* n° 182), la notification des droits doit intervenir dès que « la personne retenue se trouve en état d'en être informée ». Ainsi, l'état d'ivresse permet-il de retarder cette information jusqu'au moment où la personne est en état de comprendre et d'apprécier la portée et l'utilité de ses droits (Caen, 14 févr. 1994, *D.* 1994. 513; Crim. 10 mai 2000, *Bull. crim.* n° 181. *Adde* Crim. 4 janv. 2005, *D.* 2005. 761, note J.-L. Lennon). La procédure doit en revanche être annulée lorsque le placement en garde à vue et la notification des droits ont été différés au-delà du temps nécessaire au dégrisement (Crim. 4 janv. 1996, *D.* 1996. IR 82; *Dr. pénal* 1996, n° 90). Il est néanmoins possible, après dégrisement, d'entendre la personne sans l'avoir placée préalablement en garde à vue (Crim. 28 juin 1995, cité *in Dr. pénal* 1996. Chron. 21), C. Marsat : « l'état d'ébriété est une circonstance insurmontable qui permet de différer la notification des droits », *Dr. pénal* 2001. Chron. 23. Notons que les droits accordés par les art. 63 et suivants du Code de procédure pénale aux personnes gardées à vue ne s'appliquent pas à celles qui, en raison de leur état d'ivresse, sont, sur le fondement de l'art. L. 76 du Code des débits de boissons, conduites et retenues en chambre de sûreté, cette rétention constituant en effet une mesure de police et non pas de garde à vue. (Crim. 9 sept. 1998, *Dr. pénal* 1999, n° 16). On soulignera que le droit de s'entretenir avec un avocat à l'issue d'un délai de 72 heures dans le cas du régime dérogatoire applicable aux infractions en matière de stupéfiants et de terrorisme, doit être spécialement notifié, même si le gardé à vue s'était vu déjà notifier ses droits dans le cadre du régime de droit commun (Crim. 24 juin 2009, *Bull. crim.* n° 136).
2. Les droits n'étant expressément prévus qu'en matière de garde à vue, la jurisprudence refusait de les étendre à des mesures privatives de liberté qui lui sont pourtant proches, telle la retenue douanière; Crim. 1er mars 1994, *D.* 1994. Somm. 188, obs. J. Pradel; M.-J. Arcaute-Descazeaux, « Retenue douanière et garde à vue », *RSC* 1994. 721 s.; Crim. 25 avr. 2001, *Dr. pénal* 2001, comm. 108. La loi du 14 avr. 2011 assimile la retenue douanière à la garde à vue (C. douanes, art. 323-2 s.). Si la personne gardée à vue est atteinte de surdité et qu'elle ne sait ►

qui ne sauraient, néanmoins, dispenser du recours à un interprète. La loi n° 2013-711 du 5 août 2013, en transposant dans notre Code de procédure pénale (art. préliminaire et art. 803-5), la directive 2010/64/UE du Parlement européen et du Conseil du 20 octobre 2010 relative au droit à l'interprétation et à la traduction dans le cadre des procédures pénales, proclame le droit, pour le suspect, à bénéficier d'un interprète.

Le gardé à vue bénéficie désormais, depuis les lois des 4 janvier, 24 août 1993, 15 juin 2000 et 14 avril 2011 relatives à la garde à vue, des droits suivants :

– droit d'être informé de la nature et de la date présumée de l'infraction qu'il est soupçonné avoir commis ou tenté de commettre (C. pr. pén., art. 63-1 modifié par les lois des 15 juin 2000 et 14 avril 2011). S'il y a progrès, force est de constater qu'il est encore insuffisant, la Cour européenne, se prononçant pour une information complète, oblige en effet à indiquer à la personne arrêtée « les raisons juridiques et factuelles de sa privation de liberté »[1]. Sans aller jusqu'à demander une description exhaustive des soupçons qui pèsent sur un individu[2], ni l'obligation de lui communiquer le dossier policier[3], la jurisprudence européenne est vigilante pour contrôler si l'information a été suffisante. Aussi, pour que le droit procédural français atteigne enfin le niveau de garantie exigé par la Convention européenne, il faudrait que lors de son placement en garde à vue, le suspect soit informé, non seulement de la nature juridique de l'infraction recherchée, mais encore de l'existence des indices et autres éléments relevés à son encontre et qui ont motivé la mesure policière[4];

– droit de faire prévenir, par téléphone, une personne avec qui il vit habituellement, un parent en ligne directe, un frère ou une sœur ainsi que son employeur (C. pr. pén., art. 63-2, I). Dans ce cas, afin de ne pas nuire au bon déroulement de l'enquête, le législateur n'a pas donné à la personne gardée à vue le droit de téléphoner directement à sa famille. En outre, se fondant sur les nécessités de l'enquête, l'officier de police judiciaire peut rejeter cette demande, mais il doit alors en référer au procureur de la République ou, en cas de prolongation au-delà de 48 heures, au juge des libertés et de la détention, qui tranche.

L'officier de police judiciaire peut désormais (C. pr. pén., art. 63-2, II) autoriser la personne en garde à vue qui en fait la demande, à communiquer, par écrit, par téléphone ou lors d'un entretien, avec un des tiers cités précédemment, s'il lui apparaît que cette communication n'est pas incompatible avec les objectifs de la garde à vue et qu'elle ne risque pas de permettre une infraction. Cette disposition, ajoutée par la loi du 3 juin 2016, semble, malgré les précautions prises[5] par

---

▶ ni lire ni écrire, elle doit être assistée par un interprète en langue des signes ou par toute personne qualifiée maîtrisant un langage ou une méthode permettant de communiquer avec des sourds. Il peut également être recouru à tout dispositif technique permettant de communiquer avec une personne atteinte de surdité (C. pr. pén., art. 63-1 dû à la loi du 15 juin 2000).

1. Aff. *Fox, Campbell et Hartley c/ Royaume-Uni*, 30 août 1990, série A, n° 182.
2. Commission, Décis. 3 févr. 1971, n° 4220/69, *Annuaire de la Convention européenne des droits de l'homme*, 14, p. 250-278.
3. Commission, Décis. 12 oct. 1983, n° 9614/81, *Décisions et rapports de la Convention européenne des droits de l'homme*, 34, p. 124.
4. V. notre article : « Le suspect en quête d'un statut procédural », in *Mélanges Cabrillac*, Dalloz-Litec, 1999, p. 823 s.
5. C. pr. pén., art. 63-2, II : Afin d'assurer le bon ordre, la sûreté et la sécurité des locaux dans lesquels s'effectue la garde à vue, l'officier ou l'agent de police judiciaire détermine le moment, les modalités et la durée de cette communication, qui ne peut excéder trente minutes et intervient sous son contrôle, le cas échéant en sa présence ou en la présence d'une personne qu'il désigne. Si la demande de communication concerne les autorités consulaires, l'officier de police judiciaire ne peut s'y opposer au-delà de la quarante-huitième heure de la garde à vue.

le législateur, poser de sérieuses difficultés d'application, dénoncées par les autorités de police.

S'agissant du placement en garde à vue d'un mineur, l'officier de police judiciaire doit en informer les parents, le tuteur ou le service auquel est confié le mineur. Néanmoins, sur décision du procureur de la République ou du juge chargé de l'affaire, l'information peut — article 4-II de l'ordonnance du 2 février 1945 — être différée de douze voire vingt-quatre heures lorsque la garde à vue est susceptible d'être prolongée;

- droit d'être examiné par un médecin désigné par le procureur de la République ou l'officier de police judiciaire, au moment du placement en garde à vue et lors de la prolongation ordinaire (C. pr. pén., art. 63-3). La demande d'examen médical peut également être faite à tout moment par le procureur de la République ou l'officier de police judiciaire. Enfin, en l'absence d'initiative prise par les personnes précédentes, un membre de la famille a la possibilité de formuler une demande similaire.

En cas de prolongation supplémentaire (C. pr. pén., art. 706-88), la personne gardée à vue est examinée par un médecin qui délivre un certificat médical par lequel il se prononce sur l'aptitude au maintien en garde à vue et elle est informée du droit de demander un nouvel examen médical.

Ce droit ainsi reconnu à la personne retenue ou à ses proches devient une obligation pour les autorités judiciaires lorsque la garde à vue concerne un mineur de seize ans : dès le début de la mesure, le procureur de la République ou le juge chargé de l'information doit en effet désigner un médecin afin de procéder à l'examen médical du mineur.

Qu'il s'agisse d'un majeur ou d'un mineur, le médecin qui examine sans délai la personne, doit, dans le certificat médical, se prononcer sur l'aptitude au maintien en garde à vue et procéder à toutes constatations utiles. Sauf décision contraire du médecin, l'examen médical sera pratiqué à l'abri du regard et de toute écoute extérieurs afin de permettre le respect de la dignité et du secret professionnel.

Remarquons que si la notification des droits doit toujours être immédiate, la loi du 4 mars 2002 (C. pr. pén., art. 63-1, dernier al.) accorde, sauf circonstance insurmontable, un délai de trois heures à l'officier de police judiciaire pour effectuer les diligences concernant l'information des proches et l'examen par un médecin du gardé à vue :

- **Droit d'être assisté par un avocat** (C. pr. pén., 63-3-1 à 63-4-3 créés par la loi du 14 avril 2011). C'est incontestablement l'apport le plus innovant de la dernière grande réforme en la matière qui crée un véritable droit à l'assistance d'un avocat et en simplifie l'application, notamment en ce qui concerne les régimes dérogatoires.

En droit commun, l'intervention d'un avocat prend, comme par le passé, la forme d'un entretien — qui doit rester confidentiel — limité à trente minutes et qui peut avoir lieu, dès le début de la garde à vue et, le cas échéant, lors du début de la prolongation. On se souvient que le Conseil constitutionnel avait vu dans cet entretien la reconnaissance d'un véritable droit de la défense : « le droit de la personne de s'entretenir avec un avocat au cours de la garde à vue, constitue un droit de la défense qui s'exerce durant la phase d'enquête de la procédure pénale »[1].

1. Cons. const. 11 août 1993, *JO* 15 août 1993, p. 11600. Le gardé à vue ne saurait, néanmoins, soulever une nullité, faute — à la suite du refus du juge d'instruction — d'avoir pu être assisté de l'avocat de son choix, dès lors qu'il a accepté d'en choisir un autre et n'a formulé aucune objection, l'irrégularité invoquée n'ayant pas eu pour effet de porter atteinte à ses intérêts (Crim. 3 juin 2008, *Bull. crim.* n° 138).

La condamnation prononcée par ce même Conseil constitutionnel dans la QPC du 30 juillet 2010 et la jurisprudence en la matière de la Cour européenne des droits de l'homme qui estime que, pour que le droit à un procès équitable demeure suffisamment « concret et effectif », « il faut, en règle générale, que l'accès à un avocat soit consenti dès le premier interrogatoire d'un suspect par la police, sauf à démontrer, à la lumière des circonstances particulières de l'espèce, qu'il existe des raisons impérieuses de restreindre ce droit[1] », ont conduit le législateur à permettre une véritable assistance durant les auditions et confrontations (C. pr. pén., art. 63-3-1, 63-4-2 à 63-4-4). Le gardé à vue qui, initialement, a renoncé à bénéficier d'un avocat durant sa garde à vue, peut ultérieurement, revenir sur ce refus pour les auditions futures. Il convient alors de satisfaire cette demande, sans attendre la prolongation de la mesure de garde à vue, pour éviter l'irrégularité des actes réalisés (Crim. 5 nov. 2013, n° 13-82.682).

Le gardé à vue se voit enfin reconnaître le droit d'être assisté, durant les auditions, d'un avocat qui a la possibilité de consulter le procès-verbal constatant la notification du placement en garde à vue et des droits qui y sont attachés, le certificat médical, ainsi que les procès-verbaux d'audition de la personne qu'il assiste. La première audition, sauf si elle porte uniquement sur les éléments d'identité, ne peut, en principe, débuter sans la présence de l'avocat choisi ou commis d'office avant l'expiration d'un délai de deux heures[2]. L'avocat peut encore prendre des notes, poser des questions à l'issue de chaque audition et présenter des observations.

Néanmoins, l'avocat n'a toujours pas accès au dossier complet, comme l'a rappelé la Cour de cassation (Crim. 19 sept. 2012), ce qui, pour elle, n'a rien d'inconstitutionnel (Cons. const. 18 nov. 2011, n° 2011-191/194/195/196/197 QPC). La jurisprudence européenne (CEDH 13 oct. 2009, *Dayanan c/ Turquie*, req. n° 7377/03 : *AJ pénal* 2010. 27, étude C. Saas et CEDH 2 mars 2010, req. n° 54729/00, *Adamkiewicz c/ Pologne* : *JCP* 2010, Doctr. 859, obs. F. Sudre) et surtout la directive 2012/13/UE du 22 mai 2012 (que les États membres devaient transposer avant le 2 juin 2014) plaident pour un droit d'accès aux pièces du dossier beaucoup plus large. Aussi peut-on s'étonner que la loi française du 27 mai 2014 qui a transposé la directive précitée, n'ait pas, à ce stade-là, élargi l'accès au dossier, se contentant de reconnaître ce droit de consultation limitée à la personne gardée à vue elle-même. Pour le législateur français, il suffit, pour assurer le respect des droits de la défense, que l'accès à l'intégralité des pièces du dossier soit réalisé avant que la personne ne soit jugée.

À la demande de l'officier de police judiciaire, la présence de l'avocat aux auditions et confrontations peut exceptionnellement être différée pendant une durée ne pouvant excéder douze heures, par décision écrite et motivée du procureur de la République, lorsque cette mesure apparaît indispensable pour des raisons impérieuses tenant aux circonstances particulières de l'enquête soit pour

1. CEDH 27 nov. 2008, *Salduz c/ Turquie*, req. n° 36391/02; CEDH 13 oct. 2009 (§ 55). Même lorsque des raisons impérieuses peuvent exceptionnellement justifier le refus de l'accès à un avocat, pareille restriction — quelle que soit sa justification — ne doit pas indûment préjudicier aux droits découlant pour l'accusé de l'art. 6 de la Conv. EDH. Il est en principe porté une atteinte irrémédiable aux droits de la défense lorsque des déclarations incriminantes faites lors d'un interrogatoire de police subi sans assistance possible d'un avocat sont utilisées pour fonder une condamnation. *Adde Dayanan c/ Turquie*, 13 oct. 2009, note H. Matsopoulou, « Plaidoyer pour une redéfinition du rôle de l'avocat pendant la garde à vue », *Gaz. Pal.* 3 déc. 2009, 2, p. 19 s.
2. Le gardé à vue qui aurait initialement renoncé à cette assistance peut ultérieurement solliciter la présence d'un avocat pour les auditions futures. Il conviendra alors de satisfaire cette demande pour évider l'irrégularité des actes réalisés (Crim. 14 déc. 2011, n° 11-81.329).

permettre le bon déroulement d'investigations urgentes tendant au recueil ou à la conservation des preuves, soit pour prévenir une atteinte imminente aux personnes.

Lorsque la personne est gardée à vue pour un crime ou un délit puni d'une peine d'emprisonnement supérieure ou égale à cinq ans, la présence de l'avocat lors des auditions peut être différée, au-delà de la douzième heure, jusqu'à la vingt-quatrième heure, par décision écrite et motivée du juge des libertés et de la détention.

Dans les régimes dérogatoires (C. pr. pén., art. 706-88), l'intervention de l'avocat peut être repoussée après l'écoulement d'un délai de quarante-huit heures pour les infractions visées à l'article 706-73 du Code de procédure pénale — association de malfaiteurs, infractions de proxénétisme, enlèvement et séquestration, extorsion de fonds aggravée, vol commis en bande organisée, meurtre en bande organisé, tortures et actes de barbarie, traite des êtres humains, destructions, fausse monnaie, délits en matière d'armes, entrée irrégulière d'étranger, blanchiment —, et même après soixante-douze heures lorsque la garde à vue intervient en matière de trafic de stupéfiants et de terrorisme. Le report n'est plus automatique. Il résulte d'une décision écrite et motivée, prise par le procureur de la République (jusqu'à la vingt-quatrième heure) ou le juge des libertés et de la détention (au-delà de la vingt-quatrième heure), en considération de raisons impérieuses tenant aux circonstances particulières de l'enquête ou de l'instruction, soit pour permettre le recueil ou la conservation des preuves, soit pour prévenir une atteinte aux personnes. S'agissant des infractions en matière de terrorisme, le juge des libertés et de la détention, saisi par le procureur de la République à la demande de l'officier de police judiciaire, (ou le juge d'instruction lorsque la garde à vue intervient au cours d'une instruction), pouvait décider que la personne serait assistée par un avocat désigné par le bâtonnier sur une liste d'avocats habilités (C. pr. pén., art. 706-88-2). Cette curieuse disposition qui réservait ces affaires à des avocats spécialisés, élus par le Conseil national des barreaux, traduisait une méfiance certaine à l'égard de la profession d'avocat. Elle a été abrogée par la décision du Conseil constitutionnel du 17 février 2012 (n° 2011-223 QPC)...

On remarquera encore que les mineurs échappent, désormais, aux dispositions exceptionnelles qui repoussent l'intervention de l'avocat au-delà de la quarante-huitième, voire de la soixante-douzième heure, même lorsqu'ils sont soumis aux dispositions prévoyant des gardes à vue prolongées (article 4, dernier alinéa de l'ordonnance du 2 février 1945 et article 706-88 du Code de procédure pénale, dans sa nouvelle rédaction).

S'agissant des mineurs de treize ans, l'entretien est même obligatoire : à défaut du choix d'un avocat par le mineur ou ses représentants, le procureur de la République, le juge chargé de l'instruction ou l'officier de police judiciaire doivent, dès le début de la garde à vue, faire désigner un avocat d'office par le bâtonnier.

Ces différentes mesures de protection — et en particulier le droit à l'assistance d'un avocat —, constituent un progrès incontestable. On sait qu'antérieurement aux réformes de 1993, hormis l'exception prévue à l'alinéa 2 de l'article 70 du Code de procédure pénale alors en vigueur[1], l'avocat n'avait pas place dans l'enquête

1. Dans sa rédaction antérieure à la loi du 9 mars 2004, l'art. 70 du Code de procédure pénale, en son alinéa 2, permettait à la personne soumise à un mandat d'amener décerné par le procureur de la République dans l'enquête de flagrance, de se présenter devant ce magistrat, « accompagnée d'un défenseur » et elle ne pouvait alors « être interrogée qu'en présence de ce dernier ».

policière. La menace d'un recours devant la Cour européenne des droits de l'homme sur le fondement de l'article 3 de la Convention qui prohibe non seulement les tortures dont l'actualité judiciaire nous rappelle, malheureusement, l'existence, mais encore — et la notion est bien plus large — les traitements inhumains ou dégradants, peut s'avérer particulièrement dissuasive à l'égard de policiers encore trop souvent marqués par la recherche systématique de l'aveu[1]. L'intervention de l'avocat fut à l'origine d'un changement de climat bien perceptible lors du déroulement des gardes à vue. Gageons que la présence de l'avocat durant les auditions va certainement accentuer cette évolution en minimisant la recherche systématique de l'aveu pour privilégier la recherche des preuves scientifiques.

- **Droit de se taire** (C. pr. pén., art 63-1, 3°). L'information du droit au silence du gardé à vue, clairement affirmée par la loi du 15 juin 2000, puis reformulée de façon plus évasive par la loi du 4 mars 2002, avait finalement disparu, depuis l'entrée en vigueur de la loi du 18 mars 2003 sur la sécurité intérieure. On se réjouira qu'elle ait été rétablie par la loi du 14 avril 2011 sous une formulation très proche de celle retenue par la loi du 4 mars 2002. Il est ainsi indiqué au gardé à vue qu'il a droit, lors des auditions, après avoir décliné son identité, de faire des déclarations, de répondre aux questions qui lui sont posées ou de se taire. Le droit au silence, renommé, d'une façon plus pragmatique et plus juste, droit de se taire, n'est plus ignoré, mais force est de constater qu'il n'apparaît qu'en troisième position, après que l'enquêteur n'aura pas manqué d'insister sur les deux premières propositions qui n'expriment pas de véritables droits puisqu'elles constituent la finalité même de la garde à vue. Interprétant de manière protectrice cette disposition, la chambre criminelle (17 janv. 2012, n° 11-86.797) exige que l'information concernant le droit de se taire intervienne dès le début de la garde à vue, un consentement obtenu ultérieurement ne pouvant y suppléer.

b. Contrôle de l'autorité judiciaire

526. ***Modalités de contrôle.*** Le contrôle de l'autorité judiciaire s'exerce déjà durant la procédure de garde à vue. Ainsi, lors du placement, l'officier de police judiciaire doit informer le procureur de la République « dès le début de la garde à vue » Il lui donne connaissance des motifs justifiant ce placement et l'avise de la qualification des faits qu'il a notifiée à la personne. Le procureur de la République peut alors modifier cette qualification dans ce cas, la nouvelle qualification est notifiée à la personne. C'est par la suite encore le procureur de la République[2]

1. V. ss 521.
2. Dans le cas où la prolongation est décidée par le procureur de la République, on a pu se demander s'il n'y avait pas entorse à l'art. 5, § 3 de la Conv. EDH qui prescrit de traduire la personne arrêtée ou détenue devant « un juge ou un magistrat habilité par la loi à exercer des fonctions judiciaires ». Pour la Cour de cassation, le procureur de la République possédait cette dernière qualité dans la mesure où, magistrat de l'ordre judiciaire, il a pour mission de veiller à l'application de la loi (Crim. 10 mars 1992, *Bull. crim.* n° 105). Pour mettre fin à toute incertitude en ce domaine le législateur a profité de la loi d'adaptation du 16 déc. 1992 pour unifier les procédures permettant une prolongation supplémentaire. Désormais, qu'il s'agisse de terrorisme (comme c'était déjà le cas) ou de trafic de stupéfiants (où la compétence était antérieurement reconnue au procureur de la République), la prolongation supplémentaire de quarante-huit heures accordée au-delà des quarante-huit heures du droit commun, ne peut être autorisée que par un magistrat du siège (juge des libertés et de la détention, juge d'instruction : C. pr. pén., art. 706-23, 706-29). La controverse n'est peut-être pas close. Dans un arrêt retentissant, la Cour européenne des droits de l'homme n'a pas hésité à affirmer que « le procureur de la République n'est pas une "autorité judiciaire" au sens que la jurisprudence de la Cour donne à cette notion... il lui manque en particulier l'indépendance à l'égard du pouvoir exécutif pour pouvoir être ▶

ou, lorsqu'il est saisi, le juge d'instruction, qui décidera d'une éventuelle reconduction par une autorisation écrite et motivée (C. pr. pén., art. 63, II, al. 2) soit, en principe, après présentation de la personne soit, en cas de nécessité, par l'utilisation d'un moyen de télécommunication (C. pr. pén., art. 706-71). Par la suite, d'éventuelles irrégularités engagent la responsabilité des auteurs qui les ont commises et ouvrent aux victimes un droit à indemnisation qui peut, en cas d'échec devant les juridictions internes, être porté devant la Cour européenne des droits de l'homme, entraînant ainsi, comme dans l'arrêt *Tomasi*, la condamnation de la France pour traitement inhumain ou dégradant[1], voire sous la qualification même de torture comme ce fut le cas dans l'arrêt *Selmouni*[2]. En limitant les mesures humiliantes (fouille intégrale, investigations corporelles...) les nouveaux articles 63-5 à 63-7 du Code de procédure pénale s'efforcent de préserver la dignité de la personne gardée à vue.

527. *Sort des actes annulés.* Si la constatation d'éventuelles irrégularités est facilitée par les examens médicaux et les procès-verbaux qui doivent être dressés, le sort des actes viciés pose encore problème. Le législateur n'ayant pas repris la nullité textuelle instituée par la loi du 4 janvier 1993 en cas de violation des nouveaux droits du gardé à vue, il faut appliquer le droit commun des nullités substantielles qui a donné lieu, en la matière, à une jurisprudence particulièrement sévère. Ainsi, après avoir déclaré irrecevable le moyen tiré d'une violation des articles 64 et 65 du Code de procédure pénale, au motif qu'il était mêlé de fait et de droit[3], elle a ensuite jugé que les règles légales « ne sont pas prescrites à peine de nullité que leur inobservation, si elle engage, même au regard de la loi pénale, la responsabilité personnelle des officiers de police judiciaire qui les aurait méconnus, ne saurait par elle-même entraîner la nullité des actes de la procédure lorsqu'il n'est pas démontré que la recherche et l'établissement de la vérité s'en sont trouvés viciés fondamentalement »[4]. La chambre criminelle

▶ ainsi qualifié » (CEDH, sect. V, 10 juill. 2008, *Medvedyev c/ France*, req. n° 3394/03). Dans sa décision du 29 mars 2010, la Grande chambre devant laquelle l'affaire a été portée rappelle que pour être qualifié d'autorité judiciaire, le magistrat « doit présenter les garanties d'indépendance à l'égard de l'exécutif et des parties », elle condamne ainsi, au moins implicitement, le parquet « à la française » ce qui pourrait remettre en cause le rôle de contrôle du procureur de la République, en particulier durant la garde à vue (dans le même sens : CEDH 23 nov 2010, *Moulin c/ France*). La Cour de cassation (Crim. 15 déc. 2010) rallie cette position lorsqu'elle affirme que « c'est à tort que la chambre de l'instruction a retenu que le ministère public est une autorité judiciaire au sens de l'article 5 § 3 de la Convention européenne des droits de l'homme, alors qu'il ne présente pas les garanties d'indépendance et d'impartialité requises par ce texte et qu'il est partie poursuivante ».

1. CEDH 26 août 1992, *Tomasi c/ France*, A 242 A; *RUDH* 1993. 15 s., Chron. F. Sudre et *al.*; *ibid.* 6; F. Sudre, 1993. 33. Dans le même sens : *Ribitsch c/ Autriche*, 4 déc. 1995, série A, n° 336.
2. Considérant que « le niveau d'exigence croissant en matière de protection des droits de l'homme et des libertés fondamentales implique, parallèlement et inéluctablement, une plus grande fermeté dans l'appréciation des atteintes aux valeurs fondamentales des sociétés démocratiques », la Cour européenne des droits de l'homme estime que certains actes autrefois qualifiés seulement de « traitements inhumains et dégradants », peuvent désormais recevoir la qualification de torture. Tel était le cas en l'espèce où le requérant avait subi des « violences répétées et prolongées, réparties sur plusieurs jours d'interrogatoires ». Pour la Cour, ces « actes de violence physique et mentale commis sur la personne du requérant, pris dans leur ensemble, ont provoqué des douleurs et des souffrances "aiguës" et revêtent un caractère particulièrement grave et cruel... [ils] doivent être regardés comme des actes de torture au sens de l'article 3 de la Convention » (CEDH 28 juill. 1999, *Selmouni c/ France*, *D.* 2000. Somm. 31, Y. Mayaud).
3. Crim. 15 et 22 oct. 1959, *Bull. crim.* n°s 435 et 457.
4. Crim. 17 mars 1960, *JCP* 1960. II. 11641, note Chambon; J. Pradel et A. Varinard, *Grands arrêts*, II, n° 17; 10 oct. 1968, *JCP* 1969. II. 15741, note Chambon; 21 oct. 1980, *D.* 1981. 104, note Mayer; 22 déc. 1987, *D.* 1989. 323, note J. Laferrière; 26 févr. 1991, *Bull. crim.* n° 97, *D.* 1992. Somm. 99, obs. Pradel.

étend encore cette solution à la violation des dispositions similaires de la Convention européenne : « l'inobservation des règles légales, comme celle des dispositions de l'article 5 de la Convention européenne des droits de l'homme n'entraîne pas, par elle-même, la nullité des actes de procédure »[1]. Cette jurisprudence impose une preuve particulièrement difficile à rapporter. Il ne suffit pas de démontrer l'existence d'irrégularités, même très graves, il faut encore établir que les dites irrégularités ont entraîné les déclarations faites par la personne. Si un aveu a, par exemple, été obtenu par des procédés douteux, il faudra apporter la preuve que sans ces manœuvres, la personne n'aurait pas avoué ou fait des déclarations différentes ! Or, s'il est aisé de prouver un fait positif — en l'occurrence l'existence d'irrégularités — il est, en revanche, quasiment impossible de démontrer par *a contrario* la situation qui aurait prévalu en l'absence de ce fait, sauf à se contenter de supputations tout aussi contestables.

Divers remèdes ont été proposés : ériger en nullité d'ordre public les atteintes à la liberté réalisées dans le cadre d'une garde à vue[2], renverser la présomption de régularité en obligeant le parquet à démontrer que l'irrégularité n'a pas entravé la recherche de la vérité[3]. C'est d'ailleurs en ce sens que s'oriente la chambre criminelle en créant une présomption d'atteinte aux droits de la personne concernée[4] par l'irrégularité qu'il s'agisse de la notification tardive des droits[5], de la non-information du procureur de la République[6] ou de la prolongation de la garde à vue d'un mineur sans présentation au magistrat habilité[7]. Toutefois, certaines décisions, rendues à propos de notifications tardives des droits, mais qui ont certainement une portée plus large, exigent en outre que l'irrégularité ne soit pas justifiée « par une circonstance insurmontable »[8], elles restreignent surtout les effets de la nullité en y faisant échapper les actes accomplis antérieurement au placement et même, postérieurement, s'agissant d'actes réguliers qui ne trouvent pas leur support nécessaire dans la garde à vue[9].

Reste encore à freiner certaines pratiques policières qui, afin de rendre plus difficiles des rétractations ultérieures, poursuivent les interrogatoires alors que des aveux circonstanciés ont pourtant été obtenus.

Pour éviter de telles pratiques, préjudiciables à la sûreté des personnes concernées, il serait concevable d'étendre aux enquêtes préliminaires et de flagrance

1. Crim. 23 avr. 1992, *D.* 1992. Somm. 322, obs. Pradel.
2. J. Pradel, *Procédure pénale* 1997, n° 340; *Procédure pénale* 2005, n° 548.
3. R. Merle, *Rapport aux XIIe journées franco-belgo-luxembourgeoises de droit pénal*, Poitiers, 1970, PUF, 1971, p. 155; *D.* 1981. 104, note D. Mayer.
4. J. Pradel, *Procédure pénale* 2005, n° 550.
5. Crim. 30 avr. 1996, *Bull. crim.* n° 181; 3 déc. 1996, *Bull. crim.* n° 443; 29 avr. 1998, *Bull. crim.* n° 145; 29 févr. 2000, *Bull. crim.* n° 93; A. Fossaert-Sabatier, « Le contrôle de la Cour de cassation en matière de garde à vue », *Dr. pénal* 1997. Chron. 10. Néanmoins cette jurisprudence ne s'applique pas en cas d'omission de la notification des droits prévus par l'art. 706-29 (disposition reprise et élargie par l'art. 706-88), en matière de trafic de stupéfiants (droit de demander d'autres examens médicaux que les examens effectués toutes les vingt-quatre heures), dès lors que la notification de droit commun ayant été régulièrement effectuée, la personne avait renoncé à user de ce droit : Crim. 2 déc. 1998, non publié au *Bull.*, mais cité *in Dr. pénal* 1999, comm. 136.
6. Crim. 24 nov. 1998, *D.* 1999. IR 39.
7. Crim. 13 oct. 1998, *JCP* 1999. IV. 1360.
8. Crim. 14 déc. 1999 (2 arrêts), *Bull. crim.* n°s 301 et 302.
9. Crim. 6 mars 2001, *Dr. pénal* 2001, comm. 80; 2 mai 2001, 17 oct. 2001, 31 oct. 2001 : *Dr. pénal* 2002, comm. 11; Crim. 15 janv. 2003; Crim. 4 janv. 2005, préc.; Crim. 14 févr. 2006, qui considère qu'un déferrement tardif n'entraîne pas la nullité de la mise en examen ultérieure, *Bull. crim.* n° 39.

les dispositions de l'article 105 du Code de procédure pénale qui interdit d'entendre comme témoin « les personnes à l'encontre desquelles il existe des indices graves et concordants d'avoir participé aux faits ».

Ce texte qui ne vise de toute évidence que le témoin entendu au cours d'une information par le juge d'instruction ou, sur délégation, l'officier de police judiciaire qui exécute une commission rogatoire, a été incontestablement assoupli par la loi du 24 août 1993 dans la mesure où il soumet cette nullité au régime ordinaire des nullités substantielles sans qu'il soit nécessaire, comme l'exigeait l'ancien texte, d'apporter la preuve, particulièrement difficile du « dessein de faire échec aux droits de la défense ». Appliqué aux enquêtes policières, le nouvel article 105 protégerait le témoin, devenu suspect dans les conditions précitées, de tout interrogatoire policier supplémentaire alors que sous le régime actuel, l'officier de police judiciaire peut encore, dans l'enquête préliminaire, comme dans l'enquête de flagrance, poursuivre l'interrogatoire, même après l'obtention d'aveux circonstanciés[1], solution d'autant plus paradoxale qu'il doit cesser ses investigations si la même situation se rencontre dans l'exécution d'une commission rogatoire, soumise quant à elle au jeu de l'article 105.

En rapprochant les règles qui régissent les différents types d'enquêtes, l'extension du domaine d'application de l'article 105 introduirait de façon significative les droits de la défense dans la phase policière, permettant ainsi au témoin lorsqu'il se transforme en suspect, d'attendre sa mise en examen sans que soient déjà compromis ses droits et libertés fondamentaux. Au surplus, en favorisant le raccourcissement de la durée des gardes à vue, une telle réforme protégerait le droit à la sûreté du simple suspect, particulièrement vulnérable lorsqu'il est encore entre les mains des autorités de police[2].

En obligeant de placer en garde à vue la personne qui est retenue par la contrainte et en instaurant un véritable droit à l'assistance d'un avocat, la loi n° 2011-392 du 14 avril 2011 relative à la garde à vue répond, tout au moins partiellement, à ce souhait. Surtout, elle ajoute un nouvel alinéa à l'article préliminaire du Code de procédure pénale, aux termes duquel, « en matière criminelle et correctionnelle, aucune condamnation ne peut être prononcée contre une personne sur le seul fondement de déclarations qu'elle a faites sans avoir pu s'entretenir avec un avocat ou être assistée par lui ». Difficilement concevable en présence d'un avocat, « l'acharnement policier », pratiqué à l'égard d'un gardé à vue privé de toute assistance, ne présente désormais guère d'intérêt, quand bien même aurait-il débouché sur l'obtention d'aveux. On regrettera néanmoins que la loi française, contrairement au droit européen, ne prive pas de toute force probante les déclarations ainsi obtenues, même si la chambre criminelle paraît, en la matière, plus protectrice du gardé à vue en refusant de fonder la condamnation sur des déclarations irrégulières (Crim. 7 févr. 2012, n° 11-83.676) ou incriminantes (v. Crim. 16 déc. 2015, n° 15-81.160, à propos de déclarations recueillies au cours de la garde à vue sans l'assistance d'un avocat et sans la notification du droit de se taire, lorsque les motifs imprécis ne mettent pas la Cour de cassation en mesure de s'assurer que la cour et les jurés ne se sont fondés ni exclusivement ni essentiellement sur lesdites déclarations pour fonder leur condamnation).

---

1. Crim. 17 juill. 1964, *JCP* 1965. II. 14038, note P. C.; 27 juill. 1964, *JCP* 1964. II. 13941, note Le Clère; 20 août 1986, *Bull. crim.* n° 247.
2. V. notre article précité : « Le suspect en quête d'un statut procédural ». *Adde* : « Les transformations de l'administration de la preuve pénale », *Arch. pol. crim.* 2004. 113-124.

II. La sûreté de la personne enfermée

A. La sûreté de la personne enfermée dans un établissement pénitentiaire

528. ***Définition.*** Il n'y a certainement pas atteinte à la sûreté lorsque, après un jugement régulier, un condamné est incarcéré pour subir sa peine dans un établissement pénitentiaire. En revanche, tant que la sentence n'est pas prononcée, le prévenu est présumé innocent et devrait donc en principe demeurer libre... vœu pieux lorsqu'on sait que près du tiers des personnes détenues dans les prisons françaises n'ont pas encore été jugées. À maintes reprises et, notamment, par la loi du 30 décembre 1996 et, ultérieurement, par les importantes réformes du 15 juin 2000 et 5 mars 2007, le législateur est intervenu pour s'efforcer de garantir la sûreté en rendant exceptionnel, comme le souligne l'article 137 du Code de procédure pénale, le placement en détention provisoire (*1.*) et en améliorant les recours reconnus à la personne ainsi privée de sa liberté (*2.*).

1. Le caractère exceptionnel du placement en détention provisoire

529. ***Procédure.*** Par la loi du 15 juin 2000, le juge d'instruction a perdu le pouvoir de placer en détention provisoire, mais il a compétence pour saisir, par une ordonnance motivée, le juge des libertés et de la détention d'une demande tendant au placement en détention provisoire de la personne mise en examen (C. pr. pén., art. 145, al. 1). Ce dernier – qui ne joue aucun rôle dans le déroulement de l'information et qui ne pourra plus tard siéger dans la juridiction de jugement – offre, par son statut, toute garantie d'impartialité (C. pr. pén., art. 137-1), un « double regard »[1] est donc désormais nécessaire pour priver une personne de sa liberté alors que la remise en liberté peut être décidée par l'un ou l'autre de ces juges.

Aux termes de l'article 145 modifié par la loi n° 2007-291 du 5 mars 2007, la décision initiale de placement en détention provisoire est prise en audience publique, après un débat contradictoire qui peut désormais être public, au cours duquel le juge des libertés et de la détention entend les réquisitions du ministère public, les observations de la personne visée par la mesure et, le cas échéant, celles de son conseil ou de l'avocat commis d'office.

Encore faut-il, aux termes de l'article 143-1, modifié et élargi par la loi du 9 septembre 2002, que soit encourue une peine criminelle ou une peine d'emprisonnement égale ou supérieure à trois ans.

Aucune condition concernant la peine encourue n'est cependant exigée par l'article 141-2 du Code de procédure pénale lorsque le prévenu a failli aux obligations imposées par un contrôle judiciaire ou une assignation à résidence avec surveillance électronique.

L'ordonnance de placement en détention provisoire doit être motivée : elle doit, comme l'exige l'article 137-3 du Code de procédure pénale, comporter l'énoncé des considérations de droit et de fait sur le caractère insuffisant du contrôle

1. L'art. 137-4 du Code de procédure pénale, complété par la loi du 9 mars 2004, permet, sous certaines conditions, au procureur de la République de saisir directement le juge des libertés et de la détention.

judiciaire[1] et le motif de la détention par référence aux seules dispositions des articles 143-1 et 144.

Il est en effet nécessaire que la détention soit justifiée par l'un des sept motifs, plus rigoureusement définis par l'article 144 du Code de procédure pénale, dans une nouvelle rédaction due aux lois des 30 décembre 1996, 15 juin 2000, 12 décembre 2005 et surtout la loi n° 2007-291 du 5 mars 2007, à savoir que la détention constitue « l'unique moyen de parvenir à l'un ou plusieurs des objectifs suivants et ceux-ci ne sauraient être atteints en cas de placement sous contrôle judiciaire ou d'assignation à résidence avec surveillance électronique » : conservation des preuves ou empêcher une pression sur les témoins, les victimes ou leur famille, empêcher une concertation frauduleuse entre la personne mise en examen et ses coauteurs ou complices, garantir la représentation ou la protection de la personne mise en examen, mettre fin à l'infraction ou prévenir son renouvellement, enfin préserver l'ordre public. Si la référence à l'ordre public a été maintenue, la notion est désormais plus strictement délimitée par le législateur qui ne l'admet que lorsque, « en raison de sa gravité, des circonstances de sa commission ou de l'importance du préjudice qu'elle a causé », l'infraction « a provoqué un trouble exceptionnel et persistant à l'ordre public[2] ». On notera que, contrairement aux dispositions plus protectrices issues de la loi du 15 juin 2000, ce dernier motif pouvait, à nouveau, depuis la loi du 9 septembre 2002, justifier la prolongation de la détention provisoire. Aussi, on se réjouira que la loi précitée du 5 mars 2007 « tendant à renforcer l'équilibre de la procédure pénale », après avoir déjà indiqué de façon limitative que ce « trouble ne peut résulter du seul retentissement médiatique de l'affaire », tranche clairement la question en ne permettant plus qu'en matière correctionnelle, le placement ou la prolongation de la détention se fonde sur le motif lié à l'ordre public (C. pr. pén., art. 144, 7e).

On regrettera néanmoins qu'ait été encore conservée la possibilité de placer en détention provisoire la personne mise en examen dans le seul but de la protéger contre la vindicte populaire : curieuse conception de la sûreté qui prive un individu de sa liberté... pour garantir sa sécurité !

530. *Durée.* La détention provisoire ne saurait en principe, en matière correctionnelle, dépasser quatre mois. Elle peut néanmoins être prolongée, mais de manière différente selon le degré de dangerosité présumée de la personne mise en examen, avec, au-delà de huit mois, la nécessité de préciser les indications particulières qui justifient, en l'espèce, la poursuite de l'information[3] et le délai

1. La Cour de cassation n'hésite pas à sanctionner les décisions qui ne précisent pas expressément que les objectifs fixés ne pouvaient être atteints par un placement sous contrôle judiciaire (Crim. 26 févr. 2008, *Bull. crim.* n° 50; *D. 2008. AJ* 853, note Allain; *AJ pénal* 2008. 228, note Nord-Wagner; *Procédures* 2008, comm. 155, obs. Buisson; Crim. 18 juin 2008, *D.* 2008. *AJ* 2147, obs. M. Léna; *AJ pénal* 2008. 428).
2. Ainsi pour la chambre d'accusation de la cour d'appel de Douai (17 juin 1997, *D.* 1997. 593, note C. Guéry), il ne peut être affirmé que des faits de viols incestueux commis il y a dix-sept ans, occasionnent un trouble « exceptionnel et persistant » à l'ordre public, l'actualité de la souffrance de la victime ne pouvant laisser présumer que le trouble apporté en l'espèce à l'ordre public par les faits — à supposer ce trouble « exceptionnel » — a persisté pendant plus de dix-sept ans au point de ne pouvoir y mettre fin que par la détention provisoire du prévenu.
3. Est ainsi justifiée la prolongation motivée par la nécessité de poursuivre pendant encore plusieurs mois, les investigations pour déterminer les rôles respectifs des personnes mises en cause dans la commission des faits qui leur sont reprochés (Crim. 30 sept. 1997, *Bull. crim.* n° 314; *Dr. pénal* 1998, comm. 59, obs. Maron), alors qu'une motivation ne saurait être retenue si elle ne donne pas des indications particulières justifiant en l'espèce la poursuite de l'information et le délai prévisible d'achèvement de la procédure (Crim. 6 août 1997, *Bull. crim.* n° 281; *D.* 1998. Somm. 171, obs. Pradel; *JCP* 1998. I. 105, Chron. Maron; Crim. 19 août 1997, *Bull. crim.* n° 283; 30 sept. 1997 : *Procédures* 1998, comm. 50, obs. Buisson; 28 oct. 1997, *Bull. crim.* n° 355; *Procédures* 1998, comm. 17, obs. Buisson; 18 nov. 1997, *ibid.* n° 389; 10 févr. 1999, *Bull. crim.* n° 16).

prévisible d'achèvement de la procédure[1], sans pouvoir dépasser deux ans, délai auquel peut désormais s'ajouter une ultime prolongation de quatre mois lorsque les investigations du juge d'instruction doivent être poursuivies et que la mise en liberté de la personne mise en examen causerait pour la sécurité des personnes et des biens un risque d'une particulière gravité (C. pr. pén., art. 145-1 modifié par la loi du 9 septembre 2002)[2]. Les délits relevant du terrorisme sont soumis par l'article 706-24-3 du Code de procédure pénale à un régime plus rigoureux depuis la loi du 3 juin 2016 : par tranches de six mois, la durée totale peut atteindre deux ans et même trois ans en cas de participation à une association de malfaiteurs liée au terrorisme. À cela s'ajoute encore l'ultime prolongation de quatre mois prévue par le dernier alinéa de l'article 145-1 du Code de procédure pénale.

En matière criminelle, la détention provisoire est initialement ordonnée pour une durée limitée à un an. Elle peut être prolongée par tranche de six mois, après organisation d'un débat contradictoire et par une ordonnance spécialement motivée, comportant, en particulier, les exigences de l'article 145-3, sans pouvoir dépasser, selon les cas, deux, trois, voire quatre ans, ces délais pouvant encore faire l'objet de deux ultimes prolongations exceptionnelles de quatre mois chacune[3]. Ces délais courent jusqu'à l'ordonnance de renvoi. Par la suite, encore faut-il que le jugement intervienne promptement : la CEDH rappelle qu'il incombe aux États d'agencer leur système judiciaire de manière à permettre à leurs tribunaux de répondre aux exigences de l'article 5 de la Convention européenne, un délai de près de deux ans, motivé par l'encombrement du rôle de la cour d'assises spéciale de Paris, fut, en l'espèce, jugé excessif (CEDH 26 janv. 2012, *Berasategui c/ France*, req. n° 29095/09; *Espanza c/ France*, req. n°s 29119/09 et 29116/09).

Un régime encore plus protecteur, régi par les articles 11 et 11-1 de l'ordonnance du 2 février 1945, protège le droit à la sûreté des mineurs.

Autant de complexité, marquée désormais par la présence de délais butoirs particulièrement rigides, s'explique par la volonté du législateur d'inciter le juge à privilégier d'autres mesures, tel le contrôle judiciaire qui, en particulier dans sa forme socio-éducative, pourrait se substituer à bien des incarcérations. Cet espoir a cependant été quelque peu déçu par la pratique judiciaire qui, si elle paraît à présent motiver sérieusement le placement initial, admet encore trop facilement la prolongation de la mesure alors qu'elle devrait, à ce stade-là, montrer une vigilance accrue.

Comme l'exige la Cour européenne des droits de l'homme dans deux arrêts qui ont condamné la France[4], il faut en effet vérifier si persistent non seulement les raisons plausibles qui permettent de soupçonner la personne détenue d'avoir accompli l'infraction — la disparition en cours de procédure de ce motif ne rend plus légitime le maintien de la détention provisoire —, mais encore les motifs

1. L'appréciation du délai prévisible d'achèvement de la procédure, par le juge d'instruction qui prolonge la détention provisoire au-delà d'un an en matière criminelle, est une question de pur fait qui échappe au contrôle de la Cour de cassation; Crim. 28 avr. 1998, *Bull. crim.* n° 143.

2. Pour clarifier un système complexe, on peut, en matière correctionnelle, distinguer trois cas, comme le montre le tableau récapitulatif *in fine*.

3. En matière criminelle, quatre cas doivent désormais être distingués, v. tableau récapitulatif *in fine*.

4. CEDH 23 sept. 1998, *IA c/ France*, v. nos obs. *in* « Chronique de la Cour européenne des droits de l'homme : affaires françaises (1998) », *RD publ.* 1999. 862 s.; CEDH 9 nov. 1999, *Debboub, alias Husseini Ali c/ France*, avec nos obs. *in* « Chronique de la Cour européenne des droits de l'homme : affaires françaises (1999) », *RD publ.* 2000. 705 s.

pertinents et suffisants qui ont justifié la détention, tels les risques de fuite de la personne poursuivie, de récidive, de collusion ou de pression sur témoins et, plus généralement, d'atteinte à l'ordre public. Or, au fil du temps, ces motifs qui ont justifié le placement initial, s'affaiblissent et ne sauraient, à eux seuls, motiver le maintien de la détention : l'atteinte à l'ordre public s'estompe au fur et à mesure que les mois, voire les années, s'écoulent[1], le risque de fuite diminue en même temps que la détention se prolonge, la personne détenue ayant incontestablement de moins en moins intérêt à se soustraire à la justice[2]. Prolonger dans de telles conditions la privation de liberté accentue le caractère de préjugement de la détention provisoire et porte gravement atteinte à l'une des composantes essentielles du droit à la sûreté qu'est la présomption d'innocence.

Pour tenter d'infléchir cette tendance, la loi du 30 décembre 1996 a introduit dans notre législation la notion de « durée raisonnable » posée par l'article 5 de la Convention européenne de sauvegarde des droits de l'homme et des libertés fondamentales. Comme le proclame désormais l'article 144-1 du Code de procédure pénale, « la détention provisoire ne peut excéder une durée raisonnable, au regard de la gravité des faits reprochés à la personne mise en examen et de la complexité des investigations nécessaires à la manifestation de la vérité ». Conséquence de cette obligation, le juge d'instruction ou, s'il est saisi, le juge des libertés et de la détention doit ordonner la mise en liberté immédiate de la personne placée en détention provisoire dès que les conditions prévues aux articles 144 et 144-1 ne sont plus remplies. On pourrait arguer de l'inutilité d'un texte qui reprend des dispositions similaires de la Convention européenne, déjà applicables dans notre droit interne. La démarche du législateur doit cependant être approuvée : au-delà de son apport juridique, un tel rappel présente une valeur symbolique susceptible de modifier les comportements et pratiques judiciaires.

2. Les recours de la personne placée en détention provisoire

531. ***Procédure.*** Pendant son placement en détention provisoire, la personne bénéficie de recours qui lui permettent de faire examiner par une juridiction indépendante la régularité et le bien-fondé de la mesure privative de liberté.

Outre la mainlevée demandée au magistrat instructeur et transmise, en cas de refus de sa part, au juge des libertés et de la détention, un appel peut être porté devant la chambre de l'instruction ou, une fois l'information achevée, devant la juridiction de renvoi, un pourvoi est enfin susceptible d'être formé devant la Cour de cassation. On doit, à ce sujet, regretter que la Haute juridiction se contente de vérifier si les arrêts de la chambre de l'instruction sont motivés et n'opère pas encore — comme l'y invite pourtant la Cour européenne des droits de l'homme — un véritable contrôle du délai raisonnable[3] alors que les juridictions du fond n'hésitent plus à remettre purement et simplement en liberté des prévenus détenus depuis trop longtemps en se fondant sur la Convention européenne[4]. L'introduction dans notre droit interne de la notion de durée raisonnable pourrait conduire la chambre criminelle à opérer un tel contrôle.

1. CEDH 26 juin 1991, série A, *Letellier c/ France.*
2. CEDH 27 juin 1966, série A, n° 7, *Wemhoff c/ Allemagne.*
3. B. Bouloc, « Les délais de la garde à vue et de la détention provisoire en France au regard des dispositions de la Convention européenne de sauvegarde des droits de l'homme et des libertés fondamentales », *RSC* 1989. 70.
4. Braunschweig, obs. *RSC* 1989. 143.

532. ***Délais.*** Des délais particulièrement brefs imposent une réponse rapide de la juridiction saisie, faute de quoi, le prévenu est remis en liberté[1]. Ces recours n'ont toutefois pas d'effet suspensif, et, dans l'attente de la réponse de la juridiction saisie, la privation de liberté subsiste.

Aussi, afin que notre droit respecte l'exigence de promptitude formulée par l'article 5, paragraphe 4 de la Convention européenne, la loi du 24 août 1993 avait créé une procédure dite de « référé-liberté » qui permettait, sous certaines conditions, de rendre suspensif l'appel de la personne placée en détention provisoire.

Peu appliquée parce que les prérogatives reconnues au président de la chambre d'accusation étaient trop limitées, cette mesure a été profondément remaniée par la loi du 30 décembre 1996. Aux termes de l'article 187-1 du Code de procédure pénale, la personne mise en examen ou le procureur de la République peut, à condition d'interjeter appel de l'ordonnance de placement en détention provisoire le jour même où celle-ci est rendue ou le jour suivant, demander au président de la chambre de l'instruction d'examiner immédiatement l'appel sans attendre l'audience de la chambre de l'instruction. L'avocat qui doit avoir la parole en dernier, a la possibilité de présenter des observations lors d'une audience de cabinet. Par une ordonnance non motivée, rendue au plus tard le troisième jour ouvrable suivant la demande, le président de la chambre de l'instruction peut infirmer l'ordonnance de placement : la personne mise en examen est remise en liberté, une mesure de contrôle judiciaire pouvant être substituée à la détention provisoire, la chambre de l'instruction est alors dessaisie.

La personne qui forme le recours, est en droit, désormais, de demander (art. 187-2 dû à la loi du 15 juin 2000) que le référé-liberté soit directement examiné par la chambre de l'instruction dans sa forme collégiale. Il est alors statué au plus tard, au vu des éléments du dossier, le cinquième jour ouvrable suivant la demande. Si la chambre de l'instruction n'infirme pas l'ordonnance, elle doit alors, comme dans le cas de l'article 187-1 renvoyer l'examen de l'appel devant... la chambre de l'instruction, c'est-à-dire, devant elle-même[2] !

Dans le cas, au contraire, où il confirme l'ordonnance, les effets du mandat de dépôt subsistent dans l'attente de l'examen de l'appel par la chambre de l'instruction. En dépit des améliorations apportées par la loi du 30 décembre 1996, le domaine d'application du référé-liberté reste particulièrement étroit puisqu'il ne concerne que la procédure de placement initial en détention provisoire alors que les recours sont souvent formulés après un refus de mainlevée ou une ordonnance de prolongation.

La loi du 9 juillet 1984 ayant abrogé l'alinéa 6 de l'article 186 du Code de procédure pénale, l'appel du parquet n'avait, depuis lors, plus d'effet suspensif : la personne qui était détenue, sortait donc de prison immédiatement, même si le parquet faisait appel de l'ordonnance d'élargissement. En créant le référé-déten-

1. La chambre de l'instruction doit se prononcer dans les 10 jours de l'appel lorsqu'il s'agit d'une ordonnance de placement en détention et dans les 15 jours dans les autres cas (art. 194, al. 3) ou dans les 20 jours en cas d'absence de réponse du juge des libertés et de la détention, ce dernier devant statuer dans les 3 jours ouvrables qui suivent sa saisine par le juge d'instruction, (art. 148, al. 3 et 5). Les autres juridictions, selon qu'elles sont de premier ou de second degré doivent rendre leur décision dans les dix ou vingt jours. Le délai est de deux mois lorsque la personne, déjà jugée par une juridiction du premier degré, est en instance d'appel; il est porté à quatre mois lorsque la personne qui a été jugée en appel, a formé un pourvoi en cassation (art. 148-2, al. 2, modifié par L. 9 sept. 2002).
2. V. en ce sens la circulaire d'application du 20 déc. 2000.

tion (C. pr. pén., art. 148-1-1, 187-3), la loi du 9 septembre 2002 revient sur cette disposition et redonne un effet suspensif à l'appel du procureur de la République, lorsqu'une ordonnance de mise en liberté a été rendue contrairement à ses réquisitions.

On remarquera que cette procédure, incontestablement favorable au parquet, traduit, en revanche, une suspicion certaine tant à l'égard du juge d'instruction que du juge des libertés et de la détention dont les ordonnances d'élargissement pourront ainsi être paralysées dans l'attente de la décision d'appel. On notera aussi que, contrairement au référé-liberté porté devant le président de la chambre de l'instruction, c'est ici le Premier président de la cour d'appel (ou le magistrat qui le remplace) qui est compétent.

533. ***Conséquences.*** Après le prononcé du jugement, si la personne est reconnue coupable, elle n'a droit à aucune réparation, peu importe qu'il ne soit prononcé aucune peine, une peine non privative de liberté ou une peine privative de liberté d'une durée inférieure à celle de la détention provisoire. Cette dernière situation est d'ailleurs tout à fait exceptionnelle, les tribunaux ayant alors tendance à calquer la peine prononcée sur la durée de la détention provisoire... pratique fort contestable qui accentue le caractère de préjugement de la détention provisoire[1].

Le bénéficiaire d'un non-lieu, d'une relaxe ou d'un acquittement, peut obtenir une indemnisation en prouvant que la détention lui a causé un préjudice, l'article 149 du Code de procédure pénale n'exigeant plus, depuis la modification apportée par la loi du 30 décembre 1996, qu'il soit « manifestement anormal et d'une particulière gravité ». Pareille exigence formulée antérieurement par le même article paraissait en contradiction avec le caractère général du droit à réparation proclamé par l'article 5, paragraphe 5 de la Convention européenne.

Cette réparation, accordée, depuis la loi du 15 juin 2000 (C. pr. pén., art. 149-1 et 149-2), par le Premier président de la cour d'appel (avec recours possible auprès d'une commission nationale d'indemnisation siégeant près la Cour de cassation : C. pr. pén., art. 149-3) porte tant sur le préjudice matériel que moral. Subsistent néanmoins quelques restrictions au demeurant fort compréhensibles : aucune indemnisation n'est due lorsque la décision a pour seul fondement la reconnaissance de l'irresponsabilité au sens de l'article 122-1 du Code pénal, une amnistie postérieure à la mise en détention provisoire, ou lorsque la personne a fait l'objet d'une détention provisoire pour s'être librement et volontairement accusée ou laissé accuser à tort en vue de faire échapper l'auteur des faits aux poursuites.

B. La sûreté de la personne enfermée dans un établissement psychiatrique

534. ***Historique.*** Réformant la loi Esquirol de 1838 qui, pendant plus de cent cinquante ans, a réglé le sort des aliénés ou, pour reprendre la rédaction utilisée alors par le Code civil, les personnes « en état habituel de démence, fureur ou imbécillité », la loi du 27 juin 1990 prend enfin en compte les progrès

1. La Cour européenne des droits de l'homme ne condamne pas semblable pratique, estimant que lorsque la durée de la détention provisoire a été imputée en entier sur la peine prononcée, il n'y a pas lieu à octroi d'une indemnité, même en cas de dépassement du délai raisonnable au sens de l'art. 5, § 3 (CEDH 26 juin 1991, *JCP* 1992. II. 21931, note Jouve).

accomplis dans le traitement des maladies mentales. Conformément à la Déclaration des droits du déficient mental[1], la nouvelle loi consacre le principe de l'hospitalisation libre fondée sur le consentement du malade chaque fois que cela est réalisable.

L'enfermement dans un établissement psychiatrique, c'est-à-dire l'hospitalisation sans consentement, devient l'exception et, lorsqu'elle est prononcée, des garanties sont reconnues à la personne hospitalisée dont la dignité doit, en toutes circonstances, être respectée, la réinsertion recherchée et les restrictions à la liberté individuelle limitées à celles nécessitées par son état de santé et la mise en œuvre de son traitement. Ce dispositif a été réformé par la loi n° 2011-803 du 5 juillet 2011 relative aux droits et à la protection des personnes faisant l'objet de soins psychiatriques et aux modalités de leur prise en charge. Le nouveau texte substitue à la notion d'hospitalisation, trop proche de l'incarcération, celle, plus large et, surtout plus neutre, « d'admission en soins psychiatriques »; par ailleurs, des garanties juridiques sont reconnues à la personne faisant l'objet de soins psychiatriques sans consentement. La loi n'a cependant pas échappé à la censure du Conseil constitutionnel en raison des dispositions concernant les modalités de placement en milieu hospitalier des personnes ayant commis des infractions pénales en état de trouble mental ou pour celles admises en unité pour malades difficiles (UMD). Par la QPC du 20 avril 2012 (n° 2012-235), les sages de la rue Montpensier invalident les dispositions précitées, tout en permettant au législateur de remédier à cette inconstitutionnalité avant le 1er octobre 2013. Profitant de ce délai, la loi n° 2013-869 du 27 septembre 2013 réforme globalement la situation des patients admis en soins psychiatriques sans leur consentement. De ce texte, particulièrement large, nous ne retiendrons que les seules dispositions qui affectent le droit à la sûreté en permettant l'hospitalisation complète d'une personne contre sa volonté. Outre son caractère exceptionnel (*1.*), l'hospitalisation complète sans consentement est assortie d'importantes garanties au profit de la personne qui se voit imposer ce traitement (*2.*).

1. Le caractère exceptionnel de l'hospitalisation complète sans consentement

535. ***Admission en soins psychiatriques à la demande d'un tiers ou en cas de péril imminent.*** L'hospitalisation complète sans consentement – article L. 3212-1 du Code de la santé publique – peut être demandée par un tiers – membre de la famille du malade, personne susceptible d'agir dans son intérêt, à l'exclusion des personnels soignants exerçant dans l'établissement d'accueil – dès lors que la personne visée est atteinte de troubles rendant impossible son consentement et que son état impose des soins immédiats assortis d'une surveillance médicale régulière justifiant une prise en charge sous la forme d'une hospitalisation complète. Adressée au directeur de l'établissement de santé, la demande manuscrite doit être accompagnée de deux certificats[2] datant de moins de quinze jours, circonstanciés et concordants, dont l'un au moins émane d'un médecin extérieur à l'établissement d'accueil. En outre, afin d'éviter que des liens familiaux n'influencent la rédaction des certificats, les médecins ne peuvent être parents

1. Déclaration proclamée par l'Assemblée générale de l'ONU, le 20 déc. 1971. Rés. 2856 (XXVI).
2. En cas d'urgence (péril imminent pour la santé de la personne), un seul certificat est suffisant (CSP, art. L. 3212-3). Le progrès est imposant par rapport à la loi Esquirol qui, en pareille hypothèse, n'exigeait pas de certificat et qui, en dehors de l'urgence, se contentait d'un seul certificat.

ou alliés au quatrième degré inclusivement ni entre eux ni de la personne ayant demandé l'hospitalisation ou de la personne hospitalisée.

Lorsqu'il s'avère impossible d'obtenir une demande émanant d'un tiers et qu'il existe, à la date d'admission, un péril imminent pour la santé de la personne, dûment constaté par un certificat médical établi par un médecin qui n'exerce pas dans l'établissement accueillant la personne malade, la décision est prise par le directeur de l'établissement d'accueil. Il doit alors informer, dans un délai de vingt-quatre heures, sauf difficultés particulières, la famille de la personne qui fait l'objet de soins et, le cas échéant, la personne chargée de la protection juridique de l'intéressé ou, à défaut, toute personne justifiant de l'existence de relations avec la personne malade antérieures à l'admission en soins et lui donnant qualité pour agir dans l'intérêt de celle-ci (CSP, art. L. 3212-1, II, 2° ajouté par la loi du 5 juillet 2011).

536. ***Admission en soins psychiatriques sur décision du représentant de l'État.*** L'hospitalisation sans consentement peut être décidée d'office – article L. 3213-1 s. du Code de la santé publique – par l'autorité administrative. Sous l'empire de la loi Esquirol, le préfet procédait à l'internement sans certificat médical. Désormais, le placement d'office, décidé à Paris par le préfet de police et, dans les départements par les préfets, est prononcé par un arrêté motivé au vu d'un certificat médical circonstancié, qui ne peut émaner d'un psychiatre exerçant dans l'établissement accueillant le malade.

En cas de danger imminent pour la sûreté des personnes (CSP, art. L. 3213-2), les commissaires de police à Paris et les maires peuvent prendre toutes les mesures provisoires nécessaires et doivent en référer dans les vingt-quatre heures au préfet qui statue sans délai et prononce, s'il y a lieu, un arrêté d'admission en soins psychiatriques. Faute de décision préfectorale, ces mesures sont caduques au terme d'une durée de quarante-huit heures.

On notera que le danger visé par l'article L. 3213-2 du Code de la santé publique ne peut être attesté que par « un avis médical », la possibilité d'y substituer « la notoriété publique », comme c'était le cas dans le passé, vient, en effet, d'être écartée par la décision du Conseil constitutionnel du 6 octobre 2011 (décision n° 2011-174 QPC).

Outre les dispositions destinées à informer les autorités administratives – article L. 3213-3 du Code de la santé publique –, l'admission en soins psychiatriques de la personne, sous la forme d'une hospitalisation complète peut désormais (C. pr. pén., art. 706-135 ajouté par la loi du 25 février 2008 relative à la rétention de sûreté et à la déclaration d'irresponsabilité pénale pour cause de trouble mental, modifié par la loi du 5 juillet 2011) être également prononcée par la chambre de l'instruction ou une juridiction de jugement lorsque, après la déclaration de l'irresponsabilité pénale pour cause de trouble mental, il est établi par une expertise psychiatrique figurant au dossier de la procédure que les troubles mentaux de l'intéressé nécessitent des soins et compromettent la sûreté des personnes ou portent atteinte, de façon grave, à l'ordre public. Cette mesure de sûreté, prise ici par une autorité judiciaire, doit prendre la forme d'une décision motivée.

2. Les garanties reconnues à la personne hospitalisée sans son consentement

537. ***Des garanties médicales améliorées.*** Aux termes de l'article L. 3211-2-2 du Code de la santé publique, ajouté par la loi du 5 juillet 2011, la personne admise en soins psychiatriques sans son consentement fait l'objet d'une période d'observation et de soins initiale sous forme d'hospitalisation complète. Dans les 24 heures de l'admission, elle doit être examinée par un psychiatre qui établit un certificat médical constatant son état mental et confirmant ou non la nécessité de maintenir les soins. Dans les 72 heures suivant l'admission, un nouveau certificat doit être établi et le psychiatre détermine, si nécessaire, le programme de soins. Est informée de toute décision d'admission en soins psychiatriques, de tout renouvellement de cette décision et de toute décision mettant fin à ces soins, la Commission départementale des soins psychiatriques (CSP, art. L. 3222-5)[1].

538. ***Renforcement du rôle de l'autorité judiciaire.*** Investi d'un nouveau rôle dans le prolongement de l'enfermement, le juge des libertés et de la détention voit aussi confirmée sa fonction de juge des référés.

– **Le prolongement de l'enfermement décidé par le JLD :** À la suite de la décision du Conseil constitutionnel (décision n° 2010-71 QPC du 26 nov. 2010) qui a condamné notre droit permettant le prolongement de l'enfermement, au-delà de quinze jours sur la simple production de certificats médicaux et la décision d'une autorité administrative, le législateur est intervenu en imposant le recours au juge judiciaire. Désormais, aux termes des articles L. 3211-12-1 à L. 3211-12-6 du Code de la santé publique, ajoutés par la loi du 5 juillet 2011 et modifiés par la loi du 27 septembre 2013, l'hospitalisation complète ne peut se poursuivre sans que le juge des libertés et de la détention n'ait statué sur cette mesure dans un délai de douze jours à compter de l'admission. Selon l'avis émis par la Cour de cassation, le 19 janvier 2015 (avis n° 15001) il ressort de l'article L. 3211-12-11 du Code de la Santé publique que le juge des libertés et de la détention doit statuer sur toute décision d'admission en soins psychiatriques sans consentement sous la forme d'une hospitalisation décidée par le représentant de l'État dans le département, et cela, même lorsqu'une décision d'admission intervient dans la continuité d'une précédente admission décidée par le directeur d'un établissement de soins, à la demande d'un tiers ou pour péril imminent.

– **Le rôle du JLD en matière de référé :** On sait que l'autorité judiciaire avait déjà vu son rôle renforcé par la loi du 27 juin 1990. afin de mettre la législation française en conformité avec l'article 5, paragraphe 4 de la Convention européenne des droits de l'homme qui reconnaît à toute personne « détenue » — ce qui est incontestablement le cas de la personne hospitalisée contre son gré — le droit d'introduire un recours devant un tribunal afin qu'il apprécie la régularité de la privation de liberté. Aussi, à l'instar de l'*habeas corpus* des droits anglo-saxons, l'article L. 3211-12 du Code de la santé publique a-t-il institué une procédure de référé qui permet de saisir par simple requête le juge des libertés et de la détention afin qu'il vérifie la situation de la personne hospitalisée contre son gré et, en cas d'irrégularité, ordonne la sortie immédiate[2]. Ce recours est largement ouvert, que la personne soit hospitalisée dans un établissement public ou privé, qu'il soit formé par le malade lui-même, un proche ou toute personne susceptible d'agir dans l'intérêt du malade, la juridiction ayant même la possibilité

1. La Commission se compose (CSP, art. L. 3223-2) : 1° De deux psychiatres, l'un désigné par le procureur général près la cour d'appel, l'autre par le représentant de l'État dans le département; 2° D'un magistrat désigné par le premier président de la cour d'appel; 3° De deux représentants d'associations agréées respectivement de personnes malades et de familles de personnes atteintes de troubles mentaux, désignés par le représentant de l'État dans le département; 4° D'un médecin généraliste désigné par le représentant de l'État dans le département.
2. Encore faut-il que l'exigence de « bref délai » imposé par l'art. 5 § 4 de la Conv. EDH soit respectée, sauf à encourir la censure de la Cour européenne (CEDH 18 juin 2002, *Delbec c/ France*, v. nos obs. *in* « Chronique de jurisprudence de la Cour européenne des droits de l'homme : affaires françaises [2002] », *RD publ.* 2003).

de se saisir d'office. L'audience se tient, en principe, dans une salle attribuée au ministère de la Justice, spécialement aménagée sur l'emprise de l'établissement de santé (C. pr. pén., art. L. 3211-12-2) et la personne faisant l'objet de soins psychiatriques est assistée ou représentée par un avocat (C. pr. pén., art. R. 3211-8). Il est regrettable, qu'à l'égard d'une personne particulièrement vulnérable, la jurisprudence fragilise le droit à l'assistance d'un avocat en l'écartant, par exemple, lorsque, en raison d'un mouvement de grève du barreau, aucun avocat n'était présent à l'audience, ce qui, pour le Premier président, constituait un obstacle insurmontable à la désignation d'un avocat commis d'office — alors qu'un renvoi à une audience ultérieure aurait été possible (Civ. 1re, 13 sept. 2017, FP+B, nº 16-22.819).

539. *Conclusion.* Dès lors que la liberté individuelle paraît menacée, les lois récentes — qu'elles concernent les contrôles et vérifications d'identité, la garde à vue, la détention provisoire ou l'hospitalisation complète sans le consentement de la personne — confèrent au juge judiciaire la garantie du droit à la sûreté. Elles appliquent ainsi le principe énoncé en l'article 66 de notre Constitution, maintes fois rappelé par le Conseil constitutionnel, qui fait de l'autorité judiciaire « la gardienne de la liberté individuelle ».

Pourtant les hésitations de la jurisprudence à sanctionner certaines atteintes en matière de liberté font parfois douter de la détermination du juge à assurer cette délicate mission. Comme les autorités qui ont pris la décision initiale, le juge, lorsqu'il est appelé à exercer son contrôle, se trouve en effet confronté à la même difficulté, à savoir tenter une conciliation de plus en plus problématique entre le droit à la sûreté proclamé par les constituants révolutionnaires et le droit à la sécurité dont l'émergence fut incontestablement l'une des préoccupations essentielles à la fin du XXe siècle[1], mais dont certaines orientations traduisent une dangereuse dérive sécuritaire[2] et une perte des repères[3]. Reculer en matière de protection des libertés, voilà bien la tentation à laquelle on ne doit pas succomber : il faut, au contraire, rester fidèle à la politique criminelle suivie depuis une trentaine d'années afin de mettre enfin en conformité notre procédure pénale avec les standards européens. Voilà bien l'enjeu essentiel de la future

1. J.-J. Gleizal, « À propos de la sécurité », *RSC* 1994. 812 s. V. l'art. 1er de la loi du 21 janv. 1995 d'orientation et de programmation relative à la sécurité : « la sécurité est un droit fondamental et l'une des conditions de l'exercice des libertés individuelles et collectives ». *Adde*, M. Delmas-Marty, « Vers un modèle européen du procès pénal », *in* M. Delmas-Marty (dir.), *Procès pénal et droits de l'homme. Vers une conscience européenne*, PUF, coll. « Les Voies du droit », 1992, p. 297, « cette double demande exprime le choix d'une méthode et la maturité d'une société qui entend conjuguer efficacité (ne pas désarmer l'État), avec respect des personnes (donc de l'État de droit) ».
2. C. Lazerges, « La dérive de la procédure pénale », *RCS* 2003. 644 s.; D. Thomas, « La tentation sécuritaire », *in Mélanges Ottenhof*, Dalloz, 2006, p. 53 s. V., déjà, en ce sens, les lois des 15 nov. 2001 relative à « la sécurité quotidienne », 4 mars 2002 et certaines dispositions de la loi du 9 sept. 2002 d'orientation et de programmation pour la justice qui durcissent le droit pénal des mineurs et rendent plus facile le placement en détention provisoire des majeurs. C'est incontestablement une politique criminelle marquée par des préoccupations trop exclusivement sécuritaires qui inspire la loi sur la sécurité intérieure du 18 mars 2003, la loi du 9 mars 2004 portant adaptation des moyens de la justice aux évolutions de la criminalité, dite loi Perben 2, la loi du 5 mars 2007 relative à la prévention de la délinquance ou la loi du 10 août 2007 renforçant la lutte contre la récidive des majeurs et des mineurs. C'est encore la même orientation qui inspire les lois du 25 février 2008 relatives à la rétention de sûreté, 3 juin 2016 concernant la lutte contre le crime organisé et le terrorisme et, récemment, 30 novembre 2017 renforçant la sécurité intérieure et la lutte contre le terrorisme.
3. P. Conte, P. Maistre du Chambon, préface, *in* V. Malabat, B. de Lamy et M. Giacopelli (dir.), *La réforme du Code pénal et du Code de procédure pénale, Opinio doctorum*, Dalloz, coll. « Thèmes & commentaires », 2009, p. 6.

et indispensable réforme de la procédure pénale qui devrait s'attacher à renforcer la lisibilité, la cohérence et la conformité de notre législation par rapport aux exigences européennes et à nos propres principes constitutionnels. Les dernières réformes en la matière ont conduit le Premier président de la Cour de cassation et les Premiers présidents des cours d'appel, à adopter le 1er février 2016, à l'adresse de nos gouvernants, une déclaration commune qui résonne comme un cri d'alarme et un avertissement solennel[1].

Durée de la détention provisoire des majeurs

Peine encourue	Antécédents	Fréquence du débat contradictoire de prolongation de la détention judiciaire (après débat initial), motivation spéciale + durée totale de la détention
= à 5 ans d'emprisonnement	**Et, non déjà condamné** pour crime ou délit à plus d'un an sans sursis	Débat contradictoire initial = **maximum 4 mois**
Ou > à 5 ans d'emprisonnement	**Ou déjà condamné** pour crime ou délit à plus d'un an sans sursis	Débat contradictoire initial : 4 mois + **4 mois** après **débat contradictoire** + **4 mois** après **débat contradictoire** et **motivation spéciale** de l'art. 145-3 = **maximum : 12 mois**
- ou, un des faits commis hors du territoire national ou, personne poursuivie pour trafic de stupéfiants, association de malfaiteurs, proxénétisme, extorsion de fonds ou pour une infraction commise en bande organisée et encourt une peine égale à dix ans d'emprisonnement.	Indifférent	Débat contradictoire initial 4 mois + **4 mois** après **débat contradictoire** + **4 mois** après **débat contradictoire** - et **motivation spéciale** de l'art. 145-3 + **4 mois** après **débat contradictoire** et **motivation spéciale** de l'art. 145-3 + **4 mois** après **débat contradictoire** et **motivation spéciale** de l'art. 145-3 + **4 mois** après **débat contradictoire** et **motivation spéciale** de l'art. 145-3 = **délai butoir : 2 ans** + **ultime prolongation de 4 mois, maximum = 2 ans, 4 mois**
Délits qualifiés de terrorisme (706-24-3)	Indifférent	Débat contradictoire initial 6 mois + 6 mois après débat contradictoire + tranches de 6 mois après débat contradictoire et motivation spéciale de l'article 145-3. = délai butoir : 2 ans (3 ans pour association de malfaiteurs liée au terrorisme) + ultime prolongation de 4 mois, maximum = 2 ans, 4 mois (3 ans, 4 mois pour association de malfaiteurs liée au terrorisme)

1. « En ce début du XXIe siècle, la place faite à l'Autorité judiciaire au sein des institutions de la République suscite de légitimes et graves interrogations. Le rôle constitutionnel de l'Autorité judiciaire, gardienne de la liberté individuelle, est affaibli par des réformes et projets législatifs en cours. Les mises en cause répétées de l'impartialité de l'institution et de ceux qui la servent portent atteinte à leur crédit et à la confiance que doivent avoir les citoyens dans leur Justice. La complexité de notre organisation juridictionnelle manque de lisibilité pour nos concitoyens. Sans doute est-il temps que le constituant intervienne pour reconnaître et asseoir effectivement l'Autorité judiciaire dans son rôle de garant de l'ensemble des libertés individuelles, au-delà de la seule protection contre la détention arbitraire ».

Peine criminelle < 20 ans	Indifférent	Débat contradictoire initial, **1 an** + tranches de **6 mois** après débat contradictoire et **motivation spéciale** de l'art. 145-3 = délai butoir = 2 ans + **2 ultimes prolongations de 4 mois.** **Maximum = 2 ans et 8 mois**
Peine criminelle < 20 ans mais faits commis à l'étranger	Indifférent	Débat contradictoire initial **1 an** + tranches de **6 mois** après débat contradictoire et **motivation spéciale** de l'art. 145-3 **= délai butoir = 3 ans** **+ 2 ultimes prolongations de 4 mois.** **Maximum = 3 ans et 8 mois**
Peine criminelle > 20 ans, et faits à l'étranger ou, quelle que soit la durée de la peine criminelle, commission d'infractions de grande criminalité (145-2, al. 2 et 3)	Indifférent	Débat contradictoire initial **1 an** + tranches de **6 mois** après débat contradictoire et **motivation spéciale** de l'art. 145-3 **= délai butoir : 4 ans** **+ 2 ultimes prolongations de 4 mois.** **Maximum = 4 ans et 8 mois**

Durée de la détention provisoire des mineurs

Peines encourues	Âge : – 13 ans	Âge : 13-16 ans	Âge : + 16 ans
Emprisonnement = à 7 ans	**Impossible**	Impossible **Exception** en cas de révocation d'un contrôle judiciaire : - 15 j, renouvelables 1 fois	**1 mois** + 1 prolongation de **1 mois** par ord. motivée **= maximum : 2 mois**
Emprisonnement **> à 7 ans**	Impossible	Impossible **Exception** en cas de révocation d'un contrôle judiciaire : - 15 j, renouvelables 1 fois - 1 mois, renouvelable 1 fois, si délit passible de 10 ans d'emprisonnement	**4 mois** + **4 mois** par ord. motivée et débat contradictoire. + **4 mois** par ord. motivée et débat contradictoire **= maximum : 12 mois**
Peine criminelle	Impossible	**6 mois** + prolongation de **6 mois** par ordonnance motivée. **= maximum : 12 mois**	**1 an** + **6 mois** après débat contradictoire et ordonnance **spécialement motivée de l'art. 145-3** + **6 mois** après débat contradictoire et **ord. spécialement motivée de l'art. 145-3** **= maximum : 2 ans**

Bibliographie indicative

Ouvrages et thèses

- M. Delmas-Marty (dir.), *Quelle politique pénale pour l'Europe ?*, Economica, 1993; *Procès pénal et droits de l'homme. Vers une conscience européenne, PUF,* coll. « Les Voies du droit », 1992; *Libertés et sûreté dans un monde dangereux*, Seuil, 2010.
- L. Favoreu, P. Gaïa, R. Ghevontian et *al.*, *Droit des libertés fondamentales*, 7e éd., Dalloz, coll. « Précis », 2015.
- R. Gassin, *La liberté individuelle devant le droit pénal*, Sirey, 1980.
- H. Matsopoulou, *Les enquêtes de police*, LGDJ, coll. « Bibliothèque de sciences criminelles », 1996.
- H. Oberdorff, *Droits de l'homme et libertés fondamentales*, LGDJ, coll. « Manuel », 3e éd., 2013.
- H. Oberdorff, J. Robert, *Libertés fondamentales et droits de l'homme*, LGDJ, 2013.

Articles et chroniques

- B. Bouloc, « Les délais de la garde à vue et de la détention provisoire en France au regard des dispositions de la Conv. EDH », *RSC* 1989. 69 s.
- M. Debene, « La modernisation de la loi de 1838 sur les aliénés », *AJDA* 1990. 871-883.
- A. Favoreu, « La constitutionnalisation du droit pénal et la procédure pénale », *in Mélanges Vitu*, Paris, Cujas, 1989, p. 194 s.
- F. Fourment et *al.*, « Les contrôles d'identité », *Gaz Pal*, éd. spéc. Droit pénal et procédure pénale, 13-14 janv. 2012.
- R. Gassin, « La police judiciaire devant le Code de procédure pénale », *RSC* 1972. 71 s.
- M. Gendrel, « Garde à vue et droits de l'individu. La défense doit-elle commencer dans les locaux de gendarmerie ou de police ? », *Dr. pénal* mars 1992.
- C. Guéry, « Touche pas à ma garde à vue », *AJ pénal* 2012. 159.
- M. Herzog-Evans, « De l'interprétation souveraine des juges du fond à l'interprétation exclusive des OPJ », *AJ pénal* 2005. 409.
- C. Lazerges, « La dérive de la procédure pénale », *RSC* 2003. 644 s.
- F. Luchaire, « La sûreté : droit de l'homme ou sabre du prud'homme », *RD publ.* 1989. 609 s.
- H. Matsopoulou, « Plaidoyer pour une redéfinition du rôle de l'avocat pendant la garde à vue », *Gaz. Pal.* 3 déc. 2009, p. 19 s.; « La coordination enquête policière et "nouvelle" instruction », *in* V. Malabat, B. de Lamy et M. Giacopelli (dir.), *La réforme du Code pénal et du Code de procédure pénale, Opinio doctorum*, Dalloz, coll. « Thèmes & commentaires », 2009, p. 193 à 201; « Une réforme inachevée, aperçu rapide à propos de la loi du 14 avril 2011 », *JCP* 2011. 665.
- D. Mayer, « Évolution de l'attitude de la chambre criminelle de la Cour de cassation française à l'égard de la Convention européenne des droits de l'homme », *in Mélanges Levasseur*, Gazette du Palais, Litec, 1992, p. 239 s.
- G. Nicoleau, « L'héritière (réflexions à propos de la loi du 27 juin 1990 relative aux droits et à la protection des personnes hospitalisées en raison de troubles mentaux...) », *DS* 1991. Chron. 21 à 36.

– E. PICARD, « Les contrôles d'identité au regard des droits fondamentaux : des régimes inutilement hétéroclites », *RFDA* 1994. 959 à 992.

– P. POUGET, « Les délais en matière de rétention, garde à vue et détention provisoire au regard de la Convention européenne », *RSC* 1989. 78.

– J. PRADEL, « La durée raisonnable de la détention provisoire d'un accusé ». Note sous Poitiers, 13 oct. 1998, *D.* 1998. 97; « La montée des droits du délinquant au cours de son procès. Essai d'un bilan », *in Mélanges Larguier*, 1993; *La protection des droits de l'homme au cours de la phase préparatoire du processus pénal*, éd. Érès, 1989, p. 198 s.; « Les droits de la personne suspecte ou poursuivie depuis la loi du 24 août 1993 modifiant celle du 4 janvier précédent. Un législateur se muant en Pénélope ou se faisant perfectionniste ? », *D.* 1993. Chron. 299; « La procédure pénale française à l'aube du troisième millénaire », *D.* 2000. Chron. 1; « Un regard perplexe sur la nouvelle garde à vue », *JCP* 2011. 632.

– D. THOMAS, « Les contrôles d'identité préventifs depuis les arrêts de la chambre criminelle des 4 octobre 1984 et 25 avril 1985 : la nécessité d'une nouvelle réforme », *D.* 1985. Chron. 181; « Le suspect en quête d'un statut procédural », *in Mélanges Cabrillac*, Dalloz/Litec, 1999, p. 823 s.; « Le concept de procès pénal », *in Mélanges Couvrat*, PUF, 2001, p. 401 s.; « La tentation sécuritaire », *in Mélanges Ottenhof*, Dalloz, 2006, p. 53 s.; « À propos de la loi n° 2011-392 du 14 avril 2011 relative à la garde à vue : les leçons d'une réforme hâtive », *in Mélanges J.-H. Robert*, Dalloz, 2012, p. 771 s.

Pistes de réflexion

Comment concilier le renforcement de la sécurité intérieure et la protection des libertés individuelles ?
La lutte contre le terrorisme implique-t-elle le recours à des procédures dérogatoires ?

Section 5.
LA LIBERTÉ DE RELIGION, DE PENSÉE ET DE CROYANCE

JACQUES ROBERT
Président honoraire de l'Université Panthéon-Assas (Paris II)
Ancien membre du Conseil constitutionnel

Parmi toutes les grandes libertés que garantissent les démocraties, celle qui consiste à croire et à penser sans entraves ce que l'on croit vrai paraît sans nul doute essentielle.

Or c'est celle qui a eu le plus de peine à s'installer et qui reste fragile.

La contradiction de toute religion est qu'elle a pour objectif la concorde et la paix entre les hommes dans le même temps que sa mission est de délivrer ce qu'elle croit être la vérité, donc de faire du prosélytisme.

Ces deux aspirations ont amené dans l'histoire d'inexpiables conflits, non seulement entre elles, mais entre elles et l'État.

La France a cru, en découvrant la laïcité en 1905, qu'elle avait trouvé la formule idéale, ou du moins celle qui apaiserait le mieux les tensions. Ce fut vrai pendant un siècle. Mais le changement du panorama religieux français vient démontrer aujourd'hui que certains problèmes restent pendants et qu'il faudra bien un jour s'atteler à les résoudre. On semble commencer à le comprendre.

540. ***Définitions.*** La liberté de religion, de pensée et de croyance n'est qu'un aspect particulier d'une liberté beaucoup plus large, la liberté d'opinion ou d'expression.

Alors que cette dernière s'analyse en la possibilité, pour chaque individu, d'adopter et d'exprimer dans n'importe quel domaine l'attitude intellectuelle de son choix, c'est-à-dire, en somme, de dire ce qu'il croit vrai, la liberté religieuse apparaît à la fois plus étroite et plus vaste.

Plus étroite parce qu'elle consiste pour l'individu à donner son adhésion personnelle à un système de normes et de références qui ne se réduit pas seulement à une croyance abstraite ou désincarnée. Toute religion, tout courant de pensée donne — ou est amené à donner — naissance à des pratiques et des rites. Il faut donc en assurer le libre exercice si l'on veut pleinement garantir la liberté religieuse.

Par ailleurs, la liberté religieuse dépasse la liberté d'opinion en ce sens qu'elle ne peut pleinement s'épanouir que si les Églises, les mouvements religieux ou écoles de pensée sont totalement maîtres et libres de leur activité, ce qui pose le problème, fondamental et historiquement mouvementé, de leurs rapports avec l'État.

Alors que la simple liberté d'opinion ne pose, dans les relations entre le citoyen et l'État, que des questions de respect de l'ordre public, de discrétion dans l'expression extérieure et de compréhension mutuelle, la liberté religieuse implique la mise sur pied d'un système précis de « cohabitation » entre les Églises et l'État.

541. ***Églises et État.*** Il n'y a point, pour autant, d'étroite concordance entre telle formule de relations entre les Églises et l'État et la garantie ou la méconnaissance de la liberté religieuse. Simplement, telle formule de relations peut aller davantage de pair que telle autre avec le respect de la liberté religieuse.

Il y a en effet une extraordinaire variété de relations entre les Églises et l'État. D'un pays à l'autre, les situations se modifient. Si tous les pays européens sont marqués par le christianisme, aucun système juridique n'est identique à l'autre.

On pourrait distinguer, pour clarifier les choses, plusieurs grandes catégories :

- les régimes de confusion du temporel et du spirituel qualifiés — dans leur état extrême — de *théocraties* (la Rome antique, le Vatican, l'ancien Japon, peut-être Israël aujourd'hui mais avec certaines réserves...) ;

- les systèmes d'Églises d'État (Angleterre, Danemark, Grèce, Suède, Finlande...) ;

- les régimes de séparation théorique mais de coopération pratique (Allemagne, Belgique, Espagne, Italie, Autriche, Portugal) ;

- les régimes de séparation stricte... mais soit sympathisante soit tendue (France, Pays-Bas, Irlande, États-Unis).

Partout les influences restent contrastées. L'influence est plus forte en Irlande (séparation) qu'en Suède (Église d'État). Les liens Église-État sont moins forts dans l'« Europe catholique » que dans l'Europe protestante ou orthodoxe.

Après avoir essayé, au cours de son histoire, à peu près toutes les formules imaginables, la France a finalement opté pour le régime dit de la « laïcité ».

Ce régime, établi par la loi du 9 décembre 1905, proclame la liberté de conscience, garantit le libre exercice des cultes sans pour autant en reconnaître, en salarier ni en subventionner aucun. Depuis près d'un siècle, il assure en France la liberté religieuse.

Mais, sous la pression, soit de nouveaux mouvements religieux, soit d'anciennes confessions renaissantes, soit de groupes « sectaires », notre conception traditionnelle de la laïcité ne risque-t-elle pas d'être quelque peu remise en cause ?

I. La notion juridique française de la laïcité

542. Elle postule à la fois *la neutralité de l'État* et *le respect de la liberté de conscience.*

A. La neutralité de l'État

543. ***Le retrait de l'État.*** La République française ne « reconnaît » plus aucun culte aujourd'hui. Elle a voulu par là effacer officiellement toute distinction entre les anciens cultess reconnus (le culte catholique, les deux principales Églises protestantes : réformée et luthérienne, le culte israélite) et les autres. Tous sont sur le même plan.

La non-reconnaissance n'est pas une attitude d'hostilité ni de méfiance. Elle implique que le fait religieux, contrairement aux solutions concordataires, cesse d'être un fait public.

Les implications de la suppression du service public de l'Église ont été à l'origine nombreuses : disparition du ministère et du budget des Cultes; suppression des traitements octroyés aux ministres des Cultes; cessation de l'intervention de l'État dans l'organisation des cultes, en particulier dans la nomination des dignitaires ecclésiastiques...

Dès l'instant, par ailleurs, que les Églises n'accomplissent plus une mission de service public, il n'y a plus d'organisation « publique » des cultes et donc plus de droit de regard « institutionnel » de la puissance publique sur leur exercice, même si un service chargé des cultes existe toujours, en France, au ministère de l'Intérieur qui s'appelle ministère de l'Intérieur... et des Cultes.

544. ***Liberté des Églises.*** Le corollaire de cette suppression du service public de l'Église est la liberté totale laissée à l'Église — à toutes les Églises — de s'organiser et, par-là, d'interpréter leurs règles internes. Mais n'y a-t-il pas contradiction dans le fait de rejeter dans le « privé » les religions naguère investies d'une mission de service public et de ne point, parallèlement, admettre que, soumises désormais au droit commun, elles puissent voir leurs règles d'organisation interprétées et appliquées par les tribunaux judiciaires ordinaires ?

La jurisprudence des tribunaux — judiciaires et administratifs — français témoigne de leur prudence à s'immiscer, en ce domaine, dans un droit qui n'est pas le leur[1] et de leur souci de se garder d'interpréter eux-mêmes des règles qu'ils estiment n'intéresser que l'organisation interne des Églises... et donc soumises uniquement à l'appréciation d'autres autorités.

On notera qu'au plan financier, la loi de séparation de l'Église et de l'État n'interdit que « l'inscription de crédits en vue de subventionner, à titre permanent et régulier, le service des cultes ». On peut donc en conclure que la loi de 1905 admet :

- la possibilité pour l'État de subventionner des activités qui présentent un caractère général bien que s'exerçant dans un cadre confessionnel : hospices, hôpitaux, crèches, œuvres de bienfaisance...;

1. CE 8 févr. 1908, *Abbé Deliard, Lebon* 128; Cass. 6 févr. 1912, *S.* 1912. I. 137; CE 16 févr. 1923, *Association presbytérale de l'Église réformée, Lebon* 115; 25 janv. 1943, *Église réformée de Marseille, Lebon* 116; TGI Paris, 29 oct. 1976, *Sovevoca et Ass. consistoriale israélite de Paris, JCP* 1977, n° 18664, note J. Carbonnier; Civ., 17 oct. 1978, *Abbé Coache c/ Abbé Bellego, Bull. civ.* I, n° 308; *D.* 1979. 120.

– la prise en charge directe par les collectivités publiques de certains services religieux (aumôneries dans les établissements publics tels que les lycées, les collèges, les hôpitaux, asiles ou hospices, les prisons, les établissements militaires...) dès l'instant que leur organisation est indispensable pour assurer à tous le libre exercice du culte;

– la rémunération des ministres du culte quand ceux-ci rendent des services aux personnes publiques (cérémonies religieuses nationales, prestations dans les médias...).

Cette séparation institutionnelle des Églises et de l'État s'accompagne de l'obligation, qui incombe à la République, d'être, en ce qui la concerne, « religieusement neutre ».

545. ***Neutralité positive et négative.*** Mais cette neutralité est à la fois « négative » et « positive ». Négative parce que la République qui admet toutes les manifestations diverses de la pensée, qui ne rejette aucune idéologie, qui les accueille toutes, ne saurait en choisir une dont elle se ferait officiellement la championne et dont elle s'instituerait la propagandiste. Cela ne signifie certes point que l'État ne puisse avoir lui-même ses secrètes préférences. Mais il doit se garder de les afficher, de soutenir ceux qui les partagent ou de tenter de les imposer aux autres par la pression.

Deux textes méritent ici d'être rappelés :

– l'article 10 de la Déclaration des droits de l'homme et du citoyen qui dispose que nul ne doit être inquiété pour ses opinions, *même religieuses...*;

– l'article 2 de la Constitution du 4 octobre 1958 aux termes duquel la France est une République... « laïque »... qui « assure l'égalité devant la loi de tous les citoyens sans distinction d'origine, de race ou de religion... ».

Ces deux textes font parfaitement le lien entre la notion de neutralité *négative* qui suppose la « discrétion » de l'État et celle de neutralité *positive* qui implique l'engagement de l'État d'assurer pratiquement, à chacun, dans sa quotidienneté vécue, le libre exercice de sa religion, c'est-à-dire de mettre à sa disposition, si la nécessité l'impose, les moyens lui permettant d'en observer les règles. De cette expérience découlent notamment, en France, le statut des aumôniers, la réglementation des conditions d'abattage des animaux de boucherie ou la reconnaissance de l'objection de conscience...

C'est par là même solennellement démontrer que la « neutralité » — positive ou négative — de l'État ne peut aller sans le respect de la liberté de conscience.

B. Le respect de la liberté de conscience

546. ***La non-confessionnalité de l'État.*** La non-confessionnalité de l'État met les citoyens sur un pied d'égalité morale rigoureuse en face de l'État du fait que celui-ci entend ne professer aucune foi au nom de la Nation. La volonté de l'État de ne pas connaître du spirituel est, de ce fait, une garantie de liberté pour les diverses confessions religieuses.

L'État « indifférent » n'a pas à se demander ce qu'est une religion puisque, par principe, il n'en professe ni n'en reconnaît aucune. On retrouve ici les applications principales de la liberté religieuse que sont les principes d'égalité et de non-discrimination entre les cultes. Or, le principe de la non-discrimination entraîne lui-même une attitude positive de la part de l'État : celui-ci doit protéger les cultes minoritaires, au nom même de la liberté religieuse.

L'affirmation que la République garantit la liberté de conscience signifie en effet non seulement que l'État s'oblige à respecter lui-même cette liberté, mais s'engage à en prévenir les violations par quiconque.

Le principe de la liberté de conscience est d'ailleurs sanctionné pénalement. La loi de 1905 crée le délit d'atteinte à la liberté de conscience en punissant (art. 31) ceux qui, par voie de fait ou violence ou menace contre un individu, soit en lui faisant craindre de perdre son emploi, soit en exposant à un dommage sa personne, sa famille ou sa fortune, l'auraient déterminé à exercer ou à s'abstenir d'exercer un culte.

547. ***Sanction des attitudes discriminatoires.*** D'une manière plus large, le respect de la liberté de conscience est affirmé par la reconnaissance d'un caractère illicite à toute attitude cherchant à créer des discriminations sur la base de croyances exprimées ou supposées et à inquiéter d'une manière quelconque une personne en raison de ses opinions[1].

Ainsi est notamment assuré par cette jurisprudence le respect de la croyance d'autrui dans les rapports privés. Sera, par exemple, considéré comme une injure grave justifiant le divorce, le refus par l'un des époux de consentir à la cérémonie religieuse du mariage ou au baptême de ses enfants; à l'inverse, un mari ne pourra invoquer, comme cause de divorce, l'adhésion de sa femme à telle ou telle religion; mais les convictions religieuses excessives d'une épouse peuvent non seulement blesser son époux mais contribuer à rendre intolérable le maintien du lien conjugal... Constituera, bien entendu, une offense aux convictions religieuses le fait pour l'autre conjoint de dissimuler au moment de son mariage l'existence d'un premier mariage religieux non encore dissous... Mais ne justifiera point l'annulation du mariage le fait pour l'épouse d'avoir caché à son mari qu'elle n'était plus vierge (v. ss 561).

En revanche, sera débouté de sa demande en divorce, l'époux qui n'établit pas à suffisance que l'adhésion de son épouse aux Témoins de Jéhovah, expression de sa liberté de conscience, ait eu des répercussions néfastes sur la vie de famille et se soit traduite par des actes fautifs ayant entraîné la dissociation du ménage[2].

Cette interdiction de toute attitude nuisible à l'égard de telle ou telle religion s'impose à tous, en particulier aux Églises et à l'État.

Neutre et laïc, ce dernier ne saurait pratiquer la moindre discrimination à l'égard de tel ou tel mouvement religieux ni favoriser telle ou telle propagande qui pourrait nuire à l'un d'eux, dans la mesure, bien entendu, où chacun respecte, dans sa manifestation sociale, les prescriptions étatiques de l'ordre public.

548. ***Ordre public et liberté religieuse.*** Les textes français ont toujours — et à bon droit souvent — lié ordre public et liberté religieuse.

On a déjà noté plus haut la formule ambiguë de l'article 10 de la Déclaration des droits de l'homme :

« Nul ne doit être inquiété pour ses opinions, *même religieuses*, pourvu que leur manifestation ne trouble pas l'ordre public établi par la loi. » Et l'on rappellera que si notre première Constitution (3 septembre 1791) considère bien comme

1. V. CE 9 juill. 1943, *Ferrand, D.* 1944. 150, note Carbonnier; CE 28 avr. 1938, *D[lle] Weiss, RD publ.* 1938. 553; 8 déc. 1948, *D[lle] Pasteau, RD publ.* 1949. 73; Cass., 19 juill. 1898, *D.* 1898. I. 424; T. civ. de la Seine, 3 mars 1993, *S.* 1934. 2. 67; T. civ. de la Seine, 18 juin 1945, *Gaz. Pal.* 1945. 2. 38; Amiens, 3 mars 1975, *Guy Ferchault c/ Marcelle Bascot épouse Ferchault, D.* 1975. 706, note Géraldy.
2. Grenoble, 4 juin 1991, *G... c/ G..., JCP* 1991. II. 21744, note J. Hauser.

« droit naturel et civil » la liberté conférée à tout homme d'exercer le culte religieux auquel il est attaché, son titre premier consacré aux « dispositions fondamentales garanties par la Constitution » n'en précise pas moins que la liberté ne consiste qu'à pouvoir faire tout ce qui ne nuit ni aux droits de chacun ni à la sûreté de tous. C'est à la loi — et à elle seule — qu'il appartiendra d'établir éventuellement des peines contre les auteurs d'actes qui, attaquant ou la sûreté publique ou les droits d'autrui, seraient nuisibles à la société.

Cette préoccupation du maintien de l'ordre public et de la défense de la tranquillité publique revêt de nos jours une particulière acuité avec le développement des nouveaux mouvements religieux qui inquiètent d'autant plus qu'ils sont moins connus mais prospères, et le réveil de certaines religions traditionnelles.

II. Vers une nouvelle laïcité

A. Les nouveaux mouvements religieux

549. Les *sectes*, dans la mesure où elles peuvent se définir, doivent-elles être traitées différemment des autres religions ou convient-il de leur accorder la même liberté qu'aux autres Églises depuis longtemps, déjà, installées en France ?

550. ***Critères originels de la secte.*** Une théorie juridique de la secte s'est lentement ébauchée, dont on peut apercevoir des traces dans quelques décisions[1] : la secte serait distincte de la religion et ne pourrait, dès lors, se prévaloir de la protection que les textes nationaux et internationaux (en première ligne, l'art. 2 de la Constitution de 1958) ne confèrent expressément qu'à la religion. Encore faudrait-il, avec précision, déterminer les critères de la secte. Plusieurs ont été avancés ces dernières années et la liste n'est pas close car les sectes évoluent en même temps que les moyens imaginés pour les reconnaître ou surtout les combattre.

- D'abord *le petit nombre des adeptes*. Mais on peut faire remarquer qu'il est des religions, dont le caractère confessionnel n'est pas ou n'est plus contesté, qui choisissent par exigence théologique d'être religion de *professants*, non pas de multitude. On ajoutera qu'une communauté, numériquement faible dans l'Hexagone, n'est souvent qu'une branche particulière d'un ensemble beaucoup plus considérable dispersé en différents pays.

- On a cru trouver ensuite un second critère dans *l'excentricité* des doctrines et des pratiques. Mais où commence l'excentricité ? Si elle doit être définie par rapport à la raison, il n'est pas de religion qui ne puisse être taxée de secte, car il est de la nature de la foi religieuse d'être, au moins par certains côtés, irrationnelle et mystique. C'est Tertullien, un des pères de l'Église, qui a écrit : *Credo quia absurdum*. Et la cour d'appel de Paris[2], qui avait à statuer à propos de l'article 901 du Code civil sur le cas limite du *spiritisme*, n'avait-elle pas déclaré : « Toutes les croyances religieuses sont essentiellement respectables, pourvu qu'elles soient sincères et de bonne foi, et il n'appartient pas à des juges civils, quelles que soient par ailleurs leurs opinions ou croyances personnelles, de les railler, critiquer ou condamner » ?

- *La nouveauté ?* C'est probablement ce critère-là qui, sans être explicite, a joué longtemps le plus grand rôle, parce qu'il est d'une vérification simple, peut-être aussi parce que le temps est une dimension familière du droit. La secte serait

1. Ex. Nîmes, 10 juin 1967, *D.* 1969. 366; TA Paris, 2 févr. 1977, *JCP* 1977. II. 18636.
2. 4 déc. 1912, *D.* 1914. II. 213.

au fond une religion « naissante ». C'est faire bon marché de phénomènes analysés en science des religions, tels que *dissidence, schisme, hérésie, réforme*, qui attestent la possibilité de confessions nouvelles, instantanément dressées. C'est surtout méconnaître la liberté de conscience sous une de ses formes essentielles, en élevant un barrage devant l'expérience religieuse, en interdisant toute créativité à la recherche théologique.

– Il est vrai que l'objection de nouveauté est quelquefois transposée de l'histoire dans la géographie, et devient une sorte d'objection *d'extranéité*. Mais c'est un argument inadmissible. En fait, il vaudrait contre plus d'une religion établie, et, à la limite, contre le christianisme tout entier. En droit, il est condamné par un principe de libre communication, aujourd'hui inscrit à l'article 10-1 de la Convention européenne de sauvegarde des droits de l'homme, qui reconnaît à toute personne la liberté de recevoir ou de *communiquer des idées sans considération de frontières. La notion de secte est, on le voit, difficile à cerner.* On verra, plus loin, que, sans plus de succès, une loi récente a tenté d'inventer un nouveau critère basé sur « *l'abus frauduleux d'état d'ignorance ou de situation de faiblesse* »...

N'en est-il pas d'ailleurs de même de la *religion ? Sait-on aujourd'hui très exactement ce qu'est vraiment une religion ?*

551. *Qu'est-ce qu'une religion ?* On pourrait dire que la religion se définit par deux éléments : *l'un objectif, l'autre subjectif.*

– *L'élément objectif* est fourni par l'existence d'une *communauté*. Une communauté, ce n'est pas un simple agrégat d'individus; c'est un groupe cohérent, une construction voulue.

La religion est un phénomène collectif; ce n'est pas nécessairement un phénomène de masse. Il est des Églises qui se veulent nationales; d'autres, qui se reconnaissent minoritaires, voire micro-minoritaires. Notre droit positif s'est très sagement refusé à intégrer la statistique confessionnelle dans ses normes. L'article 19 de la loi de 1905 est significatif. Il ne se préoccupe absolument pas, pour la constitution d'une association cultuelle, du plus ou moins grand nombre de fidèles se rattachant à la confession particulière dont il s'agit.

– Le second élément, *l'élément subjectif*, c'est la *foi*. La foi a son siège dans la conscience individuelle. Néanmoins, ce n'est pas une conscience solitaire mais la réciprocité des consciences qui fait la religion. En quoi ces deux éléments, objectif et subjectif, sont indissociables. *Il faudra la foi pour donner un sens au groupe, mais il fallait un groupe, si restreint qu'il fût, pour faire sortir la foi d'une intériorité que le droit n'aurait pu saisir.*

C'est d'une foi commune, d'une communion spirituelle, d'un ensemble de croyances que le groupe tire sa cohérence. Mais comment caractériser la croyance religieuse ?

552. ***La croyance religieuse.*** On pourrait être tenté de la saisir à travers les comportements qui la manifestent : des pratiques et des observances, des rites, des liturgies, des sacrements. Le fait est que ces comportements ont souvent une originalité qui signale la présence d'une religion.

Mais les gestes en eux-mêmes sont des formes vides; seule la croyance qui les anime peut leur insuffler une signification religieuse.

Il faut donc remonter à ce qui est au cœur de la question : *l'objet de la croyance.* Toute conviction n'est pas une foi : un parti politique, une école philosophique ne font pas une religion. *L'essence de la religion, c'est l'appel à une divinité, ou du moins à un pouvoir surnaturel, à la transcendance, à l'absolu, au sacré.* Les formules varient.

Tous les cas, néanmoins, ne sont pas également litigieux. Il peut y avoir, par exemple, une zone indécise entre l'invocation du surnaturel — qui est religion — et la spéculation sur la métaphysique — qui n'est que philosophie. Mais la croyance en un Dieu fait apparaître en général une religion, sans pour autant qu'une exigence quelconque soit requise pour la représentation extérieure de ce Dieu...

Il n'en demeure pas moins — et nous retrouvons ici les préoccupations d'ordre public — *qu'aucun mouvement religieux ne saurait être au-dessus des lois.* Chaque Église, association ou secte doit répondre de ses actes. Le droit français n'entend pas que restent sans sanctions les agissements condamnables de tous ceux qui viendraient à enfreindre — volontairement ou non — les prescriptions de la loi et, de ce fait, se situeraient en marge de la société.

553. ***Foi et droit.*** Nos infractions pénales sont très nombreuses et exactement qualifiées : *escroquerie, abus de confiance, violences et voies de fait, séquestration illégale, non-assistance à personne en danger, outrages aux bonnes mœurs, proxénétisme, exercice illégal de la médecine, enlèvement et détournement de mineurs...*

En dehors même de toute poursuite pénale, l'Administration peut, soit constater la nullité d'une « association fondée sur une cause ou en vue d'un objet illicite, contraire aux lois ou aux bonnes mœurs », soit prononcer une dissolution administrative qui pourrait se fonder sur l'ordonnance du 2 octobre 1943 qui autorise la dissolution des groupements et associations « ayant une activité contraire à la liberté de conscience et à la liberté des cultes ».

L'Administration pourrait aussi invoquer le texte, modifié en 1972, du 10 janvier 1936 relatif aux groupes de combat et milices privées...

S'agissant des *anciennes* comme des *nouvelles* religions, l'État ne saurait, à l'évidence, tolérer le moindre manquement à l'ordre et à la loi.

554. ***Le débat sur les sectes.*** Si la question n'a revêtu longtemps aucune acuité pour les « anciennes » religions, elle revêt, en revanche, un caractère récurrent pour les secondes (les nouvelles).

On notera que le problème varie d'intensité avec les pays. Telle secte — qui a pignon sur rue dans telle démocratie —, se voit sévèrement pourchassée dans telle autre.

Il est — à cet égard — significatif de comparer la situation qui est faite aux sectes aux États-Unis et celle qui est la leur dans des pays comme la France ou l'Allemagne.

En Amérique du Nord où de nombreux mouvements religieux ont établi leur siège, les sectes nouvelles développent librement leur activité, patronnées souvent par de hautes personnalités du monde politique et de la société civile. Les ouvrages de leurs dirigeants s'affichent aux devantures des grandes librairies de la 5e Avenue à New York alors qu'en Europe, une telle publicité serait soit interdite, soit entravée... On ajoutera que les tribunaux espagnols viennent de reconnaître le statut de religion à l'Église de scientologie et qu'en France, plusieurs décisions de non-lieu ont été rendues en faveur de sectes, ce qui ne signifie point pour autant qu'elles ont cessé d'être inquiétées, voire diabolisées, et qu'elles ne sont point intrinsèquement condamnables. Mais il faut se montrer très prudent dans le jugement que l'on porte sur chacun.

Deux grands courants se partagent en fait l'opinion. Il y a, d'un côté, ceux qui, admettant que les analyses classiques de Max Weber distinguant Églises et sectes sont entièrement dépassées, estiment que l'évolution de la science et de la foi a conduit à une sorte de dérégularisation de toutes les croyances, à des transferts, des migrations qui peuvent être lourdes d'amalgames et de dérives.

Il y a, d'un autre côté, ceux qui continuent à penser que, pour éviter — ce qui peut paraître louable — les abus de certains groupes dévoyés, il convient de mettre en œuvre, d'une manière systématique et indifférenciée, une police générale de tous les groupes aux apparences sectaires... Mais on en revient alors au problème des définitions, tellement complexe à régler, que tout le monde, toutes tendances confondues, se rassemble pour estimer inopportune et impossible toute législation étatique spéciale à caractère religieux.

Tension permanente, maintenue encore à l'heure actuelle, entre la tentation de la dénonciation idéologique et la neutralité juridique de l'État.

555. ***La position française.*** Les fluctuations de la politique française à l'égard des sectes reflètent parfaitement l'ambiguïté de ce redoutable dilemme.

Les initiatives se multiplient pour tenter de faire barrage aux nouvelles sectes, en tout cas, au minimum, pour les surveiller et étudier les moyens d'en empêcher les dérives.

Ces initiatives montrent, à l'évidence, que le phénomène sectaire est — en lui-même — considéré comme suspect et qu'il convient d'organiser sérieusement contre lui la défense de la société.

556. ***Ambiguïtés.*** L'outrance même de certaines positions contre les sectes et l'impossibilité — juridique comme politique — d'en mettre en œuvre les moyens proposés, semblent à l'heure actuelle justifier une position quelque peu ambiguë des pouvoirs publics.

Le ministère de l'Intérieur a tenu à juste titre à bien préciser dans une circulaire du 20 décembre 1999 que « la qualification de “mouvement sectaire” qui est donnée à une association par les différents rapports parlementaires (v. *infra*) ne saurait révéler à elle seule un quelconque trouble à l'ordre public ».

Il semblait donc que se trouvait définitivement écartée l'idée même d'une législation spécifique aux sectes dans leur ensemble, même s'il n'était pas exclu que soit activée une lutte contre elles qui ne serait alors menée que par le seul biais de la législation existante et de son arsenal juridique concernant le respect de l'obligation fiscale ou scolaire.

Et pourtant le Parlement adopte en mai 2001 une « loi tendant à renforcer la prévention et la répression à l'encontre des groupements à caractère sectaire ».

Ce texte fut le résultat d'une longue négociation entre les deux assemblées, le Gouvernement et la Mission interministérielle de lutte contre les sectes. La première version du texte adoptée par le Sénat en première lecture le 16 décembre 1999 avait été profondément modifiée le 22 juin 2000, lors de son passage devant l'Assemblée nationale. Les députés avaient en effet introduit dans le texte, à la demande de Mme Catherine Picard, la création d'un délit spécifique de « *manipulation mentale* ». Cette disposition avait entraîné de nombreuses réactions hostiles et Mme Élisabeth Guigou, alors garde des Sceaux, avait souhaité que l'on menât sur ce point une réflexion plus approfondie y associant la Commission nationale consultative des droits de l'homme (CNCDH).

Cette dernière ayant estimé inopportune la création d'un tel délit, le texte avait été modifié pour ne réprimer — en l'élargissant — que *le délit d'abus frauduleux d'état d'ignorance ou de situation de faiblesse.* N'était ainsi pris en compte, dans le texte adopté par le Sénat, que le cas « d'une personne en état de sujétion psychologique ou physique résultant de l'exercice de pressions graves ou réitérées ou de techniques propres à altérer son jugement, pour conduire ce mineur ou cette personne à un acte ou une abstention qui lui sont gravement préjudiciables ».

Mais qui jugera du caractère préjudiciable de cet acte ou de cette abstention ? Nécessairement le juge. Et son jugement sera soumis aux modes, aux variations dans le temps et aux pressions extérieures...

Et puis, n'était-il point en quelque sorte indécent, faute d'une définition juridique précise de la secte, de ne l'identifier que par la nature, d'ailleurs assez floue, d'un délit vague qu'elle pourrait éventuellement commettre ?

Si l'expression de « manipulation mentale » ne figure certes plus dans la rédaction définitive de la loi, c'est tout de même toujours de cela qu'il s'agit. Or ne sommes-nous point tous, plus ou moins, des manipulateurs ? Qui — au bout du compte — manipule qui ? La presse ne manipule-t-elle pas l'opinion, les professeurs, leurs élèves ou leurs étudiants, les parents, leurs enfants, les ministres du culte, leurs fidèles ?...

La loi du 12 juin 2001 comme celles qui suivent constituent des instruments nouveaux de lutte contre les sectes auront du mal à être appliquées car, en substituant à la notion de manipulation mentale un « état de sujétion » aux contours mal définis, elles créent un nouveau concept d'un maniement délicat qui posera un redoutable problème aux juges chargés de le manier. Elle a causé un véritable choc à l'étranger, troublé que de tels textes aux conséquences dangereuses soient votés dans une France réputée être toujours le pays des droits de l'homme.

Attention à ne point — au nom d'une défense des faibles souvent dévoyée — se livrer à l'une de ces « chasses aux sorcières » qui, naguère, ont fait tant de mal à certaines démocraties !

On ajoutera que le texte voté prévoit aussi la possibilité de dissolution judiciaire des groupements à caractère sectaire quand ils ont fait l'objet de plusieurs condamnations pour des infractions telles que les atteintes à la vie, les tortures, actes de barbarie, les viols et agressions sexuelles ou l'exercice illégal de la médecine et de la pharmacie.

N'y aurait-il donc, pour lutter contre les « sectes », que l'arsenal répressif ? Ne devrait-on pas plutôt développer la prévention et réfléchir peut-être davantage aux vraies racines du mal ?

557. ***La langue de bois.*** On reste quelque peu confondu quand on constate, après les expériences tout de même un peu décevantes de l'Observatoire international des sectes (OILCS) créé en 1996, et de la MILS (Mission interministérielle de lutte contre les sectes) qui le remplaça moins de deux ans plus tard, que la MIVILUDES (Mission interministérielle de vigilance et de lutte contre les dérives sectaires) qui constitue en moins de cinq ans la troisième mouture de la même organisation, ait déclaré solennellement par voie de presse (janvier 2004) qu'elle a aujourd'hui bien en main la maîtrise du phénomène sectaire ! Sur quelles réalités prouvées se base ce bel optimisme ? Sur la baisse — démontrée — des effectifs des sectes depuis quelques années ? Mais lesquelles exactement ? Et dans quelles proportions ? Sur le faible nombre des condamnations judiciaires prononcées contre elles ? Mais cette faiblesse trahit-elle leur disparition ou bien plutôt l'impossibilité des pouvoirs publics de les poursuivre efficacement et de les faire condamner ?

Comprendra-t-on un jour en France qu'on ne réglera jamais par une loi répressive un phénomène de société qui grandit avec l'opinion, soit parce qu'il répond à un besoin collectif soit parce qu'il traduit un profond malaise qu'il convient de traiter par d'autres méthodes ?

Non seulement notre arsenal législatif est largement suffisant pour dominer toutes les situations sans avoir à créer de nouvelles incriminations pénales dont les définitions sont tellement vagues qu'on ne les démontrera qu'avec difficulté, mais il n'a jamais été plus urgent de créer, de promouvoir et de développer une politique réfléchie de prévention.

Il n'a jamais été interdit aux familles de mettre en garde leurs proches — leurs enfants mineurs notamment — contre les douteuses expériences et les illusoires tentations. De tout temps, les parents ont eu l'entière latitude de protéger leurs enfants contre les mauvaises fréquentations, les rencontres ambiguës, les séductions perverses. Encore faut-il qu'ils en aient tout à la fois le désir, la volonté et le temps. Ce n'est point un hasard si les séductions sectaires sont particulièrement vives et efficaces dans les milieux défavorisés, là où les repères se sont effacés, là où la famille ne remplit plus son rôle.

On pouvait espérer que le climat anti-sectes allait peu à peu disparaître, avec la survenance de deux événements rassurants.

D'abord la déclaration de Mme Emmanuelle Mignon alors directrice de cabinet du président de la République affirmant que les sectes étaient un « non-problème »; ensuite la réhabilitation de l'ordre de la Rose-Croix, neuf années après avoir été inscrit sur la liste des sectes. Il avait été, à la suite de nombreuses requêtes, prouvé que cet ordre n'était ni une secte, ni une organisation religieuse ni un mouvement s'adonnant à des pratiques sectaires (!) mais une organisation de pensée et une organisation humaniste qui n'avait jamais été signalée comme troublant l'ordre public et contre laquelle aucune plainte n'avait jamais été déposée.

N'en reste pas moins que c'est le 23 septembre 2008 que le Gouvernement jugea bon de nommer à la tête de la MIVILUDES un partisan d'une « ligne dure », magistrat d'origine, poursuivant depuis longtemps les sectes et qui ne cache pas son souhait de pérenniser par une loi l'organisme dont il prenait la direction. Une fois de plus en France, on essaie par une juridicisation excessive et inefficace de régler un grave problème social.

On notera par ailleurs que — semble-t-il pour la première fois — l'Église de scientologie a été, le 2 février 2012, condamnée en tant que personne morale par la cour d'appel de Paris. La Cour met l'accent sur « les manœuvres frauduleuses ayant trompé les victimes en recourant systématiquement à des tests de personnalité dépourvus de valeur scientifique et analysés dans la seule perspective de vendre des services ou divers produits ».

Il n'en a pas fallu plus pour que le président de la MIVILUDES annonce que la Scientologie est « condamnée à terme ». C'est peut-être aller un peu vite quand on sait que l'Église de scientologie compte plusieurs milliers de membres et qu'elle a officiellement pignon sur rue dans de nombreux pays comme les États-Unis, même si elle continue à avoir quelques difficultés en France et en Belgique. Attention à la chasse aux sorcières ! Notre histoire devrait nous inciter à la prudence. L'indulgence n'est pas la lâcheté. La sévérité ne saurait être la panacée. Être vigilant, oui. Inquisiteur, non.

B. Le réveil d'anciennes religions

558. ***Le foulard islamique.*** Certaines revendications de fidèles de religions traditionnelles n'ont point manqué de susciter de nouvelles interrogations.

La liberté de conscience que l'État laïque doit reconnaître à chacun s'accompagne-t-elle, par exemple, du droit d'afficher ostensiblement les signes extérieurs de son appartenance à telle ou telle religion ? Pouvait-on, plus explicitement, permettre à certaines lycéennes musulmanes le port, à l'école publique, de signes extérieurs d'appartenance à leur communauté ? Le port du voile islamique était-il compatible avec le principe de laïcité ?

Après avoir rappelé les textes internes et internationaux sur lesquels se fonde ce principe, le Conseil d'État, saisi de la question par le Gouvernement, indiqua très clairement, dans un avis du 27 novembre 1989, que celui-ci n'est qu'un aspect du principe général de laïcité et de neutralité de l'État et qu'il implique comme tel le respect de la liberté de conscience des élèves, c'est-à-dire l'interdiction de toute discrimination dans l'accès à l'enseignement qui serait fondée sur les convictions ou croyances religieuses des élèves.

559. ***Voile et école.*** La liberté ainsi reconnue aux élèves comporte certes pour eux le droit d'exprimer et de manifester leurs croyances religieuses à l'intérieur des établissements scolaires dans le respect du pluralisme et de la liberté d'autrui; mais elle ne saurait leur permettre d'arborer des signes d'appartenance religieuse qui, par leur nature, par les conditions dans lesquelles ils seraient portés, individuellement ou collectivement, ou par leur caractère ostentatoire ou revendicatif, constitueraient un acte de pression, de provocation, de prosélytisme ou de propagande, porteraient atteinte à la dignité ou la liberté de l'élève ou d'autres membres de la communauté éducative, compromettraient leur santé ou leur sécurité, perturberaient le déroulement des activités d'enseignement et le rôle éducatif des enseignants, enfin troubleraient l'ordre dans l'établissement ou le fonctionnement normal du service public[1].

560. ***Pas d'interdiction générale.*** Le Conseil d'État a été, peu de temps après cet avis, conduit à préciser sa position dans un arrêt du 2 novembre 1992 (*M. Kherouaa et Mme Kachour, M. Balo et Mme Kizic*). Il a estimé qu'étaient illégales les dispositions d'un règlement intérieur d'un collège qui stipulaient que « le port de tout signe distinctif, vestimentaire ou autre, d'ordre religieux, politique ou philosophique est strictement interdit ». Un tel règlement, par la généralité de ses termes, institue en effet une interdiction absolue, en totale méconnaissance de la liberté d'expression reconnue aux élèves dans le cadre des principes de neutralité et de laïcité de l'enseignement public. Dès lors, les décisions d'exclusion de plusieurs jeunes filles du collège prises sur la seule base de cette interdiction générale doivent être annulées. Il conviendrait en effet, avant de prendre de telles décisions, d'établir que les conditions dans lesquelles était porté en l'espèce un foulard islamique qualifié de signe d'appartenance religieuse avaient été ou restaient de nature à « conférer au port de ce foulard par les intéressés le caractère d'un acte de pression, de provocation, de prosélytisme ou de propagande, ou à perturber l'ordre dans l'établissement ou le déroulement des activités d'enseignement[2] ».

Dans une circulaire du 20 septembre 1994, le ministre de l'Éducation nationale ne fit que reprendre la teneur de l'avis de l'Assemblée générale du Conseil d'État du 27 novembre 1989, confirmée ultérieurement — on l'a vu — par une décision du 2 novembre 1992 (*Kherouaa*) puis par un arrêt du 14 mars 1994 (*Ylmaz*). Le ministre s'est bien gardé de définir ce qu'il entendait par signes « ostentatoires ». Il s'est borné simplement à inciter les chefs d'établissements d'enseignement sous son autorité à proposer à leurs conseils d'administration

1. V. CE, ass. avis, 27 nov. 1989, req. n° 346893, *AJDA 1989*. 3945, note PPC; *RFDA* 1990. 1-9, note J. Rivero.
2. CE 2 nov. 1992, *LPA* 24 mai 1993, n° 62, v. note G. Lebreton, « Port de signes religieux et laïcité de l'enseignement public ».

une modification interdisant le port de signes ostentatoires, « si ostentatoires que leur signification est précisément de séparer certains élèves des règles de vie commune de l'école[1] ».

Mais la laïcité va-t-elle jusqu'à permettre aux enseignants eux-mêmes de refuser de faire cours devant des élèves qui arboreraient des insignes religieux qu'ils jugeraient contraires aux principes fondamentaux de l'école républicaine ?...

Le Conseil d'État est resté fidèle, dans un premier temps, avec une grande sagesse, à sa jurisprudence initiale. Point de condamnation en bloc du port d'un insigne religieux quel qu'il soit; mais examen, au cas par cas, de la signification du port de cet insigne au plan du prosélytisme et de l'ordre public. Il semble qu'il se soit montré, ces derniers temps, plus libéral. Quant aux enseignants, leur devoir n'est pas d'exprimer leurs préférences mais d'enseigner à l'ensemble des jeunes qui leur sont confiés. Ils n'ont pas à choisir leurs élèves.

561. *Vers un compromis ?* Il faut dire que devant l'ampleur (grossie !) du phénomène, beaucoup ont modifié leur position. Ce ne sera pas la faute de l'absence de dialogue ! Combien de rapports, de missions, de commissions, de débats, d'auditions, de conférences de toutes sortes (Baroin, J.-L. Debré, Bernard Stasi, Machelon...), d'enquêtes...

Le Gouvernement s'est décidé pourtant, sans apparemment avoir mûrement réfléchi, pour une solution législative qui fixerait mieux les choses sans risquer de se livrer à la moindre exclusion ou discrimination. Or l'étendue du tollé montrait, à l'évidence, que l'on aurait pu mieux réussir.

Car en voulant opérer un compromis entre des positions radicalement contradictoires, la *loi du 15 mars 2004* a opté pour une interdiction radicale de tous les signes *ostensibles* d'appartenance religieuse à l'école et bien entendu, en priorité, de tous ceux qui auraient pour objectif d'apporter ou de provoquer des troubles dans le fonctionnement des établissements d'enseignement ou dans la conscience des élèves.

Dans la réalité — et à lire déjà les règlements ou circulaires qui ont suivi le vote de la loi — cela veut dire que le *voile islamique* et la *kippa* seront interdits mais non les croix discrètes des autres confessions. On comprend qu'aucune religion ne soit contente de ce tapis d'arlequin mal composé : ni celle dont les fidèles ne pourront plus désormais arborer — dans des modalités qu'ils choisissent librement — les signes extérieurs de leur appartenance, ni celles dont les signes, en eux-mêmes, sont *ostensibles* (la kippa et le voile) (v. la circulaire du 18 mai 2004 relative à la mise en œuvre de la loi).

Quels avantages pour les directeurs d'établissement d'enseignement de demain ? Aucun. C'est toujours à eux qu'il incombera — sous le contrôle du juge — de décider si un signe est ou non *ostensible* pour être ou non proscrit. Comme naguère, seul l'avenir dira quels sont ceux qui auront, aujourd'hui, été lucides !

Devant l'interdiction du voile à l'école qui, demain, les libérerait, paraît-il, enfin, reverra-t-on ces jeunes musulmanes, soudain affranchies, à la même école, sans voile, dans une euphorie d'origine législativement ressuscitée ? Ou bien plutôt, les croisera-t-on, à nouveau, vêtues de leur voile ? Certes, pas à l'école publique qui les aura exclues. Mais dans les écoles catholiques qui s'empresseront de les accueillir avec leur voile ou dans les écoles coraniques créées pour

1. V. « Laïcité et caractère ostentatoire du port d'insignes religieux », concl. Rémy Schwartz sur CE 10 juill. 1995, *Assoc. Sysiphe et min. de l'Éducation nationale c/ Mlle Saglamer*, *AJDA* 1995. 644.

elle ! Où est le vrai progrès ? Ainsi la République laïque n'aura pas su ou voulu intégrer tous ses enfants.

Un sacré défi pour une laïcité ouverte et neutre dont nous sommes si fiers !

On rapprochera aujourd'hui de cette jurisprudence concernant le port du voile islamique dans les établissements d'enseignement public celle qui traite du problème de la *burka* portée dans la vie courante (v. ss 572).

Le Conseil d'État a eu à trancher récemment la question de savoir si une Marocaine qui portait la *burka* pouvait se voir refuser la nationalité française.

En première instance, le tribunal avait refusé l'octroi de la nationalité française au motif que le port de la *burka* constituait un « défaut d'assimilation ». En appel, le Conseil d'État a confirmé cette décision en précisant que la requérante avait adopté, au nom d'une pratique radicale de sa religion, un comportement en société incompatible avec les valeurs essentielles de la communauté française et notamment le principe d'égalité des sexes.

En adoptant la loi de 2004 interdisant le port de tout signe religieux ostensible dans les établissements scolaires, le Parlement avait voulu marquer les limites au-delà desquelles le principe de laïcité, fondement de la République, serait bafoué. Dans son arrêt du 27 juin, le Conseil d'État adopte une position similaire.

Si l'on ajoute les quelques décisions rendues sur les critères de l'« assimilation » (genre de vie, ouverte ou recluse; soumission ou non de la femme au mari; connaissance approximative ou non de la langue française...) et l'annulation d'un mariage entre deux époux musulmans, au motif que la femme avait menti sur sa virginité, on touche nettement du doigt l'émergence de plus en plus sensible dans notre société de questions liées à nos particularismes religieux et culturels. Sans parler des problèmes — toujours dramatiques — de la pratique de l'excision ou de l'infibulation.

Le droit ne serait-il pas, demain, conduit de plus en plus souvent à se pencher et à se prononcer sur les conflits de valeurs que certaines religions posent à la société ?[1]

562. ***Liberté religieuse et démocraties.*** Tous les États n'ont pas retenu la même solution. Pourquoi tout ce tintamarre chez nous ? Et si peu de bruit, par ailleurs, dans la plupart des grandes démocraties !

La Commission européenne des droits de l'homme a bien voulu faire comprendre, en rejetant la requête d'une étudiante turque qui se plaignait d'une discrimination dont elle aurait été l'objet du fait du foulard qu'elle portait, qu'elle entendait continuer à se situer dans le droit fil d'une politique jurisprudentielle soucieuse de ne pas entraver le fonctionnement des services publics nationaux au nom d'une conception hypertrophiée des exigences inhérentes à la liberté de manifester ses convictions religieuses[2].

À l'évidence, en refusant de se prêter à une interprétation trop extensive de la liberté religieuse — et plus particulièrement de la liberté de manifester publiquement ses convictions —, la Commission européenne des droits de l'homme a voulu porter un coup d'arrêt à la tendance actuelle que semblent avoir les pays de tradition laïque d'invoquer en toutes circonstances l'article 9 de la Convention européenne des droits de l'homme contre la neutralité confessionnelle des services publics.

1. J. Robert, « La fin de la laïcité », 2004, *op. cit.*
2. *Karaduman c/ Turquie,* n° 16278/9 *DS*, v. comm. J.-F. Flauss, *LPA* 16 nov. 1993, n° 142, p. 11 s.

Mais, dans une république laïque, les Églises peuvent-elles, publiquement, prendre des positions politiques sur les principaux sujets qui agitent l'opinion, qu'ils relèvent de l'éthique, de l'ordre mondial, des relations internationales ?

À l'évidence, chacun, en démocratie, doit pouvoir librement s'exprimer. Les Églises comme les autres groupes sociaux. Dans les grands débats de ce siècle, qui comprendrait que les Églises se taisent ? Elles ont leur mot à dire dans l'espace public et leurs voix doivent se faire entendre. Mais une fois que la discussion est close, que la loi est votée, elles doivent s'incliner, quoi qu'elles pensent du texte adopté. C'est la règle démocratique. S'opposer publiquement ou dans une semi-clandestinité hypocrite aux décisions de la Nation est inacceptable. Au nom d'une certaine morale, saboter l'œuvre du Parlement est une pratique condamnable. Elle doit être sanctionnée comme désobéissance à la loi.

563. ***Églises et débats politiques.*** Nul ne contestera que la position des Églises soit délicate face au débat démocratique dans une république laïque.

Si elles n'y participent point, on leur reprochera de ne plus être dans le siècle. Qu'elles expriment en toute franchise leur position sur tel ou tel problème politique ou éthique et l'on dénoncera avec horreur leur intrusion dans un domaine qui n'est point le leur. Mais certaines déclarations catholiques officielles ont pu paraître quelque peu aventureuses.

Dans une note doctrinale à propos des questions sur l'engagement et le comportement des catholiques dans la vie politique, publiée le 24 novembre 2002 par la Congrégation pour la doctrine de la foi, on lit que, dès l'instant que la démocratie n'est possible que dans la mesure où elle est fondée sur « une juste conception de la personne », l'engagement des catholiques sur ce point ne peut céder à aucun compromis. Or cette juste conception de la personne couvre d'aussi importants domaines que l'avortement, l'euthanasie, la protection de la famille, la liberté d'éducation des enfants, la lutte contre les formes modernes de l'esclavage, la liberté religieuse, l'insémination artificielle, les mères porteuses...

Dans l'esprit de la Congrégation pour la doctrine de la foi, la laïcité ne peut être comprise que comme une autonomie de la sphère civile et politique par rapport à la sphère religieuse mais non par rapport à la sphère morale. Il ne saurait y avoir deux vies parallèles, d'un côté la vie qu'on nomme « spirituelle » et, de l'autre, la vie dite « séculière ».

Cela veut-il dire que si la seconde est en contradiction avec la première, c'est la première qu'il faut privilégier ? Ce qui induirait qu'il faudrait appliquer le seul droit naturel et donc refuser d'appliquer le droit positif ? Adieu laïcité ? Le problème est de taille à une époque précisément où ont été organisées les cérémonies de commémoration d'un siècle de laïcité (1905-2005) (v. J. Robert, *La fin de la laïcité ?*, Odile Jacob, 2004, 225 p.).

Qu'on nous comprenne bien. Toutes les Églises ont le droit d'afficher leurs positions sur les problèmes de société dont elles considèrent qu'ils intéressent directement leurs fidèles et leur doctrine. Nul ne leur contestera ce droit.

Que leurs positions soient à contre-courant des mouvements profonds de l'opinion publique ? Qu'importe ! Ce n'est point parce qu'on a l'approbation des foules que l'on détient la vérité. Et même si l'on prêche dans le désert ? Dans le fracas des idéologies et des religions, qui, chacune, martèle son message, il est indispensable que quelques hommes inspirés — quelle que soit leur inspiration — dispensent leur foi profonde, même si leurs propres troupes ne les suivent pas. Ce sont peut-être eux qui posent les vraies questions et poussent les hommes à réfléchir à leur condition commune. La vie. La mort. Qui les regarde vraiment en face ? Qui les étudient, les canalisent, les maîtrisent, les domineront demain ?

N'en reste pas moins que le Vatican et le pape devraient davantage surveiller la forme et le contenu de leurs interventions. Quelques belles gaffes survenues récemment interpellent et inquiètent.

En septembre 2006, à Rambouillet, une déclaration désagréable du pape Benoît XVI sur l'islam; en janvier 2009, la levée de l'excommunication de quatre évêques lefebristes dont un négationniste; en mars 2009, l'excommunication de médecins ayant fait avorter une petite fille de neuf ans; le même mois — enfin — l'affirmation par le pape que « la distribution de préservatifs ne combat pas le sida mais, au contraire, augmente le problème »... Cela fait beaucoup ! Et nous ne parlerons ici ni des imprudentes déclarations du pape Benoît XVI sur la maternité pour autrui, ni de la tentative douteuse de faire béatifier, derrière la haute stature irréprochable de Jean-Paul II, le pape Pie XII, dont le moins qu'on puisse dire est que certains de ses silences, pendant la Seconde Guerre mondiale, furent assourdissants.

Comment les fidèles reconnaîtraient-ils sous ces surprenantes prises de position la mission compassionnelle et compréhensive de leur Église auprès de toutes les victimes de la paix comme de la guerre ! On peut être — un jour — à contre-courant de ce que pensent les siens. Mais que devient le berger quand il n'est plus suivi par l'essentiel de son troupeau ? Le nouveau pape François l'a parfaitement compris, qui oriente son message vers ceux qui souffrent et qui n'ont point la parole.

Il n'en reste pas moins que les Églises — à condition de ne le faire que dans le strict cadre des lois en vigueur — ont le droit indiscutable de faire connaître leur opinion sur toutes les questions intéressant la vie de leurs fidèles, qu'elle soit publique ou privée.

Elles accomplissent cette fonction, en général dans le calme et la dignité, prenant à bon escient leur responsabilité — totale ou partielle — dans l'organisation de vastes rassemblements et cortèges qui ne sont point sans efficacité dans le devenir des textes législatifs contestés.

On se souviendra du retrait il y a quelques années par le gouvernement d'un projet de loi sur l'enseignement libre qui avait entraîné un défilé monstre dans les rues des principales villes françaises. Devant une telle opposition, François Mitterrand, alors président de la République, avait décidé de reculer.

L'Assemblée nationale discutera à nouveau d'un texte concernant l'accès pour tous au mariage qui a déjà donné lieu à des défilés massifs d'opposants à ce que les couples homosexuels puissent se marier comme les autres alors précisément qu'ils ne sont point comme eux...

Puisque la procédure du *référendum* peut être aujourd'hui utilisée dans ces cas-là — contrairement à ce que pensent quelques fanatiques dispersés — pourquoi, sur des questions aussi délicates qui concernent l'ensemble de notre société, ne pas interroger publiquement tous les Français ?

Il semble pour l'instant que cette voie ne soit pas mûre, bien qu'il faille de temps en temps ne pas hésiter à faire remarquer que notre démocratie n'est point totalement représentative, la volonté du peuple pouvant également s'exercer par la voie référendaire.

Mais prenons garde de ne point ressusciter d'absurdes guerres de religion dans un pays qui a mis des décades à se doter d'un régime de laïcité équilibré qui convient à la majorité ! Le référendum — s'il peut être conseillé pour des questions institutionnelles — risque de révéler de dangereuses surprises dans le domaine de la morale ou de l'éthique.

C. Laïcité de compensation ou laïcité de combat ?

564. *Intégration ?* Nous sommes en France en démocratie et en république. Les libertés publiques sont garanties et — au premier chef — la liberté de croyance et de religion. Le débat public reste donc largement ouvert. Il le demeurera d'autant plus que l'opinion publique s'inquiète tout à la fois — et on peut la comprendre — de ce qu'elle perçoit comme une invasion de nouveaux groupes, et de l'émergence concomitante de l'islam comme seconde religion de la France.

Certes, il faut se garder de confondre ou d'amalgamer les deux événements mais comme ils se produisent au moment même où l'on assiste, en France comme en Europe, à un recul sensible de l'influence chrétienne et à un rétrécissement de sa capacité d'invention voire d'intervention, il n'est guère étonnant que certains se demandent si le « vide religieux », créé tout à la fois par l'esprit émancipateur de notre société et le déclin des religions traditionnelles, ne va pas se trouver rempli par des religions venues d'ailleurs...

Dès lors faut-il se protéger contre elles ou convient-il seulement — pour les plus importantes d'entre elles — de tâcher de les « intégrer » en les traitant avec la considération et la déférence qui conviennent à leur ancienneté ?

565. *Spécificité de l'islam.* Pour certains — plus que d'autres sensibles aux dangers de ces nouvelles intrusions — non seulement les sectes — on l'a vu — devraient faire l'objet d'un contrôle accru mais l'islam lui-même devrait être surveillé plus strictement. Le temps serait révolu d'un accueil généreux de musulmans longtemps idéalisés comme les fidèles mal-aimés d'une religion minoritaire et souvent moquée. Mais attention aux amalgames pernicieux !

Devraient être ainsi condamnées les atteintes de l'islam à la laïcité et aux droits de l'homme. Ne devrait, de la même manière, plus être accepté le procès que certains tenants d'un islam intransigeant instruisent contre notre société permissive et son œcuménisme naïf, opposant notre individualisme à leur solidarité communautaire, notre pratique religieuse — en chute libre — à la « réislamisation » des jeunes de nos banlieues ouvrières, leur taux de natalité à notre malthusianisme de nantis...

D'autres pensent — au contraire — s'agissant plus particulièrement de l'islam, — non seulement qu'il faudrait — le plus vite possible (ce qui est fait à l'heure actuelle) constituer un organisme représentatif de l'ensemble des différentes communautés musulmanes vivant en France qui puisse être érigé en interlocuteur valable des pouvoirs publics mais qu'il serait opportun de pratiquer une « laïcité de compensation » en tâchant de rectifier les inégalités accumulées par l'Histoire. À cet égard nous semble particulièrement éclairant l'arrêt rendu par le Conseil d'État le 12 février 1988 (*Association des présidents des quartiers Portugal-Italie*, *JCP* 1989. II, n° 21257) qui estime que présentait le caractère d'un équipement public la construction par une ville d'un centre culturel islamique qui dissimulait en fait une mosquée. La Haute juridiction administrative n'a-t-elle pas voulu, dans cette décision, apporter un correctif à une situation inégalitaire constituée par le fait qu'appartenant soit à l'État, soit aux collectivités territoriales, les édifices cultuels antérieurs à 1905, dépendant d'anciens cultes reconnus, sont entretenus par les pouvoirs publics alors que ceux des nouveaux cultes doivent l'être par des fonds privés ?

566. *Complexité de la communauté musulmane.* L'islam est aujourd'hui, par le nombre, la deuxième religion en France. Or il n'occupe pas, dans la vie sociale, toute la place qu'il souhaiterait et qui devrait lui revenir.

Les estimations situent le nombre des musulmans vivant en France entre 4 et 5 millions de personnes. Ils se trouveraient principalement en Île-de-France, en région PACA, en région Rhône-Alpes et dans le Nord. Parmi eux, on distingue les musulmans de nationalité française qui regroupent les Français musulmans rapatriés d'Algérie en 1962, au moment de l'indépendance, les convertis dont le nombre a singulièrement grossi depuis près de 20 ans et qui se situeraient autour de 50 000 personnes et les jeunes de la génération née en France. Au sein des musulmans de nationalité étrangère, on trouverait essentiellement des Maghrébins (qui forment la majorité des musulmans de France), des Turcs d'immigration plus récente et des Africains noirs...

On a tendance en outre à distinguer — au plan des croyances et de la pratique — un islam modéré, soucieux de la laïcité et désireux avant tout de s'assimiler à la société dans laquelle il vit, et un islam qualifié de « fondamentaliste » qui rejetterait au contraire les structures et institutions étrangères. En fait, le schéma est singulièrement plus compliqué.

Une bonne partie des musulmans qui vivent chez nous reste fidèle à une pratique familiale de type malékite dont les rites ancestraux se perpétuent dans une sérénité affichée et une implantation solide.

Les « réformistes » que représentent les Frères musulmans ou l'Union des organisations islamiques de France (UOIF) restent — contrairement à ce que beaucoup pensent de l'extérieur — très attachés à la nationalité française tout en ne refusant point de donner à une foi à laquelle ils tiennent profondément une implication résolument politique.

Un islam ritualisé et missionnaire tente d'autres qui se regroupent dans des groupes « salafistes » persuadés de représenter l'islam authentique.

Des libéraux qui se recrutent par ailleurs dans l'élite intellectuelle arabo-musulmane prétendent actualiser le sens du Coran en en privilégiant une lecture individualisée. Et l'on pourrait mentionner d'autres nombreux courants qui se situent souvent en marge !

La présence en France de ces nombreux musulmans est un phénomène récent qui explique que, si nous avons une jurisprudence fournie sur les sonneries de cloches, les attributions de presbytères ou les processions, nous n'avons pratiquement rien sur les minarets et l'appel du *muezzin* à la prière ! Du moins pour l'instant...

On assiste ainsi à un grand décalage entre le droit et le fait. L'égalité de droit entre les religions est, à l'évidence, totale et peut être considérée constitutionnellement comme un principe tiré de la laïcité. Mais, en fait, la loi de 1905 ne connaît que les « Églises », c'est-à-dire des « institutions », et il est terriblement complexe et diablement difficile de faire passer par le moule d'une Église les communautés musulmanes.

La loi de 1905 s'est bornée, de plus, à gérer l'existant, c'est-à-dire, avant tout, la dévolution des biens des établissements publics du culte aux nouvelles associations cultuelles. Elle s'est moins préoccupée de l'avenir et n'a pas prévu, notamment, la possibilité d'enracinement, en France, de cultes qui n'existaient pratiquement pas en 1905. L'islam ne dispose donc ni d'un « patrimoine » ni d'édifices affectés. Et puis, il y a la formation des *imans*...

L'islam a également besoin de disposer, pour faire entendre sa voix, d'émissions religieuses et de radios de qualité afin de donner une image positive de ses diversités et de ses richesses.

Devant la liberté, tous les cultes sont, certes, sur un plan d'égalité. Mais certains sont tout de même plus égaux que d'autres car ils bénéficient de tous les avantages de la loi. Ce sont les anciens « cultes reconnus ». Ils ont, eux, des structures solides aptes à discuter avec l'État. Et puis le problème de la propriété et de l'affectation de leurs biens est — on l'a vu — réglé. Alors que rien n'a été prévu pour les constructions des autres religions, ultérieures à 1905, qui, tombant sous le coup du droit commun, se trouvent, de ce fait, entièrement à la charge des communautés religieuses, donc des fidèles.

567. ***Solitude de l'islam.*** L'islam ne peut dès lors compter que sur ses propres forces. Et sur l'étranger !

La mainmise étrangère serait-elle ainsi la rançon à payer pour l'absence de toute subvention publique et la faiblesse des aides indirectes (formation et enseignement) ?

Il est urgent d'innover, sans pour autant mettre à mal la loi de 1905 et le principe de laïcité. De singuliers progrès ont tout de même été déjà accomplis.

- Le 3 juillet 2001, la Consultation des représentants des principales sensibilités musulmanes sur l'organisation du culte musulman en France instituée deux ans plus tôt par M. Jean-Pierre Chevènement, alors ministre de l'Intérieur, signait les grands principes d'un accord-cadre, solennellement ratifié, disposant qu'une instance représentative qui prendrait la forme d'une association de la loi de 1901, présente au niveau national comme dans chaque région, serait élue démocratiquement par les musulmans à partir de l'ensemble de leurs lieux de culte.

Il restait donc à élire les conseils régionaux et l'instance centrale qui devrait prendre le nom de Conseil français du culte musulman.

Mais il était bien entendu qu'il ne s'agissait à l'époque, pour les pouvoirs publics français, que d'aider le culte musulman à s'organiser, non de se mettre à la place des fidèles et encore moins de trier entre les « bons » et les « mauvais ».

568. ***Islam de France ou islam en France ?*** Une représentation juste et équilibrée des diverses tendances de la communauté musulmane de France était — à l'évidence — très difficile à mettre sur pied. Les premières tentatives esquissées déjà ont, toutes, été vivement contestées, autant celle de Pierre Joxe en 1990 que celle — mentionnée plus haut — de Jean-Pierre Chevènement; il est vrai que toutes les tendances de l'islam français n'ont pas été intégrées de la même manière dans notre communauté nationale et que les faire venir d'elles-mêmes et toutes dans un ensemble unique soulève d'insolubles problèmes.

On met, par exemple, en cause, au niveau des règles et modalités de la représentation des différents mouvements et institutions, le critère — retenu par certains projets de recomposition de l'ensemble de l'islam français — de la superficie des mosquées qui — invoque-t-on — ne refléterait pas nécessairement l'importance numérique et la répartition géographique des musulmans en France. On parle de la communauté turque qui regroupe 400 000 personnes sur le territoire français et dont la mosquée de Strasbourg est la plus grande d'Europe !... Pourquoi ne pas tenir compte d'autres critères comme l'ancienneté, le rayonnement, la fréquentation ? Étant bien entendu, en revanche, que ne devraient jamais être prises en considération les nationalités d'origine.

Il semble que les choses aient ces dernières années sérieusement avancé. À l'initiative du ministre de l'Intérieur, a été organisée, en décembre 2002, au château de Nainville-les-Roches (Essonne), une consultation sur l'islam de France. Les participants à cette consultation (fédérations, grandes mosquées, personnalités qualifiées) sont parvenus à se mettre d'accord sur la composition du futur

« *Conseil français du culte musulman* » (CFCM) qui comprendrait 16 membres, sous la présidence du recteur Boubakeur, de la Mosquée de France : 2 vice-présidents, l'un représentant l'Union des organisations islamiques de France (UOIF), l'autre, la Fédération nationale des musulmans de France (FNMF) ; 7 représentants des grandes fédérations ; 5 représentants des grandes mosquées et 2 personnalités extérieures.

Quant à l'Assemblée générale (la première) elle compterait environ 200 personnes, soit 154 élus à partir des régions et 39 personnes représentant les membres de la Commission d'organisation de la consultation (COMOR). À ce nombre s'ajouteraient 4 femmes.

Le Conseil d'administration — lui — comprendrait 42 représentants des régions, 12 des fédérations, 5 pour les grandes mosquées et 3 personnalités cooptées par la COMOR.

Les conseils régionaux du culte musulman (CRCM) seraient élus à partir des mosquées par des « grands électeurs » désignés par celles-ci. Le nombre de ces électeurs dépendrait finalement de la surface du lieu de culte. Il devrait y avoir un CRCM par région administrative et chacun serait constitué en association de la loi de 1901. À l'heure actuelle, toutes les élections ont eu lieu. Non sans mal. Mais les organisations sont tout de même en place. L'islam est aujourd'hui doté en France d'une autorité représentative officielle qui peut traiter sérieusement avec l'État. Mais en organisant elle-même cette structure, la France n'a-t-elle pas donné un sérieux coup de ciseaux dans le tissu, déjà fragile, de la laïcité ? Et peut-on être sûr que ne se produiront pas, à plus ou moins longue échéance, des dissensions et ruptures dans ce bel équilibre ?

En juin 2008, toutes les instances ont été renouvelées. C'était donc l'heure et l'occasion d'un bilan. Disons que le tableau dressé n'a pas été très fameux. Combats de chefs, manque de compétence, manque de projets, représentativité contestée.

Bénévoles pour la plupart, beaucoup d'élus se sont contentés de jouer de leur nouvelle notabilité, sans réalisations concrètes.

Reconnaissons tout de même l'importance qu'ont eue ces organes pour la reconnaissance de l'islam dans la vie politique française. Élus et pouvoirs publics français plaident ainsi, à la lumière d'élections qui ont promu des hommes nouveaux, pour la pérennité de ces structures, encore jeunes, qui s'améliorent avec la maturité. Laisser du temps au temps.

569. ***Visibilité de l'islam.*** La question des mosquées a par ailleurs progressé. Il ne saurait être évidemment question de transférer purement et simplement aux uns les lieux de culte des autres. Mais la construction de mosquées décentes et dignes de ce nom, dans le respect de la laïcité, ne doit plus être aujourd'hui un sujet tabou. On en parle ouvertement...

Le problème est complexe mais il n'est pas sans solutions. Plusieurs possibilités s'offrent aux municipalités pour favoriser la construction de ces mosquées. Elles peuvent céder aux associations musulmanes un terrain par bail emphytéotique (de très longue durée et pour un loyer symbolique). Elles peuvent aussi louer un local communal, à condition que cette location ne s'effectue pas dans des conditions trop préférentielles et au profit d'une seule association. Enfin, dans les agglomérations en développement, les départements et communes peuvent garantir les emprunts contractés pour la construction de lieux de culte.

Dans ce domaine, les réussites ne manquent pas. De Lyon à Strasbourg, en n'oubliant pas Marseille, les collectivités locales ont encouragé souvent avec succès la construction d'une grande mosquée, clairement identifiée comme telle, avec coupole et minaret. Toutes les tentatives n'ont pas été couronnées de succès mais, tout de même, le mouvement s'étend.

L'inscription dans le paysage urbain de telles constructions favorise l'intégration de l'islam et des musulmans dont on notera que beaucoup sont de nationalité française. L'édification de telles mosquées est un symbole : elle représente la reconnaissance officielle de l'islam, en même temps que ces édifices constituent des pôles culturels d'ouverture et de dialogue avec la société civile et les représentants des autres religions. Mais chacun a pu noter que des pays d'accueil traditionnellement ouverts n'ont pas hésité à répondre *non* à un référendum qui leur demandait s'ils approuvaient ou non la construction de minarets sur leur territoire national (la Suisse...). Et rappelons-nous les réticences du général de Gaulle qui, même en plaisantant, n'envisageait pas sans crainte qu'un jour Colombey-les-Deux-Églises put devenir « Colombey-les-Deux-Mosquées »...

- On ajoutera que, de son côté, l'école française s'adapte de plus en plus à la pratique des rites du culte musulman, notamment au Ramadan. La période rituelle du jeûne est de plus en plus respectée dans les lycées et les collèges. Dans la plupart des établissements, ce développement récent traduit une sorte de banalisation — hautement souhaitable — de l'islam qui n'affecte d'ailleurs nullement le fonctionnement normal de la scolarité.

- Reste qu'il faut malgré tout demeurer vigilant, non point sur l'exercice par les musulmans de leur culte, mais sur les éventuelles dérives, notamment sur les tentations d'un prosélytisme islamique. À cet égard, le milieu carcéral doit être surveillé car certains détenus fondamentalistes pratiquent un endoctrinement habile, pervers et souterrain auprès de leurs compagnons de cellule. Ils peuvent ainsi — dans une atmosphère propice à la perte des repères et à la vulnérabilité psychologique — prendre sur leurs voisins de détention une influence pernicieuse. Pour contrebalancer cette emprise, l'Administration pénitentiaire tente, avec raison, de favoriser une expression religieuse authentique en prison. C'est cela aussi, la laïcité.

On notera, enfin, que la laïcité semble devoir être conçue de plus en plus, aujourd'hui, comme une notion ouverte et positive, susceptible à ce titre de nombreuses dérogations.

Par exemple, la loi du 23 juillet 1987 sur le mécénat marque, en fait, la fin de la laïcité fiscale puisqu'elle institue une déduction fiscale pour les dons consentis à des associations cultuelles dont les activités sont, par définition, liées à l'entretien des ministres du culte, des édifices cultuels et à la prise en charge des frais de cérémonies.

Ne peut-on pas soutenir également que constitue à nouveau (v. *supra*) un coup de canif sérieux dans le tissu d'une laïcité exigeante, le fait, pour les pouvoirs publics, de subventionner officiellement des associations qui ont pour but exclusif et avéré de lutter contre certains mouvements religieux nouveaux ?

570. ***La laïcité en miettes.*** De la même manière, ne peut-on pas dire que la laïcité française a été quelque peu maltraitée par le fait même que, pour tourner la loi de 1905, des collectivités publiques sont prêtes — certaines, on l'a vu, l'ont déjà fait — à consentir, sous l'aspect d'aides multiples, à subventionner, de façon à peine déguisée, la construction de « lieux de culte » ? (sur « la question financement des lieux de culte par les collectivités territoriales », v. l'article de Marie-Laure Gély sous CE 10 juill. 2011, *Commune de Trélazé*, *RD publ.* 2012. 1553).

Et puis, en tentant à tout prix de vouloir donner à l'islam français une représentation officielle légitimement élue, l'État ne s'est-il point immiscé, cette fois directement, dans l'organisation et le fonctionnement d'une religion ? On objectera, certes, qu'il ne s'agit point d'une intervention caractérisée dans l'exercice même du culte, mais, dans une religion où les tendances sont multiples et souvent opposées, les modalités de désignation des instances dirigeantes n'ont-elles pas une incidence évidente sur l'évolution future de la « politique » même de cette « Église » ? (si tant est que l'on puisse utiliser vraiment à bon escient cette dénomination lorsqu'il est question de l'islam).

Durant toute l'année 2005, la France a célébré, par des cérémonies multiples, le centenaire de la loi du 9 décembre 1905 portant séparation des Églises et de l'État.

Elle n'a — jusqu'à présent — pas voulu modifier ni moderniser vraiment la loi vieille d'un siècle mais elle a tout de même cédé à sa tentation viscérale de toujours vouloir régler par une nouvelle loi les problèmes de société ou d'éthique qui se posent à elle. Par la loi du 15 mars 2004, on l'a vu, elle a voulu encadrer, en application du principe de laïcité, le port de signes ou de tenues manifestant une appartenance religieuse ostensible dans les écoles, collèges et lycées publics. Cette loi — dont à l'origine personne ne voulait — n'a pas, jusqu'à présent, donné lieu, comme on le redoutait, à des manifestations graves de refus, voire de rébellion. Mais elle était et reste fondamentalement inopportune et inutile. Inopportune car ne voulant point s'appliquer uniquement à l'islam, elle a visé aussi le judaïsme qui n'avait — jusqu'à présent — pas posé le moindre problème. Inutile car faite pour aider, voire protéger les directeurs d'établissement d'enseignement primaire et secondaire placés devant la délicate situation de faire le tri entre les signes admis et les signes interdits, ils se retrouvent toujours en première ligne, placés devant le choix — qui leur incombe — entre le signe « ostensible » et celui qui ne l'est pas.

571. *Vers une Charte des libertés ?* Parce qu'à l'évidence — qui peut en effet le nier ? — la loi de 1905 a, sur certains points, quelque peu vieilli, une partie — faible — de l'opinion pense qu'il serait peut-être utile de rédiger — dans le domaine religieux — une grande Charte des libertés.

L'idée peut paraître saugrenue. Car à vouloir régler des problèmes ou modalités d'application de la loi ancienne qui semblent certes quelque peu inadaptés, on risque de ressusciter les démons de jadis, rouvrir — chez quelques-uns — de vieilles blessures, raviver des querelles et rancunes obsolètes, voire donner lieu à une nouvelle « guerre de religion ». Ne nous y trompons pas. Si l'on remet à plat la loi de 1905 pour lui donner un visage rajeuni, c'est toute la loi qui sera remise en cause : la désignation des ministres du culte, leur formation, le financement — direct ou indirect — des Églises, le statut dérogatoire du statut des religions dans les départements d'Alsace-Moselle...

Évitons à la France d'aujourd'hui, toujours inquiète, intolérante et belliqueuse, de nouvelles occasions de se déchirer.

Le tissu originel de la laïcité a-t-il subi quelques coups de ciseaux maladroits ? Qu'importe si la loi qui le constituait a entraîné la paix scolaire et la fin des conflits religieux !

Mieux vaut une paix de compromis qui satisfait la majorité, qu'un traité impeccable, pur et dur, qu'à la longue tout le monde rejettera.

À l'initiative de Nicolas Sarkozy fut mise sur pied, sous la présidence du professeur Machelon, une commission chargée d'étudier de quelle manière, sans toucher à la loi de 1905, pourraient être réglés certains problèmes, notamment financiers et fiscaux, qui gênent encore la gestion quotidienne des Églises. Cette commission, devant laquelle le signataire de ces lignes a déposé, a remis un fort intéressant rapport qui relance avec subtilité et discernement les seules questions qui pourraient opportunément se voir réglées par la voie du règlement ou de la circulaire. Souhaitons que la prudence l'emporte et que, ne cédant pas à la séduisante tentation d'inventer des expressions nouvelles pour dissimuler de vieilles outres, nos hommes politiques aient la sagesse et le pragmatisme de se satisfaire de ce qui marche sans heurts et sans drames. Mais que reste-t-il — à la longue — de ces travaux de commission ?

572. ***La burka ressuscitée***[1]. Les controverses enflammées autour du port de la *burka* manifestent ce désir — bien français — de vouloir à tout prix légiférer dès qu'une question — certes délicate mais tout de même marginale — se trouve posée. De la même manière que pour le voile islamique, laissons faire sur le terrain, au cas par cas, les hommes ou les institutions qui se trouvent confrontés à la difficulté. Une loi dramatise toujours les choses. Et elle s'avère souvent totalement inapplicable. Ce qui est le pire pour une loi. Moins d'ukases. Et davantage de solutions par le dialogue au cas par cas.

573. ***La burka interdite.*** Avec la loi du 11 octobre 2010, il est désormais interdit dans l'espace public, de « porter une tenue destinée à dissimuler son visage ». Le Conseil constitutionnel n'a rien trouvé à y redire (v. Cons. const. 7 oct. 2010, n° 2010-613 DC, *Loi interdisant la dissolution du visage dans l'espace public*, *JO* 12 oct. 2010, p. 18345).

On se demande si une telle loi était utile et opportune. D'autant plus que son application apparaît pour le moins problématique.

S'est-on en effet interrogé sur les motivations exactes des jeunes musulmanes qui portent ce vêtement ? Si, à l'évidence, certaines — mais combien ? — y sont contraintes par pression familiale, n'y en a-t-il pas qui le revêtent pensant y trouver là une « protection » ?

Autant les prières ostensibles dans la rue ne peuvent être tolérées car potentiellement attentatoires à l'ordre public, autant il peut sembler que le port individuel d'une *burka* ne saurait faire problème dès lors que celles qui le revêtent s'en défont lorsqu'elles doivent justifier de leur identité.

574. ***Liberté de croyance et clause de conscience.*** La liberté de croyance doit être générale ou elle n'est pas. Mais l'ordre public doit être sauvegardé en toute hypothèse. Il convient donc de ménager des exceptions quitte à les assortir d'obligations contraignantes correspondantes.

Nul ne saurait être astreint à commettre des actes que sa conscience réprouve. Certaines lois le précisent avec rigueur. Il en fut longtemps ainsi ans le domaine militaire. Tout citoyen devait accomplir son service militaire mais, après un long combat, ceux qui refusaient de faire usage personnellement des armes étaient autorisés à demander à bénéficier du statut d'objecteur de conscience, ce qui ne les dispensait point de tout service mais les tenait éloignés de toute arme. Ils faisaient un service uniquement civil mais d'une durée double du service militaire normal. La procédure d'admission à un tel statut était longue, inadaptée, le plus souvent injuste. Elle fut supprimée. On estimait qu'accepter de faire un service

1. J. Robert, « La laïcité et le vêtement », *in Anuario de derecho eclesiastico del Estado*, vol. XXVII, 2011.

d'une durée double de celle normale était en soi une preuve suffisante de sincérité. Et puis, un jour, le service lui-même fut supprimé.

Mais la clause de conscience continue à s'appliquer en matière médicale et journalistique. La loi Veil du 17 janvier 1975 sur la libéralisation des conditions d'interruption de la grossesse autorise à la fin d'un processus compliqué et limité dans le temps aux femmes qui le désirent de faire interrompre leur grossesse; et des services médicaux spécialisés ont été prévus dans les hôpitaux publics pour pratiquer ces interventions. Ce qui n'implique nullement que tout médecin soit tenu personnellement d'accepter de pratiquer ces actes (L. 17 janv. 1975, art. 4). Il lui suffit d'invoquer la « clause de conscience » prévue par la loi. Mais tout hôpital public doit avoir un service pratiquant ces interventions.

En matière journalistique, la « clause de cession » est, comme la clause de conscience, une disposition qui permet au journaliste de quitter de sa propre initiative une entreprise de presse tout en percevant les indemnités de licenciement, à l'occasion du changement d'actionnaires, du titre de la radio ou de la chaîne. Le journaliste est seul décisionnaire. C'est lui seul qui peut l'invoquer mais la mise en cause de la clause de cession est de droit dès lors que le journaliste aura été informé de manière définitive et détaillée de la survenance de l'opération de cession et a donc pu être éclairé sur la personnalité et les idées des membres de la nouvelle direction.

Mais faisons attention à ce que la multiplication des cas où l'objection de conscience est permise ne conduise point à vider de son contenu le principe même que pose la loi. On risque de le constater demain avec la loi sur le mariage des homosexuels. Si l'on autorise les maires à refuser de procéder eux-mêmes à la célébration d'un mariage entre deux personnes de même sexe, que fera-t-on si, demain, aucun d'entre eux n'accepte de présider à cette cérémonie ? Une loi alors inapplicable ? Attention. C'est le pire pour une démocratie.

Bibliographie indicative

- B. Basdevant-Gaudemet, « Le statut juridique de l'islam en France », *RD publ.* 1996. 355.

- J. Bauberot, *La laïcité, quel héritage ?*, Éditions Labor et Fides, 1990; *Vers un nouveau pacte laïque*, Le Seuil, 1990.

- A. Boyer, *Le droit des religions en France*, PUF, 1993.

- F. Champion et M. Cohen (dir.), *Sectes et démocratie*, Le Seuil, 1999.

- P. Coulombel, « Le droit privé français devant le fait religieux depuis la séparation », *RTD civ.* 1956. 1.

- B. Cubertafond, « Théocraties », *RD publ.* 1985. 277 et 338.

- R. Drago, « Religion et droit administratif » *in Religion et Droit*, 1983.

- J. Duffar, « L'objection de conscience en droit français », *RD publ.* 1991. 657; « Religion et travail dans la jurisprudence de la Cour de justice des Communautés européennes », *ibid.* 1993. 695; « La protection internationale des droits des minorités religieuses », *ibid.* 1995. 1495-1530.

- A. Garay, *L'activisme anti-sectes; de l'assistance à l'amalgame*, Edwin Miller Press. Lewiston/Question/Lampetes, 1999, p. 210, préface d'Émile Poulat.

- Y. Geraldy, *La religion en droit privé*, thèse Limoges, 1978.

- R. Goy, « La garantie européenne de la liberté de religion : l'article 9 de la Convention de Rome », *RD publ.* 1991. 5.

- J. Guyard, *Les sectes en France.* Commission d'enquête parlementaire. Rapport n° 2468, Doc. fr., 1996.

- G. Koubi, « Droit et religions : dérives ou inconséquences de la logique des conciliations », *RD publ.* 1992. 725.

- C. Langlade-Demoyen, *L'objection de conscience dans les idées et les institutions*, LGDJ, 1958.

- G. Le Bras, « Le Conseil d'État, régulateur de la vie paroissiale », *EDCE* 1950. 70.

- A. de Naurois, « Aux confins du droit privé et du droit public », *RTD civ.* 1962. 242.

- J.-B. d'Onorio, *La liberté religieuse dans le monde*, Éditions universitaires 1991; « Les sectes en droit public français », *JCP* 1988. 1. 3336.

- S. Pierré-Caps, « Les nouveaux cultes et le droit public », *RD publ.* 1990. 1073.

- Th. Rambaud, « Société, Droit et Religion », *L'actualité du droit français des religions*, n° 1, CNRS Éditions, 2010.

- J. Rivero, « Les aumôneries de l'enseignement public », *D.* 1960. Chron. 79; « La notion juridique de laïcité », *D.* 1949. Chron. 137.

- J. Robert, *Droits de l'homme et libertés fondamentales* (avec Jean Duffar), 8e éd., Montchrestien, 2009; *La liberté religieuse et le régime des cultes*, PUF, coll. « SUP », 1977; « La liberté des cultes : une liberté fondamentale », *Revue Administration*, 1993, n° 161, p. 80; « Accepter la foi », *Le Monde des débats*, févr. 1994, p. 9; *Enjeux du siècle : nos libertés*, Economica, 2000; *La fin de la laïcité ?*, Odile Jacob, 2004, 250 p.; « La laïcité et le vêtement », *in Anuario de derecho eclesiastico del Estado*, vol. XXVII, 2007; « Églises et pouvoirs », *in Conscience et liberté* 2009, p. 82 s.

- J. Robert et H. Oberdorff, *Libertés fondamentales et droits de l'homme. Textes français et internationaux*, 14e éd., Montchrestien, 2016.

- F. Terré, « Les sectes en France », *RASMP*, 1994, p. 323; « Sectes : pour leur faire la guerre notre droit est armé », *Les dossiers de la Semaine juridique*, févr. 1996, p. 14.

- J.-B. Trotabas, *La notion de laïcité dans le droit de l'église canonique et de l'État républicain*, LGDJ, 1960, p. 223.

Pistes de réflexion

La loi de 1905 sur la séparation des Églises et de l'État vous paraît-elle devoir être modifiée ?
Le régime spécial de l'Alsace-Lorraine vous semble-t-il se justifier encore ?
Le vêtement et la religion
Faut-il intégrer le texte de la loi de 1905 dans notre actuelle Constitution ?
Le principe de laïcité a-t-il valeur constitutionnelle ?

Section 6.
LA LIBERTÉ D'EXPRESSION

PATRICK WACHSMANN
Professeur à l'Université de Strasbourg,
Institut de recherches Carré de Malberg

La tuerie perpétrée, le 7 janvier 2015, contre la rédaction de l'hebdomadaire *Charlie Hebdo* est venue illustrer par l'horreur le lien intime qui unit la liberté d'expression et une société libérale et démocratique. La tragédie ne rend pourtant pas dérisoires d'autres débats : Peut-on et faut-il interdire des spectacles au cours desquels ont régulièrement lieu des attaques antisémites ? Est-il licite de publier un roman dont les personnages sont clairement inspirés par des personnalités aisément identifiables ? Quelle protection accorder à l'honneur des personnes face aux attaques de la presse ? Comment faut-il lutter contre les informations mensongères (*fake news*) diffusées sur les réseaux sociaux, spécialement en vue d'influencer le résultat d'élections ? À l'évidence, en France même, la question de la liberté d'expression reste posée. Ailleurs, en Iran, en Chine, en Russie, en Turquie, mais aussi en Hongrie, la violence des attaques quotidiennes contre le droit de s'exprimer témoigne de ce qu'à travers lui, c'est le sort même des libertés en général qui se joue. L'avocat de *Charlie Hebdo*, Me Richard Malka, résume bien les choses : « Partout, la vigueur de la démocratie se mesure aux limites de la liberté d'expression. Ce sont toujours les mêmes : la caricature, la parodie et, dans un autre registre, la pornographie. Toutes les sociétés totalitaires ont un point commun : pas d'humour, pas de sexe. » De leur côté, lorsqu'elles sont amenées à se prononcer, les juridictions françaises, en référé ou au fond, procèdent à des arbitrages complexes, désormais placés sous le contrôle vigilant de la Cour européenne des droits de l'homme (CEDH), dont l'influence en la matière est sans cesse plus grande. Mais il serait faux de croire que le libéralisme triomphe désormais sans partage : passages à l'acte, initiatives autoritaires, mais aussi désir légitime de lutter contre certaines dérives sans toutefois prendre toutes les précautions nécessaires à la sauvegarde de la liberté d'expression continuent d'intervenir.

1. Les régimes d'interdiction administrative en matière de presse
2. Le régime du cinéma
3. Le régime de la communication audiovisuelle

II. La définition de l'espace public de libre discussion

A. Les limites tenant à la protection des droits d'autrui
1. L'incrimination pénale de la diffamation et de l'injure
2. La protection civile de la vie privée
3. Le droit de réponse

B. Les limites tenant à la sauvegarde de l'ordre public

575. *Une liberté fondamentale.* Dans son arrêt *Cohen v. California*, 403 US 15, 24 (1971), la Cour suprême des États-Unis énonce que la garantie, par le premier amendement, de la liberté de parole et d'expression dérive de « la conviction qu'aucune autre attitude ne serait cohérente avec le principe de la dignité et de la liberté de choix de chaque individu, sur lequel repose notre système politique ». Pareillement, la Commission européenne des droits de l'homme, dans son rapport du 30 novembre 1993, dans l'affaire *Vogt c/ Allemagne*, fait de la liberté d'expression « la pierre angulaire des principes de la démocratie et des droits de l'homme protégés par la Convention ». Quant au Tribunal fédéral suisse, il n'avait pas hésité, en 1961[1], à faire de la liberté d'expression un droit constitutionnel non écrit, à partir de l'article 55 de la Constitution fédérale de 1874 qui ne garantissait à l'époque que la seule liberté de la presse. Il y voyait en effet un élément essentiel de l'ordre démocratique et juridique de la Confédération.

De telles solutions, qu'on trouve également dans la jurisprudence du Conseil constitutionnel français, qui parle « d'une liberté fondamentale, d'autant plus précieuse que son existence est l'une des garanties essentielles du respect des autres droits et libertés et de la souveraineté nationale »[2], montrent bien qu'on ne saurait dissocier la liberté d'expression des valeurs fondamentales de la démocratie libérale. La presse, selon les termes souvent employés par la Cour européenne des droits de l'homme (CEDH), joue un rôle de « chien de garde », en permettant d'alerter le public sur les menaces pesant sur les libertés, qu'elles soient le fait des gouvernants ou d'autres puissances. Pour s'en tenir à quelques exemples, c'est le journalisme « d'investigation » qui a mis au jour les conditions dans lesquelles les services français ont coulé le *Rainbow Warrior* affrété par une association hostile aux essais nucléaires français dans le Pacifique, les écoutes téléphoniques pratiquées en toute illégalité par une « cellule antiterroriste » fonctionnant à l'Élysée sous la présidence de François Mitterrand, les pratiques de la Ville de Paris dans l'attribution à des hommes politiques ou à leurs proches de ses habitations à loyer modéré ou encore les tentatives d'empêcher des initiatives gênantes de l'autorité judiciaire sous la présidence de M. Chirac, des pratiques révélant une proximité fâcheuse entre responsables politiques et milieux d'affaires sous celle de M. Sarkozy, les fraudes dont se sont rendus coupables des ministres ou des membres du cabinet présidentiel de M. Hollande. À l'inverse, là où les journalistes sont empêchés d'exercer leur métier, par l'intimidation voire par la violence physique, on peut être sûr que le sort des libertés en général n'est guère plus enviable — l'assassinat de la journaliste russe Anna Politkovskaïa, dont

1. *RO* 1987. I. 117.
2. Cons. const. 10 et 11 oct. 1984, n° 84-181 DC, loi visant à limiter la concentration et à assurer la transparence financière et le pluralisme des entreprises de presse.

les enquêtes sur les exactions commises en Tchétchénie gênaient, est venu l'illustrer tragiquement. Tout rappelle la justesse de ces lignes de François Mauriac, écrites lors de la déposition par la France du sultan du Maroc : « Je doute s'il existe pour la presse un crime d'indiscrétion. Mais il existe un crime de silence. »

L'importance de la liberté d'expression ne se résume pas à la question de la liberté de l'information. Comme l'a fortement énoncé la CEDH : « Ceux qui créent, interprètent, diffusent ou exposent une œuvre d'art contribuent à l'échange d'idées et d'opinions indispensables à une société démocratique[1]. » En sens inverse, il serait également dangereux pour la liberté d'expression de faire sortir de son champ des types de discours jugés insuffisamment « nobles » : dans son arrêt du 24 février 1994, *Casado Coca c/ Espagne*, la CEDH a tenu à réaffirmer avec netteté que la liberté d'expression ne faisait pas acception de la nature, lucrative ou non, du but recherché et qu'ainsi elle s'appliquait également à la publicité commerciale. La Cour est même allée jusqu'à étendre au droit d'utiliser le matériel permettant la réception d'émissions radiodiffusées (en l'espèce des émissions de télévision par satellite) la liberté garantie à l'article 10 de la Convention[2]. Dans le même sens, la Cour exige de l'État qu'il assure l'exécution forcée d'une décision de justice prescrivant l'accès de journalistes aux locaux où ils exerçaient leur profession, en raison de « son rôle de garant du pluralisme et de l'indépendance de la presse »[3]. Cette interprétation large procède du désir de doter une liberté aussi essentielle des avant-postes nécessaires à sa protection effective.

Fondamentale, la liberté d'expression est cependant une liberté dont la proclamation s'accompagne immanquablement de limitations : nul ne disconvient qu'il n'appartient à la presse ni de salir injustement l'honneur d'un homme (les imputations mensongères de journaux d'extrême droite à l'encontre de Roger Salengro, ministre de l'Intérieur du Front populaire, qui ont conduit à son suicide en 1936, servent ici d'avertissement) ni de publier les secrets indispensables à la défense nationale. La société libérale est alors celle qui s'emploie à fixer ces limitations au strict minimum, afin d'éviter tout à la fois l'autoritarisme et la dissolution du lien social — étant entendu que cet équilibre est toujours exposé à des critiques contradictoires (dont la possibilité fait, à son tour, partie des exigences du libéralisme) et qu'il est, par suite, précaire.

576. ***Protection constitutionnelle.*** Aux termes de l'article 11 de la Déclaration des droits de l'homme et du citoyen du 26 août 1789, à laquelle le préambule de la Constitution du 4 octobre 1958 confère valeur constitutionnelle, « La libre communication des pensées et des opinions est un des droits les plus précieux de l'homme; tout citoyen peut donc parler, écrire, imprimer librement, sauf à répondre de l'abus de cette liberté dans les cas déterminés par la loi. » La jurisprudence du Conseil constitutionnel a donné à cette disposition la portée la plus large, l'appliquant non seulement à la presse et à la communication audiovisuelle, mais également au choix par chacun des termes exprimant sa pensée (Cons. const. 29 juill. 1994, *loi relative à l'emploi de la langue française*) ou aux manifestations, rattachées au « droit d'expression collective des idées et des opinions » (Cons. const. 18 janv. 1995, *loi d'orientation et de programmation relative à la sécurité*). La décision du 10 juin 2009, *loi favorisant la diffusion et la protection de la création sur internet*, a précisé « qu'en l'état actuel des moyens de communication et eu égard au développement généralisé des services de communication

1. CEDH 24 mai 1988, *Müller, Les grands arrêts de la Cour européenne des droits de l'homme (GACEDH)*, p. 701.
2. CEDH 22 mai 1990, *Autronic AG*.
3. CEDH 10 mai 2012, *Frasila et Ciocirlan c/ Roumanie*.

au public en ligne ainsi qu'à l'importance prise par ces services pour la participation à la vie démocratique et l'expression des idées et des opinions, ce droit [proclamé par l'article 11 de la Déclaration] implique la liberté d'accéder à ces services ».

Quant au pouvoir dévolu au législateur, il s'exerce sous le contrôle du Conseil constitutionnel. La décision du 27 juillet 1982, intervenue à propos de la loi sur la communication audiovisuelle, précise que la liberté de communication doit être conciliée, en l'état actuel des techniques et de leur maîtrise, avec « d'une part, les contraintes techniques inhérentes aux moyens de communication audiovisuelle et, d'autre part, les objectifs de valeur constitutionnelle que sont la sauvegarde de l'ordre public, le respect de la liberté d'autrui et la préservation du caractère pluraliste des courants d'expression socioculturels auxquels ces modes de communication, par leur influence considérable, sont susceptibles de porter atteinte »[1]. Cela indique que le pouvoir du législateur ne peut s'exercer qu'en vue de finalités bien précises — et dans la seule mesure jugée acceptable par le Conseil constitutionnel au terme d'un contrôle de proportionnalité particulièrement exigeant[2] — et qu'il ne revêt pas la même ampleur pour toutes les techniques de communication (la rareté des fréquences disponibles dans l'espace hertzien justifie la mise en place d'un régime d'autorisation qui serait, sans cela, prohibé; dans sa décision du 27 juillet 2000, le Conseil constitutionnel relève « la disponibilité plus grande de la ressource radioélectrique pour la diffusion numérique » pour justifier l'imposition de règles moins contraignantes que celles valant pour la diffusion analogique, tandis que dans celle du 10 juin 2004, *loi pour la confiance dans l'économie numérique*, il estime entachée d'une erreur manifeste d'appréciation la différence de régime qu'entendait instituer la loi entre les messages exclusivement disponibles sur un support informatique et ceux également disponibles sur papier quant au point de départ du délai de prescription et d'exercice du droit de réponse). La promotion du pluralisme comme objectif de valeur constitutionnelle s'explique par le fait que la liberté de communication bénéficie aux destinataires du message comme au locuteur. Il faut, énonce la décision des 10 et 11 octobre 1984, *loi visant à limiter la concentration et à assurer la transparence financière et le pluralisme des entreprises de presse*, « que les lecteurs qui sont au nombre des destinataires essentiels de la liberté proclamée par l'article 11 de la Déclaration de 1789 soient à même d'exercer leur libre choix sans que ni les intérêts privés ni les pouvoirs publics puissent y substituer leurs propres décisions ni qu'on puisse en faire l'objet d'un marché ». La décision du 10 juin 2009 censure, quant à elles, un dispositif qui permettait à une autorité administrative, même indépendante, de restreindre ou d'empêcher l'accès à internet en cas de méconnaissance des règles instituées en vue d'assurer la protection des droits d'auteur et de droits voisins. Les réserves émises dans la décision du 16 mars 2017, loi relative à *l'extension du délit d'entrave à l'interruption volontaire de grossesse*, permettent, quant à elles, d'assurer que la répression restera bien cantonnée aux cas où une propagande fallacieuse tenterait d'intimider les femmes désireuses d'interrompre leur grossesse en vue de les dissuader de persévérer dans ce projet.

La procédure de la question prioritaire de constitutionnalité fait également sentir ses effets sur ce terrain, comme en témoignent déjà de nombreuses déci-

---

1. S'agissant des quotidiens d'information politique et générale, la décision du 7 janv. 2016, n° 2015-511 QPC, précise que la volonté d'assurer leur distribution de manière à assurer leur pluralisme et leur indépendance correspond à un objectif de valeur constitutionnelle.
2. « Les atteintes portées à l'exercice de cette liberté doivent être nécessaires, adaptées et proportionnées à l'objectif poursuivi », énonce la décision du 10 juin 2009.

sions. On citera celle du 20 mai 2011, n° 2011-131 QPC, déclarant entachée d'une généralité excessive et, par suite, contraire à l'article 11 de la Déclaration de 1789 la disposition de la loi sur la presse qui interdisait à la personne poursuivie pour diffamation de rapporter la preuve de la vérité des faits allégués, lorsque ceux-ci remontaient à plus de dix ans. On relèvera que cette décision reprend, sur le terrain constitutionnel, avec l'effet abrogatoire qui y est lié, une solution adoptée par la Cour de Strasbourg sur le terrain conventionnel[1]. Procédant de la même inspiration, la décision du 7 juin 2013, n° 2013-319 QPC, juge contraire à la Constitution l'interdiction de rapporter la preuve de la vérité des faits diffamatoires lorsque l'imputation se rapporte à des faits constituant une infraction amnistiée ou prescrite ou qui a donné lieu à une condamnation effacée par la réhabilitation ou la révision. De même encore, la Cour de cassation lui ayant finalement renvoyé la question, le Conseil constitutionnel a-t-il déclaré conforme à la Constitution la loi Gayssot incriminant le négationnisme, en raison du fait que ce dernier constitue intrinsèquement (ce qui n'est, au contraire, pas le cas pour la négation des génocides en général, comme le rappelle la décision du 26 janvier 2017, loi relative à l'égalité et à la citoyenneté) « une incitation au racisme et à l'antisémitisme », solution qui rejoint celle adoptée par la Cour européenne des droits de l'homme dans ses décisions *Garaudy c/ France* du 24 juin 2003 et *Dieudonné M'Bala M'Bala c/ France* du 20 octobre 2015. La fréquence des refus de renvoi ou de transmission des QPC par les juridictions judiciaires[2] n'ôte rien à l'intérêt de cette procédure pour la protection de la liberté d'expression, comme en témoigne encore la décision du 14 mai 2012, n° 243 à 246 QPC, reconnaissant « la nature particulière » du travail des journalistes pour juger conforme au principe d'égalité le régime spécifique de calcul des indemnités de rupture du contrat de travail applicable à la profession[3].

Les atteintes législatives à l'exercice de la liberté de communication des pensées et des opinions doivent satisfaire à la triple exigence de nécessité, d'adaptation et de proportionnalité au regard de l'objectif visé — en une formule qui reprend celle forgée par la Cour constitutionnelle fédérale allemande pour définir le contrôle qu'elle exerce quant au respect des droits fondamentaux. La décision du 10 février 2017, n° 611 QPC[4], juge que le délit de consultation habituelle de sites faisant l'apologie ou provoquant à la commission d'actes de terrorisme ne satisfaisait à aucun de ces impératifs : compte tenu des nombreux moyens de lutte déjà conférés aux autorités administratives et au juge, cette infraction n'était pas nécessaire; les dispositions contestées n'exigeaient pas que soit prouvée la volonté de l'auteur de l'infraction de commettre des actes terroristes ni même son adhésion à l'idéologie en cause, alors qu'une peine de deux ans d'emprisonnement était encourue, l'exclusion des consultations faites de bonne foi étant trop imprécise pour assurer la sécurité juridique indispensable en cette matière. La réécriture de cette disposition par la loi du 28 février 2017 relative à la sécu-

1. CEDH 7 nov. 2006, *Mamère c/ France*, req. n° 12697/03.

2. V. ainsi Paris, 4 avr. 2012, *Légipresse* 2012. 445, note J.-Y. Dupeux et Civ. 1re, 5 avr. 2012, *Légipresse* 2012. 371, note P. Guerder. Ces décisions témoignent, au demeurant, de l'influence exercée sur ces questions de constitutionnalité par la jurisprudence de la CEDH et de la confusion des registres, constitutionnel et conventionnel, qui s'ensuit.

3. V. aussi en matière de liberté d'expression les décisions du 17 mai 2013, n° 2013-311, du 25 oct. 2013, n° 2013-350 QPC, du 13 déc. 2013, n° 2013-359 QPC et du 16 oct. 2015, n° 2015-492 QPC.

4. Cons. const. 10 févr. 2017, n° 2016 — 611 QPC, *Délit de consultation habituelle de sites internet terroristes*, *D.* 2017. 354; *AJ pénal* 2017. 237, obs. J. Alix; *Dalloz IP/IT* 2017. 289, obs. M. Quéméner; *Constitutions* 2017. 91, Chron. A. Cappello; *ibid.* 187, Chron.

rité publique, en dépit de l'ajout de la condition d'une manifestation d'adhésion du prévenu à l'idéologie du site consulté, a donné lieu à une nouvelle déclaration d'inconstitutionnalité par la décision du 15 décembre 2017, n° 682 QPC[1], le Conseil rappelant l'absence de nécessité de l'infraction, encore accentuée par des dispositions législatives ultérieures, et relevant que la volonté de commettre des actes terroristes n'est toujours pas exigée, tandis que l'incertitude quant au « motif légitime » admis par le législateur était également trop grande. La protection apportée pas ces décisions à la liberté d'expression s'avère effective.

577. ***Jurisprudence de la Cour européenne des droits de l'homme.*** L'article 10 de la Convention européenne des droits de l'homme (Conv. EDH), texte plus récent, s'emploie à réglementer avec davantage de précision les ingérences étatiques dans l'exercice de la liberté d'expression. Au principe de liberté énoncé au paragraphe 1er (il vise « la liberté d'opinion et la liberté de recevoir ou de communiquer des informations ou des idées sans qu'il puisse y avoir ingérence d'autorités publiques et sans considération de frontière » — même formulation à l'article 11 de la Charte des droits fondamentaux de l'Union européenne) s'opposent les exceptions envisagées au second paragraphe. Celles-ci doivent être prévues par la loi (c'est-à-dire par une norme générale, écrite ou jurisprudentielle, antérieure aux faits litigieux et satisfaisant à des exigences d'accessibilité et de prévisibilité), viser l'un des buts reconnus comme légitimes par l'article 10, paragraphe 2 (la sécurité nationale, l'intégrité territoriale ou la sûreté publique, la défense de l'ordre ou la prévention du crime, la protection de la santé ou de la morale, la protection de la réputation ou des droits d'autrui, la sauvegarde d'informations confidentielles, la garantie de l'autorité et de l'impartialité du pouvoir judiciaire) et être « nécessaires, dans une société démocratique » à la réalisation de ces buts.

La CEDH a précisé que la société démocratique se caractérisait par « le pluralisme, la tolérance et l'esprit d'ouverture » et qu'en conséquence, la liberté d'expression « vaut non seulement pour les "informations" ou "idées" accueillies avec faveur ou considérées comme inoffensives ou indifférentes, mais aussi pour celles qui heurtent, choquent ou inquiètent l'État ou une fraction quelconque de la population »[2]. L'adjectif « nécessaire » implique, quant à lui, qu'il soit justifié d'un « besoin social impérieux »[3]. S'il appartient d'abord aux autorités nationales, et au premier chef aux tribunaux, d'apprécier ladite nécessité, cette appréciation est soumise à un « contrôle européen », opéré par la Cour. Celui-ci ne revêt pas toujours la même intensité (la protection de la morale, notion dont la Cour estime impossible une définition uniforme au niveau européen, comporte généralement un contrôle restreint[4], à l'inverse de la protection de l'autorité et de l'impartialité du pouvoir judiciaire qui donne lieu à un contrôle plus rigoureux). La jurisprudence de l'ancienne Cour ne faisait pas toujours preuve d'une très grande rigueur dans la détermination de cette intensité du contrôle européen. Ainsi, à quelques jours d'intervalle, la Cour avait-elle soumis à des standards très inégalement exigeants la confiscation judiciaire d'un film jugé blasphématoire, alors même que l'association qui se proposait de le projeter avait clairement

1. Cons. const. 15 déc. 2017, n° 2017-682 QPC, *Délit de consultation habituelle de sites internet terroristes II, AJDA* 2017. 2499; *D.* 2018. 97, et les obs., note Y. Mayaud.
2. CEDH 7 déc. 1976, *Handyside, GACEDH*, p. 77.
3. *Id.*
4. Celui-ci permet toutefois de censurer une décision nationale condamnant l'éditeur du roman d'Apollinaire, *Les Onze Mille Verges*, en raison du statut de classique acquis par le livre (arrêt *Akdas c/ Turquie* du 16 févr. 2010).

appelé l'attention des spectateurs sur le propos de l'œuvre[1] et la condamnation pénale d'un journaliste de télévision ayant donné la parole dans son émission à de jeunes marginaux, qui y avaient tenu des propos racistes d'une particulière violence[2]. De même, dans l'arrêt *Lehideux et Isorni c/ France* du 23 septembre 1998, la condamnation de la France, en raison d'une sanction pénale infligée à des défenseurs de la mémoire du maréchal Pétain pour apologie de crimes ou délits de collaboration avec l'ennemi, ne tenait-elle aucun compte de l'existence d'une marge nationale d'appréciation, pourtant rappelée par la Cour ni du contexte de l'affaire.

La jurisprudence de l'actuelle Cour, issue des dispositions du 11e Protocole, est marquée à cet égard par une plus grande rigueur, d'ailleurs non exclusive d'inflexions. Est d'abord frappante la très grande latitude reconnue à la presse — mais aussi à des associations privées militant pour une cause[3] — lorsqu'est en jeu un débat d'intérêt public. C'est ainsi que l'arrêt *Du Roy et Malaurie c/ France* du 3 octobre 2000 juge que l'interdiction absolue, résultant d'une loi de 1931, de publier toute information relative à des constitutions de partie civile méconnaît l'exigence de nécessité posée à l'article 10, tandis que l'arrêt *Thoma c/ Luxembourg* du 29 mars 2001 estime contraire aux exigences de cet article la condamnation d'un journaliste pour ne pas s'être distancé des imputations diffamatoires dont il s'était fait l'écho, celles-ci concernant un problème d'intérêt général et l'arrêt *Colombani et autres c/ France* du 25 juin 2002 condamne comme portant une atteinte disproportionnée à la liberté d'expression le régime dérogatoire de protection qu'accordait aux chefs d'État étrangers l'article 36 de la loi de 1881 (v. aussi les arrêts du 31 janvier 2006, *Giniewski c/ France*, qui se montre particulièrement accueillant envers une opinion critique, et du 15 janvier 2009, *Orban et a. c/ France*, qui juge contraire à l'article 10 la condamnation pour apologie de crimes de guerre prononcée à l'encontre de l'éditeur d'un livre du général Aussaresses revendiquant la pratique de la torture durant la guerre d'Algérie, en raison de l'importance qui s'attache à la publication du témoignage d'un des protagonistes du conflit). Hautement significative de ce très grand libéralisme dont fait preuve la Cour est la condamnation, par l'arrêt *Société Plon c/ France* du 18 mai 2004, de l'interdiction définitive prononcée par les juges du fond de l'ouvrage publié par l'ancien médecin personnel de François Mitterrand en violation flagrante du secret professionnel auquel il était assujetti : estimant que l'état de santé du président de la République constitue un débat d'intérêt public dans une démocratie, la Cour juge que la grave restriction apportée à la liberté de la presse ne correspondait pas à un besoin social impérieux, une fois écoulé le temps du deuil des proches du défunt. L'arrêt *Eon c/ France* du 14 mars 2013 est également caractéristique, qui conclut à la violation de l'article 10, suite à la condamnation du requérant, qui avait brandi à proximité du cortège officiel du président Sarkozy une pancarte portant l'inscription « Casse toi, pov'con », pour offense au président de la République — la Cour replace le propos, en dépit de son caractère outrageant, dans le contexte politique qui est le sien et indique « la satire est une forme d'expression artistique et de commentaire social qui, de par

---

1. CEDH 20 sept. 1994, *Otto-Preminger-Institut c/ Autriche*, non-violation de l'art. 10 décidée par 6 voix contre 3.
2. CEDH 23 sept. 1994, *Jersild c/ Danemark*, violation de l'art. 10 décidée par 12 voix contre 7.
3. V. ainsi l'arrêt *Österreichische Vereinigung zur Erhaltung, Stärkung und Schaffung c/ Autriche* du 28 nov. 2013, qui les caractérise comme des « *social watchdogs* ». De même, l'arrêt *Braun c/ Pologne* du 4 nov. 2014 reproche-t-il aux juridictions nationales d'avoir appliqué à un intervenant au cours d'un débat radiophonique un standard moins protecteur que celui bénéficiant aux journalistes.

l'exagération et la déformation de la réalité qui la caractérisent, vise naturellement à provoquer et à agiter »[1].

Mais la jurisprudence de la Cour européenne insiste par ailleurs d'une manière croissante sur les précautions que doivent prendre ceux qui s'expriment pour ne pas porter une atteinte injuste à la réputation des personnes qu'ils mettent en cause. Dans l'arrêt *Chauvy et a. c/ France* du 29 juin 2004, est jugée à l'unanimité conforme aux exigences de l'article 10 la condamnation de l'auteur d'un livre contenant des insinuations graves et infondées à l'encontre de deux anciens résistants. Dans l'arrêt *Pedersen et Baadsgaard c/ Danemark* du 17 décembre 2004, c'est à une voix de majorité que la Grande chambre de la Cour conclut à l'absence de violation de l'article 10, en mentionnant l'obligation de « s'appuyer sur une base factuelle suffisamment précise et fiable qui pût être tenue pour proportionnée à la nature et à la force » de l'allégation litigieuse (v. aussi, dans le même sens, l'exigence d'une « base factuelle solide et convaincante » dans l'arrêt *Barata Monteiro da Costa Nogueira et Patricio Pereira c/ Portugal* du 11 janvier 2011, le rappel du « caractère essentiel de l'exactitude des informations diffusées » dans l'arrêt (gr. ch.) *Couderc et Hachette Filipacchi Associés c/ France* du 10 novembre 2015 et la référence, dans l'arrêt *De Carolis et France Télévisions c/ France* du 21 janvier 2016 aux « normes d'un journalisme responsable » — v. aussi *Medzlis Islamske Zajenidce Brcko et a. c/ Bosnie-Herzégovine (gr. ch.)* du 27 juin 2017 exigeant que soient vérifiés les faits, compte tenu de leur gravité). Par ailleurs, saisie d'une requête fondée sur l'article 8 de la Convention (droit au respect de la vie privée et familiale), la Cour a fait céder à ce droit les exigences de la liberté d'expression, en estimant que la fille aînée du prince de Monaco n'exerçant aucune fonction officielle dans la principauté, aucun débat d'intérêt général ne justifiait que fussent publiés des photographies et des commentaires se rapportant à la vie privée de la princesse (arrêt *von Hannover c/ Allemagne* du 24 juin 2004[2], à comparer avec l'arrêt *Hachette Filipacchi Associés (« Ici Paris ») c/ France* du 23 juillet 2009 à propos d'un article dénonçant la vente de son image à des fins publicitaires par Johnny Hallyday et avec un deuxième arrêt *von Hannover c/ Allemagne* du 7 février 2012 admettant la légitimité de la publication d'un cliché mis en relation avec la maladie du prince Rainier, la maladie d'un souverain pouvant être qualifiée « d'événement de l'histoire contemporaine », puis un troisième, du 19 septembre 2013, reliant également la publication litigieuse à une question d'intérêt général qu'il est permis de ne pas trouver prépondérante, en l'espèce un débat sur la tendance des personnalités en vue à mettre leurs résidences secondaires en location...). Ces deux derniers arrêts indiquent qu'à présent la Cour donne à la liberté d'expression un poids plus important dans la pesée des intérêts en présence, ce que confirme encore l'arrêt du 10 novembre 2015 (gr. ch.), *Couderc et Hachette Filipacchi c/ France*, jugeant que la révélation de l'existence d'un fils né de la liaison du prince de Monaco et d'une femme qui en faisait le récit pouvait se rattacher à un débat d'intérêt général, compte tenu des particularités d'une monarchie héréditaire. Dans l'arrêt *von Hannover* de 2004, la Cour récusait l'analyse de la Cour constitutionnelle allemande soulignant que de larges fractions du public s'identifient à des personnalités et souhaitent être informées sur

1. V. égal. l'arrêt *Perinçek c/ Suisse* du 15 oct. 2015 (gr. ch.) estimant, par 10 voix contre 7, que la condamnation pénale d'une personne qui avait refusé de considérer comme un génocide le massacre des Arméniens par les Turcs en 1915 ne correspondait à aucun besoin social impérieux, les propos tenus n'étant pas analysés comme constitutifs d'un discours de haine et le lien entre la Suisse et ces évènements étant considéré comme trop faible, points que conteste avec force l'opinion dissidente.
2. *GACEDH*, p. 514.

leurs faits et gestes pour stigmatiser « la curiosité d'un certain public » quant à l'intimité de la vie privée de celles-ci. C'est donc bien une approche normative de la presse que, pour la première fois, promeuvent certains arrêts rendus en 2004 (l'arrêt de 2012 se réfère, de manière moins stigmatisante, à « des fins de divertissement » — v. les précisions, d'ailleurs fort relatives, que tente d'introduire l'arrêt *Satakunnan Markkinapörssi Oy et Satamedia Oy c/ Finlande (gr. ch.)* du 27 juin 2017 quant aux questions intéressant légitimement le public) et qu'accentuent encore les arrêts de Grande Chambre *Lindon, Otchakovsky-Laurens et July c/ France* du 22 octobre 2007[1], imposant l'obligation, sans égard pour la nature romanesque de l'ouvrage, de procéder à des vérifications factuelles et introduisant celle de conserver aux propos tenus « un minimum de modération et de bienséance », y compris à l'égard d'un politicien « controversé », *Stoll c/ Suisse* du 10 décembre 2007[2], insistant sur l'importance du « contrôle du respect de la déontologie journalistique » pour considérer comme justifiée une condamnation pour divulgation de documents diplomatiques confidentiels ou l'arrêt de chambre *Féret c/ Belgique* du 16 juillet 2009 approuvant les autorités nationales d'avoir réprimé, s'agissant d'un tract qui s'en prenait avec vigueur aux immigrés, « une liberté d'expression irresponsable et portant atteinte à la dignité, voire à la sécurité de ces parties ou de ces groupes de la population », solution reprise s'agissant de propos homophobes diffusés dans une école, par l'arrêt de chambre du 9 février 2012, *Vejdeland et a. c/ Suède*. S'agissant d'une secte, c'est le caractère inquiétant de sa doctrine qui conduit la Grande Chambre de la Cour, à une voix de majorité, à conclure à l'absence de violation de l'article 10, suite à l'interdiction par la ville de Neuchâtel d'apposer sur le domaine public des affiches renvoyant au site Internet du mouvement (arrêt *Mouvement raëlien suisse c/ Suisse* du 13 juillet 2012)[3].

La Cour exerce également son contrôle sur les restrictions apportées au droit d'accès à Internet, soulignant que ce dernier « est aujourd'hui devenu l'un des principaux moyens d'exercice par les individus de leur droit à la liberté d'expression et d'information : on y trouve des outils essentiels de participation aux activités et débats relatifs à des questions politiques ou d'intérêt public » (arrêt *Ahmet Yildirim c/ Turquie* du 18 décembre 2012, concluant à la violation de l'article 10, la décision bloquant l'accès du requérant à Google Sites ne répondant pas à l'exigence de prévisibilité de la loi et n'ayant pas fait l'objet d'un contrôle de proportionnalité suffisamment soigneux pour éliminer les risques d'abus).

Il faut relever l'importance de l'influence qu'exerce aujourd'hui la jurisprudence de la CEDH sur les juridictions françaises, rendues sensibles à la nécessité de permettre le libre développement de l'information et de la discussion sur les questions d'intérêt public[4], tout en restant attentives à maintenir certaines res-

1. *RTDH* 2009. 491, note P. Wachsmann.
2. *GACEDH*, p. 722.
3. V. aussi l'arrêt de Grande Chambre *Animal Defenders International c/ Royaume-Uni* du 22 avr. 2013 admettant comme compatible avec l'art. 10 l'interdiction de toute publicité politique radiodiffusée.
4. V. ainsi Civ. 1re, 16 mai 2006, *Légipresse* 2006. III. 171, note E. Dreyer, inaugurant une longue série d'arrêts visant l'article 10 de la Convention européenne — v. ainsi pour une application de l'article 10 aux lanceurs d'alerte, Soc. 30 juin 2016, *Légipresse* 2016. III. 536 ou, pour une atteinte à la vie privée, Civ. 1re, 1er mars 2017, *Légipresse* 2017. III. 210, note C. Mas. Sur la tendance récente à casser à ce seul visa, coupant ainsi court à tout débat sur des points plus techniques, v. note N. Mallet-Poujol sur Civ. 1re, 16 oct. 2013, *Légipresse* 2014. III. 94. V. aussi la révision de la condamnation pour diffamation de N. Mamère, à la suite d'un arrêt de la CEDH condamnant la France pour violation de la liberté d'expression : Paris, 10 juin 2009, *Légipresse* 2009. III. 230, note B. Ader et celle consécutive à l'arrêt *Morice c/ France (gr. ch.)* du 10 nov. ▶

trictions[1]. Il faut d'ailleurs souligner que l'allègement du contrôle pratiqué par la Cour européenne sur les appréciations portées par les juridictions nationales est subordonné au respect par celles-ci des principes dégagés par sa jurisprudence (v. ainsi les arrêts *von Hannover (n° 2)* ou *Medzlis Islamske Zajenicde Brko*, préc.).

Le cadre ainsi tracé au régime juridique de la liberté d'expression par les exigences constitutionnelles et internationales permet de dégager deux séries de questions : celle des modalités de l'ingérence des pouvoirs publics dans l'exercice de la liberté d'expression et celle de la définition de l'espace public de libre discussion qu'appelle la société démocratique.

I. Les modalités de l'ingérence des pouvoirs publics dans l'exercice de la liberté d'expression

578. *Affirmation progressive du régime répressif.* Le libellé de l'article 11 de la Déclaration de 1789 semble impliquer que la communication des pensées et des opinions soit l'objet d'un régime répressif, puisqu'il indique que cette activité est libre, sous la seule réserve des abus auxquels elle donnerait lieu. C'est, en effet, la caractéristique du régime répressif que de permettre le libre exercice d'une activité, à la condition que le comportement en question ne tombe pas sous le coup d'une infraction précédemment définie avec une clarté suffisante par la loi pénale. Contrairement à ce que suggère le terme « répressif », il s'agit là du régime le plus libéral, puisqu'il interdit toute ingérence préalable des pouvoirs publics et confie ensuite aux tribunaux répressifs, c'est-à-dire aux organes dotés de la plus grande indépendance par rapport au pouvoir exécutif, le soin de vérifier, au terme d'une procédure assurant la garantie des droits de la défense, que les faits donnant lieu à poursuite correspondent bien à la définition légale de l'infraction. De fait, tout au long du XIXe siècle, le combat pour la liberté de la presse a revêtu la forme d'un combat contre la censure (entendue comme régime d'autorisation administrative préalable) et pour la mise en place d'un régime répressif. Après les dérives révolutionnaires et l'autoritarisme impérial, c'est sous la Restauration qu'auront lieu à la Chambre des députés les affrontements entre libéraux et conservateurs, marqués par une succession très rapide de lois contradictoires : la loi libérale, dite loi de Serre, du 9 juin 1819 sera abrogée au bout de quelques mois, suite à l'assassinat du duc de Berry qui servira de prétexte au rétablissement de la censure (loi du 31 mars 1820). Ces mouvements contradictoires se poursuivront, à un rythme variable, jusqu'à la loi du 29 juillet 1881 qui, aujourd'hui encore, constitue la base du régime juridique de l'expression et qui fait triompher le régime répressif.

Mais, outre le fait que celui-ci a connu une évolution importante, il n'est pas exclusif de régimes préventifs. Aux auteurs de la saisine qui faisaient valoir que l'article 11 de la Déclaration de 1789 interdisait, après l'abrogation du mono-

► 2015 : Cass., ass. plén., 16 déc. 2016, *Légipresse* 2017. III. 85, note B. Ader, et, sans que l'influence européenne soit mentionnée, la décision précitée du Conseil constitutionnel du 20 mai 2011. – L'importance prise par la notion de débat d'intérêt général est telle qu'elle suscite parfois l'ironie (v. ainsi H. Leclerc, note sous Crim. 25 oct. 2016, *Légipresse* 2017. III. 92, qui écrit de l'article 10 de la Convention que « comme un astre céleste », il attire tout ce qui passe à sa portée).

1. Crim. 8 juin 2010, *Bull. crim.* n° 103 (interdiction de filmer durant les audiences considérée comme justifiée); TGI Meaux, 28 nov. 2013, *Légipresse* 2014. III. 163, note H. Leclerc (interdiction de lever le secret du délibéré d'une cour d'assises).

pole public de la radiodiffusion, la mise en place d'un régime d'autorisation, la décision du Conseil constitutionnel du 27 juillet 1982 répond par la négative, au nom des contraintes techniques inhérentes aux moyens de la communication audiovisuelle et des conciliations ci-dessus rappelées. Il est clair que le premier élément (la nécessaire régulation *a priori* de l'espace hertzien, qui ne comporte qu'un nombre limité de fréquences) est ici prédominant. La décision des 10 et 11 octobre 1984 le confirme, qui déclare contraire à la Constitution l'attribution, par la loi sous examen, à une autorité administrative indépendante, la commission pour la transparence et le pluralisme de la presse, de pouvoirs de sanction en cas de dépassement, en matière de cumul de plusieurs titres, des seuils fixés par la loi. Le Conseil a estimé que l'ensemble de ces dispositions « produit des effets équivalant à ceux d'un régime d'autorisation préalable; qu'elles sont, de ce chef, contraires à l'article 11 de la Déclaration de 1789; qu'à supposer même qu'elles aient pour objet de réprimer des "abus" au sens dudit article 11, cette répression ne saurait être confiée à une autorité administrative ».

Sauf à justifier de contraintes techniques impérieuses, un régime d'autorisation préalable est donc *a priori* inconciliable avec l'article 11 de la Déclaration. On notera cependant que le Conseil constitutionnel n'interdit pas les régimes préventifs en général (*quid*, notamment, des régimes d'interdiction ?) et qu'il stigmatise essentiellement la nature administrative de l'organe investi d'un pouvoir susceptible de s'analyser en un régime d'autorisation, ce qui semble laisser intacte la possibilité de l'intervention préalable d'un juge[1]. Le monopole du régime répressif en la matière est donc loin d'être assuré.

L'examen, sur ce point, de la jurisprudence de la Cour européenne des droits de l'homme ne conduit pas à des conclusions différentes. Dans son arrêt *Observer et Guardian c/ Royaume-Uni* du 26 novembre 1991, la Cour a précisé « que l'article 10 de la Convention n'interdit pas en elle-même toute restriction préalable à la publication », mais a tenu à ajouter aussitôt que « de telles restrictions présentent pourtant de si grands dangers qu'elles appellent de la part de la Cour l'examen le plus scrupuleux. Il en va spécialement ainsi dans le cas de la presse : l'information est un bien périssable et en retarder la publication, même pour une brève période, risque fort de la priver de toute valeur et de tout intérêt ». La technique de contrôle utilisée est donc la plus exigeante qui soit (elle équivaut à celle de *strict scrutiny* pratiquée par la Cour suprême des États-Unis), puisqu'elle instaure une sorte de présomption d'illicéité de la restriction envisagée, qui sera extrêmement difficile à renverser pour l'État. L'arrêt *Association Ekin c/ France* du 17 juillet 2001 le confirme, qui précise que les restrictions préalables « doivent s'inscrire dans un cadre légal particulièrement strict quant à la délimitation de l'interdiction et efficace quant au contrôle juridictionnel contre les éventuels abus » avant de conclure que le régime français applicable aux publications de provenance étrangère ne présentait pas de telles garanties et revêtait, de surcroît, un caractère discriminatoire.

Si les données constitutionnelles et européennes de la matière amènent à tenir en suspicion les régimes préventifs[2], il faut relever que le droit français est loin de les éliminer, même si on limite l'examen à la période ordinaire.

1. À l'inverse de la solution consacrée, pour la liberté d'association, par la décision du 16 juill. 1971, ainsi que l'avait noté J. Rivero dans son commentaire à l'*ADJA* 1971. 537.
2. V. égal. la réticence marquée de la CEDH envers un système de notification préalable à la personne en cause d'informations sur sa vie privée que l'on s'apprête à publier dans l'arrêt du 10 mai 2011, *Mosley c/ Royaume-Uni*.

A. Le principe du régime répressif et son évolution

1. Le régime répressif de la loi de 1881

579. ***Particularisme du régime instauré par la loi de 1881.*** Depuis l'intervention de la loi du 29 juillet 1881, le terrain d'élection du régime répressif est la presse (c'est-à-dire, *stricto sensu*, le produit d'une machine à imprimer : parler de « presse écrite » est donc pléonastique). L'article 1er de cette loi dispose : « L'imprimerie et la librairie sont libres », ce qui implique en particulier que « Tout journal ou écrit périodique peut être publié sans déclaration ni autorisation préalable, ni dépôt de cautionnement » (art. 5, dans sa version résultant de la loi du 22 mars 2012).

Reprenant le modèle de la loi de Serre, la loi du 29 juillet 1881 était à l'origine l'illustration même du régime répressif : elle rassemblait l'ensemble des incriminations susceptibles d'intervenir en matière de presse, ce qui permettait de prendre aisément connaissance des limites entre le licite et l'illicite, et contenait de nombreuses précisions quant aux poursuites et à la répression des infractions de presse, marquées d'un net particularisme par rapport à la répression pénale ordinaire, lequel jouait généralement en faveur des personnes poursuivies.

Ce schéma a subi bien des altérations. Ainsi, les infractions de presse ont proliféré en dehors de la loi de 1881, de sorte qu'il est devenu quasi impossible aujourd'hui d'en dresser une liste exhaustive. Il arrive même qu'une infraction soit sortie de la loi sur la presse pour être incorporée au Code pénal (cas de l'outrage aux bonnes mœurs, devenu atteinte à la sensibilité des mineurs avec l'article 227-24 du nouveau Code pénal). Code de la santé publique, lois sur les sondages d'opinion en période électorale, lois portant diverses dispositions d'ordre social accueilleront ainsi des infractions de presse. Le particularisme procédural de la loi de 1881 était notamment caractérisé par la compétence de la cour d'assises, qui conduisait à de très fréquents acquittements. Depuis l'ordonnance du 6 mai 1944, la plupart des infractions de presse relèvent, en tant que délits, des tribunaux correctionnels.

Subsiste, en revanche, le système dit de la responsabilité en cascade : le responsable principal des infractions de presse est le directeur de la publication ou l'éditeur, ainsi investi d'un « devoir de surveillance et de contrôle[1] », à son défaut l'auteur, à son défaut l'imprimeur, à son défaut les vendeurs, distributeurs ou afficheurs de l'écrit. Ce dispositif est destiné à faciliter la désignation d'un responsable et à susciter la prudence de tous les acteurs de la production et de la diffusion de l'écrit, qui pourront de surcroît toujours être poursuivis comme complices de l'auteur principal[2]. Il faut également mentionner l'absence d'aggravation des peines en cas de récidive (sauf quelques exceptions) et l'existence d'une courte prescription de trois mois (art. 65 de la loi — on notera que la loi du 9 mars 2004 porte ce délai à un an pour quatre infractions marquées d'un caractère raciste) à compter de la publication[3]. Sur le plan procédural, l'obliga-

1. Crim. 13 nov. 2001, *Légipresse* 2002. III. 53, note B. Ader. V. aussi pour un directeur de publication d'un service de communication en ligne, Crim. 3 nov. 2015, *Légipresse* 2016. 108, note N. Verly.
2. Rappelant la possibilité de rechercher la responsabilité d'un complice, à l'exclusion de la personne qui aurait eu la qualité d'auteur principal : Crim. 3 mars 2015, *Légipresse* 2015. III. 366, note B. Ader.
3. V., B. Ader, « Quelques rappels et réflexions sur la prescription en matière de presse », *Légipresse* 2004. II. 100. Ce délai impose non seulement une réaction en temps utile après la publication, mais également la réitération régulière d'actes de procédure manifestant à l'adversaire l'intention de poursuivre l'instance (Cass., ass. plén., 21 déc. 2006, *Bull. ass. plén.*, n° 15). La ▶

tion faite au ministère public comme au plaignant de qualifier les infractions motivant leur initiative, avec indication des textes dont l'application est demandée (art. 50 et 53 de la loi) dans le réquisitoire introductif ou la citation, emporte interdiction d'une requalification ultérieure des faits[1], comme de qualifications cumulatives ou alternatives[2]. Compte tenu des incertitudes nombreuses quant aux frontières entre diverses infractions réprimées par la loi de 1881 (par ex. entre diffamation et injure, injure ordinaire et injure raciste), une telle obligation aboutit fréquemment à des impunités[3]. Ces contraintes protectrices de celui qui s'exprime doivent aussi recevoir application lorsque la voie civile est préférée à la voie pénale par la personne visée (*cf. infra*). Suite à des arrêts de la Cour de cassation qui avaient paru affaiblir sérieusement la force de ces exigences au civil, un arrêt d'Assemblée plénière a réaffirmé avec netteté l'application exclusive de la loi de 1881 dans cette hypothèse[4]. Il a encore été précisé récemment que les personnes morales n'encourent aucune responsabilité pénale en raison des délits de presse[5].

580. ***Avantages et inconvénients de la loi sur la presse.*** Depuis longtemps, le particularisme de la loi de 1881 est dénoncé comme trop favorable aux organes de presse, mais sans résultat, nul ne voulant prendre le risque de se les aliéner en remettant en cause un équilibre plus que centenaire. Ces critiques, au demeurant, nous semblent largement excessives, encore qu'il soit exact que dans cer-

▶ Cour de cassation a jugé que cette courte prescription réalisait « un juste équilibre entre le droit d'accès au juge et les exigences de conservation des preuves propres aux faits que réprime » la loi de 1881 et a, en conséquence, refusé de considérer comme sérieuse la QPC dirigée contre la disposition instaurant ce délai (Civ. 1re, 5 avr. 2012, *Légipresse* 2012. 371, note P. Guerder). Il y a nouvelle publication lorsque le texte est rendu à nouveau accessible par son auteur au moyen d'un lien hypertexte y renvoyant directement et inséré dans un contexte éditorial nouveau, suite à un acte volontaire, à l'inverse de l'hypothèse où la nouvelle mise à la disposition du public du contenu litigieux résulte d'un processus entièrement automatisé : Crim. 2 nov. 2016, 10 janv. 2017 et 7 févr. 2017, *Légipresse* 2017. III. 200, note B. Ader.

1. Cette interdiction a été levée par la loi du 27 janvier 2017 relative à l'égalité et à la citoyenneté entre les infractions de presse revêtant une dimension raciste.
2. Règle rappelée par Crim. 30 mars 2005, *Bull. crim.* n° 111, par Paris, 15 févr. 2011, *Légipresse* 2011. 292, note P. Guerder et réaffirmée avec éclat par Cass., ass. plén., 15 févr. 2013, *Légipresse* 2013. III. 152, avis J.-C. Marin, note P. Guerder. V. aussi les arrêts de la chambre criminelle et de la 1re ch. civile en faisant application (*Légipresse* 2013. III. 609, note G. Lécuyer) et la décision du Conseil constitutionnel du 17 mai 2013, n° 2013-311 QPC, la déclarant conforme à la Constitution. Plus récemment : Civ. 1re, 4 févr. 2015, *Légipresse* 2015. III. 364.
3. V. ainsi Montpellier 13 sept. 2007, *Légipresse* 2008. III. 7 : ne pouvant être condamné pour injure envers une personne ou un groupe de personnes à raison de leur origine (art. 33, al. 2 de la loi de 1881), l'infraction n'étant pas constituée, G. Frêche ne pouvait être sanctionné pour injure envers des particuliers (al. 2 du même texte), faute de requalification possible, et ce alors même que la Cour indique que les propos tenus par le prévenu à l'encontre des harkis étaient constitutifs de ce dernier délit.
V. cependant l'étude de N. Bonnal, « Les "chausse-trappes" procédurales de la loi de 1881 : mythe ou réalité ? Essai d'étude statistique », *Légipresse* 2011. 665 montrant, à partir de l'ensemble des décisions rendues en 2010 par la 17e chambre du TGI de Paris, spécialisée en la matière, que « moins de 8 % des poursuites de presse échouent sur un motif de procédure », à quoi s'ajoute le fait qu'un tiers des nullités prononcées étaient fondées sur le droit commun (Code de procédure pénale, essentiellement). Cette étude nuance fortement l'image de « formalisme tatillon » attachée à la loi sur la presse.
4. Cass., ass. plén., 15 févr. 2013, *Légipresse* 2013. III. 303, avis J.-C. Marin, note P. Guerder. Sur la controverse tranchée par cet important arrêt, v. Civ. 1re, 8 avr. 2010, *Bull. civ.* I, n° 87; *Légipresse* 2010. 88, comm. P. Guerder; *D.* 2010. 1673 et N. Bonnal, « Les règles processuelles de la loi de 1881 sont-elles toujours applicables devant le juge civil ? », *Légipresse* 2010. 19. La cour d'appel de Paris, quant à elle, avait continué d'appliquer avec rigueur les dispositions procédurales de la loi de 1881 : Paris, 9 sept. 2010, *Légipresse* 2010. 420, note B. Ader et 15 févr. 2011, *Légipresse* 2011. 292, note P. Guerder.
5. Crim. 11 juill. 2017, n° 16-84.859.

tains cas, les chicanes tirées de la loi de 1881 aboutissent à priver les victimes de la réparation qui leur est due. L'idée d'une dépénalisation du droit de la presse avait été relancée par le président Sarkozy, qui avait tenté de la présenter comme un progrès (l'interpellation, accompagnée de nombreuses vexations, le 28 novembre 2008, de M. de Filippis, ancien directeur de la publication de *Libération*, en exécution d'un mandat d'amener émis par le juge d'instruction dans le cadre d'une plainte en diffamation, lui avait fourni un argument en ce sens) et reprise par le rapport Guinchard sur la nouvelle répartition des contentieux (juin 2009). Il serait imprudent de succomber à cette illusion : l'application de la loi pénale comporte des garanties spécifiques, au premier chef celle d'une interprétation restrictive des dispositions d'incrimination[1], comme l'a justement rappelé une tribune publiée par *Le Monde* du 27 janvier 2009. Au demeurant, il suffirait de préciser à l'article 52 de la loi de 1881 que les mandats de comparution ou les mandats d'amener sont également prohibés et de supprimer les peines d'emprisonnement encourues en matière de diffamation. Utilisant les débats portant sur la loi relative à l'égalité et à la citoyenneté, les sénateurs ont récemment tenté une nouvelle offensive contre le libéralisme de la loi de 1881, en utilisant le prétexte de la prolifération de fausses informations sur Internet. Cette initiative, qui a suscité de vives protestations (v. *Le Monde*, 6-7 novembre 2016), montre la fragilité des conquêtes en matière de liberté d'expression et la vigilance inquiète dont il convient de faire preuve en la matière.

Plus importante serait pourtant la tâche de vérifier, à la lumière des impératifs constitutionnels et internationaux d'aujourd'hui, si chacune des innombrables infractions de presse prévues par nos lois continue d'apparaître nécessaire, dans une société démocratique, à la satisfaction d'intérêts légitimes. Un tel examen conduit à juger obsolètes certaines infractions (pour ne prendre qu'un seul exemple, l'interdiction de rendre compte de certains procès en diffamation prévue à l'article 39 de la loi de 1881), ou trop restrictifs certains moyens de défense offerts au prévenu (ainsi de l'interdiction, en matière de diffamation, de rapporter la preuve de la vérité de faits remontant à plus de dix ans[2] ou encore constitutifs d'une infraction amnistiée ou prescrite, aujourd'hui abrogée à la suite, respectivement, des décisions du Conseil constitutionnel du 20 mai 2011, n° 2011-131 QPC et du 7 juin 2013, n° 2013-319 QPC).

1. V. ainsi Crim. 12 nov. 2008, *Légipresse* 2009. 12, note G. Tillement (propos critiques sur l'homosexualité tenus par M. Vanneste), 31 mars 2009, *Légipresse*, n° 263, note G. Tillement (confirmant l'arrêt précité de la cour de Montpellier, cet arrêt énonce que « d'une part, la communauté des harkis ne constitue pas un groupe de personnes entrant dans l'une des catégories limitativement énumérées par l'article 33, al. 3, de la loi du 29 juill. 1881 et que, d'autre part, l'interdiction de toute injure envers les harkis posée par l'article 5 de la loi du 23 février 2005 n'est assortie d'aucune sanction pénale »), 27 nov. 2012, *Légipresse* 2013. 10 (la contravention d'injure raciale non publique ne figurant pas au nombre de celles autorisant les associations habilitées à exercer les droits de la partie civile, des poursuites à raison de propos tenus lors d'une manifestation réservée aux militants d'un parti politique ne peuvent prospérer, en dépit de la présence de journalistes), 3 nov. 2015, *Légipresse* 2016. 108, note N. Verly (impossibilité d'ordonner la publication du jugement alors que celle-ci n'est pas une peine complémentaire prévue pour la diffamation envers un particulier. Le même principe d'interprétation s'applique évidemment en droit pénal commun), Crim. 16 mars 2016, *Légipresse* 2016. 275, note I. Soskin (la diffusion de la photographie de l'ancienne compagne du prévenu, la représentant nue et enceinte, ne tombe pas sous le coup de l'article 226-1 du code pénal, dès lors que l'intéressée avait consenti à être photographiée – l'article 67 de la loi du 7 octobre 2016 pour une République numérique incrimine désormais la diffusion sans accord de la personne d'« images présentant un caractère sexuel »).
2. Dans un jugement du 21 mai 2007, *Légipresse* 2007. 227, note L. François, le TGI de Paris avait affranchi le prévenu de cette interdiction, la jugeant dépourvue de nécessité dans une société démocratique.

Faute pour le législateur de procéder à un tel examen, c'est aux tribunaux qu'il revient de l'effectuer, en utilisant la procédure de la question prioritaire de constitutionnalité ou directement en application de l'article 55 de la Constitution qui fait prévaloir sur les lois les traités internationaux. Dans un arrêt du 18 septembre 1997, la cour d'appel de Paris[1] n'a pas hésité à écarter l'application de l'article 38, alinéa 3 de la loi de 1881 qui prohibait « la publication, par tous moyens, de photographies, gravures, dessins, portraits ayant pour objet la reproduction de tout ou partie des circonstances » de certains crimes et délits (atteintes à la personne humaine, à l'intégrité physique ou psychique de la personne, atteintes aux mineurs et à la famille). Le ministère public poursuivait, suite à la publication de photographies prises peu après l'attentat perpétré à la station Saint-Michel et représentant certaines victimes encore en état de choc. La cour de Paris, qu'un arrêt de la Cour de cassation du 20 février 2001 a approuvée[2], a confirmé la relaxe en estimant que les dispositions servant de fondement aux poursuites étaient d'une généralité incompatible avec les exigences de la Convention européenne. La thèse du ministère public proposant de limiter l'application de ce texte aux hypothèses d'atteinte à la dignité humaine a été écartée comme ne satisfaisant pas à l'exigence de prévisibilité résultant de la jurisprudence de la Cour européenne. L'article 97 de la loi du 15 juin 2000 renforçant la protection de la présomption d'innocence et les droits des victimes consacre finalement cette thèse, en incriminant désormais la reproduction des circonstances d'un crime ou d'un délit lorsque celle-ci « porte gravement atteinte à la dignité d'une victime et qu'elle est réalisée sans l'accord de cette dernière » — ce qui nous paraît ne pas renforcer sensiblement la prévisibilité de ce texte. Les articles de la loi du 19 juillet 1977 interdisant la publication de sondages électoraux dans la semaine précédant chaque tour de scrutin ont, quant à eux, vu leur nécessité au regard de l'article 10 de la Conv. EDH faire l'objet d'appréciations divergentes : les juridictions judiciaires[3] l'ont récusée, compte tenu de la large disponibilité de tels sondages à l'étranger et sur le réseau Internet, tandis que le Conseil d'État[4] a estimé ne pouvoir le faire. La Cour de cassation a, par ailleurs, écarté l'application de la loi du 2 juillet 1931, que la CEDH avait jugée contraire aux exigences de la Convention dans son arrêt *Du Roy et Malaurie c/ France*[5]. Quant au délit d'offense envers les chefs d'État étrangers, jugé contraire à la Convention par l'arrêt *Colombani* de la CEDH[6], il a fait l'objet d'une application par la cour d'appel de Paris, qui a cependant veillé à le rapprocher du droit commun en acceptant avec libéralisme la preuve de la bonne foi du prévenu[7]. Toutes ces décisions de justice ont entraîné l'intervention du législateur, dans les deux derniers cas pour procéder à l'abrogation du texte en cause (articles 53 et 52 de la loi du 9 mars 2004), dans le premier pour réduire la durée de la période durant laquelle est interdite la publication des sondages concernés (article 5 de la loi du 19 février 2002). On relèvera cependant que ces abrogations sont opérées *a minima* — c'est ainsi que l'infraction d'offense au chef de l'État français subsistait, alors pourtant qu'elle encourait les mêmes critiques que l'infraction

1. Confirmant un jugement du TGI de Paris du 10 sept. 1986, *Légipresse* 1997. III. 7, note Derieux.
2. *D.* 2001. 3001, note P. Wachsmann.
3. TGI Paris, 15 déc. 1998, *Légipresse* 1999. III. 15, note Derieux et Crim. 4 sept. 2001, *Légipresse* 2001. III. 183, note B. Ader, cassant Paris, 29 juin 2000, *Légipresse* 2000. III. 147.
4. CE, sect., 2 juin 1999, *M. Meyet*, *AJDA* 1999. 629 et 560, Chron. F. Raynaud et P. Fombeur.
5. Crim. 16 janv. 2001, *D.* 2001. Somm. 1067, obs. J.-F. Renucci.
6. *RTDH* 2003. 975, note P. Wachsmann.
7. Paris, 3 juill. 2002, *Légipresse* 2002. III. 163, note H. Leclerc; comp. TGI Paris, 25 avr. 2001, *Légipresse* 2001. III. 103, note M.-N. Louvet qui avait déclaré ces dispositions contraires aux art. 6 et 10 de la Conv. EDH.

supprimée[1]. Ce n'est qu'à la suite de la condamnation de la France par la Cour européenne des droits de l'homme (arrêt *Eon c/ France* du 14 mars 2013) que l'article 21 de la loi du 5 août 2013 a abrogé l'article 26 de la loi sur la presse définissant cette infraction.

2. *La montée en puissance contrariée du droit civil*

581. ***Droit civil contre droit pénal de la presse ?*** Ce qui est, par ailleurs, frappant dans les tendances actuelles du droit de la presse, c'est la volonté de ceux qui le dénoncent de soumettre leurs demandes au juge civil et singulièrement au juge des référés. Ce dessaisissement du juge pénal (que l'article 46 de la loi de 1881 n'interdit que pour les diffamations envers les corps constitués ou envers les dépositaires ou agents de l'autorité publique pris en cette qualité[2]) permet en effet, outre une plus grande discrétion, l'obtention de dommages-intérêts généralement plus élevés que ceux accordés au titre de l'action civile par les tribunaux répressifs et, lorsqu'il s'agit du juge des référés, l'édiction de mesures intervenant très rapidement — voire de mesures préventives.

Au départ confinée à la protection de la vie privée des personnes[3], la saisine du juge des référés s'est ensuite étendue au-delà de ce champ, qui peut d'ailleurs lui-même interférer avec des débats d'intérêt public, comme l'illustre le cas de l'interdiction, pour atteinte à l'intimité de la vie privée du président défunt et de ses proches, du livre du docteur Gubler sur la maladie de François Mitterrand[4]. La saisine du juge des référés en matière de diffamation, suite à la publication dans un hebdomadaire d'un article mettant gravement en cause le comportement de M. Jean-Christophe Mitterrand, à l'époque conseiller pour les Affaires africaines à la présidence de la République, témoigne bien de cette tendance. Dans un arrêt du 5 février 1992[5], la deuxième chambre civile de la Cour de cassation a admis le principe d'une telle action, en dépit des réserves qu'il peut susciter, tout en l'assortissant d'une importante garantie : l'obligation, pour le juge des référés, de respecter le délai de dix jours imparti au défendeur par la loi de 1881 (sauf atteinte à la vie privée) pour rapporter la preuve de la vérité des faits diffamatoires. Une telle exigence[6] interdit au juge des référés de prononcer une mesure de saisie à l'encontre de quotidiens ou d'hebdomadaires (après dix jours, une telle mesure n'aurait plus aucune utilité) et limite ses pouvoirs à l'insertion forcée d'un communiqué[7] ou à l'allocation de dommages-intérêts provisionnels. Compte tenu des conditions dans lesquelles statue le juge des référés, cette solution, même si elle limite les atteintes susceptibles d'être portées à la liberté d'expression, ne nous paraît guère opportune : fondée en l'espèce sur un simple titre de compétence d'origine réglementaire (le nouveau Code de procédure civile) particulièrement général, l'intervention du juge des référés autorise des

1. V. T. Lévy, note sous Angers, 24 mars 2009, *Légipresse* 2009. III. 172, à propos de la condamnation d'une personne ayant brandi un écriteau portant la mention « Casse toi pov'con » à l'approche du cortège présidentiel à Laval.
2. V. sur les conditions requises pour que puisse s'appliquer cette dernière infraction, Crim. 6 janv. 2015, *Bull. crim.* n° 10.
3. En vertu de l'art. 9 du C. civ.; v. *infra*.
4. V. *infra*.
5. *D.* 1993. 53, note P. Wachsmann.
6. Rappelée avec force par Civ. 2e, 14 nov. 2002, *Légipresse* 2003. III. 1, note B. Ader.
7. V. ainsi l'obligation de rappeler le principe de la présomption d'innocence dans un encart à insérer dans le livre de Nadine Trintignant relatif à la mort de sa fille (Paris, 7 oct. 2003, *Légipresse* 2003. III. 167, note E. Derieux) qu'elle avait publié avant le procès à Vilnius de Bertrand Cantat.

atteintes à une liberté que le législateur de 1881 avait attentivement protégée. Encore plus critiquable est la solution retenant la compétence du juge des référés en dépit de l'incompétence du juge civil statuée par l'article 46 de la loi de 1881 : l'autonomie du référé atteint ici une dimension exorbitante. Il faut ajouter que, en toute hypothèse (même en cas d'atteinte au respect dû à la vie privée)[1], la juridiction des référés ne garantit pas toujours suffisamment le respect de la liberté d'expression, comme l'attestent déjà de nombreux exemples (principe du contradictoire malmené, interdiction de publier un ouvrage non encore rédigé à partir d'un simple synopsis, mesures assorties d'astreintes d'un montant exorbitant ou imposant des contraintes excessives[2]...). Le contrôle exercé sur les décisions de référé par les juridictions supérieures tend, de ce fait, à se renforcer[3], tandis que le caractère exceptionnel d'une intervention *a priori* du juge des référés est affirmé avec une netteté croissante[4]. À cet égard, l'annonce récemment faite par le président de la République (*Le Monde*, 5 janv. 2018) d'un projet de loi rendant possible la saisine du juge des référés en cas de propagation d'une fausse nouvelle par un site internet ne peut qu'inquiéter, dans la mesure où une décision rendue en urgence par un juge unique ne saurait être un cadre adéquat pour résoudre des questions qui peuvent être délicates.

Par ailleurs, un débat très vif s'est engagé sur l'applicabilité à la presse du droit de la responsabilité civile. L'assemblée plénière de la Cour de cassation l'a finalement tranché dans un sens nettement défavorable au grignotage du droit de la presse par le droit civil, solution qui doit, selon nous, être pleinement approuvée, compte tenu de la protection dont le législateur de 1881 a entendu doter la liberté de s'exprimer. S'il est clair qu'aucun inconvénient majeur ne s'attache à l'invocabilité, devant le juge civil, des articles de la loi de 1881 ou des autres textes définissant des infractions de presse, les contraintes liées à ces dispositions restant applicables (v. ss 579 s.), l'introduction de la possibilité de faire jouer la faute de l'article 1240, ex-1382, du Code civil modifie, en revanche, les limites de la liberté d'expression. À ce titre, une partie de la doctrine estimait que, en matière de presse, l'existence d'une loi spéciale emportait exclusion de la loi générale que constitue l'article 1382 du Code civil[5]. Telle n'a pas été l'interprétation qui a prévalu : l'article 1382 n'a jamais été totalement tenu en échec par la loi de 1881. En revanche, une grande incertitude a régné sur la portée propre que l'article 1382 est susceptible de revêtir en matière de presse, incertitude qui n'est en réalité toujours pas entièrement levée à ce jour, compte tenu des réserves que continue de susciter l'éviction de principe de cette disposition.

La jurisprudence a d'abord semblé en réserver l'application à des hypothèses exceptionnelles que la loi de 1881 interdisait de saisir : déformation par le journaliste des propos tenus par l'intéressé ou atteinte aux droits fondamentaux de

1. V. ainsi par analogie, Civ. 1re, 14 juin 2005, *Légipresse* 2006. III. 1, note J.-Y. Dupeux, imposant à la cour d'appel de préciser en quoi la diffusion avant un procès pénal d'un livre écrit par la juge ayant instruit l'affaire porterait atteinte à la présomption d'innocence.
2. V. ainsi TGI Brest, réf., 7 juin 2010, *Légipresse* 2010. III. 296, note A. Chavagnon et J. Lavédrine, imposant l'enlèvement de la mention « Combien de morts ? » de la couverture d'un livre dénonçant les méfaits d'un médicament, le *Mediator*. L'ampleur du scandale mis au jour par ce livre a conduit la cour d'appel de Rennes à lever cette mesure, le 25 janv. 2011, *Légipresse* 2011. III. 182, note A. Chavagnon. L'éditeur déclare avoir perdu 25 000 euros du fait de la décision de première instance (*Le Monde*, 27 janv. 2011).
3. Versailles, 3 mai 2006, *Légipresse* 2006. III. 161, note T. Hassler (« l'interdiction de reproduire les clichés litigieux à l'avenir n'apparaît pas ressortir des pouvoirs du juge des référés »).
4. Paris, 15 déc. 2005, *Légipresse* 2006. III. 168, note B. Ader et Paris, 2 févr. 2006; TGI Paris, 10 nov. 2005, *Légipresse* 2006. III. 125 et TGI Paris, 15 juin 2011, *Légipresse* 2011. III. 434.
5. V. J. Carbonnier, « Le silence et la gloire », *D.* 1951. Chron. 119.

la personne[1], solution que la Cour de cassation a refusée dans un premier temps, estimant que rien ne devait venir limiter la portée générale de l'article 1382[2]. La résistance des cours d'appel à cette solution a conduit à soumettre la question à l'assemblée plénière de la Cour de cassation qui, dans un arrêt du 12 juillet 2000[3], s'est ralliée à la doctrine des juges du fond, en énonçant, fort peu clairement, que « les abus de la liberté d'expression prévus et réprimés par la loi du 29 juillet 1881 ne peuvent être réparés sur le fondement de l'article 1382 du Code civil ». Cette formule imposait de distinguer désormais selon que la faute invoquée devant le juge civil correspond ou non à une incrimination résultant de la loi sur la presse. Dans le premier cas, l'article 1382 ne pouvait jouer et il y avait lieu de faire application exclusive des dispositions de la loi sur la presse : la faute civile ne pouvait que coïncider avec la faute pénale et non la déborder, comme c'était le cas sous l'empire de l'ancienne jurisprudence de la Cour de cassation (par exemple, était fautive toute diffamation dirigée contre la mémoire des morts, alors pourtant que la loi de 1881 ne l'incrimine que lorsqu'elle s'accompagne d'une intention de porter atteinte à l'honneur ou à la considération des héritiers, époux ou légataires universels vivants)[4]. Dans le second cas, il restait à préciser les hypothèses dans lesquelles la faute de l'article 1382 pouvait venir suppléer les lacunes du droit pénal de la presse, étant entendu que le respect dû à la liberté d'expression commande ici une conception restrictive. Un arrêt de la Cour de cassation rendu en 2008 avait pu être interprété comme une régression[5], attestant une incertitude persistante. La tendance paraissait s'affirmer d'une utilisation de l'article 1382 pour réparer les dommages causés par le dénigrement des produits (la loi de 1881 ne protège que les personnes)[6], voire par des mises en cause trop générales pour que puisse jouer la diffamation[7], quitte à importer, non sans contradiction, dans de telles hypothèses les règles régissant l'infraction de diffamation, en particulier celles relatives à l'appréciation de la bonne foi (*cf. infra*).

La Cour de cassation semble avoir définitivement et, cette fois-ci, clairement tranché le débat dans son arrêt d'Assemblée plénière du 15 février 2013[8], encore que celui-ci ne porte que sur une question procédurale. Dans son avis, M. le pro-

1. Paris, 18 févr. 1992, *Légipresse* 1992. III. 112 : refus de condamner *Le Canard enchaîné* suite à la parution d'un article satirique restant dans les limites permises du genre.
2. Civ. 2e, 5 mai 1993, *Légipresse* 1994. III. 20 : la cour d'appel de Paris avait refusé de condamner l'éditeur d'un mensuel qui avait publié des photographies représentant des jeunes gens revêtus de l'uniforme scout se livrant à des jeux érotiques, en les accompagnant de légendes grivoises parodiant le vocabulaire scout et, sur renvoi, Versailles, 17 mai 1995, *Légipresse* 1995. III. 170 condamnant l'éditeur dans cette affaire; Civ. 2e, 24 janv. 1996, *D.* 1997. 269, note J. Ravanas et 2 avr. 1997, *Légipresse* 1997. III. 97, note B. Ader.
3. *BICC* 1er nov. 2000, p. 3, concl. Joinet, rapports et note Durieux, confirmé not. par Civ. 2e, 5 févr. 2004, *Légipresse* 2004. III. 137, note B. A., par Civ. 1re, 27 sept. 2005, *Légipresse* 2006. III. 57, note F. Watrin, qui énonce : « les abus de la liberté d'expression envers les personnes ne peuvent être poursuivis sur le fondement de ce texte [l'art. 1382] » et par Civ. 2e, 25 janv. 2007, *Légipresse* 2007. III. 134, note B. Ader.
4. En ce sens, Civ. 1re, 6 mai 2010, *Bull. civ.* I, no 103 : les dommages causés par des propos constitutifs de diffamation « ne peuvent être réparés sur le fondement de l'article 1382 du code civil ».
5. Civ. 1re, 30 oct. 2008, *JCP* 2009. II. 10006, note E. Dreyer. La Cour estime que « quand l'imputation de la paternité d'une publication en l'absence de propos injurieux ou portant atteinte à l'honneur ou à la considération ne relève pas des dispositions de la loi du 29 juillet 1881 », l'art. 1382 du Code civil s'applique (la cour d'appel avait rejeté la demande en l'analysant comme une accusation de diffamation, en l'espèce non fondée).
6. Mais en sens contraire (refus de faire jouer l'art. 1382), v. Civ. 1re, 25 nov. 2010, *Légipresse* 2011. 101, note G. Tillement.
7. TGI Paris, 19 mai 2010, *Légipresse* 2010. 290, note F. Masure : mise en cause des avocats en général par le représentant d'un syndicat de policiers.
8. Cass., ass. plén., 15 févr. 2013, *Légipresse* 2013. III. 152, avis J.-C. Marin, note P. Guerder.

cureur général Marin indique en effet nettement qu'il s'agit d'affirmer la prééminence de la loi de 1881 en tant que garantie de la liberté d'expression, de « conforter les équilibres posés » par ce texte législatif spécial dont il estime que les principes qu'il pose « gravitent désormais dans une sphère constitutionnelle », c'est-à-dire doivent s'analyser comme des garanties pratiquement indissociables de la liberté d'expression elle-même. Alors que l'on pouvait hésiter sur ce que la Cour de cassation entendait laisser subsister de la fonction de l'article 1382 en matière de presse — éviction totale ou réduction à une fonction complétive dont les contours devraient alors être précisés[1] — c'est le premier parti qui l'emporte nettement — « l'autonomie et l'exclusivité de la loi de 1881 en matière de réparation des délits de presse », pour reprendre les termes du procureur général, s'imposent désormais. Un arrêt de la 1re chambre civile du 10 avril 2013 va clairement en ce sens[2], alors que certaines décisions semblent à nouveau revenir en arrière, en admettant l'application de l'article 1382 en cas de dénigrement de produits et non de personnes[3], voire même en limitant l'exercice de la liberté d'expression au vu d'autres textes législatifs (loi pour la confiance dans l'économie numérique et Code du travail ont ainsi été invoqués pour interdire la divulgation des détails d'un plan social d'entreprise)[4].

Le régime répressif joue aussi à l'égard d'autres modes d'expression : parole publique et spectacles vivants considérés comme « œuvres de l'esprit[5] » ou encore messages mis en ligne. Pour le reste, en dépit des principes, s'appliquent bel et bien des régimes préventifs.

B. La persistance de régimes préventifs

582. Ceux-ci n'épargnent pas la presse ni le cinéma, s'ils trouvent dans la communication audiovisuelle leur terrain privilégié. L'interdiction par des préfets ou des maires, souhaitée par le ministre de l'Intérieur, d'un spectacle de Dieudonné au cours duquel étaient tenus des propos constitutifs d'attaques antisémites tombant sous le coup de la loi pénale et d'ailleurs plusieurs fois sanctionnées à ce titre, a donné lieu à une prise de position du Conseil d'État, statuant au titre du référé-liberté, qui est venue rappeler que le principe de la liberté d'expression n'emporte pas paralysie des pouvoirs de police administrative générale. L'ordonnance du 9 janvier 2014, *Société les Productions de la Plume et M. Dieudonné M'Bala M'Bala*[6], relève l'existence de condamnations pénales

1. Comme l'indique Me Guillaume Lécuyer (note sous Civ. 1re, 6 oct. 2011, *Légipresse* 2012. 31), l'enjeu est notamment de savoir s'il est possible, ou non, de mettre en œuvre un « délit civil de dénigrement » à l'encontre d'allégations qui ne sont constitutives ni de diffamation, ni d'injure.
2. *Légipresse* 2013. III. 425, note N. Verly. V. aussi Civ. 1re, 29 oct. 2014, *Légipresse* 2014. III. 683, note B. Ader, TGI Paris, réf., 20 nov. 2014, *Légipresse* 2014. III. 685 et Civ. 1re, 17 juin 2015, *Légipresse* 2015. III. 483, note B. Ader.
3. Civ. 1re, 27 nov. 2013, *Légipresse* 2014. III. 155, note B. Ader. L'annotateur relève l'imprévisibilité de cette jurisprudence et dénonce, en conséquence, son incompatibilité avec les exigences de l'article 10 de la Conv. EDH.
4. Civ. 1re, 11 mars 2014, *Légipresse* 2014. III. 289, note C. Bigot.
5. La loi du 18 mars 1999 a étendu à l'ensemble de ces spectacles le régime dont l'ordonnance du 13 oct. 1945 relative aux spectacles ne faisait bénéficier que le théâtre parlé et lyrique, la danse, les concerts symphoniques et autres, le théâtre de marionnettes, les cabarets artistiques, cafés-concerts, music-hall et cirques.
6. Req. no 374508. V. aussi CE, réf., 10 janv. 2014, req. no 374528 et 11 janv. 2014, req. no 374552, mêmes requérants, *AJDA* 2014. 866. V. not. sur ces ordonnances les commentaires et interventions de D. Baranger, *RFDA* 2014. 525; C. Broyelle, *RFDA* 2014. 521; D. Lochak, *Légipresse* 2014. III. 224; J. Petit, *AJDA* 2014. 866 et B. Seiller, *AJDA* 2014. 129. *Adde* le dossier consacré à l'affaire par le no 2 de la revue *Grief*, Dalloz, 2015, p. 61-109.

déjà prononcées à raison des propos du requérant lors de ce spectacle, celle d'« un risque sérieux que soient de nouveau portées de graves atteintes au respect des valeurs et principes, notamment de dignité de la personne humaine, consacrés par la Déclaration des droits de l'homme et du citoyen et par la tradition républicaine » et en déduit l'absence d'une illégalité grave et manifeste, seule de nature à justifier l'intervention du juge du référé-liberté. Il reste à espérer que ces éléments cantonnent le champ d'application de cette solution à des hypothèses exceptionnelles, telle celle de ces espèces[1].

1. Les régimes d'interdiction administrative en matière de presse

583. Ils résultaient de deux articles 14, celui rajouté à la loi de 1881 par un décret-loi de 1939 et celui qui a été inséré dans la loi du 16 juillet 1949 sur les publications destinées à la jeunesse : seul ce dernier subsiste aujourd'hui, compte tenu des graves réserves qu'ils encourent aussi bien quant à leur principe que quant à leurs modalités[2].

584. ***Le régime naguère applicable aux publications de provenance étrangère.*** Texte de circonstance destiné à lutter contre la propagande ennemie peu avant la guerre, le décret-loi de 1939 a été abrogé par un décret du 4 octobre 2004, sur injonction du Conseil d'État en vertu de l'article 10 de la Conv. EDH[3]. Ayant conservé valeur réglementaire, en l'absence de ratification, ses dispositions avaient jadis été jugées conformes à la loi d'habilitation sur la base de laquelle il avait été pris[4]. Elles autorisaient le ministre de l'Intérieur à interdire la circulation, la distribution ou la mise en vente en France des journaux ou écrits, périodiques ou non, rédigés en langue étrangère et des journaux ou écrits de provenance étrangère rédigés en langue française. Il s'agissait donc d'un régime d'interdiction administrative dont l'utilisation aboutissait à empêcher toute circulation en France de l'écrit concerné. Si l'on se souvient que l'article 10 de la Convention européenne proclame la liberté d'expression sans considération de frontière, ce régime d'exception qui conférait à l'Administration des pouvoirs importants et mal définis ne pouvait qu'être jugé contraire aux principes de la société démocratique. En dépit des conclusions en ce sens de son commissaire du gouvernement, le Conseil d'État avait précédemment jugé que ces dispositions n'étaient pas incompatibles avec les exigences de la Convention, compte tenu du renforcement du contrôle juridictionnel opéré par l'arrêt[5]. La CEDH a infirmé cette appréciation (arrêt *Association Ekin c/ France* du 17 juillet 2001) et a ensuite été suivie par le Conseil d'État et le pouvoir réglementaire.

De surcroît, le juge administratif avait interprété fort largement le texte quant à son champ d'application : étaient concernées non seulement les traductions ou les adaptations de textes parus à l'étranger, mais encore les publications rédigées en français par un auteur étranger, à l'aide d'une documentation étrangère et qui révèlent « une inspiration étrangère[6] ». Le contrôle pratiqué sur les arrêtés ministériels d'interdiction pris en application de ce texte, après une trop

---

1. V. ainsi, à propos d'un autre spectacle du même auteur, CE, ord., 6 févr. 2015, *Commune de Cournon d'Auvergne, AJDA* 2015. 1658, note É. Saillant-Maraghni.
2. V. P. Wachsmann, « Les limitations à l'exercice des droits et l'exercice du contrôle juridictionnel », *RUDH* 1991. 289.
3. CE 7 févr. 2003, *GISTI, Légipresse 2003*. III. 60, note P. Wachsmann; v. aussi la proposition de réforme faite par le médiateur de la République (Rapport annuel, 2004, p. 64).
4. CE, ass., 2 nov. 1973, SA Librairie François Maspero, *Lebon* 611.
5. CE, sect., 9 juill. 1997, *Assoc. Ekin, Lebon* 309; *RD publ.* 1998. 539, note Wachsmann.
6. CE, ass., 30 janv. 1980, *SA Librairie François Maspero, AJDA* 1980. 242, concl. contr. Genevois.

longue fixation au stade du contrôle restreint[1], s'était transformé en un contrôle entier portant sur la conciliation entre les intérêts généraux dont le ministre a la charge et le respect dû aux libertés publiques et, notamment, à la liberté de la presse[2]. Cette solution, qui correspond aux exigences de la liberté d'expression, conduisait déjà à envisager avec suspicion une mesure portant par définition une atteinte grave à la liberté de la presse.

585. ***L'article 14 de la loi du 16 juillet 1949 sur les publications présentant un danger pour la jeunesse.*** Tandis que ce texte soumet celles-ci à des normes fort strictes quant à leur contenu, sans s'écarter cependant du cadre du régime répressif, son article 14, modifié par l'article 46 de la loi du 17 mai 2011 de simplification et d'amélioration de la qualité du droit, vise en réalité, pour les soumettre à un régime préventif, les publications « de toute nature », soit celles qui n'ont ordinairement pas pour destinataires les enfants et les adolescents. Est d'abord statuée l'obligation de mentionner l'interdiction de la mise à disposition des mineurs et de vendre sous film plastique les publications, autres que les livres, « présentant un danger pour la jeunesse en raison de contenus à caractère pornographique ». La loi laisse pleinement subsister le pouvoir du ministre de l'Intérieur, d'édicter des restrictions quant à la diffusion et à la commercialisation (interdiction de vente aux mineurs, d'exposition à la vue du public ou de publicité) des publications qui présentent « un danger pour la jeunesse en raison de contenus à caractère pornographique ou susceptibles d'inciter au crime ou à la violence, à la discrimination ou à la haine contre une personne déterminée ou un groupe de personnes, aux atteintes à la dignité humaine, à l'usage, à la détention ou au trafic de stupéfiants ou de substances psychotropes » — la définition des contenus susceptibles de déclencher les pouvoirs d'interdiction du ministre reste pratiquement intacte, mais fait tout de même disparaître la lutte contre les publications « à caractère licencieux ».

Ces dispositions dotent l'Administration de pouvoirs qu'il est tentant pour elle de détourner[3], alors pourtant que la répression pénale ordinaire offre une protection suffisante dans les cas réellement graves. La protection de la jeunesse sert ici de prétexte à un autoritarisme incompatible avec la liberté d'expression, dont la portée est encore aggravée, pour les publications périodiques, par le fait que le prononcé, à leur encontre, d'une mesure d'interdiction d'exposition a pour effet de les soustraire au circuit normal de distribution par les sociétés coopératives de diffusion, ce qui signifie leur disparition en pratique. L'exercice, par le juge administratif, d'un contrôle entier sur les appréciations ministérielles relatives tant au contenu des publications[4] qu'au choix des mesures édictées[5] ne compense que très partiellement les vices inhérents à ce contrôle administratif des publications, assez fréquemment exercé[6]. En 1987, la loi de 1949 a été mobilisée par le ministre de l'Intérieur, Charles Pasqua, pour contraindre les revues dites de charme à plus de modération dans le choix des photographies de couverture, ce

1. CE 17 avr. 1985, *S^té^ les Éditions des Archers, RD publ.* 1985. 1362, concl. Stirn.
2. Arrêt *Assoc. Ekin*, préc.
3. Interdiction de vente aux mineurs et d'exposition de la revue *Hara-Kiri* — du sabordage de laquelle est né *Charlie Hebdo* — pour avoir titré d'une manière irrévérencieuse au lendemain de la mort du général de Gaulle et de l'ouvrage d'avant-garde *Éden, Éden, Éden* de Pierre Guyotat en 1970.
4. CE 5 déc. 1956, *Thibault, D.* 1957. 20, concl. Mosset. V. aussi, concluant à l'illégalité du refus d'abroger un arrêté de 1962, CE 27 juin 2005, *M. Genka, Légipresse* 2005. III. 253, concl. Mitjavile, note E. Derieux.
5. CE, sect., 9 mai 1980, *Veyrier, D.* 1980. 416, concl. Genevois.
6. 4 716 publications ont fait l'objet de telles mesures de 1949 à 1989, v. note Gras ss CE 29 juill. 1994, *M. Sidos et M. Roques, Légipresse* 1995. III. 7.

qui montre que la tentation de l'ordre moral n'est jamais très éloignée en la matière...

2. Le régime du cinéma

586. ***Un régime d'autorisation préalable.*** Les spectacles « de curiosités », c'est-à-dire ceux qui apparaissaient aux pouvoirs publics dépourvus du niveau culturel nécessaire pour bénéficier du régime de la liberté, restaient théoriquement soumis à l'exigence d'une autorisation préalable du maire (article 13 de l'ordonnance du 13 octobre 1945 relative aux spectacles). Les pouvoirs du maire étaient soumis par le juge administratif à un contrôle entier[1], mais ils connaissaient une certaine désuétude, comme en témoigne l'affaire du « lancer de nains[2] » où c'est sur le fondement de ses pouvoirs de police générale que le maire avait interdit ce spectacle au nom du respect de la dignité de la personne humaine, démarche approuvée par le Conseil d'État. La loi du 18 mars 1999 a abrogé ce régime d'autorisation.

À l'origine, c'est à ce pouvoir d'autorisation municipale qu'a été soumis le cinéma. Dès 1916, se met cependant en place un régime d'autorisation préalable des films au niveau national, que l'article L. 211-1 du Code du cinéma et de l'image animée maintient pour la représentation[3]. Le visa ministériel peut autoriser l'œuvre pour tous publics ou comporter interdiction de la représentation aux mineurs de 18 (depuis 2001), de 16 ou de 12 ans. Les décisions restreignant la distribution étant soumises au contrôle entier du Conseil d'État[4], on peut en déduire l'existence, à ses yeux, d'une liberté d'expression cinématographique, en dépit de l'existence d'un régime d'autorisation préalable, solution qu'on ne peut qu'approuver au regard des règles constitutionnelles et internationales précédemment rappelées.

587. ***Le juge, instrument d'un retour de la censure ?*** L'interdiction totale étant devenue tout à fait exceptionnelle et les restrictions se faisant bénignes, des particuliers ont tenté de la provoquer, par la voie du référé devant les tribunaux judiciaires[5] ou celle du recours pour excès de pouvoir à l'encontre de l'octroi du visa par le ministre, devant la juridiction administrative[6]. Le refus du Conseil d'État de suivre les requérants sur ce terrain est moins net[7] que celui du juge civil des référés, saisi à propos du film de Jean-Luc Godard, *Je vous salue, Marie*[8]. La seconde approche est plus cohérente par rapport au principe de la liberté d'expression, en analysant la représentation cinématographique comme une série de rencontres librement décidées entre deux personnes[9] responsables de leurs choix.

---

1. CE, sect., 11 juill. 1975, *Sieur Clément, AJDA* 1975. 581 et 564, Chron. Boyon et Nauwelaers.
2. CE, ass., 27 oct. 1995, *C^ne^ de Morsang-sur-Orge, GAJA*, n° 95.
3. Ord. du 24 juill. 2009.
4. CE, ass., 24 janv. 1975, *S^té^ Rome-Paris Films, RD publ.* 1975. 286, concl. Rougevin-Baville annulant la décision de refus opposée au film de Jacques Rivette, *Suzanne Simonin, La Religieuse de Diderot*.
5. TGI Paris, réf., 28 janv. 1985, *D.* 1985. 129, note Lindon.
6. CE 9 mai 1990, *Pichène, Rev. adm.* 1990. 431, note Ruiz Fabri.
7. Le rejet du recours intervient après vérification du fait que le film de Martin Scorsese, *La Dernière Tentation du Christ*, ne comporte pas d'atteinte grave aux consciences justifiant son interdiction.
8. Le juge des référés relève que le réalisateur a le droit de « soumettre une œuvre à la critique et à la sanction du spectateur individuel qui prend l'initiative, en payant un billet d'entrée, d'engager un colloque singulier avec ladite œuvre ».
9. Le créateur et le spectateur.

Les demandes d'interdiction judiciaire ont ensuite visé les affiches publicitaires assurant la promotion de certains films. Le problème est ici différent, dans la mesure où l'affiche s'impose à la vue d'un public qui n'a pas librement choisi d'y être confronté. Tenant compte de ce facteur, le juge des référés avait ordonné l'enlèvement d'affiches publicitaires pour un film relatif à des sectes religieuses, *Ave Maria*, représentant une jeune femme attachée à une croix, la poitrine nue. Relevant que cette image ne figurait pas dans le film et qu'ainsi elle ne constituait qu'une forme de « raccrochage publicitaire », le tribunal avait estimé que « la représentation du symbole de la Croix, dans des conditions de publicité tapageuse et en des lieux de passage public forcé, constitue un acte d'intrusion agressive et gratuite dans le tréfonds intime des croyances » des passants[1]. On remarquera le caractère circonstancié de cette motivation et, en particulier, l'insistance sur la gratuité de l'image, choisie pour sa force de provocation et non pour sa vertu expressive du propos du film[2]. En revanche, le juge des référés a refusé d'ordonner la saisie de l'affiche destinée à assurer la promotion du film de Forman, *Larry Flint*, représentant un corps féminin vêtu d'un maillot de bain, des genoux au nombril, « contre lequel est adossé un homme ayant une position de crucifié les hanches drapées de la bannière américaine ». Le tribunal note en effet que « si l'acteur qui tient le rôle de Larry Flint figure dans la position d'un crucifié, il ne présente aucune ressemblance physique avec l'image douloureuse du corps affligé de Jésus-Christ dans l'iconographie traditionnelle de la Crucifixion » et que la Croix ne figure pas dans cette image[3]. L'absence d'outrage flagrant aux sentiments religieux des requérants résulte donc d'une forte différence iconographique avec l'espèce précédente – et aussi du fait que cette affiche n'était pas dépourvue de tout lien avec le propos du film[4].

Par ailleurs, des requérants ont obtenu du Conseil d'État qu'il annule l'autorisation d'exploitation assortie d'une interdiction aux mineurs de 16 ans accordée par le ministre au film *Baise-moi*, au motif que celui-ci, « composé pour l'essentiel d'une succession de scènes de grande violence et de scènes de sexe non simulées, sans que les autres séquences traduisent l'intention, affichée par les réalisatrices, de dénoncer la violence faite aux femmes par la société [...] constitue ainsi un message pornographique et d'incitation à la violence susceptible d'être vu ou perçu par des mineurs[5] », c'est-à-dire un film relevant de la catégorie X (v. *infra*) devant, à ce titre, être interdit aux mineurs de moins de 18 ans. Le souci de protéger les mineurs de 16 à 18 ans conduit donc le Conseil d'État à exercer en l'espèce un contrôle particulièrement poussé, dont il faut cependant indiquer qu'il ne concerne que la projection du film en salle[6]. Le refus du Conseil d'État d'adopter une solution identique à l'égard du film *Fantasmes*[7]

---

1. TGI Paris, réf., 23 oct. 1984, *D.* 1985. 31, note Lindon.
2. Comp. avec la solution adoptée pour une affiche publicitaire détournant *La Cène* peinte par Léonard de Vinci en y faisant figurer presque exclusivement des personnages féminins pour vanter une ligne de vêtements : la cour d'appel de Paris a confirmé une mesure d'interdiction en prenant en considération l'absence de libre choix des spectateurs face à une représentation jugée, d'une manière d'ailleurs fort discutable, être injurieuse pour les convictions religieuses des catholiques (Paris, 8 avr. 2005, *Légipresse* 2005. III. 143, note H. Leclerc). La Cour de cassation a cassé cette décision par un arrêt du 14 nov. 2006 (*Bull. civ.* I, n° 485).
3. TGI Paris, réf., 20 févr. 1997, *LPA* n° 24, 1997, 10, note Gras.
4. V. égal., dans la même logique, le refus d'interdire la diffusion de l'affiche du film de Costa-Gavras, *Amen*, jugée constituer un reflet fidèle et non provocateur du propos du film : TGI Paris, réf., 21 févr. 2002, *Légipresse* 2002. III. 105.
5. CE, sect., 30 juin 2000, *Assoc. Promouvoir, M. et Mme Mazaudier et a.*, *Lebon* 265, concl. contr. Honorat; *AJDA* 2000. 674 et 609, Chron. M. Guyomar et P. Collin.
6. V. pour les vidéogrammes l'ord. du CE, réf., 31 janv. 2001, *Assoc. Promouvoir.*
7. CE 4 oct. 2000, *Assoc. Promouvoir*, *Lebon* 388.

montre que ce sont essentiellement des considérations d'ordre esthétique qui permettent de différencier films érotiques (relevant du droit commun) et films pornographiques. À la suite de cette affaire, un décret du 12 juillet 2001 a rétabli la possibilité d'interdiction des films aux mineurs de 18 ans, le Conseil d'État continuant d'exercer un contrôle extrêmement approfondi, en référé comme au fond, sur l'opportunité de permettre aux mineurs ayant entre 12 et 16 ans ou 16 et 18 ans de se rendre à la projection d'un film[1]. Il est significatif que subsiste en France un régime d'autorisation préalable, en dépit de la marginalisation de la projection des films en salle. La question de la nécessité d'un tel régime devrait être aujourd'hui posée, alors même qu'un décret du 8 février 2017 en a redéfini les termes. La classification des films doit être « proportionnée aux exigences tenant à la protection de l'enfance et de la jeunesse, au regard de la sensibilité et du développement de la personnalité propre à chaque âge, et au respect de la dignité humaine », formule passablement inutile. Il est, en revanche, précisé que l'interdiction aux mineurs de 18 ans doit être prononcée lorsque le film « comporte des scènes de sexe ou de grande violence qui sont de nature, en particulier par leur accumulation, à troubler gravement la sensibilité des mineurs, à présenter la violence sous un jour favorable ou à la banaliser ». La persistance du régime d'autorisation témoigne d'un réflexe autoritaire aujourd'hui dérisoire[2] — la Cour constitutionnelle de Corée a ainsi étendu au cinéma l'interdiction des contrôles préalables posée par la Constitution pour la liberté d'expression en général[3].

Il faut encore signaler que le Conseil d'État a accepté que les maires puissent interdire un film sur le territoire de leur commune, lorsque « la projection est susceptible d'entraîner des troubles sérieux ou d'être, à raison du caractère immoral dudit film et de circonstances locales, préjudiciable à l'ordre public[4] ». La théorie du concours de la police générale exercée par le maire et de la police spéciale confiée au ministre au niveau national entraîne en l'espèce un grave péril pour la liberté d'expression, que la rigueur du contrôle exercé par le juge administratif ne conjure pas suffisamment.

Enfin, les articles 11 et 12 de la loi du 30 décembre 1975 portant loi de finances pour 1976 permettaient au ministre de classer un film dans la catégorie

1. CE 30 oct. 2001, *Assoc. Promouvoir*, *Lebon* 525; 4 févr. 2004, *Assoc. Promouvoir*, *Légipresse* 2004. III. 69, note F. Julien-Laferrière et, plus récemment, TA Paris, 28 janv. 2014, *Assoc. Promouvoir*, *Légipresse* 2014. III. 169, note M. Le Roy, accordant satisfaction à l'association requérante à propos des deux volets du film de Lars von Trier, *Nymphomaniac;* CE 1er juin 2015, *Association Promouvoir*, *AJDA* 2015. 1599, note M. Le Roy, même solution pour le film *Saw 3D, chapitre final* en raison des scènes de très grande violence qu'il contient, et 30 sept. 2015, *Ministre de la culture*, *AJDA* 2015. 2108, concl. Crépey, pour le film *Love* qui présente des scènes de sexe non simulées. Le film *Salafistes* a également fait l'objet d'un débat qui a débouché sur son interdiction aux mineurs de 18 ans, en raison des scènes de très grande violence qu'il contient, décision qu'a suspendue le juge des référés par ordonnance du 18 févr. 2016 au profit d'une interdiction aux mineurs de 16 ans (*Le Monde* 20 févr. 2016). V. aussi CE 28 sept. 2016, *Ministre de la culture et de la communication*, *AJDA* 2016. 2278, concl. A. Bretonneau, en revenant, pour le film *La vie d'Adèle*, à une interdiction aux mineurs de 12 ans, la longueur du film étant jugée avoir un effet émollient par rapport à des scènes de sexe au demeurant exemptes de violence et filmées sans intention dégradante.
2. La police du cinéma, écrit Camille Broyelle, est « inapplicable, préjudiciable et inefficace » (« L'indéfendable police du cinéma », *AJDA* 2017. 1488).
3. Arrêt du 4 oct. 1996, *Nouveaux Cahiers du Conseil constitutionnel* 2012, n° 37. V. aussi l'arrêt de la Cour interaméricaine des droits de l'homme du 5 févr. 2001 dans l'affaire « *La dernière tentation du Christ* », Série C, n° 73.
4. CE, sect., 18 déc. 1959, *Sté Les Films Lutétia*, *GAJA*, n° 72, confirmé par CE 26 juill. 1985, *Ville d'Aix-en-Provence*, *RFDA* 1986. 439, concl. Genevois.

X, lorsqu'il revêtait un caractère pornographique ou incitait à la violence, décision, sur laquelle le Conseil d'État exerçait un contrôle entier[1]. Ce dispositif, qui confinait l'exploitation des films en question à un circuit spécialisé, a vu sa portée réduite, tandis que le décret du 8 février 2017 prévoit qu'un film interdit aux mineurs de 18 ans en application du critère susmentionné en est normalement justiciable, sauf à être sauvé par « le parti pris esthétique ou le procédé narratif sur lequel repose l'œuvre ».

3. Le régime de la communication audiovisuelle

588. ***Une libéralisation en demi-teintes.*** L'ordonnance du 23 mars 1945 établissait en France un monopole public de la radiodiffusion (le terme désigne tout procédé de télécommunication visant à transmettre à un public un message sélectionné, ce qui inclut la radiophonie et la télévision), par révocation des concessions antérieurement accordées pour des raisons financières. Ce monopole public allait devenir l'instrument d'une mainmise étatique sur la communication audiovisuelle et, spécialement, sur l'information télévisée, que des réformes successives feront mine de desserrer, sans que le téléspectateur perçoive des différences très significatives (sinon grâce à telle ou telle personnalité). Les années 1970 seront marquées par une forte contestation du monopole public, sur lequel MM. Giscard d'Estaing et Barre refuseront toute concession (« Il peut y avoir un germe puissant d'anarchie dans ce phénomène des radios locales », déclarait R. Barre le 7 septembre 1979).

La victoire de la gauche en 1981 emportera le démantèlement du monopole public : la loi du 9 novembre 1981 autorise la création de radios privées, tandis que celle du 29 juillet 1982 abroge le monopole en proclamant dans son article 1er : « La communication audiovisuelle est libre. » Mais cela ne met pas fin à l'histoire mouvementée de la législation en ce domaine : la loi du 30 septembre 1986 prétend remodeler entièrement les structures antérieures, tandis que celle du 17 janvier 1989 modifie de nombreuses dispositions de la précédente. Ces trois lois mettront successivement en place une autorité administrative indépendante, chargée d'assurer la régulation de l'audiovisuel : Haute autorité de la communication audiovisuelle (1982), Commission nationale de la communication et des libertés (1986), Conseil supérieur de l'audiovisuel (1989), cette dernière – comme la première – étant composée de trois membres nommés par le président de la République, de trois membres nommés par le président de l'Assemblée nationale et de trois membres nommés par le président du Sénat, avant que la loi du 15 novembre 2013 transforme le Conseil supérieur de l'audiovisuel en une autorité publique indépendante, dotée à ce titre de la personnalité morale, composée de sept membres, un président nommé par le président de la République et six membres nommés par lui, mais désignés pour trois d'entre eux par le président de l'Assemblée nationale et trois par le président du Sénat après avis conforme, à la majorité des trois cinquièmes des suffrages exprimés, de la commission des affaires culturelles de l'assemblée concernée. L'alternance de 1993 a rompu avec la suppression systématique de l'institution mise en place par la majorité précédente, mais n'a nullement signifié un ralentissement du réformisme législatif en la matière, comme l'atteste encore la réforme de 2013. Texte complexe, la loi de 1986 conjugue considérations politiques et contraintes techniques. Chacun de ses articles procède de modifications multiples. Cela ne doit toutefois pas faire perdre de vue que des tendances lourdes affectent la matière depuis la fin du

1. CE 13 juill. 1979, *Sté Les Comptoirs français du film*, *Gaz. Pal.* 1981. I. 321, concl. Genevois.

monopole : coexistence d'un secteur public et d'un secteur privé avec extension continue de ce dernier, soustraction croissante à l'emprise gouvernementale du pouvoir d'accorder les autorisations aux opérateurs privés, renforcement et encadrement juridique des pouvoirs de sanction dévolus à l'autorité indépendante, différenciation du régime juridique applicable selon le mode de diffusion utilisé, pesanteur croissante du marché. La loi organique du 5 mars 2009 retirant à l'instance indépendante le pouvoir de nomination des présidents des sociétés France Télévisions et Radio France et de la société en charge de l'audiovisuel extérieur de la France s'inscrivait comme une régression, même si elle mettait fin à une certaine hypocrisie, l'instance indépendante ayant, à une exception près (celle de M. Guilhaume) nommé des personnalités ayant le soutien du Gouvernement. Elle a été abrogée par la loi organique du 15 novembre 2013. La nomination de M. Pflimlin, avait, de surcroît, révélé les limites du pouvoir ainsi reconquis par le président de la République, dans la mesure où la nomination d'une personnalité trop proche du pouvoir s'est avérée politiquement impossible. La loi du 15 novembre 2013 relative à l'indépendance de l'audiovisuel public a restitué au Conseil supérieur de l'audiovisuel ce pouvoir de nomination, qui s'exerce à la majorité des membres qui le composent par une décision qui doit être motivée au regard de la compétence et de l'expérience du candidat, choisi pour une durée de cinq ans. La nomination de Mme Delphine Ernotte-Cunci a également donné lieu à de vives controverses[1], confirmant que l'importance des enjeux rend impossible la sérénité en de telles matières. Le président de la République a annoncé une nouvelle réforme, qui retirera à nouveau le pouvoir de nomination au CSA, au profit, cette fois-ci, du conseil d'administration de la société concernée.

589. ***La radio.*** En ce qui concerne la radiophonie par voie hertzienne, qui bénéficia la première de la libéralisation, les restrictions posées initialement ont été rapidement levées, pour l'imposition de la forme associative et l'interdiction du recours à la publicité, ou fortement atténuées, pour la limitation de l'ampleur de la zone de couverture. Les autorisations sont attribuées par le Conseil supérieur de l'audiovisuel qui publie un appel aux candidatures « pour les zones géographiques et les catégories de services qu'il a préalablement déterminées ». L'impératif constitutionnel de pluralisme doit évidemment guider le conseil dans ses choix, qui sont placés sous le contrôle de la juridiction administrative[2]. Le conseil conclut, au nom de l'État, avec le titulaire de l'autorisation une convention définissant des obligations techniques (implantation et puissance de l'émetteur) et de programmation. Il dispose d'un pouvoir de sanction, qui ne peut s'exercer qu'après mise en demeure, et qui est destiné à assurer le respect par les opérateurs de leurs obligations légales et conventionnelles. Les sanctions autres que la suspension ne peuvent être prononcées qu'au terme d'une procédure contradictoire. Le recours qui peut être intenté contre cette décision devant le Conseil d'État est un recours de pleine juridiction (ce qui permet notamment au Conseil de modifier, s'il le juge utile, la sanction prononcée). Le président du Conseil supérieur de l'audiovisuel peut également demander au président de la sec-

1. V. CE 3 févr. 2016, *Syndicat national de la communication et de l'audiovisuel CFE-CGC*, rejetant le recours intenté contre sa nomination.
2. V. ainsi CE 11 juill. 2008, *Association Renc/ Amitié Radio Gazelle*, *Légipresse* 2008. III. 217, note J. Saint Laurent. V. aussi les exigences européennes de pluralisme, de tolérance et d'esprit d'ouverture dans la décision de la Commission européenne des droits de l'homme du 16 oct. 1986, *Verein Radio Dreyeckland Basel c/ Suisse*, DR 49. 126, et l'arrêt de la CEDH, gr. ch., 7 juin 2012, *Centro Europa 7 S. R. L. et Di Stefano c/ Italie.*

tion du contentieux du Conseil d'État, statuant en référé, d'ordonner à l'opérateur qui méconnaîtrait les obligations résultant de la loi de 1986 de s'y conformer.

590. ***La télévision.*** La télévision hertzienne connaît un partage du marché encore plus net entre secteur public et secteur privé. Suite aux conditions fort peu transparentes dans lesquelles s'était effectuée l'attribution des cinquième et sixième chaînes à la veille des élections législatives de 1986, c'est désormais l'autorité administrative indépendante qui est compétente en la matière, après appel aux candidatures (depuis la loi du 30 septembre 1986). C'est elle également qui a procédé à l'attribution de TF1 privatisée. La nomination, par cette même autorité, des responsables de l'audiovisuel public n'a pas été, on l'a vu, sans susciter de grandes difficultés. La chaîne culturelle européenne Arte — qui est, à vrai dire, la seule dont les programmes peuvent légitimement se réclamer de l'idée de service public — échappe à ce système, étant issue d'un traité international du 2 octobre 1990. La loi du 1er août 2000 a encore accentué le mouvement de concentration au sein de la télévision publique en créant la société France Télévisions qui détient la totalité du capital des sociétés nationales de programme France 2, France 3 et La Cinquième. Le président du conseil d'administration de la société France Télévisions préside également les conseils d'administration des trois sociétés de programme mentionnées plus haut.

Les cahiers des charges des sociétés nationales de programme (fixés par décret après avis du Conseil supérieur de l'audiovisuel) et les conventions passées entre le Conseil supérieur de l'audiovisuel, au nom de l'État, et les titulaires d'autorisation prévoient un certain nombre d'obligations, qui s'ajoutent à celles résultant de la loi. Depuis la loi du 1er février 1994, le Conseil supérieur de l'audiovisuel est compétent pour prendre des sanctions à l'égard des entreprises du secteur public comme du secteur privé, selon les modalités évoquées plus haut à propos de la radiophonie[1].

Après avoir indiqué selon quelles modalités pouvaient s'effectuer les ingérences des pouvoirs publics dans l'exercice de la liberté d'expression, il convient à présent d'examiner en quoi elles peuvent consister, étant rappelé qu'elles doivent impérativement laisser subsister un espace public de libre discussion aussi large que possible.

II. La définition de l'espace public de libre discussion

591. ***Exigences démocratiques et secret des sources journalistiques.*** On a vu que la notion d'un espace public de libre discussion était centrale dans la jurisprudence des instances mises en place par la Conv. EDH. Elle revêt également une grande importance pour la Cour suprême des États-Unis, qui s'exprime ainsi : « Le droit constitutionnel à la liberté d'expression est un remède puissant dans une société aussi diverse et nombreuse que la nôtre. Il est destiné à écarter les limitations par l'État de l'espace de la discussion publique, en remettant lar-

1. Pour un exemple, v. CE, sect., 10 juill. 1995, *Sté Télévision française 1*, *AJDA* 1995. 637, concl. Toutée : confirmation de la condamnation de TF1 à une sanction pécuniaire de 30 millions de francs pour insuffisance de diffusion d'œuvres audiovisuelles d'expression originale française aux heures de grande écoute. V. égal. l'ordonnance rendue le 20 août 2004, *Conseil supérieur de l'audiovisuel*, *Lebon* 357, enjoignant de cesser le 30 nov. 2004 la diffusion par satellite des émissions de la chaîne Al Manar, sauf dépôt par celle-ci d'un dossier complet de demande de convention avec le Conseil supérieur de l'audiovisuel, et celle du 13 déc. 2004, *Président du Conseil supérieur de l'audiovisuel*, *Lebon* 456, enjoignant de faire cesser la diffusion des émissions de cette chaîne dans les quarante-huit heures.

gement le pouvoir de décider quelles sont les vues qui s'exprimeront entre les mains de chacun d'entre nous, dans l'espoir que l'utilisation de cette liberté produira en fin de compte des citoyens plus compétents et de meilleures institutions[1]. »

La définition des limites de cet espace public ouvert à la contradiction est loin d'aller de soi, comme l'atteste la très grande diversité des solutions adoptées par les différentes démocraties libérales (ainsi, la protection de l'intimité de la vie privée n'est que faiblement assurée face à la presse dans la tradition anglo-saxonne). De surcroît, d'autres questions doivent être prises en compte, notamment celle de l'accès à l'information. Il s'agit là d'un aspect du problème sur lequel la CEDH a été appelée à se prononcer dans son arrêt *Goodwin c/ Royaume-Uni* du 27 mars 1996, à propos d'une injonction judiciaire faite à un journaliste de révéler l'identité de son informateur. La Cour a posé que « la protection des sources journalistiques est l'une des pierres angulaires de la liberté de la presse. [...] L'absence d'une telle protection pourrait dissuader les sources journalistiques d'aider la presse à informer le public sur des questions d'intérêt général. En conséquence, la presse pourrait être moins à même de jouer son rôle indispensable de "chien de garde" et son aptitude à fournir des informations précises et fiables pourrait s'en trouver amoindrie ». S'en suit l'exercice par la Cour d'un contrôle strict sur les mesures restrictives prises par les États à ce niveau. L'arrêt de Grande chambre *Sanoma Uitgevers B.V. c/ Pays-Bas* du 14 septembre 2010 précise les conditions procédurales dans lesquelles il peut être enjoint, à titre exceptionnel, de remettre au juge des informations pouvant conduire à l'identification des sources[2]. On notera que, pour ce qui concerne la France, la loi du 4 janvier 1993 a rajouté à l'article 109 du Code de procédure pénale un alinéa disposant que « tout journaliste, entendu comme témoin sur des informations recueillies dans l'exercice de son activité, est libre de ne pas en révéler l'origine ». La CEDH a également eu l'occasion de déclarer, à l'unanimité, contraire aux exigences de la Convention la jurisprudence de la Cour de cassation admettant la condamnation d'un directeur de publication pour recel de violation du secret professionnel, dans une espèce où *Le Canard enchaîné* avait publié la photocopie des avis d'imposition de M. Calvet[3]. La loi du 4 janvier 2010 relative à la protection du secret des sources des journalistes pose que « Le secret des sources des journalistes est protégé dans l'exercice de leur mission d'information du public », mais se borne à interdire les poursuites pour recel lorsque des productions sont faites « pour les nécessités de la défense » lors d'un procès pour diffamation intenté au journaliste[4]. L'affaire Bettencourt, en ses prolongements divers, a donné l'occa-

1. *Cohen v. California*, 403 US 15, 23 (1971).
2. V. aussi l'arrêt CEDH, gr. ch., 22 nov. 2012, *Telegraaf Media Nederland Landelijke Media B. V. et a. c/ Pays-Bas*.
3. Crim. 3 avr. 1995, *Légipresse* 1995. III. 59, note Grellier. Dans son arrêt du 21 janv. 1999, *Fressoz et Roire c/ France*, la Cour de Strasbourg relève que la reproduction du support de l'information permettait d'en asseoir la crédibilité, conformément à ce qu'impose l'éthique journalistique. Un jugement du tribunal de grande instance de Paris du 14 nov. 2006 (*Légipresse* 2007. III. 16, note B. Ader) a, en conséquence, estimé que la condamnation d'un journaliste pour recel de violation du secret de l'instruction « ne peut pas être considérée comme nécessaire dans une société démocratique », point de vue que la Cour de cassation a, d'une manière très critiquable, refusé de faire sien (Crim. 12 juin 2007, *Légipresse* 2008. III. 1, note L. François). V. aussi, admettant la nécessité de perquisitions réalisées au siège de journaux et au domicile de journalistes, Crim. 30 oct. 2006, *Légipresse* 2007. III. 11, note C. Bigot.
4. V. l'avis de la Commission nationale consultative des droits de l'homme du 25 avr. 2013 sur la réforme de la protection du secret des sources (*JO* 12 juin 2013), le projet de loi renforçant la protection du secret des sources des journalistes (n° 1127) et le commentaire du journal *Le Monde* du 14 juin 2013 — on ne peut que déplorer que ce texte n'ait jamais été inscrit à l'ordre du jour de l'Assemblée.

sion aux juridictions judiciaires de réaffirmer l'importance fondamentale que revêt la protection du secret des sources[1], qui repose désormais sur des principes identiques à ceux définis par la Conv. EDH[2]. La loi du 14 novembre 2016 visant à renforcer la liberté, l'indépendance et le pluralisme des médias prévoyait d'étendre la possibilité d'invoquer le secret des sources journalistiques, mais la décision du Conseil constitutionnel du 10 novembre 2016 a jugé déséquilibrée la conciliation faite par le législateur, relevant qu'« aucune disposition constitutionnelle ne consacre spécifiquement un droit au secret des sources des journalistes » et estimant qu'il était excessif de subordonner l'accès aux sources à une exigence de prévention dans le cadre d'une procédure pénale, la liste des personnes pouvant se prévaloir de l'immunité étant par ailleurs jugée trop large.

Quant aux limitations matérielles à la liberté d'expression, elles résultent pour l'essentiel de la loi de 1881 (sous les réserves ci-dessus évoquées). Celle-ci incrimine, dans son chapitre IV, les « crimes et délits commis par la voie de la presse ou par tout autre moyen de publication ». La parole prononcée dans un lieu public[3] ou répercutée par la radio ou la télévision[4], comme l'écrit publié, est donc justiciable de la loi sur la presse. L'examen des limites ainsi apportées à la liberté d'expression ne pourra être ici que superficiel. On distinguera selon que ces limites procèdent de la sauvegarde des droits d'autrui ou de celle de l'ordre public.

A. Les limites tenant à la protection des droits d'autrui

592. Elles se justifient par le principe d'égalité, qui conduit l'article 4 de la Déclaration des droits de l'homme et du citoyen à définir la liberté comme consistant « à pouvoir faire tout ce qui ne nuit pas à autrui », la loi étant investie de la mission d'arbitrer entre les droits concurrents. On évoquera successivement l'incrimination pénale de la diffamation et de l'injure, la protection civile de la

---

1. Bordeaux, 5 mai 2011, *Légipresse* 2011. III. 424, note H. Leclerc, confirmé par Crim. 6 déc. 2011, n° 11-83.970, *Bull. crim.* n° 248.
2. Crim. 25 févr. 2014, *Légipresse* 2014. III. 283, notes B. Ader et E. Derieux.
3. Pour qu'il y ait infraction, il faut une volonté de l'auteur des propos de les voir portés à la connaissance des tiers (Crim. 14 oct. 2014, n° 13-85.512). V. aussi Crim. 9 déc. 2014, *Bull. crim.* n° 259 : publicité du fait de l'affichage de l'écrit sur un panneau accessible à des tiers étrangers à la communauté formée par les personnels de l'administration pénitentiaire.
4. Quant au réseau Internet, il obéit désormais aux règles définies par la loi du 21 juin 2004 pour la confiance dans l'économie numérique; v. E. Dreyer, « La responsabilité des internautes et éditeurs de sites à l'aune de la loi pour la confiance dans l'économie numérique », *Légipresse* 2004. II. 91. L'envergure mondiale du réseau rend problématique l'efficacité de mesures ordonnées par des juridictions nationales. — V. cependant TGI Paris, réf., 13 juin 2005, *Légipresse* 2005. III. 179, note S. Albrieux, faisant injonction à une dizaine de fournisseurs d'accès d'empêcher l'accès à partir du territoire français à un site diffusant des messages antisémites établi aux États-Unis d'Amérique et la décision du TGI de Paris du 24 janv. 2013 (*Le Monde,* 26 janv.) enjoignant à Twitter de communiquer à des associations de lutte contre le racisme les informations en sa possession sur les auteurs de messages à caractère raciste. Lorsqu'il y a mise en œuvre d'une fonctionnalité opérant des rapprochements au terme d'un « processus purement automatique dans son fonctionnement et aléatoire dans ses résultats » (cas du service *Google Suggest*), la loi de 1881 ne peut, en revanche, s'appliquer, faute de « toute volonté de l'exploitant du moteur de recherche d'émettre les propos en cause ou de leur conférer une signification autonome au-delà de leur simple juxtaposition et de leur seule fonction d'aide à la recherche » (Civ. 1re, 19 juin 2013, *Légipresse* 2013. III. 491, note F. Klein et M. Bourgeois). Cette approche a toutefois été remise en cause par un jugement enjoignant à Google Images de cesser d'afficher par indexation automatique neuf clichés jugés attentatoires à la vie privée, compte tenu de l'amplification ainsi donnée aux atteintes portées au respect de la vie privée (TGI Paris, 6 nov. 2013, *Légipresse* 2014. III. 37).

vie privée et l'institution du droit de réponse, qui constituent autant de modes de sauvegarde des droits des personnes par rapport aux organes de presse.

1. L'incrimination pénale de la diffamation et de l'injure

593. ***Protection de l'honneur des personnes et libre discussion en démocratie.*** Sous l'intitulé « délits contre les personnes », la loi de 1881 punit la diffamation et l'injure, en modulant leur répression selon qu'elles visent des particuliers, des personnes investies de fonctions publiques prises en cette qualité, président de la République désormais inclus, ou des corps constitués et en tenant compte de leur éventuelle dimension raciste, qui inclut aussi les propos visant les personnes « en raison de leur sexe, de leur orientation sexuelle ou identité de genre ou de leur handicap » (L. 27 janv. 2017). Pour se concilier avec la liberté d'expression, ces infractions devront être entendues de manière à ne pas faire obstacle à l'échange d'idées et d'opinions qui caractérise la société démocratique[1]. S'il est clair qu'on ne peut admettre l'agression injuste ou la violence verbale, il devrait être non moins évident qu'on ne peut faire obstacle à la recherche de la vérité et à la critique, même véhémente, du comportement et du discours d'autrui.

Or il est particulièrement malaisé de définir un point d'équilibre entre ces impératifs : les glissements et les amalgames sont difficilement évitables en la matière. Pour se borner à un exemple, l'émotion suscitée par le suicide de Pierre Bérégovoy, imputé — à tort ou à raison — aux révélations de la presse sur les conditions d'acquisition de son appartement, a donné lieu à des attaques violentes contre la presse, illustrées par la phrase du président Mitterrand dans son éloge funèbre : « Toutes les explications du monde ne justifieront pas qu'on ait pu livrer aux chiens l'honneur d'un homme, et, finalement, sa vie, au prix d'un double manquement de ses accusateurs aux lois fondamentales de notre République, celles qui protègent la dignité et la liberté de chacun d'entre nous. » Mais ces explications résident dans la liberté d'expression — qui, comme toute liberté, comporte des risques, parfois terribles — qui est aussi une des lois fondamentales de notre République. La comparaison, que certains ont faite, entre le suicide de Pierre Bérégovoy et celui de Roger Salengro est inacceptable : dans le second cas, certains organes de presse avaient, avec une violence inouïe, mis en cause l'honneur de Salengro, en lançant une accusation fausse[2], alors que, dans le premier, les journaux avaient pu établir que Pierre Bérégovoy avait bénéficié, pour l'achat de son appartement, d'un prêt sans intérêts de Roger-Patrice Pelat, homme d'affaires qui était son ami. La question de savoir si ce prêt avait été ou non remboursé restait controversée. Il faut relever que les articles consacrés à cette affaire étaient restés modérés et n'avaient strictement aucun rapport, dans leur ton, avec ceux qui avaient conduit Roger Salengro à se donner la mort et que la question des rapports entre les hommes politiques et les milieux d'affaires fait légitimement partie des questions d'intérêt public qui suscitent l'intérêt de la presse d'un pays démocratique.

594. ***Éléments constitutifs de la diffamation.*** L'article 29 de la loi du 29 juillet 1881 dispose : « Toute allégation ou imputation d'un fait qui porte atteinte à l'honneur ou à la considération de la personne ou du corps auquel le fait est imputé est une diffamation. » La différence entre la diffamation et l'injure tient à ce que la première repose sur un fait dont il est, au moins théoriquement, pos-

1. La Cour de cassation a rappelé que « les restrictions à la liberté d'expression sont d'interprétation étroite » (Crim. 14 févr. 2006, *Bull. crim.* n° 42; *Légipresse* 2006. III. 116, note A. Tricoire).
2. V. sur cette affaire, É. Bonnefous, *Histoire politique de la III*[e] *République*, t. 6, PUF, 1965, p. 66.

sible de rapporter la preuve[1]. Mais cette distinction est parfois difficile à faire : ainsi du terme « fasciste » qui, selon le contexte, peut constituer une invective constitutive d'injure ou une affirmation reposant sur une analyse du discours politique tenu par la personne et de ses implications, par analogie avec l'idéologie d'extrême droite dans les années 1920 et 1930, auquel cas il s'agira d'une diffamation[2]; ou du terme « irresponsable », considéré, de manière très discutable, comme ne contenant pas l'imputation d'un fait précis, alors même qu'il avait été employé pour critiquer le comportement d'un magistrat dans une affaire bien précise[3].

L'atteinte à l'honneur ou à la considération de la personne visée est l'élément constitutif central de l'infraction qui explique tout à la fois son caractère punissable et le régime de sa répression. Il importe à cet égard de distinguer la critique, qui doit être libre, même lorsqu'elle est désagréable à la personne mise en cause, et les imputations comportant le discrédit ou le déshonneur de la personne, qui tombent sous le coup de la loi. Ici encore, la frontière est parfois difficile à tracer : pour prendre un exemple ancien, lorsque Roger Nimier écrivait : « Surprise à Marigny : Jean-Louis Barrault encore plus mauvais que d'habitude », y avait-il diffamation[4] ? Honneur et considération s'apprécient à l'aune de l'opinion commune, indépendamment des conceptions personnelles et subjectives de la personne visée concernant la notion de l'honneur et celle de la considération et abstraction faite de l'image que le public a de cette personne[5]. Le juge est ainsi conduit à prendre en compte l'évolution des mœurs, de sorte que l'imputation à une personne d'une infidélité conjugale cesse d'être diffamatoire[6].

Il faut également que la personne visée soit nommée ou du moins aisément identifiable[7] ou que le corps visé soit un de ceux protégés contre la diffamation

1. Il y a, dit la Cour de cassation, « articulation précise de faits de nature à être, sans difficulté, l'objet d'une preuve et d'un débat contradictoire » (Crim. 14 févr. 2006, *Bull. crim.* n° 40). L'arrêt d'Assemblée plénière du 25 juin 2010, *Bull. ass. plén.*, n° 1, relève, pour écarter le délit de diffamation envers les forces de police, « que les écrits incriminés n'imputaient aucun fait précis de nature à être, sans difficulté, l'objet d'une preuve ou d'un débat contradictoire ». Dans un arrêt du 9 déc. 2014, *Bull. crim.* n° 260, la chambre criminelle conclut à l'absence de diffamation « en l'absence d'imputation ou d'allégation de faits suffisamment précis ».
2. Dans son arrêt, préc., du 14 févr. 2006, la Cour de cassation estime que le fait de dire d'une personne qu'elle était un « néo-nazi notoire selon le chercheur JYZ » constitue l'expression d'une opinion relevant de l'injure, point de vue qui est fort contestable.
3. Crim. 13 avr. 2010, *Bull. crim.* n° 70.
4. Il est courant d'opposer la critique des produits, qui est légitime, de celle de leur fabricant ou créateur qui ne l'est pas, mais cette distinction est pour le moins malaisée et donne lieu à des jurisprudences flottantes. V. ainsi Civ. 1re, 27 sept. 2005, *Légipresse* 2006. III. 38, note C. Rojinsky et I. Boubekeur, cassant l'arrêt qui avait estimé la diffamation non constituée à l'égard du laboratoire mettant en vente un régime amaigrissant. Pour une critique gastronomique assez vive, mais non qualifiée de diffamatoire en raison des nuances qu'elle comportait néanmoins, v. Dijon 27 janv. 2004, *Légipresse* 2004. III. 115. Comp. Civ. 2e, 22 janv. 2004, *Légipresse* 2004. III. 111 refusant d'entériner le raisonnement de la cour d'appel qui avait estimé admissible un propos critique visant un animateur de télévision, alors que celui-ci était accusé de harcèlement moral à l'encontre d'un de ses collaborateurs. V. aussi Civ. 1re, 27 nov. 2013, *Légipresse* 2014. III. 155, note B. Ader et 29 oct. 2014, *Légipresse* 2014. III. 683, note B. Ader.
5. Crim. 7 nov. 1989, *Légipresse* 1989. III. 115, note Bilger, à propos de l'allégation qu'un lieutenant parachutiste servant durant la guerre d'Algérie y avait pratiqué la torture.
6. Civ. 1re, 17 déc. 2015, n° 14-29.549.
7. L'identification doit être rendue possible « par les termes du discours ou de l'écrit, ou par des circonstances extrinsèques qui éclairent et confirment cette désignation de manière à la rendre évidente » (Crim. 27 avr. 2011, *Bull. crim.* n° 77). Cette question soulève des difficultés s'agissant de fictions romanesques utilisant des éléments relevant de la vie privée de proches de l'écrivain (v. ainsi TGI Paris, 27 mai 2013 et 22 mai 2013, *Légipresse* 2013. III. 615, note A. Tricoire). V. aussi Civ. 1re, 3 févr. 2016, *Bull. civ.* n° 27., estimant que la constatation d'un ▶

par l'article 30 de la loi de 1881. Il s'ensuit que des attaques, même violentes, contre une collectivité n'ouvrent pas d'action en diffamation[1]. En revanche, la forme que revêt l'attaque diffamatoire est indifférente : la loi de 1881 précise que la reproduction d'une imputation diffamatoire, même sous forme dubitative ou par insinuation, est punissable. D'une manière générale, les tribunaux s'emploient à réprimer les négligences ou les habiletés constitutives de diffamation : rédaction d'une légende de photographie ou d'un titre diffamatoire, le contenu même de l'article restant prudent et nuancé, insertion de la photographie d'une personne pour illustrer un article consacré à des pratiques douteuses.

Lorsque les éléments constitutifs de l'infraction sont réunis, la loi offre au prévenu deux moyens de défense : prouver la vérité des faits — parce que, dit le tribunal de grande instance de Paris, « l'expression publique de la vérité est toujours légitime, de quelque imprudence ou animosité qu'elle soit accompagnée »[2] ou prouver sa bonne foi. Le succès d'un de ces deux moyens — qui sont distincts[3] — aboutit à la relaxe du diffamateur.

595. ***L'exception de vérité et sa limite.*** Mais la première possibilité, dite exception de vérité, n'est pas toujours ouverte : elle disparaît lorsque l'imputation concerne la vie privée de la personne, ce qui est parfaitement légitime, compte tenu de la protection constitutionnelle et conventionnelle dont celle-ci bénéficie, d'autant que cette exclusion cesse de jouer s'il y a indivisibilité entre les imputations se rapportant à la vie privée et celles visant la personne à raison de ses fonctions ou encore lorsque sont en cause des agressions sexuelles commises contre un mineur ou certaines infractions consistant en la mise en péril d'un mineur. L'exclusion de l'exception de vérité lorsque les faits allégués remontaient à plus de dix années ou lorsqu'ils constituaient une infraction amnistiée ou prescrite ou avaient donné lieu à une condamnation effacée par la réhabilitation ou la révision a été abrogée suite, respectivement, à la décision du Conseil constitutionnel du 20 mai 2011, n° 2011-131 QPC, et à celle du 7 juin 2013, n° 2013-319 QPC.

Lorsqu'elle est admise, la preuve de la vérité des faits est enfermée dans des conditions procédurales particulièrement rigoureuses : le prévenu devra, dans les dix jours après la signification de la citation, faire signifier les faits dont il entend prouver la vérité, la copie des pièces et les noms, professions et demeures des témoins par lesquels il entend faire la preuve (art. 55 de la loi de 1881). La rigueur de ces exigences[4] procède de l'idée que l'atteinte à l'honneur ou à la considération d'une personne suppose une certitude dûment étayée quant aux faits articulés mais est excessive au regard de ce qu'implique la liberté d'expression

▶ écart entre la volonté exprimée par Jacques Lacan à propos de ses dernières années et de ses funérailles et ce qu'il en est advenu ne saurait, « sans se livrer à une interprétation que l'auteur est en droit de contester », s'analyser en une critique visant sa fille.

1. Colmar, 27 juin 1983, *D.* 1983. 550, note Koering-Joulin, à propos d'une mise en cause des homosexuels en général par l'évêque de Strasbourg; v. aussi, à propos des harkis, Crim. 31 mars 2009, *Légipresse* 2009. III. 135, note G. Tillement. De même, le ministre de l'Intérieur ne peut se constituer partie civile pour obtenir réparation des dommages qu'il estime avoir été causés aux fonctionnaires de police (Crim. 2 sept. 2003, *Légipresse 2003*. III. 201).
2. TGI Paris, 21 mai 2007, *Légipresse* 2007. III. 227, note L. François.
3. Crim. 7 nov. 1989, *préc.*, et 24 mai 2005, *Bull. crim.* n° 155.
4. Celle-ci rend rarissime le succès du prévenu, qui doit rapporter la preuve de la vérité des faits de manière parfaite, complète et corrélative aux imputations diffamatoires dans leur matérialité et toute leur portée. V. TGI Paris, 26 avr. 2000, *Légipresse* 2000. III. 126 et Bobigny, 3 juill. 2014, *Légipresse* 2015. III. 550, note B. Ader et, pour un exemple de succès dans la preuve de la vérité des faits, CA Paris, 19 janv. 2017, *Légipresse* 2017. III. 154.

selon la CEDH, les juridictions nationales devant, en toute hypothèse, vérifier si les propos tenus reposaient sur une base factuelle suffisante (v. ainsi l'arrêt *Lacroix c/ France* du 7 septembre 2017[1] : existence d'une telle base factuelle rendant la condamnation pour diffamation contraire à la Convention dans une affaire où des considérations procédurales tenant à une élection de domicile incorrecte avaient conduit à une déchéance du droit de prouver la vérité des faits allégués).

596. ***La bonne foi en matière de diffamation.*** Lorsque le prévenu a échoué à faire la preuve de la vérité des faits ou qu'il n'y a pas été admis, il lui reste la possibilité de prouver sa bonne foi. C'est à lui — toujours parce qu'il a porté atteinte à l'honneur ou à la considération d'une personne — qu'il incombe de rapporter cette preuve : les juges n'ont pas à se prononcer d'office sur la bonne foi[2] ni à provoquer, compléter ou parfaire par des mesures d'instruction qu'ils ordonneraient l'établissement de celle-ci[3]. La Cour de cassation leur impose, de surcroît, d'énoncer les faits sur lesquels ils se fondent et contrôle que ces faits justifient l'exception[4]. Il est difficile de prouver sa bonne foi, quoique les moyens pour le faire soient libres[5] : la jurisprudence exige que l'on ait visé un but légitime (l'information diffamatoire doit être objectivement utile à l'information du public et la critique d'un agissement, d'un propos ou d'une œuvre ne doit pas servir de prétexte à une attaque personnelle)[6], que l'on ait été sincère (c'est-à-dire que l'on ait cru et pu légitimement croire à l'exactitude de l'information publiée) et que l'on ait fait preuve de prudence et d'objectivité (ce qui suppose des vérifications d'une ampleur proportionnée à la portée de l'information en cause, une enquête honnêtement menée et une présentation de l'information qui fasse état des contestations dont elle peut faire l'objet et des réactions de la personne mise en cause). Toutes ces conditions[7] étant cumulatives, la jurisprudence est plus riche en refus du bénéfice de la bonne foi qu'en exemples inverses : est imposée aux journalistes et aux intervenants dans le débat public une déontologie stricte, faite de rigueur et de circonspection, empruntée au travail scientifique en tant qu'elle évacue la passion et l'outrance. La société démocratique a beau reposer sur un principe de rationalité, il n'est pas certain qu'elle s'accommode d'une telle édulcoration des discours. Sous l'influence de la jurisprudence de la CEDH et grâce à la résistance des cours d'appel à une conception de la bonne foi qui refusait tout assouplissement compte tenu du contexte, la chambre mixte de la Cour de cassation a enfin accepté d'envisager la question du point de vue des exigences du débat démocratique. Elle énonce « qu'au regard des dispositions de l'article 10 de la Convention européenne de sauvegarde des droits de l'homme, la protection de la réputation d'un homme politique doit être conciliée avec la libre discussion de son aptitude à exercer les fonctions pour lesquelles il se présente au suffrage des électeurs; que, par suite, l'intention d'éclairer ceux-ci sur le comportement d'un candidat est un fait justificatif de bonne foi, lorsque les imputations, exprimées dans le contexte d'un débat politique,

1. CEDH 7 sept. 2017, *Lacroix c/ France*, req. n° 41519/12, *AJDA* 2017. 1693; *D.* 2017. 1763, obs. E. Autier; *AJCT* 2018. 42, obs. Y. Mayaud.
2. Crim. 26 mars 1996, *Bull. crim.* n° 134.
3. Crim. 28 févr. 2012, *Bull. crim.* n° 55.
4. Crim. 17 nov. 2015, *D.* 2016. 55, note A. Serinet.
5. Civ. 1re, 14 juin 2007, *Légipresse* 2007. III. 198, note B. Ader.
6. Une cour d'appel ne peut ainsi sans se contredire admettre au bénéfice de la bonne foi un prévenu dont elle relève l'animosité personnelle (Crim. 30 mars 2005, *Légipresse* 2005. III. 111, note B. Ader).
7. Pour un rappel, v. Civ. 2e, 27 mars 2003, *Légipresse* 2003. III. 99.

concernent l'activité publique de la personne mise en cause, en dehors de toute attaque contre sa vie privée, et à la condition que l'information n'ait pas été dénaturée[1] ». Rappelons que la jurisprudence européenne commande d'étendre cette solution à toute discussion d'intérêt général, comme le fait, à propos d'un témoignage portant sur « un sujet d'intérêt général relatif au rachat frauduleux par un organisme bancaire d'une compagnie d'assurances de droit étranger qui avait entraîné la mise à la charge de l'État français, et donc du contribuable, des sommes considérables », un arrêt du 11 mars 2008[2] ou encore, s'agissant d'une enquête portant sur une affaire financière concernant une société luxembourgeoise, un arrêt du 3 février 2011[3]. De même, a-t-il été admis que des doutes, si choquants qu'ils puissent apparaître aux associations demanderesses, soient exprimés sur « une question historique objet de polémique »[4] — en l'espèce, l'enrôlement forcé d'Alsaciens dans la SS. L'influence de la jurisprudence européenne a également conduit la Cour de cassation à exiger, même dans le cadre d'un débat d'intérêt général, que la mise en cause de la personne repose sur une base factuelle suffisante[5]. L'ajustement de solutions traditionnellement peu libérales aux exigences européennes ne va pas toujours sans mal, ainsi que le relève l'arrêt de la CEDH *Reichman c/ France* du 12 juillet 2016 — « La Cour relève qu'en l'espèce, les juridictions internes se sont contentées de caractériser les éléments constitutifs de l'infraction de diffamation, sans procéder à un examen des différents critères mis en œuvre par la Cour dans sa jurisprudence (...) pour apprécier le caractère justifié et proportionné de toute ingérence dans le droit à la liberté d'expression et ce dans une matière dans laquelle la marge d'appréciation de l'État était particulièrement restreinte ».

La brièveté de l'article ou du propos litigieux rend particulièrement difficile le respect de ces conditions, dans la mesure où elle se prête mal à la nuance. Ainsi, un bref écho publié dans le journal *Actuel* avait fait état de ce qu'un candidat à l'Académie française avait fait preuve d'antisémitisme dans son commentaire du statut de la fonction publique paru à la *Revue de droit public* de 1941 et de ce qu'il avait fait disparaître des bibliothèques les exemplaires de la revue contenant le texte en cause : le tribunal a considéré le but de l'entrefilet comme légitime (la candidature de l'intéressé à l'Académie justifiait le rappel de faits anciens) et la sincérité du journaliste comme établie (une lecture de l'article par un non-spécialiste pouvait accréditer le soupçon pesant sur un auteur qui, à l'époque, collaborait à un journal affichant des opinions antisémites), mais il a estimé que la rubrique où avait été publié cet entrefilet n'était pas « adaptée à l'importance du sujet abordé, qui aurait nécessité des explications circonstanciées » et que l'enquête à laquelle s'était livré le journaliste n'avait pas été complète et objec-

1. Cass., ch. mixte, 24 nov. 2000, *BICC* 15 janv. 2001, concl. Lucas. V. aussi, s'agissant du rôle joué par un homme politique dans les événements tragiques ayant eu lieu au Cambodge de 1975 à 1979, Crim. 27 avr. 2011, *Bull. crim.* n° 77. En revanche, l'outrance des propos visant un homme politique ne peut être admise de la part d'un préfet, tenu en cette qualité à une obligation de réserve (Crim. 19 juin 2012, *Bull. crim.* n° 153). Une assez grande incertitude s'attache aux qualifications en la matière, la Cour de cassation jouant le rôle de troisième degré de juridiction, comme le relève à juste titre l'annotateur de deux décisions (Crim. 11 et 25 juin 2013, *Légipresse* 2013. III. 497, note B. Ader).
2. *Légipresse* 2008. III. 130, note B. Ader et Crim. 12 mai 2009, *Légipresse* 2009. III. 225, note B. Ader, à propos de la mise en cause d'un procureur dans l'affaire dite des disparues de l'Yonne, dont il est souligné qu'elle avait eu « un retentissement national ».
3. Civ. 1re, 3 févr. 2011, *Légipresse* 2011. 226, note H. Leclerc.
4. Civ. 1re, 16 oct. 2013, *Légipresse* 2014. III. 94, note N. Mallet-Poujol.
5. Crim. 13 mars 2012, *Légipresse* 2012. 510, note B. Ader; 11 et 25 juin 2013, *Légipresse* 2013. III. 497, note B. Ader et 15 décembre 2015, *Légipresse* 2016. 216, note E. Tordjman relevant à juste titre la difficulté à satisfaire à cette exigence dans le cadre d'un éditorial.

tive, faute notamment d'avoir cherché à recueillir, pour en faire état, les explications de l'intéressé[1]. De même, le bénéfice de la bonne foi a-t-il été refusé à l'éditeur d'un dictionnaire des noms propres qui avait imputé à un parti la responsabilité de l'attentat contre le président rwandais Habyarimana en 1994 et des massacres ayant provoqué la guerre civile au Rwanda, sans faire état de ce que ces affirmations étaient controversées[2]. Il convient également de faire la distinction entre la légitimité de l'expression de l'intime conviction d'un juge d'instruction quant à la culpabilité d'une personne finalement acquittée et du compte-rendu qu'en fait un journaliste et le fait de ne pas mentionner cet acquittement, qui constitue un manquement au devoir de prudence et de mesure dans l'expression[3]. La prise en compte du rattachement des propos tenus à un débat d'intérêt général se constate de plus en plus fréquemment, au prix d'un décalage croissant et mal maîtrisé avec les exigences traditionnelles du droit français de la diffamation, marqué d'une sévérité incompatible avec les exigences libérales de la Convention européenne des droits de l'homme.

597. ***Exigences spécifiques du débat portant sur les institutions.*** La manifestation des opinions et doctrines sur le fonctionnement de l'une des institutions de l'État « bénéficie de la liberté attachée à la critique du fonctionnement de ces institutions » a jugé la Cour de cassation dans un arrêt du 23 mars 1978[4] : un ancien garde des Sceaux s'en était pris avec virulence au Syndicat de la magistrature, qu'il avait accusé de vouloir noyauter l'institution judiciaire mais a été admis au bénéfice de la bonne foi malgré l'absence de prudence dans l'expression de sa pensée, compte tenu de l'objet de son propos. Le problème est que cette jurisprudence libérale est restée très limitée[5], au moins avant que les exigences européennes relatives aux questions d'intérêt général ne fassent sentir leurs effets[6]. La même remarque vaut pour les propos tenus par les avocats[7], même en dehors de l'enceinte des tribunaux[8], et pour le compte-rendu des débats judiciaires : l'article 41 de la loi sur la presse n'exempte que leur « compte rendu fidèle fait de bonne foi », ce qui laisse subsister la possibilité de condamner pour diffamation un journaliste qui avait écrit que la présidente d'une cour d'assises s'était « muée en procureur général[9] » ou l'auteur d'un livre mettant en

1. TGI Paris, 17 nov. 1988, *Légipresse* 1989. III. 10.
2. TGI Paris, 12 avr. 1995, *Légipresse* 1995. III. 178. En revanche, la bonne foi de Google a été admise, en dépit du fait que des recherches associaient le nom d'une personne à des termes tels que « viol », « condamné », « sataniste », « prison », « violeur », dès lors que la fonctionnalité du procédé de recherche « se bornait à renvoyer à des commentaires d'un dossier judiciaire publiquement débattu » (Civ. 1re, 19 févr. 2013, n° 12-12.798).
3. Crim. 17 nov. 2015, *D.* 2016. 55, note A. Serinet.
4. *Bull. crim.* n° 115.
5. Crim. 12 juin 1978, *Gaz. Pal.* 1979. I. 113 : refus du bénéfice de la bonne foi à une publication d'extrême-gauche qui avait dénoncé le climat régnant à l'époque dans un commissariat de police, à partir d'un certain nombre d'incidents.
6. V. ainsi TGI Paris, 23 mai 2012 et T. corr. Pau, 10 mai 2012, *Légipresse* 2012. 708, note F. Teitgen. La mise en cause, même très véhémente, par M. Guaino des magistrats ayant décidé de mettre en examen M. Sarkozy a également bénéficié de l'immunité accordée aux élus s'exprimant sur un sujet d'intérêt général (TGI Paris, 27 nov. 2014, *Légipresse* 2015. I. 11).
7. Pour une conception large de l'immunité accordée aux avocats (il suffit que leurs propos, quelle qu'en ait été la virulence, ne soient pas étrangers à la cause qu'ils défendent), v. Paris, 5 juill. 2013, Légipresse 2013. III. 560, note B. Ader, ainsi que l'arrêt de la CEDH (gr. ch.) du 23 avr. 2015, *Morice c/ France* et, en conséquence, Cass., ass. plén., 16 déc. 2016, *Légipresse* 2017. III. 85, note B. Ader.
8. TGI Paris, 20 oct. 2010, *Légipresse* 2011. 36, note B. Ader. V. aussi CEDH 15 déc. 2011, *Mor c/ France*.
9. Crim. 10 mai 1994, *Légipresse* 1994. III. 173; comp. l'arrêt *Prager et Oberschlick c/ Autriche*, rendu le 26 avr. 1995 par la CEDH, particulièrement compréhensif pour l'État dans une espèce similaire — v. aussi les opinions dissidentes.

cause d'une manière inacceptable le magistrat ayant occupé le siège du ministère public lors d'un procès pénal dont il avait fait l'objet[1].

Au total, la répression de la diffamation apporte donc toujours des limites importantes et parfois excessives à la faculté de participer à un espace public de libre discussion qui s'en trouve quelque peu affadi. On peut cependant noter actuellement une tendance nette à faciliter aux prévenus la preuve de leur bonne foi. Il a ainsi été admis que cette preuve pouvait être établie à l'aide de pièces couvertes par le secret de l'instruction[2], solution qu'a consacrée la loi du 4 janvier 2010 relative à la protection du secret des sources des journalistes, de même qu'il est tenu compte, d'une manière croissante, du contexte dans lequel ont été prononcés les propos litigieux.

598. ***L'injure.*** L'article 29 de la loi de 1881 définit l'injure comme « toute expression outrageante[3], termes de mépris ou invective qui ne renferme l'imputation d'aucun fait », la gravité des peines encourues variant selon les mêmes facteurs qu'en matière de diffamation. La loi prévoit une excuse de provocation, strictement entendue. Quelques décisions ont introduit la notion de bonne foi en matière d'injure, quoique sa prise en compte y soit traditionnellement refusée[4]. Dans l'affaire dite des caricatures de Mahomet, le tribunal a limité le champ de la répression à l'expression « gratuitement offensante pour autrui » et ne contribuant à aucune forme de débat public et a dûment pris en compte le contexte de l'affaire[5]. Des décisions récentes ont choisi de placer l'injure sous l'éclairage de la liberté de création artistique permettant l'expression « du mal-être, du désarroi et du sentiment d'abandon d'une génération », même lorsqu'elle s'exprime sous la forme de propos violemment misogynes menaçant les femmes de se faire « marie-trintigner », au motif qu'une distanciation suffisante s'opère chez les auditeurs d'un rappeur[6] ou sous celui de la satire et d'un contexte polémique, qui permettent de traiter une femme politique de « salope fascisante », de lui attribuer un arbre généalogique en forme de croix gammée, mais non d'imaginer une affiche politique intitulée « la candidate qui vous ressemble » et représentant un étron, parce que cela porterait atteinte à la dignité de la personne visée. On avoue être assez peu convaincu par ces distinctions et un peu

1. Crim. 6 févr. 2007, *Bull. crim.* n° 32. Il faut relever que cette solution a été jugée contraire aux exigences de l'art. 10, au nom du droit des justiciables à relater leur propre procès (CEDH 15 juill. 2010, *Roland Dumas c/ France*). Cela est très contestable en l'espèce. V. aussi Civ. 1re, 10 sept. 2015, *Légipresse* 2015. III. 542, note C. Charrière-Bournazel.
2. Crim. 11 juin 2002, *Légipresse* 2002. III. 181, note J.-Y. Dupeux et 11 févr. 2003, *Légipresse* 2003. III. 71, note B. Ader.
3. Pour une interprétation large et contestable de cette expression, v. Paris, 8 avr. 2005, *Légipresse* 2005. III. 143, note H. Leclerc, qui considère comme une représentation injurieuse pour les croyances religieuses des catholiques le détournement à des fins publicitaires de *La Cène* de Léonard de Vinci. Cette décision a été cassée par un arrêt du 14 nov. 2006 (*Bull. civ.* I, n° 485).
4. TGI Paris, 10 avr. 1992, *Légipresse* 1992. III. 93 : relaxe d'un journaliste qui s'était borné à reproduire des propos injurieux tenus la veille à la télévision contre un homme politique; TGI Nancy, 14 juin 1993, *Légipresse* 1993. III. 108, note Bilger : prise en compte du contexte dans lequel ont été tenus les propos incriminés. La jurisprudence de la CEDH impose effectivement cette recherche du contexte (*Oberschlick c/ Autriche*, n° 2, du 1er juill. 1997 : une condamnation pour avoir traité d'imbécile J. Haider, dirigeant politique d'extrême droite, viole l'art. 10, dès lors que le terme a été utilisé en réaction à un discours prononcé par ce dernier).
5. TGI Paris, 22 mars 2007, *Légipresse* 2007. III. 123, note H. Leclerc. La cour d'appel de Paris (12 mars 2008, *Légipresse* 2008. III. 107, note H. Leclerc) a confirmé ce jugement, en mettant l'accent sur le contexte et sur le fait qu'était visée non la communauté musulmane dans son ensemble, mais la seule fraction de celle-ci qui prétend utiliser la religion pour justifier le terrorisme.
6. Versailles, 18 février 2016, *Légipresse* 2016. 226, note J. Englebert.

inquiet des risques de dérive du débat public qui résultent d'une liberté d'insulter poussée ici très loin.

2. La protection civile de la vie privée

599. ***Une protection spécifique.*** Hormis les cas les plus graves d'atteintes à la vie privée (C. pén., art. 226-1[1]), c'est d'une protection par le juge civil que celle-ci fait l'objet[2]. Autrefois fondée sur l'article 1382 du Code civil, cette protection résulte de l'article 9 du Code civil depuis la loi du 17 juillet 1970 tendant à renforcer la garantie des droits individuels des citoyens. Celui-ci dispose : « Chacun a droit au respect de sa vie privée. Les juges peuvent, sans préjudice de la réparation du dommage subi, prescrire toutes mesures, telles que séquestre, saisie et autres, propres à empêcher ou faire cesser une atteinte à l'intimité de la vie privée; ces mesures peuvent, s'il y a urgence, être ordonnées en référé. » Il résulte donc clairement de la volonté du législateur — pleinement conforme aux articles 10, paragraphe 2, et 8 de la Conv. EDH[3] — que la vie privée est soustraite à l'espace public de libre discussion, en dépit d'une curiosité croissante du public, attisée par certains médias qui retirent des profits substantiels de la narration illustrée de la vie privée, réelle ou supposée, des personnalités. Il faut rappeler que la société démocratique ne se confond pas avec une transparence universelle, qui caractérise, au contraire, la société totalitaire.

600. ***Des mesures de protection diverses.*** La jurisprudence judiciaire n'use de la possibilité de saisie qu'avec une modération qui doit être pleinement approuvée : « La liberté de la presse est la règle. La saisie d'une publication est une mesure exceptionnelle que la juridiction des référés n'a le pouvoir d'ordonner qu'en cas d'urgence, c'est-à-dire si l'atteinte portée à la vie privée du demandeur présente un caractère intolérable et cause un dommage que l'allocation ultérieure de dommages-intérêts par le juge du fond ne saurait compenser », énonçait nettement le tribunal de grande instance de Paris[4]. Il n'y aura donc saisie que si la personne concernée est mineure ou s'il s'agit d'une révélation jugée particulièrement choquante. Cette dernière hypothèse est illustrée par l'interdiction du *Grand secret*, livre consacré par l'ancien médecin du président à la maladie de François Mitterrand et à la manière dont celui-ci l'a vécue. La défense

---

1. V. TGI Nanterre, 5 sept. 2017, *Légipresse* 2017. I. 595 : condamnation du directeur de la publication et de la photographe pour la publication de clichés pris clandestinement et représentant le prince William d'Angleterre et son épouse en maillot de bain au bord d'une piscine dans une propriété privée, avec utilisation de téléobjectif.

2. Il est cependant significatif que les tribunaux vérifient que l'article 9 du Code civil n'est pas utilisé aux lieu et place de la loi de 1881 pour tenter d'en contourner les dispositions impératives (Versailles, 26 oct. 2017, *Légipresse* 2017. III. 615, note C. Chaillou : utilisation de la protection du droit à l'image par une personne dont la photographie avait été diffusée par erreur comme celle d'un terroriste recherché, la Cour estimant que c'est en réalité d'une atteinte à son honneur et à sa réputation, soit d'une diffamation, que se plaignait le demandeur).

3. V. ainsi Civ. 1re, 9 juill. 2003, *Bull. civ.* I, n° 172, relevant que « les droits au respect de la vie privée et à la liberté d'expression revêtant, eu égard aux art. 8 et 10 de la Convention européenne et 9 du Code civil, une identique valeur normative, font ainsi devoir au juge saisi de rechercher leur équilibre et, le cas échéant, de privilégier la solution la plus protectrice de l'intérêt le plus légitime ».

4. Réf., 21 févr. 1970, *JCP* 1970. II. 16293. V. aussi TGI Paris, réf., 10 août 1999 et Paris, 17 sept. 1999, *Légipresse* 1999. III. 159 et pour le refus d'interdiction de la diffusion d'un reportage ou d'une émission télévisé, TGI Paris, réf., 25 oct. 2000, *Légipresse* 2001. III. 21 et 10 févr. 2006, *Légipresse* 2006. III. 126. V. aussi le rappel du caractère disproportionné que revêtirait une mesure d'interdiction, même provisoire, dans TGI Paris, réf., 11 janv. 2008, *Légipresse* 2008. III. 71, note A. Breguou.

faite à l'éditeur de poursuivre la diffusion du livre, en référé[1], puis le maintien de l'interdiction de la diffusion par le juge du fond[2] sont fondés sur ce que beaucoup des faits relatés dans le livre n'ont été publiés qu'en violation du secret médical auquel était assujetti le praticien, même après la mort de son patient (il fut par ailleurs condamné au pénal et radié de l'Ordre des médecins de ce chef). La circonstance qu'un médecin ait trahi la confiance qui lui avait été accordée par le patient et ses proches l'a emporté sur toute autre considération, notamment sur l'intérêt public que présente la question de l'état de santé d'un homme investi de responsabilités publiques écrasantes et qui avait lui-même décidé de rendre la question publique : le dernier jugement cité indique « qu'en effet le secret médical présente un caractère général et absolu qui n'autorise pas un médecin à se transformer en garant du bon fonctionnement des institutions ou en témoin de l'histoire ». Cette affaire constitue certainement un cas limite, où le secret de la vie privée fait obstacle à la contribution du médecin à un débat qui relève de l'espace public de libre discussion[3] : dans son arrêt du 18 mai 2004, *Société Plon c/ France*, la CEDH a estimé conforme à l'article 10 l'intervention de mesures en référé, en ayant égard à la nécessité de respecter le deuil des proches durant la période immédiatement postérieure au décès, tandis qu'elle a jugé excessive la mesure prononcée au fond d'interdiction définitive de l'ouvrage, en insistant sur l'intérêt public qui s'attache à l'état de santé d'un président de la République. N'est pas non plus compatible avec la liberté d'expression l'interdiction de publier un ouvrage non encore écrit, ainsi que l'a rappelé le tribunal de grande instance de Paris dans un jugement du 18 novembre 1998, à propos d'un projet de biographie concernant la vie privée d'Alain Delon[4].

En dehors de la saisie, diverses mesures protectrices de la vie privée peuvent être ordonnées par le juge, notamment la publication d'un communiqué dans le prochain numéro d'un périodique (y compris en couverture) ou dans les exemplaires d'un livre, l'occultation ou la suppression lors des réimpressions futures[5] des passages litigieux ou l'octroi de dommages-intérêts. Le montant de ces derniers pose problème : s'il est trop élevé, la liberté d'expression est menacée[6] et les droits de la personnalité font l'objet, de la part de personnages jouant sur une notoriété par ailleurs recherchée, d'une très lucrative exploitation, contradictoire avec leur nature[7], s'il est trop faible, l'atteinte à la vie privée restera rentable pour l'éditeur.

601. ***Qu'est-ce qui relève de la vie privée ?*** La divulgation d'éléments ressortissant à la vie privée est illicite, quelles que soient par ailleurs la notoriété de la personne et sa tolérance, voire sa complaisance habituelle pour ce type de divulgations : Mme G..., énonce la cour d'appel de Paris, était « seule habilitée à

---

1. TGI Paris, 18 janv. 1996, *Légipresse* 1996, III, 15; Paris 13 mars 1996, *Légipresse* 1996, III, 33, note Derieux et Cass. 16 juin 1997, *Légipresse* 1997, III, 137, concl. contr. Le Foyer de Costil.
2. TGI Paris, 23 oct. 1996, *Légipresse* 1997. III. 3; Paris, 23 mai 1997, *Légipresse* 1997. III. 100, note E. Derieux et Civ. 1re, 14 déc. 1999, *JCP* 2000. II. 10241, concl. C. Petit.
3. V. Chron. Agostini, *D.* 1996. Chron. 58.
4. *D.* 1999. 462, note D. Rebut.
5. V. ainsi, à propos d'un ouvrage romanesque mêlant, d'une manière jugée abusive et attentatoire à la vie privée, réalité et fiction, Paris, 18 déc. 2008, *Légipresse* 2009. III. 83, note A. Tricoire.
6. V. pour des cas de diffamation les arrêts *Tolstoy Miloslavsky c/ Royaume-Uni* du 13 juill. 1995 et *Steel et Morris c/ Royaume-Uni* du 15 févr. 2005, rendus par la CEDH, à comparer avec l'arrêt du 16 juin 2005, *Independent News and Media et Independent Newspapers Ireland Limited c/ Irlande*. V. aussi l'arrêt *MGN Limited c/ Royaume-Uni* du 18 janv. 2011 relevant les conséquences excessives qu'avait comportées, pour la requérante, l'obligation de payer les honoraires de résultat perçus dus à l'avocat adverse (ils s'élevaient à 365 000 £ !).
7. V. en ce sens G. Loiseau, « La "pipolisation" des droits de la personnalité », *Légipresse* 2011. 599.

fixer les limites de ce qui peut être divulgué sur sa vie privée notamment sentimentale[1] ». En revanche, un élément d'actualité est soustrait au domaine de la vie privée[2], à l'inverse des commentaires, quelle qu'en soit la tonalité, que croit devoir en faire l'organe de presse[3].

Les domaines inclus dans la protection de la vie privée comprennent l'état de santé, la vie sentimentale et sexuelle[4], les relations familiales et, plus généralement, ce qui relève du comportement intime de la personne[5]. La jurisprudence admet cependant que des informations sur le patrimoine ou les revenus, au moins de certaines personnes (chefs d'entreprise), cessent de relever de la vie privée[6]. Le critère est, ici encore, la pertinence de l'information au regard d'un débat d'intérêt public. Ainsi peut-il être légitime de consacrer une série de reportages à des affaires criminelles ayant eu un grand retentissement dans le passé, mais pas de fournir, à cette occasion, des renseignements sur la vie quotidienne actuelle

1. 15 févr. 1994, *Légipresse* 1994. III. 19. V. aussi Civ. 1re, 30 mai 2000, *Légipresse* 2000. III. 136.
2. V. ainsi, à propos d'un livre consacré à Mme Cécilia Ciganer-Albeniz, qui venait de divorcer de M. Sarkozy, TGI Paris, réf., 11 janv. 2008, *Légipresse* 2008. III. 71, note A. Breguou, relevant que l'ouvrage porte sur des faits d'une portée politique réelle et que le couple avait antérieurement médiatisé certains éléments de sa vie privée, suscitant ainsi lui-même l'intérêt du public sur ce point; et, à propos de rumeurs concernant le couple présidentiel, l'admission de la révélation de faits de vie privée, à la condition toutefois qu'il s'agisse de faits exacts par TGI Paris, réf., 16 avr. 2010, *Légipresse* 2010. 100, note T. Roussineau.
3. Civ. 1re, 23 avr. 2003, *D.* 2003. 1854, note C. Bigot; 25 nov. 2004, *Légipresse* 2005. III. 17.
4. La révélation de l'homosexualité d'un dirigeant politique par un magazine à grand tirage a donné lieu à des décisions diverses. Elle a été jugée illicite, quand bien même elle peut relever d'un débat d'intérêt public quant à son éventuelle incidence sur la ligne politique du parti auquel appartient l'intéressé, dès lors que sont révélés de nombreux détails et publiés des clichés attestant qu'il y a eu surveillance du couple durant deux jours lors d'un séjour de celui-ci à Vienne : TGI Paris, réf., 24 déc. 2014, *Légipresse* 2015. I. 14. Pour la Cour de cassation, dans une autre affaire concernant un ouvrage sur le parti en question, la cour d'appel qui a mis l'accent sur l'intérêt général de la question soulevée a « apprécié le rapport raisonnable de proportionnalité existant entre le but légitime poursuivi par l'auteur, libre de s'exprimer et de faire état de l'information critiquée, et la protection de la vie privée de M. X... » (Civ. 1re, 9 avr. 2015, *Légipresse* 2015. III. 409, note B. Gleize).
5. Par ex. des conversations, tenues à titre privé ou confidentiel, captées par son maître d'hôtel, dans la résidence de Mme Bettencourt : Civ. 1re, 6 oct. 2011, *Légipresse* 2011. 682, note B. Ader et 2 juill. 2014, *Légipresse* 2014. III. 551, note H. Leclerc. V. aussi, s'agissant d'un roman utilisant des éléments factuels précis se rapportant à une personne considérée comme identifiable, TGI Paris, 27 mai 2013, *Légipresse* 2013. III. 615, note A. Tricoire, relevant que cela « ancre ce récit dans la réalité singulière » de la demanderesse dont un pan entier de la vie « est évoqué dans ses moindres détails, des plus quotidiens aux plus intimes, concernant sa conjugalité — sexualité, maternité, disputes, mode de vie ». Dans TGI Paris, 22 mai 2013, mêmes références, c'est la lumière jetée sur la relation entre un père, écrivain, et son fils qui est jugée attentatoire à la vie privée de ce dernier. Dans le cas d'un ouvrage qui prétendait relater la liaison entre son auteur et un homme politique dont la carrière avait été interrompue par un scandale sexuel, l'ordonnance de référé relève que ces derniers éléments n'étaient plus au cœur de l'actualité et que « s'il est exact que l'ouvrage litigieux peut présenter des aspects relevant d'un sujet d'intérêt général, tel que l'exercice et la conquête du pouvoir ou le dédoublement de la personnalité, il n'en contient pas moins de nombreux passages sans lien direct avec ces questions (santé, vie sexuelle et notamment liaison avec l'auteur du livre) » (TGI Paris, réf., 26 févr. 2013, *Légipresse* 2013. III. 227, note A. Tricoire). V. A. Tricoire, « Fiction et vie privée », *Légipresse* 2014. II. 597, mettant bien en lumière que les tribunaux considèrent que « la fiction doit être pure et ne peut s'inspirer du réel quand ce réel relève de la vie privée ». La jurisprudence se montre particulièrement sourcilleuse lorsque sont mis en cause des mineurs identifiables, même au travers d'une parodie : Civ. 1re, 20 mars 2014, *Légipresse* 2014. III. 352, note G. Lécuyer (l'animateur d'une émission de radio avait contrefait la voix d'une petite-fille pour « lui faire tenir des propos imaginaires et caricaturaux à l'encontre de son grand-père et de sa mère », pourtant engagés dans la vie politique).
6. Civ. 1re, 20 oct. 1993, *Légipresse* 1993. III. 139 et sur renvoi Versailles 17 mai 1995, *D.* 1996. 409, note Ravanas.

d'une personne condamnée lors d'un des procès en question et ayant purgé sa peine, sur sa famille et sur ses habitudes de tous les jours, ceux-ci ne correspondant à aucune « nécessité pour l'information du public[1] ». Ici encore, l'insistance mise par la CEDH sur l'immunité qui doit bénéficier à ceux qui participent à la discussion sur une question d'intérêt général bouscule les solutions traditionnelles et fait reculer la protection de la vie privée[2].

602. ***Le droit à l'image.*** Généralement lié au droit à la vie privée[3], encore qu'il en soit distinct[4], le droit à l'image implique l'interdiction de publier des clichés pris, sans autorisation de la personne[5], dans des lieux privés[6] ou retirés. Lorsque le cliché est pris dans un lieu public ou au cours d'une manifestation publique, il y a présomption d'autorisation[7], si le cliché est en relation directe avec l'événement[8] mais il s'agit d'une présomption simple et, par ailleurs, la publication du cliché peut devenir illicite en raison de son contexte (cadrage sur une personne déterminée[9], caractère inopportun pour la personne ou ses proches[10] de la publication). La jurisprudence permet également la publication de

1. TGI Paris, 18 déc. 1991, *Légipresse* 1992. III. 1, note Gras. V. égal., pour la diffusion d'un reportage et de photos se rapportant à la vie sentimentale et aux loisirs d'un homme politique, TGI Nanterre, réf., 28 août 2007, *Légipresse* 2007. III. 241. Sur l'impossibilité d'ordonner la suppression d'articles archivés dans un site Internet, v. Civ. 1re, 12 mai 2016, *Légipresse* 2016. 479.
2. Civ. 1er, 1er mars 2017, *Légipresse* 2017. III. 210, note C. Mas : le contexte (une « affaire financière ayant abouti à la spoliation de l'épargne publique ») dans lequel est publiée une information ressortissant normalement à la vie privée la rend licite.
3. Civ. 2e, 25 nov. 2004, *Légipresse* 2005. III. 17. Il a également été jugé que « la reproduction d'une photographie illustrant une information illicite de vie privée méconnaît le droit de la personne concernée au respect de son image » (Civ. 1re, 7 mars 2006, *Légipresse* 2006. III. 133, note C. Fabre).
4. Civ. 1re, 10 mai 2005, *Légipresse* 2005. III. 166, note L. Merlet et N. Verly, v. aussi TGI Paris, réf., 5 févr. 2008 (2 ord.), *Légipresse* 2008. III. 66, note A. Hazan, à propos de l'utilisation par la compagnie Ryanair de photographies de M. Sarkozy et de Mme Carla Bruni à des fins publicitaires.
5. V. ainsi, pour un cliché représentant la princesse Diana et Emad Fayed enlacés sur le pont d'un navire, Paris, 2 nov. 2000, *Légipresse* 2001. III. 19. S'agissant de la photographie du cadavre d'une personne, en l'absence d'une volonté particulière exprimée sur ce point par le défunt, il est indispensable de recueillir le consentement de la famille (Crim. 20 oct. 1998, *D.* 1999. 106, note B. Beignier : photographie de François Mitterrand sur son lit de mort).
6. En dépit de l'actualité judiciaire dans laquelle une personne est prise, la publication d'un cliché la montrant « à l'intérieur de son domicile » est illicite « alors que ledit domicile n'a aucun lien avec le lieu où se seraient déroulés les faits, objets de l'actualité judiciaire » (Paris 20 oct. 2010, *Légipresse* 2011. III. 40). V. aussi TGI Nanterre, réf., 18 sept. 2012, *Légipresse* 2012. 582, relevant que les clichés avaient surpris les demandeurs dans leur intimité et étaient dépourvus de tout lien avec leurs activités publiques ou officielles.
7. V. ainsi Versailles 7 déc. 2000, *Légipresse* 2001. III. 35 : rejet de la demande d'une personne photographiée lors d'une manifestation, le 13 mai 1968, juchée sur les épaules d'un ami et brandissant le drapeau vietnamien, compte tenu de l'utilisation du cliché, devenu célèbre, « dans le seul but d'illustrer la mémoire d'événements qui appartiennent à l'histoire » et de l'absence de tout élément dévalorisant et 22 nov. 2001, *Légipresse* 2002. III. 37.
8. Civ. 2e, 11 déc. 2003 et 18 déc. 2003, *Légipresse* 2004. III. 28, note B. Ader et 19 févr. 2004, *Légipresse* 2004. III. 88.
9. Civ. 2e, 18 mars 2004, *Légipresse* 2004. III. 89 : photographies prises au téléobjectif à l'insu des personnes concernées et accompagnées de légendes se rapportant à leur vie privée. V. aussi TGI Nanterre, 26 nov. 2015, *Légipresse* 2016 Actu. 16.
10. Civ. 1re, 5 juill. 2005, *Légipresse* 2005. III. 213, note T. Hassler. La publication de la photographie du préfet Érignac gisant sur la chaussée après son assassinat constitue une profonde atteinte aux sentiments d'affliction de ses proches parents, dès lors qu'elle intervient au cours de la période de deuil (Paris, 24 févr. 1998, *D.* 1998. 225, note B. Beignier). Cette solution a été confirmée par la Cour de cassation sur le fondement de l'atteinte portée par l'image à la dignité de la personne humaine (Civ. 1re, 20 déc. 2000, *D.* 2001. 885 et Chron. J.-P. Gridel, p. 872) et jugée compatible avec les exigences de la Conv. EDH (*Hachette Filippacchi Associés c/ France* du 26 avr. 2007). V. dans le même sens Paris, 28 mai 2009, *Légipresse* 2009. III. 157, note ▶

l'image d'une personne prise dans un espace public, pourvu qu'elle ne soit pas ridiculisée ou atteinte dans sa dignité, dans le cadre d'un projet artistique ou dans un but éducatif[1] et à chaque fois qu'il s'agit d'illustrer l'actualité[2]. L'image constituant le prolongement de la personnalité, la jurisprudence réaffirmait sans cesse « que toute personne, quelle que soit sa notoriété, a sur son image et l'utilisation qui en est faite un droit exclusif qui lui permet de s'opposer à sa diffusion sans son autorisation expresse et spéciale[3] », étant précisé qu'une personne qui avait accepté d'être filmée ne peut ensuite prétendre s'opposer à la diffusion du reportage réalisé, dès lors que son image « n'avait pas été détournée du contexte dans lequel elle avait été fixée »[4]. Mais en réalité, ce droit doit céder face aux exigences de la libre expression sur les questions d'intérêt général : « La liberté de la presse et le droit à l'information du public autorisent la diffusion de l'image de personnes impliquées dans un événement d'actualité ou illustrant avec pertinence un débat d'intérêt général, dans une forme librement choisie, sous la seule réserve du respect de la dignité de la personne humaine », indique la Cour de cassation en une formule qui marque un recul spectaculaire du droit à l'image. Par ailleurs, la jurisprudence a refusé de voir dans l'image d'une chose un prolongement de la propriété susceptible de donner lieu à une protection identique : seul un trouble anormal occasionné par l'utilisation de cette image pourrait permettre au propriétaire de s'y opposer[5].

Les limites que le respect de la vie privée impose à la liberté de la presse sont donc importantes.

3. Le droit de réponse

603. ***Un droit « absolu », en réalité susceptible d'abus.*** Dans le seul cas des écrits périodiques, l'article 13 de la loi du 29 juillet 1881 prévoit un droit de

---

► E. Derieux (publication de la photographie d'un jeune homme torturé à mort par ses ravisseurs jugée devoir plus à la recherche de sensationnel qu'au désir d'informer le public), approuvé par Civ. 1re, 1er juill. 2010, n° 09-15.479, relevant que cette publication, contraire à la dignité humaine, constituait « une atteinte à la mémoire ou au respect dû au mort et dès lors à la vie privée de ses proches ». Le raisonnement lie de manière discutable trois éléments différents, mais confirme le poids désormais attaché à la notion de dignité. En revanche, la CEDH, qui a jugé que l'article 10 n'avait pas été méconnu, s'est placée sur le seul terrain de l'atteinte à la vie privée des proches de la victime (*Société de conception de presse et d'édition c/ France* du 25 févr. 2016).

1. TGI Paris, 2 juin 2004 et 14 mai 2003, *Légipresse* 2004. III. 156, note C. Bigot. Certains commentateurs (T. Hassler, note *Légipresse* 2006. III. 96) doutent de la stabilité de cette jurisprudence, alors même que la Cour de cassation a affirmé « le libre choix des illustrations d'un débat général de phénomène de société » (*sic*) (Civ. 2e, 4 nov. 2004, *Bull. civ.* II, n° 486) et que la solution a été réaffirmée (TGI Paris, 9 mai et 25 juin 2007, *D.* 2008. 57, note A. Tricoire).
2. Civ. 1re, 10 mai 2005 et 5 juill. 2005, *Légipresse* 2005. III. 166, note L. Merlet et N. Verly; 16 mai 2006, *Légipresse* 2006. III. 171, note E. Dreyer.
3. Paris, 12 sept. 1995, *Légipresse* 1996. III. 21 : une actrice qui avait accepté de poser nue pour un magazine peut toujours s'opposer à la reproduction du cliché dans un autre journal. V. aussi Civ. 1re, 28 janv. 2010, *Bull. civ.* I, n° 21, rappelant que l'autorisation donnée à l'exploitation de son image n'est pas illimitée.
4. Civ. 1re, 9 avr. 2015, *Légipresse* 2015. III. 409, note B. Gleize.
5. Cass., ass. plén., 7 mai 2004, *Légipresse* 2004. III. 117, note J.-M. Bruguière et B. Gleize, et Civ. 1re, 28 juin 2012, *Légipresse* 2013. III. 26, note B. Gleize. Comp. Civ. 1re, 15 mars 2005, *Légipresse* 2005. III. 73, note J.-M. Bruguière, refusant aux auteurs de l'aménagement d'une place le bénéfice du droit d'auteur lorsque la représentation de l'œuvre est « accessoire au sujet traité », qui était l'ensemble architectural constitué par la place des Terreaux, à Lyon et CE 29 oct. 2012, *Commune de Tours, Légipresse* 2013. III. 168, note G. Lécuyer, subordonnant à autorisation, au titre de l'utilisation privative du domaine public mobilier, la prise de vues d'œuvres relevant des collections d'un musée à des fins de commercialisation des reproductions photographiques ainsi obtenues.

réponse minutieusement réglementé, au profit de toute personne nommée ou désignée dans le journal. La réponse doit être insérée dans les trois jours de sa réception pour les quotidiens, dans le numéro qui suit le surlendemain de sa réception pour les autres périodiques. Sa publication est gratuite. Cette institution est fort mal acceptée par les organes de presse, qui y voient l'intrusion déplaisante d'un tiers dans le contenu de leurs publications[1]. L'essentiel du problème vient ici de ce que le droit de réponse est traditionnellement qualifié par la jurisprudence de droit général et absolu, ce qui est ouvrir la porte à tous les abus. Tout en maintenant — illogiquement — ces qualificatifs, certaines décisions ont, fort opportunément, encadré le pouvoir discrétionnaire conféré à l'auteur du droit de réponse, de manière à le contenir dans les limites du raisonnable[2], en exigeant que la réponse constitue une véritable réplique à l'article qui l'a provoquée et non une occasion de développer des opinions sans rapport avec celui-ci[3]. Lorsque le Front national a décidé de faire usage du droit de réponse à chaque fois qu'un journal le qualifierait de mouvement d'extrême droite ou le mettrait en cause d'une manière qui lui paraîtrait excessive, l'application de cette dernière jurisprudence a permis de faire échec à une telle tentative[4], caractérisée comme un abus de droit. La chambre criminelle a relevé à juste titre, à l'appui de cette solution, que l'insertion forcée du droit de réponse constitue une ingérence dans l'exercice de la liberté d'expression, soumise à la condition de nécessité dans une société démocratique[5].

Le droit de réponse est conçu beaucoup plus strictement dans le secteur de l'audiovisuel : son exercice est subordonné à la diffusion d'une information susceptible de porter atteinte à l'honneur ou à la réputation de la personne concernée (article 6 de la loi du 29 juillet 1982[6]). En revanche, les services de communication au public en ligne ont été soumis au régime de la presse (article 6 IV de la loi du 21 juin 2004 pour la confiance dans l'économie numérique).

604. ***Le cas spécifique de l'atteinte à la présomption d'innocence.*** Il faut encore ajouter que, afin de renforcer la protection de la présomption d'innocence, la loi du 4 janvier 1993 a ajouté au Code civil un article 9-1 permettant au juge, s'il y a lieu en référé, d'ordonner l'insertion d'un communiqué faisant cesser l'atteinte à la présomption d'innocence. L'action en insertion forcée d'un tel communiqué ne peut prospérer que si l'article en cause manifeste un préjugé tenant pour acquise la culpabilité[7]. La juridiction d'instruction qui prononce une décision de non-lieu peut, par ailleurs, sur demande de l'intéressé, ordonner la publication de celle-ci ou l'insertion d'un communiqué en rendant compte,

1. « Le fascisme, disait Roland Barthes, ce n'est pas d'empêcher de dire, c'est d'obliger à dire », *Leçon*, Le Seuil, 1978, p. 14. La Cour de cassation a ainsi interdit de condamner un expert à déclarer authentique un tableau dont il pense qu'il ne l'est pas : Civ. 1re, 22 janv. 2014, *Bull. civ.* I, n° 10.
2. TGI Paris, réf., 27 mai 1988 et Paris, 13 juill. 1988, *JCP* 1988. II. 21079.
3. TGI Paris, 19 janv. 1994, *Légipresse* 1994. III. 97, note Bigot; Paris, 24 mai 1994, *Légipresse* 1994. III. 181; Crim. 16 janv. 1996, *D.* 1996. 462, note Bigot.
4. Versailles, 3 juill. 1996 et Paris, 17 avr. 1996, *Légipresse* 1996. III. 89, note Ader, confirmés par Civ. 2e, 24 juin 1998, *Légipresse* 1998. III. 115; Crim. 16 juin 1998, *Légipresse* 1998. III. 129, note E. Derieux et Crim. 3 nov. 1999, *D.* 2000. IR 29.
5. Crim. 16 juin 1998, préc.; v. aussi TGI Paris, 11 sept. 1996, *Légipresse* 1997. III. 28.
6. Il s'agit d'une *lex specialis* par rapport à la loi de 1881, étant cependant précisé que « l'exercice du droit de réponse ne suppose pas que soit caractérisé l'abus commis par le journaliste dans l'exercice de sa liberté d'informer » (Civ. 1re, 29 nov. 2005, *Légipresse* 2006. III. 33, note T. Hassler), ce qui revient à le détacher, contrairement à ce que suggère le texte, des notions de diffamation et d'injure.
7. Civ. 1re, 6 mars 1996, *Légipresse* 1996. III. 58 et 19 oct. 1999, *Légipresse* 1999. III. 161. — V. pour une illustration TGI Paris, réf., 25 août 1997 et 16 sept. 1997, *Légipresse* 1997. III. 151 et 31 oct. 2003, *Légipresse* 2003. III. 204.

de manière à laver publiquement de tout soupçon la personne concernée. Respect de la vie privée et d'une décision de justice passée en force de chose jugée peuvent par ailleurs se combiner pour interdire la diffusion, à la télévision comme sur Internet, d'une fiction inspirée d'un procès réel à l'issue de laquelle les spectateurs étaient invités à se prononcer sur la culpabilité de l'accusé, pourtant définitivement acquitté[1]. La jurisprudence de la CEDH a, elle aussi, procédé à une revalorisation de la protection due à la présomption d'innocence (arrêt *Bédat c/ Suisse* (gr. ch.) du 29 mars 2016).

B. Les limites tenant à la sauvegarde de l'ordre public

605. ***Diversité des dimensions de l'ordre public protégées.*** Les infractions de presse destinées à sauvegarder l'ordre public sont nombreuses et correspondent aux diverses dimensions de cette notion : prévention des infractions (ex. : provocation directe à la commission d'un crime ou d'un délit[2]; apologie de certaines infractions graves dans les cas prévus par la loi, en raison du fait que de tels propos, en niant la nocivité de ces infractions, en favorisent, au moins psychologiquement, la commission, comme l'apologie publique des actes de terrorisme[3] ainsi que, de manière très contestable, détention de documents provoquant directement à la commission d'actes de terrorisme ou en faisant l'apologie comme caractérisation possible de la préparation de la commission d'une infraction grave intentionnellement en relation avec une entreprise terroriste), sécurité nationale (ex. : reproduction d'un renseignement ou document présentant le caractère d'un secret de la défense nationale), santé publique (ex. : interdiction de la publicité en faveur du tabac et des produits du tabac[4]), sauvegarde de l'autorité et de l'impartialité du pouvoir judiciaire (ex. : interdiction de publier les actes d'accusation et tous autres actes de procédure criminelle ou correctionnelle avant qu'ils aient été lus en audience publique[5]), protection de l'ordre

---

1. Civ. 1re, 30 sept. 2015, n° 14-16.273, *Bull.* V. aussi l'article « Le procès de trop », dans le supplément *Télévisions*, *Le Monde*, 9 et 10 mars 2014.
2. L'intention de susciter chez les lecteurs un passage à l'acte est déterminante, ce qui permet de sauvegarder la liberté d'opinion, même exprimée en termes excessifs (Versailles, 30 juin 2005, *Légipresse* 2006. III. 19, note B. Ader).
3. Le cadeau à un jeune enfant d'un tee-shirt portant les inscriptions « Z., né le 11 septembre » et « Je suis une bombe » a été analysé comme l'utilisation de celui-ci comme « support d'un jugement bienveillant sur des actes criminels », caractérisant le délit d'apologie, alors même que les inscriptions n'étaient pas normalement visibles (Crim. 17 mars 2015, *Légipresse* 2015. III. 347, note F. Gras). V. aussi la condamnation de Dieudonné M'Bala M'Bala pour avoir proclamé « Je me sens Charlie Coulibaly », associant ainsi *Charlie-Hebdo*, au soir des manifestations de solidarité avec les victimes des attentats, et le nom de l'auteur du massacre perpétré dans le supermarché cacher de la porte de Vincennes : cette identification a pour effet de banaliser les actes commis (TGI Paris 18 mars 2015, *Légipresse* 2015. III. 425, note B. Ader). Un comportement que les juges du fond avaient qualifié de « décalé », consistant à s'affirmer solidaire à la fois des victimes et des auteurs d'actes de terrorisme, a été considéré par la Cour de cassation comme manifestant « une égale considération pour des victimes d'actes de terrorisme et l'un de leurs auteurs » auquel s'identifiait le prévenu, ainsi coupable de l'apologie incriminée (Crim. 25 avr. 2017, *Légipresse* 2017. III. 392, note E. Dreyer). Il y a peu de place pour les nuances — et pour l'interprétation stricte des textes répressifs — en période de crise...
4. Les tribunaux s'assurent néanmoins qu'il y eut appel manifeste à l'usage du tabac, volonté délibérée de le vanter et veillent heureusement à sauvegarder la publication d'une revue destinée à un cercle restreint d'amateurs (TGI Paris, 13 déc. 2012, *Légipresse* 2013. 13). De même, en l'absence de propos ou d'image faisant la promotion du tabac et de ses produits, le seul fait de montrer des personnes en train de fumer ne saurait tomber sous le coup de la loi pénale (Crim. 21 févr. 2017, *Légipresse* 2017. III. 146, note E. Andrieux).
5. Cette disposition a été jugée conforme aux exigences de l'art. 10 de la Conv. EDH par un arrêt de la Cour de Strasbourg du 24 nov. 2005, *Tourancheau et July c/ France.*

démocratique (ex. : interdiction de publier des sondages d'opinion en rapport avec un référendum ou des élections politiques la veille ou le jour du scrutin), à laquelle se rajoute l'incrimination de l'outrage au drapeau tricolore, dans le cadre d'une manifestation organisée ou réglementée par les autorités publiques (loi du 18 mars 2003) ou plus largement (décret du 21 juillet 2010), protection de la morale (ex. : diffusion d'un message à caractère violent ou pornographique ou de nature à porter gravement atteinte à la dignité humaine lorsque ce message est susceptible d'être vu ou perçu par un mineur).

606. ***De la protection de la morale à celle de la dignité ?*** Cette dernière infraction (C. pén., art. 227-24) a succédé à l'outrage aux bonnes mœurs, lui-même issu du délit d'outrage à la morale publique et religieuse et aux bonnes mœurs institué par la loi de Serre et en vertu duquel, en 1857, fut condamné Baudelaire pour six poèmes des *Fleurs du Mal* (Flaubert, la même année, n'avait échappé que de justesse à la condamnation pour avoir publié *Madame Bovary*). La protection des mineurs sert ici de prétexte commode à l'imposition d'une morale qui n'ose plus s'affirmer telle — car quel est le message qui n'est pas susceptible d'être vu ou perçu par un mineur[1] ? Témoigne également de cette conversion en des termes politiquement plus « corrects » la référence à la dignité humaine qui, de la décision du Conseil constitutionnel sur la bioéthique à celle du Conseil d'État sur le « lancer de nains », semble être devenue le sésame de notre droit. Quelles sont les portes que celui-ci est susceptible d'ouvrir en matière de liberté d'expression ? La juxtaposition de ce concept à la violence et à la pornographie n'augure rien de bon — il s'agit des cibles favorites de la censure depuis longtemps. Notons qu'aux États-Unis, le concept de dignité humaine a été récusé en matière de liberté d'expression comme porteur de risques excessifs de subjectivité[2].

Une application intéressante de l'idée de dignité humaine a cependant été faite, par le juge civil, à propos d'une campagne publicitaire constituée par trois séries d'affiches représentant, respectivement, un torse humain, un bas-ventre et un fessier nus portant la mention HIV. Le juge a interdit à la société en cause de poursuivre cette campagne et l'a condamnée à verser des dommages-intérêts à des malades du sida qui avaient légitimement pu se sentir agressés par la brutalité de ces images[3]. L'arrêt relève qu'a été utilisée « une symbolique de stigmatisation dégradante pour la dignité des personnes atteintes de manière implacable

1. L'insistance sur l'élément moral que doit présenter l'infraction a heureusement permis de prononcer la relaxe de l'éditeur Léo Scheer, condamné en première instance pour la publication du livre de Louis Skorecki, *Il entrerait dans la légende*, Nîmes, 8 avr. 2004, *Légipresse* 2005. III. 125, note A. Tricoire pourvoi rejeté par Crim. 19 janv. 2005, n° 04-83.049. De même, a-t-il fallu une instruction de neuf ans pour conclure qu'il n'existait pas de charges suffisantes contre les organisateurs d'une exposition d'art contemporain au CAPC de Bordeaux intitulée *Présumés innocents* (Crim. 2 mars 2011, *Légipresse* 2011. 305, note A. Tricoire). Au civil, le FRAC de Lorraine avait été condamné en première instance pour n'avoir pas assez nettement empêché les mineurs d'accéder à une exposition où figurait une œuvre mettant en cause la famille d'une manière volontairement provocante, à travers des messages parodiques adressés à des enfants (TGI Metz, 21 nov. 2013, *Légipresse* 2014. III. 361, note D. Lefranc). La cour d'appel a, en revanche, exactement jugé que violerait la liberté d'expression une décision de justice qui, au nom d'un jugement de valeur, porté sur l'œuvre, prononcerait une condamnation, étant précisé que l'association demanderesse, compte tenu de son objet, n'était pas recevable à invoquer l'article 227-24 du Code pénal (CA Metz, 19 janv. 2017, *Légipresse* 2017. III. 148, note A. Tricoire).
2. V. Post, *Constitutional Domains*, Harvard UP, 1995, p. 382, qui cite l'arrêt de la Cour suprême *Boos v. Barry*, 485 US 313, 322 (1988).
3. TGI Paris, 1er févr. 1995, *D.* 1995. 569, note Edelman et Paris, 28 mai 1996, *D.* 1996. 617, note Edelman.

en leur chair et en leur être, de nature à provoquer à leur détriment un phénomène de rejet, ou de l'accentuer ». On était en présence, dans cette affaire, d'un cas très exceptionnel, où la dignité humaine ne pouvait être relayée par aucune notion plus précise. On relèvera cependant que, à propos de la même publicité, les juridictions allemandes ont jugé l'interdiction disproportionnée. L'utilisation de la dignité a également conduit à une interdiction de l'exposition de cadavres à des fins commerciales[1]. Dans l'affaire de la « poupée vaudou » représentant M. Sarkozy, la cour d'appel de Paris a estimé que « le fait d'inciter le lecteur à avoir un rôle actif en agissant sur une poupée dont le visage est celui de l'intéressé [...] avec des épingles, piquantes par nature, et alors que le fait de piquer volontairement, que sous-tend l'idée de faire mal physiquement, ne serait-ce que symboliquement, outrepasse à l'évidence les limites admises, constitue une atteinte à la dignité de cette personne sans qu'il soit nullement besoin de se référer à quelque croyance vaudou que ce soit »[2]. Il s'agit, à nos yeux, d'un cas de recours abusif à la notion de dignité, comme l'atteste la mesure que prend la juridiction des référés, c'est à savoir l'apposition sur les coffrets proposés au public d'un bandeau faisant état de la décision prise : seule une interdiction totale eût été compatible avec une authentique atteinte à la dignité. Pareillement, l'introduction de la dignité en matière d'injure, afin de limiter les franchises désormais accordées en matière satirique (v. *supra*, ss 598) nous paraît porteuse de beaucoup d'incertitudes[3].

607. ***L'incrimination des propos racistes.*** Dans l'incrimination des propos racistes, c'est l'idée d'égalité qui légitime directement la répression (comp. le nouveau code pénal qui range les discriminations dans un chapitre intitulé *Les atteintes à la dignité de la personne*). La Convention internationale sur l'élimination de toutes les formes de discrimination raciale, adoptée par l'Assemblée générale de l'Organisation des Nations unies le 21 décembre 1965, oblige les États parties à lutter activement contre le racisme et notamment à « déclarer délits punissables par la loi toute diffusion d'idées fondées sur la supériorité ou la haine raciale, ainsi que tous actes de violence, ou provocation à de tels actes, dirigés contre toute race ou tout groupe de personnes d'une autre couleur ou d'une autre origine ethnique, de même que toute assistance apportée à des activités racistes, y compris leur financement » (art. 4 a). De son côté, la CEDH a affirmé « qu'il importe au plus haut point de lutter contre la discrimination raciale sous toutes ses formes et manifestations »[4].

Lorsqu'on sait que la chancellerie avait estimé plus prudent de ne pas poursuivre M. Le Pen après l'affirmation par celui-ci de sa croyance en l'inégalité des races comme en une évidence, on mesure l'écart qui existe actuellement entre le droit français et les engagements internationaux qu'on a rappelés. De sorte qu'en l'état, comme l'écrit M. Bonnal, « il est abusif, juridiquement en tout cas, sans nier bien sûr le caractère marquant et pédagogique de l'expression, de dire que le racisme est un délit »[5]. Au moment où a été ratifiée la Convention des Nations unies, la législation française se résumait au décret-loi Marchandeau du 21 avril 1939, remis en vigueur à la Libération, d'où l'intervention de la loi du 1er juillet 1972 relative à la lutte contre le racisme. La loi fait d'abord du racisme une circonstance aggravante de la diffamation ou de l'injure (lorsque celles-ci

1. Civ. 1re, 16 sept. 2010, *Légipresse* 2010. 363, note A. Tricoire.
2. Paris, 28 nov. 2008, *Légipresse* 2009. III. 16, note L. Merlet et N. Verly.
3. Crim. 20 sept. 2016 (3 espèces), *Légipresse* 2016. 667, note V. Tesnière.
4. *Jersild c/ Danemark*, 23 sept. 1994.
5. « Poursuites pénales en matière de racisme : la pratique judiciaire », *Légipresse* 2012. 690.

sont commises « envers une personne ou un groupe de personnes à raison de leur origine ou de leur appartenance ou de leur non-appartenance à une ethnie, une nation[1], une race ou une religion déterminée[2] »), ce qui exclut évidemment que puisse être admise la preuve de la vérité de l'affirmation tombant sous le coup de la loi[3] et rend indifférente l'existence d'une volonté délibérée de blesser la communauté concernée, dès lors que l'auteur des propos « ne pouvait qu'avoir conscience » de leur caractère blessant[4]. De même, c'est vainement que l'auteur de propos méprisants envers les Roms cherchera à invoquer un droit à l'humour[5] – Pierre Desproges disait à raison qu'on peut rire de tout, mais pas avec n'importe qui. En revanche, les poursuites dirigées contre *Charlie Hebdo* suite à la publication de certaines des « caricatures de Mahomet », dont la parution dans un journal danois avait provoqué de nombreux actes de violence, ont donné lieu à des décisions de relaxe[6], compte tenu du caractère d'intérêt public du débat sur la liberté d'expression et de l'absence d'injure contre les musulmans, dont les fanatiques hostiles à la diffusion des caricatures étaient nettement distingués.

La loi punit également (art. 24 de la loi de 1881) la provocation « à la discrimination, à la haine ou à la violence à l'égard d'une personne ou d'un groupe de personnes » à raison des mêmes facteurs. C'est ici que la loi pénale française s'avère nettement insuffisante : elle exige une provocation, imposant ainsi une démonstration difficile, au succès aléatoire[7]. Dans l'ensemble, les tribunaux ont interprété très restrictivement ces dispositions : ainsi, une profession de foi raciste a-t-elle été analysée comme la simple manifestation d'une « préférence pour les idéologies refusant le mélange des races », non accompagnée d'une « incitation manifeste » du lecteur à commettre l'un des actes incriminés par la loi[8], les tribunaux insistant particulièrement sur la nécessité de pas entraver la libre discussion sur « la question d'intérêt public relative aux difficultés d'intégration » de certaines communautés[9]. Certaines décisions font du texte une inter-

1. L'appel au boycott des produits en provenance d'Israël a ainsi été analysé en une provocation à la discrimination (Crim. 20 oct. 2015, *Légipresse* 2015. III. 661, note E. Derieux).
2. Sur les difficultés à identifier les victimes de la diffamation ou de l'injure raciste, v. Civ. 1re, 12 juill. 2006, *Légipresse* 2006. III. 223 et la note de G. Tillement, *ibid.* Lorsque le propos ne vise qu'une fraction du groupe protégé par la loi, aucune condamnation n'est possible (TGI Paris, 18 févr. 2011, *Légipresse* 2011. 240, note E. Derieux). Sur la distinction entre libre critique du fait religieux et injure visant un groupe de personnes en raison de son origine, v. Cass., ass. plén., 16 févr. 2007, *Bull. ass. plén.*, n° 1.
3. Paris, 28 sept. 1995, *Légipresse* 1996. III. 19.
4. TGI Paris, 29 mars 2012, *Légipresse* 2012. 314, note J.-M. Delas.
5. Crim. 1er mars 2016, *Légipresse* 2016. 279, note B. Domange.
6. TGI Paris, 22 mars 2007, *Légipresse* 2007. III. 123, note H. Leclerc et CA Paris, 12 mars 2008, *Gaz. Pal.* 2008. J. 952.
7. Il faut que le propos incriminé tende, « tant par son sens que par sa portée » à « inciter le public à la discrimination, à la haine ou à la violence envers une personne ou un groupe de personnes déterminées » (Crim. 29 janv. 2008, *Légipresse* 2008. III. 134, note E. Dreyer. Comme le souligne l'annotateur de cette décision, cela implique que le propos soit adressé à un ou plusieurs tiers et qu'il suscite chez eux une certaine réaction, conditions que ne remplissait pas en l'espèce un propos adressé exclusivement à la personne concernée). Concluant en revanche à l'existence d'une « exhortation ou une incitation explicite à commettre des actes de discrimination ou de violence ou à concevoir des sentiments de haine » et ordonnant le retrait des passages litigieux ou interdisant la vente de la réédition d'écrits antisémites, v. TGI Bobigny, réf., 13 nov. 2013, *Légipresse* 2014. III. 107, note B. Ader.
8. TGI Paris, 12 juill. 1989, *Légipresse* 1989. III. 102.
9. Crim. 7 juin 2011, *Légipresse* 2011. 550, note N. Verly : cassation d'un arrêt qui avait condamné l'auteur de propos soutenant que les Roms étaient impossibles à intégrer dans la communauté française en raison de leur propension à la délinquance.

prétation moins étroite[1], mais la Cour de cassation s'emploie régulièrement à rappeler que l'infraction suppose démontré un appel ou une exhortation à la discrimination, à la haine ou à la violence[2], comme le montre la décision prise suite aux propos de Mme Boutin qualifiant l'homosexualité d'abomination[3]. Le législateur n'a jamais souhaité modifier les incriminations édictées, se contentant d'aggraver les peines encourues et d'étendre la répression aux provocations, diffamations et injures non publiques à caractère raciste et discriminatoire[4].

Compte tenu du fait qu'elle procède de visées antisémites, la contestation des crimes contre l'humanité sanctionnés par le Tribunal international de Nuremberg a également été incriminée par la loi du 13 juillet 1990. Reconnue conforme aux engagements internationaux de la France par les instances compétentes (Commission, puis Cour européenne des droits de l'homme[5]; Comité des droits de l'homme), puis conforme à la Constitution (décision du Conseil constitutionnel n° 2015-512 QPC du 8 janv. 2016), la loi a fait l'objet d'une interprétation restrictive[6], qui ne la rend applicable qu'aux personnes animées d'une intention raciste[7], en l'absence de doute sur la volonté de contester les crimes contre l'humanité perpétrés par les nazis[8]. L'extension d'une telle incrimination à la négation de tous les génocides reconnus par la loi, celui perpétré en 1915 contre les Arméniens étant plus particulièrement visé, avait été décidée par le législateur français. Le Conseil constitutionnel, dans sa décision du 28 février 2012, a énoncé qu'en réprimant ainsi la contestation de l'existence et de la qualification juridique de crimes qu'il aurait lui-même reconnus et qualifiés comme tels, le législateur a porté une atteinte inconstitutionnelle à l'exercice de la liberté d'expression et de communication[9]. Cette opinion aurait gagné à être motivée autrement que par la seule invocation du principe de proportionnalité. La déci-

1. V. ainsi Crim. 21 mai 1996, *Bull. crim.* n° 210 approuvant l'arrêt ayant condamné *Rivarol* pour avoir assorti la reproduction de propos du président Mitterrand à Alger — « La Nation française ressent profondément l'utilité de la présence d'immigrés chez nous » — de la relation d'une série de faits divers impliquant des personnes d'origine africaine : la cour d'appel avait noté que cet article était « de nature à susciter immédiatement chez le lecteur [...] des réactions de rejet, voire de haine et de violence ». V. égal. la condamnation d'un professionnel des médias qui avait prétendu justifier la pratique des contrôles policiers « au faciès » par le fait que « la plupart des trafiquants sont noirs et arabes, c'est comme ça, c'est un fait » (TGI Paris, 18 févr. 2011, *Légipresse* 2011. 240, note E. Derieux); Crim. 17 mars 2015, *Bull. crim.* n° 57 (montée de l'insécurité dans une ville du Sud associée par des textes à l'importance de la communauté musulmane et association à cette allégation de la compagne d'un adjoint au maire de la ville : ces écrits tendent à « susciter un sentiment de rejet ou d'hostilité » à raison de l'appartenance à une religion déterminée) et 1er févr. 2017, *Légipresse* 2017. III. 260, note N. Verly (maire d'une commune ayant regretté que les secours soient arrivés à temps pour sauver des Roms de l'incendie de leur caravane).
2. Crim. 7 juin 2017, *D.* 2017. 1814, note C. Bigot.
3. Crim. 9 janv. 2018, n° 16-87.540, relevant que « le propos incriminé, s'il est outrageant, ne contient néanmoins pas, même sous une forme implicite, d'appel ou d'exhortation à la haine ou à la violence à l'égard des personnes homosexuelles ».
4. V. E. Dreyer, Chron. *Légipresse* 2017. I. 506.
5. Décision du 24 juin 2003, *Garaudy c/ France*, *RUDH* 2003. 424. V. aussi la décision d'irrecevabilité du 20 oct. 2015, *Dieudonné M'Bala M'Bala c/ France*.
6. C'est pour injure à caractère raciste, et non pour négationnisme, que l'« humoriste » Dieudonné fut condamné, après l'accueil enthousiaste, au cours d'un de ses spectacles, d'un négationniste notoire (Paris, 17 mars 2011, *Légipresse* 2011. 429, note D. Lefranc).
7. V. J.-P. Feldman, « Le délit de contestation de crimes contre l'humanité et la 17e chambre du tribunal de grande instance de Paris. Sur trois jugements du 27 février 1998 », *D.* 1999. Chron. 8.
8. Crim. 23 juin 2009, *Légipresse* 2010. 32 : l'existence d'« énonciations contradictoires » de la part du prévenu impose la relaxe.
9. Cons. const. 28 févr. 2012, n° 2012-647 DC, *JO* 2 mars 2012, p. 3988.

sion du 26 janvier 2017 persiste à trouver abusif le lien automatiquement établi entre la négation d'un génocide et une volonté discriminatoire et estime entachée de trop d'incertitude la possibilité d'incriminer la négation de tout génocide – « le législateur, en réprimant la négation, la minoration et la banalisation de certains crimes n'ayant fait l'objet d'aucune condamnation judiciaire préalable, a porté une atteinte à l'exercice de la liberté d'expression qui n'est ni nécessaire ni proportionnée », conclut le Conseil constitutionnel.

Bibliographie indicative

Outre les manuels de libertés publiques et les références citées au texte, *cf.* particulièrement :

- G. Calvès, *Envoyer les racistes en prison ?*, LGDJ/Lextenso, coll. « Exégèses », 2015.
- J.-M. Denquin, « Liberté d'expression et droit de mentir », *Politeia*, 2006, p. 117.
- E. Derieux, « La loi du 29 juillet 1881 », *RD publ. 1981. 1501.*
- T. Hochmann, « Qu'est-ce qu'un "délit d'opinion" ? », *Les Cahiers du droit* 2012. 793.
- G. Muhlmann, E. Decaux et E. Zoller, *La liberté d'expression*, Dalloz, coll. « À savoir », 2016.
- P. Wachsmann, « Participation, communication, pluralisme », *AJDA 1998*, n° spécial, *Les droits fondamentaux*, 165; « La loi du 16 juillet 1949 et la liberté d'expression », *in* T. Crépin et T. Grœnsteen (dir.), *On tue à chaque page*, Éditions du Temps, Musée de la bande dessinée, 1999, p. 7; « La liberté d'expression et la protection de la vie privée en France », *in* Y. Blais, *Droits de la personne : solidarité et bonne foi*, Institut canadien d'études pratiques supérieures, 2000, p. 321; « La polémique face au droit de la presse », *in* G. Declercq, M. Murat et J. Dangel (dir.), *La parole polémique*, Honoré Champion, 2003, p. 297; « Liberté d'expression », *J.-Cl. Libertés*, fasc. 800, LexisNexis, 2008; « La liberté d'expression », *in* M. Hertig Randall et M. Hottelier (dir.), *Introduction aux droits de l'homme*, Éd. Yvon Blais, LGDJ et Schulthess, 2014, p. 753; « Liberté d'expression », *Jurisclasseur Europe*, 2016; Commentaire de l'article 11, *in* F. Picod et S. Van Drooghenbroeck (dir.), *Charte des droits fondamentaux de l'Union européenne. Commentaire article par article*, Bruylant, 2017, p. 255.
- E. Wurtzbacher, *La liberté d'expression sur l'Internet – Une approche comparée entre la France et les États-Unis*, thèse dactyl., Institut universitaire de Florence, 2007.
- « La liberté d'expression, une liberté menacée ? », *Annuaire de l'Institut Michel Villey*, vol. 4, Dalloz, 2012.
- « Liberté d'expression », *JCP* 2015, n° 3.

Pistes de réflexion

Les perturbations du droit français de la presse par la prise en compte de l'intérêt général de l'information en cause
La liberté de la presse, entre le droit pénal et le droit civil
Le droit au respect de la vie privée subit-il une régression ?
Y a-t-il une protection de la morale en matière de liberté d'expression ?
L'apologie du terrorisme

Section 7.
LA LIBERTÉ D'ASSOCIATION

Élie Alfandari
Professeur émérite de l'Université Paris-Dauphine (Paris IX)

Au sein des libertés et droits fondamentaux, la liberté d'association tient une place importante, car elle est à la fois une liberté politique, s'appuyant sur la Constitution française, mais aussi sur les conventions internationales, une liberté juridique, s'appuyant sur le contrat et les droits patrimoniaux, et une liberté économique, ouvrant un large champ aux activités des associations, qui ne se limitent pas aux activités humanitaires, ou de solidarité, et peuvent être des activités commerciales.

La liberté d'association est aussi à la fois une liberté collective, lorsqu'elle concerne le groupement lui-même (sa création, sa gestion...) et une liberté individuelle, dès lors qu'il s'agit des membres potentiels de l'association (droit d'adhésion) ou des sociétaires (droit de vote, droit de retrait...).

La coordination entre toutes ces libertés pose, c'est certain, quelques problèmes.

Introduction

608. ***Liberté d'association et pluridisciplinarité.*** La liberté d'association est une question vaste, qui relève de plusieurs disciplines juridiques :

- du droit public et de la science politique, tout d'abord, puisque le débat, historique, mais qui n'a rien perdu de son actualité, concerne au premier chef la liberté d'association en tant que liberté publique;

- du droit civil, ensuite, car c'est ce droit qui a fourni les instruments juridiques de la liberté, à savoir le contrat et le patrimoine;

- du droit économique, enfin, car l'association est devenue un groupement, intervenant dans la vie économique, permettant de constituer une entreprise à laquelle s'appliqueront les libertés économiques (liberté d'entreprendre, liberté du commerce, liberté de concurrence).

Mais la liberté d'association ne concerne plus seulement, aujourd'hui, le droit interne : désormais, la liberté d'association est inscrite dans la Déclaration universelle des droits de l'homme de 1948 et, surtout, dans la Convention européenne des droits de l'homme de 1950 (mais que la France ne ratifiera qu'en 1974 !), texte que les justiciables français n'hésitent pas à invoquer quand le droit interne leur semble entraver cette liberté[1].

609. ***Liberté d'association et liberté politique.*** La liberté d'association est, sur ce point, liée à la liberté de réunion. Le pouvoir politique, depuis l'Antiquité, a manifesté une certaine réticence à l'égard de cette liberté et, lorsqu'il l'a reconnue, il a toujours eu tendance à maintenir un certain contrôle.

C'est que la réunion de citoyens pose de nombreux problèmes au pouvoir en place : d'abord, indépendamment de l'objet poursuivi, elle tend à constituer un « corps intermédiaire » exerçant un pouvoir ou un contre-pouvoir, qui ne va pas nécessairement dans le sens des objectifs poursuivis par un Gouvernement jaloux de ses prérogatives.

Ensuite, les finalités du groupement inquiètent, *a priori*, le pouvoir politique. Si ces finalités sont politiques (la liberté de réunion rejoint alors la liberté d'expression), le pouvoir politique craint d'être contesté (on songe au rôle joué par les clubs sous la Révolution)[2]; si ces finalités consistent à exercer une activité philanthropique ou sociale, le Gouvernement peut y voir une rivalité avec l'activité de service public dont il a la responsabilité; si, de surcroît, ce discours généreux tend à drainer des ressources, on peut craindre que cela se fasse au détriment de familles, voire que ces prélèvements entrent en concurrence avec les prélèvements fiscaux, sans parler de la possibilité pour ces groupements, lorsqu'ils sont constitués pour une durée indéterminée, d'amasser des biens immobiliers, qui ne seront pas remis en circulation (ce qui était le cas de la « mainmorte » sous l'Ancien Régime); si, enfin, la réunion de personnes a pour but d'opérer une coalition d'intérêts professionnels, c'est alors la crainte de voir se développer un corporatisme, hostile à la liberté d'entreprendre et à la libre concurrence, qui dominera, et, peut-être plus encore, chez certains gouvernants peu préoccupés par la question sociale, la crainte de voir se développer des coalitions de salariés, qui pourraient alors réagir contre la toute-puissance de leurs patrons.

---

1. Le principe de la liberté d'association est aussi désormais inscrit dans la Charte des droits fondamentaux de l'Union européenne. V. ss 124, l'étude de F. Benoît-Rohmer et J. P. Jacqué.
2. Mais il faut aussi envisager l'hypothèse où la réunion de l'association peut apporter un trouble à l'ordre public. La jurisprudence administrative, notamment pour la mise à disposition du domaine public, admet qu'une collectivité locale peut refuser cette mise à disposition (TA Paris, 11 juin 2004, *Assoc. Front national*, *LPA* 23 déc. 2004, note A. Duffy). Mais le Conseil d'État a jugé que le refus de mise à disposition d'un local public à une association cultuelle (Témoins de Jéhovah) portait atteinte à la fois à la liberté de réunion et à la liberté d'association (CE 30 mars 2007, *AJDA* 2007. 142, obs. S. Damarey).

On l'aura compris : les raisons de s'opposer à la liberté d'association sont multiples et complexes, et il faudra, pour lever ces obstacles, un régime véritablement démocratique, pas trop centralisateur, et soucieux de respecter les équilibres sociaux.

610. ***Historique.*** Le problème de la liberté d'association a toujours existé.

Dans l'Antiquité, des fonds de secours regroupaient des personnes qui voulaient organiser les obsèques de proches. Il s'agissait des « collèges funéraires ». Mais, sous l'Empire romain, ces collèges ne pouvaient être créés sans autorisation, et le manquement à cette obligation était sanctionné pénalement.

Au Moyen Âge, l'Église s'est montrée favorable aux « confréries », qui étaient des œuvres charitables, voire aux « corporations », qui organisaient une entraide entre les compagnons. Mais quand le pouvoir royal reprendra la main, il manifestera une certaine réticence, plus à l'égard des groupements liés à l'Église, à cause de la « mainmorte », qu'à l'égard des corporations, sur lesquelles le roi s'appuyait parfois pour contrer le pouvoir féodal.

Mais dès que la féodalité prend fin, sous la Renaissance, le pouvoir royal a voulu contrôler les corporations (ordonnance de Villers-Cotterets, prise en 1539 par François Ier, qui interdisait les monopoles corporatifs; édit d'Aguessau, de 1749, qui soumettait tous les groupements religieux, professionnels ou autres, à une autorisation royale, portée par « lettre patente »).

En France, au cours du XVIIIe siècle, la liberté d'association a donné lieu à de nombreux remous.

La Déclaration des droits de l'homme, votée le 16 août 1789, n'en parle pas (elle contient même une disposition qui, condamnant les corps intermédiaires, paraît implicitement écarter la liberté de groupement).

En revanche, le décret des 13 et 14 novembre 1790 affirme que « les citoyens ont le droit de s'assembler paisiblement et de former entre eux des sociétés libres ». Mais, peu de temps après, une cascade de textes vient amoindrir progressivement cette liberté : les décrets d'Allarde des 2-17 mars 1791 qui, au nom de la liberté économique, supprimeront les corporations de métiers; la loi Le Chapelier des 14 et 15 juin 1791 qui, dans un souci de mettre fin à des mouvements collectifs d'ouvriers affamés, interdit les associations ouvrières; la loi du 18 août 1792, qui, dans un esprit antireligieux, supprime les confréries (et avec elles les sociétés de secours mutuel); et, enfin, la loi du 7 thermidor an XI qui interdit les clubs politiques.

C'est sur le même fondement d'ordre public économique, politique et social que Napoléon fera inscrire, dans le Code pénal de 1810, un article 291 ainsi rédigé : « nulle association de plus de 20 personnes, dont le but sera de... s'occuper d'objets religieux, littéraires, politiques ou autres, ne pourra se former qu'avec l'agrément du Gouvernement, et sous les conditions qu'il plaira à l'autorité publique d'imposer à la société ».

Avec la Révolution de 1848, l'histoire se répète : au nom de l'idéal révolutionnaire, la loi du 22 juillet 1848 et la Constitution du 4 novembre 1848 affirment à nouveau la liberté d'association. Mais, pour faire face aux émeutes, la loi du 18 juin 1849 permet au Gouvernement d'interdire toute association, s'il estime qu'elle est dangereuse pour la sécurité publique.

Malgré tous ces textes restrictifs, il va se créer de plus en plus de groupements, notamment des associations à objet caritatif, des mutuelles ouvrières au sein des entreprises, des mouvements de jeunesse et associations scolaires. Et l'on notera que, malgré le maintien de l'interdiction des associations patronales sous le Second Empire, le Comité des Forges a pu se créer impunément, et que la loi du 21 juillet 1867 a supprimé l'autorisation préalable pour les sociétés anonymes, que l'on avait jugées auparavant dangereuses pour l'épargne publique.

Avec l'arrivée de la IIIe République, l'interdiction de s'associer n'est plus dans l'air du temps. La loi du 21 mars 1884 autorise la libre création de syndicats professionnels, aussi bien ouvriers que patronaux : les groupements professionnels ne font plus peur. Les seules réticences concernent dès lors les groupements qui n'affichent pas la poursuite d'un objet économique.

Mais avec le développement de la pauvreté liée à la révolution industrielle, l'État sent le besoin de voir se développer les associations caritatives, qui appuieront les communes dans l'exécution de leurs obligations d'assistance publique. Il craint moins, par ailleurs, l'influence de clubs politiques, car la république a retrouvé sa sécurité. Seule subsiste la réticence à l'encontre des congrégations.

La loi du 1er juillet 1901 instaure enfin la liberté d'association[1]. Elle est devenue un texte fondamental, quasi mythique, alors pourtant que sa rédaction n'autorise pas d'envolée lyrique.

L'association peut désormais se constituer librement sans autorisation préalable, sauf en ce qui concerne les congrégations, et l'article 291 du Code pénal est abrogé.

Mais à la veille de la Seconde Guerre mondiale, la crainte des mouvements factieux a été à l'origine de la loi du 10 janvier 1936 autorisant la dissolution administrative des groupes de combat et des milices privées; et l'hostilité à l'égard des étrangers, parfois soupçonnés d'espionnage, a amené en 1939 le législateur à subordonner la création d'associations d'étrangers, ou dirigées par des étrangers, à une autorisation préalable.

Évidemment, le régime de Vichy ne pouvait pas se montrer favorable à la liberté d'association, mais, sauf en zone occupée, l'interdiction n'est pas générale : de nombreuses lois particulières vont interdire certaines catégories d'associations (sociétés secrètes, associations d'anciens combattants, associations de communistes, d'anarchistes, de juifs...), mais aussi associations professionnelles lorsqu'elles entrent en concurrence avec les ordres corporatistes; et beaucoup d'autres associations (dans le secteur du tourisme ou du sport notamment) ne peuvent se constituer qu'après un agrément préalable.

La restauration de la République en 1945 a supprimé la plupart des lois antidémocratiques du régime de Vichy. S'agissant de la liberté d'association, on en est simplement revenu au régime antérieur.

La Constitution de 1946, la Constitution de 1958, ne mentionnent pas expressément la liberté d'association au sein des libertés garanties par la Constitution.

Mais l'esprit change avec l'ouverture de la France vers l'Europe.

La Convention européenne des droits de l'homme et des libertés fondamentales du 4 novembre 1950 dispose : « Toute personne a droit à la liberté de réunion pacifique et à la liberté d'association. Les restrictions à ces libertés ne peuvent qu'être exceptionnelles et doivent être prévues par une loi ». Sans atten-

1. J.-C. Bardout, *L'histoire étonnante de la loi de 1901*, Éd. Juris 2000. — J.-F. Merlet, *Une grande loi de la IIIe République, la loi du 1er juillet 1901*, 2001, LGDJ. — « La liberté d'association et le droit », Actes du Centenaire de la loi du 1er juillet 2001, Conseil constitutionnel, 2001.

dre la ratification de la Convention européenne des droits de l'homme[1], le Conseil constitutionnel, dans une décision du 16 juillet 1971, a considéré la liberté d'association comme un des « principes fondamentaux reconnus par la République »[2] et la loi du 9 octobre 1981 a supprimé le contrôle préalable sur les associations d'étrangers[3].

Les derniers pans de frilosité paraissent donc tombés, et la liberté d'association est reconnue aujourd'hui comme une liberté politique à part entière.

611. ***Liberté d'association et liberté juridique.*** C'est surtout cette liberté juridique qui est au cœur de la loi de 1901.

Selon l'article 1er de cette loi, « l'association est une convention par laquelle deux ou plusieurs personnes mettent en commun, de façon permanente, leurs connaissances ou leurs activités dans un but autre que de partager les bénéfices. Elle est régie, quant à sa validité, par les principes généraux du droit applicables aux contrats et aux obligations ».

Il n'échappera à personne que ce texte contient une tautologie : était-il nécessaire de définir l'association comme une convention, pour rappeler que celle-ci est soumise au droit commun des contrats ?

En réalité, ce que veut dire ce texte, c'est que le législateur appuie essentiellement la liberté politique d'association sur la liberté contractuelle, telle qu'elle est définie dans le Code civil, et fondée dans l'autonomie de la volonté : libre engagement des parties, libre détermination de l'objet, libre organisation des conditions de fonctionnement du groupement, sous réserve des dispositions d'ordre public[4].

Mais une seconde liberté juridique vient se joindre à la précédente : celle de l'autonomie du patrimoine. Certes, la loi de 1901 n'emploie nulle part l'expression de patrimoine. Mais l'article 2 de la loi reconnaît à l'association la jouissance d'une capacité juridique distincte de celle de ses membres, ce qui signifie qu'elle a la personnalité morale dès lors qu'elle a accompli les formalités nécessaires pour acquérir cette personnalité (v. ss 619), et, selon la théorie personnaliste d'Aubry et Rau, toute personne, morale comme physique, a un patrimoine. Or, l'article 6 de la même loi reconnaît à l'association la possibilité d'acquérir,

---

1. La Cour européenne des droits de l'homme veille au respect de la liberté d'association, inscrite à l'art. 11 de la Convention. *Cf.* par ex., pour la liberté de création des partis politiques, considérés comme des associations : CEDH 25 mai 1998, *Parti socialiste c/ Turquie, JCP* 1999. I. 101, obs. Sudre; *D.* 1998. Somm. 372, obs. S. Perez; CEDH 20 juill. 1998, *Sridopoulos c/ Grèce, AJDA* 1998. 999, obs. Flauss; CEDH 3 févr. 2005, *Parti communiste c/ Roumanie, RFDA* 2006. 328. Dans une décision du 2 août 2001 (*RFDA* 2002. 1109), elle a jugé que portait atteinte à la liberté d'association la mesure prise par un État obligeant les adhérents à une association d'obédience maçonnique de déclarer leur appartenance avant de se porter candidats à une charge publique, car cette mesure pouvait décourager l'adhésion à l'association, alors que celle-ci ne présentait en elle-même aucun danger pour l'ordre public. — Sur l'application directe de l'art. 22 du Pacte international relatif aux droits civils et politiques, v. CE 29 janv. 2003, *RFDA* 2003. 801. Et une décision a sanctionné un État qui avait refusé l'enregistrement d'une association ayant pour objet de représenter les intérêts d'une minorité nationale (CEDH 17 févr. 2004, *Gorzelik c/ Pologne, RFDA* 2005. 991; dans le même sens : CEDH 20 oct. 2005, *Generic Toxi c/ Grèce*, condamnant un État qui était resté passif devant les attaques dont avait fait l'objet une association défendant les intérêts de la minorité macédonienne). Cf. égal., CEDH 5 oct. 2005 et 7 déc. 2006, *AJDA* 2007. 910 et 27 mars 2008, *JCP* 2008. 1. 161, obs. F. Sudre.
2. *AJDA* 1971. 537, note Rivero; J. Robert, *RD publ.* 1971. 1171. Mais il faut signaler que le Conseil d'État avait, dès 1958, opéré une telle analyse (CE 24 janv. 1958, *Assoc. des anciens combattants, Lebon* 38).
3. *RTD com.* 1981. 555.
4. *Cf.* Y. Chartier, « L'association, contrat, dans la jurisprudence récente de la Cour de cassation », *Mélanges Guyon*, Dalloz, 2003, p. 195; B. Clavagnier, « Libertés publiques et libertés contractuelles », *JA* 2014, n° 3, p. 497.

de posséder, d'administrer des biens meubles et immeubles (et, bien que la loi ne le dise pas, d'en disposer, puisque ce droit est lié à celui de propriété. V. cependant les limites à cette liberté patrimoniale).

Grâce au contrat et au patrimoine, l'association, non seulement peut se constituer librement, mais elle peut exercer librement l'activité qu'elle a choisie.

612. ***Liberté d'association et liberté économique.*** La liberté économique s'est affirmée d'abord par la possibilité reconnue aux associations de défendre des intérêts économiques, dès lors que les obstacles à la reconstitution de groupements professionnels ont été levés.

Mais le législateur de 1901 n'avait sans doute pas songé, en affirmant la liberté politique d'association, et en la dotant des moyens juridiques de sa mise en œuvre, que l'association allait exercer une activité économique directe.

Se situant d'abord dans l'orbite des pouvoirs publics, l'association a exercé cette activité dans le cadre de missions de service public, la collectivité publique lui déléguant alors des tâches qu'elle ne pouvait ou ne voulait pas exercer elle-même (fourniture de soins, de services sociaux, activités d'éducation ou de formation...).

Mais, dès lors que la liberté d'association a été liée à la liberté d'entreprendre, à la liberté du commerce et à la liberté de la concurrence, il a fallu se rendre à une évidence : rien n'empêchait l'association de se comporter comme une entreprise, et d'intervenir sur le marché pour offrir, moyennant rémunération, des biens et services, non seulement à ses adhérents, mais aussi à des tiers[1]. Le Conseil constitutionnel a admis que la liberté d'exercer des activités lucratives pouvait être liée à la liberté d'association (décision 25 juill. 1984, *JO* 28 juill. 1984).

À la recherche de ressources pour équilibrer leur budget, même les associations collaboratrices des pouvoirs publics se sont lancées sur le marché, soit pour compenser la réduction des subventions ou des participations publiques, soit pour mieux amortir leurs investissements, soit pour prendre du champ par rapport aux organismes publics financeurs. Mais d'autres associations sont également intervenues dans le champ économique pour exercer leur activité avec une finalité sociale. On parle alors d'« associations de solidarité » et d'« économie sociale »[2].

613. ***La coexistence d'une liberté politique, d'une liberté juridique et d'une liberté économique.*** Cette coexistence n'est pas sans poser de problème.

D'une part, ces libertés ne sont pas sur le même plan : ce n'est qu'à propos de la libre constitution de l'association que le Conseil constitutionnel a vu dans la liberté d'association un principe fondamental ayant valeur constitutionnelle. Cela n'est plus vrai de la liberté de contracter : le Conseil constitutionnel a en effet décidé — à propos d'un autre sujet, mais la solution est transposable à notre domaine — qu'« aucune norme de valeur constitutionnelle ne garantit » cette liberté[3].

---

1. *Cf.* L'association dans la vie économique, actes du colloque du Mans, 1982. — H. Blaise, « Esquisse de quelques idées sur la place des associations dans la vie économique », *Mélanges Houin*, Dalloz-Sirey, 1985, p. 35. — S. Castro et N. Alix, *L'entreprise associative*, 1990. — O. Simon, *D.* 1977. Chron. 153; S. Castro, *L'association à activité commerciale*, Thèse, Paris, 1986; R. Brichet, *JCP* 1989. I. 3385.
2. V. E. Alfandari, « Économie sociale. À la recherche d'une définition », *Rev. éco. soc.* 1984. 524. — *Associations*, Dalloz Professionnels, dossier 1110, n° 23.
3. Cons. const. 3 août 1994, *JCP* 1995. 22.404, note Y. Brousselle. Sans revenir sur cette décision, le Conseil constitutionnel a cependant assoupli sa position en jugeant que le législateur ne pouvait, dans le cadre de la loi sur les 35 heures, remettre en cause certaines conventions collectives antérieures, faute de motif d'un intérêt général suffisant (décis. 13 janv. 2000, *Dr. soc.* 2000. 257, obs. Pretot). *Cf.* F. Moderne, « La liberté contractuelle est-elle vraiment et pleinement constitutionnelle ? », *RFDA* 2006. 2. — V. ss 977, l'étude de M.-L. Mathieu.

D'autre part, tous les ouvrages de droit commercial ou de droit économique nous rappellent que la liberté économique se heurte encore, malgré un retour en force du libéralisme, à de multiples règles d'ordre public et, sur ce terrain également, les juridictions françaises ont admis la licéité des restrictions appliquées aux associations.

Les responsables d'association ne doivent donc pas se faire trop d'illusions, et s'imaginer qu'en se cachant derrière le paravent d'une liberté politique, ils pourront échapper aux contraintes concernant les deux autres libertés.

Par ailleurs, la liberté d'association a un double visage : d'une part, elle est une *liberté individuelle*, et concerne la relation entre les sociétaires, et entre les sociétaires et le groupement; mais elle est aussi une *liberté collective :* celle du groupement lui-même, à l'égard des pouvoirs publics, à l'égard des tiers. Or, des conflits peuvent surgir entre liberté individuelle et liberté collective : certes, cela n'est pas propre à l'association et ce genre de conflit se rencontre dans tous les contrats de groupement, y compris les sociétés commerciales, où l'intérêt commun peut se heurter aux intérêts individuels, où la majorité abuse parfois de ses pouvoirs à l'encontre de la minorité, où l'*affectio societatis* n'est pas toujours respectée. Mais, dans ces groupements, on invoquera plus souvent la violation du pacte social que celle des libertés, alors que dans l'association, qui là encore marque son originalité et son imprégnation idéologique, ce sera plutôt l'inverse.

Enfin, il faut veiller à ce que, au nom de la liberté d'association, certains droits individuels ne soient sacrifiés, car l'association ne doit pas être un mode d'exploitation de personnes en situation de faiblesse (pour les adhérents des sectes, v. ss 540 l'étude de J. Robert et v. ss 615 pour les mineurs) ou de personnes en situation de difficulté économique ou sociale (par ex. personne travaillant pour l'association avec un objectif d'insertion, mais que l'association veut traiter comme un bénévole, et non comme un salarié)[1]. La liberté d'association ne peut s'étendre à la constitution de groupements qui ont pour objet ou pour effet de porter atteinte aux droits fondamentaux des individus, et une interdiction prononcée par l'État serait légitime[2]. À l'inverse, la liberté d'association, comme liberté politique, n'a pas à être invoquée pour la défense de droits individuels ou sociaux qui n'ont pas de rapport avec cette liberté[3].

I. La liberté d'association, liberté individuelle

A. La liberté d'adhérer

614. ***Liberté d'adhésion et réglementation publique.*** Les limites à la liberté d'adhésion à une association peuvent résulter de textes législatifs. C'est ainsi que les militaires ne peuvent adhérer à un groupement ayant un objet politique ou professionnel[4]. Mais un projet de loi autorisant les associations de gendarmes est en

1. *Cf.* É. Alfandari, « Insertion et exclusion : l'insertion dans une communauté de vie exclut-elle le contrat de travail salarié ? », note sous Soc. 9 mai 2001, *D.* 2002. 1705.
2. *Cf.* pour un parti politique portant atteinte aux libertés et prônant la discrimination sexuelle, CEDH 13 févr. 2003, *Parti de la Prospérité c/ Turquie*, *JCP* 2003. I. 160, obs. F. Sudre.
3. *Cf.* CE 3 mars 2005, *Lettre Lamy Assoc.*, 12 juill. 2005 : l'obligation de travailler le lundi de la Pentecôte ne porte pas atteinte à la liberté d'association.
4. *Cf.* art. L. 4121-4 du Code de la défense : une association de défense des intérêts des militaires est un groupement professionnel. CE 6 sept. 2007, *AJDA* 2007. 1846. — *Cf.* aussi CE 31 déc. 2008, *AJDA* 2009. 148, rejetant la demande d'annulation d'une association de défense des intérêts militaires contre des dispositions estimant qu'un groupement professionnel à caractère syndical était incompatible avec la discipline militaire; CE 26 févr. 2010, *JA* 2010, n° 417, ▶

cours[1]. *A fortiori*, ils ne peuvent pas davantage créer une association constituant un groupement professionnel à caractère syndical[2]. Et une juridiction administrative a annulé l'adhésion d'une commune à une association s'opposant à un traité international[3]. Mais ces restrictions à la liberté d'adhésion émanant des pouvoirs publics sont très limitées. Elles sont plus étendues lorsqu'elles émanent de l'association elle-même.

615. ***Liberté d'adhésion et contrat.*** L'association n'est pas ouverte à toute personne qui désire y entrer. Ici, le contrat de droit privé l'emporte sur la liberté publique.

L'association ne doit pas se confondre avec une collectivité locale : si la commune regroupe tous ses habitants, une association locale ne peut regrouper, elle, tous les habitants de la commune, sans requérir leur adhésion[4].

Et alors même que l'association viserait certaines catégories de membres (joueurs de tennis, sympathisants d'un parti politique...), elle n'est pas tenue d'accepter l'adhésion des personnes entrant dans ces catégories sur leur seule demande[5]. Si ouverte qu'elle soit, l'association n'est pas en état d'offre permanente.

Cependant, les conditions d'admission doivent être conformes aux dispositions statutaires. Si ces dispositions prévoient que l'adhésion résulte simplement d'une inscription personnelle, et du versement de cotisations, les organes de l'association ne peuvent ajouter de condition supplémentaire[6].

Et s'il est logique que certains critères soient établis pour l'adhésion à une association spécifique (par ex. une association cultuelle), l'association doit veiller à ne pas commettre le délit de discrimination, visé à l'article 225-2 du Code pénal.

Un problème délicat se pose pour les « membres de droit », figurant dans les statuts. Il s'agit souvent, ou bien de représentants des pouvoirs publics, lorsque l'association reçoit de ceux-ci des missions de service public, ou bien de personnalités bien connues ou influentes, qui donneront un rayonnement à l'association. Il n'y a évidemment pas de problème si le membre de droit a consenti à son adhésion, ou a participé à la conclusion du contrat d'association : il n'est alors qu'un sociétaire comme les autres. Mais parfois, la désignation est faite unilatéralement par les fondateurs de l'association, et le consentement des membres de droit n'est pas sollicité. Le fondement contractuel de l'association est alors méconnu, et ces membres de droit ne devraient pas être considérés comme des sociétaires. Ils pourraient cependant le devenir s'ils acquittent une cotisation (mais elle est rarement demandée), ou s'ils participent effectivement aux activités de l'association, et à leurs organes.

▶ p. 11 : même solution pour les gendarmes. *Adde :* M. Civaldini et J. Millet, *AJDA* 2009. 962. V. aussi CEDH 10 avr. 2012, *JA* 2012, n° 459, p. 12 : interdiction de l'adhésion d'un garde municipal (polonais) à un parti politique.

1. Ce projet fait suite à des décisions de la CEDH du 6 oct. 2014, *JCP* 2014, n° 1083, note G. Gonzalez, qui étaient favorables à la création d'association de gendarmes. V. *Le Monde*, 5 janv. 2015, p. 7. Civ. 11 mars 2014, *JA* 2014, n° 498, p. 10, note K. Rodriguez.
2. CE 11 déc. 2008, *JA* 2009, n° 398, p. 6.
3. TA Poitiers, 30 nov. 2006, *AJDA* 2007. 390. Sur la liberté d'adhésion des personnes morales de droit public, v. *Associations*, Dalloz professionnel, dossier 1310, n° 20; CAA Marseille, 21 janv. 1999, *RGCT* 1999. 155, note A.-S. Mescheriakoff.
4. Civ. 8 nov. 1978, *RTD com.* 1979. 484.
5. Civ. 7 avr. 1987, *RTD com.* 1988. 87, qui admet même que l'association n'a pas à motiver son refus, *Associations*, Dalloz Professionnels, dossier 1310.
6. Civ. 1re, 25 juin 2002, *D.* 2002. 2539, note Y. Chartier.

Le Haut Conseil à la vie associative, créé par la loi du 31 juillet 2014, cite l'égal accès des hommes et des femmes à l'association (v. aussi la loi du 2 août 2014). De même, le droit européen reconnaît aux étrangers la liberté d'adhésion à une association française[1]. L'adhésion à l'association suppose la capacité de contracter. Que décider quand des associations se constituent pour défendre les intérêts de malades mentaux, majeurs protégés juridiquement incapables, ou pour permettre l'expression de jeunes âgés de moins de 18 ans dans la vie scolaire ou dans leur cité, et veulent alors s'ouvrir à ces personnes[2] ?

• S'agissant des *malades*, la loi du 4 mars 2002, relative aux droits des malades (art. 20) a admis que ceux-ci pouvaient adhérer à une association, qui les représentera pour la défense de leurs droits au sein des établissements de santé[3].

La liberté d'adhésion des *mineurs* à une association est une question d'une grande actualité : en un moment où l'on veut faire prendre aux mineurs davantage de responsabilités, ne pourrait-on pas accroître leurs droits, et mettre fin à des discriminations[4] ?

Mais les solutions ne sont pas simples, car la liberté d'adhésion du mineur est au croisement de la liberté individuelle et de la liberté contractuelle.

- Au regard de la *liberté individuelle*, le mineur doit être considéré comme une personne, quel que soit son âge. Le législateur a admis la libre adhésion du mineur à une mutuelle dès 1998 (C mut., art. L. 121-4) et à un syndicat, dès 1920 (C. trav., art. L. 411-15).

La loi de 1901 sur les associations était muette sur ce point, mais le Conseil d'État a censuré un décret qui avait subordonné l'adhésion à une association de pécheurs à une condition de majorité[5].

Et, surtout, la Convention internationale des droits de l'enfant du 26 janvier 1990 (ratifiée par la France la même année cette fois !) affirme, en son article 15 : « les États reconnaissent les droits de l'enfant à la liberté d'association et de réunion pacifique »[6].

- Mais la *liberté contractuelle* risque d'apporter un frein à cette liberté, puisqu'elle est liée à la capacité de contracter. Or, selon l'article 1124 du Code civil, un mineur non émancipé ne peut contracter. Certes, cette incapacité n'est qu'une mesure de protection (seul le mineur ou son représentant légal peut demander la nullité de l'adhésion, et celle-ci n'entraîne pas la nullité de l'association). Et surtout, deux tempéraments peuvent ouvrir la porte de l'association aux mineurs :

- l'âge : un mineur en pré-majorité (de 16 à 18 ans) ne peut être traité comme un enfant en bas âge, qui n'a pas de capacité de discernement;

- la nature du contrat : si l'adhésion est un acte de la vie courante, celle-ci est ouverte au mineur sans autorisation préalable du représentant légal. Cette

1. CJCE 29 janv. 1991, *Rec. CJCE* 3999.
2. L'association peut refuser de communiquer la liste de ses membres, ce qui peut protéger ceux d'entre eux qui sont dans une situation difficile. CE 28 mars 1997, *JCP* 1997, n° 2288, concl. Combrexelle.
3. *Cf. RDSS* 2002. 575; *RGDM* n^os^ spécial, 2002, 46. Sur l'agrément de ces associations, *cf.* arr. 17 janv. 2006, *JO* 1er févr. 2006.
4. *Cf.* É. Alfandari, « La liberté d'association au regard de l'adhésion des mineurs », *Revue Agora* 1. 2008, p. 4 s.; *Associations*, Dalloz Professionnels, dossier 1210.
5. CE 4 mars 1983, *Lebon* 91.
6. Cette disposition rejoint celle de l'art. 11 de la Conv. EDH (v. ss 610). Liée à la liberté de réunion, elle concerne certes les associations de fait, mais elle n'exclut pas les associations déclarées. *Cf. Affirmer et promouvoir les droits de l'enfant après la Convention internationale des droits de l'enfant*, Doc. fr., 1997.

notion d'acte de la vie courante est définie selon des usages (C. civ., art. 389-3), et laissée à l'appréciation du juge du fond. Si l'adhésion ne présente aucun risque financier pour le mineur (faible montant des cotisations, absence de responsabilité pour les dettes contractées par l'association), elle sera considérée comme un acte de la vie courante.

La solution retenue par la jurisprudence française est celle de la libre adhésion dès lors qu'il n'y a pas d'opposition des représentants légaux[1]. Un droit d'opposition *a posteriori* se substitue donc à l'autorisation préalable.

Mais la prudence s'impose aux représentants légaux, ainsi qu'aux responsables associatifs, dès lors qu'une autre notion fondamentale doit être prise en compte : celle de l'*intérêt de l'enfant* (notion mise en valeur dans la Convention internationale des droits de l'enfant, et par les juges français dans les litiges concernant les mineurs). Il faut veiller à ce que l'adhésion à une association ne porte atteinte, non seulement au patrimoine de l'enfant, mais aussi et surtout à sa personne (problème des sectes[2], ou des associations exploitant des enfants à des fins économiques). Une négligence des représentants légaux, ainsi que des dirigeants d'associations, voire d'établissements publics, pourrait engager leur responsabilité.

C'est la raison pour laquelle certains textes instituent des contrôles, voire des limites quant à la liberté d'adhésion des mineurs. C'est le cas pour les associations créées au sein d'établissements scolaires ou/et sportifs : agrément de l'association, établissement des statuts par le conseil d'administration, droit d'opposition du directeur d'établissement, interdiction d'activités politiques ou religieuses... La création d'un statut spécifique d'association de mineurs simplifierait le problème.

• La loi du 28 juillet 2011 (art. 2 *bis*), modifiant la loi de 1901, a pris une mesure importante sur la liberté associative des mineurs[3].

« Les mineurs de plus de seize ans révolus peuvent librement constituer une association... et, sous réserve d'un accord écrit préalable de leur représentant légal, ils peuvent accomplir tous les actes utiles à son administration, à l'exception des actes de disposition. »

– Cette loi ouvre donc la porte à la libre création d'associations par des mineurs (il s'agira principalement d'associations-juniors, mais la loi ne se limite pas à celles-ci). L'association visée par la loi concerne l'association à personnalité morale (les mineurs faisant la déclaration en préfecture). L'association de fait, régie par la liberté contractuelle, reste possible selon le régime antérieur (*cf. supra*)[4].

La liberté de création s'étend à la liberté de gestion : un mineur peut être nommé président ou trésorier. Il peut accomplir tous actes d'administration, mais pas d'actes de disposition. L'association peut cependant passer de tels actes si elle comporte des majeurs.

Mais les restrictions les plus importantes sont la nécessité d'un accord écrit préalable du représentant légal pour les mineurs de plus de seize ans, et l'impossibilité de création d'une association déclarée pour les mineurs de moins de seize ans.

– La loi de 2011 vise la création de l'association, pas l'adhésion. À notre avis, les règles antérieures (*cf. supra*) sont maintenues... en attendant une loi complémentaire.

1. V. TGI Seine 13 févr. 1965, *D.* 1967. Somm. 97.
2. Sur la protection des mineurs contre les dérives sectaires, *cf.* L. 5 mars 2007, *JO* 6 mars 2007.
3. *JA* 2013, n° 475, p. 32.
4. Mais cela peut donner lieu à discussion : *cf.* J.-C. Bardout, *JA* 2012, n° 449, p. 36.

– Et notons que même s'il n'est pas membre de l'association, le mineur peut exercer ses droits concernant les prestations de services de l'association[1].

B. La liberté de ne pas adhérer ou de sortir de l'association

616. En principe, une disposition d'ordre privé ne devrait pas imposer l'adhésion d'une personne à une association[2].

Cependant, lorsqu'une association fournit des prestations, les statuts peuvent subordonner cette fourniture à une adhésion[3]. Cela ne porte pas atteinte à la liberté d'association, lorsque la personne a le libre choix de renoncer aux prestations de l'association. Mais il en va différemment si les prestations relèvent d'un service public : c'est ainsi qu'une association de transport scolaire ne peut imposer une adhésion aux usagers[4].

En revanche, l'obligation d'adhérer peut résulter de dispositions législatives. Il existe en France de nombreuses associations pour lesquelles le législateur prescrit une adhésion obligatoire. Le contrat forcé n'est pas une originalité chaque fois qu'un intérêt général est en jeu[5]. C'est ainsi que tout propriétaire d'une automobile est tenu de contracter une assurance, mais il a le choix de son assureur. Cependant, certaines adhésions obligatoires doivent se faire auprès d'une association unique, chargée de mission de service public : c'est par exemple le cas de l'Association française des entreprises de crédit et des entreprises d'investissement qui, tel un ordre professionnel, regroupe obligatoirement les établissements concernés, ou encore de l'Association pour la gestion du régime d'assurance des créances des salariés (AGS), qui est en fait un système d'assurance obligatoire géré par une association.

Pour ces associations, c'est plus souvent leur monopole que le principe d'une adhésion obligatoire qui est discuté. Le Conseil d'État, se plaçant davantage sur le terrain de la compétence législative que sur celui de la liberté d'adhésion a, par application de l'article 34 de la Constitution, considéré que ces adhésions obligatoires sont licites, dès lors qu'elles sont prescrites par le législateur, et a, à l'inverse, annulé de telles mesures qui n'étaient prises que par décret[6].

La Cour de cassation a statué dans le même sens pour la Caisse nationale des barreaux français, et a jugé que l'adhésion obligatoire des avocats à cette caisse, avec l'obligation de verser une cotisation, n'était pas contraire à la Convention

---

1. *Cf.* A. Biegel et V. Lhuillier, *Revue des études coopératives, mutualistes et associatives (RECMA)*, janv. 2016, p. 56.
2. Civ. 23 févr. 1960, *D.* 1961. 55. CEDH 27 avr. 2010, req. n° 20121/06.
3. C'est, par ex., le cas pour l'utilisation d'installations sportives. La Cour de cassation a décidé que l'obligation pour un éditeur d'adhérer à la SACEM pour bénéficier de ses services ne portait pas atteinte à la liberté d'association (Civ. 1re, 17 sept. 2003, *RTD civ.* 2004, obs. J. Raynard).
4. CE 4 mars 1983, *Lebon* 91.
5. Selon l'art. 11 Conv. EDH, ces mesures législatives dérogatoires sont nécessaires à la sécurité nationale, à la défense de l'ordre, à la prévention du crime, à la protection de la santé ou de la morale, ou encore à la protection des droits et libertés d'autrui.
6. *Cf.* CE 21 oct. 1988, *AJDA* 1988. 717, obs. M. Azibert et M. de Boisdeffre; 25 mars 1988, *RTD com.* 1989. 90; 16 déc. 1988, *RTD com.* 1989. 265, *AJDA* 1989. 82 et 134, obs. Azibert et de Boisdeffre. — Dans le même sens, la cour administrative d'appel de Paris a annulé, pour atteinte à la liberté d'association, une clause qui subordonnait l'attribution d'un marché public à l'adhésion à une association (CAA Paris 3 juin 2003), v. *Associations*, Dalloz Professionnels, dossier 1430. 40, n° 8. Sur la constitutionnalité du décret du 30 oct. 2008, accordant un privilège à l'UNAF pour la représentation des familles auprès des pouvoirs publics, *cf.* CE 14 avr. 2010, *AJDA* 2010. 1013, concl. A. Courrèges.

européenne des droits de l'homme, dès lors que cette obligation était liée à une mutualisation des risques[1].

En revanche, la liberté d'association a été au cœur de la question de l'adhésion obligatoire à une association de chasse agréée. Selon la loi Verdeille, du 10 juillet 1964, les propriétaires d'unités foncières de moins de 20 hectares étaient membres de droit de l'association communale de chasse agréée.

On observera qu'à la différence des autres adhésions obligatoires, celle-ci n'était pas liée à l'exercice d'une activité : si un chasseur était tenu, pour pouvoir chasser, d'adhérer à une association de chasse, la loi Verdeille, elle, visait les propriétaires qui, non seulement ne chassent peut-être pas, mais peuvent avoir des sentiments hostiles à l'égard de la chasse. Elle portait atteinte, c'est indiscutable, au droit de propriété. Après un débat très controversé devant les juridictions françaises, civiles et administratives, les adhérents forcés ont obtenu satisfaction devant la Cour européenne des droits de l'homme (décis. du 29 avril 1999, *Mme Chassagnou et autres*) sur le fondement de la liberté d'association. Si le législateur peut porter atteinte à cette liberté, ce n'est qu'au nom de l'intérêt général, et à la condition que l'atteinte ne soit pas disproportionnée par rapport au but poursuivi[2].

Finalement, la loi du 26 juillet 2000, relative à la chasse, a retiré ces dispositions de la loi Verdeille, et reconnu, dans son article 14, aux propriétaires de terrains d'exercer, en raison de leurs convictions personnelles, un droit de ne pas adhérer à l'association, et cette loi a été jugée conforme à la Constitution[3]. Et le retrait des terrains de chasse par le propriétaire ne porte pas atteinte à la liberté d'association[4].

Enfin, on notera que l'adhésion obligatoire à certains groupements peut échapper au principe de la liberté d'association, si ces groupements ne sont pas de véritables associations. Tel est le cas des associations syndicales autorisées de propriétaires (régies désormais par l'ordonnance du 14 juillet 2004) et qui sont qualifiées d'établissements publics à caractère administratif[5]. Mais un syndicat professionnel peut être considéré comme une association, et la Cour européenne des droits de l'homme a considéré que portait atteinte à la liberté d'association une disposition qui subordonnait l'octroi d'un emploi à une adhésion syndicale[6].

617. ***La sortie de l'association.*** Elle est en principe volontaire :

– La sortie s'opère de plein droit lorsque l'adhésion est limitée dans le temps, et que l'on arrive à l'expiration. Mais cette sortie ne peut être considérée comme

1. Civ. 1re, 19 juin 2001, *D.* 2001. 2178.
2. *JCP* 1999. 328, note Malafosse; *AJDA* 1999. 928, note Priet; *Dr. et patr.* oct. 1999. 123, obs. Pettiti; *D.* 1999. Chron. 389, de G. Charollois; *D.* 2000. 141, Chron. É. Alfandari, avec les références. Le Conseil d'État, revenant sur sa position antérieure, s'est prononcé dans le même sens que la CEDH (27 oct. 2000, req. n° 172639). *Cf.* égal. CE 9 nov. 2007, *JCP* 2007. IV. 3221. CEDH 4 oct. 2012, *D.* 2012. 393, *JCP* 2012, n° 1351, note H. Surrel.
3. Ce droit de non-adhésion n'est pas reconnu aux chasseurs, tenus d'adhérer à des associations ou des fédérations de chasse pour des motifs d'ordre public (*cf.* Cons. const. 20 juill. 2000, *D.* 2001. 1839, obs. Ribes; *JCP* 2001. 1. 350, obs. Mathieu et Verpeaux). *Cf.* aussi CE 13 oct. 2008, *JCP* 2009. 10007, note S. Damareck (adhésion obligatoire d'un propriétaire qui ne s'oppose pas au droit de chasse). CEDH 4 oct. 2012, *D.* 2012. 2391; *JCP* 2012, n° 1351, note Surrel (l'inclusion du fonds du propriétaire dans le terrain de chasse ne porte pas atteinte au respect de ses biens).
4. CEDH 22 sept. 2011, *Chassagnou*, *AJDA* 2012. 53, note M. Cresp.
5. *Cf.* CAA Bordeaux 11 déc. 2003, *AJDA* 2004. 940.
6. CEDH 11 janv. 2006, *Dr. soc.* 2006. 1022, comm. J.-P. Marguénaud et J. Mouly; *JCP S* 2006. 1118, obs. J. Cavallini.

une exclusion : elle n'est pas contraire à la liberté d'association, puisqu'elle avait été implicitement consentie par l'adhérent[1].

– Et hors cette hypothèse, la sortie est toujours libre pour l'adhérent. Selon l'article 4 de la loi de 1901, « tout membre d'une association qui n'est pas formée pour un temps déterminé peut s'en retirer en tout temps, après paiement de cotisations échues et de l'année courante, nonobstant toute clause contraire »[2]. La loi de 1901 a été modifiée par la loi du 22 mars 2012[3] et la liberté de démissionner s'est élargie pour les associations créées pour une durée déterminée.

Il arrive cependant qu'en raison de certains montages juridiques, la qualité d'adhérent soit liée à celle de membre d'un autre groupement, ou à la qualité de propriétaire d'un lotissement. Même dans ce cas, la Cour de cassation écarte toute disposition qui fait entrave à la liberté de retrait, au nom de la liberté d'association[4].

On discute sur le point de savoir si le retrait de l'association doit s'exprimer dans une déclaration expresse, ou bien se déduire d'une absence prolongée et d'un défaut de paiement de cotisations.

En fait, dans ce dernier cas, il est plutôt procédé à l'exclusion du sociétaire. Celle-ci ne rencontre pas les mêmes difficultés que dans le droit des sociétés, car l'exclusion d'un sociétaire sera ici sans incidence sur un capital social, qui n'existe pas dans la structure associative, et elle ne constitue pas une expropriation, comme dans la société, puisque la part du propriétaire n'a pas de valeur patrimoniale. Comme en fait les sociétaires peuvent être tenus à des obligations de comportement, les clauses statutaires prévoyant l'exclusion des membres sont reconnues licites. Mais les statuts doivent prévoir les motifs d'exclusion, l'organe chargé de prononcer celle-ci, et les droits de la défense doivent être respectés, le juge judiciaire exerçant son contrôle sur ces points[5]. La réintégration du sociétaire exclu pourra être prononcée si ces conditions ne sont pas respectées.

C. La liberté de participer à la vie de l'association

618. En principe, il n'est demandé aux sociétaires qu'un apport en connaissances ou en activité, et cela de façon permanente (mais les apports en numé-

1. Civ. 1re, 6 mars 2010, *D.* 2010. 1279, *JCP* 2010, n° 597; Civ. 11 mars 2014, *JA* 2014, n° 10, p. 498, note Rodriguez.
2. Cette disposition concerne aussi le retrait d'une association d'une fédération associative. Civ. 7 mai 2008, *JA* 2008, n° 386, p. 7; Poitiers, 28 sept. 2012, *JA* 2013, n° 471, p. 13; Civ. 11 mars 2014, *JA* 2014, n° 498, p. 10, note Rodriguez.
3. *JA* 2012, n° 463, p. 36.
4. Civ. 1re, 23 févr. 1960, *D.* 1961. 55, note Goré (lien entre une association et une coopérative). — Cass., ass. plén., 9 févr. 2001, *D.* 2001. 1493, note Alfandari (lien entre une association selon la loi de 1901 et une association syndicale de copropriétaires). — Civ. 3e, 20 déc. 2006, *JCP* 2007. 1. 117, obs. H. Périnet-Marquet; Cass. 5 déc. 2001, *JA* 2002, n° 269, p. 6 (lien entre une association et un bail commercial au sein d'une galerie marchande). Dans le même sens, Civ. 3e, 12 juin 2003, *D.* 2004. 367, note C. M. Bernard, *RTD com.* 2004. 72, obs. J. Monéger, *Rev. soc.* 2003. 180, obs. M.-L. Coquelet, *LPA* 30 avr. 2004, note M. Keita. Civ. 1re, 20 mai 2010, *D.* 2010. 417; *JCP* 2010, n° 925, note F. Planckeel. Le commerçant adhère librement à l'association. Il n'y a pas d'adhésion obligatoire (Civ. 1re, 20 mai 2010, *JCP* 2010, n° 596; *cf.* A. Rodriguez, *JA* 2013, n° 478, p. 38). L'annulation d'une clause d'adhésion obligatoire de commerçants à une association peut s'accompagner de restitutions réciproques (Civ. 3e, 23 nov. 2011, *D.* 2011. 2928, note Y. Rouquet). Civ. 1re, 12 juill. 2012, *D.* 2012. 2490, note H. Kenfack. Si le commerçant a adhéré, il peut se retirer librement.
5. L'exclusion d'un adhérent doit être précédée d'une information à son égard (Civ. 1re, 17 mars 2011, n° 10-14.124). Les mesures disciplinaires prises à l'encontre des membres ou dirigeants d'associations ne sont pas soumises au principe d'impartialité des juridictions prescrit par l'art. 6 Conv. EDH (Civ. 1re, 14 déc. 2004, *JCP* 2005. 1. 167, obs. S. Poillot-Peruzzetto et M. Luby).

raire ou en nature ne sont pas interdits). En échange de quoi, le sociétaire pourra voter aux assemblées générales, et participer ainsi à la vie de l'association.

Mais l'expérience montre que si certains sociétaires donnent beaucoup de leur temps, d'autres n'ont qu'une présence fantomatique, se contentent d'envoyer annuellement leur cotisation (sans parler des faux sociétaires, dépourvus de toute *affectio consociationis* qui n'ont versé qu'une seule cotisation en échange d'une prestation de service isolée)[1].

Certains statuts font une différence dans la dénomination en distinguant les « membres actifs » des simples « adhérents ». Mais cette distinction terminologique peut-elle s'accompagner d'une différenciation quant aux droits reconnus aux sociétaires ? Tout particulièrement, une clause statutaire peut-elle priver certains sociétaires du droit de vote ? Dans le droit des sociétés, on considère que le droit de vote ne peut être supprimé que par une loi (c'est le cas des actions de préférence sans droit de vote, C. com., art. L. 228-11). Dans les associations, on aurait pu se montrer plus rigoureux, car le principe de démocratie y est encore plus fort – en principe, du moins – que dans les sociétés : dans l'association, le droit de vote est attaché à la personne, et non à la part; il ne se transmet pas, il ne se divise, ni ne se multiplie (on applique le principe « un homme, une voix »).

Et pourtant, la Cour de cassation n'a pas mis en cause la validité d'une clause statutaire réservant le droit de vote à une certaine catégorie de sociétaires[2]. Et dans la pratique, des statuts associatifs réservent à certains sociétaires un droit de vote plural.

Les militaires qui ont adhéré à une association non professionnelle et dépourvue de caractère politique, peuvent, depuis une loi du 24 mars 2005[3], y exercer des responsabilités, sans obligation de rendre des comptes, sans risque d'être soumis à l'obligation de se démettre de leur responsabilité associative, voire d'être contraints à une démission.

II. La liberté d'association, liberté collective

A. La liberté de constitution

619. Il s'agit de la liberté qui s'identifie le mieux à une liberté politique, la seule dans laquelle le Conseil constitutionnel a vu un « principe fondamental reconnu par la République » qui s'imposait au législateur lui-même.

La constitution d'une association peut être opérée par des personnes physiques, mais aussi par des personnes morales, privées ou publiques (notamment des collectivités territoriales)[4].

Après les événements de Mai 1968, le Gouvernement a fait voter un projet de loi soumettant à un contrôle administratif préalable la déclaration d'associations dont il jugerait les activités dangereuses pour l'ordre public. C'est ce texte que le Conseil constitutionnel a déclaré contraire à la Constitution dans sa décision précitée du 16 juillet 1971.

1. *Cf.* Civ. 5 févr. 1980, *RTD com.* 1981. 102.
2. Civ. 25 avr. 1990, *RTD com.* 1991. 249. *Adde*, v. ss 625.
3. *JO* 26 mars 2005, p. 5098; *JA* 2005, n° 328, p. 9; B. Thomas-Tual (dir.), *La réforme du statut des militaires*, L'Harmattan, 2006.
4. *Cf.* CAA Marseille, 21 janv. 1999, *RGCT* 1999, n° 4, p. 165, concl. A. Benoit, note A.-S. Mescheriakoff. Mais la constitution d'une association par une collectivité territoriale (de même que l'adhésion) n'est pas possible si les activités de l'association sont réservées aux établissements publics (CAA Douai, 2 févr. 2013, *AJDA* 2012. 201, note Larue).

Le principe demeure donc, inscrit à l'article 2 de la loi de 1901, que « les associations de personnes pourront se former librement, sans autorisation ni déclaration préalable »[1] (le texte s'applique aux personnes morales comme aux personnes physiques). Mais la déclaration préalable à la préfecture est nécessaire pour que l'association puisse bénéficier de la personnalité morale (art. 5 de la loi)[2].

L'autorité administrative n'a aucun pouvoir pour refuser cette déclaration, dès lors qu'elle répond aux conditions de forme exigées par la loi[3]. On notera cependant qu'à l'époque, les sociétés jouissaient de plein droit de la personnalité morale, sans inscription à un registre, ce qui indique bien que, même s'il s'agissait d'une liberté politique, cette liberté subissait plus de contrainte que celle des groupements poursuivant un but lucratif.

Mais la personnalité morale accentue la liberté collective de l'association, puisqu'elle lui accorde une autonomie à l'égard de ses membres, le pouvoir de contracter et d'agir en justice (*Associations*, Dalloz Professionnels, dossier 1220. 20).

620. ***Limites à la liberté de constitution.*** Le principe de libre constitution rencontre plusieurs limites :

- d'une part, le Conseil constitutionnel a limité son « principe fondamental » aux associations de droit commun, admettant que des mesures contraignantes pouvaient être prises pour les « catégories particulières d'association »; il faut entendre par « catégories particulières » les associations créées par une loi particulière, et dont le statut s'écarte des dispositions de la loi de 1901. Si, pour la plupart de ces associations, la loi peut prévoir des dispositions plus restrictives, on notera que pour certaines d'entre elles, la jurisprudence a décidé qu'elles jouissaient de plein droit de la personnalité morale, sans déclaration à la préfecture[4];

- d'autre part, faute d'un contrôle de constitutionnalité à l'époque, la plupart des textes législatifs soumettant la création d'une association de droit commun à un agrément préalable sont encore en vigueur;

- enfin, la libre constitution de l'association doit aussi respecter le principe contractuel. Même instituée par un texte législatif, l'association ne peut prendre effet que s'il y a accord entre une pluralité de membres, animés par un intérêt commun. Et, *a fortiori*, aucune association ne peut être créée par un acte privé ou un acte administratif, unilatéral. C'est ainsi qu'une association créée dans l'intérêt d'une seule personne, à seule fin de faire prendre en charge ses dépenses personnelles, a été considérée comme une association fictive[5].

Mais c'est principalement dans les associations parapubliques que ces hypothèses se rencontrent, des conseils municipaux décidant, par exemple, de créer une association par une simple délibération, sans même rechercher de pluralité de partenaires. De même, une agence départementale ne peut être constituée sous la forme d'une association[6]. Dans d'autres cas, plus subtilement, il est passé un

1. La liberté de constitution est reconnue même pour des associations non déclarées (CE 9 avr. 1999, *D.* 1999. 157).
2. Le Conseil d'État a jugé qu'au nom de la liberté d'association, seule la loi pouvait déterminer l'autorité habilitée à recevoir cette déclaration : CE 29 avr. 1994, *D.* 1995. 242, note Orfila. La loi n° 2004-1343 du 9 déc. 2004 avait prévu une ordonnance simplifiant les formalités de déclaration. Cette ordonnance a été prise le 28 juill. 2005.
3. CE 20 sept. 1991, *AJDA* 1992. 170. Elle ne peut non plus différer la délivrance du récépissé (TA Paris, 25 janv. 1971, *AJDA* 1971. 229).
4. Dijon 12 oct. 1999, *JCP* 2000. 10303, note Daigre, à propos de l'Urssaff.
5. CE 25 oct. 1988, *Bull. Joly* 1989. 1007. En l'espèce, l'enjeu était seulement fiscal et le juge a validé l'imposition à titre personnel du fondateur de la fausse association.
6. CAA Douai, 2 févr. 2012, *AJDA* 2012. 860.

contrat : mais l'association n'est alors qu'une fiction, dès lors qu'elle est complètement contrôlée par la collectivité publique, financée par elle, et n'a pas d'activité autonome. Ce « faux nez » de l'Administration n'est parfois créé que pour échapper aux règles de la comptabilité publique.

Si, dans l'hypothèse d'une association sans contrat, l'Administration pourra refuser la déclaration, puisque le déclarant n'aura pas de dossier conforme, dans l'hypothèse de l'association fictive, conformément à la position du Conseil constitutionnel, l'Administration ne pourra se refuser à l'enregistrement.

Le contrôle ne s'effectuera qu'*a posteriori*, et s'exercera, soit lors d'une action en annulation devant le juge civil, soit lors d'une action en requalification devant le juge administratif[1] (art. 7 de la loi de 1901), soit lors d'une action devant le juge répressif (C. pén., art. 131-39).

Cependant, il existe, pour les milices privées, groupes de combat, associations provoquant à la haine raciale... une possibilité de dissolution administrative par voie de décret (art. 1er, loi du 10 janvier 1936)[2]. Cette possibilité a été étendue aux associations de supporters sportifs, dont les membres ont commis des actes portant atteinte à l'ordre public : violence, racisme... (loi du 5 juillet 2006)[3].

Cette disposition n'a pas été jugée contraire à la Convention européenne des droits de l'homme, ni à la Déclaration universelle des droits de l'homme[4].

En revanche, la loi du 12 mai 2009 a supprimé la dissolution administrative pour escroquerie[5].

B. La liberté de but et d'objet

621. ***But de l'association.*** Le but de l'association n'est défini que de façon négative : l'association ne peut se constituer que « dans un but autre que de partager des bénéfices ».

Cette disposition est au cœur de la définition même de l'association, et de sa distinction avec la société[6] : une association qui partagerait les bénéfices devrait être requalifiée en société de fait. Mais elle concerne aussi la liberté de l'association, puisqu'elle porte atteinte à sa capacité juridique : une association ne peut disposer librement de son patrimoine. Certes, elle peut rémunérer ses membres, voire ses dirigeants, pour les missions qu'ils accomplissent. Même si elle est prélevée sur les bénéfices, cette rémunération ne sera pas qualifiée de partage de bénéfices (l'Administration fiscale, elle, soumettra l'association au même régime fiscal que les sociétés, dès lors que la gestion n'est pas « désintéressée »[7]). Mais

1. *Cf.* CE 11 mai 1987. 485, *RTD com.* 1988. 85.
2. La dissolution administrative d'une association défendant la royauté, mais n'ayant pas pour objet de renverser la république, n'est pas justifiée. Civ. 1re, 2 oct. 2007, *D.* 2007. 2671.
3. *Cf.* CE 25 juill. 2008, *JCP* 2008. IV. 2567. CE 9 nov. 2011, *JA* 2011, n° 34, p. 13. V. aussi CE, réf., 23 juill. 2013, req. n° 370305, pour l'annulation d'une association de supporters, considérée comme ne portant pas atteinte à la liberté d'association.
4. CE 16 oct. 1992, *Battesti*, *RTD com.* 1993. 134. Le Conseil d'État a même admis que les droits de la défense pourraient ne pas être respectés en cas d'urgence : CE 8 sept. 1995, *RTD com.* 1995. 812.
5. *Cf. D.* 2009. 2287, obs. J. Planque, concernant l'Église de scientologie.
6. C'était tout le débat soulevé dans l'arrêt *Caisse rurale de Manigod* (Ch. réunies, 11 mars 1914, DP 1914. 1, 257, note Sarrut), ou l'enjeu idéologique (l'association doit-elle avoir ou non une image capitaliste ?) l'emportait sur le simple enjeu d'une qualification juridique, et surtout sur l'enjeu financier du procès qui s'élevait à... 1,25 F.
7. Sur l'évolution de la notion de « gestion désintéressée », *cf.* instr. fiscale du 18 déc. 2006 (*JA* 2007, n° 351, p. 32); *Associations*, Dalloz Professionnels, dossier 1620. 10. Sur la possibilité de rémunérer des dirigeants au regard du droit fiscal, v. L. 28 déc. 2001, *RDSS* 2002. 97.

l'association ne peut distribuer de bénéfices périodiques à ses membres sous forme de dividendes ou autrement. Elle peut, si les statuts le prévoient, autoriser une reprise des apports par les apporteurs lors de la dissolution de l'association. Mais elle ne peut répartir les actifs entre les membres.

C'est le décret du 16 août 1901 qui précise ce point. Mais, rien n'interdit la dévolution des biens à une autre personne morale, une société commerciale par exemple, pourvu que celle-ci ne soit pas composée des mêmes membres que l'association (car cela constituerait un partage des bénéfices en deux temps, et donc, un détournement de la loi)[1]. Cependant, les statuts types de l'association reconnue d'utilité publique, souvent adoptés par des associations ordinaires, limitent la dévolution à des établissements reconnus d'utilité publique, ou bien à un ou plusieurs établissements analogues.

En toute hypothèse, il est évident que l'interdiction de partage des bénéfices ne s'étend pas à la réalisation de ceux-ci; au contraire même, elle l'admet implicitement. L'association n'est donc pas, de façon absolue, cet organisme « sans but lucratif » que colporte l'imagerie populaire. Et c'est bien d'ailleurs pour cela que l'association peut exercer une activité économique. Il reste que cette interdiction du partage des bénéfices limite la possibilité pour l'association de développer des fonds propres, puisque se détourneront d'elle les apporteurs de capitaux recherchant la rémunération du capital investi[2].

622. ***Objet de l'association.*** Quant à l'activité de l'association, tout lui est permis, en principe. L'association peut donc exercer son activité dans tous les secteurs de l'économie. Elle n'est pas tenue de se confiner au secteur social, même si cela est le choix de nombreuses associations. Elle peut faire des actes de commerce à titre habituel. La Cour de cassation hésite cependant à qualifier l'association d'entreprise commerciale, dès lors que l'activité spéculative ne prime pas l'objet statutaire[3].

Si certaines mesures collectives concernent des associations, celles-ci peuvent faire prévaloir l'autonomie des projets poursuivis individuellement et résister à une uniformisation[4].

Cependant cette liberté d'activité rencontre plusieurs limites, qui peuvent constituer des atteintes au principe de la liberté du commerce ou à la liberté de concurrence, mais ne constituent pas, pour la jurisprudence, des entraves à la liberté d'association.

Tout d'abord, mais cela n'a rien d'original, l'objet de l'association ne peut être illicite, illégal ou immoral, ce que dit expressément l'article 3 de la loi de 1901[5]. Cette exigence répond à celle de l'article 6 du Code civil, sans plus. Elle ne conduit pas à imposer aux associations un objet « moral », empreint d'une éthique dont se sont écartées aujourd'hui bien des entreprises, mais elle permettra de sanctionner ceux qui profitent de la facilité de constitution de l'associa-

---

1. *Cf.* Paris 18 nov. 1986, *RTD com.* 1987. 572.
2. On observera cependant que pour pallier cette carence, le législateur a admis que l'association pourrait émettre des obligations et des titres associatifs (L. 11 juill. 1985, *RTD com.* 1985. 772, *ALD* 1986. 33, comm. Y. Guyon).
3. Com. 12 févr. 1985, *RTD com.* 1985. 777.
4. J.-L. Laville, *ASH* n° 2941, janv. 2016, p. 23.
5. *Adde :* TA Paris, 23 nov. 2013, *AJDA* 2013. 427, note Guilloteau (annulation de l'agrément d'une association de défense de l'homosexualité pour intervenir dans les établissements d'enseignement); Crim. 21 mai 2014, *D.* 2014. 1265 (dissolution judiciaire d'une association pour participation au terrorisme).

tion et de l'absence de contrôle pour contourner une loi impérative[1]. Il faut également signaler que la responsabilité pénale des personnes morales concerne aussi les associations, le champ de cette responsabilité ayant été étendu par la loi du 9 mars 2004 à toutes les infractions.

Ensuite, c'est au niveau des activités, plus souvent que de la constitution de l'association, que se multiplient les agréments préalables (nécessaires par exemple, pour obtenir une subvention ou pour pouvoir exercer une action en justice dans un intérêt collectif), voire, pour les associations chargées de missions de service public, les habilitations. Mais l'Administration ne peut ajouter d'autres conditions d'agrément ou d'habilitation que celles qui sont prévues par les textes[2]. Une charte d'engagements réciproques, signée le 1er juillet 2001 tend à clarifier les rapports entre l'État et les associations[3]. Des contrôles d'activité peuvent également être mis en place pour les associations collaborant avec les services publics ou bénéficiant de subventions publiques. Ces contrôles n'ont pas été considérés comme portant atteinte à la liberté d'association[4].

On rappellera encore que l'interdiction de certaines activités découle de plein droit du fait que l'association ne peut remplir juridiquement les conditions pour exercer celles-ci : c'est le cas lorsque, pour exercer une activité, le législateur exige l'adoption de la structure de société, ou un capital minimum.

Enfin, le problème le plus délicat qui se soit posé ces dernières années est celui de la « paracommercialité ». Certains concurrents se sont plaint de la concurrence que leur faisaient les associations qui intervenaient dans le même domaine qu'eux, visaient la même clientèle, mais ne supportaient pas les mêmes charges. Ils oubliaient qu'à l'inverse, les associations exerçant une activité commerciale ne jouissaient pas des mêmes droits que les commerçants : notamment, ne pouvant s'inscrire au registre du commerce, elles ne pouvaient bénéficier de la propriété commerciale. Cette solution, inspirée d'une lecture textuelle du décret du 30 mai 1984, est peut-être attentatoire au principe d'égalité, voire à la libre concurrence, mais elle n'a pas été considérée comme portant atteinte à la liberté d'association[5].

Quoi qu'il en soit, la jurisprudence ayant refusé de considérer que les avantages légaux dont bénéficiaient les associations entraînaient une concurrence déloyale de leur part[6], c'est le législateur qui, dans l'ordonnance du 1er décembre 1986 (insérée dans l'article L. 442-7 du Code de commerce), a pris une mesure particulière : l'exercice d'une activité commerciale par une association, alors que cette activité n'est pas expressément prévue par les statuts, constitue une infraction[7].

---

1. C'est ainsi que les juridictions civiles ont prononcé l'annulation des associations encourageant la maternité par substitution (Civ. 13 déc. 1989, *RTD com.* 1990. 223), d'associations de professionnels exerçant des métiers illicites (Paris, 19 déc. 1989, *RTD com.* 1990. 603), d'associations pratiquant une chasse illicite (Civ. 1re, 16 oct. 2001, *Rev. soc.* 2002. 326, obs. Constantin). La Cour européenne des droits de l'homme a annulé une association à objet raciste contre un État (CEDH 12 juin 2012, *D.* 2012. 1954, note Rouquet).
2. CE 19 déc. 1993, *RTD com.* 1994. 744; 25 sept. 1995, *RTD com.* 1996. 84.
3. *Cf. RDSS* 2002. 94.
4. *Cf.* CE 1er avr. 2005, *JA* 2005, n° 320 (tarification des associations gérant des établissements sociaux et médico-sociaux); CAA Paris, 19 janv. 2004, *JA* 2005, n° 315, p. 9 (contrôle de l'Inspection générale des affaires sociales sur les associations du secteur sanitaire et social).
5. Com. 15 nov. 1994, *RTD com.* 1995. 155. On observera cependant une évolution avec l'ordonnance du 25 mars 2004, qui semble autoriser la location-gérance aux associations (*cf.* A. Reygrobellet, *D.* 2005. Chron. 220).
6. Com. 13 mai 1970, *D.* 1979. 644, note X. L.; Paris, 20 janv. 1973, *D.* 1974. 61, concl. Rigaud, *RDSS* 1974. 551, obs. Lavagne.
7. *Cf.* Crim. 10 juin 1991, *RTD com.* 1991. 606. V. aussi la circulaire du 12 août 1987, *RTD com.* 1987. 534.

On convient que cette disposition n'est pas très contraignante, et ne porte pas une grave atteinte à la liberté d'activité de l'association, dès lors, du moins, que celle-ci accepte de se présenter comme une entreprise commerciale aux yeux des tiers... et de ses sociétaires.

Enfin, il ne faut pas oublier que la liberté d'objet de l'association permet à certaines d'entre elles de se spécialiser dans la défense des libertés : liberté de pensée, défense des droits individuels, et notamment des droits des étrangers, lutte contre les discriminations... (v. par ex. l'art. 48-1 de la loi du 29 juillet 1881, modifiée par la loi du 21 mai 2001).

Cependant, la noblesse de la mission de ces associations qualifiées souvent d'« humanitaires » ne les soustrait pas aux règles d'ordre public. C'est ainsi que le Conseil constitutionnel a annulé une disposition légale qui accordait l'immunité à des associations accordant leur aide à des étrangers en situation irrégulière, alors que les personnes physiques auraient été passibles de sanctions pour les mêmes faits[1]. En revanche, le Conseil d'État a annulé des décisions interdisant à des associations humanitaires l'accès aux zones d'attente (étrangers en voie d'expulsion)[2].

C. La liberté de fonctionnement

623. *Gestion de l'association*[3]. On ne trouve pas, dans la loi de 1901, les règles de gestion strictes, voire bureaucratiques, qui parcourent les textes du Code de commerce sur les sociétés commerciales. De tous les contrats de groupement, l'association est celui qui laisse la plus grande liberté d'organisation à ses fondateurs.

Les organes de gestion n'y sont même pas prévus, pas plus que les organes de contrôle. C'est aux sociétaires qu'il appartient de déterminer la répartition des pouvoirs entre un organe exécutif et un organe délibérant, et l'existence d'un contrôle interne ou d'un contrôle externe.

En général, ils le font au sein des statuts de l'association, qui s'inspirent assez du droit des sociétés (existence d'un conseil d'administration, d'assemblées générales...). Dans la carence des statuts, il est d'ailleurs arrivé au juge, saisi d'un litige, de transposer les règles du droit des sociétés[4]. C'est que la liberté reconnue à l'association sur ce terrain ne doit pas se confondre avec l'anarchie : pour exercer ses responsabilités à l'égard de ses membres, de ses salariés, de ses fournisseurs et clients, une association doit fonctionner normalement et de façon transparente.

Mais cette fois encore, le législateur, et lui seul[5], peut imposer des règles de fonctionnement plus strictes, qui entravent sans doute la liberté d'organisation,

1. Cons. const. 5 mai 1998, n° 98-399 DC, *D.* 2000. Somm. 59, obs. A. Pena-Gaïa.
2. CE 28 déc. 2005 (5 arrêts), TSA 2006-1052, p. 13.
3. V. dossier *JA* 2013, n° 672, p. 18 s.
4. Civ. 19 nov. 1991, *RTD com.* 1992. 412; Civ. 29 nov. 1994, *Bull. Joly*, févr. 1995. 182, obs. M. Jeantin, *RTD com.* 1996. 86. — É. Alfandari, « Associations et sociétés : points de rencontre », *LPA* 24 avr. 1996.
5. CE 22 nov. 2000, *RFDA* 2000. 1274 : est conforme à la Conv. EDH une disposition législative qui prévoit de substituer un administrateur provisoire aux dirigeants élus d'une mutuelle. Civ. 24 oct. 1977, *Commune de Bouguenais*, *RDSS* 1979. 573, obs. Lavagne : un maire ne peut désigner le président d'une association. Comp. CE 10 févr. 1978, *RDSS* 1978. 547, obs. Lavagne. CE 24 janv. 2001, *JA* 2001, n° 237, p. 19 : le ministre des Sports ne peut abroger unilatéralement des dispositions des statuts d'une fédération sportive, chargée de missions de service public, même si ces dispositions ne sont pas conformes à la loi.

mais qu'il serait malséant de présenter comme des atteintes à la liberté d'association. C'est ainsi que le Conseil constitutionnel a validé une disposition législative, selon laquelle les associations, dotées de services archéologiques, peuvent être appelées à l'exécution de missions de service public, cette disposition étant considérée comme ne portant pas atteinte à la liberté d'association[1].

Il en est ainsi, d'abord, de l'association reconnue d'utilité publique, dont les organes de gestion doivent être conformes à ceux des statuts types.

C'est également le cas des associations faisant appel à l'épargne publique, qui sont dans l'obligation de tenir des assemblées générales et de désigner un commissaire aux comptes (L. 11 juillet 1985, précitée).

Les associations recevant des subventions publiques sont tenues de présenter des comptes aux collectivités leur attribuant l'exécution de prestations[2]. Mais les collectivités ne peuvent imposer aux associations demandant une subvention une modification de leurs statuts[3], ni une communication de la liste des adhérents[4]. Par ailleurs, la loi interdit aux associations qui ont bénéficié de subventions publiques de transférer ces subventions à d'autres associations ou à d'autres groupements[5].

L'article L. 612-1 du Code de commerce sur la prévention des difficultés des entreprises astreint les associations, au-dessus de certains seuils, à tenir des comptes et à recruter un commissaire aux comptes.

Enfin, la loi sur les nouvelles régulations économiques du 15 mai 2001 oblige les associations à informer leurs adhérents des conventions qu'elles ont passées avec leurs dirigeants[6]; mais la loi de sécurité financière du 1er août 2003 a supprimé cette obligation d'information pour les conventions qui n'ont pas d'effet significatif pour les parties.

624. ***Limitations concernant les ressources et les biens de l'association.*** Si ces règles ne sont pas, finalement, très contraignantes en ce qui concerne l'organisation de l'association (c'est tout de même le minimum qui puisse être exigé d'associations qui se comportent comme des entreprises !), elles le sont davantage dès lors qu'elles concernent les ressources que peut se procurer l'association, et les biens qu'elle peut posséder.

S'agissant des *ressources*, les associations se les procurent auprès de leurs adhérents, par leurs cotisations, ou leurs apports qui, nous l'avons dit, ne se limitent pas aux connaissances ou aux activités; auprès des tiers, particuliers ou administrations, qui les rémunèrent des prestations de services rendus ou paient le prix des biens vendus; auprès des collectivités qui leur consentent des subventions. Ces ressources ne sont pas soumises à un régime de liberté totale : c'est ainsi que les prestations fournies aux services publics peuvent faire l'objet d'une tarification (notamment dans le secteur sanitaire et social), que les subventions,

1. Cons. const. 16 janv. 2001, n° 2000-439 DC, *JCP* 2001. 1. 128, obs. Mathieu et Verpeaux.
2. Les décisions relatives à ce contrôle ne présentent pas un caractère pénal et ne tranchent pas une contestation de caractère civil, et ne relèvent donc pas de la Conv. EDH en ce qui concerne la procédure : CE 19 janv. 2000, *JCP* 2000. 10 381, note S. Damarey, *RDSS* 2001. 146, obs. Alfandari; *Rev. soc.* 2000. 381, obs. Guyon. À l'inverse, les associations ne recevant pas de subventions échappent à ce contrôle : CE 20 sept. 1991, *ARC*, *AJDA* 1992. 170. *Cf.* L. 22 avr. 2000, *RDSS* 2001. 118.
3. *Cf.* TA Dijon, *Assoc. culturelle de Michery*, *Associations*, Dalloz Professionnels, dossier 1430. 40.
4. Rép. min., *JOAN*, 17 déc. 2013, *JA* 2014, n° 492, p. 8.
5. Cette disposition qui concernait les subventions d'État a été étendue par la loi du 12 nov. 2009 aux subventions des collectivités territoriales.
6. *Cf. RDSS* 2001. 813.

au-delà d'un certain montant, doivent être contractualisées, ce qui les situerait désormais dans le cadre d'un contrat synallagmatique, etc.[1] Mais tout cela est à la marge de la liberté d'association.

Il n'en est pas de même pour l'impossibilité de recevoir des dons et des legs. Assez curieusement, cette règle, qui réduit la capacité civile de l'association simplement déclarée, n'est pas inscrite dans la loi de 1901 : elle se déduit *a contrario* du fait que la loi prévoit expressément la possibilité de recevoir des dons et des legs pour certaines catégories d'associations : associations reconnues d'utilité publique (art. 11 L. 1901), associations ayant pour but exclusif l'assistance, la bienfaisance, la recherche scientifique ou médicale (art. 6 nouveau L. 1901)[2].

Même si le législateur, par la loi du 23 juillet 1987[3], a élargi la catégorie des associations pouvant recevoir des dons et des legs, et admis, de façon générale, une dérogation pour les dons manuels, il reste que l'association est traitée plus sévèrement sur ce terrain que tous les autres groupements, y compris les groupements à but lucratif. Certes, l'autorisation préfectorale préalable a été remplacée par une autorisation implicite (L. n° 2004-1343, 9 déc. 2004, et ord. 28 juill. 2005, *JO* 29 juill. 2005)[4]. Mais la libéralité peut être remise en cause par une opposition *a posteriori*, dans des conditions précisées par le décret n° 2007-803 du 11 mai 2007. L'intérêt de la famille du donateur ou du testateur sera un élément déterminant dans cette interdiction, surtout lorsqu'un membre de la famille fait une réclamation[5].

Signalons, par ailleurs, que si ces dons sont provoqués par un appel à la générosité publique, des règles de contrôle particulières ont été mises en place par la loi du 7 août 1991 modifiée par la loi du 28 mai 1996, et précisées par la loi du 30 décembre 2009[6].

Mais c'est sans doute en ce qui concerne les *biens immobiliers* pouvant être possédés par une association que la restriction à leur capacité juridique est la plus importante. Selon l'article 6, 2° et 3°, de la loi de 1901, l'association régulièrement déclarée peut « acquérir à titre onéreux, posséder et administrer [...] 2°) le local destiné à l'Administration et à la réunion de ses membres; 3°) les immeubles strictement nécessaires à l'accomplissement du but qu'elle se propose ». Cette fois, c'est la crainte de la mainmorte qui est à l'origine de ce texte. Malgré les apparences, celui-ci n'est cependant pas très contraignant, car il suffit que la propriété des immeubles entre dans le champ de l'objet social pour que celle-ci

1. Dans ce cas, la collectivité publique pourrait, à notre avis, imposer un contrôle sur la gestion, alors que le Conseil d'État se montrait jusqu'alors défavorable à une mesure de contrôle qui ne serait pas fondée dans un texte : CE 10 févr. 1978, *RD publ.* 1979. 572. V. en ce sens *RDSS* 2001. 118, et circ. 16 janv. 2007 sur les conventions pluriannuelles de financement (*JO* 17 janv. 2007, p. 1018).
2. L'association non déclarée ne peut recevoir de subventions (C. comptes 20 janv. 2005, *AJDA* 2006. 49, note Damarey).
3. *RTD com.* 1987. 537. Il demeure cependant des discriminations, qui semblent se heurter à la Conv. EDH : Comm. EDH, avis, 6 juill. 1995, *RTD com.* 1995. 811. Voir aussi pour la taxe fiscale pouvant porter atteinte à la liberté d'association : CEDH 5 juill. 2012, *JA* 2012, n° 464, p. 42.
4. La subordination de la réception d'une libéralité à une autorisation administrative avait été considérée comme ne portant pas atteinte à la liberté d'association (Comm. EDH, avis, 6 juill. 1995, *RTD com.* 1995. 811, obs. É. Alfandari).
5. *Cf.* CE 30 nov. 1994, *D.* 1995. IR 33; CE 8 nov. 2000, *RDSS* 2001. 117.
6. *Cf.* É. Alfandari, « Le contrôle financier des organismes faisant appel à la générosité publique », *RDSS* 1991. 541. P. Crandjat, « Le contrôle, par la Cour des comptes, du compte d'emploi des fonds collectés par les organismes faisant appel à la générosité publique », *RDSS* 1996. 102. *Adde* : *RDSS* 1996. 597. S. Damarey, « un contrôle renforcé de la Cour des comptes sur les associations », *AJDA* 2010. 1010.

soit licite : ce qui est le cas d'une ferme possédée par une association faisant travailler de jeunes handicapés[1] ou de logements possédés par une association dont l'objet est de gérer un foyer pour jeunes travailleurs ou des personnes en difficultés, sans parler de l'association qui afficherait clairement dans ses statuts que son objet serait l'acquisition d'immeubles pour les louer (activité commerciale par définition de la loi, selon l'art. 632 du C. civ)[2].

625. ***Liberté de fonctionnement et démocratie.*** Un autre problème se pose, à propos de la liberté de fonctionnement de l'association : cette liberté garantit-elle le respect de la démocratie au sein de l'association[3] ?

Certes, il appartient aux rédacteurs des statuts de mettre en place les règles nécessaires au fonctionnement démocratique : transparence, hiérarchie des pouvoirs, respect des droits des membres, voire sécurité accordée aux tiers.

Mais si ce n'est pas le cas, faut-il, au nom de la liberté associative, sacrifier la démocratie ?

Cela a semblé être la tendance dominante ces dernières années. Si la jurisprudence civile s'est toujours montrée soucieuse du respect des droits de défense en cas d'exclusion d'un sociétaire, elle a, comme nous l'avons signalé (v. ss 618) déclaré licite une disposition statutaire privant certains membres du droit de vote. La cour de Paris a également décidé que si les statuts ne prévoyaient aucune mesure d'information des sociétaires, elle ne pouvait transposer aux associations les règles impératives écrites pour les sociétés[4].

Mais une évolution se fait sentir. La Charte des engagements réciproques entre État et associations[5] contient un engagement des associations adhérant à la Charte de respecter le jeu démocratique[6].

Dans le même esprit, l'Administration lie désormais l'octroi de subventions publiques au respect d'un fonctionnement démocratique par l'association[7]. Et si le fonctionnement de l'association connaît des dérives graves, il est possible de faire désigner par le juge un administrateur provisoire, pour protéger les intérêts des membres, mais aussi ceux des tiers (salariés ou fournisseurs de l'association)[8]. Enfin, dans son rapport de 2004, le Conseil d'État a déclaré vouloir écarter, dans les statuts des associations reconnues d'utilité publique, les dispositions qui conféraient un poids excessif aux membres de droit (v. aussi, sur l'applica-

1. *Cf.* Civ. 17 juill. 1986, *JCP* 1986. 20770, note Prevault; *RDSS* 1987. 464.
2. *Cf.* QE 28 juin 1977, *JOAN*, 4 283.
3. *Cf.* Y. Guyon (dir.), « De la démocratie dans les associations », *Rev. soc.* 2001. 733 s.; Y. Marot, « La loi du 1er juillet 1901 sur les associations : un principe de liberté ou un principe de démocratie ? » *D.* 2001. 3106; M. Michalauskas, « Les remèdes statutaires aux crises de la démocratie dans les associations », *Rev. soc.* 2001. 759; J.-C. Bardout, « Liberté, égalité, fraternité : la devise de la République s'applique-t-elle aux associations ? » *JA* 2011, n° 433, p. 33. – *Cf.* aussi « La gouvernance associative dans le secteur sanitaire et social », dossier *RDSS* 2008. 209 s.
4. Paris 30 oct. 2001, *Rev. soc.* 2002. 87, obs. Guyon.
5. *Cf. RDSS* 2002. 94.
6. Sur le respect des droits fondamentaux concernant les tiers faisant l'objet des prestations sociales servies par des associations, v. S. Hennion-Moreau et M.-L. Morançais Demeester, *RDSS* 1996. 461. Et la formation des personnels de l'association (salariés et bénévoles) est orientée vers le principe de liberté.
7. Circ. 1er déc. 2000, *RDSS* 2001. 118.
8. *Associations*, Dalloz Professionnels, dossier 1320, nos 29 s. Paris, 3 avr. 2002, *JA* 2003, n° 272, p. 9. Comp. : CE 22 nov. 2000, *RFDA* 2001. 1274, décidant que la disposition législative autorisant l'Administration à désigner, en cas de dérives financières, un administrateur provisoire dans les groupements mutualistes, ne portait pas atteinte à la liberté d'association. Sur la protection des tiers, *cf.* Phoang. *La protection des tiers face aux associations*, Éd. Panthéon-Assas, 2002.

tion du principe d'égalité dans les associations, le rapport de la Cour de cassation pour 2003).

D. La liberté d'agir en justice

626. En principe, la liberté d'agir en justice pour une association est liée à sa capacité juridique.

S'agissant d'une association créée en France, celle-ci doit être régulièrement déclarée pour pouvoir agir en justice. Cependant des exceptions sont admises, par exemple, pour l'exercice d'une action pour atteinte à l'honneur, ou pour un recours pour excès de pouvoir[1].

S'agissant des associations étrangères non déclarées, la liberté d'agir en justice a connu des évolutions.

La Cour de cassation a d'abord jugé qu'une association étrangère relevait de sa loi nationale, et que l'obligation de déclaration en France ne pouvait lui être imposée[2]. Mais en 1999, elle a décidé qu'une association étrangère ne pouvait agir, même en diffamation, faute d'avoir été déclarée en préfecture[3]. Cette position est plutôt discriminatoire et contraire au droit européen[4].

Finalement les juridictions françaises, civiles comme administratives, sont revenues à l'état du droit antérieur, et ont admis que les associations étrangères pourraient agir en justice sans avoir été déclarées[5].

*

* *

627. La rencontre de trois libertés, la liberté politique, la liberté juridique, la liberté économique, peut être source de confusion lorsque, au nom de la liberté politique, les responsables d'associations prétendent échapper à tout contrôle sur leur organisation juridique ou leur activité économique. Mais, nous l'avons vu, la tendance est de mettre un frein aux dérives créées par une liberté sans limites.

Avec l'extension du jeu économique et du marché, les activités associatives ont tendance à se banaliser, et avec elles les méthodes de gestion. Avec le développement du droit de la concurrence, les associations auront de plus en plus de difficultés à conserver des situations de monopole dans les relations avec les services publics.

Mais il reste que, grâce au nombre limité de contraintes imposées à l'association, celle-ci conserve une faculté d'innovation profitable à notre société : c'est ainsi, par exemple, que face au comportement actuel des entreprises ordinaires, qui procèdent à des licenciements pour dégager des profits, certaines associations adoptent une démarche inverse, se donnent pour objet de procurer du travail à des personnes en difficultés, en recherchant des gisements d'emplois

1. V. *RTD com.* 1979. 487; *Associations*, Dalloz Professionnels, dossier 1220, n°s 7 s. V. aussi dossier *JA* 2013, n° 480, p. 19 s.
2. Civ. 1re, 25 juin 1991, *Bull. civ.* I, n° 207.
3. Crim. 16 nov. 1999, *D.* 2001. 665, note crit. Boré et Salve de Bruneton. *Cf.* aussi Com. 3 mars 2004, *RTD com.* 2004. 554.
4. V. CEDH 15 janv. 2009, *D.* 2009. 374.
5. CE 7 août 2008, *JA* 2009, n° 395, p. 13; Crim. 8 déc. 2009, *D.* 2010. 202.

inexploités[1]. Il est heureux qu'au-delà de la liberté de s'unir pour penser, critiquer, s'enrichir ou s'amuser, subsiste encore la liberté de créer.

Bibliographie indicative

Sur les associations en général

- *Lamy Associations*, éd. Lamy.
- *Associations et fondations*, Mémento pratique Francis Lefebvre, 2012.
- É. ALFANDARI (sous la direction de et avec la collaboration d'A. NARDONE), *Associations et fondations en Europe*, 2e éd., Juris-service, 1994.
- É. ALFANDARI (sous la direction de et avec la collaboration de P.-H. DUTHEIL), *Associations*, Dalloz Professionnels, 2004-2013.
- *Les associations et la loi de 1901, cent ans après*, rapport du Conseil d'État, Doc. fr., 2000.
- R. BRICHET, *Associations et syndicats*, Litec, 1992.
- M.-T. CHEROUTRE, *Exercice et développement de la vie associative dans le cadre de la loi du 1er juillet 1901*, rapport au Conseil économique et social, 1993.
- *Code des associations et fondations*, Dalloz, 2017.
- S. DAMAREY, *Droit et contentieux des associations*, Gualino, 2005.
- M. DOUCIN (dir.), *Guide de la liberté associative dans le monde*, 2e éd., Doc. fr., 2007.
- M. LONG, *Associations et pouvoirs publics*, LGDJ, 2010.
- J.-F. MERLET, *Une grande loi de la IIIe République : la loi du 1er juillet 1901*, préface de J. Morange, LGDJ, 2001.
- K. RODRIGUEZ, *Le droit des associations. Les règles générales*, L'Harmattan, 2004.
- G. SOUSI, *Les associations*, Dalloz, 1985.
- Divers, *La liberté d'association et le droit*, Actes du colloque du Conseil constitutionnel, 2001.
- Divers, *L'association*, Actes des 7es journées René Savatier, PUF, 2002.

Sur la liberté politique

- É. ALFANDARI, « La liberté d'association », *in Liberté et droit économique, actes du colloque de l'AIDE*, De Bœck éditeur, 1992.
- J. DUFFAR, « *La liberté d'association dans la Convention européenne des droits de l'homme* », *LPA* 24 août 1996, p. 41.
- S. GUINCHARD (dir.), *Le grand oral, Protection des libertés et droits fondamentaux*, 5e éd., Montchrestien, 2010.
- J. MORANGE, *La liberté d'association en droit public français*, PUF, 1977.
- P. NOURRISSON, *Histoire de la liberté d'association en France depuis 1789*, 2 vol., L. Tenin, 1920.

1. C'est notamment le cas des associations gérant les entreprises d'insertion, ou des associations intermédiaires (v. L. 3 janv. 1991, *RDSS* 1991. 374, obs. Prétot; *RDSS* 1996. 83 et les références; *RTD com.* 1996. 97 et les références; É. Alfandari, « L'association intermédiaire, face au principe constitutionnel d'égalité », *RDSS* 1995. 579).

- *Guide de la liberté associative dans le monde. Conseil de la coopération internationale*, Doc. fr., 2001.

- *L'association, un exemple de démocratie ?*, dossier *JA* 2008, n° 383, p. 13.

Sur la liberté juridique

- É. ALFANDARI, « Le patrimoine de l'entreprise sous forme associative », *Mélanges Derruppé*, Litec, 1991, p. 265.

- J. CHEVALLIER, « L'association, entre public et privé », *RD publ.* 1973. 144.

- J.-L. TROUSSET, « Pouvoir et responsabilité dans les associations », *JCP N* 1985. I. 184.

Sur la liberté économique

- É. ALFANDARI, « Les associations : la dérive d'une liberté ? » *JCP* 1986, Cahiers de l'entreprise, n° 5, 34.

- H. BLAISE, « Esquisse de quelques idées sur la place des associations dans l'activité économique », *Mélanges Houin*, Dalloz, 1985, p. 35.

- S. CASTRO et N. ALIX, *L'entreprise associative*, Economica, 1990.

Pistes de réflexion

La liberté d'association peut-elle porter atteinte aux libertés individuelles (des membres ou des non-membres de l'association) ?

La gouvernance associative peut-elle s'exercer en toute liberté ?

Section 8.
LA LIBERTÉ DE CRÉER

DANY COHEN
Professeur des universités à Sciences Po
Membre du LIEPP (Laboratoire interdisciplinaire d'évaluation des politiques publiques)

Séduisante dans son énoncé, désormais certaine dans son existence, intimement liée à la liberté d'expression mais ne se réduisant pas à celle-ci, la liberté de créer fait assurément question. Dans son principe mais aussi dans son effectivité : à l'entrave classique que représentent les censures d'origines diverses viennent aujourd'hui s'ajouter celle des droits de la personnalité et l'ambivalence des nouvelles technologies. Les conséquences juridiques qu'emporte la création d'une œuvre montrent que le droit privatif de l'auteur, théoriquement renforcé mais concrètement malmené, est à la fois le prolongement de cette liberté, qu'il rend indirectement palpable, et une garantie imparfaite de liberté future — en attendant, beaucoup plus tard, l'appropriation par la collectivité.

628. Au sens premier du mot, créer n'est rien moins que tirer du néant, donner existence à ce qui n'était pas. C'est déjà beaucoup. Ce fut plus considérable encore et proprement inconcevable lors de la création initiale, c'est-à-dire de la Création, dont les sociétés polythéistes avaient fait plus modestement une œuvre collective. Le modèle du créateur élève l'homme qui crée au rang de démiurge; même privée de sa majuscule, la création ne perd pas tout à fait son essence divine. L'activité créatrice n'est donc assimilable à aucune autre, quand bien même il ne s'agirait que de faire, de réaliser quelque chose qui n'existait pas auparavant (deuxième sens du mot), et la noblesse que lui confère son mystère intrinsèque s'est soudainement renforcée au cours du XXe siècle, à mesure, peut-être, que les objets d'investigation des sciences, et notamment la Nature, perdaient une partie du leur.

À la question de savoir ce qui, dans tout cela, justifierait un régime juridique particulier, question intéressante mais qui expose à s'écarter par trop du sujet, on préférera substituer une première interrogation : pourquoi évoquer une liberté de créer ? Concevoir à partir de rien, n'est-ce pas justement la liberté suprême ? En vérité, pour qu'ait germé chez les juristes l'idée d'une liberté de créer, il faut nécessairement qu'aient été recensées, voire que subsistent, des tentatives ou au moins la tentation d'apporter à la liberté de créer des entraves distinctes des contingences humainement insurmontables.

La question en éveille aussitôt une autre, aussi naïve que logique : pourquoi aurait-on pu vouloir limiter une liberté théoriquement aussi féconde ? Des esprits chagrins diraient que les juristes étaient prédisposés à découvrir la réponse : l'activité créatrice est par définition source permanente de nouveauté, donc de changement, donc de désordre. Quant aux raisons de restaurer une liberté de création mise à mal, elles apparaissent tout aussi clairement — du moins à ceux qui prônent démocratie et respect des libertés individuelles.

Il y a un quart de siècle, la première édition de la présente étude formulait une question : la liberté de créer existe-t-elle et s'agit-il bien d'une liberté fondamentale ? À l'époque, vainement en aurait-on cherché mention dans les grands textes — Déclaration des droits de l'homme et du citoyen de 1789, préambules des Constitutions de 1946 et 1958, Déclaration européenne des droits de l'homme du 4 novembre 1950. Seul le texte juridiquement le moins effectif sur notre sol, à savoir la Déclaration universelle des droits de l'homme de 1948, comporte, en son article 27, un énoncé susceptible de valoir reconnaissance d'une liberté de créer ainsi que d'un droit à la culture encore hypothétique en France[1]. Quant aux indications prétoriennes, elles étaient rares ou indirectes, la question n'étant guère posée aux tribunaux dans les termes d'une question de principe. La loi du 7 juillet 2016 relative à la liberté de création, à l'architecture et au patrimoine dissipe les doutes qui pouvaient subsister; l'intitulé du titre 1er et celui du chapitre 1er comportent tous deux l'expression « liberté de création » et l'article 1er du texte énonce : « La liberté de création artistique est libre. ». Reste une question : qu'est-ce donc que cette liberté ? Comment la caractériser ? Est-elle autre chose que la liberté d'expression, désignée sous un vocable différent ? On se propose de montrer qu'elle s'en distingue, en relevant qu'expression et création ne sont pas synonymes, ce qui n'empêche pas qu'existent entre liberté d'expression, liberté de penser et liberté de créer des liens si étroits et complexes qu'elles ne se conçoivent pas l'une sans l'autre.

1. Art. 27-2° : chacun a droit à la protection des intérêts moraux et matériels découlant de toute production scientifique, littéraire ou artistique dont il est l'auteur.

Cette façon de suggérer que la liberté de créer constitue une liberté spécifique (*I.*) mène directement à l'examen des restrictions à la liberté conçue comme un préalable à la création (*II.*), d'où il ressort qu'au terme d'une évolution assez banale, la liberté de création suppose en bien des cas une providence étatique ou paraétatique, l'élargissement vertigineux des possibilités techniques de création engendrant pour certains créateurs une dépendance matérielle *a priori* peu propice à la liberté — étant précisé que l'arrivée de la vidéo, puis des techniques multimédias liées à l'informatique crée une situation contrastée, certaines créations devenant réalisables avec peu de moyens tandis que d'autres, dans les mêmes domaines, nécessiteront de lourds investissements. Relevons au passage que si les créations multimédias faisant appel aux techniques les plus récentes soulèvent en droit bien des questions (existence d'un auteur, part de l'automatisme informatique dans le produit créé, nature de l'œuvre, etc.), ces questions n'affectent pas le débat relatif à la liberté de créer.

L'originalité de la liberté de créer tient aussi à ce que l'usage accompli de cette liberté ne met pas, en droit, le point final à la problématique de celle-ci, en sorte que l'étude doit nécessairement englober la période postérieure à la création (*III.*). Car à l'instant même où il naît, le fruit de la création est, simultanément, offert au regard de tous et soustrait à l'appropriation de tous autres que son créateur. Récemment élevées au rang de code, ces règles protectrices impératives, constitutives d'un véritable droit spécial — en prenant le mot droit dans le sens de droit objectif et dans celui de droit subjectif — sont-elles le contraire de la liberté de créer ou la suite logique de celle-ci ? C'est bien sûr uniquement dans cette perspective que sera évoquée la protection. Ceci, joint au fait qu'il n'existe pas un, mais plusieurs régimes protecteurs des créateurs, conduira à limiter étroitement le champ de l'analyse. La propriété industrielle en sera exclue; car sans nier qu'inventer est une activité créatrice, on a choisi de se limiter ici à la création qui relève de l'imaginaire ou (ce « ou » n'annonçant aucune antinomie) de la pensée; et sans nier non plus que, si les censures avaient traditionnellement pour cible première ce qui relève de la propriété littéraire et artistique et non de la propriété industrielle, la création du vivant telle que nous l'observons depuis peu en matière biologique en vient elle aussi à être débattue en termes de liberté ou d'absence de liberté[1]; mais ce débat très spécifique porte sur une liberté d'agir, que cette action débouche sur une création ou non. La remarque est loin d'offrir la même pertinence pour les dessins et modèles, mais le souci de simplification, ajouté à la considération, plus secondaire, qu'ils se situent à la charnière de la production industrielle, conduira à ne pas y puiser d'illustrations. C'est en définitive aux mécanismes de la propriété littéraire et artistique qu'il sera principalement fait référence.

I. La liberté de créer, liberté spécifique

629. On peut difficilement nier que la création soit une façon de s'exprimer. Cependant la liberté d'expression n'engendre pas nécessairement une création à chaque usage; la liberté de créer se présente donc de prime abord comme un sous-ensemble de la liberté d'expression.

Les choses ne sont pourtant pas aussi simples : si la liberté de créer est une espèce particulière au sein du genre liberté d'expression, elle doit emprunter tous

1. V. M.-A. Hermitte (dir.), *La liberté de la recherche scientifique et ses limites, approches juridiques*, Romillat, 2001. V. aussi F. Bellivier, *Contrats et vivant*, LGDJ, coll. « Traité des contrats » sous la dir. J. Ghestin, 2006.

les caractères de celle-ci et y ajouter les siens propres. Or il n'est pas sûr qu'il en soit ainsi. Si la possibilité de faire librement connaître ses idées à autrui, autrement dit la libre diffusion des idées, est consubstantielle à la liberté d'expression[1], si l'absence de possibilité de diffuser équivaut à l'absence de liberté d'expression, cela n'est pas vrai de la liberté de créer. Celle-ci n'a pas impérativement besoin d'une diffusion pour exister. Ce n'est pas que la liberté de créer puisse en toutes circonstances et pour toutes les catégories d'œuvres être envisagée indépendamment de la diffusion : en bien des hypothèses, une effective liberté de créer passe par une possibilité de diffuser l'œuvre, voire par une diffusion. Il s'agit seulement de souligner ici que, si l'on parle de la liberté de créer de façon globale, abstraite, sans autre distinction, la possibilité de diffusion n'est pas la condition *sine qua non* de cette liberté, alors qu'elle entre dans la définition de la liberté d'expression[2]. Les questions que l'on se posera plus loin quant à la diffusion des œuvres de l'esprit (v. ss 642) viendront seulement nuancer ce constat simple, sans le remettre en cause.

Et comme le fait de porter sa pensée ou ses opinions à la connaissance d'autrui ou de pouvoir le faire est précisément ce qui distingue la liberté d'expression de la liberté de pensée, on est naturellement conduit à se demander si la liberté de créer ne se rattache pas plutôt à la liberté de pensée. Mais, au-delà d'évidentes similitudes, ce sont ici les traits spécifiques de la liberté de créer qui empêchent de la confondre avec la liberté de pensée. Si l'absence de liberté de pensée se concilie difficilement avec la liberté de créer, cette dernière requiert apparemment plus que la liberté de pensée. C'est que la création est une action, soit qui ne s'analyse pas en une pensée (elle peut donner corps à un sentiment), soit qui en est l'expression. Elle extériorise.

Distinctes, ces trois libertés le sont donc. Distinctes mais inséparables. La liberté de créer ne survivrait pas à l'absence de liberté de pensée ou de liberté d'expression. L'interrogation relative à la censure le confirmera (v. ss 630 s.). Réciproquement, la négation de la liberté de créer attenterait à la liberté de pensée, à la liberté d'expression ou aux deux[3].

Enfin, alors que l'usage de la liberté d'expression et celui de la liberté de pensée charrient des opinions ou des idées, voire, au mieux, donnent naissance à des idées, la création engendre par définition une œuvre et apparaît ainsi comme la forme la plus aboutie de l'activité de l'esprit humain. Par le terme œuvre de l'esprit, qui montre combien la terminologie juridique peut être évocatrice, le droit désigne une catégorie juridique bien déterminée induisant l'application d'un régime spécial. Ainsi l'usage effectif de la liberté de créer a-t-il cette extraordinaire particularité de faire naître sur la tête de l'auteur, dans l'instant de la

1. La liberté d'expression des idées et des opinions est bien une liberté de rapport : elle n'existe que par rapport à l'autre, elle a un contenu social, à peine de disparition.
2. Il convient ici de parler de possibilité de diffuser, car l'absence de diffusion effective d'une pensée n'autorise pas à elle seule à conclure à l'absence de liberté d'expression. Et il y aurait ensuite matière à s'interroger : la possibilité de diffuser existe-t-elle dès lors que la diffusion n'est pas interdite ou faut-il, compte tenu de la place qu'occupe la technologie dans nos sociétés, considérer que la liberté d'expression suppose une possibilité effective de diffusion — ce qui ne fait du reste que déplacer l'interrogation : qu'est-ce qu'une possibilité effective de diffusion (faut-il aller jusqu'à en subordonner l'admission à la mise de moyens à disposition des intéressés, comme on le fait en matière d'enseignement) ?
3. La liberté de création tend de plus en plus à être reconnue, en tant que telle, comme droit fondamental parfois de valeur constitutionnelle (Angola, Autriche, Brésil, Bulgarie, Chine, Espagne, Lettonie, Maroc, Pérou, Turquie), « La liberté de création artistique », note de législation comparée, Sénat, janv. 2016, LC 261.

naissance de l'œuvre et parfois même avant cet instant[1], un droit subjectif unique en son genre, le droit d'auteur, droit privatif, exclusif[2], qui survivra soixante-dix ans — presque une vie d'homme — à la mort de son titulaire.

On constate donc que la liberté de créer procède à la fois de la liberté de pensée et de la liberté d'expression mais n'est assimilable ni à l'une ni à l'autre, puisqu'elle traduit plus ou autre chose qu'une pensée, qu'en outre la diffusion n'en est pas nécessairement un élément constitutif et qu'enfin l'usage de cette liberté, en d'autres termes l'acte de créer, fait naître un objet spécifique appropriable et produit par suite des effets de droit (à la manière d'un fait juridique ou d'un acte juridique unilatéral ?).

Savoir comment et dans quelle mesure ce droit subjectif si difficile à faire entrer dans la classification — une société d'auteurs y voit même un droit de l'homme[3] — peut être mis en relation avec la liberté de créer est une question importante; mais elle ne se pose véritablement qu'une fois l'œuvre accomplie. Or la liberté de créer préexiste en principe à la création. Ceci oblige à rechercher quelles sont les conditions nécessaires à la possibilité de faire œuvre créatrice, recherche dont l'évolution récente de nos sociétés accroît l'intérêt et la difficulté.

II. La liberté en amont de la création

A. Censures et liberté de créer

630. Si l'absence de risque de censure ultérieure est assurément indispensable à la liberté de créer, la problématique traditionnelle de la censure n'épuise sans doute plus la question dans les sociétés postindustrielles : comme la société, la propension à censurer se transforme (tout en étant probablement moins aiguë ou en tout cas moins assumée que jadis).

1. Problématique traditionnelle de la censure appliquée à la liberté de créer

631. Synonymes d'absence de liberté, l'interdiction, la censure, sont radicalement inconciliables avec la liberté d'expression et l'on conçoit qu'elles soient également de nature à faire disparaître la liberté de créer. Mais cette dernière n'entretient-elle pas avec elles un rapport un peu plus complexe que la liberté de pensée ou tout au moins la liberté d'expression ? Deux nuances viennent spontanément à l'esprit, mais elles ne sont qu'apparentes.

En premier lieu, si la liberté de création musicale ou picturale, par exemple, semble pouvoir coexister avec un régime de censure des opinions politiques, c'est uniquement à la condition que cette censure ne se soucie aucunement d'elles, qu'en somme il n'y ait aucune censure sur la musique ou la peinture. Il ne s'agit donc là ni d'une exception, ni d'une nuance, ce que confirme le fait que les régi-

1. Il a en effet été jugé que le fait de ramasser dans une poubelle les morceaux d'une toile déchirée par son auteur et de reconstituer celle-ci attentait au droit moral de l'auteur, ce qui revient à admettre que ce droit était né alors même que le peintre n'avait manifestement pas entendu donner le jour à une œuvre. T. civ. Seine 15 nov. 1927, *DP* 1928. II. 89, note Nacht; Paris 6 mars 1931, *DP* 1931. II. 88, note Nacht.
2. V. ss 643 s.
3. Il s'agit de la Société des auteurs et compositeurs dramatiques (SACD), qui tire argument de l'art. 27-2° précité de la Déclaration universelle des droits de l'homme, qui dispose en effet : « Le droit d'auteur est un droit de l'homme ».

mes totalitaires ont entendu proscrire l'art « dégénéré » sitôt qu'ils y ont prêté attention.

A priori plus intéressante, la seconde nuance consiste à relever, par exemple, l'inventivité dont firent preuve le cinéma espagnol appliqué à contourner la censure du régime franquiste ou encore certains metteurs en scène du Hollywood de l'entre-deux-guerres, désireux de suggérer suffisamment tout en passant sous les fourches caudines des ligues de vertu américaines. Mais que traduit cette remarque, sinon la difficulté d'exercer un contrôle efficace sur des formes d'expression dont l'ellipse, la métaphore, l'ambiguïté et l'illusion sont les instruments privilégiés, et le fait qu'en dernière analyse la censure n'est compatible avec la libre création que dans la mesure où le message dont elle entendait interdire la formulation est néanmoins délivré — qu'en somme cette censure manque son but ? L'objection est essentielle, en ce qu'elle révèle que la thèse de la compatibilité (peu importe à cet égard qu'il soit censé ne s'agir que d'une compatibilité relative) d'une censure et de la liberté de créer renferme une insurmontable contradiction, puisqu'elle n'apparaît soutenable que si la censure ne conduit jamais à censurer aucune œuvre, quel que soit le contenu des œuvres contrôlés... et encore : même en l'absence d'acte de censure effectif, le risque connu de censure attente à la liberté de créateurs en infléchissant leur comportement, de même que le risque d'agression perçu suffit à engendrer l'insécurité pour les individus, indépendamment de la survenance ou non d'une agression. Cette analyse ne perd sa pertinence que si le risque (d'agression ou de censure) est purement imaginaire, donc s'il n'y a pas de censure.

De plus, la thèse d'une possible compatibilité de la censure et de la liberté de créer revient en définitive à prendre la censure pour une des diverses contraintes (formelles ou autres) qui souvent stimulent le génie créateur. Une telle assimilation relève de l'angélisme, puisqu'elle ignore, d'une part, que les contraintes choisies ou subies par l'auteur préexistent à l'œuvre tandis que la censure peut aussi bien frapper une œuvre déjà créée, d'autre part et surtout que la censure d'État, loin d'être anodine, fait peser un danger sur la personne de l'auteur et non pas seulement sur l'œuvre.

On pourrait se demander si la restriction à la liberté de création que constitue la récente ordonnance de référé par laquelle le Conseil d'État a validé l'interdiction du spectacle de Dieudonné au motif qu'il contenait « des propos de caractère antisémites, qui incitent à la haine raciale »[1] ne marque pas une résurgence de l'État censeur, mais cette décision demeure isolée et contredite par l'attitude de la ministre de la Culture dans l'affaire de *La vie d'Adèle* (v. ss 632). Cette restriction n'en reste pas moins surprenante et critiquable, parce qu'à l'opposé de la jurisprudence traditionnelle de la Haute Assemblée, telle qu'énoncée depuis l'arrêt *Benjamin*. Aussi répulsifs que soient les propos de l'intéressé et le regret qu'il semble afficher de la disparition des chambres à gaz nazies, cette décision d'interdiction *a priori* s'analyse en une restriction apportée à la liberté d'expression et de création. L'argument tiré par l'ordonnance de référé de ce que l'intéressé avait fait l'objet de neuf condamnations pénales ne convainc pas pleinement, dès l'instant où ce dernier affirmait que les propos ayant motivé les condamnations ne seraient pas repris dans son spectacle; en tenant cette affirmation pour négligeable, le Conseil d'État rend sa décision particulièrement fragile — fragilité singulièrement accrue lorsque l'ordonnance évoque des risques

1. CE, réf., 9 janv. 2014, *Min. de l'Intérieur c/ Ste Les productions de la Plume et M. Dieudonné M'Bala M'Bala*, *AJDA* 2014. 129, tribune B. Seiller, et 866, note J. Petit; *AJCT* 2014. 157, obs. G. Le Chatelier.

sérieux de troubles à l'ordre public « qu'il serait très difficile aux forces de police de maîtriser », alors que les manifestations tant observées que prévisibles apparaissaient de très faible ampleur, pour ne pas dire microscopiques au regard de ce que le pays a connu par le passé[1].

2. *Pouvoirs de censure apparents et censures latentes*

632. *a.* Formellement, la censure existe toujours en France en matière cinématographique. L'ancienne Commission de contrôle s'appelle aujourd'hui Commission de classification[2], mais le visa d'exploitation qu'elle délivre[3] demeure requis pour la sortie du film en salles. Ce pouvoir d'interdiction n'a cependant plus été utilisé depuis 1980. Certes, l'instrument existe toujours, de sorte que la situation n'est juridiquement pas exactement la même que s'il ne subsistait aucune possibilité de censurer; reste qu'il n'y a plus, dans les faits, de censure cinématographique, mais seulement un pouvoir pour ainsi dire symbolique — mais qui pourrait en tout cas juridiquement être réactivé dans l'instant en cas de changement de position du pouvoir politique.

L'initiative des demandes d'interdiction s'est déplacée vers des groupes privés, en l'occurrence des associations qui se sont données pour mission la défense d'intérêts catégoriels (spirituels ou matériels), entraînant un déplacement du pouvoir d'interdire, qui se trouve aujourd'hui entre les mains des juges.

Ainsi les décisions judiciaires qui, très rarement mais régulièrement, prononcent de telles interdictions constituent-elles autant de limitations à la liberté de créer. Dans cette perspective, l'interdiction prononcée par le juge des référés parisien (et confirmée en appel) à la requête d'une association catholique dans l'affaire de l'affiche publicitaire imitant la Cène[4] créa un émoi compréhensible avant qu'intervienne, le 14 novembre 2006, un arrêt de cassation. L'ensemble est emblématique du phénomène et de sa problématique.

Pour une marque de vêtements féminins, une publicité avait été réalisée sous forme d'une photo reprenant le tableau de Léonard de Vinci représentant la Cène, les apôtres et le Christ lui-même étant remplacés par des jeunes femmes portant la ligne de vêtements qu'il s'agissait de présenter. L'une de ces femmes, debout, de face, accueille dans ses bras un jeune homme que l'on voit de dos (également debout), torse nu. Aucune de ces femmes n'est si peu dévêtue que ce soit, en sorte qu'il était impossible de déceler dans cette scène, en dépit de la pose alanguie du jeune homme, la plus petite once de pornographie. On a même reconnu à cette composition — qui, comme l'énonce l'ordonnance de référé, constitue une œuvre de l'esprit — une certaine qualité artistique.

Aussi peut-on s'étonner que cette image ait été interdite tant par le juge des référés (d'ailleurs contre l'avis du parquet) que par la cour d'appel, même si la motivation des décisions tempérait quelque peu la réticence légitime qu'elles suscitaient. Certes, tant les premiers juges que la cour n'avaient interdit que l'affichage de la publicité, reprenant ainsi la distinction désormais classique entre

1. L'arrêt rendu par la CEDH le 10 novembre 2015, toujours à propos de *Dieudonné*, mais dans une affaire où il contestait sa condamnation pour injures raciales, ouvre néanmoins la porte à une analyse différente : pour juger sa requête irrecevable — ce qu'elle a déjà fait par le passé dans des cas semblables, la Cour, à l'issue d'un examen très factuel des réunions organisées par le requérant, les apparente à des meetings politiques, ne relevant dès lors pas de la liberté de création (10 nov. 2015, *AJDA* 2015. 2512, note Bloy).
2. V. Décr. 15 juin 1992 C. ind. cin.
3. Éventuellement assorti d'une interdiction aux moins de 12 ans ou aux moins de 16 ans.
4. TGI Paris, réf., 10 mars 2004 et, sur appel, Paris, 14e B, 8 avr. 2005.

l'affiche, qui s'impose à la vue des passants, et le film, le journal ou le livre, dont seuls ceux qui ont *choisi* d'acheter la publication ou une place verront le contenu[1]. La censure ne portait donc que sur un mode de diffusion et laissait subsister les autres. Ensuite, les décisions mettaient en avant le fait qu'il s'agissait d'une publicité et tiraient de ce caractère purement commercial la justification d'une moindre protection de la liberté d'expression et de création[2], puisqu'elles soulignaient que la « *nature* » de la publicité « *ne lui permet pas de s'inscrire dans un débat d'idées* »[3]. C'est donc, au total, un mode de création bien circonscrit, celui destiné à l'affichage publicitaire, qui se voyait imposer ces limites de diffusion (sur la prise en considération de la finalité commerciale dans la décision judiciaire, v. ss 633 *in fine*).

Ces décisions n'en appelaient pas moins de sérieuses réserves au regard de la liberté des créateurs. Car ce qui fut ici censuré, c'est une ironie en demi-teinte, qualifiée par les juges de dérision, même si tout donne à penser que c'est la solution opposée qui aurait prévalu s'il ne s'était pas agi d'une publicité; en sorte que l'on peut se demander si le fait de voir dans une telle image un outrage, une injure caractérisée et, pour reprendre l'expression de l'ordonnance, « *une violation manifeste de l'esprit de tolérance* » nécessaire aux sociétés démocratiques n'esquissait pas un glissement vers une réprobation plus générale de ce qui, sur certains sujets, verserait dans l'outrance ou la caricature.

C'est cette appréciation que la Cour de cassation a heureusement censurée par l'arrêt précité[4]. La censure mérite d'autant plus attention qu'elle intervint pour violation tant des articles 10 de la Convention européenne des droits de l'homme et 809 du Code de procédure civile que 29 et 33 de la loi sur la presse, qui définissent l'injure. Rappelant que l'injure est une « attaque personnelle et directe dirigée contre un groupe de personnes en raison de leur appartenance religieuse », la Première chambre civile estime avec sagesse que ne mérite pas ce qualificatif « la seule parodie de la forme donnée à la représentation de la Cène », relevant qu'elle « n'avait pas pour objectif d'outrager les fidèles de confession catholique, ni de les atteindre dans leur considération en raison de leur obédience ». On relèvera avec intérêt que le but poursuivi par les auteurs de la création querellée est explicitement pris en considération, ce qui suggère qu'une simple parodie n'est susceptible de dégénérer en injure que si elle procède d'une intention d'outrager ou de stigmatiser.

Le jugement rendu le 22 mars 2007 par la 17e chambre du TGI de Paris, confirmé par la cour d'appel de Paris le 12 mars 2008 dans l'affaire dite des caricatures de Mahomet, reproduites par *Charlie Hebdo*, paraît s'inscrire dans la même ligne.

La traditionnelle protection de la liberté créatrice par les tribunaux est encore illustrée par l'arrêt rendu par la cour d'appel de Versailles, relaxant le rappeur Orelsan, poursuivi en raison des paroles, particulièrement injurieuses et violentes envers les femmes, d'une de ses chansons[5].

---

1. L'argument est moins convaincant pour les journaux et magazines que pour les films, puisque le lecteur n'achète pas ces publications en sachant à l'avance les publicités qu'elles vont renfermer.
2. L'ordonnance énonce par ex. « que l'injure ainsi faite aux catholiques apparaît disproportionnée au but mercantile recherché ».
3. « Seul susceptible d'enlever à la critique la gratuité qui en fait une injure, comme le permet par exemple une œuvre littéraire ou cinématographique », énonce l'ordonnance.
4. Civ. 1re, 14 nov. 2006, no 05-15.822.
5. Versailles, 18 févr. 2016, no 15/02687; v. les intéressantes obs. M. Combet : *Affaire Orelsan : l'art à tout prix ?* Juris art 2016, no 38, p. 36. La Cour écarte l'incrimination d'injures et appel à la haine envers les femmes en énonçant que les paroles ultra misogynes et violentes du chanteur ▶

À l'inverse, la liberté de création commence de connaître d'inquiétantes remises en cause, quoique le mouvement apparaisse encore très incertain. C'est ainsi tout d'abord que les commissaires d'une exposition d'art contemporain tenue à Bordeaux furent mis en examen pour corruption de mineurs, ce qui laisse pantois; cette initiative, qui rappelle les poursuites intentées sous le Second Empire contre Flaubert et Baudelaire, n'a pas abouti[1], ce qui est heureux, tant elle constituait une recommandation faite aux artistes (et aux commissaires d'expositions) de ne représenter que ce que la majorité de l'opinion juge convenable. Allant plus loin, le TGI de Metz vient, dans une autre affaire, de condamner le FRAC (Fonds régional d'art contemporain) de Lorraine pour une exposition intitulée « Infamille », montrant notamment vingt « lettres » lapidaires d'un artiste contemporain, en réalité vingt phrases, toutes conçues pour imiter les mots que les parents laissent à leurs enfants et dont voici trois exemples : « Les enfants, nous allons vous défoncer le crâne à coups de marteau, vous êtes notre chair et notre sang, à plus tard, Papa et Maman », « Les enfants, nous allons vous enterrer vivants, vous êtes notre chair et notre sang, à plus tard, Papa et Maman », « Les enfants, nous allons vous sodomiser et vous crucifier, vous êtes notre chair et notre sang, à plus tard, Papa et Maman ».

Au motif que l'exposition (qui bien sûr présentait quantité d'autres choses) était, ce qui est la règle pour une manifestation d'institution publique culturelle, ouverte à tous, les juges ont considéré qu'elle constituait le délit de diffusion de messages « de nature à porter gravement atteinte à la dignité humaine », prévu par l'article L. 227-24 du Code pénal... ceci après avoir rappelé « que la liberté de création est plus large que la liberté d'expression en ce sens que, par définition, elle nécessite une liberté accrue de l'auteur qui peut s'exprimer tant sur les thèmes consensuels que sur des sujets qui heurtent, choquent, déplaisent ou inquiètent ».

Ce jugement laisse le lecteur doublement abasourdi : d'abord par son interprétation singulièrement extensive de la loi pénale, car ce que l'article L. 227-24 incrimine, c'est la fabrication ou la diffusion; or en matière d'œuvres de l'esprit, « diffusion » s'entend d'une transmission au public par un mode technique qui répand à distance (radio, télévision, Internet, projection en salle de cinéma), par opposition à la représentation, dans laquelle l'œuvre est localisée en un lieu fixe, où le public doit impérativement se rendre pour la voir. Le Tribunal a donc qualifié de diffusion ce qui en droit n'en est pas une, tout en jugeant l'artiste non condamnable... alors même que c'est ce dernier qui a conçu et fabriqué l'objet incriminé. Plus surprenant encore est le fait que les juges, après avoir eux-mêmes énoncé qu'« il n'est pas sérieusement contestable que le contenu d'une œuvre ne saurait être apprécié dans un sens qui serait univoque, littéral et prétendument objectif alors que, par définition, elle est polysémique », prennent

---

► ne doivent pas être regardées comme un message qu'il entend véhiculer et doivent être replacées dans le contexte de l'ensemble de ses compositions, « reflet du malaise d'une génération sans repères », « désenchantée, en proie au mal-être ». Ce qui peut déconcerter le lecteur c'est que, traditionnellement, lorsque la chanson à texte française revêtait un contenu politique, il s'agissait presque toujours pour l'auteur d'en revendiquer le message ou de se l'approprier, souvent avec une puissance d'engagement assumée, comme ce fut le cas pour Brel, Brassens, Barbara, Jean Ferrat, voire pour certaines chansons de Ferré, Mouloudji, Renaud, Jeanne Chéral, ou encore (plus rarement) Gainsbourg, Pierre Perret ou même deux chansons d'Aznavour. Aussi est-il contre intuitif et donc déconcertant de regarder des paroles écrites par l'auteur qui les chante comme ne correspondant pas à sa pensée. Il est vrai, à l'inverse, que l'intéressé s'en est expliqué à plusieurs reprises en justice et que sa relaxe voisine avec une autre relaxe, par le Tribunal correctionnel de Paris et une relaxe par ce même Tribunal.

1. Crim. 2 mars 2011, n° 10-82.250.

ensuite dans un sens exclusivement littéral les termes employés par l'artiste, comme s'ils n'en percevaient pas l'ironie et la démesure volontaire[1]. À lire cet effrayant jugement, les institutions culturelles du pays pourraient certes acquérir des œuvres comme bon leur semble, à condition de les garder en réserve sans les montrer au public ou de les exposer mais en interdisant aux mineurs l'accès aux musées concernés. Et il deviendrait impossible de montrer à des adolescents des nus d'Egon Schiele ou des œuvres de Keith Haring, ou de leur laisser lire Sade ou Reiser, ou même *Barbe Bleue* ! *Ce qui est présenté dans la phrase précédente comme l'hypothèse, une simple éventualité, a récemment commencé à devenir réalité : désireux d'attirer le public pour la commémoration du centenaire du modernisme viennois, l'office du tourisme de Vienne a adressé deux affiches publicitaires reproduisant chacune une œuvre d'Egon Schiele (fille aux bas oranges et homme assis nu) à des sociétés d'affichage publicitaire à Cologne, Londres et Hambourg. Ces dernières ont refusé de les afficher, sauf à en occulter certaines parties, alors même que les règles d'affichage tant britanniques qu'allemandes n'émettent aucune restriction à cet égard. Ainsi plus d'un siècle après avoir été peintes, ces œuvres dont l'importance artistique est unanimement reconnue sont jugées susceptibles de choquer (le Monde du 3 février 2018). Ces réactions évoquent évidemment la pudibonderie des géants du Net qui, s'ils ne filtrent que peu et de forte mauvaise grâce des contenus orduriers, haineux ou violents, ont conçu des algorithmes de censure des images à partir d'une certaine surface de peau nue — face auxquels l'Origine du monde de Courbet n'avait évidemment aucune chance.*

Ceci tranche avec l'arrêt du même Conseil d'État jugeant en 2011 que la vente en supplément au journal *Le Monde* de *La Philosophie dans le boudoir* ne présentait pas pour la jeunesse un danger d'une gravité telle qu'il justifiât des mesures coercitives[2], arrêt qui incite à regarder celui rendu dans l'affaire *Dieudonné* comme une exception; d'autant qu'un arrêt rendu un mois plus tard dans une affaire identique semble revenir à la jurisprudence traditionnelle, moins restrictive[3].

De même le Conseil d'État a-t-il annulé l'arrêt par lequel la Cour administrative d'appel de Paris avait annulé le visa d'exploitation du film *La vie d'Adèle*. Le visa d'exploitation comportait une interdiction aux moins de 12 ans, outre un avertissement sur l'existence de scènes de sexe, « réalistes » quoique simulées[4]. Précise et claire, la motivation qu'adopte le Conseil d'État s'inscrit dans sa jurisprudence classique[5]. Ceci, joint au fait que cet excellent film d'A. Kechiche obtint la palme d'or à Cannes et une brassée de prix internationaux, confirme

1. TGI Metz, 21 nov. 2013, RG n° 11/03161. Le plus stupéfiant est que le tribunal condamne en outre le FRAC à verser, au titre de l'art. 700 du C. proc. civ., 3 000 € à l'association d'extrême droite demanderesse, alors que cette dernière avait préalablement tenté d'obtenir pour le même motif de l'argent en s'adressant directement audit FRAC, ce qui constitue le délit de chantage prévu par l'art. 312-10 du C. pén.
2. CE 2 nov. 2001, *Assoc. Promouvoir*, req. n° 341115, *AJDA* 2011. 2494.
3. CE, réf., 6 févr. 2015, *Commune de Cournon d'Auvergne*, req. n° 341115, publié au *Lebon*; *AJDA* 2015. 1658, note Saillant-Maraghni; *D.* 2015. 544, note Quiriny; CE 6 févr. 2015, *Société Les Productions de la Plume*, req. n° 387757, publié au *Lebon*; *AJDA* 2015. 1249.
4. CE 10ᵉ et 9ᵉ ch. réunies, 28 sept. 2016, *Ministre de la Culture et de la communication*, req. n° 395535, *D.* 2016. 2323, note B. Quiriny; *AJDA* 2016. 2278, concl. A. Bretonneau.
5. « Considérant, toutefois, qu'il ressort des pièces du dossier soumis aux juges du fond que si les scènes de sexe en cause, bien que simulées, présentent un caractère de réalisme indéniable, elles sont, d'une part, exemptes de toute violence, et, d'autre part, filmées sans intention dégradante; que ces scènes s'insèrent de façon cohérente dans la trame narrative globale de l'œuvre, d'une durée totale de près de trois heures, dont l'ambition est de dépeindre le caractère passionné d'une relation amoureuse entre deux jeunes femmes; »

que l'arrêt de la Cour administrative d'appel, rendu comme il se doit à la requête d'une association religieuse intégriste, illustre la tendance restrictive évoquée au début du présent paragraphe. En considérant qu'une interdiction du film aux moins de 16 ans eût été préférable — alors qu'en France la majorité sexuelle est à 15 ans — la Cour en arrivait à ce paradoxe qu'un(e) jeune de 15 ans n'a pas le droit de voir ce qu'il a le droit de faire mais le droit de voir ce qu'il n'est pas autorisé de faire, puisque des films d'une extrême violence ne sont, chez nous, interdits qu'aux moins de 12 ans[1]. Fait révélateur de l'évolution de la société et des dirigeants politiques depuis *La religieuse* de Rivette, la demande d'annulation de l'arrêt de la Cour administrative d'appel fut formée par la ministre de la Culture.

Depuis le début des années 1990, les actions intentées le sont souvent au nom de l'atteinte à la sensibilité de tel ou tel groupe. Ces tentatives, qui pour l'essentiel restent vaines (plus d'une demi-douzaine d'actions accueillies en France sur cette période), prétendent donc faire de l'atteinte à la sensibilité d'autrui, notion éminemment subjective, une limite à la liberté d'expression et de création.

Ce grief d'atteinte censément insupportable a néanmoins fait perdre la vie, le 7 janvier 2015, à des caricaturistes et journalistes de l'hebdomadaire *Charlie Hebdo*.

Ce regain des velléités de censure s'observe aussi hors de l'arène judiciaire. Ainsi les photos utilisées pour annoncer deux expositions consacrées respectivement à Sartre et à Tati furent-elles retouchées d'autorité par la RATP pour faire disparaître la cigarette que fumait Sartre et la pipe de Jacques Tati — au motif, déconcertant de stupidité, qu'on inciterait le public à fumer en lui montrant les vraies photos. En refusant ensuite l'affiche de la nouvelle série télévisée d'Arte, *Ainsi soient-ils*, représentant le dos d'un moine en soutane blanche, ses mains sagement jointes dans le dos, au seul motif qu'apparaissait, également posée sur ce dos en soutane, une main féminine, la RATP franchit un nouveau pas, censurant désormais au nom de la religion et des bonnes mœurs[2].

Le même type de phénomène inquiétant s'observe hors de nos frontières, étant rappelé que la Cour européenne des droits de l'homme laissait jusqu'à très récemment aux États — sur le fondement du paragraphe 2, largement entendu, de l'article 10 de la Conv. EDH — une « marge d'appréciation » « à peu près illimitée »[3], quant aux restrictions que la morale autoriserait à apporter à la liberté de création[4]. C'est donc avec soulagement que l'on voit la Cour commencer à infléchir sa doctrine, d'abord dans une affaire autrichienne — la cour d'appel de Vienne ayant interdit à une galerie d'art d'exposer des tableaux où les visages de personnalités politiques étaient placés, en compagnie d'ecclésiastiques, sur des corps en situation explicitement sexuelle, la Cour européenne y a vu une atteinte disproportionnée à l'article 10 de la Convention[5] — ensuite et surtout dans

1. Par ex. *Blue ruin*, mais on pourrait allonger la liste de ces réalisations qui sont rarement des chefs-d'œuvre...
2. Site de l'Observatoire de la liberté de création de la Ligue des droits de l'homme, 28 sept. 2012.
3. J. P. Marguénaud et B. Dauchez, « Les onze mille verges fondatrices du patrimoine littéraire européen », *D.* 2010. 1051.
4. En témoignent par ex. les affaires *Handyside c/ Royaume-Uni* (7 déc. 1976, *Grands arrêts de la Cour européenne des droits de l'homme*, par F. Sudre, J.-P. Marguénaud, J. Andriantsimbazovina, A. Gouttenoire et M. Levinet, 6e éd., PUF, 2011, n° 7), *V. D. et C. G. c/ France* (23 juin 2006, req. n° 68238/01, rendu à propos de l'interdiction du film *Baise-moi*) et *Müller c/ Suisse* (10 déc. 2007, exposition d'art contemporain dont trois œuvres figuraient des rapports sexuels entre humains et animaux, *Grands arrêts, op. cit.*, n° 60), toutes gagnées par les États.
5. CEDH 25 janv. 2007, *Vereinigung Bildender Künstler c/ Autriche*, obs. crit. Labayle et Sudre, *RFDA* 2008. 737.

l'affaire *Akdas c/ Turquie* : dans cette espèce, l'éditeur d'une traduction en turc des *Onze Mille Verges* d'Apollinaire s'était vu condamné à une forte amende et à la destruction des exemplaires du livre[1]. Concluant à l'unanimité à une violation de l'article 10, l'arrêt de la Cour marque une avancée, fondée sur « le patrimoine littéraire européen », notion qui apparaît pour la première fois et vient endiguer le recours à la morale par lequel les États justifient leurs interdictions et condamnations. Si l'on ne peut qu'approuver la solution, le concept qui la fonde et plus encore le critère d'appartenance au « patrimoine littéraire européen » retenu par la Cour — à savoir, en l'occurrence, l'entrée d'Apollinaire dans la prestigieuse Bibliothèque de la Pléiade — ne protégera des velléités de censure que les œuvres des écrivains déjà morts ou au mieux des auteurs en toute fin de carrière[2]. Si l'on comprend que la Cour a voulu fonder sa décision sur une référence indiscutable, on se prend à espérer qu'elle n'a formulé ici qu'un premier critère, qu'elle complétera par une série d'autres, aptes à protéger aussi, lorsque nécessaire, des créateurs plus jeunes ou des œuvres non littéraires.

b. On identifie couramment censure et pouvoir politique, ou à tout le moins appareil d'État si l'on songe à la Justice. Une telle association d'idées est loin d'être absurde[3], mais il en est d'autres. La censure peut également avoir un motif économique, ou plus exactement un motif socioculturel porté, éventuellement de façon contingente, par un intérêt économique suffisamment puissant[4]. La forme principale de cette censure inavouée, la plus quotidienne sans doute, la plus difficilement mesurable enfin, semble aujourd'hui celle qu'engendre le poids économique acquis par la publicité dans les médias et plus précisément la prise en considération des taux d'audience et dans une moindre mesure des opinions des annonceurs, formulées ou supposées, quant au contenu des émissions qui jouxtent leurs messages publicitaires.

Dans ce contexte, la censure ne se présente pas sous la forme qui était traditionnellement la sienne, à savoir celle d'une décision d'autorité; s'exerçant par le canal de la liberté contractuelle, elle devient difficile à identifier avec certitude, puisqu'elle ne peut plus l'être que par une interprétation du mobile ayant animé l'un des contractants, à l'instar de ce qui s'observe pour certaines pratiques anticoncurrentielles ou pour les discriminations.

Résultant d'une anticipation des goûts prêtés à la majorité du public, elle conduit à décaler en fin, voire en toute fin de soirée (et parfois à proscrire) ce qui s'en écarte trop.

Les formes qu'elle emprunte tirent cette censure incertaine et diffuse hors du champ des affrontements juridiques. Face à cette réalité, légiférer ou édicter une réglementation serait un remède d'une efficacité très médiocre et le contentieux n'est d'aucun secours.

1. 16 févr. 2010, *D.* 2010. 1051, avec la note précitée.
2. On n'a d'ailleurs pas manqué d'observer qu'il était intéressant et flatteur qu'une Chambre ne comportant aucun juge français ait regardé la Bibliothèque de la Pléiade comme un temple du patrimoine littéraire européen (J.-P. Marguénaud et B. Dauchez, *op. cit.*).
3. À la fin du XXe siècle, le temps de la censure exercée par le pouvoir politique sur les films et écrits paraissait révolu dans les démocraties. Le XXIe siècle commençant voit surgir de déconcertantes velléités de censure sur le livre (le roman *Rose bonbon*, par ex.) ou le film — ou encore les essais ou témoignage, comme l'illustre le projet d'interdire aux personnes condamnées à certaines peines de publier des ouvrages.
4. La puissance acquise par les chaînes de télévision en fournit l'illustration : ainsi, par ex., sur l'une des grandes chaînes, le président de la Ligue des droits de l'homme n'avait-il jamais été invité en quatre ans.

B. Conflit entre liberté de créer et droits de la personnalité[1]

633. Avec le renforcement des droits de la personnalité, dont le caractère fondamental et la montée en puissance ont été soulignés à l'envi, des conflits ont surgi ces dernières années entre la liberté de créer et certains de ces droits, tels que le droit à l'image, le droit au respect de la vie privée ou la présomption d'innocence. Dans ces affrontements, la liberté de créer est envisagée tantôt sous le vocable plus large de liberté d'expression, tantôt sous l'angle du traitement de l'actualité et du droit du public à l'information. Ce dernier aspect peut bien entendu constituer un des versants de la liberté de créer, mais ce lien n'a rien d'automatique; c'est pourquoi on s'en tiendra ici à la liberté de créer envisagée sous l'angle de la liberté d'expression[2].

C'est essentiellement le droit à l'image qui est venu limiter la liberté de créer du photographe et du cinéaste, auxquels les tribunaux rappelaient régulièrement que la publication de l'image d'une personne suppose le consentement de celle-ci. Les artistes concernés s'en plaignaient véhémentement, en soulignant, d'une part l'impossibilité dans laquelle ils étaient le plus souvent de retrouver les personnes dont ils avaient saisi le visage, d'autre part leur réticence à solliciter, juste après la prise du cliché, le consentement de la personne photographiée, lorsque cela est matériellement faisable.

Déjà, par deux arrêts remarqués de 2001 et 2003 (le premier de cassation), la première chambre civile avait fait prévaloir le droit du public à l'information et la liberté d'expression (au visa de l'article 10 de la Conv. EDH dans l'arrêt de cassation) sur le droit à l'image, « *sous la seule réserve* », désormais habituelle, « *du respect* [de la] *dignité* » humaine (et le cas échéant de la mémoire des morts) : en sorte que des personnes, reconnaissables sur des photographies, avaient néanmoins été déboutées[3].

Une série de jugements rendus entre 2003 et 2007 par le tribunal de grande instance de Paris[4] et, sur appel, un arrêt de la cour de Paris du 5 novembre 2008[5] ont amorcé une évolution majeure, voire un revirement, si la Cour de cassation venait à rallier la nouvelle position des juges du fond. Dans le premier, un coureur cycliste s'était plaint de trouver dans un manuel scolaire un cliché le représentant en train de courir le Tour de France. Le tribunal le déboute, ce qui revient à étendre aux œuvres à caractère pédagogique la solution adoptée en 2001 par la Cour de cassation pour les seules nécessités de l'information[6]. Encore convient-il de nuancer considérablement cette affirmation, car les juges relèvent que le coureur, dont le nom n'est pas cité, apparaît portant casquette et lunettes de soleil, en sorte qu'il est identifiable mais difficilement, que le cliché est pris au

1. Pour un conflit entre droit d'auteur et liberté de créer, v. ss 636.
2. S'agissant par ex. de la présomption d'innocence, les décisions rendues ne font généralement aucune référence à la liberté d'expression (*a fortiori* à la liberté de créer) et se bornent à rechercher si l'information était objective, prudente et ne portant pas de jugement. V. par ex. Civ. 1re, 13 nov. 2003, n° 01-11.236, *Bull. civ.* I, n° 335.
3. 20 févr. 2001, *Bull. civ.* I, n° 42, *D.* 2001. 1199, note J.-P. Gridel, *D.* 2001. Somm. 1992, obs. C. Caron, *Légipresse* 2001. III. 52, note E. Derieux; Civ. 1re, 12 juill. 2001, *D.* 2002. 1380, note C. Bigot; *CCE* 2001, n° 117, note A. Lepage; *Dr. et patr.* nov. 2001, § 2952, p. 103, note G. Loiseau.
4. TGI Paris, 14 mai 2003 et 2 juin 2004, *Légipresse* sept. 2004, n° 214, 156, obs. Bigot; TGI Paris, 17e ch., 9 mai et 25 juin 2007, *D.* 2008. 57, note Tricoire.
5. 5 nov. 2008, *D.* 2009. 470, note Bigot.
6. Peut-être faudrait-il voir dans cette solution un écho lointain au régime de faveur (certes facultatif) que la directive du 22 mai 2001 (Dir. n° 2001/29 sur l'harmonisation du droit d'auteur et des droits voisins dans la société d'information), qui, en son art. 5.3 a), autorise les États à réserver, en matière de droit d'auteur, aux activités pédagogiques.

cours d'un événement public et que, si la publication « n'illustre pas [...] le fait d'actualité que constitue » le Tour de France, elle est néanmoins « en lien direct » avec celui-ci et qu'enfin « il n'existe aucune dénaturation de l'image et de l'activité du cycliste ».

L'ensemble de ces éléments convergents, joint à la référence explicite à « la liberté de l'information dans un but éducatif », autorise à conclure que ce jugement va moins au-delà de l'arrêt rendu en 2001 par la Cour de cassation qu'il n'y paraît.

Dans ces conditions, le jugement rendu en 2004 n'en est que plus audacieux. Un homme se plaignait de voir figurer, dans un album de photographies, et dans un film, un portrait de lui pris à son insu dans le métro. Bien que l'atteinte au droit à l'image fût caractérisée, le tribunal, au terme d'une longue motivation, le déboute, au motif que le photographe « *n'a pas fait un usage fautif de la liberté d'expression* ». C'est clairement affirmer que le droit à l'image cède devant la liberté d'expression (toujours sous réserve du respect de la dignité humaine). C'est par cette nouveauté que le jugement nous intéresse ici, mais aussi et davantage encore par le fait que la finalité créatrice, constamment mise en exergue au fil des motifs, fonde la solution. En résumé, lorsqu'elle s'identifie à une liberté de créer, la liberté d'expression acquerrait suffisamment de force pour réduire à peu de chose le droit à l'image.

Tant les deux jugements rendus par le TGI de Paris en 2007 que l'arrêt confirmatif du 5 novembre 2008 font prévaloir la liberté de création du photographe sur le droit à l'image. La première espèce concernait une attachée de presse photographiée sur un banc public, téléphone portable à l'oreille et chien en laisse et la dame soutenait qu'étaient atteints son droit à la vie privée et son droit à l'image. Si l'atteinte à la vie privée semblait difficilement décelable, le droit à l'image, en revanche, était indiscutablement mis en cause. Dans la seconde espèce, le même photographe (François-Marie Banier) avait inclus dans un album intitulé *Perdre la tête* des photographies de marginaux passés, pour reprendre l'expression d'une commentatrice, « de l'autre côté du fleuve raison »[1]; tuteur et curateur des intéressés avaient agi en se plaignant d'une atteinte au droit à l'image. Dans les deux affaires, les demandeurs sont déboutés au terme d'une motivation qui fait clairement prévaloir la liberté de création de l'artiste sur le droit à l'image (réserve étant toujours faite d'une éventuelle atteinte à la dignité humaine, non réalisée en l'occurrence), ce qui revient donc à lui conférer une place éminente dans cette hiérarchie implicite.

Même en l'absence d'arrêt de la Cour de cassation, il demeure que la solution retenue dans ces diverses affaires interroge aussi par la motivation qu'adoptent les juges du fond. On semble en effet y trouver un cheminement parallèle avec la position de la Cour européenne des droits de l'homme, qui – pour attentive qu'elle soit à « la protection de la réputation et des droits d'autrui » – recourt ici à un critère de la contribution de l'œuvre au débat d'idées. Même s'il ne serait pas impossible de prétendre que toute œuvre alimente à sa façon le débat d'idées entendu au sens le plus large du terme, on a justement soulevé la question de savoir si recourir au critère d'une telle contribution ne revenait pas à réduire voire même à dénaturer la démarche artistique, par essence libre et affranchie de toute finalité[2].

1. A. Tricoire, note préc.
2. C. Bigot, note préc., *D.* 2009. 470.

Lorsqu'est en cause l'image, ou la représentation, plus ou moins ressemblante, d'hommes ou de femmes politiques, leur droit à l'image n'est, on l'imagine bien, pratiquement d'aucun secours[1]. D'autant que de surcroît la démocratie postule la liberté de créer et plus généralement de s'exprimer en caricaturant ou en raillant, comme l'a montré l'affaire dite des « poupées vaudou », qui représentaient, l'une le président Sarkozy, l'autre Ségolène Royal.

L'acheteur de telles poupées était invité, en fonction de ses griefs envers l'un ou l'autre, de ses opinions politiques ou de son degré de stress, à planter de petites aiguilles dans le corps de la figurine, sur lequel étaient imprimés les slogans utilisés par l'intéressé. M. Sarkozy ayant saisi la justice fut — comme on pouvait, en droit, s'y attendre, mais courageusement — débouté en première instance, au motif que le droit à la vie privée et la liberté d'expression revêtaient, dans la Convention européenne des droits de l'homme, la même valeur normative, en sorte qu'il incombait au juge de rechercher leur équilibre et qu'en l'occurrence les poupées querellées ne constituaient pas des produits purement commerciaux mais véhiculaient des informations et des idées. En appel, la cour de Paris, au terme d'une motivation marquée du sceau de la nuance et de la précaution de langage, a jugé disproportionnée la mesure de saisie et d'interdiction sollicitée; elle a cependant, tout en rappelant qu'il n'appartenait pas au juge d'apprécier le bon ou le mauvais goût d'un concept présenté comme relevant de l'humour et de la satire, jugé que le procédé invitant à piquer la figurine portait à la dignité de l'intéressé une atteinte qui justifiait seulement l'apposition, sur l'emballage du produit, d'un *sticker* rappelant cela aux acheteurs potentiels[2]. Même si la nécessité et l'opportunité de la mesure ne sautent pas aux yeux, au moins la liberté de création se voit-elle consacrée, qui plus est face à l'ire du chef de l'État.

Au total, le « contre-droit » que constitue le droit du public à l'information semble gagner lentement tant sur le droit à la vie privée que sur le droit à l'image, comme illustre l'arrêt rendu le 29 mars 2017 dans lequel la Cour de cassation approuve le débouté d'un médecin qui invoquait son droit à l'image pour demander la suppression de son visage, clairement visible dans un reportage télévisé[3].

Devant la Cour européenne des droits de l'homme, la liberté d'expression a semblé primer le droit au respect de la vie privée, il est vrai dans des circonstances étroitement circonscrites, ce qui empêche d'en tirer des conclusions de portée générale[4].

Le livre *Le Grand Secret*, que le Dr Gubler s'apprêtait à faire paraître au lendemain de la mort du président Mitterrand, dont il avait été le médecin, avait été interdit en référé, au triple motif qu'il violait le secret médical et qu'il constituait une atteinte à la vie privée, ainsi qu'à la mémoire du défunt.

La Cour européenne des droits de l'homme juge l'interdiction parfaitement justifiée au regard des limitations que l'alinéa 2 de l'article 10 de la Convention européenne des droits de l'homme permet d'apporter à la liberté d'expression. Elle condamne néanmoins la France, mais uniquement parce que les juridictions françaises statuant au fond ont maintenu, par hypothèse sans limitation dans le temps cette fois, l'interdiction de diffusion du livre prononcée en référé. Ce n'est

1. On excepte bien sûr le cas où l'image du politicien est utilisée à des fins purement mercantiles, comme pour la publicité d'un produit ou d'un service.
2. TGI Paris, réf., 29 oct. 2008 et, sur appel, Paris, 14e ch., 28 nov. 2008, *JCP* 2009. II. 10026, obs. Derieux.
3. *D.* 2017. 761, note Hauser.
4. CEDH 18 mai 2004, *Plon c/ France*, req. n° 58148/00, *RTD civ.* 2004. 483, obs. J. Hauser.

donc pas le principe de l'interdiction que critique la Cour (ni l'octroi de dommages-intérêts à la famille) ; elle juge seulement excessif le maintien indéfini d'une interdiction de diffusion. Encore cette dernière affirmation est-elle assortie de nuances et rapportée au contexte : la Cour, probablement sensible au secret médical, dont elle approuve, dans le principe, le caractère quasi absolu, prend bien soin d'accumuler les données de fait propres à l'espèce, qui interdiront de généraliser la solution :

- vente de 40 000 exemplaires de l'ouvrage, ayant déjà rendu effectives la violation du secret et la circulation de l'information ;

- nécessaire transparence de la vie politique, notamment quant aux maladies graves pouvant frapper un dirigeant politique de tout premier plan ;

- temps écoulé depuis le décès ;

- nécessaire recherche de la vérité historique ;

- attitude ambivalente du président Mitterrand, paraissant à certains moments ne plus guère se soucier de l'observance du secret par les médecins.

Au total, l'arrêt apparaît doublement intéressant, d'abord en ce qu'on aurait pu imaginer que la conjonction du secret médical et du respect de la vie privée l'emportât sur la liberté d'expression, ensuite parce que la démarche pragmatique et pour ainsi dire pointilliste de la Cour conduit à des solutions très nuancées et... d'autant moins prévisibles. Les décisions les plus récentes confirment toutefois que si les droits consacrés par les articles 8 et 10 de la CEDH sont *a priori* tenus pour d'égale valeur, la propension à la protection de la vie privée face à l'invocation de la liberté de création et d'information semble plus marquée chez les juges français[1], comme en témoigne la condamnation (à l'unanimité) par la Cour, pour violation de l'art. 10, des décisions française ayant condamné pour atteinte à la vie privée d'Albert de Monaco la révélation de son « fils caché »[2].

Enfin, on peut se demander où situer l'arrêt par lequel la première Chambre civile de la Cour de cassation a, le 16 septembre 2010, approuvé le juge des référés qui avait interdit une exposition « de cadavres humains "plastinés", ouverts ou disséqués, installés, pour certains, dans des attitudes » montrant « le fonctionnement des muscles selon l'effort physique fourni »[3]. L'interdiction avait, là encore, été demandée par des associations[4] (illustration de ce qui a été dit, v. ss 632) soupçonnant les cadavres exposés d'être ceux de chinois condamnés à mort et acquis dans des conditions non élucidées. L'interdiction est motivée par le fait « que l'exposition de cadavres à fins commerciales » contrevient à l'article 16-1-1 du Code civil, qui impose de traiter les restes des morts « avec respect, dignité et décence. » L'absence de toute référence à une œuvre quelconque de l'esprit dit implicitement mais nettement que les juges n'ont vu dans cet « événement » aucune création, la mention explicite des fins commerciales animant l'organisateur de l'exposition semblant jouer, aux yeux de la Cour de cassation, un rôle de confirmation de l'absence de création[5].

Deux questions surgissent à ce stade : on peut d'abord se demander si la limite apportée par l'arrêt résulte vraiment des droits de la personnalité, puisque par hypothèse il n'y a plus de personne — encore que l'article 16-1-1 figure au

1. V. par ex. Civ. 1re, 30 sept. 2015, n° 14-16.273, *JCP* 2015, n° 1385, obs. Ducoulombier.
2. CEDH, gr. ch., 10 nov. 2015, *Couderc et Hachette Filipacchi Associés c/ France*, req. n° 40454/07, *JCP* 2015. Actu. 1332, obs. H. Surrel.
3. Pourvoi n° 09-67.456.
4. « Ensemble contre la peine de mort » et « Solidarité Chine ».
5. V. les intéressants commentaires de B. Edelman et G. Loiseau ss cet arrêt, *D.* 2010. 2750.

livre premier « Des personnes », et plus précisément au chapitre II (« Du respect du corps humain ») du titre premier (« Des droits civils ») de ce livre. Ensuite et surtout, il n'est pas certain que la reconnaissance, si elle advenait, qu'une œuvre de l'esprit a été créée à partir d'un cadavre (ou de restes humains) suffirait à rendre licite l'exposition du résultat, en raison de la sacralité que la loi prête aux restes humains. Il est révélateur que, sur un plan selon nous voisin, la première chambre civile se soit démarquée du raisonnement des juges d'appel, qui semblaient faire du consentement que le futur cadavre aurait ou non donné de son vivant un élément décisif.

C. Contraintes technologiques et liberté de créer

634. L'absence de censure est donc la condition indispensable à la liberté de créer. Est-ce la seule ? Si dans les temps anciens (que l'on s'abstiendra de désigner avec plus de précision) une réponse positive globale pouvait raisonnablement être apportée à cette question, il est douteux qu'il en soit encore ainsi. La place prise par la technologie au cours des dernières décennies oblige à introduire des distinctions entre les diverses formes de création. S'il reste vrai que l'absence de censure peut suffire à garantir la liberté de création lorsqu'il s'agit de poésie ou de peinture, l'affirmation apparaît plus discutable pour la sculpture et complètement irréaliste s'agissant des œuvres cinématographiques ou télévisuelles, ou encore de la représentation théâtrale ou lyrique.

Une part importante des sculptures réalisées en France, pour prendre cet exemple, l'est en exécution de commandes publiques. Sans la commande publique, nombre de sculpteurs contemporains seraient dans l'incapacité d'exercer leur activité (la tendance à la monumentalité des œuvres renforçant cette situation). Leur liberté serait intacte en théorie mais privée de contenu pratique; son usage effectif ne serait pas garanti. Or l'un des progrès majeurs réalisé au cours des dernières décennies a précisément consisté à ne plus se satisfaire de droits théoriques et à évoluer vers une conception effective des droits et libertés fondamentaux.

La chose est plus nette encore pour la création audiovisuelle, qu'il s'agisse des films, des disques audio ou des vidéogrammes : sans moyens techniques et financiers conséquents, il n'est pas de liberté de créer. La catégorie du poète maudit, créant seul et sans argent, n'a pas d'équivalent dans l'audiovisuel. Or les moyens matériels indispensables à la création ne sont plus à la portée du créateur. Le fait que les mécanismes d'aides financières à la création soient ici indissociables de la liberté de créer mais que par ailleurs nul ne puisse se prévaloir d'un droit au financement pose l'épineuse question, que l'on se bornera à mentionner pour mémoire, de l'incidence des critères, pour partie[1] nécessairement subjectifs, d'attribution des concours financiers sur la liberté de création.

Les difficultés que connaît le cinéma (en raison notamment de la baisse, à la vérité discontinue et même démentie en 2011, de la fréquentation des salles et de la part prépondérante prise en France par les chaînes de télévision dans le financement des films) font peut-être de la création cinématographique l'exemple le plus frappant. Parallèlement aux voies ordinaires du financement de la production, le mécanisme étatique de l'avance sur recettes (une commission attribue, après examen du projet en particulier lecture du scénario, une aide qui

1. Certaines aides sont attribuées automatiquement en fonction des résultats des œuvres antérieures en termes de diffusion.

ne sera remboursable à l'État que si l'exploitation du film se révèle bénéficiaire), mais aussi la taxe prélevée sur les recettes des chaînes de télévision et la taxe sur les cassettes vidéo préenregistrées constituent des compléments devenus indispensables pour boucler le budget d'un film : peu de gens sont en mesure de produire un film sans ces concours financiers[1]. En ce domaine, l'abstention de l'État ne suffit plus à maintenir la liberté de créer; à quelques très rares exceptions près, celle-ci perd toute réalité si les moyens de son exercice effectif ne sont pas fournis. Elle requiert donc une action de la collectivité; c'est dans cette mesure qu'elle peut s'apparenter aux libertés économiques et sociales.

Est-ce à dire que la liberté de créer aurait changé de nature ? La réponse est assurément négative; aux caractères initiaux de cette liberté, qui demeurent, s'en est simplement ajouté un de plus. Cette situation n'est du reste pas propre à la liberté de créer. Pour ne prendre qu'un exemple, la liberté de la presse, composante majeure de la liberté d'expression, serait sérieusement restreinte dans les faits si les mécanismes d'aide à la presse écrite venaient à disparaître. Ceci montre que si la liberté de créer ne se confond pas avec la liberté d'expression (v. ss 629 s.), l'une comme l'autre appellent, tantôt une simple abstention de l'État, tantôt une action positive, selon le type d'expression mis en œuvre.

On pourrait également, sur un autre registre, se demander si la part de l'informatique dans les créations multimédias faisant appel aux techniques les plus récentes (images de synthèse, etc.) ne vient pas amputer la part de liberté laissée au créateur; mais cette supposition, qui consiste à tenir implicitement informatique pour synonyme d'automatisme, semble infirmée par ce que disent les créateurs œuvrant dans ce domaine, qui voient dans l'informatique un simple outil, menant, à technique égale, à des résultats qui varient selon la personnalité de celui qui les manie. Quant aux limites, apportées ou envisagées, à la liberté de créer pour ce qui concerne spécifiquement l'Internet, elles ne seront pas abordées ici, puisqu'une des contributions du présent ouvrage est consacrée aux droits de la personnalité confrontés à l'Internet, ce qui est bien sûr plus large que la liberté de créer mais englobe celle-ci.

III. La protection en aval de la création

635. L'exercice effectif de la liberté de créer engendre en principe une œuvre de l'esprit et par là même un droit d'auteur. Ce droit exclusif confère à l'auteur la faculté discrétionnaire de divulguer l'œuvre (le fameux droit de divulgation) et un monopole d'exploitation de ladite œuvre, monopole qui par définition fait disparaître la liberté de tous autres que l'auteur d'utiliser l'œuvre. Avec l'apparition d'un droit privatif, ne sort-on pas du champ des libertés publiques pour entrer dans une dialectique qui s'apparente à celle de la propriété privée ? Car même s'il n'est pas certain qu'il faille voir dans le droit de l'auteur sur son œuvre un véritable droit de propriété[2], l'expression consacrée — propriété littéraire et artistique — est néanmoins significative. En réalité, pour que la problématique nouvelle induite par l'apparition du droit de l'auteur se substituât complètement à l'approche en termes de libertés publiques, il faudrait que le régime de ce droit

1. À quoi s'ajoute l'aide indirecte que l'État procure en consentant des avantages fiscaux aux entreprises et aux particuliers qui investissent dans le cinéma (par le canal des sociétés de financement du cinéma et de l'audiovisuel, dites SOFICA).
2. Les choses deviennent plus complexes avec l'apparition de ce que l'on appelle les droits voisins (par ex., ceux reconnus aux artistes-interprètes). Sur ces droits, v. not. P.-Y. Gautier, *Propriété littéraire et artistique*, 9e éd., PUF, coll. « Droit fondamental », 2015, n°s 90 s.

fût sans lien avec la liberté de créer. Tel n'est pas le cas. Ce régime est à maints égards conçu en considération de la liberté du créateur et pour préserver celle-ci.

Surtout, la dialectique de la propriété oppose le propriétaire à tous les autres – c'est la caractéristique première du droit de propriété que d'être opposable à tous – à tous ces tiers vécus comme potentiellement menaçants. En outre, la propriété s'accompagne ordinairement de la possession; il n'est donc pas étonnant que la possession fasse présumer la propriété. La situation créée par le droit d'auteur est plus subtile. On y retrouve, à la base, la dialectique du droit de propriété : le droit de l'auteur de l'œuvre est opposable à tous; mais cette similitude majeure ne rend que partiellement compte de la réalité. À cet égard, le droit de l'auteur manifeste son originalité sur deux points essentiels, le premier étant moins difficile à cerner que le second.

En premier lieu, le droit de l'auteur diffère de la propriété proprement dite en ce qu'il s'émancipe de la possession, qui plus est d'une façon qui varie selon la nature de l'œuvre. Pour les œuvres qui s'incorporent dans un objet matériel – en un mot les œuvres d'art : peinture, sculpture, voire architecture, etc. – la propriété artistique peut parfaitement coexister avec le droit de propriété d'un tiers sur l'objet corporel, sans que l'on ait affaire pour autant à une copropriété ni à une quelconque « propriété » partagée. Phénomène d'autant plus frappant que la dichotomie admise par tous entre le droit de l'artiste et celui du propriétaire de la chose est physiquement impraticable et ne peut s'effectuer que dans l'abstrait, par une représentation intellectuelle[1]. La propriété artistique, si c'en est une, est à ranger parmi les propriétés incorporelles.

Et pour les autres œuvres (littéraires *lato sensu*, musicales, cinématographiques, chorégraphiques, informatiques, etc.), celles qui ne s'incorporent pas dans un objet matériel – lequel, lorsqu'il existe, n'est que le support permettant de prendre connaissance de l'œuvre – la possession, au sens où l'entend le droit des biens, ne se conçoit pas. Le langage commun le dit bien : posséder un texte ne signifie nullement en être l'auteur. Le fruit de la création n'est décidément pas un objet comme les autres. Ceci appelle quelques précisions quant aux relations entre l'œuvre et le tiers au regard de la liberté de créer (**A.**).

En second lieu, la qualification de tiers ne rend qu'incomplètement compte du rapport que peuvent entretenir avec l'œuvre ceux qui n'en sont pas les auteurs. Il est exact que ces personnes sont des tiers et les qualifier ainsi permet de signifier qu'étant étrangères à l'œuvre, elles sont sans droit sur celle-ci. Mais certains de ces tiers endossent de surcroît un autre rôle : celui du public. À l'inverse de la logique binaire du droit de propriété, on peut ici être tiers et plus que cela, en sorte que la catégorie des *penitus extranei* comprend un sous-ensemble. Et il semble difficile de faire abstraction des liens que ce phénomène propre aux œuvres de l'esprit que constitue le public peut entretenir avec la liberté de créer (**B.**).

A. L'œuvre et les tiers

1. Le droit d'auteur, prolongement de la liberté de créer

636. On a souvent présenté le droit de propriété comme un prolongement de la personne. À ce titre au moins, l'analogie avec le droit d'auteur est justifiée :

1. Il arrive bien sûr que la propriété artistique et la propriété matérielle soient réunies dans la même main : c'est le cas tant que le peintre ou le sculpteur n'a pas cédé l'œuvre; mais force est d'admettre que le destin le plus courant pour une œuvre divulguée consiste à devenir la propriété d'un tiers.

l'œuvre est, comme son nom l'indique, née de l'esprit de l'auteur et de la liberté de création laissée à ce dernier. L'originalité, condition indispensable à la qualification d'œuvre de l'esprit, est précisément caractérisée, selon les tribunaux, par l'empreinte de la personnalité de l'auteur. Alors que la liberté d'expression a vocation à véhiculer des idées, qui ne sont pas protégeables — ce serait d'ailleurs une entrave au développement de la liberté d'expression qu'elles le fussent — l'œuvre est une réalisation. La liberté de créer n'a cependant pas suffi à la faire naître; elle n'en a été que la condition nécessaire. Il a fallu que s'y ajoute la capacité créatrice d'un individu; c'est cette activité féconde, ce labeur, voire ce génie qui mérite la protection concrétisée par les prérogatives que la loi reconnaît à l'auteur[1].

On n'entreprendra pas l'analyse de ces prérogatives, puisqu'il ne s'agit pas ici d'étudier le droit d'auteur, mais seulement de chercher si des enseignements peuvent être tirés du fait que l'usage de la liberté de créer engendre, lorsqu'il aboutit effectivement à une création, un droit exclusif. Il n'est pas sûr qu'il faille voir là un paradoxe, que la vigueur variable des prérogatives de l'auteur aurait d'ailleurs tôt fait de tempérer.

Trois aspects (parmi d'autres) des relations entre l'auteur et les tiers peuvent alimenter la réflexion, une fois rappelé que sa qualité d'auteur investit le créateur d'un droit à deux composantes :

- d'une part, des droits pécuniaires destinés à éviter que l'auteur ne soit spolié des produits qu'engendre sa création[2]; droits pécuniaires qui ont conduit la Cour européenne des droits de l'homme à juger à juste titre que la liberté de créer trouvait une limite légitime dans les droits de chacun sur sa propre création : dans une affaire où trois photographes invités à des défilés de mode avaient mis en ligne (sans autorisation et avec accès payant) leurs clichés des créations de couturiers, elle a jugé que le droit d'auteur de ces derniers sur leurs modèles interdisait aux photographes d'invoquer la liberté de créer pour se protéger et justifiait qu'ils fussent condamnés pour contrefaçon[3]; la Cour de cassation a toutefois jeté récemment un pavé dans la mare en cassant un arrêt de la cour de Paris, lequel condamnait — très classiquement — pour contrefaçon un peintre qui avait utilisé pour ses tableaux trois photos (œuvres protégées); prononcée au visa de l'art. 10 § 2 de la Conv. EDH (limites permises à la liberté d'expression), la censure reproche aux juges d'appel de s'être abstenu d'« expliquer de façon concrète en quoi la recherche d'un juste équilibre entre les droits en présence commandait la condamnation » semble génératrice d'imprévisibilité des solutions, en mettant en balance le droit de l'auteur de l'œuvre initiale au nom de la liberté de créer des autres[4];

- d'autre part — et, du point de vue qui nous intéresse ici, surtout — de ce que l'on appelle le droit moral, qui lui-même recouvre plusieurs attributs.

637. *a.* Le premier d'entre eux, à savoir l'entière liberté laissée à l'auteur de divulguer ou non sa création, prolonge la liberté de créer et en explicite la portée,

1. V. en ce sens, T. Revet, *La force de travail*, Litec, coll. « Bibl. dr. entr. », 1992, qui rattache la protection au fait que l'œuvre résulte « d'une activité révélant l'existence et la mise en œuvre des facultés créatrices de l'auteur » (n° 542).
2. En particulier en assurant à l'auteur une rétribution proportionnelle aux recettes retirées de l'exploitation de ses œuvres, qu'il s'agisse du droit de représentation, du droit de reproduction ou du droit de suite. V. sur ces points P.-Y. Gautier, *op. cit.*, p. 185 s.
3. CEDH 10 janv. 2013, *Ashby Donald et al. c/ France*, req. n° 36769/08.
4. Civ. 1re, 15 mai 2015, n° 13-27.391; *contra* « La balance des intérêts... enfin », obs. approbatives de M. Vivant, *CCE* n° 10, oct. 2015, étude 17.

en montrant qu'elle consiste aussi dans la liberté de ne pas créer, ou, ce qui en pratique revient au même, qu'elle n'aboutit pas à l'obligation de montrer ce que l'on a créé.

638. *b.* Une fois l'œuvre divulguée, le conflit susceptible de surgir entre cette composante majeure du droit moral que constitue le droit au respect de l'œuvre et tel ou tel autre droit confirme que, comme d'autres libertés publiques, celle de créer est limitée. Mis en balance avec le droit de propriété, le respect de l'œuvre ne s'impose pas toujours, loin s'en faut. Ainsi semble-t-il admis, même s'il peut exister des décisions contraires, que le droit de l'architecte au respect de son œuvre n'interdit pas au maître d'ouvrage, propriétaire du bâtiment, de modifier celui-ci contre le gré du créateur[1]. Que l'on justifie la solution par une primauté intrinsèque d'un droit sur l'autre ou plus raisonnablement par le fait que cette prééminence est implicitement incluse dans le contrat d'architecte, il reste que le droit de propriété portant sur la chose corporelle l'emporte en l'occurrence sur le droit moral de l'auteur (sans parler de l'hypothèse, caricaturale, des tags, pour lesquels la sanction de l'atteinte au droit de propriété l'emporte évidemment sur toute autre considération). S'ils n'ont pas donné lieu jusqu'ici à des solutions aussi radicales, les droits respectifs de l'auteur et du propriétaire de l'œuvre s'agissant des décisions à prendre pour la restauration des œuvres d'art contemporain fournissent aussi matière à débat : qui, de l'auteur ou du tiers devenu propriétaire, est habilité à dire si l'œuvre doit être maintenue dans son aspect visuel initial ou si le respect de cette œuvre postule au contraire de laisser s'opérer la dégradation — autant dire la modification — due au temps[2] ?

639. *c.* La liberté de créer trouve une autre limite dans le droit de chacun au respect de sa vie privée, devenu rigoureux (pas dans tous les pays, cependant) ces dernières décennies. En pratique, ce droit se trouve opposé par les plaignants au droit moral de l'auteur — étant précisé que la question ne surgit évidemment qu'une fois l'œuvre créée et que la réparation est souvent pécuniaire, ce qui permet une relative conciliation de la liberté de créer et d'impératifs de premier plan. Le droit au respect de la vie privée n'est au demeurant que l'illustration la plus aiguë de l'antagonisme pouvant apparaître entre le produit de la liberté de créer et certains droits subjectifs.

Remarquons aussi que dans toutes ces situations, la création s'est donné libre cours. La remise en cause intervient *a posteriori*, conduisant à jeter un regard rétrospectif sur la liberté de créer.

2. Le droit d'auteur, garantie de la liberté de créer

640. Reconnaître à chaque auteur un droit exclusif sur son œuvre apporte à celui-ci au moins deux garanties essentielles pour sa liberté de création future.

D'abord, en offrant à l'auteur la possibilité (qui n'est pas une obligation, le recours à l'anonymat ou au pseudonyme demeurant toujours possible) d'affirmer sa paternité sur chacune de ses œuvres et d'exiger qu'elle soit systématiquement mentionnée, le droit moral l'aide à assurer puis à maintenir sa notoriété. Si la possibilité légale d'affirmer sa paternité faisait défaut, il serait évidemment

---

1. TGI Paris, 29 sept. 1989, *Gaz. Pal.* 1990. 1, J. 140, note Huet; Paris 15 mai 1990, *RIDA* 1991. 311; Civ. 1re, 7 janv. 1992, *RIDA* 1992. 194. Cette solution prétorienne n'est d'ailleurs pas propre à la France : v., en Suisse, T. fédéral, 25 avr. 1991, *S. Peter Baumatin c/ SBB, KP Luzern & 2.*
2. V. le colloque organisé par l'École nationale du patrimoine, *Restauration des œuvres d'art contemporain*, Paris, ENP, 1992.

impossible à l'auteur d'acquérir cette notoriété. Il est banal d'observer que le fait d'être en mesure d'associer un nom à une ou plusieurs œuvres permettra, d'une part à ceux qui en ont le pouvoir de faire ultérieurement appel à cet auteur, d'autre part à ceux qui les ont appréciées de choisir de lire, aller voir, entendre, les prochaines créations de celui-ci. C'est une condition indispensable à sa liberté de création ultérieure.

Ensuite, les recettes procurées par la cession ou l'exploitation d'une œuvre contribueront, dans des proportions éminemment variables, tantôt seulement à assurer la subsistance de l'auteur, tantôt à le doter des moyens de financement de ses œuvres futures ou du moins de la capacité de trouver ce financement — et l'on a souligné l'importance primordiale que, pour certaines catégories d'œuvres, la place prise par la technologie a conférée aux moyens matériels.

Ces remarques confirment que la liberté de créer n'est pas ce que l'on pourrait appeler une liberté instantanée, qu'en d'autres termes son existence à un instant *t* ne suffit sans doute pas à la constituer. La durée est pour ainsi dire un de ses éléments constitutifs.

Elles achèvent également de faire comprendre que le maintien de cette liberté suppose, non pas seulement des règles juridiques — il en faut pour toute liberté — mais un système de protection des « usagers » de cette liberté envisagés comme constituant une catégorie juridique spécifique, ce qui revient quasiment à les doter d'un statut légal, ce qui à tout le moins n'est pas le cas général s'agissant des libertés publiques. C'est que la création est susceptible de constituer à la fois l'exercice d'une liberté et une activité professionnelle — les choses étant compliquées par le fait que la frontière entre l'activité créatrice non professionnelle et celle qui présente un caractère professionnel est loin de s'imposer d'emblée. Ce caractère professionnel se rencontre également, *mutatis mutandis*, pour la liberté de la presse (avec des problèmes similaires de tracé de la frontière entre l'activité professionnelle et celle qui ne l'est pas), mais il a précisément engendré un système de statut catégoriel protecteur qui n'est pas si éloigné des constatations faites pour le droit d'auteur.

Dans cette perspective, le téléchargement des œuvres de l'esprit sur Internet constitue, de fait, une remise en cause de grande ampleur des droits des auteurs. La chute spectaculaire des ventes de disques, spécialement en France, a des chances d'être bientôt suivie d'une baisse des ventes de DVD. Il est cependant trop tôt pour analyser les conséquences législatives de ce nouvel état de fait. Certes, après l'échec d'un premier texte, le Gouvernement soumis au Parlement un deuxième projet, devenu la loi, dite Hadopi, du 12 juin 2009, dont le versant répressif fut en grande partie censuré par le Conseil constitutionnel, au double motif qu'il portait atteinte au « droit de s'exprimer et de communiquer librement » et à la présomption d'innocence[1]. Une nouvelle loi du 28 octobre 2009 (dite Hadopi II) est donc venue amender le dispositif; il reste difficile de porter un jugement sur l'efficacité du système en termes de protection des droits des auteurs, même s'il apparaît que l'Hadopi (Haute autorité pour la diffusion des œuvres et la protection des droits sur Internet — nom de cette autorité créée pour lutter contre les téléchargements illégaux) a disposé de moyens matériels insuffisants au regard de sa mission; à fin 2011, seule une faible fraction des avertissements qu'elle aurait dû envoyer aux internautes l'avait réellement été, mais les choses se sont ensuite accélérées : au 30 juin 2015, avaient été adressés aux internautes 4,9 millions de mails de première mise en garde et 482 667 lettres de seconde mise en garde

1. Cons. const. 10 juin 2009, n° 2009-580 DC.

(quand l'Hadopi est saisie de nouveaux faits dans les six mois de la première mise en garde), seuls 361 dossiers ayant été transmis à la justice depuis l'origine[1].

On pourrait prolonger la réflexion en s'arrêtant sur les sites Internet, d'accès gratuit, qui reproduisent, le plus souvent avec l'aval de l'auteur, des œuvres de l'esprit. La gratuité d'accès implique généralement qu'aucune rémunération n'est versée à l'auteur pour la mise en ligne de son œuvre. Or, puisque ces sites fonctionnent grâce aux recettes procurées par les bannières publicitaires, que les recettes sont évidemment fonction de la fréquentation du site, laquelle résulte du contenu intellectuel ou artistique mis en ligne, la logique voudrait que revînt aux auteurs une fraction des recettes publicitaires qui sans eux eussent été moindres ou inexistantes. C'est ce qui commence à se faire, certains de ces sites ayant passé des conventions avec des sociétés d'auteurs, même si la part des recettes ainsi rétrocédées auxdites sociétés reste faible, tout en engendrant un coût de répartition élevé.

B. L'œuvre et son public

641. Le rapport de l'œuvre au public — il faudrait dire : au public auquel on la destine, puisqu'il y a des publics censément déterminés — est une dimension essentielle et pourtant presque insaisissable de la liberté de création. Dans un premier temps se pose la question de la diffusion de l'œuvre, qui révèle une subtilité de plus de la matière, dans la mesure où la coexistence du droit exclusif du créateur et la diffusion vers le public ne sont pas choses antagonistes. Dans un second temps, plusieurs décennies plus tard, le créateur étant mort depuis des lustres, l'œuvre est abandonnée au public en même temps qu'aux créateurs potentiels.

1. Diffusion de l'œuvre

642. Consubstantielle à la liberté d'expression, la diffusion ne l'est pas à la liberté de créer. Un peintre ou un poète peuvent créer librement leur vie durant et leur œuvre n'être pas connue de leur vivant sans que cela attente nécessairement à leur liberté créatrice. Et cependant affirmer que la diffusion de l'œuvre est indifférente à la liberté de créer serait hasardeux.

Sans doute est-ce là un des aspects de la liberté de créer les plus difficiles à caractériser juridiquement. D'autant que si la diffusion est couronnée de succès, elle confortera la position de l'auteur, ce qui est normalement de nature à accroître sa liberté. Un échec peut au contraire obérer gravement ses possibilités effectives de création à nouveau, chacun de ces phénomènes étant de surcroît difficile à quantifier et surtout très différent d'une forme de création artistique à une autre. Alors qu'il sera parfois extrêmement difficile à un metteur en scène de cinéma de pouvoir tourner à nouveau après l'échec commercial d'un film, il est maints exemples d'écrivains (en sera-t-il encore ainsi à l'avenir ?) qui malgré le faible intérêt manifesté par le public de leur vivant n'ont pas cessé d'écrire.

Ne peut-on plus généralement considérer qu'une fois divulguée, l'œuvre est faite pour être connue, en sorte qu'une absence de diffusion serait une mauvaise chose en soi ? Les politiques d'encouragement à la création menées, avec des dotations souvent conséquentes, par la collectivité, ne le sont jamais dans une totale indifférence à la diffusion et montrent que celle-ci est aussi regardée

1. Rapport d'activité de l'Hadopi (2014-2015).

comme étant de l'intérêt général. La liberté de créer est-elle complète lorsque, comme cela s'est produit à diverses reprises, un film qui a réuni les concours financiers nécessaires à sa réalisation ne sort dans aucune salle de cinéma ?

2. *Entrée de l'œuvre dans le domaine public*

643. Le droit privatif engendré par la création survit à la mort du créateur, pour se transmettre à ses héritiers — selon les règles ordinaires de la dévolution successorale, dit la Cour de cassation[1]. Cette situation appelle plusieurs remarques. On relèvera pour mémoire que le droit reconnu aux créateurs n'est en effet pas un vrai droit de propriété : alors que le droit de propriété ne s'éteint pas, le droit moral de l'auteur va s'éroder lentement après la mort du créateur, avant que le droit d'auteur tout entier ne disparaisse quelques décennies après le décès de l'auteur[2], par un phénomène d'appropriation collective, proche d'une expropriation automatique sans indemnité (et néanmoins admis de tous), qui serait étrange si l'on avait affaire à un droit de propriété. Ce droit susceptible d'extinction est cependant plus vigoureux que tel droit réel, comme l'usufruit, qui ne survit pas à son titulaire.

Si la mort n'entame pas les droits pécuniaires, elle ne laisse pas intact le droit moral désormais soumis à un contrôle judiciaire. L'érosion limitée de ce droit commence précisément lorsque le créateur n'est plus, comme pour suggérer que c'est désormais davantage une question de mémoire des morts que de protection de la liberté de quelqu'un qui ne créera plus. Plus précisément, le juge contrôle que les ayants droit ne font pas un usage abusif du droit moral dont ils ont hérité[3].

Enfin, soixante-dix ans après la mort de l'auteur — durée uniformément adoptée pour toutes les œuvres dans tous les pays de l'Union européenne par la directive communautaire du 30 octobre 1993, transposée en droit interne français par la loi du 16 mars 1998 — ce qui en maintes hypothèses revient à dire un siècle environ après la naissance de l'œuvre, celle-ci tombe dans le domaine public, ce qui scelle la disparition de tout droit d'auteur. L'intérêt public l'emporte : la liberté de tous est désormais totale, tandis que l'œuvre ne peut plus être appropriée par personne; elle devient le bien commun, puisque la distance chronologique qui nous sépare de la création atteint une échelle historique, faisant passer l'auteur initial du rang d'individu à celui de référence désincarnée. La voici pleinement offerte, en tant qu'œuvre à son destinataire ultime, le genre humain, et en tant que simple matériau aux créateurs futurs.

Bibliographie indicative

Ouvrages généraux

- P.-Y. GAUTIER, *Propriété littéraire et artistique*, 9e éd., PUF, coll. « Droit fondamental », 2015.

1. Civ. 1re, 11 janv. 1989, *Bull. civ.* I, n° 10; *D.* 1989. 308, note Edelman.
2. La durée de protection *post mortem* des œuvres, fixée à l'origine à 50 années par la législation française (et par d'autres) et par la Convention de Berne relative à la protection internationale du droit d'auteur, a été portée à 70 ans par la transposition dans notre droit interne de la directive européenne du 29 oct. 1993.
3. Encore faut-il que le juge caractérise un « abus notoire » : ainsi fut-il jugé que le refus de réaliser un album des œuvres du peintre Foujita opposé par sa veuve à un éditeur ne constituait pas un tel abus, dès lors que 2 ou 3 ans plus tard, Mme Foujita accordait le droit de publier à un autre éditeur. Civ. 1re, 28 févr. 1989, *Bull. civ.* I, n° 101; *D.* 1989. 557, note Durrande.

- A. LUCAS, *Propriété littéraire et artistique*, 5e éd., Dalloz, coll. « Connaissance du droit », 2015.
- A. LUCAS, H.-J. LUCAS ET A. LUCAS-SCHLOETTER, *Traité de la propriété littéraire et artistique*, 4e éd., Litec, 2012.
- F. POLLAUD-DULIAN, *Le droit d'auteur*, 2e éd., Economica, coll. « Corpus », 2014.
- M. VIVANT, J.-M. BRUGUIÈRE, *Droit d'auteur et droits voisins*, 3e éd., Dalloz, coll. « Précis », 2015.

Articles, thèses et monographies

- D. Cohen, « Le droit à », *in L'avenir du Droit*, Mélanges F. Terré, Dalloz 1999.

B. EDELMAN, « L'œuvre ne meurt jamais », *D.* 2011. 1708.

- P.-Y. GAUTIER, « Du droit applicable dans le village planétaire au titre de l'usage immatériel des œuvres », *D.* 1996. Chron. 131.
- I. PIGNARD, *La liberté de création*, thèse, Nice, 2013.
- R. POSNER, *Droit et Littérature*, PUF, 1997.
- E. TREPPOZ, « Pour une attention particulière du droit à la création : l'exemple des fictions littéraires », *D.* 2011. 2487.

V. aussi le numéro spécial que la revue *Propriétés intellectuelles* (n° 2 de l'année 2002) a consacré à la directive du 22 mai 2001 relative à l'harmonisation du droit d'auteur, ainsi que l'Observatoire en ligne de la liberté de création sur le site de la Ligue des droits de l'homme : www.ldh-france.org.

Pistes de réflexion

Faut-il, et si oui sur quel(s) critère(s), restreindre le pouvoir des États d'interdire l'exposition ou la diffusion de certaines œuvres ?
Droit à l'image et droit au respect de la vie privée doivent-ils limiter la liberté du créateur et, dans l'affirmative, dans quelle mesure et de quelle(s) façon(s) ?
Les sommes versées par le consommateur internaute qui par le biais de partage de fichiers télécharge des œuvres de l'esprit le sont aux fournisseurs d'accès et non aux créateurs. Le droit doit-il — et si oui, de quelle façon — se saisir de cette situation nouvelle ? On supposera que vous avez le pouvoir de légiférer.

Chapitre 4

Le justiciable

Section 1.
L'ACCÈS AU DROIT ET L'ACCÈS À LA JUSTICE

ROMAIN BOFFA
Professeur à l'Université Paris — Est Créteil (Paris 12)
Directeur de l'Institut d'Études Judiciaires

MUSTAPHA MEKKI
Professeur à l'Université Paris 13
Directeur de l'Institut de recherches pour un droit attractif (IRDA)

L'accès au droit et à la justice se trouve au cœur de la protection des droits fondamentaux. Sans cette garantie, les autres droits ne seraient que des vœux pieux, faute de pouvoir être mis en œuvre devant la justice. Cela explique que les deux premiers chapitres de loi n° 2016-1547 du 18 novembre 2016 de modernisation de la justice du XXIe siècle, dite loi J21, soient destinés à « renforcer la politique d'accès au droit » et à « faciliter l'accès à la justice ». Cela se traduit notamment par la création d'un service d'accueil unique du justiciable. Il faut dire que l'accès au droit et l'accès à la justice entretiennent un lien dialectique. La garantie de l'un est assurée par la garantie de l'autre, et inversement. L'accès à la justice permet de s'assurer de la protection effective des droits en mettant à la disposition des justiciables un juge auprès duquel ils pourront faire valoir leurs prétentions. Cette garantie est assurée tant par la consécration d'un véritable droit à l'accès à la justice, rapproché de ou assimilé au droit au juge, que par la mise en place, en toile de fond, d'exigences se rapportant à l'égalité, à la gratuité et à la proximité. L'accès au droit, en retour, est une garantie de l'accès à la justice. Il paraît illusoire de mettre à la disposition des sujets de droit un juge afin de garantir l'effectivité de leurs droits, si ceux-ci ne peuvent ni accéder ni comprendre les droits dont ils sont les titulaires. Pour agir, il faut comprendre. Cependant, l'accès au droit et l'accès à la justice ont un coût. Les enjeux économiques de la question ne peuvent être ignorés. Le droit français et le droit européen s'efforcent de trouver, à ce titre, un juste équilibre entre la protection des droits et les impératifs budgétaires au nom d'une pleine et entière effectivité des droits.

644. ***Loi J21 : consécration du service public de la justice.*** Un lien inextricable existe entre État de droit, accès au droit et accès à la justice[1]. L'État de droit ne se réduit plus à l'attribution de droits. Il exige également la garantie d'une mise en œuvre effective des droits encourageant davantage une forme de justice procédurale. L'accès au droit et l'accès à la justice se présentent comme de simples moyens au service d'une fin : la Justice. Cette Justice passe nécessairement par une garantie de l'effectivité des droits[2]. À cette fin, l'accès au droit et l'accès à la justice entretiennent un lien dialectique, un lien circulaire[3]. L'un s'épanouit par l'autre et inversement. La loi n° 2016-1547 du 18 novembre 2016 de modernisation de la justice du XXIe siècle, dite loi J21, consacre ce lien prégnant entre l'accès au droit et à l'accès à la justice. Ainsi, l'article 1er de la loi modifie l'article L. 111-2 du Code de l'organisation judiciaire, qui disposait jusqu'à présent que « la gratuité du service de la justice est assurée selon les modalités fixées par la loi et le règlement » (COJ, art. L. 111-2 ancien; Ord. n° 2006-673, 8 juin 2006 : *JO* 9 juin 2006, p. 8710). Le nouvel article L. 111-2 dispose désormais que « Le service public de la justice concourt à l'accès au droit et assure un égal accès à la justice. Sa gratuité est assurée selon les modalités fixées par la loi et le règlement » (L. n° 2016-1547, art. 1, I, 1; COJ, art. L. 111-2 mod.). Le texte consacre la notion de service public de la justice. L'intitulé du Titre IV du Livre 1er et l'article L. 111-4, alinéa 1 *in fine* du Code de l'organisation judiciaire sont également modifiés afin d'intégrer cette notion (L. n° 2016-1547, 1, I, 2°). Il faut savoir qu'au gré des navettes parlementaires, la question de la consécration du service public de la justice a été débattue. Ses détracteurs faisaient valoir que la justice n'est pas un service public au sens du droit administratif. Spécialement, il était craint que soit remise en cause la spécificité de l'autorité judiciaire, dotée d'une indépendance constitutionnelle, qui la rend irréductible à un service administratif de l'État. Mais il faut y voir essentiellement une consécration symbolique : l'idée sous-jacente est que la Justice transcende les intérêts catégoriels et s'inscrit dans le

---

1. M.-A. Frison-Roche, « Le droit d'accès à la justice et au droit », *in* R. Cabrillac, M.-A. Frison-Roche, Th. Revet (dir.), *Libertés et droits fondamentaux*, 18e éd., Dalloz, 2012, p. 535 s., spéc. n° 632; v. également, M. Mekki, « Le droit d'accès à la justice et au droit », *in* R. Cabrillac, *Libertés et droits fondamentaux*, 22e éd., Dalloz, 2016.
2. Sur cette question, v. J. Rochfeld, « Les droits subjectifs », *in Les grandes notions du droit privé*, PUF, 2011, spéc. p. 181 s. V. spécialement pour les droits de l'homme, V. Champeil-Desplats, D. Lochak (dir.), *À la recherche de l'effectivité des droits de l'homme*, PU Paris X, 2008.
3. J. Ribes, « L'accès au droit », *in Libertés. Mélanges J. Robert*, Montchrestien, 1998, p. 415 s.

bien commun, dans l'utilité publique. Assurer l'accès au droit et l'accès à la justice devient officiellement une charge d'utilité publique que l'État doit assumer.

645. ***L'indéfinissable accès à la justice.*** L'accès à la justice est une notion difficile à cerner. Le concept d'accès à la justice s'est affiné avec le temps et constitue aujourd'hui un thème fondamental des droits et libertés fondamentaux. Devenu un véritable droit, il est désormais au cœur de tous les rapports et projets de réforme[1]. Aux États-Unis[2], il prend la forme d'un « *right to be heard in Court* » et constitue un droit à valeur constitutionnelle reposant sur les principes originels de justice naturelle[3]. En droit anglais, le « *right of access to the courts* » constitue un droit fondamental[4] à valeur constitutionnelle et indérogeable[5]. L'accès à la justice, de manière générique, regroupe des vocables tels que l'accès à un tribunal, l'accès au juge, le droit au recours, le droit d'être entendu ou le droit au contradictoire. À dire vrai, les notions se rapprochent mais ne se confondent pas, illustrant toute la difficulté qu'il y a à dessiner précisément les contours de l'accès à la justice. Tout d'abord, l'absorption de l'accès à la justice par la notion de « droit au recours » constitue déjà une approche plus concrète de l'accès à la justice abordé sous l'angle de sa mise en œuvre[6]. Ce droit au juge ou la garantie d'accès à un tribunal peut être défini comme « le droit pour toute personne physique ou morale, française ou étrangère, d'accéder à la justice pour y faire valoir ses droits »[7]. Le droit à un tribunal semble lui-même plus large que l'accès à la justice. Le droit à un tribunal renvoie non seulement au droit de saisir un tribunal mais aussi aux garanties procédurales qui entourent le procès équitable, celles du fameux article 6 § 1 de la Convention européenne des droits de l'homme[8]. Selon l'arrêt *Golder c/ Royaume-Uni* du 21 février 1975, le droit de saisir un tribunal « ne constitue qu'un aspect » du droit à un tribunal. Le droit au juge se distingue lui-même du droit au recours[9]. Formellement, d'ailleurs, les textes fondamentaux ne les confondent pas. Ainsi du Pacte international relatif aux droits civils et politiques qui traite du recours « utile » dans son article 2 § 3 et du « droit à un juge » au sein de l'article 14 § 1. Ainsi en est-il également de la Convention européenne des droits de l'homme qui aborde le droit au juge sous l'angle du procès équitable de l'article 6 § 1 et consacre un droit au recours au sein de l'article 13. Le Conseil constitutionnel, lui-même, distingue un « droit au recours » absolu par rapport au droit d'accès au juge plus relatif. Dans ce contexte, il convient, du moins à titre provisoire, d'entendre l'accès à la justice au sens le plus large recouvrant l'ensemble de ces déclinaisons.

646. ***Le caractère fondamental du droit d'accès à la justice.*** Le caractère fondamental du droit à un tribunal est consacré de manière commune en droit international et en droit interne. Sur le plan international, l'article 8 de la Déclaration universelle des droits de l'homme prévoit que « Toute personne a droit à un recours effectif devant les juridictions nationales compétentes contre

1. Les rapports Magendie, Guinchard, Darrois et Guinchard et Tony abordent tous l'accès à la justice en connexion avec l'effectivité des droits.
2. En droit américain, A. Garapon, I. Papadopoulos, *Juger en Amérique et en France*, O. Jacob, 2003, p. 173 s. En droit anglais, v. A. Le Sueur, « Access to Justice *in* the UK », *EHRL Rev.* 2000, p. 457 s.
3. Aff. *Windsor v/ Meveigh*, 93, US, 274, 1876. Il est également consacré par la Cour suprême dans l'affaire *Bounds v/ Smith*, 430, US, 817, 1977.
4. *Raymond v/ Honey* (1983), 1 AC (HL).
5. *Bremer Vulkan Schiffbau v/ South India Shipping Corp.* (1981) A All ER 289 (HL).
6. V. T. Renoux, « Le droit au recours juridictionnel », *JCP* 1993. I. 3675.
7. L. Favoreu, T. Renoux, « Le contentieux constitutionnel des actes administratifs », *in Rép. contentieux administratif*, Sirey, 1992, spéc. p. 90.
8. CEDH 21 févr. 1975, *Golder c/ Royaume-Uni*, Série A, n° 18, § 36.
9. J. Rideau (dir.), *Le droit au juge dans l'Union européenne*, LGDJ, 1998.

les actes violant les droits fondamentaux qui lui sont reconnus par la Constitution ou par la loi ». L'article 14 § 1 du Pacte international relatif aux droits civils et politiques, dans le même esprit, affirme que « Toute personne a droit à ce que sa cause soit entendue par un tribunal... »[1].

Ce droit d'accès à la justice est également garanti sur un plan régional. Par l'arrêt *Golder c/ Royaume-Uni* du 21 février 1975, en matière civile, et par l'arrêt *Deweer c/ Belgique* du 27 février 1980, en matière pénale, la Cour européenne des droits de l'homme consacre un droit au juge au fondement de l'article 6 § 1 Conv. EDH[2]. Ce droit va bien au-delà de la matière civile ou pénale. Une victime d'un décret de nationalisation de l'un de ses biens a le droit de porter son action devant un juge, selon les termes d'un arrêt *Brumarescu c/ Roumanie* du 28 octobre 1999[3]. Cette extension se poursuit à la lecture de l'arrêt *Devlin c/ Royaume-Uni* du 30 octobre 2001 par lequel la CEDH affirme que « le souci de protection de la sécurité publique dans le cadre du recrutement d'un fonctionnaire n'autorise pas un État à annihiler toute voie de recours pour en contester l'issue lorsque des pratiques discriminatoires sont avancées »[4]. Le droit de l'Union européenne a consacré un tel droit de manière progressive, d'abord, par la jurisprudence de la Cour de justice des Communautés européennes[5], devenue la Cour de justice de l'Union européenne, puis par l'article 47 de la Charte des droits fondamentaux de l'Union européenne.

En droit interne, la Constitution ne consacre pas formellement un droit au juge[6]. Cependant le Conseil constitutionnel a, tout d'abord, reconnu la valeur constitutionnelle du droit à un recours administratif dans sa décision du 13 août 1993[7]. Ensuite, par une décision du 21 janvier 1994[8], un droit au juge est consacré au fondement de l'article 16 de la Déclaration des droits de l'homme de 1789 qui fonde la « garantie des droits ». Enfin, un droit à un recours juridictionnel effectif est affirmé par une décision du 23 juillet 1999[9]. Dans la continuité, le Conseil d'État, dans son arrêt *Magerand* du 22 avril 2005, se réfère au « principe constitutionnel du droit pour les personnes intéressées d'exercer un recours devant une juridiction »[10], principe qu'il rapporte aux articles 6 § 1 et 13 de la Conv. EDH. L'accès au juge constitue une liberté fondamentale pouvant

1. Il est vrai cependant que l'art. 4 § 2 n'a pas formellement inclus l'art. 14 parmi les droits auxquels les États ne peuvent déroger mais le Comité des droits de l'homme de l'ONU semble consacrer le caractère indérogeable du droit à un juge, v. Affaires de condamnation à mort en Jamaïque, aff. *Anthony Currie c/ Jamaïque*, n° 377/1989, *in Rapport du Comité*, 1994, A/49/40, vol. 1, p. 83.
2. CEDH 21 févr. 1975, *Golder c/ Royaume-Uni*, Série A, n° 18, § 36; CEDH 27 févr. 1980, *Deweer c/ Belgique*, Série A, n° 35. Pour une étude d'ensemble, P. Lambert, *Le droit d'accès à un tribunal dans la Convention EDH,* colloque Bordeaux, Bruylant, 2001, p. 57 s.
3. CEDH 28 oct. 1999, *Brumarescu c/ Roumanie, JCP* 2000. I. 203, n° 10, obs. F. Sudre. Dans le même sens, CEDH 21 mai 2002, trois arrêts, *Hodos et al.*, *Surpaceanu* et *Vasiliu c/ Roumanie.*
4. CEDH 30 oct. 2001, *Devlin c/ Royaume-Uni, Europe*, févr. 2002, n° 72, obs. V. Lechevallier.
5. « Toute personne a droit à un recours effectif devant une juridiction compétente », CJCE 15 mai 1986, *Marguerite Johnston*, aff. 222-84, *Rec.* p. 1651 : le silence des textes primaires du droit communautaire a amené la CJCE à se fonder sur les art. 6 et 13 de la Conv. EDH.
6. T. Renoux, « La constitutionnalisation du droit au juge en France », *in Le droit au juge dans l'Union européenne*, LGDJ, p. 109 s.
7. Cons. const. 13 août 1993, n° 93-325 DC, *Maîtrise de l'immigration*, *RFDA* 1993. 871, note B. Genevois.
8. Cons. const. 21 janv. 1994, n° 93-335 DC, consid. 4, *Justices* 1995, n° 1, p. 204, obs. N. Molfessis. *Adde*, Cons. const. 9 avr. 1996, n° 96-373 DC, 9 avr. 1996, *Autonomie de la Polynésie française*, consid. 85, *RD publ.* 1996. 953, note F. Luchaire.
9. Cons. const. 23 juill. 1999, n° 99-416 DC, *Loi portant création d'une couverture maladie universelle*, Rec. Cons. const. 100.
10. CE 22 avr. 2005, *Magerand*, *JCP* 2005. II. 10107, note Lemaire.

en cette qualité être protégée au moyen du référé-liberté de l'article L. 521-2 CJA[1]. Les consécrations du caractère fondamental du droit d'accès à un tribunal par la Cour de cassation sont également légion. Par un arrêt rendu en Assemblée plénière du 30 juin 1995, la Cour de cassation a jugé, à propos du droit à l'assistance d'un avocat, que l'« exercice effectif [du droit à un avocat] exige que soit assuré l'accès de chacun [...] au juge chargé de statuer sur sa prétention »[2]. Par la suite, elle s'est fondée expressément sur l'article 6 § 1 de la Conv. EDH dans un arrêt rendu en Assemblée plénière le 7 avril 2006 : « si l'article 6 § 1 de la Convention européenne de sauvegarde des droits de l'homme et des libertés fondamentales permet à l'État de limiter le droit d'accès à un tribunal dans un but légitime, c'est à la condition que la substance même de ce droit n'en soit pas atteinte et que, si tel est le cas, les moyens employés soient proportionnés à ce but »[3].

647. ***Les considérations extra-juridiques de l'accès à la justice.*** La question de l'accès à la justice n'est pas proprement juridique ou technique. Elle relève également de problématiques économiques et budgétaires. En toile de fond, le budget de la justice, la LOLF, le coût de la justice pour les justiciables, la gratuité du service public de la justice, le dogme du marché et l'assurance de protection juridique, sont autant de données à prendre en compte dans l'encadrement juridique de l'accès à la justice[4]. L'importance de l'accès à la justice est également étroitement liée à des considérations sociologiques. La judiciarisation de la société amenant à dresser le spectre de la société contentieuse[5], la place accordée à la démocratie dialogique et discursive relayée par une forme de « démocratie judiciaire », expliquent la place centrale qui est attribuée au juge et, par voie de conséquence, à l'accès au juge[6]. Enfin, le mouvement de fondamentalisation du droit accorde, par nécessité, un rôle plus actif au juge qu'il s'agisse du juge ordinaire, se chargeant d'opérer le contrôle de conventionnalité et de communautarité des lois, ou des juges tels que le Conseil constitutionnel, la CEDH ou la CJUE. Les droits fondamentaux sont avant tout un droit des juges. L'idée fait progressivement son chemin selon laquelle il ne peut y avoir d'État de droit et de démocratie digne de ce nom sans accès à la justice. L'accès à la justice absorbe tous les autres droits. Tel est le principe qui se dégage de la décision du Conseil constitutionnel du 9 avril 1996 où il est affirmé que sans recours effectif à un juge, c'est la Constitution elle-même qui serait menacée[7]. La CEDH est également en ce sens lorsqu'elle rapporte au « principe fondamental d'une société démocratique », l'obligation pour les États de faire respecter le droit et d'assurer l'exécution des décisions de justice[8]. Par l'accès à la justice, en quelque sorte, est garanti l'accès au droit[9], notion qu'il convient également de mieux cerner.

1. CE, ord., 30 juin 2009, *JCP* 2009. Actu. 139, obs. M.-C. Rouault.
2. Cass., ass. plén., 30 juin 1995, n° 94-20.302, *D.* 1995. 513, concl. Jéol, note R. Drago.
3. Cass., ass. plén., 7 avr. 2006, *Bull. ass. plén.*, n° 3.
4. V. not., B. Cerbeau, « Aide juridictionnelle et assurance de protection juridique : la mise en œuvre du principe de subsidiarité », *Gaz. Pal.* 3-4 avr. 2009, 2.
5. L. Cadiet, « Le spectre de la société contentieuse », *in Droit civil, procédure, linguistique juridique. Écrits en hommage à G. Cornu*, PUF, 1994, p. 29 s.
6. L. Cadiet, « Justice démocratique *versus* démocratie judiciaire ? », *in Justice et démocratie. Actes du colloque, Limoges*, 21-22 nov. 2002, *3e Entretiens d'Aguesseau*, textes réunis par Simone Gaboriau et Hélène Pauliat, Limoges, PULIM, 2003, p. 507.
7. Cons. const. 9 avr. 1996, n° 96-373 DC, *Autonomie de la Polynésie française*, consid. 85, *RD publ.* 1996. 953, note F. Luchaire.
8. CEDH 21 janv. 2010, *R.P. c/ France*, req. n° 10271/02, *Procédures*, mars 2010, p. 15, note N. Fricero.
9. Pour une étude d'ensemble, v. D. d'Ambra, F. Benoît-Rohmer, C. Grewe (dir.), *Procédure(s) et effectivité des droits*, Bruylant, coll. « Droit et Justice », 2004.

648. ***De l'accès à la justice à l'accès au droit.*** L'accès au droit, apparu plus tardivement que l'accès à la justice, est plus difficile encore à définir. L'accès au droit s'adressait au départ aux plus démunis[1]. Par un phénomène de « démocratisation », ce droit s'étend aujourd'hui à tous les sujets de droit. L'accès au droit relève de l'idée de « droit au droit », selon l'analyse de Jean-Marc Varaut[2] ou celle de Laurent Cohen-Tanugi[3]. Le droit au droit est la traduction des mutations dont la société civile a été l'objet : un individualisme exacerbé, l'émergence de l'État de droit, une société contractualisée. Au premier abord, il peut paraître surprenant de défendre le principe d'un accès au droit. À partir du moment où un individu est doté de la personnalité juridique, ce qui est le cas en principe dès la naissance d'une personne viable, chaque personne physique est capable juridiquement et a accès au droit. La question de l'accès au droit ne devrait alors concerner que des cas singuliers tels que le fœtus ou le cadavre. Dans cette acception purement subjective de l'accès au droit, une donnée nouvelle devrait aujourd'hui cependant être prise en considération. Il existe désormais des objets, sorte de « centres d'intérêt » selon le concept de Gérard Farjat, supports d'intérêts généraux sans être dotés de la personnalité juridique[4]. Ainsi en est-il de la nature ou des « générations futures » où la question de l'accès au droit afin de les protéger pourrait renouveler le débat[5]. Surtout, aujourd'hui, cette conception subjectiviste est dépassée par une conception dite « matérialiste », selon l'expression de Marie-Anne Frison-Roche[6]. Dans cet esprit, c'est le contexte qui justifie la pertinence du droit au droit, de l'accès au droit ? En raison d'une inflation normative galopante, d'une enflure normative toujours plus importante, d'une complexité juridique croissante, d'une globalisation omniprésente, de formes d'inégalités grandissantes, d'une fondamentalisation des droits toujours plus pressante, l'accès au droit est devenu un pilier du combat pour l'effectivité des droits. Il faut alors penser à des mécanismes permettant de recréer un lien social et un lien entre les citoyens et leur droit[7]. Entrent alors dans cette dynamique les droits d'accès à... qui se multiplient, spécialement au sein de la Charte des droits fondamentaux de l'Union : droit d'accès à l'éducation et à la formation (art. 14), aux services de placement (art. 29), aux prestations sociales (art. 34), à la santé (art. 35), aux services d'intérêt général (art. 36), à l'information et aux documents (art. 27; art. 42)[8]. L'accès au droit désigne surtout la connaissance et la compréhension de leurs droits par les citoyens. C'est dans ce contexte que s'imposent les objectifs à valeur constitutionnelle que sont l'accessibilité et l'intelligibilité de la loi, les politiques de simplification du droit ou les processus

1. V. Y. Desdevises, *v°* « Accès au droit/Accès à la justice », *in* L. Cadiet (dir.), *Dictionnaire de la justice*, PUF, 2004, p. 1 s.
2. J.-M. Varaut, *Le droit au droit. Pour un libéralisme institutionnel*, PUF, coll. « Libre échange », 1986, p. 85 s. et 123 s. : l'auteur rapproche le droit au droit du droit au juge et ajoute dans la suite de sa réflexion que l'existence d'une société contractuelle suppose une société contradictoire.
3. L. Cohen-Tanugi, *Le droit sans l'État. Sur la démocratie en France et en Amérique (1985)*, préf. Stanley Hoffmann, PUF, coll. « Quadrige », 1992. Sur les liens entre rôle croissant du juge et société contractuelle, v. spéc. p. 86 s. : l'auteur relativise le phénomène de « gouvernement des juges ».
4. G. Farjat, « Entre les personnes et les choses, les centres d'intérêt. Prolégomènes pour une recherche », *D.* 2002. 221 s.
5. V. not. M.-A. Hermitte, « Le concept de diversité biologique et la création d'un statut de la nature », *in L'homme, la nature et le droit*, C. Bourgois éditeur, 1988.
6. M.-A. Frison-Roche, « Le droit d'accès à la justice et au droit », *in* R. Cabrillac, M.-A. Frison-Roche, Th. Revet (dir.), *Libertés et droits fondamentaux*, *op. cit.*, spéc. n° 642.
7. E. Jeuland, « L'énigme du lien de droit », *RTD civ.* 2003. 455.
8. V. A. Supiot, « Cinq questions pour la constitution d'une société européenne », *D.* 2003. Chron. 289.

de codification du droit. L'objectif de l'accès au droit est de permettre aux sujets de droit et aux citoyens, dans une société de droit, de connaître le Droit et leurs droits et d'en comprendre la teneur pour pouvoir les faire valoir devant un tiers impartial et désintéressé[1]. Là se rejoignent l'accès au droit et l'accès à la justice dans une relation dialectique : l'accès à la justice est un moyen pour les justiciables et sujets de droit de garantir l'effectivité de leurs droits et contribue à leur accès effectif au droit ou à leur accès à un droit effectif. En retour, l'accès au droit est destiné à faire connaître et à faire comprendre, première étape indispensable pour pouvoir faire valoir ses droits devant un juge. Ce lien inextricable entre l'accès à la justice et l'accès au droit peut d'ailleurs être observé au sein même des différents rapports publics que sont le rapport Magendie[2], le rapport Guinchard[3], le rapport Darrois[4] et le rapport Delmas-Goyon[5] qui tentent tous d'améliorer l'accès à la justice et de rendre plus rapide la satisfaction des droits. Enfin, lors du débat national sur la « justice du XXIe siècle », des 10 et 11 janvier 2014 à Paris, Christiane Taubira a annoncé la création d'un tribunal de première instance départemental « qui facilite[ra] l'accès du citoyen à la justice ». En outre, le rôle de greffier devrait évoluer car il est « le premier contact du justiciable ».

649. ***L'effectivité des droits et État de droit.*** Finalement, ce qui réunit l'accès au droit et l'accès à la justice est l'effectivité des droits. Tous deux sont également orientés vers l'État qui, au nom du droit au droit et du droit au juge, a à sa charge des obligations positives en vertu desquelles il doit tout mettre en œuvre pour instaurer ou restaurer cet accès au droit et à la justice[6]. En définitive, l'accès au droit et l'accès à la justice sont de simples moyens de contribuer à la mise en place d'une véritable citoyenneté[7]. L'accès au droit et l'accès à la justice sont les bases d'une véritable démocratie[8]. Ce lien est fait de longue date par le Conseil constitutionnel[9], et par la CEDH qui en fait les bases d'une société démocratique[10]. Cela est d'autant plus vrai que le procès est devenu une arme; arme du droit permettant d'utiliser le procès comme une tribune, comme lieu de débats démocratiques. Ce détournement du procès n'est pas toujours souhaitable et à la démocratie judiciaire, premier stade de la société contentieuse, il faut plutôt lui préférer une justice démocratique, selon l'expression de Loïc Cadiet[11].

---

1. Sur le critère du droit ramené à la présence du tiers impartial et désintéressé, v. A. Kojève, *Esquisse d'une phénoménologie du droit. Exposé provisoire*, Gallimard, coll. « Nrf », 1981, spéc. § 13 s., p. 69 s.
2. J.-C. Magendie (dir.), *Célérité et qualité de la justice devant la cour d'appel*, Doc. fr., 2008.
3. S. Guinchard (dir.), *L'ambition raisonnée d'une justice apaisée*, Doc. fr., 2008.
4. J.-M. Darrois (dir.), *Vers une grande profession du droit. Rapport de la commission présidée par Me Jean-Michel Darrois*, Doc. fr., avr. 2009.
5. P. Delmas-Goyon, « Le juge du 21e siècle. Un citoyen acteur, une équipe de justice », déc. 2013.
6. W. Leisner, « L'État de droit, une contradiction ? », *in Mélanges Ch. Eisenmann*, 1977, p. 65 s.
7. Cette « citoyenneté » dite active figure ainsi dans la plupart des lois et rapports sur l'accès au droit, v. not. J.-L. Warsmann (dir.), *Simplifions nos lois pour guérir un mal français. Rapport au premier ministre*, Doc. fr., 2009. V. par ex., le chapitre Ier de la loi du 17 mai 2011 relatif aux « dispositions tendant à améliorer la qualité des normes et des relations des citoyens avec les administrations »; L. n° 2000-321, 12 avr. 2000 relative aux droits des citoyens dans leurs relations avec les administrations.
8. « L'accès à la connaissance du droit et de la règle est l'un des fondements de la démocratie, au même titre que le droit de vote », discours prononcé par Michel Sapin, ministre de la Fonction publique, à l'occasion de l'installation du groupe de travail interministériel sur la qualité de la réglementation le 28 mars 2001.
9. Cons. const. 16 déc. 1999, n° 99-421 DC, *JO* 22 déc. 1999, p. 19041.
10. CEDH 21 janv. 2010, *R.P. c/ France*, req. n° 10271/02, *Procédures* mars 2010, p. 15, note N. Fricero.
11. L. Cadiet, « Justice démocratique *versus* démocratie judiciaire ? », *in Justice et démocratie. Actes du colloque, Limoges*, 21-22 nov. 2002, *3e Entretiens d'Aguesseau*, textes réunis par Simone Gaboriau et Hélène Pauliat, Limoges, PULIM, 2003, p. 507.

650. ***Dialectique entre l'accès à la justice et l'accès au droit.*** Accès à la justice et accès au droit constituent les moteurs de l'effectivité des droits, objectif fondamental dans un État de droit. Ce lien inextricable qui unit accès à la justice et accès au droit empêche d'aborder l'un indépendamment de l'autre. L'effectivité des droits passe par l'un et par l'autre, voire l'un par l'autre. Cette dialectique forcée entre accès à la justice et accès au droit oblige à penser l'ensemble des mesures destinées à renforcer la citoyenneté active des justiciables et sujets de droit sous ces deux angles[1]. Ainsi si l'accès à la justice sert l'accès aux droits dont il garantit l'effectivité, spécialement dans une société de droit qui se veut de plus en plus contentieuse, l'accès au droit est également mis au service de l'accès à la justice. L'accès à la justice est au service de l'accès aux droits (***I.***). L'accès au droit est au service de l'accès à la justice (***II.***).

I. L'accès à la justice au service de l'accès aux droits

651. Permettre aux justiciables d'accéder à un tribunal, d'accéder à la justice, c'est avant tout leur garantir une protection effective de leurs droits subjectifs ou de leurs droits fondamentaux. La protection de l'accès à la justice au service de l'accès aux droits passe par la consécration d'un droit d'accès à la justice (**A.**) dont l'effectivité est garantie (**B.**).

A. La consécration d'un droit d'accès à la justice

652. L'accès à la justice est progressivement devenu un droit fondamental à part entière (*1.*), même s'il peut lui être opposé certaines limites (*2.*).

1. La consécration d'un droit fondamental à l'accès à la justice

653. ***Un caractère fondamental dérivé.*** Devant la pulvérisation des droits subjectifs et la fondamentalisation du droit, l'accès à la justice a progressivement changé de visage. Alors que les exigences d'égalité, de gratuité et de proximité construisaient un contexte adapté à l'accès à la justice, ce dernier est lui-même devenu un objet de droit. Il est désormais question de droit au juge, de droit à un tribunal ou encore de droit au recours. S'impose désormais un droit à l'accès à la justice. Le droit d'accès est fondamental par un effet réflexe, par accessoire. De manière dérivée, il tire son caractère fondamental des droits fondamentaux dont il assure l'effectivité. Cette consécration d'un droit d'accès à la justice existe au sein même des textes fondamentaux. L'article 8 de la Déclaration universelle des droits de l'homme et l'article 13 de la Convention européenne des droits de l'homme fondamentalisent le droit d'agir en justice. À ce titre, toute personne, physique ou morale, est en droit d'agir en justice « contre les actes violant les droits fondamentaux », selon la DUDH, ou « contre les droits et libertés reconnus par la Convention ». Le lien entre les droits substantiels et l'action en justice est ainsi établi : *pas de droit sans action*, pour reprendre la formule de droit romain. L'action en justice est une garantie de l'effectivité des droits fondamentaux substantiels et se rapporte à l'exigence de sécurité juridique[2]. Le Conseil constitutionnel veille également à l'effectivité des droits en garantissant un droit au recours. La Cour européenne des droits de l'homme s'appuie sur le droit au

1. V. not. dès 1804, A. Desrayaud, « De la sûreté à la citoyenneté du Code civil de 1804 », *RTD civ.* 2012. 677 s., spéc. p. 686 s.
2. Sur ce lien, v. CEDH 21 janv. 2010, *R.P. c/ France*, préc.

procès équitable de l'article 6 § 1 pour remonter vers l'accès à la justice. Le droit au procès équitable serait la concrétisation du droit d'accès à la justice[1]. Le droit d'accès à la justice est un moyen de faire valoir ses droits. Il est une condition de l'effectivité des droits fondamentaux. Il est le droit des droits[2]. Le droit à l'accès à la justice devient le noyau dur d'une série de droits satellitaires : le droit au jugement, le droit d'être jugé dans un délai raisonnable, le droit à l'exécution de ce jugement[3]... La CEDH, dans l'arrêt *Henrioud c/ France* du 5 novembre 2015 (req. n° 21444/11), a condamné la France pour violation de l'article 6 en raison d'un arrêt de la Cour de cassation qui disait irrecevable un pourvoi provoqué au motif que l'acte de signification de la décision n'a pas été déposé dans le délai prescrit. La France aurait imposé un formalisme excessif[4]. L'article 979 du C. pr. civ. qui exige qu'« à peine d'irrecevabilité du pourvoi prononcée d'office, doivent être remises au greffe dans le délai de dépôt du mémoire : une copie de la décision attaquée et de ses actes de signification; une copie de la décision confirmée ou infirmée par la décision attaquée », est considéré comme trop formaliste.

654. ***Un caractère fondamental à titre principal.*** Le droit d'accès à la justice n'est pas seulement un moyen de garantir l'effectivité des droits. On peut se demander s'il n'est pas devenu un droit fondamental à part entière. La première traduction de ce droit est le droit d'agir en justice qualifié de droit processuel fondamental par H. Motulsky[5]. La deuxième traduction, plus controversée, renvoie aux voies de recours. Existe-t-il un droit aux voies de recours ? La polémique a surtout existé à propos de l'appel et de l'exécution provisoire. En vertu de l'exécution provisoire, la personne qui a perdu le procès doit exécuter le jugement malgré l'effet suspensif du délai des voies de recours ordinaires et de leur exercice. Cette exécution provisoire avait été encouragée par le rapport de la commission Magendie qui préconisait une exécution provisoire de plein droit au nom du droit d'accès à la justice. Le décret n° 2005-1678 du 28 décembre 2005 a inséré un nouvel article 526 dans le Code de procédure civile qui autorise, au contraire, le Premier président à radier l'appel formé contre un jugement ayant fait l'objet d'une exécution provisoire qui n'a pas été respectée[6]. Ce décret permet d'affirmer, au nom d'une plus grande effectivité des droits et d'un droit à l'exécution du jugement, qu'il n'y a pas de droit à être jugé deux fois[7]. Cependant, il faut observer que priver parfois un justiciable d'un appel peut porter atteinte au droit d'accès au juge et par voie de conséquence aux droits dont il garantit l'effectivité. C'est dans ce souci également que lorsque le législateur n'a pas prévu de voie de recours, la Cour de cassation a parfois créé le recours-nullité, que ce soit en matière de procédures collectives ou en matière d'arbitrage. Pour ce faire, il faut, d'une part, un texte ayant expressément supprimé le second degré de juridiction et, d'autre part, un excès de pouvoir.

Le droit d'accès au juge, comme la plupart des droits fondamentaux, n'a rien d'absolu. Il existe ainsi un certain nombre de limites.

---

1. CEDH 21 févr. 1975, *Golder*, préc.
2. V. déjà, L.-E. Petiti, « Les droits de l'homme et l'accès à la justice », *RIDH* 1990. 25 s.
3. V. CEDH 28 sept. 1995, *Scollo*, *RTD civ.* 1996. 1021, obs. J.-P. Marguénaud; 19 mars 1997, *Hornby*, *JCP* 1997. II. 22949, note O. Dugrip et F. Sudre. Comp. Civ. 2e, 4 janv. 2012, *Gaz. Pal.* 28 févr. 2012, p. 14 et 15, obs. C. Brenner. À rapprocher du devoir de l'administration de prêter son concours à l'exécution des décisions de justice, CE 30 nov. 1923, *Couiteas*, *DP* 1923. 3. 29.
4. Fr. Mélin, *Dalloz Actualité* 18 nov. 2015.
5. H. Motulsky, « Le droit subjectif et l'action en justice », *in Le droit subjectif*, Sirey, coll. « Archives de philosophie du droit », 1964, p. 215 s.
6. Ph. Hoonakker, « Dernières réformes de l'exécution provisoire », *D.* 2006. 754 s.; J. Villacèque, « À propos du décret du 28 décembre 2005 réformant la procédure civile : perspectives et regrets », *D.* 2006. Chron. 539 s.
7. J. Séveno, « Vers la fin du droit à être jugé deux fois ? », *Gaz. Pal.* 30 oct. 2005, p. 6 s.

2. La relativité du droit d'accès à la justice

655. ***Atteinte justifiée et proportionnée.*** En cas de restrictions apportées à l'exercice du droit d'accès à la justice, la Cour européenne des droits de l'homme, la Cour de justice de l'Union européenne[1] et le Conseil constitutionnel[2] se livrent à un contrôle de proportionnalité. La limite au droit d'accès à la justice doit être justifiée par un motif légitime, les moyens doivent être proportionnés au but poursuivi et, en tout état de cause, il ne doit pas y avoir d'atteinte à la substance même du droit. Un délai trop bref, par exemple, pourrait être jugé comme une atteinte excessive au droit d'accès à la justice car il rend l'action impossible ou trop difficile[3]. L'immunité pure et simple de certaines personnes est aussi un obstacle à l'accès au droit qui peut être validé[4]. L'immunité est ainsi validée par la Cour européenne des droits de l'homme si les restrictions tendent à un but légitime et s'il existe un rapport raisonnable de proportionnalité entre les moyens employés et le but[5]. Il a de même été récemment jugé par la Cour de cassation dans un arrêt du 25 mai 2016, s'agissant d'une immunité d'exécution dont bénéficiait une banque centrale étrangère en vertu d'un accord conclu avec la France[6]. On peut, enfin, aborder la question des filtrages. Parfois l'accès à la justice est conditionné. La responsabilité de l'État pour fonctionnement défectueux du service public de la justice ne peut être engagée qu'en cas de faute lourde ou déni de justice. Ayant assoupli la conception de la faute lourde et du déni de justice, ce filtre est aujourd'hui considéré comme légitime par la Cour de cassation[7] qui juge cette limite conforme à l'article 6 § 1. Un rapport a été remis en mai 2015 par Jean-Paul Jean fait remarquer que la procédure de sélection des pourvois des articles 1014 du C. pr. civ. et 567-1 du C. pr. pén. ne permettent pas un réel mécanisme de sélection des pourvois. Le rapport envisage deux voies : soit instaurer une vraie procédure d'admission du pourvoi sur la base de cinq critères de « non-admission » (ex. absence de violation d'un principe fondamental, absence de question juridique de principe...); soit « réduire les délais de traitement de certains pourvois, en créant une véritable procédure d'admission », à l'instar de ce qui se fait au Conseil d'État[8]. L'autorité de la chose jugée, depuis l'affaire *Césaréo* du 7 juillet 2006[9], limite là encore l'accès à la justice. Cependant, cette obligation « de présenter dès l'instance relative à la première demande l'ensemble des moyens de droit qu'il estime de nature à fonder celle-ci », a été jugée conforme au droit d'accès au juge par la Cour de cassation. Le filtrage des

1. V. not. CJCE 13 juill. 2006, *Manfredi*, aff. C-295 et 298/04.
2. Cons. const. 21 janv. 1994, n° 93-335 DC, *JO* 26 janv. 1994, p. 1382, Rec. Cons. const. 40.
3. CEDH 10 juill. 2001, *Tricard c/ France, JCP* 2002. II. 10034, note Di Raimondo; Cons. const. 9 avr. 1996, n° 96-373 DC, *Statut de la Polynésie française*, préc.
4. R. de Gouttes, « L'évolution de l'immunité de juridiction des États étrangers », *in Rapport de la Cour de cassation de 2003*, Doc. fr., 2004, p. 249 s.
5. CEDH 21 nov. 2001, *Fogarty c/ Royaume-Uni*, § 33, *Rec.* 2001-XI; *D.* 2003. 1246, note Flauss; *JCP* 2002. I. 105, Chron. Sudre.
6. Civ. 1re, 25 mai 2016, pourvoi n° 15-18.646 : « le justiciable, qui se voit opposer le caractère absolu de l'immunité d'exécution d'une organisation internationale, dispose, par la mise en œuvre de la responsabilité de l'État, d'une voie de droit propre à rendre effectif son droit d'accès à un tribunal, de sorte que le seul fait de ne pouvoir saisir les fonds de la BEAC, en France, ne constituait pas, au préjudice de M. X..., une restriction disproportionnée à ce droit, au regard du but légitime poursuivi par l'accord garantissant une immunité d'exécution à cette banque centrale pour faciliter l'accomplissement de ses missions, la cour d'appel a violé le texte susvisé ».
7. Cass., ass. plén., 23 févr. 2001, Cts *Bolle-Laroche, Bull. ass. plén.*, n° 5.
8. M. Babonneau, « Filtrage des pourvois : la Cour de cassation espère retrouver sa "mission normative" », *Dalloz Actualité* 17 juin 2015.
9. Cass., ass. plén., 7 juill. 2006, *BICC* 15 oct. 2006, p. 37 s., rapp. Charruault, note Koering-Joulin, avis Benmakhlouf.

pourvois en cassation, par la procédure d'admission des pourvois, a aussi posé question mais le procédé est également jugé conforme au droit d'accès au juge[1].

B. Les garanties d'un accès effectif à la justice

656. Les garanties d'un accès effectif à la justice renvoient à la mise en place d'un environnement favorable à l'accès à la justice. Ces garanties peuvent être résumées à trois exigences ou objectifs : l'égalité (*1.*), la gratuité (*2.*) et la proximité (*3.*).

1. L'égalité

657. ***Égalité devant la loi, égalité devant la justice et accès à la justice.*** Le droit d'accès à la justice est étroitement lié au fonctionnement du service public de la justice. Cette mission de service public de la justice a été expressément consacrée par le Conseil constitutionnel dans une décision du 19 février 1998[2]. Parmi les principes du service public se trouve en bonne place le principe d'égalité. Il existe un droit égal à être jugé. La Cour européenne des droits de l'homme a reconnu ce droit à l'égalité des justiciables, droit de faire valoir leur différend devant un tribunal étatique[3]. Ce principe d'égalité, qui se situe en toile de fond du droit d'accès à la justice, a également été consacré par le Conseil constitutionnel dans sa décision du 23 juillet 1975 qui intègre le principe d'égalité devant la justice au principe d'égalité devant la loi proclamé par la Déclaration des droits de l'homme de 1789[4]. En vertu de ce principe, tous les justiciables dans une situation identique ont le droit d'être jugés par les mêmes tribunaux. En outre, les règles aussi bien substantielles que processuelles doivent être identiques[5]. Dans cet esprit, pour être jugé de manière égale par les juges du fond, une juridiction supérieure doit être mise en place afin d'assurer l'unité du droit. Telle est l'une des fonctions du Conseil d'État, pour les juridictions administratives, et de la Cour de cassation, pour les juridictions judiciaires. Par sa décision du 16 décembre 1999[6], le Conseil constitutionnel établit clairement ce lien entre intelligibilité, accessibilité et égalité. La connaissance du droit et des droits permet de garantir aux citoyens et aux sujets de droit le respect des principes constitutionnels d'égalité devant la loi (DDH, art. 6). Ce principe d'égalité implique l'accessibilité et l'intelligibilité de la loi, objectifs à valeur constitutionnelle[7].

658. ***Égalité et action de groupe.*** Les inégalités économiques, intellectuelles ou sociales, peuvent être la source d'une inégalité dans la protection des droits. Pour faciliter un accès égal à la justice, certaines mesures spécifiques ont pu être prises. L'une d'entre elles est l'objet d'un débat passionné : l'action de groupe. L'action en représentation conjointe n'a pas eu en France l'effet escompté. En dehors du cas spécial de l'action en représentation conjointe[8], le législateur a

1. C. pr. civ., art. 1014. Pour une vue d'ensemble, v. G. Canivet, « La procédure d'admission des pourvois en cassation. Bilan d'un semestre d'application de l'article L. 131-6 du Code de l'organisation judiciaire », *D.* 2002. 2195 s.
2. Cons. const. 19 févr. 1998, n° 98-396 DC, *JO* 26 févr.
3. CEDH 26 avr. 1979, série A n° 30 § 55.
4. Cons. const. 23 juill. 1975, n° 75-56 DC, Rec. Cons. const. 22.
5. L. Cadiet, J. Normand, S. Amrani-Mekki, *Théorie générale du procès*, 1re éd., PUF, 2010.
6. Cons. const. 16 déc. 1999, n° 99-421 DC, préc.
7. M.-A. Frison-Roche, W. Baranès, « Le principe constitutionnel de l'accessibilité et d'intelligibilité de la loi », *D.* 2000. 253 s.
8. C. consom., art. L. 622-1 s. L'association de consommateurs peut engager une action, en vertu d'un mandat par lequel elle va représenter les consommateurs ayant subi un préjudice identique causé par le fait d'un même professionnel.

multiplié les habilitations législatives permettant aux associations d'agir dans un intérêt collectif et la jurisprudence a de son côté assoupli les conditions de recevabilité[1]. Mais ces actions ne suffisent pas à protéger efficacement le droit des victimes, notamment dans le domaine de la consommation. Certains préconisent alors, depuis quelques années, la transposition en France d'une « class action » inspirée du droit américain. Notamment, depuis 2005, les projets de réforme se succèdent afin d'instaurer une action de groupe qui permettrait aux consommateurs d'obtenir réparation des dommages causés au moyen d'une procédure collective et simplifiée. L'action serait engagée sans avoir reçu mandat des consommateurs. La loi Hamon n° 2014-344 du 17 mars 2014 et son décret d'application n° 2014-1081 du 24 septembre 2014 ont introduit en France l'action de groupe[2]. L'article L. 623-1 du Code de la consommation dispose ainsi qu'« une association de défense des consommateurs représentative au niveau national et agréée en application de l'article L. 811-1 peut agir devant une juridiction civile afin d'obtenir la réparation des préjudices individuels subis par des consommateurs placés dans une situation similaire ou identique et ayant pour cause commune un manquement d'un ou des mêmes professionnels à leurs obligations légales ou contractuelles ». L'action de groupe a été étendue par la loi n° 2016-41 du 26 janv. 2016 aux produits de santé[3]. Consacrant définitivement la montée en puissance des actions de groupe dans notre système juridique, la loi J21 crée un socle commun pour les actions de groupe[4]. Ce nouveau socle concerne cinq actions de groupe dans le domaine de la santé, des discriminations, des discriminations au travail, de l'environnement et du traitement des données personnelles numériques. Ces différentes actions sont soumises à des règles communes définies par la loi. Notamment, l'article 63 de la loi prévoit que « seules les associations agréées et les associations régulièrement déclarées depuis cinq ans au moins dont l'objet statutaire comporte la défense d'intérêts auxquels il a été porté atteinte peuvent exercer l'action mentionnée à l'article 62 ».

L'accès à la justice suppose l'instauration d'une certaine égalité qui va de pair avec une certaine gratuité.

2. *La gratuité*

659. ***Gratuité de la justice.*** L'égalité appelle la gratuité car l'inégalité économique est un obstacle majeur à l'égalité d'accès à la justice[5]. Pour garantir l'effectivité des droits et garantir un droit effectif au juge, il faut gommer les inégalités économiques en mettant en place un système permettant la prise en charge des frais de justice[6]. Le principe de gratuité a été consacré par les lois

1. Il suffit que l'intérêt entre dans l'objet social de l'association : Civ. 1re, 2 mai 2001, n° 99-10.709, *JCP* 2008. II. 10020, note B. Parance; *D.* 2001. 1973, note J.-P. Gridel; Civ. 2e, 27 mai 2004, n° 02-15.700, *Bull. civ.* II, n° 239; *JCP* 2004. IV. 2467; *D.* 2004. 2931, obs. E. Lamazerolles; Civ. 1re, 18 sept. 2008, *Bull. civ.* I, n° 201 : « même hors habilitation législative, et en l'absence de prévision statutaire expresse quant à l'emprunt des voies judiciaires, une association peut agir en justice au nom d'intérêts collectifs dès lors que ceux-ci entrent dans son objet social ».
2. Sur cette loi et son décret, S. Amrani Mekki, « Action de groupe : mode d'emploi », *Procédures* déc. 2014, n° 12. Étude 16.
3. S. Amrani-Mekki, « Action de groupe santé. Un nouveau modèle pour de nouveaux préjudices », *JCP* 2016, n° 146; du même auteur, « L'action de groupe du 21e siècle, un modèle réduit et réducteur », *JCP* 2015. Actu. 1196.
4. S. Amrani-Mekki, « Le socle commun procédural de l'action de groupe de la loi de modernisation de la justice du XXIe siècle », *JCP* 2016, n° 50, p. 2310 et s.
5. Sur la place de l'analyse économique, B. Deffains, « L'analyse économique de la résolution des conflits juridiques », *Rev. fr. éco.*, 1997, n° 3, p. 57 s.
6. Pour une vue d'ensemble, *Rapport du Conseil d'État. Le principe d'égalité*, Doc. fr., 1997.

des 16 et 24 août 1790 dont l'article 11 dispose que « les juges rendront gratuitement la justice ». Ce principe a été généralisé par la loi n° 77-1469 du 30 décembre 1977 qui impose la gratuité des actes de justice devant les juridictions civiles et administratives. Cette gratuité est de plus en plus problématique face aux nouvelles technologies entraînant un coût de plus en plus élevé des mesures d'instruction[1]. À vrai dire, la gratuité suppose surtout de résoudre la question du coût des auxiliaires de justice. En principe, les justiciables prennent en charge les frais et dépens[2].

660. ***Financement public et financement privé.*** Pour garantir au mieux l'accès à la justice conformément au principe de gratuité, la loi a mis en place une aide juridique au sein de laquelle l'aide juridictionnelle occupe une place dominante. En raison des problèmes budgétaires, rappelés par le dernier rapport de la Cour des comptes du 28 octobre 2014 sur les « frais de justice depuis 2011 »[3], le financement n'est pas seulement public mais également d'origine privée par le biais de l'assurance de protection juridique.

661. ***Aide juridictionnelle.*** L'aide juridictionnelle a été mise en place par la loi n° 91-647 du 10 juillet 1991 (art. 2 à 52-1). Le but de l'aide juridictionnelle est de permettre aux justiciables aux « revenus modestes de mieux accéder aux ressources d'un système juridique de plus en plus perfectionné sans avoir à supporter, totalement ou partiellement, les frais occasionnés par la mise en œuvre d'une procédure »[4]. Cette institution de l'aide juridictionnelle fait partie des obligations positives pesant sur les États. En l'absence d'une aide juridictionnelle, l'État est sanctionné par la Cour européenne des droits de l'homme qui juge que l'absence injustifiée d'aide peut constituer une atteinte au droit d'accès au juge[5]. Il existe désormais un véritable droit fondamental à l'aide juridictionnelle[6]. Comme nous l'avons vu, le droit à l'accès au juge est un droit fondamental garanti par la Conv. EDH et la Constitution. Son exercice effectif exige que soit assuré l'accès de chacun, avec l'assistance d'un défenseur, au juge chargé de statuer sur sa prétention. Dans cette perspective, la mise en place de l'aide juridictionnelle est destinée à l'assurer auprès des personnes les plus pécuniairement démunies. Il implique le droit à l'assistance d'un avocat, choisi par le bénéficiaire de l'aide ou à défaut désigné par le bâtonnier. Et qu'advient-il lorsque l'avocat désigné au titre de l'aide juridictionnelle refuse finalement d'assister son client ? Le juge ne saurait alors statuer, à peine de méconnaître le droit à l'assistance d'un avocat, qui doit être effectif et concret (Crim. 22 mars 2017, n° 16-83.928[7]). Dans le même esprit, la Cour européenne des droits de l'homme a jugé que l'absence d'aide juridictionnelle, à propos d'un contentieux qui ne suppose pourtant pas obligatoirement la représentation par un avocat, pouvait constituer une atteinte au droit d'accès au juge en raison de la technicité du litige qui vient alors affaiblir le justiciable privé de

1. V. Sénat, Rapport sur la mise en œuvre de la LOLF, 2005; *Procédures* 2005. Alerte 80.
2. J.-C. Woog, « L'indemnité de l'article 700 du Nouveau Code de procédure civile, indicateur sociologique », *Gaz. Pal.* 1er juill. 1998, p. 6. *Adde*, L. Cadiet, E. Jeuland, *Droit judiciaire privé*, 7e éd., LexisNexis, 2011, nos 46 s., p. 43 s.
3. Cl. Engelhard, « Les frais de justice. Une adaptation nécessaire au droit budgétaire et comptable contemporain », *JCP* 2014, n° 1204.
4. L. Cadiet, E. Jeuland, *op. cit.*, n° 53, p. 48.
5. CEDH 29 juill. 1998, *Aerts*, *D.* 1998. Somm. 364.
6. J. Bougrab, « L'aide juridictionnelle : un droit fondamental », *AJDA* 2001. 1016; G. Marchesini, « Le droit à l'aide juridictionnelle. Réflexion sur l'effectivité d'un droit fondamental », *RRJ* 2003. 77 s.
7. *AJ pénal* 2017. 292, obs. J. Gallois.

conseil[1]. Ce système a été complété par des règles propres aux litiges transfrontières dans l'Union européenne[2]. Le rapport *Le Bouillonnec* du 9 octobre 2014, intitulé « Financement et gouvernance de l'aide juridictionnelle. À la croisée des fondamentaux. Analyse et propositions d'aboutissement », fait des propositions pour améliorer le financement de l'aide juridictionnelle, notamment en défendant une implication plus importante des avocats[3].

Pour 2011, l'aide juridictionnelle totale est possible pour les revenus mensuels inférieurs à 929 euros et pour les revenus inférieurs à 1 393 euros par mois pour une prise en charge partielle. Le problème du financement de l'aide juridictionnelle est récurrent en Europe même si le budget qui lui est consacré augmente régulièrement[4]. Une évolution récente a suscité une polémique. Un droit de timbre de 35 euros avait été créé par la loi de finances 2012 pour le financement de l'aide juridictionnelle[5] et constituait une condition de recevabilité de la demande. Le décret n° 2013-1280 du 29 décembre 2013 a supprimé cette contribution qui figurait à l'article 1635 Q du Code général des impôts. Ces dispositions entrent en vigueur pour les instances introduites à compter du 1er janvier 2014. La loi de finance de 2015 précise que le montant du droit fixe d'appel dû par les parties lorsque la constitution d'avocat est obligatoire est passé à compter du 1er janvier 2015 de 150 à 225 euros, la durée de perception de ce droit étant prolongée jusqu'au 31 décembre 2026[6].

Le financement de la collectivité est aujourd'hui relayé par des financements privés[7], l'assurance de protection juridique[8], témoin d'une belle conciliation entre solidarité et marché[9].

662. ***Assurance de protection juridique.*** La loi du 31 décembre 1989 a modifié le Code des assurances en y introduisant un nouvel article L. 127-1 qui définit l'assurance de protection juridique comme « toute opération consistant, moyennant le paiement d'une prime ou d'une cotisation préalablement convenue, à prendre en charge des frais de procédure ou à fournir des services découlant de la couverture d'assurance, en cas de différend ou de litige opposant l'assuré à un tiers, en vue notamment de défendre ou représenter en demande l'assuré dans une procédure civile, pénale, administrative ou autre contre une réclamation dont il est l'objet ou d'obtenir réparation à l'amiable du dommage subi ». Ces contrats ne doivent ainsi pas être confondus avec les garanties défense-recours qui protègent un défendeur contre une action en responsabilité en raison d'un fait dommageable dont il serait l'auteur. Le législateur a enfin

---

1. CEDH 9 oct. 1979, *Airey*, *in* V. Berger, *Jurisprudence de la Cour européenne des droits de l'Homme*, 9e éd., Sirey, p. 164 s.
2. L. 10 juill. 1991, art. 3-1 et 61, ajoutés par L. n° 2005-750, 4 juill. 2005, art. 1er, *JCP* 2005. I. 183, n° 18, obs. E. Jeuland. Cette loi transpose la directive du 27 janv. 2003.
3. Fl. G'sell, « Quel avenir pour les "avocats des pauvres" ? À propos du rapport Le Bouillonnec », *JCP* 2014, n° 1067.
4. Les crédits de l'aide juridictionnelle sont passés de 233 M€ à 271 M€ (+ 16 %), *JCP* 2012, n° 1078. *Adde*, « L'aide juridictionnelle : réformer un système à bout de souffle. Synthèse du rapport d'information du sénateur Roland de Luart », *Gaz. Pal.* 19-20 oct. 2007, p. 36 s.
5. CGI, art. 1635, *bis* Q. Ce droit n'a pas à être payé par ceux qui bénéficient de l'aide juridictionnelle.
6. V. M. Attal, « Le prix de l'accès à la justice en appel », *JCP* 2014, n° 1167.
7. Sur le financement des procès par les tiers, v. not. le rapport du Club des juristes, sur ce point, S. Menétrey, « Financement du procès par les tiers. À propos du rapport du Club des juristes », *JCP* 2014, n° 836.
8. B. Cerveau, « Aide juridique et protection juridique : l'assurance au secours de l'État », *Gaz. Pal.* 1992. 2. 622.
9. J. Courrouy, « Réflexions sur quelques aspects de l'assurance de protection juridique », *D.* 1992. 169 s.; B. Cerveau, D. Tribondeau, *L'assurance de protection juridique, un moyen moderne d'accès à la justice*, éd. Argus, 1991.

pris conscience de la complémentarité entre aide juridique de l'État et protection juridique des assurances[1] et entérine celle-ci dans le décret n° 2008-1324 du 15 déc. 2008 qui précise le régime de la prise en charge au titre de l'aide juridictionnelle des frais non couverts par un dispositif de protection juridique, décret qui a été complété par un arrêté du 27 février 2009 fixant le modèle de la décision de prise en charge ou de non prise en charge de l'assureur de protection juridique[2]. À cet égard, dans le cadre d'une assurance de protection juridique, une décision de la CJUE du 7 novembre 2013 a jugé que le libre choix de l'avocat par l'assuré, de portée générale et obligatoire, ne peut être limité aux seules situations dans lesquelles l'assureur décide qu'il faut faire appel à un conseil externe. L'arrêt ajoute que le caractère obligatoire ou non de la représentation n'a pas d'incidence sur la liberté de choix de l'avocat par l'assuré[3].

663. ***Gratuité et low cost.*** Signe de *l'ubérisation* du droit, la question des services juridiques en ligne, services *low cost*, est au cœur de nombreuses polémiques[4]. Ainsi, des plateformes numériques proposent désormais des services juridiques dématérialisés et automatisés à moindre coût. Les professions judiciaires et juridiques invoquent une concurrence malsaine, qui nuit tant à leur corps qu'à celui des justiciables, au regard de la qualité douteuse de l'information juridique pourvue. Dans ce cadre, la loi n° 2014-344 du 17 juin 2014 autorise désormais les avocats à recourir à la publicité et à la sollicitation personnalisée, dans les conditions fixées par décret en Conseil d'État, et renforce les sanctions pénales du démarchage juridique prohibé ainsi que celles de l'exercice illégal du droit et de la profession d'avocat[5]. La loi J21 a étendu à toutes les professions juridiques et judiciaires cette possibilité de sollicitation numérique. Ainsi, l'article 3-III de la loi prévoit que les huissiers de justice, les notaires, les commissaires-priseurs judiciaires, les avocats, les commissaires aux comptes et les experts-comptables « peuvent recourir à la sollicitation personnalisée, notamment par voie numérique, et proposer des services en ligne. Les conditions d'application du présent III, notamment les adaptations nécessaires aux règles déontologiques applicables à ces professions dans le respect des principes de dignité, de loyauté, de confraternité et de délicatesse, sont fixées par décret en Conseil d'État ». La libéralisation de la publicité pour les professionnels du droit les protégera-t-elle du spectre de *d'ubérisation* du droit ? Seul l'avenir nous le dira. À l'égalité et à la gratuité s'ajoute une exigence de proximité.

3. La proximité

664. L'accès au droit n'est pas seulement une question d'ordre intellectuel ou économique mais aussi d'ordre géographique. Il faut rapprocher le justiciable de ses juges, renforcer la proximité. C'est à ce titre qu'il convient d'évoquer les juges de proximité, la carte judiciaire, l'apport des nouvelles technologies et enfin la création par la loi J21 d'un guichet unique[6].

---

1. Sur l'avenir de cette collaboration, Ministère de la justice, FFSA et GELMA, v. communiqué du 5 avr. 2011, *D.* 2011. 1012.
2. B. Cerbeau, « Aide juridictionnelle et assurance de protection juridique : la mise en œuvre du principe de subsidiarité », *Gaz. Pal.* 3-4 avr. 2009, p. 2 s.
3. *Dalloz actualité*, 13 nov. 2013, obs. A. Portmann.
4. « Accessibilité des services juridiques : un marché à conquérir pour les avocats », *JCP* 2014, n° 708.
5. Le CNB a créé un incubateur juridique le 1er janvier 2014, sorte de *think tank* pour moderniser la profession et améliorer l'accès au droit et à la justice.
6. Il aurait pu également être évoqué le développement des procédures orales qui contribuent à renforcer cette proximité.

665. ***Les juges de proximité.*** La loi organique n° 2002-1138 du 9 septembre 2002 instaurant les juges de proximité illustre parfaitement l'importance du dialogue dans les rapports entre les justiciables et leurs juges[1]. Le juge de proximité n'est pas un magistrat professionnel mais un citoyen qualifié recruté pour sept ans, non renouvelables. Ce juge est censé symboliser l'ancien juge de paix, historiquement juge d'instance, supprimé en 1958, juge plus accessible, même si cette accessibilité est contestée[2]. À l'origine, ces juges devaient s'occuper des « petits litiges » et la loi n° 2004-510 du 20 janvier 2005 avait augmenté leurs prérogatives en ce sens. Ils connaissaient, selon la loi de 2005, des actions personnelles ou mobilières intentées par des personnes physiques ou morales pour les besoins de leur vie professionnelle ou non-professionnelle. Leur existence a pourtant été contestée au regard de l'enchevêtrement des compétences entre juridictions de proximité et tribunal d'instance et le rapport Guinchard relatif à la répartition des contentieux du 30 juin 2008 a même préconisé leur suppression.

Après avoir été repoussée à de nombreuses reprises, la suppression des juges de proximité a été finalement actée par la loi organique n° 2016-890 du 8 août 2016, et ce à compter du 1er juillet 2017. Désormais, les litiges de moins de 4 000 euros relèvent tous de la compétence du tribunal d'instance. Il faut souligner que si la juridiction de proximité disparaît, le statut même de juge de proximité est anéanti. Ce juge est remplacé par le statut de magistrat temporaire, qui avait été instauré en 1995. Ces magistrats, qui sont membres de la société civile, peuvent siéger comme juges au tribunal d'instance ou être assesseurs au sein du tribunal de grande instance.

666. ***La carte judiciaire.*** L'accès à la justice est étroitement lié à la question de la carte judiciaire. L'éloignement trop important des lieux de justice peut venir menacer l'effectivité du droit au juge. La réforme de la carte judiciaire achevée par le décret du 31 décembre 2010 a entraîné une réduction du nombre de juridictions, mesure qui amène à s'interroger sur son impact sur l'accès à la justice. Cette réforme fait l'objet d'un accueil mitigé. Certains considèrent qu'elle est un recul de l'accès à la justice éloignant physiquement le juge des justiciables. À vrai dire, cette réforme renforce l'accès à la justice par une concentration et une rationalisation des moyens au plus grand profit des justiciables qui seront mieux traités grâce, notamment, à un personnel plus important mis à leur disposition[3].

667. ***Les nouvelles technologies.*** La proximité est également encouragée par le développement des nouvelles technologies. Ces nouvelles technologies pourraient ainsi prendre le relais des juridictions supprimées. En même temps, elles pourraient permettre une plus large diffusion, et à moindre coût, de l'information. L'impulsion est encore européenne qui incite à la création de procédures simplifiées électroniques notamment pour les « petits litiges ». La visioconférence pourrait aussi contribuer à rapprocher les justiciables de la justice. Elle est déjà présente en matière pénale et permet une économie importante. Cette visioconférence est cependant contestable car elle se fait, malheureusement, au prix d'un sacrifice des droits de la défense. La justice de demain pourrait être démo-

1. L. n° 2002-1138, 9 sept. 2002; L. org. n° 2003-153, 26 févr. 2003; Décr. n° 2003-542, 23 juin 2003 (COJ, art. L. 331-1 à L. 331-9).
2. M. Véricel, « Pour une véritable justice de proximité en matière civile », *JCP* 2003. I. 114. *Adde, Les juridictions et juges de proximité. Leur rôle en matière d'accès à la justice des petits litiges,* Étude du CERCRID de l'Université de Saint-Étienne, *JCP* 2009. I. 106.
3. V. sur ce point, CE 19 févr. 2010, req. n° 322407, rapp. M. Guyomar.

cratique[1] et électronique[2]. Il est certain que le développement du numérique conduira à une réforme en profondeur du procès civil : dématérialisation des audiences, automatisation de la saisine du juge, recours aux *blockchains* au stade de l'exécution[3]. La « transformation numérique » est d'ailleurs l'un des cinq chantiers de réforme de la justice qui ont été annoncés par le gouvernement le 6 octobre 2017, aux côtés de « l'amélioration et la simplification de la procédure pénale », de « l'amélioration et la simplification de la procédure civile », de « l'adaptation de l'organisation judiciaire » et du « sens et de l'effectivité des peines ». Après une importante phase de consultation et de concertation, le projet de loi devrait être déposé en septembre 2018. Le groupe de travail désigné par le gouvernement, qui a remis ses travaux en janvier 2018, propose d'encourager la médiation numérique pour les litiges de la vie quotidienne, de mettre en place un dossier numérique unique en matière civile et pénale dès le début d'une procédure et de s'appuyer sur le réseau associatif pour prévenir toute fracture numérique (v. pour une critique de ce rapport, C. Brenner « La réforme de la **procédure civile** : un chantier de démolition ? », *D.* 2018. 361).

668. ***Loi J21 : Guichet unique.*** Pour l'heure, la loi J21 a entendu rapprocher la justice de ses citoyens en généralisant le système du guichet unique, qui avait été expérimenté dans quelques tribunaux de grande instance depuis 2014. Il est créé un service d'accueil unique du justiciable (SAUJ) dont la mission est de recevoir les justiciables et recevoir les actes afférents aux procédures auxquelles ils sont parties. L'idée phare du dispositif est d'offrir aux justiciables la possibilité de se rendre dans un lieu, proche de leur domicile, constituant l'unique point d'entrée dans le système judiciaire. Dans cette perspective, le nouvel article L. 123-3 du code de l'organisation judiciaire dispose qu'« il est institué un service d'accueil unique du justiciable dont la compétence s'étend au-delà de celle de la juridiction où il est implanté ». Ainsi, les greffes des différents tribunaux de première instance (TGI, TI et Conseil des prud'hommes pour l'heure) devront centraliser leurs informations, afin de permettre à un greffe du tribunal de grande instance de Créteil de recevoir un acte qui relève de la compétence du tribunal instance d'Avignon. 348 SAUJ seront implantés sur le territoire d'ici le 31 décembre 2017. La loi prévoit à cet égard que les agents de greffe du SAUJ pourront, sous réserve d'avoir été habilités à cette fin dans des conditions fixées par décret en Conseil d'État, accéder, pour les besoins de fonctionnement du service, aux données enregistrées par le bureau d'ordre national automatisé des procédures judiciaires (« Cassiopée ») visé à l'article 48-1 du Code de procédure pénale (L. n° 2016-1547, art. 2, II; CPP, art. 48-1 mod.).

L'accès à la justice garantit ainsi un accès effectif aux droits. Cependant, l'existence d'un droit de plus en plus dense et de plus en plus complexe pourrait devenir un obstacle majeur à l'accès à la justice et partant à l'effectivité des droits. C'est pourquoi l'accès au droit peut aussi contribuer à garantir un meilleur accès à la justice.

1. À propos du rapport de juin 2012 du Club des juristes par L. Cadiet, *Pour une administration au service de la justice* (www.leclubdesjuristes.com), v. L. Raschel, « Administration de la justice : la réforme est en marche ! », *Procédures* 2012. Alerte 37.
2. Arr. 28 août 2012, *JCP* 2012. Actu. 955, obs. J.-P. Teboul. *Adde*, N. Fricero, « Une justice efficace et de qualité pour 800 millions d'Européens, c'est possible ! À propos du rapport de la CEPEJ du 20 septembre 2012 », *JCP* 2012, n° 1031. Sur les difficultés possibles, v. Fr. Gleitz-Winterstein et M. Attal, « Communication électronique *versus* libre accès à la justice par l'avocat », *JCP* 2014, n° 498.
3. V. sur cette question, N. Fricero, « Plaidoyer pour un procès civil disruptif et pour une mutation anthropologique des acteurs judiciaires », *JCP* éd. G, 2017, n° 1305.

II. L'accès au droit au service de l'accès à la justice

669. Par l'accès au droit, il s'agit d'offrir aux sujets de droit et aux justiciables les meilleurs moyens de faire valoir leurs droits. Il n'est pas question de construire une société d'assistés mais de responsabiliser des citoyens capables de se prendre eux-mêmes en charge. Il faut mettre en place une véritable « culture du droit »[1]. Se construit progressivement un « droit à connaître et à comprendre le droit » dont la décision du Conseil constitutionnel du 16 décembre 1999 constitue la première pierre, en faisant de l'accessibilité et de l'intelligibilité de la loi un objectif à valeur constitutionnelle[2]. Notons cependant que cet objectif s'adresse au législateur et qu'il ne peut être invoqué en tant que tel devant un juge ordinaire. Cette autonomie des sujets de droit suppose non seulement qu'ils puissent accéder à l'information mais aussi qu'ils puissent comprendre les contours du droit et de leurs droits. Cet ensemble se rapporte à une considération plus générale à laquelle toutes les juridictions veillent : la sécurité juridique[3]. En vertu de ce principe, le droit doit être prévisible et de qualité et ce, au-delà de la seule loi. Pour appréhender au mieux les contours de l'accès au droit au service d'un meilleur accès à la justice, il convient d'étudier, d'une part, l'accessibilité du droit (**A.**) et, d'autre part, l'intelligibilité du droit (**B.**).

A. L'accessibilité du droit

670. L'accessibilité du droit est un idéal. L'inaccessibilité du droit est un fait[4]. Partant de cet état de fait et devant la complexité croissante du droit, tout est mis en œuvre pour faciliter l'accessibilité du droit et compenser le mythe selon lequel « nul n'est censé ignorer la loi »[5]. Est à cette fin mis en place un ensemble de relais permettant aux sujets de droit d'avoir un accès simplifié au droit et de pouvoir faire valoir leurs droits de manière effective. Ces relais se composent de lieux (*1.*), de personnes (*2.*) et de soutiens financiers (*3.*).

1. Les lieux de l'accès au droit

671. *Les codes.* Pour faciliter l'accès au droit, il faut que le sujet de droit soit au plus près du droit. L'essentiel des informations recherchées doit pouvoir être retrouvé dans un lieu sinon unique, du moins le moins dispersé possible. Le processus de codification satisfait à ces objectifs. Le premier d'entre eux, le Code civil, est conçu comme un « lieu de mémoire » selon l'expression du doyen Jean Carbonnier[6]. Le Code civil privilégiait l'unité à l'hétérogénéité de l'Ancien droit. Ainsi de l'article 7 de la loi du 30 ventôse an XII consacrant la naissance d'« un

1. Rapport de la commission de réforme de l'accès au droit et à la justice, Doc. fr., 2001, spéc. p. 42 s.
2. Sur cette décision, v. M.-A. Frison-Roche, W. Baranès, « Le principe constitutionnel de l'accessibilité et de l'intelligibilité de la loi », *D.* 2000. Chron. 361 s.; N. Molfessis, « Les illusions de la codification à droit constant et la sécurité juridique », *RTD civ.* 2000. 186 s. *Adde*, v. G. Koubi, « Lire et comprendre : quelle intelligibilité de la loi ? », *in* G. Fauré, G. Koubi (dir.), *Le titre préliminaire du Code civil*, Economica, coll. « Études juridiques », n° 16, 2003, p. 215 s.
3. Sur le lien entre sécurité juridique, accessibilité et intelligibilité, v. N. Molfessis, « Les illusions de la codification à droit constant et la sécurité juridique », art. préc., spéc. p. 186 s.
4. G. Nicolau, « Inaccessible droit ! », *RRJ* 1998. 15 s. *Adde*, F. Terré, « Le rôle actuel de la maxime Nul n'est censé... », *in Travaux et recherche de l'institut de droit comparé*, t. nouveau, 1966, p. 91 s. La question est d'ordre sociologique, v. not. J. Faget, « Regard sociologique sur l'accès au droit », *in* F. Ledud (dir.), *L'accès au droit*, Publications de l'Université François Rabelais, 2002.
5. P. Deumier, « La publication de la loi et le mythe de sa connaissance », *LPA* 6 mars 2000, p. 6 s.
6. J. Carbonnier, « Le Code civil des Français dans la mémoire collective », *in 1804-2004. Le Code civil. Un passé, un présent, un avenir*, Dalloz, 2004, p. 1045 s.

seul corps de lois ». Dès cette époque, la codification, celle du Code civil, était destinée à faciliter la connaissance du droit[1]. Selon Portalis, la loi ne devait plus être un « mystère »[2]. L'accessibilité à l'époque se limitait à la loi et reposait principalement sur la publicité. Accéder à la loi écrite, supposait d'en assurer la publicité[3], publication à laquelle était symboliquement consacré l'article premier du Code[4]. Il fallait connaître la loi pour lui obéir. Dans une démarche plus active, aujourd'hui, il n'est plus seulement question d'une mise à disposition passive de la loi en en assurant sa publicité. L'accessibilité renvoie davantage à une démarche active consistant à multiplier les moyens permettant aux sujets de droit et aux justiciables de prendre connaissance du droit[5]. Il faut connaître la loi pour pouvoir faire valoir ses droits. L'accès à la loi devient un véritable service public, au service du public[6]. Devant l'inflation législative[7] et l'enflure normative[8] la connaissance du droit est menacée. On le sait *Et corruptissima republica plurimae leges*, la plus mauvaise République est celle qui a le plus de lois[9]. Cette situation a justifié le développement d'une nouvelle forme de codification : la codification à droit constant[10]. Ce remède s'est avéré plus dévastateur que le mal[11] et au pullulement des lois a succédé un pullulement des codes[12]. À la différence du Code civil, la codification à droit constant est un corps de lois sans âme, une compilation sans Idée, une forme sans fond. Elle est une « demi-mesure »[13] car, selon G. Rousset, il faut simplifier pour codifier et non l'inverse[14].

Cette accessibilité au droit par la codification, elle-même au service de l'accès à la justice, trouve une belle illustration dans le Code de procédure civile[15]. L'exemple est topique car la matière est organisée autour de deux codes de nature radicalement différente. Un premier code, le Code de procédure civile, est un code créateur, un code constructif alors que le deuxième code, le Code de l'organisation judiciaire (ord. n° 2006-673 du 8 juin 2006 portant refonte du Code de

1. A. Desrayaud, « De la sûreté à la citoyenneté : l'accessibilité du Code civil de 1804 », *RTD civ.* 2012. 677 s.
2. J.-E.-M. Portalis, *Corps législatif*, 4 ventôse an XI/23 févr. 1803, Arch. Parlem., 2/4/13/1.
3. Sur ce lien, v. G. J. Guglielmi, « Distinguer la promulgation de la publication », *in* G. Fauré, G. Koubi (dir.), *Le titre préliminaire du Code civil*, *op. cit.*, p. 59 s., spéc. p. 66-67.
4. Art. modifié par l'Ord. n° 2004-164 du 20 févr. 2004, *JCP* 2004. III. 20024 (ordonnance et rapport du Gouvernement au président de la République).
5. Sur ce passage, v. D. Bourcier, « De la publicité à la connaissance des lois. Un changement de perspective », *in* G. Fauré, G. Koubi (dir.), *Le titre préliminaire du Code civil*, *op. cit.*, p. 81 s.
6. En ce sens, *ibid.*, p. 82.
7. Circ. 26 août 2003 relative à la maîtrise de l'inflation normative et à l'amélioration de la qualité de la réglementation, *JO* 29 août 2003, p. 14720; Circ. 30 sept. 2003 relative à la qualité de la réglementation, *JO* 2 oct. 2003, p. 16824.
8. V. C. Thibierge (dir.), *La densification normative*, Bruylant, 2013.
9. *Annales, 3, 27, 3*, Tacite, cité par J. Carbonnier, « L'inflation des lois », *in Essais sur les lois*, 2e éd., Répertoire du notariat *Defrénois*, 1995, p. 307, note 2. *Adde*, selon Montesquieu, il faut faire preuve de modération : « L'esprit de modération doit être celui du législateur. Le bien politique comme le bien moral se trouve toujours entre deux extrêmes », *De l'Esprit des lois, in Œuvres complètes*, t. II, Gallimard, coll. « La Pléiade », 1966, XXI, I.
10. N. Molfessis, « Les illusions de la codification à droit constant et la sécurité juridique », art. préc., p. 186.
11. N. Molfessis, « Deux figures législatives en vogue : l'abrogation par mégarde et la résurrection fortuite », *RTD civ.* 2001. 688 s.
12. N. Molfessis, « Le Code civil et le pullulement des codes », *in 1804-2004. Le Code civil. Un passé, un présent, un avenir*, *op. cit.*, p. 309 s., spéc. nos 12 s., p. 319 s.
13. G. Rousset, *De la rédaction et de la codification rationnelles des lois ou méthodes et formules suivant lesquelles les lois doivent être rédigées et codifiées*, Cotillon, Libraire du Conseil d'État, 1856, p. 7.
14. *Ibid.*, p. 9.
15. G. Cornu, *La codification de la procédure civile en France. L'art du droit en quête de sagesse*, PUF, 1998, p. 385 s.

l'organisation judiciaire), est un code-compilation, un simple « regroupement formel de textes préexistants »[1].

672. ***Sites internet et maisons du droit.*** Au-delà de la codification, les « lieux » du droit mis en place au service de l'accès au droit sont si nombreux qu'ils ne pourraient faire l'objet que d'une simple énumération. Si on se limite aux cas les plus typiques, beaucoup de ces lieux, tout d'abord, profitent des nouvelles technologies qui sont aujourd'hui mises au service de l'accès au droit. Internet est en ce sens un lieu de connaissance. Légifrance, « le service public de la diffusion du droit », contribue à rendre la loi et la jurisprudence plus facile d'accès. Les différents sites des ministères contribuent aussi à faciliter cet accès à l'information. Surtout, dans le cadre de la loi J21, les pouvoirs publics ont lancé le site justice.fr, qui est un portail unique du justiciable pour connaître ses droits et s'informer. Il est accessible en continu et permet à tout citoyen d'accéder à une information fiable et gratuite sur des droits et permettra à terme un suivi en ligne de son affaire : on ne peut mieux illustrer que l'accès au droit est mis au service de la justice. Enfin, des maisons de justice et du droit ont été créées par la loi du 29 octobre 2001. Elles renforcent l'idée de proximité et contribuent à améliorer l'accès au droit au service d'un meilleur accès à la justice[2]. Des permanences sont organisées autour des thèmes de la vie quotidienne : droit de la famille, des majeurs protégés (tutelle, curatelle), du logement, du travail, de la consommation, de l'accès à la nationalité française, droit des étrangers, lutte contre les discriminations. Ces permanences juridiques sont assurées par des avocats, des associations spécialisées, des huissiers de Justice, et des consultants d'accès au droit.

L'accès au droit, première étape vers un accès à la justice, ne renvoie pas uniquement à des lieux mais aussi à des acteurs.

2. Les acteurs de l'accès au droit

673. ***La multiplication des acteurs-relais.*** L'objectif est de permettre aux sujets de droit de s'adresser à quelqu'un qui sera à leur écoute. Plusieurs acteurs ont pour mission d'assister ceux qui peuvent avoir besoin d'être orientés dans leur démarche qu'elle soit juridique ou judiciaire. Outre les administrations tenues d'une obligation générale envers les usagers[3], il s'agit de l'important tissu associatif dont les missions très variées consistent notamment à servir de relais, d'appui, que ce soit dans le domaine marchand ou non marchand. À ce tissu associatif, il convient d'ajouter la création de nombreuses autorités administratives indépendantes telles que la HALDE par exemple, en matière de lutte contre toute forme de discrimination, aujourd'hui absorbée par le Défenseur des droits prévu à l'article 71-1 de la Constitution et créé par la loi organique n° 2011-333 du 29 mars 2011. Il existe également les conseils départementaux de l'accès au droit créés en 1999 qui sont des groupements d'intérêt public qui associent « les collectivités publiques, les juridictions et les professions juridiques et judiciaires en vue d'engager et de coordonner des actions destinées à fournir aux intéressés des informations, conseils et concours nécessaires à la connaissance et au res-

---

1. L. Cadiet, E. Jeuland, *op. cit.*, spéc. n° 27, p. 18.
2. www.//vosdroits.service-public.fr, « Maisons de justice et de droit ».
3. Art. 1er de la loi d'orientation relative à la lutte contre les exclusions du 29 juill. 1998, codifiée à l'art. L. 115-2 CASF : « l'État, les collectivités territoriales, les établissements publics, les organismes de sécurité sociale ainsi que les institutions sociales et médico-sociales prennent des dispositions nécessaires pour informer chacun de la nature et de l'étendue de ses droits pour l'aider... ».

pect de leurs droits ». La loi J21 renforce leurs prérogatives, en leur permettant notamment de participer « à la mise en œuvre d'une politique locale de résolution amiable des différends ». Il faudrait ajouter à ce tableau le travail des professionnels du droit et, spécialement, des notaires et des avocats[1]. La loi J21 a d'ailleurs mis en place l'interopérabilité des réseaux numériques des professions réglementées. Ainsi, l'article 3, I de la loi prévoit que « Les huissiers de justice, les notaires, les commissaires-priseurs judiciaires, les avocats, les avocats au Conseil d'État et à la Cour de cassation, les commissaires aux comptes et les experts-comptables proposent à leur clientèle une relation numérique dans un format garantissant l'interopérabilité de l'ensemble des échanges ». Il s'agit de permettre aux professions concernées ayant mis en place des réseaux privés virtuels de les connecter les uns aux autres, afin de faciliter les échanges d'informations. La liste n'est pas exhaustive mais pour prendre conscience de la multiplication des intermédiaires mis à la disposition des sujets en vue de faciliter leur connaissance du droit et de pouvoir envisager de manière éclairée l'opportunité d'une action en justice, deux cas peuvent être approfondis : les victimes d'infraction et les consommateurs.

674. ***Le cas des victimes d'infraction.*** Depuis près de quarante ans, la place de la victime a été améliorée. Les causes de cette évolution sont multiples : rejet du fatalisme et apparition de la « victimologie », individualisme exacerbé, relais des médias. Cette politique d'aide aux victimes a débuté par la réalisation d'une série de rapports : rapport Peyrefitte relatif aux « Réponses à la violence » de 1977, rapport P. Milliez en 1982, rapport J. Gortais sur l'aide psychologique aux victimes de 1991, rapport M.-N. Lienemann « Pour une nouvelle politique publique d'aide aux victimes » publié en 1999. Ces rapports soulignent que les enjeux du statut des victimes d'infractions pénales ne sont pas exclusivement d'ordre juridique. Ils sont également d'ordre extra-juridique : dignité humaine (souffrances des victimes directes, de leurs proches voire de l'auteur lui-même), enjeux d'ordre psychosocial, enjeux d'ordre professionnel (formation et sensibilisation de tous les acteurs judiciaires, médicaux, sociaux). La victime est reconnue par la consécration de différents droits destinés à rendre effective la réparation du dommage aussi bien dans son aspect indemnitaire que dans son aspect psychologique et social. Cependant, l'augmentation des droits de la victime peut être une menace pour ceux de la personne poursuivie et/ou condamnée. Les autorités publiques tentent de trouver un équilibre entre la trop forte répression, en son temps dénoncée par M. Foucault, et la victimisation à outrance. L'ensemble de l'arsenal juridique français tente d'instaurer un équilibre entre les droits des parties, équilibre qui se trouve au sein même de l'alinéa 1er de l'article préliminaire du Code de procédure pénale. L'objectif affiché est également de mettre en place une culture de la victime. Il s'agit d'éduquer les citoyens et de former les acteurs judiciaires, para-judiciaires et non judiciaires

1. Dans une certaine mesure, le juge doit lui aussi contribuer à cet accès au droit. Ainsi en est-il lorsque la loi n° 2008-3 du 3 janv. 2008 pour le développement de la concurrence au service des consommateurs a introduit dans le Code de la consommation un nouveau texte, l'art. L. 141-4, qui dispose que le juge peut soulever d'office toutes les dispositions du présent code dans les litiges nés de son application. Mais le juge judiciaire aurait pu en faire davantage si un arrêt rendu en Assemblée plénière le 21 déc. 2007 n'avait pas jugé que : « Si, parmi les principes directeurs du procès, l'article 12 du nouveau Code de procédure civile oblige le juge à donner ou restituer leur exacte qualification aux faits et actes litigieux invoqués par les parties au soutien de leurs prétentions, il ne lui fait pas obligation, sauf règles particulières, de changer la dénomination ou le fondement juridiques de leurs demandes » (*D.* 2008. 229, note L. Dargent).

sur le sort et sur le statut des victimes[1]. Cette politique s'est accélérée avec le soutien des instances européennes comme en atteste la directive n° 2012/29/UE du 25 octobre 2012 établissant des normes minimales concernant les droits, le soutien et la protection des victimes de la criminalité et remplaçant la décision-cadre 2001/220/JAI du Conseil[2]. La directive détermine les droits minimaux dont jouissent les victimes, quel que soit l'endroit où elles se trouvent dans l'Union en révisant et complétant les principes définis dans la décision-cadre 2001/220/JAI. Elle a pour objet « de garantir que les victimes de la criminalité reçoivent des informations, un soutien et une protection adéquats et puissent participer à la procédure pénale »[3].

Ces relais existent aussi au profit des consommateurs.

675. ***Les consommateurs.*** Une grande variété d'acteurs est également destinée à améliorer la connaissance du droit et de leurs droits par les consommateurs[4]. L'un des organismes les plus puissants et les plus représentatifs du travail ainsi réalisé en vue d'améliorer l'accès au droit des consommateurs est l'Institut national de la consommation. Cet institut publie un mensuel célèbre, *60 millions de consommateurs*, et a pour mission de renseigner les consommateurs sur leurs droits, ce qu'elle fait notamment au moyen de son site internet. L'abonnement permet également aux consommateurs de bénéficier de certaines prestations telles que la mise à disposition de lettres-types. L'Union fédérale des consommateurs et son magazine *UFC Que choisir* est également un relais fondamental. De manière plus générale, certaines associations sont habilitées à fournir des prestations juridiques[5]. À cela, il faut ajouter le rôle actif de la Direction générale de la concurrence, de la consommation et de la répression des fraudes (DGCCRF) qui communique par sa revue *Concurrence et consommation* et par son site internet[6] et qui assure une permanence téléphonique ou physique au profit des consommateurs.

L'accessibilité du droit suppose enfin un soutien financier.

3. Les soutiens d'ordre financier

676. L'accessibilité juridique exige une accessibilité financière. L'étude de l'assistance financière révèle que l'accès au droit n'est pas seulement un préalable à l'accès à la justice, mais le plus souvent une alternative.

677. ***L'accès au droit, préalable à l'accès à la justice.*** Il faut aider financièrement les sujets de droit afin que l'accès au droit soit effectif. Parmi les moyens financiers mis en place, le plus important reste l'aide juridique au sens large, créée par la loi n° 91-647 du 10 juillet 1991, qui dépasse la seule aide juridictionnelle. Selon l'article 1er de la loi, modifiée par la loi n° 99-515 du 23 juin 1999, « L'aide juridique comprend l'aide juridictionnelle, l'aide à l'accès au droit

1. Pour un état des lieux, v. www.assemblee-nationale.fr/14/budget/plf2013/a0258-tvii.asp.
2. *JOUE* 14 nov. 2012.
3. Sur le plan international, v. M. Pena, « Un accès effectif à la justice ? La mise en œuvre des droits des victimes devant la Cour pénale internationale », *AJ pénal* 2013. 251 s.
4. Pour une vue d'ensemble, O. Gout, « L'accès au droit des consommateurs », *LPA* 30 mai 2008, p. 20 s.
5. Art. 63 de la L. n° 71-1130 du 31 déc. 1971 portant réforme de certaines professions judiciaires et juridiques et modifiée par L. n° 97-308, 7 avr. 1997. Pour une étude d'ensemble du rôle de ces associations, v. *Le rôle des associations d'information sur le droit dans le règlement des petits litiges des particuliers*, recherche dirigée par le professeur Marc Véricel et réalisée avec le soutien de la mission de recherche Droit et justice, CERCRID, 2002.
6. Site qui fournit également des fiches d'information, www.finances.gouv.fr/DGCCRF/.

et l'aide à l'intervention de l'avocat au cours de la garde à vue et en matière de médiation pénale et de la composition pénale ». À cette fin, l'article 54 de la loi du 10 juillet 1991 a créé dans chaque département un conseil départemental de l'aide juridique (CDAJ). Aux termes de l'article 60 de la loi n° 91-647 du 10 juillet 1991, « L'aide à la consultation permet à son bénéficiaire d'obtenir : 1. Des informations sur l'étendue de ses droits et obligations; 2. Des conseils sur les moyens de faire valoir ses droits; 3. Une assistance en vue de l'établissement d'un acte juridique ». Dans cette hypothèse, le soutien financier à l'aide juridique prépare l'accès à la justice. Cependant, de plus en plus souvent, l'aide financière à l'accès au droit se présente comme une alternative à l'accès à la justice. On peut ajouter la loi n° 2015-1785 du 29 décembre 2015 de finances pour 2016 étend l'aide juridique à la médiation (L. n° 91-647, 10 juill. 1991, art. 64-5) en distinguant selon que la médiation est judiciaire ou conventionnelle.

678. ***L'accès au droit, alternative à l'accès à la justice.*** La loi n° 98-1163 du 18 décembre 1998, relative à l'accès au droit et à la résolution amiable des conflits, qui a modifié la loi du 10 juillet 1991 (L. 10 juill. 1991, art. 53 à 64-2, mod. L. 18 déc. 1998, art. 9 à 12), a fait le lien pour la première fois entre l'accès au droit et les modes amiables de règlement des conflits. Dans le cadre de l'aide juridique est désormais intégrée la prise en charge de l'aide aux personnes engagées dans des procédures non juridictionnelles pour lesquelles l'assistance d'un avocat sans être obligatoire est nécessaire. Cette aide juridique existe ainsi pour les recours non contentieux exercés devant les commissions de surendettement des particuliers, devant les commissions chargées de régler les difficultés des agriculteurs ou devant les commissions de conciliation des loyers. Même si les enjeux économiques sont importants, l'encouragement des modes alternatifs de règlement des conflits est surtout motivé par un souci de légitimité. Une résolution des conflits est censée être mieux acceptée et mieux comprise[1]. La contractualisation de la justice est un « état d'esprit »[2]. La résolution amiable du conflit renforce l'idée que les procès civil, pénal et administratif sont aussi des espaces de discussion[3]. La solution négociée permet de restaurer le lien social[4]. Dans le procès administratif, les solutions amiables sont également destinées à rapprocher l'administration des usagers[5]. Dans le procès pénal, le dialogue entre les parties — victimes et délinquants — et entre les autorités — procureur de la République et juge — et les parties[6], est aussi encouragé. Dans le procès civil, enfin, la résolution amiable constitue moins un moyen de réduire le temps du procès civil qu'un moyen de légitimer le temps de celui-ci. Le législateur français poursuit depuis de nombreuses années une politique en faveur du règlement amiable des

1. C'est la raison pour laquelle elle est encouragée par la plupart des rapports tels que le rapport Guinchard.
2. Qualification empruntée à L. Cadiet à propos des MARC, « Une justice contractuelle, l'autre », *in Le contrat au début du XXIe siècle. Études offertes à J. Ghestin*, LGDJ, 2001, p. 177 s., spéc. n° 4, p. 187. Dans le même sens, J. Joly-Hurard, *Conciliation et médiation judiciaires*, Thèse Paris II, 2 vol., 2002, n° 7, p. 12.
3. En ce sens, v. J.-P. Bonafé-Schmitt, « La médiation : du droit imposé au droit négocié ? », *in* Ph. Gérard, Fr. Ost, M. van de Kerchove (dir.), *Droit négocié, droit imposé ?*, Facultés universitaires Saint-Louis, n° 72, 1996, p. 419 s., spéc. p. 419.
4. *Ibid.*, p. 420 s.
5. S. Lopez, « Le cas de la juridiction administrative », *in Le conventionnel et le juridictionnel dans le règlement des différends*, Economica, coll. « Études juridiques », n° 10, 2001, p. 83 s., spéc. p. 89 s.
6. V. S. Guinchard, « Les métamorphoses de la procédure à l'aube du troisième millénaire », *in Clés pour le siècle. Droit et science politique, information et communication, sciences économiques et de gestion*, Université Panthéon-Assas (Paris II) — Dalloz, 2002, n° 1236 s., p. 1135 s., spéc. n° 1290 s., p. 1188 s.

conflits[1]. Il s'agit de faire accepter le temps du procès par les parties et de le rendre plus prévisible. S'impose aujourd'hui un temps négocié du procès civil[2]. Cet essor du dialogue amène certains auteurs, tels que S. Guinchard, à en faire un principe directeur commun à tous les types de procès[3]. Ce qui importe finalement, ce n'est pas la Vérité, mais une vérité subjective, acceptée par les parties[4]. Il est presque moins question d'accès au droit que de résolution du conflit hors le droit.

L'accès au droit ne se réduit pas à une question quantitative mais également qualitative. Le droit doit être accessible mais aussi intelligible.

B. L'intelligibilité du droit

679. L'intelligibilité complément direct de l'accessibilité s'attache à rendre le droit compréhensible. Pour comprendre, il faut simplifier (*1.*); pour se faire comprendre, il faut justifier (*2.*).

1. La simplification

680. ***Simplification et Code civil de 1804.*** Dès 1804, l'intelligibilité de la loi est dans les esprits des rédacteurs du Code civil[5]. Cambacérès affirmait en ce sens : « Portons dans le corps de nos lois le même esprit que dans notre corps politique [...]; que ce soit un mot par le petit nombre des textes que nous arrivions à cette unité harmonique qui fait la force du corps social, qui en dirige tous les mouvements dans un accord merveilleux, à peu près comme les lois simples de la création président à la marche et à l'harmonie de l'univers »[6]. Il fallait privilégier, selon la pensée newtonienne de l'époque, des principes simples et faciles à mémoriser[7]. Au début du XIXe siècle, l'intelligibilité du droit en général et de la loi en particulier renvoie déjà au style[8]. En ce sens, le Code civil est un modèle de rédaction par l'esthétisme et la clarté de son style[9]. Selon Portalis,

---

1. V. le livre V du Code de procédure civile consacré aux modes amiables, décr. n° 2012-66, 20 janv. 2012 relatif à la résolution amiable des différends. *Adde*, ord. n° 2011-1540, 16 nov. 2011 portant transposition de la directive 2008/52/CE du Parlement européen et du Conseil du 21 mai 2008 sur certains aspects de la médiation en matière civile et commerciale, *JCP* 2012, n° 148, étude N. Nevejans. Concernant les tribunaux de commerce, v. Décr. n° 2010-1165, 1er oct. 2010 relatif à la conciliation et à la procédure orale en matière civile, commerciale et sociale. À cet ensemble, il faut ajouter la création de la convention de procédure participative assistée par avocat, *JCP* 2011, n° 1097, étude F. Rongeat-Oudin.
2. S. Amrani-Mekki, *Le temps et le procès civil*, Dalloz, 2002, spéc. n° 289, p. 278 : « La négociation permet la prévisibilité du temps de la procédure et sa meilleure acceptation. De plus, elle établit un équilibre consenti entre les différents impératifs en cause ».
3. S. Guinchard, « Les métamorphoses de la procédure à l'aube du troisième millénaire », art. préc. *et loc. cit.*
4. En ce sens en matière pénale, v. X. Pin, « La privatisation du procès pénal », *RSC* 2002. 245, spéc. p. 247.
5. Sur le souci de clarté lors des travaux préparatoires, v. le recensement de V. Lasserre-Kiesow, *La technique législative. Étude sur les Codes civils français et allemand*, préf. M. Pédamon, LGDJ, coll. « Bibliothèque de droit privé », t. 371, 2002, Annexe n° 10, p. 448 s.
6. Cité par M. X. Martin, Mythologie du Code Napoléon. Aux soubassements de la France moderne, Dominique Martin Morin, 2003, p. 131, note 17.
7. *Ibid.*, p. 131 s.
8. Sur l'importance du style du Code civil, v. J. Ray, *Essai sur la structure logique du Code civil français*, Félix Alcan, « Bibliothèque de philosophie contemporaine », 1926, p. 23 s. : l'auteur insiste sur la technicité inévitable du Code civil dans l'esprit des rédacteurs. *Adde*, v. les précieuses pages de G. Rousset, *op. cit.*, p. 99 s.
9. Sur le lien entre le fond et la forme, G. Cornu, « L'art d'écrire la loi », *Pouvoirs* 2003, n° 107, p. 5 s.

avant le Code civil « les mots ne désignaient plus les choses ». Le langage était « avili et corrompu »[1]. Au sein du Code civil, le ton devient à la fois populaire et savant[2] et son style est concret[3]. L'intelligibilité de la loi n'est donc pas une préoccupation contemporaine. Elle prend cependant une coloration nouvelle en raison d'un contexte particulier.

681. ***Intelligibilité et crise du droit.*** Les lois sont devenues de plus en plus obscures. Elles sont écrites dans l'urgence et mal pensées. Sous l'influence du droit communautaire, elles sont devenues « techniciennes ». Selon la formule de Ph. Malaurie et P. Morvan, « La IVe puis la Ve Républiques ont adopté une langue technique, obscure, imprécise, verbeuse et vétilleuse où les renvois pullulent »[4]. Depuis la décision du Conseil constitutionnel du 16 décembre 1999, un véritable droit à l'intelligibilité de la loi a été consacré. L'intelligibilité va bien plus loin que l'accessibilité. Il ne s'agit pas seulement de connaître le droit mais de le comprendre. Dans ce but, s'est engagée depuis quelques années une politique de simplification du droit[5]. Les lois sur la simplification du droit se multiplient[6] et un site internet (« simplifions la loi ») est mis à la disposition des sujets de droit. Pour rapprocher le droit de ses destinataires, il faut rendre le langage juridique moins opaque et plus accessible intellectuellement[7]. Les premiers pas de l'intelligibilité, du moins dans l'esprit du Conseil constitutionnel, ont donc été de rendre le langage juridique moins technique[8]. Pour faciliter le dialogue, il faut en quelque sorte parler la même langue. Cette simplification a d'abord été limitée aux relations entre administration et usagers avec la loi n° 2000-321 du 12 avril 2000 relative aux droits des citoyens dans leurs relations avec les administrations qui prévoit que les administrations doivent permettre aux usagers de comprendre les règles qui leur sont appliquées ou imposées[9]. Par la suite, cet impératif de simplification s'est étendu à toutes les branches du droit[10]. La loi n° 2003-591 du 2 juillet 2003 poursuit en ce sens en tentant de simplifier le droit par voie d'ordonnances[11]. Une dernière vague de simplification a été lancée par le projet de loi du 27 novembre 2013 relatif à la modernisation et à la simplification du droit et des procédures dans les domaines de la justice et des affaires intérieu-

1. J.-E.-M. Portalis, *De l'usage et de l'abus de l'esprit philosophique durant le XVIIIe siècle* (écr. 1798-1800; publ. 1820. 1827), 2 vol., 1834, t. II, p. 391.
2. G. Cornu, « L'art d'écrire la loi », art. préc., spéc. p. 9. Comp. G. Rousset, *op. cit.*, p. 92, pour qui la loi doit être une formule mathématique : « Du style de l'écrivain au style du législateur, il y a l'épaisseur de la table d'airain qui supporte la société, son avenir et sa fortune; la loi n'est donc pas une pensée vulgaire, elle ne peut être une phrase : c'est l'expression exacte, mathématique, si je puis ainsi dire, d'un rapport [...] ».
3. Pour un ensemble d'exemples, v. V. Lasserre-Kiesow, th. préc., p. 59 s.
4. Ph. Malaurie, P. Morvan, *Introduction générale, op. cit.*, n° 248, p. 169-170.
5. V. www.assemblée-nationale.fr.
6. N. Molfessis, *RTD civ.* 2000. 661 s.
7. Pour une vue d'ensemble, v. P. Lerat, J.-L. Sourioux, *Le langage du droit*, PUF, 1975.
8. Sur cette idée et son lien avec l'accès au droit, G. Lebreton, « Langue française et accès au droit », *RRJ* 2003. 1157 s.
9. B. Delaunay, « Les réformes tendant à améliorer les relations des citoyens avec les administrations », *AJDA* 2011. 1180.
10. N. Molfessis, « Simplification du droit et déclin de la loi », *RTD civ.* 2004. 155 s.
11. Il faut ajouter la L. n° 2004-237 du 18 mars 2004 (*JO* 19 mars 2004, p. 5311) autorisant le gouvernement à prendre par ordonnances les dispositions législatives nécessaires à la transposition d'un nombre de directives et des mesures d'adaptation de la législation liées à cette transposition dans divers domaines (économie et finance, consommation, transports, environnement...). Même le symbolique art. 1er du Code civil a été modifié par une ord. n° 2004-164 du 20 févr. 2004, *JCP* 2004. Actu. 128.

res[1]. On peut également citer la réforme du droit des obligations, réalisée par l'ordonnance du 10 février 2016, dont l'objectif essentiel était de rendre plus intelligible cette matière.

Le Conseil constitutionnel, de son côté, précise que la loi doit être claire[2]. Le Conseil constitutionnel va progressivement peaufiner le principe d'intelligibilité en y adjoignant un principe de proportionnalité ou de nécessité. Le législateur ne doit user de la complexité que dans la stricte mesure du nécessaire par rapport au but poursuivi. Grâce à la mise en place de la question prioritaire de constitutionnalité (QPC), nombreuses sont les dispositions qui se voient contester leur intelligibilité devant le Conseil constitutionnel[3]. Pour que la loi puisse continuer à assurer sa fonction pédagogique[4], selon l'expression du doyen Jean Carbonnier, la langue du droit doit être simplifiée et le contenu du droit doit être expliqué. Le langage législatif n'est pas la seule cible de la politique de simplification. Le langage judiciaire est également l'objet d'une importante réflexion afin de savoir jusqu'où le langage peut-il être « vulgarisé »[5].

682. ***La simplification n'est pas la simplicité.*** Au XIXe siècle déjà, la loi est conçue comme un idéal de perfection jamais atteint[6]. En ce sens, la simplification n'est pas la simplicité[7]. Selon Robespierre, « Nous faisons des lois pour un peuple dont les mœurs sont loin de cette simplicité qui rapproche l'homme de la nature; son Code civil ne peut être que très compliqué »[8]. Aujourd'hui encore la simplification est un objectif réaliste, alors que la simplicité reste un idéal[9]. La simplification doit rester un moyen et non une fin, à la différence de certains systèmes d'évaluation qui font de la simplicité et de l'efficacité des droits du créancier les valeurs fondamentales d'un « bon » système juridique. Que l'on songe, par exemple, aux différents rapports *Doing Business*. Le rapport *Doing Business* est une étude publiée sous la responsabilité de la Banque mondiale. L'objet de ce programme est d'analyser chaque année l'environnement juridique dans lequel les entreprises exercent leurs activités. Il s'agit *a priori* d'une méthode explicative. De manière plus audacieuse, ce programme a pour ambition d'évaluer ces différents systèmes, méthode du « *benchmarking* » (méthode d'évaluation de choses semblables), de les classer et de les hiérarchiser, hiérarchie censée orienter les investisseurs dans le monde[10]. Le programme prend pour postulat qu'il faut avant toute

1. Le champ est large : droit des obligations, incapacités, procédure civile d'exécution, communication électronique en matière pénale...
2. Cons. const. 12 janv. 2002, n° 2001-455 DC. Pour une vue d'ensemble, V. Lasserre-Kiesow, th. préc., p. 221 s.
3. V. par ex. TGI Nanterre, 16 déc. 2010, n° 10/02750, *Gaz. Pal.* 16 févr. 2011, p. 13.
4. J. Carbonnier, *Flexible droit. Pour une sociologie du droit sans rigueur*, 10e éd., LGDJ, 2001, p. 155 s.
5. C. Robin, *v°* « Langage et langue judiciaires », *in* L. Cadiet (dir.), *Dictionnaire de la justice, op. cit.*, p. 811 s. *Adde*, du même auteur, *La langue du procès*, LGDJ, PU Clermont-Ferrand, 2000.
6. Fr. Ost, « L'amour de la loi parfaite », *in L'amour des lois. La crise de la loi moderne dans les sociétés démocratiques*, Presses de l'Université Laval, L'Harmattan, 1996, p. 53 s. La doctrine se montre également critique au fond comme dans la forme, sur ce point, v. D. Bureau, « Les regards doctrinaux sur le Code civil », *in 1804-2004. Le Code civil. Un passé, un présent, un avenir, op. cit.*, p. 171 s., spéc. n° 11, p. 178.
7. En ce sens, D. Gutmann, « L'objectif de simplification du langage législatif », *in* N. Molfessis (dir.), *Les mots de la loi*, avant-propos F. Terré, Economisa, coll. « Études juridiques », 1999, p. 73 s. Pour une vue historique, X. Martin, *Mythologie..., op. cit.*, p. 133 s.
8. Cité par A. Esmein, « L'originalité du Code civil », *in Le Code civil, 1804-1904, Livre du Centenaire*, Société d'études législatives, A. Rousseau, 1904, p. 5 s., spéc. p. 8, note 5.
9. Sur ce point, v. D. Gutmann, « L'objectif de simplification du langage législatif », art. préc., spéc. p. 73-74.
10. *Doing Business*, 2004, préface, p. IX.

autre chose encourager le développement économique et favoriser les droits du créancier notamment par un droit simplifié[1]. L'utopie de la simplicité, qui n'est pas un critère d'évaluation, permet d'être dubitatif sur le sérieux des conclusions des rapports *Doing Business*. Quant au langage judiciaire, la vulgarisation à outrance n'est pas non plus souhaitable : « cette mise à distance par la langue apaise le conflit et facilite l'acceptation par le profane d'une décision de justice rédigée sous une forme syllogistique dans une langue épurée [...] »[2].

683. ***Le savoir ne se réduit pas à l'information.*** Le souci d'accessibilité et d'intelligibilité du droit et, spécialement, de la loi est destiné à renforcer l'autonomie du sujet de droit et à le responsabiliser. Mais il serait faux de croire que le sujet de droit peut se passer des professionnels du droit, argument justifiant notamment le maintien d'un langage technique indispensable et relayé par des professionnels du droit. On assiste pourtant à un effet pervers de l'accès au droit : « l'autojuridication », selon la belle formule de Nicolas Molfessis[3]. Les usagers du droit confondent souvent « l'information et le savoir » et pensent pouvoir se passer des professionnels du droit. Or, le droit n'est pas un marché comme les autres. Est-il d'ailleurs réellement un marché[4] ? La technicité par nécessité du langage juridique justifie le rôle crucial qui doit être conservé par les professionnels du droit.

L'intelligibilité n'est pas seulement affaire de simplification, elle est aussi une question de justification ou d'explication.

2. La justification

684. ***Motivation et accès au droit.*** Afin que les sujets de droit puissent accéder pleinement au droit et à leurs droits, encore faut-il qu'ils en comprennent le sens. En ce sens, la motivation des actes juridiques contribue à cette meilleure compréhension des destinataires de la règle[5]. Cette motivation existe certes en matière législative mais elle se rapporte principalement aux actes juridiques individuels. Pour que le destinataire puisse comprendre et, partant, accepter l'acte juridique qui lui est adressé, celui-ci doit être motivé. « Justification, explication, défense ou promotion d'un acte, elle participe des relations que son auteur établit avec autrui relativement à cet acte »[6].

685. ***Motivation des décisions de justice.*** On ne cesse aujourd'hui de reprocher aux décisions de justice leur manque de motivation, spécialement en matière pénale[7]. Bertrand Louvel a mis en place depuis septembre 2015 une commission

1. Pour une vue critique, M. Grimaldi (dir.), *Les droits de tradition civiliste en question*. À propos des rapports Doing Business de la Banque mondiale, Association Henri Capitant, Société de législation comparée, vol. 1, 2006; B. du Marais (dir.), *Des indicateurs pour mesurer le droit ? Les limites méthodologiques des rapports Doing Business. Études du programme « attractivité économique du droit »*, Doc. fr., 2006.
2. C. Robin, *v°* « Langue et langage judiciaires », *in op. cit.*, p. 812.
3. N. Molfessis, « Autojuridication. Comment et pourquoi les justiciables se passent de plus en plus des professionnels du droit », *JCP* 2012. Doctr. 1292.
4. L. Mompert, « La libéralisation (sans limite ?) du marché juridique », *JCP* 2013, n° 41, concl. : « Présenter la libéralisation du marché juridique comme la voie du salut est un leurre : il ne faut pas confondre la démocratisation de l'accès au droit, et l'abaissement du droit au rang de marchandise ».
5. E. Jeuland, *v°* « Motivation », *in Dictionnaire de la justice*, PUF, 2004.
6. Th. Revet, « L'obligation de motiver une décision contractuelle unilatérale, instrument de vérification de la prise en compte de l'intérêt de l'autre partie », *RDC* 2004. 579.
7. V. déjà, A. Touffait, A. Tunc, « Pour une motivation plus explicite des décisions de justice, notamment de celles de la Cour de cassation », *RTD civ.* 1974. 487. V. égal. R. Libchaber, *RTD civ.* 2000. 679.

de réflexion pour améliorer la motivation des décisions de justice[1], réflexion qui a conduit à un changement notable de la motivation des arrêts rendus par la Cour de cassation. Alors que ses arrêts étaient auparavant très elliptiques, la Cour régulatrice fait aujourd'hui preuve de pédagogie, en expliquant, par exemple, les raisons d'un revirement de jurisprudence[2]; que toutefois cette solution a eu pour effet de priver les organes de la procédure collective de la possibilité de contester l'opposabilité de la déclaration d'insaisissabilité à la procédure; qu'en outre, par un arrêt du 2 juin 2015, B IV, n° 94 (pourvoi n° 13-24. 714), la chambre commerciale, financière et économique de la Cour de cassation a jugé que les organes de la procédure collective avaient qualité à agir pour la protection et la reconstitution du gage commun des créanciers; qu'il apparaît donc nécessaire de modifier la solution résultant de l'arrêt du 13 mars 2012 et de retenir désormais que, la déclaration d'insaisissabilité n'étant opposable à la liquidation judiciaire que si elle a fait l'objet d'une publicité régulière, le liquidateur, qui a qualité pour agir au nom et dans l'intérêt collectif des créanciers, est recevable à en contester la régularité à l'appui d'une demande tendant à reconstituer le gage commun des créanciers. Progressivement, la motivation est devenue, dans la jurisprudence de la CEDH, une composante du droit à un procès équitable[3]. Autrefois considérée comme un rempart contre l'arbitraire des juges, elle est surtout aujourd'hui intégrée au droit d'être entendu et au droit au recours[4]. De nouveau, par une meilleure motivation des décisions de justice, il s'agit de faire comprendre voire de faire accepter[5]. C'est en ce sens qu'il faut lire l'arrêt *Taxquet c/ Belgique* rendu par la CEDH le 13 janvier 2009. Par cette décision, « Conçue initialement comme un moyen d'éviter l'arbitraire judiciaire, elle devient un outil permettant aux justiciables de comprendre voire d'accepter une décision pouvant leur être défavorable. Animé par une recherche de transparence judiciaire, l'arrêt *Taxquet* tend donc à dépasser le rôle originel de la motivation des décisions de justice, pour en faire un élément de légitimation alors favorable à la compréhension et à la qualité de la justice »[6]. La motivation renforce la légitimité de la décision et satisfait davantage l'attente des justiciables[7], ce qui est spécialement vrai en matière

1. P. Deumier, « Repenser la motivation des arrêts de la Cour de cassation ? Raisons, identification, réalisation », *D.* 2015. 2022.
2. V. pour un exemple topique, Com. 15 nov. 2016, pourvoi n° 14-26.287 : Attendu que cette décision était conforme à la jurisprudence alors applicable (Com. 13 mars 2012, B IV, n° 53, pourvoi n° 11-15. 438).
3. V. not. L. Berthier, A.-B. Caire, « La motivation des décisions de justice et la Convention européenne des droits de l'homme. De l'intime conviction des jurys d'assises à la conviction des destinataires des décisions de justice. Réflexions autour de l'arrêt *Taxquet c/ Belgique* », 13 janv. 2009, req. n° 926/05, *RFDA* 2009. 677.
4. S. Gjidara, « La motivation des décisions de justice, impératifs anciens et exigences nouvelles », *LPA* 26 mai 2004, p. 7 : « Motiver une décision de justice ne peut consister uniquement à montrer que la décision est conforme aux exigences légales. Si la décision de justice tire une partie de sa légitimité de sa conformité au droit, elle doit, en outre, être rationnellement acceptable par ses destinataires, c'est-à-dire apparaître dénuée d'arbitraire et exempte de tout subjectivisme. Pour éviter l'impression d'arbitraire, le jugement doit alors porter la marque du raisonnement du juge, seul de nature à emporter la conviction de ceux auxquels il s'adresse. L'effectivité de la motivation suppose par conséquent une argumentation juridiquement et rationnellement convaincante, pour la rendre acceptable par les parties ».
5. V. not. P. Texier, « Jalons pour une histoire de la motivation des sentences », *in La motivation*, Travaux de l'Association Henri Capitant, t. III, LGDJ, 2000, p. 5.
6. L. Berthier, A.-B. Caire, *op. cit.*
7. J.-P. Jean, « La qualité de la justice face aux attentes du justiciable », *in L'éthique des gens de justice*, actes du colloque organisé à Limoges les 19 et 20 oct. 2000, PULIM, 2000; B. François, « Les justiciables et la justice à travers les sondages d'opinion », *in* L. Cadiet, L. Richer (dir.), *Réforme de la justice, réforme de l'État*, PUF, 2003, p. 41.

pénale[1]. C'est dans ce contexte qu'il faut resituer le débat sur les arrêts des cours d'assises à propos desquels l'arrêt *Taxquet* avait été rendu. À la question débattue de l'opportunité de motiver les décisions des cours d'assises, le rapport Léger proposait de répondre par l'exigence d'une motivation suffisante des décisions rendues en cour d'assises[2]. Finalement, le Conseil constitutionnel, dans une décision du 1er avril 2011, a confirmé la conformité des articles 349 et suivants du Code de procédure pénale à la Constitution[3] et c'est le législateur français qui a finalement imposé, par la loi n° 2011-939 du 10 août 2011, la motivation des décisions des cours d'assises[4].

La motivation des décisions de justice devient un des principaux outils de l'accès au droit et de l'accès à la justice. « Entendue plus spécifiquement non plus comme un outil pour le juge, ni même comme une garantie du justiciable contre l'arbitraire de ce dernier, mais plutôt comme un instrument au service d'une logique plus pédagogique, l'exigence de motivation prend une nouvelle dimension et conforte en cela la logique plus générale de transparence animant et relégitimant l'activité des services publics »[5]. Motiver les décisions de justice c'est plus largement renforcer la légitimité de la justice[6].

L'accès au droit qui se traduit par un objectif d'accessibilité et d'intelligibilité du droit en général et de la loi en particulier prépare en amont les justiciables à un meilleur accès à la justice. L'accès au droit est en ce sens au service de l'accès à la justice. En retour, et de manière dialectique, l'accès à la justice est également un moyen pour les justiciables de pouvoir protéger de manière effective leurs droits par une garantie de l'accès au juge.

686. *Conclusion.* La dialectique de l'accès au droit et de l'accès à la justice est directement mise au service de l'effectivité des droits. Ce droit au droit est le signe d'une société où l'État prend progressivement ses distances et met en place un environnement favorable à l'autonomie des sujets de droit. Les sujets de droit et les justiciables sont responsabilisés dans une société plus individualiste où les individus se définissent par leurs droits et leur capacité à les faire valoir efficacement.

Bibliographie indicative

Ouvrages

- L. Cadiet, J. Normand, S. Amrani-Mekki, *Théorie générale du procès*, 2e éd., PUF, 2013.

- J.-P. Cassia, *L'accès des personnes physiques ou morales au juge de la légalité des actes communautaires*, Dalloz, coll. « Nouvelle bibliothèque de thèses », 2002.

1. V. C. Sévely-Fournié, « Répression et motivation. Réflexions sur la motivation des arrêts et jugements des juridictions répressives », *RSC* 2009. 783.
2. *Rapport du comité de réflexion sur la justice pénale*, dit rapport Léger, remis le 1er sept. 2009 au garde des Sceaux; dossier « Le rapport Léger : analyse des propositions », *AJ pénal* 2009. 385 s.; H. Matsopoulou, « À propos du rapport du Comité de réflexion sur la justice pénale », *JCP* 2009, n° 14.
3. Cons. const. 1er avr. 2011, n° 2011-113/115 QPC.
4. E. Vergès, « La justice pénale citoyenne : derrière une volonté politique, l'élaboration d'une catégorie juridique », *RSC* 2011. 667. La motivation comprend les « principaux éléments à charge qui, pour chacun des faits reprochés à l'accusé, ont convaincu la cour d'assises » et ont été repris au cours des délibérations qui précèdent le vote.
5. L. Berthier, A.-B. Caire, *op. cit.*
6. *Ibid.*

- L. MILANO, *Le droit à un tribunal au sens de la Convention européenne des droits de l'homme*, préf. F. Sudre, Dalloz, coll. « Nouvelle bibliothèque de thèses », 2006.
- J. RIDEAU (dir.), *Le droit au juge dans l'Union européenne*, LGDJ, 1998.

Articles

- S. AMRANI-MEKKI

« Le socle commun procédural de l'action de groupe de la loi de modernisation de la justice du XXIe siècle », *JCP* 2016, n° 50, p. 2310 et s.

« L'action de groupe du 21e siècle. Un modèle réduit et réducteur ? », *JCP* 2015, n° 1196.

- M. BANDRAC, « L'action en justice, droit fondamental », *in Mélanges R. Perrot*, Dalloz, 1995, p. 1 s.
- C. BLUMANN, « Le juge national, gardien menotté de la protection juridictionnelle effective en droit communautaire » (sous CJCE 13 mars 2007, *Unibet*), *JCP* 2007. I. 175.
- L. CADIET, « Le spectre de la société contentieuse », *in Mélanges G. Cornu*, PUF, 1995, p. 29 s.; « L'accès à la justice. Réflexions sur la justice à l'épreuve des mutations contemporaines de l'accès à la justice », *D.* 2017, p. 522 et s.
- G. COHEN-JONATHAN, « Le droit au juge », *in Mélanges J. Waline*, Pédone, 2002, p. 471 s.
- J.-P. COSTA, « Le droit à un tribunal et ses limites selon la jurisprudence de la CEDH », *in Mélanges J. Buffet*, Les *Petites affiches*, 2004, p. 159 s.
- Y. DESDEVISES, *v°* « Accès au droit/Accès à la justice », *in* L. CADIET (dir.), *Dictionnaire de la justice*, PUF, 2004, p. 1 s.
- L. FAVOREU, « Résurgence de la notion de déni de justice et droit au juge, Gouverner, administrer, juger », *in Liber amicorum Jean Waline*, Dalloz, 2002, p. 513 s.
- N. FRICERO, « Le droit au juge devant les juridictions civiles », *in* J. RIDEAU (dir.), *Le droit au juge dans l'Union européenne*, LGDJ, 1998, p. 11 s.; « Plaidoyer pour un procès civil disruptif et pour une mutation anthropologique des acteurs judiciaires », *JCP* éd. G, 2017, n° 1305.
- C. GREWE, « L'accès au juge : le droit processuel d'action », *in* D. D'AMBRA, F. BENOIT-ROHMER, C. GREWE, *Procédure(s) et effectivité des droits*, Bruylant, 2004, p. 29 s.
- J. PRADEL, « Le droit au juge dans la procédure pénale française », *in* J. RIDEAU (dir.), *Le droit au juge dans l'Union européenne*, LGDJ, 1998, p. 23 s.
- T. RENOUX, « Le droit au recours juridictionnel », *JCP* 1993. I. 3675; « Le droit au recours juridictionnel en droit constitutionnel français », *in Mélanges J. Velu*, t. I, Bruylant, 1992, p. 307 s.; « La constitutionnalisation du droit au juge en France », *in* J. RIDEAU (dir.), *Le droit au juge dans l'Union européenne*, LGDJ, 1998, p. 109 s.
- P. TERNEYRE, « Le droit constitutionnel au juge », *LPA* 4 déc. 1991, n° 145, p. 4 s.
- R. VANDERMEEREN, « Permanence et actualité du droit au juge », *AJDA* 2005. 1002 s.

Pistes de réflexion

Quels sont les apports de la loi J21 sur l'accès au droit et à la justice ?
La méthode de l'analyse économique peut-elle et doit-elle aider à faire évoluer les règles relatives à l'accès au droit et à la justice ?

Les nouvelles technologies peuvent-elles contribuer à améliorer l'accès au droit et l'accès à la justice ?
Comment financer l'accès au droit et à la justice face à la diminution du budget de la justice ?
L'accès aux modes alternatifs de règlement des conflits n'est-il pas plus un accès au non-droit qu'un accès au droit ?
Si le droit est un nouveau marché, n'est-ce pas une menace pour l'avenir de l'accès au droit et à la justice ?
Un meilleur accès au droit et à la justice ne risque-t-il pas d'avoir pour effet pervers l'essor de l'« autojuridication » et l'émergence d'une « société contentieuse » ?
La consécration d'un droit à l'accès à la justice ne constitue-t-elle pas le signe d'un déclin ?
En quoi égalité, gratuité et proximité peuvent-elles constituer la nouvelle devise de la justice ?
Dans quelle mesure l'action de groupe « à la française » permettrait-elle de garantir un meilleur accès au droit et à la justice ?
L'accessibilité et l'intelligibilité de la loi ne constituent-elles pas une utopie législative ?
Faut-il libéraliser l'accès à la justice ?
Publicité et démarchage des avocats : vice ou vertu ?

Section 2.
LE DROIT À UN PROCÈS ÉQUITABLE

YVES STRICKLER
Professeur à l'Université Côte d'Azur
Centre d'études et de recherches en droit des procédures
(CERDP – EA 1201)

La recherche de l'équilibre est une constante de nos civilisations. Selon la belle définition de la Justice qu'en donnent les *Institutes* de Justinien, il est question de rendre « à chacun ce qui lui revient ». Dans cette perspective, un procès qui oppose des personnes dont on ignore, en début de procédure, qui a raison et qui a tort, doit faire en sorte de traiter les diverses parties et l'autorité qui organise la Justice, de la manière la plus conforme à cet idéal. C'est là la recherche du procès équitable, qui fonde en grande partie l'œuvre de la Convention européenne des droits de l'homme et sa mise en situation.

687. ***Problématique.*** Les diverses procédures, distinctes les unes des autres en ce qu'elles portent sur des objets différents, affichent néanmoins des *standards communs*. Le principe de la contradiction, qui irrigue toute procédure, en est l'exemple fondamental. Mais il en est d'autres, tels celui du droit d'accès à un tribunal ou encore, de l'exigence d'indépendance comme d'impartialité de la juridiction appelée à statuer. Le tout permet de dégager les principes communs aux divers contentieux, tant internes que comparés dans la mesure où l'internationalisation du droit influe nécessairement sur les procédures internes. L'ensemble permet de dévoiler ce qui structure les principes d'un procès *équitable*.

Il n'est pas indifférent à cet égard de relever que de très nombreux arrêts rendus par la Cour européenne des droits de l'homme visent le droit à un procès équitable, « critère majeur de tout État de droit »[1], et que dans ce volume, les condamnations prononcées le sont, spécialement, au regard de la durée des procédures[2]. De sorte que l'attention, du point de vue des droits de l'homme, porte principalement sur cette dimension procédurale. La Convention de sauvegarde forme ainsi un remarquable outil de construction de principes communs d'une justice des États européens. Mais au-delà, ce qui est protégé, c'est le droit fondamental à la Justice[3]. Le droit est un outil porteur de valeurs et la procédure n'est pas qu'un simple effet de mécanique; c'est pourquoi la garantie d'un procès équitable occupe une place éminente dans toute société démocratique[4].

Pour renforcer l'efficacité du système européen, deux protocoles additionnels amendant la Convention sont en cours de signature et ratification. Le premier d'entre eux, le Protocole n° 15, fait notamment référence au principe de subsidiarité afin de rappeler, d'une part, que les droits de l'homme sont une responsabilité partagée des États membres et, d'autre part, que lesdits États jouissent d'une marge d'appréciation... sous le contrôle de la Cour de Strasbourg. Ce Protocole vise aussi à réduire à quatre mois (actuellement, six) le délai de saisine de la Cour après une « décision nationale définitive » (Conv. EDH, art. 35) et à amender le critère de recevabilité concernant le « préjudice important » en supprimant la seconde condition empêchant le rejet d'une affaire qui n'a pas été dûment examinée par un tribunal interne. Quant au Protocole n° 16[5], il vise à permettre aux hautes juridictions des États parties, d'adresser des demandes d'avis consultatif à la Cour.

688. ***Sens de l'expression de « procès équitable ».*** L'article 6 de la Convention est intitulé « Droit à un procès équitable ». L'équité dont il est question ne renvoie pas au concept de « juste » mais à celui d'« équilibre ». L'article 6 de la Convention de sauvegarde comporte trois paragraphes. Le premier contient le socle sur lequel s'est construite la théorie de ce droit au procès équitable et contient des garanties d'ordre institutionnel. Le second pose le principe de la présomption d'innocence. Le dernier vient lister un certain nombre de garanties qui participent de la mise en œuvre du droit lors de l'exercice de l'action.

---

1. J.-F. Renucci, *Manuel de droit européen des droits de l'homme*, 6e éd., LGDJ, 2015, n° 346; M. Fabre, « Le droit à un procès équitable », *JCP* 1998. I. 157.
2. *Rapport d'information sur la Cour européenne des droits de l'homme* de MM. J.-P. Michel et P. Gélard, Commission des lois, n° 705 (2011-2012), 25 juill. 2012, p. 39.
3. S. Guinchard, « Le procès équitable : droit fondamental ? », *AJDA* 1998. 191, n° spéc. « Les droits fondamentaux ».
4. CEDH 9 oct. 1979, *Airey c/ Irlande*, req. n° 6289/73, § 24. *Adde* CEDH 21 févr. 1975, req. n° 4451/70, *Golder c/ Royaume-Uni* (sur le droit d'accès au juge : en « matière civile la prééminence du droit ne se conçoit guère sans la possibilité d'accéder aux tribunaux »).
5. Qui a suffisamment de signatures (16 actuellement), mais pas encore le nombre de ratifications pour entrer en vigueur (il en faut 10 et il y en a 6 actuellement).

La Charte des droits fondamentaux de l'Union européenne, qui énonce en son article 47 le droit à ce que sa cause soit entendue équitablement, intitule pour sa part ce texte : « Droit à un recours effectif et à accéder à un tribunal impartial ».

689. *Plan.* Le droit fondamental à un procès équitable doit disposer d'un domaine d'application étendu. Et en effet, ce dernier est en constante augmentation (***I.***). Le droit à un procès équitable s'appuie sur des garanties variées permettant d'assurer les droits de la défense. Si certaines d'entre elles sont directement unies à la dimension institutionnelle de l'intervention du juge, d'autres se révèlent plus directement liées à l'exercice de la défense et on les qualifiera, pour cette raison, de garanties fonctionnelles (***II.***).

I. Un domaine d'application du droit à un procès équitable en constante augmentation

690. *Division.* L'article 6 de la Convention de sauvegarde est le socle sur lequel repose l'obligation fondamentale faite aux États d'assurer le respect d'une procédure équitable. Son premier paragraphe en dessine le domaine (**A.**) et indique un certain nombre de garanties que l'on qualifiera d'institutionnelles (**B.**) en raison de la dimension qui est la leur :

Art. 6 § 1er : « Toute personne a droit à ce que sa cause soit entendue équitablement, publiquement et dans un délai raisonnable, par un tribunal indépendant et impartial, établi par la loi, qui décidera, soit des contestations sur ses droits et obligations de caractère civil, soit du bien-fondé de toute accusation en matière pénale dirigée contre elle. Le jugement doit être rendu publiquement, mais l'accès de la salle d'audience peut être interdit à la presse et au public pendant la totalité ou une partie du procès dans l'intérêt de la moralité, de l'ordre public ou de la sécurité nationale dans une société démocratique, lorsque les intérêts des mineurs ou la protection de la vie privée des parties au procès l'exigent, ou dans la mesure jugée strictement nécessaire par le tribunal, lorsque dans des circonstances spéciales la publicité serait de nature à porter atteinte aux intérêts de la justice. »

A. Le domaine du droit à un procès équitable

691. *Une obligation positive à la charge des États membres.* La marge d'appréciation des États est particulièrement réduite en la matière : « Sauf cas exceptionnel relevant de l'article 15 [dérogation en cas d'état d'urgence], l'État doit prendre toutes les mesures nécessaires pour assurer une bonne justice »[1]. La Cour de Strasbourg a même admis la possibilité d'un nouveau recours devant elle après qu'une affaire a donné lieu, dans l'État membre, à réouverture du procès après violation de la Convention[2]. Le bénéficiaire de cette obligation est toute personne, physique ou morale, relevant de la juridiction des Hautes Parties contractantes à la Convention de sauvegarde. Il faut pour cela que les contestations soulevées portent sur des droits et obligations de caractère civil (*1.*) ou sur le bien-fondé d'une accusation pénale (*2.*).

1. Contestations sur des droits et obligations de caractère civil

692. *Une expression autonome.* L'expression qui résulte du texte de l'article 6 a une portée propre. Elle est entendue largement par la Cour de Strasbourg. De

1. J.-F. Renucci, *Traité de droit européen des droits de l'homme*, 2e éd., LGDJ, 2012, n° 415, spéc. p. 430.
2. CEDH, gr. ch., 5 févr. 2015, *Bochan c/ Ukraine (n° 2)*, req. n° 22251/08.

sorte que ce qui pouvait apparaître comme constituant une garantie d'ordre formel se révèle former un véritable droit substantiel[1]. Parfois même, ce droit s'autoalimente : tel est le cas lorsque la Cour crée de nouvelles garanties, implicitement voire explicitement rattachées au droit à un procès équitable, comme le principe de l'égalité des armes[2].

Pour que la contestation existe, il faut qu'elle soit réelle et sérieuse[3], et qu'elle soit présente dans une procédure qui se révèle déterminante pour les droits et obligations concernées[4].

Cette contestation doit aussi porter sur des droits et obligations de caractère civil. L'expression n'est pas limitée par les catégories internes. Ce qui compte, c'est qu'un droit dont une personne prétend être titulaire soit invoqué et que l'intéressé montre que la contestation portée devant le juge a un effet à son égard. Il s'ensuit qu'un particulier qui agit contre une autorité publique relève du champ d'application du texte[5]; de manière générale et lorsque l'on raisonne sur le contentieux de droit public, seuls sont écartés du domaine du texte les cas qui relèvent de la souveraineté publique, c'est-à-dire les situations dans lesquelles celle-ci est absolue.

693. ***Fonction et droit publics.*** La jurisprudence européenne avait initialement déclaré l'article 6 inapplicable à la fonction publique. De même, le contentieux fiscal échappe par principe au champ des droits et obligations de caractère civil et ce, en dépit des effets patrimoniaux qu'il a nécessairement quant à la situation des contribuables[6], de même que, plus généralement tout ce qui ressort du « noyau dur des prérogatives de la puissance publique »[7]. Ceci étant, depuis l'arrêt *Pellegrin c/ France*[8], la Cour admet que le fonctionnaire relève de l'application du texte, du moins, pour peu qu'il ne soit pas question de prérogatives discrétionnaires de l'administration. Le fonctionnaire est alors considéré comme se trouvant dans une situation comparable à celle d'un salarié du privé. La solution contraire suppose la démonstration d'un « lien spécial de confiance et de loyauté » entre l'intéressé et l'État employeur, et un objet du litige lié à l'intérêt de l'État[9].

En parallèle, s'agissant du délai raisonnable, le Conseil d'État, dans sa décision *Magiera*[10], se réfère expressément à l'article 6 § 1er. Affirmant que c'est en

1. S. Guinchard, « Le procès équitable, garantie formelle ou droit substantiel ? », *in Mél. Farjat*, éd. Frison-Roche, 1999, p. 39.
2. CEDH 27 oct. 1993, *Dombo-Beheer c/ Pays-Bas*, Série A, n° 274. Sur cette démonstration, J.-F. Renucci, *op. cit.*, n°s 416 s., 495 s.
3. CEDH 23 sept. 1982, *Sporrong et Lönnroth c/ Suède*, req. n° 7151/75, § 81.
4. CEDH 16 juill. 1971, *Ringeisen c/ Autriche*, req. n° 2614/65, § 94.
5. CEDH 28 juin 1978, *König c/ Allemagne*, req. n° 6232/73, § 88 s.
6. CEDH 12 juill. 2001, *Ferrazzini c/ Italie*, req. n° 44759/98, § 29. Atténuation : 21 févr. 2008, *Ravon c/ France*, req. n° 18497/03 (perquisitions fiscales). *Adde infra*, v. ss 700, note 5. Pour le contentieux disciplinaire, relevant aussi de l'art. 6, v. par ex. CEDH 20 janv. 2011, *Payet c/ France*, req. n° 19606/08 (où le critère tiré de « la nature et le degré de sévérité de la sanction imposée au requérant » a cependant conduit, car jugés insuffisants en l'espèce, à exclure l'application de l'art. 6 : § 94-99). *Adde* Civ. 1re 10 sept. 2014, n° 13-21.762, *Bull. civ.* I, n° 147 et n° 14-10.111; 28 oct. 2015, n° 14-19.017 : *RTD civ.* 2016. 176, obs. Cayrol (une juridiction disciplinaire de première instance ne peut pas être partie au recours contre ses propres décisions).
7. V. *contra* M.-C. Bergerès, « Une nouvelle garantie pour le contribuable : le litige fiscal doit être jugé dans un délai raisonnable », *LPA* 2003, n° 73, p. 9.
8. CEDH, gr. ch., 8 déc. 1999, req. n° 28541/95.
9. CEDH, gr. ch., 19 avr. 2007, *Vihlo Eskelinen et a. c/ Finlande*, req. n° 63235/00.
10. CE, ass., 28 juin 2002, *Garde des Sceaux, min. de la Justice c/ Magiera*, *D.* 2003. 23, note V. Holderbach-Martin; *RFDA* 2002. 756, concl. F. Lamy.

vertu « des principes généraux qui gouvernent le fonctionnement des juridictions administratives, que les justiciables » disposent de ce droit, il permet aux justiciables d'obtenir la réparation du dommage qui leur a été causé par le fonctionnement défectueux du service public de la justice. C'est là, pour la CEDH la marque d'un recours effectif à l'encontre de la violation alléguée[1].

694. ***Cours constitutionnelles.*** Même les cours constitutionnelles peuvent relever du champ d'application du texte : « D'après une jurisprudence bien établie de la Cour, une instance devant une cour constitutionnelle entre en ligne de compte pour calculer la période à examiner lorsque son résultat peut influer sur l'issue du litige débattu devant les juridictions ordinaires »[2].

695. ***Plainte avec constitution de partie civile.*** La même solution vaut pour la personne qui dépose une plainte avec constitution de partie civile devant un juge répressif[3]. La mise en mouvement de l'action publique n'est ici qu'indirecte et ce n'est qu'une modalité d'exercice de l'action civile qui est alors à l'œuvre.

696. ***Limites des prérogatives de puissance publique.*** Certains aspects du droit public demeurent pourtant hors du champ du droit au procès équitable. Il en est ainsi pour le contentieux relatif à l'interdiction du territoire[4] ou encore, lorsqu'est en question le droit de siéger dans une Assemblée législative[5]. Dans ces situations, il s'agit de prérogatives de puissance publique telles, qu'elles ne sauraient relever que de l'appréciation propre des États.

697. ***Un domaine très étendu.*** Le droit au procès équitable vise alors le droit privé au sens large du terme, en passant des droits patrimoniaux aux droits extrapatrimoniaux, jusqu'au droit à l'instruction primaire[6] ou encore, à l'affirmation d'un droit à un environnement sain[7]. Tout le droit privé n'est pourtant pas couvert : la procédure d'aide juridictionnelle[8] est en dehors du champ de la protection qu'instaure le texte. En revanche, l'article 6 ne se limite pas à l'instance entendue sous son seul aspect juridictionnel. C'est ainsi que le droit à la présomption d'innocence joue au-delà des limites du judiciaire[9] et ce, même l'instance terminée, puisque depuis l'arrêt *Hornsby c/ Grèce*[10], le principe de la prééminence du droit intègre les questions liées à l'exécution effective d'une décision de justice.

698. ***Extension à l'arbitrage et question de la matière contractuelle.*** Le droit à un procès équitable a vocation à s'étendre à l'arbitrage, tant quand il est obligatoire que lorsqu'il est laissé au choix des parties privées. Dans le premier cas,

1. CEDH 26 mars 2002, *Lutz c/ France*, req. n° 48215/99; 21 oct. 2003, *Broca et Tixier-Micault c/ France*, req. n° 27928/02, § 19.
2. CEDH 23 juin 1993, *Ruiz-Mateos c/ Espagne*, req. n° 12952/87, § 35.
3. CEDH 12 févr. 2004, *Perez c/ France*, req. n° 47287/99, § 62 s.
4. Par ex. CEDH, gr. ch., 5 oct. 2000, *Maaouia c/ France*, req. n° 39652/98, § 40.
5. Comm. EDH, 7 déc. 1978, *X. c/ Royaume-Uni*, DR 16/162.
6. CEDH 16 mars 2010, *Orsus et a. c/ Croatie*, req. n° 15766/03.
7. CEDH 10 nov. 2004, *Taskin c/ Turquie*, req. n° 46117/99, § 13.
8. CEDH 12 juin 2003, *Gutfreund c/ France*, req. n° 45681/99, *D.* 2003. Somm. 2268, obs N. Fricero.
9. CEDH 10 févr. 1995, *Allenet de Ribemont c/ France*, req. n° 15175/89 (conférence de presse du ministre de l'Intérieur présentant une personne comme l'auteure d'une infraction). La Cour admet cependant l'intervention préalable d'organismes administratifs ne remplissant pas les conditions que pose le texte dès l'instant qu'un contrôle par un organe respectant le droit à un procès équitable, peut intervenir ultérieurement : J.-F. Renucci, *op. cit.*, n° 439, p. 466.
10. CEDH 19 mars 1997, *Hornsby c/ Grèce*, req. n° 18357/91. Depuis et par ex. : 11 janv. 2001, *Lunari c/ Italie*, *RTD civ.* 2001. 447; 28 févr. 2006, *Plasse-Bauer c/ France*, *RTD eur.* 2007. 510 s.

c'est l'État qui l'impose et, dans le second, le fait pour les justiciables de se tourner vers des arbitres privés n'exclut pas toute intervention du juge de l'État[1] spécialement lorsqu'il est question d'accorder l'*exequatur*. C'est pourquoi il est difficile de penser que l'on puisse exclure les garanties d'une bonne justice alors même que l'État est tenu, positivement, de l'assurer. Il conserve un pouvoir de contrôle et la responsabilité de l'équilibre du tout. Il a été jugé que la Convention s'appliquait aux sentences arbitrales[2]. La question touche plus fondamentalement à l'essence contractuelle des règles qui président à la situation des parties. Hors arbitrage et dans le domaine du contrat, précisément, la Cour de cassation avait jugé que l'article 6 § 1er de la Convention de sauvegarde n'était pas applicable aux organes des groupements examinant la violation d'engagements contractuels[3]. Le principe de la liberté contractuelle commande; sauf que, lorsqu'il est question de justice, indépendamment de l'organe qui juge, l'office commande l'application des mêmes principes fondamentaux afin qu'ils conduisent aux mêmes solutions, le cas échéant en se fondant sur la bonne foi contractuelle[4] !

699. ***Extension aux mesures provisoires.*** L'arrêt *Micallef c/ Malte*[5] marque un revirement en la matière : la Cour note qu'il ressort des éléments dont elle « dispose sur la législation de bon nombre d'États membres du Conseil de l'Europe qu'il existe un large consensus quant à l'applicabilité des garanties de l'article 6 aux mesures provisoires, y compris les procédures d'injonction » et que par ailleurs et en parallèle, l'article 47 de la Charte des droits fondamentaux de l'Union européenne garantit le droit à un procès équitable sans limiter ce droit comme le fait l'article 6 de la Convention à des « droits et obligations de caractère civil » ou « accusations en matière pénale » ou encore, en renvoyant à des décisions relatives à de telles contestations. De sorte que les garanties doivent aussi s'appliquer aux décisions provisoires (§ 78)[6]. La discussion semble cependant encore ouverte lorsqu'il est question de mesures purement conservatoires, puisque dans l'arrêt *Micallef*, il était question de procédure d'injonction, et que la Cour, au § 83 de son arrêt, dit que « toutes les mesures provisoires ne tranchent pas de tels droits et obligations [de caractère civil]; l'applicabilité de l'article 6 dépend donc du respect de certaines conditions », dont celle liée à l'analyse de « la nature, l'objet et le but de la mesure provisoire, ainsi que ses effets sur le droit en question » (§ 85). En outre, la Cour admet que dans des cas exceptionnels — urgence —, « il peut se révéler impossible de respecter dans l'immédiat toutes les exigences prévues à l'article 6 » (§ 86).

2. Bien-fondé d'une accusation en matière pénale

700. ***Une vision extensive partagée.*** À l'instar de l'approche des droits et obligations de caractère civil, la jurisprudence a opté, ici aussi, pour une vision extensive de l'article 6, assurance d'une protection amplifiée des droits de l'homme. Si, dans une définition étroite, l'accusation est « la notification officielle, émanant de l'autorité compétente, du reproche d'avoir accompli une infrac-

1. Y. Strickler et J.-B. Racine, *L'arbitrage. Questions contemporaines*, L'Harmattan, 2012.
2. CEDH 3 avr. 2009, *Regent Company c/ Ukraine*, req. n° 773/03, spéc. § 54 à § 56 *Rev. arb.* 2009. 797, note J.-B. Racine.
3. Civ. 1re 21 nov. 2006, n° 05-14.630, *Bull. civ.* I, 2006, n° 494; 16 mars 2004, n° 02-17.707, *Bull. civ.* I, 2006, n° 83.
4. Nouvel article 1104 du Code civil français : « *Les contrats doivent être négociés, formés et exécutés de bonne foi.* » Rappr. Civ. 1re, 27 févr. 2013, n° 11-29.039; 17 mars 2011, n° 10-14.124; 14 déc. 2004, n° 02-11.127, *Bull. civ.* I, n° 308.
5. CEDH, gr. ch., 15 oct. 2009, req. n° 17056/06.
6. V. CJCE 21 mai 1980, *Bernard Denilauler c/ SNC Couchet Frères*, aff. C-125/79.

tion pénale »[1], lorsqu'il est question de la liberté d'une personne, l'article 5 § 3 de la Convention montre que le délai court non à compter de la date à laquelle une juridiction est saisie d'une demande de mise en liberté, mais à compter de celle à laquelle la personne a été arrêtée ou détenue[2]. L'analyse européenne porte donc tant sur les phases d'arrestation, d'enquêtes policières, de mise en examen, et jusqu'à la phase de l'exécution[3], étant signalé que dans ce dernier cas, l'État dispose d'une marge d'appréciation. Ainsi, lorsqu'il refuse une expulsion pour des considérations tirées de la préservation de l'ordre public, il ne se met pas en défaut au regard du droit issu de la Convention[4].

En outre, la notion étant autonome, les juges européens ne sont pas tenus par les qualifications de droit interne. Ce n'est pas parce qu'un État qualifie un fait d'« infraction administrative », que celle d'infraction pénale ne saurait être retenue à Strasbourg. Le danger pour les droits de l'homme aurait été conséquent et la Cour l'avait perçu très tôt[5].

B. Les garanties institutionnelles

701. ***Division.*** Les garanties institutionnelles peuvent paraître proches de celles fonctionnelles dans la mesure où elles touchent au déroulement de la procédure. Mais qu'il soit question de publicité de la justice, de célérité ou d'indépendance comme d'impartialité du tribunal, ces diverses garanties doivent être approchées sous leur dimension d'organisation du service public de la justice et donc, de l'activité juridictionnelle. Nous les parcourrons successivement. Il faut néanmoins rappeler que la procédure n'est jamais éloignée du fond du droit, et que la confiance du public dans le système judiciaire « est l'une des composantes fondamentales de l'état de droit ». De sorte que la clarté de la règle, sous cet aspect, participe aussi du droit à un procès équitable; la conséquence de cette idée, est notamment que le principe de sécurité juridique impose d'éviter la persistance de décisions de justice divergentes[6]. Ceci étant, ces exigences ne consacrent pas un droit acquis à une jurisprudence constante[7], ce qui serait contraire à la nécessaire adaptation du droit aux évolutions sociales.

1. La cause doit être entendue publiquement

702. ***Un principe ancien.*** La Convention permet à toute personne d'assister à n'importe quelle audience. Ce principe se rencontre de la Grèce antique, où les procès se déroulaient en place publique, à l'iconographie de Saint Louis rendant justice sous un chêne du bois de Vincennes. Imposer la publicité rend la Justice transparente, ce qui contribue à renforcer la confiance des justiciables en elle[8] tout en les protégeant contre le risque d'arbitraire[9].

---

1. CEDH 27 févr. 1980, *Deweer c/ Belgique*, req. n° 6903/75, § 46.
2. Crim. 23 déc. 1986, *Bull. crim.* n° 386.
3. CEDH 19 mars 1997, *Hornsby c/ Grèce*, préc.
4. V. CEDH 12 oct. 2010, *S*[té] *Cofinfo c/ France*, req. n° 23516/08.
5. CEDH 8 juin 1976, *Engel et a. c/ Pays-Bas*, req. n° 5100/71, § 81. Les sanctions fiscales n'échappent pas davantage à l'application de l'art. 6, du moins sous son angle pénal (v. CEDH 4 mars 2014, *Grande Stevens et a. c/ Italie*, req. n° 18640/10...).
6. CEDH 2e sect., 9 févr. 2016, n° 582/05, *Çelebi et a. c/ Turquie* (jurisprudence contradictoire de la Cour de cassation relative au point de départ de la prescription).
7. CEDH 18 déc. 2008, *Unedic c/ France*, req. n° 20153/04.
8. CEDH 8 déc. 1983, *Axen c/ Allemagne*, req. n° 8273/78.
9. CEDH 24 nov. 1997, *Werner c/ Autriche*, req. n° 14104/88, Série A, n° 245-C.

En droit français, la publicité de la Justice a été affirmée par la Constitution du 5 fructidor an III (22 août 1795), principe rappelé par le Conseil d'État[1]. Évidemment, la publicité n'a pas à être présente dans tous les aspects de la procédure et spécialement, la confidentialité des communications entre les personnes suspectes et leurs avocats constitue un autre aspect tout aussi « essentiel du droit à un procès équitable »[2].

703. ***Le principe de la publicité des audiences est relatif.*** Il connaît un certain nombre d'exceptions. Les débats peuvent parfois se tenir hors la présence du public, en « Chambre du conseil » ou « à huis clos ».

Ces exceptions, qui peuvent prospérer « pendant la totalité comme une partie seulement du procès », résultent tantôt du texte de l'article 6 et poursuivent des raisons d'intérêt général tenant à « la moralité [...] l'ordre public ou [...] la sécurité nationale dans une société démocratique », voire à l'intérêt de la Justice elle-même, comme des intérêts privés en protégeant la vie privée des parties au procès, tantôt elles ont été dégagées par la jurisprudence, soit que les parties renoncent à la publicité de l'audience[3], soit que les intérêts des mineurs l'exigent (v. C. pr. pén., art. 400).

2. La cause doit être entendue dans un délai raisonnable

704. ***Une « condition sans laquelle la justice n'est plus véritablement au service du justiciable »***[4]. Le temps du procès est souvent perçu comme étant trop long par le justiciable; le temps pour le procès est quant à lui indispensable sauf à sombrer dans une justice sommaire. Le délicat équilibre à instaurer entre cette attente et cette exigence a toujours suscité débats et caricatures : qui ne connaît le mot de La Bruyère selon lequel « le devoir des juges est de rendre la justice, leur métier, de la différer » ? Si la qualité attendue de l'œuvre de Justice suppose du temps, seul le temps nécessaire est admissible.

Parmi les critères utilisés pour dépister le délai déraisonnable de jugement, se trouvent des éléments aussi variés que les faits de l'espèce et surtout la complexité de l'affaire, le comportement du requérant et celui des autorités compétentes, ainsi que l'enjeu du litige pour l'intéressé[5], voire le type de procédure en cause. Mais la responsabilité de l'État ne peut être engagée lorsque celui-ci n'y est pour rien dans le temps perdu : si les causes des lenteurs constatées sont extérieures à l'État (en particulier l'attitude du requérant), il ne peut se voir reprocher le dépassement du délai raisonnable[6].

3. La cause doit être entendue par un tribunal indépendant et impartial

705. ***L'indépendance « fait la force principale de la justice »***[7]. La juridiction doit juger par elle-même et ne pas abandonner son pouvoir d'appréciation au

1. CE 4 oct. 1974, *Dame David*, *D.* 1975. 369; *JCP* 1975. II. 17967; *Gaz. Pal.* 1975. 1. 117; *RTD civ.* 1975. 174 et 354.
2. V. not. Directive n° 2013/48/UE du Parlement européen et du Conseil du 22 oct. 2013.
3. CEDH 23 juin 1981, *Le Compte, Van Leuven et De Meyere c/ Belgique*, req. n° 6878/75, § 59.
4. J. Normand, « Les facteurs d'accélération de la procédure civile », *in Mél. P. Drai*, Dalloz, 2000, spéc. p. 428; J. Andriantsimbazovina, « Délai raisonnable du procès, recours effectif ou déni de justice ? De l'arrêt *Kudla* de la CEDH à l'arrêt *Magiera* du Conseil d'État », *RFDA* 2003. 85.
5. V. CEDH 6 avr. 2000, *Comingersoll S.A. c/ Portugal*, req. n° 35382/97, § 19.
6. V. not. CEDH 21 mars 2000, *Gergouil c/ France*, req. n° 40111/98, § 19; 22 oct. 1997, *Papageorgiou c/ Grèce*, req. n° 24628/94, § 46; 17 janv. 2001, *Wloch c/ Pologne*, § 149.
7. G. Cornu, J. Foyer, *Procédure civile*, PUF, 1960, p. 2.

profit d'une autre autorité. En d'autres termes, un juge doit exercer sa mission en liberté[1]. Ainsi comprise, l'indépendance recouvre deux éléments : d'une part, le juge ne doit pouvoir recevoir d'ordres de personne, ce qui tient à son statut et impose une indépendance objective à l'égard de l'État qui l'emploie, de ses collègues, des parties au litige comme des tiers qui interviennent au procès, d'autre part, un juge ne peut être véritablement indépendant que s'il apparaît comme tel aux yeux du justiciable[2]. Cette exigence d'ordre plus subjectif est l'application d'un *dictum* de Lord Hewart[3] : « *Justice should not only be done but should manifestly and undoubtedly be seen to be done* » (« la justice ne doit pas seulement être rendue, mais il doit être manifestement et indubitablement visible qu'elle a été rendue »). Dans ce cadre, il faut vérifier si le justiciable pouvait légitimement éprouver des doutes quant à l'indépendance organique du juge.

706. ***Approche de l'impartialité.*** Puisque la partialité est l'état de celui qui prend parti pour ou contre une personne sans souci de justice ou de vérité, est impartial celui qui apprécie ou juge une personne sans parti pris favorable ou défavorable. Ce nécessaire effort de dépersonnalisation de la justice est retracé par sa représentation sous la forme d'une femme aux yeux bandés[4].

Dans l'arrêt *Piersack c/ Belgique* du 1er octobre 1982, la Cour européenne des droits de l'homme a considéré que « si l'impartialité se définit par l'absence de préjugé, elle peut s'apprécier de diverses manières. On peut distinguer entre une démarche subjective, essayant de déterminer ce que tel juge pensait dans son for intérieur en telle circonstance, et une démarche objective amenant à rechercher s'il offrait des garanties suffisantes pour exclure à cet égard tout doute légitime ». La Cour parle parfois et respectivement d'impartialité « personnelle » et « fonctionnelle ».

Comme en matière d'indépendance, la Cour de Strasbourg attache une importance à l'apparence d'impartialité : le juge doit non seulement être impartial; il doit aussi sembler l'être aux yeux du justiciable.

707. ***Transition.*** Il vient d'être remarqué que la Convention prévoyait un certain nombre de garanties institutionnelles. Mais la portée extensive du droit protégé se mesure aux droits que contiennent les garanties plus proprement fonctionnelles qui y sont également posées, spécialement au paragraphe troisième du texte[5].

II. Les garanties fonctionnelles du droit à un procès équitable

708. Selon l'article 6 § 3 :

« Tout accusé a droit notamment à :

a) être informé, dans le plus court délai, dans une langue qu'il comprend et d'une manière détaillée, de la nature et de la cause de l'accusation portée contre lui;

b) disposer du temps et des facilités nécessaires à la préparation de sa défense;

1. J.-D. Bredin, « Qu'est ce que l'indépendance du juge ? », *Justices*, 1996, p. 161 s.
2. CEDH 29 avr. 1988, *Belilos c/ Suisse*, req. n° 10328/83; 25 févr. 1997, *Findlay c/ Royaume-Uni*, req. n° 22107/93.
3. Dans *R. v Sussex Justices* ex p. Mc Carthy [1924] 1 K.B. 256.
4. V. aussi Ch.-N. Robert, *La Justice, vertu courtisane et bourreau*, Georg éditeur, 1993, p. 90.
5. On rappelle que l'art. 6 § 2 affirme le principe de la présomption d'innocence.

c) se défendre lui-même ou avoir l'assistance d'un défenseur de son choix et, s'il n'a pas les moyens de rémunérer un défenseur, pouvoir être assisté gratuitement par un avocat d'office, lorsque les intérêts de la justice l'exigent;

d) interroger ou faire interroger les témoins à charge et obtenir la convocation et l'interrogation des témoins à décharge dans les mêmes conditions que les témoins à charge;

e) se faire assister gratuitement d'un interprète, s'il ne comprend pas ou ne parle pas la langue employée à l'audience. »

709. *Division.* Visant à assurer l'effectivité du principe proclamé dans la mise en œuvre même du droit d'action, ces garanties de la défense au sens le plus large du terme, touchent tant à la possibilité de prendre part utilement à l'audience (**A.**) qu'au régime des preuves (**B.**).

A. La possibilité de prendre utilement part à l'audience

710. ***Importance de l'information et des droits de la défense.*** Pouvoir utilement prendre part à l'audience suppose d'être averti de sa tenue et de pouvoir y participer personnellement ou par l'intermédiaire d'un défenseur[1]. Chaque partie doit pouvoir exposer sa cause et donc, faire connaître à l'adversaire et au juge les éléments qui sont nécessaires au succès de sa prétention, autrement dit : pouvoir se défendre.

711. ***Moyens nouveaux et pourvoi en cassation.*** Le droit d'exposer sa cause emporte-t-il le droit de présenter des moyens nouveaux à tous les stades de la procédure ? La Cour de Strasbourg semble le considérer puisque le droit à un procès équitable englobe le droit des parties à présenter des observations qu'elles estiment pertinentes, y compris devant les juridictions supérieures, serait-ce pour la première fois[2]. En se référant à la notion d'erreur manifeste d'appréciation, les juges européens ont, à l'unanimité, sanctionné un mal-jugé de la Cour de cassation[3]. La bonne application de la règle de droit fait partie des exigences du procès équitable.

1. Les informations à communiquer

712. ***Deux types d'informations doivent principalement être communiqués aux parties.*** Tout d'abord, dès l'introduction de l'instance, chaque partie doit être informée du procès qui lui est fait. Dans *Le Procès* de Franz Kafka, M. K. ne sait jamais pourquoi on l'accuse et finalement, pourquoi il est condamné à mort. La Cour énonce expressément que le droit à un procès équitable implique le droit d'être informé de la nature et de la cause de l'accusation[4]. Cette information, qui doit être détaillée, doit être faite dans le plus court délai, peu important sa forme, écrite ou orale. En matière civile, l'article 14 du C. pr. civ. français pose que « nulle partie ne peut être jugée sans avoir été [...] appelée ».

---

1. Pour une réduction jugée excessive du délai pour former le pourvoi en cassation (prise en compte de la date de notification inscrite sur l'arrêt et non celle de l'envoi effectif attesté par la poste) : CEDH, 5e sect., 9 janv. 2014, req. n° 71658/10, *Viard c/ France*.
2. 21 mars 2000, *Dulaurans c/ France*, *JCP* 2000. II. 10344; *RTD civ.* 2000. 349. Depuis : 14 nov. 2000, *Annoni di Gussola et Debrodes et Omer c/ France*, *D.* 2001. Somm. 1061.
3. J.-F. Burgelin, « La Cour de cassation en question », *D.* 2001. Point de vue 932. Pour J.-P. Marguénaud, les juges strasbourgeois ont tendance à se comporter « en juges d'appel » de la Cour de cassation (*RTD civ.* 2000. 439).
4. CEDH 12 oct. 1992, *T. c/ Italie*, req. n° 14104/88.

Il existe cependant des hypothèses dans lesquelles la partie ne sera pas informée du procès qui lui est fait : avec la procédure sur requête, un plaideur peut, le cas échéant, obtenir du juge une décision contre son adversaire sans que celui-ci ait été mis en mesure de faire valoir sa défense (C. pr. civ., art. 493). Le président de la juridiction peut ainsi prononcer une décision à l'insu d'une partie chaque fois que l'efficacité de la mesure sollicitée suppose un effet de surprise. L'exemple classique est celui du constat d'adultère.

Une autre hypothèse relève de la procédure par défaut : lorsque le défendeur, qui n'a pas été cité à personne ne comparaît pas et que l'affaire est jugée en premier et dernier ressort, le juge est néanmoins en droit de rendre sa décision. Le défendeur non avisé personnellement pourra, par le biais d'un recours spécifique (l'« opposition »), faire rétracter le jugement rendu par défaut en remettant en question, devant la même juridiction, les points déjà jugés afin qu'il soit statué à nouveau en fait et en droit (C. pr. civ., art. 571).

713. ***L'accès aux pièces de la procédure.*** Le « droit à une procédure contradictoire implique, pour une partie, de prendre connaissance des observations ou pièces produites par l'autre, ainsi que de les discuter [...]. Peu importe, à cet égard, que l'affaire relève du contentieux civil, car il ressort de la jurisprudence en la matière [...] que les exigences découlant du droit à une procédure contradictoire sont en principe les mêmes au civil comme au pénal »[1]. Cependant, quand des pièces communiquées par une partie sont irrecevables car tardives, et ont à ce titre été écartées, ce jeu de la procédure, légitime, ne conduit pas à une violation du droit à un procès équitable[2].

714. ***Le droit de se défendre.*** Se retrouve ici le droit à la contradiction, qui peut se situer dans les éléments de fait et de droit produits par l'adversaire, comme par le juge : l'élément déterminant est dans ce dernier cas « la question de savoir si une partie a été "prise au dépourvu" par le fait que le tribunal a fondé sa décision sur un motif invoqué d'office »[3]. Le propos permet aussi de rappeler que la notion de procès équitable, associée au principe de la prééminence du droit, « s'opposent, sauf pour d'impérieux motifs d'intérêt général, à l'ingérence du pouvoir législatif dans l'administration de la justice dans le but d'influer sur le dénouement judiciaire du litige »[4], ce qui met en jeu, sous l'angle du droit à une procédure contradictoire, la question de l'application rétroactive d'une loi. Plus largement, le droit de se défendre, qui appartient à chaque partie, peut s'exercer tant à titre personnel que par l'intermédiaire d'un avocat.

Sous le premier angle, toute personne doit pouvoir intervenir dans la procédure afin d'exposer sa cause et réfuter les arguments avancés par son adversaire. Il en découle le droit à être autorisé à comparaître personnellement à son procès[5] comme celui de pouvoir prendre la parole à l'audience. Par exception, un État peut refuser à la partie de comparaître en personne dans les instances de cassation, dans la mesure où seul le droit y est jugé[6].

1. CEDH 24 nov. 1997, *Werner c/ Autriche*, req. n° 138/1996/757/956, § 65 et § 66.
2. Civ. 2e, 23 juin 2016, n° 15-10.831.
3. CEDH 4e sect., 3 mai 2016, *Alexe c/ Roumanie*, req. n° 66522/09.
4. CEDH 28 oct. 1999, *Zielinski et Pradal et Gonzalez et autres c/ France*, req. nos 24846/94 et 34165/96 à 34173/96, § 57.
5. CEDH 12 févr. 1985, *Colozza c/ Italie*, Série A, n° 89; 23 févr. 1994, *Stanford c/ Royaume-Uni*, Série A, n° 282-A; 5 oct. 2006, *Viola c/ Italie*, *Rev. pénit.* 2006. 900.
6. CEDH 19 févr. 1996, *Botten c/ Norvège*, *RSC* 1997. 476; 18 oct. 2006, *Hermi c/ Italie*, *JCP* 2007. II. 10050.

Sous le second angle, le droit d'être défendu par un avocat existe dans tous les contentieux[1]. La partie qui souhaite être défendue par un avocat doit pouvoir l'être par simple représentation, autrement dit, sans qu'elle ait à comparaître personnellement. En effet, un plaideur ne perd pas le bénéfice du droit d'être défendu par un avocat « du seul fait de son absence aux débats »[2].

715. ***Une liste qui ouvre sur d'autres droits.*** Pour que la participation à l'audience ait un sens, encore faut-il assurer d'autres droits, tels le droit, pour chaque personne qui en rencontre la nécessité, à un interprète[3] comme à la traduction des actes de procédure[4] ou le droit à ne pas contribuer à sa propre incrimination[5]. En outre, la stabilité des situations exige le respect du principe *non bis in idem*[6]. Plus tard, au stade de la compréhension du jugement[7], l'exigence de motivation du jugement[8], mais aussi la réalité de son exécution[9], s'imposent encore à l'esprit.

716. ***Transition.*** Ce vaste ensemble contribue à l'encadrement d'un procès équitable qui, dès cet instant, apparaît comme un procès *équilibré*[10]. D'où l'idée sous-jacente d'une procédure qui se doit d'assurer l'égalité des armes entre les parties qui s'opposent.

2. L'égalité des armes

717. ***Un principe d'équilibre entre des intérêts également protégés.*** Si l'égalité des armes a d'abord été définie comme donnant à la défense une « entière égalité de traitement par rapport à l'accusation et à la partie civile »[11], ce qui aurait pu laisser penser à une égalité purement arithmétique, la conception finalement retenue est plus souple : l'égalité des armes implique « la possibilité raisonnable d'exposer sa cause au tribunal, y compris ses preuves, dans des conditions qui ne la placent pas dans une situation de net désavantage par rapport à son adversaire »[12].

718. ***Égalité des armes et principe de la contradiction.*** Les notions d'« égalité des armes » et de « contradictoire », proches, ne sauraient pourtant être confon-

1. CEDH 13 oct. 2009, *Dayanan c/ Turquie*, *JCP* 2009, p. 24.
2. CEDH 23 nov. 1993, *Poitrimol c/ France*, req. n° 14032/88; 23 mai 2000, *Van Pelt c/ France*, req. n° 31070/96; 13 févr. 2001, *Krombach c/ France*, req. n° 29731/96.
3. Art. 6 § 3 de la Convention, ce qui en fait une garantie explicite, mais sous-jacente au droit à un procès équitable.
4. CEDH 28 nov. 1978, *Luedicke, Belgacem et Koc c/ Allemagne*, Série A, n° 29. *Adde* 19 déc. 1989, *Kamasinski c/ Autriche*, req. n° 9783/82 : ce droit se limite aux seules pièces substantielles de la procédure.
5. V. cep. CEDH 19 mars 2015, *Corbet et a. c/ France*, req. n° 7494/11, où la Cour vérifie si l'utilisation de déclarations des requérants « a eu un impact sur le verdict de culpabilité ou les peines prononcées » (§ 38).
6. Sur ce principe, v. spéc. CEDH, gr. ch., 10 févr. 2009, *Sergueï Zolotoukhine c/ Russie*, req. n° 14939/03.
7. Sur ce droit, v. CEDH 10 janv. 2013, *Agnelet c/ France*, req. n° 61198/08; 17 févr. 2015 (3 arrêts), *Devriendt c/ Belgique*, req. n° 32001/07 (§ 26), *Kurt c/ Belgique*, req. n° 17663/10 (§ 30) et *Maillard c/ Belgique*, req. n° 23530/08 (§ 30).
8. CEDH 2 oct. 2014, *Hansen c/ Norvège*, req. n° 15319/09 (rejet d'un appel fondé sur l'absence de toute chance qu'il puisse aboutir n'est pas une motivation suffisante).
9. CEDH 19 mars 1997, *Hornsby c/ Grèce*, préc.
10. Étymologie du mot : latin « *equus* », « équilibre ».
11. CEDH 23 nov. 1976, *Engel et a.*, req. n° 5100/71.
12. CEDH 27 oct. 1993, *Dombo-Beheer c/ Pays-Bas*, Série A, n° 274. *Adde* 23 oct. 1996, *Ankerl c/ Suisse*, Rec. 1996-V, § 38. F. et J.-P. Mélin-Scroumanien, « Le principe d'égalité des armes », *RRJ* 1993. 489 s.; G. Cohen-Jonathan, « L'égalité des armes selon la Cour européenne des droits de l'homme », *LPA* 2002, n° 11, p. 21 s.; R. Kœring-Joulin et J.-F. Seuvic, « Droits fondamentaux et droit criminel », *AJDA* 1998. 127 : ce concept renvoie à une égalité imparfaite des armes offertes à l'accusé et donc à l'exigence d'un procès équitable.

dues. Il peut en effet arriver que dans une même affaire, un principe soit respecté et pas l'autre : il n'y a pas méconnaissance du principe de l'égalité des armes lorsqu'aucune des parties au litige n'a eu communication du moyen que la Cour de cassation entendait soulever d'office et n'a pu présenter d'observations[1].

En réalité, l'égalité des armes suppose la comparaison de la situation des parties durant l'instance, alors que la contradiction s'attache à l'appréciation de la situation de chaque partie prise individuellement. Dans le premier cas, on se demande si une partie est ou non désavantagée par rapport à l'autre; dans le second, si une partie a ou non pu faire connaître les éléments ou avoir connaissance des éléments nécessaires à l'exercice de sa défense.

719. ***Applications.*** C'est par application du concept d'égalité des armes qu'un texte qui prévoyait que « Le procureur général peut faire appel de tous les jugements rendus en matière de police » (C. pr. pén., art. 546, dernier al.) a été supprimé par une loi de 1999. Le fait qu'il s'agisse du procureur général ne changeait rien à l'affaire : il suffisait qu'il puisse apparaître comme un adversaire objectif du défendeur[2]. Le procureur général dispose aujourd'hui du droit d'appel dans les mêmes cas que les autres parties (C. pr. pén., art. 546).

Une autre illustration de l'application de ce principe résulte de la communication du rapport établi par le conseiller rapporteur devant la Cour de cassation[3] : la pratique actuelle de la Cour consiste à communiquer à la fois aux parties et au ministère public uniquement la première partie du rapport comprenant une étude de l'affaire et l'examen objectif de la question juridique, tandis que la seconde partie comportant l'avis personnel du rapporteur n'est communiquée ni aux parties ni à l'avocat général. Ceci est conforme à la jurisprudence européenne. Toutefois, dans une espèce, le gouvernement avait soutenu que même s'il n'y avait pas eu communication de la première partie du rapport au requérant, il n'y aurait pas eu rupture de l'égalité des armes. Une telle affirmation revient à admettre ce défaut de communication et à maintenir au détriment du requérant un déséquilibre qui ne s'accorde pas avec les exigences du procès équitable, ce qui viole la Convention[4]. Pourtant, la Cour de Strasbourg, dans un dossier concernant le Conseil d'État, marque une possible évolution : le requérant s'était plaint de ne pas s'être vu communiquer, contrairement au rapporteur public, le projet de décision du conseiller rapporteur. La Cour répond qu'en éclairant le projet de décision qui lui a été transmis, le rapporteur public, membre du Conseil d'État qui ne se distingue de ses collègues de jugement « que par les fonctions particulières qui leur sont confiées de façon temporaire (...) permet aux justiciables de saisir la réflexion de la juridiction pendant qu'elle s'élabore » et participe, ainsi, d'une justice de qualité[5].

B. Le régime des preuves

720. ***Annonce.*** Le droit de présenter librement ses preuves implique que chaque partie puisse librement discuter les preuves qui lui sont opposées par l'adver-

1. CEDH 13 oct. 2005, *Clinique des Acacias et a. c/ France, JCP* 2005. I. 109.
2. CEDH 30 oct. 1991, *Borgers c/ Belgique*, Série A, n° 214; J.-F. Burgelin, *in Rapport C. cass.* 1996, p. 47. Et Crim. 6 et 21 mai 1997, *Bull. crim.* n°s 170 et 191.
3. Pour une application de l'idée au premier degré, v. Com. 17 nov. 2015, n°s 14-17.607 et 14-22.222, à paraître au *Bull.* : doute sur la communication des conclusions écrites du ministère public intervenant en qualité de partie principale (cassation).
4. CEDH 2 nov. 2004, *X... c/ France, BICC* 15 janv. 2005, n° 611.
5. CEDH, 5e sect., 4 juin 2013, *François Marc-Antoine c/ France*, req. n° 54984/09, § 32.

saire (*1.*). Mais dans cette discussion, seules les preuves obtenues loyalement devraient pouvoir être présentées au juge (*2.*).

1. La libre discussion des preuves

721. ***Le pouvoir de discuter les preuves rapportées par l'adversaire.*** Dans tout procès, il revient à chacun de pouvoir apprécier la valeur des preuves produites et ce, dans le cadre d'un débat contradictoire.

Il en résulte, d'une part, que chaque partie doit pouvoir rapporter des preuves contraires à celles présentées par l'adversaire. À cet égard, l'existence de présomptions irréfragables, qui ne peuvent être renversées par la preuve contraire, suppose qu'elles répondent à un intérêt général établi. Tel est le cas de l'autorité attachée par l'article 1341 du Code civil à la chose jugée et aux décisions de justice.

Il en résulte, d'autre part, que chaque partie doit pouvoir interroger les témoins et donc être confrontée à ses accusateurs à un moment ou un autre de la procédure[1]. La notion de témoin est cependant autonome et c'est ainsi qu'un agent infiltré dont les révélations ont permis d'exercer les poursuites et qui n'est pas venu déposer à la barre, est considéré comme un témoin[2].

Le droit d'interroger les témoins cède toutefois quand le juge national estime que l'interrogatoire demandé n'est pas opportun. Le refus doit alors être justifié par un intérêt légitime (par ex. la volonté de préserver les intérêts du témoin mineur).

722. ***Particularité du témoignage anonyme.*** Admise par la loi française lorsque le témoin risque des représailles de la part de ceux qu'il met en cause, la technique consiste à ne pas indiquer l'identité de la personne auditionnée par le juge d'instruction (C. pr. pén., art. 706-58). Pour la Cour de Strasbourg, le témoignage anonyme n'est pas nécessairement contraire au droit à un procès équitable[3], à condition toutefois de ne pas constituer la preuve principale et déterminante fondant la culpabilité, et que la défense soit autorisée à le discuter. L'expression que retient la Cour est : « l'occasion adéquate et suffisante de contester un témoin à charge »[4]. En outre, l'interrogatoire du témoin doit être réalisé par un juge et non par un agent public tel un policier et, quand la défense souhaite interroger ce témoin, seul un juge peut être l'intermédiaire entre le témoin et la défense[5].

2. La loyauté des preuves

723. ***Concept de preuve déloyale.*** Le droit à un procès équitable implique que seules les preuves loyales soient produites en justice[6]. Il s'agit par cette exigence

---

1. CEDH 13 avr. 2006, *Vaturi c/ France*, req. n° 75699/01, § 58.
2. CEDH 15 juin 1992, *Lüdi c/ Suisse*, Série A, n° 238. Sur la question de l'assimilation de l'expert à un témoin, J.-F. Renucci, « L'expertise pénale et la Convention européenne des droits de l'homme », *JCP* 2000. I. 227.
3. CEDH 20 nov. 1989, *Kostovski c/ Pays-Bas*, Série A, n° 166; 19 déc. 1990, *Delta c/ France*, Série A, n° 191; 15 juin 1992, *Lüdi c/ France*, Série A, n° 238. *Adde* J.-F. Renucci, « Les témoins anonymes et la Convention européenne des droits de l'homme », *Rev. pénit.* 1998. 3; B. de Smet, « La défense face aux témoins anonymes et les exigences du procès équitable dans la jurisprudence de la Cour européenne des droits de l'homme », *RID pén.* 1998. 7.
4. CEDH 19 déc. 1990, *Delta c/ France*, Série A, n° 191. *Adde* 28 févr. 2006, *Krasniki c/ République tchèque*, req. n° 51277/99, § 75 : « an adequate and proper opportunity to challenge and question a witness against him, either when he makes his statements or at a later stage ».
5. Rappr. CEDH 28 févr. 2006, *Krasniki c/ République tchèque*, préc.
6. CEDH 6 déc. 1988, *Barbera, Massegue et Jabordo c/ Espagne*, Série A, n° 146. V. M.-E. Boursier, *Le principe de loyauté en droit processuel*, Dalloz, 2003; R. Martin, « La loyauté dans la recherche ▶

d'insuffler à la recherche de la preuve une exigence de moralité et de conduire les parties à adopter un comportement intègre lors de la recherche et de la collecte des éléments destinés à appuyer leurs prétentions.

À cet égard, n'est pas une preuve loyale celle qui a été fabriquée de toutes pièces par la partie qui l'invoque[1]. Il en est de même que la preuve obtenue par violence, fraude ou ruse, voire de manière illégale.

724. ***Rejet des provocations policières, admission des infiltrations.*** Ce sont essentiellement les preuves obtenues à la suite de provocations policières qui ont été condamnées au titre de l'obligation de loyauté, consacrée dans la réunion policière des preuves[2]. Aujourd'hui, « l'équité du procès est étroitement liée à sa loyauté »[3]. Ainsi, les stratagèmes destinés à provoquer la commission de l'infraction ne peuvent être pris en compte par le juge. Le droit à un procès équitable s'applique à toute forme de criminalité, de la plus simple à la plus complexe ! Il y a cependant lieu de nuancer le propos car si les *provocations* policières sont contraires au droit à un procès équitable, les *infiltrations* policières peuvent être admises au titre de ce droit[4]. En effet, les agents infiltrés se contentent de surveiller l'activité délictueuse de la personne, de manière purement passive et sans jamais l'influencer[5].

Constitue également de simples infiltrations policières le fait pour des policiers de se présenter comme des consommateurs auprès de revendeurs de stupéfiants[6]. Tel est encore le cas du fait, pour des policiers, d'observer de loin, à la jumelle, les alentours d'un lieu[7].

725. ***Réception des preuves déloyales en matière pénale.*** En revanche, la Chambre criminelle a jugé qu'aucune disposition légale ne permettant au juge répressif d'écarter les moyens de preuve produits au seul motif qu'ils auraient été obtenus de façon illicite ou déloyale, il appartient seulement à ce juge d'en apprécier la valeur probante après les avoir soumis à la discussion contradictoire[8]. L'espèce concernait la pratique du *testing*, qui consiste, sous constat d'huissier, pour de simples particuliers d'origines différentes, à se présenter à l'entrée d'une discothèque, à postuler à un emploi ou encore à solliciter un logement pour vérifier si la sélection opérée n'est pas discriminatoire[9]. Cette pratique n'est pas une provocation puisqu'aucun stratagème actif n'est utilisé, les personnes ne font que se présenter à l'entrée de l'établissement, postuler à un emploi ou solliciter un logement. Elle a été validée compte tenu de la difficulté de preuve du mobile discri-

---

► de la preuve », *Rev. huiss.* 1991. 760; *contra :* L. Miniato, « L'introuvable principe de la loyauté en procédure civile », *D.* 2007. 1035 s.

1. C. Mouly-Guillemaud, « La sentence "nul ne peut se constituer de preuve à soi-même" ou le droit de la preuve à l'épreuve de l'unilatéralisme », *RTD civ.* 2007. 253.
2. CEDH 9 juin 1998, *Teixeira de Castro c/ Portugal*, req. n° 44/1997/828/1034; gr. ch., 27 oct. 2004, *Edward et Lewis c/ Royaume-Uni*, *Rec.* 2004-X; 15 déc. 2005, *Vanyan c/ Russie*, req. n° 53203/99; gr. ch., 11 juill. 2006, *Jalloh c/ Allemagne*, req. n° 54810/00. V. égal. Crim. 11 mai 2006, *D.* 2006. IR 1772; 7 févr. 2007, *D.* 2007. 2012.
3. J.-F. Renucci, *Droit européen des droits de l'homme. Droits et libertés garantis par la CEDH*, LGDJ, 5e éd., 2013, n° 415.
4. C. pr. pén., art. 706-80. *Adde* Crim. 22 avr. 1992, *D.* 1995. 59.
5. CEDH, gr. ch., 5 févr. 2008, *Ramanauskas c/ Lituanie*, req. n° 74420/01, *RSC* 2008. 694.
6. Crim. 17 oct. 1991, *Gaz. Pal.* 28 mars 1992.
7. Crim. 23 août 1994, *Dr. pénal* 1995, n° 49.
8. Crim. 11 juin 2002, *LPA* 6 janv. 2003, p. 1; *RSC* 2002. 879. Visa de l'art. 427 du C. pr. pén., qui admet « tout mode de preuve ».
9. J. Lasserre Capdeville, « Le *testing* », *AJ pénal* 2008. 310.

minatoire[1]. Certains la contestent, car si la finalité est incontestablement positive (lutter contre le racisme), un État de droit peut-il « admettre que la fin puisse justifier les moyens, surtout en matière probatoire »[2] ? La loyauté semble sacrifiée sur l'autel de l'efficacité des procédures[3]. Il est toutefois possible de considérer que la recherche de la vérité peut l'emporter sur l'exigence de la loyauté, pour peu qu'il n'en résulte pas une atteinte intolérable à la liberté de la personne concernée.

726. ***Matière civile et preuve illégale ou déloyale.*** En matière civile, un procédé déloyal ou illicite rend la preuve qu'il a contribué à constituer irrecevable[4]. Ainsi, l'employeur qui lit des messages personnels de ses salariés, même échangés via leur ordinateur professionnel, porte atteinte à une liberté fondamentale (Soc., 12 oct. 2004, n° 02-40.392, *Bull. civ.* V, n° 245). Est nécessairement teintée de déloyauté la preuve qui a été obtenue en violation des prescriptions légales. En effet, la loyauté exige *a minima* le respect de la légalité ! L'article 9 du Code de procédure civile montre qu'il faut prouver les faits que l'on allègue « conformément à la loi ». De sorte qu'une preuve qui serait obtenue par la commission de la violation d'une norme établie est exclue.

727. ***Procédure civile de divorce.*** En matière civile, dans le cadre d'une procédure de divorce, un époux ne peut verser aux débats un élément de preuve qu'il aurait obtenu par violence ou par fraude (C. civ., art. 259-1)[5].

728. ***L'exception tirée des droits de la défense.*** Une dérogation au principe de l'irrecevabilité de la preuve illicite ou déloyale en droit civil se rencontre toutefois : le salarié qui, au procès qui l'oppose à son employeur, entend produire des documents de l'entreprise qu'il a soustraits à son employeur, pourra le faire[6] à la double condition que lesdits documents soient utilisés pour sa défense et uniquement à cette fin, et que le salarié en ait eu connaissance dans l'exercice de ses fonctions. Ainsi, un salarié est justifié dans le vol de documents qui peuvent l'aider à démontrer la cause illégitime du licenciement dont il est l'objet[7]. Inversement, quand l'employeur a des motifs légitimes de suspecter un comportement nuisible à son activité et contraire aux obligations nées du contrat de travail par son employé, le premier peut solliciter du juge toutes mesures nécessaires et proportionnée à la protection de ses droits[8]. Tout est, ici comme ailleurs, une question d'équilibre. De sorte que l'employeur qui recourt à un détective privé pour faire suivre son salarié à son insu et avec une dimension de forte atteinte à la vie privée, dévoie le système probatoire[9]; au contraire, quand le contrôle est réalisé sur le lieu de travail et par un service interne de l'entreprise, il est admis[10].

---

1. L. Collet-Askri, « La Chambre criminelle valide le *testing* comme mode de preuve, serait-il déloyal... », *D.* 2003. Chron. 1309.
2. J.-F. Renucci, « La loyauté des preuves et les procédés dit de "testing" », *RSC* 2002. 879.
3. E. Molina, « Réflexion critique sur l'évolution paradoxale de la liberté de la preuve des infractions en droit français contemporain », *RSC* 2002. 263.
4. Cass., ass. plén., 7 janv. 2011, n°s 09-14.316 et 09-14.667, *Bull. ass. plén.*, n° 1 (enregistrement d'une communication téléphonique, à l'insu de la personne).
5. Il faut tout de même parvenir à prouver la fraude : Civ. 2e, 29 janv. 1997, n° 95-15.255, *Bull. civ.* II, n° 28, admission de la production d'un journal intime dans une procédure de divorce. Comp. Metz 11 mai 2004, les photocopies n'ont pu, selon la cour, qu'être réalisées à l'insu de l'épouse.
6. Soc. 2 déc. 1998, *D.* 1999. 431.
7. Soc. 31 mars 2015, n° 13-24.410, *Bull. civ.* V, à paraître; Juris-Data, n° 2015-007003.
8. Soc. 23 mai 2007, n° 05-17.818, *Bull. civ.* V, n° 84; Civ. 2e 6 mai 2010, n° 09-15.199. V. aussi Com. 15 mai 2007, n° 06-10.606, *Bull. civ.* IV, n° 130.
9. Soc. 26 nov. 2002, n° 00-42.401, *Bull. civ.* V, n° 352.
10. Soc. 5 nov. 2014, n° 13-18.427, *Bull. civ.* V, n° 255.

Bibliographie indicative

- M. Fabre, « Le droit à un procès équitable », *JCP* 1998. I. 157.
- N. Fricero, « Procès civil équitable et juge judiciaire », *in Mél. P. Julien*, Edilaix, 2003.
- S. Guinchard, « Le procès équitable : droit fondamental ? », *AJDA* 1998. 191, n° spécial « Les droits fondamentaux »; « Le procès équitable, garantie formelle ou droit substantiel ? », *in Mél. Farjat*, éd. Frison-Roche, 1999, p. 39.
- J.-F. Renucci, *Traité de droit européen des droits de l'homme*, 2e éd., LGDJ, 2012, nos 415-552, p. 428-591; *Manuel de droit européen des droits de l'homme*, 6e éd., LGDJ, 2015, nos 345 à 464.
- J.-L. Sainte-Rose et M. Domingo, « L'avocat général à la Cour de cassation va-t-il enfin sortir du purgatoire "conventionnel" qui lui a été imposé ? », *JCP* 2014. I. 1193.

Pistes de réflexion

Quelles sont les garanties que contient le droit à un procès équitable ?
Le domaine du droit à un procès équitable
Le droit à un procès équitable, fonds commun des procédures
La place respective du ministère public et du rapporteur public au regard du droit à un procès équitable

Section 3.
LA PRÉSOMPTION D'INNOCENCE

HERVÉ HENRION-STOFFEL
***Président du Tribunal de Grande Instance de Verdun, docteur en droit, ancien Conseiller juridique à la Commission Nationale Consultative des Droits de l'Homme*[1]**

L'actualité juridique de ces dernières années est fortement marquée par les multiples évocations de la présomption d'innocence, qui est l'un de ces marronniers fleurissant au gré des réformes successives du Code de procédure pénale français. Ce principe, est tantôt honoré par les défenseurs des droits de l'homme, tantôt ébranlé, vilipendé voire houspillé par les tenants d'une vision sécuritaire de la procédure pénale. En bref, la présomption d'innocence ne laisse pas indifférent, et ce phénomène n'est pas proprement français. En témoignent quelques études de droit comparé[2]. Si l'existence même de ce grand principe n'est nullement contestée, ce sont ses applications et son étendue qui font souvent l'objet de débats parfois virulents.

En effet, les difficultés à garantir la présomption d'innocence sont considérables. Plusieurs désastres judiciaires en ont été et en sont parfois encore une dramatique illustration à tel point que certains évoquent son abolition de fait[3]. Pourtant, le lien est étroit entre droit à la présomption d'innocence et droit à la sûreté, dont la garantie concrète et effective est une obligation imposée à l'autorité judiciaire par la Constitution (article 66 Const. 1958). Si tout homme est présumé innocent, c'est en vertu de son droit à la sûreté, lequel interdit de lui infliger, au cours du procès pénal, toute contrainte qui ne serait ni nécessaire, ni adéquate, ni proportionnée (articles 2 et 9 de la Déclaration de 1789). Aussi, la présomption d'innocence est-elle résolument un droit « défensif » en ce qu'elle est, comme l'affirme la Cour constitutionnelle fédérale allemande, destinée à « la protection de l'individu contre l'État conçu comme potentiellement tout-puissant et arbitraire »[4]. Par ailleurs, les garanties du droit à la pré-

---

1. L'auteur tient à remercier très chaleureusement Mesdames Christine Lazerges et Renée Koering-Joulin pour leur aide précieuse, leurs conseils et leur soutien indéfectible au cours de la préparation de cette contribution.
2. C.-F. Stuckenberg, *Untersuchungen zur Unschuldsvermutung*, Walter de Gruyter, 1998; H. Henrion, *La nature juridique de la présomption d'innocence*, Mon éditeur.com, Bibliothèque des thèses de l'Université de Montpellier I, Tome 3, 2006.
3. P. Férot, *La présomption d'innocence : Essai d'interprétation historique*, Les éditions Ovadia, 2016.
4. C'est ainsi que la Cour constitutionnelle fédérale allemande définit cette notion (v. BVerfG 19 déc. 1951, *Recueil*, Tome 1, p. 97 et 104).

somption d'innocence se doivent d'être effectives avant, pendant et même après le procès pénal, ce qui suppose que toute personne mise en cause puisse se défendre dès qu'elle est, directement ou indirectement, aux prises avec la justice[1]. Dans ce sens, la présomption d'innocence, intimement liée aux droits de la défense[2], est le « symbole même du procès équitable »[3], la CEDH estimant qu'il y est porté atteinte si, « sans établissement légal de la culpabilité d'un prévenu, et notamment sans que ce dernier ait eu l'occasion d'exercer les droits de la défense, une décision judiciaire le concernant reflète le sentiment qu'il est coupable »[4]. Ainsi, la présomption d'innocence est-elle devenue un droit « offensif » destiné à protéger toute personne contre le préjugement, même si celui-ci ne prend pas la forme d'un constat formel[5], et plus généralement contre toute opinion préconçue sur sa culpabilité, qu'elle soit le fait d'un organe de l'État[6] — participant ou non à l'établissement de la culpabilité — ou d'une personne privée[7].

I. La présomption d'innocence, un droit défensif

A. La présomption d'innocence enserrée dans le droit à la sûreté

1. La consolidation de la présomption d'innocence en tant que principe de mesure de la coercition

2. L'effritement de la présomption d'innocence en tant que règle probatoire

B. La présomption d'innocence fragilisée par le droit à la sécurité

1. L'intérêt des victimes au lieu et place de celui du présumé innocent

2. Le pronostic de dangerosité au lieu et place de l'établissement de la culpabilité

II. La présomption d'innocence, un droit offensif

A. L'essor d'une conception « participative » de la présomption d'innocence

1. La présomption d'innocence, matrice de l'égalité des armes

2. La présomption d'innocence, matrice du droit au silence

B. L'essor de la présomption d'innocence en tant que droit de la personnalité

1. Les incidences de la protection civile du droit au respect de la présomption d'innocence

2. Les incidences de la protection pénale du droit au respect de la présomption d'innocence

---

1. V. J. Delga, *Manuel de l'innocent, de l'atteinte à la présomption d'innocence*, Eska, 2008.
2. V. X. Pin, « L'évolution des droits de la défense depuis le code d'instruction criminelle », *Saarbrücker Studien zum Internationalen Recht* n° 44 (2010), p. 159 s. Cet auteur constate au demeurant que l'histoire de la présomption d'innocence suit de près celle des droits de la défense.
3. R. Koering-Joulin, « La présomption d'innocence, un droit fondamental ? Rapport introductif », *in* Centre Français de droit comparé/Ministère de la Justice, *La présomption d'innocence en droit comparé. Colloque du 16 janvier 1998*, Société de Législation Comparée, 1998, p. 20. La Cour européenne des droits de l'homme considère d'ailleurs que la présomption d'innocence « figure parmi les éléments du procès équitable » (CEDH 23 avr. 1998, *Bernard c/ France*, *JCP* 1999. I. 105, n° 37, obs. F. Sudre; *RSC* 1999. 404, obs. R. Koering-Joulin).
4. CEDH 25 mars 1983, *Minelli c/ Suisse*, Série A n° 62, § 37.
5. F. Sudre, *Droit européen et international des droits de l'homme*, 11e éd., PUF, 2012, n° 275, p. 470.
6. CEDH 10 févr. 1995, *Allenet de Ribemont c/ France*, *RTDH* 1995. 657, note D. Spielman; *Justice* 1996-3, note J.-F. Flauss.
7. CEDH 29 août 1997, *Worms c/ Autriche*, req. n° 22714/93.

729. La présomption d'innocence désigne, comme l'écrit magistralement Renée Koering-Joulin, « l'état à la fois provisoire et ambigu de celui qui, qu'on le veuille ou non, n'est plus tout à fait un innocent, mais n'est pas encore un coupable »[1]. Elle trouve d'une part à s'appliquer, en cas « d'accusation pénale » au sens de l'article 6 de la Conv. EDH, c'est-à-dire, à partir du moment où une personne se voit officiellement notifier de la part de l'autorité compétente le soupçon ou les charges existant à son encontre et faisant état de ce qu'elle a pu commettre une infraction pénale[2]. Dans ce cas, elle « régit l'intégralité de la procédure pénale »[3] « indépendamment de l'issue des poursuites »[4], en jouant au profit du mis en cause jusqu'à l'établissement définitif de sa culpabilité. Certains se demandent même si elle n'aurait pas vocation à s'appliquer au stade de la phase post-sententielle de l'application des peines[5]. De son côté, la CEDH a considéré que l'article 6-2 de la Conv. EDH régit « l'ensemble de la procédure pénale (...) et non le seul examen du bien-fondé de l'accusation »[6]. C'est dire, comme l'écrit très justement Jean Pradel, que la présomption d'innocence « n'imprègne pas que la preuve »[7].

En effet, la présomption d'innocence est, d'autre part, invocable, en dehors de l'existence d'une accusation pénale[8], en cas d'anticipation sur la culpabilité d'une personne par un organe n'ayant pas forcément compétence pour notifier une telle accusation[9] ou encore par une personne privée, notamment un journaliste[10]. La qualité de justiciable n'est donc pas la condition *sine qua non* pour bénéficier de la présomption d'innocence qui, du fait de son effet horizontal, peut, le cas échéant, être mise en œuvre dans des rapports de droit privé, aux fins, comme le précise la CEDH, de « protection de la réputation et des droits d'autrui »[11]. Sur cette question la jurisprudence nationale est cependant extrêmement fluctuante. Dans le cadre des relations de travail, par exemple, la présomption

1. R. Koering-Joulin, art. préc., p. 19.
2. V. CEDH 10 déc. 1982, *Foti & autres c/ Italie*, Série A n° 56; CEDH 21 févr. 1984, *Öztürk c/ RFA*, Série A n° 73, etc. Seront considérées comme une notification officielle d'avoir commis une infraction : l'arrestation, l'ouverture d'une enquête, le placement en garde à vue, la mise en examen ou encore le renvoi devant une juridiction de jugement.
3. V. par ex. CEDH 21 sept. 2006, *Pandy c/ Belgique*, req. n° 13583/02.
4. V. par ex. CEDH 13 déc. 2016, *Kolomenskiy c/ Russie*, req. n° 27287/07.
5. V. Y. Carpentier, « Le clair-obscur de l'application des peines. Réflexions à propos de la décision QPC du 10 novembre 2017 du Conseil constitutionnel », *Droit pénal* n° 1, janv. 2018, étude n° 1.
6. CEDH 25 mars 1983, *Minelli c/ Suisse*, préc.
7. J. Pradel, *Procédure pénale*, 17e éd., Cujas 2013, n° 390, p. 327.
8. Dans ce sens CEDH 31 janv. 2017, *Société Edelweiss gestion et Christian Pire c/ France*, req. n° 6193/12, *Dalloz actualité* 15 mars 2017, obs. E. Autier : « si le principe de la présomption d'innocence figure parmi les éléments du procès pénal équitable exigé par l'article 6 § 1, il ne se limite pas à une garantie procédurale en matière pénale ».
9. Comm. EDH, avis, 3 oct. 1978, *Petra Krause c/ Suisse*, req. n° 7986/77 : « le principe de la présomption d'innocence garantit à tout individu que les représentants de l'État ne pourront le traiter comme coupable d'une infraction avant qu'un tribunal compétent ne l'ait établi selon la loi »; CEDH 10 févr. 1995, *Allenet de Ribemont c/ France*, préc., § 37 : « le champ d'application de l'article 6-2 ne se limite pas à la seule hypothèse d'une atteinte à la présomption d'innocence provenant d'une autorité judiciaire, mais également aux atteintes provenant d'autres autorités publiques » (propos publics d'un ministre de l'Intérieur en exercice accusant une personne politique connue d'avoir commandité un meurtre, alors même que cette dernière n'était pas mise en examen). Cette solution a été plusieurs fois confirmée.
10. CEDH 29 août 1997, *Worms c/ Autriche*, préc.
11. V. CEDH 1er juin 2017, *Giesbert et autres c/ France*, req. nos 68974/11, 2395/12 et 76324/13, *JCP G*, n° 28, 10 juill. 2017, doctr. 804, obs. F. Sudre.

d'innocence ne peut être invoquée pour contester un licenciement, que lorsque des poursuites pénales ont été déclenchées à l'encontre d'un salarié[1]. Cela étant, la portée très large de la présomption d'innocence ne doit pas faire oublier qu'elle est avant tout le principe cardinal du procès pénal[2]. En se référant à la théorie du procès de Luhmann, l'on peut même théoriquement soutenir la thèse de la consubstantialité de la présomption d'innocence au concept de procès, dès lors que, pour cet auteur, une procédure se caractérise par l'incertitude de son issue tout au long de son déroulement[3]. Si un processus ne sert plus l'absorption de l'incertitude (« *Absorption von Ungewissheit* ») et le prononcé d'une décision (« *Entscheidungsfindung* ») y mettant un terme, mais la représentation d'une décision préalablement déterminée, il ne constitue pas un procès mais un rituel[4]. La présomption d'innocence, inhérente au concept de procès, empêche que celui-ci ne dégénère en rituel où les « jeux sont faits à l'avance », en raison d'une anticipation sur la fin du processus[5]. Par conséquent, la fonction de la présomption d'innocence est avant tout de protéger l'individu « par la procédure », qui, dans son organisation et sa mise en œuvre, doit impérativement tendre à faire perdurer l'incertitude sur la culpabilité jusqu'à son issue[6].

« Si l'on vous dit que c'est un grand principe, n'allez pas le croire, ou pas trop vite » affirme Claude Lombois à propos de la présomption d'innocence[7], et, toujours à son sujet, Robert Badinter, évoque la « course-poursuite entre une procédure pénale vouée à la découverte de la vérité et à la protection de l'ordre social et un principe dont la vocation n'a pas toujours réussi à garantir le respect[8] ». L'histoire lui donne largement raison, dès lors que cette « course-poursuite » dure depuis près d'un millénaire[9].

La période allant du XIIe au XVIIe siècle est marquée par une rationalité pénale reposant sur la formule : « sera puni selon la qualité de la personne »[10]. Les écrits des post-glossateurs (la *Glossa Ordinaria* d'Accurse datant d'environ 1234), le texte de la constitution criminelle de Bamberg (*Constitutio Criminalis Bambergensis*, 1507), ainsi que la tristement célèbre Caroline (*Constitutio Criminalis Carolina*, 1532) nous apprennent que la présomption d'innocence — sous la forme d'une présomption de bonté (*praesumptio bonitatis*) — constitue en droit romano-germanique un mode de preuve, à savoir une présomption intégrée dans la théorie des preuves légales. Selon ce mécanisme probatoire, la bonté de l'individu (objet de la présomption) est déduite de la teneur de son état social et/ou moral (base de la présomption). Dans les textes datant de 1507 et 1532, le juge met cette pré-

1. Soc. 13 déc. 2017, n° 16-17.193 : « le droit à la présomption d'innocence qui interdit de présenter publiquement une personne poursuivie pénalement comme coupable, avant condamnation, d'une infraction pénale n'a pas pour effet d'interdire à un employeur de se prévaloir de faits dont il a régulièrement eu connaissance au cours d'une procédure pénale à l'appui d'un licenciement à l'encontre d'un salarié qui n'a pas été poursuivi pénalement ».
2. V. M. Delmas-Marty (dir.), *Procédures pénales d'Europe*, PUF 1995, p. 470.
3. N. Luhmann, *Legitimation durch Verfahren*, 4e éd., Suhrkamp, 1997, p. 51.
4. *Ibid.*, p. 38-39 et 51-52.
5. V. K. Marxen, *Straftatsystem und Strafprozess*, Duncker & Humblot, 1984, p. 345.
6. Dans ce sens, C.-F. Stuckenberg, *op. cit.*, p. 535.
7. C. Lombois, « La présomption d'innocence », *Pouvoirs* 1990, n° 55, p. 81 s.
8. R. Badinter, « La présomption d'innocence, histoire et modernité », *in Mélanges Catala*, Litec, 2001; v. égal. C. Lazerges, « La présomption d'innocence en Europe », *Arch. pol. crim.* n° 26, p. 127 s.
9. Pour plus de détails sur l'histoire de la présomption d'innocence, v. P. Férot, *op. cit.*; H. Henrion, *op. cit.*, p. 87 s.; R.-J. Köster, *Die Rechtsvermutung der Unschuld. Historische und dogmatische Grundlagen*, thèse, Bonn, 1979.
10. F. Tulkens et M. van de Kerchove, *Introduction au droit pénal. Aspects juridiques et criminologiques*, Story-scientia, Bruxelles 1991, p. 62.

somption en balance avec des indices à charge au moment où il envisage de prononcer une sentence de torture. Des Docteurs imprégnés de théologie catholique vont progressivement bouleverser cette conception de la présomption de bonté, en abordant la bonté non plus comme une réalité factuelle, mais comme un concept philosophique irriguant le droit canonique[1]. Saint Thomas d'Aquin insiste dans sa *Somme théologique* sur l'inclination de l'homme à rechercher le bien en agissant conformément à sa raison qui participe de la raison divine[2]. À partir du XVIe siècle, il sera repris et cité par de nombreux auteurs à la recherche d'un fondement pour la présomption de bonté (*praesumptio bonitatis*), la bonté étant celle du chrétien baptisé, par-là, lavé de la souillure du péché originel[3]. Le lien établi entre la bonté de l'homme baptisé et la présomption de bonté sert ainsi à fonder les règles de détermination du fardeau de la preuve. Plus précisément, comme le prévenu doit être *a priori* considéré comme un homme bon, la charge de la preuve de sa culpabilité incombe à l'accusation.

La consolidation de l'État à partir des XVIe et XVIIe siècles avec la monopolisation de la contrainte entraîne progressivement une mutation de la conception de la culpabilité. C'est le rapport du Roi à ses sujets, et non plus les qualités morales ou sociales de l'individu, qui ouvre ou ferme l'espace du procès pénal[4], si bien que la culpabilité correspond à la désobéissance au Souverain. Aux alentours de 1670, Menochius sépare clairement la présomption d'innocence de la présomption de bonté et « signe l'acte de naissance » de la première. La présomption d'innocence devient l'expression sécularisée de l'ancienne présomption de bonté. Elle émerge à un moment où le Pouvoir se centralise et où l'innocence (la non-culpabilité) commence à être comprise comme l'absence d'établissement procédural et probatoire de la violation d'une norme « étatique ». Cela explique sans doute que la présomption d'innocence soit parfois considérée comme un principe purement laïc ayant émergé dans la philosophie des Lumières[5], comme en témoignent les écrits de Kant, Pufendorf, Rousseau ou encore Beccaria[6].

Cette évolution atteint son paroxysme avec la consécration de la présomption d'innocence à l'article 9 de la Déclaration de 1789 en tant que droit subjectif défensif destiné à préserver une sphère de liberté de l'individu menacée par les possibles excès de la contrainte étatique. Elle est devenue, ainsi que cela a déjà été évoqué, un droit de l'homme découlant du droit à la sûreté. Cet article 9, dont l'histoire prouvera qu'il était nécessaire mais très insuffisant, est directement issu du *Traité des délits et des peines* de Cesare Beccaria qui affirmait, dès 1764, que « la justice doit respecter le droit que chacun a d'être cru innocent » et qu'« un homme ne peut être considéré comme coupable avant la sentence du juge; et la société ne peut lui retirer la protection publique qu'après qu'il est convaincu d'avoir violé les conditions auxquelles elle lui avait été accordée... »[7].

1. Pour plus de détails, v. H. Henrion, « La présomption d'innocence en droit canonique », *in Mélanges en l'honneur de Christine Lazerges*, Dalloz, 2014, p. 663 s.
2. Saint Thomas D'Aquin, *Somme théologique*, I a, II ae, q. 94, art. 2.
3. J.-M. Carbasse, « Secret et justice, les fondements historiques du secret de l'instruction », *in* Université Panthéon-Assas, *Clefs pour le siècle. Droit et science politique, information et communication, sciences économiques et de gestion*, Dalloz, 2000, n° 1357, p. 1263.
4. V. D. Salas, *Du procès pénal*, PUF, 1991, p. 70.
5. Dans ce sens, R. Merle et A. Vitu, *Traité de droit criminel, Tome II. Procédure pénale*, Cujas, 2001, n° 144, p. 183 s.; G. Bernard, « Les critères de la présomption d'innocence au XVIIIe siècle : de l'objectivité des preuves à la subjectivité du juge », *Revue de l'Institut de Criminologie de Paris* 2003-2004 (vol. 4), p. 48.
6. J. Hruschka, « Die Unschuldsvermutung in der Rechtsphilosophie der Aufklärung », *ZStW* 2000, p. 285 s.
7. V. C. Beccaria, *Des délits et des peines*, rééd., GF-Flammarion, 1991, p. 96.

Le XIXe peut être considéré comme un siècle de transition. Ni la loi, ni la jurisprudence ne la mettent en œuvre, très vraisemblablement parce que l'esprit du temps (« Zeitgeist »), sensible aux thèses de la criminologie naissante[1], ne lui était pas favorable. Une partie de la doctrine lui est toutefois restée fidèle en qualité de concept philosophique, dans la continuité de la pensée des Lumières[2]. Redécouverte au XXe siècle[3], elle apparaît, après le second conflit mondial, en droit international[4], ce qui explique que l'époque contemporaine ne soit pas avare d'instruments de protection de la présomption d'innocence :

- article 11 de la Déclaration universelle des droits de l'homme;
- article 14 du Pacte des Nations unies sur les droits civils et politiques;
- article 6-2 de la Conv. EDH;
- article 47 de la Charte des droits fondamentaux de l'Union européenne.

Tous ces textes protecteurs des droits fondamentaux réaffirment avec force le principe de la présomption d'innocence.

Cet arsenal juridique assorti d'une abondante jurisprudence de la CEDH, du Conseil constitutionnel et de la Cour de cassation demeurait cependant insuffisant, incomplet[5]. C'est ainsi que la loi n° 93-2 du 4 janvier 1993 portant réforme de la procédure pénale introduisit dans le Code civil, un article 9-1 consacrant le « droit au respect » de la présomption d'innocence et en tira des conséquences nouvelles découlant de sa consécration en tant que droit subjectif de la personnalité[6]. Par ailleurs et surtout, la loi « refondatrice »[7] n° 2000-516 du 15 juin 2000 renforçant la protection de la présomption d'innocence et les droits des victimes, a scellé de multiples évolutions de grande importance pour mettre la France en conformité avec les standards européens[8], à savoir notamment : l'entretien avec l'avocat dès la première heure de garde à vue; la notification du droit au silence avant l'interrogatoire de garde à vue; la clarification des statuts procéduraux en fonction des paliers de la vraisemblance (simple témoin, suspect, témoin assisté, mis en examen); la création d'un juge des libertés et de la détention; la possibilité pour l'avocat de procéder à des demandes d'actes lors de l'instruction; la possibilité pour les avocats et le ministère public de poser directement des questions aux témoins, experts et parties sans passer par l'intermédiaire du Président, sous réserve de son pouvoir de police; l'appel des décisions rendues par les cours d'assises; la juridictionnalisation de l'application des peines; la création d'une procédure de réexamen à la suite d'une condamnation de la France par la CEDH. Autre apport non moins important : l'introduction

1. V. L. Mucchielli, *Histoire de la criminologie française*, L'Harmatan, 1995.
2. V. C.-F. Stuckenberg, *op. cit.*, p. 38.
3. E. Guilhermont, *La présomption d'innocence dans le discours doctrinal*, thèse Perpignan, 2006.
4. V. H. Henrion, « La présomption d'innocence dans les travaux préparatoires au XXe siècle », *Arch. pol. crim.* n° 27, p. 276 s.
5. V. J.-P. Feldman, « La présomption d'innocence et la réforme des institutions », *in* Guy Millière, J.-P. Feldman, P. Simon et J.-P. Delsol, *Avancer vers l'État de droit. Droit et présomption d'innocence*, Cheminements, 2008, p. 73 s.; S. Guinchard et J. Buisson, *Procédure pénale*, 10e éd., LexisNexis 2015, n° 394 s., p. 349 s., n° 499 s., p. 474 s.
6. V. R. Koering-Joulin, art. préc., p. 21, qui estime pour sa part que ces dispositions auraient dû être intégrées dans le Code de procédure pénale.
7. Dans ce sens S. Guinchard et J. Buisson, *op. cit*, n° 58, p. 53.
8. Sur l'élaboration de cette loi, v. C. Lazerges, « Le projet de loi renforçant la protection de la présomption d'innocence et les droits des victimes », *RSC* 1999. 166 s.; « Le renforcement de la protection de la présomption d'innocence et des droits des victimes : histoire d'une navette parlementaire presque achevée », *Arch pol. crim.* n° 22, p. 53 s.; « Le renforcement de la protection de la présomption d'innocence et des droits de victimes : histoire d'une navette parlementaire », *RSC* 2001. 7 s.

d'un article préliminaire en tête du Code de procédure pénale énonçant les principes directeurs du procès, dont celui de la présomption d'innocence, dans les termes suivants : « Toute personne suspectée ou poursuivie est présumée innocente tant que sa culpabilité n'a pas été établie. Les atteintes à sa présomption d'innocence sont prévenues, réparées et réprimées dans les conditions prévues par la loi. » Manquait encore la consécration de la présomption d'innocence par le droit dérivé de l'Union européenne. C'est désormais chose faite avec la publication de la Directive (UE) 2016/143 du Parlement européen et du Conseil du 9 mars 2016 portant renforcement de certains aspects de la présomption d'innocence et du droit d'assister à son procès dans le cadre des procédures pénales (ci-après Directive « présomption d'innocence »). Il est à espérer que la transposition en droit français de ce texte, ayant pour objet la définition de règles minimales communes (*cf.* article 1er)[1], renforcera les garanties découlant de la présomption d'innocence.

Au regard de ce qui précède, il s'avère difficile de contester la nature de droit fondamental de la présomption d'innocence[2]. En effet, un droit fondamental est par définition inscrit dans le droit positif[3] et « traverse » tout l'ordre juridique[4], ce qui suppose sa reconnaissance à un niveau élevé de la hiérarchie des normes — c'est-à-dire au moins au niveau constitutionnel ou international — afin qu'il soit protégé contre le pouvoir exécutif et le pouvoir législatif[5]. Pourtant, le Conseil constitutionnel n'a jamais qualifié la présomption d'innocence de droit fondamental, il se contente de l'intégrer dans la catégorie juridique des principes constitutionnels[6]. Dans le même sens, les juridictions administratives évoquent le « principe de la présomption d'innocence » énoncé à l'article 9 de la Déclaration de 1789 »[7] ou le « principe constitutionnel de la présomption d'innocence »[8]. Le Conseil d'État a néanmoins qualifié la présomption d'innocence de « liberté fondamentale »[9], afin qu'elle puisse être invoquée au soutien d'un référé liberté (CJA, art. L. 521-2). Quant aux juridictions de l'ordre judiciaire, il leur arrive d'énoncer que la présomption d'innocence est un droit fondamental[10]. Pour sa part, la Cour de cassation renvoie parfois au « principe constitutionnel de la pré-

---

1. V. P. Beauvais et M. Benlolo-Carabot, « Chronique Droit pénal de l'Union européenne — L'Union européenne adopte trois nouvelles directives en 2016 relatives aux droits procéduraux fondamentaux en matière pénale », *RTD Eur.* 2016, p. 787 s.
2. V. R. Koering-Joulin, article précité, p. 20 s.; E. Tophinke, *Das Grundrecht der Unschuldsvermutung. Aus historischer Sicht und im Lichte der Praxis des schweizerischen Bundesgerichts, der EMRK-Organe und des UNO Menschenrechtsausschusses*, Stämpfli Verlag AG Bern, 2000.
3. Dans ce sens K. Stern, *Das Staatsrecht der Bundesrepublick Deutschland.* Band III / 1. *Allgemeine Lehren der Grundrechte,* Beck, 1988, § 58; E. P. Haba, « Droits de l'homme, libertés individuelles et rationalité juridique (quelques remarques méthodologiques) », *Arch. philo. dr.* 1980, p. 332 s. Comp. E. Picard, « L'émergence des droits fondamentaux en France », *AJDA*, 1998 (n° spécial), p. 9 s. Cet auteur estime que la « fondamentalité » est « hors norme », c'est-à-dire extérieure au droit.
4. R. Badinter et B. Genevois, « Normes de valeur constitutionnelle et degré de protection des droits fondamentaux », *RFDA* 1990. 317.
5. L. Favoreu, « Droit de la Constitution et constitution du droit », *RFC Const.*, 1990, p. 81 s.
6. Cons. const. 8 juill. 1989, *JCP* 1990. II. 21409; Cons. const. 12 janv. 2002, *JO* 18 janv. 2002, p. 1053; Cons. const. 29 août 2002, *JO* 10 sept. 2002, p. 14953.
7. V. par ex. : CE 25 sept. 1996, req. n° 160374; CE 26 oct. 1998, req. n° 182763; CAA Nancy 25 févr. 1999, req. n° 95NC01926; CE 20 mars 2000, req. n° 200387; CE 18 déc. 2001, req. n° 213931; CE 30 juill. 2003, req. n° 249077; CAA Nancy 15 déc. 2003, req. n° 00NC00548; CE 18 févr. 2004, req. n° 250908.
8. CE 30 nov. 1994, req. n° 143107.
9. CE, ord., 14 mai 2005, *Dr. pénal,* mai 2005, p. 28, note A. Maron.
10. V. notamment Toulouse 5 juill. 1993, *D.* 1994, jurisp., p. 382, note J. Ravanas.

somption d'innocence »[1] ou mentionne parallèlement les articles 9 de la Déclaration de 1789 et 6-2 de la Conv. EDH[2]. Pour autant, elle se contente, la plupart du temps, de viser le « principe de la présomption d'innocence », sans référence directe à sa valeur constitutionnelle, dès lors que la décision se fonde sur l'article 6-2 de la Conv. EDH[3] ou sur ce dernier texte combiné avec l'article préliminaire du Code de procédure pénale[4].

Sa nature de droit fondamental met la présomption d'innocence en concurrence avec d'autres droits ou objectifs de valeur constitutionnelle (le droit à la sécurité, la liberté d'information, etc.), ce qui implique un effort constant de pondération et fait dire à certains qu'elle n'est pas pleinement respectée[5]. Un point d'équilibre semblait pourtant avoir été atteint avec la loi précitée n° 2000-516 du 15 juin 2000, mais aujourd'hui est-ce bien encore le cas ? Durant ces quinze dernières années, un grand nombre de réformes d'importance sont venues modifier voire bouleverser notre conception « garantiste » de la procédure pénale, qui voit ses principes cardinaux « aller à la dérive »[6] car toujours plus affaiblis par la mise en œuvre de politiques pénales sécuritaires, notamment destinées à renforcer l'efficacité de la lutte contre le terrorisme ou, plus largement, la criminalité organisée. Certains voient dans ce mouvement l'émergence d'un droit pénal dit de l'ennemi, où l'établissement légal de la culpabilité imposé par la présomption d'innocence cède lentement la place à la neutralisation de l'ennemi du fait de sa dangerosité[7]. Dans ce contexte, l'affirmation forte de la présomption d'innocence en tant que droit défensif (***I.***) et en tant que droit offensif (***II.***) prend tout son sens.

I. La présomption d'innocence, un droit défensif

730. En tant que droit défensif, la présomption d'innocence est enserrée dans le droit à la sûreté (**A.**), mais fragilisée par le droit à la sécurité (**B.**).

A. La présomption d'innocence enserrée dans le droit à la sûreté

731. La consécration de la présomption d'innocence à l'article 9 de la Déclaration de 1789 a entraîné un double mouvement : la consolidation du principe de mesure de la contrainte (*1.*) et, concomitamment, l'effritement de la présomption d'innocence envisagée en tant que règle preuve (*2.*).

1. La consolidation de la présomption d'innocence en tant que principe de mesure de la coercition

732. Selon l'article 9 de la Déclaration de 1789, « Tout homme étant présumé innocent jusqu'à ce qu'il ait été déclaré coupable, s'il est jugé indispensable

1. Crim. 4 déc. 1985, n° 85-92.707.
2. V. Crim. 20 nov. 1990, n° 89-18.267; Crim. 6 déc. 1995, *JurisData*. n° 004126.
3. V. notamment Crim. 27 mars 2002, n° 02-80.264; Crim. 15 mai 2002, n° 02-81.512; Crim. 12 juin 2002, n° 01-88.337; Crim. 25 sept. 2002, n° 01-88.111; Crim. 11 févr. 2003, n° 02-81.918; Crim. 1re avr. 2003, n° 02-86.365; Crim. 21 oct. 2003, n° 03-84.498; Civ. 2e, 20 nov. 2003, n° 01-17.713; Crim. 16 déc. 2003, n° 03-85.902; Crim. 6 janv. 2004, n° 03-86.264.
4. Crim. 11 avr. 2012, n° 11-83.816.
5. J.-Ph. Feldman, art. préc., p. 130.
6. C. Lazerges, « La dérive de la procédure pénale », *RSC* 2003. 644 s.
7. O. Cahn, « Cet ennemi de l'intérieur, nous devons le combattre. Le dispositif français, une manifestation du droit pénal de l'ennemi », *Arch. pol. crim.* n° 38, p. 93 s.; C. Lazerges et H. Henrion, « Le déclin du droit pénal : l'émergence d'une politique criminelle de l'ennemi », *RSC* 2016. 649 s.

de l'arrêter, toute rigueur qui ne serait pas nécessaire pour s'assurer de sa personne doit être sévèrement réprimée par la loi ». La simple lecture de cette disposition montre que la présomption d'innocence constitue en France un droit subjectif défensif concrétisant dans le cadre spécifique du procès pénal le droit à la sûreté de l'article 2 de la Déclaration de 1789. Il s'agit d'un droit dont l'objet est de protéger l'individu face à l'État en garantissant que toute forme de contrainte soit proportionnée, nécessaire et adéquate. Les applications législatives sont multiples et il n'est pas possible de les développer toutes dans le détail. Mentionnons simplement l'exigence d'indices suffisants de commission d'une infraction pour justifier d'un placement en garde à vue (C. pr. pén., art. 63 al. 1), les délais de garde à vue, (C. pr. pén., art. 63 II.), les droits du gardé à vue (C. pr. pén., art. 63-1 s.), l'instauration d'un juge des libertés et de la détention, l'affirmation du caractère exceptionnel et subsidiaire du recours à la détention provisoire (C. pr. pén., art. 137 et 144), l'exigence — à peine de nullité — de la réunion d'indices suffisants de commission d'une infraction pour pouvoir placer une personne en détention provisoire (C. pr. pén., art. 80-1)[1], la définition d'une liste limitative des motifs de placement en détention provisoire (C. pr. pén., art. 144)[2], l'obligation de les caractériser pour placer ou maintenir un mis en examen en détention provisoire[3], l'allégement des exigences s'agissant de la motivation des décisions ordonnant une remise en liberté[4], ou encore les délais butoirs de détention provisoire (C. pr. pén., art. 144-1, 145-1 et 145-2).

Pour sa part, le Conseil constitutionnel a énoncé de manière générale que « si le principe de la présomption d'innocence ne fait pas obstacle à ce que l'autorité judiciaire soumette à des mesures restrictives ou privatives de liberté avant toute déclaration de culpabilité une personne à l'encontre de laquelle il existe des indices suffisants quant à sa participation à la commission d'un crime ou d'un délit (...) c'est à la condition que ces mesures soient prononcées selon une procédure respectueuse des droits de la défense et apparaissent nécessaires à la manifestation de la vérité ou au maintien de ladite personne à la disposition de la justice, à sa protection, à la protection des tiers ou à la sauvegarde de l'ordre public »[5]. La garde à vue des mineurs illustre parfaitement ce rôle défensif de la présomption d'innocence. Le Conseil constitutionnel a fixé, en référence à l'article 9 de la Déclaration de 1789, le cadre dans lequel le législateur doit cantonner la contrainte étatique, s'agissant de la garde à vue d'un mineur : une telle mesure de contrainte ne doit concerner que des enfants à partir d'un âge minimum, être exceptionnelle (c'est-à-dire ne concerner que des infractions graves), être décidée et contrôlée par un magistrat spécialisé dans la protection de l'enfance et être assortie de garanties particulières[6]. Ce contrôle de proportionnalité marque

1. Cons. const. 29 août 2002, n° 2002-461 DC : « le principe de présomption d'innocence (...) ne fait pas obstacle à ce que l'autorité judiciaire soumette à des mesures restrictives ou privatives de liberté, avant toute déclaration de culpabilité, une personne à l'encontre de laquelle existent des indices suffisants quant à sa participation à la commission d'un délit ou d'un crime. »
2. V. Crim. 19 sept. 2001, n° 01-84.736 : l'énoncé des motifs qui fondent le recours à la détention provisoire ne porte aucune atteinte au principe de la présomption d'innocence.
3. V. Crim. 7 févr. 2017, n° 16-86.877.
4. V. Crim. 28 mars 2017, n° 17-80.136 : « il ne saurait être imposé au juge qui ordonne une mise en liberté, fût-ce contrairement aux réquisitions du ministère public, de constater l'absence des conditions qui, selon les articles 137 et 144 du code de procédure pénale, pourraient autoriser une mesure de détention provisoire, laquelle ne peut être prononcée qu'à titre exceptionnel, la liberté demeurant la règle ».
5. Cons. const. 17 déc. 2010, n° 2010-80 QPC, *Rev. pénit.* 2011, p. 148 s., obs. T. Renoux et X. Magnon.
6. Cons. const. 11 août 1993, *RFD const.* 1993, p. 848, note T. Renoux.

l'établissement d'un seuil de protection de la liberté individuelle s'imposant au législateur. C'est ainsi que le juge constitutionnel a censuré un article modifiant l'article 4 de l'ordonnance du 2 février 1945 prévoyant que « le mineur de 13 ans peut être placé en garde à vue en cas de crime ou de délit puni d'une peine supérieure ou égale à cinq ans d'emprisonnement avec l'accord préalable du procureur de la République ou, dans le cadre de l'exécution d'une commission rogatoire, du juge d'instruction ou du juge des enfants » et mentionnant que « la durée de la garde à vue du mineur de treize ans ne peut excéder 4 heures, aucune prolongation ne pouvant intervenir ». Pour le haut Conseil, le législateur a privé de garanties légales un principe constitutionnel[1], les dispositions invalidées étant au-dessous du seuil de protection de la liberté individuelle, dont la définition découle du standard de nécessité de l'article 9 de la Déclaration de 1789.

2. *L'effritement de la présomption d'innocence en tant que règle probatoire*

733. L'article 9 de la Déclaration de 1789 consacrant la présomption d'innocence est totalement silencieux sur de la preuve pénale. Cette disposition, qui ne concerne que la proportion de la contrainte étatique lors des arrestations, signifie clairement que la présomption d'innocence a une fonction autre que seulement probatoire. Telle n'a pas toujours été la position défendue par la Cour de cassation, sans doute attachée à la nature juridique de présomption de la présomption d'innocence. Dans une décision du 29 mai 1980 la chambre criminelle énonce, après avoir visé l'article 1315 du Code civil (aujourd'hui C. civ., art. 1353), que « tout prévenu étant présumé innocent, la charge de la preuve de la culpabilité incombe au ministère public »[2]. Cette position est partagée par une partie de la doctrine[3]. Elle révèle que la présomption d'innocence peut faire double emploi avec la règle *actori incumbit* (C. civ., art. 1353)[4]. Dans un arrêt du 22 février 1993, la Cour de cassation vise l'article 1315 du Code civil (aujourd'hui C. civ., art. 1353) avant d'affirmer dans un chapeau que « la charge de la preuve de la culpabilité incombe à la partie poursuivante »[5]. Dès lors qu'il n'y a dans cette décision aucune référence à la présomption d'innocence, l'attribution du fardeau de la preuve dans le cadre du procès pénal est exclusivement fondée sur « *actori incumbit...* »[6]. Enfin, dans un arrêt du 11 avril 2012, la chambre criminelle énonce, après avoir visé l'article préliminaire du Code de procédure pénale et l'article 6-2 de la Conv. EDH, qu'il résulte de ces textes que « tout prévenu

1. Voir par exemple Cons. const. 29 juill. 1986, *Rec.*, p. 110; Cons. const. 9 janv. 1990, *Rec.*, p. 12.
2. Crim. 29 mai 1980, *Bull.* n° 164.
3. Dans ce sens C. Ambroise-Castérot, « Présomption d'innocence », *Rép. pén. Dalloz*, oct. 2013, n° 22; S. Detraz, « La prétendue présomption d'innocence », *Dr. pénal*, mars 2004, Chron. 3; H. Donnedieu de Vabres, *Traité de droit criminel et de législation pénale comparée*, 3e éd., Sirey, 1947, n° 1239, p. 713 s.; J. Larguier et A.-M. Larguier, « La protection des droits de l'homme dans le procès pénal dans le sens de la protection des personnes suspectes ou poursuivies depuis l'enquête jusqu'à la fin du procès », *RIDP* 1966. 133; R. Merle et A. Vitu, *op. cit.*, n° 148, p. 188; J. Pradel, *op. cit.*, n° 392 s., p. 328 s. Sans référence à *actori incumbit*, v. F. Desportes et L. Lazerges-Cousquer, *Traité de procédure pénale*, 4e ed. Economica, 2015, n° 237, p. 139 s.; S. Guinchard et J. Buisson, *op. cit.*, n° 499, p. 474; E. Vergès, G. Vial, O. Leclerc, *Droit de la preuve :* PUF, 2015, n° 220.
4. V. cependant Versailles, 1re ch., 2de sect., 17 janv. 2017, Rép. gén. n° 15/06971 qui affirme que la présomption d'innocence est un principe fondamental commun aux procès civil et pénal.
5. Crim. 22 févr. 1993, *Bull. crim.*, n° 84. Voir déjà Crim. 28 oct. 1992, *Bull. crim.*, n° 351, qui énonce, sans mentionner la présomption d'innocence, que la partie poursuivante doit rapporter la preuve de tous les éléments constitutifs de l'infraction.
6. La doctrine se prononce parfois dans le même sens (v. P. Cuche, *Précis de droit criminel*, 5e éd., Dalloz, 1932, n° 380, p. 323 s.).

étant présumé innocent, la charge de la preuve de sa culpabilité incombe à la partie poursuivante »[1]. Elle a, dans cette dernière décision, sanctionné des juges du fond qui avaient inversé la charge de la preuve[2]. Pour autant, ces mouvements sont, selon nous, le signe d'un indéniable effritement de la dimension probatoire de la présomption d'innocence, qui n'est plus le fondement juridique exclusif pour la détermination de la charge de la preuve.

Un second signe de l'affaiblissement de la dimension probatoire de la présomption d'innocence réside dans l'admission de la validité des présomptions légales de culpabilité[3]. À la suite de la CEDH[4], la Cour de cassation a posé que « l'article 6. 2 de la Conv. EDH, (...) ne fait pas obstacle aux présomptions de fait ou de droit instituées en matière pénale, dès lors que lesdites présomptions (...) prennent en compte la gravité de l'enjeu et laissent entiers les droits de la défense »[5]. Aussi, la Cour s'attache-t-elle à vérifier rigoureusement que les présomptions laissent au juge une liberté d'appréciation de la culpabilité[6]. Par exemple, en matière de dénonciation calomnieuse, une présomption de fausseté du fait dénoncé « résulte nécessairement de la décision, devenue définitive, d'acquittement, de relaxe ou de non-lieu, déclarant que le fait n'a pas été commis ou que celui-ci n'est pas imputable à la personne dénoncée » (C. pén., art. 226-10). Pour la chambre criminelle, cette présomption (d'élément matériel) n'empêche pas les juges d'apprécier souverainement la mauvaise foi de la personne poursuivie pour caractériser l'infraction[7]. Leur liberté d'appréciation est certes sauve, mais l'établissement de la preuve de la culpabilité considérablement facilité. La présomption d'innocence est donc fragilisée, sans cependant être atteinte dans sa substance même[8].

De son côté, le Conseil constitutionnel a énoncé à plusieurs reprises dans un considérant de principe : « à titre exceptionnel, de telles présomptions peuvent être établies (...) dès lors qu'elles ne revêtent pas de caractère irréfragable, qu'est assuré le respect des droits de la défense et que les faits induisent raisonnablement la vraisemblance de l'imputabilité »[9]. Ont été ainsi invalidées des dispositions de la loi HADOPI, qui instituaient une présomption de culpabilité à l'égard du titulaire d'un abonnement Internet par l'intermédiaire duquel des actes de piratage informatique étaient réalisés. Le haut Conseil a également censuré une loi qui permettait « de punir le représentant légal à raison d'une infraction commise par le mineur », car cette loi avait « pour effet d'instituer, à l'encontre du pre-

1. Crim. 11 avr. 2012, n° 11-83.816.
2. C'est ainsi que les règles de preuve de la discrimination en droit du travail, favorables aux salariés, ne peuvent être mises en œuvre pour établir la preuve du délit de discrimination en matière pénale, dès lors que cela aboutit à renverser la charge de la preuve. Autre exemple d'un tel renversement : l'hypothèse dans laquelle un juge pénal, pour déclarer la culpabilité d'un propriétaire de véhicule du chef d'excès de vitesse, énonce que « force est de constater que la preuve n'est pas rapportée qu'il ne serait pas l'auteur de l'infraction » (Crim. 3 mai 2007, *Gaz. Pal.* 6 sept. 2007, note Lyon et Cottin).
3. Dans ce sens v. par ex. J. Pradel, *op. cit.*, n° 394, p. 331, qui y voit « l'atteinte la plus importante » à la présomption d'innocence.
4. Par ex. CEDH 7 oct. 1988, *Salabiaku c/ France*, Série A, n° 141-A; CEDH 30 juin 2011, *Klouvi c/ France*, req. n° 30754/03.
5. Crim. 10 févr. 1992, n° 90-83.278.
6. E. Verges, *J. Cl. Proc. Pén.*, Art. préliminaire, Fasc. n° 50, § 5.
7. Crim. 10 févr. 1992, n° 90-83.278.
8. Pour un constat similaire en droit suisse, v. P.-H. Bolle, « Origine et destin d'une institution menacée. La présomption d'innocence », *Mélanges offerts à Jean Pradel*, Cujas 2006, p. 49 s.
9. Voir notamment Cons. const. 16 juin 1999, n° 99-411 DC; Cons. const. 10 juin 2009, n° 2009-580 DC.

mier, une présomption irréfragable de culpabilité »[1]. Ces censures ne doivent pas faire oublier que le juge constitutionnel peut, au cas par cas, reconnaître la validité d'une présomption de culpabilité[2], alors même qu'un tel mécanisme a pour objet de mettre à la charge de la personne poursuivie la preuve de son innocence au motif qu'elle est la mieux placée pour apporter les justifications nécessaires à son exonération[3], Il n'en demeure pas moins, comme l'affirme très justement Jean-Philippe Feldman, que « l'expression sonne comme un oxymoron et qu'elle ne devrait pas trouver sa place dans un État de droit »[4]. En bref, le principe ne devrait jamais souffrir la moindre exception[5]. Il est à espérer que le législateur fera preuve de sévérité à l'endroit des présomptions de culpabilité lorsqu'il sera conduit à transposer l'article 6-1 de la Directive « présomption d'innocence » qui ne semble pas tolérer d'exception lorsqu'il impose aux États membres de veiller à ce que l'accusation supporte la charge de la preuve de la culpabilité. Pourtant, le Défenseur des droits a encore récemment, dans le cadre du débat actuel portant sur la question de la fixation d'un âge du consentement sexuel dans le Code pénal, affirmé son opposition à une présomption irréfragable de non consentement qui signifierait que la personne mise en cause ne pourrait pas apporter la preuve contraire[6]. Les dernières réformes montrent cependant que la présomption d'innocence est fragilisée par le droit à la sécurité.

B. La présomption d'innocence fragilisée par le droit à la sécurité

734. Sous le choc du terrorisme et d'une demande croissante de sécurité, l'intérêt des victimes tend à passer avant celui du présumé innocent (*1.*) et, sur un plan plus technique, l'établissement de la culpabilité cède la place au pronostic dangerosité (*2.*).

1. L'intérêt des victimes au lieu et place de celui du présumé innocent

735. Parler communément de la « victime » est à notre avis maladroit, dès lors qu'il n'est pas certain que la partie civile soit réellement une victime au cours de la procédure. Elle ne le devient éventuellement qu'à son issue[7] et n'est dès lors auparavant qu'une victime présumée. Les articles 85, 418 et 420-1 du Code de procédure pénale relatifs aux constitutions de partie civile évoquent pertinemment la personne « qui se prétend lésée » par une infraction. D'ailleurs, le Conseil constitutionnel a récemment rappelé qu'il n'y a pas d'atteinte à la présomption d'innocence lorsque le législateur évoque la « victime partie civile », car ces termes désignent la « partie civile ayant déclaré avoir subi les faits poursuivis ». Il ne s'en déduit pas une présomption de culpabilité de l'accusé (cons. 9)[8].

1. Cons. const. 10 mars 2011, n° 2011-625 DC.
2. Pour davantage de détails, voir M. Pouit, *Les atteintes à la présomption d'innocence en droit pénal de fond*, Univ. Européenne, 2014.
3. J. Buisson, « Les présomptions de culpabilité », *Procédures* 1999, Chron. 15, p. 3; S. Guinchard et J. Buisson, *op. cit.*, n° 512 s., p. 478 s.; J. Pradel, *op. cit.*, n° 395 s., p. 331 s.
4. J.-Ph. Feldman, « Le Conseil constitutionnel, la loi « Hadopi » et la présomption d'innocence », *JCP G.* n° 28, 6 juillet 2009, p. 101.
5. J.-Ph. Feldman, « La présomption d'innocence et la réforme des institutions », *in Avancer vers l'État de droit. Droit et présomption d'innocence*, Éd. Cheminements, 2008, p. 55 s.
6. V. Défenseur des droits, Avis n° 17-13 du 30 novembre 2017 relatif aux infractions sexuelles commises à l'encontre des mineurs, en ligne sur www.defenseurdesdroits.fr.
7. Dans ce sens H. Jung, « Die Stellung des Verletzten im Strafprozess », *ZStW* 1981, p. 1149; P. Couvrat, « La protection des victimes d'infractions. Essai d'un bilan », *RSC* 1983, p. 579.
8. Cons. const., 21 juill. 2017, n° 2017-645 QPC, *D.* 2017. 1533; *Constitutions* 2017. 498.

Cela étant, la consécration de la notion de victime est la conséquence d'une longue évolution, à savoir la montée du principe d'efficacité de la répression actuellement conjugué au droit à la sécurité, dont la doctrine la plus autorisée évoque aujourd'hui la « fondamentalisation »[1]. Ce droit a été conceptualisé dès les années 70 par la Cour constitutionnelle fédérale, alors que l'Allemagne connaissait à cette époque une vague d'attentats terroristes. Ainsi, en vertu de son droit à la sécurité, tout individu peut exiger de l'État d'être protégé contre toute atteinte à ses biens juridiques (« *Rechtsgüter* ») d'origine extra-étatique[2]. Ce droit ne considère pas l'État comme une menace pour la liberté individuelle — comme c'est le cas avec le droit à la sûreté —, mais comme le garant de la protection des citoyens contre des risques de violations de leurs droits par d'autres individus ou groupes d'individus (terroristes, *etc.*)[3]. Aussi, le droit à la sécurité implique-t-il une protection étatique contre des dangers ou menaces d'envergure liés à certains types de criminalité (terrorisme, criminalité organisée), ce qui justifie qu'il soit le fondement de restrictions apportées aux droits et libertés fondamentaux[4]. Dans ce nouveau paradigme, chaque citoyen est, d'une part, considéré comme une « victime potentielle » pouvant à tout moment être lésée dans ses droits par la commission d'une infraction. D'autre part, toute amélioration du statut procédural des personnes présumées innocentes est soupçonnée d'exprimer un défaut d'empathie à l'endroit des victimes potentielles. À cet égard, les dernières réformes des dispositions spéciales relatives au terrorisme ou à la criminalité organisée sont symptomatiques d'une telle approche, la prise en compte des intérêts de la victime s'opérant « contre » celle des intérêts de la personne suspectée ou poursuivie, présumée innocente[5].

Cela s'observe en droit français avec l'extension continue des régimes dérogatoires qui bouleversent totalement la procédure pénale de droit commun par le biais de voies de contournement destinées à restreindre les garanties procédurales consacrées à l'article préliminaire du Code de procédure pénale. L'on évoquera à ce propos ce que l'on peut appeler la « procédure pénale *bis, ter, quatro, etc.* »[6]. L'évolution récente du régime relatif à la criminalité organisée est symptomatique. Le recours à cette procédure dérogatoire repose sur la notion extrêmement floue de « bande organisée », circonstance aggravante critiquée par la Commission nationale consultative des droits de l'homme[7] et par la doctrine[8] tant sur le plan juridique que sur le plan criminologique, comme le fut et l'est encore celle d'association de malfaiteurs, incrimination dont la définition (C. pén.,

1. V. C. Lazerges, « Les enjeux politiques de la fondamentalisation du droit à la sécurité », *in Actes du colloque (22 janvier 2016) sur « Le Code de la sécurité intérieure, trois ans après : artisan d'un nouvel ordre ou semeur de désordre »*, Dalloz, à paraître. Crit. P. Poncela, « Les naufragés du droit pénal », *Arch. pol. crim.* n° 38, p. 15 s.
2. V. par exemple BVerfG 25 févr. 1975, *Recueil,* Tome 39, p. 1; BVerfG 16 oct. 1977, *Recueil,* Tome 46, p. 160.
3. W. Hassemer et J. P. Reemtsma, *Verbrechensopfer : Gesetz und Gerechtigkeit*, Beck, 2002, p. 60.
4. *Ibid.*, p. 60/61.
5. Dans ce sens D. SALAS, *La volonté de punir. Essai sur le populisme pénal*, Hachette, 2005, p. 93 s.
6. V. C. Lazerges, « Le dédoublement de la procédure pénale », *Mélanges Bernard Bouloc,* Dalloz, 2007, p. 573 s.
7. CNCDH 27 mars 2003, *Avis sur l'avant-projet portant adaptation des moyens de la justice aux évolutions de la criminalité,* en ligne sur : www.cncdh.fr.
8. V. B. de Lamy, « La loi n° 2004-204 du 9 mars 2004 portant adaptation de la justice aux évolutions de la criminalité (Crime organisé — Efficacité et diversification de la réponse pénale) », *D.* 2004. 1912 s.; B. de Lamy, « L'avancée de la conception matérielle de la légalité criminelle », *D.* 2004. 2756; C. Lazerges, « Le Conseil constitutionnel acteur de la politique criminelle. À propos de la décision 2004-492 DC du 2 mars 2004 », *RSC* 2004. 725.

art. 450-1l) est identique à celle de bande organisée (C. pén., art. 132-71)[1]. La chambre criminelle ne partage malheureusement pas cette opinion[2].

À cela s'ajoute que le régime de la criminalité et de la délinquance organisées est tentaculaire, dès lors que la liste des infractions en relevant est longue, fluctuante et peu cohérente (C. pr. pén., art. 706-73, 706-73-1 et 706-74)[3]. L'article 25 de la récente loi n° 2016-731 du 3 juin 2016 renforçant la lutte contre le crime organisé, le terrorisme et leur financement, et améliorant l'efficacité et les garanties de la procédure pénale a encore étendu cette liste à plusieurs délits en matière d'armes et de produits explosifs. Quant à l'article 28 de cette même loi, il complète l'article 706-73-1 par le délit d'atteinte aux systèmes de traitement automatisé de données à caractère personnel mis en œuvre par l'État et par le délit d'évasion. En définitive, les articles 706-73, 706-73-1 et 706-74 ne définissent pas un comportement incriminé, mais désignent un inventaire d'infractions dont le seul point commun est d'être commises en bande organisée[4]. Pour toutes ces raisons, l'on peut craindre, à l'instar de la Commission nationale consultative des droits de l'homme[5], que l'extension du champ de la criminalité organisée ne crée la possibilité juridique d'une éviction du droit commun par une extension des restrictions apportées aux garanties procédurales découlant de la présomption d'innocence. Pourtant, plus l'infraction est grave, plus la protection du présumé innocent s'impose. Dans ces conditions, la question du maintien des régimes dérogatoires se pose inévitablement[6].

2. Le pronostic de dangerosité au lieu et place de l'établissement de la culpabilité

736. La procédure pénale est traditionnellement rétrospective, dès lors que l'établissement légal de la culpabilité exigé par la présomption d'innocence a pour objet d'établir la vérité d'un fait passé. Elle devient pourtant lentement prospective, car gouvernée par une logique prédictive[7]. C'est le cas lorsque le juge des libertés, saisi d'une demande de placement en détention provisoire, est conduit à apprécier le risque de renouvellement de l'infraction (C. pr. pén., art. 144 6°). Cela montre en filigrane que la privation de liberté, outre qu'elle soit fondée sur des indices graves et concordants de culpabilité, l'est également sur des indices de dangerosité[8]. Un autre exemple est issu de l'article 1er de la récente loi n° 2016-731 du 3 juin 2016 qui prévoit la possibilité d'ordonner, dans des locaux d'habitation, des perquisitions de nuit dans le cadre d'une enquête préliminaire ou d'une instruction « afin de prévenir un risque d'atteinte à la vie ou à

1. « *...tout groupement formé ou toute entente établie en vue de la préparation, caractérisée par un ou plusieurs faits matériels...* », « *d'une ou de plusieurs infractions* » (C. pén., art. 132-71l) ou bien « *d'un ou plusieurs crimes ou d'un ou plusieurs délits punis d'au moins cinq ans d'emprisonnement* » (C. pén., art. 450-1).
2. Sur l'affirmation que les composantes de l'infraction et de la circonstance aggravante sont distinctes, v. Crim. 8 juill. 2015, n° 14-88.329, *Bull. crim.*, n° 172, *D.* 2015. 2541, note R. Parizot.
3. B. de Lamy, art. préc., p. 1912 s.
4. C. Lazerges, « La dérive de la procédure pénale », *RSC* 2003. 644.
5. CNCDH 17 mars 2016, *Avis précité sur le projet de loi renforçant la lutte contre le crime organisé, le terrorisme et leur financement, et améliorant l'efficacité et les garanties de la procédure pénale, JO* n° 0129 du 4 juin 2016, texte n° 69, § 18.
6. V. déjà CNCDH 10 juin 2010, *Avis sur la réforme de la procédure pénale,* en ligne sur : www.cncdh.fr, § 18; CNCDH 6 janv. 2011, *Avis sur le projet de loi relatif à la garde à vue*, en ligne sur : www.cncdh.fr, § 29; CNCDH 29 avr. 2014, *Avis sur la refondation de l'enquête pénale, JO* n° 0108 du 10 mai 2014, texte n° 84, § 46.
7. V. M. Foessel, *État de vigilance. Critique de la banalité sécuritaire,* Seuil 2016, p. 52 s.
8. V. M. Delmas-Marty, *Les grands systèmes de politique criminelle*, PUF, 1992, p. 204 s.

l'intégrité physique ». En raison de leur rédaction extrêmement vague, la mise en œuvre de ces nouvelles dispositions reposera vraisemblablement sur un diagnostic de dangerosité et un pronostic de passage à l'acte par définition aléatoires[1]. Le périmètre exact des personnes concernées par la mesure n'est pas défini avec précision, ce qui, en pratique, est de nature à porter une atteinte disproportionnée à l'article 6-2 de la Conv. EDH.

Par ailleurs et surtout, le Conseil constitutionnel a considéré, à propos de la rétention de sûreté, que la présomption d'innocence ne pouvait faire obstacle à ce que soit prise à l'encontre d'une personne une mesure privative de liberté, indépendamment de tout établissement de sa culpabilité, dès lors que cette mesure s'analyse en une mesure de sûreté dont l'objet n'est pas de sanctionner une infraction, mais d'empêcher la récidive de l'intéressé à l'issue de l'exécution de sa peine en raison de sa dangerosité[2]. Dans cette décision très controversée[3], où, « par un tour de prestidigitation » l'établissement de la culpabilité cède la place au pronostic de dangerosité[4], la garantie effective de la présomption d'innocence est réduite à néant. Michaël Foessel résume parfaitement la philosophie qui émerge de cette décision et de la législation examinée plus haut lorsqu'il écrit que la dangerosité exclut « par vigilance » la présomption d'innocence, avant d'ajouter : « En regard des dangers potentiels, nul n'est à l'abri d'un faux pas ou d'une erreur d'appréciation. Un monde dangereux substitue à la présomption d'innocence la présomption d'innocuité. Aux partages idéalistes entre le bien et le mal ou le juste et l'injuste, on préfère la différence objective entre le dangereux et l'inoffensif »[5]. La conception de la présomption d'innocence issue des Lumières s'éteindrait-elle lentement ? La question mérite certes d'être posée, mais elle ne doit pas faire oublier que la présomption d'innocence devient progressivement un droit offensif.

II. La présomption d'innocence, un droit offensif

737. Le caractère offensif de la présomption d'innocence découle de l'essor d'une conception participative de celle-ci (**A.**) et de sa consécration en tant que droit de la personnalité (**B.**).

A. L'essor d'une conception « participative » de la présomption d'innocence

738. La conception « participative »[6] de la présomption d'innocence signifie qu'elle devient progressivement, en tant « qu'élément du procès équitable »[7], la matrice de prérogatives procédurales destinées à permettre au mis en cause d'influencer le cours et l'issue de la procédure[8]. Il dispose ainsi du droit de prendre part activement à l'élucidation du soupçon puis des charges et contribue par

1. CNCDH 17 mars 2016, préc., § 19.
2. Cons. const. 21 févr. 2008, n° 2008-562 DC.
3. V. C. Lazerges, « La rétention de sûreté : le malaise du Conseil constitutionnel du 21 février 2008 », *RSC* 2008. 705 s.; *JCP* 2008. 10077, note crit J.-Ph. Feldman.
4. V. M. Delmas-Marty, *Libertés et sûreté dans un monde dangereux*, Seuil, 2010, p. 48 s.
5. M. Foessel, *op. cit.*, p. 53.
6. V. M. Delmas-Marty (dir.), *Procédures pénales d'Europe*, *op. cit.*, p. 483 qui évoque les « droits de participation ».
7. V. par ex. CEDH 12 juill. 2013, *Allen c/ Royaume-Uni*, req. n° 25424/09.
8. Eg. Müller, « Der Grundsatz der Waffengleichheit im Strafverfahre », *NJW* 1976, p. 1063 s.

son savoir et son vouloir à peser sur l'orientation du procès[1]. Cette fonction de la présomption d'innocence s'est développée à partir de deux autres garanties : celle de l'égalité des armes (*1.*), et celle du droit au silence (*2.*)

1. La présomption d'innocence, matrice de l'égalité des armes

739. La doctrine n'hésite pas à appréhender l'égalité des armes à travers le prisme de la présomption d'innocence[2]. La jurisprudence se prononce dans le même sens. La chambre criminelle envisage l'égalité des armes en se référant à la présomption d'innocence[3] et le Conseil constitutionnel rappelle, après avoir visé l'article 9 de la Déclaration de 1789, l'exigence d'une procédure juste et équitable garantissant l'équilibre des droits des parties[4]. Plus précisément, les juridictions françaises font clairement de la présomption d'innocence la matrice de l'égalité des armes, en fondant ce dernier principe soit sur l'article 6-2 de la Conv. EDH[5], soit sur la combinaison des articles 6-1 et 6-2 de la Conv. EDH[6], soit sur l'article 6 de la Conv. EDH, sans distinction entre ses différents paragraphes[7]. En vertu de l'égalité des armes, toute partie à une action doit avoir une possibilité raisonnable de préparer et de présenter sa défense dans des conditions qui ne la désavantagent pas de manière appréciable par rapport à la partie adverse[8]. Il est donc ici question d'une égalité souple des prérogatives et charges procédurales des acteurs du procès.

Trois exemples topiques seront présentés. En premier lieu, ayant à trancher la question de la contestabilité de la preuve des contraventions par procès-verbal, la jurisprudence souligne que l'article 537 du Code de procédure pénale — qui dispose que les contraventions sont prouvées soit par procès-verbaux ou rapports, soit par témoins, et que la preuve contraire ne peut être rapportée que par écrit ou témoins — n'est pas incompatible avec le principe conventionnel de l'égalité des armes, dès lors qu'il impose à chacune des parties au procès pénal les mêmes modes de preuve[9] et qu'aucun déséquilibre au détriment de la défense ne peut résulter de la valeur probante particulière attachée aux procès-verbaux de constatation des infractions en ce qu'ils ne créent pas une présomption irréfragable de culpabilité, la loi autorisant la preuve contraire[10]. En effet, celle-ci peut être apportée par écrit ou témoins lors de l'audience et les dispositions légales imposent les mêmes modes de preuve à chacune des parties[11]. Le mis en cause dispose en outre du droit de contester l'ensemble des éléments de l'infraction devant les agents verbalisateurs et de leur demander d'acter ses dires[12]. De son côté, le

1. Eg. Müller, art. préc., p. 1066 s.
2. V. R. Badinter, art. préc., p. 143.
3. Crim. 6 mai 1997, *Bull. crim.*, n° 170.
4. Cons. const. 2 févr. 1995, *RJC* 1995. I, p. 632.
5. Rouen, 5 févr. 2001, *JurisData*, n° 170294, qui affirme que l'égalité des armes est posée par l'article 6-2 de la Conv. EDH.
6. Crim. 6 mai 1997, préc.; Rouen, 25 oct. 1999, *JurisData*, n° 114376. Remarquons que certains arrêts de rejet appliquent le principe de l'égalité des armes après avoir mentionné que le moyen renvoie aux articles 6-1 et 6-2 de la Conv. EDH (v. Crim. 10 juill. 1996, *Bull. crim.*, n° 289; Crim. 12 nov. 1997, *Bull. crim.*, n° 380).
7. Crim. 9 nov. 1999, *Bull. crim.*, n° 251.
8. CEDH 27 oct. 1993, *Dombo Beheer c/ Pays-Bas*, req. n° 14448/88. Dans le même sens Crim. 26 juin 2000, *D.* 2000. IR, p. 221; Paris, 19 mai 2000, *JurisData* n° 125447; Paris, (11e ch. A) 4 avr. 2001, *D.* 2001. IR, p. 1773.
9. Crim. 10 juill. 1996, préc.; Crim. 12 nov. 1998, préc.
10. Rouen, 25 oct. 1999, préc.; Rouen, 5 févr. 2001, préc.
11. Rouen, 25 oct. 1999, préc.
12. Rouen, 25 oct. 1999, préc.; Rouen, 5 févr. 2001, préc.

ministère public ne peut invoquer le caractère probant des procès-verbaux que dans les limites de l'article 429 du Code de procédure pénale[1]. En deuxième lieu, la Cour de cassation[2] n'a pas censuré une cour d'appel qui écarte l'argumentation d'un prévenu invoquant une méconnaissance de l'article 6-1 Conv. EDH et l'irrecevabilité de l'appel du parquet car l'article 505 du Code de procédure pénale ouvre au procureur général un délai d'appel plus long que celui accordé aux autres parties par l'article 498 du même code. Elle estime que la juridiction du fond retient à juste titre que le prévenu, qui disposait d'un droit d'appel, ne peut invoquer aucune atteinte au principe de l'égalité des armes. En troisième lieu, la cour d'appel de Paris[3] a posé que, si le droit au procès équitable de l'article 6 de la Conv. EDH implique une égalité des armes, ceci n'empêche pas une différence entre les parties tant qu'il n'y a pas de déséquilibre dans le traitement qui leur est fait : la position surélevée du ministère public à l'audience n'est pas révélatrice d'un tel déséquilibre.

L'examen de cette casuistique montre que la conception ainsi retenue de l'égalité des armes n'est pas arithmétique. En effet, l'absence de déséquilibre manifeste entre les acteurs du procès résulte d'une comparaison approximative de leurs prérogatives et charges procédurales. Il en découle que la présomption d'innocence serait totalement vidée de sa substance en cas de désavantage manifeste au profit de la partie poursuivante. Un tel désavantage ferait perdre au mis en cause sa qualité de sujet du procès pouvant en tant que tel exercer une influence sur le cours et l'issue de la procédure le concernant. C'est à travers ce prisme que l'on peut interpréter les dernières évolutions du droit de la garde à vue, notamment l'augmentation des prérogatives de l'avocat, depuis la loi n° 2011-392 du 14 avril 2011 relative à la garde à vue[4], qui lui confère la faculté de consulter le procès-verbal de notification du placement en garde à vue et des droits y étant attachés (C. pr. pén., art. 63-4-1), de consulter le procès-verbal d'audition du gardé à vue (C. pr. pén., art. 63-4-1), d'assister aux auditions et confrontations (C. pr. pén., art. 63-4-2), ou encore celle de poser des questions à l'issue de chaque audition ou confrontation (C. pr. pén., art. 63-4-3). Reste à trancher la question épineuse du principe et des modalités de l'accès immédiat et intégral au dossier d'enquête que l'égalité des armes combinée à la présomption d'innocence devrait enfin permettre au suspect (gardé à vue ou faisant l'objet d'une audition libre), au moins sous certaines conditions[5]. En effet, la loi précitée n° 2016-731 du 3 juin 2016 a adopté une position trop « minimaliste »[6] au regard de ces exigences en se contentant de permettre à la personne ayant fait l'objet d'une garde à vue ou d'une audition libre de demander, après un délai d'un an suivant la première de ces mesures, de consulter le dossier de la procédure afin de formuler des observations (C. pr. pén., art. 77-2).

1. Rouen, 25 oct. 1999, préc.
2. Crim. 27 juin 2000, *Bull. crim.*, n° 243; Crim. 27 juin 2000, n° 99-84.854.
3. Paris, 4 avr. 2001, *D.* 2001. IR, p. 1773.
4. V. J. Alix, « Les droits de la défense au cours de l'enquête de police après la réforme de la garde à vue : état des lieux et perspectives », *D.* 2011. 1699 s.; « La (lente) réception en France des acquis de l'Union Européenne en matière de droits de la défense », *Arch. pol. crim.* n° 37, p. 27 s.
5. Dans ce sens CNCDH 25 avril 2014, préc., § 45.
6. V. J.-B. Perrier, « Les garanties de la procédure pénale dans la loi du 3 juin 2016 : entre illusion(s) et désillusion », *D.* 2016. 2134; E. Vergès, « La procédure pénale à son point d'équilibre (À propos de la loi n° 2016-731 du 3 juin 2016 renforçant la lutte contre le crime organisé, le terrorisme et leur financement, et améliorant l'efficacité et les garanties de la procédure pénale) », *RSC* 2016. 551 s.

2. *La présomption d'innocence, matrice du droit au silence*

740. Le Conseil constitutionnel considère qu'il « découle de l'article 9 de la Déclaration de 1789 que nul n'est tenu de s'accuser »[1]. Quant à la CEDH, elle a reconnu le droit au silence sur le fondement des articles 6-1 et 6-2 de la Conv. EDH. Elle le subsume ainsi sous la notion de procès équitable[2] et le rattache parallèlement à la présomption d'innocence[3], à laquelle il est intimement lié. La Cour de cassation a, quant à elle, consacré le droit de ne pas contribuer à sa propre incrimination en tant que principe autonome en le mentionnant dans un visa de principe[4]. Ce droit, quelle que soit sa dénomination, constitue un rempart contre d'éventuels excès dans la recherche de l'aveu[5] et intervient par conséquent dans le cadre des auditions et interrogatoires à tous les stades du procès pénal. Il permet à la personne suspectée ou poursuivie de se cantonner dans un rôle de contestation purement passive[6].

La consécration du droit au silence ou de se taire dans le Code de procédure pénale n'a pas été une chose aisée. Il fut introduit à l'article 63-1 du Code de procédure pénale par amendement en première lecture à l'Assemblée nationale dans le projet de loi renforçant la protection de la présomption d'innocence. Le consensus sur cette question ne pouvait être plus fort, trois amendements identiques ayant été déposés sur ce sujet, l'un par la gauche parlementaire, les deux autres par la droite. Ce consensus parlementaire n'ayant pas suffi, l'énoncé du droit de garder le silence fut, après l'adoption de la loi précitée n° 2000-516 du 15 juin 2000, très vite stigmatisé comme entravant le travail d'enquête lors des gardes à vue.

L'appel au législateur s'étant fait pressant, ce dernier, par la loi n° 2002-307 du 4 mars 2002 complétant la loi n° 2000-516 du 15 juin 2000 *renforçant la protection de la présomption d'innocence et les droits de victimes*, supprima l'énoncé même du droit au silence dans le premier alinéa de l'article 63-1 du Code de procédure pénale et substitua dans le dernier alinéa de cet article à la formule : « la personne a le droit de ne pas répondre aux questions qui lui seront posées par les enquêteurs », une formule plus ouverte : « la personne a le choix de faire des déclarations, de répondre aux questions qui lui seront posées ou de se taire ».

L'énoncé du droit au silence sous cette dernière forme paraissait alors pouvoir résister à de nouvelles critiques. Pourtant l'article 19 de la loi n° 2003-239 du 18 mars 2003 *pour la sécurité intérieure* supprima, à l'article 63-1 du Code de procédure pénale, l'information sur le droit de faire des déclarations ou de se taire. Le texte de l'article 19, inclus dans un chapitre intitulé « Dispositions relatives aux investigations judiciaires » est laconique : « la dernière phrase du premier alinéa de l'article 63-1 du Code de procédure pénale est supprimée ». La notification du droit au silence a donc été balayée d'un trait de plume.

Le droit au silence ou le droit de se taire est redevenu d'une brûlante actualité avec la décision, sur question prioritaire de constitutionnalité, du 30 juillet 2010[7], dans laquelle le Conseil constitutionnel consacre la nécessité de notifier le droit au silence. En outre, sur cette même question, la France a été condamnée

1. Cons. const. 2 mars 2004, n° 2004-492 DC.
2. V. par exemple, CEDH 17 déc. 1996, *Saunders c/ Royaume Uni*, *JCP* 1997. I. 4000, n° 18, obs. F. Sudre; CEDH 8 févr. 1996, *John Murray c/ Royaume-Uni*, *Rec.* 1996-1, § 45.
3. V. CEDH 17 déc. 1996, *Saunders c/ Royaume-Uni*, préc.
4. Cass., ass. plén., 6 mars 2015, n° 14-84.339.
5. CEDH 8 févr. 1996, *John Murray c/ Royaume-Uni.*, préc., § 45.
6. V. C. Girard, *Culpabilité et silence en droit comparé*, L'Harmattan, 1997.
7. Cons. const. 30 juill. 2010, n° 2010-14/22 QPC, *JO* 31 juill. 2010, p. 14198.

le 14 octobre 2010 par la CEDH[1] dans les termes suivants : « Le droit de ne pas contribuer à sa propre incrimination et le droit de garder le silence sont des normes internationales généralement reconnues qui sont au cœur de la notion de procès équitable (...) La personne gardée à vue a le droit d'être assistée d'un avocat dès le début de cette mesure ainsi que pendant les interrogatoires, et ce *a fortiori* lorsqu'elle n'a pas été informée par les autorités de son droit de se taire ». La loi précitée n° 2011-392 du 14 avril 2011 réintroduit en conséquence : « le droit, lors des auditions, après avoir décliné son identité, de faire des déclarations, de répondre aux questions qui sont posées ou de se taire ». Puis, l'on doit à la loi du n° 2014-535 du 27 mai 2014 *portant transposition de la directive 2012/13/ UE du Parlement européen et du Conseil, du 22 mai 2012, relative au droit à l'information dans le cadre des procédures pénales* d'avoir étendu la notification du droit de se taire dans le cadre de l'audition libre en enquête préliminaire (C. pr. pén., art. 61-1), aux auditions des témoins assistés (C. pr. pén., art. 113-4), aux mises en examen et interrogatoires devant le juge d'instruction (C. pr. pén., art. 116), aux interrogatoires de l'accusé devant la cour d'assises et par le président du tribunal correctionnel (C. pr. pén., art. 328). L'avenir dira si ce droit sera encore renforcé dans le cadre de la transposition de la Directive « présomption d'innocence » et plus précisément de son article 7-5. En effet, la loi gagnerait à prévoir explicitement que l'exercice par une personne mise en cause de son droit au silence ne saurait être retenu contre elle comme un soupçon, un élément à charge voire une preuve de sa culpabilité. L'effectivité de ce droit commande que son exercice n'ait d'incidence ni sur le recours à une mesure de coercition ni sur le jugement de la personne concernée.

La violation du droit de se taire doit être sanctionnée par la nullité substantielle des actes de procédure supports de l'interrogatoire ou de l'audition de la personne suspectée ou poursuivie, le mis en cause étant dispensé de démontrer l'existence d'un grief[2]. En ce sens, la chambre criminelle a sanctionné le fait pour des policiers d'avoir dressé un procès-verbal des déclarations spontanées faites par un gardé à vue hors procès-verbal d'audition alors qu'il se trouvait seul avec les enquêteurs dans un véhicule[3]. Pour autant, jusqu'à très récemment, une prestation de serment de dire la vérité pouvait en pratique être imposée à un suspect en garde à vue dans le cadre d'une commission rogatoire. En effet, aux termes de l'article 153 du Code de procédure pénale, « le fait que les personnes gardées à vue aient été entendues après avoir prêté serment ne constitue pas une cause de nullité de la procédure ». Saisi d'une question prioritaire de constitutionnalité, le Conseil constitutionnel a considéré qu'une telle prestation de serment « peut être de nature à faire croire à la personne gardée à vue qu'elle ne dispose pas du droit de se taire ou de nature à contredire l'information qu'elle a reçue concernant ce droit ». Il a donc estimé la fermeture de l'action en nullité prévue par l'article 153 du Code de procédure pénale contraire à la Constitution[4]. Ainsi, la prestation de serment d'un suspect et, à plus forte raison, l'absence de notification de son droit de se taire, doivent pouvoir conduire à annuler les actes servant de support à son interrogatoire ou à son audition. Cette décision du haut Conseil rappelle en creux le principe selon lequel la personne suspectée ou poursuivie n'est pas tenue de collaborer à la recherche de la vérité, contrairement aux parties d'un procès civil (C. pr. civ., art. 11). Par voie de con-

1. CEDH 14 oct. 2010, *Brusco c/ France*, req. n° 1466/07.
2. Crim. 8 juill. 2015, n° 14-85.699.
3. Crim. 25 avr. 2017, n° 16-87.518, *AJ pénal* 2017. 352, obs. D. Brach-Thiel.
4. Cons. const. 4 nov. 2016, n° 2016-594 QPC.

séquence, si la question du droit au mensonge se pose, le bon sens commande néanmoins de rappeler qu'un tel droit, dont l'efficacité est discutable en termes de stratégie de défense[1], n'emporte jamais celui d'être cru[2].

B. L'essor de la présomption d'innocence en tant que droit de la personnalité

741. Il conviendra d'étudier la protection civile du droit au respect de la présomption d'innocence et ses répercussions sur le procès pénal (*1.*), avant d'envisager les incidences de la protection pénale de ce droit subjectif (*2.*).

1. Les incidences de la protection civile du droit au respect de la présomption d'innocence

742. L'article 9-1 du Code civil consacre la présomption d'innocence en tant que droit de la personnalité jouant dans des rapports de droit privé. Dans la version du texte issue de la loi précitée n° 2000-516 du 15 juin 2000, ce droit subjectif bénéficie désormais à toute personne « placée en garde à vue, mise en examen ou faisant l'objet d'une citation à comparaître en justice, d'un réquisitoire du procureur de la République ou d'une plainte avec constitution de partie civile ». En effet, des débats nourris devant le Parlement ont conduit à ouvrir aux personnes présentées publiquement comme coupables de faits faisant l'objet d'une enquête ou d'une instruction judiciaire, une action en référé aux fins de faire cesser les atteintes à la présomption d'innocence dont elles font l'objet, et ce, aux frais des personnes, physiques ou morales, responsables de ces atteintes. Toutes mesures, sans préjudice de la réparation du dommage subi, peuvent être prises à cet effet, telles que l'insertion d'une rectification ou la diffusion d'un communiqué. Les décisions d'application de l'article 9-1 du Code civil, mettent le plus souvent en cause des organes de presse. L'aboutissement de cette action en référé suppose que les déclarations ou l'écrit litigieux contiennent des conclusions tenant la culpabilité pour définitivement acquise[3]. À cet égard, la Cour de cassation a rappelé que l'article 9-1 a pour objet la protection de la présomption d'innocence et pose un principe supérieur à la liberté d'expression[4]. C'est ainsi que les règles de forme contraignantes prévues par loi du 29 juillet 1881 pour régir les abus de la liberté d'expression ne s'appliquent pas aux atteintes à la présomption d'innocence[5]. La jurisprudence de la Cour de cassation se démarque de celle de la CEDH qui fait incontestablement de la liberté d'expression (Conv. EDH, art. 10) un droit supérieur[6], à tel point que certains estiment que la présomption d'innocence lui est « sacrifiée »[7]. Ces fluctuations jurisprudentielles s'expliquent par la nécessaire pondération de principes concurrents consacrés au même niveau de la hiérarchie des normes, pondération aboutissant à la préva-

---

1. D. Soulez Larivière, *Face aux juges. Ce que tous les honnêtes gens doivent savoir*, Albin Michel, 2017, p. 107 s.
2. C. Lombois, art. préc., p. 94.
3. Civ. 1re, 19 oct. 1999, *Bull. civ.*, n° 286.
4. Civ. 1re, 15 nov. 1996, *BICC* n° 1192; *Gaz. Pal.* 1996. 2, p. 559. Voir déjà TGI Nanterre 22 juin 1996, *BICC* 15 nov. 1996, n° 1192.
5. Civ. 1re, 8 nov. 2017, n° 16-23.779, *D.* 2017. 2303.
6. V. A. Buchet, « La présomption d'innocence au regard de la Convention européenne des droits de l'homme et des libertés fondamentales », *in* Centre Français de Droit Comparé/Ministère de la Justice, *op. cit.*, p. 32 s.
7. Sur ce point, v. Y. Mayaud, « La présomption d'innocence bafouée par la Cour européenne des droits de l'homme ? », *Mélanges en l'honneur de Renée Koering-Joulin*, Némésis, 2014, p. 595 s.

lence de l'un ou l'autre de ces principes en fonction des circonstances de l'espèce[1]. L'impression de faiblesse donnée par la présomption d'innocence est donc inévitable[2]. De plus et surtout, dès lors que personne n'est jamais protégée contre l'exercice raisonnable de la liberté d'expression et d'information[3], les conséquences de sa mise en cause publique peuvent, en pratique, s'avérer désastreuses pour elle en cas de manquement d'un journaliste à son obligation de prudence[4]. Il n'y a, comme le dit très bien l'adage populaire, « jamais de fumée sans feu ».

La Cour de cassation préserve l'autonomie du mécanisme de l'article 9-1 du Code civil. Elle a pu décider que lorsqu'une atteinte à la présomption d'innocence émane d'une personne extérieure à la procédure, qui présente publiquement la personne suspectée ou poursuivie comme coupable, une telle atteinte, certes contraire à l'article 9-1 du Code civil, n'est cependant pas de nature à entacher la procédure pénale d'une irrégularité[5], sauf si cette irrégularité affecte dans le même temps l'impartialité des magistrats ou des enquêteurs[6]. À ce dernier propos, l'on peut se demander si le droit au respect de la présomption d'innocence, envisagé en tant que droit de la personnalité, n'irradie pas le procès pénal en imposant une déontologie à tous ses acteurs (magistrats, policiers, experts, etc.) qui, dans l'exercice de leur mission, se doivent toujours de prendre en considération l'innocence potentielle de la personne suspectée ou poursuivie. La conduite du procès doit ainsi toujours être animée par le doute, et c'est la présomption d'innocence qui objective cette « culture du doute »[7], quitte à privilégier la thèse de l'innocence en cas de doute indépassable. L'on peut comprendre ainsi l'adage « *in dubio pro reo* »[8], éthique de la prise de décision, qui explique la consécration d'une minorité de faveur au profit de l'accusé en cour d'assises

1. La Grande chambre de la CEDH a rappelé que le droit d'informer le public et le droit du public de recevoir des informations se heurtent à des intérêts publics et privés de même importance protégés par l'interdiction de divulguer des informations couvertes par le secret de l'instruction, à savoir l'autorité et l'impartialité du pouvoir judiciaire, l'effectivité de l'enquête pénale et le droit du prévenu à la présomption d'innocence et à la protection de sa vie privée (CEDH 29 mars 2016, *Bédat c/ Suisse*, req. n° 56925/08, *RSC* 2016. 592 s. obs. J.-P. Marguénaud). Dans cette même affaire, la CEDH a énoncé six critères afin de guider les autorités nationales dans la mise en balance des intérêts en cause : la manière dont l'intéressé est entré en possession des informations litigieuses, la teneur de la publication, sa contribution à un débat d'intérêt général, son influence sur la conduite de la procédure pénale concernée, l'atteinte à la vie privée du prévenu et la proportionnalité de la sanction infligée (v. également CEDH 1er juin 2017, *Giesbert et autres c/ France*, préc. avec les obs. de F. Sudre).
2. V. cependant CEDH 29 juin 2010, *Karadad c/ Turquie*, req. n° 12976/05. Dans le cadre de cette affaire la CEDH a constaté une violation de l'article 6-2 de la Conv. EDH dans le fait pour une fiction télévisée de ne laisser planer aucun doute sur la culpabilité d'une personne pour des faits de meurtre.
3. Dans l'affaire précitée *Allenet de Ribemont c/ France*, la Cour européenne des droits de l'homme énonce que « la liberté d'expression garantie par l'article 10 de la Conv. EDH comprend celle de recevoir ou de communiquer des informations. L'article 6 par. 2 ne saurait donc empêcher les autorités de renseigner le public sur les enquêtes pénales en cours, mais il requiert qu'elles le fassent avec toute la discrétion et toute la réserve que commande le respect de la présomption d'innocence ».
4. V. par ex. Crim., 14 mars 2017, n° 16-80.209, estimant que viole la présomption d'innocence un article de presse laissant entendre que la partie civile a participé à des faits pénalement répréhensibles alors qu'elle a bénéficié d'une décision de non-lieu.
5. Crim. 11 juill. 2012, n° 11-85.220.
6. Dans ce sens F. Desportes et L. Lazerges-Cousquer, *op. cit.*, n° 244, p. 147.
7. Dans ce sens, M. Delmas-Marty « La preuve pénale », *Droits* 1996 (n° 23), p. 58 s.; C. Lombois, art. préc., p. 84.
8. Pour davantage de détails sur cette règle v. M. C. Nagouas-Guérin, *Le doute en matière pénale*, Dalloz, 2002.

(C. pr. pén., art. 359 et 362) et prescrit de relaxer/d'acquitter le prévenu/l'accusé en cas de persistance du doute à l'issue des débats[1]. Cette dernière règle devrait être étendue aux étapes du procès précédant la phase de jugement, comme l'y invite l'article 6-2 de la Directive « présomption d'innocence ».

Au-delà de l'éthique de décision, la présomption d'innocence impose une obligation de prudence, *pendant* l'instance, à tous les acteurs du procès, sans exception[2]. C'est ainsi qu'un magistrat du siège ne doit en aucun cas partir de la conviction ou de la supposition que la personne mise en cause a commis l'acte incriminé[3]. Il lui est interdit de s'adresser oralement à un prévenu ou à un accusé en laissant entendre qu'il le croit déjà coupable (v. C. pr. pén., art. 328 alinéa 2)[4]. L'exigence d'impartialité trouve donc en partie ses racines dans la protection de la présomption d'innocence[5]. Dans le même sens, les questions posées au jury d'assises doivent être formulées, sans qu'elles puissent révéler une opinion préconçue sur l'issue de la procédure[6]. Ou encore, la Cour de cassation refuse qu'une juridiction du fond (en l'occurrence un tribunal de police) puisse considérer que l'absence du prévenu à l'audience « laisse présumer » qu'il n'a rien à objecter sur sa culpabilité[7]. En revanche, la lecture à l'ouverture de l'audience d'assises de l'arrêt de mise en accusation par le président ne viole pas la présomption d'innocence, dès lors que cet arrêt « se borne à constater l'existence de charges justifiant la saisine de la cour qui conserve son entière liberté pour en apprécier la valeur après débats contradictoires »[8]. Quant au ministère public, il doit s'astreindre à la plus grande prudence, lorsqu'il fait des déclarations sur une affaire pénale dans le cadre des « fenêtres de publicité » (C. pr. pén., art. 11 alinéa 3)[9], même s'il est chargé d'exercer les poursuites pénales. Dans un tel cas de figure, s'il est difficile de sanctionner une anticipation sur la culpabilité par une nullité de procédure, une réparation civile sur le fondement de l'article 9-1 du Code civil est toujours envisageable[10].

Pour ce qui est des autres autorités publiques, l'ancienne Commission européenne des droits de l'homme a affirmé dès 1967 que « les autorités nationales doivent se montrer très prudentes lorsqu'elles font des déclarations publiques sur des questions en cours d'instruction et sur les personnes qui en font l'objet, afin

1. Dans un autre registre, s'agissant d'une espèce qui concernait des faits de viols pour lesquels l'action publique était prescrite et des faits d'agression sexuelle pour lesquels elle n'était pas prescrite, les juges du fond s'étaient fondés sur les déclarations des témoins concernant le viol pour corroborer l'accusation d'agression sexuelle. Cette décision a été censurée sur le fondement de la présomption d'innocence, au motif que les juges s'étaient fondés sur des faits pour lesquels la culpabilité du prévenu n'avait pas été établie (Crim. 23 mai 2012, n° 11-83.456).
2. Dans ce sens, S. Guinchard et J. Buisson, *op. cit.*, n° 401, p. 353 s.
3. Comm. EDH, rapport du 30 mars 1963, *Autriche c/ Italie,* § 179; Comm. EDH décision du 13 déc. 1983, req. n° 8945/80, DR, vol. 39.
4. Par ex., Crim. 14 juin 1956, *Bull. crim.,* n° 476, à propos d'un président d'assises s'écriant « quel que soit le mobile, l'accusé a commis deux crimes odieux et abominables ». V. également Crim. 20 août 1997, *Bull. crim.*, n° 288; Crim. 8 mars 2000, *Bull. crim.,* n° 110. Dans ces deux dernières affaires, la chambre criminelle a sanctionné des manifestations publiques d'opinion sur la culpabilité d'un accusé par un président de cour d'assises, au motif qu'elles portent atteinte à la présomption d'innocence et aux droits de la défense.
5. F. Desportes et L. Lazerges-Cousquer, *op. cit.*, n° 234, p. 135. La CEDH estime parfois que les qualités d'indépendance et d'impartialité découlent de l'article 6-2 Conv. EDH (CEDH 31 janv. 2017, *Société Edelweiss et Christian Pire c/ France,* préc.).
6. V. Crim. 16 oct. 1996, n° 95-82.274.
7. Crim. 19 mars 1986, n° 85-93.231.
8. Crim. 13 nov. 1996, *Bull. crim.,* n° 401.
9. Pour un exemple de manquement à l'obligation de prudence du ministère public, v. T. corr. Guyane 30 mai 2017, *Dalloz actualité* du 13 juin 2017, obs. M. Babonneau.
10. F. Desportes et L. Lazerges-Cousquer, *op. cit.*, n° 234, p. 136.

d'éviter, autant que possible, que ces déclarations soient mal interprétées par le public et conduisent à mettre en question l'innocence du requérant avant même qu'il ait été jugé »[1]. Par conséquent, il est interdit aux policiers et aux gendarmes d'anticiper sur la culpabilité en n'enquêtant qu'à charge[2] ou par le biais de déclarations aux médias par exemple[3]. Cette même obligation s'impose au porte-parole d'une juridiction, comme cela existe dans certains pays[4], ou encore aux hommes politiques qui doivent s'abstenir de tenir en public des propos affirmatifs sur la culpabilité d'une personne, que celle-ci soit ou non suspectée ou poursuivie[5]. S'agissant enfin des experts, il est inadmissible qu'un psychiatre s'autorise, en violation des exigences de la présomption d'innocence, à prendre position sur la culpabilité d'une personne dans son rapport ou lors de la comparution de cette dernière devant une juridiction de jugement[6].

La garantie de la présomption d'innocence joue également *après* le procès pénal. En premier lieu, son respect s'impose en l'absence d'établissement légal de la culpabilité. Par exemple, il est interdit à une juridiction civile d'évoquer la culpabilité d'un individu, dont les poursuites pénales ont été suspendues[7] ou prescrites[8], ou encore à une juridiction pénale, statuant en appel sur les seuls intérêts civils, de considérer, sans équivoque, la culpabilité d'une personne établie, alors même que les poursuites à l'encontre de celle-ci sont éteintes du fait de son décès[9]. Quant au parquet, la Cour de Strasbourg a pu décider que la prescription des faits interdit à un membre du ministère public de publier une ordonnance mettant en doute l'innocence d'une personne, en l'absence d'établissement de sa culpabilité[10].

En second lieu, la présomption d'innocence impose le respect de l'innocence définitivement établie. À défaut, les garanties de l'article 6-2 de la Conv. EDH risqueraient de devenir théoriques et illusoires[11]. La chambre criminelle a précisé qu'une cour statuant sur appel de la partie civile peut certes caractériser une « faute civile » à l'encontre d'un individu relaxé ou acquitté, mais elle ne doit, sous peine de violation de la présomption d'innocence, rechercher dans le cadre de ses appréciations si les éléments constitutifs de l'infraction ayant fait l'objet de la poursuite sont réunis[12]. Dans le même sens, un juge viole la présomption d'innocence, lorsque, saisi par une personne acquittée d'une demande d'indemnisation d'une détention provisoire injustifiée, il la rejette au motif que le deman-

1. Comm. EDH, décision du 7 févr. 1967, req. n° 2343/64.
2. Crim. 14 mai 2008, *Bull. crim.* n° 115; *AJ pénal* 2008. 328, obs. G. Roussel. L'absence d'impartialité des enquêteurs est soumise à la preuve d'un grief pour entraîner la nullité.
3. CEDH 2 juin 2009, *X c/ Slovaquie*, req. n° 24528/02; CEDH 31 mars 2016, *Alex Petrov c/ Bulgarie*, req. n° 30336/10.
4. V. CEDH 21 juill. 2015, *Neagoe c/ Roumanie*, req. n° 23319/08.
5. V. CEDH 10 févr. 1995, *Allenet de Ribemont c/ France*, préc. V. CEDH 10 nov. 2015, *Slavov & autres c/ Bulgarie*, req. n° 58500/10.
6. V. A. Blanc, « Le juge et l'expert psychiatre : qui dit et qui fait quoi ? », *AJ pénal* 2014. 514; A. Coche, « Quand les experts psychiatres ou psychologues condamnent l'accusé », *AJ pénal* 2014. 504. Comp. CEDH 23 avr. 1998, *Bernard c/ France*, préc. (pas d'atteinte à la présomption d'innocence dans le fait pour deux experts de présenter l'accusé, dans leurs rapports présentés devant une cour d'assises, comme l'auteur des crimes et ce alors même que l'accusé avait nié les faits pendant toute la durée de l'instance).
7. CEDH 28 août 2012, *Fazli Diri c/ Turquie*, req. n° 4062/07.
8. CEDH 4 juin 2013, *Teodor c/ Roumanie*, req. n° 46878/06.
9. CEDH 12 avr. 2012, *Lagardère c/ France*, req. n° 18851/07, *D.* 2012. 1708, note J.-F. Renucci.
10. CEDH 28 oct. 2014, *Peltereau-Villeneuve c/ Suisse*, req. n° 60101/09.
11. CEDH 12 juill. 2013, *Allen c/ Royaume-Uni*, préc.
12. V. par ex. Crim. 5 févr. 2014, n° 12-80.154, *Bull. crim.* n° 35.

deur aurait pu être condamné si une autre qualification pénale avait été retenue[1]. En effet, la CEDH souligne que l'article 6-2 de la Conv. EDH – qui n'autorise pas même la formulation d'un doute sur l'innocence d'une personne lorsqu'une décision de relaxe ou d'acquittement est définitive[2] – est violé en cas d'absence de réparation[3]. Autre exemple d'une telle violation, une personne placée en détention provisoire bénéficiant d'un non-lieu se voit refuser l'indemnisation de son incarcération injustifiée, au motif qu'elle ne rapporte pas la preuve de son innocence[4]. Ici l'anticipation sur la culpabilité découle d'un renversement injustifié de la charge de la preuve[5]. Dernier exemple, l'administration fiscale et les juridictions administratives se doivent de ne jeter aucun doute sur le bien-fondé d'un acquittement; la CEDH a donc sanctionné le fait d'avoir permis d'engager et de poursuivre une procédure d'exécution fiscale en considérant pour établi certains éléments de l'abus de confiance fiscal, alors même que la juridiction pénale, les ayant estimés non prouvés, avait antérieurement acquitté l'intéressé[6]. Viole également l'article 6-2 de la Conv. EDH, la juridiction administrative qui inflige une amende pour contrebande, alors que les personnes concernées avaient fait l'objet d'une relaxe au pénal[7]. La Cour veille ainsi à « faire respecter l'innocence de l'intéressé relativement à toute accusation dont le bien-fondé n'a pas été prouvé »[8].

Enfin, l'innocence définitivement établie s'impose-t-elle également à la victime ? La question s'est posée en 2014 lorsque le législateur a envisagé d'élargir – sans que cela ait abouti – la procédure de révision des condamnations pénales (C. pr. pén., art. 622 s.) aux relaxes et acquittements définitifs. À cette occasion, il a été soutenu, au regard de l'article 9 de la Déclaration de 1789, que l'innocence définitivement reconnue impose l'intangibilité des décisions définitives de relaxe et d'acquittement[9].

2. *Les incidences de la protection pénale du droit au respect de la présomption d'innocence*

743. Le renforcement de la protection de la présomption d'innocence et le souci du respect de la dignité des personnes se déclinent de façons diverses et supposent la conciliation nécessaire avec d'autres principes, d'autres droits parmi lesquels celui d'informer librement, qui a sans doute posé les problèmes les plus aigus. Guidés par l'impératif de préserver la dignité humaine, le Gouvernement et le législateur ont estimé qu'il fallait incriminer, mais à des conditions très précises, l'atteinte à l'image du suspect, au titre de la présomption d'innocence, et l'atteinte à l'image de la victime, au nom de la protection de la personne.

1. CEDH 9 nov. 2004, *Del Latte c/ Pays-Bas*, req. n° 44760/98. V. déjà CEDH 11 févr. 2003, *O. c/ Norvège*, *JCP* 2003. I. 160, n° 8, obs. F. Sudre.
2. CEDH 1er mars 2007, *Goerings c/ Pays-Bas*, *JCP* 2007. I., 182, n° 5, obs. F. Sudre.
3. V. CEDH 16 févr. 2016, *Vlieeland, Boddy & Marcelo Lanni c/ Espagne*, req. n° 53465/11 et 9634/12.
4. CEDH 13 janv. 2005, *Capeau c/ Belgique*, *JDI* 2006-3, p. 1107, obs. O. Bachelet.
5. Dans ce sens S. Guinchard et J. Buisson, *op. cit.*, n° 406, p. 361.
6. CEDH 23 oct. 2014, *Melo Tadeu c/ Portugal*, req. n° 27785/10.
7. CEDH 30 avr. 2015, *Kapetanios & autres c/ Grèce*, req. n° 3453/12, 42941/12 et 9028/13.
8. CEDH 30 avr. 2015, *Kapetanios & autres c/ Grèce*, préc.
9. V. C. Lazerges et H. Henrion-Stoffel, « Les avis de la Commission nationale consultative des droits de l'homme », *in* X. Pin (dir.), *L'erreur judiciaire. Apprendre à douter pour lutter contre les erreurs judiciaires*, L'Harmattan, 2015, p. 116.

Selon les dispositions de la loi précitée n° 2000-516 du 15 juin 2000, la protection pénale de l'image du suspect est assurée par l'interdiction, sans l'accord de la personne concernée, identifiée ou identifiable, de la diffusion de son image, faisant apparaître qu'elle porte des menottes ou des entraves (loi 29 juill. 1881, art. 35 *ter*). La peine alors encourue est de 15 000 euros d'amende.

Les textes existants étaient apparus insuffisants au législateur : à l'évidence, le port des menottes est beaucoup trop systématique. La célèbre photo diffusée du « guide des Orres » en fut un exemple aussi saisissant que désolant. Ainsi, ni l'article 803 du Code de procédure pénale, issu de la loi précitée n° 93-2 du 4 janvier 1993, qui dispose que le port des menottes doit être réservé aux personnes considérées comme dangereuses pour autrui ou pour elles-mêmes, ou susceptibles de tenter de prendre la fuite, ni la circulaire d'application de la loi du 1er mars 1993 disposant que toutes les mesures utiles doivent être prises pour empêcher qu'une personne escortée ou entravée ne fasse l'objet de photographies ou d'un enregistrement cinématographique ou audiovisuel, n'ont réussi à empêcher la commission de tels abus. Mais de quelles sanctions assortir l'usage abusif des menottes par les forces de l'ordre, hormis dans les situations de non-danger caractérisé ? Comme certains l'ont observé, avec amertume, à défaut de pouvoir sanctionner la police, on sanctionnait la presse.

La loi précitée n° 2000-516 du 15 juin 2000 n'a fait ici que reprendre l'une des propositions de la commission Truche[1]. Dans l'article nouveau qui devait à l'origine être intégré dans le Code pénal, le Gouvernement, l'Assemblée nationale et le Sénat ont souhaité marquer par une nouvelle incrimination, non pas la fonction répressive de la loi pénale, mais sa fonction expressive et pédagogique[2]. Le texte se veut un appel à une déontologie plus ferme chez certains journalistes. La levée de boucliers survenue dans une grande partie de la presse a eu deux conséquences au fil de la navette parlementaire. D'une part, elle a conduit à insérer l'incrimination nouvelle dans la loi sur la presse et, d'autre part, elle a entraîné la réduction du champ de l'infraction à la faveur de la seconde lecture à l'Assemblée nationale. Deux verrous ont été instaurés : en premier lieu, l'infraction n'est constituée que si la diffusion est réalisée sans l'accord de l'intéressé; en second lieu, les poursuites ne peuvent être déclenchées que sur plainte de la victime[3].

Tout en se félicitant que les deux verrous limitent les occasions de poursuite, les organes de presse ont continué de poser — et continuent pour certains de le faire — la question de l'utilité de la pénalisation de comportements pouvant être qualifiés d'atteinte à la présomption d'innocence, et déférés comme tels devant le juge des référés au titre de l'article 9-1 du Code civil. Le choix de la pénalisation ne se justifie-t-il pas par la volonté de signifier symboliquement la gravité que peut revêtir pour une personne suspectée ou poursuivie la diffusion de son image « menottée », sans accord de sa part ?

Dans le conflit entre renforcement du droit à la présomption d'innocence et protection du droit à l'information, c'est le maintien, malgré les critiques de certains parlementaires et surtout d'une partie de la presse, d'une infraction pénale

1. P. Truche, *Rapport de la commission de réflexion sur la justice*, Doc. fr., 1997.
2. Sur ces concepts, v. C. Lazerges, « À propos des fonctions du nouveau code pénal », *Arch. pol. crim.* n° 17 (1995), p. 7 s.
3. Civ. 1re, 20 déc. 2000, *VSD et Paris Match c/ Veuve Érignac*, *Bull. civ.* I, n° 341; J.-P. Gridel, « Retour sur l'image du préfet assassiné : dignité de la personne humaine et liberté de l'information d'actualité », *D.* 2001. Chron., p. 885; Civ. 1re, 20 févr. 2001, *Paris Match c/ Mme Bruno*, *Bull. civ.* I, n° 42.

strictement définie pour pouvoir être strictement interprétée, qui a été retenu. Pour autant, il est à espérer que la mise en œuvre de ces incriminations ne sera pas sanctionnée par la CEDH sur le fondement de l'article 10 de la Conv. EDH, ce qui fragiliserait considérablement la garantie effective de la présomption d'innocence.

L'article 38 de la loi du 29 juillet 1881 réprime, quant à lui, le fait de publier des actes d'accusation et tous actes de procédure criminelle ou correctionnelle avant qu'ils n'aient été lus en audience publique. Dans le cadre de la mise en œuvre de ces dispositions, la Cour de cassation veille à ce que les juges du fond vérifient systématiquement l'incidence de la publication litigieuse, dans son contexte, sur le droit de l'intéressé au respect de la présomption d'innocence[1]. Par conséquent, la seule appréciation de l'absence d'ingérence disproportionnée dans l'exercice du droit à la liberté d'expression s'avère insuffisante.

Enfin, il est utile de rappeler que la jurisprudence de la CEDH a reconnu, sur le fondement de l'article 10 de la Conv. EDH la légitimité du débat d'intérêt général en matière de diffamation[2]. Aussi, la liberté de prendre part à un tel débat peut-elle, le cas échéant, se trouver mise en balance avec le respect d'un acquittement ou d'une relaxe prononcé(e) par une juridiction pénale. Comme on l'a vu, la loi protège certes la personne présumée innocente au cours de toutes les phases du procès pénal. Mais, comme l'affirme pertinemment Alexandra Serinet, « admettrait-on que, lorsque la présomption s'est transformée en certitude de non-culpabilité, aucune garantie ne subsiste et que l'acquittement puisse être passé sous silence, voire remis en cause, par voie de presse ? La vérité d'*un* juge comme celle d'*un* journaliste n'est pas la vérité *du* jugement. La liberté d'exprimer la première trouve sa limite dans le devoir d'observance de la seconde[3] ». L'établissement définitif de l'innocence impose donc le respect total et absolu de celle-ci.

Conclusion

744. À l'heure où les droits de l'Homme sont en procès[4], la présomption d'innocence apparaît, à bien des égards, comme un « colosse au pied d'argile »[5]. D'une part, parce qu'elle est entachée d'une contradiction interne : « c'est le procès pénal qui la fait naître, mais c'est le procès pénal par sa mise en œuvre qui la blesse et la tue »[6]. D'autre part, parce qu'en tant qu'expression d'une valeur philosophique consacrée au plus haut degré de la hiérarchie des normes, elle entre inévitablement en collision avec d'autres valeurs de même rang. Sa garantie effective ne peut donc être qu'optimale. C'est pour cette raison que, depuis près de 1 000 ans, elle a sa place dans le paysage juridique, tel le roseau de La Fontaine, pliant sans jamais rompre. Cela étant, notre époque est indéniablement marquée par un consensus sur les enjeux sécuritaires, dont il ne peut être contesté qu'ils soient réels. L'on regrettera cependant qu'ils entravent bien souvent la possibilité d'un débat démocratique de qualité : tout se passe comme si la

---

1. Crim. 28 janv. 2014, n° 12-88.430.
2. V. L. François, « Le débat d'intérêt général dans la jurisprudence de la Cour européenne des droits de l'homme », *Légipresse* 2014. 339.
3. A. Serinet, « Diffamation : le juge et l'acquitté », *D.* 2016. 55.
4. J. Lacroix et J.-Y. Pranchère, *Le procès des droits de l'Homme : Généalogie du scepticisme démocratique*, Seuil 2016.
5. V. J. Pradel, « La présomption d'innocence, un colosse aux pieds d'argile ? Droit de la France et droits d'ailleurs », *Mélanges J.-H. Robert*, Lexis Nexis, 2012, p. 605 s.
6. R. Koering-Joulin, art. préc., p. 26.

simple invocation d'une plus grande efficacité pouvait justifier l'adoption, trop souvent sous le coup de l'émotion et sans aucune discussion, de mesures de plus en plus attentatoires aux droits et libertés fondamentaux[1] et donc à la présomption d'innocence.

Bibliographie indicative

Ouvrages généraux

- B. Bouloc, *Procédure pénale*, 26ᵉ éd., Dalloz, 2017.
- F. Desportes et L. Lazerges-Cousquer, *Traité de procédure pénale*, 4ᵉ éd., Economica, 2015.
- S. Guinchard et J. Buisson, *Procédure pénale*, 10ᵉ éd., LexisNexis, 2015.
- R. Merle et A. Vitu, *Traité de droit criminel, Tome II. Procédure pénale*, Cujas, 2001.
- J. Pradel, Procédure pénale, 19ᵉ éd., Cujas, 2017.
- E. Verges, G. Vial, O. Leclerc, *Droit de la preuve*, PUF, 2015.

Ouvrages spéciaux, thèses, monographies

Centre Français de Droit Comparé/Ministère de la Justice, *La présomption d'innocence en droit comparé. Colloque du 16 janvier 1998*, Société de Législation Comparée, 1998.

- M. J. Essaïd, *La présomption d'innocence*, thèse, Éditions La Porte, 1971.
- P. Ferot, *La présomption d'innocence : Essai d'interprétation historique*, Les éditions Ovadia, 2016.
- E. Guilhermont, La présomption d'innocence dans le discours doctrinal, thèse, Perpignan, 2006.
- H. Henrion, *La nature juridique de la présomption d'innocence*, Monéditeur.com, Bibliothèque des thèses de la faculté de droit de Montpellier, Tome 3-2006.
- C. Lazerges (dir.), *Les grands avis de la Commission nationale consultative des droits de l'homme*, Dalloz, 2016.
- G. Milliere, J.-Ph. Feldman, P. Simon et J.-Ph. Delsol, *Avancer vers l'État de droit. Droit et présomption d'innocence*, Éditions Cheminements, 2008.

F. Picod et S. Van Drooghenbroeck (dir.), *Charte des droits fondamentaux. Commentaire article par article*, Bruylant, 2018.

- M. Pouit, *Les atteintes à la présomption d'innocence en droit pénal de fond*, Univ. Européenne, 2014.
- C.-F. Stuckenberg, *Untersuchungen zur Unschuldsvermutung*, Walter de Gruyter, 1998.

Articles, chroniques

- C. Ambroise-Casterot, « Présomption d'innocence », *Rép. pén. Dalloz,* octobre 2013.

1. V. P. Berthelet, *Crimes et châtiments dans l'État de sécurité. Traité de criminologie politique*, EPU, 2015, p. 652 s.; C. Lazerges et H. Henrion-Stoffel, « La mutation du droit pénal et de la procédure pénale sous le choc du terrorisme », *Cahiers de la sécurité et de la justice* n° 35-36 (2016), p. 38.

- R. Badinter, « La présomption d'innocence, histoire et modernité », *Mélanges CATALA*, Litec, 2001, p. 133 s.
- P.-H. Bolle, « Origines et destin d'une institution menacée : la présomption d'innocence », *Mélanges PRADEL*, Cujas, 2006, p. 43 s.
- S. Detraz, « La prétendue présomption d'innocence », *Dr. pén.* 2004, n° 3, Chron. 3.
- E. Guilhermont, « Qu'appelle-t-on présomption d'innocence ? », *Arch. Pol. crim.* n° 29 (2007), p. 41 s.
- W. Jeandidier, « La présomption d'innocence ou le poids des mots », *RSC* 1991. 49 s.
- C. Lazerges, « Le projet de loi renforçant la protection de la présomption d'innocence et les droits des victimes », *RSC* 1999. 166 s.
- C. Lazerges, « Le renforcement de la protection de la présomption d'innocence et des droits des victimes : histoire d'une navette parlementaire presque achevée », *Arch pol. crim.* n° 22 (2000), p. 53 s.
- C. Lazerges, « Le renforcement de la protection de la présomption d'innocence et des droits de victimes : histoire d'une navette parlementaire », *RSC* 2001. 7 s.
- C. Lazerges, « La présomption d'innocence en Europe », *Arch. pol. crim.* n° 26 (2004), p. 127 s.
- C. Lombois, « La présomption d'innocence », *Pouvoirs*, n° 55 (1990), p. 81 s.
- Y. Mayaud, « La présomption d'innocence bafouée par la Cour européenne des droits de l'homme ? », Mélanges en l'honneur de Renée Koering-Joulin, Némésis, 2014, p. 589 s.
- X. Pin, « Le glas de la religion de l'aveu a sonné... », *JCP G* 2011. 1366 s.
- J. Pradel, « La présomption d'innocence, un colosse aux pieds d'argile ? Droit de la France et droits d'ailleurs », *Mélanges J.-H. ROBERT*, Lexis Nexis, 2012, p. 605.
- D. Roets, « Des effets post-mortem de l'égalité des armes et de la présomption d'innocence », *RSC* 2012. 695 s.

Pistes de réflexion

Les prérogatives procédurales de l'avocat pendant les auditions en garde à vue sont-elles une entrave à l'efficacité des investigations ?
La protection de la présomption d'innocence est-elle suffisamment garantie dans le cadre des régimes dérogatoires (terrorisme, criminalité organisée, etc.) ?
La mise en œuvre de la protection pénale du droit au respect de la présomption d'innocence définie dans la loi de 1881 sur la liberté de la presse peut-elle le, cas échéant, violer l'article 10 de la Conv. EDH ?
La garantie de la présomption d'innocence va-t-elle être renforcée en droit interne à l'occasion de la transposition de la Directive(UE) 2016/143 du Parlement européen et du Conseil du 9 mars 2016 ?

Section 4.
LES DROITS DE LA DÉFENSE EN PROCÉDURE PÉNALE

CATHERINE GINESTET
Professeur à l'Université Toulouse 1 — Capitole

Les droits de la défense sont consubstantiels à la procédure pénale. Leur caractéristique essentielle est sans nul doute leur extension permanente, aussi bien dans leur contenu que dans leur domaine d'application. En dépit de leur consécration au plan constitutionnel et supranational, ils ne sont pas aisés à appréhender, ni à définir. Répertoriés à chaque étape de la procédure, pour les actes les plus importants et les institutions les plus sensibles, l'étude des droits de la défense ne peut se ramener à celle de quelques grands principes, fussent-ils aussi essentiels que celui du contradictoire. De sorte que l'actualité de ce thème est constante, renouvelée par chaque texte significatif intéressant la procédure pénale. L'équilibre de la procédure pénale tient à l'efficacité de la répression et à l'effectivité des droits de la défense tout au long du procès, y compris dans la phase d'exécution. L'institution emblématique de la garde à vue suffit à s'en convaincre, qui même réformée, suscite toujours des interrogations. Plus largement, la loi du 3 juin 2016 a déçu pour ne pas avoir ménagé les équilibres.

745. *Définition.* Les droits de la défense sont consubstantiels à la procédure pénale et pourtant, est-il une notion plus difficile à définir ? La plupart des traités et des manuels de procédure pénale ne consacrent, en effet, aucun développement spécifique aux droits de la défense et n'en donnent pas davantage de définition. Faut-il s'en étonner ? Non sans doute, *omnis definitio periculosa...* Pourtant, les contours de la notion parviennent à se dessiner à partir de la longue liste des droits qui les composent et qui, elle, est mieux connue. Ces droits sont nombreux, au premier rang desquels se trouvent les plus emblématiques, comme le droit d'être assisté d'un avocat, le droit d'avoir accès au dossier, le droit d'être informé de la procédure tout au long du procès ou encore le droit de bénéficier du temps et des facilités nécessaires pour préparer sa défense, notamment du droit d'être assisté par un interprète. Relèvent également des droits de la défense, le droit de prendre la parole en dernier ou à l'inverse, le droit de se taire et de ne pas s'auto-incriminer. La liste n'est pas exhaustive et tend d'ailleurs à augmenter. Mais il ressort que ce sont les droits, que toute personne possède pour se protéger de la menace, que constitue pour elle, le procès pénal. On pourrait alors légitimement s'attendre à retrouver cette liste, si ce n'est la définition, dans l'article préliminaire du Code de procédure pénale qui fixe les caractères principaux que notre procédure doit respecter. Ici encore, les espoirs sont très vite déçus, curieusement en effet, parmi ces caractères principaux ne figure pas le respect des droits de la défense en tant que tel, seulement le respect de certaines prérogatives qui s'y rattachent — comme le droit pour la personne poursuivie d'être informée des charges retenues contre elle ou le droit d'être assistée d'un défenseur.

746. ***Esprit.*** De cette définition, il résulte que les droits de la défense ont un esprit particulier : ce sont des droits qui prennent corps face à un danger bien spécifique. Le paradoxe tient au fait que les droits de la défense s'opposent à l'effectivité du droit lui-même. En effet, non seulement les droits de la défense entravent la répression, mais encore leur violation engendre des nullités qui anéantissent la répression[1], même si la jurisprudence tente de limiter les effets de l'annulation aux actes postérieurs à l'irrégularité procédurale.

Mais contre quel danger les droits de la défense protègent-ils celui qui en bénéficie ? Contre le danger né du comportement de l'adversaire et son avocat, puisqu'il doit le faire perdre, pour lui-même triompher ! Mais contre le juge aussi, qui par nature est un danger pour la personne poursuivie puisqu'il a un rôle actif dans la recherche des preuves.

C'est pourquoi la procédure pénale inquisitoire a toujours lié loyauté de la preuve et droits de la défense[2]. Ceux-ci sont donc liés à la vulnérabilité intrinsèque de la personne poursuivie[3]. À cet égard, le « droit de se taire » est l'exemple parfait d'un droit de la défense, car il exprime le droit de ne pas collaborer à sa propre condamnation, le droit de nuire ouvertement à la recherche de la vérité. En outre, le juge détient la puissance de condamner. Aux comportements incriminés par la matière pénale peuvent correspondre encore aujourd'hui des sanctions extrêmement lourdes contre lesquelles la personne menacée doit pouvoir se défendre, même si l'efficacité de la répression en pâtit[4]. En effet, la garantie

1. Pour le contrôle d'actes réalisés dans une procédure distincte, v. Crim. 31 janv. et 8 juin 2006, *Dr. pénal* 2006, n° 93 et 115. M. Guerrin, « Les changements opérés par la loi relative à la présomption d'innocence sur les nullités de procédure dans la phase préalable au jugement pénal », *RSC* 2000. 135.
2. Mais aujourd'hui la distinction faite par la Cour de cassation entre autorités publiques et parties privées s'obscurcit. V. Cass., ass. plén., 10 nov. 2017, n° 17-82.028 et Crim. 26 sept. 2016, n° 16-80.820; O. Décima, « De la loyauté de la preuve pénale et de ses composantes », *D.* 2018. 103.
3. Sur la question du renforcement des droits de la défense lorsque la personne en cause est par ailleurs vulnérable, notamment lorsqu'il s'agit d'un enfant, v. T. Fossier, « Droits de la défense et personnes vulnérables », *RSC* 1998. 57.
4. *Contra,* P. Decheix, « Droits de la défense et défense des droits », *LPA* 3 avr. 1995; G. Bolard, « Principes de procédure et efficacité », *JCP E* 1993, *suppl.* n° 5, p. 38 s.

ne doit pas diminuer en raison de la gravité du fait reproché, même s'il s'agit d'un crime contre l'humanité, ou en raison de la culpabilité quasi certaine de l'intéressé. Au contraire, elle doit être d'autant plus forte que le danger encouru par l'intéressé est grand. À l'inverse, pour les infractions moins graves, le bénéfice des mêmes droits doit être octroyé. Sous ce rapport, les articles 495-7 et suivants du Code de procédure pénale suscitent la perplexité. Ces textes inscrivent dans notre droit la notion anglo-saxonne de « plaider coupable » ou, plus exactement, de comparution sur reconnaissance préalable de culpabilité dont la loi du 13 décembre 2011 relative à la répartition des contentieux et à l'allégement de certaines procédures juridictionnelles étend le champ d'application. Le débat judiciaire tel qu'il est traditionnellement conçu est tout simplement évacué. Plaider coupable, c'est renoncer à se défendre sur le terrain, pourtant essentiel en matière pénale, de la culpabilité. Le plus grand danger est, on le voit, constitué par l'institution de la justice elle-même, et par l'État qui la soutient. C'est pourquoi, il ne faut pas s'étonner que les droits de la défense soient pleinement consacrés.

747. ***Consécration.*** S'ils ne figurent pas expressément dans l'article préliminaire du Code de procédure pénale, les droits de la défense ont connu une ascension considérable au sein de la hiérarchie des normes puisqu'ils constituent un principe général du droit et qu'ils ont acquis une valeur constitutionnelle et supranationale.

– *La qualification de principe général*, d'abord dégagée à l'occasion du contrôle des actes administratifs de sanction[1], s'est ensuite développée dans le contentieux pénal. À ce titre, il est de jurisprudence constante aujourd'hui qu'il « se déduit des dispositions de l'article 199 du Code de procédure pénale et des principes généraux du droit » que devant la chambre de l'instruction, l'avocat du mis en examen doit avoir la parole en dernier[2]. L'article précité ne le précise pourtant pas expressément, mais les droits de la défense l'exigent, visés au travers des principes généraux du droit.

– *La valeur constitutionnelle* des droits de la défense est établie depuis 1976[3]. Le principe du respect des droits de la défense est l'un des principes fondamentaux reconnus par les lois de la République[4]. Ce n'est pourtant qu'en 2006 que le Conseil constitutionnel l'adosse à l'article 16 de la Déclaration des droits de l'homme et du citoyen de 1789[5]. Mais l'affirmation excède largement le domaine formellement pénal pour s'étendre au droit administratif répressif. Dans la longue série de décisions, celle du 10 juin 2009 rendue sur la loi dite HADOPI[6] en est un bon exemple. Il est vrai que ce contentieux de type administratif appartient, on l'a dit, à ce que le droit européen des droits de l'homme qualifie de « matière pénale », impliquant l'applicabilité des droits de la défense à ce titre. Par ailleurs, les sages ont eu l'occasion de préciser que « le principe constitutionnel des droits de la défense s'impose à l'autorité administrative sans qu'il soit besoin pour le législateur d'en rappeler l'existence »[7]. Une évidence en somme.

1. CE 31 oct. 1980, *D.* 1991. IR 111, obs. P. Delvolvé.
2. Crim. 2 mars 2010, n° 09-88.452, *Bull. crim.* n° 42. Crim. 18 janv. 2017, n° 16-80.164 précise que l'avocat des parties ou des témoins assistés peut présenter des observations, pas celui des simples mis en cause.
3. 2 déc. 1976, n° 76-70 DC (consid. 2).
4. Pour la procédure pénale, 19-20 janv. 1981, n° 81-127 DC (consid. 52).
5. 30 mars 2006, n° 2006-533 DC (consid. 24).
6. 10 juin 2009, n° 2009-580 DC (consid. 14 et 16).
7. 22 avr. 1997, n° 97-389 DC (consid. 32).

Complétant ce dispositif, le Conseil constitutionnel a plusieurs fois précisé que les droits de la défense peuvent être invoqués à l'appui d'une question prioritaire de constitutionnalité (QPC)[1].

– *La valeur supranationale* des droits de la défense résulte tout à la fois de leur affirmation dans la Convention européenne des droits de l'homme et dans la Charte des droits fondamentaux de l'Union européenne (art. 48.2) mais aussi, du contrôle étroit opéré par la Cour européenne des droits de l'homme sur la procédure pénale interne. En cela, la valeur supranationale des garanties fondamentales constitue en elle-même une garantie, équivalente à celle engendrée par la valeur constitutionnelle des principes[2]. La création par la loi constitutionnelle du 23 juillet 2008 de la QPC, pose aujourd'hui la question de savoir s'il est plus judicieux — et dans quels cas — de recourir au contrôle de constitutionnalité par les sages ou au contrôle de conventionalité par la Cour de Strasbourg. À cela s'ajoute la part de plus en plus importante prise par les directives du Parlement européen et du Conseil de l'Union européenne, notamment celle du 9 mars 2016 (2016/343) renforçant certains aspects de la présomption d'innocence et du droit d'assister à son procès dans le cadre des procédures pénales dont l'objectif est de renforcer la confiance dans les systèmes de justice pénale.

748. *Plan.* Eu égard à l'importance des droits de la défense pour la personne poursuivie et pour le respect des valeurs de l'État de droit, leur histoire est celle d'une lente conquête. De ce point de vue, l'évolution entre le Code d'instruction criminelle de 1808 et le Code de procédure pénale aujourd'hui applicable est considérable. Si le premier ne prévoyait l'intervention de l'avocat qu'à l'audience de jugement, l'extension des droits de la défense a commencé avec la loi Constans du 8 décembre 1897, laquelle a admis l'assistance de l'inculpé, par son avocat, au cours des interrogatoires de l'instruction. Cette extension ne cesse de se poursuivre pour la personne poursuivie, comme pour la partie civile[3]. Au-delà du droit pénal, les droits de la défense sont l'apanage de toute procédure. Ils appartiennent plus largement au droit processuel. Ils se retrouvent dans le procès civil et par le biais du concept de matière pénale, ils ont atteint le droit administratif répressif, le droit disciplinaire, les procédures applicables devant les Autorités administratives indépendantes telles que l'Autorité des marchés financiers ou encore l'Autorité de la concurrence. Selon le Conseil constitutionnel, le principe du respect des droits de la défense s'impose dès lors « qu'est en cause une sanction ayant le caractère d'une punition ». Or, ne serait-ce que dans le cadre circonscrit du procès pénal, l'irréversible extension des droits de la défense ne peut qu'être constatée (***I.***). Pourtant, et l'on pourrait y voir un paradoxe, l'armature protectrice de ces droits a sans doute une efficacité variable. Il est indéniable que l'intervention ponctuelle de l'avocat au cours de l'enquête n'a pas la même efficacité que celle du défenseur devant une juridiction de jugement ou même une juridiction d'instruction. C'est au fond tout le sens de la discussion autour de la garde à vue, même après la réforme du 14 avril 2011. Le caractère variable de l'efficacité des droits de la défense est donc une autre constante à ne pas négliger (***II.***).

1. 30 juill. 2010, n° 2010-14/22 QPC (consid. 21); 26 nov. 2010, n° 2010-69 QPC (consid. 4) notamment.
2. L.-E. Pettiti, « L'évolution de la défense et du droit de la défense à partir de la Déclaration universelle des droits de l'homme », *RTDH* 2000. 5 s.
3. Parce qu'il constituait une restriction injustifiée aux droits de la défense de la partie civile, l'art. 575 du C. pr. pén. a été déclaré contraire à la Constitution : Cons. const. 23 juill. 2010, n° 2010-15/23 QPC.

I. L'irréversible extension des droits de la défense dans le procès pénal

749. L'image d'un procès pénal tronqué, dans lequel les premières phases seraient inquisitoires et la dernière accusatoire, appartient désormais à l'histoire du droit pénal[1]. Tout d'abord parce que le procès pénal compte quatre phases, de l'enquête à l'exécution des décisions, ensuite parce qu'il n'y a plus un modèle de procès, mais plusieurs. De sorte qu'il était impératif pour le législateur, tenu par les exigences constitutionnelles et conventionnelles, de faire progresser les droits de la défense. L'extension se réalise donc à tous les stades du procès pénal (**A.**) et pour toutes les formes de procès pénal (**B.**).

A. Extension à toutes les phases du procès pénal

750. Conformément au modèle inquisitoire sur la base duquel se sont construites l'enquête et l'instruction, la recherche de l'efficacité a longtemps freiné le développement des droits de la défense, qui au contraire pouvaient s'exercer pleinement au moment du jugement typiquement accusatoire. Aujourd'hui, par rapport à ce temps clef qu'est le jugement, les droits de la défense progressent aussi bien en amont qu'en aval.

751. ***Le jugement, paroxysme des droits de la défense.*** Au stade du jugement, le modèle procédural le plus complet est assurément celui qui s'applique devant la cour d'assises. C'est devant elle que la menace pour la personne poursuivie est la plus grande. C'est donc devant elle que la procédure doit être la plus exemplaire en termes de respect des garanties de l'accusé. Les droits de la défense s'y manifestent de plusieurs façons. Par dérogation au principe selon lequel on ne choisit pas son juge, l'accusé peut au moment de la composition de la juridiction, récuser quatre jurés en première instance et cinq en appel (C. pr. pén., art. 297 s.). N'ayant pas à donner de motif, il dispose d'un pouvoir de récusation discrétionnaire qui doit être souligné. Durant les débats, la comparution personnelle de la personne poursuivie est en principe indispensable, ainsi que celle, à ses côtés, de son avocat (C. pr. pén., art. 317 et 410) et éventuellement celle d'un interprète s'il ne parle pas suffisamment la langue française ou est atteint de surdité. Si l'accusé refuse de comparaître, et s'il n'y a pas été contraint, le procès-verbal des débats lui est communiqué à l'expiration de chaque audience (C. pr. pén., art. 320). Le droit à l'information de l'accusé est donc respecté. L'avocat de l'accusé peut demander le renvoi de l'affaire à une prochaine session (C. pr. pén., art. 343), il peut poser directement des questions aux témoins et à toutes les personnes appelées à la barre (C. pr. pén., art. 312), il peut déposer des conclusions sur lesquelles la Cour est tenue de statuer (C. pr. pén., art. 315), il doit être entendu sur tous les incidents de procédure (C. pr. pén., art. 316 al. 1). Enfin, l'accusé doit avoir la parole en dernier (C. pr. pén., art. 346 al. 3); il se voit ainsi reconnaître le droit de faire la dernière impression, sorte de droit de la dernière éloquence... Sous réserve de quelques particularités[2], les mêmes princi-

1. J.-M. Carbasse, *Histoire du droit pénal et de la justice pénale*, 2e éd., PUF, coll. « Droit fondamental », 2006, spéc. nos 93 s.
2. Devant le tribunal correctionnel et de police, le prévenu peut se défendre seul. Dans ce cas, les dispositions conventionnelles garantissent à la personne le droit de bénéficier de toutes les facilités nécessaires pour assurer sa défense, notamment en accédant à son dossier. V. en ce sens, concernant la juridiction de proximité, Crim. 28 mars 2012, *Dr. pénal* 2012, n° 109; Crim. 12 avr. 2012, *Dr. pénal* 2012, n° 108; *Procédures* 2012, n° 228 (sur le droit à l'assistance d'un avocat).

pes s'appliquent devant le tribunal correctionnel, la chambre des appels correctionnels, le tribunal de police.

752. ***Le développement des droits de la défense pendant l'instruction.*** Depuis la loi Constans, ils ne cessent de s'étendre. Leur place est importante, aussi bien s'agissant des pouvoirs d'investigation, que de contrainte.

La promotion des droits de la défense se manifeste tout d'abord par l'information que l'intéressé doit recevoir tout au long de la procédure. La loi impose, en effet, lors de la convocation de la personne devant le juge (C. pr. pén., art. 80-2), ou lors de l'interrogatoire de première comparution lui-même (C. pr. pén., art. 116, al. 2), d'informer l'intéressé de chacun des faits sur lesquels porte l'instruction, de leur qualification et de son droit à l'assistance d'un avocat qui pourra, dès son arrivée, communiquer librement avec la personne poursuivie et avoir accès au dossier. Il est tout à fait important de noter que les obligations contenues dans l'article 116 sont observées à peine de nullité de l'interrogatoire, mais aussi de la procédure subséquente. Pour les autres interrogatoires, l'article 114 du Code de procédure pénale prévoit, en effet, que « les parties ne peuvent être entendues, interrogées ou confrontées, à moins qu'elles n'y renoncent expressément, qu'en présence de leurs avocats ou ces derniers dûment appelés ». Et le texte ajoute que l'avocat doit être convoqué au moins cinq jours ouvrables à l'avance et que le dossier de la procédure est mis à sa disposition au moins quatre jours ouvrables avant l'interrogatoire. D'ailleurs, après la première comparution, le dossier est mis à tout moment à la disposition de l'avocat. Ce dernier ou la partie peut se faire délivrer copie de tout ou partie des pièces du dossier. Et la jurisprudence décide qu'en cas de versement de nouvelles pièces au dossier, le juge doit en informer la personne poursuivie et son conseil avant tout nouvel interrogatoire[1]. L'avocat qui s'est fait communiquer le dossier de la procédure peut, sous conditions, remettre une copie des pièces pénales à son client[2]. Qu'il s'agisse de la première comparution ou des interrogatoires ultérieurs, la personne poursuivie bénéficie encore du droit au silence. Ce droit montre l'autonomie de la notion de droits de la défense par rapport au principe du contradictoire. La CEDH considère toutefois que la juridiction de jugement ne peut tirer des conséquences défavorables du silence opposé par l'accusé. Elle a ainsi inclus le droit de se taire dans les droits de la défense par l'arrêt *Funke* du 25 février 1993[3], maintes fois confirmé. La loi, quant à elle, affine le système en offrant à la personne le choix de se taire ou de faire des déclarations. Ce dispositif peut donner lieu à des solutions sévères, comme celle de l'arrêt *Stojkovic* du 27 octobre 2011[4] où la CEDH reproche aux autorités françaises de n'avoir pas remédié à l'atteinte causée aux droits de la défense d'une personne, entendue par les autorités belges, sous commission rogatoire internationale.

La loi renforce également le caractère contradictoire des expertises. Destinataires de la décision qui ordonne l'expertise, le parquet et les parties

1. Crim. 20 févr. 1990, *Bull. crim.* n° 86.
2. Interdiction est cependant faite au client de communiquer à son tour les pièces du dossier à des tiers (C. pr. pén., art. 114-1). Par ailleurs, la Chambre criminelle a précisé que « la possibilité de se faire délivrer une copie des pièces du dossier... n'est ouverte à l'avocat de la personne concernée qu'après sa première comparution en qualité de personne mise en examen ou de sa première audition comme partie civile », Crim. 25 oct. 2011, n° 11-81.677.
3. *JCP* 1993. II. 22073, note R. et A. Garnon. Cela n'interdit bien sûr pas une condamnation ultérieure, si les preuves sont par ailleurs réunies, comme le rappelle l'arrêt de la Cour *Murray* du 8 févr. 1996 (*RSC* 1997. 476, note R. Kœring-Joulin).
4. CEDH 27 oct. 2011, *Stojkovic c/ France et Belgique*, *Procédures* 2011, n° 368.

privées[1] disposent en principe d'un délai de dix jours pour présenter des observations, demander au juge d'instruction de préciser les questions posées, ou encore d'adjoindre à l'expert désigné par le magistrat instructeur un autre expert judiciaire (C. pr. pén., art. 161-1). Enfin, les experts peuvent communiquer leur rapport définitif aux officiers de police judiciaire (OPJ), mais aussi au parquet et aux avocats des parties (C. pr. pén., art. 166) avec l'accord du juge d'instruction.

S'agissant des *pouvoirs de contrainte*, les droits de la défense ont enregistré des progrès sensibles en ce qui concerne la mise en examen notamment. C'est l'étape décisive de l'instruction préparatoire où le juge impute officiellement des charges à la personne poursuivie, à raison des indices laissant présumer qu'elle a participé à l'infraction pour laquelle il est saisi. En dépit des éléments qui s'accumulent contre lui, le mis en examen reste présumé innocent et bénéficie de la plénitude des droits de la défense[2]. Devenant partie à la procédure, il doit être informé des actes réalisés, il est assisté et a accès au dossier. Il peut demander la réalisation de certains actes d'instruction. Il est informé de la fin de l'instruction. Toutefois, dans son désir de mettre en œuvre une mise en cause graduelle de la personne, le législateur a accordé, au témoin assisté, des droits jadis réservés au mis en examen. Ce tiers à la procédure dispose de droits importants, celui d'être assisté d'un avocat et d'avoir accès au dossier (C. pr. pén., art. 113-3) comme du droit de se taire (C. pr. pén., art. 113-4). Il peut aussi soulever une nullité, mais la Cour de cassation ne lui reconnaît pas qualité pour se pourvoir en cassation[3]. L'ambiguïté de son statut est alors évidente, de même que l'extension des droits de la défense à une personne qui n'a pas la qualité de partie.

753. ***La timide contagion des droits de la défense aux enquêtes.*** Les enquêtes préliminaires et de flagrances ont en commun d'être empreintes d'un caractère inquisitoire prononcé et de donner lieu à des mesures spécifiquement réglementées dans lesquelles les droits de la défense n'apparaissent que ponctuellement, lorsque les atteintes aux droits des individus sont graves. Ainsi, en matière de perquisition, le Code de procédure pénale prescrit expressément à l'officier de police judiciaire « de provoquer préalablement toutes mesures utiles pour que soit assuré le respect du secret professionnel et des droits de la défense » (art. 56 al. 3). Mais la réalité est sensiblement différente dans la mesure où les garanties qui entourent la mesure de perquisition (présence et assentiment de principe de l'intéressé, respect des heures légales...) répondent plutôt au souci de protéger l'intimité et le domicile de la personne concernée[4], qu'au désir d'accorder à l'individu des droits proprement défensifs pouvant faire, le cas échéant, obstacle à la manifestation de la vérité. En matière de géolocalisation, la loi du 28 mars 2014 admet, contrairement à la Cour de cassation en octobre 2013 (*cf.* n° 13-81.949), que cette mesure est utilisable dès l'enquête, même si elle requiert une certaine gravité des infractions (C. pr. pén., art. 230-32). La décision est alors prise par le Procureur pour les quinze premiers jours et n'a jamais de caractère

1. Cons. const. 23 nov. 2012, n° 2012-284 QPC (consid. 4), où les Sages suppriment la référence « aux avocats » des parties pour éviter « une différence de traitement [...] entre les parties selon qu'elles sont représentées ou non par un avocat... »; *Procédures* 2013, n° 22.
2. C. pr. pén., art. 116 al. 4. Il a été jugé toutefois que le refus d'indiquer son identité et la langue comprise n'empêche pas la mise en examen dès lors qu'il existe des indices graves ou concordants rendant vraisemblable la participation de l'intéressé à la commission de l'infraction dont le juge d'instruction est saisi : Crim. 30 mars 2004, *AJ pénal* 2004. 248, obs. Leblois-Happe.
3. Crim. 21 juin 2005, *Procédures* 2005, n° 238. Autre illustration de sa qualité de tiers, Crim. 14 déc. 2011, n° 11-85.753.
4. Voire le secret professionnel pour les avocats, ou le secret des sources pour les journalistes. V., A. Chavagnon, « La protection des sources des journalistes : la décevante loi n° 2010-1 du 4 janvier 2010 », *D.* 2010. 275.

juridictionnel. Face à ce que la chambre criminelle qualifiait d'ingérence dans la vie privée dont la gravité imposait selon elle le contrôle d'un juge, la loi ne fait intervenir le JLD qu'à l'issue du délai susmentionné, pour ce qui n'est qu'un renouvellement pour la personne concernée. Quelques garanties sont consenties mais qui ne relèvent donc pas des droits de la défense, largement absents de l'enquête.

L'acte le plus grave reste sans nul doute la *garde à vue* qui pose précisément depuis longtemps la question de la préservation des droits de la défense. Dès 1993, le Conseil constitutionnel déclarait que « le droit de la personne à s'entretenir avec un avocat au cours de la garde à vue, constitue un droit de la défense qui s'exerce pendant la phase d'enquête de la procédure pénale »[1], chose qui n'allait pas de soi à l'époque. Il a cependant fallu attendre l'avènement de la question prioritaire de constitutionnalité pour que soient stigmatisées, par le Conseil constitutionnel[2], de nombreuses critiques au sujet de cette mesure gravement attentatoire aux libertés de celui qui n'est, malgré tout, qu'un suspect. Un peu tardivement, la chambre criminelle de la Cour de cassation[3] lui a emboîté le pas, condamnant elle aussi certains textes sur le fondement des exigences européennes. En dehors de la question discutée de l'application différée des nouvelles dispositions, l'Assemblée plénière a adopté le 15 avril 2011 la règle selon laquelle « la personne gardée à vue [peut] bénéficier de l'assistance d'un avocat dès le début de la mesure et pendant les interrogatoires »[4]. L'entrée en vigueur concomitante de la réforme n'a cependant pas résolu tous les problèmes. L'encre à peine sèche, plusieurs QPC sont remontées au Conseil constitutionnel qui a rendu une déclaration de conformité[5] en dépit du dispositif peu clair de l'audition libre, décrié dès l'avènement du texte. Sur ce point, la loi du 27 mai 2014 transposant la directive du 22 mai 2012 relative au droit à l'information dans le cadre des procédures pénales a modifié les règles sans parvenir à résoudre toutes les difficultés[6] (v. ss 762). Par ailleurs, le droit de ne pas contribuer à sa propre incrimination a servi, au côté du principe de loyauté, de fondement à la condamnation par l'Assemblée plénière des sonorisations des cellules de garde à vue[7]. L'intérêt de l'arrêt est d'avoir confirmé le caractère autonome du principe de loyauté par rapport à celui de légalité.

754. ***L'extension des droits de la défense après le jugement.*** Que l'influence des droits de la défense soit très nette au stade de l'exercice des voies de recours n'est que l'effet du double degré de juridiction. Cette garantie du procès équitable permet de mettre en œuvre une seconde fois toutes les prérogatives qui ont pu l'être en première instance. Mais, lorsque la décision de condamnation est devenue définitive, le condamné est pris en charge par l'Administration pénitentiaire. Or, pendant de nombreuses années, le sort du condamné a été, sinon abandonné au bon vouloir de l'Administration pénitentiaire, du moins dominé par un régime purement administratif. Le législateur y avait prêté son concours

1. Cons. const. 11 août 1993, n° 93-326 DC (consid. 12).
2. Cons. const. 30 juill. 2010, n° 2010-14/22 QPC, *Dr. pénal* 2010, n° 113, obs. Maron et Haas.
3. Crim. 19 oct. 2010; v. « La garde à vue sous contrôle judiciaire », dossier spécial *Dr. pénal* 2010, n° 11 (nov.).
4. Cass., ass. plén., 15 avr. 2011, n°s 10-17.049 et 10-30.316. L'arrêt affirme aussi que « les États [...] sont tenus de respecter les décisions de la CEDH sans attendre d'être attaqués devant elle, ni d'avoir modifié leur législation ». La généralité de la règle vaut pour toute question et est une incitation de plus à hâter le travail législatif lorsqu'il s'impose.
5. Cons. const. 18 nov. 2011, n° 2011-191/194/195/196/197 QPC (consid. 20).
6. J.-B. Perrier, « La transposition tardive de la notification du droit du suspect libre à l'assistance d'un avocat », *D.* 2014. 1160.
7. Cass., ass. plén., 6 mars 2015, *Dr. pénal* 2015, n° 58, obs. Maron et Hass.

en qualifiant les décisions prises par le juge d'application des peines (JAP) de mesures d'administration judiciaire, comme telles insusceptibles de recours. Pour autant, sous l'influence des normes européennes, s'est progressivement mis en place un mouvement de judiciarisation de l'application des peines. Ce mouvement a trouvé un aboutissement très remarqué dans la loi du 15 juin 2000 dont l'orientation a été reprise et amplifiée par la loi Perben II.

L'un des traits saillants de la loi du 15 juin 2000 a été d'instituer devant le JAP, ce qui est désormais un procès à part entière[1] et de considérer que toutes les décisions prises par ce magistrat ne sont pas des mesures d'administration judiciaire. Ainsi, le placement à l'extérieur, la semi-liberté ou le placement sous surveillance électronique donnent-ils désormais lieu à des décisions de nature juridictionnelle. Elles ne peuvent donc être décidées qu'après un débat contradictoire au cours duquel le JAP doit entendre les réquisitions du parquet, recueillir les observations du condamné et celles de son avocat (C. pr. pén., art. 712-6). La loi du 9 mars 2004 a poursuivi ce mouvement de judiciarisation de l'application des peines qui se double d'un net progrès des droits de la défense. Là où il y a débat judiciaire, il y a représentation de la défense. En effet, aux côtés du JAP est créé un tribunal de l'application des peines (TAP) compétent en matière de libération conditionnelle, de suspension de peine ou de relèvement de la période de sûreté. Ce tribunal statue après débat contradictoire au cours duquel sont recueillies les observations du condamné et de son avocat (C. pr. pén., art. 712-7). Les décisions du JAP et celles du TAP sont susceptibles d'appel devant la chambre de l'application des peines de la cour d'appel, qui statue après débat contradictoire au cours duquel est entendu l'avocat du condamné. Le progrès des droits de la défense au stade de l'exécution des peines est donc très net.

Cette extension à toutes les phases du procès, se double d'une extension à toutes les formes de procès pénal.

B. Extension à toutes les formes de procès pénal

755. Dans de très nombreuses hypothèses, le procès pénal ne se déroulera pas sur le mode classique des quatre phases. Eu égard au contexte, la personne poursuivie pourra se voir appliquer des règles permettant l'accélération de la procédure, ou encore des alternatives au procès classique. Chaque fois, la place des droits de la défense doit y être scrutée, tout comme lorsque la personne ne souhaite pas comparaître.

756. ***Les droits de la défense dans les procédures rapides.*** Si les droits de la défense ne doivent pas diminuer à raison de la gravité des faits, peuvent-ils être moindres, voire inexistants pour les affaires de faible gravité ne présentant aucune complexité ? À l'exclusion des crimes, lorsque les faits sont simples et établis, deux procédures peuvent être utilisées à l'occasion desquelles les droits de la défense sont très largement évincés, il s'agit de la procédure judiciaire d'ordonnance pénale et de la procédure administrative d'amende forfaitaire. La première permet au ministère public, pour certains délits augmentés par la loi du 13 décembre 2011 (C. pr. pén., art. 495 s.), ou contraventions (C. pr. pén., art. 524 s.), de saisir directement le tribunal en lui communiquant le dossier de la poursuite et ses réquisitions. S'il estime que l'audition de la personne poursui-

1. S. Mail-Fouilleul, « Les droits de la défense et le juge de l'application des peines », *Dr. pénal* 2001. Chron. 7.

vie n'est pas nécessaire[1], le tribunal statue de façon non contradictoire et sans débat, au moyen d'une ordonnance pénale. Les droits de la défense sont totalement absents de la procédure elle-même. Mais ils apparaissent dans la suite qui y est donnée. En effet, l'ordonnance pénale est notifiée au condamné qui peut former opposition. S'ouvre alors, devant le même juge, une procédure ordinaire faisant place aux droits de la défense[2]. La seconde procédure d'amende forfaitaire, longtemps réservée aux contraventions dont la liste est fixée en Conseil d'État (C. pr. pén., art. 529 s.), est introduite en matière délictuelle par la loi du 18 novembre 2016 de modernisation de la justice du XXIe siècle (C. pr. pén., art. 495-17 s). Là encore, les droits de la défense sont totalement absents. Si dans les deux hypothèses, l'action publique est éteinte par le paiement de l'amende dont il s'agit, les procédures sont différentes. Dès lors, les droits de la défense n'apparaissent qu'en cas de poursuites engagées par le parquet, à l'encontre du contrevenant, en raison de l'absence de paiement dans le délai, ou du rejet de la demande d'exonération présentée par l'auteur des faits (C. pr. pén., art. 529-2 pour les contraventions et art. 495-21 pour les délits). En dépit de ses particularités, la procédure d'amende forfaitaire contraventionnelle a été déclarée conforme à l'article 6 de la Convention européenne des droits de l'homme[3].

Par ailleurs, les procédures accélérées de comparution, plus largement applicables, sont quant à elles, plus protectrices des droits de la défense. S'il relève de la libre appréciation du parquet de choisir ou non, en matière correctionnelle, la comparution par procès-verbal ou la comparution immédiate, c'est à la condition que la personne déférée soit informée des faits qui lui sont reprochés, du droit à l'assistance d'un avocat qui peut consulter le dossier sur le champ et communiquer librement avec elle[4]. La convocation par procès-verbal[5] qui invite le prévenu à comparaître devant le tribunal doit ménager un délai compatible avec la préparation de la défense (C. pr. pén., art. 394 al. 1), elle contient des précisions relatives à l'information de l'avocat et au fait qu'il peut « à tout moment, consulter le dossier ». Quant à la comparution immédiate, plus dangereuse encore, puisqu'elle permet, sous conditions supplémentaires, la comparution du prévenu le jour même, elle suppose l'accord exprès du prévenu, recueilli en présence de son avocat (C. pr. pén., art. 397). Il s'agit de compenser, en quelque sorte, l'absence de temps pour préparer la défense; ce qui peut se concevoir par exemple en présence d'un délit flagrant où les faits sont avérés. Le caractère dangereux de ces procédures exige l'existence de droits de la défense spécifiques, mais aussi la multiplication de garanties telles que l'exclusion pure et simple du recours à ces techniques pour les délits commis par les mineurs par exemple ou pour les délits en matière de presse.

---

1. Dans le cas contraire, le renvoi à la procédure ordinaire est possible, C. pr. pén., art. 495-1 pour les délits et 525 pour les contraventions.
2. D'où l'extension de l'ordonnance pénale délictuelle, par la loi n° 2011-1862 relative à la répartition des contentieux et à l'allégement de certaines procédures juridictionnelles, suivant en cela les préconisations du rapport Guinchard, « L'ambition raisonnée d'une justice apaisée », 2008, 61e proposition.
3. Crim. 16 juin 1999, *Bull. crim.* n° 138.
4. Le Conseil constitutionnel estime par ailleurs que si le déferrement prévu à l'art. 393 du C. pr. pén. autorise le ministère public à recueillir les déclarations, si la personne en fait la demande, cela « ne saurait sans méconnaître les droits de la défense, l'autoriser à consigner les déclarations... dans le procès-verbal mentionnant les formalités de la comparution », 6 mai 2011, n° 2011-125 QPC (consid. 13). V. C. Girault, *Dalloz actualité* 18 mai 2011.
5. À ne pas confondre avec la convocation par OPJ de l'art. 390-1 du C. pr. pén. qui ménage aussi les droits de la défense. Elle peut être mise en œuvre simultanément à une comparution sur reconnaissance préalable de culpabilité selon l'art. 495-15-1, dont les sages ont décidé qu'il ne portait pas atteinte aux droits de la défense. V. 10 déc. 2010, n° 2010-77 QPC (consid. 6).

757. ***Le plaider coupable, ou la place originale de la défense.*** La comparution sur reconnaissance préalable de culpabilité a fait couler beaucoup d'encre, puisque son essence même est, au fond, de renoncer à se défendre, de renoncer au débat judiciaire. Le dispositif prévoit sans doute des garanties en amont : présence de l'avocat pendant toute la durée de la procédure et notamment lors de la reconnaissance par le prévenu de sa culpabilité, accès de l'avocat au dossier, entretien libre du prévenu avec l'avocat hors la présence du procureur de la République, possibilité pour le prévenu de demander un délai de réflexion de dix jours. Mais, l'instance prévue par l'article 495-9 du Code de procédure pénale aura pour seul objet l'homologation de l'accord intervenu avec le parquet. Et le texte prescrit seulement au juge de vérifier « la réalité des faits et leur qualification juridique », non la culpabilité du prévenu, acquise sans débat. Le Conseil constitutionnel a cependant ajouté, on le sait, une réserve d'interprétation soulignant « qu'il pourra refuser l'homologation s'il estime que la nature des faits, la personnalité de l'intéressé [...] justifient une audience correctionnelle ordinaire »[1]. À contre-courant de notre vision classique, cette alternative au procès a gagné la reconnaissance du monde judiciaire pour deux raisons essentielles : l'aspect consensuel de la procédure — n'oublions pas que le Procureur peut aussi recourir à la procédure à la demande de l'intéressé — et la présence obligatoire de l'avocat, pour laquelle il est expressément prévu qu'aucune renonciation n'est possible (C. pr. pén., art. 495-8 al. 4). Aussi, la place faite aux droits de la défense a-t-elle paru suffisante pour étendre la procédure à tous les délits, quelle que soit la peine, sous réserve de quelques exclusions précises[2].

758. ***Les droits de la défense dans les procédures* in absentia.** Pour une meilleure recherche de la vérité, notre droit exige en principe la comparution de la personne poursuivie. Pourtant, il fallait bien prendre en considération les hypothèses dans lesquelles le jugement était rendu en son absence. Après avoir longtemps considéré que celui qui s'était soustrait à la justice, ne pouvait bénéficier de la protection accordée à celui qui y faisait face, l'évolution s'est faite, là encore, dans le sens d'un élargissement des droits de la défense, afin de se mettre en conformité avec la jurisprudence européenne. Après quelques avancées, réalisées au coup par coup par la Cour de cassation, la loi du 9 mars 2004 a largement réformé le défaut délictuel, instauré le défaut criminel et généralisé la place de l'avocat dans ces procès d'un type particulier.

Le défaut correctionnel est circonscrit à l'hypothèse dans laquelle la personne ne comparaît pas, alors que la citation ne lui a pas été délivrée et qu'il n'est pas établi qu'elle en a eu connaissance. Au-delà de la question de savoir quelle est la nature du jugement (contradictoire, contradictoire à signifier ou par défaut) conditionnant l'admission de telle ou telle voie de recours, notons que, quelles que soient les circonstances, l'avocat qui se présente pour défendre le prévenu doit être entendu, s'il en fait la demande (C. pr. pén., art. 412). La chambre criminelle durcit pourtant le dispositif puisqu'elle considère que le prévenu qui ne comparaît pas, sans être représenté, ne peut régulièrement déposer de conclusions au sens de l'article 459. Se défendre seul suppose donc d'être présent à l'audience[3].

---

1. 2 mars 2004, n° 2004-492 DC (consid. 107 et 111). La réserve d'interprétation a été réitérée *in* 8 déc. 2011, n° 2011-641 DC (consid. 16 et 17), eu égard à l'élargissement du domaine d'application de la mesure.
2. V. C. pr. pén., art. 495-7 tel qu'issu de la loi du 13 déc. 2011 reprenant le rapport Guinchard dans sa 62e proposition.
3. Crim. 16 juin 2011, *Procédures* 2011, n° 275; Crim. 22 nov. 2011, n° 11-82.826.

Prenant acte de la condamnation de la procédure de contumace par la CEDH en 2001, le législateur a conçu une procédure plus respectueuse des droits de la défense, le défaut criminel (C. pr. pén., art. 379-2 s.). Même s'il reste des vestiges de l'ancienne procédure, comme le mécanisme de la purge de la contumace, l'apport fondamental des nouveaux textes réside dans la présence de l'avocat. Sous l'empire des anciennes dispositions, le contumax ne pouvait jamais être défendu. Aujourd'hui, la présence du défenseur de l'accusé, par hypothèse absent, provoque deux conséquences majeures. La plus évidente sera d'accepter le dépôt des conclusions, de l'entendre, pour assurer la protection de ses intérêts. Mais le texte va beaucoup plus loin, en ce sens qu'il écarte alors le défaut criminel, pour conduire à la mise en œuvre d'une procédure ordinaire. C'est admettre par-là même, la représentation en matière criminelle et faire du défaut criminel une procédure très exceptionnelle[1].

Sous l'égide du procès équitable et en dépit de quelques particularités soulignées, l'extension des droits de la défense est donc généralisée et semble irréversible. Toutefois, l'existence des droits est une chose, leur effectivité en est une autre. La CEDH n'a de cesse de rappeler que les droits et garanties des justiciables ne doivent pas rester théoriques et illusoires, de sorte qu'il faut maintenant essayer de mesurer l'efficacité de la protection dont bénéficie la personne poursuivie en particulier.

II. L'efficacité variable des droits de la défense dans le procès pénal

759. Pour être généralisés, les droits de la défense ne sont pas pour autant uniformément protecteurs. Ils sont plus ou moins développés et plus ou moins efficaces selon les phases du procès et les actes contre lesquels ils garantissent la personne poursuivie. Toute la question est celle de l'équilibre des pouvoirs des autorités de poursuites ou judiciaires face aux droits des individus. De ce point de vue, des différences manifestes apparaissent entre les procédures. Le déficit de défense dans les procédures dérogatoires (**B.**) répond au fragile équilibre dans la procédure de droit commun (**A.**).

A. Le fragile équilibre dans la procédure de droit commun

760. Les droits de la défense connaissent des limites aux justifications diverses, liées aux actes réalisés, mais aussi aux objectifs de la procédure. Elles se manifestent soit par le nombre, le choix des prérogatives octroyées (assistance de l'avocat et/ou accès au dossier par exemple), soit par les conséquences qui découlent de telles ou telles règles du procès. Ces limites, dont certaines sont peut-être irréductibles, existent de l'enquête au jugement.

761. ***Les droits de la défense avant le déclenchement de l'action publique.*** N'est-il pas anachronique de se poser la question de l'existence des droits de la défense avant le déclenchement de l'action publique ? Y a-t-il matière à se défendre en effet ? Sans doute, puisque la potentialité des poursuites suffit à faire courir un risque à la personne et que certains mécanismes dits de justice consensuelle peuvent, s'ils échouent, permettre l'utilisation d'une réponse pénale plus classique. Mieux encore, il a été jugé qu'un rappel à la loi ayant eu un « impact

1. La procédure est exclue en appel quand le recours est formé par l'accusé absent sans excuse valable, C. pr. pén. art. 379-7.

positif » ne faisait pas obstacle à l'ouverture de l'action publique, en vertu de l'article 41-1 (C. pr. pén.)[1], ce qui tendrait à prouver, face aux lacunes du dispositif légal, que les alternatives aux poursuites n'en sont pas vraiment.

Ainsi observera-t-on que, dans le cadre d'une composition pénale, alternative aux poursuites qu'il ne faut pas confondre avec la comparution sur reconnaissance préalable de culpabilité, le législateur pose un certain nombre de garanties procédurales, auxquelles il adjoint l'un des droits les plus symboliques de la défense. L'article 41-2 al. 5 (C. pr. pén.) dispose en effet que « la personne à qui est proposée une composition pénale est informée qu'elle peut se faire assister d'un avocat avant de donner son accord à la proposition du procureur ». L'on peut voir plusieurs raisons à cela. Même si l'exécution de la composition éteint l'action publique, il n'est pas anodin de signaler que le casier judiciaire en garde une trace et que les mesures de composition ressemblent à s'y méprendre à des peines. De sorte que cet accord est lourd de conséquence pour celui qui le donne.

Durant les enquêtes enfin, priorité est donnée à l'efficacité des investigations, au point d'envisager depuis quelques années de se passer purement et simplement de la phase d'instruction, tant les pouvoirs des autorités de poursuites sont larges. Ces deux enquêtes qui ne déboucheront peut-être jamais sur des poursuites judiciaires sont donc par nature hermétiques aux droits de la défense. Pour les *auditions* (C. pr. pén., art. 78), les *contrôles d'identité et les relevés d'identité* (C. pr. pén., art. 78-1), la protection des personnes qui y sont soumises ressort davantage des garanties posées par les textes résultant du principe de la présomption d'innocence, que des prérogatives normalement attachées aux droits de la défense. Il en va ainsi de la règle selon laquelle la personne ne peut être retenue que le temps nécessaire à son audition ou à l'établissement de son identité, la rétention ne pouvant excéder quatre heures (C. pr. pén., art. 62 al. 2 et 78-3 al. 3). Si les actes de la police sont encadrés, le suspect ne bénéficie de véritables droits de la défense que face à des mesures liberticides.

762. ***La problématique des droits de la défense pendant la garde à vue.*** Cette mesure de contrainte illustre on ne peut mieux la difficulté qu'il y a à trouver un équilibre dans la procédure, puisque, s'il est admis qu'il s'agit d'une contrainte souvent nécessaire, il n'en demeure pas moins qu'elle doit s'accompagner de garanties appropriées.

Le Code de procédure pénale réglemente, de longue date, les conditions du placement en garde à vue, la durée de la mesure et les modalités de son éventuelle prolongation. Mais, il laisse aussi quelques questions en suspend, et non des moindres, comme le fait de savoir dans quel contexte la garde à vue est obligatoire, ce qui revient à se demander jusqu'où peut aller l'audition libre, le statut de suspect instauré par la loi du 27 mai 2014 n'étant pas des plus clairs. Pendant les enquêtes, s'il existe des raisons plausibles de soupçonner la personne d'avoir commis une infraction, sans qu'il soit fait usage de la contrainte, cette dernière ne peut être entendue qu'après avoir été informée de ses droits (qualification de l'infraction, droit de quitter les locaux, droit de se taire et dans certains cas, droit d'être assisté d'un avocat pendant les auditions et les confrontations, etc., C. pr. pén., art. 61-1). Elle peut également demander à ce que son avocat l'assiste lors d'une reconstitution d'infraction par exemple (C. pr. pén., art. 61-3). Pourtant, obliger l'officier de police judiciaire (OPJ) à placer une personne en garde à vue au cas de contrainte ou de raisons plausibles de soupçonner, n'a d'autre but que d'encadrer son action et plus largement de protéger les droits de la personne.

1. Crim. 21 juin 2011, *AJ pénal* 2011. 584.

Tous ne relèvent pourtant pas, *stricto sensu*, des droits de la défense. En ce sens, si le droit pour l'intéressé d'avertir un proche ou de se faire examiner par un médecin, participe des garanties de la procédure, il ne permet absolument pas de réagir contre l'exercice de l'action publique. Au gré des réformes, plusieurs textes sont venus préciser, augmenter ces droits (mention des motifs justifiant la décision par ex. ou dispositif de l'article 63-4-3-1) qui, quoique réels, sont jugés insuffisants encore aujourd'hui[1].

Les critiques récurrentes ont pris une importance sans précédent sous la double influence des condamnations par la CEDH et de la question prioritaire de constitutionnalité. Si les fondements juridiques sont différents, le but poursuivi est identique : équilibrer les rapports de force entre les autorités de poursuites et la défense. S'appuyant sur les règles du procès équitable, la CEDH rappelle dans son arrêt *Dayanan c/ Turquie* du 13 octobre 2009, « le droit de tout accusé à être effectivement défendu ». C'est également sur le fondement de l'article 6 de la Convention européenne des droits de l'homme que l'Assemblée plénière décide le 15 avril 2011 de rendre *immédiatement* « effectif et concret » le droit à l'assistance de l'avocat. Dans sa fameuse décision du 30 juillet 2010, le Conseil constitutionnel déclare quant à lui le dispositif contraire à la Constitution, mettant en avant les restrictions condamnables aux droits de la défense, en méconnaissance des articles 9 et 16 de la Déclaration des droits de l'homme et du citoyen de 1789 (consid. 29). En dépit de ces avancées réelles, la décevante loi du 14 avril 2011, pourtant validée par le Conseil constitutionnel (v. ss 766), n'est sans doute pas de nature à instaurer l'équilibre recherché. Deux remarques suffiront à le prouver. Le gardé à vue peut demander à être assisté d'un avocat lors des auditions et des confrontations et le refus d'informer l'avocat choisi porte nécessairement atteinte à ses intérêts (Crim. 21 oct. 2015, n° 15-81.032), mais par ailleurs les « nécessités de l'enquête », alliées à des « raisons impérieuses » peuvent exceptionnellement justifier une audition hors la présence de l'avocat (C. pr. pén., art. 63-4-2 al. 3 s.). En outre, l'article 63-4-1 n'organise pas l'accès à l'entier dossier mais uniquement au procès-verbal de garde à vue, ce que la Chambre criminelle ne trouve pas incompatible avec l'article 6 § 3 de la Convention européenne[2]. Bien sûr, la notification du droit au silence est rétablie et l'avocat peut, après audition, poser des questions et présenter des observations écrites jointes à la procédure. Mais ceci suffira-t-il à compenser les larges possibilités données aux autorités judiciaires ? Sans occulter le débat autour du ministère public, pour lequel la CEDH n'hésite plus à affirmer que son manque d'indépendance à l'égard de l'exécutif ne permet pas de le qualifier d'autorité judiciaire[3] et qui contrôle pourtant toujours la garde à vue.

763. ***Le caractère formel de certains droits pendant l'instruction.*** On l'a dit, l'instruction devient de plus en plus contradictoire et les droits de la défense ont progressé. Pourtant, incontestablement, il est des circonstances dans lesquelles ces droits rayonnent moins fort, notamment au moment de la mise en examen et lorsque des mesures coercitives vont être utilisées.

---

1. V. S. Pellé, « Garde à vue : la réforme de la réforme (acte I) », *D.* 2014. 1580; Roujou de Boubée, « La réforme de la garde à vue... », *D.* 2011. 1570; C. Mauro, « Réflexions sur la garde à vue, à propos de l'arrêt *Brusco c/ France* de la CEDH du 14 octobre 2010 », *Dr. pénal* 2010. Étude 29.
2. Crim. 19 sept. 2012, *Dr. pénal* 2012, n° 151.
3. CEDH 23 nov. 2010, *Moulin c/ France*; J. Pradel, « Quel(s) magistrat(s) pour contrôler et prolonger la garde à vue ?... », *D.* 2011. 338. V. Rapport Nadal, « Refonder le ministère public », nov. 2013.

Sous l'empire d'anciens textes, afin de retarder l'irruption des droits de la défense dans la phase d'instruction, la pratique des inculpations tardives s'était développée chez certains juges. Cette pratique consistait à entendre, comme témoin, une personne contre laquelle existaient des charges précises et concordantes et à ne l'inculper que lorsqu'elle avait suffisamment parlé... La logique de la répression l'emportait sur celle de la défense. Pour mettre un terme à ces errements, la loi du 24 août 1993 a, d'une part, lié la mise en examen à l'existence d'indices graves *ou* concordants laissant présumer la participation aux faits et, d'autre part, interdit d'entendre comme simple témoin la personne contre laquelle il existe des indices graves et concordants (C. pr. pén., art. 105). L'efficacité concrète du mécanisme est, toutefois, atténuée par deux considérations. D'une part, c'est le juge d'instruction qui apprécie, seul, l'existence de ces indices[1]. La chambre criminelle affirme ainsi que « le magistrat instructeur a la faculté de ne mettre en examen une personne déterminée qu'après s'être éclairé, notamment, en faisant procéder à son audition en qualité de témoin, sur sa participation aux agissements incriminés ». Faisant une application scrupuleuse des textes, tout en étant fidèle à la philosophie du mécanisme, cette solution a néanmoins pour conséquence de différer l'arrivée de l'avocat. D'autre part, la violation de l'article 105 ne fait l'objet d'aucune nullité textuelle[2]. Sans doute peut-on recourir à la théorie des nullités substantielles, mais il faut alors démontrer l'existence d'un grief, c'est-à-dire une atteinte effective aux droits de la défense. Voilà comment un mécanisme, pensé pour être protecteur de la personne poursuivie, peut au fond retarder l'octroi des droits de la défense.

Par ailleurs, les mandats de recherche, de comparution, d'amener ou d'arrêt, dont dispose le juge d'instruction, font peu de place aux droits de la défense qui s'exerceront *a posteriori* (*contra*, C. pr. pén., art. 133-1). Pour le mandat de dépôt, relevant du juge des libertés et de la détention (JLD), l'absence de l'avocat s'explique, puisque le mandat fait suite à une décision de placement en détention provisoire qui a donné lieu à débat contradictoire entre le parquet et la défense. Le JLD peut d'ailleurs, à la demande de la personne poursuivie, différer ce débat, ce qui permet de bénéficier d'un délai pour préparer sa défense (C. pr. pén., art. 145 al. 4). Bien sûr, il a été souligné, que le JLD, totalement extérieur au dossier, aura tendance à s'en remettre au juge d'instruction et force est de constater que le nombre des détentions provisoires n'a pas diminué de ce fait. La création du JLD pouvait donc apparaître comme une fausse bonne idée[3]. Le législateur a pourtant innové avec la loi pénitentiaire du 24 novembre 2009 en introduisant une gradation des mesures, inédite jusqu'alors. Partant du principe que la liberté est de règle, le recours à la détention provisoire n'est permis que si « les obligations du contrôle judiciaire ou de l'assignation à résidence avec surveillance électronique » s'avèrent insuffisantes (C. pr. pén., art. 137). La privation de liberté devrait ainsi céder le pas devant la restriction de liberté, qui ne peut être décidée qu'après débat contradictoire (C. pr. pén., art. 142-6, al. 1er).

Enfin, les droits de la défense prévus ne sont pas toujours octroyés de manière automatique. Un certain nombre de textes permettent à la personne qu'ils sont censés protéger, de renoncer à les mettre en œuvre. Ainsi, l'article 114, alinéa 1er donne-t-il par exemple la possibilité aux parties d'être entendues, interrogées ou confrontées, après renonciation expresse, hors la présence de leur avocat. C'est

1. Crim. 18 juin 1998, *Bull. crim.* n° 200; Crim. 21 janv. 2004, n° 02-88.194.
2. Crim. 14 janv. 2003, n° 02-87.062, *Bull. crim.* n° 6.
3. B. de Lamy, « Le juge des libertés et de la détention : un trompe l'œil », *Dr. pénal* 2007. Étude 13.

un choix qui peut s'avérer dangereux pour la personne, c'est pourquoi il doit être dépourvu de toute équivoque. Quelle est l'économie de cette règle ? D'autant que la communication du dossier d'instruction ne peut être effectuée qu'au profit d'un avocat, selon une jurisprudence constante de la chambre criminelle, conforme au droit conventionnel. Ne serait-il pas plus protecteur des droits de la défense et des intérêts de la personne, de supprimer cette option ? Rappelons également, à partir du même texte par exemple, que le Code se contente parfois que l'avocat ait été « dûment appelé » ou « dûment convoqué » (C. pr. pén., art. 84-1)... Les droits seront alors théoriques, mais la procédure ne pourra être attaquée si l'avocat, ayant fait défaut en pratique, a été sollicité selon les exigences légales. En dernier lieu, la chambre criminelle[1] a eu l'occasion de préciser que, l'avocat, qui assiste son client pendant un interrogatoire de première comparution, doit faire savoir au juge d'instruction qu'il souhaite présenter des observations, avant notification de la mise en examen. Il n'a pas à être sollicité par le magistrat, auquel on ne peut reprocher de ne pas lui avoir donné la parole : la timidité sied mal à la défense !

Au fond, il y a bien des hypothèses où les droits de la défense seront purement formels, mais un tel état de choses ne pourra avoir de conséquence procédurale que s'il est imputable aux autorités judiciaires.

764. ***Rendre les droits pleinement effectifs devant la juridiction de jugement.*** Cette effectivité peut être obtenue de plusieurs façons en pratique. Un premier exemple concerne l'article 417 (C. pr. pén.) relatif au jugement des délits, faisant de l'assistance de l'avocat une simple faculté pour le prévenu. Au-delà, le texte a longtemps admis, sans plus de précision, que si la personne n'avait pas choisi un avocat avant l'audience, le président du tribunal en commettait un d'office sur demande. Très protectrice et anticipant peut-être une QPC, la Cour de cassation considérait que ce droit ne pouvait être effectif que si le président avait préalablement informé le prévenu de cette faculté[2]. Frappée au coin du bon sens, la solution est depuis consacrée par la loi, à l'alinéa 2 du texte. C'est un pas non négligeable vers l'acquisition de droits effectifs. Il a également été décidé que les juges ne peuvent, sans le motiver, refuser le renvoi de l'affaire sollicité par le prévenu en raison de l'absence de son avocat (Crim. 20 janv. 2015, n° 14-82.468).

B. Le déficit de défense dans les procédures dérogatoires

765. La répression de certaines infractions particulièrement graves répond à la logique de l'efficacité renforcée. La complexité des faits, l'internationalisation de la criminalité dans certains domaines, alliées à la volonté de briser les réseaux criminels, justifient l'application de règles dérogatoires, par nature plus sévères. Même les textes se proposant d'équilibrer répression et garanties n'atteignent pas toujours leurs objectifs[3]. Pourtant, quels que soient les faits reprochés, chacun a droit à un procès équitable où les droits de la défense vont pouvoir s'exercer. Aussi les actes d'investigation sont sous contrôle et le jugement ne peut se fonder sur n'importe quel élément de preuve.

1. Crim. 2 juin 2010, *Procédures* 2010, n° 350, obs. Chavent-Leclere.
2. Crim. 24 nov. 2010, n° 10-82.772, la Cour censurait notamment au visa de l'art. 16 de la Déclaration de 1789 et de l'art. 6 § 3 Conv. EDH.
3. J.-B. Perrier, « Les garanties de la procédure pénale dans la loi du 3 juin 2016 : entre illusion(s) et désillusion(s) », *D.* 2016. 2134; A. Botton, « Entre renforcement et érosion des garanties de la procédure pénale – À propos du titre II de la loi n° 2016-731 du 3 juin 2016 », *JCP G* 2016, n° 27, 777.

766. ***Les gardes à vues dérogatoires en question.*** En marge du droit commun, la garde à vue obéit à des règles dérogatoires en matière de criminalité organisée (C. pr. pén., art. 706-88), applicables au trafic de stupéfiants ou au terrorisme. Pourtant, contrairement aux apparences, le régime n'est pas unitaire, des spécificités existent, réservées principalement au terrorisme (C. pr. pén., art. 706-88-1). Sans reprendre le détail du dispositif, le régime de la garde à vue est, on le sait, bien plus sévère sur les deux points fondamentaux que sont la durée de la mesure de contrainte et le moment de l'intervention de l'avocat. Si l'on cumule toutes les « prolongations exceptionnelles », la garde à vue pour terrorisme peut-être très longue, soit un maximum de six jours. De son côté, l'intervention de l'avocat est retardée, dans le meilleur des cas, à l'issue de la soixante-douzième heure et son rôle est tout aussi limité que dans le régime de droit commun. Critiquées, ces gardes à vue dérogatoires ont été reformées par la loi du 14 avril 2011 qui pouvait prendre appui soit sur l'analyse du Conseil constitutionnel, soit sur celle de la Cour de cassation pour faire évoluer les textes.

Le Conseil constitutionnel a, en effet, affirmé la constitutionnalité du régime de garde à vue dérogatoire dans sa décision, rendue sur question prioritaire de constitutionnalité, le 22 septembre 2010[1]. Après avoir rappelé que les alinéas 1 à 6 avaient été déclarés conformes à la Constitution dans sa décision du 2 mars 2004 relative à la lutte contre la criminalité organisée[2], il a constaté la conformité des alinéas 7 à 10, en s'appuyant sur le fait que les garanties posées par le législateur respectaient « le principe, découlant de l'article 9 de la Déclaration des droits de l'homme et du citoyen de 1789, selon lequel la liberté individuelle ne saurait être entravée par une rigueur qui ne soit nécessaire... ». Remarquons tout de même que la validation des gardes à vue dérogatoires ne se fondait pas sur l'article 16 de la Déclaration de 1789, ni par conséquent sur la préservation des droits de la défense qui s'y adossent.

La Cour de cassation développait une autre analyse dans trois arrêts du 19 octobre 2010. Se fondant sur la restriction au droit d'être assisté par un avocat, dès le début de la garde à vue, elle considérait que l'article 706-88 alinéa 6 ne satisfaisait pas aux exigences de l'article 6 de la Conv. EDH. Elle approuvait les juges du fond d'avoir souligné que le gardé à vue s'était incriminé à l'occasion des interrogatoires, réalisés pour l'essentiel avant l'intervention de son avocat, et qu'il n'avait pu préparer sa défense ni être informé de son droit de garder le silence. La chambre criminelle jugeait donc le dispositif incompatible avec la Convention européenne des droits de l'homme.

Dans sa quête d'équilibre, le législateur a donc prévu que de manière générale en matière de criminalité organisée, l'intervention de l'avocat ne peut être différée qu'en considération « de raisons impérieuses tenant aux circonstances particulières de l'enquête » notamment et pour une durée maximale de quarante-huit heures (art. 706-88 al. 6). Si dans tous les cas, la décision doit être écrite et motivée, l'effectivité de la protection ne se mesurera qu'au contrôle plus au moins strict dont ces dispositions feront l'objet. Notons tout de même que les motifs de report de l'intervention de l'avocat sont particulièrement larges et donc *a priori* peu protecteurs de la défense.

---

1. 22 sept. 2010, n° 2010-31 QPC (consid. 5).
2. 2 mars 2004, n° 2044-492 (consid. 21 à 25). Cette décision a aussi affirmé la constitutionnalité de l'art. 63-4, dernier al. — avec réserve d'interprétation —, en soulignant que « s'il modifie les modalités d'exercice des droits de la défense, (il) n'en remet pas en cause le principe » (consid. 32).

767. ***Les droits de la défense face aux autres techniques d'investigation.*** Pour renforcer la lutte contre la criminalité organisée, la loi du 9 mars 2004 a introduit dans le code, des techniques d'investigations dont certaines sont intrusives.

Qu'il s'agisse de la *surveillance* (C. pr. pén., art. 706-80) ou de l'*infiltration* (C. pr. pén., art. 706-81 s.), il convient de préciser que ces mesures n'emportent, par nature, aucun droit pour la personne poursuivie. Les *écoutes téléphoniques* ne valent, de leur côté, qu'en raison de leur caractère secret eu égard à celui qui les subit. Autant dire que les droits de la défense se trouvent reportés. C'est, par exemple, à l'issue de la transcription des écoutes qu'ils trouveront à s'appliquer sous forme de l'accès aux procès-verbaux rendant possible leur discussion. Les procès-verbaux d'écoutes ne doivent contenir que la correspondance strictement nécessaire à la manifestation de la vérité. En ce sens, l'article 100-5 du Code de procédure pénale frappe d'une nullité textuelle la transcription des correspondances avec l'avocat relevant de l'exercice des droits de la défense. Les juges doivent, le cas échéant, relever d'office cette nullité. Mais, par une dérogation constante, la transcription des conversations avec l'avocat est possible lorsque leur contenu fait présumer la participation de cet avocat à une infraction. L'enregistrement des correspondances électroniques fait l'objet depuis la loi du 3 juin 2016 de dispositions spécifiques pour la criminalité organisée et des garanties sont prévues (C. pr. pén., art. 706-95 s.).

En matière de criminalité organisée, la loi autorise le juge d'instruction à faire procéder à la *sonorisation ou à la fixation d'images* de certains lieux ou véhicules. Le dispositif de captation de l'image ou du son sera, bien évidemment, installé sans le consentement de l'intéressé, ce qui constitue une atteinte caractérisée à l'intimité et à la vie privée. Le délit ainsi commis est toutefois justifié puisque le texte donne au juge d'instruction le pouvoir d'autoriser l'introduction dans le véhicule ou le lieu privé, y compris en dehors des heures légales de perquisition (C. pr. pén., art. 706-96 s.), afin d'installer les systèmes requis. Une fois les enregistrements obtenus, ils sont transcrits comme en matière d'écoutes téléphoniques. Là encore, les droits de la défense se trouvent repoussés en aval, mais la chambre criminelle veille à ce que cette mesure ne soit pas utilisée en dehors de son contexte[1].

768. ***La preuve et les droits de la défense.*** Si les autorités judiciaires peuvent aller assez loin dans les techniques d'investigation, le Code se montre aussi, dans des cas précis, soucieux de la protection des droits de la personne poursuivie. Deux exemples suffiront à le démontrer, lesquels concernent surtout *a priori* des crimes d'une certaine gravité. En France, le témoin doit toujours être identifié en principe; pourtant, depuis 2001 et sous l'influence de la jurisprudence de la CEDH, le témoignage anonyme est admis. En dehors des nombreuses conditions qui l'entourent, cette mesure comporte des restrictions, singulièrement lorsque « l'identité de la personne est indispensable à l'exercice des droits de la défense » (C. pr. pén., art. 706-60, al. 1er). Il y a donc là une limite — au moins théorique — à l'utilisation de cette procédure particulière. Si pourtant l'anonymat n'est pas levé, la personne renvoyée devant la juridiction de jugement peut demander à être confrontée avec le témoin, via un dispositif technique particulier, rendant sa voix non identifiable. Le témoin est certes protégé, mais il peut aussi être interrogé par l'avocat de la défense par le même moyen.

1. Crim. 1er mars 2006, *Bull. crim.* n° 59; Crim. 21 mars 2007, *Procédures* 2007, n° 201; Crim. 27 mai 2009, *Dr. pénal* 2009, n° 114; Crim. 22 nov. 2011, *Procédures* 2012, n° 18.

Par ailleurs, un peu dans le même esprit, le Code admet que l'OPJ, sous la direction duquel s'est déroulée une infiltration, peut être entendu comme témoin, toutefois, « aucune condamnation ne peut être prononcée sur le seul fondement des déclarations » faites par l'OPJ infiltré (C. pr. pén., art. 706-87). Ici deux règles s'y opposent, le fait que l'identité du témoin n'est pas connue, mais aussi parce que toute l'opération procède d'une provocation qui, pour être une provocation à la preuve, n'en est pas moins une technique d'investigation agressive, interdite en dehors du champ d'application des articles 706-73 et 706-73-1 du Code de procédure pénale.

769. ***Conclusion.*** Sur de très nombreux points, les droits de la défense ont réalisé d'incontestables et importants progrès. Ils trouvent aujourd'hui un nouveau terrain d'élection avec la QPC, au point que l'on peut se demander si « la procédure pénale est soluble dans la Constitution »[1] !

Les droits de la défense sont le point d'ancrage de la procédure pénale tout entière, les premiers des droits processuels, avec bien sûr au préalable le droit d'accès à la justice sans lequel ils ne peuvent s'exprimer. Pourtant, leur concrétisation au jour le jour, dans chaque procédure, n'est pas toujours acquise et ne se révèle pas avec la même force. L'évolution a montré que des droits de la défense se sont diversifiés, se sont propagés, reste maintenant à en assurer une effectivité plus constante.

Bibliographie indicative

- C. Ambroise-Casterot, « Droits de la défense et secret de l'instruction », *in Mélanges S. Guinchard*, Dalloz, 2010, p. 887 s.

- G. Bolard, « Les juges et les droits de la défense », *in Mélanges P. Bellet*, Litec, 1991, p. 49 s.

- G. Canivet, « La procédure de sanction administrative des infractions boursières à l'épreuve des garanties fondamentales », *RJDA* 1996. 423 s.

- E. DAOUD, A. Jacquin, « La loi renforçant la sécurité intérieure ou la pérennisation de la défense empêchée », *AJ pénal* 2017, 482 s.

- G. Flécheux, « Le droit d'être entendu », *in Mélanges P. Bellet*, Litec, 1991, p. 149 s.

- R. Koering-Joulin, « La chambre criminelle et les droits reconnus par la Convention européenne des droits de l'homme à l'"accusé" avant jugement », *in Mélanges G. Levasseur*, Gazette du Palais/Litec, 1992, p. 205 s.

- J. Léauté, « Les principes généraux relatifs aux droits de la défense », *RSC* 1953. 47 s.

- R. Merle, « La défense pénale », *in* « La justice pénale », *Justices* 1998, n° 10, p. 91-97.

- N. Nicolopoulos, « La procédure devant les juridictions répressives et le principe du contradictoire », *RSC* 1989. 1 s.

- J. Pradel, « La montée des droits du délinquant au cours de son procès », *in Mélanges J. Larguier*, Presses Universitaires de Grenoble, 1993, p. 223 s.

- F. Saint-pierre, « Nature juridique des droits de la défense dans le procès pénal », *D.* 2007. 260.

1. Expression empruntée à A. Maron et M. Haas, *in Dr. pénal* 2010, n° 87.

Pistes de réflexion

Quels droits de la défense pour le gardé à vue ?
Les droits de la défense dans la jurisprudence du Conseil constitutionnel
Les droits de la défense à l'épreuve de la reconnaissance des faits par leur auteur
Absence et défense
Les droits de la défense du suspect

Section 5.
LA PROTECTION DE LA PERSONNE POURSUIVIE EN CAS DE MODIFICATION DE LA LÉGISLATION PÉNALE

MARIE-CHRISTINE SORDINO
Professeur à l'Université de Montpellier, Directrice de l'Équipe de droit pénal (UMR 5815)

Le droit pénal et la procédure pénale connaissent de profonds bouleversements depuis une quinzaine d'années. Les textes se multiplient et sont modifiés quelques mois à peine après leur entrée en vigueur. Par conséquent, la jurisprudence en charge de les interpréter doit s'adapter au mieux dans un délai de plus en plus court. Dans ces conditions, le risque d'insécurité juridique est fort pour le justiciable. Les enjeux sont d'autant plus graves que le droit pénal et la procédure pénale portent en eux-mêmes des potentialités d'atteintes aux libertés individuelles, alors que leur fonction n'est pas seulement sanctionnatrice mais se doit, dans le même temps, d'assurer la protection du citoyen par le biais du respect des droits de la défense. Les problèmes juridiques soulevés par la création d'une rétention de sûreté destinée aux délinquants demeurés dangereux postérieurement à l'exécution de la peine privative de liberté à laquelle ils ont été condamnés illustre tout l'intérêt de ce questionnement. Afin de limiter au maximum le risque d'insécurité juridique, ne serait-il pas possible de proposer une piste de réflexion consistant à appliquer à la personne poursuivie la norme (au sens large) la plus favorable au jour du jugement ?

B. Les limites apparentes

1. Les lois créant de nouvelles mesures de sûreté

2. Les lois interprétatives

770. Comment assurer la protection[1] des justiciables dès lors qu'une loi pénale nouvelle entre en vigueur, abroge une incrimination, crée une nouvelle catégorie de peine ou modifie la procédure pénale ?

La question est d'importance face à l'inflation des textes, que la doctrine dénonce[2] depuis des années. À l'évidence, toute succession de lois pénales n'entraîne pas nécessairement de conflit. Le choix entre le texte ancien et le nouveau texte ne devra être effectué que dès lors que des actes incriminés ont été commis sous l'empire de celui-là, mais ne sont pas encore jugés ou, du moins pas de manière définitive, au moment de l'entrée en vigueur de celui-ci. Sur ce dernier point, encore convient-il de prendre garde aux lois qui, de manière de plus en plus fréquente, déterminent elles-mêmes le moment de l'entrée en vigueur de leurs propres dispositions, n'hésitant pas à prévoir un échelonnement sur plusieurs mois[3].

De surcroît, il s'avère que le délai pendant lequel une disposition pénale demeure en vigueur peut être très bref. L'actualité législative illustre tout l'intérêt du débat. C'est ainsi que, dans le courant de l'année 2002, la loi n° 2000-516 du 15 juin 2000 consacrée à la présomption d'innocence et aux droits des victimes a été réformée par deux fois, à peine une année après l'entrée en vigueur de la plupart de ses articles[4]. La loi n° 2004-204 du 9 mars 2004, portant adaptation de

1. La protection des justiciables renvoie à l'impératif de sécurité juridique, situation dans laquelle est assurée « sans surprise la bonne exécution des obligations » et où est exclue « l'incertitude dans la réalisation du droit » (G. Cornu, *Vocabulaire juridique*, Assoc. H. Capitant, 10e éd., PUF, coll. « Quadrige », 2014). Le Conseil constitutionnel fonde la nécessité de respecter la sécurité juridique sur l'art. 16 de la Déclaration des droits de l'homme et du citoyen de 1789, v. not., Cons. const. 7 nov. 1997, n° 97-391 DC; 18 déc. 1998, n° 98-404 DC; 16 déc. 1999, n° 99-421 DC; 13 janv. 2000, n° 00-423 et B. Mathieu, « La sécurité juridique : un principe constitutionnel clandestin mais efficient », *in Mélanges P. Gélard, Droit constitutionnel*, Monchrestien, 2000, p. 302; J. de Clausade « Sécurité juridique et complexité du droit : considérations générales du Conseil d'État », *D.* 2006. Tribune 737, à propos du Rapport public 2006 du Conseil d'État, Doc. fr.; v. égal. CE, ass., 24 mars 2006, req. n° 288460 et a., *JCP Adm.* 2006. Actu. 290 : le Conseil d'État annule le décret du 16 nov. 2005 relatif au Code de déontologie des commissaires aux comptes, pour défaut de prévision de mesures transitoires applicables aux contrats en cours.
2. V. not., R. Savatier, « L'inflation législative et l'indigestion du corps social », *D.* 1977. I. 43; J. Carbonnier, *Essais sur les lois*, *Defrénois*, 1979, p. 271; F. Terré, « La “crise” de la loi », *Arch. phil. dr.* 1980. 17; M. Delmas-Marty, « L'enjeu d'un Code pénal. Réflexions à propos de l'inflation des lois pénales en France », *in Mélanges offerts à R. Legros*, Bruxelles, 1985; A. Viandier, « La crise de la technique législative », *Droits* 1986, n° 475; F. Debove, « L'overdose législative », *Dr. pénal* 2004. Étude 6; G. Roujou de Boubée, « Réformer ? oui — Bouleverser ? non », *D.* 2006. Point de vue 740.
3. Il arrive également qu'une loi nouvelle abroge une disposition et prévoit expressément la date de prise d'effet de celle-ci, par ex. après publication d'un décret dont elle détermine elle-même le délai dans lequel il doit intervenir, Crim. 16 janv. 2002, *Dr. pénal* 2002, n° 56.
4. La Commission des lois de l'Assemblée nationale avait décidé de mettre en place une mission d'information chargée d'évaluer les conditions de mise en œuvre de la loi du 15 juin 2000 et confiée à Mme Lazerges (*Les Documents d'information de l'Assemblée nationale* 2001, n° 3501). Le 27 nov. 2001, le Premier ministre a confié à M. Julien Dray la rédaction d'un rapport concernant les conséquences de l'entrée en vigueur du texte. Après la présentation du bilan sur l'application de cette loi le 19 déc. 2001, une proposition de loi a été déposée afin d'aménager une série d'adaptations rapides. Elle a débouché sur le vote et la promulgation de la loi n° 2002-307 du 4 mars 2002. La loi du 15 juin 2000 a été à nouveau modifiée par la loi d'orientation et de programmation pour la justice du 9 sept. 2002; le droit pénal a également connu de profondes modifications par les lois des 18 mars 2003 sur la sécurité intérieure (C. Lazerges et D. Rousseau, « Commentaire de la décision du Conseil constitutionnel du 13 mars 2003 », *RD publ.* 2003. 1147) et 9 mars 2004.

la justice aux évolutions de la criminalité, modifie profondément le régime applicable à des infractions commises « en bande organisée ». Le régime légal de la récidive a également subi des modifications importantes par les lois des 12 décembre 2005, 10 août 2007 et 10 mars 2010. La création d'une rétention de sûreté par la loi du 25 février 2008 a soulevé de multiples questions relatives à son éventuelle application vis-à-vis de personnes condamnées pour des faits commis avant l'entrée en vigueur du texte[1]. Et, de manière encore plus récente, le Conseil constitutionnel a abrogé l'article 222-33 du Code pénal incriminant le délit de harcèlement sexuel, par une décision QPC en date du 4 mai 2012, qui se fonde sur la violation portée au principe de la légalité des délits et des peines par ledit article, les éléments constitutifs de l'infraction n'étant pas « suffisamment définis »[2]. Cette abrogation s'est vue conférer un effet immédiat, ouvrant ainsi la voie à un risque d'insécurité juridique que le législateur a souhaité combler le plus rapidement possible, par le vote accéléré d'un texte qui a débouché sur la loi n° 2012-954 du 6 août 2012 relative au harcèlement sexuel.

Aussi, poser un critère de solution aux conflits de lois pénales qui se succèdent chronologiquement semble devenir plus complexe. Face à ces difficultés techniques apparentes, l'essentiel ne doit pas être perdu de vue. Ce sont les libertés individuelles qui sont en cause dans le procès pénal. En conséquence, seul le recours aux principes fondamentaux qui gouvernent le droit pénal et la procédure pénale est de nature à garantir la fonction de protection de ces libertés individuelles. Le principe de la légalité des incriminations et des peines[3] constitue le rempart le plus ancien et le plus solide contre l'arbitraire, lorsque sont respectés les impératifs d'accessibilité et de prévisibilité[4], voire d'intelligibilité[5] de la disposition. Le législateur doit en effet prévenir avant de sanctionner, chaque fois qu'une peine est estimée nécessaire[6] au regard de la violation de valeurs protégées au sein du groupe social donné. Par conséquent, lorsqu'il importe de choisir entre deux lois pénales en conflit susceptibles de s'appliquer à une infraction, le critère classique de solution dicté par le principe de la légalité commande d'opter pour la loi la plus favorable à la défense. La prééminence de la faveur accordée au texte contenant le régime le moins sévère ne se limite pas au domaine judiciaire, puisque le droit administratif s'y montre de plus en plus sensible[7].

C'est dire la force de l'application de la loi pénale la plus favorable (***I.***), que, d'ailleurs, en dernier lieu, la Charte des droits fondamentaux de l'Union européenne du 18 décembre 2000 exprime à travers son article 49, aux termes duquel « nul ne peut être condamné pour une action ou une omission qui, au

1. V. ss 796.
2. Cons. const. 4 mai 2012, n° 2012-240 QPC, *JCP* 2012, n° 23, 662, p. 1094, note A. Lepage; *Rev. pénit.* 2012. 389, note V. Malabat; *D.* 2012. 1372, note S. Detraz; G. Roujou de Boubée, « Harcèlement sexuel : Valmont doit-il aller en prison ? », *ibid.* 1344.
3. D. Rebut, « Le principe de la légalité des délits et des peines », cet ouvrage; M.-C. Sordino, *Droit pénal général*, 5e éd., Ellipses, coll. « Universités », 2013, p. 29 s.
4. L'accessibilité signifie que le citoyen dispose de « renseignements suffisants, dans les circonstances de la cause, sur les normes juridiques applicables » et la prévisibilité suppose que tout membre du corps social soit à même de prévoir les conséquences de ses agissements, v. not., CEDH 26 avr. 1979, *Sunday Times;* 2 août 1984, *Malone* et 24 avr. 1990, *Kruslin et Huvig.*
5. L'obligation de rendre la disposition intelligible est qualifiée d'objectif de valeur constitutionnelle par le Conseil constitutionnel dans un domaine non pénal toutefois, en se fondant sur l'art. 16 de la Déclaration des droits de l'homme et du citoyen de 1789, Cons. const. 16 déc. 1999, n° 99-421 DC, *D.* 2000. 361, note M.-A. Frison-Roche et W. Baranès; Cons. const. 12 janv. 2002, n° 2001-455 DC, *D.* 2003. SC 1129, obs. L. Gay.
6. D. Rebut, *op. cit.*; G. Stéfani, G. Levasseur et B. Bouloc, *Droit pénal général*, 23e éd., Dalloz, coll. « Précis », 2013, nos 134 s.
7. CE 9 oct. 1996, *D.* 1996. IR 237.

moment où elle a été commise, ne constituait pas une infraction d'après le droit national ou le droit international. De même il n'est infligé aucune peine plus forte que celle qui était applicable au moment où l'infraction a été commise. Si, postérieurement à cette infraction, la loi prévoit une peine plus légère, celle-ci doit être appliquée ».

Cependant, la force du critère ne signifie pas pour autant qu'il présente un caractère absolu. Bien qu'il ait vocation à régir le plus grand nombre de conflits, l'accélération de la production des textes, la complexité de leur contenu et l'existence en droit pénal de situations spécifiques découlant de son autonomie sont parfois de nature à imposer sa mise à l'écart, constituant ainsi des limites à l'application de la loi pénale la plus favorable (***II.***).

I. La force de l'application de la loi pénale la plus favorable

771. L'application à la personne pénalement poursuivie de la loi la plus favorable constitue un facteur de protection des droits de la défense. Elle puise sa force dans des fondements solides (**A.**) et bénéficie d'un domaine étendu (**B.**).

A. Des fondements solides

772. L'application de la loi la plus favorable s'appuie sur des fondements tant doctrinaux (*1.*) que textuels (*2.*).

1. Les fondements doctrinaux

773. L'application de la loi la plus favorable constitue le résultat inéluctable de réflexions doctrinales, dont l'examen des origines met en exergue les intérêts.

774. ***Arguments doctrinaux.*** Les origines de l'application de la loi pénale la plus favorable à la défense empruntent aussi bien aux théories concernant les conflits de lois dans le temps, qu'aux écoles de pensée consacrées au droit pénal.

Au début du XXe siècle, le doyen Roubier[1] a proposé une analyse nouvelle, qualifiée de « moderne », destinée à régir les conflits de textes dans le temps quelle que soit la branche du droit considérée. Le raisonnement s'articule autour de la notion de situation juridique. Si une situation juridique est en cours, c'est-à-dire qu'elle naît avant l'entrée en vigueur d'une loi nouvelle et que ses effets se prolongent postérieurement, ces derniers doivent y être soumis car, par principe, un texte nouveau est réputé meilleur que l'ancien. En revanche, la loi nouvelle ne peut s'appliquer aux effets d'une situation juridique terminés avant son entrée en vigueur, sous peine d'engendrer une rétroactivité préjudiciable à la sécurité juridique des citoyens[2].

En droit pénal, la situation juridique visée ne peut désigner strictement la commission de l'acte[3]. L'accomplissement des faits litigieux ouvre un processus

1. P. Roubier, *Les conflits de lois dans le temps*, 1929-1933, publié à nouveau sous le titre *Le Droit transitoire*, Y. Blais, 1993.
2. V. C. civ., art. 2, aux termes duquel « La loi ne dispose que pour l'avenir : elle n'a point d'effet rétroactif ».
3. Pour une analyse différente, considérant que la situation juridique pénale est entièrement définie au jour de la consommation de l'infraction et que le jugement n'est pas constitutif mais déclaratif, v. not., R. Merle et A. Vitu, *Traité de droit criminel*, t. 1, 7e éd., Cujas, 1997, n° 245; quel que soit le raisonnement adopté, il semble que la doctrine s'accorde sur le fait que, lorsqu'une décision de justice est devenue irrévocable, la loi nouvelle ne peut s'appliquer.

jusqu'au jugement définitif du délinquant qui constitue la pièce maîtresse de l'édifice. Tant qu'une décision définitive n'a pas été rendue, la situation juridique est en cours. C'est donc le texte en vigueur au jour du jugement qui doit être appliqué, sauf dans le cas où ledit texte serait plus sévère. La loi ancienne survit ainsi le temps de l'instance.

À travers l'exposé de cette analyse, apparaissent les deux principes fondamentaux, dont la combinaison permet seule de parvenir au résultat le plus favorable envers la défense. Il s'agit d'une part, du principe de non-rétroactivité de la loi plus sévère et, d'autre part, du principe de rétroactivité *in mitius* de la loi plus douce.

Le raisonnement est conforme à l'analyse de l'école classique qui préconisait de « punir pas plus qu'il n'est utile, pas plus qu'il n'est juste »[1]. Dès lors que le législateur exprime la volonté du peuple français d'ériger en interdit la violation de certaines valeurs, il ne saurait être reproché à un citoyen d'avoir enfreint le pacte social, si le comportement ne constituait pas une infraction au moment de sa réalisation[2]. Comme ce qui n'est pas prohibé par la loi peut être accompli, la justice impose de ne pas punir dans cette situation, dans laquelle d'ailleurs la sanction pénale ne présenterait aucune utilité[3].

775. ***Arguments d'opportunité.*** Les intérêts de la prééminence accordée au jour du jugement à la loi la plus favorable sont doubles.

Sur le plan individuel, le prévenu est assuré de se voir appliquer le texte le moins sévère, avant ou pendant le procès. Il ne peut être rétroactivement inquiété sur le fondement d'une infraction qui n'existait pas jusqu'alors. En revanche, il peut bénéficier de l'application immédiate d'une loi plus douce. L'équité[4] commande cette solution.

Pour la société, la loi nouvelle est présumée être meilleure que l'ancienne[5]. En conséquence, cette dernière ne correspond plus aux besoins du corps social et n'a plus à être appliquée car elle est trop sévère.

2. Les fondements textuels

776. Appliquer la loi la plus favorable à la défense au jour du jugement constitue le fruit de la combinaison du principe de la non-rétroactivité de la loi plus sévère et du principe de rétroactivité *in mitius* de la loi plus douce. Tous deux puisent leurs sources dans des textes.

777. ***Fondements du principe de non-rétroactivité de la loi pénale plus sévère.*** Le principe de non-rétroactivité de la loi pénale plus sévère est apparu de manière expresse à travers l'article 8 de la Déclaration des droits de l'homme et du citoyen de 1789, aux termes duquel « la loi ne peut établir que des peines strictement et évidemment nécessaires et nul ne peut être puni qu'en vertu d'une loi établie et promulguée antérieurement au délit et légalement appliquée ».

1. Les deux idées de justice et d'utilité de la peine sont développées par Beccaria, Des délits et des peines, 1764, Flammarion, 1991, préf. R. Badinter, p. 72 s., spéc. p. 76.
2. On retrouve l'idée d'antériorité du texte, qui a été consacrée par l'art. 8 de la Déclaration des droits de l'homme et du citoyen de 1789, v. ss 777.
3. Cette analyse a été battue en brèche par l'école positiviste du XIXe siècle, mais sans succès concret sur cette question, en droit français.
4. Sur les fonctions de l'équité, C. Albiges, *De l'équité en droit privé*, LGDJ, « Bibl. dr. privé », t. 329, 2000, préf. R. Cabrillac, spéc. n°s 417 s.
5. V. not., J. Ortolan, *Éléments de droit pénal*, t. 1, 5e éd., 1886, 586.

Le texte, de valeur constitutionnelle[1], confère au principe une grande portée[2], dont le rayonnement s'est encore accru depuis lors, tant en droit interne que dans des conventions internationales.

En droit interne, l'article 4 du Code pénal (de 1810) issu de la codification post-révolutionnaire, a exposé le principe pendant plus d'un siècle[3], en rappelant que « nulle contravention, nul délit, nul crime, ne peut être puni de peines qui n'étaient pas prononcées par la loi avant qu'ils fussent commis ». Depuis la réforme du Code pénal en 1992, le principe est désormais inscrit plus précisément et plus clairement à l'article 112-1 du Code pénal, qui dispose respectivement dans ses deux premiers alinéas, que « sont seuls punissables les faits constitutifs d'une infraction à la date à laquelle ils ont été commis » et que « peuvent seules être prononcées les peines légalement applicables à la même date », posant ainsi, en premier lieu la non-rétroactivité des incriminations et, en second lieu, la non-rétroactivité des peines.

Le principe de non-rétroactivité de la loi pénale plus sévère s'appuie également sur le texte des conventions internationales les plus importantes. Il en est ainsi des articles 11, paragraphe 2 de la Déclaration universelle des droits de l'homme de 1948 (« Nul ne sera condamné pour des actions ou omissions qui, au moment où elles ont été commises, ne constituaient pas un acte délictueux d'après le droit national ou international. De même, il ne sera infligé aucune peine plus forte que celle qui était applicable au moment des faits »), 7, paragraphe 1 de la Conv. EDH (« Nul ne peut être condamné pour une action ou une omission qui, au moment où elle a été commise, ne constituait pas une infraction d'après le droit national ou international. De même il n'est infligé aucune peine plus forte que celle qui était applicable au moment où l'infraction a été commise ») et 15, paragraphe 1 du Pacte international relatif aux droits civils et politiques de 1966 (« Nul ne sera condamné pour des actions ou omissions qui ne constituaient pas un acte délictueux au moment où elles ont été commises. De même, il ne sera infligé aucune peine plus forte que celle qui était applicable au moment où l'infraction a été commise »).

La Cour de justice des Communautés européennes analyse ce principe comme un principe général du droit communautaire[4].

Sur le fondement imposant des textes internes et supranationaux, le juge judiciaire français ne peut, sous peine de censure par la Cour de cassation, appliquer de manière rétroactive une loi pénale plus sévère[5]. La CEDH statue également en ce sens[6].

1. Puisqu'il fait partie du « bloc de constitutionnalité », v. not., Cons. const. 19-20 janv. 1981, n° 80-186 DC, *D.* 1982. 441, note A. Dekeuwer; Cons. const. 3 sept. 1986, n° 86-215 DC : dans cette dernière décision, le Conseil a censuré l'art. 19, al. 2 de la loi du 9 sept. 1986, votée pour répondre à l'émotion suscitée par des attentats terroristes, afin d'empêcher l'application d'une période de sûreté de trente ans à des infractions commises avant son entrée en vigueur.
2. Le principe de non-rétroactivité de la loi pénale plus sévère s'étend à « toute sanction ayant le caractère d'une punition », Cons. const. 30 déc. 1982, n° 82-155 DC, Rec. Cons. const. 88.
3. L'art. 4 du Code pénal de 1810 exprimait dans une formule unique le principe de non-rétroactivité de la loi plus sévère et le principe de la légalité des incriminations et des peines.
4. CJCE 3 mai 2005, *JCP* 2006. II. 10020, note O. Dubos.
5. V. not., Crim. 21 avr. 1982, J. Pradel et A. Varinard, *Les grands arrêts du droit pénal général*, 10e éd., Dalloz, 2016, n° 9, à propos de l'application de la loi du 23 déc. 1980 consacrée au crime de viol.
6. V. not., CEDH 25 mai 1993, *Kokkinakis c/ Grèce*, Série A, n° 260-A, *JCP* 1994. I. 3742, n° 26, obs. F. Sudre.

Pour pouvoir faire bénéficier le prévenu du texte pénal le plus favorable, encore convient-il de combiner l'application du principe de non-rétroactivité de la loi plus sévère avec celui de l'immédiateté de la loi plus douce.

778. ***Fondements du principe de rétroactivité* in mitius.** Le principe de rétroactivité *in mitius* signifie que la loi pénale plus douce doit s'appliquer aux faits commis avant son entrée en vigueur et non définitivement jugés ainsi qu'aux actes déjà jugés pour lesquels subsistent des voies de recours. Son origine semble pouvoir se situer au Moyen Âge[1], sous forme d'une coutume.

Puis, le principe s'est progressivement installé sur le fondement de dispositions internes et internationales.

Pendant très longtemps, le principe n'a été consacré en droit interne que par des textes de portée limitée[2] et n'a survécu que grâce à l'œuvre de la jurisprudence qui a contribué à le pérenniser[3]. Il a pourtant acquis une force considérable depuis que le Conseil constitutionnel lui a conféré une valeur constitutionnelle, en se fondant de manière indirecte sur l'article 8 de la Déclaration des droits de l'homme et du citoyen de 1789 par une décision des 19 et 20 janvier 1981[4] : si « la loi ne peut établir que des peines strictement et évidemment nécessaires », lesdites peines ne sont plus justifiées dès lors qu'un texte nouveau adoucit la répression. L'impératif de nécessité des sanctions pénales n'est plus respecté[5]. Le Conseil constitutionnel a poursuivi son raisonnement en énonçant que le législateur n'a pas le droit de retarder l'entrée en vigueur d'une loi répressive plus douce[6].

Suivant le mouvement initié par le Conseil, l'article 112-1, alinéa 3 du Code pénal lui offre en 1992 un fondement textuel exprès : « Les dispositions nouvelles s'appliquent aux infractions commises avant leur entrée en vigueur et n'ayant pas donné lieu à une condamnation passée en force de chose jugée lorsqu'elles sont moins sévères que les anciennes. »

Au plan international, l'article 15, paragraphe 1 du Pacte international relatif aux droits civils et politiques de 1966 prévoit *in fine* que « ...Si, postérieurement à cette infraction, la loi prévoit l'application d'une peine plus légère, le délinquant doit en bénéficier ».

De plus, la Cour de justice des Communautés européennes (désormais Cour de justice de l'Union européenne), après avoir estimé que les règles du droit com-

1. Le doyen Roubier (*op. cit.*) évoque des citations du principe datant du XIVe siècle.
2. V. not. le Code des 25 sept. et 6 janv. 1791 pour la police criminelle.
3. V. not. Crim. 1er oct. 1813, *S.* 1814. I. 16; 14 janv. 1876, *S.* 1876. I. 433, note M. Villey, qui pose de manière générale le principe selon lequel la loi plus douce publiée antérieurement à l'examen d'un pourvoi en cassation s'applique immédiatement.
4. Cons. const. 19-20 janv. 1981, n° 80-186 DC, *op. cit.*
5. Sur le contrôle de la nécessité des peines, v. not. Cons. const. 3 sept. 1986, n° 86-215 DC, *op. cit.;* Cons. const. 15 mars 1999, n° 99-410 DC; Cons. const. 25 févr. 2010, n° 2010-604 DC, à propos de la loi renforçant la lutte contre les violences de groupes et la protection des personnes chargées d'une mission de service public, le Conseil répondant à un grief fondé sur un défaut de proportionnalité par le respect, en l'espèce, par le législateur, de la nécessité des peines; le Conseil constitutionnel affirme également la constitutionnalité de l'art. L. 235-1, al. 1er, C. route prévoyant que « toute personne qui conduit un véhicule ou qui accompagne un élève conducteur alors qu'il résulte d'une analyse sanguine qu'elle a fait usage de substances ou plantes classées comme stupéfiants est punie de deux ans d'emprisonnement et de 4 500 € d'amende » au regard de la nécessité des peines, Cons. const. 9 déc. 2011, n° 2011-204 QPC; de manière plus générale, sur le principe de nécessité des peines, v. not., *La nécessité des peines*, Étude par les étudiants du Master 2 Recherche droit pénal de Bordeaux, *Dr. pénal* 2011. Étude 17; comp. M.-C. Sordino, « De la proportionnalité en droit pénal », *Mélanges J.-H. Robert*, LexisNexis, 2012, p. 711 s.
6. Cons. const. 21 févr. 1992, n° 92-305 DC.

munautaire ne s'opposaient pas à ce principe, le consacre désormais de manière expresse, depuis sa décision du 3 mai 2005[1], aux termes de laquelle elle le hisse au rang des « principes généraux du droit communautaire » que le juge national doit respecter.

Le 17 septembre 2009, le principe de rétroactivité *in mitius* a été consacré par la Cour européenne des droits de l'homme, en se fondant sur l'article 7 de la Conv. EDH, qui, pourtant, ne contient pas de référence expresse audit principe[2]. L'affaire concerne un citoyen de nationalité italienne, poursuivi pour la consommation de plusieurs crimes, ayant opté pour une procédure abrégée débouchant, en cas de condamnation, sur une réduction de peine. Lors de la commission des faits, la réduction d'une peine de réclusion criminelle à perpétuité était exclue. Cependant, lors de l'instruction du dossier, la législation devait évoluer, permettant de réduire la peine de réclusion criminelle à perpétuité à la peine de 30 ans de réclusion, en cas de procédure abrégée. Le requérant est ainsi condamné à une peine de 3 ans de réclusion criminelle. Cependant, un texte entré en vigueur le jour même du jugement élève les peines encourues en cas de procédure abrégée, n'autorisant la faveur que de la réclusion criminelle à perpétuité avec isolement diurne à la peine perpétuelle simple. Le premier jugement de condamnation ayant été cassé, le justiciable italien est condamné à la réclusion à perpétuité.

Le raisonnement de la Cour européenne se décompose en deux étapes avant de parvenir à la conclusion.

D'abord, elle rappelle le contenu textuel et jurisprudentiel de l'article 7 de la Conv. EDH, selon lequel ledit texte ne prévoit pas le droit de se voir appliquer une loi pénale plus favorable.

Ensuite, elle relève qu'un consensus est apparu entre les États quant au niveau de protection souhaitable du justiciable à propos de la rétroactivité de la loi pénale plus douce. C'est ainsi que de nombreux instruments internationaux et régionaux y font référence (le Pacte de New York, la Charte des droits fondamentaux de l'Union européenne, le statut de la Cour pénale internationale), de même que la jurisprudence (de la CJCE et, de manière plus surprenante... la Cour de cassation française !), de sorte que la rétroactivité *in mitius* apparaît comme un principe fondamental du droit pénal. Sa démarche, annonçant le revirement, est désormais bien connue.

Enfin, elle en conclut que « l'article 7 § 1 de la Convention ne garantit pas seulement le principe de non-rétroactivité des lois pénales plus sévères, mais aussi, et implicitement, le principe de rétroactivité de la loi pénale plus douce ». En conséquence, en l'espèce, l'État italien est condamné car il a infligé au requérant une peine plus forte que celle prévue par la loi qui, « parmi les lois qui ont été en vigueur durant la période comprise entre la commission de l'infraction et le prononcé du jugement définitif, lui était la plus favorable ».

Si l'application de la norme pénale la plus favorable s'appuie sur des fondements solides et, depuis peu, encore renforcés, force est de constater qu'elle bénéficie également d'un domaine étendu.

B. Un domaine étendu

779. Lorsqu'il est question de privilégier l'application du texte le plus favorable au prévenu, encore convient-il de déterminer ce caractère selon des critères

1. CJCE 3 mai 2005, *S. Berlusconi*, aff. C-387/02, § 69 et 8 mars 2007, *Campina GmbH & Co*, aff. C-45/06, § 32.
2. CEDH 17 sept. 2009, *Scoppola c/ Italie*, req. n° 10249/3, § 106.

fiables. L'examen de la sévérité des lois est réalisé grâce à une comparaison de leurs dispositions, méthode habituellement mise en œuvre par les juges du fond, ce qui contribue à la délimitation classique du domaine de la prééminence de la norme la moins sévère (*1.*). La conduite de réflexions modernes liées à la volonté de garantir au maximum la sécurité juridique des justiciables a engendré au profit dudit domaine des extensions nouvelles (*2.*).

1. La délimitation classique

780. La décision d'appliquer le texte le plus doux apparaît claire dans son principe. Sa mise en œuvre concrète, plus difficile et bien souvent conduite de manière empirique, met en exergue le domaine qui lui est assigné dans son application. Traditionnellement, tout dépend du caractère simple ou complexe de la loi nouvelle[1].

781. ***Loi nouvelle simple.*** Une loi est simple lorsque les dispositions qu'elle contient s'orientent vers un unique sens qui est celui de la sévérité ou celui de la mansuétude. La définition englobe les lois consacrées aux incriminations et aux peines. En conséquence, le principe de non-rétroactivité de la loi plus sévère s'oppose à l'application d'un texte qui crée une incrimination nouvelle[2] ou qui élargit le domaine d'une incrimination existante en supprimant certaines conditions jusque-là exigées[3] à des faits commis antérieurement. Inversement, une loi nouvelle abrogeant une infraction[4], décriminalisant certains actes[5] ou ajoutant des conditions dans la qualification de l'incrimination[6] est plus douce et a vocation à s'appliquer immédiatement aux faits non jugés définitivement[7]. Un exemple peut être apporté à propos des ressortissants roumains qui bénéficient, au sein de l'Union européenne, depuis le 1er janvier 2014, de la même liberté de circulation que leurs homologues européens au regard de la réglementation sociale, de sorte qu'aucune autorisation de travail n'est plus requise pour exercer une activité professionnelle. La Roumanie étant devenue membre de l'Union européenne le 1er janvier 2007, la totalité des restrictions à l'accès au marché du travail a été levée pour les ressortissants de cet État à compter du 1er janvier 2014

1. Cette distinction est souvent utilisée par la doctrine et a le mérite d'offrir, sous une forme synthétique, un résumé de situations disparates, v. not., J. Pradel et A. Varinard, *Les grands arrêts du droit pénal général, op. cit.*, n° 11.
2. V. not., Crim. 19 févr. 1985, *D.* 1986. IR 105, obs. G. Roujou de Boubée; 23 févr. 2000, *Bull. crim.* n° 85.
3. V. not., Crim. 14 mai 1957, *D.* 1957. 543.
4. Crim. 28 mars 2017, n° 14-87.597, à propos de l'abrogation du délit d'exploitation d'un établissement d'activité physique et sportive sans déclaration préalable par la loi n° 2014-1545 du 20 décembre 2014 relative à la simplification de la vie des entreprises et portant diverses dispositions de simplification et de clarification du droit et des procédures administratives.
5. La loi n° 85-98 du 25 janv. 1985 a ainsi décriminalisé la plupart des faits qui constituaient un délit de banqueroute simple, M.-C. Sordino, *Le délit de banqueroute*, Litec, coll. « Bibl. dr. de l'entreprise », t. 34, 1996, préf. M. Cabrillac, spéc. nos 36 s., 200 s.; il convient toutefois de prêter garde à ce que le comportement reproché dont l'incrimination a été abrogée expressément ne puisse tomber sous le coup d'une qualification différente, Crim. 12 janv. 2000, *Bull. crim.* n° 21, pour la simulation d'enfant; Crim. 16 déc. 2009, applique le principe de rétroactivité *in mitius* à un prévenu poursuivi sur le fondement de l'art. L. 128-5 C. com. contenant la sanction de la violation de l'interdiction de gérer, alors que cette dernière a été abrogée par la loi du 4 août 2008 de modernisation de l'économie.
6. Crim. 6 juin 1974, *Bull. crim.* n° 207; 30 nov. 1994, *Bull. crim.* n° 391, à propos du démarchage à domicile.
7. L'application de la loi du 10 juill. 2000 relative à la définition des délits non intentionnels a donné lieu à de nombreuses décisions de réexamen des affaires sur le fondement du principe d'application immédiate de la loi plus douce, car ses dispositions sont plus favorables aux prévenus, v. not., Crim. 29 mai 2001; 9 oct. 2001.

et, en conséquence, l'infraction d'emploi d'un étranger non muni d'une autorisation de travail a perdu son caractère punissable[1].

Les mêmes principes concernent également les lois qui modifient le *quantum*[2] *et* la nature[3] des peines, l'application de la rétroactivité *in mitius* devant s'étendre aux lois plus douces concernant les majorations de droits pour mauvaise foi, au sens de l'article 1729-1 du Code général des impôts[4]. Lorsque le Code pénal est entré en vigueur le 1er mars 1994, l'application dans le temps de la nouvelle peine de trente ans de réclusion criminelle a été soumise à des modalités de raisonnement identiques, approuvées par la Cour de cassation. Si une cour d'assises est fondée à prononcer la peine de trente ans de réclusion criminelle qui s'est substituée à une peine de réclusion criminelle à perpétuité pour des faits antérieurs au 1er mars 1994, elle ne peut en revanche appliquer immédiatement le nouveau plafond de trente ans fixé jusque-là à vingt ans pour une réclusion criminelle à temps[5]. La Chambre criminelle de la Cour de cassation[6] a considéré que l'alinéa 3 de l'article 132-24 du Code pénal, issu de la loi pénitentiaire du 24 novembre 2009, plus favorable à la défense car il préconise de ne prononcer une peine d'emprisonnement ferme sur motivation spéciale que dans le cas où toute autre peine serait manifestement inadéquate, devait s'appliquer immédiatement, au visa de l'article 112-1 du Code pénal.

La loi n° 2014-896 du 15 août 2014 relative à l'individualisation des peines et renforçant l'efficacité des sanctions pénales a abrogé les peines planchers. La Cour de cassation a fait très rapidement application du principe de rétroactivité *in mitius et* en a tiré une conséquence, qui est l'impossibilité de prononcer une peine minimale dans le cas d'une infraction commise avant l'entrée en vigueur

---

1. Crim. 3 nov. 2015, n° 14-84.459, inédit, par voie de cassation sans renvoi.
2. Crim. 12 oct. 1999, *Bull. crim.* n° 215, à propos de l'application dans le temps de la loi n° 96-603 du 5 juill. 1996, abaissant le maximum de l'amende à celui prévu par l'ancienne loi du 30 déc. 1906 relative aux ventes au déballage; sur les amendes et le passage à l'euro, v. not., L. n° 2000-517 du 15 juin 2000 (*JO* 16 juin 2000, p. 9063) et Ord. n° 2000-916 du 19 sept. 2000 (*JO* 22 sept. 2000, p. 14877) et V. Dervieux, « Euro : conversion des amendes pénales », *Dr. pénal* 1999. Chron. 10.
3. V. not., Civ. 2e, 20 déc. 2000, *D.* 2001. IR 406 : l'incapacité électorale de plein droit résultant de l'art. L. 7 C. électoral est une sanction de nature pénale qui, en tant que telle, obéit au principe de non-rétroactivité de la loi pénale plus sévère; V. depuis l'abrogation de cet article, Cons. const. 11 juin 2010, n° 2010-6/7 QPC.
4. CE, avis, 5 avr. 1996, n° 176611, *JCP* 1996. IV. 1754, pour lequel ces sanctions sont soumises à l'art. 8 de la Déclaration des droits de l'homme et du citoyen de 1789, donc au principe de nécessité des peines; une solution identique est préconisée pour les contraventions de grande voirie, CE, avis, 23 avr. 1997, nos 183689, 183970 et 183971, *Gaz. Pal.* 1997. 2. 201.
5. Crim. 10 juill. 1996, 23 juill. 1996, 16 oct. 1996 et 20 nov. 1996, *Dr. pénal* 1997, n° 35, obs. M. Véron; Crim. 3 sept. 2003, n° 03-81.545, inédit; de même, les juges ne peuvent appliquer de manière rétroactive l'art. 132-9 C. pén. entré en vigueur le 1er mars 1994. C'est ainsi que, lorsqu'une personne est condamnée en état de récidive par application d'une loi nouvelle, le principe de sécurité juridique commande que le délai légal de récidive ne soit pas déjà échu en vertu de la précédente loi. En l'espèce, la CEDH relève que la première infraction fut commise alors que la loi prévoyait une période de récidive de cinq ans et que la deuxième infraction relève de l'art. 132-9 du C. pénal qui fixe une période de récidive de dix ans. Conformément au régime légal alors applicable, la première période de récidive a légalement pris fin le 12 juill. 1991, soit cinq ans après que le requérant a purgé sa peine. La nouvelle période de récidive de dix ans n'est quant à elle apparue en droit français que près de trois ans après cette date, avec l'entrée en vigueur du nouveau Code pénal, à savoir le 1er mars 1994, CEDH 19 oct. 2005, *Achour c/ France*. La grande chambre de la CEDH estime que « pour que l'état de récidive soit juridiquement constitué, encore est-il nécessaire que, à la date de la seconde infraction, celle-ci entrât dans le champ temporel du délai légal de récidive, tel que fixé par les textes pertinents alors en vigueur » dans la même affaire (CEDH, gr. ch., 29 mars 2006, *Achour c/ France, contra* CEDH 10 nov. 2004, *D.* 2005. 1203, note D. Roets).
6. Crim. 22 sept. 2010, n° 09-88.011.

du nouveau texte et n'ayant pas donné lieu à une condamnation passée en force de chose jugée[1]. Dans une autre espèce, rendue à propos de l'application dans le temps des dispositions de la loi du 15 août 2014, il est question de l'aménagement des peines. L'article 132-19 du Code pénal, dans sa dernière rédaction issue de la loi du 15 août 2014, est plus exigeant quant à la motivation du défaut de recours à l'aménagement des peines. Si, comme dans la législation antérieure, l'absence de recours à un aménagement de la peine doit être motivée par la personnalité, la situation du condamné ou une impossibilité matérielle, le texte, dans sa nouvelle rédaction, impose désormais l'exigence d'une motivation spéciale fondée sur les faits de l'espèce, la personnalité ainsi que la situation matérielle, familiale et sociale de la personne lorsque le tribunal correctionnel prononce une peine d'emprisonnement non assortie de sursis ou dépourvue d'aménagement. La disposition apparaît donc comme étant plus douce et devrait être appliquée de manière immédiate à des faits commis antérieurement au 1er octobre 2014 et non définitivement jugés. Or, dans un arrêt du 8 octobre 2014[2], la Chambre criminelle de la Cour de cassation a fondé la cassation d'une décision des juges du fond ayant condamné l'auteur d'une escroquerie à une peine d'emprisonnement sans sursis pour ne pas s'être prononcés sur l'aménagement de ladite peine, au visa de l'article 132-24 du Code pénal dans sa rédaction en vigueur au moment des faits, c'est-à-dire antérieurement à l'entrée en vigueur de la loi du 15 août 2014. Si les conséquences de cet arrêt sur la situation de la personne condamnée vont dans un sens favorable et ne lui sont pas préjudiciables, le fondement retenu appelle, tout de même, une réserve, au regard du domaine et de la valeur constitutionnelle et conventionnelle du principe de rétroactivité *in mitius*.

La loi du 15 août 2014 a également modifié l'article 122-1, alinéa 2, du Code pénal : celui-ci prévoit désormais une réduction du tiers de la peine encourue par les personnes dont le discernement était altéré au moment des faits. La Cour de cassation a récemment précisé qu'il s'agissait d'une disposition plus favorable, applicable aux procès en cours[3].

De manière surprenante, la Haute Juridiction a, par ailleurs, analysé la création de la contrainte pénale comme une disposition plus favorable, pouvant être appliquée à des faits commis antérieurement à l'entrée en vigueur de la loi du 15 août 2014[4].

782. ***Loi nouvelle complexe.*** Une loi est complexe lorsqu'elle contient à la fois des dispositions plus sévères et plus douces. Dans cette situation, la jurisprudence propose d'examiner le texte afin d'en déduire sa divisibilité ou son indivisibilité.

Une loi est divisible[5] si ses dispositions sont détachables (domaines d'application ou objets distincts, modifications à la fois des incriminations et des sanctions). L'exemple le plus classique de divisibilité appelant une application distributive est emprunté à l'entrée en vigueur de la loi du 23 décembre 1980 relative au crime de viol. Ladite loi définissait l'incrimination de viol de manière plus étendue que par le passé, incluant des actes qui tombaient jusqu'alors sous la qualification d'attentat à la pudeur. Cette dernière infraction se trouvait dans le même temps

1. Crim. 14 oct. 2014, n° 13-85.779; *RSC* 2014. 800, obs. D. Boccon-Gibod.
2. Crim. 8 oct. 2014, n° 14-80.633.
3. Crim. 15 sept. 2015, n° 14-86.135, FS+B+I, *Dalloz actualité*, 22 sept. 2015, obs. S. Fucini.
4. Crim. 14 avr. 2015, nos 15-80.858 et 14-84.473, *Dalloz actualité*, 24 avr. 2015, obs. S. Fucini; *D.* 2015. 1307, note S. Detraz.
5. Certains auteurs contestent le caractère complexe d'une loi dont les dispositions sont divisibles, v. not., M. Puech, *Droit pénal général*, Litec, 1988, p. 107.

correctionnalisée. Les juges, retenant la norme la plus favorable à la défense, ont appliqué immédiatement aux affaires en cours les peines correctionnelles plus douces, mais ont refusé de faire rétroagir les dispositions nouvelles plus sévères consacrées à l'élargissement de la définition du crime de viol[1].

Une loi dont les dispositions ne peuvent être détachées est indivisible. La jurisprudence recherche alors la disposition principale dont le sens déterminera l'application immédiate ou non du texte entier[2] ou examine l'ensemble de la loi afin d'en dégager la tendance dominante[3]. Quelle que soit la méthode utilisée, le but est toujours le même : sélectionner la loi la plus douce et en faire bénéficier le prévenu.

2. Les extensions nouvelles

783. Le domaine de l'application de la loi la plus favorable à la défense a subi des extensions dans deux directions, à partir du moment où sont prises en compte d'une part les lois de forme et d'autre part la jurisprudence. Une troisième extension, procédant d'une analyse audacieuse, a également été préconisée.

784. ***Les lois de forme.*** Classiquement, les solutions apportées aux conflits de textes pénaux dans le temps ont été élaborées par référence aux lois de fond, qui sont relatives aux incriminations et aux peines, à l'exclusion des lois de forme. Elles n'étaient d'ailleurs absolument pas visées par l'ancien article 4 du Code pénal et la doctrine[4]. Alors que la jurisprudence est venue préciser leur régime, le Code pénal entré en vigueur le 1er mars 1994, n'a pas entièrement intégré les solutions qu'elle proposait, pour s'orienter vers une extension du régime des lois de fond aux lois de forme, consacrées à l'organisation de la procédure (modalités des poursuites et formes de la procédure[5]), à la compétence des tribunaux, à l'exécution et l'application des peines[6], à l'exercice des voies de recours et aux règles de prescription.

Le rapprochement des régimes a été justifié par l'argument selon lequel une loi de forme, plus encore qu'une loi de fond, est présumée meilleure que l'ancienne, dans le but d'assurer une bonne administration de la justice. La disposition de procédure est ainsi analysée comme une réponse à un souci d'améliorer les règles de fonctionnement du procès pénal.

Désormais, l'application immédiate prévaut et trouve son fondement dans les articles 112-2, 112-3 et 112-4 du Code pénal.

Toutefois, le Code pénal écarte parfois de manière expresse l'application immédiate de la loi de procédure dans des cas où la situation de la personne poursuivie

1. Crim. 21 avr. 1982, *Bull. crim.* n° 99, *Les grands arrêts du droit pénal général, op. cit.*, n° 9.
2. Crim. 6 mai 1942, *JCP* 1942. II. 1909.
3. Crim. 5 juin 1971, *JCP* 1972. II. 17039, note A. Vitu.
4. De nombreux auteurs présentent encore la question de l'application de la loi pénale dans le temps en faisant la distinction entre les lois de fond et les lois de forme, v. not., G. Stéfani, G. Levasseur et B. Bouloc, *op. cit.*, n° 148.
5. V. sur le fondement de l'art. 112-2 2° C. pén., Crim. 20 juin 2001, *JCP* 2001. IV. 2798, à propos du délai de présentation d'une demande tendant à l'annulation d'une procédure de garde à vue et Crim. 19 sept. 2001, *Bull. crim.* n° 184, pour une demande tendant à l'annulation d'un interrogatoire de première comparution.
6. V. sur le fondement de l'art. 112-2.3° C. pén., Crim. 24 oct. 2000, *JCP* 2001. IV. 1458, à propos de la révocation d'un sursis avec mise à l'épreuve; 28 juin 2000, *JCP* 2000. II. 10375, note F. Desportes : par cette décision de principe (cassation sans renvoi), la Cour de cassation considère que l'abrogation au 1er mars 1994 de la peine accessoire d'interdiction légale (interdiction des droits civils et de famille en matière criminelle) met obstacle à son exécution, même dans le cas où la condamnation est antérieure à cette date.

serait rendue moins favorable. C'est ainsi que l'article 112-2.1° du Code pénal exclut l'application immédiate de la loi de compétence et d'organisation judiciaire dès lors qu'un jugement au fond a été rendu en première instance.

Dans un sens identique, l'article 112-2.3° du Code pénal rend la loi relative au régime d'exécution et d'application des peines applicable aux seuls faits commis postérieurement à son entrée en vigueur si elle engendre une sévérité accrue des peines prononcées par la décision de condamnation. La chambre criminelle de la Cour de cassation précise cependant que cette réserve doit être écartée lorsque la loi en dispose expressément de manière contraire. C'est ainsi que l'article 41 de la loi n° 2005-1549 du 12 décembre 2005 impose l'application immédiate de nouvelles modalités de calcul de réduction de peines pour les récidivistes, aux condamnations mises à exécution après l'entrée en vigueur de ladite loi, bien que l'effet produit puisse être plus sévère pour les condamnés[1]. À la suite de l'entrée en vigueur de la loi n° 2014-896 du 15 août 2014, la Chambre criminelle de la Cour de cassation a décidé que l'obligation de motivation spéciale de toute peine d'emprisonnement ferme constituait une loi de forme d'application immédiate[2].

L'application immédiate des lois porteuses de modifications des voies de recours est également bornée par l'article 112-3 du Code pénal.

Dans le prolongement de ce raisonnement, la chambre criminelle de la Cour de cassation fait preuve d'une grande hésitation à propos de l'application dans le temps de la procédure d'irresponsabilité pénale pour cause de trouble mental créée par la loi du 25 février 2008[3]. Elle en a d'abord refusé l'application immédiate, en se fondant sur le principe de non-rétroactivité des lois de fond : pour la Haute juridiction, les mesures contraignantes prévues par l'article 706-136 du Code de procédure pénale ne sont pas des mesures de sûreté, mais bien des peines, ce qui impose en conséquence de leur faire subir le régime, non des lois de forme, mais des lois de fond[4]. Puis, par un revirement intervenu très rapidement, le 16 décembre 2009, elle considère que les dispositions consacrées à la non-rétroactivité des lois de fond relatives à la pénalité ne concernent pas les mesures de sûreté prévues par les articles 706-135 et 706-136 du Code de procédure pénale[5] ! Elle soustrait ainsi les mesures de sûreté de l'article 706-136 du Code de procédure pénale du domaine de l'article 112-1 du Code pénal, donc au régime des lois de fond et soumet les dispositions à l'application immédiate des lois de procédure de l'article 112-2 du Code pénal.

En revanche, l'article 72 de la loi du 9 mars 2004 a modifié l'article 112-2.4° du Code pénal[6]. Jusqu'alors, les lois de prescription étaient d'application immé-

---

1. Crim. 9 avr. 2008, *D.* 2008. *AJ* 1556, obs. M. Léna; cet arrêt est fidèle à la position de la jurisprudence de la CEDH, v. not., CEDH 10 juill. 2003, *Gravac c/ Italie*, *RSC* 2004. 165, obs. F. Massias. Un raisonnement identique, faisant le départ entre lois concernant la peine d'une part et relative aux modalités d'exécution de la peine, permet également de faire prévaloir l'application immédiate du placement sous surveillance électronique mobile dans le cadre d'une surveillance judiciaire aux personnes déjà condamnées, Cons. const. 8 déc. 2005, n° 2005-527 DC, *D.* 2006. 966, note F. Rouvillois.
2. Crim. 31 mars 2015, n° 14-86.584, *Dalloz actualité*, 4 mai 2015, obs. C. Fonteix.
3. Ce débat porte en réalité sur la distinction, parfois difficile, entre peine et mesure de sûreté, v. ss 796.
4. Crim. 21 janv. 2009, *Dr. pénal* 2009. Étude 9, note F. Rousseau.
5. S. Detraz, « Rétroactivité des mesures de sûreté applicables en cas de trouble mental », *JCP* 2010, n° 15.
6. V. sur cet élément la circulaire Crim. 04-16-E8 du 14 mai 2004 présentant les dispositions de procédure pénale immédiatement applicables de la loi n° 2004-204 du 9 mars 2004 portant adaptation de la justice aux évolutions de la criminalité; pour une application de l'art. 112-2.4° dans sa rédaction issue de la loi du 10 juill. 1989, Crim. 5 janv. 2005, n° 04-82.582, inédit.

diate, sauf lorsqu'elles avaient pour résultat l'aggravation de la situation de l'intéressé. Désormais, toutes les lois de prescription relatives, soit à l'action publique, soit aux peines, sont applicables aux procès en cours, y compris lorsqu'elles sont plus sévères. C'est ainsi que la nouvelle rédaction de l'alinéa 2 de l'article 8 du Code de procédure pénale résultant de la loi du 9 mars 2004 qui allonge le délai de prescription pour des infractions graves de nature sexuelle commises à l'encontre de mineurs est d'application immédiate.

785. ***Jurisprudence.*** Le principe d'application de la loi pénale la plus favorable a vu son domaine élargi, dès lors que la réflexion sur la notion de loi est menée *lato sensu*, incluant la jurisprudence.

Il est d'usage de souligner, depuis quelques années, l'internationalisation du droit pénal français[1]. Ainsi, l'influence grandissante de la Conv. EDH ne peut être passée sous silence, dès lors qu'est revisitée par la Cour européenne, tenant compte de la coexistence des pays de *common law*, la notion même de droit (*law*), qui englobe tant le droit écrit que le droit non écrit, c'est-à-dire les solutions jurisprudentielles. La conception de la loi déborde donc du cadre strict que lui assignaient les pères fondateurs du principe de la légalité criminelle et, au-delà la vision française tout entière[2]. La loi est la norme telle qu'elle est interprétée par la jurisprudence[3]. Elle forme une règle de droit unique. En conséquence, la Cour européenne la soumet à des exigences identiques à celles qu'elle a dégagées à propos de la loi *stricto sensu :* il est indispensable qu'elle présente les caractères d'accessibilité et de prévisibilité dans tous ses éléments.

Dès lors, la question de l'éventuelle rétroactivité des décisions jurisprudentielles se pose avec acuité[4]. Les enjeux d'une telle interrogation sont considérables et ont donné lieu à rédaction et publication d'un important rapport remis au Premier président de la Cour de cassation en novembre 2004, sous la présidence du professeur Nicolas Molfessis[5]. Toutes les branches du droit sont concernées par l'impact des effets des revirements de jurisprudence[6]. Une décision de jurisprudence s'applique toujours de manière rétroactive, puisqu'elle concerne des faits nécessairement antérieurs.

---

1. V. not., F. Debove, Le renouvellement des normes répressives françaises par le droit européen, thèse, Paris II, 1995.
2. R. Koering-Joulin, « De l'art de faire l'économie d'une loi », *D.* 1990. I. 187.
3. CEDH 24 avr. 1990, *Kruslin, D.* 1990. 353, note J. Pradel; 15 nov. 1996, *Cantoni, Dr. pénal* 1997, n° 11, obs. J.-H. Robert; *JCP* 1997. I. 4000, n° 31, obs. F. Sudre.
4. La doctrine est sensible à cette question, v. not., C. Mouly « Comment rendre les revirements davantage prévisibles ? », *LPA* 18 mars 1994; « Comment limiter la rétroactivité des arrêts de principe et de revirement ? », *LPA* 4 mai 1994; « Le revirement pour l'avenir », *JCP* 1994. I. 3776; Rapport sur les revirements de jurisprudence de la Cour de cassation, *in L'image doctrinale de la Cour de cassation*, Doc. fr., 1994, p. 123; T. Bonneau, « Brèves remarques sur la prétendue rétroactivité des arrêts de principe et des arrêts de revirement », *D.* 1995. I. 24; P. Puig, « Hiérarchie des normes : du système au principe », *RTD civ.* 2001. 749, spéc. 760 et 761; P. Morvan, « Le revirement de jurisprudence pour l'avenir : humble adresse aux magistrats ayant franchi le Rubicon », *D.* 2005. Chron. 247; pour une opinion plus critique, W. Dross, « La jurisprudence est-elle seulement rétroactive ? (à propos de l'application dans le temps des revirements de jurisprudence) », *D.* 2006. Chron. 472; X. Lagarde, « Jurisprudence et insécurité juridique », *D.* 2006. Chron. 678; en droit pénal spécialement, G.-X. Bourin, « Échec aux conséquences funestes des revirements en droit pénal ? », *Gaz. Pal.* 1995. 1. 599.
5. *Les revirements de jurisprudence*, rapport remis à M. le Premier président Guy Canivet, Litec, 2005.
6. V. not. Civ. 2e, 8 juill. 2004, *D.* 2004. 2956, qui refuse d'appliquer immédiatement une nouvelle règle de prescription de l'action civile en cas d'atteinte à la présomption d'innocence; Soc. 17 déc. 2004, n° 03-40.008 à propos de l'application immédiate de l'exigence d'une contrepartie financière à la clause de non-concurrence dans un contrat de travail; CE, ass., 11 mai 2004, *Dr. adm.* 2004, n° 115, qui confie au juge administratif le pouvoir d'apprécier l'opportunité d'une modulation dans le temps des effets d'une annulation qu'il prononce.

Mais en droit pénal la question revêt un relief tout particulier, bien que le débat dans cette discipline ait longtemps été dissimulé par une conception du principe de la légalité des incriminations et des peines fondée sur le seul texte de la loi[1]. La sécurité juridique des justiciables est en cause dès lors qu'il serait possible d'appliquer à des actes commis antérieurement des solutions plus sévères, pour la défense ou pour la partie civile. *A priori*, l'article 7, paragraphe 1er de la Conv. EDH s'oppose à une telle rétroactivité, qui conduirait à rejeter l'application de la norme pénale la plus favorable à la défense.

Au-delà de cette observation, une analyse plus précise peut être conduite, en se fondant sur la combinaison de deux critères qui sont au départ le caractère équivoque ou univoque des solutions jurisprudentielles, puis le caractère prévisible ou imprévisible du revirement.

Dans le cas où la tendance jurisprudentielle est équivoque, il sera difficile au prévenu de se retrancher derrière la survenance d'un revirement, prévisible ou imprévisible, afin de bénéficier d'une exonération de responsabilité pénale. Puisque les solutions jurisprudentielles ne s'inscrivent pas dans un sens unique et constant[2], il appartient au justiciable de se renseigner. Si le juge, qui doit se prononcer sous peine de déni de justice, donne une interprétation plus sévère d'un texte, le débat se déplace : il s'agit davantage d'une question liée à l'interprétation stricte de la loi pénale, dont le principe est posé par l'article 111-4 du Code pénal et qui prohibe le raisonnement par voie d'analogie, tout en autorisant la téléologie. Cette dernière modalité d'interprétation permet de conférer à un texte sa pleine mesure, sans toutefois aller au-delà de ses prévisions. Dans cette situation, l'exonération du prévenu apparaît délicate à obtenir, la mission du juge étant l'interprétation lorsque la loi est obscure.

Une reconnaissance implicite des possibilités de survenance d'un défaut de sécurité juridique des citoyens a pris toutefois la forme, en droit interne, de l'admission d'une erreur sur le droit sur le fondement de l'article 122-3 du Code pénal, au profit d'une salariée prévenue de vol par photocopies de documents appartenant à son employeur, en raison des divergences de solutions rendues par deux formations de la Cour de cassation, respectivement la chambre sociale et la chambre criminelle[3]. Cependant, la Cour de cassation a censuré ce raisonnement le 11 mai 2004, au motif que l'erreur sur le droit n'était pas invincible[4]. Dans le cas du vol par photocopies commis par la salariée, la Haute juridiction préfère rapprocher les positions respectives de la chambre sociale et de la chambre criminelle en créant une nouvelle possibilité d'exonération dès lors qu'elle reproche à la cour d'appel de ne pas avoir recherché si la prévenue « a eu connaissance de ces documents dans l'exercice de ses fonctions et si leur production était strictement nécessaire à l'exercice des droits de sa défense dans le cadre du litige l'opposant à son employeur ». Elle accepte sur le principe l'existence d'un fait justificatif, mais réduit immédiatement son champ d'application, en prenant le soin de poser deux conditions cumulatives, d'une part, la connaissance des documents litigieux dans l'exercice des fonctions et, d'autre part, le caractère strictement nécessaire desdits documents à l'exercice des droits de la défense

1. V., D. Rebut, « Les revirements de jurisprudence en matière pénale », rapport *op. cit.*, p. 95 s., spéc. p. 96 et 97.
2. Encore convient-il de s'interroger sur la notion même de « constance » de la jurisprudence, v. not., F. Zenati, *La jurisprudence*, Dalloz, 1999, p. 164 s.
3. Paris 9 nov. 2000, *Dr. pénal* 2001, n° 57, obs. M. Véron.
4. *Bull. crim.* n° 113.

dans le litige avec l'employeur[1]. L'adjonction de l'adverbe « strictement » au sein de cette dernière condition semble signifier que la production des pièces écrites doit être le seul moyen pour le salarié d'assurer le respect des droits de la défense. La Cour de cassation a restreint le domaine du fait justificatif au seul litige prud'homal[2], mais l'a élargi au délit d'abus de confiance[3].

La Cour de cassation préfère donc faire référence à un fait justificatif fondé sur le respect des droits de la défense plutôt qu'admettre le caractère inévitable de l'erreur lorsqu'elle résulte d'une divergence de points de vue de deux de ses chambres. Certains auteurs sont toutefois favorables à son admission lorsque le revirement est imprévisible[4]. Quant aux juridictions du fond, elles se montrent divisées lorsqu'il est question de faire bénéficier un gérant de supermarché d'une relaxe du chef d'exercice illégal de la pharmacie pour avoir vendu un médicament, sur le fondement d'une erreur sur le droit inévitable, lorsque la qualification du produit litigieux « était, à la date de la constatation des faits reprochés si controversée que le prévenu avait cru pouvoir légitimement vendre » ledit produit[5].

Dans le cas où la tendance jurisprudentielle est univoque, il convient d'affiner l'analyse en introduisant le critère de prévisibilité ou d'imprévisibilité des revirements. Le recours à ce critère soumet le droit d'origine jurisprudentielle au même impératif qui pèse sur les textes, ce qui est également une conséquence du passage d'une légalité strictement formelle à une légalité davantage matérielle.

Les illustrations empruntées au droit interne sont nombreuses en droit pénal[6].

1. Depuis quelques années, une divergence d'appréciation est apparue entre les chambres criminelle et sociale de la Cour de cassation sur le vol par photocopies du salarié. Pour la chambre criminelle, le vol est constitué car la soustraction frauduleuse réalisée par le salarié est caractérisée, quel que soit le mobile qui a inspiré son auteur (Crim. 8 déc. 1998, *Bull. crim.* n° 336; 16 mars 1999, *JCP* 1999. II. 10166). Pour la chambre sociale, le salarié est légitimement fondé à produire les documents pour assurer sa défense dans le procès qui l'oppose à son employeur lorsqu'il en a eu connaissance dans l'exercice de ses fonctions (Soc. 2 déc. 1998, *JCP* 1999. II. 10166) et il ne peut donc être condamné du chef de vol. La solution retenue par l'arrêt du 11 mai 2004 érige un fait justificatif qui impose le caractère « strictement » nécessaire de la production des documents, ledit caractère n'étant pas jusqu'alors imposé par la chambre sociale de la Cour de cassation.
2. M.-C. Sordino, « Précisions sur le domaine du fait justificatif fondé sur les droits de la défense au profit du salarié », à propos de Crim. 9 juin 2009, *Dr. pénal* 2010. étude 6.
3. Crim. 16 juin 2011, n° 10-85.079, *Dalloz actualité,* 6 juill. 2011, obs. B. Ines : la Cour précise également que le salarié peut recueillir les documents alors qu'il vient d'être avisé du projet de l'employeur de le licencier, l'instance prud'homale n'étant pas encore introduite.
4. F. Desportes et F. Le Gunehec, *Le nouveau droit pénal,* 16e éd., Economica, 2009, n° 685 : ces deux auteurs ajoutent que l'erreur sur le droit est véritablement invincible dès lors que le revirement est total et imprévisible et va dans le sens d'une plus grande sévérité.
5. Crim. 15 oct. 2002, *Dr. pénal* 2003, n° 23, obs. J.-H. Robert : en l'espèce, le prévenu vendait de l'alcool camphré dans une grande surface et s'était appuyé devant la cour d'appel d'Aix-en-Provence sur la profonde division de la jurisprudence qui régnait au moment de la commission des faits (v. not., J.-P. Delmas-Saint-Hilaire, *RSC* 1990. 563 et *RSC* 1992. 571). La cour d'appel d'Aix-en-Provence a été sensible à cette argumentation et a relaxé le prévenu pour erreur sur le droit (E. Fouassier et G. Viala, « Tests de grossesse et monopole pharmaceutique : du droit de la santé au droit constitutionnel », *D.* 2003. Chron. 81), alors que la chambre criminelle de la Cour de cassation a cassé l'arrêt au motif que le gérant aurait dû « s'entourer de conseils appropriés ».
6. En droit des obligations et, plus spécialement, à propos de l'exercice de l'action de l'acquéreur en délivrance d'une chose non conforme ou en garantie des vices cachés contre le vendeur, la première chambre civile de la Cour de cassation, le 21 mars 2000, justifie les revirements de jurisprudence et leur application rétroactive, car « la sécurité juridique invoquée ne saurait consacrer un droit acquis à une jurisprudence figée, l'évolution de la jurisprudence relevant de l'office du juge dans l'application du droit » (*D.* 2000. 593, note C. Atias; *RTD civ.* 2000. 666, obs. N. Molfessis); Civ. 1re, 9 oct. 2001, considère que la responsabilité civile d'un médecin peut être recherchée pour inexécution d'une obligation d'information, alors même qu'à l'époque des faits, à savoir en 1974, la jurisprudence n'exigeait pas l'accomplissement d'un tel ▶

La plupart du temps, les revirements porteurs de risque d'insécurité juridique sont brutaux et imprévisibles, par rapport à une solution qui paraissait assise et non appelée à changer. Ils prennent la forme de l'exemple pittoresque de faits de duel non susceptibles de qualification pénale pendant des années en vertu d'une jurisprudence constante de la Cour de cassation puis, soudainement qualifiés d'assassinat par la même formation[1]. Plus récemment, la disparition des délits matériels à l'occasion de la réforme du Code pénal a donné naissance à des solutions inattendues. La Cour de cassation a approuvé une qualification intentionnelle pour les délits de vente sans facture[2] ou de construction sans permis[3], alors que l'article 339 de la loi du 16 décembre 1992, dite loi « d'adaptation du Code pénal », préconisait leur transformation en délits d'imprudence ou de négligence[4].

Dans un sens plus clément vis-à-vis de la défense, mais plus sévère pour la partie civile, la chambre criminelle de la Cour de cassation a, de manière totalement imprévue, admis l'extension de l'exonération du chef d'entreprise par une délégation de pouvoirs dans le domaine économique, alors qu'elle le restreignait jusqu'alors au droit du travail[5]. Elle a également justifié la commission du délit d'abus de biens sociaux au sein d'un groupe de sociétés, en érigeant en fait justificatif l'existence d'un intérêt de groupe[6]. Dans un sens identique, la chambre criminelle de la Cour de cassation a récemment opéré un revirement spectaculaire en déclarant irrecevable la constitution de partie civile de l'actionnaire d'une société victime d'un abus de biens sociaux ou de pouvoirs en cas de dépréciation des titres ou de dévalorisation du capital social[7]. Ce faisant, la chambre criminelle met sa solution en accord avec celle de la chambre commerciale de la Cour de cassation[8].

Face à ces exemples, il importe de préciser les différences entre un revirement prévisible et un revirement imprévisible en droit pénal.

Des éléments de réponse sont apportés par la position de la Commission européenne[9]. Il semble que pour elle la prévisibilité d'un revirement s'apprécie par rapport à l'interprétation du texte qui fonde la poursuite. Le juge dispose du pouvoir de préciser les éléments constitutifs de l'infraction contenus dans ledit texte.

Le revirement est prévisible lorsque le juge raisonne par voie de téléologie afin d'adapter l'interprétation au contexte actuel. C'est ainsi que la CEDH a considéré que le viol entre époux devait être réprimé et ce de manière rétroactive, puis-

---

► devoir, *JCP* 2002. II. 10045, note O. Cachard; *JCP E, Cah. dr. entr.* 2002. 27, note B. Pitcho; C. Clément, *LPA* 6 déc. 2001. V. égal. Civ. 1re, 18 oct. 2005.

1. Exemple prenant place au XIXe siècle, cité *in* J.-P. Doucet, *Le jugement pénal,* Litec, 1991, p. 121.
2. Crim. 25 mai 1994, *Bull. crim.* n° 203.
3. Crim. 12 juill. 1994, *Bull. crim.* n° 280.
4. Cette jurisprudence s'explique dès lors que l'on se place sur le terrain probatoire. Il est en effet parfois plus facile de démontrer la mauvaise foi plutôt que la faute d'imprudence ou de négligence.
5. Crim. 11 mars 1993, 5 arrêts, *Dr. pénal* 1994, n° 39, obs J.-H. Robert.
6. Encore convient-il de nuancer ce point en remarquant que la partie civile face à un abus de biens sociaux est la société elle-même, considérée comme victime de l'infraction, Crim. 4 févr. 1985, *Rozenblum, Rev. sociétés* 1985. 648; *JCP* 1985. II. 14164, note W. Jeandidier, suivant T. com. Paris 16 mai 1974, *D.* 1975. 37; T. com. Lyon 20 juin 1985, *BCNCC* mars 1987, p. 64; Paris 29 mai 1986, *BCNCC* déc. 1986, p. 391.
7. Crim. 12 déc. 2000 et 13 déc. 2000 (2 arrêts), *Dr. pénal* 2001, n° 47, obs. J.-H. Robert; *Bull. Joly* 2001. 497 s., note J.-F. Barbiéri.
8. Com. 1er avr. 1997, *RTD com.* 1997. 647, obs. B. Petit et Y. Reinhard.
9. D. Roets, « L'application de la loi pénale dans le temps et la Convention européenne des droits de l'homme », *D.* 2004. Chron. 1991.

que, l'article 7 de la Conv. EDH ne proscrit pas « la clarification graduelle des règles de la responsabilité pénale par l'interprétation judiciaire d'une affaire à l'autre, à condition que le résultat soit cohérent avec la substance de l'infraction et raisonnablement prévisible ». En l'espèce, le revirement de jurisprudence britannique admettant la sanction pénale en cas de relations sexuelles imposées entre époux était prévisible car la solution était conforme « à une notion civilisée du mariage »[1]. La CEDH a récemment précisé que, si une évolution de la jurisprudence n'est pas en soi contraire à une bonne administration de la justice[2], un revirement de jurisprudence dans l'ordre interne doit être justifié par une motivation plus étayée[3].

En revanche, le juge ne peut pas, sous peine d'opérer un revirement imprévisible, bouleverser les éléments constitutifs de l'infraction dans un sens défavorable au prévenu. D'ailleurs, dans cette situation, le prévenu pourrait exciper d'une violation du principe de la légalité visé par les articles 111-3 du Code pénal et 7 paragraphe 1er de la Conv. EDH, car la condition tenant à la nécessaire existence préalable d'un texte incriminateur ferait défaut.

De même, à propos d'une affaire de délit de construction sans permis, la CEDH est séduite par l'argument d'un requérant aux termes duquel un « renversement » de jurisprudence qualifiant rétroactivement des faits de manière délictuelle réalise une violation dudit article 7[4]. Elle considère que, même pour un professionnel pouvant avoir recours à des conseils, « il était difficile, voire impossible, pour le requérant de prévoir le revirement de jurisprudence de la Cour de cassation et donc de savoir que, au moment où il les a commis, ses actes pouvaient entraîner une sanction pénale ». La décision est importante car elle conduit à refuser l'application de la rétroactivité à un revirement défavorable. Selon la Cour « le manque de jurisprudence préalable » empêche l'interprétation du texte d'être « accessible et raisonnablement prévisible ». Ce faisant, hormis le fait que, fidèle à sa position, elle assimile la jurisprudence au droit écrit, elle place la prévisibilité raisonnable au cœur du raisonnement. Le défaut de jurisprudence préalable constitue donc un des cas de « revirement »[5] engendrant une absence de prévisibilité raisonnable.

1. Le requérant qui avait été condamné pour viol sur la personne de son épouse à la suite du revirement de jurisprudence des juridictions anglaises a vu ses prétentions rejetées par la CEDH, *W. c/ Royaume-Uni*, 22 nov. 1995.
2. CEDH 14 janv. 2010, *Atanasovski c/ « l'ex-République yougoslave de Macédoine »*, req. n° 36815/03, *AJDA* 2010. 997, Chron. J.-F. Flauss.
3. CEDH 30 août 2011, *Boumaraf c/ France*, req. n° 32820/08, *Dalloz actualité*, 30 sept. 2011, obs. C. Demunck.
4. CEDH 10 oct. 2006, *D.* 2007. 124, note D. Roets; cette affaire a connu un épilogue le 13 févr. 2009 par un arrêt de l'assemblée plénière de la Cour de cassation (*Dr. pénal* 2009, n° 54, obs. J.-H. Robert). La question juridique revient à s'interroger sur la possibilité de qualifier pénalement la continuation de travaux en dépit d'un sursis à exécution d'un permis de construire sans avoir obtenu préalablement un permis. Au-delà, une question plus générale consiste à se demander si une condamnation pénale peut être prononcée sur le fondement d'une interprétation jurisprudentielle de la définition des éléments constitutifs de l'infraction inconnue au moment de la commission des faits. L'assemblée plénière de la Cour de cassation casse sans renvoi l'arrêt de la cour d'appel d'Aix-en-Provence au visa des art. 111-4 C. pén. et L. 480-4 C. urb., car « la loi pénale est d'interprétation stricte; qu'il s'ensuit que la poursuite de travaux malgré une décision de la juridiction administrative prononçant le sursis à exécution du permis de construire n'est pas constitutive de l'infraction de construction sans permis prévue par le second de ces textes ». En l'espèce, s'agit-il véritablement d'un revirement ou d'une précision apportée à une interprétation jurisprudentielle ?
5. On peut noter que le requérant visait lui un « renversement » de jurisprudence et non expressément un revirement. Il ne semble toutefois pas que le terme utilisé emporte une différence fondamentale au regard de l'analyse.

La CEDH a récemment illustré une situation dans laquelle elle considère qu'un revirement défavorable non raisonnablement prévisible n'est pas compatible avec l'article 7 Conv. EDH. En l'espèce, les faits concernent le report de la date de remise en liberté définitive d'une personne condamnée pour terrorisme, en application d'une jurisprudence du Tribunal suprême espagnol, dénommée « doctrine Parot », intervenue après sa condamnation. La requérante avait été condamnée sur le fondement de plusieurs infractions liées à des attentats terroristes commis entre 1982 et 1987, à 3 000 ans de peines privatives de liberté. En application du Code pénal espagnol, la peine a été réduite à 30 ans et, en tenant compte des remises de peines, la date de libération était fixée au 2 juillet 2008. Cependant, entre-temps, le Tribunal suprême espagnol avait opéré un revirement de jurisprudence à propos des remises de peine. Appliqué au cas d'espèce, ce revirement a eu pour effet de reporter au 27 juin 2017 sa date de remise en liberté définitive, soit près de neuf ans plus tard. La requérante contesta devant la Cour européenne l'application rétroactive du revirement de jurisprudence, arguant d'une violation de l'article 7 de la Conv. EDH. Dans un premier arrêt rendu le 10 juillet 2012[1], la troisième section de la Cour juge qu'il y a bien eu violation dudit article, car « la requérante ne pouvait à l'époque des faits prévoir à un degré raisonnable que la durée effective de sa privation de liberté se prolongerait de presque neuf ans ». Elle ajoute « qu'elle ne pouvait pas prévoir, au moment où toutes ses peines ont été cumulées, que la méthode de calcul de ces remises de peine ferait l'objet d'un revirement jurisprudentiel en 2006 et que ce revirement lui serait appliqué de façon rétroactive ».

L'affaire a été renvoyée, par la suite, devant la Grande chambre de la CEDH, à la demande du gouvernement espagnol. Le 21 octobre 2013[2], la Cour confirme que l'application rétroactive d'un revirement jurisprudentiel imprévisible défavorable méconnaît le principe de légalité criminelle, donc, l'article 7 de la Conv. EDH. L'arrêt est important, dans ses deux facettes. La Cour s'attache d'abord à déterminer le champ d'application de l'article 7 de la Conv. EDH. Seules les peines relèvent de son domaine, les mesures relatives aux « modalités d'exécution » étant exclues. Ainsi, aux termes de l'arrêt *Kafkaris c/ Grèce*[3], « lorsque la nature et le but d'une mesure concernent la remise d'une peine ou un changement dans le système de libération conditionnelle, cette mesure ne fait pas partie intégrante de la "peine" au sens de l'article 7 ».

Cependant, si des mesures adoptées par le législateur postérieurement au prononcé d'une peine définitive conduisent à une redéfinition ou à une modification de « la portée de la peine » infligée par le juge qui l'a prononcée, celles-ci sont soumises à l'interdiction de la rétroactivité des peines prévue par l'article 7 de la Conv. EDH. En l'espèce, se livrant à une appréciation *in concreto*, les juges européens estiment que les nouvelles modalités d'imputation des remises de peine n'ont pas modifié les seules « modalités d'exécution » de la peine infligée mais en ont aussi modifié la « portée »[4].

Une fois l'applicabilité de l'article 7 établie dans l'affaire concernée, la Cour recherche, ensuite, si le revirement jurisprudentiel défavorable était raisonnable-

1. CEDH, sect. III, 10 juill. 2012, *Del Rio Prada c/ Espagne*, req. n° 42750/09.
2. V. Peltier, « CEDH, *Del Rio Prada c/ Espagne*, ou les bouleversements apportés au droit conventionnel de la peine sans revirement de jurisprudence… », *Dr. pénal* 2014. Étude 2.
3. CEDH, gr. ch., 12 févr. 2008, req. n° 21906/04.
4. Cette décision soulève des difficultés en droit de la peine, en élargissant le domaine de l'art. 7 Conv. EDH et en se démarquant par rapport aux solutions affirmées par le droit conventionnel de la peine, v. Peltier, *op. cit.*

ment prévisible par la requérante, c'est-à-dire s'il pouvait s'inscrire dans une tendance jurisprudentielle ou s'il pouvait être perçu comme s'inscrivant dans une évolution. Cela n'est pas le cas en l'espèce pour la CEDH et la conséquence du revirement étant la modification, au détriment de la requérante, de la portée de la peine, la violation de l'article 7 s'imposait.

Si, bien qu'imprévisible, un revirement de jurisprudence peut se révéler favorable à la personne poursuivie, le caractère imprévisible de la nouvelle interprétation n'est plus analysé comme portant une atteinte à la sécurité juridique. Tout au contraire, la décision plus récente qui adoucit la répression devrait bénéficier de manière immédiate au prévenu. C'est ainsi qu'a été appliqué immédiatement le revirement de jurisprudence qui a restreint le domaine du délit de recel, en excluant les acquéreurs de bonne foi d'un bien mobilier[1].

La chambre criminelle de la Cour de cassation semble très prudente quant à l'extension du domaine de l'application de la loi la plus favorable à la défense à la jurisprudence qui interprète celle-ci, afin de former une norme pénale unique, sous l'influence de l'internationalisation du droit pénal.

Une illustration peut en être fournie à travers un arrêt rendu le 30 janvier 2002[2]. En l'espèce, un citoyen néerlandais importe en France des capitaux pour un montant élevé dans le courant de l'année 1996. Il est poursuivi et condamné du chef du délit de non-respect de l'obligation pour les « personnes physiques » de déclaration de capitaux pour une somme supérieure à 50 000 francs sur le fondement de l'article 464 du Code des douanes. Or, si la Chambre criminelle de la Cour de cassation a considéré en 1998[3] que l'obligation de déclaration ne s'imposait qu'aux résidents français, cette décision a été réformée en 2000 sur opposition de l'Administration des douanes[4]. Le prévenu soutient en conséquence qu'il lui a été fait application d'un revirement de jurisprudence plus sévère et qu'ont ainsi été violés les principes de non-rétroactivité de la loi pénale plus sévère et de la légalité des délits et des peines, la « loi » visant à la fois le texte écrit et son interprétation donnée par les tribunaux.

Rejetant le pourvoi, la Haute juridiction retient « qu'en l'absence de modification de la loi pénale, [...] le principe de non-rétroactivité ne s'applique pas à une simple interprétation jurisprudentielle ». C'est dire qu'en l'espèce, aucun courant de jurisprudence ne s'était formé sur la détermination du domaine subjectif de l'obligation de déclaration posée par l'article 464 du Code des douanes. Il ne pouvait donc être question de revirement. Ce faisant, la Cour de cassation laisse intact le débat sur leur éventuelle rétroactivité.

La Haute juridiction maintient depuis lors cette solution. Elle rejette ainsi le 5 mai 2004 le pourvoi formé contre une décision des juges du fond qui avait déclaré irrecevable la constitution de partie civile de la société X du chef des abus de biens sociaux commis au préjudice de la société Y par son dirigeant, car « le principe de non-rétroactivité ne s'applique pas à une simple interprétation jurisprudentielle »[5]. Elle applique donc de manière immédiate le revirement de jurisprudence qui ouvre désormais à la société seule le droit d'exercer l'action civile en cas d'abus de biens sociaux[6].

1. D. Rebut, « Les revirements de jurisprudence en matière pénale », rapport *op. cit.*, p. 98 et les références citées.
2. Crim. 30 janv. 2002, *Dr. pénal* 2002, n° 43, obs. J.-H. Robert.
3. Crim. 25 juin 1998, *Dr. pénal* 1998, n° 145, obs. J.-H. Robert.
4. Crim. 29 mars 2000, *Dr. pénal* 2000, n° 103, obs. J.-H. Robert.
5. Crim. 5 mai 2004, n° 03-82.801, inédit.
6. V. p. 382, note 7.

L'examen des espèces qui ont donné lieu à ces décisions montre que la chambre criminelle de la Cour de cassation prône une conception étroite de la loi qui peut être en décalage avec la position de la CEDH. Elle refuse de donner à la jurisprudence une place au côté du texte écrit, qu'elle a pour mission d'interpréter. Ce faisant, en voulant protéger la légalité conçue de manière stricte, elle peut s'en écarter lorsqu'elle refuse d'appliquer à un revirement défavorable au prévenu le principe de non-rétroactivité de la loi plus sévère. En ce cas, il s'agit bien d'une véritable atteinte au principe de la légalité. En cas de revirement défavorable le justiciable ne bénéficie plus des garanties qui constituent le fondement de ce principe.

Afin de remédier à des conflits de normes, la Cour de cassation a dû se résoudre à prendre une position dont les effets ne joueraient que pour l'avenir dans trois espèces, le 19 octobre 2010[1]. La chambre criminelle s'est en effet trouvée face à une situation juridique inédite, à propos de la législation applicable en matière de garde à vue. Confrontée à une non-conformité des dispositions relatives à la garde à vue, d'abord à l'article 6 de la Conv. EDH[2] et ensuite à la Constitution par la décision du Conseil constitutionnel en date du 30 juillet 2010 par le truchement de deux saisines au titre d'une question prioritaire de constitutionnalité[3], elle a fixé un effet différé dans le temps à l'application de la règle nouvelle. Elle a ainsi considéré que la solution nouvelle ne prendrait effet que lors de l'entrée en vigueur de la loi devant, conformément à la décision du Conseil constitutionnel du 30 juillet 2010, modifier le régime juridique de la garde à vue, ou, au plus tard, le 1er juillet 2011. Il s'agit là d'une véritable prise de position « pour l'avenir ». Cependant, l'Assemblée plénière de la Cour de cassation, par quatre arrêts du 15 avril 2011[4], a opté pour une autre solution, en retenant une application immédiate des nouvelles règles de la garde à vue, les États adhérents étant « tenus de respecter les décisions de la Cour européenne des droits de l'homme sans attendre d'être attaqués devant elle ni d'avoir modifié leur législation », alors que l'article 26 de ladite loi prévoyait de manière expresse que le texte nouveau n'entrerait en vigueur que le 1er juin 2011. Et la Chambre criminelle de la Cour de cassation a franchi une étape en visant directement l'article 6 § 3 de la Conv. EDH tel qu'il est interprété par la CEDH, afin d'annuler, sans cassation, les gardes à vue effectuées antérieurement au 15 avril 2011 sans l'assistance de l'avocat[5]. Cette solution apparaît comme un écho plus favorable aux exigences européennes, en comparaison avec la position que cette même chambre avait adoptée moins d'un an auparavant[6]. Le Conseil constitutionnel, quant à lui, saisi de plusieurs questions prio-

1. *BICC* n° 736, 15 févr. 2011, jur., nos 164 s.; v. égal. Crim. 27 oct. 2010, *D.* 2010. 2912; Crim. 4 janv. 2011, *AJ pénal* 2011. 83, obs. J. Danet; Crim. 18 janv. 2011, *Dalloz actualité,* 21 févr. 2011.
2. V. not., CEDH 27 nov. 2008, *Salduz c/ Turquie*, req. n° 36391/02, *AJDA* 2009. 872, Chron. J.-F. Flauss; 13 oct. 2009, *Dayanan c/ Turquie*, req. n° 7377/03, *Gaz. Pal.*, 2-3 déc. 2009, p. 19, note H. Matsopoulou; v. égal. 24 sept. 2009, *Pishchalnikov c/ Russie,* req. n° 7025/04; 19 nov. 2009, *Kolesnik c/ Ukraine*, req. n° 17551/02; 27 oct. 2011, *Stojkovic c/ France et Belgique*, req. n° 25303/08.
3. Décision n° 2010-14/22 QPC, *AJDA* 2010. 1556, obs. S. Brondel.
4. Cass., ass. plén., 15 avr. 2011, nos 10-17.049, 10-30.242, 10-30.313 et 10-30.316.
5. Crim. 31 mai 2011, 4 arrêts, *Gaz. Pal.* 5-7 juin 2011, p. 7, note O. Bachelet.
6. H. Matsopoulou, « Garde à vue : la Cour de cassation partagée entre conventionnalité et constitutionnalité – À propos des arrêts de la Chambre criminelle du 19 octobre 2010 », *JCP* 2010, n° 45, 1104.

ritaires de constitutionnalité, vient de déclarer les dispositions de la loi du 14 avril 2011 conformes à la Constitution[1]...

C'est dire l'importance de la place théorique et pratique qu'occupe la détermination de la norme à privilégier au moment du procès lorsqu'il existe un chevauchement dans le temps[2].

786. ***Extension du domaine de l'article 112-1 alinéa 3.*** Récemment, une troisième extension de l'application de la loi la plus favorable à la défense a fait son apparition. Là, il n'est pas question de s'attacher à la norme en vigueur au jour du jugement, mais d'étendre le domaine de la rétroactivité *in mitius* à des situations passées en force de chose jugée. La proposition est osée car elle ne respecte pas la lettre de l'article 112-1 alinéa 3 du Code pénal qui exclut expressément du champ d'application de la loi nouvelle plus douce les infractions commises ayant donné lieu *« à une condamnation passée en force de chose jugée »*. Cependant, elle a été retenue par des décisions, d'abord de manière implicite par la chambre criminelle de la Cour de cassation, puis de manière directe par des juridictions du second degré.

La chambre criminelle de la Cour de cassation s'est ainsi prononcée le 19 septembre 2007[3] à propos de l'interdiction de gérer, automatique, en vertu du décret-loi du 8 août 1935 qui a été abrogé par l'ordonnance du 6 mai 2005. Lorsque la personne condamnée à une escroquerie sous l'empire du premier texte a désiré obtenir le relèvement de cette peine accessoire, alors que le second texte était en vigueur, la Haute juridiction répond que la peine principale prononcée pour escroquerie n'emporte plus l'interdiction de gérer et que la requête n'a plus d'objet.

1. V. Cons. const. 18 nov. 2011, n° 2011-191/194/195/196/197 QPC, v. H. Matsopoulou, « Les dispositions de la loi du 14 avril 2011 sur la garde à vue déclarées conformes à la Constitution », *D.* 2011. 3034 : plusieurs questions prioritaires de constitutionnalité ont été transmises au Conseil constitutionnel par le Conseil d'État et la Chambre criminelle de la Cour de cassation, à propos de la conformité du régime de « l'assistance effective de la personne gardée à vue par un avocat » prévu par les art. 62 et 63-4-1 à 63-4-5 du Code de procédure pénale. Le Conseil déclare ces dispositions conformes à la Constitution et assortit d'une réserve d'interprétation l'al. 2 de l'art. 62 du Code de procédure pénale, mais précise que celle-ci est « applicable aux auditions réalisées postérieurement à la publication de la présente décision », afin de se prémunir contre d'éventuels effets rétroactifs.
2. Rappr. du contentieux à propos d'irrégularités qui affectent le tableau d'amortissement devant assortir des offres de prêt, susceptibles d'entraîner la déchéance du droit aux intérêts pour le prêteur. L'intervention du législateur afin de réputer régulières lesdites offres de prêt a consisté à « limiter, pour l'avenir, la portée d'une interprétation jurisprudentielle », v. not., Civ. 1re, 20 juin 2000, *JCP* 2001. II. 10454, note A. Gourio et Civ. 1re, 9 juill. 2003, inédit, n° 99-12.031, au motif qu'« obéit à d'impérieux motifs d'intérêt général l'intervention du législateur destinée à aménager les effets d'une jurisprudence nouvelle de nature à entraîner, par l'importance de ses conséquences sur les établissements de crédit, des risques considérables pour l'équilibre financier du système bancaire dans son ensemble et, partant, pour l'activité économique générale ». Depuis lors, l'assemblée plénière de la Cour de cassation maintient le refus de l'application d'une loi (même interprétative) aux instances en cours car « le principe de prééminence du droit et la notion de procès équitable s'opposent, sauf pour d'impérieux motifs d'intérêt général, à l'ingérence du pouvoir législatif dans l'administration de la justice afin d'influer sur le dénouement judiciaire des litiges » (23 janv. 2004, *D.* 2004. 1108, note P.-Y. Gautier) ; dans l'affaire du « tableau d'amortissement », la CEDH considère qu'il y a eu violation de l'art. 1er du Protocole n° 1 de la convention garantissant le droit de propriété, car l'intervention législative en l'espèce n'était pas justifiée par d'impérieux motifs d'intérêt général (il s'agissait de la loi du 12 avr. 1996), CEDH 14 févr. 2006, *JCP E* 2006, n° 2062, note J. Raynaud.
3. Crim. 19 sept. 2007, n° 06-87.355, inédit.

La cour d'appel de Versailles poursuit le raisonnement par 3 arrêts en date du 18 décembre 2008[1]. La question est identique et porte à nouveau sur l'interdiction d'exercer le commerce. La loi du 4 août 2008 modifie cette peine en la faisant passer de peine accessoire (dont la durée est déterminée à l'avance) à peine complémentaire, dont la durée est décidée par le tribunal correctionnel. Les juges du second degré considèrent que le texte est plus doux et décident de le faire rétroagir afin de lui faire produire des effets sur des condamnations devenues définitives antérieurement à son entrée en vigueur.

La solution, hardie, peut paraître étonnante, tant elle élargit le domaine de la rétroactivité *in mitius et* menace l'autorité de la chose jugée. Cependant, alors que l'alinéa 2 de l'article 112-4 du Code pénal dispose que « *la peine cesse de recevoir exécution quand elle a été prononcée pour un fait qui, en vertu d'une loi postérieure au jugement, n'a plus le caractère d'une infraction pénale* », un auteur s'interroge sur le point de savoir s'il ne serait pas opportun, pour le législateur, d'ajouter un nouvel alinéa qui prévoirait cette fois, non l'abrogation de l'incrimination, mais l'abrogation de la peine attachée à une infraction, postérieurement à la condamnation définitive[2]. Au regard de l'exigence de nécessité des peines contenue dans l'article 8 de la Déclaration des droits de l'homme et du citoyen de 1789, l'interrogation mérite en effet d'être posée. Puisque désormais l'étape consacrée à l'exécution de la peine est juridictionnalisée, ne doit-elle pas également être soumise audit article 8 dont la substance a valeur constitutionnelle, de sorte que, si la peine n'est plus strictement nécessaire au regard de sa nature ou sa durée, la conséquence réside en son abrogation ?

Si la force de l'application de la loi la plus clémente à la défense n'est apparemment pas contestée et apparaît solidement ancrée en droit interne et en droit issu des conventions internationales, il reste qu'elle cède parfois la place à des limites.

II. Les limites de l'application de la loi pénale la plus favorable

787. Il peut paraître surprenant que le droit pénal positif s'interroge sur l'opportunité de l'admission d'atténuations à l'application de la loi pénale la plus favorable à la défense, en raison de la force des arguments qui militent en sa faveur. Pourtant, l'existence de situations particulières soulève des interrogations qui font douter de son caractère absolu. L'admission de possibles dérogations aux deux principes fondamentaux de non-rétroactivité de la loi pénale plus sévère et d'application immédiate de la loi pénale plus douce est source de controverses au sein de la doctrine et de la jurisprudence depuis des années. Les débats s'ouvrent à nouveau dès qu'une espèce spécifique pose une question juridique en ce sens. De leur analyse, il semble que, parmi les limites dont il est fait état, certaines ne soient qu'apparentes (**B.**), alors que d'autres, en revanche, sont bien réelles (**A.**).

A. Les limites réelles

788. La préférence conférée à la disposition la plus favorable au prévenu cesse parfois face à l'application rétroactive (*1.*) ou à la survie (*2.*) de la loi plus sévère.

1. V. les pertinentes observations du professeur H. Matsopoulou, « la portée de la peine accessoire d'interdiction commerciale résultant de condamnations antérieures à la loi du 4 août 2008 », *Dr. pénal* 2009. Études 10 s.; v. égal., Nîmes 8 janv. 2009, n° 08-02.151, publié par le service de documentation de la Cour de cassation.
2. H. Matsopoulou, *op. cit.*

1. *L'application rétroactive de la loi plus sévère*

789. Le principe de non-rétroactivité de la loi plus sévère peut subir deux tempéraments qui sont, d'une part, l'existence de dispositions expressément rétroactives et, d'autre part, la prise en compte d'intérêts supérieurs.

790. ***Les lois expressément rétroactives.*** Le principe de non-rétroactivité de la loi plus sévère ayant une valeur constitutionnelle en matière pénale, le législateur ne devrait pas pouvoir, de sa seule initiative, y déroger. Pourtant, il arrive qu'un texte nouveau contienne de manière expresse des dispositions rétroactives et les juges ne peuvent que les appliquer en l'absence de pouvoir de contrôle de leur constitutionnalité[1].

Ces tempéraments au principe sont peu fréquents et, en général, procèdent d'une volonté délibérée, guidée par des motifs juridiques ou d'opportunité.

Une illustration de la première situation peut être empruntée au droit pénal des procédures collectives. Les juges ont ainsi rétroactivement appliqué l'article 85 de la loi du 30 décembre 1985 qui définit le délit de malversation, sur le fondement de l'article 94 de ladite loi, prévoyant que la nouvelle infraction avait vocation à régir les actes accomplis antérieurement à son entrée en vigueur[2]. Le but poursuivi était de pallier les incohérences nées d'une accumulation de difficultés juridiques : s'étaient ainsi succédé l'annulation par le Conseil constitutionnel de la disposition incriminant l'infraction de malversation dans la loi du 25 janvier 1985, l'impossibilité technique d'assurer l'entrée en vigueur de la loi du 30 décembre 1985 le 1er janvier 1986, comme cela était prévu pour l'ensemble du droit des entreprises en difficulté, et la cessation d'effet du texte d'incrimination du délit de malversation contenu dans la loi du 13 juillet 1967 au 1er janvier 1986. Sans une application rétroactive du nouvel article, certains faits commis antérieurement au 1er janvier 1986 n'auraient pu être réprimés.

À titre d'exemple de la seconde situation, des motifs d'opportunité liés à une politique criminelle répressive contre des comportements estimés très dangereux justifient la rétroactivité d'ordonnances de 1944 punissant des actes de collaboration avec l'ennemi sur le fondement du crime d'indignité nationale et celle de l'article 50 de la loi du 17 juin 1998 consacrée aux infractions sexuelles contre les mineurs et allongeant certains délais de prescription[3].

Quel que soit le but recherché par le législateur, l'entrée en vigueur d'une telle disposition est de plus en plus souvent conditionnée par le contrôle de constitutionnalité exercé par le Conseil constitutionnel.

Toutefois, depuis quelques années, il est possible de noter la création d'une zone floue de partage entre lois de fond et lois de forme, notamment en ce qui concerne les lois relatives à la peine et celles qui sont consacrées à l'application des peines. En effet, en traitant les dispositions comme si elles ne s'intéressent qu'à l'application des peines et non à une norme de fond, le législateur parvient à faire appliquer immédiatement un texte plus sévère par le biais d'une disposi-

1. Sauf dans le cas où les juges se fonderaient sur l'art. 7, § 1 Conv. EDH, sans recourir à son équivalent au sein des principes constitutionnels.
2. Crim. 12 juin 1989, *D.* 1989. II. 585, note F. Derrida.
3. L'art. 50 de la loi du 17 juin 1998 dispose qu'il est « applicable aux infractions non encore prescrites ». L'exposé de l'amendement (Ass. nat., 20 janv. 1998, n° 99) qui a abouti à l'adoption de ce texte explique en effet « qu'il convient d'éviter que les nouvelles règles de prescription concernant les infractions sexuelles commises sur des mineurs instituées par le présent projet ne soient applicables, conformément aux dispositions de l'art. 112-2.4° du Code pénal, qu'aux faits commis après l'entrée en vigueur de la loi ».

tion expresse en ce sens. Il en est ainsi notamment pour le placement sous surveillance judiciaire qui peut être ordonné à l'encontre d'une personne condamnée pour un crime ou un délit pour lequel le suivi sociojudiciaire était encouru alors même que l'infraction fondant la poursuite a été commise avant l'entrée en vigueur du suivi sociojudiciaire[1]. Il en est de même de l'article 12 de la loi n° 2007-1198 du 10 août 2007 qui prévoit que les dispositions relatives à l'expertise psychiatrique sont applicables immédiatement aux condamnés exécutant une peine privative de liberté pour une infraction désormais punissable du suivi sociojudiciaire, même si celui-ci n'existait pas au moment de la commission des faits[2].

791. ***La prise en compte d'intérêts supérieurs.*** La prise en compte d'intérêts supérieurs peut également constituer un facteur de création de règles pénales plus sévères rétroactives. C'est ainsi que, postérieurement à la Seconde Guerre mondiale et en l'absence de lois spécifiques réprimant les crimes contre l'humanité, il est apparu nécessaire de combler ce vide. Les articles 15, paragraphe 2 du Pacte international relatif aux droits civils et politiques et 7, paragraphe 2 de la Conv. EDH prévoient que l'acte reproché peut être poursuivi et puni si, au moment de sa commission, il était criminel « d'après les principes généraux de droit reconnus par les nations civilisées » et ce, bien que la législation interne du pays où il a pris place (ou du pays où il est poursuivi) ne l'ait pas expressément incriminé à cette époque. Ces dispositions autorisent en conséquence une application rétroactive de l'incrimination des crimes contre l'humanité. La rétroactivité repose sur le fondement de textes internationaux (notamment le Tribunal militaire international de Nuremberg annexé à l'accord de Londres du 8 août 1945), consacrant des principes d'origine coutumière[3].

2. La survie de la loi plus sévère

792. En matière économique, les politiques publiques sont soumises à des contraintes d'origines interne et internationale. La nécessité d'adapter les règles s'ensuit, en fonction d'impératifs urgents. Aussi, les dispositions ont-elles tendance à se succéder sur un rythme rapide, créant et abrogeant à la suite des conditions relatives à des infractions, voire des incriminations tout entières.

La plupart du temps, sont en cause des textes de nature réglementaire, mais la question peut être étendue à chaque situation dans laquelle des dispositions ont vocation à connaître une application limitée dans le temps[4].

Si un texte nouveau, plus doux, est appliqué immédiatement en vertu du principe de rétroactivité *in mitius*, il bénéficie de manière fort peu opportune à des prévenus qui ont eu le temps d'organiser des manœuvres dilatoires, afin d'échapper à toute poursuite ou d'obtenir une ordonnance de non-lieu. Le système répressif risque ainsi de perdre toute efficacité dans sa fonction dissuasive.

1. Crim. 21 janv. 2009, *Dalloz actualité*, 25 févr. 2009.
2. Crim. 2 sept. 2009, n° 09-80.591, inédit.
3. Toutefois, les art. 211-1 à 212-3 du Code pénal qui répriment les crimes contre l'humanité ne s'appliquent pas aux faits commis avant la date de leur entrée en vigueur, le 1er mars 1994, car « les principes de légalité des délits et des peines et de non-rétroactivité de la loi pénale plus sévère, énoncés par les art. 8 de la Déclaration des droits de l'homme et du citoyen, 7-1 de la Conv. EDH, 15-1 du Pacte international relatif aux droits civils et politiques, 111-3 et 112-1 C. pénal » s'y opposent, Crim. 17 juin 2003, *Dr. pénal* 2003, n° 96, obs. M. Véron.
4. Sur l'application des lois « de circonstance », v. not., G. Stefani, G. Levasseur et B. Bouloc, *op. cit.*, n° 158; sur les conflits de lois instituant des régimes transitoires en droit pénal de l'environnement, Crim. 16 oct. 1996, *Dr. pénal* 1997, n° 23, obs. J.-H. Robert.

En réaction à ces enjeux importants de politique criminelle, la jurisprudence a construit une réponse, dont le constat de la pérennité rend nécessaire l'examen de la pertinence.

793. ***La position jurisprudentielle.*** La réponse jurisprudentielle au débat portant sur l'application du principe de rétroactivité *in mitius* dans le domaine économique a connu plusieurs étapes.

Dans un premier temps, au début du XXe siècle, la tendance majoritaire a consisté à rejeter toute application immédiate de textes plus doux, consacrés à la taxation des prix[1], au droit fiscal[2] ou au droit des transports[3]. En 1970, un arrêt de principe de la chambre criminelle de la Cour de cassation devait généraliser cette solution, en posant « qu'il est de principe que les textes réglementaires en matière économique ou fiscale ne rétroagissent pas à moins de dispositions contraires formellement exprimées »[4]. L'article 9, alinéa 2 de l'avant-projet définitif de Code pénal de 1978 poursuivait en ce sens et proposait de refuser l'application immédiate dans le cas d'infraction à une « disposition déclarée applicable ou applicable par nature pendant un temps limité ».

Après l'affirmation de la valeur constitutionnelle du principe de rétroactivité *in mitius* par le Conseil constitutionnel en 1981, une telle position législative n'est plus possible et, désormais, aucune disposition du Code pénal entré en vigueur en 1994 ne fait référence à une quelconque dérogation audit principe[5]. La jurisprudence en a également tiré des conséquences et a nuancé sa position, en fonction de la nature du texte abrogé. Si un règlement d'application d'une loi est abrogé, le principe de rétroactivité *in mitius* ne produit pas d'effet sur les actes antérieurs, dès lors que la loi qui porte l'incrimination demeure en vigueur[6].

Lorsqu'une loi est abrogée, la loi nouvelle plus douce « même de nature économique » s'applique immédiatement aux faits commis antérieurement et non définitivement jugés, que ces faits aient été incriminés sur le fondement de ladite loi abrogée ou de ses règlements d'application, « en l'absence de dispositions contraires expresses »[7]. Des concessions en faveur du principe de rétroactivité *in mitius* sont ainsi perceptibles, mais ces décisions expriment des réserves, notamment lorsque la chambre criminelle de la Cour de cassation approuve les juridictions du fond dans leur recherche d'absence de dispositions législatives contraires audit principe.

1. Crim. 15 juin 1944, *D.* 1944. 116; 18 juill. 1952, *RSC* 1953. 299.
2. Crim. 18 mars 1965, *Bull. crim.* n° 83.
3. Crim. 6 févr. 1963, *Bull. crim.* n° 69.
4. Crim. 10 nov. 1970, *D.* 1971. 509, note J. Mazard.
5. Il reste que tout doute n'est pas levé puisque la circulaire du 14 mars 1993 (n° 9) précise que « contrairement à l'avant-projet de 1978, le nouveau Code pénal ne règle pas expressément le cas des textes temporaires et celui des règlements économiques, fiscaux et douaniers. Les solutions dégagées par la jurisprudence dans ces hypothèses particulières conservent bien entendu toute leur valeur ».
6. La jurisprudence exige toutefois qu'un acte au moins de poursuite ait eu lieu sous l'empire du règlement ancien pour écarter l'application immédiate du texte nouveau, v. not., Crim. 12 nov. 1986, *D.* 1988. 39, note A. Dekeuwer; 22 janv. 1990, *Bull. crim.* n° 36; 7 juin 1990, *Bull. crim.* n° 232; 12 déc. 1996, *Dr. pénal* 1997, n° 80, obs. J.-H. Robert; 19 févr. 1997, *Dr. pénal* 1997, n° 111, obs. J.-H. Robert; 26 janv. 2005, inédit, n° 04-82.542 concernant le délit prévu par l'art. 432-14 C. pén.
7. À propos de l'application de l'ordonnance du 1er déc. 1986, v. not., Crim. 16 et 23 févr. 1987, *D.* 1988. 39, note A. Dekeuwer; en droit douanier, Crim. 4 janv. 1988, *Bull. crim.* n° 4 et 25 janv. 1988, *JCP* 1989. II. 21174, note J. Pannier; pour le droit des marchés publics, Crim. 28 janv. 2004, *JCP* 2004. II. 10084, note F. Linditch; 7 avr. 2004, *Bull. crim.* n° 93; pour une illustration portant sur un délit de tromperie relatif à la fabrication du roquefort, Crim. 15 juin 2004, inédit, n° 03-84.925.

Depuis lors, la Haute juridiction n'est pas revenue sur ce point. Dans de nombreux arrêts rendus en matière douanière à propos de l'entrée en vigueur de l'unification du marché européen, l'application immédiate de la loi pénale plus douce est subordonnée une nouvelle fois au défaut de « dispositions contraires expresses », que la disposition moins sévère soit d'origines interne[1] ou communautaire[2]. Parfois, la Haute juridiction prend le soin de relever, pour refuser l'application immédiate de la loi plus douce, que la loi contenant la disposition expresse contraire (en l'espèce, l'article 110 de la loi du 17 juillet 1992) n'a eu d'incidence « *que sur les modalités de contrôle du respect de l'octroi "d'aides" et non sur l'existence de l'infraction ou la gravité des sanctions* »[3]. En conséquence, les juges du fond, sauf à utiliser désormais la procédure de la question prioritaire de constitutionnalité, ne pourraient refuser d'assurer la survie du texte ancien plus sévère, en présence d'une disposition prévoyant expressément le maintien des poursuites après l'entrée en vigueur du nouveau texte. Cette analyse a été confirmée par l'Assemblée plénière de la Cour de Cassation pour qui, à propos de l'application de l'article 110 de la loi du 17 juillet 1992, « il ne résulte d'aucun texte ou principe général du droit de l'Union européenne ni d'une jurisprudence bien établie de la Cour de justice de l'Union européenne que le principe de l'application rétroactive de la peine plus légère fait obstacle à ce que soient poursuivies et sanctionnées les fausses déclarations en douane ayant pour but ou pour effet d'obtenir un avantage quelconque attaché à des importations intracommunautaires commises antérieurement à la mise en place du marché unique, de sorte que l'application par la Cour de cassation de l'article 110 de la loi du 17 juillet 1992 ne contrevenait pas au droit de l'Union »[4].

794. ***La portée de la jurisprudence.*** La construction jurisprudentielle proposée appelle des remarques quant à sa pertinence. Hormis le fait que les domaines économique, fiscal et douanier ne soient pas forcément faciles à borner de manière claire, la critique majeure repose sur la contradiction entre l'exigence posée par la Cour de cassation[5] et la valeur juridique du principe de rétroactivité *in mitius*, consacrée par l'article 112-1 du Code pénal, le Conseil constitutionnel, l'article 15, paragraphe 1 du Pacte international relatif aux droits civils et politiques et, désormais, l'article 7 de la Conv. EDH. Si le texte nouveau adoucit la répression, cela montre que la répression ancienne plus sévère n'est plus nécessaire. Or, la jurisprudence s'affranchit de ces exigences, en privilégiant la survie de la loi antérieure. D'ailleurs, la formulation retenue, à savoir, « l'absence de dispositions expresses contraires », semble exprimer le souhait d'aller plus loin et d'inciter le législateur à déroger audit principe. Une

1. Crim. 28 nov. 1996, *Bull. crim.* n° 436; 6 févr. 1997, *D.* 1997. II. 615, note P. Conte; 20 mars 1997, *Bull. crim.* n° 116; 5 mai 1997, *Gaz. Pal.* 26-27 sept. 1997, p. 15.
2. Lorsque la loi pénale française s'appuie sur une norme communautaire qui est adoucie, la jurisprudence française conditionne l'application immédiate de la disposition plus douce, qui a « une valeur supérieure à la loi », à l'absence de dispositions contraires expresses, v. not., Crim. 12 déc. 1996, *Bull. crim.* n° 466; 26 mars 1998, *Bull. crim.* n° 116; Crim. 29 mars 2000, *JCP E* 2000. 1065, à propos de la suppression du caractère de marchandise prohibée du saumon de l'Atlantique en provenance des îles Féroé.
3. Crim. 19 sept. 2007, *Bull. crim.* n° 215.
4. Cass., ass. plén., 18 nov. 2016, n° 15-21.438, *AJ pénal* mars 2017, note M.-C. Sordino; v. également Crim. 7 juin 2017, n° 15-87.214 et CJUE 6 oct. 2016, *Paoletti et a.*, aff. C-218/15.
5. Les juges du fond résistent parfois à cette analyse et prônent une application sans condition du principe de rétroactivité *in mitius*, y compris en matière économique, v. not., Colmar 18 oct. 1991, *D.* 1992. Somm. 37, obs. J. Pannier.

partie de la doctrine a fait part de son désaccord face à cette tendance jurisprudentielle[1].

Il est exact que, sur le terrain de l'opportunité, limiter l'application de la loi la plus favorable présente un intérêt indéniable dans le contexte en cause. Cela permet de ne pas avantager les individus, souvent des professionnels[2], tentés de frauder, attendant de « gagner du temps » jusqu'à la prochaine et certaine abrogation de leurs forfaits.

Cependant, du point de vue juridique, une telle atténuation est plus difficile à justifier[3].

Le point de départ du raisonnement consiste à distinguer entre les lois concernant les peines et les lois consacrées aux incriminations, en s'appuyant sur la formulation retenue à la fois par le Conseil constitutionnel et par l'article 15-1 du Pacte international relatif aux droits civils et politiques. Le principe de rétroactivité *in mitius* ne s'appliquerait sans condition que dans le cas de lois adoucissant les peines[4].

Un arrêt de la chambre criminelle de la Cour de cassation en date du 6 octobre 2004 adopte ce raisonnement. Ainsi, « le prévenu ne saurait faire grief à l'arrêt attaqué d'avoir jugé que l'article 110 de la loi du 17 juillet 1992, selon lequel les dispositions de cette loi n'ont pas d'effet rétroactif sur les infractions commises avant son entrée en vigueur, n'est pas contraire à l'article 15-1 du Pacte international sur les droits civils et politiques, dès lors que ce dernier texte ne concerne que les sanctions et non les incriminations »[5].

Dans un sens opposé, une décision du tribunal correctionnel d'Évry considère, à propos de l'application immédiate de l'article L. 442-2 du Code de commerce consacré au délit de revente à perte, que ledit article 15-1 doit s'entendre, non seulement dans le cas d'une peine moins forte, mais également dans la situation où la loi nouvelle supprime une incrimination ou certains éléments de l'incrimination[6]. Le Comité des droits de l'homme des Nations unies adopte une position allant également dans ce sens : si l'article 15-1 du Pacte international relatif aux droits civils et politiques « vise le principe de rétroactivité d'une loi prévoyant une peine plus légère, il doit être entendu comme visant *a fortiori* une loi prévoyant une suppression de peine pour un acte qui ne constitue plus une infraction »[7].

L'interrogation est d'importance. En effet, cela entraîne la nécessité d'opérer un départ entre les raisons qui conduisent à l'adoucissement du texte. Si la loi

1. J. Huet, « Une méconnaissance du droit international : à propos de la rétroactivité *in mitius* », *JCP* 1987. I. 3293 et « La rétroactivité *in mitius* des textes réglementaires en matière économique (dissonances sur une question simple) », *JCP* 1989. I. 3378; A. Dekeuwer, « La rétroactivité *in mitius* en droit pénal. Un principe encore et toujours contesté ! », *JCP* 1997. I. 4065 et les références citées.
2. Une présomption de mauvaise foi est, de plus, souvent retenue à leur encontre, Crim. 6 févr. 1997, *op. cit.*
3. Bien que le principe de rétroactivité *in mitius* soit affirmé par le Conseil constitutionnel comme étant complémentaire, mais autonome par rapport au principe de non-rétroactivité de la loi plus sévère, l'économie de l'art. 112-1 du Code pénal semble présenter celui-là comme une exception de celui-ci, ce qui peut entretenir des doutes quant à son autorité. En réalité, les deux principes doivent plutôt être entendus comme étant situés sur un même plan.
4. A. Dekeuwer, *op. cit.*, spéc. n°s 19 s.
5. Crim. 6 oct. 2004, *Dr. pénal* 2005, comm. n° 9, obs. J.-H. Robert.
6. Trib. corr. Évry, 26 juin 2007, *RJDA* 2007, n° 1157; *Lettre distrib.* oct. 2007, p. 1, obs. J.-M. Vertut; v. déjà Paris, 5 déc. 1990, *Gaz. Pal.* 1991. 1, 147.
7. Décis. 21 oct. 2010, v. A. Huet, « La France, le Comité des droits de l'homme de l'ONU et la rétroactivité de la loi pénale plus douce », *D.* 2010. 2865.

nouvelle diminue la peine, elle devrait s'appliquer immédiatement, alors que, dans le cas où le caractère plus doux proviendrait de l'abrogation de l'incrimination ou de sa modification dans le sens d'une plus grande mansuétude, la rétroactivité *in mitius* ne s'imposerait pas de manière automatique. La seconde situation semble relever plutôt d'un fondement tiré du principe de la légalité des délits et des peines, l'incrimination commandant la sanction. Le législateur pourrait alors conserver expressément la base légale nécessaire aux poursuites futures d'actes commis antérieurement.

Les conséquences de cette analyse conduisent à examiner alors la position du législateur. S'il est bien débiteur d'une obligation tenant à assurer le respect de la légalité, il peut néanmoins en délimiter le champ d'application, en déterminant lui-même les comportements qui doivent entrer ou non dans la nécessité de la répression[1].

Ainsi, d'une part, est-il possible de distinguer entre les textes en conflit, selon qu'ils modifient la politique criminelle ou traduisent uniquement une adaptation de la législation, sans opérer de véritable changement dans la volonté de répression des pouvoirs publics[2]. Certaines modifications seraient en effet purement techniques, détachées de toute considération liée au fond, de sorte que l'incrimination elle-même ne serait pas affectée, bien qu'en apparence le texte soit plus sévère. La comparaison de la sévérité des dispositions successives ne s'imposerait plus, les dispositions nouvelles ne constituant que des adaptations indispensables[3].

D'autre part, en s'appuyant sur l'article 8 de la Déclaration des droits de l'homme et du citoyen de 1789 il est possible d'en déduire que, dès lors que la nécessité de la répression constitue le fondement de l'application immédiate de la loi plus douce, il est des cas objectifs dans lesquels la nécessité commande d'aménager la survie de la loi ancienne plus sévère dans un souci d'efficacité et de poursuite d'individus présentant un potentiel de dangerosité[4]. Dans ce cas, le maintien de la disposition antérieure s'avère utile et justifié, au regard même de l'article précité.

Le 3 décembre 2010, le Conseil constitutionnel a statué sur une question prioritaire de constitutionnalité relative à la conformité à la Constitution des dispositions du paragraphe IV de l'article 47 de la loi n° 2005-882 du 2 août 2005 consacré aux conditions d'application, avant le 31 décembre 2006, des textes réprimant le délit de revente à perte[5]. Le débat prend naissance autour de la question juridique de la détermination du seuil de revente à perte, qui évolue en fonction des impératifs économiques. La loi du 2 août 2005 a ainsi modifié l'article L. 442-2 du Code de commerce, abaissant le seuil de la revente à perte et rendant de ce fait moins nombreuses les situations dans lesquelles l'infraction est constituée donc sanctionnable. Les entreprises faisant l'objet de poursuites pénales en

1. Des auteurs distinguent entre la nécessité des peines découlant de l'art. 8 de la Déclaration des droits de l'homme et du citoyen de 1789 et la nécessité de l'incrimination fondée sur les art. 4 et 5 de cette même déclaration, la loi n'ayant le droit de défendre que les actions nuisibles à la société, T. S. Renoux et M. de Villiers, *Code constitutionnel,* Litec, 2011, p. 66 s.; v. égal. M.-C. Sordino, « De la proportionnalité en droit pénal », *in Mélanges J.-H. Robert*, LexisNexis, 2012.
2. Sur la distinction entre les dispositions-buts et les dispositions-moyens, R. Vienne, « Le principe de la rétroactivité de la loi pénale plus douce doit-il être considéré comme absolu ? », *JCP* 1947. I. 618.
3. Crim. 7 déc. 1999, *Bull. crim.* n° 293, cité *in* J. Pradel et A. Varinard, *Les grands arrêts du droit pénal général, op. cit.*, n° 12.
4. J.-H. Robert, obs. sous Crim. 12 déc. 1996 et 6 févr. 1997, *Dr. pénal* 1997, n° 80; F. Desportes et F. Le Gunehec, *Le nouveau droit pénal,* 16ᵉ éd., Economica, 2009, n° 343.
5. N° 2010-74 QPC.

cours ont souhaité bénéficier du principe de rétroactivité *in mitius*, en dépit de la présence d'une disposition de la loi de 2005, son article 47, excluant expressément l'application immédiate dudit article. Le Conseil constitutionnel, après avoir relevé la force du principe de rétroactivité *in mitius*, considère qu'il peut être écarté lorsque la répression antérieure plus sévère est « inhérente aux règles auxquelles la loi nouvelle s'est substituée ». En l'espèce, la définition de nouvelles modalités de fixation du prix d'achat effectif est inséparable du régime économique antérieur et l'article litigieux ne porte pas atteinte à l'article 8 de la Déclaration des droits de l'homme et du citoyen. Il s'agit d'une illustration de la volonté du législateur d'adapter des règles techniques dans le domaine économique. S'agit-il réellement d'une loi pénale plus douce ? On peut s'interroger sur cet élément car la loi en l'espèce prend appui sur une modification de règles avant tout d'ordre économique, ce qui est attesté par l'esprit du texte révélé par les travaux parlementaires. La conséquence de nature pénale, c'est-à-dire le rétrécissement du champ de la revente à perte, ne constitue pas l'objet principal de la réforme. Tout au contraire, le législateur montre, par la prévision d'une disposition expresse, qu'il n'entend pas faire évoluer la politique criminelle suivie en la matière. Un arrêt de la CJUE rendu le 6 octobre 2016[1] précise que l'application de la loi pénale plus favorable suppose l'existence d'une succession de lois dans le temps et repose sur la constatation que le législateur a changé d'avis, soit sur la qualification pénale des faits, soit sur la peine à appliquer. Dans cette affaire, la Cour estime que le fait qu'après leur entrée illégale, des citoyens roumains soient devenus citoyens de l'Union européenne n'est pas susceptible d'influencer le déroulement des procédures contre les personnes ayant apporté leur aide à leur immigration illégale. Il n'est donc pas question d'un changement d'avis du législateur en ce qui concerne la qualification et la peine. La nécessité de la répression commande parfois la mise à l'écart de l'application de la norme pénale la plus favorable à la défense en dépit de la valeur constitutionnelle et supranationale du principe de rétroactivité *in mitius*.

B. Les limites apparentes

795. Certains textes sont parfois présentés comme relevant d'un régime dérogatoire par rapport aux principes fondamentaux de non-rétroactivité de la loi pénale plus sévère et d'application immédiate de la loi pénale plus douce. C'est ainsi que l'application de la disposition la plus favorable à la personne poursuivie pourrait être écartée lorsque sont envisagées, d'une part les lois créant de nouvelles mesures de sûreté (*1.*) et, d'autre part, les lois interprétatives (*2.*). Ces deux séries de lois constituent-elles de véritables atténuations à la faveur accordée à la défense en cas de conflit dans le temps ?

1. Les lois créant de nouvelles mesures de sûreté

796. ***Spécificités des mesures de sûreté.*** Les mesures de sûreté puisent leur origine dans les travaux de l'école positiviste[2]. La jurisprudence française répugnait classiquement à les dénommer ainsi, préférant l'expression plus consensuelle de « mesures de police et de sécurité », avant d'adhérer depuis peu à cette formulation par un arrêt remarqué[3].

1. *Gianpaolo Paoletti*, aff. C-218/15.
2. H. Matsopoulou, « Le renouveau des mesures de sûreté », *D.* 2007. Chron. 1607.
3. Crim. 26 nov. 1997, *D.* 1998. II. 495, note critique D. Rebut.

Le point central du raisonnement justifiant l'existence de telles mesures repose sur la constatation chez certains sujets de la présence d'un état dangereux, susceptible de durer dans le temps, contre lequel la société doit se protéger[1]. Le potentiel de dangerosité d'une personne apparaît souvent lors de la consommation d'une infraction, mais il est préexistant à celle-ci et se caractérise par sa permanence. En conséquence, les pouvoirs publics sont dans l'obligation d'adapter la réponse. Alors qu'habituellement cette dernière prend la forme d'une peine, des mesures particulières axées sur une fonction de prévention individuelle et collective s'imposent dans ce genre de situations[2].

Traditionnellement, la doctrine distingue entre les mesures de sûreté, dépourvues de but rétributif et de conséquence infamante, orientées vers l'avenir et les peines, prenant en compte le passé, à savoir l'infraction commise. Celles-ci sont soumises sans contestation aux principes fondamentaux du droit pénal, mais la question se pose en revanche pour celles-là. Si le principe de la légalité leur est applicable, doctrine et jurisprudence émettent des doutes quant à l'affranchissement possible au principe de non-rétroactivité de la loi pénale plus sévère. Les tenants de l'école positiviste s'étaient prononcés en ce sens, mettant l'accent sur la pérennisation de l'état dangereux au-delà de l'entrée en vigueur d'un texte nouveau[3], imposant leur application immédiate, au besoin de manière rétroactive[4].

L'idée a été maintenue en France à l'époque contemporaine. Mais le débat demeure ouvert car la CEDH considère que l'existence d'une peine s'apprécie au regard de son prononcé lors de la condamnation d'une personne pour une infraction, en tenant compte de la gravité ainsi que de la nature et du but de la mesure[5]. Or, la mesure de sûreté présente un haut degré de gravité car elle frappe le condamné à une infraction dans l'exercice de ses droits. Elle est en pratique très handicapante lorsqu'elle a pour résultat de priver un professionnel de la faculté de continuer à exercer. Elle est alors ressentie de manière cruelle et stigmatisante pour la personne contre laquelle elle est prononcée. Toutefois, les critères de la nature et du but de la mesure de sûreté prêtent davantage à réflexion car la doctrine française majoritaire persiste à considérer que ladite mesure ne peut être une autre peine qui s'ajouterait à la peine principale[6].

Aussi, la jurisprudence met depuis longtemps en pratique l'idée selon laquelle les mesures de sûreté ne présenteraient pas un caractère pénal et échapperaient

1. V. not., E. Ferri, *Sociologie criminelle*, 4e éd., Paris, 1905, p. 653; sur cette base, le Code pénal italien consacre expressément l'application immédiate de toutes les mesures de sûreté.
2. H. Matsopoulou, « Le nouveau régime des incapacités commerciales », *Dr. pénal* 2008. Chron. 24.
3. Un raisonnement voisin, fondé sur la connaissance par le délinquant des « risques » que lui fait encourir son comportement délictueux, justifie l'application immédiate d'une loi nouvelle, pour les infractions continues (Crim. 11 févr. 1998, *Dr. pénal* 1998, n° 65, obs. M. Véron) et la circonstance aggravante de récidive (Crim. 29 févr. 2000, *Dr. pénal* 2000. Chron. 37, C. Marsat). Dans ces deux situations, il n'existe donc pas de véritable atteinte à l'application de la loi la plus favorable au prévenu.
4. Jusqu'à l'affirmation de la constitutionnalisation du droit pénal au début des années 1980, la jurisprudence fondait l'application rétroactive de ces mesures sur la volonté du législateur, Crim. 18 janv. 1950, *Bull. crim.* n° 20, à propos de la mise en œuvre de la loi du 30 août 1947.
5. CEDH 9 févr. 1995, *Welch c/ Royaume-Uni.*
6. V. not. C. Lombois, *Droit pénal général*, Hachette, coll. « Les Fondamentaux », 1994, spéc. p. 117, qui analyse les interdictions découlant de plein droit de la décision de condamnation comme des indignités et non des peines. Pour cet auteur, le mécanisme de l'interdiction consiste non à adjoindre une sanction pénale à la peine principale mais à priver le coupable de la jouissance d'un de ses droits en raison de sa condamnation.

donc au principe de non-rétroactivité de la loi pénale plus sévère, ainsi qu'au principe de proportionnalité des peines[1].

La décision la plus célèbre concerne l'application immédiate à un mineur de certaines mesures contenues dans l'ordonnance du 2 février 1945 pour des actes commis antérieurement à son entrée en vigueur[2]. Alors qu'il avait été condamné en première instance à six mois d'emprisonnement, la juridiction de second degré préféra prononcer le placement dans un établissement d'éducation surveillée pour une durée de deux ans, alors que la mesure n'était pas légalement prévue au moment de la commission des faits délictueux. La Cour de cassation rejeta le pourvoi formé contre cette décision, semblant admettre une limite au principe de non-rétroactivité de la loi pénale plus sévère pour les mesures de sûreté et, par là, à la prééminence accordée à la loi plus douce en cas de conflit.

Cependant, l'atteinte ainsi constituée n'est-elle pas plus apparente que réelle ?

En l'espèce, le régime de responsabilité des mineurs mis en œuvre par l'ordonnance de 1945 est unanimement analysé comme plus favorable aux mineurs que le système antérieur. La tendance dominante du texte est indiscutablement tournée vers la clémence. En conséquence, bien que la durée de la mesure soit supérieure à celle de la peine d'emprisonnement, le nouveau texte est plus doux que l'ancien et cela ne peut être expliqué exclusivement par le soi-disant caractère non pénal de ladite mesure[3].

Mais il serait contraire à la fois à la Constitution[4] ainsi qu'à l'article 7 de la Conv. EDH et, en conséquence dangereux, de rendre cette solution automatique, l'application rétroactive d'une mesure de sûreté pouvant avoir pour conséquence l'aggravation du sort du prévenu[5].

1. V. not., CE 17 déc. 2008, *Sect. fr. Observatoire des prisons*, *JCP* 2009. II. 10049, note J. Mérenne, qui considère que les décisions de placer un détenu à l'isolement constituent des mesures de sûreté, en conséquence non soumises à la proportionnalité des peines.
2. Crim. 11 juin 1953, *JCP* 1953. II. 7708, note J. Brouchot.
3. En ce sens, v. not., F. Desportes et F. Le Gunehec, *op. cit.*, n° 331; J.-H. Robert, *op. cit.*, p. 172 et 186.
4. Cons. const. 30 déc. 1982, n° 82-155 DC, *op. cit.*, qui soumet toute sanction sans distinction au principe de non-rétroactivité de la loi plus sévère.
5. Ceci est discuté à propos des interdictions professionnelles. La jurisprudence se montre hésitante quant à leur qualification en mesure de sûreté ou peine complémentaire (ou accessoire, ce qui est encore discuté, H. Matsopoulou, « Le renouveau des mesures de sûreté », *op. cit. et* « Réflexions sur la faillite personnelle et l'interdiction de gérer », *D.* 2007. Chron. 104) mais semble opter pour leur application rétroactive la plupart du temps : en dernier lieu, Crim. 26 nov. 1997, *op. cit.*, à propos de la profession d'agent immobilier, pour laquelle l'incapacité attachée à certaines condamnations constitue une mesure de sûreté applicable rétroactivement. Après une controverse relative à la nature de la contrainte par corps (mesure d'exécution forcée pour la chambre criminelle de la Cour de cassation non soumise aux textes régissant les réductions de peine, Crim. 24 sept. 1996, *Bull. crim.* n° 328; 29 janv. 2003, *Bull. crim.* n° 20 ou peine pour la CEDH 8 juin 1995, *Jamil*, *D.* 1996. Somm. 197, obs. J.-F. Renucci et pour la chambre commerciale de la Cour de cassation, 16 mai 2000, *D.* 2000. IR 163), la loi du 9 mars 2004 apporte une clarification en substituant la contrainte judiciaire à la contrainte par corps et précise que le juge d'application des peines peut ordonner ladite contrainte judiciaire « consistant en un emprisonnement » dont la durée maximale est déterminée par la loi en fonction du montant de l'amende impayée (v. l'art. 749 C. pr. pén. qui est entré en vigueur le 1er janv. 2005). La chambre criminelle de la Cour de cassation a également considéré que l'inscription au fichier judiciaire national automatisé d'une condamnation pour des agressions sexuelles aggravées commises antérieurement à l'entrée en vigueur de la loi du 9 mars 2004 constituait non une peine mais « une mesure ayant pour seul objet de prévenir le renouvellement des infractions sexuelles et de faciliter l'identification de leurs auteurs », ce qui autorise sa rétroactivité, Crim. 31 oct. 2006, *Dr. pénal* 2007, n° 15, obs. M. Véron.

Pourtant, un renouveau législatif des mesures de sûreté est perceptible. Récemment, la distinction entre les notions de peine et de mesure de sûreté au regard de l'application dans le temps a trouvé un nouvel écho au travers de la discussion de la loi du 25 février 2008 « relative à la rétention de sûreté et à la déclaration d'irresponsabilité pénale ». La rétention de sûreté apparaît désormais dans l'article 706-53-13 du Code de procédure pénale comme le placement d'une personne au sein d'un centre « socio-médico-judiciaire de sûreté » afin que lui soit proposée une prise en charge médicale, sociale et psychologique. Elle a pour fonction de répondre à la situation d'un condamné en fin de peine qui présente une « particulière dangerosité » et pour lequel aucun autre dispositif de prévention de la récidive n'est suffisant.

Trois conditions cumulatives sont exigées.

D'abord, le sujet doit avoir été condamné par une cour d'assises pour des infractions très graves, commises avec violence ou de nature sexuelle, sur des victimes mineures ou majeures[1]. Ensuite, la peine prononcée doit être une réclusion criminelle d'une durée égale ou supérieure à 15 ans. Enfin, la cour d'assises doit avoir expressément prévu dans sa décision de condamnation que la situation du condamné soit réexaminée à la fin de l'exécution de sa peine en vue d'une éventuelle rétention de sûreté.

La question de l'application dans le temps de la rétention de sûreté dépend, à l'évidence, de sa nature. Si elle est une peine, elle ne saurait être appliquée à des délinquants déjà condamnés pour des faits commis antérieurement à l'entrée en vigueur du texte qui la crée. En revanche, si elle apparaît comme une mesure de sûreté, elle pourrait donner lieu à une application immédiate[2].

Le Conseil constitutionnel s'est prononcé le 21 février 2008[3] et a rejeté l'application immédiate de la rétention de sûreté à des personnes déjà condamnées ou qui seront condamnées postérieurement à l'entrée en vigueur de la loi pour des faits commis antérieurement. Pourtant, il reconnaît que la rétention de sûreté présente les caractéristiques de la mesure de sûreté, s'il est tenu compte de quatre critères[4].

En premier lieu, la rétention de sûreté repose sur la constatation d'un état dangereux, mis en lumière par les tenants de la doctrine positiviste au XIXe siècle. La mesure de sûreté est justement conçue pour faire face à ce degré élevé de risque de récidive et ne vise pas une fonction punitive.

En deuxième lieu, la rétention de sûreté n'est pas prononcée par la juridiction de jugement qui n'envisage que la possibilité d'un réexamen de la situation du condamné à l'issue de l'exécution de la peine de réclusion criminelle. En effet, dans cette situation, aucune infraction ne vient d'être commise. Aux termes de l'article 706-53-15 du Code de procédure pénale, c'est la juridiction régionale de rétention de sûreté qui sera compétente pour prononcer ladite rétention.

En troisième lieu, la mesure est mise en œuvre après l'exécution de la peine.

---

1. V. la nouvelle rédaction de l'art. 706-53-13 du Code de procédure pénale issue de la loi du 10 mars 2010.
2. Sur la compatibilité de la rétention de sûreté avec la Conv. EDH, D. Roets, « La rétention de sûreté à l'aune du droit européen des droits de l'homme », *D.* 2008. Chron. 1840.
3. Y. Mayaud, « La mesure de sûreté après la décision du Conseil constitutionnel n° 2008-562 DC du 21 février 2008 », *D.* 2008. Chron. 1359; Pan. 2025, obs. V. Bernaud et L. Gay; *RSC* 2008. 731, obs. C. Lazerges.
4. En vertu de critères identiques, le Conseil constitutionnel avait, de même, refusé de qualifier de peine le placement sous surveillance électronique mobile dans sa décision n° 2005-527 DC du 8 déc. 2005, lors de l'examen de la constitutionnalité de la loi du 12 déc. 2005.

En dernier lieu, le but de la mesure est de prévenir la récidive de personnes souffrant d'un trouble grave de la personnalité.

En conséquence, la rétention de sûreté apparaît davantage comme une mesure de sûreté que comme une peine.

Cependant, au regard des effets particulièrement puissants de la mesure de rétention, à savoir la privation de liberté pour un an, avec une possibilité de renouvellement non limité dans le temps, le Conseil constitutionnel a préféré écarter son application immédiate.

En revanche, la rétention de sûreté pourra s'appliquer rétroactivement à des personnes qui méconnaîtraient les obligations qui leur ont été imposées dans le cadre de la surveillance de sûreté[1]. Dans ce cas, elles peuvent présenter une particulière dangerosité et être placées dans un établissement hospitalier affecté à l'accueil des personnes incarcérées[2]. La justification de cette application immédiate à des personnes condamnées pour des faits commis antérieurement à l'entrée en vigueur de la loi peut être recherchée dans le fait que lesdites personnes connaissaient les obligations qui pesaient sur elles, la surveillance de sûreté prolongeant notamment les obligations contenues dans la surveillance judiciaire des personnes dangereuses.

Il semble donc désormais que le régime des mesures de sûreté au regard de leur application dans le temps puisse être décliné en fonction de caractéristiques propres. Il existerait dès lors des mesures de sûreté classiques pouvant rétroagir et des mesures de sûreté davantage « punitives » obéissant à un régime spécial en raison de leur ressemblance avec les effets de la peine.

Au sein de la même loi du 25 février 2008, les dispositions consacrées à la procédure de déclaration d'irresponsabilité pénale pour cause de trouble mental alimentent également le débat, à propos de leur application dans le temps, alors que le législateur les qualifie expressément de mesures de sûreté. La chambre criminelle de la Cour de cassation a ainsi considéré dans un premier temps que l'article 706-36 du Code de procédure pénale prévoit des peines (ce qui peut être choquant au regard de l'aliénation du condamné emportant une absence de l'élément moral), avant d'opérer une volte-face et de considérer quelques mois plus tard que ledit article (auquel elle joint l'article 706-35 du Code de procédure pénale) vise des mesures de sûreté[3]...

L'on ne peut nier que l'hospitalisation d'office est bien liée à un état dangereux portant une atteinte grave à l'ordre public. Le traitement proposé au sujet vise un objectif tout à la fois curatif et préventif, tourné vers l'avenir. La qualification de mesure de sûreté paraît en conséquence adaptée. Mais qu'en est-il des autres « mesures de sûreté » visées par l'article 706-136 du Code de procédure pénale, telles que la suspension du permis de conduire ou l'interdiction d'entrer en relation avec la victime ? Le Code pénal les considère comme des peines alternatives à l'emprisonnement et elles revêtent un caractère de punition. Dès lors, l'hésitation du juge pénal est compréhensible, car si le législateur les a bien qualifiées de mesures de sûreté, il aurait été pertinent qu'il en définisse plus précisément leur régime[4].

1. Pour la surveillance de sûreté, le réexamen de l'état du condamné n'a pas à être expressément prévu dans la décision de la cour d'assises, à la différence de la rétention de sûreté.
2. CSP, art. L. 6141-5 et 6147-66.
3. Crim. 21 janv. 2009 et 16 déc. 2009, *op. cit.*
4. H. Matsopoulou, « L'application non rétroactive des "peines" frappant désormais les délinquants aliénés », *D.* 2009. Chron. 1111.

Au regard du droit interne de pays voisins tels que l'Allemagne, le doute est également entretenu sur la nature de cette mesure et son application dans le temps. Le droit allemand connaît en effet une détention de sûreté, dont l'application dans le temps est soumise à de nombreuses péripéties juridiques. Quatre décisions de la CEDH remettent en lumière cette interrogation[1]. En effet, dans les trois premières espèces, les requérants sont placés en détention de sûreté après avoir purgé une peine privative de liberté. Cette mesure est prolongée à plusieurs reprises et dépasse le seuil de dix ans, durée maximale déterminée par les dispositions en vigueur au moment de la commission des faits. Cette situation est justifiée par l'entrée en vigueur d'un nouveau texte du Code pénal allemand qui prévoit rétroactivement que la durée d'une première période de détention de sûreté d'un condamné puisse être prolongée pendant une durée illimitée. Dans l'une des affaires, la cour d'appel met logiquement fin à la détention de sûreté, en application de la solution contenue dans l'arrêt de la CEDH en date du 17 décembre 2009[2], qui avait considéré que l'application rétroactive de dispositions défavorables au condamné était contraire à la Conv. EDH, à propos de la détention de sûreté. En revanche, une autre cour d'appel refuse de mettre fin à la mesure, en estimant qu'il revenait au législateur de transposer en droit interne les exigences conventionnelles. Dans les trois premiers arrêts[3], la CEDH conclut à une violation de l'article 7 § 1 Conv. EDH car l'allongement de la durée de la détention de sûreté doit s'analyser comme l'application rétroactive d'une peine, contraire, en conséquence, au principe de légalité des délits et des peines[4]. Deux décisions postérieures de la CEDH confortent cette solution[5].

1. CEDH 13 janv. 2011, req. n°s 7792/07, 20008/07, 27360/04 et 6587/04.

2. CEDH 17 déc. 2009, req. n° 19359/04, *AJ pénal* 2010. 129, étude J. Leblois-Happe.

3. Dans la dernière affaire, le requérant est placé en détention de sûreté pour une durée illimitée, quelques jours avant la fin de l'exécution de sa peine, sur le fondement d'une loi bavaroise entrée en vigueur postérieurement à la commission des faits. Saisie d'un recours formé par le requérant, la Cour constitutionnelle allemande estime que cette loi est inconstitutionnelle, les *Länder* allemands ne disposant pas du pouvoir d'adopter des lois consacrées au placement des criminels en détention. Néanmoins, sur le fondement de la nécessaire protection de l'ordre public, elle considère que la loi bavaroise doit rester applicable pendant une période de transition. Pour la CEDH, une considération fondée sur l'ordre public est toutefois impuissante à neutraliser les exigences rendues nécessaires pour le respect des règles conventionnelles.

4. Dans les quatre arrêts du 13 janv. 2011, la CEDH considère qu'il existe également une violation de l'art. 5 § 1 de la Conv. EDH car le maintien en détention ne correspond pas aux privations de liberté visées par cette disposition. En effet, les dix premières années de détention de sûreté constituent une « détention après condamnation par un tribunal » prévue par l'art. 5 § 1 a) de la Conv. EDH, mais le maintien de cette mesure au-delà de ce délai, qui était la conséquence de textes nouveaux, ne présentait pas un lien de causalité suffisant avec les condamnations initiales. Elle ajoute que la détention de sûreté n'entre pas dans le champ d'application de l'art. 5 § 1 e) de la Conv. EDH consacré aux malades présentant un trouble mental. Il convient d'en conclure qu'en France la rétention de sûreté ne saurait, de même, être fondée sur l'art. 5 § 1 e) de la Conv. EDH, car il existe un régime spécifique pour les personnes atteintes d'un trouble psychiatrique.

5. CEDH 5e sect., 24 nov. 2011, *Schönbrod c/ Allemagne*, req. n° 48038/06 et CEDH 5e sect., 24 nov. 2011, *O. H. c/ Allemagne*, req. n° 4646/08, *Dalloz actualité* 9 déc. 2011, obs. O. Bachelet. Toutefois, si la substance de la solution demeure identique, le raisonnement utilisé pour y parvenir présente des différences. Si la Cour admet que le requérant a bien bénéficié d'aménagements du régime de détention auquel il est soumis, en raison du trouble dont il est atteint, ces « petites différences... par rapport à un prisonnier ordinaire purgeant sa peine... ne peuvent... occulter le fait qu'il n'y avait pas de différence substantielle entre l'exécution d'une peine d'emprisonnement et la détention de sûreté ». Cela laisse-t-il supposer que, dès lors qu'existeraient entre les deux régimes des différences plus conséquentes, une application rétroactive de dispositions nouvelles plus sévères relatives à la détention de sûreté serait envisageable ?

2. Les lois interprétatives

797. ***Rétroactivité des lois interprétatives.*** Une loi est interprétative lorsqu'elle vient préciser le sens de dispositions incluses dans un texte antérieur, sans en altérer le contenu. Un caractère rétroactif lui est classiquement attribué : la loi n'est pas réellement nouvelle et se voit conférer un champ d'application dans le temps identique au texte interprété car elle fait corps avec lui. En conséquence, elle entre en vigueur à la même date[1].

La solution ainsi dégagée semble *a priori* déroger au critère de règlement des conflits de lois pénales dans le temps[2]. Elle appelle cependant des remarques nuancées.

Lorsque la loi nouvelle présente effectivement un caractère interprétatif, rendant claire une disposition qui ne l'était pas jusqu'alors dans la loi antérieure, le débat se déplace. En amont de la question de l'application rétroactive de la disposition nouvelle, transparaît le non-respect par le législateur des obligations d'assurer la clarté et la précision des lois pénales[3]. C'est le principe de la légalité des incriminations et des peines qui, dès lors, n'est plus respecté par une insuffisance qualitative du texte ancien et qui engendre la nécessité d'un éclaircissement[4]. Si la disposition postérieure se borne à éclairer la signification du texte obscur, elle n'est pas nouvelle et ne peut contenir un régime plus sévère que ce que le législateur entendait mettre en œuvre à travers le texte précédent. Il n'existe donc pas vraiment de conflit dans le temps entre les deux dispositions.

Si, en revanche, par le recours déguisé à un texte interprétatif[5], le législateur modifie le contenu des dispositions d'une loi antérieure, les règles de conflit dans le temps doivent reprendre leur empire. Une loi plus sévère ne devrait pas rétroagir[6], mais une loi plus douce pourrait bénéficier au prévenu[7].

En conclusion, l'application de la loi la plus favorable est parfois écartée face à des impératifs liés à la dangerosité de certains individus ou à des contraintes économiques, mais sa force ne saurait être sérieusement contestée. Elle est en effet alliée au principe de la légalité des incriminations et des peines dans la poursuite d'une politique criminelle juste et équitable. Si la loi pénale ne peut contenir que des « peines strictement et évidemment nécessaires », la répression doit cesser

---

1. Crim. 21 oct. 1943, *S.* 1944. 1. 29, note H. Mazeaud; l'art. 15 de la loi du 17 juin 1998 consacrée à la répression des infractions sexuelles, qui précise que l'obligation de dénoncer les mauvais traitements infligés à un mineur de quinze ans s'applique en cas d'atteintes sexuelles et a été considéré comme interprétatif, Crim. 12 janv. 2000, *Dr. pénal* 2000, n° 71, obs. M. Véron; il en est de même pour l'art. 227-15 al. 2 C. pén.
2. Une analyse identique est conduite pour les lois déclaratives (dont l'illustration la plus connue est la loi du 26 déc. 1964 constatant l'imprescriptibilité des crimes contre l'humanité), c'est-à-dire qui constatent une règle préexistante, sans ajouter à son contenu, ni même l'interpréter, F. Desportes et F. Le Gunehec, *op. cit.*, n° 330.
3. Cons. const. 18 janv. 1985, n° 84-183, *D.* 1986. II. 425; CEDH 15 nov. 1996, *Cantoni, Dr. pénal* 1997, n° 11, obs. J.-H. Robert.
4. Si le texte obscur a fait naître chez les citoyens la croyance dans la légitimité de l'acte et que l'erreur ainsi commise était bien inévitable, le prévenu pourrait tenter de s'exonérer de sa responsabilité pénale en se fondant sur l'erreur sur le droit visée à l'art. 122-3 du Code pénal, mais les chances d'admission de celle-ci sont minces, en raison de la méfiance de la chambre criminelle à son égard.
5. Sur les critères de distinction entre les lois pénales interprétatives et les lois pénales rectificatives, J. Pradel et A. Varinard, *op. cit.*, p. 129.
6. La situation serait alors identique à celle d'une loi expressément rétroactive, v. ss 789.
7. Crim. 8 nov. 1977, *D.* 1978. IR 109, obs. M. Puech.

dès lors que certains comportements ne blessent plus « les états forts »[1] des valeurs fondamentales du groupe social. En ce sens, la faveur ainsi accordée au régime le plus doux en cas de conflit de textes constitue, à côté des droits de la défense en matière pénale[2] affirmés expressément par les textes internes et internationaux, un facteur supplémentaire de protection des justiciables.

Bibliographie indicative

- A. DEKEUWER, « La rétroactivité *in mitius* en droit pénal. Un principe encore et toujours contesté », *JCP* 1997. I. 4065.
- J. HUET, « Une méconnaissance du droit international : à propos de la rétroactivité *in mitius* », *JCP* 1987. I. 3293; « La rétroactivité *in mitius* des textes réglementaires en matière économique (dissonances sur une question simple) », *JCP* 1989. I. 3378.
- G. LEVASSEUR, « Opinions hétérodoxes sur les conflits de lois répressives dans le temps », *in Hommage à J. Constant*, Liège, 1971, p. 189.
- A. MARTY, « À propos de la prétendue rétroactivité des lois pénales plus douces », *in Mélanges Magnol*, 1948, p. 297.

Pistes de réflexion

Les revirements de jurisprudence en matière pénale
L'application dans le temps des mesures de sûreté
L'apport de la procédure de question prioritaire de constitutionnalité aux principes régissant les conflits de lois pénales dans le temps

1. Selon l'expression empruntée à E. Durkheim, qui évoque la notion de conscience collective, *Les règles de la méthode sociologique*, 15e éd., PUF, 1963, p. 35.
2. C. Ginestet, « Les droits de la défense en procédure pénale », cet ouvrage, v. ss 745 s.

Section 6.
LE PRINCIPE DE LA LÉGALITÉ DES DÉLITS ET DES PEINES

DIDIER REBUT
Professeur à l'Université Panthéon-Assas (Paris II)

798. ***Objet et finalité du principe de la légalité.*** Que reste-t-il du principe de la légalité ? La question est devenue banale. Elle s'explique par l'observation de l'approximation actuelle de sa mise en œuvre. Aussi est-il courant de reprendre les mots de deux éminents criminalistes contemporains et d'affirmer le déclin du principe de la légalité.

799. ***L'idée a des fondements solides.*** Elle est d'abord liée à l'abondance des sources du droit pénal qui contredit l'idéal exprimé par le principe de la légalité de réduction du droit pénal à une source unique, désignée comme la loi votée par le Parlement. Elle s'est ensuite renforcée à la constatation des conséquences apportées par cette multiplication des sources qui entraîne la prolifération des incriminations et rend leur connaissance très difficile. Elle s'appuie enfin sur la quasi-disparition du principe en matière de peines en raison des très larges pouvoirs d'individualisation octroyés au juge.

Cette conjonction d'observations objectives explique à la fois l'affirmation d'un déclin et l'inquiétude qui l'accompagne. Car le désordre des sources, la multiplicité des incriminations et l'incertitude presque absolue des peines renvoient à une époque de notre droit pénal : celle-là même dont le principe de la légalité est issu ! On a en effet largement caractérisé la justice pénale de l'Ancien Régime par l'incertitude de ses sources et l'arbitraire de leur application. La mise en œuvre actuelle du principe de la légalité ramènerait le droit pénal à l'époque dont il s'était libéré au moyen... du principe de la légalité. Celui-ci restituerait donc ce droit pénal qu'il avait eu pour mission de supprimer. C'est pourquoi l'idée de déclin conduit inévitablement à celle de l'échec puisque le principe de la légalité n'aurait pas réussi à empêcher la résurgence d'une justice pénale incertaine et largement arbitraire à l'image de celle dont il devait la préserver.

Il faut revenir ici sur les origines historiques du principe de la légalité. Il était l'instrument qui devait permettre de corriger les maux de la justice pénale de l'Ancien Régime. Peu importe que ceux-ci aient été exagérés comme il est devenu historiquement correct de le préciser. L'important est qu'ils fussent ressentis avec suffisamment de force pour susciter la recherche d'une justice pénale qui ne les reproduisît pas. C'était le dessein de Montesquieu et de Beccaria quand ils ont respectivement formulé et théorisé le principe de la légalité.

Il est aujourd'hui reconnu que Montesquieu fut l'inventeur du principe de la légalité. L'*Esprit des lois* en contient la première formulation quand Montesquieu écrit que « les juges de la Nation ne sont [...] que la bouche qui prononce les paroles de la loi ». Mais c'est bien sûr Beccaria qui a donné sa véritable portée au principe de la légalité. Publié en 1764, son traité *Des délits et des peines* affirme que « les lois seules peuvent déterminer les peines des délits et que ce pouvoir ne peut résider qu'en la personne du législateur, qui représente toute la société unie par un contrat social ». On sait que ces idées sont solennellement reprises dans les articles 7 et 8 de la Déclaration des droits de l'homme de 1789. Le premier pose que « nul homme ne peut être arrêté ni détenu que dans les cas déterminés par la loi et dans les formes qu'elle a prescrites » et le second décide que « la loi ne peut établir que des peines strictement et évidemment nécessaires et nul ne peut être puni qu'en vertu d'une loi établie et promulguée antérieurement au délit et légalement appliquée ». Ces dispositions ont été suivies de beaucoup d'autres de sorte que le principe de la légalité apparaît comme l'un des principes juridiques qui a le plus grand nombre de fondements textuels.

Ce succès s'explique par l'idée qu'il exprime et les fins qu'elle poursuit. Cette idée est celle de l'attribution exclusive de la compétence pénale à la représentation nationale entendue comme le législateur. Les fins poursuivies portent sur la protection des citoyens contre l'arbitraire de la répression. Car l'attribution du pouvoir répressif au seul législateur ne peut pas être dissociée de cet objectif. Il s'agit d'encadrer strictement la compétence pénale afin d'en empêcher un exercice arbitraire. Le principe de la légalité est un instrument de protection de la liberté contre les atteintes qui lui sont portées par le souverain dans la mise en œuvre du droit de punir. L'attribution de celui-ci au seul législateur s'explique par sa légitimité politique qui en garantit un exercice raisonnable. La légalité des délits et des peines est en effet seule capable d'assurer leur prévisibilité, leur nécessité et leur proportionnalité parce que la loi fait l'objet d'une rédaction et émane de la société tout entière par l'intermédiaire de ses représentants. C'est le sens du principe de la légalité dont l'objet ne se comprend que par la fonction.

800. ***Cet objet et cette fonction emportent des conséquences.*** La première est l'interdiction faite à toute autre autorité de créer valablement des délits et des peines. L'interdiction s'adresse principalement au juge même si elle a vocation à être générale. Elle porte à la fois sur la création et sur l'interprétation des infractions et de leurs peines. Une interprétation extensive réalise en effet une violation indirecte du principe de la légalité en intégrant le juge au processus de création des normes pénales. C'est pourquoi l'interprétation stricte est un corollaire nécessaire du principe de la légalité dont il constitue une mesure d'efficacité. Une seconde conséquence consiste dans la non-rétroactivité des délits et des peines qui est moins impliquée par le principe de la légalité que par les idées de nécessité et de proportionnalité qui le fondent. Il n'y a pas en effet d'incompatibilité entre la légalité et la rétroactivité s'il n'est pas rappelé la fonction du principe de légalité comme instrument de mise en œuvre de la prévisibilité, de la nécessité et de la proportionnalité des délits et des peines. Or, la création d'un délit ou l'aggravation d'une peine méconnaît ces impératifs si elle est rétroactive en soumettant un fait à une répression qui n'était ni prévisible ni nécessaire quand il fut commis. La non-rétroactivité est, à ce titre, généralement présentée comme le deuxième corollaire du principe de la légalité, bien qu'elle n'en découle pas directement pour davantage ressortir des objectifs qu'il poursuit.

Ces effets et implications du principe de la légalité en expliquent la postérité, puisqu'il n'a plus jamais cessé d'être expressément consacré en lui-même et dans ses implications relatives à l'interprétation stricte et à la non-rétroactivité des incriminations. Feuerbach lui a donné sa formulation universelle au XIXe siècle en créant l'adage latin qui l'exprime : *nullum crimen, nulla poena sine lege*. Les vertus complémentaires qui sont les siennes d'instrument de protection contre l'arbitraire de la répression et de garantie de sa nécessité et de sa proportionnalité le rangent parmi les principes fondamentaux de tout État de droit. C'est pourquoi il se rencontre aussi bien dans les codes pénaux que dans les textes constitutionnels ou dans les déclarations de droits. Le principe de la légalité participe en effet des droits et libertés fondamentaux par les garanties qu'il apporte contre l'arbitraire de la répression.

801. ***Déclin affirmé du principe de la légalité.*** La conception classique du principe de la légalité est pourtant largement remise en cause par son application contemporaine. Celle-ci n'en respecte plus les exigences strictes quant à la nature juridique des délits et des peines en acceptant de nombreuses sources extralégales du droit pénal. Ce phénomène s'accompagne de l'intrusion du juge qui profite de la mauvaise rédaction des lois pour se réapproprier un rôle créatif de normes pénales. L'admission de sources extra-légales et l'imprécision des sources légales montrent l'affaiblissement du principe de la légalité dont le domaine est réduit au profit d'autorités qui n'offrent pas les garanties de la loi. Ces atteintes témoignent, à n'en point douter, de ce déclin du principe de la légalité dont l'état actuel n'est nullement comparable à l'empire ancien.

802. ***Mise en œuvre contemporaine du principe de la légalité.*** Mais cette dénonciation courante de la mise en œuvre du principe de la légalité doit être nuancée. Car la disparition du monopole législatif n'a pas ramené une justice pénale arbitraire. La production massive d'incriminations de mauvaise qualité a été compensée par l'installation de mécanismes de correction qui permettent de les écarter quand leur application transgresse manifestement l'exigence de prévisibilité du droit pénal. Les idéaux de nécessité et de proportionnalité, qui fondent le principe de la légalité, semblent en outre mieux mis en œuvre aujourd'hui, puisqu'ils bénéficient de fondements textuels *supra*-légaux et de garanties juridictionnelles qui leur donnent une autorité et une efficacité dont ils ne disposaient pas auparavant. Les marques de déclin sont à peu près neutralisées dans leurs effets et même parfois contrebalancées par d'indéniables progrès.

L'application contemporaine du principe de la légalité est donc plus complexe que sa présentation doctrinale dominante ne le dit. Elle mélange deux tendances qui montrent que la dénonciation d'un déclin en procède d'une vision partielle sinon réductrice. Le principe de la légalité a évolué dans des directions contraires au terme desquelles les constatations de progression semblent l'emporter sur les signes de régression comme si son déclin pourtant manifeste (***I.***) l'avait paradoxalement renforcé (***II.***).

I. Le déclin manifeste du principe de la légalité

803. ***Signes du déclin.*** Il n'est pas contestable que le principe de la légalité fait l'objet d'une mise en œuvre contemporaine qui n'en reproduit pas les caractères classiquement requis. L'altération est largement connue étant donné qu'elle est à l'origine du discours sur son déclin. Les atteintes subies par le principe de la légalité sont entières, puisqu'elles portent à la fois sur l'attribution de la compétence pénale à la loi et l'exclusion corrélative du juge de ce domaine. Le recul de la loi (**A.**) s'accompagne en effet d'un retour du juge (**B.**).

A. Le recul de la loi

804. Le principe de la légalité exprime une règle d'attribution de la compétence pénale à la seule loi. Or, le droit contemporain n'applique plus cette exigence en admettant d'autres sources du droit pénal. Ce recul de la loi n'est pas seulement extrinsèque (*1.*). Il est aussi intrinsèque en raison de l'imprécision courante des sources légales actuelles qui contrarie l'objectif de protection contre l'arbitraire de la répression que sert le principe de la légalité (*2.*).

1. Le recul extrinsèque

805. La disparition du monopole législatif constitue sans doute la manifestation la plus visible du déclin du principe de la légalité. Sa formulation initiale tendait bien à faire de la loi la seule source du droit pénal en raison de son origine parlementaire qui autorisait à la considérer comme l'expression de la volonté générale. Cette compétence exclusive de la loi a aujourd'hui disparu, puisque le droit pénal comprend de nombreuses sources *infra*-légales et *supra*-légales.

806. ***Sources réglementaires.*** L'histoire des abandons de compétence du pouvoir législatif au pouvoir exécutif a été suffisamment faite pour ne pas donner lieu à un rappel détaillé. On se souvient qu'ils ont d'abord été ponctuels par le biais de délégations de pouvoirs qui donnaient compétence au pouvoir exécutif pour créer des infractions. C'était la pratique des décrets-lois à laquelle le droit pénal doit de nombreux délits. Ces délégations ont persisté avec la Constitution de 1958 dont plusieurs articles autorisent le pouvoir exécutif à prendre des décisions dans le domaine législatif (art. 16 et 38). Mais le principal abandon de compétence est devenu permanent et porte sur l'attribution de la compétence pénale contraventionnelle au règlement. L'article 34 de la Constitution de 1958, qui énumère les matières de la compétence législative, n'avait mentionné que la détermination des crimes et des délits et des peines qui leur étaient applicables. L'interprétation dominante en avait conclu que la détermination des contraventions relevait du domaine réglementaire conformément à l'article 37 de la Constitution qui donne compétence au règlement « pour les matières autres que celles qui sont du domaine de la loi ». Elle a été entérinée par le Conseil constitutionnel dans une décision du 19 février 1963. Elle est maintenant expressément formulée aux articles 111-2 et R. 610-1 du Code pénal. La loi continue certes de fixer les lignes directrices de la répression applicable aux contraventions (C. pén., art. 111-2). Il n'empêche que le pouvoir réglementaire détermine souverainement les faits qu'il veut punir.

Les incidences quantitatives de ce transfert de compétence ont été souvent signalées étant donné l'abondance de contraventions dont le nombre est largement supérieur à celui des crimes et des délits. Il en résulte la présence d'une majorité d'incriminations d'origine réglementaire qui établissent le déclin du principe de la légalité, lequel ne rend plus compte des sources du droit pénal.

807. ***Sources constitutionnelles et internationales.*** Cette atteinte au monopole législatif s'est accentuée avec l'apparition récente de sources *supra*-légales du droit pénal qui a largement retenu l'attention des criminalistes. Ces nouvelles sources du droit pénal ont encore réduit le domaine du principe de la légalité et, à travers elles, la souveraineté du pouvoir législatif dans la mise en œuvre de la répression. Le phénomène est aussi très connu, lequel a été décrit en termes de constitutionnalisation et d'internationalisation des sources du droit pénal. On sait que l'intégration de la Déclaration des droits de l'homme et du préambule de la Constitution de 1946 dans les textes à valeur constitutionnelle a permis au Conseil constitutionnel de donner une nouvelle autorité à plusieurs principes de droit pénal dont le respect s'impose désormais au législateur. Il s'agit notamment du principe de la légalité des délits et des peines, du principe de la non-rétroactivité, du principe de la nécessité des peines, du principe de la proportionnalité des peines, de principe de la liberté individuelle, du respect des droits de la défense, de la présomption d'innocence et de la séparation des fonctions de poursuite, d'instruction et de jugement. Il en résulte autant de sources constitutionnelles du droit pénal qui obligent le législateur quand il exerce son pouvoir répressif. Cette émergence a été accompagnée de celle de sources internationales qui priment pareillement la loi pénale nationale en lui imposant de les respecter au besoin par l'éviction des incriminations qui lui sont contraires. C'est principalement le droit européen communautaire ou des droits de l'homme qui a cette force en en enrichissant le droit pénal national de sources nouvelles que le juge répressif doit pleinement appliquer.

Rapprochée de l'octroi du pouvoir de création des contraventions au règlement, l'apparition de sources de droit pénal supérieures à la loi entérine ce déclin du principe de la légalité comme règle d'attribution de la compétence pénale parmi les institutions politiques d'un État. Il s'ensuit l'impossibilité de rendre compte des sources du droit pénal à travers le principe de la légalité dans l'acception respectueuse de son sens initial. Cette situation se traduit, d'une façon certes anecdotique, par la dénaturation didactique du principe de la légalité dont la présentation dans les manuels de droit pénal est élargie aux sources qui n'y participent pas. Là est le prix de la conservation du principe de la légalité comme fondement de l'étude de la norme de droit pénal qui implique sa dénaturation par l'agrégation des normes qui ne sont pas légales. Le principe de la légalité semble se réduire alors à sa dénomination tant la loi y occupe une place presque marginale que les sources *infra* et *supra*-légales n'arrêtent pas de réduire.

2. Le recul intrinsèque

808. Le déclin du principe de la légalité n'est pas seulement celui de la loi comme source du droit pénal mais aussi celui de la qualité de la loi. La critique est la seconde qui fonde l'analyse doctrinale et porte sur la dégradation de l'activité législative. À ce titre, elle est aussi ancienne comme si l'idée de déclin devait être étayée d'une constatation davantage substantielle qui procède de la fonction du principe de la légalité et non pas seulement de son objet.

809. ***Manque de précision des incriminations.*** Cette atteinte au principe de la légalité émane d'abord de l'imprécision chronique des lois pénales contemporaines. Il est devenu habituel de dénoncer, à juste titre, le caractère vague de nombreuses incriminations dont l'application est alors incertaine. La définition de l'acte matériel est souvent tellement large qu'elle n'apporte plus aucune restriction à la mise en œuvre de l'incrimination correspondante. C'est le cas, par exemple, des infractions dont l'élément matériel est identifié par les expressions comme « par tout moyen » ou « d'une manière quelconque ». L'exigence d'une détermination préalable rigoureuse des éléments constitutifs d'une infraction, qui est impliquée par le principe de la légalité, est alors bafouée au nom d'une efficacité répressive destinée à assurer par avance une application maximum à l'incrimination édictée. La tendance s'accentue encore quand l'infraction ne comprend plus d'acte matériel pour seulement punir un résultat dont le mode de réalisation ne fait l'objet d'aucune précision. De nombreux textes répressifs contemporains incriminent seulement une situation objective sans définir l'acte qui l'a causée. Les délits dits d'entrave du droit pénal du travail participent de cette catégorie, lesquels sont constitués par l'observation de la situation d'entrave dans l'indifférence de l'acte qui en est à l'origine. Cette imprécision contrarie la prévisibilité de la répression que le principe de la légalité a pourtant pour fonction d'assurer en identifiant préalablement les actes passibles d'une peine. L'incrimination d'un résultat empêche cette prévision, puisque la peine n'est plus attachée à la commission d'un acte mais à la survenance de ses conséquences. Il n'est plus possible de connaître le caractère répréhensible d'un acte à partir de sa matérialité, sa répression dépendant de ses conséquences.

810. ***Multiplication inutile des infractions.*** Le principe de la légalité est aussi entamé par l'abondance actuelle des lois pénales. La masse contemporaine des incriminations contrarie la prévisibilité d'application du droit pénal en rendant matériellement impossible la connaissance préalable de l'ensemble des textes assortis d'une peine. Leur dispersion dans de nombreuses législations et la technique fréquente de l'incrimination par renvoi, qui sépare la détermination de l'acte et la prévision de la peine, aggrave encore cette situation en faisant obstacle à l'accès aux dispositions répressives. Mais la prolifération des incriminations menace surtout les objectifs de nécessité et de proportionnalité en apportant la protection pénale à des intérêts qui ne la méritent pas. Elle provoque une dévaluation de la norme pénale dont la puissance symbolique souffre d'être souvent employée comme la clause de style de législations techniques et professionnelles qui n'engagent pas des valeurs fondamentales. Le droit pénal est alors perçu comme un aléa et non comme une nécessité, ce que traduit l'expression courante de « risque pénal » dont le sens est pourtant incompatible avec la nature du droit pénal. Cette tendance s'est accentuée récemment avec la multiplication de législations pénales de circonstances par lesquelles les gouvernements répondent par démagogie aux inquiétudes de l'opinion publique. Il en résulte des infractions surabondantes qui se placent à côté de dispositions répressives qui s'appliquaient aux faits nouvellement incriminés mais dont le rappel n'avait pas les mêmes vertus de communication. On a, à juste titre, dénoncé la création de ces délits d'urgence, tels ceux du bizutage, qui contribuent à dénaturer la peine en la réduisant au rang d'une sorte de produit de consommation courante.

B. Le retour du juge

811. L'objet formel du principe de la légalité était indissociable de l'interdiction corrélative adressée au juge de s'immiscer dans l'exercice de ce pouvoir. Ce fut presque la raison de sa formulation qui visait à mettre un terme à l'arbitraire judiciaire de la répression. Or, cet « objet négatif » du principe de la légalité n'est plus respecté. Le juge pénal dispose d'une grande liberté dans la fixation et l'exécution des peines qui réalise son retour direct dans la mise en œuvre souveraine de la répression (*1.*). Mais ce pouvoir d'individualisation n'est pas le plus spectaculaire. Le juge s'est surtout réintroduit dans le processus de création des normes pénales en redevenant une source du droit pénal. S'il est indirect, ce retour n'en est pas moins parfaitement préhensible (*2.*).

1. Le retour direct

812. ***Large pouvoir judiciaire d'individualisation des peines.*** Le juge a opéré un retour direct dans la mise en œuvre de la répression par les larges pouvoirs d'individualisation de la peine qui lui ont été accordés. On sait qu'une conception stricte de la légalité imposait le système des peines fixes que le droit pénal révolutionnaire avait initialement prévu dans le Code pénal de 1791. Son irréalisme commanda néanmoins son abandon rapide. Le pouvoir d'individualisation n'a plus jamais cessé de s'accroître dans son ampleur et son objet pour apparaître général et sans grande limite.

Le pouvoir d'individualisation s'exerce dans le choix et la fixation de la peine. La liberté de choix est presque absolue dans la seule limite des peines non prévues. La juridiction répressive saisie est libre de sélectionner parmi les peines applicables et même de substituer une peine complémentaire à la peine principale. Les condamnations pour délit ou contraventions sont susceptibles d'être accompagnées d'une dispense ou d'un ajournement sur le fondement de conditions assez souples. Dans tous les cas, le juge ne doit pas justifier sa décision à la seule exception d'une condamnation correctionnelle à une peine d'emprisonnement sans sursis. Des prérogatives comparables sont données au juge en matière de fixation de la durée ou du montant de la peine prononcée. L'article 132-18 du Code pénal l'autorise à descendre jusqu'à deux ans d'emprisonnement pour une condamnation à un crime puni de la réclusion criminelle à perpétuité et à un an d'emprisonnement pour une condamnation à un crime puni de la réclusion criminelle à temps. C'est pour diminuer cette incertitude que le législateur a réintroduit, en 2007, les peines minimales de privation de liberté pour les récidives les plus graves (C. pén., art. 132-18-1 et 132-19-1). Mais il n'a pas pour autant supprimé le pouvoir d'individualisation des juges puisque ceux-ci conservent la possibilité de prononcer des peines inférieures au plancher légal. Cette possibilité est en fait davantage encadrée, puisqu'elle est liée à des conditions et s'accompagne, le cas échéant, d'une obligation de motivation spéciale. Au bout du compte, il apparaît que la liberté dans la fixation de la peine ne rencontre qu'un véritable obstacle qui réside dans le respect du maximum prévu par la loi. Il en découle une telle imprévisibilité des peines qu'on ne s'étonne pas que certains auteurs dénoncent la résurgence d'un arbitraire répressif à l'image de celui qui était pratiqué sous l'Ancien Régime.

La même incertitude affecte l'exécution des peines. Outre le sursis dont elles peuvent être assorties au moment de leur prononcé, les peines peuvent faire l'objet de modalités différentes d'exécution quand elles constituent des peines privatives de liberté. C'est le suivi socio-judiciaire, la semi-liberté ou le fractionnement. Ces deux dernières mesures peuvent aussi être décidées en cours d'exécution par le juge de l'application des peines, lequel dispose de très larges pouvoirs de modification de l'exécution de la peine prononcée. L'article 712-1 du Code de procédure pénale lui donne compétence, ainsi qu'au tribunal de l'application des peines, « pour fixer les principales modalités de l'exécution des peines privatives de liberté ». Sans doute la loi n° 2004-204 du 9 mars 2004 dite d'adaptation de la justice aux évolutions de la criminalité ou « loi Perben II » a-t-elle davantage réglementé la mise en œuvre des mesures qui modifient l'exécution des peines. Cette réglementation n'en est pas une remise en cause même si elle vise sans doute à en limiter la mise en place. Les conditions légales de mise en place de ces différentes mesures demeurent d'ailleurs assez souples, ce qui participe de l'incertitude d'exécution des peines. C'est ainsi que la période de sûreté elle-même peut être réduite par le tribunal de l'application des peines quand « le condamné manifeste des gages sérieux de réadaptation sociale » (article 720-4 du Code de procédure pénale). La seule peine qualifiée d'incompressible ne l'est donc pas, puisque les juges peuvent, dans tous les cas, la réduire.

Une différence importante sépare donc la peine prévue de la peine prononcée et la peine prononcée de la peine exécutée. Ce décalage entre la prévision préalable, le prononcé judiciaire et l'exécution finale explique l'analyse fréquemment faite selon laquelle les peines se réduiraient à un simple instrument de qualification des infractions tant leur fixation et leur exécution sont éloignées de leur prévision légale. Dans ces conditions, le principe de la légalité apparaît très affaibli en matière de peines, puisque l'exigence de prévisibilité qu'il devait satisfaire n'est plus tenable du fait même de la loi qui a oublié que sa compétence pénale était destinée à empêcher celle du juge.

2. Le retour indirect

813. ***Interprétation judiciaire des incriminations imprécises.*** Les prérogatives directement données au juge dans le domaine des peines s'accompagnent du bénéfice d'un pouvoir de création des sources du droit pénal dont la seule différence est de ne pas lui être expressément accordé pour découler de deux phénomènes. C'est d'abord l'imprécision de nombreuses incriminations contemporaines qui lui confère indirectement un rôle actif dans la prévision de la répression, puisqu'elle l'a conduit à déterminer les actes relevant de ces incriminations. Le juge occupe alors une place que la loi lui a volontairement abandonnée dans un objectif d'efficacité de la répression. Les incriminations imprécises diminuent en effet le risque de laisser impunis des actes pourtant attentatoires à une valeur sociale protégée. Ils ne peuvent plus échapper à la répression au motif de leur différence avec le fait qui est puni, puisque l'incrimination en cause n'a déterminé aucun acte précis.

814. ***Contrôle de la création des infractions.*** Mais le pouvoir créateur du juge s'exerce principalement au-dessus de la loi. Il est la conséquence de l'apparition de sources constitutionnelles et internationales du droit pénal. Leur application est contrôlée par des juges dont les décisions s'imposent à la loi. Le Conseil constitutionnel et la Cour européenne des droits de l'homme donnent lieu à une intrusion du juge dans la mise en œuvre de la répression quand il vérifie la conformité des lois aux principes et libertés posés par les textes dont il est le gardien. Cette intrusion s'accentue lorsqu'elle repose sur une interprétation de la Constitution ou de la Convention européenne parce qu'elle emporte nécessairement création de sources du droit pénal. Le Conseil constitutionnel ou la Cour de Strasbourg n'ont pas hésité à dégager des principes qui n'étaient pas expressément formulés par la Constitution ou la Convention européenne, mais qu'ils ont déduits de son interprétation. Ces principes constituent des sources créées par un juge et ont en plus une force supérieure à la loi, la jurisprudence s'incorporant « au niveau (des règles de droit interprétées) et non à un niveau particulier qui lui serait propre ».

Cette résurgence d'un pouvoir de création de sources n'est pas seulement le fait des nouveaux juges constitutionnels et conventionnels. Elle concerne aussi le juge judiciaire par le biais de son contrôle de la conformité des lois aux conventions internationales. L'exercice de ce contrôle lui donne un pouvoir créateur comparable à celui du Conseil constitutionnel et de la Cour européenne des droits de l'homme. Son effet créateur apparaît d'autant plus que les stipulations contrôlées sont imprécises. Le juge judiciaire devient alors une source du droit pénal grâce à son pouvoir d'interprétation des conventions dont il contrôle le respect par la loi. L'affirmation d'un principe d'égalité des armes par la chambre criminelle de la Cour de cassation en donne une illustration pour une idée qui n'est pas expressément mentionnée dans la Convention européenne des droits de l'homme, même si la Cour de Strasbourg l'en a dégagée. La neutralisation consécutive du droit d'appel général du procureur général montre l'installation de ce pouvoir normatif judiciaire qui pose des principes auxquels la loi doit se soumettre.

Le rôle créateur du juge est même reconnu. La nécessité de rendre compte des droits de tradition continentale et de *Common law* a conduit la Cour européenne des droits de l'homme à adopter une conception élargie de la notion de légalité qui lui intègre la jurisprudence. Le juge est ainsi promu au rang de source du droit dans une position d'égalité avec le législateur. Sans doute était-il impossible à la Cour « d'envisager la norme indépendamment de son interprétation par le juge », il n'empêche que cette conception de la légalité la dénature puisqu'elle lui incorpore la jurisprudence qu'elle devait retenir en dehors de la répression pénale. Même si pareille analyse n'est pas encore celle du droit français, sa formulation par le droit européen prend acte de l'impossibilité de mettre en œuvre une conception stricte de la légalité, y compris dans les pays de tradition continentale. Il ne serait pas réaliste de la réduire aux contraintes de restitution unitaire des droits des États adhérents à la Convention. Elle décrit la situation même du principe de la légalité en droit français dont le déclin semble donc consommé, puisque son maintien terminologique se fait au prix d'une véritable dissolution de son acception originelle en lui intégrant la jurisprudence qui était perçue comme l'antithèse de la loi.

II. Le renforcement paradoxal du principe de la légalité

815. La faillite apparente du principe de la légalité n'en a pourtant pas affecté la puissance si l'on en juge au nombre de ses affirmations contemporaines qui dépasse largement celui de ses proclamations classiques. C'est le premier paradoxe de la situation actuelle du principe de la légalité qui n'a jamais été si présent au moment où son déclin est largement entamé. Cette permanence traduit au moins une résistance forte de l'idée de la légalité par-delà les manifestations recensées d'un affaiblissement (**A.**). Mais l'impuissance de celles-ci à contester l'empire du principe de la légalité procède sans doute aussi de la faiblesse de leurs effets. Les atteintes à la prévisibilité, à la nécessité et à la proportionnalité de la répression demeurent relativement limitées. Elles sont d'ailleurs largement compensées par les gains qu'elles ont apportés. C'est le second paradoxe du principe de la légalité qui sort renforcé par les atteintes mêmes qu'il a subies et qui ont fait conclure à son déclin. Ce renforcement s'explique par l'objet de ces atteintes qui ont porté sur les fins du principe de la légalité en s'employant à leur réalisation (**B.**).

A. La résistance de l'idée

816. La résistance de l'idée de légalité n'est pas seulement textuelle (*1.*). Elle est aussi substantielle parce que les nouvelles sources du droit pénal n'ont pas remis en cause le monopole de la loi dans la création des incriminations (*2.*).

1. La résistance textuelle

817. ***Proclamations contemporaines du principe de la légalité.*** Le droit contemporain a multiplié les affirmations du principe de la légalité qui témoignent de la place éminente qui continue de lui être assigné. Ces proclamations se rencontrent aux divers échelons de l'ordre juridique national. Le principe de la légalité est affirmé dans deux articles du Code pénal de 1992 (111-2 et 111-3) et a désormais une valeur constitutionnelle en raison de sa formulation dans les articles 7 et 8 de la Déclaration des droits de l'homme de 1789. Il est aussi répété par les différentes déclarations internationales de droit qui lui donnent une valeur conventionnelle. Il est proclamé par l'article 7 de la Convention européenne des droits de l'homme et par l'article 15 du Pacte de New York relatif aux droits civils et politiques. L'idée même de légalité irriguerait l'ensemble de la Convention européenne des droits de l'homme qui subordonnerait les différentes atteintes susceptibles d'être portées aux droits et libertés qu'elle pose à leur caractère légal. Il faut enfin citer la Charte des droits fondamentaux, dont l'article 49 place le principe de la légalité au rang de droit fondamental. Celle-ci, qui est entrée en vigueur avec le traité de Lisbonne, montre que les États européens se sont tous accordés pour considérer que le principe de la légalité relève des droits fondamentaux. Ces différents textes ou la reconnaissance de leur valeur sont récents, c'est-à-dire contemporains du discours sur le déclin du principe de la légalité. Celui-ci n'a donc pas empêché sa répétition constante. Il y a là une contradiction qui doit conduire à s'interroger sur la portée véritable du déclin du principe de la légalité tant ce déclin est au moins formellement incompatible avec cette présence renforcée.

818. ***Domaine élargi du principe de la légalité.*** La persistance de la formulation du principe de la légalité s'accompagne en outre de l'extension de son domaine. C'est le droit contemporain qui a soumis la procédure pénale à l'exigence légaliste. Celle-ci est issue de l'article 34 de la Constitution de 1958 qui est le premier texte à l'avoir posée. Alors que l'article 7 de la Déclaration des droits de l'homme de 1789 énonçait que « nul homme ne peut être arrêté ni détenu que dans les cas déterminés par la loi et dans les formes qu'elle a prescrites », le Code pénal de 1810 avait limité l'exigence de légalité à la détermination des infractions et à la prévision des peines. Cette discrimination fut à l'origine d'une longue période d'ignorance de la légalité procédurale qui cessa seulement en 1958. L'extension du principe de la légalité s'est aussi observée par son application récente à la répression administrative. Le Conseil d'État décide désormais que le pouvoir répressif de l'Administration est soumis aux exigences du principe de la légalité en matière de détermination des infractions. C'est également le droit anglais qui deviendrait réceptif à la notion de légalité alors qu'elle lui est historiquement étrangère.

Le principe de la légalité pénètre enfin le droit international pénal contemporain comme cela ressort de l'article 22 du statut de la Cour pénale internationale. Celui-ci pose le principe « *nullum crimen sine lege* » dans un domaine où on a longtemps soutenu qu'il faisait l'objet d'une mise en œuvre moins stricte ou, à tout le moins, différente de celle qu'il connaît dans les droits nationaux. Cette mise en œuvre différente du principe de la légalité a d'ailleurs été expressément validée par la Convention européenne des droits de l'homme et le Pacte de New York relatif aux droits civils et politiques. L'un et l'autre précisent que le principe de la légalité ne fait pas obstacle à la répression des actes considérés, au moment de leur commission, comme criminels d'après les principes généraux du droit reconnus par les nations civilisées. Il en résultait bien que le principe de la légalité faisait l'objet d'une mise en œuvre différenciée dans le domaine des crimes internationaux, puisque leur répression pouvait intervenir sur le fondement d'une définition tirée des principes généraux du droit international, laquelle n'a pas la précision d'une incrimination nationale. Cet assouplissement traditionnel du principe de la légalité en droit international pénal est rejeté par le statut de la Cour pénale internationale, ce qui est là encore la marque de la place prise par le principe de la légalité en droit contemporain.

Cet élargissement des fondements et du domaine du principe de la légalité témoigne au moins d'une résistance de l'idée qu'il exprime, laquelle n'est pas affaiblie par les propos sur son déclin. Cette résistance se vérifie plus fondamentalement dans les objets des nouvelles sources du droit pénal qui préservent la compétence de loi.

2. La résistance substantielle

819. ***Respect de la compétence législative pour la création des infractions.*** L'idée de légalité de la répression repose sur l'attribution de sa mise en œuvre à la loi parce qu'elle a seule la légitimité pour l'exercer. Or, l'apparition de nouvelles sources du droit pénal n'a guère empiété sur cette compétence de la loi en matière de détermination des incriminations.

Les sources *supra*-légales n'exercent aucun pouvoir de création d'infractions ou de fixation de peines. Ne prévoyant aucune infraction, elles ne réalisent pas d'atteinte à l'attribution de la compétence répressive à la loi. En effet, elles ne s'immiscent dans son exercice que pour le limiter en lui imposant de respecter des principes destinés à en empêcher les débordements. Leur éventuel effet créatif d'infractions est seulement indirect par l'obligation faite au législateur d'édicter une incrimination correspondante. Dans tous les cas, cette incrimination ne peut pas naître des seules incitations constitutionnelles ou conventionnelles qui ont besoin d'un support légal ou réglementaire pour exister. L'apparition de ces nouvelles sources du droit pénal préserve donc l'attribution de la compétence répressive à la loi dont elles ont seulement pour effet d'encadrer la mise en œuvre.

En outre, le caractère *supra*-légal des sources constitutionnelles et conventionnelles du droit pénal ne s'oppose pas aux exigences du principe de la légalité quant à la nature des sources du droit pénal. L'idée de légalité n'est pas atteinte par la reconnaissance de sources supérieures à la loi qui peuvent faire valoir des qualités au moins équivalentes. L'attribution exclusive du pouvoir répressif à la loi se comprenait à une époque qui ne connaissait pas ces sources supérieures. C'est pourquoi elle s'analysait comme un monopole. Cette conception doit être abandonnée en présence de sources de valeur supérieure dont l'admission respecte la notion de légalité. L'atteinte n'est pas davantage constituée par la présence de sources réglementaires du droit pénal. Celle-ci est empêchée par le contrôle de leur légalité par le juge pénal qui concilie le principe de la légalité avec la nature réglementaire des contraventions. Il n'en découle aucune diminution réelle de la légalité, puisque les sources inférieures à la loi ne peuvent recevoir d'application que si elles lui sont conformes.

820. ***Limites au pouvoir d'interprétation judiciaire.*** La résistance substantielle de la légalité est enfin confirmée par l'objet des immixtions judiciaires dans la création des sources du droit pénal. S'il est incontestable que le juge a recouvré un pouvoir de création par l'imprécision de nombreuses incriminations, il accorde son intervention au degré de cette imprécision pour refuser de combler les lacunes trop grandes. À ce titre, la chambre criminelle veille scrupuleusement au respect des exigences fondamentales de la légalité quant à l'interdiction des infractions et des peines judiciaires. Rappelant « qu'aucune peine ne saurait être prononcée à raison d'un fait qui n'est qualifié par la loi ni crime, ni délit, ni contravention », elle impose aux juges de fond de constater l'existence de tous les éléments constitutifs de l'infraction. La liberté dans la fixation des peines fait pareillement l'objet d'une application qui en préserve l'exigence fondamentale de prévision préalable par l'incrimination applicable et de respect du maximum. Elle s'exerce donc dans les limites que la loi lui a fixées et s'accorde ainsi avec l'idée de légalité, puisque sa prévision est le fait de la loi elle-même.

B. La réalisation des fins

821. Le renforcement du principe de la légalité se traduit principalement dans la réalisation contemporaine de ses fins qui, si elle n'est pas parfaite, est incomparable avec celle qu'elle connaissait auparavant. Le malentendu a sans doute sa cause dans le fait que cette meilleure réalisation des exigences de prévisibilité, de nécessité et de proportionnalité de la répression est l'œuvre du juge et non pas du législateur. Car le pouvoir que s'est reconnu le juge lui sert à vérifier le caractère effectif des fins que le principe de la légalité poursuit. Le juge exige ainsi de la loi qu'elle a bien les qualités qu'elle prétend et qu'elle lui reproche d'ailleurs de ne pas avoir. Le retour du juge ne se fait donc pas contre le principe de la légalité pour au contraire s'employer à le servir. Les exigences de prévisibilité (*1.*) et de nécessité et de proportionnalité de la répression (*2.*) en sortent renforcées puisqu'elles ont désormais la protection juridictionnelle qui leur faisait défaut.

1. La réalisation de la prévisibilité

822. Le principe de la légalité pose une règle de compétence exclusive de la loi en matière de création d'infractions et de fixation de peines, parce qu'elle satisfait l'objectif de prévisibilité de la répression afin de faire échec à son arbitraire judiciaire. C'est ce souci de la prévisibilité de la répression qui commande le principe de l'interprétation stricte de la loi pénale qui en conditionne le caractère effectif. Mais la mise en œuvre d'une méthode d'interprétation stricte suppose une rédaction suffisamment précise des lois pénales de façon à ce que le juge ne soit pas contraint de faire œuvre créatrice quand il les applique. L'exigence est, en fait, récente. Elle émane du juge lui-même à l'occasion du pouvoir qu'il s'est octroyé de créer des normes pénales.

823. ***Contrôle de la précision des incriminations.*** Le droit pénal classique ne s'est guère intéressé à la qualité de la loi comme condition du caractère effectif du principe de la légalité. Beccaria ne posait, par exemple, aucune exigence en ce sens pour se contenter de la forme écrite des lois pénales qui suffisait, selon lui, à empêcher l'arbitraire de la répression. Ce n'était pas cependant l'analyse de Portalis qui avait au contraire insisté sur la précision nécessaire des lois pénales comme garantie contre l'arbitraire de la répression : « en matière criminelle, où il n'y a qu'un texte formel et préexistant qui puisse fonder l'action du juge, il faut des lois précises et point de jurisprudence. ». De son côté, Robespierre plaidait pour l'imprécision des lois pénales de façon à leur donner la plus grande latitude d'application : « la loi pénale doit nécessairement avoir quelque chose de vague parce que le caractère actuel des conspirateurs étant la dissimulation et l'hypocrisie, il faut que la justice puisse les saisir sous toutes ses formes. ». Nonobstant cette conscience de son importance, l'exigence de précision a longtemps attendu sa reconnaissance juridique de sorte que son éventuelle imprécision n'avait pas de remède. C'est le juge contemporain qui a décidé d'exiger sa précision pour garantir la prévisibilité de son application. Cette possibilité lui a été donnée par les sources *supra*-légales du droit pénal qui prévoient le principe de la légalité. À ce titre, la Cour européenne des droits de l'homme est la première juridiction à avoir réclamé la précision des lois pénales. Prenant appui sur l'article 7 de la Convention, son arrêt *Sunday Times* du 26 avril 1979 avait exigé que la loi fût suffisamment accessible et que la norme fût énoncée avec assez de précision pour permettre au citoyen de régler sa conduite. Les deux exigences furent ensuite expressément attribuées au principe de sécurité juridique que le principe de la légalité vise à sauvegarder. Ce rôle précurseur de la Cour européenne des droits de l'homme s'explique par la nature de l'exigence formulée qui correspond à une mesure d'effectivité du principe de la légalité. Or, on sait à quel point cette préoccupation imprègne l'ensemble de la jurisprudence de la Cour européenne, qui impose aux États adhérents une mise en œuvre effective et non pas seulement formelle des droits et libertés garantis par la Convention.

Sans doute plus inspiré que libéré par ce précédent, le Conseil constitutionnel a repris peu après l'exigence à son compte. L'intervalle séparant l'arrêt *Sunday Times* de la première décision équivalente du Conseil est en effet trop bref pour ne pas y déceler l'influence de celui-là sur celle-ci. Invoquant expressément l'article 8 de la Déclaration des droits de l'homme et du citoyen qui affirme le principe de la légalité, le Conseil constitutionnel en a conclu qu'il en résulte « la nécessité pour le législateur de définir les infractions en termes suffisamment clairs et précis pour exclure l'arbitraire ». L'exigence, qui a été régulièrement répétée, a eu des conséquences concrètes, puisque le Conseil censura, par exemple, une loi qui créait une infraction dont l'élément matériel était identifié au moyen du terme « malversation » qu'il considéra comme insuffisamment précis. C'est enfin le juge judiciaire qui développa une jurisprudence identique en profitant de l'expression conventionnelle du principe de la légalité. Il réclama ainsi que « toute infraction (soit) définie en des termes clairs et précis pour exclure l'arbitraire et permettre au prévenu de connaître exactement la nature et la cause de l'accusation portée contre lui ». Sa solution fut expressément fondée sur l'affirmation du principe de la légalité par la Convention européenne des droits de l'homme et par le Pacte international relatif aux droits civils et politiques. Elle entraîna la neutralisation répressive de quelques incriminations dont la rédaction fut jugée incompatible avec les exigences de clarté et de précision emportées par le principe de la légalité.

La Convention européenne des droits de l'homme est donc à l'origine de ce contrôle national de la qualité des lois pénales et de la satisfaction de l'objectif de prévisibilité attaché au principe de la légalité, puisqu'il est, d'une part, né de son exemple et est, d'autre part, pratiqué en son nom. L'impulsion ainsi donnée aux juges nationaux fut tellement forte que ceux-ci accrurent ensuite le domaine de leur contrôle en l'appliquant aux autres fins du principe de la légalité.

2. *La réalisation de la nécessité et de la proportionnalité*

824. ***Contrôle de la proportionnalité.*** L'article 8 de la Déclaration des droits de 1789 constitue le fondement du contrôle de nécessité et proportionnalité auquel se livre le Conseil constitutionnel. Décidant que « la loi ne doit établir que des peines strictement et évidemment nécessaires », il a été employé par le Conseil constitutionnel pour justifier un tel contrôle. Sa mise en œuvre témoigne d'une évolution considérable des esprits tant il porte sur des choix politiques. C'est la raison pour laquelle il faut souhaiter qu'il demeure limité et soit précisé par des critères suffisamment objectifs pour ne pas déboucher sur une politique judiciaire d'incrimination.

Le contrôle pratiqué par le Conseil constitutionnel porte à la fois sur la nécessité et la proportionnalité dont les fondements sont communs. Il a semble-t-il d'abord engagé un contrôle de proportionnalité en raison peut-être de sa moindre portée. Sa décision du 3 septembre 1986 avait laissé entendre qu'il s'autorisait un contrôle de proportionnalité en considérant qu'il ne lui appartenait pas, « en l'absence de disproportion manifeste entre l'infraction et la peine encourue », de substituer sa propre appréciation à celle du législateur en ce qui concerne la nécessité des peines attachées aux infractions. Le Conseil informait aussi sur le critère de son contrôle qui tenait au caractère manifeste de la disproportion. Son imprécision pouvait laisser des doutes sur sa mise en œuvre future. L'incertitude fut rapidement levée à l'occasion du contrôle de constitutionnalité de loi accordant des pouvoirs de sanction à la COB. Le Conseil constitutionnel décida que le principe de proportionnalité exigeait de plafonner les sanctions prononcées pour une infraction boursière au terme de deux procédures administrative et judiciaire au montant le plus élevé de l'une des sanctions encourues.

Ce contrôle n'est pas demeuré seulement théorique et a conduit le Conseil à s'immiscer dans la fixation des peines par le législateur. C'est ainsi qu'il s'opposa, par exemple, à l'intégration du délit d'aide au séjour irrégulier d'un étranger en France dans la liste des infractions auxquelles peut être appliqué le régime aggravé des infractions de terrorisme. Ayant considéré qu'un « simple comportement d'aide directe ou indirecte à des personnes en situation irrégulière n'est pas en relation immédiate avec la commission de l'acte terroriste », le Conseil constitutionnel a conclu que « le législateur (avait) entaché son appréciation d'une disproportion manifeste ». Mais il avait préalablement pris soin de relever que « le comportement peut entrer dans le champ de la répression de la complicité des actes de terrorisme, du recel de criminel et de la participation à une association de malfaiteurs » quand il est en relation immédiate avec un acte de terrorisme. La constatation avait sans doute pour objet de rassurer sur les effets de la censure constitutionnelle afin de donner l'impression qu'elle s'était limitée à l'annulation d'une disposition punissant un fait qui l'était déjà à un autre titre. Le Conseil a ainsi essayé de dissimuler sa sanction pour atteinte à la proportionnalité derrière une censure pour inutilité textuelle, comme s'il avait seulement veillé à la nécessité formelle de l'aggravation. Cette présentation de la décision traduit sans doute la gêne du Conseil constitutionnel qui peine à assumer la mise en œuvre d'un contrôle effectif de proportionnalité. Il n'empêche que c'est à ce contrôle qu'il s'est livré pour interdire au législateur d'appliquer le régime répressif aggravé des infractions de terrorisme à un délit. Ce faisant, il a lui-même fixé le plafond de la répression applicable à l'aide au séjour irrégulier d'étranger. Il en découle bien que le législateur n'a plus la pleine liberté des peines dans sa politique d'incrimination.

825. ***Contrôle de la nécessité.*** Le Conseil constitutionnel porte aussi son contrôle sur la nécessité des peines. C'est sur ce fondement qu'il a empêché qu'une peine d'incapacité d'exercer une fonction élective publique puisse être appliquée sans que le juge la prononce en tenant compte des circonstances propres à l'espèce. Il a considéré que le caractère automatique de cette peine était contraire au principe de la nécessité des peines. En dépit de la faiblesse de sa portée pratique, la décision est importante parce qu'elle a donné lieu à la première mise en œuvre du contrôle de la nécessité. À cet égard, elle a doté le Conseil d'un outil dont la manipulation pourrait être redoutable si elle n'est pas maîtrisée.

C'est donc un contrôle très fort des fins mêmes du principe de la légalité que le juge se reconnaît le pouvoir d'exercer. Sans doute les libertés, dont la considération était la raison de la formulation du principe de la légalité, y ont-elles gagné puisqu'il existe une sanction de l'irrespect par la loi des objectifs qui sont la cause de sa compétence en matière de création d'infractions et de prévision de peines. Le juge est néanmoins parvenu à la limite d'une évolution profitable du principe de la légalité dont le déclin n'était peut-être qu'une crise de croissance. Celui-ci semble arrivé à maturité et, de ce point de vue, sa mise en œuvre contemporaine est sans doute plus satisfaisante que sa conception classique. Les regrets face à celle-ci s'arrêtent à des modifications très formelles sans prise en compte de leurs apports substantiels. Il faut seulement souhaiter que le juge connaisse la limite au-delà de laquelle les gains deviendront moins grands que les dangers donnant rétroactivement raison aux détracteurs de cette évolution.

Bibliographie indicative

Thèses

- A. CERF-HOLLENDER, *Le déclin du principe de la légalité en droit pénal du travail*, thèse, Montpellier-I, 1992.
- A.-S. CHAVENT, *La proportionnalité et le droit pénal général*, thèse, Lyon-III, 2002.
- N. MOLFESSIS, *Le Conseil constitutionnel et le droit privé*, LGDJ, 1997.
- D. ZEROUKI, *La légalité criminelle, enrichissement de la conception formelle par une conception matérielle*, thèse, Lyon-III, 2001.

Articles

- A. CERF-HOLLENDER, « Le nouveau Code pénal et le principe de légalité », *Archives de politique criminelle*, n° 16, p. 9, Pédone, 1994.
- J.-P. DELMAS-SAINT-HILAIRE, « Les principes de la légalité des délits et des peines », *Mélanges Bouzat*, Pédone, 1980, p. 149; « 1789 : un nouveau droit pénal est né », *Mélanges Jaubert*, Presses universitaires de Bordeaux, 1992, p. 161.
- C. EISENMANN, « Le droit administratif et le principe de légalité », *EDCE* 1957. 1. 25.
- L. FAVOREU, « La constitutionnalisation du droit pénal et de la procédure pénale », *Mélanges Vitu*, Cujas, 1989, p. 169.
- R. GASSIN, *Le principe de la légalité et la procédure pénale*, Rapport au XIVe congrès de l'Association française de droit pénal, *Rev. pénit.* 2001. 300.
- A. GIUDICELLI, « Le principe de la légalité en droit pénal français. Aspects législatiques et jurisprudentiels », *RSC* 2007. 509.
- R. KOERING-JOULIN, J.-F. SEUVIC, « Droits fondamentaux et droit criminel », *AJDA* 1998. 106.
- J. LEAUTÉ, « Le changement de fonction de la règle "*nullum crimen sine lege*" », *Mélanges Hamel*, 1959, p. 81.
- G. LEVASSEUR, « Réflexions sur la compétence, un aspect négligé du principe de la légalité », *Mélanges Hugueney*, Sirey, 1964, p. 13.
- P. MAISTRE DU CHAMBON, « Le déclin du principe de la légalité », *Mélanges Decottignies*, PUG, 2003, p. 209.
- R. MUNDAY, *Le principe de la légalité en pays de Common law*, Rapport au XIVe congrès de l'Association française de droit pénal, *Rev. pénit.* 2001. 357.

- M.-A. PEANO, *Le principe de la légalité et la peine*, Rapport au XIVe congrès de l'Association française de droit pénal, *Rev. pénit.* 2001. 289.

- M.-C. ROCA, *Le principe de la légalité et l'incrimination*, Rapport au XIVe congrès de l'Association française de droit pénal, *Rev. pénit.* 2001. 272.

- J.-C. SOYER, « La loi nationale et la Convention européenne des droits de l'homme », *Mélanges Foyer*, PUF, 1996, p. 125.

- F. SUDRE, *Le principe de la légalité et la jurisprudence de la Cour européenne des droits de l'homme*, Rapport au XIVe congrès de l'Association française de droit pénal, *Rev. pénit.* 2001. 335.

- A. VITU, « Le principe de la légalité et la procédure pénale », *RI crim. et pol. techn.* 94.

Pistes de réflexion

Pourquoi parle-t-on souvent du déclin du principe de la légalité ?
Comment apprécier la mise en œuvre contemporaine du principe de la légalité ?

Section 7.

LES DROITS FONDAMENTAUX SPÉCIFIQUES AU PROCÈS CIVIL

NATALIE FRICERO

Professeur à l'Université de Nice
Directeur de l'Institut d'études judiciaires
Présidente de la Commission nationale d'examen d'accès au CRFPA

PHILIPPE PÉDROT

Professeur à l'Université de Toulon
Directeur honoraire de l'Institut d'études judiciaires

Le procès civil est un mode de réalisation des droits qualifié de droit de l'homme par la Convention européenne de sauvegarde des droits de l'homme et des libertés fondamentales et la Charte des droits fondamentaux de l'Union européenne, et de droit à valeur constitutionnelle par le Conseil constitutionnel. À ce titre, l'organisation du procès civil est encadrée par des principes fondamentaux qui garantissent l'égalité entre les parties, l'effectivité des droits de la défense, la loyauté des comportements processuels. Ces droits spécifiques résultent des principes directeurs définis par le Code de procédure civile. Mais, sous l'influence des exigences du procès équitable prévues par l'article 6 § 1 de la Convention européenne, comme des principes constitutionnels issus de l'article 16 de la Déclaration des droits de l'homme et du citoyen de 1789, les principes nationaux ont évolué et de nouveaux droits sont apparus, comme celui de l'égalité des armes. Les objectifs de la modernisation de l'action publique ont aussi contribué à une relecture de ces principes, pour une meilleure gestion du service public de la justice : la loi de modernisation de la justice du 21e siècle du 18 novembre 2016 en constitue une parfaite illustration. Les Chantiers de la justice lancés en 2017 visent à intégrer le numérique dans l'organisation judiciaire et le déroulement du procès civil. De nouveaux enjeux démocratiques vont entraîner des bouleversements importants[1].

I. Les droits fondamentaux issus des principes directeurs

A. Le droit à la maîtrise de la matière litigieuse

1. F. Agostini et N. Molfessis, *Amélioration et simplification de la procédure civile*; J.-F. Beynel et D. Casas, *Transformation numérique*; Ph. Houillon et D. Raimbourg, *Adaptation du réseau des juridictions*, rapports remis au garde des Sceaux le 15 janvier 2018.

1. L'allégation et la détermination des prétentions
2. La preuve des faits

B. Le droit au respect de la défense

II. Les droits fondamentaux issus du principe d'équité

A. Le renforcement des garanties préexistantes

1. Le droit à un tribunal indépendant et impartial
2. Les droits de nature procédurale

B. L'instauration de nouvelles garanties

1. Le droit à l'égalité des armes
2. Le droit au prononcé et à l'exécution d'un jugement dans un délai raisonnable

826. ***Principes d'organisation du procès.*** Le procès civil conduit à l'élaboration de structures et de processus destinés à résoudre les conflits inhérents à la vie en commun, et au prononcé d'un jugement à l'issue d'une succession d'actes accomplis dans certains délais et selon certaines formes[1]. Il se situe au carrefour d'une multitude d'intérêts parfois contradictoires, qui opposent les enjeux du service public et la logique économique privée, et met en cause de nombreux droits et libertés fondamentaux : la démarche procédurale, dont l'analyse historique montre le caractère intemporel[2], ne saurait être détachée des principes fondamentaux qu'elle met en œuvre. On observe que ces principes font l'objet d'importantes évolutions dues aux exigences de la « bonne administration de la justice » : en période de contraintes budgétaires, les autorités publiques doivent rechercher les conditions permettant l'efficience économique du fonctionnement des tribunaux et des procédures, dans le respect des finalités spécifiques de la justice, de la recherche de qualité et de célérité[3]. Ces raisons conduisent l'État à mettre en place une nouvelle organisation du service de la justice (notamment, en simplifiant l'organisation judiciaire par regroupement des juridictions au sein d'une même structure, comme le prévoit la loi n° 2016-1547 du 18 novembre 2016 qui précise la création d'un pôle social dans certains TGI spécialement désignés, par absorption des tribunaux des affaires de sécurité sociale et des tribunaux du contentieux des incapacités, art. 109 de la loi, habilitant le Gouvernement à prendre ces dispositions par ordonnances; le rapport *Adaptation du réseau judiciaire* préconise de reconfigurer les cours d'appel, sans supprimer des sites, mais en confiant à une cour d'appel régionale le rôle de coordination et d'animation régionale et de pilotage de la gestion budgétaire; il suggère la création d'un tribunal judiciaire départemental, avec instauration, aux lieu et place des tribunaux d'instance du ressort, de tribunaux de proximité pour le contentieux du quotidien; le tribunal judiciaire départemental aurait un rôle de coordination et d'animation départementales) et un nouveau fonctionnement plus accessible aux justiciables (avec dans la même loi l'instauration du « service d'accueil unique du justiciable », SAUJ, qui informe le justiciable sur les procédures qui le concernent et reçoit de sa part les actes afférents à ces procédures, art. L. 123-3 COJ). En outre, toutes les réformes insistent sur

1. S. Guinchard et *al.*, *Droit processuel*, 8ᵉ éd., Dalloz, coll. « Précis », 2015, nᵒˢ 223 s.
2. S. Guinchard et *al.*, *op. cit.*, nᵒˢ 13 s.
3. L. Cadiet, J.-P. Jean et H. Pauliat, *Mieux administrer pour mieux juger*, IRJS, 2014; S. Guinchard, *Le code de procédure civile : entre son passé et son avenir. 40ᵉ anniversaire du Code de procédure civile (1975-2015)*, éd. Panthéon Assas, janv. 2016, p. 41.

la nécessité de « déjudiciariser » en développant les modes alternatifs de résolution des différends[1] à toutes les phases des procédures.

827. ***Sources des principes fondamentaux.*** Ces principes, inspirés par les travaux de Motulsky, sont inscrits en tête du Code de procédure civile, et rassemblent des règles écrites propres aux procès civils, quelles que soient les juridictions saisies, de droit commun ou d'exception.

L'exposé des « principes directeurs du procès » dans un texte de droit positif, définissant un ordre public procédural, marque un véritable tournant dans l'histoire de la procédure civile. Loin d'être une simple norme technique, la règle de procédure civile acquiert le statut de règle fondamentale, impliquant des présupposés théoriques se rattachant à l'organisation de la cité. Nombre de ces principes sont issus d'un droit processuel constitutionnel qui s'est construit au gré des lois soumises au contrôle de constitutionnalité[2]. Par l'intégration dans « le bloc de constitutionnalité » du préambule de la Constitution de 1958, de la Déclaration des droits de l'homme de 1789 et des principes fondamentaux reconnus par les lois de la République, le Conseil constitutionnel a en effet érigé de nombreux droits et libertés fondamentaux en normes constitutionnelles[3] : on y trouve, notamment, l'égalité devant la loi et devant la justice, l'impartialité et l'indépendance des juges, les droits de la défense et le droit de recourir à un juge. Les principes constitutionnels connaissent un développement important avec la question prioritaire de constitutionnalité, particulièrement en ce qui concerne le droit au juge consacré sur le fondement de l'article 16 de la Déclaration des droits de l'homme et du citoyen de 1789. Tout justiciable peut en effet soulever devant les juridictions judiciaires et administratives un moyen tiré de ce qu'une disposition législative porte atteinte aux droits et libertés garantis par la Constitution[4].

Mais l'encadrement moderne de notre procédure civile par un certain nombre de principes que l'on peut qualifier de « fondamentaux » provient également de sources européennes ou de conventions internationales dont l'autorité, en vertu de l'article 55 de la Constitution de 1958, est supérieure à celle des lois. C'est ainsi que la Convention européenne de sauvegarde des droits de l'homme et des libertés fondamentales du 4 novembre 1950, directement applicable par les tribunaux français, a contribué à irriguer depuis de nombreuses années, la procédure civile française[5] : le procès civil tend à se conformer à un modèle universel de procès équitable prévu par l'article 6, paragraphe 1, conforme aux exigences d'une société démocratique et à la prééminence du droit. La jurisprudence de la Cour de Luxembourg, en matière de droits fondamentaux, constitue aussi une autre source d'irrigation de la procédure qui, avec l'entrée en vigueur du traité d'Amsterdam, et du traité de Lisbonne (ratifié par la loi n° 2008-125 du 13 février

1. Loi n° 2016-1547 du 18 nov. 2016, art. 4, tentative de conciliation obligatoire avant toute déclaration au greffe devant le tribunal d'instance; art. 6, tentative de médiation à peine d'irrecevabilité de certaines demandes en matière familiale devant des TGI spécialement désignés; art. 229-1 et s. C. civ., divorce par consentement mutuel par acte sous signature privée contresigné par avocats, déposé au rang des minutes d'un notaire...
2. L. Favoreu, « La constitutionnalisation du droit », *in Mélanges R. Drago*, Economica, 1996, p. 25; T. Renoux, *Le Conseil constitutionnel et l'autorité judiciaire*, Economica, 1984.
3. S. Guinchard et *al.*, *op. cit.*, n°s 155 s.
4. Par ex. Civ. 2e, 26 janv. 2012, n° 11-40.108 QPC, et CE 3 févr. 2012, req. n°s 354663 et 354475, portant sur l'art. 1635 *bis* Q CGI instaurant le timbre de 35 euros pour la recevabilité de toute demande en justice, abrogé depuis.
5. S. Guinchard (dir.), *Droit et pratique de la procédure civile*, Dalloz, coll. « Dalloz Action », 2017-2018, spéc. N. Fricero, « Les garanties d'une bonne justice », n°s 211.00 s.

2008), redessine les principes fondamentaux spécifiques au procès civil[1]. Les principes du procès équitable se retrouvent en effet dans les dispositions de l'article 47 de la Charte des droits fondamentaux de l'Union européenne qui assurent le droit à un recours effectif devant un tribunal impartial pour toute personne dont les droits et libertés garantis par le droit de l'Union ont été violés (al. 1er), et qui définissent la garantie que toute personne soit entendue équitablement, quelle que soit la nature de la contestation ou du droit dont elle réclame la sanction.

Les droits fondamentaux propres au contentieux civil peuvent être étudiés en distinguant ceux qui sont issus des principes directeurs du procès (***I.***) de ceux qui proviennent du modèle universel du procès équitable (***II.***).

I. Les droits fondamentaux issus des principes directeurs

828. ***Définition du droit d'agir.*** Chacun est libre de saisir un juge pour faire respecter ses droits et intérêts légitimes, ou de recourir à d'autres modes de résolution du litige[2]. L'article 30 du Code de procédure civile définit l'action en justice comme « le droit pour l'auteur d'une prétention d'être entendu sur le fond de celle-ci afin que le juge la dise bien ou mal fondée. Pour l'adversaire, l'action est le droit de discuter le bien-fondé de cette prétention ». Cette liberté fondamentale qu'est le droit d'accès à la justice est une liberté publique qui a valeur constitutionnelle sur le fondement de l'article 16 de la Déclaration des droits de l'homme et du citoyen du 26 août 1789, et qui peut être qualifiée de droit de l'homme et de liberté fondamentale, par application des dispositions de l'article 14 du pacte international relatif aux droits civils et politiques du 19 décembre 1966, et de l'article 6-1 de la Convention européenne de sauvegarde des droits de l'homme et des libertés fondamentales. La Cour de justice de l'Union européenne a toujours considéré le contrôle juridictionnel comme « l'expression d'un principe général du droit qui se trouve à la base des traditions constitutionnelles communes aux États membres »[3], alors que le droit à un tribunal indépendant et impartial résulte de nos jours de l'article 47 de la Charte des droits fondamentaux de l'Union européenne, à laquelle le traité de Lisbonne donne force contraignante.

829. ***Enjeux.*** L'organisation du droit d'action en matière civile repose sur des principes essentiels, qui traduisent les finalités du procès civil. Comme il s'agit de trancher un conflit d'intérêts privés, les parties doivent pouvoir disposer de leur litige (**A.**). Mais la recherche de la solution la plus juste possible conduit à contraindre chaque partie à respecter les prérogatives de son adversaire, dans la garantie des droits de la défense (**B.**). Toutes ces prérogatives doivent être exami-

1. J. Rideau et J.-F. Renucci, « Dualité de la protection juridictionnelle des droits fondamentaux : atout ou faiblesse de la sauvegarde des droits de l'homme », *Justices* 1997, n° 6, p. 95.
2. Sur les perspectives de déjudiciarisation, Rapport Guinchard, *L'ambition raisonnée d'une justice apaisée*, Doc. fr., coll. « Rapports officiels », août 2008. Dir. du Parlement européen et du Conseil n° 2008/52/CE du 21 mai 2008 sur certains aspects de la médiation en matière civile et commerciale; Ord. n° 2011-1540 du 16 nov. 2011 portant transposition de la directive; Décr. n° 2012-66 du 20 janv. 2012 relatif à la résolution amiable des différends. Rapport Delmas-Goyon, *Le juge du XXIe siècle*, déc. 2013. Rapport M. Juston et S. Gargouillaud, *Coparentalité et médiation familiale*, 2014. Rapport de la Commission au Parlement européen, au Conseil et au Comité économique et social européen, sur l'application de la directive 2008/52/CE 26 août 2016.
3. Aff. 222/84, *RFDA* 1988. 691, note L. Dubouis; v. aussi CJCE 3 déc. 1992, aff. C-97/91, *Rec. CJCE* I-6314.

nées à l'aune des enjeux d'une bonne administration de la justice, ce qui a parfois conduit la jurisprudence à leur conférer une nouvelle portée.

A. Le droit à la maîtrise de la matière litigieuse

830. ***Conséquences du principe dispositif.*** Selon le principe dispositif, appliqué à la matière du procès, c'est aux parties que revient le pouvoir de déterminer les éléments de la contestation. Dès lors que les colitigants ont décidé de saisir un juge, ils définissent l'objet de leur prétention ainsi que les moyens de fait, et de droit, sur lesquels il devra être statué : l'article 5 du Code de procédure civile impose au tribunal de statuer sur tout ce qui a été demandé, et seulement sur ce qui a été demandé, alors que l'article 4 précise que l'objet du litige est déterminé par les prétentions respectives des parties, conformément à un principe de neutralité du juge. Ce sont également les parties qui prouvent les faits nécessaires au succès de leurs prétentions.

1. L'allégation et la détermination des prétentions

831. ***Charges procédurales des parties.*** Les parties ont le droit et le devoir d'alléguer des prétentions. L'article 4 du Code de procédure civile précise que « l'objet du litige est déterminé par les prétentions respectives des parties ». C'est sur ce fondement que la Cour de cassation interdit au juge de modifier la hiérarchie des prétentions formulées par les parties[1]. Le décret n° 2016-660 du 20 mai 2016 modifiant la procédure devant le conseil des prud'hommes précise que les conclusions des avocats qui assistent les parties doivent définir les prétentions, et énoncer les moyens de fait et de droit et viser les pièces[2]. Il en est de même dans les procédures orales, lorsque toutes les parties sont assistées ou représentées par avocats : l'article 446-2 du Code de procédure civile, modifié par le décret n° 2017-892 du 6 mai 2017, impose les mêmes exigences aux conclusions des avocats (formuler expressément les prétentions ainsi que les moyens de fait et de droit sur lesquels chacune est fondée).

832. ***Indisponibilité du litige pour le juge.*** Le principe d'indisponibilité du litige, nommé également parfois « immutabilité du litige », contraint le juge à respecter les limites fixées par les parties à leurs prétentions : ce principe est toujours affirmé, alors que de nombreuses atténuations doivent y être apportées[3]. Il ne signifie pas que les termes du débat sont fixés une fois pour toutes au début de l'instance ! En effet, les parties peuvent encore, dans les limites fixées par le code, modifier leurs prétentions ainsi que les moyens (jusqu'à l'ordonnance de clôture de l'instruction en principe, art. 793, C. pr. civ. pour le TGI; dans des délais stricts en appel, art. 910-4 C. pr. civ. devant la cour d'appel, les prétentions doivent être concentrées à peine d'irrecevabilité, dans les premières conclusions, mais les moyens peuvent être invoqués jusqu'à l'ordonnance de clôture). L'examen du principe dispositif et de l'indisponibilité du litige suppose de distinguer les faits du droit. En effet, s'agissant **des faits du débat**, il est prévu que les parties ont la charge de les alléguer à l'appui de leurs prétentions (C. pr. civ., art. 6). Le juge ne saurait, même dans le cadre de son office d'application du droit, fonder sa décision sur des faits que les parties n'auraient pas invoqués, spécialement ou non (C. pr. civ., art. 7).

1. Civ. 3e, 11 mai 2011, nos 10-14.651 et 10-15.000.
2. C. trav., art. R. 1453-5.
3. V. Bolard, « La mutabilité du litige à l'aune des principes directeurs du procès », *Journal des tribunaux – Luxembourg*, n° 53, 5 oct. 2017, doct. p. 133.

S'agissant des règles de droit qui sont applicables au litige, l'office du juge est prévu à l'article 12 du CPC. Certes, le rôle des parties est actif : elles parties doivent, lorsque leur demande prend la forme d'une assignation (C. pr. civ., art. 56), exposer au juge les « moyens de droit » sur lesquels les prétentions sont fondées. Lorsque la demande prend la forme d'une requête ou d'une déclaration, depuis le décret du 28 décembre 2005, le demandeur doit indiquer l'objet de sa demande et, le plus souvent, exposer sommairement les motifs sur lesquels elle repose[1]. La difficulté consiste à déterminer l'étendue des prérogatives des parties, au regard de la qualification des faits. La Cour de cassation a décidé en assemblée plénière le 21 décembre 2007[2] que « si, parmi les principes directeurs du procès, l'article 12 du Code de procédure civile oblige le juge à donner ou à restituer leur exacte qualification aux faits et actes litigieux invoqués par les parties au soutien de leurs prétentions, il ne lui fait pas obligation, sauf règles particulières, de changer la dénomination ou le fondement juridique de leurs demandes ». L'office respectif du juge et des parties peut se résumer ainsi. Si les parties proposent au juge une qualification juridique, le juge a l'obligation de faire application de la règle de droit invoquée; il doit en contrôler les conditions d'application et, le cas échéant, débouter le demandeur si la règle de droit invoquée n'est pas adéquate pour aboutir au bien-fondé de ses prétentions. Mais le juge n'a pas alors l'obligation de rechercher une autre règle de droit qui permettrait de donner gain de cause au demandeur, il peut rester sur le terrain juridique qui lui est proposé. Néanmoins, le juge a la faculté de faire application d'office d'une autre règle de droit, de disqualifier les faits et de les requalifier. Si le juge exerce ce pouvoir de requalifier les prétentions des parties, il doit respecter le principe dispositif (C. pr. civ., art. 4 et 5), c'est-à-dire qu'il ne peut pas modifier l'objet de la prétention (par exemple, le juge saisi d'une demande de cessation d'une activité ne peut pas ordonner la poursuite de l'activité moyennant des aménagements). De plus, le juge ne peut pas introduire des faits que les parties n'ont pas invoqués dans les débats (C. pr. civ., art. 7). Il doit aussi respecter le contradictoire et soumettre le moyen de droit à la discussion des parties (C. pr. civ., art. 16). Si, à l'inverse, les parties n'ont proposé aucune qualification juridique, et se sont contentées de moyens de fait, le juge doit alors statuer en droit, et procéder à une opération de qualification en recherchant lui-même la règle appropriée.

Les parties peuvent faire échec à ce pouvoir d'appliquer d'office la règle de droit appropriée et lier le juge par une qualification et par les points de droit auxquels elles entendent limiter le débat (C. pr. civ., art. 12, al. 3).

D'après le Code de procédure civile, les parties conservent une totale liberté pour fixer l'objet de leurs prétentions : elles peuvent dès lors, à propos d'une situation litigieuse, décider de n'en présenter que certains aspects au juge du premier degré pour, éventuellement, compléter leurs prétentions en appel[3]. À la suite des rapports Magendie[4], le décret du 9 décembre 2009 a posé un principe

1. C. pr. civ., art. 58, 847-1, 885, 1000, 1407, 1425-3, 901 et 903, 975, 985; C. trav., art. R. 1452-2. Depuis la réforme de la procédure prud'homale du décret du 20 mai 2016, la requête doit contenir un exposé sommaire des motifs de la demande, ainsi que la mention des diligences entreprises en vue d'un règlement amiable, conformément à l'art. 58 du C. pr. civ.
2. *JCP* 2008. II. 10006, note L. Weiller; *Gaz. Pal.* 19 janv. 2008, concl. R. De Gouttes.
3. C. pr. civ., art. 564 s.; depuis la réforme du 9 déc. 2009 la cour d'appel peut relever d'office le caractère nouveau et irrecevable d'une prétention en appel. Le rapport Delmas-Goyon propose de revenir à un appel voie de réformation, qui interdirait toute prétention nouvelle et tout moyen nouveau.
4. *Célérité et qualité de la justice*, Doc. fr., coll. « Rapports officiels », déc. 2004, p. 51 s.; *Célérité et qualité de la justice devant la cour d'appel*, Doc. fr., coll. « Rapports officiels », août 2008, p. 43 s.

de « concentration temporelle » des prétentions, même si les parties peuvent encore développer des moyens jusqu'à l'ordonnance de clôture. Si l'appelant ou l'intimé ne respecte pas le délai prévu, des sanctions telles que la caducité de la déclaration d'appel ou l'irrecevabilité des prétentions[1] privent les parties de la possibilité d'obtenir un arrêt sur le fond de leurs prétentions ou de leur appel incident. La réforme opérée par le décret n° 2017-891 du 6 mai 2017 a consacré un principe de « concentration des appels », la partie dont l'appel a été déclaré irrecevable ou dont la déclaration d'appel a été déclarée caduque ne peut plus former un appel principal contre le même jugement à l'égard de la même partie (art. 911-1 C. pr. civ.[2]). S'agissant du premier degré de juridiction, la Cour de cassation[3] a posé le principe selon lequel le demandeur doit présenter dès la première instance la totalité des moyens de droit pertinents : le non-respect de cette nouvelle exigence dite de « concentration des moyens », applicable au demandeur comme au défendeur, est sanctionné par le biais de l'irrecevabilité d'une seconde demande, fondée sur l'autorité de la chose jugée. La notion de cause de la demande, au sens de l'article 1355 du Code civil, recouvre donc l'ensemble des faits existants lors de la demande, et la carence, ou la stratégie du plaideur, qui se réserve de former une autre demande ayant le même objet, en se fondant sur les mêmes faits avec d'autres moyens de droit, est combattue par une fin de non-recevoir prétorienne. Les contours de cette fin de non-recevoir ne sont pas toujours très nets : ainsi, lorsqu'une caution est poursuivie en paiement par le créancier, elle doit concentrer lors de cette instance tous les moyens de défense inhérents au cautionnement, mais aussi selon la chambre commerciale[4] et la première chambre civile[5], la prétention qui tend au versement de dommages et intérêts en raison de l'octroi abusif de crédit; la 2e chambre civile de la Cour de cassation juge au contraire que cette demande est recevable[6], le demandeur n'étant pas tenu de concentrer ses différentes « demandes fondées sur les mêmes faits ». La Cour européenne des droits de l'homme a considéré que ce principe poursuit un but légitime, et a validé son application à une instance en cours[7]. Dans l'affaire *Glykantzi c/ Grèce*, elle a également fait référence aux effets positifs sur le délai raisonnable des procès civils, de la caducité de la déclaration d'appel (C. pr. civ., art. 908) et de l'irrecevabilité des conclusions de l'intimé en appel (C. pr. civ., art. 909), qui sanctionnent le non-respect de la concentration temporelle des premières prétentions en appel[8].

2. La preuve des faits

833. ***Charge de la preuve.*** Le principe dispositif conduit à laisser aux parties la charge de la preuve des faits concluants (C. pr. civ., art. 9). Le succès de chaque prétention nécessite que les faits coïncident avec l'effet juridique de la norme invoquée : tout auteur d'une prétention doit prouver ces éléments et cette coïncidence, essentiellement si l'adversaire les conteste. Néanmoins, le juge peut venir en aide aux parties : ainsi, à la demande de l'un des plaideurs, il peut enjoin-

1. C. pr. civ., art. 908 et 909, mod. décr. 28 déc. 2010.
2. N. Fricero, « Panorama procédure civile », *D.* 2015. 287.
3. Cass., ass. plén., 7 juill. 2006, *Dr. et proc.*, *EJT* 2006, comm. Fricero; *D.* 2006. 2135, note L. Weiller; *Procédures* 2006. Repère 1, H. Croze; *Procédures* 2006, n° 201, R. Perrot; *RTD civ.* 2007. 724, n° 5.
4. Com. 25 oct. 2011, n° 10-21.383.
5. Civ. 1re, 1er juill. 2010, n° 09-10.364.
6. Civ. 2e, 23 sept. 2010, n° 09-69.730.
7. CEDH 26 mai 2011, *Legrand c/ France*, req. n° 23228/08, *Procédures* 2011, n° 229, N. Fricero.
8. CEDH 30 oct. 2012, *Glykantzi c/ Grèce*, req. n° 40150/09.

dre à un tiers de produire un élément de preuve qu'il détient; il peut ordonner l'exécution d'une mesure d'instruction, au besoin d'office. La Cour de cassation a consacré un « droit à la preuve », sur le fondement des articles 9 du Code de procédure civile, 9 du Code civil, 6 § 1 et 8 de la Convention européenne : le justiciable peut apporter aux débats une preuve obtenue en violation de la vie privée et du secret des correspondances, pourvu que la production litigieuse soit indispensable et proportionnée aux intérêts antinomiques en présence[1]. Par le biais de la proportionnalité, les juges peuvent limiter la recevabilité de certaines preuves, par exemple celles qui violent le secret professionnel intangible du notaire[2] ou qui ont été obtenues à l'issue d'un stratagème. Souvent, la preuve repose sur des documents écrits, en application des dispositions substantielles relatives à la preuve (C. civ., art. 1353 s., ord. n° 2016-131 du 10 févr. 2016) : toute assignation doit contenir l'indication des pièces sur lesquelles la demande est fondée (C. pr. civ., art. 56 : les pièces sont énumérées sur un bordereau annexé); devant le tribunal d'instance, l'assignation doit même être signifiée avec les pièces indiquées sur le bordereau annexé (C. pr. civ., art. 839); de la même manière, les conclusions doivent comporter en annexe un bordereau énumérant les pièces justifiant les prétentions (C. pr. civ., art. 753). Le décret du 9 décembre 2009[3] et celui du 6 mai 2017 ont modifié l'article 954 du Code de procédure civile pour prévoir que les conclusions d'appel doivent formuler expressément les moyens de fait et de droit sur lesquels chacune des prétentions est fondée « avec indication pour chaque prétention des pièces invoquées et de leur numérotation » : ces indications améliorent la lisibilité des conclusions et rendent plus effectif et loyal l'exercice des droits de la défense ! Par ailleurs, l'article 906 du Code de procédure civile impose aux avocats de se communiquer les conclusions et les pièces simultanément : à défaut, selon l'avis de la Cour de cassation du 25 juin 2012, les pièces sont écartées des débats, à condition que le juge constate une atteinte aux droits de la défense par application de l'article 15 du Code de procédure civile[4]. En outre, l'article 912 du Code de procédure civile précise que « les dossiers, comprenant les copies des pièces visées dans les conclusions et numérotées dans l'ordre du bordereau récapitulatif, sont déposés à la cour dans les 15 jours avant la date fixée pour l'audience des plaidoiries ».

B. Le droit au respect de la défense

834. *Contenu des droits.* La notion moderne des droits de la défense dans le procès civil recouvre plusieurs aspects, et doit être distinguée du principe du contradictoire. En effet, le justiciable a droit à une procédure juste et équitable offrant les garanties essentielles à sa défense, ce qui englobe une série de droits fondamentaux qui irriguent la totalité du déroulement du procès et concernent toutes les parties. On y trouve le droit au respect de la contradiction, le droit à un juge indépendant et impartial, le droit d'être assisté d'un conseil (la Cour de cassation considère en effet que la défense constitue pour toute personne un droit fondamental à caractère constitutionnel, que son exercice effectif exige que soit assuré l'accès de chacun, avec l'assistance d'un défenseur, au juge chargé de

1. Civ. 1re, 5 avr. 2012, n° 11-14.177; G. Lardeux, *D.* 2012. 1596; *RTD civ.* 2012. 506, J. Hauser.
2. Civ. 1re, 4 juin 2014, n° 12-21.244. Pour le contentieux administratif, CE 16 juill. 2014, req. n° 355201, obs. M.-L. Guinamant, « Principe de loyauté, droits civil, pénal et administratif comparés », *JCP* 2014. 1847.
3. Décr. n° 2009-1524 du 9 déc. 2009, *JO* 11 déc., p. 21386.
4. Civ. 2e, 30 janv. 2014, n° 12-24.145.

statuer sur sa prétention[1]), le droit à la loyauté des débats[2], à la liberté et l'immunité de la défense, le droit à un jugement motivé, le droit d'exercer des recours... Sous l'influence du procès équitable, les prérogatives des parties en matière de défense ne cessent de s'étendre. Notamment, le droit à l'assistance d'un avocat se trouve renforcé[3].

835. ***Renforcement du contradictoire.*** Les droits de la défense issus des principes directeurs recouvrent essentiellement la contradiction, dont les règles sont actuellement précisées par les articles 14 à 17 du Code de procédure civile. Ces principes tendent également au respect de la personne des parties : la loyauté envers l'adversaire impose des échanges réguliers, faits en temps utile. À cet égard, la première chambre civile de la Cour de cassation, dans un arrêt du 7 juin 2005[4] a affirmé le principe selon lequel le juge est tenu de respecter et de faire respecter la loyauté des débats, au visa des articles 3 du Code de procédure civile et 10 du Code civil. Ce principe de loyauté devrait être intégré aux principes directeurs, afin de justifier que des sanctions puissent être prises par le juge lorsqu'une des parties recourt à des stratégies dilatoires et dissimule les preuves[5]. Les droits de la défense tendent aussi à la recherche de la vérité : la discussion entre les parties et avec le juge permet l'élaboration d'un syllogisme judiciaire dont la conclusion aura le plus de chance de coïncider avec la réalité. La Cour européenne des droits de l'homme, en se fondant sur l'article 6, paragraphe 1 de la Convention, considère que la contradiction « implique, pour une partie, la faculté de prendre connaissance des observations et pièces produites par l'autre, ainsi que d'en discuter[6] ». Il importe peu, à cet égard, que la pièce ou l'observation ait été présentée au juge par une partie ou par un magistrat du parquet[7].

836. ***Diversité des manifestations du contradictoire.*** Les manifestations du respect de la contradiction peuvent être observées tout au long du procès.

Toute personne a le droit d'être informée de l'existence d'une procédure engagée contre elle, puisque « nulle partie ne peut être jugée sans avoir été entendue ou appelée » (C. pr. civ., art. 14). La convocation des parties obéit à des règles dont l'objectif est de ménager un temps suffisant pour préparer une défense (notamment, un délai de comparution de quinze jours au moins avant l'audience). La chambre commerciale de la Cour de cassation a considéré que la méconnaissance de l'article 14 par le juge constitue un excès de pouvoir, susceptible d'ouvrir un recours-nullité[8] : même si l'article 14 du Code de procédure civile se situe dans

1. Cass., ass. plén., 30 juin 1995, *D.* 1995. 513.
2. S. Guinchard, « Vers une démocratie procédurale », *Justices* 1999, n° 1, p. 91.
3. CEDH 27 oct. 2011, *Stojkovic c/ France et Belgique*, req. n° 25303/08, *Procédures* 2011, n° 368, N. Fricero, pour une commission rogatoire en matière pénale.
4. *Dr. et proc.* 2006. 35, obs. Fricero.
5. Rapport F. Agostini et N. Molfessis, *Amélioration et simplification de la procédure civile*, proposition 23 : consacrer un principe de loyauté procédurale. M.E. Boursier, *Le principe de loyauté en droit processuel*, Dalloz, thèse, 2003 — Y. Strickler, « Loyauté processuelle », *Mél. J.-F. Burgelin*, Dalloz 2008, p. 355.
6. CEDH 23 juin 1993, *Ruis Mateos c/ Espagne*, série A, n° 262.
7. CEDH 30 oct. 1991, *Borgers c/ Belgique*, série A, n° 214; CEDH 20 févr. 1996, *Vermelen c/ Belgique*, req. n° 58/1994/505/587; CEDH 20 févr. 1996, *Lobo Machado c/ Portugal*, *Rec.* 1996, 1, vol. 3, 210; *AJDA* 1996. 1028, obs. Flauss; *RTD civ.* 1996. 1028, obs. Marguénaud; *ibid.* 1997. 992, obs. R. Perrot et 1006, obs. Marguénaud; v. aussi CEDH 25 juin 1997, *Van Orshoven c/ Belgique*, *Rec.* 1997. III, vol. 39, 1039; CEDH 27 mars 1998, *KD. B. c/ Pays-Bas*, série A, n° 202; N. Fricero, « Le droit à une procédure civile contradictoire dans la jurisprudence de la Cour européenne des droits de l'homme », *RTDH* 2016, à paraître.
8. Com. 16 juin 2009, n° 08-13.656.

la section relative à la contradiction, dont la violation ne constitue jamais un excès de pouvoir, cette solution est justifiée, parce que la convocation du justiciable est le préalable nécessaire à l'exercice de la contradiction, et pose une question d'accès au tribunal ! Intégrant la communication par voie électronique, le décret n° 2015-282 du 11 mars 2015 (*JO* 14 mars 2015) simplifie certaines modalités de notification, en permettant au greffe qui doit envoyer un avis ou une convocation au demandeur de recourir au courriel ou au message écrit transmis au numéro de téléphone (C. pr. civ., art. 748-8 et 748-9, avec des modalités particulières pour les personnes morales, art. 692-1 et 748-9). Un arrêté du 9 février 2016, portant application des dispositions du titre XXI du livre 1er du code de procédure civile aux greffiers des tribunaux de commerce permet la communication directe entre le greffe et le justiciable par le système Sécurigreffe : dès lors que la partie est identifiée par un système sécurisé, cela emporte consentement de sa part à l'utilisation de la voie électronique pour les échanges avec la juridiction.

— L'information doit porter sur la totalité des éléments du procès. L'identité des parties doit être mentionnée dans les actes de la procédure (on retrouve la maxime « nul ne plaide par procureur »). Conformément aux propositions du rapport Coulon[1], le décret du 28 décembre 1998[2] impose aux parties de nouvelles exigences qui améliorent la contradiction, tout en allégeant la tâche du juge : les éléments factuels et juridiques doivent être précisés dans l'assignation, qui doit également indiquer les pièces sur lesquelles la demande est fondée, celles-ci étant énumérées sur un bordereau annexé (C. pr. civ., art. 56); le décret du 20 mai 2016 modifie le Code du travail pour imposer les mêmes exigences en matière prud'homale, lorsque les parties sont assistées d'un avocat (C. trav., art. R. 1453-2); les diverses conclusions échangées au cours du procès, qu'elles émanent du défendeur ou du demandeur, doivent aussi contenir les moyens de fait et de droit (C. pr. civ., art. 753 et 954 : on parle de conclusions qualificatives), le décret n° 2017-892 du 6 mai 2017 a ajouté ces mêmes exigences dans les procédures orales lorsque les parties ont toutes un avocat (art. 446-2, C. pr. civ.).

- L'accès aux éléments fournis par l'adversaire, qui autorise la discussion, est garanti par de nombreuses dispositions organisant une communication en temps utile à chaque partie[3]. La transparence imprègne l'instance : les conclusions doivent être signifiées à l'adversaire avant leur dépôt au greffe devant le tribunal de grande instance; elles doivent être présentées dans un délai suffisant avant le prononcé de l'ordonnance de clôture de l'instruction; les pièces doivent être communiquées spontanément et, à défaut, peuvent faire l'objet d'une injonction de communication par le juge ou d'un rejet d'office des débats; devant le tribunal d'instance, les pièces indiquées au bordereau doivent être jointes à l'assignation signifiée (C. pr. civ., art. 839; comme devant le juge aux affaires familiales dans le cadre de l'ordonnance de protection[4]).

1. *Réflexions et propositions sur la procédure civile*, rapport de J.-M. Coulon, Doc. fr., coll. « Rapports officiels », 1997.
2. Décr. n° 98-1231 du 28 déc. 1998 modifiant le COJ et le C. pr. civ., *JO* 30 déc. 1998, p. 19904; S. Guinchard, « L'ambition d'une justice civile rénovée » : comm. du décret n° 98-1231 du 28 déc. 1998 et de quelques aspects de la loi n° 98-1163 du 18 déc. 1998, *D.* 1999. 65; G. Bolard, « Les écritures qualificatives », *JCP* 22 mars 2000, p. 515.
3. Sur les modalités de communication entre avocats, *Avocat, Le Guide*, éd. Lamy, 2011, spéc. p. 470, « La confidentialité des communications entre avocats », J.-M. Braunschweig.
4. La requête (C. pr. civ., art. 1136-3), comme l'assignation (C. pr. civ., art. 1136-4), doivent contenir en annexe, les pièces prévues par le décret du 29 sept. 2010.

– L'administration judiciaire de la preuve implique également le respect du contradictoire[1]. De nombreuses exigences procédurales relatives aux mesures d'instruction sont fondées sur le respect des droits de la défense : l'expert doit convoquer les parties à chaque réunion, répondre à leurs observations; le juge qui procède à des vérifications personnelles doit appeler les parties...

– La contradiction doit être mise en œuvre à toutes les phases de la procédure, et même lors des débats. Chaque partie doit avoir la possibilité de présenter sa défense : si, après la clôture des débats, les notes en délibéré sont interdites, elles deviennent recevables lorsque les parties entendent répondre au ministère public qui a pris la parole en dernier, ou si elles n'ont pas été à même de s'expliquer contradictoirement sur les éclaircissements de droit ou de fait qui leur ont été demandés (C. pr. civ., art. 445). En se fondant sur le principe de loyauté des débats, la première chambre civile de la Cour de cassation a admis la recevabilité d'une pièce en délibéré, en constatant que l'adversaire la détenait depuis plusieurs mois mais qu'il ne l'avait pas fournie aux débats, et que cette pièce pouvait modifier l'opinion des juges : au visa des articles 3 du Code de procédure civile et 10 du Code civil, la Cour de cassation a introduit un nouveau principe directeur de loyauté, déjà suggéré par la doctrine[2]. Devant les juridictions d'exception, par application du principe de l'oralité de la procédure, les éléments de droit et de fait du litige doivent être présentés à l'audience : le juge doit alors veiller à ce que la contradiction puisse s'exercer immédiatement et, le cas échéant, ordonner un renvoi à une audience ultérieure; il peut également, depuis le décret du 1er octobre 2010, proposer aux parties un calendrier des échanges qui rend plus effectif l'exercice de la contradiction (C. pr. civ., art. 446-2; si les parties sont assistées et représentées par avocat, les échanges prennent la forme de conclusions modélisées) et permet d'écarter des débats les éléments qui n'ont pas été communiqués avant les délais prévus, sans motif légitime et dont la tardiveté porte atteinte aux droits de la défense (on retrouve ces dispositions devant le conseil des prud'hommes, art. R. 1454-19, C. trav.).

837. ***Sanctions du non-respect du contradictoire.*** Le juge doit « faire observer » le principe du contradictoire. À cet égard, il est doté d'importants pouvoirs de sanction. La volonté des rédacteurs du Code de procédure civile est d'adapter la sanction à la méconnaissance constatée, à la phase de la procédure concernée. Ainsi, le juge peut demander aux parties de mettre leurs conclusions en conformité avec les exigences légales (notamment leurs conclusions récapitulatives, article 765 du Code de procédure civile pour le juge de la mise en état devant le tribunal de grande instance), déclarer irrecevables des conclusions communiquées trop peu de temps avant l'ordonnance de clôture de l'instruction, rejeter des pièces communiquées tardivement, annuler une opération d'expertise qui s'est déroulée sans contradiction[3], écarter des débats les prétentions ou moyens non communiqués dans le calendrier de la mise en état, en l'absence de motif légitime et s'il y a entrave aux droits de la défense (C. pr. civ., art. 446-2, dans les procédures orales actuelles où il n'existe pas d'ordonnance de clôture). La chambre mixte de la Cour de cassation, le 3 février 2006, a renforcé le pouvoir du juge d'écarter des débats des pièces non communiquées en temps utile en décidant

1. La loyauté de la preuve en matière civile, commerciale, pénale et administrative, coll. TGI Paris, 15 oct. 2015, *Journal spécial des sociétés*, 7 nov. 2015, n° 47.
2. Civ. 1re, 7 juin 2005, *Dr. et proc.* 2006. 35, obs. Fricero; M.-E. Boursier, *Le principe de loyauté en droit processuel*, Dalloz, coll. « Nouvelle bibliothèque de thèses », 2003.
3. Cass., ch. mixte, 28 sept. 2012, n° 11-11.381 : le non-respect du contradictoire est sanctionné par une nullité.

que le juge du fond dispose d'un pouvoir souverain pour apprécier le caractère tardif et déclarer le rejet des pièces, sans être tenu de caractériser les circonstances particulières qui auraient empêché le respect du principe de la contradiction[1], alors même qu'il doit motiver l'atteinte au contradictoire qui ne peut résulter de la seule proximité des dates de communication des pièces et de l'ordonnance de clôture[2].

Le strict respect du contradictoire traduit l'approche économique du procès. Il est évident que les parties exploitent les règles de procédure pour mettre en place une stratégie économique (les procès en droit des affaires en constituent des exemples topiques) : la « rétention d'informations », leur absence de communication ou leur communication tardive doit être combattue pour rétablir une certaine égalité des armes, et une régulation loyale de la procédure. La mise en œuvre du contradictoire incitera les parties à plus de transparence et à la révélation d'informations nécessaires au prononcé d'un jugement de qualité...

838. ***Respect du contradictoire par le juge.*** Le juge « doit, en toutes circonstances, [...] observer lui-même le principe de la contradiction »[3]. Cela signifie en particulier qu'il ne peut fonder sa décision sur des moyens de droit qu'il a relevés d'office sans avoir, au préalable, invité les parties à présenter leurs observations. Cette règle s'applique alors même que les moyens que le juge envisage de soulever seraient d'ordre public; elle doit être étendue à tous les moyens de droit et de fait décisifs pour le débat. C'est en se fondant sur le principe de la contradiction que la Cour de cassation oblige le juge à inviter les parties à s'expliquer sur l'absence au dossier des pièces qui figurent sur le bordereau de pièces annexé aux dernières conclusions, et dont la communication n'a pas été contestée[4]. Pour la Cour européenne, la violation de l'article 6 § 1 par la Cour de cassation résulte du fait que le juge doit respecter lui-même la contradiction, en particulier lorsqu'il prononce la déchéance d'un pourvoi pour motif d'irrecevabilité retenu d'office[5]. Dans le même ordre d'idées, si le juge ne peut pas refuser d'examiner des documents soumis aux débats contradictoires, il ne peut pas fonder sa décision exclusivement sur une expertise « amiable » non contradictoire[6].

839. ***Rétablissement du contradictoire.*** Lorsque la contradiction ne peut pas être instaurée, le Code de procédure aménage des instruments procéduraux de rétablissement d'une discussion. On peut citer deux exemples topiques. Si l'efficacité d'une mesure nécessite parfois le recours à une procédure unilatérale dite « sur requête », l'article 17 prévoit que « lorsque la loi permet ou la nécessité commande qu'une mesure soit ordonnée à l'insu d'une partie, celle-ci dispose d'un recours approprié contre la décision qui lui fait grief », afin que les droits de la défense soient garantis[7]. De même, si le défendeur fait défaut de comparution, quelles que soient les raisons de l'absence de débat contradictoire, un

1. Cass., ch. mixte, 3 févr. 2006, *Gaz. Pal.* 17-18 févr. 2006, p. 5, avis av. gén. Lafortune.
2. L. Mayer, « L'énigmatique nature du contrôle exercé sur la motivation du rejet des pièces et conclusions de dernière heure », *Gaz. Pal.* 9 févr. 2016, p. 56, obs. ss Com. 17 nov. 2015, n° 14-15.270.
3. G. Bolard, « Les juges et les droits de la défense », *in Mélanges Bellet*, p. 19 s.; P. Raynaud, « L'obligation pour le juge de respecter le principe de la contradiction. Les vicissitudes de l'article 16 », *in Mélanges P. Hébraud*, 1981, p. 174; M.-A. Frison-Roche, *Généralités sur le principe de la contradiction en droit processuel*, thèse, Paris II, 1988.
4. Civ. 2ᵉ, 11 janv. 2006, *D.* 2006. IR 252, *D.* 2006. 1149, note Fricero.
5. 13 oct. 2005, *Clinique des Acacias et a. c/ France*, nᵒˢ 65399, 65405 et 65406, 65407/01, *Dr. et proc.* 2006, n° 2, rubrique « Droit et proc. internationales », p. 14, obs. Fricero.
6. Cass., ch. mixte, 28 sept. 2012, n° 11-18.710.
7. Référé rétractation, C. pr. civ., art. 496.

recours spécifique lui est ouvert : l'opposition, qui permet de revenir devant le même juge pour présenter ses moyens.

Ces diverses mesures conduisent déjà à restaurer une certaine égalité entre les parties, égalité que l'on retrouve dans le principe d'équité du procès.

II. Les droits fondamentaux issus du principe d'équité

840. *Nouvelles exigences inhérentes à l'équité.* Le droit de tout justiciable à ce que sa cause soit entendue « équitablement » devant un tribunal qui statue sur un droit ou une obligation de nature civile, consacré par l'article 6, paragraphe 1 de la Convention européenne des droits de l'homme, conduit à imposer aux autorités publiques, pouvoirs législatif, exécutif et autorités judiciaires, l'obligation d'offrir aux justiciables des droits fondamentaux diversifiés, et dont le contenu, précisé par la Cour européenne, n'est pas exhaustif. Certains de ces droits fondamentaux ont été définis par les textes internes de procédure : l'application directe de la Convention européenne, son interprétation extensive par la Cour européenne, ont conduit à un renforcement de ces prérogatives (**A.**). D'autres droits ne figurent ni dans les principes directeurs, ni même dans les autres dispositions du Code de procédure civile (c'est le cas de « l'égalité des armes ») : en les imposant, la Cour européenne a étendu le contenu des prérogatives des parties dans le procès civil (**B.**).

A. Le renforcement des garanties préexistantes

841. *Contenu des garanties relatives au juge et à la procédure.* Le dispositif interne de procédure civile n'a jamais ignoré les principes substantiels du procès équitable. On y retrouve des exigences universelles concernant les caractéristiques du tribunal appelé à trancher (indépendance, impartialité) et les droits fondamentaux de nature procédurale (publicité, contradictoire, motivation des décisions). Mais l'applicabilité directe de l'article 6, paragraphe 1 de la Convention européenne, et la hardiesse de la jurisprudence de la Cour européenne et des juridictions françaises, notamment par l'introduction d'un contrôle de proportionnalité[1] ont permis une nouvelle approche de ces droits, qui a parfois conduit à la censure des textes du Code de procédure civile.

1. Le droit à un tribunal indépendant et impartial

842. *Garantie d'indépendance.* Le justiciable a droit à un juge indépendant, c'est-à-dire, pour la Cour européenne, à un juge qui bénéficie d'un statut organisé lui permettant d'être à l'abri de pressions provenant des pouvoirs extérieurs (pouvoirs publics, groupes de pression et parties), et qui dispose de pouvoirs et d'une compétence protégés, qu'il exerce sans immixtion des pouvoirs extérieurs. L'indépendance des juges du siège est constitutionnellement affirmée (Constitution du 4 octobre 1958, art. 64) : elle comporte des garanties organiques (notamment par l'inamovibilité, qui est l'un des critères retenus par la Cour européenne pour déterminer s'il y a ou non apparence d'indépendance[2]) et fonction-

1. S. Guinchard, T. Moussa et F. Ferrand, « Une chance pour la France et le droit continental : la technique de cassation, vecteur particulièrement approprié de contrôle de conventionnalité », *D.* 2015. 278.
2. 22 oct. 1984, *Sramek c/ Autriche*, série A, n° 84, Berger, *Jurisprudence de la CEDH* 12e éd., Sirey, 2011, n° 75.

nelles (ni le pouvoir législatif, ni le pouvoir exécutif, ne peuvent s'immiscer dans la fonction juridictionnelle[1]). La révision constitutionnelle, issue de la loi du 23 juillet 2008, a encore accru ces garanties, notamment en modifiant la composition et le rôle du Conseil supérieur de la magistrature (Constitution, art. 65). Le Conseil constitutionnel a jugé à l'occasion de plusieurs QPC que « les principes d'indépendance et d'impartialité sont indissociables de l'exercice des fonctions juridictionnelles »[2]. La loi organique n° 2016-1090 du 8 août 2016 relative aux garanties statutaires, aux obligations déontologiques et au recrutement des magistrats ainsi qu'au Conseil supérieur de la magistrature accroît les garanties d'indépendance des magistrats, notamment lors de la procédure d'avancement. La Cour européenne a renforcé cet impératif en sanctionnant l'État français à travers la pratique des lois rétroactives, qui constituent des immixtions interdites si elles permettent d'avantager l'État en modifiant l'issue des procès[3]. C'est surtout à propos de lois nouvelles applicables immédiatement aux instances en cours que la Cour européenne a sanctionné l'État français : en modifiant l'issue prévisible du procès, alors que la loi antérieure ou la jurisprudence permettaient aux plaideurs de fonder légitimement une « espérance légitime » de réparation, ou de créance, l'État méconnaît les exigences de sécurité juridique et d'égalité des armes (lorsqu'il favorise l'État, une autorité publique ou un particulier) inhérentes à l'article 6 § 1, ou viole le droit au respect des biens prévu par l'article 1er du Protocole 1[4]. Statuant sur les caractéristiques de l'autorité judiciaire devant lequel toute personne arrêtée doit être aussitôt traduite, au sens de l'article 5 de la Convention, la Cour a jugé que le parquet français ne répond pas aux exigences d'indépendance[5]. La Cour européenne impose donc l'intervention d'un juge du siège dans un délai bref après l'arrestation (3 ou 4 jours), mais non une modification du statut du ministère public[6].

843. ***Appréciation rigoureuse de l'impartialité du juge.*** Le justiciable a également droit à un tribunal impartial (COJ, art. L. 111-5), c'est-à-dire à un juge qui puisse se prononcer sans parti pris, sans opinion préconçue, en se référant uniquement aux éléments de fait et de droit obtenus à l'issue d'un débat contradictoire. Les causes de partialité sont définies par le Code de l'organisation judiciaire (COJ, art. L. 111-6 auquel renvoie l'art. 341 du C. pr. civ.). Certaines sont personnelles au juge, comme les liens particuliers qu'il entretient avec l'une des parties (lien de parenté ou d'alliance, lien de subordination, lien d'amitié ou d'inimitié notoire, lien d'ordre patrimonial). D'autres sont fonctionnelles : le juge peut être amené à statuer plusieurs fois sur la même affaire (comme juge du premier degré, puis juge d'appel), ce qui peut l'amener à avoir un préjugé sur le fond (COJ, art. L. 111-6-5° : si le juge a précédemment connu de l'affaire, il peut être récusé). Sous la pression européenne, la garantie d'impartialité a été renforcée : elle figure expressément à l'article L. 111-5 du Code de l'organisation judiciaire, depuis l'ordonnance du 8 juin 2006, aux termes duquel « l'impartialité des juridictions est garantie par les dispositions du présent code... ». La loi n° 2015-990

---

1. Cons. const. 22 juill. 1980, n° 80-119 DC, Rec. Cons. const. 46; P. Gaïa et *al.*, *Les grandes décisions du Conseil constitutionnel*, 18e éd., Dalloz, 2016, n° 7.
2. 4 mai 2012, QPC n° 2012-241 sur les tribunaux de commerce.
3. 28 oct. 1999, *Zielinski, Pradal, Gonzalez et a. c/ France*, *D.* 2000. Somm. 184, obs. Fricero.
4. CEDH 11 févr. 2010, *Javaugue c/ France*, req. n° 39730/06, pour une loi nouvelle entrée en vigueur en cours d'instance, après la clôture de l'instruction devant le Conseil d'État.
5. Un projet de loi organique n° 660 a été présenté au Sénat le 31 juill. 2015, relatif à l'indépendance et l'impartialité des magistrats et à l'ouverture de la magistrature sur la société, afin d'améliorer le processus de la nomination des magistrats du parquet.
6. CEDH 23 nov. 2010, *Moulin c/ France*, req. n° 37104/06, *D.* 2011. 277, obs. J.-F. Renucci, et les réf. citées.

du 6 août 2015 a créé un article L. 1421-1 du Code du travail qui précise que « les conseillers prud'homaux exercent leurs fonctions en toute indépendance, impartialité, dignité et probité et se comportent de façon à exclure tout doute légitime à cet égard ». On retrouve cette même exigence à propos des juges des tribunaux de commerce dans le projet de loi relatif à l'action de groupe et à l'organisation judiciaire, adopté par le Sénat le 5 novembre 2015 qui institue un article L. 723-31 du Code de commerce : « les juges des tribunaux de commerce exercent leurs fonctions en toute indépendance, impartialité, dignité et probité et se comportent de façon à prévenir tout doute légitime à cet égard ». L'article L. 723-32 précise également que le juge « veille à prévenir et à faire cesser immédiatement des situations de conflit d'intérêts ». Les articles 7-1 et suivants de l'ordonnance n° 58-1270 du 22 décembre 1958 (complétés par les articles 11-1 et s. décr. n° 93-21 du 7 janv. 1993 créés par le décr. n° 2017-898 du 9 mai 2017), créés par la loi organique du 8 août 2016 imposent au magistrat de remettre une déclaration exhaustive, exacte et sincère des intérêts au chef de la juridiction, portant essentiellement sur les activités susceptibles de faire naître un conflit d'intérêts (situation d'interférence entre un intérêt public et des intérêts publics ou privés qui est de nature à influencer ou à paraître influencer l'exercice indépendant, impartial et objectif d'une fonction). La circulaire du 31 octobre 2017 du ministre de la Justice précise les modalités d'application de cette déclaration d'intérêts[1].

D'abord, la Cour de cassation a admis que les hypothèses définies par l'article 341 du Code de procédure civile n'épuisent pas toute la notion d'impartialité prévue par l'article 6, paragraphe 1 de la Convention européenne : le justiciable peut donc récuser le juge pour des situations non prévues par le nouveau Code de procédure civile[2]. Ainsi, lorsqu'un magistrat a rendu une ordonnance de référé pour accorder une provision sur une obligation non sérieusement contestable, il ne peut plus siéger au fond du litige afférent à cette obligation[3]. Mais le seul fait d'apprécier deux fois les mêmes faits n'est pas, en soi, suffisant : il faut que l'on puisse objectivement trouver des éléments (motivation de la décision antérieure, prise d'une décision sur les mêmes faits, contre les mêmes parties...) permettant de suspecter légitimement que le magistrat a pu se forger une opinion sur l'affaire. Par exemple, le fait d'ordonner des mesures purement conservatoires, ou des mesures de simple instruction de l'affaire, n'entraîne aucun préjugé[4]. Dans l'arrêt *Le Stum c/ France* du 4 octobre 2007, la Cour décide que le juge-commissaire n'est plus impartial dès lors qu'il a été amené à se forger une opinion sur les fautes commises par le dirigeant, même s'il ne s'est pas prononcé sur cette question. La même extension du domaine de l'impartialité peut être observée à propos des voies de recours : la Cour de cassation considère comme contraire à l'exigence d'impartialité le fait qu'un même magistrat siège sur le fond, puis dans la formation qui examine un recours contre la décision (que ce soit en appel, ou sur un déféré[5]). L'ordonnance du 8 juin 2006 a modifié les articles L. 111-5 et suivants du Code de l'organisation judiciaire pour prévoir précisé-

1. Circ. n° NOR, JUSB17311434C, BOMJ n° 2017-11, 30 nov. 2017 — Les magistrats ont jusqu'au 4 novembre 2018 pour l'effectuer.
2. Civ. 1re, 28 avr. 1998, *Bull. civ.* I, n° 155; *D.* 1998. IR 131.
3. C. Goyet, « Remarques sur l'impartialité du tribunal », *D.* 2000. 328; Cass., ass. plén., 6 nov. 1998, *Sté Bord Na Mona;* M.-A. Frison-Roche, « L'impartialité du juge », *D.* 1999. Chron. 53.
4. CEDH 6 juin 2000, *Morel c/ France, D.* 2001. Somm. 1062, obs. Fricero, à propos du juge commissaire devant le tribunal de commerce.
5. Civ. 2e, 6 mai 1999, *Bull. civ.* II, n° 77, *JCP* 1999. IV. 2149; *Procédures* 1999, n° 201, obs. R. Perrot; *RTD civ.* 1999. 704, obs. R. Perrot.

ment cette situation. Ainsi, ne peut faire partie d'une formation de jugement du second degré le juge qui a précédemment connu de l'affaire en premier ressort. Cette règle s'impose également en cassation : ne peut faire partie d'une formation de jugement de la Cour de cassation, le juge qui a précédemment connu de l'affaire en premier ou en dernier ressort (COJ, art. L. 111-9).

Ensuite, la mise en œuvre de l'exigence d'impartialité fait l'objet d'une approche restrictive. Certes, la Cour européenne, comme la jurisprudence interne, posent à juste titre le principe d'une présomption simple d'impartialité du juge. Il appartient au plaideur qui se prétend victime d'un procès partial d'en rapporter la preuve. Dans cette démarche probatoire, la théorie des apparences vient au secours du justiciable : la Cour estime que certains éléments, objectivement considérés, peuvent légitimement générer un soupçon dans l'esprit du plaideur quant à l'impartialité de son juge. Il en est ainsi de la saisine d'office par le juge civil, que le Conseil constitutionnel juge contraire au principe d'impartialité fondé sur l'article 16 de la Déclaration des droits de l'homme et du citoyen de 1789[1].

Mais la Cour européenne ne se contente pas de cette approche purement objective : dans l'arrêt *Micallef c/ Malte* du 15 octobre 2009[2], elle admet qu'il est difficile de distinguer une impartialité objective d'une impartialité subjective, ce qui signifie que le requérant devra démontrer, à l'aide des éléments objectifs (par ex., les motifs d'une décision rendue antérieurement sur les mêmes faits), que le juge peut avoir une opinion préconçue sur son affaire. Mais la seule participation du même juge successivement à plusieurs phases de la procédure, ou à deux instances différentes sur les mêmes faits, n'est pas suffisante pour justifier sa récusation[3].

Afin d'éviter les manœuvres dilatoires, la Cour de cassation limite la faculté de soulever le grief de partialité : elle impose au justiciable de récuser le juge dans les conditions de l'article 342, c'est-à-dire dès la révélation de la cause de récusation, et avant la clôture des débats, sous peine d'être déclaré irrecevable. En n'invoquant pas le grief de partialité du juge dans les délais, le justiciable est présumé avoir renoncé à la condition d'impartialité. Cette exigence est appliquée quelle que soit la cause de partialité invoquée, même si elle est fondée sur l'article 6, paragraphe 1 de la Convention européenne. Les seules exceptions résultent d'une impossibilité de connaître la composition de la juridiction : par exemple, si la procédure se déroule sans représentation obligatoire par avocat, et si le plaideur ne peut se rendre à l'audience pour motif légitime, la jurisprudence admet qu'il peut alléguer la partialité d'un juge après le prononcé du jugement, et obtenir l'annulation de la décision en appel ou sur pourvoi en cassation.

2. Les droits de nature procédurale

844. ***Publicité des débats, garante du contrôle par le public.*** La transparence de la justice est un gage du procès équitable, en ce sens qu'elle permet aux citoyens de contrôler la régularité du déroulement du procès. Le principe de publicité de la justice concerne donc les débats comme le prononcé du jugement. Il résulte des dispositions du Code de procédure civile (art. 433) et de l'article 6,

1. 7 déc. 2012, n° 2012-286 QPC; C. com., art. L. 631-5.
2. CEDH 15 oct. 2009, req. n° 17056/06.
3. CEDH 22 avr. 2010, *Chesne c/ France*, req. n° 29808/06.

paragraphe 1 de la Convention européenne que toute personne peut entrer dans une salle d'audience, pour entendre les débats ou le prononcé du jugement[1]. De nombreuses exceptions sont néanmoins prévues. Certaines tendent à la sauvegarde d'autres droits fondamentaux : ainsi, le huis clos peut se justifier en présence d'un risque d'atteinte à la vie privée, au secret professionnel, pour la protection des mineurs. D'autres se justifient par la protection de l'ordre public ou des mœurs : ainsi, les débats ont lieu en chambre du Conseil en cas d'atteinte à la sérénité de la justice. Enfin, la publicité peut être écartée par la volonté des parties, qui demandent des débats à huis clos, ou qui renoncent à la publicité (la Cour européenne des droits de l'homme admet la renonciation formulée de manière expresse ou tacite[2], à la condition qu'elle ne se heurte à aucun intérêt public important et supérieur[3]).

La publicité ne signifie en aucun cas la médiatisation du procès. En effet, aux termes de l'article 38 de la loi du 29 juillet 1881, dès l'ouverture de l'audience des juridictions administratives ou judiciaires, l'emploi de tout appareil permettant d'enregistrer, de fixer ou de transmettre la parole ou l'image est interdit. Toutefois, sur demande présentée avant l'audience, le président peut autoriser des prises de vue quand les débats ne sont pas commencés et à condition que les parties ou leurs représentants et le ministère public y consentent[4]. En outre, depuis la loi du 11 juin 2014, l'article 308 du Code de procédure pénale[5] précise que les débats de la cour d'assises font l'objet d'un enregistrement sonore sous le contrôle du président, qui peut également, à la demande de la victime ou de la partie civile, ordonner que l'audition ou la déposition de ces dernières fassent l'objet dans les mêmes conditions, d'un enregistrement audiovisuel. Ces enregistrements peuvent être utilisés devant la cour d'assises jusqu'au prononcé de l'arrêt, ou devant la cour d'assises statuant en appel, devant la cour de révision et de réexamen ou devant la juridiction de renvoi. La loi du 11 juillet 1985 (C. patr., art. L. 221-1 à 5) a cependant autorisé de tels enregistrements lorsqu'ils présentent un intérêt pour la constitution d'archives historiques de la justice[6]. Les comptes rendus d'audience, pourvu qu'ils transcrivent de bonne foi les débats, sont autorisés[7]. Des dispositions particulières ont été prévues en matière pénale, autorisant l'enregistrement des débats[8].

La question de la publicité fait l'objet d'une nouvelle approche avec l'instauration de la visioconférence, prévue en matière civile par l'article L. 111-12 du Code de l'organisation judiciaire. Pour la tenue des débats en audience publique, chacune des salles reliées directement par un moyen de télécommunication

1. Le principe de publicité est un principe général du droit, CE 4 oct. 1974, *Dame David, Lebon* 464, *D.* 1975. 79, note Auby; *JCP* 1974. II. 17967, note Drago; *RTD civ.* 1975. 354, obs. Normand.
2. CEDH 23 juin 1981, *Le Compte, Van Leuven et De Meyere c/ Belgique*, série A, n° 43.
3. CEDH 25 févr. 1992, *Pfeifer et Planki c/ Autriche*, série A, n° 227.
4. Selon la loi du 29 juill. 1881 sur la presse modifiée par la loi du 11 juill. 1975, art. 22 : « il est interdit de rendre compte des débats et de publier des pièces de procédure concernant les questions de filiation, actions à fins de subsides, procès en divorce, séparation de corps et nullité du mariage, procès en matière d'avortement ». Cette interdiction ne s'applique pas au dispositif des décisions qui peut toujours être public. Les dispositions qui précèdent ne s'appliquent pas aux publications techniques, à condition que soit respecté l'anonymat des parties.
5. Cons. const. 20 nov. 2015, n° 2015-499 QPC — loi n° 2016-731 du 3 juin 2016 mod. le dernier al.
6. Sur les possibilités d'enregistrement audiovisuel ou sonore des audiences publiques des juridictions, v. loi n° 85-699 du 11 janv. 1986, v. aussi Civ. 30 juin 1987, *D.* 1987. Somm. 364, obs. Julien.
7. Rapport Linden, site Internet du ministère de la Justice, 22 févr. 2005.
8. C. pr. pén., art. 308 (réd. L. n° 2014-640 du 20 juin 2014), 64-1, 116-1 et 706-52.

audiovisuelle doit être ouverte au public[1]. L'ouverture au public des décisions de justice prévue par la loi du 6 octobre 2016 pour la République numérique va considérablement modifier les règles applicables ! Le rapport de la mission présidée par Loïc Cadiet (novembre 2017) énonce les préconisations nécessaires pour protéger la vie privée et les données personnelles des différents acteurs (parties, magistrats, procureur, greffiers, avocats) et préconise une régulation des entités qui réutiliseront les décisions ainsi diffusées en recourant à des algorithmes (l'ouverture publique des décisions favorisera ce que l'on appelle la justice « prédictive » ou prévisionnelle, en permettant aux intéressés de prévoir l'issue possible de leur litige grâce à l'intelligence artificielle[2]).

845. ***Publicité du jugement selon des modalités diversifiées.*** La publicité concerne également le jugement, qui peut être mis à la disposition des parties au greffe de la juridiction à une date que le président doit indiquer ou être lu en audience publique par l'un des juges qui l'ont rendu. La lecture publique peut se limiter au dispositif, mais elle est exigée même si les débats ont eu lieu en chambre du Conseil (sauf pour les décisions gracieuses). La diffusion du jugement est également assurée par la possibilité pour tout tiers intéressé d'obtenir du greffe copie de la décision prononcée publiquement, par des formalités de publication qui intéressent certaines matières (incapacités, procédures collectives...) ou sont prononcées à titre de sanction. Dans le cadre de l'instauration d'un véritable service public de l'information, contribuant à un accès effectif au droit pour chaque citoyen, la diffusion des décisions de justice *via* Internet par les banques de données de jurisprudence soulève des difficultés. La Commission nationale de l'informatique et des libertés a formulé des recommandations dans une délibération n° 01-057 du 29 novembre 2001, afin que soit respecté un juste équilibre entre le caractère public des décisions de justice et les droits et libertés des personnes concernées (interdiction de la diffusion de certaines décisions, du nom des parties, de toute information relative aux origines raciales, aux opinions politiques, philosophiques, religieuses, à l'appartenance syndicale ou aux mœurs des intéressés...). Le rapport Cadiet sur l'open data des décisions judiciaires propose de renforcer la pseudonymisation des décisions de justice (en occultant les données personnelles sensibles) afin de mettre le dispositif en conformité avec le règlement de l'Union européenne relatif à la protection des données personnelles[3].

846. ***Motivation du jugement.*** La motivation des jugements est pour la Cour européenne une exigence substantielle du procès équitable. Elle permet au justiciable de vérifier qu'il a bien été entendu par le juge, qui a examiné ses moyens contradictoirement. Elle autorise un contrôle de la décision dans le cadre de l'exercice de recours (c'est sur ce fondement que la Cour européenne a critiqué l'absence de motivation des jugements correctionnels dans l'arrêt *Baucher c/ France* du 24 juillet 2007, req. n° 53640/00). Le Code de procédure civile affirme cet impératif dans les dispositions de l'article 455, et les rares exceptions sont

1. F. Desprez, « Réforme de la carte judiciaire et visioconférence : d'une proximité physique à une proximité virtuelle », *Procédures* 2008. Focus 2; S. Lavric, « La visioconférence : le procès de demain ? », *AJ pénal* 2007. 464; Cons. const. 20 nov. 2003, n° 2003-484 DC, *JO* 27 nov. 2003, p. 20154, spéc. cons. 82 et 83.
2. CNIL, « Comment permettre à l'homme de garder la main ? Les enjeux éthiques des algorithmes et de l'intelligence artificielle », synthèse du débat public, déc. 2017. CNIL, rapport d'activité 2016, « Protéger les données personnelles, accompagner l'innovation, préserver les libertés individuelles », La Doc. Fr.
3. Règl. (UE) n° 2016/679 du Parlement européen et du Conseil, 27 avr. 2016, *protection des personnes physiques à l'égard du traitement des données à caractère personnel et à la libre circulation de ces données*.

justifiées par le souci de sauvegarder d'autres droits fondamentaux (comme la vie privée, pour les jugements d'adoption plénière, les jugements de divorce). La Cour de cassation se fonde sur l'article 6 § 1 pour annuler des jugements dans deux séries de circonstances : soit le jugement est motivé, mais le juge a recours à des termes injurieux incompatibles avec l'exigence d'impartialité[1], soit le jugement ne comporte qu'une apparence de motivation, qui génère un soupçon légitime de partialité et de violation de l'égalité des armes[2].

Le juge doit donc répondre à tous les moyens pertinents, susceptibles d'exercer une influence sur la solution du litige; il ne peut fonder sa décision sur des motifs insuffisants, dubitatifs ou contradictoires. Dans l'affaire *Dulaurans c/ France*[3], la Cour européenne a étendu son contrôle en sanctionnant la motivation de la Cour de cassation qui reposait sur une erreur manifeste d'appréciation (n° 34553/97, l'arrêt déclarait un moyen de droit irrecevable comme nouveau, alors qu'il ressortait des actes des procédures antérieures que ce moyen avait été soulevé devant les juges du fond). Généralement, la Cour européenne refuse de contrôler le défaut de motivation des jugements internes, parce qu'elle n'a pas pour tâche de se substituer aux juridictions internes, et qu'elle considère que le requérant dispose de moyen de recours pour contester le défaut de motivation. La Cour de cassation expérimente une motivation enrichie de ses arrêts (Com. 22 mars 2016, n° 14-14.218).

B. L'instauration de nouvelles garanties

847. Le dispositif de l'article 6, paragraphe 1, de la Convention européenne conduit à la découverte de nouveaux droits fondamentaux du justiciable civil. L'égalité des armes et le droit d'obtenir le prononcé et l'exécution du jugement dans un délai raisonnable en constituent les illustrations.

1. Le droit à l'égalité des armes

848. ***Droit d'exposer sa cause sans être désavantagé.*** Par référence au sens étymologique du terme « équité » (du latin *aequitas*, égalité), la Cour européenne des droits de l'homme considère que toute partie doit avoir une possibilité raisonnable d'exposer sa cause au tribunal, dans des conditions qui ne la désavantagent pas d'une façon appréciable par rapport à la partie adverse[4]. L'équité a ainsi donné naissance à l'exigence d'égalité des armes, ignorée en tant que telle par le droit interne, mais qui doit inspirer la démarche processuelle dans son entier. Elle se réalise sous le contrôle étroit du juge qui, même dans le cadre d'une procédure accusatoire, doit être doté d'attributions lui permettant de restaurer une égalité certaine entre les plaideurs.

849. ***Manifestations de l'égalité des armes.*** Le contenu de l'égalité des armes n'est pas défini de façon exhaustive. Il s'agit plutôt pour la Cour européenne d'un principe substantiel qui doit conduire à l'aménagement de règles de procédure. Les incidences procédurales sont diversifiées.

1. Civ. 2e, 14 sept. 2006, n° 04-20.524.
2. Civ. 3e, 18 nov. 2009, n° 08-18.029, *La Lettre des procédures collectives*, janv. 2010, note N. Fricero.
3. CEDH 17 janv. 1970, *Delcourt c/ Belgique*, série A, n° 11; CEDH 30 oct. 1991, *Borgers c/ Belgique*, série A, n° 214.
4. R. Martin, « L'article 6-1 de la Convention européenne contre l'article 12 du NCPC », *D.* 1996. Chron. 20; CEDH 24 oct. 1989, *H. c/ France*, série A, n° 162-A qui décide que l'art. 10 du C. pr. civ. n'est pas contraire à l'art. 6-1 de la Convention; E. Jeuland, *Droit processuel*, LGDJ, coll. « Manuel », 2007, p. 218 s.

Ainsi, dans l'administration de la preuve, les parties doivent disposer de possibilités égales. Elles doivent pouvoir présenter leurs éléments de preuve au juge, et contester les éléments fournis par leur adversaire. La question d'une éventuelle rupture d'égalité résultant du pouvoir du juge d'ordonner d'office des mesures d'instruction (C. pr. civ., art. 10), ou de soulever d'office un moyen de droit (C. pr. civ., art. 12) a été posée[1]. En tout état de cause, l'égalité des plaideurs ne doit pas être absolue, et le pouvoir d'office du juge est parfaitement justifié par le souci d'aboutir à un jugement le plus juste possible.

De même, dans la présentation des prétentions et des moyens de fait et de droit au juge, les parties doivent être égales. Ce n'est pas le cas si une personne, fût-elle magistrat agissant en toute indépendance, peut intervenir auprès des juges du siège, ou rédige un rapport qui n'est pas communiqué aux parties, alors que ces dernières sont privées du droit de répondre aux arguments présentés. À cet égard, la procédure devant les diverses chambres de la Cour de cassation a été sanctionnée à plusieurs reprises par la Cour européenne des droits de l'homme : constatant que le rapport du conseiller rapporteur était intégralement communiqué à l'avocat général, et non aux parties, et que les conclusions de l'avocat général n'étaient pas communiquées aux parties dans le cadre des procédures sans représentation par avocat obligatoire, la Cour européenne a considéré que le procès équitable n'était pas respecté[2]. Mais les règles procédurales ont évolué sous la pression européenne. Seul un rapport allégé du conseiller rapporteur, qui ne comporte pas le projet d'arrêt, est communiqué à l'avocat général; en ce qui concerne l'effectivité de la contradiction, pour les procédures avec représentation obligatoire, l'usage est d'informer l'avocat à la Cour de cassation du sens des conclusions de l'avocat général avant l'audience et de lui offrir la possibilité de les commenter dans des notes en délibéré. Dans les procédures sans représentation obligatoire, ce sont les parties elles-mêmes qui sont informées du sens des conclusions de l'avocat général, et qui disposent de la faculté d'y répondre. Plusieurs décisions de la Cour européenne ont condamné la présence de l'ancien « commissaire du Gouvernement » au délibéré de la juridiction administrative (*Martinie*, 12 avril 2006, req. n° 58675/02; *Malquarti*, 20 juin 2006, req. n° 39269/02). Le décret n° 2009-14 du 7 janvier 2009[3] relatif au rapporteur public devant les juridictions administratives et au déroulement de l'audience devant ces juridictions renforce la mise en œuvre du contradictoire et de l'égalité des armes et met le dispositif en conformité avec les exigences européennes, ce qu'a confirmé la décision *Marc Antoine c/ France* du 4 juin 2013 (req. n° 54984/09).

2. *Le droit au prononcé et à l'exécution d'un jugement dans un délai raisonnable*

850. ***Enjeux de la célérité.*** Les justiciables ont droit à ce que leur affaire soit jugée dans un délai raisonnable[4]. Une justice lente ne remplit aucun de ses objectifs : d'un point de vue économique, social, la solution des conflits doit être trouvée dans un temps utile, sous peine de discréditer le service public de la justice. Aucune durée précise n'a été fixée par la Cour européenne : chaque procé-

1. V. not. CEDH 26 avr. 2001, *Meftah c/ France*, *D.* 2002. Somm. 687, obs. Fricero.
2. CEDH 31 mars 1998, *Mme Reinhardt et Slimane Kaid c/ France*, *RTD civ.* 1998. 512, obs. Marguénaud et Raynard; *Procédures* 1998, n° 177, obs. Buisson.
3. *JO* 8 janv. 2009, p. 479.
4. CEDH 31 mars 1992, *X c/ France*, série A, n° 234; CEDH 26 avr. 1994, *Alain Vallée c/ France*, série A, n° 289.

dure est appréciée concrètement, en fonction des critères établis par la Cour, relatifs à la complexité de l'affaire, la nature du litige, au comportement du requérant et à celui des autorités publiques. Si le droit à une durée raisonnable du procès n'est pas propre au procès civil, on doit néanmoins observer certains traits spécifiques à la matière. L'ordonnance du 8 juin 2006 a ajouté un article L. 111-3 au Code de l'organisation judiciaire, précisant que « les décisions de justice sont rendues dans un délai raisonnable ».

851. ***Diligences particulières des autorités.*** La célérité des procédures est parfois soumise à des exigences accrues. Ainsi, lorsque l'enjeu du procès met en cause la réparation d'une atteinte à l'intégrité physique (réparation des victimes de transfusions sanguines contaminantes, ou d'accidents corporels), les conditions de vie du plaideur (réparation des conséquences d'un licenciement, litiges en droit du travail en général), ou les relations familiales (procès en divorce, relatifs à l'autorité parentale[1]), la Cour européenne contraint les États à une diligence particulière. Le délai raisonnable est alors réduit et une diligence exceptionnelle s'impose dans le traitement de la procédure.

852. ***Principe d'initiative et office du juge.*** Le déroulement temporel de l'instance civile doit être envisagé sous l'angle du principe d'initiative : les parties ont le droit de conduire l'instance, et disposent d'une maîtrise certaine dans l'accomplissement des actes de la procédure (C. pr. civ., art. 2). Mais la Cour européenne insiste sur le rôle du juge dans le respect du délai raisonnable : l'État doit doter le tribunal du pouvoir de fixer des délais, et d'en assurer le respect par les parties, même si la procédure civile est fondée sur un principe « dispositif », selon lequel « le procès est la chose des parties »[2]. De nombreuses dispositions du droit interne remplissent cette exigence : le juge peut lutter contre les atermoiements des plaideurs en prononçant la radiation de l'affaire, la clôture partielle de l'instruction (C. pr. civ., art. 780), en constatant la caducité de la demande, en prononçant d'office la péremption de l'instance... Il peut accélérer le déroulement de l'instruction, en fixant des délais pour le dépôt du rapport d'expertise, en veillant à l'échange régulier des conclusions, en fixant un calendrier de procédure. Le décret du 28 décembre 2005 a pris en compte cet impératif en conférant au juge de la mise en état, devant le tribunal de grande instance et la cour d'appel, la possibilité de fixer un calendrier de la mise en état, avec l'accord des avocats, pour prévoir le nombre prévisible et la date des échanges de conclusions, la date de la clôture, celle des débats et celle du prononcé du jugement (C. pr. civ., art. 764); le décret du 1er octobre 2010 introduit le calendrier des échanges dans les procédures orales (C. pr. civ., art. 446-2). Le décret du 9 décembre 2009, en vigueur depuis le 1er janvier 2011, a intégré cette exigence de célérité dans la nouvelle procédure d'appel en réduisant les délais d'accomplissement des actes de la procédure et en multipliant les sanctions d'irrecevabilité et de caducité prononcées, même d'office, par le juge. La Convention européenne impose une obligation de diligence au juge qui ne doit pas être à l'origine d'un ralentissement de la procédure, par des périodes d'inaction injustifiée (la surcharge des rôles n'est pas un argument pertinent, puisque les États doivent prendre les mesures pour qu'une justice rapide soit rendue), sous peine d'engager la responsabilité de l'État (la Cour européenne rappelle que l'engorgement des juridictions, pénales notamment, n'est pas une circonstance exonératoire de la res-

1. CEDH 4 nov. 2008, *Dinu c/ Roumanie et France*, req. n° 6152/02, *Procédures* 2008, n° 333, Fricero, pour le délai raisonnable d'une procédure d'*exequatur* d'un jugement condamnant au paiement d'une pension alimentaire.

2. CEDH 3 févr. 2009, *Poelmans c/ Belgique*, req. n° 44807/06, *Procédures* 2009, n° 81, Fricero.

ponsabilité de l'État[1]). Dans l'arrêt pilote *Glykantzi c/ Grèce* du 30 octobre 2012, la Cour européenne se réfère au « droit à une audience dans un délai raisonnable » : elle considère que le maintien d'une procédure en instance pour une période excessive est susceptible de porter atteinte même au droit d'accès à un tribunal. En particulier, l'absence injustifiée de décision par la juridiction saisie pour une période particulièrement prolongée peut par la force des choses s'assimiler à un déni de justice.

853. ***Sanctions d'une durée excessive.*** La sanction d'un procès civil d'une durée déraisonnable présente des originalités, tant au plan interne que devant les instances européennes.

Devant les juridictions internes, le grief tiré de l'exigence du délai raisonnable, fondé sur la violation de l'article 6, paragraphe 1, ne peut jamais entraîner l'annulation de la procédure, mais donne seulement lieu à réparation[2]. De plus, comme la méconnaissance d'un délai est un moyen mélangé de fait et de droit, le plaideur ne peut pas l'invoquer pour la première fois devant la Cour de cassation. La réparation de la lenteur de la justice civile est fondée sur les articles L. 141-1 et L. 141-2 du Code de l'organisation judiciaire (l'ordonnance du 8 juin 2006 a remplacé l'art. L. 781-1), depuis que la jurisprudence admet que le fait pour une juridiction de tarder à rendre un jugement constitue un déni de justice.

Devant la Cour européenne des droits de l'homme, il est admis que le requérant ne peut invoquer le grief que s'il a épuisé toutes les voies de recours internes contre la décision, depuis l'arrêt *Kudla c/ Pologne* du 26 octobre 2000[3] (l'épuisement des recours internes est une condition de recevabilité de la requête prévue par l'article 35 de la Convention). Il est admis que, sur le fondement de l'article 13 de la Convention, les États doivent offrir aux justiciables un recours effectif permettant d'obtenir réparation de la lenteur de la justice. À cet égard, le recours à la responsabilité de l'État sur le fondement des articles L. 141-1 et L. 141-2 du Code de l'organisation judiciaire est un recours utile, et la Cour européenne impose logiquement son exercice préalable au plaideur victime[4], sous peine d'irrecevabilité de la requête. Mais si la réparation accordée par l'État est insuffisante, un recours européen est ouvert[5]. Depuis la loi du 5 mars 2007, l'article 48-1 de l'ordonnance du 22 décembre 1958 portant statut de la magistrature prévoit que la décision de condamnation de l'État, qu'elle soit rendue par une juridiction nationale ou internationale, est communiquée aux magistrats intéressés et au chef de cour. Une poursuite disciplinaire est envisageable, si le manquement peut s'analyser en une faute disciplinaire.

854. ***Droit à l'exécution du jugement.*** Le justiciable a également le droit à l'exécution du jugement dans un délai raisonnable. Depuis l'arrêt *Hornsby c/ Grèce* qui affirme que « l'exécution d'un jugement ou arrêt de quelque juridic-

1. CEDH 23 janv. 2007, *Cretello c/ France*, req. n° 2078/04, *Dr. et proc.*, *EJT* mars 2007, *Cah. dr. intern.*, obs. Fricero.
2. Crim. 19 nov. 1987, *Bull. crim.* n° 420; *Gaz. Pal.* 1988. 1. 334, obs. M. R.
3. CEDH 26 oct. 2000, *Kudla c/ Pologne*, req. n° 30210/96.
4. CEDH 12 juin 2001, *Giummarra c/ France*, req. n° 61166/00; *CR c/ France*, 3 déc. 2002, *D.* 2003. Somm. 592, obs. N. Fricero; pour l'Italie, 6 sept. 2001, *Brusco c/ Italie*, *D.* 2002. Somm. 685, obs. Renucci; pour la justice administrative, l'exigence de célérité est fondée sur l'art. 6 § 1 de la Convention et sur les principes généraux du droit, CE 28 juin 2002, *Magiera*, sur lequel se fonde la Cour européenne pour décider que le recours en réparation contre l'État doit être épuisé, CEDH 21 oct. 2003, *Broca et Texier-Micault c/ France*, req. n° 27928/02 et req. n° 31694/02, *D.* 2004. Somm. 1061, obs. N. Fricero.
5. CEDH 11 janv. 2007, *Quattrone c/ Italie*, req. n° 67785/01 : la Cour estime que la réparation accordée est égale à 20 % de ce qu'elle octroie.

tion que ce soit, doit donc être considérée comme faisant partie intégrante du "procès" au sens de l'article 6 », la Cour européenne rappelle que l'État doit garantir aux citoyens une justice effective, et remplir ses obligations positives afin que les titres exécutoires que constituent les jugements ne restent pas lettres mortes, ce qui est d'ailleurs contraire au principe de sécurité juridique et ne contribue pas à la prééminence du droit[1]. Si l'État est lui-même condamné, il doit mettre en œuvre des mesures aptes à assurer une exécution rapide de la décision. Si le jugement met en cause des intérêts privés, l'État doit mettre à la disposition des gagnants des instruments juridiques performants pour que la condamnation soit effective. Un délai raisonnable pour l'exécution s'impose : les exécutants, comme les huissiers de justice, doivent être diligents, sous peine d'engager la responsabilité internationale de l'État[2]. Le décret n° 2005-1678 du 28 décembre 2005 a renforcé l'effectivité de l'exécution des décisions exécutoires de droit (comme les ordonnances de référé) et des jugements qui bénéficient de l'exécution provisoire ordonnée par le juge : l'article 526 du Code de procédure civile prévoit qu'en cas d'appel, et à la demande de l'intimé, le premier président ou le conseiller de la mise en état, peut décider la radiation du rôle de l'affaire lorsque l'appelant ne justifie pas avoir exécuté la décision frappée d'appel, à moins qu'il lui apparaisse que l'exécution serait de nature à entraîner des conséquences manifestement excessives ou que l'appelant est dans l'impossibilité d'exécuter la décision[3]. Ce dispositif reprend celui qui est mis en place pour le pourvoi en cassation. L'Assemblée plénière de la Cour de cassation a renforcé l'effectivité de l'exécution en admettant que la partie qui bénéficie de l'exécution d'une décision exécutoire de droit doit réparer les conséquences dommageables de cette exécution si la décision est ultérieurement infirmée en appel, sur le fondement de l'article L. 111-10 du Code des procédures civiles d'exécution[4]. Afin de rendre l'exécution plus effective, le rapport de F. Agostini et N. Molfessis préconise que l'exécution de droit immédiate des décisions de première instance devienne le principe, avec une possibilité d'arrêter l'exécution en cas d'appel, et sous réserve d'exceptions en fonction de la nature du contentieux (proposition n° 30, rapport *Amélioration et simplification de la procédure civile*). Un bureau de l'exécution civile pourrait expliquer les décisions aux parties et les orienter vers des agents d'exécution.

Bibliographie indicative

- J.-F. Renucci, *Traité de droit européen des droits de l'homme*, LGDJ, 2e éd., 2012. Droit européen des droits de l'homme, 7e éd., LGDJ, coll. « Manuel », 2017.

- N. Fricero, *Droit et pratique de la procédure civile*, Dalloz Action, 2017-2018, spéc. nos 211 s., « Les garanties d'une bonne justice »; *Procédure civile*, 14e éd., Gualino, coll. « Mémento », 2017-2018.

- S. Guinchard et *al.*, *Droit processuel, droits fondamentaux du procès*, 9e éd., Dalloz, coll. « Précis », 2017; *Procédure civile*, 33e éd., Dalloz, coll. « Précis », 2016.

1. CEDH 22 sept. 2011, *Tetu c/ France*, req. n° 60983/09, *Procédures* 2011, n° 338, N. Fricero, pour une procédure de liquidation judiciaire ayant duré plus de 20 ans !
2. CEDH 11 janv. 2001, *Platakou c/ Grèce*, *Dr. et proc.* 2001. 233, obs. Marguénaud; N. Fricero, « Le droit européen à l'exécution des jugements », *Dr. et proc.* 2001. 6; CEDH 20 déc. 2007, *Kocsis c/ Roumanie*, *Dr. et proc.*, *EJT*, *Cah. dr. intern.* mars 2008, note Fricero.
3. CEDH 31 mars 2011, *Chatellier c/ France*, req. n° 34658/07, *D.* 2011. 1089; *Procédures* 2011, n° 171, N. Fricero.
4. 24 févr. 2006, *Dr. et proc.*, *EJT*, 2006, p. 159, obs. Fricero.

- E. JEULAND, *Droit processuel général*, 3e éd., Montchrestien, coll. « Domat droit privé », 2014.
- F. SUDRE, J.-P. MARGUÉNAUD, J. ANDRIANTSIMBAZOVINA, A. GOUTTENOIRE, G. GONZALEZ, L. MILANO, H. SURREL, *Les grands arrêts de la Cour européenne des droits de l'homme*, PUF, coll. « Thémis », 7e éd., 2015.

Pistes de réflexion

Quelles seront les conséquences de l'introduction de la loyauté dans les principes directeurs du procès civil ?
Quelles sont les incidences de l'exigence d'impartialité dans la motivation des jugements ?
Le principe de concentration des moyens est-il conforme au principe dispositif ?
La saisine d'office du juge civil est-elle conforme aux exigences du procès équitable ?
Quelles sont les incidences de la bonne administration de la justice sur les principes directeurs du procès ?
En quoi les instruments procéduraux (caducité, péremption, irrecevabilité) peuvent-ils permettre la régulation des flux ?

Section 8.
LES GRANDS PRINCIPES DU PROCÈS ADMINISTRATIF

BENOÎT DELAUNAY
Agrégé des facultés de droit,
Recteur de l'Académie de Clermont-Ferrand

Tout en intégrant progressivement les standards du procès équitable dégagés par la Cour européenne des droits de l'homme (CEDH), le procès administratif continue d'obéir à des règles spécifiques issues des textes et de la jurisprudence internes. Il se déroule devant un ordre de juridiction composé de magistrats spécifiquement formés au métier de juger l'Administration. Si peu d'actes ou de décisions échappent encore au contrôle du juge administratif, il n'intervient de plus en plus souvent qu'après une phase préalable de recours administratif. Les nouvelles procédures de référé, synonymes d'oralité, ont tempéré les rigueurs de la procédure écrite. Saisi à fin soit d'annulation soit de réformation de la décision administrative, il dispose de pouvoirs d'injonction vis-à-vis de l'Administration qu'il met en œuvre couramment. Pour répondre à l'objectif de sécurité juridique, il module à présent les effets dans le temps tant de ses décisions d'annulation que des changements de jurisprudence.

1. Tendances

855. ***Renouvellement de la matière.*** Peu de domaines de l'activité juridictionnelle ont connu durant les vingt dernières années autant de changements que le procès administratif, en raison d'un décalage croissant qui s'était instauré au fil des décennies entre les pratiques du juge administratif et les attentes et exigences de la société. Ce mouvement de rattrapage, en l'absence duquel l'existence même d'une juridiction administrative eût pu être menacée, a été amplifié et accéléré par la pénétration croissante du droit issu de la Convention européenne des droits de l'homme.

Cette évolution constitue une accélération de la construction de l'ordre juridictionnel administratif entrepris depuis deux cents ans. On sait en effet que le procès administratif tire sa substance même d'un privilège de juridiction bénéficiant, depuis la Révolution, à l'Administration, et d'où découle l'existence d'un ordre juridictionnel propre, élevée par le Conseil constitutionnel au rang de principe fondamental reconnu par les lois de la République[1] et consacrée par la Cour de cassation qui vise « la valeur constitutionnelle de la compétence et de l'indépendance de la juridiction administrative »[2], ainsi que d'un corpus de règles touchant le statut des juges, l'organisation des juridictions et, bien entendu, les questions procédurales aujourd'hui regroupées dans un Code de justice administrative (CJA) et enfin de pratiques jurisprudentielles consacrées.

856. ***Enrichissement de la matière.*** Le titre préliminaire du Code de justice administrative entré en vigueur le 1er janvier 2001[3] comprend dix articles de nature législative, de portée inégale : y figurent l'exigence de la collégialité (sauf si la loi en dispose autrement), l'absence d'effet suspensif des requêtes sauf si la juridiction en décide autrement, le caractère contradictoire de l'instruction, aménagé le cas échéant pour l'urgence, la publicité des audiences, le rôle dévolu au commissaire du Gouvernement (désormais « rapporteur public »), le secret du délibéré, la motivation, la publicité et le caractère exécutoire des jugements. Le Code de justice administrative a ainsi assimilé des normes déjà reconnues par

1. Cons. const. 23 janv. 1987, n° 86-224 DC, *Conseil de la concurrence*, Rec. Cons. const. 8.
2. Civ. 1re, 8 mars 2012, n° 11-24.638.
3. D. Labetoulle *in J.-Cl. Adm.* 2003 et « Le titre préliminaire du CJA : retour sur un objet juridique à identifier », C. Baillon-Passe, *LPA* 31 déc. 2004, n° 262, p. 6.

le Conseil d'État soit comme principes généraux du droit[1] soit comme règles générales de procédure.

Ne figurent dans cet exergue ni l'exigence d'impartialité, ni le caractère essentiellement écrit de la procédure, ni l'interdiction d'adresser des injonctions à l'Administration hormis les cas où la loi l'autorise, ni l'exigence de la liaison préalable du litige par une décision administrative, alors qu'il s'agit bien, sinon de principes généraux du droit, à tout le moins de règles générales de procédure, voire de règles expresses. Est de même absente la distinction cardinale entre les pouvoirs du juge selon que le litige qui lui est soumis relève de l'excès de pouvoir (annulation) ou du plein contentieux (réformation de la décision attaquée). Mais ces principes ou ces règles, s'ils sont absents de l'énumération liminaire du CJA, y trouvent leur application dans de nombreuses dispositions. Tel n'est pas le cas en revanche de l'exigence d'un délai raisonnable. C'est dire que la spécificité du procès administratif ne se résume pas aux dix règles ou principes énoncés dans le titre préliminaire du CJA. Mais l'existence même de ce code illustre avec éclat ce que le Conseil d'État, sans y être le moins du monde tenu par une règle écrite, a affirmé depuis près d'un siècle : le caractère administratif d'une juridiction entraîne la mise à l'écart des règles de procédure civile.

On doit signaler que l'arrêt du 24 mars 2006[2] érige la sécurité juridique au rang de principe du droit interne alors que, jusqu'à présent, ce concept d'origine communautaire n'était reconnu en droit interne que dans les litiges où le juge national était conduit à faire application du droit communautaire. En application de ce principe, il a été jugé que, par exception à la règle selon laquelle le rejet d'une requête en annulation d'un acte dont l'exécution a été suspendue par le juge du référé entraîne la conséquence que cet acte retrouve aussitôt application, le juge peut d'office apprécier s'il convient de reporter à une date ultérieure qu'il détermine la prise d'effet de sa décision en tant qu'elle met fin à la suspension initialement ordonnée[3]. La théorie des espérances légitimes, issue de l'article 1er du 1er Protocole additionnel à la Convention européenne des droits de l'homme reconnaissant le droit au respect des biens, est également reconnue par le juge administratif comme par le juge constitutionnel.

Récemment, la procédure administrative contentieuse a fait l'objet d'une importante réforme, issue du décret du 2 novembre 2016 dit « justice administrative de demain »[4], lui-même inspiré du rapport Piérart. Le sens général de la réforme est celui d'une diminution des contentieux, au prix peut-être, selon certains, de difficultés procédurales accrues pour les justiciables.

2. Compétence

857. ***Compétence de la juridiction administrative.*** Tous les litiges nés d'une décision prise par une administration ou un organisme de droit public ne ressortissent pas à la compétence du juge administratif. Si le Conseil constitutionnel

---

1. CE, ass., 2 juill. 1982, *Huglo*, *Lebon* 257, pour le caractère non suspensif des requêtes; CE, ass., 4 oct. 1974, *Dame David*, *Lebon* 464, pour la publicité des audiences; CE 17 nov. 1922, *Légillon*, *Lebon* 849, pour la publicité des audiences et la motivation des jugements; CE, ass., 23 janv. 1948, *Bech*, *Lebon* 33, pour la publicité des jugements et la mention du nom des juges; CE 12 oct. 2009, *M.P.*, req. n° 311641, *Lebon 367*, d'où il résulte que la publicité peut être assurée non seulement par la lecture publique, mais aussi par tout moyen approprié tel que la possibilité de consulter le jugement au greffe de la juridiction.
2. CE, ass., *KPMG et a.*, req. nos 288460, 288465, 288474 et 288485, *Lebon* 154.
3. CE, sect., 27 oct. 2006, *SA Techna et a.*, *Lebon* 451.
4. Décr. n° 2016-1480 du 2 nov. 2016 portant modification du CJA.

(23 janv. 1987, préc.) a rangé au nombre des principes fondamentaux reconnus par les lois de la République « celui selon lequel, à l'exception des matières réservées par nature à l'autorité judiciaire, relève en dernier ressort de la compétence de la juridiction administrative l'annulation ou la réformation des décisions prises, dans l'exercice des prérogatives de puissance publique, par les autorités exerçant le pouvoir exécutif, leurs agents, les collectivités territoriales de la République ou les organismes publics placés sous leur autorité ou leur contrôle », cette règle souffre de très nombreuses exceptions, lesquelles parfois concernent des pans entiers de l'action administrative (le contentieux douanier par exemple), tandis que d'autres domaines relevant de la compétence des deux ordres de juridiction, selon une frontière tantôt claire : tel est le cas du contentieux du placement d'office régi par les articles L. 3213-1 et s. du Code de la santé publique soumis au juge administratif pour la seule régularité de la décision du préfet et au juge judiciaire, garant de la liberté individuelle pour tous les autres aspects[1]; tantôt obscure[2] ou complexe : tel est le cas du contentieux des étrangers en situation irrégulière, à moins que le législateur ne tente de démêler l'écheveau, ce qui risque de soulever des questions constitutionnelles. Le Tribunal des conflits est chargé de résoudre les problèmes de compétence entre les deux ordres de juridiction, selon les règles posées par l'article 34 du décret du 26 octobre 1849, par exemple pour apprécier si l'Administration a commis une voie de fait, dont cette juridiction a d'ailleurs restreint le champ, la voie de fait ne jouant désormais plus qu'en cas d'atteinte à la liberté individuelle ou d'extinction d'un droit de propriété[3]. Ainsi, dans six décisions remarquées, le Tribunal des conflits a confié récemment le monopole du contentieux des installations radioélectriques au juge administratif, laissant au juge judiciaire une compétence résiduelle dans la limite où son intervention n'est pas de nature à interférer avec l'action des autorités de police[4].

Une autre limite à la compétence du juge administratif, considéré comme juge français, tient à l'autorité qui s'attache aux arrêts rendus à titre préjudiciel par la Cour de justice de l'Union européenne (CJUE) en matière d'interprétation des textes communautaires : initialement limitée aux seules questions soumises à la Cour[5], elle est à présent reconnue à toute interprétation donnée par la Cour même lorsqu'elle ne fait pas l'objet du renvoi[6]. Qui plus est, le Conseil d'État a jugé[7] que, dans le cas où est contestée la légalité d'un décret transposant une directive communautaire au regard d'un principe constitutionnel trouvant son équivalent dans le droit communautaire primaire, il y a lieu de saisir la Cour de justice d'une question préjudicielle si la conformité de la directive aux traités européens soulève une difficulté sérieuse. Mais si le principe constitutionnel invoqué n'a pas d'équivalent en droit communautaire, il appartient au Conseil d'État d'examiner directement la constitutionnalité des dispositions réglementaires attaquées. En revanche, si les États s'engagent à se conformer aux arrêts définitifs de la Cour européenne des droits de l'homme, ces derniers ne sont pas un obstacle au caractère exécutoire des jugements[8]. L'entière exécution d'un arrêt de la Cour

1. CE 1er avr. 2005, *Mme L.*, req. n° 264627, *Lebon* 134.
2. Cas du contentieux du recouvrement des impôts, v. T. confl. 13 déc. 2004, *Chessa*, req. n° 3411, *Lebon* 321 et *Legasse*, req. n° 3421.
3. T. confl. 17 juin 2013, *Bergoend*, n° C3911.
4. T. confl. 14 mai 2012, *Sté Orange France*, req. n° 3844 et a.
5. CE, sect., 26 juill. 1985, *ONIC*, req. n° 42204, *Lebon* 233.
6. CE, ass., 11 déc. 2006, *Sté De Groot en Slot Allium BV*, req. n° 234560, *Lebon* 512.
7. CE, ass., 8 févr. 2007, *Arcelor Atlantique et Lorraine*, req. n° 278110, *Lebon* 55.
8. CE, sect., 4 oct. 2012, *Baumet*.

européenne des droits de l'homme constatant une violation de la Convention ne peut pas conduire à la remise en cause d'une décision de justice passée en force de chose jugée et n'emporte pas l'obligation pour l'administration de reconsidérer la décision à l'origine de cette violation[1].

Enfin, la compétence du juge administratif peut se trouver amoindrie par le biais des questions préjudicielles. Si en principe l'appréciation de la légalité des actes administratifs était réservée au seul juge administratif[2], cette règle ne s'applique plus lorsqu'est en cause un moyen tiré de la conformité d'un acte administratif à l'Union européenne ainsi que lorsque l'illégalité de l'acte administratif apparaît « manifestement, au vu d'une jurisprudence établie »[3]. Par symétrie, le Conseil d'État semble avoir étendu la compétence des juridictions administratives pour apprécier par voie d'exception la légalité d'actes de droit privé[4].

858. ***Compétence au sein de la juridiction administrative.*** Un décret n° 2010-464 du 22 février 2010 est venu apporter des modifications substantielles au CJA. Il redéfinit de manière limitative les compétences de premier ressort du Conseil d'État de manière à éviter que le Conseil soit systématiquement saisi de recours pour lesquels aucun tribunal administratif ne serait compétent. Il diversifie les formations de jugement du Conseil d'État comme celles des tribunaux et des cours, créant notamment une formation intermédiaire entre la formation de droit commun et la formation la plus élevée. Le décret modifie également la procédure contentieuse, permettant au président d'une formation de jugement d'inviter une partie à déposer un mémoire récapitulatif (en pareil cas, les conclusions et moyens non repris seront réputés abandonnés). Les procédures de constat et d'expertise sont elles aussi revues.

Le décret n° 2013-730 du 13 août 2013 qui comporte de nombreuses dispositions issues des propositions des groupes de travail présidés par J. Arrighi de Casanova sur « les compétences de premier et dernier ressort des cours administratives d'appel » et par A. Schilte sur « le magistrat statuant seul et les contentieux sociaux » étend les domaines dans lesquels un magistrat statue seul, réduit domaine de l'appel et modifie les contentieux sociaux.

Au-delà des questions de compétence, il apparaît que l'accès au procès administratif est devenu un droit des justiciables cependant que le droit du procès administratif s'élabore.

I. Le droit au procès administratif

859. Fruit des exigences posées de longue date par le droit interne et renouvelées par l'article 6 § 1 de la Conv. EDH reconnaissant le droit à un procès devant un tribunal indépendant et impartial, le procès administratif est subordonné à des règles de recevabilité des recours et d'impartialité des juridictions.

A. La recevabilité des recours

860. Les requérants attaquent soit des décisions administratives soit des décisions juridictionnelles. Les recours contre les décisions administratives —

1. CE, ass., 30 juill. 2014, *M. V*, req. n° 358564.
2. T. confl. 16 juin 1923, *Septfonds*, *Lebon* 498.
3. T. confl. 17 oct. 2011, *SCEA du Chéneau*, req. n°s 3828 et 3829 : Civ. 1re, 24 avr. 2013, *C^ne^ Sancoins*, n° 12-18.180.
4. CE, sect., 23 mars 2012, *Fédération Sud Santé sociaux*.

seuls étudiés ici, les voies de recours contre les décisions juridictionnelles étant envisagées *supra* dans l'étude de la contestation du jugement — sont placés sous la dépendance de plusieurs conditions tenant au requérant, au recours ou à l'acte attaqué.

1. Conditions de recevabilité tenant au requérant

861. ***Intérêt à agir.*** Dans le contentieux de l'excès de pouvoir, le juge vérifie avec soin de quel intérêt pour agir peut se prévaloir le demandeur. L'intérêt, qu'il soit personnel ou collectif, doit être légitime, suffisant, en rapport avec la mesure attaquée et atteint par celle-ci. Traditionnellement apprécié de manière de plus en plus large avec le temps depuis l'arrêt *Casanova*[1] pour assurer la primauté effective du principe de légalité[2], cet intérêt souffre cependant quelques limitations : ainsi un parlementaire n'a pas vocation à représenter l'ensemble des consommateurs au regard d'une décision du ministre de l'Économie de mettre fin au mécanisme d'ajustement automatique de la taxe sur les produits pétroliers en fonction de l'évolution des cours du pétrole[3]; de même, une commune qui se limite à invoquer son appartenance au ressort territorial dans lequel une association agréée pour la protection de l'environnement exerce son activité ne justifie pas d'un intérêt suffisamment direct lui permettant de contester l'arrêté portant agrément de cette association[4]; une association de militaires tombant sous le coup de la prohibition des groupements à caractère syndical édictée à l'article L. 4121-4 du Code de la défense n'est pas recevable à attaquer des décrets relatifs à des avantages indemnitaires[5]; un fonctionnaire qui obtient l'annulation de la décision l'ayant évincé d'un emploi unique bénéficie d'un droit à réintégration dans cet emploi sans que l'employeur puisse opposer la nomination d'un successeur et dès lors n'a pas intérêt à agir contre la nomination de ce dernier, du moins lorsque les deux décisions sont divisibles[6].

Au stade de l'appel, l'intérêt s'apprécie par rapport au dispositif du jugement attaqué, ce qui interdit au défendeur de contester un jugement de rejet sauf s'il s'agit d'un jugement d'incompétence[7].

862. ***Ministère d'avocat.*** Devant les tribunaux administratifs, le recours à un avocat est en principe facultatif (CJA, art. R. 431-2) sauf dans les contentieux pécuniaires, contractuels (dont les contrats relatifs au domaine public) et se rapportant aux travaux publics.

Devant les cours administratives d'appel, il est en principe obligatoire sauf pour le contentieux des contraventions de grande voirie et celui relatif à l'exécution d'un jugement ou d'un arrêt.

La dispense d'avocat est étendue devant tous les contentieux sociaux.

Devant le Conseil d'État, les règles sont variables mais il est constant que lorsque le recours à un avocat s'impose, les parties sont tenues de faire appel à un avocat au Conseil d'État et à la Cour de cassation. S'il est saisi en premier res-

1. CE 29 mars 1901, *Lebon* 333.
2. Ainsi une association militant pour les droits de la vie justifie d'un intérêt suffisant pour demander la suspension d'une autorisation d'importation de cellules humaines embryonnaires : CE 13 nov. 2002, *Assoc. Alliance pour les droits de la vie*, req. n° 248310, *Lebon* 393.
3. CE, ass., 18 déc. 2002, *Migaud*, req. n° 251934, *Lebon* 484.
4. CE, sect., 13 déc. 2006, *C^ne^ d'Issy-les-Moulineaux*, req. n° 264115, *Lebon* 556.
5. CE 11 déc. 2008, *ADEFDROMIL*, req. n° 306962, *Lebon* 452.
6. CE 8 avr. 2009, *Chambres des métiers et de l'artisanat de la Moselle*, req. n° 289314, *Lebon* 138.
7. CE 17 juill. 2009, *Ministre c/ Becker*, req. n° 288559, *Lebon* 283.

sort, le ministère d'avocat est obligatoire sauf en matière d'excès de pouvoir, de recours en appréciation de légalité, de contentieux des pensions et de contentieux électoral. S'il est saisi en appel, le ministère d'avocat est facultatif sauf pour les recours en interprétation. S'il est saisi en cassation, le ministère d'avocat est obligatoire sauf s'agissant des pourvois formés contre les décisions de la commission centrale d'aide sociale et des juridictions de pension.

863. *Action de groupe* (art. L. 77-10 et s. CJA). Réunissant plusieurs personnes placées dans une situation similaire en présence d'un dommage dont l'origine se trouve dans un manquement de même nature aux obligations légales ou contractuelles imputables à une personne publique ou un organisme privé chargé d'une mission de service public, l'action de groupe peut être formée contre les discriminations ou peut porter sur des préjudices de nature environnementale. Pour prévenir la formation d'une association *ad hoc*, créée dans le but unique d'exercer une action, seules les associations agréées et les associations régulièrement déclarées depuis cinq ans au moins et dont l'objet statutaire comporte la défense d'intérêts auxquels il a été porté atteinte peuvent l'exercer. Une procédure préalable de mise en demeure de cessation ou de réparation, assortie d'un délai de quatre mois avant la saisine du juge est obligatoire.

2. Conditions de recevabilité tenant au recours

864. ***Décision préalable.*** Le recours doit être exercé contre une décision de l'administration prenant position sur une demande. C'est la règle de la décision préalable – permettant la liaison du contentieux – qui s'applique en toutes matières même en matière de travaux publics depuis le décret du 2 novembre 2016 dit « justice administrative de demain »[1]. On sait que l'Administration, dans la mesure où elle est chargée dans l'intérêt général d'appliquer et de faire respecter la loi, dispose du privilège du préalable qui l'autorise à prendre unilatéralement des mesures modifiant la situation juridique des tiers sans l'intervention d'un juge ainsi qu'à les exécuter ou les faire exécuter de plein droit, alors même qu'elles seraient contestées devant le juge. Dans de telles situations, l'existence d'une décision va de soi. Cependant, dans certains cas, c'est l'administré qui devra provoquer la naissance d'une décision : par exemple en sollicitant de l'Administration ou du Gouvernement l'abrogation d'un texte dont la légalité, pour cause de délais, ne peut plus être contestée. C'est dans le contentieux de la responsabilité que l'exigence de la décision préalable est la plus contraignante : l'administré victime d'un préjudice doit mettre l'Administration en position de lui refuser toute indemnisation pour pouvoir saisir le juge[2].

865. ***Recours administratifs préalables obligatoires.*** Dans certaines hypothèses, le recours contentieux doit être obligatoirement précédé d'un recours administratif. Devant l'engorgement persistant des juridictions administratives et en vue de favoriser les modes alternatifs de résolution des conflits, s'accroissent les contentieux dans lesquels joue une règle spécifique, qui est celle de la réclamation préalable à l'Administration dont l'effet est de rendre irrecevable toute saisine du juge non précédée de cette étape[3], cet effet étant toutefois limité aux personnes expressément énumérées par le texte instituant le recours préalable[4]. Il

1. Décr. n° 2016-1480 du 2 nov. 2016 portant modification du CJA.
2. CE 21 févr. 1997, *M. Quille*, *RFDA* 1997. 422.
3. CE, sect., 13 juin 1958, *Sieur Esnault*, *Lebon* 343.
4. CE, sect., 10 mars 2006, *Sté Leroy-Merlin*, req. n° 278220, *Lebon* 118, revenant, sauf pour le contentieux des décisions administratives prises par les instances ordinales, sur une décision *Louis* du 28 sept. 2005.

est vrai que cette formule a fait ses preuves dans le contentieux de l'impôt, véritable contentieux de masse : toutes juridictions (judiciaires et administratives) et tous niveaux (1er degré, appel et cassation) confondus, à peine 20 000 affaires sont portées chaque année devant le juge, alors que, dans le même laps de temps, l'Administration fiscale reçoit plus de 4 millions de réclamations. Le contentieux des marchés publics est un autre domaine d'élection de la réclamation préalable consacrée par les cahiers des clauses administratives générales. L'exigence de la réclamation préalable soumise à une commission *ad hoc* a été étendue au contentieux des refus de visas d'entrée en France, qui relève de la compétence en premier et dernier ressort du Conseil d'État[1]. De son côté, la loi du 30 juin 2000 (art. 23) a prévu que, dans des conditions à déterminer par décret, les litiges relatifs à la situation personnelle des fonctionnaires et des militaires (sauf pour le recrutement et la discipline) seraient également soumis à une telle procédure. C'est chose faite pour les militaires[2]. En revanche, même lorsque l'annulation d'une décision ne peut être directement sollicitée du juge, il est admis qu'on peut en demander la suspension en référé sous la seule condition d'avoir déposé une réclamation préalable et sans attendre que l'Administration ait statué[3]. Un recours administratif préalable obligatoire a été récemment mis en œuvre, à titre expérimental, au sein de la fonction publique d'État en ce qui concerne la situation personnelle des agents civils[4].

Dans le contentieux de l'excès de pouvoir, lorsque la loi soumet l'exercice d'un recours contentieux à un recours administratif préalable, la décision prise sur ce recours se substitue à la décision initiale, ce qui interdit d'en demander utilement l'annulation et rend inopérant les moyens dirigés contre les vices propres dont elle a pu être entachée[5], à charge pour le juge de réorienter les conclusions visant la décision initiale contre la décision prise sur recours[6]. Même lorsqu'il n'est pas obligatoire, le recours préalable interrompt le délai de recours contentieux; mais deux nuances s'imposent : a) il existe des exceptions, par exemple s'agissant des décisions visées à l'article L. 514-6 du Code de l'environnement en matière d'installations classées[7] ou de celles prises en application de la loi sur l'eau[8]; b) il n'est pas possible en cas d'échec d'un premier recours administratif (par exemple auprès de l'auteur de la décision) d'interrompre à nouveau le délai avec un second recours administratif (par exemple, auprès du supérieur hiérarchique). Le Conseil d'État considère que la recevabilité du recours contentieux suivant un recours administratif préalable obligatoire est subordonnée au fait que ce recours administratif ait été exercé par celui-là même qui présente le recours contentieux[9].

La loi du 12 novembre 2013, revenant sur le principe traditionnel, lui substitue le principe selon lequel « le silence gardé pendant deux mois par l'autorité administrative sur une demande vaut décision d'acceptation » (article 21), moyennant bien sûr des exceptions.

866. ***Délai de recours.*** Le principe est que la personne qui s'estime lésée par une décision ou une action administrative ou qui dispose d'un intérêt lui don-

1. Décr. n° 2000-1093 du 10 nov. 2001 et arrêté du 16 nov.
2. Décr. n° 2001-407 du 7 mai 2001.
3. CE, sect., 12 oct. 2001, *Sté Produits Roche*, req. n° 237376, *Lebon* 463.
4. Décr. n° 2012-765, 10 mai 2012 : *JO* 11 mai 2012 et circ. 5 oct. 2012.
5. CE 29 déc. 2004, *Sté Laboratoire GlaxoSmithkline*, req. n° 259085, *Lebon* 469.
6. CE 19 déc. 2008, *Mme Mellinger, épouse Praly*, req. n° 297187, *Lebon* 478.
7. CE 3 déc. 2003, *Roels*, req. n° 242115, *Lebon* 874 et 905.
8. CE 21 déc. 2007, *Groupement d'irrigation des prés de la forge*, req. n° 280195, *Lebon* 543.
9. CE, sect., 28 juin 2013, *SAS Coutis*, req. n° 355812.

nant qualité pour contester la légalité d'un acte administratif doit saisir le juge dans un délai de deux mois. S'agissant du délai raisonnable de recours contre une décision individuelle irrégulièrement notifiée, le Conseil d'État a jugé qu'une décision administrative notifiée sans indication des voies et délais de recours ne peut être contestée au-delà d'un délai raisonnable qui sera, en règle générale, d'un an pour les décisions individuelles expresses[1]. Cette jurisprudence a été étendue aux recours administratifs[2].

867. ***Suppression de la contribution pour l'aide juridique.*** Résurgence de l'ancien droit de timbre, et symbole d'une « juridiction à péage » (René Chapus), une contribution pour l'aide juridique d'un montant de 35 euros avait été instaurée par la loi du 29 juillet 2011 après avoir existé par le passé. Bien que ne méconnaissant ni le droit au recours ni les droits de la défense et ainsi conforme à la Constitution[3], elle a été supprimée depuis le 1er janvier 2014 par le décret du 29 décembre 2013.

3. Conditions de recevabilité tenant à l'acte

868. ***Contentieux des actes administratifs unilatéraux.*** Après avoir franchi les obstacles à l'accès au juge, l'administré peut se heurter à de nouvelles barrières, purement jurisprudentielles et qui tiennent au fait que toutes les décisions de la puissance publique ne constituent pas nécessairement des décisions « administratives » relevant du juge et tous les actes administratifs ne constituent pas des décisions. Il y a lieu de regarder au cas par cas : par exemple, le Conseil d'État reconnaît l'existence d'une décision du Premier ministre de restreindre le champ d'application du dispositif d'encadrement des loyers, révélée par des déclarations publiques, et l'a annulée pour illégalité, illustrant l'extension du contrôle juridictionnel de l'action du pouvoir exécutif[4].

La situation qui n'était pas des plus nettes s'agissant des autorités de régulation, a récemment été clarifiée par le Conseil d'État. Dans une importante décision d'Assemblée, il a rompu le lien unissant classiquement acte faisant grief et décision administrative. Désormais, peuvent faire l'objet d'un recours pour excès de pouvoir les actes de droit souple (avis, recommandations, mises en garde et autres prises de position) adoptés par une autorité de régulation dès lors qu'ils sont de nature à produire des effets notables ou ont pour objet d'influer sur le comportement des personnes auxquelles ils s'adressent, et ce alors mêmes que ces actes ne sont pas des décisions[5]. Le choix a ainsi été fait non pas d'inventer une voie de droit ad hoc contre ces actes mais d'ouvrir à leur encontre le recours pour excès de pouvoir pourtant créé et développé à l'origine pour contrôler les décisions administratives. Dans la ligne de cette jurisprudence, le Conseil d'État admet un recours pour excès de pouvoir contre une délibération du CSA estimant qu'un message télévisuel n'a pas sa place dans des écrans publicitaires, alors même qu'elle ne produit par elle-même aucun effet de droit[6]. Le délai de

1. CE, ass., 13 juill. 2016, *M. Czabaj*, *RFDA* 2016. 927, concl. O. Henrard; *AJDA* 2016. 1629, Chron. L. Dutheillet de Lamothe et G. Odinet.
2. CE, sect., 31 mars 2017, req. n° 389842, *Ministre des finances et des comptes publics c/ Amar*, *AJDA* 2017. 717; *AJ fam*. 2017. 268, obs. S. Paillard.
3. Cons. const. 13 avr. 2012, n° 2012-231/234 QPC, *M. Stéphane C. et a.*
4. CE, 15 mars 2017, req. n° 391654, *Assoc. « Bail à part, tremplin pour le logement »*, *Dr. adm.* sept. 2017, p. 75, note J.-S. Boda.
5. CE, ass., 21 mars 2016, *Fairvesta International GmbH* et autres et *Société Numéricable*, *JCP G* 2016. 623, obs. Th. Perroud.
6. CE 10 nov. 2016, *Marcilhacy et a*, n° 384691.

recours contre un acte de droit souple d'une autorité de régulation court, pour les professionnels du secteur, à compter de sa mise en ligne sur le site internet de l'autorité. Les justiciables disposent de la faculté de demander l'abrogation de cet acte s'ils ne l'ont pas contesté dans le délai de droit commun de deux mois[1].

Récemment, le recours pour excès de pouvoir, impossible en principe dans ce cas de figure, a été ouvert, sous certaines conditions, contre le rescrit fiscal (prise de position de l'administration fiscale sur une situation de fait) « lorsque la prise de position de l'administration, à supposer que le contribuable s'y conforme, entraînerait des effets notables autres que fiscaux et qu'ainsi, la voie du recours de plein contentieux devant le juge de l'impôt ne lui permettrait pas d'obtenir un résultat équivalent. Il en va ainsi, notamment, lorsque le fait de se conformer à la prise de position de l'administration aurait pour effet, en pratique, de faire peser sur le contribuable de lourdes sujétions, de le pénaliser significativement sur le plan économique ou encore de le faire renoncer à un projet important pour lui ou de l'amener à modifier substantiellement un tel projet »[2].

Plus généralement, depuis les années 1990, la tendance est à la réduction de ces catégories d'actes échappant à tout contrôle. Peuvent par exemple être désormais déférés devant le juge administratif les marchés passés par l'une des chambres du Parlement[3] ou le refus du Premier ministre de prendre un décret pour mettre le droit national en harmonie avec le droit communautaire[4]. Cependant, il aura fallu 30 ans pour que tombe une des plus anciennes bastilles du droit administratif. Depuis la décision *Ministre c/ Cohn-Bendit*[5] la jurisprudence refusait qu'une personne puisse invoquer à l'appui d'un recours contre un acte administratif individuel une directive non transposée dans le délai. C'est aujourd'hui possible[6] sous la condition que les dispositions invoquées soient précises et inconditionnelles.

Certains actes restent néanmoins insusceptibles de recours.

869. ***Actes de gouvernement.*** Échappent ainsi au juge « par le haut » les actes de gouvernement : par exemple, les actes se rattachant à la conduite des relations internationales de la France[7]; à propos de la reprise des essais nucléaires ou les actes impliquant les pouvoirs constitutionnels[8]; à propos de la suspension du droit d'un ancien parlementaire à la pension qu'il percevait en cette qualité[9]; à propos de la décision du président de la République de consulter les électeurs de collectivités territoriales d'outre-mer en vertu de l'article 73 de la Constitution ou leurs rapports réciproques[10].

De même, quand bien même le juge, saisi d'un recours contre un décret publiant un traité ou un accord international, se reconnaît à présent compétent pour apprécier si est remplie la condition de réciprocité figurant à l'article 55 de la Constitution pour qu'un traité ou un accord ait une autorité supérieure à celle des lois, il se refuse à étendre son contrôle sur la conformité du traité ou de l'accord à la Constitution. Le Conseil d'État s'est déclaré incompétent pour connaître des

1. CE, sect., 13 juill. 2016, *Société GDF Suez*, req. n° 388150.
2. CE, sect., 2 déc. 2016, *Ministre de l'Économie et des finances c/ Société Export Press*, req. n° 387613.
3. CE, ass., 5 mars 1999, *Président de l'Assemblée nationale*, req. n° 163328, *Lebon* 42.
4. CE, sect., 3 déc. 1999, *Assoc. ornithologique et mammologique*, *Lebon* 379.
5. CE, ass., 22 déc. 1978, req. n° 11604, *Lebon* 524.
6. CE, ass., 30 oct. 2009, *Mme Perreux*, req. n° 298348, *Lebon* 407.
7. CE, ass., 29 sept. 1995, *Greenpeace France*, req. n° 171277, *Lebon* 348.
8. CE, ass., 4 juill. 2003, *Papon*, req. n° 254850, *Lebon* 308.
9. CE, sect., 4 déc. 2003, *Feler*, *Lebon* 491.
10. CE, ass., 2 mars 1962, *Rubin de Servens*, *Lebon* 143 à propos de la mise en œuvre de l'art. 16.

recours dirigés contre l'élection par l'Assemblée nationale des deux députés européens dont elle bénéficie depuis l'entrée en vigueur du traité de Lisbonne[1]. la décision du gouvernement français de reconnaître le statut diplomatique à une institution étrangère constitue également un acte de gouvernement. L'injusticiabilité d'une telle décision n'est pas contraire à la Convention européenne des droits de l'homme[2].

En revanche, ne constituent pas des actes de gouvernement des décrets déclarant l'état d'urgence[3]. De même, le refus du même Premier ministre de notifier à la Commission européenne une mesure susceptible de constituer une aide d'État[4]. Insusceptible de recours en légalité, l'acte de gouvernement ne peut pas davantage être discutée sur le terrain de la responsabilité de l'État, comme cela a été jugé récemment au sujet des opérations militaires[5].

870. ***Mesures d'ordre intérieur.*** Échappent au juge « par le bas » les mesures préparatoires[6] telles que l'ouverture d'une enquête publique[7] ou les mesures d'ordre intérieur s'agissant particulièrement, selon l'heureuse formule du professeur Chapus, « des prisons, de l'école et de la caserne ». Tel est aussi le cas d'avis en matière disciplinaire, même lorsque dans certaines circonstances, leur sens peut lier l'autorité investie du pouvoir de sanctionner[8]. Il en va de même de certaines circulaires et instructions administratives. Dans la jurisprudence issue de l'arrêt *Institution Notre-Dame du Kreisker*[9], le recours contre une circulaire purement interprétative était toujours irrecevable, faute que la circulaire « fasse grief », à l'inverse de la solution retenue pour les circulaires réglementaires, susceptibles d'annulation pourvu qu'elles fussent illégales (leur illégalité commandant ainsi la recevabilité du recours...). Dans le dernier état de la jurisprudence[10], c'est le caractère impératif d'une circulaire qui commande la recevabilité du recours : une circulaire dépourvue de dispositions impératives à caractère général ne fait jamais grief, quel que soit son bien-fondé; en revanche, le recours contre une circulaire à caractère impératif est désormais recevable, ce qui conduit plus logiquement le juge à examiner dans un second temps, selon que la circulaire est illégale ou non, si le recours est fondé ou non.

Le droit pénitentiaire est devenu le domaine d'élection de l'avancée du juge. Constituent aujourd'hui des décisions susceptibles de recours : une punition de cellule infligée à un détenu ou de jours d'arrêt à un militaire[11], la décision de placer à l'isolement un détenu contre son gré[12] puis toute mesure de mise à l'isolement[13] ce qui relativise une décision précédente selon laquelle le placement à titre préventif d'un détenu en cellule disciplinaire demeure une mesure d'ordre

1. CE 22 mai 2012, *Dupré et a.*
2. CE 30 déc. 2015, *Dupin*, req. n° 384321.
3. CE, ass., 24 mars 2006, *M. Rolin et M. Boisvert*, req. n°s 286834 et 278218, *Lebon* 171, sol. impl.
4. CE, ass., 7 nov. 2008, *Comité national des interprofessions des vins à appellation d'origine*, req. n° 282920, *Lebon* 399; mais échappe au juge une décision de notifier une même mesure, non détachable de la procédure d'examen par la Commission.
5. CE 23 juill. 2010, *Société Touax*, req. n° 328757.
6. CE, sect., 30 mars 2016, *Molinier*, req. n° 383037.
7. CE 27 oct. 1948, *Cazaubon*, *Lebon* 393.
8. CE, ass., 2 avr. 2003, *Gosset*, req. n° 220687, *Lebon* 169.
9. CE, ass., 29 janv. 1954, *Lebon* 64.
10. CE, ass., 18 déc. 2002, *Mme Duvignères*, req. n° 233618, *Lebon* 463.
11. CE, ass., 17 févr. 1995, deux décisions : *Marie et Hardouin*, concl. Frydman, *Lebon* 82 à 98.
12. CE 30 juill. 2003, *Garde des Sceaux c/ Remli*, req. n° 252712, *Lebon* 366.
13. CE, sect., 31 oct. 2008, *Section française de l'Observatoire international des prisons*, req. n° 293785, *Lebon* 374.

intérieur[1]. La distinction entre mesures d'ordre intérieur et mesure susceptible de recours a été explicitée en matière pénitentiaire par deux décisions du 14 décembre 2007[2]. Ainsi peuvent être contestées : le transfèrement d'un détenu d'un établissement pour peines à une maison d'arrêt, mais non l'inverse, un changement d'affectation entre établissements de même nature[3], l'inscription d'un détenu au registre des détenus particulièrement signalés (DPS)[4], la décision soumettant un détenu au régime différencié « portes fermées »[5]. En revanche, le juge a admis la légalité des restrictions apportées au régime de l'encellulement individuel des prévenus dans les maisons d'arrêt prévues par les textes[6].

On mentionnera enfin que, pour les actes et décisions dont il contrôle la légalité, le juge administratif, s'il examine toujours l'erreur de fait, l'erreur de droit et le détournement de pouvoir, peut parfois n'exercer qu'un « contrôle restreint » sur le bien-fondé de la décision, se contentant de censurer une erreur manifeste d'appréciation, au lieu de peser les avantages et inconvénients de la décision, comme il le fait en matière d'urbanisme ou d'environnement. Le contrôle restreint de l'erreur manifeste d'appréciation tend à s'effacer au profit de d'un contrôle normal, comme en matière de sanctions disciplinaires infligées aux agents publics[7].

871. ***Contentieux des contrats.*** Traditionnellement, les tiers à un contrat administratif n'étaient pas admis à attaquer le contrat devant le juge chargé de régler les litiges nés de celui-ci. Toutefois, le droit leur avait été reconnu d'attaquer, par la voie du recours pour excès de pouvoir, les actes qualifiés de « détachables » du contrat, par exemple la délibération d'un conseil municipal autorisant le maire à conclure un marché. Mais l'annulation d'un tel acte laissait subsister le contrat, sauf à ce que les deux parties s'entendent pour une résiliation amiable ou à ce que l'une d'elles en sollicite l'annulation devant le juge du contrat. Par une décision *Société Tropic Travaux Signalisation*[8], le Conseil d'État a ouvert aux concurrents évincés le droit de former un recours de pleine juridiction contestant la validité de ce contrat, assorti le cas échéant de conclusions indemnitaires, dans les deux mois suivant l'accomplissement des formalités de publicité appropriées. Par son *arrêt Département de Tarn-et-Garonne*, il a ensuite permis aux tiers d'attaquer directement le contrat et abandonné ainsi presque complètement la théorie des actes détachables en matière de formation du contrat[9]. Désormais, les actes unilatéraux qui ont concouru à la formation du contrat ne sont plus susceptibles de recours pour excès de pouvoir de la part des tiers; seuls les contrats de droit privé continuent à pouvoir être attaqués par cette voie. Un tiers à un contrat administratif susceptible d'être lésé dans ses intérêts de façon suffisamment directe et certaine par une décision refusant de faire droit à sa demande de mettre fin à l'exécution du contrat, est recevable à former devant le juge du contrat un recours de pleine juridiction tendant à ce qu'il soit mis fin à l'exécution du contrat[10].

1. CE 12 mars 2003, *Garde des Sceaux c/ Frérot*, req. n° 237437, *Lebon* 121.
2. CE, ass., *Planchenault*, req. n° 290420; *Min. c/ Boussouar*, req. n° 290730, *Lebon* 474 et 495, *JCP* 2008. I. 120, § 17, note A. Maron.
3. CE 27 mai 2009, *M.*, req. n° 322148, *Lebon* 209.
4. CE 30 nov. 2009, *Garde des Sceaux c/ Kehli*, req. n° 318589, *Lebon* 480.
5. CE 28 mars 2011, *Garde des Sceaux, ministre de la Justice c/ Bennay*, *AJDA* 2011. 1364, Chron. Domino et Bretonneau.
6. CE 29 mars 2010, *Section française de l'Observatoire international des prisons*, *Lebon* 84.
7. CE, ass., 13 nov. 2013, *Dahan*, req. n° 347704, renversant CE 9 juin 1978, n° 05911, *Lebon*.
8. CE, ass., 16 juill. 2007, req. n° 291545, *Lebon* 360, *JCP E* 2007, n° 2164.
9. CE, ass., 4 mars 2014, *AJDA* 2014. 1035, Chron. Bretonneau et Lessi.
10. CE, sect. 30 juin 2017, req. n° 398445, *Syndicat mixte de promotion de l'activité transmanche*.

Mais c'est l'office même du juge du contrat qui a été revu par l'importante décision *Commune de Béziers I*[1] : lorsqu'il est saisi par les parties et qu'il constate une irrégularité, le juge doit d'abord vérifier que les irrégularités invoquées sont de celles que les parties peuvent, eu égard à l'exigence de loyauté des relations contractuelles, soulever en justice. Puis il doit apprécier l'importance et les conséquences de l'irrégularité compte tenu de l'objectif de stabilité des relations contractuelles. En fonction de la nature et de la portée de l'irrégularité, il pourra décider soit la poursuite du contrat au bénéfice le cas échéant d'adaptations, soit prononcer la résiliation du contrat, avec effet différé si besoin est. Il pourra également annuler le contrat, éventuellement d'office, mais seulement en raison d'une irrégularité tenant au caractère illicite du contrat ou d'un vice particulièrement grave du consentement. Dans la décision *Commune de Béziers II*[2], le Conseil d'État juge qu'« il incombe au juge du contrat, saisi par une partie d'un recours de plein contentieux contestant la validité d'une mesure de résiliation et tendant à la reprise des relations contractuelles, lorsqu'il constate que cette mesure est entachée de vices relatifs à sa régularité ou à son bien-fondé, de déterminer s'il y a lieu de faire droit, dans la mesure où elle n'est pas sans objet, à la demande de reprise des relations contractuelles, à compter d'une date qu'il fixe, ou de rejeter le recours, en jugeant que les vices constatés sont seulement susceptibles d'ouvrir, au profit du requérant, un droit à indemnité ».

872. ***Contentieux de la responsabilité.*** Dans le contentieux de la responsabilité des personnes morales de droit public et lorsque celle-ci est recherchée sur le fondement de la faute, la jurisprudence manifeste des réserves pour abandonner l'exigence d'une faute « lourde » : en témoigne une décision par laquelle le Conseil d'État a censuré un arrêt admettant que la responsabilité de l'État, liée aux missions exercées par la commission bancaire, puisse être engagée en cas de faute simple[3].

Toutefois, le mouvement qui tend à l'extension de la faute simple n'en est pas moins palpable : ainsi une commune qui s'abstient de prendre des mesures pour lutter contre le bruit s'expose à ce que sa responsabilité soit engagée pour faute simple, même si cette lutte soulève des difficultés[4]. De même, la responsabilité de l'État du fait de l'exécution d'opérations se rattachant aux procédures d'établissement et de recouvrement de l'impôt peut désormais être engagée pour faute simple, sans qu'il y ait lieu d'évaluer l'existence de difficultés particulières dans ces opérations[5].

Dans un ordre d'idées voisin, la responsabilité de l'État législateur peut être engagée, non seulement sur le fondement traditionnel de l'égalité devant les charges publiques[6] mais également dans les cas où une loi est intervenue en méconnaissance des engagements internationaux de la France[7]. En revanche, la responsabilité pour faute du fait de promesses non tenues n'est pas invocable à l'encontre du législateur (CE 27 juin 2016, *M. C.*, *AJDA* 2017. 67, note A. Jacquemet-Gauché).

Récemment, en liaison avec les attentats terroristes ayant frappé la France, le Conseil d'État a été conduit à préciser le régime applicable aux perquisitions

1. CE, ass., 28 déc. 2009, req. n° 304802, *Lebon* 509.
2. CE, sect., 21 mars 2011.
3. CE 30 nov. 2001, *Min. c/ Kechichian et Hamod*, req. n° 219562, *Lebon* 587.
4. CE 28 nov. 2003, *C^ne de Moissy-Cramayel*, req. n° 238849, *Lebon* 464.
5. CE, sect., 21 mars 2011, *Kruppa*.
6. CE, ass., 14 janv. 1938, *Société la Fleurette*, req. n° 51704, *Lebon* 25.
7. CE, ass., 8 févr. 2007, *Gardedieu*, n° 279522, *Lebon* 78.

menées dans le cadre de l'état d'urgence. En particulier, le juge peut sanctionner par la voie de l'annulation (motivation ou bien-fondé) d'un ordre de perquisition illégal ainsi que par l'engagement de la responsabilité de l'État pour faute pour les personnes visées par la perquisition et sans faute pour les tiers[1].

B. L'impartialité des juridictions

873. Principe général du droit, l'impartialité de la juridiction administrative, « indissociable de l'exercice de fonctions juridictionnelles » signifie l'absence de préjugé. Elle présuppose d'abord l'indépendance des magistrats administratifs.

874. ***Indépendance des magistrats administratifs.*** Celle-ci est acquise : pour le Conseil d'État, c'est le fruit d'une longue tradition dans laquelle se mêlaient, *de facto*, inamovibilité et avancement à l'ancienneté; pour les juridictions du fond, la garantie d'inamovibilité a été consacrée par une loi du 6 janvier 1986. Ces règles statutaires, où d'ailleurs des interdictions et incompatibilités nombreuses voisinent avec les garanties, sont aujourd'hui codifiées dans le CJA : article L. 121-1 à 8, L. 131-1 à L. 136-2 pour le Conseil d'État; article L. 231-1 à L. 236-3 pour les magistrats des tribunaux administratifs et des cours administratives d'appel. En outre, la règle de la collégialité (sauf dans les cas où la loi en dispose autrement) constitue un rempart supplémentaire contre les influences extérieures. Le Conseil supérieur des tribunaux administratifs et des cours administratives d'appel est chargé de gérer l'avancement et la discipline des magistrats administratifs. Le juge administratif est issu de la fonction publique, c'est-à-dire du corps même dont il doit apprécier le comportement à l'aune du principe de légalité. La question de savoir si par leurs origines et en particulier leur formation commune avec les agents de l'Administration active ou par les possibilités qu'ils ont d'être détachés de leur corps pour exercer des fonctions d'administration et d'y revenir, les magistrats administratifs seraient intellectuellement ou sociologiquement « trop » proches de l'Administration est posée depuis longtemps.

En outre, une charte de déontologie des membres de la juridiction administrative, rendue publique le 12 janvier 2012, s'adresse à la fois aux membres du Conseil d'État et à ceux des corps des tribunaux administratifs et des cours administratives d'appel. Elle se décline en six chapitres : principes généraux; indépendance et impartialité; prévention des conflits d'intérêts dans l'exercice des fonctions; devoir de réserve; secret et discrétion professionnelle : obligation d'exclusivité et activités accessoires. Chacun de ces chapitres rappelle les « principes » législatifs et réglementaires avant de les développer sous l'intitulé « bonnes pratiques ».

Enfin, le statut des juges administratifs a été revu par deux ordonnances qui renouvellent les organes de concertation et apportent de nouvelles garanties disciplinaires[2].

875. ***Impartialité personnelle et impartialité fonctionnelle.*** C'est une autre façon de distinguer l'impartialité subjective qui traduit un préjugé que nourrit le juge dans son for intérieur et l'impartialité objective qui recouvre les hypothèses

1. CE, ass., avis cont., 6 juill. 2016, *Napol et autres*, *RFDA* 2016. 943, note O. Le Bot.
2. Ord. n° 2016-1365, 13 oct. 2016 portant dispositions statutaires concernant le Conseil d'État et n° 2016-1366 portant dispositions statutaires concernant les magistrats des tribunaux administratifs et des cours administratives d'appel.

dans lesquelles les différentes fonctions exercées par le juge donnent à penser qu'il a préjugé de l'affaire avant la tenue du procès.

De longue date, la jurisprudence a fixé des règles pour éviter que le soupçon de partialité ne pèse sur les décisions des juridictions : impossibilité pour un juge de participer au jugement d'une décision dont il est l'auteur ou prise par un organisme collégial dont il était membre[1] ou prise après le simple avis d'un organisme consultatif tel qu'une commission départementale des impôts; interdiction à un juge de siéger en appel sur une affaire dans laquelle il est intervenu en première instance[2], y compris comme commissaire du Gouvernement[3]. La jurisprudence admet en outre à présent que l'irrégularité de la composition d'une formation de jugement peut, quel que soit son fondement, être soulevée à toute étape de la procédure, y compris devant le juge de cassation, malgré l'existence d'une procédure de récusation[4]. L'impartialité d'un magistrat administratif ne peut pas être remise en cause dès lors qu'il ne peut être regardé comme ayant déjà eu, dans le cadre de ses fonctions antérieures, à connaître des faits objets du litige dans des conditions telles qu'il aurait déjà pris parti sur l'issue du contrôle[5].

Malgré les règles de prudence existantes, l'impartialité peut apparaître à certains comme sujette à caution pour différentes raisons.

1. L'exercice successif de fonctions administratives et contentieuses

876. Le juge manifeste une réticence à écarter *in abstracto* certaines personnes de la fonction de juger en raison de leur qualité et s'attache à vérifier *in concreto* et au cas par cas si la participation de telle ou telle catégorie de personnes enfreint le principe d'impartialité.

877. ***Fonctionnaires participant à une instance juridictionnelle.*** La participation de fonctionnaires à une juridiction ne peut par elle-même être de nature à jeter un doute objectivement justifié sur l'impartialité de celle-ci, en revanche la présence de fonctionnaires en activité au sein de services chargés de l'aide sociale fait obstacle à ce qu'ils puissent siéger dans la commission centrale d'aide sociale, organisme juridictionnel statuant sur les litiges relatifs aux prestations sociales[6]. Le Conseil constitutionnel confirme ces vues à propos des commissions départementales d'aide sociale, composées d'élus locaux membres de collectivités territoriales défenderesses[7] ainsi qu'au sujet de la commission centrale d'aide sociale[8]. De même, est contraire à la Constitution la composition d'un ordre professionnel statuant en matière disciplinaire, formation composée notamment de fonctionnaires[9]. Il en va autrement si des garanties appropriées assurent l'indépendance du fonctionnaire : ainsi un inspecteur du travail, fonction dont l'indépendance est garantie par la loi, peut siéger dans une commission départementale des handicapés[10].

878. ***Juridictions ayant pris antérieurement position sur l'affaire.*** Lorsque la juridiction a, avant de statuer, pris publiquement position sur l'affaire, en tant

1. CE, sect., 2 mars 1973, *D^lle^ Arbousset*, *Lebon* 190.
2. CE 24 oct. 1997, *Pinto*, *Lebon* 1125.
3. CE 30 nov. 1994, *SARL Étude ravalement constructions*, *Lebon* 1022.
4. CE 12 oct. 2009, *P.*, req. n° 311641, *Lebon* 367.
5. CE 7 oct. 2016, *Société Lyonnaise des eaux*, req. n° 392351.
6. CE, ass., 6 déc. 2002, *Trognon*, req. n° 240028, *Lebon* 427.
7. Cons. const. 25 mars 2011, n° 2010-110 QPC, *Jean-Pierre B.*, *JCP Adm.* 2011. 2150, note B. Fleury.
8. Cons. const. 8 juin 2012, n° 2012-250 QPC, *M. Christian G.*
9. Cons. const. 20 mars 2015, n° 2014-457 QPC, *Conseil national de l'Ordre des pharmaciens.*
10. CE, ass., 6 déc. 2002, *Aïn-Lhout*, req. n° 221319, *Lebon* 430.

qu'autorité administrative, elle se trouve en principe disqualifiée pour se prononcer à titre juridictionnel. Il en a ainsi été de la Cour des comptes dans le cas où la publication du rapport annuel pouvait laisser croire qu'une affaire déterminée était en réalité préjugée[1]. La France a ainsi été condamnée par la Cour européenne des droits de l'homme pour défaut d'impartialité de la Cour des comptes lorsque les mentions faites dans le rapport public ont pu faire naître dans le chef du requérant des craintes objectivement justifiées d'un défaut d'impartialité de la Cour des comptes lors de la fixation de la ligne de compte[2].

Il en va également ainsi pour les chambres régionales des comptes[3], dans le cas où le magistrat rapporteur avait déjà connu de l'affaire à l'occasion d'une vérification de gestion et pour la Cour de discipline budgétaire et financière[4] dans le cas où cette Cour comprenait un membre de la Cour des comptes ayant déjà eu à connaître à ce titre des faits reprochés au fonctionnaire.

879. ***Cumul des fonctions consultative et juridictionnelle au Conseil d'État.*** Ce cumul n'a été condamné par la CEDH que dans un cas où l'effectif de l'institution conduisait le Conseil d'État luxembourgeois inéluctablement à ce que les mêmes personnes connaissent d'une même affaire aux deux stades[5]. La Cour a jugé en revanche que le Conseil d'État néerlandais échappait à cette critique[6]. Si elle a confirmé, dans le cas du Conseil d'État français que ce cumul n'était pas condamnable dans son principe, en revanche elle a retenu une violation de l'article 6 § 1 dans le cas où siégeait, dans une formation de jugement appelé à trancher un litige auquel le ministre de l'Économie était partie, un conseiller d'État qui une semaine après la lecture de l'arrêt avait été nommé secrétaire général du ministère de l'Économie[7]. Dans ces conditions, il a paru nécessaire[8] de séparer davantage, au sein du Conseil d'État, les fonctions contentieuses et consultatives : en particulier, les formations de jugement ne comportent plus de membres représentant ès qualités les formations administratives et un membre du Conseil d'État ne peut participer au jugement d'un recours contre un acte pris après avis du Conseil s'il a pris part à la délibération de cet avis. Le requérant qui en fait la demande peut se faire communiquer la liste des membres ayant pris part à cette délibération (CJA, art. R. 122-21-1 et 2). Ce dispositif a été jugé conforme aux exigences du procès équitable[9].

On ajoutera que, depuis le décret du 23 décembre 2011, il est interdit aux membres du Conseil d'État participant au jugement d'un recours contre un acte pris après avis du Conseil d'État de prendre connaissance de cet avis s'il n'a pas été rendu public (art. 13).

2. *L'exercice successif de fonctions juridictionnelles*

a. *Exercice successif de fonctions juridictionnelles au référé et au fond*

880. ***Jurisprudence judiciaire.*** La Cour de cassation[10] a édicté des règles à l'usage des juges qui ont connu d'une affaire au stade du référé et qui seraient

1. CE, ass., 23 févr. 2000, *Labor Métal*, *Lebon* 83, *RFDA* 2000. 435.
2. CEDH 6 oct. 2016, *Beausoleil c/ France*, n° 63979/11.
3. CE, sect., 17 oct. 2003, *Dugoin*, req. n° 237290, *Lebon* 408.
4. CE, ass., 4 juill. 2003, *Dubreuil*, req. n° 234353, *Lebon* 313.
5. 28 sept. 1995, *Procola*, *AJDA* 1996. 383.
6. CEDH 6 mai 2003, *Kleyn*, req. n° 39343/98.
7. CEDH 9 nov. 2006, *Sacilor-Lormines c/ France*, req. n° 65411/01.
8. Décr. n° 2008-225 du 6 mars 2008.
9. CEDH 30 juin 2009, *UFC Que choisir Côte d'Or*.
10. 6 nov. 1998, deux arrêts, *Sté Bord na Mona* et *Guillotel*, *JCP* 1998. II. 10198.

appelés à en connaître à nouveau au fond : soit le juge est entré dans le cœur du litige, comme c'est le cas lorsqu'en matière de provision, il doit déterminer si une obligation est ou non sérieusement contestable : il ne peut plus siéger au fond; soit il s'est borné à prendre de pures mesures conservatoires, ordonnant une expertise par exemple et il pourra siéger au fond. La Cour a ultérieurement jugé que les membres du Conseil de la concurrence qui avaient participé à une décision comportant des mesures conservatoires à l'égard de pratiques peut-être prohibées, ne pouvaient ensuite participer à la décision au fond[1].

881. ***Jurisprudence administrative.*** De son côté, le Conseil d'État a décidé que le juge du référé-suspension, lequel ne statue qu'à titre provisoire et conservatoire, par une ordonnance dépourvue d'autorité de chose jugée, peut siéger au fond, hormis le cas où « allant au-delà de ce qu'implique nécessairement son office, il aurait préjugé de l'issue du litige »[2]. Sous la même réserve, il a été admis que le magistrat qui a statué sur une demande d'aide juridictionnelle peut ensuite statuer comme juge des référés sur la requête pour la présentation de laquelle l'aide avait été demandée[3]. Il en résulte que la solution retenue par un arrêt de la CAA de Paris[4] selon lequel il n'est pas contraire aux exigences d'impartialité et il est même conforme aux exigences d'une bonne administration de la justice que les mêmes magistrats, ayant ordonné le sursis à exécution d'une décision, se prononcent ensuite sur le fond, ne peut plus être regardée comme exclusivement liée aux conditions particulières de fonctionnement des tribunaux d'outre-mer.

b. Exercice successif de fonctions juridictionnelles au fond[5]

882. ***Connaissance de l'opinion du juge.*** L'impartialité est méconnue lorsque l'opinion du magistrat est, quant à elle, connue du fait de l'exercice d'une fonction juridictionnelle antérieure. Il en va ainsi lorsque le magistrat connaît en appel d'une affaire qu'il a jugée en premier degré[6], lorsqu'un magistrat s'est prononcé sur le recours en rectification d'erreur matérielle dirigé contre une ordonnance dont il était l'auteur[7] ou lorsque la fonction du rapporteur, présent au délibéré, est comparable à celle d'un procureur ou d'un juge d'instruction au pénal[8].

883. ***Renvoi après annulation.*** Il a été jugé en outre que le principe d'impartialité ne s'oppose pas, en l'absence de disposition législative contraire (telle que l'article L. 821-2 CJA concernant la composition de la cour administrative d'appel statuant après cassation et renvoi), à ce qu'un tribunal administratif, statuant sur renvoi après annulation de son jugement par la cour administrative d'appel, siège à nouveau dans la même formation[9].

884. ***Cumul des fonctions d'instruction et de jugement.*** En ce qui concerne les fonctions successivement exercées au sein d'une seule et même procédure, a été admise la possibilité pour un rapporteur de cumuler les fonctions d'instruc-

1. Com. 9 oct. 2001, *Sté Unibeton*, *D.* 2001. *AJ* 3530.
2. CE, avis, 12 mai 2004, *Cne de Rogerville*, n° 265184, *Lebon* 223; solution étendue à la séquence sursis à exécution-fond, CE 26 nov. 2010, *Sté Paris Tennis*, req. n° 344505.
3. CE 12 mai 2004, *Hakkar*, req. n° 261826, *Lebon* 224.
4. Territoire de la Polynésie française, 21 oct. 1999, *AJDA* 2000. 233 et 275.
5. Démonstration empruntée à J.-C. Bonichot, P. Cassia, B. Poujade, *Les grands arrêts du contentieux administratif*, 4e éd., Dalloz, 2014, n° 4.
6. CE 30 nov. 1994, *Pinto*, *Lebon* 1125.
7. 22 juin 2005, *M. et Mme Hespel*, req. n° 261847, *Lebon* 248.
8. CE, ass., 6 avr. 2001, *SA Entreprise Razel Frères*, *AJDA* 2001. 456, *Lebon* 176.
9. CE, sect., 11 févr. 2005, *Cne de Meudon*, req. n° 258102, *Lebon* 55.

tion et de jugement. Cette solution, dégagée dans des affaires concernant le CMF[1] (prédécesseur de l'AMF), la section disciplinaire du Conseil national de l'ordre des médecins[2], la Chambre supérieure de discipline des vétérinaires[3] et la CNIL[4], a permis au Conseil d'État de prendre une certaine distance avec la jurisprudence de la Cour de cassation issue de son arrêt *Oury*[5]. On notera que la CEDH, saisie par M. Didier, n'a pas invalidé la position du Conseil d'État[6]. En outre, au nom du principe du contradictoire, le juge administratif, lorsqu'il fait application d'une nouvelle règle jurisprudentielle, consacrée après la clôture de l'instruction, doit rouvrir l'instruction ou rendre un jugement avant-dire droit, afin de permettre aux parties de formuler leurs observations[7]. La Cour européenne des droits de l'homme a pu récemment considérer que le droit actuel aménage une séparation claire et étanche entre les différentes étapes de la procédure, l'indépendance des membres de la Commission des sanctions de l'AMF (et de son rapporteur) étant garantie[8].

885. ***Cumul des fonctions de poursuite et de jugement.*** Dans une décision le Conseil constitutionnel a censuré le cumul des fonctions de poursuite et de jugement[9]. Dans cette affaire, des dispositions du Code monétaire et financier, qui ne sont plus en vigueur depuis 2010, étaient relatives à la Commission bancaire à laquelle a succédé l'Autorité de contrôle prudentiel. Elles organisaient la Commission bancaire sans séparer en son sein, d'une part, les fonctions de poursuite des éventuels manquements des établissements de crédit aux dispositions législatives et réglementaires qui les régissent et, d'autre part, les fonctions de jugement des mêmes manquements, qui peuvent faire l'objet de sanctions disciplinaires. Le Conseil a jugé que cette confusion des fonctions méconnaissait le principe d'impartialité des juridictions et a donc déclaré les dispositions contestées contraires à la Constitution. Cette déclaration d'inconstitutionnalité prend effet à compter de la publication de la décision et peut être invoquée dans les instances non définitivement jugées à cette date.

886. ***Autosaisine.*** En principe, aucune juridiction ne dispose de la faculté de s'autosaisir. Le Conseil d'État admet toutefois cette éventualité à condition que l'acte d'autosaisine ne donne pas à penser que les faits visés sont d'ores et déjà établis ou que leur caractère répréhensible au regard des règles ou principes à appliquer est d'ores et déjà reconnu[10]. Il a ainsi été reconnu que le pouvoir de l'agence française de lutte contre le dopage de se saisir d'office était compatible avec l'article 6 § 1 Conv. EDH[11]. En revanche, la Cour européenne des droits de l'homme exige des garanties substantielles dans la mise en œuvre de l'autosaisine et elle a condamné le cumul des fonctions d'accusation et de jugement[12].

887. ***Transmission d'une QPC.*** Sur le point de l'impartialité des juridictions suprêmes, le Conseil d'État, en se fondant sur le rôle de filtre que lui reconnaît l'article 61-1 de la Constitution, estime qu'il peut statuer en toute impartialité

1. CE, ass., 3 déc. 1999, *Didier*, req. n° 207434, *Lebon* 399.
2. CE, sect., 3 déc. 1999, *Leriche*, req. n° 195512, *Lebon* 402.
3. Cons. const. 25 nov. 2011, n° 2011-199 QPC, *M. Michel G.*
4. CE, ass., 3 déc. 1999, *Caisse de crédit mutuel de Bain-Tresboeuf*, req. n° 197060, *Lebon* 397.
5. Cass., ass. plén., 5 févr. 1999.
6. CEDH 27 août 2002, req. n° 58188/00, décision d'irrecevabilité.
7. CE 19 avr. 2013, *Chambre de commerce et d'industrie d'Angoulême*, req. n° 340093.
8. CEDH 1er sept. 2016, *X et Y c/ France*, req. n° 48158/11.
9. Cons. const. 2 déc. 2011, n° 2011-200 QPC, *Banque populaire Côte d'Azur*.
10. CE, sect., 20 oct. 2000, *Sté Habib Bank Ltd*, *Lebon* 433, concl. F. Lamy.
11. CE 9 nov. 2011, *Benzoni*, req. n° 341658.
12. CEDH 11 juin 2009, *Dubus c/ France*.

sur une demande de transmission d'une question prioritaire de constitutionnalité portant sur un texte législatif qu'il a interprété[1].

II. Le droit du procès administratif

888. *Rapprochement des contentieux.* La nature des contentieux est pour une large part déterminée par la nature du litige soumis au juge et les pouvoirs qui, en conséquence, lui sont reconnus : contentieux de l'excès de pouvoir ou de l'annulation, dans lequel le juge ne peut en principe qu'annuler en tout ou en partie la décision contestée, se plaçant exclusivement à la date de cette dernière; plein contentieux ou contentieux de pleine juridiction dans lequel le juge peut réformer la décision administrative, voire prendre lui-même la décision, parfois en se plaçant (comme en matière d'installations classées) à la date à laquelle il statue. Toutefois, cette distinction n'est plus aussi absolue que par le passé, en particulier depuis que le Conseil d'État a reconnu au juge de l'excès de pouvoir, à titre exceptionnel il est vrai, la faculté de moduler dans le temps les effets d'une annulation. De même, le contentieux des sanctions pécuniaires est devenu un contentieux de pleine juridiction imposant au juge de se placer à la date à laquelle il statue et non à celle de la décision de sanction, lui permettant ainsi de substituer sa décision à celle de l'administration, sous réserve de l'application éventuelle de la loi nouvelle plus douce[2]. De la même manière, le déféré préfectoral dirigé contre un contrat[3] et l'opposition à la prescription quadriennale[4] sont aujourd'hui des recours de pleine juridiction.

A. Les procédures ordinaires

889. Une fois la requête déposée, le procès s'engage. L'instance est ouverte et le litige n'est tranché que par le jugement.

1. Le litige

a. Immutabilité du litige

890. En première instance, le demandeur qui est en règle générale l'administré liera le juge et se liera lui-même par l'argumentation développée dans ce délai. Cette restriction vaut pour l'objet de la demande (les conclusions) mais aussi pour ses fondements (les moyens). Selon la nature du contentieux, les moyens se classent dans des catégories (les causes juridiques), par exemple en excès de pouvoir, la légalité externe et la légalité interne. Le demandeur qui, dans le délai de recours en annulation d'une décision, n'a soulevé que des moyens de légalité externe, n'est plus recevable à invoquer — passé ce délai — des moyens de légalité interne : cela résulte de l'arrêt *S^té^ Intercopie*[5] rendu en matière de cassation, mais dont la portée a été étendue au contentieux de légalité en général[6]. En plein contentieux, constituent des causes juridiques distinctes, dans la lignée de la jurisprudence issue de l'arrêt *Jourda de Vaux*[7], la responsabilité contractuelle et

1. CE 12 sept. 2011, *Commune de Megève*, req. n° 347444.
2. CE 16 févr. 2009, *Société ATOM*, req. n° 274000, *Lebon* 25.
3. CE 23 déc. 2011, *Ministre de l'Intérieur, de l'Outre-mer, des Collectivités territoriales et de l'immigration*, req. n° 348647 et 348648 (2 esp.).
4. CE 15 nov. 2012, *Commune de Cavalaire-sur-Mer.*
5. CE 20 févr. 1953, *Lebon* 88.
6. CE 15 juill. 1954, *S^té^ des aciéries et forges de Saint-François, Lebon* 482.
7. CE 16 mai 1924, *Lebon* 483.

la responsabilité extracontractuelle; à l'intérieur de la responsabilité extracontractuelle, la faute, le risque et la rupture d'égalité devant les charges publiques constituent aussi des causes juridiques distinctes. En contentieux électoral, chaque moyen ou presque se rattache à une cause distincte.

Cependant il existe des tempéraments importants à cette rigueur.

- L'existence de moyens d'ordre public qui peuvent être soulevés à tout moment par les parties comme par le juge, celui-ci ayant toutefois l'obligation d'informer préalablement celles-là lorsqu'il entend fonder son jugement sur un moyen d'ordre public ressortant du dossier, sous peine de voir annuler un jugement rendu en méconnaissance de cette formalité. À titre d'aperçu, sont ainsi d'ordre public les moyens relatifs à la compétence (de la juridiction ou de l'auteur de l'acte), à la recevabilité; au champ d'application de la loi[1] ce qui s'entend *ratione materiae* ou *temporis;* dans le contentieux de la responsabilité, la responsabilité sans faute de l'Administration doit être examinée d'office. On signalera cependant que ni la prescription ni surtout, sauf rares exceptions (comme pour les conventions fiscales bilatérales), la violation d'une norme internationale par la loi interne ne se soulèvent d'office[2] même lorsqu'il s'agit de la régularité de la composition d'une juridiction[3] alors qu'en droit interne, cette question est d'ordre public. Enfin, certains moyens d'ordre public ne jouent qu'en faveur de l'Administration : les juridictions doivent d'office interdire et s'interdire toute condamnation d'une personne morale de droit public à payer une somme qu'elle ne doit pas[4].

- La substitution de base légale est à présent autorisée dans le contentieux de l'excès de pouvoir : lorsqu'il constate que la décision contestée devant lui aurait pu être prise, sur le fondement d'un autre texte que celui dont la méconnaissance est invoquée, le juge peut substituer ce fondement à celui qui a servi de base légale à la décision attaquée sous réserve que l'intéressé ait disposé des garanties dont est assortie l'application du texte de substitution; il peut même y procéder d'office si le dossier le permet, mais à condition d'avoir préalablement mis les parties en mesure de présenter leurs observations sur ce point[5]. Toujours dans le cas de l'excès de pouvoir, la substitution de motifs est également admise[6] alors qu'elle était cantonnée aux cas où l'Administration a compétence liée pour prendre une décision déterminée. La substitution de motifs a également été admise dans le cours d'un référé-suspension[7] avec les mêmes conditions que dans le contentieux de l'annulation, adaptées pour tenir compte de l'évidence et de l'urgence qui caractérisent cette voie de recours.

- Dans le contentieux de pleine juridiction qu'est le contentieux fiscal (qui représente, après le contentieux des étrangers, le deuxième poste d'activité des juridictions du fond), le législateur a mis fin aux effets de cette théorie : issu de la loi Aicardi du 8 juillet 1987, l'article L. 199 C du Livre des procédures fiscales autorise le contribuable, en première instance comme en appel (mais non en cassation), à soulever tout moyen nouveau jusqu'à la clôture de l'instruction sous les réserves que soient en cause des impositions (et non d'autres prélèvements) et l'assiette (et non le recouvrement). Cette novation, restée isolée, a constitué une application anticipée de l'égalité des armes : elle était justifiée par

1. CE, sect., 21 mars 1958, *Delteil, Lebon* 189.
2. CE, sect., 11 janv. 1991, *Sté Morgane, Lebon* 9.
3. CE, ass., 6 déc. 2002, *Maciolak*, req. n° 239540, *Lebon* 426.
4. CE, sect., 19 mars 1971, *Mergui, Lebon* 235.
5. CE, sect., 3 déc. 2003, *Préfet de la Seine-Maritime c/ M. El Bahi*, req. n° 240267, *Lebon* 481.
6. CE, sect., 6 févr. 2004, *Mme Hallal*, req. n° 240560, *Lebon* 48.
7. CE 15 mars 2004, *Cne de Villasavary*, req. n° 261130, *Lebon* 132.

la faculté reconnue de longue date à l'administration par le juge de l'impôt de procéder, fût-ce en appel, à une substitution de base légale de l'imposition contestée sans être tenue de reprendre la procédure à son début[1], sous les seules réserves qu'une telle substitution soit demandée par l'Administration et ne prive le contribuable d'aucune des garanties inhérentes à la nouvelle base légale invoquée par l'Administration[2]. Ce « privilège » était justifié par le postulat, reposant à la fois sur le principe de légalité et sur des considérations budgétaires, que l'Administration ne peut pas renoncer au bénéfice de la loi fiscale. Il n'allait pas de soi que cette faculté puisse être étendue aux pénalités : c'est pourtant ce qui a été fait, sous réserve que la pénalité invoquée par substitution porte sur les mêmes faits que ceux visés par la sanction initialement retenue[3]. En dehors de la matière fiscale, la jurisprudence se montre très protectrice des droits des organismes sociaux dans les litiges mettant en cause la responsabilité des établissements publics de santé. Par un arrêt *M.S.*[4], le Conseil d'État a jugé que les spécificités de l'action en responsabilité des caisses de sécurité sociale justifiaient une dérogation aux règles de droit commun de recevabilité des appels et a ainsi admis que, lorsque la victime a fait régulièrement appel du jugement écartant la responsabilité de l'auteur de l'accident, une caisse de sécurité sociale, régulièrement mise en cause en première instance, est recevable, y compris au-delà de l'expiration du délai d'appel, à contester ce jugement et à reprendre ses conclusions à fin de remboursement des prestations versées.

Cette extension, il est vrai, ne doit pas être interprétée comme un retour à l'inégalité des armes au détriment des administrés; elle manifeste essentiellement l'accroissement des pouvoirs reconnus au juge de plein contentieux ou de pleine juridiction afin que ce dernier soit en mesure de purger définitivement le litige dont il est saisi. Ce mouvement ne se limite pas à la substitution de base légale et atteint depuis peu la substitution de motifs, traditionnellement exclue en dehors des cas de compétence liée[5] : désormais, le juge, saisi d'un recours de pleine juridiction contre une décision infligeant une amende, peut substituer au motif retenu initialement un autre motif de droit ou de fait relatif au même manquement, sous trois conditions : que la substitution ait été demandée par l'Administration devant le juge, que le contrevenant ait été mis en mesure de présenter ses observations et que le montant de l'amende ne soit pas accru[6].

Le décret JADE instaure une faculté pour le juge de cristalliser les moyens des parties à une date qu'il fixe par avance (faculté existant jusqu'alors au contentieux de l'urbanisme seulement). Ainsi, le juge administratif peut-il déterminer par voie d'ordonnance une date à laquelle les parties ne pourront plus invoquer de moyens nouveaux[7] La date ainsi fixée doit être notifiée par ordonnance au moins un mois à l'avance.

b. *Instruction du litige*

891. Les juridictions semblent parfois hésiter à exercer pleinement leurs pouvoirs d'instruction : en premier lieu, la procédure qui est en théorie inquisitoriale, loin d'être toujours effectivement dirigée par le magistrat rapporteur, est

1. CE 27 juill. 1936, *Min. des Finances*, *Lebon* 871.
2. CE, sect., 21 mars 1975, *Sieur X*, *Lebon* 215.
3. CE, sect., 1er oct. 1999, *Assoc. pour l'unification du christianisme mondial*, req. n° 170598, *Lebon* 286.
4. CE 1er juill. 2005, req. n° 234403, *Lebon* 300.
5. CE, sect., 16 nov. 1962, *Sté industrielle de tôlerie*, *Lebon* 608.
6. CE, ass., 9 nov. 2001, *Cie nationale Air France*, req. n° 195550, *Lebon* 576.
7. D. n° 2016-1480, 2 nov. 2016, art. 16; instaurant CJA, art. R. 611-7-1.

parfois laissée à la diligence des parties, ce qui fait regretter l'absence sinon de juge de la mise en état, du moins d'audience de mise en état et l'inexistence, sauf exceptions, d'accord préalable entre les parties et le juge sur le calendrier de la procédure. Ignorance ou autocensure des requérants, la mise en œuvre de l'article R. 611-11 du CJA qui permet au président de formation de fixer, dès l'enregistrement de la requête, la date à laquelle l'instruction sera close, est rarement sollicitée par les parties. En second lieu, lorsqu'il s'agit d'obtenir la communication de documents administratifs, s'il est parfaitement normal que le juge soustraie, au moins provisoirement, aux exigences du contradictoire les documents dont la communication constitue l'objet même du litige[1] afin précisément d'apprécier s'ils sont ou non communicables, en revanche depuis les décisions d'Assemblée du 6 novembre 2002 du Conseil d'État, *M. Moon*[2] *et Mme Moon*[3] et s'agissant de renseignements contenus dans des fichiers informatisés, il appartient désormais au juge d'ordonner le cas échéant à la Commission nationale de l'informatique et des libertés (CNIL) de lui communiquer (pour versement au dossier de l'instruction écrite contradictoire) tous éléments utiles, notamment relatifs aux vérifications auxquelles elle s'est livrée, quitte pour la CNIL, si elle devait refuser la communication de certains documents ou informations, à verser au dossier de l'instruction tous éléments appropriés sur la nature des pièces retenues et les raisons de cette rétention et pour le juge, en cas de refus de toute demande d'information, à joindre cet élément de décision à l'ensemble des données fournies par le dossier. Plusieurs décisions rendues en 2010 ont précisé les conditions de constitution et de conservation des fichiers[4]. Le décret JADE précité prévoit, dans la conduite de l'instruction, que les greffiers sont autorisés à « proposer toutes mesures utiles pour la mise en état des dossiers » et chargés « de la mise en œuvre et du suivi des mesures retenues par le magistrat ». Ils peuvent « signer à cette fin les courriers en informant les parties »[5]. Par ailleurs, le juge peut inviter une partie à produire des éléments ou pièces en vue de compléter l'instruction, et ce postérieurement à la clôture de celle-ci[6].

892. ***Désistement.*** Depuis une décision *M. et Mme Rigat* du 1er octobre 2010 et contrairement à la jurisprudence précédente, le principe est désormais que le désistement est d'instance et non pas d'action, sauf si les écritures du requérant démontrent sans ambiguïté qu'il entend se désister de l'action elle-même. Le pouvoir réglementaire a récemment introduit deux cas de désistements d'office. D'une part, le juge administratif peut fixer un délai à l'issue duquel, à défaut d'avoir produit le mémoire récapitulatif réclamé par le juge, la partie est réputée s'être désistée de ses demandes[7]. D'autre part, le juge administratif peut « inviter le requérant à confirmer expressément le maintien de ses conclusions » s'il constate que « l'état du dossier permet de s'interroger sur l'intérêt que la requête conserve pour son auteur ». L'absence de réponse dans le délai fixé signera un désistement de conclusions[8].

---

1. CE, sect., 23 déc. 1988, *Banque de France c/ Huberschwiller*, *Lebon* 464; CE 16 avr. 2010, *Association Aides et a.*, req. n° 320196, à propos d'un décret créant un traitement de données à caractère personnel; faisant l'objet d'une dispense de publication.
2. Req. n° 194295-219587.
3. Req. n° 194296-219588, *Lebon* 380.
4. CE 16 avr. 2010, *Associations Aides et a.*, req. n° 320196.
5. D. n° 2016-1480, 2 nov. 2016, art. 5; modifiant CJA, art. R. 226-1. – et D. n° 2016-1480, 2 nov. 2016, art. 18; modifiant CJA, art. R. 611-10.
6. D. n° 2016-1480, 2 nov. 2016, art. 21; créant CJA, art. R. 613-1-1.
7. D. n° 2016-1480, 2 nov. 2016, art. 17; modifiant CJA, art. R. 611-8-1.
8. D. n° 2016-1480, 2 nov. 2016, art. 20; créant CJA, art. R. 612-5-1.

893. ***Transaction.*** Peut-on demander au juge, en l'absence de tout litige devant une juridiction, d'homologuer une transaction, exécutoire de plein droit en vertu de l'article 2052 du Code civil ? En principe, non. Le Conseil d'État a néanmoins admis des exceptions (notamment pour les marchés publics) en définissant les conditions qui doivent être préalablement remplies (approbation par l'organe délibérant de la collectivité concernée, transmission au contrôle de légalité), la mission du juge (vérifier la licéité de la transaction et l'absence de libéralité de la part de la collectivité publique) et les conséquences d'un refus d'homologation : la nullité de la transaction[1]. La faculté de demander l'homologation a été admise au stade de la cassation[2].

c. *Le rapporteur public*

894. L'intervention du commissaire du Gouvernement a soulevé de nombreuses interrogations et frustrations. Son titre, maintenu par fidélité à la tradition, était une source constante d'ambiguïté en France comme à l'étranger. Le nouveau titre de rapporteur public qui a été donné à la fonction par le décret du 7 janvier 2009 a au moins le mérite de ne plus le faire apparaître comme un porte-parole de l'exécutif. Le Conseil d'État a théorisé cette fonction par un arrêt *Gervaise*[3] puis à nouveau par un arrêt Esclatine[4], lorsque la menace d'un arrêt défavorable de la CEDH s'est précisée : ce magistrat qui donne publiquement ses conclusions, lesquelles peuvent n'être qu'orales, en toute indépendance, participe à la fonction de juger, lors même qu'il est privé du droit de vote pour avoir fait connaître son point de vue. Dans plusieurs matières (permis de conduire, naturalisation, entrée, séjour des étrangers, taxes locales...), le rapporteur public peut désormais être dispensé de prononcer ses conclusions à l'audience (Décr. n° 2011-1950, 23 déc. 2011 : *JO* 27 déc. 2011, p. 22294). Les critiques faites à cette institution visaient : a) l'accès du commissaire aux travaux préalables de la formation de jugement, notamment du rapporteur; b) son assistance ou sa participation au délibéré, c) l'impossibilité de lui répliquer, l'instruction d'une affaire étant close lorsqu'il commence à donner ses conclusions. Par son arrêt *Kress c/ France* du 7 juin 2001, la CEDH, qui, contrairement à l'affaire *Reinhardt et Slimane Kaïd c/ France*[5] dans laquelle était en cause le rôle de l'avocat général devant la Cour de cassation, n'était pas saisie du premier point, a jugé que le principe de l'égalité des armes résultant du droit au procès équitable n'était pas méconnu par l'impossibilité de prendre la parole après le commissaire, dès lors qu'il était admis que toute partie pouvait présenter à la juridiction une note en délibéré, pouvant conduire dans certains cas à la radiation et au renvoi de l'affaire après réouverture de l'instruction. En revanche, se fondant sur la théorie de l'apparence, elle a décidé que la « participation » du commissaire au délibéré constituait une violation de l'article 6 de la Convention. Pour dissiper toute ambiguïté sur le terme « participation », elle a précisé, dans son arrêt *Slimane Kaïd c/ France*[6], puis dans un arrêt *Loyen*[7], que la « présence » du commissaire au délibéré du Conseil d'État était contraire à l'article 6 § 1.

1. CE, ass., 6 déc. 2002, *Synd. intercommunal des établissements de second cycle du second degré du district de L'Haÿ-les-Roses*, req. n° 249153, *Lebon* 433.
2. CE, ass., 11 juill. 2008, *Sté Krupp Hazemag*, req. n° 287354, *Lebon* 273.
3. CE 10 juill. 1957, *Lebon* 466.
4. CE 29 juill. 1998, *AJDA* 1999. 69, *Lebon* 320.
5. 31 mars 1998, *D.* 1999. 281.
6. N° 2 du 27 nov. 2003, req. n° 48943/99.
7. 5 juill. 2005, req. n° 55929/00.

On pouvait s'attendre à ce que le CJA soit modifié pour tenir compte de l'arrêt *Kress*. Mais, dans un premier temps, c'est la jurisprudence seule qui s'est chargée d'en tirer les conséquences. Ainsi est-il désormais exigé du juge qu'il prenne connaissance de la note en délibéré avant le prononcé de la décision; il est tenu de rouvrir l'instruction si la note contient soit un élément de fait dont l'auteur de la note n'était pas en mesure de faire état antérieurement et que le juge ne pourrait ignorer sans fonder sa décision sur des faits inexacts, soit une circonstance de droit nouvelle ou que le juge devrait relever d'office[1]. Dans le même ordre d'idées, il a été admis dans le contentieux de la reconduite à la frontière des étrangers en situation irrégulière et lorsqu'un mémoire est produit non seulement après la clôture de l'instruction, mais après audience, que le juge a toujours la faculté de tenir compte de ce mémoire, mais qu'il n'en a l'obligation que si le mémoire contient une circonstance de fait dont on ne pouvait faire état avant clôture de l'instruction écrite et que le juge ne peut ignorer sans fonder sa décision sur des faits inexacts ou une circonstance de droit nouvelle ou à relever d'office, à charge bien entendu pour le juge de rouvrir par tout moyen le débat contradictoire[2]. Puis, le CJA a été modifié[3] pour consacrer la possibilité pour les parties de déposer, après prononcé des conclusions, une note en délibéré (art. R. 731-5 nouveau). Enfin, la jurisprudence a étendu à toute production postérieure à la clôture de l'instruction les prescriptions énoncées par la décision *Leniau* pour la note en délibéré[4], avec obligation pour la juridiction de viser expressément cette note dans la décision rendue[5].

Mais par un arrêt *Martinie c/ France*[6], la CEDH a confirmé sa jurisprudence Kress : la seule présence du commissaire du Gouvernement au délibéré constitue une violation du droit au procès équitable. En conséquence, le CJA a été à nouveau modifié[7] : mais une distinction a été établie entre les juridictions de première instance et d'appel (le commissaire du Gouvernement ne peut plus assister au délibéré) et le Conseil d'État (le commissaire du Gouvernement assiste au délibéré sauf opposition d'une partie)... En même temps qu'il rebaptisait la fonction qui est désormais celle d'un rapporteur public, le décret du 7 janvier 2009 a prévu que les parties ont le droit de connaître à l'avance le sens des conclusions (CJA, art. R. 711-3), ce qui n'était qu'un simple usage lequel interdisait déjà au rapporteur public de changer d'avis sans les informer[8]. Aujourd'hui, l'entrave mise au droit d'accès des parties au sens des conclusions est de nature à vicier la procédure[9]. En revanche, la communication des éléments essentiels de la motivation du dispositif, si elle ressort bien de l'obligation de motivation posée par le code, n'est pas assortie d'une *sanction*[10]. Par ailleurs, les parties sont invitées à présenter de brèves observations après l'audition des conclusions et l'ordre des interventions est inversé, le rapporteur public parlant en premier, les parties lui répondant.

1. CE 12 juill. 2002, *Leniau*, req. n° 236125, *Lebon* 278.
2. CE 27 févr. 2004, *Préfet des Pyrénées orientales c/ Abounkhila*, req. n° 252988, *Lebon* 93.
3. Décr. n° 2005-1586, 19 déc. 2005.
4. CE 28 déc. 2005, *Ville de Dôle c/ Rigaud*, req. n° 264418, *Lebon* 1041.
5. CE 13 juill. 2012, *Latrasse*, req. n° 352116.
6. CEDH, gr. ch., 12 avr. 2006, req. n° 58675/00.
7. Décr. n° 2006-964 du 1er août 2006.
8. CE 5 mai 2006, *Mullerhof*, req. n° 259957, *Lebon* 232. Pour une application récente : CE 4 mai 2016, *Delay*.
9. CE 2 févr. 2011, *Mme Marchesini*, *AJDA* 2011. 743, concl. Lieber.
10. CE, sect., 21 juin 2013, *Communauté d'agglomération du pays de Martigues*, req. n° 352427.

La Cour de Strasbourg s'est récemment prononcée sur l'accès du rapporteur public aux travaux d'instruction réalisés en amont de l'audience par le rapporteur, comme, elle l'avait fait pour l'avocat général près de la Cour de cassation. Elle a admis que la communication du rapport au seul rapporteur public n'était pas contraire à la Convention européenne des droits de l'homme[1].

Il faut ajouter que le décret du 23 décembre 2011 détermine les matières dans lesquelles le rapporteur public peut désormais être dispensé de prononcer des conclusions à l'audience (art. 8) : permis de conduire; refus de concours de la force publique pour exécuter une décision de justice; naturalisation; entrée, séjour et éloignement des étrangers, à l'exception des expulsions; taxe d'habitation et taxe foncière sur les propriétés bâties afférentes aux locaux d'habitation et à usage professionnel au sens de l'article 1496 du CGI ainsi que contribution à l'audiovisuel public; aide personnalisée au logement; carte de stationnement pour personne handicapée.

2. Le jugement

a. Délai raisonnable de jugement

895. L'exigence du délai raisonnable inhérente au procès équitable a valu à la France de fréquentes condamnations devant la CEDH, mais aussi devant les juridictions nationales[2] expressément invitées par la Cour sur la base de l'article 13 de la Convention à sanctionner elles-mêmes les délais déraisonnables, y compris lorsqu'ils pénalisent le défendeur ou une collectivité publique[3]. L'appréciation du caractère raisonnable du jugement s'effectue à la fois de manière globale et au stade de chaque instance de la procédure[4]. Dans l'appréciation du caractère raisonnable de la durée globale d'une procédure, il doit être tenu compte de la durée excessive d'un recours administratif préalable obligatoire[5].

Pour des raisons de bonne administration de la justice, l'appréciation de ces questions est désormais réservée au Conseil d'État statuant en premier et dernier ressort[6].

b. Laconisme du jugement

896. Depuis l'origine, le juge administratif cultive la concision, non sans une certaine coquetterie qui veut encore qu'un jugement ou un arrêt ne se compose que d'une seule phrase ouverte par « Vu » (la requête) et se terminant par « Décide » (le dispositif). En revanche, il a abandonné la rédaction selon des « considérants », à l'exception d'un « considérant ce qui suit » qui ouvre les motifs. Rares sont les juridictions qui se sont affranchies de cet usage... Qui plus est, ce juge sait aussi cultiver l'implicite, au risque de réserver à de rares initiés la compréhension immédiate d'un arrêt de principe : exemplaire à cet égard est la rédaction de l'arrêt *Nicolo*[7] par lequel, quatorze ans après la Cour de cassation, le Conseil d'État admet, dans une phrase apparemment anodine, la supériorité du traité international sur la loi postérieure. Toutefois et c'est là le problème, cette recherche de la concision allait de pair avec ce qu'on appelle encore l'économie

---

1. CEDH 4 juin 2013, *Marc-Antoine*, req. n° 54984/09.
2. CE, ass., 28 juin 2002, *Min. de la Justice c/ Magiera*, req. n° 239575, *Lebon* 247.
3. CE 17 juill. 2009, *Ville de Brest*, req. n° 295653, *Lebon* 286.
4. CE 6 mars 2009, M. *et* M*me* *Le Helloco*, *RFDA* 2009. 546, concl. R. Keller et 551, note B. Delaunay.
5. CE 6 avr. 2016, *Société Stud'Arts*, req. n° 374489.
6. CJA, art. 311-1-7° issu du décr. n° 2005-911 du 28 juill. 2005.
7. CE, ass., 20 oct. 1989, *Lebon* 190, concl. Frydman, *RFDA* 1989. 771.

de moyens : il faut entendre par là une méthode de rédaction, plus que de raisonnement, consistant, en particulier dans le contentieux de légalité et lorsqu'une décision semble vouée à l'annulation pour plus d'un motif, à n'en faire apparaître qu'un seul — souvent de procédure — dans la décision, sous le célèbre chapeau « sans qu'il soit besoin d'examiner les autres moyens de la requête », notamment les moyens de fond. Cette méthode présente toutefois l'inconvénient de laisser l'Administration et l'administré dans la plus parfaite ignorance de ce qu'a pensé le juge des « autres moyens » et d'exposer les deux parties au risque d'annulation d'une nouvelle décision pour un motif soulevé dans le premier litige mais dont le juge s'était dispensé de relever le bien-fondé.

Ce risque a fini par paraître excessif, notamment en matière d'urbanisme et de décisions d'occupation du sol, telles que les permis de construire, fréquemment contestés par les tiers avec une grande richesse de moyens de procédure comme de fond. Le législateur est ainsi intervenu[1] pour exiger du juge qu'il se prononce expressément sur tous les moyens, pas seulement l'un d'eux, susceptibles de conduire soit à l'annulation soit à la suspension de la décision d'occupation du sol. Mais la jurisprudence a atténué la rigueur de cette exigence : l'absence du visa de l'article L. 600-4-1 n'est pas un motif d'irrégularité; qui plus est, l'absence de mention dans les motifs du jugement, des moyens autres que ceux retenus pour annuler ou suspendre un acte d'urbanisme n'entache pas davantage la régularité du jugement : le juge est réputé les avoir implicitement écartés[2]. On signalera qu'au stade de l'appel, cette exigence est interprétée[3] différemment selon que le juge confirme ou infirme le ou les motifs retenus par le premier juge : dans le premier cas, le juge d'appel peut se dispenser de réexaminer les autres moyens de première instance; dans le second cas, il devra les examiner et faire apparaître dans son arrêt le résultat auquel il parvient. Au nom de la sécurité juridique, on ne peut qu'approuver cette initiative du législateur. C'est conscient des forces et des faiblesses du laconisme décisionnel que le Conseil d'État a entrepris un travail approfondi de réflexion sur la rédaction des décisions de justice ayant donné lieu au rapport Martin rendu public en avril 2012 et dont la première application — certes symbolique — a été la numérotation des considérants de ses arrêts. On notera, dans un ordre d'idées voisin, que le Conseil d'État a jugé opérant, à l'égard d'un décret, le moyen tiré de la violation de l'objectif constitutionnel de clarté et d'intelligibilité de la norme[4].

c. *Portée du jugement*

897. ***Principe de l'effet rétroactif de l'annulation contentieuse.*** En toute rigueur, l'annulation d'un acte réglementaire impliquait la disparition rétroactive de celui-ci, réputé n'avoir jamais existé[5]. D'où des situations inextricables dont l'Administration, notamment dans le contentieux de la fonction publique, ne pouvait sortir qu'au prix de reconstitutions fictives et hasardeuses ou, en désespoir de cause, de validations législatives[6].

1. Art. 37 de la loi *Solidarité et renouvellement urbains* n° 2000-1208 du 13 déc. 2000, repris à l'art. L. 600-4-1 C. urb.
2. CE 8 avr. 2009, *Cne de Banon*, req. n° 307515, *Lebon* 156.
3. CE, sect., 28 mai 2001, *Cne de Bohars*, req. n° 218374, *Lebon* 249.
4. CE 8 juill. 2005, *Féd. des synd. gén. de l'Éducation nat. et de la recherche publique*, req. n° 266900, *Lebon* 708.
5. CE 26 déc. 1925, *Rodière*, *Lebon* 1065.
6. Sur un cas discuté en doctrine, v. Cons. const. 24 févr. 2012, n° 2011-224 QPC, *Coordination pour la sauvegarde du bois de Boulogne*.

898. ***Dérogation : modulation des effets de l'annulation dans le temps.*** Au même moment, d'autres juridictions, en particulier la Cour de justice des communautés européennes, se sont autorisées à limiter — avec parcimonie — les effets de leurs arrêts, non seulement dans le contentieux de l'annulation, mais aussi dans les actions en manquement et le contentieux de l'interprétation[1]. Finalement, après quelques avancées ponctuelles[2], le Conseil d'État a franchi le Rubicon : désormais, le juge administratif, lorsque l'effet rétroactif de l'annulation risque d'emporter des conséquences manifestement excessives du point de vue de la sécurité juridique, peut, moyennant le respect du contradictoire et à titre exceptionnel, limiter les effets dans le passé d'une décision d'annulation et même déterminer une date ultérieure à laquelle prendra effet l'annulation[3].

La solution a été mise en œuvre dans un cas où l'annulation de l'acte attaqué aurait eu comme effet, non de créer un vide juridique, comme dans l'arrêt *Association AC !*, mais de faire revivre une situation et des règles heurtant frontalement le droit communautaire en matière de concurrence[4]; également dans un cas[5] où l'annulation de la nomination de membres du Conseil supérieur de la fonction publique de l'État risquait d'entraîner des conséquences excessives; dans le cas d'annulation du décret de nomination d'un procureur de la République[6]; en cas d'annulation d'une décision du Conseil supérieur de l'audiovisuel autorisant un service de télévision[7]; dans le cas de l'annulation du décret prévoyant la création de pôles de l'instruction, en raison du risque de nullité des actes pris par les juges affectés dans ces pôles[8].

On rappelle ici que le juge s'est également reconnu le droit de limiter les effets de ses changements de jurisprudence[9].

En d'autres termes, le juge administratif a désormais le choix entre une pluralité de techniques : annulation pure et simple avec son plein effet rétroactif qui reste le principe[10], annulation partielle, annulation assortie d'un délai de grâce accordé à l'Administration pour régulariser la situation, annulation non rétroactive ou partiellement rétroactive. À quoi s'ajoutent, le cas échéant, des injonctions d'agir dans un sens déterminé.

Des limites sont toutefois imposées par la Cour de justice au juge national dans l'usage de son pouvoir de modulation dans le temps des effets d'une annulation, s'agissant de dispositions jugées contraires au droit de l'Union européenne[11].

d. Exécution du jugement

899. Toute personne peut demander au juge qui a statué de veiller à l'exécution de sa décision; en cas d'appel, la demande d'exécution est adressée à la juri-

---

1. CJCE 8 avr. 1976, *Defrenne c/ Sabena*, aff. 43/75.
2. CE, ass., 29 juin 2001, *Vassilikiotis*, *Lebon* 303, décision par laquelle, après avoir annulé un acte réglementaire, le juge édicte à l'intention de l'Administration des obligations transitoires en attendant une nouvelle réglementation.
3. CE, ass., 16 mai 2004, *Assoc. AC ! et a.*, req. n°s 255886 s., *Lebon* 197.
4. CE, sect., 25 févr. 2005, *France Télécom*, req. n° 247866, *Lebon* 86.
5. CE 21 déc. 2006, Union synd. solidaires Fonctions publiques, req. n° 287812, *Lebon* 576.
6. CE 12 déc. 2007, *Sire*, req. n° 296072, *Lebon* 471, *JCP* 2008. Actu. 14.
7. CE 5 mars 2008, *Stés NRJ 12 et TF1*, req. n° 281451 et 286273, *Lebon* 79.
8. CE 19 déc. 2008, *Mme Kierzkowski-Chatal*, req. n° 312553, *Lebon* 467.
9. *Sté Tropic Travaux Signalisation*, préc.; CE 6 juin 2008, *Conseil départemental de l'ordre des chirurgiens-dentistes de Paris c/ Banon*, req. n° 283141, *Lebon* 204.
10. CE 12 oct. 2005, *Placoplâtre*, req. n° 277300, *Lebon* 1032.
11. CE, 3 nov. 2016, req. n° 360212, *France nature environnement*.

diction d'appel. Ce pouvoir d'exécution se heurte toutefois à une limite : que le litige résultant de l'inexécution soit bien le même que celui sur lequel la juridiction a statué. Dès qu'il apparaît qu'il peut s'agir d'un litige distinct, bien qu'étroitement lié au litige d'origine, le juge de l'exécution sera tenté de renvoyer l'administré devant le juge du fond : une telle situation est fréquente dans les litiges de fonction publique comportant obligation de réintégrer un agent licencié à tort, lorsque la collectivité publique réintègre l'agent mais dans des conditions telles qu'on peut s'interroger sur la réalité de la réintégration. Un autre exemple de la limite du pouvoir d'injonction a été donné par la décision *M. et Mme Bour*[1] rendue en matière de préemption : après avoir annulé une décision de préemption urbaine prise par une commune, le juge, saisi par l'acquéreur évincé d'une demande d'exécution, recherchera d'abord si la collectivité fautive a revendu le bien préempté; si tel est le cas, il ne pourra que rejeter, comme se rattachant à un litige distinct, les conclusions tendant à la remise en cause de la revente; si la revente n'a pas eu lieu, le juge ordonnera à la collectivité d'arrêter toute démarche tendant à la revente et de proposer le bien préempté à l'acquéreur évincé. Point de timidité en revanche pour reconnaître la compétence du juge administratif et enjoindre à un maire, sur le fondement de l'article L. 521-3 du CJA (référé « toutes mesures utiles »), de faire usage du pouvoir qu'il tient des articles L. 480-1 et 2 du Code de l'urbanisme pour faire constater par procès-verbal (qui a le caractère d'un acte de procédure pénale) une infraction aux règles d'urbanisme et en transmettre copie au procureur de la République[2]. Point de timidité non plus pour enjoindre au pouvoir réglementaire de prendre dans un délai de six mois, sous peine d'astreinte de 1 500 euros par jour de retard, les mesures d'application de la loi du 27 janvier 2002 de modernisation sociale[3]. Dans le même ordre d'idées, le Conseil d'État a précisé l'étendue des pouvoirs conférés au préfet par l'article 1er de la loi du 16 juillet 1980, pour faire exécuter une décision juridictionnelle passée en force de chose jugée condamnant une collectivité publique au paiement d'une somme d'argent[4].

900. ***Injonctions.*** En revanche, il s'est refusé à reconnaître au juge administratif le pouvoir d'adresser à l'Administration des injonctions de faire ou de ne pas faire, faisant de cette interdiction une règle d'ordre public[5]. Cette jurisprudence reposait sur une conception extensive du principe de séparation des pouvoirs : le juge ne doit pas se faire administrateur; or adresser une injonction, c'est se substituer à l'Administration. Elle tolérait un faible nombre d'exceptions : pour la protection du domaine public[6]; en matière d'installations classées[7]; en matière de marchés et par voie de référé (CJA, art. L. 551-1 et 2).

La situation s'est modifiée en profondeur :

Pour ce qui est du contenu même des jugements et arrêts, la loi du 8 février 1995 a donné au juge, sous réserve qu'il soit saisi de conclusions en ce sens et lorsque la décision qu'il s'apprête à rendre implique nécessairement soit que l'Administration (ou même une personne privée chargée de la gestion d'un service public) prenne une mesure d'exécution dans un sens déterminé, soit qu'elle

1. CE, sect., 26 févr. 2003, req. n° 231558, *Lebon* 59.
2. CE 6 févr. 2004, *Masier*, req. n° 256719, *Lebon* 45.
3. CE 27 juill. 2005, *Synd. nat. des pharmaciens hospitaliers et praticiens hospitaliers universitaires*, req. n° 270327, *Lebon* 722.
4. CE 22 avr. 2005, *S^té^ fermière de Campoloro et a.*, req. n° 271898.
5. CE 17 avr. 1963, *Faderne, Lebon* 224.
6. CE 22 mars 1961, *Ville de Charleville, Lebon* 204.
7. CE 15 déc. 1989, *Spechinor, Lebon* 254.

prenne à nouveau une décision après nouvelle instruction, le pouvoir d'adresser une injonction, assortie le cas échéant d'astreinte, à l'Administration à l'un ou l'autre de ces effets (CJA, art. L. 911-1, 2 et 3). La difficulté est de savoir ce qu'implique « nécessairement » une décision, surtout d'annulation d'un refus, en particulier dans le contentieux des étrangers[1] : délivrance du titre demandé ou réexamen de la situation du demandeur ? Le pouvoir d'injonction dont dispose l'Administration est encadré : la mesure qu'il peut prescrire doit être nécessairement guidée par la décision juridictionnelle rendue[2].

On notera qu'à la différence de ce qui était admis pour le sursis et qui l'est encore pour le nouveau référé-suspension, on a pu considérer dans un premier temps que le juge, lorsque les conditions exigées par la loi étaient réunies, ne pouvait s'abstenir de prononcer l'injonction nécessairement impliquée par sa décision pour des motifs d'opportunité ou d'intérêt général[3]; mais cette solution a été pour le moins nuancée à l'occasion d'un litige dans lequel les juges du fond avaient annulé une autorisation de construire une ligne électrique mais refusé, au stade de l'exécution, d'en ordonner la destruction. Dans sa décision *Syndicat départemental de l'électricité et du gaz des Alpes Maritimes*[4], le Conseil d'État a prescrit au juge de l'exécution, en pareille hypothèse, de rechercher si une régularisation appropriée est possible et dans la négative, d'apprécier en rapprochant les intérêts en présence si la démolition n'entraîne pas une atteinte excessive à l'intérêt général.

e. Contestation du jugement

901. ***Appel.*** L'encombrement des cours administratives a conduit le pouvoir réglementaire[5] d'une part à supprimer cette voie de recours dans les matières où le jugement de première instance peut être rendu par un juge unique, même s'il a été rendu par une formation collégiale (CJA, art. R. 222-13), réserve étant faite du contentieux du permis de conduire, ce qui couvre un assez vaste domaine : entre autres, la situation individuelle des agents publics (sauf l'entrée au service, la discipline et la sortie du service), les pensions, la communication de documents administratifs, les impositions locales (sauf la taxe professionnelle), les actions indemnitaires sauf (CJA, art. R. 222-14) si la demande initiale, mesurée hors intérêts et frais irrépétibles, porte sur une somme excédant 8 000 euros, portée à 10 000 euros par un décret du 23 décembre 2006. On signalera que le périmètre des jugements qui désormais ne sont plus susceptibles que d'un pourvoi en cassation, est un peu plus étroit que le périmètre de compétence du juge unique : l'appel demeure en effet possible pour les jugements rendus en matière de fonction publique et de pensions si la demande au premier juge tendait au versement d'une somme supérieure à 8 000 (aujourd'hui 10 000) euros. On signalera qu'une requête indemnitaire non chiffrée ne peut être regardée comme tendant au versement d'une somme supérieure à ce seuil, sauf dans le cas où le requérant a sollicité une expertise pour déterminer l'étendue de son préjudice et par conséquent de son droit à réparation[6].

D'autre part, le même décret a rendu obligatoire la présentation de l'appel par ministère d'avocat (art. 10 modifiant l'art. R. 811-7 du CJA) sauf deux excep-

1. CE, sect., 22 févr. 2002, *Dieng*, req. n° 224496, *Lebon* 54.
2. CE 20 juin 2012, *GISTI*.
3. CE, sect. avis, 30 nov. 1998, *Berrad*, req. n° 188350, *Lebon* 451.
4. CE, sect., 29 janv. 2003, req. n° 245239, *Lebon* 21.
5. Art. 11 du décr. n° 2003-543 du 24 juin 2003 modifiant l'art. R. 811-1 CJA.
6. CE, sect., 5 mai 2006, *Bisson*, req. n° 280223, *Lebon* 231.

tions : les requêtes dirigées contre les jugements statuant sur les recours pour excès de pouvoir formés quant à leur situation personnelle par les agents publics et les litiges en matière de contravention de grande voirie. Cette règle vaut aussi pour les mémoires en défense, mais on rappelle que l'État, appelant ou intimé, est dispensé d'avocat (CJA, R. 811-10).

Ces mesures portent leurs fruits : en 2010, les 8 cours administratives d'appel ont jugé près de 29 000 affaires et le délai moyen de jugement est d'un an et quatre mois. On notera qu'un traitement privilégié est réservé à l'Administration dans l'introduction et l'instruction du litige. Est ainsi critiqué au regard du pacte de New York comme de la Convention européenne des droits de l'homme — mais vainement[1] — le délai de quatre mois ouvert au ministre pour faire appel des jugements favorables aux contribuables, alors que ces derniers ne disposent que du délai de droit commun de deux mois.

902. ***Cassation.*** On se bornera ici à deux remarques. D'une part, un pourvoi en cassation, qui requiert l'intervention d'un avocat aux Conseils, à deux exceptions mineures près, n'est mis à l'instruction qu'après admission préalable (CJA, art. L. 822-1). D'autre part, lorsque le Conseil d'État casse un arrêt, il a la faculté de régler lui-même l'affaire au fond comme juge d'appel et ce, sans rouvrir l'instruction, comme c'est la règle en cas de renvoi (CJA, art. L. 821-2) restreignant ainsi sérieusement la possibilité pour les parties d'ajuster devant le juge de renvoi leur argumentation et d'en débattre contradictoirement en fonction de la décision du juge de cassation.

B. Les procédures spéciales

1. Les procédures de référé

a. Consécration législative de l'urgence

903. L'administré aux prises avec le temps peut accélérer le cours de la justice administrative en saisissant le juge d'une procédure de référé, voie de droit accélérée et s'exerçant parallèlement à un recours au fond. Cette procédure permet d'obtenir le prononcé par le juge de mesures provisoires. Jusqu'en 2000, il existait certes des procédures de sursis à exécution des décisions administratives subordonnées dans l'une des trois hypothèses prévues par la loi à deux conditions, l'existence de moyens de nature à entraîner l'annulation de la décision attaquée et le risque (démontré) que l'exécution de la décision entraîne un préjudice difficilement réparable. Cependant, les juridictions administratives, à l'exemple du Conseil d'État, en avaient fait un usage restrictif : ainsi elles renvoyaient fréquemment l'examen du sursis à l'examen du fond, répugnaient à prononcer le sursis à exécution d'une décision de rejet[2], assimilaient moyen de nature à entraîner l'annulation d'une décision et moyen fondé, se refusaient quasi systématiquement à qualifier un préjudice réparable en argent de préjudice difficilement réparable, s'autorisaient à ne pas prononcer le sursis, les conditions en fussent-elles réunies[3] et enfin se refusaient, hormis dans certaines situations très limitées, à adresser des injonctions à l'Administration. Cette situation pouvait d'autant moins perdurer que le Conseil constitutionnel faisait du sursis à exécution une garantie essentielle des droits de la défense[4].

1. CE 3 juin 1991, *Bernstein, RJF* 1991. 8/9. 1141; 29 sept. 2000, *Le Diberder, RJF* 2000. 12. 1457.
2. CE, ass., 23 janv. 1970, *Amoros, Lebon* 51.
3. CE, ass., 13 févr. 1976, *Assoc. de sauvegarde du quartier Notre-Dame, Lebon* 100.
4. Cons. const. 23 janv. 1987, n° 86-224 DC, *Conseil de la concurrence,* Rec. Cons. const. 8.

La persistance de cet état de fait a conduit le législateur, sur initiative du Conseil d'État lui-même, à définir un authentique régime de l'urgence, confié pour l'essentiel aux tribunaux de première instance, comportant trois procédures de référé (suspension, injonction et conservatoire) susceptibles d'offrir aux administrés des garanties équivalentes à celles procurées par le référé civil. Ce dispositif, issu de la loi du 30 juin 2000, est aujourd'hui codifié aux articles L. 511-1 à L. 523-1 du CJA. Il est entré en vigueur le 1er janvier 2001.

La procédure propre à ces nouveaux référés se distingue radicalement de la procédure de droit commun devant le juge administratif : l'oralité y prend — enfin — une large place, sous la seule réserve que la demande ne soit pas rejetée par ordonnance au stade du « tri » qu'autorise l'article L. 522-3 du CJA; mais si le juge a entamé la procédure contradictoire et fixé une date d'audience, il ne peut plus revenir en arrière et rejeter la demande par ordonnance et sans audience[1]; le juge du référé est un juge statuant seul, sans rapporteur public sauf lorsque la nature ou la difficulté de l'affaire justifie un renvoi devant une formation collégiale; les voies de recours s'exercent uniquement devant le Conseil d'État, statuant comme juge d'appel (référé-liberté) ou comme juge de cassation (référé-suspension et référé conservatoire). On notera que si les cours d'appel sont exclues en tant que telles de ce dispositif, il est parfaitement possible dans le cadre d'un litige pendant devant une cour et lorsque l'urgence apparaît à ce stade, de demander une suspension ou une mesure conservatoire[2] au juge des référés de la cour qui statuera, dans cette hypothèse, comme premier juge. C'est déjà le cas pour les litiges fiscaux.

Autre trait distinctif des nouveaux référés, tout du moins du référé-liberté : le juge y dispose d'un pouvoir d'injonction qui ne connaît pas d'autre limite que ce qui est nécessaire pour mettre fin à une atteinte grave et manifestement illégale portée par l'Administration à une liberté fondamentale, alors que ce pouvoir ne s'exerce, hors référés, que dans les seules hypothèses prévues par la loi. Le référé-suspension peut également déboucher sur une injonction, en particulier lorsqu'est suspendue une décision de refus de titre ou d'autorisation, le juge pouvant enjoindre à l'Administration de statuer à nouveau et à bref délai sur la demande dont elle a été saisie.

On notera cependant que, pour des raisons tenant à la fois à la rédaction du texte et à l'intention du législateur, le juge du référé, même lorsque les conditions de la suspension sont remplies, est libre d'apprécier — à titre il est vrai exceptionnel — s'il convient de ne pas l'ordonner[3].

Les constatations qu'on peut faire après dix années d'application sont positives pour ce qui est de l'équilibre entrées-sorties et des délais. La réforme a trouvé son équilibre. Le large développement des référés nouveaux n'a pas compromis les efforts de réduction des délais de jugement qui, il n'y a pas si longtemps, excédaient en certaines matières et dans certains tribunaux cinq ans, sachant que ces délais ne retraçaient que la phase juridictionnelle d'un litige parfois vieux des deux ou trois ans qu'il aura fallu à l'Administration pour répondre à la réclamation préalable.

b. Appréciation jurisprudentielle de l'urgence

904. Quant au fond, la grande question était celle de la définition de l'urgence, à défaut de laquelle les référés sont voués à l'échec. La centralisation

1. CE, sect., 26 févr. 2003, *Sté Les Belles Demeures du Cap Ferrat*, req. n° 249264, *Lebon* 65.
2. Mais non un référé-liberté, CE 29 mars 2002, *M. Bonny*, req. n° 244523, *Lebon* 119.
3. CE 15 juin 2001, *Sté Robert Nioche*, req. n° 230637, *Lebon* 1120.

des voies de recours au Conseil d'État a permis de dégager rapidement[1] une définition : lorsqu'il s'agit d'obtenir la suspension d'une décision administrative, il y a urgence lorsque l'exécution d'un acte administratif porte atteinte de manière suffisamment grave et immédiate à un intérêt public, à la situation du requérant ou aux intérêts qu'il entend défendre; le juge doit apprécier concrètement, compte tenu des justifications fournies par le requérant, si les effets de l'acte litigieux sont de nature à caractériser une urgence justifiant que sans attendre le jugement au fond, l'exécution de la décision soit suspendue; également, l'urgence s'appréciant objectivement et compte tenu de l'ensemble des circonstances de chaque cas, le juge doit faire apparaître dans sa décision tous les éléments qui l'ont conduit, face à l'argumentation des parties, à estimer que la suspension demandée revêtait un caractère d'urgence. Bref, le juge doit peser les intérêts en présence et ne peut se contenter d'une perception unilatérale de l'urgence. Ce qui n'exclut pas l'existence de situations dans lesquelles l'urgence sera présumée (refus de renouveler un titre de séjour par exemple). Récemment, le Conseil d'État a pu juger qu'il y avait urgence dans l'hypothèse d'un texte réglementaire qui expose les pilotes maritimes à un risque financier et porte atteinte aux intérêts de la profession dont le syndicat requérant assure la défense[2]. De même, il y a urgence à suspendre une décision s'opposant à l'installation d'une antenne-relais[3].

Juge de cassation des ordonnances de référé-suspension des premiers juges, le Conseil d'État a précisé les limites inhérentes à l'office du juge des référés. Ainsi, un moyen tiré de l'inconventionnalité d'une disposition législative ne peut pas entraîner la suspension d'un acte pris sur son fondement, sauf si cette inconventionnalité est certaine[4]. Mais l'application du droit communautaire ne souffre pas la même restriction[5].

En revanche, estimant que le juge des référés est d'abord un juge de la vraisemblance, à défaut de l'évidence, il exerce sur leurs décisions un contrôle plus léger que sur les jugements rendus au fond[6], allant jusqu'à admettre qu'un juge ne commet pas d'erreur de droit en constatant un doute sérieux au vu du moyen tiré de ce qu'un maire ne peut pas se fonder sur l'article L. 111-6 du Code de l'urbanisme pour refuser le raccordement d'une caravane au réseau électrique[7] et qu'un autre juge n'en commet pas davantage en écartant tout doute sérieux face au même moyen[8].

S'agissant du référé-liberté, le demandeur doit établir que l'Administration a porté, dans l'exercice de ses pouvoirs (cette précision pour ménager la compétence judiciaire en cas de voie de fait) une atteinte grave et manifestement illégale à une « liberté fondamentale ». D'ores et déjà, il apparaît que les seuils de gravité et d'illégalité manifeste sont élevés : plus encore que le juge de la suspension, le juge du référé-liberté est le juge de l'évidence. On signalera que relève de l'évidence la suspension d'un arrêté d'expulsion visant un étranger qui avait obtenu de la Cour européenne des droits de l'homme une décision sur le fondement de l'article 39 de son règlement indiquant qu'il convenait que la France

1. CE, sect., 19 janv. 2001, *Conféd. des radios libres*, req. n° 228815, *Lebon* 28; CE, sect., 28 févr. 2001, *Préfet des Alpes-Maritimes*, req. n° 229563, *Lebon* 109.
2. CE 28 déc. 2010, *Fédération française des syndicats professionnels de pilote maritime*, req. n° 344754.
3. CE 2 mars 2013, *Sté Orange France*.
4. CE 30 déc. 2002, *Ministre c/ Carminati*, req. n° 240340, *Lebon* 510.
5. CE 3 mars 2004, *Sté Ploudalmézeau*, req. n° 259001, *Lebon* 123.
6. CE 22 nov. 2002, *Communauté d'agglomération de Saint-Étienne*, req. n° 244727, *Lebon* 421.
7. CE 12 déc. 2003, *Cancy*, req. n° 257794.
8. CE 5 avr. 2004, *Cne de Pertuis*, req. n° 261009, *Lebon* 156.

n'exécute pas la mesure pendant la durée de la procédure[1]. Quant au concept de liberté fondamentale, il prend corps d'un savant syncrétisme de droit constitutionnel, de droit conventionnel et de principes généraux du droit[2]. Quelques exemples : constituent des libertés fondamentales « au sens de » la présomption d'innocence[3]; la liberté d'aller et venir[4]; la libre administration des collectivités territoriales[5]; le droit de se marier[6]; le droit de grève[7]; le droit de propriété[8]; la liberté de culte[9]; le droit de solliciter le statut de réfugié, corollaire du droit d'asile[10]; le droit à la vie[11]. Au travers du référé-liberté, le juge administratif rend parfois des décisions de grande importance telle l'affaire *Dieudonné* dans laquelle le Conseil d'État admet qu'il est possible à l'autorité de police administrative d'interdire l'organisation d'un spectacle dans lequel devaient être tenus des propos portant atteinte à la dignité de la personne humaine[12].

Le référé-conservatoire ou « toutes mesures utiles » de l'article L. 521-3 du CJA a trouvé un terrain d'élection dans les demandes d'expulsion du domaine public. Outre l'urgence, l'utilité et l'interdiction de faire obstacle à l'exécution d'une décision administrative qui résultent expressément du texte, une autre condition est exigée pour le prononcé d'une mesure d'expulsion : qu'elle ne se heurte à aucune contestation sérieuse et le juge du référé doit, à cet effet, examiner la nature et la pertinence des moyens soulevés contre la décision d'expulsion[13]. Le référé « mesures utiles » ne peut être utilisé pour obtenir la communication d'un document administratif utile à la solution d'un litige dans le cas où un recours au fond a déjà été formé[14].

2. La procédure de la question prioritaire de constitutionnalité

905. Jusqu'au 1er mars 2010, il n'appartenait pas au juge administratif d'apprécier la conformité d'un texte législatif aux dispositions constitutionnelles en vigueur à la date de sa promulgation, il lui revenait néanmoins, depuis l'arrêt *Ministre des Affaires sociales, du Travail et de la Solidarité*[15], de constater l'abrogation, fût-elle implicite, de dispositions législatives qui découle de ce que leur contenu est inconciliable avec un texte qui leur est postérieur, que celui-ci ait valeur législative ou constitutionnelle.

Cependant c'est une vraie révolution qui s'est produite avec l'entrée en vigueur le 1er mars 2010 de la question prioritaire de constitutionnalité[16] (QPC). Tout justiciable peut remettre en cause la constitutionnalité d'une loi qui lui est appli-

1. CE 30 juin 2009, *Ministre c/ M. B.*, req. n° 328879, *Lebon* 240.
2. CE, ass., 30 oct. 2001, *Mme Tliba*, req. n° 238211, *Lebon* 523, *AJDA* 2001. 1054, concl. Mme de Silva, *RFDA* 2002. 2.
3. CE 14 mars 2005, *M. Gollnisch*, req. n° 278435, *Lebon* 103.
4. CE 9 janv. 2001, *Deperthes*, req. n° 228928.
5. CE, sect., 18 janv. 2001, *Commune de Venelles*, req. n° 229247, *Lebon* 18.
6. CE 13 janv. 2003, *Bena*, req. n° 253216, *Lebon T.* 928.
7. CE 9 déc. 2003, *Aiguillon*, req. n° 262186, *Lebon* 497.
8. CE 2 juill. 2003, *Sté Outremer Finance*, req. n° 254536, *Lebon* 706.
9. CE 25 août 2005, *Cne de Massat*, req. n° 284307, *Lebon* 307.
10. CE 17 sept. 2009, *Ministre de l'immigration c/ Mlle Salah*, req. n° 331950, *Lebon* 354.
11. CE, sect., 16 nov. 2011, *Ville de Paris*.
12. CE, ord., 9 janv. 2014, *Min. Intérieur c/ Sté Les Productions de la Plume et Dieudonné M'Bala M'Bala*, req. n° 374508; CE 6 févr. 2015, *Cne de Cournon d'Auvergne*, req. n° 387726.
13. CE, sect., 16 mai 2003, *SARL Icomatex*, req. n° 249880, *Lebon* 229.
14. CE 20 févr. 2012, *Valéry*.
15. CE, ass., 16 déc. 2005, req. n° 259584 et 259753, *Lebon* 570.
16. Art. 61-1 de la Constitution résultant de la loi constitutionnelle du 23 juill. 2008 et loi organique du 13 déc. 2009 prise pour son application; CJA, art. R. 771-3 s.

quée en tant qu'elle porterait atteinte aux droits et libertés que la Constitution garantit et la juridiction saisie doit sous certaines conditions transmettre la question au Conseil d'État ou à la Cour de cassation qui jouent le rôle de filtre à l'égard du Conseil constitutionnel à qui revient le dernier mot.

D'après un bilan établi en avril 2015 par le Conseil constitutionnel, depuis l'entrée en vigueur de la question prioritaire de constitutionnalité (QPC), le 1er mars 2010, le Conseil d'État et la Cour de cassation ont saisi le Conseil constitutionnel de 465 QPC, soit respectivement 207 décisions de renvoi du Conseil d'État et 258 décisions de renvoi de la Cour de cassation. Depuis le 1er mars 2010, le Conseil constitutionnel a rendu 395 décisions. Ces décisions se répartissent ainsi : 56,2 % de décisions de conformité, 14,1 % de conformité sous réserve, 14,6 % de non-conformité totale, 9,3 % de non-conformité partielle, 4,5 % de non-lieu et 1,3 % relatives à des aspects de procédure. Pour rappel, la QPC est le droit reconnu à toute personne qui est partie à un procès ou une instance de soutenir qu'une disposition législative porte atteinte aux droits et libertés que la Constitution garantit.

Des précisions importantes ont déjà été apportées. Une QPC peut être soulevée devant le juge du référé saisi sur le fondement tant de l'article L. 521-1 que de l'article L. 521-2. En ce qui concerne la notion de « disposition applicable au litige », il a été jugé, dans le contentieux de la « décristallisation » des pensions des anciens combattants originaires des territoires autrefois placés sous la souveraineté française, que tel était le cas d'une disposition ouvrant un droit dont le requérant n'avait pu bénéficier, en violation selon lui du principe d'égalité. En revanche, une loi autorisant la ratification d'un traité et dont c'est le seul objet n'est pas une disposition applicable au litige au sens des textes régissant la QPC. Enfin, une question préjudicielle posée par la Cour de cassation a permis à la CJUE de préciser les conditions dans lesquelles la législation relative à la QPC est compatible avec le droit de l'Union après que le Conseil constitutionnel et le Conseil d'État se furent eux-mêmes prononcés sur cette délicate question[1].

*

* *

906. Tout en apportant des solutions efficaces au problème des délais, la justice administrative a subi ces dernières années des transformations profondes et positives dans sa composition, dans ses pouvoirs, dans ses règles de procédure. Là où s'appliquait la rigueur (anéantissement rétroactif de l'acte annulé, impossibilité de substituer devant le juge une base légale ou un motif corrects à la base et au motif initialement retenus, refus de surseoir à l'exécution d'une décision négative ou de refus), une souplesse a été introduite. On ne peut qu'être frappé par les convergences soit avec le procès civil (les nouveaux pouvoirs du juge des référés qui le placent sur un pied d'égalité avec le juge judiciaire, juge de la voie de fait) soit avec le procès pénal (séparation des fonctions de poursuites et de jugement). Mais ce mouvement d'uniformisation par rapport à des standards européens, même s'il n'est pas achevé, n'a pas affecté le cœur de la spécificité du procès administratif : l'Administration, les personnes morales de droit public

1. CJUE 22 juin 2010, *Melki*, aff. C-188/10; Cons. const. 12 mai 2010, n° 2010-605 DC; CE 14 mai 2010, *M. R*, req. n° 312305.

d'une manière générale, en raison même de leurs missions et de leurs obligations ne sont toujours pas une partie comme les autres.

Bibliographie indicative

- C. Barray et P.-X. Boyer, *Contentieux administratif*, Flammarion, 2015.
- J.-C. Bonichot, P. Cassia et B. Poujade, *Les grands arrêts du contentieux administratif*, Dalloz, 6e éd., 2018.
- C. Broyelle, *Contentieux administratif*, 5e éd., LGDJ, 2017.
- P. Cassia, *Les grands textes de procédure administrative contentieuse*, Dalloz, 2017.
- D. Chabanol, *La pratique du contentieux administratif*, 11e éd., LexisNexis, 2015.
- R. Chapus, *Droit du contentieux administratif*, 13e éd., Montchrestien, 2008.
- A. Courrèges et S. Daël, *Contentieux administratif*, 4e éd., PUF, 2013.
- D. Costa, *Contentieux administratif*, LexisNexis, 2e éd., 2014.
- O. Gohin et F. Poulet, *Contentieux administratif*, 9e éd., LexisNexis, 2017.
- M. Guyomar et B. Seiller, *Contentieux administratif*, 4e éd., Dalloz, 2017.
- O. Le Bot, *Contentieux administratif*, Larcier, 3e éd., 2016.
- B. Pacteau, *Manuel de contentieux administratif*, 3e éd., PUF, 2014.

Pistes de réflexion

Quelles sont aujourd'hui les différences entre le contentieux de l'excès de pouvoir et le contentieux de pleine juridiction ?
Quels sont les actes qui échappent au contrôle du juge administratif ?
Quelle est la place de la prise en compte de l'urgence par le juge administratif ?
Dans quelle mesure le service public de la justice administrative est-il au service des justiciables ?

Section 9.
LE DROIT DES VICTIMES

ANNE D'HAUTEVILLE
Professeur honoraire à l'Université Montpellier

Le « droit » français des victimes d'infraction pénale est un droit qui bouscule les frontières entre droit pénal et droit civil tant sur le plan de la procédure que sur le plan des concepts et des fonctions des deux disciplines.

Si traditionnellement on présente le droit pénal comme un droit sanctionnateur d'un acte illicite ayant troublé l'ordre public et le droit civil comme un droit réparateur d'un intérêt privé lésé par l'infraction, le « droit des victimes » faisant appel aux deux disciplines, contribue aujourd'hui à faire aussi du droit pénal un droit réparateur des préjudices subis par les victimes et de la justice pénale une justice restauratrice du lien social compromis par l'infraction.

Les développements législatifs de la politique criminelle en faveur des victimes (initiée dans les années 1980), avec la création d'un juge délégué aux victimes (le JUDEVI)[1], la présence d'un bureau d'aide aux victimes au sein de chaque tribunal (le BAV), l'introduction dans le Code pénal de nouvelles peines alternatives à la peine de prison telles que la sanction-réparation ou la contrainte pénale et la reconnaissance par le Code de procédure pénale de diverses mesures de justice « restaurative » conduisent à s'interroger sur une nouvelle justice pénale marquée à la fois par l'importance donnée à la victime et par la recherche de nouvelles modalités de lutte contre la récidive.

La volonté politique de prise en considération des victimes a été également affirmée au niveau européen. La directive 2012/29/UE du 25 octobre 2012 a établi en effet des normes minimales concernant les droits, le soutien et la protection des victimes de la criminalité, normes qui ont été intégrées dans notre droit par la loi du 17 août 2015[2].

---

1. Le Conseil d'État a partiellement annulé les dispositions règlementaires du C. pr. pén. instituant le JUDEVI qui a ainsi perdu l'ensemble de ses attributions d'administration judiciaires. (déc. du 13 nov. 2007).
2. Après la directive 2012/13/UE qui a créé un véritable régime juridique du suspect, cette nouvelle directive donne cette fois à la victime un véritable statut dans le cadre d'un « renouvellement européen de la procédure pénale ». La directive garantit aux victimes quatre séries de droits : information, soutien, protection et participation à la procédure pénale. V. É. Vergès, « Un *corpus juris* des droits des victimes : le droit européen entre synthèse et innovations », Chron. législative, *RSC* 2013. 121. Ces droits sont aujourd'hui reconnus par la loi n° 2015-993 du 17 août 2015 portant adaptation de la procédure pénale au droit de l'Union européenne. V. G. Beaussonie, « L'installation de la victime dans le procès pénal », *AJ pénal* 2015. 526 s.

I. ***Les prérogatives de nature pénale : le droit d'être partie au procès pénal***

A. L'appréciation par la jurisprudence des conditions de recevabilité de l'action civile

1. Le double intérêt de l'action civile exercée devant le juge pénal

2. La situation particulière des victimes par ricochet

B. La recherche par le législateur d'un équilibre dans les effets de la constitution de partie civile

1. Un équilibre dans l'accusation

2. Un équilibre à l'instance

II. ***Les prérogatives de nature civile : le droit d'obtenir réparation***

A. La réparation à la charge de l'auteur des dommages

1. La mesure de la réparation

2. Les moyens contraignant l'auteur à réparer

B. La réparation recherchée auprès de la collectivité

1. La réparation garantie par l'assureur du responsable

2. La réparation versée par un fonds d'indemnisation

907. ***La complexité de la demande de « réparation » des victimes de la criminalité.*** « Tout fait quelconque de l'homme qui cause à autrui un dommage oblige celui par la faute duquel il est arrivé à le réparer » (C. civ., ancien art. 1382 devenu art. 1240). Cette formule célèbre de notre Code civil porte en elle l'idée dominante de tous les systèmes juridiques : la personne lésée a droit à la réparation de son dommage de la part de l'auteur de ce dommage. Mais l'infraction pénale n'est pas un « fait quelconque » et les droits des victimes de la criminalité ont bien une spécificité particulière. Ces droits doivent leur être présentés dès leur dépôt de plainte lors de leur audition par les autorités policières ou judiciaires. Ainsi toutes les victimes doivent être informées de leurs droits dès la phase policière, y compris celles qui choisissent de rester à l'écart du judiciaire en ne se constituant pas partie civile. Pour éviter toute victimisation supplémentaire, l'article 10-5 du C. pr. pén. introduit par la loi du 17 août 2015 a en outre posé le principe que toutes les victimes fassent l'objet d'une évaluation personnalisée afin de déterminer si elles ont besoin de mesures de protection au cours de la procédure pénale.

Pour ces victimes, la reconnaissance du droit à réparation est recherchée par l'exercice de l'action civile qui « appartient à tous ceux qui ont personnellement souffert du dommage directement causé par l'infraction » (C. pr. pén., art. 2).

Mais leur demande ne se réduit pas à la seule compensation financière de leurs dommages. Dans le langage courant, « réparer » c'est à la fois « effacer, remettre en état ce qui a été endommagé, ce qui est détérioré et expier, racheter une faute »[1].

Ainsi, l'action civile de réparation que la victime d'une infraction pénale peut, en droit français, engager devant les juges répressifs, présente le double

1. *Nouveau Petit Robert*. Faustin-Hélie le constatait dans son traité de l'instruction criminelle : « l'action civile a souvent pour mobile principal la punition même de l'infraction, l'application de la peine, car la peine seule venge l'injure ou rassure la victime » (1re éd., 1848, 11, 179).

visage[1] d'une action vindicative recherchant par la participation à l'action publique de répression le prononcé d'une culpabilité, d'une responsabilité et d'une peine, et d'une action indemnisatrice sollicitant en application des règles du droit civil la reconnaissance d'une responsabilité civile et le dédommagement des préjudices subis.

Nous examinerons successivement les prérogatives de nature pénale de la victime avec le droit de se constituer partie civile devant le juge répressif (***I.***) et ses prérogatives de nature civile avec le droit d'obtenir réparation de ses dommages (***II.***).

I. Les prérogatives de nature pénale : le droit d'être partie au procès pénal

908. ***Le système français dit « de la partie civile ».*** La constitution de partie civile est une particularité forte du droit français[2] qui peut s'expliquer historiquement. En effet, pendant très longtemps, responsabilité civile et responsabilité pénale sont restées confondues et la distinction de la réparation et de la répression est demeurée incertaine. Ainsi, lorsque l'ancien droit permit de canaliser la vengeance privée vers une vengeance contrôlée par l'autorité sociale puis vers une justice étatique, la composition pécuniaire imposée à l'auteur (ou son groupe) au profit de la victime (ou de son groupe) conservait la double nature de peine et de dédommagement. Rapidement, le pouvoir central imposa à la victime de partager avec elle ce prix de l'offense.

Sur le plan de la procédure, le droit d'option reconnu à la victime entre la voie civile et la voie pénale pour présenter sa demande de réparation apparaît comme un vestige du système accusatoire.

La reconnaissance « officielle » de la place de partie au procès pénal de la victime par la loi française date des années 1980 (loi du 8 juillet 1983), elle a été renforcée en 2000 (loi du 15 juin 2000) et la protection de la victime partie civile a été étendue à toute l'Union européenne par la loi du 17 août 2015, qui a affirmé le principe de reconnaissance mutuelle des décisions de justice prononçant des interdictions à l'encontre des personnes mises en cause ou condamnées pour une infraction pénale dommageable pour les victimes. On peut souligner que la loi de 2015 parachève la reconnaissance légale des droits des victimes dans la procédure pénale française en ajoutant un sous-titre 3 intitulé « Droits des victimes » dans le Code de procédure pénale.

L'importance des prérogatives pénales de la victime, constituée partie civile, explique l'appréciation restrictive faite par la jurisprudence des conditions de la constitution de partie civile (**A.**) et la recherche par le législateur d'un équilibre dans ses effets (**B.**).

A. L'appréciation par la jurisprudence des conditions de recevabilité de l'action civile

909. ***Le droit d'être partie au procès pénal, droit exceptionnel ?*** L'article 2 du Code de procédure pénale ne reconnaît le droit de porter l'action civile de répa-

1. F. Boulan, « Le double visage de l'action civile exercée devant la juridiction répressive », *JCP* 1973. 1. 2563. Cette action « innomée » interroge toujours la doctrine. V. P. Bonfils, « La participation de la victime au procès pénal, une action innomée », *Mél. J. Pradel*, Cujas, 2006, p. 179 s.
2. La directive du 25 oct. 2012 n'impose pas le système français et donc ne reconnaît pas à la victime la qualité de partie au procès pénal.

ration devant le juge pénal qu'à « tous ceux qui ont personnellement souffert du dommage directement causé par l'infraction ». Pour l'étude de ces conditions (préjudice personnel et préjudice direct), tant pour les victimes personnes physiques que pour les personnes morales, nous renvoyons le lecteur aux manuels de procédure pénale. Nous limiterons nos réflexions à la reconnaissance d'une dualité d'intérêts présentés par la victime ayant choisi la voie pénale et à la situation particulière des proches de la victime directe, appelés souvent « victimes par ricochet ».

1. Le double intérêt de l'action civile exercée devant le juge pénal

910. L'intérêt le plus évident présenté par la victime est la recherche de la réparation de ses dommages (par l'allocation de dommages et intérêts qui « indemnisent » la victime). L'action civile n'existe et la constitution de partie civile n'est recevable qu'à la condition que les préjudices existent et soient la conséquence certaine et directe de l'infraction poursuivie[1]. Mais un autre intérêt, moins avoué, est pris en compte par les juges; c'est l'intérêt d'être présent au procès pénal pour corroborer l'action publique de répression.

La question s'est posée de savoir si ce seul intérêt vindicatif suffisait pour déclarer recevable la constitution de partie civile de la victime. La jurisprudence l'a admis dans l'hypothèse où le juge répressif est incompétent pour statuer sur le problème de réparation[2] ou encore dans celle où la victime a été préalablement et intégralement indemnisée par un fonds[3]. La Cour de cassation reconnaît même la spécificité, voire l'autonomie de l'action civile à fin seulement vindicative (c'est-à-dire sans demande d'indemnisation) en considérant que cette action exercée devant le juge répressif ne peut interrompre la prescription de l'action en dédommagement présentée ultérieurement au juge civil[4].

911. ***Le procès pénal peut-il être réparateur pour la victime ?*** L'intérêt reconnu peut être très concrètement la volonté de faire entendre sa voix, de participer à la recherche de la vérité[5], de défendre son honneur[6] ou d'obtenir une décision de culpabilité de l'accusé[7] mais aussi la volonté de dénoncer l'infraction si le ministère public n'exerce pas lui-même les poursuites. Ceci explique que le pouvoir pénal de la victime n'ait été admis par le juge qu'avec prudence et réserves. La doctrine est partagée sur cette question, mais les témoignages de victimes sont nombreux sur leur attente d'un procès pénal participant à leur « réparation » morale, d'une justice pénale « restaurative ».

Un exemple de l'attitude restrictive de la jurisprudence, aujourd'hui presque historique, nous est donné avec les infractions dites « d'intérêt général ».

1. En cas de relaxe du prévenu, la victime constituée partie civile a le droit de faire appel sur ses intérêts civils seulement. En appel, le principe de la présomption d'innocence interdit au juge répressif de rechercher si les faits déférés constituent une infraction pénale. La victime doit alors démontrer que ces mêmes faits objet de la relaxe constituent néanmoins une faute civile engageant la responsabilité civile de son auteur innocenté sur le plan pénal. V. Crim. 5 févr. 2014, n° 12-80.154, *Dalloz actualité*, 28 févr. 2014, obs. F. Winckelmuller. Il s'agit d'un revirement de jurisprudence confirmé à plusieurs reprises : Crim. 11 mars 2014, n° 12-88.131, note J. Pradel, *JCP* 2014. 1116; Crim. 24 juin 2014, n° 13-84. 478, *Dalloz actualité*, 9 juill. 2014, obs. L. Priou-Alibert.
2. Crim. 8 juin 1971, *D.* 1971. 500, note J. Maury.
3. Crim. 20 oct. 1993, *D.* 1994. 280, note A. d'Hauteville.
4. Civ. 1re, 25 janv. 2000, *D.* 2001. 1348, note H. Matsopoulou.
5. Crim. 10 mai 1994. *Bull. crim.* n° 165.
6. Crim. 19 oct. 1982. *Bull. crim.* n° 222.
7. C. assises du Gard, 20 mai 1985, *D.* 1986. IR 117, obs. J. Pradel.

Dans un arrêt du 25 juillet 1913, la Cour de cassation affirmait en effet que « le délit d'outrages aux bonnes mœurs ne lèse que la généralité des citoyens en s'attaquant exclusivement à la morale publique » et en déduisit qu'« il n'appartient... qu'au ministère public de poursuivre ce délit... s'il l'avait jugé à propos »[1]. Cet arrêt fut le point de départ d'une importante jurisprudence qui écarta du prétoire répressif les victimes ne justifiant pas de dommage précis si ce n'est que celui d'être victime d'un acte interdit par la loi pénale, d'une « incrimination d'intérêt général ».

Cette jurisprudence qui s'explique par le souci des juges d'éviter que les victimes ne s'érigent en « procureur *bis* », tend aujourd'hui à disparaître. Il est utile en effet, pour la société que les victimes puissent pallier l'inaction ou l'ignorance du parquet dans l'exercice des poursuites pénales[2].

L'intérêt vindicatif est également celui du groupement qui agit sur la base d'une atteinte à un intérêt collectif dont il a la charge. Rappelons ici seulement que l'action civile des syndicats professionnels a d'abord été admise par la jurisprudence[3] avant d'être reconnue par la loi du 12 mars 1920 (C. trav., art. L. 411-11) alors que l'action des associations fut d'abord écartée par la Cour suprême[4] avant d'être admise cas par cas par le législateur lorsque l'action paraît socialement utile[5].

L'action civile de ces différentes personnes morales présente plus le visage d'une action en répression qu'une action en réparation avec l'allocation d'un euro symbolique à titre de dommages et intérêts.

2. La situation particulière des victimes par ricochet

912. L'existence de préjudices subis par les proches de la victime première n'a jamais été mise en doute. Mais désirant restreindre le cercle des victimes admises au prétoire pénal (par crainte de leur pouvoir pénal), la jurisprudence a longtemps rejeté les constitutions de partie civile des « proches », conjoints, compagnons, ascendants ou descendants, par la raison même que leurs préjudices n'étaient pas directement causés par l'infraction mais subis par ricochet des souffrances de la victime « directe ». Les seuls dommages réparables par l'exercice de l'action civile au pénal, sont ceux qui sont envisagés dans le texte d'incrimination, c'est-à-dire les atteintes à la personne même de la victime directe ou les atteintes à ses biens. De très nombreux arrêts ont affirmé que cet exercice est « un droit exceptionnel qui, en raison de sa nature, doit être strictement renfermé dans les limites fixées par le Code »[6].

Mais par un revirement de jurisprudence salué par la doctrine, la chambre criminelle a admis la demande présentée par l'épouse, pour elle-même et pour

---

1. Crim. 25 juill. 1913, *D.* 1915. I. 150, note M. Nast; Pradel et Varinard, *Les grands arrêts de la procédure pénale*, 9e éd., Dalloz, 2016, n° 10.
2. V. Aix-en-Provence, 1er déc. 1997, *Dr. pénal* 1998, n° 136 qui a admis la recevabilité de la constitution de partie civile d'une association de consommateurs dans les poursuites exercées sur la base du délit de « risque grave causé à autrui », appelé également « mise en danger d'autrui » prévu par l'art. 223-1 du C. pén. V. aussi Crim. 5 févr. 2003, *Bull. crim.* n° 25 à propos du délit de fraude électorale par minoration des comptes de campagne, *Les grands arrêts de la procédure pénale*, 9e éd., Dalloz, 2016, n° 10.
3. Ch. réun., 5 avr. 1913, *D.* 1914. 1. 65, *Les grands arrêts de la procédure pénale, op. cit.*, n° 12.
4. Crim. 18 oct. 1913, *S.* 1920. 1. 321, *Les grands arrêts de la procédure pénale, op. cit.*, n° 12.
5. V. C. pr. pén., art. 2-1 à 2-21; C. fam., art. 3; C. rur., art. L. 252-1 s.; C. consom., art. L. 411-1 s.; C. déb. boiss., art. 96.
6. Par ex., v. Crim. 11 déc. 1969, *D.* 1970. 156; 7 juin 1983, *Bull. crim.* n° 172; 9 nov. 1992, *Bull. crim.* n° 361 mais surtout Cass., ass. plén., 12 nov. 1979; *JCP* 1980. 11. 19335, note E. Cartier.

ses enfants mineurs, « en réparation du dommage moral que leur causait le spectacle de graves blessures infligées à leur mari et père considérablement diminué sur le plan physique et intellectuel »[1]. Les proches peuvent subir des préjudices personnels qui découlent directement des faits objets de la poursuite et en demander réparation au juge pénal.

Cette situation de fait ne doit pas être confondue avec deux situations voisines :

- si la victime directe est décédée immédiatement au jour de l'infraction, les proches éprouvent personnellement des préjudices directement causés par l'infraction et peuvent demander au juge pénal réparation de leurs préjudices (préjudice moral, préjudices économiques). La jurisprudence l'a toujours admis;

- si la victime directe décède ultérieurement, ses droits sont recueillis par ses héritiers qui peuvent alors exercer l'action civile du défunt à titre d'ayants cause[2] en plus de leur propre action de « proches », victimes par ricochet. Mais les ayants cause n'héritent que du droit à indemnisation de nature civile et non du droit de mettre en mouvement l'action publique. Ils ne peuvent présenter l'action civile au nom de leur auteur, la victime directe décédée, au juge pénal que si l'action publique a été mise en mouvement par le parquet ou par la victime directe de son vivant[3].

Notons que la directive européenne du 25 octobre 2012 est un peu en retrait par rapport au droit français en ce qui concerne les « victimes par ricochet » puisque sa protection n'est étendue aux membres de la famille de la victime directe qu'en cas de décès de celle-ci.

B. La recherche par le législateur d'un équilibre dans les effets de la constitution de partie civile

913. ***Procès équitable et droits de la partie civile ?*** En raison du fort pouvoir pénal conféré à la victime par la constitution de partie civile, le législateur a recherché à maintenir un équilibre dans l'accusation entre parquet et victime, et à l'instance entre auteur et victime[4] : l'article préliminaire introduit dans le Code de procédure pénale par la loi du 15 juin 2000 renforçant tant la présomption d'innocence que les droits des victimes énonce désormais les principes directeurs du procès pénal garants de cet équilibre : « I — La procédure pénale doit être équitable et contradictoire et préserver l'équilibre des droits des parties [...] II — L'autorité judiciaire veille à l'information et à la garantie des droits des victimes au cours de toute procédure pénale ».

1. Un équilibre dans l'accusation

914. En ce qui concerne le déclenchement de l'action publique[5], la victime constituée partie civile apparaît comme un agent de la répression, au même titre

1. Crim. 9 févr. 1989, *D.* 1989. 614, note Bruneau; *Les grands arrêts de la procédure pénale, op. cit.*, n° 9.
2. Même pour la réparation du *pretium doloris* subi par la victime directe avant sa mort : v. Cass., ch. mixte, 30 avr. 1976, 2 arrêts, *D.* 1977. 185, *RTD civ.* 1976. 556.
3. Jurisprudence initiée par Crim. 17 avr. 2004, *Bull. crim.* n° 96, *JCP* 2004. II. 10157, note Boré de Bruneton, *RSC* 2004. 904, obs. Commaret, et confirmée par Cass., ass. plén., 9 mai 2008, 2 arrêts, *D.* 2008. *AJ* 1415, obs. M. Léna.
4. V. A. d'Hauteville, « Le point de vue des victimes dans le procès pénal : quel équilibre ? » *in Mél. C. Lazerges. Politique(s) criminelle(s)*, Dalloz, 2014, p. 649 s.
5. Depuis l'arrêt *Laurent Atthalin*, Crim. 8 déc. 1906, aff. *Placet Thirion*, *D.* 1907. 1. 207; Pradel et Varinard, *Les grands arrêts de la procédure pénale, op. cit.*, n° 7.

que le ministère public. En effet, la constitution de partie civile, dite « par voie d'action », permet soit la saisine du juge de jugement lorsque l'instruction n'est pas obligatoire (citation directe d'un auteur connu, C. pr. pén., art. 388, 392 et 531), soit la saisine du juge d'instruction lorsque l'instruction est obligatoire ou nécessaire. Mais, depuis la loi du 5 mars 2007 tendant à renforcer l'équilibre de la procédure pénale, la plainte avec constitution de partie civile devant le doyen des juges d'instruction n'est recevable qu'à la condition que le parquet ait rendu une décision de classement sans suite ou qu'un délai de trois mois se soit écoulé depuis le dépôt de la plainte devant un service de police judiciaire (C. pr. pén., art. 85).

Craignant des excès dans l'exercice de ce droit « d'action », le législateur a institué quelques barrières : outre la réforme opérée par la loi du 5 mars 2007, on peut citer l'obligation de déposer au greffe du tribunal une consignation si la partie civile n'a pas obtenu l'aide juridictionnelle (C. pr. pén., art. 88 et 392-1, al. 1) ou la procédure sanctionnatrice que le parquet peut engager *a posteriori* en cas de non-lieu ou de relaxe du prévenu (C. pr. pén., art. 392-1, al. 2) à l'encontre de la partie civile ayant exercé une action civile « abusive ou dilatoire » (C. pr. pén., art. 91, al. 1)[1].

La loi du 15 juin 2000 a également permis au juge d'instruction qui a rendu une ordonnance de non-lieu à l'issue d'une information ouverte sur constitution de partie civile de prononcer contre la partie civile une amende civile dont le montant ne peut pas excéder 15 000 euros. Sa décision doit être rendue sur réquisition du procureur de la République et doit être motivée (C. pr. pén., art. 177-2).

Au contraire, le législateur a encouragé les constitutions de partie civile par « voie d'intervention » sur une action publique déjà engagée par le ministère public en simplifiant les procédures : la victime peut intervenir, sans se déplacer, par lettre recommandée avec avis de réception[2] ou télécopie (C. pr. pén., art. 420-1), ou verbalement en venant à l'audience (jusqu'à la clôture des débats).

En ce qui concerne la répression de l'acte délictueux, la victime n'a, en principe, aucune prérogative. Certes, la qualification des faits peut dépendre de l'importance des dommages subis par la victime et même souvent de la qualité même de la personne de la victime[3]. Mais le choix de la sanction et de ses modalités d'application appartient aux seuls juges, juges de jugement et juges de l'application des peines qui doivent néanmoins prendre en compte les intérêts des victimes, constituées parties civiles ou pas, et faire respecter leurs droits, droit à la sécurité, droit à l'information si elles le souhaitent et droit à réparation (*cf. infra*)[4].

1. Une autre limite était apportée par l'article 575 C. pr. pén., qui interdisait par principe à la partie civile de se pourvoir en cassation contre les arrêts de la chambre de l'instruction en l'absence de pourvoi du ministère public, sauf quelques exceptions énumérées. Sur une question prioritaire de constitutionnalité invoquant une atteinte au principe d'égalité devant la loi et la justice et au droit à un recours effectif et aux droits de la défense, cet article a été déclaré contraire à la Constitution. V. C. Lacroix, « Les parties civiles à l'assaut de la chambre criminelle de la Cour de cassation », *D.* 2010. 2686; *RSC* 2011. 193, Chron. C. Lazerges.
2. Cette procédure peut être utilisée quel que soit le montant de la demande de la victime : réforme de la loi du 15 juin 2000 renforçant la présomption d'innocence et les droits des victimes.
3. Le Code pénal de 1992 a créé des circonstances aggravantes liées à la personne de la victime : personnes particulièrement vulnérables ou personnes détentrices d'autorité, v. C. pén., art. 221-2, 221-4 et 221-5.
4. V. loi du 9 mars 2004 relative à l'exécution des peines privatives de liberté et loi du 12 déc. 2005 relative à la récidive.

La réalité est souvent différente. Dans des affaires sensibles pour l'opinion publique, le juge tient parfois compte de la personnalité ou du nombre des victimes, et du retentissement de l'affaire sur l'opinion publique.

2. *Un équilibre à l'instance*

915. L'analyse du Code de procédure pénale montre que les droits de la victime, partie civile, sont calqués sur ceux de l'auteur, plus précisément du mis en examen lorsqu'une instruction a été ouverte.

Ainsi la partie civile a le droit à l'assistance d'un avocat[1] qui aura accès au dossier d'instruction, le droit à participer à la recherche des preuves en présentant au juge d'instruction une demande motivée des mesures d'investigation (audition, confrontation, interrogatoire, remise de pièces, C. pr. pén., art. 82-1 et 89-1). Ces droits ont été renforcés par la loi du 15 juin 2000 qui permet désormais à la partie civile de demander un transport sur les lieux, l'audition d'un témoin ou d'une autre partie civile ou encore l'interrogatoire de la personne mise en examen (C. pr. pén., art. 82-2). Cette loi a étendu également à la partie civile l'obligation faite au juge d'instruction de remettre aux avocats des parties, à leur demande, une copie de l'intégralité du rapport d'expertise (C. pr. pén., art. 167 modifié).

Les victimes (ou association regroupant plusieurs victimes) doivent désormais être avisées de l'état d'avancement de l'information selon un rythme prévu par l'article 90-1 du C. pr. pén.

La loi du 25 février 2008 sur les criminels dangereux a répondu à la demande des victimes de supprimer les « non-lieux » du juge d'instruction ou les relaxes ou acquittements des juridictions de jugement ayant retenu l'irresponsabilité pénale de l'auteur pour troubles mentaux (C. pén., art. 122-1, al. 1). Désormais, ces différentes juridictions d'instruction et de jugement pourront déclarer « qu'il existe des charges suffisantes contre la personne d'avoir commis les faits qui lui sont reprochés » (imputabilité matérielle, *cf.* C. pr. pén., art. 706-125) avant de déclarer l'irresponsabilité pénale (imputabilité psychologique ou morale inexistante, *cf.* C. pr. pén., art. 706-125, 2°). La chambre de l'instruction comme les juridictions de jugement pourront alors prononcer des mesures de sûreté (C. pr. pén., art. 706-136) à l'encontre de cet auteur, pourtant déclaré pénalement irresponsable, y compris une hospitalisation d'office (C. pr. pén., art. 706-135).

Par contre, la procédure de comparution sur reconnaissance préalable de culpabilité, couramment appelée « le plaider coupable », instituée par la loi du 9 mars 2004 ne permet pas à la victime d'être présente lors de la première phase de la procédure au cours de laquelle le procureur de la République peut proposer une peine à la personne qui reconnaît les faits qui lui sont reprochés (C. pr. pén., art. 495-7 s.). La victime, informée de la mise en œuvre de cette procédure « sans délai » n'est invitée à comparaître, et donc à faire valoir ses droits, que dans la deuxième phase de la procédure à l'audience d'homologation, devant le président du tribunal de grande instance ou le juge délégué par lui (C. pr. pén., art. 495-13), de l'accord intervenu entre le procureur et le prévenu. Si la victime

1. L. 22 mars 1921; C. pr. pén., art. 114, al. 1. V. aussi la loi du 9 sept. 2002 qui permet d'accorder l'aide juridictionnelle sans condition de ressource aux victimes des crimes les plus graves tels que meurtres, empoisonnements, actes de tortures et de barbarie, violences graves, viols et actes de terrorisme. D'après la nouvelle rédaction de l'art. 114 du C. pr. pén. issue de la loi n° 2014-535 du 27 mai 2014, la représentation par avocat n'est plus obligatoire pour qu'une partie civile obtienne copie des pièces du dossier.

n'a pu exercer son droit de se constituer partie civile et d'être présente à l'audience d'homologation, l'auteur pourra être cité devant le tribunal correctionnel qui statuera alors sur les seuls intérêts civils présentés par la victime constituée partie civile (C. pr. pén., art. 495-13, *in fine*).

La reconnaissance de ces différents droits de la victime dans le cadre de la procédure pénale traduit le souci que porte le législateur moderne à la victime. Ce souci a d'abord été un souci intéressé : la victime pouvait ainsi collaborer à la recherche de l'auteur, à l'élucidation des faits, et à l'explication du fameux passage à l'acte. Déjà au XVIIIe siècle, Jousse écrivait que « la victime concourt à la punition du crime »[1].

Ce n'est que dans les années 1980 qu'un autre regard a enfin été porté par les pouvoirs publics sur les victimes de la criminalité. Des enquêtes de « victimisation » ont mis en évidence les difficultés rencontrées par la victime pendant son parcours judiciaire et l'inefficacité de la décision rendue par les juges sur la demande de réparation[2].

Aussi, la France s'est-elle engagée dès 1982 dans une politique « résolue » d'aide aux victimes, présentée comme le complément indispensable de la politique de prévention de la délinquance[3].

Afin de tenir les engagements de la politique publique de l'aide aux victimes, le législateur a institué un mécanisme de financement reposant sur des contributions financières que les juges répressifs peuvent imposer aux condamnés : une majoration de 10 % peut être ajoutée à toute peine d'amende contraventionnelle, correctionnelle ou criminelle, y compris en cas d'infractions au code de la route et d'infractions douanières.[4]

---

1. *Traité de justice criminelle en France*, 1771. Au lendemain de la Seconde Guerre mondiale, Von Hentig (*Le criminel et sa victime*, 1948) utilisant le premier le terme de *victimology* présente cette nouvelle discipline comme un outil pour le criminologue, suggérant l'influence de la victime dans la genèse du crime. La victimologie est alors « la réplique en miroir » de la criminologie. Elle recherche « le rôle de la victime dans le passage à l'acte » allant jusqu'à poser la question « la victime est-elle coupable ? ». V. E.-A. Fattah, « Le rôle de la victime dans le passage à l'acte », *RICPT* 1973; v. aussi *Déviance et Société*, 198 1. Sur cette évolution, v. R. Cario, *Victimologie, de l'effraction du lien intersubjectif à la restauration sociale*, éd. L'Harmattan, coll. « Sciences criminelles ».
2. V. « Une politique criminelle fondée sur la victimologie et sur l'intérêt des victimes », *RSC* 1981. 895-907. M. Baril, *L'envers du crime*, éd. L'Harmattan, coll. « Sciences criminelles », 2002. V. les enquêtes de victimation réalisées par le département de l'observatoire national de la délinquance et des réponses pénales, v. publications « Grand Angle » de l'Institut national des hautes études de sécurité et de la justice (INHESJ).
3. R. Badinter, « Quelques aspects nouveaux du droit pénal français ». Intervention liminaire au VIIe congrès de l'Association française de droit pénal, nov. 1983, *RICPT* 1984, n° 4. Cette politique a été inspirée par le rapport de la commission Milliez qui a déclaré « avoir pensé aux victimes humainement, humblement, non pour satisfaire la soif de vengeance que certains leur supposent, ce qui est loin d'être toujours vrai, mais simplement en se penchant sur leur détresse, en cherchant les meilleurs moyens de les secourir, de les aider à faire valoir leurs droits, de leur assurer la réparation aussi totale que possible du préjudice qui leur a été causé. Elle a observé que la cause des victimes n'entrait pas en conflit avec l'action qui a été menée en France depuis la Seconde Guerre pour assurer la réinsertion sociale des condamnés et qui s'est traduite par le grand principe de l'individualisation des peines et la création d'institutions comme le juge de l'application des peines, le sursis avec mise à l'épreuve, l'assistance aux libérés de prison, les comités de probation » (p. 122). — Une délégation interministérielle à l'Aide aux Victimes (DIAV) a été créée par le décret du 7 août 2017, et placée auprès du garde des Sceaux afin de coordonner l'action des différents ministères en matière d'aide aux victimes. Le décret du 3 août 2016 modifié par le décrêt du 25 avril 2017 a institué dans chaque département des comités locaux d'aide aux victimes.
4. Loi renforçant la lutte contre le crime organisé, le terrorisme et leur financement, et améliorant l'efficacité et les garanties de la procédure pénale, du 3 juin 2016 qui a ajouté un troisième ▶

916. ***Le rôle des associations d'aide aux victimes.*** Un réseau associatif d'aide aux victimes[1] fut créé et participe aujourd'hui aux différentes politiques étatiques menées pour rendre la justice plus proche des justiciables[2]. L'existence de ce réseau est mentionnée dans le Code de procédure pénale : l'article 41 du Code de procédure pénale modifié par la loi du 15 juin 2000 dispose en effet que « le procureur de la République peut également recourir à une association d'aide aux victimes ayant fait l'objet d'un conventionnement de la part des chefs de la cour d'appel afin qu'il soit porté aide à la victime de l'infraction ».

Ces associations d'aide (qui ne doivent pas être confondues avec les associations de défense des victimes habilitées par le législateur à se constituer partie civile, *cf. supra*) apportent aux victimes toute l'information nécessaire pour comprendre les difficultés des parcours judiciaires. En plus de leurs permanences dans leurs locaux associatifs, les associations animent les bureaux d'aide aux victimes (ou BAV) existants au sein de chaque tribunal de grande instance (décr. 7 mai 2012). Les principaux droits reconnus aux victimes sont regroupés dans le nouvel article 10-2 du C. pr. pén. créé par la loi du 17 août 2015, avec quatre nouveautés : un droit plus large à l'information sur les mesures de protection, le droit à la traduction et à l'interprétariat, le droit d'être accompagnée à tous les stades de la procédure par un tiers majeur de son choix et le droit d'élire domicile chez un tiers de son choix Ces informations doivent également être données aux victimes par les services de police et de gendarmerie dans le cadre de l'enquête préliminaire, par le juge d'instruction et par les juges de jugement. Ces derniers doivent informer les victimes de la possibilité de saisir la commission d'indemnisation des victimes ou CIVI, ainsi que le service d'aide au recouvrement des dommages et intérêts ou SARVI lorsqu'ils condamnent l'auteur de l'infraction sur le plan civil à indemniser la ou les parties civiles (*cf. infra*).

Ainsi, peu à peu le fossé qui séparait le droit de demander réparation du droit d'obtenir réparation s'est comblé : en plusieurs étapes, le législateur français a considérablement renforcé la protection des victimes d'infractions, rendant moins aléatoire le droit d'obtenir une effective réparation.

II. Les prérogatives de nature civile : le droit d'obtenir réparation

917. Le principe affirmé dans tous les systèmes juridiques est celui d'une réparation à la charge de l'auteur des dommages en application des règles de la responsabilité civile (**A.**). Le droit de la victime est alors lié à la personne de l'auteur et à ses capacités financières. Mais de plus en plus, en raison de l'exigence d'une réparation effective, le droit à réparation de la victime se détache de la personne de l'auteur pour être garanti par la collectivité (**B.**).

A. La réparation à la charge de l'auteur des dommages

918. Il ne peut être question de rappeler ici les règles fondamentales de notre droit de la responsabilité civile ainsi que les principes du droit de la répara-

▶ alinéa à l'article 132-20 du code pénal. V. Caroline Lacroix, « La sur amende « victime » ou la victime en contrepoint de la sanction », in *Mélanges en l'honneur du professeur Yves Mayaud*, éd. Dalloz juin 2017.

1. Fédéré par France Victimes, ancien Institut national d'aide aux victimes et de médiation, 27 avenue Parmentier, 75011 Paris.
2. Avec notamment les objectifs d'une justice de proximité et de rétablissement de la paix sociale pour « la politique de la ville ».

tion[1]. Nous préciserons seulement la mesure de la réparation due par les responsables puis les moyens de pression mis par la loi à la disposition du juge pénal pour contraindre le prévenu déclaré responsable à exécuter son obligation de réparation.

1. La mesure de la réparation

919. ***La réparation par équivalent financier.*** L'indemnisation due à la victime par l'auteur obéit au principe de la « réparation intégrale » ou de « l'équivalence entre dommage et réparation »[2]. C'est la jurisprudence qui depuis le début du XIXe siècle a dégagé, sur la base du principe de réparation intégrale, les règles applicables à l'évaluation des indemnités : l'auteur responsable doit réparer « tout le préjudice subi » mais « rien que le préjudice ».

La Cour de cassation rappelle fréquemment que « le propre de la responsabilité civile est de rétablir, aussi exactement que possible l'équilibre détruit par le dommage et de replacer la victime dans la situation où elle se serait trouvée si l'acte dommageable n'avait pas eu lieu »[3]. Au sein de la Haute juridiction, le groupe de travail présidé par J.-P. Dintilhac a proposé une nomenclature précise des différents chefs ou postes de préjudices susceptibles d'être créés par les atteintes aux personnes des victimes[4].

Les juges du fond disposent d'un pouvoir souverain d'appréciation pour individualiser au mieux leur décision : les dommages et intérêts mis à la charge du responsable doivent se mesurer à l'étendue des préjudices et non à la gravité de faute commise par l'auteur de l'infraction.

Cette affirmation n'est pas toujours exacte, notamment lorsqu'il s'agit d'indemniser des préjudices moraux par nature irréparables (atteintes aux sentiments ou à la personnalité pour les victimes directes, spectacle de la souffrance d'autrui, ou perte d'un être cher pour les proches)[5]. Pour la victime, les indemnités allouées ont un rôle plus « satisfactoire » que réparateur et vis-à-vis du responsable, elles jouent le rôle de peine privée[6].

---

1. Si la victime a choisi la voie pénale pour demander la réparation de ces dommages en se constituant partie civile, elle doit démontrer le lien de causalité entre l'infraction et ses dommages. Mais en cas de relaxe du prévenu, la victime partie civile peut faire appel sur ses intérêts civils seulement et doit alors prouver au juge pénal d'appel que les faits qui ont été l'objet de la poursuite pénale mais qui n'ont pas été qualifiés d'infraction par les premiers juges constituent néanmoins une faute civile engageant la responsabilité civile de leur auteur. V. p. 778, note 1.
2. V. G. Viney, Responsabilité : *effets*, LGDJ, n°s 57 s.; Y. Lambert-Faivre, S. Porchy-Simon, *Le droit du dommage corporel*, 8e éd., Dalloz, coll. « Précis », 2015, n°s 88 s.
3. Civ. 2e, 4 févr. 1982. *JCP* 1982. II. 19894, note J.-F. Barbieri.
4. V. Doc. fr. et circ. n° CIV/05/07 du ministère de la Justice du 22 févr. 2007; J.-P. Dintilhac, « Pour une nomenclature unique », *Gaz. Pal.* 18 avr. 2008, p. 60. V. P. Pierre, « La nomenclature : une dynamique ? », *Gaz. Pal.* 24-27 déc. 2014, p. 11 s. En plus des postes de préjudices énumérés et définis pour les victimes directes et pour les victimes indirectes, la nomenclature laisse aux magistrats la possibilité d'en reconnaître de nouveaux s'ils sont « exceptionnels ». Ainsi des juridictions ont reconnu l'existence d'un préjudice « d'angoisse et d'attente » dans le cadre de catastrophes collectives. Ce nouveau type de préjudice n'est pas considéré comme un préjudice autonome, il est calculé dans le cadre du préjudice exceptionnel spécifique des victimes du terrorisme (PESVT) et des souffrances endurées (SE).
5. V. G. Viney, *Responsabilité : effets, op. cit.*, n° 146, p. 202 qui estime que « s'agissant des préjudices qui, par définition n'ont pas d'incidence économique et qui sont donc intraduisibles en termes monétaires dire qu'on les « répare » par le paiement d'une somme d'argent est déjà inexact mais affirmer que la réparation doit être mesurée à l'ampleur réelle du préjudice est, à notre avis, vide de sens ».
6. V. S. Carval, La responsabilité civile dans sa fonction de peine privée, thèse Paris I, LGDJ, 1995.

La réparation n'est pas toujours ordonnée par « équivalent », c'est-à-dire en termes financiers. Le mode de réparation en nature se justifie pour des dommages matériels de faible gravité causés par des mineurs ou des majeurs[1].

2. Les moyens contraignant l'auteur à réparer

920. Le législateur, prenant acte des difficultés rencontrées par les victimes d'infraction pénale à être effectivement indemnisées par l'auteur, a conféré au juge pénal quelques armes juridiques pour convaincre, sinon contraindre, l'auteur à réparer les dommages causés, le plus souvent par le versement des dommages et intérêts auxquels il a été condamné.

921. ***La réparation, alternative aux poursuites ?*** En suivant les différentes étapes de la procédure pénale, on peut citer tout d'abord, au stade des poursuites, la médiation pénale que peut ordonner le procureur de la République, directement ou par délégation, « préalablement à sa décision sur l'action publique » (C. pr. pén., art. 41-1, 5°), avec la promesse, (sous-entendue), d'un classement sans suite si la mesure a permis « d'assurer la réparation du dommage causé à la victime ». Cette mesure de médiation pénale, mesure de « justice restaurative » qui permet la rencontre entre l'auteur et sa victime, s'applique surtout aux infractions de faible gravité commises dans le cadre d'une délinquance urbaine (conflits de voisinage entraînant des dégradations matérielles ou des injures, conflits familiaux réciproques sur le droit de visite ou le paiement des pensions) et a l'ambition de rétablir la paix sociale en « mettant fin au trouble résultant de l'infraction » et de « contribuer au reclassement de l'auteur de l'infraction ».

922. ***La réparation, alternative à la privation de liberté ?*** Le juge d'instruction peut astreindre le « mis en examen » à fournir des garanties de l'indemnisation de la victime au moyen d'un cautionnement ou de sûretés (C. pr. pén., art. 142).

Enfin, en matières correctionnelle et contraventionnelle, le juge de jugement peut ajourner le prononcé de la peine (C. pén., art. 132-60 s.) donnant à l'auteur reconnu coupable l'espoir d'une dispense de peine (C. pén., art. 132-59 s.) s'il répare effectivement les dommages causés à la victime. La décision d'ajournement peut imposer à titre de mise à l'épreuve, la réparation des dommages (C. pén., art. 132-64).

Dans le même esprit, le prononcé de la peine avec sursis peut exiger à titre d'épreuve, l'obligation « de réparer en tout ou partie, en fonction de ses facultés contributives les dommages causés par l'infraction, même en l'absence de décision sur l'action civile » (C. pén., art. 132-45, 5°). Cette obligation peut être aussi imposée dans le cadre de la nouvelle peine correctionnelle de contrainte pénale[2].

Brouillant encore plus les frontières entre droit pénal et droit civil, la loi du 5 mars 2007 relative à la prévention de la délinquance a créé la peine de « sanction-

1. L'obligation de réparer « en nature » des dégradations de biens peut faire l'objet d'une mesure à fin éducative « d'aide et de réparation à l'égard de la victime » (Ord. 2 févr. 1945, art. 12-1), cette mesure peut aussi être ordonnée à titre de « sanction éducative » (L. 9 sept. 2002). La peine de sanction-réparation instituée par la loi du 5 mars 2007 peut aussi être exécutée en nature avec l'accord de la victime et du condamné : v. *infra*, C. pén., art. 131-8-1, al. 3.
2. La peine de contrainte pénale instaurée par la loi du 15 août 2014 relative à l'individualisation des peines et renforçant l'efficacité des sanctions peut aussi avoir pour objectif la protection de la victime en interdisant au condamné d'entrer en relation avec sa victime. Pour une appréciation critique de la peine de « sanction-réparation », v. M. Giacopelli, « Libres propos sur la sanction-réparation », *D.* 2007. 1551 s.

réparation » qui peut être prononcée en matière correctionnelle comme alternative à la privation de liberté (ou à l'amende pour les contraventions de la 5e classe) ou à titre de peine complémentaire (C. pén., art. 131-8-1)[1].

Enfin la loi du 15 août 2014 introduisant dans le Code de procédure pénale les mesures de justice restaurative[2] a ajouté parmi les droits de la victime au stade post sentenciel la possibilité de se voir proposer une telle mesure. (C. pr. pén., art. 707)

À travers ces différentes institutions, il est intéressant de constater que le législateur a fait de l'indemnisation des victimes par l'auteur une condition des mesures d'individualisation de la peine et d'amélioration du sort du condamné. Le choix de la sanction pénale par le juge de jugement, ou l'aménagement de la peine décidé par le juge de l'application des peines, tient compte de la volonté de réparation manifestée par l'auteur.

Mais, et c'est l'envers de la médaille, ces mesures dépendent des capacités financières de l'auteur et ne sont envisageables que si la réparation est à la mesure de ces capacités, en d'autres termes, seulement pour des dommages de faible gravité. « La charge trop lourde de la réparation risque de contrarier la réinsertion sociale de l'auteur »[3] qui est également l'objectif recherché par le législateur moderne à travers ces modes d'individualisation de la sanction pénale. Or, une simple faute pénale d'imprudence peut entraîner des dommages considérables. Dans ce type de situation, seule la collectivité peut garantir à la victime le respect du principe de la réparation intégrale.

B. La réparation recherchée auprès de la collectivité

923. Devant la multiplication des situations à risques et l'exigence d'indemnisation soutenue par l'opinion publique, le droit a été contraint de s'adapter en créant des catégories de victimes « objectives », c'est-à-dire indemnisables sur le seul fondement du risque et en transférant la charge des indemnisations sur la collectivité. Ainsi s'expliquent le formidable développement des assurances de responsabilité et les créations récentes de fonds d'indemnisation.

1. La réparation garantie par l'assureur du responsable

924. Le mécanisme de l'assurance de responsabilité permet de supprimer deux conséquences inacceptables de la mise en œuvre judiciaire de la règle de la réparation intégrale.

En effet, pour la victime, obtenir la reconnaissance d'un droit par la condamnation d'un insolvable équivaut à un « déni de justice » et pour l'auteur, être condamné à réparer intégralement des dommages corporels lourds peut apparaître comme une sanction tout à fait disproportionnée par rapport à la faute commise, une sanction qui le conduirait dans un « enfer de sévérité »[4].

Mais l'assurance a ses propres limites. Elle ne peut garantir que des comportements aléatoires et exclut par conséquent en toute hypothèse la faute inten-

1. Un service d'aide au recouvrement des dommages-intérêts dus par l'auteur, condamné civilement à indemniser la victime est proposé aux victimes depuis le 1er octobre 2008 et est géré par le Fonds de garantie des victimes (v. site Internet du SARVI).
2. Les mesures de justice restaurative peuvent être proposées à tous les stades de la procédure.
3. M. Ancel, « Le problème de la victime dans le droit pénal positif et la politique criminelle moderne », *RI crim. et pol. techn.* 1980. 136.
4. V. G. Viney, *Responsabilités : effets*, *op. cit.*, n° 58, p. 84.

tionnelle de l'assuré[1] (C. assur., art. L. 113-1), faute qui se distingue de la faute lourde et de la faute inexcusable et même de l'intention du droit pénal. L'exclusion légale de la faute intentionnelle se reconnaît à la disparition de l'aléa, condition de l'assurance : l'auteur a volontairement causé le dommage subi effectivement par la victime rendant ainsi certaine la réalisation du dommage[2].

Les lacunes de la responsabilité civile dans sa fonction réparatrice et les limites de l'assurance de responsabilité peuvent laisser ainsi de nombreuses victimes sans indemnisation. C'est alors à l'État, responsable de l'ordre public, de trouver les solutions permettant, par la solidarité, de secourir ceux qui ont eu le malheur de subir le risque de société qu'est la délinquance.

2. La réparation versée par un fonds d'indemnisation

925. Un rappel de l'évolution législative est utile pour expliquer l'hétérogénéité des systèmes mis en place[3]. Les procédures d'indemnisation seront ensuite exposées.

La possibilité de demander à l'État d'indemniser les victimes de la criminalité a été reconnue par le législateur français dès 1977, mais la loi du 3 janvier 1977 n'a pu recevoir qu'une application limitée en raison des conditions extrêmement rigoureuses imposées au requérant. Cette idée n'est pas nouvelle : formulée par Jérémy Bentham dès 1829, défendue par Enrico Ferri[4], elle fut approuvée par le Mouvement de défense sociale nouvelle[5].

Sur le plan international, elle fut formulée par le Conseil de l'Europe dans sa résolution de 1977 (77-27), et précisée en 1983 dans la Convention européenne sur le dédommagement des victimes d'infractions pénales puis affirmée par la déclaration de l'ONU de 1985, déclaration des principes fondamentaux de justice relatifs aux victimes de la criminalité et aux victimes d'abus de pouvoir (art. 12 et 13). La philosophie mise en œuvre dans ces différents textes était fondée sur l'idée de secours de l'État aux victimes les plus défavorisées en cas de carence du responsable : il ne s'agissait que d'une aide financière plafonnée, accordée par l'État à la double condition que la victime ait épuisé toute autre voie de droit pour obtenir réparation (condition de subsidiarité) et qu'elle soit, du fait de l'infraction, dans une situation matérielle grave (avec, en outre, une condition de ressources).

En 1981, le législateur français permit (aux mêmes conditions rigoureuses), aux victimes de vols, d'abus de confiance et d'escroqueries, de solliciter la même aide.

Sous la pression d'événements dramatiques, l'étape législative suivante a concerné les victimes d'actes de terrorisme : la loi du 9 septembre 1986 a permis l'indemnisation des atteintes aux biens en interdisant aux assureurs d'exclure ces dommages de leurs garanties et a ordonné la réparation intégrale des atteintes aux personnes par une procédure transactionnelle directement diligentée auprès du

---

1. Mais l'assureur reste garant de toutes les fautes même intentionnelles des personnes dont l'assuré est civilement responsable (enfants, préposés...) : C. assur., art. L. 121-2.
2. V. H. Groutel, « L'appréciation de l'aléa et de la faute intentionnelle dans le contrat d'assurance », *RCA* nov. 2000, Chron. n° 24. V. Crim. 2 mai 2001, *RGDA* 2001. 685, note E. Fortis; v. aussi A. d'Hauteville, « Retour sur la distinction faute intentionnelle ou dolosive exclue de l'assurance et infraction pénale intentionnelle », *in Mél. offerts au Professeur J. Bigot*, LGDJ, 2010.
3. V. le rapport des sénateurs C. Béchu et Ph. Kaltenbach sur l'indemnisation des victimes enregistré au Sénat le 30 oct. 2013.
4. E. Ferri, *Sociologie criminelle*, n° 88.
5. M. Ancel, « La défense sociale devant le problème de la victime », *RSC* 1978. 179 s.

fonds de garantie créé à cet effet[1]. Avec cette réforme, les deux verrous qui limitaient l'indemnisation des victimes sautaient pour les victimes du terrorisme : la réparation devint intégrale et la condition de subsidiarité disparut.

Deux régimes juridiques inégaux et donc inéquitables coexistaient alors selon que l'auteur des dommages était un terroriste ou un délinquant de droit commun. Cette discrimination unanimement critiquée disparut avec la loi du 6 juillet 1990[2] qui, cette fois, dépassant les exigences de la Convention européenne de 1983 et de la Déclaration de l'ONU de 1985, a reconnu aux victimes de la délinquance ayant subi des atteintes graves dans leur personne le droit d'obtenir la réparation intégrale de leurs préjudices sans avoir à exercer préalablement des recherches auprès des responsables.

Avec la suppression de la condition de subsidiarité, l'indemnisation des victimes s'est détachée totalement de la personne de l'auteur, tout en conservant un lien évidemment nécessaire avec les faits infractionnels. L'auteur est absent de ces procédures nouvelles, même si, dans un deuxième temps à la demande du fonds, il peut être condamné par la justice à supporter le poids de ses fautes.

Les procédures d'indemnisation diffèrent selon les régimes applicables. En effet, le fonds « des victimes des actes de terrorisme et des autres infractions », n'intervient pas, malgré l'unité de son appellation, suivant les mêmes procédures pour les deux catégories de victimes.

Pour les victimes d'attentats terroristes, il s'agit d'une procédure amiable transactionnelle organisée par la loi de 1986[3] sur le modèle de la loi du 5 juillet 1985 sur les accidents de la circulation. Des provisions doivent être versées aux victimes dont les blessures ne sont pas consolidées. L'offre d'indemnisation du fonds doit indiquer l'évaluation retenue pour chaque chef de préjudice, quelle que soit la gravité des atteintes à la personne de la victime sur la base de la règle de la réparation intégrale[4].

Les litiges sont portés devant le juge civil qui n'est pas tenu de surseoir à statuer si une procédure pénale (avec constitution de partie civile de la victime) est en cours (C. assur., art. L. 422-3).

Pour les victimes de la délinquance de droit commun, la procédure est judiciaire. La requête est présentée à la Commission d'indemnisation des victimes d'infractions (CIVI)[5] dès la réalisation « des faits volontaires ou non qui présentent le caractère matériel d'une infraction » (C. pr. pén., art. 706-3, al. 1er) et « dans le délai de trois ans à compter de l'infraction ou lorsque des poursuites pénales sont exercées, le délai est prorogé et n'expire[6] qu'un an après la décision de la juridiction qui a statué définitivement sur l'action publique » à condition que cette juridiction ait informé la partie civile de l'existence de la CIVI (si cet avis n'est pas donné, le délai d'un an ne peut commencer à courir) (C. pr. pén.,

1. FGTI, 64 rue Defrance, 94682 Vincennes cedex.
2. V. A. d'Hauteville, « L'esprit de la loi du 6 juillet 1990 », *RSC* 1991. 149; P. Couvrat, « L'indemnisation des victimes d'infractions, un ensemble encore chaotique », *in Mél. J. Savatier*, PUF, 1992.
3. On trouve les dispositions de cette loi dans le Code de procédure pénale (art. 706-10 s.) pour la partie qui renforce l'efficacité des poursuites diligentées à l'encontre du terrorisme et dans le Code des assurances pour l'indemnisation des victimes (art. L. 126-1, L. 126-2 et 422-1 à L. 422-3).
4. Le fonds est pour les victimes d'attentat un organisme décideur et payeur.
5. Juridiction civile attachée à chaque tribunal de grande instance dont la composition obéit aux règles de l'échevinage (C. pr. pén., art. 706-4 et R. 50-1 à R. 50-3).
6. La requête tardive peut être relevée de forclusion par la commission pour « motif légitime », C. pr. pén., art. 706-5, *in fine*.

art. 706-5 modifié par la loi du 15 juin 2000). Le demandeur peut être de nationalité française ou, s'il s'agit d'un étranger, il suffit que les faits aient été commis sur le territoire national (C. pr. pén., art. 706-3, 3°, réd. L. 5 août 2013).

La procédure a été modifiée par la loi du 9 mars 2004 qui a introduit la possibilité d'une transaction directe entre la victime et le fonds. Selon l'article 706-5-1 du Code de procédure pénale, la demande d'indemnité de la victime accompagnée de ses pièces justificatives est transmise au fonds de garantie qui doit, dans un délai de deux mois à compter de la réception de cette demande, présenter à la victime une offre d'indemnisation. Si la victime accepte cette offre, le fonds de garantie transmet le constat d'accord au président de la commission aux fins d'homologation. En cas de refus motivé du fonds, ou de désaccord de la victime sur l'offre qui lui est faite, la procédure contradictoire se poursuit devant la commission qui, après avoir pris connaissance de l'avis du fonds de garantie et entendu les conclusions du ministère public, la commission évalue librement l'indemnité qui compensera les préjudices subis par la victime[1] et qui sera réglée par le fonds[2]. Sa décision est rendue à charge d'appel.

L'indemnité doit correspondre à la réparation intégrale des préjudices en cas d'atteintes graves à la personne c'est-à-dire en cas de mort, ou d'une incapacité permanente (quel que soit le taux), ou d'une incapacité totale de travail personnel égale ou supérieure à un mois. Cette exigence relative au taux d'incapacité a été supprimée pour les victimes d'agressions sexuelles ou de la traite des êtres humains, ou pour les personnes réduites en esclavage ou victimes de travail forcé ou de réduction en servitude (C. pr. pén., art. 706-3, réd. L. 5 août 2013).

Lorsque les dommages ne répondent pas à cette condition de gravité, la victime est renvoyée au système de secours mis en place en 1977 et étendu aux victimes de vol, d'abus de confiance et d'escroquerie en 1981 et aux victimes d'extorsion de fonds, de destruction, de dégradation ou de détérioration d'un bien appartenant à la victime par la loi du 15 juin 2000 et enfin en cas d'incendie de voitures par la loi du 1er juillet 2008 (C. pr. pén., art. 706-14-1); une aide financière plafonnée peut être accordée seulement à ceux qui justifient de faibles ressources[3], qui se trouvent à la suite des faits dommageables dans une « situation matérielle ou psychologique grave » et qui prouvent « n'avoir pu obtenir à un titre quelconque une réparation ou une indemnisation effective et suffisante de son préjudice » (C. pr. pén., art. 706-14).

Pour des indemnisations ne pouvant relever du système de la CIVI, l'exécution de la décision du juge pénal condamnant de façon définitive l'auteur à indemniser la victime peut être confiée par la victime créancière au service d'aide au recouvrement (SARVI) créé par la loi du 1er juillet 2008 et géré par le fonds de garantie FGTI (habilité par la loi à exercer un recours subrogatoire contre le condamné débiteur). Le fonds de garantie pourra ainsi allouer à la partie civile une provision ou la totalité (jusqu'à 3 000 €) des dommages et intérêts qui lui ont été accordés par une décision de justice pénale ayant acquis un caractère définitif.

Le renforcement des droits des victimes d'infractions pénales dans le cadre du procès pénal constitue une ligne de force remarquable des politiques crimi-

1. Pour la Cour de cassation, les CIVI mettent en œuvre un système d'indemnisation autonome « par application de règles qui leur sont propres », Civ. 2e, 18 juin 1986, *Bull. civ.* II, n° 93; 9 juin 1993, *RRSA* nov. 1993 n° 337. La commission n'est pas tenue par l'évaluation préalable de dommages-intérêts par une autre juridiction civile ou pénale.
2. Dans un délai d'un mois à compter de la notification de la décision de la commission (C. pr. pén., art. 50-24). Le fonds n'est ici qu'organisme payeur.
3. Référence aux conditions de l'obtention de l'aide juridictionnelle partielle.

nelles législatives et gouvernementales de ces trente dernières années. La problématique de la place de la victime dans un processus pénal largement entendu est au cœur des débats doctrinaux, mais aussi politiques et polémiques parfois, sur la justice pénale du XXIe siècle.

Certains s'en inquiètent, dénonçant la transformation de la nature même du procès pénal qui ne serait plus seulement le procès de l'auteur par la société mais qui se privatiserait à l'excès en devenant le lieu et le temps de la réparation morale et psychologique de la victime.

D'autres, au contraire, se félicitent de cette évolution, constatant les progrès réalisés pour conférer au procès pénal un caractère restauratif[1] pour les victimes comme pour les auteurs et pour mettre en œuvre une réparation globale qui ne se limite pas à une réparation patrimoniale mais qui comprend également une réparation « processuelle » et sociale[2].

Bibliographie indicative

Ouvrages

- R. CARIO, S. RUIZ-VERA, *Droit(s) des victimes. De l'oubli à la reconnaissance*, L'Harmattan, sept. 2015.

- R. CARIO, P. MBANZOULUO (dir.), *Justice restaurative, une utopie qui marche ?*, L'Harmattan, 2010.

- Y. LAMBERT FAIVRE, S. PORCHY-SIMON, *Droit du dommage corporel, systèmes d'indemnisation*, 8e éd., Dalloz, coll. « Précis », déc. 2015.

- N. PIGNOUX, *La réparation des victimes d'infractions pénales*, thèse Pau, nov. 2007, L'Harmattan, 2008.

Rapports

- *Rapports du Conseil national de l'aide aux victimes, CNAV*, publications du ministère de la Justice.

- Rapport du groupe de travail dirigé par J.-P. Dintilhac chargé d'élaborer une nomenclature des préjudices corporels, *BICC* n° 633, févr. 2006, sur le site Internet de la Cour de cassation.

- Rapport de Françoise Rudetski pour la création d'un centre de ressources et de résilience pour les victimes, 8 févr. 2017.

- Rapport de la professeure Stéphanie Porchy-Simon sur les préjudices d'angoisse et d'attente, 6 mars 2017.

Articles

- R. CARIO, « Terrorisme et droits des victimes », *in Terrorisme, victimes et responsabilité pénale internationale*, ouvrage collectif réalisé par l'association SOS

1. V. C. pr. pén., art. 10-1 (L. n° 2014-896 du 15 août 2014 relative à l'individualisation des peines et renforçant l'efficacité des sanctions pénales) qui donne aux mesures de « justice restaurative » une reconnaissance législative permettant « à l'occasion de toute procédure pénale et à tous les stades de la procédure, y compris lors de l'exécution des peines [de proposer] à la victime et à l'auteur d'une infraction, sous réserve que les faits aient été reconnus [...] une mesure de justice restaurative ».
2. V. N. Pignoux, *La réparation des victimes d'infractions pénales*, thèse Pau, nov. 2007; A. d'Hauteville, « Faut-il parler d'indemnisation ou/et de réparation des préjudices subis par les victimes d'infraction pénale ? », revue en ligne, *RISEO, risques, études et observations*, 2015, n° 1, p. 105 s.

Attentats, Calmann-Lévy, 2003; dossier « Les droits des victimes : état des lieux », *AJ pénal* 2004. 425.

- F. CHOPIN, « Vers un nouveau modèle de justice pénale ? », *in Mélanges Gassin*, PUAM, 2007, p. 135 s.

- A. D'HAUTEVILLE, « L'esprit de la loi du 6 juillet 1990 », *RSC* 1991. 149; « Un nouvel élan est donné aux politiques publiques d'aide aux victimes », *RSC* 1999. 647 s.; « Étude de la loi du 15 juin 2000 renforçant les droits des victimes », *RSC* 2001. 107 s.; « L'évolution des droits des victimes dans le procès pénal », *Cahiers de la sécurité* n° 23, mars 2013 p. 57 s.; « Le point de vue des victimes dans le procès pénal : quel équilibre ? », *in Mélanges C. Lazerges. Politique(s) criminelle(s)*, Dalloz, 2014, p. 649 s.; « Faut-il parler d'indemnisation ou/et de réparation des préjudices subis par les victimes d'infraction pénale ? », revue en ligne, *RISEO, risques, études et observations*, 2015, n° 1, p. 105 s.

- M. HERZOG-EVANS, « Les victimes et l'exécution des peines. En finir avec le déni et l'idéologie », *AJ pénal* 2008. 356.

- C. LAZERGES, « Le renforcement des droits des victimes par la loi du 15 juin 2000 », *Arch. pol. crim.* 2002, n° 24.

- X. PIN, « Le renforcement des droits des victimes par la loi du 15 juin 2000 », *Arch. pol. crim.* 2006, n° 28.

- D. SALAS, « Présence de la victime dans le procès et sens de la peine », *AJ pénal* 2004. 430, dossier; « Sisyphe devant ses juges, souci des victimes et recomposition de la justice », *in Notre Justice*, coord. D. Soulez Larivière et H. Dalle, R. Laffont, 2002.

- B. SAYOUS, R. CARIO, « La justice restaurative dans la réforme pénale : de nouveaux droits pour les victimes et les auteurs d'infractions pénales », *AJ pénal* 2014. 461 et s.

Pistes de réflexion

La présence de la victime transforme-t-elle le procès pénal ?
Procès équitable et système de la « partie civile »
La victime et l'exécution des peines
Les différentes voies de droit permettant à la victime d'obtenir la réparation de ses dommages
La justice restaurative

Section 10.
L'EXÉCUTION DES DÉCISIONS DE JUSTICE

CHRISTINE HUGON
Professeur à l'Université Montpellier

L'inexécution d'une décision de justice ne peut que frustrer la partie en faveur de laquelle elle a été rendue. En rattachant la question de l'exécution des décisions de justice au droit à un procès équitable, la Cour européenne des droits de l'homme lui a conféré rang de droit fondamental. Toutefois, même parée de cette aura, l'exécution des décisions de justice n'est pas pour autant assurée. Elle peut être entravée par de nombreux obstacles juridiques et pratiques. L'objectif de cette contribution est d'apprécier la manière dont le créancier et le débiteur de la décision de justice peuvent chacun solliciter les droits et libertés fondamentaux pour défendre leurs intérêts respectifs.

926. ***Le poids de la faculté de contraindre.*** « Le droit est lié à la faculté de contraindre[1]. » Le fait que la plupart des décisions soient exécutées spontanément par le perdant ne doit pas masquer l'importance de la phase d'exécution. Une fois les délais de recours passés ou les voies de recours épuisées, le jugement acquiert force de chose jugée[2]. Son exécution s'impose. Le contenu de la formule exécutoire qui doit normalement être apposée sur la décision suffit à lui seul à révéler son pouvoir de contrainte : « La République française mande et ordonne à tous huissiers de justice, sur ce requis, de mettre ledit arrêt (ou ledit jugement, etc.) à exécution, aux procureurs généraux et tous procureurs de la République près les tribunaux de grande instance d'y tenir la main, à tous commandants et officiers de la force publique de prêter main-forte lorsqu'ils en seront légalement requis. »

Parce qu'elle peut impliquer un recours à la force, la phase d'exécution est l'une des étapes du procès la plus révélatrice de la puissance de la justice. C'est à ce stade plus qu'ailleurs que se vérifie l'assertion de Kelsen selon laquelle « Le droit ne peut exister sans la force, mais il n'est pas identique à la force... Le droit est un certain ordre, une certaine organisation de la force »[3]. Le procès suffit à assurer la prééminence du droit sur la force brute mais la décision qui en résulte pourra, si le besoin s'en fait sentir, être exécutée par la force... publique, c'est-à-dire une force organisée par le droit et pour le droit. L'exécution se présente donc comme le nécessaire prolongement du procès.

C'est d'ailleurs ainsi que l'entend la Cour européenne des droits de l'homme lorsqu'elle rattache l'exécution des décisions de justice au droit à un procès équitable[4] et en déduit l'existence d'un « droit fondamental à l'exécution des jugements ».

Elle confirme ainsi son souci de retenir une interprétation pragmatique, utilitariste de la Convention[5]. La plupart des plaideurs n'ont, en effet, que faire d'une décision dont ils ne peuvent pas obtenir l'exécution. Le créancier ne court après un titre exécutoire que parce qu'il est le moyen d'obtenir l'exécution que son débiteur lui refuse. La victime d'un accident de la circulation agit en justice pour obtenir une indemnisation. Le bailleur impayé réclame au minimum la possibilité de récupérer son logement. La décision de justice, même si elle peut parfois procurer une satisfaction morale, est donc le plus souvent recherchée comme le moyen d'obtenir la concrétisation d'un droit. Or celle-ci passe par l'exécution. L'inexécution des décisions de justice génère pour la partie qui l'a emporté un sentiment d'injustice d'autant plus exacerbé qu'elle n'aura parfois obtenu cette décision qu'à la suite d'un procès long et onéreux.

Malheureusement cette situation n'est pas rare; bon nombre de décisions de justice restent lettre morte. Il est fréquent qu'un créancier après avoir obtenu un titre exécutoire n'obtienne jamais l'exécution du fait de l'insolvabilité de son débiteur; il n'est pas exceptionnel non plus que la force publique, tenue de prêter son concours à l'exécution des jugements, se dérobe. À l'évidence, ces situations portent une atteinte grave, essentielle, au caractère exécutoire des décisions passées en force de chose jugée car il s'agit justement de s'accommoder plus ou moins de l'absence d'exécution.

1. Kant, *Métaphysique des mœurs*, 1re partie, *Doctrine du droit*, 1797, trad. A. Philonenko, préface M. Villey, Vrin, 1993, p. 105.
2. C. pr. civ., art. 500.
3. *Théorie pure du droit*, 2e éd., trad. C. Eisenmann, Dalloz, 1962, p. 289.
4. 19 mars 1997, *Hornsby c/ Grèce*, req. n° 107/1995/613/701, *JCP* 1997. 22949, note O. Dugrip et F. Sudre; *D.* 1998. 74, note N. Fricero; *RTD civ.* 1997. 1009, obs. J.-P. Marguénaud; *Immobiliare Saffi c/ Italie*, 28 juill. 1999, *D.* 2000. Somm. 187, obs. N. Fricero.
5. W. Baranès et M.-A. Frison-Roche, « Le souci d'effectivité du droit », *D.* 1996. Chron. 301.

L'importance de l'atteinte conduit à s'interroger sur ses raisons d'être. L'insolvabilité, par exemple, se révèle une notion complexe, autant juridique que matérielle. Elle ne se résume pas à une absence de biens à saisir. Il est désormais largement admis dans la plupart des législations que le débiteur puisse conserver un minimum de biens, parfois même de revenus pour son usage personnel et celui de sa famille. Il s'agit en outre d'une notion relative, une personne insolvable pour un créancier ordinaire, ne le sera pas complètement pour un créancier d'aliments. Dans un autre domaine, le refus de l'Administration de prêter son concours à l'exécution d'une décision de justice se fonde généralement sur le danger qu'elle ferait courir à l'ordre public.

En consacrant expressément « un droit à l'exécution des décisions de justice », la Cour de Strasbourg a, à l'évidence, entendu que soient tirées des conséquences pratiques de sa position, mais la pluralité des difficultés soulevées par la mise en œuvre des décisions de justice conduit à penser que même élevé au rang de droit fondamental (***I.***), le droit d'obtenir l'exécution des jugements devra être concilié avec d'autres droits tout aussi fondamentaux (***II.***).

I. Le droit à l'exécution du jugement affirmé comme un droit fondamental

927. *Place dans la hiérarchie des normes.* Le perdant récalcitrant peut être contraint à l'exécution car il est de l'essence du jugement d'être exécuté. Ceci ressort expressément de la plupart des législations internes, mais, en règle générale, les règles gouvernant l'exécution ont seulement valeur législative. Aucun texte interne a valeur supralégislative, aucune décision du Conseil constitutionnel n'a, comme cela a été fait pour l'accès à la justice[1], pour l'instant, expressément élevé le droit à l'exécution au rang de droit fondamental[2]. Pas plus que les textes internes, la Convention européenne des droits de l'homme ne mentionne l'exécution parmi les garanties fondamentales du droit processuel. En rattachant l'exécution au droit à un procès équitable, la Cour de Strasbourg lui a pourtant conféré cette valeur. Le Conseil de l'Europe, à travers sa recommandation (2003)17 du Comité des ministres aux États membres en matière d'exécution des décisions de justice a repris le même rattachement. Il convient de s'interroger sur les raisons de ce rattachement (**A.**) et sur ses conséquences (**B.**).

A. Les raisons du rattachement de l'exécution au droit à un procès équitable

928. La Cour a inclus l'exécution des décisions de justice parmi les droits fondamentaux processuels au moyen d'un raisonnement en deux temps. Elle déduit d'abord du principe de la prééminence du droit une nécessité d'effectivité (*1.*) qui, elle-même, exige ensuite que soit assurée l'exécution des décisions rendues par les juridictions (*2.*).

1. La prééminence du droit exige l'effectivité du droit

929. *La prééminence du droit.* Le concept de prééminence du droit est à la base de tout système démocratique. On le retrouve sous la notion d'État de droit

1. Cons. const. 9 avr. 1996, n° 96-373 DC, *Statut de la Polynésie française, AJDA* 1996. 371, obs. Schrameck; *LPA* 4 sept. 1996, obs. B. Mathieu et M. Verpeaux.
2. Cependant pour une consécration implicite, 29 juill. 1998, n° 98-403 DC, § 46.

forgée par Rousseau qui « appelle... République tout État régi par des lois, sous quelque forme d'administration que ce puisse être[1] ». La règle de droit est alors conçue comme un rempart contre l'arbitraire des gouvernants mais aussi des juges : « La loi est antérieure à la justice et non pas la justice à la loi[2]. » Nul ne peut invoquer devant un tribunal un droit qui ne serait consacré par la loi, entendue au sens large. Le Conseil constitutionnel français a ainsi expressément affirmé que « les droits de l'homme », solennellement déclarés, n'ont d'autre valeur juridique que celle que leur confère le texte qui les énonce[3].

La prééminence du droit doit alors être d'abord comprise comme la prééminence du droit objectif, mais elle s'étend naturellement aux droits subjectifs qui en découlent. La condition d'altérité pour reprendre l'expression de Jean Dabin[4], c'est-à-dire l'opposabilité du droit aux tiers, implique la protection juridique du droit subjectif. Cette protection est assurée par l'action en justice car « sans l'action en justice par laquelle la société assure la sécurité des droits, ceux-ci seraient inefficaces donc incomplets »[5]. C'est dans cette logique que la Cour de Strasbourg considère que le droit à un procès équitable « consacre le principe fondamental de la prééminence du droit »[6] ce qui la conduit à affirmer que l'article 6 a pour première finalité d'assurer l'application effective de la règle de droit[7].

Certes, le droit dogmatique enseigne que l'effectivité n'appartient pas à la règle de droit, que le seul fait qu'un texte émane d'un organe constitutionnellement compétent et ait été régulièrement promulgué suffit à lui assurer son caractère de règle de droit; l'inapplication de la règle ne révélant qu'une carence, soit du pouvoir exécutif, soit du pouvoir judiciaire. Mais cette conception de la règle de droit se révèle trop artificielle. Quelle serait en effet l'utilité de lois destinées à rester lettre morte ? Trop théorique, cette approche de la règle de droit découvre ses limites à l'épreuve du droit d'action c'est-à-dire de la possibilité pour le justiciable qui fonde, à juste titre, ses prétentions sur une norme juridique, d'obtenir leurs consécrations.

La notion d'effectivité revêt en droit processuel un caractère particulier. Il ne s'agit pas, comme en sociologie juridique, de s'interroger sur l'effectivité statistique, mais de veiller à ce que le non-respect de la règle puisse être sanctionné, peu importe que, dans les faits, il ne le soit pas si la non-application de la règle satisfait la totalité des acteurs juridiques. Il s'agit donc d'une effectivité potentielle. Le justiciable lésé par la non-application spontanée de la norme juridique doit avoir le pouvoir d'en exiger l'application. La Cour européenne des droits de l'homme tire de l'exigence d'effectivité du droit un certain nombre de conséquences. Dans un premier temps, elle a fait découler du droit à un procès équitable, seul expressément visé dans l'article 6, le droit d'accès à un tribunal[8] car seul l'accès au juge permettra d'obtenir l'application forcée de la règle. Elle a, dans la même logique, achevé son raisonnement en considérant que l'effectivité du droit

1. *Le contrat social*, Gallimard, coll. « La Pléiade », L. II, ch. 6, p. 379.
2. J.-J. Rousseau, *Discours sur l'économie politique*, article de l'encyclopédie, t. III, p. 248.
3. Cons. const. 15 janv. 1975, *JCP* 1975. II. 18030, note E.-M. Bey; *D.* 1975. 529, note L. Hamon; *Gaz. Pal.* 1976. 1. 25, note Pellet.
4. *Le droit subjectif*, 1952, p. 93.
5. J. Ghestin et G. Goubeaux, *Traité de droit civil, introduction générale*, 4e éd., LGDJ, 1994, n° 191, p. 143.
6. CEDH 26 avr. 1979, *Sunday times*, série A 30, § 55.
7. En ce sens v. not., W. Baranès et M.-A. Frison-Roche, « Le souci de l'effectivité du droit », *D.* 1996. Chron. 301.
8. *Golder*, 21 févr. 1975, série A 18.

implique que soit aussi garantie l'exécution de la décision judiciaire car l'exécution du jugement est, tout autant, nécessaire à l'effectivité du droit.

2. L'exécution du jugement nécessaire à l'effectivité du droit

930. ***L'effectivité du droit.*** Le procès a pour finalité d'assurer l'effectivité du droit, de garantir la restauration de la règle bafouée. Ihering n'affirmait-il pas : « Dans les procès où il s'agit pour le demandeur de résister à une outrageante mésestime de son droit, il ne lutte pas pour le misérable objet du litige, mais pour un but idéal : la défense de sa personne même et de son sentiment du droit, d'une lésion personnelle »[1] ? L'inexécution de la décision de justice conduit à une non-application du droit qui devient alors un droit fantôme, un droit virtuel, un droit trompeur. On peut, dès lors, en déduire que l'exécution, comme l'action en justice, a pour finalité d'assurer, de garantir l'application du droit et que la non-exécution conduit à un déni de justice lequel ne peut générer chez les justiciables qui en sont victimes qu'un sentiment d'injustice, de frustration, de non-droit.

Tel est le cas lorsque l'Administration refuse de prêter son concours à une expulsion ordonnée par décision de justice ou encore lorsqu'elle persiste à ne pas tirer les conséquences qui s'imposent de l'annulation d'une de ses décisions. C'est exactement ce qui se passait dans l'affaire *Hornsby c/ Grèce*[2]. Le ministère de l'Éducation nationale grec avait refusé à deux ressortissants britanniques l'autorisation d'ouvrir une école privée de langues étrangères au motif que la législation nationale réservait cette possibilité aux seuls ressortissants grecs. Dans une décision *Commission c/ République hellénique*[3], la CJCE estima cette législation contraire à la liberté d'établissement affirmée par l'article 52 du traité CEE. Se conformant à l'arrêt de la CJCE, le Conseil d'État grec annula les décisions par lesquelles les autorisations avaient été refusées mais malgré leurs demandes réitérées, les deux ressortissants britanniques ne purent obtenir de l'Administration les autorisations nécessaires. Ils saisirent la Commission européenne des droits de l'homme au motif qu'en les leur refusant, l'Administration grecque violait l'article 6. La Cour affirma que « l'exécution d'un jugement ou arrêt, de quelque juridiction que ce soit, doit donc être considérée comme faisant partie intégrante du "procès" au sens de l'article 6 » puis, estima qu'« en s'abstenant pendant cinq ans de prendre les mesures nécessaires pour se conformer à une décision de justice définitive et exécutoire, les autorités nationales ont, en l'occurrence, privé les dispositions de l'article 6, paragraphe 1 de la Convention de tout effet utile ».

L'exécution se présente donc bien comme le prolongement normal du procès; mais peut-on aller plus loin et, comme l'affirme la Cour, en déduire qu'elle fait encore partie du procès ? Traditionnellement, la phase d'exécution apparaît séparée des phases judiciaires. La plupart des ouvrages consacrés au droit du procès n'abordent pas la phase d'exécution tant et si bien que le procès paraît, en théorie, s'achever sur la décision passée en force de chose jugée. Ce phénomène s'explique pourtant simplement par le fait que son examen est inclus dans l'étude des voies d'exécution généralement examinées à part de la procédure civile. Cette division n'est en réalité pas très heureuse car elle masque le fait que les voies d'exécution sont en réalité au cœur du procès. Il suffit pour s'en convaincre d'examiner le rôle du juge dans les procédures d'exécution ou le rôle de

1. *La lutte pour le droit*, trad. française O. de Meulenaere, 1890, p. 22.
2. Préc.
3. CJCE 15 mars 1988.

l'exécution dans le déroulement du procès. Le juge peut, dans de multiples hypothèses, venir infléchir l'exécution. C'est le cas lorsque l'exécution provisoire a été ordonnée par les juges du premier degré, elle peut être suspendue par le premier président de la cour d'appel[1]. C'est aussi le cas lorsque dans le cadre d'une procédure de règlement d'une situation de surendettement, le juge vient suspendre le jeu normal des voies d'exécution. En outre, lorsque des difficultés surviennent en cours d'exécution, elles sont tranchées par le juge de l'exécution.

L'exécution, elle-même, peut jouer un rôle dans le déroulement du procès. Par exemple, la non-exécution par le perdant de la décision des juges du fond peut entraîner la radiation de l'affaire du rôle de la juridiction chargée d'examiner le recours, ce qui revient à paralyser son exercice. Tout ceci confirme que l'exécution doit être comprise comme un élément du procès.

Cette idée avait d'ailleurs déjà été concrétisée par la Cour européenne. Dans plusieurs décisions, elle avait considéré qu'il convenait de tenir compte de la phase d'exécution pour déterminer la durée de la procédure[2]; par l'arrêt *Hornsby* du 19 mars 1997, elle a simplement confirmé et renforcé son analyse au terme d'un raisonnement qui domine toutes ses interprétations de l'article 6. Les circonstances de l'espèce, ajoutées à la généralité des termes employés, font qu'il est désormais possible d'y voir un droit fondamental à l'exécution des décisions de justice dont il convient d'examiner les conséquences.

B. Les conséquences du rattachement de l'exécution au droit à un procès équitable

931. ***Le poids de la jurisprudence européenne.*** L'autorité des arrêts de la Cour européenne se limite, en principe, à la chose jugée. L'État n'est tenu que « de prendre des mesures individuelles corrigeant la violation dans le cas d'espèce »[3] et il conserve, en outre, « le choix des moyens à utiliser dans son ordre juridique interne pour s'acquitter de l'obligation qui découle pour lui de l'article 53 »[4]. C'est ce que rappelle la Cour lorsqu'elle observe qu'elle n'est pas appelée à examiner si l'ordre juridique interne de l'État est apte à garantir l'exécution des décisions prononcées par les tribunaux; il appartient en effet à chaque État contractant de se doter d'un arsenal juridique adéquat et suffisant pour assurer le respect des obligations qui lui incombent[5]. Son rôle se limite à examiner si, dans une espèce donnée, les mesures adoptées par les autorités de l'État contractant ont été adéquates et suffisantes. Toutefois, nul n'ignore que l'ensemble de ses décisions constituent la jurisprudence de la Cour dont la portée normative est incontestable d'autant plus que la Cour, elle-même, paraît vouloir imposer un effet direct à ses arrêts lorsqu'elle considère que sa décision s'impose au juge national dès lors qu'il a statué sur un point qu'elle a déjà examiné[6]. Dès lors, c'est principalement sous l'angle de la jurisprudence de la Cour qu'il convient d'examiner les conséquences du rattachement de l'exécution à l'article 6, § 1, de la Convention. Il est intéressant d'observer que ces conséquences diffèrent selon

1. C. pr. civ., art. 524.
2. CEDH 26 sept. 1996, *Di pede c/ Italie et Zappia c/ Italie, Rec. CEDH* 1996-IV.
3. F. Sudre, *Droit international et européen des droits de l'homme,* 5e éd., PUF, coll. « Droit fondamental », n° 240, p. 339; plus généralement sur la question de la portée des arrêts de la Cour, v. F. Sudre, *op. cit.*, nos 239 s.
4. CEDH 26 mai 1988, *Pauwels c/ Belgique,* série A, n° 135.
5. CEDH 17 juin 2003, *Ruianu c/ Roumanie,* req. n° 34647/97, § 66; CEDH 3 févr. 2005, *Fociac c/ Roumanie,* req. n° 2577/02, § 69.
6. CEDH 22 nov. 1991, *Vermeire,* série A, 214; 22 févr. 1994, *Vallée,* série A, n° 289.

que l'exécution est poursuivie contre une autorité étatique ou contre une personne privée.

1. L'exécution poursuivie contre les autorités étatiques

932. ***Une « obligation de résultat ».*** La Cour européenne est extrêmement sévère à l'égard de personnes morales de droit public tenues d'exécuter une décision de justice. Elle rappelle régulièrement que la protection effective du justiciable et le rétablissement de la légalité impliquent l'obligation pour l'Administration de se plier à un jugement ou un arrêt prononcé par une juridiction[1] et ce quelle que soit la nature du contentieux. Avec le pragmatisme qui caractérise son interprétation de la Convention européenne des droits de l'homme, elle observe qu'en introduisant un recours en annulation devant la plus haute juridiction administrative de l'État, le justiciable vise à obtenir non seulement la disparition de l'acte ou de l'omission litigieux, mais aussi et surtout la levée de ses effets[2]. Lorsque la décision met à la charge de l'Administration une obligation de faire et que l'Administration fait preuve d'une inertie prolongée, la cour en déduit que celle-ci « engage la responsabilité de l'État [...] sur le terrain de l'article 6, § 1[3] ». C'est cette démarche qui a conduit la Cour européenne à condamner la France pour ne pas avoir exécuté un jugement octroyant un logement dans le cadre de la loi DALO (droit au logement opposable). L'absence d'exécution du jugement avait bien conduit, comme le prévoit le dispositif très original, à la liquidation et au versement de l'astreinte, mais la juridiction européenne considéra que celle-ci étant remise à un fonds étatique, elle n'avait pas de vocation compensatoire pour le créancier du jugement et ne pouvait donc être assimilée à son exécution[4].

La sévérité de la Cour s'étend naturellement aussi aux condamnations pécuniaires au travers notamment l'affirmation selon laquelle « une autorité de l'État ne saurait prétexter d'un manque de ressources pour ne pas honorer une dette fondée sur une décision de justice[5] ».

Le pragmatisme de la Cour se retrouve dans le choix d'une appréciation fonctionnelle de la notion d'autorité de l'État. Pour décider si le débiteur de l'obligation d'exécuter le jugement est une autorité étatique, la Cour ne s'arrête pas à la nature de la personne morale débitrice, mais s'intéresse à son mode de financement et aux fonctions qui lui sont confiées. C'est ainsi qu'elle a pu juger qu'une association de droit français, régie par la loi de 1901, devait être assimilée à cet égard à une autorité de l'État dès lors qu'elle était financée par des fonds publics et se voyait confier des missions par les autorités étatiques[6].

La même démarche conduit la Cour à considérer qu'« il n'est pas opportun de demander à un individu qui a obtenu une créance contre l'État à l'issue d'une procédure judiciaire, de devoir par la suite engager une procédure d'exécution forcée afin d'obtenir satisfaction[7] ».

1. V., not., CEDH 19 mars 1997, *Hornsby c/ Grèce*, préc., § 40 s.; CEDH 11 déc. 2003, *Karahalios c/ Grèce*, req. n° 62503/00, § 29; CEDH 10 nov. 2004, *Taskin et a. c/ Turquie*, req. n° 46117/99, § 124.
2. CEDH 18 nov. 2004, *Zazanis c/ Grèce*, req. n° 68138/01, § 37.0.
3. CEDH 28 sept. 1995, *Scollo c/ Italie*, série A, n° 315-C, § 44.
4. CEDH 9 avr. 2015, *Tchokontio Happi c/ France*, n° 65829/12.
5. CEDH 7 mai 2002, *Bourdov c/ Russie*, req. n° 59498/00, § 35; CEDH 26 sept. 2006, *Campoloro c/ France*, req. n° 57516, *D.* 2007. 545, note C. Hugon.
6. CEDH 28 févr. 2006, *Plasse-Bauer c/ France*, req. n° 21324/02, § 102.
7. CEDH 27 mai 2004, *Metaxas c/ Grèce*, req. n° 8415/02, § 19; CEDH 26 sept. 2002, *Karahalios c/ Grèce*, req. n° 62503/00.

La question qui doit alors retenir l'attention est celle de savoir si l'arsenal législatif français est apte à satisfaire les exigences de la jurisprudence européenne. L'impossibilité de mettre en œuvre les voies d'exécution de droit commun à l'encontre des personnes publiques[1], ajoutée au principe selon lequel le juge ne peut s'immiscer dans le fonctionnement de l'Administration, suggère une réponse négative. Cependant, la brutalité de ces principes a été largement atténuée par le pouvoir, désormais largement reconnu aux juges, de prononcer des astreintes à l'encontre des personnes morales de droit public[2]. Parallèlement, les règles relatives aux paiements publics semblent, en l'état actuel des pratiques et hormis quelques situations exceptionnelles, suffisantes pour assurer le respect des décisions de justice[3]. Il le faut d'ailleurs car la Cour est plus draconienne à l'égard des personnes publiques tenues d'exécuter quelles que soient les circonstances qu'à l'égard des personnes privées vis-à-vis desquelles l'État n'est tenu dans la phase d'exécution que d'une obligation de moyens.

2. *L'exécution poursuivie contre les personnes de droit privé*

933. ***Une obligation de moyens.*** L'obligation faite aux dépositaires de l'autorité publique de prêter leur concours à l'exécution des décisions de justice doit en principe suffire à assurer l'exécution qu'elle soit poursuivie contre la personne ou contre ses biens[4]. La Cour européenne considère, en effet, qu'« en principe, l'État membre n'est pas tenu de rembourser les dettes des acteurs privés et (que) ses obligations se limitent à apporter le concours nécessaire aux créanciers dans l'exécution des décisions de justice en cause, par exemple, par le biais d'un service d'huissiers ou de procédures de faillite »[5]. Celle-ci étant assurée par le droit de gage général qui permet au créancier impayé de faire saisir les biens du débiteur pour se payer sur leur prix de vente, il semble donc que le droit interne offre suffisamment de moyens pour assurer l'exécution contre les personnes privées. Pourtant, un examen plus attentif révèle que l'exécution est fréquemment difficile, voire impossible, soit que l'autorité publique refuse au nom d'un intérêt supérieur d'intervenir, soit que le créancier se heurte à l'insolvabilité réelle ou juridique du débiteur.

La carence de l'autorité publique constitue un des obstacles les plus remarqués à l'exécution. Il est admis de longue date que lorsque l'exécution forcée d'une décision de justice risque, par les réactions qu'elle générera, de porter un trouble grave à l'ordre public, l'autorité administrative puisse en dépit de la formule exécutoire refuser le concours de la force publique. La Cour européenne l'admet, elle aussi, mais dans une moindre mesure, uniquement dans des circonstances exceptionnelles et seulement sous la forme d'un sursis à l'exécution limité au temps strictement nécessaire pour trouver une solution satisfaisante aux problèmes d'ordre public[6].

Par ailleurs, la Cour reconnaît que l'attitude du débiteur, et notamment son insolvabilité, peut constituer un obstacle de nature à empêcher l'exécution. Le devoir

1. T. confl. 9 déc. 1899, *Assoc. synd. du canal de Gignac*, *S.* 1900. 3. 49, note M. Hauriou; Civ. 1re, 21 déc. 1987, *Bureau de recherches géologiques et minières*, *CJEG* 1988. 107, note L. Richer, *JCP* 1989, n° 21183, note B. Nicod, *RFDA* 1988. 771, concl. Charbonnier; *RTD civ.* 1989. 145, obs. Perrot.
2. En ce sens, O. Dugrip et F. Sudre, note ss CEDH 19 mars 1997, préc.
3. CEDH, *Campoloro c/ France*, préc.
4. CPCE, art. L. 153-1.
5. CEDH 18 juin 2002, *Shestakou c/ Roumaie* (déc), req. n° 48757/99.
6. CEDH 28 juill. 1999, *Immobiliare Saffi c/ Italie*, req. n° 22774/93, § 69.

des autorités étatiques en matière d'exécution contre les personnes privées se limitant à l'obligation d'adopter des mesures adéquates et suffisantes[1], le refus du débiteur d'exécuter ne peut, selon la Cour, être imputé à l'État dès lors que celui-ci a fait preuve de diligence[2]. Ce sera fréquemment sur un obstacle législatif que buttera l'exécution contre une personne privée.

Certains biens échappent traditionnellement aux saisies car ils sont nécessaires à la survie du débiteur et de sa famille ou encore à son travail. Déjà le Code Napoléon tolérait que le débiteur rural puisse conserver « une vache et trois brebis ou deux chèvres ». La protection englobe actuellement un minimum vital conçu plus généreusement[3].

Ces obstacles de plus en plus nombreux à l'exécution révèlent l'évolution du droit des voies d'exécution en faveur d'une plus grande prise en considération non seulement des difficultés rencontrées par le débiteur, mais aussi du désir de sauvegarder ses droits fondamentaux tels le droit au logement, à la dignité, au travail quitte à paralyser temporairement ou définitivement l'exécution.

II. Le droit à l'exécution du jugement limité par d'autres droits fondamentaux

934. La dimension humaine des intérêts en jeux conduit le législateur à rechercher des solutions de compromis entre l'exécution nécessaire à l'effectivité des décisions de justice et la protection des plus faibles. Le fait que le droit à l'exécution se soit vu conférer valeur de droit fondamental n'interdit pas la recherche d'un équilibre (**A.**) mais devrait autoriser un contrôle des solutions retenues (**B.**).

A. L'équilibre recherché

935. L'équilibre, symbole de la justice et de l'équité, doit irriguer les procédures d'exécution. C'est, en tout cas, le point de vue de la Cour européenne des droits de l'homme lorsqu'elle indique que celles-ci doivent réaliser « un juste équilibre entre les exigences de l'intérêt général et les impératifs de la sauvegarde des droits fondamentaux du saisi »[4]. L'équilibre recherché peut l'être en amont ou en aval de l'obtention de la décision de justice.

1. L'équilibre recherché en amont

936. ***Les délais de grâce du Code civil.*** Traditionnellement, il est admis que la partie puisse obtenir des délais. L'article 1343-5 du Code civil donne en effet au juge le pouvoir « compte tenu de la situation du débiteur et des besoins du créancier » de « reporter ou de rééchelonner le paiement des sommes dues ». Les modalités de l'exécution sont alors organisées par le juge de manière à prévenir, autant que faire se peut, d'éventuelles difficultés. Les versements étant normalement compatibles avec les revenus du débiteur, celui-ci devrait être en mesure de payer ce qu'il doit, donc, d'exécuter.

937. ***Les obstacles à l'obtention du titre exécutoire.*** Un autre moyen, *a priori* plus contestable, consiste à... ne pas ordonner l'exécution, c'est-à-dire à mettre

1. CEDH 17 juin 2003, *Ruianu c/ Roumanie*, req. n° 34647/97, § 66.
2. CEDH 3 févr. 2005, *Fociac c/ Roumanie*, req. n° 2577/02, § 69.
3. CPCE, art. R. 112-2.
4. CEDH 5 nov. 2009, *Thaleia Karidy c/ Grèce*.

en place une législation destinée à compliquer, voire paralyser l'obtention du titre exécutoire nécessaire à l'exécution. C'est une des solutions retenues pour lutter contre les expulsions de locataires. La loi multiplie les formalités (mise en demeure, information du préfet), les délais (deux mois entre l'envoi de la mise en demeure et la saisine du juge aux fins de résiliation) et surtout permet au juge d'accorder des délais de paiement sur trois ans s'il considère que le locataire est en situation d'apurer sa dette[1].

On retrouve cette tendance dans la législation relative aux règlements des situations de surendettement. L'ouverture d'une procédure donne d'abord au juge le pouvoir de suspendre les voies d'exécution[2]. Elle permet aussi grâce à des rééchelonnements, des réductions d'intérêts, des moratoires et parfois même des effacements de dettes, d'éviter le pire c'est-à-dire l'exécution forcée[3].

938. ***Les insaisissabilités sur déclaration.*** Les entrepreneurs individuels disposent aussi, par un système de déclaration de la possibilité de paralyser la saisie, par leurs créanciers professionnels, de leurs biens immeubles autres que celui servant de logement à famille lequel est désormais insaisissable de plein droit à l'égard de leurs créanciers professionnels[4].

2. L'équilibre recherché en aval

939. ***Les délais de grâce postérieurs à la décision d'expulsion.*** Ordonnée par une décision de justice, l'exécution peut buter sur une disposition spéciale ou sur la mauvaise volonté de l'Administration.

La législation relative aux expulsions tente de concilier le droit à l'exécution et le droit au logement. Les incessantes retouches législatives soulignent la difficulté de l'exercice. Le droit positif se caractérise par une procédure complexe dont l'unique objectif est de permettre la mise en place de solutions de relogement. C'est ainsi que l'expulsion d'un local constituant l'habitation principale de la personne ne peut avoir lieu moins de deux mois après le commandement (le juge pouvant toutefois réduire ou supprimer ce délai)[5]. Dans le cas où l'expulsion constituerait une mesure « *d'une exceptionnelle dureté* », le juge peut, en outre, proroger ce délai pour une durée maximale de trois mois[6]. De plus, depuis 1998 « à peine de suspension du délai avant l'expiration duquel l'expulsion ne peut avoir lieu, l'huissier doit avertir le préfet du département afin qu'une mesure de relogement puisse être prise en considération » et depuis 2014, informer le ménage locataire de la possibilité de saisir la commission de médiation en vue d'une demande de relogement au titre du droit au logement opposable[7]. Dans le cas où le relogement ne pourrait avoir lieu dans des conditions normales, le juge des référés ou le juge de l'exécution peut accorder des délais excédant trois ans[8]. Cependant, aucun délai ne peut être accordé lorsque les personnes sont entrées dans les lieux par voie de fait ou s'il s'agit d'un immeuble frappé d'un arrêté de péril ou lorsque la procédure de relogement effectuée en application de l'article L. 442-4-1 du Code de la construction n'a pas été suivie d'effet du fait du locataire. En outre, aucune expulsion ne peut

1. Art. 24 de la loi n° 89-462 du 6 juill. 1989 tendant à améliorer les rapports locatifs.
2. C. consom., art. L. 721-4.
3. C. consom., art. L. 733-1 et s.
4. C. com., art. L. 526-1 al. 2.
5. CPCE, art. L. 412-1.
6. CPCE, art. L. 412-2.
7. CPCE, art. L. 412-5.
8. CPCE, art. L. 412-3 s.

avoir lieu dans la période qui va du 1er novembre au 31 mars[1]. Ce souci de limiter la mise à la rue des personnes se retrouve dans la protection récemment renforcée du logement de l'entrepreneur en nom propre.

940. ***L'insaisissabilité de plein droit de la résidence de l'entrepreneur individuel.*** La loi n° 2015-990 du 6 août 2015 pour la croissance, l'activité et l'égalité des chances économiques, dite loi « Macron I » a renforcé la protection de l'entrepreneur individuel. L'insaisissabilité de sa résidence principale, qui était précédemment subordonnée à une déclaration préalable, sera désormais automatique. En effet, l'article L. 526-1 de ce code dispose désormais que « par dérogation aux articles 2284 et 2285 du code civil, les droits d'une personne physique immatriculée à un registre de publicité légale à caractère professionnel ou exerçant une activité professionnelle agricole ou indépendante sur l'immeuble où est fixée sa résidence principale sont de droit insaisissables par les créanciers dont les droits naissent à l'occasion de l'activité professionnelle de la personne. Lorsque la résidence principale est utilisée en partie pour un usage professionnel, la partie non utilisée pour un usage professionnel est de droit insaisissable, sans qu'un état descriptif de division soit nécessaire. La domiciliation de la personne dans son local d'habitation en application de l'article L. 123-10 du présent code ne fait pas obstacle à ce que ce local soit de droit insaisissable, sans qu'un état descriptif de division soit nécessaire ». L'entrepreneur individuel pourra renoncer à cette protection, vis-à-vis par exemple d'un prêteur de deniers.

941. ***Les biens mobiliers insaisissables.*** L'examen des règles relatives aux saisies mobilières confirme, à son tour, l'existence d'arbitrages au profit des droits fondamentaux. La liste des biens insaisissables inclut désormais les objets nécessaires à la conservation, à la préparation et à la consommation des aliments, les animaux d'appartement ou de garde et même depuis 1997 « un poste téléphonique permettant l'accès au service téléphonique fixe »[2]. Depuis la loi du 12 mai 2009, lorsqu'un compte bancaire fait l'objet d'une saisie, il doit être automatiquement laissé au débiteur personne physique dans la limite du solde créditeur au jour de la saisie une somme à caractère alimentaire d'un montant égal pour une personne seule au montant forfaitaire du revenu garanti par le revenu de solidarité active[3]. L'ordonnance du 23 mars 2006 réformant le droit des sûretés a exclu la possibilité de demander l'attribution judiciaire ou conventionnelle de la résidence principale du débiteur dans l'objectif implicite de protéger celui-ci contre des modes de réalisation forcée de la sûreté trop efficaces. Destinée à moderniser la procédure de saisie immobilière, l'ordonnance du 27 juillet 2006 a favorisé la vente amiable, réputée moins traumatisante pour le débiteur et plus protectrice des intérêts des parties en présence.

942. ***Les objectifs poursuivis.*** L'insaisissabilité des biens nécessaires à l'alimentation touche au droit à la santé, de même que l'insaisissabilité du matériel médical. L'interdiction de toucher aux objets d'enfant participe du droit à mener une vie familiale normale, de même que l'insaisissabilité des animaux de compagnie. La protection des livres et objets nécessaires à la poursuite des études ou à la formation, ainsi qu'à l'activité professionnelle du débiteur, relève du droit au travail. La gravité des atteintes que ces saisies porteraient aux droits fondamentaux est telle que l'exécution est purement et simplement exclue.

---

1. CPCE, art. L. 412-6.
2. Décr. n° 97-375 du 17 avr. 1997.
3. Art. 20 de la loi n° 2009-526 du 12 mai 2009 de simplification et de clarification du droit.

Il est d'autres exemples qui révèlent des compromis plus subtils. C'est le cas de la priorité donnée aux saisies-attributions sur les saisies à fin de vente[1], c'est-à-dire aux saisies de sommes d'argent sur celle des biens meubles corporels. Cette priorité, qui ne concerne que les petites créances (inférieures à 535 euros), traduit elle aussi la préoccupation du législateur de protéger dans la mesure du possible la vie familiale du débiteur tout en sauvegardant les intérêts du créancier. Le système tend à éviter l'intrusion des représentants de la force publique au sein du logement familial en exigeant du créancier qu'il emprunte initialement un mode de saisie moins traumatisant, une saisie de compte bancaire ou de rémunération, mais en cas d'échec de celle-ci, le créancier retrouve la possibilité de recourir aux saisies-ventes pour obtenir le paiement de sa créance.

943. ***Le refus du concours de la force publique.*** L'exécution peut encore être paralysée par l'attitude de l'Administration. Il arrive que l'exécution de certaines décisions de justice implique un recours à la force, pour une expulsion par exemple. Le créancier qui ne peut lui-même employer la force doit obtenir le concours de la puissance publique laquelle est garante du respect des droits fondamentaux du débiteur[2]. Les juridictions administratives admettent que le préfet puisse refuser son concours s'il estime l'exécution inopportune en termes de sécurité ou d'ordre public. Néanmoins son refus est considéré comme fautif et engage sa responsabilité : « Considérant que le justiciable, nanti d'une sentence judiciaire, dûment revêtue de la formule exécutoire, est en droit de compter sur la force publique pour l'exécution du titre qui lui a ainsi été délivré; que si le Gouvernement a le droit d'apprécier les conditions de cette exécution et de refuser le concours de la force armée, tant qu'il estime qu'il y a danger pour l'ordre et la sécurité, le préjudice qui résulte de ce refus ne saurait, s'il excède une certaine durée, être une charge incombant normalement à l'intéressé, qu'il appartient au juge de déterminer la limite à partir de laquelle il doit être supporté par la collectivité[3]. » L'équilibre réside ici dans la possibilité laissée au bénéficiaire du titre exécutoire de prétendre à une indemnisation. Par exemple, en cas de refus d'expulsion du locataire, le propriétaire peut réclamer le paiement des loyers qu'il aurait perçu si l'expulsion avait eu lieu à la date sollicitée[4].

Concilier l'exécution et les autres droits fondamentaux est un exercice par nature délicat du fait de l'importance des intérêts en jeu. Il implique un contrôle de la conformité des solutions retenues en droit interne au droit conventionnel.

B. L'équilibre contrôlé

944. ***L'objectif.*** Le contrôle est principalement assuré par la Cour européenne des droits de l'homme. Il ressort de sa jurisprudence que l'exigence d'exécution qui poursuit, en elle-même, un objectif légitime, ne peut justifier ni une atteinte prématurée, ni une atteinte excessive à d'autres droits fondamentaux. Il est significatif d'observer que, par exemple, les deux parties à la procédure d'exécution, celle qui la demande, comme celle qui en subit les effets, peuvent toutes deux se réclamer des droits et libertés fondamentaux garantis par

---

1. CPCE, art. L. 221-2.
2. Art. 12 de la Déclaration des droits de l'homme et du citoyen : « La garantie des droits de l'homme et du citoyen nécessite une force publique : cette force est instituée pour l'avantage de tous, et non pour l'utilité particulière de ceux auxquels elle est confiée. »
3. CE 30 nov. 1923, *Couitéas*, *DP* 1923. 3. 59, concl. Rivet; *S.* 1923. 3. 57, note Hauriou; CE 27 janv. 2010, n° 320642, 21 janv. 2011, n° 339647.
4. CE 3 nov. 1967, *Gaz. Pal.* 1968. 1. 226.

la convention européenne et notamment de l'article 6 § 1 et de l'article 1er du Protocole 1.

Dans cette logique et en faveur du créancier, la Cour de cassation a, par exemple, estimé que « les dispositions relatives au désendettement des expatriés installés dans une profession non salariée, organisant, sans l'intervention du juge, une suspension automatique des poursuites, d'une durée indéterminée, portent atteinte, dans leur substance même, aux droits des créanciers, privés de tout recours »[1].

Si l'on regarde du côté de l'article 1er du Protocole 1, il est révélateur d'observer qu'il peut être invoqué par les deux parties à la procédure d'exécution. En effet, si la Cour de Strasbourg juge que le créancier peut fonder sa demande en exécution forcée sur la protection de sa créance, analysée comme un bien protégé par l'article 1er du Protocole 1, elle a aussi admis qu'il n'était pas exclu « que la vente forcée d'un bien par adjudication à la demande d'un créancier du propriétaire emporte violation de l'article 1er du Protocole 1 lorsque [...] la vente judiciaire aboutit à la cession de celui-ci à vil prix »[2]. Le même article est alors invoqué en faveur du débiteur saisi. Toute la difficulté est, en conséquence, d'arbitrer entre les droits fondamentaux en conflit. La Cour européenne utilise plusieurs facteurs pour réaliser les équilibres adéquats. C'est ainsi par exemple qu'elle tient compte du caractère définitif ou non de la décision ou encore du poids des intérêts en jeu, comme, lorsqu'une partie peut se réclamer utilement du droit au logement.

945. ***L'atteinte prématurée.*** Sans doute parce que le jugement constitue la forme la plus violente dont l'État démocratique dispose contre la personne[3], la Cour considère que le droit à l'exécution ne peut être invoqué qu'à l'appui, selon ses termes, des décisions définitives et obligatoires; ce qui exclut, notamment de son domaine, les décisions assorties de l'exécution provisoire, ainsi que précise-t-elle, les décisions « qui peuvent être soumises au contrôle des plus hautes instances et éventuellement infirmées[4] ». Dans le même esprit, elle considère que le droit à l'exécution ne doit pas avoir pour effet d'entraver l'exercice de voies de recours prévues par le droit interne. C'est ainsi que, très fermement, la Cour a affirmé en matière pénale que le fait de ne pas se mettre en état ne devait pas priver le justiciable de son droit à recours[5]. Avec plus de nuances, elle a étendu cette analyse à la procédure civile. Le président de la Cour de cassation avait, dans deux espèces, ordonné, comme le lui permet l'article 1009-1 du Code de procédure civile, le retrait du rôle pour défaut d'exécution de la décision des juges du fond sans tenir compte de la situation de précarité des requérants alors, qu'en fait, celle-ci empêchait toute tentative d'exécution. Elle a considéré que cette possibilité de retrait qui concourt à garantir l'exécution des décisions de justice portait une atteinte disproportionnée au droit d'accès des requérants et méconnaissait, en conséquence, leur droit à un procès équitable[6]. Plus récem-

1. Cass., ass. plén., 7 avr. 2006, n° 05-11.519, *Bull. ass. plén.*, n° 3; D. Mouralis, « Constitution, Convention européenne des droits de l'homme et dispositif de protection des rapatriés : une nouvelle lecture », *Dr. et proc.* 2006, n° 4, p. 193.
2. CEDH 27 juin 2006, *Mazelie c/ France*, req. n° 5356/04.
3. En ce sens, J.-F. Burgelin, J.-M. Coulon et M.-A. Frison-Roche, « L'office de la procédure », *in Le juge entre deux millénaires. Mélanges offerts à P. Drai*, Dalloz, 2000, p. 253, spéc. p. 256, n° 11.
4. CEDH 18 avr. 2002, *Ouzounis c/ Grèce*.
5. CEDH 29 juill. 1998, *Poitrimol, Omar et Guérin c/ France, RD publ.* 1999. 881; 14 déc. 1999, *Kalfaoui c/ France, RD publ.* 2000. 723; 23 mai 2000, *Van Pelt c/ France, RD publ.* 2001. 675.
6. CEDH 14 nov. 2000, *Annoni di Gussola et Desbordes et Omer c/ France, Dr. et proc.* 2001, n° 3.

ment, elle est venue confirmer que la vente aux enchères d'un bien constitue une ingérence dans le droit au respect des biens du saisi devant s'analyser en une privation de propriété au sens de l'article 1er du Protocole 1. Elle observe que celle-ci doit en conséquence ménager un juste équilibre entre les intérêts en présence et qu'il doit exister un rapport raisonnable de proportionnalité entre les moyens employés et le but visé par toute mesure privant une personne de sa propriété[1].

Cette recherche d'une proportionnalité se retrouve lorsqu'il s'agit de concilier le droit à l'exécution avec le droit au logement.

946. ***Le contrôle de l'équilibre à l'aune du droit au logement.*** Il n'est pas rare que le poids humain du droit au logement vienne peser d'une manière particulière dans l'appréciation des intérêts en conflit.

Quelques décisions assez récentes ont révélé que pour la Cour européenne, la gravité des conséquences de la saisie du logement sur la vie du débiteur et de sa famille devait être prise en considération lors de l'appréciation de la proportionnalité de l'atteinte apportée à son droit de propriété[2].

Elle avait fait de même dans un passé pas très lointain à l'occasion du contentieux né du refus des autorités étatiques de prêter le concours de la force publique à l'exécution de décisions d'expulsion. Sa jurisprudence s'était principalement construite à travers une série remarquée d'arrêts contre l'Italie[3]. En réaction aux graves difficultés de logement rencontrées dans les centres urbains, le législateur italien avait mis en place un système de suspension des expulsions. La Cour avait, à cette occasion, affirmé que « si on peut admettre que les États contractants, dans des circonstances exceptionnelles et dans le cadre de la marge d'appréciation dont ils jouissent en matière de réglementation de l'usage des biens, interviennent dans une procédure d'exécution d'une décision de justice, pareille intervention ne peut avoir pour conséquence ni d'empêcher, invalider ou encore retarder de manière excessive l'exécution, ni, encore moins, de remettre en question le fond de cette décision ».

Ces décisions, qui furent pour la Cour, après l'arrêt *Hornsby*, le moyen de réaffirmer son attachement à l'exigence d'exécution, lui donnèrent aussi celle d'affiner sa jurisprudence sur cette question. L'examen de cette série de décisions et plus particulièrement de son arrêt de principe, *Immobiliare Saffi*, révèle en effet le souci de la Cour de concilier l'exécution avec les autres droits fondamentaux et notamment le droit au logement. Saisie pour violation du Protocole n° 1 et de l'article 6, paragraphe 1, la Cour de Strasbourg a, avant de condamner, apprécié la conventionnalité du système mis en place. Les étapes de son raisonnement sont intéressantes. La Cour a, d'abord, affirmé au regard du Protocole n° 1 que la « législation contestée poursuivait un but conforme à l'intérêt général... et que ces mesures législatives pouvaient raisonnablement passer pour convenables pour atteindre le but légitime poursuivi, étant donné la nécessité de ménager un juste équilibre entre les intérêts de la communauté et le droit des propriétaires ». Elle a, ensuite, condamné l'Italie au motif que le système mis en place ne prévoyait pas suffisamment de garanties de procédure et présentait un caractère arbitraire, spécialement en ce que « la société requérante ne peut utilement réclamer devant

---

1. CEDH 5 nov. 2009, *SA Thalia Karydi Axte c/ Grèce*, req. n° 44769/07, § 34 s.
2. *Rousk v. Sweden*, 25 juill. 2013, n° 27183/04, § 124 et 125; *Mindek v. Croatia*, 30 août 2016, n° 6169/13; *Ljaskaj v. Croatia*, 20 déc. 2016, n° 58630/11; *Vaskrsic v. Slovania*, 25 avr. 2017, n° 31371/12.
3. CEDH 28 juill. 1999, *Immobiliare Saffi c/ Italie*, req. n° 22774/93; CEDH 30 nov. 2000, *Eduardo Palumbo c/ Italie*, req. n° 15919/89; CEDH 11 janv. 2001, *Lunari c/ Italie*, req. n° 21463/93.

les tribunaux italiens une quelconque compensation pour cette attente prolongée assortie de l'impossibilité de vendre ou de louer son appartement ». Au regard plus spécialement de l'article 6, la Cour a considéré que si « l'exécution d'une décision de justice ne peut être retardée de manière excessive... un sursis à l'exécution... pendant le temps strictement nécessaire à trouver une solution satisfaisante aux problèmes d'ordre public peut se justifier dans des circonstances exceptionnelles ».

De manière plus radicale mais pourtant assez prévisible, la Cour européenne a condamné le système du « droit au logement opposable » (DALO) imaginé par le législateur français au profit, cette fois, des personnes mal logées[1]. En l'espèce, la commission de médiation de Paris avait, en février 2010, constaté que la requérante et ses proches vivaient dans des locaux indécents et insalubres. Par un jugement du 28 décembre 2010 le tribunal administratif de Paris avait ordonné son relogement sous une astreinte qui, conformément au système mis en place par la loi de 2007, était au bénéfice, non pas de la requérante mais du fonds d'aménagement urbain d'Île-de-France. Un an plus tard, faute d'exécution du jugement, l'astreinte fut liquidée au profit du fonds. La Cour européenne considéra que, faute d'être versée à la requérante, l'astreinte n'avait aucune fonction compensatoire et portait atteinte au droit de celle-ci d'obtenir l'exécution de la décision de relogement rendue en sa faveur. L'astreinte a pour fonction d'inciter les personnes morales à construire des logements sociaux, mais la décision de justice avait été rendue au bénéfice d'une personne et imposée son logement. Il était prévisible que le droit à l'exécution des décisions de justice tel qu'il se dessine dans la jurisprudence de la Cour de Strasbourg, conjugué à la puissance du droit au logement, allait venir jouer les perturbateurs de ce DALO bien mal nommé !

947. *Conclusion.* L'originalité du contrôle opéré résulte, croyons-nous, de la place du droit à un procès équitable parmi les droits fondamentaux. La Cour considère, nous l'avons vu, que le droit à un procès équitable se présente comme la garantie des autres droits. Il leur est, à la fois nécessaire et subordonné : nécessaire car sans lui leur violation ne serait pas sanctionnée et subordonné car il est à leur service. Ce dernier caractère ne doit pas être oublié lorsqu'il s'agit d'apprécier la portée du droit à l'exécution. Le droit à l'exécution est au service de la règle de droit dont le jugement assure le respect. Il ne peut donc avoir pour effet de conférer au droit en question une valeur supérieure à celle du droit subjectif dont l'action a assuré la mise en œuvre. Ceci justifie qu'il ne puisse être invoqué au secours d'une exécution provisoire. Tant que la décision n'est pas définitive, le droit subjectif demeure fragile. Ceci explique aussi qu'il puisse être efficacement entravé par une disposition de droit interne à la condition que celle-ci tire sa légitimité d'un droit fondamental. Or la plupart des obstacles à l'exécution mis en place par le législateur afin de préserver la dignité des perdants, de sauvegarder un minimum vital, de reloger les personnes victimes d'une expulsion, poursuivent des buts légitimes. Dès lors, sous réserve de respecter l'exigence de proportionnalité, ils ne devraient pas avoir à redouter le contrôle de la Cour de Strasbourg[2]. Il serait en effet tout de même passablement paradoxal que ce soit en vertu d'une jurisprudence de la Cour européenne des droits de l'homme que la justice de Créon l'emporte sur celle d'Antigone[3].

1. CEDH 9 avr. 2015, *Tchokontio Happi c/ France*, req. n° 65829/12, *Gaz. Pal.* 2015, n° 254, p. 15, obs. J. Andriantsimbazovina; *JCP A* 2017, 16, p. 34, obs.
2. *Immobiliare Saffi c/ Italie, Eduardo Palumbo c/ Italie, Lunari c/ Italie*, préc.
3. Ce travail a bénéficié d'une aide de l'État gérée par l'Agence nationale pour la recherche au titre du programme « investissements d'Avenir » portant la référence ANR-10-LABX-11-10.

Bibliographie indicative

D'une façon générale, tous les manuels de voies d'exécution et de contentieux administratif ainsi que les ouvrages consacrés à la jurisprudence de la Cour européenne des droits de l'homme dont notamment :

- G. Couchez, *Voies d'exécution*, 12e éd., Sirey, coll. « U-droit », 2017.
- M. Donnier, *Voies d'exécution*, 9e éd., Litec, coll. « Manuel », 2015.
- O. Dugrip et F. Sudre, note ss CEDH 19 mars 1997, *JCP* 1997. II. 22949.
- N. Fricéro, note ss CEDH 19 mars 1997, *D.* 1998. 74; « Le droit européen à l'exécution des jugements », *Dr. et proc.* janvier 2001, no 1, p. 6.
- Ph. Hoonakker, *Procédures civiles d'exécution*, 5e éd., Larcier, 2017.
- M. Long, P. Weil, G. Braibant, P. Devolvé, B. Genevois, *Les grands arrêts de la jurisprudence administrative*, 21e éd., Dalloz, 2017.
- J.-P. Marguénaud, « Extension des exigences du droit à un procès équitable à la phase d'exécution de la décision », *RTD civ.* 1997. 1009.
- F. Sudre, *Droit européen et international des droits de l'homme*, 12e éd., PUF, coll. « Droit fondamental », 2015.
- F. Sudre (dir.), *Les grands arrêts de la Cour européenne des droits de l'homme*, 7e éd., PUF, 2015.

Ainsi que W. Baranès et M.-A. Frison-Roche, « Le souci de l'effectivité du droit », *D.* 1996. Chron. 301.

Avec plus spécialement sur le droit fondamental à l'exécution :

- C. Brenner, *Procédures civiles d'exécution*, 9e éd., Dalloz, coll. « Cours », 2017.
- A. Leborgne, *Droit de l'exécution*, 2e éd., Dalloz, coll. « Précis », 2014.

Pistes de réflexion

Le saisi peut-il invoquer la protection de l'article 1er du Protocole 1 de la Conv. EDH ? Peut-on parler d'un droit fondamental à l'exécution des décisions de justice ? Quels en seraient les fondements ?

Chapitre 5

L'acteur économique et social

Section 1.
LA PROPRIÉTÉ, DROIT FONDAMENTAL
(Rémy Libchaber)

Section 2.
LA LIBERTÉ CONTRACTUELLE
(Marie-Laure Mathieu)

Section 3.
LA LIBERTÉ DU COMMERCE ET DE L'INDUSTRIE
(Didier Ferrier)

Section 4.
LA LIBERTÉ DU TRAVAIL
(Pierre-Yves Verkindt)

Section 5.
LES DROITS SOCIAUX
(François Gaudu †, Raymonde Vatinet)

Section 6.
LE DROIT À LA SANTÉ
(Lise Casaux-Labrunée)

Section 7.
LE DROIT AU LOGEMENT
(Christophe Albiges)

Section 1.
LA PROPRIÉTÉ, DROIT FONDAMENTAL

Rémy Libchaber
Professeur à l'Université Panthéon-Sorbonne (Paris 1)

Plus nous sortons de l'empreinte idéologique de la seconde moitié du XXe siècle, et mieux nous comprenons à quel point la propriété individuelle est nécessaire à l'homme pour accomplir sa destinée sociale. Loin que l'appropriation s'opère au détriment d'une collectivité frustrée, elle constitue le cap avancé de la pénétration de l'individu dans l'espace social. Avec d'autres institutions inhérentes aux libertés, la propriété assure la médiation entre les besoins individuels et la vie en société, en empêchant celle-ci de devenir oppressive. Parce que nos sociétés résultent d'équilibres délicats, précaires, il ne faut pas considérer avec désinvolture le régime juridique que le droit civil a patiemment forgé pour elle : c'est en le préservant dans ses articulations essentielles que l'on respectera l'équilibre naturel entre l'homme et la société.

948. ***L'étude de la propriété a-t-elle sa place dans un recueil consacré aux droits et libertés fondamentaux ?*** La propriété nous paraît aujourd'hui constitutive de l'Avoir, bien davantage que de l'Être, alors qu'elle devrait être consubstantielle à la nature humaine ou à l'organisation de toute société, pour relever de ce recueil. Est-elle un droit de l'homme, c'est-à-dire un droit directement émané de sa nature même, en ce qu'elle a de spécifique ? À la recherche de sa généalogie, il s'est toujours trouvé des auteurs pour rattacher la propriété à l'invention de la société, ce qui fait de l'appropriation foncière un événement tardif, succédant à un véritable communisme originaire. Selon le message biblique, la terre fut primitivement donnée à tous les hommes : l'appropriation privative constituerait donc un événement de nature sociale, à la dignité secondaire. Benjamin Constant devait l'exprimer en termes remarquables : « la propriété n'est point antérieure à la société : car sans l'association, qui lui donne une garantie, elle ne serait que le droit du premier occupant, en d'autres mots, le droit de la force, c'est-à-dire un droit qui n'en est pas un. La propriété n'est point indépendante de la société, car un état social, à la vérité très misérable, peut être conçu sans propriété, tandis qu'on ne peut imaginer de propriété sans état social[1] ». Ce qui est perdu sur le terrain des droits de l'homme ne pourrait-il être regagné sur celui des droits fondamentaux : si la propriété apparaît avec la société, ne pourrait-on dire qu'elle lui est inhérente et donc, au moins en cela, fondamentale ? Cette seconde avancée ne serait pas plus convaincante, tant il est vrai que des doctrines nombreuses ont proposé l'abandon de la propriété privée, que certains systèmes ont d'ailleurs réalisé au XXe siècle — au moins pour la propriété privée des moyens de production. Abstraction faite de leur destinée, l'existence même de ces systèmes rend plus contingent encore le statut de la propriété : née avec la société qui la garantit, elle en est tout de même dissociable, et se présente au mieux comme une variable sociale aux manifestations aléatoires.

Ni droit de l'homme ni droit fondamental, on serait tenté de souscrire à la remarque de Marx selon laquelle il s'agit là d'un droit du citoyen bourgeois[2] qui, en tant que tel, ne mériterait pas l'honneur d'être élevé au rang des droits essentiels à l'idée d'humanité.

949. ***La propriété dans les déclarations de droit.*** Ces réflexions achoppent néanmoins sur une constatation d'évidence : il n'est presque aucune proclamation des droits de l'homme ou du citoyen qui n'ait fait une place notable à la propriété, jusqu'au milieu du XXe siècle. C'est d'abord manifeste pour la grande Déclaration de 1789, dont l'article 2 place la propriété au cœur même des raisons d'être de toute société — « le but de toute association politique est la conservation des droits naturels et imprescriptibles de l'homme. Ces droits sont la liberté, la propriété, la sûreté et la résistance à l'oppression » —, disposition que l'article 17 vient *in fine* actualiser avec éclat : « la propriété étant un droit inviolable et sacré, nul ne peut en être privé, si ce n'est lorsque la nécessité publique, légalement constatée, l'exige évidemment, et sous la condition d'une juste et préalable indemnité »[3]. Sur cette voie, la déclaration française à vocation universelle avait été précédée des déclarations des droits des premiers États d'Amérique, qui avaient presque tous reconnu la propriété parmi les droits qu'ils garantissaient, à égalité avec le droit à la liberté, au bonheur et à la sûreté[4]. L'insertion de la propriété parmi les droits essentiels ne devait pas se démentir dans la suite de l'évolution institutionnelle française, même si l'on ressent de mieux en mieux l'influence de la montée des contestations à son endroit.

Le ton change assurément avec la seconde guerre mondiale, et la montée en puissance de l'idéologie communiste. La Déclaration universelle des droits de l'homme, proclamée par l'ONU en 1948, fera elle aussi droit à la propriété dans

1. B. Constant, *Principes de politique*, Hachette, coll. « Pluriel », 1997, p. 176.
2. K. Marx, *La question juive, in Philosophie*, Éd. M. Rubel, Folio, 1997, p. 74.
3. J. Morange, « La Déclaration et le droit de propriété », *Droits* n° 8, p. 101; la reconnaissance de la propriété n'est pas séparable de préoccupations fiscales : J.-J. Bienvenu, « Impôt et propriété dans l'esprit de la déclaration », *Droits* n° 8, p. 135.
4. V. S. Rials, *La Déclaration des droits de l'homme et du citoyen*, 1988, annexes n° 8 pour la déclaration de Virginie (art. I et VII), n° 9 pour celle de Pennsylvanie (art. I, VIII et XI), n° 10 pour celle du Delaware (art. X).

son article 17, même si c'est d'une façon ambiguë : « toute personne, seule ou en collectivité, a droit à la propriété. Nul ne peut être arbitrairement privé de sa propriété ». Contemporaine, la Convention européenne de sauvegarde des droits de l'homme la reconnaîtra à son tour dans l'article 1er du Protocole additionnel de 1952 : « toute personne physique ou morale a droit au respect de ses biens. Nul ne peut être privé de sa propriété que pour cause d'utilité publique et dans les conditions prévues par la loi et les principes généraux du droit international... », ce qui est assez dire qu'elle n'avait pu figurer dans la déclaration elle-même deux ans auparavant, faute d'accord. On observera enfin que les deux Pactes décisifs de l'ONU de 1966, pourtant conçus dans le sillage de la Déclaration de 1948, ne font pas mention de la propriété[1].

N'exagérons pas le caractère mitigé de ce bilan. Avec le reflux de l'idéologie communiste depuis les années quatre-vingt-dix du siècle précédent, avec la montée en puissance d'un individualisme partout perceptible, on peut penser que la propriété a de beaux jours devant elle — même si les Déclarations de droit sont désormais rares, le monde en étant saturé[2]. Tout de même, l'Union européenne a établi, à son tour, une Charte des droits fondamentaux, signée le 7 décembre 2000 et dotée de force contraignante depuis 2009, dont l'article 17 garantit la propriété des biens corporels, puis la propriété intellectuelle dans un second alinéa[3]. Le texte n'en est guère original, mais confirme que la page de la contestation de la propriété individuelle, au milieu du XXe siècle, est désormais tournée : la propriété est revenue au premier plan de nos préoccupations — même s'il arrive, en France notamment, que la propriété publique vienne la concurrencer dans les préoccupations juridiques.

Cet ensemble de déclarations est impressionnant, et témoigne de ce que la propriété privée n'a jamais cessé d'être considérée comme un droit essentiel, dont la protection est poursuivie comme un objectif fondamental par la plupart des systèmes. N'y a-t-il pas une certaine contradiction dans le fait de contester le caractère essentiel d'un droit, alors qu'on le considère par ailleurs comme fondamental ? On peut risquer l'hypothèse selon laquelle la contestation et l'exaltation ne s'attacheraient pas à la même chose : dans son principe, la possibilité d'une appropriation privative est consubstantielle à la vie de l'homme en société (***I.***) ; ce qui n'empêche pas le contenu de la propriété de varier en fonction de contraintes propres, qui en modifient le régime sans toucher à la notion (***II.***).

I. Le rôle fondateur de la propriété

950. Il n'est pas possible de s'attacher au rôle fondateur de la propriété sans évoquer quatre séquences historiques primordiales qui en ont exalté l'importance, et qui, chacune pour son compte, témoignent du rôle que joue la propriété

1. Du coup, la protection de la propriété exercée par le Comité des droits de l'homme de l'ONU n'a pu s'exercer que dans le cadre très limité de l'interdiction de toute discrimination.
2. F. Sudre, *Droit européen et international des droits de l'homme*, 12e éd., PUF, coll. « Droit fondamental », 2015.
3. L'art. 17 dispose : « 1. Toute personne a le droit de jouir de la propriété des biens qu'elle a acquis légalement, de les utiliser, d'en disposer et de les léguer. Nul ne peut être privé de sa propriété, si ce n'est pour cause d'utilité publique, dans des cas et conditions prévus par une loi et moyennant en temps utile une juste indemnité pour sa perte. L'usage des biens peut être réglementé par la loi dans la mesure nécessaire à l'intérêt général. 2. La propriété intellectuelle est protégée ».

dans l'histoire des droits de l'homme (**A.**), dans l'élaboration du droit civil français (**B.**), dans la construction de ses libertés constitutionnelles (**C.**) ou dans l'édification du corpus européen (**D.**).

A. La propriété dans l'école du droit naturel classique

951. ***La propriété est-elle une institution de droit naturel ?*** L'affirmation a toujours été contestée par les tenants d'un communisme primitif, au sein duquel la propriété privée serait apparue par un véritable coup de force[1]. C'est au génie littéraire de Rousseau que l'on doit la formulation la plus saisissante de cette idée, dont la seconde partie du *Discours sur l'origine et les fondements de l'inégalité parmi les hommes* débute par ces phrases fameuses : « le premier qui, ayant enclos un terrain, s'avisa de dire : *Ceci est à moi*, et trouva des gens assez simples pour le croire, fut le vrai fondateur de la société civile. Que de crimes, de guerres, de meurtres, que de misères et d'horreurs, n'eût point épargnés au genre humain celui qui, arrachant les pieux ou comblant le fossé, eût crié à ses semblables : gardez-vous d'écouter cet imposteur; vous êtes perdus, si vous oubliez que les fruits sont à tous, et que la Terre n'est à personne. Mais il y a grande apparence qu'alors les choses en étaient déjà venues au point de ne pouvoir plus durer comme elles étaient; car cette idée de propriété, dépendant de beaucoup d'idées antérieures qui n'ont pu naître que successivement, ne se forma pas tout d'un coup dans l'esprit humain. Il fallut faire bien des progrès, acquérir bien de l'industrie et des lumières, les transmettre et les augmenter d'âge en âge, avant que d'arriver à ce dernier terme de l'état de nature. »[2]

En dépit de son pouvoir de séduction, cette ligne d'analyse n'est pas la plus convaincante pour notre propos. Sans doute se réclame-t-elle de grands auteurs, et d'une généalogie qui n'est pas plus imaginaire que toutes les autres — car toutes recherchent des origines à partir d'un état de nature reconstitué sur la base d'une rêverie rationnelle[3]. Mais on peut lui opposer que l'idée d'une collectivité originaire prend son point de départ dans une analyse en termes fonciers : source de toutes richesses, la terre a été donnée aux hommes : c'est cette terre qu'il faut réserver à tous, sauf à priver la plupart d'un droit essentiel à la subsistance. Or, la terre apparaît à bien des égards comme le plus particulier des biens, à l'aune duquel on ne devrait former aucun raisonnement général. Comme les physiocrates l'avaient mis en évidence, le sol est d'abord une source absolue de richesses : il est cause de la génération des végétaux, garant de la vie des animaux sauvages, et gardien des richesses minérales. De plus, cette source de richesses est limitée dans son étendue, et en grande partie inappropriable, car cette étendue conditionne l'exercice effectif de la liberté d'aller et venir. Productrice de richesses, limitée par sa nature, la terre est enfin un donné naturel obtenu par les hommes en dehors de tout travail de création. Il sort de là que la terre est le type même du bien commun : cela rend injuste l'idée d'une appropriation privative, fût-ce de certaines portions seulement. Dans le même temps, cette communauté originaire justifie que l'appropriation ne puisse se concevoir que dans le

1. Sur la préhistoire de la propriété comme droit de l'homme, v. P. Garnsey, *Penser la propriété. De l'Antiquité jusqu'à l'ère des révolutions*, Les Belles Lettres 2013, chap. VIII, p. 237.
2. J.-J. Rousseau, *Discours sur l'origine et les fondements de l'inégalité parmi les hommes*, Garnier-Flammarion, 1992, p. 222.
3. Ce que Rousseau est néanmoins l'un des rares à avouer expressément : « Il ne faut pas prendre les recherches, dans lesquelles on peut entrer sur ce sujet, pour des vérités historiques, mais seulement pour des raisonnements hypothétiques et conditionnels; plus propres à éclaircir la nature des choses, qu'à en montrer la véritable origine... » (Rousseau, *op. cit.*).

cadre d'une société organisée, tard venue dans une reconstitution de l'histoire de l'humanité.

On peut ainsi défendre l'idée que la terre doit être à tous, qu'il est concevable d'étendre aux moyens de production en général, fussent-ils élaborés par les hommes. Il reste qu'aux dires de Rousseau lui-même, si la terre n'est à personne, les fruits en sont à tous. Dans cette dernière affirmation, on trouve l'essence même d'une propriété modeste, ordonnée aux besoins premiers de l'individu.

952. ***La propriété dans les conceptions chrétiennes.*** Avant d'évoquer Rousseau, il importe d'inscrire sa réflexion dans un cadre intellectuel plus vaste. Dès le XIIIe siècle, les penseurs chrétiens avaient réfléchi à l'incertaine légitimité d'une appropriation par l'homme d'un environnement qui, manifestement, lui préexiste[1]. Comment l'homme pourrait-il se considérer comme le propriétaire d'une nature qui lui était antérieure, et asservie à des fins plus nombreuses et diverses qu'à sa seule jouissance ? La réponse de ces auteurs consistera en deux propositions. La première tient en ce que le domaine de toutes choses — au sens romain du terme —, ne peut relever que de leur créateur : le monde appartient à Dieu par cela seul qu'il l'a créé. On peut être surpris de voir le créateur du monde ramené à la figure banale, bourgeoise même, du propriétaire : mais il ne faut pas oublier la contiguïté qui a pu alors exister entre théologie et droit, les théologiens pensant volontiers en termes juridiques des situations que nous analyserions aujourd'hui sous l'angle du sacré. Reste la seconde proposition, finement articulée à la précédente : le domaine des choses relève de Dieu, qui a fait l'homme à son image : d'où la participation de sa créature au domaine des choses, et l'existence d'un droit naturel à leur propriété, conçu comme par décalque. Bien avant Locke, la réflexion théologique avait donc élaboré l'idée d'une propriété de droit naturel, mais sur des bases religieuses que les auteurs de l'école du droit naturel tenteront de remplacer par un fondement laïc. Pour autant, la leçon de la scolastique ne sera jamais tout à fait perdue : comment comprendre autrement que l'article 17 de la Déclaration de 1789 ait considéré la propriété comme un droit « sacré » ?

953. ***L'importance conceptuelle de Locke.*** C'est tout de même Locke[2] qui, dans un cadre laïque et originaire, devait proposer une explication du caractère naturel de la propriété, qui allait faire date. Il semble qu'il ait été le premier à voir que pour saisir son caractère de droit naturel, il ne fallait pas penser la propriété à partir du sol mais l'interroger au plus près des besoins immédiats de l'homme. Dans l'état de nature, l'homme ne saurait avoir d'autres impératifs que d'assurer sa propre conservation. Ce qui lui est facile, puisqu'il lui suffit de cueillir les fruits pendants ou de chasser le gibier disponible. En vertu de quel droit ce qui est disponible pour tous, et donc par nature commun, pourrait-il être consommé par un seul ? La nécessité y pourvoit pour une part : si chacun devait demander à tous l'autorisation de se nourrir, l'humanité se serait bientôt éteinte. Mais la nécessité n'est pas tout : si l'on peut se nourrir de ce que l'on cueille ou chasse, c'est aussi parce que l'acte de cueillir ou de chasser constitue en soi un travail — travail qui extirpe les produits de la nature de leur communauté originaire. Motivée par le besoin et justifiée par le travail, la propriété est ce qui permet à l'homme d'assurer sa propre conservation, en même temps que d'exprimer ce qu'il y a en lui de plus spécifique. Car si le travail permet l'appropriation des choses, c'est par réitération d'une appropriation première et plus

1. M.-F. Renoux-Zagamé, « Du droit de Dieu au droit de l'homme : sur les origines théologiques du concept moderne de propriété », *Droits* n° 1, p. 17.
2. J. Locke, *Traité du gouvernement civil*, Éd. S. Goyard-Fabre, Garnier-Flammarion, 1992.

fondamentale, celle de l'homme par lui-même : « car cette peine et cette industrie étant sa peine et son industrie propre et seule, personne ne saurait avoir droit sur ce qui a été acquis par cette peine et cette industrie, surtout s'il reste aux autres assez de semblables et d'aussi bonnes choses communes »[1]. Pour le dire en termes plus modernes, la propriété apparaît comme le lien tendu par Locke entre l'essence de l'homme et son existence.

La propriété de soi débouche sur celle des choses; par un même effet d'engendrement, la propriété des choses débouche sur celle du sol. Car si le travail de perception justifie l'appropriation des choses, le travail de culture justifie celle de la terre. Non seulement le travail fait sortir la chose de sa communauté d'origine, mais il multiplie la richesse d'ensemble, une terre cultivée produisant plus que si elle était demeurée inculte. C'est ainsi que le travail justifie aussi bien le principe de l'appropriation que la quantité appropriée — cela seul qu'un homme peut lui-même cultiver. C'est encore ainsi que la propriété se justifie par son résultat : l'enrichissement de tous par le supplément de production obtenu, inutile à la seule conservation du travailleur[2].

C'est donc à Locke que l'on doit d'avoir mis la question de la propriété au principe de la notion d'homme, ce qui ne sera jamais perdu de vue par la suite[3]. Par une véritable prescience juridique, il montrait encore que la question de la justification de la propriété ne devait pas s'envisager à partir de l'appropriation du sol, mais en se fondant sur les besoins de l'individu. Ces idées allaient avoir une destinée intellectuelle fastueuse, mais trouver leur première vraie réalisation avec la Révolution française.

B. Le droit civil de la propriété

954. ***Propriété et Révolution.*** En renversant un ordre féodal déjà pour une large part aboli dans les faits — notamment sur le plan foncier[4] —, il appartenait à la Révolution de faire advenir les conceptions de Locke sur la propriété en l'organisant comme une relation d'appartenance, c'est-à-dire comme la relation la plus étroite entre une personne et un bien. Il est difficile d'affirmer que cette reconstruction du système a été pensée et voulue comme telle. Il n'en reste pas moins qu'en simplifiant et en rationalisant ce qui existait auparavant, le droit intermédiaire puis le Code civil ont mis en œuvre et généralisé la propriété dans son essence même.

955. ***La propriété révolutionnaire dans son cadre conceptuel.*** L'émergence de la propriété n'est pas compréhensible sans les évolutions qui l'accompagnent et lui donnent toute sa cohérence, du côté des personnes comme du côté des choses.

L'ancien droit avait élaboré des statuts individuels fort nombreux, constitutifs de hiérarchies devenues complexes avec le temps : le droit civil y substitue la notion uniforme de personne, apte à être titulaire de droits et d'obligations. Dans le même ordre de pensées, la féodalité avait laissé à la France un héritage confus en matière de biens : l'idée que toutes les utilités d'une terre puissent être réunies n'y avait pas cours; au contraire, les terres n'étaient vues que comme des supports de droits variés, intriqués et complémentaires, qui permettaient une

1. Locke, *op. cit.*, chapitre V.
2. Locke, *op. cit.*
3. Sur les ambivalences de la réception des idées de Locke, v. Garnsey, *op. cit.*, p. 256 et s.
4. A. de Tocqueville, *L'Ancien Régime et la Révolution*, livre II, chapitre I; sur l'état du régime féodal à la veille de la Révolution, v. M. Garaud, *La Révolution et la propriété foncière*, Sirey, 1959.

utilisation maximale du sol par la complémentarité des usages et des utilisateurs. Une page de Marc Bloch lève le voile sur cette situation mal connue[1] : « aussi bien le mot de propriété, appliqué à un immeuble, eût-il été à peu près vide de sens. Ou du moins aurait-il fallu dire propriété ou saisine de tel ou tel droit sur le fonds. Sur presque toute terre, en effet, et sur beaucoup d'hommes, pesait, en ces temps, une multiplicité de droits, divers par leur nature, mais dont chacun, dans sa sphère, paraissait également respectable. Aucun ne représentait cette rigide exclusivité, caractéristique de la propriété, du type romain. Le tenancier qui — de père en fils généralement —, laboure et récolte; son seigneur direct, auquel il paie redevances et qui, en certains cas, saura remettre la main sur la glèbe; le seigneur de ce seigneur et ainsi de suite, tout le long de l'échelle féodale : que de personnages qui, avec autant de raison l'un que l'autre, peuvent dire "mon champ" ! Encore est-ce compter trop peu. Car les ramifications s'étendaient horizontalement aussi bien que de haut en bas et il conviendrait de faire place aussi à la communauté villageoise, qui ordinairement récupère l'usage de son terroir entier, aussitôt celui-ci vide de moissons; à la famille du tenancier, sans l'assentiment de laquelle le bien ne saurait être aliéné; aux familles des seigneurs successifs... Une pareille compénétration des "saisines" sur une même chose n'avait rien pour heurter des esprits assez peu sensibles à la logique de la contradiction et, peut-être, pour définir cet état de droit et d'opinion, le mieux serait-il, empruntant à la sociologie une formule célèbre, de dire : mentalité de "participation" juridique »[2]. Le travail de la Révolution passera sur ses « saisines », supprimées au profit de la notion de *bien*, cet apport capital qui conditionnera les contours de la propriété française. Il n'y aura plus dorénavant de pouvoirs partiels sur des choses, mais un regroupement de toutes leurs utilités concevables sous la notion juridique de bien.

Le monde du Code civil commence alors à émerger, sous la forme d'une chimie simple faite d'atomes et de relations entre eux. D'un côté : des personnes animées de désirs — qui disposent d'une capacité de principe qui les rend juridiquement aptes à les satisfaire —, et des biens qui sont l'objet même des désirs des personnes. D'un autre côté, la relation de base entre les personnes et les biens, qui n'est autre que la propriété pleine et entière, renouvelée de la propriété quiritaire du droit romain.

956. ***Épure de la propriété.*** Pour la Révolution, comme pour le Code civil, la propriété n'est guère que la relation par laquelle une personne peut assouvir le désir qu'elle a d'un bien. En cela, elle est le lien le plus étroit qui puisse unir une personne à un bien, ou, pour le dire dans les termes qu'employait le droit romain, elle est une *plena in re potestas*. L'article 544 du Code civil l'exprimera à sa façon, en énonçant que la propriété est « le droit de jouir et disposer des choses de la façon la plus absolue »[3].

La jouissance ne doit pas être entendue comme une modalité de l'usage de la chose, mais d'abord comme une conséquence de son état : si les biens existent

1. V. néanmoins l'approche très utile de A.-M. Patault, *Introduction historique au droit des biens*, *op. cit.*
2. M. Bloch, *La société féodale*, Albin Michel, coll. « L'évolution de l'humanité », 1978, p. 174.
3. La tradition doctrinale, fondée sur les romanistes et non sur le droit romain, explicitera la propriété par une triade fonctionnelle : l'*usus*, le *fructus* et l'*abusus*. C'est là une caractérisation en trompe-l'œil : non content de n'être pas compatible avec la lettre de l'art. 544 qui ne parle que du droit de « jouir et disposer », elle repose sur des prérogatives floues, impossibles à décrire sans chevauchements. Aussi sera-t-elle ici abandonnée au profit d'une description d'un autre type. On en trouvera le modèle dans : F. Zenati, *Essai sur la nature juridique de la propriété. Contribution à la théorie du droit subjectif*, thèse Lyon, 1981.

dorénavant en tant que totalités, c'est pour être objets d'appropriation. De cet état découlent les prérogatives du propriétaire : soumettant le bien à son seul profit, il est libre à son endroit, au plein sens du terme. On ne pourrait pas décrire par le détail cette relation, la liberté étant par nature rétive à toute définition qui la restreint. La propriété ouvre à son titulaire une véritable souveraineté sur la chose, qui est presque de l'ordre du non-droit en ce qu'elle se soustrait largement à l'empire d'un droit qui se borne à la constater[1]. Mais cette souveraineté n'est pas pour autant omnipotence : le propriétaire ne peut profiter que des utilités disponibles de la chose, que des règles positives ou des conventions peuvent restreindre, et parfois accroître; la propriété ne tient donc pas dans une liste prédéfinie de pouvoirs, mais dans la vocation du propriétaire à bénéficier de ces utilités à mesure qu'elles redeviennent disponibles[2]. D'où une réalité à double face, synthétisée par l'idée d'exclusivisme : dans la relation à la chose, la propriété exclusive est liberté de faire ce que l'on veut d'une chose pour autant que cela ne soit pas interdit; dans la relation aux autres, la propriété est encore exclusive au sens où le propriétaire peut exclure les tiers de la jouissance de sa chose, ce qui garantit juridiquement l'efficacité de sa propriété[3].

La propriété va au-delà de la seule jouissance : le droit de disposer est aussi évoqué par l'article 544, qui est le droit de modifier la structure juridique du bien. En effet, les prérogatives jusqu'ici attribuées au propriétaire lui permettaient uniquement d'altérer l'état matériel du bien, mais non d'attenter à sa constitution juridique. D'où les habilitations données par l'article, explicitées par de nombreuses autres dispositions, qui tiennent en quelques principes. Le propriétaire a la possibilité de transférer la propriété du bien; de faire des remises temporaires de la chose à des tiers, par le biais de contrats précaires, supposant restitution; de concéder certaines utilités du bien à d'autres, par la constitution de droits réels à durée limitée; il a enfin la possibilité de faire cesser l'appropriation de la chose en renonçant à la propriété, prérogative incontestable dans son principe mais dangereuse dans son application[4]. L'article 537 du Code civil l'avait dit : « les particuliers ont la libre disposition des biens qui leur appartiennent... »; cette libre disposition s'actualise par l'entier système mis en place par le Code civil, de circulation ou de partage des utilités des biens; le moins que l'on puisse dire est qu'elle repose sur la propriété.

---

1. Portalis le disait clairement : « Le principe du droit (de propriété) est en nous; il n'est point le résultat d'une convention humaine ou d'une loi positive; il est dans la constitution même de notre être, et dans nos différentes relations avec les objets qui nous environnent », P.-A. Fenet, *Recueil complet des travaux préparatoires du Code civil*, t. XI, Paris 1836, p. 113.
2. Marquis de Vareilles-Sommieres, « La définition et la notion juridique de la propriété », *RTD civ.* 1905. 443.
3. Cette spécificité de la notion de propriété s'est trouvée parfaitement mise en évidence dans un arrêt inaugural (Civ. 1re, 10 mars 1999, *D.* 1999. 319, concl. J. Sainte-Rose, et note E. Agostini; *JCP* 1999. II. 10078, note P.-Y. Gautier; *RTD civ.* 1999. 859, obs. F. Zenati), à propos du droit d'exploiter l'image d'un immeuble célèbre, conféré au propriétaire qui « a seul le droit d'exploiter son bien, sous quelque forme que ce soit ». La position du droit français est désormais fixée par une décision incontestée : Cass., ass. plén., 7 mai 2004, n° 02-10.450, *Bull ass. plén.*, n° 10, p. 21, *RTD civ.* 2004. 528, obs. Th. Revet : « le propriétaire d'une chose ne dispose pas d'un droit exclusif sur l'image de celle-ci; qu'il peut toutefois s'opposer à l'utilisation de cette image par un tiers lorsqu'elle lui cause un trouble anormal ». Pour une application récente, v. Com. 31 mars 2015, n° 13-21.300, *Bull. civ.* IV, n° 60.
4. Civ. 3e, 5 nov. 2015, n° 14-20.845, publié au *Bull.*, *RTD civ.* 2016. 150, obs. W. Dross, où la Cour évoque des « actes manifestant sans équivoque leur volonté de renoncer à leur droit de propriété ». La possibilité d'abandonner une parcelle avait déjà été reconnue par : Civ. 3e, 18 juin 2003, n° 01-01.758, *Bull. civ.* III, n° 129, p. 115.

Les deux aspects complémentaires de l'article 544 ne constituent pas deux prérogatives cumulées, mais deux types d'identification. Par le biais de la jouissance, la propriété s'incarne dans l'exclusivisme, à l'endroit de la chose comme au regard des tiers. Par l'intermédiaire de la disposition, la propriété ouvre à son titulaire des possibilités d'atteinte juridique, dont les conséquences tiendront dans la circulation du bien et le partage de ses utilités.

957. ***Propriété et personnalité.*** En actualisant dans le droit positif la propriété comme une relation d'appartenance, la Révolution la renvoyait à une modalité de l'existence individuelle que Locke avait illustrée sur le plan spéculatif. Cette propriété participe de la nature de l'homme en ce qu'elle est le mode même de l'épanouissement des désirs individuels; mais elle lui permet aussi une sorte de prolongement de sa personnalité par l'intermédiaire des biens appropriés. De plus, la propriété devient l'épine dorsale du régime des biens, puisque l'appropriation est la condition de leur insertion dans le juridique, et la garantie de leur circulation ou de celle de leurs utilités. C'est là une leçon qui ne sera pas oubliée, au moment même où les vents de la contestation souffleront le plus contre la propriété.

C. Le droit constitutionnel de la propriété

958. ***La propriété saisie par la Constitution.*** La Constitution de la Ve République n'évoque pas la propriété, mais elle y a fait une référence implicite par le renvoi opéré par son préambule à la Déclaration des droits de l'homme de 1789, préambule intégré au bloc de constitutionnalité par le Conseil constitutionnel dans sa décision du 16 juillet 1971, relative à la liberté d'association. Mais quelle valeur fallait-il positivement attacher aux articles 2 et 17 ? On ne le saura qu'après 1981, puisque la majorité socialiste parvenue au pouvoir fut désireuse d'effectuer d'importantes nationalisations, et que la loi les prévoyant fut déférée à la censure du Conseil constitutionnel. Quelle résistance la propriété, envisagée comme droit essentiel, pouvait-elle opposer à la volonté du législateur ? La décision rendue par le Conseil le 16 janvier 1982[1] témoigne de la vigueur maintenue de ce droit fondamental qu'est la propriété : si la volonté de nationaliser a été reconnue, la propriété a pesé de tout son poids de principe dans la décision du Conseil, au point de susciter la naissance d'une sorte de droit constitutionnel de la propriété[2].

Après avoir rappelé l'importance des articles 2 et 17 de la Déclaration de 1789, le Conseil ajoute que « les principes mêmes énoncés par la Déclaration des droits de l'homme ont pleine valeur constitutionnelle tant en ce qui concerne le caractère fondamental du droit de propriété dont la conservation constitue l'un des buts de la société politique et qui est mis au même rang que la liberté, la sûreté et la résistance à l'oppression, qu'en ce qui concerne les garanties données aux titulaires de ce droit et les prérogatives de la puissance publique ». Déclaration de principe importante à un moment où l'on pouvait douter du statut de la propriété : en soi, la nationalisation s'oppose à l'idée même de propriété privée en ce qu'elle en réduit évidemment le domaine d'ensemble; elle s'y oppose plus encore

1. Décis. n° 81-132 DC du 16 janv. 1982 et n° 82-139 du 11 févr. 1982, *D.* 1983. 169, note L. Hamon; *JDI* 1982. 275, note B. Goldman; F. Terré et Y. Lequette, *Les grands arrêts de la jurisprudence civile*, t. I, 13e éd., Dalloz, 2015, n° 2, p. 12; P. Gaïa et *al.*, *Les grandes décisions du Conseil constitutionnel*, 17e éd., Dalloz, 2013, n° 30, p. 366.
2. H. Pauliat, *Le droit de propriété dans la jurisprudence du Conseil constitutionnel et du Conseil d'État*, préf. J. Morange, PUF, 1994.

en ce qu'il ne saurait y avoir de propriété publique dans la rigueur des principes – ce qui est propre s'opposant à ce qui est commun. De plus, les affaiblissements du statut idéologique de la propriété depuis la Seconde Guerre mondiale conspiraient à ce qu'il soit tenu pour quantité presque négligeable : une prérogative de possédant, davantage qu'un besoin individuel. L'affirmation du statut fondamental de la propriété par le Conseil constitutionnel témoigne du maintien au moins apparent d'une analyse qui remonte à l'école du droit naturel, et qui ne se dément pas malgré le passage du temps et l'étiolement des prérogatives du propriétaire. C'est assez dire le rôle fondateur de la propriété pour l'ordre social qui est le nôtre[1].

Il reste que les nationalisations seront tout de même admises, mais sur le fondement de l'alinéa 9 du préambule de la Constitution de 1946 qui, prolongeant la « nécessité publique légalement constatée » évoquée par l'article 17 de 1789, énonce que « tout bien, toute entreprise dont l'exploitation a ou acquiert le caractère d'un service public national ou d'un monopole de fait doit devenir la propriété de la collectivité ». Méconnaissance de la propriété ? Certes non, mais reconnaissance de la nécessité publique de l'article 17 : les nationalisations étaient supposées permettre aux pouvoirs publics de « faire face à la crise économique, promouvoir la croissance et combattre le chômage ».

Reconnaissance également de ce que le Conseil protège bien davantage la propriété dans son principe, que les droits du propriétaire, à la vérité sacrifiés sans scrupule en cas de besoin[2]. Le Conseil l'énoncera plus nettement encore par la suite : le droit de propriété n'est pas violé tant que les limitations qui l'affectent n'ont pas « un caractère de gravité telle que l'atteinte au droit de propriété dénature le sens et la portée de celui-ci et soit par suite contraire à la Constitution »[3]. Le Conseil semble avoir désormais distribué les rôles : l'article 17 garantit la protection de la propriété contre les entreprises de privation, qui sont rares; en revanche, les hypothèses de limitation relèvent de l'article 2, qui admet de fréquentes atteintes dès lors qu'elles sont « justifiées par un motif d'intérêt général et proportionnées à l'objectif poursuivi »[4]. On notera que si l'indemnisation est de principe en cas de privation de la propriété, ce n'est pas le cas quand il y a simplement limitation aux pouvoirs du propriétaire : l'indemnité peut être prévue, mais n'est pas nécessaire[5].

959. ***Hésitations sur le caractère fondamental de la propriété.*** Cette reconnaissance de la propriété en tant que principe a pu être contestée par ceux qui considéraient qu'elle n'était guère plus qu'un droit fondamental de seconde catégorie, malgré la contradiction des termes[6]. Il n'empêche que l'attitude du Conseil constitutionnel paraît s'être maintenue, avec cette particularité qu'elle

---

1. V. le commentaire lumineux et profond de la décision que propose F. Zenati, « Sur la constitution de la propriété », *D.* 1985. 171.
2. N. Molfessis, *Le Conseil constitutionnel et le droit privé*, préf. M. Gobert, LGDJ, 1997, p. 47 s. On trouve parfois des décisions protectrices du propriétaire : v. par ex. Décision n° 2015-718 DC, du 13 août 2015, qui censure une disposition législative qui tendait à déclarer incessibles les immeubles qui n'avaient pas fait l'objet d'une rénovation énergétique.
3. Décis. n° 84-172 DC du 26 juill. 1984, *D.* 1985. IR 360, note L. Hamon; et décis. n° 85-189 DC du 17 juill. 1985, *AIJC* 1985. 415, note B. Genevois.
4. Cons. const. 13 janv. 2012, n° 2011-208 QPC, § 4.
5. Cons. const. 14 oct. 2011, n° 2011-201 QPC, § 7.
6. R. Savy, « La Constitution des juges », *D.* 1983. 105; v. néanmoins la réfutation de J.-L. Mestre, « Le Conseil constitutionnel, la liberté d'entreprendre et la propriété », *D.* 1984. 1. V. égal. l'avis tranché de L. Favoreu, « La jurisprudence du Conseil constitutionnel et le droit de propriété dans la Déclaration de 1789 », *La Déclaration des droits de l'homme et du citoyen et la jurisprudence*, PUF, 1989, p. 123.

protège une propriété redéfinie, tout en abandonnant parfois les propriétaires aux vicissitudes de la décision politique[1]. Quelques décisions aggravant leur sort donneront le sentiment que la position adoptée en 1982 n'était qu'un trompe-l'œil, avant qu'un changement soudain de cap ne laisse augurer d'un retour à cette source.

Une décision du 25 juillet 1989[2] était de nature à faire douter de cette constance : reprenant la considération des articles 2 et 17 de la Déclaration de 1789, le Conseil rappelait que le droit de propriété avait subi des limitations depuis cette date — ce qui était déjà exprimé dans la décision de 1982 —, mais ajoutait que « c'est en fonction de cette évolution que doit s'entendre la réaffirmation par le préambule de la Constitution de 1958 de la valeur constitutionnelle du droit de propriété ». Renversant la perspective de 1982 qui annonçait la protection de la propriété en dépit de ses limitations concrètes, la décision de 1989 plaçait cette protection dans la dépendance de ces limitations, ce qui pouvait aboutir à une protection nulle.

Plus inquiétante encore, au moins par le commentaire qui en était proposé[3], une décision du 19 janvier 1995 affirmant l'objectif constitutionnel du droit à un logement décent a pu faire penser que ce droit ne pourrait s'exercer de façon effective qu'au détriment de la propriété immobilière, faute que ces droits puissent être autrement conciliés. L'atteinte au droit de propriété aurait été indirecte, procédant d'une harmonisation entre des droits fondamentaux que leur nature même rend contradictoires[4].

Une décision du 29 juillet 1998 semble néanmoins en rupture avec cette accumulation de menaces pesant sur les destinées constitutionnelles de la propriété[5]. On y retrouve l'expression du principe selon lequel le fait de porter atteinte aux droits du propriétaire n'aboutit pas à restreindre la propriété dans son principe, ce qui vaut réaffirmation du rôle fondamental de la propriété, clef de voûte de l'organisation des biens. De là que si la réquisition des logements vacants n'est pas considérée comme une atteinte d'une « gravité telle qu'elle dénature le sens et la portée du droit de propriété », c'est tout de même sous la réserve d'interprétation que la réquisition ne puisse jamais déboucher pour son bénéficiaire sur un titre d'occupation régulier. Cette réserve est d'une importance réelle, car le Conseil constitutionnel garantit ainsi le système de la propriété tel qu'il sort de la Révolution, qui s'offusquerait de voir reconstituer un domaine divisé par superposition de droits permanents sur un même bien, c'est-à-dire par le cumul d'un titre de propriété et d'un titre d'occupation susceptible de se pérenniser[6]. La décision est encore de grand principe en ce qu'elle vient confirmer l'importance du principe de libre disposition des biens dans l'économie d'ensemble du sys-

1. J.-F de Montgolfier, « Le Conseil constitutionnel et la propriété des personnes privées », *Cah. Cons. const.* 2011, n° 31.
2. Décis. n° 89-256 DC du 25 juill. 1989; v. P. Bon, « Le statut constitutionnel du droit de propriété », *RFDA* 1989. 1009, avec le texte de la décision, p. 1023.
3. H. Pauliat, « L'objectif constitutionnel de droit à un logement décent : vers le constat de décès du droit de propriété », *D.* 1995. 283.
4. À propos du caractère contradictoire des différents droits, considérés comme également fondamentaux en leur nature, v. les sarcasmes de M. Villey, *Le droit et les droits de l'homme*, PUF, 1983, p. 12 s.; v. égal. les efforts d'organisation un peu pathétiques de G. Drago, « La conciliation entre principes constitutionnels », *D.* 1991. 265.
5. Cons. const. 29 juill. 1998, n° 98-403 DC, *JO* 31 juill. 1998, p. 11710, *RTD civ.* 1998. 799, obs. N. Molfessis et 1999. 132 et 136, obs. F. Zenati.
6. Il ne faut tout de même pas aller trop loin dans cette direction : de tels cumuls existent clairement en matière de bail commercial ou de bail rural (on parle alors de propriété commerciale, plus rarement culturale), où ils sont tolérés.

tème de la propriété : ce principe était déjà apparu à quelques auteurs comme un des fondements de l'analyse constitutionnelle de la propriété, sur la foi d'une décision du 4 juillet 1989[1]; la présente décision le confirme, refusant qu'un créancier saisissant puisse être rendu malgré lui adjudicataire du bien vendu en justice.

Que faut-il penser de cette inflexion de la position du Conseil constitutionnel dans une direction plus favorable à la propriété[2] ? Il est sans doute trop tôt pour pronostiquer l'avenir des décisions du Conseil, d'autant que le changement de cap pressenti demande à être confirmé, et que la jurisprudence en matière de propriété est tout de même rare. Il semble néanmoins que les principes qui entrent ainsi en application soient plus protecteurs des équilibres du droit privé que ceux des dernières années. D'où l'on pourrait augurer un avenir plus favorable pour ce vieux droit de propriété, malgré tout bien malmené. Du reste, l'accroissement des saisines du Conseil constitutionnel par la procédure dite de QPC semble montrer que la ligne ouverte du Conseil demeure assez stable[3].

960. ***Bilan constitutionnel.*** Il ne faut pas trop rapidement constater l'effacement du droit de propriété. De façon notable, par voie de QPC, le Conseil a estimé que « l'article 544 du Code civil, qui définit le droit de propriété, ne méconnaît par lui-même aucun droit ou liberté que la Constitution garantit »[4]. Si le Conseil l'a toujours protégé dans son principe, il ne le confond certainement pas avec les droits du propriétaire, dont il admet plus facilement le sacrifice. À condition toutefois que les limitations de ces prérogatives n'aboutissent pas à *dénaturer* le sens et la portée de ce droit, cette *dénaturation* étant la pierre de touche des pouvoirs législatifs[5]. Le Conseil distingue ainsi nettement la privation de propriété, qui doit être justifiée par la nécessité publique et aussitôt compensée, des simples limitations qui doivent être justifiées par des motifs d'intérêt général[6].

Il reste que cet équilibre est difficile à tenir, qui suppose que la propriété puisse être dissociée des pouvoirs du propriétaire, ce qui demeure à prouver. Cet équilibre est encore délicat en ce que la protection d'un principe peut être de pure façade, et servir de paravent à des atteintes irréversibles à la propriété. Si l'on a tenté de défendre la jurisprudence constitutionnelle en lui prêtant une position intellectuellement subtile, on pourrait également, *in fine*, soutenir l'idée qu'au total, le Conseil n'a pas fait autre chose que d'aller de reculades en reculades, en tentant de camoufler ces dérobades par le principe acide dégagé par Jean Rivero :

1. Cons. const. 4 juill. 1989, n° 89-254 DC, *D.* 1990. 209, note F. Luchaire; v. surtout l'analyse de F. Zenati, *RTD civ.* 1990. 519.
2. C'est ainsi que l'article 376 du Code des douanes, qui prévoit l'impossibilité pour les propriétaires de revendiquer les objets saisis ou confisqués, porte au droit de propriété « une atteinte disproportionnée au but poursuivi » (Cons. const. 13 janv. 2012, n° 2011-208 QPC, § 8). C'est encore ainsi que le droit de rétention prévu par l'ancienne loi du 23 juin 1941, qui permettait à l'État de retenir puis approprier une œuvre d'art en cas de transfèrement par son propriétaire à l'étranger, a été jugée contraire à la constitution (Cons. const. 14 nov. 2014, n° 2014-426 QPC, *D.* 2014. 2305, § 6 et 7).
3. C. Nivard, « Le régime du droit de propriété », *RFDA* 2012. 632, qui insiste sur la comparaison avec le contrôle de conventionnalité; R. Noguellou, « Le droit des propriétés publiques, aspects constitutionnels récents », *AJDA* 2013. 986, qui s'attache avant tout au statut des propriétés publiques.
4. Cons. const. 30 sept. 2011, n° 2011-169 QPC, § 9, *D.* 2012. 2128, obs. Mallet-Bricout et Reboul-Maupin.
5. Montgolfier, *eod. loc.*, n° I. 2.1.
6. Montgolfier, *eod. loc.*, n° II. 1.1.

filtrer le moustique, tout en laissant passer le chameau[1]. Malgré tout, et peut-être malgré le Conseil constitutionnel lui-même, les décisions qu'il a rendues peuvent servir d'illustration à l'idée juste selon laquelle la propriété est un principe d'organisation du droit privé, permettant la libre circulation des biens. En quoi la propriété est fondatrice de notre ordre juridique, et constitue un droit fondamental. Il reste que l'aspect subjectif ne saurait être éliminé : la propriété ne peut pas être totalement dissociée des pouvoirs du propriétaire, qui ont subi d'incontestables atteintes dont certaines sont peu négligeables. Mais il n'est pas sûr qu'elles soient de nature à justifier les discours alarmistes : les réductions de pouvoir des propriétaires ne modifient pas le principe même de ces pouvoirs, en quoi réside la vision subjective de la propriété.

D. Les transformations de la propriété par le droit européen

961. ***Les embarras de la défense de la propriété dans la Convention européenne des droits de l'homme.*** La Convention européenne de sauvegarde des droits de l'homme et des libertés fondamentales s'inscrit assez bien dans le cadre tracé jusqu'à présent. D'abord, parce qu'elle témoigne de la difficulté de la propriété à s'imposer ou même à se justifier après la seconde guerre mondiale : absente de la Convention signée en 1950, faute d'accord sur les termes de sa reconnaissance, la propriété n'apparaîtra dans le dispositif qu'en 1952, avec le Premier Protocole additionnel. Et de façon limitée : « toute personne physique ou morale a droit au respect de ses biens. Nul ne peut être privé de sa propriété que pour cause d'utilité publique et dans les conditions prévues par la loi et les principes généraux du droit international ». Encore était-il précisé que ces garanties ne faisaient pas obstacle aux droits d'intervention des différents États parties à la Convention, qu'il s'agisse de « réglementer l'usage des biens conformément à l'intérêt général ou d'assurer le paiement des impôts ou d'autres contributions ou des amendes ».

Non seulement l'énoncé du droit se trouvait limité, mais l'affirmation de possibles restrictions venait diminuer encore l'impact de cette reconnaissance. Et l'on peut dire que par sa pratique, la Cour a maintenu cette ligne de conduite équivoque tout comme la juridiction constitutionnelle en France : protection de la propriété en tant que principe, certes; mais admission constante de différentes restrictions aux pouvoirs des propriétaires, dès lors qu'elles étaient mises en œuvre par des procédures légales. Et si l'on a le sentiment que la sensibilité européenne est en train de changer, ce n'est pas à l'évolution des textes qu'on le doit, mais à la nouvelle sensibilité libérale qui porte les États depuis la fin du communisme en Europe de l'Est.

962. ***Défense des biens, plutôt que de la propriété.*** Ce que la pratique de la Cour a apporté de plus important à la notion de propriété, elle l'a fait par la bande : en élargissant notablement la sphère des biens protégés. Fidèle à une conception pragmatique de son office, la Cour s'est attachée au « respect des biens » davantage qu'à la protection d'un mot contesté dans son enceinte — celui de *propriété*. Dans la perspective classique issue du droit civil, la propriété porte d'abord sur les biens corporels; si les biens incorporels y ont été admis, c'est avec réticence, et quand la réalité économique était trop frappante pour demeurer ignorée. La Cour délaisse ces vieilles idées au profit d'une conception autonome et extensive. Tout d'abord, elle admet la propriété des droits et autres

1. J. Rivero, « Autour de la loi Sécurité et Liberté », *AJDA* 1981. 275, et spéc. 277.

biens incorporels : les créances bien sûr[1], les droits de chasse[2], mais aussi les clientèles, les prestations sociales, les sûretés même. Au-delà encore, elle pousse le respect des biens jusqu'à garantir les intérêts économiques : ainsi d'une habitation de fortune au sein d'un bidonville[3] ! La seule limite posée par la Cour tient au fait que les créances futures doivent, pour être protégées, pouvoir prétendre à une « espérance légitime »[4] : un droit d'ores et déjà condamné par l'absence d'exercice ne saurait prétendre à protection[5]. Dans cette perspective, elle considère que toute *espérance légitime* raisonnablement fondée peut être protégée par le biais de la notion de biens, sans pour autant élargir démesurément le contenu de la catégorie[6]. À la vérité, le recours à cette notion protège moins des biens, *stricto sensu*, qu'il ne permet de déjouer les ingérences illégitimes des États dans la sphère économique, quand elles tendent à supprimer des droits sur lesquels les individus pouvaient compter. Il n'empêche que par ce biais, la Cour s'est par exemple donné les moyens de contrôler la fiscalité des États — ce que le Conseil constitutionnel se refuse à faire de façon sérieuse dans l'ordre interne.

Peu importe l'instrumentalisation de la notion de bien : en agissant ainsi, c'est bien la propriété qui est protégée, mais dans un sens si fondamental que nul n'aurait plus osé en défendre la conception. Ce que la Cour garantit ainsi, c'est tout ce qui fait corps avec l'individu, qui ne peut en conséquence lui être ôté; et si une cabane dans un bidonville paraît être bien peu de chose, elle est pourtant ce minimum sans quoi la personne ne peut plus exister en tant que telle.

963. ***Garantie des procédures, plutôt que défense de la propriété.*** Conformément au mouvement positif général concernant la propriété, le droit européen n'a pas cherché à la garantir de façon absolue. Le Premier Protocole additionnel à la Conv. EDH admettait des privations de propriété, ou des réglementations variées de son usage, dès lors qu'elles étaient prévues par la loi et répondaient à des considérations d'intérêt général. Avec ses outils qui ne sont pas ceux du droit interne, la Cour a veillé à ce que les États n'abusent pas des prérogatives qui leur étaient ainsi laissées : si elle a toléré les exceptions, c'est néanmoins dans le cadre d'un principe général de protection de la propriété qu'elle a largement construit sur la base des textes[7], principe lui-même garanti par le respect du principe de proportionnalité[8].

Pour dire les choses simplement, cela signifie que la Cour peut admettre des restrictions aux droits d'un propriétaire — ou pire encore en cas de privation —, mais exige le respect du principe de la propriété privée en contrôlant l'existence de justifications réelles à ces restrictions. Les modes de contrôle mis en œuvre

1. CEDH 9 déc. 1994, *Raffineries grecques c/ Grèce*, § 59 à 61.
2. CEDH 29 avr. 1999, *Chassagnou c/ France*, *RTD civ.* 1999. 913, obs. J.-P. Marguénaud, 2000. 360, obs. T. Revet; la question du droit français de chasse est reprise par : CEDH 4 oct. 2012, *Chabauty c/ France*, *RTD civ.* 2012. 703, obs. J.-P. Marguénaud, 2013. 151, obs. W. Dross.
3. CEDH 30 nov. 2004, *Oneryildiz c/ Turquie*, § 129.
4. CEDH 18 nov. 2010, *Richet et Le Ber c/ France*, § 89, *AJDA* 2011. 1265, note Caumes, *D.* 2011. 2694, obs. Trébulle, *RTD civ.* 2011. 150, obs. T. Revet.
5. CEDH 7 juin 2012, *Centro Europa 7 SRL et Di Stefano c/ Italie*, § 172.
6. La Cour de cassation paraît influencée par cette conception, qui a récemment considéré comme un bien, aux yeux d'un assureur de responsabilité, une « absence d'obligation à garantie », résultant de la jurisprudence (Civ. 1re, 17 févr. 2016, n° 15-12.805, *Bull. civ.* I, *JCP* 2016. 396, note J. Knetsch).
7. CEDH 23 sept. 1982, *Sporrong et Lönnroth c/ Suède*, § 61.
8. Ce qui n'a pas empêché la Cour d'approuver la confiscation des biens pour corruption, dès lors que la loi allait dans le sens d'une réglementation nationale plus efficace (CEDH 12 mai 2015, *Gogitidzé et autres c/ Géorgie*, § 96 et s.)

sont si peu habituels pour le droit français qu'il convient d'en illustrer le détail. Tout d'abord, il s'agit pour la Cour de faire le point sur l'existence des procédures manifestant l'empiétement, étatique ou individuel, pour s'assurer qu'elles étaient suffisantes, et qu'elles ont été respectées. Au-delà, il s'agit pour elle de vérifier que l'entrave au principe de la propriété est proportionnée aux intérêts collectifs que la loi préserve : libre aux États d'attenter aux biens individuels, pourvu qu'ils le fassent sur le fondement d'une justification assurée, et qu'ils n'aient pas eu d'autres moyens d'action aussi efficaces. Enfin, si ces restrictions aux droits du propriétaire sont admises, il faut sauvegarder le droit de propriété lui-même : d'où l'exigence que ces restrictions soient assorties de compensations pécuniaires effectives, qui font partie intégrante du droit de propriété[1].

On le voit, la protection de la propriété se déplace dans ses exigences et ses objets. La Cour fait le compte des atteintes à la propriété, des restrictions des droits des propriétaires, mais ne cherche pas à les interdire par principe. En revanche, elle mobilise d'autres moyens de protection pour garantir indirectement la propriété, en la préservant par la bande. Contrôle des motifs, des procédures, des indemnisations : autant de façon de s'assurer que les États ne toucheront pas à la légère aux composantes effectives de la propriété.

964. ***Une propriété défendue de façon pragmatique.*** En quoi l'examen des règles européennes se révèle instructif. L'âge idéologique est derrière nous, et nul ne se soucie plus d'un combat frontal pour ou contre la propriété. Peut-être les débats idéologiques reviendront-ils demain, mais un certain consensus semble s'être établi sur la légitimité de la propriété individuelle — pourvu qu'elle ne paralyse pas les exigences de solidarité inhérentes à l'État-providence, forme qui tend à s'imposer dans la plupart des pays du Conseil de l'Europe. Mais l'histoire comme la forme des textes européens expliquent le doigté à l'œuvre dans les techniques de protection de la propriété. En garantissant les biens des individus, en exigeant des procédures particulièrement encadrées pour que les États puissent y porter atteinte et des indemnisations utiles, la Cour réalise une protection d'autant plus efficace de la propriété qu'elle ne dit pas son nom ! Défendre une réalité sans tomber dans les combats pour les principes — sans doute un peu vains, par nature —, c'est là une forme de protection pragmatique des institutions que la France connaît mal, mais qui devrait être d'autant plus instructive à ses yeux. Si l'œuvre de la CEDH est souvent critiquée par les juristes français, il ne semble pas que cela doive s'étendre à la défense de la propriété. En pratiquant d'autres découpages des biens que ceux qui ont cours dans l'ordre interne, la Cour a protégé l'institution contre la cupidité des États, et a plus encore garanti les droits des propriétaires dans ce qu'ils avaient de fondamental : tel est bien le fondement des droits de l'homme.

II. Le contenu effectif de la propriété

965. De la part des commentateurs de la jurisprudence constitutionnelle, c'est une thématique récurrente que de stigmatiser l'abandon du propriétaire aux rigueurs de la loi. Faut-il s'en émouvoir ? Peut-être pas, tant il est vrai que les réductions des pouvoirs du propriétaire se constatent avant tout sur le terrain immobilier, qui n'est plus aussi important qu'il le fut (**A.**), et que ce que les pouvoirs du propriétaire perdent en intensité, ils le gagnent en extension par la conquête de nouveaux territoires (**B.**).

1. CEDH 21 févr. 1986, *James c/ Royaume-Uni*, § 54.

A. Les restrictions aux droits du propriétaire

966. ***L'abaissement des droits du propriétaire.*** C'est une antienne de la doctrine de droit privé que de déplorer un abaissement constant du droit de propriété, tout au long du XXe siècle[1]. D'un droit individualiste — c'est-à-dire ordonné aux seules jouissances égoïstes du propriétaire —, on serait passé à une sorte de fonction sociale, selon la prédiction de Léon Duguit[2]. La propriété n'est plus alors prise dans la perspective de l'épanouissement individuel qu'elle permet, mais considérée dans le prolongement de l'intérêt social : c'est ce qui justifiera les nombreuses restrictions que la législation imposera peu à peu aux prérogatives du propriétaire.

Le point de départ de cette conception est certain, en matière immobilière tout du moins, où la description de l'évolution des droits du propriétaire prend bien vite une allure de décadence, au sens où l'État impose des contraintes de plus en plus lourdes au propriétaire. On verra que le constat n'est pas inexact, mais que la limitation de ses prérogatives ne se constate qu'en présence de l'intérêt public. Dans les relations entre personnes privées, la propriété demeure protégée de façon ferme, notamment en cas d'empiétement de constructions sur le terrain voisin. Dans cette hypothèse, la destruction des ouvrages excessifs demeure la règle[3], ce qui traduit le maintien de l'absolutisme de la propriété dans les relations privées, même si cet absolutisme peut être critiqué[4].

Il ne faut pour autant pas déduire à une altération fondamentale de la nature même de la propriété. On peut d'abord y objecter que le sentiment d'une décadence suppose, derrière l'article 544 du Code civil, une liste préétablie de prérogatives qui aurait été peu à peu réduite. Rien n'est moins exact que cette conception, qui fait de la propriété un cumul de prérogatives[5], plutôt que de voir en elle une vocation absolutiste du propriétaire. Ce qui le constitue en propriétaire, c'est de pouvoir profiter de toutes les utilités disponibles de la chose, comme l'article 544 l'illustre qui n'accorde de droits au propriétaire que sous la réserve qu'il « n'en fasse pas un usage prohibé par les lois ou par les règlements ». On peut encore y objecter que la propriété immobilière n'est pas toute la propriété, même si elle a été jusqu'à présent particulièrement à l'honneur. Et du reste, il nous est déjà apparu que l'on ne réfléchit jamais si mal à la notion de propriété

1. E. Agostini, « L'étiolement du droit de propriété en France (1804-1985) », *Mélanges G. Flattet*, p. 3; J. Carbonnier, « Le droit de propriété depuis 1914 », *Flexible droit;* G. Morin, « Le sens de l'évolution contemporaine du droit de propriété », *Études G. Ripert*, t. 2, p. 5; P. Ourliac, « Propriété et droit rural : l'évolution du droit français depuis 1945 », *Quaderni Fiorentini* 1976-1977.723; A. Rouast, « Problème de l'évolution du droit de propriété », travaux de l'association Capitant 1947, p. 110; F. Terré, « L'évolution du droit de propriété depuis le Code civil », *Droits* n° 1, p. 33; M. Vasseur, « L'évolution du droit de propriété », *in Divisia*, Dupin et Roy, *À la recherche du franc perdu*, annexe I, p. 89.
2. L. Duguit, *Les transformations générales du droit privé depuis le Code Napoléon*, 1912, p. 156.
3. Trois arrêts du même jour incarnent le maintien d'une jurisprudence aussi traditionnelle que contestée : Civ. 3e, 10 nov. 2016, nos 15-19.561, 15-21.949 et 15-25.113, *Bull. civ.* III, *RTD civ.* 2017. 191, obs. W. Dross.
4. On peut se demander si un raisonnement en termes de proportionnalité ne devrait pas réduire cette rigidité excessive : J. Dubarry, « Empiètement et proportionnalité : point d'équilibre ou de rupture ? », *JCP* 2016. 1271.
5. Considérer la propriété comme un amoncellement de prérogatives, c'est se replacer dans l'esprit du domaine divisé, qui voyait des saisines là où nous voyons des biens. Parmi bien d'autres raisons, cela conduit à récuser la tripartition célèbre de la propriété en *usus*, *fructus* et *abusus*, par laquelle les romanistes conceptualisaient la division du droit coutumier en la projetant sur le droit romain. Comme on a essayé de le montrer, le Code civil a évité cet écueil par deux prérogatives d'ordre différent : jouissance et disposition.

que lorsqu'on la prend dans sa teneur foncière ou immobilière : la terre est une chose trop fondamentale à tous égards, pour pouvoir jamais faire l'objet d'une soustraction totale à l'intérêt collectif. Idée banale, au reste, qui était contenue dans le Code civil dès 1804 : les altérations des prérogatives du propriétaire ne sont guère que l'épanouissement progressif des limitations qui étaient en germe dans la propriété[1].

L'erreur fondamentale chez ceux qui s'alarment des empiétements sur les droits du propriétaire tient à la représentation qu'ils se font de l'institution. De bonne ou de mauvaise foi, ils considèrent que l'article 544 caractérise la propriété comme une institution que des intérêts individualistes imposeraient de vive force au droit objectif. D'où l'image d'un propriétaire souverain, véritable despote de sa chose qu'aucune règle de droit ne pourrait limiter sans risquer de la faire dégénérer. Mais cette idée d'une propriété hors-la-loi ne résiste pas plus à l'examen qu'en matière contractuelle, l'ancienne *doctrine de l'autonomie de la volonté* qui mettait semblablement les contractants à l'abri des exigences concrètes du droit. L'accroissement des règles impératives en matière contractuelle a modifié le mode de réglementation des contrats, mais n'a pas supprimé cette institution qu'est le contrat. De la même façon, les restrictions apportées aux pouvoirs du propriétaire marquent un accroissement de la pression juridique, sans supprimer le concept de propriété.

967. ***Mais un abaissement compatible avec les conceptions du Code civil.*** La conception que le Code civil se fait de la propriété est-elle vraiment individualiste ? Il faut concentrer toute son attention sur la seule première partie de l'article 544 pour le croire. Si l'on considère plutôt le système de la propriété dans son ensemble, il est clair que l'intérêt du propriétaire a toujours été balancé par la considération de son environnement. C'est apparent dans l'article 544, dont la seconde partie prévoit la possibilité de restrictions introduites par les lois ou les règlements, et donc motivées par un intérêt général selon les conceptions en vigueur en 1804. Cet intérêt général réapparaît immédiatement après, à l'article 545, puisque si « nul ne peut être contraint de céder sa propriété », il peut y avoir exception « pour cause d'utilité publique ». Il en ressort que la propriété n'est une prérogative solitaire que dans la mesure où l'intérêt général ne serait pas concerné, ce qui restreint la perspective individualiste — sinon la supprime. Elle est plus encore entamée par la considération des « servitudes qui dérivent de la situation des lieux », énoncées à partir de l'article 640 : on y découvre que ce propriétaire foncier — que l'on feint de présenter comme le seigneur de son domaine —, est astreint à considérer et subir l'existence des autres propriétés qui l'entourent. Rien de moins égoïste que ce propriétaire obligé de composer avec les intérêts environnants, qui ne peut monopoliser les eaux de pluie non plus que les rejeter à sa guise (art. 640), ni détourner les eaux courantes de son fond « au préjudice des usagers inférieurs » (art. 643); qui ne peut profiter des sources qu'à condition de ne pas « en user de manière à enlever aux habitants d'une commune, village ou hameau, l'eau qui leur est nécessaire (art. 642); qui doit tenir compte de l'intérêt des autres, au point qu'en cas de contestation à propos de ces eaux, les tribunaux doivent concilier l'intérêt de l'agriculture avec le respect dû à la propriété » (art. 645), sans préjudice d'autres limitations nombreuses.

On objectera peut-être que ces dérogations aux droits du propriétaire sont justifiées par un ancrage rural, qui n'est plus d'actualité — sauf à ce que ces pré-

1. G. Ripert, *Les forces créatrices du droit*, 2e éd., LGDJ, 1955, n° 90, p. 230.

occupations soient relancées par le souci de préserver l'environnement[1]. L'important est plutôt qu'elles trouvent une justification : pour modeste que puisse être leur impact actuel, elles valent toujours comme symptômes d'une propriété foncière qui n'a jamais été conçue comme individualiste, au sens où elle ne profiterait qu'à l'individu, en dehors de tout ancrage social. Dès lors, quoi d'étonnant à ce que d'autres limitations soient apparues, justifiées par de plus concrètes considérations d'environnement ?

968. ***Application des limites de la propriété.*** Une grande partie des limitations progressives aux droits des propriétaires doit recevoir la même justification que celles que connaissait le Code en 1804. L'esprit du droit coutumier des biens l'illustre avec évidence : c'est en réalisant un équilibre entre des fonds diversement appropriés que l'on permet à chaque propriétaire de retirer le plus grand profit du sien. Le fil de cet enseignement sera bientôt retrouvé par la jurisprudence et par la loi.

Deux constructions prétoriennes distinctes permettront à la jurisprudence de retrouver une harmonie entre des fonds dont l'équilibre a été rompu. La théorie des troubles du voisinage renouvelée du droit coutumier[2, 3] qui oblige chaque propriétaire à subir les inconvénients normaux du voisinage mais lui permet de s'insurger contre les inconvénients qui dépasseraient cette norme. Distincte, la théorie de l'abus de droit[4] aboutit au même effet, qui met en cause la responsabilité du propriétaire qui a volontairement porté préjudice à son voisin par l'utilisation qu'il a faite de son fonds. Aucune de ces deux constructions n'a d'ailleurs abouti à réduire les prérogatives du propriétaire, quand elles ne sont pas expressément condamnées[5]. On observe ainsi que la dernière ne peut se comprendre que comme une reconnaissance de l'absolutisme de la propriété : seuls les droits absolus peuvent être susceptibles d'abus, les autres étant toujours déjà contraints par leurs conditions d'exercice.

Mais ces deux constructions jurisprudentielles pèseraient peu dans le bilan des réductions des droits du propriétaire, si de très nombreuses réglementations ne s'étaient mises de la partie pour quadriller la propriété immobilière d'une façon bien moins supportable. On peut vite passer sur les réglementations particulières concernant tous les biens socialement précieux. Dans une perspective autoritaire qui contraste avec le libéralisme du Code civil, Napoléon ne « souffrait pas qu'un particulier frappât de stérilité vingt lieues de terre dans un département fromenteux, pour s'en former un parc »[6]. En application de cette conception, la loi du 16 septembre 1807 devait imposer des procédures drastiques de dessèchement des marais appartenant aux particuliers, celle du 8 mars 1810 réglementer

1. C'est ainsi que la loi n° 2016-1087, du 8 août 2016, a prévu la possibilité de créer une obligation réelle environnementale, par un contrat initié par le propriétaire actuel : N. Reboul-Maupin et B. Grimonprez, « Les obligations réelles environnementales : chronique d'une naissance annoncée », *D.* 2016. 2074.
2. Qui prend sa source dans Civ. 27 nov. 1844, *DP* 1845. 1. 13.
3. A.-M. Patault, « La propriété absolue à l'épreuve du voisin au XIXe siècle », *Mélanges Jean Imbert*, p. 457.
4. Req. 10 juin 1902, *DP* 1902. 1. 454; l'illustration la plus saisissante remonte à l'arrêt *Clément-Bayard*, Req. 3 août 1915, *DP* 1917. 1. 79.
5. Un arrêt récent refusant de transmettre une QPC a ainsi estimé, de façon peu compréhensible, que « la défense du droit de propriété, défini par l'article 544 du code civil comme le droit de jouir et disposer des choses de la manière la plus absolue, pourvu qu'on n'en fasse pas un usage prohibé par les lois ou par les règlements, n'est pas susceptible de dégénérer en abus de droit » (Civ. 3e, 15 déc. 2016, n° 16-40.240, *RTD civ.* 2017. 423, obs. W. Dross).
6. J.-G. Locre, *La législation civile, commerciale et criminelle de la France*, Paris 1827-1832, t. IX, p. 405.

l'expropriation pour cause d'utilité publique, celle du 21 avril 1810 prévoir des modalités de surveillance de l'exploitation des mines, réglementées de façon rigide le 3 janvier 1813, sans préjudice des règles concernant la houille blanche, c'est-à-dire l'énergie hydraulique. Par ailleurs, on éprouve de la peine à faire le compte des servitudes d'utilité publique, qui sont peu à peu venues infléchir la propriété foncière pour la rendre compatible avec le phénomène urbain. Servitudes de voirie et d'urbanisme; servitudes liées à l'organisation de travaux publics ou justifiées par la protection d'ouvrages publics ou privés; servitudes établies dans l'intérêt des transmissions ou de la distribution : autant de règles qui viennent canaliser l'utilisation de son fonds par le propriétaire, au bénéfice d'une meilleure gestion de l'espace public.

Toutes ces restrictions sont considérables, que l'on s'épuiserait à vouloir détailler. On peut aussi bien les voir sous leur aspect positif : ce que les propriétaires ont perdu en termes de libre disposition, et qui est incontestable, ils l'ont souvent regagné par l'accession de leurs fonds à un certain confort, par son adaptation aux exigences de la vie moderne. Le propriétaire de bureaux peut sans doute s'irriter de ce qu'on ne le laisse pas les convertir en logements en cas de besoin; mais l'autorisation qu'il doit solliciter poursuit l'objectif supérieur d'organiser un développement urbain, autrement anarchique, et qui par contrecoup nuirait à son fonds. De la même façon, presque toutes ces restrictions ont été justifiées par le refus que chaque propriétaire se comporte de façon autiste, c'est-à-dire par la nécessité d'équilibrer les relations entre les fonds. Dès la promulgation du Code civil, ces règles étaient présentes au cœur même de la propriété. Rien d'étonnant à ce qu'elles y aient trouvé un terrain favorable à leur développement.

969. ***Les dangers surmontés du*** XXe ***siècle.*** Une autre influence a pu peser dans l'évolution des prérogatives du propriétaire : le besoin de maximiser l'usage des fonds par le partage. Le premier visage de l'organisation du partage se retrouve en cas de réquisition d'immeubles inoccupés. Une telle tentation est apparue après la guerre, pour pallier les conséquences des destructions, puis de la crise du logement[1]; on en retrouve le désir aujourd'hui, pour essayer de faire pièce au développement du phénomène des « sans-abri »[2]. Dans leur principe, ces mesures portent bien moins atteinte aux prérogatives du propriétaire, qu'elles ne visent à satisfaire des objectifs individuels considérés comme temporairement supérieurs.

La mise en œuvre d'un partage porte davantage atteinte à la propriété, si on l'envisage sous son autre visage : la multiplication des droits au renouvellement dans les baux. Qu'il s'agisse du bail rural, commercial, ou même simplement d'habitation, le législateur s'est ingénié à systématiser le droit au renouvellement au profit du locataire, mais au détriment du propriétaire. D'où un privilège de l'exploitant qui peut compter sur la durée de sa jouissance – puis de l'utilisateur dans le cas de l'habitation –, directement prélevé sur les droits d'un propriétaire dépossédé d'autant. La preuve en est que la pratique rend compte de ces phénomènes en évoquant la propriété commerciale du commerçant, plus rarement la propriété culturale du preneur à bail rural, qui leur permettent de monnayer leur

1. Ord. du 11 oct. 1945, complétée par de nombreux textes réglementaires, qui a été intégrée au Code de la construction et de l'habitation (art. L. 641-1 s.).
2. La loi n° 98-657 du 29 juill. 1998, dite loi contre l'exclusion, renforce les possibilités de réquisition de logements vacants (art. 52), et prévoit une taxe pour leurs propriétaires (art. 51), ainsi qu'un droit de préemption urbain des locaux où sont logées des personnes nécessiteuses.

droit au bail en cas de cession[1]. Non sans exagération, on a pu parler à ce propos de renaissance du domaine divisé en ce que deux « propriétaires » cumuleraient leurs droits sur une même chose, alors que leurs droits ne sont pas indivis. L'image est saisissante, qui dévoile brusquement la dépossession du propriétaire. Il ne faut peut-être pas y sacrifier trop vite. Si l'on a le sentiment que les locataires grignotent peu à peu le domaine du propriétaire, c'est parce que l'on mesure leurs prérogatives naturelles à l'aune du statut de contractant qui devrait être le leur. Si on les voyait plutôt comme des titulaires de droits réels — ce que l'organisation du Code civil contredit, mais qui a clairement existé dans l'ancien droit —, notre sentiment serait tout autre. Il n'est pas besoin de faire ici le compte des raisons d'analyser le bail en une constitution de droit réel[2], mais de signaler que ce que l'on impute aux restrictions de la propriété, relève peut-être davantage d'une conception fautive de la nature juridique des droits du preneur à bail.

970. ***Les dangers nouveaux du XXIe siècle.*** Au XXe siècle, c'est par la diminution des droits du propriétaire que le principe même de la propriété a pu paraître attaqué. Il est aujourd'hui en butte à de nouvelles rivalités, notamment en ce que le caractère individualiste de l'institution paraît menacé, dramatiquement. Non par la montée en puissance d'une idéologie collectiviste, mais par des formes stabilisées de propriété collective ou simultanée, qui n'entretiennent plus guère de relations avec les conceptions fondamentales du Code, héritées d'un lointain passé.

La première manifestation de dérèglement se trouve dans une forme de propriété collective pratiquée de longue date : l'indivision. Connue depuis le droit romain, celle-ci se trouve évoquée par le Code civil à propos des successions, dont elle est une composante nécessaire encore qu'indésirable. En cas de décès, il est inévitable que les héritiers du *de cujus* se trouvent en indivision pendant une petite période — sauf à revoir totalement notre conception de la dévolution successorale. Mais cet état avait été conçu de façon plus que précaire en 1804, puisque l'indivision n'était évoquée par le Code qu'à travers sa disparition : l'article 815 du Code civil prévoyait que nul n'était tenu de demeurer dans l'indivision, ce qui soumettait le maintien de l'indivision à l'intervention d'un désaccord quelconque entre les indivisaires; et quand ces derniers décidaient d'en sortir, le principe de l'effet déclaratif du partage en effaçait les traces après coup, puisque l'indivision était réputée ne jamais avoir existé entre eux, qui tenaient directement leurs droits du *de cujus*. Simplement tolérée en 1804, l'indivision fut organisée par une importante loi du 31 décembre 1976, qui lui donnait enfin, sur les brisées de la jurisprudence, un encadrement réglementaire efficace. Cette loi commençait d'ailleurs de stabiliser l'institution : sans la pérenniser véritablement, elle en soumettait le maintien temporaire à l'existence d'un intérêt collectif — un véritable *affectio communionis* —, qui en justifiait tout à la fois l'organisation, la gestion et éventuellement la prorogation. Mais c'est au XXIe siècle que des réformes ont définitivement changé le visage de l'indivision, jusque-là tiraillée entre les inté-

---

1. Au vrai, l'expression de propriété commerciale ne dérive pas des droits au renouvellement du bail, mais de ce que le commerçant, partie au contrat de bail, est également propriétaire de son fonds de commerce, où figure le droit au bail. Le commerçant a donc deux casquettes à l'égard du bail : il y est partie, en même temps que propriétaire d'une universalité où il figure. Nul doute qu'il ne préfère se présenter comme propriétaire...

2. V. l'ouvrage classique de J. Derruppé, *La nature juridique du droit du preneur à bail et la distinction des droits réels et des droits de créance*, préf. J. Maury, Dalloz, 1952; v. aussi la mise au courant par l'auteur : « Souvenirs et retour sur le droit réel du locataire », *Mélanges Louis Boyer*, p. 169.

rêts contraires de la collectivité et de l'indivisaire — de chaque indivisaire. La réforme des successions du 23 juin 2006, la loi pour la simplification du droit du 12 mai 2009, ont commencé de poser en principe que les destinées de l'indivision pouvaient être soumises à une majorité des deux tiers, que ce soit pour des actes d'administration ou même pour des actes de disposition. On peut d'ailleurs penser que les limites qui encadrent encore cet intérêt collectif céderont avec le temps. C'est donc un tout nouveau visage qui apparaît désormais : celui d'une propriété collective stabilisée dans le temps, entre des indivisaires de rencontre, qui forment en quelque manière un groupement organisé, mais dénué de personnalité morale. Par contrecoup, il apparaît désormais que la propriété individuelle ne règne plus sans partage en droit français !

Le second risque de déstructuration de la propriété tient à la renaissance de formes de propriétés simultanées, bannies du droit français avec le Code civil et la disparition de la division des domaines. Ce risque s'est manifesté avec la loi du 19 février 2007, prévoyant l'entrée de la fiducie en droit français, et la réglementant aux articles 2011 et suivants du Code civil. Inspirée du *trust*, la création de cette fiducie a porté le fer au cœur même de la notion traditionnelle de propriété, en suscitant une « propriété fiduciaire » dont les contours précis sont actuellement impossibles à saisir — ni même le rattachement à l'idée de propriété. L'institution permet en effet à un constituant de transférer un ensemble de biens à un fiduciaire, que ce soit pour qu'il les gère ou qu'il garantisse l'effectivité d'un paiement, dans une fonction de sûreté. Quel est le lien entre les biens affectés et le fiduciaire, tant qu'il les conserve entre les mains ? Pour certains, il est inévitable qu'il en soit propriétaire, en raison de l'onction législative. Séparant le principe de la propriété de ses attributs traditionnels, ils estiment qu'il est possible que les droits d'un propriétaire soient strictement encadrés par l'acte constitutif de la fiducie, que sa propriété soit limitée dans le temps, et que ces biens-là ne fassent pas partie de son patrimoine, sans qu'il cesse d'en être considéré comme propriétaires. Pour d'autres, la propriété est une institution certes complexe, qui réside toute dans les pouvoirs du propriétaire, et la privation de certaines prérogatives décisives fait sortir du concept même de propriété, au moins telle qu'il est entendu depuis la propriété quiritaire du droit romain. C'est ainsi qu'ils ne parviennent pas à voir la composante de propriété qu'il y aurait dans une détention aux pouvoirs strictement comptés, et par nature précaire. Un consensus mou pourrait être trouvé, consistant à évoquer une « propriété fiduciaire » qui ne serait pas la propriété, tout en étant tout de même une propriété... Peu importent ces accommodements : entre celui qui doit récupérer les biens au terme de la fiducie, et le fiduciaire qui en est investi pendant, il y a un conflit si violent qu'il suffit à faire renaître les propriétés divisées du droit médiéval, cet état où diverses personnes pouvaient légitimement prétendre à la propriété d'une même chose, parce qu'ils la concevaient sous des utilités différentes.

Il reste qu'à l'occasion des débats occasionnés par l'analyse de la fiducie, la propriété s'est trouvée questionnée comme elle ne l'avait sans doute plus été depuis le XVIIe siècle. On peut toutefois regretter que la pression économique à l'origine de la promotion de la fiducie n'ait pas laissé suffisamment de place au débat juridique, d'autant que depuis 2007, le nombre de fiducies pratiquées en France semble médiocre, ce qui est étonnant pour une institution sans laquelle le monde économique ne pouvait paraît-il plus vivre ! Il reste que le coup porté à la propriété paraît s'être traduit, de façon inattendue, dans la jurisprudence de la Cour de cassation. Par des arrêts récents, la Cour a paru admettre la constitution volontaire de droits réels perpétuels, sans considérer qu'un démembrement d'une telle nature portait un coup fatal à la propriété[1] — ce que certains auteurs contestent[2]. Ce n'est du reste pas l'objet de ces droits qui soulève des difficultés : le droit français est très largement revenu sur l'idée du caractère limitatif des droits réels, qui avait longtemps empoisonné le droit des biens. Dès lors, on peut très bien accepter de construire un droit réel à partir d'une utilité particulière de la chose, qui n'est pas figée dans un droit réel nommé. En admettant ainsi que tous les droits réels peuvent être créés volontairement, sans support législatif, il reste à en déterminer la durée de vie. Sur ce point, les arrêts de la Cour ne sont pas satisfaisants, qui ont semblé admettre qu'il n'y avait pas de limite imposée à cette durée.

Un autre risque de déstructuration de la propriété commence de se manifester avec la percée des *communs* dans le droit français. Depuis le droit romain, on connaît la catégorie des « choses communes », les *res communes* : celles qui ne peuvent pas faire l'objet d'une appropriation, au moins dans leur totalité. Pour le droit romain, l'explication tenait à ce que l'appropriation par un individu se prétendant propriétaire était impossible : il ne pouvait pas davantage s'approprier l'air qu'il respirait, que les eaux qui tombent du ciel en pluie, celles de la mer, ou la lumière du soleil. Dans sa reprise de la notion, le Code civil a inversé la polarité sans l'exprimer clairement[3]. À partir de 1804, ces choses ne sont plus déclarées communes parce qu'il est impossible de les approprier, mais parce qu'une telle appropriation n'est pas souhaitable : la volonté de refuser l'appropriation l'emporte sur la nature des choses. Du fait du progrès des techniques, d'une révolution industrielle alors en marche, le Code a dû modifier la frontière sans bouleverser les anciens partages. Au-delà du contenu d'origine, nous avons désormais tendance à placer dans cette catégorie les choses qui doivent profiter à tous parce qu'il n'y a pas de raisons qu'elles ne profitent qu'à certains. Nous y rangeons aussi bien les découvertes, l'information, ou les œuvres incorporelles tombées dans le domaine public[4]. Faut-il aller au-delà pour étendre la catégorie ? L'actualité nous répond d'une façon qui dépasse nos attentes et perturbe nos conceptions : cette catégorie des choses communes vivait paisiblement dans le droit français, à bas bruit; elle a été relancée par les débats contemporains sur les *commons* — les communs, en mauvais français —, qui sont suscités par des considérations de développement durable[5]. On peut résumer ainsi un aspect particulier d'un débat bien plus vaste : faut-il admettre une propriété privée qui est par

1. Civ. 3e, 23 mai 2012, *D.* 2012. 1934, note L. d'Avout, et 2128, obs B. Mallet-Bricout, *JCP* 2012. II. 930, note W. Dross, *RTD civ.* 2012. 553, obs. Th. Revet. Civ. 3e, 31 oct. 2012, *D.* 2013. 53, note A. Tadros, et note L. d'Avout et Bl. Mallet-Bricout, *JCP* 2012. II. 1400, note Fr.-X. Testu, *RTD civ.* 2013. 141, obs. W. Dross, *RDC* 2013. 584, obs. R. Libchaber et 627, obs. J.-B. Seube. Civ. 3e civ. 8 sept. 2016, no 14-26.953, *D.* 2017. 134, note L. d'Avout et Bl. Mallet-Bricout, *RTD civ.* 2016. 854, obs. W. Dross, qui semble corriger 28 janv. 2015, pourvoi no 14-10.013, *D.* 2015. 599, note Bl. Mallet-Bricout, *RTD civ.* 2015. 413, obs. W. Dross.
2. Sur le mouvement ainsi initié, v. G. Lardeux, « Qu'est-ce que la propriété ? Réponse de la jurisprudence récente éclairée par l'histoire », *RTD civ.* 2013. 741, qui paraît admettre que la propriété ne soit qu'un mot, un titre, parfaitement détaché de ses utilités concrètes.
3. M.-A. Chardeaux, *Les choses communes*, Préf. Gr. Loiseau, LGDJ 2006.
4. W. Dross, *Les choses*, LGDJ 2012, nos 318 s., p. 573.
5. La discussion est partie d'un article connu, qui avait stigmatisé le faible rendement de la gestion des biens communs (G. Hardin, « The tragedy of commons », *Science*, vol. 162, 1968, p. 1243). Mme Oström a repris la discussion pour montrer que les prémisses de l'auteur étaient contestables (E. Oström, *La gouvernance des biens communs : pour une nouvelle approche des ressources naturelles*, 2010, Bruxelles [édition américaine 1990]). Depuis, le thème des communs commence de s'imposer comme une thématique de la discussion en matière des biens (v. par ex. B. Parance et J. de Saint Victor (dir), *Repenser les biens communs*, CNRS Éditions, 2014).

nature gaspilleuse de ressources, au risque de sacrifier l'avenir au présent ? Si ces préoccupations devaient se développer en trouvant un relai juridique, ce qui n'est pas encore réalisé, on risquerait de rencontrer une nouvelle limite à la propriété — qui serait cette fois radicale puisqu'elle ferait obstacle à la figure même de la propriété. Si l'on suit les promoteurs de cette idée, les biens seraient mieux exploités par des coalitions de personnes intéressées, quel que soit leur titre, que par un individu monopolisant toutes les utilités. On déboucherait ainsi sur une forme de propriété collective originale, qui n'est pas une indivision mais plutôt une communauté d'intérêts variés, existant entre des personnes qui ne sont pas toutes propriétaires mais qui souhaitent faire produire un meilleur rendement aux choses[1].

Le passage des *res communes* aux *commons* d'aujourd'hui pourrait ainsi aboutir à un refus de l'appropriation pour toutes les ressources qui peuvent être mises en commun, à tout le moins à des modalités d'appropriation très différentes de ce qu'elles sont aujourd'hui. Il est difficile de faire le tour des choses qui seraient concernées[2], mais il est certain que l'on quitterait le monisme dans le rapport aux choses pour des regroupements d'intérêts diversifiés, qui n'ont pas encore de nom. On n'en est sans doute pas encore là, mais il n'est pas impossible que cette nouvelle conception ne vienne contester la propriété dans ce qu'elle a de plus fondamental : l'égoïsme du propriétaire, c'est-à-dire sa souveraine liberté — la meilleure des choses en ce qu'elle assure la plénitude de ses satisfactions, la pire si elle devait aboutir au saccage de la planète.

971. ***Un bilan mitigé.*** Les atteintes ainsi portées à la propriété sont incontestables[3]. Elles sont d'autant plus inquiétantes qu'elles se trouvent relayées par des phénomènes effectifs de désappropriation, c'est-à-dire de refus d'approprier ce qui l'était traditionnellement. La question de l'animal nous confronte ainsi à une perte de propriété en voie de réalisation, ce qui est une nouveauté troublante[4]. Dans la tradition juridique ouverte par le Code civil de 1804, l'animal était incontestablement un bien : c'était un meuble puisqu'il était déplaçable, et même un meuble spécial, apte à se mouvoir par ses propres moyens. Au surplus, l'animal sauvage était l'incarnation de la chose sans maître, qui ne devenait un bien que par la capture. Or l'évolution contemporaine des idées, que la France partage avec nombre de pays dans le monde, conduit aujourd'hui à vouloir protéger l'animal en le mettant à l'abri de l'égoïsme du propriétaire, prétendument titulaire du droit de le maltraiter. Le Code pénal s'était déjà emparé de la question, pour prévoir une protection efficace de l'animal à l'encontre de la cruauté de ses maîtres. Et il ne serait pas difficile d'élaborer des protections objectives de

1. B. Coriat (dir), *Le retour des communs. La crise de l'idéologie propriétaire*, Les liens qui libèrent 2015.
2. M. Cornu, F. Orsi et J. Rochfeld, *Dictionnaire des biens communs*, PUF 2017.
3. On n'aborde pas ici la formidable atteinte portée à la propriété par la fiscalité. On a déjà signalé que dès la Déclaration des droits de l'homme, la perspective fiscale avait été inséparable de la question de la propriété. Mais cela n'aurait pas suffi à justifier que l'État finisse par apparaître comme un véritable propriétaire éminent du territoire français. On sait que la Cour de cassation, sous l'impulsion de Troplong, a refusé la reconnaissance de principe de ce domaine éminent; il n'empêche que toute propriété foncière est le siège d'impôts, en soi et lors des mutations et des transmissions successorales, sans compter les droits de préemption et d'expropriation. Le domaine éminent a-t-il jamais été autre chose que la réunion des actuels pouvoirs de l'État, notamment sur le plan fiscal ?
4. Là où la discussion sur les *communs* n'est que spéculative, les évolutions sont déjà engagées dans la loi pour l'animal. Certes, il faut distinguer les acquis législatifs qui sont encore modestes, et d'ailleurs tout à fait comparables à ce qui existe dans la plupart des droits européens, des projections de ceux qui estiment qu'il faut aller bien plus loin.

l'animal, domestique ou d'élevage, pour contribuer à son bien-être : beaucoup de règles existent déjà en ce sens, qui pourraient être renforcées[1]. La loi n° 2015-177 du 16 février 2015 était beaucoup plus ambitieuse dans ses intentions, quoiqu'elle n'ait conduit qu'à une transformation symbolique de la place de l'animal dans le Code civil – pour le moment. À sa suite, l'animal se trouve comme en apesanteur dans le Code civil, en ce qu'il ne figure plus à l'intérieur de la distinction des biens : le nouvel article 515-14 le fait intervenir en préalable à cette distinction, par deux propositions. D'une part, « les animaux sont des êtres vivants doués de sensibilité » : si ce sont des êtres vivants, c'est que ce ne sont plus des choses, et donc *a priori* plus des biens. D'autre part, mais de façon peut-être transitoire, « sous réserve des lois qui les protègent, les animaux sont soumis au régime des biens » — et certains voudraient que cela ne dure pas, pour que se développe un régime spécifique de l'animal qui rompe toutes les amarres avec le droit des biens[2]. Pour les promoteurs de l'animal, ce n'est là qu'une situation d'attente, puisque leur désir est que demain, l'animal sorte totalement du régime des biens. Pour devenir quoi ? Une personne selon certains, qui souhaitent une rupture totale avec le passé; mais ils sont loin d'être majoritaires. Sans aller jusque-là, de nombreuses voix s'élèvent pour qu'il échappe désormais à toute forme de propriété individuelle, devenant une catégorie tierce entre les personnes et les biens[3].

Ces atteintes à la propriété ne doivent pas pour autant être surestimées — si on laisse de côté la question de la durée des droits réels. Même si le propriétaire immobilier subit des contraintes qui n'étaient pas prévues en 1804, il continue d'être propriétaire au sens où l'immeuble lui est propre, retiré à l'usage collectif : ses prérogatives peuvent être diminuées sans que sa vocation à bénéficier de toutes soit entamée. En ce sens, le propriétaire ne cesse pas plus d'être maître de son domaine, que la propriété d'être l'épine dorsale du droit des biens. Il en irait autrement si les arrêts de 2012, 2013 et 2016 marquaient une modification durable de la perception juridique. Car on reviendrait à une situation où l'exclusivisme ne serait plus une caractéristique de la propriété individuelle, c'est-à-dire à une situation de propriétés simultanées.

Dans son principe, la propriété sort donc intacte de l'évolution, pour l'heure. Ce qui est heureux, tant il est vrai que le droit civil demeure le modèle de raisonnement en la matière : même s'il existe une propriété publique, qui devient très présente dans la jurisprudence du Conseil constitutionnel, c'est toujours le droit civil qui informe la matière. Gageons que les atteintes actuelles se résorberont, d'autant qu'elles ne concernent guère que les immeubles; pour peu que l'on déplace son regard sur les autres biens, le panorama est tout autre.

B. La conquête des nouveaux territoires

972. ***La propriété immobilière n'est pas la propriété.*** Le diagnostic alarmiste sur l'évolution de la propriété prend sa source dans une double réduction, par laquelle on limite la propriété aux seuls biens corporels, en même temps que l'on exalte la propriété immobilière au point d'en faire l'archétype de la propriété. Si

1. Sur les forces qui poussent l'animal : R. Libchaber, « La souffrance et les droits. À propos d'un statut de l'animal », *D.* 2014. 380.
2. J.-P. Marguenaud, « Une révolution théorique : l'extraction masquée des animaux de la catégorie des biens », *JCP* 2015. 305.
3. En ce sens, v. par ex. L. Boisseau-Sowinski, *La désappropriation de l'animal*, Préf. J.-P. Marguénaud, PULIM 2013.

l'on regarde les choses de plus loin, il ne semble pas que ces déplacements successifs se justifient. Tout au contraire, la propriété étant définie comme le lien le plus étroit qui unisse une personne aux possibles objets de son désir, des choses très diverses dans leur nature physique peuvent faire l'objet d'une appropriation. La notion de propriété demeure constamment identique à elle-même, tandis que le régime juridique concret qu'elle épouse se diversifie en conséquence des variations dans son objet.

973. ***La diversité des biens : la propriété corporelle.*** On peut mettre en évidence quatre types d'objets de la propriété. La première distinction importante est celle qui sépare les biens incorporels de ceux qui ont une apparence matérielle, ceux qui, comme disait le droit romain, peuvent se toucher (*quæ tangi possunt*). Cette différence va peser d'un grand poids sur le régime de la propriété, de part et d'autre : l'évidence des biens corporels — c'est-à-dire le caractère identifiable de leur *corpus* —, les soumet immédiatement aux pouvoirs du droit, sans besoin d'une délimitation supplémentaire; à l'inverse, les biens incorporels ne peuvent émerger à la conscience du droit qu'à condition de faire l'objet de déterminations assez précises, de sorte que l'identification du bien soit certaine.

Dans le cadre des biens corporels, la distinction classique passe entre les meubles et les immeubles, c'est-à-dire entre les biens déplaçables, et ceux qui ont pour singularité de rendre indisponible la portion d'espace qu'ils occupent. Parce que l'immeuble a été jugé essentiel à la stabilité de l'ordre social, le régime immobilier a adopté le constant parti de protéger le propriétaire contre toute mésaventure. Quatre traits de régime contribuent à l'établissement de cette protection : l'organisation progressive de la publicité immobilière, qui garantit la circulation des biens[1]; la réduction au minimum des effets acquisitifs de la possession, grâce aux très longues durées exigées pour qu'elle induise une translation de propriété[2]; l'efficacité de l'action en revendication, qui sauvegarde les droits du propriétaire dépossédé sur la seule preuve de son titre; la diversité enfin des droits réels immobiliers, qui permettent au propriétaire de tirer le meilleur parti de son immeuble en distribuant ses utilités de façon optimale[3]. Ces traits s'inversent pour peu que l'on passe au régime de la propriété mobilière, dont la disposition fondamentale a précisément pour effet d'abandonner le propriétaire aux rigueurs de son sort[4]. En posant, à l'article 2276 nouveau du Code civil, que : « en fait de meubles, la possession vaut titre », le Code a choisi de protéger la circulation mobilière contre les intérêts du propriétaire. Toutes les fois qu'il se dépossède volontairement entre les mains d'un tiers, le propriétaire prend le risque de perdre la propriété de son bien; et quand la dépossession est involontaire, perte ou vol, il est à peine

1. Sur l'histoire de la publicité foncière, v. M. Gobert, « La publicité foncière, cette mal-aimée », *Études Jacques Flour*, p. 207.
2. L'usucapion est soit trentenaire (C. civ., art. 2262), soit comprise entre dix et vingt ans (C. civ., art. 2265), dans l'hypothèse où le possesseur est de bonne foi, et dispose d'un juste titre.
3. La liste des droits réels s'est étendue depuis le Code civil : non seulement des droits plus anciens ont été consacrés après sa promulgation, mais il semble que l'idée du caractère limitatif des droits réels, fondé sur l'art. 543 du C. civ., ne résiste pas à l'examen, notamment en vertu de l'autorisation générale de création des droits accordée par l'arrêt *Caquelard* (Req. 13 févr. 1834, *DP* 1834. 1. 218, *S.* 1834. 1. 205). Pour le dernier état de la question : Bl. Mallet-Bricout, « Le *numerus clausus* des droits réels : la fin d'un mythe », 19e conférence Albert-Mayrand, Les éditions Thémis 2015.
4. Cette affirmation est néanmoins tempérée par la communauté des règles applicables à la preuve de la propriété : au terme d'une évolution contrastée, la Cour de cassation considère aujourd'hui de façon indifférenciée que « la propriété d'un bien se prouve par tous moyens » (Civ. 1re, 11 janv. 2000, *Bull. civ.* I, n° 5; *RDI* 2000. 145, obs. M. Bruschi).

mieux protégé, et encore est-ce à la condition de réagir vivement. D'où une inversion des perspectives, par laquelle les effets de la possession deviennent considérables, tandis que les résultats de l'action en revendication se révèlent médiocres : la faveur en général accordée au propriétaire est ainsi battue en brèche au profit du possesseur de meubles[1].

Les régimes de propriété mobilier et immobilier sont donc tout à fait différents, voire étrangers l'un à l'autre. L'assomption de la propriété immobilière a longtemps laissé dans l'ombre les spécificités de la propriété mobilière. Le droit commercial semble de mieux en mieux en découvrir les séductions, ce qui rééquilibre le statut comparé des biens corporels.

974. ***La diversité des biens : la propriété incorporelle.*** Les biens incorporels forment la seconde division des régimes de propriété, encore qu'ils attendent encore la rationalisation, la simplification et la systématisation que les biens corporels ont reçues du Code civil. Que les objets incorporels puissent être des biens se passe de discussion; que ces biens doivent être reliés aux personnes par un lien de propriété, c'est un acquis si certain de la construction du droit civil[2] que cette conséquence devrait être tirée sans examen de leur régime positif[3]. On sait pourtant les réticences qui ont accueilli les travaux de Ginossar[4], et le refus manifesté par une grande partie des auteurs de reconnaître que les propriétés incorporelles spécialement réglementées ne sont guère que des manifestations de l'idée de propriété, des variations sur un thème unique et constant.

Pourtant, les biens incorporels qui ont été jusqu'à présent réglementés — c'est-à-dire notamment les œuvres de l'esprit dans le cadre de la propriété littéraire et artistique, ainsi que les inventions techniques dans celui de la propriété industrielle —, donnent lieu à une véritable jouissance du propriétaire, ainsi qu'à un pouvoir de disposition. Celui dont le bien émane est libre d'en profiter comme il l'entend, au point parfois d'en refuser la divulgation; mais tous sont cessibles et démembrables par l'usufruit et le gage — seuls droits réels à être ouverts aux meubles —, et peuvent faire l'objet de remises précaires, notamment pas les contrats de licence. Dans cette jouissance, dans ce droit de disposer, il n'y a rien qui n'aille de soi : après tout, ce sont des biens et il est normal qu'ils soient traités comme tels ! Une partie de la doctrine est libre de considérer le mode de relation qui les unit aux personnes comme relevant d'autre chose que de la propriété; mais cette autre chose lui est si semblable, que l'on finit par être en présence d'un décalque porteur d'une autre appellation. Certes, c'est une propriété dont le régime doit être aménagé, parce qu'il ne peut s'aligner sur celui des biens corporels : par la nécessaire délimitation de ces biens, par les possibilités de les reproduire sans altérer le modèle originel, par la diversité des utilisations fragmentées qu'ils permettent,

1. La règle de l'art. 2279 du C. civ. semble être apparue dans la jurisprudence du Châtelet de Paris au début du XVIIIe siècle. Bigot de Préameneu s'y réfère dans les travaux préparatoires du Code civil : « Le droit français a... même regardé le seul fait de la possession comme un titre; on n'en a pas ordinairement d'autres pour les choses mobilières. Il est d'ailleurs plus souvent impossible d'en constater l'identité et de les suivre dans leur circulation de main en main. Il faut éviter des procédures qui seraient sans nombre et qui le plus souvent excéderaient la valeur des objets de la contestation. Ces motifs ont dû faire maintenir la règle générale suivant laquelle "en fait de meubles possession vaut titre" » (P.-A. Fenet, *op. cit.*, t. XV, p. 600). Il semble que l'on soit là en présence d'une véritable coutume mobilière.
2. Les biens incorporels font aussi l'objet d'une protection pénale de plus en plus nette. Pour le principe, v. G. Beaussonie, *La prise en compte de la dématérialisation des biens par le droit pénal*, Préf. B. de Lamy, LGDJ 2012.
3. F. Zenati, « Pour une rénovation de la théorie de la propriété », *RTD civ.* 1993. 305.
4. S. Ginossar, *Droit réel, propriété et créance. Élaboration d'un système rationnel des droits patrimoniaux*, LGDJ, 1960.

ces biens appellent un régime spécifique qui n'existe aujourd'hui qu'à l'état d'ébauche, par quelques linéaments repérables. Il reste qu'une adaptation du régime ne suppose pas nécessairement, en amont, une fondamentale différence de nature[1].

Si l'on voulait décrire adéquatement le monde des biens incorporels, il conviendrait d'y distinguer les biens objectivables de ceux qui sont tissés de personnalité : droits au nom, à l'image ou à la voix; force de travail; œuvres d'art; ou, de façon plus incertaine, clientèles civiles. Il résulte de ce lien personnel que la propriété de ces biens est marquée de caractéristiques particulières, qui s'expriment par deux traits essentiels : l'incessibilité, faute qu'une part de la personne demeure enchaînée dans le transfert de propriété, et objecte par là au principe d'inaliénabilité de la personne; et une sorte de droit moral qui, aux risques et périls de la personne, lui permet de revenir sur les contrats qui les ont pris pour objet. Ces derniers biens nous conduisent aux bords extrêmes de la propriété, puisque leur circulation n'est pas garantie. On peut néanmoins penser que, loin d'attenter à la notion de propriété, ces restrictions sont la rançon d'une patrimonialisation de biens qui, par nature, tendaient vers l'extra-patrimonialité.

La propriété conquiert donc des territoires nouveaux, dans la perspective civile. Car il est notable que les protections constitutionnelles, européennes ou communautaires saisissent la propriété intellectuelle comme une forme de la propriété, qui mérite la même protection. En s'attachant aux divers régimes juridiques spéciaux des biens incorporels qui vont actuellement se multipliant, on prend de mieux en mieux conscience de ce que la propriété s'est reconstituée autour d'eux.

975. ***Des propriétés nouvelles.*** Sur la lancée de ces biens tissés d'aspects personnels, comment ne pas évoquer le mouvement actuel d'affaiblissement de la distinction des personnes et des choses, qui conduit à voir le corps humain comme un composé de produits sur lesquels la personne disposerait d'une sorte de droit de propriété[2]. Sur son versant négatif, le principe de l'intangibilité du corps humain établit, sinon une propriété *stricto sensu* de l'homme sur lui-même, du moins une maîtrise effective à laquelle se joint la possibilité d'exclure tout autre des utilités éventuelles de ces produits. On retrouve alors l'essence même de la propriété.

Longtemps, les produits ou les parties du corps humain n'ont eu d'utilité qu'*in situ*, faute que leur conservation en dehors du corps soit possible. Depuis le premier quart de ce siècle les moyens se sont multipliés de les prélever, de les conserver pendant d'assez longues périodes, de les réutiliser enfin, au point que l'on soit parvenu à une sorte d'ingénierie corporelle. Mais si les produits du corps humain deviennent autonomes, il faut en conclure à une possible qualification de biens. Ce qui ne signifie évidemment pas que cela soit déjà positivement le cas, ni *a fortiori* que l'on puisse en faire n'importe quoi : de la constatation de l'existence possible d'un bien encore en devenir, à l'idée qu'il est de libre parcours, il y a un espace considérable. On peut ainsi relever que si les produits du

1. Il reste que certains traits de la propriété des biens incorporels diffèrent notablement de la propriété corporelle : la possible réquisition, et le caractère temporel. Mais aucune de ces deux particularités ne peut servir de pierre de touche à une différence de nature : la réquisition, parce qu'elle est également habituelle en matière corporelle, notamment immobilière; le caractère temporaire, parce que la propriété temporaire existe aussi en matière corporelle — assez rarement, il est vrai —, et que la perpétuité n'est qu'une forme de l'absolutisme de la propriété dans le temps, qui peut être réduite puisque l'absolutisme a souvent été combattu sur le terrain positif.
2. Th. Revet, « Le corps humain est-il une chose appropriée ? », *RTD civ.* 2017. 587.

corps humain touchent à la catégorie des biens[1], l'article 16-1, alinéa 3, du Code civil leur accorde un statut particulier en énonçant que : « le corps humain, ses éléments et ses produits ne peuvent faire l'objet d'un droit patrimonial ». Encore la portée de cette extra-patrimonialité est-elle mal définie, ces produits n'étant pas intransmissibles, mais ne pouvant être transmis qu'à titre gratuit. Cette gratuité dans la transmission des produits du corps humain est-elle compatible avec une qualification de bien ? Il semble que rien ne l'interdise, et que ce soit bien en ce sens qu'il faille s'orienter : si la gratuité est protectrice de la personne, elle n'empêche pas les produits du corps humain, une fois prélevés et traités, d'être des biens comparables à beaucoup d'autres.

On peut déplorer cette patrimonialisation du corps humain, la fin de la distinction rigide des personnes et des choses, et l'abaissement du principe d'intangibilité du corps humain. Encore ne faut-il pas oublier que cette réification limitée est encore la meilleure réaction que le droit puisse opposer aux dangers créés par le développement des techniques médicales. Les principes éthiques du passé ne conduisent qu'à jeter le voile sur la réalité des transactions qui prospèrent à l'ombre du droit. L'introduction de la propriété de chacun sur soi est, par nature, protectrice de l'individu : parce qu'il lui appartient de considérer ce qu'il veut faire de son bien, dans le cadre des possibilités laissées par le droit; mais aussi parce que sortant du non-droit, les transactions humaines peuvent être bien mieux contrôlées qu'elles ne le sont actuellement. On retrouve ainsi le caractère éminemment protecteur de la propriété, ce qui illustre, dans une perspective renouvelée de Locke, qu'elle est essentielle à la meilleure conservation de l'homme pris en tant que tel.

On peut évoquer le défrichement actuel d'un nouveau territoire, qui n'est pas encore stabilisé. Pendant longtemps, les biens à valeur vénale négative ont été placés hors du droit des biens; il est pourtant manifeste qu'ils sont de plus en plus souvent attirés vers ce monde de la patrimonialisation, ce qui conduit à les traiter comme des biens[2]. L'ordonnance du 10 février 2016 semble faire un pas de plus dans cette direction nouvelle en réglementant, à l'article 1327 du Code, la *cession de dette* comme une contrepartie à la cession de créance (art. 1321), et plus lointainement à la cession de contrat (art. 1216). Certes, le terme de cession n'est pas adapté au nouveau régime, qui se rapproche de ce que l'on connaissait autrefois sous le nom de *reprise de dette*. Il n'empêche : on se retient mal de penser que le mouvement est lancé, c'est-à-dire que les biens à valeur négative commencent d'être considérés comme une nouvelle catégorie des biens, à la cohérence de mieux en mieux affirmée.

Conclusion

976. Le bilan de toutes ces évolutions n'est pas facile à dresser. Si les traits fondamentaux de la propriété demeurent stables pour peu que l'on en adopte une conception ouverte, les objets de la propriété successivement mis à l'honneur sont variables. Unique sur le plan de la notion, la propriété s'adapte dans son régime au fur et à mesure qu'elle conquiert des territoires nouveaux. Chaque avancée nouvelle est néanmoins l'occasion de relancer ce vieux débat fondamen-

1. Il faut être très prudent selon les choses considérées. Ainsi, par la voix de sa grande Chambre, la CEDH a récemment estimé que « les embryons humains ne sauraient être réduits à des biens » (CEDH 27 août 2015, *Parillo c/ Italie*, § 215, *RTD civ.* 2015. 830, obs. J.-P. Marguénaud, *RDC* 2016. 111, obs. F. Bellivier et Chr. Noiville).
2. D. Chilstein, « Les biens à valeur vénale négative », *RTD civ.* 2006. 663.

tal : pourquoi y a-t-il de la propriété privée, là où une mise en commun serait plus profitable ? À cette question cent fois posée, et qui témoigne d'une tension forte concernant les interactions entre les personnes et le monde extérieur, il semble que l'on doive toujours répondre de la même façon : ce que la propriété retire à la collectivité, elle l'ajoute à l'individu en lui permettant de résister aux agressions que la société fait subir. Loin de devoir être conçue comme une avancée illégitime sur le domaine des choses communes, la propriété apparaît comme un mode de réalisation de l'individu, comme l'expression de sa souveraineté sur les choses du monde, c'est-à-dire comme une défense avancée de son for intérieur. La propriété recouvre l'homme d'une enveloppe protectrice, où s'exprime son être même : la terre, les richesses mobilières, les idées économiquement exploitables, le corps peut-être, ne sont pas des étapes successives d'une propriété conquérante qui détruirait sur son passage les droits de la collectivité, mais les moyens d'une réalisation individuelle qui passe notamment par l'appropriation. Hegel justifiait d'emblée la propriété en disant que « la personne doit se donner une sphère extérieure pour sa liberté, pour exister comme Idée »[1]; l'analyse des évolutions de la propriété en droit, considérée comme droit fondamental, ne montre pas autre chose.

Bibliographie indicative

Proposition d'articles (outre ceux qui sont en note de bas de page, qui sont les articles essentiels) :

- J. Carbonnier, « Le droit de propriété depuis 1914 », *Flexible droit*, 10e éd., LGDJ, 2001, p. 352.
- P. Delvolvé, « Droit de propriété et droit public », *in Mél. G. Braibant*, p. 149.
- W. Dross, « Une approche structurale de la propriété », *RTD civ.* 2012. 419.
- S. Ginossar, *Droit réel, propriété et créance. Élaboration d'un système rationnel des droits patrimoniaux*, LGDJ, 1960.
- J.-M. Mousseron, J. Raynard et Th. Revet, « De la propriété comme modèle », *in Mélanges A. Colomer*, Litec, 1993, p. 281.
- F. Terré, « L'évolution du droit de propriété depuis le Code civil », *Droits* n° 1, 1985, p. 33.
- M. de Vareilles-Sommières, « La définition et la notion juridique de la propriété », *RTD civ.* 1905. 443.
- M. Xifaras, *Propriété et justice. Recherche sur les modes de conceptualisations de la propriété chez les commentateurs du Code Napoléon au XIXe siècle*, PUF, 2004.
- F. Zénati, « Pour une rénovation de la théorie de la propriété », *RTD civ.* 1993. 305.
- F. Zénati-Castaing, « La propriété, mécanisme fondamental du droit », *RTD civ.* 2006. 445.

Pistes de réflexion

N'est-ce pas une contradiction dans les termes que d'évoquer une « propriété collective » ?

1. G.W.F. Hegel, *Principes de la philosophie du droit*, Gallimard, coll. « Idées », 1973, n° 41, p. 88.

Dans la Déclaration de 1789, pourquoi la propriété a-t-elle été garantie deux fois, aux articles 2 et 17 ?

Le droit de propriété est-il un droit ordinaire, alors qu'il s'exerce sur une chose tandis que la plupart des droits garantis sont opposés à des hommes ?

L'analyse de la propriété civile, après les arrêts admettant la perpétuité des droits réels

L'animal dans le droit français : bien, personne ou catégorie intermédiaire ?

Section 2.
LA LIBERTÉ CONTRACTUELLE

MARIE-LAURE MATHIEU
Professeur à l'Université Montpellier I

Le contrat représente une des techniques principales de l'activité juridique des individus. Cela vaut tant pour les sujets de droit privé que pour les sujets de droit public, à propos desquels la « contractualisation » est d'une grande actualité. À la diversification des figures du contrat, s'oppose la remarquable permanence des principes généraux, au premier rang desquels se trouve la liberté contractuelle, ferment essentiel de la création juridique individuelle.

2. Liberté à l'intérieur de la relation contractuelle
a. La restauration de l'équilibre objectif des forces en présence
b. Vers la restauration du libre consentement

C. La question du conflit avec les autres droits et libertés fondamentaux

977. « Liberté contractuelle » : l'expression est si familière que l'on oublie, souvent, de s'interroger sur les contours exacts des notions auxquelles elle renvoie. Le plus souvent, on explique que la « liberté contractuelle » découle du « principe » d'autonomie de la volonté, lequel trouverait sa source dans le célèbre article 1134 alinéa premier du Code civil : « Les conventions légalement formées tiennent lieu de loi à ceux qui les ont faites. » Or, à y regarder de plus près, cette explication se révèle insuffisante.

Du grec *autos* (de lui-même) et *nomos* (loi), l'autonomie désigne l'aptitude à se gouverner par ses propres lois. La volonté de l'homme serait autonome dès lors qu'elle est juridiquement apte à engendrer ses propres normes, cette aptitude lui étant reconnue par la règle objective : la convention doit être légalement formée, pour tenir lieu de loi à ceux qui l'ont faite.

Dès lors, on conçoit que la liberté ne peut s'exercer que dans les limites que la loi assigne au pouvoir de la volonté individuelle, dans l'intérêt général; d'ailleurs l'article 6 du Code civil ne dit pas autre chose lorsqu'il dispose : « On ne peut déroger, par des conventions *particulières,* aux lois qui intéressent l'ordre *public* et les bonnes mœurs », ce que reprend, comme en écho, l'article 1387 relatif aux conventions matrimoniales, qui pose un principe de liberté des époux, mais réserve les bonnes mœurs et les règles impératives[1].

Le projet de loi présenté par le Gouvernement, relatif à la modernisation et à la simplification du droit et des procédures ne disait pas autre chose : l'article 3 de ce projet visait à mettre en œuvre, par voie d'ordonnance, la réforme du droit des obligations, et notamment à « aborder à titre liminaire les principes directeurs et définitions qui gouvernent le droit des contrats [...] et [à] consacrer dans la loi le principe de la liberté contractuelle, et ses limites, ainsi que celui de la bonne foi en droit des contrats »[2]. Cet article 3 avait cependant été supprimé par le Sénat le 23 janvier 2014. Le texte définitif adopté par l'Assemblée nationale le 25 janvier 2015 reprenait toutefois, dans son article 8-1°, cette volonté d'affirmer « les principes généraux tels que la bonne foi et la liberté contractuelle ». On notera simplement l'inversion de l'ordre des principes énoncés[3]... L'ordonnance n° 2016-131 du 10 février 2016 portant réforme du droit des contrats, du régime et de la preuve des obligations[4] réaffirme le principe de liberté puisque désormais, l'article 1102 du Code civil, tel qu'il résulte de cette réforme dispose :

1. C. civ., art. 1387 : « La loi ne régit l'association conjugale, quant aux biens, qu'à défaut de conventions spéciales que les époux peuvent faire *comme ils le jugent à propos*, pourvu qu'elles ne soient pas contraires aux bonnes mœurs ni aux dispositions qui suivent. »
2. Projet de loi relatif à la modernisation et à la simplification du droit et des procédures dans les domaines de la justice et des affaires intérieures, enregistré à la présidence du Sénat le 27 nov. 2013, n° 175.
3. Assemblée nationale, 25 janv. 2015, texte n° 467.
4. Le Sénat a adopté le projet de loi de ratification le 17 octobre 2017 : www.senat.fr/les_actus_en_detail/article/reforme-du-droit-des-contrats. Sur la question de la « réforme de la réforme », v. le dossier très complet in *AJ Contrats* n° 11, nov. 2017.

« Chacun est libre de contracter ou de ne pas contracter, de choisir son cocontractant et de déterminer le contenu et la forme du contrat dans les limites fixées par la loi.

La liberté contractuelle ne permet pas de déroger aux règles qui intéressent l'ordre public. »

Une simple lecture de ces textes révèle que la norme objective intervient toujours, dès lors qu'il est question de l'ordre public, la volonté individuelle trouvant sa limite nécessaire dans les règles impératives, édictées dans l'intérêt de la collectivité. Une première question surgit alors : celle de la place laissée à la *liberté* individuelle face aux contraintes de l'ordre public.

Mais l'interrogation ne peut se limiter à ce seul aspect; encore faut-il se demander de quelle liberté il est question : on ne peut manquer d'observer qu'à l'appui de la liberté *contractuelle*, on invoque des textes qui traitent des *conventions, (et même désormais des seuls contrats)* ce qui, tout de même, a de quoi surprendre un juriste attentif. Tout contrat est une convention, certes, mais toute convention n'est pas un contrat, loin s'en faut[1]... Pourtant, la réforme du droit des contrats ne s'embarrasse pas de cette distinction, ce que l'on peut regretter... S'agit-il de liberté contractuelle, ou de liberté conventionnelle ?

En outre, une convention est certes un acte juridique, mais tout acte juridique n'est pas une convention[2] : la liberté de tester, par exemple, fait-elle partie de ce que l'on appelle « liberté contractuelle » ?

Il paraît de bonne méthode de s'interroger au préalable sur le domaine exact de ce qu'il est convenu de désigner par « liberté contractuelle », la question du domaine étant d'ailleurs inséparable de celle du fondement de cette liberté (***I.***), dont la valeur s'affirme de jour en jour, depuis ces dernières années (***II.***), même si, naturellement, cette liberté connaît, comme toutes les autres, d'inéluctables limitations (***III.***).

I. Domaine et fondement de la liberté « contractuelle »

978. Une réflexion préalable sur l'objet de ce qu'il est convenu d'appeler liberté « contractuelle » laisse entrevoir que la question ne se limite pas aux seuls contrats (**A.**) comme en témoignent d'ailleurs les fondements proposés au soutien de cette liberté (**B.**).

---

1. Sur cette question, on consultera avec profit les explications très claires de J.-L. Aubert et E. Savaux, *Introduction au droit et thèmes fondamentaux du droit civil*, 14e éd., 2012, Sirey, coll. « Université », n° 212, p. 221.
2. Même si, étonnamment, l'art. 1316-4 du Code civil (L. n° 2000-230, 13 mars 2000), prévoit que « La signature nécessaire à la perfection d'un *acte* juridique identifie celui qui l'appose. Elle manifeste le consentement *des parties* aux *obligations* qui découlent de cet acte », confondant en un saisissant raccourci l'acte juridique avec la convention d'une part (puisqu'il est fait référence à « des parties »), et la convention et le contrat, d'autre part, puisqu'il est question d'obligations ! L'avant-projet de réforme du droit des obligations a corrigé cette confusion (que nous avons souvent soulignée) puisque désormais, l'art. 1101-1 du Code civil définirait les actes juridiques comme des « actes de volonté destinés à produire des effets de droit », et ajouterait que « L'acte juridique conventionnel ou convention est l'accord conclu entre deux ou plusieurs personnes en vue de produire de tels effets ». Par ailleurs, l'art. 1101 actuel est reconduit, pour l'essentiel en ce qui concerne notre propos, dans le nouvel art. 1102 selon lequel « Le contrat est une convention par laquelle une ou plusieurs personnes *s'obligent* envers une ou plusieurs autres à accomplir une prestation ».

A. Objet de la liberté « contractuelle »

979. Si dans la pratique le contrat constitue une figure très répandue, il ne constitue qu'un cas particulier d'acte juridique : non seulement c'est une convention, mais en outre c'est une convention créatrice d'au moins une obligation, à la charge de l'une des parties.

980. ***Sens étroit : liberté de contracter.*** Entendue dans un sens strict, la liberté contractuelle serait donc la liberté de créer, par la rencontre de deux volontés au moins[1], une ou plusieurs obligations. Ce qui impliquerait donc la liberté de *se lier* volontairement, pour le débiteur, et de *lier autrui*, pour le créancier de l'obligation.

La liberté de se lier apparaît éminemment paradoxale : comment pourrait-on envisager d'être libre et en même temps de se lier, d'aliéner une part de sa liberté ? L'apparente contradiction est levée si l'on observe attentivement les expressions utilisées : « se lier » désigne une *action*, « être libre » (ou lié) renvoie à un *état*. Et c'est l'état de liberté qui permet d'exercer cette action consistant à aliéner, au moins pour un temps, sa liberté, parce qu'on en a ainsi décidé.

Liberté de s'obliger. Dans ces conditions, il ne serait pas absurde d'envisager qu'on puisse se lier unilatéralement, la liberté dite « contractuelle » se résumant alors à la liberté de *s'obliger*[2]. L'avant-projet de réforme du droit des obligations des professeurs Terré et Cornu ne permettait à l'acte unilatéral (qui ne doit pas être confondu avec l'engagement unilatéral) de produire des effets de droit que « dans les cas admis par la loi ou par l'usage », et fournit une illustration de « permission » légale, dans l'article 1105-4, lequel prévoyait que l'offre de contracter, clairement qualifiée d'acte unilatéral par l'article 1105-1, puisse obliger son auteur : « lorsque l'offre adressée à une personne déterminée comporte l'engagement de la maintenir pendant un délai précis, ni sa révocation prématurée ni l'incapacité de l'offrant ni son décès ne peut empêcher la formation du contrat ». Il s'agit, clairement, d'un engagement unilatéral.

Aux termes de la réforme opérée en 2016, il est clair que l'engagement unilatéral n'est jamais qu'un acte juridique particulier, susceptible de lier son auteur puisque selon l'article 1100-1 du Code civil, « Les actes juridiques sont des manifestations de volonté destinées à produire des effets de droit. Ils peuvent être conventionnels ou unilatéraux ».

« Ils obéissent, en tant que de raison, pour leur validité et leurs effets, aux règles qui gouvernent les contrats ».

Liberté d'obliger autrui. Si l'on considère l'autre versant de la liberté contractuelle au sens strict, on se doit d'envisager aussi la question de la liberté d'obliger autrui. Il est clair qu'on ne saurait obliger quelqu'un contre son gré, et là, l'acte unilatéral serait impuissant à produire un tel effet. Il n'est nullement question pour un individu de mettre une obligation à la charge d'une personne contre son gré. Le législateur est investi de ce pouvoir, le juge également lorsque la loi l'y autorise, mais un individu ne saurait obliger un autre individu sans son consentement. Du point de vue du créancier de l'obligation, la liberté « de lier » ne peut donc reposer que sur le consentement de l'obligé : en d'autres termes, cet aspect de la liberté ne peut s'exercer que dans un cadre conventionnel.

---

1. Sur cet aspect, v. M.-L. Izorche « Une troisième personne bien singulière », *RTD civ.* 2003. 51.
2. V. not. M.-L. Izorche, *L'avènement de l'engagement unilatéral en droit privé contemporain*, thèse 1989, PUAM 1995, préf. J. Mestre; É. Dockès, « L'engagement unilatéral de l'employeur », *Dr. soc.* 1994. 227; S. Jean, *L'acte unilatéral de l'employeur*, thèse Paris I, 1999, dactyl.

S'agissant de l'effet juridique particulier consistant dans la création d'obligations, les individus sont libres de se lier eux-mêmes (par convention ou par acte unilatéral), mais ils ne sont libres de lier autrui que par convention. Dans les deux cas, ce qui importe est donc le consentement de l'obligé. D'ailleurs l'ancien article 1108, qui déterminait les conditions essentielles à la validité d'une convention, plaçait au premier rang le consentement et la capacité de la partie qui *s'oblige*, ce qui révèle une fois de plus la confusion entre le genre (convention) et l'espèce (contrat). Les dispositions actuelles reprennent la même exigence, puisque l'existence du consentement est la première condition de validité envisagée par l'article 1128 du Code civil.

981. ***Liberté de faire des actes juridiques.*** La volonté individuelle est susceptible d'engendrer d'autres effets que la création d'obligations : l'acte juridique (unilatéral ou conventionnel, selon les cas) peut être abdicatif, ou créateur de droits réels, pour ne prendre que deux exemples. À ce sujet, il nous semble nécessaire de préciser que la *création* de droits réels doit être distinguée de la *constitution* de droits réels déjà prévus par la loi, tels qu'un usufruit par exemple. Malgré le fameux arrêt *Caquelard* du 13 février 1834, certains auteurs affirmaient que la liste des droits réels telle que prévue par la loi était close, si bien qu'il n'était pas possible, pour la volonté individuelle (contractuelle ou non), de créer de nouveaux droits réels. Dans le même sens, l'avant-projet de réforme du droit des biens, prévoyait, dans sa version initiale de 2008, un article 516 du Code civil disposant : « Les articles du présent livre sont d'ordre public, sauf disposition contraire ». L'ensemble du Livre II du Code civil aurait ainsi été soustrait à la liberté contractuelle. L'arrêt *Maison de la poésie* rendu par la troisième chambre civile de la Cour de cassation du 23 mai 2012 a affirmé exactement l'inverse, consacrant ainsi de manière éclatante la liberté de création des droits réels[1]. Le juge ne fait en réalité que confirmer ce que l'on pouvait déjà prévoir, puisque la loi reconnaît aux individus le libre exercice de leur volonté, du moins lorsque cette volonté s'exprime dans le cadre d'une convention, si on s'en tient à la lettre des articles 1162 (ancien article 6) et 1103 du Code civil, successeur du célèbre article 1134. Mais il est évident que la volonté individuelle trouve largement à s'exprimer à travers des actes unilatéraux, et la réforme du droit des successions, par la loi du 23 juin 2006, en témoigne : le législateur fait la part belle à l'expression de la volonté individuelle, qui peut se traduire soit par des conventions (donations notamment) soit par des actes unilatéraux, au premier rang desquels on trouve le testament.

Il n'y a donc aucune raison, *a priori*, de limiter le thème de la « liberté contractuelle » aux seuls contrats : en réalité, il s'agit de la liberté, pour les individus, de faire des actes juridiques, c'est-à-dire de créer des effets de droit, dans les limites permises par la loi. La « liberté contractuelle » serait alors la liberté de faire des actes juridiques, conventionnels ou non, créateurs d'obligations ou non... Et le fondement de cette liberté très générale se trouverait dans l'autonomie de la volonté.

B. Fondement de la liberté « contractuelle »

982. L'autonomie, comprise comme aptitude à se gouverner par ses propres normes, signifierait alors l'aptitude à se « donner des lois », des règles de conduite

1. Civ. 3e, 23 mai 2012, n° 11-13.202, *D.* 2012. 1934, note L. d'Avout, et 2128, obs. B. Mallet-Bricout; *RTD civ.* 2012. 553, obs. T. Revet; *JCP* 2012. 930, note W. Dross; *LPA* 2012, n° 213, p. 12, note J.-J. Barbiéri; *Defrénois* 2012. 1057, obs. F. Danos; *D.* 2013. 53, note L. d'Avout et B. Mallet-Bricout.

à soi-même : non pas à *s'obliger*[1] envers autrui, mais à se contraindre soi-même par des normes de comportement auxquelles on aurait voulu donner une *force obligatoire*, et que, par conséquent on serait tenu de respecter, sous peine de contredire sa propre volonté.

La théorie de l'autonomie de la volonté, souvent présentée comme fondement de la « liberté contractuelle », aurait donc vocation à expliquer la liberté de *faire un acte juridique quelconque et* on devrait en principe garder présente à l'esprit l'ampleur du domaine à explorer.

Seulement, en pratique, les questions se posent essentiellement à propos des *conventions*, et plus spécialement encore des *contrats*. Nous nous limiterons, dès lors, à ces questions, mais, et c'est essentiel, en ayant *conscience* du fait que bien des explications et des illustrations que nous fournirons ont vocation à rendre compte des actes juridiques « en général », qu'ils engendrent ou non des obligations, et qu'il faudrait systématiquement se poser la question de la généralisation des explications et arguments proposés... Il nous a paru pertinent, à cet égard, de recenser rapidement les éléments nécessaires à la description de cette théorie (*1.*) afin de mesurer son influence véritable sur le Code civil (*2.*).

1. Présentation de la théorie de l'autonomie de la volonté

983. Cette théorie est traditionnellement rattachée à la philosophie individualiste de la fin du XVIIIe siècle, et au libéralisme économique.

L'homme, essentiellement libre, ne peut être assujetti à des obligations que par sa propre volonté (au plan collectif, le contrat social); l'acte juridique devient alors la principale source de droit, l'intervention d'une autorité extérieure à celle des individus devant demeurer exceptionnelle. D'ailleurs, même les situations juridiques légales (régime matrimonial, succession *ab intestat*, par ex.), sont censées refléter la volonté de l'individu.

Par ailleurs la liberté économique, supposée assurer la justice, notamment la justice contractuelle, permet de préserver aussi bien les intérêts individuels que l'intérêt collectif (Fouillée : « Qui dit contractuel dit juste[2] »).

Si on l'applique au régime juridique du contrat, la théorie de l'autonomie de la volonté conduit à postuler trois grands principes dérivés :

– la liberté contractuelle : l'individu est libre de contracter ou non, de choisir son cocontractant, de déterminer le contenu et la durée du contrat... Le consentement est l'élément essentiel, si bien que le formalisme doit rester exceptionnel, et que la loi doit demeurer, en principe, supplétive de volonté, ou interprétative, la règle impérative ne devant intervenir que dans les cas où elle s'avère absolument indispensable[3];

1. Au sens « obligationnel » : sur la distinction entre force obligatoire (des conventions...) et le contenu obligationnel (des contrats), v. P. Ancel, « Force obligatoire et contenu obligationnel du contrat », *RTD civ.* 1999. 771.
2. Ce qui signifie « tout ce qui est contractuel est juste » : un bon contre-exemple réside dans l'admission, par le Code civil, de la lésion...
3. Par exemple, la Cour de cassation a décidé que, même dans le cas où le contrat (en l'espèce un bail à construction), est soumis à une réglementation d'ordre public, la liberté contractuelle reste intacte dans le champ qui n'est pas couvert par la règle contraignante : puisque les art. L. 251-1 à L. 251-9 CCH, opèrent une distinction entre les dispositions supplétives de volonté et celles qui, déclarées d'ordre public, s'imposent aux parties nonobstant toute stipulation contraire, la liberté contractuelle reste intacte, à l'exception des dispositions visées par l'art. L. 251-8 (Civ. 3e, 7 avr. 2004, *D.* 2004. IR 1210).

– la force obligatoire du contrat : on la présente comme un corollaire de l'autonomie de la volonté (ce qui n'a rien d'évident)[1], lorsqu'on commente l'article 1103 (anciennement 1134, alinéa 1 du Code civil). Si les parties ont voulu forger une norme, elles demeurent tenues par cette norme; la « volonté » dont il faut tenir compte est celle qui a existé lors de l'échange des consentements, et non celle, versatile, qui évolue par la suite (sous réserve d'un nouvel échange des consentements qui « abroge » la loi contractuelle). Affirmer le contraire serait nier le pouvoir qui est reconnu à la volonté d'engendrer une loi; pour cette même raison, le contrat s'impose au juge, puisqu'il est la loi des parties;

– l'effet relatif des conventions[2] : chacun étant libre de créer sa propre norme, et ne pouvant être tenu par celle-ci que s'il l'a voulu, nul ne saurait être assujetti à une « loi » à laquelle il n'aurait pas souscrit. La convention, et spécialement le contrat ne doivent donc pas nuire aux tiers, et même ne doivent leur profiter que s'ils l'acceptent.

2. *L'influence de la théorie sur le Code civil*

984. La théorie de l'autonomie de la volonté n'apparaît pas comme l'unique source ayant inspiré le Code civil. Il suffit, pour s'en convaincre, d'étudier quelques-uns de ses articles (dont on pourrait utilement compléter la liste) (*a.*), ce qui montre que cette théorie, d'ailleurs explicitée bien après 1804, est sans doute davantage le fruit d'une interprétation volontariste du Code, que le reflet de la réalité (*b.*).

a. Les sources et l'esprit du Code civil

985. L'étude des sources permet de percevoir que le Code de 1804 n'a pas été une transposition, à l'état pur, des principes dégagés ci-dessus.

– On sait que le législateur de 1804 s'est partiellement inspiré du droit romain, qui, en matière contractuelle, était objectif et formaliste. Le contrat consensuel était exceptionnel[3]. En reprenant certaines solutions du droit romain, les rédacteurs du Code civil ont du même coup écarté certaines conséquences attachées à la théorie de l'autonomie de la volonté : par exemple, ils ont maintenu certains contrats réels, tels que le prêt (art. 1875 et 1892), le dépôt (art. 1919) et le gage (ancien art. 2071). (On pourra rechercher d'autres — rares — contrats non consensuels).

Cependant, il faut reconnaître que le Code de 1804 a écarté bon nombre de solutions du droit romain, telles que l'exigence de la tradition (ancien art. 1138, al. 1), et, surtout, la distinction entre les contrats nommés et les contrats innomés (art. 1105 actuel), ouvrant toutes grandes les portes de la liberté contractuelle.

– Par ailleurs, les emprunts à l'ancien droit sont souvent relevés : la force obligatoire du contrat ne serait rien d'autre qu'un aspect du respect de la parole donnée; l'exigence de moralité de la cause, la théorie de la lésion, s'inspirent davantage de la morale des canonistes que de la toute-puissance de la volonté.

Le Code civil de 1804 apparaît ainsi comme un compromis entre diverses tendances, parmi lesquelles la tendance volontariste. Deux passages du discours

1. Sur ce point, v. J. Ghestin, *op. cit.*, n° 60.
2. C. civ., art. 1119 : on ne peut, en général, *s'engager*, ni stipuler en son propre nom, que pour soi-même.
3. V. Laurent et Boyer, *Adages du droit français*, 3e éd., Litec, 1992, adage *Ex nudo pacto non nascitur actio*, n° 124.

préliminaire sont éloquents à cet égard[1]. L'article 1134 lui-même, si souvent cité à l'appui de la thèse volontariste, exigeait déjà que la convention soit légalement formée : la source de la force obligatoire du contrat est peut-être la volonté, (et sans doute pas la seule : *cf. ancien* art. 1135, abrogé), il n'en reste pas moins que la volonté individuelle ne produit d'effet que sous le contrôle de la loi, ce que prévoit, par ailleurs, l'article 6 du Code civil, dont la réforme, qui ne l'a pas abrogé, n'a fait que reprendre la substance dans l'article 1162. La large place donnée par le législateur de 1804 aux vices du consentement est certes un hommage rendu à la volonté, mais la seule présence de textes relatifs à la lésion montre que tout ce qui est contractuel n'est pas nécessairement juste, même dans l'esprit des rédacteurs du Code : donc, la liberté contractuelle doit être limitée; de même, si l'article 1131 laisse supposer un contrôle social minimal (la cause doit exister et être licite), l'ancien article 1133 (abrogé) ouvrait déjà la voie à un contrôle plus large, fondé sur les bonnes mœurs et l'ordre public. Il serait possible de multiplier les exemples permettant de montrer que le Code de 1804 ne repose qu'en partie sur le « dogme » de l'autonomie de la volonté. Il apparaît, dès lors, que c'est davantage l'interprétation qui en a été faite, que le Code lui-même, qui a mis en avant cette théorie, et que la liberté contractuelle n'a jamais existé pleinement.

b. L'interprétation volontariste du Code civil

986. Un auteur[2] a montré que l'expression « autonomie de la volonté » n'est apparue qu'à la fin du XIXe siècle. Il est intéressant de remarquer (et l'observation mérite sans doute d'être transposée à d'autres libertés fondamentales), que la doctrine a commencé à conceptualiser et à nommer l'autonomie de la volonté au moment même où sa principale conséquence, la liberté contractuelle, était menacée, avec l'apparition des premières contraintes pesant sur le contrat de travail : la réglementation de ce contrat fut ressentie comme une atteinte aux principes traditionnels, demeurés jusqu'alors implicites et, par réaction, le besoin se fit sentir d'expliciter ces principes.

Par réaction, c'est-à-dire soit pour *s'opposer* aux atteintes à la liberté contractuelle, soit au contraire, pour les *accompagner*, afin de lutter contre une conception jugée trop individualiste du contrat. C'est le cas notamment de la célèbre thèse de Gounot[3], qui systématise les principes issus de la théorie pour mieux les limiter : le titre même de la thèse est éloquent...

L'idée d'autonomie de la volonté a été mise en avant par les internationalistes, à la fin du siècle dernier (nous en avons conservé l'expression « loi d'autonomie » pour désigner la loi applicable au contrat international, en principe

1. « En général, les hommes doivent pouvoir traiter librement sur tout ce qui les intéresse... Il n'y a point de législation dans le monde qui ait pu déterminer le nombre et fixer la diversité des conventions dont les affaires humaines sont susceptibles... la liberté de contracter ne peut être limitée que par la justice, par les bonnes mœurs, par l'utilité publique » (naissance du Code civil, p. 78). « On gouverne mal, quand on gouverne trop. Un homme qui traite avec un autre homme, doit être attentif et sage... L'office de la loi est de nous protéger contre la fraude d'autrui, mais non pas de nous dispenser de faire usage de notre propre raison. S'il en était autrement, la vie des hommes, sous la surveillance des lois, ne serait qu'une longue et honteuse minorité; et cette surveillance dégénérerait elle-même en inquisition » (*ibid.*, p. 82).
2. V. Ranouil, *L'autonomie de la volonté. Naissance et évolution d'un concept*, Travaux de l'université de Paris II, 1980.
3. E. Gounot, *Le principe de l'autonomie de la volonté en droit privé. Contribution à l'étude critique de l'individualisme*, thèse Dijon, 1912.

choisie par les parties[1]), et l'expression fut reprise par les ouvrages de droit civil à partir du début du XXe siècle, généralement pour dénoncer les excès auxquels pourrait conduire un individualisme juridique absolu[2]. Ainsi, en forçant le trait, et en exagérant l'inspiration volontariste du Code civil, au point de la faire passer pour exclusive, on rendait la critique beaucoup plus aisée.

Or nous avons vu que le Code de 1804 n'a pas « consacré », dans son absolue rigueur, la théorie de l'autonomie de la volonté, pas plus qu'il n'a laissé aux contractants (et plus généralement aux auteurs d'actes juridiques) une totale liberté... Paradoxalement les partisans de l'individualisme tiennent un discours qui prend également pour point de départ l'adhésion du Code de 1804 à la théorie de l'autonomie, mais cette fois dans le but conscient ou non, d'accentuer le « déclin », et d'exacerber les regrets que ce déclin peut leur inspirer.

De nos jours, le débat s'est renouvelé, avec la résurgence de la thèse du « solidarisme contractuel », qui s'oppose à la théorie individualiste de l'autonomie de la volonté. Nous ne pouvons ici que renvoyer à l'excellente étude de M. Jean Cedras, publiée dans le Rapport annuel 2003 de la Cour de cassation[3].

En réalité, si le droit positif s'inspire de la nécessité de protéger la partie « faible » du contrat, en imposant un ordre public de protection, la liberté est toujours bien vivante, et tend de plus en plus à s'affirmer comme une valeur fondamentale.

II. La liberté contractuelle comme valeur fondamentale

987. Ces dernières années ont vu éclore peu à peu la liberté contractuelle, au rang de liberté fondamentale. En moins de dix ans, le juge constitutionnel est passé d'une attitude de refus sans appel (**A.**) à l'admission implicite (**B.**) puis à l'affirmation sans équivoque de la valeur constitutionnelle de la liberté contractuelle (**C.**). Cette dernière observation conduit naturellement à envisager la liberté contractuelle sous le prisme de la question prioritaire de constitutionnalité (**D.**).

A. La négation de la valeur constitutionnelle

988. Une décision du Conseil constitutionnel intervenue le 20 mars 1997, à propos de la loi créant les plans d'épargne retraite[4] a marqué le point de départ de l'évolution. Dans cette décision, le juge constitutionnel affirmait clairement « que *le principe de liberté contractuelle n'a pas en lui-même valeur constitutionnelle;* que sa méconnaissance ne peut être invoquée devant le Conseil constitutionnel que dans le cas où elle conduirait à porter atteinte à des droits et libertés constitutionnellement garantis... qu'il ne résulte ni de l'article 4 de la Déclaration des

1. V. à ce sujet l'article 3-1 du Règlement (CE) n° 593/2008 du Parlement européen et du Conseil du 17 juin 2008 sur la loi applicable aux obligations contractuelles (Rome I) *JOUE* 4.7.2008, L. 177/6 FR : « Le contrat est régi par la loi choisie par les parties. Le choix est exprès ou résulte de façon certaine des dispositions du contrat ou des circonstances de la cause. Par ce choix, les parties peuvent désigner la loi applicable à la totalité ou à une partie seulement de leur contrat. »
2. Sur ce point, on pourra utilement consulter l'exposé très complet de J. Ghestin, *op. cit.*, n°s 43 s.
3. « Le solidarisme contractuel en doctrine et devant la Cour de cassation » par M. Jean Cedras, avocat général à la Cour de cassation en service extraordinaire, *Rapport annuel 2003*.
4. Cons. const. 20 mars 1997, n° 97-388 DC, *JO* 26 mars 1997, p. 4661, *RTD civ.* 1998. 99, note N. Molfessis; *JCP* 1997. I. 4039, note M. Fabre-Magnan; *Dr. soc.* 1997. 416, note X. Prétot; *LPA* 17 oct. 1997, p. 13, Chron. B. Mathieu et M. Verpeaux; *D.* 1999. Somm. 234, obs. L. Favoreu. En revanche, et depuis longtemps, le Conseil d'État a affirmé que la liberté contractuelle était un principe fondamental au sens de l'art. 34 de la Constitution : CE 5 mai 1967, *Lebon* 348.

droits de l'homme et du citoyen ni d'aucune autre norme de valeur constitutionnelle un principe constitutionnel dit de l'"autonomie de la volonté"... »

La liberté contractuelle ne serait alors, dans ces conditions, qu'un moyen, un instrument au service des libertés fondamentales, et ne mériterait protection que dans la mesure où l'atteinte à la liberté contractuelle menacerait des droits et libertés de valeur constitutionnelle : un moyen de protéger les droits et libertés fondamentaux, dont elle serait elle-même exclue... En outre, le Conseil refusait de reconnaître le fameux « principe » d'autonomie de la volonté. La ferme position du Conseil semblait ne laisser aucun espoir d'évolution...

B. La référence à la « liberté découlant de l'article 4 »

989. Un changement significatif intervint dès l'année suivante, à propos de la loi sur les 35 heures[1]. Le Conseil déclara que « le législateur ne saurait porter à l'économie des conventions et contrats légalement conclus une atteinte d'une gravité telle qu'elle méconnaisse manifestement la liberté découlant de l'article 4 de la Déclaration des droits de l'homme et du citoyen de 1789 ». Cette motivation, reprise par la suite dans d'autres décisions[2], mettait toutefois l'accent d'une part sur la gravité de l'atteinte à l'économie de la convention, telle que déterminée par les parties, et d'autre part sur le caractère manifeste de la méconnaissance de la liberté « découlant de l'article 4 », qui n'était pas expressément désignée.

Dans une remarquable décision du 13 janvier 2000[3], concernant la loi relative à la réduction négociée du temps de travail, le Conseil constitutionnel a accepté d'examiner l'éventuelle atteinte portée par cette loi à la « liberté contractuelle » : il a considéré que certaines clauses des accords conclus en application de la loi du 13 juin 1998, qui « n'étaient contraires à aucune disposition législative en vigueur et ne méconnaissaient pas les conséquences prévisibles de la réduction de la durée du travail décidée par le législateur de 1998 » ne pouvaient être remises en cause par la loi nouvelle. Il en a déduit que, « sauf à porter à ces conventions une atteinte contraire aux exigences constitutionnelles sus-rappelées, il [le législateur] ne pouvait, dans les circonstances particulières de l'espèce, remettre en cause leur contenu que pour un motif d'intérêt général suffisant ». Si la « liberté » contractuelle n'est pas encore proclamée, le principe d'intangibilité des conventions, quant à lui, semble bien avoir acquis une tout autre dimension, avec cette décision, fondée ici sur l'article 4 de la Déclaration des droits de l'homme et du citoyen de 1789, et le huitième alinéa du préambule de la Constitution de 1946, textes porteurs de l'idée *d'autonomie.*

C. La reconnaissance de la valeur constitutionnelle

990. Ce n'est qu'à partir d'une décision du 19 décembre 2000[4] que le Conseil va reconnaître la valeur constitutionnelle de la liberté contractuelle, le Conseil

1. Cons. const. 10 juin 1998, n° 98-401 DC, *RTD civ.* 1998. 796, note N. Molfessis; *LPA* 2 déc. 1998, p. 18, Chron. B. Mathieu et M. Verpeaux; *D.* 2000. Somm. 60, obs. L. Favoreu; *AJDA* 1998. 495, obs. J.-E. Schoettl.
2. Cons. const. 23 juill. 1999, n° 99-416 DC, *AJDA* 1999. 700, note J.-E. Schoettl; *LPA* 20 oct. 1999, p. 23, Chron. B. Mathieu et M. Verpeaux; Cons. const. 7 déc. 2000, n° 2000-436 DC, *AJDA* 2001. 18, obs. J.-E. Schoettl; *BJDU* 2001. 146, note J. Trémeau.
3. Cons. const. 13 janv. 2000, n° 99-423, *JO* 20 janv. 2000, p. 992.
4. Cons. const. 19 déc. 2000, n° 2000-437 DC, *RTD civ.* 2001. 229, note N. Molfessis; *LPA* 20 août 2001, p. 21; obs. B. Mathieu et C. de la Mardière; *RD publ.* 2001. 267, note J.-E. Spitz; *Dr. soc.* 2001. 270, note X. Prétot; *RFDC* 2001. 1766, note L. Philip.

déclarant, dans l'attendu n° 37 que la mesure critiquée « inspirée par des motifs d'intérêt général, n'apporte pas à la liberté contractuelle qui découle de l'article 4 de la Déclaration des droits de l'homme et du citoyen une atteinte contraire à la Constitution ». Cette formule, faisant de la liberté contractuelle une conséquence nécessaire de l'article 4 de la Constitution, a été reprise encore récemment, dans une décision du 17 janvier 2013[1], relative aux limitations que le législateur peut apporter à l'exercice du droit de propriété et à la liberté contractuelle, dès lors que l'intérêt général le justifie. On pourrait assimiler à ce courant la censure par le Conseil constitutionnel de la fameuse loi « Florange », le 27 mars 2014, même si c'est la liberté d'entreprendre qui est explicitement visée, aux côtés de la protection de la propriété[2].

Par la suite, de nouvelles décisions sont intervenues, visant plus ou moins explicitement la valeur constitutionnelle de la liberté contractuelle : ainsi, par exemple, le Conseil a déclaré en janvier 2003 que « le législateur ne saurait porter aux contrats légalement conclus une atteinte qui ne soit pas justifiée par un motif d'intérêt général suffisant sans méconnaître les exigences des articles 4 et 16 de la Déclaration des droits de l'homme et du citoyen de 1789, ainsi que, s'agissant de la participation des travailleurs à la détermination collective de leurs conditions de travail, au huitième alinéa du préambule de la Constitution de 1946 »[3]. Plus récemment, le juge constitutionnel a examiné, même s'il l'a repoussé, l'argument tiré du principe de liberté contractuelle à propos de la loi instituant un « contrat insertion – revenu minimum d'activité » (CIRMA) estimant que l'article 43 de cette loi ne méconnaissait ni la liberté personnelle, ni la liberté contractuelle des futurs titulaires de tels contrats, ceux-ci conservant la possibilité de s'opposer à l'inclusion du CIRMA dans leur contrat d'insertion[4]. Une décision plus récente encore estime qu'une loi ne peut porter à la liberté contractuelle « une atteinte d'une nature telle que l'entreprise soit liée avec un *cocontractant déjà désigné* par un contrat négocié au niveau de la branche et au contenu

1. Cons. const. 17 janv. 2013, n° 2012-660 DC : « Considérant qu'il est loisible au législateur d'apporter aux conditions d'exercice du droit de propriété des personnes privées, protégé par l'article 2 de la Déclaration des droits de l'homme et du citoyen de 1789, et à la liberté contractuelle, qui découle de son article 4, des limitations liées à des exigences constitutionnelles ou justifiées par l'intérêt général, à la condition qu'il n'en résulte pas d'atteintes disproportionnées au regard de l'objectif poursuivi ». On notera qu'une fois encore le Conseil souligne que droit de propriété est directement protégé par l'art. 2 de la DDHC, alors que la liberté contractuelle ne l'est qu'indirectement, par le biais de l'art. 4.

2. Cons. const. 27 mars 2014, n° 2014-692 DC, *Économie réelle.*

3. Cons. const. 13 janv. 2003, n° 2002-465 DC; *LPA* 20 janv. 2003, n° 14, p. 11, obs. J.-E. Schoettl; *LPA* 2 avr. 2003, n° 66, p. 18; *D.* 2003. Chron. 638, note B. Mathieu, *Gaz. Pal.* 17 janv. 2003, p. 2, obs. F.-J. Pansier et C. Charbonneau; *Cah. soc. barreau de Paris* 2003, n° 153, p. 386. La loi déférée au Conseil constitutionnel était relative aux salaires, au temps de travail et au développement de l'emploi. La question de l'articulation entre la loi nouvelle et les conventions collectives existantes avait déjà été soulevée, de manière un peu différente, dans la décision précitée du 13 janv. 2000. Si, en l'espèce, la loi déférée a échappé à la censure, c'est parce qu'elle améliore la situation des travailleurs et trouve son fondement dans un motif d'intérêt général suffisant; ainsi, « la disposition critiquée... ne porte pas une atteinte inconstitutionnelle à l'économie des contrats légalement conclus [et] n'est pas contraire aux *exigences constitutionnelles sus-rappelées* ». En revanche, en se fondant sur la même formule exactement, le Conseil a déclaré inconstitutionnel un texte de loi qui prévoyait que toutes les entreprises appartenant à une même branche professionnelle puissent se voir imposer non seulement le prix et les modalités de la protection complémentaire mais également le choix de l'organisme de prévoyance : les dispositions de ce texte, selon le Conseil, « méconnaissent la liberté contractuelle et la liberté d'entreprendre ».

4. Cons. const. 18 déc. 2003, n° 2003-487 DC, *JO* 19 déc. 2003, p. 21686, consid. 28; *AJDA* 2004. 216, note J.-E. Schoettl; X. Prétot, *Dr. soc.* 2004. 245; *D.* 2004. Somm. 1274, obs. A. Duffy.

totalement prédéfini », ce qui est remarquable[1]. La cause est entendue : la liberté contractuelle fait désormais partie des droits et libertés de valeur constitutionnelle[2]. Mais elle doit, naturellement se conjuguer avec les autres droits et libertés, avec lesquels elle peut entretenir des rapports de convergence, auquel cas elle les conforte, ou des rapports de divergence, et il faut alors trouver un équilibre, tâche délicate qui incombe au législateur comme au juge.

D. Liberté contractuelle et QPC

991. La liberté contractuelle ayant été érigée en liberté de valeur constitutionnelle, il fallait s'attendre à ce qu'elle soit invoquée dans le cadre de la question prioritaire de constitutionnalité (QPC). Elle l'est parfois d'une manière que l'on osera qualifier de fantaisiste, et dans ce cas, le filtre de la Cour de cassation fonctionne pleinement. Ainsi la haute juridiction a-t-elle jugé en janvier 2011 qu'il n'y avait pas lieu à renvoi devant le Conseil constitutionnel dans une affaire où un assureur reprochait au législateur de n'avoir pas suffisamment précisé les conditions de mise en œuvre du droit de rétractation au profit du souscripteur d'une assurance sur la vie. La loi prévoit que, faute pour l'assureur de remettre au souscripteur une note d'information distincte, le délai de rétractation est automatiquement prorogé. La Cour de cassation a rejeté sa prétention, estimant que le dispositif prévu par la loi est « destiné à garantir le plus large accès aux produits d'assurance », et a pour objet de protéger le consommateur en lui permettant « d'obtenir les informations nécessaires pour choisir le contrat correspondant le mieux à ses besoins ». En d'autres termes, c'est la liberté contractuelle du consommateur qui est ici protégée, une liberté qui se réduit, d'ailleurs, à choisir entre divers contrats d'adhésion... Notons qu'en l'espèce, le juge a pris soin de préciser, au passage, que « l'assureur peut à tout moment faire courir ce délai en respectant ses obligations » : on ne peut dès lors s'étonner du rejet de la demande[3].

Deux autres décisions de la Cour de cassation sont intervenues à propos du plafonnement des loyers des baux commerciaux, refusant de transmettre au Conseil la question de savoir si l'article L. 145-34 du Code de commerce méconnaissait la liberté contractuelle. Pour la Cour, la règle du plafonnement, prévue par ce texte pouvant être exclue par les parties lors de la conclusion du contrat, « la question posée ne présente pas de caractère sérieux »[4]. On peut en tirer un principe général : une règle supplétive, en matière contractuelle, ne saurait porter atteinte à la liberté contractuelle, ce qui semble tout à fait conforme... au bon sens !

De son côté le Conseil constitutionnel n'a pas (encore) accueilli l'argument tiré d'une atteinte à la liberté contractuelle. Il se peut, tout simplement, qu'on ne se trouve pas dans une de situation contractuelle, comme dans le cas où l'État délivre unilatéralement des autorisations qu'il peut modifier ou retirer dans le cadre de ses pouvoirs de police[5], et là, on ne peut que s'incliner.

Plus délicate est la question de l'application rétroactive d'une réglementation à une opération contractuelle déjà conclue. À propos du mécanisme d'inclusion

1. Cons. const. 13 juin 2013, n° 2013-672 DC.
2. Sur cette importante question, v. P.-Y. Gahdoun, *La liberté contractuelle dans la jurisprudence du juge constitutionnel*, Thèse Montpellier I, dactyl. 2006.
3. Civ. 2e, 13 janv. 2011, n° 10-16.184.
4. Civ. 3e, 13 juill. 2011, n° 11-11.072, et 28 sept. 2011, n° 11-13.879.
5. Cons. const. 24 juin 2011, n° 2011-141 QPC.

rétroactive d'une propriété dans un lotissement, le Conseil a jugé que la disposition contestée par le requérant ne portait « *en elle-même* aucune atteinte aux contrats légalement conclus », ce qui peut paraître discutable, si la portée de la rétroactivité dans le temps n'est pas définie[1]. Pourtant, le Conseil raisonne en termes de liberté contractuelle même lorsque cette question n'est pas soulevée, comme en témoigne une décision du 13 mai 2011[2], ce qui semble indiquer une certaine vigilance sur ce point. De son côté, la Cour de cassation ne se prive pas de viser explicitement, à côté des textes, le « principe de liberté contractuelle » à l'appui d'un arrêt de cassation...[3]

III. Les limites de la liberté contractuelle

992. La liberté de faire des actes juridiques en général, et la liberté de contracter en particulier, ne se conçoivent pas en dehors de toute limite, car ces libertés se heurtent évidemment à des contraintes juridiques, économiques ou sociales liées au droit interne. S'il est incontestable que de nos jours il pèse sur le contrat des contraintes qui n'existaient pas en 1804, ces contraintes n'ont pas fait disparaître pour autant le principe de liberté (**A.**). D'ailleurs, on peut observer qu'une grande partie des interventions législatives et judiciaires tend à restaurer, sur un autre plan, les conditions d'un équilibre des forces, et, par conséquent, d'une optimisation des volontés en présence (**B.**). Toutefois, la question des limites de la liberté contractuelle mérite d'être posée, dans un autre cadre, bien plus général, qui est celui de la nécessaire conciliation de cette liberté avec d'autres droits et libertés fondamentaux (**C.**).

A. Le renforcement des contraintes extérieures

993. Ce renforcement se manifeste par une extension considérable du contrôle exercé sur le contrat (*1.*), ce qui retentit nécessairement, dans un sens négatif, sur la liberté des contractants (*2.*).

1. Le développement du contrôle

994. Le législateur de 1804, en visant l'ordre public (art. 6 du Code civil), permettait déjà le contrôle des conventions, mais ce contrôle était restreint, car l'ordre public lui-même était limité à la protection de quelques valeurs essentielles (individu, famille, État). Avec l'apparition d'un ordre public économique et social, qui ne se limita plus à interdire, mais qui imposa désormais certains comportements, les données furent bouleversées. Pour protéger l'un des contractants, jugé plus faible, le législateur a réglementé certains contrats (travail, assurance, bail, transport, crédit...). Afin de diriger l'économie, dans un sens jugé favorable à la collectivité, la loi a imposé certaines contraintes (taxation des prix, réglementation des clauses d'indexation...).

Désormais, les lois impératives, précédées ou relayées par une jurisprudence interventionniste, soucieuse de l'intérêt de la partie « faible », se sont multipliées, sans compter l'abondante production normative communautaire et européenne, si bien que l'autonomie des contractants se trouve réduite.

1. Cons. const. 7 oct. 2011, n° 2011-177 QPC.
2. Cons. const. 13 mai 2011, n° 2011-126 QPC.
3. Com. 30 mai 2012, n° 11-18.024, inédit.

2. *Les conséquences de ce développement*

995. Ces conséquences se manifestent essentiellement (mais pas uniquement) au plan de la liberté contractuelle. De nos jours, l'acte de contracter consiste très souvent à exercer un choix (recouvrant fréquemment plusieurs degrés de liberté, toutefois) entre des statuts prédéterminés. Il peut être utile, à cet égard, de dresser une liste (non limitative, ici, et qu'il serait judicieux de compléter...) de libertés élémentaires constituant la liberté contractuelle : la liberté de contracter ou non (*a.*), la liberté de choisir sa position précontractuelle (*b.*), de choisir son partenaire (*c.*), de fixer le prix (*d.*), de déterminer la durée du contrat (*e.*), de fixer la destination de la chose objet du contrat (*f.*), de prévoir les sanctions de l'inexécution (*g.*), de formaliser ou non l'accord des parties (*h.*)... Chacune de ces libertés peut être, isolément ou cumulativement, restreinte, voire supprimée.

Ainsi, la liberté de contracter ou non (*a.*), est nulle en ce qui concerne l'assurance-automobile (loi du 27 février 1958, C. assur., art. L. 211-1); ce n'est d'ailleurs pas le seul exemple tiré du droit des assurances[1]. Exemple plus frappant encore, l'exercice d'une activité aussi innocente que... la colombophilie suppose l'adhésion obligatoire à une association dont le statut est réglementé[2]. Dans ces deux cas on est tenu de contracter[3] à tel point que l'on peut se demander s'il est encore question de contrat, comme lorsque, par exemple, le législateur prévoit que dans certaines conditions « le droit d'exploitation d'une œuvre... est, dès sa création, cédé à l'État »[4] !

À l'inverse, il est parfois interdit de contracter, relativement à certains objets[5], l'interdiction se restreignant parfois à certains contrats, relatifs à un objet déterminé[6].

Notons cependant que, de ce point de vue, la liberté contractuelle peut se trouver *confortée* par d'autres libertés fondamentales, telles que la liberté d'association, ce qui ressort d'une remarquable décision de la Cour européenne des droits de l'homme du 29 avril 1999, condamnant la position de la France, à propos de l'adhésion forcée à une association de chasse agréée[7].

La même observation vaut pour d'autres aspects de la liberté contractuelle, qui s'appuient sur, ou confortent d'autres droits et libertés fondamentaux; ainsi,

---

1. Une loi du 10 août 1943 avait imposé l'assurance scolaire obligatoire. Le législateur est intervenu à de nombreuses reprises, par la suite, pour imposer la souscription d'une assurance aux chasseurs (en 1989, puis en 1991 : C. rur., art. L. 223-13 s.), aux adeptes de la pêche sous-marine de loisirs en 1986, aux groupements sportifs en 1993, aux locataires de locaux à usage d'habitation ou mixte en 1989, aux particuliers qui accueillent à leur domicile des personnes âgées en 1989..., imposant même ce que le droit de la concurrence sanctionnerait au titre des « ventes liées », par exemple en matière de catastrophes naturelles (C. assur., art. L. 125-1, al. 1). Sur les contrats imposés, v. not. F. Terré, P. Simler et Y. Lequette, *Les obligations*, 10e éd., Dalloz, coll. « Précis », 2009, no 203.
2. Art. 1er, L. no 94-508, 23 juin 1994, *D.* 1994, L. 438.
3. Sur les obligations légales de contracter, v. J. Joly-Hurard, *Conciliation et médiation judiciaires*, thèse Paris II, 2002, 515 p. dactyl., dir. S. Guinchard, nos 178 s.
4. CPI, art. L. 131-3-1 tel qu'il résulte de la loi no 2006-691 relative au droit d'auteur et aux droits voisins dans la société de l'information, à propos des créations intellectuelles des agents de l'État...
5. Par ex., C. civ., art. 16-7 relatif à la procréation ou la gestation pour le compte d'autrui.
6. Par ex., la loi no 98-567 du 29 juill. 1998, loi d'orientation relative à la lutte contre les exclusions, interdit au bénéficiaire d'un bail d'habitation conclu par l'attributaire d'un local réquisitionné de céder son contrat, ou de sous-louer le logement (CCH, art. L. 624-25).
7. CEDH 29 avr. 1999, *D.* 1999. Chron. 389, par G. Charollois. V. égal. *D.* 2000. Chron. 141, par É. Alfandari.

un arrêt d'Assemblée plénière a rappelé avec éclat que « hormis les cas où la loi en décide autrement, nul n'est tenu d'adhérer à une association régie par la loi du 1er juillet 1901, ou, y ayant adhéré, d'en demeurer membre »[1] alors qu'il était soutenu que l'adhérent (forcé) de l'association gérant les installations sportives d'un lotissement était libre de se retirer... à condition de céder son lot : ici, la liberté de rompre le contrat entre en parfaite résonance avec le droit fondamental de propriété.

Le choix de la position précontractuelle (*b.*) n'est pas toujours libre non plus : il n'existe pas pour le prêteur, qui est nécessairement offrant dans le cas du crédit à la consommation (C. consom., art. L. 311-8), comme l'est l'assureur en matière d'accidents de la circulation (C. assur., art. L. 211-9).

Le choix du contractant (*c.*) est également entravé, par exemple pour le propriétaire qui envisage de vendre l'immeuble occupé par son locataire, puisqu'il doit d'abord proposer à celui-ci de lui vendre le local qu'il occupe, et que le locataire peut se substituer à un éventuel acquéreur ayant agi en fraude de ses droits (art. 10 loi du 31 décembre 1975). Notons que la loi sur l'habitat a renforcé la protection du locataire puisque, désormais, le nouvel article 15-II de la loi du 6 juillet 1989 prévoit en ce cas la nullité de la vente et non plus une simple substitution de contractant[2].

Toutefois, le juge veille à préserver la liberté de choisir son contractant : c'est ce qui ressort par exemple d'un arrêt qui affirme qu'un « concédant a le droit de traiter avec le cocontractant de son choix, qu'il n'est pas tenu de motiver sa décision ni de communiquer les critères selon lesquels ce choix est exercé », en réponse à un pourvoi selon lequel « le principe de la liberté de choix du partenaire dans les contrats conclus *intuitu personae* ne peut avoir ni pour objet ni pour effet de soustraire un constructeur automobile à l'application des dispositions d'ordre public de l'ordonnance du 1er décembre 1986 » interdisant notamment les pratiques discriminatoires[3].

Il se peut même que le prix (*d.*) soit plafonné par l'autorité publique : ainsi, l'article 6 de la loi ALUR modifie-t-il la loi du 6 juillet 1989, et prévoit que dans certaines zones, « le loyer est *fixé librement* entre les parties... *dans la limite* du loyer de référence majoré », qui est lui-même déterminé par le préfet[4]...

La durée du contrat (*e.*) peut également être limitée soit par un maximum (par ex. l'art. L. 330-1 C. com. limite à dix ans la validité des clauses d'exclusivité dans certains contrats), soit par un minimum (par ex., l'art. 10 de la loi du 6 juillet 1989 sur les baux d'habitation impose une durée minimale de trois ans[5]). D'ailleurs, si la contrainte est ici explicitement posée, il arrive qu'elle prenne l'aspect d'une ferme incitation : ainsi, certains règlements communautaires d'exemption subordonnent-ils leur applicabilité au fait que le contrat soit conclu pour une durée (minimale, ou maximale, selon le cas) qu'ils déterminent. Il n'en reste pas moins que la liberté reste le principe : si, dans le cadre d'une convention de droit commun, les parties ont décidé qu'à l'issue d'une période détermi-

1. Cass., ass. plén., 9 févr. 2001, *Bull. civ.* n° 3, Rapport annuel p. 385; *D.* 2001. 1493, note Alfandari; *Defrénois* 2001. 795, obs. Atias; *JCP N* 2001. 1301, note Thioye; *AJDI* 2001. 611, obs. Giverdon.
2. Art. 15, L. n° 94-624, 24 juill. 1994, *D.* 1994. 378.
3. Com. 7 avr. 1998, *Bull. civ.* IV, n° 126.
4. L. n° 2014-366 du 24 mars 2014, art. 6-II, *JO* 26 mars 2014.
5. Comp. le dispositif de la loi de lutte contre les exclusions précitée; l'art. L. 642-22 CCH impose une durée minimale d'un an, ou moins si la durée de réquisition est inférieure : il s'agit ici de concilier le droit au logement du bénéficiaire, et le droit de jouissance du propriétaire dont le logement a été réquisitionné.

née elles pourraient renouveler le contrat d'un commun accord, l'une d'elles peut « en vertu de la liberté contractuelle [...] le refuser aux termes du contrat initial »[1] : ce n'est jamais que l'application de la loi des parties...

La destination de la chose (*f.*) subit également de fortes contraintes[2] : ainsi, le juge a-t-il estimé que la clause d'un contrat de bail d'habitation ne peut, en vertu de l'article 8-1 de la Convention européenne des droits de l'homme, avoir pour effet de priver le preneur de la possibilité d'héberger ses proches[3]; de même a-t-il été jugé, un temps, que le prêteur d'un logement qui n'aurait pas stipulé de terme ne pourrait reprendre son bien tant que l'emprunteur en aurait encore besoin[4]. Cette solution, excessive, a toutefois été infirmée par la suite[5]. La destination de la chose peut même être redéfinie par une autorité extérieure, comme c'est le cas en matière de location immobilière : ainsi, le fait de louer un local meublé destiné à l'habitation « de manière répétée » pour de courtes durées à une clientèle de passage qui n'y élit pas domicile constitue un changement d'usage au sens de l'article L. 631-7, CCH applicable à certaines grandes agglomérations, ce qui implique pour le bailleur l'obligation de solliciter une autorisation administrative. C'est dans cet esprit que la Mairie de Paris a mis en place une obligation d'enregistrement, permise par l'article 51 de la « loi numérique »[6] et sanctionnée par une amende conséquente (50 000 € par logement) et une astreinte de 1 000 € par jour et par mètre carré[7].

Les sanctions de l'inexécution (*g.*) ne sont pas entièrement libres non plus : ainsi le législateur est-il intervenu en 1975 afin de permettre au juge de modifier la clause pénale, puis en 1978 et en 1995 pour lui permettre de « gommer » une clause abusive et en 1991 pour interdire les stipulations tendant à faire échec au pouvoir du juge d'accorder des délais de grâce[8], ce qui pourrait mettre en péril l'efficacité des clauses résolutoires...

Enfin, le formalisme (*h.*) connaît, on le sait, une renaissance spectaculaire allant parfois jusqu'à permettre d'imposer des règles de fond; on observe à cet égard plusieurs degrés de contrainte : le législateur se contente souvent d'exiger un écrit, laissant la détermination du contenu aux parties, mais il lui arrive également d'obliger les parties à préciser certains points, en leur laissant toutefois une relative liberté quant au contenu (par ex., le contrat de bail d'habitation, ou de vente à construire : CCH, art. L. 261-11). Un exemple plus actuel est fourni par l'article 1369-4 du Code civil issu de l'ordonnance 2005-674 du 16 juin 2005, qui réglemente le contenu de l'offre formulée par un professionnel. On peut ajouter à ce titre la loi ALUR précitée qui prévoit un contrat type, très détaillé[9]...

---

1. Civ. 1re, 6 mai 2010, n° 09-66.969.
2. Contraintes accentuées, en matière de locaux d'habitation, par la loi n° 2000-1208 du 13 déc. 2000 (dite « SRU »), *D.* 2001. 47, not. dans ses art. 74 et 187.
3. Civ. 3e, 6 mars 1996, *Bull. civ.* III, n° 60; *D.* 1997. 167, note B. de Lamy; *D.* 1996. Somm. 379 et les obs. On notera, toutefois, que la contrainte exercée sur l'une des parties l'est au nom d'une liberté fondamentale de l'autre...
4. Civ. 1re, 19 nov. 1996, *Bull. civ.* I, n° 407; *D.* 1997. 145, note A. Benabent; M.-L. Izorche, *CCC* 1997. Chron 8.
5. Civ. 1re, 12 nov. 1998, *CCC* 1999, n° 22, note. L. Leveneur; *Defrénois* 1999. 802, note A. Benabent; *RTD civ.* 1999. 128, obs. P.-Y. Gautier. Comp. Civ. 3e, 4 mai 2000, *CCC* 2000, n° 141, note L. Leveneur.
6. Loi n° 2016-1321 du 7 octobre 2016 pour une République numérique, *JORF* n° 0235 du 8 octobre 2016, texte n° 1.
7. www.paris.fr/meubles-touristiques (FAQ).
8. C. civ., art. 1244-3.
9. L. du 24 mars 2014, art. 3.

Dans une hypothèse extrême, sous couvert de formalisme, la loi dicte le contenu du contrat : c'était déjà le cas de la loi du 31 décembre 1989, qui a modifié les lois Scrivener, en matière de cautionnement de crédit immobilier et de crédit à la consommation (C. consom., art. L. 313-7), ça l'est, de façon encore plus marquée, depuis la loi du 1er août 2003 pour l'initiative économique, dont l'article 11 a généralisé le dispositif à tout cautionnement souscrit par une personne physique au profit d'un « professionnel », et, par le biais du formalisme, restreint considérablement les hypothèses de cautionnements illimités[1].

De la même façon, la force obligatoire du contrat est altérée, notamment grâce aux dispositifs plus généraux qui permettent au juge de s'immiscer dans le contrat au nom de l'intérêt de l'une des parties et d'en modifier les équilibres, comme l'article 1244-1 du Code civil ou, plus nettement encore, les dispositions relatives au surendettement et à la procédure de rétablissement personnel (C. consom., art. L. 332-5 s.).

Les parties ne sont d'ailleurs plus en mesure de maîtriser la portée de leur convention, puisque la jurisprudence a fait produire des effets à leurs stipulations au-delà de la sphère contractuelle, par le biais de stipulations pour autrui implicites, ou encore en consacrant les actions directes « contractuelles » dans les chaînes de contrats, permettant par exemple à un sous-acquéreur d'agir en responsabilité contre un fabricant avec lequel il n'avait pas contracté, mais sans qu'il puisse opter entre les deux ordres de responsabilités...[2]

Pour autant, la liberté contractuelle n'a pas disparu; par exemple, les parties peuvent exercer leur liberté en *décidant de se soumettre à* un régime prédéterminé par la loi, auquel elles n'étaient pas, *a priori*, assujetties[3].

De la même façon, elles peuvent, pourvu que ce soit sans fraude, échapper à une législation aussi contraignante que la loi du 1er septembre 1948, par le biais de la qualification du contrat[4]. Seulement, bien souvent ce choix n'existe pas car, en raison des caractéristiques de l'opération qu'elles veulent réaliser (la vente d'un immeuble à construire, par ex.), les parties sont automatiquement sou-

1. L. n° 2003-721, 1er août 2003 pour l'initiative économique, *D.* 2003. 2055, art. 11; C. consom., art. L. 341-2 s.
2. Comp. le régime de responsabilité du fait des produits défectueux institué par la loi n° 98-389 du 19 mai 1998, qui ne tient pas compte de l'existence d'un lien contractuel entre le producteur et la victime : C. civ., art. 1386-1.
3. Civ. 1re, 6 juill. 1988, *D.* 1988. IR 212 et Somm. 405, obs. J.-L. Aubert; Civ. 1re, 30 mars 1994, *D.* 1994. IR 129; Civ. 1re, 1er juin 1999, *CCC* 1999, n° 168, obs. G. Raymond. Deux décisions plus récentes sont venues préciser la portée de la soumission volontaire du contrat à un statut prédéterminé : alors que la troisième chambre civile de la Cour de cassation avait estimé que la soumission conventionnelle au statut des baux commerciaux ne faisait pas échec aux dispositions d'ordre public de la loi écartée (Civ. 3e, 7 nov. 2001, *Bull. civ.* III, n° 122; *D.* 2001. 3535, obs. Y. Rouquet; *Defrénois* 2002. 779, obs. Libchaber; *AJDI* 2002. 134, obs. Blatter; *Rev. Loyers* 2002. 40, note Canu; *JCP E* 2002. 1166-1293), l'Assemblée plénière a décidé ultérieurement que ce statut devait s'appliquer intégralement : « Attendu qu'en cas de soumission conventionnelle au décret du 30 septembre 1953 relatif au bail commercial, sont nulles les clauses contraires aux dispositions impératives du texte susvisé relatives à la forme du congé » (Cass., ass. plén., 17 mai 2002, *Bull. ass. plén.*, n° 1, p. 1; *JCP* 2002. II. 10131, note J. Monéger; *Defrénois* 2002. 1324, obs. Libchaber; *Loyers et copr.* 2002, n° 174, note Brault et Pereira-Osouf; *AJDI* 2002, obs. Blatter; *D.* 2003. 333, note S. Becque-Ickowitz).
4. Le juge a admis que « par application du principe d'autonomie de la volonté », l'on puisse échapper à la loi de 1948, dès lors que le bailleur peut se prévaloir d'un motif légitime (en l'espèce l'intention de vendre les locaux) l'ayant conduit à conclure une convention d'occupation précaire, même renouvelée à plusieurs reprises (Paris 30 mai 1989, *D.* 1990. Somm. 313, obs. P. Bihr). Comp toutefois Civ. 3e, 2 juin 1999, *Bull. civ.* III, n° 123; *RDI* 1999. 466, obs. F. Collart-Dutilleul. *Adde* S. Beaugendre, « L'ordre public dans les rapports locatifs », *D.* 2000. 733.

mises à un régime légal; au mieux elles ont le choix entre quelques « modèles » légaux (régimes matrimoniaux, par ex.). Dans cette dernière hypothèse, leur situation n'est pas pire que celle des parties à un contrat international, qui ont à choisir entre plusieurs lois étatiques. Cependant, est-ce encore être libre que d'exercer un choix entre plusieurs modèles contractuels « préfabriqués » par le législateur, et, au sein d'un de ces modèles, de déterminer les clauses dont il a bien voulu nous laisser la disposition ? Que reste-t-il de l'autonomie, au sens étymologique du terme ? Nous serions tentés de répondre par une boutade : tout le reste !

B. Le développement de la liberté intérieure

996. Cette expression peut s'entendre de diverses manières. Elle peut signifier, tout d'abord, qu'en dépit des contraintes pesant sur les contrats, le domaine contractuel est *a priori* illimité, il est « élastique », si bien que les sujets peuvent toujours créer de nouvelles figures contractuelles non encore réglementées : la liberté se développe, alors, à l'intérieur de l'ensemble des contrats, toujours renouvelé grâce à l'imagination créatrice des sujets (*1.*). Par ailleurs, la liberté intérieure peut s'entendre aussi de la place laissée à l'expression de la volonté à l'intérieur de chaque relation contractuelle, liberté qui est assurée au prix de certaines contraintes pesant sur l'une des parties, au profit de l'autre, ou des autres (*2.*).

1. Liberté à l'intérieur de l'ensemble des contrats

997. Le champ immense des contrats innomés offre un inépuisable réservoir de liberté : dans tous les domaines non encore explorés par le législateur, l'imagination de la pratique se renouvelle sans cesse, et la liberté trouve à s'exercer. Certes, le juge ou le législateur finissent généralement par intervenir, si l'avance prise par les « créateurs » individuels engendre des effets jugés nuisibles : à ceux-ci de respecter la justice contractuelle...

Il arrive que le législateur tente de proposer des contrats qu'il confectionne de toutes pièces, mais il ne rencontre pas toujours un grand succès (par ex., loi du 16 décembre 1964 sur le bail à construction, loi du 30 décembre 1967 sur la concession immobilière). Cela s'explique aisément : un modèle de contrat ne rencontrera de succès que s'il est efficace, or les praticiens sont bien placés pour mesurer l'utilité des contrats qu'ils élaborent, parfois au prix de plusieurs essais et erreurs. Seulement cette efficacité devrait être maximisée pour chacun des contractants, ou du moins équitablement répartie, ce qui n'est pas toujours le cas : le plus souvent, l'utilité se développe essentiellement au profit d'un seul qui est en position de force. Le contrat devient alors excessivement déséquilibré et c'est la raison pour laquelle l'autorité extérieure (le juge ou le législateur) intervient, après avoir laissé se développer une pratique, lorsqu'elle engendre des abus (un exemple typique en est la loi de 1975 sur la clause pénale, après le succès du contrat de crédit-bail).

Si donc les parties veulent conserver la liberté que leur laisse le contrat « sans nom », il leur faut se souvenir que ce contrat n'est jamais « sans loi » (idée à rapprocher du contrat sans loi en droit international privé), car le droit commun des obligations trouve toujours à s'appliquer. Si elles exercent leur liberté « raisonnablement », dans le cadre de ce droit commun très stable depuis 1804, elles pourront probablement éviter une réaction législative contraignante. En d'autres termes, elles doivent éviter de créer de trop grands déséquilibres, sous peine de voir l'autorité extérieure intervenir, dans le but de permettre à chacun des contractants de conserver ou de retrouver un minimum de liberté à l'intérieur de la relation contractuelle considérée.

2. *Liberté à l'intérieur de la relation contractuelle*

998. De nos jours, le retour à l'équilibre s'opère à travers un double mouvement, assez paradoxal en apparence; s'agissant de l'ordre public économique de direction, on assiste globalement à une diminution des contraintes, notamment depuis l'ordonnance du 1er décembre 1986 qui a consacré le retour à la liberté des prix et de la concurrence (C. com., art. L. 410-2).

S'agissant de l'ordre public de protection, au contraire, les initiatives législatives se sont multipliées, mais bien souvent pour créer les conditions d'un retour à la « majorité » contractuelle chère à Portalis. Partant du constat que le postulat de l'égalité des parties est erroné, le législateur a développé deux séries d'initiatives : dans une première direction, que l'on pourrait qualifier d'objective, il s'efforce de protéger le contractant le plus faible, en lui donnant plus de « poids » dans la balance contractuelle, afin de rétablir un équilibre préalable à la négociation (*a.*). Dans une deuxième direction, plus subjective, il tend à restaurer les conditions d'un consentement libre et réfléchi (*b.*). De son côté le juge a apporté une importante contribution, dans la recherche des grands équilibres, dont il a montré que le point d'application mérite d'ailleurs plus ample réflexion (*c.*).

a. La restauration de l'équilibre objectif des forces en présence

999. Deux techniques complémentaires permettent de tendre vers cet objectif : le regroupement des « faibles », et le contrôle des « forts ».

Le regroupement des « faibles » n'est pas nouveau : en 1884, le législateur rétablissait la liberté d'association professionnelle, écartée en 1791, permettant ainsi le retour à une certaine liberté contractuelle, puisque les grands syndicats ouvriers ont pu se constituer, et négocier avec les employeurs, dans de meilleures conditions, des conventions collectives[1]. Ce regroupement en a d'ailleurs provoqué un autre, celui des employeurs, à partir de 1919, si bien que dès lors, la liberté contractuelle s'est déplacée sur un plan collectif. On est donc passé d'un schéma contractuel symétrique (individu/individu) à un schéma intermédiaire dissymétrique (individu/groupement) pour aboutir à un schéma comparable au premier, mais d'une autre nature (groupement/groupement), dans lequel le rapport des forces redevient à peu près équilibré.

On a assisté à une évolution analogue avec les associations de consommateurs, le législateur étant intervenu à plusieurs reprises, depuis la loi dite « Royer » du 27 décembre 1973, pour leur conférer des droits de plus en plus étendus (lois du 5 janvier 1988 et du 18 janvier 1992), un projet ayant même vu le jour de transposer en droit français la « *class action* » du droit anglo-saxon... La loi « Hamon » du 17 mars 2014 a même consacré l'action de groupe[2]... Dans cette optique, il s'agit de restaurer la liberté par le nombre. Mais le retour vers la liberté peut également s'effectuer grâce à une certaine forme de contrainte, au plan individuel. Il s'agit alors de limiter la liberté du « plus fort ».

1. Cet exemple est à méditer, d'un point de vue méthodologique : il serait utile de rechercher d'autres types de *relations entre deux ou plusieurs libertés fondamentales;* ici, c'est la restauration de la liberté syndicale qui permet dans un domaine précis, le retour d'une certaine liberté contractuelle. La question du conflit entre la liberté contractuelle et les autres droits et libertés fondamentaux fera l'objet d'une étude spécifique (v. ss 1001).
2. L. n° 2014-344 du 17 mars 2014, *JO* 18 mars 2014.

Le contrôle des « forts » revêt diverses modalités : la sanction des ententes, ou des abus de position dominante (C. com., art. L. 420-1 et L. 420-2-1°; art. 81 et 82 du traité CE), le contrôle des concentrations (C. com., art. L. 430-1, et règlement CE du 21 déc. 1989), la sanction des abus de dépendance économique (C. com., art. L. 420-2-2°) et, plus récemment, la généralisation de la sanction de l'abus de faiblesse (C. pén., art. 313-4)... sont autant de manifestations du souci de contrôler les contractants « forts », en limitant certes leur liberté, mais en permettant par là l'exercice, par leurs partenaires, de leur propre liberté contractuelle. On soulignera, en outre, la forte influence des notions issues du droit de la concurrence, au sein du droit des contrats, comme la figure de l'agent « ayant une influence significative sur le marché », et qui, en tant que tel, est assujetti à certaines obligations à l'égard de ses partenaires contractuels[1].

Cependant, cette liberté ne peut s'exercer que si l'on donne aussi au contractant « faible » les moyens de s'informer, et de réfléchir, autrement dit, selon le vœu de Portalis, de faire usage de sa « propre raison ». Car les deux techniques précédentes ne sont qu'un pis-aller : la contrainte paraît être un bien curieux instrument au service de la liberté et une vision plus optimiste conduit à restaurer la liberté « de l'intérieur ».

b. Vers la restauration du libre consentement

1000. Cette volonté de restaurer le consentement est très nette dans la législation moderne : certes, cet effort a son prix, qui consiste en la diminution contractuelle de l'une des parties, mais il contribue à augmenter la liberté de l'autre. On peut donc penser que l'on évolue dans un système où la liberté totale tend à se conserver et où l'équilibre tend à se réaliser.

C'est ainsi que le « professionnel », face à son partenaire contractuel, se voit contraint d'informer[2] celui-ci, que ce soit lors de la phase précontractuelle (exemple : formulation de l'offre de crédit à la consommation), ou que ce soit en cours d'exécution du contrat (ex. : l'ancien art. 48 de la loi du 1er mars 1984[3] sur la prévention des difficultés des entreprises, imposant à l'établissement financier une obligation d'information annuelle de la caution), ce qui permet au partenaire de choisir, en connaissance de cause, d'entrer dans le lien contractuel, ou d'en sortir, le cas échéant. Le développement de l'obligation d'information est considérable, de nos jours, et s'il contraint l'une des parties, il est destiné à permettre à l'autre de donner un consentement éclairé : il suffit pour en prendre la mesure de cette évolution, d'observer la jurisprudence en matière médicale, l'obligation d'information du médecin n'allant pas, toutefois, jusqu'à l'obligation de « réussir à convaincre son patient » des dangers de l'intervention[4]. Parfois même, c'est le législateur qui informe, à titre préventif, le partenaire supposé « faible » (exemple en matière de cautionnement depuis la loi du 31 déc. 1989, C. consom., art. L. 313-7 et L. 313-8). L'aboutissement de cette évolution, pour les consommateurs, se trouve dans la loi du 17 mars 2014, qui consacre explicitement l'obli-

1. La loi n° 2004-669 du 9 juill. 2004 relative aux communications électroniques et aux services de communication audiovisuelle était déjà éloquente, à cet égard.
2. Sur l'évolution jurisprudentielle relative au devoir d'information et de conseil, v. not. L. Leveneur, *CCC* 1997, n° 11, p. 3.
3. Ce texte a été codifié depuis : C. mon. fin., art. L. 313-22.
4. Civ. 1re, 18 janv. 2000, *Bull. civ.* I, n° 13; *D.* 2001. 3559, note M.-L. Mathieu-Izorche; *JCP* 2001. 371, concl. A. Dorsner-Dolivet. Sur l'obligation d'information en matière médicale : F. Chabas, « L'obligation médicale d'information en danger », *CCC* 2000. Chron. 8.

gation générale d'information précontractuelle, qui est assortie, pour les contrats conclus hors établissement, de sanctions pénales[1].

Afin de permettre à la partie « faible » de prendre connaissance de l'information qui lui est fournie, de faire jouer la concurrence (la liberté de la concurrence contribuant à la liberté contractuelle du client), et de réfléchir avant de s'engager, la loi impose parfois un délai de réflexion, ou un délai de rétractation (lois sur le crédit, lois du 22 déc. 1972 sur le démarchage à domicile, du 6 janv. 1988 sur le téléachat, du 23 juin 1989 sur le démarchage téléphonique... désormais intégrées dans le Code de la consommation)[2], et ayant tendance à s'allonger comme le montre la loi « Hamon », de nombreuses dispositions analogues existant en droit communautaire. Toutefois, l'inflexion imposée, dans le processus de formation du contrat, afin de préserver la liberté de l'une des parties, reste soumise au contrôle de légalité, précisément à l'aune du principe de liberté contractuelle[3]...

Toutes ces dispositions sont destinées à permettre à la partie « faible » de choisir librement de s'engager ou non dans les liens du contrat, comme l'a rappelé clairement la Cour de cassation dans la décision précitée, à propos du souscripteur d'une assurance sur la vie[4] : finalement, ce n'est pas l'existence de la liberté qui a changé depuis 1804, mais le rôle qu'on lui assigne. Si, à l'aube du XIXe siècle, la liberté individuelle était perçue comme une donnée, elle apparaît de nos jours comme un but à atteindre. Et si le but était atteint, on devrait assister à un retour de la confiance *a priori* en la liberté de contracter, l'essentiel étant alors de n'intervenir qu'*a posteriori*, uniquement en cas d'abus de liberté. Cependant, il est possible d'envisager un contrôle *a priori* de l'exercice de la liberté contractuelle, du moins lorsqu'elle risque de mettre péril d'autres droits et libertés fondamentaux. La question se pose alors de la nécessaire conciliation entre l'une et les autres.

C. La question du conflit avec les autres droits et libertés fondamentaux

1001. La question a déjà été suggérée à quelques reprises dans cette étude, du rapport que pouvait entretenir la liberté contractuelle avec les droits fondamentaux.

Tout d'abord, on pourrait envisager cette question sous l'angle d'un droit au contrat, droit qui existe dans quelques domaines tels que l'assurance[5] et la banque[6]. En de tels cas, la liberté contractuelle de l'un des partenaires est nulle puisque l'autre a le droit à la conclusion du contrat.

Mais ce n'est pas sous cet angle que nous allons envisager la question, car le domaine législatif du droit au contrat est restreint, alors qu'il se développe depuis plusieurs années une jurisprudence abordant le problème d'un éventuel *conflit*[7] entre la liberté de contracter de l'un des sujets, et les droits fondamen-

1. L. 17 mars 2014, préc., art. 6 et chap. 2, sous-section 8.
2. V. M.-L. Izorche, « Contrats conditionnels et définitifs », *RTD com.* 1998. 521.
3. CE 27 avr. 1998, *D.* 1998. IR 182; *Gaz. Pal.* 1998. 2, 715, concl. Maugüé; *CCC* 1999, n° 15, note Raymond (illégalité, pour atteinte à la liberté contractuelle, d'un arrêté ministériel imposant un délai de réflexion en matière de chirurgie esthétique).
4. Civ. 2e, 13 janv. 2011, n° 10-16.184.
5. C. assur., art. L. 212-1 s.
6. C. mon. fin., art. L. 312-1 s. Le code fait explicitement référence à un « droit au compte ».
7. V. ss 995 pour une convergence.

taux de l'autre. Cette jurisprudence a inspiré la rédaction de l'article 1002, al. 2 du projet de réforme du droit des contrats selon lequel « ... la liberté contractuelle ne permet pas de déroger aux règles qui intéressent l'ordre public, ou de porter atteinte aux droits et libertés fondamentaux reconnus dans un texte applicable aux relations entre personnes privées, à moins que cette atteinte soit indispensable à la protection d'intérêts légitimes et proportionnée au but recherché ». Il convient donc de retracer ce cheminement jurisprudentiel, dont le projet de réforme a constitué l'aboutissement.

Notons cependant que cette référence aux droits fondamentaux a disparu de l'article 1102 du Code civil, tel qu'il résulte de l'ordonnance n° 2016-131 du 10 février 2016. Ce texte dispose simplement « Chacun est libre de contracter ou de ne pas contracter, de choisir son contractant et de déterminer le contenu et la forme du contrat dans les limites fixées par la loi. La liberté contractuelle ne permet pas de déroger aux règles qui intéressent l'ordre public ». On peut regretter cette disparition, qui s'explique sans doute par l'orientation très pragmatique, et relativement étroite, de notre nouveau droit des contrats...

Vers la fin des années 1990, lorsqu'elle était saisie d'un conflit entre liberté contractuelle et droits fondamentaux, la Cour de cassation a tout d'abord adopté une position de principe consistant résoudre la question en hiérarchisant purement et simplement les deux éléments en conflit.

Par exemple, dès 1996, elle a décidé, au visa de l'article 8 Conv. EDH, que la clause d'un contrat de bail stipulant clairement que les locaux ne pouvaient être occupés que par le locataire et ses enfants, ne pouvait interdire l'hébergement de proches parents du preneur, cette solution étant réaffirmée par le juge en mars 2006[1]. Le législateur n'a pas tardé à prendre en compte cette jurisprudence : en effet, depuis une loi du 13 juillet 2006[2], l'article 4 *n* de la loi n° 89-462 du 6 juillet 1989 répute non écrite « la clause qui interdit au locataire d'héberger des personnes ne vivant pas habituellement avec lui », ce qui est beaucoup plus large. La liberté contractuelle s'incline alors systématiquement devant le respect de la vie privée.

De même, la Cour de cassation a estimé, à propos de l'indemnisation par l'assureur du vol subi par l'assuré, que la liberté contractuelle ne pouvait faire échec à la liberté de preuve des faits juridiques, et contrevenir ainsi au droit fondamental à un procès équitable prévu par l'article 6-1 Conv. EDH[3].

Cependant la hiérarchisation a été opérée à deux reprises au profit de la liberté contractuelle, s'agissant du libre exercice d'une religion, protégé par l'article 9 Conv. EDH. La première décision, connue sous le nom d'affaire des digico-

1. Civ. 3e, 6 mars 1996, n° 93-11.113, *Bull. civ.* III, n° 60; *JCP* 1996. I. 3958, n° 1, obs. Ch. Jamin; *RTD civ.* 1996. 897, obs. J. Mestre. En l'espèce, la locataire avait hébergé le père de ses enfants, ainsi que sa sœur. Dans le même sens, Civ. 3e, 22 mars 2006, n° 04-19.349, *LPA* 2006, note E. Garaud. En l'espèce, la clause d'habitation personnelle prohibait toute sous-location, cession et mise à disposition gratuite de l'appartement. Au visa de l'art. 8-1 Conv. EDH, la Cour de cassation réaffirme que la clause d'un bail ne « saurait avoir pour effet de priver le preneur de la possibilité d'héberger ses proches », le proche en question étant la fille (majeure) de la locataire.
2. Loi n° 2006-872 du 13 juill. 2006, art. 84, *JO* 16 juill. 2006.
3. Civ. 2e, 10 mars 2004, n° 03-10.154, *RDC* 2004. 938, obs. Ph. Stoffel-Munck; *RCA* 2004, n° 20, obs. D. Noguéro; *RTD civ.* 2005. 133, obs. J. Mestre et B. Fages. En l'espèce, un assureur tentait de limiter l'indemnisation de l'assuré, à la suite d'un vol de son véhicule, en invoquant les clauses du contrat d'assurance qui exigeaient la preuve de l'effraction, mais aussi d'éléments aussi précis que le forcement de la direction ou de son antivol, et la modification des branchements électriques ayant permis le démarrage du véhicule.

des, et abondamment commentée, date de 2002[1]. Les preneurs, de religion juive, faisaient valoir que pendant le sabbat et les fêtes, ils ne pouvaient utiliser le système de fermeture électrique de l'immeuble qu'avait mis en place le bailleur, et le juge du fond avait estimé que le refus, de la part de ce dernier, de leur donner accès à l'immeuble au moyen de serrures mécaniques leur causait un trouble manifestement illicite. La réponse de la Cour de cassation, située sur un plan abstrait, fut très ferme : « les pratiques dictées par les convictions religieuses des preneurs n'entrent pas, sauf convention expresse, dans le champ contractuel du bail, et ne font naître à la charge du bailleur aucune obligation spécifique ». Entre l'article 1134 du Code civil (précisé par les dispositions de l'article 3 de la loi du 6 juillet 1989), et l'article 9 Conv. EDH, l'arbitrage était clair. La même rigueur a été appliquée à des requérants invoquant la liberté d'exercice du culte afin de pouvoir construire, sur leur balcon, des cabanes provisoires pendant une semaine, à l'occasion d'une fête religieuse, alors que le règlement de copropriété (qui est une convention, faut-il le rappeler...) prohibait de tels ouvrages. Selon la Haute juridiction, « la liberté religieuse, pour fondamentale qu'elle soit, ne pouvait avoir pour effet de rendre licites les violations des dispositions d'un règlement de copropriété »[2].

Toujours en restant sur un terrain abstrait, au plan des droits et libertés fondamentaux, et de leur valeur respective, la Cour de cassation, a prononcé, au visa de l'article 11 Conv. EDH protégeant la liberté d'association, la nullité absolue d'une clause obligeant le preneur à bail à adhérer pendant toute la durée de celui-ci à une association de commerçants[3] : cette fois, c'est la liberté d'association, qui, radicalement, tient la liberté contractuelle en échec[4].

Dans toutes les affaires évoquées jusqu'ici, et qui furent jugées entre 1996 et 2006, le juge se limitait à situer les droits et libertés fondamentaux par rapport à la liberté contractuelle qui selon les cas, l'emportait ou, au contraire, devait s'incliner. Il s'agissait d'une simple « mise en ordre », ce qui constitue un instrument assez rudimentaire, un droit (ou une liberté) étant abstraitement jugé globalement supérieur à l'autre.

Par la suite le juge a affiné son analyse, et s'est attaché à interpréter la clause contractuelle confrontée à un droit fondamental, afin de vérifier si l'atteinte était bien constituée. Une telle démarche avait été initié par la Cour de Strasbourg, dans le très remarqué arrêt *Pla et Puncernau c/ Andorre*, en 2004[5], dans lequel le juge européen n'avait pas hésité à affirmer, dans le § 55, que « certes, la Cour n'est pas appelée, en principe, à régler des différends purement privés. Cela étant, dans l'exercice du contrôle européen qui lui incombe, elle ne saurait rester inerte lorsque l'interprétation faite par une juridiction nationale d'un acte juridique, qu'il s'agisse d'une clause testamentaire, d'un contrat privé, d'un document public, d'une disposition légale ou encore d'une pratique administrative, apparaît comme étant déraisonnable, arbitraire ou, comme en l'espèce,

1. Civ. 3e, 18 déc. 2002, n° 01-00.519, *Bull. civ.* III, n° 262; *RDC* 2004. 231, note J. Rochfeld; *RJPF* 2003/4, p. 13, note E. Garaud; *RTD civ.* 2003. 290, obs. J. Mestre et B. Fages; *ibid.* 383, obs. J.-P. Marguénaud; *ibid.* 575, obs. R. Libchaber.
2. Civ. 3e, 8 juin 2006, n° 05-14.774, *Bull. civ.* III, n° 140.
3. Civ. 3e, 12 juin 2003, n° 02-10.778, *Bull. civ.* III, n° 125.
4. Comp. Civ. 1re, 6 avr. 2016, n° 15-13.736, Publié au bulletin.
5. 13 juill. 2004, *Pla et Puncernau c/ Andorre*, req. n° 69498/01, § 62, *CEDH* 2004-VIII. Cette décision, abondamment commentée, a fait l'objet d'une analyse très éclairante intitulée « Avis de tempête européenne sur l'interprétation des testaments et des contrats privés », *RTD civ.* 2004. 804, par J.-P. Marguénaud, qui met en évidence la reconnaissance de l'effet horizontal de l'art. 14 Conv. EDH. V. aussi J.-F. Flauss, *AJDA* 2004. 1809.

en flagrante contradiction avec l'interdiction de discrimination établie à l'article 14 et plus largement avec les principes sous-jacents à la Convention ». En l'espèce, il s'agissait d'un testament excluant de la succession un enfant adoptif, mais la Cour européenne a clairement annoncé qu'elle entendait étendre son contrôle à toutes sortes d'actes, y compris les contrats.

La Cour de cassation s'est inscrite dans cette démarche, notamment en analysant la clause d'un bail interdisant de sous-louer ou céder le bail, mais aussi de prêter le logement à un tiers sans le consentement exprès du bailleur. Selon la Haute juridiction cette clause, qui était licite, n'interdisait pas l'hébergement des membres de la famille du preneur (et en cela elle était conforme à l'article 8 Conv. EDH), mais prohibait seulement « qu'il mette les locaux à la disposition d'un tiers, quel qu'il soit si lui-même n'occupait plus effectivement les locaux », ce qui était le cas en l'espèce. Le bailleur pouvait donc, sans qu'on lui reproche une violation du droit au respect de la vie privée, se fonder sur ce prêt interdit pour résilier le bail[1]. De même la clause du contrat de bail interdisant le prêt du logement à des tiers quels qu'ils soient, n'a pas été jugée attentatoire au droit fondamental au respect de la vie privée, parce qu'elle interdisait le prêt mais non l'hébergement des proches du preneur. Dans une décision plus récente, relative à des faits semblables, le juge du fond avait refusé la résiliation du bail, au motif que la clause litigieuse faisait obstacle à l'hébergement des membres de la famille du preneur, portant ainsi atteinte à la vie privée de ce dernier. L'arrêt fut censuré, au visa de l'article 455 C. pr. civ., car le contrat n'interdisait nullement l'hébergement de tiers, mais seulement le prêt du logement[2].

Au-delà même de la seule interprétation des clauses, la Cour de cassation a entrepris d'apprécier la proportionnalité de l'atteinte portée par le contrat à un droit fondamental; ainsi dans un arrêt du 12 janvier 1999, elle a posé un principe très net : le libre choix du domicile constituant un des attributs du droit fondamental au respect de la vie privée, un employeur ne saurait y apporter de restriction qu'à la condition que celle-ci soit indispensable à la protection des intérêts légitimes de l'entreprise, et proportionnée au but recherché, compte tenu de l'emploi occupé et du travail demandé. On ne peut s'empêcher de faire le rapprochement avec les « mesures nécessaires dans une société démocratique » admises par la Conv. EDH. En l'espèce, une clause du contrat de travail obligeait le salarié à changer de domicile dans les six mois de sa nouvelle affectation. Le juge du fond avait admis le licenciement fondé sur le non-respect de cette clause, et l'arrêt fut cassé, au visa de l'article 8 Conv. EDH, pour défaut de base légale. Autant dire que la Cour de cassation entend établir un strict contrôle de la motivation opérée par les juges du fond, afin d'être en mesure de juger de la nécessité et de la proportionnalité de l'atteinte par le contrat (de travail, du moins), à un droit fondamental[3]. On ne peut s'empêcher de rapprocher de cette décision l'actuel article L. 1121-1 du Code du travail selon lequel « nul ne peut apporter aux droits des personnes et aux libertés individuelles et collectives de restrictions qui ne seraient pas justifiées par la nature de la tâche à accomplir ni proportionnés au but recherché ». Cet article ayant été mis en œuvre récemment par la Cour de cassation à propos d'un licenciement prononcé par l'employeur contre un salarié qui avait émis des messages de caractère religieux[4].

1. Civ. 3e, 10 mars 2010, n° 09-10.142, *Bull. civ.* III, n° 57.
2. Civ. 3e, 18 févr. 2015, n° 13-26.875, inédit.
3. Soc. 12 janv. 1999, n° 96-40.755, *Bull. civ.* V, n° 7; *D.* 1999. 645, obs. J.-P. Marguénaud et J. Mouly; *RTD civ.* 1999, obs. J. Mestre.
4. Soc. 1er juill. 2015, n° 14-13.871, inédit.

Plus récemment encore[1], la Cour de cassation s'est attachée précisément aux comportements des sujets pour vérifier si l'atteinte était constituée du fait de la rupture d'un contrat : ainsi a-t-elle décidé, à la suite d'une analyse très fine de la situation de fait, que la fermeture d'une salle par le propriétaire, qui l'avait prêtée pour le culte musulman, ne constituait pas une atteinte à leur liberté religieuse, au motif que ce prêt « n'avait aucun terme convenu ni prévisible », ce qui lui permettait d'y mettre fin sans avoir besoin de justifier d'un besoin pressant et imprévu, à condition de respecter un délai raisonnable... En effet, le juge du fond avait constaté que les requérants pouvaient pratiquer leur religion sans utiliser cette salle « qui facilite seulement » leur pratique religieuse, si bien que la fermeture, de celle-ci, afin de procéder à des travaux de modernisation et de sécurisation, ne portait pas atteinte à une liberté fondamentale.

En conclusion, il est possible de retenir qu'en matière contractuelle, la volonté individuelle s'exerce toujours, même si son point d'application a changé. Si l'autonomie absolue est un mythe, volontairement entretenu par les détracteurs de l'individualisme, pour mieux en critiquer les excès, le déclin de l'autonomie de la volonté et de la liberté contractuelle n'est sans doute pas aussi marqué qu'on a bien voulu le dire. Mais les rédacteurs de contrats doivent tenir compte d'un nombre grandissant de paramètres, et faire preuve de mesure, pour ne pas dire de « bonne foi », car il ne saurait exister de contrat sans liberté...

Pistes de réflexion

La liberté contractuelle permet-elle de modifier la nature juridique des biens ?
La liberté contractuelle est-elle consacrée au plan supranational ?
Dans quelle mesure la rupture du contrat relève-t-elle de la liberté contractuelle ?
Comment concilier la liberté contractuelle et les autres droits et libertés fondamentaux ?

1. Civ. 1re, 30 sept. 2012, n° 14-25.709, P.

Section 3.
LA LIBERTÉ DU COMMERCE ET DE L'INDUSTRIE

DIDIER FERRIER
Professeur émérite de l'Université de Montpellier

La liberté du commerce et de l'industrie a été affirmée dans un dispositif de 1791 encore en vigueur. Cette pérennité est d'autant plus remarquable que le principe a toujours subi des atteintes, particulièrement celles liées au développement de l'interventionnisme public, et nourri des interrogations sur sa valeur (législative, constitutionnelle, de principe général du droit) comme sur son contenu (libre accès aux activités professionnelles, libre exercice de l'activité professionnelle).

Aujourd'hui, la liberté du commerce et de l'industrie est confortée par le mouvement de libéralisation provoqué au plan supranational avec l'ouverture des marchés économiques et par la compétition qui en résulte entre législations nationales pour attirer les entreprises en allégeant les contraintes pesant sur leur création et leur activité.

Mais le rôle et la finalité strictement économiques de cette liberté justifient qu'elle demeure limitée et qu'elle soit conciliée avec d'autres libertés ou valeurs, notamment pour éviter la domination, de plus en plus forte et de moins en moins discutée, de l'ordre économique sur toute autre exigence sociale.

1002. La liberté du commerce et de l'industrie, dont la reconnaissance est attribuée à la Révolution française[1], est traditionnellement considérée comme le fondement du libéralisme économique.

1003. ***Domaine.*** La liberté du commerce et de l'industrie est ainsi comprise comme la liberté d'exercer une activité professionnelle, commerciale ou industrielle, et donc d'accéder à ces activités.

On a étendu son domaine aux activités libérales et de manière encore plus large aux autres activités professionnelles mais, celles-ci ne pouvant toutes être placées dans le champ du « commerce » ou de l'« industrie », on évoque souvent à leur propos la liberté d'établissement ou la liberté d'entreprendre qui viennent ainsi compléter voire concurrencer[2] la notion classique de liberté du commerce et de l'industrie.

1004. ***Plan.*** L'imprécision dans la définition du domaine de la liberté du commerce et de l'industrie explique peut-être que l'étude de cette liberté soit généralement plutôt focalisée sur les multiples atteintes, les limitations, les restrictions qu'elle subit, et sur la question de savoir si elle constitue toujours un principe ou désormais une exception[3].

Toutefois, s'il est vrai qu'une liberté, quel que soit son objet, ne peut être absolue et trouve sa limite dans le respect de la liberté des autres ou de l'intérêt général, la seule considération de cette limite ne saurait pour autant être privilégiée, alors surtout que la liberté du commerce et de l'industrie est le plus souvent invoquée pour défendre l'initiative privée, notamment contre l'interventionnisme en matière économique des autorités publiques internes ou européennes[4].

La présentation de la liberté du commerce et de l'industrie commande donc d'exposer autant, de manière positive, le principe de la liberté (***I.***) que, de manière négative, ses limitations (***II.***).

---

1. V. cependant déjà en février 1776, à l'initiative de Turgot renvoyé par Louis XVI en mai suivant, l'édit abolissant « *les communautés d'art et métiers* » nées dans les villes au XIe siècle, S. L. Kaplan, *La fin des corporations*, Fayard, 2001. Au demeurant, la liberté affirmée en 1791 fut vite contrariée par des mesures comme la loi sur la taxation du pain et de la viande (L. 19-22 juill. 1791), la loi du maximum aménageant une fixation autoritaire des prix par l'État (Décr. 29 sept. 1793), l'interdiction de la constitution de sociétés par actions, la suppression des sociétés financières (R. Szramkiewicz, *Histoire du droit des affaires et des institutions commerciales*, t. I, « Les cours du droit », 1981).
2. Sur l'équivalence entre liberté du commerce et de l'industrie et liberté d'entreprendre, v. J.-B. Racine, « L'ordre concurrentiel et les droits de l'homme », *in L'ordre concurrentiel. Mélanges en l'honneur d'A. Pirovano*, éd. Frison-Roche, 2003, p. 430; L. d'Avout, « La liberté d'entreprendre au bûcher ? », *D.* 2014. 1287, spéc. n° 6.
3. À l'exception de J. Mestre et M.-E. Pancrazi, I. Arnaud-Grossi, L. Merland, N. Taglarimo-Vignal, *Droit commercial*, 30e éd., LGDJ, coll. « Manuel », 2016, p. 70, n°s 90 s.; M. Pédamon et H. Kenfack, *Droit commercial*, 4e éd., Dalloz, coll. « Précis », 2015, n°s 137 s., qui insistent sur le contenu de la liberté du commerce et de l'industrie, la plupart des auteurs développent abondamment l'examen des limitations sans s'étendre sur le contenu même de la liberté, Ripert et Roblot, L. Vogel, *Traité de droit des affaires*, 20e éd., LGDJ, 2016, t. I, n° 80; Y. Reinhard, S. Thomasset-Pierre et C. Nourissat, *Droit commercial*, Litec, coll. « Manuel », 2012, n° 131; v. tout particulièrement l'étude de Y. Guyon, « Que reste-t-il du principe de la liberté du commerce et de l'industrie ? », *in Dix ans de droit de l'entreprise*, 1978, 5 et M. Kdhir, « Le principe de la liberté du commerce et de l'industrie : mythe ou réalité », *D.* 1994. Chron. 30; P. Neau-Leduc, « Rapport introductif », *in Entreprise et liberté*, Journées nat. Assoc. H. Capitant, t. X, Montpellier, Dalloz, coll. « Thèmes & commentaires », 2007.
4. Déjà, pour une invocation du principe de la liberté du commerce et de l'industrie contre les exigences tenant à la protection de l'environnement, P. Thieffry, « La protection de l'environnement, la liberté du commerce et de l'industrie », *CDE* 1994. 18.

I. Le principe de la liberté du commerce et de l'industrie

1005. Le contenu du principe de la liberté du commerce et de l'industrie est diversement défini (**B.**) selon le fondement qui lui est reconnu (**A.**).

A. Le fondement du principe

1006. ***Origine du principe.*** Le principe de la liberté du commerce et de l'industrie a été formulé dans le décret d'Allarde des 2-17 mars 1791 qui avait essentiellement pour objet d'instituer un nouvel impôt[1], et dont toutes les dispositions ont été depuis abrogées à l'exception précisément de l'article 7 aux termes duquel « il sera libre à toute personne de faire tel négoce ou d'exercer telle profession, art ou métier qu'elle trouve bon »[2].

Le dispositif fut conforté par la loi Le Chapelier des 14-17 juin 1791 qui, en supprimant les groupements professionnels et coalitions, libéra non seulement l'accès à toute profession mais également l'exercice de l'activité professionnelle choisie.

Ce principe du libre exercice d'une activité professionnelle, qui a été et demeure communément désigné comme celui de la liberté du commerce et de l'industrie bien que l'article 7 du décret d'Allarde vise de manière générale la liberté d'exercer une activité professionnelle et non de manière particulière « la liberté du commerce et de l'industrie »[3], est aujourd'hui affirmé par le droit européen et confirmé en droit interne[4].

1. L'affirmation du principe en droit européen

1007. ***Affirmation par le Traité.*** En droit européen, le principe de la liberté du commerce et de l'industrie se trouve affirmé à travers les dispositions du Traité de fonctionnement de l'Union européenne consacrant la liberté d'établissement et d'accès aux activités non salariées (TFUE, art. 49) ainsi que la liberté de circulation des marchandises (TFUE, art. 34), des personnes (TFUE, art. 45), des services (TFUE, art. 56 et 57)[5].

Au demeurant, ce principe découle directement de la conception libérale de l'activité économique qui imprègne depuis l'origine l'ensemble des dispositifs européens[6]. La Charte des droits fondamentaux de l'Union européenne du 18 décem-

---

1. « La patente », devenue en 2010 la contribution économique territoriale.
2. L'opinion selon laquelle le dispositif de 1791 serait désormais dépassé est exprimée par J. Azéma, *Droit de la concurrence*, PUF, coll. « Thémis », 1989, p. 27.
3. On peut, au demeurant, entendre par « industrie » : toute activité professionnelle, et par « entreprendre » : l'accès à l'activité comme l'exercice de celle-ci. V. la référence à la liberté du commerce et de l'industrie pour assurer la liberté de choix d'un notaire, Amiens, 1re ch., 12 févr. 2009, *JCP N* 2009. 1132.
4. Il est curieux que le Code de commerce dans sa version de 2000 n'ait pas proclamé cette liberté, D. Bureau et N. Molfessis, « Le nouveau Code de commerce ? Une mystification », *D.* 2001. 363.
5. J. Cavallini, « Liberté du commerce et de l'industrie et libertés de circulation en Europe », *in Le Code de commerce. 1807-2007. Livre du bicentenaire*, Dalloz-Paris II, 2007, p. 651, considère qu'« un processus d'absorption de la liberté du commerce et de l'industrie par les libertés de circulation s'est réalisé », p. 673; CJUE 27 nov. 2008, *Société Papillon*, aff. C-418/07, *Dr. fisc.* 2008. Actu. 353, obs. A. Maitrot de la Motte sur la compatibilité entre le régime français de l'intégration fiscale et la liberté d'établissement; en matière d'autorisation de création de grande surface commerciale, R. Vandermeeren, « Le régime de l'urbanisme commercial : vers la fin d'une exception française ? », *in Mélanges Y. Jegouzo*, Dalloz, 2009, p. 777.
6. On en trouve l'expression dans le traité de Rome, puis dans l'Acte unique européen, le traité de Maastricht, le traité d'Amsterdam, le traité de Nice, le traité de Lisbonne.

bre 2000 énonce ainsi que « la liberté d'entreprise est reconnue conformément au droit communautaire et aux législations et pratiques nationales » (art. 16).

La Cour de justice européenne se réfère régulièrement aussi au « libre exercice des activités économiques », à la « libre entreprise », au « libre exercice du commerce »[1].

1008. ***Application par le juge.*** Les normes européennes concernant les diverses libertés rattachées à la liberté du commerce et de l'industrie étant d'application directe, le juge national doit assurer leur plein effet et, le cas échéant, faire prévaloir le principe de droit européen sur la règle de droit interne[2].

Ainsi, s'agissant de l'activité juridique, la Cour de justice européenne a été conduite à faire respecter la liberté d'établissement, notamment dans l'arrêt *Reyners* intéressant un juriste néerlandais qui se voyait refuser son installation comme avocat en Belgique, puis dans l'arrêt *Van Binsbergen* intéressant un conseil juridique néerlandais qui, après s'être installé en Belgique, se voyait refuser le droit de poursuivre son activité en Hollande[3].

2. *La confirmation du principe en droit interne*

1009. En droit interne, depuis 1791, le principe de la liberté du commerce et de l'industrie a été réaffirmé par le législateur et son fondement a été précisé par les autorités juridictionnelles.

1010. ***Affirmations légales du principe.*** Le Code civil évoquait déjà le principe à travers les articles 544 sur le droit de propriété, 6 et 1103 sur la liberté contractuelle, 7 et 8 sur l'égalité de jouissance des droits civils[4].

Le législateur l'a reformulé depuis de manière directe : entre autres[5], loi d'orientation du commerce et de l'artisanat, dite loi Royer, du 27 décembre 1973, dont l'article 1er dispose que « la liberté et la volonté d'entreprendre sont les fonde-

---

1. CJCE 21 févr. 1991, *Zuckerfabrik*, *Rec. CJCE* I-415; CJCE 22 avr. 1999, *KernkraftwerkeLiffe-Ems*, *Rec. CJCE* I-2057; CJCE 14 mai 1974, *Nold*, *Rec. CJCE* 491; sur l'équivalence entre liberté d'entreprendre et liberté d'entreprise, v. P. Delvolvé, « Les libertés économiques », *RFDA* 2017, p. 33.
2. La solution a été affirmée pour la première fois par la Cour de cassation dans l'arrêt *Jacques Vabre* du 24 mai 1975 (*D.* 1975. 497, concl. Touffait), rappelée par la Cour de justice européenne le 9 mars 1978 (arrêt *Simmenthal*, *Rec. CJCE* 269) et reprise par le Conseil d'État depuis l'arrêt *Nicolo* du 20 oct. 1989 (*D.* 1990. 57, note R. Kovar; rapp. CE 24 sept. 1990, *Boisdet* et CE 28 févr. 1992, *Philip Morris*, obs. C. Gavalda et G. Parléani, *in Traité de droit communautaire des affaires*, Litec, 1992, n° 190-6). Solution renforcée en matière d'application du droit de la concurrence par le Règl. CE du 16 déc. 2002, *JOCE* 14 janv. 2003 concernant l'application des art. 101 et 102 du TFUE.
3. CJCE 21 juin 1974, *Reyners*, *Rec. CJCE* 631, *RTD eur.* 1975. 561, *Grands arrêts du droit des affaires*, Dalloz, 1995, obs. M.-L. Izorche qui voit dans l'application de l'art. 49 une référence au principe de la non-discrimination en fonction de la nationalité. CJCE 3 déc. 1974, *Van Binsbergen*, *Rec. CJCE* 1299, *RTD eur.* 1975. 577, *Gaz. Pal.* 1975. 2. 554, application des art. 49 et 50. Les autorités nationales sont, de leur côté, tenues de reconnaître les titres ou diplômes équivalents délivrés dans un autre État membre et donc d'examiner les connaissances et qualifications attestées par ces diplômes : CJCE 7 mai 1991, *Vlassopoulou*, *Rec. CJCE* I-2357, avocat grec travaillant comme collaborateur en Allemagne et souhaitant accéder à la profession d'avocat en Allemagne; Civ. 1re, 3 juill. 2008, *D.* 2008. 2086. Rapp. Admission de l'accès à la profession d'avocat de personnes ayant exercé certaines fonctions en France et non à l'étranger, Cons. const. 6 juill. 2016, n° 2016-551, QPC, *JCP* A 2016. 409.
4. J.-L. Mestre, « Le Conseil constitutionnel, la liberté d'entreprendre et la propriété », *D.* 1984. Chron. 1; F. Luchaire, « Les fondements constitutionnels du droit civil », *RTD civ.* 1982. 263 s.; Ripert et Roblot, L. Vogel, *Traité de droit des affaires*, 20e éd., LGDJ, 2016 n° 80.
5. V. une recension de dispositions récentes par P. Delvolvé, « Les libertés économiques », *RFDA* 2017, p. 33.

ments des activités commerciales et artisanales », loi sur les libertés des collectivités locales, du 22 juillet 1982, imposant « le respect de la liberté du commerce », loi sur le dialogue social et la continuité du service public dans les transports terrestres, du 21 août 2007, dont l'article 1er attribue à la liberté du commerce et de l'industrie la valeur de « principe constitutionnel », récemment, loi du 6 août 2015 visant à « libérer l'activité »; ou de manière indirecte : en particulier, loi du 31 décembre 1990 dont l'article 7, précisé par le décret du 27 novembre 1991, affirme la liberté d'établissement des avocats, montrant bien au passage que « les activités professionnelles intellectuelles ou les professions dites libérales... sont concernées par la liberté du commerce et de l'industrie »[1].

1011. ***Reconnaissance par le juge judiciaire.*** La Cour de cassation a relevé que le droit d'exercer librement une activité professionnelle est une liberté fondamentale[2] que la voie de fait peut contribuer à protéger[3].

1012. ***Reconnaissance par le juge administratif.*** Le Conseil d'État a d'abord appliqué le principe de la liberté du commerce et de l'industrie en visant précisément l'article 7 du décret d'Allarde.

Il reconnaît maintenant cette liberté comme une liberté publique[4] dont la protection relève du domaine législatif de l'article 34 de la Constitution et la considère comme une « composante » de la liberté d'entreprendre[5].

1013. ***Reconnaissance par le Conseil constitutionnel.*** Le Conseil constitutionnel reconnaît également la liberté du commerce et de l'industrie comme une liberté publique[6]. Il n'a cependant pas affirmé sa valeur constitutionnelle; on a même relevé qu'il aurait exprimé une opinion contraire en énonçant, dans une décision du 29 juillet 1994, que la liberté du commerce et de l'industrie serait de valeur constitutionnelle « selon les requérants »[7].

En revanche, il a reconnu en 1982 une valeur constitutionnelle à la liberté d'entreprendre, en décidant que « la liberté qui, aux termes de l'article 4 de la Déclaration des droits de l'homme et du citoyen, consiste à pouvoir faire tout ce qui ne nuit pas à autrui, ne saurait elle-même être préservée si des restrictions

---

1. M. Guibal, *v°* « Commerce et industrie », *Rép. com. Dalloz*, 2003, actualisation 2015, n° 56.
2. Soc. 20 juill. 2002, *JCP* 2002. II. 10162.
3. Civ. 1re, 1er avr. 1991, *Bull. civ.* I, n° 142; Civ. 1re, 22 nov. 1993, *Bull. civ.* I, n° 277.
4. « Libertés publiques au nombre desquelles figure la liberté du commerce et de l'industrie », CE 28 oct. 1960, *de Laboulaye*, *AJDA* 1961. 20, *Lebon* 570, *Dr. soc.* 1961. 141, concl. Heumann; CE 9 nov. et 16 déc. 1988, *D.* 1990. 201, note F. Llorens et P. Soler-Couteaux.
5. CE 10 janv. 1964, *Lebon* 20; CE 12 nov. 2001, *Dr. adm.* 2002, n° 41, obs. M. Lombard; CE 22 mai 2013, *AJDA* 2013. 1077, souligne que la liberté du commerce et de l'industrie « découle » de la liberté d'entreprendre; v. une synthèse de jurisprudence du Conseil d'État, S. Nicinski, *AJDA* 2015. 2494; J.-P. Kovar, « Où en est la liberté du commerce et de l'industrie ? », *Dr. adm.* 2007, n° 12; G. Morange, « Réflexions sur la protection apportée par le juge administratif à la liberté du commerce et de l'industrie », *D.* 1956. Chron. 120; F. Dreyfus, *La liberté du commerce et de l'industrie*, Berger-Levrault, 1973, p. 110; rapp. en matière de référé-liberté, art. L. 521-2 CJA qui permet au juge d'imposer à une personne morale de droit public ou un organisme privé chargé de gérer un service public le respect d'une liberté fondamentale, N. Jacquinot, « La liberté d'entreprendre dans le cadre d'un référé-liberté : un cas à part ? », *AJDA* 2003. 658.
6. En relevant qu'elle fait partie des libertés « qui ne peuvent s'exercer que dans le cadre d'une réglementation instituée par la loi », décis. 27 juill. 1982, *RD publ.* 1983. 333, obs. L. Favoreu.
7. Cons. const. 29 juill. 1994, n° 94-345 DC, § 3, *RJC* I-595, *AJDA* 1994. 721, note P. Wachsmann, *RD publ.* 1994. 1663, note J.-P. Camby, obs. crit. T. Revet, art. préc., n° 3; comp. la position nuancée adoptée dans la décis. du 20 mars 1997, *JCP* 1997. I. 4066, n° 17, note B. Mathieu et M. Verpeaux; même réserve à l'encontre de la liberté de la concurrence, Cons. const. 11 juill. 2011, n° 2001-450 DC, *Loi portant diverses dispositions d'ordre social, éducatif et culturel*, *D.* 2002. 1949, obs. D. Ribes.

arbitraires ou abusives étaient apportées à la liberté d'entreprendre »[1]. Il en résulte, comme cela a été souligné, que « l'institution de la question prioritaire de constitutionnalité pourrait être porteuse d'une meilleure efficacité des libertés économiques en ce que les régimes restrictifs d'origine législative sont désormais susceptibles, au moins en principe, d'être contestés sur le fondement de la liberté d'entreprendre »[2].

La liberté d'entreprendre se voit ici reconnaître une valeur supérieure à la liberté du commerce et de l'industrie comme à d'autres libertés pouvant leur être rattachées : la liberté de la concurrence[3], la liberté du travail[4] ou la liberté contractuelle[5].

B. Le contenu du principe

1014. Le contenu du principe de la liberté du commerce et de l'industrie est classiquement ramené à deux libertés définies comme la liberté d'entreprendre et la liberté d'exploiter auxquelles est aujourd'hui rattachée la liberté de la concurrence.

Sans entrer dans le débat sur le classement hiérarchique de la liberté d'entreprendre et de la liberté du commerce et de l'industrie[6], il apparaît que les libertés

1. Cons. const. 16 janv. 1982, *D.* 1983. 169, note Hamon; *JCP* 1982. II. 19788, note N. Quoc Vinh et C. Franck; Cons. const. 12 janv. 2002, n° 2001-455 DC, p[t] 43 s., « sur le grief tiré de l'atteinte portée à la liberté d'entreprendre par l'art. 107 de la loi de modernisation sociale ». Cons. const., n° 2004-509 DC, *Loi de programmation pour la cohésion sociale*, p[t] 23 admet que le législateur concilie le droit de chacun d'obtenir un emploi et la liberté d'entreprendre à laquelle la réintégration de salariés licenciés est susceptible de porter atteinte : pour une application, v. Soc. 11 janv. 2006, *D.* 2006. 385, note P. Langlois; *JCP* 2006. 1310, note P. Morvan. Cons. const. 13 juin 2013, n° 2013-672 DC, *Loi sur la sécurisation de l'emploi*, p[t] 6, *RDC* 2013. 1285, obs. C. Peres. La référence à la Déclaration des droits de 1789 est opérée à travers le préambule de la loi constitutionnelle du 27 oct. 1946 auquel renvoie le préambule de la Constitution du 4 oct. 1958. — « L'entreprise et le droit constitutionnel », *RLDA* déc. 2010, n° spécial, not. G. Carcassonne, « La liberté d'entreprendre » et N. Molfessis, « Le contrat »; G. Drago, « Droit de propriété et liberté d'entreprendre dans la jurisprudence du Conseil constitutionnel : une relecture », *CRDF* n° 9, 2011, p. 31 s.; sur la portée de la liberté d'entreprendre, v. l'opposition entre J.-P. Chazal, « Propriété et entreprise, le Conseil constitutionnel, le droit et la démocratie », *D.* 2014. 1101, et L. d'Avout, « La liberté d'entreprendre au bûcher ? », préc.
2. S. Nicinski, « Actualité de droit de la concurrence et de la régulation », *AJDA* 2011. 650; Cons. const. 17 juill. 2015, n° 2015-476 QPC, *D.* 2015. 1537, sur l'inconstitutionnalité des dispositions de l'art. L. 29-10-3 du Code de commerce relatives à l'information de salariés; Cons. const. 18 oct. 2010, n° 2010-55 QPC et 3 déc. 2010, n° 2010-73 QPC, à propos de la législation des jeux et courses, *AJDA* 2011. 651, note M. Lombard.
3. Le principe de libre concurrence pourrait lui-même être considéré comme constitutionnel mais les décisions le concernant sont ambiguës, Cons. const. 16 janv. 2001, n° 2000-439 DC, relative à la loi sur l'archéologie préventive, préc., Cons. const. 11 juill. 2001, n° 2001-450 DC, relative à la loi portant diverses dispositions d'ordre social et économique.
4. P. Ollier, *in Les libertés publiques propres aux travailleurs*, *Dr. soc.* 1982. 436, estime que la liberté du travail est un aspect particulier d'une liberté plus générale d'entreprendre dont la liberté du commerce et de l'industrie serait l'autre aspect.
5. V. ss 1010.
6. V. ss 1014, *La liberté du commerce et de l'industrie est généralement privilégiée*, J.-Y. Chérot, *Droit public économique*, 2e éd., Economica, coll. « Corpus », 2007, p. 57, n° 37; H.-G. Hubrecht, *Droit public économique*, Dalloz, 1997, p. 86; J.-P. Colson et P. Idoux, *Droit public économique*, 8e éd., LGDJ, coll. « Manuel », 2016, p. 65; D. Linotte et P. Romi, *Services publics et droit public économique*, Lexis, 2001, p 134; comp. P. Bon, « La liberté d'entreprendre », *in* O. Duhamel et Y. Meny (dir.), *Dictionnaire constitutionnel*, 1993, p. 582. Comp. CE, sect., 18 janv. 2001, *C[ne] de Venalles et Morbelli*, req. n° 229247 et Conseil constitutionnel, décisions préc. qui placent au premier rang la liberté d'entreprendre, X. Bioy, *Droits fondamentaux et libertés publiques*, Montchrestien, 2016, p. 553 et P. Delvolvé, *Droit public de l'économie*, Dalloz, 1998, p. 105 s., pour qui ce serait ▶

d'entreprendre et d'exploiter, comme la liberté de la concurrence, sont liées à la liberté du commerce et de l'industrie[1].

1. Les libertés d'entreprendre et d'exploiter

1015. ***Liberté d'entreprendre : manifestations.*** La liberté d'entreprendre, au sens commun d'accéder à l'activité indépendante souhaitée, emporte la possibilité pour toute personne qu'elle soit physique ou morale[2] de s'installer en créant, en acquérant[3] et en organisant une entreprise[4], et d'exercer ainsi l'activité de son choix[5].

À cet égard, il n'existe pas, en droit français, une détermination limitative des types et modes d'activités commerciales ou industrielles et de manière plus large économiques qui seraient autorisées, et les opérateurs privés ne peuvent voir, en principe, leur activité économique limitée ou empêchée par des décisions de personnes publiques[6].

Pour les personnes publiques, en revanche, le principe est qu'elles ne disposent pas de la liberté du commerce et de l'industrie. En conséquence, hors le cas d'autorisation légale (Constitution, art. 34), leur intervention ne peut être admise, au regard « de la liberté du commerce et de l'industrie », que si elle répond « à une réelle légitimité ». L'appréciation a fait l'objet d'une évolution favorable à l'intervention de la personne publique, avec initialement l'exigence d'une justification par des circonstances qualifiées d'exceptionnelles[7] ou d'extraordinaires[8], puis l'exigence d'une justification par des circonstances particulières de temps et de lieu tenant notamment à l'insuffisance de l'initiative privée, ainsi que par un intérêt public[9] lequel pouvait également résulter de la carence de l'initiative privée[10],

---

▶ la liberté du commerce et de l'industrie qui prolongerait la liberté d'entreprendre; la solution procède d'un choix sémantique : faut-il retenir « entreprendre » au sens étroit d'accéder à l'activité ou au sens large de l'exploiter, et « industrie » au sens étroit d'activité industrielle ou au sens large d'activité professionnelle... ?

1. En ce sens, S. Nicinski, *Droit public des affaires*, Montchrestien, 5ᵉ éd., 2016, nᵒ 56, pour qui ces libertés sont souvent utilisées l'une pour l'autre; rapp. CE 16 oct. 2013, *Électricité de Tahiti*, *AJDA* 2013. 2057, obs. E. Glaser.
2. N. Mathey « Les droits et libertés fondamentaux des personnes morales de droit privé », *RTD civ.* 2008. 2005; G. Drago, « Pour une définition positive de la liberté d'entreprendre », *in Les libertés économiques*, éd. Panthéon-Assas, 2003, p. 31.
3. Sur l'opposition entre la liberté d'installation des professions juridiques réglementées et le régime particulier du droit de présentation des notaires : M.-L. Dussart, « Privilège d'exercice et liberté d'entreprendre », *D.* 2015. 1166.
4. F.-X. Lucas, « Les libertés d'organisation et de transmission » et M. Grimaldi, « La liberté patrimoniale du chef d'entreprise », *in Entreprise et liberté*, préc., p. 73 s. et 91 s. Cons. const. 7 déc. 2000, nᵒ 2000-436 DC, Loi SRU, *D.* 2001. 1840, note L. Favoreu, *ibid.* 1841, note M. Fretin-Rouge; Cons. const. 11 oct. 2004, nᵒ 84-181 DC, *Entreprises de presse;* CJUE 27 mars 2014., aff. C-134/12, *UPC Telekabel Wien*, *RTD eur.* 2014. 283, obs. J.-P. Jacqué.
5. CE 23 juin 1963, *Synd. du personnel soignant de la Guadeloupe*, *Lebon* 386 : « le Gouvernement ne peut porter atteinte au libre accès par les citoyens de toute activité professionnelle n'ayant fait l'objet d'aucune limitation légale ». La règle s'applique aux personnes privées : D. Truchet, « Les personnes publiques françaises disposent-elles en droit français de la liberté d'entreprendre ? », *D. Affaires* 1996. 731.
6. CE, ass., 22 juin 1951, deux décisions : *Fédération nationale des photographes-filmeurs* et *Daudignac*, *Lebon* 362, *D.* 1951. 589, concl. Grazier.
7. CE 29 mars 1901, *Casanova et a.*, *Lebon* 333.
8. CE 20 janv. 1901, *Agent d'assurances de Belfort*, *Lebon* 82.
9. CE 30 mai 1930, *Chambre syndicale du commerce en détail de Nevers*, *Lebon* 583, *S.* 1931. 3. 73, note R. Alibert; *Les grands arrêts de la jurisprudence administrative*, 20ᵉ éd., Dalloz, 2015, nᵒ 42.
10. CE 31 mai 2006, *Ordre des avocats au barreau de Paris*, *RLC* 2006, nᵒ 641, note G. Clamour, *Concurrences* 2006. 167, note B. Du Marais; J.-P. Kovar, « Où en est la liberté du commerce et de l'industrie ? », *Dr. adm.* 2007. Étude 18, nᵒˢ 12 s.

pour en arriver à la reconnaissance d'un domaine d'intervention naturel dans lequel l'initiative publique peut librement s'exprimer[1]. Il est avancé que « le principe de la liberté du commerce et de l'industrie n'interdit plus aux personnes publiques d'exercer une activité qui pourrait l'être par une personne privée; elle ne leur interdit que d'exercer une activité qui, parce qu'elle est totalement étrangère à l'intérêt général, ne peut l'être par une personne publique »[2].

1016. ***Liberté d'entreprendre : incitations.*** Si l'accès aux activités professionnelles est souvent favorisé par les pouvoirs publics à travers des mesures incitatives de nature financière : subvention, prêt accordé par l'État et les collectivités locales[3], ou de nature fiscale : exonération d'impôt pour les entreprises nouvellement créées, pour les entreprises en zone rurale, on ne saurait y voir l'unique objectif d'encourager d'une manière générale l'exercice de la liberté d'entreprendre.

En effet, ces mesures sont d'abord inspirées par la considération d'intérêts particuliers d'ordre économique et social : survie du petit commerce, aménagement du territoire, soutien de certaines activités, aide à l'emploi... Elles se trouvent au demeurant souvent discutées en ce qu'elles fausseraient précisément la libre concurrence et porteraient ainsi atteinte à la liberté du commerce et de l'industrie[4].

1017. ***Liberté d'exploiter : manifestations.*** La liberté d'exploiter complète la liberté d'entreprendre, en permettant à tout entrepreneur de gérer son entreprise à sa guise[5] : droit de choisir sa politique ou sa stratégie commerciale[6], de choisir ses partenaires, fournisseurs ou clients[7], de s'autofinancer ou de s'endetter[8], de choisir ses salariés[9], voire d'aménager les relations au sein de l'entreprise[10].

1. S. Nicinski, « Les services sociaux devant le Conseil d'État : la construction d'une exception française », *AJDA* 2008. 185; J.-D. Dreyfus et F. Latullaire, « SEML et SPL, les conditions de prise en charge d'une activité économique », *AJCT* 2011. 77; CE 5 juill. 2010, *Synd. nat. des agences de voyages*, *JCP Adm.* 2010, n° 42, 2304; rapp. CE 3 mars 2010, *Dpt. de la Corrèze*, *RDSS* 2010. 800, obs. V. Donier; *JCP Adm.* 2010, n° 2203, P. Idoux; G. Clamour, « Qui peut le plus, peut le moins ! Ou la liberté économique de fait des personnes publiques », *JCP Adm.* 2007, n° 2286.
2. G. Pellissier, *RJEP* 2010, n° 678, comm. 44 : l'auteur estime qu'« il en résulte peut-être l'affaiblissement de la fonction du principe de la liberté du commerce et de l'industrie ».
3. M. Guibal, « La liberté d'action de l'entreprise face à l'administration », *in Entreprise et liberté*, préc., p. 66.
4. CE 11 juin 2014, req. n° 362878, *Société Sogelink*, *AJDA* 2014. 22-25, à propos d'un décret autorisant la mise à disposition gratuite d'outils dématérialisés, par l'Institut national de l'environnement industriel et des risques, à certaines entreprises; Cons. const. 5 déc. 2014, n° 2014-434 QPC, *AJDA* 2014. 2393, à propos de dispositions aménageant un tarif de faveur pour les laboratoires médicaux lorsqu'ils sont intégrés aux établissements de santé.
5. Le Conseil constitutionnel souligne que la responsabilité du chef d'entreprise dans les choix de gestion de l'entreprise est un corollaire de la liberté d'entreprendre, v. obs. L. Gay, sous Cons. const. 2 janv. 2002, *D.* 2003. 1129; Cons. const., 30 nov. 2012, n° 2012-285 QPC; dans le même sens CJUE 30 juin 2016, n° C-134/15, Rev. Europe, n° 8, p. 35, note S. Roset.
6. Par exemple la liberté de faire de la publicité, TGI Paris 8 janv. 2008 et Paris 13 févr. 2008, *CCC* 2008. Étude 6; J.-M. Bruguière et P. Deprez, « Publicité des alcools sur Internet », spéc. n° 8. Et la liberté de protéger cette stratégie, Cons. const. 8 déc. 2016, n° 2016-741, DC, *JCP E* 2016. 1008, note M. Danis et M. Valentini, à propos de « reporting » fiscal.
7. D. Mainguy, « La liberté de l'entreprise face à ses partenaires », *in Entreprise et liberté*, préc., p. 21.
8. P. Pétel, « La liberté de l'entreprise face à ses créanciers », *in Entreprise et liberté*, préc., p. 83; C. Galokho, « Les atteintes à la liberté du commerce et de l'industrie résultant de la prévention et du traitement des difficultés des entreprises », *RTD com.* 2014. 489.
9. Cons. const. 20 juill. 1988, n° 1988-244 DC, *Dr. soc.* 1988. 762, note X. Prétot.
10. Liberté d'organiser le déplacement des salariés à l'intérieur de l'entreprise, Soc. 13 juill. 2004, *JCP E* 2005. 35, note F. Petit; liberté de leur fournir certaines informations, Cons. const., 17 juill. 2015, n° 2015-476, QPC, préc. note 21.

Ces libertés s'exercent dans le respect mais aussi dans le confort de la liberté de la concurrence[1].

2. *La liberté de la concurrence*

1018. ***Liberté de la concurrence face à la liberté du commerce et de l'industrie.*** La liberté de la concurrence suppose la préexistence de la liberté d'entreprendre et d'exploiter[2]. Elle a été formellement consacrée après celle du commerce et de l'industrie dont elle assure **en principe**[3] la protection, en permettant l'exercice de l'activité dans une compétition ouverte[4]. Pour autant la liberté du commerce et de l'industrie « ne comporte pas aujourd'hui le droit à ce que les autorités publiques favorisent directement ou indirectement, par des mesures positives ou négatives, une libre et égale concurrence »[5].

Le Conseil d'État après avoir déclaré que la liberté du commerce et de l'industrie impliquait non seulement la liberté d'exercer une activité professionnelle mais aussi la liberté de l'exercer dans un système de libre concurrence en se référant au dispositif des 2-17 mars 1791[6], tend maintenant à viser le principe de libre concurrence sans même se référer à une source textuelle[7].

1019. ***Liberté de la concurrence : manifestations.*** La liberté de la concurrence emporte le droit pour l'entrepreneur de mettre en œuvre les moyens, loyaux évidemment[8], qui lui paraissent les plus appropriés pour exercer une activité et attirer vers lui la clientèle potentielle.

---

1. Sur le lien entre la liberté d'entreprendre et la liberté de la concurrence, v. à propos de la législation sur les jeux : Cons. const. 18 oct. 2010, n° 2010-55 QPC et 3 déc. 2010, n° 2010-73 QPC, *AJDA* 2011. 649, Chron. S. Nicinski, M. Lombard et E. Glaser.
2. J.-B. Blaise et R. Desgorces, *Droit des affaires*, 8e éd., LGDJ, coll. « Manuel », 2015, n° 572 : « le droit de la concurrence s'inscrit dans le cadre de la liberté d'entreprendre ». La liberté de la concurrence est ainsi considérée comme « *une liberté dérivée* », J. Mestre et M.-E. Pancrazi, I. Arnaud-Grossi, L. Merland, N. Taglarimo-Vignal, *Droit commercial*, 30e éd., LGDJ, coll. « Manuel », 2016, n° 93, ou un « *corollaire nécessaire* », J. Azéma, *Le droit français de la concurrence*, 2e éd., PUF, 1989, n° 15; dans le même sens, P. le Tourneau, « Liberté, égalité, fraternité dans les droits de la concurrence », *Gaz. Pal.* 1991. 2. Doctr. 348.
3. V. cependant le conflit entre les objectifs de concurrence et la liberté du commerce et de l'industrie, CE 16 oct. 2013, préc.
4. J.-L. Dewost, B. Lasserre, R. Saint-Esteben, « L'entreprise, les règles de concurrence et les droits fondamentaux : quelle articulation ? », *Cah. Cons. const.* 2012. 187.
5. N. Boulouis, concl. CE 20 mai 2012, préc.
6. CE 6 mars 1914, *Synd. de la boucherie*, *Lebon* 308; CE 22 nov. 2000, *D.* 2001. 2110, note N. Albert, vise « la liberté du commerce et de l'industrie et les règles de concurrence ».
7. CE 20 avr. 2003, *Synd. prof. des exploitants indépendants des réseaux d'eau et d'assainissement*, *Dr. adm.* 2003, n° 123, obs. M. Bazex et S. Blozy; L. Idot, « La liberté de la concurrence en France », *LPA* 2000, n° 59, p. 8. Not. pour permettre la mise en concurrence des marchés publics, CE 27 juill. 2001, *CAMIF*, *Contrats Marchés publ.* 2001, n° 14, obs. F. Llorens; rapp. D. Linotte pour qui le principe de libre concurrence a valeur constitutionnelle car il « n'est rien d'autre qu'un avatar de la combinaison des principes de liberté et d'égalité tous deux reconnus et appliqués aux entreprises par le Conseil constitutionnel » : « Existe-t-il un principe général du droit de la libre concurrence ? », *AJDA* 2005. 1549.
8. D'où la condamnation des pratiques commerciales déloyales à l'encontre des consommateurs (Direct. n° 2005/29/CE 11 mai 2005, *JOCE* L 149, transposée en droit français aux art. L. 120-1 s. du C. consom.) et plus largement de la concurrence déloyale définie comme « l'abus de la liberté du commerce causant volontairement ou non, un trouble commercial » (Com. 22 oct. 1985, *Bull. civ.* IV, n° 245; rapp. art. 10 *bis* Convention de Paris de 1983 : « tout acte de concurrence contraire aux usages honnêtes en matière civile et commerciale ») et du parasitisme commercial, qui doit être considéré non comme une limitation apportée à la liberté du commerce et de l'industrie (Com. 5 juill. 2016, n° 14-10.108 admettant le parasitisme au nom de la liberté du commerce et de l'industrie) mais comme la sanction de comportements fautifs, sur la question v. Y. Serra (dir.), *La concurrence déloyale*, Dalloz, coll. « Thèmes & commentaires », 2001.

Elle emporte le droit pour l'entrepreneur d'être protégé contre toute perturbation du libre jeu de l'offre et de la demande sur le marché, postulé par les dispositions des articles L. 410-1 et suivants du Code de commerce relatifs à « la liberté des prix et de la concurrence ».

Elle peut même être invoquée à l'encontre d'un acte administratif mais uniquement s'il en résulte de manière immédiate, exclusive et directe une atteinte à la concurrence[1].

Le droit de la concurrence conforte ainsi la liberté du commerce et de l'industrie, d'abord en affirmant le principe de la libre fixation des prix des produits ou services : « Les prix des biens, produits et services... sont librement déterminés par le jeu de la concurrence » (C. com., art. L. 410-2)[2], ensuite en condamnant les comportements d'entente ou d'abus de position dominante de nature à entraver le libre jeu de la concurrence sur le marché européen (TFUE, art. 101 et 102), ou sur le seul marché national (C. com., art. L. 420-1, L. 420-2 et L. 420-5)[3], et même des comportements limitant les capacités concurrentielles d'un acteur économique sans pour autant affecter le jeu de la concurrence sur le marché, tel que l'imposition par un fournisseur à un revendeur du prix de revente devant être pratiqué par ce dernier (C. com., art. L. 442-5).

1020. ***Liberté de la concurrence face à l'intervention économique des personnes publiques.*** La liberté de la concurrence ne saurait être comprise comme impliquant l'interdiction pour toute personne publique, d'intervenir directement sur le marché[4]. Il faut cependant distinguer du principe de l'intervention déjà considéré[5], les modalités d'intervention.

S'agissant des modalités d'intervention, si l'opérateur public et l'opérateur privé interviennent tous deux dans les mêmes conditions et si « l'égalité des chances est assurée » entre eux, le principe de la liberté de la concurrence ne saurait être invoqué pour empêcher l'entreprise publique d'exercer une activité industrielle ou commerciale[6]. L'article 345 du traité sur le fonctionnement de l'Union européenne, en disposant que « le traité ne préjuge en rien le régime de la propriété dans les États membres », commande de laisser librement intervenir les opérateurs publics, dans la mesure où ils n'utilisent pas des prérogatives ou privilèges exorbitants du droit commun pour fausser, sans justification écono-

1. CE 3 mars 2010, *Dpt de la Corrèze, Lebon* 652, *AJDA* 2010. 957, concl. N. Boulouis; CE 5 juill. 2010, *Synd. nat. des agences de voyages, Lebon* 240, *AJDA* 2011. 18, S. Nicinski, E. Glaser; CAA Bordeaux, 29 nov. 2016, *JCP Adm.* 2017. 2023, obs. C. Roux, contestation pour atteinte à la liberté du commerce et de l'industrie, d'un refus d'autorisation domaniale.
2. Lorsque la régulation est possible, elle ne saurait excéder son domaine : par exemple en matière de prestations assurées par des gestionnaires des réseaux de distribution d'électricité, CE 25 sept. 2015, req. n° 386077.
3. Pour une illustration, à propos d'une clause statutaire entravant l'exercice de la concurrence, Com. 30 mai 2012, *D.* 2012. 2717, obs. A. Constantin et Aut. conc., avis n° 10-A-26, 7 déc. 2010, *D.* 2011. 544.
4. Sur les notions d'activité économique et d'activité hors marché, v. F. Tesson, « La notion d'activité économique des personnes publiques », *AJDA* 2013. 1675.
5. V. ss 1015.
6. CJCE 19 mars 1991, *France c/ Commission, Rec. CJCE* I-1223, p^t 51; D. Linotte, « Principes d'égalité, de liberté du commerce et de l'industrie et droit de la concurrence », *in Droit public de la concurrence*, Economica, 1987, p. 10; S. Destours, *La soumission des personnes publiques au droit interne de la concurrence*, Litec, coll. « Bibl. dr. entreprise », 2001; B. Faure, « Remarques sur les mutations du principe de la liberté du commerce et de l'industrie », note ss CE 23 mai 2003, *Communauté des communes Artois-Lys, RFDA* 2004. 299, évoque l'établissement d'une « coexistence pacifique de l'administration et de l'économie ». Un argument à l'encontre de l'intervention d'une personne publique est la méconnaissance du droit applicable aux marchés publics, v. P. Soler-Couteaux, obs. sous CE 4 mars 2009, *Contrats Marchés publ.* 2009, n° 120.

mique, le jeu de la concurrence. À cet égard, l'article L. 410-1 du Code de commerce prévoit d'ailleurs formellement que le droit de la concurrence s'applique à l'opérateur public comme à l'opérateur privé.

1021. ***Liberté de l'industrie face à la liberté du commerce.*** Le droit de la concurrence a curieusement conduit à établir une hiérarchie entre la liberté de l'industrie entendue au sens strict d'activité de production et la liberté du commerce. Il ressort de la jurisprudence et de la pratique décisionnelle des autorités de concurrence que, en cas de conflit entre elles, la liberté pour le commerçant d'acquérir et de revendre comme il l'entend les produits mis sur le marché devrait être préférée à la liberté pour l'industriel de vendre et de faire revendre comme il le veut les produits qu'il a fabriqués.

Une hiérarchie, probablement inspirée par la plus forte contribution du commerce à l'ouverture des marchés à la concurrence[1], s'établit ainsi, subtilement et subrepticement, au sein de la liberté du commerce et de l'industrie qui était traditionnellement perçue comme homogène. La liberté du commerce vient primer la liberté de l'industrie, laissant apparaître l'idée qu'il y aurait non pas une mais deux libertés soumises à un régime distinct : la liberté du commerce et celle de l'industrie, la seconde pouvant plus facilement être limitée, dans son exercice tout au moins, que la première[2].

II. Les limitations à la liberté du commerce et de l'industrie

1022. La liberté du commerce et de l'industrie, comme toute liberté, peut se voir imposer des limites légales (**A.**) mais aussi conventionnelles (**B.**).

A. Les limitations légales

1023. ***Conditions des limitations légales.*** Après avoir affirmé que toute personne bénéficiait du régime de la liberté du commerce et de l'industrie, l'article 7 du décret d'Allarde ajoutait : « mais elle sera tenue de [...] se conformer aux règlements de police qui pourront être faits ».

Le Conseil constitutionnel a ainsi jugé que la liberté du commerce et de l'industrie relève de ces libertés qui « ne sont ni générales, ni absolues » et qui « ne peuvent s'exercer que dans le cadre d'une réglementation instituée par la loi »[3].

Si la liberté du commerce et de l'industrie est soumise à l'encadrement du législateur, ce dernier ne pourra, toutefois, la restreindre de manière abusive ou arbitraire et devra non seulement invoquer à cette fin des considérations tenant à l'intérêt général : impératifs de santé[4], sécurité ou moralité publique, exigences

---

1. D. Ferrier, « Les appréciations de la distribution sélective en droit interne et communautaire », *Cah. dr. entr.* 1991-1.
2. Une illustration en est donnée par le traitement défavorable aux producteurs et favorable aux distributeurs de la vente sur Internet, CJUE 13 oct. 2011, aff. C-439/08; Paris 31 janv. 2013, *D.* 2013. 887, obs. D. F.; v. égal. Cons. const. 17 sept. 2015, n° 2015-480, estimant inconstitutionnelle la suspension de fabrication et d'exportation de produits contenant du bisphénol A, non commercialisables en France, car ils sont commercialisables dans les pays étrangers.
3. Cons. const. 27 juill. 1982, *RD publ.* 1983. 333, obs. L. Favoreu; Cons. const. 16 janv. 2001, n° 2000-439 DC, *LPA* 12 févr. 2001, obs. J.-E. Schoettl.
4. Cons. const. 16 juill. 2009, n° 2009-584 DC, *D.* 2010. 1508, obs. L. Gay; T Tauran, « La sécurité sociale et les limitations apportées à la liberté d'entreprendre », *JCP S* 2017. 1240, conclut : « en matière de couverture sociale, les impératifs de solidarité (CSS art. L. 111-1) ont donc pris le pas sur les préoccupations entrepreneuriales ».

d'ordre public économique de direction ou de protection[1], mais encore faire en sorte que les atteintes soient proportionnées à l'objectif poursuivi[2].

Le législateur a, ainsi, sous diverses inspirations économiques, sociales, environnementales..., multiplié des limitations légales, sous forme d'interdiction ou de réglementation, tant à la liberté d'entreprendre qu'à la liberté d'exploiter, en ignorant ou, au contraire, en sollicitant à cette fin le principe de la liberté de la concurrence[3]. Le législateur, en principe seul habilité à prendre des dispositions affectant une liberté publique, confie parfois ce pouvoir aux autorités administratives[4]tenues à la même exigence de proportionnalité[5].

1. Les limitations légales à la liberté d'entreprendre

1024. ***Typologie des limitations.*** La liberté d'entreprendre souffre de nombreuses limitations inspirées par le souci de protéger des intérêts généraux notamment la politique économique de l'État contre le développement d'activités ou de formes d'activité non souhaitées par l'autorité publique, mais aussi des intérêts particuliers tels que celui des incapables contre le risque que leur ferait courir l'exercice de certaines activités, ou celui des agents économiques contre les agissements d'entrepreneurs indélicats ou inaptes.

Des mesures préventives sont prises pour imposer à des acteurs économiques des conditions préalables à l'exercice d'une activité professionnelle, et notamment :

---

1. Crim. 8 avr. 1992, *Gaz. Pal.* 1993. 1. 8, note P. Doucet; CJCE 14 oct. 2004, *Omega, JCP* 2004. II. 10199, note C. Zarka; M. Delmas-Marty, « La mondialisation du droit : chance et risque », *D.* 1999. Chron. 43, évoque le besoin de « conjuguer économie et droit de l'homme ».
2. Cons. const. 12 janv. 2002, n° 2001-455 DC, p^t 46 : « pour poser les règles propres à assurer au mieux... le droit pour chacun d'obtenir un emploi, [le législateur] peut apporter à la liberté d'entreprendre des limitations liées à cette exigence constitutionnelle, à la condition qu'il n'en résulte pas d'atteinte disproportionnée au regard de l'objectif poursuivi »; Cons. const. 18 oct. 2010, préc. : « le législateur a adopté des mesures propres à assurer une conciliation qui n'est pas manifestement déséquilibrée entre le principe de la liberté d'entreprendre et l'objectif de valeur constitutionnelle de sauvegarde de l'ordre public »; CJUE 30 juin 2016, aff. C-134/15, *Lidl, RTD eur.* 2017. 370, obs. F. Benoît Rohmer, estime proportionnée l'obligation de faire figurer une information en matière de prix, alors même qu'elle est susceptible d'avoir un impact sur l'organisation de l'entreprise.
3. Par ex. pour assurer l'équilibre des relations commerciales, Cons. const. 13 mai 2011, n° 2011-126 QPC, *D.* 2012. 577, obs. D. F.
4. Not. aux autorités décentralisées, par ex. : le maire, CGCT, art. L. 2212-2, voire à des organismes professionnels ou des autorités de régulation; CE 28 juill. 2017, req. n° 411454, *S^{té} Elever*, sur les pouvoirs de la commission de régulation de l'énergie, *Énergie, Environnement, Infrastructures*, 2017, com. 70, J.-S. Boda.
5. V. Champeil-Desplats, « La liberté d'entreprendre au pays des droits fondamentaux », *RDT* 2007. 19; CE 22 nov. 2000, req. n° 223645, *Dr. adm.* 2001, n° 5 : « dès lors que l'exercice de pouvoirs de police administrative est susceptible d'affecter des activités de production, de distribution ou de services, la circonstance que des mesures de police ont pour objectif la protection de l'ordre public..., n'exonère pas l'autorité investie de ces pouvoirs de police de l'obligation de prendre en compte également la liberté du commerce et de l'industrie et les règles de concurrence ». CE 23 mai 2012, *RATP, AJDA* 2012. 1146, M. Lombard, S. Nicinski et E. Glaser; CE 22 juin 1963, *Gaz. Pal.* 1963. 2. 451; l'exercice de pouvoirs de police ne saurait en particulier entraîner l'édiction d'une interdiction générale d'exercice d'une profession ou d'une limitation des professionnels pouvant la pratiquer, CE 22 juin 1951, *Daudignac, D.* 1951. 589, concl. J. Gazier; M. Pédamon, « La liberté d'entreprendre et l'intervention des autorités publiques », *RJC*, n° spécial, 1983. 13; CJUE 26 oct. 2017, aff. C-534/16, *Rev. Europe*, 2017, com. 447, F. Gazin, loi fiscale slovaque sur la TVA affectant la liberté d'entreprendre, critiquée au regard du principe de proportionnalité.

- déclaration requise avant l'exercice de certaines activités telles que : activités libérales, bancaires, d'assurance, de débit de boisson, de presse...[1];

- autorisation requise pour l'exercice ou l'implantation de certaines activités telles que : pharmacie, entreprise de transport, laboratoire d'analyse, agence de voyages, activités de nature à porter atteinte à l'environnement[2], grandes surfaces de vente...[3];

- qualification requise pour l'exercice de certaines activités afin de contrôler une aptitude ou la conformité à certaines normes destinées à protéger d'autres acteurs économiques et notamment les consommateurs[4].

Des mesures prohibitives ou limitatives sont prises pour empêcher l'exercice même d'activités professionnelles ou de certaines conditions d'activité, et notamment :

- interdiction inspirée par la sauvegarde de l'ordre public et des bonnes mœurs contre les entreprises immorales : maison de tolérance, maison de jeux[5], entreprise de contrebande... ou contre les entrepreneurs indésirables, frappés d'une interdiction ou de déchéance (C. pén., art. 131-27 s.)[6];

- interdiction dictée par la protection de certaines personnes, avec un régime d'incapacité pour tenir compte de leur faiblesse : mineur, majeur en tutelle ou en curatelle (C. civ., art. 488, 495 et 510), ou un régime d'incompatibilité pour les soustraire à la compromission et au simple soupçon : fonctionnaire, officier ministériel, parlementaire, membre d'une profession libérale organisée en ordre professionnel;

1. L'exigence d'une telle déclaration n'est pas une limitation de la liberté d'entreprendre lorsqu'elle a pour finalité de faire connaître l'intention d'agir de l'administré; en effet, « la déclaration peut se trouver aussi bien aux confins de l'autoritarisme que de la liberté totale », P. M. Martin, « La déclaration préalable à l'exercice des libertés publiques », *AJDA* 1975. 436; T. M'Saidié, « La déclaration administrative préalable à l'exercice d'une activité », *AJDA* 2013. 514. On peut en rapprocher l'imposition de certaines obligations préalables à l'exercice de l'activité, par exemple l'élaboration d'un plan préventif de redressement et de résolution bancaires, *RD banc. fin.* 2017, n° 6, étude 27, C Galakho.
2. Parfois argument d'un *numerus clausus* : CSP, art. L. 571 s. : officines de pharmacie; C. déb. boiss., art. L. 27 s. : débits de boissons; L. n° 95-66, 20 janv. 1995 et décr. n° 2013-1251 du 27 déc. 2013 : taxis; L. 27 ventôse, an VIII, art. 93 : huissiers de justice; CAA Nantes, 2e ch., 29 juin 2010, *JCP Adm.* 2010, n° 43, 2317 : entreprises dispensant des stages de sensibilisation à la sécurité routière.
3. Régime allégé et simplifié par ord. n° 2015-1682 du 17 déc. 2015. En matière d'autorisation d'implantation de grande surface de vente : A. Laguerre, « Le commerce intégré dans l'urbanisme, la liberté du commerce menacée. À propos d'une proposition de loi », *JCP Adm.* 2011, n° 2056; P. Soler-Couteaux, « Le droit de l'urbanisme : sous la règle, quelle liberté ? », *RDI* 2009. 208; rapp. Cons. const. 7 déc. 2000, n° 2000-436 DC, Rec. Cons. const. 176 censurant un manquement à la liberté d'entreprendre à propos de la loi SRU. Dès lors qu'un régime d'autorisation relève de la seule compétence du législateur, un maire ne peut subordonner l'exercice de l'activité à la délivrance préalable d'une autorisation; à propos de marchand ambulant, Crim. 30 janv. 1991, *D.* 1992. Somm. 215, note D. Maillard Desgrées du Loû.
4. Pour les ventes volontaires de meubles aux enchères publiques (C. com., art. L. 320-2), il a ainsi été jugé que l'exigence de qualification « ne porte pas atteinte à la liberté d'entreprendre », CE 17 avr. 2015, req. n° 373589; rapp. CE 30 déc. 2011, *Assoc. pour le droit à l'initiative économique*, *RLC* 2012, n° 2046, obs. G. Clamour. Pour les avocats aux conseils, après le décret n° 2016-652 du 20 mai 2016 modifiant les conditions d'accès à la profession, J S Boda, Sur la validité du monopole des avocats au Conseil d'État et à la Cour de cassation, *JCP* A 2016. 623.
5. Sur la contestation du régime d'exclusivité des paris hippiques hors hippodromes, J.-P. Thiellay, « Le monopole du Pari Mutuel Urbain et la liberté de prestation de services », *RFDA* 2008. 1043; J.-L. Clergerie, « La prudence du Conseil d'État face au monopole du PMU », *D.* 2008. 1869.
6. Civ. 1re, QPC, 8 juin 2017, n° 16-25.844, *Gaz. Pal.* 4 juill. 2017, obs C. Berlaud, liberté d'entreprendre invoquée par un avocat se voyant refuser l'inscription au tableau d'un ordre.

- interdiction liée à l'établissement de monopoles : monopole d'État justifié par l'intérêt général, comme celui des poudres ou de certains services postaux, sous réserve de sa création par la loi et de sa validation, au demeurant de moins en moins acquise, par le droit européen[1]; monopole d'importation et de commercialisation[2] ou monopole de marché tel que le marché d'intérêt national en matière de commerce de gros (C. com., art. L. 761-1), ou le monopole légal des taxis[3]; et même un monopole d'exploitation, résultant de droit privatif accordé par la loi au créateur (droit de propriété littéraire ou artistique), à l'inventeur ou à l'investisseur en recherche-développement ou en publicité (droit de propriété intellectuelle et industrielle)...;

- interdiction, de plus en plus fréquente, liée à la protection de l'environnement[4];

- limitations d'activité inspirées par des préoccupations aussi nombreuses que variées, par exemple la déontologie professionnelle[5], l'utilisation du domaine public pour une activité commerciale[6], la santé publique[7]...

---

1. TFUE, art. 37; v. par ex. L. n° 2000-108 du 10 févr. 2000 limitant le monopole d'EDF en matière de fourniture d'électricité, conformément à la directive n° 96/92/CE du 19 déc. 1996 – abrogée par direct. n° 2009/72/CE 13 juill. 2009, et L. n° 2006-1357 du 7 déc. 2006; par ailleurs l'entreprise d'État doit supporter la concurrence d'entreprises privées, lorsqu'elle n'assure pas un service d'intérêt général, art. 106 TFUE, v. J.-L. Sauron, « L'ouverture des services publics à la concurrence », *D. Affaires* 1997. 588; F. Mallol, « Divorce à l'européenne ? Ou l'épineuse question des services publics », *JCP* 1996. I. 3963; R. Kovar, « Droit communautaire et service public », *RTD eur.* 1996. 215 et 493; D. Linotte, « Principes d'égalité, de liberté du commerce et de l'industrie et droit de la concurrence », *in Droit public de la concurrence*, préc., p. 20; « Monopole de vente au détail des tabacs manufacturés : pas de renvoi de la QPC », obs. sous Crim. 28 janv. 2011, *D. actualité,* 16 févr. 2011, obs. C. Fleuriot.
2. Cons. const. 22 juin 2012, n° 2012-258 QPC; parfois institué de manière indirecte, pour un exemple récent, v. CE 12 janv. 2017, req. n° 400298, *RGDA* mai 2017, n° 5, obs L Sophie, contestation du traitement automatisé des données du fichier Ficovie, en ce qu'il favoriserait les notaires.
3. Les interdictions corrélatives d'information sur la localisation et la disponibilité des voitures de transport avec chauffeur ne portent pas une atteinte manifestement disproportionnée à leur liberté d'entreprendre, Cons. const. 22 mai 2015, n° 2015-488 s. QPC, *Sté Uber France SA.* Th Piazzon, note sous Cons. const. 15 janv. 2016, n° 2015-516 QPC, Nouv. Cah. Cons. const. 2016, n° 52, sur la liberté d'accès des chauffeurs de taxi à l'activité de VTC; F Chaltiel, Les voitures de transport avec chauffeur, le droit constitutionnel et le droit européen, *LPA* 2016, n° 97.
4. Cons. const. 11 oct. 2013, n° 2013-346 QPC, *Société Schuepbach Énergie, JO* 13 oct. 2013, p. 16905, à propos de la loi du 13 juill. 2011 interdisant la « fracturation hydraulique »; en revanche, censure de dispositions imposant des contraintes dans l'utilisation de matériaux en bois pour certaines constructions, Cons. const. 24 mai 2013, n° 2013-317 QPC, *Syndicat français de l'industrie cimentière, JO* 29 mai 2013, p. 8854.
5. Dans l'exercice de la profession d'avocat : CE 9 nov. 2015, req. n° 386296 : l'encadrement par le pouvoir réglementaire des conditions dans lesquelles les avocats peuvent recourir à la publicité et à la sollicitation personnalisée ne constitue pas en soi une atteinte à la liberté d'entreprendre; CE 9 nov. 2015, req. n° 384728 : l'interdiction par le Conseil national des barreaux de l'utilisation d'un nom de domaine générique pour le site Internet d'un avocat ne constitue pas une atteinte disproportionnée à la liberté d'entreprendre.
6. CE 29 janv. 1932, *Sté des autobus antibois, S.* 1933. III. 65, note P. L; Crim. 4 avr. 2006, *JCP E* 2006. 2405, obs. G. Decocq; S. Nicinski, « Les conditions d'accès à un ponton au risque des règles de concurrence », *AJDA* 2004. 2210; Rapp. L'interdiction de construire sur le domaine public maritime n'est pas contraire à la liberté d'entreprendre ni à la liberté du commerce et de l'industrie, CE 6 oct. 2010, *RJEP* 2011, n° 683, comm. 10, B. Delaunay. Le droit de priorité reconnu aux communes dans l'attribution de concession de plage « ne méconnaît ni le principe de la liberté d'entreprendre ni celui de la liberté du commerce et de l'industrie qui en découle », CE 22 mai 2013, *Assoc. synd. des résidences du port de Mandelieu La Napoule,* n° 366750, *Contrats Marchés publ.* 2013, n° 193, G. Eckert; *AJDA* 2013. 1976, note Ph. Chrestia.
7. Cons. const., 21 oct. 2016, n° 2016-593 QPC, *Constitutions,* 2016. 655, obs. L. Domingo, restrictions à l'implantation territoriale de laboratoires de biologie médicale.

Toutes ces mesures doivent être appréciées de manière restrictive en raison de l'atteinte qu'elles portent à la liberté d'entreprendre. Par exemple, s'agissant des mesures résultant de l'exercice des pouvoirs de police, le Conseil d'État a souligné : « Dès lors que [leur] exercice [...] est susceptible d'affecter les activités de production, de distribution et de services, la circonstance que les mesures ont pour objectif la protection de l'ordre public ou la sauvegarde d'intérêts spéciaux n'exonère pas l'autorité investie de ces pouvoirs de prendre en compte également la liberté du commerce et de l'industrie et les règles de concurrence »[1].

2. *Les limitations légales à la liberté d'exploiter*

1025. La liberté d'exploiter se trouve également affectée par le jeu de nombreuses dispositions visant essentiellement la protection de l'économie ou des acteurs économiques.

1026. ***Protection de l'économie.*** La protection de l'économie a été pendant longtemps recherchée dans le respect d'objectifs économiques fixés par la puissance publique, à travers notamment la réglementation des prix[2]. Aujourd'hui, l'interventionnisme lié à la direction de l'économie revêt de nouvelles formes à travers le droit de la concurrence, indépendamment du contrôle du comportement de l'entreprise en position dominante sur le marché[3], par le contrôle des structures que permet, d'une part, le contrôle de la concentration économique c'est-à-dire du rapprochement qui serait projeté entre des entreprises indépendantes (C. com., art. L. 430-1 et s.) et, d'autre part, le contrôle de l'organisation du marché auquel se prête de plus en plus souvent l'Autorité de la concurrence sous couvert du contrôle du libre jeu de la concurrence[4].

1027. ***Protection des acteurs économiques.*** La protection des acteurs économiques a pendant longtemps été essentiellement focalisée sur les salariés. La liberté d'exploiter de l'entreprise-employeur s'est trouvée ainsi contrariée par de nombreuses dispositions de droit social. On évoquera à titre d'exemple la réglementation des horaires de travail[5] dont une implication, aujourd'hui discutée,

---

1. CE 26 janv. 2007, *Synd. prof. de la géomatique*, CCC 2007, n° 127, M. Bazex; CE 15 mai 2009, *Cie des bateaux-mouches*, *AJDA* 2009. 1812, obs. S. Nicinski; CAA Nantes, 4 mai 2010, S. Dugommier, « Liberté du commerce et de l'industrie et gestion des musées », *AJDA* 2010. 1475; v. les décisions récentes en matière de règlementation dans les territoires ultramarins : E. Akoun, « Liberté du commerce et de l'industrie et contrôle des lois du pays », *RLC* 2014. 75 et du même auteur, « L'intervention publique en Nouvelle-Calédonie », *RFDA* 2014. 231, à propos de l'importation et de la distribution de produits de grande consommation. Constitue une atteinte disproportionnée l'interdiction par le maire de Paris des dispositifs de chauffage au gaz sur les terrasses de café : CAA Paris 1er juin 2015, req. n° 13PA01166. J.-C. Videlin, Exploitation commerciale de la voirie et droit de la concurrence, *JCP* A 2016. 2218.
2. Ord. 30 juin 1945, art. 1er, abrogée par ord. 1er déc. 1986; mais l'art. L. 410-2 du C. com. permet encore au Gouvernement de fixer les prix, par voie de décret, lorsque des perturbations d'ordre structurel ou conjoncturel affectent le jeu de la concurrence sur le marché.
3. TFUE, art. 102; C. com., art. L. 420-2; les conditions d'exploitation de l'entreprise seront rigoureusement appréciées pour éviter qu'elle profite de sa position de force pour gêner le développement ou l'apparition d'une concurrence, ainsi, des décisions d'exploitation qui seraient tolérées d'une entreprise en situation de concurrence effective pourront, venant d'une entreprise en position dominante, être condamnées en tant qu'abus de domination; C. Prieto, « L'entreprise et ses concurrents », *in Entreprise et liberté*, préc., p. 43. V. condamnation de l'octroi, par une entreprise en position dominante, de remises à certains acheteurs, Com. 6 avr. 1999, *Bull. civ.* IV, n° 79.
4. L. Vogel, J.-P. Viennois et C. Nourissat, Colloque Lyon mai 2015, « De la protection du marché à la régulation de la concurrence », *Rev. Concurrences* 2016, n° 1, suppl. p. 28 s.
5. En particulier du travail de nuit : C. trav., art. L. 3122-32; Cons. const. 4 avr. 2014, n° 2014-373 QPC, *Séphora*, *D.* 2014. 828, *RFDA* 2014. 589, note A. Roblot-Troizier et G. Tusseau.

est le principe de la fermeture dominicale des commerces au demeurant lui-même soumis à de plus en plus d'exceptions (C. trav., art. L. 3132-29)[1].

Cette protection joue de manière systématique depuis 1970 en faveur des consommateurs[2], avec la réglementation des méthodes de vente pouvant les placer en situation de vulnérabilité face aux professionnels : vente en solde (C. com., art. L. 310-2), vente au déballage (C. com., art. L. 310-3), vente à domicile (C. consom., art. L. 121-1), vente à distance (C. consom., art. L. 121-16)..., ainsi que les nombreuses réglementations d'origine interne ou européenne portant sur les produits et services mis sur le marché (C. consom., art. L. 221-1 et C. civ., art. 1245), sur les relations contractuelles, en particulier les conventions comportant des clauses abusives (C. consom., art. L. 132-1; directive n° 93-13, 5 avr. 1993), celles concernant des opérations de crédit (C. consom., art. L. 311-1 s.; directive n° 87-102, 22 déc. 1986)...

Le souci de protection de la concurrence combiné à celui de protection des consommateurs conduit aussi les autorités de concurrence à limiter la liberté d'exploiter des entrepreneurs en soumettant les décisions et comportements concertés « pouvant avoir pour effet de fausser le jeu de la concurrence » à un bilan économique qui met en balance, d'une part, l'apport économique résultant de telles décisions ou comportements et l'avantage qui en est retiré par le consommateur, d'autre part, les restrictions de concurrence emportées par ces décisions ou comportements tant au regard de l'objectif poursuivi (contrôle de proportionnalité entre ces restrictions et les apports et avantages relevés) qu'au regard de la concurrence sur le marché (TFUE, art. 101, § 3; C. com., art. L. 420-4).

B. Les limitations conventionnelles

1028. À la question de savoir si la liberté du commerce et de l'industrie peut être restreinte par des conventions particulières, une réponse positive est depuis longtemps apportée, sous réserve que ces conventions n'affectent pas le libre jeu de la concurrence sur le marché et notamment qu'elles « n'impliquent pas une interdiction généralement absolue »[3].

Le contrôle sera plus sévère pour les clauses portant atteinte à la première liberté, la liberté d'entreprendre, que pour celles limitant la liberté d'exploiter.

1. Les limitations conventionnelles à la liberté d'entreprendre

1029. ***Engagement de non-concurrence tenant à l'objet de l'activité.*** La liberté d'entreprendre est souvent contrariée par des conventions qui interdisent

1. Cons. const. 5 août 2011, n° 2011-157 QPC, *Société Somodia*, *LPA* 18 nov. 2011, n° 230, p. 8, note M. Verpeaux.
2. S. Amrani-Mekki, « La liberté de l'entreprise face à son client », *in Entreprise et liberté*, préc., p. 9.
3. P. Reuter, « À propos des ententes industrielles et commerciales », *Dr. soc.* 1953. 1 : « L'autonomie de la volonté trop largement entendue est un obstacle à la liberté du commerce et de l'industrie »; déjà : Civ. 23 mars 1928, *DP* 1930. 1. 145, note Pic. Not. lorsqu'il s'agit d'ententes professionnelles : Paris 4 nov. 1959, *JCP* 1960. II. 11488, note R. Plaisant : « si étendus que soient les pouvoirs conférés à un syndicat professionnel par ses statuts pour la défense des intérêts de la profession, celle-ci ne saurait conduire à l'élimination de cette profession (même contre indemnité) de certains membres pour sauvegarder les conditions de travail des autres, sans porter atteinte à la liberté du commerce et de l'industrie ».

à un ancien partenaire ou à un intervenant potentiel d'entreprendre une activité déterminée[1].

Parfois, ces conventions sont considérées comme le prolongement d'une obligation légale pesant sur le débiteur; ainsi, l'engagement de non-rétablissement du cédant d'un fonds de commerce a été rapproché de l'obligation légale de garantie d'éviction (C. civ., art. 1626) ou de délivrance (C. civ., art. 1604) pesant sur le vendeur.

Le plus souvent, elles sont considérées comme un instrument particulier de protection du professionnel contre la captation de sa clientèle ou la reprise de ses salariés par un concurrent potentiel : engagement de non-installation, ou de non-concurrence ou de non-sollicitation à la charge du salarié[2], du franchisé, de l'associé..., pendant l'exécution du contrat et parfois même après son extinction. Ce type d'engagement est généralement admis sous condition que sa portée soit limitée[3] et qu'il satisfasse un intérêt légitime[4]; le débiteur de l'engagement n'est pas, en principe, fondé à revendiquer un droit à indemnité[5]. Il est parfois condamné; ainsi est réputée non écrite la clause de non concurrence à effet post-contractuel imposée par le promoteur d'un réseau de distribution à ses membres[6].

1030. ***Engagement de non-concurrence tenant à la localisation de l'activité.*** La liberté d'entreprendre est également souvent contrariée par des conventions qui interdisent l'exploitation d'une activité dans certains lieux afin de protéger les acteurs économiques qui y sont déjà implantés[7]. Ces stipulations sont admises dès lors qu'elles n'apportent pas une atteinte disproportionnée, là encore, au regard des intérêts légitimes à protéger[8].

Toutefois une protection particulière de la liberté d'entreprendre est assurée contre de telles limitations en matière de copropriété où il est interdit de stipuler une clause de non-concurrence dans le règlement de copropriété (L. 10 juill. 1965, art. 8), et en matière de bail commercial où il est interdit de faire obstacle à une déspécialisation partielle de l'activité (C. com., art. L. 145-47 s.).

1. Sur la question, v. Y. Serra, *La non-concurrence*, Dalloz, 1991; C. Champalaune, *Le principe de la liberté du commerce et de l'industrie et de la libre concurrence, cinq ans de jurisprudence de la chambre commerciale*, Rapport de la Cour de cassation pour 2001, Doc. fr., 2002, p. 83. 180.
2. L'ancien salarié étant libre de démarcher la clientèle de son ancien employeur dans la mesure où il ne commet pas à cette occasion d'acte déloyal : Com. 12 juin 2012, n° 11-19.373.
3. Dans la durée, la localisation, les produits ou services concernés, sans être « disproportionné au regard de l'objet du contrat », Com. 4 janv. 1994, *Bull. civ.* IV, n° 4. À propos d'un agent commercial Com. 11 mai 2017, n° 15-12.872, *CCC* 2017, com. 180, d'un associé, Com. 4 juill. 2006 n° 03-19.900; d'un locataire-gérant, Com. 3 oct. 2006 n° 04-16.679.
4. Paris 25 oct. 1996, Somm. 241, obs. Y. Serra; rapp. en droit social, Soc. 7 avr. 1998, *Dr. soc.* 1998. 546.
5. Com. 12 janv. 1988, *Bull. civ.* IV, n° 21 qui rejetait, sur le fondement précisément de la loi Le Chapelier, une telle prétention d'un ex-franchisé à l'encontre de son ancien franchiseur bénéficiaire de l'engagement de non-concurrence. Comp., en droit social, l'exigence d'une contrepartie financière posée par Soc. 10 juill. 2002, *Dr. soc.* 2002. 954, obs. R. Vatinet, renforcée par Soc. 4 juin 2008, *JCP* 2008. 1565, note E. Letombe; Com. 19 mars 2013, *JCP* 2013, n° 640, note R. Mortier.
6. C. com., art. L. 341-2, sauf en matière de franchise; D. Ferrier, « Les réseaux de distribution commerciale », *in* « Loi du 6 août 2015 », *JCP* 2015, suppl. n° 44.
7. En particulier dans les regroupements commerciaux, F. Chatelain et S. Gautier-Le Chatelier, « La concurrence dans les centres commerciaux », *JCP* 1981. II. 13643.
8. Paris 3 juill. 2013, n° 11/17161, *JCP E* 2013, n° 1656, note V. Marx : locataire au sein d'un centre commercial.

2. *Les limitations conventionnelles à la liberté d'exploiter*

1031. ***Engagement de non-concurrence tenant aux conditions de l'activité.*** La liberté d'exploiter peut être contrariée par des engagements plaçant leur débiteur dans la dépendance économique du cocontractant et l'empêchant de gérer comme il l'entend son activité. Ce type d'engagement apparaît dans les clauses d'exclusivité d'achat, d'exclusivité de fourniture, de réalisation de quota, d'application de normes commerciales... stipulées notamment dans les contrats d'achat exclusif, d'assistance et de fourniture, de concession, de franchise, de production...[1]

L'article 1104 du Code civil commande que ces engagements, dès lors qu'ils sont librement consentis, soient exécutés[2], mais certaines dispositions légales en atténuent la portée; à titre d'exemple, l'article L. 330-1 du Code du commerce limite à dix ans la durée maximale des engagements d'exclusivité d'achat, l'article L. 341-2 du Code de commerce répute non écrite la clause ayant pour effet, après la fin d'un contrat en réseau de distribution « de restreindre la liberté d'exercice de l'activité commerciale de l'exploitant ».

Le droit de la concurrence, surtout, en contrôle la portée dès lors que de tels engagements sont de nature à affecter le libre jeu du marché par le fait d'une entente ou d'un abus de domination. On retrouve ici l'appréciation qui peut être portée par l'autorité de concurrence à travers le bilan économique de l'article L. 420-4 du Code du commerce ou de l'article 101, paragraphe 3 du Traité de fonctionnement de l'Union européenne (avec les règlements d'exemption par catégorie qui le prolongent) en vue d'exempter de la condamnation, au titre de pratique anticoncurrentielle, les atteintes conventionnelles à la liberté d'exploiter, sous condition qu'elles produisent des effets bénéfiques non seulement pour l'économie en général mais également pour le consommateur[3].

Certains auteurs en ont déduit que si l'entrepreneur est le bénéficiaire premier de la liberté du commerce et de l'industrie, le consommateur en serait le bénéficiaire ultime[4].

1032. ***Évolution.*** Ainsi, le principe de la liberté du commerce et de l'industrie, par-delà sa reconnaissance solennelle dans notre droit, fait de plus en plus l'objet d'une application mesurée.

La mesure de cette application apparaît traditionnellement dans les innombrables limitations tant légales que conventionnelles qui affectent l'exercice de cette liberté. Parfois si gravement, que l'on peut s'interroger sur sa réalité dans certaines de ses manifestations comme la liberté d'établissement. On a **estimé**, à cet égard, que la liberté du commerce et de l'industrie s'effacerait désormais derrière le droit au commerce et à l'industrie[5]; la liberté d'établissement devenant un droit, par nature conditionné, à s'établir.

---

1. V. clause d'adhésion obligatoire à une association, sanctionnée sur le fondement de la liberté d'association alors qu'elle intéresse plutôt la liberté du commerce et de l'industrie, comme le relèvent F. Deboissy et G. Wickers, Civ. 20 mai 2010, *JCP* 2010. 1993, n° 5.
2. Pour ce qui concerne les limites de l'opposabilité de ces engagements à des tiers se prévalant de la liberté du commerce, v. N. Ferrier et L. Sautonie-Laguionie, « La distribution parallèle à l'épreuve de l'opposabilité du réseau », *RTD civ.* 2011. 225 s.
3. V. ss 1027.
4. V. J. Calais-Auloy et Y. Serra (dir.), *Concurrence et consommation*, Dalloz, coll. « Thèmes & commentaires », 1994.
5. T. Revet discerne une mutation de la liberté en un droit-créance, « Les qualifications artisanales (loi du 5 juill. 1996) au regard de la liberté du commerce et de l'industrie », *D. Affaires* 1998, n° 100, p. 51 s. : « la liberté du commerce et de l'industrie offerte à tous [deviendrait] un droit au commerce et à l'industrie qui serait réservé à certains seulement ».

La mesure de l'application du principe de la liberté du commerce et de l'industrie apparaît aussi aujourd'hui dans la façon dont le droit de la concurrence à la fois limite et protège la liberté du commerce et de l'industrie. Il peut être alors soutenu que si cette liberté doit être limitée parce qu'elle participe à l'organisation de l'activité économique et en conséquence doit s'ordonner aux exigences supérieures de l'ordre économique, elle doit, par ailleurs, être protégée non seulement contre les pratiques abusives réalisées au nom de la liberté d'entreprendre mais aussi contre les contraintes excessives imposées au nom de l'ordre économique[1].

Bibliographie indicative

- L. D'AVOUT, « La liberté d'entreprendre au bûcher ? », *D.* 2014. 1287.
- D. de Béchillon, « Le volontarisme politique contre la liberté d'entreprendre », *Nouv. Cah. Cons. const.*, 2015, n° 49, p. 7.
- X. BIOY, *Droits fondamentaux et libertés publiques*, Montchrestien, 2013.
- C. CHAMPALAUNE, *Le principe de la liberté du commerce et de l'industrie et de la libre concurrence, cinq ans de jurisprudence de la chambre commerciale*, Rapport de la Cour de cassation pour 2001, Doc. fr., coll. « Rapports officiels », 2002.
- V. CHAMPEIL-DESPLATS, « La liberté d'entreprendre au pays des droits fondamentaux », *RDT* 2007. 19.
- J.-Y. CHÉROT, *Droit public économique*, Economica, 2007.
- G. CLAMOUR, « Qui peut le plus, peut le moins ! ou la liberté économique de fait des personnes publiques », *JCP Adm.* 2007, n° 2286.
- P. DELVOLVÉ, *Droit public de l'économie*, Dalloz, 1998 ; « Les libertés économiques », *RFDA* 2017, p. 33.
- X. DESJEUX, « Le droit de la responsabilité civile comme limite au principe de la liberté du commerce et de l'industrie », *JCP E* 1985. I. 14490.
- F. DREYFUS, *La liberté du commerce et de l'industrie*, Berger-Levrault, 1973.
- N. FERRIER et L. SAUTONIE-LAGUIONIE, « La distribution parallèle à l'épreuve de l'opposabilité du réseau », *RTD civ.* 2011. 225.
- M. GUIBAL, *v°* « Commerce et industrie », *Rép. com. Dalloz*, févr. 2003 (actualisation 2015).
- M. KDHIR, « Le principe de la liberté du commerce et de l'industrie : mythe ou réalité », *D.* 1994. Chron. 30.
- J.-P. KOVAR, « Où en est la liberté du commerce et de l'industrie ? », *Dr. adm.* 2007. Étude 18.
- D. LINOTTE, « Principes d'égalité, de liberté du commerce et de l'industrie et droit de la concurrence », *in Droit public de la concurrence*, Economica, 1987.
- J.-L. MESTRE, « Le Conseil constitutionnel, la liberté d'entreprendre et la propriété », *D.* 1984. Chron. 1.
- S. NICINSKI, *Droit public de la concurrence*, LGDJ, 2005 ; *Droit public des affaires*, 3e éd., Montchrestien, 2012.

1. D. de Béchillon, « Le volontarisme politique contre la liberté d'entreprendre », *Nouv. Cah. Cons. const.*, 2015, n° 49, p. 7, avec une critique de la « régulation » qui opère un retour à l'économie administrée.

- M. PÉDAMON, « La liberté d'entreprendre et l'intervention des autorités publiques », *RJC*, n° spéc., 1983. 13.

- O. RENARD-PAYEN, « Le principe de la liberté du commerce et de l'industrie », *J.-Cl. Com.* fasc. 127.

- Y. SERRA (dir.), *La concurrence déloyale*, Dalloz, coll. « Thèmes & commentaires », 2001.

- D. TRUCHET, « Les personnes publiques disposent-elles en droit français de la liberté d'entreprendre ? », *D. Affaires*, 1996. 731.

- *Entreprise et liberté*, ouvrage collectif, Journées nat. Assoc. H. Capitant, t. X, Montpellier, Dalloz, coll. « Thèmes & commentaires » 2007.

- « Vers un nouveau droit de la concurrence ? », Colloque Lyon mai 2015, *Rev. Concurrences* 2016, n° 1, suppl. p 1 s.

Pistes de réflexion

La liberté du commerce et de l'industrie peut-elle être invoquée pour justifier l'exposition de cadavres à des fins commerciales (Civ. 1re, 16 sept. 2010, *D.* 2010. 2750, note G. Loiseau) ?

Le monopole institué au profit de la société Française des jeux et des « casinotiers » (L. 12 juill. 1983, art. 2) porte-t-il atteinte à la liberté du commerce et de l'industrie (Crim. 16 juill. 2010, nos 09-88.580 et 10-80.853) ?

La liberté du commerce et de l'industrie pourrait-elle être invoquée par une compagnie aérienne pour justifier l'interdiction faite à une agence de voyages en ligne de proposer à la vente dans le cadre de sa propre activité professionnelle les billets d'avion qu'elle vend directement (Paris, 23 mars 2012, RG n° 10/11168) ?

Section 4.
LA LIBERTÉ DU TRAVAIL

Pierre-Yves Verkindt
Professeur à l'École de droit de la Sorbonne
(Université Paris 1 – Panthéon Sorbonne)

La liberté du travail plonge ses racines aux sources du droit contemporain tel qu'il s'est construit depuis la fin de la Révolution française. L'image qu'elle présente est cependant très ambivalente. Elle traduit à la fois une nette option libérale sur un plan économique — puisqu'elle est présentée comme assurant la plus grande fluidité du marché du travail —, et le souci de permettre à chacun de se procurer par son activité professionnelle, les revenus nécessaires à sa vie et à la réalisation de ses projets personnels. La dimension juridique de la liberté du travail porte en maints endroits les stigmates de cette contradiction interne à la notion.

1033. ***Liberté, liberté du travail, liberté d'entreprendre et liberté du commerce et de l'industrie : première approche.*** Il en va de la liberté du travail comme de la liberté en général. Elle exprime une forte revendication d'autonomie et la conviction que tout homme doit être reconnu comme pleinement capable de choisir son destin. Elle peut aussi justifier l'ascendant et la domination d'une personne sur une autre si la liberté de l'une et de l'autre ne s'ancre pas dans une égalité réelle. On connaît en effet la phrase attribuée à Lacordaire selon laquelle « Entre le fort et le faible, entre le riche et le pauvre, entre le maître et le serviteur, c'est la liberté qui opprime et la loi qui affranchit » (1848). Plus tard, Léon XIII dans l'Encyclique *Rerum Novarum* (1891), pointera les limites de la liberté telle que la théorise le libéralisme économique triomphant; « Si, écrit-il, contraint par la nécessité ou poussé par la crainte d'un mal plus grand, l'ouvrier accepte des conditions dures, que d'ailleurs il ne peut refuser parce qu'elles lui sont imposées par le patron ou par celui qui fait l'offre du travail, il subit une violence contre laquelle la justice proteste ». Ainsi, l'affirmation de la liberté (de travailler) ne dit-elle rien du respect de l'exigence de justice, ou de la qualité du travail. La question vaut d'être posée de cette « liberté du travail » dans un contexte économique où le chômage se fait endémique et dans un contexte juridique où le salariat se forge dans la subordination. Pour autant, sous des expressions variées, la référence à la liberté du travail reste bien présente. C'est ainsi que le visa « vu le principe fondamental de libre exercice d'une activité professionnelle... », revient régulièrement dans les arrêts de la Cour de cassation, notamment dans les contentieux relatifs aux clauses de non-concurrence ou d'exclusivité[1]. L'expression « liberté du travail » apparaît encore dans des arrêts relatifs à la validité des clauses de confidentialité ou de discrétion[2] ou rendus dans le cadre de conflits collectifs de travail[3].

Loin d'avoir disparu, la problématique de la liberté du travail et de la liberté d'exercice d'une activité professionnelle est donc toujours bien vivace dans le droit français du travail. Elle plonge ses racines dans le droit post-révolutionnaire français et ses fondements philosophiques et juridiques doivent être mis en évidence avant d'aborder ses expressions contemporaines puis les mécanismes qui assurent aujourd'hui sa protection.

I. Les fondements de la liberté du travail

1034. La liberté est « l'état de celui qui fait ce qu'il veut et non ce que veut un autre que lui »[4]. Serait donc libre celui qui ne subit aucune contrainte, qui peut agir conformément à sa volonté et qui, de ce fait, n'est pas asservi. À lire cette définition, chacun pressent la difficulté d'appliquer la notion de liberté au travail et l'obligation de distinguer la liberté *dans* le travail et la liberté *du* travail. *La liberté dans le travail* renvoie à l'autonomie du travailleur. Il faut alors constater qu'elle est toute relative si le travail est le travail subordonné sur un plan économique et sur un plan juridique. Tout contrat de prestation de services donne

1. P.-Y. Verkindt, « Le principe fondamental de libre exercice d'une activité professionnelle », *in* B. Teyssié (dir.), *Les principes dans la jurisprudence de la chambre sociale de la Cour de cassation*, Dalloz, coll. « Thèmes & commentaires », 2008, p. 68 s. Soc. 26 oct. 2010, n° 09-41.002; Soc. 29 janv. 2014, n° 12-22.116, *Bull. civ.* V, n° 35; Soc. 3 déc. 2014, n° 13-10.795, non publié; encore récemment dans un arrêt concernant la situation des gérants non salariés de succursales de commerce de détail alimentaire, Soc. 5 oct. 2016, n° 15-22.730, publié.
2. Soc. 15 oct. 2014, n° 13-11.524, *Bull. civ.* V, n° 240, *RJS* 2014, n° 825.
3. Soc. 8 oct. 2014, n° 13-18.873, *Bull. civ.* V, n° 223, *RJS* 2014, n° 890.
4. A. Lalande, *Vocabulaire technique et critique de la philosophie*, PUF, Quadrige, *v°* « Liberté ».

en effet naissance à un lien d'obligation qui vient nécessairement contraindre la volonté des contractants et notamment celle du prestataire. Quant au salarié, il est par définition juridiquement subordonné, c'est-à-dire « sous les ordres » de l'employeur. Cette subordination juridique est d'ailleurs ce qui permet de caractériser l'existence d'un contrat de travail. Sans doute, le salarié peut-il parfois disposer d'une certaine liberté dans l'exécution de sa prestation de travail mais il y a une antinomie fondamentale entre l'affirmation de la liberté dans le travail et le travail salarié. *La liberté du travail* renvoie à l'idée qu'une personne devrait pouvoir choisir de travailler ou non, et, si elle décide de travailler, de choisir sa profession ainsi que la façon dont elle l'exerce. Sur ce dernier point, le débat est en partie ramené à la question précédente relative à la liberté dans le travail. Mais, même la liberté du travail comme liberté de travailler ou de ne pas travailler doit être relativisée. Ne serait-ce que parce que la survie de l'individu dans la société contemporaine passe par l'accès à un revenu minimum que le travail permet d'atteindre. En d'autres termes, l'affirmation de la liberté du travail vient buter sur la réalité économique et sociale et s'inscrit ainsi nécessairement dans une philosophie sociale.

A. Les fondements historiques et les interrogations philosophiques

1035. La liberté du travail entretient avec le libéralisme économique une relation ancienne. Elle s'analyse en effet comme une déclinaison particulière de la liberté révolutionnaire, elle-même au cœur de la devise républicaine. Elle a, sous cet angle, une filiation commune avec la liberté du commerce et de l'industrie et comme elle, a fourni ses assises idéologiques au capitalisme naissant. Cette liberté du commerce et de l'industrie apparaît très tôt dans la législation révolutionnaire (auparavant dans l'Édit de Turgot de 1776) puisque selon l'article 7 du décret d'Allarde des 2-17 mars 1791 « il sera libre à toute personne de faire tel négoce ou d'exercer telle profession, art ou métier qu'elle trouve bon »[1]. L'affirmation vise à l'époque très clairement la suppression des corporations perçues comme autant d'entraves au libre fonctionnement des marchés — que confortera quelques semaines plus tard la loi Le Chapelier[2].

La finalité du décret d'Allarde était de libérer l'activité humaine en mettant fin à l'organisation professionnelle et corporative de l'Ancien Régime, caractérisée par un étroit encadrement des activités économiques, de fermes restrictions dans l'accès aux métiers et un fort cloisonnement desdits métiers[3]. La liberté du travail vient légitimer la libre négociation de l'activité humaine, toute réglementation extérieure (légale ou corporative) apparaissant comme un frein au libre développement de l'industrie. La liberté du travail et la liberté professionnelle permettent par ailleurs, de placer le rapport de travail sous l'empire de la liberté contractuelle. La place réservée par le Code civil de 1804 au louage de services est tout à fait révélatrice des conceptions du travail qui s'installent alors. Seuls deux articles (1780 et 1781) lui sont consacrés. Le premier affirme le caractère nécessairement temporaire du louage ce qui justifiera rapidement le droit de résiliation unilatérale de chacune des parties. Le second instaure un mode de preuve

1. *Cahiers de l'IRT*, Aix-Marseille, n° 8-1999, p. 12 s., v. l'arrêt rendu par la chambre sociale le 19 nov. 1996 (n° 94-19.404, *Bull. civ.*, V, n° 392) sous le visa suivant « Vu l'article 7 de la loi des 2 au 17 mars 1791 et le principe constitutionnel de la liberté du travail ».
2. La loi des 14-17 juin 1791 interdit notamment les groupements intermédiaires, qu'ils prennent la forme de coalitions (regroupements temporaires) ou de corporations (regroupements pérennes).
3. J. Savatier, v° « Liberté du travail », *Rép. trav.*, Dalloz, 2005; P.-Y. Verkindt, « Le principe fondamental de libre exercice d'une activité professionnelle », *loc. cit.*

particulièrement favorable au « patron » en matière de salaires et de gages. Pour le reste, la loi du rapport de travail est celle « des parties »; la liberté du travail et la liberté contractuelle agissent de conserve et puisent leurs origines à la même source[1].

La liberté du travail met en jeu le droit de la personne d'engager son activité, sa personne et son corps dans le procès de travail. Elle pose ainsi et tout naturellement la question de l'objet du contrat de travail. Certains ne furent pas loin de penser que le travail humain ne pouvait faire l'objet d'un contrat. Ainsi Ripert, pour qui « le travail c'est l'homme même, dans son corps et dans son esprit, et il n'y a pas là l'objet possible d'un contrat »[2]. Pour justifier le contrat de travail, d'autres dissocièrent le travail et la personne développant l'argument selon lequel le contrat de travail a pour objet le travail, posé comme extérieur à la personne[3]. Cette question renvoie à des conceptions philosophiques et à la notion même de personne[4]. On considère aujourd'hui qu'il est possible de séparer la personne humaine (laquelle est en principe, hors du commerce juridique) et la force de travail dont elle est le support. Cette force de travail peut être qualifiée de « chose » ou de « bien » entrant dès lors dans le commerce juridique. La liberté du travail vient au soutien de la démonstration, puisque cette liberté de s'engager dans le rapport de travail apparaît comme une modalité de la liberté dont l'article 4 de la Déclaration des droits de l'homme et du citoyen de 1789 nous dit qu'elle est « La liberté [de] pouvoir faire tout ce qui ne nuit pas à autrui... ». Pour le dire autrement, si le travail est extérieur à la personne humaine, la liberté du travail peut être analysée comme la liberté de vendre ou de louer ce travail et se présente comme une forme particulière de la liberté du commerce et de l'industrie. On sent bien cependant que le travail ne peut se réduire à une marchandise échangeable sur un marché de biens et services. Partant de là, la liberté du travail ne pourra être appréhendée abstraction faite de l'humanité propre du travailleur.

B. Les bases juridiques de la liberté du travail

1036. Rarement utilisée dans des textes de droit interne à valeur législative[5], la notion de « liberté du travail » est peu évoquée de façon directe et explicite par les textes internationaux et européens. Elle n'en est pas moins présente. Le Rapport du comité chargé de définir les principes essentiels du droit du travail (rendu en janvier 2016)[6] proposait ainsi un article 11 aux termes duquel « Chacun est libre d'exercer l'activité professionnelle de son choix ».

1. Droit international et droit européen

1037. ***Liberté du travail et droit international.*** L'article 6 § 1 du Pacte relatif aux droits économiques, sociaux et culturels dispose que les États parties au Pacte reconnaissent le droit au travail « qui comprend le droit qu'a toute personne d'obtenir la possibilité de gagner sa vie par un travail librement choisi ou accepté ». Le juge français dans une décision du 16 décembre 2008 a pu considé-

1. J. Pélissier, *op. cit.*, p. 20; T. Revet, *La force de travail*, préf. F. Zenati, Litec, 1992, n°s 72 s., v. cep. les analyses de Cl. Didry, *L'Institution du Travail*, La Dispute, 2016.
2. G. Ripert, *Les forces créatrices du droit*, LGDJ, 1955, n° 109, p. 275.
3. V. not. J. Rivero, « Les libertés publiques dans l'entreprise », *Dr. soc.* 1982. 423; J. Savatier, « La liberté dans le travail », *Dr. soc.* 1990. 51; aussi A. Supiot, *Critique du droit du travail*, 1994, rééd. PUF, Quadrige, 2007, spéc. p. 45 s.
4. T. Revet, *loc. cit.*
5. C. trav., art. L. 2141-1 (« liberté individuelle du travail ») et C. pén., art. 431-1.
6. Rapport au Premier ministre (Comité Badinter), janv. 2016.

rer que cette disposition s'appliquait directement en droit interne et s'opposait à ce qu'un salarié tenu par une obligation de non-concurrence puisse être privé de toute contrepartie pécuniaire au motif qu'il aurait commis une faute grave[1]. Par ailleurs, l'interdiction du travail forcé est explicitement posée par les conventions OIT n° 29 (1930) et n° 105 (1957). La première a fait l'objet d'un Protocole en 2014 et d'une Recommandation n° 203 sur des mesures complémentaires en vue de la suppression effective du travail forcé (juin 2014). Elle fait partie du bloc des huit conventions fondamentales de l'OIT constitué en 1998. La loi n° 2016-372 du 30 mars 2016 a autorisé la ratification du Protocole relatif à la Convention OIT n° 29 (1930).

1038. ***Liberté du travail et droit européen.*** L'article 4 de la Convention européenne de sauvegarde des droits de l'homme et des libertés fondamentales pose l'interdiction de l'esclavage et du travail forcé[2]. C'est sur cette base, la France a été condamnée par la CEDH pour violation de son obligation de mettre en place un cadre juridique permettant de lutter efficacement contre les formes contemporaines de servitude ou de travail forcé[3]. Le texte a parfois été invoqué devant les juridictions françaises[4].

En droit de l'Union européenne, la question de la liberté du travail fut longtemps mal distinguée de celles de la liberté de circulation et de la liberté d'établissement. Cependant, les articles 5 et 15 de la Charte des droits fondamentaux de l'Union européenne (v. Traité UE, art. 6) visent pour le premier, l'interdiction du travail forcé et pour le second, la liberté professionnelle laquelle s'analyse comme le droit « d'exercer une profession librement choisie ou acceptée ». Il importe de signaler ici la nécessité de combiner l'article 15 et les articles 14 (accès à la formation professionnelle), 29 (accès aux services de placement) et 30 (protection contre le licenciement injustifié).

2. Droit français

1039. En droit français, il faut noter le rôle très constructif qu'a joué le juge pour donner à la liberté du travail une consistance qui a irradié dans l'ensemble du droit applicable à la relation de travail.

1040. ***Liberté du travail, Constitution et législation du travail.*** Le Conseil constitutionnel n'a jamais directement consacré le principe de liberté du travail, autrement que comme un objectif de valeur constitutionnelle. Ainsi, dans la décision n° 83-156 DC du 28 mai 1983[5], le juge constitutionnel a-t-il répondu à la prétention des requérants selon laquelle les dispositions législatives interdisant le cumul emploi-retraite méconnaissaient « le principe de la liberté professionnelle en limitant les possibilités d'exercer un emploi », que c'était « sans violer aucun principe ou règle de valeur constitutionnelle [que] la loi soumise à examen [avait pu interdire] le cumul de pensions de retraite et de certaines activités »[6].

1. Soc. 16 déc. 2008, n° 05-40.876, *Bull. civ.* V., n° 251.
2. V. Sur le rapport de l'interdiction du travail forcé et du nécessaire respect de la dignité de la personne au travail, P.-Y. Verkindt, La dimension civile de la dignité, *in* Notions et normes en droit du travail, éd. Panthéon Assas, 2016, n° 4 et s., p. 13; sur la protection pénale, A Martinel, *ibid,* n° 20 et s., p. 25.
3. CEDH 11 oct. 2012, req. n° 67724/09; v. aussi CEDH 26 juill. 2005 *in* V. Berger, *Jurisprudence de la Cour européenne des droits de l'homme,* 13e éd., Dalloz, 2014, n° 33.
4. CE 3 mai 2005, *RJS* 2005, n° 858 (en l'espèce la CFTC contestait devant le juge administratif la fixation de la journée de solidarité au lundi de Pentecôte).
5. Rec. Cons. const. 1983. 41; *DR* 1984. 159, note L. Hamon; *AJ* 1983. 619, note R.-F. Lebris.
6. V. aussi la décision n° 94-345 DC du 29 juill. 1994.

L'absence de consécration par le juge constitutionnel[1] est néanmoins compensée par la jurisprudence de la Cour de cassation dont il a été relevé *supra* qu'elle n'hésite pas à se référer expressément au caractère constitutionnel de la liberté du travail[2]. La dynamique créée par les développements de la question prioritaire de constitutionnalité (QPC) modifie progressivement la donne. C'est ainsi qu'a été posée au Conseil constitutionnel, la question de la conformité à la Constitution de l'article L. 1237-5 du Code du travail aux motifs que la mise à la retraite d'office serait une discrimination fondée sur l'âge et une atteinte au droit d'obtenir un emploi. Le Conseil s'est prononcé en faveur de la conformité à la Constitution du texte entrant dans le champ de compétence du législateur[3]. En revanche, quoique ne s'appuyant pas directement sur la liberté du travail, le Conseil constitutionnel a, dans une autre espèce, considéré comme contraire à la Constitution, l'article L. 3132-24 du Code du travail dans sa rédaction antérieure à la loi n° 2015-990 du 6 août 2015. Dans cette affaire, une entreprise estimait que le texte en cause méconnaissait « la liberté du travail, la liberté d'entreprendre, l'objectif de valeur constitutionnelle d'accessibilité et d'intelligibilité de la loi, la sécurité juridique et le principe de légalité des délits et des peines » et que par ailleurs, « en privant pour une durée indéterminée l'employeur du bénéfice de l'autorisation de permettre aux salariés volontaires de travailler le dimanche sans qu'aucun juge ne puisse porter une appréciation sur le caractère excessif ou non de l'atteinte portée à ses droits dans un délai raisonnable, les dispositions contestées [méconnaissaient] le droit à un recours juridictionnel effectif, les droits de la défense, le droit au procès équitable ainsi que le principe d'égalité devant la loi... »[4].

Le Code du travail comporte par ailleurs de nombreuses dispositions visant les droits et libertés individuelles et collectives dans le travail mais à la différence du Code pénal, l'expression « liberté du travail » n'apparaît pas explicitement dans ce contexte[5]. Aujourd'hui, la liberté du commerce et de l'industrie constitue pour la Cour de cassation un principe fondamental[6] et le Conseil d'État y voit un principe et une liberté qui, par ailleurs, « n'est ni générale ni absolue, et peut être restreinte en cas de nécessité d'ordre public »[7]. Contrairement à la liberté d'entreprendre[8], que le Conseil constitutionnel considère comme un principe constitu-

1. « Le droit du travail dans la jurisprudence du Conseil constitutionnel », *La légitimité de la jurisprudence du Conseil constitutionnel*, Economica, coll. « Études juridiques », dir. N. Molfessis, 1999.
2. Soc. 19 nov. 1996, *Dr. soc.* 1997. 95, obs. G. Couturier. *Adde*, Soc. 8 déc. 1997, *Dr. soc.* 1998. 194, obs. J. Savatier; Soc. 28 févr. 2001, Soc. 24 avr. 2001, *JCP* 2001. I. 352, § 48, B. Mathieu et M. Verpeaux, et surtout, Soc. 10 juill. 2002 (3 arrêts), *D.* 2002. 2491, Y. Serra; *JCP* 2002. 1868, F. Petit, *JCP E* 2002. 1562, S. Beal; B. de Lamy, « Les principes constitutionnels dans la jurisprudence judiciaire », *RD publ.* 2002. 781.
3. Cons. const. 4 févr. 2010, n° 2010-98 QPC, *Sem. soc. Lamy* 2010, n° 1479, p. 6. V. aussi pour des décisions de non-transmission, Soc. 11 juill. 2012, QPC n° 12-40.041 et 10 mai 2012, QPC n° 12-40.018, *Bull. civ.* V, n° 142.
4. Cons const. 4 avr. 2014, n° 2014-374 QPC (le texte annulé sera modifié par la loi du 6 août 2015).
5. Comp. C. pénal, art. L. 431-1 (R. Salomon et A. Martinel, *Droit pénal social*, Economica, 2014, n° 366 s.; A. Coeuret, E. Fortis, *Droit pénal du travail*, LexisNexis, 5e éd., nos 664 s. et *infra*, n° 1042).
6. Com. 24 oct. 2000, n° 98-19.774 : « ... en vertu du principe de la liberté du commerce et de l'industrie, le démarchage de la clientèle d'autrui est libre, dès lors [qu'il] ne s'accompagne pas d'un acte déloyal ».
7. CE 8 nov. 2010, req. n° 343711; v. aussi parmi les décisions visant le « principe » : CE 5 juill. 2010, req. n° 308564.
8. Sur la liberté d'entreprise, A. Lyon-Caen, « Le droit du travail et la liberté d'entreprendre », *Dr. soc.* 2002. 258.

tionnel dérivé de l'article 4 de la Déclaration des droits de l'homme et du citoyen, la liberté du commerce et de l'industrie ne s'est jamais vue reconnaître cette valeur. Dès lors, la liberté du travail qui en est déduite, a subi le même sort, même si la Cour de cassation exprime parfois l'idée qu'elle est « garantie par la Constitution »[1] et n'hésite pas à viser explicitement, et depuis longtemps, « le principe constitutionnel de la liberté du travail »[2].

Liberté du travail et conflits collectifs. La grève est un droit constitutionnellement protégé par le Préambule de la Constitution de 1946 et reconnu dans l'ordre international (rattaché aux libertés de réunion et d'association de l'article 11 de la Conv. EDH, il est par ailleurs visé par la Charte sociale européenne et par la Charte des droits fondamentaux de l'Union européenne). Ce droit de grève est susceptible de venir heurter de front la liberté du travail des non-grévistes. Ce conflit est résolu par une jurisprudence qui considère que l'atteinte par un salarié gréviste à la liberté de travail du non-gréviste est susceptible de constituer une faute lourde redonnant à l'employeur son pouvoir de rompre normalement, paralysé par le droit de grève. La jurisprudence récente fournit plusieurs illustrations de cette analyse[3].

II. Les expressions de la liberté du travail

1041. La liberté du travail est d'abord la liberté de travailler ou de ne pas travailler (et par conséquent le droit de refuser un emploi ou de cesser le travail). La question ressurgit régulièrement, sur un ton souvent polémique, notamment à propos de l'obligation faite aux demandeurs d'emploi d'accepter les emplois que leur propose Pôle Emploi. Mais la liberté du travail, c'est aussi le droit de choisir une profession ou un métier. Dans les deux cas, chacun mesure intuitivement combien la liberté dont il est ici question, peut être formelle, d'autant plus formelle que le salariat fait du travail une condition de la survie de la personne et de sa famille.

A. L'interdiction du travail forcé et la prohibition des engagements perpétuels

1. L'interdiction du travail forcé

1042. Le droit de refuser un travail se justifie d'abord par la prohibition de toute forme de travail forcé. On en déduit que personne ne sera tenu de répondre à une offre d'emploi, *a fortiori* d'émettre une offre de services. Le droit com-

1. Soc. 20 oct. 2004, n° 02-41.860.
2. Soc. 19 nov. 1996, n° 94-19.404, *Bull. civ.* V, n° 392, *Dr. soc.* 1997. 95 (« Vu l'article 7 de la loi des 2-17 mars 1791 et le principe constitutionnel de la liberté du travail;... Attendu, cependant, qu'ayant pour effet d'apporter une restriction au principe de la liberté du commerce et de l'industrie, posé par l'article 7 de la loi des 2-17 mars 1791, et à la liberté du travail garantie par la Constitution... »). Soc. 9 avr. 2015, n° 13-25.847, *RJS* 2015, n° 409, visant le « principe fondamental de libre exercice d'une activité professionnelle ». J. Pélissier, « La liberté du travail », *Dr. soc.* 1990. 19; A. Supiot, « Le travail, liberté partagée », *Dr. soc.* 1993. 715.
3. Soc. 14 sept 2017, n° 16-16.069 non publié qui approuve une cour d'appel qui « appréciant souverainement la valeur des éléments de fait et de preuve qui lui étaient soumis dont les constats d'huissier de justice... a constaté que le salarié avait personnellement participé aux faits d'entrave à la liberté du travail de personnels non grévistes en bloquant la sortie du camion du dépôt et en exerçant des pressions sur ses collègues afin de les inciter à empêcher les salariés non grévistes de quitter les lieux pour exercer leur travail » et qui a approuvé le licenciement du salarié pour faute lourde (V. aussi, Soc. 4 oct. 2017, n° 16-17.427; Soc. 12 janv. 2016, n° 14-10.668).

mun des contrats vient conforter l'idée en ce que serait annulée toute convention conclue sous la contrainte[1]. Il reste que l'utilisation par l'employeur de la nécessité (individuelle ou familiale) pour le salarié de travailler caractérise rarement une violence morale[2].

Parce que le travail (au sens d'activité) est consubstantiel à la personne, sa fourniture implique fortement l'individu. Toute obtention forcée du travail porte donc une atteinte majeure à l'intégrité physique et psychique du sujet. Certes, le contrat de travail instaure, par nature, une certaine forme de contrainte sur la personne. Cette contrainte est à la fois *justifiée* par l'objet du contrat de travail (la force de travail ne pouvant être contractuellement engagée que si la personne est subordonnée) et *cantonnée* par les normes du droit du travail.

Toute pression plus lourde est par conséquent interdite. Différents textes supranationaux prohibent ainsi le travail forcé[3], défini par certains d'entre eux comme « tout travail ou service exigé d'un individu sous la menace d'une peine quelconque et pour lequel ledit individu ne se sera pas offert de son plein gré »[4]. Il en va ainsi lorsqu'une personne a travaillé contre son gré, durant des années, pour le compte d'un couple, et n'a perçu pour cela aucune rémunération, alors qu'elle était en situation irrégulière dans un pays étranger, et craignait d'être arrêtée par la police, le couple entretenant d'ailleurs cette crainte et lui faisant espérer une régularisation de sa situation[5]. Par ailleurs, l'article 225-13 du Code pénal punit de deux ans d'emprisonnement et de 75 000 euros d'amende « le fait d'obtenir d'une personne, en abusant de sa vulnérabilité ou de sa situation de dépendance, la fourniture de services non rétribués ou en échange d'une rétribution manifestement sans rapport avec l'importance du travail accompli »[6].

Il arrive parfois que la prohibition du travail forcé cède devant des intérêts considérés comme supérieurs. Les textes internationaux interdisant le travail forcé excluent souvent cette qualification dans des hypothèses où l'intérêt collectif légitime des contraintes ou des sanctions lorsqu'un service est refusé : service militaire; guerres; sinistres; force majeure, condamnation pénale[7], etc. On notera que sous le contrôle du juge administratif et sous certaines conditions, l'autorité administrative peut réquisitionner du personnel gréviste afin d'assurer la continuité du service public. Encore faut-il que la mesure de réquisition soit propor-

---

1. C. civ., art. 1112 dans sa version antérieure à la réforme opérée par l'Ordonnance n° 2016-131 du 10 févr. 2016. Sur la définition nouvelle de la violence, v. C. civ. art. 1140 et surtout sur l'innovation résultant de la violence par abus de dépendance du nouvel article 1143 du Code civil, G. Chantepie, M. Latina, La réforme du droit des obligations, Dalloz 2016, n°s 340 et s.
2. V. toutefois T. civ. Nantes 6 janv. 1956, *Gaz. Pal.* 1956. I. 161.
3. Conv. OIT n° 29 (1930); Conv. OIT n° 105 (1957); Conv. EDH (1950); Pacte intern. relatif aux droits civils et politiques (ONU, 1966), art. 83 et 1278-3°.
4. Conv. OIT, n° 29, art. 2-1°.
5. CEDH 2e sect., 26 juill. 2005, *X c/ France*, req. n° 73316/01, *JCP* 2005. II. 10142, note F. Sudre.
6. Sur la problématique du « travail décent », v. « Protection sociale et travail décent », *Sem. soc. Lamy* 2006, suppl. n° 1272 (dir. A. Supiot) et « L'esclavage économique », *Sem. soc. Lamy* 2005, n° 1213 (dir. Ch. Willman).
7. Jusqu'à la loi du 22 juin 1987, le Code de procédure pénale posait le principe d'une astreinte au travail pour les condamnés à des peines privatives de liberté qualifiés crimes ou délit — art. 720, anc. al. 1er; depuis lors, le travail n'est plus qu'une faculté — art. 720, al. 2. Quant au prononcé d'une peine de travail d'intérêt général, il suppose l'accord du prévenu. Sur l'ensemble, v. S. Lorvellec, « Travail et peine », *in Le travail en perspectives*, LGDJ, 1998, p. 247. Sur la problématique plus générale du travail en prison, v. P. Poncela, *Droit de la peine*, PUF, Thémis, 1995, p. 363; Comptrasec, *Bull. dr. comp. du trav. et de la sec. soc.* 2007. Surtout, v. Cons. const., Déc. QPC 2013-320 et 321 du 14 juin 2013, selon laquelle l'absence de contrat de travail du détenu travailleur n'est pas contraire à la Constitution.

tionnée[1]. Le Code pénal sanctionne encore « le fait, sans motif légitime, de refuser ou de négliger de répondre soit à une réquisition émanant d'un magistrat ou d'une autorité de police judiciaire agissant dans l'exercice de ses fonctions soit, en cas d'atteinte à l'ordre public ou de sinistre ou dans toute situation présentant un danger pour les personnes, à une réquisition émanant d'une autorité administrative compétente »[2].

2. Le droit de mettre fin unilatéralement à une relation de travail subordonnée

1043. ***Le droit de cesser de travailler.*** Parce que le travail doit être librement fourni, chacune des parties au contrat dispose du droit de s'extraire de la relation de travail. Il existe pourtant une différence entre celui qui refuse de travailler et celui qui refuse de continuer à travailler : contrairement au premier, le second est contractuellement engagé. Ne faut-il donc pas alors admettre quelque entorse à la liberté de ne pas travailler ? L'obligation de respecter un préavis lors de la démission et les restrictions au droit de rompre unilatéralement un contrat à durée déterminée apportent une réponse affirmative. Mais celui qui s'est engagé à travailler ne peut être contraint à poursuivre la relation de travail : en cas de rupture irrégulière ou sans justification, il ne s'expose qu'au paiement de dommages-intérêts réparant le préjudice subi (et établi) par celui qui devait bénéficier de la prestation de travail.

Le droit de ne plus travailler se justifie, aussi, par la nécessité de limiter la subordination juridique du salarié : du fait de l'engagement de la personne, la licéité de la subordination dépend de sa relativité (matérielle et temporelle), si bien que la subordination ne saurait être ni totale (d'où la vigilance du juge en matière de distinction de la vie personnelle et de la vie professionnelle) ni définitive (d'où l'affirmation du droit de se dégager de la relation de travail sans possibilité de renonciation par avance à ce droit). Le Code civil de 1804 l'énonçait déjà : « On ne peut engager ses services qu'à temps, ou pour une entreprise déterminée »[3], disposition expressément présentée comme un rempart contre la transformation en esclave du « travailleur »[4]. Le contrat de travail est donc nécessairement temporaire — conclu pour une durée (pré) déterminée ou pour une durée indéterminée implicitement mais nécessairement assortie d'une faculté unilatérale de résiliation. La règle est d'ordre public, au nom même de la liberté du travail et toute disposition, notamment contractuelle, qui viendrait restreindre, fût-ce de façon indirecte, le droit du salarié de rompre le contrat, serait nulle et de nul effet.

1044. ***Le droit de démissionner.*** En raison de ses conséquences (absence d'indemnisation, exclusion du bénéfice des prestations de l'assurance chômage), la démission fait l'objet d'une surveillance particulière des juridictions et l'on peut considérer que le champ de la démission comme mode de rupture du contrat de travail à durée indéterminée par le salarié s'est réduit comme peau de chagrin au cours des dernières années. La démission ne peut être reconnue qu'en

---

1. R. Weclawiak, « Sécurité civile et réquisition », *RDP* 2003. 1023. Pour un exemple de réquisition écartée par le juge dans le domaine hospitalier, CE 9 déc. 2003, *Mme Aguillon*, req. n° 262186.
2. C. pén., art. R. 642-1. Sur la problématique particulière de la réquisition des grévistes, v. *RDT* 2011. 9.
3. C. civ., art. 1780.
4. V. Fenet, t. XIV, p. 318 : « Il serait étrange qu'un domestique, un ouvrier pussent engager leurs services pour toute leur vie. La condition d'homme libre abhorre toute espèce d'esclavage ».

présence d'une volonté claire et non équivoque du salarié de mettre fin à la relation de travail[1]. Mais une fois cette volonté établie, les contraintes notamment procédurales qui pèsent sur le salarié sont très faibles, le législateur ayant de longue date brisé le parallélisme entre la rupture par l'employeur (licenciement) et la rupture par le salarié (démission). Tout au plus le salarié pourrait-il être condamné à indemniser le préjudice subi par son employeur du fait d'une utilisation abusive de son droit de démissionner. À vrai dire, les exemples jurisprudentiels sont rarissimes et désormais anecdotiques.[2].

1045. ***Limites au droit de cesser le travail.*** Le droit du salarié de cesser le travail peut parfois être contredit par des clauses contractuelles. C'est ainsi que l'insertion d'une clause de dédit-formation dans le contrat de travail est susceptible, par ricochet, de venir entraver la liberté du salarié de cesser le travail. Une telle clause oblige en effet un salarié ayant bénéficié d'une formation financée facultativement par son employeur à rembourser à ce dernier tout ou partie des frais exposés, s'il démissionne avant l'expiration d'un certain délai — correspondant au temps d'« amortissement » des dépenses supportées par l'employeur. La licéité de cette clause a été discutée car, par le prix qu'elle affecte à la démission, elle pourrait neutraliser la liberté du travail des salariés. Selon la Cour de cassation cependant, « les clauses de dédit-formation sont licites si elles constituent la contrepartie d'un engagement pris par l'employeur d'assurer une formation entraînant des frais réels au-delà des dépenses imposées par la loi ou la convention collective, si le montant de l'indemnité de dédit est proportionné aux frais de formation engagés et si elles n'ont pas pour effet de priver le salarié de la faculté de démissionner »[3]. La validité de ces clauses dépend donc de l'effet qu'elles produisent sur la liberté du travail du débiteur. Si elles la restreignent, la clause est valable; si elles la paralysent, elles sont nulles. D'une façon générale, la jurisprudence tend à cantonner les effets de telles clauses et veille à ce qu'elles n'entament pas la liberté du travail comme en témoigne l'arrêt du 9 février 2010[4]. Plus récemment, la Cour de cassation a eu l'occasion de rappeler que l'engagement du salarié de suivre une formation à l'initiative de son employeur, et en cas de démission, d'indemniser celui-ci des frais qu'il a assumés, doit faire l'objet d'une convention particulière conclue avant le début de la formation qui précise la date, la nature, la durée de la formation et son coût réel pour l'employeur, ainsi que le montant et les modalités du remboursement à la charge du salarié[5]. L'imprécision de la clause permet par ailleurs d'écarter son application[6]. Les applications jurisprudentielles sont rarissimes.

1. Sur la démission et son champ sans cesse réduit, v. G. Auzero, E. Dockès, *Droit du travail*, 30e éd., Dalloz, coll. « Précis », 2016, n° 380 s. Sera ainsi requalifiée en licenciement (sans cause réelle et sérieuse), la démission donnée par un salarié sous la pression (ou la menace) d'une procédure disciplinaire ou d'une plainte pénale (Soc. 18 déc. 2013, n° 12-28.788). Sur le maintien d'une jurisprudence très restrictive, Soc. 20 oct. 2015, n° 13-26.890, *RJS* 2016, n° 11.
2. Comp. s'agissant d'une rupture avant terme d'un contrat à durée déterminée, ce parallélisme est totalement abandonné par le législateur lui-même (C. trav., art. L. 1243-3 pour la rupture du contrat par le salarié et L. 1243-4 pour la rupture anticipée non légitime par l'employeur).
3. Soc. 21 mai 2002, *Bull. civ.* V, n° 169.
4. Soc. 9 févr. 2010, n° 08-44.477; pour d'autres exemples, Soc. 6 janv. 2011, n° 09-68.130; Soc. 6 oct. 2010, n° 07-42.023 (à propos des clauses de dédit stipulées dans le football professionnel). Parmi les décisions relatives à la validité des clauses de dédit-formation, v. Soc. 23 oct. 2013, n° 11-26.318 et n° 11-16.032; Soc. 20 nov. 2013, n° 12-15.405.
5. Soc. 6 nov. 2013, n° 11-12.869.
6. Soc. 20 nov. 2013, n° 12-15.405; Soc. 23 oct. 2013, n° 12-15.003. Soc. 5 oct 2016, n° 15-17.127 qui sanctionne le juge du fond pour n'avoir pas recherché alors même que cela lui était demandé si le coût total de la formation visé par la clause de dédit-formation comprenait le paiement de la rémunération du salarié.

B. Droit au travail et devoir de travailler

1046. Dans quelle mesure une personne peut-elle exercer librement son droit de ne pas travailler ? La question n'est pas théorique et la polémique revient régulièrement à l'occasion des remises en cause des mécanismes de l'État Providence. Existe-t-il une obligation ou un devoir de travailler ou de rechercher un travail ? Le devoir de travailler irait-il jusqu'à permettre de contraindre la personne à accepter n'importe quel travail ? Faut-il conditionner l'accès aux aides, à un travail ou à une recherche de travail, au nom d'une volonté de lutter contre ce que d'aucuns appellent parfois l'« assistanat » ? Indépendamment des présupposés qui animent ceux qui posent ces questions, celles-ci ont à voir avec la notion de liberté du travail. Le préambule de la Constitution proclame, parmi les principes particulièrement nécessaires à notre temps, que « Chacun a le devoir de travailler et le droit d'obtenir un emploi ». La formule est connue, maintes fois citée, mais fait l'objet d'interprétations contradictoires dans le contexte où la réalité économique et sociale mène la vie dure à la double affirmation.

1. Un droit au travail ?

1047. ***Absence d'un droit subjectif d'obtenir un emploi.*** Dans une culture dominée par le travail, celui-ci participe de la dignité de la personne humaine[1], notamment en contribuant à la défense du droit à la vie[2]. L'accès à l'emploi est, pour cette raison, très lié à la rémunération et à l'exigence d'un revenu décent[3].

Pour autant, l'énonciation constitutionnelle du « droit d'obtenir un emploi » n'a pas créé une véritable prérogative subjective qui serait le « droit au travail »...

---

1. T. Revet « La dignité de la personne humaine en droit du travail », *in La dignité de la personne humaine*, Economica, coll. « Études juridiques », 1999. La commission Badinter (janv. 2016, *loc. cit.*) pose au titre des principes essentiels du droit du travail que « Toute personne a droit au respect de sa dignité dans le travail » (art. 2). Sur la dignité du travailleur, v. PY Verkindt, *loc. cit.* — Pour une approche plus générale de la question du respect de la dignité de la personne, P. Cassia, Dignité(s), Dalloz, coll. « Les sens du droit », 2016.
2. « Est-il vrai, oui ou non, que tous les hommes apportent en naissant un droit à la vie ? Est-il vrai, oui ou non, que le pouvoir de travailler est le moyen de réalisation du droit de vivre ? Est-il vrai, oui ou non, que si quelques-uns parviennent à s'emparer de tous les instruments de travail, à s'accaparer le pouvoir de travailler, les autres seront condamnés, par cela même, à se faire esclaves des premiers ou à mourir ? Est-il juste que, tout en ayant apporté, en naissant, le droit à la vie, le pouvoir de réaliser ce droit soit concentré aux mains de quelques-uns, de telle sorte que l'espèce humaine se trouve divisée en deux classes d'hommes dont les uns vendent la vie que les autres sont réduits à acheter ? » (Louis Blanc, cité par F. Tanghe, « Le droit au travail en 1848 », *in Le droit au travail, Institution des sciences du travail*, dossier n° 13, Université catholique de Louvain, nov. 1991).
3. D'où le lien étroit entre droit au travail et droit à une rémunération minimale. V. Déclaration universelle des droits de l'homme (ONU, 10 déc. 1948), art. 23, 3 : « Quiconque travaille a droit à une rémunération équitable et satisfaisante, lui assurant, ainsi qu'à sa famille, une existence conforme à la *dignité humaine* et complétée, s'il y a lieu, par tous autres moyens de protection sociale »; Pacte international relatif aux droits économiques, sociaux et culturels (ONU, 16 déc. 1966) art. 7, *a*), *ii*) : « Les États parties au présent pacte reconnaissent le droit qu'a toute personne de jouir de conditions de travail justes et favorables, qui assurent notamment la rémunération qui procure, au minimum, à tous les travailleurs [...] une *existence décente* pour eux et leur famille... »; Charte communautaire des droits sociaux fondamentaux des travailleurs (9 déc. 1989), art. 5, al. 2 : « Tout emploi doit être justement rémunéré. Il convient à cet effet que, selon les modalités propres à chaque pays, soit assurée aux travailleurs une rémunération équitable, c'est-à-dire une rémunération suffisante pour leur permettre d'avoir un *niveau de vie décent* ». P.-Y. Verkindt, « Vivre dignement de son travail : entre salaire et revenu garanti, », *Dr. soc.* 2011. 18. La commission Badinter (*loc. cit.*) fait du droit à une rémunération assurant les conditions d'une vie digne, un principe essentiel du droit du travail (art. 30).

car il n'y a ni débiteur, au sens juridique, ni procédure permettant d'en obtenir l'exécution en nature ou par équivalent[1].

1048. ***Droit à l'emploi et politiques publiques d'emploi.*** Le droit à l'emploi constitue ce qu'on dénomme parfois un « droit-créance », traduisant un appel solennel à « l'intervention active de l'État ou des services publics » en vue de favoriser l'obtention d'un résultat digne de considération sociale[2]. Comme l'énonce le Conseil constitutionnel, le droit à l'emploi invite les pouvoirs publics à créer les conditions permettant au plus grand nombre de ceux qui sont dépourvus de travail d'en acquérir un[3]. Pour ses bénéficiaires, l'action de la puissance publique peut alors s'apparenter à une prestation. Mais il y a là plus une image qu'une qualification : techniquement, comme tous les droits-créances, le droit d'obtenir un emploi vient seulement justifier des restrictions apportées à des prérogatives « véritables » dans le but de favoriser l'accès du plus grand nombre à un travail[4]. Ce qui est la marque d'un objectif de valeur constitutionnelle[5]. Le premier effet du droit à l'emploi est donc de légitimer l'interventionnisme étatique pour favoriser l'accès du plus grand nombre au travail. Et, de fait, l'action des pouvoirs publics depuis le dernier quart du XXe siècle a eu de plus en plus pour finalité l'accès, le maintien et le retour à l'emploi de telle ou telle catégorie de la population (jeunes, femmes, chômeurs de longue durée, salariés en général...), parfois de tous les actifs : droit de la formation aux emplois-jeunes, contrats particuliers aux exonérations de charges sociales, aides publiques à l'encadrement du licenciement, etc.[6]

1049. ***Incidences juridiques du droit à l'emploi.***[7] Il est également possible de rattacher au « droit » d'obtenir un emploi les priorités d'embauchage ou de

1. F. Rangeon, « Droits-libertés et droits-créances : les contradictions du préambule de la Constitution de 1946 », *Le préambule de la Constitution de 1946, Antinomies juridiques et contradictions politiques*, CURAPP, PUF, 1996, p. 182. Comp. M. Pichard, *Le droit à*, thèse, Paris II, 2004 (dir. M. Gobert), Economica, 2006.
2. F. Rangeon, *op. cit.*, p. 182.
3. Cons. const. 28 mai 1983, n° 83-156 DC, Rec. Cons. const. 41; *Dr. soc.* 1984. 159, note L. Hamon; *AJ* 1983. 619, note RF Lebris; Cons. const. 16 janv. 1986, n° 84-200 DC, *Dr. soc.* 1986. 372, note Y. Gaudemet; Cons. const. 10 juin 1998, n° 98-401 DC, *JO* 14 juin, p. 9033; *RTD civ.* 1999. 796, obs. N. Molfessis.
4. V. les décisions du Cons. const., citées à la note précédente. Les restrictions doivent être proportionnées au but recherché.
5. B. Faure, « Les objectifs de valeur constitutionnelle », *RFDC* 1995. 47 s; N. Molfessis, *Justices* 1996, n° 3, p. 327 s.
6. Cons. const. 25-26 juin 1986, n° 86-207 DC; Cons. const. 7 juill. 2005, n° 2005-516 DC; Cons. const. 25 janv. 1985, n° 94-357 DC; Cons. const. 18 déc. 2003, n° 2003-487 DC. En dernier lieu v. Cons. const. 30 mars 2006, n° 2006-535 DC, *Loi pour l'égalité des chances* (*JO* 2 avr. 2006, p. 4964), dans laquelle le Conseil constitutionnel a jugé non contraire à la Constitution le contrat de première embauche (CPE) créé par l'art. 8 de la loi n° 2006-396 du 31 mars 2006 pour l'égalité des chances (*JO* 2 avr. 2006), sur les motifs suivants : d'une part, « compte tenu de la précarité de la situation des jeunes sur le marché du travail, et notamment des jeunes les moins qualifiés, le législateur a entendu créer un nouveau contrat de travail ayant pour objet de faciliter leur insertion professionnelle; qu'ainsi, par sa finalité, l'article 8 tend à mettre en œuvre, au bénéfice des intéressés, l'exigence résultant du cinquième alinéa du préambule de la Constitution de 1946; que le Conseil constitutionnel ne dispose pas d'un pouvoir général d'appréciation et de décision de même nature que celui du Parlement; qu'il ne lui appartient donc pas de rechercher si l'objectif que s'est assigné le législateur pouvait être atteint par d'autres voies, dès lors que les modalités retenues par la loi déférée ne sont pas manifestement inappropriées à la finalité poursuivie; d'autre part, la faculté donnée à l'employeur de ne pas expliciter les motifs de la rupture du "contrat première embauche", au cours des deux premières années de celui-ci, ne méconnaît pas l'exigence résultant du cinquième alinéa du préambule de la Constitution de 1946 ».
7. V. G. Lyon-Caen, « La jurisprudence du Conseil constitutionnel intéressant le droit du travail », *D.* 1990. Chron. 290 (quoiqu'ancien, l'article de G. Lyon-Caen mérite d'être relu). D. Baugard, « Le droit à l'emploi », Dr soc. 2014. 332.

réembauchage conférées à certaines catégories de travailleurs – handicapés, pères de famille, licenciés économiques[1]. Elles constituent même, selon certains auteurs, l'expression la plus « achevée » du « droit » d'accéder à un travail[2]. Participent encore d'une reconnaissance d'un droit à l'emploi, la découverte par le juge (ultérieurement confirmée par le législateur à l'article L. 1233-4 du Code du travail) de l'obligation d'adaptation du salarié à l'évolution de son emploi et le durcissement des obligations de reclassement pesant sur l'employeur tant en matière de licenciement économique qu'en matière de rupture du contrat de travail pour inaptitude médicale. C'est ainsi que la construction jurisprudentielle du régime juridique de l'inaptitude médicale au poste de travail peut être analysée comme la traduction d'un droit à l'emploi du salarié dont l'état de santé est affecté[3].

1050. ***La dynamique du droit à l'emploi.*** Indépendamment de ses effets juridiques directs, la référence au droit à l'emploi permet de mettre en tension, voire en contradiction le droit de résiliation unilatérale du contrat de travail dont dispose l'employeur et les impératifs de la politique sociale. Sans pour autant caractériser un droit à l'emploi au sens strict, le développement des obligations de rechercher le reclassement du salarié (en cas de licenciement pour motif économique ou en cas d'inaptitude médicale) ainsi le devoir d'adapter le salarié à l'évolution de son emploi qui pèse sur l'employeur participent d'un souci de maintenir le salarié dans son emploi ou dans un emploi.

2. Un devoir de travailler

1051. ***Devoir de travailler.*** Le devoir de travailler n'existe pas en tant qu'obligation juridique[4]. Il n'est d'ailleurs personne pour soutenir, fût-ce en invoquant la lettre du préambule de la Constitution de 1946, que chacun serait juridiquement tenu de travailler : sur ce point, le texte se situe sur le plan de la morale sociale et non du droit[5].

L'affirmation du devoir de travailler n'exprime donc que l'importance sociale du travail et l'idée que la fourniture par « chacun » de son travail est socialement aussi impérieuse que la protection de la propriété ou la promotion de l'égalité. Travailler n'est pas une obligation juridique. L'affirmation peut être nuancée si l'on examine les dispositifs assurantiels qui conditionnent l'accès aux droits qu'ils instaurent au moins à la recherche d'un emploi.

1052. ***Obligation d'accepter un emploi et obligation de rechercher un emploi.*** Le droit au revenu de remplacement servi aux personnes à la recherche d'un emploi s'éteint ou se réduit selon les cas mentionnés à l'article L. 5412-1[6]. S'il est toujours possible de refuser un emploi objectivement conforme à ses aptitudes et à sa situation, ce refus entraîne des conséquences financières dont la perspective est de nature à exercer une pression certaine sur la volonté. En témoigne la question de l'offre raisonnable d'emploi visée aux articles L. 5411-6, L. 5411-6-2, L. 5411-6-3 et L. 5412-1 du Code du travail et L. 262-35 du Code de l'action

1. C. trav., art. L. 5212-2 s; L. 3142-60; L. 1235-45; L. 1225-67.
2. V. J. Savatier, préc., n° 30.
3. M. Caron et P.-Y. Verkindt, « Inaptitude, invalidité, handicap : l'image du "manque" en droit social », *RDSS* 2011. 873.
4. Il faut entendre ici le « devoir » de s'engager dans une activité salariée ou non salariée. Rappelons cependant, qu'une fois conclu, le contrat de travail engendre pour le salarié l'obligation de fournir une prestation de travail.
5. V. not. J. Savatier, *v°* « Liberté du travail », *Rép. trav.* Dalloz, 2005.
6. C. trav., art. L. 5426-2.

sociale et des familles[1]. En pareille hypothèse, tout en usant de l'adjectif « raisonnable », le législateur paraît vouloir s'en réserver le contrôle ou la maîtrise. Après avoir posé les trois paramètres d'une « offre raisonnable » que sont la nature et les caractéristiques de l'emploi, la zone géographique et la rémunération[2], il s'emploie à moduler les deux derniers critères en fonction de la durée de chômage. Plus le temps passé en situation de demandeur d'emploi s'accroît, plus le caractère raisonnable de l'offre s'éloigne de la qualité de l'emploi. C'est ainsi qu'une offre est considérée comme raisonnable entre trois et six mois d'inscription en qualité de demandeur d'emploi si la rémunération proposée atteint au moins 95 % de la rémunération perçue antérieurement à la perte de l'emploi, le taux passant après six mois à 85 % tandis qu'à l'issue de ce même délai une offre est au surplus qualifiée de raisonnable si le trajet en transport en commun aller et retour n'excède pas une heure ou 30 kilomètres. Après une année d'inscription sur la liste des demandeurs d'emploi, l'offre d'emploi est estimée raisonnable si la rémunération atteint le montant du revenu de remplacement de l'assurance chômage. La liberté de ne pas travailler et la liberté de ne pas chercher d'emploi viennent ainsi buter sur une contrainte forte liée au risque de perte du revenu de remplacement. La volonté, en soi légitime, de lutter contre les fraudes (et par là même de protéger l'intérêt général) conduit ainsi à une mise sous contrôle des chômeurs qui n'est pas dénuée d'arrière-pensées politiques et dont les effets stigmatisants sont particulièrement discutables.

1053. ***Droit à la paresse ?*** Nul texte ne le proclame, et chacun sait l'importance du travail comme élément structurant de la société et sans doute de l'individu. L'idée d'un véritable droit à la paresse apparaît dès lors utopique mais a pu être théorisée par P. Lafargue dans son *Droit à la paresse* (1880) dans lequel on peut lire « Une étrange folie possède les classes ouvrières des nations où règne la civilisation capitaliste. Cette folie traîne à sa suite des misères individuelles et sociales qui, depuis des siècles, torturent la triste humanité. Cette folie est l'amour du travail, la passion moribonde du travail, poussée jusqu'à l'épuisement des forces vitales de l'individu et de sa progéniture. Au lieu de réagir contre cette aberration mentale, les prêtres, les économistes, les moralistes, ont sacro-sanctifié le travail ». Pour autant, si le droit à la paresse n'est pas juridiquement reconnu, certaines dispositions reconnaissent le droit de ne pas travailler ou en tout cas le droit de ne pas travailler à n'importe quelles conditions. Peuvent être rattachés à ce dernier, le droit du salarié de se retirer d'une situation dont il a un motif raisonnable de penser qu'elle présente un danger grave et imminent pour sa vie ou sa santé (c'est le droit de retrait de l'article L. 4131-1 du Code du travail)[3] ainsi que la possibilité de prendre acte de la rupture du contrat de travail et de faire juger cette rupture sans cause réelle ni sérieuse en présence d'un manquement de l'employeur à ses obligations (non-paiement de la rémunération, violation des règles de sécurité, etc.).

C. Le libre choix de son activité professionnelle

1054. ***Le principe du libre choix.*** Le droit de choisir librement son activité participe d'une logique libérale tant sur le plan économique que sur le plan poli-

1. À propos du revenu de solidarité active.
2. C. trav., art. L. 5411-6-2 dans sa rédaction issue de la L. n° 2008-758 du 1er août 2008 : « La nature et les caractéristiques de l'emploi ou des emplois recherchés, la zone géographique privilégiée et le salaire attendu, tels que mentionnés dans le projet personnalisé d'accès à l'emploi, sont constitutifs de l'offre raisonnable d'emploi ».
3. On notera cependant que se retirant de la situation de travail dangereuse, le salarié reste néanmoins à la disposition de son employeur.

tique. Économiquement, il ouvre par principe le marché (du travail) et l'érige en lieu décisif pour la mobilisation des forces de travail. Il implique l'élimination des règles et autres conditions restreignant la libre rencontre (et concurrence) entre employeurs et salariés. Ce fut autrefois l'abolition des métiers, jurandes, corporations[1]. C'est aujourd'hui la volonté de cantonner strictement l'intervention de l'État à l'organisation dudit marché. Politiquement, le droit de choisir librement son activité est perçu comme l'une des libertés individuelles essentielles dans un système démocratique. Il justifie les dispositions prohibant les discriminations en matière d'emploi (race, religion, opinion, croyances, sexe, situation de famille, mœurs...[2]) ; choisir son activité c'est, notamment, être recruté sur la seule considération de ses compétences et aptitudes professionnelles[3]. Certaines des limitations de la liberté de travailler et de choisir son activité trouvent leur source dans la loi et obéissent à des préoccupations d'ordre public. D'autres ont pour origine le contrat et leur justification apparaît plus discutable.

1055. ***Les limites au libre choix fondées sur l'intérêt général.*** Le décret d'Allarde prévoyait déjà la possibilité de restreindre, par des règlements de police, la liberté de choisir son activité. Aujourd'hui encore, des restrictions d'accès au travail ou d'accès à certains emplois sont prévues par des textes spéciaux. Le Code du travail fixe ainsi un âge minimum d'accès au travail[4], de nombreuses dispositions légales établissent les conditions d'entrée, de séjour et d'autorisation de travail des étrangers non ressortissants communautaires[5]. On ne fera qu'évoquer ici les normes relatives à l'exigence d'un diplôme, la possession d'un titre, l'obtention d'un agrément ou d'une habilitation administrative... Exceptions au principe du libre accès au travail, ces conditions ne devraient être instaurées qu'avec prudence, et solidement justifiées par des considérations supérieures, rattachables à l'intérêt général — santé, salubrité, sécurité publique. Il faut cependant constater qu'avec le temps, et la tentation toujours présente du corporatisme, ces conditions ont une nette tendance à se multiplier — du monopole de la consultation juridique à celui de maintes activités artisanales[6]. Au passage, on remarquera que les tentatives de « déréglementer » l'accès à certaines professions n'ont guère été couronnées de succès ces dernières années (on pense en particulier à la modification des règles d'installation dans le notariat). Indépendamment de ce contrôle d'accès à l'emploi, le droit français connaît aussi de façon plus radicale des interdictions professionnelles. Celles-ci sont justifiées par des motifs d'intérêt général lorsqu'elles accompagnent une sanction pénale principale, leur but étant alors de prévenir une récidive lorsque l'activité professionnelle a constitué l'occasion, le cadre ou le moyen de l'infraction réprimée. Leur développement contemporain résulte de divers facteurs : accroissement de la délinquance professionnelle; élargissement de la gamme des sanctions; augmentation de l'importance sociale du travail[7]... Enfin, l'intérêt général peut expliquer l'interdiction de principe du cumul d'un emploi public et d'une activité privée, et d'une façon géné-

1. Mais le marché vient également prohiber tout droit à l'obtention d'un emploi : en vertu de sa liberté d'entreprendre, l'employeur est doté du droit de choisir ses collaborateurs, Cons. const. 20 juill. 1988, n° 88-244 DC (§ 22), *AJDA* 1988. 753, note P. Wachsmann.
2. C. pén., art. 225-1 et 225-2; C. trav., art. L. 1142-1, 1142-2 et 1144-1; L. 1132-1 à 4, 1134-1 à 4 et 1133-1 à 3; L. 1141-5.
3. J. Savatier, *op. cit.*, n° 33.
4. C. trav., art. L. 4153-1 à 3, L. 4153-5 et R. 4153-6.
5. C. trav., art. L. 5221-2 s.
6. L. n° 96-603, 5 juill. 1996 relative au développement du commerce et de l'artisanat, art. 16 (*JO* 6 juill. 1996, p. 10199; *RTD civ.* 1996. 1005). Y. Guyon, « Que reste-t-il du principe de la liberté du commerce et de l'industrie ? » *in Dix ans de droit de l'entreprise*, Litec, 1978, p. 5 s.
7. Ces interdictions peuvent également constituer la sanction infligée à titre disciplinaire.

rale d'ailleurs les multiples restrictions de source déontologique apportées à l'exercice de plusieurs activités par un professionnel libéral[1]. D'une autre nature sont les atteintes à la liberté du travail prenant leur source dans une volonté privée et tout spécialement dans le contrat.

1056. ***Les limites contractuelles à la liberté du travail.*** Le contrat de travail et, dans une certaine mesure, la convention collective viennent parfois cantonner la liberté du travail. C'est ainsi que la convention collective, parce qu'elle organise les relations de travail (dans l'entreprise, dans le groupe, dans la branche, etc.) exerce nécessairement des contraintes normatives sur les employeurs et les salariés entrant dans son champ d'application. Plus nettement encore, une fois conclu, le contrat de travail engendre pour les parties des obligations parmi lesquelles celles de l'employeur de fournir un travail et de payer la rémunération et celle du salarié d'exécuter sa prestation de travail dans les conditions posées par son employeur. Dans le cadre de l'exécution du contrat, la liberté du salarié est doublement limitée puisqu'il lui appartient de respecter les consignes qui lui seront données et qu'il ne peut, par une activité extérieure, concurrencer son employeur. D'une façon plus générale encore, le salarié est débiteur d'une obligation de loyauté, déclinaison de la « bonne foi » parfois analysée comme une notion « régulatrice des relations de travail »[2]. Le texte central est en la matière l'article L. 1121-1 du Code du travail aux termes duquel « Nul ne peut apporter aux droits des personnes et aux libertés individuelles et collectives qui ne seraient pas justifiées par la nature de la tâche à accomplir ni proportionnées au but recherché ». Le principe ainsi posé par le législateur en 1992 aura en définitive tenu toutes ses promesses car il s'est affirmé au fil du temps comme un rempart contre toutes les formes d'atteintes aux libertés dans l'entreprise, parmi lesquelles la liberté du travail dans toutes ses déclinaisons. Concrètement, la question de la liberté du travail du travailleur se situe à deux niveaux. Elle est d'abord de savoir si le contrat de travail (et, le cas échéant, la convention collective) peut, par une clause particulière, venir limiter l'activité professionnelle d'un salarié *après* son départ de l'entreprise. C'est la problématique des clauses de non-concurrence. Elle est ensuite de savoir si, indépendamment de toute concurrence, l'employeur peut exiger du salarié qu'il lui consacre l'exclusivité de son activité. C'est la problématique des clauses d'exclusivité.

La fonction des clauses de non concurrence est de protéger l'entreprise contre des actes de concurrence que pourraient réaliser ses anciens salariés. Certes, l'employeur a toujours la possibilité, en l'absence de toute clause contractuelle, d'engager la responsabilité civile d'un ancien salarié qui se livrerait à des actes de concurrence déloyale préjudiciables à l'entreprise (captation de clientèle, dénigrement, débauchage de personnel, etc.)[3]. Néanmoins, les aléas propres à des telles actions judiciaires ainsi que les exigences probatoires ont amené les employeurs à tenter de se prémunir contre de tels comportements par la stipulation de clauses contractuelles de non-concurrence. Ces clauses appelées à produire leurs effets à l'expiration du contrat, viennent directement mettre en

1. V. L. Casaux, *La pluriactivité*, préf. M. Despax, LGDJ, 1993.
2. Le fondement de l'obligation de non-concurrence en cours d'emploi peut être trouvé dans l'art. 1135 du Code civil et plus généralement dans l'obligation de loyauté du salarié. V. Guislain, « La bonne foi, notion-cadre régulatrice des relations de travail », *JS Lamy* 2014. 358-1; Ch. Vigneau, « L'impératif de bonne foi dans l'exécution du contrat de travail », *Dr. soc.* 2004. 708; A. Teissier, « Loyauté et contrat de travail, quelques idées reçues », *JCP S* 2005, n° 1217.
3. Soc. 3 nov. 2011, n° 09-42.572, non publié, dans une hypothèse où la clause de non-concurrence avait été considérée nulle; Soc. 31 oct. 2012, n° 11-16.988, non publié, pour une concurrence déloyale commise avant la fin du contrat de travail.

question la liberté du travail du salarié à l'issue de son contrat de travail[1] comme le rappelle régulièrement la Cour de cassation pour qui elles portent atteinte « au principe fondamental de la liberté du travail »[2].

L'obligation de non-concurrence, ainsi définie, ne peut résulter que d'une stipulation contractuelle[3] ou d'une disposition conventionnelle[4]. Dans ce dernier cas, il y a lieu de distinguer plusieurs situations. Il arrive que le texte conventionnel interdise purement et simplement la stipulation de clauses contractuelles de non-concurrence. Les parties au contrat doivent s'y soumettre. Parfois, la convention collective se contente d'en prévoir la possibilité : le silence des parties au contrat conduit à considérer qu'il n'y a pas de clause de non-concurrence. Dans le cas où le texte conventionnel impose une clause de non-concurrence, les contrats qui sont conclus postérieurement ne doivent pas nécessairement comporter une clause écrite pour que la clause soit applicable. Il faut cependant veiller à ce que le salarié ait été correctement informé de l'existence et du contenu du texte conventionnel. Les exigences de sécurité juridique conduisent néanmoins à proposer l'insertion d'une clause contractuelle conforme à la clause conventionnelle[5].

Bien qu'elle altère la liberté du travail de son débiteur — en le contraignant à s'abstenir d'exercer un type d'activité professionnelle durant une période et sur un territoire donnés —, cette obligation n'est pas illicite — sauf cas particulier, tel celui des avocats[6]. Pour autant, parce qu'elle contredit la liberté du travail, la Cour de cassation a été amenée à cantonner la validité et l'usage de la clause de non-concurrence. Pareille clause est d'abord nécessairement d'interprétation stricte[7] puisqu'elle est une dérogation à un principe fondamental. Elle ne peut donc être étendue au-delà de ses prévisions[8]. Dans son dernier état, la jurisprudence estime qu'« une clause de non-concurrence n'est licite que si elle est indispensable à la protection des intérêts légitimes de l'entreprise, limitée dans le temps et dans l'espace, qu'elle tient compte des spécificités de l'emploi du salarié et comporte l'obligation pour l'employeur de verser au salarié une contrepartie financière »[9].

Ainsi, la validité d'une telle clause[10] requiert-elle la réunion de plusieurs conditions cumulatives, sous peine de nullité invocable par le seul salarié con-

1. Soc. 11 juill. 2012, n° 11-19.433, non publié.
2. Soc. 20 oct. 2013, n° 12-16.050, non publié. Soc. 26 janv. 2017, n° 15-26.202 non publié.
3. La clause peut être stipulée en cours d'emploi; elle constitue alors une modification du contrat qui doit être acceptée par le salarié. Elle peut trouver place dans tout type de contrat même si certaines conventions collectives l'interdisent dans des contrats à vocation de formation (contrat en alternance).
4. Ainsi par ex. à l'art. 17 de l'accord national interprofessionnel des VRP (Soc. 26 sept. 2012, n° 11-14.989).
5. En ce sens, P.-H. Antonmattéi, *Les clauses du contrat de travail*, 2e éd., Liaisons, 2009, p. 97. La Cour de cassation a par ailleurs jugé que devait être réputée non écrite (à distinguer de la nullité) la clause conventionnelle prévoyant une réduction de la contrepartie financière de la clause en cas de rupture à l'initiative du salarié (Soc. 14 avr. 2016, n° 14-29.679).
6. L. 31 déc. 1971, art. 7, al. 5 (réd. L. 31 déc. 1990) : « Le contrat de collaboration ou le contrat de travail ne doit pas comporter de stipulation limitant la liberté d'établissement ultérieur du collaborateur ou du salarié ». Ce qui, selon la Cour de cassation, rend illicite la clause conférant à l'ancien employeur un droit de contrôle préalable sur le choix des clients de son ancien salarié (Civ. 1re, 9 mai 1996, *D.* 1996. IR 20). *Idem* s'agissant de la clause du règlement intérieur d'un barreau (Civ. 1re, 14 oct. 1997, *JCP* 1998. II. 10011, note R. Martin).
7. Soc. 29 juin 1999, n° 97-40.082. V. aussi les moyens du pourvoi *in* Soc. 26 janv. 2017, *op. cit.* et Soc. 16 févr. 2016, n° 13-28.277.
8. Soc. 26 mai 2010, n° 08-43.105, non publié.
9. Soc. 10 juill. 2002, préc.; la formule est reprise en permanence.
10. Soc. 14 mai 1992, *Dr. soc.* 1992. 976; Soc. 15 janv. 2002, n° 99-43.987.

cerné[1]. Elle doit tenir compte des caractéristiques de l'emploi du salarié[2] et être conforme aux intérêts légitimes de l'entreprise[3]. Il faut ensuite qu'elle soit limitée dans le temps et dans l'espace. Elle doit donc permettre à l'intéressé d'exercer une activité professionnelle – et même son activité professionnelle –, d'une façon certes plus difficile mais néanmoins réelle. À ces conditions anciennes, la Cour de cassation a ajouté en 2002, l'exigence d'une contrepartie financière[4]. Comme l'exprime sans ambiguïté la Cour de cassation, « l'exigence d'une contrepartie financière à la clause de non-concurrence répond à l'impérieuse nécessité d'assurer la sauvegarde et l'effectivité de la liberté fondamentale d'exercer une activité professionnelle ». Au surplus, les parties ne peuvent décider de réduire la contrepartie pécuniaire en fonction du mode de rupture décidé[5].

Au stade de la mise en œuvre de la clause, plusieurs situations peuvent alors se présenter selon que la clause est ou non licite.

Si la clause est licite[6], le salarié doit la respecter au risque d'être condamné à indemniser l'employeur. En pareil cas, il faut rappeler d'une part que l'exercice par le salarié de l'activité interdite ne concerne que lui et qu'en aucune manière la clause pourrait venir entraver la liberté du travail d'un proche[7], d'autre part que la charge de la preuve de la violation pèse sur le seul employeur[8] et que toute clause contraire serait nulle et de nul effet. Il importe encore de signaler que l'employeur peut renoncer à la clause dans un délai donné si une clause du contrat l'y autorise. Cette renonciation doit résulter d'une manifestation claire et sans équivoque et respecter le cas échéant les dispositions conventionnelles qui

1. Soc. 28 sept. 2011, n° 09-68.537. La Cour de cassation considère en l'espèce qu'une convention collective postérieure ne saurait couvrir ladite nullité.
2. Soc. 19 nov. 1996, préc., reliant directement le caractère indispensable de la clause de non-concurrence pour la protection des intérêts légitimes de l'entreprise et la licéité d'une atteinte à la liberté du travail garantie par la Constitution. La Cour de cassation ajoute désormais une référence directe à l'art. L. 1121-1 du Code du travail.
3. Une illustration en droit commercial : Com. 15 mars 2011, n° 10-13.824; en droit social : Soc. 18 janv. 2012, n° 10-19.179, non publié.
4. Soc. 10 juill. 2002, préc. La même exigence s'applique au profit des gérants non salariés de succursales de maisons d'alimentation (C. trav., art. L. 7322-1) comme le rappellent deux décisions : Soc. 8 déc. 2009, n°s 08-42.089 et 08-46.090. Sur l'application de l'art. 6-1 du Pacte international relatif aux droits économiques, sociaux et culturels : Soc. 16 déc. 2008, n° 05-40.876, *RDT* 2009. 239, obs. R. de Quenaudon.
5. Soc. 9 avr. 2015, n° 13-25.847, publié, *RJS* 2015, n° 409. Une telle modulation contractuelle est réputée non écrite mais elle ne met pas en cause l'existence et la validité de la clause de non concurrence elle-même (à propos d'une clause dans la convention collective, Soc. 14 avr. 2016, préc.). Si le contrat prévoyait une contrepartie d'un montant inférieur à la contrepartie imposée par la convention collective, la clause contractuelle de non concurrence ne pourrait être annulée que si elle présentait un montant dérisoire (Soc. 28 janv. 2016, n° 14-18.836 non publié, *RJS* 2016, n° 245). Pour une appréciation dans le cadre d'un départ à la retraite (Soc. 21 juin 2017, n° 16-15.271 non publié) ou dans le cadre de l'adhésion à un contrat de sécurisation professionnelle (Soc. 2 mars 2017, n° 15-15.405, *RJS* 2017, n° 326).
6. Pour un exemple de licéité reconnue, Soc. 31 oct. 2012 (n° 11-23.251) : « Mais attendu qu'après avoir constaté que les fonctions du salarié au service de son ancien employeur, qui, ne se limitant pas à la maintenance d'installations de lignes de production mais s'étendant à la mise en œuvre et au développement de telles installations, lui permettaient de connaître des procédés de fabrication et de production essentiels, la cour d'appel a relevé que ces fonctions n'étaient pas exclusivement réservées à la boulangerie industrielle, de sorte qu'il pouvait travailler dans d'autres secteurs; qu'elle a pu ainsi, sans excéder ses pouvoirs, retenir que la validité de la clause de non-concurrence, laquelle répondait à la protection indispensable des intérêts de l'entreprise, était limitée dans le temps et l'espace, et constituait une atteinte proportionnée à la liberté de travailler du salarié, ne se heurtait à aucune contestation sérieuse ».
7. Soc. 4 juin 1998, n° 95-43.133... qui vise conjoint, parents ou alliés.
8. Soc. 11 janv. 2012, n° 10-30.308.

la prévoient[1]. En tout état de cause, une telle renonciation doit intervenir dans le délai contractuellement ou conventionnellement prévu; à défaut l'employeur sera tenu au versement de la contrepartie pécuniaire[2]. Encore faut-il que la formulation de la clause par laquelle l'employeur pourrait renoncer à la clause de non concurrence ne soit pas telle qu'elle laisse le salarié dans l'incertitude de sa liberté de travailler[3] L'employeur ne peut y renoncer unilatéralement en cours d'exécution du contrat[4].

Si la clause est illicite, le salarié peut en demander la nullité, demande à laquelle il associera une demande de dommages-intérêts[5]. La jurisprudence considère que le salarié qui a respecté une clause de non-concurrence illicite en l'absence de contrepartie financière, peut prétendre à des dommages-intérêts[6]. Après avoir estimé que le respect par le salarié d'une clause de non concurrence par ailleurs illicite, constituait nécessairement un préjudice pour le salarié, la Cour de cassation est revenue à une plus grande orthodoxie juridique au cours de l'année 2016[7]. Il n'en reste pas moins que dans la mesure où la clause constitue une limitation de la liberté du travail, elle fait toujours l'objet d'une interprétation restrictive[8].

Le contournement de ce régime restrictif ne saurait être obtenu par le « déguisement » de la clause de non-concurrence en clause de « non-captation de clientèle » faisant interdiction à un ancien salarié, durant une période déterminée, d'entrer en relation, directement ou indirectement, selon quelque procédé que ce soit, avec la clientèle qu'il avait démarchée lorsqu'il était au service de son ancien employeur : la chambre sociale de la Cour de cassation qualifie cette stipulation de clause de non-concurrence et la soumet par conséquent à son régime[9].

1. Soc. 29 janv. 2003, *JCP* 2003. IV. 1516; Soc. 4 nov. 2003, n° 01-45.100; Soc. 25 févr. 2004, n° 02-41.306; Soc. 17 déc. 2004, n° 03-40.008.
2. Soc. 2 mars 2017, n° 15-26.691. Le point de départ du délai de renonciation est la date d'envoi de la lettre de rupture, Soc. 30 mars 2011, n° 09-41.583 ou le courrier du salarié par lequel il fait valoir ses droits à la retraite (Soc. 21 juin 2017, n° 16-15.271 non publié). Cette faculté de renonciation au bénéfice de la clause fait l'objet d'une jurisprudence abondante. Au regard de la liberté d'exercice d'une activité professionnelle, elle s'analyse comme une restitution au salarié de cette liberté (Soc. 12 avr. 2012, n° 10-27.075; Soc. 7 mars 2012, n°s 10-17.712, 10-20.513, 10-20.293; Soc. 15 févr. 2012, n° 10-16.025; Soc. 16 févr. 2012, n° 10-26.542).
3. Soc. 2 déc. 2015, n° 14-19.029 « Mais attendu qu'ayant relevé que la clause réservait à l'employeur la faculté de renoncer à tout moment, avant ou pendant la période d'interdiction, aux obligations qu'elle faisait peser sur le salarié, la cour d'appel qui a retenu que ce dernier avait été laissé dans l'incertitude quant à l'étendue de sa liberté de travailler, en a exactement déduit que cette clause devait être annulée en son ensemble; que le moyen n'est pas fondé ».
4. Soc. 11 mars 2015, n° 13-22.257, publié, *RJS* 2015, n° 332.
5. La réparation du préjudice du salarié en cas de nullité de la clause peut aller jusqu'à celle de la perte de son emploi lorsque l'invocation de la clause nulle par son précédent employeur lui a fait perdre son nouvel emploi (Soc. 3 nov. 2010, n° 09-42.572).
6. Soc. 30 mars 2011, n° 09-70.306.
7. Soc. 25 mai 2016, n° 14-20.578; Soc. 22 nov. 2017, n° 16-20.072 (Soc. 12 déc. 2012, n° 11-21.924 pour une illustration jurisprudentielle de la position désormais abandonnée). Au surplus, cette indemnité n'est pas une indemnité compensatrice de salaire (Soc. 6 juill. 2016, n° 15-10.987).
8. Soc. 26 janv. 2017, n° 15-26.202; Soc. 2 mars 2017, n° 15-26.691 (à propos du caractère raisonnable du délai de renonciation); Soc. 16 févr. 2016, n° 13-28.277.
9. Sur la question de la qualification de la clause, P.-H. Antonmattéi, *op. cit.*, p. 94-96; Soc. 20 déc. 2006, n° 05-45.365, *Dr. soc.* 2007. 372, obs. J. Mouly; Soc. 13 juin 2007, n° 06-41.753; Soc. 19 mai 2009, n° 07-40.222; Soc. 2 juill. 2008, n° 07-40.618; Soc. 10 déc. 2008, n° 07-43.371; Soc. 19 mai 2009, n° 07-40.222; Soc. 27 oct. 2009, n° 08-41.501 (à propos d'une clause appelée « clause de clientèle »); Soc. 15 févr. 2012, n° 10-21.328 (clause dite de « respect de clientèle »); Soc. 19 sept. 2012, n°s 11-15.319 et 11-15.381 (clause « de protection de clientèle »). En ▶

1057. *Les clauses d'exclusivité* s'inscrivent dans un contexte différent. On sait qu'en principe, le cumul d'emplois privés est autorisé, sauf cas particuliers d'interdiction, et sous réserve du respect par le salarié de son obligation de loyauté[1]. Il arrive néanmoins que l'employeur souhaite se réserver l'exclusivité de l'activité professionnelle du salarié et il lui est alors possible d'insérer dans le contrat de travail une clause spéciale. *A priori*, une telle clause d'exclusivité, dont la Cour de cassation nous dit qu'elle doit être écrite et donc expresse, constitue une atteinte directe à la liberté du travail et c'est la raison pour laquelle tout en en reconnaissant la validité, la chambre sociale de la Cour de cassation s'emploie à l'encadrer de façon stricte[2]. Elle décide ainsi, au visa du préambule de la Constitution de 1946 et de l'article L. 1121-1 du Code du travail, que « la clause [n'est] valable que si elle est indispensable à la protection des intérêts légitimes de l'entreprise, et si elle est justifiée par la nature de la tâche à accomplir et proportionnée au but recherché »[3]. C'est pour la même raison qu'elle considère que « la clause d'un contrat de travail par laquelle un salarié s'engage à travailler pour un employeur à titre exclusif et à temps partiel ne peut lui être opposée et lui interdire de se consacrer à temps complet à son activité professionnelle »[4]. Lorsque la clause d'exclusivité est jugée valide, sa violation par le salarié peut être constitutive d'une faute grave[5]. Encore faut-il que puisse être constatée une atteinte effective à l'obligation d'exclusivité laquelle ne peut résulter d'actes préparatoires à l'exercice d'une autre activité professionnelle[6].

En réalité, toutes les clauses contractuelles peuvent s'avérer attentatoires *en fait* à la liberté du travailleur. La jurisprudence se montre très vigilante à l'égard de telles situations comme en témoigne le traitement judiciaire des clauses dites de dédit-formation[7].

III. La protection juridique de la liberté du travail

1058. La liberté du travail est juridiquement protégée, y compris par des dispositions pénales mais comme on l'a vu, c'est principalement par le contrôle judiciaire accentué de l'organisation contractuelle de la relation de travail que la protection de la liberté du travail du salarié est assurée.

A. La protection pénale de la liberté du travail

1059. La répression des atteintes à la liberté du travail est ancienne et l'on peut la faire remonter la législation révolutionnaire. Il s'agissait en effet à l'épo-

▶ revanche, n'est pas assimilée à une clause de non-concurrence la clause de « non-sollicitation », par laquelle les clients d'un employeur s'engagent à ne pas embaucher les salariés de ce dernier (Com. 11 juill. 2006, n° 04-20.438) ni la stipulation qui ne fait qu'interdire à un VRP la représentation en direct des fournisseurs de son ancien employeur (Soc. 26 nov. 2008, n° 07-42.364). À propos de la situation des avocats salariés, v. Loi du 31 déc. 1971, art. 7 al. 5; à propos d'une clause de non-concurrence insérée dans un pacte d'actionnaires, Com. 15 mars 2011, n° 10-13.824, *Bull. civ.* IV, n° 39.

1. Sur la question des cumuls irréguliers d'emplois, C. trav., art. L. 8261-1 s.
2. Soc. 19 janv. 2012, n° 10-20.826, dont il ressort que la violation par le salarié de la clause constitue une faute grave mais non une faute lourde qui justifierait l'engagement de sa responsabilité civile. Soc. 29 sept. 2016, n° 14-24.296.
3. Soc. 11 juill. 2000, n° 98-43.240.
4. Soc. 25 févr. 2004, n° 01-43.392, *Bull. civ.* V, n° 64.
5. Soc. 23 oct. 2013, n° 12-15.893, non publié.
6. Tels que l'élaboration des statuts d'une société et sa seule immatriculation; en ce sens, Soc. 19 juin 2013, n° 12-19.097, non publié.
7. V. *supra* ss 1043 à propos de la liberté de cesser le travail. Pour des illustrations, v. Soc. 20 nov. 2013, n° 12-15.405; Soc. 23 oct. 2013, n° 11-26.318 et n° 11-16.032.

que pour le législateur d'éviter par l'édiction de lois de police, la renaissance des corporations et autres corps intermédiaires. C'est alors la même philosophie juridique qui inspire la répression des coalitions pérennes (associations et syndicats) ou temporaires (coalitions et grèves) et celle des atteintes à la liberté du travail. La dépénalisation de la grève (1864), la légalisation du syndicat (1884) et celle du droit d'association (1901) allaient pourtant laisser intacts les textes du Code pénal réprimant les atteintes à la liberté du travail qui, quoique modifiés, sont toujours présents dans la législation pénale contemporaine. Comme le relèvent pertinemment A. Cœuret, E. Fortis et F. Duquesne[1], « le délit d'entrave à la liberté du travail est le témoin de l'ambivalence du droit pénal du travail » dans la mesure où, désormais visé à l'article 431-1 du Code pénal, il garde la trace de ses origines post-révolutionnaire et des articles 414 et 415 du Code pénal d'alors. À vrai dire, la lecture de l'article 431-1 du Code pénal montre que le législateur réprime plus les moyens illicites (menaces, coups, violences, voies de fait, destructions, dégradations) d'entraver le travail que la simple atteinte à la liberté du travail. Le délit, qui figure dans une section du Code pénal réprimant « les atteintes à l'exercice des libertés d'expression, du travail, d'association, de réunion ou de manifestation » est un délit intentionnel puni de peines différentes selon qu'il résulte de simples menaces (431-1, al. 1) ou de violences physiques et d'atteintes aux biens caractérisées (431-1, al. 2). On ne peut s'empêcher de relever que l'usage des textes répressifs est devenu rarissime[2].

B. Le strict encadrement des restrictions contractuelles à la liberté du travail

1060. Dans la mesure où la liberté du travail est un droit fondamental reconnu au niveau international et où la Cour de cassation n'hésite pas à la rattacher à la Constitution, il faut considérer que la volonté individuelle (dans le cadre du contrat de travail) ou les volontés collectives (dans le cadre des conventions et accords collectifs) ne peuvent venir la contrarier. De fait, comme on l'a vu, les clauses contractuelles qui par leurs effets, seraient de nature à venir restreindre cette liberté, fût-ce par ricochet, sont strictement encadrées par la jurisprudence comme le montrent les solutions dégagées par la Cour de cassation en matière de clauses de non-concurrence, de non-sollicitation de clientèle, de d'exclusivité ou encore de dédit-formation. Les conditions posées à la validité de ces clauses et les règles applicables à leur mise en œuvre convergent pour en limiter la force. Perçues comme des dérogations à la liberté du travail, elles font l'objet d'une interprétation restrictive par le juge.

De même, une clause de convention collective qui viendrait réserver l'accès à un emploi dans une branche ou une entreprise, aux seuls salariés adhérents aux syndicats signataires du texte conventionnel serait en France frappée de nullité (*close shop* ou *union shop*) en ce qu'elle porterait atteinte en même temps à la liberté

1. A. Coeuret, E. Fortis, F. Duquesne, *Droit pénal du travail*, LexisNexis, 6ᵉ éd., 2016, n° 664; R. Salomon, A. Martinel, *Droit pénal social*, Economica, 2014, n°s 366 s.
2. V. cep., Crim. 3 juill. 2008, n° 07-80.079, *Bull. crim.*, n° 135, *D.* 2009. 269, note E. Dreyer; Crim. 15 mars 2011, *Dr. soc.* 2011. 733, obs. F. Duquesne; sur la question, J. Pradel, « Au confluent des relations de travail et du droit pénal : l'exemple du délit d'entrave à la liberté du travail », *Dr soc.* 1990. 37. Sur l'approche du droit européen des rapports entre le droit de grève et les libertés économiques et notamment à propos des arrêts *Viking* (CJCE 11 déc. 2007, aff. C-438/05) et *Laval* (CJCE 18 déc. 2007, aff. C-341/05), v. M. Miné, *Le droit social international et européen*, Eyrolles, 2ᵉ éd., 2013, p. 201 s.; B. Teyssié, *Droit européen du travail*, 5ᵉ édit. 2013, Lexis Nexis, not. nᵒˢ 1102 s.

syndicale (dans le cas présent dans sa dimension négative) et à la liberté du travail. Mais indépendamment de telles situations, la capacité des partenaires sociaux d'imposer des règles que les volontés contractuelles individuelles seraient incapables d'écarter reste aujourd'hui fortement discutée. L'affirmation selon laquelle le contrat de travail serait devenu en définitive le dernier rempart de la protection du travail peut s'analyser comme un hommage à la liberté du travail. Ce qui n'est pas le moindre des paradoxes.

Mais il est vrai, comme le relevait J.-P. Le Crom en 2006[1], que « l'évolution du concept de liberté du travail témoigne de sa grande élasticité. Au XXe siècle, sa signification initiale s'est peu à peu transformée pour intégrer le droit au travail [tandis que reculait la liberté du commerce et de l'industrie]. En ce début de XXIe siècle, elle est de nouveau employée dans son sens ancien [au nom d'une libération du marché du travail] ». Telle est bien l'ambivalence contemporaine d'une notion dont il paraît bien difficile de se passer alors même que la pratique en montre quotidiennement les limites.

Bibliographie indicative

- P.-H. ANTONMATTÉI, *Les clauses du contrat de travail*, 2e éd., Liaisons, 2009.

- V. BERNAUD, « Le Conseil constitutionnel, la Cour de cassation et les questions prioritaires de constitutionnalité relatives au droit du travail », *Dr soc.* 2011. 141.

- D. BAUGARD, « Le droit à l'emploi », *Dr soc.* 2014. 332.

- F. CANUT, « Les clauses de dédit-formation : de la nullité des clauses illicites à la nullité des clauses excessives », *JS Lamy* 26 janv. 2005, p. 4.

- N. CHAIGNOT, *Esclavages et modernités. La servitude volontaire comme problématique du capitalisme contemporain*. Thèse IUE, Florence, 2010; version publiée sous le titre *La servitude volontaire aujourd'hui*, PUF, 2012.

- C. DAVICO HOARAU, « Actualité jurisprudentielle de la clause de non-concurrence », *JS Lamy* 2012, n° 329-1.

- L. DARDAHLON, « Droit constitutionnel et droit social. La liberté du travail devant le Conseil constitutionnel et la Cour de cassation », *RFDC* 2005. 755.

- E. DECAUX, *Les formes contemporaines de l'esclavage*, Martinus Nijhoff, Académie de droit international de La Haye, Cours, 2009.

- J.-Y. FROUIN et B. MATHIEU, « Le juge social et la Constitution », *in Soixantième anniversaire de la chambre sociale de la Cour de cassation*, Doc. fr., 2000, p. 137.

- N. GUERRERO, « Variations sur la clause de non-concurrence », *JS Lamy* 2012, n° 320-1.

- Y. GUYON, *Que reste-t-il du principe de la liberté du commerce et de l'industrie ? Dix ans de droit de l'entreprise*, Litec, 1978, p. 5 s.

- E. JEANSEN, Y. PAGNERRE, *Guide des clauses du contrat de travail*, LexisNexis, 2e éd., 2017 (v. not. « Clause de non-concurrence », fiches 33 et 35).

- J.-P. LE CROM, « La liberté du travail en droit français. Essai sur l'évolution d'une notion à usages multiples », HAL, archives-ouvertes.fr.

---

1. *La liberté du travail en droit français. Essai sur l'évolution d'une notion à usages multiples*, HAL, archives-ouvertes.fr.

– G. LYON-CAEN, « Les clauses de restriction de la liberté du travail (clauses de non-concurrence ou clauses de non-réembauchage) », *Dr. soc.* 1963. 88; « La liberté du travail et le droit français du travail », *in La liberté du travail,* Université de Liège, 1969, p. 26; « Les principes généraux dans le droit du travail », *in Études G.-H. Camerlynck*, Dalloz, 1978, p. 35; « Le droit au travail », *in Les sans-emploi et la loi*, Calligrames, 1988, p. 203; « La jurisprudence du Conseil constitutionnel intéressant le droit du travail », *D.* 1990. Chron. 289.

– J. PÉLISSIER, « La liberté du travail », *Dr. soc.* 1990. 19 s.; « Pour un droit des clauses du contrat de travail », *RJS* 2005. 499.

– L.-F. PIGNARRE, « Contrepartie financière de la clause de non-concurrence et droit des obligations », *RDT* 2009. 151.

– X. PRÉTOT, « De la liberté d'entreprendre au droit à un emploi, ou les bases constitutionnelles du droit du licenciement », *Dr. soc.* 2005. 371 s.

– T. REVET, « La dignité de la personne humaine en droit du travail », *in La dignité de la personne humaine*, Economica, coll. « Études juridiques », 1999; « Le droit du travail dans la jurisprudence du Conseil constitutionnel », *in La légitimité de la jurisprudence du Conseil constitutionnel*, Economica, coll. « Études juridiques », 1999.

– A. ROUAST, « Liberté du travail et droit au travail », Travaux et recherches de l'Institut de droit comparé, XV, 1959, p. 181.

– J. RIVERO, « Les libertés publiques dans l'entreprise », *Dr. soc.* 1982. 421 s.

– R. SALAIS, « Libertés du travail et capacités : une perspective pour la construction européenne », *Dr soc.* 1999. 467.

– L. SAUTONIE-LAGUIONIE et *al.*, « Table ronde sur les clauses de non-concurrence », *JCP S* 2013, n° 1445.

– Y. SERRA, « *Tsunami* sur la clause de non-concurrence en droit du travail », *D.* 2002. 2491; « Hiérarchie des conditions de validité de la clause de non-concurrence en droit du travail », *D.* 2002. 3229.

– B. SILHOL, « Droit à l'emploi : brèves réflexions sur la jurisprudence récente du Conseil constitutionnel », *RDT* 2007. 390.

– A. SUPIOT, « Le travail, liberté partagée », *Dr soc.* 1993. 715.

– P. WAQUET, *L'entreprise et les libertés du salarié*, Liaisons, 2004; (avec Y. Struillou et L. Pécaut-Rivolier), *Pouvoirs du chef d'entreprise et libertés du salarié*, Liaisons, 2014 (spéc. p. 69 s.)

Pistes de réflexion

Liberté du travail et liberté dans le travail

L'obligation de rechercher un emploi constitue-t-elle une atteinte à la liberté du travail ?

Section 5.
LES DROITS SOCIAUX

CONTRIBUTION DE FRANÇOIS GAUDU †,

MISE À JOUR DE RAYMONDE VATINET
Professeur à l'Université Panthéon-Assas (Paris 2)

Le droit, dans son ensemble, est une discipline « sociale », en ce sens qu'il s'intéresse aux rapports sociaux qui se nouent entre les hommes[1]. Dès lors que signifie l'adjectif « social », lorsqu'il est utilisé pour spécifier un sous-ensemble du droit ?

Le droit social évoque, en premier lieu, les devoirs de la collectivité vis-à-vis de l'individu (dès lors que ces devoirs dépassent la protection de la liberté, de la personne et des biens de l'intéressé). En ce sens, le droit à l'assistance, que concrétise aujourd'hui l'institution du revenu de solidarité active, constitue un exemple de droit social : la société prend le relais de l'individu, incapable de subvenir lui-même à ses propres besoins. L'idée de revenu universel défendue par des courants de pensée très divers — économistes libéraux ou leaders socialistes — repose sur la conviction d'une raréfaction prochaine du travail, en raison de l'évolution des technologies et de la robotisation, qui ne laisserait plus place qu'à un travail très qualifié. Il s'agirait alors d'assurer aux laissés pour compte de la société postmoderne un revenu de subsistance. Ces théories pèchent sans doute par manque d'imagination, de nouvelles formes d'emploi étant susceptibles d'apparaître; elles ignorent surtout la fonction d'intégration sociale du travail, que la société s'engageait à garantir à chacun en proclamant le droit au travail.

Le droit social prend en considération les situations d'inégalité économique et sociale; pour y remédier, il prend des mesures correctrices. Les rapports de subordination — qu'il s'agisse de la subordination du salarié ou de celle de l'agent public — constituent par conséquent un terrain d'élection pour les droits sociaux. Toutefois, le droit social s'applique bien au-delà des limites du travail subordonné (comme l'atteste la constitution progressive d'un « droit du travail non salarié » qui couvre les rapports de dépendance économique).

Dans la présentation classique, les droits sociaux correspondent à la mise en œuvre de « droits fondamentaux de seconde génération ». Alors que la Révolution de 1789

1. En ce sens, le droit commercial, le droit public, le droit de la famille... sont tout autant que le droit du travail des disciplines sociales.

avait conduit à la proclamation de droits de l'homme dans une perspective individuelle, voire individualiste, la mise en application du programme du Conseil national de la résistance conduit, après la Seconde Guerre mondiale, à l'affirmation de « principes particulièrement nécessaires à notre temps ». Il s'agit de prérogatives à dimension collective (droit de grève, droit à la négociation collective...) ou de « droits-créances » (droit à l'emploi, droit à l'éducation...). Cette vision des choses reste soutenable. Cependant, la globalisation de l'économie, en mettant en concurrence les législations nationales, rend plus difficile le développement de droits sociaux pays par pays. Les sources internationales des droits sociaux de la seconde génération revêtent une portée de plus en plus grande.

1061. Les remarques qui précèdent conduisent à envisager successivement les sources des droits sociaux (***I.***), puis, en fonction de leur nature et de leur contenu, les droits sociaux du citoyen (***II.***) et les droits sociaux de la personne subordonnée (***III.***).

I. Les sources des droits sociaux

A. Les sources nationales

1062. *Sources constitutionnelles.* La tradition constitutionnelle, en la matière, est ancienne : article 21 de la Constitution du 24 juin 1793[1], préambule de la Constitution du 4 novembre 1848, article 8; mais c'est naturellement

1. « Les secours publics sont une dette sacrée. La société doit la subsistance aux citoyens malheureux, soit en leur procurant du travail, soit en assurant les moyens d'exister à ceux qui sont hors d'état de travailler. »

le préambule de la Constitution du 27 octobre 1946, auquel renvoie la Constitution de 1958, qui constitue la source fondamentale. Celui-ci proclame un certain nombre de droits économiques et sociaux qualifiés de « particulièrement nécessaires à notre temps » parmi lesquels « le devoir de travailler et le droit d'obtenir un emploi », le droit syndical, le droit de grève, le droit de participation des salariés, le droit à la protection de la santé, la garantie donnée à « tout être humain qui, en raison de son âge, de son état physique ou mental, de la situation économique, se trouve dans l'incapacité de travailler (...) d'obtenir de la collectivité des moyens convenables d'existence », le droit d'accès à l'instruction et à la formation professionnelle...

Au reste, la Déclaration des droits de l'homme de 1789, intégrée au bloc de constitutionnalité, est fréquemment sollicitée pour conforter la garantie des droits sociaux, notamment en ce qu'elle proclame une égalité des droits Il en va de même des « principes fondamentaux reconnus par les lois de la République » visés par le préambule de 1946.

L'institution de la question prioritaire de constitutionnalité (QPC) a donné une vigueur particulière aux sources constitutionnelles des droits sociaux. Les QPC soulevées en la matière semblent de plus en plus nombreuses et la chambre sociale de la Cour de cassation de moins en moins réticente à les transmettre au Conseil constitutionnel, bien que les décisions de censure soient relativement rares en cette matière[1]. Il faut souligner que le Conseil constitutionnel s'attache à garantir les libertés économiques fondamentales des entreprises (droit de propriété, liberté d'entreprendre) autant que les droits fondamentaux des salariés[2]. Les droits sociaux sont ainsi confrontés aux libertés économiques fondamentales selon la méthode de la mise en balance et du contrôle de proportionnalité[3].

Le juge judiciaire joue lui-même un rôle important dans le contrôle du respect des droits garantis par la Constitution française par les partenaires sociaux et par les employeurs. Le contrôle de la validité des accords collectifs et des actes unilatéraux de l'employeur autorise un contrôle judiciaire de constitutionnalité de ces actes juridiques privés. Ainsi il n'est pas possible pour les partenaires sociaux d'encadrer le droit de grève dans le secteur privé, par exemple en imposant un délai d'attente ou une négociation préalable.

1063. ***Méthodes nationales de mise en œuvre des droits sociaux.*** La réalisation des droits sociaux suppose le plus souvent une action spécifique de l'État. Elle peut passer par une réglementation particulière. C'est ainsi que l'organisation des rapports collectifs de travail (droit syndical, institution des comités d'entreprise) contribue à la réalisation du droit à la négociation collective et du droit de participation à la gestion. Dans d'autres cas, le recours à la technique du service public permet à l'État de prendre en charge lui-même la satisfaction des besoins. Certains services publics, comme le service de l'emploi, voient cependant leur rôle réduit sous l'influence du droit européen qui impose l'ouverture de leurs activités au secteur privé concurrentiel. C'est ce qui a conduit à la création en 2008 d'une nouvelle institution, Pôle emploi, qui, tout en assurant une mission de service public (le placement des demandeurs d'emploi autrefois assuré par

---

1. La richesse des QPC soulevées en matière sociale est notamment révélée par les chroniques « Actualité des questions prioritaires de constitutionnalité » publiées périodiquement par la revue *Droit social*. V. aussi : V. Bernaud, « La QPC a-t-elle changé le visage du droit constitutionnel du travail ? », *Dr. soc.* 2014. 317.
2. V. not. Cons. const. 27 mars 2014, n° 2014-692 DC.
3. V. Cons. const. 4 avr. 2014, n° 2014-373 QPC, à propos de l'encadrement législatif du travail de nuit.

l'ANPE), se trouve, pour certaines de ses activités, en concurrence avec des opérateurs privés (que Pôle emploi peut d'ailleurs solliciter lui-même).

Au demeurant, dans la réalisation des droits sociaux, la compétence des régions ne cesse d'être renforcée, ce qui risque d'être un facteur d'inégalités entre les travailleurs nationaux.

Il importe encore de souligner que la mise en œuvre d'un grand nombre de droits sociaux est désormais du ressort des partenaires sociaux. Depuis longtemps, la technique des conventions collectives a été adaptée au droit de l'emploi, par exemple pour la mise en œuvre du régime d'assurance chômage, ainsi qu'au droit de la protection sociale (régimes de retraite). Le recours à la négociation collective est encouragé pour la réalisation d'un grand nombre d'objectifs sociaux comme l'égalité professionnelle ou la prévention des risques psychosociaux...

Il en résulte une complexité croissante des méthodes de mise en œuvre des droits sociaux. On constate une individualisation et une contractualisation des méthodes qui viennent concurrencer les procédés classiques de l'ordre public, expression de politiques publiques. Enfin, le rôle du juge judiciaire est devenu essentiel en la matière, qui contrôle très librement la validité des contrats individuels de travail et des accords collectifs à l'aune des droits fondamentaux.

B. Les sources internationales et européennes

1064. *Sources internationales.* Les sources internationales complètent l'œuvre constitutionnelle : l'Organisation internationale du travail (OIT), créée par le traité de Versailles (1919) et relancée par la déclaration de Philadelphie (1944)[1], élabore des projets de conventions internationales : la France en a ratifié un grand nombre. Alors que dans la plupart des États liés par ces conventions le contrôle de leur respect est très mal assuré, en France beaucoup d'entre elles sont directement appliquées par les juges, même dans des litiges opposant des personnes privées (employeur/salarié) et elles sont susceptibles de l'emporter sur des règles nationales jugées contraires[2].

1065. *Les droits sociaux et l'Union européenne*[3]. En 1957, le traité de Rome assignait à la Communauté européenne deux objectifs sociaux fondamentaux : élever le niveau d'emploi et égaliser « dans le progrès » les conditions de vie et de travail des salariés. Ces objectifs semblent avoir été oubliés au profit des nécessités du libre fonctionnement des marchés. L'élargissement de l'Union à de nouveaux États qui ne partagent pas la tradition sociale de l'Europe de l'Ouest a freiné toute tentative d'égalisation dans le progrès social. L'ouverture des marchés met en concurrence les systèmes nationaux, au détriment de ceux — Allemagne, France, Suède... — qui assurent aux salariés la protection la plus importante. La Charte communautaire des droits sociaux fondamentaux a pu, en raison de sa portée limitée, susciter une appréciation réservée. La Charte des droits fondamentaux de l'UE, proclamée à Nice le 7 décembre 2000, comprend d'importantes dispositions consacrées aux droits économiques et sociaux. Elle a acquis force

1. A. Supiot, *L'esprit de Philadelphie. La justice sociale face au marché total*, Seuil, 2010.
2. Sur le fondement de la Convention n° 158 de l'OIT relative au licenciement, la Cour de cassation a soumis le « contrat nouvelles embauches » au droit commun du licenciement, contrairement aux dispositions de l'ord. du 2 août 2005, entre-temps abrogée par la loi du 25 juin 2008 (Soc. 1er juill. 2008, *Bull. civ.* V, n° 146); v. aussi, Soc. 26 mars 2013, n° 11-25.580.
3. Sur l'ensemble des principes et droits fondamentaux reconnus par le droit de l'Union européenne, v. P. Rodière, *Droit social de l'Union européenne*, 2e éd., LGDJ, 2014.

contraignante en France avec l'entrée en vigueur du traité de Lisbonne (1er déc. 2009)[1].

Cependant, dès lors que leur respect est contrôlé par la CJUE, les droits fondamentaux reconnus par la Charte des droits fondamentaux de l'UE se trouvent confrontés aux libertés économiques fondamentales dont la Cour garantit également le respect. La CJUE entend opérer une conciliation entre les droits fondamentaux des travailleurs, tels que le droit de grève ou le droit à la négociation collective, avec ces libertés économiques (liberté d'établissement, libre prestation de services...)[2]. Le droit de grève comme le droit à la négociation collective risquent de sortir affaiblis de cette confrontation[3].

1066. ***Les droits sociaux garantis par les traités du Conseil de l'Europe***[4]. La Charte sociale européenne donne une liste très riche de droits et de principes relatifs aux droits de seconde génération et à la relation de travail salariée. Le Comité européen des droits sociaux est l'organe de contrôle de cette charte. La procédure de saisine est cependant complexe et les décisions de ce comité ne sont pas exécutoires, bien qu'elle soit publique. Une résolution du Comité des ministres doit intervenir pour exercer une pression sur l'État concerné afin qu'il se mette en conformité avec les obligations de la Charte. La jurisprudence du Comité européen n'a donc pas de portée obligatoire; elle peut avoir une influence en alimentant la réflexion des pouvoirs publics et les débats judiciaires. Le Comité européen des droits sociaux reconnaît une marge de manœuvre importante aux États dans l'adaptation des droits sociaux à la situation économique nationale, comme en témoignent ses décisions relatives aux réformes mises en œuvre en Grèce. La réception de la Charte sociale européenne par les juridictions françaises est encore marquée d'une très grande ambiguïté. Bien que la Cour de cassation se réfère à ses dispositions dans certains de ses visas, elle n'en consacre pas pleinement l'effet direct. Elle l'utilise comme un accessoire du droit de l'Union européenne, ce dernier devant être interprété à la lumière de ses dispositions[5].

La Convention européenne de sauvegarde des droits de l'homme, bien qu'elle contienne peu de dispositions se rapportant directement au droit social, a très vite joué un rôle non négligeable en matière de reconnaissance de la liberté syndicale[6], du droit de grève[7] ou de la liberté d'expression des salariés[8]. Ce rôle n'a cessé de s'accroître, la CEDH exploitant toutes les ressources de la Convention, au prix d'un forçage de certaines de ses dispositions, pour s'auto-ériger en une juridiction des droits sociaux[9]. Ainsi étend-elle la notion de vie privée, dont le respect est garanti par l'article 8 de la Convention, à la vie sociale de l'individu,

---

1. V. J. Cavallini, « L'invocabilité des principes de la Charte des droits fondamentaux de l'Union européenne », *JCP S* 2014. 1232.
2. CJCE 11 déc. 2007, *Viking*, aff. C-438/05; 18 déc. 2007, *Laval*, aff. C-341/05; CJUE 15 juill. 2010, *Commission c/ Allemagne*, aff. C-271/08.
3. V. A. Supiot, « Voilà "l'économie communiste de marché" », *Le Monde* 25 janv. 2008; P. Rodière, « L'impact des libertés économiques sur les droits sociaux dans la jurisprudence de la CJCE », *Dr. soc.* 2010. 573.
4. V. J. Ph. Lehrnould, « Les traités du conseil de l'Europe et le droit du travail », *in* B. Teyssié (dir.), *La norme transnationale et les relations de travail*, Éd. Panthéon-Assas, 2014, p. 14.
5. V. Soc. 29 juin 2011, n° 09-71.107, *Bull. civ.* V, n° 181.
6. Conv. EDH, art. 11-1.
7. Le droit de grève étant conçu comme un mode d'exercice de la liberté syndicale est dès lors lui-même protégé par les dispositions de l'art. 11.
8. J.-P. Marguénaud et J. Mouly, « La jurisprudence sociale de la CEDH : bilan et perspectives », *Dr soc.* 2010. 883.
9. R. Vatinet, « La Cour européenne des droits de l'homme et le droit du travail », *in* B. Teyssié (dir.), *La norme transnationale et les relations de travail, op. cit.*, p. 89.

son « identité sociale » englobant l'ensemble de sa vie professionnelle et de ses droits sociaux. Faisant preuve du même « dynamisme interprétatif », elle étend l'application du Premier Protocole additionnel à la Convention, qui garantit le droit de propriété, à « l'espérance légitime » de percevoir le paiement d'une créance de prestation sociale[1]. Une application combinée du Protocole n° 1 et de l'article 14 de la Convention prohibant les discriminations a pu la conduire à contrôler les conditions dans lesquelles certaines prestations sociales sont servies à des étrangers à l'UE. Ainsi la CEDH impose-t-elle une conception de l'égalité de traitement beaucoup plus poussée que celle de la CJUE, qui considère pour sa part qu'en matière de prestations sociales, l'égalité de traitement n'est imposée qu'entre ressortissants de l'Union. Au demeurant, combinant encore le Premier Protocole et l'article 8 (vie privée), la CEDH a pu reconnaître un droit de gagner sa vie par le travail[2]. Autrement dit, la CEDH est ainsi en capacité de contrôler l'ensemble du droit de l'emploi et de la protection sociale et de remettre en cause la cohérence des politiques sociales nationales, d'autant qu'elle ne se limite pas à combiner les unes avec les autres les dispositions de la Convention EDH *stricto sensu*, puisqu'il lui arrive de se saisir très librement d'autres conventions internationales (conventions de l'OIT) ou traités européens pour éclairer ses interprétations. Elle peut ainsi se référer à la Charte sociale européenne et aux décisions du Comité européen des droits sociaux.

En France, l'influence de la Convention européenne de sauvegarde des droits de l'homme est d'autant plus importante qu'elle est fréquemment invoquée devant les juridictions nationales qui en font une application directe. Au reste, la chambre sociale de la Cour de cassation se réfère volontiers à la jurisprudence de la cour de Strasbourg, à laquelle elle donne ainsi une autorité supérieure à celle que les textes lui reconnaissent[3]. La Convention EDH a pu être invoquée pour contester l'impartialité de la juridiction prud'homale[4], la durée des procédures dans le contentieux social ou l'application des lois de validation aux instances en cours[5]. Les articles 6 (procès équitable), 8 (vie privée) et 14 (non-discrimination) sont parmi les plus sollicités dans les contentieux nationaux.

Au total, la multiplication des sources et des juridictions compétentes pour en connaître peut être facteur de confusion et d'incertitudes, d'autant que les textes définissant les droits sociaux sont toujours assez « flous » et sujets à des interprétations divergentes. D'ores et déjà des divergences d'interprétation sont apparues entre la CJUE et le Comité européen des droits sociaux à propos du droit de grève[6]. Le risque est grand de voir l'ensemble des droits sociaux nationaux soumis à un droit prétorien supranational tentaculaire, confus et très imprévisible[7]. La part prise par le droit international dans la résolution des liti-

1. V. not. CEDH 16 sept. 1996, *Gaygüsüz*, *D.* 1998. 438, note J.-P. Marguénaud et J. Mouly; 30 sept. 2003, *Koua Poirrez c/ France*, *RJS* 2004. 19; 9 janv. 2007, *Aubert et autres c/ France*.
2. J.-P. Marguénaud et J. Mouly, « Le droit de gagner sa vie par le travail devant la Cour européenne des droits de l'homme », *D.* 2006. 477.
3. Seule une autorité relative de la chose jugée est reconnue aux décisions de la CEDH par l'article 46 de la Convention. La Cour de cassation n'hésite cependant pas à intégrer les interprétations données par la Cour à ses visas, v. not. Soc. 13 juin 2007, *D.* 2007. 2439, note C. Pérès.
4. Soc. 19 déc. 2003, *RJS* 2004, n° 338; 18 sept. 2008, *RJS* 2008, n° 1118.
5. Cass., ass. plén., 24 janv. 2003, *Dr soc.* 2003. 430, obs. X. Prétot et 473, rapp. Merlin.
6. V. A. Lyon-Caen, « Deux Europe », *RDT* 2014. 1; K. Chatzilaou, « La réponse de la CEDH aux arrêts *Viking* et *Laval* », *RDT* 2014. 160.
7. V. J.-F. Akandji-Kombé, « Droit constitutionnel, droit international et droit européen des droits de l'homme : concurrence, confusion, complémentarité ? », *Dr. soc.* 2014. 301. S. Robin-Olivier, « Questions posées par la multiplication des normes internationales, européennes et nationales et les rapports entre juridictions », *Dr. soc.* 2017, p. 419.

ges fragilise les entreprises françaises face à la concurrence internationale dès lors que l'application directe des normes internationales par le juge interne dans les litiges entre particuliers n'est pas aussi largement admise à l'étranger[1].

II. Les droits sociaux du citoyen

1067. *A priori,* la société laisse le citoyen gagner sa vie sans assistance. Toutefois, elle lui garantit, et elle garantit à la famille, un « droit au minimum » (**A.**). Elle aide en outre le citoyen à trouver l'activité économique qui lui permettra de subvenir à ses besoins (**B.**).

A. Le droit au minimum

1068. *Minima garantis.* « La Nation assure à l'individu et à la famille les conditions nécessaires à leur développement. Elle garantit à tous, notamment à l'enfant, à la mère et aux vieux travailleurs, la protection de la santé, la sécurité matérielle, le repos et les loisirs. Tout être humain qui, en raison de son âge, de son état physique ou mental, de la situation économique, se trouve dans l'incapacité de travailler a le droit d'obtenir de la collectivité des moyens convenables d'existence. »

Ces dispositions du préambule de 1946 (al. 10 et 11) constituent le fondement de l'aide sociale à l'enfance, du revenu de solidarité active (RSA) et de l'allocation de solidarité spécifique versés par les Assedic; de l'allocation aux adultes handicapés[2]; de l'allocation de solidarité aux personnes âgées[3]; des allocations familiales et de l'aide sociale aux familles[4].

La solidarité nationale doit-elle s'exercer indépendamment de la solidarité familiale, ou ne jouer par rapport à celle-ci qu'un rôle subsidiaire ? L'idée de subrogation, qui autorise la collectivité à recourir contre les tiers débiteurs d'aliments défaillants, est fréquemment présente en droit de la Sécurité sociale et de l'aide sociale[5].

Sous réserve des dispositifs d'incitation à la reprise d'emploi, l'ensemble des prestations familiales et de l'aide sociale ont en commun d'être versées en considération des besoins de l'individu ou de la famille, et non en considération d'un travail[6].

1069. *Sécurité sociale.* Selon les termes de l'article L. 111-1 du code de sécurité sociale, « La sécurité sociale est fondée sur le principe de solidarité nationale ». Elle assure une mission de service public, qui consiste à couvrir la population française contre les risques maladie, maternité et vieillesse. La loi constitutionnelle du 22 juillet 1996, en instituant les « lois de financement de la sécurité sociale », conforte cette analyse, tout comme la création par la loi du 27 juillet 1999 d'une « couverture maladie universelle ».

1. V. not. S. Robin-Olivier, *op. cit.*
2. CSS, art. L. 821-1 s.
3. CSS, art. L. 815-1 s. (Ord. n° 2004-605 du 24 juin 2004).
4. CSS, art. L. 511-1 s.
5. V. CSS, art. L. 581-1 s.
6. Ch. Willmann, « Politiques de l'emploi, prestations sociales : existe-t-il un modèle vertueux ? À propos de la "conditionnalité" des revenus de remplacement et autres minima sociaux », *Dr. soc.* 2012. 79; J.-P. Chauchard, « Les nécessaires mutations de l'État-Providence : du risque social à l'émergence d'un droit-besoin », *Dr. soc.* 2012. 135.

Les alinéas 10 et 11 du préambule de la Constitution sont à l'origine de l'obligation d'affiliation des travailleurs non-salariés et de l'interdiction du recours à une assurance privée de substitution. Le monopole ainsi reconnu aux organismes de sécurité sociale n'a pas été remis en cause par la CJUE qui préserve l'obligation d'affiliation aux régimes légaux[1]. En France, l'intervention du secteur privé dans le domaine de la santé est donc limitée aux assurances complémentaires et aux risques non couverts par les régimes obligatoires[2].

Avec le développement du contentieux constitutionnel, le droit de la Sécurité sociale est progressivement passé au crible. L'élévation de l'âge de la retraite n'a heurté aucun principe constitutionnel[3]. En revanche, l'ancien système de réparation des accidents du travail et des maladies professionnelles, en limitant la réparation due aux victimes en cas de faute inexcusable de l'employeur, portait une atteinte disproportionnée au principe d'égalité entre les victimes d'actes fautifs et à leur droit au recours juridictionnel[4]. Les victimes ou leurs ayants droit peuvent donc demander la réparation d'un plus grand nombre d'éléments du préjudice subi[5].

B. Les droits économiques du citoyen

1070. ***Droit à l'instruction et à la formation professionnelle.*** « La Nation garantit l'égal accès de l'enfant et de l'adulte à l'instruction, à la formation professionnelle et à la culture. L'organisation de l'enseignement public gratuit et laïc à tous les degrés est un devoir de l'État. » (al. 13, préambule de 1946).

La portée de cette disposition va bien au-delà des « droits sociaux ». Elle se rattache cependant à ceux-ci, dans la mesure où l'éducation, et spécialement la formation professionnelle, conditionne l'emploi. L'instruction publique et la formation professionnelle constituent, comme la réalisation du plein-emploi, des missions constitutionnelles de service public, qui constituent le fondement de la taxe d'apprentissage et de la participation des employeurs au développement de la formation professionnelle continue.

1071. ***Droit à l'emploi et devoir de travailler.*** « Chacun a le devoir de travailler et le droit d'obtenir un emploi. » Cette disposition constitutionnelle (al. 5, préambule de 1946) ne donne pas aux individus un droit subjectif contre l'État (le chômeur ne peut pas poursuivre l'État à raison de la non-réalisation de son droit à l'emploi). Elle n'en est pas pour autant privée de force juridique. Suivant le Conseil constitutionnel en effet, « il appartient à la loi de poser les règles propres à assurer au mieux le droit pour chacun d'obtenir un emploi »[6]. Le droit à l'emploi constitue donc le fondement constitutionnel de la politique de l'emploi et donne naissance à une autre mission constitutionnelle de service public, l'État devant chercher, autant que faire se peut, à réaliser le plein-emploi[7].

1. CJCE 5 mars 2009, *Kattner Stahlbau GmbH*, aff. C-350/07.
2. V. S. Le Fischer, « L'obligation d'affiliation des travailleurs indépendants aux régimes légaux de sécurité sociale est-elle conforme à la Constitution ? », Rapport sur une question prioritaire de constitutionnalité, *Dr. soc.* 2016. 81 et Civ. 2e, 22 oct. 2015, n° 15-16.312.
3. Cons. const. 9 nov. 2010, n° 2010-617 DC, *JO* 10 nov. 2010, p. 20056.
4. Cons. const. 18 juin 2010, n° 2010-8 QPC, *JO* 19 juin 2010, p. 11149.
5. V. CSS, art. L. 452-3. L'absence de réparation intégrale n'engendre pas d'inégalité prohibée par la Convention EDH : *RDT* 2017, p. 426.
6. Cons. const. 28 mai 1983, *DS* 1984. 159, note L. Hamon.
7. Les dispositions des conventions internationales et du droit communautaire vont dans le même sens (Conv. OIT n° 122; directive communautaire n° 74-121 du 18 févr. 1974, art. 1er).

À la fin des années 1950, les partenaires sociaux ont mis en place un système d'assurance-chômage dont la fonction principale était de verser aux demandeurs d'emploi un revenu de remplacement. Il a été renégocié en 2001 et réformé par le législateur en 2005 et en 2011. Un contrat de sécurisation professionnelle[1] doit être proposé aux salariés licenciés pour motif économique. Le contrôle du comportement des chômeurs indemnisés n'a cependant pas cessé d'être renforcé, l'indemnisation étant subordonnée à la condition de recherche effective d'un emploi.

1072. ***Discriminations positives.*** La politique de l'emploi donne naissance à des discriminations d'une nature particulière, qui visent à réinsérer sur le marché du travail ceux qui paraissent les moins bien armés dans le jeu économique. Pour faciliter le placement des personnes en difficulté, (jeunes, chômeurs de longue durée, femmes qui cherchent à reprendre un emploi après une période d'interruption d'activité, seniors...), le droit positif recourt aux discriminations positives : obligation d'emploi de travailleurs handicapés[2], incitations financières[3] à l'embauche de membres de catégories défavorisées ou crée en leur faveur des types particuliers de contrat de travail.

Ces mesures défavorisent les catégories qui n'en bénéficient pas, et contrarient ainsi la réalisation de leurs droits sociaux : si l'État incite à l'embauche des jeunes de moins de 26 ans, il ne fait pas bon, pour un demandeur d'emploi, avoir 26 ans et deux mois...

Les discriminations positives à la française, jusqu'à présent, diffèrent cependant profondément de celles d'outre-Atlantique, car elles s'adressent aux personnes en raison de leur situation objective, et non de leur prétendue appartenance à une communauté. Aussi le Conseil constitutionnel, dans une décision du 15 novembre 2007, a-t-il refusé le principe de traitements de données fondées sur « l'origine ethnique ou la race »[4]. Il reste que les partenaires sociaux sont invités à négocier des plans de mesures destinées à favoriser l'égalité et la diversité dans les entreprises, ce qui pourrait conduire à la généralisation de mesures de discriminations positives et à la mise en place de quotas.

III. Les droits sociaux de la personne subordonnée

1073. Le travailleur subordonné cherche sa subsistance sur un marché du travail où il se trouve en général, surtout en période de fort chômage, en position de faiblesse. Certains droits sociaux limitent la liberté contractuelle afin d'éliminer les effets les plus néfastes du fonctionnement du marché (**A.**). Le travailleur subordonné, même s'il dispose de moyens d'existence, se trouve exposé aux risques de la subordination, face auxquels il convient d'affirmer ses droits et ses libertés (**B.**). L'égalité des volontés individuelles du dirigeant et du subordonné étant assez largement fictive, le droit cherche à recréer celle-ci en plaçant les rapports de travail sur un plan collectif (**C.**).

A. Les droits sociaux de la personne subordonnée et le marché

1074. Ni le montant du salaire, ni les formes d'emploi ne sont abandonnés à la liberté des parties, qui risquerait d'être la volonté du seul employeur.

1. C. trav., art. L. 1233-65.
2. C. trav., art. L. 5212-2 et s.
3. Primes à l'embauche, prise en charge partielle du salaire par l'État, exonérations de cotisations sociales, non-prise en compte dans les effectifs salariés qui déterminent certaines obligations de l'entreprise, etc.
4. Cons. const. 15 nov. 2007, n° 2007-557 DC.

1. Garantie du montant du salaire

1075. *SMIC.* Celui qui a travaillé a droit à un salaire[1]. La loi impose le respect d'un salaire minimum, le SMIC. Le droit au SMIC est constitutif, d'après la jurisprudence du Conseil d'État, d'un principe général du droit[2]. Aussi les agents publics non-fonctionnaires, encore que leur emploi ne soit pas soumis au Code du travail, ont-ils droit au SMIC.

Les seuls contrats de travail qui permettent une dérogation au SMIC sont ceux dans lesquels l'employeur s'engage à donner une formation substantielle au salarié (contrat d'apprentissage, contrat de professionnalisation).

1076. ***Égalité salariale.*** L'une des discriminations les plus difficiles à combattre est celle qui a trait au salaire. Le principe constitutionnel d'égalité trouve son prolongement dans le Code du travail (art. L. 3221-2 s.). Pendant longtemps, le résultat de l'application de ces règles a été mince.

Le droit communautaire a donné une impulsion nouvelle à l'évolution du droit, pour ce qui a trait à l'égalité entre les hommes et les femmes[3]; la jurisprudence est maintenant si bien constituée qu'elle en est à étendre aux hommes le bénéfice des prérogatives autrefois réservées aux femmes. Le principe d'égalité ne s'oppose cependant pas à la prise en compte des données physiologiques de la maternité[4].

Depuis 1996, la chambre sociale de la Cour de cassation a dégagé un nouveau principe général du droit, « à travail égal, salaire égal », qui interdit l'établissement d'un traitement différent *entre salariés de même sexe,* sauf justification objective[5]. L'individualisation des salaires est désormais limitée par la nécessité pour les parties au contrat de fournir des justifications objectives. Pour ce qui est de la négociation collective, la chambre sociale de la Cour de cassation a opéré un important revirement le 27 janvier 2015 en considérant que les différences de traitement entre catégories professionnelles opérées par voie de conventions ou d'accords collectifs sont présumées justifiées[6]. Une transposition rigide à l'entreprise privée et à la matière salariale du principe d'égalité des citoyens devant la loi est sans doute l'un des facteurs du gel des salaires constaté depuis quelques décennies dans le secteur privé, à l'instar du secteur public, et elle est à l'origine de stratégies d'évitement, avec la multiplication des modes de rémunérations variables, générateurs de risques psychosociaux, et de modes d'intéressement aux profits essentiellement destinés aux cadres au détriment des catégories de salariés les plus modestes. Il est remarquable de constater que, depuis que l'invocation du principe d'égalité est venue limiter la liberté contractuelle, les inégalités salariales, loin de diminuer, se sont au contraire aggravées. En matière de droits sociaux plus qu'en toute autre matière le mieux est souvent l'ennemi du bien et les dogmes ont des effets pervers.

1. Cette règle s'applique parfois, alors même que le contrat de travail est nul : ainsi l'employeur d'un étranger dépourvu d'autorisation de travail doit-il verser le salaire (C. trav., art. L. 8252).
2. CE 23 avr. 1982, *Dr. ouvr.* 1983. 202.
3. En effet, l'art. 119 du traité de Rome et la directive n° 75-117 du 10 févr. 1975 ont amené la CJCE à se prononcer fréquemment.
4. Soc. 21 mars 2000, *Bull. civ.* V, n° 110.
5. V. Soc. 29 oct. 1996, *Dr. soc.* 1996. 1013, obs. A. Lyon-Caen (« l'employeur est tenu d'assurer l'égalité de la rémunération entre tous les salariés, de l'un ou l'autre sexe, pour autant que les salariés en cause sont placés dans une situation identique »).
6. Pourvoi n° 13-22.179.

2. Réglementation des formes d'emploi

1077. Le contrat à durée indéterminée, forme normale d'emploi. Un ensemble de dispositions concourt à la réalisation du « droit à l'emploi » en cherchant à assurer la stabilité de l'emploi. Il est vrai que l'objectif de stabilité de l'emploi est fréquemment contesté. La protection de l'emploi serait un facteur d'exclusion sociale parce qu'elle bénéficie d'abord aux travailleurs les mieux insérés socialement (plutôt aux qualifiés qu'aux non qualifiés, plutôt aux hommes qu'aux femmes, aux adultes d'âge moyen qu'aux jeunes ou aux « vieux »...). Une protection conçue d'une manière trop rigide et complexe – du fait de la jurisprudence autant, sinon plus, que du fait de la loi – serait contreproductive, en constituant un frein à l'embauche.

B. Les droits sociaux face aux risques de la subordination

1078. Les droits et libertés de la personne subordonnée peuvent subir, du fait même des prérogatives reconnues à l'employeur, des atteintes excessives. L'article L. 1121-1 du Code du travail limite ces atteintes, en interdisant les restrictions aux droits des personnes et aux libertés individuelles qui ne seraient pas « justifiées par la nature de la tâche à accomplir ni proportionnées au but recherché ». Par là même – c'est toute l'ambivalence du principe de proportionnalité –, il admet la validité de principe des atteintes aux droits fondamentaux lorsqu'elles sont conformes à l'intérêt légitime de l'entreprise et proportionnées à celui-ci. Ainsi les droits sociaux sont-ils confrontés aux libertés économiques.

1. Protection du corps de la personne soumise à l'autorité d'autrui

1079. ***Hygiène et sécurité.*** La subordination juridique met la force de travail du travailleur subordonné à la disposition de son employeur. La personne du travailleur subordonné, impliqué dans un processus de production qui échappe à son contrôle, peut dès lors se trouver exposée à des risques physiques. C'est pourquoi le chef d'entreprise se trouve assujetti au respect d'une réglementation technique contraignante, doit respecter les durées maximales du travail prévues par la réglementation et laisser au salarié un temps minimal de repos. Plus généralement, le chef d'entreprise est soumis à une obligation de sécurité de résultat permettant d'engager sa responsabilité non seulement en cas d'accident du travail ou de maladie professionnelle mais aussi en cas de réalisation de tout risque psycho-social (comme un harcèlement moral).

Personnellement tenu de ces obligations, l'employeur ne peut se décharger en prétendant qu'il était absent des lieux de travail au moment où une éventuelle infraction a été commise, ni en invoquant la faute du salarié. Il doit en effet veiller personnellement au respect des prescriptions légales et réglementaires en matière d'hygiène et de sécurité. À défaut, il engage sa responsabilité, civile et pénale. Pour dégager sa responsabilité pénale, il a cependant la ressource de donner délégation de pouvoir à une personne disposant de la compétence, de l'autorité et des moyens requis.

Dans le même ordre d'idées, pour protéger la santé de la femme enceinte, la loi impose une période de suspension du contrat de travail à laquelle celle-ci ne peut renoncer[1].

1. C. trav., art. L. 1225-29. Le licenciement des femmes enceintes est interdit (C. trav., art. L. 1225-1 s.), et le Conseil d'État a élevé cette règle au rang de principe général du droit (CE 7 juin 1973, *JCP* 1975. II. 17957).

De nombreux agents de prévention (inspection du travail, médecine du travail, représentants du personnel) concourent à la protection de la personne du travailleur contre les risques professionnels. Celui-ci — transposition de la théorie de l'état de nécessité — s'est vu reconnaître le droit de se retirer d'une situation de travail dont il a un motif raisonnable de penser qu'elle présente un danger grave et imminent pour sa vie ou pour sa santé[1], à condition qu'il ne crée pas ainsi pour autrui une nouvelle situation de risque grave et imminent[2]. C'est encore pour prévenir tout risque psychosocial lié au développement des nouvelles technologies que la loi Travail du 8 août 2016 consacre un « droit à la déconnexion », dont les modalités devront être définies par accord collectif ou, à défaut, par des mesures prises unilatéralement par l'employeur, afin d'assurer le respect des temps de repos et de congés et l'équilibre entre vie professionnelle et vie personnelle et familiale en évitant de contraindre le salarié à consulter ses courriers électroniques en dehors de ses heures de travail.

2. Protection des droits et libertés de la personne subordonnée contre un abus des pouvoirs de l'employeur

1080. ***Contrôle du pouvoir réglementaire de l'employeur.*** Responsable de la sécurité et de la bonne marche de l'entreprise, l'employeur peut organiser l'activité de celle-ci par un règlement intérieur. Cet acte unilatéral de l'employeur ne peut traiter que d'hygiène, de sécurité et de discipline. La loi protège les salariés en énonçant que ce règlement ne peut comporter de clause contraire aux normes hiérarchiquement supérieures (lois, règlements et conventions collectives) et qu'il ne peut apporter aux droits des personnes et aux libertés individuelles et collectives des restrictions qui ne seraient pas justifiées par la tâche à accomplir ni proportionnées au but recherché[3].

1081. ***Contrôle du pouvoir disciplinaire de l'employeur.*** Le règlement intérieur définit « la nature et l'échelle des sanctions que l'employeur peut prendre ». S'il existe ainsi un principe de « légalité des peines » — d'ailleurs imparfait —, il n'existe en revanche pas, en droit disciplinaire, de principe de légalité des délits. En effet, constitue une sanction « toute mesure, autre que les observations verbales, prise par l'employeur à la suite d'un agissement considéré par lui comme fautif[4] ». Cette conception large de la sanction permet au salarié de contester des mesures qui ne constituent pas en principe des sanctions, mais ont en l'occurrence été prises pour sanctionner un fait prétendument fautif (sanctions « par destination »). Elle permet aussi à l'employeur de réprimer des comportements qui n'ont pas été prohibés par le règlement intérieur.

La contestation d'une sanction doit être portée devant le conseil de prud'hommes. Celui-ci contrôlera en premier lieu la régularité de la procédure (l'employeur doit convoquer le salarié à un entretien préalable par lettre recommandée avec accusé de réception, ou par lettre remise en main propre moyennant récépissé : la lettre de convocation à cet entretien doit mentionner que le salarié peut se faire assister à cette occasion...). Le conseil contrôle également l'existence de la faute et la proportionnalité de la sanction à celle-ci. Le doute profite au salarié (ce n'est ici qu'une transposition de la présomption d'innocence).

1. C. trav., art. L. 4131-1.
2. C. trav., art. L. 4132-1.
3. C. trav., art. L. 1321-3, 2°.
4. C. trav., art. L. 1331-1.

1082. ***Principe de non-discrimination.*** Indépendamment des mesures disciplinaires auxquelles il se trouve exposé, le travailleur subordonné voit toute sa carrière (embauchage, affectation, mutation, promotion, licenciement...) déterminée par les décisions du détenteur de l'autorité hiérarchique. C'est pourquoi l'affirmation du principe de non-discrimination, dont le domaine d'application est naturellement beaucoup plus large que celui des questions ici abordées, s'affirme avec une particulière netteté :

- dans le préambule de 1946;

- dans le Code du travail : l'article L. 1132-1 prohibe les sanctions et les licenciements discriminatoires; les mesures qui violent la prohibition sont nulles[1] et la Cour de cassation en déduit que le salarié irrégulièrement licencié peut, sur ce fondement, obtenir sa réintégration. L'article 225-1 du Code pénal prévoit en outre des sanctions pénales;

- dans le rôle dévolu au Défenseur des droits qui, depuis le 1er mai 2011, a pris la suite de la Haute autorité de lutte contre les discriminations et pour l'égalité (HALDE)[2].

Le régime de la preuve de la discrimination a été aménagé par la loi du 16 novembre 2001, qui a transposé la directive communautaire n° 97/80/CE du 15 décembre 1997 relative aux discriminations fondées sur le sexe, afin de faciliter l'action exercée par le salarié qui se prétend victime d'une mesure discriminatoire. Les nouvelles règles de preuve sont applicables, sur le plan civil, à toutes les hypothèses de discrimination sanctionnées par l'article L. 1132-4 du Code du travail[3].

La question de la discrimination à raison de l'âge, autrefois négligée, est d'autant plus d'actualité que la réforme des retraites requiert de plus longues durées de cotisation. La Cour de cassation a jugé que la « mise à la retraite » d'un salarié qui n'avait pas droit à une retraite à taux plein, qualifiée de licenciement à raison de l'âge, était un acte nul[4]. Néanmoins, conformément aux prévisions de la directive 2000/78, l'article L. 1133-2 du Code du travail autorise les différences de traitement fondées sur l'âge lorsqu'elles sont justifiées par un but légitime, favoriser l'emploi notamment. La CJUE fait une interprétation libérale de cette faculté, laissant une importante marge d'appréciation aux droits nationaux[5].

1083. ***Du harcèlement sexuel sur les lieux de travail au harcèlement « tout court ».*** Au dispositif traditionnel de prévention des risques professionnels, s'ajoutent désormais des règles tendant à la lutte contre le harcèlement sexuel sur les lieux de travail[6] ainsi que contre le harcèlement moral[7]. Le thème du harcèlement moral tend à prendre une ampleur particulière au point que l'invocation de ce grief devient presque systématique dans le contentieux individuel du travail. La question émerge sans doute en raison des contraintes que les nouvelles technologies et la recherche d'une productivité indéfiniment accrue font

1. C. trav., art. L. 1132-4.
2. L. n° 2011-334 et L. org. n° 2011-333 du 29 mars 2011 relative au Défenseur des droits, *Liaisons soc.* 2011, n° 121.
3. C. trav., art. L. 1134-1. La loi suit en cela la Cour de cassation : « il appartient [à celui-ci]... de soumettre au juge des éléments de fait susceptibles de caractériser une atteinte au principe d'égalité de traitement et... à l'employeur, s'il conteste le caractère discriminatoire de la mesure, d'établir que la disparité de situation est justifiée par des éléments objectifs étrangers à toute discrimination » (Soc. 23 nov. 1999 et 28 mars 2000, *Bull. civ.* V, n° 447; *DS* 2000. 593; *RJS* 2000, n° 498).
4. Soc. 21 déc. 2006, *Liaisons soc.* 10 janv. 2007, Bref social.
5. CJUE 5 juill. 2012, *Hörnfeldt*, aff. C-141/11, *Liaisons soc. Europe* 12 juill. 2012, n° 308.
6. C. pén., art. 222-33 s.
7. C. trav., art. L. 1152-1 s.

peser sur les salariés. C'est un signe d'impuissance du droit du travail que de ramener à des catégories relevant de la « victimisation » individuelle des difficultés relatives aux conditions de travail, qui paraissent en réalité appeler la régulation collective. Lorsque l'avocat remplace le délégué syndical, le salarié et l'entreprise sont parfois tous deux perdants.

C. L'affirmation de droits sociaux collectifs

1084. L'organisation collective des salariés est favorisée. La participation des salariés à la gestion des entreprises longtemps demeurée embryonnaire, tend à se concrétiser. Le développement de la négociation collective est plus net encore, au renfort de laquelle vient le droit de grève.

1. Droit à la représentation et à l'organisation collective

1085. ***Droit syndical.*** « Tout homme peut défendre ses droits et ses intérêts par l'action syndicale et adhérer au syndicat de son choix. » Pour renforcer la légitimité des organisations syndicales, la loi du 20 août 2008 a redéfini la notion de représentativité syndicale. Les conditions « qualitatives » de la représentativité[1] ont peu changé, même si la référence désuète à l'« attitude patriotique pendant l'occupation » a été remplacée par le « respect des valeurs républicaines ». En revanche, une condition quantitative nouvelle a fait son apparition. Pour être représentatifs, les syndicats doivent avoir une audience électorale minimale : 10 % des voix au niveau de l'entreprise, 8 % aux niveaux supérieurs. Désormais la représentativité des organisations patronales est également mesurée afin de mieux garantir leur aptitude à conclure des accords collectifs[2].

1086. ***Représentation élue du personnel.*** La représentation du personnel concourt à la réalisation des droits sociaux, tant individuels que collectifs, des salariés. Tel est le fondement constitutionnel du statut protecteur dont bénéficient les représentants du personnel[3]. L'ordonnance 2017-1386 du 22 septembre 2017 « relative à la nouvelle organisation du dialogue social et économique dans l'entreprise » présente le mérite d'avoir créé une instance unique de représentation du personnel, le comité social et économique, qui se substitue aux anciens délégués du personnel, comité d'entreprise et CHSCT, et recueille l'ensemble de leurs attributions. Cette clarification et cette simplification de l'organisation de la représentation du personnel ne pourront que contribuer à en améliorer l'efficacité.

2. Participation à la gestion des entreprises

1087. « Tout travailleur participe, par l'intermédiaire de ses délégués, à la gestion des entreprises » (alinéa 8 du préambule de 1946). Ce principe est consacré de diverses manières, principalement par le développement du droit de la négociation collective, par les attributions économiques du comité d'entreprise et par les dispositifs d'intéressement et de participation aux profits et au capital.

1088. ***Droit à la négociation collective et obligations de négocier.*** Pendant longtemps, le droit de la négociation collective s'est surtout intéressé à la convention collective, acte qui en est le résultat. En effet, l'application de la convention collec-

1. C. trav., art. L. 2121-1.
2. C. trav., art. L. 2152-1 s.
3. Cons. const. 20 juill. 1988, n° 88-244 DC, *D.* 1989. 269, note Luchaire.

tive, négociée entre syndicats de salariés et groupements d'employeurs, à des employeurs pris individuellement, suppose une dérogation au principe de l'effet relatif des contrats. Contrat au moment de sa formation, la convention collective est traitée comme un règlement au stade de l'application. Aussi la Cour de cassation contrôle-t-elle sa bonne application. À l'instar du droit américain, la loi française multiplie les obligations de négocier : obligations annuelles de négocier les salaires réels, la durée effective et l'organisation du temps de travail; obligation quinquennale de négocier, au niveau des branches, les salaires et les classifications... En raison des nouveaux champs de compétence reconnus à la négociation collective, on assiste à un double mouvement.

D'une part, la négociation se déplace de la branche (où la négociation est très pauvre en raison de la généralité excessive des accords de branche, mal adaptés à la diversité des entreprises) vers l'entreprise. La loi travail du 8 août 2016 et, surtout, l'ordonnance 2017-1375 du 22 septembre 2017 relative au renforcement de la négociation collective confortent le poids des accords d'entreprise, étant observé que les accords d'entreprise majoritaires (signés par des organisations syndicales qui rassemblent au moins 50 % des suffrages exprimés lors des élections professionnelles, au lieu de 30 % voire 10 %) deviennent progressivement la règle, la légitimité de ces accords étant ainsi renforcée.

D'autre part, la négociation nationale interprofessionnelle a pris une portée toute particulière depuis qu'il est fait obligation au gouvernement de faire précéder tout projet de réforme d'une concertation préalable susceptible de donner lieu à l'ouverture d'une négociation puis à la conclusion d'un accord national interprofessionnel. Les grandes lois de droit du travail de ces dernières années se bornent à entériner des accords nationaux interprofessionnels après un simple travail de réécriture et de mise en forme par les bureaux ministériels. Dès lors, l'ANI tient lieu de travaux parlementaires. C'était le cas notamment pour la loi du 14 juin 2013 relative à la sécurisation de l'emploi dont le contenu était commandé par l'ANI du 11 janvier 2013.

Les rapports entre normes étatiques et réglementations privées se trouvent profondément bouleversés par ces évolutions qui traduisent un désengagement de l'État et laissent prévoir une mutation dans la conception même des « droits sociaux ». Désormais la présentation rénovée du Code du travail distingue avec beaucoup de clarté des dispositions d'ordre public (impératives tant vis-à-vis des parties au contrat de travail que vis-à-vis des partenaires sociaux) et des dispositions supplétives qui peuvent être écartées par les accords collectifs.

1089. ***Comité social et économique.*** Le CSE, présidé par l'employeur et composé d'élus des salariés, exerce une forme de participation à la gestion dans toutes les entreprises. Il remplace le comité d'entreprise (dans les entreprises de plus de 50 salariés), ainsi que les délégués du personnel (dans les entreprises de plus de 10 salariés) et le CHSCT. Les prérogatives du CSE, dans l'ordre économique, sont essentiellement consultatives. Le droit français a développé à l'extrême la théorie de l'information du comité. Dans les sociétés commerciales, et particulièrement dans les sociétés par actions, les comités se sont vus reconnaître nombre de pouvoirs d'initiative identiques à ceux qui sont reconnus aux associés minoritaires, comme le droit d'alerte, le droit de demander une expertise judiciaire de gestion ou la convocation d'une assemblée générale, ou encore le droit de présenter des résolutions aux assemblées générales.

L'employeur doit verser au comité social et économique une subvention de fonctionnement qui s'ajoute à la subvention destinée aux activités sociales et culturelles. Le comité peut de surcroît se faire assister d'experts aux frais de l'entreprise dans plusieurs hypothèses... Enfin, il est désormais soumis à des obligations comptables plus ou moins contraignantes suivant sa taille et l'importance de ses budgets.

Lorsque l'entreprise fait l'objet d'une procédure collective, le comité se voit reconnaître des prérogatives substantielles : il dispose alors d'un véritable droit d'intervention dans le cours de la procédure notamment en étant consulté par le tribunal de commerce et les organes de la procédure ou en exerçant des voies de recours.

Participation financière et représentation dans les organes de gestion ou de surveillance. La participation des salariés prend aussi souvent la forme d'une participation au capital. C'est ainsi que, dans les sociétés par actions, l'actionnariat salarié s'est considérablement développé au cours de ces dernières années grâce à différents dispositifs comme les augmentations de capital réservées aux salariés ou l'utilisation de la réserve de participation via des plans d'épargne entreprises investis en actions. Désormais, dans les sociétés cotées, lorsque plus de 30 % du capital est détenu par des salariés actionnaires, ceux-ci doivent être représentés au conseil d'administration ou au conseil de surveillance.

La loi du 14 juin 2013 (modifiée par la loi Macron du 17 août 2015) a franchi une étape importante dans la participation des salariés à la gestion en imposant qu'ils soient représentés en tant que tels (indépendamment de la représentation des salariés actionnaires) dans les conseils d'administration ou les conseils de surveillance des sociétés par actions qui emploient – en leur sein ou au sein du groupe qu'elles contrôlent – au moins 1 000 (si les sociétés employeurs sont françaises) ou au moins 5 000 salariés (au sein d'un groupe international)[1].

3. *Droit de grève*

1090. ***La grève, liberté individuelle exercée collectivement.*** Dans de nombreux pays occidentaux, la grève, le droit syndical, le droit à la négociation collective, constituent des libertés collectives. En droit allemand par exemple, le droit de grève et le droit à la négociation collective dérivent de l'article 9, alinéa 3 de la Loi fondamentale, qui proclame la liberté de coalition. Corrélativement, le syndicat est le détenteur du droit de grève et du droit à la négociation collective (« conception organique ») : par ailleurs, comme la liberté de coalition est bilatérale (elle vise aussi les coalitions patronales), les droits dérivés sont bilatéraux. Au nom de l'« égalité des armes », le droit allemand considère le *lock-out* comme licite.

En France, les droits sociaux collectifs sont d'abord considérés comme des libertés individuelles. Il en est ainsi du droit de grève. La grève, pour être licite, n'a pas besoin de l'aval du syndicat, ni d'ailleurs de l'accord de la majorité du personnel. La Cour de cassation considère qu'une convention collective ne peut avoir pour effet de limiter ou de réglementer pour les salariés l'exercice du droit de grève[2].

La grève, sauf faute lourde, ne rompt pas le contrat de travail. Elle le suspend. Les licenciements prononcés en violation de cette disposition étant nuls de plein droit[3], le gréviste licencié alors qu'il n'a pas commis de faute lourde est en droit de demander sa réintégration.

---

1. C. com., art. L. 225-27-1.
2. Soc. 12 mars 1996, *Liaisons soc.* 1996, Jurispr. 498. Il en résulte que les clauses de préavis avant grève sont inopposables aux salariés.
3. C. trav., art. L. 2511-1.

Avant la Seconde Guerre mondiale, le principe de continuité du service public conduisait à priver les fonctionnaires du droit de grève et de la liberté syndicale. Le préambule de 1946 a fait prévaloir la solution inverse. Toutefois, le droit de grève dans le secteur public est réglementé. Plusieurs catégories d'agents publics sont tenues de respecter un service minimum. Le débat sur l'extension du service minimum est régulièrement relancé. La loi « sur la continuité du service public dans les transports terrestres » du 21 août 2007, sans instituer de service minimum, cherche à prévenir les conflits et à limiter leur impact. À cette fin, elle astreint notamment les personnels concernés à informer le chef d'entreprise de leur intention de prendre part à la grève au moins 48 heures à l'avance. L'objectif est de faciliter l'information des usagers et l'utilisation rationnelle des moyens qui demeurent disponibles. Des dispositifs semblables ont été adoptés dans d'autres secteurs comme le transport aérien.

Bibliographie indicative

- G. Dumortier et *al.*, « Actualité des questions prioritaires de constitutionnalité », chroniques périodiques publiées par la revue *Droit social*.
- Dossiers consacrés à la réforme du droit du travail : revue *Droit social* 12/2017 et 1/2018.
- E. Barbara, « Quid du salarié du XXIe siècle ? », *Dr. social* 2018, p 84.
- A. Jeammaud et O. Favereau, « Qu'est devenue l'idée démocratique en droit du travail ? », *RDT* 2017. 576.

Pistes de réflexion

Démocratie sociale. Rôles respectifs du Parlement et des partenaires sociaux dans l'élaboration du droit social
Confrontation des droits sociaux et des politiques de l'emploi
La santé au travail et les risques psychosociaux

Section 6.
LE DROIT À LA SANTÉ

LISE CASAUX-LABRUNÉE
***Professeur à l'Université Toulouse Capitole, Faculté de droit et science politique*[1]**

Les questions de santé sont en permanence au cœur de l'actualité et les sujets qui y mènent nombreux : épidémies, accidents sanitaires, responsabilité médicale, accès aux soins, maîtrise des dépenses de santé, progrès de la science... Le sentiment d'insécurité grandissant, il est important de s'interroger sur ce principe du « droit à la santé » (en réalité : droit à la protection de la santé) maintes fois affirmé dans les textes internationaux et affiché au plus haut niveau de la hiérarchie des sources internes : « La Nation garantit à tous... la protection de la santé ». Comme beaucoup de « droits à » affirmés par le préambule de la Constitution de 1946, le droit à la santé est essentiel mais il souffre d'un manque d'effectivité. Son étude permet d'illustrer un fait acquis : l'affirmation des droits fondamentaux ne suffit pas, c'est à leur « activation » qu'il faut travailler, la protection de la santé étant l'affaire de tous : État, professionnels de santé, entreprises, individus eux-mêmes...

« La santé peut paraître à la longue un peu fade;
Il faut, pour la sentir, avoir été malade ».
(J.-F. Collin d'Harleville, *L'optimiste*, acte I, scène 1)

1. La mise à jour de cette contribution pour la présente édition doit beaucoup au travail réalisé par Luc de Montvalon, doctorant à l'université Toulouse Capitole, que je tiens ici à remercier particulièrement.

II. L'effectivité du principe

A. Conditions de l'effectivité

1. L'effectivité par la loi

2. L'effectivité par le juge

B. Limites de l'effectivité

1. Limites collectives

2. Limites individuelles

1091. Sujet universel s'il en est, la santé concerne chacun de nous à des degrés divers, chacun selon son histoire, chacun selon ses déboires. En témoignent ces scènes de la vie quotidienne où, politesse aidant, l'on s'enquiert de son prochain : « Bonjour ! Comment allez-vous ? ». La réponse dépendra surtout du tempérament de la personne rencontrée. « Oh, vous savez... » suivi d'un *lamento*, ne correspondra pas toujours à une altération grave de la santé, tandis qu'un : « Bien, je vous remercie » exprimera parfois réserve et pudeur face à une maladie ou une souffrance que l'on préfère taire. Révélateurs aussi, l'usage des vœux : « Bonne année, bonne santé ! » Qui n'a reçu ou adressé la formule, enfilant avec générosité, bonheur, joies diverses, prospérité et santé bien sûr, souvent en premier, parce que sans la santé...

La santé occupe et préoccupe. Pour autant, une étude sur le « droit à la santé » paraît à première vue déraisonnable. Il y a d'abord la difficulté si ce n'est l'impossibilité de définir précisément ce qu'est la santé, laquelle présente on vient de le voir, un caractère subjectif, relatif. Mais aussi, le fait que la plupart des « droits à » sont aujourd'hui des droits « en souffrance ».

1092. *Qu'est-ce que la « santé » ?* La plus célèbre définition est certainement celle de l'Organisation mondiale de la santé (OMS) créée lors de la conférence internationale de la santé de New York le 22 juillet 1946 dans le but « d'amener tous les peuples au niveau de santé le plus élevé possible » (article 1er de sa Constitution). Vaste objectif auquel correspond une définition ambitieuse : la santé n'y est pas seulement définie comme l'absence de maladie ou d'infirmité, mais comme un « état de complet bien-être physique, mental et social ». Utopie ? Il est clair qu'une conception aussi extensive et subjective « ne contribue guère à l'intégration de la santé dans les concepts dotés de valeur juridique »[1]. Mais tel n'est peut-être pas son objectif, l'OMS ayant surtout pour objet d'aider les gouvernements à renforcer leurs services de santé, informer, conseiller, favoriser l'amélioration de la nutrition et de l'hygiène, promouvoir la coopération entre groupes scientifiques et professionnels, proposer des conventions et accords internationaux, stimuler et guider la recherche, établir des normes internationales pour les aliments, les produits biologiques et pharmaceutiques. La santé visée est donc bien plus un objectif destiné à guider un programme d'actions qu'une notion à contenu normatif. On comprend dès lors cette définition extensive qui ne traduit rien d'autre qu'un objectif élevé et digne de l'être.

La santé peut-elle être définie autrement qu'en termes subjectifs ? Au-delà de l'approche, sans doute restrictive, qui considère la santé comme une absence de maladie ou d'infirmité, des efforts sont réalisés en médecine pour tenter de mieux distinguer santé « observée » et santé « perçue », de dissocier regard des

1. V. Saint-James, « Le droit à la santé dans la jurisprudence du Conseil constitutionnel », *RD publ.* 1997. 460.

soignants et vécu des patients. Peut-être aussi, en raison des contraintes inhérentes à notre système de protection sociale, allons-nous vers une conception de la santé « normalisée », qui n'est pas sans danger, se traduisant notamment par la limitation de la prise en charge des soins à ce qui aura été jugé normalement nécessaire à la couverture ou au traitement de telle affection. Santé subjective, santé objective... Santé relative aussi : l'individu habitué au confort et celui qui vit dans la précarité ne la conçoivent certainement pas de la même façon.

La recherche d'une définition unique du mot « santé » paraît vaine. Il n'est pas sûr au demeurant qu'une telle définition soit nécessaire pour s'interroger sur le principe du « droit à la santé ». Combien de droits donnent vie à des concepts dont la définition est plurielle, si ce n'est fuyante : la liberté, l'égalité, la sûreté, la dignité ? Faut-il pour autant renoncer à leur donner sens ? L'effort sur le concept doit être poursuivi, mais dans le même temps, la recherche sur le droit doit prospérer. De plus, c'est souvent la mise en œuvre du droit lui-même qui permet d'affiner les concepts, quitte parfois, selon les besoins, à en adopter des définitions différentes.

1093. ***Un « droit à » en souffrance.*** Quel est ce mal dont souffrent à l'évidence trop de « droits à » ?

Ces dernières années ont vu se développer une multitude de « droits à » : droit au logement, droit à la vie privée, droit au respect de la présomption d'innocence... pour n'en prendre que quelques exemples. On observe ainsi à l'époque moderne, au-delà du phénomène si parfaitement décrit de « pulvérisation du droit en droits subjectifs »[1] où chacun tente de revendiquer ce à quoi il pense légitimement avoir droit, une forte « poussée » des droits fondamentaux où juges et législateurs retrouvent les vertus protectrices et structurantes des « grands » principes. Ont été particulièrement redécouverts en droit français les « principes politiques, économiques et sociaux particulièrement nécessaires à notre temps » du préambule de la Constitution du 27 octobre 1946, tandis que d'autres principes se sont hissés au rang de norme constitutionnelle par l'audacieuse jurisprudence du Conseil constitutionnel, lequel dispose il est vrai d'un « talent remarquable pour faire éclore de fertiles ramifications de principes préexistants »[2]. De façon générale, c'est l'importance des droits fondamentaux que l'on redécouvre, sans avoir réussi encore à bien les ordonner, sans peut-être s'être suffisamment interrogé sur la signification de chacun d'eux et plus encore sur l'effectivité à laquelle chacun peut prétendre.

Le paradoxe mérite d'être souligné : des principes parfois très haut placés du point de vue de la hiérarchie des normes, dans la sphère constitutionnelle, avec souvent un écho international, privés d'effet, parfois lettre morte faute d'une signification explicitée. À le laisser subsister, on prend le risque de voir se développer la méfiance, la défiance, vis-à-vis de principes qui seraient aussi magnifiquement énoncés qu'inefficaces. Voilà pourquoi, d'emblée, le droit à la santé ne peut être pris au sérieux. Il a pourtant toutes les raisons de l'être.

1094. ***La santé au cœur des préoccupations contemporaines.*** Les préoccupations relatives à la santé tiennent une grande place dans la vie des individus comme dans celle de la Nation. La santé apparaît aujourd'hui comme la résultante d'un certain nombre de données individuelles (le « capital » reçu par chacun à sa naissance) mais aussi scientifiques, environnementales, économiques

1. J. Carbonnier, *Droit et passion du droit sous la Vᵉ République*, Flammarion, 1996, p. 121 s.
2. N. Molfessis, « Les sources constitutionnelles du droit des obligations », Travaux Capitant, *Le renouvellement des sources du droit des obligations*, LGDJ, 1997, p. 70.

(contraintes financières liées aux politiques de santé). Selon les avancées, les « progrès » accomplis dans tel ou tel domaine, des motifs d'espoir alternent avec des motifs d'inquiétude. La situation sanitaire actuelle, forte de l'extraordinaire amélioration en un siècle de l'état de santé de la population, est marquée par des perspectives très prometteuses ouvertes par certains outils scientifiques. « Au nom des progrès en cours on en vient parfois à espérer que tout soit techniquement possible, ce qui aurait pour corollaire juridique l'extension quasi illimitée de la responsabilité des professionnels de santé. Mais au nom des incertitudes qui demeurent, voire des régressions qui menacent dans certains domaines tels que celui des maladies infectieuses, il faut admettre que la réalité est beaucoup plus aléatoire et que, par suite, le droit doit évoluer avec prudence[1] ». Espoir donc, mais aussi impuissance face à des pathologies anciennes ou récentes, inquiétudes face aux répercussions sur la santé publique de l'environnement économique et social (les effets de la précarité sont notamment sous-estimés) inquiétudes aussi face à la dégradation de l'écosystème ou à l'usage imprudent de nouvelles technologies, à l'irresponsabilité ou l'inconscience de certains acteurs de l'économie. Contamination par virus, pollutions atmosphériques, intoxications alimentaires... l'actualité est trop riche de ces événements-là.

1095. *Un « droit à » essentiel.* La loi du 29 juillet 1998 relative à la lutte contre les exclusions garantit dans son article premier « l'accès effectif de tous aux droits fondamentaux dans les domaines de l'emploi, du logement, de la protection de la santé, de l'éducation, de la formation et de la culture... ». Droit au travail, droit au logement, droit à la santé, droit à l'instruction, la formation et la culture... Des « droits à » essentiels rapprochés ici de façon significative, au-dessus desquels on peut certainement placer, chapeautant l'ensemble, le fameux principe de dignité : « La sauvegarde de la dignité de la personne humaine contre toute forme d'asservissement et de dégradation est un principe de valeur constitutionnelle »[2]. Alors, si à la hiérarchie des normes on substituait un instant celle des besoins essentiels, peut-être pourrait-on s'accorder sur les bases d'un bien-être minimal, commun à tous, quel que soit son âge, sa religion, sa nationalité... Peut-être, peut-on trouver là les quatre points cardinaux de « l'état complet de bien-être physique, moral et social » visé par l'OMS.

Assurément, les raisons ne manquent pas de s'interroger sur le « droit à la santé », lequel prend source en droit interne dans le préambule de la Constitution du 27 octobre 1946 : « La Nation assure à l'individu et à la famille les conditions nécessaires à leur développement » (al. 10). « Elle garantit à tous, notamment à l'enfant, à la mère et aux vieux travailleurs, la protection de la santé, la sécurité matérielle, le repos et les loisirs » (al. 11). Mais l'affirmation des droits fondamentaux ne suffit pas. C'est à leur « activation » qu'il faut songer, laquelle suppose une réflexion préalable sur l'autorité (***I.***) et l'effectivité (***II.***) de chaque principe.

I. L'autorité du principe

1096. L'autorité d'un principe, son aptitude à s'imposer et à servir de référence, se mesure d'abord à l'aune de ses fondements, des textes qui en supposent ou affirment l'existence. Un principe fondamental ne s'invente pas. Seule la lec-

1. *Réflexions sur le droit de la santé*, Conseil d'État, Rapport public 1998, Doc. fr., p. 235.
2. Cons. const. 27 juill. 1994, n° 94-343/344 DC; M.-L. Pavia et T. Revet (dir.), *La dignité de la personne humaine*, Economica, coll. « Études juridiques », 1999.

ture des textes qui lui donnent naissance permet d'en discerner les premiers contours, d'en approcher le sens, d'en apprécier la valeur. Le sujet étant universel, le droit « fondamental »[1], l'on ne s'étonnera pas d'en trouver la marque à la fois dans l'ordre international et européen (***A.***) et dans l'ordre interne (***B.***).

A. En droit international et européen

1097. *Proclamations internationales.* C'est au lendemain de la Seconde Guerre mondiale, fécond pour les droits fondamentaux, qu'un droit relatif à la santé, à l'échelle internationale, s'est trouvé à diverses reprises solennellement proclamé[2]. D'abord par la Déclaration universelle des droits de l'homme, adoptée par l'Assemblée générale des Nations unies le 10 décembre 1948 : « Toute personne a droit à un niveau de vie suffisant pour assurer sa santé, son bien-être et ceux de sa famille, notamment pour l'alimentation, l'habillement, le logement, les soins médicaux ainsi que pour les services sociaux nécessaires » (art. 25-1). Cette Déclaration ne consacre cependant qu'indirectement un « droit à la santé », posant surtout le droit à un niveau de vie décent permettant d'accéder à la satisfaction des besoins essentiels (alimentation, habillement, logement...). La puissance de l'affirmation ne doit pas dissimuler sa fragilité dans l'ordre juridique : l'on admet en effet, si importante soit elle, que cette Déclaration qui ne constitue qu'une recommandation, ne crée pas d'obligations à la charge des États et ne peut être considérée comme une véritable source de droits[3].

Un droit à la santé est également affirmé dans le Pacte relatif aux droits sociaux, économiques et culturels ouvert à la signature des États par les Nations unies en 1966, auquel la France a adhéré en 1980 : « Toute personne a le droit de jouir du meilleur état de santé physique et mental qu'elle est capable d'atteindre » (art. 12-1). Cette fois, il s'agit bien de droit à la santé et la source est bel et bien créatrice d'obligations[4]. Se pose alors la question du contrôle du respect des engagements pris par les États. Les normes internationales formulées par ces pactes s'accompagnent en effet de l'aménagement d'un contrôle qui n'est pas juridictionnel. Les États s'engagent seulement à présenter des rapports sur les mesures adoptées et les progrès accomplis par eux en vue d'assurer le respect des droits reconnus. De la même façon, l'OMS affirme dans le préambule de sa constitution (1948) : « La possession du meilleur état de santé qu'il est capable d'atteindre constitue l'un des droits fondamentaux de tout être humain, quelle que soit sa race, sa religion, ses opinions politiques, sa conduite économique »[5].

Conseil de l'Europe. La Charte sociale européenne du 18 octobre 1961, ratifiée par la France en 1972, affirme pour toute personne : « le droit de bénéficier de

---

1. V. Champeil-Desplats, « La notion de droit "fondamental" et le droit constitutionnel français », *D.* 1995. Chron. 323; J. Favard, « Le labyrinthe des droits fondamentaux », *Dr. soc.* 1999. 215.
2. M. Bélanger, « Origine et histoire du concept de santé en tant que droit de la personne », *JIB* 1998, vol. 9, n° 3, p. 57.
3. F. Terré, *Introduction générale au droit*, 8e éd., Dalloz, 2009, p. 224.
4. La Commission des droits de l'homme du Conseil économique et social des Nations unies a nommé en 2002 un rapporteur spécial pour une période de trois ans, dont le mandat porte sur le droit de toute personne de jouir du meilleur état de santé physique et mentale susceptible d'être atteint (rapporteur : Paul Hunt, Nouvelle-Zélande).
5. Depuis 1948, ce droit a été réaffirmé dans des résolutions ultérieures de l'OMS (1970, 1977) tandis qu'en 1978, la déclaration d'Alma-Ata a permis d'expliciter l'objectif résultant du « nouvel ordre sanitaire international » (NOSI) concept « santé pour tous » adopté en 1975. M. Bedjaoui, « Le droit à la santé : espoirs, réalités, illusions », *JIB* 1998, vol. 9, n° 3, p. 34; J. Breilh, M.-W. Ho, A. Katz, *La santé pour tous ! Se réapproprier Alma-Ata*, éd. du CETIM, 331 p., 2007.

toutes les mesures lui permettant de jouir du meilleur état de santé qu'elle puisse atteindre » (art. 11). Là encore, la valeur juridique de la convention et des principes qu'elle contient, doit être appréciée au regard des mesures qui permettent d'en assurer la mise en œuvre. De ce point de vue, la conférence ministérielle sur les droits de l'homme qui s'est tenue à Rome le 5 novembre 1990, a souligné la nécessité de donner à la Charte sociale européenne « une nouvelle impulsion ». La charte « révisée », signée à Strasbourg le 3 mai 1996, précise ainsi pour chaque droit affirmé les mesures destinées à en assurer un exercice effectif[1]. Elle prévoit également dans son protocole additionnel un « système de réclamations collectives » par lequel des partenaires sociaux et des organisations non gouvernementales se voient reconnaître le droit de faire des réclamations au cas d'application non satisfaisante de la charte, pouvant donner lieu après rapport d'un comité d'experts indépendants, à des recommandations adoptées en Comité des ministres. Le point faible de cette charte sociale reste de ne pas permettre les recours individuels devant la Cour européenne des droits de l'homme, à la différence de sa congénère, la Convention européenne des droits de l'homme[2].

1098. ***Dans le système de l'Union européenne.*** Les États membres, au moment du traité d'Amsterdam signé le 2 octobre 1997 ont seulement confirmé « leur attachement aux droits sociaux fondamentaux tels que définis dans la Charte sociale européenne, signée à Turin le 18 octobre 1961, et dans la Charte communautaire des droits sociaux fondamentaux des travailleurs de 1989 » (préambule du traité de Maastricht du 7 févr. 1992). Si la double référence contribue certainement à déterminer le programme d'actions de la Communauté, le doute est permis sur sa valeur juridique réelle. Les auteurs prudents lui reconnaissent simple valeur déclaratoire, sans doute au regard du caractère peu contraignant de la Charte de 1961, et non contraignant de celle de 1989[3]. La même question se pose encore s'agissant de la Charte des droits fondamentaux de l'Union européenne, proclamée à Nice le 18 décembre 2000, laquelle consacre spécifiquement dans son article 35 le droit à la protection de la santé : « Toute personne a le droit d'accéder à la prévention en matière de santé et de bénéficier de soins médicaux dans les conditions établies par les législations et pratiques nationales. Un niveau élevé de protection de la santé humaine est assuré dans la définition et la mise en œuvre de toutes les politiques et actions de l'Union ».

Les textes supranationaux montrent qu'un droit fondamental relatif à la santé humaine existe au-delà des frontières, « composé complexe de droit "programmatoire" et de droit obligatoire ». Ces nombreuses normes posent surtout la question de leur valeur juridique réelle et celle, bien sûr, de leur effectivité.

1099. ***Un droit fondamental pour de nombreux États membres.*** Au sein même de l'Union européenne, la santé apparaît comme une préoccupation largement partagée. Sous des formulations diverses, elle est consacrée comme droit fondamental dans différents pays dont la Belgique (art. 23 Constitution du 17 février 1994), l'Italie (art. 32 Constitution du 27 décembre 1947), le Luxembourg (art. 11 Constitution du 17 octobre 1868) les Pays-Bas (art. 22 Constitution du 17 février 1983).

---

1. Décr. n° 2000-110 et 111 du 4 févr. 2000, portant publication de la Charte sociale européenne révisée et du Protocole additionnel, *D.* 2000. 158 s.
2. N. Valticos, « La Charte sociale européenne, sa structure, son contenu, le contrôle de son application », Dr. soc. 1963. 466; P. Laroque, « La Charte sociale européenne », Dr. soc. 1979. 100.
3. S. Robin-Olivier, « La référence aux droits sociaux fondamentaux dans le traité d'Amsterdam », Dr. soc. 1999. 609.

Les textes constitutionnels les plus précis sont incontestablement ceux de l'Espagne et du Portugal. La Constitution du royaume d'Espagne du 27 décembre 1978 (article 43) reconnaît ainsi le droit à la protection de la santé en précisant qu'« il incombe aux pouvoirs publics d'organiser et de protéger la santé publique par des mesures préventives et les prestations et services nécessaires ». Contrairement à d'autres qui l'affirment de façon laconique, le droit à la santé est ici envisagé à titre à la fois préventif et curatif. De plus, la santé n'y apparaît pas seulement comme un engagement des pouvoirs publics envers les citoyens : « La loi établira les droits et les devoirs de tous à cet égard ».

La Constitution de la République portugaise du 2 avril 1976 repose sur la même idée tout en se distinguant des autres par la façon dont elle introduit ce droit dans son ordre juridique, ajoutant un véritable programme d'actions à la proclamation solennelle du principe selon laquelle « chacun a droit à la protection de sa santé et le devoir de la préserver et de l'améliorer » : un service national de santé universel et général qui tendra à la gratuité en tenant compte de la situation économique et sociale des citoyens, des conditions économiques, sociales et culturelles qui puissent garantir la protection de l'enfance, de la jeunesse et de la vieillesse, l'amélioration systématique des conditions de vie et de travail, la promotion de la culture physique et sportive, scolaire et populaire, le développement de l'éducation sanitaire du peuple (art. 64).

Mais là encore, l'affirmation des droits ne suffit pas. C'est l'effectivité de ces principes résolument affirmés qu'il importerait de connaître. Des études de droit comparé seraient utiles.

B. En droit interne

1100. Le « droit à la santé » français puise également à la source constitutionnelle. La suprématie du fondement invite à une réflexion sur le sens (*1.*) la valeur (*2.*) et la portée du principe (*3.*).

1. Le sens du principe

1101. Le sens du droit à la santé recèle des difficultés quel que soit l'organe qui entreprend de le faire respecter. Le Conseil constitutionnel français n'échappe pas à cette fatalité[1]. Une seule certitude : le texte du préambule ne garantit pas la santé, il garantit la « protection de la santé », ce qui est bien différent[2]. Les Constitutions des États voisins font preuve de la même sagesse en garantissant seulement la protection de la santé. Un « droit à la santé » n'existe donc pas.

1102. ***Droit à la santé et droit à la sécurité sociale.*** Le « droit à la protection de la santé » est évidemment la formule la plus juste, à condition de ne pas le confondre avec le droit à la sécurité sociale. Si la Déclaration universelle des droits de l'homme (art. 22 et 25), la Charte sociale européenne (art. 11 et 13) ou encore diverses Constitutions étrangères (Espagne, Portugal, Italie...) affirment séparément droit à la santé et droit à la sécurité sociale, la confusion est plus grande en droit constitutionnel français où l'un et l'autre trouvent appui, cependant de façon différente, sur l'alinéa 11 du préambule de la Constitution de 1946.

1. V. Saint-James, *op. cit.*, *RD publ.* 1997. 465-466.
2. J. Moreau, « Le droit à la santé », *AJDA* 1998. 186.

En effet, si la « protection de la santé » est clairement garantie par le préambule, on ne trouve nulle trace dans les dispositions du bloc de constitutionnalité d'un « droit à la sécurité sociale », trop jeune en 1946, sauf à déduire son existence du droit à la sécurité *matérielle* garanti par le préambule. Ce n'est qu'à l'article 34 de la Constitution du 4 octobre 1958 que la Sécurité sociale apparaît à l'occasion de la répartition des compétences entre pouvoir législatif et pouvoir réglementaire[1]. Où plane l'ombre du Conseil constitutionnel, lequel par plusieurs décisions retentissantes (22 janvier 1990, 16 janvier 1991, 29 juillet 1991...) a donné une portée nouvelle au onzième alinéa du préambule. Par conséquent, si le droit à la protection de la santé résulte directement du préambule de 1946, le droit à la sécurité sociale est issu quant à lui de la jurisprudence du Conseil constitutionnel. Ce qui explique pourquoi le droit à la protection de la santé est souvent présenté comme la source du droit à la sécurité sociale[2].

Le risque de confusion est d'autant plus grand que ces droits sont indiscutablement liés. Le droit à la protection de la santé suppose en effet que chaque membre de la collectivité soit à même de faire face au coût de l'accès aux soins. Le droit à la sécurité sociale n'est autre, lorsque la santé a un coût, qu'une *condition d'effectivité* du droit à protection de la santé. Mais le droit à la protection de la santé ne se réduit pas non plus à la sécurité sociale, pas plus que la sécurité sociale n'intéresse exclusivement la protection de la santé, les risques pris en charge par elle n'étant pas uniquement ceux affectant la santé.

1103. ***Droit à la santé et droit de la santé.*** La distinction est plus délicate entre « droit à la santé » et « droit de la santé ». Le vocabulaire des juristes oscille entre les deux pour s'arrêter le plus souvent sur le « droit de la santé » avec l'argument qu'une trop grande incertitude conceptuelle pèse sur le mot « santé » pour donner sérieusement corps à un « droit à la santé », référence faite à la définition extensive de l'OMS, avec la crainte en arrière-fond d'une santé indéfinie qui ouvrirait la voie, dangereuse et insensée, au droit à une « santé parfaite »[3]. « La santé en effet, est un don ou un prêt de Dieu ou de la nature, selon que l'on est croyant ou non. Aucun texte, aucun tribunal national ou international ne peut donner ce qui ne peut pas être donné et garantir l'ingarantissable. Il faut donc parler plutôt d'un droit de la santé... »[4].

Exit par conséquent le « droit à la santé » ? La conclusion est trop rapide car les textes ne sont pas aussi chimériques : au niveau national et international, ils s'attachent le plus souvent à garantir la *protection de la santé* et non la santé. Par ailleurs, seul le « droit à la santé » a véritablement un sens dans l'ordre juridique.

Il existe certainement entre droit à la santé et droit de la santé, la même relation qu'entre droit au travail et droit du travail, droit à l'emploi et droit de l'emploi. Rien de comparable *a priori :* le premier vise un principe doté d'une valeur juridique constitutionnelle, l'autre est une discipline, un corpus de règles poursuivant un même objectif : « Le droit de la santé est l'ensemble des règles applicables aux activités dont l'objet est de restaurer la santé humaine, de la protéger et d'en prévenir les dégradations[5] ». En réalité, il n'y a pas tant lieu de les opposer que de rendre à chacun sa juste finalité.

1. J.-J. Dupeyroux, M. Borgetto, R. Lafore, *Droit de la sécurité sociale*, 16e éd., Dalloz, coll. « Précis », 2008, n° 463.
2. Y. Chauvy, « Les normes supérieures du droit de la sécurité sociale », *RD publ.* 1996. 991.
3. L. Sfez, *La santé parfaite, critique d'une nouvelle utopie*, Seuil, 1995.
4. J.-L. Baudouin, *op. cit.*
5. J.-M. De Forges, *Le droit de la santé*, PUF, coll. « Que sais-je ? », n° 2308, p. 7.

Il reste en revanche au « droit de la santé » à trouver sa place au sein des divisions ou subdivisions du droit objectif, déjà bien emmêlées, et à affirmer sa spécificité au regard de disciplines voisines telles le droit social, qui traite aussi et depuis longtemps de questions de santé. Le droit de la santé, qui emprunte autant au droit privé qu'au droit public, appelle après d'autres le renouvellement de la réflexion sur les divisions du droit[1].

2. La valeur du principe

1104. ***Une valeur essentielle.*** Déterminer la valeur d'un principe, c'est mettre en avant les qualités lui permettant le cas échéant d'être invoqué ou défendu en tant que tel. C'est mesurer dans l'ordre juridique sa force, son efficacité.

La santé en elle-même est une valeur. En vue de la Déclaration universelle des droits de l'homme du 10 décembre 1948, l'UNESCO avait créé dès 1947 un comité préparatoire chargé de réfléchir aux fondements théoriques des droits de l'homme. Par « droit », il faut entendre une « situation ou condition sans laquelle l'homme, quelle que soit l'époque historique, ne peut pas donner le meilleur de lui-même comme membre de la communauté parce qu'il est privé des moyens de se réaliser en tant qu'être humain ». Qui peut nier que la santé est une de ces conditions, si ce n'est la condition par excellence, sans laquelle précisément l'homme ne peut pas donner le meilleur de lui-même, sans laquelle il est privé des moyens de se réaliser en tant qu'être humain ? La santé est, au même titre que la vie, une condition essentielle de la jouissance des autres droits de l'homme.

La santé est une valeur et elle mérite bien un principe. Quelle est la valeur de ce principe dans l'ordonnancement juridique ? Comment le situer dans l'optique éventuelle d'un conflit de normes ?

1105. ***Un principe constitutionnel.*** Le principe a assurément valeur constitutionnelle. Même si les décisions s'y référant sont rares, le Conseil constitutionnel a toujours considéré le « droit à la protection de la santé », parfois largement entendu (notamment sous l'angle de la protection sociale) comme un principe constitutionnel[2]. La question des fondements constitutionnels du droit à la santé divise cependant la doctrine. Alors que certains prennent acte de la « remarquable continuité de la jurisprudence du Conseil constitutionnel »[3], d'autres mettent l'accent sur la « singularité constitutionnelle du droit à la santé »[4] liée au fait que le Conseil constitutionnel a parfois pris quelque liberté en affirmant la valeur constitutionnelle du principe sans le relier expressément au texte de 1946[5].

Une interprétation analogue est faite par la chambre sociale de la Cour de cassation lorsqu'elle invoque le droit à la santé pour encadrer strictement le recours aux conventions de forfait-jours dans les entreprises. Dans plusieurs déci-

1. F. Grua, « Les divisions du droit », *RTD civ.* 1993. 59.
2. Cons. const. 18 janv. 1978, n° 77-92 DC, *Contre-visite médicale;* 22 juill. 1980, n° 80-117 DC, *Protection des matières nucléaires;* 22 janv. 1990, n° 89-269 DC, *Conventionnement des médecins libéraux et étrangers;* 8 janv. 1991, n° 90-283 DC, *Lutte contre le tabagisme et l'alcoolisme;* 16 janv. 1991, n° 90-287 DC, *Santé publique et assurances sociales;* 29 juill. 1991, n° 91-296 DC, *Maîtrise des dépenses de santé;* 13 août 1993, n° 93-325 DC, *Maîtrise de l'immigration (protection sociale);* 27 juill. 1994, n° 94-343 DC, *Bioéthique.* V. P. Gaïa et *al.*, *Les grandes décisions du Conseil constitutionnel*, pour références relatives à chacune de ces décisions.
3. J. Moreau, *op. cit.*, p. 186.
4. V. Saint-James, *op. cit.*, p. 465.
5. Cons. const. 18 janv. 1978, n° 77-92 DC, *Contre-visite médicale;* 22 juill. 1980, n° 80-117 DC, *Protection des matières nucléaires.*

sions rendues notamment au visa de l'alinéa 11 du préambule de la Constitution de 1946, elle affirme « que le droit à la santé et au repos est au nombre des exigences constitutionnelles »[1].

1106. ***Un objectif à valeur constitutionnelle.*** Il semble que le Conseil constitutionnel considère précisément la protection de la santé comme un « objectif à valeur constitutionnelle »[2]. Cette notion à vocation fonctionnelle a été inventée pour limiter la portée de droits fondamentaux défendant des intérêts particuliers qui viendraient contrarier des fins d'intérêt général poursuivies par le législateur, et permet de justifier l'atteinte qu'une loi visant l'intérêt général porterait à des droits constitutionnels[3]. La notion intéresse directement les conflits de normes[4] et au-delà, les rapports entre loi et Constitution.

Le Conseil constitutionnel, dans les décisions du 8 janvier, du 16 janvier 1991 et dans celle du 13 août 1993, sollicite en matière de santé *deux* objectifs et non un seul : l'un de « protection de la santé publique », l'autre de « maîtrise de l'évolution des dépenses de santé ». L'interrogation porte alors sur le lien existant entre objectifs à valeur constitutionnelle et textes constitutionnels, un même texte (l'alinéa 11 du préambule) permettant l'éclosion de différents objectifs qui peuvent ne pas recouvrir entièrement le principe qui y est exprimé.

Le principe constitutionnel, transformé en « objectif à valeur constitutionnelle », est-il toujours le même ou bien en ressort-il édulcoré, réduit aux dimensions raisonnables d'un objectif, faute de pouvoir être entièrement satisfait, avec les atténuations qu'il devrait supporter ? Y a-t-il, entre le principe et l'objectif, la même distance qu'entre obligation de résultat et obligation de moyens : dans le premier cas réussir, dans l'autre, faire simplement de son mieux ? La « protection de la santé » est-elle condamnée à n'être qu'un simple objectif, ou bien peut-elle être « garantie », ainsi que l'affirme le préambule ?

« La Nation garantit à tous, notamment à l'enfant, à la mère et aux vieux travailleurs, la protection de la santé, la sécurité matérielle, le repos et les loisirs ». La formulation imprécise de l'alinéa 11 du préambule explique à elle seule la variété des décisions rendues par le Conseil constitutionnel, et le fait que le principe et les objectifs visés ne soient pas toujours, sur le fond, exactement les mêmes. Le principe est de toute façon protéiforme : protection de la santé, sécurité sociale, protection sociale, aide sociale... Agencer, ordonner ces différents éléments paraît nécessaire, pour que le principe garde, à défaut d'unité, une certaine cohérence.

3. La portée du principe

1107. La portée d'un principe, c'est son aptitude à produire des effets. Au-delà de l'énoncé de la norme primaire, c'est sa capacité à produire des conséquences, juridiques ou non, qui traduiront le mieux le principe solennellement énoncé. Cette portée dépend d'abord de ce qu'exprime le principe, ou de ce que

1. Soc. 29 juin 2011, n° 09-71.107; Soc. 31 janv. 2012, n° 10-19.807; Soc. 17 déc. 2014, n° 13-23.230.
2. Cons. const. 27 juill. 1982, n° 82-141 DC, Rec. Cons. const. 48; B. Faure, « Les objectifs de valeur constitutionnelle », *RFDC* 1995. 47 s.
3. N. Molfessis, *Le Conseil constitutionnel et le droit privé*, t. 287, LGDJ, 1997, coll. « Bibl. dr. privé », n°s 51 s.
4. Le droit de propriété et la liberté d'entreprendre se sont ainsi inclinés face aux exigences de santé publique (décis. du 8 janv. et du 16 janv. 1991). Une première fois, avant formalisation de la notion, la « protection de la santé et de la sécurité des personnes et des biens » avait tenu en échec le droit de grève (décis. du 22 juill. 1980).

l'on peut ou veut lui faire dire si son énoncé est trop général, autrement dit de son contenu (*a.*). Mais la portée d'un principe dépend aussi de la nature du droit qui en résulte, puisque c'est elle qui permettra de mesurer son exigibilité (*b.*).

a. Le contenu du droit à la santé

1108. ***Un principe à déclinaisons multiples.*** Même lorsqu'ils tirent leur origine d'un texte, les « droits à » sont souvent décrits en termes généraux : « C'est une énonciation, tout au plus une description et non une définition que l'on rencontre dans les textes. Ceci conduit nécessairement le juge à participer à la détermination du contenu même du droit à »[1]. Jusqu'à présent, c'est surtout le Conseil constitutionnel qui a traduit concrètement le « droit à la protection de la santé » au fil des textes soumis à son contrôle. Le principe a ainsi pu trouver diverses déclinaisons : accès à un système de soins, droit aux prestations sociales, interdiction de la détention sans contrôle de matières nucléaires, contrôle de l'accès des professions médicales, interdiction ou restriction de la publicité relative aux produits jugés nocifs pour la santé... Les juges quant à eux, de l'ordre administratif ou judiciaire, appelés à statuer sur des questions liées à la santé, laissent plutôt à distance ce principe probablement trop général pour fonder utilement leurs décisions.

« La Nation garantit à tous... la protection de la santé ». Malgré sa formulation générale, il est frappant de constater que la portée du principe est souvent cantonnée à tel ou tel aspect, sans doute pour en faciliter l'appréhension : aspect « santé publique » par exemple, le plus fréquemment évoqué, mais non le seul; aspect « droit aux prestations », le plus familier, mais non exclusif. Rien n'autorise pourtant une réduction arbitraire de son contenu. Au contraire, du fait de sa formulation générale, il doit être envisagé dans toutes ses dimensions : individuelle et collective, préventive et curative.

1109. ***Dimension individuelle et dimension collective.*** « La santé a toujours été affaire à la fois individuelle et collective. Les règles de la pratique médicale, règles techniques et déontologiques, fixées par Hippocrate de Cos (env. 460-380 av. J.-C.) sont individualistes : c'est l'origine du "colloque singulier" entre le médecin et le malade, mais aussi de la relation personnelle entre le médecin et son élève. Parallèlement pourtant, l'importance des institutions hospitalières de l'Antiquité gréco-romaine et du Moyen Âge chrétien révèle l'aspect communautaire de la médecine. Cette double conception, sans doute inévitable, s'est perpétuée jusqu'à nos jours; l'aspect collectif l'emporte parfois, soit parce que l'efficacité de la prévention dépend du recours à la contrainte publique (isolement des contagieux, vaccinations obligatoires) soit en raison du coût élevé des dispositifs de protection sanitaire (hôpitaux modernes); l'aspect individuel l'emporte à son tour au moment des progrès de la médecine curative qui mettent l'accent sur *l'acte thérapeutique* ou lorsque la philosophie libérale remplace le concept de ministère médical, fondé sur l'idée de service (*ministerium*) par la référence à un *contrat* passé entre un professionnel (médecin ou autre) et un client »[2].

1110. ***Le droit à la santé pour chacun et pour tous.*** La formule du préambule garantit « à tous » la protection de la santé, mais rien n'indique si ce « tous » vise la collectivité dans son ensemble ou les individualités qui la composent, s'il s'adresse à tous ensemble ou à tout un chacun. Le Conseil constitutionnel a mis

1. D. Cohen, « Le droit à... », *in L'avenir du droit. Mélanges en hommage à F. Terré*, Dalloz, 1999, p. 397.
2. J.-M. de Forges, *Le droit de la santé*, PUF, 1997, p. 3.

en œuvre les deux dimensions. La majorité de ses décisions concernent l'aspect « santé publique », notamment lorsqu'il s'agit de cerner les restrictions qu'il est souhaitable d'imposer aux intérêts particuliers, au nom de la santé de tous, ou encore pour cibler le contenu des politiques de santé publique (exemple : décision du 8 janvier 1991, *Lutte contre le tabagisme et l'alcoolisme*). Si le Conseil constitutionnel évoque surtout le principe constitutionnel de protection de la santé *publique*, qui accentue la portée générale plutôt qu'individuelle du principe, et si le droit à la protection de la santé « s'inscrit dans la longue tradition de la police sanitaire en application de laquelle les pouvoirs publics ont un devoir de protéger collectivement les populations contre les risques qui pourraient menacer leur santé », la dimension individuelle du principe ne doit pas pour autant être ignorée. Elle doit en revanche être précisée.

Il ne s'agit pas en effet d'affirmer l'existence d'un « droit individuel à vivre en bonne santé, qui autoriserait chacun à s'en prévaloir et, le cas échéant, à exiger réparation dans tous les cas où la jouissance de ce droit serait perturbée ». Un tel droit n'aurait guère de sens, d'autant que « les prédispositions naturelles et les hasards de l'existence rendent illusoire toute prétention à l'égalité en ce domaine »[1]. Il ne s'agit pas non plus d'ouvrir grand la porte du contentieux, à la mode américaine. « Les contentieux de plus en plus nombreux entrepris par des patients ou leurs familles dans le but de faire juger qu'une faute a été commise dans l'acte de soins et que le médecin ou l'institution hospitalière doit être condamné à réparation ou, en l'absence de faute, que la solidarité nationale doit compenser le risque subi, illustrent cette progression de l'idée d'un droit à la santé. On peut aisément comprendre, face aux répercussions personnelles, familiales ou professionnelles d'une grave altération de la santé, une telle exigence de résultat. Plus la science progresse, moins ses échecs en ce domaine sont admis. Il demeure cependant que ni la solidarité, ni la compassion à l'égard des victimes ne peuvent écarter les fortes objections au principe même d'un droit à la santé défini d'une manière aussi ambitieuse, voire chimérique »[2].

Le « droit à la santé » dans sa dimension individuelle n'est pas un droit absolu à une santé parfaite. Il est seulement un droit à la *protection*, à la sauvegarde de l'état de santé que chacun est en mesure d'atteindre. Que cet état de santé puisse être affecté par « la nature des choses », c'est le lot de tous (Montesquieu n'avait déjà plus que deux affaires en tête : l'une de savoir être malade et l'autre de savoir mourir...); qu'il le soit par autrui est bien autre chose, mais cette dimension doit être exactement mesurée. Le rôle du juge est ici fondamental.

1111. ***Dimension préventive et dimension curative.*** La dimension *préventive* du droit à la santé est souvent négligée dans les analyses. Pourtant, *Primum non nocere* : d'abord ne pas nuire. Le précepte est aussi ancien que la médecine et le serment d'Hippocrate le rappelle. Le « droit à la santé » n'est pas seulement un droit à prestations, un droit « curatif ». Il a fondamentalement une dimension préventive. La lettre du texte est en ce sens : « La Nation garantit... la protection de la santé ». Or « protéger », c'est préserver, sauvegarder, mettre à l'abri du danger, de ce qui peut nuire. Protéger la santé, c'est d'abord et avant tout faire en sorte au plus possible qu'il n'y soit pas porté atteinte.

1112. ***Nécessité de la prévention.*** « Bien avant la Révolution, on agissait ainsi, comme le montre l'arrêt du Conseil d'État du roi du 14 septembre 1720 ordonnant l'isolement de la ville de Marseille où s'était déclarée une épidémie de peste. Sous la Révolution, la loi des 16-24 août 1790 sur le nettoiement des bâti-

1. Conseil d'État, Rapport public 1998, *Réflexions sur le droit de la santé*, Doc. fr., p. 238.
2. Conseil d'État, rapport préc., p. 235.

ments insalubres ou celle des 11-19 septembre 1792 sur l'assèchement des marais témoignent du même état d'esprit. La prévention sanitaire a pris alors une importance croissante et s'est constituée comme une branche des pouvoirs de police attachés à l'exercice de l'autorité publique. Le mouvement hygiéniste qui naît au XVIIIe siècle, mais ne s'impose qu'au milieu du siècle suivant (avec le décret du 18 décembre 1848 qui pose les premiers éléments d'une politique de la santé publique en France) relève de la même idée. Cependant, dès la fin du XIXe siècle, ce mouvement amorce son déclin et tout au long du XXe siècle, la médecine préventive (Pasteur applique pour la première fois le vaccin à l'homme en 1881) puis curative (découverte de la pénicilline en 1936) suppléent progressivement l'hygiène comme fondement de la politique de santé. L'opinion publique, souvent encouragée en cela par les milieux médicaux, est portée à croire que l'extraordinaire amélioration en un siècle de l'état de santé de la population est principalement le fruit des progrès de la médecine curative. Ces mérites sont incontestables mais cette amélioration spectaculaire doit d'abord être attribuée aux progrès de l'hygiène »[1].

La prévention en matière de santé n'appartient pas qu'au passé. Les inquiétudes contemporaines liées à l'évolution de certaines maladies infectieuses et parasitaires, ou encore aux limites éprouvées des moyens thérapeutiques utilisés jusqu'à présent, obligent à redécouvrir ses vertus et à lui redonner une place substantielle dans les politiques de santé publique.

1113. ***Politiques de prévention.*** Le « droit à la santé » comporte bien deux aspects : l'un lié à la conservation du capital-santé dont chacun a pu hériter, l'autre au rétablissement de cet état en cas d'atteinte; l'un de protection contre les dommages potentiels, l'autre d'accès aux ressources curatives. La question qui se pose alors est celle de la traduction concrète de ces deux dimensions du principe. La dimension « curative » est connue : accès aux soins, financement des soins... La dimension préventive est plus délicate à cerner.

Le Conseil constitutionnel a clairement affirmé l'exigence de prévention dans les objectifs de santé publique : « Considérant que les restrictions apportées par le législateur à la propagande ou à la publicité en faveur des boissons alcooliques ont pour objectif d'éviter un excès de consommation d'alcool, notamment chez les jeunes; que de telles restrictions reposent sur un impératif de protection de la santé publique, principe de valeur constitutionnelle » (décis. du 8 janv. 1991). La protection de la santé implique un ensemble de mesures tournées vers la surveillance et l'anticipation des risques. Épidémiologie, actions d'« écovigilance » (analyses de l'environnement, variations de l'écologie, surveillance des pollutions...) s'inscrivent dans la même logique préventive.

Quant au Code de la santé publique, il donne une *définition globale de la politique de santé* intégrant la définition de la politique de prévention (art. L. 1411-1)[2].

1. Conseil d'État, rapport préc., p. 231 s.
2. « La politique de santé comprend : la surveillance et l'observation de l'état de santé de la population et l'identification de ses principaux déterminants [...]; la promotion de la santé dans tous les milieux de vie et la réduction des risques pour la santé liée à des facteurs d'environnement et des conditions de vie susceptibles de l'altérer; la prévention collective et individuelle des maladies, des traumatismes, des pertes d'autonomie, notamment par l'éducation pour la santé; l'organisation de parcours de santé coordonnés [...]; la prise en charge collective des conséquences financières et sociales de la maladie et de l'accident par le système de protection sociale; la préparation et la réponse aux alertes et crises sanitaires; la production, l'utilisation et la diffusion des connaissances utiles à son élaboration et à sa mise en œuvre; la promotion des activités de formation, de recherche et d'innovation dans le domaine de la santé; l'information de la population et sa participation [...] aux débats publics sur les questions de santé ».

Son livre premier consacré à la « protection générale de la santé » garde la trace de la priorité autrefois accordée à la prévention sur les soins et la remet à l'ordre du jour, même si la frontière entre prévention et soins apparaît malaisée en raison notamment de l'essor des soins et traitements à visée préventive.

1114. ***La notion de sécurité sanitaire.*** Entre dimension préventive et dimension curative, l'importante notion de « sécurité sanitaire » qui vient s'ajouter aux deux pôles précédents pour donner une image complète de ce que peut recouvrir la protection de la santé. « On peut définir la sécurité sanitaire comme la sécurité des personnes contre les risques thérapeutiques de toute nature, risques liés aux choix thérapeutiques, aux actes de prévention, de diagnostic ou de soins, à l'usage de biens et produits de santé comme aux interventions et décisions des autorités sanitaires. La sécurité sanitaire a pour objectif de réduire les risques iatrogènes, les accidents et les incidents liés aux traitements, aux actes de diagnostic comme aux actions de prévention »[1]. La sécurité sanitaire met en avant la prévention rendue nécessaire parce que l'acte médical dont la finalité est de soigner comporte lui-même parfois un risque pour la santé. En ce sens : la loi n° 98-535 du 1er juillet 1998 relative au renforcement de la veille sanitaire et du contrôle de la sécurité sanitaire des produits destinés à l'homme; également la mise en place depuis 1992 de diverses autorités sanitaires dotées par la loi de pouvoirs de police sanitaire (Agence du médicament, Agence française du sang, Établissement français des greffes, Office de protection contre les rayons ionisants...); enfin, la lutte contre les maladies nosocomiales.

1115. ***Santé et protection de l'environnement.*** La prévention en matière de santé est plus que jamais à l'ordre du jour et des liens évidents sont établis aujourd'hui qui ne l'étaient pas hier : « La protection de l'environnement, entendue dans sa dimension touchant la sauvegarde de la santé individuelle et collective est devenue un élément important du droit de la santé et ira probablement en s'accroissant. C'est peut-être en cette matière que, de façon contemporaine, on assiste le plus à un déploiement d'efforts au plan international, surtout depuis la Déclaration des Nations unies de 1972, dite Déclaration de Stockholm qui a formellement opéré le lien entre la sauvegarde de l'environnement, la protection de la santé et la dignité humaine »[2]. La Conférence sur les changements climatiques organisée à Paris en décembre 2015 (COP21), et les réactions suscitées par le retrait largement médiatisé, en juin 2017, des États-Unis de l'accord signé à cette occasion, auront en ce sens été l'occasion de rappeler les rapports étroits qu'entretiennent santé et climat[3]. Ce lien entre environnement et santé sollicite aussi le fameux « principe de précaution ».

1116. ***Santé et principe de précaution.*** « Les inquiétudes soulevées par un ensemble d'évolutions et d'accidents qui ont touché la vie et la santé humaines ou l'environnement rejaillissent maintenant plus globalement sur la perception des techniques et des sciences en diffusant un doute sur la contribution de ces dernières au progrès de la société : sont-elles systématiquement positives ? N'avons-nous pas à encadrer leur développement, à prendre quelques distances vis-à-vis de leur déploiement ? N'avons-nous pas à accorder la plus grande attention à tous les risques que l'invention technique et l'essor économique imposent

1. D. Tabuteau, *La sécurité sanitaire*, Berger-Levrault, 1994.
2. J.-L. Baudouin, *op. cit.*, p. 74.
3. L'OMS a, entre autres, lancé un appel à protéger la santé par la prévention des changements climatiques, rappelant par exemple qu'on estime à 7 millions le nombre de décès liés à la pollution de l'air. V. déclaration du 17 nov. 2015, « L'OMS appelle les pays à protéger la santé des changements climatiques ». www.who.int/mediacentre/news/statements/2015/climate-change/fr/.

aux hommes et aux êtres vivants ? Ce sont ces interrogations que cristallise la référence nouvelle à ce qu'il est convenu d'appeler le principe de précaution »[1]. La précaution va au-delà de la prévention, elle constitue un pas de plus en direction de la protection, une moindre acceptation des risques. Tandis que la *prévention* s'attache à contrôler les risques avérés, la *précaution* vise à limiter les risques encore hypothétiques ou potentiels[2].

À l'évidence, le lien entre le droit à la protection de la santé et le principe de précaution n'est pas encore suffisamment établi. Nul doute pourtant qu'un tel rapprochement entre un principe de valeur constitutionnelle et un concept qui fait chaque jour ou presque la preuve de sa nécessité pourrait donner lieu à d'intéressantes constructions, le premier donnant au second en matière de santé un peu plus de force et de légitimité.

Individuel et collectif, préventif et curatif, ce sont bien les quatre piliers sur lesquels repose substantiellement le principe du « droit à la santé ».

b. La nature du droit à la santé

1117. ***Droit-créance ou droit-liberté ?*** Le préambule de la Constitution du 27 octobre 1946 est souvent présenté, bien que le terme n'y figure pas, comme le texte symbole de l'affirmation des droits créances. « Sans être clairement conceptualisée, la distinction droits-libertés/droits-créances est implicite dans le préambule. Alors que les droits-libertés reconnus en 1789 (liberté d'opinion et de conscience, droit de propriété...) reposent sur une logique de défense des libertés individuelles face aux empiétements du pouvoir, les droits proclamés en 1946 se fondent au contraire sur une logique d'intervention étatique. Il ne s'agit plus seulement de protéger des libertés, mais aussi de fournir des prestations aux individus »[3].

Le droit à protection de la santé est-il un droit-créance ou un droit-liberté ? Si l'on retient le principe de la distinction, il est certainement un droit créance. En revanche, il ne l'est peut-être pas exclusivement. Sans doute, les droits-créances n'ont-ils juridiquement ni le même statut ni la même portée que les droits-libertés, les premiers se réalisant indirectement à travers l'accomplissement par le débiteur d'une prestation (intervention active de l'État ou des services publics notamment) tandis que les seconds sont des pouvoirs directs de la personne qui se réalisent immédiatement sans passer par un intermédiaire. La distinction est loin d'être absolue. D'une part, elle ne recoupe qu'imparfaitement la distinction droits civils et politiques/droits économiques et sociaux (le droit de grève par exemple est un droit-liberté bien plus qu'un droit-créance) mais surtout de nombreux droits fondamentaux sont à la fois, de façon indissociable, des droits-créances et des droits-libertés (par ex. droit d'accès aux services publics). Les droits-créances supposent enfin, dans bien des cas, la participation active des bénéficiaires à la

1. O. Godard, *in Le principe de précaution dans la conduite des affaires humaines*, éd. de la Maison des sciences de l'homme, INRA, 1997, p. 24.
2. « Le principe de précaution définit l'attitude que doit observer toute personne qui prend une décision concernant une activité dont on peut raisonnablement supposer qu'elle comporte un danger grave pour la santé ou la sécurité des générations actuelles ou futures, ou pour l'environnement. Il s'impose spécialement aux pouvoirs publics qui doivent faire prévaloir les impératifs de santé et de sécurité sur la liberté des échanges entre particuliers et entre États », P. Kourilsky et G. Viney, *Le principe de précaution*, Rapport au Premier ministre, 2000, Doc. fr.
3. F. Rangeon, « Droits-libertés et droits-créances : les contradictions du préambule de la Constitution de 1946 », *in Le préambule de la Constitution de 1946. Antinomies juridiques et contradictions politiques*, PUF, 1996, p. 169.

mise en œuvre de leurs droits. Le « droit à la santé » paraît bien relever d'une catégorie mixte, qui n'exclut pas une certaine part de liberté, même s'il présente fondamentalement la nature d'un droit-créance.

1118. *Un droit subjectif ?* Le droit à la santé est-il un droit subjectif, une prérogative individuelle reconnue et sanctionnée par le droit objectif qui permet à son titulaire de faire, d'exiger ou d'interdire quelque chose dans son propre intérêt ou parfois dans l'intérêt d'autrui ? Là encore, le principe se prête mal à une réponse générale et exclusive. Oui il l'est pour partie, mais il n'est certainement pas que cela. Au demeurant, la distinction des droits subjectifs et des libertés publiques ou droits fondamentaux n'est pas aisée.

En réalité, la question la plus juste ne consiste pas tant à se demander si le « droit à la santé » est en lui-même un droit subjectif, question à laquelle se prête mal un principe à facettes multiples, que de savoir si l'énoncé solennel du principe trouve son prolongement dans des droits subjectifs, constituant autant de prérogatives sanctionnées par le droit objectif. La réponse alors s'impose davantage, à condition de préciser les déterminants de ces droits subjectifs : débiteurs, titulaires des droits, sanctions. Que la nature du droit soit envisagée sous l'angle constitutionnel (droit-créance) ou qu'elle le soit sous l'angle civil (droit subjectif, droit *de* créance) les deux analyses se rejoignent en tout cas sur une même difficulté : celle de l'identification du débiteur. « Qu'est-ce qu'un droit subjectif ? Un pouvoir de vouloir, un intérêt juridiquement protégé, répondaient autrefois les théoriciens du droit... Le risque, c'est que tout besoin demande à être reconnu comme droit subjectif. Ce sera un faux droit si, en vis-à-vis, n'est pas défini un débiteur qui y satisfasse. Beaucoup de droits économiques et sociaux de la seconde génération ont échoué sur cet écueil »[1].

1119. *Quels « débiteurs » ?* Quels sont les débiteurs du « droit à la santé » ? « La Nation garantit à tous... la protection de la santé ». Voilà le principal débiteur identifié par le texte : la Nation... et non l'État. Une théorie existe en droit français qui assimile l'État à la Nation, et partant du principe de la souveraineté nationale, affirme que les prérogatives dont l'État est le sujet ne sont que les droits et pouvoirs de la Nation elle-même. La formule est connue : « L'État est la personnalisation juridique de la Nation » (Carré de Malberg, *Contribution à la théorie générale de l'État*). En 1946 cependant, les constituants n'ont pas tranché entre les deux interprétations de la souveraineté, nationale ou populaire, d'où le compromis : « La souveraineté nationale appartient au peuple français[2] ». Poser d'emblée l'équation Nation = État, est donc abusif, restrictif.

Qu'est-ce que la Nation ? S'il n'en existe pas d'acception universelle, du moins peut-on admettre que la Nation constitue « la collectivité des individus qui forment un même peuple et sont soumis à l'autorité d'un même gouvernement; la communauté généralement fixée sur un territoire déterminé dont la réalité résulte de caractéristiques ethniques, linguistiques, culturelles... tous facteurs qui développent un sentiment d'appartenance et des aspirations politiques trouvant leur manifestation essentielle dans la volonté de s'ériger en corps politique souverain au regard du droit international » (G. Cornu, *Vocabulaire juridique*). Cette conception de la Nation ouvre le champ des possibles en même temps qu'elle introduit le sentiment d'une solidarité qui unit les individus dans leur volonté de vivre ensemble. Il résulte de cette collectivité que le « droit à la santé » ne va pas

1. J. Carbonnier, *Droit et passion du droit sous la Vᵉ République*, Flammarion, 1996, p. 125.
2. P. Ardant, *Institutions politiques et droit constitutionnel*, LGDJ, 1996, p. 172.

solliciter un seul débiteur, mais qu'il va dans l'intérêt de tous attribuer à chacun la part qui lui revient en regard de l'objectif que l'on cherche à atteindre. Partant de là, les débiteurs du « droit à la santé » sont au moins au nombre de quatre :

– L'État bien sûr, dans toutes ses composantes, l'État-providence... On rappellera à cet égard le préambule de la Constitution de l'OMS : « les *gouvernements* ont la responsabilité de la santé de leurs peuples; ils ne peuvent y faire face qu'en prenant les mesures sanitaires et sociales appropriées ». En France, la loi n° 2016-41 du 26 janvier 2016 de modernisation de notre système de santé souligne explicitement la responsabilité de l'État en matière de politique de santé publique, ainsi que le rôle du Parlement dans ce domaine : « La Nation définit sa politique de santé afin de garantir le droit à la protection de la santé de chacun. La politique de santé relève de la responsabilité de l'État » (CSP, art. L. 1411-1).

– Les professionnels de santé, lesquels ne se limitent pas aux seuls médecins. Les solutions légales et jurisprudentielles actuelles en matière de faute médicale par exemple, d'obligation d'information des patients sur les risques des actes médicaux, ne traduisent-elles pas la préoccupation d'assurer la protection de la santé de chacun ?

– Les entreprises sont également très concernées par le « droit à la santé », à un double titre. D'abord, en tant *que producteurs de biens et de services*. N'est-ce pas la santé que l'on cherche à protéger lorsqu'est posée la responsabilité de tout producteur, au sens large, qui intervient d'une façon ou d'une autre, dans la mise sur le marché d'un produit « qui n'offre pas la sécurité à laquelle on peut légitimement s'attendre » (C. civ., art. 1386-4). En tant qu'*employeurs* ensuite : l'imposante réglementation sociale relative à l'hygiène et à la sécurité dans l'entreprise est bien la traduction d'un droit à la protection de la santé spécialement aménagé pour les salariés qui mettent leur force de travail à disposition d'un employeur ? (C. trav., art. L. 4121-1 s.).

– L'individu enfin, qui ne peut pas ne pas être mobilisé. Si la catégorie n'existe pas, elle est peut-être à inventer : le « droit à la santé » est aussi un droit-créance sur soi-même... à moins qu'il ne s'agisse de liberté. Ce « droit à la santé » ne peut entièrement reposer sur autrui dès lors qu'il a pour objet l'individu lui-même, son propre corps. Le « droit à » a ceci de dangereux qu'il peut inciter à n'exiger la prestation que d'autrui, alors que le sujet lui-même, parfois en premier, peut contribuer à la satisfaction de l'objectif recherché. C'est bien cet aspect du droit qui est sous-entendu dans la Déclaration universelle des droits de l'homme (toute personne a droit à un niveau de vie suffisant pour assurer sa santé) tandis que certaines Constitutions étrangères y insistent plus nettement : « Chacun a droit à la protection de sa santé, et le devoir de la préserver et de l'améliorer » (art. 64 de la Constitution de la République portugaise du 2 avr. 1976) ce qui n'est pas le cas du droit français.

Certains vont jusqu'à évoquer un « devoir de santé », qui renvoie à la responsabilité des individus, en soulignant l'existence de comportements individuels à risques (touchant l'hygiène de vie, la consommation d'alcool ou de drogues... ou la négligence face à des signaux d'alarme tels que l'obésité, l'hypertension...). Devoir de santé ou liberté ? D'autres insistent sur le risque de déresponsabilisation de l'individu : « Le droit subjectif apparaît ainsi, et de plus en plus, revendiqué comme réparation des conséquences d'un traumatisme, d'une agression subie... Plus les autres sont coupables, et plus il devient compréhensible que je sois une victime, que mes malheurs viennent de l'extérieur de moi, et que cela me donne des droits. Où l'on peut voir la matière d'une excellente définition de l'irresponsabilité, aussi problématique pour le sujet individuel que pour la société entière :

je ne suis pour rien dans ce qui (m')arrive »[1]. Le « droit à la santé » apparaît ainsi comme un droit créance tout à fait particulier puisque parmi les débiteurs qu'il sollicite, on pourrait considérer, selon l'ordre naturel des choses, que le titulaire du droit vient en premier.

L'identification, non plus des débiteurs, mais des titulaires du « droit à la santé » appelle d'autres interrogations, en lien avec le caractère à la fois individuel et collectif du principe. On peut penser que le droit à la santé traduit d'abord un droit subjectif, une aspiration de chaque individu à jouir du meilleur état de santé possible. Mais ce droit peut aussi, par l'intermédiaire du concept de « santé publique », être considéré comme un droit collectif, un objectif social. Seulement, si le droit est collectif, peut-il encore être qualifié de « subjectif », dès lors que le droit subjectif se définit comme une prérogative *individuelle* reconnue et sanctionnée par le droit objectif ? Un droit-créance peut-il être collectif ?

1120. ***Un droit-créance de nature collective ?*** Dans une conception renouvelée, certains auteurs font valoir que les droits-créances tracent plus « une perspective d'action collective engageant l'ensemble des protagonistes de la vie sociale, qu'ils ne définissent une prérogative individuelle au profit de chacun, prérogative qu'on pourrait faire jouer contre la puissance publique réduite alors à un simple débiteur. À une relation duale et univoque opposant créancier et débiteur, ayant droit et prestataire, ces nouveaux dispositifs substituent en réalité un complexe d'échanges, de dons et de contre-dons, d'engagements réciproques qui pour n'être pas simples à exprimer juridiquement et surtout à réaliser pratiquement, n'en profilent pas moins un renouvellement tout à la fois de l'action sociale et du droit qui l'organise »[2]. Le « droit à la santé » serait un droit fortement marqué de solidarité, supposant dans son essence l'interpellation de l'ensemble du groupe social. Un « contrat de tous avec tous » pour reprendre l'expression de R. Capitant à propos de la démocratie sociale, reposant sur la participation et le consentement de l'ensemble des citoyens, et leur imposant un devoir de solidarité réciproque.

Sans doute est-ce dans cette ligne d'idées qu'il convient d'inscrire l'importante loi n° 2002-303 du 4 mars 2002 relative aux droits des malades et à la qualité du système de santé, qui innove en jetant les bases d'un nouveau type de démocratie : la démocratie sanitaire. La personne malade y est perçue à la fois comme personne titulaire de droits fondamentaux, mais aussi comme citoyen à part entière, consciente de ses devoirs vis-à-vis de la collectivité et du système de soins.

1121. ***La santé est l'affaire de tous : l'exemple de l'entreprise.*** L'on se prend à rêver d'une société solidaire où la santé de chacun serait prise en compte en même temps que celle du groupe, une société où chacun serait responsable de sa propre santé et de celle des autres, où les efforts porteraient non seulement sur la gestion du risque survenu, mais aussi sur la prévention et sur l'anticipation des risques. Cette conception large et plurielle de la protection de la santé n'est peut-être pas utopique. N'est-ce pas celle qui est déjà à l'œuvre dans l'entreprise ?

La protection de la santé physique en effet a toujours constitué, dans tous les pays industriels, la pierre angulaire du droit du travail, place première que l'on retrouve aujourd'hui en droit social communautaire. Le droit du travail, plus généralement le droit social, à la fois préventif et « curatif », se préoccupe aujourd'hui

1. D. de Béchillon, « Irresponsabilité ou culpabilité : la peste ou le choléra », *Le Monde*, 19 nov. 1999.
2. R. Lafore, « Les nouveaux modes de régulation juridique, l'exemple des politiques d'insertion », *in L'État à l'épreuve du social*, Syllepse, 1998, p. 46.

autant du souci de prévention des risques professionnels, que de celui d'assurer la réparation la plus complète possible des accidents et maladies professionnelles dont peuvent être victimes les salariés. Désormais, face au développement des risques psychosociaux en entreprise, la protection de la santé mentale des salariés est également l'objet de toutes les attentions[1]. Le droit du travail pose en principe la responsabilité de l'employeur pour tout dommage survenu par le fait ou à l'occasion du travail (C. trav., art. L. 4121-1 s.; CSS, art. L. 411-1 s.) et déduit du contrat de travail une obligation de sécurité de résultat pour prévenir et favoriser la réparation la plus complète possible (*via* la qualification de faute inexcusable) des maladies professionnelles contractées par le salarié (Soc. 28 févr. 2002, arrêts *Amiante*) et des accidents du travail (Soc. 11 avr. 2002). Mais il impose également à chaque salarié une obligation individuelle de sécurité : « Il incombe à chaque travailleur de prendre soin, en fonction de sa formation et selon ses possibilités, de sa sécurité et de sa santé, ainsi que de celle des autres personnes concernées du fait de ses actes ou de ses omissions au travail » (C. trav., art. L. 4122-1).

« La sécurité est l'affaire de tous ». La formule est connue et souligne que seuls les efforts conjugués du chef d'entreprise, des institutions représentatives du personnel[2], des animateurs de sécurité, du médecin du travail (C. trav., art. L. 4622-1 s.), des syndicats, des représentants du personnel, de chaque salarié... sont de nature à faire reculer le nombre encore trop important et la gravité des accidents du travail et maladies professionnelles. La santé aussi est l'affaire de tous.

II. L'effectivité du principe

1122. Si la portée d'un principe mesure son aptitude à produire des effets, l'effectivité intéresse plutôt la réalité de ceux-ci. C'est ici que se situe le mal déjà évoqué dont souffrent trop de droits fondamentaux solennellement proclamés : un manque d'effectivité. Que reste-t-il d'un « droit à » lorsqu'il est privé d'effet ? Est-ce même encore un droit ?

1123. ***De l'affirmation à l'activation du principe.*** Le souci d'effectivité est pourtant présent dès la rédaction du préambule : « La Nation garantit... la protection de la santé ». Garantir, c'est assurer l'exécution d'une obligation, prendre un engagement en ce sens. Ce souci est encore présent aujourd'hui, au moins dans les textes. La loi du 29 juillet 1998 relative à la lutte contre les exclusions affirme dans son article premier : « La présente loi tend à garantir sur l'ensemble du territoire l'accès effectif de tous aux droits fondamentaux dans les domaines de l'emploi, du logement, de la protection de la santé... ». Entre les deux affirmations, un pas est franchi dans la formulation : alors que le préambule de la Constitution garantit la protection de la santé, le législateur en 1998 garantit l'accès effectif à la protection de la santé. La même préoccupation se retrouve dans la Charte sociale européenne révisée signée à Strasbourg le 3 mai

1. H. Lanouzière, « Risques psychosociaux : la prévention du point de vue du Code du travail », *Sem. soc. Lamy*, n° 1480, 21 févr. 2011; *Sem. soc. Lamy* n° 1482, 7 mars 2011, Dossier spécial : « Les mutations du harcèlement moral ».

2. Fusionnées par l'ord. n° 2017-1386 du 22 septembre 2017 relative à la nouvelle organisation du dialogue social et économique dans l'entreprise et favorisant l'exercice et la valorisation des responsabilités syndicales, qui déspécialise dans ce domaine les questions relatives à la santé au travail : v. H. Lanouzière, « Du CHSCT au CSE », *Sem. soc. Lamy* n° 1793, 4 déc. 2017, p. 5.

1996, dont les 31 articles de la partie II commencent invariablement par la même formule : « En vue d'assurer l'exercice effectif...[1] ».

Un « droit à » sans effet est un droit en sommeil, affirmé mais lettre morte. Comment passer de l'existence à l'effectivité, de l'affirmation à l'activation du principe ? En appréciant les conditions de cette effectivité (**A.**) en mesurant ensuite ses limites (**B.**).

A. Conditions de l'effectivité

1124. La question posée est celle de l'intégration ou infiltration dans le droit positif « ordinaire » de ces principes à haute densité normative. Deux voies principales permettent de traduire la norme primaire en normes secondaires, de rapprocher le principe fondamental des sujets de droit qu'il vise : la loi d'abord *ut universi*; le juge ensuite pour faire respecter cette loi et au besoin anticiper son évolution.

1. *L'effectivité par la loi*

1125. ***Du principe constitutionnel à la loi.*** La décision du Conseil constitutionnel du 22 janv. 1990 (déc. nº 89-269 DC) rendue à propos du droit à la santé invite la loi à s'inscrire directement dans le prolongement des principes constitutionnels, lui reconnaissant ainsi qu'au règlement une fonction de mise en œuvre de ces principes, chacun dans leurs domaines de compétence. Pour le moins, ces principes sont directeurs de l'action législative, la loi devant leur être conforme. Mais le lien peut être plus fort entre la loi et le principe constitutionnel, spécialement lorsque celle-ci a pour objet de mettre en œuvre celui-là. La loi de toute façon, s'agissant d'un principe fondamental, « ne peut en réglementer l'exercice qu'en vue de le rendre plus effectif ou de le concilier avec celui d'autres règles ou principes de valeur constitutionnelle » (décis. du 11 oct. 1984). Le Conseil constitutionnel applique ici sa jurisprudence dite « du cliquet ».

Le droit constitutionnel à la santé inspire aujourd'hui plus qu'hier le législateur. La loi nº 2016-41 du 26 janvier 2016 de modernisation de notre système de santé reprend en effet quasiment à l'identique l'alinéa 11 du préambule de 1946 pour l'inscrire dans le Code de la santé publique dans le chapitre relatif à la politique de santé : « La Nation définit sa politique de santé afin de garantir le droit à la protection de la santé de chacun » (CSP, art. L. 1411-1).

Les droits fondamentaux sont finalement un peu comme les directives communautaires, ils nécessitent « transposition », ce qui est le cas de la plupart des droits issus du préambule perçus à l'époque comme des « droits à effectivité relative, conditionnée par une confirmation législative ultérieure »[2].

1126. ***Exemples de transpositions législatives.*** Le législateur s'efforce depuis longtemps de concrétiser le droit à la protection de la santé, sans d'ailleurs que le lien entre lois et principes constitutionnels mis en œuvre soit toujours formellement établi. Il faut parfois « rétablir les filiations ». Il ne s'agit pas tant ici

1. « En vue d'assurer l'exercice effectif du droit à la protection de la santé, les parties s'engagent à prendre, soit directement, soit en coopération avec les organisations publiques et privées, des mesures appropriées tendant notamment : 1. À éliminer, dans la mesure du possible, les causes d'une santé déficiente; 2. À prévoir des services de consultation et d'éducation pour ce qui concerne l'amélioration de la santé et le développement du sens de la responsabilité individuelle en matière de santé; 3. À prévenir, dans la mesure du possible, les maladies épidémiques, endémiques et autres, ainsi que les accidents » (art. 11).
2. F. Rangeon, *op. cit.*, p. 180.

d'exhaustivité (les textes qui peuvent être raccrochés au « droit à la santé » sont en réalité très nombreux), que de montrer, à travers quelques exemples, comment la loi peut traduire plus ou moins directement le principe très généralement énoncé dans le préambule.

Le droit du travail met ainsi directement en œuvre le principe du « droit à la santé », spécialement en matière d'hygiène, sécurité et conditions de travail. Et les règles relatives aux repos, congés, durées maximales de travail... répondent à la même préoccupation : protéger la santé du salarié placé dans un lien de subordination et éviter les abus qui pourraient en résulter. Ce « droit à la santé » est cependant très partiel : il vise exclusivement la santé *au travail*, et il intéresse surtout les travailleurs *salariés*.

Le droit de la sécurité sociale transpose aussi le principe. La protection de la santé ne suppose pas seulement une organisation du système de santé permettant de répondre techniquement aux besoins sanitaires; elle requiert également, pour être effective, que chaque membre de la collectivité puisse financer les traitements et thérapeutiques susceptibles de lui être dispensés. La Sécurité sociale pose ainsi la question cruciale du *financement* des dépenses de santé. Fondamental s'il en est, le système de sécurité sociale vise à assurer pour ses bénéficiaires l'effectivité du droit aux prestations de santé, également constitutionnel (décision du 22 janvier 1990 à propos du système de *conventionnement des médecins libéraux*).

1127. ***Réforme de l'assurance-maladie.*** La loi du 13 août 2004 portant réforme de l'assurance-maladie œuvre à cette effectivité en s'attaquant au problème crucial et rémanent des déséquilibres financiers de l'assurance-maladie (déficit de la Sécurité sociale évalué à 21,4 milliards d'euros en 2011). La question y est spécialement abordée sous l'angle des comportements des assurés sociaux et des professionnels de santé que l'on cherche à responsabiliser. Point d'orgue de la réforme, un *dossier médical personnel* est institué, destiné à rassembler, dans des conditions de stricte confidentialité, les données médicales propres à chaque patient. Comme l'invitation faite à chacun de choisir un médecin traitant (médecin « référent » dans la précédente réforme) la mesure a pour objet d'assurer une meilleure continuité et cohérence des soins, tout en cherchant à éviter la multiplication parfois inutile et coûteuse des examens de santé, autrement dit l'« abus de consommation médicale » (mise en place du « parcours de soins coordonné »)[1].

1128. ***Accès aux soins et lutte contre les exclusions.*** Le droit à la protection de la santé suppose l'accès aux soins, la qualité des soins et leur prise en charge. Sans le droit à la sécurité sociale, le principe du droit à la santé est condamné, au moins dans sa dimension curative à n'être pas effectif... ou bien à engendrer des inégalités, les soins étant alors réservés à ceux dont la situation économique le permet. Le « droit à la santé » supporte mal de contredire cet autre principe constitutionnel qu'est le principe d'égalité. Les inégalités d'accès aux soins, pour différentes raisons, sont pourtant nombreuses (frais laissés à la charge des patients, localisation géographique des offres de soins...)[2].

---

1. L. n° 2004-810 du 13 août 2004 relative à l'assurance-maladie; P.-L. Bras, « Notre système de soins sera-t-il mieux gouverné ? », *Dr. soc.* 2004. 967; R. Pellet, « L'équilibre financier de l'assurance-maladie après la loi du 13 août 2004 », *Dr. soc.* 2004. 979.
2. G. Johanet, « L'égalité d'accès aux soins », Conseil d'État, Rapport public 1998, p. 429; J.-S. Cayla, « L'accès aux soins et la politique de santé publique », *RDSS* 1999. 409; P.-Y. Verkindt, « La santé des personnes les plus démunies et le rôle des organismes sociaux », *RDSS* 1999. 416; G. Koubi, « Réflexions sur la gratuité dans le droit de la santé », *RDSS* 1999. 1.

La loi du 29 juillet 1998 relative à la lutte contre les exclusions consacre un chapitre entier à l'accès aux soins : « L'accès à la prévention et aux soins des personnes les plus démunies constitue un objectif prioritaire de la politique de santé. Les programmes de santé publique mis en œuvre par l'État ainsi que par les collectivités territoriales et les organismes d'assurance-maladie prennent en compte les difficultés spécifiques des personnes les plus démunies » (art. 67 de la loi).

La loi du 27 juillet 1999, portant création de la couverture maladie universelle, vient compléter les dispositions de la précédente en généralisant le principe d'une couverture sociale de base pour tous, et en assurant une couverture complémentaire aux personnes les plus démunies. Elle instaure : « une couverture maladie universelle qui garantit à tous une prise en charge des soins par un régime d'assurance-maladie, et aux personnes dont les revenus sont les plus faibles, le droit à une protection complémentaire et à la dispense d'avance de frais » (art. 1er de la loi)[1]. Cette loi importante s'efforce de concrétiser l'égalité dans l'accès aux soins des personnes en situation précaire et constitue une avancée sociale remarquable, même si elle a fait l'objet par la suite d'un recul (art. 136 loi de finances pour 2003).

La loi de financement de la sécurité sociale pour 2016 (L. n° 2015-1702, 21 déc. 2015) tend à renforcer l'effectivité de l'accès aux soins en simplifiant la prise en charge des assurés sociaux. Désormais, l'affiliation à la protection universelle maladie (qui remplace la CMU devenue sans objet) se fait sur le critère unique du travail ou de la résidence stable et régulière en France. Les organismes de sécurité sociale n'auront plus à vérifier les critères tenant par exemple au nombre d'heures travaillées, facilitant grandement la transition entre régimes. C'est également pour permettre l'accès aux soins du plus grand nombre que la loi n° 2013-504 du 14 juin 2013 relative à la sécurisation de l'emploi prévoit la généralisation de la complémentaire santé pour tous les salariés du secteur privé à compter du 1er janvier 2016 (CSS, art. L. 911-7).

La loi du 26 janvier 2016 de modernisation de notre système de santé cherche à lever l'obstacle au droit à la santé lié à l'avance des frais par les assurés sociaux. Elle généralise le tiers payant, par une réforme progressive qui doit être pleinement effective au 30 novembre 2017. Cette mesure phare de la loi, qui cristallise les critiques de la part des professionnels de santé[2], devait permettre aux patients de ne plus avoir à avancer de frais chez leur médecin, favorisant pour tous l'accès aux soins. Le Conseil constitutionnel a validé le dispositif, mais seulement s'agissant des organismes d'assurance maladie. Pour les organismes d'assurance maladie complémentaire en revanche, « le législateur n'a pas suffisamment encadré ce dispositif et a ainsi méconnu l'étendue de sa propre compétence »[3].

Enfin, la loi de financement de la sécurité sociale pour 2018 (L. n° 2017-1836, 30 déc. 2017) illustre le fait qu'une couverture universelle n'empêche pas une qualité inégale des prestations servies en fonction du régime d'affiliation. En supprimant le régime social des indépendants et en rattachant les travailleurs indépendants au régime général, elle marque une étape vers l'uniformisation des différents régimes de sécurité sociale. Pour autant, ni les cotisations ni les prestations des indépendants ne sont pour l'heure alignées sur celles des travailleurs

1. « La couverture maladie universelle », *Dr. soc.* n° spécial, janv. 2000.
2. V. Morin, « Généralisation du tiers payant : les médecins libéraux appellent à la "désobéissance civile" », *LeMonde.fr* 18 déc. 2015.
3. Cons. const. 21 janv. 2016, n° 2015-727 DC.

salariés et il reste encore beaucoup à faire pour que le droit à la santé s'applique de façon uniforme[1].

D'autres lois tentent de rendre effective pour tous la dimension préventive du « droit à la santé ».

1129. ***Sécurité sanitaire.*** La loi du 1er juillet 1998 relative au renforcement de la veille sanitaire et du contrôle de la sécurité sanitaire des produits destinés à l'homme, a largement modifié le Code de la santé publique pour prévenir l'extension de certaines maladies, organiser une meilleure détection des accidents médicaux, identifier plus rapidement les effets imprévus ou indésirables résultant de l'utilisation des biens médicaux, évaluer l'efficacité des systèmes d'intervention sanitaire[2]. On pourrait citer encore la loi du 4 janvier 1993 relative à la sécurité en matière de transfusion sanguine et de médicament, le décret n° 94-68 du 24 janvier 1994 organisant l'hémovigilance, les décrets n° 95-278 du 13 mars 1995 et n° 95-566 du 6 mai 1995 réformant la pharmacovigilance... On pourrait citer aussi l'article L. 221-1 du Code de la consommation selon lequel : « Les produits et les services doivent, dans des conditions normales d'utilisation ou dans d'autres conditions raisonnablement prévisibles par le professionnel, présenter la sécurité à laquelle on peut légitimement s'attendre et ne pas porter atteinte à la santé des personnes... », ou encore la loi du 29 décembre 2011 relative au renforcement de la sécurité sanitaire du médicament et des produits de santé (L. n° 2011-2012) qui a refondé le système de sécurité sanitaire des produits de santé (à la suite de l'affaire du tristement célèbre « Mediator ») pour concilier sécurité des patients et accès au progrès thérapeutique. À cette occasion, l'Afssaps a disparu au profit de l'Agence nationale de sécurité du médicament et des produits de santé (ANSM) qui dispose de missions et pouvoirs de sanction plus étendus.

1130. ***Droits des malades, qualité du système de santé et responsabilité médicale.*** La loi du 4 mars 2002 relative aux droits des malades et à la qualité du système de santé s'inscrit sur la même ligne, s'efforçant de concrétiser la dimension curative du droit à la protection de la santé. Imposante loi traitant de questions aussi diverses que la solidarité envers les personnes handicapées (c'est elle qui brise la jurisprudence *Perruche*) la démocratie sanitaire, la qualité du système de santé ou encore la réparation des conséquences des risques sanitaires (avec notamment le nouveau régime des infections nosocomiales). Cette loi pose, d'un point de vue individuel, les bases du contrat entre le médecin et son patient, de façon à définir les obligations de chaque partie à l'acte médical; elle repense aussi le système de santé d'un point de vue collectif, à partir de la notion de solidarité, le citoyen titulaire de droits mais aussi d'obligations, étant le personnage clé du système. Les droits de la personne malade se trouvent ainsi rassemblés dans un même corpus de règles et affectés d'une valeur législative claire.

Depuis lors, le Code de la santé publique comprend un article L. 1110-1 qui énonce pour chacun : « le droit fondamental à la protection de la santé » comprenant la prévention, la garantie de l'égal accès aux soins, l'assurance de la con-

1. A. Turc, « Suppression du RSI : quel sort pour la protection sociale des travailleurs indépendants ? », *JCP S* 2018. 1021.
2. La veille sanitaire peut être définie comme « l'observation permanente de l'état de santé de la population, la détection de tout événement qui l'altère et l'analyse rapide des causes de cet événement », J. Bonneau, « Examen critique de la loi du 1er juill. 1998 relative à la veille sanitaire », *Gaz. Pal.* 23-24 oct. 1998, 35. — P.-Y. Verkindt, « Sécurité sociale et sécurité sanitaire : bref retour sur la loi du 1er juill. 1998 relative au renforcement de la veille sanitaire », *RDSS* 1999. 37. 2280.

tinuité des soins et la meilleure sécurité sanitaire possible, mais aussi : le droit de chaque personne malade au respect de sa dignité, l'interdiction des discriminations dans l'accès à la prévention et aux soins, le droit de chaque personne au secret des informations la concernant, etc. D'autres dispositions marquent la volonté du législateur de faire du patient un acteur responsable de sa santé : conditions du consentement libre et éclairé à l'acte médical, droit à la transparence financière par rapport au coût des actes qui prolonge le droit à l'information et à la transparence thérapeutique, accès direct au dossier médical...

La loi du 4 mars 2002 fixe également le droit sur des questions sensibles relatives à la responsabilité médicale. Elle réaffirme avec force le principe de la responsabilité pour faute[1] : les professionnels comme les établissements de santé « ne sont responsables des conséquences dommageables d'actes de prévention, de diagnostic ou de soins qu'en cas de faute » (CSP, art. L. 1142-1). L'obligation de sécurité de moyens reste le principe dans le contrat médical. L'exception, c'est-à-dire l'obligation de sécurité de résultat, n'est prévue que dans deux hypothèses : dommage causé par un produit (humain ou non) ou par un matériel, et dommages résultant d'infections nosocomiales, sauf preuve d'une cause étrangère.

La loi tranche aussi la difficile question de l'indemnisation des victimes de l'aléa thérapeutique[2] : est-ce au patient d'assumer ce risque médical, ce « coup du sort » ? Est-ce aux médecins ou aux établissements de soins, même s'ils n'ont pas commis de faute, ou faut-il faire appel à la solidarité nationale en créant un nouveau fonds de garantie : l'Office national d'indemnisation des accidents médicaux (CSP, art. L. 1142-22) ? Le principe est désormais acquis : en l'absence de responsabilité du professionnel, un accident médical, une affection iatrogène ou une infection nosocomiale due à une cause étrangère, ouvre droit à réparation du patient au titre de la solidarité nationale, lorsqu'ils sont directement imputables à des actes de prévention, de diagnostic ou de soins, et qu'ils ont eu pour le patient des conséquences anormales au regard de l'état de santé comme de l'évolution prévisible de celui-ci et présentent un caractère de gravité fixé par décret (CSP, art. L. 1142-1, II). L'on est ainsi, en ce domaine, clairement passé de l'idée de responsabilité fondée sur la faute ou le risque à l'idée de solidarité[3].

Cette loi, qui traite à la fois du contrat médical et du système de santé, est en tout cas parfaitement représentative de la dimension à la fois individuelle et collective du droit à la protection de la santé. Reste à savoir quelle application en feront les différents acteurs[4].

1. « Il se forme entre le médecin et son client un véritable contrat comportant, pour le praticien, l'engagement, sinon, bien évidemment, de guérir le malade... du moins de lui donner des soins, non pas quelconques mais consciencieux, attentifs et, réserves faites de circonstances exceptionnelles, conformes aux données acquises de la science » (arrêt *Mercier :* Civ., 20 mai 1936, *DP* 1936. 88, rapp. Josserand, concl. Matter, qui a donné son assise contractuelle à la relation médecin/patient).
2. E. Gouesse, « Réflexions sur l'aléa thérapeutique », *LPA* 25 janv. 2000, p. 10; C. Larroumet, « L'indemnisation de l'aléa thérapeutique », *D.* 1999. Chron. 33; P. Sargos, « L'aléa thérapeutique devant le juge judiciaire », *JCP* 2000. I. 202.
3. Y. Lambert-Faivre, « La responsabilité médicale : la loi du 30 décembre 2002 modifiant la loi du 4 mars 2002 », *D.* 2003. Chron. 361; selon N. Jonquet et F. Vialla, cette loi est une « véritable loi de circonstance destinée à rétablir l'implication des professionnels de l'assurance dans le secteur de la santé » (« La perversion de la solidarité nationale et déresponsabilisation des acteurs de santé », *D.* 2002. Point de vue 43).
4. Responsabilité disciplinaire (respect des règles déontologiques notamment) et responsabilité pénale peuvent également traduire de façon effective le principe du « droit à la santé » le principe de légalité appelle surtout les infractions d'« atteintes involontaires à la vie » (C. pén., art. 221-6) ou à l'intégrité de la personne (C. pén., art. 222-19 à 21), anciennement, homicide et blessures involontaires, ou encore celle de « mise en danger d'autrui » (C. pén., art. 223-1).

1131. ***Politiques de santé.*** Les effets des lois n° 2004-806 du 9 août 2004 relative à la politique de santé publique et n° 2016-41 du 26 janvier 2016 de modernisation de notre système de santé ne pourront être mesurés que sur le long terme. Ces lois affirment la responsabilité de l'État en matière de politique de santé et tentent d'imposer un cadre de référence clair et cohérent pour guider l'action des pouvoirs publics dans ce domaine. L'objectif est d'éviter que les multiples acteurs opèrent dans un contexte caractérisé par la dispersion des efforts et une faible efficacité d'ensemble, liée à l'insuffisance de l'évaluation des actions de santé publique.

La définition de la politique de santé donnée à cette occasion par le législateur est ambitieuse (v. ss 1119). Elle doit se concrétiser notamment par le biais *d'objectifs pluriannuels* dont l'État prend clairement la responsabilité, de la détermination de ces objectifs jusqu'à l'évaluation des résultats, au niveau national et régional (CSP, art. L. 1411-1). En ce sens, la loi n° 2011-940 du 10 août 2011 est venue modifier la loi n° 2009-879 du 21 juillet 2009 portant réforme de l'hôpital et relative aux patients, à la santé et aux territoires, qui a créé le « schéma régional d'organisation des soins » destiné à prévoir les évolutions de l'offre de soins sur le territoire afin de répondre aux besoins de santé de la population, insuffisamment satisfaits dans certaines zones. La loi du 10 août 2011 concerne plus spécialement la prévention en santé publique (cadre d'emploi de la réserve sanitaire; lutte contre la propagation internationale des maladies, après la pandémie grippale de l'année 2010); elle crée par ailleurs un nouveau cadre juridique d'exercice médical : la société interprofessionnelle de soins ambulatoires; elle revient aussi sur l'organisation territoriale du système de santé en rétablissant les « contrats de bonnes pratiques » et les « contrats de santé publique » (supprimés par une ordonnance du 23 février 2010) destinés, par des incitations financières, à favoriser l'exercice médical dans les zones franches urbaines et dans les zones rurales où la couverture médicale est insuffisante (lesquels s'ajoutent aux contrats ayant pour objet d'améliorer la qualité et la coordination des soins – CAQCS – créés par la loi du 21 juillet 2009).

1132. ***Actions de groupe.*** La récente loi du 26 janvier 2016 de modernisation de notre système de santé contribue également à rendre le droit à la santé effectif en créant une action de groupe originale et spécifique. Des personnes ayant subi des dommages corporels du fait d'un manquement d'un producteur, fournisseur ou d'un prestataire utilisant des produits de santé pourront désormais se joindre à une action intentée par une association d'usagers du système de santé (CSP, art. L. 1143-1). Dans le cadre de cette action de groupe, le juge pourra charger un médiateur de proposer aux parties une convention d'indemnisation amiable, après une mission pouvant aller jusqu'à trois mois, renouvelable une fois (CSP, art. L. 1143-6 s.).

2. *L'effectivité par le juge*

1133. Souvent, lorsque le juge intervient dans la mise en œuvre du droit à la protection de la santé, il est déjà trop tard. La santé est endommagée et il s'agit alors d'obtenir réparation et/ou condamnation des auteurs du dommage. Le juge n'en contribue pas moins à l'effectivité du principe, même *a posteriori*. National ou européen, administratif ou judiciaire, il s'efforce au gré des contentieux de mieux cerner les obligations de chaque débiteur du « droit à la santé » et d'influencer par là même les comportements[1]. Son rôle est important à la fois

1. La Cour européenne des droits de l'homme, saisie à propos du « droit à la santé » des détenus, a condamné la France pour traitement inhumain et dégradant en raison du maintien en détention ▶

dans le domaine de la santé publique et dans celui de la santé individuelle. Par ailleurs, si le principe constitutionnel du « droit à la protection de la santé » est souvent en « toile de fond » dans les décisions, il est encore rare qu'il y soit fait expressément référence.

1134. ***En droit communautaire.*** À l'occasion de la crise dite de « la vache folle », la Cour de justice des Communautés européennes a pris une décision extrêmement intéressante en matière de santé publique, suite aux mesures d'embargo prononcées contre l'importation dans les autres pays de la Communauté européenne, de la viande bovine en provenance du Royaume-Uni : « La maladie de Creutzfeld-Jacob et plus particulièrement la variante découverte récemment n'est encore qu'imparfaitement connue des scientifiques... Vu le fait que l'explication la plus probable de cette maladie mortelle est une exposition à l'ESB (encéphalopathie spongiforme bovine), aucune hésitation n'est permise. Tout en admettant les difficultés d'ordre économique et social engendrées au Royaume-Uni par la décision de la Commission, la Cour ne fait que reconnaître l'importance prépondérante à accorder à la protection de la santé » (ordonnance de référé du 12 juill. 1996). Un législateur n'aurait pu mieux l'écrire. Les deux arrêts rendus sur le fond le 5 mai 1998 sont encore plus nets : « Lorsque des incertitudes subsistent quant à l'existence ou à la portée de risques pour la santé des personnes, les institutions peuvent prendre des mesures de protection sans avoir à attendre que la réalité et la gravité de ces risques soient pleinement démontrées. Cette approche est corroborée par l'article 130-R, paragraphe 1 du traité de la Communauté européenne selon lequel la protection de la santé des personnes relève des objectifs de la politique de la communauté dans le domaine de l'environnement ».

Ces décisions mettent directement en œuvre un droit à la protection de la santé, par le biais spécialement du principe de précaution qui trouve ainsi reconnaissance en droit communautaire de sa valeur normative. Elles sont d'autant plus remarquables que le droit à la santé sur lequel elles portent est étranger au domaine que désigne spécialement l'article 130-R du traité de Maastricht, à savoir l'environnement.

1135. ***En droit interne.*** En droit de l'environnement, la jurisprudence administrative dispose pour favoriser la prévention du support de l'article L. 200-1 du Code rural et des principes qu'il énumère (principe de précaution, principe d'action préventive, principe pollueur-payeur, principe de participation). Mais dans le domaine de la santé publique, aucun texte équivalent n'existe.

Ce qui n'empêche pas le juge administratif, encouragé par un mouvement d'opinion extrêmement fort, d'adopter en matière de santé publique une position sécuritaire résolument tournée vers la prévention des risques, plus encore vers la précaution[1]. Si aucune référence explicite au principe n'est faite, n'est-ce pas pourtant de « droit à la protection de la santé » dont il s'agit ? « Compte tenu des précautions qui s'imposent en matière de protection de la santé publi-

▶ du requérant portant atteinte à sa dignité : CEDH 14 nov. 2002, *D.* 2003. 303, note H. Moutouh. La santé d'une personne privée de liberté est donc un facteur à prendre en compte dans les modalités de l'exécution de sa peine d'emprisonnement. En droit interne, le Conseil d'État a cependant décidé que le droit à la santé d'un détenu victime de tabagisme passif, ne constituait pas une liberté fondamentale au sens de l'art. L. 512-2 du CJA. CE, réf., 8 sept. 2005, req. n° 284803, M. Herzog-Evans, « Tabagisme passif : protéger la santé d'un détenu n'est pas une liberté fondamentale », *AJ pénal* 2005. 377.

1. J. Andriantsimbazovina, « Le Conseil d'État et le principe de précaution », *Dr. adm.*, juin 1999, p. 4; P. Lascoumes, « La précaution, un nouveau standard de jugement », *Esprit*, nov. 1997.

que… la fabrication, l'importation, la mise sur le marché et l'utilisation du produit X, contenant du collagène bovin et utilisé sur le corps humain, devaient être suspendues pour une durée d'un an… »[1]. Position confirmée à l'occasion d'un autre recours pour excès de pouvoir dirigé contre un décret interdisant l'emploi alimentaire de certains produits d'origine bovine susceptibles, sans certitude, de provoquer l'ESB : « En décidant, eu égard aux mesures de précaution qui s'imposent en matière de santé publique, d'édicter les interdictions faisant l'objet du décret attaqué qui s'appliquent à des aliments destinés à des enfants en bas âge ainsi qu'à des compléments alimentaires qui peuvent contenir des quantités élevées des tissus en cause, le Premier ministre n'a pas commis d'erreur manifeste d'appréciation »[2].

Des auteurs s'interrogent parfois sur la nécessité de faire évoluer le droit de la responsabilité pour qu'il ne soit plus tourné comme à l'heure actuelle vers la seule réparation des dommages passés, mais également vers l'évitement de ces nouveaux dommages graves et irréversibles touchant à la santé, à la sécurité humaine ou encore à l'environnement, dommages pour lesquels l'idée de réparation perd tout sens dès lors qu'ils sont de nature à compromettre le bien-être des générations futures. L'idée d'une responsabilité préventive est avancée, qui prendrait place aux côtés de la responsabilité réparatrice[3]. « Ces réflexions conduisent à penser que la mise en œuvre du principe de précaution paraît souhaitable en tant que nouveau standard de comportement des responsables de la politique de santé publique. Un exemple de ce nouveau comportement, caractéristique d'un certain retour à l'idée de prévention, a été donné par la réglementation relative au désamiantage des immeubles et à la protection des travailleurs contre les poussières d'amiante »[4].

S'agissant spécialement des relations de travail, depuis le début des années 2000, on relève également une politique très volontariste des magistrats de la chambre sociale de la Cour de cassation, déterminés à rendre effectif le droit à la protection de la santé des salariés dans l'entreprise (autant à titre préventif que pour favoriser la réparation intégrale des accidents et maladies professionnels, v. ss 1069). En témoignent des décisions de condamnation d'entreprises pour manquement à l'obligation de sécurité de l'employeur *avant même* que l'accident n'ait lieu, donnant une dimension pleinement préventive à cette dernière obligation (Soc. 5 mars 2008, *Snecma*).

Les juges ont par la suite précisé le résultat attendu en matière de prévention des risques, affirmant « que ne méconnaît pas l'obligation légale lui imposant de prendre les mesures nécessaires pour assurer la sécurité et protéger la santé physique et mentale des travailleurs, l'employeur qui justifie avoir pris toutes les mesures prévues par les articles L. 4121-1 et L. 4121-2 du code du travail » (Soc. 25 nov. 2015, *Air France*). La logique préventive prend le pas sur la logique réparatrice. L'évolution est si marquée que la Cour de cassation semble aujourd'hui avoir éclipsé l'obligation de sécurité, devenue une obligation de moyens, supplantée par une obligation de prévention des risques professionnels plus proche

---

1. CE 21 avr. 1997, *Barbier*, req. n° 180274.
2. CE 24 févr. 1999, *Pro-Nat*, req. n° 192465. Position réitérée dans un arrêt *Germain* du 30 juin 1999, à propos d'un arrêté ayant interdit la commercialisation de médicaments homéopathiques fabriqués à partir de souches d'origine humaine.
3. C. Thibierge, « Libres propos sur l'évolution du droit de la responsabilité (vers un élargissement de la fonction de la responsabilité civile ?) », *RTD civ.* 1999. 561; P. Kourilski et G. Viney, rapport préc., p. 131 s.
4. « L'évolution du droit de la responsabilité », Conseil d'État, *Rapport public 1998*, p. 260.

de la lettre et de l'esprit des dispositions des articles L. 4121-1 et suivants du Code du travail, et de la directive-cadre de 1989 visant à promouvoir l'amélioration de la santé et de la sécurité au travail par la mise en œuvre de principes généraux de prévention[1].

En ce sens également, les décisions qui suggèrent un meilleur encadrement des conventions de forfait-jours susceptibles de porter atteinte au droit à la santé et au repos des salariés, directement rendues au visa de l'alinéa 11 du préambule de la Constitution du 27 octobre 1946 (Soc. 29 juin 2011, n° 09-71.107 : « Attendu que le droit à la santé et au repos est au nombre des exigences constitutionnelles; qu'il résulte [...] des directives de l'Union européenne que les États membres ne peuvent déroger aux dispositions relatives à la durée du temps de travail que dans le respect des principes généraux de la protection de la sécurité et de la santé du travailleur »).

1136. ***Juge administratif et juge judiciaire.*** L'œuvre du juge est également à souligner lorsqu'il s'efforce de pallier les lacunes législatives, si ce n'est d'anticiper les évolutions du droit. C'est ce qui s'est produit en matière de responsabilité médicale, domaine à fort contentieux donnant lieu à une abondante jurisprudence administrative et judiciaire, pas toujours convergente[2]. Parmi les questions récurrentes : celle de l'obligation d'information due par le médecin à son patient, où la jurisprudence du Conseil d'État a rejoint celle de la Cour de cassation[3]; également celle de l'aléa thérapeutique où les divisions ont subsisté entre le Conseil d'État admettant la responsabilité de l'hôpital pour risque[4], et la Cour de cassation refusant pour les médecins libéraux ce glissement de la faute au risque, en dehors des cas où le dommage est causé par un dispositif médical ou une infection nosocomiale[5]. Le législateur est depuis intervenu, notamment

1. L. de Montvalon, « Le crépuscule de l'obligation de sécurité de résultat », *Sem. soc. Lamy* n° 1799, 22 janv. 2018, p. 8.
2. La répartition des compétences entre les deux ordres de juridictions fait que les patients des hôpitaux publics saisissent pour leurs litiges le juge administratif, tandis que les patients des médecins libéraux et cliniques privées vont devant le juge judiciaire, ce qui explique les divergences de jurisprudence : la responsabilité médicale administrative condamne en effet l'hôpital, et non le médecin; la même solution en matière civile conduirait à faire peser sur le praticien libéral la responsabilité du risque thérapeutique, l'obligeant à en supporter la charge financière, alors qu'aucune faute ne peut lui être reprochée. Solution injuste et dangereuse en raison de ses effets pervers : risque de démotivation du corps médical, flambée des primes d'assurance, risque de désengagement des assureurs si les litiges sont trop nombreux ou trop coûteux...
3. Lorsque l'acte médical envisagé, même accompli dans les règles de l'art, comporte des risques connus de décès ou d'invalidité, le patient doit en être informé dans des conditions qui permettent de recueillir son consentement libre et éclairé. Si cette information n'est pas requise en cas d'urgence, d'impossibilité ou de refus du patient d'être informé, la seule circonstance que les risques ne se réalisent qu'exceptionnellement ne dispense pas les praticiens de leur obligation. Soc. 25 févr. 1997, *JCP* 1997. IV. 880; Soc. 14 oct. 1997, *JCP* 1997. II. 22942, rapp. P. Sargos; Soc. 7 oct. 1998, *JCP* 1998. II. 10179, concl. J. Sainte-Rose, note P. Sargos; CE, sect., 5 janv. 2000, *Assistance publique-Hôpitaux de Paris*, req. n° 198530; CE, sect., 5 janv. 2000, *Cts Telle*, req. n° 181899, *JCP* 2000, n° 4, p. 130.
4. « Lorsqu'un acte médical nécessaire au diagnostic ou au traitement du malade présente un risque dont l'existence est connue mais dont la réalisation reste exceptionnelle et dont aucune raison ne permet de penser que le patient y soit particulièrement exposé, la responsabilité du service public hospitalier est engagée si l'exécution de cet acte est la cause directe de dommages sans rapport avec l'état initial du patient comme avec l'évolution prévisible de cet état, et présentant un caractère d'extrême gravité » CE 9 avr. 1993, *Bianchi*, *JCP* 1993. II. 22061, note J. Moreau. Dans le même sens : CE 3 nov. 1997, *Hôpital Joseph-Imbert d'Arles*, *JCP* 1997. II. 10016, note J. Moreau; CE 27 oct. 2000, *D.* 2000. IR 288.
5. Civ. 1re, 8 nov. 2000 : « La réparation des conséquences de l'aléa thérapeutique n'entre pas dans le champ des obligations dont un médecin est contractuellement tenu à l'égard de son patient », *D.* 2000. IR 292; Y. Lambert-Faivre, « La réparation de l'accident médical, obligation de sécurité : oui; aléa thérapeutique : non », *D.* 2001. Chron. 570.

sur la question de l'aléa thérapeutique, avec l'importante loi du 4 mars 2002 (v. ss 1130). Reste à savoir si cette loi influencera positivement les comportements et à défaut, quelle application le juge en fera.

B. Limites de l'effectivité

1137. Le droit à la protection de la santé est en son principe peu discutable. Il est de l'intérêt de tous, intérêt général et intérêts particuliers réunis, que la santé soit protégée contre les atteintes autres que celles, irrémédiables, résultant du cours naturel de l'existence. Il ne heurte pas d'emblée d'autres principes, comme le droit de propriété, qui s'oppose parfois au droit au logement, comme le droit de grève, qui s'oppose parfois à l'exigence de continuité du service public, comme la liberté même, limitée par celle d'autrui. En réalité, il s'impose avec une certaine évidence, si ce n'est la précision, déjà formulée, qu'il ne consacre pas un droit chimérique à une santé parfaite, mais seulement le droit à une *protection*.

1138. ***Les limites inhérentes au principe.*** Le principe lui-même connaît néanmoins quelques limites : celles du hasard et des capacités humaines notamment. Limite du hasard lorsqu'un patient est victime d'un aléa thérapeutique, encore que la distinction entre faute et aléa puisse être parfois bien difficile à opérer. Limite du hasard encore, lorsque le défaut d'un produit qui a causé le dommage ne pouvait être décelé au moment de son utilisation en raison de l'état des connaissances scientifiques et techniques du moment[1]. Dans ces cas cependant, les limites du droit à la santé « réparatif » peuvent être repoussées, dès lors qu'un système d'indemnisation adapté permet de dénouer le conflit d'intérêts opposant la victime qui réclame indemnisation au professionnel qui refuse d'assumer la charge d'une faute qu'il n'a pas commise. Limite des capacités humaines aussi, notamment celles du professionnel de santé : compétent et consciencieux, il n'est pas raisonnable d'exiger de lui plus qu'il ne peut (« Pour être médecin, il n'en est pas moins homme... »).

L'effectivité du principe connaît des limites différentes, tenant moins à son contenu qu'aux débiteurs de la créance qu'il institue : l'État, qui peut imposer des limites de nature collective pour des raisons économiques, l'individu lui-même, qui peut être l'artisan de sa propre santé comme il peut en être le fossoyeur.

1. Limites collectives

1139. ***Contraintes économiques et financières.*** Un pays quel qu'il soit ne peut consacrer à la santé publique, qui est une fonction collective parmi d'autres, qu'une fraction déterminée de ses ressources. Le droit à la santé ne peut être un droit à engager sans limite les finances publiques[2]. La mise en œuvre du droit à la protection de la santé est nécessairement conditionnée, à un moment ou un autre, par la situation économique et par les disponibilités financières de la collectivité.

---

1. Le « risque de développement » est cause d'exonération conditionnelle du producteur dans la loi du 19 mai 1998 (C. civ., art. 1386-11), sauf dommage causé par un élément du corps humain ou par les produits issus de celui-ci (art. 1386-12, al. 1).
2. Une loi constitutionnelle du 22 févr. 1996, modifiant l'art. 34 de la Constitution charge le Parlement de fixer les objectifs de dépenses de la Sécurité sociale, notamment ceux de l'assurance-maladie.

La question de la maîtrise des dépenses de santé est en permanence à l'ordre du jour. Elle est suffisamment importante pour que le Conseil constitutionnel, dans sa décision du 16 janvier 1991, en ait fait un « objectif de valeur constitutionnelle », ouvrant ainsi la porte à des restrictions justifiées par l'intérêt général qui pourraient être apportées à d'autres principes constitutionnels. L'objectif consistant à « assurer l'accès aux soins tout en développant une politique de maîtrise des dépenses de santé supportées par la collectivité » permet ainsi de légitimer des différences de traitement dans le remboursement des soins, en fonction des liens de l'établissement avec l'assurance-maladie (participation ou non au service public hospitalier, établissement conventionné ou non).

La même préoccupation se trouve dans quelques articles du Code de la sécurité sociale. Après un article L. 162-2 CSS qui pose les principes de libre choix du médecin par le malade, de liberté de prescription du médecin... l'article L. 162-2-1 précise que les médecins sont tenus, dans tous leurs actes et prescriptions « d'observer, dans le cadre de la législation et de la réglementation en vigueur, la plus stricte économie compatible avec la qualité, la sécurité et l'efficacité des soins ». Le Code de la santé publique vise par ailleurs « à garantir une prescription de médicaments la plus adéquate possible, à la fois sur le plan thérapeutique et financier »; les mesures récentes favorisant le recours à des médicaments génériques s'inspirent de la même idée (CSP, art. L. 601-6). Ces impératifs suscitent inévitablement des tiraillements entre pouvoirs publics et médecins qui voient là une atteinte au principe de la libre prescription et un contrôle peu compatible avec l'indépendance professionnelle qui caractérise leur déontologie.

1140. ***Maîtrise des dépenses de santé.*** Les deux objectifs de valeur constitutionnelle consacrés par le Conseil constitutionnel à partir du même alinéa 11 du préambule, ne risquent-ils pas de se contrarier ? La « maîtrise des dépenses de santé » ne risque-t-elle pas de contredire à un moment donné la « protection de la santé publique » (décis. du 8 janvier 1991, *Tabagisme et alcoolisme*) ? Après les interrogations anciennes sur la hiérarchie des principes, doit-on s'interroger sur la hiérarchie des objectifs de valeur constitutionnelle ? Le Conseil constitutionnel, dans une formule désormais classique, indique plutôt au législateur, en reprenant sa jurisprudence du « cliquet », la voie de la conciliation : il est loisible au législateur « d'adopter pour la réalisation ou la conciliation d'objectifs de nature constitutionnelle, des modalités nouvelles dont il lui appartient d'apprécier l'opportunité et qui peuvent comporter la modification ou la suppression de dispositions qu'il estime excessives ou inutiles; que cependant, l'exercice de ce pouvoir ne saurait aboutir à priver de garanties légales des exigences de caractère constitutionnel »[1].

Au demeurant, les deux objectifs visés ne paraissent pas inconciliables, l'objectif de « protection de la santé publique » portant surtout sur l'aspect préventif du « droit à la santé », tandis que l'objectif de « maîtrise des dépenses de santé » concerne essentiellement son aspect curatif, d'autant que l'objectif consacré le 16 janvier 1991 n'est pas sèchement un objectif de « maîtrise des dépenses de santé ». Plus qu'une maîtrise exclusive, il affirme surtout une nécessaire conciliation entre accès aux soins et maîtrise des dépenses (l'objectif consistant à « assurer l'accès aux soins tout en développant une politique de maîtrise des dépenses de santé »). Le Conseil d'État l'a précisé : « Le principe constitutionnel du droit à la santé exige que l'objectif prévisionnel des dépenses médicales soit

1. Cons. const. 29 juill. 1986, n° 86-210; 16 janv. 1991, n° 287 DC; 29 juill. 1991, n° 296 DC; 13 août 1993, n° 325 DC; 18 déc. 1997, n° 393 DC; 23 juill. 1999, n° 416 DC (à propos du seuil instauré par la loi sur la CMU pour le bénéfice de la couverture complémentaire).

fixé à un niveau compatible avec la couverture des besoins sanitaires de la population » (CE 27 avr. 1998, *Conféd. des synd. médicaux de France*).

La maîtrise des dépenses de santé est une limite à l'effectivité du « droit à la santé » en ce sens qu'elle lui interdit d'être un droit pour chacun à la prise en charge illimitée de ses dépenses de santé. Des contraintes budgétaires existent, des choix doivent être faits, il faut souhaiter qu'ils se fassent toujours en regard du principe initial, sans nuire à une véritable protection de la santé. Ces choix sont guidés par la Haute Autorité de santé qui évalue le service médical rendu (SMR) par les produits de santé (CSS, art. L. 161-37). En réduisant le taux de remboursement des médicaments à faible SMR, on limite les dépenses de l'État tout en limitant les atteintes à l'objectif initial qui est celui de protéger la santé des citoyens. Par ailleurs, si la maîtrise des dépenses de santé se présente plutôt comme une limite à l'effectivité du principe, elle peut aussi bien être considérée comme une garantie de son effectivité, dès lors qu'elle apparaît comme une nécessité permettant de préserver le système de protection sociale tout en assurant l'égalité des droits et l'accès au droit.

1141. ***Procédures contentieuses.*** L'effectivité du principe connaît une autre limite qui tient à la nature de l'obligation qui pèse sur l'État en tant que débiteur du « droit à la santé » et à la difficulté parfois d'en revendiquer la sanction devant les tribunaux judiciaires et administratifs. Les « droits créances » donnant lieu à obligation tout au plus de moyens, « n'assurent en réalité que l'accès à des médiations institutionnelles qui produisent des services et délivrent des prestations pour *tendre* à la réalisation du droit proclamé »[1]. L'obligation de moyens semble ici rejoindre l'objectif de valeur constitutionnelle, mais ramené à un simple résultat qu'on se propose d'atteindre. Plus encore, dans l'hypothèse d'une *carence* de la puissance publique, c'est généralement l'absence de procédure contentieuse qui est la plus à même de réduire à néant les droits consacrés par le préambule.

Les temps changent cependant. Pour la première fois, dans l'affaire de l'amiante, le Conseil d'État dans sa plus haute formation, a reconnu la responsabilité de l'État du fait de ses carences dans la prévention des risques liés à l'exposition des travailleurs aux poussières d'amiante. Le caractère nocif des poussières d'amiante était connu depuis le début du XXe siècle et le caractère cancérigène de celles-ci avait été mis en évidence dès le milieu des années 1950. Pour autant, les autorités publiques n'ont entrepris avant 1977 aucune recherche « afin d'évaluer les risques pesant sur les travailleurs exposés aux poussières d'amiante, ni pris de mesures aptes à éliminer ou tout au moins, à limiter les dangers liés à une telle exposition », d'où la condamnation[2].

2. Limites individuelles

1142. ***Santé et liberté individuelle.*** La limite la plus sérieuse au « droit à la santé » est peut-être là, certainement la plus délicate à appréhender.

1. R. Lafore, *op. cit.*, p. 44; dans le même sens, J.-L. Baudouin, *op. cit.*, p. 72.
2. CE 3 mars 2004, *D.* 2004. 973, *Amiante :* la responsabilité de l'État est enfin reconnue par le Conseil d'État, note H. Arbousset. Confirmation de CAA Marseille, 18 oct. 2001, qui avait décidé que l'inaction de l'État (insuffisance de réglementation préventive, retard dans la transposition de normes européennes) constituait une faute susceptible d'engager sa responsabilité, alors qu'il ne pouvait ignorer les risques engendrés par l'exposition de travailleurs aux poussières d'amiante.

Peut-être l'individu lui-même est-il potentiellement le débiteur le plus défaillant. Son corps lui appartient et à ce titre il est libre d'en disposer : libre d'adopter un comportement et des habitudes conformes à une bonne hygiène de vie, libre d'entretenir son corps et son esprit de façon à trouver une certaine harmonie[1]. Libre aussi de nuire à sa santé si bon lui semble, de refuser des soins ou de préférer tel type de médecine à telle autre jugée plus conforme à ses convictions, libre éventuellement de dire non à un acharnement thérapeutique, qui soulève la difficile question de l'euthanasie, libre même de choisir sa mort. Chacun mène sa vie comme il l'entend. Excepté le salarié en situation de travail, il n'existe pas d'obligation individuelle de protection de sa propre santé.

Telle est bien la première leçon tirée de l'affaire *Seita* (renommée société *Altadis*) condamnée par le tribunal de Montargis en décembre 1999, non pas pour avoir mis en danger la santé d'autrui, mais pour ne pas avoir informé le grand public des risques des produits vendus. La décision étonnait par le curieux partage de responsabilités auquel elle procédait, conférant la moindre part à l'acteur principal, peut être insuffisamment informé mais au courant, inévitablement, des dangers du tabac. D'où la mention par la suite imposée « L'abus de tabac nuit gravement à la santé », jusqu'à la formule choc : « Le tabac tue ». Informé et averti par écrit des dangers du tabac, l'individu peut donc désormais librement en abuser et nuire à sa santé. À chacun d'assumer cette liberté et acteur jusque-là, de ne pas soudainement se poser en victime.

C'est le deuxième enseignement de cette affaire, tiré cette fois par la Cour de cassation qui dans un long attendu, rejette l'idée d'un lien de causalité entre le dommage invoqué (décès par cancer du poumon) et les fautes reprochées à la Seita : « Richard X gros fumeur depuis l'âge de treize ans... était seul à pouvoir prendre les décisions qui s'imposaient; si l'avertissement sanitaire légal pouvait influencer un fumeur récent... il était improbable que Richard X qui avait assisté au décès par cancer du poumon d'un membre de sa famille, qui avait été lui-même atteint d'un cancer en 1988 sans cesser de fumer, eût été influencé par ce message, même s'il n'était pas rigoureusement conforme à la loi;... Richard X n'aurait pas eu alors une attitude différente et le dommage se serait produit de toutes façons »[2].

Le débat ne se limite pas pourtant à la question du respect ou non d'une obligation d'information. Si le tabac est le produit dangereux que l'on présente dans les campagnes d'information récentes, comment dès lors ne pas envisager la question sous l'angle notamment de la « mise en danger d'autrui » de la part de ceux qui fabriquent, vendent, perçoivent des taxes sur ces produits ? La discussion n'a pas été complètement menée, et à l'évidence, elle n'est pas close. L'avertissement excessif risque de conduire à des impasses sur le terrain des responsabilités, où l'on oubliera que la liberté vient en premier, dès lors qu'elle ne nuit pas à celle d'autrui. « Cigarettes neutres » (L. n° 2016-41 du 26 janv. 2016), augmentation sensible du prix du tabac... Les solutions existent afin de rendre le produit moins attractif, notamment chez les jeunes, sans qu'on sache réellement si elles auront un effet dissuasif chez les fumeurs de longue date.

Il faut se garder enfin d'ignorer que le tabac est une drogue et qu'il ne suffit pas d'avoir conscience du danger pour réussir à l'éviter. L'obligation d'information, nécessaire, ne change rien au fait qu'un comportement nuisible à sa propre

1. B. Beignier, « Respect et protection du corps humain », *J.-Cl. civil*, fasc. 70-72, 1997.
2. Civ. 2e, 20 nov. 2003, *D.* 2003. 2902, « *Tabagisme* : responsabilité juridique et responsabilité morale », concl. R. Kessous et note L. Grynbaum; *D.* 2004. Somm. 1346, obs. D. Mazeaud; Civ. 1re, 8 nov. 2007 qui retient également l'irresponsabilité de la SEITA dans la mort des fumeurs, *D.* 2008. 50, note J. Revel.

santé, tabac ou autre, n'est que le reflet d'un malaise plus profond, de priorités qui ne sont pas satisfaites, matérielles ou affectives. Cette « liberté » n'en est donc peut-être pas une, ou alors elle est très relative. La même remarque vaut pour le droit de disposer de son corps, dont on dit qu'il donne le droit de décider sa propre mort.[1] Pour d'autres, « si le suicide n'est pas interdit, ce n'est pas parce que la personne humaine a un droit sur son corps, c'est parce que son acte est l'expression ultime, irremplaçable de la liberté individuelle »[2]. Mais cette liberté est un piège si elle n'est pas le reflet d'une décision pleinement maîtrisée.

« Il est essentiel que le droit puisse être dit publiquement, que le licite soit défini, et que chacun, personne ou institution, reçoive à l'intérieur de sa société des repères et des limites sur lesquels régler ses décisions et ses actes »[3]. L'activation du « droit à la protection de la santé » peut certainement aggraver la responsabilité de ses débiteurs dans l'hypothèse d'un non-respect, mais elle doit surtout contribuer à rendre ce droit plus effectif dans sa dimension préventive, contribuer à ce que chacun règle ses actes pour une véritable protection de la santé, et pas seulement pour une réparation lorsqu'il est trop tard, lorsque le mal est fait si tant est qu'il soit réversible. Faire surtout que la santé, face aux valeurs économiques, soit davantage reconnue comme un paramètre à part entière, que la technologie et l'économie ne soient pas seules à dicter les décisions.

La santé qui a besoin de médecins, a aussi besoin d'avocats.

Bibliographie indicative

- *Le droit à la santé,* Éditions du CETIM, 68 p., 2006.
- Conseil d'État, Rapport public 1998, *Réflexions sur le droit de la santé,* Doc. fr.
- « Droits de l'homme, bioéthique et santé », *JIB* 1998, vol. 9, n° 3.
- « La santé observée », *RFAS* déc. 1993, n° hors série.
- « Demandes de santé et choix politiques », *Revue Projet,* n° 263, automne 2000.
- « La santé au travail », *Sem. soc. Lamy,* suppl. n° 1232, 17 oct. 2005.
- J. BREILH, M. HO, A. KATZ et *al., La santé pour tous ! Se réapproprier Alma-Ata,* Éditions du CETIM, 2007.
- A. DEMICHEL, *Le droit de la santé,* Les Études hospitalières, 1998.
- J.-M. DE FORGES, *Le droit de la santé,* PUF, coll. « Que sais-je ? », n° 2308, 1997.
- P. KOURILSKY et G. VINEY, *Le principe de précaution, Rapport au Premier ministre,* Odile Jacob et Doc. fr., 2000.
- J. MOREAU, « Le droit à la santé », *AJDA* 1998. 185.
- M.-A. MOREAU, « Pour une politique de santé dans l'entreprise », *Dr soc.* 2002. 817.
- V. SAINT-JAMES, « Le droit à la santé dans la jurisprudence du Conseil constitutionnel », *RD publ.* 1997. 457.
- C. SAUVAT, *Réflexions sur le droit à la santé,* préface A. Leborgne, PUAM, coll. « Centre Pierre-Kayser », 2004, 538 p.

1. G. Lebreton, *Libertés publiques et droits de l'homme,* 8e éd., Sirey, 2008, p. 272 s.
2. F. Terré et D. Fenouillet, *Les personnes, la famille, les incapacités,* 7e éd., Dalloz, coll. « Précis », 2005, n° 91.
3. H. Nakajima, *JIB* 1998, vol. 9, n° 3, p. 11.

- D. TABUTEAU, *La sécurité sanitaire*, Berger-Levrault, 1994.
- D. TRUCHET, *Droit de la santé publique,* 9e éd., Dalloz, coll. « Mémentos », 2016.

Pistes de réflexion

Le droit à la santé au travail
L'individu : créancier ou débiteur du droit à santé ?
L'effectivité du « droit à la santé » entre les mains du juge ?
Droit à la santé et principe de précaution
Le droit à la santé des étrangers

Section 7.
LE DROIT AU LOGEMENT

CHRISTOPHE ALBIGES
Professeur à l'Université Montpellier I

La loi n° 2007-290 du 5 mars 2007 a renouvelé l'attrait susceptible d'être exercé par le droit au logement, désormais qualifié de droit opposable. Ce qualificatif n'occulte pas pour autant toute l'ambiguïté du sujet, liée notamment à sa diversité de mises en œuvre. Le droit au logement est susceptible d'être source de prérogatives individuelles, entre cocontractants qui ont conclu au préalable un contrat de bail, ou entre membres d'une même famille, comme l'illustre le droit au logement du conjoint survivant. Au-delà d'une relation personnelle, le droit au logement prend une place désormais essentielle en matière de politique sociale, l'aide au logement des personnes démunies, sans logis ou menacées d'expulsion, étant devenue l'un des objectifs prioritaires des pouvoirs publics.

1143. ***Références au logement en droit interne.*** Le Rapport public rendu par le Conseil d'État en 2009[1], était intitulé : *Droit au logement, droit du logement.* Cette publication n'est qu'une illustration supplémentaire de l'attrait manifeste conféré au logement en particulier, ainsi qu'aux différents droits qui le concernent de manière plus générale. Le « logement » a d'ailleurs pour caractéristique d'intéresser différentes matières juridiques, qu'il s'agisse du droit civil avec notamment le contrat de bail ou la protection du logement familial, du droit du travail lorsque le salarié peut exiger de son employeur un logement en raison de la profession exercée ou de la nature de l'activité — le logement constituant parfois un instrument indispensable à l'exécution du travail — ou du droit pénal avec le délit spécifique de « squat », prévu à l'article 226-4 du Code pénal, mais aussi du droit administratif lors du concours de l'État pour le financement de logements locatifs ou enfin du droit constitutionnel avec les diverses décisions du Conseil constitutionnel qui ont déterminé la valeur conférée au droit au logement. En raison de la diversité des domaines concernés, ces multiples références au logement ont contribué, de manière progressive, à l'élaboration d'un « droit au logement » dominé par une constante : les références au concept de logement ont essentiellement pour finalité d'assurer la protection des intérêts du bénéficiaire, effectif ou potentiel, de celui-ci.

1144. ***Le logement en droit comparé et droit européen.*** De tels intérêts sont parfois expressément sauvegardés par la Constitution de certains États membres de l'Union européenne. En Espagne, l'article 47 de la Constitution du 27 décembre 1978 consacre « le droit de disposer d'un logement digne et approprié », mais aussi en Belgique, l'article 23 de la Constitution en date du 17 février 1994 proclame que la loi doit garantir le « droit à un logement décent »... Au Portugal, la Constitution du 2 avril 1976 énonce à l'article 65-1 que « chacun a droit, pour soi et pour sa famille, à un logement de dimension convenable, qui réponde aux normes de l'hygiène et du confort »[2]. Enfin, à titre d'illustration, la Constitution de la République d'Afrique du Sud, en date du 18 décembre 1996, prévoit à l'article 26-1 que « chacun a droit d'avoir accès à un logement adéquat ».

À l'inverse, la singularité française réside dans l'absence d'une proclamation expresse d'un droit au logement au sein de la Constitution du 4 octobre 1958 ou du préambule de celle de 1946. Il en est de même au niveau international : les textes qui effectuent une référence au logement ne consacrent pas prioritairement sa protection juridique. L'article 25-1 de la Déclaration universelle des droits de l'homme du 10 décembre 1948 prévoit que « toute personne a droit à un niveau de vie suffisant pour assurer sa santé, son bien-être et ceux de sa famille, notamment... pour le logement ». L'article 11 du Pacte des Nations unies relatif aux droits économiques, sociaux et culturels du 19 décembre 1966 énonce que

1. Conseil d'État, *Droit au logement, droit du logement*, Rapport public 2009, Doc. fr., coll. « Rapports officiels », 2009.
2. Sur ces illustrations, J.-C. Oderzo, « Le droit au logement dans les Constitutions des États membres », *RIDC* 2001. 919-920.

les États contractants reconnaissent le droit de toute personne à un logement suffisant comme corollaire du « droit à un niveau de vie suffisant ».

Cette absence d'une proclamation expresse peut également être constatée en droit européen. Certes, une première disposition, l'article 8, paragraphe 1 de la Convention européenne de sauvegarde des droits de l'homme, affirme que « toute personne a droit au respect de sa vie privée et familiale, de son domicile », a été invoquée par la Cour européenne des droits de l'homme[1], mais aussi la Cour de cassation[2] pour consacrer certaines protections ponctuelles en matière de logement. Un second texte, l'article premier du Protocole additionnel n° 1 à la Convention européenne, dispose que « toute personne physique ou morale à droit au respect de ses biens. Nul ne peut être privé de sa propriété que pour cause d'utilité publique et dans les conditions prévues par la loi et les principes généraux du droit international ». Conformément à cet article, la Cour européenne des droits de l'homme a énoncé que même si un particulier occupe irrégulièrement un terrain, « la tolérance des autorités de l'État » peut conduire à lui reconnaître « un intérêt patrimonial relatif à son habitation » suffisant pour constituer un « bien » au sens du Protocole additionnel n° 1. En d'autres termes, le fait d'avoir construit sur une décharge publique un logement pendant plusieurs années confère un droit de propriété sur la construction en raison de la « satisfaction d'un besoin humain fondamental »[3]. En dépit de ces deux articles, il n'existe pas, dans le cadre de la Convention européenne, de protection spécifique au logement.

On a pu relever cette absence de toute référence à la formule de « droit au logement » dans la Charte des droits fondamentaux de l'Union européenne du 18 décembre 2000, même si le terme même de « logement » est présent à l'article 34-3 : « afin de lutter contre l'exclusion sociale et la pauvreté, l'Union reconnaît et respecte le droit à une aide sociale et à une aide au logement destinées à assurer une existence digne à tous ceux qui ne disposent pas de ressources suffisantes, selon les modalités établies par le droit communautaire et les législations et pratiques nationales ». Ce n'est pas réellement un droit au logement, mais la périphrase de l'aide sociale et l'aide au logement « destinées à assurer une existence digne » caractérise les critères de l'exigence solidariste qui gouvernent l'esprit de la disposition[4]. Néanmoins, la Charte sociale européenne[5], révisée le 3 mai 1996, prévoit à l'article 31 qu'« en vue d'assurer l'exercice effectif du droit

1. Pour une reconnaissance de l'ingérence dans le droit au respect du domicile lors d'une mesure judiciaire d'expulsion d'un locataire, ce qui tend à lui consacrer un droit au logement, CEDH 18 févr. 1999, *JCP* 2000. I. 203, n° 20, obs. F. Sudre.
2. Au bénéfice des proches, la clause d'un bail d'habitation ne pouvant priver le preneur de la possibilité de les héberger, Civ. 3e, 6 mars 1996, *RTD civ.* 1996. 580, obs. J. Hauser; *ibid.* 897, obs. J. Mestre; *ibid.* 1024, obs. J.-P. Marguénaud; *JCP* 1996. I. 3958, obs. C. Jamin; *JCP* 1997. II. 22764, note Nguyen Van Tuong; *D.* 1997. 167, note B. de Lamy. Pour une réaffirmation ultérieure, sous le même visa, Civ. 3e, 22 mars 2006, *RDC* 2006. 1149, obs. J.-B. Seube; *RTD civ.* 2006. 722, obs. J.-P. Marguénaud.
3. CEDH 30 nov. 2004, *Oneryildiz c/ Turquie*, *AJDA* 2005. 550, Chron. J.-F. Flauss; *RTD civ.* 2005. 422, obs. T. Revet; *JCP Adm.* 2006. 1002, P. Yolka; F. Sudre, J.-P. Marguénaud et *al.*, *Les grands arrêts de Cour européenne des droits de l'homme*, 7e éd., PUF, 2015, n° 66. Plus largement sur le thème, A. Gouttenoire, « Le logement et la Convention européenne des droits de l'homme », *in* M. Barré-Pépin et C. Coutant-Lapalus (dir.), *Logement et famille : des droits en question*, Dalloz, coll. « Thèmes & commentaires », 2005, p. 37 s.
4. F. Benoît-Rohmer, « La Charte des droits fondamentaux de l'Union », *D.* 2001. Chron. 1483; G. Braibant, *Charte des droits fondamentaux de l'Union européenne*, Le Seuil, 2001, p. 195. À cet égard, le projet de Constitution pour l'Europe n'affichait aucune référence à la notion de « logement ».
5. Ainsi que le Comité européen des droits sociaux qui contrôle l'application de la Charte sociale et apprécie la protection du droit au logement notamment, sur lequel, J.-P. Marguénaud et J. Mouly, « La quête d'effectivité européenne du droit au logement », *RDSS* 2015. 207.

au logement, les parties s'engagent à prendre les mesures destinées : — à favoriser l'accès au logement d'un niveau suffisant; — à prévenir et à réduire l'état de sans-abri en vue de son élimination progressive; — à rendre le coût du logement accessible aux personnes qui ne disposent pas de ressources suffisantes ».

1145. ***Plan.*** Certaines dispositions législatives ont affirmé l'existence d'un droit fondamental à l'habitat ou au logement, mais aussi plus récemment un droit à un logement décent. Ces affirmations solennelles ne doivent pas laisser penser qu'existe une uniformité de conceptions de ce « droit au logement »[1]. Certains textes ont eu pour objectif de déterminer les relations spécifiques qui régissent le logement, notamment celles entre bailleur et preneur ou celles qui concernent les relations familiales. Ils confèrent ainsi des prérogatives individuelles aux bénéficiaires de ce droit (***I.***).

De plus, la protection du logement a été consacrée au sein d'une réglementation à caractère social et pour laquelle le critère pris en considération réside dans la reconnaissance, par les pouvoirs publics, d'un droit à une aide pécuniaire de la collectivité. L'objectif est de permettre l'accès à un logement à ceux qui n'en ont pas les moyens, le droit au logement apparaissant comme la manifestation d'une politique sociale. Ces affirmations législatives ont bénéficié des précisions apportées par le Conseil constitutionnel pour constituer, de manière progressive, une conception nouvelle du droit au logement (***II.***).

I. Le droit au logement, générateur de prérogatives individuelles

1146. Des prérogatives individuelles, fondées sur le droit au logement, se manifestent non seulement en matière de relation bailleur-preneur, dans le cadre de l'exécution d'un contrat de bail (**A.**), mais aussi au sein d'un couple (**B.**).

A. Le droit au logement conféré au preneur

1147. L'élaboration de dispositions relatives au logement (*1.*) s'accompagne d'un certain nombre de conséquences à l'égard des parties au contrat de bail (*2.*).

1. L'affirmation législative d'un droit au logement

1148. ***Affirmation du caractère « fondamental » du droit au logement.*** Lors de l'adoption de deux textes, les articles 1er des lois n° 82-526 du 22 juin 1982 et n° 89-462 du 6 juillet 1989, le législateur a affirmé respectivement le « droit à l'habitat » et, de manière plus classique, le « droit au logement » comme « droit fondamental ». Ces affirmations préalables, s'imposant « dans le cadre des lois qui le régissent », sont néanmoins circonscrites à la seule relation entre bailleurs et preneurs qui ont au préalable conclu un contrat de bail. Elles ont été complétées par une nouvelle exigence, également à forte connotation idéologique : les « droits et obligations réciproques des bailleurs et des locataires doivent être équilibrés dans leurs relations individuelles comme dans leurs relations collectives ». Cette recherche d'équilibre, caractérisant ces deux réformes des baux d'habitation, ne constituait qu'une manifestation plus générale de l'influence consumériste

1. Sur la diversité d'approches du droit au logement, comme droit au centre de la problématique des droits fondamentaux, H. Pauliat, « Droit au logement », *in Dictionnaire des droits de l'homme*, ouvrage collectif, PUF, 2008, p. 664; E.-P. Guiselin, « Droit au logement », *in* D. Chagnollaud et G. Drago (dir.), *Dictionnaire des droits fondamentaux*, Dalloz, 2006, p. 537.

de la matière au bénéfice du « consommateur de logement »[1]. La volonté législative, essentiellement moralisatrice, se limitait à la recherche d'un tel équilibre au sein d'une situation considérée comme excessivement déséquilibrée au détriment des preneurs.

1149. ***Droit au logement et discrimination.*** Le critère déterminant n'était pas, comme pour les réformes ultérieures, celui de la situation de personne défavorisée, mais celui de cocontractant qui dispose, à l'inverse, de revenus suffisants et pour lequel des règles protectrices ont été adoptées. Ces règles ont même désormais vocation à s'appliquer en toutes hypothèses, sans aucune discrimination possible : selon les termes de l'article 158 de la loi n° 2002-73 du 17 janvier 2002 de modernisation sociale, qui a inséré deux alinéas à l'article 1er de la loi du 6 juillet 1989, « aucune personne ne peut se voir refuser la location d'un logement pour un motif discriminatoire défini à l'article 225-1 du Code pénal », conformément aux termes de l'alinéa 2 modifiés par la loi n° 2014-366 du 24 mars 2014, pour l'accès au logement et un urbanisme rénové (dite « loi ALUR »). Ces dispositions ne précisent pas les sanctions susceptibles d'être prononcées en cas de discrimination exercée par un propriétaire à l'encontre d'un locataire.

Le principe même d'une mise en œuvre de la responsabilité civile du bailleur est toutefois envisageable dès lors que le refus ne se révèle pas justifié. De plus, des sanctions pénales pourraient être prononcées dès lors qu'est constatée une discrimination qui suppose, selon les termes de l'article 225-1 du Code pénal « toute distinction opérée entre les personnes physiques à raison de leur origine, de leur sexe, de leur situation de famille, de leur grossesse, de leur apparence physique, de leur patronyme, de leur état de santé, de leur handicap, de leurs caractéristiques génétiques, de leurs mœurs, de leur orientation sexuelle, de leur âge, de leurs opinions politiques, de leurs activités syndicales, de leur appartenance ou de leur non-appartenance, vraie ou supposée, à une ethnie, une Nation, une race ou une religion déterminée ».

1150. ***Droit au logement et considérations pécuniaires.*** En premier lieu, la prise en compte des intérêts pécuniaires du locataire se manifeste dès lors que sont analysées les différentes dispositions relatives à la fixation des loyers. Cette dernière, si elle était effectuée avec un montant prohibitif, aurait pour effet d'écarter toute faculté, pour le locataire, d'obtenir un logement ou même de rester dans l'appartement loué. Ceci justifie que soit réglementée la détermination du montant du loyer. Avant la réforme en date du 24 mars 2014, le principe de la liberté contractuelle s'imposait pour le secteur dit libre, lorsque le logement était neuf ou vacant mais rénové. À l'inverse, pour le secteur dit de liberté surveillée, lorsque les locataires se succédaient sans amélioration apportée au logement, l'article 17-b de la loi du 6 juillet 1989 indiquait que le loyer devait être fixé « par référence aux loyers habituellement constatés dans le voisinage pour des logements comparables ». Depuis l'entrée en vigueur de la loi « Alur » précitée du 24 mars 2014, il convient de distinguer les modalités de détermination des loyers en fonction des zones concernées. Certaines sont qualifiées de zones « tendues », « d'urbanisation continue de plus de 50 000 habitants où il existe un déséquilibre marqué entre l'offre et la demande de logements, entraînant des difficultés sérieuses d'accès au logement sur l'ensemble du parc résidentiel existant », selon les termes de l'article 17 I de la loi du 6 juillet 1989. Il appartient alors au représentant de l'État dans le département de fixer chaque année par arrêté un loyer de référence susceptible majoré ou minoré, un décret de

1. J. Calais-Auloy et H. Temple, *Droit de la consommation*, 9e éd., Dalloz, coll. « Précis », 2015, n° 380.

« blocage » des loyers pouvant être pris. À l'inverse, en dehors des zones tendues, la fixation du loyer des logements mis en location est libre selon l'article 17 III de la loi précitée.

De telles dispositions tendent donc à conférer une protection pécuniaire aux locataires et assurer l'effectivité du droit « fondamental » au logement, sans que pour autant soit affectée la prépondérance du droit de propriété.

1151. ***Droit au logement et renouvellement du contrat de bail.*** En second lieu, après avoir reconnu dans la loi du 1er septembre 1948 un droit au maintien dans les lieux au bénéfice des locataires d'immeubles construits avant cette date, les législations plus récentes, l'article 10 de la loi du 6 juillet 1989 en particulier, ont consacré un *droit au renouvellement* du contrat de bail, texte qui permet la continuation de la relation contractuelle dans des conditions susceptibles d'être modifiées. Les intérêts du preneur sont pris en considération car le bailleur doit respecter certaines exigences pour effectuer cette modification : depuis l'adoption de la loi du 24 mars 2014, l'article 17-2 II de la loi du 6 juillet 1989 énonce qu'en dehors des zones « tendues », le bailleur ne peut proposer une augmentation du loyer que s'il est « manifestement sous-évalué ». Il appartient au bailleur d'adresser au locataire une proposition de renouvellement avec un nouveau loyer fixé par référence aux loyers habituellement constatés dans le voisinage pour des logements comparables. En cas de désaccord ou à défaut de réponse du locataire quatre mois avant l'échéance du bail, la Commission départementale de conciliation doit au préalable être saisie par l'une des parties, et ce n'est qu'à défaut de conciliation que le juge pourra être saisi. Pour les zones dites « tendues », une action en diminution du loyer peut être engagée si le montant de ce loyer, fixé au contrat, est supérieur au loyer de référence minoré selon l'article 17-2 I. Il est de plus prévu la possibilité pour le locataire de contester l'action en réévaluation de loyers.

Le preneur d'un bail d'habitation exclusivement[1] bénéficie d'une protection supplémentaire, un droit à la conservation du logement, proche de dispositions favorables à son maintien dans le logement. L'objectif est plus spécialement de limiter les mises en œuvre de procédures d'expulsion en cas de non-paiement des loyers, en favorisant la saisine de services sociaux à titre préventif. L'article 62 de la loi du 9 juillet 1991 avait déjà prévu qu'une telle mesure ne puisse intervenir qu'après l'écoulement d'un délai de deux mois qui suit le commandement de quitter les lieux, le juge bénéficiant de plus de la faculté de proroger ce délai si l'expulsion engendrait, pour la personne concernée, des conséquences d'une exceptionnelle dureté, en raison singulièrement de la période de l'année ou des circonstances atmosphériques. À cet égard, l'ancien article L. 613-3 du Code de la construction et de l'habitation, désormais codifié à l'article L. 412-6 alinéa 1er du Code des procédures civiles d'exécution, précise que l'expulsion est exclue entre le 1er novembre et le 31 mars[2], à moins que le relogement des intéressés puisse être

1. Sur la non-application de ce droit au renouvellement pour les contrats de location mixte, à usage d'habitation et professionnel. Par application de la loi du 22 juin 1982, Cass., ass. plén., 2 févr. 1996, *D.* 1996. 189, note J.-L. Aubert; *RDI* 1996. 423, note F. Collart-Dutilleul; mais aussi de la loi du 6 juill. 1989, Civ. 3e, 18 juill. 2001, *Loyers et copr.* 2001, n° 253, obs. B. Vial-Pedroletti.
2. La Loi n° 2014-366 du 24 mars 2014 a allongé la trêve hivernale de quinze jours car il est sursis à toute mesure d'expulsion non exécutée jusqu'au 31 mars et non plus jusqu'au 15 mars. Sur la possibilité d'expulser des squatteurs pendant cette période, la disposition étant conforme à la Constitution car elle tend à assurer la nécessaire conciliation entre le droit de propriété et la possibilité pour toute personne de disposer d'un logement décent, Civ. 2e, 19 janv. 2017, QPC, n° 19-01-2017, *AJDI* 2017. 217.

assuré « dans des conditions suffisantes respectant l'unité et les besoins de la famille ».

De plus, la loi du 29 juillet 1998 a renforcé cette protection des locataires en imposant notamment la notification au préfet, à la diligence de l'huissier, des assignations aux fins de constat de la résiliation du bail et des commandements d'avoir à libérer les lieux, afin que le préfet puisse saisir les organismes dont relèvent les aides au logement, le fonds de solidarité pour le logement ou les services sociaux compétents. Cette volonté protectrice est enfin présente au sein de la circulaire du 9 février 1999 qui a précisé l'obligation pour le préfet de saisir les services sociaux compétents pour une demande d'enquête sociale afin de mettre en place une aide financière pour les ménages qui en ont besoin.

1152. ***Objectif du législateur.*** L'ensemble de ces textes illustre bien la volonté des autorités de protéger, au nom de dispositions relevant du droit au logement, les intérêts du preneur, tout en respectant le droit à l'exécution des propriétaires. Les considérations pécuniaires, ainsi que la préservation du droit à la dignité des occupants, contribuent à l'effectivité du droit au logement affirmé par diverses dispositions, affirmation dont les conséquences doivent être étudiées.

2. Les conséquences des affirmations textuelles

1153. ***Reconnaissance d'une protection du preneur en droit interne.*** Cette volonté d'obtenir un équilibre entre les droits des cocontractants au contrat de bail a constitué un guide au cours de l'adoption de ces textes et devait s'imposer automatiquement lors de leur application en limitant de manière substantielle les prérogatives du propriétaire. La réalisation effective de ce nouveau « droit fondamental » à l'habitat ou au logement, de valeur législative, supposait, au préalable, le respect d'un équilibre, complété par le principe de liberté pour toute personne du choix de son mode d'habitation[1]. Or non seulement la jurisprudence, qui est restée vigilante en contrôlant rigoureusement l'application du droit de reprise au bénéfice du propriétaire prévu par la loi du 6 juillet 1989 qui suppose l'habitation de locaux à titre principal et non comme résidence secondaire[2], mais aussi le législateur, en établissant un régime très protecteur pour le preneur, ont pu contribuer à l'introduction d'un nouveau déséquilibre au bénéfice de ce dernier. Comme le souligne un auteur, le dirigisme étatique du XXe siècle a apporté des « restrictions de plus en plus importantes qui font ressembler la propriété contemporaine davantage à celle de l'Ancien droit qu'à celle de 1804 » caractérisée par son absolutisme[3].

1154. ***Le droit au logement du preneur, droit personnel ou droit réel ?*** C'est au nom de la consécration d'une réelle protection du logement du preneur qu'un droit subjectif spécifique a été introduit, susceptible de s'opposer au droit de propriété du bailleur. L'objet des deux réformes de 1982 et 1989 était de réglementer, en priorité, les modalités d'occupation d'un logement dans le cadre de la relation bailleurs-preneurs. Elles ont permis de conférer, au bénéfice de ces derniers, des prérogatives garanties par l'État, illustrant l'expansion des droits sub-

---

1. À propos de cet équilibre entre droits fondamentaux, A. Leborgne, *Droit de l'exécution*, Dalloz, 2e éd., 2014, n° 2615.
2. Supposant une habitation à titre principal et non secondaire. Civ. 3e, 31 janv. 2001, *D.* 2002. Somm. 1725, obs. CRDP Nancy; *AJDI* 2001. 341, obs. Y. Rouquet; solution ultérieurement confirmée. Civ. 3e, 4 nov. 2003; Bordeaux 20 janv. 2004.
3. J.-L. Thireau, « La propriété du Code civil : modèles et anti-modèles », *in* T. Revet (dir.), *Code civil et modèles, des modèles du Code au Code comme modèle*, LGDJ, 2005, p. 172, n° 28.

jectifs, soumise néanmoins à une exigence préalable : l'existence d'un lien contractuel générateur d'obligations à la charge du propriétaire.

L'une des difficultés intervient dans la détermination de la nature de ce droit subjectif conféré au preneur : est-il constitutif d'un droit réel exercé directement sur l'immeuble loué ou d'un droit personnel, d'un droit de créance qui permet au preneur d'exiger du bailleur une prestation ? Comme des auteurs ont pu à juste titre le relever, « le caractère réel des droits du preneur a augmenté dans les divers statuts spéciaux contemporains »[1]. Il convient toutefois, pour répondre à cette question, de déterminer la qualification du contrat de bail qui doit être retenue. Certains ont pu considérer que ce contrat, permettant l'utilisation matérielle de la chose, était générateur d'un droit réel[2]. Tel semble être également la conception retenue par le Conseil d'État qui a affirmé d'une manière quelque peu surprenante que « le droit de propriété a, comme son corollaire qu'est le droit pour le locataire de disposer librement d'un bien pris à bail, le caractère d'une liberté fondamentale »[3].

La doctrine majoritaire souligne à l'inverse que le preneur ne reçoit qu'un droit personnel, un droit de créance qui lui permet d'exiger du propriétaire la simple jouissance de la chose prévue par les diverses réformes[4]. Ces dernières, même si elles affirment de manière solennelle, l'existence d'un droit *au* logement, consacrent davantage la constitution d'un droit *du* logement, contribuant manifestement à une pulvérisation du droit objectif en une diversité de droits subjectifs[5]. Le Rapport public du Conseil d'État souligne à cet égard que « si le droit "au" logement est d'affirmation récente, il lui a préexisté un droit "du" logement, abondant et touchant plusieurs pans du droit »[6].

1155. ***Le droit du preneur à un logement décent.*** La singularité des textes a ainsi résidé dans la reconnaissance d'atteintes potentielles apportées au droit de propriété au nom de ces nouvelles prérogatives conférées au preneur en matière de droit au logement. L'affirmation solennelle d'un « droit fondamental à l'habitat » en 1982 s'imposait en raison de la réaffirmation récente, par le Conseil constitutionnel, du « caractère fondamental de la propriété »[7]. C'est la quête d'une résolution de ce conflit d'intérêts entre bailleur d'une part, preneur d'autre part, qui a motivé diverses interventions législatives constitutives d'atteintes potentielles aux droits des propriétaires.

À titre d'illustration, l'article 187 de la loi sur la solidarité et le renouvellement urbains du 13 décembre 2000, qui a modifié l'article 1719, 1°, du Code civil et l'article 6 de la loi du 6 juillet 1989, a consacré le droit d'un locataire de logement loué à titre de résidence principale — dans le parc privé ou HLM — d'obtenir un logement décent, qui ne laisse pas apparaître de risques manifestes

1. P. Malaurie et L. Aynès, *Les biens*, 7e éd., *Defrénois*, coll. « Droit civil », 2017, n° 374.
2. J. Derruppé, « Souvenirs et retour sur le droit réel du locataire », *in Mélanges dédiés à L. Boyer*, Université des sciences sociales de Toulouse, 1996, p. 169, auteur favorable à cette thèse, avec les références citées.
3. CE 29 mars 2002, *SCI Stéphaur et a.*, *JCP* 2002. II. 10179, note J.-C. Zarka, *D.* 2003. 1115, note R. Martin, *RFDA* 2003. 386, note Y. Lequette; T. Pez, « Le droit de propriété devant le juge administratif du référé-liberté », *RFDA* 2003. 370 s.
4. Not. W. Dross, *Droit des biens*, Montchrestien, coll. « Domat », 3e éd., 2017, n° 144.
5. J. Carbonnier, *Droit et passion du droit*, Flammarion, 1996, p. 121 s.
6. Conseil d'État, *Droit au logement, droit du logement*, *op. cit.*, p. 91.
7. Cons. const. 16 janv. 1982, n° 81-132 DC, *D.* 1983. 169, note L. Hamon; F. Terré et Y. Lequette, *Les grands arrêts de la jurisprudence civile*, t. I, 13e éd., Dalloz, 2015, n° 2, p. 12. Sur l'influence de cette décision et la protection de la propriété, N. Molfessis, *Le Conseil constitutionnel et le droit privé*, thèse, Paris II, préf. de M. Gobert, LGDJ, coll. « Bibl. dr. privé », t. 287, 1997, nos 59 s.

pouvant porter atteinte à la sécurité physique et à la santé, et qui soit doté d'éléments le rendant conforme à l'usage d'habitation, la transgression, par le propriétaire, des normes de décence du logement pouvant néanmoins conduire le juge à réduire le montant du loyer.

Ces mesures, nécessairement circonscrites aux seuls locataires[1], ont été considérées, par les auteurs de la saisine du Conseil constitutionnel, comme constitutives d'une atteinte aux prérogatives du propriétaire car il allait être dans l'impossibilité de maîtriser l'étendue de la nature des travaux et les délais pour les accomplir rendaient indisponible l'immeuble, constituant une atteinte intolérable au droit de propriété. Le Conseil constitutionnel n'a pas retenu ces arguments, estimant, à l'inverse, que les obligations à la charge du bailleur ne « dénaturent pas le sens et la portée du droit de propriété ». L'exigence de la délivrance d'un logement décent et les critères d'une telle décence, dominés par l'exigence de sécurité et de santé[2], ont été ultérieurement précisés par le décret du 30 janvier 2002. Ce texte prévoit que le logement doit disposer notamment d'un chauffage et d'équipements sanitaires et électriques aux normes de sécurité, de pièces principales bénéficiant de l'« éclairement naturel » ou enfin d'un bon état d'entretien et de solidité afin de protéger les locaux contre les éventuels dégâts des eaux[3]. Conformément aux dispositions prévues par la loi du 6 juillet 1989, le non-respect de cette décence doit être sanctionné, en principe, par la possibilité pour le locataire de demander au propriétaire une mise en conformité, sans qu'il soit porté atteinte à la validité du contrat. À défaut d'accord entre les parties, la Commission départementale de conciliation peut être saisie et il appartient enfin au juge de déterminer la nature des travaux à réaliser, ainsi que les délais pour les accomplir[4].

De tels impératifs, réaffirmés et simplifiés par la loi n° 2006-872 portant engagement national pour le logement en date du 13 juillet 2006 et la loi n° 2015-992 du 17 août 2015 relative à la transition énergétique[5], ont fait l'objet des premières applications non seulement par les juges du fond[6], mais aussi par la Cour de cassation : « l'exigence de la délivrance d'un logement décent impose son alimentation en eau courante », même pour ceux soumis à la loi de 1948[7]. Ultérieurement, la Cour de cassation a expressément affirmé que le bailleur était tenu de remettre au locataire un logement décent ne laissant pas apparaître de risques manifestes pouvant porter atteinte à la sécurité physique ou à la santé et doté de

1. Textes non applicables à un locataire devenu occupant sans droit ni titre, Montpellier 7 juin 2004, *Loyers et copr.* 2004, n° 202, obs. Vial-Pedroletti.
2. Sur lesquels, M.-H. Pero Augereau-Hue et O. Boudeville, « Décence du logement : points à vérifier, pièges à éviter », *AJDI* 2016. 357.
3. Pour une application à propos d'un chauffage insuffisant, Paris, 15 févr. 2011, *Loyers et copr.* 2011, n° 141, obs. Vial-Pedroletti.
4. Obligation non respectée avec la proposition d'un relogement, Civ. 3e, 15 déc. 2004, *JCP* 2005. II. 10573, avis A. Gariazzo; *D.* 2005. IR 109, obs. Y. Rouquet; J. Monéger, « À propos de délivrer un logement décent »; *D.* 2005. Tribune 305; *RDC* 2005. 746, obs J.-B. Seube.
5. La qualification de logement décent étant désormais également conditionnée à la performance énergétique du bien loué, J. Sénéchal, « Impact de la loi du 17 août 2015 relative à la transition énergétique sur le droit de la construction », *RDI* 2015. 456.
6. Chambre aménagée dans la cave, imprégnée d'une forte humidité et pourvue d'une très petite fenêtre, ouvrant mal, la luminosité naturelle étant presque nulle, Amiens 30 oct. 2008; humidité anormale par condensation avec présence de moisissures sur l'ensemble des murs extérieurs et au plafond du salon ainsi que sous le cumulus de la salle de bain, Aix-en-Provence 26 juin 2008.
7. Civ. 1re, 15 déc. 2004, préc. Sur la portée de cette décision, v. not. R.-N. Schütz, « Les droits fondamentaux du locataire de l'immeuble à usage d'habitation », *Dr. et proc.* janv.-févr. 2008, n° 44, p. 17.

tous les éléments le rendant conforme à l'usage d'habitation, sans possibilité, pour le bailleur, de se dispenser de cette obligation[1]. Des sanctions pénales ont même ponctuellement été prononcées à l'encontre de propriétaires jugés négligents, au titre de la mise en danger du preneur[2]. Enfin, plus récemment, des bailleurs ont été sanctionnés pour non-respect de leur obligation de délivrer un logement décent, d'ordre public, pour avoir loué des lieux dépourvus d'appareil de chauffage[3] ou doté d'une surface habitable inférieure à 9 m^2[4]. Ces solutions illustrent manifestement un rapprochement opéré entre d'une part une notion désormais essentielle en matière de droit au logement, le logement décent, d'autre part un domaine qui ne concerne que les prérogatives du preneur dans le cadre de ce droit au logement avec, de manière corrélative, l'obligation de délivrance du bailleur.

1156. ***Reconnaissance d'une protection du preneur en droit européen.*** Ce rapprochement entre le mouvement à caractère social de la matière et la prise en considération des prérogatives individuelles du preneur, susceptibles d'affecter le droit de propriété du bailleur, se manifestait déjà au niveau européen. La Cour européenne des droits de l'homme a en effet reconnu, certes indirectement, l'existence d'un droit à la protection du logement. Elle a admis qu'il existait un juste équilibre entre la limitation des droits du propriétaire et l'exigence d'intérêt général qui justifiait, en raison de la pénurie de logement, la suspension des décisions de justice imposant l'expulsion des locataires pour loyers impayés[5]. Un constat similaire peut désormais être établi en droit interne non seulement dans la relation bailleur-preneur, mais aussi lorsque l'on étudie l'influence du logement au sein des membres de la famille.

B. Le droit au logement conféré à un membre du couple

1157. *Plan.* Certaines prérogatives exercées sur le logement affectent directement les personnes, indépendamment de la conclusion d'un contrat de bail. Il existe une protection spécifique, prévue par le Code civil, au bénéfice du logement de l'incapable majeur. Il ne peut être conclu un acte concernant ce logement sans l'autorisation expresse du juge des tutelles et l'avis du médecin traitant selon l'article 426 du Code civil[6]. Diverses dispositions, consacrant des règles en matière de droit au logement, sont de plus dominées notamment par la volonté d'assurer une protection des membres d'un couple, avant (*1.*) comme après sa dissolution (*2.*).

1. Le logement avant la dissolution du couple

1158. Deux dispositions du Code civil ont plus spécialement vocation à protéger le logement du couple.

1. Civ. 3e, 3 févr. 2010, *D.* 2010. 1192, note F. Niboyet. Sur l'application de l'exigence d'un logement décent en matière de bail commercial, Civ. 3e, 14 oct. 2009, *Loyers et copr.* janv. 2010, comm. 14, obs. Ph. H. Brault.
2. À titre d'illustration, Crim. 20 nov. 2012, n° 11-88.059, *Dr. pénal* 2013. Comm. 38, obs. M. Véron; *D.* 2013. 2713, obs. G. Roujou de Boubée, T. Garé, M.-H. Gozzi, S. Mirabail et T. Potaszkin. F.-X. Roux-Demare, « La réponse pénale contre l'habitat dégradé », *AJ Pénal* 2016, p. 63.
3. Civ. 3e, 4 juin 2014, n° 13-17.289, *RDC* 2014. 648, obs. J.-B. Seube; *AJDI* 2014. 872, obs. N. Damas.
4. Civ. 3e, 17 déc. 2015, n° 14-22.754, *D.* 2016. 1107, obs. N. Damas. Le locataire a même pu, en l'occurrence, obtenir la restitution des loyers payés.
5. CEDH 28 sept. 1995, *JCP* 1996. I. 3910, n° 41, obs. F. Sudre; *RTD civ.* 1996. 1021, obs. J.-P. Marguénaud.
6. N. Peterka, « La sécurisation de l'opération immobilière en présence d'un majeur protégé », *AJDI* 2013. 833.

1159. ***Protection du logement et cotitularité du bail.*** L'article 1751 du Code civil, depuis la loi du 4 août 1962, a d'abord consacré le principe d'une cotitularité du droit au bail. Quel que soit le régime matrimonial, le bail du local d'habitation de la famille est commun, « réputé appartenir à l'un et l'autre époux », même s'il n'a été signé que par un seul des époux ou avant le mariage. Cette règle, protectrice des intérêts du conjoint pendant le mariage, a pour conséquence immédiate l'impossibilité de résilier le contrat sur l'initiative d'un seul des époux. Elle a toutefois été écartée, de manière ponctuelle, notamment en raison du manquement par un seul des époux à l'obligation de jouissance paisible[1], le conjoint n'ayant plus la faculté d'invoquer son titre locatif pour rester dans les lieux.

La Cour de cassation a enfin précisé, dans diverses solutions, que le congé délivré à un seul des époux était inopposable à l'autre[2]. Les propriétaires ont alors vu certains contrats maintenus sans pouvoir invoquer leur ignorance que le locataire était marié. Ceci a justifié une intervention législative, la loi du 21 juillet 1994 ayant introduit dans la loi du 6 juillet 1989 un article 9-1 qui prévoit que « nonobstant les dispositions de l'article 1751 du Code civil, les notifications ou significations faites en application du présent titre par le bailleur sont de plein droit opposables au conjoint du locataire si son existence n'a pas été préalablement portée à la connaissance du bailleur ». Ce texte a vocation à protéger les propriétaires, en dérogeant à une autre protection prévue au bénéfice des preneurs à l'article 1751 : le congé délivré au preneur est désormais opposable au conjoint dès lors que le bailleur n'a pas eu connaissance de la situation matrimoniale. Cette mesure a par ailleurs été modifiée par la loi du 13 décembre 2000[3] qui l'a étendue aux locataires signataires d'un Pacte civil de solidarité.

1160. ***Protection du logement des couples mariés.*** L'article 215, alinéa 3, depuis la loi du 13 juillet 1965, a ensuite affirmé le principe de cogestion des droits des époux sur le logement à titre principal[4] dont ils sont non seulement locataires, mais aussi propriétaires : ils « ne peuvent l'un sans l'autre disposer des droits par lesquels est assuré le logement de la famille, ni des meubles meublants dont il est garni ». La loi du 15 novembre 1999 relative au Pacte civil de solidarité n'a pas étendu aux partenaires le domaine d'application de l'article 215 du Code civil, le législateur n'abordant que de manière secondaire la « résidence commune » des partenaires, mentionnée à l'article 515-3, alinéa 1er du Code civil pour déterminer le lieu de la déclaration conjointe du pacte.

À l'inverse, le consentement des époux s'est alors imposé pour tout acte juridique susceptible d'affecter directement le logement familial. Cette exigence a concerné en particulier la vente ou la donation, consentie sur l'initiative d'un seul des époux, ainsi que la conclusion d'un contrat de bail[5].

---

1. Dijon 18 mars 1999, *Loyers et copr.* janv. 2000, n° 1, obs. Vial-Pédroletti.
2. Civ. 3e, 10 mai 1989, *Bull. civ.* III, n° 103; Civ. 3e, 27 janv. 1993, *Bull. civ.* III, n° 11.
3. Sur les interrogations relatives au bien-fondé de cette extension aux signataires d'un Pacs, alors qu'il n'existait pas à cette époque un principe de cotitularité du bail analogue à l'article 1751 du Code civil, J. Lafond, « La loi "SRU" et les baux d'habitation », *JCP N* 2001. 576.
4. Disposition qui ne concerne pas la résidence secondaire, Civ. 1re, 19 oct. 1999, *JCP* 2000. I. 245, n° 4, obs. G. Wiederkehr; *Defrénois* 2000. 37145, p. 437, obs. G. Champenois. De plus, la loi du 15 nov. 1999 relative au Pacte civil de solidarité n'étend pas aux partenaires le domaine de l'art. 215 du Code civil, le texte n'abordant que de manière secondaire la « résidence commune » des partenaires, mentionnée à l'art. 515-3, al. 1er du Code civil pour déterminer le lieu de la déclaration conjointe du pacte.
5. Civ. 2e, 16 mai 2000, *RTD civ.* 2001. 416, obs. Vareille; *Dr. fam.* 2001, n° 2, obs. B. Beigner. Plus généralement, M. Grimaldi, « Le logement et la famille », Le droit au logement, *op. cit.*, p. 434; T. Garé, « Le logement de la famille-ménage », *in* J. Rubellin-Devichi (dir.), *Droit du logement, droits au logement et stratégies familiales*, PU de Lyon, 1988, p. 38; J. Rubellin-Devichi, « La famille et le droit au logement », *RTD civ.* 1991. 253.

1161. ***Domaine d'application de la protection.*** Ces deux dispositions du Code civil permettent de réglementer le statut juridique du logement au couple, marié ou non, déjà titulaire d'un tel logement. Elles n'ont pas vocation à en conférer un à une famille qui n'en a pas. Leur mise en œuvre consacre de réelles protections du logement, génératrices de prérogatives individuelles au sein du couple qui a déjà un logement et à l'égard duquel un membre souhaiterait le conserver. Cette observation s'impose également après la dissolution du couple.

2. Le logement après la dissolution du couple

1162. Il convient de distinguer les mesures existantes en fonction des causes de la dissolution : la séparation ou le décès d'un des époux.

a. La dissolution du couple en raison d'une séparation

1163. ***Le logement pendant l'instance en divorce et après son prononcé.*** La détermination de l'occupation du logement familial au cours de l'instance en divorce constitue un point essentiel abordé lors de l'audience de conciliation[1]. Pendant cette instance, les liens du mariage existent toujours, ce qui suppose l'éventuelle application des articles 1751 et 215, alinéa 3, du Code civil et engendre l'impossibilité pour les époux de disposer seuls du logement familial : a été jugé que le mari n'avait pas la faculté de résilier, seul, le contrat d'assurance de ce logement, sous le visa de l'article 215, alinéa 3.[2] La Cour de cassation a précisé[3] que le logement de la famille ne perdait pas cette qualité lorsque sa jouissance a été attribuée, à titre provisoire, à l'un des époux pour la durée de l'instance en divorce. Est donc nulle la vente sans le consentement de l'épouse.

Le juge peut toutefois prendre certaines mesures prévues à l'article 255-4° du Code civil comme prononcer une résidence séparée et même attribuer au mari ou à la femme la jouissance du logement familial. La loi n° 2004-439 du 26 mai 2004 relative au divorce, entrée en vigueur le 1er janvier 2005, impose également au juge d'indiquer le caractère gratuit ou onéreux de la jouissance du logement et du mobilier, sans que pour autant ce même juge ne puisse fixer lui-même le montant de l'indemnité d'occupation, la primauté étant attribuée à l'accord des époux en la matière notamment. De telles décisions, provisoires donc limitées à la durée de l'instance, n'affectent pas les droits du bailleur : celui-ci peut, jusqu'à la transcription du jugement de divorce en marge des registres de l'état civil[4], demander le paiement du loyer à l'un ou l'autre des époux tenus solidairement, quel que soit l'époux qui habite dans le logement concerné. Cette solution s'impose même si une séparation des conjoints a été autorisée par le juge et a été portée à la connaissance du bailleur[5], la solidarité étant toutefois écartée dès lors que le

1. Sur ce constat, L. Gebler, « L'occupation du logement pendant l'instance en divorce », *AJ fam.* 2011. 461.
2. Civ. 2e, 10 mars 2004, *D.* 2004. Somm. 2257, obs. V. Brémond et Somm. 2963, obs. D. Vigneau; *RTD civ.* 2004. 538, obs. B. Vareille, et 270, obs. J. Hauser; *Dr. fam.* 2004, n° 64, obs. V. Larribau-Terneyre.
3. Civ. 2e, 26 janv. 2011, n° 09-13.138; *RTD civ.* 2011. 330, obs. J. Hauser; *Dr. fam.* 2011, n° 52, obs. V. Larribau-Terneyre.
4. Civ. 1re, 13 oct. 1992, *JCP* 1993. II. 22047, note J. Hauser; *Defrénois* 1993. 35490, p. 380, obs. G. Champenois.
5. Civ. 3e, 2 févr. 2000, *Dr. fam.* 2000, n° 41, obs. B. Beignier; *Defrénois* 2000. 1777, art. 37242, obs. A. Bénabent; *JCP* 2000. I. 245, n° 8, obs. G. Wiederkehr; *D.* 2001. Somm. 168, obs. CRDP Nancy; Caen 26 mai 2005, *Dr. fam.* 2005, n° 192, obs. B. Beignier; Civ. 1re, 31 mai 2006, *RTD civ.* 2006. 812, obs. B. Vareille; *D.* 2006. 2777, note N. Damas.

bail a été conclu après l'ordonnance de non-conciliation autorisant les époux à résider séparément[1].

Lors du prononcé du divorce, le juge dispose à nouveau de certaines prérogatives pour imposer aux ex-époux un logement déterminé. L'article 1751, alinéa 2 du Code civil lui permet d'attribuer à l'un ou l'autre le logement familial « en considération des intérêts sociaux ou familiaux en cause », ce qui concerne plus précisément celui avec lequel les enfants résident. La Cour de cassation a précisé que si la transcription du jugement de divorce mettait un terme à la cotitularité du bail, elle avait également pour incidence d'emporter extinction de la solidarité conventionnelle convenue entre les ex-époux, au détriment des intérêts du bailleur et de la force obligatoire des contrats[2]. De plus, selon l'article 285-1 du même code, le juge peut imposer à un ex-époux, qui a en bien propre le logement familial, de consentir un bail sur ce logement au bénéfice de son ex-conjoint qui exerce seul ou en commun l'autorité parentale, dès lors que les enfants vivent avec ce dernier et que leur intérêt commande une telle solution selon les exigences apportées par la loi du 26 mai 2004[3]. L'unique modification apportée par cette réforme réside dans la suppression du deuxième cas d'application de l'article 285-1 du Code civil, lorsque le divorce avait été prononcé pour rupture de la vie commune. Enfin, si le logement était un bien commun, il appartient au juge d'effectuer une attribution préférentielle du bien[4] à l'un des ex-conjoints, en prenant en considération les intérêts de chacun, mais aussi et surtout le lieu de résidence des enfants : la cour d'appel de Paris a ainsi accepté l'attribution préférentielle du logement au mari, lieu où résidaient les enfants[5].

Il convient d'observer que ces différentes dispositions avaient initialement vocation à s'appliquer aux seuls couples préalablement mariés qui vont dès lors divorcer. Or la loi n° 2014-366 du 24 mars 2014 pour l'accès au logement et un urbanisme rénové a intégré une nouvelle disposition, l'article 1751-1 du Code civil, au terme de laquelle la dissolution d'un pacte civil de solidarité permet que l'un des partenaires puisse saisir le juge compétent en matière de bail aux fins de se voir attribuer le droit au bail du logement du couple pacsé. À l'inverse, les concubins, dès lors qu'ils se séparent, ne peuvent invoquer le bénéfice des règles limitées aux personnes mariées. Ils ont toutefois la possibilité, en toute logique et en fonction des circonstances de la rupture[6], de s'entendre sur le sort du bail, en déterminant celui qui demeurera titulaire de la qualité de preneur.

---

1. Civ. 2e, 24 nov. 1999, *JCP* 2000. I. 245, n° 8, obs. G. Wiederkehr; *JCP* 2000. II. 10284, note J. Casey. Solution ultérieurement confirmée, Civ. 1re, 27 avr. 2004, *Dr. fam.* 2004, n° 94, obs. V. Larribau-Terneyre. Pour une exclusion de l'article 1751 pour un logement au sein duquel l'autre conjoint n'avait jamais vécu, Aix-en-Provence, 21 janv. 2016, *Loyers et copr.* avr. 2016, n° 83, obs. Vial-Pédroletti.
2. Civ. 1re, 22 oct. 2015, n° 14-23.726, *D.* 2015. 2616, note T. Lakssimi; *AJ Fam.* 2015, p. 682, note Fr. Bicheron *Loyers et copr.* 2015, n° 241, obs. Vial-Pédroletti; *RTD civ.* 2016. 433, obs. B. Vareille; *RTD civ.* 2016. 90, obs. J. Hauser.
3. Pour un tempérament à l'atteinte au droit du propriétaire liée au bail forcé : la Cour de cassation a précisé que la demande fondée sur l'art. 285-1 du Code civil ne pouvait pas être formulée après le prononcé du divorce, Civ. 2e, 28 mars 2002, *Dr. fam.* 2002, n° 113, obs. H. Lécuyer; *LPA* 26 sept. 2002, p. 20, note J. Massip.
4. Attribution prévue aux art. 832, 1476 et 1542 du Code civil; sur ces différentes hypothèses, R. Le Guidec, « Le sort du logement en cas de désunion », *in Logement et famille : des droits en question, op. cit.*, p. 211 s.; G. Pitti, Le logement et la rupture du couple, *AJ fam.* 2011. 464.
5. Paris 18 sept. 2003, *Dr. fam.* 2003, n° 99, obs. V. L. Terneyre.
6. Sur ces circonstances, M. Barré-Pépin, *La protection du logement en droit privé*, Litec, coll. « Droit immobilier », 2009, n° 438 s.; C. Coutant-Lapalus, « Le sort du logement de la famille en cas de séparation », *AJ fam.* 2008. 364.

b. La dissolution du mariage liée à un décès

1164. ***Domaine d'application des textes.*** Les réformes du droit des successions ont profondément modifié la matière en conférant des droits spécifiques au conjoint survivant. Il convient de préciser à quel titre le logement familial était détenu.

1165. ***Location du logement.*** S'il s'agissait d'un contrat de bail, le conjoint survivant pouvait bénéficier de la cotitularité du contrat et rester dans le logement familial après le décès, conformément au transfert du bail prévu en cas de décès du locataire à l'article 14 de la loi du 6 juillet 1989. Cette règle a été confirmée par la loi du 3 décembre 2001 dont l'article 14 a permis l'introduction d'un nouvel alinéa à l'article 1751 alinéa 3 du Code civil qui dispose : en cas de décès d'un des époux, mais aussi du partenaire lié par un pacte civil de solidarité depuis l'entrée en vigueur de la loi n° 2014-366 du 24 mars 2014, le conjoint ou le partenaire survivant, cotitulaire du bail, dispose d'un droit exclusif sur celui-ci sauf s'il y renonce expressément[1]. Il faut toutefois que le bénéficiaire de cette disposition formule une demande de transfert du bail, la Cour de cassation ayant écarté toute automaticité d'un tel transfert[2]. De plus, la loi du 23 juin 2006 a prévu que le partenaire d'un pacte civil de solidarité pouvait désormais se voir reconnaître des nouveaux droits sur le logement constitutif de la résidence principale lors du décès du partenaire.

1166. ***Propriété du logement.*** Certaines difficultés ont pu apparaître dès lors que le logement familial n'était pas loué, mais résultait d'un titre de propriété. Avant la loi du 3 décembre 2001, deux situations devaient être distinguées. En premier lieu, si le conjoint survivant avait la qualité de propriétaire de l'immeuble pour le tout, mais aussi en partie, une demande d'attribution préférentielle de la part de propriété du défunt sur le bien était alors nécessaire, par application de l'article 832, alinéa 6 du Code civil. La mise en œuvre de cette attribution imposait que ce conjoint apporte la preuve que l'immeuble concerné constituait son lieu de résidence lors du décès. La difficulté résidait, en second lieu, dans l'hypothèse inverse qui supposait que le défunt était le seul propriétaire du logement familial. Ce dernier pouvait certes effectuer une libéralité portant sur l'usufruit du logement familial au bénéfice de son conjoint, mais les droits de ce conjoint n'étaient pas garantis.

Or cette situation a été modifiée par la réforme de décembre 2001 considérée comme un prolongement à l'évolution plus large de la notion de droit fondamental au logement[3] : que ce dernier soit propre au défunt ou commun aux époux, de nouvelles dispositions confèrent des prérogatives spécifiques au conjoint qui occupe, à titre d'habitation principale, le logement. Il bénéficie d'une part d'un droit temporaire d'ordre public, d'un an, à la jouissance gratuite de ce logement familial, l'éventuel loyer à payer étant remboursé par la succession (C. civ., art. 763), d'autre part de la faculté de solliciter la mise en œuvre d'un droit viager d'habitation du logement familial (C. civ., art. 764), dès lors que le défunt ne l'a pas privé de l'exercice de ce droit par testament conclu devant

1. Renonciation qui ne peut, en toute logique, intervenir qu'après le décès et non avant, Civ. 3e, 18 mai 2011, n° 10-13.853; *RTD civ.* 2011. 518, obs. J. Hauser; *Dr. fam.* 2011, n° 131, obs. S. Lambert.
2. Civ. 3e, 10 avr. 2013, n° 12-13.225, *D.* 2013. 997, obs. Y. Rouquet; *AJDI* 2014. 205, obs. N. Damas; *AJ fam.* 2013. 313, obs. N. Levillain.
3. B. Beignier, « La loi du 3 décembre 2001 : achèvement du statut du logement familial », *op. cit.*, p. 4; P. Lipinski, « Le sort du logement en cas de décès », *in Logement et famille : des droits en question, op. cit.*, p. 232.

notaire. La Cour de cassation a de plus récemment précisé que ce droit viager ne pouvait porter que sur le logement effectivement occupé à titre d'habitation principale par le conjoint survivant à l'époque du décès, et ce sans extension à un logement indépendant et non attenant[1]. Si le conjoint survivant opte pour ce droit viager, il devra l'imputer sur les droits successoraux qu'il est susceptible de recueillir.

Le conjoint survivant, mais aussi désormais le partenaire d'un pacte civil de solidarité avec certaines nuances[2], bénéficie donc d'un droit d'habitation d'origine légale sur le logement occupé effectivement au moment du décès, ce qui révèle l'influence des prérogatives individuelles au sein du « droit au logement du conjoint survivant »[3], matière également influencée par une politique sociale du logement.

II. Le droit au logement, manifestation d'une politique sociale

1167. ***Affirmation d'une politique sociale.*** Diverses dispositions, introduites à partir de 1990, ont modifié la conception de l'exigence d'un logement. La loi n° 90-449 du 31 mai 1990, dite « loi Besson », représente une étape essentielle : elle illustre une nouvelle volonté des gouvernants de ne plus limiter la protection du logement liée à la seule qualité de cocontractant, fondé sur la relation entre bailleur et preneur, ou en fonction de relations spécifiques au sein d'un couple, mais dans le but d'assurer, en priorité, une protection fondée sur des considérations d'ordre sociale et économique au bénéfice de personnes défavorisées. Un tel objectif a pris la forme de plusieurs affirmations d'une politique sociale spécifique à la matière (**A.**), dont les incidences doivent être appréciées (**B.**).

A. Les affirmations d'une politique sociale en matière de logement

1168. ***Plan.*** Contrairement aux dispositions antérieures (*1.*), la loi du 5 mars 2007, instituant un nouveau droit au logement qualifié d'« opposable », a grandement modifié la perception qu'il convient d'avoir à l'égard de la politique sociale d'aide au logement (*2.*).

1. Les affirmations d'une politique sociale antérieure à la loi du 5 mars 2007

1169. Les consécrations d'un droit au logement dans le cadre d'une politique sociale émanent d'une pluralité d'initiatives du législateur (*a.*), soumise à l'appréciation des magistrats (*b.*).

a. Le fondement législatif du droit au logement

1170. ***Diversité des textes.*** La loi du 31 mai 1990, qui avait pour objet « la mise en œuvre du droit au logement », affirmait de manière solennelle dans son

---

1. Civ. 1re, 25 sept. 2013, n° 12-21.569, *RTD civ.* 2013. 874, obs. M. Grimaldi; *AJ fam.* 2013. 654, obs. N. Levillain.
2. Sur ces nuances, J.-F. Sargaut, « Le logement après le décès », *AJ fam.* 2008. 368.
3. S. Piedelièvre, « Le droit au logement du conjoint survivant », *in Mélanges en l'honneur du doyen R. Decottignies*, PU Grenoble, 2003, p. 274; B. Pays, « Du droit d'usage et d'habitation au droit au logement », *AJDI* 2002. 745; N. Levillain, « Le droit au logement temporaire du conjoint survivant », *JCP N* 2002. 1440; du même auteur, « Le droit viager au logement du conjoint survivant », *JCP N* 2003. 1043.

article 1er : « garantir le droit au logement constitue un devoir de solidarité pour l'ensemble de la Nation. Toute personne ou famille éprouvant des difficultés particulières, en raison notamment de l'inadaptation de ses ressources ou de ses conditions d'existence a droit à une aide de la collectivité, dans les conditions fixées par la présente loi, pour accéder à un logement décent et indépendant et s'y maintenir ». L'adoption de ce texte a constitué une évolution d'un droit fondamental, d'origine législative, visant à protéger les particuliers en matière de logement : contrairement aux réformes de 1982 et 1989, le critère déterminant n'est pas la qualité de cocontractant, le locataire bénéficiant d'un rééquilibrage de ses rapports avec le bailleur, mais la volonté politique d'aider financièrement toute personne « éprouvant des difficultés particulières, en raison notamment de l'inadaptation de ses ressources ou de ses conditions d'existence » et ce au nom d'un « devoir de solidarité » selon les termes de l'article 1er de la loi du 31 mai 1990.

À titre d'exemple, l'article 7 de cette loi instaure un fonds de solidarité pour le logement, cofinancé par l'État et le département, qui doit permettre d'accorder des aides financières aux personnes et familles défavorisées qui ont des difficultés pour assumer le respect de leur charge locative et d'enrayer ainsi le processus d'exclusion[1]. De tels objectifs ont ultérieurement justifié la mise en œuvre de diverses mesures visant notamment à favoriser l'accès au logement aux personnes surendettées, victimes de chômage ou de maladie comme le prévoient certaines dispositions de la loi du 29 juillet 1998 ou le recours à une solidarité financière imposée aux communes pour le financement de logements sociaux depuis la loi du 13 décembre 2000.

De même, l'article 28 de la loi du 31 mai 1990 a prévu l'obligation mise à la charge de toutes communes de plus de 5 000 habitants d'aménager un terrain destiné à permettre le stationnement des gens du voyage, exigence complétée par les lois n° 2000-547 du 5 juillet 2000 relative à l'accueil et l'habitat des gens du voyage et n° 2017-86 du 27 janvier 2017 relative à l'égalité et à la citoyenneté. Sont notamment réglementées les modalités d'attribution de terrains familiaux locatifs[2]. C'est d'ailleurs à l'égard de gens du voyage que la Cour européenne des droits de l'homme[3] a condamné la France, au nom de l'insuffisance d'un habitat adapté, la Cour indiquant notamment, sous le visa de l'article 8 de la Convention européenne[4], que « la perte d'un logement est une atteinte des plus graves au droit au respect du domicile ». Une telle décision a manifestement constitué une source d'inspiration pour la Troisième Chambre civile de la Cour de cassation à propos d'un contentieux portant sur des faits identiques relatifs à une occupation de terrains par la communauté des gens du voyage. Ces derniers avaient installé des caravanes et implanté des constructions modulaires et des cabanons de jardin sur une parcelle qui leur appartenait en infraction aux dispositions du plan local d'urbanisme. La commune avait assigné en référé les familles occupantes pour obtenir l'enlèvement de ces installations. La cour d'appel de Versailles avait considéré que l'installation, irrégulière contraire aux règles d'urbanisme, était constitutive d'un trouble manifestement illicite et écarte l'application de

1. J.-M. Stébé, *Le logement social en France (1789 à nos jours)*, PUF, coll. « Que sais-je », 2011, p. 107.
2. Sur lesquelles, F. Aumond, « Le statut des gens du voyage saisi par la loi Égalité et citoyenneté », *AJDI* 2017. 991.
3. CEDH 17 oct. 2013, *Winterstein c/ France*, req. n° 27013/07, *AJDA* 2013. 2061; J.-P. Marguénaud et J. Mouly, « Délogement et relogement des Roms : la France dans le collimateur de la CEDH », *D.* 2013. 2678.
4. Sur lequel, v. *supra*.

l'article 8 de la Convention européenne. À l'inverse, la Cour de cassation[1] exige du juge des référés qu'il évalue la proportionnalité des mesures prises à l'encontre des occupants pour faire cesser le trouble au regard de l'atteinte portée au droit fondamental au respect de leur vie privée et de leur domicile. Cette décision illustre, parmi d'autres, le développement récent, parfois contesté[2], d'un tel recours au critère de proportionnalité pour apprécier la résolution judiciaire d'un contentieux.

1171. ***Objectif poursuivi par le législateur.*** L'objectif, qui a gouverné ces différentes dispositions introduites, était de contribuer au développement d'une certaine « socialisation » du domaine étudié[3], fondée sur une conception solidariste des relations. Cette évolution, essentiellement d'origine législative, se manifeste de manière ponctuelle dans les termes retenus par certains textes. À titre d'illustration, l'article 1er du décret du 22 octobre 1999, relatif aux plans départementaux d'action pour le logement des personnes défavorisées et aux fonds de solidarité pour le logement, a prévu le recours à ce plan en consacrant certaines mesures qui doivent « permettre d'aider les personnes et familles à accéder à un logement décent et indépendant ou à s'y maintenir, alors qu'elles éprouvent des difficultés particulières en raison notamment de l'inadaptation de leurs ressources ou de leurs conditions d'existence ». L'ensemble de ces dispositions devait contribuer au développement de logements sociaux et illustrer l'une des manifestations de l'État providence en droit interne. Plus récemment, la loi n° 2013-61 du 18 janvier 2013, relative à la mobilisation du foncier en faveur du logement, complétée par deux décrets publiés le 26 juillet 2013[4], prévoit l'obligation de production de logements sociaux désormais de 20 % à 25 % pour les communes de plus de 3 500 habitants.

b. L'appréciation par le Conseil constitutionnel des affirmations législatives

1172. ***Le droit au logement, un objectif à valeur constitutionnelle.*** La décision du Conseil constitutionnel rendue le 19 janvier 1995[5] à propos de la loi n° 95-74 du 21 janvier 1995 a permis d'affirmer que « la possibilité pour toute personne de disposer d'un logement décent est un objectif à valeur constitutionnelle », formule depuis réitérée à diverses reprises : lors du prononcé de la décision relative à la loi sur l'exclusion le 29 juillet 1998[6] et au cours de l'appréciation de la loi SRU du 7 décembre 2000[7]. Cette qualification du droit au logement est essentielle dans la mesure où antérieurement, par la décision en date du 22 mai 1990[8]

---

1. Civ. 3e, 17 déc. 2015, n° 14-22.095, *D.* 2016. 1028, Chron. A.-L. Méano, V. Georget et A.-L. Collomp; *RTD civ.* 2016. 398, obs. W. Dross; *RTD civ.* 449, obs. N. Cayrol.
2. F. Chénedé, Contre-révolution tranquille à la Cour de cassation ?, *D.* 2016. 796; P.-Y. Gautier, « Contrôle de proportionnalité subjectif, profitant aux situations illicites : "l'anti-Daguesseau" », *JCP* 2016. 189.
3. D. Grillet Ponton, « Le droit de bail d'habitation à l'épreuve de la réglementation locative : une nouvelle désacralisation de la propriété ? », *JCP* 2000. I. 240, n° 1.
4. F. Zitouni, « Un pacte anticrise : foncier public contre construction de logements », *JCP Adm.* 2013, n° 2082; du même auteur, « Réalisation de logements sociaux et très sociaux : des obligations modulées et renforcées », *JCP Adm.* 2014, n° 2006.
5. Cons. const. 19 janv. 1995, n° 94-359 DC, *D.* 1997. Somm. 137, note P. Gaïa; *LPA* 12 janv. 1996, p. 14, note F. Zitouni; *AJDA* 1995. 455, note B. Jorion.
6. Cons. const. 29 juill. 1998, n° 98-403 DC, *JCP* 1998. I. 171, n° 3, obs. H. Périnet-Marquet; *D.* 1999. 272, note W. Sabete; *JCP* 1999. I. 141, n° 17, obs. B. Mathieu et M. Verpeaux; *RTD civ.* 1999. 132, obs. F. Zenati; *D.* 2000. Somm. 61, obs. J. Trémeau.
7. Cons. const. 7 déc. 2000, n° 00-436 DC, *D.* 2001. Somm. 1840, note L. Favoreu; *ibid.* 1841, note M. Fatin-Rouge; *RFDC* 2001. 346, note F. Mélin-Soucramanien; J.-É. Schoettl, « Le Conseil constitutionnel et la loi relative à la solidarité et au renouvellement urbains », *AJDA* 2001. 18.
8. Cons. const. 29 mai 1990, n° 90-274 DC, *RFDC* 1990. 497, note L. Favoreu.

relative à l'appréciation de la « loi Besson », les juges constitutionnels avaient considéré, de manière plus générale, que le logement des personnes défavorisées constituait une « exigence d'intérêt national ».

1173. ***La référence à un logement qualifié de « décent ».*** L'une des spécificités de ces décisions réside dans les fondements retenus. Celle en date du 19 janvier 1995 s'inscrivait dans la volonté de permettre à toute personne de disposer d'un « logement décent » conformément aux termes des alinéas 10 — « la Nation assure à l'individu et à la famille les conditions de leur développement » — et 11 — la Nation « garantit à tous, notamment à l'enfant, à la mère et aux vieux travailleurs, la protection de la santé, la sécurité matérielle, le repos et les loisirs » — du préambule de la Constitution de 1946. Ce même critère de la décence du logement sera repris ultérieurement par le législateur, lors de l'adoption de la loi du 13 décembre 2000, au bénéfice des preneurs qui peuvent désormais l'imposer.

1174. ***Droit au logement, au nom de la dignité de la personne humaine.*** Mais le fondement invoqué par le Conseil en 1995 était aussi et surtout celui de la protection de la dignité de la personne humaine. L'action publique, visant à conférer un logement, était dès lors motivée par cette quête d'une dignité offerte plus spécialement aux personnes dans une situation de précarité. Le recours à ce concept de « sauvegarde de la dignité de la personne humaine », contre toute forme de dégradation, n'est qu'une illustration supplémentaire de la vitalité de la notion. Ce fondement a été parfois critiqué car considéré comme « surabondant »[1]. Or c'est par le biais de la dignité qu'a pu s'opérer un renversement pour les bénéficiaires de ce droit au logement, certes qualifié d'objectif par le Conseil constitutionnel, mais qui devient désormais « surdéterminant »[2].

Telle est la conception également retenue par le Conseil constitutionnel dont la saisine a donné lieu à la décision rendue le 29 juillet 1998 : la possibilité de disposer d'un logement décent est directement liée à la sauvegarde de la dignité de la personne humaine. Un rapprochement entre la dignité et le droit à un hébergement a enfin été consacré, sur l'initiative du législateur en matière pénale : l'article 225-14 du Code pénal prévoit que « le fait de soumettre une personne, en abusant de sa vulnérabilité ou de sa situation de dépendance, à des conditions de travail ou d'hébergement incompatibles avec la dignité humaine est puni de cinq ans d'emprisonnement et de 150 000 euros d'amende ». La Chambre criminelle de la Cour de cassation a précisé les modalités d'application de cette disposition à l'égard de trois ressortissants marocains dépourvus de titre de séjour et d'autorisation de travail en France, hébergés dans des conditions indignes. Cette application ne devant être conditionnée qu'au constat d'une atteinte de la dignité de la personne concernée, l'article 225-14 précité ne subordonne pas la caractérisation de l'indignité desdites conditions d'hébergement à la preuve de la violation d'une norme d'hygiène et de sécurité imposée par une disposition légale ou réglementaire spéciale.[3]

1175. ***Droit au logement, non lié à la dignité de la personne humaine.*** Toutefois, en ce qui concerne plus particulièrement le raisonnement retenu par le Conseil constitutionnel, l'une des singularités réside dans l'évolution du fondement. Si la protection du droit au logement a bénéficié initialement du recours à la notion de « dignité », les décisions ultérieurement rendues par le Conseil, le

1. B. Mathieu, « La dignité de la personne humaine : quel droit ? quel titulaire ? », *D.* 1996. Chron. 282.
2. M.-L. Pavia, « La découverte de la dignité de la personne humaine », *in* M.-L. Pavia et T. Revet (dir.), *La dignité de la personne humaine*, Economica, coll. « Études juridiques », 1999, p. 19.
3. Crim. 22 juin 2016, n° 14-80.041, *D.* 2016. 2430, obs. Th. Garé.

7 décembre 2000, mais aussi celle du 12 août 2004, lors de l'adoption de la loi relative aux libertés et responsabilités locales[1], ont écarté à l'inverse cette mention. L'esprit reste identique : assurer la protection des plus démunis, au nom d'une obligation positive prenant la forme d'une exigence de solidarité[2]. Cette dernière s'impose à la collectivité, sans que pour autant soit en dernier lieu effectuée la moindre référence au concept de sauvegarde de la dignité de la personne humaine. L'absence d'une telle mention consacre, d'une certaine façon, l'autonomie désormais conférée à l'objectif constitutionnel d'un droit au logement décent.

1176. ***Portée du droit au logement, objectif à valeur constitutionnelle.*** Une autre particularité du droit au logement, à la lecture des décisions du Conseil constitutionnel, peut être illustrée par la qualification adoptée qui confère une valeur spécifique à ce droit : celui-ci correspond à un « objectif à valeur constitutionnelle » et non à un « droit fondamental » ou un « principe à valeur constitutionnelle ». Ce qualificatif, également retenu en matière de protection de la santé notamment, n'a pas pour objet de conférer des prérogatives de nature individuelle susceptibles d'être invoquées par les particuliers. Il s'agit seulement, selon la terminologie spécifique au Conseil, d'une finalité assignée au législateur tenu de prendre en considération des droits contradictoires susceptibles d'être affectés au nom de l'intérêt général[3]. Le législateur est habilité à « apporter certaines limitations aux droits fondamentaux afin de les concilier entre eux », le Conseil constitutionnel devant contrôler le respect de cette finalité et la conciliation de ces droits.

Au nom des exigences liées à cet objectif à valeur constitutionnelle, le législateur doit contribuer à ce que toute personne ait un logement décent, en consacrant un élément essentiel de la politique sociale. Ceci suppose que soit écartée, dans le cadre de cette politique sociale du logement, toute assimilation de cette exigence à un droit subjectif reconnu expressément par les juges de la rue Montpensier, mais aussi au concept de droit fondamental au logement comme l'enseignent certains auteurs : il n'existe pas « de droit fondamental au logement protégé par un principe ou règle de valeur constitutionnelle »[4]. On ne devrait pas, en principe et avant toute mise en œuvre de la loi du 5 mars 2007 qui demeure soumise à un domaine d'application spécifique, pouvoir invoquer devant les tribunaux le droit au logement, tel qu'il a été affirmé par la loi du 31 mai 1990 et précisé par le Conseil constitutionnel : cette formule ne consacre qu'un objectif qui ne peut et ne doit affecter que les pouvoirs publics en tant qu'illustration d'un droit-créance[5], alors que le juge n'est pas lié par cet objectif.

Un auteur a relevé à juste titre que le choix du Conseil constitutionnel de ne pas retenir la qualification de « *droit à* » était directement lié à la volonté d'éviter

1. Cons. const. 12 août 2004, n° 2004-503 DC, *JCP* 2005. I. 192.
2. Pour une récente application de la formule « objectif à valeur constitutionnelle », à propos du droit au relogement imposé aux personnes publiques, même au bénéfice des personnes en situation irrégulière, sans que pour autant soit constatée une atteinte disproportionnée au droit de propriété, au regard de l'objectif poursuivi, Cons. const. 5 oct. 2016, n° 2016-581 QPC, *JCP* 2017. 65, n° 8, obs. B. Mathieu.
3. B. Faure, « Les objectifs de valeur constitutionnelle, une nouvelle catégorie juridique ? », *RFDC* 1995. 47; B. Genevois, « La jurisprudence du Conseil constitutionnel, principes directeurs », *STH* 1998, n° 342, p. 205.
4. L. Favoreu et *al.*, *Droit des libertés fondamentales*, 7e éd., Dalloz, coll. « Précis », 2015, n° 357. *Contra* S. Dion, « Le droit à l'habitat du pauvre, une application du principe de dignité de la personne humaine », *LPA* 22 avr. 1996, n° 49, p. 11.
5. Sur la distinction entre droit-créance et droit de créance lors du commentaire de la loi du 29 juill. 1998, T. Revet, *RTD civ.* 1998. 992.

le développement d'un contentieux alors fondé sur un « droit fondamental au logement devant le juge judiciaire »[1]. L'absence de tout effet horizontal, et donc l'impossibilité pour toute personne d'obtenir, sans condition, un logement, a également été ponctuellement rappelée par les juges du fond[2], conformément au droit en vigueur avant que soit retenue une autre méthode par le législateur : rendre le droit au logement non pas fondamental, mais opposable.

2. *L'affirmation d'une politique sociale consacrée par la loi du 5 mars 2007 : le droit au logement opposable*

1177. ***Droit au logement opposable antérieur à la loi du 5 mars 2007.*** Différentes propositions ont, au préalable, été favorables à la reconnaissance d'un droit au logement qualifié d'« opposable », susceptible d'être invoqué devant les juridictions pour contraindre les instances publiques à proposer une solution. Un rapport en date du 13 janvier 2004, rendu par le Conseil économique et social intitulé « Accès au logement, droit et réalité », était favorable à la mise en place d'un droit au logement opposable à l'État : « les personnes pouvant prouver qu'elles ne disposent toujours pas d'un logement décent, alors qu'elles en ont fait la demande depuis un délai anormalement long, qu'elles ne pourraient se loger sans l'aide de la collectivité et qu'elles résident et travaillent sur le territoire depuis un certain temps doivent pouvoir former un recours amiable puis éventuellement contentieux à l'encontre de l'autorité responsable de la mise en œuvre de ce droit ».

De même, le Haut comité pour le logement des personnes défavorisées a remis un rapport en octobre 2006, proposant que soit rendu opposable à une autorité politique le droit au logement, l'objectif étant de garantir sa mise en œuvre. Le Haut comité apporte également des précisions relatives aux conditions à respecter pour mettre en œuvre cette opposabilité en consacrant une responsabilité de l'État : les particuliers auraient désormais un droit au logement contre l'État et la possibilité d'exercer d'éventuelles voies de recours devant une instance juridictionnelle chargée de traiter les demandes contentieuses de citoyens pour garantir le droit au logement.

L'application de ces propositions permettrait de considérer les pouvoirs publics comme de véritables garants du droit au logement en autorisant les recours exercés contre les pouvoirs publics au nom du droit au logement. Tel était le cas du droit écossais qui reconnaît, depuis une loi votée en 2003, la possibilité, pour les catégories prioritaires, de réclamer aux collectivités locales leur droit au logement. Il appartient à ces collectivités d'apprécier le bien-fondé des demandes, en fonction de différents critères tels que l'âge, l'incapacité constatée. Tel est désormais le cas en droit interne, depuis la loi du 5 mars 2007 instituant le droit au logement opposable, applicable dans certains cas particuliers.

1178. ***Droit au logement opposable prévu depuis la loi du 5 mars 2007.*** L'article 1er de la loi du 5 mars 2007, codifié à l'article L. 300-1 du Code de la construction et de l'habitation, énonce que le droit à un logement décent « est garanti par l'État à toute personne qui, résidant sur le territoire français de façon régulière et dans des conditions de permanence définies par décret en Conseil d'État, n'est pas en mesure d'y accéder par ses propres moyens ou de s'y maintenir ». Il s'agit d'une nouvelle proclamation de principe qui complète les

1. M. Pichard, *Le droit à. Étude de législation française*, préf. M. Gobert, Economica, 2006, n° 235, p. 305. Sur un tel constat, J. Rochfeld, *Les grandes notions du droit privé*, PUF, 2011, p. 209.
2. TA Versailles 31 mai 1996, *JCP* 1997. I. 4066, n° 33, obs. B. Mathieu et M. Verpeaux.

autres dispositions, mais avec une approche différente : elle consacre de manière réelle et potentiellement effective le droit *au* logement en permettant à certaines personnes d'obtenir une aide de l'État, par l'intermédiaire d'une action en justice, ce qui est nouveau.

Ce texte, qui contribue à une prise de conscience des difficultés liées au logement[1], devrait s'appliquer au bénéfice notamment[2] des sans-abri et des familles avec enfants mineurs dont le logement est indécent ou suroccupé, ainsi qu'aux personnes en instance d'expulsion. Le Conseil d'État[3] a précisé que ce dispositif devait bénéficier non seulement aux citoyens de l'Union européenne, mais aussi aux étrangers non ressortissants d'un État européen, contrairement aux exigences prévues à l'article 1er du décret n° 2008-908 du 8 septembre 2008 relatif aux conditions de permanence de la résidence des bénéficiaires du droit à un logement décent et indépendant. Ce texte conditionnait la possibilité d'invoquer le droit au logement opposable aux ressortissants non communautaires qui devaient satisfaire l'une des deux conditions suivantes : « être titulaire d'une carte de résident ou tout autre titre de séjour conférant des droits équivalents » ou bien « justifier d'au moins deux années de résidence ininterrompue en France ». Ces exigences ont été jugées source de discriminations par application de l'article 6-1 de la Convention internationale du travail sur les travailleurs migrants, disposition qui prévoit que les États signataires s'engagent « à appliquer, sans discrimination de nationalité, de race, de religion ni de sexe, aux immigrants qui se trouvent légalement dans les limites de son territoire, un traitement qui ne soit pas moins favorable que celui qu'il applique à ses propres ressortissants » en ce qui concerne certaines matières telles que le logement. Enfin, plus récemment, le Conseil d'État a jugé qu'un demandeur d'asile ne pouvait se voir refuser un hébergement au titre du droit au logement opposable au seul motif qu'il n'avait pas présenté une demande d'hébergement dans un centre d'accueil pour demandeurs d'asile[4].

En ce qui concerne la procédure de mise en œuvre du droit au logement opposable, il appartient à des commissions de médiation, préalablement saisies conformément à l'article L. 441-2-3 du Code de la construction et de l'urbanisme, de prendre en considération le comportement du demandeur pour apprécier sa bonne foi[5] et de désigner les demandeurs prioritaires dont la demande « doit être satisfaite d'urgence » selon les termes de l'article 9 de la loi[6]. Le préfet ou le délégataire des droits à réservation de celui-ci doit ensuite désigner un organisme bailleur et fixer le délai dans lequel le demandeur prioritaire devra être logé. Le demandeur, déclaré prioritaire par la commission de médiation, qui n'a pas obtenu de logement dans un délai fixé par voie réglementaire, pourra saisir le juge administratif, qui aura la possibilité d'ordonner sous astreinte le loge-

1. Sur un tel constat, R. Noguellou, « Faut-il étendre la technique des droits opposables ? », *AJDI* 2011. 854.
2. Pour une application du dispositif au bénéfice d'un demandeur, prioritaire DALO, préalablement relogé par ses propres moyens, qui peut rester prioritaire si son logement ne répond manifestement pas à ses besoins, excède notablement ses capacités financières ou présente un caractère précaire, CE 4 nov. 16, n° 387292.
3. CE 11 avr. 2012, *GISTI, Fédération des associations pour la promotion et l'insertion par le logement*, req. n° 322326, *RTD civ.* 2012. 487, obs. P. Deumier; *D.* 2012. 1712, note B. Bonnet; *RFDA* 2012. 547, concl. G. Dumortier; *JCP Adm.* 2012, n° 2171, note A. Minet.
4. CE 1er août 2013, *Nazari*, req. n° 345130, *JCP Adm.* 2013. Actu. 706, obs. L. Erstein.
5. CE 17 juill. 2013, req. n° 349315, *JCP Adm.* 2013. Actu. 682, obs. Ch.-A. Dubreuil.
6. C. Bugnon et G. Iacono, « Les critères d'éligibilité au droit à l'hébergement opposable » *AJDI* 2011. 843. Plus particulièrement à propos de la procédure de médiation, J.-Ph. Brouant, « Le fonctionnement des commissions de médiation : vers une juridictionnalisation ? », *AJDI* 2011. 847.

ment, le relogement ou l'accueil en structure adaptée[1]. L'action sera donc menée contre l'État, garant de l'effectivité du droit au logement, sauf dans le cas où existe une convention de délégation du contingent préfectoral au profit d'une commune ou d'un établissement public de coopération intercommunale. Elle n'est ouverte, à compter du 1er décembre 2008, qu'aux personnes sans logement, très mal logées ou en instance d'expulsion, qui peuvent faire valoir tout élément, même nouveau, de nature à démontrer le caractère impérieux du motif justifiant un refus du logement proposé[2]. Au 1er décembre 2012, le recours a été ouvert à tous les demandeurs de logement social n'ayant pas reçu de réponse dans un délai déterminé par le préfet, jugé anormalement long. Le Conseil d'État a précisé les conséquences d'absence de proposition, par un préfet, d'un relogement à un bénéficiaire du Dalo : il a été jugé[3] que le préfet qui n'effectuait pas une telle proposition, dans le délai fixé par le jugement du tribunal administratif enjoignant de faire une telle proposition, commettait alors une faute engageant la responsabilité de l'État.

Un « comité de suivi de la mise en œuvre du droit au logement opposable » a enfin été instauré. Il a publié, le 4 mars 2016, plusieurs statistiques de la mise en œuvre du droit au logement opposable en 2015 et exprime à cette occasion ses plus vives inquiétudes sur la situation d'un tel droit, liées notamment aux interprétations de plus en plus restrictives des critères d'accès retenus par les commissions de médiations. Ce Comité de suivi a été associé au Haut comité pour le logement des personnes défavorisées, les associations représentatives d'élus locaux et les associations et organisations œuvrant dans le domaine du logement. Plus récemment, le Haut comité a rendu public son onzième rapport le 26 octobre 2017, remis au président de la République, et a constaté qu'il convenait d'assurer l'effectivité de la loi DALO, un nombre important de ménages, en l'occurrence 55 000 ménages, n'ayant pas reçu d'offre de logement dans les délais légaux. Est de plus, à nouveau, contestée, l'interprétation particulièrement restrictive des critères de la loi par les Commissions de médiation chargées d'étudier les dossiers. Certaines exigences sont préconisées pour remédier à la situation, notamment offrir un hébergement à toute personne en détresse ou encore mettre en œuvre un plan d'urgence pour reloger les ménages prioritaires dans les zones tendues. Il apparaît dès lors indispensable de mobiliser l'ensemble de la société et l'État afin de garantir cette effectivité, mobilisation jugée insuffisante par un rapport rendu par deux sénateurs, qui a relevé le paradoxe du droit au logement opposable, lié aux écarts entre les objectifs fixés par la loi et les résultats sur le terrain[4]. À ce titre, la loi n° 2017-86 « Égalité et citoyenneté » en date du 27 janvier 2017[5] a pu être considérée comme une avancée positive pour le droit au logement opposable : les obligations d'attribution d'un logement pesant sur l'État ont été élargies aux collectivités et au patrimoine propre des bailleurs sociaux qui doivent réaliser 25 % de leurs attributions à des publics prioritaires, plus particulièrement les ménages reconnus au titre de la loi DALO.

1. Sur un avis du Conseil d'État qui a précisé les pouvoirs des commissions de médiation, CE, avis, 21 juill. 2009, *JCP Adm.* 2009, n° 2277, note F. Zitouni; ainsi que la condamnation au versement d'une astreinte conforme à l'effectivité du recours prévu dans le cadre du droit au logement opposable, CE, avis, 2 juill. 2010, *JCP Adm.* 2010, n° 2305, note F. Zitouni.
2. CE 1er oct. 2014, req. n° 364055, *RTDI* 2014, n° 4, p. 72, obs. B. Kan-Balivet.
3. CE 16 déc. 2016, n° 384500 et n° 383111, *JCP Adm.* 2017, n° 2117, obs. R. Mulot.
4. Sur ce rapport plus spécialement, F. Zitouni, « Les paradoxes du droit au logement opposable », *JCP Adm.* 2012, n° 2276.
5. B. Wertenschlag et J. Berger, « La loi du 27 janvier 2017 relative à l'égalité et à la citoyenneté : vers un droit à la mixité », *AJDI* 2017. 246.

Tel que le texte avait été prévu avant le vote de l'Assemblée nationale, la doctrine[1], ainsi que les premières enquêtes menées[2], ont pu relever les différentes incertitudes liées aux conséquences juridiques, ainsi que certaines difficultés pratiques lors de sa mise en œuvre. Ce sentiment a été confirmé avec la loi du 5 mars 2007, singulièrement en raison des doutes concernant la nature du droit désormais consacré. Il ne s'agit pas, au sens strict, d'un véritable droit subjectif susceptible d'être invoqué contre tous tiers, mais plus précisément de la possibilité, pour certaines catégories de personnes déterminées, de saisir une juridiction pour demander au préfet le bénéfice d'une réglementation qui leur est favorable. Comme il a pu être relevé avec raison[3], le dispositif introduit par la loi du 5 mars 2007 ne consacre pas réellement un nouveau droit subjectif ou un nouveau droit fondamental effectif, mais plus certainement la possibilité de faire respecter une procédure administrative complétée d'un recours *ad hoc* afin que soit sanctionnée une éventuelle inaction du préfet. La publication des premières décisions[4] appliquant cette nouvelle approche du droit au logement et les différentes appréciations doctrinales[5], ainsi que la récente condamnation de la France par la Cour européenne des droits de l'homme[6], démontrent toutes les difficultés de mise en œuvre du texte récemment adopté, dont les modalités d'application ont été également précisées. En raison de ces difficultés rencontrées et de la situation matérielle délicate dans laquelle se trouvent certaines personnes concernées, le Conseil d'État[7] a récemment précisé les prérogatives conférées au juge habilité à statuer en matière de droit au logement opposable. Il a été jugé que ce magistrat avait la possibilité d'ordonner que, dans l'attente de l'attribution d'un logement, le demandeur soit pourvu d'un accueil temporaire dans une structure d'hébergement, un établissement ou logement de transition, un logement-foyer ou une résidence hôtelière à vocation sociale. La situation précaire du demandeur a ainsi pu légitimer un tel accueil.

En l'état actuel du droit positif interne – complété par le décret n° 2008-1227 du 27 octobre 2008 qui précise les délais, les formalités et conditions du

1. J. Monéger, « Regards sur le projet de loi relatif au droit opposable au logement », *JCP* 2007. Actu. 40.
2. R. Eleta-De Filippis, « La mise en œuvre du droit au logement opposable : une observation de terrain », *RDSS* 2011. 950.
3. C. Wolmark, « L'opposabilité du droit au logement », *D.* 2008. Chron. 106; R. Piastra, « Observations sur le droit au logement "opposable" », *D.* 2007. Point de vue 809; B. Mallet-Bricout, « Droits fondamentaux : vrai ou "faux droit" au logement opposable ? », *Dr. et patr.* mars 2008, p. 85; E. Sales, « Droit constitutionnel et droit social. La dualité du "droit au logement opposable" », *RFDC* 2009. 601.
4. TA Paris 20 mai 2008, *RJPF* 2008-9/13, obs. E. Putman; TA Paris 20 nov. 2008, *AJDA* 2009. 128, obs. P. Nguyên-Duy. Sur un tel constat, F. Zitouni, « Droit au logement opposable : entre gestion de crise et régulation des rapports de solidarité », *JCP Adm.* 2009, n° 2095. Sur la possibilité d'un recours de droit commun pour faire condamner l'État à indemniser les justiciables non relogés, en dépit d'une décision de la Commission de médiation les déclarant prioritaires, TA Paris 17 déc. 2010, *JCP* 2011. 224, note M. Parmentier.
5. M. Thioye, « Focus sur le droit au logement opposable », *Dr. fam.* 2011, étude 8; D. Roman, « Le juge et les droits sociaux : vers un renforcement de la justiciabilité des droits sociaux ? », *RDSS* 2010. 793; S. Joubert, « Le droit au logement *versus* loi DALO : enseignements contentieux pour la justiciabilité des droits sociaux », *RDSS* 2010. 823.
6. La Cour considère que l'État français à l'obligation d'exécuter une décision d'un tribunal administratif qui avait enjoint l'administration à loger d'urgence un demandeur dans le cadre de la loi DALO, la requérante ne s'étant pas vue proposer de logement adapté à ses besoins et capacités, trois ans et demi après le jugement : CEDH 9 avr. 2015, req. n° 65829/12, *Tchokontio Happi (Mme) c/ France*; *Dr. soc.* 2016. 697, note J.-P. Marguénaud et J. Mouly; *RDSS* 2015. 651, note D. Tharaud; *AJDI* 2016. 667, obs. F. Zitouni.
7. CE 9 déc. 2016, n° 394766.

jugement du recours contentieux dans le cadre du droit au logement opposable et la loi n° 2014-363 du 24 mars 2014 pour l'accès au logement et un urbanisme rénové qui apporte certaines précisions pour la mise en œuvre de ce droit –, le droit au logement bénéficie d'un potentiel renouveau législatif alors qu'il n'avait pu être mis en œuvre que ponctuellement par les juges judiciaires et administratifs, comme en témoigne l'application effective et directement reconnue du droit au logement.

B. Les incidences d'une politique sociale en matière de logement

1179. Dès lors qu'est affirmée par le législateur, sous différentes formes, l'existence d'un droit au logement, la mise en œuvre d'une telle politique sociale, génératrice de conflit d'intérêts (*1.*), a vocation à assurer la protection des plus démunis (*2.*).

1. Une politique sociale génératrice de conflits d'intérêts

a. Le constat de conflits d'intérêts

1180. ***Équilibre entre droit de propriété et droit au logement.*** La consécration législative d'un droit au logement impose immédiatement la présence et l'appréciation d'intérêts et de droits opposés. La recherche d'un équilibre entre ces intérêts se manifeste lors de l'adoption d'une disposition législative et justifie par là même le contrôle exercé par le Conseil constitutionnel. Depuis la décision du 21 janvier 1995 qui consacrait « la possibilité pour toute personne de disposer d'un logement décent », une conciliation est systématiquement recherchée entre le droit au logement et le droit de propriété, ce dernier ayant été consacré comme un droit à caractère fondamental depuis la décision prononcée par le Conseil constitutionnel relative aux nationalisations rendues le 16 janvier 1982. Il appartient au législateur de respecter systématiquement cet équilibre entre intérêts divergents, sous peine d'invalidation de la loi par le Conseil constitutionnel. Ceci se révèle parfois délicat à respecter car l'existence d'un droit au logement affecte par essence directement les prérogatives des propriétaires. La doctrine, commentant la décision rendue par le Conseil constitutionnel le 21 janvier 1995, a relevé une certaine priorité conférée au droit à un logement décent sur le droit de propriété, frappé non par un réel « constat de décès »[1], mais plus certainement par un affaiblissement des prérogatives du propriétaire.

Il en fut ainsi, à titre d'exemple, avec l'instauration d'une taxe annuelle sur les logements vacants prévue à l'article 51 de la loi du 29 juillet 1998 : le Conseil constitutionnel a admis la mise en place d'une telle taxe à compter du 1er janvier 1999, dans les communes appartenant initialement à des zones urbanisées de plus de 200 000 habitants, désormais de plus de 50 000 habitants, dès lors qu'existe un fort déséquilibre entre l'offre et la demande de logements. Alors même que les auteurs de la saisine du Conseil avaient invoqué que cette mesure constituait une atteinte manifeste au droit de propriété, précisément au principe de libre disposition de leur bien, le Conseil a estimé qu'il s'agissait, avec cette disposition, d'une sanction à la non-exploitation d'un bien. Ceci justifie le recours aux réserves d'interprétation émises à l'égard de cette taxe qui ne peut concerner que les logements « habitables, vacants et dont la vacance tient à la seule volonté de

---

1. H. Pauliat, « L'objectif constitutionnel de droit à un logement décent : vers le constat de décès du droit de propriété », *D.* 1997. Chron. 283.

leur détenteur »[1], l'objectif du législateur étant d'inciter les propriétaires à mettre en location leurs biens immobiliers susceptibles d'être loués[2].

1181. ***Appréciation du Conseil constitutionnel.*** Le rôle du Conseil constitutionnel s'est alors révélé fondamental pour garantir l'équilibre des droits et assurer, par ailleurs, une protection des intérêts des propriétaires. Les droits de ces derniers ont pu être affectés lors de l'instauration, à l'article 52 de la loi du 29 juillet 1998, d'une procédure de réquisition, le Conseil rappelant l'impératif de ne pas porter une atteinte excessive au droit de propriété. Certes les auteurs de la saisine du Conseil affirmaient que cette réquisition engendrait la privation du droit de propriété. Le Conseil estima qu'il n'existait pas en l'espèce cette atteinte et indiqua également que la limitation du droit d'usage n'était possible que si elle ne dénaturait pas, par sa gravité, le sens et la portée du droit de propriété. Cette solution révèle bien la présence d'un « seuil au-delà duquel le droit de propriété est atteint dans sa substance »[3], ce qui suppose toutefois une atteinte non excessive au droit de propriété qui doit être retenue par les auteurs du texte.

Le Conseil constitutionnel a confirmé sa position dans le cadre d'une question prioritaire de constitutionnalité en date du 30 septembre 2011[4]. Il a ainsi réaffirmé, au préalable, que la possibilité pour toute personne de disposer d'un logement décent constituait un « objectif de valeur constitutionnelle ». Le Conseil a toutefois précisé que s'il appartient au législateur de mettre en œuvre cet objectif et s'il lui est loisible d'apporter « au droit de propriété les limitations qu'il estime nécessaires, c'est à la condition que celles-ci n'aient pas un caractère de gravité tel que le sens et la portée de ce droit en soient dénaturés ».

Un tel raisonnement illustre bien la recherche d'un équilibre entre le droit de propriété et l'objectif de valeur constitutionnelle que constitue le droit au logement. Il ne s'agit que d'une manifestation, parmi d'autres, de l'admission d'une atteinte ponctuelle à l'exercice des prérogatives du propriétaire, sans que pour autant, dans son principe, la titularité de ce droit ne soit affectée. Comme ont pu le souligner deux auteurs, la recherche d'un tel objectif doit supporter certaines restrictions : elle ne permet qu'une limitation des prérogatives du propriétaire et ne justifie pas « des atteintes au droit de propriété qui par leur gravité dénatureraient le sens et la portée du droit de propriété »[5]. L'étude des décisions du Conseil montre donc la difficulté de considérer qu'existe une préférence conférée au droit à un logement sur le droit de propriété. Les juges de la rue Montpensier sont manifestement animés d'un esprit d'équilibre qui justifie l'absence de vainqueur ou vaincu dans cette opposition d'intérêts[6], constat qui concerne le juge judiciaire et administratif.

1. Not. Cons. const. 29 déc. 2012, n° 2012-662 DC.
2. Sur le constat d'une telle atteinte au droit de propriété au nom du droit au logement, H. Moutouh, « Le propriétaire et son double — Variations sur les articles 51 et 52 de la loi du 29 juill. 1998 », *JCP* 1999. I. 146; B. Vial-Pedroletti, « La loi sur l'exclusion : les dispositions relatives au logement », *op. cit.*, p. 1688; A.-F. Zattara, *La dimension constitutionnelle et européenne du droit de propriété*, thèse, La Réunion, préf. R. Cabrillac, t. 351, LGDJ, coll. « Bibl. dr. privé », 2001, n° 174, p. 158.
3. B. Mathieu et M. Verpeaux, *JCP* 1999. I. 141. Pour la procédure de réquisition, v. *infra*.
4. Cons. const. 30 sept. 2011, n° 2011-169 QPC, *Dr. et patr.* déc. 2011, 98, obs. J.-B. Seube; *JCP* 2011. I. 1298, n° 1, obs. H. Périnet-Marquet; N. Le Rudulier, « La définition du droit de propriété est constitutionnelle », *AJDI* 2011. 885; B. Mallet-Bricout, « QPC et immeuble », *in* C. Albiges, C. Hugon (dir.), *Immeuble et droit privé*, Lamy, coll. « Axe Droit », 2012, p. 60.
5. B. Mathieu et S. Monnier, « Le droit au logement : un droit subjectif ? », *in Logement et famille : des droits en question*, *op. cit.*, p. 29.
6. E. Pie-Guiselin, « L'accès à un logement décent et le droit de propriété : ni vainqueur, ni vaincu », *LPA* 13 mars 2000, n° 51, p. 6.

b. La résolution par le juge des conflits d'intérêts

1182. ***Un principe : la recherche d'un équilibre entre droit de propriété et droit au logement.*** C'est cette quête d'équilibre entre droit au logement et droit de propriété, liée à la qualification d'objectif à valeur constitutionnelle du droit au logement, qui a fortement influencé les décisions des juges judiciaire et administratif après 1995. Leur objectif n'est pas seulement de concilier des droits contradictoires, mais aussi et surtout d'opérer un raisonnement non « syllogistique, mais évaluatif. Ainsi, dans le cadre du droit au logement, à propos de la protection des droits, il [le juge] médiatise la relation entre deux personnes par une chose : c'est-à-dire un bien immobilier »[1]. Le juge s'octroie un pouvoir d'appréciation pour équilibrer un double rapport avec la chose : celui qui bénéficie d'un titre de propriété, jouissant d'un droit absolu sur la chose, et celui qui ne dispose que d'un droit au logement, qualifié d'occupant sans titre. Avant la décision du Conseil, la jurisprudence, recherchant cet équilibre, était essentiellement marquée par la diversité de solutions et de fondements retenus : les concepts de dignité et la reconnaissance du droit au logement comme principe général du droit consacré par la Constitution avaient été invoqués.

1183. ***Prépondérance conférée au droit au logement.*** Au lendemain de la décision du Conseil du 19 janvier 1995, un mouvement d'alignement des juges du fond a été opéré, avec certaines nuances. Un arrêt de la cour d'appel de Paris du 15 septembre 1995 a expressément affirmé que le droit au logement constituant « un objectif à valeur constitutionnelle », un délai de grâce devait être accordé à des occupants d'un immeuble sans titre. De même, la cour d'appel d'Orléans s'est référée à la décision du 19 janvier 1995 posant comme principe fondamental le droit pour toute personne de disposer d'un logement décent afin de confirmer le sursis à statuer à l'exécution d'une décision d'expulsion décidée en première instance[2]. Enfin, les magistrats effectuent ponctuellement une référence à « l'objectif constitutionnel du droit au logement décent » pour apprécier si une commune respecte ses obligations en matière d'aire d'accueil au bénéfice des gens du voyage : a ainsi été condamnée une mairie qui mettait à leur disposition un terrain non stabilisé sur lequel étaient en cours des travaux lourds, terrain dépourvu de sanitaires et de délimitation, situé à proximité immédiate d'une rocade d'autoroute, donc impropre à l'habitation[3], une indemnisation étant parfois mise à la charge de communes de plus de 5 000 habitants qui ne respectent pas l'obligation d'aménager un terrain destiné à permettre le stationnement[4].

La finalité de telles solutions réside dans la volonté d'assurer une priorité à la protection du logement, au bénéfice de personnes dans le besoin, mais au détriment de celles titulaires du droit de propriété. Effectuant une application scrupuleuse de l'interprétation donnée par le Conseil constitutionnel du droit au logement, le tribunal administratif de Versailles[5] a également considéré ce principe comme celui selon lequel « la Nation assure à l'individu et à la famille les conditions nécessaires à leur développement » et qu'il devait concilier avec d'autres

1. M.-L. Pavia, « La liberté d'association est-elle un droit constitutionnel et fondamental ? », *LPA* 21 déc. 2001, p. 26. Sur ce constat, E. Sales, *Le droit au logement dans la jurisprudence française*, thèse, Montpellier I, 2001, p. 175.
2. Orléans 19 juin 1996, *JCP* 1996. IV. 1479.
3. TGI Montauban 3 mai 2002, *JCP* 2003. I. 146, n° 53, obs. B. Mathieu et M. Verpeaux.
4. Pour une illustration, CAA Nancy 4 déc. 2003, *JCP* 2005. I. 192, n° 51, obs. B. Mathieu et M. Verpeaux; *LPA* 13 juin 2005, p. 12, note P. Tifine.
5. TA Versailles 31 mai 1996, préc.

droits fondamentaux, notamment le droit de propriété. Ces diverses solutions s'inscrivent dans un contexte de solidarité qui a pour finalité d'assurer la protection des besoins essentiels de l'homme, réellement placé au centre des préoccupations juridiques, ce qui justifie que puissent être ponctuellement affectées certaines prérogatives du propriétaire, au nom de l'intérêt social.

Un tel raisonnement est confirmé par la Cour européenne des droits de l'homme[1] qui a dû apprécier la portée d'un refus des autorités françaises, pendant plusieurs années, de prêter leur concours à une procédure d'expulsion qui concernait seize familles démunies avec trente-neuf enfants en bas âge et sans solution de relogement. Il a ainsi été précisé, en l'espèce, que le refus de ces autorités ne viole l'article 6 de la Convention européenne des droits de l'homme que si la Cour considère que les droits du propriétaire ont subi une charge disproportionnée au regard de l'importance des considérations sociales et d'ordre public ayant motivé ce refus.

1184. ***Divergence entre les juridictions de l'ordre judiciaire et celles de l'ordre administratif.*** En raison des termes de la décision du Conseil constitutionnel en 1995, réitérée par la suite, une question s'impose désormais de manière ponctuelle : les personnes sans logement peuvent-elles, au nom du droit au logement, en tant qu'objectif à valeur constitutionnelle, invoquer cet objectif devant un juge afin d'obtenir un tel logement ? Des limites ont été, à juste titre, apportées par les tribunaux de l'ordre judiciaire, une occupation considérée illégale ne pouvant « constituer un moyen licite de mettre en œuvre le droit au logement » comme l'a relevé la cour d'appel de Paris[2]. De même, ultérieurement, la Cour de cassation[3] a jugé, à propos de plusieurs familles installées sous des tentes dressées sur une aire de jeux, qu'il s'agissait d'une occupation sans droit ni titre d'un immeuble appartenant à autrui, constitutive en elle-même un trouble manifestement illicite. Alors même que la juridiction d'appel avait considéré qu'en l'absence de violence, l'atteinte au droit de propriété ne devait pas permettre le prononcé d'une mesure d'expulsion, l'arrêt de la Cour de cassation considère à juste titre, sous le visa de l'article 544 du Code civil, que le droit de propriété doit être préservé, l'atteinte à ce droit constituant un trouble illicite auquel les juges sont tenus de mettre fin avec le prononcé d'une mesure d'expulsion de tels occupants.

De même, le Conseil d'État, dans un premier temps[4], a affirmé qu'une association ne pouvait obtenir l'annulation d'une ordonnance du tribunal administratif par laquelle il avait refusé de prendre des mesures telles que la réquisition de logements inoccupés en vue d'assurer l'hébergement immédiat de familles de

1. CEDH 12 oct. 2010, *Sté Cofinfo c/ France*, req. n° 23516/08, *D.* 2010. 2843, obs. C. de Gaudemont; *AJDI* 2011. 153, obs. J. Raynaud; *D.* 2011, obs. B. Mallet-Bricout.
2. Paris 26 nov. 1997, *D.* 1998. IR 6. Sur cette décision, F. Cohet-Cordet, « Le droit au logement et le droit de propriété sont-ils conciliables ? », *AJDI* 1998. 598; plus généralement, V. Godfrin, « Le droit au logement, un exemple de l'influence des droits fondamentaux sur le droit de propriété », *in Éthique, droit et dignité de la personne. Mélanges C. Bolze*, Economica, 1999, p. 148-149.
3. Civ. 3e, 20 janv. 2010, n° 08-16.088, *D.* 2010. 326, obs. G. Forest; *AJDI* 2010. 544, obs. N. Damas; *AJDI* 2011. 421, obs. F. Zitouni; *JCP* 2010. I. 1162, n° 10, obs. H. Périnet-Marquet; *Dr. et patr.* août 2010. 85, obs. J.-B. Seube.
4. CE, réf., 3 mai 2002, *Assoc. de réinsertion sociale du Limousin et a.*, *LPA* 26 sept. 2002, p. 15, note P. Jan; *JCP* 2002. I. 182, n° 37, obs. B. Mathieu et M. Verpeaux; *AJDA* 2002. 820, note E. Deschamps. Les requérants sollicitaient notamment l'application de l'art. 21 de la Convention de Genève du 28 juill. 1951 qui prévoit qu'« en ce qui concerne le logement, les États contractants accorderont, dans la mesure où cette question tombe sous le coup des lois et règlements ou est soumise au contrôle des autorités publiques, aux réfugiés résidant régulièrement sur leur territoire un traitement aussi favorable que possible ».

réfugiés. Selon les termes retenus en l'espèce par la décision, si le Conseil constitutionnel a « qualifié d'objectif à valeur constitutionnel la possibilité pour toute personne de disposer d'un logement décent, il n'a pas consacré l'existence d'un droit au logement ayant rang de principe constitutionnel », solution qui permet également d'affirmer que le droit au logement ne présente pas « le caractère d'une liberté fondamentale ». De même, le 23 mars 2009[1], il a été jugé que le droit au logement, même s'il constitue un objectif à valeur constitutionnelle, n'est pas une liberté fondamentale au sens de l'article L. 521-2 du Code de justice administrative, texte qui permet au juge des référés de prononcer toutes mesures nécessaires à la sauvegarde d'une liberté fondamentale à laquelle une personne morale de droit public ou un organisme de droit privé, chargé de la gestion d'un service public, aurait porté une atteinte grave et manifestement illégale.

Toutefois, dans un second temps, la jurisprudence administrative a nuancé sa position : il a ainsi été jugé que le logement devait être intégré dans les exigences de « conditions matérielles d'accueil décentes » auxquelles ont droit les demandeurs d'asile[2], le droit à l'hébergement étant considéré comme une implication de ce droit d'asile. Enfin, le Conseil d'État a même affirmé que le non-respect du droit à l'hébergement constitue une « atteinte grave et manifestement illégale à une liberté fondamentale »[3]. Cette décision a pu être interprétée[4] comme une mise en œuvre du droit au logement opposable, permettant à une personne sans logement d'obtenir, en référé, un hébergement quand les circonstances le justifient. Le juge a en l'occurrence constaté une « carence caractérisée » dans la mission de l'État, au bénéfice d'un sans-abri dans une situation de grande détresse après l'incendie de l'immeuble où il vivait précédemment. Il semble toutefois qu'existent deux catégories de recours soumis à deux procédures différentes : l'un devant le juge administratif, en référé, afin d'obtenir un hébergement d'urgence, l'autre selon la procédure spécifique[5] du droit au logement opposable, afin d'obtenir un lieu d'habitation stable.

La présence de bénéficiaires d'un droit au logement tend potentiellement, avec cette dernière évolution jurisprudentielle, à occulter le maintien de la titularité du droit de propriété. Il appartient au juge d'assurer un équilibre entre ces intérêts divergents, même si la protection des plus démunis demeure l'une des priorités dans le cadre de la recherche de cet équilibre.

2. *Une politique sociale protectrice des personnes démunies*

1185. Les diverses dispositions déjà relevées confèrent des protections juridiques qui affectent les droits des propriétaires, dans deux circonstances plus particulièrement.

1186. ***Réquisition de logements vacants.*** En matière de *réquisition* de logements vacants, de nouvelles dispositions ont eu vocation à faire face au manque de logement d'une part, à l'existence d'habitations non occupées d'autre part. La réforme de la procédure de réquisition effectuée par la loi du 29 juillet 1998 participe à ce mouvement législatif. La réquisition correspond justement à une

---

1. CE, réf., 23 mars 2009, *Min. Immigration, Intégration, Identité nat. et Dév., Solidarité c/ Gaghiev*, *JCP* 2009. I. 601, n° 38, obs. B. Mathieu et M. Verpeaux.
2. CE, réf., 17 sept. 2009, *Min. Immigration c/ Salah*, req. n° 331950, *JCP Adm.* 2009, n° 2262, note L. Fernaud.
3. CE, ord., 10 févr. 2012, *Fofana*, req. n° 356456, *AJDA* 2012. 716, note A. Duranthon; *AJDI* 2012. 411, étude R. Piastra.
4. Not. R. Piastra, obs. sous CE, ord., 10 févr. 2012, préc.
5. Sur laquelle, v. *supra*.

opération par laquelle les autorités exigent d'une personne ultérieurement indemnisée « l'abandon de la jouissance d'un immeuble en vue d'assurer le fonctionnement des services publics ou la satisfaction de besoins publics »[1]. Les articles L. 641-1 et R. 641-1 et suivants du Code de la construction et de l'habitation ont été modifiés par l'article 52 de la loi du 29 juillet 1998, en instituant plus particulièrement une nouvelle procédure de réquisition avec attributaire prévue aux articles L. 642-1 et suivants.

Il s'agit d'une mesure qui affecte spécialement les personnes morales propriétaires d'immeubles vacants depuis plus de douze mois[2], qui font l'objet d'une réquisition par le préfet dans les communes où existe un déséquilibre entre l'offre et la demande de logement au « détriment de personnes à revenus modestes et de personnes défavorisées ». L'attributaire, qui peut être notamment l'État, une collectivité territoriale ou un organisme d'habitations à loyer modéré, réalise les travaux de mise aux normes minimales de confort et d'habitabilité. Il doit de plus verser mensuellement une indemnité au propriétaire du local, tout en déduisant le montant des travaux nécessaires. La finalité de cette nouvelle procédure est expressément formulée à l'article L. 642-5 du Code de la construction et de l'habitation : l'attributaire s'engage à ce que les locaux soient « donnés à bail aux personnes justifiant de ressources inférieures à un plafond fixé par décret et désignées par le représentant de l'État dans le département en raison de leurs mauvaises conditions de logement ». Cette nouvelle mesure porte un coup réel à l'exclusivité et à l'absolutisme du droit de propriété[3], le propriétaire ne pouvant exercer librement les prérogatives de son droit car il n'a plus la faculté de conférer à l'immeuble l'utilisation qu'il désire.

1187. ***Expulsion d'occupants sans titre.*** Les dispositions relatives à *l'expulsion* prennent également en considération les intérêts de l'occupant et supposent l'intervention du juge judiciaire[4] pour apprécier les circonstances. Il en est ainsi dès lors que cette mesure concerne une personne qui ne bénéficie que de cette qualité d'occupant, sans être locataire de l'immeuble[5]. Il s'agit d'un squatter à l'égard duquel l'expulsion peut être, en principe, immédiatement sollicitée, quelle que soit la période de l'année[6], la protection au nom d'un droit au logement ne pouvant être invoquée[7]. Certains magistrats ont néanmoins admis de manière ponctuelle que les personnes démunies puissent, sur le fondement de l'état de nécessité[8], occuper des locaux d'autrui, l'argument ayant été soit réaf-

1. G. Cornu (dir.), *Vocabulaire juridique*, 11 éd., PUF, 2016, *v*° « Réquisition ».
2. Depuis l'adoption de la loi du 18 janv. 2013, F. Zitouni, « Un pacte anticrise : foncier public contre construction de logements », *op. cit.*, 52.
3. H. Moutouh, « Le propriétaire et son double — Variations sur les articles 51 et 52 de la loi du 29 juillet 1998 », *op. cit.*, n° 18, p. 1178.
4. Sur les modalités procédurales de l'expulsion, N. Cayrol, *Droit de l'exécution*, Domat, 2e éd., 2016, nos 357 s. Le juge administratif demeure toutefois compétent pour obtenir, par un référé-liberté, la suspension de l'exécution de l'arrêté d'un préfet accordant le concours de la force publique pour ordonner l'expulsion, pour une illustration d'une telle procédure, CE 5 nov. 2014, n° 385431, *RDSS* 2015. 170, note V. Donier; *AJDI* 2016. 667, obs. F. Zitoumi.
5. Sur l'hypothèse de l'expulsion du locataire, v. ss 1151.
6. L'art. L. 412-6 du Code des procédures civiles d'exécution, prévoit certes que l'expulsion ne peut intervenir entre le 1er nov. et le 31 mars, ne s'applique pas pour les squatters auteurs d'une voie de fait. Sur l'hypothèse inverse pour l'application de ce texte, v. *supra*.
7. Paris 26 nov. 1997, *D.* 1998. IR 6.
8. T. corr. Colmar 27 avr. 1956, *JCP* 1957. II. 10041, note Aussel; T. corr. Dijon 27 févr. 1968, *D.* 1968. 738, note Bouzat.

firmé[1], soit à l'inverse contesté : un arrêt de la cour d'appel d'Aix-en-Provence[2] a jugé que l'occupation sans droit ni titre d'un logement justifiait l'expulsion, « l'état de nécessité allégué et le droit au logement ne pouvant prévaloir sur le droit du propriétaire ». De plus, tout en écartant une référence au concept d'état de nécessité, l'article L. 412-3 du Code des procédures civiles d'exécution prévoit une procédure protectrice au bénéfice de tels « habitants » en conférant au juge la possibilité d'apprécier les circonstances qui justifient le recours immédiat, ou non, à l'expulsion. Ce texte permet en effet au juge d'accorder, sous certaines conditions, un délai qui ne peut excéder un an aux occupants de locaux lorsque leur relogement ne pourra avoir lieu dans des conditions normales, sans qu'ils aient pour autant à justifier d'un titre à l'origine de l'occupation[3]. Enfin, la loi du 24 mars 2014 a intégré dans le Code des procédures civiles d'exécution une disposition destinée à prévenir les expulsions locatives. Selon l'article L. 412-5 de ce Code, dès le commandement d'avoir à libérer les lieux, l'huissier de justice saisit le représentant de l'État dans le département afin que celui-ci informe la commission de coordination des actions de prévention des expulsions locatives. Il appartient également à l'huissier de justice d'informer le ménage locataire de la possibilité de saisir la commission de médiation en vue d'une demande de relogement au titre du droit au logement opposable.

L'ensemble de ces dispositions en matière d'expulsion a pour caractéristique d'assurer une véritable protection au bénéfice de l'occupant sans droit, conformément aux aspirations politiques actuelles qui confèrent au logement le rang de « grande cause nationale ». À ce titre, une dernière manifestation d'un tel objectif peut être illustrée par le contenu et les objectifs de la loi du 5 mars 2007. Cette loi consacre le « caractère ultime du recours à la solidarité quand les mécanismes normaux du droit civil des contrats ou du droit administratif des réquisitions et des attributions de logement ne permettent pas la satisfaction de la prérogative fondamentale de l'être humain »[4]. La présence d'une protection ainsi réaffirmée s'impose afin de garantir à chacun cet élément essentiel de la vie pour tout individu : le logement.

Bibliographie indicative

- M. Barré-Pépin, *La protection du logement en droit privé*, Litec, coll. « Droit immobilier », 2009.
- C. Bugnon et G. Iacono, « Les critères d'éligibilité au droit à l'hébergement opposable » *AJDI* 2011. 843.
- F. Cohet-Cordet, « Le droit au logement et le droit de propriété sont-ils conciliables ? », *AJDI* 1998. 598 s.
- P. Delvolvé, « Droit de propriété et droit au logement », *Administrer* déc. 2001. 22 s.

1. TGI Paris 28 nov. 2000, *D.* 2001. 512, note T. Garé; *JCP* 2001. II. 10573, note C. Ginestet. Décision rendue sous le visa de l'art. 122-7 du Code pénal qui consacre l'état de nécessité : « n'est pas pénalement responsable la personne qui, face à un danger actuel ou imminent qui menace elle-même, autrui ou un bien, accomplit un acte nécessaire à la sauvegarde de la personne ou du bien, sauf s'il y a disproportion entre les moyens employés et la gravité de la menace ».
2. Aix-en-Provence 15 janv. 2003. Plus généralement sur les différentes approches, A. Dorange, « La gestion procédurale du squat : la protection du domicile contre l'occupation sans droit ni titre », *RSC* 2011. 371.
3. Pour une application ponctuelle à des squatters, Paris 2 mars 2000, *D.* 2000. IR 103.
4. J. Monéger, « Regards sur le projet de loi relatif au droit opposable au logement », *op. cit.*

- V. GODFRIN, « Le droit au logement, un exemple de l'influence des droits fondamentaux sur le droit de propriété », *in Mélanges C. Bolze*, Economica, 1999, p. 137 s.

- N. LE RUDULIER, « La définition du droit de propriété est constitutionnelle », *AJDI* 2011. 885.

- H. MOUTOUH, « Le propriétaire et son double – Variations sur les articles 51 et 52 de la loi du 29 juillet 1998 », *JCP* 1999. I. 146.

- H. PAULIAT, « L'objectif constitutionnel de droit à un logement décent : vers le constat de décès du droit de propriété », *D.* 1997. Chron. 283 s.

- E. PIE-GUISELIN, « L'accès à un logement décent et le droit de propriété : ni vainqueur, ni vaincu », *LPA* 13 mars 2000, n° 51, p. 6 s.

- J. RUBELLIN-DEVICHI (dir.), *Droit du logement, droits au logement et stratégies familiales*, Presses universitaires de Lyon, 1988; « La famille et le droit au logement », *RTD civ.* 1991. 245 s.

- R. SAVATIER, « La protection civile du logement de la famille dans le concept juridique d'habitation familiale », *in Mélanges offerts à P. Hébraud*, Université des sciences sociales de Toulouse, 1981, p. 799 s.

- R.-N. SCHÜTZ, « Les droits fondamentaux du locataire de l'immeuble à usage d'habitation », *Dr. et proc.* 2008. 7 s.

- C. WOLMARK, « L'opposabilité du droit au logement », *D.* 2008. Chron. 104 s.

- *Le droit au logement, Travaux de l'Association Henri Capitant*, t. nouveau III, 1982.

Pistes de réflexion

Le droit au logement, un droit fondamental ?
Le droit au logement, mythe ou réalité ?

Bibliographie générale sur les libertés et droits fondamentaux

- J. ANDRIANTSIMBAZOVINA, *Code des droits de l'homme et des libertés fondamentales*, 2e éd., édition 2018, LexisNexis, 2017.
- V. BARBÉ, *L'essentiel du droit des libertés fondamentales 2017-2018*, 8e éd., Gualino, coll. « Carrés Rouge », 2017.
- X. BIOY, *Droits fondamentaux et libertés publiques*, 4e éd., Montchrestien, coll. « Cours », 2016.
- X. BIOY, P. DEUMIER, E. DREYER, X. DUPRÉ DE BOULOIS, A. MARTINON, R. TINIÈRE, *Les grands arrêts du droit des libertés fondamentales*, Dalloz, coll. « Grands arrêts », 2017.
- K. BLAY-GRABARCZYK ET, L. MILANO (COLLECTIF), *Le nouveau cadre législatif de la lutte contre le terrorisme à l'épreuve des droits fondamentaux, Institut universitaire Varenne, coll. Colloques et Essais, 2017.*
- V. CROUZATIER-DURAND, *Fiches de libertés publiques et droits fondamentaux*, Ellipses, 2017.
- DALLOZ (COLLECTIF), *Code de l'entrée et du séjour des étrangers et du droit d'asile 2018*, 8e éd., Dalloz, 2017.
- DALLOZ (COLLECTIF), *Code constitutionnel et des droits fondamentaux 2018*, 7e éd., Dalloz, 2017.
- DALLOZ (COLLECTIF), *Les épreuves écrites du CRFPA*, 3e éd., coll. « Spécial concours », 2018.
- E. DECAUX ET N. BIENVENU, *Les grands textes internationaux des droits de l'homme*, La documentation française, 2016.
- C. DENIZEAU, *Droit des libertés fondamentales. Tout le cours*, 6e éd., Vuibert, coll. « Dyna'Sup », 2017.
- L. FAVOREU ET *alii*, *Droit constitutionnel*, 19e éd., Dalloz, coll. « Précis », 2017.
- L. FAVOREU, L. PHILIP ET *alii*, *Les grandes décisions du Conseil constitutionnel*, 18e éd., Dalloz, coll. « Grands arrêts », à paraître 2018.
- C. GAUTHIER, S. PLATON ET D. SZYMCZAK, *Droits européens des droits de l'homme*, Sirey, 2016.

- S. HENNETTE-VAUCHEZ, D. ROMAN, *Droits de l'Homme et libertés fondamentales*, 3e éd., Dalloz, coll. « Hypercours », 2017.

- X. LATOUR ET B. PAUVERT, *Manuel de libertés publiques et droits fondamentaux* 7e éd., Studyrama, 2017.

- C. LAZERGES (dir.), *Les grands avis de la Commission nationale consultative des droits de l'homme*, Dalloz, coll. « Grands textes », 2016.

- Y. LECUYER, *Régimes des libertés et droits fondamentaux, Les points clés juridique, historique, politique et idéologique de chaque liberté et droit*, 2e éd., Gualino, 2016.

- Y. LECUYER, *Libertés et droits fondamentaux, Les points clés de la mise en œuvre de la protection des libertés et droits fondamentaux*, 2e éd., Gualino, 2016.

- Y. LECUYER, *Jurisprudence de la Cour européenne des droits de l'homme*, Hachette supérieur, coll. Les fondamentaux, 2018.

- J.-P. MARGUÉNAUD, *La Cour européenne des droits de l'homme*, 7e éd., Dalloz, 2016.

- H. OBERDORFF, *Droits de l'homme et libertés fondamentales*, 6e éd., LGDJ, coll. « Manuels », 2017.

- H. OBERDORFF, J. ROBERT, *Libertés fondamentales et droits de l'homme. Textes français et internationaux*, 15e éd., Montchrestien, 2017.

- J.-F. RENUCCI, *Droit européen des droits de l'homme. Droits et libertés fondamentaux garantis par la CEDH* 7e éd., LGDJ, coll. « Manuels », 2017.

- D. SOLDINI, *Les grands textes des libertés et droits fondamentaux*, Dalloz, à paraître 2018.

- B. STIRN, *Les libertés en question. Volume 1 : Cadre juridique; Volume 2 : Débats de société*, 10e éd., Montchrestien, coll. « Clefs », 2017.

- F. SUDRE, *Droit européen et international des droits de l'homme*, 13e éd., PUF, coll. « Droit fondamental », 2016.

- F. SUDRE, J.-P. MARGUÉNAUD, J. ANDRIANTSIMBAZOVINA, G. GONZALEZ, A. GOUTTENOIRE, L. MILANO, H. SURREL, *Les grands arrêts de la Cour européenne des droits de l'homme*, 8e éd., PUF, coll. « Thémis », 2017.

- P. WACHSMANN, *Libertés publiques*, 8e éd., Dalloz, coll. « Cours », 2017.

Index alphabétique

Les chiffres renvoient aux numéros de paragraphes.

F

G

H

I

J

L

M

N

O

P

Table des matières

PHOTOCOMPOSITION
SCM • Toulouse

717823 - (I) - OSB-P 60 gr - SCM - EDO
Dépôt légal : mai 2018 - N° 201804.0109
Imprimé en avril 2018 par l'imprimerie CHIRAT

Imprimé en France